법무사

민법 · 가족관계의 등록 등에 관한 법률

끝까지 책임진다! 시대에듀!
QR코드를 통해 도서 출간 이후 발견된 오류나 개정법령, 변경된 시험 정보, 최신기출문제, 도서 업데이트 자료 등이 있는지 확인해 보세요!
시대에듀 합격 스마트 앱을 통해서도 알려 드리고 있으니 구글 플레이나 앱 스토어에서 다운받아 사용하세요.
또한, 파본 도서인 경우에는 구입하신 곳에서 교환해 드립니다.

편집진행 이재성 · 백승은 | **표지디자인** 조혜령 | **본문디자인** 표미영 · 고현준

**2026 시대에듀 법무사 1차
민법 · 가족관계의 등록 등에 관한 법률**

Always **with you**

사람의 인연은 길에서 우연하게 만나거나 함께 살아가는 것만을 의미하지는 않습니다.
책을 펴내는 출판사와 그 책을 읽는 독자의 만남도 소중한 인연입니다.
시대에듀는 항상 독자의 마음을 헤아리기 위해 노력하고 있습니다. 늘 독자와 함께하겠습니다.

보다 깊이 있는 학습을 원하는 수험생들을 위한
시대에듀의 동영상 강의가 준비되어 있습니다.
www.sdedu.co.kr ➜ 회원가입(로그인) ➜ 강의 살펴보기

머리말

법무사는 일반인에게 법률서비스 및 조언을 제공하는 인력으로, 타인의 위촉에 의하여 법원과 검찰청에 제출할 서류나 등기·등록과 관련된 서류를 작성하고, 등기·공탁사건의 신청을 대리합니다. 갈수록 심화되는 사회의 복잡성으로 인하여 소송 관련 법무는 끊임없이 늘어나고, 이에 따라 법무사의 필요성과 수요는 그 어느 때보다 증가하고 있으나, 방대한 시험범위와 장문의 지문, 높아져만 가는 난도 등으로 인한 수험생들의 부담감 역시 상당한 것이 현실입니다.

「2026 시대에듀 법무사 1차 민법·가족관계의 등록 등에 관한 법률」은 법무사시험을 준비하는 수험생들에게 가장 확실한 합격의 길을 제시하기 위한 수험서로, 단 한 과목도 소홀히 할 수 없는 수험생 여러분을 위하여 최신 출제경향과 학계동향을 반영한 핵심이론과, 주요 기출문제 및 상세해설을 한 권에 모두 수록하여 효율적인 시험 준비에 도움이 되고자 하였습니다.

「2026 시대에듀 법무사 1차 민법·가족관계의 등록 등에 관한 법률」의 특징

❶ 최신 개정법령 및 판례와 더불어 최근 기출문제의 출제경향을 완벽하게 반영하였습니다.
❷ 법원실무제요 및 법원공무원교육원 교재와 같은 실무서의 내용을 직접 인용하였고, 가능한 한 가장 최신 개정판의 내용을 반영하였습니다.
❸ 최신 법령·예규·판례·선례 등에 근거하여 해설하였습니다.
❹ 제1~3권(민법)과 제4권(가족관계등록법)으로 분권하여 편리하게 휴대할 수 있도록 하였습니다.
❺ 보다 깊이 있는 학습을 원하는 수험생들을 위하여 본서를 교재로 사용하는 동영상 강의(유료)를 준비하였습니다.

본서가 법무사시험에 도전하는 수험생들에게 합격의 길잡이가 될 것을 확신하며, 본서로 학습하는 모든 수험생 여러분에게 합격의 영광이 함께하기를 기원합니다.

대표 **편저자** 씀

이 책의 구성과 특징

핵심이론
기출문제 보기지문을 바탕으로 핵심이론을 구성하였고, 반드시 짚고 넘어가야 할 중요 내용은 밑줄로 표시하였습니다.

법령박스
학습의 토대가 되는 조문을 수록하여 어떠한 조문이 중요한지, 시험에 자주 출제되는지를 쉽게 파악할 수 있습니다.

심화박스
핵심이론과 관련한 판례 및 선례, 예규를 수록하여 심화학습이 가능하도록 하였고, 필요한 경우, 실무서의 내용을 직접 인용하였습니다.

합격의 공식 Formula of pass | 시대에듀 www.sdedu.co.kr

STRUCTURES

기출문제

각 장 말미에 수록한 기출문제를 통해 문제해결능력을 습득하고, 최근 출제경향을 파악할 수 있도록 하였습니다.

상세해설

최신 법령·예규·판례·선례 등에 근거하여 해설하였고, 각 지문마다 OX표시를 하여 지문별 개별학습이 가능하도록 하였습니다.

▶ 동영상 강의

보다 깊이 있는 학습을 원하는 수험생들을 위하여 시대에듀 동영상 강의(유료)를 준비하였습니다.

자격시험 소개

※ 2025년 제31회 시험공고 기준

법무사란?

일반인에게 법률서비스 및 조언을 제공하는 인력으로, 타인의 위촉에 의하여 법원과 검찰청에 제출할 서류나 등기·등록과 관련된 서류를 작성하고, 등기·공탁사건의 신청을 대리하는 자

주요업무

❶ 법무사의 업무는 다른 사람이 위임한 다음 각 호의 사무로 한다.

> [1] 법원과 검찰청에 제출하는 서류의 작성
> [2] 법원과 검찰청의 업무에 관련된 서류의 작성
> [3] 등기나 그 밖에 등록신청에 필요한 서류의 작성
> [4] 등기·공탁사건신청의 대리
> [5] 「민사집행법」에 따른 경매사건과 「국세징수법」이나 그 밖의 법령에 따른 공매사건에서의 재산취득에 관한 상담, 매수신청 또는 입찰신청의 대리
> [6] 「채무자 회생 및 파산에 관한 법률」에 따른 개인의 파산사건 및 개인회생사건신청의 대리. 다만, 각종 기일에서의 진술의 대리는 제외한다.
> [7] [1]부터 [3]까지의 규정에 따라 작성된 서류의 제출대행
> [8] [1]부터 [7]까지의 사무를 처리하기 위하여 필요한 상담·자문 등 부수되는 사무

❷ 법무사는 [1]~[3]까지의 서류라고 하더라도 다른 법률에 따라 제한되어 있는 것은 작성할 수 없다.

응시자격

❶ 법무사법 제6조 각 호의 결격사유에 해당하지 아니하는 자

> 다음 각 호의 어느 하나에 해당하는 자는 법무사가 될 수 없다.
> [1] 피성년후견인 또는 피한정후견인
> [2] 파산선고를 받은 자로서 복권되지 아니한 자
> [3] 금고 이상의 실형을 선고받고 그 집행이 종료(집행이 종료된 것으로 보는 경우를 포함한다)되거나 집행이 면제된 날부터 5년이 경과되지 아니한 자
> [4] 금고 이상의 형의 집행유예를 선고받고 그 유예기간이 만료된 날부터 2년이 경과되지 아니한 자
> [5] 금고 이상의 형의 선고유예를 받고 그 유예기간 중에 있는 자
> [6] 공무원으로서 징계처분에 따라 파면된 후 5년이 경과되지 아니하거나 해임된 후 3년이 경과되지 아니한 자
> [7] 이 법에 따라 제명된 후 5년이 경과되지 아니한 자

❷ 2차시험은 당해 연도 1차시험 합격자 및 면제자(법무사법 제5조의2) 또는 전년도 1차시험 합격자

시험과목

구 분	1차시험(객관식)	2차시험(주관식)
1과목	• 헌법(40) • 상법(60)	• 민법(100)
2과목	• 민법(80) • 가족관계의 등록 등에 관한 법률(20)	• 형법(50) • 형사소송법(50)
3과목	• 민사집행법(70) • 상업등기법 및 비송사건절차법(30)	• 민사소송법(70) • 민사사건 관련 서류의 작성(30)
4과목	• 부동산등기법(60) • 공탁법(40)	• 부동산등기법(70) • 등기신청서류의 작성(30)

※ 괄호 안의 숫자는 각 과목별 배점비율입니다.

시험일정

구 분	1차시험	2차시험	최종합격자 발표
2025년 제31회	2025.08.30	2025.10.31~11.01	2026.02.04

※ 선발예정인원 및 시험일정은 시행처의 사정에 따라 변경될 수 있으니, 2026년 시험일정은 반드시 대한민국 법원 시험정보 홈페이지(exam.scourt.go.kr)에서 확인하시기 바랍니다.

합격기준

구 분	합격자 결정
1차시험	매 과목 100점을 만점으로 하여 매 과목 40점 이상을 득점한 자 중에서 시험성적과 응시자수를 참작하여 전 과목 총득점의 고득점자순으로 합격자를 결정
2차시험	매 과목 100점을 만점으로 하여 매 과목 40점 이상을 득점한 자 중 선발예정인원(1·2차 시험 일부면제자는 포함하지 아니한다)의 범위 안에서 전 과목 총득점의 고득점자순으로 합격자를 결정
일부면제자	매 과목 100점을 만점으로 하여 매 과목 40점 이상을 득점한 자 중 최종순위합격자의 합격점수(2차시험 일부면제자에 대하여는 과목별 난이도를 반영하여 일정 산식에 따라 산출되는 응시과목들의 평균점수를 합격점수로 한다) 이상 득점한 자를 합격자로 결정

※ 동점자로 인하여 선발예정인원을 초과하는 경우에는 해당 동점자 모두를 합격자로 합니다. 이 경우 동점자의 점수는 소수점 이하 둘째자리까지 계산합니다.

이 책의 차례

1권 민법 Ⅰ

제1편 민법총칙 · 6

제2편 물권법 · 274

2권 민법 Ⅱ

제1편 채권총론 · 6

제2편 채권각론 · 232

3권 민법 Ⅲ

제1편 친족 · 상속법 · 4

4권 가족관계등록법

제1편 총 설 · 6

제2편 등록사무처리절차 · 74

제3편 국제가족관계등록사무 · 244

제4편 등록부의 정정 · 276

제5편 가족관계등록비송 · 310

제6편 처분에 대한 불복 및 벌칙 · 334

부 록 관련 증명서 및 신청서류 양식 · 344

법무사

민법·가족관계의 등록 등에 관한 법률

[1권] 민법 Ⅰ (민법총칙 + 물권법)

시대에듀

이 책의 차례 1권 | 민법 I

제1편 민법총칙

제1장 민법 서론
- 제1절 서 설 ········ 6
- 제2절 민법의 법원(法源) ········ 7
- 제3절 민법의 기본원리 ········ 12
- 제4절 민법의 해석과 효력범위 ········ 12
- 기출문제해설 ········ 14

제2장 권리 일반
- 제1절 법률관계와 권리·의무 ········ 16
- 제2절 신의성실의 원칙 ········ 19
- 기출문제해설 ········ 29

제3장 권리의 주체
- 제1절 서 설 ········ 31
- 제2절 자연인 ········ 32
- 제3절 법 인 ········ 60
- 기출문제해설 ········ 100

제4장 권리의 객체
- 제1절 서 설 ········ 109
- 제2절 물 건 ········ 109
- 제3절 동산과 부동산 ········ 111
- 제4절 주물과 종물 ········ 114
- 제5절 원물과 과실 ········ 116
- 기출문제해설 ········ 118

제5장 권리의 변동	제1절 서 설 · **120**
	제2절 법률행위 · **122**
	제3절 의사표시 · **143**
	제4절 법률행위의 대리 · **164**
	제5절 법률행위의 무효와 취소 · · · · · · · · · · · · · · · · **188**
	제6절 법률행위의 부관 · **203**
	기출문제해설 · **212**

제6장 기 간	제1절 기 간 · **229**
	기출문제해설 · **232**

제7장 소멸시효	제1절 총 설 · **233**
	제2절 소멸시효의 요건 · **236**
	제3절 시효의 장애 : 소멸시효의 중단과 정지 · · · · · · **247**
	제4절 소멸시효 완성의 효과 · · · · · · · · · · · · · · · · · · · **262**
	기출문제해설 · **266**

제2편 　물권법

제1장 물권법 서론	제1절 물권법과 물권 · **274**
	제2절 물권의 효력 · **279**
	기출문제해설 · **283**

이 책의 차례 1권 | 민법 I

제2장 물권의 변동
- 제1절 총 설 · · · · · · 284
- 제2절 부동산물권의 변동 · · · · · · 287
- 제3절 동산물권의 변동 · · · · · · 314
- 제4절 물권의 소멸 · · · · · · 321
- 기출문제해설 · · · · · · 325

제3장 기본물권
- 제1절 점유권 · · · · · · 328
- 제2절 소유권 · · · · · · 353
- 기출문제해설 · · · · · · 445

제4장 용익물권
- 제1절 지상권 · · · · · · 467
- 제2절 지역권 · · · · · · 486
- 제3절 전세권 · · · · · · 491
- 기출문제해설 · · · · · · 503

제5장 담보물권
- 제1절 총 설 · · · · · · 511
- 제2절 유치권 · · · · · · 514
- 제3절 질 권 · · · · · · 528
- 제4절 저당권 · · · · · · 546
- 기출문제해설 · · · · · · 585

제6장 비전형담보물권
- 제1절 총 설 · · · · · · 592
- 제2절 가등기담보 · · · · · · 593
- 제3절 양도담보 · · · · · · 602
- 제4절 소유권유보부매매 · · · · · · 607
- 제5절 동산·채권 등의 담보에 관한 법률 · · · · · · 608
- 기출문제해설 · · · · · · 613

민법총칙

제1장	민법 서론
제2장	권리 일반
제3장	권리의 주체
제4장	권리의 객체
제5장	권리의 변동
제6장	기 간
제7장	소멸시효

민법 서론

제1절 서 설

I 민법의 의의

민법은 형식적으로 민법이라는 이름의 성문법전, 즉 민법전을 가리키지만, 실질적으로는 법질서 안에서의 지위에 착안하여 모든 사람들에게 일반적으로 적용되는 사법, 즉 일반사법을 말한다.

II 민법의 성질

1. 사법으로서의 민법

(1) 공법과 사법

법을 공법과 사법으로 구별하는 경우, 통설인 주체설(국가나 공공단체 상호 간 또는 이들과 사인 간의 관계는 공법관계, 사인 간의 관계는 사법관계로 보는 견해)에 의하면 민법은 사법에 속한다.

(2) 사법의 내용

사법(私法)으로서의 민법의 내용에는 재산관계와 가족관계가 포함되어 있으며, 재산관계를 규율하는 법을 재산법(물권법, 채권법)이라 하고, 가족관계를 규율하는 법을 가족법(친족·상속법)이라 한다.

2. 일반사법으로서의 민법

민법은 일반법으로 사람·사항·장소 등에 특별한 제한 없이 일반적으로 적용되는 법이다. 한편 특정한 사람·사항·장소에 관하여만 적용되는 사법을 특별사법이라 한다. 일반법과 특별법을 구별하는 실익은 일반법과 특별법이 충돌되면 「특별법 우선의 원칙」에 따라 특별법이 먼저 적용되고, 특별법이 규율하지 않는 사항에 대하여 일반법이 적용된다는 점이다.

3. 실체법

민법은 실체법으로 직접 법률관계 자체, 즉 권리·의무에 관하여 규율하는 법이다. 이에 반하여 절차법은 권리·의무를 실현하는 절차를 정하는 법으로 민사소송법, 민사집행법, 가사소송법 등이 있다.

Ⅲ 민법의 형식

1. 형식적 의미의 민법

1958.2.22. 제정·공포되어 1960.1.1. 시행되고 있는 민법전을 의미한다.

2. 실질적 의미의 민법

특별사법 및 절차법을 제외한 모든 사람들에게 일반적으로 적용되는 사법, 즉 일반사법을 의미한다.

3. 형식적 의미의 민법이지만 실질적 의미의 민법은 아닌 것

민법전에 규정되어 있으나 민사에 관한 법률관계를 규율하지 않고, 그 내용이 행정벌이나 절차법에 관한 것인 경우가 있다.
① 행정벌 : 법인의 이사, 감사, 청산인에 대한 벌칙규정(민법 제97조)
② 절차법 : 강제이행에 관한 규정(민법 제389조)

제2절 민법의 법원(法源)

법원(민법 제1조)
민사에 관하여 '법률'에 규정이 없으면 '관습법'에 의하고 관습법이 없으면 '조리'에 의한다.

I 의의

1. 개념

일반적으로 법원이란 「법의 존재형식」 내지 「법을 인식하는 근거가 되는 자료」로서의 의미를 갖는다.

2. 성문법과 불문법

성문법은 문장의 형식으로 표현되고 일정한 형식 및 절차에 따라서 제정되는 법이며, 성문법이 아닌 법을 불문법이라 한다.

3. 민법 제1조

① **법원의 종류 및 적용순서** : 민법 제1조는 민법의 법원과 그 적용순서를 정하고 있다. 즉 법률, 관습법 및 조리를 법원으로 인정하고, 이들의 적용순서에 관하여 1차적으로 법률, 법률이 없으면 관습법, 관습법도 없으면 조리에 의하도록 정하고 있는 것이다.
② **민사** : '민사'란 널리 사법관계를 의미한다.
③ **법률** : 민법 제1조의 법률은 형식적 의미의 법률만을 의미하는 것이 아니라 모든 법규범, 즉 성문법을 통칭한다.

II 성문민법

성문민법에는 법률·명령·대법원규칙·조약·자치법이 있다.

1. 법률

형식적 의미의 법률을 의미하며, 헌법이 정하는 절차에 따라 제정·공포되는 것이다(헌법 제53조 참조). 여기에는 민법전과 민법전 이외의 법률이 있다.

2. 명령

국회가 아닌 다른 국가기관이 일정한 절차를 거쳐서 제정하는 법규로 제정권자에 따라서 대통령령·총리령·부령으로 나누어진다. 명령도 민사에 관하여 규정하고 있는 경우 민법의 법원이 된다.

3. 대법원규칙

대법원은 법률에 저촉되지 않는 범위 안에서 소송에 관한 절차, 법원의 내부규칙과 사무처리에 관한 규칙을 제정할 수 있는데(헌법 제108조), 이러한 대법원규칙이 민사에 관한 것이라면 민법의 법원이 된다.

4. 조 약

조약도 민사에 관한 것이라면 법원성이 긍정된다(헌법 제6조 제1항 참고).

5. 자치법

지방자치단체가 법률의 범위 내에서 그의 사무에 관하여 제정하는 조례나 규칙 속에 민사법규를 포함하는 경우에는 민법의 법원이 된다.

Ⅲ 불문민법

불문민법으로는 민법 제1조가 규정하고 있는 관습법과 조리가 있다. 또한 학설상으로 논의되는 판례와 헌법재판소결정에 대하여도 검토한다.

1. 관습법

(1) 관습법의 의의

관습법이란 사회의 거듭된 관행으로 생성한 사회생활규범이 사회의 법적 확신과 인식에 의하여 법적 규범으로 승인·강행되기에 이르는 것을 말하고, 관습법은 바로 법원으로서 법령과 같은 효력을 갖는 관습으로서 '법령에 저촉되지 않는 한' 법칙으로서의 효력이 있다(대판 1983.6.14. 80다3231).

(2) 관습법의 성립

관행의 존재와 그 관행에 대한 일반적인 법적 확신의 취득으로 성립한다.

> [1] 관습법이란 사회의 거듭된 관행으로 생성한 사회생활규범이 사회의 법적 확신과 인식에 의하여 법적 규범으로 승인·강행되기에 이른 것을 말하고, 그러한 관습법은 법원(法源)으로서 법령에 저촉되지 아니하는 한 법칙으로서의 효력이 있는 것이고, 또 사회의 거듭된 관행으로 생성한 어떤 사회생활규범이 법적 규범으로 승인되기에 이르렀다고 하기 위하여는 헌법을 최상위 규범으로 하는 전체 법질서에 반하지 아니하는 것으로서 정당성과 합리성이 있다고 인정될 수 있는 것이어야 하고, 그렇지 아니한 사회생활규범은 비록 그것이 사회의 거듭된 관행으로 생성된 것이라고 할지라도 이를 법적 규범으로 삼아 관습법으로서의 효력을 인정할 수 없다. [2] 사회의 거듭된 관행으로 생성된 사회생활규범이 관습법으로 승인되었다고 하더라도 사회 구성원들이 그러한 관행의 법적 구속력에 대하여 확신을 갖지 않게 되었다거나, 사회를 지배하는 기본적 이념이나 사회질서의 변화로 인하여 그러한 관습법을 적용하여야 할 시점에 있어서의 전체 법질서에 부합하지 않게 되었다면 그러한 관습법은 법적 규범으로서의 효력이

부정될 수밖에 없다. [3] **[다수의견]** 종원의 자격을 성년 남자로만 제한하고 여성에게는 종원의 자격을 부여하지 않는 종래 관습에 대하여 우리 사회 구성원들이 가지고 있던 법적 확신은 상당 부분 흔들리거나 약화되어 있고, 무엇보다도 헌법을 최상위 규범으로 하는 우리의 전체 법질서는 개인의 존엄과 양성의 평등을 기초로 한 가족생활을 보장하고, 가족 내의 실질적인 권리와 의무에 있어서 남녀의 차별을 두지 아니하며, 정치·경제·사회·문화 등 모든 영역에서 여성에 대한 차별을 철폐하고 남녀평등을 실현하는 방향으로 변화되어 왔으며, 앞으로도 이러한 남녀평등의 원칙은 더욱 강화될 것인바, 종중은 공동선조의 분묘수호와 봉제사 및 종원 상호 간의 친목을 목적으로 형성되는 종족단체로서 공동선조의 사망과 동시에 그 후손에 의하여 자연발생적으로 성립하는 것임에도, 공동선조의 후손 중 성년 남자만을 종중의 구성원으로 하고 여성은 종중의 구성원이 될 수 없다는 종래의 관습은, 공동선조의 분묘수호와 봉제사 등 종중의 활동에 참여할 기회를 출생에서 비롯되는 성별만에 의하여 생래적으로 부여하거나 원천적으로 박탈하는 것으로서, 위와 같이 변화된 우리의 전체 법질서에 부합하지 아니하여 정당성과 합리성이 있다고 할 수 없으므로, 종중 구성원의 자격을 성년 남자만으로 제한하는 종래의 관습법은 이제 더 이상 법적 효력을 가질 수 없게 되었다. [4] **[다수의견]** 종중이란 공동선조의 분묘수호와 제사 및 종원 상호 간의 친목 등을 목적으로 하여 구성되는 자연발생적인 종족집단이므로, 종중의 이러한 목적과 본질에 비추어 볼 때 공동선조와 성과 본을 같이 하는 후손은 성별의 구별 없이 성년이 되면 당연히 그 구성원이 된다고 보는 것이 조리에 합당하다(대판[전합] 2005.7.21. 2002다1178).

(3) 관습법과 사실인 관습의 차이

1) 법적 확신의 유무

사실인 관습은 사회의 관행에 의하여 발생한 사회생활규범인 점에서 관습법과 같으나 사회의 법적 확신이나 인식에 의하여 법적 규범으로서 승인된 정도에 이르지 않은 것이다(대판 1983.6.14. 80다3231).

2) **법적 효력**

① 관습법 : 관습법은 바로 법원으로서 법령과 같은 효력을 갖는 관습으로서 법령에 저촉되지 않는 한 법칙으로서의 효력이 있는 것이다(제정법에 대한 열후적·보충적 효력).

> [호주가 사망한 경우 딸에게 분재청구권을 인정하지 아니한 구 관습법(이하 '이 사건 관습법'이라 한다)이 헌법재판소법 제68조 제2항에 의한 헌법소원심판의 대상이 되는지 여부(적극)]
> 법률과 동일한 효력을 갖는 조약 등을 위헌법률심판의 대상으로 삼는 것은 헌법을 최고규범으로 하는 법질서의 통일성과 법적 안정성을 확보할 수 있을 뿐만 아니라, 합헌적인 법률에 의한 재판을 가능하게 하여 궁극적으로는 국민의 기본권 보장에 기여할 수 있다. 그런데 이 사건 관습법은 민법 시행 이전에 상속을 규율하는 법률이 없는 상황에서 재산상속에 관하여 적용된 규범으로서 비록 형식적 의미의 법률은 아니지만 실질적으로는 법률과 같은 효력을 갖는 것이므로 위헌법률심판의 대상이 된다(헌재결[전] 2013.2.28. 2009헌바129).

② 사실인 관습
  ㉠ 사실인 관습은 법령으로서의 효력이 없는 단순한 관행으로서 법률행위의 당사자의 의사를 보충함에 그치는 것이다.
  ㉡ 사실인 관습은 사적 자치가 인정되는 분야, 즉 그 분야의 제정법이 주로 임의규정일 경우에는 법률행위의 해석기준으로서 또는 의사를 보충하는 기능으로서 이를 재판의 자료로 할 수 있다.
  ㉢ 그 분야의 제정법이 주로 강행규정일 경우에는 그 강행규정 자체에 결함이 있거나 강행규정 스스로가 관습에 따르도록 위임한 경우 등 이외에는 법적 효력을 부여할 수 없다.

3) 주장·입증책임

① 관습법은 당사자의 주장·입증을 기다림이 없이 법원이 직권으로 확정하여야 한다. 다만, 관습은 그 존부 자체도 명확하지 않을 뿐만 아니라 그 관습이 사회의 법적 확신이나 법적 인식에 의하여 법적 규범으로까지 승인되었는지의 여부를 가리기는 더욱 어려운 일이므로, 법원이 이를 알 수 없는 경우 결국은 당사자가 이를 주장·입증할 필요가 있다.

② 사실인 관습은 그 존재를 당사자가 주장·입증하여야 한다.

> **[관습법과 사실인 관습의 구별]**
> [1] 관습법이란 사회의 거듭된 관행으로 생성한 사회생활규범이 사회의 법적 확신과 인식에 의하여 법적 규범으로 승인·강행되기에 이르른 것을 말하고, 사실인 관습은 사회의 관행에 의하여 발생한 사회생활규범인 점에서 관습법과 같으나 사회의 법적 확신이나 인식에 의하여 법적 규범으로서 승인된 정도에 이르지 않은 것을 말하는 바, 관습법은 바로 법원으로서 법령과 같은 효력을 갖는 관습으로서 법령에 저촉되지 않는 한 법칙으로서의 효력이 있는 것이며, 이에 반하여 사실인 관습은 법령으로서의 효력이 없는 단순한 관행으로서 법률행위의 당사자의 의사를 보충함에 그치는 것이다. [2] 법령과 같은 효력을 갖는 관습법은 당사자의 주장 입증을 기다림이 없이 법원이 직권으로 이를 확정하여야 하고 사실인 관습은 그 존재를 당사자가 주장 입증하여야 하나, 관습은 그 존부자체도 명확하지 않을 뿐만 아니라 그 관습이 사회의 법적 확신이나 법적 인식에 의하여 법적 규범으로까지 승인되었는지의 여부를 가리기는 더욱 어려운 일이므로, 법원이 이를 알 수 없는 경우 결국은 당사자가 이를 주장입증할 필요가 있다. [3] 사실인 관습은 사적 자치가 인정되는 분야 즉 그 분야의 제정법이 주로 임의규정일 경우에는 법률행위의 해석기준으로서 또는 의사를 보충하는 기능으로서 이를 재판의 자료로 할 수 있을 것이나 이 이외의 즉 그 분야의 제정법이 주로 강행규정일 경우에는 그 강행규정 자체에 결함이 있거나 강행규정 스스로가 관습에 따르도록 위임한 경우 등 이외에는 법적 효력을 부여할 수 없다(대판 1983.6.14. 80다3231).

2. 조 리

조리란 사물의 본성·자연의 이치를 말하며, 경험칙·사회통념·법의 일반원리 등으로 표현된다. 조리가 법원인지에 대해서는 학설의 대립이 있으나, 판례는 '섭외적 사건에 관하여 외국법규가 적용되는 경우, 법원에 관한 민사상 대원칙에 따라 외국법률, 외국관습법, 조리의 순으로 법원이 되는 것'이라고 판시한 적이 있다.

3. 판 례

불문법 국가인 영미법계 국가에서는 판례를 중요한 법원으로 보나, 성문법계 국가에서는 판례의 법원성에 대한 견해의 대립이 있다.

4. 헌법재판소 결정

헌법재판소의 결정은 법원 기타 국가기관과 지방자치단체를 기속하므로(헌재법 제47조, 제67조, 제75조), 그 결정 내용이 민사에 관한 것인 한 민법의 법원으로 된다.

제3절 민법의 기본원리

민법의 기본원리는 사유재산권 존중의 원칙(소유권 절대의 원칙), 계약 자유의 원칙(사적자치의 원칙), 과실책임의 원칙(자기책임의 원칙)을 내용으로 하는 근대민법의 기본원칙과 소유권 공공의 원칙, 계약 공정의 원칙, 무과실책임의 원칙을 내용으로 하는 근대민법의 수정원칙(현대민법의 원리)으로 구분할 수 있다.

[양자의 비교]

근대민법의 원리	현대민법의 원리(근대민법의 수정원리)
소유권 절대의 원칙(사유재산권 존중의 원칙)	소유권 공공의 원칙
계약 자유의 원칙	계약 공정의 원칙
과실책임의 원칙	무과실책임의 원칙

제4절 민법의 해석과 효력범위

I 민법의 해석

1. 해석의 의의

법의 해석이란 법규 및 그 구성요소인 낱말이나 개념 등의 의미 내용을 명확히 하는 것을 말한다.

2. 법해석의 방법과 한계

법은 원칙적으로 불특정 다수인에 대하여 동일한 구속력을 갖는 사회의 보편타당한 규범이므로 이를 해석함에 있어서는 법의 표준적 의미를 밝혀 객관적 타당성이 있도록 하여야 하고, 가급적 모든 사람이 수긍할 수 있는 일관성을 유지함으로써 법적 안정성이 손상되지 않도록 하여야 한다. 한편 실정법은 보편적이고 전형적인 사안을 염두에 두고 규정되기 마련이므로 사회현실에서 일어나는 다양한 사안에서 그 법을 적용함에 있어서는 구체적 사안에 맞는 가장 타당한 해결이 될 수 있도록 해석할 것도 또한 요구된다. 요컨대 법해석의 목표는 어디까지나 법적 안정성을 저해하지 않는 범위 내에서 구체적 타당성을 찾는 데 두어야 한다. 나아가 그러기 위해서는 가능한 한 법률에 사용된 문언의 통상적인 의미에 충실하게 해석하는 것을 원칙으로 하면서, 법률의 입법 취지와 목적, 그 제·개정 연혁, 법질서 전체와의 조화, 다른 법령과의 관계 등을 고려하는 체계적·논리적 해석방법을 추가적으로 동원함으로써, 위와 같은 법해석의 요청에 부응하는 타당한 해석을 하여야 한다(대판 2023.4.13. 2021다271725).

3. 법적 규율이 없는 사안에 대하여 그와 유사한 사안에 관한 법규범을 유추적용하기 위한 요건

법률의 유추적용은 법률의 흠결을 보충하는 것으로 법적 규율이 없는 사안에 대하여 그와 유사한 사안에 관한 법규범을 적용하는 것이다. 이러한 유추를 위해서는 법적 규율이 없는 사안과 법적 규율이 있는 사안 사이에 공통점 또는 유사점이 있어야 하고, 법규범의 체계, 입법 의도와 목적 등에 비추어 유추적용이 정당하다고 평가되어야 한다(대판 2024.5.9. 2023다311665).

4. 민사법의 실정법 조항의 문리해석 또는 논리해석만으로 현실적인 법적 분쟁을 해결할 수 없거나 사회적 정의관념에 현저히 반하게 되는 결과가 초래되는 경우, 유추적용을 할 수 있는지 여부(적극) 및 그 한계

민사법의 실정법 조항의 문리해석 또는 논리해석만으로는 현실적인 법적 분쟁을 해결할 수 없거나 사회적 정의관념에 현저히 반하게 되는 결과가 초래되는 경우에는 법원이 실정법의 입법정신을 살려 법적 분쟁을 합리적으로 해결하고 정의관념에 적합한 결과를 도출할 수 있도록 유추적용을 할 수 있다. 법률의 유추적용은 법률의 흠결을 보충하는 것으로 법적 규율이 없는 사안에 대하여 그와 유사한 사안에 관한 법규범을 적용하는 것이다. 이러한 유추를 위해서는 법적 규율이 없는 사안과 법적 규율이 있는 사안 사이에 공통점 또는 유사점이 있어야 한다. 그러나 이것만으로 유추적용을 긍정할 수는 없다. 법규범의 체계, 입법 의도와 목적 등에 비추어 유추적용이 정당하다고 평가되는 경우에 비로소 유추적용을 인정할 수 있다(대판 2024.8.1. 2024다204696).

Ⅱ 민법의 효력범위

1. 시적 효력범위

법률은 시행일부터 폐지일까지 사이에 효력을 가진다. 민법 부칙 제2조는 「본법에 특별한 규정이 있는 경우 외에는 본법 시행일 전의 사항에 대해서도 이를 적용한다」고 규정하여 소급효를 인정하였으나, 그 단서에서 「그러나 이미 구법에 의하여 생긴 효력에 영향을 미치지 아니한다」고 하여 실질적으로는 법률불소급의 원칙을 인정한 것으로 볼 수 있다.

2. 인적·장소적 효력범위

(1) 속인주의

민법은 모든 대한민국 국민에 대하여 그가 국내에 있든 국외에 있든 관계없이 적용된다.

(2) 속지주의

민법은 대한민국 영토 내에 있는 모든 사람에 대하여 그가 내국인이든 외국인이든 관계없이 적용된다.

제1편 | 민법총칙

민법 서론

제1절 서 설

제2절 민법의 법원(法源)

01 관습법에 관한 다음 설명 중 가장 옳지 않은 것은? 2025년

① 토지 및 그 지상 건물 모두가 각 공유에 속한 상태에서 토지 및 건물공유자 중 1인이 그중 건물 지분만을 다른 사람에게 증여하여 토지와 건물의 소유자가 달라진 경우, 토지 전부에 관하여 건물의 소유를 위한 관습법상 법정지상권이 성립된 것으로 볼 수 없다.
② 사실인 관습은 법령으로서의 효력이 없는 단순한 관행으로서 법률행위의 당사자의 의사를 보충함에 그치는 것이다.
③ 사회를 지배하는 기본적 이념이나 사회질서의 변화로 인하여 관습법을 적용하여야 할 시점에 있어서의 전체 법질서에 부합하지 않게 되었다면 그러한 관습법은 법적 규범으로서의 효력이 부정될 수밖에 없다.
④ 외국적 요소가 있는 법률관계에 적용될 외국법규의 내용을 확정하고 그 의미를 해석할 때 외국관습법까지 고려할 수는 없다.
⑤ 일반적으로 볼 때 법령과 같은 효력을 갖는 관습법은 당사자의 주장·증명을 기다림이 없이 법원이 직권으로 이를 확정하여야 한다.

[❶ ▸ ○] 토지 및 그 지상 건물 모두가 각 공유에 속한 경우 토지 및 건물공유자 중 1인이 그중 건물 지분만을 타에 증여하여 토지와 건물의 소유자가 달라진 경우에도 해당 토지 전부에 관하여 건물의 소유를 위한 관습법상 법정지상권이 성립된 것으로 보게 된다면, 이는 토지공유자의 1인으로 하여금 다른 공유자의 의사에 기하지 아니한 채 자신의 지분을 제외한 다른 공유자의 지분에 대하여서까지 지상권설정의 처분행위를 허용하는 셈이 되어 부당하다(대판 1993.4.13. 92다55756; 대판 2014.9.4. 2011다73038 참조). 따라서 이 사건 토지 및 건물공유자 중 1인인 원고가 피고 1에게 위 건물의 공유지분을 이전함으로써 토지와 건물의 소유자가 달라졌다고 하여 위 피고에게 이 사건 토지에 관한 관습법상 법정지상권의 성립을 인정할 수 없다(대판 2022.8.31. 2018다218601).

[❷ ▶ ○] 관습법이란 사회의 거듭된 관행으로 생성한 사회생활규범이 사회의 법적 확신과 인식에 의하여 법적 규범으로 승인·강행되기에 이르른 것을 말하고, 사실인 관습은 사회의 관행에 의하여 발생한 사회생활규범인 점에서 관습법과 같으나 사회의 법적 확신이나 인식에 의하여 법적 규범으로서 승인된 정도에 이르지 않은 것을 말하는바, 관습법은 바로 법원으로서 법령과 같은 효력을 갖는 관습으로서 법령에 저촉되지 않는 한 법칙으로서의 효력이 있는 것이며, 이에 반하여 사실인 관습은 법령으로서의 효력이 없는 단순한 관행으로서 법률행위의 당사자의 의사를 보충함에 그치는 것이다(대판 1983.6.14. 80다3231).

[❸ ▶ ○] 사회의 거듭된 관행으로 생성된 사회생활규범이 관습법으로 승인되었다고 하더라도 사회 구성원들이 그러한 관행의 법적 구속력에 대하여 확신을 갖지 않게 되었다거나, 사회를 지배하는 기본적 이념이나 사회질서의 변화로 인하여 그러한 관습법을 적용하여야 할 시점에 있어서의 전체 법질서에 부합하지 않게 되었다면 그러한 관습법은 법적 규범으로서의 효력이 부정될 수밖에 없다(대판[전합] 2005.7.21. 2002다1178).

[❹ ▶ ×] 외국적 요소가 있는 법률관계에 적용될 외국법규의 내용을 확정하고 그 의미를 해석할 때는 외국법이 그 본국에서 현실로 해석·적용되고 있는 의미와 내용에 따라 해석·적용하여야 하고, 소송과정에서 적용될 외국법규에 흠결이 있거나 그 존재에 관한 자료가 제출되지 아니하여 그 내용의 확인이 불가능한 경우 법원으로서는 법원에 관한 민사상의 대원칙에 따라 외국 관습법에 의할 것이며, 외국 관습법도 그 내용의 확인이 불가능하면 조리에 의하여 재판할 수밖에 없다(대판 2021.7.8. 2017다218895).

[❺ ▶ ○] 법령과 같은 효력을 갖는 관습법은 당사자의 주장입증을 기다림이 없이 법원이 직권으로 이를 확정하여야 하고 사실인 관습은 그 존재를 당사자가 주장 입증하여야 하나, 관습은 그 존부자체도 명확하지 않을 뿐만 아니라 그 관습이 사회의 법적 확신이나 법적 인식에 의하여 법적 규범으로까지 승인되었는지의 여부를 가리기는 더욱 어려운 일이므로, 법원이 이를 알 수 없는 경우 결국은 당사자가 이를 주장입증할 필요가 있다(대판 1983.6.14. 80다3231).

답 ❹

제3절 민법의 기본원리

제4절 민법의 해석과 효력범위

권리 일반

제1절 법률관계와 권리·의무

Ⅰ 법률관계

1. 의 의
법률관계는 인(人)의 생활관계 중 법규범에 의하여 규율되는 생활관계를 말한다(통설).

2. 내 용
법률관계가 아니면 법률관계 고유의 법적효과가 발생하지 않는다. 따라서 법률관계는 구체적으로 권리와 의무로 나타난다.

Ⅱ 권리·의무 및 구별개념

1. 권 리

(1) 의 의

통설(권리법력설)에 의하면, 권리란 법익을 향유하기 위하여 법에서 허용하는 힘이라 할 수 있다.

(2) 구별개념

① 권능 : 일반적으로 권리의 내용을 이루는 개개의 법률상의 힘을 말한다(소유권의 내용인 사용·수익·처분권능 등).
② 권한 : 타인을 위하여 일정한 행위를 하고, 그로 인한 법률효과를 타인에게 발생할 수 있게 하는 법률상의 자격이나 지위를 말한다(대리권, 대표권, 부재자재산관리인의 재산관리권 등).
③ 권원 : 일정한 법률상 또는 사실상 행위를 하는 것을 정당화할 수 있는 법률상의 원인을 말한다(임차권은 타인의 부동산에 자기의 물건을 부속하여 그 부동산을 이용할 수 있는 법률상의 권원이 있다).
④ 반사적 이익 : 법률이 특정인 또는 일반인에게 어떤 행위를 명하거나 금지함으로써 다른 특정인 또는 일반인이 그 반사적 효과로서 받는 이익을 말한다.

2. 의무

(1) 의 의
의무란 의무자의 의사와는 무관하게 법에 의하여 강요되는 법률상의 구속을 말한다.

(2) 권리와의 관계
보통 의무는 권리와 표리관계를 이루며 서로 대응하나, 언제나 권리와 의무가 상응하는 것은 아니다.

(3) 구별개념 : 간접의무(책무)
간접의무는 법이 규정한 대로 따르지 않은 경우 법이 정한 일정한 불이익을 받지만, 이행을 청구하거나 소구하는 것이 허용되지 않고, 불이행하는 경우에도 손해배상청구도 할 수 없다는 점에서 의무 또는 채무와 구별된다.

Ⅲ 사권의 분류

1. 작용(효력)에 따른 분류 🔑 : 작·지·청·항·형

지배권	• 권리의 객체를 직접 지배할 수 있는 권리 • 물권뿐만 아니라 무체재산권, 친권, 인격권 등이 이에 해당
청구권	특정인이 다른 특정인에 대하여 일정한 행위를 요구할 수 있는 권리로 채권이 대표적임
항변권	• 상대방의 청구권은 인정하나, 그 작용만을 저지하는 권리 • 연기적 항변권 : 상대방의 권리행사를 일시적으로 저지하는 권리로, 동시이행항변권, 보증인의 최고·검색의 항변권이 이에 해당 • 영구적 항변권 : 상대방의 권리행사를 영구적으로 저지하는 권리로, 한정상속인의 한정승인의 항변권 등이 이에 해당
형성권	• 권리자의 일방적인 의사표시에 의하여 곧바로 법률관계의 변동(발생, 변경, 소멸)이 발생하는 권리 • 형성권에는 권리에 대응하는 의무가 없음 • 형성권은 조건에 친하지 않으나, 예외적으로 정지조건부 해제는 유효(대판 1992.8.18. 92다5928) • 형성권 행사의 의사표시는 철회를 할 수 없는 것이 원칙
	권리자의 일방적 의사표시만으로 효과가 발생하는 형성권(대부분)
	• 동의권(민법 제5조, 제13조), 취소권(민법 제140조 이하), 추인권(민법 제143조 이하) • 상계권(민법 제492조) • 계약의 해지·해제권(민법 제543조) • 일방예약의 완결권(민법 제564조) • 약혼해제권(민법 제805조) • 상속포기권(민법 제1041조)
	법원의 확정판결이 있어야만 법률효과가 발생하는 형성권
	• 채권자취소권(민법 제406조) • 친생부인권(민법 제846조) 등
	성질이 형성권임에도 불구하고 청구권으로 불리는 것
	• 공유물분할청구권(민법 제268조) • 지상물매수청구권(민법 제283조 제2항, 제643조, 제644조, 제285조 제2항) • 부속물매수청구권(민법 제316조 제2항, 제646조, 제647조) • 지료(민법 제286조)·전세금(민법 제312조의2)·차임(민법 제628조)의 증감청구권 등

> **[임대차계약에서 임차인이 임대인에게 매도를 청구하면 임차목적물에 관한 매매계약이 성립되는 것으로 약정한 경우, 이러한 매도청구권이 구 회사정리법 제102조에서 정한 정리채권에 해당하는지 여부(소극)]**
> 구 회사정리법(2005.3.31. 법률 제7428호 채무자 회생 및 파산에 관한 법률 부칙 제2조로 폐지, 이하 '구 회사정리법'이라 한다) 제102조는 '회사에 대하여 정리절차개시 전의 원인으로 생긴 재산상의 청구권'을 정리채권으로 한다고 규정하였다. 임대차계약에서 임차인이 임대인에게 매도를 청구하면 임차목적물에 관한 매매계약이 성립되는 것으로 약정한 경우 이러한 매도청구권은 일방의 의사표시에 따라 매매계약이라는 새로운 법률관계를 형성하는 권리로서 일종의 형성권에 해당한다. 이러한 매도청구권은 그 행사를 통하여 재산상 청구권이 발생할 수 있을 뿐 그 자체가 재산상 청구권에 속하는 것은 아니므로 구 회사정리법 제102조에서 규정한 정리채권에 해당하지 않는다(대판 2025.2.13. 2020다258657).

2. 내용에 따른 분류 📝 : 내·인·신·사·재

인격권	• 권리자 자신을 객체로 하는 것으로 권리자와 분리할 수 없는 권리 • 생명권, 신체권, 초상권, 자유권, 명예권 등
가족권 (신분권)	• 친족관계에서 발생하는 신분적 이익을 내용으로 하는 권리 • 친권, 부부간의 동거청구권, 협력부조권, 친족 간 부양청구권, 상속권 등
사원권	• 단체의 구성원이 그 구성원의 지위에서 단체에 대하여 갖는 권리 • 의결권, 업무집행감독권, 이익배당청구권 등
재산권	• 금전으로 평가될 수 있는 경제적 이익을 내용으로 하는 권리 • 물권, 채권, 무체재산권, 위자료청구권 등

3. 기타의 분류

(1) 절대권(대세권)과 상대권(대인권)

① 절대권 : 모든 자에게 주장할 수 있는 권리로 물권, 지적재산권, 친권, 인격권이 이에 해당한다.
② 상대권 : 특정인에 대해서만 주장할 수 있는 권리로 채권이 이에 해당한다.

(2) 일신전속권과 비전속권

① 일신전속권 : ㉠ 행사상의 일신전속권과 ㉡ 귀속상의 일신전속권의 두 가지가 있다.
② 비전속권 : 대부분의 재산권이 이에 해당하며 양도, 상속, 대위, 대리가 가능한 권리이다.

(3) 주된 권리와 종된 권리

주된 권리는 독립성을 가지는 권리를 말하고, 종된 권리는 다른 권리에 종속된 권리를 말한다.

(4) 기대권

권리가 발생하기 위한 요건 중 일부만을 갖추어 장래 남은 요건이 갖추어지면 권리를 취득할 수 있는 상태에 대하여 법이 보호해 주는 것을 말한다.

제2절 신의성실의 원칙

I 신의성실의 원칙

신의성실(민법 제2조)
① 권리의 행사와 의무의 이행은 신의에 좇아 성실히 하여야 한다.
② 권리는 남용하지 못한다.

1. 의 의

신의성실의 원칙은 법률관계의 당사자가 상대방의 이익을 배려하여 형평에 어긋나거나, 신뢰를 저버리는 내용 또는 방법으로 권리를 행사하거나 의무를 이행하여서는 아니 된다는 추상적인 규범이다(대판 2011.2.10. 2009다68941).

2. 연 원

로마법에 연원을 두고 주로 채권법 영역에서 발전하였다.

3. 강행규정

판례는 「신의성실의 원칙에 반하는 것 또는 권리남용은 강행규정에 위배되는 것이므로 당사자의 주장이 없더라도 법원은 직권으로 판단할 수 있다」고 판시하였다(대판 1998.8.21. 97다37821).

4. 적용범위

신의칙은 재산법뿐만 아니라 가족법, 강제집행법, 소송법, 행정법규 등 공법 영역, 노동법 등에도 포괄적으로 적용된다(통설·판례).

5. 관련 판례

[신의칙상 인정되는 고지의무]
- 계약의 일방 당사자는 신의성실의 원칙상 상대방에게 계약의 효력에 영향을 미치거나 상대방의 권리 확보에 위험을 가져올 수 있는 사정 등을 미리 고지할 의무가 있다. 이러한 의무는 계약을 체결할 때뿐만 아니라 계약 체결 이후 이를 이행하는 과정에서도 유지된다. 당사자 상호 간의 신뢰관계를 기초로 하는 계속적 계약의 일방 당사자가 계약을 이행하는 과정에서 상대방의 생명, 신체, 건강 등의 안전에 위해가 발생할 위험이 있고 계약 당사자에게 그 위험의 발생 방지 등을 위하여 합리적 조치를 할 의무가 있는 경우, 계약 당사자는 그러한 위험이 있음을 상대방에게 미리 고지하여 상대방으로 하여금 그 위험을 회피할 적절한 방법을 선택할 수 있게 하거나

계약 당사자가 위험 발생 방지를 위한 합리적 조치를 함으로써 그 위험을 제거하였는지를 확인할 수 있게 할 의무가 있다. 특히 계속적 계약의 일방 당사자가 고도의 기술이 집약된 제품을 대량으로 생산하는 제조업자이고 상대방이 소비자라면 정보 불균형으로 인한 부작용을 해소하기 위해 제조업자에 대하여 위와 같은 고지의무를 인정할 필요가 더욱 크다(대판 2022.5.26. 2020다215124).
- 부동산 거래에 있어 거래 상대방이 일정한 사정에 관한 고지를 받았더라면 그 거래를 하지 않았을 것임이 경험칙상 명백한 경우에는 신의성실의 원칙상 사전에 상대방에게 그와 같은 사정을 고지할 의무가 있으며, 그와 같은 고지의무의 대상이 되는 것은 직접적인 법령의 규정뿐 아니라 널리 계약상, 관습상 또는 조리상의 일반원칙에 의하여도 인정될 수 있고, 일단 고지의무의 대상이 되는 사실이라고 판단되는 경우 이미 알고 있는 자에 대하여는 고지할 의무가 별도로 인정될 여지가 없지만, 상대방에게 스스로 확인할 의무가 인정되거나 거래관행상 상대방이 당연히 알고 있을 것으로 예상되는 예외적인 경우가 아닌 한, 실제 그 대상이 되는 사실을 알지 못하였던 상대방에 대하여는 비록 알 수 있었음에도 알지 못한 과실이 있다 하더라도 그 점을 들어 추후 책임을 일부 제한할 여지가 있음은 별론으로 하고 고지할 의무 자체를 면하게 된다고 할 수는 없다(대판 2007.6.1. 2005다5812·5829·5836).
- [1] 아파트 분양자는 아파트 단지 인근에 쓰레기 매립장이 건설예정인 사실을 분양계약자에게 고지할 신의칙상 의무를 부담한다. [2] 고지의무 위반은 부작위에 의한 기망행위에 해당하므로 원고들로서는 기망을 이유로 분양계약을 취소하고 분양대금의 반환을 구할 수도 있고 분양계약의 취소를 원하지 않을 경우 그로 인한 손해배상만을 청구할 수도 있다. [3] 아파트 분양자가 아파트 단지 인근에 쓰레기 매립장이 건설예정인 사실을 분양계약자에게 고지하지 않은 경우, 그 후 부동산 경기의 상승에 따라 아파트의 시가가 상승하여 분양가격을 상회하는데도, 분양계약자의 손해액을 쓰레기 매립장 건설을 고려한 아파트의 가치 하락액 상당으로 본다(대판 2006.10.12. 2004다48515).

[신의칙상 인정되는 보호의무]
- 환자가 병원에 입원하여 치료를 받는 경우에 있어서, 병원은 진료뿐만 아니라 환자에 대한 숙식의 제공을 비롯하여 간호, 보호 등 입원에 따른 포괄적 채무를 지는 것인 만큼, 병원은 병실에의 출입자를 통제·감독하든가 그것이 불가능하다면 최소한 입원환자에게 휴대품을 안전하게 보관할 수 있는 시정장치가 있는 사물함을 제공하는 등으로 입원환자의 휴대품 등의 도난을 방지함에 필요한 적절한 조치를 강구하여 줄 신의칙상의 보호의무가 있다고 할 것이고, 이를 소홀히 하여 입원환자와는 아무런 관련이 없는 자가 입원환자의 병실에 무단출입하여 입원환자의 휴대품 등을 절취하였다면 병원은 그로 인한 손해배상책임을 면하지 못한다(대판 2003.4.11. 2002다63275).
- 사용자는 근로계약에 수반되는 신의칙상의 부수적 의무로서 피용자가 노무를 제공하는 과정에서 생명, 신체, 건강을 해치는 일이 없도록 인적·물적 환경을 정비하는 등 필요한 조치를 강구하여야 할 보호의무를 부담하고, 이러한 보호의무를 위반함으로써 피용자가 손해를 입은 경우 이를 배상할 책임이 있다(대판 2001.7.27. 99다56734).
- 숙박업자는 고객에게 위험이 없는 안전하고 편안한 객실 및 관련시설을 제공함으로써 고객의 안전을 배려하여야 할 보호의무를 부담하며 이러한 의무는 숙박계약의 특수성을 고려하여 신의칙상 인정되는 부수적인 의무에 해당한다(대판 1994.1.28. 93다43590).

[신의성실의 원칙의 의미와 그 위배를 이유로 당사자의 주장을 배척하거나 권리행사를 부정하기 위한 요건]
민법상 신의성실의 원칙은, 법률관계의 당사자가 상대방의 이익을 배려하여 형평에 어긋나거나 신뢰를 저버리는 내용 또는 방법으로 권리를 행사하거나 의무를 이행하여서는 아니 된다는 추상적 규범을 말한다. 법률관계의 한쪽 당사자가 상대방에게 신의를 공여하였거나 객관적으로 보아 상대방이 신의를 가짐이 정당한 상태에 있음에도, 이러한 상대방의 신의에 반하는 주장을 하거나 권리를 행사하는 것이 정의 관념에 비추어 용인될 수 없는 정도의 상태에 이른 경우 신의성실의 원칙 위배를 이유로 그 일방의 주장을 배척하거나 권리행사를 부정할 수 있다(대판 2024.3.28. 2019다253700).

Ⅱ 사정변경의 원칙

1. 의 의
사정변경의 원칙이란 법률행위 당시의 기초가 된 객관적 사정의 현저한 변화로 최초에 약정한 내용을 당사자에게 강제하는 것이 형평에 어긋나게 되어 신의칙상 계약을 변경하거나, 해제 또는 해지할 수 있게 하도록 하는 원칙으로 신의칙의 파생원칙 중 하나이다.

2. 사정변경의 원칙의 적용요건
① 법률행위 당시의 기초가 된 객관적 사정의 현저한 변경이 있을 것
② 사정변경에 해제권을 취득하는 당사자에게 귀책사유가 없을 것
③ 법률행위 당시 사정변경을 예견할 수 없었을 것
④ 종전의 계약관계를 유지하는 것이 법률행위 당사자에게 심히 부당할 것

3. 판 례
(1) 일시적 계약

> **[사정변경을 원인으로 하는 계약해제]**
> 이른바 '사정변경으로 인한 계약해제'는 계약성립 당시 당사자가 예견할 수 없었던 현저한 사정의 변경이 발생하였고 그러한 사정의 변경이 해제권을 취득하는 당사자에게 책임 없는 사유로 생긴 것으로서, 계약내용대로의 구속력을 인정한다면 신의칙에 현저히 반하는 결과가 생기는 경우에 계약준수 원칙의 예외로서 인정되는 것이고, 여기에서 말하는 사정이라 함은 계약의 기초가 되었던 객관적인 사정으로서, 일방당사자의 주관적 또는 개인적인 사정을 의미하는 것은 아니다. 또한, 계약의 성립에 기초가 되지 아니한 사정이 그 후 변경되어 일방당사자가 계약 당시 의도한 계약목적을 달성할 수 없게 됨으로써 손해를 입게 되었다 하더라도 특별한 사정이 없는 한 그 계약내용의 효력을 그대로 유지하는 것이 신의칙에 반한다고 볼 수도 없다(대판 2007.3.29. 2004다31302).
>
> **[사정변경을 이유로 계약을 해제하거나 해지할 수 있는 경우 및 여기에서 말하는 '사정'의 의미 / 계속적 계약에서 경제적 상황의 변화로 당사자에게 불이익이 발생했다는 것만으로 계약을 해지할 수 있는지 여부(소극)]**
> 계약 성립의 기초가 된 사정이 현저히 변경되고 당사자가 계약의 성립 당시 이를 예견할 수 없었으며, 그로 인하여 계약을 그대로 유지하는 것이 당사자의 이해에 중대한 불균형을 초래하거나 계약을 체결한 목적을 달성할 수 없는 경우에는 계약준수 원칙의 예외로서 사정변경을 이유로 계약을 해제하거나 해지할 수 있다. 여기에서 말하는 사정이란 당사자들에게 계약 성립의 기초가 된 사정을 가리키고, 당사자들이 계약의 기초로 삼지 않은 사정이나 어느 일방당사자가 변경에 따른 불이익이나 위험을 떠안기로 한 사정은 포함되지 않는다. 경제상황 등의 변동으로 당사자에게 손해가 생기더라도 합리적인 사람의 입장에서 사정변경을 예견할 수 있었다면 사정변경을 이유로 계약을 해제할 수 없다. 특히 계속적 계약에서는 계약의 체결 시와 이행 시 사이에 간극이 크기 때문에 당사자들이 예상할 수 없었던 사정변경이 발생할 가능성이 높지만, 이러한 경우에도 위 계약을 해지하려면 경제적 상황의 변화로 당사자에게 불이익이 발생했다는 것만으로는 부족하고 위에서 본 요건을 충족하여야 한다(대판 2017.6.8. 2016다249557).

[가격등귀의 사정변경 해당 여부]
매수인이 애초에 계약할 당시의 금액표시대로 잔대금을 제공한다면, 그동안에 앙등한 매매 목적물의 가격에 비하여 그것이 현저히 균형을 잃은 이행이 되는 경우라 하더라도, 민법상 매도인으로 하여금 사정변경의 원리를 내세워서 그 매매계약을 해제할 수 있는 권리는 생기지 아니한다(대판 1963.9.12. 63다452).

(2) 계속적 계약

[사정변경으로 인한 계약해지]
이른바 '사정변경으로 인한 계약해지'는 계약성립 당시 당사자가 예견할 수 없었던 현저한 사정의 변경이 발생하였고 그러한 사정의 변경이 해지권을 취득하는 당사자에게 책임 없는 사유로 생긴 것으로서, 계약내용대로의 구속력을 인정한다면 신의칙에 현저히 반하는 결과가 생기는 경우에 계약준수 원칙의 예외로서 인정되는 것이고(대판 2011.6.24. 2008다44368), 여기서 말하는 사정이라 함은 계약의 기초가 되었던 객관적인 사정으로서, 일방당사자의 주관적 또는 개인적인 사정을 의미하는 것은 아니라 할 것이다(대판 2007.3.29. 2004다31302). 따라서 계약의 성립에 기초가 되지 아니한 사정이 그 후 변경되어 일방 당사자가 계약 당시 의도한 계약 목적을 달성할 수 없게 됨으로써 손해를 입게 되었다 하더라도 특별한 사정이 없는 한 그 계약 내용의 효력을 그대로 유지하는 것이 신의칙에 반한다고 볼 수 없다. 이러한 법리는 계속적 계약관계에서 사정변경을 이유로 계약의 해지를 주장하는 경우에도 마찬가지로 적용된다(대판[전합] 2013.9.26. 2013다26746).

[회사의 임직원으로서 부득이 회사와 제3자 사이의 계속적 거래에서 발생하는 회사의 채무를 연대보증한 사람이 그 후 회사에서 퇴직하여 임직원의 지위에서 떠난 경우, 연대보증계약을 일방적으로 해지할 수 있는지 여부(원칙적 적극)]
회사의 임원이나 직원의 지위에 있었기 때문에 부득이 회사와 제3자 사이의 계속적 거래에서 발생하는 회사의 채무를 연대보증한 사람이 그 후 회사에서 퇴직하여 임직원의 지위에서 떠난 때에는 연대보증계약의 기초가 된 사정이 현저히 변경되어 그가 계속 연대보증인의 지위를 유지하도록 하는 것이 사회통념상 부당하다고 볼 수 있다. 이러한 경우 연대보증인은 특별한 사정이 없는 한 연대보증계약을 일방적으로 해지할 수 있다고 보아야 한다(대판 2018.3.27. 2015다12130).

[근보증]
판례는 계속적 계약 중의 하나인 근보증의 경우 사정변경을 이유로 근보증계약의 해지를 명시적으로 인정하고 있다(대판 2000.3.10. 99다61750).

[확정채무의 보증과 계약해지]
회사의 이사가 채무액과 변제기가 특정되어 있는 회사 채무에 대하여 보증계약을 체결한 경우에는 계속적 보증이나 포괄근보증의 경우와는 달리 이사직 사임이라는 사정변경을 이유로 보증인인 이사가 일방적으로 보증계약을 해지할 수 없다(대판 2006.7.4. 2004다30675).

[특정채무의 보증과 책임범위의 제한]
채권자와 채무자 사이에 계속적인 거래관계에서 발생하는 불확정한 채무를 보증하는 이른바 계속적 보증의 경우뿐만 아니라 특정채무를 보증하는 일반보증의 경우에 있어서도, 채권자의 권리행사가 신의칙에 비추어 용납할 수 없는 성질의 것인 때에는 보증인의 책임을 제한하는 것이 예외적으로 허용될 수 있을 것이나, 일단 유효하게 성립된 보증계약에 따른 책임을 신의칙과 같은 일반원칙에 의하여 제한하는 것은 자칫 잘못하면 사적 자치의 원칙이나 법적 안정성에 대한 중대한 위협이 될 수 있으므로 신중을 기하여 극히 예외적으로 인정하여야 한다(대판 2004.1.27. 2003다45410).

> **[차임불증액 특약이 있는 경우 차임증액청구]**
> 임대차계약에 있어서 차임불증액의 특약이 있더라도 그 약정 후 그 특약을 그대로 유지시키는 것이 신의칙에 반한다고 인정될 정도의 사정변경이 있다고 보여지는 경우에는 형평의 원칙상 임대인에게 차임증액청구를 인정하여야 한다(대판 1996.11.12. 96다34061).

III. 권리남용금지의 원칙

1. 신의칙과의 관계

학설은 ① 권리행사가 신의칙에 반하는 경우에는 권리남용이 된다는 견해(다수설), ② 권리남용금지는 신의칙의 파생원칙이라는 견해 등이 있으나, 판례는 다수설과 같이 「권리행사가 신의성실에 반하는 경우에는 권리남용이 된다」고 판시하고 있다(대판 2007.1.25. 2005다67233).

2. 적용범위

소권, 항변권, 형성권의 행사 등도 권리남용이 될 수 있고, 소멸시효의 완성을 주장하는 것도 권리남용이 될 수 있으며, 확정판결에 기한 권리를 행사하는 것도 경우에 따라서는 권리남용이 될 수 있다.

3. 권리남용 성립요건

(1) 객관적 요건

권리남용이 성립하기 위해서는 ① 행사할 권리가 존재하여야 하며, ② 권리의 행사라고 볼 수 있는 행위가 존재하여야 하고, ③ 권리행사로 권리행사자의 이익과 그로 인하여 침해되는 상대방의 이익 사이에 현저한 불균형이 있어야 한다.

(2) 주관적 요건

1) 학 설

통설은 객관적 요건만 갖추면 족하고, 주관적 요건은 불필요하다고 한다.

2) 판 례

① 주류적인 판례는 통설과 달리 주관적 요건(가해의사)이 필요하다고 보고 있다(대판 2006.11.23. 2004다44285).

> 권리행사가 권리의 남용에 해당한다고 할 수 있으려면, 주관적으로는 그 권리행사의 목적이 오직 상대방에게 고통을 주고 손해를 입히려는 데 있을 뿐 권리를 행사하는 사람에게 아무런 이익이 없는 경우이어야 하고, 객관적으로는 그 권리행사가 사회질서에 위반된다고 볼 수 있어야 하는 것이며, 이와 같은 경우에 해당하지 않는 한 비록 그 권리의 행사에 의하여 권리행사자가 얻는 이익보다 상대방이 입을 손해가 현저히 크다고 하여도 그러한 사정만으로는 이를 권리남용이라 할 수 없다고 할 것이다(대판 2002.9.4. 2002다22083·22090 등).

② 다만, 객관적 요건이 존재하는 경우에는 주관적 요건이 추정된다고 한다(대판 2010.2.25. 2009다79378).
③ 반면 상계권 행사(대판 2003.4.11. 2002다59481)와 상표권 행사(대판 2007.1.25. 2005다67223)가 권리남용에 해당하는지 여부가 문제된 사안에서는 주관적 요건을 반드시 필요로 하는 것은 아니라고 하였다.

4. 권리남용의 효과

권리자의 권리 자체가 소멸되는 것은 아니다. 단지 청구권의 행사가 권리남용으로 인정되면 법에 의한 조력을 받지 못하게 되고, 상대방에게 항변권이 생기게 되는 것이며, 형성권의 경우에는 권리자의 권리행사에 따른 법적 효과가 발생하지 않게 되는 것이다.

[판결에 대한 강제집행이 권리남용에 해당하는 경우]
- 채권자가 채권을 확보하기 위하여 제3자의 부동산을 채무자에게 명의신탁하도록 한 다음 동 부동산에 대하여 강제집행을 하는 따위의 행위는 신의칙에 비추어 허용할 수 없다(대판 1981.7.7. 80다2064).
- 확정판결의 내용이 실체적 권리관계에 배치되는 경우 그 판결에 의하여 집행할 수 있는 것으로 확정된 권리의 성질과 그 내용, 판결의 성립 경위 및 판결 성립 후 집행에 이르기까지의 사정, 그 집행이 당사자에게 미치는 영향 등 제반 사정을 종합하여 볼 때, 그 확정판결에 기한 집행이 현저히 부당하고 상대방으로 하여금 그 집행을 수인하도록 하는 것이 정의에 반함이 명백하여 사회생활상 용인할 수 없다고 인정되는 경우에는 그 집행은 권리남용으로서 허용되지 않는다(대판 2001.11.13. 99다32899).

[확정판결의 집행이 권리남용이 되는 경우 청구이의의 소의 허부(적극)]
확정판결에 의한 권리라 하더라도 신의에 좇아 성실히 행사되어야 하고 그 판결에 기한 집행이 권리남용이 되는 경우에는 허용되지 않으므로 집행채무자는 청구이의의 소에 의하여 그 집행의 배제를 구할 수 있다(대판 2001.11.13. 99다32899).

[확정판결에 기한 강제집행절차가 적법하게 진행되어 종료된 후에 그 강제집행이 권리남용에 해당하여 허용될 수 없다는 등의 사유를 들어 강제집행에 따른 효력 자체를 다투는 것이 허용되는지 여부(소극)]
확정판결에 의한 권리라 하더라도 신의에 좇아 성실히 행사되어야 하고 판결에 기한 집행이 권리남용이 되는 경우에는 허용되지 않으므로, 집행채무자는 청구이의의 소에 의하여 집행의 배제를 구할 수 있으나, 확정판결은 소송당사자를 기속하는 것이므로 재심의 소에 의하여 취소되거나 청구이의의 소에 의하여 집행력이 배제되지 아니한 채 확정판결에 기한 강제집행절차가 적법하게 진행되어 종료되었다면 강제집행에 따른 효력 자체를 부정할 수는 없고, 강제집행이 이미 종료된 후 다시 확정판결에 기한 강제집행이 권리남용에 해당하여 허용될 수 없다는 등의 사유를 들어 강제집행에 따른 효력 자체를 다투는 것은 확정판결의 기판력에 저촉되어 허용될 수 없다(대판 2024.1.4. 2022다291313).

[부당이득반환청구 또는 불법행위에 기한 손해배상청구]
소송당사자가 허위의 주장으로 법원을 기망하고 상대방의 권리를 해할 의사로 상대방의 소송관여를 방해하는 등 부정한 방법으로 실체의 권리관계와 다른 내용의 확정판결을 취득하여 그 판결에 기하여 강제집행을 하는 것은 정의에 반하고 사회생활상 도저히 용인될 수 없는 것이어서 권리남용에 해당한다고 할 것이지만, 위 확정판결에 대한 재심의 소가 각하되어 확정되는 등으로 위 확정판결이 취소되지 아니한 이상 위 확정판결에 기한 강제집행으로 취득한 채권을 법률상 원인 없는 이득이라고 하여 반환을 구하는 것은 위 확정판결의 기판력에 저촉되어 허용될 수 없다(대판 2001.11.13. 99다32905). 다만, 확정판결에 기한 강제집행이 권리남용에 해당하는 이상 위 강제집행은 상대방에 대한 관계에서 불법행위를 구성한다.

[유치권의 남용]
- 유치권제도와 관련하여서는 거래당사자가 유치권을 자신의 이익을 위하여 고의적으로 작출함으로써 유치권의 최우선순위담보권으로서의 지위를 부당하게 이용하고 전체 담보권질서에 관한 법의 구상을 왜곡할 위험이 내재한다. 따라서 개별 사안의 구체적인 사정을 종합적으로 고려할 때 <u>신의성실의 원칙에 반한다고 평가되는 유치권제도 남용의 유치권 행사는 허용될 수 없다</u>(대판 2014.12.11. 2014다53462).
- 공매절차에서 점유자의 유치권 신고 사실을 알고 부동산을 매수한 자가 그 점유를 침탈하여 유치권을 소멸시키고 나아가 고의적인 점유이전으로 유치권자의 확정판결에 기한 점유회복조차 곤란하게 하였음에도 유치권자가 현재까지 점유회복을 하지 못한 사실을 내세워 유치권자를 상대로 적극적으로 유치권부존재확인을 구하는 것은, 자신의 불법행위로 초래된 상황을 자기의 이익으로 원용하면서 피해자에 대하여는 불법행위로 인한 권리침해의 결과를 수용할 것을 요구하고, 나아가 법원으로부터는 위와 같은 불법적 권리침해의 결과를 승인받으려는 것으로서, 이는 명백히 정의관념에 반하여 사회생활상 도저히 용인될 수 없는 것으로 권리남용에 해당하여 허용되지 <u>않는다</u>(대판 2010.4.15. 2009다96953).

[채무자의 시효완성의 주장이 권리남용이 되는 경우]
- <u>채무자의 소멸시효에 기한 항변권 행사도 우리 민법의 대원칙인 신의성실 원칙과 권리남용금지 원칙의 지배를 받는</u> 것이어서, 채무자가 시효완성 전에 채권자의 권리행사나 시효중단을 불가능 또는 현저히 곤란하게 하였거나, 그러한 조치가 불필요하다고 믿게 하는 행동을 하였거나, 객관적으로 채권자가 권리를 행사할 수 없는 장애사유가 있었거나, 또는 일단 시효완성 후에 채무자가 시효를 원용하지 아니할 것 같은 태도를 보여 권리자로 하여금 그와 같이 신뢰하게 하였거나, 채권자 보호의 필요성이 크고 같은 조건의 다른 채권자가 채무의 변제를 수령하는 등의 사정이 있어 채무이행의 거절을 인정함이 현저히 부당하거나 불공평하게 되는 등의 특별한 사정이 있는 경우에는 채무자가 소멸시효 완성을 주장하는 것이 신의성실 원칙에 반하여 권리남용으로서 허용될 수 없다. 다만 실정법에 정하여진 개별 법제도의 구체적 내용에 좇아 판단되는 바를 신의칙과 같은 일반조항에 의한 법원칙을 들어 배제 또는 제한하는 것은 중요한 법가치의 하나인 법적 안정성을 후퇴시킬 우려가 있다. 특히 소멸시효제도는 법률관계 주장에 일정한 시간적 한계를 설정함으로써 그에 관한 당사자 사이의 다툼을 종식시키려는 것으로서, 누구에게나 무차별적·객관적으로 적용되는 시간의 경과가 1차적인 의미를 가지는 것으로 설계되었음을 고려하면, 법적 안정성 요구는 더욱 선명하게 제기된다. 따라서 소멸시효 완성 주장이 신의성실 원칙에 반하여 허용되지 아니한다고 평가하는 것은 신중을 기할 필요가 있다(대판 2025.5.29. 2024다294705).
- 공무원의 불법행위로 손해를 입은 피해자의 국가배상청구권의 소멸시효 기간이 지났으나 국가가 소멸시효 완성을 주장하는 것이 신의성실의 원칙에 반하는 권리남용으로 허용될 수 없어 배상책임을 이행한 경우에는, 소멸시효 완성 주장이 권리남용에 해당하게 된 원인행위와 관련하여 공무원이 원인이 되는 행위를 적극적으로 주도하였다는 등의 특별한 사정이 없는 한, 국가가 공무원에게 구상권을 행사하는 것은 신의칙상 허용되지 않는다(대판 2016.6.10. 2015다217843).

[일반 공중의 통행에 공용되는 도로 부지의 소유자가 이를 점유·관리하는 지방자치단체를 상대로 도로의 철거, 점유이전 또는 통행금지를 청구하는 것이 권리남용에 해당하는지 여부(원칙적 적극)]
어떤 토지가 개설경위를 불문하고 일반 공중의 통행에 공용되는 도로, 즉 공로가 되면 그 부지의 소유권 행사는 제약을 받게 되며, 이는 소유자가 수인하여야 하는 재산권의 사회적 제약에 해당한다. 따라서 공로 부지의 소유자가 이를 점유·관리하는 지방자치단체를 상대로 공로로 제공된 도로의 철거, 점유 이전 또는 통행금지를 청구하는 것은 법질서상 원칙적으로 허용될 수 없는 '권리남용'이라고 보아야 한다(대판 2021.3.11. 2020다229239).

> **['노동조합이나 근로자들이 집단적 동의권을 남용한 경우'의 의미 / 집단적 동의권 남용에 해당하는지에 대하여 법원이 직권으로 판단할 수 있는지 여부(적극)]**
> 근로기준법상 취업규칙의 불이익변경 과정에서 노동조합이나 근로자들이 집단적 동의권을 행사할 때도 신의성실의 원칙과 권리남용금지 원칙이 적용되어야 한다. 따라서 노동조합이나 근로자들이 집단적 동의권을 남용하였다고 볼 만한 특별한 사정이 있는 경우에는 그 동의가 없더라도 취업규칙의 불이익변경을 유효하다고 볼 수 있다. 여기에서 노동조합이나 근로자들이 집단적 동의권을 남용한 경우란 관계법령이나 근로관계를 둘러싼 사회 환경의 변화로 취업규칙을 변경할 필요성이 객관적으로 명백히 인정되고, 나아가 근로자의 집단적 동의를 구하고자 하는 사용자의 진지한 설득과 노력이 있었음에도 불구하고 노동조합이나 근로자들이 합리적 근거나 이유 제시 없이 취업규칙의 변경에 반대하였다는 등의 사정이 있는 경우를 말한다. 다만 취업규칙을 근로자에게 불리하게 변경하는 경우에 근로자의 집단적 동의를 받도록 한 근로기준법 제94조 제1항 단서의 입법 취지와 절차적 권리로서 동의권이 갖는 중요성을 고려할 때, 노동조합이나 근로자들이 집단적 동의권을 남용하였는지는 엄격하게 판단할 필요가 있다. / 한편 신의성실 또는 권리남용금지 원칙의 적용은 강행규정에 관한 것으로서 당사자의 주장이 없더라도 법원이 그 위반 여부를 직권으로 판단할 수 있으므로, 집단적 동의권의 남용에 해당하는지에 대하여도 법원은 직권으로 판단할 수 있다(대판[전합] 2023.5.11. 2017다35588 · 2017다35595[병합]).

Ⅳ 모순행위금지의 원칙(금반언의 원칙)

1. 의 의

권리자의 권리행사가 그의 종전의 행동과 모순되는 경우에는 그러한 권리행사는 허용되지 않는다는 원칙을 말한다.

2. 적용 요건

① 행위자의 선행행위가 있을 것
② 상대방은 선행행위로 인하여 정당한 신뢰를 형성하였을 것, 즉 상대방의 보호가치 있는 신뢰가 있을 것
③ 행위자가 선행행위와 모순되는 후행행위를 하였을 것

3. 판 례

(1) 금반언 내지 신의칙에 반하는 사례

> 甲이 대리권 없이 乙소유의 부동산을 丙에게 매도하여 소유권이전등기를 마쳐주었다면 그 매매계약은 무효이고 이에 터잡은 이전등기 역시 무효가 되나, 甲은 乙의 무권대리인으로서 민법 제135조 제1항의 규정에 의하여 매수인 丙에게 부동산에 대한 소유권이전등기를 이행할 의무가 있으므로 그러한 지위에 있는 甲이 乙로부터 부동산을 상속받아 그 소유자가 되며 소유권이전등기이행의무를 이행하는 것이 가능하게 된 시점에서 자신이 소유자라고 하여 자신으로부터 부동산을 전전매수한 丁에게 원래 자신의 매매행위가 무권대리행위여서 무효였다는 이유로 丁 앞으로 경료된 소유권이전등기가 무효의 등기라고 주장하여 그 등기의 말소를 청구하거나 부동산의 점유로 인한 부당이득의 반환을 구하는 것은 금반언의 원칙이나 신의성실의 원칙에 반하여 허용될 수 없다(대판 1994.9.27. 94다20617).

(2) 금반언 내지 신의칙에 반하지 않는 사례

- 강행법규인 국토이용관리법 제21조의3 제1항, 제7항을 위반하였을 경우에 있어서 위반한 자 스스로가 무효를 주장함이 신의성실의 원칙에 위배되는 권리의 행사라는 이유로서 이를 배척한다면 위에서 본 국토이용관리법의 입법취지를 완전히 몰각시키는 결과가 되므로, 거래당사자 사이의 약정내용과 취득목적대로 관할관청에 토지거래허가신청을 하였을 경우에 그 신청이 국토이용관리법 소정의 허가기준에 적합하여 허가를 받을 수 있었으나 다른 급박한 사정으로 이러한 절차를 회피하였다고 볼 만한 특단의 사정이 엿보이지 아니하는 한, 그러한 주장이 신의성실의 원칙에 반한다고는 할 수 없다(대판 1993.12.24. 93다44319·44326).
- 강행법규에 위반하여 무효인 수익보장약정이 투자신탁회사가 먼저 고객에게 제의함으로써 체결된 것이라고 하더라도, 이러한 경우에 강행법규를 위반한 투자신탁회사 스스로가 그 약정의 무효를 주장함이 신의칙에 위반되는 권리의 행사라는 이유로 그 주장을 배척한다면, 이는 오히려 강행법규에 의하여 배제하려는 결과를 실현시키는 셈이 되어 입법취지를 완전히 몰각하게 되므로, 달리 특별한 사정이 없는 한 위와 같은 주장이 신의성실의 원칙에 반하는 것이라고 할 수 없다(대판 1999.3.23. 99다4405).
- 유류분을 포함한 상속의 포기는 상속이 개시된 후 일정한 기간 내에만 가능하고, 가정법원에 신고하는 등 일정한 절차와 방식을 따라야만 그 효력이 있으므로, 상속인이 상속개시 전인 피상속인의 생존 시에 피상속인에 대하여 상속을 포기하기로 약정하였다고 하더라도, 상속개시 후에 자신의 상속권을 주장하는 것은 정당한 권리행사로서 신의칙에 반하지 않는다(대판 1998.7.24. 98다9021).
- 인지청구권은 포기할 수 없고, 포기하였다 하더라도 효력이 발생할 수 없고, 한편 인지청구권을 조정이나 화해로 포기하였다고 하더라도 인지청구가 금반언의 원칙에 반하거나 권리남용에 해당한다고 할 수 없다(대판 1999.10.8. 98므1698).
- 상해보험은 신체의 상해에 관한 보험사고가 생길 경우에 보험금액 기타의 급여를 지급하는 보험으로서(상법 제737조) 상해보험에 관하여는 상법 제732조를 제외하고 생명보험에 관한 규정이 준용된다(상법 제739조). 상법 제731조 제1항은 '타인의 사망을 보험사고로 하는 보험계약에는 보험계약 체결 시에 그 타인의 서면에 의한 동의를 얻어야 한다'고 규정하고 있다. 상법 제731조 제1항은 도박보험의 위험성이나 피보험자에 대한 위해의 우려 또는 피보험자의 동의 없이 타인의 사망 또는 신체 상해를 사행계약의 조건으로 삼는 데서 오는 공서양속 침해의 위험 등을 배제하고자 하는 데에 그 입법 취지가 있다. 이러한 상법 규정의 문언과 입법 취지를 고려하면, 타인의 신체 상해를 보험사고로 하는 이른바 '타인의 상해보험계약'을 체결하는 경우에는 보험계약 체결 시에 그 타인의 서면 동의를 얻어야 한다. 나아가 상법 제731조 제1항은 강행법규로서, 보험계약자가 이를 위반하여 타인의 상해보험계약을 체결하면서 보험계약 체결 시에 그 타인의 서면 동의를 얻지 않았다면 그 보험계약은 무효로 보아야 한다. 그리고 피보험자의 서면 동의 없이 타인의 신체 상해를 보험사고로 하는 보험계약을 체결한 사람 스스로 보험계약의 무효를 주장하는 것이 신의성실의 원칙 또는 금반언의 원칙에 위반되는 권리 행사라는 이유로 이를 배척한다면 위와 같은 입법 취지를 완전히 몰각시키는 결과가 초래되므로, 특단의 사정이 없는 한 그러한 주장이 신의성실 또는 금반언의 원칙에 반한다고 볼 수 없다(대판 2024.11.14. 2024다238392).

V 실효의 원칙

1. 의 의

실효의 원칙이란 권리자가 실제로 권리를 행사할 수 있는 기회가 있어서 그 권리를 행사할 수 있었음에도 불구하고 상당한 기간이 경과하도록 그 권리를 행사하지 아니하여 의무자인 상대방으로서도 이제는 권리자가 권리를 행사하지 아니할 것으로 신뢰할 만한 정당한 기대를 가지게 된 경우에 새삼스럽게 권리자가 그 권리를 행사하는 것은 법질서 전체를 지배하는 신의성실의 원칙에 위배되어 허용되지 아니한다는 것을 의미한다(대판 2011.4.28. 2010다89654). 이 원칙의 근거는 신의칙상의 모순행위금지의 원칙에서 찾을 수 있어, 신의칙의 파생원칙으로 이해하는 것이 일반적이다.

2. 적용 요건

① 권리자가 실제로 권리를 행사할 수 있는 기대가능성이 있었음에도 불구하고
② 상당한 기간이 경과하도록 권리를 행사하지 않았을 것
③ 의무자인 상대방으로서도 이제는 권리자의 권리 불행사를 신뢰할 만한 정당한 기대를 가지게 되었을 것
④ 그럼에도 불구하고 권리자가 새삼스럽게 권리를 행사하는 것일 것

3. 적용범위

판례는 사법상 권리뿐만 아니라 공법상 권리, 근로관계상의 권리, 소권, 항소권 등 소송법상 권리(대판 1996.7.30. 94다51840) 등에도 적용될 수 있다고 한다.

4. 관련 판례

(1) 권리의 실효를 인정한 사례

[해제권의 실효]
매도인에게 해제권이 발생하였음에도 불구하고 오랫동안 행사하지 않고 있어서 매수인으로서는 더 이상 매도인이 해제권을 행사하지 않을 것이라는 신뢰를 갖게 된 경우 매도인의 해제권 행사는 신의성실의 원칙에 반하여 허용되지 아니하고, 다시 매매계약을 해제하기 위해서는 다시 이행제공을 하면서 최고를 하여야 한다(대판 1994.11.25. 94다12234).

[소권의 실효]
회사로부터 퇴직금을 수령하고 징계면직처분에 대해 전혀 다툼이 없이 다른 생업에 종사해 오다가 징계면직일로부터 2년 10개월이 지난 때에 제기한 해고무효확인의 소는 실효의 원칙에 비추어 허용될 수 없다(대판 2000.4.25. 99다34475).

(2) 권리의 실효를 부정한 사례

• 토지소유자가 그 점유자에 대하여 장기간 적극적으로 권리를 행사하지 아니하였다는 사정만으로는 부당이득반환청구권이 이른바 실효의 원칙에 따라 소멸하였다고 볼 수 없다(대판 2002.1.8. 2001다60019).
• 인지청구권은 본인의 일신전속적인 신분관계상의 권리로서 포기할 수도 없으며 포기하였더라도 그 효력이 발생할 수 없는 것이고, 이와 같이 인지청구권의 포기가 허용되지 않는 이상 거기에 실효의 법리가 적용될 여지도 없다(대판 2001.11.27. 2001므1353).
• 송전선이 토지 위를 통과하고 있다는 점을 알고서 토지를 취득하였다고 하여 소유권의 행사가 제한된 상태를 용인하였다고 할 수 없으므로, 그 취득자의 송전선철거청구 등의 권리행사는 신의성실의 원칙에 반하지 않는다. 또한 종전 토지소유자가 자신의 권리를 행사하지 않았다는 사정은 그 토지의 소유권을 적법하게 취득한 새로운 권리자에게 실효의 원칙을 적용함에 있어서 고려하여야 할 것은 아니다(대판 1995.8.25. 94다27069).

권리 일반

제1절 　법률관계와 권리·의무

제2절 　신의성실의 원칙

01 신의칙과 권리남용에 관한 다음 설명 중 가장 옳지 않은 것은? 　　2024년

① 계속적 보증계약에서 보증인은 변제기에 있는 주채무 전액에 대하여 책임을 지는 것이 원칙이고, 다만 보증 당시 주채무의 액수를 보증인이 예상하였거나 예상할 수 있었을 경우에는 그 예상 범위로 보증책임을 제한할 수 있으나, 그 예상 범위를 상회하는 주채무 과다 발생의 원인이 채권자가 주채무자의 자산 상태가 현저히 악화된 사실을 잘 알거나 중대한 과실로 알지 못한 탓으로 이를 알지 못하는 보증인에게 아무런 통보나 의사 타진도 없이 고의로 거래 규모를 확대함에 연유하는 등 신의칙에 반하는 사정이 있는 경우에 한하여 보증인의 책임을 합리적인 범위 내로 제한할 수 있다.
② 위임계약에서 보수액에 관하여 약정한 경우에 수임인은 원칙적으로 약정보수액을 전부 청구할 수 있는 것이 원칙이지만, 위임의 경위, 위임업무 처리의 경과와 난이도, 투입한 노력의 정도, 위임인이 업무 처리로 인하여 얻게 되는 구체적 이익, 기타 변론에 나타난 제반 사정을 고려할 때 약정보수액이 부당하게 과다하여 신의성실의 원칙이나 형평의 원칙에 반한다고 볼 만한 특별한 사정이 있는 때에는 예외적으로 상당하다고 인정되는 범위 내의 보수액만을 청구할 수 있다.
③ 계약 성립의 기초가 된 사정이 현저히 변경되고 당사자가 계약의 성립 당시 이를 예견할 수 없었으며, 그로 인하여 계약을 그대로 유지하는 것이 당사자의 이해에 중대한 불균형을 초래하거나 계약을 체결한 목적을 달성할 수 없는 경우에는 계약준수 원칙의 예외로서 사정변경을 이유로 계약을 해제하거나 해지할 수 있다. 여기에서 말하는 사정이란 당사자들에게 계약 성립의 기초가 된 사정뿐만 아니라, 어느 일방당사자가 변경에 따른 불이익이나 위험을 떠안기로 한 사정도 모두 포함될 수 있다.
④ 점유자가 취득시효완성 후 그 사실을 모르고 당해 토지에 관하여 어떠한 권리도 주장하지 않기로 하였다 하더라도 이에 반하여 시효주장을 하는 것은 특별한 사정이 없는 한 신의칙상 허용되지 않는다.
⑤ 상속인 중의 1인이 피상속인의 생존 시에 피상속인에 대하여 상속을 포기하기로 약정하였다고 하더라도, 상속개시 후 민법이 정하는 절차와 방식에 따라 상속포기를 하지 아니한 이상, 상속개시 후에 자신의 상속권을 주장하는 것은 정당한 권리행사로서 권리남용에 해당하거나 또는 신의칙에 반하는 권리의 행사라고 할 수 없다.

[❶ ▶ ○] 계속적 보증계약에서 보증인은 변제기에 있는 주채무 전액에 대하여 책임을 지는 것이 원칙이고, 다만 보증 당시 주채무의 액수를 보증인이 예상하였거나 예상할 수 있었을 경우에는 그 예상 범위로 보증책임을 제한할 수 있으나, 그 예상 범위를 상회하는 주채무 과다 발생의 원인이 채권자가 주채무자의 자산 상태가 현저히 악화된 사실을 잘 알거나 중대한 과실로 알지 못한 탓으로 이를 알지 못하는 보증인에게 아무런 통보나 의사 타진도 없이 고의로 거래 규모를 확대함에 연유하는 등 신의칙에 반하는 사정이 있는 경우에 한하여 보증인의 책임을 합리적인 범위 내로 제한할 수 있다(대판 1998.6.12. 98다8776).

[❷ ▶ ○] 위임계약에서 보수액에 관하여 약정한 경우에 수임인은 원칙적으로 약정보수액을 전부청구할 수 있는 것이 원칙이지만, 위임의 경위, 위임업무 처리의 경과와 난이도, 투입한 노력의 정도, 위임인이 업무 처리로 인하여 얻게 되는 구체적 이익, 기타 변론에 나타난 제반 사정을 고려할 때 약정보수액이 부당하게 과다하여 신의성실의 원칙이나 형평의 원칙에 반한다고 볼 만한 특별한 사정이 있는 때에는 예외적으로 상당하다고 인정되는 범위 내의 보수액만을 청구할 수 있다(대판 2016.2.18. 2015다35560).

[❸ ▶ ×] 계약 성립의 기초가 된 사정이 현저히 변경되고 당사자가 계약의 성립 당시 이를 예견할 수 없었으며, 그로 인하여 계약을 그대로 유지하는 것이 당사자의 이해에 중대한 불균형을 초래하거나 계약을 체결한 목적을 달성할 수 없는 경우에는 계약준수 원칙의 예외로서 사정변경을 이유로 계약을 해제하거나 해지할 수 있다. 여기에서 말하는 사정이란 당사자들에게 계약 성립의 기초가 된 사정을 가리키고, 당사자들이 계약의 기초로 삼지 않은 사정이나 어느 일방당사자가 변경에 따른 불이익이나 위험을 떠안기로 한 사정은 포함되지 않는다(대판 2017.6.8. 2016다249557).

[❹ ▶ ○] 취득시효완성 후에 그 사실을 모르고 당해 토지에 관하여 어떠한 권리도 주장하지 않기로 하였다 하더라도 이에 반하여 시효주장을 하는 것은 특별한 사정이 없는 한 신의칙상 허용되지 않는다(대판 1998.5.22. 96다24101).

[❺ ▶ ○] 상속인 중의 1인이 피상속인의 생존 시에 피상속인에 대하여 상속을 포기하기로 약정하였다고 하더라도, 상속개시 후 민법이 정하는 절차와 방식에 따라 상속포기를 하지 아니한 이상, 상속개시 후에 자신의 상속권을 주장하는 것은 정당한 권리행사로서 권리남용에 해당하거나 또는 신의칙에 반하는 권리의 행사라고 할 수 없다(대판 1998.7.24. 98다9021).

답 ❸

권리의 주체

제1절 서 설

Ⅰ 권리의 주체

권리의 주체는 법에 의하여 권리를 향유할 수 있는 힘을 부여받은 자를 말하며, 법적 인격 또는 법인격이라고도 한다. 민법상 권리의 주체로 자연인과 법인이 있다.

Ⅱ 민법상 능력

민법상 능력에 관한 규정은 모두 강행규정이다. 따라서 개인의 의사 또는 합의로 그 적용을 배제할 수 없다.

1. 권리능력

권리능력은 권리·의무의 주체가 될 수 있는 자격을 말한다. 우리 민법상 권리능력자는 '모든 살아 있는 사람'(자연인)과 '법인'으로 법정·획일화되어 있다.

2. 의사능력

의사능력이란 자신의 행위의 의미나 결과를 정상적인 인식력과 예기력을 바탕으로 합리적으로 판단할 수 있는 정신적 능력 내지는 지능을 말하는바, 특히 어떤 법률행위가 그 일상적인 의미만을 이해하여서는 알기 어려운 특별한 법률적인 의미나 효과가 부여되어 있는 경우 의사능력이 인정되기 위하여는 그 행위의 일상적인 의미뿐만 아니라 법률적인 의미나 효과에 대하여도 이해할 수 있을 것을 요한다고 보아야 하고, 의사능력의 유무는 구체적인 법률행위와 관련하여 개별적으로 판단되어야 할 것이다(대판 2006.9.22. 2006다29358). 의사능력이 없으면 이에 대한 명문규정이 없더라도 무효이다. 이 경우 무효의 주장은 의사무능력자뿐만 아니라 상대방도 할 수 있다(통설).

3. 행위능력

행위능력이란 단독으로 완전하고 유효하게 법률행위를 할 수 있는 능력을 말한다. 행위능력이 없는 자를 제한능력자라고 하며, 제한능력자는 객관적으로 법정·획일화되어 있다. 행위능력이 없으면 취소사유가 된다(민법 제5조 제2항, 제10조 제1항, 제13조 제4항).

4. 책임능력

책임능력은 자기의 행위에 대한 책임을 변식할 수 있는 능력을 말한다. 책임능력은 의사능력과 마찬가지로 구체적·개별적으로 판단한다. 책임능력이 없으면 불법행위책임 또는 채무불이행책임이 인정되지 아니한다.

제2절 자연인

제1관 권리능력

I 서 설

권리능력의 존속기간(민법 제3조)
사람은 생존하는 동안 권리와 의무의 주체가 된다.

1. 권리능력의 시기

① 권리능력은 사람이 생존하기 시작하는 때, 즉 출생과 함께 시작된다. 출생의 시기에 대해서는 통설은 태아가 모체로부터 완전히 분리된 때에 출생한 것으로 본다(전부노출설).
② 사람이 출생하면 가족관계의 등록 등에 관한 법률상의 절차에 따라 출생신고를 하여야 하는데 이 신고는 보고적 신고에 불과하다.

2. 인정사망

(1) 의 의

인정사망은 수난, 화재나 그 밖의 재난으로 인하여 사망의 증명을 얻을 수 없으나 사망이 확실시 되는 경우에, 이를 조사한 관공서가 사망지의 시·읍·면의 장에게 보고를 하고, 이 보고에 의하여 가족관계등록부에 사망의 기재를 하여 사망으로 추정하는 제도이다(가족관계의 등록 등에 관한 법률 제87조, 제16조).

(2) 효 과

실종선고와 달리 인정사망은 가족관계등록부에 사망을 기록하기 위한 절차적 특례 제도로, 강한 사망추정적 효과가 인정된다.

> **[인정사망이나 실종선고에 의하지 아니하고 법원이 사망사실을 인정할 수 있는지 여부(적극)]**
> 수난, 전란, 화재 기타 사변에 편승하여 타인의 불법행위로 사망한 경우에 있어서는 확정적인 증거의 포착이 손쉽지 않음을 예상하여 법은 인정사망, 위난실종선고 등의 제도와 그 밖에도 보통실종선고제도도 마련해 놓고 있으나 그렇다고 하여 위와 같은 자료나 제도에 의함이 없는 사망사실의 인정을 수소법원이 절대로 할 수 없다는 법리는 없다(대판 1989.1.31. 87다카2954).

제2관 의사능력

Ⅰ 서 설

1. 의 의

의사능력이란 자신의 행위의 의미나 결과를 정상적인 인식력과 예기력을 바탕으로 합리적으로 판단할 수 있는 정신적 능력 내지는 지능을 말한다.

2. 판단 기준

어떤 법률행위가 그 일상적인 의미만을 이해하여서는 알기 어려운 특별한 법률적인 의미나 효과가 부여되어 있는 경우 의사능력이 인정되기 위하여는 그 행위의 일상적인 의미뿐만 아니라 법률적인 의미나 효과에 대하여도 이해할 수 있을 것을 요한다고 보아야 하고, 의사능력의 유무는 구체적인 법률행위와 관련하여 개별적으로 판단되어야 할 것이다(대판 2006.9.22. 2006다29358).

Ⅱ 의사무능력의 효과

1. 무효

의사무능력자의 법률행위는 무효이다. 따라서 누구나 언제든지 무효를 주장할 수 있다. 법률행위의 무효를 주장하는 자가 의사능력이 없었음을 증명하여야 한다.

2. 의사무능력자의 부당이득 반환범위

> [무능력자의 책임을 제한하는 민법 제141조 단서 규정이 의사능력의 흠결을 이유로 법률행위가 무효가 되는 경우에도 유추적용되는지 여부(적극) 및 이익의 현존 여부의 증명책임의 소재(= 의사무능력자)]
> 무능력자의 책임을 제한하는 민법 제141조 단서는 부당이득에 있어 수익자의 반환범위를 정한 민법 제748조의 특칙으로서 무능력자의 보호를 위해 그 선의·악의를 묻지 아니하고 반환범위를 현존 이익에 한정시키려는 데 그 취지가 있으므로, 의사능력의 흠결을 이유로 법률행위가 무효가 되는 경우에도 유추적용되어야 할 것이나, 법률상 원인 없이 타인의 재산 또는 노무로 인하여 이익을 얻고 그로 인하여 타인에게 손해를 가한 경우에 그 취득한 것이 금전상의 이득인 때에는 그 금전은 이를 취득한 자가 소비하였는가의 여부를 불문하고 현존하는 것으로 추정되므로, 위 이익이 현존하지 아니함은 이를 주장하는 자, 즉 의사무능력자 측에 입증책임이 있다(대판 2009.1.15. 2008다58367).
>
> [부당이득반환청구의 대상]
> 의사무능력자가 자신이 소유하는 부동산에 근저당권을 설정해 주고 금융기관으로부터 금원을 대출받아 이를 제3자에게 대여한 경우, 대출로써 받은 이익이 위 제3자에 대한 대여금채권 또는 부당이득반환채권의 형태로 현존하므로, 금융기관은 대출거래약정 등의 무효에 따른 원상회복으로서 위 대출금 자체의 반환을 구할 수는 없더라도 현존 이익인 위 채권의 양도를 구할 수 있다(대판 2009.1.15. 2008다58367).

제3관 행위능력

Ⅰ 서설

행위능력제도는 근본적으로는 거래안전을 희생시키더라도 제한능력자를 보호하고자 하는 취지의 제도이다. 민법의 개정으로 금치산, 한정치산제도가 폐지되고 성년후견, 한정후견, 특정후견, 임의후견제도가 2013년 7월 1일부터 시행되었다. 그동안의 민법상 금치산, 한정치산제도는 재산관리에 중점을 두고 능력을 박탈 또는 제한한다는 점에서 제도를 악용하는 사례가 끊이지 않았으며, 이에 변경된 성년후견제도는 능력의 박탈 또는 제한이 아닌 능력지원과 재산관리, 신상보호에 중점을 둔 제도라는 점에 의미가 있다.

Ⅱ 미성년자

> **성년(민법 제4조)**
> 사람은 19세로 성년에 이르게 된다.
>
> **미성년자의 능력(민법 제5조)**
> ① 미성년자가 법률행위를 함에는 법정대리인의 동의를 얻어야 한다. 그러나 권리만을 얻거나 의무만을 면하는 행위는 그러하지 아니하다.
> ② 전항의 규정에 위반한 행위는 취소할 수 있다.
>
> **처분을 허락한 재산(민법 제6조)**
> 법정대리인이 범위를 정하여 처분을 허락한 재산은 미성년자가 임의로 처분할 수 있다.
>
> **동의와 허락의 취소(민법 제7조)**
> 법정대리인은 미성년자가 아직 법률행위를 하기 전에는 전2조의 동의와 허락을 취소할 수 있다.
>
> **영업의 허락(민법 제8조)**
> ① 미성년자가 법정대리인으로부터 허락을 얻은 특정한 영업에 관하여는 성년자와 동일한 행위능력이 있다.
> ② 법정대리인은 전항의 허락을 취소 또는 제한할 수 있다. 그러나 선의의 제3자에게 대항하지 못한다.

1. 성년기

(1) 의 의

민법상 19세로 성년이 되며(민법 제4조), 성년에 이르지 않은 자가 미성년자이다. 나이는 출생일을 산입하여 만(滿) 나이로 계산하고, 연수(年數)로 표시한다(민법 제158조).

(2) 성년의제

① 미성년자가 혼인을 한 때에는 성년자로 본다(민법 제826조의2). 이때의 혼인이 법률혼인지 사실혼인지에 대하여 견해대립이 있으나 통설은 성년시기를 획일적으로 명확하게 하여 거래안전을 보호해야 한다는 점에서 법률혼에 한정하고 있다.
② 미성년자가 혼인을 한 때에는 행위능력자로 간주되므로 이혼을 할 때에는 부모 등의 동의를 얻을 필요가 없다.
③ 성년의제는 민법의 영역에 한정되고 공직선거법, 근로기준법 등 공법이나 기타 사회법에서는 적용되지 않는다.

2. 행위능력

(1) 원칙

미성년자가 법률행위를 함에는 법정대리인의 동의를 얻어야 하며(민법 제5조 제1항 본문), 법정대리인의 동의 없이 법률행위를 한 때에는 미성년자 본인이나 법정대리인이 취소할 수 있다(민법 제5조 제2항, 제140조). 그 취소는 선의취득(민법 제249조) 등의 별개의 권리취득 원인이 인정되지 않는 이상 선의의 제3자에게도 대항할 수 있다(절대적 효력). 법정대리인의 동의에 관한 입증책임은 미성년자에게 있는 것이 아니라 「동의가 있었음을 주장하는 상대방」에게 있다(대판 1970.2.24. 69다1568).

(2) 예외 – 미성년자가 단독으로 할 수 있는 행위

① 권리만을 얻거나 의무만을 면하는 행위(민법 제5조 제1항 단서)
  ㉠ 부담 없는 증여나 유증을 받는 경우
  ㉡ 면제계약에 있어서 채무면제의 청약에 대한 승낙, 의무만을 부담하는 계약의 해제, 이자 없는 소비대차의 해지 등
  ㉢ 권리만을 얻는 제3자를 위한 계약의 수익의 의사표시
  ㉣ 단, 부담부 증여, 미성년자에게 경제적으로 유리한 매매계약을 체결하는 경우, 상속의 승인, 변제의 수령(통설)은 미성년자가 단독으로 할 수 없다.

② 범위를 정하여 처분이 허락된 재산의 처분행위(민법 제6조)
  ㉠ 목적범위를 정하여 처분을 허락한 경우에도 지정목적에 상관없이 임의처분 가능하다. 즉 여기서 허락의 대상은 「사용의 목적」이 아니라 「재산의 범위」라고 보아야 한다(통설).
  ㉡ 법정대리인은 특정 재산에 관한 처분을 허락하였더라도 그 재산에 관한 대리권을 상실하지 않는다.

> **[일정 소득이 있고 성년에 근접한 미성년자가 행한 신용구매계약의 취소 가능 여부]**
> [1] 행위무능력자 제도는 사적자치의 원칙이라는 민법의 기본이념, 특히, 자기책임 원칙의 구현을 가능케 하는 도구로서 인정되는 것이고, 거래의 안전을 희생시키더라도 행위무능력자를 보호하고자 함에 근본적인 입법 취지가 있는바, 행위무능력자 제도의 이러한 성격과 입법 취지 등에 비추어 볼 때, 신용카드 가맹점이 미성년자와 신용구매계약을 체결할 당시 향후 그 미성년자가 법정대리인의 동의가 없었음을 들어 스스로 위 계약을 취소하지는 않으리라 신뢰하였다 하더라도 그 신뢰가 객관적으로 정당한 것이라고 할 수 있을지 의문일 뿐만 아니라, 그 미성년자가 가맹점의 이러한 신뢰에 반하여 취소권을 행사하는 것이 정의관념에 비추어 용인될 수 없는 정도의 상태라고 보기도 어려우며, 미성년자의 법률행위에 법정대리인의 동의를 요하도록 하는 것은 강행규정인데, 위 규정에 반하여 이루어진 신용구매계약을 미성년자 스스로 취소하는 것을 신의칙 위반을 이유로 배척한다면, 이는 오히려 위 규정에 의해 배제하려는 결과를 실현시키는 셈이 되어 미성년자 제도의 입법 취지를 몰각시킬 우려가 있으므로, 법정대리인의 동의 없이 신용구매계약을 체결한 미성년자가 사후에 법정대리인의 동의 없음을 사유로 들어 이를 취소하는 것이 신의칙에 위배된 것이라고 할 수 없다. [2] 미성년자가 법률행위를 함에 있어서 요구되는 법정대리인의 동의는 언제나 명시적이어야 하는 것은 아니고 묵시적으로도 가능한 것이며, 미성년자의 행위가 위와 같이 법정대리인의 묵시적 동의가 인정되거나 처분허락이 있는 재산의 처분 등에 해당하는 경우라면, 미성년자로서는 더 이상 행위무능력을 이유로 그 법률행위를 취소할 수 없다. [3] 미성년자의 법률행위에 있어서 법정대리인의

> 묵시적 동의나 처분허락이 있다고 볼 수 있는지 여부를 판단함에 있어서는, 미성년자의 연령·지능·직업·경력, 법정대리인과의 동거 여부, 독자적인 소득의 유무와 그 금액, 경제활동의 여부, 계약의 성질·체결 경위·내용, 기타 제반 사정을 종합적으로 고려하여야 할 것이고, <u>위와 같은 법리는 묵시적 동의 또는 처분허락을 받은 재산의 범위 내라면 특별한 사정이 없는 한 신용카드를 이용하여 재화와 용역을 신용구매한 후 사후에 결제하려는 경우와 곧바로 현금구매하는 경우를 달리 볼 필요는 없다</u>(대판 2007.11.16. 2005다71659·71666·71673).

③ **허락된 영업에 관한 행위**(민법 제8조)
  ㉠ 법정대리인이 영업을 허락함에는 반드시 영업의 종류를 특정하여야 하며, 그 영업에 관한 행위에 대하여는 성년자와 동일한 행위능력이 인정된다(민법 제8조 제1항). 따라서 그 영업에 관하여는 법정대리인의 동의권과 대리권이 모두 소멸한다. 한편 미성년자는 허락된 영업에 관하여는 소송능력도 갖게 된다.
  ㉡ 법정대리인은 허락을 취소 또는 제한할 수 있다. 그러나 선의의 제3자에게 대항하지 못한다(민법 제8조 제2항).
  ㉢ 영업의 허락은 특별한 방식을 요하지 않으나, 미성년후견인이 허락하는 경우에는 후견감독인이 있으면 그의 동의를 받아야 한다(민법 제950조 제1항 제1호).
④ **근로계약의 체결** : 민법 제920조 단서(미성년자의 동의를 얻어야 한다)와 근로기준법 제67조 제1항(미성년자의 근로계약을 대리할 수 없다)의 충돌이 있으나, 다수설은 근로기준법에 의하여 법정대리인의 동의를 얻어 미성년자가 스스로 체결하는 방식만 가능하다는 입장이다. 미성년자는 독자적으로 임금을 청구할 수 있다(근기법 제68조).
⑤ **대리행위**(민법 제117조 참조) : 대리인은 행위능력자임을 요하지 아니한다(민법 제117조). 대리행위의 효과는 대리인이 아닌 본인에게 귀속하기 때문에 미성년자가 단독으로 할 수 있다.
⑥ **유언행위** : 유언에는 민법 제5조가 적용되지 않으며(민법 제1062조), 17세 이상이면 단독으로 유언이 가능하다(민법 제1061조). 〈개정 2022.12.27.〉
⑦ **제한능력을 이유로 하는 취소**(민법 제140조) : 미성년자도 법정대리인의 동의 없이 단독으로 취소할 수 있다.

(3) 동의와 허락의 취소 또는 제한

① 미성년자의 법정대리인은 동의나 재산처분에 대한 허락을 취소할 수 있다(민법 제7조). 여기서 취소는 「철회」의 성질을 갖는다. 또한 철회는 미성년자가 법률행위를 하기 전에만 허용되는데, 미성년자나 상대방에게 하여야 한다. 미성년자에게만 철회를 한 경우에는 선의의 제3자에게 대항할 수 없다.
② 법정대리인은 그가 행한 영업의 허락을 취소 또는 제한할 수 있다(민법 제8조 제2항 본문). 여기서 취소도 「철회」의 의미이다. 따라서 그 효력은 장래를 향하여 발생한다. 그리고 영업허락의 취소나 제한은 선의의 제3자, 즉 미성년자와 거래한 선의의 상대방에게 대항하지 못한다(민법 제8조 제2항 단서).

3. 법정대리인

(1) 법정대리인으로 되는 자
① 1차적으로 친권자(부모)가 법정대리인이 된다(민법 제911조).
② 2차적으로 미성년자에게 부모가 없거나 부모가 친권을 행사할 수 없는 경우에는 후견인이 법정대리인으로 된다. 후견인은 지정후견인(민법 제931조), 선임후견인(민법 제932조)의 순으로 된다.

(2) 법정대리인의 권한
① 동의권
  ㉠ 동의권은 미성년자와 피한정후견인의 법정대리인에게만 인정되며, 피성년후견인의 성년후견인에게는 동의권이 없다.
  ㉡ 동의는 미성년자의 법률행위가 있기 전에 하여야 하지만, 그 후에 하는 동의는 추인으로서 의미가 있다.
  ㉢ 법정대리인은 예견할 수 있는 범위 내에서 개괄적으로 동의 또는 허락할 수 있다. 동의나 허락은 미성년자나 그 상대방 어느 쪽에 대해서도 할 수 있으며, 명시적·묵시적으로도 할 수 있다. 다만, 미성년후견인이 미성년자의 일정한 행위에 동의를 할 때에는 후견감독인이 있으면 그의 동의를 받아야 한다(민법 제950조).
② 대리권
  ㉠ 대리권은 동의 또는 처분허락을 준 행위에 대해서도 행사할 수 있지만, 영업허락의 경우에는 그렇지 않다.
  ㉡ 미성년후견인이 미성년자의 일정한 행위를 대리한 때에는 후견감독인이 있으면 그의 동의를 받아야 한다(민법 제950조).
  ㉢ 민법 제909조를 위반하여 친권자인 부모의 일방이 부모의 공동명의로 대리권을 행사한 경우, 다른 일방의 의사에 반하더라도 선의의 상대방에 대하여 효력이 발생하는 반면(민법 제920조의2) 자기 단독명의로 대리권을 행사한 경우에는 무권대리행위가 된다.
③ 취소권 : 법정대리인은 미성년자가 독자적으로 한 법률행위를 취소할 수 있다(민법 제140조). 친권은 부모가 공동으로 행사하여야 하지만(민법 제909조 제2항), 취소는 친권자 각자가 단독으로 할 수 있다.

(3) 법정대리인의 권한에 대한 제한 : 이해상반행위
① 의의 : 법정대리인인 친권자와 그 자(子) 사이에 이해가 상반되는 행위 또는 그 친권에 따르는 수인의 자(子) 사이에 이해가 상반되는 행위를 행하는 경우에는 친권의 공정한 행사를 사실상 기대하기 어려우므로 법은 친권자의 친권을 제한하고 있다. 즉 이해상반행위에 해당하는 경우, 친권자는 특별대리인의 선임을 법원에 청구하여야 하며(민법 제921조), 수인의 자(子) 사이의 이해상반행위의 경우에는 미성년자 각자마다 특별대리인을 선임하여야 한다.

② 이해상반행위 여부에 대한 판단 기준

> 민법 제921조의 이해상반행위란 <u>행위의 객관적 성질상 친권자와 그 자(子) 사이 또는 친권에 복종하는 수인의 자(子) 사이에 이해의 대립이 생길 우려가 있는 행위를 가리키는 것으로서, 친권자의 의도나 그 행위의 결과 실제로 이해의 대립이 생겼는지의 여부는 묻지 않는다</u>(대판 1996.11.22. 96다10270).

③ 관련 판례

[이해상반행위에 해당하지 않는 경우]
- <u>친권자인 모(母)가 자기 오빠의 제3자에 대한 채무의 담보로 미성년자인 자(子) 소유의 부동산에 근저당권을 설정한 경우</u>(대판 1991.11.26. 91다32466)
- <u>친권자인 모(母)가 자신이 대표이사로 있는 주식회사의 채무보증을 위하여 자신과 미성년자인 자(子)의 공동재산을 담보로 제공한 경우</u>(대판 1996.11.22. 96다10270)
- 법정대리인인 <u>친권자가 미성년자인 자(子)에게 부동산을 명의신탁한 경우</u>(대판 1998.4.10. 97다4005)

[이해상반행위에 해당하는 경우]
- <u>친권자가 자기의 영업자금을 마련하기 위하여 미성년자인 자(子)를 대리하여 그 소유부동산을 담보로 제공하여 저당권을 설정한 경우</u>(대판 1971.7.27. 71다1113)
- <u>미성년자인 자(子)와 동순위의 공동상속인인 모(母)가 미성년자인 자(子)의 친권자로서 상속재산분할협의를 하는 경우</u>(대판 1993.3.9. 92다18481)
- <u>양모가 미성년자인 양자를 상대로 한 소유권이전등기청구소송을 제기한 경우</u>(대판 1991.4.12. 90다17491)

III 피성년후견인

성년후견개시의 심판(민법 제9조)
① 가정법원은 질병, 장애, 노령, 그 밖의 사유로 인한 정신적 제약으로 사무를 처리할 능력이 지속적으로 결여된 사람에 대하여 본인, 배우자, 4촌 이내의 친족, 미성년후견인, 미성년후견감독인, 한정후견인, 한정후견감독인, 특정후견인, 특정후견감독인, 검사 또는 지방자치단체의 장의 청구에 의하여 성년후견개시의 심판을 한다.
② 가정법원은 성년후견개시의 심판을 할 때 본인의 의사를 고려하여야 한다.

피성년후견인의 행위와 취소(민법 제10조)
① 피성년후견인의 법률행위는 취소할 수 있다.
② 제1항에도 불구하고 가정법원은 취소할 수 없는 피성년후견인의 법률행위의 범위를 정할 수 있다.
③ 가정법원은 본인, 배우자, 4촌 이내의 친족, 성년후견인, 성년후견감독인, 검사 또는 지방자치단체의 장의 청구에 의하여 제2항의 범위를 변경할 수 있다.
④ 제1항에도 불구하고 일용품의 구입 등 일상생활에 필요하고 그 대가가 과도하지 아니한 법률행위는 성년후견인이 취소할 수 없다.

성년후견종료의 심판(민법 제11조)
성년후견개시의 원인이 소멸된 경우에는 가정법원은 본인, 배우자, 4촌 이내의 친족, 성년후견인, 성년후견감독인, 검사 또는 지방자치단체의 장의 청구에 의하여 성년후견종료의 심판을 한다.

> **심판 사이의 관계**(민법 제14조의3)
> ① 가정법원이 피한정후견인 또는 피특정후견인에 대하여 성년후견개시의 심판을 할 때에는 종전의 한정후견 또는 특정후견의 종료 심판을 한다.
> ② 가정법원이 피성년후견인 또는 피특정후견인에 대하여 한정후견개시의 심판을 할 때에는 종전의 성년후견 또는 특정후견의 종료 심판을 한다.

1. 피성년후견인의 의의

피성년후견인이란 질병, 장애, 노령, 그 밖의 사유로 인한 정신적 제약으로 사무를 처리할 능력이 지속적으로 결여된 사람으로서 가정법원으로부터 일정한 자의 청구에 의하여 성년후견개시의 심판을 받은 자를 말한다(민법 제9조 제1항).

2. 성년후견개시 심판의 요건

(1) 실질적 요건

질병, 장애, 노령, 그 밖의 사유로 인한 「정신적 제약」으로 사무를 처리할 능력이 「지속적으로 결여」된 사람이어야 한다(민법 제9조 제1항). 가정법원은 피성년후견인이 될 사람의 정신상태에 관하여 의사에게 감정을 시켜야 하지만, 본인의 정신상태를 판단할 만한 다른 충분한 자료가 있는 때에는 그러하지 아니하다(가사소송법 제45조의2 제1항).

(2) 형식적 요건

① 본인, 배우자, 4촌 이내의 친족, 미성년후견인, 미성년후견감독인, 한정후견인, 한정후견감독인, 특정후견인, 특정후견감독인, 검사 또는 지방자치단체의 장의 청구가 있어야 한다(민법 제9조 제1항).
② 가정법원이 직권으로 절차를 개시할 수 없다.
③ 가정법원이 심판을 할 때에는 본인의 의사를 고려하여야 한다(민법 제9조 제2항).

3. 성년후견개시 심판의 절차

① 성년후견개시 심판의 절차는 가사소송법에 의하며(가사소송법 제2조 제1항 제2호, 제44조 이하), 2.의 요건이 전부 갖추어지면 가정법원은 반드시 성년후견개시의 심판을 하여야 한다(민법 제9조 참조). 피성년후견인은 객관적으로 획일화되어 있다. 따라서 정신적 제약으로 사무처리능력이 지속적으로 결여된 사람이라도 성년후견개시의 심판을 받기 전에는 피성년후견인이 아니다(통설, 대판 1992.10.13. 92다6433).
② 가정법원의 성년후견개시 심판이 있으면 촉탁 또는 신청에 의하여 후견등기부에 그 구체적인 내용이 등기가 된다(후견등기에 관한 법률 제20조).

4. 피성년후견인의 행위능력

(1) 원 칙

피성년후견인이 단독으로 한 법률행위는 원칙적으로 취소할 수 있다(민법 제10조 제1항). 성년후견인의 동의가 있었더라도 취소할 수 있는데, 취소권자는 피성년후견인 또는 성년후견인이다(민법 제140조).

(2) 예 외

① 가정법원은 피성년후견인이 단독으로 할 수 있는 법률행위의 범위를 정할 수 있고(민법 제10조 제2항), 일정한 자의 청구에 의하여 그 범위를 변경할 수 있다(민법 제10조 제3항).
② 일용품의 구입 등 일상생활에 필요하고 그 대가가 과도하지 아니한 법률행위는 성년후견인이 취소할 수 없다(민법 제10조 제4항).
③ 가족법상의 행위에 관하여 성년후견인의 동의를 받아 스스로 유효한 법률행위를 할 수 있는 경우가 있으며(민법 제802조, 제808조 제2항, 제835조, 제856조, 제873조 제1항, 제902조 등), 특히 유언의 경우 17세에 달한 피성년후견인은 의사능력을 회복한 때에 한하여 의사가 심신회복의 상태를 유언서에 부기하고 서명날인하면 단독으로 할 수 있다(민법 제1063조).

5. 법정대리인

① 피성년후견인에게는 성년후견인을 두어야 한다(민법 제929조). 성년후견인을 여러 명 둘 수 있으며(민법 제930조 제2항), 법인도 성년후견인이 될 수 있다(민법 제930조 제3항). 성년후견인은 성년후견개시심판을 할 때 가정법원이 직권으로 선임한다(민법 제936조 제1항).
② 성년후견인은 피성년후견인의 법정대리인이 된다(민법 제938조 제1항).
③ 성년후견인은 원칙적으로 동의권은 없으나(민법 제10조 제1항 참조), 대리권(민법 제949조)과 취소권(민법 제10조 제1항, 제140조)은 인정된다. 따라서 성년후견인의 동의를 받아 피성년후견인이 직접 상대방과 법률행위를 한 때에도 제한능력을 이유로 여전히 취소할 수 있다.
④ 가정법원은 필요하다고 인정되면 직권으로 또는 일정한 자의 청구에 의하여 성년후견감독인을 선임할 수 있다(민법 제940조의4 제1항).
⑤ 가정법원은 성년후견감독인이 사망, 결격, 그 밖의 사유로 없게 된 경우에는 직권으로 또는 피성년후견인, 친족, 성년후견인, 검사, 지방자치단체의 장의 청구에 의하여 성년후견감독인을 선임한다(민법 제940조의4 제2항).

6. 성년후견종료의 심판

① 성년후견개시의 원인이 소멸된 경우에는 가정법원은 본인, 배우자, 4촌 이내의 친족, 성년후견인, 성년후견감독인, 검사 또는 지방자치단체의 장의 청구에 의하여 성년후견종료의 심판을 해야 한다(민법 제11조). 이때에는 의사에 의한 정신감정을 요하지 않는다.
② 성년후견종료의 심판은 장래에 향하여 효력을 가진다. 따라서 그 심판이 있기 전에 행하여진 피성년후견인의 법률행위는 원칙적으로 취소될 수 있다.
③ 가정법원이 피성년후견인에 대하여 한정후견개시의 심판을 한 때에는 종전의 성년후견의 종료 심판을 해야 한다(민법 제14조의3 제2항).

Ⅳ 피한정후견인

한정후견개시의 심판(민법 제12조)
① 가정법원은 질병, 장애, 노령, 그 밖의 사유로 인한 정신적 제약으로 사무를 처리할 능력이 부족한 사람에 대하여 본인, 배우자, 4촌 이내의 친족, 미성년후견인, 미성년후견감독인, 성년후견인, 성년후견감독인, 특정후견인, 특정후견감독인, 검사 또는 지방자치단체의 장의 청구에 의하여 한정후견개시의 심판을 한다.
② 한정후견개시의 경우에 제9조 제2항을 준용한다.

피한정후견인의 행위와 동의(민법 제13조)
① 가정법원은 피한정후견인이 한정후견인의 동의를 받아야 하는 행위의 범위를 정할 수 있다.
② 가정법원은 본인, 배우자, 4촌 이내의 친족, 한정후견인, 한정후견감독인, 검사 또는 지방자치단체의 장의 청구에 의하여 제1항에 따른 한정후견인의 동의를 받아야만 할 수 있는 행위의 범위를 변경할 수 있다.
③ 한정후견인의 동의를 필요로 하는 행위에 대하여 한정후견인이 피한정후견인의 이익이 침해될 염려가 있음에도 그 동의를 하지 아니하는 때에는 가정법원은 피한정후견인의 청구에 의하여 한정후견인의 동의를 갈음하는 허가를 할 수 있다.
④ 한정후견인의 동의가 필요한 법률행위를 피한정후견인이 한정후견인의 동의 없이 하였을 때에는 그 법률행위를 취소할 수 있다. 다만, 일용품의 구입 등 일상생활에 필요하고 그 대가가 과도하지 아니한 법률행위에 대하여는 그러하지 아니하다.

한정후견종료의 심판(민법 제14조)
한정후견개시의 원인이 소멸된 경우에는 가정법원은 본인, 배우자, 4촌 이내의 친족, 한정후견인, 한정후견감독인, 검사 또는 지방자치단체의 장의 청구에 의하여 한정후견종료의 심판을 한다.

심판 사이의 관계(민법 제14조의3)
① 가정법원이 피한정후견인 또는 피특정후견인에 대하여 성년후견개시의 심판을 할 때에는 종전의 한정후견 또는 특정후견의 종료 심판을 한다.
② 가정법원이 피성년후견인 또는 피특정후견인에 대하여 한정후견개시의 심판을 할 때에는 종전의 성년후견 또는 특정후견의 종료 심판을 한다.

1. 피한정후견인의 의의

피한정후견인이란 질병, 장애, 노령 그 밖의 사유로 인한 정신적 제약으로 사무를 처리할 능력이 부족한 사람으로서 가정법원으로부터 일정한 자의 청구에 의하여 한정후견개시 심판을 받은 자를 말한다(민법 제12조 제1항).

2. 한정후견개시 심판의 요건

(1) 실질적 요건

질병, 장애, 노령 그 밖의 사유로 인한 정신적 제약으로 사무를 처리할 능력이 「부족」해야 한다(민법 제12조 제1항). 성년후견개시 원인인 사무처리능력의 지속적 결여보다는 정신적 제약이 경미한 상태를 말하며, 이때에도 원칙적으로 의사의 감정을 거쳐야 한다(가사소송법 제45조의2 제1항).

(2) 형식적 요건

① 본인, 배우자, 4촌 이내의 친족, 미성년후견인, 미성년후견감독인, 성년후견인, 성년후견감독인, 특정후견인, 특정후견감독인, 검사 또는 지방자치단체의 장의 청구가 있어야 한다(민법 제12조 제1항 참조). 가정법원은 직권으로 절차를 개시할 수 없다.
② 가정법원은 한정후견개시의 심판을 할 때 본인의 의사를 고려하여야 한다(민법 제12조 제2항, 제9조 제2항).

> [1] 한정후견의 개시를 청구한 사건에서 가정법원이 성년후견을 개시할 수 있는 요건 및 성년후견 개시를 청구하고 있더라도 필요한 경우, 한정후견을 개시할 수 있는지 여부(적극) : 성년후견이나 한정후견에 관한 심판절차는 가사소송법 제2조 제1항 제2호 (가)목에서 정한 가사비송사건으로서, 가정법원이 당사자의 주장에 구애받지 않고 후견적 입장에서 합목적적으로 결정할 수 있다. 이때 성년후견이든 한정후견이든 본인의 의사를 고려하여 개시 여부를 결정한다는 점은 마찬가지이다(민법 제9조 제2항, 제12조 제2항). 위와 같은 규정 내용이나 입법 목적 등을 종합하면, 성년후견이나 한정후견 개시의 청구가 있는 경우 가정법원은 청구 취지와 원인, 본인의 의사, 성년후견 제도와 한정후견 제도의 목적 등을 고려하여 어느 쪽의 보호를 주는 것이 적절한지를 결정하고, 그에 따라 필요하다고 판단하는 절차를 결정해야 한다. 따라서 한정후견의 개시를 청구한 사건에서 의사의 감정결과 등에 비추어 성년후견 개시의 요건을 충족하고 본인도 성년후견의 개시를 희망한다면 법원이 성년후견을 개시할 수 있고, 성년후견 개시를 청구하고 있더라도 필요하다면 한정후견을 개시할 수 있다고 보아야 한다. [2] 가사소송법 제45조의2 제1항의 의미 및 피성년후견인이나 피한정후견인이 될 사람의 정신상태를 판단할 만한 다른 충분한 자료가 있는 경우, 가정법원은 의사의 감정이 없더라도 성년후견이나 한정후견을 개시할 수 있는지 여부(적극) : 가사소송법 제45조의2 제1항은 "가정법원은 성년후견 개시 또는 한정후견 개시의 심판을 할 경우에는 피성년후견인이 될 사람이나 피한정후견인이 될 사람의 정신상태에 관하여 의사에게 감정을 시켜야 한다. 다만 피성년후견인이 될 사람이나 피한정후견인이 될 사람의 정신상태를 판단할 만한 다른 충분한 자료가 있는 경우에는 그러하지 아니하다"라고 정하고 있다. 이 규정의 의미는 의사의 감정에 따라 정신적 제약으로 사무를 처리할 능력이 부족하거나 지속적으로 결여되었는지를 결정하라는 것이 아니라, 의학상으로 본 정신능력을 기초로 하여 성년후견이나 한정후견의 개시 요건이 충족되었는지 여부를 결정하라는 것이다. 따라서 피성년후견인이나 피한정후견인이 될 사람의 정신상태를 판단할 만한 다른 충분한 자료가 있는 경우 가정법원은 의사의 감정이 없더라도 성년후견이나 한정후견을 개시할 수 있다(대결 2021.6.10. 2020스596).

3. 한정후견개시 심판의 절차

가정법원은 2.의 요건이 충족되면 반드시 한정후견개시의 심판을 하여야 한다(민법 제12조 참조). 심판의 절차는 가사소송법에 의한다(가사소송법 제2조 제1항 제2호, 제44조 이하).

4. 피한정후견인의 행위능력

(1) 원 칙

① 한정후견이 개시되면 피한정후견인의 행위능력이 제한된다. 즉 가정법원은 한정후견인의 동의를 받아야 하는 행위의 범위를 정할 수 있고(민법 제13조 제1항), 그 범위에 속하는 행위를 한정후견인의 동의 없이 하였을 때에는 그 법률행위를 취소할 수 있다(민법 제13조 제4항). 그리고 그 범위는 본인, 배우자, 4촌 이내의 친족, 한정후견인, 한정후견감독인, 검사 또는 지방자치단체의 장의 청구에 의하여 가정법원이 변경할 수 있다(민법 제13조 제2항).

② 한정후견인의 동의를 받아야 하는 행위에 대하여 피한정후견인의 이익을 해칠 염려가 있음에도 한정후견인이 동의를 하지 않는 때에는 가정법원은 피한정후견인의 청구에 의하여 한정후견인의 동의를 갈음하는 허가를 할 수 있다(민법 제13조 제3항).

(2) 예 외

① 일용품의 구입 등 일상생활에 필요하고 그 대가가 과도하지 아니한 법률행위는 피한정후견인이 단독으로 할 수 있다(민법 제13조 제4항 단서).

② 피한정후견인의 행위능력 제한은 가족법상의 행위에 미치지 않는다. 즉 피한정후견인은 신분행위에 관해서는 완전한 능력자로 취급된다(통설).

5. 법정대리인

① 피한정후견인에게는 한정후견인을 두어야 한다(민법 제959조의2). 한정후견인의 수와 자격, 선임방법 등은 성년후견인의 규정을 준용한다(민법 제959조의3 제2항). 즉 한정후견인은 여러 명 둘 수 있고(민법 제959조의3 제2항, 제930조 제2항), 법인도 한정후견인이 될 수 있으며(민법 제959조의3 제2항, 제930조 제3항), 한정후견개시의 심판을 할 때 가정법원이 직권으로 선임한다(민법 제959조의3 제1항).

② 한정후견인은 동의를 요하는 범위에서 동의권과 대리권 및 취소권을 가진다. 그런데 한정후견인에 의한 능력보충은 주로 동의권 행사에 의하여 이루어지며 그 범위는 가정법원에 유보되어 있다. 그리고 대리권 행사는 대리권을 수여하는 가정법원의 심판이 있어야 가능하다(민법 제959조의4 제1항).

6. 한정후견종료의 심판

① 한정후견개시의 원인이 소멸한 경우에는 가정법원은 일정한 자의 청구에 의하여 한정후견종료의 심판을 해야 한다(민법 제14조).
② 한정후견종료의 심판은 장래에 향하여 효력을 가진다.
③ 가정법원이 피한정후견인에 대하여 성년후견개시의 심판을 할 때에는 종전의 한정후견의 종료 심판을 한다(민법 제14조의3 제1항).

Ⅴ 피특정후견인

특정후견의 심판(민법 제14조의2)
① 가정법원은 질병, 장애, 노령, 그 밖의 사유로 인한 정신적 제약으로 일시적 후원 또는 특정한 사무에 관한 후원이 필요한 사람에 대하여 본인, 배우자, 4촌 이내의 친족, 미성년후견인, 미성년후견감독인, 검사 또는 지방자치단체의 장의 청구에 의하여 특정후견의 심판을 한다.
② 특정후견은 본인의 의사에 반하여 할 수 없다.
③ 특정후견의 심판을 하는 경우에는 특정후견의 기간 또는 사무의 범위를 정하여야 한다.

심판 사이의 관계(민법 제14조의3)
① 가정법원이 피한정후견인 또는 피특정후견인에 대하여 성년후견개시의 심판을 할 때에는 종전의 한정후견 또는 특정후견의 종료 심판을 한다.
② 가정법원이 피성년후견인 또는 피특정후견인에 대하여 한정후견개시의 심판을 할 때에는 종전의 성년후견 또는 특정후견의 종료 심판을 한다.

1. 피특정후견인의 의의

피특정후견인이란 질병, 장애, 노령 그 밖의 사유로 인한 정신적 제약으로 일시적 후원 또는 특정한 사무에 관한 후원이 필요한 사람으로서 가정법원으로부터 일정한 자의 청구에 의하여 특정한 후견개시의 심판을 받은 자를 말한다(민법 제14조의2 제1항).

2. 특정후견 심판의 요건

(1) 실질적 요건

질병, 장애, 노령 그 밖의 사유로 인한 정신적 제약으로 「일시적 후원」 또는 「특정한 사무에 관한 후원」이 필요해야 한다. 성년후견이나 한정후견에서의 제약이 지속적·포괄적인 것인 반면, 여기에서의 제약은 일시적·한정적인 것이다.

(2) 형식적 요건

① 본인, 배우자, 4촌 이내의 친족, 미성년후견인, 미성년후견감독인, 검사 또는 지방자치단체의 장의 청구가 있어야 한다(민법 제14조의2). 가정법원이 직권으로 절차를 개시할 수는 없다.
② 특정후견은 본인의 의사에 반하여 할 수 없다(민법 제14조의2 제2항).
③ 특정후견의 심판을 하는 경우에는 특정후견의 기간 또는 사무의 범위를 정하여야 한다(민법 제14조의2 제3항).
④ 가정법원은 특정후견의 심판을 할 때 의사나 그 밖에 전문지식이 있는 사람의 의견을 들어야 한다(가사소송법 제45조의2 제2항).

3. 특정후견 심판의 절차

가정법원은 2.의 요건이 갖추어지면 반드시 특정후견의 심판을 하여야 한다. 심판의 절차는 가사소송법에 의한다(가사소송법 제2조 제1항 제2호, 제44조 이하).

4. 피특정후견인의 행위능력

특정후견의 심판을 하는 경우에 가정법원은 특정후견의 기간 또는 사무의 범위를 정하여야 하는데(민법 제14조의2 제3항), 특정후견의 심판이 있다고 하여 피특정후견인의 행위능력이 제한되지 않는다.

5. 특정후견인 및 특정후견감독인

① 가정법원은 피특정후견인의 후원을 위하여 필요한 처분을 명할 때 피특정후견인을 후원하거나 대리하기 위한 특정후견인을 선임할 수 있다(민법 제959조의8, 제959조의9 제1항). 특정후견인의 수와 자격 등은 성년후견인의 규정을 준용한다(민법 제959조의9 제2항). 즉 특정후견인은 여러 명을 둘 수 있고(민법 제959조의9 제2항, 제930조 제2항), 법인도 특정후견인이 될 수 있다(민법 제959조의9 제2항, 제930조 제3항).
② 가정법원은 피특정후견인의 후원을 위하여 필요하다고 인정되면 기간이나 범위를 정하여 특정후견인에게 대리권을 수여하는 심판을 할 수 있고(민법 제959조의11 제1항), 특정후견인은 그 범위에서 대리권을 가질 뿐이다.
③ 피특정후견인은 행위능력이 제한되지 않으므로 특정후견인은 동의권 및 취소권을 가지지 않는다.
④ 가정법원은 필요하다고 인정하면 직권으로 또는 일정한 자의 청구에 의하여 특정후견감독인을 선임할 수 있다(민법 제959조의10 제1항).

6. 특정후견의 종료

① 특정후견종료의 심판이라는 제도는 없으나, 가정법원이 피특정후견인에 대하여 성년후견개시의 심판을 하거나 한정후견개시의 심판을 할 때에는 종전의 특정후견의 종료심판을 하여야 한다(민법 제14조의3 제1항·제2항).
② 특정후견종료의 심판은 장래에 향하여 효력을 가진다.

[성년후견·한정후견·특정후견의 비교]

구 분	성년후견	한정후견	특정후견
개시사유	정신적 제약으로 사무처리능력의 지속적 결여	정신적 제약으로 사무처리능력의 부족	정신적 제약으로 일시적 후원 또는 특정사무 후원의 필요
후견개시 청구권자	• 본인, 배우자, 4촌 이내의 친족 • 미성년후견(감독)인 • 한정후견(감독)인 • 특정후견(감독)인 • 검사 또는 지방자치단체의 장 • 임의후견(감독)인 (민법 제959조의20 제1항 참조)	• 본인, 배우자, 4촌 이내의 친족 • 미성년후견(감독)인 • 성년후견(감독)인 • 특정후견(감독)인 • 검사 또는 지방자치단체의 장 • 임의후견(감독)인 (민법 제959조의20 제1항 참조)	• 본인, 배우자, 4촌 이내의 친족 • 미성년후견(감독)인 • 검사 또는 지방자치단체의 장 • 임의후견(감독)인 (민법 제959조의20 제1항 참조)
후견개시 시점	성년후견개시 심판 확정 시	한정후견개시 심판 확정 시	특정후견 심판 확정 시
공시방법	법원의 등기촉탁	법원의 등기촉탁	법원의 등기촉탁
본인의 행위능력	원칙적 행위능력상실자	원칙적 행위능력자	행위능력자
후견인의 권한	포괄적인 대리권·취소권(원칙)	법원이 정한 범위 내의 대리권·동의권·취소권	법원이 정한 범위 내의 대리권

Ⅵ 제한능력자와 거래한 상대방의 보호

제한능력자의 상대방의 확답을 촉구할 권리(민법 제15조)
① 제한능력자의 상대방은 제한능력자가 능력자가 된 후에 그에게 1개월 이상의 기간을 정하여 그 취소할 수 있는 행위를 추인할 것인지 여부의 확답을 촉구할 수 있다. 능력자로 된 사람이 그 기간 내에 확답을 발송하지 아니하면 그 행위를 추인한 것으로 본다.
② 제한능력자가 아직 능력자가 되지 못한 경우에는 그의 법정대리인에게 제1항의 촉구를 할 수 있고, 법정대리인이 그 정하여진 기간 내에 확답을 발송하지 아니한 경우에는 그 행위를 추인한 것으로 본다.
③ 특별한 절차가 필요한 행위는 그 정하여진 기간 내에 그 절차를 밟은 확답을 발송하지 아니하면 취소한 것으로 본다.

> **제한능력자의 상대방의 철회권과 거절권(민법 제16조)**
> ① 제한능력자가 맺은 계약은 추인이 있을 때까지 상대방이 그 의사표시를 철회할 수 있다. 다만, 상대방이 계약 당시에 제한능력자임을 알았을 경우에는 그러하지 아니하다.
> ② 제한능력자의 단독행위는 추인이 있을 때까지 상대방이 거절할 수 있다.
> ③ 제1항의 철회나 제2항의 거절의 의사표시는 제한능력자에게도 할 수 있다.
>
> **제한능력자의 속임수(민법 제17조)**
> ① 제한능력자가 속임수로써 자기를 능력자로 믿게 한 경우에는 그 행위를 취소할 수 없다.
> ② 미성년자나 피한정후견인이 속임수로써 법정대리인의 동의가 있는 것으로 믿게 한 경우에도 제1항과 같다.

1. 상대방 보호의 필요성

제한능력자의 법률행위는 취소될 수 있는데, 취소권을 제한능력자 측만이 가지므로 제한능력자와 거래하는 상대방은 매우 불안정한 지위에 놓이게 된다. 이에 민법은 불확정상태를 해소하기 위하여 법률행위의 취소에 관한 일반적 제도로서 법정추인제도(민법 제145조)와 취소권의 단기제척기간제도(민법 제146조)를 규정하고 있다. 더 나아가 제한능력자의 상대방을 보호하기 위한 특칙으로 상대방의 최고권(민법 제15조)과 철회·거절권(민법 제16조) 및 속임수를 이유로 한 취소권의 배제(민법 제17조)를 규정하고 있다.

2. 상대방의 최고권

(1) 의 의

① 최고권이란 제한능력자 측에 대하여 취소할 수 있는 행위를 추인할 것인지 여부의 확답을 촉구하고, 이에 대한 응답이 없으면 취소 또는 추인의 효과를 발생케 하는 권리를 말한다.
② 최고의 성질은 최고의 효과가 최고권자의 의사와 관계없이 법률규정에 의하여 결정되므로, 준법률행위의 일종인 「의사의 통지」이다. 또한 일방적인 행위에 의하여 취소할 수 있는 행위의 취소 또는 추인이라는 효과를 발생시키므로 형성권의 일종이라고 할 것이다(통설).

(2) 최고의 요건

① 제한능력자의 상대방은 취소할 수 있는 행위를 적시하고, 1월 이상의 기간을 정하여 추인 여부의 확답을 촉구하여야 한다(민법 제15조 제1항).
② 최고는 상대방의 선의·악의를 묻지 않는다.
③ 최고의 상대방은 최고를 수령할 수 있는 능력이 있고(민법 제112조 참조). 또한 추인할 수 있는 자에 한한다(민법 제140조, 제143조). 따라서 제한능력자는 능력자로 된 후에만 최고의 상대방이 될 수 있고(민법 제15조 제1항), 아직 제한능력자인 때에는 법정대리인만이 최고의 상대방이 된다(민법 제15조 제2항).

(3) 최고의 효과

① 유예기간 내에 확답을 한 경우 : 제한능력자 측이 유예기간 내에 추인 또는 취소의 확답을 한 경우 그에 따라 추인 또는 취소의 효과가 발생하는데, 이는 추인 또는 취소의 의사표시에 따른 효과이며, 최고 자체의 효과는 아니다.

② 유예기간 내에 확답을 발하지 않은 경우
  ㉠ 능력자가 된 후의 본인 또는 법정대리인이 상대방의 확답촉구를 받았으나 유예기간 내에 확답을 발송하지 않으면 그 행위를 추인한 것으로 본다(민법 제15조 제1항·제2항).
  ㉡ 그러나 법정대리인이 특별한 절차를 거쳐야 하는 경우에는 유예기간 내에 확답을 발송하지 않으면 그 행위를 취소한 것으로 본다(민법 제15조 제3항). 여기서 특별한 절차가 필요한 행위라 함은 법정대리인의 후견인이 민법 제950조 제1항에 열거된 법률행위에 관하여 추인하는 경우로, 후견감독인이 있으면 그의 동의를 받아야 하는 경우를 말한다[미성년자의 경우(민법 제950조 제1항), 피한정후견인의 경우(제959조의6)].

3. 상대방의 철회권과 거절권

(1) 철회권

① 의의 : 철회권은 제한능력자와 거래한 상대방이 본인의 추인이나 취소가 있을 때까지 불확정적인 법률행위를 확정적 무효로 돌리는 행위로(민법 제16조 제1항 본문), 계약에서 인정된다.
② 철회권자 : 계약 당시 제한능력자임을 몰랐던 선의의 상대방에 한한다(민법 제16조 제1항).
③ 철회의 상대방 : 법정대리인은 물론 제한능력자도 포함된다(민법 제16조 제3항).
④ 철회의 효과 : 상대방이 계약을 철회하면 법률행위는 소급하여 무효가 되며, 이미 이행한 것은 부당이득으로 반환하여야 한다(민법 제741조).

(2) 거절권

① 의의 : 거절권은 제한능력자의 행위에 대하여 그 상대방이 본인의 추인이나 취소가 있을 때까지 불확정한 법률행위를 확정적 무효로 돌리는 행위로(민법 제16조), 상대방 있는 단독행위에서 인정된다.
② 거절권자 : 철회권과 달리 악의인 경우에도 거절권을 행사할 수 있다(통설).
③ 거절의 상대방 : 법정대리인은 물론 제한능력자에게도 거절할 수 있다(민법 제16조 제3항).
④ 거절의 효과 : 제한능력자의 상대방이 제한능력자의 단독행위를 거절하면 단독행위는 소급하여 무효가 된다.

4. 취소권의 배제

(1) 의 의

제한능력자가 속임수를 써서 법률행위를 하는 경우에 상대방은 사기에 의한 의사표시임을 이유로 그 법률행위를 취소하거나(민법 제110조) 또는 불법행위를 이유로 손해배상을 청구할 수도 있으나(민법 제750조), 법은 더 나아가 보호가치 없는 제한능력자로부터 취소권을 박탈함으로써 상대방이 당초 예기한 대로의 효과를 발생케 하여 거래의 안전과 상대방을 보호하고 있다(민법 제17조).

(2) 요 건

① 제한능력자가 자기를 능력자로 믿게 하거나 법정대리인의 동의가 있는 것으로 믿게 하려고 했어야 한다(민법 제17조 제1항, 제2항). 다만, 민법 제17조 제1항은 제한능력자 모두에 적용되나, 민법 제17조 제2항은 「피성년후견인」에는 적용이 없다.
② 제한능력자가 속임수를 썼어야 한다. 여기서 속임수란 기망수단을 의미하는 바, 그 정도에 관하여 판례는 제한능력자의 보호를 위해 적극적인 기망수단을 의미한다고 한다(대판 1971.12.14. 71다2045). 그리하여 「성년자이며 군대를 갔다 왔다」, 「내가 사장이다」는 표현의 정도로는 민법 제17조의 속임수에 해당하지 않는다고 판단하였다. 이에 반하여 다수설은 거래의 안전을 위하여 침묵 등 소극적 기망수단도 포함된다고 한다.
③ 제한능력자의 속임수에 의하여 상대방이 능력자라고 믿었거나 또는 법정대리인의 동의가 있다고 믿었고, 이에 의하여 상대방이 제한능력자와 법률행위를 하여야 한다. 즉 오신과 법률행위 사이에 인과관계가 있어야 한다. 이때 오신에 대한 상대방의 과실 유무는 문제되지 않는다.
④ 제한능력자가 속임수를 썼다는 주장·입증책임은 상대방에게 있다(대판 1971.12.14. 71다2045).

(3) 효 과

제한능력자 측의 취소권이 배제된다. 이 경우 제한능력자의 행위는 「확정적」으로 유효하다(통설). 따라서 제한능력자의 상대방의 철회권도 배제된다(통설).

제4관 주 소

주소(민법 제18조)
① 생활의 근거되는 곳을 주소로 한다.
② 주소는 동시에 두 곳 이상 있을 수 있다.

거소(민법 제19조)
주소를 알 수 없으면 거소를 주소로 본다.

거소(민법 제20조)
국내에 주소 없는 자에 대하여는 국내에 있는 거소를 주소로 본다.

가주소(민법 제21조)
어느 행위에 있어서 가주소를 정한 때에는 그 행위에 관하여는 이를 주소로 본다.

1. 주소의 개념

주소는 사람의 생활의 근거가 되는 곳을 말한다(민법 제18조 제1항).

2. 주소의 결정에 관한 우리나라의 입법주의

(1) 복수주의

주소의 개수에 관해서는 단일주의와 복수주의가 있다. 민법은 복수주의를 취하고 있다(민법 제18조 제2항).

(2) 실질주의

주소를 결정하는 표준에 관해서 형식주의와 실질주의가 있다. 형식주의는 형식적 표준에 의하여 주소를 획일적으로 결정하는 주의이고, 실질주의는 생활의 실질적 관계에 의하여 구체적으로 주소를 결정하는 주의이다. 민법은 실질주의를 따르고 있다(민법 제18조 제1항).

(3) 객관주의(통설)

정주(定住)의 사실만으로 주소를 결정하는 객관주의와 정주의 사실과 그 밖에 정주의 의사도 필요하다는 의사주의가 있다. 민법은 객관주의를 취하고 있다(통설).

3. 주소의 효과

① 민법상 주소는 부재와 실종의 표준이고(민법 제22조, 제27조), 변제장소를 정하는 표준이며(민법 제467조), 상속의 개시지(민법 제998조)이다.
② 기타 법률상 어음·수표행위의 장소(어음법 제2조, 수표법 제8조), 재판관할의 표준지(민소법 제2조 등) 등이 된다.

4. 거소, 현재지, 가주소

① 거소란 사람이 상당한 기간 계속하여 거주하는 장소로서, 그 장소와의 밀접성이 주소만 못한 것을 말한다.
② 주소를 알 수 없거나 국내에 주소가 없을 경우 거소를 주소로 본다(민법 제19조, 제20조).
③ 현재지는 장소적 관계가 거소보다 희박한 곳을 말한다.
④ 가주소는 당사자가 특정한 거래에 관하여 일정한 장소를 선정하여 그 거래관계에 관하여 주소로서의 법적 기능을 부여한 장소를 말한다(민법 제21조). 가주소는 생활의 실질과는 무관하며, 당사자의 의사에 의해 설정하는 것으로 제한능력자는 단독으로 가주소를 설정할 수 없다(통설).

제5관 부재와 실종

I 서설

① 사람이 그의 주소나 거소를 떠나서 단시일 내에 돌아올 가능성이 없는 경우에는 그의 재산을 관리하거나 또는 상속인이나 잔존배우자 등의 이익을 보호하기 위하여 적절한 조치를 취할 필요가 있다. 이에 민법은 「부재자 재산관리제도」와 「실종선고제도」를 두고 있다.
② 「부재자 재산관리제도」와 「실종선고제도」는 거래의 안전을 보호하는 것이 아닌 부재자의 재산과 이해관계인을 보호하고자 하는 것이다.
③ 재산을 관리할 책임이 있는 법정대리인인 친권자나 후견인이 있는 경우, 그들이 재산관리를 할 수 있으므로 재산관리제도가 적용되지 않는다.

II 부재자의 재산관리

부재자의 재산의 관리(민법 제22조)
① 종래의 주소나 거소를 떠난 자가 재산관리인을 정하지 아니한 때에는 법원은 이해관계인이나 검사의 청구에 의하여 재산관리에 관하여 필요한 처분을 명하여야 한다. 본인의 부재 중 재산관리인의 권한이 소멸한 때에도 같다.
② 본인이 그 후에 재산관리인을 정한 때에는 법원은 본인, 재산관리인, 이해관계인 또는 검사의 청구에 의하여 전항의 명령을 취소하여야 한다.

관리인의 개임(민법 제23조)
부재자가 재산관리인을 정한 경우에 부재자의 생사가 분명하지 아니한 때에는 법원은 재산관리인, 이해관계인 또는 검사의 청구에 의하여 재산관리인을 개임할 수 있다.

관리인의 직무(민법 제24조)
① 법원이 선임한 재산관리인은 관리할 재산목록을 작성하여야 한다.
② 법원은 그 선임한 재산관리인에 대하여 부재자의 재산을 보존하기 위하여 필요한 처분을 명할 수 있다.
③ 부재자의 생사가 분명하지 아니한 경우에 이해관계인이나 검사의 청구가 있는 때에는 법원은 부재자가 정한 재산관리인에게 전2항의 처분을 명할 수 있다.
④ 전3항의 경우에 그 비용은 부재자의 재산으로써 지급한다.

관리인의 권한(민법 제25조)
법원이 선임한 재산관리인이 제118조에 규정한 권한을 넘는 행위를 함에는 법원의 허가를 얻어야 한다. 부재자의 생사가 분명하지 아니한 경우에 부재자가 정한 재산관리인이 권한을 넘는 행위를 할 때에도 같다.

관리인의 담보제공, 보수(민법 제26조)
① 법원은 그 선임한 재산관리인으로 하여금 재산의 관리 및 반환에 관하여 상당한 담보를 제공하게 할 수 있다.
② 법원은 그 선임한 재산관리인에 대하여 부재자의 재산으로 상당한 보수를 지급할 수 있다.
③ 전2항의 규정은 부재자의 생사가 분명하지 아니한 경우에 부재자가 정한 재산관리인에 준용한다.

1. 부재자의 개념

① 부재자란 원래 「종래의 주소·거소를 떠나서 용이하게 돌아올 가능성이 없어서」 「그의 재산이 관리되지 못하고 방치되어 있는 자」를 의미한다(민법 제22조 제1항 참고). 실종선고와 달리 반드시 생사불명일 필요는 없다.

② 법인은 성질상 부재자가 될 수 없다(대결 1953.5.21. 4286민재항7).

2. 부재자 재산의 관리

(1) 부재자가 재산관리인을 둔 경우

① 원칙 : 부재자가 재산관리인을 둔 경우 그 관리인은 부재자의 임의대리인에 해당하며, 법원은 원칙적으로 간섭할 수 없다. 따라서 그의 권한은 위임계약 및 민법 제118조에 의하여 정하여지며 그 관리인에게 필요한 처분권까지 주어진 경우에는 그 재산을 처분함에 있어서 법원의 허가를 받을 필요는 없다(대판 1973.7.24. 72다2136).

② 예 외
㉠ 부재자가 재산관리인을 두었더라도 재산관리인의 권한이 본인의 부재 중 소멸하면 관리인을 두지 않은 경우와 같은 조치를 취한다(민법 제22조 제1항 후문).
㉡ 부재자가 재산관리인을 두었더라도 부재자의 생사가 분명하지 않게 되면 관리인을 개임할 수 있으며(민법 제23조), 관리인을 바꾸지 않고 감독만 할 수도 있다. 이 경우 가정법원은 관리인에게 재산목록 작성·재산보존에 필요한 처분을 명할 수 있고(민법 제24조 제3항), 관리인이 권한을 넘는 행위를 할 때 허가를 주고(민법 제25조 후문), 상당한 담보를 제공하게 할 수 있으며, 부재자의 재산에서 상당한 보수를 지급할 수 있다(민법 제26조 제3항).

(2) 부재자가 재산관리인을 두지 않은 경우

① 법원의 조치 : 부재자에게 재산관리인이 없고, 법정대리인도 없는 경우에 가정법원은 (법률상) 이해관계인, 검사의 청구에 의하여 재산관리에 필요한 처분을 명해야 한다(민법 제22조 제1항 전문). 일반적으로 재산관리에 필요한 처분은 재산관리인의 선임이다.

② 선임된 재산관리인의 지위 및 권한범위
㉠ 지위 : 법원이 선임한 재산관리인은 법정대리인의 지위를 갖는다. 선임된 재산관리인은 언제든지 사임할 수 있고(가사소송규칙 제42조 제2항), 법원도 언제든지 개임할 수 있다(가사소송규칙 제42조 제1항). 부재자와 관리인 사이에는 위임계약이 있는 것은 아니나, 그 직무의 성질상 수임인에 관한 민법의 규정을 유추적용한다(통설). 따라서 관리인은 선량한 관리자의 주의의무를 다하여 직무를 처리하여야 한다(민법 제681조).
㉡ 권한범위 : 보존행위, 관리행위는 단독으로 자유롭게 할 수 있다(민법 제25조, 제118조). 그러나 처분행위는 가정법원의 허가를 얻어야 한다. 허가를 얻지 아니한 처분행위는 무효이며 가정법원의 허가는 사전뿐만 아니라 사후에도 가능하다(대판 1982.9.14. 80다3063). 부재자재산관리인이 법원의 매각처분허가를 얻었다 하더라도 부재자와 아무런 관계가 없는 남의 채무의 담보만을 위하여 부재자 재산에 근저당권을 설정하는 행위는 통상의 경우 객관적으로 부재자를 위한 처분행위로서 당연하다고는 경험칙상 볼 수 없다(대결 1976.12.21. 75마551). 즉 법원의 허가를 얻은 처분행위에 있어서도 그 행위는 부재자를 위하는 범위에 한정된다.

ⓒ 재산관리의 종료 : 부재자가 후에 재산관리인을 정한 때에는 법원은 부재자 본인·재산관리인·이해관계인 또는 검사의 청구에 의하여 처분에 관한 명령을 취소하여야 한다(민법 제22조 제2항). 부재자 스스로 그의 재산을 관리하게 된 때 또는 그의 사망이 분명하게 되거나 실종선고가 있는 때 또는 관리할 재산이 더 이상 남아 있지 아니한 때에는, 부재자 본인 또는 이해관계인의 청구에 의하여 그 명한 처분을 취소하여야 한다(가사소송규칙 제50조). 그런데 재산관리인이 부재자의 사망을 확인하였더라도 법원에 의하여 재산관리인 선임결정이 취소되지 않는 한 재산관리인은 계속하여 권한을 행사할 수 있다(대판 1971.3.23. 71다189). 법원의 허가를 받은 재산관리인의 권한초과행위가 부재자에 대한 실종기간이 만료된 후에 이루어졌더라도 선임결정이 취소되기 전이라면 유효하다(대판 1991.11.26. 91다11810). 또한 가정법원의 처분허가 취소의 효력은 소급하지 않는다. 따라서 재산관리인이 선임결정 후 그 취소 전에 자기의 권한범위 내에서 한 행위는 그의 선·악의를 불문하고 유효하다.

> [생사불명의 부재자가 사망간주되는 시점 이후 실종선고가 있기 이전에 재산관리인의 처분행위에 기하여 경료된 등기의 적법추정력 유무(적극)]
> 사망한 것으로 간주된 자가 그 이전에 생사불명의 부재자로서 그 재산관리에 관하여 법원으로부터 재산관리인이 선임되어 있었다면 재산관리인은 그 부재자의 사망을 확인했다고 하더라도 선임결정이 취소되지 아니하는 한 계속하여 권한을 행사할 수 있다 할 것이므로 재산관리인에 대한 선임결정이 취소되기 전에 재산관리인의 처분행위에 기하여 경료된 등기는 법원의 처분허가 등 모든 절차를 거쳐 적법하게 경료된 것으로 추정된다(대판 1991.11.26. 91다11810).
>
> [처분명령 취소의 장래효]
> 법원에 의하여 일단 부재자의 재산관리인 선임결정이 있었던 이상, 가령 부재자가 그 이전에 사망하였음이 위 결정 후에 확실하여졌다 하더라도 법에 정하여진 절차에 의하여 결정이 취소되지 않는 한 선임된 부재자 재산관리인의 권한이 당연히는 소멸되지 아니한다. 나아가 위 선임결정이 취소된 경우에도 그 취소의 효력은 장래에 향하여서만 생기는 것이며 그간의 그 부재자재산관리인의 적법한 권한행사의 효과는 이미 사망한 그 부재자의 재산상속인에게 미친다 할 것이다(대판 1970.1.27. 69다719).

Ⅲ 실종선고제도

> **실종의 선고(민법 제27조)**
> ① 부재자의 생사가 5년간 분명하지 아니한 때에는 법원은 이해관계인이나 검사의 청구에 의하여 실종선고를 하여야 한다.
> ② 전지에 임한 자, 침몰한 선박 중에 있던 자, 추락한 항공기 중에 있던 자 기타 사망의 원인이 될 위난을 당한 자의 생사가 전쟁종지후 또는 선박의 침몰, 항공기의 추락 기타 위난이 종료한 후 1년간 분명하지 아니한 때에도 제1항과 같다.
>
> **실종선고의 효과(민법 제28조)**
> 실종선고를 받은 자는 전조의 기간이 만료한 때에 사망한 것으로 본다.

> **실종선고의 취소(민법 제29조)**
> ① 실종자의 생존한 사실 또는 전조의 규정과 상이한 때에 사망한 사실의 증명이 있으면 법원은 본인, 이해관계인 또는 검사의 청구에 의하여 실종선고를 취소하여야 한다. 그러나 실종선고 후 그 취소전에 선의로 한 행위의 효력에 영향을 미치지 아니한다.
> ② 실종선고의 취소가 있을 때에 실종의 선고를 직접원인으로 하여 재산을 취득한 자가 선의인 경우에는 그 받은 이익이 현존하는 한도에서 반환할 의무가 있고 악의인 경우에는 그 받은 이익에 이자를 붙여서 반환하고 손해가 있으면 이를 배상하여야 한다.

1. 실종선고의 의의

부재자의 생사불명상태가 일정기간 계속된 경우에, 가정법원의 선고에 의하여 부재자를 사망한 것으로 간주하고, 종래의 주소나 거소를 중심으로 한 법률관계를 확정하는 제도이다.

2. 실종선고의 요건

(1) 실질적 요건

① **생사불분명** : 생존의 증명도 사망의 증명도 할 수 없는 상태를 말한다. 호적상 이미 사망한 것으로 기재되어 있는 자에 대해서는 호적부의 추정력 때문에 실종선고를 할 수 없다(대결 1997.11.27. 97스4). 그리고 동일한 자에게 두 번의 실종선고를 할 수는 없다. 이 경우 먼저 선고된 실종선고를 기초로 상속관계를 판단하여야 한다.

② **실종기간의 경과**
  ㉠ 보통실종(민법 제27조 제1항) : 실종기간은 최후 소식 시로부터 5년이다.
  ㉡ 특별실종(민법 제27조 제2항) : 실종기간은 1년이다. 각 기산점은 전쟁실종은 전쟁 종료 시, 선박실종은 선박 침몰 시, 항공기실종은 항공기 추락 시, 위난실종은 위난 종료 시이다.

> **[민법 제27조 제2항에서 정하는 "사망의 원인이 될 위난"의 의미]**
> 민법 제27조의 문언이나 규정의 체계 및 취지 등에 비추어, 그 제2항에서 정하는 "사망의 원인이 될 위난"이라고 함은 화재·홍수·지진·화산 폭발 등과 같이 일반적·객관적으로 사람의 생명에 명백한 위험을 야기하여 사망의 결과를 발생시킬 가능성이 현저히 높은 외부적 사태 또는 상황을 가리킨다(대결 2011.1.31. 2010스165).

(2) 형식적 요건

① 이해관계인 또는 검사의 청구가 있어야 한다(민법 제27조). 여기서의 이해관계인은 실종선고에 대하여 신분상 또는 재산상 이해관계를 가지는 자, 즉 법률상의 이해관계를 가지는 자를 말하며, 부재자의 배우자, 상속인, 재산관리인 등이 그 예이다. 제1순위 상속인이 있는 경우 부재자의 자매로서 제2순위 상속인, 제4순위 상속인 등에 불과한 자는 부재자에 대한 실종선고를 청구할 이해관계인이 될 수 없다(대결 1986.10.10. 86스20).

② **공시최고** : 실종선고의 청구를 받은 가정법원은 가사소송규칙 제53조 이하에 따라 부재자 자신 또는 부재자의 생사를 알고 있는 자에 대하여 신고하도록 6개월 이상 공고해야 한다. 공시최고기간이 지나도록 신고가 없으면, 가정법원은 반드시 실종선고를 하여야 한다(민법 제27조 제1항).

3. 실종선고의 효과

(1) 사망의 간주
① 실종선고가 확정되면 실종선고를 받은 자는 사망한 것으로 본다(민법 제28조). 이에 따라 상속이 발생하고, 혼인이 해소되어 실종자의 배우자는 재혼할 수 있다.
② 실종선고를 받은 자는 사망한 것으로 간주되므로, 추정되는 경우와 달리 실종자의 생존 기타 반대증거를 들어 선고의 효과를 다투지 못하며, 사망의 효과를 저지하려면 실종선고를 취소해야 한다(대판 1995.2.17. 94다52751). 따라서 실종선고가 가정법원에 의하여 취소되지 않는 한 사망의 효과는 그대로 존속한다.

(2) 사망간주의 시기
① 실종선고에 의하여 사망한 것으로 간주되는 시기에 관하여 다양한 입법례가 있으나, 민법은 실종기간 만료 시에 사망한 것으로 본다(민법 제28조). 이로 인해 사망간주 시점이 실종선고 시보다 앞서게 되어, 선의의 제3자를 보호하기 위한 조치의 필요성이 대두된다.
② 실종선고가 있으면 실종자는 실종기간이 만료되는 때에 사망한 것으로 간주되며, 그때까지 그는 생존하는 것으로 간주된다(대판 1977.3.22. 77다81).
③ 실종선고를 받지 않은 경우에는 학설은 생존하고 있는 것으로 추정된다는 견해가 다수설이다.

(3) 사망간주의 범위
실종선고는 부재자의 「종래 주소를 중심」으로 「실종기간 만료 시의 사법상의 법률관계를 종료시키고, 그 범위에서만」 사망의 효과를 발생시키는 것이고, 실종자의 권리능력 자체를 박탈하는 제도가 아니다. 따라서 종래의 주소로 「생환 후의 법률관계」나 실종자의 「다른 곳에서의 신주소를 중심으로 하는 법률관계」에 관하여는 사망의 효과가 미치지 않으며, 공법상의 법률관계(선거권, 납세의무 등)에 관해서도 영향을 미치지는 않는다.

4. 실종선고의 취소

(1) 일반론
① 실종선고는 가정법원의 형식적인 취소선고가 있어야 취소된다(민법 제29조 제1항).
② 실종선고의 취소는 소급효가 있는 것이 원칙이다.

(2) 실종선고 취소의 요건
① 실질적 요건 : 실종자가 생존하고 있는 사실(민법 제29조 제1항 본문), 실종기간이 만료된 때와 다른 시기에 사망한 사실(민법 제29조 제1항 본문) 또는 실종기간의 기산점 이후의 어떤 시점에 생존하고 있었던 사실이 있어야 한다. 다만, 이러한 사실이 인정된다고 하더라도 실제로 실종선고가 취소되지 아니하는 한, 임의로 실종기간이 만료하여 사망한 때로 간주되는 시점과는 달리 사망 시점을 정하여 이미 개시된 상속을 부정하고 이와 다른 상속관계를 인정할 수는 없다(대판 1994.9.27. 94다21542).
② 형식적 요건 : 본인, 이해관계인 또는 검사의 청구가 있어야 한다(민법 제29조 제1항 본문). 실종선고와 달리 공시최고는 요건이 아니다.

(3) 실종선고 취소의 효과

① 원칙 : 소급효

실종선고가 취소되면 실종선고가 소급적으로 무효로 되어, 종래의 주소나 거소를 중심으로 한 실종자의 사법적 법률관계는 선고 전의 상태로 돌아간다.

② 예외 : 소급효의 제한

㉠ 실종선고 후 그 취소 전에 선의로 한 행위의 효력에 영향을 미치지 아니한다(민법 제29조 제1항 단서). 여기서 선의는 재산행위, 신분행위를 불문하고 양 당사자 모두 선의이어야 한다(다수설). 다만, 단독행위의 경우에는 단독행위자(상속인 등)가 선의이기만 하면 유효하다(통설).

㉡ 실종선고의 취소가 있을 때에 실종의 선고를 직접원인으로 하여 재산을 취득한 자가 선의인 경우에는 그 받은 이익이 현존하는 한도에서 반환할 의무가 있고, 악의인 경우에는 그 받은 이익에 이자를 붙여서 반환하고 손해가 있으면 이를 배상하여야 한다(민법 제29조 제2항).

㉢ 민법 제29조 제2항은 실종선고를 직접원인으로 하여 재산을 취득한 자에 국한하여 적용되므로 이로부터 다시 재산을 취득한 전득자는 포함되지 않는다(통설).

㉣ 민법 제29조 제2항의 이득반환청구는 부당이득반환청구권의 성질을 갖기 때문에 실종선고 취소시로부터 10년의 시효에 걸린다. 다만, 실종선고의 취소로 인하여 상속인이 달라지는 경우에, 진정상속인이 표현상속인에게 재산회복청구를 하는 것은 상속회복청구가 되므로 상속회복청구권의 제척기간(민법 제999조)이 적용된다.

> **[소송절차와 실종선고]**
> 실종선고의 효력이 발생하기 전에는 실종기간이 만료된 실종자라 하여도 소송상 당사자능력을 상실하는 것은 아니므로 실종선고 확정 전에는 실종기간이 만료된 실종자를 상대로 하여 제기된 소도 적법하고 실종자를 당사자로 하여 선고된 판결도 유효하며 그 판결이 확정되면 기판력도 발생한다고 할 것이고, 이처럼 판결이 유효하게 확정되어 기판력이 발생한 경우에는 그 판결이 해제조건부로 선고되었다는 등의 특별한 사정이 없는 한 그 효력이 유지되어 당사자로서는 그 판결이 재심이나 추완항소 등에 의하여 취소되지 않는 한 그 기판력에 반하는 주장을 할 수 없는 것이 원칙이라 할 것이며, 비록 실종자를 당사자로 한 판결이 확정된 후에 실종선고가 확정되어 그 사망간주의 시점이 소 제기 전으로 소급하는 경우에도 위 판결 자체가 소급하여 당사자능력이 없는 사망한 사람을 상대로 한 판결로서 무효가 된다고는 볼 수 없다(대판 1992.7.14. 92다2455).
>
> **[부재자의 재산관리인이 부재자의 대리인으로서 소를 제기하여 그 소송계속 중에 부재자에 대한 실종선고가 확정되어 그 소 제기 이전에 부재자가 사망한 것으로 간주되는 경우, 위 소 제기 자체가 소급하여 당사자능력이 없는 사망한 자가 제기한 것으로 되는지 여부(소극)]**
> 부재자의 생사가 분명하지 아니한 경우, 부재자는 법원의 실종선고가 없는 한 사망자로 간주되지 아니하며, 부재자의 재산관리인이 부재자의 대리인으로서 소를 제기하여 그 소송계속 중에 부재자에 대한 실종선고가 확정되어 그 소 제기 이전에 부재자가 사망한 것으로 간주되는 경우에도, 실종선고의 효력이 발생하기 전에는 실종기간이 만료된 실종자라 하여도 소송상 당사자능력을 상실하는 것은 아니므로, 실종선고가 확정된 때에 소송절차가 중단되어 부재자의 상속인 등이 이를 수계할 수 있을 뿐이고, 위 소 제기 자체가 소급하여 당사자능력이 없는 사망한 자가 제기한 것으로 되는 것은 아니다(대판 2008.6.26. 2007다11057).

제3절 법 인

제1관 서 설

1. 법인의 의의

법인이란 자연인 이외에 법인격이 인정된 것으로, 일정한 목적을 위한 인적 결합에 법인격이 부여된 것을 「사단법인」, 일정한 목적에 바쳐진 재산에 법인격이 부여된 것을 「재단법인」이라 한다.

2. 법인제도의 존재이유

① 사단이나 재단을 그 구성원 또는 재산출연자와 별도의 법적 주체로서 활동하게 하기 위함이다(법인의 독립성).
② 사단 또는 재단의 재산과 사단의 구성원 또는 재산출연자의 고유재산을 분리하여 구별하여야 할 필요성이 있기 때문이다(유한책임).

3. 법인의 본질

(1) 서 설

법인이 그것을 구성하는 개인 또는 재산으로부터 분리되어 단체로서의 독자적인 실체를 가지는 것이냐의 문제가 법인의 본질론이다.

(2) 학 설

① **법인의제설** : 권리·의무의 주체가 되는 것은 자연인인 개인뿐이며, 법이 일정한 단체에 권리주체성을 부여한 것은 자연인이 법인을 통하여 사적 자치를 더욱 효율적으로 실현할 수 있다는 정책적 이유에 기인한다.
② **법인실재설** : 법인을 권리주체로서의 실질을 가지는 사회적 실체라고 보는 이론이다.

(3) 검 토

학설의 대립은 주로 법인의 불법행위능력과 관련하여 실익을 가진다. 즉 의제설을 따르면 원칙적으로 법인의 불법행위능력이 부정되고 가해행위를 한 대표기관 개인의 책임만이 문제되나, 실재설에 의하면 법인의 불법행위능력이 인정되고 대표기관 개인의 책임이 당연히 긍정되지는 않는다. 생각건대 민법 제35조에 의하여 법인과 그 대표기관의 책임이 인정되므로, 어느 학설에 의하더라도 논의의 실익은 크지 아니하다.

[1] 회사의 법인격을 부인하여 그 배후에 있는 개인에게 책임을 물을 수 있는 경우 : 주식회사는 주주와 독립된 별개의 권리주체이므로 그 독립된 법인격이 부인되지 않는 것이 원칙이다. 그러나 개인이 회사를 설립하지 않고 영업을 하다가 그와 영업목적이나 물적 설비, 인적 구성원 등이 동일한 회사를 설립하는 경우에 그 회사가 외형상으로는 법인의 형식을 갖추고 있으나 법인의 형태를 빌리고 있는 것에 지나지 않고, 실질적으로는 완전히 그 법인격의 배후에 있는 개인의 개인기업에 불과하거나, 회사가 개인에 대한 법적 책임을 회피하기 위한 수단으로 함부로 이용되고 있는 예외적인 경우까지 회사와 개인이 별개의 인격체임을 이유로 개인의 책임을 부정하는 것은 신의성실의 원칙에 반하므로, 이러한 경우에는 회사의 법인격을 부인하여 그 배후에 있는 개인에게 책임을 물을 수 있다. [2] 회사에 대하여 회사 설립 전 개인이 부담한 채무의 이행을 청구할 수 있는 경우 : 개인과 회사의 주주들이 경제적 이해관계를 같이 하는 등 개인이 새로 설립한 회사를 실질적으로 운영하면서 자기 마음대로 이용할 수 있는 지배적 지위에 있다고 인정되는 경우로서, 회사 설립과 관련된 개인의 자산 변동 내역, 특히 개인의 자산이 설립된 회사에 이전되었다면 그에 대하여 정당한 대가가 지급되었는지 여부, 개인의 자산이 회사에 유용되었는지 여부와 그 정도 및 제3자에 대한 회사의 채무 부담 여부와 그 부담 경위 등을 종합적으로 살펴보아 회사와 개인이 별개의 인격체임을 내세워 회사 설립 전 개인의 채무 부담행위에 대한 회사의 책임을 부인하는 것이 심히 정의와 형평에 반한다고 인정되는 때에는 회사에 대하여 회사 설립 전에 개인이 부담한 채무의 이행을 청구하는 것도 가능하다고 보아야 한다. [3] 회사에 대하여 개인이 부담한 채무의 이행을 청구하는 법리가 채무면탈을 목적으로 회사가 새로 설립된 경우뿐 아니라 기존 회사의 법인격이 이용되는 경우에도 적용되는지 여부(적극) 및 이 경우 법인격 형해화 또는 법인격 남용을 판단하는 기준 시점 : 개인의 채무 부담행위에 대한 회사의 책임을 부인하는 것이 심히 정의와 형평에 반한다고 인정되어 회사에 대하여 개인이 부담한 채무의 이행을 청구하는 법리는 채무면탈을 목적으로 회사가 새로 설립된 경우뿐 아니라 같은 목적으로 기존 회사의 법인격이 이용되는 경우에도 적용되는데, 여기에는 회사가 이름뿐이고 실질적으로는 개인기업에 지나지 않은 상태로 될 정도로 형해화된 경우와 회사의 법인격이 형해화될 정도에 이르지 않더라도 개인이 회사의 법인격을 남용하는 경우가 있을 수 있다. 이때 〈회사의 법인격이 형해화되었다고 볼 수 있는지 여부〉는 원칙적으로 문제가 되고 있는 법률행위나 사실행위를 한 시점을 기준으로, 〈회사의 법인격이 형해화될 정도에 이르지 않더라도 개인이 회사의 법인격을 남용하였는지 여부〉는 채무면탈 등의 남용행위를 한 시점을 기준으로 각 판단하여야 한다(대판 2023.2.2. 2022다276703).

[기존회사가 채무를 면탈하기 위하여 기업의 형태·내용이 실질적으로 동일한 신설회사를 설립한 경우, 기존회사의 채권자가 두 회사 모두에 대하여 채무의 이행을 청구할 수 있는지 여부(적극) 및 기존회사에 대한 소멸시효가 완성되지 않은 상태에서 신설회사가 기존회사와 별도로 자신에 대하여 소멸시효가 완성되었다고 주장하는 것이 허용되는지 여부(소극)]
기존회사가 채무를 면탈하기 위하여 기업의 형태·내용이 실질적으로 동일한 신설회사를 설립하였다면, 신설회사의 설립은 기존회사의 채무면탈이라는 위법한 목적 달성을 위하여 회사제도를 남용한 것에 해당한다. 이러한 경우에 기존회사의 채권자에 대하여 위 두 회사가 별개의 법인격을 갖고 있음을 주장하는 것은 신의성실의 원칙상 허용될 수 없으므로, 기존회사의 채권자는 두 회사 어느 쪽에 대하여도 채무의 이행을 청구할 수 있다. 나아가 기존회사에 대한 소멸시효가 완성되지 않은 상태에서 신설회사가 기존회사와 별도로 자신에 대하여 소멸시효가 완성되었다고 주장하는 것 역시 별개의 법인격을 갖고 있음을 전제로 하는 것이어서 신의성실의 원칙상 허용될 수 없다(대판 2024.3.28. 2023다265700).

[법인의 준거법을 규정하는 구 국제사법 제16조 본문의 적용 범위 / 법인의 구성원이 법인의 채권자에 대하여 책임을 부담하는지 및 책임을 부담한다면 범위는 어디까지인지 등에 관하여 해당 법인의 설립 준거법에 따라야 하는지 여부(적극) / 법인과 채권·채무관계가 있는 자가 법인과 사원 등 배후자 사이의 법인격의 분리를 부정하면서 법인의 사원 등 배후자에 대하여 법인의 채무에 대한 책임을 추궁하는 경우에도 법인과 사원 등 사이의 법인격의 분리 여부와 요건을 규정한 그 법인의 설립 준거법에 따라야 하는지 여부(원칙적 적극)]
구 국제사법(2022.1.4. 법률 제18670호로 전부 개정되기 전의 것) 제16조 본문[현행 제30조 참조(註)]은 "법인 또는 단체는 그 설립의 준거법에 의한다"라고 하여 법인의 준거법은 원칙적으로 설립 준거법을 기준으로 정하고 있다. 이 조항이 적용되는 사항을 제한하는 규정이 없는데, 그 적용 범위는 법인의 설립과 소멸, 조직과 내부관계,

> 기관과 구성원의 권리와 의무, 행위능력 등 법인에 관한 문제 전반을 포함한다고 보아야 한다. 따라서 법인의 구성원이 법인의 채권자에 대하여 책임을 부담하는지, 만일 책임을 부담한다면 그 범위는 어디까지인지 등에 관하여도 해당 법인의 설립 준거법에 따라야 한다. / 법인과 채권·채무관계가 있는 자가 법인과 사원 등 배후자 사이의 법인격의 분리를 부정하면서 법인의 사원 등 배후자에 대하여 법인의 채무에 대한 책임을 추궁하는 경우, 이는 결국 법인의 구성원이 법인의 채권자에 대하여 책임을 부담할지가 문제 되는 것이므로 특별한 사정이 없는 한 법인과 사원 등 사이의 법인격의 분리 여부와 요건을 규정한 그 법인의 설립 준거법에 따라야 한다(대판 2025.4.3. 2022다288836·288843).

제2관 법인 아닌 사단·재단

I 서 설

1. 조합과 비법인사단의 구별

(1) 단체성의 강약

민법상의 조합과 법인격은 없으나 사단성이 인정되는 비법인사단을 구별함에 있어서는 일반적으로 그 단체성의 강약을 기준으로 판단하여야 하는바, 조합은 2인 이상이 상호 간에 금전 기타 재산 또는 노무를 출자하여 공동사업을 경영할 것을 약정하는 계약관계에 의하여 성립하므로 어느 정도 단체성에서 오는 제약을 받게 되는 것이지만 구성원의 개인성이 강하게 드러나는 인적 결합체인 데 비하여 비법인사단은 구성원의 개인성과는 별개로 권리·의무의 주체가 될 수 있는 독자적 존재로서의 단체적 조직을 가지는 특성이 있다 하겠는데, 어떤 단체가 고유의 목적을 가지고 사단적 성격을 가지는 규약을 만들어 이에 근거하여 의사결정기관 및 집행기관인 대표자를 두는 등의 조직을 갖추고 있고, 기관의 의결이나 업무집행방법이 다수결의 원칙에 의하여 행하여지며, 구성원의 가입, 탈퇴 등으로 인한 변경에 관계없이 단체 그 자체가 존속되고, 그 조직에 의하여 대표의 방법, 총회나 이사회 등의 운영, 자본의 구성, 재산의 관리 기타 단체로서의 주요사항이 확정되어 있는 경우에는 비법인사단으로서의 실체를 가진다고 할 것이다(대판 1999.4.23. 99다4504).

(2) 재산소유형태

① 조합의 소유형태는 조합원들의 합유이다(민법 제703조, 제704조).

② 비법인사단은 사원들의 총유이다(민법 제275조). 총유물의 보존행위는 특별한 사정이 없는 한 사원총회의 결의를 거쳐야 하는 것인바, 이러한 법리는 비법인사단인 주택조합이 대표자의 이름으로 소송행위를 하는 경우에도 마찬가지이다(대판 1994.4.26. 93다51591).

③ 한편 법인은 법인의 단독소유이다.

(3) 채무관계
① 조합채무에 대하여는 조합재산과 조합원의 개인재산으로 무한책임을 진다.
② 비법인사단의 채무는 사원들의 준총유 형태로 귀속되며(민법 제278조), 비법인사단의 재산으로만 책임을 진다.
③ 법인의 채무에 대해서는 법인의 재산만이 책임재산이 된다.

Ⅱ 권리능력 없는 사단(비법인사단)

1. 의 의
사단의 실체를 갖추고 있으나 법인등기를 하지 아니한 단체를 말한다.

2. 성립요건
권리능력 없는 사단은 사단의 실체를 가져야 하므로, 별도의 조직행위를 요하지는 않더라도 대표자와 총회 등 사단으로서의 조직을 갖추어야 하고, 구성원의 변경과 관계없이 존속해야 한다. 그 밖에 성문의 규약이 아니더라도 사단법인의 정관에 상응하는 것은 있어야 한다.

> **[종중에 유사한 비법인사단의 성립 요건 및 그 시기]**
> 종중에 유사한 비법인사단은 반드시 총회를 열어 성문화된 규약을 만들고 정식의 조직체계를 갖추어야만 비로소 단체로서 성립하는 것이 아니고, 실질적으로 공동의 목적을 달성하기 위하여 공동의 재산을 형성하고 일을 주도하는 사람을 중심으로 계속적으로 사회적인 활동을 하여 온 경우에는, 이미 그 무렵부터 단체로서의 실체가 존재한다고 하여야 한다(대판 1996.3.12. 94다56401).
>
> **[법인 아닌 사단의 성립 요건]**
> 민사소송법 제48조가 비법인의 당사자능력을 인정하는 것은 법인이 아닌 사단이나 재단이라도 사단 또는 재단으로서의 실체를 갖추고 대표자 또는 관리인을 통하여 사회적 활동이나 거래를 하는 경우에는, 그로 인하여 발생하는 분쟁은 그 단체의 이름으로 당사자가 되어 소송을 통하여 해결하게 하고자 함에 있다 할 것이므로 여기서 말하는 사단이라 함은 일정한 목적을 위하여 조직된 다수인의 결합체로서 대외적으로 사단을 대표할 기관에 관한 정함이 있는 단체를 말한다고 할 것이고, 종중 또는 문중과 같이 특별한 조직행위 없이도 자연적으로 성립하는 예외적인 사단이 아닌 한, 법인 아닌 사단이 성립하려면 사단으로서의 실체를 갖추는 조직행위가 있어야 하는바, 만일 어떤 단체가 외형상 목적, 명칭, 사무소 및 대표자를 정하고 있다고 할지라도 사단의 실체를 인정할 만한 조직, 그 재정적 기초, 총회의 운영, 재산의 관리 기타 단체로서의 활동에 관한 입증이 없는 이상 이를 법인이 아닌 사단으로 볼 수 없다(대판 1997.9.12. 97다20908).
>
> **[사찰이 독립한 실체로서 권리의무의 주체가 되기 위하여 갖추어야 할 요건]**
> 사찰이란 불교교의를 선포하고 불교의식을 행하기 위한 시설을 갖춘 승려, 신도의 조직인 단체로서 독립한 사찰로서의 실체를 가지기 위해서는 〈물적 요소〉인 불당 등의 사찰재산이 있고, 〈인적 요소〉인 주지를 비롯한 승려와 상당수의 신도가 존재하며, 〈단체로서의 규약〉을 가지고 사찰이 그 자체 생명력을 가지고 사회적 활동을 할 것을 필요로 한다(대판 2020.12.24. 2015다222920).

3. 법률관계

① 소송법상 당사자능력(민소법 제52조)과 부동산등기법상 등기능력(부동산등기법 제26조 제1항)은 명문의 규정으로 인정된다. 한편 비법인 사단이 당사자능력이 있는지 여부는 「사실심의 변론종결 시」를 기준으로 판단한다(대판 2010.3.25. 2009다95387).

② 권리능력 없는 사단에 관하여 민법은 제275조에서 그 재산소유형태를 총유라고 하여 조합이 아님을 규정하고 있을 뿐이므로, 통설·판례는 권리능력 없는 사단이 사단의 실질을 가지고 있음을 이유로 법인설립등기를 전제로 하는 것을 제외하고 전부 사단법인 규정을 유추적용하고 있다.

[판례가 비법인사단에 유추적용을 긍정한 법인규정]

- 비법인사단에 대하여는 사단법인에 관한 민법규정 중 법인격을 전제로 하는 것을 제외한 규정들을 유추적용하여야 할 것이므로 비법인사단인 교회의 교인이 존재하지 않게 된 경우 그 교회는 해산하여 청산절차에 들어가서 청산의 목적범위 내에서 권리·의무의 주체가 되며, 이 경우 해산 당시 그 비법인사단의 총회에서 향후 업무를 수행할 자를 선정하였다면 민법 제82조 제1항을 유추하여 그 선임된 자가 청산인으로서 청산 중의 비법인사단을 대표하여 청산업무를 수행하게 된다(대판 2003.11.14. 2001다32687).
- 비법인사단에 대하여는 사단법인에 관한 민법 규정 가운데 법인격을 전제로 하는 것을 제외하고는 이를 유추적용하여야 하는데, 민법 제62조에 비추어 보면 비법인사단의 대표자는 정관 또는 총회의 결의로 금지하지 아니한 사항에 한하여 타인으로 하여금 특정한 행위를 대리하게 할 수 있을 뿐 비법인사단의 제반 업무처리를 포괄적으로 위임할 수는 없으므로 비법인사단 대표자가 행한 타인에 대한 업무의 포괄적 위임과 그에 따른 포괄적 수임인의 대행행위는 민법 제62조를 위반한 것이어서 비법인사단에 대하여 그 효력이 미치지 않는다(대판 2011.4.28. 2008다15438).
- 주택조합과 같은 비법인사단의 대표자가 직무에 관하여 타인에게 손해를 가한 경우 그 사단은 민법 제35조 제1항의 유추적용에 의하여 그 손해를 배상할 책임이 있으며, 비법인사단의 대표자의 행위가 대표자 개인의 사리를 도모하기 위한 것이었거나 혹은 법령의 규정에 위배된 것이었다 하더라도 외관상, 객관적으로 직무에 관한 행위라고 인정할 수 있는 것이라면 민법 제35조 제1항의 직무에 관한 행위에 해당한다(대판 2003.7.25. 2002다27088).
- 권리능력 없는 사단인 재건축주택조합과 그 대표기관과의 관계는 위임인과 수임인의 법률관계와 같은 것으로서 임기가 만료되면 일단 그 위임관계는 종료되는 것이 원칙이고, 다만 그 후임자가 선임될 때까지 대표자가 존재하지 않는다면 대표기관에 의하여 행위를 할 수밖에 없는 재건축주택조합은 당장 정상적인 활동을 중단하지 않을 수 없는 상태에 처하게 되므로, 민법 제691조의 규정을 유추하여 구 대표자로 하여금 조합의 업무를 수행케 함이 부적당하다고 인정할 만한 특별한 사정이 없고 종전의 직무를 구 대표자로 하여금 처리하게 할 필요가 있는 경우에 한하여 후임 대표자가 선임될 때까지 임기만료된 구 대표자에게 대표자의 직무를 수행할 수 있는 업무수행권이 인정된다(대판 2003.7.8. 2002다74817).

[판례가 비법인사단에 유추적용을 부정한 법인규정]

- 비법인사단의 경우에는 대표자의 대표권 제한에 관하여 등기할 방법이 없어 민법 제60조의 규정을 준용할 수 없고, 비법인사단의 대표자가 정관에서 사원총회의 결의를 거쳐야 하도록 규정한 대외적 거래행위에 관하여 이를 거치지 아니한 경우라도, 이와 같은 사원총회 결의사항은 비법인사단의 내부적 의사결정에 불과하다 할 것이므로, 그 거래 상대방이 그와 같은 대표권 제한 사실을 알았거나 알 수 있었을 경우가 아니라면 그 거래행위는 유효하다고 봄이 상당하고, 이 경우 거래의 상대방이 대표권 제한 사실을 알았거나 알 수 있었음은 이를 주장하는 비법인사단 측이 주장·입증하여야 한다(대판 2003.7.22. 2002다64780).

• 종중원들이 종중 재산의 관리 또는 처분 등을 위하여 종중의 규약에 따른 적법한 소집권자 또는 일반 관례에 따른 종중총회의 소집권자인 종중의 연고항존자에게 필요한 종중의 임시총회 소집을 요구하였음에도 그 소집권자가 정당한 이유 없이 이에 응하지 아니하는 경우에는 차석 또는 발기인(위 총회의 소집을 요구한 발의자들)이 소집권자를 대신하여 그 총회를 소집할 수 있는 것이고, 반드시 민법 제70조를 준용하여 감사가 총회를 소집하거나 종원이 법원의 허가를 얻어 총회를 소집하여야 하는 것은 아니다(대판 2011.2.10. 2010다83199·83205).

③ 법인 아닌 사단의 구성원 개인이 총유재산의 보존을 위한 소를 제기할 수 있는지 여부(소극) : 민법 제276조 제1항은 "총유물의 관리 및 처분은 사원총회의 결의에 의한다", 같은 조 제2항은 "각 사원은 정관 기타의 규약에 좇아 총유물을 사용·수익할 수 있다"라고 규정하고 있을 뿐 공유나 합유의 경우처럼 보존행위는 그 구성원 각자가 할 수 있다는 민법 제265조 단서 또는 제272조 단서와 같은 규정을 두고 있지 아니한바, 이는 법인 아닌 사단의 소유형태인 총유가 공유나 합유에 비하여 단체성이 강하고 구성원 개인들의 총유재산에 대한 지분권이 인정되지 아니하는 데에서 나온 당연한 귀결이라고 할 것이므로 총유재산에 관한 소송은 법인 아닌 사단이 그 명의로 사원총회의 결의를 거쳐 하거나 또는 그 구성원 전원이 당사자가 되어 필수적 공동소송의 형태로 할 수 있을 뿐 그 사단의 구성원은 설령 그가 사단의 대표자라거나 사원총회의 결의를 거쳤다 하더라도 그 소송의 당사자가 될 수 없고, 이러한 법리는 총유재산의 보존행위로서 소를 제기하는 경우에도 마찬가지라 할 것이다(대판[전합] 2005.9.15. 2004다44971).

④ 비법인사단이 타인 간의 금전채무를 보증하는 행위를 총유물의 관리·처분행위로 볼 수 있는지 여부(소극) 및 비법인사단인 재건축조합의 조합장이 채무보증계약을 체결하면서 조합규약에서 정한 조합 임원회의 결의 등 절차를 거치지 않은 경우, 그 보증계약의 효력(원칙적 유효) : 민법 제275조, 제276조 제1항에서 말하는 총유물의 관리 및 처분이라 함은 총유물 그 자체에 관한 이용·개량행위나 법률적·사실적 처분행위를 의미하는 것이므로, 비법인사단이 타인 간의 금전채무를 보증하는 행위는 총유물 그 자체의 관리·처분이 따르지 아니하는 단순한 채무부담행위에 불과하여 이를 총유물의 관리·처분행위라고 볼 수는 없다. 따라서 비법인사단인 재건축조합의 조합장이 채무보증계약을 체결하면서 조합규약에서 정한 조합 임원회의 결의를 거치지 아니하였다거나 조합원총회 결의를 거치지 않았다고 하더라도 그것만으로 바로 그 보증계약이 무효라고 할 수는 없다. 다만, 이와 같은 경우에 조합 임원회의의 결의 등을 거치도록 한 조합규약은 조합장의 대표권을 제한하는 규정에 해당하는 것이므로, 거래 상대방이 그와 같은 대표권 제한 및 그 위반 사실을 알았거나 과실로 인하여 이를 알지 못한 때에는 그 거래행위가 무효로 된다고 봄이 상당하며, 이 경우 그 거래 상대방이 대표권 제한 및 그 위반 사실을 알았거나 알지 못한 데에 과실이 있다는 사정은 그 거래의 무효를 주장하는 측이 이를 주장·입증하여야 한다(대판[전합] 2007.4.19. 2004다60072·60089 – 다수의견).

⑤ 주택건설촉진법에 의해 설립된 재건축조합의 법적 성격(비법인사단) 및 임기만료 또는 사임 이사의 후임 이사 선임 시까지의 직무수행권 여부(적극) : <u>주택건설촉진법에 의하여 설립된 재건축조합은 민법상의 비법인사단에 해당하므로, 민법의 법인에 관한 규정 중 법인격을 전제로 하는 조항을 제외한 나머지 조항이 원칙적으로 준용되고, 민법상 법인과 그 기관인 이사와의 관계는 위임자와 수임자의 법률관계와 같은 것으로서 이사의 임기가 만료되면 일단 그 위임관계는 종료되는 것이 원칙이나, 그 후임 이사 선임 시까지 이사가 존재하지 않는다면 기관에 의하여 행위를 할 수밖에 없는 법인으로서는 당장 정상적인 활동을 중단하지 않을 수 없는 상태에 처하게 되고 이는 민법 제691조에 규정된 위임종료의 경우에 급박한 사정이 있는 때와 같이 볼 수 있으므로, 임기만료되거나 사임한 이사라도 그 임무를 수행함이 부적당하다고 인정할 만한 특별한 사정이 없는 한 후임 이사가 선임될 때까지 이사의 직무를 계속 수행할 수 있다</u>(대판 1996.10.25. 95다56866).

⑥ 매매계약에 의하여 부담하고 있는 채무의 존재를 인식하고 있다는 뜻을 표시하는 데 불과한 소멸시효중단 사유로서의 승인이 총유물의 관리·처분행위인지 여부(소극) : 비법인사단이 총유물에 관한 매매계약을 체결하는 행위는 총유물 그 자체의 처분이 따르는 채무부담행위로서 총유물의 처분행위에 해당하나, <u>그 매매계약에 의하여 부담하고 있는 채무의 존재를 인식하고 있다는 뜻을 표시하는 데 불과한 소멸시효중단 사유로서의 승인은 총유물 그 자체의 관리·처분이 따르는 행위가 아니어서 총유물의 관리·처분행위라고 볼 수 없다</u>(대판 2009.11.26. 2009다64383).

⑦ 사찰이 특정 종단에 소속하려면 사찰과 종단 사이의 합의가 전제되어야 하는지 여부(적극) / 사찰이 특정 종단에 가입하거나 소속 종단을 변경하기 위해서는 사찰 자체의 자율적 의사결정이 전제되어야 하는지 여부(적극) 및 그 의사결정의 방법(= 사찰 자체의 규약에서 정한 방법) : 법인격 없는 사단이나 재단으로서 권리의무의 주체가 되는 독립한 사찰은 독자적으로 존속할 수도 있지만 종교적 이념이나 교리 또는 종교적 이해관계를 같이 하는 사람과 단체로 구성된 상위 종단에 소속되어 존속하기도 하는데, <u>사찰의 종단소속관계는 사법상 계약의 영역으로서 사찰이 특정 종단에 소속하려면 이에 관한 사찰과 특정 종단 사이의 합의가 전제되어야 한다. 또한 사찰이 특정 종단과 종단소속에 관한 합의를 하게 되면 그때부터는 그 종단의 소속 사찰이 되어 종단의 종헌이나 종법을 사찰의 자치법규로 삼아 따라야 하고 사찰의 주지임면권도 종단에 귀속되는 등 사찰 자체의 지위나 권한에 중대한 변화를 가져오게 되므로 어느 사찰이 특정 종단에 가입하거나 소속 종단을 변경하기 위해서는 사찰 자체의 자율적인 의사결정이 기본적인 전제가 되어야 한다. 한편 사찰의 자율적인 의사결정 방법은 사찰의 법적 성격이 법인격 없는 사단인지 아니면 법인격 없는 재단인지에 따라 달라질 수 있겠지만 적어도 사찰 자체의 규약에서 정하는 방법에 따라야 할 것이다</u>(대판 2020.12.24. 2015다222920).

⑧ 사찰이 소속 종단의 종헌에 따르지 아니하고 그 신도와 승려가 결합하여 소속 종단을 탈종한 경우, 사찰 자체의 종단 소속이 변경되는지 여부(소극) 및 사찰 자체의 분열이 인정되는지 여부(소극) : 사찰이 소속 종단의 종헌에 따르지 아니하고 그 신도와 승려가 결합하여 그 소속 종단을 탈종하였다 하더라도 이는 그 신도와 승려 개인이 소속 종단에서 탈퇴하게 되는 데에 그치는 것일 뿐 그로써 이미 독립한 권리·의무의 귀속 주체로 성립한 <u>사찰 자체의 종단 소속이 변경되게 되는 것은 아니고, 사찰이 일단 성립한 이상 사찰 그 자체의 분열도 인정되지 않는다</u>(대판 2000.5.12. 99다69983).

4. 권리능력 없는 사단 여부

① 종중, 사찰, 교회, 주택조합 또는 재건축조합, 자연부락, 동·리, 어촌계, 집합건물의 관리단, 아파트입주자대표회의, 채권자들로 구성된 청산위원회 등은 권리능력 없는 사단으로 인정하고 있다.

> [개인사찰로 관리·운영되어 오던 사찰이 종단 소속 사찰로 등록되어 종단으로부터 주지 임명을 받은 후 관할 관청에 종단 소속으로 사찰등록 및 주지등록을 하고 사찰 부지에 관하여 사찰 명의로 소유권이전등기를 경료한 경우, 종단 소속의 불교단체 내지는 법인 아닌 사단 또는 재단으로서의 실체를 갖춘 독립된 사찰로 보아야 하는지 여부(한정 적극)]
> 개인사찰로 관리·운영되어 오던 사찰이 종단 소속 사찰로 등록되어 종단으로부터 주지 임명을 받은 후 관할 관청에 종단 소속으로 사찰등록 및 주지등록을 하고 사찰 부지에 관하여 사찰 명의로 소유권이전등기를 경료한 경우, 명목상으로만 그 사찰을 종단에 소속시키고 구 불교재산관리법(1987.11.28. 법률 제3974호 전통사찰보존법에 의하여 폐지)에 의하여 관할 관청에 종단 소속 사찰로 사찰등록 및 주지등록을 한 것이라는 등의 특별한 사정이 없는 한, 그 사찰은 종단 소속 불교단체 내지는 법인 아닌 사단 또는 재단으로서의 실체를 갖춘 독립된 사찰로 보아야 한다(대판 1999.9.3. 98다13600).

② 반면, 부도난 회사의 채권자들이 조직한 채권단, 원호대상자광주목공조합, 개인사찰, 학교, 대한불교조계종총무원 등은 판례가 권리능력 없는 사단으로 보고 있지 않다.

Ⅲ 권리능력 없는 재단(비법인재단)

1. 의 의

재단법인의 실질을 갖추어 목적재산과 조직은 존재하지만 아직 법인격을 취득하지 못한 것을 의미한다.

2. 법률관계

① 소송상 당사자능력이 인정된다.
② 부동산에 관하여는 등기능력이 인정되는데, 이는 결국 부동산은 권리능력 없는 재단의 단독소유로 취급된다(통설·판례). 부동산 이외의 재산권에 대하여는 아무런 규정이 없어 신탁의 법리로 설명하는 견해와 기타의 재산권도 역시 권리능력 없는 재단에 속한다는 견해가 대립하고 있다.
③ 그 밖의 법률관계에 대하여는 재단법인에 관한 규정 가운데 법인격을 전제로 하는 것을 제외하고는 이를 유추적용한다(통설).

3. 권리능력 없는 재단 여부

사찰, 장학재단(육영회), 유치원 등은 판례가 비법인재단으로 인정하였으나, 학교와 같이 시설(영조물)에 불과한 것은 비법인재단이 아니라고 보았다(대판 1977.8.23. 76다1478).

Ⅳ 종중의 법률관계

1. 종중의 의의

(1) 고유한 의미의 종중

① **종중의 개념**: 종중이란 공동선조의 분묘수호 및 봉제사와 후손 상호 간의 친목을 목적으로 형성되는 「자연발생적인 종족단체」로, 선조의 사망과 동시에 후손에 의하여 성립하는 것이며, 법적 성격은 법인격 없는 사단이다(대판[전합] 2005.7.21. 2002다1178).

> [고유 의미의 종중의 의의 / 일부 종원의 자격을 임의로 제한하거나 확장한 종중규약의 효력(무효) 및 그로 인하여 이미 성립한 종중의 실재 자체가 부인되는지 여부(소극) / 공동선조의 후손들이 종중을 양분하는 것과 같은 종중분열을 할 수 있는지 여부(소극)]
>
> 고유 의미의 종중이란 공동선조의 후손 중 성년인 사람을 종원으로 하여 구성되는 자연발생적인 종족집단으로서 특별한 조직행위를 필요로 함이 없이 관습상 당연히 성립하는 것이고, / 종중이 자연발생적으로 성립한 후에 정관 등 종중규약을 작성하면서 일부 종원의 자격을 임의로 제한하거나 확장하더라도 그러한 규약은 종중의 본질에 반하여 무효이고, 그로 인하여 이미 성립한 종중의 실재 자체가 부인되는 것은 아니다. / 또한 종중이 종중원의 자격을 박탈하거나 종중원이 종중을 탈퇴할 수 없는 것이어서 공동선조의 후손들은 종중을 양분하는 것과 같은 종중분열을 할 수 없다(대판 2023.12.28. 2023다278829).
>
> [종중의 법적 성격 및 종중 규약의 내용이 선량한 풍속 기타 사회질서에 반하거나 종중의 본질이나 설립 목적에 크게 위배되는 경우, 그 종중 규약의 효력(무효)]
>
> 종중은 공동선조의 분묘수호와 제사 및 종원 상호 간의 친목 등을 목적으로 하여 구성되는 자연발생적인 종족집단으로 그 공동선조와 성과 본을 같이 하는 후손은 그 의사와 관계없이 성년이 되면 당연히 그 구성원이 된다. 이와 같은 종중의 성격과 법적 성질에 비추어, 종중 규약의 내용이 선량한 풍속 기타 사회질서에 반하는 경우 또는 종원이 가지는 고유하고 기본적인 권리의 본질적인 내용을 침해하는 등 종중의 본질이나 설립 목적에 크게 위배되는 경우 그 종중 규약은 무효로 보아야 한다(대판 2024.12.24. 2024다274398).

② **종중 유사의 단체**: 공동선조의 후손 중 "일정한 범위"의 종족집단이 사회적 조직체로서 성립하여 고유의 재산을 소유 관리하면서 독자적인 활동을 하고 있다면 단체로서의 실체를 부인할 수 없다고 할 것이나 이는 고유 의미의 종중과는 다른 종중 유사의 단체이다(대판 1992.9.22. 92다15048). 종중 유사의 단체는 사적 자치의 원칙 내지 결사의 자유에 따라 그 구성원의 자격과 가입조건을 자유롭게 정할 수 있음이 원칙이므로 회칙 등에서 공동선조의 후손 중 남성만으로 구성원을 한정하고 있는 경우, 그러한 사정만으로 회칙 등이 무효로 되지는 않는다(대판 2011.2.24. 2009다17783). 같은 의미로 특정지역 내에 거주하는 일부 종중원이나 특정 항렬의 종중원만을 그 구성원으로 하는 단체는 종중 유사의 단체에 불과하고 고유한 의미의 종중은 될 수 없다(대판 2002.5.10. 2002다4863). 고유한 의미의 종중이라면 일부 종원의 자격을 임의로 제한하였거나 확장한 종중회칙은 종중의 본질에 반하여 무효이나, 그 종중의 회칙 규정이 종중의 본질에 반한다 하여 바로 고유한 의미의 종중이 아니라고 추단할 수는 없다(대판 2002.6.28. 2001다5296).

[3] 종중 유사의 권리능력 없는 사단은 창립총회를 열어 정식의 조직체계를 갖추지 않았더라도 공동의 목적을 달성하기 위하여 공동의 재산을 형성하고 일을 주도하는 사람을 중심으로 계속적으로 사회적인 활동을 하여 왔다면 이미 그 무렵부터 단체로서의 실체가 존재한다고 하여야 하는지 여부(적극) 및 위 사람들이 어느 시점에 비로소 창립총회를 열어 조직체로서의 실체를 갖춘 경우, 그 이전부터 행한 행위나 그때까지 형성한 재산이 위 조직에 귀속되는지 여부(원칙적 적극) : 종중 유사의 권리능력 없는 사단은 반드시 총회를 열어 성문화된 규약을 만들고 정식의 조직체계를 갖추어야만 비로소 단체로서 성립하는 것이 아니라, 실질적으로 공동의 목적을 달성하기 위하여 공동의 재산을 형성하고 일을 주도하는 사람을 중심으로 계속적으로 사회적인 활동을 하여 온 경우에는 이미 그 무렵부터 단체로서의 실체가 존재한다고 하여야 한다. 계속적으로 공동의 일을 수행하여 오던 일단의 사람들이 어느 시점에 이르러 비로소 창립총회를 열어 조직체로서의 실체를 갖추었다면, 그 실체로서의 조직을 갖추기 이전부터 행한 행위나 또는 그때까지 형성한 재산은, 다른 특별한 사정이 없는 한, 모두 이 사회적 실체로서의 조직에게 귀속되는 것으로 봄이 타당하다. [4] **어떠한 단체가 종중 유사의 권리능력 없는 사단을 표방하면서 그 단체에 권리가 귀속되어야 한다고 주장하는 경우, 증명이 필요한 사항들** : 어떠한 단체가 고유 의미의 종중이 아니라 종중 유사의 권리능력 없는 사단(이하 '종중 유사단체'라고 한다)을 표방하면서 그 단체에 권리가 귀속되어야 한다고 주장하는 경우, 우선 권리 귀속의 근거가 되는 법률행위나 사실관계 등이 발생할 당시 종중 유사단체가 성립하여 존재하는 사실을 증명하여야 하고, 다음으로 당해 종중 유사단체에 권리가 귀속되는 근거가 되는 법률행위 등 법률요건이 갖추어져 있다는 사실을 증명하여야 한다. [5] **자연발생적으로 형성된 고유 의미의 종중이 아니라 그 구성원 중 일부만으로 범위를 제한한 종중 유사의 권리능력 없는 사단이 성립되었는지 판단할 때, 특히 고려하여야 할 사항** : 자연발생적으로 형성된 고유 의미의 종중(이하 '고유 종중'이라 한다)이 아니라 그 구성원 중 일부만으로 범위를 제한한 종중 유사의 권리능력 없는 사단(이하 '종중 유사단체'라고 한다)의 성립을 인정하려면, 고유 종중이 소를 제기하는 데 필요한 여러 절차(종중원 확정, 종중 총회 소집, 총회 결의, 대표자 선임 등)를 우회하거나 특정 종중원을 배제하기 위한 목적에서, 단체의 실질이 고유 종중인데도 종중 유사단체임을 표방하였다고 볼 여지가 없는지 그 성격을 신중하게 판단하여야 한다(대판 2019.2.14. 2018다264628).

(2) 종중의 대표자

① 종중에는 관습에 따른 종장이 있는데, 종장이라는 이유만으로 당연히 법적 대표권한이 있는 것은 아니다(대판 1999.7.27. 99다9523).
② 「종중 대표자의 선임방법」은 그 종중에 규약이나 관례가 있으면 그에 따라 선임하고 그것이 없다면 종장 또는 문장이 그 종원을 소집하여 「출석종원의 과반수 결의」로 선출하며, 평소에 종중에 종장이나 문장이 선임되어 있지 아니하고 선임에 관한 규약이나 일반 관례가 없다면 현존하는 연고항존자(나이가 가장 많고 항렬이 가장 높은 사람)가 종장이나 문장이 되어 종중총회를 소집하는 것이 일반 관습이다(대판 2009.5.28. 2009다7182).

(3) 종중의 구성원

① 공동선조의 후손 중 성년이면 남녀를 불문하고 당연히 종중의 구성원이 된다.
② 다른 가문으로 출계한 아들(양자로 간 아들)은 그 생가의 종원 자격을 인정할 수 없다(대판 1996.8.23. 96다12566).
③ 민법 제781조 제6항에 따라 자녀의 성과 본이 모의 성과 본으로 변경되었을 경우, 성년인 그 자녀는 모가 속한 종중의 공동선조와 성과 본을 같이 하는 후손으로서 당연히 종중의 구성원이 되는지 여부(적극) : 종중이란 공동선조의 분묘수호와 제사 및 종원 상호 간의 친목 등을 목적으로 하여 구성되는 자연발생적인 종족집단이므로, 종중의 이러한 목적과 본질에 비추어 볼 때 공동선조와 성과 본을 같이 하는 후손은 성별의 구별 없이 성년이 되면 당연히 그 구성원이 된다.

민법 제781조 제6항에 따라 자녀의 복리를 위하여 자녀의 성과 본을 변경할 필요가 있어 자녀의 성과 본이 모의 성과 본으로 변경되었을 경우 성년인 그 자녀는 모가 속한 종중의 공동선조와 성과 본을 같이 하는 후손으로서 당연히 종중의 구성원이 된다(대판 2022.5.26. 2017다260940).

2. 종중의 법률관계

(1) 총회의 소집권자

① 총회의 소집권자는 '종중규약'에 정함이 있으면 그에 따르고, 정함이 없으면 '연고항존자'가 적법한 소집권자이다.
② 종중원들이 규약에 따라 적법한 소집권자 또는 그러한 자가 없어 연고항존자에게 총회의 소집을 요구하였으나 그 소집권자나 연고항존자가 정당한 이유 없이 이에 응하지 아니하는 경우에는 차석 또는 소집을 요구한 종중원들이 소집권자를 대신하여 그 총회를 소집할 수 있다(대판 2010.12.9. 2009다26596).

(2) 총회의 소집통지방법

반드시 직접 서면으로 하여야만 하는 것은 아니고 구두 또는 전화로 하여도 되고 다른 종중원이나 세대주를 통하여 하여도 무방하다(대판 2000.2.25. 99다20155).

[종중총회 소집통지의 대상과 방법 및 일부 종중원에 대한 소집통지를 결여한 종중총회 결의의 효력(무효)]
종중총회는 특별한 사정이 없는 한 족보에 의하여 소집통지 대상이 되는 종중원의 범위를 확정한 후 국내에 거주하고 소재가 분명하여 통지가 가능한 모든 종중원에게 개별적으로 소집통지를 함으로써 각자가 회의와 토의 및 의결에 참가할 수 있는 기회를 주어야 하고, 일부 종중원에게 소집통지를 결여한 채 개최된 종중총회의 결의는 효력이 없으나, 그 소집통지의 방법은 반드시 직접 서면으로 하여야만 하는 것은 아니고 구두 또는 전화로 하여도 되고 다른 종중원이나 세대주를 통하여 하여도 무방하다(대판 2007.9.6. 2007다34982).

[소집절차에 하자가 있는 종중총회의 결의를 사후 적법한 종중총회에서 추인한 경우, 그 결의의 효력(유효)]
소집절차에 하자가 있어 그 효력을 인정할 수 없는 종중총회의 결의라도 후에 적법하게 소집된 종중총회에서 이를 추인하면 처음부터 유효로 된다(대판 1996.6.14. 96다2729).

[주택조합의 대표자가 조합원 총회의 결의를 거치지 아니하고 건물을 처분한 행위에 관하여 민법 제126조 표현대리에 관한 규정을 준용할 수 있는지 여부(소극)]
비법인사단인 피고 주택조합의 대표자가 조합총회의 결의를 거쳐야 하는 조합원 총유에 속하는 재산의 처분에 관하여는 조합원 총회의 결의를 거치지 아니하고는 이를 대리하여 결정할 권한이 없다 할 것이어서 피고 주택조합의 대표자가 행한 총유물인 이 사건 건물의 처분행위에 관하여는 민법 제126조의 표현대리에 관한 규정이 준용될 여지가 없다 할 것이다(대판 2003.7.11. 2001다73626).

(3) 총회의 결의방법

종중규약에 다른 규정이 없는 이상 종원은 서면이나 대리인으로 결의권을 행사할 수 있으므로, 일부 종원이 총회에 직접 출석하지 아니하고 다른 출석 종원에 대한 위임장 제출방식에 의하여 종중의 대표자 선임 등에 관한 결의권을 행사하는 것도 허용된다(대판 2000.2.25. 99다2015).

[종중 토지 매각대금의 분배에 관한 종중총회의 결의가 무효인 경우, 새로운 종중총회의 결의 없이 종원이 곧바로 종중을 상대로 분배금의 지급을 구할 수 있는지 여부(소극)]

총유물인 종중 토지 매각대금의 분배는 정관 기타 규약에 달리 정함이 없는 한 종중총회의 결의에 의하여만 처분할 수 있고 이러한 분배결의가 없으면 종원이 종중에 대하여 직접 분배청구를 할 수 없다. 따라서 종중 토지 매각대금의 분배에 관한 종중총회의 결의가 무효인 경우, 종원은 그 결의의 무효확인 등을 소구하여 승소판결을 받은 후 새로운 종중총회에서 공정한 내용으로 다시 결의하도록 함으로써 그 권리를 구제받을 수 있을 뿐이고 새로운 종중총회의 결의도 거치지 아니한 채 종전 총회결의가 무효라는 사정만으로 곧바로 종중을 상대로 하여 스스로 공정하다고 주장하는 분배금의 지급을 구할 수는 없다(대판 2010.9.9. 2007다42310·42327).

[종중재산을 분배함에 있어 단순히 성별의 구분에 따라 그 분배 비율 등에 차이를 두는 경우 그 효력(= 무효)]

종중재산의 분배에 관한 종중총회의 결의 내용이 현저하게 불공정한 것인지 여부는 종중재산의 조성 경위, 종중재산의 유지·관리에 대한 기여도, 종중행사 참여도를 포함한 종중에 대한 기여도, 종중재산의 분배 경위, 전체 종원의 수와 구성, 분배 비율과 그 차등의 정도, 과거의 재산분배 선례 등 제반사정을 고려하여 판단하여야 한다. 그런데 공동선조와 성과 본을 같이 하는 후손은 남녀의 구별 없이 성년이 되면 당연히 그 구성원(종원)이 되는 것이므로, 종중재산을 분배함에 있어 단순히 남녀 성별의 구분에 따라 그 분배 비율, 방법, 내용에 차이를 두는 것은 개인의 존엄과 양성의 평등을 기초로 한 가족생활을 보장하고, 가족 내의 실질적인 권리와 의무에 있어서 남녀의 차별을 두지 아니하며, 정치·경제·사회·문화 등 모든 영역에서 여성에 대한 차별을 철폐하고 남녀평등을 실현할 것을 요구하는 우리의 전체 법질서에 부합하지 아니한 것으로 정당성과 합리성이 없어 무효라고 할 것이다 (대판 2010.9.30. 2007다74775).

(4) 총회의 의결정족수

총회의 의결정족수를 정하는 기준이 되는 출석종원이라 함은 문제가 된 결의 당시 회의장에 남아있던 종원만을 의미한다. 따라서 회의 도중 스스로 회의장에서 퇴장한 종원들은 이에 포함되지 않는다(대판 2001.7.27. 2000다56037).

Ⅴ 교회의 분열과 재산귀속관계

1. 교회의 법적 성격

① 교인들로 구성된 비법인사단이다.

[비법인사단인 교회에 확인의 이익이 인정되는 경우, 교회 스스로 원고가 되어 교인총회 결의의 존재를 주장하는 교인 등을 상대로 그 결의의 부존재 확인의 소를 제기할 수 있는지 여부(적극)]

비법인사단인 교회의 교인총회 결의에 대하여 부존재 확인의 소를 제기할 수 있는 사람이 누구인지에 관하여 민법 등에 특별한 규정이 없으므로, 일반적인 확인의 소의 경우처럼 확인의 이익이나 법률상 이해관계를 가지는 사람은 누구든지 원고적격을 가진다. 교회에 확인의 이익이 인정되는 경우에는 교회 스스로 원고가 되어 교인총회 결의의 존재를 주장하는 교인 등을 상대로 그 결의의 부존재 확인의 소를 제기할 수도 있다(대판 2024.11.28. 2023다245287).

② 특정 교단에 소속된 지교회도 비법인사단으로서의 실체를 갖추고 있다면, 특정 교단과는 독립된 비법인사단이다.
③ 따라서 비법인사단에 관한 일반적인 법률관계가 교회에도 그대로 적용된다.

> **[교회의 실체와 재산 귀속에 관한 판단 기준(= 법인 아닌 사단에 관한 민법의 일반 이론)]**
> 교회가 법인 아닌 사단으로서 존재하는 이상 그 법률관계를 둘러싼 분쟁을 소송을 통해 해결함에 있어서는 법인 아닌 사단에 관한 민법의 일반 이론에 따라 교회의 실체를 파악하고 교회의 재산 귀속에 대하여 판단하여야 한다(대판 2023.11.2. 2023다259316).

2. (비법인) 사단의 분열 여부

① 우리 민법이 사단법인에 있어서 구성원들이 2개의 법인으로 나뉘어 각각 독립한 법인으로 존속하면서 종전 사단법인에게 귀속되었던 재산을 소유하는 방식의 사단법인의 분열을 인정하지 아니하므로, 비법인사단의 분열은 허용되지 않는다(교회도 동일).
② 따라서 비법인사단의 구성원들이 집단적으로 탈퇴하는 경우 탈퇴한 자들은 구성원의 지위를 상실하는 반면, 잔존 구성원들로 구성된 단체는 여전히 동일성을 잃지 않고 비법인사단으로서의 실체를 유지하며 존속한다.
③ 집단적으로 탈퇴한 구성원들은 종전 사단의 재산에 대하여는 어떠한 권리도 가질 수 없다.

3. 교회 탈퇴 시 종전 교회재산의 귀속관계(잔존 교인들의 총유)

의결권을 가진 교인 2/3 이상의 찬성이 없이 집단적으로 교회를 탈퇴한 경우 종전 교회재산은 잔존 교인들의 총유로 귀속된다(대판 2006.6.30. 2000다15944).

4. 지교회의 교단변경의 결의요건(의결권을 가진 교인 2/3 이상의 찬성)

① 특정 교단에 가입한 지교회(교단과는 독립한 비법인사단)의 경우에, 소속교단을 변경하는 것은 지교회의 명칭이나 목적 등 자치규범을 변경하는 결과를 초래하므로, 소속 교단에서의 탈퇴 내지 변경은 사단법인 정관변경에 준하여 「의결권을 가진 교인 2/3 이상의 찬성」에 의한 결의를 필요로 하며, 소속 교단에서의 탈퇴 내지 변경이 의결권을 가진 교인의 2/3 이상의 찬성에 의하여 소속 교단에서의 탈퇴 또는 소속 교단의 변경결의가 적법·유효하게 이루어졌다는 점은 이를 주장하는 자가 입증하여야 한다(대판 2007.12.27. 2007다17062).
② 만약 교단 탈퇴 및 변경에 관한 결의를 하였으나 이에 찬성한 교인이 의결권을 가진 교인의 2/3에 이르지 못한다면, 종전 교회의 동일성은 여전히 종전 교단에 소속되어 있는 상태로서 유지된다(대판[전합] 2006.4.20. 2004다37775 - 다수의견).

③ 반대로 교단변경 결의요건을 갖추어 소속 교단에서 탈퇴하거나 다른 교단으로 변경한 경우에는 종전 교회의 실체는 이와 같이 교단을 탈퇴한 교회로서 존속하고 종전 교회재산은 위 「탈퇴한 교회 소속 교인들의 총유」로 귀속된다(대판[전합] 2006.4.20. 2004다37775 – 다수의견).

④ 특정 교단에 가입한 지교회가 교단이 정한 헌법을 지교회 자신의 자치규범으로 받아들였다고 인정되는 경우에는 소속 교단의 변경은 실질적으로 지교회 자신의 규약에 해당하는 자치규범을 변경하는 결과를 초래하고, 만약 지교회 자신의 규약을 갖춘 경우에는 교단변경으로 인하여 지교회의 명칭이나 목적 등 지교회의 규약에 포함된 사항의 변경까지 수반하기 때문에, 소속 교단에서의 탈퇴 내지 소속 교단의 변경은 사단법인 정관변경에 준하여 의결권을 가진 교인 2/3 이상의 찬성에 의한 결의를 필요로 하며, 다만 정수에 관하여 지교회의 규약에 다른 규정을 두고 있는 때에는 특별한 사정이 없는 한 그 규정에 의한 결의가 필요하다(민법 제42조 제1항 단서)(대판 2023.11.2. 2023다259316).

제3관 법인의 설립

법인성립의 준칙(민법 제31조)
법인은 법률의 규정에 의함이 아니면 성립하지 못한다.

비영리법인의 설립과 허가(민법 제32조)
학술, 종교, 자선, 기예, 사교 기타 영리 아닌 사업을 목적으로 하는 사단 또는 재단은 주무관청의 허가를 얻어 이를 법인으로 할 수 있다.

법인설립의 등기(민법 제33조)
법인은 그 주된 사무소의 소재지에서 설립등기를 함으로써 성립한다.

I 비영리사단법인의 설립요건

1. 목적의 비영리성(민법 제32조)

① 비영리성이란 사단법인의 수익이 사원들에게 분배되지 않는다는 의미이다. 다만, 목적달성을 위해 부수적인 영리행위는 그것이 비영리사단의 본질에 반하지 않는 한 문제되지 않는다.

② 비영리사단법인만이 민법이 적용되며, 영리사단법인에는 민사회사와 상사회사가 있는데, 이에는 상법이 적용된다(민법 제39조 참조).

2. 설립행위

(1) 서 설
사단법인을 설립하려면 2인 이상의 사람이 법인의 근본규칙을 정하여 서면에 기재하고 기명날인하여야 한다(민법 제40조). 이 서면을 정관이라 하며 이러한 정관작성행위를 사단법인의 설립행위라고 한다.

(2) 법적 성질
① 사단법인 설립행위는 서면에 의해야 하는 요식행위이다.
② 사단법인 설립행위의 법적 성질에 대하여 합동행위라는 견해(다수설)와 특수한 계약이라는 견해가 대립하고 있다.
③ 다수설인 합동행위설에 의하면, 설립행위는 계약이 아니므로, 민법 제124조(자기계약, 쌍방대리 금지)가 적용되지 않고, 의사표시 흠결에 관한 규정(민법 제107조 내지 제110조)도 적용되지 않는다고 한다.

(3) 정 관
사단법인 정관의 법적 성질은 계약이 아니라 「자치법규」이다. 따라서 그 해석 방법은 어디까지나 객관적인 기준에 따라 그 규범적인 의미 내용을 확정하는 법규해석의 방법으로 해석되어야 하는 것이지, 작성자의 주관이나 해석 당시의 사원의 다수결에 의한 방법으로 자의적으로 해석될 수는 없다(대판 2000.11.24. 99다12437).

(4) 정관의 기재사항

> **사단법인의 정관(민법 제40조)**
> 사단법인의 설립자는 다음 각 호의 사항을 기재한 정관을 작성하여 기명날인하여야 한다.
> 1. 목 적
> 2. 명 칭
> 3. 사무소의 소재지
> 4. 자산에 관한 규정
> 5. 이사의 임면에 관한 규정
> 6. 사원자격의 득실에 관한 규정
> 7. 존립시기나 해산사유를 정하는 때에는 그 시기 또는 사유

① 필요적 기재사항 : 정관에 다음의 사항들을 반드시 기재하여야 하며, 하나라도 빠지면 그 정관은 '무효'이다.

> - 재단법인과의 공통점 : 목적, 명칭, 사무소의 소재지, 자산에 관한 규정, 이사의 임면규정
> - 재단법인과의 차이점(사단법인의 고유 기재사항) : 사원자격의 득실에 관한 규정, 존립시기나 해산사유를 정한 때에는 그 시기나 사유

② 임의적 기재사항 : 임의적 기재사항에는 제한이 없으며, 다만, 임의적 기재사항이라도 일단 정관에 기재되면 필요적 기재사항과 효력상 차이가 없으며, 따라서 그것을 변경할 때에는 정관변경절차에 의하여야 한다.

3. 주무관청의 허가

① 비영리법인의 특징으로서 주무관청의 '허가'가 필요하고, 주무관청은 사후에 허가를 취소하여 법인을 소멸시킬 수 있다(민법 제38조). 이 허가 취소는 소급효가 없다.
② 판례는 위 허가는 주무관청의 자유재량에 속하는 행위이므로 주무관청이 판단과정에 합리성이 있음을 부정할 수 없는 경우에는, 다른 특별한 사정이 없는 한 그 불허가처분에 재량권을 일탈·남용한 위법이 있다고 할 수 없어 주무관청의 불허가처분에 관하여 행정소송으로 다툴 수 없다고 한다(대판 1996.9.10. 95누18437).

4. 설립등기

법인설립의 등기(민법 제33조)
법인은 그 주된 사무소의 소재지에서 설립등기를 함으로써 성립한다.

법인의 등기사항(민법 제49조)
① 법인설립의 허가가 있는 때에는 3주간 내에 주된 사무소소재지에서 설립등기를 하여야 한다.
② 전항의 등기사항은 다음과 같다.
  1. 목적
  2. 명칭
  3. 사무소
  4. 설립허가의 연월일
  5. 존립시기나 해산이유를 정한 때에는 그 시기 또는 사유
  6. 자산의 총액
  7. 출자의 방법을 정한 때에는 그 방법
  8. 이사의 성명, 주소
  9. 이사의 대표권을 제한한 때에는 그 제한

분사무소(分事務所) 설치의 등기(민법 제50조)
법인이 분사무소를 설치한 경우에는 주사무소(主事務所)의 소재지에서 3주일 내에 분사무소 소재지와 설치 연월일을 등기하여야 한다.
[전문개정 2024.9.20.]

사무소 이전의 등기(민법 제51조)
① 법인이 주사무소를 이전한 경우에는 종전 소재지 또는 새 소재지에서 3주일 내에 새 소재지와 이전 연월일을 등기하여야 한다.
② 법인이 분사무소를 이전한 경우에는 주사무소 소재지에서 3주일 내에 새 소재지와 이전 연월일을 등기하여야 한다.
[전문개정 2024.9.20.]

변경등기(민법 제52조)
제49조 제2항의 사항 중에 변경이 있는 때에는 3주간 내에 변경등기를 하여야 한다.

직무집행정지 등 가처분의 등기(민법 제52조의2)
이사의 직무집행을 정지하거나 직무대행자를 선임하는 가처분을 하거나 그 가처분을 변경·취소하는 경우에는 주사무소가 있는 곳의 등기소에서 이를 등기하여야 한다. 〈개정 2024.9.20.〉

등기기간의 기산(민법 제53조)
전3조의 규정에 의하여 등기할 사항으로 관청의 허가를 요하는 것은 그 허가서가 도착한 날로부터 등기의 기간을 기산한다.

설립등기 이외의 등기의 효력과 등기사항의 공고(민법 제54조)
① 설립등기 이외의 본절의 등기사항은 그 등기 후가 아니면 제3자에게 대항하지 못한다.
② 등기한 사항은 법원이 지체 없이 공고하여야 한다.

사단법인은 법인등기부에 설립등기를 함으로써 성립한다(민법 제33조). 즉, 이 등기는 권리능력을 취득하기 위한 성립요건이고, 그 밖의 등기는 모두 대항요건에 해당한다(민법 제54조 제1항).

5. 설립 중의 회사

설립 중의 회사는 '강학상 개념'으로서 정관이 작성되고 발기인이 적어도 1주 이상의 주식을 인수하였을 때 비로소 성립한다(대판 1990.12.26. 90누253). 설립 중의 회사의 법적 성격은 '법인 아닌 사단'으로 볼 것이다(대판 2008.2.28. 2007다37394·37400).

> [교회가 법인 아닌 사단으로 성립하기 전에 설립의 주체인 개인이 취득한 권리의무가 바로 성립 후의 교회에 귀속되는지 여부(소극) 및 이에 관하여 설립 중의 회사의 법리가 유추적용되는지 여부(소극)]
> 교회가 그 실체를 갖추어 법인 아닌 사단으로 성립한 경우에 교회의 대표자가 교회를 위하여 취득한 권리의무는 교회에 귀속되나, 교회가 아직 실체를 갖추지 못하여 법인 아닌 사단으로 성립하기 전에 설립의 주체인 개인이 취득한 권리의무는 그것이 앞으로 성립할 교회를 위한 것이라 하더라도 바로 법인 아닌 사단인 교회에 귀속될 수는 없고, 또한 설립 중의 회사의 개념과 법적 성격에 비추어, 법인 아닌 사단인 교회가 성립하기 전의 단계에서 설립중의 회사의 법리를 유추적용할 수는 없다(대판 2008.2.28. 2007다37394·37400).

① 설립 중의 회사로서의 실체가 갖추어지기 이전에 발기인이 취득한 권리·의무는 구체적인 사정에 따라 발기인 개인 또는 발기인 조합에 귀속되는 것으로서 이들에게 귀속된 권리·의무를 설립 후의 회사에게 귀속시키기 위하여는 양수나 계약자 지위 인수 등의 특별한 이전행위가 있어야 한다(대판 1998.5.12. 97다56020).
② 설립 중인 법인의 행위에 대하여 설립 후의 법인이 책임지는 것은 설립자체를 위한 비용만이다.

Ⅱ 비영리재단법인의 설립요건

1. 목적의 비영리성(민법 제32조)

재단법인은 사원이 없으므로 비영리법인만 존재한다.

2. 설립행위

재단법인의 설립자는 일정한 재산을 출연하고 제40조 제1호 내지 제5호의 사항을 기재한 정관을 작성하여 기명날인을 하여야 한다(민법 제43조).

(1) 법적 성질

재단법인 설립행위는 서면에 일정한 사항을 기재하는 '요식행위'이며, 상대방 없는 단독행위이다(통설, 대판 1999.7.9. 98다9045). 한편 설립자가 수인인 경우에는 단독행위의 경합으로 본다.

(2) 정관의 필요적 기재사항(민법 제43조, 제40조 참조)

(3) 정관의 보충

> **재단법인의 정관의 보충(민법 제44조)**
> 재단법인의 설립자가 그 명칭, 사무소 소재지 또는 이사임면의 방법을 정하지 아니하고 사망한 때에는 이해관계인 또는 검사의 청구에 의하여 법원이 이를 정한다.

① 사단법인에는 없는 제도이다.
② 이해관계인과 검사의 '청구'에 의해 '법원'이 나머지 사항을 정하여 법인을 성립시킨다.
③ 목적과 자산은 정해진 상태여야 한다.

3. 주무관청의 허가와 설립등기(민법 제32조, 제33조)

사단법인과 동일하다.

> **[재단법인의 기본재산에 관하여 저당권을 설정하는 경우, 주무관청의 허가를 얻어야 하는지 여부(원칙적 소극)]**
> 민법상 재단법인의 기본재산에 관한 저당권 설정행위는 특별한 사정이 없는 한 정관의 기재사항을 변경하여야 하는 경우에 해당하지 않으므로, 그에 관하여는 주무관청의 허가를 얻을 필요가 없다(대결 2018.7.20. 2017마1565).
>
> **[민법상 재단법인의 정관에 기본재산은 주무관청의 허가·승인을 받은 경우에 담보설정 등을 할 수 있다는 취지로 정해져 있고, 이에 따라 주무관청의 허가·승인을 받아 기본재산에 관하여 근저당권을 설정한 경우, 근저당권을 실행하여 기본재산을 매각할 때 주무관청의 허가를 다시 받아야 하는지 여부(소극)]**
> 민법상 재단법인의 정관에 기본재산은 담보설정 등을 할 수 없으나 주무관청의 허가·승인을 받은 경우에는 이를 할 수 있다는 취지로 정해져 있고, 정관 규정에 따라 주무관청의 허가·승인을 받아 민법상 재단법인의 기본재산에 관하여 근저당권을 설정한 경우, 그와 같이 설정된 근저당권을 실행하여 기본재산을 매각할 때에는 주무관청의 허가를 다시 받을 필요는 없다(대결 2019.2.28. 2018마800).

[근로자직업능력개발법 제32조 제1항에 따라 설립된 甲 비영리법인이 乙 등으로부터 건물을 임차하면서 임대차보증금을 전세금으로 하는 전세권설정등기를 마쳤고, 위 전세권을 기본재산으로 하는 정관변경을 하여 주무관청의 허가를 받았는데, 그 후 乙 등이 전세권 소멸통고를 하자, 甲 법인이 위 전세권 소멸통고는 주무관청의 허가를 받지 않아 무효라고 주장한 사안에서, 전세권을 기본재산으로 하는 정관의 변경에 대해 주무관청의 허가를 받은 이상 전세권 소멸통고에 대해 또다시 주무관청의 허가를 받을 필요가 없다고 본 원심판단에 법리오해 등의 잘못이 없다고 한 사례]

피고는 「근로자직업능력개발법」 제32조 제1항에 따라 설립허가를 받은 비영리법인으로, 같은 조 제5항에 따라 같은 법에서 규정되지 아니한 사항에 대하여는 민법 중 재단법인에 관한 규정이 준용되는바, <u>원심의 판단은 재단법인의 기본재산에 관하여 정관 규정에 따라 근저당권을 설정한 경우, 근저당권을 실행하여 기본재산을 매각할 때에는 주무관청의 허가를 다시 받을 필요는 없다는 대결 2019. 2. 28. 2018마800 등의 법리에 따른 것으로서</u>, 이러한 원심의 판단에 상고이유 주장과 같이 「근로자직업능력개발법」 제32조에 따라 설립된 비영리법인의 기본재산 처분, 「공익법인의 설립·운영에 관한 법률」 제11조 제3항에 관한 법리오해 등의 잘못이 없다(대판 2021. 5. 7. 2020다289828).

III 재단법인의 출연재산의 귀속시기

증여, 유증에 관한 규정의 준용(민법 제47조)
① 생전처분으로 재단법인을 설립하는 때에는 증여에 관한 규정을 준용한다.
② 유언으로 재단법인을 설립하는 때에는 유증에 관한 규정을 준용한다.

출연재산의 귀속시기(민법 제48조)
① 생전처분으로 재단법인을 설립하는 때에는 출연재산은 법인이 성립된 때로부터 법인의 재산이 된다.
② 유언으로 재단법인을 설립하는 때에는 출연재산은 유언의 효력이 발생한 때로부터 법인에 귀속한 것으로 본다.

1. 서 설

재단법인의 출연재산의 귀속시기와 관련된 논의는 권리변동에 별도의 공시가 필요한 물권과 증권화된 채권(지시채권, 무기명채권) 등을 출연하는 경우에만 문제가 되고, 「지명채권(채권자가 특정되어 있고, 성립·양도에 증권이 불필요한 채권)」의 경우에는 공시가 성립요건이 아니기 때문에 견해대립 없이 민법 제48조가 적용된다.

2. 생전처분으로 설립하는 경우(민법 제48조 제1항)

(1) 학 설

1) 민법 제48조 적용긍정설[법인성립시설(다수설)]
① 법인의 보호를 우선시하는 입장이다.
② 민법 제48조는 민법 제187조의 '기타 법률의 규정'에 해당한다.
③ 따라서 민법 제48조가 정한 시기(법인설립등기 시)에 권리귀속이 된다.

2) 민법 제48조 적용부정설[이전등기시설(소수설)]
① 거래의 안전을 우선시하는 입장이다.
② 민법 제187조의 '기타 법률의 규정'은 법률행위에 의하지 아니하고 형성적 효력을 갖는 물권변동을 규정한 법률만을 의미한다.
③ 따라서 민법 제187조가 법률행위에 의한 재단법인 설립의 경우에는 적용되지 않기 때문에, 공시가 있어야만 재단법인에게 출연재산이 귀속된다.

(2) 판례 : 소유권의 상대적 귀속

판례는 출연자와 법인의 관계에서는 민법 제187조가, 제3자에 대한 관계에서는 민법 제186조가 적용된다는 입장이다(대판[전합] 1979.12.11. 78다481).

3. 유언으로 설립하는 경우(민법 제48조 제2항)

(1) 학 설

① 민법 제48조 적용긍정설[유언의 효력발생시설(다수설)] : 법인이 설립되면 공시 없이도 '유언자의 사망 시(민법 제1073조 제1항 참조)'에 소급하여 법인의 재산이 된다는 견해이다.
② 민법 제48조 적용부정설[이전등기시설(소수설)] : 법인이 설립되고 이전등기, 인도, 배서·교부 등을 마쳐야 비로소 재산권이 법인에게 귀속된다는 견해이다.

(2) 판 례

유언으로 재단법인을 설립하는 경우에도 제3자에 대한 관계에서는 출연재산이 '부동산'인 경우에는 그 법인에의 귀속은 법인의 설립 외에 등기를 필요로 한다는 입장이다(대판 1993.9.14. 93다8054).

제4관 법인의 능력

> **법인의 권리능력(민법 제34조)**
> 법인은 법률의 규정에 좇아 정관으로 정한 목적의 범위 내에서 권리와 의무의 주체가 된다.

I 서 설

1. 의 의

법인도 권리의 주체이므로, 자연인과 동일하게 권리능력·행위능력·불법행위능력을 가진다. 다만, 법인의 능력은 의사능력 내지 판단능력을 중심으로 하여 논의되는 자연인의 경우와는 본질적으로 다르기에 ① 법인이 어느 범위에서 권리능력을 갖는지, ② 누가 어떠한 형식으로 법인의 행위를 할 수 있는지, ③ 누구의 어떤 행위에 대하여 법인 자신이 배상책임을 부담하는지 등이 문제된다.

2. 능력에 관한 규정

법인의 능력에 관한 규정은 강행규정이다.

Ⅱ 법인의 권리능력

법률의 규정과 정관으로 정한 목적의 범위 내에서 인정된다(민법 제34조).

1. 법률에 의한 제한

법인의 권리능력은 법률에 의하여 제한될 수 있다. 다만, 그 제한은 개별적(민법 제81조, 상법 제173조 등)이며, 법인의 권리능력을 일반적으로 제한하는 법률은 없다.

2. 성질상 제한

법인은 자연인을 전제로 하는 권리·의무의 주체가 될 수는 없다. 즉 생명권, 친권, 부양청구권, 상속권 등은 성질상 법인에게 인정되지 않는다. 다만, 명예권, 성명권, 유증을 받을 수 있는 지위 등은 인정된다.

3. 정관에 의한 제한

① 「목적범위 내」를 어떻게 해석할 것인지와 관련하여 목적달성에 필요한 범위 내라는 견해와 목적에 위반하지 않는 범위 내라는 견해의 대립이 있다.
② 판례는 "목적달성에 필요한 범위 내라고 판시하나, 직접적인 필요에 한정하지 않고 간접적으로 필요한 행위도 포함하고 있으며(대결 2001.9.21. 2000그9), 필요한지 여부도 객관적 성질에 따라 추상적으로 판단해야 한다(대판 1987.10.13. 86다카1522)"고 하여 그 범위를 넓히고 있다.

> **[회사의 권리능력 제한 사유인 '회사의 정관상 목적'의 의미와 판단 기준]**
> 회사의 권리능력은 회사의 설립 근거가 된 법률과 회사의 정관상 목적에 의하여 제한되나, 그 목적 범위 내의 행위는 정관에 명시된 목적 자체에 국한되는 것이 아니고 그 목적을 수행하는 데 직접 또는 간접으로 필요한 행위는 모두 포함되며, 〈목적 수행에 필요한지 여부〉도 행위의 객관적 성질에 따라 추상적으로 판단할 것이지 행위자의 주관적, 구체적 의사에 따라 판단할 것은 아니다(대판 2024.6.17. 2020다291531).

Ⅲ 법인의 행위능력

1. 문제점

관념상 법인이 실제로 권리를 취득하거나 의무를 부담하는 것은 일정한 자연인의 행위에 의할 수밖에 없는데, 이 경우 누구의 행위를 법인의 행위로 볼 것인가의 문제가 발생하는 바, 이것이 법인의 행위능력의 문제이다.

2. 대표기관의 행위

법인은 대표기관을 통해 현실적인 행위를 하기에 대표기관의 행위는 법인의 행위로 간주된다. 이사(민법 제59조), 이사의 직무대행자(민법 제60조의2), 임시이사(민법 제63조), 특별대리인(민법 제64조), 청산인(민법 제82조) 등이 대표적인 대표기관에 해당한다.

3. 행위의 범위

민법은 법인의 행위능력에 관한 규정을 따로 두고 있지 않다. 다만, 법인의 경우에는 의사능력의 불완전성을 문제 삼을 필요가 없으므로 법인은 권리능력의 범위 내에서 행위능력을 갖는다고 보아야 한다(통설).

Ⅳ 법인의 불법행위능력

> **법인의 불법행위능력(민법 제35조)**
> ① 법인은 이사 기타 대표자가 그 직무에 관하여 타인에게 가한 손해를 배상할 책임이 있다. 이사 기타 대표자는 이로 인하여 자기의 손해배상책임을 면하지 못한다.
> ② 법인의 목적범위외의 행위로 인하여 타인에게 손해를 가한 때에는 그 사항의 의결에 찬성하거나 그 의결을 집행한 사원, 이사 및 기타 대표자가 연대하여 배상하여야 한다.

1. 의 의

법인은 이사 기타 대표자가 그 직무에 관하여 타인에게 가한 손해를 배상할 책임이 있다. 이사 기타 대표자는 이로 인하여 자기의 손해배상책임을 면하지 못한다(민법 제35조 제1항). 민법 제35조는 종중과 같은 권리능력 없는 사단에도 유추적용된다(대판 1994.4.12. 92다49300).

2. 요건

(1) 대표기관의 행위일 것

① 법문상의 '이사 기타 대표자'는 '대표기관'만을 의미한다. 대표권 없는 이사는 법인의 기관이지만 대표기관은 아니기 때문에 그들의 행위로 인하여 민법 제35조상의 법인의 불법행위가 성립하지는 않는다(대판 2005.12.23. 2003다30159). 이러한 대표기관으로는 이사(민법 제59조), 임시이사(민법 제63조), 특별대리인(민법 제64조), 청산인(민법 제82조, 제83조), 직무대행자(민법 제52조의2, 제60조의2) 등이 있다. 이러한 '법인의 대표자'에는 그 명칭이나 직위 여하, 또는 대표자로 등기되었는지 여부를 불문하고 당해 법인을 실질적으로 운영하면서 법인을 사실상 대표하여 법인의 사무를 집행하는 사람을 포함한다(대판 2011.4.28. 2008다15438).

② 감사, 지배인, 이사의 임의대리인(민법 제62조) 등은 대표기관이 아니므로, 이들의 불법행위에 관해서는 법인이 사용자책임을 질 수 있을 뿐이다.

구 분	법인의 불법행위책임(민법 제35조)	사용자책임(민법 제756조)
행위자	법인의 대표기관	대표기관이 아닌 자, 피용자
행 위	직무에 관하여 – 외형이론	사무집행에 관하여 – 외형이론
법인의 책임	법인 자체의 불법행위책임	사용자인 법인의 사용자책임
기타의 책임	법인과 대표기관은 부진정연대책임 관계	법인과 행위자는 부진정연대책임 관계
면책 규정	없 음	있 음

(2) 대표기관이 직무에 관하여 타인에게 손해를 주었을 것

① '직무에 관하여'의 의미(외형이론에 의하여 판단) : 직무상 행위란 직무행위와 견련관계가 있어 사회통념상 법인의 목적을 달성하기 위하여 행해진 것으로 인정되는 모든 행위를 말한다. 즉 직무상 행위로 인정되기 위해서는 행위의 외형상 그 대표기관의 직무행위라고 인정할 수 있는 행위이면 족하다(대판 2004.2.27. 2003다15280). 그러나 이때에도 상대방이 대표자의 배임행위를 알았거나 중대한 과실로 인하여 알지 못한 경우에는 제35조의 책임을 묻지 못한다(대판 2004.3.26. 2003다34045).

> [대표자의 행위가 직무에 관한 행위에 해당하지 아니함을 피해자가 알았거나 또는 중대한 과실로 알지 못한 경우, 법인의 손해배상책임 유무(소극) 및 '중대한 과실'의 의미]
> 법인의 대표자의 행위가 직무에 관한 행위에 해당하지 아니함을 피해자 자신이 알았거나 또는 중대한 과실로 인하여 알지 못한 경우에는 법인에게 손해배상책임을 물을 수 없다고 할 것이고, 여기서 중대한 과실이라 함은 거래의 상대방이 조금만 주의를 기울였더라면 대표자의 행위가 그 직무권한 내에서 적법하게 행하여진 것이 아니라는 사정을 알 수 있었음에도 만연히 이를 직무권한 내의 행위라고 믿음으로써 일반인에게 요구되는 주의의무에 현저히 위반하는 것으로 거의 고의에 가까운 정도의 주의를 결여하고, 공평의 관점에서 상대방을 구태여 보호할 필요가 없다고 봄이 상당하다고 인정되는 상태를 말한다(대판 2004.3.26. 2003다34045).

② 외형이론의 적용범위 : 대표기관의 주관적 의사는 불문하며, 대표기관의 행위가 설사 대표자 개인의 사리를 도모하기 위한 것이었거나 혹은 법령에 위배되더라도 민법 제35조의 책임이 성립할 수 있다(대판 2004.2.27. 2003다15280).

(3) 대표기관이 일반불법행위의 요건을 갖출 것

민법 제750조의 요건(즉 대표기관의 가해행위, 고의·과실, 책임능력, 가해행위의 위법성, 손해발생, 가해행위와 손해 간의 인과관계) 모두가 필요하다.

3. 효과

(1) 법인의 불법행위가 성립하는 경우

① 법인의 불법행위가 성립하는 경우에도 대표기관은 그 자신의 손해배상책임을 면하지 못한다(민법 제35조 제1항 후문).
② 법인과 대표기관 개인의 채무는 부진정연대채무이다.
③ 법인이 피해자에게 손해를 배상한 때에는 법인은 대표기관 개인에게 구상권을 행사할 수 있고, 그 근거는 선관주의의무의 위반이다.
④ 대표기관의 고의적인 불법행위라고 하더라도, 피해자에게 그 불법행위 내지 손해발생에 과실이 있다면 법원은 과실상계의 법리에 좇아 손해배상의 책임 및 그 금액을 정함에 있어 이를 참작하여야 한다(대판 1987.12.8. 86다카1170).

(2) 법인의 불법행위가 성립하지 않는 경우

① 대표기관의 가해행위가 직무의 범위를 벗어나는 경우에는 법인의 불법행위가 성립하지 않는다. 이때에는 대표기관만이 민법 제750조에 의해 불법행위책임을 진다.
② 다만, 민법은 피해자를 보호하기 위하여 그 의결에 찬성하거나 그 의결을 집행한 사원, 이사 및 기타 대표자는 민법 제760조의 공동불법행위의 성립 여부를 묻지 않고 연대(부진정)하여 배상책임을 지도록 하고 있다.

제5관 법인의 기관

I 서설

1. 개념

자연인과 같이 그 자체로 활동할 수 없는 법인이 독립체로서 법인의 의사를 결정하고 외부에 대하여 행동하며 내부의 사무를 처리하기 위한 일정한 조직을 기관이라 한다.

2. 필요기관·상설기관

① 이사는 집행기관으로서 재단·사단법인의 필요상설기관이다(민법 제57조). 이에 반해 이사회는 이사들의 의결기관으로 임의기관이다(단, 상법상으로는 필요기관이다).
② 감사는 민법상 필요기관도 상설기관도 아닌 임의기관이다(단, 상법상으로는 필요상설기관이다).
③ 사원총회는 의사결정기관으로서 사단법인에서만 필요기관이다(상설기관은 아님).

Ⅱ 이 사

1. 정관 기재사항 및 등기사항

이사는 정관에 임면 방법을 기재하여야 하고(민법 제40조 제5호, 제43조), 성명과 주소는 등기사항이다(민법 제49조 제2항).

2. 임 면

(1) 선 임

이사의 선임행위는 법인과 이사 간의 위임과 유사한 계약에 해당하므로, 특별한 사정이 없는 한 위임의 법리가 적용된다.

(2) 해임·퇴임 등

이사의 해임 및 퇴임도 정관에 의할 것이나, 법인과 이사의 법률관계는 신뢰를 기초한 위임 유사관계로 볼 수 있으므로 정관에 다른 규정이 없거나 규정이 있더라도 불충분한 경우에는 위임의 규정을 유추적용할 수 있다.

> **[민법 제691조의 유추적용에 관한 주요 판례]**
> - 민법상 법인과 그 기관인 이사의 관계는 위임자와 수임자의 법률관계와 같은 것으로서 이사의 임기가 만료하면 일단 그 위임관계는 종료되는 것이 원칙이나, 그 후임 이사 선임 시까지 이사가 존재하지 않는다면 기관에 의하여 행위를 할 수밖에 없는 법인으로서는 당장 정상적인 활동을 중단하지 않을 수 없는 상태에 처하게 되고, 이는 민법 제691조에 규정된 급박한 사정이 있는 때와 같이 볼 수 있으므로 임기만료되거나 사임한 이사라고 할지라도 그 임무를 수행함이 부적당하다고 인정할 만한 특별한 사정이 없는 한 그 급박한 사정을 해소하기 위하여 필요한 범위 내에서 신임 이사가 선임될 때까지 이사의 직무를 계속 수행할 수 있고, 이러한 법리는 법인 아닌 사단에서도 마찬가지이다(대판 2007.6.15. 2007다6307).
> - 임기만료된 이사의 업무수행권은 이사에 결원이 있음으로써 법인이 정상적인 활동을 할 수 없는 사태를 방지하자는 데 취지가 있으므로, 이사 중 일부의 임기가 만료되었더라도 아직 임기가 만료되지 아니한 다른 이사들로 정상적인 활동을 할 수 있는 경우에는 임기만료된 이사로 하여금 이사로서 직무를 행사하게 할 필요가 없고, 이러한 경우에는 임기만료로서 당연히 퇴임하며, 법인의 정상적인 활동이 가능한지는 이사의 임기만료 시를 기준으로 판단하여야 하지 그 이후의 사정까지 고려할 수는 없다(대결 2014.1.17. 2013마1801).

[해임에 관한 주요 판례]
- 법인과 이사의 법률관계는 신뢰를 기초로 한 위임 유사의 관계로 볼 수 있는데, 민법 제689조 제1항에서는 위임계약은 각 당사자가 언제든지 해지할 수 있다고 규정하고 있으므로, 법인은 원칙적으로 이사의 임기만료 전에도 이사를 해임할 수 있지만, 이러한 민법의 규정은 임의규정에 불과하므로 법인이 자치법규인 정관으로 이사의 해임사유 및 절차 등에 관하여 별도의 규정을 두는 것도 가능하다. 그리고 이와 같이 법인이 정관에 이사의 해임사유 및 절차 등을 따로 정한 경우 그 규정은 법인과 이사와의 관계를 명확히 함은 물론 이사의 신분을 보장하는 의미도 아울러 가지고 있어 이를 단순히 주의적 규정으로 볼 수는 없다. 따라서 법인의 정관에 이사의 해임사유에 관한 규정이 있는 경우 법인으로서는 이사의 중대한 의무위반 또는 정상적인 사무집행 불능 등의 특별한 사정이 없는 이상, 정관에서 정하지 아니한 사유로 이사를 해임할 수 없다(대판 2013.11.28. 2011다41741).
- 법인의 자치법규인 정관을 존중할 필요성은 법인이 정관에서 정하지 아니한 사유로 이사를 해임하는 경우뿐만 아니라 법인이 정관에서 정한 사유로 이사를 해임하는 경우에도 요구된다. 법인이 정관에서 이사의 해임사유와 절차를 정하였고 그 해임사유가 실제로 발생하였다면, 법인은 이를 이유로 정관에서 정한 절차에 따라 이사를 해임할 수 있다. 이때 정관에서 정한 해임사유가 발생하였다는 요건 외에 이로 인하여 법인과 이사 사이의 신뢰관계가 더 이상 유지되기 어려울 정도에 이르러야 한다는 요건이 추가로 충족되어야 법인이 비로소 이사를 해임할 수 있는 것은 아니다. 해임사유의 유형이나 내용에 따라서는 그 해임사유 자체에 이미 법인과 이사 사이의 신뢰관계 파탄이 당연히 전제되어 있거나 그 해임사유 발생 여부를 판단하는 과정에서 이를 고려하는 것이 적절한 경우도 있으나, 이 경우에도 궁극적으로는 해임사유에 관한 정관 조항 자체를 해석·적용함으로써 해임사유 발생 여부를 판단하면 충분하고, 법인과 이사 사이의 신뢰관계 파탄을 별도 요건으로 보아 그 충족 여부를 판단해야 하는 것은 아니다(대판 2024.1.4. 2023다263537).

[사임에 관한 주요 판례]
- 학교법인의 이사는 법인에 대한 일방적인 사임의 의사표시에 의하여 법률관계를 종료시킬 수 있고, 그 의사표시는 수령권 있는 기관에 도달됨으로써 바로 효력을 발생하는 것이며, 그 효력발생을 위하여 이사회의 결의나 관할관청의 승인이 있어야 하는 것은 아니다(대판 2003.1.10. 2001다1171).
- 법인의 이사를 사임하는 행위는 상대방 있는 단독행위이므로 그 의사표시가 상대방에게 도달함과 동시에 그 효력을 발생하고, 그 의사표시가 효력을 발생한 후에는 마음대로 이를 철회할 수 없음이 원칙이다. 그러나 법인이 정관에서 이사의 사임절차나 사임의 의사표시의 효력발생시기 등에 관하여 특별한 규정을 둔 경우에는 그에 따라야 하는바, 위와 같은 경우에는 이사의 사임의 의사표시가 법인의 대표자에게 도달하였다고 하더라도 그와 같은 사정만으로 곧바로 사임의 효력이 발생하는 것은 아니고 정관에서 정한 바에 따라 사임의 효력이 발생하는 것이므로, 이사가 사임의 의사표시를 하였더라도 정관에 따라 사임의 효력이 발생하기 전에는 그 사임의사를 자유롭게 철회할 수 있다(대판 2008.9.25. 2007다17109).
- 또한 사임서 제시 당시 즉각적인 철회권유로 사임서 제출을 미루거나, 대표자에게 사표의 처리를 일임하거나, 사임서의 작성일자를 제출일 이후로 기재한 경우 등 사임의사가 즉각적이라고 볼 수 없는 특별한 사정이 있을 경우에는 별도의 사임서 제출이나 대표자의 수리행위 등이 있어야 사임의 효력이 발생하고, 그 이전에 사임의사를 철회할 수 있다(대판 2006.6.15. 2004다10909).

3. 직무권한

(1) 서 설

이사는 대외적으로 법인을 대표하고 대내적으로 법인의 사무를 집행할 권한을 가진 상설의 필요기관이다(민법 제58조 제1항). 이사가 될 수 있는 자는 자연인에 한정된다. 직무를 집행할 때 이사는 선량한 관리자의 주의를 기울여야 한다(민법 제61조). 이사가 그 임무를 해태한 때에는 그 이사는 법인에 대하여 연대하여 손해배상의 책임이 있다(민법 제65조).

(2) 대외적 권한 : 법인의 대표권

> **이사의 대표권(민법 제59조)**
> ① 이사는 법인의 사무에 관하여 각자 법인을 대표한다. 그러나 정관에 규정한 취지에 위반할 수 없고 특히 사단법인은 총회의 의결에 의하여야 한다.
> ② 법인의 대표에 관하여는 대리에 관한 규정을 준용한다.

① 원칙 : 이사는 법인 사무에 관하여 각자 법인을 대표한다(민법 제59조 제1항). 즉 각자대표가 원칙이다. 수인의 이사가 있더라도 동일하다.

② 적용법리

㉠ 대표기관이 법인을 대표하여 어떤 행위를 하면, 그 행위는 법인의 행위로 되어 법인이 그로 인한 권리를 취득하고 의무를 부담한다. 그런데 민법 제59조 제2항은 대리에 관한 규정을 준용하므로, 대표행위를 할 때 법인을 위한 것임을 표시해야 하며(민법 제114조), 무권대리에 관한 규정도 준용된다.

㉡ 법인이 대표기관을 통하여 법률행위를 한 때에는 대리에 관한 규정이 준용되므로 적법한 대표권을 가진 자와 맺은 법률행위의 효과는 대표자 개인이 아니라 본인인 법인에 귀속하고, 마찬가지로 그러한 법률행위상의 의무를 위반하여 발생한 채무불이행으로 인한 손해배상책임도 대표기관 개인이 아닌 법인만이 책임의 귀속주체가 되는 것이 원칙이다(대판 2019.5.30. 2017다53265).

> [1] 비법인사단이 당사자인 사건에서 이미 제출된 자료들에 의하여 대표권의 적법성을 의심할 만한 사정이 있는 경우, 법원이 이에 관하여 심리·조사할 의무가 있는지 여부(적극) : 비법인사단이 당사자인 사건에서 대표자에게 적법한 대표권이 있는지는 소송요건에 관한 것으로서 직권조사사항이므로, 법원에 그 판단의 기초자료인 사실과 증거를 직권으로 탐지할 의무까지는 없으나, 이미 제출된 자료들에 의하여 그 대표권의 적법성을 의심할 만한 사정이 엿보인다면 상대방이 이를 구체적으로 지적하여 다투지 않더라도 이에 관하여 심리·조사할 의무가 있다. [2] 민법상의 법인이나 비법인사단을 상대로 대표자의 지위 부존재 확인을 구하는 소송에서 대표자에 대하여 직무집행정지가처분 결정이 내려진 경우, 대표자는 본안소송에서 단체를 대표할 권한을 포함한 일체의 직무집행에서 배제되는지 여부(원칙적 적극) / 원고가 단체를 상대로 직무집행정지가처분 결정이 내려진 대표자의 대표자 지위 부존재 확인의 소를 제기하면서 그 대표자를 단체의 대표자로 표시한 소장을 제출하고 법원도 그 대표자를 송달받을 사람으로 하여 소장 부본을 송달한 후 소송절차가 진행된 경우, 대표자가 단체를 대표하여 한 소송행위나 원고가 대표자에 대하여 한 소송행위의 효력(무효) / 법인의 대표자에게 대표권이 없는 경우, 법원이 취하여야 할 조치 및 대표권의 보정이 항소심에서도 가능한지 여부(적극) : 민법상의 법인이나 비법인사단을 상대로 그 대표자의 지위 부존재 확인을 구하는 소송에서 그 단체를 대표할 자는 지위 부존재 확인의 대상이 된 대표자이나, 대표자에 대하여 직무집행정지가처분 결정이 내려진 경우에는, 가처분 결정에 특별한 정함이 없는 한 그 대표자는 본안소송에서 그 단체를 대표할 권한을 포함한 일체의 직무집행에서 배제된다. / 따라서 원고가 단체를 상대로 직무집행정지가처분 결정이 내려진 대표자의 대표자 지위 부존재 확인의 소를 제기하면서 그 대표자를 단체의 대표자로 표시한 소장을 제출하고 법원도 그 대표자를 송달받을 사람으로 하여 소장 부본을 송달한 후 소송절차가 진행되었다면, 그 대표자에게는 그 소송에 관하여 단체를 대표할 권한이 없기 때문에 소장 부본이 단체에 적법·유효하게 송달되었다고 볼 수 없고 그 대표자가 단체를 대표하여 한 소송행위나 원고가 그 대표자에 대하여 한 소송행위는 모두 무효가 된다. / 그러나 민사소송법 제64조에 따라 법인의 대표자에게 준용되는 같은 법 제59조 전단 및 제60조는, 소송능력·법정대리권 또는 소송행위에 필요한 권한의 수여에 흠이 있는 경우에는 법원은 기간을 정하여 이를 보정하도록

명하여야 하고, 소송능력·법정대리권 또는 소송행위에 필요한 권한의 수여에 흠이 있는 사람이 소송행위를 한 뒤에 보정된 당사자나 법정대리인이 이를 추인한 경우에는 그 소송행위는 이를 한 때에 소급하여 효력이 생긴다고 규정하고 있다. 그러므로 <u>법인의 대표자에게 대표권이 없는 경우 법원은 그 흠을 보정할 수 없음이 명백한 사정이 있지 않는 한 위 민사소송법 규정에 따라 기간을 정하여 이를 보정하도록 명할 의무가 있고, 이러한 대표권의 보정은 항소심에서도 가능하다</u>(대판 2024.4.12. 2023다313241).

③ 대표권의 제한
  ㉠ 정관에 의한 제한

이사의 대표권에 대한 제한(민법 제41조)
이사의 대표권에 대한 제한은 이를 정관에 기재하지 아니하면 그 효력이 없다.

이사의 대표권에 대한 제한의 대항요건(민법 제60조)
이사의 대표권에 대한 제한은 등기하지 아니하면 제3자에게 대항하지 못한다.

이사의 대리인 선임(민법 제62조)
이사는 정관 또는 총회의 결의로 금지하지 아니한 사항에 한하여 타인으로 하여금 특정한 행위를 대리하게 할 수 있다.

  ㉮ <u>정관기재는 효력요건이고, 등기는 대항요건이다.</u>
  ㉯ 제3자의 범위 : 학설로는 악의의 제3자는 공평의 원칙상 보호할 필요가 없다는 제한설과 문리해석상 선·악의를 불문하고 대항할 수 있다는 <u>무제한설</u>의 대립이 있다. 판례는 '<u>대표권의 제한에 관한 규정은 이를 등기하지 않을 경우 상대방의 선·악의를 불문하고 상대방에게 대표권 제한으로 대항할 수 없다</u>'는 입장이다(무제한설)(대판 1992.2.14. 91다24564).
  ㉡ 사원총회의 의결에 의한 제한(민법 제59조 제1항 단서)
  ㉢ 이익상반행위

특별대리인의 선임(민법 제64조)
법인과 이사의 이익이 상반하는 사항에 관하여는 이사는 대표권이 없다. 이 경우에는 전조의 규정에 의하여 특별대리인을 선임하여야 한다.

  '<u>이익이 상반되는 사항</u>'이란 법인의 이익을 해할 염려가 있는 모든 재산적 거래를 말한다.

(3) 대내적 권한 : 법인의 사무집행권

이사의 사무집행(민법 제58조)
① 이사는 법인의 사무를 집행한다.
② 이사가 수인인 경우에는 정관에 다른 규정이 없으면 법인의 사무집행은 이사의 과반수로써 결정한다.

<u>이사는 대내적으로 법인의 모든 사무를 집행한다</u>(민법 제58조 제1항). <u>이사의 수가 수인인 경우, 정관에 다른 규정이 없으면 법인의 사무집행은 이사의 과반수로써 결정한다</u>(민법 제59조 제2항).

[1] 민법상 법인의 정관에 대표권 있는 이사만 이사회를 소집할 수 있고, 다른 이사가 요건을 갖추어 이사회 소집을 요구하면 대표권 있는 이사가 이에 응하도록 규정하고 있는데도 대표권 있는 이사가 다른 이사의 정당한 이사회 소집을 거절할 경우, 이사가 정관의 규정 또는 민법에 기초하여 이사회를 소집할 수 있는지 여부(적극) : 민법 제58조 제1항은 민법상 법인의 사무집행은 이사가 하도록 규정하고 있고, 같은 조 제2항은 이사가 수인인 경우에는 이사의 과반수로써 결정하되 정관에 다른 규정이 있으면 이에 따르도록 규정하고 있다. 그러므로 이사가 수인인 민법상 법인의 정관에 대표권 있는 이사만 이사회를 소집할 수 있다고 규정하고 있다고 하더라도 이는 과반수의 이사가 본래 할 수 있는 이사회 소집에 관한 행위를 대표권 있는 이사로 하여금 하게 한 것에 불과하다. 따라서 정관에 다른 이사가 요건을 갖추어 이사회 소집을 요구하면 대표권 있는 이사가 이에 응하도록 규정하고 있는데도 대표권 있는 이사가 다른 이사의 정당한 이사회 소집을 거절하였다면, 대표권 있는 이사만 이사회를 소집할 수 있는 규정은 적용될 수 없다. 이 경우 이사는 정관의 이사회 소집권한에 관한 규정 또는 민법에 기초하여 법인의 사무를 집행할 권한에 의하여 이사회를 소집할 수 있다. [2] 민법상 법인에서 과반수에 미치지 못하는 이사가 정관의 특별한 규정에 근거하여 이사회를 소집하거나 과반수의 이사가 민법 제58조 제2항에 근거하여 이사회를 소집하는 경우, 법원의 허가를 받을 필요 없이 이사회를 소집할 수 있는지 여부(적극) 및 법원이 민법상 법인의 이사회 소집을 허가할 법률상 근거가 있는지 여부(소극) : 민법상 법인의 필수기관이 아닌 이사회는 이사가 사무집행권한에 의해 소집하는 것이므로, 과반수에 미치지 못하는 이사는 특별한 사정이 없는 한 민법 제58조 제2항에 반하여 이사회를 소집할 수 없다. 반면 과반수에 미치지 못하는 이사가 정관의 특별한 규정에 근거하여 이사회를 소집하거나 과반수의 이사가 민법 제58조 제2항에 근거하여 이사회를 소집하는 경우에는 법원의 허가를 받을 필요 없이 본래적 사무집행권에 기초하여 이사회를 소집할 수 있다. 법원은 민법상 법인의 이사회 소집을 허가할 법률상 근거가 없고, 다만 이사회 결의의 효력에 관하여 다툼이 발생하면 소집절차의 적법 여부를 판단할 수 있을 뿐이다(대결 2017.12.1. 2017그661).

4. 이사의 주의의무와 임무해태에 대한 연대책임

이사의 주의의무(민법 제61조)
이사는 선량한 관리자의 주의로 그 직무를 행하여야 한다.

이사의 임무해태(민법 제65조)
이사가 그 임무를 해태한 때에는 그 이사는 법인에 대하여 연대하여 손해배상의 책임이 있다.

[이사가 법령 또는 정관에 위반한 행위를 하거나 임무를 게을리함으로써 회사에 대하여 손해를 배상할 책임이 있는 경우, 제반 사정을 참작하여 손해배상액을 제한할 수 있는지 여부(적극) 및 이때 손해배상액 제한의 참작 사유에 관한 사실인정이나 제한의 비율을 정하는 것이 사실심의 전권사항인지 여부(원칙적 적극)]
이사가 법령 또는 정관에 위반한 행위를 하거나 임무를 게을리함으로써 회사에 대하여 손해를 배상할 책임이 있는 경우에 손해배상의 범위를 정할 때에는, 해당 사업의 내용과 성격, 해당 이사의 임무 위반의 경위 및 임무 위반행위의 태양, 회사의 손해 발생 및 확대에 관여된 객관적인 사정이나 그 정도, 평소 이사의 회사에 대한 공헌도, 임무 위반행위로 인한 해당 이사의 이득 유무, 회사의 조직체계의 흠결 유무나 위험관리체제의 구축 여부 등 제반 사정을 참작하여 손해분담의 공평이라는 손해배상제도의 이념에 비추어 손해배상액을 제한할 수 있다. 이때에 손해배상액 제한의 참작 사유에 관한 사실인정이나 제한의 비율을 정하는 것은, 그것이 형평의 원칙에 비추어 현저히 불합리한 것이 아닌 한 사실심의 전권사항이다(대판 2023.3.30. 2019다280481).

Ⅲ 이사의 임의대리인

> **이사의 대리인 선임(민법 제62조)**
> 이사는 정관 또는 총회의 결의로 금지하지 아니한 사항에 한하여 타인으로 하여금 특정한 행위를 대리하게 할 수 있다.

① 정관이나 총회로 금지하지 않은 사항에 대해 선임이 가능하다.
② 포괄적 대리권의 부여는 허용되지 않으며, 구체적 범위를 정하여 선임이 가능하다(대판 1989.5.9. 87다카2407).
③ 임의대리인의 불법행위에 대해서는 민법 제35조 제1항의 책임이 아니라 법인의 사용자책임(민법 제756조)이 적용된다(통설).

Ⅳ 이사회

이사회란 법인의 사무집행을 결정하기 위하여 이사 전원으로 구성된 의결기관으로, 민법상 법인에서는 필요기관이 아니다. 상법상 주식회사 이사회는 상설의 필수기관이다(상법 제390조 이하).

Ⅴ 직무대행자

> **직무집행정지 등 가처분의 등기(민법 제52조의2)**
> 이사의 직무집행을 정지하거나 직무대행자를 선임하는 가처분을 하거나 그 가처분을 변경·취소하는 경우에는 주사무소가 있는 곳의 등기소에서 이를 등기하여야 한다.
>
> **직무대행자의 권한(민법 제60조의2)**
> ① 제52조의2의 직무대행자는 가처분명령에 다른 정함이 있는 경우 외에는 법인의 통상사무에 속하지 아니한 행위를 하지 못한다. 다만, 법원의 허가를 얻은 경우에는 그러하지 아니하다.
> ② 직무대행자가 제1항의 규정에 위반한 행위를 한 경우에도 법인은 선의의 제3자에 대하여 책임을 진다.

> **[대표이사가 직무집행정지 가처분결정으로 대표권이 정지된 기간 중에 체결한 계약의 효력(= 절대적 무효) 및 그 후 가처분신청이 취하되면 유효한 계약으로 되는지 여부(소극)]**
> 법원의 직무집행정지 가처분결정에 의해 회사를 대표할 권한이 정지된 대표이사가 그 정지기간 중에 체결한 계약은 절대적으로 무효이고, 그 후 가처분신청의 취하에 의하여 보전집행이 취소되었다 하더라도 집행의 효력은 장래를 향하여 소멸할 뿐 소급적으로 소멸하는 것은 아니라 할 것이므로, 가처분신청이 취하되었다 하여 무효인 계약이 유효하게 되지는 않는다(대판 2008.5.29. 2008다4537).

Ⅵ 임시이사·특별대리인

임시이사의 선임(민법 제63조)
이사가 없거나 결원이 있는 경우에 이로 인하여 손해가 생길 염려 있는 때에는 법원은 이해관계인이나 검사의 청구에 의하여 임시이사를 선임하여야 한다.

특별대리인의 선임(민법 제64조)
법인과 이사의 이익이 상반하는 사항에 관하여는 이사는 대표권이 없다. 이 경우에는 전조의 규정에 의하여 특별대리인을 선임하여야 한다.

Ⅶ 임시총회의 소집권자

임시총회(민법 제70조)
① 사단법인의 이사는 필요하다고 인정한 때에는 임시총회를 소집할 수 있다.
② 총사원의 5분의 1 이상으로부터 회의의 목적사항을 제시하여 청구한 때에는 이사는 임시총회를 소집하여야 한다. 이 정수는 정관으로 증감할 수 있다.
③ 전항의 청구 있는 후 2주간 내에 이사가 총회소집의 절차를 밟지 아니한 때에는 청구한 사원은 법원의 허가를 얻어 이를 소집할 수 있다.

<u>임시총회의 소집권자는 이사</u>(민법 제70조 제1항)·<u>임시이사·청산인·감사</u>(민법 제67조 제4호), <u>소수사원</u>(민법 제70조 제2항)이다.

Ⅷ 감 사

감사(민법 제66조)
법인은 정관 또는 총회의 결의로 감사를 둘 수 있다.

감사의 직무(민법 제67조)
감사의 직무는 다음과 같다.
 1. 법인의 재산상황을 감사하는 일
 2. 이사의 업무집행의 상황을 감사하는 일
 3. 재산상황 또는 업무집행에 관하여 부정, 불비한 것이 있음을 발견한 때에는 이를 총회 또는 주무관청에 보고하는 일
 4. 전호의 보고를 하기 위하여 필요있는 때에는 총회를 소집하는 일

① 법인은 정관 또는 총회의 결의로 1인 또는 수인의 감사를 둘 수 있다(민법 제66조). 즉 감사는 사단법인이든 재단법인이든 임의기관이며, 그 선임방법 등은 정관 또는 총회의 결의로 정해진다.
② 감사는 법인의 대표기관이 아니므로 감사의 성명과 주소는 등기사항이 아니며, 법인은 감사의 행위로 인하여 민법 제35조의 불법행위책임을 부담하지 않는다.

IX 사원총회

총회의 권한(민법 제68조)
사단법인의 사무는 정관으로 이사 또는 기타 임원에게 위임한 사항외에는 총회의 결의에 의하여야 한다.

통상총회(민법 제69조)
사단법인의 이사는 매년 1회 이상 통상총회를 소집하여야 한다.

임시총회(민법 제70조)
① 사단법인의 이사는 필요하다고 인정한 때에는 임시총회를 소집할 수 있다.
② 총사원의 5분의 1 이상으로부터 회의의 목적사항을 제시하여 청구한 때에는 이사는 임시총회를 소집하여야 한다. 이 정수는 정관으로 증감할 수 있다.
③ 전항의 청구 있는 후 2주간 내에 이사가 총회소집의 절차를 밟지 아니한 때에는 청구한 사원은 법원의 허가를 얻어 이를 소집할 수 있다.

총회의 소집(민법 제71조)
총회의 소집은 1주간 전에 그 회의의 목적사항을 기재한 통지를 발하고 기타 정관에 정한 방법에 의하여야 한다.

총회의 결의사항(민법 제72조)
총회는 전조의 규정에 의하여 통지한 사항에 관하여서만 결의할 수 있다. 그러나 정관에 다른 규정이 있는 때에는 그 규정에 의한다.

사원의 결의권(민법 제73조)
① 각 사원의 결의권은 평등으로 한다.
② 사원은 서면이나 대리인으로 결의권을 행사할 수 있다.
③ 전2항의 규정은 정관에 다른 규정이 있는 때에는 적용하지 아니한다.

사원이 결의권 없는 경우(민법 제74조)
사단법인과 어느 사원과의 관계사항을 의결하는 경우에는 그 사원은 결의권이 없다.

총회의 결의방법(민법 제75조)
① 총회의 결의는 본법 또는 정관에 다른 규정이 없으면 사원 과반수의 출석과 출석사원의 결의권의 과반수로써 한다.
② 제73조 제2항의 경우에는 당해사원은 출석한 것으로 한다.

총회의 의사록(민법 제76조)
① 총회의 의사에 관하여는 의사록을 작성하여야 한다.
② 의사록에는 의사의 경과, 요령 및 결과를 기재하고 의장 및 출석한 이사가 기명날인하여야 한다.
③ 이사는 의사록을 주된 사무소에 비치하여야 한다.

> **[민법상 사단법인에서 법률이나 정관에 정함이 없는데도 소집·개최 절차 없이 서면만으로 총회 결의를 한 경우, 그 결의에 중대한 하자가 있다고 보아야 하는지 여부(원칙적 적극)]**
> 민법상 사단법인의 총회 결의는 민법 또는 정관에 다른 규정이 없으면 사원 과반수의 출석과 출석사원의 결의권의 과반수로써 한다(민법 제75조 제1항). 총회의 소집은 1주간 전에 그 회의의 목적사항을 기재한 통지를 발하는 방법으로 이루어지고(민법 제71조), 정관에 다른 규정이 없는 한 총회는 통지가 이루어진 사항에 관하여서만 결의할 수 있다(민법 제72조). 이러한 민법 규정에 비추어 볼 때 민법상 사단법인의 총회 결의는 소집·개최 절차가 이루어진 총회에 사원들이 참석하여 결의하는 것을 원칙적인 방법으로 한다고 보아야 한다. 총회의 소집·개최 절차를 진행하지 않은 채 목적사항을 서면통지하고 그에 대한 단순한 찬반투표만을 서면으로 받아 다수를 얻는 쪽으로 의사를 결정하는 방식으로 이루어지는 서면결의는 총회에 참석하여 목적사항을 적극적으로 토론하고 결의함으로써 사단법인 사무 운영에 자신의 의사를 반영하도록 하는 사원권의 행사를 제한할 수 있다. / 따라서 민법상 사단법인에서 법률이나 정관에 정함이 없는데도 소집·개최 절차 없이 서면만으로 총회 결의를 한 경우에는 특별한 사정이 없는 한 그 결의에 중대한 하자가 있다고 보아야 한다(대판 2024.6.27. 2023다254984).

제6관 법인의 소멸

I 서 설

법인의 소멸이란 법인이 권리능력을 상실하는 것을 말하며, 법인의 소멸은 「해산」과 「청산」의 2단계를 거치게 된다. 특히 청산절차에 관한 규정은 제3자의 이해관계에 중대한 영향을 미치기 때문에 강행규정이다.

II 법인의 해산

법인의 설립허가의 취소(민법 제38조)
법인이 목적 이외의 사업을 하거나 설립허가의 조건에 위반하거나 기타 공익을 해하는 행위를 한 때에는 주무관청은 그 허가를 취소할 수 있다.

해산사유(민법 제77조)
① 법인은 존립기간의 만료, 법인의 목적의 달성 또는 달성의 불능 기타 정관에 정한 해산사유의 발생, 파산 또는 설립허가의 취소로 해산한다.
② 사단법인은 사원이 없게 되거나 총회의 결의로도 해산한다.

> **사단법인의 해산결의(민법 제78조)**
> 사단법인은 총사원 4분의 3 이상의 동의가 없으면 해산을 결의하지 못한다. 그러나 정관에 다른 규정이 있는 때에는 그 규정에 의한다.
>
> **파산신청(민법 제79조)**
> 법인이 채무를 완제하지 못하게 된 때에는 이사는 지체 없이 파산신청을 하여야 한다.

1. 개 념

해산이란 법인이 본래의 목적달성을 위한 적극적인 활동을 멈추고 청산단계로 들어가는 것을 말한다.

2. 해산사유

(1) 사단법인과 재단법인에 공통된 해산사유 두 : 존ㆍ목ㆍ파ㆍ설ㆍ기

법인은 존립기간의 만료, 법인의 목적의 달성 또는 달성의 불능, 기타 정관에 정한 해산사유의 발생, 파산 또는 설립허가의 취소로 해산한다(민법 제77조 제1항).

(2) 사단법인 특유의 해산사유

① 사단법인은 사원이 없게 되거나 총회의 결의로도 해산한다(민법 제77조 제2항).
② 사단법인은 총사원의 4분의 3 이상의 동의가 없으면 해산을 결의하지 못한다. 그러나 정관에 다른 규정이 있는 때에는 그 규정에 의한다(민법 제78조).

Ⅲ 법인의 청산

1. 개 념

청산이란 해산한 법인의 잔존사무를 처리하고 재산을 정리하여 권리능력을 완전히 소멸시키는 절차를 말한다. 청산절차에 관한 규정은 제3자의 이해관계에 중대한 영향을 미치기 때문에 강행규정에 해당한다(대판 1992.4.28. 91누9848).

2. 청산법인의 능력

> **청산법인(민법 제81조)**
> 해산한 법인은 청산의 목적범위 내에서만 권리가 있고 의무를 부담한다.

① 청산법인은 해산 전의 법인과 동일성을 가지지만, 청산의 목적범위 내에서만 권리를 가지고 의무를 부담한다(민법 제81조). 이 범위를 초과하는 행위는 무효이다(대판 1980.4.8. 79다2036). 실제 청산사무의 종결 시까지 권리능력이 있다.
② '청산의 목적범위 내'란 청산목적과 직접 관련된 것에 한정할 것은 아니고, 청산의 목적달성을 위한 행위라면 이에 포함된다.

3. 청산법인의 기관

(1) 청산인

① 지 위

> **준용규정(민법 제96조)**
> 제58조 제2항, 제59조 내지 제62조, 제64조, 제65조 및 제70조의 규정은 청산인에 이를 준용한다.

법인이 해산하면 이사에 갈음하여 청산인이 청산법인의 집행기관이 된다. 청산인은 청산법인의 능력의 범위 내에서 내부의 사무를 집행하고, 외부에 대하여 청산법인을 대표한다(민법 제87조 제2항). 따라서 이사의 사무집행방법(민법 제58조 제2항), 임시총회의 소집(민법 제70조) 등에 관한 규정은 모두 청산인에게 준용된다(민법 제96조).

② 선 임

> **청산인(민법 제82조)**
> 법인이 해산한 때에는 파산의 경우를 제하고는 이사가 청산인이 된다. 그러나 정관 또는 총회의 결의로 달리 정한 바가 있으면 그에 의한다.
>
> **법원에 의한 청산인의 선임(민법 제83조)**
> 전조의 규정에 의하여 청산인이 될 자가 없거나 청산인의 결원으로 인하여 손해가 생길 염려가 있는 때에는 법원은 직권 또는 이해관계인이나 검사의 청구에 의하여 청산인을 선임할 수 있다.

③ 해 임

> **법원에 의한 청산인의 해임(민법 제84조)**
> 중요한 사유가 있는 때에는 법원은 직권 또는 이해관계인이나 검사의 청구에 의하여 청산인을 해임할 수 있다.

(2) 기타의 기관

청산법인은 해산 전의 법인과 동일성이 유지되므로, 사원총회, 감사 등의 기관은 그대로 계속하여 청산법인의 기관에 해당한다.

4. 청산사무(청산인의 직무권한)

(1) 해산의 등기와 신고(민법 제85조 제1항, 제86조 제1항)

> **해산등기(민법 제85조)**
> ① 청산인은 법인이 파산으로 해산한 경우가 아니면 취임 후 3주일 내에 다음 각 호의 사항을 주사무소 소재지에서 등기하여야 한다.
>   1. 해산 사유와 해산 연월일
>   2. 청산인의 성명과 주소
>   3. 청산인의 대표권을 제한한 경우에는 그 제한
> ② 제1항의 등기에 관하여는 제52조를 준용한다.
> [전문개정 2024.9.20.]
>
> **해산신고(민법 제86조)**
> ① 청산인은 파산의 경우를 제하고는 그 취임 후 3주간 내에 전조 제1항의 사항을 주무관청에 신고하여야 한다.
> ② 청산 중에 취임한 청산인은 그 성명 및 주소를 신고하면 된다.

(2) 현존사무의 종결(민법 제87조 제1항 제1호)

> **청산인의 직무(민법 제87조)**
> ① 청산인의 직무는 다음과 같다.
>   1. 현존사무의 종결
>   2. 채권의 추심 및 채무의 변제
>   3. 잔여재산의 인도
> ② 청산인은 전항의 직무를 행하기 위하여 필요한 모든 행위를 할 수 있다.

(3) 채권의 추심(민법 제87조 제1항 제2호)

(4) 채무의 변제(민법 제87조 제1항 제2호)

> **채권신고기간 내의 변제금지(민법 제90조)**
> 청산인은 제88조 제1항의 채권신고기간 내에는 채권자에 대하여 변제하지 못한다. 그러나 법인은 채권자에 대한 지연손해배상의 의무를 면하지 못한다.
>
> **채권변제의 특례(민법 제91조)**
> ① 청산 중의 법인은 변제기에 이르지 아니한 채권에 대하여도 변제할 수 있다.
> ② 전항의 경우에는 조건있는 채권, 존속기간의 불확정한 채권 기타 가액의 불확정한 채권에 관하여는 법원이 선임한 감정인의 평가에 의하여 변제하여야 한다.
>
> **청산으로부터 제외된 채권(민법 제92조)**
> 청산으로부터 제외된 채권자는 법인의 채무를 완제한 후 귀속권리자에게 인도하지 아니한 재산에 대하여서만 변제를 청구할 수 있다.

① 채권신고의 최고
  ㉠ 채권자들에게 일정한 기간 내에 채권을 신고할 것을 공시최고하여야 한다(민법 제88조 제1항).
  ㉡ 신고하지 않으면 청산에서 제외됨도 표시해야 한다(민법 제88조 제2항).
  ㉢ 청산인이 알고 있는 채권자에게는 개별적으로 최고해야 한다(민법 제89조 제1문).
② 변 제
  ㉠ 채권 신고기간 내에는 변제할 수 없다(민법 제90조 본문).
  ㉡ 청산인이 알고 있는 채권자에게는 그의 신고가 없더라도 변제해야 한다(민법 제89조 제2문).
  ㉢ 기한미도래의 채권, 조건부 채권, 불확정 채권도 변제해야 한다(민법 제91조).

(5) 잔여재산의 인도(민법 제87조 제1항 제3호)

> **잔여재산의 귀속(민법 제80조)**
> ① 해산한 법인의 재산은 정관으로 지정한 자에게 귀속한다.
> ② 정관으로 귀속권리자를 지정하지 아니하거나 이를 지정하는 방법을 정하지 아니한 때에는 이사 또는 청산인은 주무관청의 허가를 얻어 그 법인의 목적에 유사한 목적을 위하여 그 재산을 처분할 수 있다. 그러나 사단법인에 있어서는 총회의 결의가 있어야 한다.
> ③ 전2항의 규정에 의하여 처분되지 아니한 재산은 국고에 귀속한다.

(6) 파산신청

> **청산 중의 파산(민법 제93조)**
> ① 청산 중 법인의 재산이 그 채무를 완제하기에 부족한 것이 분명하게 된 때에는 청산인은 지체 없이 파산선고를 신청하고 이를 공고하여야 한다.
> ② 청산인은 파산관재인에게 그 사무를 인계함으로써 그 임무가 종료한다.
> ③ 제88조 제3항의 규정은 제1항의 공고에 준용한다.

(7) 청산종결의 등기와 신고

> **청산종결의 등기와 신고(민법 제94조)**
> 청산이 종결한 때에는 청산인은 3주간 내에 이를 등기하고 주무관청에 신고하여야 한다.

청산종결등기가 된 경우에도 실제 청산사무가 종료되지 않았다면 여전히 청산법인으로 존속한다(대판 1980.4.8. 79다2036).

제7관 기타 법인에 관한 규정

I 정관변경

> **사단법인의 정관의 변경(민법 제42조)**
> ① 사단법인의 정관은 총사원 3분의 2 이상의 동의가 있는 때에 한하여 이를 변경할 수 있다. 그러나 정수에 관하여 정관에 다른 규정이 있는 때에는 그 규정에 의한다.
> ② 정관의 변경은 주무관청의 허가를 얻지 아니하면 그 효력이 없다.
>
> **재단법인의 정관변경(민법 제45조)**
> ① 재단법인의 정관은 그 변경방법을 정관에 정한 때에 한하여 변경할 수 있다.
> ② 재단법인의 목적달성 또는 그 재산의 보전을 위하여 적당한 때에는 전항의 규정에 불구하고 명칭 또는 사무소의 소재지를 변경할 수 있다.
> ③ 제42조 제2항의 규정은 전2항의 경우에 준용한다.
>
> **재단법인의 목적 기타의 변경(민법 제46조)**
> 재단법인의 목적을 달성할 수 없는 때에는 설립자나 이사는 주무관청의 허가를 얻어 설립의 취지를 참작하여 그 목적 기타 정관의 규정을 변경할 수 있다.

1. 의 의

① 정관의 변경이란 법인이 동일성을 유지하면서 그 조직을 변경하는 것을 말한다. 정관변경은 사단법인이든 재단법인이든 주무관청의 허가가 효력요건이다(민법 제42조 제2항).
② 주무관청의 정관변경허가의 법적 성질은 그 표현이 허가로 되어 있으나 법률행위의 효력을 보충하여 주는 것이지 일반적 금지를 해제하는 것은 아니므로, 「인가」라고 보아야 한다(대판[전합] 1996.5.16. 95누4810).

2. 사단법인

① 정관변경은 원칙적으로 허용된다.
② 사원총회의 전권사항이다(총사원 2/3 이상의 동의, 정관으로 정족수 변경 가능). 따라서 사원총회의 결의 없이 이루어진 정관변경은 무효이다(대판 2000.10.27. 2000다22881).
③ 주무관청의 허가가 효력요건이고(민법 제42조 제2항), 변경내용이 등기사항이면 등기가 대항요건이다(민법 제49조 제2항, 제54조 참조).
④ 정관에서 그 정관을 변경할 수 없다고 규정하고 있더라도 총사원의 동의가 있으면 정관을 변경할 수 있다(통설). 다만, 동일성을 해치거나 사단법인의 본질에 반하는 정관변경은 허용되지 않는다(대판 1978.9.26. 78다1435).

3. 재단법인

① 원칙적으로 정관을 변경할 수 없다.
② 그러나 재단법인의 목적달성 또는 재산보전을 위하여 적당한 경우에 명칭이나 사무소의 소재지를 변경할 수 있고(민법 제45조 제2항), 재단법인이 목적을 달성할 수 없으면 설립자나 이사가 설립의 취지를 참작하여 목적 기타 정관의 규정을 변경할 수 있다(민법 제46조). 어느 경우에나 주무관청의 「허가」를 받아야 하고, 등기사항이라면 등기하여야 제3자에게 대항할 수 있다(민법 제54조).

Ⅱ 법인의 감독

1. 주무관청의 감독사항

> **법인의 사무의 검사, 감독(민법 제37조)**
> 법인의 사무는 주무관청이 검사, 감독한다.

(1) 의 의

법인설립 시 주무관청의 허가를 얻어야 하므로(민법 제32조) 법인설립 후에도 법인의 사무는 주무관청이 검사·감독한다(민법 제37조).

(2) 검사·감독의 내용

① 비영리법인의 설립허가(민법 제32조)
② 정관변경에 대한 허가(민법 제42조 제2항, 제45조 제3항, 제46조)
③ 법인의 설립허가의 취소(민법 제38조)
④ 법인의 해산신고, 청산종결신고는 주무관청에 한다(민법 제86조, 제94조).

2. 법원의 감독사항

> **해산, 청산의 검사, 감독(민법 제95조)**
> 법인의 해산 및 청산은 법원이 검사, 감독한다.

해산, 청산은 법인의 목적과는 관계가 없을 뿐만 아니라 제3자의 이해관계와 밀접한 재산의 정리에 관한 것이므로 법원이 감독한다.

Ⅲ 벌칙(민법 제97조)

> **벌칙(민법 제97조)**
> 법인의 이사, 감사 또는 청산인은 다음 각 호의 경우에는 500만원 이하의 과태료에 처한다.
> 1. 본장에 규정한 등기를 해태한 때
> 2. 제55조의 규정에 위반하거나 재산목록 또는 사원명부에 부정기재를 한 때
> 3. 제37조, 제95조에 규정한 검사, 감독을 방해한 때
> 4. 주무관청 또는 총회에 대하여 사실 아닌 신고를 하거나 사실을 은폐한 때
> 5. 제76조와 제90조의 규정에 위반한 때
> 6. 제79조, 제93조의 규정에 위반하여 파산선고의 신청을 해태한 때
> 7. 제88조, 제93조에 정한 공고를 해태하거나 부정한 공고를 한 때

[사단법인과 재단법인의 비교]

구 분	사단법인	재단법인
의 의	일정목적을 위해 결합한 사람의 단체	일정한 목적을 위해 바쳐진 재산의 단체
본 질	자율적 법인(자율성)	타율적 법인(타율성)
종 류	영리법인, 비영리법인	언제나 비영리법인(사원이 없음)
설립요건	비영리성, 설립행위(정관작성), 주무관청의 허가, 설립등기	설립행위로서 재산출연이 필수적이며, 나머지는 사단법인과 동일
설립의 법적 성질	합동행위(다수설)	• 상대방 없는 단독행위 • 수인이 출연하면 상대방 없는 단독행위의 경합(다수설)
의사결정 및 집행	최고의사결정기관은 사원총회이고, 이사가 집행함	사원총회는 재단법인에는 존재할 수 없고, 이사가 집행함
정관변경	원칙적으로 정관변경 허용 (총사원 2/3 동의+주무관청의 허가, 민법 제42조)	원칙적으로 정관변경 불가, 다만, 예외적으로 다음의 경우 주무관청허가를 받아서 가능(민법 제45조) • 정관에 그 변경방법을 규정한 경우 • 명칭, 사무소소재지 변경 • 목적달성 불가 시 목적도 변경 가능
해산사유	[공통된 해산사유] (민법 제77조 제1항) 투 : 존·목·파·설·기 • 존립기간의 만료 • 목적의 달성 또는 달성 불가 • 파 산 • 설립허가의 취소 • 기타 정관으로 정한 사유	
	[사단법인에 특유한 해산사유] (민법 제77조 제2항) • 사원이 없게 된 때 • 총사원 3/4 결의	재단법인에 특유한 해산사유는 없음

출처 | 박기현·김종원, 「핵심정리민법」, 메티스, 2014

CHAPTER 03 권리의 주체

제1절 서 설

제2절 자연인

제3절 법 인

01 법인의 불법행위에 관한 다음 설명 중 가장 옳지 않은 것은? 2025년

① 법인은 이사 기타 대표자가 그 직무에 관하여 타인에게 가한 손해를 배상할 책임이 있다. 이사 기타 대표자는 이로 인하여 자기의 손해배상책임을 면하지 못한다.
② 법인의 목적범위 외의 행위로 인하여 타인에게 손해를 가한 때에는 그 사항의 의결에 찬성하거나 그 의결을 집행한 사원, 이사 및 기타 대표자가 연대하여 배상하여야 한다.
③ 대표권이 없는 이사도 법인의 기관에 해당하므로, 그들의 행위로 인하여 법인의 불법행위가 성립한다.
④ 학교법인의 설립자로서 이사 겸 학교장인 자가 자기 개인의 사업자금으로 사용할 목적으로 학교법인의 명의로 금원을 차용하면서 그 차용을 위하여 학교법인의 이사회결의까지 있었다면 그 차용금의 사용목적이 무엇이든 간에 위 학교장의 차용행위는 학교법인의 사무집행 행위라 하지 않을 수 없다.
⑤ 이사회의 의결은 원칙적으로 법인의 내부행위에 불과하므로 특별한 사정이 없는 한 그 사항의 의결에 찬성하였다는 이유만으로 제3자의 채권을 침해한다거나 대표자의 행위에 가공 또는 방조한 자로서 제3자에 대하여 불법행위책임을 부담한다고 할 수는 없다.

[❶ ▶ ○]   민법 제35조 제1항
[❷ ▶ ○]   민법 제35조 제2항

> **민법 제35조(법인의 불법행위능력)**
> ① 법인은 이사 기타 대표자가 그 직무에 관하여 타인에게 가한 손해를 배상할 책임이 있다. 이사 기타 대표자는 이로 인하여 자기의 손해배상책임을 면하지 못한다.
> ② 법인의 목적범위 외의 행위로 인하여 타인에게 손해를 가한 때에는 그 사항의 의결에 찬성하거나 그 의결을 집행한 사원, 이사 및 기타 대표자가 연대하여 배상하여야 한다.

[❸ ▶ ×]   민법 제35조에서 말하는 '이사 기타 대표자'는 법인의 대표기관을 의미하는 것이고 대표권이 없는 이사는 법인의 기관이기는 하지만 대표기관은 아니기 때문에 그들의 행위로 인하여 법인의 불법행위가 성립하지 않는다(대판 2005.12.23. 2003다30159).

[❹ ▶ ○]   학교법인의 설립자로서 이사 겸 학교장인 자가 자기 개인의 사업자금으로 사용할 목적으로 학교법인의 명의로 금원을 차용하면서 그 차용을 위하여 학교법인의 이사회결의까지 있었다면 그 차용금의 사용목적이 무엇이든 간에 위 학교장의 차용행위는 학교법인의 사무집행 행위라 하지 않을 수 없다(대판 1987.4.28. 86다카2534).

[❺ ▶ ○]   법인의 대표자가 그 직무에 관하여 타인에게 손해를 가함으로써 법인에 손해배상책임이 인정되는 경우에, 대표자의 행위가 제3자에 대한 불법행위를 구성한다면 그 대표자도 제3자에 대하여 손해배상책임을 면하지 못하며(민법 제35조 제1항), 또한 사원도 위 대표자와 공동으로 불법행위를 저질렀거나 이에 가담하였다고 볼 만한 사정이 있으면 제3자에 대하여 위 대표자와 연대하여 손해배상책임을 진다. 그러나 사원총회, 대의원 총회, 이사회의 의결은 원칙적으로 법인의 내부행위에 불과하므로 특별한 사정이 없는 한 그 사항의 의결에 찬성하였다는 이유만으로 제3자의 채권을 침해한다거나 대표자의 행위에 가공 또는 방조한 자로서 제3자에 대하여 불법행위책임을 부담한다고 할 수는 없다(대판 2009.1.30. 2006다37465).

답 ❸

02 사찰(寺刹)에 관한 다음 설명 중 가장 옳지 않은 것은? 2023년

① 법인격 없는 사단이나 재단으로서 권리의무의 주체가 되는 독립한 사찰은 독자적으로 존속할 수도 있지만 종교적 이념이나 교리 또는 종교적 이해관계를 같이 하는 사람과 단체로 구성된 상위 종단에 소속되어 존속하기도 하는데, 사찰의 종단소속관계는 사법상 계약의 영역으로서 사찰이 특정 종단에 소속하려면 이에 관한 사찰과 특정 종단 사이의 합의가 전제되어야 한다.
② 개인사찰로 관리·운영되어 오던 사찰이 종단 소속 사찰로 등록되어 종단으로부터 주지 임명을 받은 후 관할 관청에 종단 소속으로 사찰등록 및 주지등록을 하고 사찰 부지에 관하여 사찰 명의로 소유권이전등기를 경료한 경우, 특별한 사정이 없는 한 그 사찰은 종단 소속 불교단체 내지는 법인 아닌 사단 또는 재단으로서의 실체를 갖춘 독립된 사찰로 보아야 한다.
③ 개인사찰에 있어서 창건주에 의하여 건립되었던 사찰건물이 그와 무관하게 멸실된 후 동일 용도의 사찰건물을 새로 건립하거나 산신각 등 추가적인 사찰건물이 필요하게 되어 이를 건립한 경우, 창건주가 직접 그 건물들을 건립하지 아니하고 창건주에 의하여 임명된 주지가 주도하여 신도들의 시주를 주된 재원으로 하여 이를 건립하였다면, 특별한 사정이 없는 한 위와 같이 추가로 건립된 사찰건물들은 창건주가 아닌 주지와 신도들의 소유로 귀속된다.
④ 사찰이 특정 종단과 종단소속에 관한 합의를 하게 되면 그때부터는 그 종단의 소속 사찰이 되어 종단의 종헌이나 종법을 사찰의 자치법규로 삼아 따라야 하고 사찰의 주지임면권도 종단에 귀속되는 등 사찰 자체의 지위나 권한에 중대한 변화를 가져오게 되므로 어느 사찰이 특정 종단에 가입하거나 소속 종단을 변경하기 위해서는 사찰 자체의 자율적인 의사결정이 기본적인 전제가 되어야 한다.
⑤ 사찰이 소속 종단의 종헌에 따르지 아니하고 그 신도와 승려가 결합하여 그 소속 종단을 탈종하였다 하더라도 이는 그 신도와 승려 개인이 소속 종단에서 탈퇴하게 되는 데에 그치는 것일 뿐 그로써 이미 독립한 권리·의무의 귀속 주체로 성립한 사찰 자체의 종단 소속이 변경되게 되는 것은 아니고, 사찰이 일단 성립한 이상 사찰 그 자체의 분열도 인정되지 않는다.

....

[❶▶○] [❹▶○] 법인격 없는 사단이나 재단으로서 권리의무의 주체가 되는 독립한 사찰은 독자적으로 존속할 수도 있지만 종교적 이념이나 교리 또는 종교적 이해관계를 같이 하는 사람과 단체로 구성된 상위 종단에 소속되어 존속하기도 하는데, 사찰의 종단소속관계는 사법상 계약의 영역으로서 사찰이 특정 종단에 소속하려면 이에 관한 사찰과 특정 종단 사이의 합의가 전제되어야 한다. 또한 사찰이 특정 종단과 종단소속에 관한 합의를 하게 되면 그때부터는 그 종단의 소속 사찰이 되어 종단의 종헌이나 종법을 사찰의 자치법규로 삼아 따라야 하고 사찰의 주지임면권도 종단에 귀속되는 등 사찰 자체의 지위나 권한에 중대한 변화를 가져오게 되므로 어느 사찰이 특정 종단에 가입하거나 소속 종단을 변경하기 위해서는 사찰 자체의 자율적인 의사결정이 기본적인 전제가 되어야 한다. 한편 사찰의 자율적인 의사결정 방법은 사찰의 법적 성격이 법인격 없는 사단인지 아니면 법인격 없는 재단인지에 따라 달라질 수 있겠지만 적어도 사찰 자체의 규약에서 정하는 방법에 따라야 할 것이다(대판 2020.12.24. 2015다222920).
[❷▶○] 개인사찰로 관리·운영되어 오던 사찰이 종단 소속 사찰로 등록되어 종단으로부터 주지 임명을 받은 후 관할 관청에 종단 소속으로 사찰등록 및 주지등록을 하고 사찰 부지에 관하여 사찰 명의로 소유권이전등기를 경료한 경우, 명목상으로만 그 사찰을 종단에 소속시키고 구 불교재산관리법에 의하여 관할 관청에 종단 소속 사찰로 사찰등록 및 주지등록을 한 것이라는 등의 특별한 사정이 없는 한, 그 사찰은 종단 소속 불교단체 내지는 법인 아닌 사단 또는 재단으로서의 실체를 갖춘 독립된 사찰로 보아야 한다(대판 1999.9.3. 98다13600).

[❸ ▸ ✕] 개인사찰에 있어서 창건주에 의하여 건립되었던 사찰건물이 그와 무관하게 멸실된 후 동일 용도의 사찰건물을 새로 건립하거나 산신각 등 추가적인 사찰건물이 필요하게 되어 이를 건립한 경우 창건주가 직접 그 건물들을 건립하지 아니하고 창건주에 의하여 임명된 주지가 주도하여 신도들의 시주를 주된 재원으로 하여 이를 건립하였다고 할지라도 특정 신도가 대부분의 자금을 출연하고 건물의 소유권을 보유하되 사찰의 건물로만 제공한다는 등의 특별한 사정이 존재하지 않는 이상 신도들의 시주와 건물 건립은 모두 그 사찰을 위하여 이루어진 것으로서 위 추가로 건립된 사찰건물들은 역시 창건주의 소유로 귀속된다(대판 2005.6.24. 2003다54971).

[❺ ▸ ○] 사찰이 소속 종단의 종헌에 따르지 아니하고 그 신도와 승려가 결합하여 그 소속 종단을 탈종하였다 하더라도 이는 그 신도와 승려 개인이 소속 종단에서 탈퇴하게 되는 데에 그치는 것일 뿐 그로써 이미 독립한 권리·의무의 귀속 주체로 성립한 사찰 자체의 종단 소속이 변경되게 되는 것은 아니고, 사찰이 일단 성립한 이상 사찰 그 자체의 분열도 인정되지 않는다(대판 2000.5.12. 99다69983).

답 ❸

03 다음 설명 중 가장 옳지 않은 것은?　　　　　　　　　　　　　　　　　　　　　　　　2023년

① 교회가 법인 아닌 사단으로서 존재하는 이상 그 법률관계를 둘러싼 분쟁을 소송적인 방법으로 해결함에 있어서는 법인 아닌 사단에 관한 민법의 일반 이론에 따라 교회의 실체를 파악하고 교회의 재산 귀속에 대하여 판단하여야 하고, 그 교인들은 교회 재산을 총유의 형태로 소유하면서 사용·수익하게 된다.

② 비법인사단인 교회의 대표자는 총유물인 교회 재산의 처분에 관하여 교인총회의 결의를 거치지 아니하고는 이를 대표하여 행할 권한이 없으나, 교회의 대표자가 권한 없이 행한 교회 재산의 처분행위에 대하여도 민법 제126조의 표현대리에 관한 규정이 준용될 수 있다.

③ 비법인사단이 타인 간의 금전채무를 보증하는 행위는 총유물 그 자체의 관리·처분이 따르지 아니하는 단순한 채무부담행위에 불과하여 이를 총유물의 관리·처분행위라고 볼 수는 없다.

④ 교회가 그 실체를 갖추어 법인 아닌 사단으로서 성립한 경우에 교회의 대표자가 교회를 위하여 취득한 권리의무는 교회에 귀속된다고 할 것이나, 교회가 아직 실체를 갖추지 못하여 법인 아닌 사단으로서 성립되기 이전에 설립의 주체인 개인이 취득한 권리의무는 그것이 앞으로 성립될 교회를 위한 것이라 하더라도 바로 법인 아닌 사단인 교회에 귀속될 수는 없다.

⑤ 일부 교인들이 교회를 탈퇴하여 그 교회 교인으로서의 지위를 상실하게 되면 탈퇴가 개별적인 것이든 집단적인 것이든 이와 더불어 종전 교회의 총유 재산의 관리처분에 관한 의결에 참가할 수 있는 지위나 그 재산에 대한 사용·수익권을 상실하고, 종전 교회는 잔존 교인들을 구성원으로 하여 실체의 동일성을 유지하면서 존속하며 종전 교회의 재산은 그 교회에 소속된 잔존 교인들의 총유로 귀속됨이 원칙이다.

[❶▶○] [❺▶○] 교회가 법인 아닌 사단으로서 존재하는 이상, 그 법률관계를 둘러싼 분쟁을 소송적인 방법으로 해결함에 있어서는 법인 아닌 사단에 관한 민법의 일반 이론에 따라 교회의 실체를 파악하고 교회의 재산 귀속에 대하여 판단하여야 하고, 이에 따라 법인 아닌 사단의 재산관계와 그 재산에 대한 구성원의 권리 및 구성원 탈퇴, 특히 집단적인 탈퇴의 효과 등에 관한 법리는 교회에 대하여도 동일하게 적용되어야 한다. 따라서 교인들은 교회 재산을 총유의 형태로 소유하면서 사용·수익할 것인데, 일부 교인들이 교회를 탈퇴하여 그 교회 교인으로서의 지위를 상실하게 되면 탈퇴가 개별적인 것이든 집단적인 것이든 이와 더불어 종전 교회의 총유 재산의 관리처분에 관한 의결에 참가할 수 있는 지위나 그 재산에 대한 사용·수익권을 상실하고, 종전 교회는 잔존 교인들을 구성원으로 하여 실체의 동일성을 유지하면서 존속하며 종전 교회의 재산은 그 교회에 소속된 잔존 교인들의 총유로 귀속됨이 원칙이다(대판[전합] 2006.4.20. 2004다37775).

[❷▶×] 비법인사단인 교회의 대표자는 총유물인 교회 재산의 처분에 관하여 교인총회의 결의를 거치지 아니하고는 이를 대표하여 행할 권한이 없다. 그리고 <u>교회의 대표자가 권한 없이 행한 교회 재산의 처분행위에 대하여는 민법 제126조의 표현대리에 관한 규정이 준용되지 아니한다</u>(대판 2009.2.12. 2006다23312).

[❸▶○] 민법 제275조, 제276조 제1항에서 말하는 총유물의 관리 및 처분이라 함은 총유물 그 자체에 관한 이용·개량행위나 법률적·사실적 처분행위를 의미하는 것이므로, 비법인사단이 타인 간의 금전채무를 보증하는 행위는 총유물 그 자체의 관리·처분이 따르지 아니하는 단순한 채무부담행위에 불과하여 이를 총유물의 관리·처분행위라고 볼 수는 없다(대판[전합] 2007.4.19. 2004다60072·60089).

[❹▶○] 교회가 그 실체를 갖추어 법인 아닌 사단으로 성립한 경우에 교회의 대표자가 교회를 위하여 취득한 권리의무는 교회에 귀속되나, 교회가 아직 실체를 갖추지 못하여 법인 아닌 사단으로 성립하기 전에 설립의 주체인 개인이 취득한 권리의무는 그것이 앞으로 성립할 교회를 위한 것이라 하더라도 바로 법인 아닌 사단인 교회에 귀속될 수는 없고, 또한 설립 중의 회사의 개념과 법적 성격에 비추어, 법인 아닌 사단인 교회가 성립하기 전의 단계에서 설립 중의 회사의 법리를 유추적용할 수는 없다(대판 2008.2.28. 2007다37394).

답 ❷

04. 법인 및 법인 아닌 사단에 관한 다음 설명 중 가장 옳지 않은 것은? 〈2025년〉

① 법인이거나 비법인 사단인 어느 단체가 상급단체에 가입되어 있는 경우, 가입단체의 조직과 운영에 관하여는 특별한 사정이 없는 한 상급단체가 제정한 규칙에 따라 규율된다.
② 법인 아닌 사단의 대표자가 당해 법인 아닌 사단이 채무를 부담하게 되는 보증계약을 체결하는 경우에도 이로 인해 총유물에 대한 관리·처분이 따르지 않는 이상 사원총회의 결의를 거치지 않았다는 이유로 그 계약이 무효가 되지는 않는다.
③ 법인이 피해자인 경우 법인의 업무에 관하여 포괄적 대리권을 가진 대리인이 가해자인 피용자의 행위가 사용자의 사무집행행위에 해당하지 않음을 안 때에는 피해자인 법인이 이를 알았다고 보아야 하고, 이러한 법리는 그 대리인이 본인인 법인에 대한 관계에서 이른바 배임적 대리행위를 하는 경우에도 마찬가지이다.
④ 설립 중의 회사의 개념과 법적 성격에 비추어, 법인 아닌 사단인 교회가 성립하기 전의 단계에서 설립 중의 회사의 법리를 유추적용할 수는 없다.
⑤ 재단법인에 관한 민법 규정이 준용되는 의료법인의 대표자가 그 법인의 재산을 처분함에 있어서 이사회의 결의를 거치도록 정관에 규정되어 있다면 그와 같은 규정은 법인 대표권의 제한에 관한 규정으로서 이러한 제한은 등기하지 아니하면 제3자에게 대항할 수 없는 것이고, 이 경우 제3자가 선의인지 악의인지는 묻지 아니한다.

[❶▸×] 법인이거나 비법인 사단인 어느 단체가 상급단체에 가입되어 있는 경우, 상급단체의 지위에서 가입단체에 대하여 업무상 지휘·감독할 수 있는 권한은 인정될 수 있지만 그 권한은 가입단체의 독립성을 침해하지 아니하는 범위 내로 제한되어야 하고, 같은 이치로 가입단체가 상급단체의 규칙이나 정관을 자신의 정관으로 받아들인다고 규정하고 있지 아니한 이상 가입단체의 조직과 운영에 관하여 상급단체가 제정한 규칙에 따라 규율된다고 볼 수 없다(대판 2010.5.27. 2006다72109).

[❷▸○] 민법 제275조, 제276조 제1항에서 말하는 총유물의 관리 및 처분이라 함은 총유물 그 자체에 관한 이용·개량행위나 법률적·사실적 처분행위를 의미하는 것이므로, 비법인사단이 타인 간의 금전채무를 보증하는 행위는 총유물 그 자체의 관리·처분이 따르지 아니하는 단순한 채무부담행위에 불과하여 이를 총유물의 관리·처분행위라고 볼 수는 없다. 따라서 비법인사단인 재건축조합의 조합장이 채무보증계약을 체결하면서 조합규약에서 정한 조합 임원회의 결의를 거치지 아니하였다거나 조합원총회 결의를 거치지 않았다고 하더라도 그것만으로 바로 그 보증계약이 무효라고 할 수는 없다. 다만, 이와 같은 경우에 조합 임원회의의 결의 등을 거치도록 한 조합규약은 조합장의 대표권을 제한하는 규정에 해당하는 것이므로, 거래 상대방이 그와 같은 대표권 제한 및 그 위반 사실을 알았거나 과실로 인하여 이를 알지 못한 때에는 그 거래행위가 무효로 된다고 봄이 상당하며, 이 경우 그 거래 상대방이 대표권 제한 및 그 위반 사실을 알았거나 알지 못한 데에 과실이 있다는 사정은 그 거래의 무효를 주장하는 측이 이를 주장·입증하여야 한다(대판[전합] 2007.4.19. 2004다60072 참조).

[❸▸○] 법인이 피해자인 경우 법인의 업무에 관하여 포괄적 대리권을 가진 대리인이 가해자인 피용자의 행위가 사용자의 사무집행행위에 해당하지 않음을 안 때에는 피해자인 법인이 이를 알았다고 보아야 하고, 이러한 법리는 그 대리인이 본인인 법인에 대한 관계에서 이른바 배임적 대리행위를 하는 경우에도 마찬가지이다(대판 2007.9.20. 2004다43886).

[❹ ▶ ○] 교회가 그 실체를 갖추어 법인 아닌 사단으로 성립한 경우에 교회의 대표자가 교회를 위하여 취득한 권리의무는 교회에 귀속되나, 교회가 아직 실체를 갖추지 못하여 법인 아닌 사단으로 성립하기 전에 설립의 주체인 개인이 취득한 권리의무는 그것이 앞으로 성립할 교회를 위한 것이라 하더라도 바로 법인 아닌 사단인 교회에 귀속될 수는 없고, 또한 설립 중의 회사의 개념과 법적 성격에 비추어, 법인 아닌 사단인 교회가 성립하기 전의 단계에서 설립 중의 회사의 법리를 유추적용할 수는 없다(대판 2008.2.28. 2007다37394).

[❺ ▶ ○] 재단법인에 관한 민법 규정이 준용[의료법 제50조(註)]되는 의료법인의 대표자가 그 법인의 재산을 처분함에 있어서 이사회의 결의를 거치도록 정관에 규정되어 있다면 그와 같은 규정은 법인 대표권의 제한에 관한 규정으로서 이러한 제한은 등기하지 아니하면 제3자에게 대항할 수 없는 것이고, 이 경우 제3자가 선의인지 악의인지는 묻지 아니한다(대판 1992.2.14. 91다24564 참조).

답 ❶

05 종중에 관한 다음 설명 중 가장 옳지 않은 것은? 2025년

① 종중의 대표자는 종중의 규약이나 관례가 있으면 그에 따라 선임하고 그것이 없다면 종장 또는 문장이 그 종원 중 성년 이상의 사람을 소집하여 선출하며, 평소에 종중에 종장이나 문장이 선임되어 있지 아니하고 선임에 관한 규약이나 관례가 없으면 현존하는 연고항존자가 종장이나 문장이 되어 국내에 거주하고 소재가 분명한 종원에게 통지하여 종중총회를 소집하고 그 회의에서 종중 대표자를 선임하는 것이 일반 관습이다.
② 종중은 공동선조의 분묘수호와 제사 및 종원 상호 간의 친목 등을 목적으로 하여 구성되는 자연발생적인 종족집단으로 그 공동선조와 성과 본을 같이 하는 후손은 그 의사와 관계없이 성년이 되면 당연히 그 구성원이 된다.
③ 종중 규약의 내용이 선량한 풍속 기타 사회질서에 반하는 경우 또는 종원이 가지는 고유하고 기본적인 권리의 본질적인 내용을 침해하는 등 종중의 본질이나 설립 목적에 크게 위배되는 경우 그 종중 규약은 무효로 보아야 한다.
④ 종중이 종중원의 자격을 박탈하거나 종중원이 종중을 탈퇴할 수 없는 것이지만, 공동선조의 후손들은 종중을 양분하는 것과 같은 종중분열을 할 수 있다.
⑤ 종중이 자연발생적으로 성립한 후에 정관 등 종중규약을 작성하면서 일부 종원의 자격을 임의로 제한하거나 확장하더라도 그러한 규약은 종중의 본질에 반하여 무효이고, 그로 인하여 이미 성립한 종중의 실재 자체가 부인되는 것은 아니다.

[❶ ▶ ○] [❷ ▶ ○] [❸ ▶ ○] [1] 종중의 대표자는 종중의 규약이나 관례가 있으면 그에 따라 선임하고 그것이 없다면 종장 또는 문장이 그 종원 중 성년 이상의 사람을 소집하여 선출하며, 평소에 종중에 종장이나 문장이 선임되어 있지 아니하고 선임에 관한 규약이나 관례가 없으면 현존하는 연고항존자가 종장이나 문장이 되어 국내에 거주하고 소재가 분명한 종원에게 통지하여 종중총회를 소집하고 그 회의에서 종중 대표자를 선임하는 것이 일반 관습이다(①). [2] 종중은 공동선조의 분묘수호와 제사 및 종원 상호 간의 친목 등을 목적으로 하여 구성되는 자연발생적인 종족집단으로 그 공동선조와 성과 본을 같이 하는 후손은 그 의사와 관계없이 성년이 되면 당연히 그 구성원이 된다(②). 이와 같은 종중의 성격과 법적 성질에 비추어, 종중 규약의 내용이 선량한 풍속 기타 사회질서에 반하는 경우 또는 종원이 가지는 고유하고 기본적인 권리의 본질적인 내용을 침해하는 등 종중의 본질이나 설립 목적에 크게 위배되는 경우 그 종중 규약은 무효로 보아야 한다(대판 2024.12.24. 2024다274398)(③).

[④▶×] [⑤▶○] 고유 의미의 종중이란 공동선조의 후손 중 성년인 사람을 종원으로 하여 구성되는 자연발생적인 종족집단으로서 특별한 조직행위를 필요로 함이 없이 관습상 당연히 성립하는 것이고, 종중이 자연발생적으로 성립한 후에 정관 등 종중규약을 작성하면서 일부 종원의 자격을 임의로 제한하거나 확장하더라도 그러한 규약은 종중의 본질에 반하여 무효이고, 그로 인하여 이미 성립한 종중의 실재 자체가 부인되는 것은 아니다(⑤). 또한 <u>종중이 종중원의 자격을 박탈하거나 종중원이 종중을 탈퇴할 수 없는 것이어서 공동선조의 후손들은 종중을 양분하는 것과 같은 종중분열을 할 수 없다</u>(대판 2023.12.28. 2023다278829)(④).

답 ❹

06 권리의 주체나 객체에 관한 다음 설명 중 가장 옳지 않은 것은? 2024년

① 종중이란 공동선조의 분묘수호와 제사 및 종원 상호 간의 친목 등을 목적으로 하여 구성되는 자연발생적인 종족집단이므로, 종중의 이러한 목적과 본질에 비추어 볼 때 공동선조와 성과 본을 같이 하는 후손은 성별의 구별 없이 성년이 되면 당연히 그 구성원이 된다. 민법 제781조 제6항에 따라 자녀의 복리를 위하여 자녀의 성과 본을 변경할 필요가 있어 자녀의 성과 본이 모의 성과 본으로 변경되었을 경우 성년인 그 자녀는 모가 속한 종중의 공동선조와 성과 본을 같이 하는 후손으로서 당연히 종중의 구성원이 된다.

② 사단법인의 사원총회의 결의는 민법 또는 정관에 다른 규정이 없으면 사원 과반수의 출석과 출석사원 결의권의 과반수로써 하는데, 이때 각 사원의 결의권 행사에 관한 의사의 진정성을 담보하기 위하여 결의권을 서면으로 행사하는 것은 금지되나, 대리인을 통해 결의권을 행사하는 것은 허용된다.

③ 의사능력이란 자기 행위의 의미나 결과를 정상적인 인식력과 예기력을 바탕으로 합리적으로 판단할 수 있는 정신적 능력이나 지능을 말한다. 의사능력 유무는 구체적인 법률행위와 관련하여 개별적으로 판단해야 하고, 특히 어떤 법률행위가 일상적인 의미만을 이해해서는 알기 어려운 특별한 법률적 의미나 효과가 부여되어 있는 경우 의사능력이 인정되기 위해서는 그 행위의 일상적인 의미뿐만 아니라 법률적인 의미나 효과에 대해서도 이해할 수 있어야 한다.

④ 법인의 불법행위능력을 규정한 민법 제35조에서 말하는 '이사 기타 대표자'는 법인의 대표기관을 의미하는 것이고 대표권이 없는 이사는 법인의 기관이기는 하지만 대표기관은 아니기 때문에 그들의 행위로 인하여 법인의 불법행위가 성립하지 않는다.

⑤ 구분건물의 전유부분에 대한 소유권보존등기만 경료되고 대지지분에 대한 등기가 경료되기 전에 전유부분만에 대해 내려진 가압류결정의 효력은, 대지사용권의 분리처분이 가능하도록 규약으로 정하였다는 등의 특별한 사정이 없는 한 종물 내지 종된 권리인 그 대지권에까지 미친다.

[❶ ▶ ○] 종중이란 공동선조의 분묘수호와 제사 및 종원 상호 간의 친목 등을 목적으로 하여 구성되는 자연발생적인 종족집단이므로, 종중의 이러한 목적과 본질에 비추어 볼 때 공동선조와 성과 본을 같이 하는 후손은 성별의 구별 없이 성년이 되면 당연히 그 구성원이 된다. 민법 제781조 제6항에 따라 자녀의 복리를 위하여 자녀의 성과 본을 변경할 필요가 있어 자녀의 성과 본이 모의 성과 본으로 변경되었을 경우 성년인 그 자녀는 모가 속한 종중의 공동선조와 성과 본을 같이 하는 후손으로서 당연히 종중의 구성원이 된다(대판 2022.5.26. 2017다260940).

[❷ ▶ ×] 민법 제73조 제2항, 제75조 제1항

> **민법 제73조(사원의 결의권)**
> ② 사원은 <u>서면이나 대리인으로</u> 결의권을 행사할 수 있다.
>
> **민법 제75조(총회의 결의방법)**
> ① 총회의 결의는 본법 또는 정관에 다른 규정이 없으면 사원 과반수의 출석과 출석사원의 결의권의 과반수로써 한다.

[❸ ▶ ○] 의사능력이란 자기 행위의 의미나 결과를 정상적인 인식력과 예기력을 바탕으로 합리적으로 판단할 수 있는 정신적 능력이나 지능을 말한다. 의사능력 유무는 구체적인 법률행위와 관련하여 개별적으로 판단해야 하고, 특히 어떤 법률행위가 일상적인 의미만을 이해해서는 알기 어려운 특별한 법률적 의미나 효과가 부여되어 있는 경우 의사능력이 인정되기 위해서는 그 행위의 일상적인 의미뿐만 아니라 법률적인 의미나 효과에 대해서도 이해할 수 있어야 한다(대판 2022.5.26. 2019다213344).

[❹ ▶ ○] 민법 제35조에서 말하는 '이사 기타 대표자'는 법인의 대표기관을 의미하는 것이고 대표권이 없는 이사는 법인의 기관이기는 하지만 대표기관은 아니기 때문에 그들의 행위로 인하여 법인의 불법행위가 성립하지 않는다(대판 2005.12.23. 2003다30159).

[❺ ▶ ○] 민법 제100조 제2항의 종물과 주물의 관계에 관한 법리는 물건 상호 간의 관계뿐 아니라 권리 상호 간에도 적용되고, 위 규정에서의 처분은 처분행위에 의한 권리변동뿐 아니라 주물의 권리관계가 압류와 같은 공법상의 처분 등에 의하여 생긴 경우에도 적용되어야 하는 점, 저당권의 효력이 종물에 대하여도 미친다는 민법 제358조 본문 규정은 같은 법 제100조 제2항과 이론적 기초를 같이 하는 점, 집합건물의 소유 및 관리에 관한 법률 제20조 제1항, 제2항에 의하면 구분건물의 대지사용권은 전유부분과 종속적 일체불가분성이 인정되는 점 등에 비추어 볼 때, 구분건물의 전유부분에 대한 소유권보존등기만 경료되고 대지지분에 대한 등기가 경료되기 전에 전유부분만에 대해 내려진 가압류결정의 효력은, 대지사용권의 분리처분이 가능하도록 규약으로 정하였다는 등의 특별한 사정이 없는 한, 종물 내지 종된 권리인 그 대지권에까지 미친다(대판 2006.10.26. 2006다29020).

답 ❷

권리의 객체

제1절 서설

1. 의의

권리의 객체는 권리의 종류에 따라 다르다. 물권의 객체는 물건, 채권의 객체는 채무자의 일정한 행위, 즉 급부이며, 형성권에서는 법률관계 자체가 객체이다.

2. 민법의 규정

민법에는 권리의 객체에 관한 일반규정이 없다. 다만, 민법은 총칙편 제4장에서 물건에 관하여만 규정한다.

제2절 물건

1. 물건

> **물건의 정의(민법 제98조)**
> 본법에서 물건이라 함은 유체물 및 전기 기타 관리할 수 있는 자연력을 말한다.

(1) 개념

물건이란 '유체물 및 전기 기타 관리할 수 있는 자연력'을 말한다(민법 제98조). 관리가능성은 배타적 지배가능성을 뜻한다.
① 권리는 물건이 아니다. 단, 물권의 객체는 될 수 있다.
② 해, 달, 공기, 전파, 바다는 물건이 아니다. 관리가능성이 부정되기 때문이다.

(2) 외계의 일부일 것

① 사람의 신체나 그 일부는 물건이 아니다. 의족, 의치 등도 신체에 부착되어 있다면 신체의 일부로 보아야 한다. 다만, 신체로부터 분리되면 물건이 된다.

② 판례는 「사람의 유체·유골은 매장·관리·제사·공양의 대상이 될 수 있는 유체물로서, 분묘에 안치되어 있는 선조의 유체·유골은 민법 제1008조의3 소정의 제사용 재산인 분묘와 함께 그 제사주재자에게 승계되고, 피상속인 자신의 유체·유골 역시 위 제사용 재산에 준하여 그 제사주재자에게 승계된다. 피상속인이 생전행위 또는 유언으로 자신의 유체·유골을 처분하거나 매장장소를 지정한 경우에, 선량한 풍속 기타 사회질서에 반하지 않는 이상 그 의사는 존중되어야 하고 이는 제사주재자로서도 마찬가지이지만, 피상속인의 의사를 존중해야 하는 의무는 도의적인 것에 그치고, 제사주재자가 무조건 이에 구속되어야 하는 법률적 의무까지 부담한다고 볼 수는 없다」(대판[전합] 2008.11.20. 2007다27670)고 한다.

(3) 독립한 물건일 것(독립성)

① 물건이 독립한 것인지 여부는 사회관념에 따라 판단된다.
② 물건의 일부 또는 물건의 집합은 원칙적으로 물권의 객체로 되지 못한다(일물일권주의).

2. 물건의 개수에 따른 분류

(1) 단일물

형체상 단일한 일체를 이루고 각 구성부분이 개성을 상실한 물건을 말한다. 따라서 단일물은 하나의 물건이다.

(2) 합성물

각각의 구성부분이 개성을 잃지 않고 결합하여 일체를 이루는 물건으로, 법률상 한 개의 물건으로 다루어진다. 소유자를 달리하는 수 개의 물건이 결합하여 합성물로 되면 첨부의 법리에 따라 소유권의 변동이 일어날 수 있다.

(3) 집합물

다수의 물건이 결합하여 경제적으로 단일한 가치를 가지는 경우이다.
① 일물일권주의 원칙상 집합물 위에 하나의 물권이 성립할 수 없다.
② 단, 법률상 특별한 규정이 있다면 1개의 물건처럼 다루어진다.
　　예 공장 및 광업재단저당법, 입목에 관한 법률
③ 판례는 일정한 요건을 갖춘 경우 집합물을 「1개의 물건」으로 인정한다(대판 1990.12.26. 88다카20224).

3. 기타 물건의 분류

(1) 융통물·불융통물

사법상 거래의 객체가 될 수 있는 물건을 융통물이라 하고, 그렇지 못한 물건을 불융통물이라고 한다. 불융통물로는 공용물(예 관공서의 건물, 국공립학교의 건물 등), 공공용물(예 도로, 공원, 하천, 항만 등), 금제물(예 아편, 음란한 문서나 도화, 위조나 변조한 통화 등)이 있다.

(2) 대체물·부대체물

거래상 개성이 중시되지 아니하여 동종·동량의 물건으로 바꾸어도 급부의 동일성이 바뀌지 않는 물건이 대체물이고, 대체성이 없는 물건이 부대체물이다. 양자의 구별은 일반거래상 물건의 개성이 중요시되는지 여부에 따른 일반적·객관적인 성질에 의한다.

(3) 특정물·불특정물

당사자가 물건의 개성을 중요시하여 동종의 다른 물건으로 급부할 수 없는 물건이 특정물이고, 다른 물건으로 급부할 수 있는 물건이 불특정물이다. 양자의 구별은 대체물·부대체물과 달리 당사자의 의사에 의하여 주관적으로 결정된다.

제3절 동산과 부동산

> **부동산, 동산(민법 제99조)**
> ① 토지 및 그 정착물은 부동산이다.
> ② 부동산 이외의 물건은 동산이다.

1. 동산과 부동산

① 민법은 토지와 그 정착물을 부동산이라 하고, 그 밖의 물건을 동산이라고 한다(민법 제99조).

> [토지의 인도를 명하는 집행권원만으로 지상에 건물이 건축되어 있는 토지 전체에 대한 인도집행을 실시할 수 있는지 여부(소극) 및 토지 지상에 구조물이 있으나 토지로부터 쉽게 분리할 수 있거나 기둥과 지붕 및 주벽이 없어 법률상 독립된 건물이라고 할 수 없는 경우, 집행관이 구조물이 있다는 이유로 토지에 대한 인도집행을 거절할 수 있는지 여부(소극) / 목적물 중 일부에 대하여만 집행이 가능한 경우, 채권자가 일부 목적물에 대하여만 집행하기를 원하지 않는다는 등의 특별한 사정이 없다면 집행이 가능한 목적물에 대하여 집행하여야 하는지 여부(적극)]
> 토지의 인도를 명한 집행권원의 효력은 그 지상에 건립된 건물에까지 미치는 것이 아니고 건물을 그대로 둔 채 토지에 대한 점유만을 풀어 채권자에게 인도할 수도 없는 것이므로, 집행관으로서는 지상에 건물이 건축되어 있는 토지에 대하여는 그 지상물의 인도나 철거 등을 명하는 집행권원이 따로 없는 이상 토지를 인도하라는 집행권원만으로는 인도집행을 실시할 수 없다. 그런데 그 토지 지상에 구조물이 있다고 하여도 토지로부터 쉽게 분리할 수 있거나 기둥과 지붕 및 주벽이 없어 법률상 독립된 건물이라고 할 수 없다면,

> 그 구조물은 토지의 정착물인 건물이 아니라 강제집행의 목적물이 아닌 동산에 불과하므로 집행관으로서는 구조물을 제거하여 채무자에게 인도하여야 하고(민사집행법 제258조 제3항), 위 구조물이 있다는 이유로 토지에 대한 인도집행을 거절할 수는 없다. / 이와 같이 목적물 중 일부에 대하여만 집행이 가능한 경우, 채권자가 그 일부 목적물에 대하여만 집행하기를 원하지 않는다는 등의 특별한 사정이 없는 한 집행이 가능한 목적물에 대하여 집행하여야 한다. 따라서 토지의 인도를 명한 집행권원으로 집행행위를 할 때 토지 지상에 구조물이 있다면 토지의 정착물인 건물에 해당하는지 아닌지를 먼저 살펴, 건물에 해당한다면 그 건물에 대하여는 인도집행을 할 수 없고 그렇지 않다면 강제집행을 실시하여 이를 제거한 후 채무자에게 인도하면 된다. 이때에도 채권자가 집행이 불가능한 건물을 제외한 일부 목적물에 대하여만 집행을 원하는지 확인하여야 한다(대결 2025.6.12. 2025그523).
>
> **[토지 인도집행 장소에 집행권원에 표시되지 않은 제시 외 건물이 있는 경우, 그것이 토지의 정착물이 아니라 동산에 불과하다면 이를 포함한 토지 전체를 인도집행의 대상으로 삼아야 하는지 여부(적극) 및 토지상 건물에 대한 집행이 불가능하여 토지인도만 집행하는 경우, 건물뿐만 아니라 건물의 용도에 따라 현상유지에 일반적으로 필요하다고 인정되는 범위 내의 토지도 강제집행의 범위에서 제외되어야 하는지 여부(적극)]**
> 토지 인도집행 장소에 집행권원에 표시되지 않은 제시 외 건물이 있는 경우 집행관으로서는, ① 토지의 정착물인 건물이 아니라 강제집행의 목적물이 아닌 동산에 불과하다면 이를 포함하여 토지 전체를 인도집행의 대상으로 삼아야 하고, ② 토지상 건물에 대한 집행이 불가능하여 토지인도만을 집행할 때에는, 건물뿐만 아니라 그 건물의 용도에 따라 현상유지에 일반적으로 필요하다고 인정되는 범위 내의 토지도 강제집행의 범위에서 제외되어야 한다(대결 2025.6.12. 2025그523).

② 동산과 부동산의 법적 취급이 다른 이유는 양자가 가지는 재산적 가치의 차이와 공시방법이 다르기 때문이다.

2. 부동산인 「토지」

(1) 토지의 범위

토지란 인위적으로 구획된 일정범위의 지면에 정당한 이익이 있는 범위 내에서 그 상하(上下)를 포함한다(민법 제212조 참조). 따라서 토지의 구성물은 당연히 토지의 일부분에 지나지 않는다.

(2) 토지의 개수

지적법에 의한 지적공부(토지대장, 임야대장)상의 「필(筆)」로써 계산되며, 분할 또는 합병이 가능하다.

3. 토지의 정착물

토지의 정착물은 원칙적으로 토지에 부합하여 토지와 일체를 이루는 것으로 토지와 별개의 물건으로 인정되지 않는다. 다만, 토지의 정착물 중 일부는 토지와 독립된 부동산으로 취급되기도 한다.

(1) 건 물

토지의 정착물 중 건물은 토지와는 독립된 별개의 부동산으로 취급되며, 토지에 부합하지 않는다. 독립한 건물의 개수는 건물의 물리적 구조뿐만 아니라 거래관념을 고려하여 결정되며(대판 1997.7.8. 96다36517), 동(棟)으로 표시한다.

(2) 등기된 입목

원래 수목이나 수목의 집단은 토지에 부합되어 토지의 구성부분으로 취급되나, 입목에 관한 법률에 의하여 보존등기를 하게 되면 그 수목은 토지와「독립한 부동산」으로 다루어진다.

(3) 명인방법을 갖춘 수목이나 그 집단 또는 미분리의 과실

① 수목은 토지로부터 분리되면 동산이지만, 분리되지 않은 상태에서는 토지의 일부이다. 그러나 임목에 관한 법률에 따른 입목등기를 하지 않은 수목이라도 명인방법을 갖추면 토지와 독립된 거래의 객체로 된다(대결 1998.10.28. 98마1817). 이때 명인방법으로 공시할 수 있는 권리는 소유권(또는 소유권이전형식의 양도담보)에 한한다. 미분리의 과실도 명인방법을 갖추면 독립한 물건으로 다루어진다.

② 명인방법은 수목이나 그 집단 또는 미분리 과실의 현재 소유자가 누구라는 것을 제3자가 명백하게 인식할 수 있도록 하는 방법으로, 관습법에 의하여 인정되는 공시방법이다. 따라서 미분리 과실도 명인방법이라는 공시방법을 갖춘 때에는 독립한 물건으로서 거래의 목적이 될 수 있다.

(4) 농작물에 관한 판례 법리(대판 1979.8.28. 79다784)

① 토지에 부합하지 않고 경작자에게 소유권이 있다.
② 경작자에게 권원이 있을 필요도 없고, 명인방법을 갖출 필요도 없다. 그러나 농작물 매매에서 매수인이 농작물의 소유권을 취득하기 위해서는 명인방법을 갖추어야 하므로, 아직 명인방법을 갖추지 않았다면 농작물의 소유권은 여전히 매도인에게 있다(대판 1996.2.23. 95도2754).
③ 단, 독립성은 있어야 하므로 성숙한 농작물이어야 한다.

4. 동 산

(1) 의 의

부동산 이외의 물건은 동산이다(민법 제99조 제2항). 따라서 가식의 수목과 같이 토지에 부착된 물건도 정착물이 아니면 동산이고, 전기 기타 관리할 수 있는 자연력도 동산이다. 선박·자동차·항공기·건설기계 등도 동산이지만, 특별법에 의하여 부동산에 준하여 취급된다. 무기명채권(예 상품권, 승차권, 입장권, 무기명국채 등)은 물건이 아니므로 동산에도 해당하지 않는다.

(2) 금전의 특수성

금전 역시 동산이지만, 보통의 동산과는 다른 특수성이 인정된다. 즉 금전채무자는 채권자에게 일정한 화폐가치를 이전할 의무를 질 뿐이어서 채무불이행에 관한 특칙이 인정되고(민법 제397조), 타인의 점유에 들어간 금전에 대해서는 물권적 청구권이 인정되지 않고 부당이득이 문제될 뿐이며, 선의취득에 관해서도 특수성이 인정된다(민법 제250조 단서).

제4절 주물과 종물

> **주물, 종물(민법 제100조)**
> ① 물건의 소유자가 그 물건의 상용에 공하기 위하여 자기소유인 다른 물건을 이에 부속하게 한 때에는 그 부속물은 종물이다.
> ② 종물은 주물의 처분에 따른다.

1. 의 의

물건의 소유자가 그 물건의 일상적인 사용을 돕기 위하여 자기 소유의 다른 물건을 이에 부속하게 한 경우에, 그 물건을 주물이라 하고 주물에 부속된 다른 물건을 종물이라 한다(민법 제100조 제1항).

2. 종물의 요건

(1) 주물의 상용에 공할 것

주물의 상용에 공한다는 것은 사회관념상 계속해서 주물의 경제적 효용을 다하게 하는 작용을 하는 것을 말한다. 따라서 일시적으로 어떤 물건의 효용을 돕고 있는 것은 종물이 아니다.
그리고 주물의 소유자나 이용자의 상용에 공여되고 있더라도 주물 그 자체의 효용과 직접 관계가 없는 물건은 종물이 아니다(대판 1994.6.10. 94다11606). 주물과 종물 사이에 경제적 효용에 있어서 주종의 관계가 인정되려면 '장소적으로도 밀접한 위치'에 있어야 한다(통설·판례).

(2) 독립한 물건일 것

① 종물은 주물의 구성부분을 이루는 것이 아니라, 주물과는 독립한 물건이어야 한다. 법률상 독립한 물건인 이상 동산·부동산을 불문한다.
② 건물의 정화조, 주유소 토지에 매설된 유류저장탱크 등은 부합물에 불과할 뿐 종물이 아니다(판례).

(3) 주물과 종물이 모두 동일한 소유자 소유에 속할 것

① 학설은 종물이 타인의 소유라고 하더라도 그 타인의 권리를 해하지 않는 범위 내에서는 민법 제100조가 적용된다고 한다(통설).
② 반면 판례는 종물이 제3자의 소유임에도 민법 제100조 제2항에 따라 주물과 종물이 법률적 운명을 같이한다면 제3자의 권리가 침해되므로, 주물의 소유자 아닌 사람의 소유에 속하는 물건은 종물이 될 수 없다(대판 2008.5.8. 2007다36933·36940)고 하였다.

3. 종물의 효과

① 종물은 주물의 처분에 따른다(민법 제100조 제2항). 여기서의 처분은 법률행위에 의한 처분뿐만 아니라 주물의 권리관계가 압류와 같은 공법상의 처분 등에 의하여 변동된 경우도 포함된다(대판 2006.10.26. 2006다29020). 주물 위에 저당권이 설정된 경우에 그 저당권의 효력은 설정 후의 종물에도 미친다. 다만, 점유 기타 사실관계에 기한 권리변동에 있어서는 민법 제100조 제2항이 적용되지 않는다는 점을 주의해야 한다.

> **[구분건물의 전유부분에 대한 소유권보존등기만 경료되고 대지지분에 대한 등기가 경료되기 전에 전유부분만에 대해 내려진 가압류결정의 효력이 그 대지권에 미치는지 여부(한정 적극)]**
> 민법 제100조 제2항의 종물과 주물의 관계에 관한 법리는 물건 상호 간의 관계뿐 아니라 권리 상호 간에도 적용되고, 위 규정에서의 처분은 처분행위에 의한 권리변동뿐 아니라 주물의 권리관계가 압류와 같은 공법상의 처분 등에 의하여 생긴 경우에도 적용되어야 하는 점, 저당권의 효력이 종물에 대하여도 미친다는 민법 제358조 본문 규정은 같은 법 제100조 제2항과 이론적 기초를 같이 하는 점, 집합건물의 소유 및 관리에 관한 법률 제20조 제1항, 제2항에 의하면 구분건물의 대지사용권은 전유부분과 종속적 일체불가분성이 인정되는 점 등에 비추어 볼 때, 구분건물의 전유부분에 대한 소유권보존등기만 경료되고 대지지분에 대한 등기가 경료되기 전에 전유부분만에 대해 내려진 가압류결정의 효력은, 대지사용권의 분리처분이 가능하도록 규약으로 정하였다는 등의 특별한 사정이 없는 한, 종물 내지 종된 권리인 그 대지권에까지 미친다(대판 2006.10.26. 2006다29020).

> **[저당권의 실행에 의한 경매절차에서 부동산을 경락받은 자 및 그 승계인과 그 저당권이 설정된 이후에 종물에 대하여 강제집행을 한 자 간의 권리관계]**
> 부동산의 종물은 주물의 처분에 따르고, 저당권은 그 목적 부동산의 종물에 대하여도 그 효력이 미치기 때문에, 저당권의 실행으로 개시된 경매절차에서 부동산을 경락받은 자와 그 승계인은 종물의 소유권을 취득하고, 그 저당권이 설정된 이후에 종물에 대하여 강제집행을 한 자는 위와 같은 경락인과 그 승계인에게 강제집행의 효력을 주장할 수 없다(대판 1993.8.13. 92다43142).

② 민법 제100조 제2항은 임의규정이므로, 당사자는 주물을 처분할 때에 특약으로 종물을 제외할 수 있고 종물만을 별도로 처분할 수도 있다(대판 2012.1.26. 2009다76546).
③ 민법 제100조 제2항의 법리는 권리 상호 간에도 유추적용할 수 있다.

4. 판례

종물 O	종물 ×
• 농지에 부속한 양수시설 • 횟집점포건물에 붙여서 신축한 생선보관용 수족관 건물 • 주유소의 주유기 • 공장건물과 인접한 저유조 • 백화점건물의 전화교환설비 • 건물 외의 창고·연탄창고·공동변소	• 건물의 정화조 • 주유소의 유류저장탱크 • 호텔의 객실에 설치된 전화기·텔레비전 등

제5절 원물과 과실

> **천연과실, 법정과실(민법 제101조)**
> ① 물건의 용법에 의하여 수취하는 산출물은 천연과실이다.
> ② 물건의 사용대가로 받는 금전 기타의 물건은 법정과실로 한다.
>
> **과실의 취득(민법 제102조)**
> ① 천연과실은 그 원물로부터 분리하는 때에 이를 수취할 권리자에게 속한다.
> ② 법정과실은 수취할 권리의 존속기간일수의 비율로 취득한다.

1. 의 의

물건으로부터 생기는 경제적 수익을 과실이라 하고, 과실을 생기게 하는 물건을 원물이라고 한다. 민법은 물건의 과실만을 인정하고, 권리의 과실을 인정하지 않는다. 노동의 대가인 임금도 과실이 아니다.

2. 수취권자

(1) 수취권자에 해당하는 자

과실수취권자는 원칙적으로 원물의 소유자이나 이에 한정하지 않는다. 즉 선의의 점유자(민법 제201조 제1항), 지상권자(민법 제279조), 전세권자(민법 제303조), 목적물을 인도하지 않은 매도인(민법 제587조 제1문), 임차인(민법 제618조) 등도 수취권을 가진다. 하나의 원물에 관하여 소유권자와 용익권자가 경합하는 경우, 원칙적으로 용익권자의 과실수취권이 우선한다.

(2) 수취권자에 해당하지 않는 자

반면, 수치인(민법 제693조, 제701조), 수임인(민법 제680조, 제684조), 사무관리자(민법 제734조, 제738조), 후견인(민법 제957조) 등은 수취권자가 아니다.

3. 과실의 종류

(1) 천연과실

① 의의 : 물건의 용법에 의하여 수취하는 산출물을 천연과실이라고 한다(민법 제101조 제1항). 여기에서 '물건의 용법'은 원물의 경제적 용도에 따른다는 의미이고, 물건의 용법에 따르지 않은 산출물에 대하여도 본조가 유추적용된다(통설).
② 귀속 : 천연과실은 원물로부터 분리되는 때의 수취권자에게 귀속된다(민법 제102조 제1항). 이 규정은 임의규정이다. 분리는 자연적이든 인위적이든 불문한다.

(2) 법정과실

① **의의** : 물건의 사용대가로 받는 금전 기타 물건을 말한다(민법 제101조 제2항). 임료, 지료, 이자 등이 법정과실이다. 따라서 물건의 사용대가가 아닌 노동의 대가(임금)나 권리사용의 대가(예 주식의 배당금, 특허권의 사용료 등)는 법정과실이 아니며, 매매대금도 사용대가가 아니므로 법정과실에 해당하지 않는다.

② **귀속** : 법정과실은 수취할 권리의 존속기간 일수의 비율로 취득한다(민법 제102조 제2항). 이 규정 역시 임의규정이다.

③ **관련 판례** : 국립공원의 입장료는 수익자부담의 원칙에 따라 국립공원의 유지·관리비용의 일부를 입장객에게 부담시키는 것에 지나지 않고, 토지의 사용대가가 아닌 점에서 민법상의 과실은 아니다(대판 2001.12.28. 2000다27749).

4. 사용이익

① 물건을 현실적으로 사용하여 얻는 이익을 사용이익이라 한다.
② 실질이 과실과 동일하다고 보아 과실에 관한 규정이 유추적용된다.

권리의 객체

제1절 서 설

제2절 물 건

01 물건에 관한 다음 설명 중 가장 옳지 않은 것은? 2022년

① 종물이 타인의 소유라고 하더라도 그 타인의 권리를 해하지 아니하는 범위에서 민법 제100조가 적용된다고 할 것이고, 따라서 주물이 처분된 경우에 종물의 소유자가 동의 또는 추인하거나, 종물이 동산인 경우에 상대방이 선의취득의 요건을 갖추면 종물의 소유권을 취득하게 되는 것이며, 또한 동산의 선의취득을 주장하는 자는 점유취득 시에 무과실이었다는 점을 주장·입증하여야 한다.

② 토지의 개수는 지적법에 의한 지적공부상의 토지의 필수를 표준으로 하여 결정되는 것으로 1필지의 토지를 수필의 토지로 분할하여 등기하려면 먼저 위와 같이 지적법이 정하는 바에 따라 분할의 절차를 밟아 지적공부에 각 필지마다 등록이 되어야 하고 지적법상의 분할절차를 거치지 아니하는 한 1개의 토지로서 등기의 목적이 될 수 없는 것이며, 설사 등기기록에만 분필의 등기가 실행되었다 하여도 이러한 분필등기는 1부동산1등기기록의 원칙에 반하는 등기로서 무효라 할 것이다.

③ 민법 제201조 제1항에 의하면 선의의 점유자는 점유물의 과실을 취득한다고 규정하고 있고, 한편 건물을 사용함으로써 얻는 이득은 그 건물의 과실에 준하는 것이므로, 선의의 점유자는 비록 법률상 원인 없이 타인의 건물을 점유·사용하고 이로 말미암아 그에게 손해를 입혔다고 하더라도 그 점유·사용으로 인한 이득을 반환할 의무는 없다.

④ 구분건물의 전유부분에 대한 소유권보존등기만 경료되고 대지지분에 대한 등기가 경료되기 전에 전유부분만에 대해 내려진 가압류결정의 효력은, 대지사용권의 분리처분이 가능하도록 규약으로 정하였다는 등의 특별한 사정이 없는 한, 종물 내지 종된 권리인 그 대지권에까지 미친다.

⑤ 매매당사자가 토지의 실제 경계가 지적공부상의 경계와 상이한 것을 모르는 상태에서 실제의 경계를 대지의 경계로 알고 매매하였다면 매매당사자들이 지적공부상의 경계를 떠나 현실의 경계에 따라 매매목적물을 특정하여 매매한 것이라고 볼 수 있다.

[❶ ▶ ○] 민법 제100조는 종물에 관하여 "자기 소유인 다른 물건"이라고 규정하고 있어 종물이 주물 소유자의 소유물인 것을 전제로 하고 있지만, 종물이 타인의 소유라고 하더라도 그 타인의 권리를 해하지 아니하는 범위에서 민법 제100조가 적용된다고 할 것이고, 따라서 주물이 처분된 경우에 종물의 소유자가 동의 또는 추인하거나, 종물이 동산인 경우에 상대방이 선의취득의 요건을 갖추면 종물의 소유권을 취득하게 되는 것이며, 또한 동산의 선의취득을 주장하는 자는 점유취득시에 무과실이었다는 점을 주장·입증하여야 한다(대판 2002.2.5. 2000다38527).

[❷ ▶ ○] 토지의 개수는 지적법에 의한 지적공부상의 토지의 필수를 표준으로 하여 결정되는 것으로 1필지의 토지를 수필의 토지로 분할하여 등기하려면 먼저 위와 같이 지적법이 정하는 바에 따라 분할의 절차를 밟아 지적공부에 각 필지마다 등록이 되어야 하고 지적법상의 분할절차를 거치지 아니하는 한 1개의 토지로서 등기의 목적이 될 수 없는 것이며 설사 등기부에만 분필의 등기가 실행되었다 하여도 이로써 분필의 효과가 발생할 수는 없는 것이므로 결국 이러한 분필등기는 1부동산1부등기용지의 원칙에 반하는 등기로서 무효라 할 것이다(대판 1990.12.7. 90다카25208).

[❸ ▶ ○] 민법 제201조 제1항에 의하면 선의의 점유자는 점유물의 과실을 취득한다고 규정하고 있는 바, 건물을 사용함으로써 얻는 이득은 그 건물의 과실에 준하는 것이므로, 선의의 점유자는 비록 법률상 원인 없이 타인의 건물을 점유·사용하고 이로 말미암아 그에게 손해를 입혔다고 하더라도 그 점유·사용으로 인한 이득을 반환할 의무는 없다(대판 1996.1.26. 95다44290).

[❹ ▶ ○] 민법 제100조 제2항의 종물과 주물의 관계에 관한 법리는 물건 상호 간의 관계뿐 아니라 권리 상호 간에도 적용되고, 위 규정에서의 처분은 처분행위에 의한 권리변동뿐 아니라 주물의 권리관계가 압류와 같은 공법상의 처분 등에 의하여 생긴 경우에도 적용되어야 하는 점, 저당권의 효력이 종물에 대하여도 미친다는 민법 제358조 본문 규정은 같은 법 제100조 제2항과 이론적 기초를 같이 하는 점, 집합건물의 소유 및 관리에 관한 법률 제20조 제1항, 제2항에 의하면 구분건물의 대지사용권은 전유부분과 종속적 일체불가분성이 인정되는 점 등에 비추어 볼 때, 구분건물의 전유부분에 대한 소유권보존등기만 경료되고 대지지분에 대한 등기가 경료되기 전에 전유부분만에 대해 내려진 가압류결정의 효력은, 대지사용권의 분리처분이 가능하도록 규약으로 정하였다는 등의 특별한 사정이 없는 한, 종물 내지 종된 권리인 그 대지권에까지 미친다(대판 2006.10.26. 2006다29020).

[❺ ▶ ×] 매매당사자가 토지의 실제 경계가 지적공부상의 경계와 상이한 것을 모르는 상태에서 실제의 경계를 대지의 경계로 알고 매매하였다고 하여 매매당사자들이 지적공부상의 경계를 떠나 현실의 경계에 따라 매매목적물을 특정하여 매매한 것이라고 볼 수 없다(대판 1993.5.11. 92다48918).

답 ❺

제3절 동산과 부동산

제4절 주물과 종물

제5절 원물과 과실

CHAPTER 05 권리의 변동

제1절 서 설

I 의 의

1. 법률요건과 법률효과

법에 의하여 규율되는 생활관계를 법률관계라고 하며, 법률관계의 변동이 일어나려면 일정한 원인이 있어야 하는데, 그 원인을 법률요건이라고 한다. 따라서 법률요건이 갖추어지면 법률관계의 변동이 일어나게 되며 이를 법률효과라고 한다.

2. 권리변동의 모습

(1) 권리의 발생

1) 원시취득(절대적 발생)

타인의 권리에 기초하지 않고 원시적으로 취득하는 것을 말한다(예 건물신축, 선점, 습득, 발견, 시효취득, 선의취득). 원시취득 시에는 종전의 권리에 대한 제한이 소멸된다.

2) 승계취득(상대적 발생)

타인의 권리에 기초한 취득을 말한다. 따라서 무권리자로부터 승계취득은 불가능하며, 타인의 권리에 제한이나 흠이 있으면 그대로 승계한다.
① 이전적 승계 : 매매나 상속 등에 의하여 전주가 가지고 있던 권리가 그대로 승계된다.
② 설정적 승계 : 소유자로부터 지상권이나 저당권을 설정받는 경우와 같이 전주의 권리내용의 일부만을 승계한다.

(2) 권리의 변경

권리의 변경이란 권리의 동일성을 유지하면서 권리의 주체, 내용 또는 작용이 변경되는 것을 말한다.

1) 주체의 변경 : 이전적 승계

2) 내용의 변경

① 질적 변경 : 손해배상청구권으로의 전환, 물상대위, 대물변제 등
② 양적 변경 : 제한물권의 설정으로 소유권이 축소되거나 설정된 제한물권의 소멸로 인하여 소유권이 확장되는 것

3) 작용(효력)의 변경

저당권의 순위변경, 대항력 없는 부동산임차권이 대항력을 갖추는 것, 채권양도통지로 대항력 취득

(3) 권리의 소멸

① 절대적 소멸 : 권리 그 자체의 종국적 소멸을 의미한다.
② 상대적 소멸 : 이전적 승계 시 전주의 권리는 소멸하나, 설정적 승계 시에는 상대적 소멸이 없다는 점을 주의해야 한다.

Ⅱ 권리변동의 원인

1. 법률요건과 법률사실

(1) 법률요건

권리변동의 원인은 법률요건이며, 법률요건에는 의사표시를 필요불가결한 요건으로 하는 법률행위와 법률행위 이외의 그 밖의 행위로서 민법이 권리변동의 효과를 발생시키는 것으로 정한 법률의 규정이 있다.

(2) 법률사실

법률요건을 구성하는 개개의 사실을 법률사실이라 한다.

2. 법률사실의 분류

법률사실에 대한 전통적 분류는 일반화의 실익이 적기 때문에 크게 의사표시, 준법률행위, 사실행위로 구분하여 서술하기로 한다.

(1) 의사표시

<u>의사표시</u>라 함은 일정한 법률효과의 발생을 목적으로 하는 의사의 표시행위이며, 법률요건에서 가장 중요한 법률행위의 필수불가결한 요소가 되는 법률사실이다.

(2) 준법률행위(법률적 행위)

당사자의 의사가 아닌 법률의 규정에 의해 법적 효과가 발생하는 법률요건으로 준법률행위 중 표현행위에 대해서는 법률행위에 관한 규정을 유추적용할 수 있다는 것이 실익이다.

1) 표현행위

① 의사의 통지 : <u>각종의 최고 및 거절, 이행의 청구</u> 등이 이에 해당한다.
② 관념의 통지 : <u>사실의 통지</u>라고도 하며, 채권양도의 통지나 승낙(민법 제450조), 사원총회의 소집통지(민법 제71조), 시효중단 사유의 채무의 승인(민법 제168조 제3호), 승낙연착의 통지(민법 제528조) 등이 이에 해당한다.
③ 감정의 표시 : 일정한 감정을 표시하는 행위이다. 수증자의 망은행위에 대한 용서(민법 제556조 제2항), 부정에 대한 용서(민법 제841조) 등이 이에 해당한다.

2) 비표현행위(사실행위)

① 순수사실행위(외부적 결과만 발생하면 족함) : 매장물발견(민법 제254조), 가공(민법 제259조), 주소의 설정(민법 제18조 제1항) 등
② 혼합사실행위(결과발생과 일정한 사실적 의사 필요) : 점유의 취득(민법 제192조 제1항), 무주물선점(민법 제252조 제1항), 유실물습득(민법 제253조), 사무관리(민법 제734조) 등

(3) 사건 : 사람의 정신작용에 기하지 않은 법률사실

① 출생과 사망, 물건의 멸실, 부합(민법 제256조, 제257조), 혼화(민법 제258조), 부당이득, 기간, 혼동 등
② 가공은 순수사실행위인데 반하여, 부합과 혼화는 사건이다.

제2절 법률행위

제1관 법률행위 일반

I 의 의

1. 개 념

법률행위라 함은 일정한 법률효과의 발생을 목적으로 하는 하나 또는 수 개의 의사표시를 불가결의 <u>요소로 하는 법률요건</u>을 말한다.

2. 성 질

(1) 법률요건
법률행위는 법률요건이다. 법률요건 중 사적자치의 법적 실현수단이다.

(2) 의사표시와의 관계
법률행위는 의사표시를 필수불가결의 요소로 한다. 그러나 의사표시가 곧바로 법률행위인 것은 아니다. 한편 법률행위는 언제나 의사표시만으로 구성되는 것은 아니다.

(3) 추상화 개념
법률행위는 추상적인 개념이다. 즉 법률행위라는 개념은 매매와 같은 행위로 구체화되어야 비로소 실재하는 법제도로서 생명력을 갖는다.

3. 법률행위의 요건

(1) 서 설
법률행위가 완전히 그 효과를 발생하려면, 이론적으로는 먼저 법률행위로서 「성립」하여야 하고, 이어서 성립된 법률행위가 「유효」한 것이어야 한다.

(2) 성립요건(적극적 요건 : 권리를 주장하는 자가 요건의 구비를 입증해야 함)

1) 일반성립요건

법률행위의 주체로서 당사자, 법률행위의 내용으로서 목적 및 법률행위의 불가결한 요소로서 의사표시가 있어야 한다.

2) 특별성립요건 – 개별적인 법률행위에 대하여 특별히 요구되는 성립요건

① 계약에서의 청약과 승낙의 합치
② 요식행위
③ 요물계약에서의 목적물의 인도

(3) 유효요건

1) 일반효력발생요건
   (소극적 요건 : 권리발생을 저지하는 측에서 권리장애·멸각사실의 존재를 입증해야 함)

① 당사자에게 각종의 능력이 있어야 한다. 즉 권리능력, 의사능력 및 행위능력이 있어야 한다.
② 법률행위의 목적이 확정가능성, 실현가능성, 적법성, 사회적 타당성이 있을 것
③ 의사표시에 있어서 의사와 표시가 일치하고 하자가 없을 것

2) 특별효력발생요건 – 개별적인 법률행위에 대하여 특별히 요구되는 효력발생요건
   (적극적 요건 : 그 법률행위의 효력을 주장하는 자가 입증해야 함)

① 법정대리인의 동의(민법 제5조)
② 대리권의 존재(민법 제114조 이하)
③ 조건의 성취와 기한의 도래(민법 제147조, 제152조)

④ 유언자의 사망(민법 제1073조)
⑤ 유증을 받을 자의 생존(민법 제1089조)
⑥ 허가(판례 : 토지거래허가구역 내의 토지매매 시 관할관청의 허가, 재단법인의 기본재산 처분 시 주무관청의 허가)

Ⅱ 법률행위의 종류

1. 단독행위 · 계약 · 합동행위

법률행위의 요소인 의사표시의 수와 방향에 의한 분류이다.

(1) 단독행위

하나의 의사표시로 이루어진 법률행위이다.
① 상대방 있는 단독행위 : 동의, 취소, 채무면제, 해제, 추인 등
② 상대방 없는 단독행위 : 재단법인설립행위, 유언, 소유권의 포기, 상속의 승인·포기
③ 한계 : 단독행위에는 상대방의 지위 불안정을 고려하여 원칙적으로 조건이나 기한을 붙이지 못한다(민법 제493조 제1항 참조).

(2) 계 약

청약과 승낙이라는 서로 대립하는 의사의 합치로 성립한다.

(3) 합동행위

두 개 이상의 서로 방향을 같이 하는 의사표시의 합치로 이루어진다.
① 사단법인 설립행위가 이에 해당한다.
② 합동행위에는 통정허위표시 규정(민법 제108조), 자기계약·쌍방대리 금지규정(민법 제124조)이 적용되지 않는다.

2. 채권행위(의무부담행위), 물권행위 · 준물권행위(처분행위)

① 채권행위는 이행의 문제를 남기고, 처분권이 불필요하다.
② 물권행위는 이행의 문제를 남기지 않고, 처분권이 필요하다. 물권행위는 물권의 변동을 직접 목적으로 하는 행위이고, 준물권행위는 물권 이외의 권리변동을 목적으로 하는 행위이다.
③ 채권법상의 모든 행위가 채권행위인 것은 아니다. 예 준물권행위로 채권양도가 있다.

3. 출연(出捐)행위, 비출연행위

재산행위에는 자기의 재산을 감소시키고 타인의 재산을 증가시키는 출연행위와 그렇지 않은 행위로 비출연행위가 있다. 출연행위는 다시 다음과 같이 분류된다.

(1) 유상(有償)행위와 무상행위

자기의 출연에 대하여 상대방으로부터도 그에 대응하는 출연, 즉 대가를 받을 것을 목적으로 하는 행위가 유상행위이고, 그렇지 않은 것이 무상행위이다. 유상계약에 대하여 매매에 관한 규정이 준용된다(민법 제567조).

(2) 유인(有因)행위와 무인행위

출연행위는 일정한 법률상의 원인을 전제로 하여 행하여지는데, 이러한 원인이 존재하지 않으면 효력이 생기지 않는 것을 유인행위라 하고, 원인이 존재하지 않더라도 그대로 유효한 것을 무인행위라고 한다.

4. 신탁행위

현행법상 신탁행위는 민법상의 신탁행위와 신탁법에 의한 신탁행위 두 가지가 있다.

(1) 민법상 신탁행위

추심을 위한 채권양도와 같이 일정한 경제적 목적을 위하여 신탁자가 수탁자에게 일정한 권리를 이전하고, 수탁자는 그 권리를 그 목적의 범위 내에서만 행사할 의무를 부담하는 법률관계를 말한다. 수탁자는 대외적으로 진정한 권리자의 지위를 가지지만, 대내적으로는 신탁자가 진정한 권리자이다. 이 점이 신탁법상 신탁과 구별된다.

(2) 신탁법상 신탁행위

신탁설정자(위탁자)가 법률행위에 의하여 상대방(신탁인수자 또는 수탁자)에게 재산권을 이전하는 동시에 그 재산권을 일정한 목적에 따라서 자기 또는 제3자(수익자)를 위하여 관리·처분하게 하는 법률관계이고(신탁법 제2조), 이러한 신탁을 설정하는 계약 또는 유언이 신탁행위이다(신탁법 제3조).

> [저작권신탁관리업의 법적 성질(= 신탁법상 신탁) 및 신탁법상 신탁의 법률관계]
> 저작권신탁관리업은 저작권법에 근거하는 것으로서 법적 성질은 신탁법상 신탁에 해당한다. 신탁법상의 신탁은 위탁자가 수탁자에게 특정의 재산을 이전하거나 담보권의 설정 또는 그 밖의 처분을 하여 수탁자로 하여금 신탁목적의 달성을 위하여 그 재산권을 관리·처분하게 하는 등 필요한 행위를 하게 하는 것이므로(신탁법 제2조), 위탁자가 수탁자에게 저작재산권 등을 신탁하면 대내외적으로 그 저작재산권 등은 수탁자에게 완전히 이전되고, 위탁자와의 내부관계에서 그 권리가 위탁자에게 유보되어 있는 것은 아니다(대판 2024.7.11. 2021다216872·216889).

5. 요식(要式)행위, 불요식행위

① 의사표시가 일정한 방식에 따라 행해져야 하는 법률행위를 요식행위라고 하고, 그렇지 않은 행위를 불요식행위라고 한다.
② 법률행위는 계약자유의 원칙상 원칙적으로 불요식행위이다. 그러나 당사자의 신중한 의사결정을 위해, 거래의 안전과 신속 또는 법률관계의 명확화를 위해 일정한 방식이 요구되기도 한다.

6. 생전(生前)행위, 사인(死因)행위

① 행위자의 사망으로 그 효력이 생기는 법률행위를 사인행위 또는 사후행위라고 하고, 기타의 보통의 행위를 생전행위라고 한다.
② 사인행위는 원칙적으로 엄격한 방식을 요한다(민법 제1060조 참조).

7. 주(主)된 행위, 종(從)된 행위

① 법률행위가 유효하게 성립하기 위하여 다른 법률행위의 존재를 전제로 하는 행위를 종된 행위라 하고, 그 전제가 되는 행위를 주된 행위라고 한다.
② 종된 행위는 주된 행위와 법률적 운명을 같이 하는 것이 원칙이다.

제2관　법률행위의 목적

Ⅰ　의의

① 법률행위의 목적이란 법률행위를 하는 자가 그 행위에 의하여 발생시키려고 하는 법률효과를 말하며, 법률행위의 내용이라고도 한다.
② 법률행위가 유효하려면 법률행위의 목적이 확정성, 실현가능성, 적법성, 사회적 타당성이라는 요건을 갖추어야 한다(통설).

Ⅱ　목적의 확정성

① 법률행위가 유효하기 위하여는 법률행위의 목적이 확정되어 있거나 적어도 확정가능하여야 한다. 확정할 수 없으면 무효가 된다. 확정가능의 여부는 법률행위 해석에 의한다.
② 법률행위의 성립 당시부터 확정성을 갖출 필요는 없고, 「이행할 때까지」 확정할 수 있으면 족하다.

Ⅲ 목적의 실현가능성

1. 실현가능성의 의미

법률행위가 유효하기 위하여 목적의 실현이 가능하여야 한다. 따라서 목적이 불능인 법률행위는 효력이 없다. 여기에서 불능은 원시적 불능에 한한다.

2. 불능의 종류

(1) 불능사유의 발생시점에 따른 구별

① 원시적 불능
   ㉠ 법률행위의 성립 당시부터 이미 그 목적의 이행 혹은 처분을 할 수 없는 경우를 말한다.
   ㉡ 법률행위는 당연무효가 되며, 계약체결상의 과실(민법 제535조)이 문제된다.

② 후발적 불능
   ㉠ 법률행위의 성립 당시에는 가능하였으나, 이행기 전에 불능으로 된 경우를 말한다.
   ㉡ 채무자의 고의·과실에 의한 불능의 경우, 채무불이행으로 인한 손해배상(민법 제390조) 및 계약해제(민법 제546조)가 문제된다.
   ㉢ 채무자의 귀책사유 없는 이행불능의 경우, 채무자의 목적물인도채무는 소멸하고 위험부담이 문제된다(민법 제537조).

(2) 불능의 범위에 따른 구별

① 전부불능 : 법률행위의 목적이 전부불능인 경우 원시적 불능인지 후발적 불능인지에 따라 처리된다.

② 일부불능
   ㉠ 법률행위의 목적이 일부가 불능인 경우 원칙적으로 전부무효가 되나, 당사자가 무효부분이 없더라도 나머지 부분의 법률행위를 하였을 것이라고 인정되면 나머지 부분을 유효로 본다(민법 제137조).
   ㉡ 쌍무계약에 있어 당사자 일방이 부담하는 채무의 일부만이 채무자의 책임 있는 사유로 이행할 수 없게 된 때에는 그 이행이 불가능한 부분을 제외한 나머지 부분만의 이행으로는 계약의 목적을 달성할 수 없다면 채무의 이행은 전부가 불능이라고 보아야 할 것이므로 채권자로서는 채무자에 대하여 계약 전부를 해제하거나 또는 채무 전부의 이행에 갈음하는 전보배상을 청구할 수 있을 뿐이지 이행이 가능한 부분만의 급부를 청구할 수는 없다(대판 1995.7.25. 95다5929).

Ⅳ 목적의 적법성

1. 의 의

법률행위가 유효하기 위하여 그 목적이 적법해야 한다. 즉 강행규정에 위반되는 법률행위는 무효이다. 법령 중 '선량한 풍속 기타 사회질서와 관계가 있는 규정'이 강행규정이다(민법 제105조).

2. 적법성과 사회적 타당성의 관계

① 학설 : 둘을 별개의 요건으로 보는 구별설(통설)과 동일설(소수설)의 대립이 있다.
② 판례(구별설) : 강행규정에 위반된다고 하여 곧바로 사회질서에 반하는 행위에 해당한다고 할 수는 없다(대판 2001.5.29, 2001다1782).

3. 강행규정과 임의규정의 구별

① 강행규정과 임의규정 구별의 표준에 관한 일반적인 원칙은 없으며, 각 규정마다 종류·성질·입법목적 등을 고려하여 이를 개별적으로 판정하는 수밖에 없다.
② 다만, 권리능력·행위능력·법인 제도 등에 관한 규정, 거래의 안전을 위한 규정, 경제적 약자를 보호하기 위한 사회정책적 규정, 가족관계·질서에 관한 규정 등은 강행규정에 해당한다.

4. 효력규정과 단속규정의 구별

(1) 견해의 대립

① 통설·판례 : 강행규정을 효력규정과 단속규정으로 나누어 효력규정을 위반하면 무효이나, 단속규정을 위반하면 벌칙의 적용이 있을 뿐이고, 행위 그 자체의 사법상의 효력에는 영향이 없다.
② 소수설 : 임의규정, 강행규정, 단속규정으로 크게 구분하고, 단속규정에 대하여는 다시 효력규정(위반 시 무효)과 단순한 단속규정(위반 시 사법상 효력에는 영향 없음)으로 세분하는 견해이다.
③ 검토 : 통설·판례와 소수설의 실질적인 견해의 차이는 없어 보인다. 생각건대 어떤 강행규정이 효력규정인지 단속규정인지를 구별하는 것은 쉽지 않고, 이를 판정하는 일반적인 기준 또한 없으나, 당해 규정의 입법취지가 어떤 행위의 효력발생을 금지하는지 아니면 단순히 그러한 행위를 금지하는지에 따라 판단할 수 있을 것이다.

(2) 효력규정과 단속규정의 예시

① 법률이 특히 엄격한 표준을 정하여 일정한 자격을 갖춘 자에게만 허용하는 경우에는 그 규정은 효력규정으로서 그 자격을 대여하는 계약은 무효이다. 광업권의 대차, 어업권의 임대차 등이 그러하다.
② 단속규정에 위반되는 무허가음식점 등의 영업행위, 신고 없이 숙박업을 하는 행위 등의 사법상 행위는 유효하다.

[지역주택조합의 조합원 자격에 관한 주택법 제11조 제7항 및 같은 법 시행령 제21조 제1항의 법적 성질(= 단속규정) 및 이를 위반한 약정이 당연 무효인지 여부(소극) / 당사자가 통정하여 단속규정을 위반하는 법률행위를 한 경우, 선량한 풍속 기타 사회질서에 위반한 사항을 내용으로 하는 법률행위에 해당하는지 여부(적극)]

주택법 제11조 제7항 및 같은 법 시행령 제21조 제1항은 지역주택조합의 주택조합설립인가 신청일부터 해당 조합주택의 입주 가능일까지 세대원 전원이 주택을 소유하지 아니하거나 세대주를 포함한 세대원 중 1명에 한정하여 주거전용면적 85m² 이하의 주택 1채를 소유한 세대의 세대주인 자에 한하여 조합원이 될 수 있다고 규정하고 있다. 위와 같은 지역주택조합의 조합원 자격에 관한 주택법이나 같은 법 시행령의 규정은 단순한 단속규정에 불과할 뿐 효력규정이라고 할 수 없어 당사자 사이에 이를 위반한 약정을 하였다고 하더라도 그 약정이 당연히 무효라고 할 수는 없다. 다만 당사자가 통정하여 위와 같은 단속규정을 위반하는 법률행위를 한 경우에 비로소 선량한 풍속 기타 사회질서에 위반한 사항을 내용으로 하는 법률행위에 해당하게 된다(대판 2025.2.13. 2024다249040).

③ 부동산 중개수수료에 관한 위와 같은 규정들은 중개수수료 약정 중 소정의 한도를 초과하는 부분에 대한 사법상의 효력을 제한하는 이른바 강행법규에 해당하고, 따라서 구 부동산중개업법 등 관련 법령에서 정한 한도를 초과하는 부동산 중개수수료 약정은 그 한도를 초과하는 범위 내에서 무효이다(대판[전합] 2007.12.20. 2005다32159).

5. 탈법행위(간접적 위반)

(1) 의 의

강행규정을 직접 위반하지는 않았지만, 강행규정이 금지하고 있는 실질적 내용을 다른 수단으로 달성하려는 행위를 말한다.

(2) 효 과

탈법행위도 강행규정이 금지하고 있는 결과의 발생을 목적으로 하기 때문에 무효라는 점에는 이견이 없으나 탈법행위 개념을 따로 인정할 필요가 있는지에 관하여 견해가 대립된다.

[정액사납금제하에서 이루어진 소정근로시간 단축 합의가 탈법행위로서 무효인지 판단하는 기준]

정액사납금제하에서 이루어진 소정근로시간 단축 합의가 탈법행위로서 무효인지는, 합의를 체결한 근로관계 당사자들의 주된 목적이 최저임금법의 적용을 회피하려는 것이었는지와 아울러 단축된 소정근로시간과 택시운전근로자의 실제 근로시간을 비교하여 양자 사이에 상당한 불일치가 있는지를 중심으로 규범적인 관점에서 판단하여야 한다. 소정근로시간 단축의 주된 목적이 최저임금법의 적용을 회피하려는 것이었는지는 소정근로시간 단축 합의의 구체적인 경위와 시기, 단축 전후의 소정근로시간을 적용할 경우 산정되는 시간급 비교대상 임금과 법정 최저임금의 객관적 차이 및 변동 추이 등을 고려하여 판단하여야 한다. 택시운전근로자의 실제 근로시간은 택시에 승객을 태우고 이동하는 영업시간(실차시간)뿐만 아니라 택시의 입출고 및 정리 등에 소요되는 준비시간, 승객을 찾거나 기다리는 데 소요되는 대기시간(공차시간, 다만 식사·휴게 시간은 제외)과 같이 택시운전근로자가 실제로 근로를 제공하는 시간을 포괄하는 개념으로, 택시운전근로자의 실제 근무환경과 근무형태를 고려하여 추산하여야 한다. 그리고 이러한 택시운전근로자의 실제 근로시간이 일부 감소하였다고 볼 수 있는 경우 그와 같이 감소된 실제 근로시간과 단축된 소정근로시간 사이에 상당한 불일치가 있는지를 판단할 때는 소정근로시간 단축의 비율, 빈도, 급격성 등을 고려하여야 한다(대판 2024.12.26. 2023다200314).

6. 강행규정 위반의 효력

① 절대적 무효이다. 따라서 당사자가 무효임을 알고 추인하더라도 그 행위가 유효로 되지는 않는다.
② 제3자 보호규정을 강행규정에서 별도로 규정하고 있지 않는 한 강행규정에 반하여 무효인 법률행위를 기초로 하여 새롭게 이해관계를 갖게 되더라도 제3자는 선의·악의를 불문하고 보호되지 않는다(대판 1996.4.26. 94다43207 참조). 다만, 선의취득, 취득시효 등으로 보호받을 수는 있다.

V 목적의 사회적 타당성

> **반사회질서의 법률행위(민법 제103조)**
> 선량한 풍속 기타 사회질서에 위반한 사항을 내용으로 하는 법률행위는 무효로 한다.

1. 서 설

강행규정을 위반하지 않더라도 법률행위의 내용이 '선량한 풍속 기타 사회질서'에 반하면 무효이다(민법 제103조). 목적의 사회적 타당성은 강행규정과 더불어 사적자치의 한계를 이루며, 양자 공히 선량한 풍속 기타 사회질서와 관련되지만, 강행규정은 개개의 특정행위의 효력을 부인하는 반면, 목적의 사회적 타당성은 일반적·포괄적인 법의 근본이념에 의한 통제라는 점에서 차이가 있다.

2. 선량한 풍속 기타 사회질서의 의의

① 선량한 풍속이란 사회의 건전한 도덕관념이다.
② 사회질서란 사회의 평화와 질서를 유지하기 위하여 국민이 지켜야 할 국가, 사회의 공공적 질서 내지 일반적 이익이다.

> [1] 민법 제103조에 따라 무효로 되는 반사회질서 행위의 개념 및 경제력의 차이로 우월한 지위에 있는 사업자가 그 지위를 이용하여 부당한 이득을 얻고 상대방에게 과도한 반대급부 내지 부당한 부담을 지우는 것으로 이를 강제하는 것이 사회적 타당성이 없다고 평가할 수 있는 경우가 이에 해당하는지 여부(적극) : 민법 제103조에 따라 무효로 되는 반사회질서 행위는 법률행위의 목적인 권리의무의 내용이 선량한 풍속 기타 사회질서에 위반되는 경우, 권리의무의 내용 자체는 반사회질서적인 것이 아니라고 하여도 법률적으로 이를 강제하거나 그 법률행위에 반사회질서적인 조건 또는 금전적 대가가 결부됨으로써 반사회질서적 성격을 띠는 경우, 표시되거나 상대방에게 알려진 법률행위의 동기가 반사회질서적인 경우 등을 포괄하는 개념이다. 법률행위의 일방 당사자로서 경제력의 차이로 인하여 우월한 지위에 있는 사업자가 그 지위를 이용하여 자기는 부당한 이득을 얻고 상대방에게 과도한 반대급부 내지 부당한 부담을 지우는 것으로 이를 강제하는 것이 사회적 타당성이 없다고 평가할 수 있는 경우 역시 이에 해당하여 무효가 된다. [2] 경제적 지위에서 우위에 있는 당사자와의 관계에서 상대방의 계약상 의무와 그 위반에 따른 손해배상책임에 관하여 구체적이고 상세한 규정을 두는 등 계약상 책임의 요건과 범위 및 절차 등을 정한 경우, 이러한 요건과 절차에 따르지 않은 채 상대방에게 이를 초과하는 책임을 추궁하는 것은 계약상 별도의 약정에 기한 것이라도 민법 제103조에 위반되어 무효로 볼 여지가 있는지 여부(적극) : 계약 등 법률행위의 내용이 민법 제103조에서 정한 선량한 풍속 기타 사회질서에 위반한 법률행위로서 무효인지 여부는

> 계약 등의 실질을 살펴 판단하여야 하는데, 경제적 지위에서 우위에 있는 당사자와의 관계에서 상대방의 계약상 의무와 그 위반에 따른 손해배상책임에 관하여 구체적이고 상세한 규정을 두는 등 계약상 책임의 요건과 범위 및 절차 등을 정한 경우, 그 취지는 계약상 책임의 부과 절차의 객관성·공정성을 확보하기 위한 것이므로, 이러한 요건과 절차에 따르지 않은 채 상대방에게 이를 초과하는 책임을 추궁하는 것은 비록 그것이 계약상 별도의 약정에 기한 것이더라도 달리 그 합리성·필요성을 인정할 만한 사유가 존재하지 않는 한 경제적 지위의 남용에 따른 부당한 이익의 취득 및 부담의 강요로서 민법 제103조에 위반되어 무효로 볼 여지가 있다(대판 2023.2.23. 2022다287383).

3. 사회질서 위반의 요건

(1) 객관적 요건

법률행위의 내용이 선량한 풍속 기타 사회질서에 반해야 한다.

(2) 주관적 인식의 요부

자신의 법률행위가 사회질서에 반함을 행위자가 인식하고 있어야 하는가에 대하여 긍정하는 견해(통설)와 부정하는 견해의 대립이 있다.

(3) 사회질서 위반판단의 기준시기

학설은 법률행위시설과 효력발생시설이 대립하고 있으며, 판례는 법률행위시설을 취하고 있다.

4. 동기의 불법

(1) 문제점

법률행위의 내용 자체는 사회질서에 반하지 않지만, 동기, 즉 의사표시를 하게 된 연유로 의사표시에 선행하는 심리과정에 반사회적 요소가 포함되어 있는 경우에, 법률행위의 효력은 어떻게 되는지 문제된다.

(2) 학설 및 판례의 태도

다수설은 동기의 불법에 관하여 동기의 착오와 마찬가지로 동기가 표시되거나 상대방에게 알려진 경우에 한하여 민법 제103조가 적용된다는 입장이다. 마찬가지로 판례도 동기가 표시되거나 상대방에게 알려진 경우에 민법 제103조를 적용한다(대판 2001.2.9. 99다38613).

5. 사회질서 위반행위의 유형화

(1) 정의관념에 반하는 행위

① 밀수입의 자금으로 사용하기 위한 소비대차 또는 그를 목적으로 한 출자행위
② 경매나 입찰에 있어서 부정한 약속을 하는 이른바 담합행위
③ 강제집행을 면할 목적으로 허위의 근저당권설정등기를 경료하는 행위나 비자금을 소극적으로 은닉하기 위하여 임차하는 행위는 반사회질서의 법률행위에 해당하지 않는다.

④ 당사자의 일방이 상대방에게 공무원의 직무에 관한 사항에 관하여 특별한 청탁을 하게 하고 그에 대한 보수로 돈을 지급할 것을 내용으로 한 약정
⑤ 매수인이 매도인에게 이중매도할 것을 적극 권유하는 등 그의 배임행위에 적극 가담하여 이루어진 매매계약

> **[이중매매를 사회질서에 반하는 법률행위로서 무효라고 하기 위한 요건 및 같은 법리가 이중으로 임대차계약을 체결한 경우에도 적용되는지 여부(적극)]**
> 이중매매를 사회질서에 반하는 법률행위로서 무효라고 하기 위하여는, 제2매수인이 이중매매 사실을 아는 것만으로는 부족하고, 나아가 매도인의 배임행위(또는 배신행위)를 유인, 교사하거나 이에 협력하는 등 적극적으로 가담하는 것이 필요하며, 그와 같은 사유가 있는지를 판단할 때에는 이중매매계약에 이른 경위, 약정된 대가 등 계약 내용의 상당성 또는 특수성 및 양도인과 제2매수인의 관계 등을 종합적으로 살펴보아야 한다. 그리고 이러한 법리는 이중으로 임대차계약을 체결한 경우에도 그대로 적용될 수 있다(대판 2013.6.27. 2011다5813).
>
> **[매도인의 배임행위에 가담하여 증여받은 자가 경료한 소유권이전등기에 관하여 매수인의 직접말소청구의 가부 (부정)]**
> 매도인의 매수인에 대한 배임행위에 가담하여 증여를 받아 이를 원인으로 소유권이전등기를 경료한 수증자에 대하여 매수인은 매도인을 대위하여 위 등기의 말소를 청구할 수는 있으나 직접 청구할 수는 없다는 것은 형식주의 아래서의 등기청구권의 성질에 비추어 당연하다(대판 1983.4.26. 83다카57).

⑥ 참고인이 수사기관에 허위의 진술을 하는 대가로 일정한 급부를 받기로 한 약정
⑦ 보험계약자가 다수의 보험계약을 통하여 보험금을 부정 취득할 목적으로 체결한 보험계약
⑧ 증인은 진실을 진술할 의무가 있으므로, 증언의 대가로 급부를 제공받기로 한 약정도 무효이다. 허위진술의 대가로 급부를 받기로 하는 약정도 무효이다.
⑨ 형사사건의 성공보수약정은 반사회적 법률행위에 해당하나, 민사사건의 성공보수약정은 반사회적 법률행위에 해당하지 않는다.
⑩ 행정기관에 진정서를 제출하여 상대방을 궁지에 빠뜨린 다음 이를 취하하는 조건으로 거액의 급부를 제공받기로 약정한 경우
⑪ 위약벌의 약정은 채무의 이행을 확보하기 위하여 정해지는 것으로서 손해배상의 예정과는 그 내용이 다르므로 손해배상의 예정에 관한 민법 제398조 제2항을 유추적용하여 그 액을 감액할 수는 없고 다만, 그 의무의 강제에 의하여 얻어지는 채권자의 이익에 비하여 약정된 벌이 과도하게 무거울 때에는 그 일부 또는 전부가 공서양속에 반하여 무효가 된다.

(2) 윤리적 질서에 반하는 행위

① 첩계약[본처의 동의 유무를 불문하고 선량한 풍속에 반하는 사항을 내용으로 하는 법률행위로서 무효일 뿐만 아니라 위법한 행위이다(대판 1967.10.6. 67다1134).]
② 부첩관계의 종료를 해제조건으로 하는 증여계약은 그 조건만이 무효인 것이 아니라 증여계약 자체가 무효가 된다(대판 1966.6.21. 66다530). 다만, 부첩관계나 불륜관계를 해소 내지 단절하면서 장래의 생활대책을 마련해주기 위한 목적에서 그 첩의 생활비를 지급하거나 자녀의 양육비를 지급하기로 하는 계약은 유효하다(대판 1980.6.24. 80다458).

③ 자(子)가 부모를 상대로 불법행위에 의한 손해배상을 청구하는 행위
④ 보조생식 시술을 통하여 임신·출산한 자녀를 타인에게 인도할 것을 내용으로 하는 이른바 '대리모계약'의 효력(무효) 및 대리모가 자신이 출산한 아이와 관련하여 친생모로서 가지는 권리 일체를 포기하기로 하는 합의도 무효인지 여부(적극) / 출산한 모와 자녀 사이에 혈연관계가 존재하는 경우, 무효인 대리모계약에 의하여 출산이 이루어졌다고 하더라도 자녀를 출산한 대리모가 자녀의 모인지 여부(적극) : 보조생식 시술을 통하여 임신·출산한 자녀를 타인에게 인도할 것을 내용으로 하는 이른바 대리모계약은 여성의 몸을 도구화하고, 출생한 자녀를 거래의 객체화하며, 임신과 출산 과정에서 형성된 모자간의 정서적 유대관계를 깨뜨려 인간으로서의 존엄성을 침해하므로, 민법 제103조에서 정한 선량한 풍속 기타 사회질서를 위반한 법률행위로서 무효이다. 대리모가 자신이 출산한 아이와 관련하여 친생모로서 가지는 권리 일체를 포기하기로 하는 합의는 대리모계약의 일부 혹은 그 연장선상에서 체결된 것이므로 역시 무효이고, 진실한 친자관계를 부정하고 모로서의 정당한 권리행사를 박탈하는 것이라는 점에서도 그 효력을 인정하기 어렵다. / 한편 부자관계는 그 관계 확정을 위한 별도의 요건을 충족하는 경우에만 친자관계가 성립하는 법률적 친자관계이지만, 모자관계는 임신과 출산이라는 사실에 의하여 그 관계가 명확히 결정되는 자연적 친자관계라는 것이 우리 민법이 정하고 있는 바이고, 출산한 모와 자녀 사이에 혈연관계도 존재한다면, 무효인 대리모계약에 의하여 출산이 이루어졌다고 하더라도 자녀를 출산한 대리모를 자녀의 모로 보는 것이 타당하다(대판 2025.4.24. 2022므15371).

(3) 개인의 자유를 매우 심하게 제한하는 행위

① 어떠한 일이 있어도 이혼하지 아니하겠다는 각서(대판 1969.8.19. 69므18)
② 반면 해외파견된 근로자가 귀국일로부터 일정기간 소속회사에 근무하여야 한다는 사규나 약정은 민법 제103조 또는 제104조에 위반된다고 할 수 없다(대판 1982.6.22. 82다카90).
③ 민법 제103조에 의해 단체협약이 무효인지를 판단할 때 고려하여야 할 사정 / 업무상 재해로 인한 사망 등 일정한 사유가 발생하는 경우 조합원의 직계가족 등을 채용하기로 하는 내용의 단체협약이 선량한 풍속 기타 사회질서에 반하는지 판단하는 기준

> [다수의견] 단체협약이 민법 제103조의 적용대상에서 제외될 수는 없으므로 단체협약의 내용이 선량한 풍속 기타 사회질서에 위배된다면 그 법률적 효력은 배제되어야 한다. 다만 단체협약이 선량한 풍속 기타 사회질서에 위배되는지를 판단할 때에는 단체협약이 헌법이 직접 보장하는 기본권인 단체교섭권의 행사에 따른 것이자 헌법이 제도적으로 보장한 노사의 협약자치의 결과물이라는 점 및 노동조합 및 노동관계조정법에 의해 이행이 특별히 강제되는 점 등을 고려하여 법원의 후견적 개입에 보다 신중할 필요가 있다. 헌법 제15조가 정하는 직업선택의 자유, 헌법 제23조 제1항이 정하는 재산권 등에 기초하여 사용자는 어떠한 근로자를 어떠한 기준과 방법에 의하여 채용할 것인지를 자유롭게 결정할 자유가 있다. 다만 사용자는 스스로 이러한 자유를 제한할 수 있는 것이므로, 노동조합과 사이에 근로자 채용에 관하여 임의로 단체교섭을 진행하여 단체협약을 체결할 수 있고, 그 내용이 강행법규나 선량한 풍속 기타 사회질서에 위배되지 아니하는 이상 단체협약으로서의 효력이 인정된다. 사용자가 노동조합과의 단체교섭에 따라 업무상 재해로 인한 사망 등 일정한 사유가 발생하는 경우 조합원의 직계가족 등을 채용하기로 하는 내용의 단체협약을 체결하였다면, 그와 같은 단체협약이 사용자의 채용의 자유를 과도하게 제한하는 정도에 이르거나 채용 기회의 공정성을 현저히 해하는 결과를 초래하는 등의 특별한 사정이 없는 한 선량한 풍속 기타 사회질서에 반한다고 단정할 수 없다. 이러한 단체협약이 사용자의 채용의 자유를 과도하게 제한하는 정도에 이르거나 채용 기회의 공정성을 현저히 해하는 결과를 초래하는지는

> 단체협약을 체결한 이유나 경위, 그와 같은 단체협약을 통해 달성하고자 하는 목적과 수단의 적합성, 채용대상자가 갖추어야 할 요건의 유무와 내용, 사업장 내 동종 취업규칙 유무, 단체협약의 유지 기간과 준수 여부, 단체협약이 규정한 채용의 형태와 단체협약에 따라 채용되는 근로자의 수 등을 통해 알 수 있는 사용자의 일반 채용에 미치는 영향과 구직희망자들에 미치는 불이익 정도 등 여러 사정을 종합하여 판단하여야 한다.
> [대법관 2인의 반대의견] 노사가 업무상 재해로 사망한 근로자의 가족을 보호하기 위한 대책을 마련해 두는 것은 권장할 일이지만 그러한 대책은 실질적으로 공평하며 법질서에 맞는 것이어야 한다. 그러한 대책이 유족과 같은 입장에서 절실하게 직장을 구하는 구직희망자를 희생하거나, 사망 근로자 중 일부의 유족만 보호하고 다른 유족은 보호에서 제외하는 방식이어서는 안 된다. 특정한 목적을 달성하기 위해 기업의 필요성이나 업무능력과 무관한 채용기준을 채택하기로 노사가 합의하였고 그러한 기준이 기업의 규모와 근로자 수, 해당 기업의 일반적인 채용방식, 특정한 목적 달성을 위한 채용기준의 적합성, 관련 법령의 규정, 채용 기회의 공정에 대한 사회적 인식 등에 비추어 볼 때 해당 기업에 대한 구직희망자들이나 다른 조합원을 합리적 이유 없이 차별하는 것이어서 공정한 채용에 관한 정의관념과 법질서를 벗어난 경우에는 민법 제103조가 정하는 사회질서에 위반되는 법률행위로 평가할 수 있다(대판[전합] 2020.8.27. 2016다248998).

(4) 사행성이 현저한 행위

① 도박자금을 대여하는 행위
② 도박으로 부담한 채무의 변제로써 토지를 양도하는 계약
③ 도박에 패한 빚을 토대로 하여 그 노름빚을 변제하기로 한 계약

6. 사회질서 위반행위의 효과

(1) 이행 전 : 절대적 무효

무효이므로 이행할 필요가 없고, 상대방도 이행을 구할 수 없다. 또한 선량한 풍속 기타 사회질서에 반하는 법률행위는 절대적 무효이므로 별도의 선의취득과 같은 권리취득원인이 없는 한 제3자는 선의인 때에도 보호되지 않는다. 그리고 추인을 하여도 추인의 효과가 인정되지 않으며, 무효임을 알고 추인하여도 새로운 법률행위를 한 효과가 발생하지 않는다(대판 1973.5.22. 72다2249).

(2) 이행 후 : 불법원인급여

> **불법원인급여(민법 제746조)**
> 불법의 원인으로 인하여 재산을 급여하거나 노무를 제공한 때에는 그 이익의 반환을 청구하지 못한다. 그러나 그 불법원인이 수익자에게만 있는 때에는 그러하지 아니하다.

① **불법원인급여의 요건** : 불법한 원인에 기하여 이루어진 종국적인 급여는 불법원인에 해당하므로, 원칙적으로 그 반환을 청구할 수 없다(민법 제746조 본문).
  ㉠ 원인의 불법 : 불법의 의미와 관련하여 견해의 대립이 있으나, 판례는 「민법 제746조가 규정하는 불법원인이라 함은 그 원인될 행위가 선량한 풍속 기타 사회질서에 위반하는 경우를 말하는 것으로서 설사 법률의 금지에 위반하는 경우라 할지라도 그것이 선량한 풍속 기타 사회질서에 위반하지 않는 경우에는 이에 해당하지 않는 것이다(대판 1983.11.22. 83다430)」라고 판시하였다.

> **[불법원인급여에 해당하지 않는 경우]**
> - 무효인 명의신탁약정에 기하여 타인 명의의 등기가 마쳐졌다는 이유만으로 그것이 당연히 불법원인급여에 해당한다고 볼 수 없다(대판 2003.11.27. 2003다41722).
> - 어업권의 임대차를 내용으로 하는 임대차계약이 구 수산업법 제33조에 위반되어 무효라고 하더라도 그것이 부당이득의 반환이 배제되는 '불법의 원인'에 해당하는 것으로 볼 수는 없으므로, 어업권을 임대한 어업권자로서는 그 임대차계약에 기해 임차인에게 한 급부로 인하여 임차인이 얻은 이익, 즉 임차인이 양식어장(어업권)을 점유·사용함으로써 얻은 이익을 부당이득으로 반환을 구할 수 있다(대판 2010.12.9. 2010다57626·57633).

　　ⓒ 급여 : 불법원인급여에 해당하기 위해서는 이익을 얻기 위해서 더 이상 국가의 조력이 필요 없는 종국적인 급여에 해당하여야 한다. 따라서 도박자금채권의 담보로 부동산에 관하여 근저당권설정등기가 경료되었을 뿐이라면 그 근저당권설정등기로 근저당권자가 받을 이익은 소유권 이전과 같은 종국적인 것이 되지 못하여 민법 제746조에서 말하는 이익에는 해당하지 아니하므로, 그 부동산의 소유자는 민법 제746조의 적용을 받음이 없이 그 말소를 청구할 수 있다(대판 1994.12.22. 93다55234).

② 효 과

　　㉠ 부당이득반환청구권 : 급부자는 수익자가 얻은 이익의 반환을 청구하지 못한다(민법 제746조 본문). 따라서 영업상 관계 있는 윤락행위를 하는 자에 대하여 가지는 채권은 계약의 형식에 관계없이 무효이므로, 윤락행위를 할 자를 고용·모집하거나 그 직업을 소개·알선한 자가 윤락행위를 할 자를 고용·모집함에 있어 성매매의 유인·강요의 수단으로 이용되는 선불금 등 명목으로 제공한 금품이나 그 밖의 재산상 이익 등은 불법원인급여에 해당하여 그 반환을 청구할 수 없다(대판 2004.9.3. 2004다27488·27495).

　　ⓒ 소유권에 기한 물권적 청구권 : 불법의 원인으로 급여를 한 사람이 그 원인행위가 무효라고 주장하고, 그 결과 급여물의 소유권이 자기에게 있다는 주장으로 소유권에 기한 반환청구를 하는 것도 허용할 수 없다(대판 1989.9.29. 89다카5994). 따라서 급여한 물건의 소유권은 반사적으로 급여를 받은 상대방에게 귀속된다(대판[전합] 1979.11.13. 79다483).

　　ⓒ 불법행위를 원인으로 한 손해배상청구권 : 불법의 원인으로 재산을 급여한 사람은 상대방 수령자가 그 '불법의 원인'에 가공하였다고 하더라도 상대방에게만 불법의 원인이 있거나 그의 불법성이 급여자의 불법성보다 현저히 크다고 평가되는 등으로 제반 사정에 비추어 급여자의 손해배상청구를 인정하지 아니하는 것이 오히려 사회상규에 명백히 반한다고 평가될 수 있는 특별한 사정이 없는 한 상대방의 불법행위를 이유로 그 재산의 급여로 말미암아 발생한 자신의 손해를 배상할 것을 주장할 수 없다(대판 2013.8.22. 2013다35412).

7. 불공정한 법률행위(폭리행위)

> **불공정한 법률행위(민법 제104조)**
> 당사자의 궁박, 경솔 또는 무경험으로 인하여 현저하게 공정을 잃은 법률행위는 무효로 한다.

(1) 의 의
① 상대방의 궁박, 경솔 또는 무경험을 이용하여 자기의 급부에 비하여 현저하게 균형을 잃은 반대급부를 하게 함으로써 부당한 재산적 이익을 얻는 행위를 불공정한 법률행위 또는 폭리행위라고 한다(민법 제104조).
② 민법 제103조와 민법 제104조와의 관계에 대하여 통설·판례는 민법 제104조를 민법 제103조의 예시로 본다.

(2) 적용범위
① 증여와 같이 대가적 급부의 출연이 없는 무상행위에는 민법 제104조의 적용이 없다(대판 2000.2.11. 99다56833).

> [1] 증여계약과 같은 일방적 급부행위가 민법 제104조 소정의 불공정한 법률행위에 해당될 수 있는지 여부(소극) : 민법 제104조가 규정하는 현저히 공정을 잃은 법률행위라 함은 자기의 급부에 비하여 현저하게 균형을 잃은 반대급부를 하게 하여 부당한 재산적 이익을 얻는 행위를 의미하는 것이므로, 증여계약과 같이 아무런 대가관계 없이 당사자 일방이 상대방에게 일방적인 급부를 하는 법률행위는 그 공정성 여부를 논의할 수 있는 성질의 법률행위가 아니다. [2] 민법 제103조 소정의 '반사회질서의 법률행위'의 의미 : 민법 제103조에 의하여 무효로 되는 반사회질서 행위는 법률행위의 목적인 권리의무의 내용이 선량한 풍속 기타 사회질서에 위반되는 경우뿐만 아니라, 그 내용 자체는 반사회질서적인 것이 아니라고 하여도 법률적으로 이를 강제하거나 법률행위에 반사회질서적인 조건 또는 금전적인 대가가 결부됨으로써 반사회질서적 성질을 띠게 되는 경우 및 표시되거나 상대방에게 알려진 법률행위의 동기가 반사회질서적인 경우를 포함한다. [3] 행정기관에 진정서를 제출하여 상대방을 궁지에 빠뜨린 다음 이를 취하는 조건으로 거액의 급부를 제공받기로 약정한 경우, 민법 제103조 소정의 반사회질서의 법률행위에 해당한다 : 청원권 행사의 일환으로 이루어진 진정을 이용하여 원고가 피고를 궁지에 빠뜨린 다음 이를 취하는 것을 조건으로 거액의 급부를 제공받기로 한 약정은 반사회질서적인 조건 또는 금전적 대가가 결부됨으로써 반사회질서적 성질을 띠게 되는 경우에 해당한다(대판 2000.2.11. 99다56833).

② 당사자의 의사에 기하지 않은 경매에 의한 재산권 이전에는 민법 제104조의 적용이 없다(대결 1980.3.21. 80마77).
③ 채권의 포기에도 민법 제104조가 적용될 수 있다(대판 1975.5.13. 75다92).
④ 합동행위 내지 권리능력 없는 사단의 총회결의에도 민법 제104조가 적용된다.

(3) 요 건

① **객관적 요건**
- ㉠ 현저한 공정성 상실 : 객관적으로 급부와 반대급부 사이에 현저한 불균형이 존재하는 것을 의미한다.
- ㉡ 현저한 불공정의 판단기준 시점은 법률행위 시이다(통설·판례).

② **주관적 요건**
- ㉠ 불균형이 당사자의 궁박·경솔·무경험에 기인하여야 한다.
- ㉡ 폭리자가 당사자에게 위와 같은 사정이 있음을 알고서 그것을 이용하려는 의사가 있어야 한다. 따라서 폭리행위의 악의가 없었다면 민법 제104조에 규정된 불공정 법률행위가 성립하지 않는다(대판 2011.1.27. 2010다53457).
- ㉢ 궁박·경솔·무경험은 모두 구비되어야 하는 요건은 아니고, 그중 일부만 갖추어지면 충분하다(대판 1993.10.12. 93다19924).
- ㉣ 궁박이라 함은 급박한 곤궁을 의미하며, 경제적·정신적·심리적 원인에서 기인할 수 있다(대판 2011.9.8. 2011다35722).

> ['궁박'의 의미 및 당사자가 궁박한 상태에 있었는지 판단하는 방법 / 당사자가 계약을 지키지 않는 경우 얻을 이익이 이로 인해 입을 불이익보다 크다고 판단하여 불이익의 발생을 예측하면서도 이를 감수할 생각으로 계약에 반하는 행위를 함으로써 계약 상대방과의 관계에서 급박한 곤궁 상태를 자초한 경우, 이를 민법 제104조의 궁박이라고 쉽게 인정할 수 있는지 여부(소극)]
>
> '궁박'이라 함은 '급박한 곤궁'을 의미하는 것으로서 경제적 원인에 기인할 수도 있고 정신적 또는 심리적 원인에 기인할 수도 있으며, 당사자가 궁박한 상태에 있었는지 여부는 그의 나이와 직업, 교육 및 사회경험의 정도, 재산 상태 및 그가 처한 상황의 절박성의 정도 등 여러 사정을 종합하여 구체적으로 판단하여야 한다. / 한편 당사자가 계약을 지키지 않는 경우 얻을 이익이 이로 인해 입을 불이익보다 크다고 판단하여, 그 불이익의 발생을 예측하면서도 이를 감수할 생각으로 계약에 반하는 행위를 함으로써 계약 상대방과의 관계에서 그가 주장하는 급박한 곤궁 상태에 이르렀다면, 이와 같이 그가 자초한 상태를 민법 제104조의 궁박이라고 인정하는 것은 엄격하고 신중하게 이루어져야 한다(대판 2024.3.12. 2023다301712).

- ㉤ 무경험은 일반적인 생활체험의 부족으로서 어느 특정영역에서의 경험부족이 아니라 거래일반에 대한 경험부족을 의미한다(대판 2002.10.22. 2002다38927).
- ㉥ 매도인의 대리인이 매매한 경우에 있어서 그 매매가 불공정한 법률행위인가를 판단함에는 매도인의 경솔, 무경험은 그 대리인을 기준으로 하여 판단하여야 하고, 궁박상태에 있었는지의 여부는 매도인 본인의 입장에서 판단되어야 한다(대판 1972.4.25. 71다2255).
- ㉦ 법률행위가 현저하게 공정을 잃었다고 하여 곧 그것이 궁박, 경솔 또는 무경험으로 이루어진 것이라고 추정되는 것은 아니다(대판 1977.12.13. 76다2179).
- ㉧ 경매에 있어서는 불공정한 법률행위에 관한 민법 제104조가 적용될 여지가 없다(대결 1980.3.21. 80마77).

③ **입증책임** : 폭리행위에 대한 주장 및 입증책임은 그 무효를 주장하는 자에게 있고, 급부와 반대급부 사이에 현저한 불균형이 있다는 사정만으로 곧바로 당사자의 궁박, 경솔 또는 무경험에 기인하는 것으로 추정되지는 않지만, 구체적 사정에 따라 추정되기도 한다.

(4) 효 과

① 요건이 구비되면 그 행위는 무효이고, 추인에 의해서도 그 법률행위가 유효로 될 수 없다(대판 1994.6.24. 94다10900).

② 무효행위 전환의 법리에 따라 법률행위의 일부가 유효할 수 있다는 것이 판례이다.

> 매매계약이 약정된 매매대금의 과다로 말미암아 민법 제104조에서 정하는 '불공정한 법률행위'에 해당하여 무효인 경우에도 무효행위의 전환에 관한 민법 제138조가 적용될 수 있다(대판 2010.7.15. 2009다50308).

③ 불공정한 법률행위는 무효이므로 아직 급부를 이행하지 아니한 경우에는 이행할 필요가 없다. 다만, 이미 급부를 이행한 경우에는 불법원인급여로서 제746조가 적용된다.

제3관 법률행위의 해석

임의규정(민법 제105조)
법률행위의 당사자가 법령 중의 선량한 풍속 기타 사회질서에 관계없는 규정과 다른 의사를 표시한 때에는 그 의사에 의한다.

사실인 관습(민법 제106조)
법령 중의 선량한 풍속 기타 사회질서에 관계없는 규정과 다른 관습이 있는 경우에 당사자의 의사가 명확하지 아니한 때에는 그 관습에 의한다.

I 의 의

1. 개 념

법률행위의 해석이란 법률행위의 성립 여부나 유효 여부를 판단하고, 목적(내용)을 확정시키는 것을 말한다. 그런데 법률행위는 의사표시를 요소로 하기 때문에 법률행위해석은 결국 의사표시의 해석으로 귀결된다.

> [외국적 요소가 있는 법률관계에 적용될 외국법규의 내용을 확정하고 그 의미를 해석하는 방법]
> 외국적 요소가 있는 법률관계에 적용될 외국법규의 내용을 확정하고 그 의미를 해석할 때는 외국법이 그 본국에서 현실로 해석·적용되고 있는 의미와 내용에 따라 해석·적용하여야 한다(대판 2024.7.25. 2019다256501).

2. 해석의 목표

판례는 '법률행위 해석은 당사자가 그「표시행위에 부여한 객관적인 의미」를 명백하게 확정하는 것' 이라고 판시하고 있다.

> [선시공·후분양 방식으로 분양되거나, 당초 선분양·후시공 방식으로 분양하기로 계획되었으나 준공 후에 분양되는 아파트 등의 경우, 완공된 아파트 등의 현황과 달리 분양광고 등에만 표현된 아파트 등의 외형·재질 등에 관하여 분양자와 수분양자 사이에 이를 분양계약의 내용으로 하는 묵시적 합의가 있었다고 볼 수 있는지 여부(원칙적 소극) / 선분양·후시공 방식으로 분양하기로 한 아파트 등의 단지 중 일부는 준공 전에, 일부는 준공 후에 분양된 경우, 분양회사와 수분양자 사이에 아파트 등의 외형·재질 등에 관한 구체적 거래조건을 분양계약의 내용으로 하는 묵시적 합의가 있었는지 여부를 판단하는 기준]
> 선시공·후분양의 방식으로 분양되거나, 당초 선분양·후시공의 방식으로 분양하기로 계획되었으나 계획과 달리 준공 전에 분양이 이루어지지 아니하여 준공 후에 분양이 되는 아파트 등의 경우에는 수분양자는 실제로 완공된 아파트 등의 외형·재질 등에 관한 시공 상태를 직접 확인하고 분양계약 체결 여부를 결정할 수 있어 완공된 아파트 등 그 자체가 분양계약의 목적물로 된다고 봄이 상당하다. 따라서 비록 준공 전에 분양안내서 등을 통해 분양광고를 하거나 견본주택 등을 설치한 적이 있고, 그러한 광고내용과 달리 아파트 등이 시공되었다고 하더라도, 완공된 아파트 등의 현황과 달리 분양광고 등에만 표현되어 있는 아파트 등의 외형·재질 등에 관한 사항은 분양계약 시에 아파트 등의 현황과는 별도로 다시 시공해 주기로 약정하였다는 등의 특별한 사정이 없는 한 이를 분양계약의 내용으로 하기로 하는 묵시적 합의가 있었다고 보기는 어렵다. / 그리고 선분양·후시공의 방식으로 분양하기로 한 아파트 등의 단지 중 일부는 준공 전에, 일부는 준공 후에 분양된 경우에는 각 수분양자마다 분양계약 체결의 시기 및 아파트 등의 외형·재질 등에 관한 구체적 거래조건이 분양계약에 편입되었다고 볼 수 있는 사정이 있는지 여부 등을 개별적으로 살펴 분양회사와 각 수분양자 사이에 이를 분양계약의 내용으로 하기로 하는 묵시적 합의가 있었는지 여부를 판단하여야 한다(대판 2014.11.13. 2012다29601).

II 해석의 방법

1. 자연적 해석

① 자연적 해석이란 표의자의 실제 내심의 의사를 밝히는 해석방법으로, 어떤 일정한 표시에 관하여 당사자가 사실상 일치하여 이해한 경우에는 그 의미대로 효력을 인정하는 해석방법을 말한다.
② 주로 상대방 없는 단독행위에서 자연적 해석방법이 적용된다.
③ 오표시무해의 원칙이란 표의자의 잘못된 표시는 그 표시의 진정한 의미를 인식할 수 있거나 명백한 때에는 표의자에게 해가 되지 않는다는 것으로, 자연적 해석 시 착오 문제는 발생하지 않는다.

> [자연적 해석 : 오표시무해의 원칙]
> 부동산의 매매계약에 있어 쌍방당사자가 모두 특정의 甲 토지를 계약의 목적물로 삼았으나 그 목적물의 지번 등에 관하여 착오를 일으켜 계약을 체결함에 있어서는 계약서상 그 목적물을 甲 토지와는 별개인 乙 토지로 표시하였다 하여도 甲 토지에 관하여 이를 매매의 목적물로 한다는 쌍방당사자의 의사합치가 있은 이상 위 매매계약은 甲 토지에 관하여 성립한 것으로 보아야 할 것이고 乙 토지에 관하여 매매계약이 체결된 것으로 보아서는 안 될 것이며, 만일 乙 토지에 관하여 위 매매계약을 원인으로 하여 매수인 명의로 소유권이전등기가 경료되었다면 이는 원인이 없이 경료된 것으로서 무효이다(대판 1993.10.26. 93다2629·2636).

2. 규범적 해석

① 상대방의 입장에서 표시행위의 객관적·규범적 의미를 밝히는 해석방법이다.
② 상대방 있는 의사표시에 적용된다.
③ 착오에 의한 취소가 문제되는 것은 규범적 해석에 의할 경우에 한정된다.

> **[규범적 해석 : 표시주의 관점]**
> - 의사표시 해석에 있어서 당사자의 진정한 의사를 알 수 없다면, 의사표시의 요소가 되는 것은 표시행위로부터 추단되는 효과의사 즉 표시상의 효과의사이고 표의자가 가지고 있던 내심적 효과의사가 아니므로, 당사자의 내심의 의사보다는 외부로 표시된 행위에 의하여 추단된 의사를 가지고 해석함이 상당하다(대판 2002.6.28. 2002다23482).
> - [1] 당사자 사이에 법률행위의 해석을 둘러싸고 다툼이 있어 처분문서에 나타난 당사자의 의사해석이 문제 되는 경우, 처분문서를 해석하는 방법 : 처분문서는 그 성립의 진정함이 인정되는 이상 법원은 그 기재 내용을 부인할 만한 분명하고도 수긍할 수 있는 반증이 없으면 처분문서에 기재된 문언대로 의사표시의 존재와 내용을 인정하여야 한다. 당사자 사이에 법률행위의 해석을 둘러싸고 다툼이 있어 처분문서에 나타난 당사자의 의사해석이 문제 되는 경우에는 문언의 내용, 법률행위가 이루어진 동기와 경위, 법률행위로써 달성하려는 목적, 당사자의 진정한 의사 등을 종합적으로 고찰하여 논리와 경험칙에 따라 합리적으로 해석하여야 한다. [2] 하나의 법률관계를 둘러싸고 각기 다른 내용을 정한 여러 개의 계약서가 순차로 작성되어 있으나 당사자가 그 계약서에 따른 법률관계나 우열관계를 명확하게 정하지 않은 경우, 각 계약서의 내용 중 서로 양립할 수 없는 부분에 관하여 해석하는 방법 : 하나의 법률관계를 둘러싸고 각기 다른 내용을 정한 여러 개의 계약서가 순차로 작성되어 있는 경우 당사자가 그러한 계약서에 따른 법률관계나 우열관계를 명확하게 정하고 있다면 그와 같은 내용대로 효력이 발생한다. 그러나 여러 개의 계약서에 따른 법률관계 등이 명확히 정해져 있지 않다면 각각의 계약서에 정해져 있는 내용 중 서로 양립할 수 없는 부분에 관해서는 원칙적으로 나중에 작성된 계약서에서 정한 대로 계약 내용이 변경되었다고 해석하는 것이 합리적이다(대판 2020.12.30. 2017다17603).
> - 당사자가 표시한 문언에 의하여 객관적인 의미가 명확하게 드러나지 않는 경우, 법률행위의 해석 방법 및 특히 당사자 일방이 주장하는 법률행위의 내용이 상대방의 권리의무관계에 중대한 영향을 초래하게 되는 경우에는 더욱 엄격하게 해석하여야 하는지 여부(적극) : 법률행위의 해석은 당사자가 그 표시행위에 부여한 객관적인 의미를 명백하게 확정하는 것으로서 당사자가 표시한 문언대로 의사표시의 존재와 내용을 인정하여야 한다. 당사자가 표시한 문언에 의하여 그 객관적인 의미가 명확하게 드러나지 않는 경우에는, 그 문언의 내용, 당사자의 주장과 증명을 통하여 드러나는 그 법률행위가 이루어지게 된 동기 및 경위, 당사자가 그 법률행위에 의하여 달성하려고 하는 목적과 진정한 의사, 거래의 관행 등을 종합적으로 고찰하여, 사회정의와 형평의 이념에 맞도록 논리와 경험의 법칙, 그리고 사회일반의 상식과 거래의 통념에 따라 합리적으로 해석하여야 한다. 특히 당사자 일방이 주장하는 법률행위의 내용이 상대방의 권리의무관계에 중대한 영향을 초래하게 되는 경우에는 더욱 엄격하게 해석하여야 한다(대판 2024.2.15. 2019다272404).
> - [1] 처분문서의 증명력 및 계약당사자가 누구인지 확정하는 방법 : 의사표시의 해석은 당사자가 그 표시행위에 부여한 객관적인 의미를 명백하게 확정하는 것으로서, 계약당사자 사이에 어떠한 계약 내용을 처분문서인 서면으로 작성한 경우에는 서면에 사용된 문구에 구애받는 것은 아니지만 어디까지나 당사자의 내심에 있는 의사가 어떠한지와 관계없이 서면의 기재 내용에 따라 당사자가 표시행위에 부여한 객관적 의미를 합리적으로 해석하여야 한다. 이 경우 문언의 객관적인 의미가 명확하다면 특별한 사정이 없는 한 문언대로의 의사표시의 존재와 내용을 인정하여야 한다. 계약당사자가 누구인지는 계약에 관여한 당사자의 의사해석의 문제로서 이에 관한 당사자들의 의사가 합치되지 않는 경우 계약의 성질, 내용, 체결 경위 및 계약 체결을 전후한 구체적인 제반 사정을 토대로 상대방이 합리적인 인간이라면 누구를 계약당사자로 이해하였을 것인지를 기준으로 당사자를 결정하고, 계약의 성립 여부와 효력을 판단함이 상당하다.

[2] 실제 계약을 체결한 행위자가 자신의 이름은 특정하여 기재하되 불특정인을 추가하는 방식으로 계약서상 당사자를 표시한 경우, 계약당사자가 누구인지 판단하는 기준: 실제 계약을 체결한 행위자가 자신의 이름은 특정하여 기재하되 불특정인을 추가하는 방식으로 계약서상 당사자를 표시한 경우(즉, 실제 계약체결자의 이름에 '외 ○인'을 부가하는 형태), 계약서 자체에서 당사자로 특정할 수 있거나 상대방의 입장에서도 특정할 수 있는 특별한 사정이 인정될 수 있는 당사자만 계약당사자 지위를 인정할 수 있다. 계약당사자가 되면 계약으로 발생하는 권리·의무의 주체가 될 수 있다는 점에서 당사자 사이의 법률관계에 중대한 영향을 초래하는 것이고, 때로는 강행규정 등 법률상 제한규정의 적용을 잠탈하려는 탈법적 의도에 따른 법률효과가 부여될 수도 있음을 고려하여, 위 특별한 사정의 인정 여부는 신중하게 판단하여야 한다(대판 2023.6.15. 2022다247422).

- 사법상의 계약 기타 법률행위가 일정한 행위를 금지하는 구체적 법규정을 위반하여 행하여진 경우, 법률행위가 무효인지 또는 법원이 법률행위 내용의 실현에 대한 조력을 거부하거나 기타 다른 내용으로 효력이 제한되는지 판단하는 기준: 사법상의 계약 기타 법률행위가 일정한 행위를 금지하는 구체적 법규정을 위반하여 행하여진 경우에 법률행위가 무효인가 또는 법원이 법률행위 내용의 실현에 대한 조력을 거부하거나 기타 다른 내용으로 효력이 제한되는가는 해당 법규정이 가지는 넓은 의미에서 법률효과에 관한 문제의 일환으로서, 법규정의 해석 여하에 의하여 정하여진다. 따라서 그 점에 관한 명문의 정함이 있다면 당연히 이에 따라야 할 것이고, 그러한 정함이 없는 때에는 종국적으로 금지규정의 목적과 의미에 비추어 그에 반하는 법률행위의 무효 기타 효력 제한이 요구되는지를 검토하여 이를 정할 것이다(대판 2024.2.8. 2023다259262).

- 甲 등이 乙에게 甲 등이 소유하는 상가건물을 임대하면서 계약서에 '계약의 해지 성립 여부에 쌍방 간 이견이 있을 경우 법원의 판결에 따르되 최종 판결 전까지 임대인과 임차인의 권리와 의무는 유지되는 것으로 한다'는 내용을 특약으로 정하였는데, 乙이 甲 등에게 차임과 관리비 등을 납부하지 않자, 甲 등이 乙을 상대로 임대차계약을 해지한다고 주장하면서 건물의 인도 및 연체차임 등의 지급을 구한 사안에서, "최종 판결 전까지는 임대인과 임차인의 권리와 의무는 유지되는 것으로 한다" 부분의 의미는 위 임대차계약의 해지를 원인으로 하여 임대차 관계의 청산을 구하는 소송에서 임대차계약이 적법하게 해지되었음을 이유로 임차목적물 반환 등 임대차 관계의 청산을 명하는 판결이 선고되더라도 판결이 확정될 때까지는 기존 임대차 관계를 유지하되 확정 후에 그 판결을 집행한다는 것일 뿐, 위와 같은 소송에서 판결이 확정될 때까지 임차인이 임대인의 임차목적물 반환청구를 거절할 수 있는 권능을 가진다는 의미로 해석할 수 없다고 한 사례(대판 2024.7.11. 2024다209769).

- 공제와 상계의 유사점과 차이점 / 공제나 상계에 관한 약정을 하는 경우, 당사자가 공제나 상계적상 요건을 어떻게 설정할 것인지, 공제 기준시점이나 상계적상 시점을 언제로 할 것인지, 공제나 상계의 의사표시가 별도로 필요한지 등을 자유롭게 정할 수 있는지 여부(적극) / 공제와 상계 중 무엇에 관한 약정인지 해석하는 방법: 공제는 복수 채권·채무의 상호 정산을 내용으로 하는 채권소멸 원인이라는 점에서 상계와 유사하다. 그러나 공제에는 원칙적으로 상계적상, 상계 금지나 제한, 상계의 기판력 등 상계에 관한 법률 규정이 적용되지 않는다는 점, 부동산임대차관계 등 특정 법률관계에서는 일정한 사유가 발생하면 원칙적으로 공제의 의사표시 없이도 당연히 공제가 이루어진다고 보는 점 등에서 공제는 상계와 구별된다. 또한 공제는 상계 금지나 제한과 무관하게 제3자에 우선하여 채권의 실질적 만족을 얻게 한다는 점에서 상계보다 강한 담보적 효력을 가진다. / 한편 계약자유의 원칙에 따라 당사자는 강행규정에 반하지 않는 한 공제나 상계에 관한 약정을 할 수 있으므로, 공제나 상계적상 요건을 어떻게 설정할 것인지, 공제 기준시점이나 상계적상 시점을 언제로 할 것인지, 공제나 상계의 의사표시가 별도로 필요한지 등을 자유롭게 정하여 당사자 사이에 그 효력을 발생시킬 수 있다. / 또한 공제와 상계 중 무엇에 관한 약정인지는 약정의 문언과 체계, 약정의 경위와 목적, 채권들의 상호관계, 제3자의 이해관계 등을 종합적으로 고려하여 합리적으로 해석하여야 한다(대판 2024.8.1. 2024다227699).

- 계약서에 나타난 당사자 의사의 해석 방법 / 이러한 법리는 계약서가 복수의 언어본으로 작성되거나 하나의 계약서에 복수의 언어가 사용된 경우에도 적용될 수 있는지 여부(적극) : 일반적으로 계약을 해석할 때에는 형식적인 문구에만 얽매여서는 안 되고 쌍방 당사자의 진정한 의사가 무엇인가를 탐구하여야 한다. 계약 내용이 명확하지 않은 경우 계약서의 문언이 계약 해석의 출발점이지만, 당사자들 사이에 계약서의 문언과 다른 내용으로 의사가 합치된 경우 그 의사에 따라 계약이 성립한 것으로 해석하여야 한다. 당사자 사이에 계약의 해석을 둘러싸고 이견이 있어 당사자의 의사 해석이 문제 되는 경우에는 계약의 형식과 내용, 계약이 체결된 동기와 경위, 계약으로 달성하려는 목적, 당사자의 진정한 의사, 거래 관행 등을 종합적으로 고려하여 논리와 경험의 법칙, 사회일반의 상식과 거래의 통념에 따라 합리적으로 해석하여야 한다. 이러한 법리는 계약서가 복수의 언어본으로 작성되거나 하나의 계약서에 복수의 언어가 사용된 경우에도 적용될 수 있다. 사용된 언어의 내용이 일치하지 않는 경우 당사자의 의사가 어느 한쪽을 따르기로 일치한 때에는 그에 따르고, 그렇지 않은 때에는 위에서 본 계약 해석 방법에 따라 그 내용을 확정해야 한다(대판 2025.1.23. 2024다243172).
- 주주 사이에 체결된 의결권구속약정의 효력(원칙적 유효) 및 의결권구속약정의 당사자가 약정을 위반하여 주주총회 의결권을 행사함에 따라 주주총회 결의가 성립된 경우, 약정의 다른 당사자가 회사를 상대로 약정 위반을 주장하며 주주총회 결의의 하자를 다툴 수 있는지 여부(소극) : 주주 사이에 체결된 이른바 의결권구속약정, 즉 주주의 주주총회 의결권 행사를 제한하는 내용의 약정은 계약의 일반원칙에 따라 그 내용이나 목적이 강행규정 또는 사회질서 등에 반하지 않는 한 계약의 당사자 사이에서는 원칙적으로 유효하다. 그러나 의결권구속약정의 효력은 주주권의 내용 등 회사의 단체법적 질서에는 영향을 미칠 수 없으므로, 의결권구속약정의 당사자가 약정을 위반하여 주주총회 의결권을 행사함에 따라 주주총회 결의가 성립된 경우 약정의 다른 당사자는 회사를 상대로 약정 위반을 주장하며 주주총회 결의의 하자를 다툴 수 없고, 다만 약정을 위반한 당사자를 상대로 계약에 근거한 권리를 행사할 수 있을 뿐이다(대판 2025.6.12. 2020다219577).

3. 보충적 해석

① 법률행위의 내용에 흠결이 있는 경우에 이를 해석에 의하여 보충하는 해석방법이다.
② 주로 계약에서 적용된다. 법률행위의 성립 전이나 불성립 시에는 보충적 해석이 문제되지 않는다.
③ 보충적 해석은 계약을 유지시키고자 하는 해석이기 때문에 착오에 의한 취소는 문제되지 않는다.

> [계약당사자 쌍방이 계약의 전제나 기초가 되는 사항에 관하여 같은 내용으로 착오가 있어 이에 관한 구체적 약정을 하지 않은 경우, 착오가 없을 때에 약정하였을 것으로 보이는 내용으로 당사자의 의사를 보충하여 계약을 해석할 수 있는지 여부(적극) 및 여기서 보충되는 '당사자의 의사'의 의미(= 객관적으로 추인되는 정당한 이익조정 의사)]
> 계약당사자 쌍방이 계약의 전제나 기초가 되는 사항에 관하여 같은 내용으로 착오가 있고 이로 인하여 그에 관한 구체적 약정을 하지 아니하였다면, 당사자가 그러한 착오가 없을 때에 약정하였을 것으로 보이는 내용으로 당사자의 의사를 보충하여 계약을 해석할 수 있다. 여기서 보충되는 당사자의 의사는 당사자의 실제 의사 또는 주관적 의사가 아니라 계약의 목적, 거래관행, 적용법규, 신의칙 등에 비추어 객관적으로 추인되는 정당한 이익조정 의사를 말한다(대판 2023.8.18. 2019다200126).

> [근로계약, 취업규칙, 단체협약 등에 소정근로시간에 관한 유효한 정함이 없는 경우, 법원은 최저임금 미달 여부 및 미달액 판단 등을 위해 근로관계 당사자들의 의사를 보충하여 근로계약을 해석하는 방법으로 유효한 소정근로시간을 확정하여야 하는지 여부(적극)]
>
> 소정근로시간은 근로자가 근로의무를 부담할 것을 약정하고 사용자가 그 근로의무의 이행에 관하여 임금을 지불하기로 약정한 시간으로, 근로기준법상 연장근로수당 등을 산정하기 위한 전제가 되는 통상임금의 계산, 최저임금법상 비교대상 임금의 시간급 환산, 근로자퇴직급여 보장법상 퇴직금 제도의 설정의무 존부 결정 등을 위해 필요한 도구 개념의 성격을 갖는다. 근로기준법은 사용자에 대하여 근로계약을 체결할 때 소정근로시간을 명시한 서면을 근로자에게 교부할 의무를 부과하면서, 그 위반행위를 처벌하는 규정을 두고 있다(제17조, 제114조). 이러한 소정근로시간의 의의와 기능 등을 고려하면, 근로계약, 취업규칙, 단체협약 등에 소정근로시간에 관한 유효한 정함이 없는 경우 법원은 최저임금 미달 여부 및 미달액 판단 등을 위해 근로관계 당사자들의 의사를 보충하여 근로계약을 해석하는 방법으로 유효한 소정근로시간을 확정할 필요가 있다(대판 2024.12.26. 2023다200314).

Ⅲ 해석의 표준

민법은 법률행위 해석의 기준에 관해 일반 규정을 두고 있지 않으나, 당사자가 기도한 목적, 사실인 관습, 임의법규, 신의성실의 원칙 등이 모두 해석의 기준이 될 수 있다.

제3절 의사표시

제1관 흠 있는 의사표시

Ⅰ 서 설

1. 의사표시의 의의

의사표시는 일정한 법률효과를 발생시키려는 의사를 외부로 표시하는 것으로, 법률행위의 본질적 구성부분이다.

2. 의사표시의 구성요소

(1) 구성요소

① 의사표시는 효과의사, 표시의사, 행위의사, 표시행위 등으로 분해될 수 있다.
② 다만, 이 중 '표시의사'가 의사표시의 구성요소로 필요한지 여부에 관하여 견해가 대립하고, 다수설은 이를 부정한다. '행위의사'에 대하여도 통설은 독립적인 구성요소로 보지는 않는다.

(2) 효과의사

효과의사는 어떤 구체적인 법률효과의 발생을 의도한 의사이다. 그런데 효과의사가 내심적 효과의사인가 표시상의 효과의사인가에 대하여 견해의 대립이 있으며, 다수설·판례는 법률행위의 해석과 관련하여 의사표시의 요소가 되는 것은 표시상의 효과의사라고 한다(대판 2002.6.28, 2002다23482).

(3) 표시의사

1) 의 의

표시의사란 효과의사를 외부에 표현하려는 의사이다. 포도주 경매사건이나 외환시장에서 손가락표시 등 자신의 표시행위의 법적 의미를 알지 못하고 표시행위를 한 경우를 표시의사가 없는 경우라 하는데, 이때의 법적 취급에 관하여 견해가 대립된다.

2) 표시의사 없는 경우의 법적 취급

① 표시의사는 의사표시의 구성요소가 아니라는 견해(불요설 : 통설) : 거래안전을 위해 표시의사가 없더라도 의사표시는 완전히 성립한다. 단, 의사와 표시의 불일치가 있는 경우로서 착오에 의한 취소 문제로 해결해야 한다는 입장이다.

② 표시의사는 의사표시의 구성요소라는 견해(필요설 : 소수설) : 이에 의하면 표시의사가 없는 경우 의사표시는 불성립한다. 따라서 원칙적으로 착오 문제는 발생하지 않는다.

(4) 행위의사

행위의사란 어떤 행위를 하겠다는 인식을 의미하는 바, 수면 중의 행위, 반사적 행위, 최면상태의 행위 등은 행위의사가 없다. 이에 대해 통설은 행위의사를 의사표시의 독립적인 구성요소로 보지 않고 표시행위의 문제로 본다.

(5) 표시행위

1) 문제점

효과의사를 외부에 표시하는 행위로 쟁점은 명시적인 표시행위가 없는 경우에도 침묵이나 거동 등 일정한 행위를 표시행위로 보아 의사표시로 인정할 수 있는가이다.

2) 묵시적 의사표시(거동, 침묵, 포함적 의사표시 등)

① **거동** : 거동에 의한 의사표시는 가능하다.

② **침묵** : 침묵이 의사표시가 되기 위해서는 당사자 사이의 약정이나 거래관행상 일정한 의사표시로 평가될 수 있는 특별한 사정과 그에 대한 인식이 필요하다.

③ **포함적 의사표시**(추단적 행위에 의한 의사표시, 간접적 의사표시)
   ㉠ 행위자의 실행행위에 어떤 의사표시가 포함되어 있는 경우로 이를 간접적 의사표시라고 표현하기도 한다.
   ㉡ 취소할 수 있는 행위의 법정추인(민법 제145조)은 포함적 의사표시이론에 근거한다.

Ⅱ 진의 아닌 의사표시

> **진의 아닌 의사표시(민법 제107조)**
> ① 의사표시는 표의자가 진의 아님을 알고 한 것이라도 그 효력이 있다. 그러나 상대방이 표의자의 진의 아님을 알았거나 이를 알 수 있었을 경우에는 무효로 한다.
> ② 전항의 의사표시의 무효는 선의의 제3자에게 대항하지 못한다.

1. 의 의

비진의표시는 의사와 표시의 불일치를 표의자 스스로 알면서 하는 의사표시를 말한다.

2. 요 건

(1) 의사표시의 존재

진의 아닌 의사표시로 되기 위하여 우선 일정한 효과의사를 추단할 만한 행위가 있어야 한다.

(2) 진의와 표시가 불일치할 것

① 진의와 표시가 일치하지 않아야 한다.
② 진의란 특정한 내용의 의사표시를 하고자 하는 표의자의 생각을 말하는 것이지 표의자가 진정으로 마음속에서 바라는 사항을 뜻하는 것은 아니라고 할 것이다(대판 1993.7.16. 92다41528).
③ 표의자가 의사표시의 내용을 진정으로 마음속으로 바라지는 아니하였다고 하더라도 당시의 상황에서는 그것을 최선이라고 판단하여 그 의사표시를 하였을 경우에는 이를 내심의 효과의사가 결여된 진의 아닌 의사표시라고 할 수 없다(대판 2003.4.25. 2002다11458).

(3) 표의자가 그러한 사실을 알고 있을 것

① 상대방과 통정이 있으면 통정허위표시이다.
② 표의자가 불일치를 모르고 있는 경우에는 착오의 문제이다.

3. 효 과

① 원칙적으로 표시된 대로 효과가 발생하여 유효하다(민법 제107조 제1항 본문).
② 예외적으로 상대방이 알았거나 알 수 있었을 경우에는 무효이다(민법 제107조 제1항 단서). 이 경우 상대방이 진의 아님을 알았다거나 또는 알 수 있었다는 것은 의사표시의 무효를 주장하는 자가 주장·증명하여야 한다(통설·판례).
③ 단, 무효로써 선의의 제3자에게 대항할 수 없다(민법 제107조 제2항).

4. 적용범위

① **계약 및 상대방 있는 단독행위** : 당연히 민법 제107조가 적용된다.

> [법정대리인인 친권자의 대리행위가 미성년자 본인에게는 경제적인 손실만을 초래하는 반면 친권자나 제3자에게는 경제적인 이익을 가져오는 행위이고 행위의 상대방이 이러한 사실을 알았거나 알 수 있었을 경우, 행위의 효과가 자(子)에게 미치는지 여부(소극) 및 그와 같은 사정을 들어 선의의 제3자에게 대항할 수 있는지 여부(소극) / 이때 제3자가 악의라는 사실에 관한 주장·증명책임의 소재(= 무효를 주장하는 자)]
>
> 법정대리인인 친권자의 대리행위가 객관적으로 볼 때 미성년자 본인에게는 경제적인 손실만을 초래하는 반면, 친권자나 제3자에게는 경제적인 이익을 가져오는 행위이고 행위의 상대방이 이러한 사실을 알았거나 알 수 있었을 때에는 민법 제107조 제1항 단서의 규정을 유추적용하여 행위의 효과가 자(子)에게는 미치지 않는다고 해석함이 타당하나, 그에 따라 외형상 형성된 법률관계를 기초로 하여 새로운 법률상 이해관계를 맺은 선의의 제3자에 대하여는 같은 조 제2항의 규정을 유추적용하여 누구도 그와 같은 사정을 들어 대항할 수 없으며, 제3자가 악의라는 사실에 관한 주장·증명책임은 무효를 주장하는 자에게 있다(대판 2018.4.26, 2016다3201).

② **상대방 없는 단독행위** : 민법 제107조 제1항 단서의 적용 여부에 대하여 학설의 다툼이 있다.
③ 친족법상의 행위와 공법상의 의사표시 및 거래의 안전이 중시되는 주식인수의 청약 등에 대하여는 민법 제107조가 적용되지 않는다. 따라서 공무원의 사직의 의사표시에는 민법 제107조가 적용되지 않는다.

5. 판례

(1) 진의 아닌 의사표시에 해당하는 사례

사용자가 사직의 의사 없는 근로자로 하여금 어쩔 수 없이 사직서를 작성·제출하게 한 후 이를 수리하는 이른바 의원면직의 형식을 취하여 근로계약관계를 종료시키는 경우는 근로자의 사직서 제출이 진의 아닌 의사표시에 해당하여 무효이다(대판 2000.4.25, 99다34475).

(2) 진의 아닌 의사표시에 해당하지 않는 사례

① 비록 재산을 강제로 뺏긴다는 것이 표의자의 본심으로 잠재되어 있었다 하여도 표의자가 강박에 의하여서나마 증여를 하기로 하고 그에 따른 증여의 의사표시를 한 이상 증여의 내심의 효과의사가 결여된 것이라고 할 수는 없다(대판 2002.12.27, 2000다47361).
② 근로자가 징계면직처분을 받은 후 당시 상황에서는 징계면직처분의 무효를 다투어 복직하기는 어렵다고 판단하여 퇴직금 수령 및 장래를 위하여 사직원을 제출하고 재심을 청구하여 종전의 징계면직처분이 취소되고 의원면직처리된 경우, 그 사직의 의사표시는 비진의의사표시에 해당하지 않는다(대판 2000.4.25, 99다34475).
③ 공무원이 사직의 의사표시를 하여 의원면직처분을 하는 경우 그 사직의 의사표시는 그 법률관계의 특수성에 비추어 외부적·객관적으로 표시된 바를 존중하여야 할 것이므로, 비록 사직원제출자의 내심의 의사가 사직할 뜻이 아니었다고 하더라도 진의 아닌 의사표시에 관한 민법 제107조는 그 성질상 사직의 의사표시와 같은 사인의 공법행위에는 준용되지 아니하므로 그 의사가 외부에 표시된 이상 그 의사는 표시된 대로 효력을 발한다(대판 1997.12.12, 97누13962).

Ⅲ 통정한 허위의 의사표시

> **통정한 허위의 의사표시(민법 제108조)**
> ① 상대방과 통정한 허위의 의사표시는 무효로 한다.
> ② 전항의 의사표시의 무효는 선의의 제3자에게 대항하지 못한다.

1. 서 설

(1) 의 의
허위표시라 함은 상대방과 통정하여 하는 자기의 진의와 다른 의사표시를 말한다. 그리고 허위표시를 요소로 하는 법률행위를 가장행위라 한다.

(2) 구 별
① 은닉행위 : 증여를 하면서 증여세 면탈을 목적으로 매매를 가장하여 소유권이전등기를 하는 경우, 위 매매를 가장매매라 한다. 그리고 증여를 은닉행위라고 한다.
② 명의신탁행위 : 명의신탁에서 권리를 대외적으로 이전하려는 신탁자의 진의가 존재하므로, 명의신탁행위는 허위표시가 아니다.
③ 허수아비행위 : 계약당사자가 전면에 나서는 것을 꺼려 다른 사람을 내세워 법률행위를 하되 대내적으로 이에 따른 권리·의무를 자기에게 귀속시키는 행위를 허수아비행위라고 한다. 즉 허수아비행위는 비진의표시나 통정허위표시가 될 수 없고, 원칙적으로 유효한 행위가 되어 허수아비에게 법적 효과가 귀속되고, 추후 배후자에게로의 권리이전의 문제가 남게 된다.

2. 요 건

(1) 의사표시의 존재
허위표시는 당연히 상대방 있는 의사표시여야 한다.

(2) 표시와 진의의 불일치
표시행위의 의미(표시상의 효과의사)에 대응하는 표의자의 의사(내심적 효과의사)가 존재하는 한, 허위표시가 아니다.

(3) 상대방과의 통정이 있을 것
① 진의와 다른 표시를 하는 데 대하여 표의자가 알고 있어야 할 뿐만 아니라 상대방과 통정해야 한다.
② 이 요건은 허위표시의 무효를 주장하는 자가 증명해야 한다.

3. 효과

(1) 당사자 간의 효과

허위표시 당사자 사이에서는 언제나 무효이다. 또한 누구든지 그 무효를 주장할 수 있다(대판 2003.3.28, 2002다72125).

① 민법 제746조와의 관계 : 허위표시는 그 자체로는 불법이 아니므로 민법 제746조는 적용되지 않는다. 즉 강제집행을 면할 목적으로 부동산의 소유자 명의를 허위의 근저당권 설정등기를 경료하거나 명의신탁 하는 것이 불법원인급여에 해당한다고 볼 수는 없다(대판 2004.5.25, 2003다70041). 따라서 상대방에게 급부한 것에 대한 부당이득반환을 청구할 수 있다.

② 민법 제406조와의 관계 : 무효인 법률행위를 취소할 수 있는지가 문제되는데, 통설·판례는 이를 긍정한다. 즉 법률행위가 통정허위표시인 경우에도 채권자취소권의 대상이 되며, 채권자취소권의 대상으로 된 채무자의 법률행위라도 통정허위표시의 요건을 갖춘 경우에는 무효이다(대판 1998.2.27, 97다50985).

(2) 제3자에 대한 효과

① 제3자의 의의 : 허위표시의 당사자 및 포괄승계인 이외의 자로서 허위표시에 의하여 형성된 법률관계를 토대로 실질적으로 새로운 이해관계를 갖는 자를 말한다(통설, 대판 2007.7.6, 99다51258). 여기에서 선의의 제3자가 보호될 수 있는 법률상 이해관계는 위 전세권설정계약의 당사자를 상대로 하여 직접 법률상 이해관계를 가지는 경우 외에도 그 법률상 이해관계를 바탕으로 하여 다시 위 전세권설정계약에 의하여 형성된 법률관계와 새로이 법률상 이해관계를 가지게 되는 경우도 포함된다(대판 2013.2.15, 2012다49292). 따라서 통정허위표시의 제3자가 악의라도 그 전득자가 통정허위표시에 대하여 선의인 때에는 전득자에게 허위표시의 무효를 주장할 수 없다.

> [실제로는 전세권설정계약이 없으면서도 임차보증금 반환채권을 담보할 목적으로 전세권설정등기를 마친 후 그 전세권에 대하여 근저당권이 설정된 경우, 임대인이 그와 같은 사정을 알지 못한 근저당권자에게 위 전세권설정계약이 통정허위표시에 해당함을 이유로 무효를 주장할 수 있는지 여부(소극)]
> 실제로는 전세권설정계약이 없으면서도 임대차계약에 기한 임차보증금 반환채권을 담보할 목적으로 임차인과 임대인 사이의 합의에 따라 임차인 명의로 전세권설정등기를 경료한 후 그 전세권에 대하여 근저당권이 설정된 경우, 설령 위 전세권설정계약만 놓고 보아 그것이 통정허위표시에 해당하여 무효라 하더라도 이로써 위 전세권설정계약에 의하여 형성된 법률관계를 토대로 별개의 법률원인에 의하여 새로운 법률상 이해관계를 갖게 된 근저당권자에 대하여는 그와 같은 사정을 알고 있었던 경우에만 그 무효를 주장할 수 있다(대판 2008.3.13, 2006다29372·29389).
>
> [비교 판례]
> [보증보험계약이 유효하게 성립하기 위해서는 계약 당시 보험사고의 발생 여부가 확정되어 있지 않아야 한다는 '우연성'과 '선의성'이 요구되는지 여부(적극) / 보증보험계약의 주계약이 통정허위표시로서 무효인 경우, 보증보험계약의 효력(무효) 및 이때 보증보험계약의 보험자가 주계약이 통정허위표시인 사정을 알지 못한 제3자에 대하여도 보증보험계약의 무효를 주장할 수 있는지 여부(적극)]
> 상법 제644조에 의하면, 보험계약 당시에 보험사고가 발생할 수 없는 것인 때에는 보험계약의 당사자 쌍방과 피보험자가 이를 알지 못한 경우가 아닌 한 그 보험계약은 무효이다. 보증보험계약은 보험계약으로서의 본질을

> 가지고 있으므로, 적어도 계약이 유효하게 성립하기 위해서는 계약 당시에 보험사고의 발생 여부가 확정되어 있지 않아야 한다는 우연성과 선의성의 요건을 갖추어야 한다. / 만약 보증보험계약의 주계약이 통정허위표시로서 무효인 때에는 보험사고가 발생할 수 없는 경우에 해당하므로 그 보증보험계약은 무효이다. 이때 보증보험계약이 무효인 이유는 보험계약으로서의 고유한 요건을 갖추지 못하였기 때문이므로, <u>보증보험계약의 보험자는 주계약이 통정허위표시인 사정을 알지 못한 제3자에 대하여도 보증보험계약의 무효를 주장할 수 있다</u>(대판 2015.3.16. 2014다203229).

② 제3자에 해당하는 경우
  ㉠ 가장매매의 매수인으로부터 그 부동산을 다시 매수한 자(대판 1996.4.26. 94다12074)
  ㉡ 가장매매에 기한 대금채권의 양수인 또는 가장소비대차에 기한 채권의 양수인
  ㉢ 가장양수인으로부터 저당권을 취득한 자
  ㉣ 통정허위표시에 의하여 외형상 형성된 법률관계로 생긴 채권의 가압류권자
  ㉤ 파산자가 상대방과 통정한 허위의 의사표시를 통하여 가장채권을 보유하고 있다가 파산이 선고된 경우의 파산관재인
  ㉥ 허위의 주채무자의 기망행위에 의하여 보증계약을 체결한 후 보증채무를 이행한 보증인

③ 제3자에 해당하지 않는 경우
  ㉠ 채권의 가장양도에 있어서의 주채무자(대판 1983.1.18. 82다594)
  ㉡ 저당권의 가장포기시 기존의 후순위저당권자
  ㉢ 가장매매에 의한 손해배상청구권의 양수인(통설)
  ㉣ 채권의 가장양수인으로부터 추심을 위한 채권양도를 받은 자
  ㉤ 제3자를 위한 계약의 수익자

④ 제3자의 선의
  ㉠ 제3자의 선의는 추정되므로 무효를 주장하는 자가 제3자의 악의를 입증해야 한다는 것이 통설·판례이다.
  ㉡ 제3자는 선의이면 족하고, 무과실은 요건이 아니다(대판 2004.5.28. 2003다70041).
  ㉢ 선의의 제3자로부터 다시 매수한 자(전득자)가 악의라 할지라도 보호된다(엄폐물법칙·통설).

⑤ '대항하지 못한다'는 의미
  ㉠ 선의의 제3자가 보호받는 경우 허위표시의 당사자뿐만 아니라 그 누구도 제3자에게 허위표시의 무효를 주장할 수 없다는 것이 통설·판례이다.
  ㉡ 그러나 선의의 제3자가 스스로 허위표시의 무효를 주장할 수는 있다(통설).

4. 적용범위

① 민법 제108조는 계약에 한하지 않고, 상대방 있는 단독행위에도 적용된다.
② 상대방 없는 행위에는 적용되지 않는다.
③ 가족법상의 법률행위에서 허위표시는 언제나 무효이다.

5. 허위표시와 철회

① 당사자 간 합의로 허위표시의 철회는 가능하다(통설).
② 철회가 있기 전 이해관계를 맺은 선의의 제3자에 대하여 철회를 가지고 대항할 수 없고, 철회 후에 이해관계를 맺은 제3자에 대해서는 허위표시의 외형을 제거한 경우에만 철회를 가지고 제3자에게 대항할 수 있다(통설).

6. 민법 제108조 제2항의 유추적용 문제

乙이 甲으로부터 부동산에 관한 담보권설정의 대리권만 수여받고도 그 부동산에 관하여 자기 앞으로 소유권이전등기를 하고 이어서 丙에게 그 소유권이전등기를 경료한 경우, 丙은 乙을 甲의 대리인으로 믿고서 위 등기의 원인행위를 한 것도 아니고, 甲도 乙 명의의 소유권이전등기가 경료된 데 대하여 이를 통정·용인하였거나 이를 알면서 방치하였다고 볼 수 없다면 이에 민법 제126조나 제108조 제2항을 유추적용할 수는 없다(대판 1991.12.27. 91다3208).

7. 차명대출

동일인에 대한 대출액 한도를 제한한 법령이나 금융기관 내부규정의 적용을 회피하기 위하여 실질적인 주채무자가 실제 대출받고자 하는 채무액에 대하여 제3자를 형식상의 주채무자로 내세우고, 금융기관도 이를 양해하여 제3자에 대하여는 채무자로서의 책임을 지우지 않을 의도하에 제3자 명의로 대출관계서류를 작성받은 경우, 제3자는 형식상의 명의만을 빌려 준 자에 불과하고 그 대출계약의 실질적인 당사자는 금융기관과 실질적 주채무자이므로, 제3자 명의로 되어 있는 대출약정은 그 금융기관의 양해하에 그에 따른 채무부담의 의사 없이 형식적으로 이루어진 것에 불과하여 통정허위표시에 해당하는 무효의 법률행위이고(대판 2001.5.29. 2001다11765), 금융기관과 실질적 주채무자 간의 대출약정은 은닉행위에 해당하여 유효이다.

Ⅳ 착오로 인한 의사표시

> **착오로 인한 의사표시(민법 제109조)**
> ① 의사표시는 법률행위의 내용의 중요부분에 착오가 있는 때에는 취소할 수 있다. 그러나 그 착오가 표의자의 중대한 과실로 인한 때에는 취소하지 못한다.
> ② 전항의 의사표시의 취소는 선의의 제3자에게 대항하지 못한다.

1. 서 설

의사표시는 법률행위의 내용의 중요부분에 착오가 있는 때에는 취소할 수 있다. 그러나 그 착오가 표의자의 중대한 과실로 인한 때에는 취소하지 못하며(민법 제109조 제1항), 그 의사표시의 취소는 선의의 제3자에게 대항하지 못한다(민법 제109조 제2항). 여기서 착오에 의한 의사표시란 표시에 의하여 추단되는 의사와 진의가 일치하지 않으며 그 불일치를 표의자 자신이 모르는 의사표시를 말한다. 또한 착오가 미필적인 장래의 불확실한 사실에 관한 것이라도 민법 제109조 소정의 착오에서 제외되는 것은 아니다(대판 1994.6.10. 93다24810).

> **[법률행위 당시 의사표시자의 인식이 장래에 있을 어떤 사항에 대한 단순한 예측이나 기대에 머무르는 것이 아니라 그 예측이나 기대의 근거가 되는 현재 사정에 대한 인식을 포함하고 있고, 그 인식이 실제로 있는 사실과 일치하지 않는 경우, 이를 착오로 다룰 수 있는지 여부(적극)]**
>
> 민법 제109조에 따라 의사표시에 착오가 있다고 하려면 법률행위를 할 당시에 실제로 없는 사실을 있는 사실로 잘못 깨닫거나 아니면 실제로 있는 사실을 없는 것으로 잘못 생각하듯이 의사표시자의 인식과 그러한 사실이 어긋나는 경우라야 한다. 의사표시자가 행위를 할 당시 장래에 있을 어떤 사항의 발생을 예측한 데 지나지 않는 경우는 의사표시자의 심리상태에 인식과 대조사실의 불일치가 있다고 할 수 없어 이를 착오로 다룰 수 없다. 다만 어떠한 인식이 장래에 있을 어떤 사항에 대한 단순한 예측이나 기대에 머무르는 것이 아니라 그 예측이나 기대의 근거가 되는 현재 사정에 대한 인식을 포함하고 있고 그 인식이 실제로 있는 사실과 일치하지 않는다면 이를 착오로 다룰 수 있다(대판 2024.8.1. 2024다206760).

2. 착오의 유형

(1) 표시상의 착오

표의자가 외부적으로 자기가 표시한 것으로 나타난 바를 표시하려 하지 않았던 경우에 이 유형의 착오가 존재한다. 즉 표시행위 자체를 잘못하는 것이 표시상의 착오이다. 다만, 사자가 아니라 대리인이 표시를 잘못한 경우, 그 대리인의 표시만이 효력을 발생시키므로, 대리인에 의한 표시의 내용과 본인의 의사가 다르더라도, 그것은 원칙적으로 본인의 착오가 되지 아니한다.

> **[착오로 인한 소취하의 효력(유효)]**
>
> 소의 취하는 원고가 제기한 소를 철회하여 소송계속을 소멸시키는 원고의 법원에 대한 소송행위이고 소송행위는 일반 사법상의 행위와는 달리 내심의 의사보다 그 표시를 기준으로 하여 효력 유무를 판정할 수밖에 없는 것인바, 원고 소송대리인으로부터 소송대리인 사임신고서 제출을 지시받은 사무원은 원고 소송대리인의 표시기관에 해당되어 그의 착오는 원고 소송대리인의 착오라고 보아야 하므로, 사무원의 착오로 원고 소송대리인의 의사에 반하여 소를 취하하였다고 하여도 이를 무효라고 볼 수는 없다(대판 1997.10.24. 95다11740).

(2) 내용의 착오

표의자가 표시하려고 한 바를 제대로 표시하였지만 외부적으로 표시된 바를 법적으로 다른 의미 또는 범위와 결부시킨 경우에 내용의 착오가 존재한다.

(3) 동기의 착오

① 의의 : 동기의 착오란 의사형성의 과정에 있어서의 착오이며, 이에는 당사자 일방의 동기의 착오가 있고, 쌍방의 동기의 착오가 있다.

② 문제점 : 민법 제109조 제1항은 '법률행위의 내용'에 착오가 있는 경우에만 착오를 이유로 의사표시를 취소할 수 있도록 규정하고 있는 바, '법률행위의 동기'에 착오가 있는 경우에도 이를 이유로 의사표시를 취소할 수 있을지 문제된다.

㉠ 학설

㉮ 동기표시설(다수설) : 동기가 표시되고 이를 상대방이 알고 있는 경우에는 동기가 법률행위의 내용이 되어 민법 제109조를 적용할 수 있다는 견해로 표의자의 보호와 거래안전의 조화를 추구한다.

㉯ 동기포함설(민법 제109조 적용설) : 민법 제109조가 정한 착오의 개념에 동기의 착오도 포함되기에 표시 여하를 불문하고 민법 제109조의 요건을 갖추면 취소할 수 있다는 견해이다.

㉰ 민법 제109조 유추적용설 : 법률행위해석에 의해 동기가 법률행위의 내용으로 되었다고 할 수 없는 경우에는 일반 착오와 동일하게 취급할 수는 없고, 다만, 거래에 있어서 중요한 사람 또는 물건의 성질에 대한 착오 및 이에 준하는 착오는 민법 제109조를 유추적용할 수 있다는 견해이다.

㉡ 판례 : 동기가 표시되어 의사표시 해석상 법률행위의 내용이 된 경우이거나 표시되지는 않았더라도 동기의 착오가 상대방으로부터 유발되거나 제공된 경우, 민법 제109조를 적용할 수 있다. 다만, 이때에도 민법 제109조의 나머지 요건(중요부분, 무중과실)을 갖추어야 취소할 수 있다는 점을 주의해야 한다.

㉢ 검토 : 표의자의 보호와 거래안전의 조화의 필요성을 고려할 때 동기표시설이 타당하다.

3. 취소권 발생의 요건

(1) 법률행위 내용의 중요부분에 착오가 있을 것[이중적 기준설(통설)](대판 1999.4.23. 98다45546)

중요부분의 착오 ○	중요부분의 착오 ×
임대차계약에서 임차인의 착오	매매에 있어서 사람의 동일성의 착오
보증인의 주채무자에 대한 착오	보증인의 주채무자의 신용상태나 변제자력에 대한 착오
매매계약에서 목적물인 점포에 대한 착오	표의자가 경제적 불이익을 입지 않은 경우
토지의 현황·경계에 대한 착오	토지의 수량
설계용역계약에서 건축사 자격증 여부에 대한 착오	시가에 대한 착오

① 객관적 현저성 : 보통 일반인이 표의자의 입장에 섰더라면 그러한 의사표시를 하지 않았을 것이라고 생각될 정도로 중요한 것이어야 한다.

② 주관적 현저성 : 표의자가 이러한 착오가 없었더라면 그 의사표시를 하지 않았을 것이라고 판단될 정도로 중요한 것이어야 한다. 결국, 판례는 법률행위의 내용의 중요부분에 착오가 있는지 여부는 그 행위에 관하여 주관적·객관적 표준에 좇아 구체적 사정에 따라 가려져야 할 것이고, 추상적·일률적으로 이를 가릴 수 없다고 한다(대판 1985.4.23. 84다카890).

③ 중요부분에 해당하는지 여부
  ㉠ 표의자에게 경제적인 불이익이 없는 경우 : 착오가 법률행위 내용의 중요부분에 있다고 하기 위하여는 표의자에 의하여 추구된 목적을 고려하여 합리적으로 판단하여 볼 때 표시와 의사의 불일치가 객관적으로 현저하여야 하고, 만일 그 착오로 인하여 표의자가 무슨 경제적인 불이익을 입은 것이 아니라고 한다면 이를 법률행위 내용의 중요부분의 착오라고 할 수 없다(대판 1999.2.23. 98다47924).
  ㉡ 당사자에 관한 착오 : 원칙적으로 당사자의 동일성에 관한 착오는 법률행위 내용의 중요부분에 관한 착오에 해당한다. 따라서 채무자의 동일성에 관한 착오는 법률행위 내용의 중요부분에 관한 착오에 해당한다(대판 1995.12.22. 95다37087).
  ㉢ 목적물에 관한 착오 : 타인소유의 부동산을 임대한 것이 임대차계약을 해지할 사유는 될 수 없고 목적물이 반드시 임대인의 소유일 것을 특히 계약의 내용으로 삼은 경우라야 착오를 이유로 임차인이 임대차계약을 취소할 수 있다(대판 1975.1.28. 74다2069).
  ㉣ 토지의 현황·경계·시가·지가에 관한 착오
    ㉮ 토지의 현황·경계에 관한 착오는 매매계약의 중요부분에 대한 착오에 해당한다.
    ㉯ 시가·지가에 관한 착오
      • 부동산 매매에 있어서 시가에 관한 착오는 부동산을 매매하려는 의사를 결정함에 있어 동기의 착오에 불과할 뿐 법률행위의 중요부분에 관한 착오라고 할 수 없다(대판 1992.10.23. 92다29337).
      • 매매대금은 매매계약의 중요부분인 목적물의 성질에 대응하는 것이기는 하나 분량적으로 가분적인 데다가 시장경제하에서 가격은 늘 변동하는 것이어서, 설사 매매대금액 결정에 있어서 착오로 인하여 다소간의 차이가 나더라도 보통은 중요부분의 착오로 되지 않는다. 그러나 이 사건은 정당한 평가액을 기준으로 무려 85%나 과다하게 평가된 경우로서 그 가격 차이의 정도가 현저할 뿐만 아니라, 원고 시(市)로서는 위와 같은 동기의 착오가 없었더라면 그처럼 과다하게 잘못 평가된 금액을 기준으로 협의매수계약을 체결하지 않았으리라는 점은 명백하므로 중요한 부분의 착오로 인정될 수 있다(대판 1998.2.10. 97다44737).
  ㉤ 자격에 관한 착오 : 재건축아파트 설계용역에서 건축사 자격이 가지는 중요성에 비추어 볼 때, 재건축조합이 건축사 자격이 없이 건축연구소를 개설한 건축학 교수에게 건축사 자격이 없다는 것을 알았더라면 재건축조합만이 아니라 객관적으로 볼 때 일반인으로서도 이와 같은 설계용역계약을 체결하지 않았을 것으로 보이므로, 재건축조합 측의 착오는 중요부분의 착오에 해당한다(대판 2003.4.11. 2002다70884).
  ㉥ 특정한 목적을 위한 기부 또는 후원을 내용으로 하는 증여계약의 경우 : 특정한 목적을 위한 기부 또는 후원을 내용으로 하는 증여계약에서 그 목적이 계약 내용의 중요 부분에 관한 것인지는, 이러한 형태의 계약에서는 재산권의 무상 이전뿐만 아니라 그 이전의 목적이 중요하다는 특수성을 염두에 두면서, 목적의 표시 여부, 표시 주체와 방법, 쌍방의 목적 인식 여부, 목적의 구체성, 목적이 증여의 불가결한 기초 사정이 되었는지 여부 등을 고려하여 판단하여야 한다(대판 2024.8.1. 2024다206760).

(2) 표의자에게 중과실이 없을 것

① 중대한 과실이란 표의자의 직업, 행위의 종류, 목적 등에 비추어 보통 요구되는 주의를 현저히 결여한 것을 말한다(대판 2003.4.11. 2002다70884).

> **[고려청자로 알고 매수한 도자기가 진품이 아닌 것으로 밝혀진 경우, 개인 소장자인 매수인이 그 출처의 조회나 전문적 감정인의 감정 없이 매수한 점만으로는 중과실이 인정되지 않으므로 착오를 이유로 계약을 취소할 수 있다고 본 사례]**
> 고려청자로 알고 매수한 도자기가 진품이 아닌 것으로 밝혀진 경우, 매수인이 도자기를 매수하면서 자신의 골동품 식별 능력과 매매를 소개한 자를 과신한 나머지 고려청자 진품이라고 믿고 소장자를 만나 그 출처를 물어 보지 아니하고 전문적 감정인의 감정을 거치지 아니한 채 그 도자기를 고가로 매수하고 만일 고려청자가 아닐 경우를 대비하여 필요한 조치를 강구하지 아니한 잘못이 있다고 하더라도, 그와 같은 사정만으로는 매수인이 매매계약 체결 시 요구되는 통상의 주의의무를 현저하게 결여하였다고 보기는 어렵다는 이유로 착오를 이유로 매매계약을 취소할 수 있다(대판 1997.8.22. 96다26657).

② 표의자에게 중과실이 없어야 취소할 수 있음이 원칙이나, 표의자에게 중대한 과실이 있다 하더라도 당초에 그 상대방이 악의로서 표의자의 착오를 알고 이를 이용한 경우에는 표의자는 의사표시를 취소할 수 있다(대판 1955.11.10. 4288민상321).

> **[민법 제109조 제1항 단서에서 정한 '중대한 과실'의 의미 / 의사표시의 상대방이 표의자의 착오를 알고 이용한 경우, 착오가 중대한 과실로 인한 것이라도 표의자가 의사표시를 취소할 수 있는지 여부(적극)]**
> 민법 제109조 제1항은 법률행위 내용의 중요 부분에 착오가 있는 때에는 그 의사표시를 취소할 수 있다고 규정하면서, 같은 항 단서에서 그 착오가 표의자의 중대한 과실로 인한 때에는 취소하지 못한다고 규정하고 있다. 여기서 '중대한 과실'이란 표의자의 직업, 행위의 종류, 목적 등에 비추어 보통 요구되는 주의를 현저히 결여한 것을 의미한다. / 한편 위 단서 규정은 표의자의 상대방의 이익을 보호하기 위한 것이므로, 상대방이 표의자의 착오를 알고 이를 이용한 경우에는 착오가 표의자의 중대한 과실로 인한 것이라고 하더라도 표의자는 의사표시를 취소할 수 있다(대판 2023.4.27. 2017다227264).

(3) 입증책임

① 중요부분의 착오가 있다는 것은 착오에 의한 취소를 주장하는 표의자가 입증해야 한다.

> **[착오를 이유로 의사표시를 취소하는 자가 증명하여야 할 사항]**
> 착오를 이유로 의사표시를 취소하는 자는 법률행위의 내용에 착오가 있었다는 사실과 함께 착오가 의사표시에 결정적인 영향을 미쳤다는 점, 즉 만일 착오가 없었더라면 의사표시를 하지 않았을 것이라는 점을 증명하여야 한다(대판 2018.10.25. 2016다239345).

② 표의자에게 중과실이 있다는 점은 상대방이 입증하여 취소를 저지해야 한다.

(4) 착오에 대한 상대방의 예견가능성 요부

상대방의 예견가능성을 요건으로 하는 것은 명문에 반하고, 사실상 착오에 의한 취소를 봉쇄하는 결과가 되므로 이를 요건으로 하지 않는다(통설·판례).

4. 효과

(1) 법률행위의 소급적 무효(민법 제141조 본문)

착오가 법률행위 일부에만 관계된 경우에는 그 부분만의 일부취소가 가능하며, 그 효과는 일부무효의 법리가 적용된다(통설, 대판 1998.2.10. 97다44737).

(2) 제3자에 대한 효과

① 착오에 의한 의사표시의 취소는 선의의 제3자에게 대항하지 못한다.
② 제3자에는 단순히 착오로 인한 의사표시의 취소가 있기 전에 새로운 이해관계를 맺은 자뿐만 아니라 법률행위 취소 이후라도 그러한 사정을 모르는 자도 포함된다(통설).

(3) 신뢰이익의 배상책임

계약체결상의 과실책임(민법 제535조)을 유추적용하여 표의자에게 경과실이 있는 경우, 신뢰이익 배상책임을 인정한다(다수설).

(4) 불법행위로 인한 손해배상청구 여부

> 불법행위로 인한 손해배상책임이 성립하기 위하여는 가해자의 고의 또는 과실 이외에 행위의 위법성이 요구되므로, 전문건설공제조합이 계약보증서를 발급하면서 조합원이 수급할 공사의 실제 도급금액을 확인하지 아니한 과실이 있다고 하더라도 민법 제109조에서 중과실이 없는 착오자의 착오를 이유로 한 의사표시의 취소를 허용하고 있는 이상, 전문건설공제조합이 과실로 인하여 착오에 빠져 계약보증서를 발급한 것이나 그 착오를 이유로 보증계약을 취소한 것이 위법하다고 할 수는 없다(대판 1997.8.22. 97다13023).

5. 적용범위

① 신분행위에는 적용이 없다(다수설).
② 소송행위(대판 1964.9.15. 64다92)나 공법상의 행위에는 적용되지 않는다.

> **[소송행위에 민법상 법률행위에 관한 규정의 적용한계]**
> 민사소송법상의 소송행위에는 특별한 규정이나 특별한 사정이 없는 한 민법상의 법률행위에 관한 규정이 적용될 수 없는 것이므로 사기, 강박 또는 착오 등 의사표시의 하자를 이유로 그 무효나 취소를 주장할 수 없다(대판 1980.8.26. 80다76).

③ 정형적 거래행위, 단체적 거래행위에는 원칙적으로 민법 제109조가 적용되지만, 거래안전을 위하여 일정한 경우에는 제한될 수 있다. 회사성립 후에 주식을 인수한 자는 착오를 이유로 그 인수를 취소하지 못한다(상법 제320조 제1항).

6. 민법 제109조와 다른 규정과의 경합 여부

(1) 착오와 사기의 경합

① 기망행위로 인하여 동기의 착오를 일으킨 경우 : 판례는 「기망행위로 인하여 법률행위의 중요부분에 관하여 착오를 일으킨 경우뿐만 아니라 법률행위의 내용으로 표시되지 아니한 의사결정의 동기에 관하여 착오를 일으킨 경우에도 표의자는 그 법률행위를 사기에 의한 의사표시로서 취소할 수 있다」(대판 1985.4.9. 85도167)고 하여 착오와 사기의 경합을 인정하였다.

② 기망행위로 인하여 표시상의 착오를 일으킨 경우 : 반면 판례는 「신원보증서류에 서명날인하는 것으로 잘못 알고 이행보증보험약정서를 읽어보지 않은 채 서명날인한 것일 뿐 연대보증약정을 한 사실이 없다는 주장은 위 연대보증약정을 착오를 이유로 취소한다는 취지로 볼 수 있다」(대판 2005.5.27. 2004다43824)고 하여 착오와 사기의 경합을 부정하였다.

(2) 착오와 담보책임의 경합

① 학설 : 착오와 담보책임이 경합하는 경우에 양자는 경합하지 않고 매도인의 담보책임이 적용되는 한에 있어서 착오의 규정이 적용되지 않는다(법조경합설)는 견해와 양자의 경합을 인정하는 소수설이 대립한다.

② 판례 : 판례는 「민법 제109조 제1항에 의하면 법률행위 내용의 중요부분에 착오가 있는 경우 착오에 중대한 과실이 없는 표의자는 법률행위를 취소할 수 있고, 민법 제580조 제1항, 제575조 제1항에 의하면 매매의 목적물에 하자가 있는 경우 하자가 있는 사실을 과실 없이 알지 못한 매수인은 매도인에 대하여 하자담보책임을 물어 계약을 해제하거나 손해배상을 청구할 수 있다. 착오로 인한 취소 제도와 매도인의 하자담보책임 제도는 취지가 서로 다르고, 요건과 효과도 구별된다. 따라서 매매계약 내용의 중요부분에 착오가 있는 경우 매수인은 매도인의 하자담보책임이 성립하는지와 상관없이 착오를 이유로 매매계약을 취소할 수 있다」(대판 2018.9.13. 2015다78703)고 판시하였다.

③ 검토 : 착오로 인한 취소 제도와 매도인의 하자담보책임 제도는 취지가 서로 다르고, 요건과 효과도 구별되므로, 착오와 담보책임의 경합을 인정하는 것이 타당하다.

(3) 해제와 취소의 경합

매도인이 매수인의 중도금지급채무 불이행을 이유로 매매계약을 적법하게 해제한 후라도, 매수인은 계약해제에 따라 자신이 부담하게 될 손해배상책임을 피하기 위해 착오를 이유로 위 매매계약을 취소하여 이를 무효로 돌릴 수 있다(대판 1991.8.27. 91다11308).

(4) 화해계약에 있어서 착오

① 민법상 화해계약에 있어서는 당사자는 착오를 이유로 취소하지 못하고 다만, 화해 당사자의 자격 또는 화해의 목적인 분쟁 이외의 사항에 착오가 있는 때에 한하여 취소할 수 있다(민법 제733조).

② 화해의 목적인 분쟁 이외의 사항이라 함은 분쟁의 대상이 아니라 분쟁의 전제 또는 기초가 된 사항으로서 쌍방 당사자가 예정한 것이어서 상호양보의 내용으로 되지 않고 다툼이 없는 사실로 양해된 사항을 말한다(대판 2007.12.27. 2007다70285).

7. 착오에 관한 구체적 검토

(1) 중요부분의 착오에 해당하는 사례

귀속해제된 토지인데도 귀속재산인 줄로 잘못 알고 국가에 증여를 한 경우 이러한 착오는 일종의 동기의 착오라 할 것이나 그 동기를 제공한 것이 관계 공무원이었고 그러한 동기의 제공이 없었더라면 위 토지를 선뜻 국가에게 증여하지는 않았을 것이라면 그 동기는 증여행위의 중요부분을 이룬다고 할 것이므로 뒤늦게 그 착오를 알아차리고 증여계약을 취소했다면 그 취소는 적법하다(대판 1978.7.11. 78다719).

(2) 중요부분의 착오에 해당하지 않는 사례

① 주채무자의 차용금반환채무를 보증할 의사로 공정증서에 연대보증인으로 서명·날인하였으나 그 공정증서가 주채무자의 기존의 구상금채무 등에 관한 준소비대차계약의 공정증서이었던 경우, 위와 같은 착오는 연대보증계약의 중요부분의 착오가 아니다(대판 2006.12.7. 2006다41457).
② 회사사고 담당직원이 회사운전수에게 잘못이 있는 것으로 착각하고 회사를 대리하여 병원경영자와 간에 환자의 입원치료비의 지급을 연대보증하기로 계약한 경우는, 의사표시의 동기에 착오가 있는 것에 불과하므로, 특히 그 동기를 계약내용으로 하는 의사를 표시하지 아니한 이상, 착오를 이유로 계약을 취소할 수 없다(대판1979.3.27. 78다2493).

V 사기·강박에 의한 의사표시

> **사기, 강박에 의한 의사표시(민법 제110조)**
> ① 사기나 강박에 의한 의사표시는 취소할 수 있다.
> ② 상대방 있는 의사표시에 관하여 제3자가 사기나 강박을 행한 경우에는 상대방이 그 사실을 알았거나 알 수 있었을 경우에 한하여 그 의사표시를 취소할 수 있다.
> ③ 전2항의 의사표시의 취소는 선의의 제3자에게 대항하지 못한다.

1. 서 설

피기망자나 피강박자의 재산을 보호하려는 것이 아니라 표의자의 의사결정의 자유를 보장하려는 것이 그 취지이다. 따라서 표의자에게 재산상 손해가 있을 것은 취소권 발생의 요건이 아니다.

2. 요건

(1) 사기에 의한 의사표시

① <u>의사표시의 존재</u> : 사기에 의한 의사표시가 인정되기 위해서는 의사표시의 존재가 인정되어야 한다. 따라서 <u>매매계약 체결 시 토지의 일정 부분을 매매 대상에서 제외시키는 특약을 한 경우, 이는 매매계약의 대상 토지를 특정하여 그 일정 부분에 대하여는 매매계약이 체결되지 않았음을 분명히 한 것으로써 그 부분에 대한 어떠한 법률행위가 이루어진 것으로는 볼 수 없으므로, 그 특약만을 기망에 의한 법률행위로서 취소할 수는 없다</u>(대판 1999.3.26. 98다56607).

② <u>사기자의 고의</u> : 표의자를 기망하여 착오에 빠지게 하려는 고의와 착오에 기하여 의사표시를 하게 하려는 고의, 즉 2단계의 고의가 있어야 한다.

③ 기망행위가 있었을 것
　㉠ <u>작위에 의한 적극적 기망행위뿐만 아니라 부작위, 특히 침묵도 기망행위를 구성할 수 있다.</u> 부작위가 기망이 되기 위해서는 신의칙 및 거래관념에 비추어 어떤 상황을 고지 내지 설명할 의무가 있음에도 불구하고 이를 알리지 않을 것을 요한다.
　㉡ <u>기망행위(사기행위)가 존재하여야 한다.</u> 예를 들어, 상품의 선전, 광고에 있어 다소의 과장이나 허위가 수반되는 것은 그것이 일반 상거래의 관행과 신의칙에 비추어 시인될 수 있는 한 기망성이 결여된다고 하겠으나, <u>대형백화점의 이른바 변칙세일은 기망행위에 해당한다</u>(대판 1993.8.13. 92다52665).

> **[상품에 대한 허위 또는 과장의 선전·광고가 기망행위에 해당하는 경우]**
> 상품의 선전·광고에 있어 다소의 과장이나 허위가 수반되는 것은 그것이 일반 상거래의 관행과 신의칙에 비추어 시인될 수 있는 한 기망성이 결여되나, 거래에 있어서 중요한 사항에 관하여 구체적 사실을 신의성실의 의무에 비추어 비난받을 정도의 방법으로 허위로 고지한 경우에는 기망행위에 해당한다(대판 2023.7.27. 2022다293395).

④ <u>기망행위의 위법성</u> : <u>교환계약의 당사자가 자기 소유 목적물의 시가를 묵비한 것은 특별한 사정이 없는 한 위법한 기망행위가 되지 않는다</u>(대판 1959.1.29. 4291민상139).

⑤ <u>인과관계의 존재</u> : 기망과 착오, 착오와 의사표시 사이에 모두 인과관계가 있어야 한다.

(2) 강박에 의한 의사표시

① <u>의사표시의 존재</u> : 절대적 폭력에 의하여 행위를 한 경우에는 의사표시가 존재하지 않는다. 판례는 이러한 행위를 무효로 본다.

② <u>강박자의 고의</u> : 강박자는 표의자에게 공포심을 일으키려는 고의와 그 공포심에 의하여 일정한 의사표시를 하게 하려는 고의, 즉 2단계의 고의가 있어야 한다.

③ 강박행위
  ㉠ 강박행위란 장차 해악이 초래될 것임을 고지하여 공포심을 일으키게 하는 행위를 말한다.
  ㉡ 해악의 종류나 방법은 불문한다. 해악은 비재산적 법익에 대한 것일 수도 있다.
  ㉢ 어떤 해악의 고지가 아니라 단지 각서에 서명·날인할 것을 강력히 요구하는 행위는 강박행위가 아니다.
④ 강박행위의 위법성 : 이 의미는 강박행위 그 자체가 위법하여야 한다는 의미가 아닌 표의자의 의사결정이 위법하게 이루어져야 한다는 것을 의미한다. 따라서 위법성이 인정되기 위해서는 수단이 위법하거나, 추구하는 목적이 위법하거나 수단과 목적을 상관적으로 고려하여 정당하지 않으면 된다(통설·판례).
⑤ 인과관계의 존재

3. 효과

(1) 상대방의 사기·강박
사기나 강박에 의한 의사표시는 취소할 수 있다(민법 제110조 제1항).

(2) 제3자의 사기·강박
① 상대방 없는 의사표시 : 표의자는 언제든지 그 의사표시를 취소할 수 있다.
② 상대방 있는 의사표시 : 상대방 있는 의사표시에 관하여 제3자가 사기나 강박을 행한 경우에는 상대방이 그 사실을 알았거나 알 수 있었을 경우에 한하여 그 의사표시를 취소할 수 있다(민법 제110조 제2항). 따라서 조합원의 신청에 따라 보증채권자를 위하여 보증서를 발급하는 방식으로 조합이 보증채권자에 대하여 직접 보증의 의사표시를 함으로써 보증계약이 성립한 경우, 그 보증관계의 해소를 위한 보증 취소의 의사표시는 보증을 신청한 자에 불과한 조합원에 대하여 할 것이 아니라 보증의 의사표시의 상대방인 보증채권자에 대하여 하여야 한다(대판 1999.11.26. 99다36617).

(3) 제3자의 사기·강박 여부가 문제되는 사례
① 실제로 기망 또는 강박행위를 한 사람이 의사표시 상대방의 의사에 좇아 계약교섭에 관여한 경우에 그는 제3자가 아니며, 그 상대방은 제3자를 통해 간섭을 한 것으로 해석한다.
② 민법 제110조 제2항에서 정한 제3자에 해당되지 아니한다고 볼 수 있는 자란 그 의사표시에 관한 상대방의 대리인 등 상대방과 동일시할 수 있는 자만을 의미하고, 단순히 상대방의 피용자이거나 상대방이 사용자책임을 져야 할 관계에 있는 피용자에 지나지 않는 자는 상대방과 동일시할 수 없어 이 규정에서 말하는 제3자에 해당한다(대판 1998.1.23. 96다41496).
③ 대리인 등 상대방과 동일시할 수 있는 자가 사기나 강박을 행한 경우에는 민법 제110조 제1항에 의해 취소할 수 있다. 따라서 출장소장의 행위는 은행 또는 은행과 동일시할 수 있는 자의 사기일 뿐 제3자의 사기로 볼 수 없으므로, 은행이 그 사기사실을 알았거나 알 수 있었을 경우에 한하여 위 약정을 취소할 수 있는 것은 아니다(대판 1999.2.23. 98다60828·60835).

(4) 제3자에 대한 효과

① 취소를 주장하는 자와 양립되지 아니하는 법률관계를 가졌던 것이 취소 이전에 있었던가 이후에 있었던가는 가릴 필요 없이 사기에 의한 의사표시 및 그 취소사실을 몰랐던 모든 제3자에 대하여는 그 의사표시의 취소를 대항하지 못한다(대판 1975.12.23. 75다533).

② 사기의 의사표시로 인한 매수인으로부터 부동산의 권리를 취득한 제3자는 특별한 사정이 없는 한 선의로 추정할 것이므로 사기로 인하여 의사표시를 한 부동산의 양도인이 제3자에 대하여 사기에 의한 의사표시의 취소를 주장하려면 제3자의 악의를 입증할 필요가 있다(대판 1970.11.24. 70다2155).

> [파산관재인이 민법 제108조 제2항 및 제110조 제3항의 제3자에 해당하는지 여부(적극) 및 그 선의 여부의 판단 기준(= 총파산채권자)]
> 특별한 사정이 없는 한 파산관재인은 사기에 의한 의사표시에 따라 외형상 형성된 법률관계를 토대로 실질적으로 새로운 법률상 이해관계를 가지게 된 민법 제110조 제3항의 제3자에 해당하고, 파산채권자 모두가 악의로 되지 않는 한 파산관재인은 선의의 제3자라고 할 수밖에 없다(대판 2010.4.29. 2009다96083).

4. 적용범위

① 가족법상의 법률행위에는 적용되지 않는다.
② 단체적 행위, 소송행위 및 공법상의 행위에는 적용되지 않는다. 따라서 민법상의 법률행위에 관한 규정은 민사소송법상의 소송행위에는 특별한 규정 기타 특별한 사정이 없는 한 적용이 없는 것이므로 소송행위가 강박에 의하여 이루어진 것임을 이유로 취소할 수는 없다.

5. 민법 제110조와 다른 규정과의 경합 여부

① **사기와 착오의 경합** : 통설과 판례는 경합을 긍정하므로 선택적으로 취소권을 행사할 수 있다.
② **사기와 담보책임과의 경합** : 통설과 판례는 기망에 의해 하자 있는 물건에 관한 매매가 성립한 경우 매수인은 하자담보청구권과 사기에 의한 취소권을 선택적으로 행사할 수 있다고 한다.
③ **사기와 불법행위책임과의 경합**
  ㉠ 사기와 강박이 불법행위의 요건을 갖춘 때에는 의사표시의 취소와 동시에 불법행위에 기한 손해배상청구권을 행사할 수 있다. 다만, 경합에 대하여 판례는 "제3자의 사기행위로 인하여 피해자가 주택건설사와 사이에 주택에 관한 분양계약을 체결하였다고 하더라도 제3자의 사기행위 자체가 불법행위를 구성하는 이상, 제3자로서는 그 불법행위로 인하여 피해자가 입은 손해를 배상할 책임을 부담하는 것이므로, 피해자가 제3자를 상대로 손해배상청구를 하기 위하여 반드시 그 분양계약을 취소할 필요는 없다"(대판 1998.3.10. 97다55829)고 판시하고 있다.
  ㉡ 법률행위가 사기에 의한 것으로서 취소되는 경우에 그 법률행위가 동시에 불법행위를 구성하는 때에는 취소의 효과로 생기는 부당이득반환청구권과 불법행위로 인한 손해배상청구권은 경합하여 병존하는 것이므로, 채권자는 어느 것이라도 선택하여 행사할 수 있지만 중첩적으로 행사할 수는 없다(대판 1993.4.27. 92다56087).

제2관 의사표시의 효력발생

의사표시의 효력발생시기(민법 제111조)
① 상대방이 있는 의사표시는 상대방에게 도달한 때에 그 효력이 생긴다.
② 의사표시자가 그 통지를 발송한 후 사망하거나 제한능력자가 되어도 의사표시의 효력에 영향을 미치지 아니한다.

제한능력자에 대한 의사표시의 효력(민법 제112조)
의사표시의 상대방이 의사표시를 받은 때에 제한능력자인 경우에는 의사표시자는 그 의사표시로써 대항할 수 없다. 다만, 그 상대방의 법정대리인이 의사표시가 도달한 사실을 안 후에는 그러하지 아니하다.

의사표시의 공시송달(민법 제113조)
표의자가 과실 없이 상대방을 알지 못하거나 상대방의 소재를 알지 못하는 경우에는 의사표시는 민사소송법 공시송달의 규정에 의하여 송달할 수 있다.

Ⅰ 서 설

① 상대방 없는 의사표시의 경우에 특정의 상대방이 없으므로 원칙적으로 표의자가 의사를 표명한 때에 그 효력이 발생한다. 다만, 유언의 경우 민법 제1065조의 방식을 준수해야 하고, 사인행위이므로 유언자의 사망 시에 그 효력이 발생한다. 한편 상대방 있는 의사표시의 경우에는 표의자에 의한 표백 → 발신 → 상대방에의 도달 → 상대방의 요지 단계를 거치는데, 위 의사표시가 효력을 발생하기 위해서는 원칙적으로 수령능력 있는 상대방에게 도달하여야 한다(도달주의)(민법 제111조 제1항, 제112조).
② 의사표시의 효력발생시기에 관한 규정은 임의규정이고, 다른 의사표시 규정과는 달리 원칙적으로 공법행위에도 적용된다.

Ⅱ 상대방 있는 의사표시의 효력발생시기

1. 문제점

상대방 있는 의사표시의 경우에는 표의자에 의한 표백 → 발신 → 상대방에의 도달 → 상대방의 요지 단계를 거치는데, 이들 중 어느 시기에 의사표시가 효력을 발생한다고 할지 문제된다.

2. 도달주의

(1) 도달주의의 원칙
① 민법은 도달주의를 채택하여 상대방에게 도달된 때에 그 의사표시가 효력을 발생한다고 한다.
② 도달주의 원칙을 규정한 민법 제111조는 임의규정이다.

(2) 도달의 의미 : 요지가능시설
① 상대방이 요지할 수 있는 상태에 이르면 도달한 것으로 본다(통설, 대판 1983.8.23. 82다카439).
② 도달은 상대방이 의사표시의 내용을 알 수 있는 상태에 있으면 족하기 때문에 비록 상대방이 그 내용을 알지 못하였더라도 도달은 있었다고 보아야 한다. 따라서 상대방이 정당한 사유 없이 통지의 수령을 거절한 경우에도 상대방이 통지의 내용을 알 수 있는 객관적 상태에 놓여 있는 때에는 의사표시의 효력이 발생한다(대판 2008.6.12. 2008다19973).

> 채권양도의 통지와 같은 준법률행위의 도달은 의사표시와 마찬가지로 사회관념상 채무자가 통지의 내용을 알 수 있는 객관적 상태에 놓여졌을 때를 지칭하고, 그 통지를 채무자가 현실적으로 수령하였거나 그 통지의 내용을 알았을 것까지는 필요하지 않다. 채권양도의 통지서가 들어 있는 우편물을 채무자의 가정부가 수령한 직후 한집에 거주하고 있는 통지인인 채권자가 그 우편물을 바로 회수해 버렸다면 그 우편물의 내용이 무엇인지를 그 가정부가 알고 있었다는 등의 특별한 사정이 없었던 이상 그 채권양도의 통지는 사회관념상 채무자가 그 통지내용을 알 수 있는 객관적 상태에 놓여 있는 것이라고 볼 수 없으므로 그 통지는 피고에게 도달되었다고 볼 수 없을 것이다(대판 1983.8.23. 82다카439).

(3) 도달의 인정 여부가 문제되는 경우
① 보통우편의 방법으로 발송되었다는 사실만으로는 그 우편물이 상당기간 내에 도달하였다고 추정할 수 없고 송달의 효력을 주장하는 측에서 증거에 의하여 도달사실을 입증하여야 할 것이다(대판 2002.7.26. 2000다25002).
② 내용증명 우편물이 발송되고 반송되지 아니하면, 특단의 사정이 없는 한, 그 무렵에 송달되었다고 볼 것이다(대판 1980.1.15. 79다1498).

> [채권양도의 통지가 채무자에게 도달하였는지 여부에 대하여 민사소송법의 송달에 관한 규정을 유추적용할 수 있는지 여부(소극)]
> 민사소송법상의 송달은 당사자나 그 밖의 소송관계인에게 소송상 서류의 내용을 알 기회를 주기 위하여 법정의 방식에 좇아 행하여지는 통지행위로서, 송달장소와 송달을 받을 사람 등에 관하여 구체적으로 법이 정하는 바에 따라 행하여지지 아니하면 부적법하여 송달로서의 효력이 발생하지 아니한다. 한편 채권양도의 통지는 채무자에게 도달됨으로써 효력이 발생하는 것이고, 여기서 도달이라 함은 사회통념상 상대방이 통지의 내용을 알 수 있는 객관적 상태에 놓여졌다고 인정되는 상태를 가리킨다. 이와 같이 도달은 보다 탄력적인 개념으로서 송달장소나 수송달자 등의 면에서 위에서 본 송달에서와 같은 엄격함은 요구되지 아니하며, 이에 송달장소 등에 관한 민사소송법의 규정을 유추적용할 것이 아니다. 따라서 채권양도의 통지는 민사소송법상의 송달에 관한 규정에서 송달장소로 정하는 채무자의 주소·거소·영업소 또는 사무소 등에 해당하지 아니하는 장소에서라도 채무자가 사회통념상 그 통지의 내용을 알 수 있는 객관적 상태에 놓여졌다고 인정됨으로써 족하다(대판 2010.4.15. 2010다57).

(4) 도달주의의 효과

① 도달주의를 채택한 결과 의사표시의 불착 또는 연착의 불이익을 표의자가 부담한다. 따라서 의사표시의 효력발생을 주장하는 표의자가 도달에 대한 입증책임을 진다.
② 의사표시가 일단 상대방에게 도달하여 그 효력을 발생하면, 더 이상 그 의사표시를 철회할 수 없다. 따라서 발신 이후 도달 이전까지는 아직 효력이 발생하지 않은 상태이므로 철회할 수 있다.
③ 의사표시 발신 후의 사정변경(표의자의 사망 또는 행위능력의 상실)은 의사표시에 영향을 미치지 않는다(민법 제111조 제2항).

3. 예외적 발신주의

① 격지자 간의 계약에서 청약에 대한 승낙의 의사표시는 의사표시를 발송한 때에 그 효력을 발생하며, 그때 계약이 성립한다(발신주의)(민법 제531조).
② 거래의 신속을 목적으로 하는 상법에서는 발신주의를 채택한 예가 적지 않다(상법 제53조 등).

> **도달주의에 대한 예외 – 발신주의**
> - 제한능력자의 상대방의 최고에 대한 제한능력자 측의 확답(민법 제15조)
> - 무권대리인의 상대방의 최고에 대한 본인의 확답(민법 제131조)
> - 채무인수에서 채무자의 최고에 대한 채권자의 확답(민법 제455조)
> - 사원총회의 소집 통지(민법 제71조)
> - 격지자 간 계약의 성립(민법 제531조)

III 의사표시의 효력발생과 관련된 여론(餘論)

1. 공시송달(민법 제113조)

(1) 요 건
표의자가 과실 없이 의사표시의 상대방을 알지 못하거나 상대방의 소재를 알지 못하는 경우일 것

(2) 절 차
법원에 신청하면 법원사무관 등이 송달할 서류를 보관하고 그 사유를 법원게시판에 게시하거나 그 밖에 대법원규칙이 정하는 방법에 따라서 하여야 한다(민소법 제195조).

(3) 효 과
① 법원게시판 등에 게시한 날로부터 2주일이 경과된 때 상대방에게 의사표시가 도달한 것으로 간주한다(민소법 제196조 제1항 본문).
② 동일 당사자에 대한 그 다음의 공시송달은 실시한 다음 날부터 효력이 생긴다(민소법 제196조 제1항 단서).
③ 외국에 대한 송달은 2개월 후에 효력이 발생한다(민소법 제196조 제2항).

2. 수령무능력자(민법 제112조)

(1) 의 의

의사표시의 수령능력이란 타인의 의사표시의 내용을 이해할 수 있는 능력을 말한다. 민법은 모든 제한능력자를 의사표시의 수령무능력자로 규정하여 제한능력자를 보호하고 있다(민법 제112조).

(2) 효 과

① 수령무능력자(제한능력자)에 대한 송달은 무효가 아니라 표의자가 효력을 주장할 수 없을 뿐이다. 달리 말하면 수령무능력자 측에서 의사표시의 도달 및 의사표시의 효력발생을 주장하는 것은 무방하다(민법 제112조 본문 참고).
② 그러나 법정대리인이 수령무능력자에의 도달을 안 후에는 표의자가 의사표시의 도달을 주장할 수 있다(민법 제112조 단서).
③ 의사표시가 기재된 내용증명 우편물이 발송되고 달리 반송되지 아니하였다면 특별한 사정이 없는 한 이는 그 무렵에 송달되었다고 봄이 상당하다(대판 2000.10.27. 2000다20052).

(3) 적용범위

상대방 없는 의사표시, 발신주의에 의한 의사표시, 공시송달에 의한 의사표시에는 적용이 없다.

제4절 법률행위의 대리

I 서 설

1. 대리의 의의

(1) 대리의 개념

대리란 타인이 '본인의 이름으로' 법률행위를 하거나 또는 의사표시를 수령함으로써 그 법률효과가 직접 본인에게 귀속되도록 하는 제도를 말한다. 즉 법률상의 행위자는 대리인이지만 그 대리인의 효과의사에 기하여 본인에게 직접 법률효과가 귀속하는 것이다(대리인행위설).

(2) 대리의 기능

통설은 대리의 기능으로 '사적 자치의 확장(임의대리)'과 '사적 자치의 보충(법정대리)'을 든다.

2. 대리가 인정되는 범위

(1) 법률행위
원칙적으로 대리가 허용되나, 법률행위의 성질이나 당사자 사이의 약정, 법률의 규정에 의하여 대리가 금지되기도 한다.

(2) 준법률행위
① 원칙적으로 대리가 허용되지 않지만, 의사의 통지나 관념의 통지와 같은 표현행위로서의 준법률행위에는 대리가 허용된다.

> ['의사 또는 관념의 통지'와 같은 준법률행위에 대하여도 대리에 관한 규정이 유추적용되는지 여부(적극) / 대리인이 본인을 위한 대리행위라는 의사의 표시(현명)를 묵시적으로 할 수 있는지 여부(적극) 및 현명을 하지 않았으나 여러 사정에 비추어 대리행위임을 상대방이 알았거나 알 수 있었을 경우, 적법한 대리행위로서 효력이 인정되는지 여부(적극)]
>
> 민법상 대리는 행위자 아닌 자에게 법률행위의 효력을 귀속시키는 제도로서 의사표시를 요소로 하는 법률행위에서 인정되는 것이 원칙이지만, '의사 또는 관념의 통지'와 같은 준법률행위에 대하여도 대리에 관한 규정이 유추적용된다. / 또한 '대리인'은 본인으로부터 위임받은 권한 내에서 본인을 위한 것임을 표시하면서 본인에게 효력이 발생할 의사표시를 자신의 이름으로 상대방에게 행하는 자로(민법 제114조 제1항), 대리인이 본인을 위한 것임을 표시하지 아니한 때에는 그 의사표시는 자기를 위한 것으로 보지만, 상대방이 대리인으로서 한 것임을 알았거나 알 수 있었을 때에는 본인에게 효력이 발생한다(민법 제115조). 대리인이 본인을 위한 대리행위라는 의사의 표시(현명)는 방식을 불문할 뿐만 아니라 반드시 명시적으로만 할 필요가 없이 묵시적으로도 할 수 있는 것이고, 현명을 하지 아니한 경우라도 그 행위를 둘러싼 여러 사정에 비추어 대리행위로서 이루어진 것임을 상대방이 알았거나 알 수 있었을 때에는 적법한 대리행위로서 효력이 인정된다(대판 2024.1.4. 2023다225580).

② 사실행위에는 대리가 허용되지 않는다.

(3) 불법행위
① 대리가 허용되지 않고, 그 효과는 직접 대리인에게 발생한다.
② 만일 대리인이 피용자인 경우에는 본인은 민법 제756조의 사용자책임이 문제된다.

3. 구별개념

(1) 간접대리
① 행위자가 '자기이름으로' 타인을 위하여(타인의 계산으로) 하는 법률행위로 그 효과가 행위자 자신에게 생기되 나중에 그가 취득한 권리를 내부적으로 타인에게 이전하는 관계를 말한다.
   예 위탁매매업
② 법률행위의 당사자와 법률효과의 귀속자가 간접대리인이라는 점에서 대리와 구별된다.

(2) 사자(使者)

① 본인이 결정한 내심적 효과의사를 상대방에게 표시하거나 전달함으로써 표시행위의 완성에 협력하는 자이다.
② 표시기관으로서의 사자와 전달기관으로서의 사자로 구분된다(통설).
③ 효과의사를 본인이 결정하면 사자, 대리하는 자가 결정하면 대리인으로 구별할 수 있다.

> **[대리인과 사자를 구별하는 기준 / 이는 변호사가 각종 권리의무의 발생과 법적 책임 등 복잡한 법률관계가 수반되는 당사자 사이의 계약 체결을 위한 일련의 교섭 과정에 어느 일방을 위한 자문의 역할로 개입한 경우에 그 행위가 대리에 해당하는지 단순한 사자에 불과한지 다투어지는 경우에도 마찬가지인지 여부(적극)]**
>
> 본인에게 효력이 발생할 의사표시의 내용을 스스로 결정하여 상대방과의 관계에서 자신의 이름으로 법률행위를 하는 대리인과 달리 '사자'는 본인이 완성해 둔 의사표시의 단순한 전달자에 불과하지만, 대리인도 본인의 지시에 따라 행위를 하여야 하는 이상(민법 제116조 제2항), 법률행위의 체결 및 성립 여부에 관한 최종적인 결정권한이 본인에게 유보되어 있다는 사정이 대리와 사자를 구별하는 결정적 기준이나 징표가 될 수는 없다. 그 구별은 의사표시 해석과 관련된 문제로서, 상대방의 합리적 시각, 즉 본인을 대신하여 행위하는 자가 상대방과의 외부적 관계에서 어떠한 모습으로 보이는지 여부를 중심으로 살펴보아야 하고, 이러한 사정과 더불어 행위자가 지칭한 자격·지위·역할에 관한 표시 내용, 행위자의 구체적 역할, 행위자에게 일정한 범위의 권한이나 재량이 부여되었는지 여부, 행위자가 그 역할을 수행함에 필요한 전문적인 지식이나 자격의 필요 여부, 행위자에게 지급할 보수나 비용의 규모 등을 종합적으로 고려하여 합리적으로 판단하여야 한다. / 이는 당사자와 그 밖의 관계인의 위임이나 국가·지방자치단체와 그 밖의 공공기관의 위촉 등에 의하여 소송에 관한 행위 및 행정처분의 청구에 관한 대리행위와 일반 법률사무를 하는 것을 직무(변호사법 제3조)로 하는 변호사가 각종 권리의무의 발생과 법적 책임 등 복잡한 법률관계가 수반되는 당사자 사이의 계약의 체결을 위한 일련의 교섭 과정에 어느 일방을 위한 자문의 역할로 개입한 경우, 그 행위가 대리에 해당하는지 혹은 단순한 사자에 불과한지 다투어지는 경우에도 마찬가지이다(대판 2024.1.4. 2023다225580).

> **[근로자가 제3자에게 임금 수령을 위임하거나 대리하게 하는 법률행위의 효력(원칙적 무효) / 근로자 본인이 직접 수령할 수 없는 사정에 상당한 이유가 있는 경우, 예외적으로 사자(使者)에 의한 임금의 수령이 가능한지 여부(적극) 및 사회통념상 근로자 본인에게 지급하는 것과 동일시되는 사람 또는 근로자 본인에게 그대로 전달할 것이 확실하다고 판단되는 사람이 임금을 수령할 때에만 그를 사자로 보아야 하는지 여부(적극)와 이에 해당하는지는 엄격하게 판단하여야 하는지 여부(적극)]**
>
> 임금은 통화로 직접 근로자에게 그 전액을 지급하여야 한다. 다만 법령 또는 단체협약에 특별한 규정이 있는 경우에는 임금의 일부를 공제하거나 통화 이외의 것으로 지급할 수 있다(근로기준법 제43조 제1항, 선원법 제52조 제1항). 이렇게 임금을 직접 지급하도록 하는 취지는 임금이 확실하게 근로자 본인에게 지급되도록 하여 그의 자유로운 처분에 맡기고 근로자의 생활을 보장하려는 데 있고, 통화 지급의 원칙이나 전액 지급의 원칙과 달리 직접 지급의 원칙은 법령 또는 단체협약에 의한 예외가 인정되지 아니한다. 따라서 원칙적으로 근로자가 제3자에게 임금 수령을 위임하거나 대리하게 하는 법률행위는 무효이다. / 다만 선박소유자는 승무 중인 선원이 청구하거나 법령이나 단체협약에 특별한 규정이 있는 경우에는 임금의 전부 또는 일부를 그가 지정하는 가족이나 그 밖의 사람에게 통화로 지급하거나 금융회사 등에 예금하는 등의 방법으로 지급하여야 한다(선원법 제52조 제3항). 이러한 선원법의 규정 외에도 근로자 본인이 직접 수령할 수 없는 사정에 상당한 이유가 있는 경우에는 예외적으로 사자(使者)에 의한 임금의 수령도 가능할 수 있다. 그러나 위와 같은 근로기준법 제43조의 규정 형식이나 취지 등에 비추어 보면, 사회통념상 근로자 본인에게 지급하는 것과 동일시되는 사람 또는 근로자 본인에게 그대로 전달할 것이 확실하다고 판단되는 사람이 임금을 수령할 때에만 그를 사자로 보아야 하고, 이에 해당하는지는 엄격하게 판단하여야 한다(대판 2025.6.12. 2025다209645).

④ 사자에 있어서는 본인이 행위능력을 가지고 있어야 한다.
⑤ 의사표시의 착오 등에 관하여는 사자의 표시와 본인의 의사를 비교해서 결정하는 것이 타당하므로, ㉠ 사자가 선의로 본인의 의사와는 다르게 의사표시를 전달한 경우 본인이 민법 제109조의 착오를 이유로 취소할 수 있고, ㉡ 사자가 악의로 본인의 의사와는 다르게 의사표시를 전달한 경우 표현대리규정을 유추적용할 수 있다(다수설).
⑥ 대리인이 아니고 사실행위를 위한 사자라 하더라도 외견상 그에게 어떠한 권한이 있는 것의 표시 내지 행동이 있어 상대방이 그를 믿었고 또 그를 믿음에 있어 정당한 사유가 있다면 표현대리의 법리에 의하여 본인에게 책임이 있다(대판 1962.2.8. 4294민상192).

(3) 대 표
대표기관은 법인의 기관으로서 그의 행위가 법인의 행위로 평가되고, 따라서 대표는 본래의 대리처럼 법률행위에 국한되는 것이 아니라 사실행위나 불법행위에서도 문제된다.

4. 대리의 종류

(1) 임의대리와 법정대리
① 임의대리는 본인의 의사에 의하여 대리권이 주어진 경우이나, 법정대리는 본인의 의사와는 무관하게 대리권이 주어지는 경우를 총칭한다(즉, 법률의 규정에 따라 대리인으로 되는 경우뿐만 아니라 법원의 선임에 의한 경우도 법정대리인이다).
② 임의대리와 법정대리를 구별하는 실익은 대리인의 복임권(민법 제120조, 제122조)과 대리권의 소멸(민법 제128조) 등에서 나타난다.

(2) 능동대리와 수동대리

1) 의 의
능동대리는 본인을 위하여 제3자에게 의사표시를 하는 대리이고(민법 제114조 제1항), 수동대리는 본인을 위하여 제3자의 의사표시를 수령하는 대리이다(민법 제114조 제2항). 판례는 능동대리권이 있으면 수동대리권도 당연히 갖는다고 한다(대판 1994.2.8. 93다39379).

2) 양자의 차이점
① 현명주의의 요건 : 수동대리에는 민법 제115조가 적용되지 않는다.
② 공동대리의 적용 여부 : 수동대리의 경우에는 각자 수령이 가능하다(통설).

(3) 유권대리와 무권대리
정당한 대리권을 가진 경우를 유권대리라 하고, 그렇지 못한 경우를 무권대리라고 한다.

5. 명의모용과 당사자의 확정

(1) 문제점

계약은 원칙적으로 계약을 체결한 당사자 간에 성립한다. 따라서 타인의 명의를 사용하여 법률행위를 한 경우, 누가 계약의 당사자가 되는지 문제되며, 이는 계약에 관여한 당사자의 의사해석의 문제에 해당한다(대판 2010.5.13. 2009다92487).

(2) 판례의 입장

1) 당사자 확정 방법에 대한 일반론

> **[행위자가 타인의 이름으로 계약을 체결한 경우, 계약당사자의 확정 방법]**
> 계약을 체결하는 행위자가 타인의 이름으로 법률행위를 한 경우에 행위자 또는 명의인 가운데 누구를 계약의 당사자로 볼 것인가에 관하여는, 우선 행위자와 상대방의 의사가 일치한 경우에는 그 일치한 의사대로 행위자 또는 명의인을 계약의 당사자로 확정해야 하고, 행위자와 상대방의 의사가 일치하지 않는 경우에는 그 계약의 성질·내용·목적·체결 경위 등 그 계약 체결 전후의 구체적인 제반 사정을 토대로 상대방이 합리적인 사람이라면 행위자와 명의자 중 누구를 계약당사자로 이해할 것인가에 의하여 당사자를 결정하여야 한다(대판 2011.2.10. 2010다83199·83205).

2) 명의자가 당사자로 확정되는 경우

① **명의가 중요한 거래행위** : 보험계약과 같이 신용이나 자격 등으로 인하여 명의가 중요한 거래행위의 경우에는 규범적 해석에 따라 명의자가 당사자로 확정된다. 따라서 행위자와 계약당사자가 분리되므로 대리의 법리가 적용된다.

② **대리행위의 효력**

  ㉠ 명의사용에 동의를 얻은 경우 : 행위자가 명의자로부터 명의사용에 대한 동의를 얻었다면 특별한 사정이 없는 한 유권대리행위가 된다.

  ㉡ 명의를 무단으로 도용한 경우 : 행위자가 명의자로부터 동의 없이 명의를 무단으로 사용한 경우에는 무권대리행위에 해당하여 무효이다(민법 제130조 및 제135조 참고). 이때 상대방의 보호와 관련하여 표현대리가 성립하는지 또는 유추적용될 수 있는지 문제된다. 판례는 행위자가 본인 명의를 모용하여 직접 법률행위를 한 경우에는 특별한 사정이 없는 한 민법 제126조 소정의 표현대리는 성립될 수 없지만(대판 2002.6.28. 2001다49814), ㉮ 행위자에게 본인을 대리할 수 있는 기본대리권이 인정되고, ㉯ 행위자가 그 기본대리권을 넘는 행위를 하였으며, ㉰ 상대방에게 행위자가 명의자라고 믿을 만할 정당한 이유가 인정된다면 표현대리의 법리가 유추적용되어 본인에게 효력이 미친다고 한다(대판 1993.2.23. 92다52436).

3) 행위자가 당사자로 확정되는 경우

임대차계약과 같이 행위자의 개성이 중요한 거래행위의 경우에는 규범적 해석에 따라 행위자가 당사자로 확정된다. 이때에는 행위자와 계약당사자가 일치하므로 대리의 법리가 적용되지 않고 무권리자 처분행위가 문제된다.

6. 대리의 3면관계

대리의 법률관계는 ① 본인과 대리인 사이의 「대리권」, ② 대리인과 상대방 사이의 「대리행위」, ③ 본인과 상대방 사이의 「대리의 효과」의 세 가지 측면에서 고찰되어야 한다.

II 대리권(본인과 대리인 사이의 관계)

1. 대리권의 의의

대리권은 타인이 본인의 이름으로 의사표시를 하거나 제3자의 의사표시를 수령함으로써 직접 본인에게 그 법률효과를 귀속시킬 수 있는 법률상의 지위 또는 자격을 말한다. 대리권의 법적 성질에 관하여 자격설이 통설이며, 이에 의하면 대리권은 권리가 아니라 일종의 권한이다.

2. 대리권의 발생원인

(1) 법정대리권의 발생원인

① 법률의 규정에 의한 법정대리인 : 자(子)에 대한 친권자의 대리권(민법 제911조, 제920조), 부부의 일상가사대리권(민법 제827조) 등이 있다.
② 지정권자의 지정에 의한 법정대리인 : 지정후견인(민법 제931조), 지정유언집행자(민법 제1093조, 제1094조) 등이 있다.
③ 법원의 선임에 의한 법정대리인 : 부재자재산관리인(민법 제22조), 선임후견인(민법 제936조), 상속재산관리인(민법 제1023조 등), 유언집행자(민법 제1096조) 등이 있다.

(2) 임의대리권의 발생원인 : 수권행위(授權行爲)

1) 수권행위의 의의
수권행위는 본인이 대리인에게 대리권을 수여하는 행위를 말한다.

2) 수권행위의 법적 성질
상대방 있는 단독행위이므로 수권행위 상대방의 동의, 승낙의 의사표시가 필요하지 않다(통설).

3) 수권행위의 방식
수권행위는 불요식행위이다. 따라서 반드시 서면으로 할 필요는 없으며, 구두로도 할 수 있다(통설). 또 명시적인 의사표시 외에 묵시적 의사표시로도 할 수 있다(대판 2016.5.26. 2016다203315).

4) 수권행위의 하자

① 대리행위의 하자 유무는 대리인을 기준으로 하여 결정되지만, 단독행위로서 수권행위의 하자는 본인을 기준으로 민법 제107조 이하에 따라 규율된다. 따라서 대리인은 제한능력자라도 무방하지만(민법 제117조), 수권행위에서 본인은 행위능력자여야 한다.

② 대리행위 자체에는 하자가 없더라도 수권행위가 무효·취소되면 대리행위는 당연히 소급하여 무권대리로 되는가에 대하여 견해가 대립하고 있으나 이미 행해진 대리행위에는 영향이 없다는 것이 통설이다.

③ 원인이 되는 기초적 법률관계가 종료하기 전에 본인은 언제든지 수권행위를 철회할 수 있으며, 이때 임의대리권은 소멸한다.

(3) 관련 판례

인감도장 및 인감증명서는 대리권을 인정할 수 있는 하나의 자료에 지나지 아니하고 이에 의하여 당연히 피고에게 원고를 대리하여 양도담보부 금전소비대차계약을 체결하거나 위 계약에 대한 공정증서 작성을 촉탁할 대리권이 인정되는 것은 아니며, 대리권이 있다는 점에 대한 입증책임은 그 효과를 주장하는 피고에게 있다(대판 2008.9.25. 2008다42195).

3. 대리권의 범위와 그 제한

(1) 대리권의 범위

1) 법정대리권의 범위

법정대리권의 범위는 그 발생근거인 법률의 규정에 의하여 정해진다. 따라서 법률의 규정에 의하지 않는 한 법정대리권의 범위를 당사자의 의사에 따라 임의적으로 확장 또는 제한하는 것은 허용되지 않는다.

2) 임의대리권의 범위

> **대리권의 범위(민법 제118조)**
> 권한을 정하지 아니한 대리인은 다음 각 호의 행위만을 할 수 있다.
>   1. 보존행위
>   2. 대리의 목적인 물건이나 권리의 성질을 변하지 아니하는 범위에서 그 이용 또는 개량하는 행위

① 원칙 : 임의대리권은 수권행위에 의하여 주어지므로 그 구체적 범위는 수권행위의 해석에 의하여 결정된다. 다만, 일반적으로 말하면 수권행위의 통상의 내용으로서의 임의대리권은 그 권한에 부수하여 필요한 한도에서 상대방의 의사표시를 수령하는 이른바 수령대리권을 포함하는 것으로 보아야 한다(대판 1994.2.8. 93다39379).

> **[대리권 범위 밖의 행위로 평가된 판례들]**
> • 일반적으로 법률행위에 의하여 수여된 대리권은 원인된 법률관계의 종료에 의하여 소멸하는 것이므로 특별한 다른 사정이 없는 한, 본인을 대리하여 금전소비대차 내지 그를 위한 담보권설정계약을 체결할 권한을 수여받은 대리인에게 본래의 계약관계를 해제할 대리권까지 있다고 볼 수 없다(대판 1993.1.15. 92다39365).
> • 계약을 대리하여 체결하였던 대리인이 체결된 계약의 해제 등 일체의 처분권과 상대방의 의사를 수령할 권한까지 가지고 있다고 볼 수는 없다(대판 2008.6.12. 2008다11276).

- 특별한 다른 사정이 없는 한 부동산을 매수할 권한을 수여받은 대리인에게 그 부동산을 처분할 대리권도 있다고 볼 수 없다(대판 1991.2.12. 90다7364).
- 대여금의 영수권한만을 위임받은 대리인이 그 대여금 채무의 일부를 면제하기 위하여는 본인의 특별수권이 필요하다(대판 1981.6.23. 80다3221).
- 예금계약의 체결을 위임받은 자가 가지는 대리권에 당연히 그 예금을 담보로 하여 대출을 받거나 이를 처분할 수 있는 대리권이 포함되어 있는 것은 아니다(대판 1995.8.22. 94다59042).
- 신탁된 아파트의 분양을 수탁자로부터 위임받은 신탁자가 대물변제를 위하여 분양계약을 체결한 경우, 대리권의 범위 내의 행위는 아니지만 권한을 넘은 표현대리의 성립을 인정하였다(대판 2002.3.15. 2000다52141).

[대리권 범위 내의 행위로 평가된 판례들]
- 부동산의 소유자로부터 매매계약을 체결할 대리권을 수여받은 대리인은 특별한 사정이 없는 한 그 매매계약에서 약정한 바에 따라 중도금이나 잔금을 수령할 권한도 있다(대판 1994.2.8. 93다39379).
- 매매계약의 체결과 이행에 관하여 포괄적으로 대리권을 수여받은 대리인은 특별한 다른 사정이 없는 한 상대방에 대하여 약정된 매매대금지급기일을 연기하여 줄 권한도 가진다고 보아야 할 것이다(대판 1992.4.14. 91다43107).
- 소송상 화해나 청구의 포기에 관한 특별수권이 되어 있다면, 특별한 사정이 없는 한 그러한 소송행위에 대한 수권만이 아니라 그러한 소송행위의 전제가 되는 당해 소송물인 권리의 처분이나 포기에 대한 권한도 수여되어 있다고 봄이 상당하다(대판 2000.1.31. 99마6205).

② 보충규정으로서 민법 제118조 : 대리권이 존재하는 것은 분명하지만 그 범위가 불명한 경우를 위하여 민법은 보충규정을 두고 있다(민법 제118조).
  ㉠ 보존행위 : 재산의 현상을 유지하기 위한 행위를 말하며, 대리인은 아무런 제한 없이 보존행위를 할 수 있다.
  ㉡ 이용·개량행위 : 이용행위란 재산의 수익을 꾀하는 행위를 말하고, 개량행위는 사용가치 또는 교환가치를 증가시키는 행위를 말한다. 민법은 대리의 목적인 물건이나 권리의 성질이 변하지 않는 범위에서만 이용·개량행위를 허용한다.

(2) 대리권의 제한

1) 자기계약 및 쌍방대리의 금지(민법 제124조)

> **자기계약, 쌍방대리(민법 제124조)**
> 대리인은 본인의 허락이 없으면 본인을 위하여 자기와 법률행위를 하거나 동일한 법률행위에 관하여 당사자 쌍방을 대리하지 못한다. 그러나 채무의 이행은 할 수 있다.

① 개념 및 근거
  ㉠ 대리인이 본인을 대리하면서 다른 한편으로 자기 자신이 상대방으로서 계약을 체결하는 것을 자기계약이라 하며, 동일인이 하나의 법률행위에 관하여 당사자 쌍방의 대리인이 되어 대리행위를 하는 것을 쌍방대리라고 한다.
  ㉡ 자기계약과 쌍방대리는 원칙적으로 금지된다. 그 취지는 본인과 대리인 사이의 이해충돌 또는 본인 간의 이해충돌을 막기 위함이다. 민법 제124조는 임의규정에 해당한다.

> **[변호사법 제109조 제1호에서 정한 '그 밖의 일반 법률사건'의 의미 및 변호사법 제31조 제2항에 따라 하나의 변호사로 보는 법률사무소 소속 변호사들이 상대방 관계에 있는 당사자 쌍방으로부터 각자 수임을 받은 경우, 변호사법 제31조 제1항 제1호에 따라 원칙적으로 수임이 제한되는 쌍방대리에 해당하는지 여부(적극)]**
>
> 변호사가 아닌 자는 소송·비송·가사조정·심판·수사·조사 사건만이 아니라 '그 밖의 일반 법률사건'에 관하여도 법률관계 문서 작성 등 법률사무를 할 수 없으며 그 위반 행위는 형사처벌의 대상이 된다(변호사법 제109조 제1호). 이때 '그 밖의 일반 법률사건'이란 법률상의 권리의무에 관하여 다툼 또는 의문이 있거나 새로운 권리의무관계의 발생에 관한 사건 일반을 의미한다. 변호사는 당사자 한쪽으로부터 상의를 받아 수임을 승낙한 사건의 상대방이 위임하는 사건에 관하여 직무를 수행할 수 없으므로(변호사법 제31조 제1항 제1호), 이른바 '쌍방대리'는 원칙적으로 변호사의 직무 범위에서 제외된다. 그런데 법무법인·법무법인(유한)·법무조합이 아니면서 변호사 2명 이상이 사건의 수임·처리나 그 밖의 변호사 업무 수행 시 통일된 형태를 갖추고 수익을 분배하거나 비용을 분담하는 형태로 운영되는 법률사무소는 하나의 변호사로 취급되므로(변호사법 제31조 제2항), 이러한 <u>법률사무소 소속 변호사들이 상대방의 관계에 있는 당사자 쌍방으로부터 각자 수임을 받은 경우에도 '쌍방대리'에 해당하여 변호사법 제31조 제1항 제1호에 따라 원칙적으로 수임이 제한된다</u>(대판 2024.1.4. 2023다225580).

② 금지의 예외
　㉠ **본인의 허락이 있는 경우**(민법 제124조 본문)

> **[변호사가 변호사법 제31조 제1항 제1호에 따른 수임제한 규정을 위반한 경우, 그 쌍방대리행위는 민법 제124조에 따라 본인의 허락이 있는 경우에 한하여 효력이 인정되는지 여부(적극) / 이 경우 본인의 허락이 있는지에 관한 주장·증명책임의 소재(= 쌍방대리행위의 유효성을 주장하는 자) 및 이때의 '허락'이 묵시적 또는 사후 추인의 방식으로 가능한지 여부(적극)]**
>
> 변호사가 변호사법 제31조 제1항 제1호에 따른 수임제한 규정을 위반한 경우에는 민법 제124조가 적용됨에 따라 원칙적으로 허용되지 않는 무권대리행위에 해당하고, 예외적으로 본인의 허락이 있는 경우에 한하여 <u>효력이 인정될 수 있다</u>. / '본인의 허락'이 있는지 여부는 이익충돌의 위험을 회피하기 위한 입법 취지에 비추어 쌍방대리행위에 관하여 유효성을 주장하는 자가 주장·증명책임을 부담하고, 이때의 <u>'허락'</u>은 명시된 사전 허락 이외에도 '묵시적 허락' 또는 '사후 추인'의 방식으로도 가능하다(대판 2024.1.4. 2023다225580).

　㉡ **채무의 이행**(민법 제124조 단서). 단, 새로운 이해관계의 변경을 수반하는 대물변제와 경개 또는 다툼이 있는 채무의 이행, 기한이 미도래한 채무의 변제, 항변권 있는 채무의 변제 등은 허용되지 않는다.
　㉢ 본인에게 유리

③ **위반의 효과** : 자기계약 또는 쌍방대리는 예외에 해당하지 않는 한 무권대리로 된다. 즉 <u>본인에 대하여 무효이지만, 본인의 추인에 의하여 유효로 될 수 있다.</u>

④ 적용범위
　㉠ 원칙 : 민법 제124조는 임의대리권과 법정대리권 모두에 적용된다(통설).
　㉡ 민법 제124조에 대한 특칙 : 친권자에 대한 재산을 자(子)에게 증여하면서 친권자가 수증자로서의 자의 지위를 대리하는 것은 자기계약이기는 하지만 이해상반행위는 아니기 때문에 유효하다(대판 1981.10.13. 81다649).

2) 공동대리

① **의의 및 취지**
　㉠ 대리인이 수인인 경우에 원칙적으로 대리인 각자가 본인을 대리한다. 즉, 각자대리가 원칙이다(민법 제119조 본문). 그러나 법률 또는 수권행위에서 수인의 대리인이 공동으로만 대리할 수 있는 것으로 되어 있다면 공동으로 대리해야 한다.
　㉡ 공동대리를 정한 취지는 대리인들로 하여금 상호견제하에 의사결정을 신중히 하게 하여 본인을 보호하고자 함에 있다.

② **위반의 효과**
　㉠ 공동대리의 제한을 위반한 대리행위는 무권대리가 된다. 다만, 본인의 추인이 있으면 유효하다.
　㉡ 친권의 행사에서 부모의 일방이 공동명의로 자를 대리한 경우, 다른 일방의 의사에 반하더라도 상대방이 악의가 아니라면 그 대리행위는 유효하다(민법 제920조의2).

③ **적용범위** : 공동대리의 제한이 있다 하더라도 수동대리는 단독으로 가능하다.

4. 대리권의 남용

(1) 의 의

① 대리권의 남용이란 대리인이 대리권의 범위 내에서 대리행위를 하였으나, 본인의 이익이 아닌 자기 또는 제3자의 이익을 꾀하기 위하여 대리행위를 하는 경우를 말한다.
② 판례는 「대표권 남용」 사안에서의 주류는 비진의표시설의 입장에서 판시하고 있지만, 권리남용설의 입장을 보인 것도 있으며, 「대리권 남용」 사안에서는 비진의표시설만을 따르고 있다.

(2) 적용범위

대리권의 남용이 주로 임의대리에서 논의가 되지만 그에 한정할 것은 아니다. 즉 법정대리에도 대리권남용의 법리가 적용되어야 한다. 판례도 법정대리권의 남용을 인정한다(대판 1997.1.24. 96다43298).

5. 대리권의 소멸

> **대리권의 소멸사유(민법 제127조)**
> 대리권은 다음 각 호의 어느 하나에 해당하는 사유가 있으면 소멸된다. 투 : 본·사/대·사·성·개·파
> 　1. 본인의 사망
> 　2. 대리인의 사망, 성년후견의 개시 또는 파산
>
> **임의대리의 종료(민법 제128조)**
> 법률행위에 의하여 수여된 대리권은 전조의 경우 외에 그 원인된 법률관계의 종료에 의하여 소멸한다. 법률관계의 종료 전에 본인이 수권행위를 철회한 경우에도 같다.

III 대리행위(대리인과 상대방 사이의 관계)

1. 현명주의

> **대리행위의 효력(민법 제114조)**
> ① 대리인이 그 권한 내에서 본인을 위한 것임을 표시한 의사표시는 직접 본인에게 대하여 효력이 생긴다.
> ② 전항의 규정은 대리인에게 대한 제3자의 의사표시에 준용한다.

(1) 현명의 의의

통설은 대리인의 「대리적 효과의사(대리의사)」를 「외부에 표시하는 의사표시」라고 한다.

(2) 현명의 방식

1) 내 용

① 대리인은 대리행위의 법률효과를 본인에게 생기게 하려면 「본인을 위한 것임을 표시」하여야 한다(민법 제114조).

> [계약의 당사자가 누구인지 확정하는 방법 / 일방 당사자가 대리인을 통하여 계약을 체결하는 경우, 계약의 상대방이 대리인을 통하여 본인과 사이에 계약을 체결하려는 데 의사가 일치하였다면 대리인의 대리권 존부 문제와 무관하게 상대방과 본인이 계약의 당사자가 되는지 여부(적극)]
> 계약의 당사자가 누구인지는 계약에 관여한 당사자의 의사해석 문제이다. 당사자들의 의사가 일치하는 경우에는 그 의사에 따라 계약의 당사자를 확정해야 한다. 그러나 당사자들의 의사가 합치되지 않는 경우에는 의사표시 상대방의 관점에서 합리적인 사람이라면 누구를 계약의 당사자로 이해하였을 것인지를 기준으로 판단해야 한다. 일방 당사자가 대리인을 통하여 계약을 체결하는 경우에 있어서 계약의 상대방이 대리인을 통하여 본인과 사이에 계약을 체결하려는 데 의사가 일치하였다면 대리인의 대리권 존부 문제와는 무관하게 상대방과 본인이 그 계약의 당사자라고 할 것이다(대판 2022.12.16. 2022다245129).

② 현명은 불요식행위이므로 방식에 제한이 없어 반드시 위임장을 제시할 필요도 없고 구두에 의해서도 가능하다.

③ 현명 시 본인을 특정할 필요도 없고, 본인의 이름을 명시할 필요도 없다. 즉 타인을 위한 것이라는 것만 표시하면 족하다(통설·판례).

2) 관련 판례

갑이 부동산을 농업협동조합중앙회에 담보로 제공함에 있어 동업자인 을에게 그에 관한 대리권을 주었다면 을이 동 중앙회와의 사이에 그 부동산에 관하여 근저당권설정계약을 체결함에 있어 그 피담보채무를 동업관계의 채무로 특정하지 아니하고 또 대리관계를 표시함이 없이 마치 자신이 갑 본인인 양 행세하였다 하더라도 위 근저당권설정계약은 대리인인 위 을이 그의 권한범위 안에서 한 것인 이상 그 효력은 본인인 갑에게 미친다(대판 1987.6.23. 86다카1411).

(3) 현명하지 않은 대리행위의 효력

> **본인을 위한 것임을 표시하지 아니한 행위(민법 제115조)**
> 대리인이 본인을 위한 것임을 표시하지 아니한 때에는 그 의사표시는 자기를 위한 것으로 본다. 그러나 상대방이 대리인으로서 한 것임을 알았거나 알 수 있었을 때에는 전조 제1항의 규정을 준용한다.

① 원칙 : 대리인이 본인을 위한 것임을 표시하지 아니한 때에는 그 의사표시는 자기를 위한 것으로 본다(민법 제115조 본문). 따라서 대리인이 법률행위의 당사자가 되며, 그로 인한 효과도 대리인에게 직접 발생하므로, 대리인은 자신을 위하여 행위할 의사가 없었다는 이유로 그 계약을 착오에 근거하여 취소할 수 없다.
② 예외 : 상대방이 대리인으로서 한 것임을 알았거나 알 수 있었을 때에는 대리행위의 효과가 직접 본인에게 발생한다(민법 제115조 단서).

2. 대리행위의 하자

> **대리행위의 하자(민법 제116조)**
> ① 의사표시의 효력이 의사의 흠결, 사기, 강박 또는 어느 사정을 알았거나 과실로 알지 못한 것으로 인하여 영향을 받을 경우에 그 사실의 유무는 대리인을 표준하여 결정한다.
> ② 특정한 법률행위를 위임한 경우에 대리인이 본인의 지시에 좇아 그 행위를 한 때에는 본인은 자기가 안 사정 또는 과실로 인하여 알지 못한 사정에 관하여 대리인의 부지를 주장하지 못한다.

(1) 원칙 : 대리인 표준

① 의사표시의 효력이 의사의 흠결, 사기, 강박 또는 어느 사정을 알았거나 과실로 알지 못한 것으로 인하여 영향을 받을 경우에 그 사실의 유무는 대리인을 표준하여 결정한다(민법 제116조 제1항).

> **[대리인이 부동산을 이중으로 매수한 경우, 그 매매계약이 반사회적 법률행위인지 여부의 판단 기준이 되는 자]**
> 대리인이 본인을 대리하여 매매계약을 체결함에 있어서 매매대상 토지에 관한 저간의 사정을 잘 알고 그 배임행위에 가담하였다면, 대리행위의 하자 유무는 대리인을 표준으로 판단하여야 하므로, 설사 본인이 미리 그러한 사정을 몰랐거나 반사회성을 야기한 것이 아니라고 할지라도 그로 인하여 매매계약이 가지는 사회질서에 반한다는 장애사유가 부정되는 것은 아니다(대판 1998.2.27. 97다45532).

② 그러나 그 대리행위의 하자에서 생기는 효과(취소권, 무효의 주장 등)는 본인에게 귀속됨을 주의해야 한다.
③ 본인에게 착오, 사기, 강박 등의 사유가 있더라도 대리인에게 그러한 사유가 없다면 본인은 이를 주장하여 취소권을 행사할 수 없다.

(2) 예 외

① 제3자가 대리행위의 상대방에게 사기·강박을 행한 경우에 대리인뿐만 아니라 본인이 제3자의 사기·강박을 알았거나 알 수 있었더라도 상대방이 그 의사표시를 취소할 수 있다.
② 본인이 대리행위의 상대방에게 사기·강박을 행한 경우에, 신의칙상 본인의 사기·강박은 대리인의 그것으로 평가되어, 대리인이 그 사실을 알았거나 알 수 있었는지 여부와 관계없이 상대방은 민법 제110조 제1항에 의하여 의사표시를 취소할 수 있다.
③ 대리인이 본인의 지시에 좇아 법률행위를 한 경우에는 본인은 자신에게 악의·과실이 있는 경우 대리인이 선의·무과실이라고 하여도 이를 주장하지 못한다(민법 제116조 제2항).

3. 대리인의 능력

> **대리인의 행위능력(민법 제117조)**
> 대리인은 행위능력자임을 요하지 아니한다.

(1) 의 의

① 대리인은 행위능력자임을 요하지 않는다(민법 제117조). 다만, 대리행위 당시 대리인이 적어도 의사능력은 가지고 있어야 한다.
② 본인에게는 행위능력도 의사능력도 불필요하다. 단, 권리능력은 있어야 한다.

(2) 제한능력자인 대리인과 본인의 관계

민법 제117조는 대리인이 제한능력자라는 점을 들어 본인이 그의 대리행위를 취소하지 못한다는 의미를 가질 뿐이며, 제한능력자인 대리인과 본인 사이의 내부적 관계에는 영향을 미치지 않는다. 즉 대리인은 본인과의 기초적 내부관계를 발생시키는 행위를 제한행위능력을 이유로 취소할 수 있다.

Ⅳ 대리의 효과(본인과 상대방 사이의 관계)

① 대리인이 한 대리행위의 효과는 모두 직접 본인에게 귀속된다. 이 점에서 대리는 간접대리와 구별된다.
② 대리인이 한 불법행위는 법률행위의 대리가 아니므로 본인에게 그 효과가 귀속되지는 않고, 다만, 본인과 대리인이 사용자·피용자의 관계에 있는 경우에 본인이 민법 제756조의 사용자책임을 질 수는 있다.

V 복대리(複代理)

> **임의대리인의 복임권(민법 제120조)**
> 대리권이 법률행위에 의하여 부여된 경우에는 대리인은 본인의 승낙이 있거나 부득이한 사유 있는 때가 아니면 복대리인을 선임하지 못한다.
>
> **임의대리인의 복대리인 선임의 책임(민법 제121조)**
> ① 전조의 규정에 의하여 대리인이 복대리인을 선임한 때에는 본인에게 대하여 그 선임감독에 관한 책임이 있다.
> ② 대리인이 본인의 지명에 의하여 복대리인을 선임한 경우에는 그 부적임 또는 불성실함을 알고 본인에게 대한 통지나 그 해임을 태만한 때가 아니면 책임이 없다.
>
> **법정대리인의 복임권과 그 책임(민법 제122조)**
> 법정대리인은 그 책임으로 복대리인을 선임할 수 있다. 그러나 부득이한 사유로 인한 때에는 전조 제1항에 정한 책임만이 있다.
>
> **복대리인의 권한(민법 제123조)**
> ① 복대리인은 그 권한 내에서 본인을 대리한다.
> ② 복대리인은 본인이나 제3자에 대하여 대리인과 동일한 권리의무가 있다.

1. 의 의

(1) 복대리인의 개념

복대리인은 대리인이 「대리인 자신의 이름」으로 선임한 「본인의 대리인」이다.

(2) 복대리인의 법적 성질

① 복대리인은 「본인의 대리인」이고 대리인의 대리인은 아니다.
② 복대리인을 선임한 후에도 대리인의 대리권은 소멸하지 않고 복대리인의 대리권과 병존한다. 따라서 복임행위는 대리권의 「병존적 부여행위」라고 할 것이다.

2. 대리인의 복임권과 책임

(1) 임의대리인의 복임권과 그 책임

① 원칙적으로 복임권을 가지지 못하지만, 예외적으로 본인의 승낙이 있거나 부득이한 사유가 있는 때에 한하여 복대리인 선임이 가능하다. 단, 선임이 가능한 경우에는 선임·감독상의 과실에 대해서만 책임을 진다(민법 제121조 제1항).
② 나아가 본인이 복대리인을 지명한 경우에는 책임이 더욱 완화되어 있다.

(2) 법정대리인의 복임권과 그 책임
① 언제나 복임권이 있다.
② 법정대리인은 언제든지 복임권을 가지는 대신에 한편으로는 선임·감독상의 과실유무에 관계없이 모든 책임을 부담한다(민법 제122조 본문). 그러나 부득이하게 선임한 경우 선임·감독상의 과실에 대해서만 책임을 진다(민법 제122조 단서).

3. 복대리인의 지위

(1) 대리인에 대한 관계
① 복대리인은 대리인이 자기의 권한 내에서 선임한 것이므로 대리인의 감독에 복종하며, 그 권한도 대리권의 범위 내에 한한다.
② 복대리권은 대리권을 초과할 수 없으며, 대리권이 소멸하면 복대리권도 소멸한다.
③ 복대리인의 선임으로 대리인의 대리권은 소멸하지 않으며, 대리인과 복대리인은 모두 본인을 대리한다.

(2) 상대방에 대한 관계
① 복대리인은 본인의 대리인이므로(민법 제123조 제1항), 상대방에 대하여는 대리인과 동일한 권리·의무가 있다(민법 제123조 제2항).
② 복대리인은 복대리행위를 함에 있어서 본인을 위한다는 표시를 하여야 하며(민법 제114조 제1항), 표현대리규정도 복대리행위에 적용될 수 있다.

(3) 본인에 대한 관계
민법 제123조 제2항에 의하여 본인과 대리인 사이의 내부적 법률관계가 본인과 복대리인 간의 내부적 기초적 법률관계로 의제된다(통설).

(4) 복대리인의 복임권
선임 대리인과 동일한 조건으로 복임권을 인정할 수 있다(통설).

4. 복대리권의 소멸

(1) 대리권 일반의 소멸원인 등
① 본인의 사망 또는 복대리인의 사망, 성년후견의 개시 또는 파산(민법 제127조), ② 대리인과 복대리인 사이의 내부적 법률관계의 종료(민법 제128조 전단) 및 ③ 대리인의 수권행위의 철회(민법 제128조 후단)에 의해 복대리권은 소멸한다.

(2) 대리인의 대리권 소멸

Ⅵ 무권대리

1. 서 설

대리권 없이 행하여진 대리행위를 무권대리라 한다. 무권대리는 대리인에게 대리권이 있는 것으로 믿을 만한 외관이 있고, 그 외관 형성에 대하여 본인에게도 책임을 물을 만한 사정이 있는 표현대리와, 이러한 사정이 없는 경우인 협의의 무권대리로 나누어진다. 양자를 통틀어 광의의 무권대리라고 한다.

2. 표현대리

(1) 표현대리의 의의

1) 표현대리의 개념

표현대리란 대리인에게 대리권이 없음에도 불구하고 마치 그것이 있는 것과 같은 외관이 존재하고, 그러한 외관의 형성에 관여하든가 외관을 방치하는 등 본인이 책임져야 할 사정이 있는 경우에, 그 무권대리행위에 대하여 본인에게 책임을 지우는 제도이다.

2) 표현대리의 유형

민법은 대리권 수여표시에 의한 표현대리(민법 제125조)와 권한을 넘은 표현대리(민법 제126조), 대리권 소멸 후의 표현대리(민법 제129조)를 규정하고 있다.

3) 표현대리의 본질 및 무권대리와의 관계

① 문제점 : 표현대리가 유권대리의 일종인지 무권대리의 일종인지 문제되는데 양자를 구별하는 실익은 표현대리가 성립할 경우에도 민법 제130조 이하의 무권대리 규정이 적용될 수 있을지, 특히 무권대리인의 상대방에 대한 책임규정(민법 제135조)의 적용 여부이다.

② 학설 : 표현대리를 유권대리의 아종으로 보는 견해도 있으나 다수설은 표현대리는 광의의 무권대리에 속하는 것으로서 민법 제130조 이하가 적용되는 것이 원칙이나 민법 제135조는 적용되지 않는다는 점이 무권대리와 차이가 있다는 견해이다.

③ 판례 : 유권대리에 있어서는 본인이 대리인에게 수여한 대리권의 효력에 의하여 법률효과가 발생하는 반면, 표현대리에 있어서는 대리권이 없음에도 불구하고 법률이 특히 거래상대방 보호와 거래안전유지를 위하여 본래 무효인 무권대리행위의 효과를 본인에게 미치게 한 것으로, 양자의 구성요건 해당사실, 즉 주요사실은 다르다고 볼 수밖에 없으니, 유권대리에 관한 주장 속에 무권대리에 속하는 표현대리의 주장이 포함되어 있다고 볼 수 없다(대판 1983.12.13. 83다카1489).

④ 검토 : 거래상대방 보호와 거래안전 유지를 위하여 표현대리를 인정한 취지를 고려할 때 표현대리는 광의의 무권대리에 포함된다고 보아야 하나, 표현대리의 성립으로 상대방의 보호는 충분하므로, 민법 제135조를 적용하여 무권대리인의 책임을 추궁하는 것은 부정하는 것이 타당하다고 판단된다.

(2) 대리권수여 표시에 의한 표현대리(민법 제125조)

> **대리권수여의 표시에 의한 표현대리(민법 제125조)**
> 제3자에 대하여 타인에게 대리권을 수여함을 표시한 자는 그 대리권의 범위 내에서 행한 그 타인과 그 제3자간의 법률행위에 대하여 책임이 있다. 그러나 제3자가 대리권 없음을 알았거나 알 수 있었을 때에는 그러하지 아니하다.

1) 의 의
본인이 실제로는 타인에게 대리권을 수여하지 않았음에도 불구하고 수여하였다고 표시함으로써 대리권 수여의 외관이 존재하는 경우에 관한 규정이다.

2) 요 건
① 대리권수여의 표시
  ㉠ 수권표시의 법적 성질 : 통설은 수권행위가 있었다는 뜻의 「관념의 통지」로 본다.
  ㉡ 수권표시의 방법 : 제한이 없다. 따라서 서면으로 하든 구술로 하든, 특정인에 대한 것이든, 불특정인에 대한 것이든 불문한다. 또한 본인이 직접하지 않고 대리인이 될 자를 통해서 하더라도 무방하다.
  ㉢ 수권표시의 철회 : 철회는 표현대리인이 대리행위를 하기 전에 행해져야 한다. 철회가 효력을 발생하려면 상대방에게 철회된 사실을 알려야 한다. 이때 철회는 표시와 동일한 방법이나 이에 준하는 방법으로 상대방에게 알려야 한다.
② 표시된 대리권의 범위 내의 행위일 것 : 만일 수권표시의 객관적인 범위를 넘는 행위가 있은 경우에 그 초과부분에 대해서는 민법 제126조가 적용될 여지가 있다.
③ 대리행위의 상대방 : 대리권수여의 표시를 받은 상대방에 한정한다.
④ 상대방의 선의·무과실 : 상대방의 과실 유무는 무권대리행위 당시의 제반사정을 객관적으로 판단하여 결정해야 한다(대판 1974.7.9. 73다1804). 민법 제125조의 책임을 면하려는 본인이 상대방의 악의 또는 과실에 대한 입증책임을 진다. 즉 상대방은 선의·무과실이어야 한다.

3) 적용범위
① 민법 제125조는 임의대리에만 적용되고 법정대리에는 적용되지 않는다(통설·판례).
② 복대리에 관해서도 민법 제125조는 적용된다(판례).
③ 소송행위에는 민법상의 표현대리규정이 적용 또는 유추적용될 수 없다(대판 1983.2.8. 81다카621). 공법상 행위도 마찬가지이다.
④ 대리행위가 강행규정에 위반하는 경우에는 표현대리의 법리가 적용되지 않는다.

4) 법률효과
① 표현대리는 상대방이 이를 주장하는 경우에 비로소 문제되는 것이고, 상대방이 주장하지 않는 한 본인 측에서 표현대리를 주장할 수는 없다.
② 상대방의 철회와 본인의 추인 중 먼저 행해진 것에 따라서 표현대리의 효과가 확정된다.
③ 상대방에 대한 무권대리인의 책임규정(민법 제135조)은 적용되지 않는다.
④ 표현대리가 성립하는 경우에 그 본인은 표현대리행위에 의하여 전적인 책임을 져야 하고, 상대방에게 과실이 있다고 하더라도 과실상계의 법리를 유추적용하여 본인의 책임을 경감할 수 없다(대판 1996.7.12. 95다49554).

(3) 권한을 넘은 표현대리(민법 제126조)

> **권한을 넘은 표현대리(민법 제126조)**
> 대리인이 그 권한 외의 법률행위를 한 경우에 제3자가 그 권한이 있다고 믿을 만한 정당한 이유가 있는 때에는 본인은 그 행위에 대하여 책임이 있다.

1) 의 의
대리인이 그 권한 외의 법률행위를 한 경우에 제3자가 그 권한이 있다고 믿을 만한 정당한 이유가 있는 때에는 대리권의 범위 안에서 대리행위를 한 경우와 같이 본인은 그 행위에 대하여 책임이 있다.

2) 요 건
① 대리인에게 기본대리권이 존재할 것
  ㉠ 기본대리권에 법정대리권도 포함되며, 대리행위와 동종·유사한 것일 필요가 없고 전혀 별개의 행위에 대한 기본대리권도 가능하다.
  ㉡ 기본대리권은 현재의 대리권을 말하고, 과거에 가졌던 대리권을 넘는 경우에는 민법 제126조가 적용되지 않고 민법 제129조가 적용될 수 있다.
② 권한을 넘은 표현대리행위가 존재할 것
  ㉠ 표현대리인과 상대방 사이에 대리행위가 없는 때에는 민법 제126조가 적용되지 않는다.
  ㉡ 민법 제126조의 표현대리는 문제된 법률행위와 수여받은 대리권 사이에 아무런 관계가 없는 경우에도 적용된다.
  ㉢ 기본대리권이 공법상의 권리이고 표현대리행위가 사법상의 행위일지라도 민법 제126조의 표현대리는 적용된다.
  ㉣ 민법 제126조의 상대방은 민법 제125조 및 민법 제129조의 경우와 같이 표현대리행위의 직접 상대방만을 말한다.
  ㉤ 본인의 성명을 모용하여 자기가 마치 본인인 것처럼 기망하여 본인 명의로 직접 법률행위를 한 경우, 특별한 사정이 없는 한, 표현대리는 성립될 수 없다.

③ 정당한 이유의 존재

　㉠ 정당한 이유란 대리행위에 대한 대리권이 존재하리라고 상대방이 믿은 데 과실이 없음을 말한다. 즉 선의이며 과실이 없는 것을 의미한다.

　㉡ 정당한 이유의 존부는 대리인의 대리행위가 행하여질 때에 존재하는 제반사정을 객관적으로 관찰하여 판단하여야 한다(대판 2008.2.1. 2006다33418).

　㉢ 정당한 이유의 판정시기는 대리행위 당시이고 그 후의 사정이 고려되어서는 안 된다(대판 1997.6.27. 97다3828).

　㉣ 정당한 이유의 입증책임에 대하여 다수설은 본인이 상대방의 악의·과실을 주장·입증해야 한다고 하는 반면, 판례(대판 1968.6.18. 68다694)는 유효를 주장하는 자에게 있다고 한다.

　㉤ 타인의 채무에 대한 보증행위는 그 성질상 아무런 반대급부 없이 오직 일방적으로 불이익만을 입는 것인 점에 비추어 볼 때, 남편이 처에게 타인의 채무를 보증함에 필요한 대리권을 수여한다는 것은 사회통념상 이례에 속하므로, 처가 특별한 수권 없이 남편을 대리하여 위와 같은 행위를 하였을 경우에 그것이 민법 제126조 소정의 표현대리가 되려면 처에게 일상가사대리권이 있었다는 것만이 아니라 상대방이 처에게 남편이 그 행위에 관한 대리의 권한을 주었다고 믿었음을 정당화할 만한 객관적인 사정이 있어야 한다(대판 1998.7.10. 98다18988).

3) 적용범위

① 민법 제126조의 표현대리는 임의대리와 법정대리에 모두 적용된다(통설·판례).

② 민법 제125조와 민법 제129조가 적용됨으로써 상대방에 대한 관계에 있어서는 법률상 대리권의 수여가 있었던 것으로 다루어지기 때문에 그러한 범위를 넘은 경우에도 민법 제126조가 적용되어 민법 제125조와 민법 제129조의 표현대리권이 민법 제126조의 기본대리권에 해당한다(통설).

③ 복임권이 없는 대리인에 의하여 선임된 복대리인의 행위에도 민법 제126조가 적용된다(판례).

④ 부부 상호 간의 법정대리권인 일상가사대리권에 대해서도 민법 제126조의 적용이 있다(통설).

⑤ 문제가 된 부부의 행위가 일상가사에 속하지 않더라도 일상가사대리권을 기본대리권으로 하여 문제의 행위에 특별수권이 주어졌다고 믿을 만한 정당한 이유가 있는 경우에 민법 제126조의 표현대리를 인정할 수 있다(판례).

⑥ 비법인사단인 교회의 대표자는 총유물인 교회 재산의 처분에 관하여 교인총회의 결의를 거치지 아니하고는 이를 대표하여 행할 권한이 없다. 따라서 교회의 대표자가 권한 없이 행한 교회 재산의 처분행위에 대하여는 민법 제126조의 표현대리에 관한 규정이 준용되지 아니한다(대판 2009.2.12. 2006다23312).

⑦ 민법 제126조의 표현대리는 대리인이 본인을 위한다는 의사를 명시적 또는 묵시적으로 표시하거나 대리의사를 가지고 권한 외의 행위를 하는 경우에 성립한다. 그 외에 사술을 써서 위와 같은 대리행위의 표시를 하지 아니하고 단지 본인의 성명을 모용하여 자기가 마치 본인인 것처럼 기망하여 본인 명의로 직접 법률행위를 한 경우에는, 본인을 모용한 사람에게 본인을 대리할 기본대리권이 있었고, 상대방으로서는 위 모용자가 본인 자신으로서 본인의 권한을 행사하는 것으로 믿은 데 정당한 사유가 있었던 사정이 있는 경우에 한하여 민법 제126조의 표현대리 법리가 유추적용된다(대판 2025.6.5. 2023다232526).

4) 법률효과

민법 제126조의 요건이 충족되면 상대방은 표현대리인이 한 법률행위의 효력을 본인에게 주장할 수 있다.

(4) 대리권 소멸 후의 표현대리(민법 제129조)

> **대리권 소멸 후의 표현대리(민법 제129조)**
> 대리권의 소멸은 선의의 제3자에게 대항하지 못한다. 그러나 제3자가 과실로 인하여 그 사실을 알지 못한 때에는 그러하지 아니하다.

1) 의 의
① 민법 제129조는 대리권이 소멸하여 대리권이 없게 된 자가 대리행위를 한 경우에 선의·무과실로 그와 거래한 상대방을 보호하기 위하여 그 상대방과의 관계에서 마치 대리권이 있는 경우와 마찬가지로 효과를 인정한다.
② 민법 제129조는 그 효과로 '제3자에 대항하지 못한다'라고 규정하고 있는 바, 그 표현이 민법 제125조나 민법 제126조의 '책임이 있다'와 다르나 그 의미는 같다.

2) 요 건
① 대리인이 이전에는 대리권을 가지고 있었으나 대리행위를 할 때에는 대리권이 소멸하고 있어야 한다.

> 대리인이 대리권 소멸 후 직접 상대방과 사이에 대리행위를 하는 경우는 물론 대리인이 대리권 소멸 후 복대리인을 선임하여 복대리인으로 하여금 상대방과 사이에 대리행위를 하도록 한 경우에도, 상대방이 대리권 소멸 사실을 알지 못하여 복대리인에게 적법한 대리권이 있는 것으로 믿었고 그와 같이 믿은 데 과실이 없다면 민법 제129조에 의한 표현대리가 성립할 수 있다(대판 1998.5.29. 97다55317).

② 제3자는 선의·무과실이어야 한다.
③ 대리권이 이전에 존재하였던 것과 상대방의 신뢰 사이에 인과관계가 있어야 한다.
④ 대리인이 권한 내의 행위를 하여야 한다.
⑤ 처음부터 전혀 대리권이 없는 경우에는 민법 제129조가 적용될 수 없다.
⑥ 수권행위가 철회 또는 취소된 경우와 기초적 내부관계가 소멸한 경우에도 대리권은 소멸하므로 민법 제129조의 표현대리가 적용될 수 있다.
⑦ 상대방은 대리행위의 직접 상대방만을 말하며 상대방과 거래한 제3자는 포함되지 않는다.
⑧ 제3자의 악의·과실에 대한 입증책임은 본인에게 있다(통설).

3) 적용범위
① 민법 제129조의 표현대리는 임의대리와 법정대리 모두에 적용된다(통설·판례).
② 민법 제129조는 복대리인의 무권대리행위에 대해서도 적용된다.

3. 협의의 무권대리(無權代理)

(1) 서 설

대리인이 대리권 없이 대리행위를 한 경우 중 표현대리가 성립하는 경우를 제외한 것이 협의의 무권대리이다. 민법은 협의의 무권대리로 계약의 무권대리(민법 제130조 내지 제135조)와 단독행위의 무권대리(민법 제136조)를 규정하고 있다.

(2) 계약의 무권대리

> **무권대리(민법 제130조)**
> 대리권 없는 자가 타인의 대리인으로 한 계약은 본인이 이를 추인하지 아니하면 본인에 대하여 효력이 없다.
>
> **상대방의 최고권(민법 제131조)**
> 대리권 없는 자가 타인의 대리인으로 계약을 한 경우에 상대방은 상당한 기간을 정하여 본인에게 그 추인 여부의 확답을 최고할 수 있다. 본인이 그 기간 내에 확답을 발하지 아니한 때에는 추인을 거절한 것으로 본다.
>
> **추인, 거절의 상대방(민법 제132조)**
> 추인 또는 거절의 의사표시는 상대방에 대하여 하지 아니하면 그 상대방에 대항하지 못한다. 그러나 상대방이 그 사실을 안 때에는 그러하지 아니하다.
>
> **추인의 효력(민법 제133조)**
> 추인은 다른 의사표시가 없는 때에는 계약 시에 소급하여 그 효력이 생긴다. 그러나 제3자의 권리를 해하지 못한다.
>
> **상대방의 철회권(민법 제134조)**
> 대리권 없는 자가 한 계약은 본인의 추인이 있을 때까지 상대방은 본인이나 그 대리인에 대하여 이를 철회할 수 있다. 그러나 계약 당시에 상대방이 대리권 없음을 안 때에는 그러하지 아니하다.

1) 본인과 상대방 사이의 효과

① 본인의 권리 : 추인권 및 추인거절권

㉠ 추인권의 성질 : 무권대리인의 법률행위에 대한 본인의 추인은 상대방이나 무권대리인의 동의나 승낙을 요하지 않는 상대방 있는 단독행위이다.

㉡ 추인의 당사자 : 추인권자는 본인이지만, 상속인 등 본인의 포괄승계인도 추인할 수 있고, 그 밖에 법정대리인이나 본인으로부터 특별수권을 부여받은 임의대리인도 추인할 수 있다. 반면 추인의 상대방과 관련하여 판례는 "무권대리인, 무권대리인의 직접 상대방 및 그 무권대리행위로 인한 권리 또는 법률관계의 승계인에 대하여도 할 수 있다"(대판 1981.4.14. 80다2314)는 입장이다. 다만, 추인을 무권대리인에게 하는 경우 상대방이 추인이 있음을 알지 못한 때에는 상대방에 대하여 추인의 효과를 주장하지 못한다(민법 제132조). 따라서 상대방은 그때까지 자신의 의사표시를 철회할 수 있다.

ⓒ 추인의 방법 : 무권대리행위의 추인에 특별한 방식이 요구되는 것이 아니므로 명시적인 방법만 아니라 묵시적인 방법으로도 할 수 있고, 구술로 하든 서면으로 하든 모두 가능하며, 재판 외에서뿐만 아니라 재판상에서도 할 수 있다(대판 1974.2.26. 73다934).

ⓔ 일부추인의 가부 : 추인은 원칙적으로 무권대리행위 전부에 대하여 해야 한다(대판 2008.8.21. 2007다79480). 따라서 무권대리행위의 일부에 대한 추인은 허용되지 않지만 상대방의 동의가 있으면 가능하다(대판 1982.1.26. 81다카549).

ⓜ 추인의 효과와 소급효(민법 제133조)

> [1] 법률행위에 따라 권리가 이전되려면 권리자 또는 처분권한이 있는 자의 처분행위가 있어야 한다. 무권리자가 타인의 권리를 처분한 경우에는 특별한 사정이 없는 한 권리가 이전되지 않는다. 그러나 이러한 경우에 권리자가 무권리자의 처분을 추인하는 것도 자신의 법률관계를 스스로의 의사에 따라 형성할 수 있다는 사적 자치의 원칙에 따라 허용된다. 이러한 추인은 무권리자의 처분이 있음을 알고 해야 하고, 명시적으로 또는 묵시적으로 할 수 있으며, 그 의사표시는 무권리자나 그 상대 어느 쪽에 해도 무방하다. [2] 권리자가 무권리자의 처분을 추인하면 무권대리에 대해 본인이 추인을 한 경우와 당사자들 사이의 이익상황이 유사하므로, 무권대리의 추인에 관한 민법 제130조, 제133조 등을 무권리자의 추인에 유추적용할 수 있다. 따라서 무권리자의 처분이 계약으로 이루어진 경우에 권리자가 이를 추인하면 원칙적으로 계약의 효과가 계약을 체결했을 때에 소급하여 권리자에게 귀속된다고 보아야 한다(대판 2017.6.8. 2017다3499).

ⓗ 추인거절권 : 본인이 추인을 하지 않고 내버려 둘 수도 있으나, 적극적으로 추인의 의사가 없음을 표시하여 무권대리행위의 유동적 무효 상태를 확정적 무효 상태로 만들 수 있는데 이를 본인의 추인거절권이라 한다.

ⓢ 추인거절권의 상대방과 그 방법 : 추인의 경우와 동일하다(민법 제132조).

ⓞ 추인거절의 효과 : 추인거절이 있으면 이제는 본인도 추인할 수 없고, 상대방도 최고권, 철회권을 행사할 수 없다.

② 무권대리인과 상속

㉠ 무권대리인이 본인을 상속한 경우 : 학설은 비당연유효설 내지 양지위병존설과 당연유효설(다수설)의 대립이 있다. 판례는 당연유효로 보지는 않지만 "무권대리로서 무효임을 주장하는 것은 금반언의 원칙이나 신의칙에 반한다"(대판 1994.9.27. 94다20617)고 한다.

㉡ 본인이 무권대리인을 상속한 경우 : 당연유효설이 있으나 다수설은 양지위병존설의 입장에서 본인의 자격에서 추인을 거절할 수 있고 이는 신의칙에 반하지 않는다고 한다. 추인을 거절하면 무권대리인의 지위에서 이행 또는 손해배상책임을 부담하게 된다. 판례의 입장도 동일한 것으로 보인다(대판 1994.8.26. 93다20191).

③ 상대방의 권리
　㉠ 상대방의 최고권(민법 제131조) : 상대방의 선의·악의를 불문하고 본인에게만 행사할 수 있다.
　㉡ 상대방의 철회권(민법 제134조) : 상대방이 선의인 경우, 본인 또는 무권대리인 모두에게 철회권을 행사할 수 있다. 적법하게 철회가 되면 불확정한 법률행위는 확정적으로 무효가 되고, 본인도 추인을 할 수 없게 되며, 상대방 역시 무권대리인에게 책임(민법 제135조)을 물을 수 없게 된다. 한편 상대방이 대리인에게 대리권이 없음을 알았다는 점에 대한 주장·입증책임은 철회의 효과를 다투는 본인에게 있다(대판 2017.6.29. 2017다213838).

2) 대리인과 상대방과의 관계 – 무권대리인의 상대방에 대한 책임

> **상대방에 대한 무권대리인의 책임(민법 제135조)**
> ① 다른 자의 대리인으로서 계약을 맺은 자가 그 대리권을 증명하지 못하고 또 본인의 추인을 받지 못한 경우에는 그는 상대방의 선택에 따라 계약을 이행할 책임 또는 손해를 배상할 책임이 있다.
> ② 대리인으로서 계약을 맺은 자에게 대리권이 없다는 사실을 상대방이 알았거나 알 수 있었을 때 또는 대리인으로서 계약을 맺은 사람이 제한능력자일 때에는 제1항을 적용하지 아니한다.

① 의의 및 책임의 법적 성질
　㉠ 무권대리가 되면 본인은 원칙적으로 책임을 지지 않는다.
　㉡ 무권대리인의 상대방에 대한 책임은 무과실책임이며(대판 2014.2.27. 2013다3038), 법정책임이다(통설).

> **[무권대리인의 상대방에 대한 책임의 성질 및 무권대리행위가 제3자의 위법행위로 야기된 경우 책임이 부정되는지 여부(소극)]**
> 민법 제135조 제1항은 "타인의 대리인으로 계약을 한 자가 그 대리권을 증명하지 못하고 또 본인의 추인을 얻지 못한 때에는 상대방의 선택에 좇아 계약의 이행 또는 손해배상의 책임이 있다"고 규정하고 있다. 위 규정에 따른 무권대리인의 상대방에 대한 책임은 무과실책임으로서 대리권의 흠결에 관하여 대리인에게 과실 등의 귀책사유가 있어야만 인정되는 것이 아니고, 무권대리행위가 제3자의 기망이나 문서위조 등 위법행위로 야기되었다고 하더라도 책임은 부정되지 아니한다(대판 2014.2.27. 2013다213038).

② 책임의 요건
　㉠ 무권대리인이 대리권을 증명하지 못하고, 본인의 추인을 받지 못할 것
　㉡ 상대방이 선의·무과실일 것(민법 제135조 제2항) : 상대방의 선의·무과실의 판단은 대리행위 당시를 기준으로 하며, 무권대리인이 상대방이 대리권 없음을 알았거나 알 수 있었다는 사실을 주장·입증해야 한다(통설).
　㉢ 무권대리인이 제한능력자가 아닐 것(민법 제135조 제2항)
　㉣ 상대방이 철회권을 행사한 경우에는 민법 제135조의 책임을 추궁할 수 없다.

③ 책임의 내용 : 「상대방」의 선택에 따라 계약의 이행 또는 손해배상책임을 진다.

> 타인의 대리인으로 계약을 한 자가 그 대리권을 증명하지 못하고 또 본인의 추인을 얻지 못한 때에는 상대방의 선택에 좇아 계약의 이행 또는 손해배상의 책임이 있는 것인바 이 상대방이 가지는 계약이행 또는 손해배상청구권의 소멸시효는 그 선택권을 행사할 수 있는 때로부터 진행한다 할 것이고 또 선택권을 행사할 수 있는 때라고 함은 대리권의 증명 또는 본인의 추인을 얻지 못한 때라고 할 것이다(대판 1965.8.24. 64다1156).

3) 본인과 무권대리인과의 관계
① 본인이 추인한 경우 : 본인이 추인하면 사무관리(민법 제734조)가 성립한다.
② 본인이 추인하지 않은 경우 : 본인과 대리인 사이에는 아무런 효과도 발생하지 않는다. 다만, 부당이득(민법 제741조), 불법행위(민법 제750조)가 문제될 수 있고, 본인이 대리인에게 내부적 법률관계에 의하여 채무불이행책임(민법 제390조)을 추궁할 수도 있다.

(3) 단독행위의 무권대리

> **단독행위와 무권대리(민법 제136조)**
> 단독행위에는 그 행위 당시에 상대방이 대리인이라 칭하는 자의 대리권 없는 행위에 동의하거나 그 대리권을 다투지 아니한 때에 한하여 전6조의 규정을 준용한다. 대리권 없는 자에 대하여 그 동의를 얻어 단독행위를 한 때에도 같다.

1) 상대방 없는 단독행위
① 유언, 재단법인의 설립행위, 권리의 포기 등의 상대방 없는 단독행위는 능동대리 및 수동대리를 묻지 않고 언제나 무효이다.
② 본인의 추인이 있더라도 무효이다.

2) 상대방 있는 단독행위
① 단독행위에는 그 행위 당시에 상대방이 대리인이라 칭하는 자의 대리권 없는 행위에 동의하거나 그 대리권을 다투지 아니한 때에 한하여 무권대리에 관한 규정을 준용한다. 대리권 없는 자에 대하여 그 동의를 얻어 단독행위를 한 때에도 같다(민법 제136조).
② 상대방 있는 단독행위도 원칙적으로 무효이다.
③ 민법 제136조 전단의 능동대리의 경우 대리권을 다투지 아니한 때란 이의를 제출하지 아니한 것을 말하고, 무권대리인에게 대리권이 없다는 데에 대한 선의·악의 내지 과실·무과실은 문제되지 않는다.
④ 민법 제136조 후단의 수동대리의 경우에는 무권대리인의 동의를 얻어 단독행위를 한 경우에만 계약과 동일한 효과가 발생한다.

제5절　법률행위의 무효와 취소

I　서 설

1. 개 념

처음부터 당연히 법률행위의 효력이 발생하지 아니하는 경우를 무효라 하고, 취소권자의 취소라는 행위가 있어야 비로소 소급적으로 무효가 되는 경우를 취소라고 한다.

2. 무효와 취소의 구별

구 분	무 효	취 소
효 력	처음부터 당연히 효력이 없음	원칙적으로 유효한 법률행위이나 취소를 통해 소급적 무효가 됨
주장권자	누구든지 무효 주장 가능	취소권자만 주장 가능(민법 제140조)
상대방	누구에게나 무효 주장 가능	법률행위 상대방에게만 주장 가능
기 간	한번 무효는 계속 무효	취소는 단기제척기간 존재(민법 제146조)
추 인	무효행위의 추인제도가 있음. 다만, 추인하여도 원칙적으로 그 효력이 발생하지 아니함. 다만, 무효임을 알고 추인한 경우 새로운 법률행위로 될 수 있음(민법 제139조)	취소할 수 있는 법률행위를 추인하면 유효한 법률행위로 확정
법정추인	없 음	있음(민법 제145조)

3. 무효와 취소의 이중효

어느 법률행위가 무효사유와 취소사유를 모두 포함하고 있는 경우, 예를 들어 매도인이 매수인의 중도금지급채무불이행을 이유로 매매계약을 해제한 후에도, 매수인은 계약해제에 따른 불이익을 면하기 위해 착오를 이유로 매매계약전체를 취소하여 이를 무효로 돌릴 수 있다. 이를 무효와 취소의 이중효라고 한다.

출처 | 지원림, 홍문사, 민법강의 제16판, P. 347 [2-363]

Ⅱ. 법률행위의 무효

1. 의의

법률행위가 성립요건을 갖추지 못할 때 법률행위의 부존재라고 하고, 성립요건은 갖추었으나 효력요건을 갖추지 못한 경우를 법률행위의 무효라고 한다.

2. 무효의 종류

(1) 절대적 무효 · 상대적 무효

① 절대적 무효는 누구에 대해서도 무효를 주장할 수 있는 경우이다. 대표적인 경우가 민법 제103조, 민법 제104조 위반, 강행규정 위반 등의 경우이다.
② 상대적 무효는 당사자 사이에서는 무효이지만 선의의 제3자에게 대항하지 못하는 경우이다. 대표적으로 비진의표시가 무효로 되는 경우(민법 제107조 제1항), 통정허위표시(민법 제108조 제2항) 등의 경우이다.

(2) 당연무효 · 재판상 무효

무효는 원칙적으로 법률상 당연무효이다. 이와 달리 법률관계의 획일적 확정을 위하여 소(訴)에 의해서만 이를 주장할 수 있는 경우가 재판상 무효이다.

3. 무효의 일반적 효과

① 법률행위가 무효이면 법률효과는 발생하지 않으므로, 무효인 법률행위에 따른 법률효과를 침해하는 것처럼 보이는 위법행위나 채무불이행이 있더라도 법률효과 침해에 따른 손해배상을 청구할 수 없다(대판 2003.3.28. 2002다72125).
② 무효인 법률행위에 기한 이행이 있기 전이라면 더 이상 이행할 필요가 없지만, 이미 급부가 이행되었다면 그 급부는 원칙적으로 부당이득에 관한 규정(민법 제741조 이하)에 의하여 반환되어야 한다.

4. 일부무효

> **법률행위의 일부무효(민법 제137조)**
> 법률행위의 일부분이 무효인 때에는 그 전부를 무효로 한다. 그러나 그 무효부분이 없더라도 법률행위를 하였을 것이라고 인정될 때에는 나머지 부분은 무효가 되지 아니한다.

(1) 의 의

① 전부무효가 원칙이나 예외적으로 무효부분을 제외한 나머지 부분은 유효가 될 수 있다.

② 일부무효에 관한 민법 제137조는 임의규정이다. 따라서 일부무효에 관하여 효력규정에 위반되지 않는 당사자의 명시적 또는 묵시적 약정이 있으면 그에 의하고, 제137조는 적용되지 않는다(대판 2010.3.25. 2009다41465).

(2) 요 건

1) 법률행위의 일체성과 분할가능성이 있을 것(객관적 요건)

① 일체성 : 당사자가 법률행위의 여러 부분을 하나의 전체로서 의욕한 경우 일체성이 인정된다.

② 분할가능성 : 단, 그 여러 부분이 각각 분할가능성이 인정되어야 일부무효의 법리가 적용된다.

> [법률행위가 분할될 수 없거나 무효인 일부분을 제외한 나머지 목적물이 특정될 수 없는 경우, 민법 제137조가 적용될 수 있는지 여부(소극)]
> 민법 제137조는 "법률행위의 일부분이 무효인 때에는 그 전부를 무효로 한다. 그러나 그 무효부분이 없더라도 법률행위를 하였을 것이라고 인정될 때에는 나머지 부분은 무효가 되지 아니한다"라고 규정한다. 위 조항은 일체로서 행하여진 법률행위의 일부분에만 무효사유가 존재하고 그 무효부분이 없더라도 나머지 부분이 독립된 법률행위로서 유효하게 존속할 수 있는 경우에 적용된다. 따라서 법률행위가 분할될 수 없거나 무효인 일부분을 제외한 나머지 목적물이 특정될 수 없다면 민법 제137조는 적용될 여지가 없다(대판 2024.7.11. 2024다211762).

2) 무효부분이 없더라도 법률행위를 하였을 것이라고 인정될 것(주관적 요건)

① 무효부분이 없더라도 나머지 부분만으로도 법률행위를 하였을 것이라는 「가정적 의사」가 필요하다.

> [일부무효의 법리를 정한 민법 제137조에서 '당사자의 의사'의 의미 / 여러 개의 계약 전부가 경제적, 사실적으로 일체로서 행하여져서 하나의 계약인 것과 같은 관계에 있는 경우, 법률행위의 일부무효 법리가 적용되는지 여부(적극)]
> 법률행위의 일부분이 무효인 때에는 그 전부를 무효로 하나, 그 무효 부분이 없더라도 법률행위를 하였을 것이라고 인정될 때에는 나머지 부분은 무효가 되지 아니한다(민법 제137조). 여기서 당사자의 의사는 법률행위의 일부가 무효임을 법률행위 당시에 알았다면 의욕하였을 가정적 효과의사를 가리키는 것이다. / 그리고 이와 같은 법률행위의 일부무효 법리는 여러 개의 계약이 체결된 경우에 그 계약 전부가 경제적, 사실적으로 일체로서 행하여져서 하나의 계약인 것과 같은 관계에 있는 경우에도 적용된다(대판 2024.4.4. 2023다298670).

② 판단시점은 법률행위 당시를 기준으로 한다.

3) 입증책임

잔부(殘部)의 유효를 주장하는 자가 위 요건의 존재를 입증해야 한다.

(3) 효 과

① 원칙적으로 전부무효이나, 위 요건을 갖춘 경우 그 일부만을 유효로 볼 수 있다.

② 유효가 되는 시점은 법률행위 당시로 소급한다.

(4) 적용범위

① 민법 제137조는 임의규정이므로 당사자의 의사에 의해 배제할 수 있다.
② 법률에 일부무효에 관한 효력에 관하여 특별한 규정이 있는 경우에도 적용되지 않는다.

> **[일부무효 법리를 정한 민법 제137조의 적용 범위 및 법률행위의 일부가 강행법규인 효력규정에 위반되어 무효가 되는 경우, 그 부분의 무효가 나머지 부분의 효력에 영향을 미치는지 판단하는 기준]**
> 민법 제137조는 임의규정으로서 법률행위 자치의 원칙이 지배하는 영역에서 그 적용이 있다. 그리하여 법률행위의 일부가 강행법규인 효력규정에 위반되어 무효가 되는 경우 그 부분의 무효가 나머지 부분의 유효·무효에 영향을 미치는가의 여부를 판단함에 있어서는, 개별 법령이 일부무효의 효력에 관한 규정을 두고 있는 경우에는 그에 따르고, 그러한 규정이 없다면 민법 제137조 본문에서 정한 바에 따라서 원칙적으로 법률행위의 전부가 무효가 된다. 그러나 같은 조 단서는 당사자가 위와 같은 무효를 알았다라면 그 무효의 부분이 없더라도 법률행위를 하였을 것이라고 인정되는 경우에는, 그 무효 부분을 제외한 나머지 부분이 여전히 효력을 가진다고 정한다. 이때 당사자의 의사는 법률행위의 일부가 무효임을 법률행위 당시에 알았다면 의욕하였을 가정적 효과의사를 가리키는 것으로서, 당해 효력규정을 둔 입법 취지 등을 고려할 때 법률행위 전부가 무효로 된다면 그 입법 취지에 반하는 결과가 되는 등의 경우에는 여기서 당사자의 가정적 의사는 다른 특별한 사정이 없는 한 무효의 부분이 없더라도 그 법률행위를 하였을 것으로 인정되어야 한다(대판 2013.4.26. 2011다9068).

5. 유동적 무효

(1) 의 의

유동적 무효란 법률행위가 무효이기는 하지만 추인 등에 의하여 행위 시에 소급하여 유효로 될 수 있는 경우를 말한다. 이는 취소할 수 있는 법률행위인 유동적 유효와 다르다.

(2) 토지거래 허가제도

1) 적용범위

토지거래 허가제도는 대가를 받고 소유권 또는 지상권을 이전 또는 설정하는 경우, 즉 유상계약에만 한정되어 적용되는 것이다(대판 2009.5.14. 2009도926).

2) 토지거래허가를 받지 않은 계약의 효력

판례는 「허가를 받기 전의 거래계약이 처음부터 허가를 배제하거나 잠탈하는 내용의 계약일 경우에는 확정적으로 무효로서 유효화될 여지가 없으나 이와 달리 허가받을 것을 전제로 한 거래계약(허가를 배제하거나 잠탈하는 내용의 계약이 아닌 계약은 여기에 해당하는 것으로 본다)일 경우에는 허가를 받을 때까지는 법률상 미완성의 법률행위로서 소유권 등 권리의 이전 또는 설정에 관한 거래의 효력이 전혀 발생하지 않음은 위의 확정적 무효의 경우와 다를 바 없지만, 일단 허가를 받으면 그 계약은 소급하여 유효한 계약이 되고 이와 달리 불허가가 된 때에는 무효로 확정되므로 허가를 받기까지는 유동적 무효의 상태에 있다고 보는 것이 타당하므로 허가받을 것을 전제로 한 거래계약은 허가받기 전의 상태에서는 거래계약의 채권적 효력도 전혀 발생하지 않으므로 권리의 이전 또는 설정에 관한 어떠한 내용의 이행청구도 할 수 없으나 일단 허가를 받으면 그 계약은 소급해서 유효화되므로 허가 후에 새로이 거래계약을 체결할 필요는 없다」(대판[전합] 1991.12.24. 90다12243 - 다수의견)고 하였다.

3) 유동적 무효인 채권계약에 관한 법률관계

① **이행청구권의 인정 여부(소극)** : 허가를 받을 것을 전제로 한 거래계약은 허가받기 전의 상태에서는 거래계약의 채권적 효력도 전혀 발생하지 않으므로 권리의 이전 또는 설정에 관한 어떠한 내용의 이행청구도 할 수 없고, 그러한 거래계약의 당사자로서는 허가받기 전의 상태에서 상대방의 거래계약상 채무불이행을 이유로 거래계약을 해제하거나 그로 인한 손해배상을 청구할 수 없다(대판 1997.7.25. 97다4357·4364).

② **해약금에 의한 해제 가능 여부(적극)** : 특별한 사정이 없는 한 국토이용관리법상의 토지거래허가를 받지 않아 유동적 무효 상태인 매매계약에 있어서도 당사자 사이의 매매계약은 매도인이 계약금의 배액을 상환하고 계약을 해제함으로써 적법하게 해제된다(대판 1997.6.27. 97다9369).

③ **의사표시에 의한 계약의 무효·취소 주장 가부(적극)** : 국토이용관리법상 규제구역 내에 속하는 토지거래에 관하여 관할 도지사로부터 거래허가를 받지 아니한 거래계약은 처음부터 위 허가를 배제하거나 잠탈하는 내용의 계약이 아닌 한 허가를 받기까지는 유동적 무효의 상태에 있고 거래 당사자는 거래허가를 받기 위하여 서로 협력할 의무가 있으나, 그 토지거래가 계약당사자의 표시와 불일치한 의사(비진의표시, 허위표시 또는 착오) 또는 사기, 강박과 같은 하자 있는 의사에 의하여 이루어진 경우에는, 이들 사유에 의하여 그 거래의 무효 또는 취소를 주장할 수 있는 당사자는 그러한 거래허가를 신청하기 전 단계에서 이러한 사유를 주장하여 거래허가신청 협력에 대한 거절의사를 일방적으로 명백히 함으로써 그 계약을 확정적으로 무효화시키고 자신의 거래허가절차에 협력할 의무를 면할 수 있다(대판 1997.11.14. 97다36118).

④ **임의로 지급한 계약금·중도금에 대한 부당이득반환청구권의 인정 여부(원칙적 소극)** : 국토이용관리법상 토지거래허가를 받지 않아 거래계약이 유동적 무효의 상태에 있는 경우, 유동적 무효 상태의 계약은 관할 관청의 불허가처분이 있을 때뿐만 아니라 당사자 쌍방이 허가신청협력의무의 이행거절 의사를 명백히 표시한 경우에는 확정적으로 무효가 된다고 할 것이고, 이 경우 비로소 부당이득반환청구를 구할 수 있다(대판 1993.7.27. 91다33766). 또한 거래계약이 확정적으로 무효가 된 경우에는 거래계약이 확정적으로 무효로 됨에 있어서 귀책사유가 있는 자라고 하더라도 그 계약의 무효를 주장할 수 있다(대판 1997.7.25. 97다4357·4364).

4) 협력의무에 관한 법률관계

① **협력의무의 인정 여부(적극)** : 국토이용관리법상의 규제구역 내의 토지에 관하여 관할관청의 허가 없이 체결된 매매계약이라 하더라도 거래당사자 사이에는 계약이 효력이 있는 것으로 완성될 수 있도록 서로 협력할 의무가 있어 매매계약의 쌍방 당사자는 공동으로 관할관청의 허가를 신청할 의무가 있고, 이러한 의무에 위배하여 허가신청절차에 협력하지 않는 당사자에 대하여 상대방은 협력의무의 이행을 구할 수 있는 것이므로, 허가를 받을 것을 전제로 하여 체결된 매매계약의 매수인은 비록 그 매매계약이 허가를 받을 때까지는 법률상 미완성의 법률행위로서 소유권의 이전에 관한 계약의 효력이 전혀 발생하지 아니한다고 할지라도 위와 같은 토지거래허가신청절차청구권을 피보전권리로 하여 매매목적물의 처분을 금하는 가처분을 구할 수 있다(대판 1988.12.22. 98다44376).

② **협력의무와 대금지급의무의 동시이행관계 여부(소극)** : 협력의무가 대금지급의무와 동시이행관계에 있는 것은 아니다. 즉 토지거래의 허가를 요하는 규제지역 내의 토지에 대한 거래계약은 허가받기 전의 상태에서는 채권적 효력도 전혀 발생하지 아니하여 계약의 이행청구를 할 수 없음은 당연하므로, 매수인이 토지거래허가에 대한 매도인의 협력을 구하기 위한 전제로 계약 내용에 따른 전대금지급의무를 이행 또는 이행제공하여야 하는 것은 아니다.

③ **협력의무불이행에 기한 손해배상청구권 인정 여부(적극)** : 유동적 무효 상태에 있는 매매계약에 대하여 허가를 받을 수 있도록 허가신청을 하여야 할 협력의무를 이행하지 아니하고 매수인이 그 매매계약을 일방적으로 철회함으로써 매도인이 손해를 입은 경우에 매수인은 이 협력의무불이행과 인과관계가 있는 손해는 이를 배상하여야 할 의무가 있다(대판 1995.4.28. 93다26397). 나아가 당사자 사이에서 일방이 토지거래허가를 받기 위한 협력 자체를 이행하지 아니하거나 허가신청에 이르기 전에 매매계약을 철회하는 경우 상대방에게 일정한 손해액을 배상하기로 하는 약정을 유효하게 할 수 있다(대판 1996.3.8. 95다18673).

④ **협력의무불이행에 기한 계약해제 여부(소극)** : 유동적 무효의 상태에 있는 거래계약의 당사자는 상대방이 그 거래계약의 효력이 완성되도록 협력할 의무를 이행하지 아니하였음을 들어 일방적으로 유동적 무효의 상태에 있는 거래계약 자체를 해제할 수 없다(대판[전합] 1999.6.17. 98다40459).

5) **유동적 무효가 확정적 유효로 되는 경우**

① 허가를 받은 경우(대판 1992.7.28. 91다33612)
② 허가구역 지정이 해제된 때(대판 2002.5.14. 2002다12635)

> [구 국토의 계획 및 이용에 관한 법률상 토지거래계약 허가구역 내의 토지에 관하여 허가를 배제하거나 잠탈하는 내용으로 체결된 매매계약의 효력(= 확정적 무효) 및 그 후 해당 토지가 토지거래계약 허가구역의 지정에서 해제되고 매매계약 당사자들이 기존 매매계약이 무효임을 알면서 이를 추인한 경우, 매매계약이 추인한 때로부터 유효하게 되는지 여부(적극)]
> 구 국토의 계획 및 이용에 관한 법률(2016.1.19. 법률 제13782호로 개정되기 전의 것)상 토지거래계약 허가구역 내의 토지에 관하여 허가를 배제하거나 잠탈하는 내용으로 매매계약이 체결된 경우에는 위 법 제118조 제6항에 따라 그 계약은 체결된 때부터 확정적으로 무효이다. 다만 그 후 해당 토지가 토지거래계약 허가구역의 지정에서 해제되고, 매매계약 당사자들이 기존 매매계약이 무효임을 알면서 이를 추인하였다면 민법 제139조 단서에 따라 무효였던 기존 매매계약은 추인한 때로부터 새로운 법률행위로서 유효하게 된다고 보아야 한다(대판 2024.10.31. 2024다255328).

6. 무권리자 처분행위의 효력 및 그 추인

(1) 무권리자 처분행위의 의의
무권리자 처분행위란 타인의 재산을 처분할 권한이 없는 자가 타인의 권리를 자신의 이름으로 처분하는 것을 말한다.

(2) 무권리자 처분행위에 대한 추인

1) 인정 근거

종래 판례는 무권대리의 추인에서 근거를 찾았으나, 최근에는 사적 자치의 원칙을 인정근거로 하고 있다.

2) 추인의 방법 및 대상

① 추인은 명시적뿐만 아니라 묵시적으로도 할 수 있다.
② 추인의 의사표시는 무권리자나 그 상대방 어느 쪽에게도 할 수 있다(대판 2001.11.9. 2001다44291).

3) 추인의 효과

① **권리자와 상대방 사이의 법률관계** : 권리자가 추인을 한 경우 무권리자의 처분행위의 효력은 권리자에게 미친다(대판 2001.11.9. 2001다44291).
② **무권리자와 상대방 사이의 법률관계** : 권리자가 무권리자의 처분행위에 대하여 추인을 하면, 무권리자는 상대방에게 담보책임을 지지 않는다. 한편 무권리자의 채권행위는 추인과 무관하게 민법 제569조에 의하여 처음부터 유효이다. 이 점이 채권계약도 무효인 무권대리행위와 구별된다.
③ **권리자와 무권리자의 관계** : 권리자가 무권리자의 처분행위에 대하여 추인을 한 경우 무권리자의 상대방이 유효하게 권리를 취득하게 될 뿐, 무권리자가 권리자에 대하여 그 처분으로 얻을 이득을 정당하게 보유할 권원이 있지는 않으므로, 권리자는 무권리자가 처분으로 얻은 이득을 부당이득으로 반환청구할 수 있다(대판 1992.9.8. 92다15550).

7. 무효행위의 전환

> **무효행위의 전환(민법 제138조)**
> 무효인 법률행위가 다른 법률행위의 요건을 구비하고 당사자가 그 무효를 알았더라면 다른 법률행위를 하는 것을 의욕하였으리라고 인정될 때에는 다른 법률행위로서 효력을 가진다.

(1) 의 의

① 무효행위의 전환이란 원래 법률행위가 무효이지만 이러한 법률행위가 동시에 다른 법률행위로서의 요건을 갖추고 있는 경우에, 당사자가 무효임을 알았다면 그 다른 법률행위를 하였을 것이라고 인정되는 경우 다른 법률행위로서의 효력을 인정하는 것을 말한다.
② 무효행위의 전환을 질적 일부무효라고 한다.
③ 현실적 의사가 아니라 「가상적 의사」를 기초로 한다는 점에서 추인과 다르다.

(2) 요 건

① 일단 무효인 법률행위가 존재하여야 한다.
② 다른 법률행위로서의 요건을 갖추어야 한다.
③ 가상적 의사가 인정되어야 한다. 가상적 의사의 판단시점은 전환시점이 아니라 법률행위 당시를 기준으로 한다.

(3) 효 과

① 무효행위의 전환요건을 갖추면 다른 법률행위로서의 효력이 인정된다.

> **[임금 지급에 갈음하여 사용자가 제3자에 대한 채권을 근로자에게 양도하는 약정의 효력(= 원칙적 무효) 및 위 약정이 '임금 지급을 위한 것'으로서 효력을 갖기 위한 요건]**
> 임금은 법령 또는 단체협약에 특별한 규정이 있는 경우를 제외하고는 통화로 직접 근로자에게 전액을 지급하여야 한다(근로기준법 제43조 제1항). 따라서 사용자가 근로자의 임금 지급에 갈음하여 사용자가 제3자에 대하여 가지는 채권을 근로자에게 양도하기로 하는 약정은 전부무효임이 원칙이다. 다만 당사자 쌍방이 위와 같은 무효를 알았다면 임금의 지급에 갈음하는 것이 아니라 지급을 위하여 채권을 양도하는 것을 의욕하였으리라고 인정될 때에는 무효행위 전환의 법리(민법 제138조)에 따라 그 채권양도 약정은 '임금의 지급을 위하여 한 것'으로서 효력을 가질 수 있다(대판 2012.3.29. 2011다101308).
>
> **[매매계약 등 쌍무계약이 '불공정한 법률행위'에 해당하여 무효인 경우, 그 계약에 관한 부제소합의의 효력(무효)]**
> 매매계약과 같은 쌍무계약이 급부와 반대급부와의 불균형으로 말미암아 민법 제104조에서 정하는 '불공정한 법률행위'에 해당하여 무효라고 한다면, 그 계약으로 인하여 불이익을 입는 당사자로 하여금 위와 같은 불공정성을 소송 등 사법적 구제수단을 통하여 주장하지 못하도록 하는 부제소합의 역시 다른 특별한 사정이 없는 한 무효이다(대판 2010.7.15. 2009다50308).

② 원래의 법률행위 시점부터 효력이 발생한다.

(4) 적용범위

① 단독행위의 전환에 대해 학설의 대립이 있으나 민법은 비밀증서 유언의 요건 흠결 시 자필증서 유언의 요건을 갖추면 자필증서 유언으로의 전환을 인정하고 있다(민법 제1071조).
② 신분행위의 전환에 관하여 판례는 혼인 외의 출생자를 혼인 중의 출생자로 신고한 경우에 그 신고는 친생자출생신고로는 무효이지만 인지신고로서의 효력을 인정한다(대판 1971.11.15. 71다1983). 또한 타인의 자를 자기의 자로서 출생신고한 경우에 그 신고는 출생신고로는 무효이지만 입양신고로서는 유효하다(대판[전합] 1977.7.27. 77다492 – 다수의견)고 판시하고 있다.

8. 무효행위의 추인

> **무효행위의 추인(민법 제139조)**
> 무효인 법률행위는 추인하여도 그 효력이 생기지 아니한다. 그러나 당사자가 그 무효임을 알고 추인한 때에는 새로운 법률행위로 본다.

(1) 의 의
① 민법은 원칙적으로 추인을 금지하되(민법 제139조 본문), 예외적으로 당사자가 그 무효임을 알고 추인한 때에는 새로운 법률행위를 한 것으로 간주하고 있다(민법 제139조 단서).
② 민법상 법률행위의 추인에는 소급효가 없다.

(2) 요 건
① **법률행위가 무효일 것** : 법률행위가 불성립된 경우에는 무효행위의 추인이 적용될 수 없다.
② **무효임을 알고 추인하였을 것** : 추인의 의사표시는 묵시적으로 할 수 있다. 추인은 「현실적인 의사표시」이다.

> **[당사자가 법률행위의 존재를 알고 그 유효함을 전제로 하여 이에 근거한 후속행위를 한 것만으로 법률행위를 묵시적으로 추인하였다고 볼 수 있는지 여부(소극) 및 무효인 법률행위에 대한 묵시적 추인을 인정하기 위한 요건]**
> 무효인 법률행위를 추인에 의하여 새로운 법률행위로 보기 위하여서는 당사자가 이전의 법률행위가 무효임을 알고 그 행위에 대하여 추인하여야 한다. 한편 추인은 묵시적으로도 가능하나, 묵시적 추인을 인정하기 위해서는 본인이 그 행위로 처하게 된 법적 지위를 충분히 이해하고 그럼에도 진의에 기하여 그 행위의 결과가 자기에게 귀속된다는 것을 승인한 것으로 볼 만한 사정이 있어야 할 것이므로 이를 판단함에 있어서는 관계되는 여러 사정을 종합적으로 검토하여 신중하게 하여야 한다. 위와 같은 법리를 고려하면, 당사자가 이전의 법률행위가 존재함을 알고 그 유효함을 전제로 하여 이에 터 잡은 후속행위를 하였다고 해서 그것만으로 이전의 법률행위를 묵시적으로 추인하였다고 단정할 수는 없고, 묵시적 추인을 인정하기 위해서는 이전의 법률행위가 무효임을 알거나 적어도 무효임을 의심하면서도 그 행위의 효과를 자기에게 귀속시키도록 하는 의사로 후속행위를 하였음이 인정되어야 할 것이다(대판 2014.3.27. 2012다106607).

③ 새로운 법률행위의 요건을 구비할 것

(3) 효 과
① **무효인 법률행위에 대한 추인은 소급효가 없는 것이 원칙이다**(민법 제139조 본문). 그러나 당사자 간의 합의로 소급하여 유효로 할 수 있다(통설·판례).
② 대법원은 무효인 신분행위의 추인에는 민법 제139조의 적용을 부정하면서 소급효를 인정하고 있다(대판 1965.12.28. 65므61).

(4) 한 계

강행규정·민법 제103조·민법 제104조 위반으로 무효인 경우에는 추인이 있더라도 무효이다.

(5) 관련 쟁점 – 무권리자 처분행위

무권리자의 처분행위로서 무효인 처분행위도 권리자가 제3자의 이익을 해하지 않는 한 소급적으로 추인하여 유효로 할 수 있다.

Ⅲ 법률행위의 취소

1. 서 설

(1) 의 의

법률행위의 취소란 일단 유효하게 성립한 법률행위의 효력을 제한능력 또는 의사표시의 결함을 이유로 취소권자의 의사표시에 의하여 행위 시에 소급하여 무효로 하는 것을 말한다.

(2) 적용범위

법률행위의 취소에 관한 민법 제140조 이하는 제한능력 또는 의사표시의 결함을 이유로 하는 취소에 한하여 적용된다.

(3) 구별개념

① 철회 : 법률행위의 효력 발생 전에 그 발생을 저지하는 행위이다.
② 해제 : 해제의 효과에 관한 직접효과설에 의하면, 일단 유효하게 성립한 계약의 효력을 약정해제권이나 법정해제권에 기하여 소급적으로 소멸하게 하는 행위이다.

2. 취소의 당사자

(1) 취소권자

> **법률행위의 취소권자(민법 제140조)**
> 취소할 수 있는 법률행위는 제한능력자, 착오로 인하거나 사기·강박에 의하여 의사표시를 한 자, 그의 대리인 또는 승계인만이 취소할 수 있다.

① 제한능력자, 착오·사기·강박에 의한 의사표시자 : 취소권을 행사하는 자는 능력이 있을 필요도 없고, 하자 상태에서 벗어나 있을 필요도 없다. 따라서 제한능력자는 법정대리인의 동의 없이 단독으로 취소할 수 있다. 또한 착오를 한 표의자만 취소할 수 있을 뿐, 착오자의 상대방은 착오를 이유로 취소할 수 없다.
② 대리인 : 취소도 법률행위이므로 대리인도 할 수 있다. 따라서 임의대리인(본인으로부터 별도의 수권이 필요)과 법정대리인(고유의 취소권이 인정) 모두 취소권이 인정된다.

③ 승계인 : 특정승계인, 포괄승계인 모두 취소권을 행사할 수 있으나, 특정승계인에 대해서는 취소권만의 승계는 인정되지 않는다.
④ 보증인 : 보증인은 주채무자의 취소권이나 해제권을 직접 행사할 수는 없고, 주채무자에게 이러한 권리가 있을 때에는 이행을 거절할 수 있을 뿐이다(민법 제435조 참조). 단, 주채무자에게 상계권이 있을 때에는 보증인이 그 상계권을 직접 행사할 수 있다(민법 제434조).

(2) 취소의 상대방

> **취소의 상대방(민법 제142조)**
> 취소할 수 있는 법률행위의 상대방이 확정된 경우에는 그 취소는 그 상대방에 대한 의사표시로 하여야 한다.

① 취소할 수 있는 법률행위의 상대방이 있으면 그 취소는 그 상대방에 대한 의사표시로 해야 한다(민법 제142조).
② 상대방 없는 단독행위에서는 상대방이 확정되어 있지 않기 때문에 취소를 특정인에게 행할 필요가 없고, 취소의 의사를 적당한 방법으로 외부에 알리기만 하면 된다(다수설).
③ 취소할 수 있는 행위의 상대방이 그 행위로 취득한 권리를 양도한 경우에 그 취소의 상대방은 양수인이 아니라 원래의 상대방이다.

3. 취소의 방법

(1) 취소의 의사표시

① 취소권은 형성권이므로, 취소권자는 그의 일방적 의사표시에 의하여 취소권을 행사할 수 있다.
② 취소의 의사표시는 특별한 방식을 요하지 않는다. 취소의 의사가 상대방에 의하여 인식될 수 있다면 어떠한 방법에 의하더라도 무방하다.
③ 취소의 의사표시란 반드시 명시적이어야 하는 것은 아니고, 취소자가 그 착오를 이유로 자신의 법률행위의 효력을 처음부터 배제하려고 한다는 의사가 드러나면 족하다(대판 2005.5.27. 2004다43824).
④ 법률행위의 취소를 당연한 전제로 한 소송상의 이행청구나 이를 전제로 한 이행거절 가운데는 취소의 의사표시가 포함되어 있다고 볼 수 있다(대판 1993.9.14. 93다13162).

(2) 취소의 대상

제한능력을 이유로 하는 취소의 대상은 법률행위 자체이다.

(3) 일부취소

① 하나의 법률행위 중 일부에만 취소사유가 있는 경우에 그 일부만을 취소할 수 있을지 문제되는데 통설과 판례는 「일부무효의 법리」에 준하여 일부취소를 인정한다.
② 즉 일부무효와 마찬가지로 법률행위의 일부를 취소하기 위해서는 ㉠ 일체로서 법률행위가 ㉡ 가분적이고, ㉢ 그 법률행위의 일부에 취소사유가 존재해야 한다. 그 밖에 ㉣ 나머지 부분을 유지하려는 당사자의 가정적 의사가 있어야 한다.
③ 일부취소가 있으면 그 부분만이 소급적으로 무효가 되나, 당사자의 가정적 의사에 따라 법률행위 전부가 무효가 될 수 있다.

4. 취소의 효과

> **취소의 효과(민법 제141조)**
> 취소된 법률행위는 처음부터 무효인 것으로 본다. 다만, 제한능력자는 그 행위로 인하여 받은 이익이 현존하는 한도에서 상환(償還)할 책임이 있다.

(1) 원칙 : 소급적 무효

① 취소가 있으면 그 법률행위는 처음부터 무효인 것으로 본다(민법 제141조 본문). 다만, 취소한 후라도 무효행위의 추인 요건에 따라 다시 추인할 수 있다(대판 1997.12.12. 95다38240).

② 취소되면 법률행위가 소급하여 무효로 되기에 그 법률행위에 기하여 급부가 이미 행하여졌다면 부당이득반환의 법리(민법 제741조)에 의하여 그 급부가 반환되어야 한다. 반면 아직 급부가 이행되지 않은 경우에는 급부는 후속문제를 남기지 않고 소멸한다.

③ 취소의 효과는 원칙적으로 절대적이다. 단, 거래의 안전을 위해 법률에서 제3자에 대하여 취소로 대항할 수 없도록 규정하고 있는 경우가 있는데 이를 상대적 취소라 한다. 제한능력을 이유로 한 취소가 절대적 취소에 해당하고, 사기나 착오를 이유로 한 취소가 상대적 취소에 해당한다.

(2) 제한능력자의 반환범위에 관한 특칙

① 제한능력자는 선의·악의를 불문하고 언제나 현존이익만 반환하면 된다(민법 제141조 단서). 이 규정은 민법 제748조 제2항에 대한 특칙이다.

> 미성년자가 신용카드발행인과 사이에 신용카드 이용계약을 체결하여 신용카드거래를 하다가 신용카드 이용계약을 취소하는 경우 미성년자는 그 행위로 인하여 받은 이익이 현존하는 한도에서 상환할 책임이 있는바, 신용카드 이용계약이 취소됨에도 불구하고 신용카드회원과 해당 가맹점 사이에 체결된 개별적인 매매계약은 특별한 사정이 없는 한 신용카드 이용계약취소와 무관하게 유효하게 존속한다 할 것이고, 신용카드발행인이 가맹점들에 대하여 그 신용카드사용대금을 지급한 것은 신용카드 이용계약과는 별개로 신용카드발행인과 가맹점 사이에 체결된 가맹점 계약에 따른 것으로서 유효하므로, 신용카드발행인의 가맹점에 대한 신용카드이용대금의 지급으로써 신용카드회원은 자신의 가맹점에 대한 매매대금 지급채무를 법률상 원인 없이 면제받는 이익을 얻었으며, 이러한 이익은 금전상의 이득으로서 특별한 사정이 없는 한 현존하는 것으로 추정된다(대판 2005.4.15. 2003다60297·60303·60310·60327).

② 현존이익이란 취소되는 행위에 의하여 사실상 얻은 이익이 그대로 있거나 또는 그것이 변형되어 잔존하는 것을 말한다.

③ 이익이 현존하는지 여부 및 현존이익의 범위는 「취소한 시점」을 기준으로 판단한다.

④ 이익의 현존에 대한 입증책임의 소재에 관하여, 다수설과 판례는 공평을 근거로 이익이 현존하는 것으로 추정되며 따라서 제한능력자가 현존이익이 없음을 입증해야 한다고 한다(대판 2009.1.15. 2008다58367).

(3) 소급효의 예외

근로계약, 조합계약과 같은 계속적인 계약관계는 소급효가 부인된다(통설).

> [근로계약 체결에 관한 당사자들의 의사표시에 무효 또는 취소의 사유가 있음을 이유로 근로계약의 무효 또는 취소를 주장할 수 있는지 여부(적극) 및 이때 근로계약 취소의 소급효가 인정되는지 여부(소극)]
> 근로계약은 근로자가 사용자에게 근로를 제공하고 사용자는 이에 대하여 임금을 지급하는 것을 목적으로 체결된 계약으로서(근로기준법 제2조 제1항 제4호) 기본적으로 그 법적 성질이 사법상 계약이므로 계약 체결에 관한 당사자들의 의사표시에 무효 또는 취소의 사유가 있으면 상대방은 이를 이유로 근로계약의 무효 또는 취소를 주장하여 그에 따른 법률효과의 발생을 부정하거나 소멸시킬 수 있다. 다만 그와 같이 근로계약의 무효 또는 취소를 주장할 수 있다 하더라도 근로계약에 따라 그동안 행하여진 근로자의 노무 제공의 효과를 소급하여 부정하는 것은 타당하지 않으므로 이미 제공된 근로자의 노무를 기초로 형성된 취소 이전의 법률관계까지 효력을 잃는다고 보아서는 아니 되고, 취소의 의사표시 이후 장래에 관하여만 근로계약의 효력이 소멸된다고 보아야 한다(대판 2017.12.22. 2013다25194 · 2013다25200).

5. 취소할 수 있는 법률행위의 추인

> **추인의 방법, 효과(민법 제143조)**
> ① 취소할 수 있는 법률행위는 제140조에 규정한 자가 추인할 수 있고 추인 후에는 취소하지 못한다.
> ② 전조의 규정은 전항의 경우에 준용한다.
>
> **추인의 요건(민법 제144조)**
> ① 추인은 취소의 원인이 소멸된 후에 하여야만 효력이 있다.
> ② 제1항은 법정대리인 또는 후견인이 추인하는 경우에는 적용하지 아니한다.

(1) 의 의

취소할 수 있는 법률행위의 추인이란 취소할 수 있는 법률행위를 취소하지 않겠다는 취소권자의 의사표시로, 취소권의 포기이다.

(2) 요 건

① 추인은 취소권의 포기이므로, 취소할 수 있는 행위임을 알고 추인해야 한다(대판 1997.5.30. 97다2986). 법정추인과의 차이점이다.

② 추인은 추인권자(즉 취소권자)가 취소의 원인이 종료한 후에 하여야 하고(대판 1997.5.30. 97다2986), 그렇지 않다면 그 효력이 없다(민법 제144조 제1항). 따라서 제한능력자는 능력자가 된 후, 착오·사기·강박에 의한 표의자는 그 상태를 벗어난 후가 아니면 추인할 수 없다. 다만, 법정대리인은 이러한 제한 없이 추인할 수 있다(민법 제144조 제2항).

③ 법률행위의 상대방에게 추인의 의사표시를 해야 한다(민법 제143조 제2항).
④ 취소권을 행사하여 소급하여 무효가 된 후의 추인은 무효행위의 추인에 해당한다(대판 1997.12.12. 95다38240).

> **[취소할 수 있는 의사표시를 취소한 후 다시 추인한 경우, 그 추인의 성질과 추인할 수 있는 조건]**
> 취소한 법률행위는 처음부터 무효인 것으로 간주되므로 취소할 수 있는 법률행위가 일단 취소된 이상 그 후에는 취소할 수 있는 법률행위의 추인에 의하여 이미 취소되어 무효인 것으로 간주된 당초의 의사표시를 다시 확정적으로 유효하게 할 수는 없고, 다만 무효인 법률행위의 추인의 요건과 효력으로서 추인할 수는 있으나, 무효행위의 추인은 그 무효 원인이 소멸한 후에 하여야 그 효력이 있고, 따라서 강박에 의한 의사표시임을 이유로 일단 유효하게 취소되어 당초의 의사표시가 무효로 된 후에 추인한 경우 그 추인이 효력을 가지기 위하여는 그 무효 원인이 소멸한 후일 것을 요한다고 할 것인데, 그 무효 원인이란 바로 위 의사표시의 취소사유라 할 것이므로 결국 무효 원인이 소멸한 후란 것은 당초의 의사표시의 성립 과정에 존재하였던 취소의 원인이 종료된 후, 즉 강박 상태에서 벗어난 후라고 보아야 한다(대판 1997.12.12. 95다38240).

(3) 효 과

추인이 있으면 취소할 수 있는 행위를 더 이상 취소할 수 없고, 그 행위는 확정적으로 유효로 된다.

6. 법정추인

> **법정추인(민법 제145조)**
> 취소할 수 있는 법률행위에 관하여 전조의 규정에 의하여 추인할 수 있는 후에 다음 각 호의 사유가 있으면 추인한 것으로 본다. 그러나 이의를 보류한 때에는 그러하지 아니하다. 두 : 전·이·경·담·양·강
> 1. 전부나 일부의 이행
> 2. 이행의 청구
> 3. 경 개
> 4. 담보의 제공
> 5. 취소할 수 있는 행위로 취득한 권리의 전부나 일부의 양도
> 6. 강제집행

(1) 의 의

① 민법은 추인할 수 있는 후에 일정한 사유가 있으면 당연히 추인한 것으로 간주하는 법정추인을 규정하고 있다(민법 제145조).
② 취소할 수 있는 법률행위에만 적용된다.
③ 취소원인이 소멸된 후에만 법정추인이 가능하다.
④ 행위자가 취소할 수 있는 법률행위인지를 알고 있을 필요가 없다(통설·판례).

(2) 법정추인의 사유
　① 전부 또는 일부의 이행 : 취소권자가 상대방에게 이행한 경우는 물론이고 상대방의 이행을 수령한 경우를 포함한다.
　② 이행의 청구 : 취소권자가 청구하는 경우에 한한다.
　③ 경개 : 취소권자가 채권자인지 아니면 채무자인지 묻지 않는다.
　④ 담보의 제공 : 취소권자가 채무자로서 담보를 제공하거나 채권자로서 그러한 담보의 제공을 받는 경우이다.
　⑤ 취소할 수 있는 행위로 취득한 권리의 전부나 일부의 양도 : 취소권자가 양도하는 경우에 한한다. 반면 취소함으로써 발생하게 될 장래의 채권의 양도는 제외된다.
　⑥ 강제집행(압류) : 집행을 하는 경우뿐만 아니라 집행을 받는 경우에도 소송상 이의를 제기할 수 있었음에도 불구하고 이를 하지 않는 경우에는 이에 포함된다.

(3) 효 과
　위 요건이 갖추어지면 추인이 있었던 것으로 의제된다.

7. 단기제척기간

> **취소권의 소멸(민법 제146조)**
> 취소권은 추인할 수 있는 날로부터 3년 내에 법률행위를 한 날부터 10년 내에 행사하여야 한다.

(1) 법적 성질
　민법 제146조가 규정하는 기간은 법률관계를 조속히 확정하여 상대방을 보호하기 위한 제도로 그 기간의 성질은 제척기간이다(통설, 대판 1996.9.20. 96다25371). 따라서 제척기간의 도과여부는 당사자의 주장과 관계없이 법원이 당연히 조사하여 고려하여야 할 사항이다(대판 1996.9.20. 96다25371).

(2) 취소권의 단기소멸의 요건
　1) 추인할 수 있는 때로부터 3년
　① 취소할 수 있는 때로부터가 아니다.
　②「추인할 수 있는 날」이란「취소의 원인이 종료」되어 취소권 행사에 관한 장애가 없어져서 취소권자가 취소의 대상인 법률행위를 추인할 수 있고 취소할 수도 있는 상태가 된 때를 가리킨다(대판 1998.11.27. 98다7421).

　2) 법률행위를 한 날로부터 10년

　3) 양 기간의 관계
　① 둘 중 먼저 도달한 것이 있으면 그때 완전히 소멸한다.
　② 법정대리인과 행위능력자 중 누구에 대해서라도 먼저 기간이 도과하면 취소권은 모두 소멸한다.

(3) 취소에 의해 발생한 청구권의 존속기간

① 통설은 취소권과 마찬가지로 단기제척기간에 걸린다고 한다.
② 판례는 전혀 별개의 문제이므로 취소권은 단기제척기간 내에 행사해야 하지만, 그 효과로서 생긴 부당이득반환청구권은 취소권을 행사한 때로부터 소멸시효가 별도로 진행한다고 한다(대판 1991.2.22. 90다13420).

제6절　법률행위의 부관

I 서 설

법률행위가 성립하면 곧바로 그 효력이 발생함이 원칙이다. 그러나 법률행위의 효력의 발생 또는 소멸을 제한하기 위하여 법률행위에 부가되는 약관을 법률행위의 부관이라고 한다. 민법상으로는 조건·기한·부담의 세 가지가 있다. 이 중 조건과 기한은 총칙에 일반규정을 두고, 부담부 증여(민법 제561조)와 부담부 유증(민법 제1088조)에 관한 특별규정을 둔다.

II 조 건

1. 조건의 의의

① 조건이란 법률행위의 효력의 발생 또는 소멸을 장래의 불확실한 사실의 성부에 의존케 하는 법률행위의 부관이다.
② 조건이 되는 사실은 발생할 것인지 여부가 객관적으로 불확실한 장래의 사실이어야 한다. 장래 반드시 실현되는 사실은 기한이지 조건으로 되지 못한다.
③ 조건은 당사자가 임의로 부가한 것이어야 한다. 따라서 법정조건은 조건이 아니다.
④ 의사표시의 일반원칙에 따라 조건을 붙이고자 하는 의사 즉 조건의사와 그 표시가 필요하며, 조건의사가 있더라도 그것이 외부에 표시되지 않으면 법률행위의 동기에 불과할 뿐이고 그것만으로는 법률행위의 부관으로서의 조건이 되는 것은 아니다(대판 2003.5.13. 2003다10797).

> [당사자가 표시한 문언에 의하여 객관적인 의미가 명확하게 드러나지 않는 경우, 법률행위의 해석 방법 / 조건을 붙이고자 하는 의사는 외부에 표시되어야 하는지 여부(적극) 및 이를 인정하기 위한 요건]
> 법률행위의 해석에 있어 당사자가 표시한 문언에 의하여 객관적인 의미가 명확하게 드러나지 않는 경우에는 문언의 형식과 내용, 법률행위가 이루어진 동기 및 경위, 당사자가 법률행위에 의하여 달성하려는 목적과 진정한 의사, 거래의 관행 등을 종합적으로 고려하여 사회정의와 형평의 이념에 맞도록 논리와 경험의 법칙,

그리고 사회일반의 상식과 거래의 통념에 따라 합리적으로 해석하여야 한다. 한편 조건은 법률행위 효력의 발생 또는 소멸을 장래 불확실한 사실의 발생 여부에 따라 좌우되게 하는 법률행위의 부관이고, 법률행위에서 효과의사와 일체적인 내용을 이루는 의사표시 그 자체이다. 조건을 붙이고자 하는 의사는 법률행위의 내용으로 외부에 표시되어야 하고, 조건을 붙이고자 하는 의사가 있는지는 의사표시에 관한 법리에 따라 판단하여야 한다. 조건을 붙이고자 하는 의사가 외부에 표시되었다고 인정하려면, 법률행위가 이루어진 동기와 경위, 법률행위에 의하여 달성하려는 목적, 거래의 관행 등을 종합적으로 고려하여 법률행위 효력의 발생 또는 소멸을 장래의 불확실한 사실의 발생 여부에 따라 좌우되게 하려는 의사가 인정되어야 한다(대판 2020.7.9. 2020다202821).

2. 조건의 종류

(1) 정지조건과 해제조건

① **정지조건** : 법률행위의 효력을 그 성취에 의해 발생하게 하는 조건이다(민법 제147조 제1항). 정지조건부 법률행위에 해당한다는 존재 사실은 그 법률행위로 인한 법률효과의 발생을 저지하는 사유로서, 법률효과의 발생을 다투는 자가 입증해야 하나, 정지조건의 성취는 법률행위의 효력을 주장하는 자가 입증해야 한다.

② **해제조건** : 법률행위의 효력을 그 성취에 의해 소멸하게 하는 조건이다(민법 제147조 제2항).

> [관광진흥법 제8조 제2항에 따른 관광사업자의 지위 승계와 관련하여 회원 등이 상당한 기간 내에 기존 관광사업자에 대하여 입회계약 해지 및 입회금 반환을 구하면서 이의권을 행사하는 경우, 해제조건의 성취로 법률상 승계에 따른 면책적 채무인수의 효력이 부정되어 기존 관광사업자의 입회금 반환채무와 이에 대한 보증채무가 유효하게 존속하는지 여부(적극)]
> 관광진흥법 제8조 제2항에 따른 관광사업자의 지위 승계는 회원 등이 상당한 기간 내에 이의권을 행사하는 것을 해제조건으로 하는 것이므로, 회원 등이 상당한 기간 내에 기존 관광사업자에 대하여 입회계약 해지 및 입회금 반환을 구하면서 이의권을 행사하는 경우 해제조건의 성취로 법률상 승계에 따른 면책적 채무인수의 효력은 부정되고, 기존 관광사업자는 입회금 반환채무를 부담하며, 보증채무의 부종성에 따라 기존 관광사업자의 입회금 반환채무에 대한 보증채무 역시 유효하게 존속한다(대판 2024.11.14. 2024다251876).

(2) 수의조건과 비수의조건

① **수의조건** : 조건의 성부가 당사자의 일방적 의사에 의존하는 조건으로, 이에는 다시 ㉠ 법률행위의 효력이 전적으로 당사자의 일방적 의사에만 의존하는 순수수의조건과 ㉡ 당사자 일방의 의사와 함께 일정한 다른 사실상태에 의존하는 단순수의조건이 있다. 이 중 순수수의조건은 당사자에게 법률행위의 효력을 발생시킬 의사가 없다고 보아야 하므로 언제나 무효라고 할 것이지만, 단순수의조건은 유효한 조건이다.

> **[제작물공급계약의 당사자들이 보수의 지급시기에 관하여 "수급인이 공급한 목적물을 도급인이 검사하여 합격하면, 도급인은 수급인에게 그 보수를 지급한다"는 내용으로 약정을 체결한 경우, 그 약정이 조건부 약정 또는 순수수의조건부 약정에 해당하는지 여부(소극)]**
> 제작물공급계약의 당사자들이 보수의 지급시기에 관하여 "수급인이 공급한 목적물을 도급인이 검사하여 합격하면, 도급인은 수급인에게 그 보수를 지급한다"는 내용으로 한 약정은 도급인의 수급인에 대한 보수지급의무와 동시이행관계에 있는 수급인의 목적물 인도의무를 확인한 것에 불과하므로, 법률행위의 효력 발생을 장래의 불확실한 사실의 성부에 의존하게 하는 법률행위의 부관인 조건에 해당하지 아니할 뿐만 아니라, 조건에 해당한다 하더라도 검사에의 합격 여부는 도급인의 일방적인 의사에만 의존하지 않고 그 목적물이 계약내용대로 제작된 것인지 여부에 따라 객관적으로 결정되므로 순수수의조건에 해당하지 않는다(대판 2006.10.13. 2004다21862).

② 비수의조건 : 조건의 성부가 당사자의 일방적 의사에만 의존하지 않는 조건을 말한다. 이에는 ㉠ 조건의 성부가 당사자의 일방적 의사와는 관계없이 결정되는 우성조건과 ㉡ 조건의 성부가 당사자의 일방적 의사와 제3자의 의사에 의하여 결정되는 혼성조건이 있다.

(3) 가장조건

형식적으로 조건이지만 실질적으로는 조건으로서의 효력이 인정되지 못하는 것을 총칭하여 가장조건이라고 한다.

> **불법조건, 기성조건(민법 제151조)**
> ① 조건이 선량한 풍속 기타 사회질서에 위반한 것인 때에는 그 법률행위는 무효로 한다.
> ② 조건이 법률행위의 당시 이미 성취한 것인 경우에는 그 조건이 정지조건이면 조건 없는 법률행위로 하고 해제조건이면 그 법률행위는 무효로 한다.
> ③ 조건이 법률행위의 당시에 이미 성취할 수 없는 것인 경우에는 그 조건이 해제조건이면 조건 없는 법률행위로 하고 정지조건이면 그 법률행위는 무효로 한다.

1) 법정조건

법률행위의 효력이 발생하기 위하여 법률이 명문으로 요구하는 요건이 법정조건이다. 조건은 법률행위의 내용으로서 당사자들의 의사로 정하여야 하기에 법정조건은 조건이 아니다.

2) 불법조건

① 선량한 풍속 기타 사회질서에 위반한 조건이 불법조건이다. 불법조건이 붙은 경우에 그 조건만이 무효인 것이 아니라 그 법률행위 전부가 무효로 된다(민법 제151조 제1항).
② 매매계약에서 매도인에게 부과될 공과금을 매수인이 책임진다는 취지의 특약을 하였다 하더라도 이는 공과금이 부과되는 경우 그 부담을 누가 할 것인가에 관한 약정으로서 그 자체가 불법조건이라고 할 수 없고 이것만 가지고 사회질서에 반한다고 단정하기도 어렵다(대판 1993.5.25. 93다296).

3) 기성조건

조건인 사실이 법률행위 성립 당시 이미 발생한 경우가 기성조건이다. 기성조건이 정지조건이면 조건 없는 법률행위가 되고, 해제조건이면 그 법률행위가 무효이다(민법 제151조 제2항). 따라서 정지조건부 화해계약 당시 이미 그 조건이 성취되었다면 이는 무조건 화해계약으로 볼 것이다(대판 1959.12.24. 4292민상670).

4) 불능조건

조건이 법률행위 성립 당시 이미 성취할 수 없는 것으로 객관적으로 확정된 경우가 불능조건이다. 불능조건이 해제조건이면 조건 없는 법률행위가 되고, 정지조건이라면 그 법률행위는 무효이다(민법 제151조 제3항).

(4) 관련 판례

동산의 매매계약을 체결하면서, 매도인이 대금을 모두 지급받기 전에 목적물을 매수인에게 인도하지만 대금이 모두 지급될 때까지는 목적물의 소유권은 매도인에게 유보되며 대금이 모두 지급된 때에 그 소유권이 매수인에게 이전된다는 내용의 이른바 소유권유보의 특약을 한 경우, 목적물의 소유권을 이전한다는 당사자 사이의 물권적 합의는 매매계약을 체결하고 목적물을 인도한 때 이미 성립하지만 대금이 모두 지급되는 것을 정지조건으로 한다(대판 1999.9.7. 99다30534).

3. 조건에 친하지 않은 법률행위

(1) 의 의

법률행위에 조건이 붙으면 그 효력의 발생이나 존속이 불확실하게 되는데 그러한 불확실성을 감내할 수 없는 법률행위를 조건에 친하지 않은 법률행위라고 한다. 그럼에도 불구하고 조건에 친하지 않은 법률행위에 조건을 붙이면, 그 법률행위는 전체가 무효로 된다(대판 2005.11.8. 2005마541).

(2) 단독행위

① 원칙적으로 조건을 붙일 수 없다. 따라서 상계, 해제, 해지, 철회, 선택채권의 선택, 환매권 등에 조건을 붙일 수 없다.
② 단, 상대방의 동의가 있는 경우 또는 상대방에게 이익만을 주거나 상대방에게 불이익으로 되지 않는 경우에는 조건을 붙일 수 있다.

(3) 신분행위

① 원칙적으로 조건을 붙일 수 없다.
② 단, 유언에는 조건을 붙일 수 있다(민법 제1073조 제2항). 또한 혼인과 달리 약혼에는 조건을 붙일 수 있다(통설).

(4) 어음·수표행위

① 원칙적으로 조건을 붙일 수 없고, 조건을 붙이면 그 행위 전부가 무효가 된다. 단, 어음·수표의 배서에 붙인 조건은 그 조건만 무효가 된다. 따라서 그 배서는 조건 없는 배서가 된다. 또한 어음보증에는 조건을 붙일 수 있다(대판 1986.9.9. 84다카2310).
② 조건과는 친하지 않지만, 기한과는 친하다.

(5) 물권행위

물권행위에 조건을 붙일 수 있는지 다툼이 있으나 다수설은 긍정하며, 판례는 소유권유보부매매(동산할부매매)에서 대금완납을 정지조건으로 하여 소유권이 이전된다는 '정지조건부 소유권이전의 합의'를 인정하고 있다.

4. 조건의 성취와 불성취

> **조건성취의 효과(민법 제147조)**
> ① 정지조건 있는 법률행위는 조건이 성취한 때로부터 그 효력이 생긴다.
> ② 해제조건 있는 법률행위는 조건이 성취한 때로부터 그 효력을 잃는다.
> ③ 당사자가 조건성취의 효력을 그 성취전에 소급하게 할 의사를 표시한 때에는 그 의사에 의한다.

(1) 의 의

조건인 장래의 불확실한 사실이 일어나는 것을 조건의 성취라 하고, 그 반대의 경우를 불성취라고 한다.

(2) 조건의 성취 또는 불성취의 주장

1) 조건성취의 주장

① 조건의 성취로 인하여 불이익을 받을 당사자가 신의성실에 반하여 조건의 성취를 방해한 경우에, 상대방은 그 조건이 성취된 것으로 주장할 수 있다(민법 제150조 제1항).
② 여기서의 당사자는 조건의 성취로 인하여 직접 불이익을 받는 자에 한한다.
③ 방해행위는 고의에 기한 경우뿐만 아니라 과실에 의한 경우를 포함하며, 작위에 한하지 않고 부작위라도 무방하다(대판 1990.11.13. 88다카29290).
④ 상대방의 주장에 의하여 조건성취로 의제되는 시점은 신의칙에 반하는 방해행위가 없었다면 조건이 성취되었으리라고 추정되는 시점이다(대판 1998.12.12. 98다42356).

2) 조건불성취의 주장

조건의 성취로 인하여 이익을 받을 당사자가 신의성실에 반하여 조건을 성취시킨 경우에 상대방은 그 조건이 성취되지 않은 것으로 주장할 수 있다(민법 제150조 제2항).

(3) 조건의 성취 또는 불성취의 효과

조건성취의 효과는 원칙적으로 소급하지 않는다. 즉 정지조건부 법률행위는 그 조건이 성취된 때부터 그 효력이 생기고(민법 제147조 제1항), 해제조건부 법률행위는 그 조건이 성취된 때부터 그 효력을 잃는다(민법 제147조 제2항). 다만, 당사자가 조건성취의 효력을 그 성취 전에 소급하게 할 의사를 표시한 경우에는 그 의사에 의한다(민법 제147조 제3항).

(4) 증명책임

① **정지조건부 법률행위** : 어떠한 법률행위가 조건의 성취시 법률행위의 효력이 발생하는 소위 정지조건부 법률행위에 해당한다는 사실은 그 법률행위로 인한 법률효과의 발생을 저지하는 사유로서 그 법률효과의 발생을 다투려는 자에게 주장입증책임이 있다(대판 1993.9.28. 93다20832). 반면 정지조건이 성취되었다는 사실은 권리를 취득하고자 하는 측에게 증명책임이 있다(대판 1984.9.25. 84다카967).

② **해제조건부 법률행위** : 해제조건부 법률행위에 해당하는 사실 및 해제조건이 성취되었다는 사실 모두 법률행위 효력의 소멸을 주장하는 측에게 증명책임이 있다.

5. 조건부 법률행위의 일반적 효력

> **조건부권리의 침해금지(민법 제148조)**
> 조건 있는 법률행위의 당사자는 조건의 성부가 미정한 동안에 조건의 성취로 인하여 생길 상대방의 이익을 해하지 못한다.
>
> **조건부권리의 처분 등(민법 제149조)**
> 조건의 성취가 미정한 권리의무는 일반규정에 의하여 처분, 상속, 보존 또는 담보로 할 수 있다.
>
> **조건성취, 불성취에 대한 반신의행위(민법 제150조)**
> ① 조건의 성취로 인하여 불이익을 받을 당사자가 신의성실에 반하여 조건의 성취를 방해한 때에는 상대방은 그 조건이 성취한 것으로 주장할 수 있다.
> ② 조건의 성취로 인하여 이익을 받을 당사자가 신의성실에 반하여 조건을 성취시킨 때에는 상대방은 그 조건이 성취하지 아니한 것으로 주장할 수 있다.

(1) 의 의

① 조건성취에 의하여 이익을 받을 당사자는 조건성취 여부가 미정인 상태에서도 일종의 기대권을 가진다.

② 조건부 법률행위에서 조건의 내용 자체가 불법적인 것이어서 무효인 경우 또는 조건을 붙이는 것이 허용되지 않는 법률행위에 조건을 붙이는 경우에, 그 조건만을 분리하여 무효로 할 수 없고, 그 법률행위 전부가 무효로 된다.

(2) 조건부 권리의 보호

① 조건부 법률행위의 당사자는 조건의 성부가 미정인 동안 조건의 성취로 인하여 생길 상대방의 이익을 해치지 못한다(민법 제148조).

② 조건부 권리에 대한 침해가 민법 제150조 위반에 해당하는 경우에, 당사자는 선택적으로 조건성취의 주장 또는 손해배상의 청구를 할 수 있다.

(3) 조건부 권리의 처분 등

조건부 권리도 조건의 성취가 미정인 동안에도 일반규정에 의하여 처분·상속·보존·담보로 할 수 있다(민법 제149조).

Ⅲ 기 한

1. 기한의 의의

기한이란 법률행위의 효력의 발생이나 소멸을 장래 발생할 것이 확실한 사실에 의존케 하는 법률행위의 부관을 말한다. 기한은 법률행위의 내용으로 당사자가 임의로 정한 것이므로, 법정기한은 기한이 아니다.

2. 기한의 종류

(1) 시기와 종기

시기란 법률행위 효력의 발생에 관한 기한을 말하고, 종기란 효력의 소멸이 걸려 있는 기한이다.

(2) 확정기한과 불확정기한

① 기한의 내용인 사실이 발생하는 시기가 확정되어 있는 것이 확정기한이고, 그렇지 않은 것이 불확정기한이다.
② 어떤 부관이 불확정기한인지 조건인지 구별하기 어려운 경우「법률행위의 해석」에 의해 판단한다. 부관에 표시된 사실이 발생하지 않으면 채무를 이행하지 않아도 된다고 보는 것이 합리적인 경우에는 조건으로 보아야 한다. 그러나 부관에 표시된 사실이 발생한 때에는 물론이고 반대로 발생하지 않는 것이 확정된 때에도 채무를 이행하여야 한다고 보는 것이 합리적인 경우에는 표시된 사실의 발생 여부가 확정되는 것을 불확정기한으로 정한 것으로 보아야 한다(대판 2018.6.28. 2018다201702). 따라서 어떠한 법률행위에 불확정기한이 부관으로 붙여진 경우에는 특별한 사정이 없는 한 그 법률행위에 따른 채무는 이미 발생하여 있고 불확정기한은 그 변제기나 이행기를 유예한 것에 불과하다(대판 2014.10.15. 2012두22706).

3. 기한에 친하지 않은 법률행위

① 혼인 등 신분행위에는 시기를 붙일 수 없다.
② 소급효가 있는 법률행위에는 시기를 붙일 수 없다. 예 취소, 추인, 상계
③ 그러나 어음·수표행위에는 시기를 붙일 수 있다.

4. 기한부 법률행위의 효력

> **기한도래의 효과(민법 제152조)**
> ① 시기 있는 법률행위는 기한이 도래한 때로부터 그 효력이 생긴다.
> ② 종기 있는 법률행위는 기한이 도래한 때로부터 그 효력을 잃는다.
>
> **기한부권리와 준용규정(민법 제154조)**
> 제148조와 제149조의 규정은 기한 있는 법률행위에 준용한다.

(1) 기한도래의 효과

① 시기부 법률행위는 기한이 도래한 때부터 그 효력이 생긴다(민법 제152조 제1항). 반면 종기부 법률행위는 기한이 도래한 때부터 그 효력을 잃는다(민법 제152조 제2항).
② 기한에는 소급효가 없으며, 당사자의 특약에 의해서도 소급효를 인정할 수 없다.

(2) 기한부 권리

조건부 권리에 관한 규정(민법 제148조, 제149조)은 기한부 권리에도 준용된다(민법 제154조).

5. 기한의 이익

> **기한의 이익과 그 포기(민법 제153조)**
> ① 기한은 채무자의 이익을 위한 것으로 추정한다.
> ② 기한의 이익은 이를 포기할 수 있다. 그러나 상대방의 이익을 해하지 못한다.

(1) 의 의

기한의 이익이란 기한이 존재하는 것, 즉 기한이 도래하지 않음으로써 당사자가 받는 이익을 말한다.

(2) 기한의 이익의 추정

① 기한의 이익을 누가 가지는지는 우선 「법률행위의 성질」에 따라 정해진다.
② 당사자의 특약이나 법률행위의 성질에 비추어 보아도 어느 당사자를 위한 것인지 불분명하다면 채무자를 위한 것으로 추정한다(민법 제153조 제1항).

(3) 기한의 이익의 포기

① 기한의 이익은 포기할 수 있다. 다만, 상대방의 이익을 해치지 못한다(민법 제153조 제2항).

> [1] 채권자와 채무자 모두가 기한의 이익을 갖는 이자부 금전소비대차계약 등에 있어서, 채무자가 기한의 이익을 포기하고 변제기 전에 변제하는 경우, 변제기까지의 약정이자 등 채권자의 손해를 배상하여야 하는지 여부(적극) 및 이러한 약정이자 등 손해액을 함께 제공하지 않으면 채권자가 수령을 거절할 수 있는지 여부(적극) / 이는 제3자가 변제하는 경우에도 마찬가지인지 여부(적극) : 기한의 이익은 포기할 수 있으나, 상대방의 이익을 해하지 못한다(민법 제153조 제2항). 변제기 전이라도 채무자는 변제할 수 있으나, 상대방의 손해는 배상하여야 한다(민법 제468조). 채무의 변제는 제3자도 할 수 있으나(민법 제469조 제1항 본문), 그 경우에도 급부행위는 채무내용에 좇은 것이어야 한다(민법 제460조). 채권자와 채무자 모두가 기한의 이익을 갖는 이자부 금전소비대차계약 등에 있어서, 채무자가 변제기로 인한 기한의 이익을 포기하고 변제기 전에 변제하는 경우 변제기까지의 약정이자 등 채권자의 손해를 배상하여야 하고, 이러한 약정이자 등 손해액을 함께 제공하지 않으면 채무의 내용에 따른 변제제공이라고 볼 수 없으므로, 채권자는 수령을 거절할 수 있다. / 이는 제3자가 변제하는 경우에도 마찬가지이다.

> [2] 은행여신거래에 있어서 당사자는 계약 내용에 편입된 약관에서 정한 바에 따라 기한의 이익과 포기에 관한 민법 제153조 제2항, 변제기 전의 변제에 관한 민법 제468조의 규정들과 다른 약정을 할 수 있는지 여부(적극): 기한의 이익과 그 포기에 관한 민법 제153조 제2항, 변제기 전의 변제에 관한 민법 제468조의 규정들은 임의규정으로서 당사자가 그와 다른 약정을 할 수 있다. 은행여신거래에 있어서 당사자는 계약 내용에 편입된 약관에서 정한 바에 따라 위 민법 규정들과 다른 약정을 할 수도 있다(대판 2023.4.13. 2021다305338).

② 기한의 이익이 상대방을 위하여 존재하는 경우 상대방의 손해를 배상하고 포기할 수 있다.
③ 기한의 이익을 가지는 무이자 소비대차의 차주나 무상임치인은 손해배상 없이 언제든지 기한의 이익을 포기할 수 있다.
④ 포기는 상대방 있는 단독행위로, 상대방에 대한 일방적 의사표시로 행하여진다.
⑤ 기한의 이익의 포기는 소급효가 없고, 장래를 향해서만 효과가 있다.

(4) 기한의 이익의 상실

> **기한의 이익의 상실(민법 제388조)**
> 채무자는 다음 각 호의 경우에는 기한의 이익을 주장하지 못한다.
> 1. 채무자가 담보를 손상, 감소 또는 멸실하게 한 때
> 2. 채무자가 담보제공의 의무를 이행하지 아니한 때

1) 의 의

당사자의 합의에 의한 기한이익 상실의 특약 외에 법은 일정한 경우에 채무자는 기한의 이익을 주장하지 못한다고 한다(민법 제388조).

2) 기한이익의 상실 특약

① 정지조건부 기한이익 상실 특약: 그 내용에 의하여 일정한 사유가 발생하면 채권자의 청구 등을 요함이 없이 당연히 기한의 이익이 상실되어 채무의 이행기가 도래하는 약정이다.
② 형성권적 기한이익 상실 특약: 일정한 사유가 발생한 후 채권자의 통지나 청구 등 채권자의 의사표시를 기다려 비로소 채무의 이행기가 도래하는 약정이다.

> 기한이익 상실의 특약이 위 양자 중 어느 것에 해당하느냐는 당사자의 의사해석의 문제이지만 일반적으로 기한이익 상실의 특약이 채권자를 위하여 둔 것인 점에 비추어 명백히 정지조건부 기한이익 상실의 특약이라고 볼 만한 특별한 사정이 없는 이상 형성권적 기한이익 상실의 특약으로 추정하는 것이 타당하다(대판 2002.9.4. 2002다28340).

3) 기한의 도래

민법상 기한의 이익의 상실사유가 발생한 경우 즉시 기한의 도래가 의제된 것이 아니라 채권자가 기한의 이익의 상실을 주장하여 즉시 변제를 청구할 수도 있고, 변제기를 기다려 청구할 수도 있다.

제1편 | 민법총칙

권리의 변동

제1절 서 설

제2절 법률행위

01 불능에 관한 다음 설명 중 가장 옳지 않은 것은? 2025년

① 구분건물의 소유권 취득을 목적으로 하는 매매계약에서 매도인의 소유권이전의무가 원시적 불능이어서 계약이 무효라고 하기 위해서는 매매 목적물이 '매매계약 당시' 구분건물로서 구조상, 이용상 독립성을 구비하지 못했다는 정도에 이르면 되고, '그 후로도' 매매 목적물이 당사자 사이에 약정된 내용에 따른 구조상, 이용상 독립성을 갖추는 것이 사회통념상 불가능하다고 평가될 정도에 이를 것까지 요구되지는 않는다.
② 계약의 내용이 된 채무를 이행하는 것이 계약 당시부터 이미 사실상·법률상 불가능한 상태였다면 그 계약은 원시적으로 불능이어서 무효이다. 채무의 이행이 불가능하다는 것은 절대적·물리적으로 불가능한 경우만이 아니라 사회생활상 경험칙이나 거래상의 관념에 비추어 볼 때 채권자가 채무자의 이행 실현을 기대할 수 없는 경우도 포함한다.
③ 토지의 일부를 특정하여 매수하고 토지를 분할하여 그 특정부분에 대한 소유권이전등기를 넘겨받기로 약정하였으나 그 매수인이 불법증축한 부분으로 인하여 인근지번과의 인동거리가 건축법규상 제한거리에 미달하기 때문에 분할이전등기를 못한 경우 그러한 공법상 제한은 불법증축한 부분만 철거한다면 얼마든지 해제될 수 있는 것이어서 분할약정에 따른 상대방의 분할등기이전의무는 원시적 불능에 속하는 것이라고 할 수 없다.
④ 당사자 일방의 채무가 원시적 이행불능이면 계약은 무효이므로 상대방은 계약체결에 있어서의 과실을 이유로 하는 신뢰이익 손해배상을 구할 수 있을지언정 이행에 대신하는 전보배상을 구할 수는 없다. 한편, 후발적 이행불능의 경우 이행에 대신하는 전보배상은 이행불능이 된 시기의 손해액이다.
⑤ 목적이 불능한 계약을 체결할 때에 그 불능을 알았거나 알 수 있었을 자는 상대방이 그 계약의 유효를 믿었음으로 인하여 받은 손해를 배상하여야 한다. 그러나 그 배상액은 계약이 유효함으로 인하여 생길 이익액을 넘지 못한다.

[❶ ▶ ×] 구분건물의 소유권 취득을 목적으로 하는 매매계약에서 매도인의 소유권이전의무가 원시적 불능이어서 계약이 무효라고 하기 위해서는 단지 매매 목적물이 '매매계약 당시' 구분건물로서 구조상, 이용상 독립성을 구비하지 못했다는 정도를 넘어서 '그 후로도' 매매 목적물이 당사자 사이에 약정된 내용에 따른 구조상, 이용상 독립성을 갖추는 것이 사회통념상 불가능하다고 평가될 정도에 이르러야 한다(대판 2017.12.22. 2017다225398).

[❷ ▶ ○] 계약의 내용이 된 채무를 이행하는 것이 계약 당시부터 이미 사실상·법률상 불가능한 상태였다면 그 계약은 원시적으로 불능이어서 무효이다. 채무의 이행이 불가능하다는 것은 절대적·물리적으로 불가능한 경우만이 아니라 사회생활상 경험칙이나 거래상의 관념에 비추어 볼 때 채권자가 채무자의 이행 실현을 기대할 수 없는 경우도 포함한다(대판 2020.12.10. 2019다201785).

[❸ ▶ ○] 토지의 일부를 특정하여 매수하고 토지를 분할하여 그 특정부분에 대한 소유권이전등기를 넘겨받기로 약정하였으나 그 매수인이 불법증축한 부분으로 인하여 인근지번과의 인동거리가 건축법규상 제한거리에 미달하기 때문에 분할이전등기를 못한 경우 그러한 공법상 제한은 불법증축한 부분만 철거한다면 얼마든지 해제될 수 있는 것이어서 분할약정에 따른 상대방의 분할등기이전의무는 원시적 불능에 속하는 것이라고 할 수 없다(대판 1992.7.24. 91다38341).

[❹ ▶ ○] 당사자 일반의 채무가 원시적 이행불능이면 계약은 무효이므로 상대방은 계약체결에 있어서의 과실을 이유로 하는 신뢰이익 손해배상을 구할 수 있을지언정 이행에 대신하는 전보배상을 구할 수는 없고 또 후발적 이행불능의 경우에 이행에 대신하는 전보배상은 이행불능이 된 시기의 손해액이다(대판 1975.2.10. 74다584).

[❺ ▶ ○] 민법 제535조 제1항

> **민법 제535조(계약체결상의 과실)**
> ① 목적이 불능한 계약을 체결할 때에 그 불능을 알았거나 알 수 있었을 자는 상대방이 그 계약의 유효를 믿었음으로 인하여 받은 손해를 배상하여야 한다. 그러나 그 배상액은 계약이 유효함으로 인하여 생길 이익액을 넘지 못한다.
> ② 전항의 규정은 상대방이 그 불능을 알았거나 알 수 있었을 경우에는 적용하지 아니한다.

답 ❶

02 법률행위의 목적에 관한 다음 설명 중 가장 옳지 않은 것은? 2025년

① 형사사건에서의 성공보수약정은 수사·재판의 결과를 금전적인 대가와 결부시킴으로써, 기본적 인권의 옹호와 사회정의의 실현을 사명으로 하는 변호사 직무의 공공성을 저해하고, 의뢰인과 일반 국민의 사법제도에 대한 신뢰를 현저히 떨어뜨릴 위험이 있으므로, 선량한 풍속 기타 사회질서에 위배되는 것으로 평가할 수 있다.

② 매매계약체결 당시에 정당한 대가를 지급하고 목적물을 매수하는 계약을 체결하였더라도, 그 후 목적물이 범죄행위로 취득된 것을 알게 되었다면 위 계약의 이행을 구하는 것은 선량한 풍속 기타 사회질서에 위반하는 것이 되므로 당초의 매매계약에 기하여 목적물에 대한 소유권이전등기를 구할 수 없다.

③ 영리를 목적으로 윤락행위를 하도록 권유·유인·알선 또는 강요하거나 이에 협력하는 것은 선량한 풍속 기타 사회질서에 위반되므로 그러한 행위를 하는 자가 영업상 관계있는 윤락행위를 하는 자에 대하여 가지는 채권은 계약의 형식에 관계없이 무효라고 보아야 한다.

④ 불공정 법률행위에 해당하는지는 법률행위가 이루어진 시점을 기준으로 약속된 급부와 반대급부 사이의 객관적 가치를 비교 평가하여 판단하여야 할 문제이고, 당초의 약정대로 계약이 이행되지 아니할 경우에 발생할 수 있는 문제는 달리 특별한 사정이 없는 한 채무의 불이행에 따른 효과로서 다루어지는 것이 원칙이다.

⑤ '궁박'이라 함은 '급박한 곤궁'을 의미하는 것으로서 경제적 원인에 기인할 수도 있고 정신적 또는 심리적 원인에 기인할 수도 있으며, 당사자가 궁박한 상태에 있었는지 여부는 그의 나이와 직업, 교육 및 사회경험의 정도, 재산 상태 및 그가 처한 상황의 절박성의 정도 등 여러 사정을 종합하여 구체적으로 판단하여야 한다. 한편 당사자가 계약을 지키지 않는 경우 얻을 이익이 이로 인해 입을 불이익보다 크다고 판단하여, 그 불이익의 발생을 예측하면서도 이를 감수할 생각으로 계약에 반하는 행위를 함으로써 계약 상대방과의 관계에서 그가 주장하는 급박한 곤궁 상태에 이르렀다면, 이와 같이 그가 자초한 상태를 민법 제104조의 궁박이라고 인정하는 것은 엄격하고 신중하게 이루어져야 한다.

[❶ ▶ ○] 형사사건에 관하여 체결된 성공보수약정이 가져오는 여러 가지 사회적 폐단과 부작용 등을 고려하면, 구속영장청구 기각, 보석 석방, 집행유예나 무죄 판결 등과 같이 의뢰인에게 유리한 결과를 얻어내기 위한 변호사의 변론활동이나 직무수행 그 자체는 정당하다 하더라도, 형사사건에서의 성공보수약정은 수사·재판의 결과를 금전적인 대가와 결부시킴으로써, 기본적 인권의 옹호와 사회정의의 실현을 사명으로 하는 변호사 직무의 공공성을 저해하고, 의뢰인과 일반 국민의 사법제도에 대한 신뢰를 현저히 떨어뜨릴 위험이 있으므로, 선량한 풍속 기타 사회질서에 위배되는 것으로 평가할 수 있다(대판[전합] 2015.7.23. 2015다200111).

[❷ ▶ ✕] 매매계약체결 당시에 정당한 대가를 지급하고 목적물을 매수하는 계약을 체결하였다면, 비록 그 후 목적물이 범죄행위로 취득된 것을 알게 되었다고 하더라도, 계약의 이행을 구하는 것 자체가 선량한 풍속 기타 사회질서에 위반하는 것으로 볼 만한 특별한 사정이 없는 한, 그러한 사유만으로 당초의 매매계약에 기하여 목적물에 대한 소유권이전등기를 구하는 것이 민법 제103조의 공서양속에 반하는 행위라고 단정할 수 없다(대판 2001.11.9. 2001다44987).

[❸ ▶ ○] 영리를 목적으로 윤락행위를 하도록 권유·유인·알선 또는 강요하거나 이에 협력하는 것은 선량한 풍속 기타 사회질서에 위반되므로 그러한 행위를 하는 자가 영업상 관계있는 윤락행위를 하는 자에 대하여 가지는 채권은 계약의 형식에 관계없이 무효라고 보아야 한다(대판 2004.9.3. 2004다27488).

[④▶○] 불공정 법률행위에 해당하는지는 법률행위가 이루어진 시점을 기준으로 약속된 급부와 반대급부 사이의 객관적 가치를 비교 평가하여 판단하여야 할 문제이고, 당초의 약정대로 계약이 이행되지 아니할 경우에 발생할 수 있는 문제는 달리 특별한 사정이 없는 한 채무의 불이행에 따른 효과로서 다루어지는 것이 원칙이다(대판 2013.9.26. 2010다42075).

[⑤▶○] '궁박'이라 함은 '급박한 곤궁'을 의미하는 것으로서 경제적 원인에 기인할 수도 있고 정신적 또는 심리적 원인에 기인할 수도 있으며, 당사자가 궁박한 상태에 있었는지 여부는 그의 나이와 직업, 교육 및 사회경험의 정도, 재산 상태 및 그가 처한 상황의 절박성의 정도 등 여러 사정을 종합하여 구체적으로 판단하여야 한다. 한편 당사자가 계약을 지키지 않는 경우 얻을 이익이 이로 인해 입을 불이익보다 크다고 판단하여, 그 불이익의 발생을 예측하면서도 이를 감수할 생각으로 계약에 반하는 행위를 함으로써 계약 상대방과의 관계에서 그가 주장하는 급박한 곤궁 상태에 이르렀다면, 이와 같이 그가 자초한 상태를 민법 제104조의 궁박이라고 인정하는 것은 엄격하고 신중하게 이루어져야 한다(대판 2024.3.12. 2023다301712).

답 ❷

03 법률행위의 해석에 관한 다음 설명 중 가장 옳지 않은 것은? 2024년

① 하나의 법률관계를 둘러싸고 각기 다른 내용을 정한 여러 개의 계약서가 순차로 작성되어 있는 경우 당사자가 그러한 계약서에 따른 법률관계나 우열관계를 명확하게 정하고 있다면 그와 같은 내용대로 효력이 발생하지만, 여러 개의 계약서에 따른 법률관계 등이 명확히 정해져 있지 않다면 각각의 계약서에 정해져 있는 내용 중 서로 양립할 수 없는 부분에 관해서는 원칙적으로 나중에 작성된 계약서에서 정한 대로 계약 내용이 변경되었다고 해석하는 것이 합리적이다.

② 계약의 합의해지는 계속적 채권채무관계에서 당사자가 이미 체결한 계약의 효력을 장래에 향하여 소멸시킬 것을 내용으로 하는 새로운 계약으로서, 이를 인정하기 위해서는 계약이 성립하는 경우와 마찬가지로 기존 계약의 효력을 장래에 향하여 소멸시키기로 하는 내용의 청약과 승낙이라는 서로 대립하는 의사표시가 합치될 것을 요건으로 한다. 이와 같은 합의가 성립하기 위해서는 쌍방 당사자의 표시행위에 나타난 의사의 내용이 객관적으로 일치하여야 하지만 계약당사자 일방이 계약해지에 관한 조건을 제시한 경우 그 조건에 관한 합의까지 이루어질 필요는 없다.

③ 계약을 체결하는 행위자가 타인의 이름으로 법률행위를 한 경우에 행위자 또는 명의인 가운데 누구를 계약의 당사자로 볼 것인가에 관하여는, 우선 행위자와 상대방의 의사가 일치한 경우에는 그 일치한 의사대로 행위자 또는 명의인을 계약의 당사자로 확정해야 하고, 행위자와 상대방의 의사가 일치하지 않는 경우에는 그 계약의 성질·내용·목적·체결 경위 등 그 계약 체결 전후의 구체적인 제반 사정을 토대로 상대방이 합리적인 사람이라면 행위자와 명의자 중 누구를 계약당사자로 이해할 것인가에 의하여 당사자를 결정하여야 한다.

④ 성립이 진정한 것으로 인정되는 처분문서(매매계약서)는 그 내용을 부정할 만한 분명하고 수긍할 수 있는 이유가 없는 한 그 내용되는 법률행위의 존재를 인정하여야 한다.

⑤ 계약이 성립하기 위하여는 당사자 사이에 의사의 합치가 있을 것이 요구되는데, 이러한 의사의 합치는 당해 계약의 내용을 이루는 모든 사항에 관하여 있어야 하는 것은 아니고 그 본질적 사항이나 중요사항에 관하여 구체적으로 의사의 합치가 있거나 적어도 장래 구체적으로 특정할 수 있는 기준과 방법 등에 관한 합의가 있으면 된다. 따라서 당사자 사이에 체결된 계약과 이에 따라 장래 체결할 본계약을 구별하고자 하는 의사가 명확하거나 일정한 형식을 갖춘 본계약 체결이 별도로 요구되는 경우 등의 특별한 사정이 없다면, 매매계약이 성립하였다고 보기에 충분한 합의가 있었음에도 법원이 매매계약 성립을 부정하고 별도의 본계약이 체결되어야 하는 매매예약에 불과하다고 단정할 것은 아니다.

[❶ ▶ ○] 하나의 법률관계를 둘러싸고 각기 다른 내용을 정한 여러 개의 계약서가 순차로 작성되어 있는 경우 당사자가 그러한 계약서에 따른 법률관계나 우열관계를 명확하게 정하고 있다면 그와 같은 내용대로 효력이 발생한다. 그러나 여러 개의 계약서에 따른 법률관계 등이 명확히 정해져 있지 않다면 각각의 계약서에 정해져 있는 내용 중 서로 양립할 수 없는 부분에 관해서는 원칙적으로 나중에 작성된 계약서에서 정한 대로 계약 내용이 변경되었다고 해석하는 것이 합리적이다(대판 2020.12.30. 2017다17603).

[❷ ▶ ×] 계약의 합의해지는 계속적 채권채무관계에서 당사자가 이미 체결한 계약의 효력을 장래에 향하여 소멸시킬 것을 내용으로 하는 새로운 계약으로서, 이를 인정하기 위해서는 계약이 성립하는 경우와 마찬가지로 기존 계약의 효력을 장래에 향하여 소멸시키기로 하는 내용의 청약과 승낙이라는 서로 대립하는 의사표시가 합치될 것을 요건으로 한다. 계약의 합의해지는 묵시적으로 이루어질 수도 있으나, 계약에 따른 채무의 이행이 시작된 다음에 당사자 쌍방이 계약실현 의사의 결여 또는 포기로 계약을 실현하지 않을 의사가 일치되어야만 한다. 이와 같은 합의가 성립하기 위해서는 쌍방 당사자의 표시행위에 나타난 의사의 내용이 객관적으로 일치하여야 하므로 <u>계약당사자 일방이 계약해지에 관한 조건을 제시한 경우 조건에 관한 합의까지 이루어져야 한다</u>(대판 2018.12.27. 2016다274270).

[❸ ▶ ○] 계약을 체결하는 행위자가 타인의 이름으로 법률행위를 한 경우에 행위자 또는 명의인 가운데 누구를 계약의 당사자로 볼 것인가에 관하여는, 우선 행위자와 상대방의 의사가 일치하는 경우에는 그 일치한 의사대로 행위자 또는 명의인을 계약의 당사자로 확정하여야 하고, 행위자와 상대방의 의사가 일치하지 아니하는 경우에는 그 계약의 성질·내용·목적·체결 경위 등 그 계약 체결 전후의 구체적인 제반 사정을 토대로 상대방이 합리적인 사람이라면 행위자와 명의자 중 누구를 계약의 당사자로 이해할 것인가에 의하여 당사자를 결정하여야 한다(대판 1998.5.12. 97다36989).

[❹ ▶ ○] 성립이 진정한 것으로 인정되는 처분문서(매매계약서)는 그 내용을 부정할 만한 분명하고 수긍할 수 있는 이유가 없는 한 그 내용되는 법률행위의 존재를 인정하여야 한다(대판 1981.6.9. 80다442).

[❺ ▶ ○] 계약이 성립하기 위하여는 당사자 사이에 의사의 합치가 있을 것이 요구되는데 이러한 의사의 합치는 당해 계약의 내용을 이루는 모든 사항에 관하여 있어야 하는 것은 아니고 그 본질적 사항이나 중요 사항에 관하여 구체적으로 의사의 합치가 있거나 적어도 장래 구체적으로 특정할 수 있는 기준과 방법 등에 관한 합의가 있으면 된다. 따라서 당사자 사이에 체결된 계약과 이에 따라 장래 체결할 본계약을 구별하고자 하는 의사가 명확하거나 일정한 형식을 갖춘 본계약 체결이 별도로 요구되는 경우 등의 특별한 사정이 없다면, 매매계약이 성립하였다고 보기에 충분한 합의가 있었음에도 법원이 매매계약 성립을 부정하고 별도의 본계약이 체결되어야 하는 매매예약에 불과하다고 단정할 것은 아니다(대판 2022.7.14. 2022다225767).

답 ❷

04 반사회질서 내지 불공정한 법률행위에 관한 다음 설명 중 가장 옳지 않은 것은? 2024년

① 대물변제예약이 불공정한 법률행위가 되는 요건의 하나인 대차의 목적물가격과 대물변제의 목적물가격에 있어서의 불균형이 있느냐 여부를 결정할 시점은 대물변제예약 시가 아니라 대물변제의 효력이 발생할 변제기 당시를 표준으로 하여야 할 것임이 원칙이므로, 채권액수도 역시 변제기까지의 원리액을 기준으로 하여야 할 것이다.

② 도박채무의 변제를 위하여 채무자로부터 부동산의 처분을 위임받은 채권자가 그 부동산을 제3자에게 매도한 경우, 도박채무 부담행위 및 그 변제약정이 민법 제103조의 선량한 풍속 기타 사회질서에 위반되어 무효이므로, 그 무효는 변제약정의 이행행위에 해당하는 위 부동산을 제3자에게 처분한 대금으로 도박채무의 변제에 충당한 부분뿐만 아니라 위 변제약정의 이행행위에 직접 해당하지 아니하는 부동산 처분에 관한 대리권을 도박 채권자에게 수여한 행위 부분까지 무효이다.

③ 소송사건에서 일방 당사자를 위하여 증인으로 출석하여 증언하였거나 증언할 것을 조건으로 어떤 대가를 받을 것을 약정한 경우, 증인은 법률에 의하여 증언거부권이 인정되지 않는 한 진실을 진술할 의무가 있는 것이므로 그 대가의 내용이 통상적으로 용인될 수 있는 수준(예컨대 증인에게 일당과 여비가 지급되기는 하지만 증인이 법원에 출석함으로써 입게 되는 손해에는 미치지 못하는 경우 그러한 손해를 전보해 주는 정도)을 초과하는 경우에는 그와 같은 약정은 금전적 대가가 결부됨으로써 선량한 풍속 기타 사회질서에 반하는 법률행위가 되어 민법 제103조에 따라 효력이 없다.

④ 금전 소비대차계약과 함께 이자의 약정을 하는 경우, 양쪽 당사자 사이의 경제력의 차이로 인하여 그 이율이 당시의 경제적·사회적 여건에 비추어 사회통념상 허용되는 한도를 초과하여 현저하게 고율로 정하여졌다면, 그와 같이 허용할 수 있는 한도를 초과하는 부분의 이자 약정은 대주가 그의 우월한 지위를 이용하여 부당한 이득을 얻고 차주에게는 과도한 반대급부 또는 기타의 부당한 부담을 지우는 것이므로 선량한 풍속 기타 사회질서에 위반한 사항을 내용으로 하는 법률행위로서 무효이다.

⑤ 제3자가 피상속인으로부터 토지를 전전매수하였다는 사실을 알면서도 그 정을 모르는 상속인을 기망하여 결과적으로 그로 하여금 토지를 이중매도하게 하였다면, 그 매수인의 적극적인 기망행위에 의하여 이루어진 상속인과 사이의 토지에 관한 양도계약은 반사회적 법률행위로서 무효이다.

....

[❶ ▶ ○] 대물변제예약이 불공정한 법률행위가 되는 요건의 하나인 대차의 목적물가격과 대물변제의 목적물가격에 있어서의 불균형이 있느냐 여부를 결정할 시점은 대물변제의 효력이 발생할 변제기 당시를 표준으로 하여야 할 것임이 원칙이므로 채권액수도 역시 변제기까지의 원리액을 기준으로 하여야 할 것이다(대판 1965.6.15. 65다610).

[❷ ▶ ×] 도박채무의 변제를 위하여 채무자로부터 부동산의 처분을 위임받은 채권자가 그 부동산을 제3자에게 매도한 경우, 도박채무 부담행위 및 그 변제약정이 민법 제103조의 선량한 풍속 기타 사회질서에 위반되어 무효라 하더라도, <u>그 무효는 변제약정의 이행행위에 해당하는 위 부동산을 제3자에게 처분한 대금으로 도박채무의 변제에 충당한 부분에 한정되고, 위 변제약정의 이행행위에 직접 해당하지 아니하는 부동산 처분에 관한 대리권을 도박 채권자에게 수여한 행위 부분까지 무효라고 볼 수는 없으므로</u>, 위와 같은 사정을 알지 못하는 거래 상대방인 제3자가 도박 채무자부터 그 대리인인 도박 채권자를 통하여 위 부동산을 매수한 행위까지 무효가 된다고 할 수는 없다(대판 1995.7.14. 94다40147).

[❸▸○] 소송사건에서 일방 당사자를 위하여 증인으로 출석하여 증언하였거나 증언할 것을 조건으로 어떤 대가를 받을 것을 약정한 경우, 증인은 법률에 의하여 증언거부권이 인정되지 않은 한 진실을 진술할 의무가 있는 것이므로 그 대가의 내용이 통상적으로 용인될 수 있는 수준(예컨대 증인에게 일당과 여비가 지급되기는 하지만 증인이 법원에 출석함으로써 입게 되는 손해에는 미치지 못하는 경우 그러한 손해를 전보해 주는 정도)을 초과하는 경우에는 그와 같은 약정은 금전적 대가가 결부됨으로써 선량한 풍속 기타 사회질서에 반하는 법률행위가 되어 민법 제103조에 따라 효력이 없다고 할 것이고, 약정된 대가의 내용이 주로 위와 같은 증언을 하는 데 대한 반대급부의 의미를 갖는 경우에는 그 밖에 부수적으로 소송의 상대방 당사자를 만나 그의 동의 없이 대화내용을 몰래 녹취하여 일방 당사자로 하여금 그 녹취서를 법원에 증거로 제출하게 하는 등의 행위에 대한 대가가 이에 포함되어 있다고 하더라도 마찬가지이다(대판 1999.4.13. 98다52483).

[❹▸○] 금전 소비대차계약과 함께 이자의 약정을 하는 경우, 양쪽 당사자 사이의 경제력의 차이로 인하여 그 이율이 당시의 경제적·사회적 여건에 비추어 사회통념상 허용되는 한도를 초과하여 현저하게 고율로 정하여졌다면, 그와 같이 허용할 수 있는 한도를 초과하는 부분의 이자 약정은 대주가 그의 우월한 지위를 이용하여 부당한 이득을 얻고 차주에게는 과도한 반대급부 또는 기타의 부당한 부담을 지우는 것이므로 선량한 풍속 기타 사회질서에 위반한 사항을 내용으로 하는 법률행위로서 무효이다(대판[전합] 2007.2.15. 2004다50426).

[❺▸○] 제3자가 피상속인으로부터 토지를 전전매수하였다는 사실을 알면서도 그 정을 모르는 상속인을 기망하여 결과적으로 그로 하여금 토지를 이중매도하게 하였다면, 그 매수인의 적극적인 기망행위에 의하여 이루어진 상속인과 사이의 토지에 관한 양도계약은 반사회적 법률행위로서 무효이다(대판 1994.11.18. 94다37349).

답 ❷

제3절 의사표시

05 착오로 인한 의사표시에 관한 다음 설명 중 가장 옳지 않은 것은? 2023년

① 동기의 착오가 법률행위의 내용의 중요 부분의 착오에 해당함을 이유로 표의자가 법률행위를 취소하려면 그 동기를 당해 의사표시의 내용으로 삼을 것을 상대방에게 표시하고 의사표시의 해석상 법률행위의 내용으로 되어 있다고 인정되면 충분하고 당사자들 사이에 별도로 그 동기를 의사표시의 내용으로 삼기로 하는 합의까지 이루어질 필요는 없다.
② 법률행위 내용의 중요 부분에 착오가 있는 때에는 그 의사표시를 취소할 수 있으나 그 착오가 표의자의 중대한 과실로 인한 때에는 취소하지 못한다. 여기서 '중대한 과실'이라 함은 표의자의 직업, 행위의 종류, 목적 등에 비추어 보통 요구되는 주의를 현저히 결여하는 것을 의미한다.
③ 상대방이 표의자의 착오를 알고 이를 이용한 경우에는 착오가 표의자의 중대한 과실로 인한 것이라고 하더라도 표의자는 의사표시를 취소할 수 있다.

④ 주채무자의 차용금반환채무를 보증할 의사로 공정증서에 연대보증인으로 서명·날인하였으나 그 공정증서가 주채무자의 기존의 구상금채무 등에 관한 준소비대차계약의 공정증서이었던 경우, 위와 같은 착오는 연대보증계약의 중요 부분의 착오에 해당한다.
⑤ 민사소송법상의 소송행위에는 특별한 규정이나 특별한 사정이 없는 한 민법상의 법률행위에 관한 규정이 적용될 수 없는 것이므로, 착오로 항소이유서를 제출하였다고 하여 의사표시의 하자를 이유로 그와 같은 소송행위의 취소를 주장할 수는 없다.

[❶ ▸ O] 동기의 착오가 법률행위의 내용의 중요 부분의 착오에 해당함을 이유로 표의자가 법률행위를 취소하려면 그 동기를 당해 의사표시의 내용으로 삼을 것을 상대방에게 표시하고 의사표시의 해석상 법률행위의 내용으로 되어 있다고 인정되면 충분하고 당사자들 사이에 별도로 그 동기를 의사표시의 내용으로 삼기로 하는 합의까지 이루어질 필요는 없지만, 그 법률행위의 내용의 착오는 보통 일반인이 표의자의 입장에 섰더라면 그와 같은 의사표시를 하지 아니하였으리라고 여겨질 정도로 그 착오가 중요한 부분에 관한 것이어야 한다(대판 2000.5.12. 2000다12259).

[❷ ▸ O] 법률행위 내용의 중요 부분에 착오가 있는 때에는 그 의사표시를 취소할 수 있으나 그 착오가 표의자의 중대한 과실로 인한 때에는 취소하지 못한다. 여기서 '중대한 과실'이란 표의자의 직업, 행위의 종류, 목적 등에 비추어 보통 요구되는 주의를 현저히 게을리한 것을 의미한다(대판 2020.3.26. 2019다288232).

[❸ ▸ O] 민법 제109조 제1항 단서는 의사표시의 착오가 표의자의 중대한 과실로 인한 때에는 그 의사표시를 취소하지 못한다고 규정하고 있는데, 위 단서 규정은 표의자의 상대방의 이익을 보호하기 위한 것이므로, 상대방이 표의자의 착오를 알고 이를 이용한 경우에는 착오가 표의자의 중대한 과실로 인한 것이라고 하더라도 표의자는 의사표시를 취소할 수 있다(대판 2014.11.27. 2013다49794).

[❹ ▸ ✕] 주채무자의 차용금반환채무를 보증할 의사로 공정증서에 연대보증인으로 서명·날인하였으나 그 공정증서가 주채무자의 기존의 구상금채무 등에 관한 준소비대차계약의 공정증서이었던 경우, 소비대차계약과 준소비대차계약의 법률효과는 동일하므로 공정증서가 연대보증인의 의사와 다른 법률효과를 발생시키는 내용의 서면이라고 할 수 없어 표시와 의사의 불일치가 객관적으로 현저한 경우에 해당하지 않을 뿐만 아니라, 연대보증인은 주채무자가 채권자에게 부담하는 차용금반환채무를 연대보증할 의사가 있었던 이상 착오로 인하여 경제적인 불이익을 입었거나 장차 불이익을 당할 염려도 없으므로 위와 같은 착오는 연대보증계약의 중요 부분의 착오가 아니다(대판 2006.12.7. 2006다41457).

[❺ ▸ O] 민사소송법상의 소송행위에는 특별한 규정이나 특별한 사정이 없는 한 민법상의 법률행위에 관한 규정이 적용될 수 없는 것이므로 사기, 강박 또는 착오 등 의사표시의 하자를 이유로 그 무효나 취소를 주장할 수 없다(대판 1980.8.26. 80다76).

답 ❹

제4절 법률행위의 대리

06 임의대리권에 관한 다음 설명 중 가장 옳지 않은 것은? 2023년

① 매매계약의 체결과 이행에 관하여 포괄적으로 대리권을 수여받은 대리인이라도 특별한 다른 사정이 없는 한 상대방에 대하여 약정된 매매대금지급기일을 연기하여 줄 권한은 없다.
② 수권행위의 통상의 내용으로서의 임의대리권은 그 권한에 부수하여 필요한 한도에서 상대방의 의사표시를 수령하는 이른바 수령대리권을 포함한다.
③ 부동산의 소유자로부터 매매계약을 체결할 대리권을 수여받은 대리인은 특별한 사정이 없는 한 그 매매계약에서 약정한 바에 따라 중도금이나 잔금을 수령할 권한이 있다.
④ 예금계약의 체결을 위임받은 자가 가지는 대리권에 당연히 그 예금을 담보로 하여 대출을 받거나 이를 처분할 수 있는 대리권이 포함되어 있는 것은 아니다.
⑤ 소송상 화해나 청구의 포기에 관한 특별수권이 되어 있다면 특별한 사정이 없는 한 그러한 소송행위에 대한 수권만이 아니라 그러한 소송행위의 전제가 되는 당해 소송물인 권리의 처분이나 포기에 대한 권한도 수여되어 있다고 봄이 상당하다.

[❶ ▶ ✕] [❸ ▶ ○] 부동산의 소유자로부터 매매계약을 체결할 대리권을 수여받은 대리인은 특별한 다른 사정이 없는 한 그 매매계약에서 약정한 바에 따라 중도금이나 잔금을 수령할 수도 있다고 보아야 하고, 매매계약의 체결과 이행에 관하여 포괄적으로 대리권을 수여받은 대리인은 특별한 다른 사정이 없는 한 상대방에 대하여 <u>약정된 매매대금지급기일을 연기하여 줄 권한도 가진다고 보아야 할 것이다</u>(대판 1992.4.14. 91다43107).

[❷ ▶ ○] 임의대리에 있어서 대리권의 범위는 수권행위(대리권수여행위)에 의하여 정하여지는 것이므로 어느 행위가 대리권의 범위 내의 행위인지의 여부는 개별적인 수권행위의 내용이나 그 해석에 의하여 판단할 것이나, 일반적으로 말하면 수권행위의 통상의 내용으로서의 임의대리권은 그 권한에 부수하여 필요한 한도에서 상대방의 의사표시를 수령하는 이른바 수령대리권을 포함하는 것으로 보아야 한다(대판 1994.2.8. 93다39379).

[❹ ▶ ○] 예금계약의 체결을 위임받은 자가 가지는 대리권에 당연히 그 예금을 담보로 대출을 받거나 이를 처분할 수 있는 대리권이 포함되어 있는 것은 아니다(대판 2002.6.14. 2000다38992).

[❺ ▶ ○] 소송상 화해나 청구의 포기에 관한 특별수권이 되어 있다면, 특별한 사정이 없는 한 그러한 소송행위에 대한 수권만이 아니라 그러한 소송행위의 전제가 되는 당해 소송물인 권리의 처분이나 포기에 대한 권한도 수여되어 있다고 봄이 상당하다(대결 2000.1.31. 99마6205).

답

07 대리에 관한 다음 설명 중 옳은 것을 모두 고른 것은? 2024년

ㄱ. 대리권 남용 행위에 따라 외형상 형성된 법률관계를 기초로 하여 새로운 법률상 이해관계를 맺은 선의의 제3자에 대해서는 민법 제107조 제2항을 유추적용하여 누구도 그러한 사정을 들어 대항할 수 없는데, 제3자가 악의라는 사실에 관한 증명책임은 그 무효를 주장하는 자에게 있다.
ㄴ. 대부중개업자가 전주를 위하여 금전소비대차계약과 그 담보를 위한 담보권설정계약을 체결할 대리권을 수여받은 것으로 인정되는 경우에는 특별한 사정이 없는 한 금전소비대차계약과 그 담보를 위한 담보권설정계약이 체결된 후에 이를 해제할 권한까지 당연히 가지고 있다고 볼 수 있다.
ㄷ. 특정한 법률행위를 위임한 경우에 대리인이 본인의 지시에 좇아 그 행위를 한 때에는 본인은 자기가 안 사정 또는 과실로 인하여 알지 못한 사정에 관하여 대리인의 부지를 주장하지 못한다.
ㄹ. 부부의 일방이 의식불명의 상태에 있어 사회통념상 대리관계를 인정할 필요가 있다는 사정이 인정된다면 그 배우자로서는 당연히 채무의 부담행위를 포함한 모든 법률행위에 관하여 대리권을 갖는다고 보아야 한다.
ㅁ. 대리권 소멸 후의 표현대리에 관한 민법 제129조는 법정대리인의 대리권이 소멸된 경우에도 적용된다고 할 것이다.

① ㄱ, ㄴ, ㅁ   ② ㄱ, ㄷ, ㄹ
③ ㄱ, ㄷ, ㅁ   ④ ㄴ, ㄷ, ㅁ
⑤ ㄴ, ㄹ, ㅁ

··

[ㄱ▶○] 법정대리인인 친권자의 대리행위가 객관적으로 볼 때 미성년자 본인에게는 경제적인손실만을 초래하는 반면, 친권자나 제3자에게는 경제적인 이익을 가져오는 행위이고 행위의 상대방이 이러한 사실을 알았거나 알 수 있었을 때에는 민법 제107조 제1항 단서의 규정을 유추적용하여 행위의 효과가 자에게는 미치지 않는다고 해석함이 타당하나, 그에 따라 외형상 형성된 법률관계를 기초로 하여 새로운 법률상 이해관계를 맺은 선의의 제3자에 대하여는 같은 조 제2항의 규정을 유추적용하여 누구도 그와 같은 사정을 들어 대항할 수 없으며, 제3자가 악의라는 사실에 관한 주장·증명책임은 무효를 주장하는 자에게 있다(대판 2018.4.26. 2016다3201).
[ㄴ▶✕] 통상 대부중개업자가 전주를 위하여 금전소비대차계약과 그 담보를 위한 담보권설정계약을 체결할 대리권을 수여받은 것으로 인정되는 경우라 하더라도 특별한 사정이 없는 한 일단 금전소비대차계약과 그 담보를 위한 담보권설정계약이 체결된 후에 이를 해제할 권한까지 당연히 가지고 있다고 볼 수는 없다(대판 2021.10.14. 2021다243430).
[ㄷ▶○] 특정한 법률행위를 위임한 경우에 대리인이 본인의 지시에 좇아 그 행위를 한 때에는 본인은 자기가 안 사정 또는 과실로 인하여 알지 못한 사정에 관하여 대리인의 부지를 주장하지 못한다(민법 제116조 제2항).

[ㄹ ▸ ✕] 대리가 적법하게 성립하기 위하여는 대리행위를 한 자, 즉 대리인이 본인을 대리할 권한을 가지고 그 대리권의 범위 내에서 법률행위를 하였음을 요하며, 부부의 경우에도 일상의 가사가 아닌 법률행위를 배우자를 대리하여 행함에 있어서는 별도로 대리권을 수여하는 수권행위가 필요한 것이지, 부부의 일방이 의식불명의 상태에 있어 사회통념상 대리관계를 인정할 필요가 있다는 사정만으로 그 배우자가 당연히 채무의 부담행위를 포함한 모든 법률행위에 관하여 대리권을 갖는다고 볼 것은 아니다 (대판 2000.12.8. 99다37856).

[ㅁ ▸ ◯] 대리권소멸 후의 표현대리에 관한 민법 제129조는 법정대리인의 대리권소멸에 관하여도 적용이 있다(대판 1975.1.28. 74다1199).

답 ❸

08 표현대리에 관한 다음 설명 중 가장 옳지 않은 것은? 2025년

① 과거에 가졌던 대리권이 소멸되어 민법 제129조(대리권 소멸 후의 표현대리)에 의하여 표현대리로 인정되는 경우에 그 표현대리의 권한을 넘는 대리행위가 있을 때에는 민법 제126조(권한을 넘은 표현대리)에 의한 표현대리가 성립할 수 있다.
② 민법 제126조의 표현대리에서 자칭 대리인에게 대리권이 있다고 믿을 만한 정당한 이유가 있는지 여부는 대리행위인 매매계약 당시를 기준으로 결정하여야 하고 매매계약 성립 이후의 사정은 고려할 것이 아니다.
③ 교회의 대표자가 권한 없이 행한 교회 재산의 처분행위에 대하여는 민법 제126조의 표현대리에 관한 규정이 준용되지 아니한다.
④ 복대리인 선임권이 없는 대리인에 의하여 선임된 복대리인의 권한은 민법 제126조의 기본대리권이 될 수 없다.
⑤ 대리권의 소멸은 선의의 제3자에게 대항하지 못한다. 그러나 제3자가 과실로 인하여 그 사실을 알지 못한 때에는 그러하지 아니하다.

[❶ ▸ ◯] 과거에 가졌던 대리권이 소멸되어 민법 제129조에 의하여 표현대리로 인정되는 경우에 그 표현대리의 권한을 넘는 대리행위가 있을 때에는 민법 제126조에 의한 표현대리가 성립할 수 있다(대판 2008.1.31. 2007다74713).

[❷ ▸ ◯] 민법 제126조의 표현대리에 있어서 무권대리인에게 그 권한이 있다고 믿을 만한 정당한 이유가 있는가의 여부는 대리행위인 매매계약 당시를 기준으로 결정하여야 하고 매매계약 성립 이후의 사정은 고려할 것이 아니므로, 무권대리인이 매매계약 후 그 이행단계에서야 비로소 본인의 인감증명과 위임장을 상대방에게 교부한 사정만으로는 상대방이 무권대리인에게 그 권한이 있다고 믿을 만한 정당한 이유가 있었다고 단정할 수 없다(대판 2018.7.24. 2017다2472).

[❸ ▸ ◯] 비법인사단인 교회의 대표자는 총유물인 교회 재산의 처분에 관하여 교인총회의 결의를 거치지 아니하고는 이를 대표하여 행할 권한이 없다. 그리고 교회의 대표자가 권한 없이 행한 교회 재산의 처분행위에 대하여는 민법 제126조의 표견대리에 관한 규정이 준용되지 아니한다(대판 2009.2.12. 2006다23312).

[❹ ▶ ✕] 대리인이 사자 내지 임의로 선임한 복대리인을 통하여 권한 외의 법률행위를 한 경우, 상대방이 그 행위자를 대리권을 가진 대리인으로 믿었고 또한 그렇게 믿는 데에 정당한 이유가 있는 때에는, 복대리인 선임권이 없는 대리인에 의하여 선임된 복대리인의 권한도 기본대리권이 될 수 있을 뿐만 아니라, 그 행위자가 사자라고 하더라도 대리행위의 주체가 되는 대리인이 별도로 있고 그들에게 본인으로부터 기본대리권이 수여된 이상, 민법 제126조를 적용함에 있어서 기본대리권의 흠결 문제는 생기지 않는다(대판 1998.3.27. 97다48982).
[❺ ▶ ○] 대리권의 소멸은 선의의 제3자에게 대항하지 못한다. 그러나 제3자가 과실로 인하여 그 사실을 알지 못한 때에는 그러하지 아니하다(민법 제129조).

답 ❹

제5절 법률행위의 무효와 취소

09 무효행위의 추인에 관한 다음 설명 중 가장 옳지 않은 것은? 2025년

① 부동산 소유자가 취득시효 완성 사실을 알고서 그 부동산을 제3자에게 처분하여 소유권이전등기를 마쳐주었는데, 그 부동산을 취득한 제3자가 부동산 소유자의 이와 같은 불법행위에 적극 가담하여 위 처분행위 및 제3자 명의의 등기가 무효인 경우, 시효완성 당시의 소유자가 그 무효행위를 추인하여도 그 제3자 명의의 등기는 무효이다.
② 무효행위를 추인한 때에는 달리 소급효를 인정하는 법률규정이 없는 한 새로운 법률행위를 한 것으로 보아야 하지만, 주식회사의 이사회결의와 같이 단체법적 법률효과를 가지는 법률행위의 사후 추인의 경우에는 소급효를 가진다.
③ 무권대리행위의 추인은 무권대리인 또는 상대방의 동의나 승낙을 요하지 않는 단독행위로서 추인은 의사표시의 전부에 대하여 행하여져야 하고, 그 일부에 대하여 추인을 하거나 그 내용을 변경하여 추인을 하였을 경우에는 상대방의 동의를 얻지 못하는 한 무효이다.
④ 법인의 대표자가 한 매매계약이 법인에 대한 배임행위에 해당하고 그 매매계약 상대방이 배임행위를 유인·교사하거나 배임행위의 전 과정에 관여하는 등 배임행위에 적극 가담한 경우에는 그 매매계약이 반사회적 법률행위에 해당하여 무효로 될 수 있지만, 이때 매매계약을 무효로 한 이유는 본인인 법인의 이익을 보호하기 위한 데에 있는 것이어서, 무효의 원인이 소멸된 후 본인인 법인의 진정한 의사로 무효임을 알고 추인한 때에는 새로운 법률행위로 그 효력이 생길 수 있다.
⑤ 무권리자에 의한 처분행위를 권리자가 추인한 경우에 권리자는 무권리자에 대하여 무권리자가 처분행위로 인하여 얻은 이득의 반환을 청구할 수 있다.

[❶ ▶ O] [3] 부동산 소유자가 취득시효가 완성된 사실을 알고 그 부동산을 제3자에게 처분하여 소유권이전등기를 넘겨줌으로써 취득시효 완성을 원인으로 한 소유권이전등기의무가 이행불능에 빠지게 되어 시효취득을 주장하는 자가 손해를 입었다면 불법행위를 구성한다고 할 것이고, 부동산을 취득한 제3자가 부동산 소유자의 이와 같은 불법행위에 적극 가담하였다면 이는 사회질서에 반하는 행위로서 무효라고 할 것이다. [4] 취득시효 완성 후 경료된 무효인 제3자 명의의 등기에 대하여 시효완성 당시의 소유자가 무효행위를 추인하여도 그 제3자 명의의 등기는 그 소유자의 불법행위에 제3자가 적극 가담하여 경료된 것으로서 사회질서에 반하여 무효라고 한 사례이다(대판 2002.3.15. 2001다77352).

[❷ ▶ ×] 무효행위를 추인한 때에는 달리 소급효를 인정하는 법률규정이 없는 한 새로운 법률행위를 한 것으로 보아야 하고, 이는 무효인 결의를 사후에 적법하게 추인하는 경우에도 마찬가지이다(대판 2011.6.24. 2009다35033). 따라서 주식회사의 이사회결의와 같이 단체법적 법률효과를 가지는 법률행위의 사후 추인의 경우에도 소급효가 인정되지 않는다.

[❸ ▶ O] 무권대리행위의 추인은 무권대리인에 의하여 행하여진 불확정한 행위에 관하여 그 행위의 효과를 자기에게 직접 발생케 하는 것을 목적으로 하는 의사표시이며, 무권대리인 또는 상대방의 동의나 승낙을 요하지 않는 단독행위로서 추인은 의사표시의 전부에 대하여 행하여져야 하고, 그 일부에 대하여 추인을 하거나 그 내용을 변경하여 추인을 하였을 경우에는 상대방의 동의를 얻지 못하는 한 무효이다(대판 1982.1.26. 81다카549).

[❹ ▶ O] 법인의 대표자가 한 매매계약이 법인에 대한 배임행위에 해당하고 그 매매계약 상대방이 배임행위를 유인·교사하거나 배임행위의 전 과정에 관여하는 등 배임행위에 적극 가담한 경우에는 그 매매계약이 반사회적 법률행위에 해당하여 무효로 될 수 있지만, 이때 매매계약을 무효로 한 이유는 본인인 법인의 이익을 보호하기 위한 데에 있는 것이어서, 무효의 원인이 소멸된 후 본인인 법인의 진정한 의사로 무효임을 알고 추인한 때에는 새로운 법률행위로 그 효력이 생길 수 있다(대판 2013.11.28. 2010다91831).

[❺ ▶ O] 무권리자에 의한 처분행위를 권리자가 추인한 경우에 권리자는 무권리자에 대하여 무권리자가 처분행위로 인하여 얻은 이득의 반환을 청구할 수 있다(대판 2022.6.30. 2020다210686).

답 ❷

10 법률행위 취소에 관한 다음 설명 중 옳지 않은 것을 모두 고른 것은? 2024년

ㄱ. 민법 제109조 제1항 단서는 의사표시의 착오가 표의자의 중대한 과실로 인한 때에는 그 의사표시를 취소하지 못한다고 규정하고 있는데, 위 단서 규정은 표의자의 상대방의 이익을 보호하기 위한 것이므로, 상대방이 표의자의 착오를 알고 이를 이용한 경우에도 착오가 표의자의 중대한 과실로 인한 것이라면 표의자는 의사표시를 취소할 수 없다.

ㄴ. 동기의 착오가 법률행위의 내용의 중요부분의 착오에 해당함을 이유로 표의자가 법률행위를 취소하려면 그 동기를 당해 의사표시의 내용으로 삼을 것을 상대방에게 표시하고 의사표시의 해석상 법률행위의 내용으로 되어 있다고 인정되면 충분하고 당사자들 사이에 별도로 그 동기를 의사표시의 내용으로 삼기로 하는 합의까지 이루어질 필요는 없지만, 그 법률행위의 내용의 착오는 보통 일반인이 표의자의 입장에 섰더라면 그와 같은 의사표시를 하지 아니하였으리라고 여겨질 정도로 그 착오가 중요한 부분에 관한 것이어야 한다.

ㄷ. 제한능력자의 법률행위는 취소할 수 있고, 취소된 법률행위는 처음부터 무효인 것으로 보므로 제한능력자가 취소된 법률행위로 수령한 급부는 상대방에게 부당이득으로 전부 반환되어야 한다.

ㄹ. 임대차 계약에서 임차목적물이 임대인의 소유라는 사실은 중요한 필요조건이므로 목적물이 반드시 임대인의 소유일 것을 특히 계약의 내용으로 삼지 않은 경우라도 타인소유의 부동산을 임대한 것이라면 임대차계약을 해지할 사유뿐 아니라 착오를 이유로 임차인이 임대차계약을 취소할 수도 있다.

ㅁ. 상품의 선전, 광고에 있어 다소의 과장이나 허위가 수반되는 것은 그것이 일반 상거래의 관행과 신의칙에 비추어 시인될 수 있는 한 기망성이 결여된다고 하겠으나, 거래에 있어서 중요한 사항에 관하여 구체적 사실을 신의성실의 의무에 비추어 비난받을 정도의 방법으로 허위로 고지한 경우에는 기망행위에 해당한다.

① ㄱ, ㄴ
② ㄱ, ㄷ
③ ㄱ, ㄷ, ㄹ
④ ㄴ, ㄷ, ㄹ
⑤ ㄴ, ㄹ, ㅁ

[ㄱ ▶ ✕] 민법 제109조 제1항 단서는 의사표시의 착오가 표의자의 중대한 과실로 인한 때에는 그 의사표시를 취소하지 못한다고 규정하고 있는데, 위 단서 규정은 표의자의 상대방의 이익을 보호하기 위한 것이므로, 상대방이 표의자의 착오를 알고 이를 이용한 경우에는 착오가 표의자의 중대한 과실로 인한 것이라고 하더라도 표의자는 의사표시를 취소할 수 있다(대판 2014.11.27. 2013다49794).

[ㄴ ▶ ○] 동기의 착오가 법률행위의 내용의 중요부분의 착오에 해당함을 이유로 표의자가 법률행위를 취소하려면 그 동기를 당해 의사표시의 내용으로 삼을 것을 상대방에게 표시하고 의사표시의 해석상 법률행위의 내용으로 되어 있다고 인정되면 충분하고 당사자들 사이에 별도로 그 동기를 의사표시의 내용으로 삼기로 하는 합의까지 이루어질 필요는 없지만, 그 법률행위의 내용의 착오는 보통 일반인이 표의자의 입장에 섰더라면 그와 같은 의사표시를 하지 아니하였으리라고 여겨질 정도로 그 착오가 중요한 부분에 관한 것이어야 한다(대판 2000.5.12. 2000다12259).

[ㄷ ▶ ✕] 취소된 법률행위는 처음부터 무효인 것으로 본다. 다만, 제한능력자는 그 행위로 인하여 받은 이익이 현존하는 한도에서 상환(償還)할 책임이 있다(민법 제141조).

[ㄹ ▸ ×] 타인소유의 부동산을 임대한 것이 임대차계약을 해지할 사유는 될 수 없고 목적물이 반드시 임대인의 소유일 것을 특히 계약의 내용으로 삼은 경우라야 착오를 이유로 임차인이 임대차계약을 취소할 수 있다(대판 1975.1.28. 74다2069).

[ㅁ ▸ ○] 상품의 선전·광고에 있어 다소의 과장이나 허위가 수반되는 것은 그것이 일반 상거래의 관행과 신의칙에 비추어 시인될 수 있는 한 기망성이 결여된다고 하겠으나, 거래에 있어서 중요한 사항에 관하여 구체적 사실을 신의성실의 의무에 비추어 비난받을 정도의 방법으로 허위로 고지한 경우에는 기망행위에 해당한다(대판 2009.4.23. 2009다1313).

답 ❸

제6절 법률행위의 부관

11 조건과 기한에 관한 다음 설명 중 가장 옳지 않은 것은? 2025년

① 조건은 법률행위 효력의 발생 또는 소멸을 장래의 불확실한 사실의 성부에 의존하게 하는 법률행위의 부관이다. 반면 장래의 사실이더라도 그것이 장래 반드시 실현되는 사실이면 실현되는 시기가 비록 확정되지 않더라도 이는 기한으로 보아야 한다.
② 법률행위에 붙은 부관이 조건인지 기한인지가 명확하지 않은 경우 법률행위의 해석을 통해서 이를 결정해야 한다. 부관에 표시된 사실이 발생하지 않으면 채무를 이행하지 않아도 된다고 보는 것이 합리적인 경우에는 조건으로 보아야 하나, 부관에 표시된 사실이 발생한 때에는 물론이고 반대로 발생하지 않는 것이 확정된 때에도 채무를 이행하여야 한다고 보는 것이 합리적인 경우에는 표시된 사실의 발생 여부가 확정되는 것을 불확정기한으로 정한 것으로 보아야 한다.
③ 기한이익 상실의 특약이 정지조건부 기한이익 상실의 특약과 형성권적 기한이익 상실의 특약 중 어느 것에 해당하느냐는 당사자의 의사해석의 문제이지만 일반적으로 기한이익 상실의 특약이 채권자를 위하여 둔 것인 점에 비추어 명백히 형성권적 기한이익 상실의 특약이라고 볼 만한 특별한 사정이 없는 이상 정지조건부 기한이익 상실의 특약으로 추정하는 것이 타당하다.
④ 기한의 이익은 상대방의 이익을 해하지 않는 한 이를 포기할 수 있으므로, 가령 이자부 소비대차의 채무자는 이행기까지의 이자를 지급하여 기한 전에 변제를 할 수 있다.
⑤ 기한의 이익 포기의 효과는 상대적이기 때문에 주채무자가 기한의 이익을 포기하더라도 그것은 보증인에게 효력이 없다.

[❶ ▶ ○] 조건은 법률행위 효력의 발생 또는 소멸을 장래의 불확실한 사실의 성부에 의존하게 하는 법률행위의 부관이다. 반면 장래의 사실이더라도 그것이 장래 반드시 실현되는 사실이면 실현되는 시기가 비록 확정되지 않더라도 이는 기한으로 보아야 한다(대판 2018.6.28. 2018다201702).

[❷ ▶ ○] 법률행위에 붙은 부관이 조건인지 기한인지가 명확하지 않은 경우 법률행위의 해석을 통해서 이를 결정해야 한다. 부관에 표시된 사실이 발생하지 않으면 채무를 이행하지 않아도 된다고 보는 것이 합리적인 경우에는 조건으로 보아야 한다. 그러나 부관에 표시된 사실이 발생한 때에는 물론이고 반대로 발생하지 않는 것이 확정된 때에도 채무를 이행하여야 한다고 보는 것이 합리적인 경우에는 표시된 사실의 발생 여부가 확정되는 것을 불확정기한으로 정한 것으로 보아야 한다(대판 2018.6.28. 2018다201702).

[❸ ▶ ×] 기한이익 상실의 특약은 그 내용에 의하여 일정한 사유가 발생하면 채권자의 청구 등을 요함이 없이 당연히 기한의 이익이 상실되어 이행기가 도래하는 것으로 하는 <u>정지조건부 기한이익 상실의 특약</u>과 일정한 사유가 발생한 후 채권자의 통지나 청구 등 채권자의 의사행위를 기다려 비로소 이행기가 도래하는 것으로 하는 형성권적 기한이익 상실의 특약의 두 가지로 대별할 수 있고, <u>기한이익 상실의 특약이 위의 양자 중 어느 것에 해당하느냐는 당사자의 의사해석의 문제이지만 일반적으로 기한이익 상실의 특약이 채권자를 위하여 둔 것인 점에 비추어 명백히 정지조건부 기한이익 상실의 특약이라고 볼 만한 특별한 사정이 없는 이상 형성권적 기한이익 상실의 특약으로 추정하는 것이 타당하다</u>(대판 2002.9.4. 2002다28340).

[❹ ▶ ○] 기한의 이익은 상대방의 이익을 해하지 않는 한 이를 포기할 수 있으므로(민법 제153조 제2항), 가령 이자부 소비대차의 채무자는 이행기까지의 이자를 지급하여 기한 전에 변제를 할 수 있다(민법 제468조 참조).

[❺ ▶ ○] 기한의 이익 포기의 효과는 상대적이므로, 기한의 이익을 포기한 당사자에게만 그 효력이 미치고 다른 이해관계자에게는 영향을 미치지 않는다. 이에 따라 주채무자가 기한의 이익을 포기하더라도 보증인에게는 그 효력이 미치지 않는다(민법 제433조 제2항 참조).

답

12 다음 설명 중 가장 옳지 않은 것은? 2023년

① 부관이 붙은 법률행위에 있어서 부관에 표시된 사실이 발생하지 아니하면 채무를 이행하지 아니하여도 된다고 보는 것이 상당한 경우에는 정지조건으로 보아야 하고, 표시된 사실이 발생한 때에는 물론이고 반대로 발생하지 아니하는 것이 확정된 때에도 그 채무를 이행하여야 한다고 보는 것이 상당한 경우에는 표시된 사실의 발생 여부가 확정되는 것을 불확정기한으로 정한 것으로 보아야 한다.

② 부부가 협의이혼을 전제로 재산분할의 약정을 한 경우, 특별한 사정이 없는 한 그 후 협의상 이혼이 이루어지지 아니하고 혼인관계가 존속하게 되거나 재판상 이혼이 이루어진 경우에는 그 재산분할약정은 조건의 불성취로 인하여 효력이 발생하지 않는다.

③ 조건의 성취로 인하여 불이익을 받을 당사자가 신의성실에 반하여 조건의 성취를 방해한 경우, 조건이 성취된 것으로 의제되는 시점은 이러한 신의성실에 반하는 행위가 있었던 시점이다.

④ 조건부 법률행위에 있어 조건의 내용 자체가 불법적인 것이어서 무효일 경우 또는 조건을 붙이는 것이 허용되지 아니하는 법률행위에 조건을 붙인 경우 그 조건만을 분리하여 무효로 할 수는 없고 그 법률행위 전부가 무효로 된다고 보아야 한다.

⑤ 이미 부담하고 있는 채무의 변제에 관하여 일정한 사실이 부관으로 붙여진 경우에는 특별한 사정이 없는 한 그것은 변제기를 유예한 것으로서 그 사실이 발생한 때 또는 발생하지 아니하는 것으로 확정된 때에 기한이 도래한다.

[❶▶○] 부관이 붙은 법률행위에 있어서 부관에 표시된 사실이 발생하지 아니하면 채무를 이행하지 아니하여도 된다고 보는 것이 상당한 경우에는 조건으로 보아야 하고, 표시된 사실이 발생한 때에는 물론이고 반대로 발생하지 아니하는 것이 확정된 때에도 그 채무를 이행하여야 한다고 보는 것이 상당한 경우에는 표시된 사실의 발생 여부가 확정되는 것을 불확정기한으로 정한 것으로 보아야 한다(대판 2003.8.19. 2003다24215).

[❷▶○] 재산분할에 관한 협의는 혼인 중 당사자 쌍방의 협력으로 이룩한 재산의 분할에 관하여 이미 이혼을 마친 당사자 또는 아직 이혼하지 않은 당사자 사이에 행하여지는 협의를 가리키는 것인바, 그중 아직 이혼하지 않은 당사자가 장차 협의상 이혼할 것을 약정하면서 이를 전제로 하여 위 재산분할에 관한 협의를 하는 경우에 있어서는, 특별한 사정이 없는 한, 장차 당사자 사이에 협의상 이혼이 이루어질 것을 조건으로 하여 조건부 의사표시가 행하여지는 것이라 할 것이므로, 그 협의 후 당사자가 약정한 대로 협의상 이혼이 이루어진 경우에 한하여 그 협의의 효력이 발생하는 것이지, 어떠한 원인으로든지 협의상 이혼이 이루어지지 아니하고 혼인관계가 존속하게 되거나 당사자 일방이 제기한 이혼청구의 소에 의하여 재판상 이혼(화해 또는 조정에 의한 이혼을 포함한다)이 이루어진 경우에는, 그 협의는 조건의 불성취로 인하여 효력이 발생하지 않는다(대판 1995.10.12. 95다23156).

[❸▶×] 조건의 성취로 인하여 불이익을 받을 당사자가 신의성실에 반하여 조건의 성취를 방해한 경우, <u>조건이 성취된 것으로 의제되는 시점은 이러한 신의성실에 반하는 행위가 없었더라면 조건이 성취되었으리라고 추산되는 시점이다</u>(대판 1998.12.22. 98다42356).

[❹▶○] 조건부 법률행위에 있어 조건의 내용 자체가 불법적인 것이어서 무효일 경우 또는 조건을 붙이는 것이 허용되지 아니하는 법률행위에 조건을 붙인 경우 그 조건만을 분리하여 무효로 할 수는 없고 그 법률행위 전부가 무효로 된다(대결 2005.11.8. 2005마541).

[❺▶○] 이미 부담하고 있는 채무의 변제에 관하여 일정한 사실이 부관으로 붙여진 경우에는 특별한 사정이 없는 한 그것은 변제기를 유예한 것으로서 그 사실이 발생한 때 또는 발생하지 아니하는 것으로 확정된 때에 기한이 도래한다(대판 2003.8.19. 2003다24215).

답 ❸

CHAPTER 06 기 간

제1절 기 간

본장의 적용범위(민법 제155조)
기간의 계산은 법령, 재판상의 처분 또는 법률행위에 다른 정한 바가 없으면 본장의 규정에 의한다.

기간의 기산점(민법 제156조)
기간을 시, 분, 초로 정한 때에는 즉시로부터 기산한다.

기간의 기산점(민법 제157조)
기간을 일, 주, 월 또는 연으로 정한 때에는 기간의 초일은 산입하지 아니한다. 그러나 그 기간이 오전 영시로부터 시작하는 때에는 그러하지 아니하다.

나이의 계산과 표시(민법 제158조)
나이는 출생일을 산입하여 만(滿) 나이로 계산하고, 연수(年數)로 표시한다. 다만, 1세에 이르지 아니한 경우에는 월수(月數)로 표시할 수 있다.
[전문개정 2022.12.27.]

기간의 만료점(민법 제159조)
기간을 일, 주, 월 또는 연으로 정한 때에는 기간말일의 종료로 기간이 만료한다.

역에 의한 계산(민법 제160조)
① 기간을 주, 월 또는 연으로 정한 때에는 역에 의하여 계산한다.
② 주, 월 또는 연의 처음으로부터 기간을 기산하지 아니하는 때에는 최후의 주, 월 또는 연에서 그 기산일에 해당한 날의 전일로 기간이 만료한다.
③ 월 또는 연으로 정한 경우에 최종의 월에 해당일이 없는 때에는 그 월의 말일로 기간이 만료한다.

공휴일 등과 기간의 만료점(민법 제161조)
기간의 말일이 토요일 또는 공휴일에 해당한 때에는 기간은 그 익일로 만료한다.

I 기간의 의의

① 기간이란 어느 시점부터 어느 시점까지의 계속된 시간을 말한다. 법률사실로서 기간은 사건에 속한다. 따라서 기한(부관)과는 전혀 다르다.
② 기간계산에 관한 민법규정은 보충적인 것이다. 즉 법령이나 재판상의 처분 또는 법률행위에 달리 정한 바가 있으면 그에 의한다(민법 제155조). 그런데 민법의 기간에 관한 규정은 사법관계뿐만 아니라 공법관계에도 적용된다.

II 기간의 계산방법

민법은 시·분·초와 같은 단기간의 경우 자연적 계산방법을, 일·주·월·연과 같은 장기간의 경우에는 역법적 계산방법을 활용한다.

1. 기간을 「시·분·초」로 정한 경우

즉시로 기산하고, 시, 분, 초 단위로 산정하여(민법 제156조), 기간의 만료는 그 정하여진 시, 분, 초가 종료한 때이다.

2. 기간을 「일·주·월·연」으로 정한 경우

(1) 기산점
① 초일 불산입의 원칙(민법 제157조 본문)
② 예외적으로 초일을 산입하는 경우 : ㉠ 나이의 계산(민법 제158조), ㉡ 오전 0시로부터 기산하는 경우(민법 제157조 단서)

(2) 만료점
① 기간 말일의 종료로 기간이 만료된다(민법 제159조).
② 기간을 「주·월·연」으로 정한 경우에는 이를 일로 환산하지 않고 역(歷)에 의하여 계산한다(민법 제160조 제1항).
③ 주·월·연의 처음부터 기산하지 않을 경우에, 최후의 주·월·연에서 그 기산일에 해당하는 날의 전일로 기간이 만료된다(민법 제160조 제2항).
④ 월 또는 연으로 정하였는데 최종의 월에 해당일이 없으면, 그 월의 말일로 기간이 만료된다(민법 제160조 제3항).
⑤ 기간의 말일이 토요일 또는 공휴일에 해당하는 경우에 그 다음 날로 만료하지만(민법 제161조), 기간의 초일이 토요일 또는 공휴일인 경우에는 그 적용이 없으며 기간은 초일부터 기산한다(대판 1982.2.23. 81누204).

3. 기간의 역산

민법상의 기간의 계산방법은 기간을 소급하여 계산할 때에도 유추적용된다(통설). 예를 들어 사단법인의 사원총회를 1주일 전에 통지한다고 할 때에(민법 제71조), 총회일이 10월 19일이라고 한다면 늦어도 10월 11일 24시까지는 사원총회의 소집통지를 발송하여야 한다.

CHAPTER 06 기 간

제1절 기 간

01 조건, 기한 및 기간에 관한 다음 설명 중 가장 옳은 것은? 2024년

① 기한은 채권자의 이익을 위한 것으로 추정한다.
② 조건이 법률행위의 당시 이미 성취한 것인 경우에는 그 조건이 정지조건이면 조건 없는 법률행위로 하고 해제조건이면 그 법률행위는 무효로 한다.
③ 조건이 선량한 풍속 기타 사회질서에 위반한 것인 때에는 그 조건만 무효가 될 뿐 법률행위는 무효로 되지 않는다.
④ 연령계산에서 출생일은 산입하지 아니한다.
⑤ 제척기간에도 소멸시효 중단의 규정이 준용된다.

[❶▶×] 기한은 채무자의 이익을 위한 것으로 추정한다(민법 제153조 제1항).
[❷▶○] 조건이 법률행위의 당시 이미 성취한 것인 경우에는 그 조건이 정지조건이면 조건 없는 법률행위로 하고 해제조건이면 그 법률행위는 무효로 한다(민법 제151조 제2항).
[❸▶×] 조건이 선량한 풍속 기타 사회질서에 위반한 것인 때에는 그 법률행위는 무효로 한다(민법 제151조 제1항).
[❹▶×] 나이는 출생일을 산입하여 만(滿) 나이로 계산하고, 연수(年數)로 표시한다. 다만, 1세에 이르지 아니한 경우에는 월수(月數)로 표시할 수 있다(민법 제158조).
[❺▶×] 제척기간에 있어서는 소멸시효와 같이 기간의 중단이 있을 수 없다(대판 2003.1.10. 2000다26425).

답 ❷

소멸시효

제1절 총 설

I. 시효의 의의

1. 시효의 개념

시효란 일정한 사실상태가 일정기간 계속된 경우에, 진정한 권리관계와 일치하는지 여부를 불문하고 그 사실상태를 존중하여 일정한 법률효과를 발생시키는 제도이다.

2. 시효의 법적 성질

① 시효는 일정한 법률효과를 발생시키는 법률요건이다.
② 시효는 재산권에 관한 것이며, 가족관계에는 적용이 없다.
③ 법질서 안정을 위한 공익적 제도이기에 개인의 의사로 배척할 수 없다.

II. 시효제도의 존재이유(통설·판례)

시효제도의 존재이유로 통설·판례는 ① 법적 안정성의 확보, ② 증명곤란의 구제, ③ 권리행사의 태만에 대한 제재를 든다.

III. 구별제도 : 제척기간

1. 의 의

(1) 개 념

제척기간이란 법률이 예정하고 있는 일정한 권리의 행사기간 또는 존속기간을 말하며, 권리와 관련된 법률관계를 조속히 확정시키려는 취지에서 제척기간을 두고 있다. 제척기간은 불변기간이 아니어서 그 기간을 지난 후에는 당사자가 책임질 수 없는 사유로 그 기간을 준수하지 못하였더라도 추후에 보완될 수 없다(대결 2003.8.11. 2003스32).

(2) 법적 성질

① 통설은 제척기간이 정하여진 권리는 그 기간 내 소의 제기가 있어야 보전되는 것으로 보아, 제소기간(출소기간)으로 본다.
② 판례는 재판상 또는 재판 외의 권리행사가 있으면 보전되는 것으로 보나, 점유침탈자 또는 방해자에 대한 청구권의 제척기간을 출소기간으로 본다(대판 2002.4.26. 2001다8097). 제소기간의 경우에는 소를 제기한 때, 즉 소장을 법원에 제출한 때 기간준수의 효과가 인정된다(민소법 제265조).

> 채권양도의 통지는 양도인이 채권이 양도되었다는 사실을 채무자에게 알리는 것에 그치는 행위이므로, 그것만으로 제척기간 준수에 필요한 권리의 재판 외 행사에 해당한다고 할 수 없다. 따라서 집합건물인 아파트의 입주자대표회의가 스스로 하자담보추급에 의한 손해배상청구권을 가짐을 전제로 하여 직접 아파트의 분양자를 상대로 손해배상청구소송을 제기하였다가, 소송 계속 중에 정당한 권리자인 구분소유자들에게서 손해배상채권을 양도받고 분양자에게 통지가 마쳐진 후 그에 따라 소를 변경한 경우에는, 채권양도통지에 채권양도의 사실을 알리는 것 외에 이행을 청구하는 뜻이 별도로 덧붙여지거나 그 밖에 구분소유자들이 재판 외에서 권리를 행사하였다는 등 특별한 사정이 없는 한, 위 손해배상청구권은 입주자대표회의가 위와 같이 소를 변경한 시점에 비로소 행사된 것으로 보아야 한다(대판[전합] 2012.3.22. 2010다28840 – 다수의견).

2. 소멸시효와의 비교

구 분	소멸시효	제척기간
권 리	청구권	형성권
성 질	권리불행사로 권리소멸	권리관계의 조속한 확정
효력발생 시점(소급효 인정 여부)	소급효	장래효
중단·정지	인정 ○	인정 ×
포 기	인정 ○	인정 ×
기간의 단축·경감	인정 ○	인정 ×
배제, 연장, 가중	인정 ×	인정 ×
기산점	권리를 행사할 수 있는 때	권리가 발생한 때
입증책임	당사자가 주장	법원이 직권조사

> [소멸시효의 완성을 주장할 수 있는 사람의 범위(= 시효로 인한 채무 소멸로 직접적인 이익을 받는 사람) 및 후순위 담보권자가 선순위 담보권의 피담보채권 소멸로 직접 이익을 받는 사람에 해당하는지 여부(소극)]
> 소멸시효가 완성된 경우 이를 주장할 수 있는 사람은 시효로 채무가 소멸되는 결과 직접적인 이익을 받는 사람에 한정된다. 후순위 담보권자는 선순위 담보권의 피담보채권이 소멸하면 담보권의 순위가 상승하고 이에 따라 피담보채권에 대한 배당액이 증가할 수 있지만, 이러한 배당액 증가에 대한 기대는 담보권의 순위 상승에 따른 반사적 이익에 지나지 않는다. 후순위 담보권자는 선순위 담보권의 피담보채권 소멸로 직접 이익을 받는 자에 해당하지 않아 선순위 담보권의 피담보채권에 관한 소멸시효가 완성되었다고 주장할 수 없다고 보아야 한다(대판 2021.2.5. 2016다232597).

> **[제척기간의 중단 여부(소극)]**
> 제척기간에 있어서는 소멸시효와 같이 기간의 중단이 있을 수 없다(대판 2003.1.10. 2000다26425).

> **[매매예약완결권의 행사시기에 관한 약정이 있는 경우, 그 제척기간의 기산점]**
> 제척기간은 권리자로 하여금 당해 권리를 신속하게 행사하도록 함으로써 법률관계를 조속히 확정시키려는 데 그 제도의 취지가 있는 것으로서, 소멸시효가 일정한 기간의 경과와 권리의 불행사라는 사정에 의하여 권리 소멸의 효과를 가져오는 것과는 달리 그 기간의 경과 자체만으로 곧 권리 소멸의 효과를 가져오게 하는 것이므로 그 기간 진행의 기산점은 특별한 사정이 없는 한 원칙적으로 권리가 발생한 때이고, 당사자 사이에 매매예약완결권을 행사할 수 있는 시기를 특별히 약정한 경우에도 그 제척기간은 당초 권리의 발생일로부터 10년간의 기간이 경과되면 만료되는 것이지 그 기간을 넘어서 그 약정에 따라 권리를 행사할 수 있는 때로부터 10년이 되는 날까지로 연장된다고 볼 수 없다(대판 1995.11.10. 94다22682 · 22699).

3. 내 용

(1) 소멸시효와의 구별기준

일반적으로 법문에 '시효로 인하여'라는 표현이 있으면 소멸시효로 보고, 그렇지 않은 것은 제척기간으로 본다. 형성권의 행사기간은 제척기간이다.

(2) 문제되는 경우

① 상속의 승인·포기의 취소권과 유증의 승인·포기의 취소권은 행사기간에 관하여 통설은 제척기간으로 본다.
② 유류분반환청구권의 행사기간에 관하여 학설은 제척기간으로 보나, 판례는 소멸시효로 본다(대판 1993.4.13. 92다3595).
③ 불법행위에 기한 손해배상청구권(민법 제766조)
　㉠ 제1항의 3년의 기간은 소멸시효라고 보는 데 이견이 없다.
　㉡ 제2항의 10년의 기간에 대해 통설은 제척기간이라고 보나, 판례는 소멸시효라고 한다.
④ 형성권 관련 쟁점
　㉠ 형성권의 행사기간은 원칙적으로 제척기간이다. 기간의 정함이 없는 경우 10년으로 한다.

> **[매매예약완결권의 법적 성질(= 형성권) 및 예약완결권의 제척기간이 도과하였는지가 법원의 직권조사사항인지 여부(적극)]**
> 매매의 일방예약에서 예약자의 상대방이 매매예약완결의 의사표시를 하여 매매의 효력을 생기게 하는 권리, 즉 매매예약완결권은 일종의 형성권으로서 당사자 사이에 그 행사기간을 약정한 때에는 그 기간 내에, 그러한 약정이 없는 때에는 그 예약이 성립한 때부터 10년 내에 이를 행사하여야 하고 그 기간이 지난 때에는 예약완결권은 제척기간의 경과로 인하여 소멸한다. 예약완결권의 제척기간이 도과하였는지 여부는 직권조사사항으로서 이에 대한 당사자의 주장이 없더라도 법원이 당연히 직권으로 조사하여 재판에 고려하여야 한다(대판 2019.7.25. 2019다227817).

　㉡ 제척기간은 법원의 직권조사사항이다.
　㉢ 행사방법은 원칙적으로 재판 외에서도 가능하다.

(3) 소멸시효와 제척기간의 경합

판례는「수급인의 담보책임에 기한 하자보수에 갈음하는 손해배상청구권에 대하여는 민법 제670조 또는 제671조의 제척기간이 적용되고, 이는 법률관계의 조속한 안정을 도모하고자 하는 데에 취지가 있다. 그런데 이러한 도급인의 손해배상청구권에 대하여는 권리의 내용·성질 및 취지에 비추어 민법 제162조 제1항의 채권 소멸시효의 규정 또는 도급계약이 상행위에 해당하는 경우에는 상법 제64조의 상사시효의 규정이 적용되고, 민법 제670조 또는 제671조의 제척기간 규정으로 인하여 위 각 소멸시효 규정의 적용이 배제된다고 볼 수 없다」(대판 2012.11.15. 2011다56491)고 판시하여 소멸시효와 제척기간의 경합을 인정하였다.

제2절 소멸시효의 요건

제1관 소멸시효의 대상이 되는 권리

I 서 설

시효로 인하여 권리가 소멸하려면 ① 권리가 소멸시효의 목적이 될 수 있어야 하고(대상적격), ② 권리자가 권리를 행사할 수 있음에도 불구하고 행사하지 않아야 하며(시효의 기산점), ③ 권리 불행사의 상태가 일정기간 계속되어야 한다(시효기간)는 요건이 갖추어져야 한다. 이하에서는 대상적격에 대해 검토하고, 나머지 요건은 관을 달리하여 검토하겠다.

II 소멸시효의 대상적격

1. 소멸시효에 걸리는 권리

채권뿐만 아니라 소유권을 제외한 그 밖의 재산권도 소멸시효의 대상이다(민법 제162조).
① 채권은 10년간 행사하지 아니하면 소멸시효가 완성한다(민법 제162조 제1항).
② 판결에 의하여 확정된 채권은 단기의 소멸시효에 해당한 것이라도 그 소멸시효는 10년으로 한다(민법 제165조 제1항).
③ 파산절차에 의하여 확정된 채권 및 재판상의 화해, 조정, 기타 판결과 동일한 효력이 있는 것에 의하여 확정된 채권도 단기의 소멸시효에 해당한 것이라도 그 소멸시효는 10년으로 한다(민법 제165조 제2항).
④ 판결확정 당시에 변제기가 도래하지 아니한 채권에 적용하지 아니한다(민법 제165조 제3항).

2. 소멸시효에 걸리지 않는 권리

(1) 비재산권
인격권 등의 비재산권은 소멸시효에 걸리지 않는다.

(2) 형성권
형성권에 존속기간이 정해져 있는 경우, 원칙적으로 제척기간으로 보아야 한다.

(3) 소유권
소멸시효에 걸리지 않는다. 합의해제에 따른 매도인의 원상회복청구권은 소유권에 기한 물권적 청구권으로서 소멸시효의 대상이 되지 않는다.

(4) 법률행위로 인한 등기청구권
부동산에 관하여 인도, 등기 등의 어느 한 쪽만에 대하여서라도 권리를 행사하는 자는 전체적으로 보아 그 부동산에 관하여 권리 위에 잠자는 자라고 할 수 없다 할 것이므로, 매수인이 목적부동산을 인도받아 계속 점유하는 경우에는 그 소유권이전등기청구권의 소멸시효가 진행하지 않는다(대판[전합] 1999.3.18. 98다32175).

> [부동산의 매수인이 매매목적물을 인도 받아 사용·수익하고 있는 경우, 매수인의 이전등기청구권에 관한 소멸시효가 진행하는지 여부(소극) / 부동산의 매수인이 부동산을 인도받아 사용·수익하다가 다른 사람에게 부동산을 처분하고 점유를 승계하여 준 경우, 이전등기청구권의 소멸시효가 진행되는지 여부(소극)]
> 부동산의 매수인이 매매목적물을 인도 받아 사용·수익하고 있는 경우 매수인의 이전등기청구권은 소멸시효에 걸리지 아니하나, /〈매수인이 그 목적물의 점유를 상실하여 더 이상 사용·수익하고 있는 상태가 아니라면〉〈점유 상실 시부터〉 매수인의 이전등기청구권에 관한 소멸시효가 진행함이 원칙이다. / 다만, 부동산의 매수인이 그 부동산을 인도받아 사용·수익하다가 이에 대한 보다 적극적인 권리 행사의 일환으로 다른 사람에게 그 부동산을 처분하고 점유를 승계하여 준 경우에는 그 이전등기청구권의 행사 여부에 관하여 그 부동산을 자신이 계속 사용·수익하고 있는 경우와 특별히 다르지 않으므로 이전등기청구권의 소멸시효는 진행되지 않는다고 보아야 한다(대판 2023.9.21. 2023다249876).

(5) 소멸시효에 걸리지 않는 재산권
① 점유권과 유치권은 점유가 존재하는 한 소멸시효가 문제되지 않는다.
② 상린권과 공유물분할청구권과 같이 소유권에 수반하는 권리는 소유권과 독립하여 소멸시효에 걸리지 않는다.
③ 피담보채권이 존속하는 한 담보물권만이 소멸시효에 걸리지는 않는다(담보물권의 부종성).
④ 항변권이 소멸시효에 걸리는지 논의가 있으나 적어도 동시이행의 항변권 또는 보증인의 최고·검색의 항변권은 소멸시효에 걸리지 않는다고 보아야 한다.
⑤ 소멸시효 제도의 존재 이유와 취지, 임대차기간이 끝난 후 보증금반환채권에 관계되는 당사자 사이의 이익형량, 주택임대차보호법 제4조 제2항의 입법 취지 등을 종합하면, 주택임대차보호법에 따른 임대차에서 그 기간이 끝난 후 임차인이 보증금을 반환받기 위해 목적물을 점유하고 있는 경우 보증금반환채권에 대한 소멸시효는 진행하지 않는다고 보아야 한다(대판 2020.7.9. 2016다244224·2016다244231).

제2관 소멸시효의 기산점

> **소멸시효의 기산점(민법 제166조)**
> ① 소멸시효는 권리를 행사할 수 있는 때로부터 진행한다.
> ② 부작위를 목적으로 하는 채권의 소멸시효는 위반행위를 한 때로부터 진행한다.
> [단순위헌, 2014헌바148, 2018.8.30. 민법(1958.2.22. 법률 제471호로 제정된 것) 제166조 제1항 중 '진실·화해를 위한 과거사정리 기본법' 제2조 제1항 제3호, 제4호에 규정된 사건에 적용되는 부분은 헌법에 위반된다.]

I 의 의

소멸시효의 기산점은 권리를 행사할 수 있는 때로부터 진행한다(민법 제166조 제1항). 그런데 법률상 장애사유가 있으면 시효는 진행하지 않는다.

> **[소멸시효가 진행하지 않는 '권리를 행사할 수 없는' 경우의 의미]**
> 민법 제166조 제1항에 의하면 소멸시효는 객관적으로 권리가 발생하고 그 권리를 행사할 수 있는 때로부터 진행하며, 그 권리를 행사할 수 없는 동안에는 진행하지 아니한다. 여기서 '권리를 행사할 수 없다'라고 함은 그 권리행사에 법률상의 장애사유, 예컨대 기간의 미도래나 조건불성취 등이 있는 경우를 말하는 것이고, 사실상 그 권리의 존부나 권리행사의 가능성을 알지 못하였거나 알지 못함에 과실이 없다고 하여도 이러한 사유는 법률상 장애사유에 해당한다고 할 수 없다(대판 2023.2.2. 2022다276307).
>
> **[1] 객관적으로 채권자가 권리를 행사할 수 없는 장애사유가 있었던 경우, 채무자가 소멸시효 완성을 주장하는 것이 신의성실의 원칙에 반하는 권리남용에 해당하는지 여부(적극)** : 채무자의 소멸시효를 이유로 한 항변권의 행사도 민법의 대원칙인 신의성실의 원칙과 권리남용금지의 원칙의 지배를 받는 것이어서 객관적으로 채권자가 권리를 행사할 수 없는 장애사유가 있었다면 채무자가 소멸시효 완성을 주장하는 것은 신의성실의 원칙에 반하는 권리남용으로서 허용될 수 없다. **[2] 채권자에게 권리의 행사를 기대할 수 없는 객관적인 사실상의 장애사유가 있었으나 대법원이 채권자의 권리행사가 가능하다는 법률적 판단을 내린 경우, 그 시점 이후에는 장애사유가 해소되었다고 볼 수 있는지 여부(원칙적 적극)** : 채권자에게 권리의 행사를 기대할 수 없는 객관적인 사실상의 장애사유가 있었던 경우에도 대법원이 이에 관하여 채권자의 권리행사가 가능하다는 법률적 판단을 내렸다면 특별한 사정이 없는 한 그 시점 이후에는 그러한 장애사유가 해소되었다고 볼 수 있다(대판 2023.12.21. 2018다303653).
>
> **국가배상청구권에 관한 3년의 단기시효기간은 민법 제766조 제1항에서 정한 '손해 및 가해자를 안 날'에 더하여 민법 제166조 제1항에서 정한 '권리를 행사할 수 있는 때'가 도래하여야 시효가 진행하는지 여부(적극)**
> 국가배상청구권에 관한 3년의 단기시효기간 기산에는 민법 제766조 제1항 외에 소멸시효의 기산점에 관한 일반규정인 민법 제166조 제1항이 적용된다. 따라서 3년의 단기시효기간은 그 '손해 및 가해자를 안 날'에 더하여 그 '권리를 행사할 수 있는 때'가 도래하여야 비로소 시효가 진행한다(대판 2023.1.12. 2021다201184).

II 변론주의의 적용대상

① 소멸시효의 기산점은 변론주의의 적용대상이다.

> **[비교 판례]**
> **[소멸시효기간에 관한 주장에 변론주의가 적용되는지 여부(소극)]**
> 어떤 권리의 소멸시효기간이 얼마나 되는지에 관한 주장은 단순한 법률상의 주장에 불과하여 변론주의의 적용대상이 되지 않으므로 법원이 직권으로 판단할 수 있다(대판 2023.12.14. 2023다248903).

② 시효의 기산점에 대한 입증책임은 시효이익을 주장하는 자가 진다(대판 1995.6.30. 94다13435).

III 각종 권리의 기산점

권리	소멸시효의 기산점
확정기한부 채무	기한이 도래한 때가 소멸시효의 기산점이다. 따라서 이행기가 도래한 후 채권자와 채무자가 기한을 유예하기로 합의한 경우 그 유예된 때로 이행기가 변경되어 소멸시효는 변경된 이행기가 도래한 때부터 다시 진행한다. 이 경우 유예의 합의는 명시적으로 뿐만 아니라 묵시적으로도 가능하다(대판 2017.4.13. 2016다274904).
불확정기한부 채무	기한이 객관적으로 도래한 때가 소멸시효의 기산점이다. 따라서 채무자가 기한 도래의 사실을 알고 있었는지 여부는 문제되지 않는다.
기한의 정함이 없는 채무	• 채권의 성립 시부터 소멸시효가 진행된다. • 부당이득반환청구권 – 채권성립 시부터 • 의사의 치료 채권 – 각 진료가 종료될 때부터
동시이행의 항변권이 붙은 권리	이행기가 도래한 때부터 소멸시효가 진행된다.
기한이익 상실 특약이 있는 경우	• 정지조건부 기한이익상실의 특약 – 사유발생 시(정지조건이 성취된 때) • 형성권적 기한이익상실의 특약 – 본래의 변제기
부작위채권	위반행위가 있은 때부터
선택채권	선택권 행사 가능 시
채무불이행에 기한 손해배상청구권	채무불이행이 발생한 때 : 소유권이전등기 말소등기의무의 이행불능으로 인한 전보배상청구권의 소멸시효는 말소등기의무가 이행불능 상태에 돌아간 때로부터 진행(대판 2005.9.15. 2005다29474).
대상청구권	원칙 : 이행불능 시
불법행위에 기한 손해배상청구권	• 손해 및 가해자를 안 때(민법 제766조 제1항) • 불법행위가 있은 때(민법 제766조 제2항)
계속적 물품공급계약에서 발생한 외상대금채권	각 외상대금채권이 발생한 때로부터 개별적으로 진행

[매매계약의 무효를 원인으로 한 매매대금 상당의 부당이득반환청구권은 매매대금을 지급한 때부터 소멸시효가 진행하는지 여부(원칙적 적극)]
매매계약의 무효를 원인으로 한 매매대금 상당의 부당이득반환청구권은 특별한 사정이 없는 한 매매대금을 지급한 때에 성립하고 그 성립과 동시에 권리를 행사할 수 있으므로 그때부터 소멸시효가 진행한다(대판 2024.6.27. 2023다302920).

[부동산경매절차에서 채무자에게 교부할 잉여금을 공탁한 경우, 공탁금지급청구권의 소멸시효기간(= 10년)과 기산점(= 공탁일) / 부동산경매절차에서 채무자에 대한 송달이 공시송달의 방법으로 이루어져 채무자가 경매진행 사실과 잉여금의 존재에 관하여 사실상 알지 못한 경우에도 소멸시효기간이 진행하는지 여부(적극)]

집행법원은 부동산경매절차에서 배당받을 수 있는 각 채권자의 채권에 배당하고도 남은 잉여금이 있을 경우에는 이를 소유자에게 지급하여야 하는데, 소유자가 배당기일에 출석하지 아니하여 교부되지 아니한 배당잔여액에 관하여 배당기일부터 10일 이내에 공탁절차를 취하여야 한다[대법원 재판예규(제1835호)인 '집행사건에 있어서 배당액등의 공탁 및 공탁배당등의 관리절차에 관한 예규(재민 제92-2호)' 제2조]. 공탁물이 금전인 경우 그 원금 또는 이자의 수령, 회수에 대한 권리는 그 권리를 행사할 수 있는 때부터 10년간 행사하지 아니하면 시효로 소멸하는데(공탁법 제9조 제3항), 경매절차에서 채무자에게 교부할 잉여금을 공탁한 경우에는 권리를 행사할 수 있는 공탁일부터 소멸시효기간이 진행한다[대법원 행정예규(제948호)인 '공탁금지급청구권의 소멸시효와 국고귀속절차' 2. 의 다. (2)항]. / 한편 소멸시효는 객관적으로 권리가 발생하고 그 권리를 행사할 수 있는 때부터 진행하고, 그 권리를 행사할 수 없는 동안에는 진행하지 아니한다. 여기서 '권리를 행사할 수 없다'란 그 권리행사에 법률상의 장애사유, 예컨대 기간의 미도래나 조건불성취 등이 있는 경우를 말하는 것이고, 사실상 그 권리의 존부나 권리행사의 가능성을 알지 못하였거나 알지 못함에 과실이 없다고 하여도 이러한 사유는 법률상 장애사유에 해당한다고 할 수 없다. 따라서 부동산경매절차에서 채무자에 대한 송달이 공시송달의 방법으로 이루어짐으로써 채무자가 경매진행 사실 및 잉여금의 존재에 관하여 사실상 알지 못하였다고 하더라도 소멸시효기간이 진행한다(대결 2024.4.30. 2023그887).

[임대차 존속 중 차임을 연체하는 경우, 차임채권의 소멸시효가 임대차계약에서 정한 지급기일부터 진행하는지 여부(원칙적 적극)]

임대차 존속 중 차임을 연체하는 경우 그 채권의 소멸시효는, 임대차 종료 후 목적물 인도 시에 임대차보증금에서 일괄 공제하는 방식에 의하여 정산하기로 약정한 경우와 같은 특별한 사정이 없는 한 임대차계약에서 정한 지급기일부터 진행한다(대판 2025.3.27. 2024다302217).

제3관 소멸시효의 기간

I 일반 채권

채권, 재산권의 소멸시효(민법 제162조)
① 채권은 10년간 행사하지 아니하면 소멸시효가 완성한다.
② 채권 및 소유권 이외의 재산권은 20년간 행사하지 아니하면 소멸시효가 완성한다.

상사시효(상법 제64조)
상행위로 인한 채권은 본법에 다른 규정이 없는 때에는 5년간 행사하지 아니하면 소멸시효가 완성한다. 그러나 다른 법령에 이보다 단기의 시효의 규정이 있는 때에는 그 규정에 의한다.

민법상 채권은 10년이 원칙이고(민법 제162조 제1항), 상행위로 인한 상사채권은 5년이 원칙이다(상법 제64조).

[1] 부당이득반환청구권에 5년의 소멸시효를 정한 상법 제64조가 적용되는 경우 : 부당이득반환청구권이라도 그것이 상행위인 계약에 기초하여 이루어진 급부 자체의 반환을 구하는 것으로서, 그 채권의 발생 경위나 원인, 당사자의 지위와 관계 등에 비추어 그 법률관계를 상거래 관계와 같은 정도로 신속하게 해결할 필요성이 있는 경우 등에는 5년의 소멸시효를 정한 상법 제64조가 적용된다. 그러나 이와 달리 부당이득반환청구권의 내용이 급부 자체의 반환을 구하는 것이 아니거나, 위와 같은 신속한 해결 필요성이 인정되지 않는 경우라면 특별한 사정이 없는 한 상법 제64조는 적용되지 않고 10년의 민사소멸시효기간이 적용된다. [2] 위법배당에 따른 부당이득반환청구권의 소멸시효기간(= 10년) : 회사는 대차대조표의 순자산액으로부터 자본의 액, 그 결산기까지 적립된 자본준비금과 이익준비금의 합계액, 그 결산기에 적립하여야 할 이익준비금의 액을 공제한 액을 한도로 하여 이익의 배당을 할 수 있고(상법 제462조 제1항), 일정한 요건을 갖추면 중간배당을 할 수 있지만 이때에도 배당 가능한 이익이 있어야 한다(상법 제462조의3 제1항, 제2항). 만약 회사가 배당 가능한 이익이 없음에도 이익의 배당이나 중간배당을 하였다면 위 조항에 반하는 것으로 무효라 할 것이므로 회사는 배당을 받은 주주에게 부당이득반환청구권을 행사할 수 있다. 이익의 배당이나 중간배당은 회사가 획득한 이익을 내부적으로 주주에게 분배하는 행위로서 회사가 영업으로 또는 영업을 위하여 하는 상행위가 아니므로 배당금지급청구권은 상법 제64조가 적용되는 상행위로 인한 채권이라고 볼 수 없다. 이에 따라 위법배당에 따른 부당이득반환청구권 역시 근본적으로 상행위에 기초하여 발생한 것이라고 볼 수 없다. 특히 배당가능이익이 없는데도 이익의 배당이나 중간배당이 실시된 경우 회사나 채권자가 주주로부터 배당금을 회수하는 것은 회사의 자본충실을 도모하고 회사 채권자를 보호하는 데 필수적이므로, 회수를 위한 부당이득반환청구권 행사를 신속하게 확정할 필요성이 크다고 볼 수 없다. 따라서 위법배당에 따른 부당이득반환청구권은 민법 제162조 제1항이 적용되어 10년의 민사소멸시효에 걸린다고 보아야 한다(대판 2021.6.24. 2020다208621).

[보험계약자가 다수의 계약을 통하여 보험금을 부정 취득할 목적으로 체결한 보험계약이 민법 제103조에 따라 무효인 경우, 보험금에 대한 부당이득반환청구권에 상법 제64조를 유추적용하여 5년의 상사 소멸시효기간이 적용되는지 여부(적극)]
보험계약자가 다수의 계약을 통하여 보험금을 부정 취득할 목적으로 보험계약을 체결하여 그것이 민법 제103조에 따라 선량한 풍속 기타 사회질서에 반하여 무효인 경우 보험자의 보험금에 대한 부당이득반환청구권은 상법 제64조를 유추적용하여 5년의 상사 소멸시효기간이 적용된다고 봄이 타당하다(대판[전합] 2021.7.22. 2019다277812).

[상행위인 계약의 무효로 인한 부당이득반환청구권의 소멸시효기간(= 10년) / 부당이득반환청구권이 상행위인 계약에 기초하여 이루어진 급부 자체의 반환을 구하는 것으로서 법률관계를 상거래 관계와 같은 정도로 신속하게 해결할 필요성이 있는 경우, 5년의 상사 소멸시효기간이 적용되는지 여부(적극) / 이러한 법리는 실제로 발생하지 않은 보험사고의 발생을 가장하여 청구·수령된 보험금 상당 부당이득반환청구권의 경우에도 마찬가지로 적용할 수 있는지 여부(적극)]
상행위인 계약의 무효로 인한 부당이득반환청구권은 민법 제741조의 부당이득 규정에 따라 발생한 것으로서 특별한 사정이 없는 한 민법 제162조 제1항이 정하는 10년의 민사 소멸시효기간이 적용되나, 부당이득반환청구권이 상행위인 계약에 기초하여 이루어진 급부 자체의 반환을 구하는 것으로서 채권의 발생 경위나 원인, 당사자의 지위와 관계 등에 비추어 법률관계를 상거래 관계와 같은 정도로 신속하게 해결할 필요성이 있는 경우 등에는 상법 제64조가 유추적용되어 같은 조항이 정한 5년의 상사 소멸시효기간에 걸린다. 이러한 법리는 실제로 발생하지 않은 보험사고의 발생을 가장하여 청구·수령된 보험금 상당 부당이득반환청구권의 경우에도 마찬가지로 적용할 수 있다(대판 2021.8.19. 2018다258074).

[근로계약상 보호의무 위반에 따른 근로자의 손해배상청구권에 대하여 10년의 민사 소멸시효기간이 적용되는지 여부(원칙적 적극)]
상법 제64조에서 5년의 상사시효를 정하는 것은 대량, 정형, 신속이라는 상거래 관계 특성상 법률관계를 신속하게 해결할 필요성이 있기 때문이다. 사용자가 상인으로서 영업을 위하여 근로자와 체결하는 근로계약이 보조적 상행위에 해당하더라도 사용자가 근로계약에 수반되는 신의칙상의 부수적 의무인 보호의무를 위반하여 근로자에게 손해를 입힘으로써 발생한 근로자의 손해배상청구와 관련된 법률관계는 근로자의 생명, 신체, 건강 침해 등으로 인한 손해의 전보에 관한 것으로서 그 성질상 정형적이고 신속하게 해결할 필요가 있다고 보기 어렵다. 따라서 근로계약상 보호의무 위반에 따른 근로자의 손해배상청구권은 특별한 사정이 없는 한 10년의 민사 소멸시효기간이 적용된다고 봄이 타당하다(대판 2021.8.19. 2018다270876).

[1] 일방적 상행위 또는 보조적 상행위로 인한 채권도 상법 제64조의 상사시효가 적용되는 상사채권에 해당하는지 여부(적극) 및 상행위인 계약의 해제로 인한 원상회복청구권이 상법 제64조의 상사시효의 대상이 되는지 여부(적극) : 당사자 쌍방에 대하여 모두 상행위가 되는 행위로 인한 채권뿐만 아니라 당사자 일방에 대하여만 상행위에 해당하는 행위로 인한 채권도 상법 제64조 소정의 5년의 소멸시효기간이 적용되는 상사채권에 해당하는 것이고, 그 상행위에는 상법 제46조 각 호에 해당하는 기본적 상행위뿐만 아니라 상인이 영업을 위하여 하는 보조적 상행위도 포함되며, 상인이 영업을 위하여 하는 행위는 상행위로 보되 상인의 행위는 영업을 위하여 하는 것으로 추정되고, 상행위인 계약의 해제로 인한 원상회복청구권 또한 상법 제64조의 상사시효의 대상이 된다. [2] 상행위인 계약의 무효로 인한 부당이득반환청구권이 상행위인 계약에 기초하여 이루어진 급부 자체의 반환을 구하는 것으로서 법률관계를 상거래 관계와 같은 정도로 신속하게 해결할 필요성이 있는 경우, 상법 제64조의 상사시효가 적용되거나 유추적용되는지 여부(적극) 및 이러한 법리는 상행위인 계약의 불성립으로 인한 부당이득반환청구권에도 그대로 적용되는지 여부(적극) : 상행위인 계약의 무효로 인한 부당이득반환청구권은 민법 제741조의 부당이득 규정에 따라 발생한 것으로서 특별한 사정이 없는 한 민법 제162조 제1항이 정하는 10년의 민사 소멸시효기간이 적용된다. 다만 부당이득반환청구권이 상행위인 계약에 기초하여 이루어진 급부 자체의 반환을 구하는 것으로서 채권의 발생 경위나 원인, 당사자의 지위와 관계 등에 비추어 법률관계를 상거래 관계와 같은 정도로 신속하게 해결할 필요성이 있는 경우 등에는 상법 제64조가 정하는 5년의 상사 소멸시효기간이 적용되거나 유추적용된다. 그리고 이러한 법리는 상행위인 계약의 불성립으로 인한 부당이득반환청구권에도 그대로 적용된다(대판 2021.9.9. 2020다299122).

[공익사업을 위한 토지 등의 취득 및 보상에 관한 법률에 따른 협의취득으로 체결된 부동산 매매계약에서 당사자 일방이 상인인 경우, 매도인의 채무불이행책임이나 하자담보책임에 따른 매수인의 손해배상채권에 대하여 상사소멸시효가 적용되는지 여부(적극)]
당사자 일방에 대하여만 상행위에 해당하는 행위로 인한 채권도 상법 제64조에서 정한 5년의 소멸시효기간이 적용되는 상사채권에 해당하는데, 여기서 말하는 상행위에는 기본적 상행위(상법 제46조 각 호)뿐만 아니라 상인이 영업을 위하여 하는 보조적 상행위(상법 제47조)도 포함되고, 상인의 행위는 영업을 위하여 하는 것으로 추정된다. 이때 매매계약이 상행위에 해당하는 경우 매매계약에 의해 직접 생긴 채권뿐만 아니라 매도인의 채무불이행책임이나 하자담보책임에 기한 매수인의 손해배상채권에 대해서도 상사소멸시효가 적용된다. 한편 공익사업을 위한 토지 등의 취득 및 보상에 관한 법률(이하 '토지보상법'이라 한다)에 의한 협의취득은 사법상의 매매계약에 해당한다. 따라서 상인이 그 소유 부동산을 매도하기 위해 체결한 매매계약은 영업을 위하여 한 것으로 추정되고, 그와 같은 추정은 매매계약이 토지보상법에 의한 협의취득이라는 사정만으로 번복되지 않는다. 결국 당사자 일방이 상인인 경우에는 토지보상법에 의한 협의취득으로 체결된 부동산 매매계약이라고 하더라도 다른 사정이 없는 한 보조적 상행위에 해당하므로, 매도인의 채무불이행책임이나 하자담보책임에 기한 매수인의 손해배상채권에 대해서는 상사소멸시효가 적용된다(대판 2022.7.14. 2017다242232).

[공직선거법 제265조의2에서 정한 기탁금 및 선거비용에 대한 반환청구권의 소멸시효기간(= 5년)]
공직선거법 제263조부터 제265조까지의 규정에 따라 당선이 무효로 된 사람(기소 후 확정판결 전에 사직한 사람을 포함한다)과 당선되지 아니한 사람으로서 제263조부터 제265조까지에 규정된 자신 또는 선거사무장 등의 죄로 당선무효에 해당하는 형이 확정된 사람은 제57조에 따라 반환된 기탁금 및 제122조의2에 따라 보전받은 선거비용을 관할 선거구선거관리위원회에 반환하여야 하고(제265조의2 제1항, 제2항), 관할 선거구선거관리위원회는 납부기한까지 위 기탁금 또는 선거비용이 반환되지 않은 경우에 당해 후보자의 주소지를 관할하는 세무서장에게 징수를 위탁하여 관할 세무서장이 국세체납처분의 예에 따라 이를 징수하며(제265조의2 제3항), 위 규정에 따라 납부 또는 징수된 금액은 국가 또는 지방자치단체에 귀속된다(제265조의2 제4항). 그런데 공직선거법은 제265조의2에서 정한 기탁금 및 선거비용에 대한 반환청구권의 소멸시효에 대해 달리 정한 바가 없으므로, 국가재정법 제96조 제1항 또는 지방재정법 제82조 제1항에 따라 5년의 소멸시효가 적용된다(대판 2023.5.18. 2022다305861).

[의사가 의료기관에 대하여 갖는 급여, 수당, 퇴직금 등 채권이 상사채권에 해당하는지 여부(소극)]
의사의 영리추구 활동을 제한하고 직무에 관하여 고도의 공공성과 윤리성을 강조하며 의료행위를 보호하는 의료법의 여러 규정에 비추어 보면, 개별 사안에 따라 전문적인 의료지식을 활용하여 진료 등을 행하는 의사의 활동은 간이·신속하고 외관을 중시하는 정형적인 영업활동, 자유로운 광고·선전을 통한 영업의 활성화 도모, 인적·물적 영업기반의 자유로운 확충을 통한 최대한의 효율적인 영리추구 허용 등을 특징으로 하는 상인의 영업활동과는 본질적으로 차이가 있다 할 것이다. 또한 의사의 의료행위와 관련하여 형성된 법률관계에 대하여 상인의 영업활동 및 그로 인한 형성된 법률관계와 동일하게 상법을 적용하여야 할 특별한 사회경제적 필요 내지 요청이 있다고 볼 수도 없다. 따라서 의료법의 여러 규정과 제반 사정을 참작하면 의사나 의료기관을 상법 제4조 또는 제5조 제1항이 규정하는 상인이라고 볼 수는 없고, 의사가 의료기관에 대하여 갖는 급여, 수당, 퇴직금 등 채권은 상사채권에 해당한다고 할 수 없다(대판 2022.5.26. 2022다200249).

[변호사와 법무법인이 상법상 '상인'인지 여부(소극) 및 변호사가 소속 법무법인에 대하여 갖는 급여채권이 상사채권에 해당하는지 여부(소극)]
변호사는 상법상 당연상인으로 볼 수 없고, 변호사의 영리추구 활동을 엄격히 제한하고 그 직무에 관하여 고도의 공공성과 윤리성을 강조하는 변호사법의 여러 규정과 제반 사정을 참작하여 볼 때, 변호사를 상법 제5조 제1항이 규정하는 '상인적 방법에 의하여 영업을 하는 자'라고도 볼 수 없어 위 조항에서 정하는 의제상인에 해당하지 아니하며, 이는 법무법인도 마찬가지이다. 한편 상법 제5조 제2항은 회사는 상행위를 하지 아니하더라도 상인으로 본다고 규정하고, 상법 제169조는 회사는 상행위나 그 밖의 영리를 목적으로 하여 설립한 법인을 말한다고 하고 있다. 그런데 법무법인은 변호사가 그 직무를 조직적·전문적으로 수행하기 위하여 변호사법에 따라 설립하는 것으로서 변호사법과 다른 법률에 따른 변호사의 직무를 업무로서 수행할 수 있다(변호사법 제40조, 제49조). 변호사법은 법무법인에 관하여 변호사법에 정한 것 외에는 상법 중 합명회사에 관한 규정을 준용하도록 하고 있을 뿐(제58조) 이를 상법상 회사로 인정하고 있지 않으므로 법무법인이 상법 제5조 제2항에서 정하는 의제상인에 해당한다고 볼 수도 없다. 따라서 변호사가 소속 법무법인에 대하여 갖는 급여채권은 상사채권에 해당한다고 할 수 없다(대판 2023.7.27. 2023다227418).

[파견근로자가 파견근로자 보호 등에 관한 법률 제6조의2 제1항이 규정한 직접고용의무를 이행하지 아니하는 사용사업주를 상대로 고용 의사표시를 갈음하는 판결을 구할 사법상의 권리가 있는지 여부(적극) 및 판결이 확정되면 사용사업주와 파견근로자 사이에 직접고용관계가 성립하는지 여부(적극) / 파견근로자 보호 등에 관한 법률 제6조의2 제1항에 따른 고용 의사표시 청구권에 적용되는 소멸시효기간(= 10년)]
파견근로자 보호 등에 관한 법률(이하 '파견법'이라 한다) 제6조의2 제1항은 사용사업주가 근로자파견 대상 업무에 해당하지 아니하는 업무에서 파견근로자를 사용하는 경우 등 각 호에 해당하는 경우에는 해당 파견근로자를 직접고용하여야 한다고 규정하고 있다(이하 '직접고용의무 규정'이라고 한다). 이에 따라 파견근로자는 사용사업주가 직접고용의무를 이행하지 아니하는 경우 사용사업주를 상대로 고용 의사표시를 갈음하는 판결을 구할 사법상의 권리가 있고, 판결이 확정되면 사용사업주와 파견근로자 사이에 직접고용관계가 성립한다. / 직접고용의무 규정은 사용사업주가 파견법을 위반하여 파견근로자를 사용하는 행위에 대하여 근로자파견의 상용화·장기화를 방지하고 파견근로자의 고용안정을 도모할 목적에서 행정적 감독이나 처벌과는 별도로 사용사업주와 파견근로자 사이의 사법관계에서도 사용사업주에게 직접고용의무라는 법정책임을 부과한 것이므로 직접고용의무 규정에 따른 고용 의사표시 청구권에는 10년의 민사시효가 적용됨이 타당하다(대판 2024.7.11. 2021다274069).

II. 단기시효

1. 3년의 시효

> **3년의 단기소멸시효(민법 제163조)**
> 다음 각 호의 채권은 3년간 행사하지 아니하면 소멸시효가 완성한다. 두 : 이·의·도·변·변·생·수
>   1. 이자, 부양료, 급료, 사용료 기타 1년 이내의 기간으로 정한 금전 또는 물건의 지급을 목적으로 한 채권
>   2. 의사, 조산사, 간호사 및 약사의 치료, 근로 및 조제에 관한 채권
>   3. 도급받은 자, 기사 기타 공사의 설계 또는 감독에 종사하는 자의 공사에 관한 채권
>   4. 변호사, 변리사, 공증인, 공인회계사 및 법무사에 대한 직무상 보관한 서류의 반환을 청구하는 채권
>   5. 변호사, 변리사, 공증인, 공인회계사 및 법무사의 직무에 관한 채권
>   6. 생산자 및 상인이 판매한 생산물 및 상품의 대가
>   7. 수공업자 및 제조자의 업무에 관한 채권

(1) 제1호

① '1년 이내의 기간으로 정한 채권'이란 1년 이내의 정기로 지급되는 채권을 의미하는 것이지, 변제기가 1년 이내인 채권을 말하는 것이 아니다.

② 이자란 약정이자를 의미하는 것이지 지연이자는 아니다.

> 금전채무의 이행지체로 인하여 발생하는 <u>지연손해금은 그 성질이 손해배상금이지 이자가 아니며, 민법 제163조 제1호가 규정한 '1년 이내의 기간으로 정한 채권'도 아니므로 3년간의 단기소멸시효의 대상이 되지 아니한다</u>(대판 1998.11.10. 98다42141).

③ 사용료는 부동산의 사용료를 의미하고, 동산의 사용료는 1년의 단기소멸시효기간이 적용된다.

(2) 제2호

무자격자의 치료행위라도 그 사법상 효력이 부인되는 것은 아니며 소멸시효규정도 그대로 적용된다.

(3) 제3호

① 수급인의 공사에 관한 채권은 수급인이 채권자로서 나설 경우의 공사채권이나 공사에 부수되는 채권을 의미하므로(대판 2010.11.25. 2010다56685), 도급인이 수급인을 상대로 그 공사의 과급금의 반환을 청구하는 채권은 포함되지 않는다(대판 1963.4.18. 63다92). 이 경우 수급인의 도급인에 대한 저당권설정청구권은 3년의 소멸시효기간이 적용된다(대판 2016.10.27. 2014다211978).

② 소멸시효의 기산점은 일을 완성한 때라 할 것이다.

(4) 제5호

[1] **변호사, 변리사, 공증인, 공인회계사 및 법무사의 직무에 관한 채권의 소멸시효기간을 3년으로 정한 민법 제163조 제5호가 세무사 등 유사한 직무를 수행하는 다른 자격사의 직무에 관한 채권에 대하여 유추적용되는지 여부(소극)**: 민법은 1958. 2. 22. 법률 제471호로 제정되면서 제163조를 두어 3년의 단기 소멸시효가 적용되는 채권을 규정하였고, 그중 제5호에서는 '변호사, 변리사, 공증인, 계리사 및 사법서사의 직무에 관한 채권'을 규정하였다. 그 후 민법이 1997. 12. 13. 법률 제5431호로 개정되면서 계리사를 공인회계사로, 사법서사를 법무사로 법령에 맞게 용어를 바꾸었을 뿐 그 내용의 변경은 없었다. 한편 세무사 제도는 민법 제정 이후인 1961. 9. 9. 법률 제712호로 세무사법이 제정되면서 마련되었다. 이러한 법령의 제·개정 경과 및 단기 소멸시효를 규정하고 있는 취지에다가 '직무에 관한 채권'은 직무의 내용이 아닌 직무를 수행하는 주체의 관점에서 보아야 하는 점, 민법 제163조 제5호에서 정하고 있는 자격사 외의 다른 자격사의 직무에 관한 채권에도 단기 소멸시효 규정이 유추적용된다고 해석한다면 어떤 채권이 그 적용 대상이 되는지 불명확하게 되어 법적 안정성을 해하게 되는 점 등을 종합적으로 고려하면, 민법 제163조 제5호에서 정하고 있는 '변호사, 변리사, 공증인, 공인회계사 및 법무사의 직무에 관한 채권'에만 3년의 단기 소멸시효가 적용되고, 세무사와 같이 그들의 직무와 유사한 직무를 수행하는 다른 자격사의 직무에 관한 채권에 대하여는 민법 제163조 제5호가 유추적용된다고 볼 수 없다. [2] **세무사를 상법 제4조 또는 제5조 제1항이 규정하는 상인이라고 볼 수 있는지 여부(소극) 및 세무사의 직무에 관한 채권의 소멸시효기간(= 10년)**: 세무사의 직무에 관하여 고도의 공공성과 윤리성을 강조하고 있는 세무사법의 여러 규정에 비추어 보면, 개별 사안에 따라 전문적인 세무지식을 활용하여 직무를 수행하는 세무사의 활동은 간이·신속하고 외관을 중시하는 정형적인 영업활동, 자유로운 광고·선전을 통한 영업의 활성화 도모, 인적·물적 영업기반의 자유로운 확충을 통한 최대한의 효율적인 영리 추구 허용 등을 특징으로 하는 상인의 영업활동과는 본질적으로 차이가 있다. 그리고 세무사의 직무와 관련하여 형성된 법률관계에 대하여는 상인의 영업활동 및 그로 인해 형성된 법률관계와 동일하게 상법을 적용하여야 할 특별한 사회경제적 필요 내지 요청이 있다고 볼 수도 없다. 따라서 세무사를 상법 제4조 또는 제5조 제1항이 규정하는 상인이라고 볼 수 없고, 세무사의 직무에 관한 채권이 상사채권에 해당한다고 볼 수 없으므로, 세무사의 직무에 관한 채권에 대하여는 민법 제162조 제1항에 따라 10년의 소멸시효가 적용된다(대판 2022. 8. 25. 2021다311111).

(5) 제6호

3년의 단기소멸시효가 적용되는 '상인이 판매한 상품의 대가'란 상품의 매매로 인한 대금 그 자체의 채권만을 말하는 것으로서, 상품의 공급 자체와 등가성이 있는 청구권에 한한다(대판 1996. 1. 23. 95다39854).

2. 1년의 시효

> **1년의 단기소멸시효(민법 제164조)**
> 다음 각 호의 채권은 1년간 행사하지 아니하면 소멸시효가 완성한다. **투: 여·의·노·학**
> 1. 여관, 음식점, 대석, 오락장의 숙박료, 음식료, 대석료, 입장료, 소비물의 대가 및 체당금의 채권
> 2. 의복, 침구, 장구 기타 동산의 사용료의 채권
> 3. 노역인, 연예인의 임금 및 그에 공급한 물건의 대금채권
> 4. 학생 및 수업자의 교육, 의식 및 유숙에 관한 교주, 숙주, 교사의 채권

건설업을 하는 甲 주식회사가 공사에 투입한 인원이 공사 기간 중에 리조트의 객실과 식당을 사용한 데에 대한 사용료를 乙에게 매월 말 지급하기로 약정하였는데, 숙박료와 음식료로 구성되어 있는 위 리조트 사용료 채권의 소멸시효기간이 문제된 사안에서, 민법 제164조 제1호는 여관, 음식점, 대석, 오락장의 숙박료, 음식료, 대석료, 입장료, 소비물의 대가 및 체당금의 채권은 1년간 행사하지 아니하면 소멸시효가 완성한다고 특별히 규정하고 있으므로, 甲 회사가 리조트 사용료를 월 단위로 지급하기로 약정하였더라도, 리조트 사용료 채권은 민법 제164조 제1호에 정한 '숙박료 및 음식료 채권'으로서 소멸시효기간은 1년이라는 이유로, 이와 달리 민법 제163조 제1호의 '사용료 기타 1년 이내의 기간으로 정한 금전의 지급을 목적으로 한 채권'으로서 소멸시효기간이 3년이라고 본 원심판결을 파기한 사례(대판 2020.2.13. 2019다271012).

III 판결이 확정된 채권의 소멸시효기간 : 10년

판결 등에 의하여 확정된 채권의 소멸시효(민법 제165조)
① 판결에 의하여 확정된 채권은 단기의 소멸시효에 해당한 것이라도 그 소멸시효는 10년으로 한다.
② 파산절차에 의하여 확정된 채권 및 재판상의 화해, 조정 기타 판결과 동일한 효력이 있는 것에 의하여 확정된 채권도 전항과 같다.
③ 전2항의 규정은 판결확정 당시에 변제기가 도래하지 아니한 채권에 적용하지 아니한다.

1. 취지

확정판결에 의하여 권리관계가 확정된 후에도 다시 단기소멸시효에 걸린다면 권리의 보존을 위하여 여러 차례 중단절차를 거쳐야 하는 불편을 고려한 규정이다.

2. 내용

① 기판력 있는 확정판결만을 의미한다. 인낙조서가 그 예이다.
② 시효연장의 효과는 상대적이어서 판결 등의 당사자에게만 연장된다.
  ㉠ 채권자와 주채무자 사이의 확정판결에 의하여 주채무가 확정되어 그 소멸시효기간이 10년으로 연장되었다 할지라도, 위 확정판결 등은 채권자와 연대보증인 사이에는 아무런 영향을 미치지 않고 채권자의 연대보증인의 연대보증채권의 소멸시효기간은 여전히 종전의 소멸시효기간에 따른다(대판 2006.8.24. 2004다26287·26294).

> **[비교 판례]**
> 유치권이 성립된 부동산의 매수인은 피담보채권의 소멸시효가 완성되면 시효로 인하여 채무가 소멸되는 결과 직접적인 이익을 받는 자에 해당하므로 소멸시효의 완성을 원용할 수 있는 지위에 있다고 할 것이나, 매수인은 유치권자에게 채무자의 채무와는 별개의 독립된 채무를 부담하는 것이 아니라 단지 채무자의 채무를 변제할 책임을 부담하는 점 등에 비추어 보면, 유치권의 피담보채권의 소멸시효기간이 확정판결 등에 의하여 10년으로 연장된 경우 매수인은 그 채권의 소멸시효기간이 연장된 효과를 부정하고 종전의 단기소멸시효기간을 원용할 수는 없다(대판 2009.9.24. 2009다39530).

  ㉡ 단, 민법 규정에 의하여 시효중단의 효력은 당연히 보증인에게도 미친다(민법 제440조).

③ 법원이 판결로 소송비용의 부담을 정하는 재판을 하면서 그 액수를 정하지 않은 경우, 소송비용상환청구권의 소멸시효의 기산점(= 소송비용부담의 재판에 해당하는 판결 확정 시) 및 이때 민법 제165조 제1항에서 정한 10년의 소멸시효가 적용되는지 여부(소극) / 국가의 소송비용상환청구권의 소멸시효기간(= 5년) : 민법 제165조는 제1항에서 "판결에 의하여 확정된 채권은 단기의 소멸시효에 해당한 것이라도 그 소멸시효는 10년으로 한다"라고 정하면서 제3항에서 '판결 확정 당시에 변제기가 도래하지 않은 채권에 대해서는 민법 제165조 제1항이 적용되지 않는다'고 정하고 있다. 소송에서 법원이 판결로 소송비용의 부담을 정하는 재판을 하면서 그 액수를 정하지 않은 경우 소송비용부담의 재판이 확정됨으로써 소송비용상환의무의 존재가 확정되지만, 당사자의 신청에 따라 별도로 민사소송법 제110조에서 정한 소송비용액확정결정으로 구체적인 소송비용 액수가 정해지기 전까지는 그 의무의 이행기가 도래한다고 볼 수 없고 이행기의 정함이 없는 상태로 유지된다. 위와 같이 발생한 소송비용상환청구권은 소송비용부담의 재판에 해당하는 판결 확정 시 발생하여 그때부터 소멸시효가 진행하지만, 민법 제165조 제3항에 따라 민법 제165조 제1항에서 정한 10년의 소멸시효는 적용되지 않는다. 따라서 국가의 소송비용상환청구권은 금전의 급부를 목적으로 하는 국가의 권리로서 국가재정법 제96조 제1항에 따라 5년 동안 행사하지 않으면 소멸시효가 완성된다고 보아야 한다(대결 2021.7.29. 2019마6152).

Ⅳ 기타 재산권의 소멸시효기간

채권과 소유권 이외의 재산권의 소멸시효기간은 20년이다(민법 제162조 제2항).

제3절 시효의 장애 : 소멸시효의 중단과 정지

제1관 소멸시효의 중단

소멸시효의 중단 사유(민법 제168조)
소멸시효는 다음 각 호의 사유로 인하여 중단된다.
 1. 청 구
 2. 압류 또는 가압류, 가처분
 3. 승 인

I 의의

① 소멸시효의 중단이란 소멸시효가 진행하는 도중에 권리의 불행사라는 소멸시효의 기초가 되는 사실을 깨뜨리는 사정이 발생한 경우, 이미 진행한 시효기간의 효력을 상실케 하는 제도이다(대판 1979.7.10. 79다569).
② 시효가 중단된 때에는 중단까지에 경과한 시효기간은 이를 산입하지 아니하고 중단 사유가 종료한 때로부터 새로이 진행한다(민법 제178조 제1항).
③ 시효중단 사유는 변론주의의 대상이어서 당사자의 주장이 없으면 법원이 이에 관하여 판단할 필요가 없다. 그에 대한 입증책임은 시효완성을 다투는 당사자가 진다(대판 2017.3.22. 2016다258124).

II 소멸시효의 중단 사유

1. 청구(민법 제168조 제1호)

> **재판상의 청구와 시효중단(민법 제170조)**
> ① 재판상의 청구는 소송의 각하, 기각 또는 취하의 경우에는 시효중단의 효력이 없다.
> ② 전항의 경우에 6월 내에 재판상의 청구, 파산절차참가, 압류 또는 가압류, 가처분을 한 때에는 시효는 최초의 재판상 청구로 인하여 중단된 것으로 본다.
>
> **파산절차참가와 시효중단(민법 제171조)**
> 파산절차참가는 채권자가 이를 취소하거나 그 청구가 각하된 때에는 시효중단의 효력이 없다.
>
> **지급명령과 시효중단(민법 제172조)**
> 지급명령은 채권자가 법정기간 내에 가집행신청을 하지 아니함으로 인하여 그 효력을 잃은 때에는 시효중단의 효력이 없다.
>
> **화해를 위한 소환, 임의출석과 시효중단(민법 제173조)**
> 화해를 위한 소환은 상대방이 출석하지 아니하거나 화해가 성립되지 아니한 때에는 1월 내에 소를 제기하지 아니하면 시효중단의 효력이 없다. 임의출석의 경우에 화해가 성립되지 아니한 때에도 그러하다.
>
> **최고와 시효중단(민법 제174조)**
> 최고는 6월 내에 재판상의 청구, 파산절차참가, 화해를 위한 소환, 임의출석, 압류 또는 가압류, 가처분을 하지 아니하면 시효중단의 효력이 없다.

시효의 대상인 권리를 재판상 내지 재판 외로 행사하는 것을 말한다. 민법은 청구의 유형으로 재판상 청구(민법 제170조), 파산절차 참가(민법 제171조), 지급명령(민법 제172조), 화해를 위한 소환 내지 임의출석(민법 제173조), 최고(민법 제174조)를 규정하고 있다.

(1) 재판상 청구(민법 제170조)

의 의	자기의 권리를 재판상 주장하는 것을 말하며, 보통 소를 제기하는 것을 의미		
요 건	민사소송 ○ (각종의 모든 소 ○, 재심 ○)	형사소송 × (단, 배상명령신청 ○)	행정소송 × (단, 과세처분의 취소 또는 무효확인의 소 ○)
효 과	<ul><li>소멸시효의 중단 시점 : 소를 제기한 날(제소 시), 응소한 때(응소 시)</li><li>응소행위에 의한 시효중단이 인정되기 위해서는 시효를 주장하는 자가 원고가 되어 소를 제기한 데 대하여 피고로서 응소하여 그 소송에서 적극적으로 권리를 주장하고 그것이 받아들여진 경우여야 한다(대판[전합] 1993.12.21. 92다47861). 따라서 물상보증인이나 제3취득자가 제기한 소송에 대하여 채권자가 응소한 경우에는 시효가 중단되지 않는다(대판 2007.1.11. 2006다33364). 재판상 청구는 소송의 각하, 기각 또는 취하의 경우에는 시효중단의 효력이 없다(민법 제170조 제1항). 그러나 이 경우에도 재판 외의 최고로서의 효력은 인정되므로(대판 1987.12.22. 87다카2337), 피고가 응소하여 권리를 주장하였으나 그 소가 각하되거나 취하되는 경우에는, 6월 이내에 재판상의 청구 등 다른 시효중단조치를 취한 때에는 응소 시에 시효중단의 효력이 있다(민법 제170조 제2항).</li><li>[1] 채무자의 제3채무자에 대한 금전채권에 대하여 압류 및 추심명령이 있더라도, 이는 추심채권자에게 피압류채권을 추심할 권능만을 부여하는 것이고, 이로 인하여 채무자가 제3채무자에게 가지는 채권이 추심채권자에게 이전되거나 귀속되는 것은 아니다. 따라서 채무자가 제3채무자를 상대로 금전채권의 이행을 구하는 소를 제기한 후 채권자가 위 금전채권에 대하여 압류 및 추심명령을 받아 제3채무자를 상대로 추심의 소를 제기한 경우, 채무자가 권리주체의 지위에서 한 시효중단의 효력은 집행법원의 수권에 따라 피압류채권에 대한 추심권능을 부여받아 일종의 추심기관으로서 그 채권을 추심하는 추심채권자에게도 미친다. [2] 재판상의 청구는 소송의 각하, 기각 또는 취하의 경우에는 시효중단의 효력이 없지만, 그 경우 6개월 내에 재판상의 청구, 파산절차참가, 압류 또는 가압류, 가처분을 한 때에는 시효는 최초의 재판상 청구로 인하여 중단된 것으로 본다(민법 제170조). 그러므로 채무자가 제3채무자를 상대로 제기한 금전채권의 이행소송이 압류 및 추심명령으로 인한 당사자적격의 상실로 각하되더라도, 위 이행소송의 계속 중에 피압류채권에 대하여 채무자에 갈음하여 당사자적격을 취득한 추심채권자가 위 각하판결이 확정된 날로부터 6개월 내에 제3채무자를 상대로 추심의 소를 제기하였다면, 채무자가 제기한 재판상 청구로 인하여 발생한 시효중단의 효력은 추심채권자의 추심소송에서도 그대로 유지된다고 보는 것이 타당하다(대판 2019.7.25. 2019다212945).</li></ul>		

[공유자의 1인이 공유물의 보존행위로서한 재판상의 청구에 의하여 시효중단의 효력이 생기는 범위]
공유자의 한 사람이 공유물의 보존행위로서 제소한 경우라도, 동 제소로 인한 시효중단의 효력은 재판상의 청구를 한 그 공유자에 한하여 발생하고, 다른 공유자에게는 미치지 아니한다(대판 1979.6.26. 79다639).

[점유자가 소유자를 상대로 제기한 '매매'를 원인으로 한 소유권이전등기 청구소송에서 소유자가 응소하여 청구기각의 판결을 구하면서 원고의 주장 사실을 부인한 경우, 그 응소행위를 시효중단사유인 재판상 청구에 해당한다고 볼 수 있는지 여부(소극)]
권리자가 시효를 주장하는 자로부터 제소당하여 직접 응소행위로서 상대방의 청구를 적극적으로 다투면서 자신의 권리를 주장하여 그것이 받아들여진 경우에는 민법 제247조 제2항에 의하여 취득시효기간에 준용되는 민법 제168조 제1호, 제170조 제1항에서 시효중단사유의 하나로 규정하고 있는 재판상의 청구에 포함되는 것으로 해석함이 상당하다 할 것이나, 점유자가 소유자를 상대로 소유권이전등기 청구소송을 제기하면서 그 청구원인으로 '취득시효완성'이 아닌 '매매'를 주장함에 대하여, 소유자가 이에 응소하여 원고 청구기각의 판결을 구하면서 원고의 주장 사실을 부인하는 경우에는, 이는 원고 주장의 매매 사실을 부인하여 원고에게 그 매매로 인한 소유권이전등기청구권이 없음을 주장함에 불과한 것이고 소유자가 자신의 소유권을 적극적으로 주장한 것이라 볼 수 없으므로 시효중단사유의 하나인 재판상의 청구에 해당한다고 할 수 없다(대판 1997.12.12. 97다30288).

[피해자가 가해자를 상대로 고소하거나 그 고소에 기하여 형사재판이 개시된 경우, 그 고소나 형사재판을 소멸시효의 중단 사유인 재판상의 청구로 볼 수 있는지 여부(소극)]
형사소송은 피고인에 대한 국가형벌권의 행사를 그 목적으로 하는 것이므로, 피해자가 형사소송에서 소송촉진 등에 관한 특례법에서 정한 배상명령을 신청한 경우를 제외하고는 단지 피해자가 가해자를 상대로 고소하거나 그 고소에 기하여 형사재판이 개시되어도 이를 가지고 소멸시효의 중단 사유인 재판상의 청구로 볼 수는 없다(대판 1999.3.12. 98다18124).

[물상보증인이 제기한 저당권설정등기의 말소등기절차이행청구소송에서 채권자 겸 저당권자의 응소행위가 피담보채권에 관하여 소멸시효중단 사유인 민법 제168조 제1호의 '청구'에 해당하는지 여부(소극)]
타인의 채무를 담보하기 위하여 자기의 물건에 담보권을 설정한 물상보증인은 채권자에 대하여 물적 유한책임을 지고 있어 그 피담보채권의 소멸에 의하여 직접 이익을 받는 관계에 있으므로 소멸시효의 완성을 주장할 수 있는 것이지만, 채권자에 대하여는 아무런 채무도 부담하고 있지 아니하므로, 물상보증인이 그 피담보채무의 부존재 또는 소멸을 이유로 제기한 저당권설정등기 말소등기절차이행청구소송에서 채권자 겸 저당권자가 청구기각의 판결을 구하고 피담보채권의 존재를 주장하였다고 하더라도 이로써 직접 채무자에 대하여 재판상 청구를 한 것으로 볼 수는 없는 것이므로 피담보채권의 소멸시효에 관하여 규정한 민법 제168조 제1호 소정의 '청구'에 해당하지 아니한다(대판 2004.1.16. 2003다30890).

[채권자가 피고로서 응소하여 적극적으로 권리를 주장하고 그것이 받아들여진 경우 시효중단 사유인 '재판상의 청구'에 해당하는지 여부(적극)와 시효중단의 효력발생시점 및 채권자가 응소하여 권리를 주장하였으나 그 소가 각하되거나 취하되는 등의 사유로 본안 판단 없이 소송이 종료된 경우 민법 제170조 제2항을 유추적용할 수 있는지 여부(적극)]
민법 제168조 제1호, 제170조 제1항에서 시효중단 사유의 하나로 규정하고 있는 재판상의 청구라 함은, 통상적으로는 권리자가 원고로서 시효를 주장하는 자를 피고로 하여 소송물인 권리를 소의 형식으로 주장하는 경우를 가리키지만, 이와 반대로 시효를 주장하는 자가 원고가 되어 소를 제기한 데 대하여 피고로서 응소하여 그 소송에서 적극적으로 권리를 주장하고 그것이 받아들여진 경우도 이에 포함되고, 위와 같은 응소행위로 인한 시효중단의 효력은 피고가 현실적으로 권리를 행사하여 응소한 때에 발생한다. 한편, 권리자인 피고가 응소하여 권리를 주장하였으나 그 소가 각하되거나 취하되는 등의 사유로 본안에서 그 권리주장에 관한 판단 없이 소송이 종료된 경우에도 민법 제170조 제2항을 유추적용하여 그때부터 6월 이내에 재판상의 청구 등 다른 시효중단조치를 취하면 응소 시에 소급하여 시효중단의 효력이 있는 것으로 봄이 상당하다(대판 2010.8.26. 2008다42416·42423).

[응소행위로 인한 시효중단의 주장을 할 수 있는 시기(= 사실심 변론종결 전)]
변론주의 원칙상 피고가 응소행위를 하였다고 하여 바로 시효중단의 효과가 발생하는 것은 아니고 시효중단의 주장을 하여야 그 효력이 생기는 것이지만, 시효중단의 주장은 반드시 응소 시에 할 필요는 없고 소멸시효기간이 만료된 후라도 사실심 변론종결 전에는 언제든지 할 수 있다(대판 2010.8.26. 2008다42416·42423).

[시효중단 등 특별한 사정이 있어 당사자가 확정된 승소판결과 동일한 소송물에 기하여 신소를 제기하는 것이 허용되는 경우, 후소 법원이 그 확정된 권리를 주장할 수 있는 모든 요건이 구비되어 있는지에 관하여 다시 심리할 수 있는지 여부(소극) / 전소의 변론종결 후에 새로 발생한 변제, 상계, 면제 등과 같은 채권소멸사유가 후소의 심리대상이 되는지 여부(적극) 및 법률이나 판례의 변경이 전소 변론종결 후에 발생한 새로운 사유에 해당하는지 여부(소극)]
확정판결의 기판력에 의하여 당사자는 확정판결과 동일한 소송물에 기하여 신소를 제기할 수 없는 것이 원칙이나, 시효중단 등 특별한 사정이 있는 경우에는 예외적으로 신소가 허용된다. 그러나 이러한 경우에도 신소의 판결이 전소의 승소확정판결의 내용에 저촉되어서는 안 되므로, 후소 법원으로서는 그 확정된 권리를 주장할 수 있는 모든 요건이 구비되어 있는지에 관하여 다시 심리할 수 없다. 다만 전소의 변론종결 후에 새로 발생한 변제, 상계, 면제 등과 같은 채권소멸사유는 후소의 심리대상이 되어 채무자인 피고는 후소 절차에서 위와 같은 사유를 들어 항변할 수 있으나, 법률이나 판례의 변경은 전소 변론종결 후에 발생한 새로운 사유에 해당한다고 할 수 없다(대판 2019.8.29. 2019다215272).

[시효중단을 위한 후소로서 이행소송 외에 전소 판결로 확정된 채권의 시효를 중단시키기 위한 재판상의 청구가 있다는 점에 대하여만 확인을 구하는 형태의 '새로운 방식의 확인소송'이 허용되는지 여부(적극)]
종래 대법원은 시효중단 사유로서 재판상의 청구에 관하여 반드시 권리 자체의 이행청구나 확인청구로 제한하지 않을 뿐만 아니라, 권리자가 재판상 그 권리를 주장하여 권리 위에 잠자는 것이 아님을 표명한 것으로 볼 수 있는 때에는 널리 시효중단 사유로서 재판상의 청구에 해당하는 것으로 해석하여 왔다. 이와 같은 법리는 이미 승소 확정판결을 받은 채권자가 그 판결상 채권의 시효중단을 위해 후소를 제기하는 경우에도 동일하게 적용되므로, 채권자가 전소로 이행청구를 하여 승소 확정판결을 받은 후 그 채권의 시효중단을 위한 후소를 제기하는 경우, 후소의 형태로서 항상 전소와 동일한 이행청구만이 시효중단 사유인 '재판상의 청구'에 해당한다고 볼 수는 없다. 시효중단을 위한 이행소송은 다양한 문제를 야기한다. 그와 같은 문제들의 근본적인 원인은 시효중단을 위한 후소의 형태로 전소와 소송물이 동일한 이행소송이 제기되면서 채권자가 실제로 의도하지도 않은 청구권의 존부에 관한 실체 심리를 진행하는 데에 있다. 채무자는 그와 같은 후소에서 전소 판결에 대한 청구이의사유를 조기에 제출하도록 강요되고 법원은 불필요한 심리를 해야 한다. 채무자는 이중집행의 위험에 노출되고, 실질적인 채권의 관리·보전비용을 추가로 부담하게 되며 그 금액도 매우 많은 편이다. 채권자 또한 자신이 제기한 후소의 적법성이 10년의 경과가 임박하였는지 여부라는 불명확한 기준에 의해 좌우되는 불안정한 지위에 놓이게 된다. 위와 같은 종래 실무의 문제점을 해결하기 위해서, 시효중단을 위한 후소로서 이행소송 외에 전소 판결로 확정된 채권의 시효를 중단시키기 위한 조치, 즉 '재판상의 청구'가 있다는 점에 대하여만 확인을 구하는 형태의 '새로운 방식의 확인소송'이 허용되고, 채권자는 두 가지 형태의 소송 중 자신의 상황과 필요에 보다 적합한 것을 선택하여 제기할 수 있다고 보아야 한다(대판[전합] 2018.10.18. 2015다232316 – 다수의견).

[권리자가 재판상 그 권리를 주장하여 권리 위에 잠자는 것이 아님을 표명한 경우, 시효중단 사유가 되는지 여부(적극)]
시효제도의 존재 이유는 영속된 사실 상태를 존중하고 권리 위에 잠자는 자를 보호하지 않는다는 데에 있고 특히 소멸시효에 있어서는 후자의 의미가 강하므로, 권리자가 재판상 그 권리를 주장하여 권리 위에 잠자는 것이 아님을 표명한 때에는 시효중단 사유가 된다(대판 2024.3.28. 2023다265700).

[소멸시효 대상인 권리가 발생한 기본적 법률관계 또는 후속 법률관계에 관한 청구가 권리 실행의 의사를 표명한 것으로 볼 수 있는 경우, 시효중단 사유로서 재판상 청구에 포함되는지 여부(적극)]
시효중단 사유로서 재판상의 청구에는 소멸시효 대상인 권리 자체의 이행청구나 확인청구를 하는 경우만이 아니라, 그 권리가 발생한 기본적 법률관계를 기초로 하여 재판의 형식으로 주장하는 경우 또는 그 권리를 기초로 하거나 그것을 포함하여 형성된 후속 법률관계에 관한 청구를 하는 경우에도 그로써 권리 실행의 의사를 표명한 것으로 볼 수 있을 때에는 이에 포함된다(대결 2023.11.9. 2023마6582).

[채무자 회생 및 파산에 관한 법률 제294조에 따른 채권자의 파산신청이 민법 제168조 제1호에서 정한 시효중단 사유인 재판상의 '청구'에 해당하는지 여부(적극)]
채무자에게 파산원인이 있는 경우 채권자는 채무자 회생 및 파산에 관한 법률(이하 '채무자회생법'이라 한다) 제294조에 따라 채무자에 대한 파산신청을 할 수 있다. 이는 파산채무자의 재산을 보전하여 공평하게 채권의 변제를 받는 재판절차를 실시하여 달라는 것으로서 채무자회생법 제32조에서 규정하고 있는 파산채권신고 등에 의한 파산절차참가와 유사한 재판상 권리 실행방법에 해당한다. 따라서 채무자회생법 제294조에 따른 채권자의 파산신청은 민법 제168조 제1호에서 정한 시효중단 사유인 재판상의 '청구'에 해당한다고 보아야 한다(대결 2023.11.9. 2023마6582).

[소장에서 청구의 대상으로 삼은 채권 중 일부만을 청구하면서 소송의 진행경과에 따라 장차 청구금액을 확장할 뜻을 표시하였으나 그 후 채권의 특정 부분을 청구범위에서 명시적으로 제외한 경우, 그 부분에 대하여 재판상 청구로 인한 시효중단의 효력이 발생하는지 여부(소극)]
하나의 채권 중 일부에 관하여만 판결을 구한다는 취지를 명백히 하여 소송을 제기한 경우에는 소 제기에 의한 소멸시효중단의 효력이 그 일부에 관하여만 발생하고, 나머지 부분에는 발생하지 않는다. 다만 소장에서 청구의

대상으로 삼은 채권 중 일부만을 청구하면서 소송의 진행경과에 따라 장차 청구금액을 확장할 뜻을 표시하고 해당 소송이 종료될 때까지 실제로 청구금액을 확장한 경우에는 소 제기 당시부터 채권 전부에 관하여 재판상 청구로 인한 시효중단의 효력이 발생하나, 소장에서 청구의 대상으로 삼은 채권 중 일부만을 청구하면서 소송의 진행경과에 따라 장차 청구금액을 확장할 뜻을 표시하였더라도 그 후 채권의 특정 부분을 청구범위에서 명시적으로 제외하였다면, 그 부분에 대하여는 애초부터 소의 제기가 없었던 것과 마찬가지이므로 재판상 청구로 인한 시효중단의 효력이 발생하지 않는다(대판 2021.6.10. 2018다44114).

[흠 있는 소제기가 재판상 청구에 해당하는지 여부(적극)]
- 비록 대항요건을 갖추지 못하여 채무자에게 대항하지 못한다고 하더라도 채권의 양수인이 채무자를 상대로 재판상의 청구를 하였다면 이는 소멸시효중단 사유인 재판상의 청구에 해당한다(대판 2005.11.10. 2005다41818).
- 채권양도 후 대항요건이 구비되기 전의 양도인은 채무자에 대한 관계에서는 여전히 채권자의 지위에 있으므로 채무자를 상대로 시효중단의 효력이 있는 재판상의 청구를 할 수 있고, 이 경우 양도인이 제기한 소송 중에 채무자가 채권양도의 효력을 인정하는 등의 사정으로 인하여 양도인의 청구가 기각됨으로써 민법 제170조 제1항에 의하여 시효중단의 효과가 소멸된다고 하더라도, 양도인의 청구가 당초부터 무권리자에 의한 청구로 되는 것은 아니므로, 양수인이 그로부터 6월 내에 채무자를 상대로 재판상의 청구 등을 하였다면, 민법 제169조 및 제170조 제2항에 의하여 양도인의 최초의 재판상 청구로 인하여 시효가 중단된다(대판 2009.2.12. 2008두20109).
- 공동주택의 입주자대표회의가 하자보수에 갈음한 손해배상청구의 소를 제기하여 수행하던 중 자신에게 위 손해배상청구권이 없음을 알고 일부 구분소유자로부터 그 권리를 양도받아 채권양도에 의한 손해배상청구를 예비적 청구원인으로 추가한 경우, 당초의 소제기는 권리 없는 자의 소제기이므로 시효중단의 효력이 없고, 특별한 사정이 없는 한 채권양도를 받아 정당한 권리자로서 예비적 청구원인의 준비서면을 제출한 날에 비로소 시효중단의 효력이 발생한다(대판 2008.12.24. 2008다48490).

[지급명령 사건이 법원의 직권에 의한 결정으로 소송절차에 회부된 경우, 지급명령에 의한 시효중단의 효과가 발생하는 시기(= 지급명령을 신청한 때)]
민사소송법 제472조 제1항은 "법원이 제466조 제2항의 규정에 따라 지급명령신청사건을 소송절차에 부치는 결정을 한 경우에는 지급명령을 신청한 때에 소가 제기된 것으로 본다"라고 규정하고 있으므로, 지급명령 사건이 법원의 직권에 의한 결정으로 소송절차에 회부된 경우에 지급명령에 의한 시효중단의 효과는 소송으로 이행된 때가 아니라 지급명령을 신청한 때에 발생한다(대판 2025.5.15. 2024다317783).

(2) 최고(민법 제174조)

① **의의** : 최고란 채권자가 채무자에 대하여 재판 외에서 채무이행을 청구하는 것으로, 그 법적 성질은 채권자의 의사통지이다.

② **방식** : 소멸시효중단 사유의 하나로서 민법 제174조가 규정하고 있는 최고는 채무자에 대하여 채무이행을 구한다는 채권자의 의사통지(준법률행위)로서, 이에는 특별한 형식이 요구되지 아니할 뿐 아니라 행위 당시 당사자가 시효중단의 효과를 발생시킨다는 점을 알거나 의욕하지 않았다 하더라도 이로써 권리 행사의 주장을 하는 취지임이 명백하다면 최고에 해당하는 것으로 보아야 할 것이므로, 채권자가 확정판결에 기한 채권의 실현을 위하여 채무자의 제3채무자에 대한 채권에 관하여 압류 및 추심명령을 받아 그 결정이 제3채무자에게 송달이 되었다면 거기에 소멸시효 중단 사유인 최고로서의 효력을 인정하여야 한다(대판 2003.5.13. 2003다16238).

③ 효 과
  ㉠ 임시적인 시효중단의 효과가 발생하는데, 최고는 상대방에게 도달한 때에 그 효과가 발생한다.
  ㉡ 확정적인 중단을 위해 6개월 이내에 별도의 조치가 필요하다.

> **[채권자가 소 제기를 통하여 채무자에게 권리를 행사한다는 의사를 표시한 경우, 그 소송이 계속되는 동안에는 최고에 의한 권리행사의 상태가 지속되고 있다고 보아야 하는지 여부(적극) 및 위 소송 기간 중에 채권자가 민법 제174조에서 정한 재판상 청구, 압류 또는 가압류, 가처분 등의 조치를 취한 경우, 시효중단의 효력이 당초의 소 제기 시부터 계속 유지되고 있는 것인지 여부(적극)]**
> 민법 제170조의 해석에 의하면, 재판상의 청구는 그 소송이 각하, 기각 또는 취하된 경우에는 그로부터 6월 내에 다시 재판상의 청구 등을 하지 않는 한 시효중단의 효력이 없고, 다만 최고의 효력이 있게 된다. 그런데 이와 같이 채권자가 소 제기를 통하여 채무자에게 권리를 행사한다는 의사를 표시한 경우 그 소송이 계속되는 동안에는 최고에 의하여 권리를 행사하고 있는 상태가 지속되고 있다고 보아야 하고, 최고에 의한 권리행사가 지속되고 있는 해당 소송 기간 중에 채권자가 민법 제174조에 규정된 재판상 청구, 압류 또는 가압류, 가처분 등의 조치를 취한 이상, 그 시효중단의 효력은 당초의 소 제기시부터 계속 유지되고 있다고 할 것이다(대판 2022.4.28. 2020다251403).

  ㉮ 문제점 : 민법 제174조에 의하면 최고는 6월 내에 재판상 청구, 파산절차참가, 화해를 위한 소환, 임의출석, 압류 또는 가압류, 가처분을 하지 아니하면 시효중단의 효력이 없다. 여기서 문제는 6개월의 기산점이 어느 시점인지이다.
  ㉯ 판례의 입장
  • 원칙 : 6개월의 기산점은 원칙적으로 최고가 상대방에게 도달한 때부터 기산된다. 따라서 민법 제174조가 시효중단 사유로 규정하고 있는 최고를 여러 번 거듭하다가 재판상 청구 등을 한 경우에 시효중단의 효력은 항상 최초의 최고 시에 발생하는 것이 아니라 재판상 청구 등을 한 시점을 기준으로 하여 이로부터 소급하여 6월 이내에 한 최고 시에 발생한다(대판 2019.3.14. 2018두56435).
  • 예외 : 채무자가 청구권의 존부에 대하여 조사하기 위하여 유예를 구한 경우
    채무이행을 최고받은 채무자가 그 이행의무의 존부 등에 대하여 조사를 해 볼 필요가 있다는 이유로 채권자에 대하여 그 이행의 유예를 구한 경우에는 채권자가 그 회답을 받을 때까지는 최고의 효력이 계속된다고 보아야 하고 따라서 같은 조 소정의 6월의 기간은 채권자가 채무자로부터 회답을 받은 때로부터 기산되는 것이라고 해석하여야 한다(대판 1995.5.12. 94다24336).

2. 압류·가압류·가처분

> **압류, 가압류, 가처분과 시효중단(민법 제175조)**
> 압류, 가압류 및 가처분은 권리자의 청구에 의하여 또는 법률의 규정에 따르지 아니함으로 인하여 취소된 때에는 시효중단의 효력이 없다.
>
> **압류, 가압류, 가처분과 시효중단(민법 제176조)**
> 압류, 가압류 및 가처분은 시효의 이익을 받은 자에 대하여 하지 아니한 때에는 이를 그에게 통지한 후가 아니면 시효중단의 효력이 없다.

의 의	압류 또는 가압류·가처분은 반드시 재판상의 청구를 전제로 하지 않을 뿐만 아니라 판결이 있더라도 재판 확정 후에는 다시 시효가 진행하므로, 민법은 압류 등을 별도로 시효중단 사유로 규정하고 있음
요 건	• 당연무효의 압류 등에는 시효중단효가 인정되지 않는다(대판 2006.8.24. 2004다26287·26294). • 채권자가 채무자의 제3채무자에 대한 채권을 압류 또는 가압류한 경우에, 채무자에 대한 채권자의 채권에 관하여 시효중단의 효력이 생김. 또한 채권자가 확정판결에 기한 채권의 실현을 위하여 채무자의 제3채무자에 대한 채권에 관하여 압류 및 추심명령을 받아 그 결정이 제3채무자에게 송달이 되었다면 거기에 소멸시효중단 사유인 최고로서의 효력을 인정해야 함(대판 2003.5.13. 2003다16238) • 판례는 배당요구를 압류에 준하는 것으로 이해(대판 2002.2.26. 2000다25484)
효 과	• [1] 민법 제168조에서 가압류를 시효중단 사유로 정하고 있는 것은 가압류에 의하여 채권자가 권리를 행사하였다고 할 수 있기 때문인데 가압류에 의한 집행보전의 효력이 존속하는 동안은 가압류채권자에 의한 권리행사가 계속되고 있다고 보아야 할 것이므로 가압류에 의한 시효중단의 효력은 가압류의 집행보전의 효력이 존속하는 동안은 계속된다. [2] 민법 제168조에서 가압류와 재판상의 청구를 별도의 시효중단 사유로 규정하고 있는 데 비추어 보면, 가압류의 피보전채권에 관하여 본안의 승소판결이 확정되었다고 하더라도 가압류에 의한 시효중단의 효력이 이에 흡수되어 소멸된다고 할 수 없다(대판 2000.4.25. 2000다11102). • [1] 시효가 중단된 때에는 중단까지에 경과한 시효기간은 이를 산입하지 아니하고 중단 사유가 종료한 때로부터 새로이 진행하는데(국세기본법 제28조 제2항, 민법 제178조 제1항), 소멸시효의 중단 사유 중 '압류'에 의한 시효중단의 효력은 압류가 해제되거나 집행절차가 종료될 때 중단 사유가 종료한 것으로 볼 수 있다. [2] 보험계약자의 보험금 채권에 대한 압류가 행하여지더라도 채무자나 제3채무자는 기본적 계약관계인 보험계약 자체를 해지할 수 있고, 보험계약이 해지되면 계약에 의하여 발생한 보험금 채권은 소멸하게 되므로 이를 대상으로 한 압류명령은 실효된다. [3] 체납처분에 의한 채권압류로 인하여 채권자의 채무자에 대한 채권의 시효가 중단된 경우에 압류에 의한 체납처분 절차가 채권추심 등으로 종료된 때뿐만 아니라, 피압류채권이 기본계약관계의 해지·실효 또는 소멸시효 완성 등으로 인하여 소멸함으로써 압류의 대상이 존재하지 않게 되어 압류 자체가 실효된 경우에도 체납처분 절차는 더 이상 진행될 수 없으므로 시효중단 사유가 종료한 것으로 보아야 하고, 그때부터 시효가 새로이 진행한다(대판 2017.4.28. 2016다239840). • 압류 등이 권리자의 청구에 의하여 또는 법률의 규정에 따르지 않음으로 인하여 취소되면 시효중단의 효력이 없음. 그러나 압류절차를 개시한 이상 집행불능에 그치더라도 시효중단의 효력은 발생(대판 2011.5.13. 2011다10044) • 압류 등은 시효의 이익을 받는 자에 대하여 하지 않은 경우에, 이를 그에게 통지한 후가 아니면 시효중단의 효력이 없음(민법 제176조) • 압류 등에 의하여 시효중단이 발생하는 시점은 다수설 및 판례에 의하면 소 제기에 준하여 집행행위가 있으면 신청 시에 소급하여 중단의 효력이 발생

[연대보증인 겸 물상보증인 소유의 부동산이 압류된 경우 압류사실을 통지하지 않더라도 시효중단의 효력이 발생하는지 여부(적극) / 이 경우 주채무의 시효중단 여부(소극)]

채권자가 연대보증인 겸 물상보증인 소유의 담보부동산에 대하여 임의경매의 신청을 하여 경매개시결정에 따른 압류의 효력이 생겼다면 채권자는 그 압류의 사실을 통지하지 아니하더라도 연대보증인 겸 물상보증인에 대하여 시효의 중단을 주장할 수 있다. 시효의 중단은 시효중단행위에 관여한 당사자 및 그 승계인 사이에 효력이 있는 것이므로 연대보증인 겸 물상보증인은 보증채무의 부종성에 따라 주채무가 시효로 소멸되었음을 주장할 수는 있는 것으로서, 주채무자에 대한 시효중단의 사유가 없는 이상 연대보증인 겸 물상보증인에 대한 시효중단의 사유가 있다 하여 주채무까지 시효중단되었다고 할 수는 없을 것(대판 1994.1.11. 93다21477)이고, 위의 경매개시결정에 따른 압류로 인한 시효중단의 효력이 주채무자에게까지 미치게 하려면 그에게 압류의 사실이 통지되어야 할 것이다.

[가압류에 의한 시효중단 효력의 발생시기(= 가압류를 신청한 때)]

민법 제168조 제2호에서 가압류를 시효중단 사유로 정하고 있지만, 가압류로 인한 시효중단의 효력이 언제 발생하는지에 관해서는 명시적으로 규정되어 있지 않다. 민사소송법 제265조에 의하면, 시효중단 사유 중 하나인 '재판상의 청구'(민법 제168조 제1호, 제170조)는 소를 제기한 때 시효중단의 효력이 발생한다. 이는 소장 송달 등으로 채무자가 소제기 사실을 알기 전에 시효중단의 효력을 인정한 것이다. 가압류에 관해서도 위 민사소송법 규정을 유추적용하여 '재판상의 청구'와 유사하게 가압류를 신청한 때 시효중단의 효력이 생긴다고 보아야 한다. '가압류'는 법원의 가압류명령을 얻기 위한 재판절차와 가압류명령의 집행절차를 포함하는데, 가압류도 재판상의 청구와 마찬가지로 법원에 신청을 함으로써 이루어지고(민사집행법 제279조), 가압류명령에 따른 집행이나 가압류명령의 송달을 통해서 채무자에게 고지가 이루어지기 때문이다. 가압류를 시효중단 사유로 규정한 이유는 가압류에 의하여 채권자가 권리를 행사하였다고 할 수 있기 때문이다. 가압류채권자의 권리행사는 가압류를 신청한 때에 시작되므로, 이 점에서도 가압류에 의한 시효중단의 효력은 가압류신청을 한 때에 소급한다(대판 2017.4.7. 2016다35451).

[가압류채권자에 대한 배당액을 공탁한 뒤 공탁금을 가압류채권자에게 전액 지급할 수 없어서 추가배당이 실시됨에 따라 배당표가 변경되는 경우, 배당요구에 의한 소멸시효 중단의 효력이 추가배당표가 확정될 때까지 계속되는지 여부(적극)]

채권자가 배당요구의 방법으로 권리를 행사하여 경매절차에 참가하였다면 그 배당요구는 민법 제168조 제2호의 압류에 준하는 것으로서 배당요구에 관련된 채권에 관하여 소멸시효를 중단하는 효력이 생긴다. 배당을 받아야 할 채권자 중 가압류채권자가 있어 그에 대한 배당액이 공탁된 경우 공탁된 배당금이 가압류채권자에게 지급될 때까지 배당절차가 종료되었다고 단정할 수 없다. 따라서 가압류채권자에 대한 배당액을 공탁한 뒤 그 공탁금을 가압류채권자에게 전액 지급할 수 없어서 추가배당이 실시됨에 따라 배당표가 변경되는 경우에는 추가배당표가 확정되는 시점까지 배당요구에 의한 권리행사가 계속된다고 볼 수 있으므로, 그 권리행사로 인한 소멸시효 중단의 효력은 추가배당표가 확정될 때까지 계속된다(대판 2022.5.12. 2021다280026).

[채권자가 채무자의 제3채무자에 대한 채권을 가압류할 당시 피압류채권이 부존재하는 경우, 가압류집행으로써 집행채권의 소멸시효가 중단되는지 여부(원칙적 적극) / 가압류결정 정본이 제3채무자에게 송달될 당시 피압류채권 발생의 기초가 되는 법률관계가 없어 가압류의 대상이 되는 피압류채권이 존재하지 않는 경우, 집행채권의 시효중단 효력이 종료되는 시점(= 가압류결정 송달 시)]

채권자가 채무자의 제3채무자에 대한 채권을 가압류할 당시 그 피압류채권이 부존재하는 경우에도 집행채권에 대한 권리 행사로 볼 수 있어 특별한 사정이 없는 한 가압류집행으로써 그 집행채권의 소멸시효는 중단된다. / 다만 가압류결정 정본이 제3채무자에게 송달될 당시 피압류채권 발생의 기초가 되는 법률관계가 없어 가압류의 대상이 되는 피압류채권이 존재하지 않는 경우에는 가압류의 집행보전 효력이 없으므로, 특별한 사정이 없는 한 가압류결정의 송달로써 개시된 집행절차는 곧바로 종료되고, 이로써 시효중단사유도 종료되어 집행채권의 소멸시효는 그때부터 새로이 진행한다고 보아야 한다(대판 2023.12.14. 2022다210093).

3. 승인

> **승인과 시효중단(민법 제177조)**
> 시효중단의 효력있는 승인에는 상대방의 권리에 관한 처분의 능력이나 권한 있음을 요하지 아니한다.

법적 성질	승인은 준법률행위 중 관념의 통지로서 의사표시 규정이 유추적용됨. 따라서 승인하는 자는 행위능력·의사능력이 필요		
당사자	채무자 : 시효중단의 효력 있는 승인에는 상대방의 권리에 관한 처분의 능력이나 권한 있음을 요하지 아니함(민법 제177조). 그러나 민법 제177조 반대해석상 승인자는 해당권리에 대한 관리능력이나 권한은 있어야 한다(대판 1965.12.28. 65다2133).		
권리인식	소멸시효 진행 이전 승인	소멸시효 진행 이후 승인	소멸시효 완성 이후 승인
	소멸시효중단 ×	소멸시효중단	소멸시효이익의 포기
방법	특별한 방식을 요하지 않음(서면·구두, 명시·묵시, 재판상·재판 외 모두 가능)		
효과	• 소멸시효중단 시점 : 승인이 상대방에게 도달한 때(대판 1995.9.29. 95다30178) • 채무승인이 있었다는 사실에 대한 입증책임은 채권자에게 있다(대판 1970.3.10. 69다401).		

[소멸시효중단 사유로서의 채무승인을 인정하기 위하여 채무자가 권리 등의 법적 성질까지 알고 있거나 권리 등의 발생원인을 특정하여야 하는지 여부(소극) 및 그와 같은 승인이 있는지를 판단하는 기준]
소멸시효중단 사유로서의 채무승인은 시효이익을 받는 당사자인 채무자가 소멸시효의 완성으로 채권을 상실하게 될 이 또는 그 대리인에 대하여 상대방의 권리 또는 자신의 채무가 있음을 알고 있다는 뜻을 표시함으로써 성립하며, 그 표시의 방법은 아무런 형식을 요구하지 아니하고 묵시적이건 명시적이건 묻지 아니한다. 또한 승인은 시효의 이익을 받는 이가 상대방의 권리 등의 존재를 인정하는 일방적 행위로서, 그 권리의 원인·내용이나 범위 등에 관한 구체적 사항을 확인하여야 하는 것은 아니고, 그에 있어서 채무자가 권리 등의 법적 성질까지 알고 있거나 권리 등의 발생원인을 특정하여야 할 필요는 없다고 할 것이다. 그리고 그와 같은 승인이 있는지 여부는 문제가 되는 표현행위의 내용·동기 및 경위, 당사자가 그 행위 등에 의하여 달성하려고 하는 목적과 진정한 의도 등을 종합적으로 고찰하여 사회정의와 형평의 이념에 맞도록 논리와 경험의 법칙, 그리고 사회일반의 상식에 따라 객관적이고 합리적으로 이루어져야 한다(대판 2012.10.25. 2012다45566).

[검사 작성의 피의자신문조서 중 피의자가 채무를 승인하는 의사가 표시된 진술기재 부분만으로 소멸시효의 중단 사유로서 승인의 의사표시가 있는 것으로 볼 수 있는지 여부(소극)]
소멸시효중단 사유로서 승인은 시효이익을 받을 당사자인 채무자가 소멸시효의 완성으로 권리를 상실하게 될 자 또는 그 대리인에 대하여 그 권리가 존재함을 인식하고 있다는 뜻을 표시함으로써 성립하는 것인바, 검사 작성의 피의자신문조서는 검사가 피의자를 신문하여 그 진술을 기재한 조서로서 그 작성형식은 원칙적으로 검사의 신문에 대하여 피의자가 응답하는 형태를 취하여 피의자의 진술은 어디까지나 검사를 상대로 이루어지는 것이어서 그 진술기재 가운데 채무의 일부를 승인하는 의사가 표시되어 있다고 하더라도, 그 기재 부분만으로 곧바로 소멸시효중단 사유로서 승인의 의사표시가 있는 것으로는 볼 수 없다(대판 1999.3.12. 98다18124).

[이행인수인이 채권자에 대하여 채무자의 채무를 승인한 경우, 시효중단 사유가 되는 채무승인의 효력이 발생하는지 여부(원칙적 소극)]
소멸시효중단 사유인 채무의 승인은 시효이익을 받을 당사자나 대리인만 할 수 있으므로 이행인수인이 채권자에 대하여 채무자의 채무를 승인하더라도 다른 특별한 사정이 없는 한 시효중단 사유가 되는 채무승인의 효력은 발생하지 않는다(대판 2016.10.27. 2015다239744).

[소멸시효의 진행이 개시되기 전에 소멸시효의 중단 사유로서의 승인을 할 수 있는지 여부(소극)]
소멸시효의 중단 사유로서의 승인은 시효이익을 받을 당사자인 채무자가 그 권리의 존재를 인식하고 있다는 뜻을 표시함으로써 성립하는 것이므로 이는 소멸시효의 진행이 개시된 이후에만 가능하고 그 이전에 승인을 하더라도 시효가 중단되지는 않는다고 할 것이고, 또한 현존하지 아니하는 장래의 채권을 미리 승인하는 것은 채무자가 그 권리의 존재를 인식하고서 한 것이라고 볼 수 없어 허용되지 않는다고 할 것이다(대판 2001.11.9. 2001다52568).

[시효완성 후 소멸시효중단 사유에 해당하는 채무의 승인이 있는 경우, 곧바로 소멸시효이익 포기의 의사표시가 있었다고 할 수 있는지 여부(소극)]
소멸시효중단 사유로서의 채무승인은 시효이익을 받을 당사자인 채무자가 소멸시효의 완성으로 채권을 상실하게 될 자에 대하여 상대방의 권리 또는 자신의 채무가 있음을 알고 있다는 뜻을 표시함으로써 성립하는 이른바 관념의 통지로 여기에 어떠한 효과의사가 필요하지 않다. 이에 반하여 시효완성 후 시효이익의 포기가 인정되려면 시효이익을 받을 채무자가 시효의 완성으로 인한 법적인 이익을 받지 않겠다는 효과의사가 필요하기 때문에 시효완성 후 소멸시효중단 사유에 해당하는 채무의 승인이 있었다 하더라도 그것만으로는 곧바로 소멸시효이익의 포기라는 의사표시가 있었다고 단정할 수 없다(대판 2013.2.28. 2011다21556).

[동일한 채권자에게 다수의 채무를 부담하는 채무자가 변제에 충당할 채무를 지정하지 아니한 채 모든 채무를 변제하기에 부족한 금액을 변제한 경우, 모든 채무에 대한 승인으로서 소멸시효 중단의 효력이 있는지 여부(원칙적 적극)]
동일한 채권자와 채무자 사이에 다수의 채권이 존재하는 경우 채무자가 변제를 충당하여야 할 채무를 지정하지 않고 모든 채무를 변제하기에 부족한 금액을 변제한 때에는 특별한 사정이 없는 한 그 변제는 모든 채무에 대한 승인으로서 소멸시효를 중단하는 효력을 가진다. 채무자는 자신이 계약당사자로 있는 다수의 계약에 기초를 둔 채무들이 존재한다는 사실을 인식하고 있는 것이 통상적이므로, 변제 시에 충당할 채무를 지정하지 않고 변제를 하였으면 특별한 사정이 없는 한 다수의 채무 전부에 대하여 그 존재를 알고 있다는 것을 표시했다고 볼 수 있기 때문이다(대판 2021.9.30. 2021다239745).

[1] 소멸시효 중단사유로서의 채무 '승인'의 방법 및 묵시적인 승인의 표시가 있었는지 판단하는 기준 : 소멸시효 중단사유로서의 채무의 승인은 시효이익을 받을 당사자인 채무자가 소멸시효의 완성으로 권리를 상실하게 될 자에 대하여 그 권리가 존재함을 인식하고 있다는 뜻을 표시함으로써 성립하고, 그 표시의 방법은 아무런 형식을 요구하지 아니하며, 또 그 표시가 반드시 명시적일 것을 요하지 않고 묵시적인 방법으로도 가능하지만, 그 묵시적인 승인의 표시는 적어도 채무자가 그 채무의 존재 및 액수에 대하여 인식하고 있음을 전제로 하여 그 표시를 대하는 상대방으로 하여금 채무자가 그 채무를 인식하고 있음을 그 표시를 통해 추단하게 할 수 있는 방법으로 행해져야 한다. **[2] 시효완성 전에 채무 일부를 변제한 경우, 채무 전부에 관하여 시효중단의 효력이 발생하는지 여부(원칙적 적극) 및 이는 채무자가 시효완성 전에 채무 일부를 상계한 경우에도 마찬가지인지 여부(적극) :** 시효완성 전에 채무의 일부를 변제한 경우에는 그 수액에 관하여 다툼이 없는 한 채무 승인으로서의 효력이 있어 채무 전부에 관하여 시효중단의 효력이 발생하고, 이는 채무자가 시효완성 전에 채무의 일부를 상계한 경우에도 마찬가지로 볼 수 있다(대판 2022.5.26. 2021다271732).

[최고 후 6개월 내에 채무자의 승인이 있는 경우에도 민법 제174조를 유추적용하여 시효중단의 효력이 발생한다고 할 수 있는지 여부(적극)]
민법 제174조는 "최고는 6월 내에 재판상의 청구, 파산절차참가, 화해를 위한 소환, 임의출석, 압류 또는 가압류, 가처분을 하지 아니하면 시효중단의 효력이 없다"라고 정한다. 위 규정은 채권자가 최고 후 6개월 내에 확정적으로 시효를 중단시키기 위해 취할 보완조치에 채무의 승인을 포함하고 있지는 않지만, 최고 후 6개월 내에 채무자의 승인이 있는 경우에도 위 규정을 유추적용하여 시효중단의 효력이 발생한다고 해석하는 것이 타당하다(대판 2022.7.28. 2020다46663).

Ⅲ 시효중단의 효력

시효중단의 효력(민법 제169조)
시효의 중단은 당사자 및 그 승계인간에만 효력이 있다.

중단 후에 시효진행(민법 제178조)
① 시효가 중단된 때에는 중단까지에 경과한 시효기간은 이를 산입하지 아니하고 중단 사유가 종료한 때로부터 새로이 진행한다.
② 재판상의 청구로 인하여 중단한 시효는 전항의 규정에 의하여 재판이 확정된 때로부터 새로이 진행한다.

1. 기본적 효력

① 시효가 중단되면 그때까지 경과한 시효기간은 그 효력을 잃고(민법 제178조 제1항 전단), 중단 사유가 없어지면 시효가 새로 진행되어야 한다.
② 시효가 중단된 후에는 중단 사유가 종료된 때부터 다시 시효가 진행된다(민법 제178조 제1항 후단).

2. 시효중단의 효력이 미치는 인적 범위

(1) 원 칙

시효의 중단은 원칙적으로 당사자 및 그 승계인 사이에서만 그 효력이 있다(민법 제169조).
① 당사자는 시효중단행위에 관여한 당사자를 의미하고, 시효의 대상인 권리관계의 당사자를 말하는 것은 아니다.
② 승계인이란 시효중단에 관여한 당사자로부터 중단의 효과를 받는 권리를 승계한 자를 말하며, 특정승계이건 포괄승계이건 불문한다. 그리고 승계는 중단 사유가 발생한 후에 이루어져야 하고, 중단 사유 발생 전의 승계인은 포함되지 않는다.

(2) 예 외

다음의 경우에는 시효중단의 효력이 미치는 인적범위가 확대된다.
① 주채무자에 대한 시효의 중단은 보증인에 대하여 그 효력이 있다. 반면, 보증채무에 대한 시효가 중단되더라도 주채무에 대한 소멸시효가 중단되지는 않는다.

> [채권자가 주채무자에 대하여 이행을 최고한 후 주채무자가 6개월 내에 채무를 승인한 경우, 시효중단의 효력이 민법 제440조에 따라 보증인에게도 미치는지 여부(적극)]
> 민법 제440조는 "주채무자에 대한 시효의 중단은 보증인에 대하여 그 효력이 있다"라고 정하고 있다. 민법 제440조는 주채무자에 대하여 시효중단의 사유가 발생하였을 때에는 보증인에 대하여 별도의 중단조치가 이루어지지 아니하여도 동시에 시효중단의 효력이 생기도록 한 것으로서 채권자보호와 채권담보의 확보를 위한 정책적 고려에서 나온 특별규정이고, 시효중단사유를 제한하지 않고 있으므로, 주채무자에 대한 시효중단 사유가 무엇인지에 관계없이 보증인에 대해서도 시효중단의 효력이 생긴다(대판 2022.7.28. 2020다46663).

② 압류, 가압류, 가처분의 시효이익을 받은 자에 대하여 하지 않았더라도, 이를 시효이익을 받은 자에게 통지하면 그때부터 시효가 중단된다.
③ 연대채무자에 대한 이행청구는 다른 연대채무자에게도 효력이 있다. 반면 부진정연대채무자의 경우에는 그렇지 않다.

3. 시효중단의 효력이 미치는 물적 범위

(1) 일부청구

원칙적으로 한 개의 채권 중 일부에 관하여만 판결을 구한다는 취지를 명백히 한 경우 그 소제기에 의한 소멸시효의 중단의 효력은 그 일부에만 발생하고 나머지 부분에는 발생하지 아니한다.

> **[일부청구와 시효중단의 범위]**
> [1] 하나의 채권 중 일부에 관하여만 판결을 구한다는 취지를 명백히 하여 소송을 제기한 경우에는 소제기에 의한 소멸시효중단의 효력이 그 일부에 관하여만 발생하고, 나머지 부분에는 발생하지 아니하나, 소장에서 청구의 대상으로 삼은 채권 중 일부만을 청구하면서 소송의 진행경과에 따라 장차 청구금액을 확장할 뜻을 표시하고 당해 소송이 종료될 때까지 실제로 청구금액을 확장한 경우에는 소제기 당시부터 채권 전부에 관하여 판결을 구한 것으로 해석되므로, 이러한 경우에는 소제기 당시부터 채권 전부에 관하여 재판상 청구로 인한 시효중단의 효력이 발생한다. [2] 소장에서 청구의 대상으로 삼은 채권 중 일부만을 청구하면서 소송의 진행경과에 따라 장차 청구금액을 확장할 뜻을 표시하였으나 당해 소송이 종료될 때까지 실제로 청구금액을 확장하지 않은 경우에는 소송의 경과에 비추어 볼 때 채권 전부에 관하여 판결을 구한 것으로 볼 수 없으므로, 나머지 부분에 대하여는 재판상 청구로 인한 시효중단의 효력이 발생하지 아니한다. 그러나 이와 같은 경우에도 소를 제기하면서 장차 청구금액을 확장할 뜻을 표시한 채권자로서는 장래에 나머지 부분을 청구할 의사를 가지고 있는 것이 일반적이라고 할 것이므로, 다른 특별한 사정이 없는 한 당해 소송이 계속 중인 동안에는 나머지 부분에 대하여 권리를 행사하겠다는 의사가 표명되어 최고에 의해 권리를 행사하고 있는 상태가 지속되고 있는 것으로 보아야 하고, 채권자는 당해 소송이 종료된 때부터 6월 내에 민법 제174조에서 정한 조치를 취함으로써 나머지 부분에 대한 소멸시효를 중단시킬 수 있다(대판 2020.2.6. 2019다223723).

(2) 가분채권의 일부분을 피보전채권으로 한 가압류

채권자가 가분채권의 일부분을 피보전채권으로 주장하여 채무자 소유의 재산에 대하여 가압류를 한 경우에 있어서는 그 피보전채권 부분만에 한하여 시효중단의 효력이 있다 할 것이고 가압류에 의한 보전채권에 포함되지 아니한 나머지 채권에 대하여는 시효중단의 효력이 발생할 수 없다(대판 1976.2.24. 75다1240).

> **[가분채권의 일부분만을 청구채권으로 주장하여 가압류한 경우, 청구채권에 포함되지 않은 나머지 채권에 대하여도 시효중단의 효력이 발생하는지 여부(소극) / 가압류 청구금액으로 채권의 원금만이 기재되어 있는 경우, 청구금액에 포함되지 않은 이자나 지연손해금 등 부대채권에 대하여 시효중단의 효력이 발생하는지 여부(소극)]**
> 채권자가 가분채권의 일부분을 피보전권리인 청구채권으로 주장하여 채무자 소유의 재산에 대하여 가압류를 한 경우에는 그 청구채권 부분만에 시효중단의 효력이 있고, 가압류로 보전되는 청구채권에 포함되지 아니한 나머지 채권에 대하여는 시효중단의 효력이 발생할 수 없다. / 가압류 청구금액으로 채권의 원금만이 기재되어 있다면 가압류채권자가 가압류채무자에 대하여 원본채권 외에 그에 부대하는 이자 또는 지연손해금 채권을 가지고 있다고 하더라도 청구금액에 포함되지 않은 부대채권에 대하여는 시효중단의 효력이 발생할 수 없다(대판 2024.10.25. 2024다233212).

(3) 일부변제

시효완성 전에 채무의 일부를 변제한 경우에는, 그 수액에 관하여 다툼이 없는 한 채무승인으로서의 효력이 있어 시효중단의 효과가 발생한다(대판 1996.1.23. 95다39854).

(4) 어음채권과 원인채권

원인채권의 지급을 확보하기 위하여 어음이 수수된 당사자 사이에서 채권자가 어음채권을 청구채권으로 하여 채무자의 재산을 압류함으로써 그 권리를 행사한 경우에는 그 원인채권의 소멸시효를 중단시키는 효력이 있다. 그러나 이미 어음채권의 소멸시효가 완성된 후에는 그 채권이 소멸되고 시효중단을 인정할 여지가 없으므로, 시효로 소멸된 어음채권을 청구채권으로 하여 채무자의 재산을 압류한다 하더라도 이를 어음채권 내지는 원인채권을 실현하기 위한 적법한 권리행사로 볼 수 없어, 그 압류에 의하여 그 원인채권의 소멸시효가 중단된다고 볼 수 없다(대판 2010.5.13. 2010다6345).

(5) 복수의 채권

채권자가 동일한 목적을 달성하기 위하여 복수의 채권을 갖고 있는 경우, 채권자로서는 그 선택에 따라 권리를 행사할 수 있되, 그중 어느 하나의 청구를 한 것만으로는 다른 채권 그 자체를 행사한 것으로 볼 수는 없으므로, 특별한 사정이 없는 한 그 다른 채권에 대한 소멸시효중단의 효력은 없다 (대판 2011.2.10. 2010다81285).

4. 시효중단의 효력이 미치는 시적 범위(민법 제178조)

(1) 재판상 청구 등

재판상의 청구로 인한 시효의 중단은 재판이 확정된 때로부터 새로이 진행한다(민법 제178조 제2항).

[확정판결에 의한 채권의 소멸시효기간인 10년의 경과가 임박한 경우, 시효중단을 위한 再訴(재소)에 소의 이익이 있는지 여부(적극) / 시효중단을 위한 후소 절차에서 채무자인 피고가 전소의 변론종결 후에 발생한 변제, 상계, 면제 등과 같은 채권소멸사유를 들어 항변할 수 있는지 여부(적극) 및 이는 소멸시효 완성의 경우에도 마찬가지인지 여부(적극) / 후소가 전소 판결이 확정된 후 10년이 지나 제기되었더라도 법원은 채무자인 피고의 항변에 따라 원고의 채권이 소멸시효 완성으로 소멸하였는지에 관한 본안판단을 하여야 하는지 여부(원칙적 적극)]
확정된 승소판결에는 기판력이 있으므로 승소 확정판결을 받은 당사자가 전소의 상대방을 상대로 다시 승소 확정판결의 前訴(전소)와 동일한 청구의 소를 제기하는 경우, 특별한 사정이 없는 한 後訴(후소)는 권리보호의 이익이 없어 부적법하다. 하지만 예외적으로 확정판결에 의한 채권의 소멸시효기간인 10년의 경과가 임박한 경우에는 그 시효중단을 위한 소는 소의 이익이 있다. 이는 승소판결이 확정된 후 그 채권의 소멸시효기간인 10년의 경과가 임박하지 않은 상태에서 굳이 다시 동일한 소를 제기하는 것은 확정판결의 기판력에 비추어 권리보호의 이익을 인정할 수 없으나, 그 기간의 경과가 임박한 경우에는 시효중단을 위한 필요성이 있으므로 후소를 제기할 소의 이익을 인정하는 것이다. 한편 시효중단을 위한 후소의 판결은 전소의 승소 확정판결의 내용에 저촉되어서는 아니 되므로, 후소 법원으로서는 그 확정된 권리를 주장할 수 있는 모든 요건이 구비되어 있는지에 관하여 다시 심리할 수 없으나, 위 후소 판결의 기판력은 후소의 변론종결 시를 기준으로 발생하므로, 전소의 변론종결 후에 발생한 변제, 상계, 면제 등과 같은 채권소멸사유는 후소의 심리대상이 된다. 따라서 채무자인 피고는 후소 절차에서 위와 같은 사유를 들어 항변할 수 있고 심리 결과 그 주장이 인정되면 법원은 원고의 청구를 기각하여야 한다. 이는 채권의 소멸사유 중 하나인 소멸시효 완성의 경우에도 마찬가지이다. 이처럼 판결이 확정된 채권의 소멸시효기간의 경과가 임박하였는지 여부에 따라 시효중단을 위한 후소의 권리보호이익을 달리 보는 취지와 채권의 소멸시효 완성이 갖는 효과 등을 고려해 보면, 시효중단을 위한 후소를 심리하는 법원으로서는 전소 판결이 확정된 후

> 소멸시효가 중단된 적이 있어 그 중단사유가 종료한 때로부터 새로이 진행된 소멸시효기간의 경과가 임박하지 않아 시효중단을 위한 再訴(재소)의 이익을 인정할 수 없다는 등의 특별한 사정이 없는 한, 후소가 전소 판결이 확정된 후 10년이 지나 제기되었다 하더라도 곧바로 소의 이익이 없다고 하여 소를 각하해서는 아니 되고, 채무자인 피고의 항변에 따라 원고의 채권이 소멸시효 완성으로 소멸하였는지에 관한 본안판단을 하여야 한다(대판 2019.1.17. 2018다24349).

(2) 압류·가압류·가처분

압류·가압류·가처분은 절차의 종료로 인하여 그 효력이 상실된 때로부터 새롭게 시효가 진행된다.

> [채권자가 채무자의 제3채무자에 대한 채권을 압류할 당시 피압류채권이 부존재하는 경우, 압류집행으로써 집행채권의 소멸시효가 중단되는지 여부(원칙적 적극) / 압류명령 정본이 제3채무자에게 송달될 당시 피압류채권 발생의 기초가 되는 법률관계가 없어 압류의 대상이 되는 피압류채권이 존재하지 않는 경우, 집행채권의 시효중단 효력이 종료되는 시점(= 압류명령 송달 시) / 이는 가까운 장래에 피압류채권이 발생할 것이 상당한 정도로 기대된다고 보기 어려워 장래의 채권에 대한 압류가 효력이 없는 경우에도 마찬가지인지 여부(적극)]
> 채권자가 채무자의 제3채무자에 대한 채권을 압류할 당시 그 피압류채권이 부존재하는 경우에도 집행채권에 대한 권리 행사로 볼 수 있으므로 특별한 사정이 없는 한 압류집행으로써 그 집행채권의 소멸시효는 중단된다. / 다만 압류명령 정본이 제3채무자에게 송달될 당시 피압류채권 발생의 기초가 되는 법률관계가 없어 피압류채권이 존재하지 않는 경우에는 압류의 효력이 없으므로, 특별한 사정이 없는 한 압류명령의 송달로써 개시된 집행절차는 곧바로 종료되고, 이로써 시효중단사유도 종료되어 집행채권의 소멸시효는 그때부터 새로이 진행한다고 보아야 한다. / 이는 가까운 장래에 피압류채권이 발생할 것이 상당한 정도로 기대된다고 보기 어려워 장래의 채권에 대한 압류가 효력이 없는 경우에도 마찬가지이다(대판 2025.5.15. 2024다310980[반소]).

(3) 승 인

원고(반소피고)의 승인에 대하여 피고가 채무의 변제를 유예해 주었다고 인정되는 경우, 만약 그 유예기간을 정하지 않았다면 변제유예의 의사를 표시한 때부터, 그리고 유예기간을 정하였다면 그 유예기간이 도래한 때부터 다시 소멸시효가 진행된다(대판 2006.9.22. 2006다22852·22869).

제2관　소멸시효의 정지

> **제한능력자의 시효정지(민법 제179조)**
> 소멸시효의 기간만료 전 6개월 내에 제한능력자에게 법정대리인이 없는 경우에는 그가 능력자가 되거나 법정대리인이 취임한 때부터 6개월 내에는 시효가 완성되지 아니한다.
>
> **재산관리자에 대한 제한능력자의 권리, 부부 사이의 권리와 시효정지(민법 제180조)**
> ① 재산을 관리하는 아버지, 어머니 또는 후견인에 대한 제한능력자의 권리는 그가 능력자가 되거나 후임 법정대리인이 취임한 때부터 6개월 내에는 소멸시효가 완성되지 아니한다.
> ② 부부 중 한 쪽이 다른 쪽에 대하여 가지는 권리는 혼인관계가 종료된 때부터 6개월 내에는 소멸시효가 완성되지 아니한다.

> **상속재산에 관한 권리와 시효정지(민법 제181조)**
> 상속재산에 속한 권리나 상속재산에 대한 권리는 상속인의 확정, 관리인의 선임 또는 파산선고가 있는 때로부터 6월 내에는 소멸시효가 완성하지 아니한다.
>
> **천재 기타 사변과 시효정지(민법 제182조)**
> 천재 기타 사변으로 인하여 소멸시효를 중단할 수 없을 때에는 그 사유가 종료한 때로부터 1월 내에는 시효가 완성하지 아니한다.

소멸시효의 정지란 시효기간이 거의 완성할 무렵에 권리자가 시효중단 행위를 하는 것이 불가능 또는 대단히 곤란한 사정이 있는 경우에 그 시효기간의 진행을 일시적으로 멈추게 하고 그러한 사정이 없어졌을 때 다시 나머지 기간을 진행시키는 것을 말한다. 민법은 시효정지 사유로 제한능력자를 위한 정지(민법 제179조, 제180조 제1항), 혼인관계의 종료에 의한 정지(민법 제180조 제2항), 상속재산에 관한 정지(민법 제181조) 및 천재 기타 사변에 의한 정지(민법 제182조)를 규정하고 있다.

제4절 소멸시효 완성의 효과

I 소멸시효 완성의 효과에 대한 견해 대립

구 분		절대적 소멸설	상대적 소멸설
시효완성의 효과 (권리소멸 여부)		시효완성으로 권리는 당연히 소멸	시효완성으로 권리는 소멸하지 않고 원용권이 발생
재판상 시효완성사실을 주장해야 하는지 여부		민사소송법의 변론주의 원칙상 원용하지 않으면 직권 고려 불가	권리가 소멸하지 않으므로 원용하지 않으면 직권 고려 불가
시효완성 후의 변제	알고 변제한 경우	악의의 비채변제로서 반환청구 불가 (민법 제742조)	시효완성 후의 변제는 시효완성 사실을 알고 했든 모르고 했든 유효한 변제로서 부당이득반환청구 불가
	모르고 변제한 경우	도의관념에 적합한 비채변제로서 반환청구 불가(민법 제744조)	
소멸시효이익의 포기에 대한 이론구성		시효이익을 받지 않겠다는 의사표시로 이해	원용권을 포기하는 의사표시로 이해

[금전채권의 원금 일부가 변제된 후 나머지 부분에 대하여 소멸시효가 완성된 경우, 시효완성의 효력이 미치는 이자 또는 지연손해금의 범위]

이자 또는 지연손해금은 주된 채권인 원본의 존재를 전제로 그에 대응하여 일정한 비율로 발생하는 종된 권리인데, 하나의 금전채권의 원금 중 일부가 변제된 후 나머지 원금에 대하여 소멸시효가 완성된 경우, 가분채권인 금전채권의 성질상 변제로 소멸한 원금 부분과 소멸시효 완성으로 소멸한 원금 부분을 구분하는 것이 가능하고, 이 경우 원금에 종속된 권리인 이자 또는 지연손해금 역시 변제로 소멸한 원금 부분에서 발생한 것과 시효완성으로 소멸된 원금 부분에서 발생한 것으로 구분하는 것이 가능하므로, 소멸시효 완성의 효력은 소멸시효가 완성된 원금 부분으로부터 그 완성 전에 발생한 이자 또는 지연손해금에는 미치나, 변제로 소멸한 원금 부분으로부터 그 변제 전에 발생한 이자 또는 지연손해금에는 미치지 않는다(대판 2008.3.14. 2006다2940).

[임대차 존속 중 차임채권의 소멸시효가 완성된 후 임대인이 소멸시효가 완성된 차임채권을 자동채권으로 삼아 임대차보증금 반환채무와 상계할 수 있는지 여부(원칙적 소극) / 이 경우 연체차임을 임대차보증금에서 공제할 수 있는지 여부(적극)]

민법 제495조는 "소멸시효가 완성된 채권이 그 완성 전에 상계할 수 있었던 것이면 그 채권자는 상계할 수 있다"라고 규정하고 있다. 이는 당사자 쌍방의 채권이 상계적상에 있었던 경우에 당사자들은 채권·채무관계가 이미 정산되어 소멸하였다고 생각하는 것이 일반적이라는 점을 고려하여 당사자들의 신뢰를 보호하기 위한 것이다. 다만 이는 '자동채권의 소멸시효 완성 전에 양 채권이 상계적상에 이르렀을 것'을 요건으로 하는데, 임대인의 임대차보증금 반환채무는 임대차계약이 종료된 때에 비로소 이행기에 도달하므로, 임대차 존속 중 차임채권의 소멸시효가 완성된 경우에는 소멸시효 완성 전에 임대인이 임대차보증금 반환채무에 관한 기한의 이익을 실제로 포기하였다는 등의 특별한 사정이 없는 한 양 채권이 상계할 수 있는 상태에 있었다고 할 수 없다. 그러므로 그 이후에 임대인이 이미 소멸시효가 완성된 차임채권을 자동채권으로 삼아 임대차보증금 반환채무와 상계하는 것은 민법 제495조에 의하더라도 인정될 수 없지만, 임대차 존속 중 차임이 연체되고 있음에도 임대차보증금에서 연체차임을 충당하지 않고 있었던 임대인의 신뢰와 차임연체 상태에서 임대차관계를 지속해 온 임차인의 묵시적 의사를 감안하면 연체차임은 민법 제495조의 유추적용에 의하여 임대차보증금에서 공제할 수는 있다(대판 2016.11.25. 2016다211309).

[소멸시효에서 시효기간 만료의 효과 및 시효의 이익을 받는 자가 소송에서 소멸시효의 주장을 하지 않은 경우, 그 의사에 반하여 재판할 수 있는지 여부(소극) / 소멸시효 완성으로 소유권이전등기청구권이 소멸한 상태에서 소유권이전등기가 이루어졌고 그 시효의 이익을 받는 자가 소송에서 이러한 소멸시효의 주장까지 한 경우, 그 소유권이전등기는 말소되어야 하는지 여부(적극)]

소멸시효에서 그 시효기간이 만료되면 소멸시효 중단 등 특별한 사정이 없는 한 권리는 당연히 소멸하는 것이지만 그 시효의 이익을 받는 자가 소송에서 소멸시효의 주장을 하지 아니하면 그 의사에 반하여 재판할 수 없다. / 한편 소멸시효 완성으로 소유권이전등기청구권이 소멸한 상태에서 소유권이전등기가 이루어졌고 그 시효의 이익을 받는 자가 소송에서 이러한 소멸시효의 주장까지 하였다면, 그 소유권이전등기는 원인무효의 등기에 해당하므로 말소되어야 한다(대판 2024.10.31. 2024다232523).

Ⅱ 소멸시효의 소급효

소멸시효의 소급효(민법 제167조)
소멸시효는 그 기산일에 소급하여 효력이 생긴다.

> **[채무불이행에 따른 해제의 의사표시 당시에 이미 채무불이행의 대상이 되는 본래 채권이 시효가 완성되어 소멸한 경우, 채권자가 채무불이행을 이유로 한 해제권 및 이에 기한 원상회복청구권을 행사할 수 있는지 여부(원칙적 소극)]**
> 이행불능 또는 이행지체를 이유로 한 법정해제권은 채무자의 채무불이행에 대한 구제수단으로 인정되는 권리이다. 따라서 채무자가 이행해야 할 본래 채무가 이행불능이라는 이유로 계약을 해제하려면 그 이행불능의 대상이 되는 채무자의 본래 채무가 유효하게 존속하고 있어야 한다. 민법 제167조는 "소멸시효는 그 기산일에 소급하여 효력이 생긴다"라고 정한다. 본래 채권이 시효로 인하여 소멸하였다면 그 채권은 그 기산일에 소급하여 더는 존재하지 않는 것이 되어 채권자는 그 권리의 이행을 구할 수 없는 것이고, 이와 같이 본래 채권이 유효하게 존속하지 않는 이상 본래 채무의 불이행을 이유로 계약을 해제할 수 없다고 보아야 한다. 결국 채무불이행에 따른 해제의 의사표시 당시에 이미 채무불이행의 대상이 되는 본래 채권이 시효가 완성되어 소멸하였다면, 채무자가 소멸시효의 완성을 주장하는 것이 신의성실의 원칙에 반하여 허용될 수 없다는 등의 특별한 사정이 없는 한, 채권자는 채무불이행 시점이 본래 채권의 시효 완성 전인지 후인지를 불문하고 그 채무불이행을 이유로 한 해제권 및 이에 기한 원상회복청구권을 행사할 수 없다(대판 2022.9.29. 2019다204593).

Ⅲ 소멸시효이익의 포기

> **시효의 이익의 포기 기타(민법 제184조)**
> ① 소멸시효의 이익은 미리 포기하지 못한다.
> ② 소멸시효는 법률행위에 의하여 이를 배제, 연장 또는 가중할 수 없으나 이를 단축 또는 경감할 수 있다.

1. 의 의

소멸시효이익의 포기에 대한 이론적 설명에 대해 학설상 다툼이 있으나 판례는 시효이익의 포기를 시효의 완성으로 인한 법적인 이익을 받지 않겠다고 하는 효과의사를 필요로 하는 의사표시로 파악하고 있다(대판 2013.7.25. 2011다56187·56194).

2. 요 건

(1) 소멸시효가 완성된 후일 것

소멸시효의 이익은 미리 포기하지 못한다(민법 제184조 제1항). 따라서 시효완성 전에 채무자가 한 포기의 의사표시는 시효이익 포기의 효력이 인정될 수 없다.

(2) 포기자에게 처분능력 또는 처분권한이 있을 것

시효이익의 포기는 처분행위에 해당하므로 포기자는 처분권한이 인정되어야 한다.

(3) 상대방에 대한 의사표시로 할 것

시효이익의 포기는 시효완성으로 권리를 상실한 자 또는 그 대리인에게 하여야 한다.

(4) 시효완성사실을 알았을 것

판례는 채무자가 시효완성 후에 채무를 승인하거나 일부를 변제한 때에는 시효완성의 사실을 알고 그 이익을 포기한 것이라고 추정할 수 있다고 한다(대판 2001.6.12. 2001다3580).

> [1] 원금채무는 소멸시효가 완성되지 않았으나 이자채무의 소멸시효가 완성된 상태에서 채무자가 채무를 일부 변제한 경우, 원금채무를 승인하고 이자채무의 시효이익을 포기한 것으로 추정되는지 여부(원칙적 적극) 및 이 경우 변제충당의 방법: 원금채무에 관하여는 소멸시효가 완성되지 아니하였으나 이자채무에 관하여는 소멸시효가 완성된 상태에서 채무자가 채무를 일부 변제한 때에는 액수에 관하여 다툼이 없는 한 원금채무에 관하여 묵시적으로 승인하는 한편 이자채무에 관하여 시효완성의 사실을 알고 그 이익을 포기한 것으로 추정되며, 채무자의 변제가 채무 전체를 소멸시키지 못하고 당사자가 변제에 충당할 채무를 지정하지 아니한 때에는 민법 제479조, 제477조에 따른 법정변제충당의 순서에 따라 충당되어야 한다. **[2] 채무자가 소멸시효 완성 후 채무 일부를 변제함으로써 시효이익을 포기한 경우, 그때부터 새로이 소멸시효가 진행하는지 여부(적극)**: 채무자가 소멸시효 완성 후에 채권자에 대하여 채무 일부를 변제함으로써 시효의 이익을 포기한 경우에는 그때부터 새로이 소멸시효가 진행한다(대판 2013.5.23. 2013다12464).

3. 효 과

(1) 효력발생시기

포기의 의사표시가 상대방에게 적법하게 도달한 때에 시효이익의 포기 효과가 발생한다(대판 2008.11.27. 2006다18129). 따라서 <u>시효기간은 새로이 진행된다</u>.

(2) 인적 범위

주채무자의 시효이익의 포기는 보증인, 물상보증인 등에게는 효력이 미치지 않는다(대판 1991.1.29. 89다카114).

(3) 물적 범위

소멸시효이익의 포기는 가분채무 일부에 대해서도 가능하다(대판 2012.5.10. 2011다109500). 다만, 통상적으로 가분채권의 일부변제가 전체 채무의 일부로서 변제한 것이라면 채권 전부에 관한 포기의 효과가 인정된다(대판 1993.10.26. 93다14936).

Ⅳ 종속된 권리에 대한 효력

> **종속된 권리에 대한 소멸시효의 효력(민법 제183조)**
> 주된 권리의 소멸시효가 완성한 때에는 종속된 권리에 그 효력이 미친다.

소멸시효

제1절 총 설

01 제척기간에 관한 다음 설명 중 가장 옳지 않은 것은? 2023년

① 제척기간에 있어서는 소멸시효와 같이 기간의 중단이 있을 수 없다.
② 제척기간이 도과하였는지 여부는 직권조사사항으로서 이에 대한 당사자의 주장이 없더라도 법원이 당연히 직권으로 조사하여 재판에 고려하여야 한다.
③ 소멸시효가 일정한 기간의 경과와 권리의 불행사라는 사정에 의하여 권리소멸의 효과를 가져오는 것과는 달리 제척기간은 그 기간의 경과 자체만으로 곧 권리소멸의 효과를 가져온다.
④ 제척기간 진행의 기산점은 특별한 사정이 없는 한 원칙적으로 권리가 발생한 때이나, 당사자 사이에 매매예약완결권을 행사할 수 있는 시기를 특별히 약정한 경우에는 그 제척기간은 그 약정에 따라 권리를 행사할 수 있는 때로부터 10년이 되는 날까지이다.
⑤ 채권양도의 통지는 양도인이 채권이 양도되었다는 사실을 채무자에게 알리는 것에 그치는 행위이므로, 그것만으로 제척기간의 준수에 필요한 권리의 재판 외 행사에 해당한다고 할 수 없다.

[❶ ▸ ○] 제척기간에 있어서는 소멸시효와 같이 기간의 중단이 있을 수 없다(대판 2003.1.10. 2000다26425).
[❷ ▸ ○] 예약완결권의 제척기간이 도과하였는지 여부는 직권조사사항으로서 이에 대한 당사자의 주장이 없더라도 법원이 당연히 직권으로 조사하여 재판에 고려하여야 한다(대판 2019.7.25. 2019다227817).
[❸ ▸ ○] [❹ ▸ ×] 제척기간은 권리자로 하여금 당해 권리를 신속하게 행사하도록 함으로써 법률관계를 조속히 확정시키려는 데 그 제도의 취지가 있는 것으로서, 소멸시효가 일정한 기간의 경과와 권리의 불행사라는 사정에 의하여 권리소멸의 효과를 가져오는 것과는 달리 그 기간의 경과 자체만으로 곧 권리소멸의 효과를 가져오게 하는 것이므로 그 기간 진행의 기산점은 특별한 사정이 없는 한 원칙적으로 권리가 발생한 때이고, 당사자 사이에 매매예약완결권을 행사할 수 있는 시기를 특별히 약정한 경우에도 그 제척기간은 당초 권리의 발생일로부터 10년간의 기간이 경과되면 만료되는 것이지 그 기간을 넘어서 그 약정에 따라 권리를 행사할 수 있는 때로부터 10년이 되는 날까지로 연장된다고 볼 수 없다(대판 1995.11.10. 94다22682).

[❺ ▸ ○] 채권양도의 통지는 양도인이 채권이 양도되었다는 사실을 채무자에게 알리는 것에 그치는 행위이므로, 그것만으로 제척기간 준수에 필요한 권리의 재판 외 행사에 해당한다고 할 수 없다(대판[전합] 2012.3.22. 2010다28840).

답 ④

02 소멸시효에 관한 다음 설명 중 가장 옳지 않은 것은? 2025년

① 소멸시효의 기산일은 변론주의의 적용 대상이고, 따라서 본래의 소멸시효 기산일과 당사자가 주장하는 기산일이 서로 다른 경우에는 변론주의의 원칙상 법원은 당사자가 주장하는 기산일을 기준으로 소멸시효를 계산하여야 한다.
② 민법 제163조 제2호 소정의 '의사의 치료에 관한 채권'에 있어서는, 특약이 없는 한 그 개개의 진료가 종료될 때마다 각각의 당해 진료에 필요한 비용의 이행기가 도래하여 그에 대한 소멸시효가 진행된다고 해석함이 상당하고, 장기간 입원 치료를 받는 경우라 하더라도 다른 특약이 없는 한 입원 치료 중에 환자에 대하여 치료비를 청구함에 아무런 장애가 없으므로 퇴원 시부터 소멸시효가 진행된다고 볼 수는 없다.
③ 특별한 사정이 없는 한 임치계약 해지에 따른 임치물 반환청구권의 소멸시효는 임치인이 임치계약을 해지한 때부터 진행하는 것이지, 임치계약이 성립하여 임치물이 수치인에게 인도된 때부터 진행한다고 볼 수 없다.
④ 매도인에 대한 하자담보에 기한 매수인의 손해배상청구권은 권리의 내용·성질 및 취지에 비추어 민법 제162조 제1항의 채권 소멸시효의 규정이 적용되고, 다른 특별한 사정이 없는 한 매수인이 매매 목적물을 인도받은 때부터 소멸시효가 진행한다고 해석함이 타당하다.
⑤ 부당이득반환청구권은 그 발생과 동시에 행사할 수 있으므로, 부당이득채권이 발생한 때부터 소멸시효가 진행한다.

[❶ ▸ ○] <u>소멸시효의 기산일은</u> 채무의 소멸이라고 하는 법률효과 발생의 요건에 해당하는 소멸시효 기간 계산의 시발점으로서 소멸시효 항변의 법률요건을 구성하는 구체적인 사실에 해당하므로 이는 <u>변론주의의 적용 대상이고, 따라서 본래의 소멸시효 기산일과 당사자가 주장하는 기산일이 서로 다른 경우에는 변론주의의 원칙상 법원은 당사자가 주장하는 기산일을 기준으로 소멸시효를 계산하여야 하는데</u>, 이는 당사자가 본래의 기산일보다 뒤의 날짜를 기산일로 하여 주장하는 경우는 물론이고 특별한 사정이 없는 한 그 반대의 경우에 있어서도 마찬가지이다(대판 1995.8.25. 94다35886).
[❷ ▸ ○] <u>민법 제163조 제2호 소정의 '의사의 치료에 관한 채권'에 있어서는, 특약이 없는 한 그 개개의 진료가 종료될 때마다 각각의 당해 진료에 필요한 비용의 이행기가 도래하여 그에 대한 소멸시효가 진행된다고 해석함이 상당하고</u>, 장기간 입원 치료를 받는 경우라 하더라도 다른 특약이 없는 한 입원 치료 중에 환자에 대하여 치료비를 청구함에 아무런 장애가 없으므로 <u>퇴원 시부터 소멸시효가 진행된다고 볼 수는 없다</u>(대판 2001.11.9. 2001다52568).
[❸ ▸ ✕] 임치계약 해지에 따른 임치물 반환청구는 임치계약 성립 시부터 당연히 예정된 것이고, 임치계약에서 임치인은 언제든지 계약을 해지하고 임치물의 반환을 구할 수 있는 것이므로, <u>특별한 사정이 없는 한 임치물 반환청구권의 소멸시효는 임치계약이 성립하여 임치물이 수치인에게 인도된 때부터 진행하는 것이지, 임치인이 임치계약을 해지한 때부터 진행한다고 볼 수 없다</u>(대판 2022.8.19. 2020다220140).

[❹ ▶ ○] 매도인에 대한 하자담보에 기한 손해배상청구권에 대하여는 민법 제582조의 제척기간이 적용되고, 이는 법률관계의 조속한 안정을 도모하고자 하는 데에 취지가 있다. 그런데 하자담보에 기한 매수인의 손해배상청구권은 권리의 내용·성질 및 취지에 비추어 민법 제162조 제1항의 채권 소멸시효의 규정이 적용되고, 민법 제582조의 제척기간 규정으로 인하여 소멸시효 규정의 적용이 배제된다고 볼 수 없으며, 이때 다른 특별한 사정이 없는 한 무엇보다도 매수인이 매매 목적물을 인도받은 때부터 소멸시효가 진행한다고 해석함이 타당하다(대판 2011.10.13. 2011다10266).

[❺ ▶ ○] 부당이득반환청구권은 법률상 원인 없이 타인의 재산 또는 노무로 인하여 이익을 얻고 이로 인하여 타인에게 손해를 가한 경우에 성립하며, 그 성립과 동시에 권리를 행사할 수 있으므로 청구권이 성립한 때부터 소멸시효가 진행한다(대판 2017.7.18. 2017다9039).

답 ❸

03 소멸시효에 관한 다음 설명 중 옳지 않은 것을 모두 고른 것은? 2024년

ㄱ. 연예인의 임금 채권은 1년간 행사하지 아니하면 소멸시효가 완성한다.
ㄴ. 채권자가 영업양도가 이루어진 뒤 영업양도인을 상대로 소를 제기하여 확정판결을 받아 영업양도인에 대한 관계에서 소멸시효가 중단되거나 소멸시효 기간이 연장되었다면 그와 같은 소멸시효 중단이나 소멸시효 연장의 효과는 상호를 속용하는 영업양수인에게도 미친다.
ㄷ. 부동산경매절차에서 채무자에게 교부할 잉여금이 공탁된 경우, 채무자의 공탁금지급청구권은 공탁일부터 소멸시효가 진행하고, 부동산경매절차에서 채무자에 대한 송달이 공시송달의 방법으로 이루어짐으로써 채무자가 경매진행 사실 및 잉여금의 존재에 관하여 사실상 알지 못하였다고 하더라도 소멸시효기간이 진행한다.
ㄹ. 채무불이행에 따른 해제의 의사표시 당시에 이미 채무불이행의 대상이 되는 본래 채권이 시효가 완성되어 소멸하였다고 하더라도, 특별한 사정이 없는 한 채권자는 채무불이행 시점이 본래 채권의 시효 완성 전이라면 그 채무불이행을 이유로 한 해제권 및 이에 기한 원상회복청구권을 행사할 수 있다.
ㅁ. 채무자가 제3채무자를 상대로 금전채권의 이행을 구하는 소를 제기한 후 채권자가 위 금전채권에 대하여 압류 및 추심명령을 받아 제3채무자를 상대로 추심의 소를 제기한 경우, 채무자가 권리주체의 지위에서 한 시효중단의 효력은 추심채권자에게도 미친다.

① ㄱ, ㄴ
② ㄱ, ㄷ
③ ㄱ, ㄹ
④ ㄴ, ㄹ
⑤ ㄴ, ㅁ

[ㄱ ▶ ○] 민법 제164조 제3호

> **민법 제164조(1년의 단기소멸시효)**
> 다음 각 호의 채권은 1년간 행사하지 아니하면 소멸시효가 완성한다.
> 1. 여관, 음식점, 대석, 오락장의 숙박료, 음식료, 대석료, 입장료, 소비물의 대가 및 체당금의 채권
> 2. 의복, 침구, 장구 기타 동산의 사용료의 채권
> 3. 노역인, 연예인의 임금 및 그에 공급한 물건의 대금채권
> 4. 학생 및 수업자의 교육, 의식 및 유숙에 관한 교주, 숙주, 교사의 채권

[ㄴ ▸ ✕] 영업양도인의 영업으로 인한 채무와 상호를 속용하는 영업양수인의 상법 제42조 제1항에 따른 채무는 같은 경제적 목적을 가진 채무로서 서로 중첩되는 부분에 관하여는 일방의 채무가 변제 등으로 소멸하면 다른 일방의 채무도 소멸하는 이른바 부진정연대의 관계에 있다. 따라서 채권자가 영업양도인을 상대로 소를 제기하여 확정판결을 받아 소멸시효가 중단되거나 소멸시효기간이 연장된 뒤 영업양도가 이루어졌다면 그와 같은 소멸시효 중단이나 소멸시효 연장의 효과는 상호를 속용하는 영업양수인에게 미치지만, 채권자가 영업양도가 이루어진 뒤 영업양도인을 상대로 소를 제기하여 확정판결을 받았다면 영업양도인에 대한 관계에서 소멸시효가 중단되거나 소멸시효기간이 연장된다고 하더라도 그와 같은 <u>소멸시효 중단이나 소멸시효 연장의 효과는 상호를 속용하는 영업양수인에게 미치지 않는다</u>(대판 2023.12.7. 2020다225138).

[ㄷ ▸ ○] 공탁물이 금전인 경우 그 원금 또는 이자의 수령, 회수에 대한 권리는 그 권리를 행사할 수 있는 때부터 10년간 행사하지 아니하면 시효로 소멸하는데(공탁법 제9조 제3항), 경매절차에서 채무자에게 교부할 잉여금을 공탁한 경우에는 권리를 행사할 수 있는 공탁일부터 소멸시효기간이 진행한다[대법원 행정예규(제948호)인 '공탁금지급청구권의 소멸시효와 국고귀속절차' 2.의 다. (2)항]. 한편 소멸시효는 객관적으로 권리가 발생하고 그 권리를 행사할 수 있는 때부터 진행하고, 그 권리를 행사할 수 없는 동안에는 진행하지 아니한다. 여기서 '권리를 행사할 수 없다'란 그 권리행사에 법률상의 장애사유, 예컨대 기간의 미도래나 조건불성취 등이 있는 경우를 말하는 것이고, 사실상 그 권리의 존부나 권리행사의 가능성을 알지 못하였거나 알지 못함에 과실이 없다고 하여도 이러한 사유는 법률상 장애사유에 해당한다고 할 수 없다. 따라서 부동산경매절차에서 채무자에 대한 송달이 공시송달의 방법으로 이루어짐으로써 채무자가 경매진행 사실 및 잉여금의 존재에 관하여 사실상 알지 못하였다고 하더라도 소멸시효기간이 진행한다(대결 2024.4.30. 2023그887).

[ㄹ ▸ ✕] 이행불능 또는 이행지체를 이유로 한 법정해제권은 채무자의 채무불이행에 대한 구제수단으로 인정되는 권리이다. 따라서 채무자가 이행해야 할 본래 채무가 이행불능이라는 이유로 계약을 해제하려면 그 이행불능의 대상이 되는 채무자의 본래 채무가 유효하게 존속하고 있어야 한다. 민법 제167조는 "소멸시효는 그 기산일에 소급하여 효력이 생긴다"라고 정한다. 본래 채권이 시효로 인하여 소멸하였다면 그 채권은 그 기산일에 소급하여 더는 존재하지 않는 것이 되어 채권자는 그 권리의 이행을 구할 수 없는 것이고, 이와 같이 본래 채권이 유효하게 존속하지 않는 이상 본래 채무의 불이행을 이유로 계약을 해제할 수 없다고 보아야 한다. 결국 <u>채무불이행에 따른 해제의 의사표시 당시에 이미 채무불이행의 대상이 되는 본래 채권이 시효가 완성되어 소멸하였다면, 채무자가 소멸시효의 완성을 주장하는 것이 신의성실의 원칙에 반하여 허용될 수 없다는 등의 특별한 사정이 없는 한, 채권자는 채무불이행 시점이 본래 채권의 시효 완성 전인지 후인지를 불문하고 그 채무불이행을 이유로 한 해제권 및 이에 기한 원상회복청구권을 행사할 수 없다</u>(대판 2022.9.29. 2019다204593).

[ㅁ ▸ ○] 채무자의 제3채무자에 대한 금전채권에 대하여 압류 및 추심명령이 있더라도, 이는 추심채권자에게 피압류채권을 추심할 권능만을 부여하는 것이고, 이로 인하여 채무자가 제3채무자에게 가지는 채권이 추심채권자에게 이전되거나 귀속되는 것은 아니다. 따라서 채무자가 제3채무자를 상대로 금전채권의 이행을 구하는 소를 제기한 후 채권자가 위 금전채권에 대하여 압류 및 추심명령을 받아 제3채무자를 상대로 추심의 소를 제기한 경우, 채무자가 권리주체의 지위에서 한 시효중단의 효력은 집행법원의 수권에 따라 피압류채권에 대한 추심권능을 부여받아 일종의 추심기관으로서 그 채권을 추심하는 추심채권자에게도 미친다(대판 2019.7.25. 2019다212945).

답 ❹

| 제2절 | 소멸시효의 요건 |

| 제3절 | 시효의 장애 : 소멸시효의 중단과 정지 |

04 소멸시효에 관한 다음 설명 중 가장 옳지 않은 것은? 2023년

① 부진정연대채무에서 채무자 1인에 대한 재판상 청구 또는 채무자 1인이 행한 채무의 승인 등 소멸시효의 중단사유나 시효이익의 포기는 다른 채무자에게 효력을 미치지 않는다.
② 후순위 담보권자는 선순위 담보권의 피담보채권이 소멸하면 담보권의 순위가 상승하고 이에 따라 피담보채권에 대한 배당액이 증가할 수 있으므로, 선순위 담보권의 피담보채권에 관한 소멸시효가 완성되었다고 주장할 수 있다.
③ 보증채무에 대한 소멸시효가 중단되는 등의 사유로 완성되지 아니하였다고 하더라도 주채무에 대한 소멸시효가 완성된 경우에는 시효완성 사실로써 주채무가 당연히 소멸되므로 보증채무의 부종성에 따라 보증채무 역시 당연히 소멸된다.
④ 특별한 사정이 없는 한 임치물 반환청구권의 소멸시효는 임치계약이 성립하여 임치물이 수치인에게 인도된 때부터 진행하는 것이지, 임치인이 임치계약을 해지한 때부터 진행한다고 볼 수 없다.
⑤ 주택임대차보호법에 따른 임대차에서 임차인이 임대차 종료 후 동시이행항변권을 근거로 임차목적물을 계속 점유하고 있는 경우에는 보증금반환채권에 대한 소멸시효가 진행하지 않는다.

[❶▶○] 부진정연대채무에서 채무자 1인에 대한 재판상 청구 또는 채무자 1인이 행한 채무의 승인 등 소멸시효의 중단사유나 시효이익의 포기는 다른 채무자에게 효력을 미치지 않는다(대판 2017.9.12. 2017다865).

[❷▶×] 소멸시효가 완성된 경우 이를 주장할 수 있는 사람은 시효로 채무가 소멸되는 결과 직접적인 이익을 받는 사람에 한정된다. 후순위 담보권자는 선순위 담보권의 피담보채권이 소멸하면 담보권의 순위가 상승하고 이에 따라 피담보채권에 대한 배당액이 증가할 수 있지만, 이러한 배당액 증가에 대한 기대는 담보권의 순위 상승에 따른 반사적 이익에 지나지 않는다. <u>후순위 담보권자는 선순위 담보권의 피담보채권 소멸로 직접 이익을 받는 자에 해당하지 않아 선순위 담보권의 피담보채권에 관한 소멸시효가 완성되었다고 주장할 수 없다고 보아야 한다</u>(대판 2021.2.25. 2016다232597).

[❸▶○] 보증채무에 대한 소멸시효가 중단되는 등의 사유로 완성되지 아니하였다고 하더라도 주채무에 대한 소멸시효가 완성된 경우에는 시효완성 사실로써 주채무가 당연히 소멸되므로 보증채무의 부종성에 따라 보증채무 역시 당연히 소멸된다(대판 2012.7.12. 2010다51192).

[❹▶○] 임치계약 해지에 따른 임치물 반환청구는 임치계약 성립 시부터 당연히 예정된 것이고, 임치계약에서 임치인은 언제든지 계약을 해지하고 임치물의 반환을 구할 수 있는 것이므로, 특별한 사정이 없는 한 임치물 반환청구권의 소멸시효는 임치계약이 성립하여 임치물이 수치인에게 인도된 때부터 진행하는 것이지, 임치인이 임치계약을 해지한 때부터 진행한다고 볼 수 없다(대판 2022.8.19. 2020다220140).

[❺ ▸ ○] 임대차가 종료함에 따라 발생한 임차인의 목적물반환의무와 임대인의 보증금반환의무는 동시이행관계에 있다. 임차인이 임대차 종료 후 동시이행항변권을 근거로 임차목적물을 계속 점유하는 것은 임대인에 대한 보증금반환채권에 기초한 권능을 행사한 것으로서 보증금을 반환받으려는 계속적인 권리행사의 모습이 분명하게 표시되었다고 볼 수 있다. 따라서 임대차 종료 후 임차인이 보증금을 반환받기 위해 목적물을 점유하는 경우 보증금반환채권에 대한 권리를 행사하는 것으로 보아야 하고, 임차인이 임대인에 대하여 직접적인 이행청구를 하지 않았다고 해서 권리의 불행사라는 상태가 계속되고 있다고 볼 수 없다. … 위와 같은 소멸시효 제도의 존재 이유와 취지, 임대차기간이 끝난 후 보증금반환채권에 관계되는 당사자 사이의 이익형량, 주택임대차보호법 제4조 제2항의 입법 취지 등을 종합하면, 주택임대차보호법에 따른 임대차에서 그 기간이 끝난 후 임차인이 보증금을 반환받기 위해 목적물을 점유하고 있는 경우 보증금반환채권에 대한 소멸시효는 진행하지 않는다고 보아야 한다(대판 2020.7.9. 2016다244224).

답 ❷

제4절 소멸시효 완성의 효과

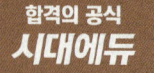

물권법

제1장	물권법 서론
제2장	물권의 변동
제3장	기본물권
제4장	용익물권
제5장	담보물권
제6장	비전형담보물권

물권법 서론

제1절 물권법과 물권

I 물권법

1. 의의

물권법은 사유재산제에 터 잡아 각종 재화에 대한 사람의 배타적인 지배·이용관계를 규율하는 사법이다. 형식적 의미의 물권법은 민법전의 물권편(민법 제185조 내지 제372조)만을 의미하나, 실질적 의미의 물권법은 민법전의 물권편뿐만 아니라, 수많은 특별법에 산재하여 있는 물권에 관한 모든 법령을 총칭한다.

2. 특질(강행규정성)

채권법은 대부분 계약자유의 원칙에 기한 임의규정인 데 반하여, 물권법은 물건에 대한 배타적인 지배관계를 규율하므로, 대부분 강행규정이다.

II 물권의 의의 및 본질

1. 의 의
물권은 특정의 독립한 물건을 직접 지배하여 이익을 얻는 배타적·독점적 권리이다.

2. 본 질

(1) 재산권

물권은 채권과 더불어 재산권의 일종으로, 특정의 물건을 지배하여 이익(물건의 사용가치와 교환가치)을 얻는 권리이다.

(2) 절대권

물권은 상대방의 특정 없이 누구에게나 주장할 수 있는 절대권이다. 반면, 채권은 특정의 채무자에게만 일정한 행위를 청구할 수 있는 상대권이다.

(3) 지배권

물권은 특정의 독립된 물건을 직접적·배타적으로 지배하는 권리이다.
① 「직접적」지배란 권리내용의 실현을 위하여 타인의 행위를 매개하지 아니하고, 스스로 물건으로부터 이익을 얻는다는 의미이다.
② 「배타적」지배란 하나의 물건 위에 내용이 상충되는 수 개의 물권이 존재할 수 없다는 의미이다.

III 물권의 객체(客體)

물권의 객체인 물건은 배타적 지배에 복종하여야 하므로, 원칙적으로 「특정·독립된 물건」이어야 한다.

1. 물 건

물권의 객체는 원칙적으로 물건이어야 한다. 다만, 예외적으로 재산권을 객체로 하는 경우도 있다[권리질권(민법 제345조), 준점유권(민법 제210조), 지상권·전세권을 목적으로 하는 저당권(민법 제371조) 등].

2. 특정성

물권은 물건에 대한 직접적 지배와 배타성을 내용으로 하므로, 그 물건은 현존하여야 하고, 특정되어야 한다.

3. 독립성

물권의 객체는 독립한 물건이어야 하며, 독립성 유무는 사회통념에 의하여 결정된다.

(1) 동 산
일반적으로 동산은 물건이 분리되어 있으므로, 동산의 독립성은 특별히 문제되지 아니한다.

(2) 부동산
① 토지 : 독립된 지번이 부여된 1필(筆)이 1개의 토지가 된다. 따라서 1필의 토지를 수필(數筆)로 분필(分筆)하거나, 수필의 토지를 1필로 합병하려면 분필 또는 합병의 절차가 필요하다. 즉, 분필 또는 합병의 절차 없이 등기부에만 분필의 등기가 이루어진 경우 분필의 효과는 발생하지 아니한다(대판 1995.6.16. 94다4615). 또한 토지의 개수는 지적법에 의한 지적공부상의 필수(筆數), 분계선에 의하여 결정되는 것이고, 어떤 토지가 지적공부상 1필의 토지로 등록되면 그 지적공부상의 경계가 현실의 경계와 다르다 하더라도 다른 특별한 사정이 없는 한 그 경계는 지적공부상의 등록, 즉 지적도상의 경계에 의하여 특정되는 것이다(대판 1997.7.8. 96다36517).

② 건물 : 건물은 토지의 정착물이나, 토지와는 별개의 독립한 부동산으로 취급되어 물권의 객체가 된다. 건물의 개수는 토지와 달리 공부상의 등록에 의해 결정되는 것이 아니라 사회통념 또는 거래관념에 따라 물리적 구조, 거래 또는 이용의 목적물로서 관찰한 건물의 상태 등 객관적 사정과 건축한 자 또는 소유자의 의사 등 주관적 사정을 참작하여 결정된다(대판 1997.7.8. 96다36517).

4. 일물일권주의

(1) 의 의
일물일권주의란 하나의 물건 위에 그와 양립할 수 없는 동일한 내용의 물권이 수 개 존재할 수 없다는, 물권의 절대성·배타성의 당연한 귀결로서 인정되는 원칙이다. 따라서 원칙적으로 하나의 물건의 일부분(一部分)·구성부분에는 독립한 물권이 존재할 수 없고, 물건의 집단(集團)에도 마찬가지로 물권이 존재할 수 없다.

(2) 인정근거
① 물건의 일부나 집단 위에 하나의 물권을 인정할 사회적 실익이 없다.
② 물건의 일부나 여러 개의 물건 위에 하나의 물권을 인정하면, 공시가 곤란하다.

(3) 위반의 효과
일물일권주의에 반하는 물권적 합의는 무효이다.

(4) 예 외

일물일권주의에는 많은 예외가 있고, 예외를 인정하는 기준은 사회적 필요성과 공시가능성이다.
① **1필 토지의 일부** : 물권변동에 관하여 형식주의를 취하는 현행 민법하에서는, 분필절차를 밟기 전에는 1필의 토지의 일부를 양도하거나 담보물권을 설정하지 못한다. 그러나 용익물권은 분필절차를 밟지 아니하더라도, 1필의 토지의 일부 위에 설정할 수 있는 예외가 인정된다(부동산등기법 제69조, 제70조, 제72조). 또한 토지의 분할을 명함이 없이 1필지의 토지의 일부에 관하여 소유권이전등기절차의 이행을 명한 판결은, 분필절차를 마친 후 이전등기를 할 수 있으므로, 집행불능의 판결에 해당하지 아니한다(대판 1994.9.27. 94다25032).
② **1동 건물의 일부** : 1동 건물의 일부는 구분 또는 분할의 등기절차를 밟기 전에는 양도하거나 제한물권을 설정할 수 없다. 그러므로 원칙적으로 건물의 구성부분은 독립하여 물권의 객체가 될 수 없으나, 예외적으로 전세권 등을 설정할 수는 있다(부동산등기법 제72조). 또한 1동의 건물 일부에 대한 구분소유권도 인정된다(민법 제215조, 집합건물의 소유 및 관리에 관한 법률).

Ⅳ 물권법정주의

> **물권의 종류(민법 제185조)**
> 물권은 법률 또는 관습법에 의하는 외에는 임의로 창설하지 못한다.

1. 의 의

물권법정주의는 물권의 종류와 내용은 법률(민법 기타 법률) 또는 관습법에 의하는 것에 한하여 인정될 뿐, 당사자가 그 밖의 종류와 내용을 자유롭게 창설하지 못한다는 원칙이다(민법 제185조).

2. 인정근거

① 제한물권의 종류를 법정화하여 엄격히 규율함으로써 소유권의 형해화를 방지할 수 있다.
② 물권의 종류와 내용을 엄격히 법률로 규제하여 제3자에게 발생할 수 있는 불측의 피해를 방지하고, 거래안전을 위한 공시원칙을 관철하기 위함이다.

3. 민법 제185조의 해석

① **법률** : 형식적 의미의 법률을 의미한다. 따라서 명령, 조례 및 규칙으로 물권을 창설할 수는 없다.
② **관습법** : 관습법이란 사회의 거듭된 관행으로 생성한 사회생활규범이 사회의 법적 확신과 인식에 의하여 법적 규범으로 승인·강행되기에 이른 것으로(대판 1983.6.14. 80다3231), 민법 제185조는 관습법에 의한 물권을 인정하고 있다.

4. 내용

① **종류강제** : 새로운 물권을 임의로 창설할 수는 없다는 의미이다.

> • 관습상의 사도통행권은 성문법과 관습법 어디에서도 근거가 없으므로, 관습상의 사도통행권의 인정은 물권법정주의에 위배된다(대판 2002.2.26. 2001다64165).
> • 온천에 관한 권리를 관습법상의 물권이라고 볼 수 없고 또한 온천수는 민법 제235조, 제236조 소정의 공용수 또는 생활상 필요한 용수에 해당하지 아니한다(대판 1972.8.29. 72다1243).
> • 도시공원법상 근린공원으로 지정된 공원은 일반주민들이 다른 사람의 공동사용을 방해하지 않는 한 자유로이 이용할 수 있지만 그러한 사정만으로 인근 주민들이 누구에게나 주장할 수 있는 공원이용권이라는 배타적인 권리를 취득하였다고는 할 수 없다(대결 1995.5.23. 94마2218).
> • 미등기무허가건물의 양수인이라 할지라도 그 소유권이전등기를 경료받지 않는 한 건물에 대한 소유권을 취득할 수 없고, 그러한 건물의 취득자에게 소유권에 준하는 관습상의 물권이 있다고 볼 수 없다(대판 1999.3.23. 98다59118).

② **내용강제** : 법률이나 관습법이 인정하는 물권이라도, 다른 내용을 부여할 수는 없다는 의미이다.

> 물건에 대한 배타적인 사용·수익권은 소유권의 핵심적 권능이므로, 소유자가 제3자와의 채권관계에서 소유물에 대한 사용·수익의 권능을 포기하거나 사용·수익권의 행사에 제한을 설정하는 것을 넘어 이를 대세적, 영구적으로 포기하는 것은 법률에 의하지 않고 새로운 물권을 창설하는 것과 다를 바 없어 허용되지 않는다(대판 2013.8.22. 2012다54133).

5. 물권법정주의 위반의 효과

민법 제185조는 강행규정이므로, 물권법정주의에 반하는 법률행위는 무효이다. 단, 물권법정주의에 반하는 채권행위일지라도, 당사자 사이에서는 효력을 가질 수 있다.

> **[전세권자의 사용·수익을 배제하고 채권담보만을 목적으로 설정한 전세권의 효력(무효)]**
> 민법 제185조는 "물권은 법률 또는 관습법에 의하는 외에는 임의로 창설하지 못한다"라고 정하여 물권법정주의를 선언하고 있다. 물권법의 강행법규성에 따라 법률과 관습법이 인정하지 않는 새로운 종류나 내용의 물권을 창설하는 것은 허용되지 않는다. 전세권자는 전세금을 지급하고 타인의 부동산을 점유하여 그 부동산의 용도에 좇아 사용·수익하며, 그 부동산 전부에 대하여 후순위권리자 기타 채권자보다 전세금의 우선변제를 받을 권리가 있다(민법 제303조 제1항). 전세권설정계약의 당사자가 주로 채권담보 목적으로 전세권을 설정하고 설정과 동시에 목적물을 인도하지 않는다고 하더라도 장차 전세권자가 목적물을 사용·수익하는 것을 배제하지 않는다면, 전세권의 효력을 부인할 수는 없다. 그러나 전세권 설정의 동기와 경위, 전세권 설정으로 달성하려는 목적, 채권의 발생 원인과 목적물의 관계, 전세권자의 사용·수익 여부와 그 가능성, 당사자의 진정한 의사 등에 비추어 전세권설정계약의 당사자가 전세권의 핵심인 사용·수익 권능을 배제하고 채권담보만을 위해 전세권을 설정하였다면, 법률이 정하지 않은 새로운 내용의 전세권을 창설하는 것으로서 물권법정주의에 반하여 허용되지 않고 이러한 전세권설정등기는 무효라고 보아야 한다(대판 2021.12.30. 2018다40235[본소]·2018다40242[반소]).

6. 물권의 종류

(1) 민법상의 물권

민법은 점유권, 소유권, 지상권, 지역권, 전세권, 유치권, 질권 및 저당권을 인정하고 있다. 민법상 물권은 ① 본권과 점유권, ② 소유권과 제한물권, ③ 용익물권과 담보물권, ④ 부동산물권과 동산물권 등으로 분류된다.

(2) 민법 외의 법률이 정하는 물권

1) 상법상의 물권

상사유치권, 상사질권 등

2) 특별법상의 물권

광업권·조광권(광업법), 어업권(수산업법), 가등기담보권(가등기담보 등에 관한 법률), 선박저당권(선박등기법) 및 동산담보권(동산·채권 등의 담보에 관한 법률) 등

3) 관습법상의 물권

① 판례는 분묘기지권(대판 1988.2.23. 86다카2919 등), 관습법상의 법정지상권(대판 1988.9.27. 87다카279 등) 및 동산양도담보권 등을 인정하고 있다.

② 그러나 온천권(대판 1972.8.29. 72다1243), 공원이용권(대결 1995.5.23. 94마2218) 및 관습상의 사도통행권(대판 2002.2.26. 2001다64165)은 인정하고 있지 아니하다.

제2절 물권의 효력

I. 우선적 효력

우선적 효력이란 어떤 권리가 다른 권리에 우선하는 효력을 의미하는데, 이에는 다른 물권에 우선하는 효력과 채권에 우선하는 효력이 있다.

1. 다른 물권에 우선하는 효력

(1) 기 준

물권은 배타적 지배권이므로, 원칙적으로 동일한 물건 위에 성질·범위·순위가 같은 내용의 물권이 동시에 성립할 수 없다.

(2) 양립 불가능한 물권

두 개 이상의 소유권, 지상권 또는 전세권이 동일한 물건 위에 동시에 성립할 수 없다.

(3) 양립 가능한 물권

① 내용이 다른 물권은 병존할 수 있다. 예 동일한 토지 위에 소유권과 제한물권, 지상권과 저당권 등이 성립할 수는 있다.
② 제한물권은 소유권에 우선한다.
③ 물권이 동일한 물건 위에 병존하는 경우에는, 시간적으로 먼저 성립한 물권이 우선한다[선시주의(先時主義)].

(4) 점유권

① 점유권은 물권이기는 하나, 현재의 사실상의 지배관계에 기한 권리이므로, 우선적 효력이 없다.
② 점유권은 본권과 병존 가능하고, 점유권 자체도 직접점유와 간접점유의 병존이 가능하다.

2. 채권에 우선하는 효력

(1) 원 칙

어떤 물건에 물권과 채권이 병존하는 경우에는, 원칙적으로 그 권리들의 시간적 선후를 불문하고, 물권이 채권에 우선한다. 또한 채권에 대한 물권의 우선적 효력은 경매절차 및 파산절차에서도 그대로 유지된다.

(2) 예 외

① 성립의 선후를 불문하고 채권이 우선하는 경우 : 근로기준법상 임금채권(3개월 분), 퇴직금채권(3개월 분) 및 주택임대차보호법상 또는 상가건물 임대차보호법상 소액보증금최우선변제권 등
② 물권과 동일하게 시간적 선후에 따라 우열이 결정되는 채권 : 조세채권(단, 그 물건 자체에 대한 조세인 당해세는 언제나 최우선한다), 등기된 부동산임차권, 주택임대차보호법상 또는 상가건물 임대차보호법상 대항력을 갖춘 임차권과 대항력·확정일자를 갖춘 보증금반환채권(우선변제) 및 가등기에 의해 순위가 보전된 청구권이 본등기를 갖춘 경우 등

II 물권적 청구권

1. 의 의

물권적 청구권이란 물권의 내용실현이 어떤 사정으로 인하여 방해받고 있거나 방해받을 염려가 있는 경우, 그 방해자에 대하여 방해의 제거 또는 예방에 필요한 일정한 행위(작위·부작위)를 청구할 수 있는 권리이다.

2. 종 류

① **점유보호청구권**(민법 제204조 내지 제207조) : 반환청구권, 방해제거청구권 및 방해예방청구권
② **본권에 기한 청구권** : 소유권에 목적물반환청구권·방해제거청구권·방해예방청구권이 명문으로 규정되어 있고(민법 제213조, 제214조), 지상권·지역권·전세권·저당권에서 이를 준용하고 있다.

③ **반환청구권이 없는 물권** : 점유를 전제하지 아니한 지역권과 저당권은 반환청구권이 인정되지 아니한다.
④ **유치권** : 유치권에 의한 물권적 청구권은 인정되지 아니하나, 유치권은 점유를 수반하므로, 점유권에 기한 점유보호청구권은 인정된다.
⑤ **질권** : 물권적 청구권에 관한 규정은 없으나, 통설은 입법의 불비로 당연히 질권에 기해서도 물권적 청구권이 인정된다는 입장이다.

3. 성 질

① 통설은 물권적 청구권은 물권에 부종하는 특수한 청구권이라는 입장이다.
② 구체적으로 특정인에 대한 청구를 내용으로 하는 채권과 마찬가지로 상대적인 성질을 가지는 권리이다. 즉, 침해자 또는 침해의 우려가 있는 자를 대상으로 행사한다.
③ 물권적 청구권은 물권과 언제나 운명을 함께 하므로, 물권적 청구권만을 따로 존속하게 하거나, 물권적 청구권만을 독립하여 양도할 수는 없다.

> 소유권에 기한 물상청구권을 소유권과 분리하여 이를 소유권 없는 전 소유자에게 유보하여 행사시킬 수는 없는 것이므로 소유권을 상실한 전 소유자는 제3자인 불법점유자에 대하여 소유권에 기한 물권적 청구권에 의한 방해배제를 구할 수 없다(대판 1980.9.9. 80다7).

④ 물권적 청구권은 물권에 기초한 권리이므로, 다른 채권적 청구권보다 우선한다.

4. 요 건

(1) 물권의 내용실현이 침해되었거나 침해될 우려가 있을 것

① 물권적 청구권은 물권의 존재로부터 당연히 발생하는 것이 아니라, 물권의 내용실현이 침해되었거나 침해될 우려가 있어야 한다.
② 물권적 청구권을 행사하기 위하여 언제나 현실적인 물권의 침해 및 손해가 있어야 하는 것은 아니다.

(2) 침해자의 고의ㆍ과실은 불요

이는 불법행위와의 차이점으로, 따라서 침해자에게 고의ㆍ과실이 있어 불법행위가 성립되면 두 권리는 병존하게 되고, 이에 권리자는 불법행위에 의한 손해배상청구권과 물권적 청구권을 함께 행사하거나, 선택적으로 행사할 수도 있다.

(3) 당사자

1) 청구권자
① 물권적 청구권자는 '현재' 물권을 침해당하고 있거나 침해당할 염려가 있는 자이다.
② 소유권자가 소유권을 이전하였을 경우, 전 소유자는 더 이상 물권적 청구권을 행사할 수 없다(대판 1980.9.9. 80다7).

> 근저당권이 설정된 후 그 부동산의 소유권이 제3자에게 이전된 경우에는 현재의 소유자가 자신의 소유권에 기하여 피담보채무의 소멸을 원인으로 그 근저당권설정등기의 말소를 청구할 수 있음은 물론이지만, 근저당권설정자인 종전의 소유자도 근저당권설정계약의 당사자로서 근저당권 소멸에 따른 원상회복으로 근저당권자에게 근저당권설정등기의 말소를 구할 수 있는 계약상 권리가 있으므로 이러한 계약상 권리에 터 잡아 근저당권자에게 피담보채무의 소멸을 이유로 하여 그 근저당권설정등기의 말소를 청구할 수 있다고 봄이 상당하고, 목적물의 소유권을 상실하였다는 이유만으로 그러한 권리를 행사할 수 없다고 볼 것이 아니다(대판 1994.1.25. 93다16338). 결국, 근저당권설정자는 더 이상 소유자가 아니므로, 소유권에 기한 물권적 청구권을 행사할 수는 없으나(대판[전합] 1969.5.27. 68다725), 근저당권설정계약의 당사자로서 피담보채무의 소멸을 원인으로, 근저당권설정등기의 말소를 구할 수 있다는 점에 주의를 요한다.

2) 상대방
① 물권적 청구권의 상대방은 '현재' 물권을 침해하고 있거나 침해할 염려가 있는 상태를 발생시키고 있는 자이다. 따라서 과거에는 침해하였으나 현재에는 침해하고 있지 아니한 자는, 물권적 청구권의 상대방이 될 수 없다.
② 침해자가 제3자와 임대차계약을 체결하는 등으로 간접점유를 하는 경우, 물권적 청구권자가 직접점유자뿐만 아니라 간접점유자에게도 반환을 청구할 수 있는지가 문제되는데, 통설은 반환청구 당시 상대방이 점유자라면, 직접점유자뿐만 아니라 간접점유자도 상대방이 될 수 있다고 한다. 반면, 판례는 불법점유를 원인으로 한 소유권에 기한 인도청구와 인도약정에 따른 인도청구를 구별하고 있는데, 전자는 현실로 불법점유를 하고 있는 자만을 상대로 하여야 한다는 입장인 반면, 후자는 간접점유자에 대하여도 인도를 구할 수 있다는 입장이다.

> [불법점유를 원인으로 한 소유권에 기한 인도청구의 경우]
> 불법점유를 이유로 하여 그 명도 또는 인도를 청구하려면 현실적으로 그 목적물을 점유하고 있는 자를 상대로 하여야 하고 불법점유자라 하여도 그 물건을 다른 사람에게 인도하여 현실적으로 점유를 하고 있지 않은 이상, 그 자를 상대로 한 인도 또는 명도청구는 부당하다(대판 1999.7.9. 98다9045).
>
> [인도약정에 따른 인도청구의 경우]
> 임대인이 임대차계약 종료로 인한 원상회복으로서 임차물의 반환을 구하는 경우에 있어 임차인이 직접점유자가 아님을 자백한 것일 뿐, 간접점유자가 아닌 것까지 자백한 취지가 아니라면 임차인이 임차목적물을 직접점유하지 않는다는 이유로 그 반환을 거부할 수는 없다(대판 1991.4.23. 90다19695).

③ 점유보조자는 독립한 점유의 주체가 아니므로, 인도청구의 상대방이 될 수 없다.
④ 점유보호청구권의 상대방은 침탈자의 포괄승계인이나 악의의 특별승계인이어야 한다(민법 제204조 제2항 참고)는 제한이 있다.

CHAPTER 01 물권법 서론

제1절 물권법과 물권

제2절 물권의 효력

물권의 변동

제1절 총 설

물권의 발생·변경·소멸을 총칭하여 물권변동이라고 하는데, 이러한 물권변동의 모습은 크게 ① 부동산물권 변동(민법 제186조, 제187조)과 동산물권 변동(민법 제188조 내지 제190조), ② 법률행위에 의한 물권변동과 법률행위에 의하지 않은 물권변동으로 분류할 수 있다. 이하에서는 물권변동과 공시, 물권행위에 대해서 서술한다.

I 물권변동과 공시

1. 공시의 원칙(公示의 原則)

(1) 의 의

공시의 원칙은 물권의 존재나 변동은 외부에서 인식할 수 있는 어떤 표상, 즉 공시방법을 수반하여야 한다는 원칙을 말한다. 이는 거래의 안전과 법률관계의 명료화를 위하여 요구된다.

(2) 현행법상 공시방법

① 부동산물권의 공시방법 : 등기
② 동산물권의 공시방법 : 점유 내지 인도
③ 수목의 집단·미분리과실 등에 관하여 관습법상 인정되는 공시방법 : 명인방법
④ 특별법의 적용을 받는 동산(자동차, 항공기 및 선박 등)에 관한 등기 또는 등록 등이 있다.

(3) 공시의 효과

공시의 효과로 권리변동의 효력, 공신력(동산에 관하여만 인정) 및 추정력을 들 수 있다. 이 중 추정력은 동산의 경우 민법 제200조에서 점유에 대한 권리존재의 추정력을 규정하고 있으나, 부동산의 경우에는 동산과는 달리 명문의 규정이 없어 학설과 판례에 의하여 등기의 추정력이 인정될 뿐이다.

(4) 적용범위

공시의 원칙은 법률행위에 의한 물권변동의 경우에만 적용된다(민법 제186조, 제188조 제1항). 따라서 법률규정에 의한 물권변동의 경우, 공시방법을 갖추지 아니하여도 물권변동의 효력이 발생한다(민법 제187조 본문). 다만, 부동산점유취득시효의 경우에는 등기를 요한다. 즉, 20년간 소유의 의사로 평온, 공연하게 부동산을 점유한 자는 등기함으로써 그 소유권을 취득한다(민법 제245조 제1항).

2. 공신의 원칙(公信의 原則)

(1) 의 의

공신의 원칙은 일정한 공시방법을 신뢰하고 거래한 경우, 비록 그 공시방법이 진정한 권리관계와 일치하지 아니하더라도, 공시된 대로의 권리관계가 존재하는 것처럼 다루어야 한다는 원칙이다. 따라서 공신의 원칙을 관철하면 동적 거래의 안전은 보호되나, 진정한 권리자의 기득권이 박탈되는 한계(정적 안전희생)가 발생한다.

(2) 민법의 태도

① **동산** : 민법은 거래안전의 요청에 따라 동산물권의 변동에 관하여는 선의취득제도를 통하여 공신의 원칙을 인정하고 있다(민법 제249조).
② **부동산** : 민법은 등기에 공신력을 인정하고 있지 아니하다.
③ **유사제도** : 표현대리제도(민법 제125조, 제126조, 제129조), 채권의 준점유자에 대한 변제(선의·무과실)(민법 제470조), 영수증소지자에 대한 변제(선의·무과실)(민법 제471조) 및 지시채권소지인에 대한 변제(선의·무중과실)(민법 제518조) 등은 공신의 원칙이 현행법상 구체화된 제도이다.
④ 또한 의사표시에서 표시주의이론이 공신의 원칙과 밀접한 관련성을 갖는다.

Ⅱ 물권행위

1. 서 설

(1) 의 의

물권행위란 직접 물권의 변동을 목적으로 하는 의사표시를 요소로 하는 법률행위를 말한다. 즉, 물권행위는 처분행위로, 이러한 점에서 의무부담행위인 채권행위와 구별된다. 또한 물권행위는 대부분 계약의 형식이나 단독행위(소유권이나 제한물권의 포기) 또는 합동행위(공유자의 소유권 포기)일 수도 있다.

(2) 법률행위에 의한 물권변동의 입법례

1) 의사주의(대항요건주의·프랑스민법)

① 물권행위만 있으면 공시방법을 갖추지 아니하여도 물권변동이 발생한다.
② 거래안전의 보호를 위한 보완책 : 동산물권의 경우 공신의 원칙이 적용되나, 부동산물권의 경우에는 공시방법을 갖추어야만 물권변동으로써 제3자에게 대항할 수 있다.

2) 형식주의(성립요건주의·독일민법)

① 물권행위뿐만 아니라, 등기·인도 등의 공시방법을 갖추어야 물권변동이 발생한다.
② 공시방법을 갖추지 아니하면 제3자에 대한 관계뿐만 아니라, 당사자 사이에서도 물권변동은 발생하지 아니한다.

(3) 물권행위와 공시방법의 관계(현행민법 = 형식주의)

우리 민법은 형식주의를 취하고 있으므로, 물권변동이 일어나기 위하여는 의사표시(물권행위) 외에 공시방법이 필요하다.

2. 물권행위의 독자성과 무인성·유인성

(1) 물권행위의 독자성

채권의 발생을 목적으로 하는 채권행위 외에 물권의 변동을 목적으로 하는 물권행위라는 개념을 인정할 것인지, 나아가 물권행위가 인정된다면 채권행위와 별개의 행위로 행하여져야 하는지에 대한 논의가 물권행위의 독자성문제이다. 다수설은 독자성긍정설의 입장에서 원인행위인 채권행위로부터 독립된 별개의 행위로서 물권행위를 인정하고 있다. 반면, 판례는 우리의 법제가 물권행위의 독자성을 인정하고 있지 아니하다고 판시하고 있다(대판 1977.5.24. 75다1394).

(2) 물권행위의 무인성·유인성

1) 견해의 대립

① 무인설 : 물권행위의 독자성을 인정하는 결과, 물권행위의 효력은 물권행위 그 자체의 요건만으로 결정되고, 그 효력은 그 원인이 된 채권행위의 부존재나 무효·취소·해제 등에 의하여 직접적으로 영향을 받지 아니한다는 견해이다.
② 유인설 : 물권행위의 독자성을 부정함을 당연시하며, 물권행위의 효력은 그 원인이 된 채권행위의 부존재나 무효·취소·해제 등에 의하여 영향을 받는다는 견해이다.

2) 판례의 입장

물권행위의 무인성을 부정한다.

> 우리의 법제가 물권행위의 독자성과 무인성을 인정하고 있지 않는 점과 민법 제548조 제1항 단서가 거래안정을 위한 특별규정이란 점을 생각할 때 계약이 해제되면 그 계약의 이행으로 변동이 생겼던 물권은 당연히 그 계약이 없었던 원상태로 복귀한다(대판 1977.5.24. 75다1394).

제2절 부동산물권의 변동

제1관 법률행위에 의한 부동산물권의 변동

> **부동산물권 변동의 효력(민법 제186조)**
> 부동산에 관한 법률행위로 인한 물권의 득실변경은 등기하여야 그 효력이 생긴다.

I 총 설

1. 서 설

법률행위에 의한 부동산물권의 변동은 민법 제186조가 적용되므로, 법률행위와 등기가 있어야 물권변동의 효과가 발생한다(성립요건주의 또는 형식주의). 이때 물권행위는 유효하여야 하고, 등기 또한 실체적·형식적 유효요건을 갖추어야 한다.

2. 법률행위

민법 제186조의 법률행위를 물권행위로 보는 견해가 다수설이나, 채권행위를 의미한다는 견해도 있다.

II 물권변동의 요건으로서의 등기

1. 등기의 형식적 유효요건

(1) 등기의 존재

등기가 유효하기 위하여는 등기신청만으로는 부족하고, 등기부에 기록되어 있어야 한다.

(2) 등기의 불법말소

1) 불법말소로 인한 권리소멸 여부

① 등기는 물권의 효력발생요건이고, 그 존속요건은 아니므로 물권에 관한 등기가 원인 없이 말소된 경우에도 그 물권의 효력에는 아무런 변동이 없다(대판 1988.12.27. 87다카2431).

② 등기가 원인 없이 말소된 경우, 그 회복등기를 마치기 전이라도 말소된 등기의 명의인은 적법한 권리자로 추정된다(대판 1982.12.28. 81다카870).

2) 말소회복등기청구

① **의의** : 말소회복등기란 어떤 등기의 전부 또는 일부가 부적법하게 말소된 경우, 그 말소된 등기를 회복함으로써 말소 당시로 소급하여 그 말소가 없었던 것과 같은 효과를 발생시키는 등기를 의미한다(부동산등기법 제59조 참고, 대판 1997.9.30. 95다39526).

② **피고적격** : 불법하게 말소된 것을 이유로 한 근저당권설정등기회복등기청구는 그 등기말소 당시의 소유자를 상대로 하여야 한다(대판 1969.3.18. 68다1617). 따라서 가등기가 이루어진 부동산에 관하여 제3취득자 앞으로 소유권이전등기가 마쳐진 후 그 가등기가 말소된 경우 그와 같이 말소된 가등기의 회복등기절차에서 회복등기의무자는 가등기가 말소될 당시의 소유자인 제3취득자이므로, 그 가등기의 회복등기청구는 회복등기의무자인 제3취득자를 상대로 하여야 한다(대판 2009.10.15. 2006다43903).

③ **절 차**

㉠ 말소된 등기의 회복을 신청하는 경우에 등기상 이해관계 있는 제3자가 있을 때에는 그 제3자의 승낙이 있어야 한다(부동산등기법 제59조). 부동산등기법 제171조에서 말하는 등기상 이해관계 있는 제3자란 말소등기를 함으로써 손해를 입을 우려가 있는 등기상의 권리자로서 그 손해를 입을 우려가 있다는 것이 등기부 기재에 의하여 형식적으로 인정되는 자이고, 그 제3자가 승낙의무를 부담하는지 여부는 그 제3자가 말소등기권리자에 대한 관계에서 그 승낙을 하여야 할 실체법상의 의무가 있는지 여부에 의하여 결정된다(대판 2007.4.27. 2005다43753).

㉡ 이러한 요건을 갖추지 못한 회복등기는 등기상 이해관계 있는 제3자에 대한 관계에서는 무효이다(대판 2001.1.16. 2000다49473).

3) 저당권등기의 불법말소

① **저당권의 소멸 여부** : 등기는 물권의 효력발생요건이고, 그 존속요건은 아니므로 물권에 관한 등기가 원인 없이 말소된 경우에도 그 물권의 효력에는 아무런 변동이 없다(대판 1988.12.27. 87다카2431). 따라서 저당권등기가 불법말소되어도 저당권은 여전히 존속하고, 이때 말소회복등기의 상대방은「말소 당시」의 소유자이다. 다만, 부동산에 관하여 근저당권설정등기가 경료되었다가 그 등기가 위조된 등기서류에 의하여 아무런 원인 없이 말소되었다는 사정만으로는 곧바로 근저당권이 소멸하는 것은 아니라고 할 것이지만, 부동산이 경매절차에서 경락되면 그 부동산에 존재하였던 근저당권은 당연히 소멸하는 것이므로, 근저당권설정등기가 원인 없이 말소된 이후에 그 근저당목적물인 부동산에 관하여 다른 근저당권자 등 권리자의 경매신청에 따라 경매절차가 진행되어 경락허가결정이 확정되고 경락인이 경락대금을 완납하였다면, 원인 없이 말소된 근저당권은 이에 의하여 소멸한다(대판 1998.10.2. 98다27197).

② **경매에 의해 권리가 소멸된 저당권자의 구제방법** : 근저당권설정등기가 위법하게 말소되어 아직 회복등기를 경료하지 못한 연유로 그 부동산에 대한 경매절차에서 피담보채권액에 해당하는 금액을 전혀 배당받지 못한 근저당권자로서는 위 경매절차에서 실제로 배당받은 자에 대하여 부당이득반환청구로서 그 배당금의 한도 내에서 그 근저당권설정등기가 말소되지 아니하였더라면 배당받았을 금액의 지급을 구할 수 있을 뿐이고, 이미 소멸한 근저당권에 관한 말소등기의 회복등기를 위하여 현 소유자를 상대로 그 승낙의 의사표시를 구할 수는 없다(대판 1998.10.2. 98다27197).

(3) 관할위반의 등기

등기는 관할등기소에 하여야 한다(부동산등기법 제7조, 제29조). 따라서 관할위반의 등기는 치유될 수 없고, 확정적 무효로서 권리변동은 발생하지 아니한다. 이러한 무효의 등기는 등기관이 일정한 절차에 의하여 직권으로 말소한다(부동산등기법 제58조).

(4) 등기법상의 절차위반과 그 치유

등기신청에 하자가 있었으나 그 등기가 사실상 행하여진 경우, 그 등기가 실체관계에 부합한다면 유효하다. 나아가 실제와 다른 등기원인에 의하여 등기가 경료된 경우에도, 실체적 권리관계에 부합한다면 유효하다.

1) 실체관계에 부합하는 등기

① 의의 : 등기의 효력을 너무 엄격하게 판단한다면, 등기의 공신력이 부정되는 현행 민법체계하에서의 거래안전이 침해될 소지가 다분하다. 판례는 등기가 실체관계에 부합하면 유효, 부합하지 아니하다면 무효로 보고 있다.

② 요건 : 등기절차에 하자가 있더라도, ㉠ 유효한 원인행위 또는 법률의 규정에 의한 등기청구권에 부합하는 등기가 경료되었고, ㉡ 종전의 진정한 권리자가 등기명의자의 등기청구권 행사를 저지할 만한 실체법상의 항변사유가 없는 경우, 그 등기는 실체적 권리관계에 부합한다.

> [등기가 실체관계에 부합한다고 하는 것의 의미 및 원인 없이 이루어진 무효의 소유권이전등기라고 하더라도 그 등기가 다른 사정에 의하여 실체관계에 부합하게 되면 유효한 것이 되는지 여부(적극)]
> 등기가 실체관계에 부합한다고 하는 것은 그 등기절차에 어떤 하자가 있다고 하더라도 진실한 권리관계와 합치하는 것, 즉 소유권이전에서 등기이전절차만이 위법하고 그 외의 다른 법률행위는 적법·유효한 상태로 소유권이전등기청구권을 가지고 있는 경우를 말하고, 원인 없이 이루어진 무효의 소유권이전등기라고 하더라도 그 등기가 다른 사정에 의하여 실체관계에 부합하게 되면 유효한 것으로 된다(대판 2024.10.31. 2024다232523).

> [소유권이전등기청구권을 매수인으로부터 양도받은 양수인이 소유권이전청구권 가등기 이전의 부기등기를 마치고 가등기에 기한 본등기까지 마쳤으나 당초의 소유자 겸 매도인이 그 양도에 대하여 동의하거나 승낙하지 않은 경우, 위 가등기 이전의 부기등기 및 가등기에 기한 본등기가 실체관계에 부합하는 등기인지 여부(소극)]
> 소유권이전등기청구권을 매수인으로부터 양도받은 양수인이 소유권이전청구권 가등기 이전의 부기등기를 마치고 가등기에 기한 본등기까지 마쳤으나 당초의 소유자 겸 매도인이 그 양도에 대하여 동의하거나 승낙하지 않고 있다면 양수인은 매도인과 아무런 법률관계가 없어 매도인에 대하여 소유권이전등기절차의 이행을 청구하는 등의 권리행사를 할 수 없으므로, 그 가등기 이전의 부기등기 및 가등기에 기한 본등기는 이에 부합하는 양수인과 매도인 간의 적법·유효한 실체관계가 존재하지 아니하여 원인무효의 등기가 된다(대판 2025.4.24. 2024다248290).

③ 효과 : 실체관계에 부합한 등기는 유효하다. 즉, 하자가 치유된다. 이때 실체관계에 부합한 등기라는 점은 등기명의자가 주장·증명하여야 한다(대판 2004.8.30. 2002다48771).

(5) 1부동산1등기기록의 원칙

등기부를 편성할 때에는 1필의 토지 또는 1개의 건물에 대하여 1개의 등기기록을 두되, 1동의 건물을 구분한 건물에 있어서는 1동의 건물에 속하는 전부에 대하여 1개의 등기기록을 사용하여야 한다는 원칙이다(부동산등기법 제15조 제1항). 이와 관련하여 이중보존등기가 1부동산1등기기록의 원칙 위반인지에 대하여 다툼이 있다.

1) 이중보존등기

① 의의 : 동일한 부동산에 이미 보존등기가 경료되어 있음에도 불구하고, 다시 이중으로 보존등기가 경료된 경우를 의미한다. 이때 1부동산1등기기록의 원칙상 어느 보존등기가 유효한지 문제된다.

② 판 례

㉠ 표제부의 표시란의 이중보존등기 : 실체법설에 따라 등기의 선후와 무관하게 부동산의 실제 상황과 부합하는 등기만이 유효하다(대판 1978.6.27. 77다405).

㉡ 사항란의 이중보존등기

㉮ 등기명의인이 동일한 경우 : 중복등기의 효력은 절차법적으로 판단된다.

> 동일 부동산에 관하여 등기용지를 달리하여 동일인 명의로 소유권보존등기가 중복되어 등재되어 있는 경우에는 1물1용지주의를 채택하고 있는 부동산등기법상 시간적으로 뒤에 경료된 중복등기는 그것이 실체권리관계에 부합되는 여부를 가릴 것 없이 무효이다(대판 1979.1.16. 78다1648).

㉯ 등기명의인이 다른 경우 : 실체법설에서 절차법적 절충설로 판례가 변경되었다고 평가할 수 있다.

> 동일 부동산에 관하여 등기명의인을 달리하여 중복된 소유권보존등기가 경료된 경우에는 먼저 이루어진 소유권보존등기가 원인무효가 되지 아니하는 한 뒤에 된 소유권보존등기는 비록 그 부동산의 매수인에 의하여 이루어진 경우에도 1부동산1용지주의를 채택하고 있는 부동산등기법 아래에서는 무효라고 해석함이 상당하다 할 것이다(대판[전합] 1990.11.27. 87다카2961 · 87다453).

③ 후(後)보존등기명의자 측의 대항사유 검토

㉠ 등기부 취득시효 완성의 항변

> 민법 제245조 제2항은 부동산의 소유자로 등기한 자가 10년간 소유의 의사로 평온 · 공연하게 선의이며 과실 없이 그 부동산을 점유한 때에는 소유권을 취득한다고 규정하고 있는바, 위 법 조항의 '등기'는 부동산등기법 제15조가 규정한 1부동산 1용지주의에 위배되지 아니한 등기를 말하므로, 어느 부동산에 관하여 등기명의인을 달리하여 소유권보존등기가 2중으로 경료된 경우 먼저 이루어진 소유권보존등기가 원인무효가 아니어서 뒤에 된 소유권보존등기가 무효로 되는 때에는, 뒤에 된 소유권보존등기나 이에 터 잡은 소유권이전등기를 근거로 하여서는 등기부 취득시효의 완성을 주장할 수 없다(대판[전합] 1996.10.17. 96다12511).

ⓒ 점유취득시효 완성과 실체관계 부합의 항변

> 동일 부동산에 관하여 이미 소유권이전등기가 경료되어 있음에도 그 후 중복하여 소유권보존등기를 경료한 자가 그 부동산을 20년간 소유의 의사로 평온·공연하게 점유하여 점유취득시효가 완성되었더라도, 선등기인 소유권이전등기의 토대가 된 소유권보존등기가 원인무효라고 볼 아무런 주장·입증이 없는 이상, 뒤에 경료된 소유권보존등기는 실체적 권리관계에 부합하는지의 여부에 관계없이 무효이므로, 뒤에 된 소유권보존등기의 말소를 구하는 것이 신의칙 위반이나 권리남용에 해당한다고 할 수 없다(대판 2008.2.14. 2007다63690).

2. 등기의 실질적 유효요건

(1) 물권행위와 등기의 합치(존재상의 합치)

법률행위에 의한 부동산물권 변동에는 물권행위와 등기의 합치가 요구된다. 이들 중 어느 하나가 결여되었다면, 원칙적으로 물권변동의 효력은 발생하지 아니한다. 이와 관련하여 등기를 갖추지 아니한 부동산매수인의 지위가 문제된다.

1) 미등기부동산매수인의 지위

① 문제점 : 존재상의 합치와 관련하여 미등기 부동산매수인의 법적 지위가 문제된다.
② 일반적 지위
  ㉠ 등기를 갖추지 못한 매수인은 점유자로서 점유보호청구권을 행사할 수 있지만, 민법 제186조 형식주의에서는 소유권을 취득할 수는 없다.

> 미등기무허가건물의 양수인이라도 그 소유권이전등기를 경료하지 않는 한 그 건물의 소유권을 취득할 수 없고, 소유권에 준하는 관습상의 물권이 있다고도 할 수 없으며, 현행법상 사실상의 소유권이라고 하는 포괄적인 권리 또는 법률상의 지위를 인정하기도 어렵다(대판 2006.10.27. 2006다49000). 따라서 미등기 무허가건물의 양수인은 소유권에 기한 방해제거청구를 할 수 없다(대판 2016.7.29. 2016다214483·2016다214490).

  ㉡ 다만, 판례는 미등기건물의 매수인이 점유 중인 건물에 대하여 「법률상 또는 사실상 처분을 할 수 있는 지위」를 인정하여 미등기건물의 철거처분권이 있다고 하였다.

> 건물철거는 그 소유권의 종국적 처분에 해당되는 사실행위이므로 원칙으로는 그 소유자(민법상 원칙적으로는 등기명의자)에게만 그 철거처분권이 있다 할 것이고, 예외적으로 건물을 전 소유자로부터 매수하여 점유하고 있는 등 그 권리의 범위 내에서 그 점유 중인 건물에 대하여 법률상 또는 사실상 처분을 할 수 있는 지위에 있는 자에게도 그 철거처분권이 있다(대판 2003.1.24. 2002다61521).

③ 등기부상 소유자에 대한 관계
  ㉠ 소유권자의 소유권에 기한 반환청구권 행사에 대항할 수 있는지 여부 : 미등기 부동산매수인은 민법 제213조 단서의 '점유할 권리'를 갖는 자로 볼 수 있고 이를 근거로 매도인의 물권적 청구권에 대항할 수 있다.

  > 토지의 매수인이 아직 소유권이전등기를 경료받지 아니하였다 하여도 매매계약의 이행으로 그 토지를 인도받은 때에는 매매계약의 효력으로서 이를 점유·사용할 권리가 생기게 된 것으로 보아야 하고, 또 매수인으로부터 위 토지를 다시 매수한 자는 위와 같은 토지의 점유·사용권을 취득한 것으로 봄이 상당하므로 매도인은 매수인으로부터 다시 위 토지를 매수한 자에 대하여 토지 소유권에 기한 물권적 청구권을 행사할 수 없다(대판 1998.6.26. 97다42823).

  ㉡ 등기청구권 : 판례는 「미등기 부동산매수인의 등기청구권은 채권적 청구권이나, 매수인이 인도받아 사용·수익하고 있으면 소멸시효에 걸리지 않는다」고 본다.
  ㉢ 과실수취권 : 목적물 인도 시부터 취득자는 목적부동산으로부터 생기는 과실에 대하여 과실취득권이 있다(민법 제587조).

④ 제3자에 대한 관계
  ㉠ 이중양도의 경우 : 다른 양수인이 먼저 등기를 취득하면 비록 부동산을 인도받아 사용·수익하고 있었더라도 다른 양수인이 양도인의 배임행위에 적극적으로 가담한 경우 등의 특별한 사정이 없는 한 등기를 경료한 자에게 대항할 수 없다.
  ㉡ 방해배제청구권 : 미등기 매수인은 소유권에 기한 물권적 청구권은 행사할 수 없으나, 점유권에 기한 물권적 청구권은 행사할 수 있다.
  ㉢ 강제집행, 환취권 : 소유권자는 여전히 양도인이므로, 양도인에 대한 강제집행시 미등기매수인이 제3자 이의의 소를 제기할 수 없고, 양도인 파산 시 환취권을 행사할 수도 없다.

(2) 내용상의 불합치

1) 서 설
① **양적 불합치** : 등기된 양이 물권행위의 양보다 큰 경우에는 물권행위의 한도 내에서 효력이 생긴다(대판 1965.6.22. 65다778). 반면 등기의 양이 법률행위의 양보다 작으면 일부무효의 법리(민법 제137조)에 따라 판단해야 한다는 것이 학설의 일반적인 입장이다.
② **질적 불합치** : 물권행위와 등기가 질적으로 불합치하는 경우 원칙적으로 등기는 원인무효이며, 따라서 권리변동은 발생하지 않는다. 다만, 등기가 실체관계와 부합하는 등기로 되는 경우 또는 무효인 등기를 말소한 후 법률행위와 부합하는 새로운 등기를 경료한 경우에는 유효한 권리변동이 발생한다. 이 경우 권리변동의 시기는 실체관계와 부합하는 때 또는 새로운 등기를 한 때이다. 질적 불합치는 중간생략등기, 실제와 다른 등기원인에 의한 등기, 무효등기의 유용과 관련된 논의이다.

2) 중간생략등기

① **의의** : 중간생략등기란 부동산물권이 최초의 양도인으로부터 중간취득자에게, 다시 중간취득자로부터 최후의 양수인에게 전전 양수되는 경우, 중간취득자 명의의 등기를 생략한 채 최초의 양도인으로부터 직접 최후의 양수인에게 행해지는 등기를 말한다. 중간생략등기와 관련하여 문제되는 것은 이미 경료된 최후 양수인 명의 등기의 효력과 최후 양수인이 최초 양도인에게 직접 소유권이전등기를 청구할 수 있는지 나아가 최초 양도인이 최후 양수인에게 이전등기를 경료한 것이 중간취득자에 대한 최초 양도인의 채무가 이행된 것으로 볼 것인가이다.

② **이미 경료된 중간생략등기의 효력**
  ㉠ 원칙 : <u>최초 양도인과 최후 양수인 사이에는 등기원인에 해당하는 채권계약 자체가 존재하지 않으므로 원칙적으로 최후 양수인 명의의 등기는 무효등기에 해당한다.</u>
  ㉡ 예외 : 최초 양도인과 중간취득자 및 중간취득자와 최후 양수인 사이의 매매계약이 모두 유효하고 최초 양도인과 중간 취득자 모두에게 이전등기청구권 행사를 저지할 만한 실체법상의 항변사유가 없어서 최종 양수인 명의의 이전등기가 실체관계와 부합한다면 유효한 등기가 될 수 있다. 즉, 3자간 합의가 없더라도 그 등기가 적법한 등기원인에 의하여 성립되어 있는 때에는 합의가 없었음을 이유로 그 무효를 주장하지 못하고, 그 말소도 청구하지 못한다(대판 2005.9.29. 2003다40651).

③ **최종 양수인이 최초 양도인에게 등기를 청구할 수 있는지 여부**
  ㉠ 중간생략등기의 합의에 의한 직접청구요건 : 관계당사자 전원의 의사 합치, 즉 최초 양도인·중간취득자·최종 양수인 간의 3자 합의가 있는 경우에 한하여 최종 양수인의 최초 양도인에게 직접 자기 명의로 소유권이전등기를 청구할 수 있다(통설·판례).

  > 부동산이 전전 양도된 경우에 중간생략등기의 합의가 없는 한 그 최종 양수인은 최초 양도인에 대하여 직접 자기 명의로의 소유권이전등기를 청구할 수 없고, 부동산의 양도계약이 순차 이루어져 최종 양수인이 중간생략등기의 합의를 이유로 최초 양도인에게 직접 그 소유권이전등기청구권을 행사하기 위하여는 관계당사자 전원의 의사 합치, 즉 중간생략등기에 대한 최초 양도인과 중간자의 동의가 있는 외에 최초 양도인과 최종 양수인 사이에도 그 중간등기 생략의 합의가 있었음이 요구되므로, 비록 최종 양수인이 중간자로부터 소유권이전등기청구권을 양도받았다 하더라도 최초 양도인이 그 양도에 대하여 동의하지 않고 있다면 최종 양수인은 최초 양도인에 대하여 채권양도를 원인으로 하여 소유권이전등기절차 이행을 청구할 수 없다(대판 1997.5.16. 97다485).

  ㉡ 3자 합의가 있는 경우의 법률관계
    ㉮ 중간매수인의 소유권이전등기청구권이 소멸된다거나 첫 매도인의 그 매수인에 대한 소유권이전등기의무가 소멸되는 것은 아니다(대판 1991.12.13. 91다18316).
    ㉯ 최초매도인과 중간 매수인, 중간 매수인과 최종 매수인 사이에 순차로 매매계약이 체결되고 이들 간에 중간생략등기의 합의가 있은 후에 최초 매도인과 중간 매수인 간에 매매대금을 인상하는 약정이 체결된 경우, 최초 매도인은 인상된 매매대금이 지급되지 않았음을 이유로 최종 매수인 명의로의 소유권이전등기의무의 이행을 거절할 수 있다(대판 2005.4.29. 2003다66431).

㉰ 최초매도인과 중간매수인이 합의해제를 한 경우, 최초매도인은 합의해제를 이유로 완전한 권리를 취득하지 못한 최종 매수인에게 대항할 수 있다. 즉, 최종 매수인은 민법 제548조 제1항 단서의 제3자에 해당하지 않는다(대판 1980.5.13. 79다932).

㉱ 채권자대위권 행사에 따른 청구 : 중간생략등기의 합의가 없다면 부동산의 전전매수인은 매도인을 대위하여 그 전매도인인 등기명의자에게 매도인 앞으로의 소유권이전등기를 구할 수는 있을지언정 직접 자기 앞으로의 소유권이전등기를 구할 수는 없다(대판 1969.10.28. 69다1351).

3) 실제와 다른 등기원인에 의한 등기

① 의의 : 등기관이 원칙적으로 실질적 심사권을 행사할 수 없기 때문에 종래 실제와 다른 등기원인에 의하여 경료된 등기에 대하여 판례는 실체관계에 부합함을 이유로 그 등기의 유효성을 인정하였다. 이와 관련하여 진정명의 회복을 원인으로 하는 소유권이전등기의 허용성이 문제된다.

② 진정명의 회복을 원인으로 하는 소유권이전등기 : 등기절차상 말소등기가 행하여지기 어려운 경우에 그에 대한 대안으로 기능을 한다.

㉠ 진정명의 회복을 위한 소유권이전등기를 청구할 수 있는 자는 물권자에 한한다.

> • 이미 자기 앞으로 소유권을 표상하는 등기가 되어 있었거나 법률에 의하여 소유권을 취득한 자가 진정한 등기명의를 회복하기 위한 방법으로는 현재의 등기명의인을 상대로 그 등기의 말소를 구하는 외에 "진정한 등기명의의 회복"을 원인으로 한 소유권이전등기절차의 이행을 직접 구하는 것도 허용되어야 한다(대판[전합] 1990.11.27. 89다카12398).
> • 자기 앞으로 소유권의 등기가 되어 있지 않았고 법률에 의하여 소유권을 취득하지도 않은 사람이 소유권자를 대위하여 현재의 등기명의인을 상대로 그 등기의 말소를 청구할 수 있을 뿐인 경우에는 진정한 등기명의의 회복을 위한 소유권이전등기청구를 할 수 없다(대판 2003.5.13. 2002다64148)

㉡ 진정명의 회복을 위한 소유권이전등기의 피고적격 : 현재의 등기명의인

> 진정한 등기명의의 회복을 위한 소유권이전등기청구는 이미 자기 앞으로 소유권을 표상하는 등기가 되어 있었거나 법률에 따라 소유권을 취득한 자가 진정한 등기명의를 회복하기 위한 방법으로서, 현재의 등기명의인을 상대로 하여야 하고 현재의 등기명의인이 아닌 자는 피고적격이 없다(대판 2017.12.5. 2015다240645).

㉢ 말소등기청구소송의 기판력은 진정명의 회복을 위한 소유권이전등기청구소송에 미친다.

> 진정한 등기명의의 회복을 위한 소유권이전등기청구는 이미 자기 앞으로 소유권을 표상하는 등기가 되어 있었거나 법률에 의하여 소유권을 취득한 자가 진정한 등기명의를 회복하기 위한 방법으로 현재의 등기명의인을 상대로 그 등기의 말소를 구하는 것에 갈음하여 허용되는 것인데, 말소등기에 갈음하여 허용되는 진정명의회복을 원인으로 한 소유권이전등기청구권과 무효등기의 말소청구권은 어느 것이나 진정한 소유자의 등기명의를 회복하기 위한 것으로서 실질적으로 그 목적이 동일하고, 두 청구권 모두 소유권에 기한 방해배제청구권으로서 그 법적 근거와 성질이 동일하므로, 비록 전자는 이전등기, 후자는 말소등기의 형식을 취하고 있다고 하더라도 그 소송물은 실질상 동일한 것으로 보아야 하고, 따라서 소유권이전등기말소청구소송에서 패소확정판결을 받았다면 그 기판력은 그 후 제기된 진정명의회복을 원인으로 한 소유권이전등기청구소송에도 미친다(대판[전합] 2001.9.20. 99다37894 - 다수의견).

4) 무효등기의 유용

① **의의** : 어떤 등기가 행하여졌으나 그것이 실체관계에 부합되지 않아서 무효이거나 사후적으로 무효로 된 후 그와 부합하는 실체관계가 생긴 경우에, 기존의 무효등기를 말소하지 않고 새로운 실체관계를 공시하는 유효한 등기로 이용하는 것을 무효등기의 유용이라 한다.

② **인정 여부**

㉠ 표제부 등기의 유용 : 판례는 표제부 등기의 유용은 인정될 수 없다는 입장이다.

> - 멸실된 건물과 신축된 건물이 위치나 기타 여러 가지 면에서 서로 같다고 하더라도 그 두 건물이 동일한 건물이라고는 할 수 없으므로 신축건물의 물권변동에 관한 등기를 멸실건물의 등기부에 등재하여도 그 등기는 무효이고 가사 신축건물의 소유자가 멸실건물의 등기를 신축건물의 등기로 전용할 의사로써 멸실건물의 등기부상 표시를 신축건물의 내용으로 표시 변경 등기를 하였다고 하더라도 그 등기가 무효임에는 변함이 없다(대판 1980.11.11. 80다441).
> - 기존 건물이 멸실되고 새로이 건물이 세워진 경우 신축된 건물과 멸실된 건물이 그 재료, 위치, 구조 기타 면에 있어서 상호 유사한 면이 있다고 하더라도 그로써 신축된 건물이 멸실된 건물과 동일한 건물이라고는 할 수 없으므로, 그 등기는 신축건물에 대한 등기로서 유효하다고 할 수 없다(대결 2012.10.29. 2012마1235).

㉡ 사항란 등기의 유용 : 등기의 유용 전에 「등기상 새로운 이해관계를 가지게 된 제3자」가 없는 경우에 무효등기의 유용이 가능하다(제한적 긍정설).

> - 실질관계의 소멸로 무효로 된 등기의 유용은 그 등기를 유용하기로 하는 합의가 이루어지기 전에 등기상 이해관계가 있는 제3자가 생기지 않은 경우에 한하여 허용된다(대판 1989.10.27. 87다카425).
> - 부동산의 매매예약에 기하여 소유권이전등기청구권의 보전을 위한 가등기가 마쳐진 경우에 그 매매예약완결권이 소멸하였다면 그 가등기 또한 효력을 상실하여 말소되어야 할 것이나, 그 부동산의 소유자가 제3자와 사이에 새로운 매매예약을 체결하고 그에 기한 소유권이전등기청구권의 보전을 위하여 이미 효력이 상실된 가등기를 유용하기로 합의하고 실제로 그 가등기 이전의 부기등기를 마쳤다면, 그 가등기 이전의 부기등기를 마친 제3자로서는 언제든지 부동산의 소유자에 대하여 위 가등기 유용의 합의를 주장하여 가등기의 말소청구에 대항할 수 있고, 다만 그 가등기 이전의 부기등기 전에 등기부상 이해관계를 가지게 된 자에 대하여는 위 가등기 유용의 합의 사실을 들어 그 가등기의 유효를 주장할 수는 없다. 나아가 채권자가 무효인 소유권이전등기청구권의 보전을 위한 가등기의 유용 합의에 따라 부동산 소유자인 채무자로부터 그 가등기 이전의 부기등기를 마친 제3채무자를 상대로 채무자를 대위하여 가등기의 말소를 구한 사안에서, 채권자가 그 부기등기 전에 부동산을 가압류한 사실을 주장하는 것은 채무자가 아닌 채권자 자신이 제3채무자에 대하여 가지는 사유에 관한 것이어서 허용되지 않는다(대판 2009.5.28. 2009다4787).

③ **요 건**

㉠ 무효인 등기가 존재할 것
㉡ 새로운 실체적 관계가 발생하였을 것
㉢ 무효등기 유용의 합의가 있을 것
㉣ 유용의 합의 이전에 등기부상 이해관계가 있는 제3자가 없을 것

④ **효과** : 무효등기를 유용한 경우 물권변동의 효력이 발생하는데, 그 효과는 유용의 합의가 있는 때에 생기고, 소급효가 부정된다(대판 1992.5.12. 91다26546).

⑤ 무효등기 유용합의의 항변
  ㉠ 문제점 : 무효인 저당권등기에 관하여 채무자인 부동산 소유자(甲)와 새로운 제3의 채권자(丙)와 사이에 저당권등기의 유용의 합의를 하였으나 아직 종전의 채권자 겸 근저당권자(乙)의 협력을 받지 못하여 저당권 이전의 부기등기를 경료하지 못한 경우 채무자 甲이 현재 등기명의자인 종전 채권자 乙에게 근저당권등기의 말소를 청구할 수 있는지 여부가 문제된다.
  ㉡ 판 례

> 채무자인 부동산 소유자와 새로운 제3의 채권자와 사이에 저당권등기의 유용의 합의를 하였으나 아직 종전의 채권자 겸 근저당권자의 협력을 받지 못하여 저당권 이전의 부기등기를 경료하지 못한 경우에는 부동산 소유자와 종전의 채권자 사이에서는 저당권설정등기는 여전히 등기원인이 소멸한 무효의 등기라고 할 것이므로 <u>부동산 소유자는 종전의 채권자에 대하여 그 저당권설정등기의 말소를 구할 수 있다고 할 것이지만</u>, 부동산 소유자와 종전의 채권자 그리고 새로운 제3의 채권자 등 3자가 합의하여 저당권설정등기를 유용하기로 합의한 경우라면 <u>종전의 채권자는 부동산 소유자의 저당권설정등기말소청구에 대하여 그 3자 사이의 등기 유용의 합의 사실을 들어 대항할 수 있고</u> 또한 부동산 소유자로부터 그 부동산을 양도받기로 하였으나 아직 소유권이전등기를 경료받지 아니하여 <u>그 소유자를 대위하여 저당권설정등기의 말소를 구할 수밖에 없는 자에 대하여도 마찬가지로 대항할 수 있다</u>(대판 1998.3.24. 97다56242).

제2관 법률행위에 의하지 않는 부동산물권의 변동

등기를 요하지 아니하는 부동산물권취득(민법 제187조)
상속, 공용징수, 판결, 경매 기타 법률의 규정에 의한 부동산에 관한 물권의 취득은 등기를 요하지 아니한다. 그러나 등기를 하지 아니하면 이를 처분하지 못한다.

I 서 설

1. 의 의

민법 제187조 본문은 민법 제186조 성립요건주의(형식주의)의 예외를 인정하여 등기 없이도 물권변동이 이루어지는 경우를 규정하고 있다.

2. 민법 제187조 단서의 의미

민법 제187조 본문에 의하여 부동산물권을 등기 없이 취득하였더라도 그 권리자가 이를 법률행위에 의하여 처분하려면 미리 물권의 취득을 등기하고 그 후 그 법률행위를 원인으로 하는 등기를 경료하여야 한다는 의미이다. 따라서 부동산물권을 등기 없이 취득한 자가 자기 명의의 등기 없이 이를 처분한 경우 그 처분의 상대방은 부동산물권을 취득하지 못한다는 것일 뿐, 그 처분행위의 채권적 효력까지 부인할 수는 없다(대판 1994.10.21. 93다12176).

Ⅱ 적용범위

민법 제187조는 취득만 규정하고 있으나 변경, 소멸 등을 모두 포함한다.

1. 상 속

① 피상속인의 사망 시에 부동산물권변동이 일어난다(민법 제997조). 따라서 피상속인이 가지고 있었던 부동산 물권은 피상속인 사망 시 등기 없이도 법률상 당연히 상속인에게 이전된다.
② 포괄적 유증(민법 제1078조)과 회사의 합병(상법 제235조, 제269조 등)도 상속과 마찬가지로 등기 없이 물권변동이 발생한다.

2. 공용징수

① **의의** : 공용징수(수용)란 공익사업을 위하여 소유권 기타 재산권을 법률의 힘에 의하여 강제적으로 취득하는 것을 말하며, 그 법적 성질은 원시취득이다(대판 2000.7.4. 98다62961).
② **물권변동의 시기** : 협의수용은 협의에서 정한 시기에(공익사업을 위한 토지 등의 취득 및 보상에 관한 법률 제29조, 제45조 제1항), 재결수용은 재결에서 정한 수용의 개시일에(동법 제30조, 제45조 제1항) 물권변동이 발생한다.

3. 판 결

① 민법 제187조의 판결은 판결의 확정으로 권리변동이 일어나는 형성판결을 의미한다. 따라서 매매·증여 등의 법률행위를 원인으로 한 소유권이전등기절차의 이행판결(대판 2003.9.2. 2001다21717)이나 소유권 존재의 확인판결이 있더라도 소유권이전등기가 경료될 때까지는 부동산의 소유권을 취득할 수 없다.

> **[매매를 원인으로 한 소유권이전등기절차이행 판결이 민법 제187조 소정의 판결에 해당하는지 여부(소극)]**
> 매매 등 법률행위를 원인으로 한 소유권이전등기절차 이행의 소에서의 원고 승소판결은 부동산물권취득이라는 형성적 효력이 없어 민법 제187조 소정의 판결에 해당하지 않으므로 승소판결에 따른 소유권이전등기 경료시까지는 부동산의 소유권을 취득한다고 볼 수 없다(대판 1982.10.12. 82다129).

② 민사소송법 제220조에 의해 화해조서나 인낙조서가 작성된 경우, 그 조서가 형성적 내용을 담고 있으면 민법 제187조의 판결에 포함되나, 그 조서의 내용이 이행에 관한 것이면 민법 제187조의 판결에 포함되지 않는다.

③ 공유물분할의 소송절차 또는 조정절차에서 공유자 사이에 공유토지에 관한 현물분할의 협의가 성립하여 그 합의사항을 조서에 기재함으로써 조정이 성립하였다고 하더라도, 그와 같은 사정만으로 재판에 의한 공유물분할의 경우와 마찬가지로 그 즉시 공유관계가 소멸하고 각 공유자에게 그 협의에 따른 새로운 법률관계가 창설되는 것은 아니고, 공유자들이 협의한 바에 따라 토지의 분필절차를 마친 후 각 단독소유로 하기로 한 부분에 관하여 다른 공유자의 공유지분을 이전받아 등기를 마침으로써 비로소 그 부분에 대한 대세적 권리로서의 소유권을 취득하게 된다고 보아야 한다(대판[전합] 2013.11.21. 2011두1917 – 다수의견).

4. 경 매

민법 제187조에서 말하는 경매는 사인 사이에서 행해지는 사경매가 아닌 국가기관이 행하는 공경매를 의미한다. 여기에는 민사집행법상의 경매와 국세징수법상의 경매가 있는데, 소유권 취득 시기는 전자의 경우에는 매수인이 매각대금을 완납한 때이고(민사집행법 제135조, 제268조), 후자의 경우에는 매수인이 매수대금을 납부한 때이다(국세징수법 제77조 제1항).

5. 기타 법률의 규정에 의한 부동산 물권변동

(1) 신축건물의 소유권 귀속

① 문제점 : 원칙적으로 자기의 비용과 노력으로 건물을 신축한 자는 그 건축허가가 타인의 명의로 된 여부에 관계없이 그 소유권을 원시취득한다(대판 2002.4.26. 2000다16350). 이와 관련하여 건축주의 사정으로 건축공사가 중단되었던 미완성 건물을 인도받아 나머지 공사를 마치고 완공한 경우에, 완성된 건물의 소유권이 누구에게 귀속되는지 문제된다.

② 판례 : 건축주의 사정으로 건축공사가 중단되었던 미완성의 건물을 인도받아 나머지 공사를 마치고 완공한 경우, 건물이 공사가 중단된 시점에서 사회통념상 독립한 건물이라고 볼 수 있는 형태와 구조를 갖추고 있었다면 원래의 건축주가 그 건물의 소유권을 원시취득한다(대판 1997.5.9. 96다54867).

> **[비교 판례]**
> **[처음부터 여러 층으로 건축할 것이 예정된 미완성 건물을 인도받아 건축한 경우]**
> 건물이 설계도상 처음부터 여러 층으로 건축할 것으로 예정되어 있고 그 내용으로 건축허가를 받아 건축공사를 진행하던 중에 건축주의 사정으로 공사가 중단되었고 그와 같이 중단될 당시까지 이미 일부 층의 기둥과 지붕 그리고 둘레 벽이 완성되어 그 구조물을 토지의 부합물로 볼 수 없는 상태에 이르렀다고 하더라도, 제3자가 이러한 상태의 미완성 건물을 종전 건축주로부터 양수하여 나머지 공사를 계속 진행한 결과 건물의 구조와 형태 등이 건축허가의 내용과 사회통념상 동일하다고 인정되는 정도로 건물을 축조한 경우에는, 그 구조와 형태가 원래의 설계 및 건축허가의 내용과 동일하다고 인정되는 건물 전체를 하나의 소유권의 객체로 보아 그 제3자가 그 건물 전체의 소유권을 원시취득한다고 보는 것이 옳고, 건축허가를 받은 구조와 형태대로 축조된 전체 건물 중에서 건축공사가 중단될 당시까지 기둥과 지붕 그리고 둘레 벽이 완성되어 있던 층만을 분리해 내어 이 부분만의 소유권을 종전 건축주가 원시취득한다고 볼 것이 아니다(대판 2006.11.9. 2004다67691).

(2) 신·구 공공시설 무상귀속 제도

'신·구 공공시설 무상귀속 제도'는 공공주택지구조성사업의 시행으로 새로이 조성되는 주택지구 내에 새로운 공공시설의 수요가 다수 유발되는 점을 고려하여 사업시행자에게 직접 새로운 공공시설의 설치의무를 부과함과 동시에 이를 국가 또는 지방자치단체의 관리청에 무상으로 귀속시킴으로써, '공공시설의 원활한 확보와 효율적인 유지·관리'라는 과제를 실현하고, 새로 설치되는 공공시설이 관리청에 무상으로 귀속됨으로 인해 야기되는 사업시행자의 재산상 손실·비용을 합리적 범위 안에서 일부라도 보전해 주는 한편, 신·구 공공시설의 소유권 변동 효과가 개별적인 법률행위를 통해서가 아니라 해당 사업의 준공시점에 법률 규정에 의해서 직접 발생하도록 함으로써 관련 행정사무 처리의 간소화·효율화를 도모하는 데에 그 입법 취지가 있다. '신·구 공공시설 무상귀속 제도'가 적용되는 경우 해당 사업의 시행으로 용도폐지되는 종래의 공공시설은 사업시행자에게, 해당 사업으로 새로 설치되거나 기존의 공공시설을 대체하기 위하여 설치된 공공시설은 그 시설을 관리할 관리청에 각각 일률적으로 무상귀속되고, 이와 같은 무상귀속은 법률의 규정에 의한 원시취득의 성격을 갖는다. / 공공주택지구계획으로 설치되는 새로운 공공시설이 종래의 공공시설 및 그 부지에 중복하여 설치되는 경우에도 새로운 공공시설은 '신 공공시설 무상귀속 제도'의 적용으로 관리청에 일률적으로 무상귀속된다. / 나아가 새로운 공공시설과 중복되는 부분을 포함한 종래의 공공시설은 지구계획의 승인·고시에 따라 변경 또는 폐지됨으로써 더 이상 종래의 행정목적대로 사용되지 않게 되어 용도폐지가 의제되는 것이므로, 종래의 공공시설 및 그 부지 전체가 '구 공공시설 무상귀속 제도'의 적용에 따라 사업시행자에게 무상귀속되어야 할 종래의 공공시설에 해당하게 된다. 다만 중복되는 부분은 준공시점에 관리청에 무상으로 귀속시켜야 할 공공시설에 포함되기 때문에 외견상 용도폐지에 따른 사업시행자에게로의 무상귀속이 이루어지지 않은 것처럼 보일 뿐이다. 따라서 종래의 공공시설 및 그 부지 중 새로이 또는 변경 설치하는 공공시설과 중복되는 부분 역시 중복되지 않은 부분과 마찬가지로 사업시행자가 별도의 사법상 계약이나 공법상 절차에 따라 취득할 필요가 없음은 당연하다(대판 2024.12.12. 2022다274028).

(3) 기 타

① 법정지상권(민법 제305조, 제366조)의 취득, 관습법상 법정지상권(대판 1966.9.20. 66다1434)의 취득, 법정저당권(민법 제649조)의 취득
② 혼동에 의한 물권의 소멸(민법 제191조)
③ 법정대위에 의한 저당권의 이전(민법 제482조)
④ 피담보채권의 소멸에 의한 저당권의 소멸(민법 제369조) 등

III 예 외

민법 제245조 제1항(부동산 점유취득시효)은 20년간 소유의 의사로 평온, 공연하게 부동산을 점유한 자는 등기함으로써 그 소유권을 취득한다고 규정하여 민법 제187조의 예외를 인정하고 있다.

제3관 부동산등기제도

I 총 설

1. 등기의 의의

등기란 국가기관인 등기관이 부동산등기법 소정의 절차에 따라 부동산에 관한 권리관계를 공적 장부인 등기부에 기재하는 것 또는 그러한 기재 자체를 말한다.

2. 등기의 종류

(1) 사실의 등기와 권리의 등기

등기는 '표제부(標題部)'에 하는 사실의 등기와 '갑구(甲區)'와 '을구(乙區)'에 하는 권리의 등기로 구분된다. 등기의 실체법상 효력은 권리의 등기에서만 인정된다.

(2) 보존등기와 권리변동의 등기

미등기의 부동산에 관하여 최초로 이루어져 그 후에 행하여지는 각종의 등기의 기초가 되는 등기를 보존등기라 하고, 보존등기를 기초로 하여 민법 제186조에 따라 행하여지는 등기를 권리변동의 등기라 한다.

(3) 등기의 내용에 의한 분류

1) 기입등기

새로운 등기원인에 기하여 행해지는 등기로 보통 소유권보존등기, 소유권이전등기 등이 있다.

2) 경정등기

① 의의 : 등기가 행해졌으나 그 절차에 흠이 있어 「원시적으로」 등기와 실체관계가 불일치하는 경우 이를 시정하기 위한 등기이다(부동산등기법 제32조 제1항).

② 신청주의 : 경정등기도 신청주의(부동산등기법 제22조)가 원칙이나 착오나 빠진 부분이 등기관의 잘못으로 인하여 생긴 때에는 등기관이 직권으로 경정하여야 한다(부동산등기법 제32조 제2항 본문).

3) 변경등기

어떤 등기가 행하여진 후 등기된 사항에 변경이 생겨 「후발적으로」 등기와 실체관계가 불일치하는 경우 이를 시정하기 위한 등기이다(부동산등기법 제35조, 제41조).

4) 말소등기

① 의의 : 등기에 대응하는 실체관계가 원시적 또는 후발적으로 소멸함에 따라 기존의 등기 전부를 말소하는 등기이다.

② 이해관계 있는 제3자가 있는 등기의 말소 : 등기상 이해관계 있는 제3자가 있을 때에는 등기의 말소를 신청하는 경우 제3자의 승낙이 있어야 하며, 이 경우 제3자 명의의 등기는 등기관이 직권으로 말소한다(부동산등기법 제57조).

5) 말소회복등기

기존의 등기가 부당하게 말소된 경우에 하는 등기로, 등기의 회복을 신청하는 때 등기상 이해관계 있는 제3자가 있는 경우 제3자의 승낙을 얻어야 한다(부동산등기법 제59조).

> **[말소된 근저당권설정등기의 회복등기를 구하는 본안소송에 대하여 그 후순위 근저당권자가 본안소송의 대상인 근저당권의 부존재확인을 구하는 청구를 참가소송으로서 제기할 수 있는지 여부(적극)]**
> 근저당권설정등기의 불법말소를 이유로 그 회복등기를 구하는 본안소송에서 원고가 승소판결을 받는다고 하더라도 그 후순위 근저당권자가 있는 경우에는 바로 회복등기를 할 수 있는 것은 아니고 부동산등기법 제75조[현행법상 제59조(註)]에 의하여 이해관계 있는 제3자인 후순위 근저당권자의 승낙서 또는 이에 대항할 수 있는 재판의 등본을 첨부하여야 하므로 원고로서는 후순위 근저당권자를 상대로 승낙을 구하는 소송을 별도로 제기하여 승소판결을 받아야 하고, 따라서 본안소송에서 원고가 승소판결을 받는다고 하더라도 그 기판력은 회복등기에 대한 승낙을 구하는 소송에는 미치지 아니하므로 후순위 근저당권자는 그 소송에서 위 근저당권이 불법으로 말소되었는지의 여부를 다툴 수 있는 것이기는 하지만, 말소회복등기소송에서의 사실인정관계가 승낙의사표시 청구소송에서도 유지되어 후순위 근저당권자는 선순위 근저당권을 수인하여야 할 것이기에 본안소송의 결과는 당연히 후순위 근저당권자를 상대로 승낙을 구하는 소에 사실상 영향을 미치게 됨으로써 후순위 근저당권자의 권리의 실현 또는 법률상의 지위가 침해될 염려가 있다 할 것이다. 따라서 후순위 근저당권자에게는 원·피고들에 대한 근저당권부존재확인청구라는 참가소송을 통하여 후일 발생하게 될 이러한 불안 내지 염려를 사전에 차단할 필요가 있는 것이고, 이러한 참가소송은 사해판결로 인하여 초래될 이러한 장애를 방지하기 위한 유효적절한 수단이 된다고 할 것이다(대판 2001.8.24. 2000다12785·12792).

6) 멸실등기

부동산이 멸실된 경우에 행하여지는 등기로 권리의 등기가 아니라 사실의 등기에 해당한다(부동산등기법 제39조, 제43조, 제44조)이다. 부동산이 일부 멸실된 경우에는 멸실등기가 아니라 변경등기를 하여야 한다.

7) 멸실회복등기

등기부의 전부 또는 일부가 멸실된 경우에 행하여지는 등기이나 등기정보가 전산화되어 있는 현실을 감안하면 등기부의 멸실을 생각하기 어려워 2011년 개정부동산등기법에서 폐지되었다. 단, 종이형태로 작성된 등기부의 전부 또는 일부가 폐쇄되지 않은 상태에서 멸실되었으나, 2011.10.13.까지 종전의 규정에 따른 멸실회복등기절차가 이루어지지 않은 경우의 회복에 관한 절차는 종전의 규정에 따른다[부동산등기규칙 부칙 제3조(대법원규칙 제2356호, 2011.9.28.)].

> **[전 등기의 접수연월일, 접수번호 및 원인일자가 불명으로 기재된 멸실회복등기의 추정력]**
> 멸실회복등기에 있어 전 등기의 접수연월일, 접수번호 및 원인일자가 불명이라고 기재되어 있다 하더라도, 특별한 사정이 없는 한 이는 등기공무원에 의하여 적법하게 수리되고 처리된 것이라고 추정된다(대판 1997.11.25. 97다34723).

(4) 등기의 형식에 의한 분류

① **주등기** : 표시번호란 또는 갑구나 을구의 순위번호란에 독립된 번호가 부여되는 등기이다.

② **부기등기** : 변경등기 또는 경정 등기 등과 같이 기존의 등기순위를 그대로 보유할 필요가 있는 경우에 주등기의 번호를 그대로 사용하며, 주등기의 번호 아래에 부기호수를 기재하여 이루어지는 등기이다. 따라서 부기등기는 주등기에 종속되는 것으로, 주등기와 별개의 새로운 등기가 아니다.

> - 근저당권 이전의 부기등기는 기존의 주등기인 근저당권설정등기에 종속되어 주등기와 일체를 이루는 것이어서, 피담보채무가 소멸된 경우 또는 근저당권설정등기가 당초 원인무효인 경우 주등기인 근저당권설정등기의 말소만 구하면 되고 그 부기등기는 별도로 말소를 구하지 않더라도 주등기의 말소에 따라 직권으로 말소되는 것이므로, 위 부기등기의 말소청구는 권리보호의 이익이 없는 부적법한 청구라고 할 것이다(대판 2000.10.10. 2000다19526). 또한 근저당권 양도의 부기등기는 기존의 근저당권설정등기에 의한 권리의 승계를 등기부상 명시하는 것뿐으로, 그 등기에 의하여 새로운 권리가 생기는 것이 아닌 만큼 근저당권설정등기의 말소등기청구는 양수인만을 상대로 하면 족하고 양도인은 그 말소등기청구에 있어서 피고 적격이 없으며, 근저당권의 이전이 전부명령 확정에 따라 이루어졌다고 하여 이와 달리 보아야 하는 것은 아니다(대판 2000.4.11. 2000다5640).
> - 다만, 근저당권의 이전원인만이 무효로 되거나 취소 또는 해제된 경우, 즉 근저당권의 주등기 자체는 유효한 것을 전제로 이와는 별도로 근저당권이전의 부기등기에 한하여 무효사유가 있다는 이유로 부기등기만의 효력을 다투는 경우에는 그 부기등기의 말소를 소구할 필요가 있으므로 예외적으로 소의 이익이 있다(대판 2005.6.10. 2002다15412·15429).

(5) 등기의 효력에 의한 분류

1) 의 의

등기를 효력에 따라 분류하면 직접 물권변동을 발생케 하는 본등기로서 종국등기와 물권변동과는 직접적인 관계가 없이 간접적으로 물권변동에 대비하기 위한 예비등기로서 가등기가 있다. 과거에는 예비등기에 가등기와 예고등기가 있었으나, 2011년 개정부동산등기법에 의해 예고등기가 폐지되었다. 이하에서는 가등기에 대해서만 검토하기로 한다.

2) 가등기

① **의의** : 가등기란 종국등기를 할 만한 실체법적 또는 절차법적 요건을 구비하지 못한 경우에, 장차 행하여질 본등기의 순위를 보전해 주는 효력을 가지는 등기로, 부동산물권이나 임차권 등의 권리변동을 목적으로 하는 청구권을 보전하기 위하여 또는 그 청구권이 시기부 또는 정지조건부일 경우나 그 밖에 장래에 확정될 것인 경우에 그 본등기의 순위보전을 위하여 하는 예비등기를 말한다(부동산등기법 제88조). 따라서 청구권의 순위를 보전하기 위한 것이 아닌 물권적 청구권을 보전하기 위한 가등기는 허용되지 않는다(대판 1982.11.23. 81다카1110).

② **종류** : 가등기는 청구권보전의 가등기와 담보가등기가 있다. 일반적으로 가등기는 청구권보전의 가등기를 의미하며 담보가등기는 가등기담보 등에 관한 법률이 적용되어 가등기만으로도 실체법상 효력이 인정된다.

③ **가등기의 유효요건** : 가등기를 하려면 아래와 같이 보전할 유효한 청구권이 존재하여야 한다.
  ㉠ 권리변동을 목적으로 하는 청구권을 보전하려 할 때
  ㉡ 보전할 청구권이 시기부 또는 정지조건부일 때
  ㉢ 그 밖의 청구권이 장래에 있어 확정될 것인 때

④ **가등기법상 권리의 이전(가등기의 부기등기)**
  ㉠ 문제점 : 가등기에 의하여 보전된 청구권이 양도된 경우에, 그 양도의 가등기가 가능한지 문제된다.
  ㉡ 판 례

> 가등기는 원래 순위를 확보하는 데에 그 목적이 있으나, 순위 보전의 대상이 되는 물권변동의 청구권은 그 성질상 양도될 수 있는 재산권일 뿐만 아니라 가등기로 인하여 그 권리가 공시되어 결과적으로 공시방법까지 마련된 셈이므로, 이를 양도한 경우에는 양도인과 양수인의 공동신청으로 그 가등기상의 권리의 이전등기를 가등기에 대한 부기등기의 형식으로 경료할 수 있다고 보아야 한다(대판[전합] 1998.11.19. 98다24105).

⑤ **가등기의 효력**
  ㉠ 본등기 전의 효력(실체법상 효력의 문제)
    ㉮ 문제점 : 본등기 전인 가등기 상태의 실체법상 효력에 대해서 학설의 대립이 있으나, 다수설과 판례는 소극설의 입장이다.
    ㉯ 판 례

> • 가등기는 부동산등기법 제6조 제2항의 규정에 의하여 그 본등기 시에 본등기의 순위를 가등기의 순위에 의하도록 하는 순위보전적 효력만이 있을 뿐이고, 가등기만으로는 아무런 실체법상 효력을 갖지 아니하고 그 본등기를 명하는 판결이 확정된 경우라도 본등기를 경료하기까지는 마찬가지이므로, 중복된 소유권보존등기가 무효이더라도 가등기권리자는 그 말소를 청구할 권리가 없다(대판 2001.3.23. 2000다51285).
> • 소유권이전청구권 보전을 위한 가등기가 있다 하여, 소유권이전등기를 청구할 어떤 법률관계가 있다고 추정되지 아니한다(대판 1979.5.22. 79다239).

  ㉡ 본등기 후의 효력
    ㉮ 순위보전적 효력 : 가등기에 기해 본등기를 하면 본등기의 순위만 가등기 순위에 의한다(부동산등기법 제91조). 그러나 물권변동의 시기는 본등기를 한 때이며 가등기를 한 때로 소급하지 않는다.

> 가등기는 그 성질상 본등기의 순위보전의 효력만이 있어 후일 본등기가 경료된 때에는 본등기의 순위가 가등기한 때로 소급하는 것뿐이지 본등기에 의한 물권변동의 효력이 가등기한 때로 소급하여 발생하는 것은 아니다(대판 1992.9.25. 92다21258).

㉯ 본등기의 절차
- 문제점 : 甲에게서 乙로 소유권이전의 가등기가 경료된 후 甲에게서 丙으로 소유권이전 등기가 경료된 경우, 乙은 가등기에 기한 본등기를 어떻게 하여야 하는지 문제된다.
- 판 례

> - [1] 가등기 후에 제3자에게 소유권이전의 본등기가 된 경우에 가등기권리자는 본등기를 경료하지 아니하고는 가등기 이후의 본등기의 말소를 청구할 수 없다. [2] 위의 경우에 가등기권자는 가등기의 무자인 전 소유자를 상대로 본등기청구권을 행사할 것이고 제3자를 상대로 할 것이 아니다. [3] 가등기권자가 소유권이전의 본등기를 한 경우에는 등기공무원은 부동산등기법 제175조 제1항, 제55조 제2호에 의하여 가등기 이후에 한 제3자의 본등기를 직권말소할 수 있다(대결[전합] 1962.12.24. 4294민재항675).
> - 반면 가등기에 기한 소유권이전의 본등기가 경료됨으로써 등기공무원이 직권으로 가등기 후에 경료된 제3자의 등기를 말소한 경우 그 후에 그 가등기에 기한 본등기가 원인무효 등의 사유로 말소된 때에는 결국 그 제3자의 등기는 말소하지 아니할 것을 말소한 결과가 되므로 등기공무원은 직권으로 그 말소등기의 회복등기를 하여야 하는 것이고, 따라서 그 회복등기를 소구할 이익이 없다(대판 1995.5.26. 95다6878).

㉰ 민법 제576조의 담보책임

> 가등기의 목적이 된 부동산을 매수한 사람이 그 뒤 가등기에 기한 본등기가 경료됨으로써 그 부동산의 소유권을 상실하게 될 때에는 매매의 목적 부동산에 설정된 저당권 또는 전세권의 행사로 인하여 매수인이 취득한 소유권을 상실한 경우와 유사하므로, 이와 같은 경우 민법 제576조의 규정이 준용된다고 보아 같은 조 소정의 담보책임을 진다고 보는 것이 상당하고 민법 제570조에 의한 담보책임을 진다고 할 수 없다(대판 1992.10.27. 92다21784).

㉱ 민법 제203조의 비용상환청구권

> 가등기가 되어 있는 부동산 소유권을 이전받은 "甲"이 그 부동산에 대하여 필요비나 유익비를 지출한 것은 가등기에 의한 본등기가 경유됨으로써 가등기 이후의 저촉되는 등기라 하여 직권으로 말소를 당한 소유권이전등기의 명의자 "甲"과 본등기 명의자인 "乙" 내지 그 특별승계인 "丙"과의 법률관계는 결과적으로 타인의 물건에 대하여 "甲"이 그 점유기간 내에 비용을 투입한 것이 된다(대판 1976.10.26. 76다2079). 따라서 소유권이전등기를 직권말소 당한 甲은 본등기 명의인인 乙 내지 그 특별승계인 丙에게 비용상환청구권을 행사할 수 있다.

㉲ 사해행위 요건의 구비 여부의 판단 기준시기

> [가등기에 기하여 본등기가 경료된 경우, 사해행위 요건의 구비 여부의 판단 기준 시기(= 가등기의 원인된 법률행위 시)]
> 가등기에 기하여 본등기가 경료된 경우 가등기의 원인인 법률행위와 본등기의 원인인 법률행위가 명백히 다른 것이 아닌 한 사해행위 요건의 구비 여부는 가등기의 원인된 법률행위 당시를 기준으로 하여 판단하여야 한다(대판 2001.7.27. 2000다73377).

3. 등기부와 대장

(1) 등기부
등기부란 전산정보처리조직에 의하여 입력·처리된 등기정보자료를 대법원규칙이 정하는 바에 따라 편성한 공적 장부를 말한다(부동산등기법 제2조 제1호).

(2) 대 장
대장이란 부동산에 관한 사실상의 상황을 기재하는 공적 장부를 말한다. 이에는 지적공부로써 토지대장과 임야대장 등이 있고, 건물에 관한 것으로써 건축물대장이 있다. 등기부와 달리 대장의 기재에 대해서는 추정력이 인정되지 않는다.

(3) 양자의 관계
부동산의 물적 상황 내지 동일성은 대장의 기재를 기초로 하고, 등기는 이에 맞추어 수정한다(부동산등기법 제29조 제11호 참고). 그러나 권리의 변동은 역으로 등기부의 기재를 기초로 하여 대장상의 기재내용을 수정한다(건축물대장의 기재 및 관리 등에 관한 규칙 제19조 참고).

4. 등기의 절차

(1) 등기의 신청

1) 신청주의

① 원칙(공동신청주의) : 등기는 등기의 진정을 확보하기 위하여 원칙적으로 등기권리자와 등기의무자가 공동으로 신청하여야 한다(부동산등기법 제23조 제1항).

② 예외(단독신청주의) : 다만, 등기의 진정을 담보할 수 있는 경우, 성질상 등기의무자가 없는 경우에는 등기권리자 또는 등기명의자에 의한 단독신청이 가능하다(부동산등기법 제23조 제2항 내지 제8항).

2) 등기신청의 대리와 대위

① 대리인이 등기를 신청할 수 있고(부동산등기법 제24조 제1항 제1호), 이 경우 민법 제124조(자기계약, 쌍방대리의 금지) 규정이 적용되지 않는다.

② 채권자는 채권자대위권을 행사하여, 채무자가 가지는 등기신청권을 대위할 수 있다(부동산등기법 제28조 제1항).

3) 등기신청에 필요한 서면

등기를 신청할 때에는 일정한 신청정보 및 첨부정보를 제공해야 한다(부동산등기법 제24조 제2항 참고).

(2) 등기신청에 대한 심사

> 등기관은 등기신청에 대하여 부동산등기법상 그 등기신청에 필요한 서면이 제출되었는지 여부 및 제출된 서면이 형식적으로 진정한 것인지 여부를 심사할 권한을 갖고 있으나 그 등기신청이 실체법상의 권리관계와 일치하는지 여부를 심사할 실질적인 심사권한은 없으므로, 등기관으로서는 오직 제출된 서면 자체를 검토하거나 이를 등기부와 대조하는 등의 방법으로 등기신청의 적법 여부를 심사하여야 할 것이고, 이러한 방법에 의한 심사 결과 형식적으로 부진정한, 즉 위조된 서면에 의한 등기신청이라고 인정될 경우 이를 각하하여야 할 직무상의 의무가 있다고 할 것이지만, 등기관은 다른 한편으로 대량의 등기신청사건을 신속하고 적정하게 처리할 것을 요구받기도 하므로 제출된 서면이 위조된 것임을 간과하고 등기신청을 수리한 모든 경우에 등기관의 과실이 있다고는 할 수 없고, 위와 같은 방법의 심사 과정에서 등기업무를 담당하는 평균적 등기관이 보통 갖추어야 할 통상의 주의의무만 기울였어도 제출 서면이 위조되었다는 것을 쉽게 알 수 있었음에도 이를 간과한 채 적법한 것으로 심사하여 등기신청을 각하하지 못한 경우에만 그 과실을 인정할 수 있다(대판 2007.6.14. 2007다4295).

(3) 등기의 실행

부동산등기법 제29조(신청의 각하) 소정의 사유가 없다면, 등기관은 접수번호와 순서에 따라 새로운 권리에 관한 등기를 마친 후(부동산등기법 제11조 제3항), 등기필정보를 작성하여 등기권리자에게 통지하여야 한다(부동산등기법 제50조 제1항).

II 등기청구권

1. 의 의

등기 공동신청주의(부동산등기법 제23조 제1항)에 반하여 등기의무자가 등기신청에 협력하지 않는 경우, 등기권리자가 등기의무자에 대하여 등기에 협력하여 줄 것을 청구할 수 있는 실체법상의 권리를 등기청구권이라 한다. 반면 등기의무자가 등기권리자를 상대로 등기청구권을 행사할 수 있는데, 이를 등기인수청구권이라고도 한다.

> **[부동산등기법 제29조에 따라 등기의무자가 등기권리자를 상대로 등기를 인수받아 갈 것을 구할 수 있는지 여부(적극)]**
> 부동산등기법은 등기는 등기권리자와 등기의무자가 공동으로 신청하여야 함을 원칙으로 하면서도(제28조), 제29조에서 '판결에 의한 등기는 승소한 등기권리자 또는 등기의무자만으로' 신청할 수 있도록 규정하고 있는바, 위 법조에서 승소한 등기권리자 외에 등기의무자도 단독으로 등기를 신청할 수 있게 한 것은, 통상의 채권채무 관계에서는 채권자가 수령을 지체하는 경우 채무자는 공탁 등에 의한 방법으로 채무부담에서 벗어날 수 있으나 등기에 관한 채권채무 관계에 있어서는 이러한 방법을 사용할 수 없으므로, 등기의무자가 자기 명의로 있어서는 안 될 등기가 자기 명의로 있음으로 인하여 사회생활상 또는 법상 불이익을 입을 우려가 있는 경우에는 소의 방법으로 등기권리자를 상대로 등기를 인수받아 갈 것을 구하고 그 판결을 받아 등기를 강제로 실현할 수 있도록 한 것이다(대판 2001.2.9. 2000다60708).

2. 등기청구권의 발생원인과 그 법적 성질

(1) 문제점

등기청구권의 발생원인과 그 법적 성질에 관하여 법은 규정하고 있지 않으나, 그것이 채권적 청구권인지 물권적 청구권인가 하는 문제는 소멸시효, 기판력(민소법 제218조 제1항 참고) 등과 관련하여 논의가 된다. 이하에서는 등기청구권의 발생원인을 유형화하여 그 법적 성질에 대하여 검토하겠다.

(2) 법률행위에 의한 물권변동의 경우

① 법적 성질 : 판례는 법률행위에 의한 등기청구권은 채권행위로부터 발생하는 채권적 청구권이다는 입장이다.

② 시효소멸 여부 : 판례는 채권적 청구권이므로 원칙적으로 시효에 걸리지만 예외적으로 매수인이 인도받아 사용·수익하고 있는 경우에는 등기청구권자는 권리 위에 잠자는 자에 해당하지 않으므로 소멸시효가 진행하지 않는다는 입장이다(대판[전합] 1976.11.6. 76다148 – 다수의견).

> 부동산의 매수인이 그 부동산을 인도받은 이상 이를 사용·수익하다가 그 부동산에 대한 보다 적극적인 권리행사의 일환으로 다른 사람에게 그 부동산을 처분하고 그 점유를 승계하여 준 경우에도 그 이전등기청구권의 행사 여부에 관하여 그가 그 부동산을 스스로 계속 사용·수익만 하고 있는 경우와 특별히 다를 바 없으므로 위 두 어느 경우에나 이전등기청구권의 소멸시효는 진행되지 않는다고 보아야 한다(대판[전합] 1993.3.18. 98다32175 – 다수의견).

(3) 실체관계와 등기가 불일치하는 경우

물권적 청구권이라는 것이 학설과 판례의 입장이다.

> - 부동산의 소유자 명의를 신탁한 자는 특별한 사정이 없는 한 언제든지 명의신탁을 해지하고 소유권에 기하여 신탁해지를 원인으로 한 소유권이전등기절차의 이행을 청구할 수 있는 것으로서, 이와 같은 등기청구권은 소멸시효의 대상이 되지 않는다(대판 1991.11.26. 91다34387).
> - 채권담보의 목적으로 이루어지는 부동산 양도담보의 경우에 있어서 피담보채무가 변제된 이후에 양도담보권설정자가 행사하는 등기청구권은 양도담보권설정자의 실질적 소유권에 기한 물권적 청구권이므로 따로이 시효소멸되지 아니한다(대판 1979.2.13. 78다2412).

(4) 점유취득시효의 경우(민법 제245조 제1항)

판례는 점유취득시효 완성에 의한 소유권이전등기청구권은 채권적 청구권이지만 시효완성자가 점유를 계속하고 있는 한 소멸시효는 진행하지 않는다는 입장이나(대판[전합] 1999.3.18. 98다32175), 점유자가 점유를 상실한 때에는 점유를 상실한 때부터 10년의 소멸시효가 진행한다고 한다(대판 1996.3.8. 95다34866·34873).

(5) 부동산 임차권(민법 제621조)과 부동산 환매권(민법 제592조)에 기한 등기청구권

채권에 기한 권리로서 채권적 청구권이다.

III. 본등기의 효력

1. 권리변동적 효력(창설적 효력)

물권변동을 일으키는 효력을 등기의 권리변동적 효력이라고 한다. 구체적으로 등기관이 등기를 마치면 그 등기의 효력은 「접수한 때」부터 발생한다(부동산등기법 제6조 제2항).

2. 대항적 효력

부동산 제한물권(지상권, 지역권, 전세권, 저당권 등)이나 부동산임차권, 부동산환매권은 물권변동 이외의 사항(존속기간, 이자, 지료, 전세금, 지급시기 등)에 대하여 등기를 할 수 있는데, 이들이 등기된 경우 제3자에게 대항할 수 있다는 효력을 말한다.

3. 순위확정적 효력

같은 부동산에 관하여 등기한 권리의 순위는 법률에 다른 규정이 없으면 등기한 순서에 따른다(부동산등기법 제4조 제1항). 다만, 부기등기의 순위는 주등기의 순위에 따르고, 같은 주등기에 관한 부기등기 상호 간의 순위는 그 등기 순서에 따른다(부동산등기법 제5조).

4. 추정적 효력

(1) 서 설
① 의의 : 등기가 형식적으로 존재하면 그 등기의 유효·무효와 관계없이 그에 부합하는 실체적 권리관계가 존재하는 것으로 추정되는 효력을 말한다.
② 인정 여부 : 점유(민법 제200조)와 달리 민법은 등기의 추정력에 관한 명문의 규정이 없으나 이를 인정하는 견해가 다수설·판례(대판 1979.6.26. 79다741)이다.

(2) 추정력의 본질
판례는 등기의 추정력에 대해 법률상 권리추정으로 보고 있다.

> 부동산에 관한 소유권이전등기는 권리의 추정력이 있으므로, 이를 다투는 측에서 그 무효사유를 주장·입증하지 아니하는 한, 등기원인 사실에 관한 입증이 부족하다는 이유로 그 등기를 무효라고 단정할 수 없다(대판 1979.6.26. 79다741).

(3) 추정력의 범위

1) 물적 범위

① 등기절차의 적법추정

> [1] 어느 부동산에 관하여 등기가 경료되어 있는 경우 특별한 사정이 없는 한 그 원인과 절차에 있어서 적법하게 경료된 것으로 추정된다. [2] 전 등기명의인이 미성년자이고 당해 부동산을 친권자에게 증여하는 행위가 이해 상반행위라 하더라도 일단 친권자에게 이전등기가 경료된 이상, 특별한 사정이 없는 한, 그 이전등기에 관하여 필요한 절차를 적법하게 거친 것으로 추정된다(대판 2002.2.5. 2001다72029).

② 등기원인의 적법추정 : 학설의 대립이 있으나 판례는 긍정설의 입장이다.

> - [1] 등기명의자가 등기부의 기재와 다른 등기원인을 주장하는 경우, 그 주장 사실이 인정되지 않는 것만으로 등기의 추정력이 깨어지는지 여부(소극) : 부동산등기는 그것이 형식적으로 존재하는 것 자체로부터 적법한 등기원인에 의하여 마쳐진 것으로 추정되고, 등기명의자가 등기부에 기재된 것과 다른 원인으로 등기 명의를 취득하였다고 주장하고 있지만 그 주장 사실이 인정되지 않는다 하더라도 그 자체로 등기의 추정력이 깨어진다고 할 수 없으므로, 그와 같은 경우에도 등기가 원인 없이 마쳐진 것이라고 주장하는 쪽에서 그 무효 사유를 주장·입증할 책임을 지게 된다. [2] **명의신탁 부동산을 명의수탁자가 임의로 처분할 것에 대비하여 등기원인을 매매예약으로 한 가등기를 하기로 한 명의신탁자와 명의수탁자의 합의가 통정허위표시로서 무효인지 여부(소극)** : 명의신탁 부동산을 명의수탁자가 임의로 처분할 경우에 대비하여 명의신탁자가 명의수탁자와 합의하여 자신의 명의로, 혹은 명의신탁자 이외의 다른 사람 명의로 소유권이전등기청구권 보전을 위한 가등기를 경료한 것이라면 비록 그 가등기의 등기원인을 매매예약으로 하고 있으며 명의신탁자와 명의수탁자 사이에 그와 같은 매매예약이 체결된 바 없다 하더라도 그와 같은 가등기를 하기로 하는 명의신탁자와 명의수탁자의 합의가 통정허위표시로서 무효라고 할 수 없다(대판 1997.9.30. 95다39526).
> - 부동산에 관한 소유권이전등기의 추정력이 전 소유자는 물론 제3자에 대하여도 미치는지 여부(적극) 및 등기명의자가 등기부에 기재된 것과 다른 원인으로 등기 명의를 취득하였다고 주장하고 있지만 그 주장 사실이 인정되지 않는 경우에도 등기가 원인 없이 마쳐진 것이라고 주장하는 쪽에서 무효사유를 주장·증명하여야 하는지 여부(적극) / 토지에 관하여 점유취득시효 완성에 따라 소유권이전등기가 마쳐진 경우, 제3자가 등기명의자의 취득시효 기간 중 일부 기간 동안 해당 토지 일부에 관하여 직접적·현실적인 점유를 한 사실이 있다는 사정만으로 등기의 추정력이 깨어진다거나 소유권이전등기가 원인무효의 등기가 되는지 여부(소극) : 부동산에 관하여 소유권이전등기가 마쳐진 경우에 등기명의자는 그 전 소유자는 물론 제3자에 대하여도 적법한 등기원인에 따라 소유권을 취득한 것으로 추정되므로 이를 다투는 측에서 무효사유를 주장·증명하여야 한다. 즉, 부동산등기는 그것이 형식적으로 존재하는 것 자체로부터 적법한 등기원인에 의하여 마쳐진 것으로 추정되고, 등기명의자가 등기부에 기재된 것과 다른 원인으로 등기 명의를 취득하였다고 주장하고 있지만 그 주장 사실이 인정되지 않는다 하더라도 그 자체로 등기의 추정력이 깨어진다고 할 수 없으므로, 그와 같은 경우에도 등기가 원인 없이 마쳐진 것이라고 주장하는 쪽에서 무효사유를 주장·증명할 책임을 지게 된다. / 토지에 관하여 점유취득시효 완성에 따라 소유권이전등기가 마쳐진 경우에도 적법한 등기원인에 따라 소유권을 취득한 것으로 추정되는 것은 마찬가지이므로, 제3자가 등기명의자의 취득시효 기간 중 일부 기간 동안 해당 토지 일부에 관하여 직접적·현실적인 점유를 한 사실이 있다는 사정만으로 등기의 추정력이 깨어진다거나 위 소유권이전등기가 원인무효의 등기가 된다고 볼 수는 없다(대판 2023.7.13. 2023다223591[본소]·2023다223607[반소]).

- 등기원인의 존부에 관하여 분쟁이 발생하여 당사자 사이에 소송이 벌어짐에 따라 법원이 위 등기원인의 존재를 인정하면서 이에 기한 등기절차의 이행을 명하는 판결을 선고하고 그 판결이 확정됨에 따라 소유권이전등기가 마쳐진 경우, 위 기판력이 미치지 아니하는 타인이 위 등기원인의 부존재를 이유로 확정판결에 기한 등기의 추정력을 번복하기 위한 증명의 정도 : 등기원인의 존부에 관하여 분쟁이 발생하여 당사자 사이에 소송이 벌어짐에 따라 법원이 위 등기원인의 존재를 인정하면서 이에 기한 등기절차의 이행을 명하는 판결을 선고하고 그 판결이 확정됨에 따라 이에 기한 소유권이전등기가 마쳐진 경우, 그 등기원인에 기한 등기청구권은 법원의 판단에 의하여 당사자 사이에서 확정된 것임이 분명하고, 법원이나 제3자도 위 당사자 사이에 그러한 기판력이 발생하였다는 사실 자체는 부정할 수 없는 것이므로, 위 기판력이 미치지 아니하는 타인이 위 등기원인의 부존재를 이유로 확정판결에 기한 등기의 추정력을 번복하기 위해서는 일반적으로 등기의 추정력을 번복함에 있어서 요구되는 증명의 정도를 넘는 명백한 증거나 자료를 제출하여야 하고, 법원도 그러한 정도의 증명이 없는 한 확정판결에 기한 등기가 원인무효라고 단정하여서는 아니 된다(대판 2023.7.13. 2023다223591[본소]·2023다223607[반소]).

③ 등기된 권리의 귀속·내용의 적법추정

- 토지의 소유권이전등기명의자는 등기의 효력으로서 그 토지에 대한 소유권자로 추정을 받는다(대판 1983.11.22. 83다카894).
- [비교판례] 반면, 무허가건물대장은 행정관청이 무허가건물 정비에 관한 행정상 사무처리의 편의를 위하여 직권으로 무허가건물의 현황을 조사하고 필요 사항을 기재하여 비치한 대장으로서 건물의 물권 변동을 공시하는 법률상의 등록원부가 아니며 무허가건물대장에 건물주로 등재된다고 하여 소유권을 취득하는 것이 아닐 뿐만 아니라 권리자로 추정되는 효력도 없는 것이므로, 참칭상속인 또는 그로부터 무허가건물을 양수한 자가 무허가건물대장에 건물주로 기재되어 있다고 하여 이를 상속회복청구의 소에 있어 상속권이 참칭상속인에 의하여 침해된 때에 해당한다고 볼 수 없다(대판 1998.6.26. 97다48937).

④ 대리권 존재의 추정

전등기명의인의 직접적인 처분행위에 의한 것이 아니라 제3자가 그 처분행위에 개입된 경우 현등기명의인이 그 제3자가 전등기명의인의 대리인이라고 주장하더라도 현소유명의인의 등기가 적법히 이루어진 것으로 추정된다 할 것이므로 위 등기가 원인무효임을 이유로 그 말소를 청구하는 전소유명의인으로서는 그 반대사실, 즉 그 제3자에게 전소유명의인을 대리할 권한이 없었다든지, 또는 제3자가 전소유명의인의 등기서류를 위조하였다는 등의 무효사실에 대한 입증책임을 진다(대판 1992.4.24. 91다26379·26386[병합]). 즉 대리권의 존재는 추정되므로 등기명의인이 주장·증명할 것이 아니라 상대방이 그 부존재를 주장·증명할 책임이 있다.

⑤ 말소등기의 추정

- 소유권이전등기가 형식적으로 확정된 판결에 의하여 말소되었으나 그 후 그 판결이 취소되었다면 결국 위 소유권이전등기는 부적법하게 말소된 것이므로 말소된 등기의 등기명의자는 여전히 적법한 소유자로 추정되고, 따라서 그 등기의 효력을 다투는 쪽에서 그 무효사유를 주장·입증하여야 한다(대판 1999.9.17. 98다63018).
- 소유권보존등기 명의인을 상대로 한 소유권보존등기 말소청구 소송을 제기하여 승소판결을 받은 원고가 그 판결에 기하여 기존의 소유권보존등기를 말소한 후 자신의 명의로 마친 소유권보존등기는 일단 적법한 절차에 따라 마쳐진 소유권보존등기라고 추정하여야 하고, 위 판결이 공시송달 절차에 의하여 선고되었다고 하여 달리 볼 것이 아니다(대판 2006.9.8. 2006다17485).

2) 인적 범위
① 추정력은 등기명의인뿐만 아니라 제3자도 원용이 가능하다.
② 권리변동의 당사자 사이에서도 추정력이 인정된다.

> 부동산에 관하여 소유권이전등기가 경료되어 있는 경우에는 그 등기명의자는 제3자에게 대하여서뿐만 아니라 그 전 소유자에 대하여서도 적법한 등기원인에 의하여 소유권을 취득한 것으로 추정된다(대판 1992.4.24. 91다26379·26386[병합]).

(4) 추정력의 효과
① **증명책임의 전환** : 등기의 추정은 법률상 추정이므로, 증명책임이 전환되어 추정을 면하려는 자가 반대사실을 증명하여야 한다.
② 추정의 부수적 효과로 등기를 신뢰하고 거래한 자는 무과실로 추정된다. 반면 등기를 조사하지 않은 자는 비록 선의이더라도 과실이 있는 것으로 추정된다.

(5) 추정력의 번복
① 소유권이전등기의 추정력

> - 허무인으로부터 등기를 이어받은 소유권이전등기는 원인무효라 할 것이어서 그 등기명의자에 대한 소유권추정은 깨트려진다(대판 1985.11.12. 84다카2494).
> - 전 소유자가 사망한 이후에 그 명의 신청에 의하여 이루어진 이전등기는 일단 원인무효의 등기라고 볼 것이어서 등기의 추정력을 인정할 여지가 없으므로 그 등기의 유효를 주장하는 자가 현재의 실체관계와 부합함을 입증할 책임이 있다(대판 1983.8.23. 83다카597).
> - 소유권이전등기의 원인으로 주장된 계약서가 진정하지 않은 것으로 증명된 이상 그 등기의 적법추정은 복멸되는 것이고 계속 다른 적법한 등기원인이 있을 것으로 추정할 수는 없다(대판 1998.9.22. 98다29568).

② 소유권보존등기의 추정력

> - 소유권보존등기의 추정력은 그 보존등기 명의인 이외의 자가 당해 토지를 사정받은 것으로 밝혀지면 깨어지는 것이어서, 등기명의인이 그 구체적인 승계취득 사실을 주장·입증하지 못하는 한 그 등기는 원인무효로 된다(대판 2002.4.26. 2001다81955).
> - 건물의 보존등기는 그 명의자가 신축한 것이 아니라면 그 등기의 권리추정력은 깨어진다 할 것이고, 그 명의자 스스로 적법하게 그 소유권을 양도받게 된 사실을 입증할 책임이 있다(대판 1995.11.10. 95다13685).

③ 각종 특별조치법에 의한 등기의 추정력

> - 일반보존등기보다 더 강한 추정력을 인정하고 있다. 따라서 부동산소유권 이전등기 등에 관한 특별조치법(1992.11.30. 법률 제4502호, 실효, 이하 '특별조치법'이라 한다)에 의하여 마쳐진 등기는 그 법 소정의 적법한 절차에 따라 마쳐진 것으로서 실체적 권리관계에 부합하는 등기로 일응 추정된다고 할 것이므로, 특별조치법에 의하여 경료된 소유권이전등기의 말소를 구하려는 자는 위 법 소정의 보증서나 확인서가 허위 작성 내지 위조되었다든가 그 밖에 다른 사유로 인하여 그 이전등기가 적법하게 이루어진 것이 아니라는 주장과 입증을 하여야 하는 것이고, 나아가 허위의 보증서나 확인서라 함은 권리변동의 원인에 관한 실체적 기재 내용이 진실에 부합하지 않는 것을 의미한다(대판 2011.2.24. 2010다88477). 그리고 이러한 보증서 등의 허위성의 입증 정도가 법관이 확신할 정도가 되어야만 하는 것은 아니다(대판[전합] 1997.10.16. 95다57029).

- 부동산소유권 이전등기 등에 관한 특별조치법(이하 '특별조치법'이라고 한다)에 의한 소유권이전등기는 실체적 권리관계에 부합하는 등기로 추정되지만 그 소유권이전등기도 전 등기명의인으로부터 소유권을 승계취득하였음을 원인으로 하는 것이고 보증서 및 확인서 역시 그 승계취득사실을 보증 내지 확인하는 것이므로 그 전 등기명의인이 무권리자이기 때문에 그로부터의 소유권이전등기가 원인무효로서 말소되어야 할 경우라면, 등기의 추정력은 번복된다. 같은 취지에서 소유권보존등기의 추정력은 그 등기가 특별조치법에 의하여 마쳐진 것이 아닌 한 등기명의인 이외의 자가 해당 토지를 사정받은 것으로 밝혀지면 깨어지는 것이어서, 등기명의인이 구체적으로 실체관계에 부합한다거나 승계취득사실을 주장·증명하지 못하는 한 등기는 원인무효이므로, 이와 같이 원인무효인 소유권보존등기를 기초로 마친 소유권이전등기는 그것이 특별조치법에 의하여 이루어진 등기라고 하더라도 원인무효이다(대판 2018.1.25. 2017다260117).
- 그러나 임야소유권 이전등기에 관한 특별조치법(법률 제2111호)에 의한 소유권보존등기가 경료된 임야에 관하여서는 그 임야를 사정받은 사람이 따로 있는 것으로 밝혀진 경우라도 그 등기는 동법 소정의 적법한 절차에 따라 마쳐진 것으로서 실체적 권리관계에 부합하는 등기로 추정된다 할 것이므로 위 특별조치법에 의하여 경료된 소유권보존등기의 말소를 소구하려는 자는 그 소유권보존등기 명의자가 임야대장의 명의변경을 함에 있어 첨부한 원인증서인 위 특별조치법 제5조 소정의 보증서와 확인서가 허위 내지 위조되었다던가 그 밖에 다른 어떤 사유로 인하여 그 소유권보존등기가 위 특별조치법에 따라 적법하게 이루어진 것이 아니라는 주장과 입증을 하여야 한다(대판[전합] 1987.10.13. 86다카2928 - 다수의견).

(6) 점유의 추정력(민법 제200조)과의 관계

학설 중 다수설은 미등기 부동산에 관하여 점유의 추정력이 미친다는 입장이나, 판례는 부동산에 대해서는 등기된 부동산이든 미등기부동산이든 점유의 추정력에 관한 규정이 적용되지 않는다는 입장이다.

제4관 입목등기 및 명인방법

I 「입목에 관한 법률」에 의한 물권변동

1. 입목의 개념

입목이란 토지에 부착된 수목의 집단으로서 그 소유자가 입목에 관한 법률에 따라 소유권보존의 등기를 받은 것을 말한다(입목에 관한 법률 제2조 제1항 제1호).

2. 입목에 관한 물권변동의 대상

「입목에 관한 법률」은 입목에 대한 등기 및 저당권 설정 등에 필요한 사항을 규정함을 목적으로 한다(입목에 관한 법률 제1조).

3. 입목에 관한 물권변동의 요건

「입목에 관한 법률」은 물권변동에 관하여 특별한 규정을 두고 있지 않으므로, 민법 제186조, 제187조가 적용된다. 다만, 입목은 부동산으로 간주되며(입목에 관한 법률 제3조 제1항), 입목의 소유자는 토지와 분리하여 입목을 양도하거나 저당권의 목적으로 할 수 있다(입목에 관한 법률 제3조 제2항). 따라서 토지소유권 또는 지상권 처분의 효력은 입목에 미치지 아니한다(입목에 관한 법률 제3조 제3항).

Ⅱ 명인방법에 의한 물권변동

1. 서 설

(1) 의 의

명인방법이란 건물 이외의 토지의 정착물(수목의 집단이나 미분리 과실 등)을 토지로부터 분리하지 않은 채 토지소유권으로부터 독립된 거래객체로 할 수 있는 관습법상의 공시방법을 말한다.

(2) 명인방법의 대상

① 수목(개개의 수목 1그루, 수목의 집단을 불문), 미분리 과실 등

> 물권변동에 있어서 형식주의를 채택하고 있는 현행 민법하에서는 소유권을 이전한다는 의사 외에 부동산에 있어서는 등기를, 동산에 있어서는 인도를 필요로 함과 마찬가지로 이 사건 쪽파와 같은 수확되지 아니한 농작물에 있어서는 명인방법을 실시함으로써 그 소유권을 취득한다(대판 1996.2.23. 95도2754).

② 등기에 의해 공시될 수 있는 토지와 건물, 입목에 관한 법률에 의하여 등기된 입목은 불허한다.

(3) 명인방법에 의해 공시되는 물권

명인방법에 의하여 공시되는 물권은 소유권 및 소유권이전 형식에 의한 양도담보에 한한다. 명인방법은 등기보다 훨씬 불완전한 공시방법이므로, 명인방법에 의한 저당권설정은 불가능하다.

2. 요 건

① 특정성 : 지상물이 「특정」되어야 한다.

> 특정하지 않고 매수한 입목에 대하여 그 입목을 특정하지 않은 채 한 명인방법은 물권변동의 효력을 나타내지 못한다(대판 1975.11.25. 73다1323).

② 계속성 : 명인방법은 「현재 소유자 명의」가 「계속」되어야 한다.
③ 소유권의 귀속을 대외적으로 표시해야 한다.

> • 명인방법은 지상물이 독립된 물건이며 현재의 소유자가 누구라는 것이 명시되어야 하므로, 법원의 검증당시 재판장의 수령 10년 이상된 수목을 흰 페인트칠로 표시하라는 명에 따라 측량감정인이 이 사건 포푸라의 표피에 흰 페인트칠을 하고 편의상 그 위에 일련번호를 붙인 경우에는 제3자에 대하여 이 사건 포푸라에 관한 소유권이 원고들에게 있음을 공시한 명인방법으로 볼 수 없다(대판 1990.2.13. 89다카23022).

> • 갑이 제3자를 상대로 입목소유권확인판결을 받아 확정된 후 법원으로부터 집행문을 부여받아 집달관에게 의뢰하여 그 집행으로 집달관이 임야의 입구부근에 그 지상입목들이 갑의 소유에 속한다는 공시문을 붙인 팻말을 세웠다면, 비록 확인판결이 강제집행의 대상이 될 수 없어서 위 확인판결에 대한 집행문의 부여나 집달관의 집행행위가 적법시될 수 없더라도 집달관의 위 조치만으로써 명인방법이 실시되었다고 할 것이니 그 이후 임야의 소유권을 취득한 자는 갑의 입목소유권을 다툴 수 없다(대판 1989.10.13. 89다카9064).

3. 우열관계

(1) 수 개의 명인방법 간의 우열관계

먼저 명인방법을 갖춘 자가 소유권을 취득한다.

> 입목의 이중매매에 있어서는 관습법에 의하여 입목소유권 변동에 관한 공시방법으로 인정되어 있는 명인방법을 먼저 한 사람에게 입목의 소유권이 이전된다(대판 1967.2.28. 66다2442).

(2) 명인방법과 기타의 공시방법 간의 우열관계

명인방법에 등기와 대등한 효력을 인정하여 어느 것이나 먼저 한 쪽이 다른 쪽에 우선한다(통설·판례).

> 원심은 본건 입목이 지반과 함께 피고에게 이전되었다 하더라도 임야의 전 소유자인 소외인으로부터 입목을 매수하고 그 명인방법을 참가인이 먼저 실시하였을 때에는 피고로부터 이중으로 (결과적으로 이중매도가 된다) 입목을 매수한 원고들이 나중에 명인 방법을 강구하였다 하더라도 먼저 명인방법을 실시한 참가인에게 입목소유권을 주장할 수 없다고 판단한 취지가 명백하므로 원심판결이유에 소론과 같은 이유설시에 모순이 있다 할 수 없고 기타 원심과 견해를 달리하여 원판결을 비난하는 상고논지는 모두 이유 없다(대판 1967.12.18. 66다2382·2383).

제3절 동산물권의 변동

제1관 권리자로부터의 취득

I 서 설

동산물권양도의 효력, 간이인도(민법 제188조)
① 동산에 관한 물권의 양도는 그 동산을 인도하여야 효력이 생긴다.
② 양수인이 이미 그 동산을 점유한 때에는 당사자의 의사표시만으로 그 효력이 생긴다.

점유개정(민법 제189조)
동산에 관한 물권을 양도하는 경우에 당사자의 계약으로 양도인이 그 동산의 점유를 계속하는 때에는 양수인이 인도받은 것으로 본다.

> **목적물반환청구권의 양도(민법 제190조)**
> 제3자가 점유하고 있는 동산에 관한 물권을 양도하는 경우에는 양도인이 그 제3자에 대한 반환청구권을 양수인에게 양도함으로써 동산을 인도한 것으로 본다.

민법은 동산물권변동에 관해서도 형식주의를 규정하고 있다(민법 제188조 제1항). 따라서 물권행위와 공시방법으로서 동산의 인도를 갖추어야 물권변동이 발생한다.

Ⅱ 법률행위

부동산물권변동과 마찬가지로 동산물권의 변동에서도 법률행위를 물권행위로 파악하는 것이 다수설의 입장이다.

Ⅲ 인도

1. 의의

인도란 점유의 이전, 즉 사실적 지배를 이전하는 것을 말한다. 이에는 현실의 인도(민법 제188조 제1항), 간이인도(민법 제188조 제2항), 점유개정(민법 제189조), 목적물반환청구권의 양도(민법 제190조)가 포함된다.

2. 인도의 종류

(1) 현실의 인도

현실의 인도란 물건의 사실상 지배를 실제로 양도인으로부터 양수인에게 이전하는 것을 말한다(민법 제188조 제1항).

(2) 간이인도

간이인도란 양수인이 이미 그 동산을 점유하고 있는 경우에 양도인과 양수인 사이에 소유권이전에 관한 합의가 있으면 소유권이 양수인에게 인도된 것으로 하는 것을 말한다(민법 제188조 제2항).

(3) 점유개정

① 의의 : 점유개정이란 동산물권을 양도하면서 양도인이 양수인과 점유매개관계를 설정하여, 양수인은 간접점유를 하고, 양도인 스스로는 양수인의 점유매개자로서 점유를 계속하는 것을 말한다(민법 제189조).

② 성립요건
  ㉠ 양도인과 양수인 사이에 동산물권에 대한 소유권이전의 합의가 있어야 한다.
  ㉡ 양도인과 양수인 사이에 간접점유를 취득케 하는 계약으로 점유매개관계가 성립하여야 한다.

③ 효 과
　　㉠ 양도인의 점유는 자주점유에서 타주점유로 변경된다.
　　㉡ 양수인의 점유는 양도인의 점유를 매개하여 간접점유를 취득한다.

(4) 목적물반환청구권의 양도
① 의의 : 목적물반환청구권의 양도란 양도인이 제3자의 점유를 매개하여 목적물을 간접점유하고 있는 경우에, 양도인이 제3자에 목적물반환청구권을 양수인에게 양도함으로써 동산의 소유권이 양수인에게 이전되는 것을 말한다(민법 제190조).
② 목적물반환청구권의 법적 성질 : 목적물반환청구권의 본질은 채권적 청구권이다. 따라서 반환청구권의 양도에는 채권양도에 관한 규정이 적용된다.

제2관 무권리자로부터의 취득 : 선의취득

> **선의취득(민법 제249조)**
> 평온, 공연하게 동산을 양수한 자가 선의이며 과실없이 그 동산을 점유한 경우에는 양도인이 정당한 소유자가 아닌 때에도 즉시 그 동산의 소유권을 취득한다.

I 의 의

선의취득이란 상대방의 점유를 신뢰하여 동산을 양수한 자는 상대방이 무권리자라 할지라도 그 동산에 대한 권리를 유효하게 취득하는 제도를 말한다. 즉, 거래의 안전을 위하여 권리외관을 신뢰한 자를 보호하기 위한 제도이다.

II 선의취득의 요건

1. 선의취득의 객체

(1) 동 산
선의취득의 객체는 민법 규정에 따르면 동산의 소유권 내지는 질권(민법 제343조)이어야 한다. 따라서 지상권·저당권과 같은 부동산에 대한 권리는 선의취득의 대상이 될 수 없다.

> 민법 제249조의 선의취득은 점유인도를 물권변동의 요건으로 하는 동산의 소유권취득에 관한 규정으로서(동법 제343조에 의하여 동산질권에도 준용) 저당권의 취득에는 적용될 수 없다(대판 1985.12.24. 84다카2428).

(2) 문제되는 경우

① **금전** : 가치의 표상으로써 유통되는 금전은 타인의 금전을 점유·소비한 경우에는 원칙적으로 부당이득반환청구권이나 불법행위에 기한 손해배상청구권의 문제로 처리하며, 선의취득의 문제는 발생하지 않는다. 다만, 단순한 물건으로 거래되는 금전은 선의취득이 가능하다.

② **등기·등록으로 공시되는 동산** : 선박, 자동차, 항공기, 건설기계와 같이 등기·등록을 갖춘 동산은 성질상 동산이지만, 법률상 부동산과 같이 취급되므로 선의취득의 대상이 될 수 없다.

> [자동차관리법 제6조의 취지 / 자동차관리법이 적용되는 자동차의 소유권 취득을 '인도'에 의할 수 있는지 여부(원칙적 소극) 및 이때 민법 제249조의 선의취득 규정이 적용되는지 여부(원칙적 소극)]
> 자동차관리법 제6조는 "자동차 소유권의 득실변경은 등록을 하여야 그 효력이 생긴다"라고 규정하고 있다. 이는 현대사회에서 자동차의 경제적 효용과 재산적 가치가 크므로 민법상 불완전한 공시방법인 '인도'가 아니라 공적 장부에 의한 체계적인 공시방법인 '등록'에 의하여 소유권 변동을 공시함으로써 자동차 소유권과 이에 관한 거래의 안전을 한층 더 보호하려는 데 취지가 있다. 따라서 자동차관리법이 적용되는 자동차의 소유권을 취득함에는 민법상 공시방법인 '인도'에 의할 수 없고 나아가 이를 전제로 하는 민법 제249조의 선의취득 규정은 적용되지 아니함이 원칙이다(대판 2016.12.15. 2016다205373).

> [자동차 양수인이 양도인으로부터 자동차를 인도받고서도 등록명의 이전을 하지 않는 경우, 양도인이 양수인을 상대로 소유권이전등록의 인수절차 이행을 구할 수 있는지 여부(적극) / 자동차가 전전 양도되었는데 중간생략등록의 합의가 없는 경우, 양도인이 전전 양수인에 대하여 직접 양수인 명의로 소유권이전등록의 인수절차 이행을 구할 수 있는지 여부(소극)]
> 구 자동차관리법(2009.2.6. 법률 제9449호로 개정되기 전의 것, 이하 '자동차관리법'이라 한다) 제12조, 구 자동차등록령(2009.10.19. 대통령령 제21789호로 개정되기 전의 것) 제27조 제1항, 구 자동차등록규칙(2010.4.7. 국토해양부령 제239호로 개정되기 전의 것) 제33조 제1항의 문언·내용과 체계 등에 비추어 보면, 자동차 양수인이 양도인으로부터 자동차를 인도받고서도 등록명의 이전을 하지 않는 경우 양도인은 자동차관리법 제12조 제4항에 따라 양수인을 상대로 소유권이전등록의 인수절차 이행을 구할 수 있다. 그러나 자동차가 전전 양도된 경우 중간생략등록의 합의가 없는 한 양도인은 전전 양수인에 대하여 직접 양수인 명의로 소유권이전등록의 인수절차 이행을 구할 수 없다(대판 2020.12.10. 2020다9244).

③ **명인방법에 의하여 공시되는 지상물** : 수목·미분리의 과실은 토지의 일부이거나 토지와 독립된 부동산이므로 선의취득의 대상이 되지 못한다. 다만, 토지로부터 벌채·분리된 수목은 동산이므로 선의취득의 목적이 될 수 있다.

④ **양도가 금지되어 있는 물건** : 국유문화재처럼 법률상 양도 및 사권설정이 금지된 경우나 아편·흡식기구, 음란한 문서·도화 기타의 물건 등과 같이 소유 또는 소지가 금지되는 것은 선의취득의 대상이 될 수 없다.

2. 양도인은 점유자이지만 무권리자일 것

① **양도인이 무권리자일 것** : 소유권이 없는 경우뿐만 아니라 처분권이 제한된 경우도 포함된다.

② **양도인의 점유** : 선의취득은 양도인의 점유에 공신력을 주는 제도이므로, 양도인이 점유하고 있어야 한다. 다만, 양도인의 점유는 직접점유인지 간접점유인지 여부, 자주점유인지 타주점유인지 여부를 불문한다. 나아가 점유보조자가 점유주의 물건을 처분한 경우에도 선의취득이 인정될 수 있다(대판 1991.3.2. 91다70).

3. 양도인과 양수인이 유효한 거래행위를 하였을 것

(1) 거래행위가 있을 것

① 선의취득은 거래의 안전을 보호한다는 제도이므로 거래행위가 있어야 한다. 따라서 상속에 의한 포괄승계나 사실행위에 의한 원시취득에 대해서는 선의취득제도가 적용되지 않는다.
② 경매도 선의취득이 인정된다.

> **[채무자 이외의 자의 소유에 속하는 동산을 경매한 경우, 그 동산의 매득금을 배당받은 채권자가 동산의 소유자에 대하여 부당이득반환의무를 부담하는지 여부(적극)]**
> 채무자 이외의 자의 소유에 속하는 동산을 경매한 경우에도 경매절차에서 그 동산을 경락받아 경락대금을 납부하고 이를 인도받은 경락인은 특별한 사정이 없는 한 소유권을 선의취득한다고 할 것이지만, 그 동산의 매득금은 채무자의 것이 아니어서 채권자가 이를 배당받았다고 하더라도 채권은 소멸하지 않고 계속 존속한다고 할 것이므로, 배당을 받은 채권자는 이로 인하여 법률상 원인 없는 이득을 얻고 소유자는 경매에 의하여 소유권을 상실하는 손해를 입게 되었다고 할 것이니, 그 동산의 소유자는 배당을 받은 채권자에 대하여 부당이득으로서 배당받은 금원의 반환을 청구할 수 있다고 할 것인바, 이와 같은 이치는 제3자 소유의 기계·기구가 그의 동의 없이 공장저당법 제4조, 제5조의 규정에 의한 저당권의 목적이 되어 같은 법 제7조의 목록에 기재되는 바람에 공장에 속하는 토지 또는 건물과 함께 일괄경매되어 경락되고 채권자가 그 기계·기구의 경락대금을 배당받은 경우에도 경락인이 그 기계·기구의 소유권을 선의취득하였다면 마찬가지라고 보아야 한다(대판 1998.3.27. 97다32680).

(2) 거래행위 자체는 유효할 것

① 양도인이 무권리자(처분권이 없다)라는 것을 제외하고 거래행위 자체는 유효하여야 한다. 따라서 거래행위가 무효이거나 당사자에게 제한능력, 착오, 사기·강박 등의 사유가 있어 취소 또는 무효가 된 경우에는 선의취득이 성립하지 않는다.
② 거래행위가 무효여서 선의취득이 인정되지 않더라도 그로부터 다시 목적물을 양수한 제3자는 다시 선의취득에 의해서 보호받을 수 있다.
③ 선의취득은 무권대리에는 적용되지 않는다.

4. 양수인이 점유를 취득하였을 것

(1) 현실인도, 간이인도, 목적물반환청구권의 양도

양수인이 점유를 취득하는 방법은 반드시 현실인도에 국한하지 않으며, 간이인도, 목적물반환청구권의 양도에 의한 방법에 의해서도 가능하다.

(2) 점유개정에 의한 점유취득의 경우 선의취득의 가부

견해의 대립이 있으나, 판례는 점유개정에 의한 점유취득만으로는 선의취득의 요건을 충족할 수 없다는 입장이다.

5. 양수인의 평온·공연·선의·무과실

① 평온·공연·선의는 추정되나(민법 제197조 제1항), 무과실은 추정규정이 없어 다툼이 있다. 판례는 무과실의 추정은 인정하지 않아 동산의 선의취득을 주장하는 자가 점유취득 시에 무과실이었다는 점을 주장·입증하여야 한다고 보나(대판 2002.2.5. 2000다38527), 다수설은 선의취득에 있어서는 민법 제200조를 근거로 무과실이 추정되는 것으로 본다.
② 양수인의 선의·무과실은 물권행위가 완성되는 때를 기준으로 한다.

> 민법 제249조가 규정하는 선의·무과실의 기준시점은 물권행위가 완성되는 때인 것이므로 물권적 합의가 동산의 인도보다 먼저 행하여지면 인도된 때를, 인도가 물권적 합의보다 먼저 행하여지면 물권적 합의가 이루어진 때를 기준으로 해야 한다(대판 1991.3.22. 91다70).

III 선의취득의 효과

1. 양수인은 동산물권(소유권·질권)을 취득한다(민법 제249조, 제343조).

① 선의취득은 법률의 규정에 의한 원시취득으로, 선의취득의 효과는 종국적이다. 따라서 선의취득자가 임의로 선의취득의 효과를 거부하고, 종전 소유자에게 동산을 반환받아 갈 것을 요구할 수 없다(대판 1998.6.12. 98다6800).
② 선의취득으로 인하여 전 소유자에게 존재했던 제한은 소멸한다.

2. 당사자 간의 법률관계

(1) 선의취득자와 양도인 사이의 관계

양도인은 타인의 물건이었다는 이유로 그 물건의 반환을 청구할 수 없고, 선의취득자도 그 권리를 종국적으로 취득한 이상 매매대금의 지급을 거부하거나 지급한 매매대금의 반환을 청구할 수 없으며, 담보책임도 추궁할 수도 없다.

(2) 진정한 권리자와 양도인 사이의 관계

양도인이 유상으로 처분한 경우에는 그 이익은 부당이득이므로, 진정한 권리자에게 반환하여야 한다. 또한 양도인에게 귀책사유가 있으면 진정한 권리자에게 채무불이행 또는 불법행위에 기하여 손해배상의무도 진다.

(3) 선의취득자와 진정한 권리자 사이의 관계

① **유상취득의 경우**: 선의취득은 법률의 규정에 의한 원시취득이므로, 법률상 원인이 있는 것으로 선의취득자는 진정한 권리자에게 부당이득반환의무를 부담하지 않는다.
② **무상취득의 경우**: 독일 민법을 유추하여 공평의 원칙상 부당이득반환의무를 인정하는 견해도 있으나, 이득을 반환하여야 한다는 특별한 규정이 없는 한 그 반환의무를 인정할 수 없다는 견해가 일반적이다.

Ⅳ 도품, 유실물에 대한 특칙

> **도품, 유실물에 대한 특례(민법 제250조)**
> 전조의 경우에 그 동산이 도품이나 유실물인 때에는 피해자 또는 유실자는 도난 또는 유실한 날로부터 2년 내에 그 물건의 반환을 청구할 수 있다. 그러나 도품이나 유실물이 금전인 때에는 그러하지 아니하다.
>
> **도품, 유실물에 대한 특례(민법 제251조)**
> 양수인이 도품 또는 유실물을 경매나 공개시장에서 또는 동종류의 물건을 판매하는 상인에게서 선의로 매수한 때에는 피해자 또는 유실자는 양수인이 지급한 대가를 변상하고 그 물건의 반환을 청구할 수 있다.

1. 특칙의 적용범위

(1) 선의취득을 하였을 것

① 도품·유실물특칙은 민법 제249조에 의해 점유자가 선의취득을 한 경우에 적용되는 규정이다.
② 도품·유실물이 물건으로서 금전인 경우에는 피해자가 반환을 청구할 수 없다(민법 제250조 단서).
③ 민법 제251조의 대가변상청구권과 관련하여 법문상 양수인의 선의만 규정되어 있으나 민법 제251조는 민법 제249조와 제250조를 전제로 하고 있는 규정이므로 무과실도 당연한 요건이라고 해석하여야 한다(대판 1991.3.22. 91다70).

(2) 도품·유실물이어야 한다.

① 「도품」이란 점유자의 의사에 반해서 점유를 박탈당한 물건이고, 「유실물」이란 점유자의 의사에 의하지 않고서 그의 점유를 이탈한 물건으로서 도품이 아닌 것을 말한다.
② 점유자의 하자 있는 의사에 따른 사기, 공갈, 횡령에 의한 물건은 도품, 유실물에 해당하지 않는다.
③ **점유보조자가 처분한 경우** : 도품이 아닌 횡령물이라는 것이 학설과 판례의 태도이다(대판 1991.3.22. 91다70). 따라서 민법 제250조가 되지 않는다.

> 민법 제250조, 제251조 소정의 도품, 유실물이란 원권리자로부터 점유를 수탁한 사람이 적극적으로 제3자에게 부정 처분한 경우와 같은 위탁물 횡령의 경우는 포함되지 아니하고 또한 점유보조자 내지 소지기관의 횡령처럼 형사법상 절도죄가 되는 경우도 형사법과 민사법의 경우를 동일시 해야 하는 것은 아닐 뿐만 아니라 진정한 권리자와 선의의 거래 상대방 간의 이익형량의 필요성에 있어서 위탁물 횡령의 경우와 다를 바 없으므로 이 역시 민법 제250조의 도품·유실물에 해당되지 않는다(대판 1991.3.22. 91다70).

2. 효 과

(1) 목적물 반환청구권

1) 반환청구권자와 그 상대방
① 반환청구권자 : 피해자 또는 유실자인 원 소유자이다.
② 반환청구권의 상대방 : 민법 제249조의 요건을 구비한 현재의 점유자이다.

2) 반환청구기간 : 도난 또는 유실한 날로부터 2년

2년의 기간의 성질에 대하여 시효기간설과 제척기간설의 다툼이 있다.

3) 소유권의 귀속

도품, 유실물이더라도 양수인이 즉시 선의취득한다(선의취득자 귀속설). 다만, 원소유자는 민법 제250조가 인정하는 특별한 원상회복청구권에 근거하여 2년 내에 반환청구를 행사할 수 있을 뿐이다.

(2) 대가변상청구권

1) 요 건

① 양수인이 도품 또는 유실물을 경매나 공개시장 또는 동 종류의 물건을 판매하는 상인으로부터 매수하였을 것

② 양수인은 선의·무과실일 것

2) 효 과

① 회복을 청구하는 자는 선의취득자에게 그가 지급한 대가를 변상하고 물건의 반환을 청구할 수 있다.

② 대가변상청구권의 성질 : 대가를 변상하지 않으면 도품, 유실물에 대한 반환청구를 거부할 수 있다는 항변권을 인정한 것이라는 견해도 있으나, 민법 제251조의 취지가 선의취득자를 보호하고 거래안전을 보호하려는 데 있으므로 선의취득자에게 대가변상청구권을 부여한 것으로 보아야 한다(대판 1972.5.23. 72다115). 따라서 선의취득자가 일단 회복자에게 목적물을 반환한 후에도 회복자에게 대가변상을 청구할 수 있다.

> 민법 제251조의 규정은 선의취득자에게 그가 지급한 대가의 변상을 받을 때까지는 그 물건의 반환청구를 거부할 수 있는 항변권만을 인정한 것이 아니고 피해자가 그 물건의 반환을 청구하거나 어떠한 원인으로 반환을 받은 경우에는 그 대가변상의 청구권이 있다는 취지이다(대판 1972.5.23. 72다115).

제4절 물권의 소멸

I 총 설

물권의 절대적 소멸원인에는 모든 물권에 공통된 것과 각각의 물권에 특유한 것이 있다. 후자는 각각의 물권에서 검토하기로 하고, 본절에서는 모든 물권에 공통된 소멸원인 중 목적물의 멸실, 물권의 포기, 혼동에 대해서 검토하겠다.

II. 목적물의 멸실

1. 원칙적 소멸

목적물이 멸실되면 명문의 규정이 없더라도 그 목적물에 대한 물권은 원칙적으로 소멸한다.

> - 토지소유권의 상실 원인이 되는 포락이라 함은 토지가 바닷물이나 적용 하천의 물에 개먹어 무너져 바다나 적용하천에 떨어져 그 원상복구가 불가능한 상태에 이르렀을 때를 말하고, 그 원상회복의 불가능 여부는 포락 당시를 기준으로 하여 물리적으로 회복이 가능한지 여부를 밝혀야 함은 물론, 원상회복에 소요될 비용, 그 토지의 회복으로 인한 경제적 가치 등을 비교 검토하여 사회통념상 회복이 불가능한지 여부를 기준으로 하여야 하는 것으로서, 복구 후 토지가액보다 복구공사비가 더 많이 들게 되는 것과 같은 경우에는 특별한 사정이 없는 한 사회통념상 그 원상복구가 불가능하게 되었다고 볼 것이며, 또한 원상복구가 가능한지 여부는 포락 당시를 기준으로 판단하여야 하므로 그 이후의 사정은 특별한 사정이 없는 한 이를 참작할 여지가 없는 것이다(대판 2000.12.8. 99다11687).
> - 포락으로 인하여 토지 소유권이 소멸되기 위한 사정과 이와 같은 사정에 대한 입증책임의 소재(= 사권 소멸의 주장자) : 하천에 인접한 토지가 홍수로 인한 하천류수의 범람으로 침수되어 토지가 황폐화되거나 물밑에 잠기거나 항시 물이 흐르고 있는 상태가 계속되고 원상복구가 사회통념상 불가능하게 되면 소위 포락으로 인하여 소유권은 영구히 소멸되는 것이고, 이와 같은 사정은 사권의 소멸을 주장하는 자가 입증하여야 한다(대판 1992.11.24. 92다11176).

2. 단, 목적물의 멸실로 변형물이 남은 경우

(1) 물질적 변형물(무너진 집의 목재 등)이 남은 경우

소유권은 그 물질적 변형물에 관하여 효력이 미친다.

(2) 가치적 변형물(보상금, 보험금)이 남는 경우

소유권이나 용익물권의 경우에는 가치적 변형물에 효력이 미친다고 할 수 없으나, 담보물권은 물권의 교환가치를 지배하는 것을 내용으로 하므로 가치적 변형물에도 미친다고 할 수 있다(물상대위).

III. 물권의 포기

1. 물권적 단독행위

① 물권의 포기는 물권적 단독행위이다.
② 소유권의 포기, 점유권의 포기는 상대방 없는 단독행위이다.
③ 제한물권의 포기에 대해 다수설은 상대방 있는 단독행위로 본다.

2. 부동산물권의 포기에 말소등기의 요부

부동산물권의 포기에는 말소등기가 필요하다는 것이 다수설이다. 즉, 공시방법이 필요하다는 입장이다.

3. 제한 및 한계

① 포기는 원칙적으로 자유롭게 할 수 있다. 그러나 그 물권이 제3자의 권리의 목적이라면 제3자의 동의가 필요하다(민법 제371조 제2항 참고).
② 부동산의 소유자가 소유권을 포기한 경우, 그 부동산은 무주로 되어 국유로 된다(민법 제252조 제2항).

Ⅳ 혼 동

혼동으로 인한 물권의 소멸(민법 제191조)
① 동일한 물건에 대한 소유권과 다른 물권이 동일한 사람에게 귀속한 때에는 다른 물권은 소멸한다. 그러나 그 물권이 제3자의 권리의 목적이 된 때에는 소멸하지 아니한다.
② 전항의 규정은 소유권 이외의 물권과 그를 목적으로 하는 다른 권리가 동일한 사람에게 귀속한 경우에 준용한다.
③ 점유권에 관하여는 전2항의 규정을 적용하지 아니한다.

1. 의 의

혼동이란 서로 대립하는 두 개의 법률상의 지위 또는 자격이 동일인에게 귀속되는 것을 말한다. 이 경우 양 지위를 모두 존속시키는 것은 무의미하므로 민법은 원칙적으로 어느 한 지위를 다른 지위에 흡수시켜 소멸하는 것으로 규정하고 있다. 다만, 양립시킬 특별한 사정이 있는 경우 혼동으로 소멸되지 않는다.

2. 혼동의 유형

(1) 소유권과 제한물권의 혼동

① 원칙 : 소유권과 제한물권이 동일인에게 귀속되면 제한물권은 혼동으로 소멸한다(민법 제191조 제1항 본문).
② 예외 : 제한물권이 제3자의 권리의 목적인 때(민법 제191조 제1항 단서) 또는 본인이나 제3자의 이익을 위해서 존속할 필요가 있는 때에는 혼동으로 소멸하지 않는다.

> • 부동산에 대한 소유권과 임차권이 동일인에게 귀속하게 되는 경우 임차권은 혼동에 의하여 소멸하는 것이 원칙이지만, 그 임차권이 대항요건을 갖추고 있고 또한 그 대항요건을 갖춘 후에 저당권이 설정된 때에는 혼동으로 인한 물권소멸 원칙의 예외 규정인 민법 제191조 제1항 단서를 준용하여 임차권은 소멸하지 않는다 (대판 2001.5.5. 2000다12693).
> • 어떠한 물건에 대한 소유권과 다른 물권이 동일한 사람에게 귀속한 경우 그 제한물권은 혼동에 의하여 소멸하는 것이 원칙이지만, 본인 또는 제3자의 이익을 위하여 그 제한물권을 존속시킬 필요가 있다고 인정되는 경우에는 민법 제191조 제1항 단서의 해석에 의하여 혼동으로 소멸하지 않는다(대판 1998.7.10. 98다18643).

(2) 제한물권과 그 제한물권을 목적으로 하는 다른 권리의 혼동

① 원칙 : 제한물권과 그 제한물권을 목적으로 하는 다른 제한물권이 동일인에게 귀속되는 경우에는 그 다른 제한물권은 원칙적으로 소멸한다(민법 제191조 제2항).
② 예외 : 단, 이때에도 제한물권이 제3자의 권리의 목적인 때에는 소멸하지 않는다.

3. 권리의 성질상 혼동되지 않는 권리

점유권은 성질상 혼동으로 소멸하지 않는다(민법 제191조 제3항). 즉, 점유권은 사실상의 지배를, 소유권은 법률상의 지배를 내용으로 하는 것이므로, 양립할 수 있다.

4. 혼동의 효과

① 원칙적으로 혼동에 의한 물권소멸의 효과는 절대적이다.
② 단, 혼동을 생기게 한 원인이 부존재하거나 원인행위가 무효, 취소, 해제 등으로 효력을 가지지 않는 것으로 밝혀지면 소멸한 물권은 당연히 부활한다. 이 경우 혼동에 의하여 소멸한 근저당권이 소유권취득이 무효로 밝혀져 부활하는 경우에 등기부상 이해관계가 있는 자는 위 근저당권 말소등기의 회복등기 절차를 이행함에 있어서 이것을 승낙할 의무가 있다(대판 1971.8.31. 71다1386).

5. 가등기권리자가 별도의 소유권이전등기를 마친 경우, 다시 가등기의무자를 상대로 가등기에 기한 본등기절차의 이행을 청구할 수 있는지 여부

> [1] 매매계약에 따른 소유권이전등기청구권 보전을 위하여 가등기가 경료된 경우 그 가등기권자가 가등기설정자에게 가지는 가등기에 기한 본등기청구권은 채권으로서 가등기권자가 가등기설정자를 상속하거나 그의 가등기에 기한 본등기절차 이행의 의무를 인수하지 아니하는 이상, 가등기권자가 가등기에 기한 본등기절차에 의하지 아니하고 가등기설정자로부터 별도의 소유권이전등기를 경료받았다고 하여 혼동의 법리에 의하여 가등기권자의 가등기에 기한 본등기청구권이 소멸하지는 않는다 할 것이다. [2] 가등기권자가 별도의 소유권이전등기를 경료받았다 하더라도, 가등기 경료 이후에 가등기된 목적물에 관하여 제3자 앞으로 처분제한의 등기가 되어 있거나 중간처분의 등기가 되어 있지 않고 가등기와 소유권이전등기의 등기원인도 실질상 동일하다면, 가등기의 원인이 된 가등기의무자의 소유권이전등기의무는 그 내용에 좇은 의무이행이 완료되었다 할 것이어서 가등기에 의하여 보전될 소유권이전등기청구권은 소멸되었다고 보아야 하므로, 가등기권자는 가등기의무자에 대하여 더 이상 그 가등기에 기한 본등기절차의 이행을 구할 수 없는 것이다(대판 2007.2.22. 2004다59546).

CHAPTER 02 물권의 변동

제1절 총 설

제2절 부동산물권의 변동

01 다음 설명 중 가장 옳지 않은 것은? 　2023년

① 동일인 명의로 보존등기가 중복된 경우에 언제나 후(後)등기기록이 무효이다.
② 자기 앞으로 소유권의 등기가 되어 있지 않았고 법률에 의하여 소유권을 취득하지도 않은 사람이 소유권자를 대위하여 현재의 등기명의인을 상대로 그 등기의 말소를 청구할 수 있을 뿐인 경우에는 진정한 등기명의의 회복을 위한 소유권이전등기청구를 할 수 없다.
③ 멸실된 건물의 보존등기를 신축한 건물의 보존등기로 유용하는 것은 허용되지 않는다.
④ 멸실회복등기에 있어 전 등기의 접수연월일, 접수번호 및 원인일자가 각 불명이라고 기재되었다 하여도 별다른 사정이 없는 한 등기관에 의하여 적법하게 수리되고 처리된 것이라고 추정된다.
⑤ 근저당설정등기가 불법말소된 경우 그 회복등기를 구하는 본안소송에서 승소판결을 받으면 후순위 근저당권자가 있더라도 바로 회복등기를 할 수 있다.

[❶▶○] 동일 부동산에 관하여 등기명의인을 달리하여 중복하여 보존등기가 이루어진 경우와는 달리 동일인 명의로 소유권보존등기가 중복되어 있는 경우에는 먼저 경료된 등기가 유효하고 뒤에 경료된 중복등기는 그것이 실체관계에 부합하는 여부를 가릴 것 없이 무효이다(대판 1981.11.18. 81다1340).

[❷▶○] 진정한 등기명의의 회복을 위한 소유권이전등기청구는 자기 명의로 소유권의 등기가 되어 있었거나 법률에 의하여 소유권을 취득한 진정한 소유자가 현재의 등기명의인을 상대로 그 등기의 말소를 구하는 것에 갈음하여 소유권에 기하여 진정한 등기명의의 회복을 구하는 것이므로, 자기 앞으로 소유권의 등기가 되어 있지 않았고 법률에 의하여 소유권을 취득하지도 않은 사람이 소유권자를 대위하여 현재의 등기명의인을 상대로 그 등기의 말소를 청구할 수 있을 뿐인 경우에는 진정한 등기명의의 회복을 위한 소유권이전등기청구를 할 수 없다(대판 2003.5.13. 2002다64148).

[❸▶○] 멸실된 건물과 신축된 건물이 위치나 기타 여러 가지 면에서 서로 같다고 하더라도 그 두 건물이 동일한 건물이라고는 할 수 없으므로 신축건물의 물권변동에 관한 등기를 멸실건물의 등기부에 등재하여도 그 등기는 무효이고 가사 신축건물의 소유자가 멸실건물의 등기를 신축건물의 등기로 전용할 의사로써 멸실건물의 등기부상 표시를 신축건물의 내용으로 표시 변경 등기를 하였다고 하더라도 그 등기가 무효임에는 변함이 없다(대판 1980.11.11. 80다441).

[❹ ▶ ○] 멸실회복등기에 있어 전 등기의 접수연월일, 접수번호 및 원인일자가 불명이라고 기재되어 있다 하더라도, 특별한 사정이 없는 한 이는 등기공무원에 의하여 적법하게 수리되고 처리된 것이라고 추정된다(대판 1997.11.25. 97다34723).

[❺ ▶ ×] 근저당권설정등기의 불법말소를 이유로 그 회복등기를 구하는 본안소송에서 원고가 승소판결을 받는다고 하더라도 그 후순위 근저당권자가 있는 경우에는 바로 회복등기를 할 수 있는 것이 아니고 부동산등기법 제75조에 의하여 이해관계 있는 제3자인 후순위 근저당권자의 승낙서 또는 이에 대항할 수 있는 재판의 등본을 첨부하여야 하므로 원고로서는 후순위 근저당권자를 상대로 승낙을 구하는 소송을 별도로 제기하여 승소판결을 받아야 한다(대판 2001.8.24. 2000다12785).

답 ❺

02 말소등기청구에 관한 다음 설명 중 가장 옳지 않은 것은? 2023년

① 부동산의 진정한 소유자가 원인무효등기의 말소를 청구하는 것은 소유권 그 자체에 터잡아서 방해의 배제나 소유물의 반환을 청구하는 것으로서 소유권이 있는 한 항상 행사할 수 있는 것이므로, 그 소유권을 취득하게 된 원인이 상속이고 그 상대방이 상속인을 참칭하여 등기를 한 사람이라고 하더라도 상속회복의 소라는 이름을 붙이고 그 권리의 행사를 제한하여야 할 이유가 없어, 이러한 경우 상속회복청구에 관한 민법규정은 적용되지 않는다.
② 피고로부터 매매 등의 방법으로 부동산에 대한 권리가 순차적으로 이전되어 최종적으로 소유권이전등기를 마친 제3자가 시효취득을 원인으로 부동산에 대한 소유권을 취득함에 따라 당초 부동산의 소유자인 원고가 소유권을 상실하게 되면, 비록 피고 명의의 소유권이전등기가 원인무효라고 하더라도 원고에게 피고 명의의 소유권이전등기의 말소를 청구할 수 있는 권원이 없으므로, 원고는 피고에 대하여 소유권에 기한 등기말소청구를 할 수 없다.
③ 1필지의 토지의 특정된 일부에 대하여 소유권이전등기의 말소를 명하는 판결을 받은 등기권자는 그 판결에 따로 토지의 분할을 명하는 주문기재가 없더라도 그 판결에 기하여 등기의무자를 대위하여 그 특정된 일부에 대한 분필등기절차를 마친 후 소유권이전등기를 말소할 수 있으므로, 토지의 분할을 명함이 없이 1필지의 토지의 일부에 관하여 소유권이전등기의 말소를 명한 판결을 집행불능의 판결이라 할 수 없다.
④ 채무자와 수익자 사이의 소송절차에서 확정판결 등을 통해 마쳐진 소유권이전등기가 사해행위취소로 인한 원상회복으로써 말소된다고 하더라도, 그것이 확정판결 등의 효력에 반하거나 모순되는 것이라고는 할 수 없다.
⑤ 실체관계상 공유인 부동산에 관하여 단독소유로 소유권보존등기가 마쳐졌거나 단독소유인 부동산에 관하여 공유로 소유권보존등기가 마쳐진 경우에 소유권보존등기 중 진정한 권리자의 소유부분에 해당하는 일부 지분에 관한 등기명의인의 소유권보존등기는 무효이므로 이를 말소하고 그 부분에 관한 진정한 권리자의 소유권보존등기를 하여야 한다. 이 경우 진정한 권리자는 소유권보존등기의 일부말소를 소로써 구하고 법원은 그 지분에 한하여만 말소를 명할 수 있으나, 그 판결의 집행은 단독소유를 공유로 또는 공유를 단독소유로 하는 경정등기의 방식으로 이루어진다.

[❶ ▶ ×] 재산상속에 관하여 진정한 상속인임을 전제로 그 상속으로 인한 소유권 또는 지분권 등 재산권의 귀속을 주장하고, 참칭상속인 또는 자기들만이 재산상속을 하였다는 일부 공동상속인들을 상대로 상속재산인 부동산에 관한 등기의 말소 등을 청구하는 경우에도, <u>그 소유권 또는 지분권이 귀속되었다는 주장이 상속을 원인으로 하는 것인 이상 그 청구원인 여하에 불구하고 이는 민법 제999조 소정의 상속회복청구의 소라고 해석함이 상당하다</u>(대판[전합] 1991.12.24. 90다5740).

[❷ ▶ ○] 원고가 피고에 대하여 피고 명의로 마쳐진 소유권이전등기의 말소를 구하려면 먼저 원고에게 말소를 청구할 수 있는 권원이 있음을 적극적으로 주장·증명하여야 하고, 만일 원고에게 그러한 권원이 있음이 인정되지 않는다면 설령 피고 명의의 소유권이전등기가 말소되어야 할 무효의 등기라고 하더라도 원고의 청구를 인용할 수는 없다. 피고로부터 매매 등의 방법으로 부동산에 대한 권리가 순차적으로 이전되어 최종적으로 소유권이전등기를 마친 제3자가 시효취득을 원인으로 부동산에 대한 소유권을 취득함에 따라 당초 부동산의 소유자인 원고가 소유권을 상실하게 되면, 비록 피고 명의의 소유권이전등기가 원인무효라고 하더라도 원고에게 피고 명의의 소유권이전등기의 말소를 청구할 수 있는 권원이 없으므로, 원고는 피고에 대하여 소유권에 기한 등기말소청구를 할 수 없다(대판 2019.7.10. 2015다249352).

[❸ ▶ ○] 1필지의 토지의 특정된 일부에 대하여 소유권이전등기의 말소를 명하는 판결을 받은 등기권자는 그 판결에 따로 토지의 분할을 명하는 주문기재가 없더라도 그 판결에 기하여 등기의무자를 대위하여 그 특정된 일부에 대한 분필등기절차를 마친 후 소유권이전등기를 말소할 수 있으므로 토지의 분할을 명함이 없이 1필지의 토지의 일부에 관하여 소유권이전등기의 말소를 명한 판결을 집행불능의 판결이라 할 수 없다(대판 1987.10.13. 87다카1093).

[❹ ▶ ○] 채권자가 사해행위의 취소와 함께 수익자 또는 전득자로부터 책임재산의 회복을 명하는 사해행위취소의 판결을 받은 경우 수익자 또는 전득자가 채권자에 대하여 사해행위의 취소로 인한 원상회복 의무를 부담하게 될 뿐, 채권자와 채무자 사이에서 취소로 인한 법률관계가 형성되는 것은 아니다. 따라서 위와 같이 채무자와 수익자 사이의 소송절차에서 확정판결 등을 통해 마쳐진 소유권이전등기가 사해행위취소로 인한 원상회복으로써 말소된다고 하더라도, 그것이 확정판결 등의 효력에 반하거나 모순되는 것이라고는 할 수 없다(대판 2017.4.7. 2016다204783).

[❺ ▶ ○] 실체관계상 공유인 부동산에 관하여 단독소유로 소유권보존등기가 마쳐졌거나 단독소유인 부동산에 관하여 공유로 소유권보존등기가 마쳐진 경우에 소유권보존등기 중 진정한 권리자의 소유부분에 해당하는 일부 지분에 관한 등기명의인의 소유권보존등기는 무효이므로 이를 말소하고 그 부분에 관한 진정한 권리자의 소유권보존등기를 하여야 한다. 이 경우 진정한 권리자는 소유권보존등기의 일부말소를 소로써 구하고 법원은 그 지분에 한하여만 말소를 명할 수 있으나, 등기기술상 소유권보존등기의 일부말소는 허용되지 않으므로, 그 판결의 집행은 단독소유를 공유로 또는 공유를 단독소유로 하는 경정등기의 방식으로 이루어진다. 이와 같이 일부말소 의미의 경정등기는 등기절차 내에서만 허용될 뿐 소송절차에서는 일부말소를 구하는 외에 경정등기를 소로써 구하는 것은 허용될 수 없다(대판 2017.8.18. 2016다6309).

답 ❶

제3절 동산물권의 변동

제4절 물권의 소멸

기본물권

제1절 점유권

제1관 서론

I 점유제도

점유제도는 물건을 사실상 지배하고 있는 경우 점유를 정당화할 수 있는 법률상 권리(본권)의 유무에도 불구하고 일정한 법률효과를 부여하는 제도를 말한다.

II 점유권과 본권

본권은 점유를 법적으로 정당화할 수 있는 권리로 소유권과 제한물권이 그 예이다. 이에 반해 점유권은 본권의 유무와는 무관하게 물건에 대한 사실상의 지배 그 자체를 보호하는 것을 목적으로 하는 권리이다.

III 점유의 요건

1. **객관적 요건 : 사실상의 지배**

   ① 개념 : 사실상의 지배란 사회관념상 물건이 어떤 사람의 지배 아래에 있다고 인정되는 객관적 관계를 말한다(대판 1974.7.16. 73다923).

② 사실상의 지배를 인정하기 위한 요소

> **[물건에 대한 '점유'의 의미와 판단 기준 / 임야에 대한 관리나 이용의 이전이 있는 경우, 점유의 이전이 있었다고 볼 수 있는지 여부(적극)]**
> 물건에 대한 점유란 사회관념상 어떤 사람의 사실상의 지배에 있다고 보여지는 객관적 관계를 말하는 것이다./ 사실상의 지배에 있다고 하기 위하여는 반드시 물건을 물리적, 현실적으로 지배하는 것만을 의미하는 것이 아니고, 물건과 사람과의 시간적, 공간적 관계와 본권관계, 타인 지배의 배제 가능성 등을 고려하여 사회관념에 따라 합목적적으로 판단하여야 한다. 특히 임야에 대한 점유의 이전이나 점유의 계속은 반드시 물리적이고 현실적인 지배를 요한다고 볼 것은 아니고, 관리나 이용의 이전이 있으면 점유의 이전이 있었다고 보아야 한다(대판 2025.6.12. 2024다288915).

2. 주관적 요건 : 점유설정의사

점유설정의사는 일정한 법률효과와 결부된 법적 의미의 의사가 아니라 「자연적」 의미의 의사이다. 따라서 행위능력이 요구되지 않아 미성년자라도 단독으로 점유할 수 있다.

3. 예외 : 관념화된 점유

점유는 사실상 지배에 의하여 성립하지만, 점유가 관념화되어 사실적 지배가 없음에도 점유의 성립이 인정되기도 하고[상속으로 인한 점유권의 이전(민법 제193조), 간접점유(민법 제194조)], 반면에 사실상 지배를 함에도 점유가 성립하지 않는 경우도 있다[점유보조자(민법 제195조)].

(1) 점유보조자

> **점유보조자(민법 제195조)**
> 가사상, 영업상 기타 유사한 관계에 의하여 타인의 지시를 받아 물건에 대한 사실상의 지배를 하는 때에는 그 타인만을 점유자로 한다.

1) 의 의

점유보조자란 물건에 대하여 직접적으로 실력을 행사하면서도 점유를 인정받지 못하는 자를 말한다(민법 제195조). 즉, 점유보조자에게는 점유권이 인정되지 않는다.

2) 요 건
① 점유보조자가 물건을 사실상 지배하고 있을 것
② 점유보조관계가 있을 것
    ㉠ 점유보조관계는 지시에 의한 명령·복종관계, 즉 사회적 종속관계를 전제로 한다.
    ㉡ 점유보조관계는 반드시 유효한 것이어야 하는 것은 아니고, 계속적일 필요도 없으며, 외부로부터 인식할 수 있는 것일 필요도 없다.

ⓒ 점유보조관계의 성립 여부가 문제되는 경우
㉮ 처의 지위 : 부부는 명령·복종관계에 있지 않으므로 원칙적으로 처가 부의 점유보조자가 된다고는 할 수 없다.
㉯ 법인의 기관 : 다수설·판례는 법인 대표기관의 점유는 법인의 점유로 보고 있다. 반면에 대표기관 이외 기관의 점유는 법인의 점유가 아니다. 이 경우 점유보조자가 될 수 있다.
㉰ 자기 소유의 물건에 대해서도 점유보조자가 될 수 있다(예 부모가 어린아이에게 물건을 준 경우 그 어린아이는 소유자인 동시에 그 물건의 유지·관리에 있어서 점유보조자가 될 수 있다).

3) 점유보조자의 지위
① **점유권의 배제** : 점유주만이 점유자이고, 점유보조자는 점유자가 아니다. 따라서 점유보조자의 점유권 및 점유보호청구권이 인정되지 않는다.
② **자력구제권은 인정** : 점유보조자도 점유주를 위하여 자력구제권(민법 제209조)은 행사할 수 있다.
③ **점유보조관계가 인정되는 경우 점유주의 점유의 취득 및 상실 기준** : 점유보조자를 기준으로 결정된다.
④ **점유취득시 선의·악의의 판단기준** : 원칙적으로 점유주가 판단기준이 되나, 점유주가 선의라도 점유보조자가 악의인 경우에는 점유주의 불이익으로 돌아가 점유는 악의의 점유가 된다.
⑤ **점유보조관계의 종료** : 사회적 종속관계의 종료로 소멸한다.

(2) 간접점유

> **간접점유(민법 제194조)**
> 지상권, 전세권, 질권, 사용대차, 임대차, 임치 기타의 관계로 타인으로 하여금 물건을 점유하게 한 자는 간접으로 점유권이 있다.

1) 의 의
간접점유는 관념화된 점유로 점유자와 물건 사이에 타인이 개재하여 그 타인의 점유를 매개로 점유하는 것을 말한다(민법 제194조 참고).

2) 성립요건
① **점유매개자가 물건을 직접 점유하고 있을 것** : 점유매개자의 직접점유가 있어야 하고, 점유매개자의 점유는 타주점유이다.
② **점유매개관계가 있을 것**
 ㉠ 점유매개관계는 직접점유자가 자신의 점유를 간접점유자의 반환청구권을 승인하면서 행사하는 경우에 인정된다(대판 2012.2.23. 2011다61424·61431).
 ㉡ 점유매개관계의 발생원인은 계약, 법률의 규정 및 사법관계·공법관계를 불문한다.
 ㉢ 점유매개관계는 반드시 유효할 필요가 없고, 중첩적으로 존재할 수도 있다.
③ 간접점유자의 점유는 직접점유자의 권리보다 포괄적이어야 한다.
④ 간접점유자는 직접점유자에 대하여 반환청구권을 가져야 한다.

3) 간접점유자의 지위(간접점유의 효과)
① **점유권** : 간접점유자도 점유권은 갖는다(민법 제194조). 따라서 점유보호청구권을 행사할 수 있다.
② **법률관계**
  ㉠ 대내적 관계
    ㉮ 간접점유자는 직접점유자에 대하여 점유보호청구권(민법 제207조)이나 자력구제권(민법 제209조)을 행사할 수 없다. 다만, 점유매개관계 또는 본권에 기한 청구권을 행사할 수 있을 뿐이다.

> **[간접점유에서 점유매개관계를 이루는 임대차계약 등이 종료된 이후에도 직접점유자가 목적물을 점유한 채 이를 반환하지 않고 있는 경우, 간접점유의 점유매개관계가 단절되는지 여부(소극)]**
> 민법상 간접점유를 인정하기 위해서는 간접점유자와 직접점유를 하는 자 사이에 일정한 법률관계, 즉 점유매개관계가 필요한데 간접점유에서 점유매개관계를 이루는 임대차계약 등이 해지 등의 사유로 종료되더라도 직접점유자가 목적물을 반환하기 전까지는 간접점유자의 직접점유자에 대한 반환청구권이 소멸하지 않는다. 따라서 점유매개관계를 이루는 임대차계약 등이 종료된 이후에도 직접점유자가 목적물을 점유한 채 이를 반환하지 않고 있는 경우에는, 간접점유자의 반환청구권이 소멸한 것이 아니므로 간접점유의 점유매개관계가 단절된다고 할 수 없다(대판 2023.8.18. 2021다249810).

    ㉯ 직접점유자는 간접점유자에 대하여 점유매개관계에서 발생한 청구권을 행사할 수 있을 뿐만 아니라 점유보호청구권과 자력구제권을 행사할 수 있다.
  ㉡ 대외적 관계
    ㉮ 직접점유자가 제3자에 의하여 점유를 침탈당하거나 방해받고 있는 경우에는 간접점유자도 제3자에 대하여 점유보호청구권을 갖는다(민법 제207조 제1항). 그러나 직접점유자가 점유물을 횡령하여 제3자에게 처분한 경우에는 간접점유자의 제3자에 대한 점유보호청구권은 인정되지 않는다.
    ㉯ 간접점유자는 직접적으로 물건을 지배하고 있지 않으므로, 자력구제권은 부정된다.

> **[약정에 의하여 부동산 인도를 청구하는 경우, 간접점유자를 상대로 청구할 수 있는지 여부(적극) 및 다른 사람의 직접점유로 인하여 간접점유자의 인도의무 이행이 불가능한 경우에도 마찬가지인지 여부(소극)]**
> 불법점유를 이유로 하여 부동산의 인도를 청구하는 경우에는 현실적인 점유자를 상대로 하여야 하는 것과 달리, 약정에 의하여 인도를 청구하는 경우에는 그 상대방이 직접점유자로 제한되지 아니하며 간접점유자를 상대로 하는 청구도 허용된다. 다만 다른 사람의 직접점유로 인하여 간접점유자의 인도의무의 이행이 불가능한 경우에는 그러하지 아니하며, 이 경우 인도의무의 이행 불능은 단순히 절대적·물리적으로 불능인 경우가 아니라 사회생활에서의 경험법칙 또는 거래상의 관념에 비추어 볼 때 채권자가 채무자의 이행의 실현을 기대할 수 없는 경우를 말한다(대판 2013.6.27. 2011다5813).

(3) 상속인에 의한 점유

> **상속으로 인한 점유권의 이전(민법 제193조)**
> 점유권은 상속인에 이전한다.

Ⅳ 점유의 모습

> **점유의 태양(민법 제197조)**
> ① 점유자는 소유의 의사로 선의, 평온 및 공연하게 점유한 것으로 추정한다.
> ② 선의의 점유자라도 본권에 관한 소에 패소한 때에는 그 소가 제기된 때로부터 악의의 점유자로 본다.

1. 자주점유와 타주점유

(1) 서 설

① 의의 : 자주점유란 「소유의 의사」를 갖고서 하는 점유를 말하고, 타주점유란 「타인의 소유권을 전제」로 한 점유로써 자주점유 이외의 점유를 의미한다.

> 취득시효에 있어서 자주점유라 함은 소유자와 동일한 지배를 하려는 의사를 가지고 하는 점유를 의미하는 것이지 법률상 그러한 지배를 할 수 있는 권원 즉 소유권을 가지고 있거나 또는 소유권이 있다고 믿고서 하는 점유를 의미하는 것은 아니다(대판 1996.10.11. 96다23719).

② 구별실익 : 취득시효(민법 제245조), 무주물선점(민법 제252조), 점유자의 회복자에 대한 책임(민법 제202조) 등에 실익이 있다.

(2) 자주점유의 판단기준 및 판단기준시기

① 판단기준 : 판례는 자주점유는 점유자의 내심의 의사에 따라 결정되는 것이 아니라 점유취득의 원인이 된 권원의 성질이나 점유와 관계가 있는 모든 사정에 의하여 외형적·객관적으로 결정된다(대판 1999.3.12. 98다29834)는 입장이다.

② 판단기준시기 : 소유의 의사 유무는 「점유개시 시」를 기준으로 판단한다(대판 1996.5.28. 95다40328).

> **[부동산 매수인의 점유 개시 후 그 매매가 무효임이 밝혀진 경우, 그 점유의 성질이 타주점유로 변하는지 여부(소극)]**
> 부동산을 매수하여 이를 점유하게 된 자는 그 매매가 무효가 된다는 사정이 있음을 알았다는 등의 특단의 사정이 없는 한 그 점유의 시초에 소유의 의사로 점유한 것이며, 나중에 매도자에게 처분권이 없었다는 등의 사유로 그 매매가 무효인 것이 밝혀졌다 하더라도 그와 같은 점유의 성질이 변하는 것은 아니다(대판 1996.5.28. 95다40328).

(3) 구체적인 판단

1) 점유취득의 원인이 분명한 경우

① 권원의 성질상 자주점유인 경우

  ㉠ 매매, 증여, 교환 등을 원인으로 점유를 취득한 경우

  ㉡ 상속 : 상속에 의하여 점유하게 된 경우에는 원칙적으로 자주점유이다. 즉, 피상속인의 장조카가 자기가 그 상속인 또는 권리귀속자인 것으로 믿고 점유를 개시하여 관리 및 수익을 독점하여 왔다면, 타주점유 중 자기에게 권리귀속된 것으로 믿는 경우와 달리 그 점유의 시초에 있어 권원의 성질상 자주점유라고 보아야 할 것이다(대판 1982.7.27. 81다1174·1175).

ⓒ 취득시효 : 피고에게 소유권이전등기된 날짜 이전에 원고가 소유권취득에 필요한 취득시효기간이 완성되었다면 그 이후의 점유는 소유자로서의 평온, 공연, 선의, 무과실의 점유라고 보아야 한다(대판 1963.2.21. 62다749). 즉, 취득시효 완성 후의 점유는 자주점유에 해당한다. 또한 점유자가 취득시효기간이 경과한 후에 상대방에게 토지의 매수를 제의한 일이 있다고 하여도 일반적으로 점유자는 취득시효가 완성한 후에도 소유권자와의 분쟁을 간편히 해결하기 위하여 매수를 시도하는 사례가 허다함에 비추어 이와 같은 매수제의를 하였다는 사실을 가지고 위 점유자의 점유를 타주점유라고 볼 수는 없다(대판[전합] 1983.7.12. 82다708·709, 82다카1792·1793).

② **권원의 성질상 타주점유인 경우**
  ㉠ 간접점유에서 직접점유자의 점유 : 지상권자, 전세권자, 질권자, 사용차주, 임차인, 수치인 등의 점유는 원칙적으로 타주점유이다(대판 1990.11.13. 90다카21381·21398 등).
  ㉡ 공유자 1인이 공유토지 전부를 점유한 경우 : 공유부동산은 공유자 1인이 전부를 점유하고 있다고 하더라도 다른 특별한 사정이 없는 한 권원의 성질상 다른 공유자의 지분비율의 범위 내에서는 타주점유라고 볼 수밖에 없다(대판 1995.1.12. 94다19884).
  ㉢ 명의수탁자의 점유 : 명의신탁에 의하여 부동산의 소유자로 등기된 자의 점유는 그 권원의 성질상 자주점유라 할 수 없다(대판 1991.12.10. 91다27655).

2) **점유취득의 원인이 불분명한 경우**
① **자주점유의 추정** : 권원의 존부가 불분명하거나 권원은 있는데 그 성질이 불분명한 경우에는 점유자는 소유의 의사로 점유한 것으로 추정된다(민법 제197조 제1항). 따라서 점유자가 타주점유자임을 주장하는 상대방이 점유자의 점유가 자주점유가 아님을 입증해야 한다(대판 2006.2.23. 2005다66473). 또한 점유자가 스스로 매매 또는 증여와 같이 자주점유의 권원을 주장하였으나 이것이 인정되지 않는 경우에도 원래 자주점유의 권원에 관한 입증책임이 점유자에게 있지 아니한 이상 그 주장의 점유권원이 인정되지 않는다는 사유만으로 자주점유의 추정이 번복된다거나 또는 점유권원의 성질상 타주점유라고 볼 수는 없다(대판 2010.5.13. 2010다2565).

> [국가나 지방자치단체가 부동산을 점유하는 경우에도 민법 제197조 제1항이 적용되는지 여부(적극) / 국가나 지방자치단체가 취득시효의 완성을 주장하는 토지의 취득절차에 관한 서류를 제출하지 못하고 있다는 사정만으로 자주점유의 추정이 번복되는지 여부(소극)]
> 부동산 점유권원의 성질이 분명하지 않을 때에는 민법 제197조 제1항에 따라 점유자는 소유의 의사로 선의로 평온하고 공연하게 점유한 것으로 추정되고, 이러한 추정은 지적공부 등의 관리주체인 국가나 지방자치단체(이하 '국가 등'이라 한다)가 점유하는 경우에도 마찬가지로 적용된다. / 점유자가 스스로 매매 또는 증여와 같이 자주점유의 권원을 주장하였으나 이것이 인정되지 않는 경우에도 원래 자주점유의 권원에 관한 증명책임이 점유자에게 있지 아니한 이상 그 주장의 점유권원이 인정되지 않는다는 사유만으로 자주점유의 추정이 번복된다거나 또는 점유권원의 성질상 타주점유라고 볼 수 없다. 따라서 국가 등이 취득시효의 완성을 주장하는 토지의 취득절차에 관한 서류를 제출하지 못하고 있다고 하더라도, 그 점유의 경위와 용도, 국가 등이 점유를 개시한 후에 지적공부에 그 토지의 소유자로 등재된 자가 소유권을 행사하려고 노력하였는지 여부, 함께 분할된 다른 토지의 이용 또는 처분관계 등 여러 가지 사정을 감안할 때 국가 등이 점유 개시 당시 공공용 재산의 취득절차를 거쳐서 소유권을 적법하게 취득하였을 가능성을 배제할 수 없는 경우에는, 국가 등의 자주점유의 추정을 부정하여 무단점유로 인정할 것이 아니다(대판 2023.6.29. 2020다29067).

② **추정의 번복**: 점유자가 진정한 소유자라면 통상 취하지 아니할 태도를 나타내거나 소유자라면 당연히 취했을 것으로 보이는 행동을 취하지 아니한 경우 등 외형적·객관적으로 보아 점유자가 타인의 소유권을 배척하고 점유할 의사를 갖고 있지 아니하였던 것이라고 볼 만한 사정이 증명된 경우에는 그 추정은 깨어지고, 점유자가 점유 개시 당시에 소유권 취득의 원인이 될 수 있는 법률행위 기타 법률요건이 없이 그와 같은 법률요건이 없다는 사실을 잘 알면서 타인 소유의 부동산을 무단점유한 것임이 입증되었다면, 특별한 사정이 없는 한 점유자는 타인의 소유권을 배척하고 점유할 의사를 갖고 있지 않다고 보아야 하므로 그 경우에도 소유의 의사가 있는 점유라는 추정은 깨어진다(대판 2011.1.13. 2010다66699).

(4) 전 환

① **타주점유에서 자주점유로 전환**: 타주점유가 자주점유로 전환되기 위하여는 새로운 권원에 의하여 다시 소유의 의사로 점유하거나 자기에게 점유시킨 자에게 소유의 의사가 있음을 표시하지 않으면 그 점유의 성질이 변하지 않는다고 보아야 할 것인바, 이때 타주점유자가 그 명의로 소유권이전등기를 경료한 것만으로는 점유시킨 자에 대하여 소유의 의사를 표시함으로써 자주점유로 전환되었다고 볼 수는 없다(대판 1993.7.16. 92다37871). 또한 상속은 점유취득의 새로운 권원에 포함되지 않는다는 것이 판례의 입장이다. 즉, 상속에 의하여 점유권을 취득한 경우에는 상속인은 새로운 권원에 의하여 자기 고유의 점유를 개시하지 않는 한 피상속인의 점유를 떠나 자기만의 점유를 주장할 수 없다(대판 1996.9.20. 96다25319).

② **자주점유에서 타주점유로 전환**: 진정 소유자가 자신의 소유권을 주장하며 점유자 명의의 소유권이전등기는 원인무효의 등기라 하여 점유자를 상대로 토지에 관한 점유자 명의의 소유권이전등기의 말소등기청구소송을 제기하여 그 소송사건이 점유자의 패소로 확정되었다면, 그 점유자는 민법 제197조 제2항의 규정에 의하여 그 소송의 제기시부터는 토지에 대한 악의의 점유자로 간주되고, 또 이러한 경우 토지 점유자가 소유권이전등기 말소등기청구소송의 직접 당사자가 되어 소송을 수행하였고 결국 그 소송을 통해 대지의 정당한 소유자를 알게 되었으며, 나아가 패소판결의 확정으로 점유자로서는 토지에 관한 점유자 명의의 소유권이전등기에 관하여 정당한 소유자에 대하여 말소등기의무를 부담하게 되었음이 확정되었으므로, 단순한 악의점유의 상태와는 달리 객관적으로 그와 같은 의무를 부담하고 있는 점유자로 변한 것이어서 점유자의 토지에 대한 점유는 패소판결 확정 후부터는 타주점유로 전환되었다고 보아야 할 것이다(대판 2000.12.8. 2000다14934·14941).

> **[비교 판례]**
> **[토지의 점유자가 소유자를 상대로 매매를 원인으로 한 소유권이전등기청구소송을 제기하였다가 패소하고 그 판결이 확정된 경우, 자주점유의 추정이 번복되어 타주점유로 전환되는지 여부(소극)]**
> 타인의 부동산을 점유하는 사람은 일응 소유의 의사로 점유하는 것으로 추정되고 그 추정을 번복할 만한 특별한 사정이 있는 경우에 한하여 타주점유로 인정할 수 있는바, 토지의 점유자가 이전에 토지소유자를 상대로 그 토지에 관하여 매매를 원인으로 한 소유권이전등기청구소송을 제기하였다가 패소하고 그 판결이 확정되었다 하더라도 그 사정만을 들어서는 토지 점유자의 자주점유의 추정이 번복되어 타주점유로 전환된다고 할 수 없다(대판 2009.12.10. 2006다19177).

2. 하자 있는 점유와 하자 없는 점유

(1) 의 의
하자 있는 점유는 악의, 과실, 폭행, 은비, 불계속 등의 점유를 말하고, 하자 없는 점유는 선의, 무과실, 평온, 공연, 계속 등의 점유를 말한다.

(2) 유 형

1) 선의점유와 악의점유
① **개념** : 선의점유란 본권(점유할 수 있는 권리)이 없음에도 불구하고 있다고 오신하면서 하는 점유를 말하고, 악의점유란 본권이 없음을 알면서 또는 본권의 유무에 관해 의심을 품으면서 하는 점유를 말한다. 점유자의 선의·악의가 불분명한 경우에는 선의 점유자로 추정한다(민법 제197조 제1항).
② **구별실익** : 과실취득권(민법 제201조), 점유자의 회복자에 대한 책임(민법 제202조), 등기부 취득시효(민법 제245조 제2항), 선의취득(민법 제249조) 등에서 구별의 실익이 있다.

2) 과실 있는 점유와 과실 없는 점유
① **개념** : 과실 있는 점유란 본권이 없음에도 불구하고 있다고 오신하는 데 과실이 있는 점유이고, 과실 없는 점유란 오신하는 데 과실이 없는 점유를 말한다. 무과실은 추정되지 않는다. 그러므로 무과실을 주장하는 자에게 증명책임이 있다(대판 1983.10.11. 83다카531).
② **구별실익** : 등기부 취득시효(민법 제245조 제2항), 선의취득(민법 제249조) 등에서 과실 없는 점유를 요구한다는 점에서 구별의 실익이 있다.

3) 평온점유와 폭력점유 및 공연점유와 은비점유
① **개념** : 평온점유는 폭력에 의하지 않은 점유을 말하고, 공연점유는 남몰래 하지 않은 점유를 말한다. 점유자는 평온, 공연한 점유로 추정된다(민법 제197조 제1항).
② **구별실익** : 점유자의 과실취득권(민법 제201조 제3항), 취득시효(민법 제245조), 선의취득(민법 제249조)에서는 평온, 공연한 점유가 요구된다.

4) 계속점유와 불계속점유
① **개념** : 계속점유와 불계속점유는 점유의 계속 여부에 의한 구별이다.
② **구별실익** : 취득시효(민법 제245조)와 유치권(민법 제320조) 등에서 구별의 실익이 있다.
③ **추정범위** : 민법상 점유의 계속은 추정된다(민법 제198조). 판례는 민법 제198조 소정의 점유계속추정은 동일인이 전후 양 시점에 점유한 것이 증명된 때에만 적용되는 것이 아니고 전후 양 시점의 점유자가 다른 경우에도 점유의 승계가 입증되는 한 점유계속은 추정된다(대판 1996.9.20. 96다24279·24286)는 입장이다.

제2관 점유권의 취득과 소멸

I 점유권의 취득

1. 의의

점유를 취득하면 점유권이 발생한다.

2. 취득의 유형

(1) 원시취득

> **점유권의 취득과 소멸(민법 제192조)**
> ① 물건을 사실상 지배하는 자는 점유권이 있다.
> ② 점유자가 물건에 대한 사실상의 지배를 상실한 때에는 점유권이 소멸한다. 그러나 제204조의 규정에 의하여 점유를 회수한 때에는 그러하지 아니하다.

무주물 선점, 유실물 습득, 매장물 발견, 절취 등의 사실행위로 점유가 성립하고, 그 결과 점유권이 발생한다.

(2) 승계취득

1) 특정승계 : 점유권의 양도

> **점유권의 양도(민법 제196조)**
> ① 점유권의 양도는 점유물의 인도로 그 효력이 생긴다.
> ② 전항의 점유권의 양도에는 제188조 제2항(간이인도), 제189조(점유개정), 제190조(목적물반환청구권의 양도)의 규정을 준용한다.

① **현실인도에 의한 승계**(민법 제196조 제1항) : 점유권이전에 대한 물권적 합의와 물건에 대한 사실적 지배의 이전이 있어야 한다. 따라서 행위능력이 필요하고, 흠 있는 의사표시에 관한 규정이 적용된다.
② **간이인도에 의한 승계**(민법 제196조 제2항, 제188조 제2항) : 양수인이 이미 물건을 점유하고 있는 경우에, 의사의 합치만으로 양도인의 점유 및 점유권이 이전된다. 단, 간이인도에 의한 점유권의 승계도 법률행위이므로, 행위능력이 필요하고, 흠 있는 의사표시에 관한 규정이 역시 적용된다.

2) 포괄승계 : 점유권의 상속

> **상속으로 인한 점유권의 이전(민법 제193조)**
> 점유권은 상속인에 이전한다.

① 의의 : 점유권의 상속은 법률의 규정에 의한 점유권의 포괄승계로, 의사표시 또는 점유의 이전을 요하지 않는다.
② 요 건
  ㉠ 점유권의 상속은 진정상속인에 한한다.
  ㉡ 상속인의 점유나 관리를 요하지 않는다. 또한 상속개시사실이나 자신이 상속인임을 알 필요도 없다.
③ 효과 : 상속인은 피상속인의 점유의 성질 및 그 하자를 그대로 승계한다. 따라서 상속은 타주점유가 자주점유로 전환되기 위하여 필요한 새로운 권원에 해당하지 않는다(대판 1997.5.30. 97다2344).

3. 점유권 취득의 효과

(1) 원시취득의 효과

점유의 원시취득으로 점유권이 발생하며, 그때부터 점유권자로 인정된다.

(2) 승계취득의 효과

> **점유의 승계의 주장과 그 효과(민법 제199조)**
> ① 점유자의 승계인은 자기의 점유만을 주장하거나 자기의 점유와 전 점유자의 점유를 아울러 주장할 수 있다.
> ② 전 점유자의 점유를 아울러 주장하는 경우에는 그 하자도 계승한다.

1) 점유의 분리·병합
① 민법 제199조 제1항의「전 점유자」란 직전의 점유자에 한하는 것이 아니라 현 점유에 앞서는 모든 점유자를 말한다.
② 점유의 병합을 주장하는 경우「전 점유자」의 하자도 승계한다(민법 제199조 제2항). 그러나 판례는 전 점유자의 점유를 승계한 자는 그 점유 자체와 하자만을 승계하는 것이지 그 점유로 인한 법률효과까지 승계하는 것은 아니라고 하였다(대판[전합] 1995.3.28. 93다47745 - 다수의견).

> 전 점유자의 점유를 승계한 자는 그 점유 자체와 하자만을 승계하는 것이지 그 점유로 인한 법률효과까지 승계하는 것은 아니므로 부동산을 취득시효기간 만료 당시의 점유자로부터 양수하여 점유를 승계한 현 점유자는 자신의 전 점유자에 대한 소유권이전등기청구권을 보전하기 위하여 전 점유자의 소유자에 대한 소유권이전등기청구권을 대위행사할 수 있을 뿐, 전 점유자의 취득시효 완성의 효과를 주장하여 직접 자기에게 소유권이전등기를 청구할 권원은 없다(대판[전합] 1995.3.28. 93다47745 - 다수의견).

③ 점유의 분리를 주장하는 경우 점유자는 자기의 점유만을 주장할 수 있고, 이때에는 비록 전 점유자의 점유가 타주점유라 하여도 현 점유자의 점유는 자주점유로 추정된다(대판 2002.2.26. 99다72743).

2) 취득시효 기산점의 선택
① 원칙 : 현 점유자가 자기의 점유개시일을 기산점으로 삼거나 점유의 승계가 있는 경우 전 점유자의 점유개시일을 선택할 수 있을 뿐, 점유기간 중의 임의의 시점을 취득시효의 기산점으로 선택할 수는 없다(대판 1998.4.10. 97다56822).
② 예외 : 단, 등기명의인의 변경이 없는 경우, 즉 이해관계인이 없다면 임의의 시점을 선택할 수 있다.

3) 상속인이 피상속인의 점유와의 분리를 주장할 수 있는지 여부
① 문제점 : 통설·판례에 의하면 상속 자체가 점유변경의 새로운 권원이 될 수는 없는데, 상속인이 현실적인 점유를 개시한 때부터 점유의 분리를 주장하여 자신만의 점유를 주장할 수 있는지 견해가 대립된다.
② 판례 : 상속에 의하여 점유권을 취득한 경우에는 상속인이 새로운 권원에 의하여 자기 고유의 점유를 시작하지 않는 한 피상속인의 점유를 떠나 자기만의 점유를 주장할 수 없고, 선대의 점유가 타주점유인 경우 선대로부터 상속에 의하여 점유를 승계한 자의 점유도 그 성질 내지 태양을 달리하는 것이 아니어서 특단의 사정이 없는 한 그 점유가 자주점유로 될 수 없고, 그 점유가 자주점유가 되기 위하여는 점유자가 소유자에 대하여 소유의 의사가 있는 것을 표시하거나 새로운 권원에 의하여 다시 소유의 의사로써 점유를 시작하여야 한다(대판 2004.9.24. 2004다27273)는 입장이다.

II 점유권의 소멸

> **점유권의 취득과 소멸(민법 제192조)**
> ② 점유자가 물건에 대한 사실상의 지배를 상실한 때에는 <u>점유권이 소멸한다</u>. 그러나 제204조의 규정에 의하여 점유를 회수한 때에는 그러하지 아니하다.

점유자가 물건에 대한 사실상의 지배를 상실한 때에는 점유권이 소멸한다(민법 제192조 제2항 본문). 그러나 점유침탈의 경우에 점유자가 민법 제204조에 기하여 점유를 회수하면 점유권은 처음부터 상실되지 않았던 것으로 다루어진다(민법 제192조 제2항 단서).

제3관 점유권의 효력

I 총 설

점유(권)의 효력으로 민법은 점유의 권리적법의 추정력(민법 제200조), 점유자와 회복자의 관계(민법 제201조 내지 제203조), 점유보호청구권(민법 제204조 내지 제208조) 및 자력구제권(민법 제209조)을 규정하고 있다.

II 점유의 권리적법의 추정력

> **권리의 적법의 추정(민법 제200조)**
> 점유자가 점유물에 대하여 행사하는 권리는 적법하게 보유한 것으로 추정한다.

1. 의 의

「권리적법의 추정력」이란 점유자가 점유물에 대하여 행사하는 권리는 적법하게 보유한 것으로 추정하는 효력을 말한다(민법 제200조).

2. 요 건

① 점유의 권리적법의 추정은 동산에 관해서만 적용되고, 특별한 사정이 없는 한 부동산 물권에 대하여는 적용되지 않는다(대판 1982.4.13. 81다780). 또한 미등기 부동산의 경우에도 민법 제200조는 적용되지 않는다.
② 민법 제200조가 적용되기 위한 요건은 「점유」뿐이므로, 점유의 종류 또는 하자의 유무는 문제되지 않는다.

3. 추정력의 범위

① 추정력은 제3자도 원용할 수 있다.
② 추정되는 것은 「점유물에 대하여 행사하는 권리」로 물권뿐만 아니라 점유할 수 있는 모든 권리를 포함한다.
③ 점유승계의 당사자 간에는 민법 제200조를 적용할 수 없다(통설, 대판 1964.12.8. 64다714). 따라서 점유자는 자기 자신의 점유권원을 스스로 입증하여야 한다.
④ 점유자의 불이익을 위해서도 추정된다.

4. 추정의 효과(증명책임의 전환)

점유자는 자기가 주장하는 권리의 존재를 적극적으로 증명할 책임을 지지 않는다. 오히려 상대방이 점유자의 권리가 부존재함을 증명할 책임을 지게 된다.

Ⅲ 점유자와 회복자의 관계

1. 서 설

본권에 기하여 타인의 물건을 점유하던 자가 그 물건을 반환하는 경우에는 본권을 발생시킨 법률관계에 따라 청산을 하면 된다. 반면 적법하게 점유할 권리를 가지지 않은 점유자가 소유자 등 본권자의 반환청구권의 행사에 응하여야 할 의무가 있는 경우, 그 물건의 반환뿐만 아니라 기타 부수적인 이해관계의 조정이라는 문제를 규율하는 것이 민법 제201조 내지 제203조 규정이다. 이하에서는 이에 대해서 검토하겠다.

2. 점유자의 과실취득

> **점유자와 과실(민법 제201조)**
> ① 선의의 점유자는 점유물의 과실을 취득한다.
> ② 악의의 점유자는 수취한 과실을 반환하여야 하며 소비하였거나 과실로 인하여 훼손 또는 수취하지 못한 경우에는 그 과실의 대가를 보상하여야 한다.
> ③ 전항의 규정은 폭력 또는 은비에 의한 점유자에 준용한다.

(1) 선의점유자의 과실취득권

1) 의 의

선의의 점유자가 그 점유물의 과실을 취득하는 권리를 말한다(민법 제201조 제1항). 민법 제201조 제1항은 선의수익자의 반환범위에 관한 민법 제748조 제1항에 대한 특칙으로 선의점유자의 과실취득권을 인정한 것이다.

2) 요 건

① **선의** : 선의의 점유자란 과실취득권을 포함하는 권원(소유권, 지상권, 임차권 등)이 있다고 오신한 점유자를 말하고, 그와 같은 오신을 함에는 오신할 만한 근거가 있어야 한다(대판 1981.8.20. 80다2587). 다만, 선의의 점유자라도 본권에 관한 소에 패소한 때에는 그 소가 제기된 때로부터 악의의 점유자로 간주된다(민법 제197조 제2항). 또한 폭력 또는 은비에 의한 점유자는 비록 선의일지라도 악의의 점유자와 동일시된다.

② **점유자** : 점유자란 점유할 권원 없이 타인의 물건을 점유하여 본권자에 대하여 그 물건의 반환의무를 부담하고 있는 자를 의미한다.

3) 효 과

① 과실의 취득
  ㉠ 여기의 과실에는 천연과실과 법정과실이 포함된다. 또한 판례는 사용이익도 과실에 준한 것으로 본다(대판 1996.1.26. 95다44290).
  ㉡ 민법 제201조 제1항 「과실을 취득한다」의 의미 : 통설과 판례는 선의점유자에게 과실을 수취할 수 있는 권리를 적극적으로 부여한 것으로 본다.

② 부당이득반환청구권과의 관계 : 민법 제201조 제1항에 의하면 선의의 점유자는 점유물의 과실을 취득한다고 규정하고 있고, 한편 토지를 사용함으로써 얻는 이득은 그 토지로 인한 과실과 동시할 것이므로 선의의 점유자는 비록 법률상 원인 없이 타인의 토지를 점유사용하고 이로 말미암아 그에게 손해를 입혔다 하더라도 그 점유사용으로 인한 이득을 그 타인에게 반환할 의무는 없다(대판 1987.9.22. 86다카1996·1997).

③ 불법행위책임과의 관계 : 선의의 점유자도 과실취득권이 있다하여 불법행위로 인한 손해배상책임이 배제되는 것은 아니다(대판 1966.7.19. 66다994). 따라서 민법 제201조 제1항과 민법 제750조의 불법행위책임은 경합한다.

(2) 악의점유자의 과실반환의무

1) 의 의

악의점유자란 선의의 점유자가 아닌 점유자를 말한다. 따라서 폭력 또는 은비에 의한 점유자(민법 제201조 제3항) 및 과실수취권이 없는 본권에 관하여 오신한 자는 모두 악의의 점유자가 된다. 또한 선의점유자라도 본권에 관한 소에 패소한 때에는 그 소가 제기된 때로부터 악의의 점유자로 본다(민법 제197조 제2항).

2) 반환의무의 내용

① 과실반환의무 및 대가보상
  ㉠ 악의점유자는 수취한 과실을 반환해야 한다(민법 제201조 제2항 전단). 판례는 악의점유자의 반환 범위가 민법 제748조 제2항에 따라 정해진다는 입장이다(대판 2003.11.14. 2001다61869).

  > 타인 소유물을 권원 없이 점유함으로써 얻은 사용이익을 반환하는 경우 민법은 선의 점유자를 보호하기 위하여 제201조 제1항을 두어 선의 점유자에게 과실수취권을 인정함에 대하여, 이러한 보호의 필요성이 없는 악의 점유자에 관하여는 민법 제201조 제2항을 두어 과실수취권이 인정되지 않는다는 취지를 규정하는 것으로 해석되는바, 따라서 악의 수익자가 반환하여야 할 범위는 민법 제748조 제2항에 따라 정하여지는 결과 그는 받은 이익에 이자를 붙여 반환하여야 하며, 위 이자의 이행지체로 인한 지연손해금도 지급하여야 한다(대판 2003.11.14. 2001다61869).

  ㉡ 또한 악의의 점유자가 수취한 과실을 소비하였거나 과실로 인하여 훼손 또는 수취하지 못한 경우 그 과실의 대가를 보상하여야 한다(민법 제201조 제2항 후단).

② **악의의 확장** : 민법 제197조 제2항 또는 제201조 제3항에 의하여 악의가 확장되기도 한다.
③ **불법행위책임과의 관계** : 악의점유자의 과실반환의무에 관한 민법 제201조 제2항은 불법행위에 관한 민법 제750조와 경합한다. 즉, 민법 제201조 제2항은 악의점유자의 과실반환 및 대가보상에 관한 규정이고, 민법 제750조의 불법행위책임은 피해자의 손해전보를 목적으로 하는 것으로 양자는 그 관점과 목적이 다르므로 경합적으로 적용된다는 의미이다(대판 1961.6.29, 4293민상704).

3. 점유물의 멸실·훼손에 대한 책임

> **점유자의 회복자에 대한 책임(민법 제202조)**
> 점유물이 점유자의 책임 있는 사유로 인하여 멸실 또는 훼손한 때에는 악의의 점유자는 그 손해의 전부를 배상하여야 하며 선의의 점유자는 이익이 현존하는 한도에서 배상하여야 한다. 소유의 의사가 없는 점유자는 선의인 경우에도 손해의 전부를 배상하여야 한다.

(1) 의 의

점유물이 점유자에게 책임 있는 사유로 멸실 또는 훼손된 경우에, 회복자와 사이에 계약관계 등이 없다면 일반적으로 불법행위로 인한 손해배상책임이 문제된다. 그런데 민법 제202조는 선의 자주점유자의 손해배상책임에 관한 민법 제750조의 특칙에 해당하여 책임을 경감한다(대판 1966.7.19, 66다994).

(2) 요 건

① **점유물이 멸실·훼손되었을 것** : 민법 제202조의 멸실은 물리적 멸실뿐만 아니라 법률적 멸실을 포함한다. 그리고 훼손이란 물건의 가치를 저하시키는 일체의 행위를 말한다.
② **점유물의 멸실·훼손이 점유자의 책임 있는 사유로 인할 것**

(3) 효 과

1) 점유자가 선의인 경우

① **자주점유인 경우** : 소유의 의사가 있는 선의·자주점유자는 회복자에 대하여 이익이 현존하는 한도에서 배상책임이 있다(민법 제202조 전문 후단).
② **타주점유인 경우** : 소유의 의사가 없는 타주점유자는 비록 선의이더라도 악의점유자와 마찬가지로 점유물의 멸실·훼손에 대한 손해의 전부를 배상하여야 한다(민법 제202조 후문).

2) 점유자가 악의인 경우

악의의 점유자는 자주점유이든 타주점유이든 관계없이 점유물의 멸실·훼손에 대한 손해 전부를 배상하여야 한다(민법 제202조 전문 전단).

4. 점유자의 비용상환청구권

> **점유자의 상환청구권(민법 제203조)**
> ① 점유자가 점유물을 반환할 때에는 회복자에 대하여 점유물을 보존하기 위하여 지출한 금액 기타 필요비의 상환을 청구할 수 있다. 그러나 점유자가 과실을 취득한 경우에는 통상의 필요비는 청구하지 못한다.
> ② 점유자가 점유물을 개량하기 위하여 지출한 금액 기타 유익비에 관하여는 그 가액의 증가가 현존한 경우에 한하여 회복자의 선택에 좇아 그 지출금액이나 증가액의 상환을 청구할 수 있다.
> ③ 전항의 경우에 법원은 회복자의 청구에 의하여 상당한 상환기간을 허여할 수 있다.

(1) 의 의

비용상환청구권은 점유자의 선의·악의 및 자주점유·타주점유를 불문하고 인정되는데, 이는 적법한 점유를 요건으로 하는 유치권(민법 제320조 제2항)과 비교된다.

(2) 요 건

1) 비용지출

① 필요비 : 필요비는 물건을 통상적으로 사용하는 데 적합한 상태로 보존하고 관리하는 데에 지출되는 비용을 말한다. 이에는 ㉠ 수리비, 조세 등 점유자가 이용하는 동안에 지출된 보존비용에 해당하는 통상의 필요비와 ㉡ 태풍으로 피해를 입은 주택을 수선하는 데 드는 비용 등의 평상적인 보존 이외에 지출하는 특별한 필요비로 나눌 수 있다.

> [1] 민법 제203조 제1항 단서에서 말하는 '점유자가 과실을 취득한 경우'의 의미 및 과실수취권이 없는 악의의 점유자에 대하여 위 단서 규정이 적용되는지 여부(소극) : 민법 제201조 제1항은 "선의의 점유자는 점유물의 과실을 취득한다"라고 정하고, 제2항은 "악의의 점유자는 수취한 과실을 반환하여야 하며 소비하였거나 과실로 인하여 훼손 또는 수취하지 못한 경우에는 그 과실의 대가를 보상하여야 한다"라고 정하고 있다. 민법 제203조 제1항은 "점유자가 점유물을 반환할 때에는 회복자에 대하여 점유물을 보존하기 위하여 지출한 금액 기타 필요비의 상환을 청구할 수 있다. 그러나 점유자가 과실을 취득한 경우에는 통상의 필요비는 청구하지 못한다"라고 정하고 있다. 위 규정을 체계적으로 해석하면 민법 제203조 제1항 단서에서 말하는 '점유자가 과실을 취득한 경우'란 점유자가 선의의 점유자로서 민법 제201조 제1항에 따라 과실수취권을 보유하고 있는 경우를 뜻한다고 보아야 한다. 선의의 점유자는 과실을 수취하므로 물건의 용익과 밀접한 관련을 가지는 비용인 통상의 필요비를 스스로 부담하는 것이 타당하기 때문이다. 따라서 과실수취권이 없는 악의의 점유자에 대해서는 위 단서 규정이 적용되지 않는다. [2] 부동산의 일부 지분 소유자가 다른 지분 소유자의 동의 없이 부동산을 다른 사람에게 임대하여 임대차보증금을 받은 경우, 부당이득 또는 불법행위가 성립하는지 여부(적극) 및 그 반환 또는 손해배상의 범위(= 차임 상당액) : 부동산의 일부 지분 소유자가 다른 지분 소유자의 동의 없이 부동산을 다른 사람에게 임대하여 임대차보증금을 받았다면, 그로 인한 수익 중 자신의 지분을 초과하는 부분은 법률상 원인 없이 취득한 부당이득이 되어 다른 지분 소유자에게 이를 반환할 의무가 있다. 또한 이러한 무단 임대행위는 다른 지분 소유자의 공유지분의 사용·수익을 침해한 불법행위가 성립되어 그 손해를 배상할 의무가 있다. 다만 그 반환 또는 배상의 범위는 부동산 임대차로 인한 차임 상당액이고 부동산의 임대차보증금 자체에 대한 다른 지분 소유자의 지분비율 상당액을 구할 수는 없다(대판 2021.4.29. 2018다261889).

② **유익비** : 유익비는 필요비를 제외한 기타의 비용, 즉 물건의 개량이나 물건의 가치를 증가시키기 위하여 지출된 비용을 말한다. 유익비 상환을 청구하기 위해서는 지출한 비용으로 그 물건 가액의 증가가 현존하여야 한다(민법 제203조 제2항).

2) 상환청구권자

① 타인의 소유물을 권원 없이 점유하면서 그 비용지출과정을 관리한 자이어야 한다.

> [물건의 소유자가 적법한 점유 권원 없는 점유자를 상대로 민법 제213조에 따른 물권적 청구권을 행사하여 물건의 반환을 구할 수 있는 경우, 점유자가 물건의 소유자를 상대로 민법 제741조에 따라 해당 비용의 반환을 구할 수 있는지 여부(소극) 및 민법 제203조에 따라 '점유물을 반환할 때' 비로소 비용상환청구권을 행사할 수 있는지 여부(적극)]
>
> 민법 제203조는 정당한 법률관계가 없는 물건 점유자와 회복자 사이에서 점유물을 반환하는 경우 점유자가 지출한 필요비 또는 유익비의 상환청구 범위와 상환시기에 관하여 규정한 특별규정이므로, 물건의 소유자가 적법한 점유 권원 없는 점유자를 상대로 민법 제213조에 따른 물권적 청구권을 행사하여 물건의 반환을 구할 수 있는 경우 점유자는 물건의 소유자를 상대로 민법 제741조에 따라 해당 비용의 반환을 구할 수는 없고 민법 제203조에 따라 '점유물을 반환할 때' 비로소 비용상환청구권을 행사할 수 있을 뿐이다(대판 2024.12.24. 2020다275744[본소]·2020다275751[반소]).

② 대항력 없는 임차인의 낙찰인에 대한 비용상환청구

㉠ 문제점 : 임대인 甲과 임대차계약을 체결한 대항력 없는 임차인 乙이 임차목적물에 유익비를 지출한 후 임차목적물이 경매가 되었고, 그 경매절차에서 丙이 소유권을 취득한 경우, 임차인 乙이 경락인 丙에게 민법 제203조에 근거하여 비용상환을 청구할 수 있는지 문제된다.

㉡ 판례 : 민법 제203조 제2항에 의한 점유자의 회복자에 대한 유익비상환청구권은 점유자가 계약관계 등 적법하게 점유할 권리를 가지지 않아 소유자의 소유물반환청구에 응하여야 할 의무가 있는 경우에 성립되는 것으로서, 이 경우 점유자는 그 비용을 지출할 당시의 소유자가 누구이었는지 관계없이 점유회복 당시의 소유자 즉 회복자에 대하여 비용상환청구권을 행사할 수 있는 것이나, 점유자가 유익비를 지출할 당시 계약관계 등 적법한 점유의 권원을 가진 경우에 그 지출비용의 상환에 관하여는 그 계약관계를 규율하는 법조항이나 법리 등이 적용되는 것이어서, 점유자는 그 계약관계 등의 상대방에 대하여 해당 법조항이나 법리에 따른 비용상환청구권을 행사할 수 있을 뿐 계약관계 등의 상대방이 아닌 점유회복 당시의 소유자에 대하여 민법 제203조 제2항에 따른 지출비용의 상환을 구할 수는 없다(대판 2003.7.25. 2001다64752). 따라서 임차인 乙은 민법 제203조 제2항에 따라 경락인 丙에게 비용상환을 청구할 수는 없고, 임대인 甲에게 민법 제626조 제2항에 근거하여 비용상환을 청구하여야 한다는 입장이다.

③ 도급계약에서 비용상환청구권자
　㉠ 문제점 : 유효한 도급계약에 기하여 수급인 乙이 도급인 甲으로부터 제3자 丙소유 물건의 점유를 이전받아 이를 수리한 결과 그 물건의 가치가 증가한 경우, 도급인 甲과 수급인 乙 중에 누가 물건의 소유자 丙에게 민법 제203조에 의한 비용상환청구권을 행사할 수 있는 비용지출자인지 문제된다.
　㉡ 판례 : 유효한 도급계약에 기하여 수급인이 도급인으로부터 제3자 소유 물건의 점유를 이전받아 이를 수리한 결과 그 물건의 가치가 증가한 경우, 도급인이 그 물건을 간접점유하면서 궁극적으로 자신의 계산으로 비용지출과정을 관리한 것이므로, 도급인만이 소유자에 대한 관계에 있어서 민법 제203조에 의한 비용상환청구권을 행사할 수 있는 비용지출자라고 할 것이고, 수급인은 그러한 비용지출자에 해당하지 않는다고 보아야 한다(대판 2002.8.23. 99다66564·66571). 따라서 수급인 乙은 민법 제203조에 의한 비용상환청구권을 회복자 丙에게 청구할 수 없다는 입장이다.

④ 점유자가 점유물 반환 이외의 원인으로 물건의 점유자 지위를 잃어 소유자가 그를 상대로 물권적 청구권을 행사할 수 없게 된 경우, 점유자가 민법 제203조를 근거로 비용상환청구권을 행사할 수 있는지 여부(소극) : 물건의 소유자는 적법한 점유 권한 없는 점유자를 상대로 물권적 청구권을 행사하여 반환을 청구할 수 있고(민법 제213조), 점유자는 점유물을 반환하거나 그 반환을 청구받은 때에 회복자에 대하여 자기가 거기에 지출한 필요비나 유익비의 상환을 청구할 수 있다(민법 제203조). 그러나 점유자가 점유물 반환 이외의 원인으로 물건의 점유자 지위를 잃어 소유자가 그를 상대로 물권적 청구권을 행사할 수 없게 되었다면, 그들은 더 이상 민법 제203조가 규율하는 점유자와 회복자의 관계에 있지 않으므로, 점유자는 위 조항을 근거로 비용상환청구권을 행사할 수 없고, 다만 비용 지출이 사무관리에 해당할 경우 그 상환을 청구하거나(민법 제739조), 자기가 지출한 비용으로 물건 소유자가 얻은 이득의 존재와 범위를 증명하여 반환청구권(민법 제741조)을 행사할 수 있을 뿐이다(대판 2022.6.30. 2020다209815).

3) 상환의무자
비용상환청구의 상대방은 소유물반환청구권을 행사하는 현재의 소유자인 회복자이다. 다만, 점유자의 비용지출 후에 소유자가 변경된 경우에는 신소유자가 구소유자의 반환범위에 속하는 것을 포함하여 함께 책임을 진다(대판 1965.6.15. 65다598·599).

4) 행사시기

> **[민법 제203조에서 정한 필요비나 유익비 상환청구권의 이행기가 도래하는 시점(= 점유자가 회복자로부터 점유물 반환을 청구받거나 회복자에게 점유물을 반환한 때)]**
> 점유자가 점유물을 보존하거나 개량하기 위하여 지출한 필요비나 유익비에 관하여 민법 제203조 제1항, 제2항은 점유자가 '점유물을 반환할 때'에 상환을 청구할 수 있도록 규정하고 있으므로, 그 상환청구권은 점유자가 회복자로부터 점유물 반환을 청구받거나 회복자에게 점유물을 반환한 때에 비로소 발생하여 점유자가 이를 행사할 수 있는 상태가 되고 이행기가 도래한다(대판 2024.12.24. 2020다275744[본소]·2020다275751[반소]).

(3) 효 과

1) 필요비상환청구

① 점유자는 회복자에 대하여 필요비의 상환을 청구할 수 있다(민법 제203조 제1항 본문). 다만, 통상의 필요비는 점유자가 과실을 취득한 경우에는 상환을 청구하지 못한다(민법 제203조 제1항 단서).
② 필요비는 유익비와 달리 상환기간의 유예가 허용되지 않는다(민법 제203조 제3항 반대해석).

2) 유익비상환청구

점유물을 개량하기 위하여 지출한 금액 기타 유익비에 관하여는 그 가액의 증가가 현존한 경우에 한하여 회복자의 선택에 좇아 그 지출금액이나 증가액의 상환을 청구할 수 있다(민법 제203조 제2항). 이때 실제 지출금액 및 현존 증가액에 관한 증명책임은 모두 유익비의 상환을 구하는 점유자에게 있다.

3) 유치권 행사 여부

필요비·유익비는 물건에 관하여 생긴 채권이므로(민법 제320조 제1항), 점유자는 비용의 상환을 받을 때까지 유치권에 근거하여 점유물의 반환을 거절할 수 있다. 다만, 유예기간이 주어지면 점유자의 유치권은 성립하지 않는다(민법 제203조 제3항).

IV 점유보호청구권

1. 서 설

점유보호청구권은 점유에 대한 침해 또는 그 우려가 있는 경우에 본권의 유무와 관계없이 점유 그 자체를 보호하기 위하여 인정되는 물권적 청구권이다. 따라서 불법행위를 원인으로 하는 손해배상청구권과는 달리 상대방의 고의·과실을 요건으로 하지 않는다. 민법은 점유보호청구권의 유형으로 점유물반환청구권(민법 제204조), 점유물방해제거청구권(민법 제205조), 점유물방해예방청구권(민법 제206조)을 규정하고 있다.

2. 점유물반환청구권

점유의 회수(민법 제204조)
① 점유자가 점유의 침탈을 당한 때에는 그 물건의 반환 및 손해의 배상을 청구할 수 있다.
② 전항의 청구권은 침탈자의 특별승계인에 대하여는 행사하지 못한다. 그러나 승계인이 악의인 때에는 그러하지 아니하다.
③ 제1항의 청구권은 침탈을 당한 날로부터 1년 내에 행사하여야 한다.

간접점유의 보호(민법 제207조)
① 전3조의 청구권은 제194조의 규정에 의한 간접점유자도 이를 행사할 수 있다.
② 점유자가 점유의 침탈을 당한 경우에 간접점유자는 그 물건을 점유자에게 반환할 것을 청구할 수 있고 점유자가 그 물건의 반환을 받을 수 없거나 이를 원하지 아니하는 때에는 자기에게 반환할 것을 청구할 수 있다.

(1) 의 의

점유물반환청구권은 점유자가 점유의 침탈을 당한 때 그 물건의 반환 및 손해의 배상을 청구할 수 있는 권리이다(민법 제204조 제1항).

(2) 요 건

1) 점유의 침탈이 있을 것

① 점유의 침탈이란 강도나 절도와 같이 점유자가 그 의사에 기하지 아니하고 점유물에 대한 사실적 지배를 빼앗긴 경우를 말한다. 따라서 사기의 의사표시에 의해 건물을 명도해 준 것이라면 건물의 점유를 침탈당한 것이 아니므로 피해자는 점유회수의 소권을 가진다고 할 수 없다(대판 1992.2.28. 91다17443).

② 침탈 여부는 「직접점유자」를 기준으로 판단하여야 한다.

> 직접점유자가 임의로 점유를 타에 양도한 경우에는 점유이전이 간접점유자의 의사에 반한다 하더라도 간접점유자의 점유가 침탈된 경우에 해당하지 않는다(대판 1993.3.9. 92다5300).

2) 청구권자

① 점유를 침탈당한 직접점유자는 물론 간접점유자도 청구권자가 될 수 있다. 그러나 점유자가 아닌 점유보조자는 청구권자가 될 수 없다.

② 본권의 유무와는 관계없이 반환을 청구할 수 있다(대판 1962.1.15. 4294민상793).

3) 상대방

점유물반환청구권의 상대방은 점유를 침탈하여 현재 점유하고 있는 자이다. 따라서 침탈자라도 점유물반환청구권 행사 당시 점유를 상실하였다면 상대방이 될 수 없다(대판 1995.6.30. 95다12927). 또한 점유침탈자의 포괄승계인은 언제든지 상대방이 될 수 있으나, 특별승계인은 악의인 경우에 한하여 상대방이 될 수 있다(민법 제204조 제2항).

(3) 효 과

① 물건의 반환청구 : 점유자는 침탈당한 물건의 반환을 청구할 수 있다(민법 제204조 제1항, 제207조 제2항).

> [상대방으로부터 점유를 위법하게 침탈당한 점유자가 상대방으로부터 자력구제에 해당하지 않는 방법으로 점유를 탈환한 경우, 상대방이 점유자를 상대로 민법 제204조 제1항에 따른 점유의 회수를 청구할 수 있는지 여부(원칙적 소극)]
>
> 상대방으로부터 점유를 위법하게 침탈당한 점유자가 상대방으로부터 점유를 탈환하였을 경우(이른바 '점유의 상호침탈'), 상대방의 점유회수청구가 받아들여지더라도 점유자가 상대방의 점유침탈을 문제 삼아 점유회수청구권을 행사함으로써 다시 자신의 점유를 회복할 수 있다면 상대방의 점유회수청구를 인정하는 것이 무용할 수 있다. 따라서 이러한 경우 점유자의 점유탈환행위가 민법 제209조 제2항의 자력구제에 해당하지 않는다고 하더라도 특별한 사정이 없는 한 상대방은 자신의 점유가 침탈당하였음을 이유로 점유자를 상대로 민법 제204조 제1항에 따른 점유의 회수를 청구할 수 없다고 보는 것이 타당하다(대판 2023.8.18. 2022다269675).

② **손해배상청구** : 민법 제204조 제1항이 인정하는 손해배상청구권은 불법행위책임일 뿐 점유보호청구권의 내용은 아니다. 따라서 손해배상청구권은 불법행위의 요건을 갖춘 경우를 전제로 인정된다.

(4) 제척기간

점유물반환청구권은 점유물을 침탈당한 날로부터 1년 내에 행사하여야 한다(민법 제204조 제3항). 이 제척기간은 출소기간에 해당한다(대판 2002.4.26, 2001다8097·8103).

> [민법 제204조 제3항에서 말하는 1년의 행사기간의 의미(= 소를 제기하여야 하는 제척기간) 및 점유를 침탈당한 자가 본권인 유치권 소멸에 따른 손해배상청구권을 행사하는 경우, 위 조항이 적용되는지 여부(소극)]
> 민법 제204조에 따르면, 점유자가 점유의 침탈을 당한 때에는 그 물건의 반환 및 손해의 배상을 청구할 수 있고(제1항), 위 청구권은 점유를 침탈당한 날부터 1년 내에 행사하여야 하며(제3항), 여기서 말하는 1년의 행사기간은 제척기간으로서 소를 제기하여야 하는 기간을 말한다. 그런데 민법 제204조 제3항은 본권 침해로 발생한 손해배상청구권의 행사에는 적용되지 않으므로 점유를 침탈당한 자가 본권인 유치권 소멸에 따른 손해배상청구권을 행사하는 때에는 민법 제204조 제3항이 적용되지 아니하고, 점유를 침탈당한 날부터 1년 내에 행사할 것을 요하지 않는다(대판 2021.8.19, 2021다213866).

3. 점유물방해제거청구권

> **점유의 보유(민법 제205조)**
> ① 점유자가 점유의 방해를 받은 때에는 그 방해의 제거 및 손해의 배상을 청구할 수 있다.
> ② 전항의 청구권은 방해가 종료한 날로부터 1년 내에 행사하여야 한다.
> ③ 공사로 인하여 점유의 방해를 받은 경우에는 공사착수 후 1년을 경과하거나 그 공사가 완성한 때에는 방해의 제거를 청구하지 못한다.

(1) 의 의

점유물방해제거청구권은 점유자가 점유의 방해를 받은 경우 그 방해의 제거 및 손해의 배상을 청구할 수 있는 권리이다(민법 제205조 제1항).

(2) 요 건

① **점유의 방해 필요** : 점유의 방해란 점유의 침탈 이외의 방법으로 점유를 방해하는 것이다(대판 1987.6.9, 86다카2942). 침탈과 달리 점유자가 점유를 상실하지는 않는다.
② **방해자의 고의·과실 등의 귀책사유 불요** : 점유물방해제거청구권은 물권적 청구권에 해당하므로 방해자의 고의·과실 등의 귀책사유를 요하지 않는다. 다만, 손해배상청구의 경우에는 점유물반환청구권과 마찬가지로 불법행위책임 내용으로 고의·과실을 요한다(민법 제750조).

(3) 효 과

방해의 제거 및 손해배상을 청구할 수 있다(민법 제205조 제1항).

> [시효취득자가 점유취득시효의 완성을 원인으로 하여 소유권이전등기를 청구하면서 그와 동시에 시효완성 후 토지소유자가 설치한 담장의 철거를 청구한 경우, 담장철거청구의 권원(= 점유권에 기한 방해배제청구권)]
> 취득시효가 완성된 점유자는 점유권에 기하여 등기부상의 명의인을 상대로 점유방해의 배제를 청구할 수 있다 할 것인데, 시효취득자가 점유취득시효의 완성을 원인으로 하여 소유권이전등기를 청구하면서, 그와 동시에 시효완성 후에 토지소유자가 멋대로 설치한 담장 등의 철거를 구하고 있을 뿐, 소유권에 기한 방해배제청구권에 기하여 위 담장 등의 철거를 구한 바 없고, 오히려 '토지소유자가 기존의 담장을 허물고 새로운 담장을 쌓은 것은 시효취득자의 점유를 침탈한 행위에 해당한다'고 주장하였으며, 원심의 변론종결 직전에는 소유권에 기한 주장은 하지 아니하고 담장 등 철거 청구도 시효취득에 의하여서만 구하는 것이라고 진술하였는바, 그렇다면 시효취득자는 점유권에 기한 방해배제청구권의 행사로서 토지소유자를 상대로 담장 등의 철거를 청구하고 있는 것으로 보아야 한다(대판 2005.3.25. 2004다23899·23905).

(4) 제척기간 등

① 기간 : 민법 제205조 제2항이 정한 1년의 제척기간은 재판 외에서 권리행사를 하는 것으로 족한 기간이 아니라 반드시 그 기간 내에 소를 제기하여야 하는 이른바 출소기간이다(대판 2016.7.29. 2016다214483·2016다214490[병합]).

② 기산점 : 점유물방해제거청구권은 방해가 종료한 날로부터 1년 내에 행사하여야 한다(민법 제205조 제2항). 여기서 「방해가 종료한 날」의 의미에 대해 견해 대립이 있으나, 판례는 방해 상태가 종료한 날이 아닌 방해행위가 종료한 날을 의미한다고 본다.

> 민법 제205조에 의하면, 점유자가 점유의 방해를 받은 때에는 방해의 제거 및 손해의 배상을 청구할 수 있고(제1항), 제1항의 청구권은 방해가 종료한 날로부터 1년 내에 행사하여야 하는데(제2항), 민법 제205조 제2항이 정한 '1년의 제척기간'은 재판 외에서 권리행사하는 것으로 족한 기간이 아니라 반드시 그 기간 내에 소를 제기하여야 하는 이른바 출소기간으로 해석함이 타당하다. 그리고 기산점이 되는 '방해가 종료한 날'은 방해행위가 종료한 날을 의미한다(대판 2016.7.29. 2016다214483·2016다214490[병합]).

4. 점유물방해예방청구권

> **점유의 보전(민법 제206조)**
> ① 점유자가 점유의 방해를 받을 염려가 있는 때에는 그 방해의 예방 또는 손해배상의 담보를 청구할 수 있다.
> ② 공사로 인하여 점유의 방해를 받을 염려가 있는 경우에는 전조 제3항의 규정을 준용한다.

(1) 의 의

점유물방해예방청구권은 점유자가 점유의 방해를 받을 염려가 있는 때에 그 방해의 예방 또는 손해배상의 담보를 청구할 수 있는 권리이다(민법 제206조 제1항).

(2) 요 건

점유의 방해를 받을 염려가 있어야 한다. 판례는 「방해예방청구권(점유보전청구권)에 있어서 점유를 방해할 염려나 위험성이 있는지의 여부는 구체적인 사정 하에 일반경험법칙에 따라 객관적으로 판정되어야 할 것이다」(대판 1987.6.9. 86다카2942)라고 판시하였다.

(3) 효 과

방해의 예방 또는 손해배상의 담보를 청구할 수 있다.

(4) 제척기간

점유물방해예방청구권은 방해의 염려가 있는 동안에는 언제든지 행사할 수 있으나, 공사로 인하여 점유의 방해를 받을 염려가 있는 경우에는 공사착수 후 1년을 경과하거나 그 공사가 완공된 때에는 청구하지 못한다(민법 제206조 제2항, 제205조 제3항).

V 점유의 소와 본권의 소와의 관계

> **점유의 소와 본권의 소와의 관계(민법 제208조)**
> ① 점유권에 기인한 소와 본권에 기인한 소는 서로 영향을 미치지 아니한다.
> ② 점유권에 기인한 소는 본권에 관한 이유로 재판하지 못한다.

「점유의 소」는 점유보호청구권을 청구원인으로 하는 소를 말하고, 「본권의 소」는 소유권, 전세권, 임차권 등과 같은 점유할 수 있는 권리를 청구원인으로 하는 소를 말한다.

> [점유회수의 청구 요건 및 여기서 '점유'의 의미와 판단 기준 / 점유권에 기한 본소에 대하여 본권자가 본소청구 인용에 대비하여 본권에 기한 예비적 반소를 제기하고 양 청구가 모두 이유 있는 경우, 법원은 위 본소와 반소를 모두 인용하여야 하는지 여부(적극) 및 점유권에 기한 본소를 본권에 관한 이유로 배척할 수 있는지 여부(소극)]
> 점유자가 점유의 침탈을 당한 때에는 그 물건의 반환 등을 청구할 수 있고 이러한 점유회수의 청구에 있어서는 점유를 침탈당하였다고 주장하는 당시에 점유하고 있었는지의 여부만을 살피면 된다(민법 제204조 제1항). 여기서 점유란 물건이 사회통념상 그 사람의 사실적 지배에 속한다고 보여지는 객관적 관계에 있는 것을 말하고 사실상의 지배가 있다고 하기 위하여는 반드시 물건을 물리적, 현실적으로 지배하는 것만을 의미하는 것이 아니고 물건과 사람과의 시간적, 공간적 관계와 본권관계, 타인지배의 배제가능성 등을 고려하여 사회관념에 따라 합목적적으로 판단하여야 한다. 점유권에 기인한 소와 본권에 기인한 소는 서로 영향을 미치지 아니하고, 점유권에 기인한 소는 본권에 관한 이유로 재판하지 못하므로 점유회수의 청구에 대하여 점유침탈자가 점유물에 대한 본권이 있다는 주장으로 점유회수를 배척할 수 없다(민법 제208조). 그러므로 점유권에 기한 본소에 대하여 본권자가 본소청구 인용에 대비하여 본권에 기한 예비적 반소를 제기하고 양 청구가 모두 이유 있는 경우, 법원은 점유권에 기한 본소와 본권에 기한 예비적 반소를 모두 인용해야 하고 점유권에 기한 본소를 본권에 관한 이유로 배척할 수 없다(대판 2021.2.4. 2019다202795·2019다202801).

[점유권을 기초로 한 본소에 대하여 본권자가 본소청구 인용에 대비하여 본권에 기초한 장래이행의 소로서 예비적 반소를 제기하고 양 청구가 모두 이유 있는 경우, 법원은 위 본소와 예비적 반소를 모두 인용하여야 하는지 여부(적극) 및 점유권에 기초한 본소를 본권에 관한 이유로 배척할 수 있는지 여부(소극) / 점유를 침탈당한 자가 점유권에 기한 점유회수의 소를 제기하고, 본권자가 그 점유회수의 소가 인용될 것에 대비하여 본권에 기초한 장래이행의 소로서 별소를 제기한 경우에도 같은 법리가 적용되는지 여부(적극)]
점유권을 기초로 한 본소에 대하여 본권자가 본소청구의 인용에 대비하여 본권에 기초한 장래이행의 소로서 예비적 반소를 제기하고 양 청구가 모두 이유 있는 경우, 법원은 점유권에 기초한 본소와 본권에 기초한 예비적 반소를 모두 인용해야 하고 점유권에 기초한 본소를 본권에 관한 이유로 배척할 수 없다. 이러한 법리는 점유를 침탈당한 자가 점유권에 기한 점유회수의 소를 제기하고, 본권자가 그 점유회수의 소가 인용될 것에 대비하여 본권에 기초한 장래이행의 소로서 별소를 제기한 경우에도 마찬가지로 적용된다(대판 2021.3.25. 2019다208841).

Ⅵ 자력구제권

자력구제(민법 제209조)
① 점유자는 그 점유를 부정히 침탈 또는 방해하는 행위에 대하여 자력으로써 이를 방위할 수 있다.
② 점유물이 침탈되었을 경우에 부동산일 때에는 점유자는 침탈 후 직시 가해자를 배제하여 이를 탈환할 수 있고 동산일 때에는 점유자는 현장에서 또는 추적하여 가해자로부터 이를 탈환할 수 있다.

1. 의 의

자력구제란 사인이 자기의 권리를 보호하거나 실현하기 위하여 국가의 힘을 빌리지 않고 점유자 자신이 직접 실력을 행사할 수 있는 권리이다.

2. 자력구제권자

직접점유자의 자력구제권은 인정되나, 간접점유자의 자력구제권은 부정된다. 그러나 점유보조자의 경우에는 점유주를 위한 자력구제권이 인정된다.

3. 상대방

점유를 침탈 또는 방해하는 자

4. 한 계

자력구제는 원칙적으로 금지되며, 국가구제가 불가능하거나 극히 곤란한 경우에 한하여 인정되므로 상당성 있는 범위 내에서만 행사해야 한다.

5. 종 류

(1) 자력방위권

점유를 침탈 또는 방해하는 행위에 대하여 방위할 수 있는 권리이다.

(2) 자력탈환권

점유자의 점유가 침탈되었을 때 짧은 시간 내에 다시 점유를 탈환할 수 있는 권리이다. 동산의 경우에는 현장에서 또는 추적하여서만 탈환을 할 수 있으나, 부동산의 경우에는 침탈 후「직시(直時)」, 즉 곧바로 탈환할 수 있다.

> 민법 제209조 제1항에 규정된 점유자의 자력방위권은 점유의 침탈 또는 방해의 위험이 있는 때에 인정되는 것인 한편, 제2항에 규정된 점유자의 자력탈환권은 점유가 침탈되었을 때 시간적으로 좁게 제한된 범위 내에서 자력으로 점유를 회복할 수 있다는 것으로서, 위 규정에서 말하는 "직시"란 "객관적으로 가능한 한 신속히" 또는 "사회관념상 가해자를 배제하여 점유를 회복하는 데 필요하다고 인정되는 범위 안에서 되도록 속히"라는 뜻으로 해석할 것이므로 점유자가 침탈사실을 알고 모르고와는 관계없이 침탈을 당한 후 상당한 시간이 흘렀다면 자력탈환권을 행사할 수 없다(대판 1993.3.26. 91다14116).

제4관 준점유

준점유(민법 제210조)
본장의 규정은 재산권을 사실상 행사하는 경우에 준용한다.

I 의 의

「준점유」란 물건이 아닌 재산권을 사실상 행사하는 것을 말하는데, 민법은 준점유에 점유권의 규정을 준용한다(민법 제210조).

Ⅱ 요 건

1. 객체 : 재산권

① 신분권은 준점유가 인정되지 않는다.
② 준점유의 객체는 점유를 수반하지 않는 재산권(채권, 무체재산권, 광업권 등)에 한한다.

2. 사실상 행사

「사실상 행사」란 점유를 수반하지 않는 재산권이 사실상 어떤 자에게 귀속하는 것과 같은 외관을 가지는 것을 의미한다.

Ⅲ 효 과

준점유에는 점유권의 규정이 준용된다(민법 제210조). 특히 채권이 준점유자에 대한 변제의 효과를 규정한 민법 제470조가 가장 핵심이다. 그러나 준점유에 기한 선의취득은 인정되지 않는다.

제2절 소유권

제1관 총 설

Ⅰ 소유권의 의의

> **소유권의 내용(민법 제211조)**
> 소유자는 법률의 범위 내에서 그 소유물을 사용, 수익, 처분할 권리가 있다.
>
> **토지소유권의 범위(민법 제212조)**
> 토지의 소유권은 정당한 이익 있는 범위 내에서 토지의 상하에 미친다.

「소유권」이란 법률의 범위 내에서 그 소유물을 사용·수익·처분할 수 있는 권리를 말한다(민법 제211조).

Ⅱ 소유권의 내용과 제한 및 그 한계

1. 소유권의 내용

소유자는 소유물을 사용·수익·처분할 수 있는 권리가 있다(민법 제211조). 이때 「사용·수익」이란 물건의 사용가치를 파악하는 것이고, 「처분」이란 물건의 교환가치를 파악하는 것을 의미한다.

[소유자가 제3자에게 소유물의 처분권한을 수여한 경우, 제3자의 처분이 실제로 유효하게 행하여지지 아니하고 있는 동안에는 소유자가 소유물을 유효하게 처분하거나 소유권에 기한 물권적 청구권을 행사할 수 있는지 여부(적극)]

소유권은 물건을 배타적으로 지배하는 권리로서 대세적 효력이 있으므로, 그에 관한 법률관계는 이해관계인들이 이를 쉽사리 인식할 수 있도록 명확하게 정하여져야 한다. 그런데 소유자에게 소유권의 핵심적 내용에 속하는 처분권능이 없다고 하면(민법 제211조 참조), 이는 결국 민법이 알지 못하는 새로운 유형의 소유권 내지 물권을 창출하는 것으로서, 객체에 대한 전면적 지배권인 소유권을 핵심으로 하여 구축되어 있고 또한 물권의 존재 및 내용에 관하여 일정한 공시수단을 요구하는 물권법의 체계를 현저히 교란하게 된다. 따라서 소유자가 제3자에 대하여 목적물의 소유권을 이전하기로 하는 매매·증여·교환 기타의 채권계약을 체결하는 것만에 의하여서는 자신의 소유권에 어떠한 물권적 제한을 받지 아니하여서, 그는 다른 특별한 사정이 없는 한 자신의 소유물을 여전히 유효하게 달리 처분할 수 있고, 또한 소유권에 기하여 소유물에 대한 방해 등을 배제할 수 있는 민법 제213조, 제214조의 물권적 청구권을 가진다. 나아가 소유자는 제3자에게 그 물건을 제3자의 소유물로 처분할 수 있는 권한을 유효하게 수여할 수 있다고 할 것인데, 그와 같은 이른바 '처분수권'의 경우에도 그 수권에 기하여 행하여진 제3자의 처분행위(부동산의 경우에 처분행위가 유효하게 성립하려면 단지 양도 기타의 처분을 한다는 의사표시만으로는 부족하고, 처분의 상대방 앞으로 그 권리 취득에 관한 등기가 있어야 한다(민법 제186조 참조))가 대세적으로 효력을 가지게 되고 그로 말미암아 소유자가 소유권을 상실하거나 제한받게 될 수는 있다고 하더라도, 그러한 제3자의 처분이 실제로 유효하게 행하여지지 아니하고 있는 동안에는 소유자는 처분수권이 제3자에게 행하여졌다는 것만으로 그가 원래 가지는 처분권능에 제한을 받지 아니한다. 따라서 그는, 처분권한을 수여받은 제3자와의 관계에서 처분수권의 원인이 된 채권적 계약관계 등에 기하여 채권적인 책임을 져야 하는 것을 별론으로 하고, 자신의 소유물을 여전히 유효하게 처분할 수 있고, 또한 소유권에 기하여 소유물에 대한 방해 등을 배제할 수 있는 민법 제213조, 제214조의 물권적 청구권을 가진다(대판 2014.3.13. 2009다105215).

2. 소유권의 제한 및 그 한계

소유자는 사용·수익·처분 권리를 법률의 범위 내에서만 행사할 수 있다(민법 제211조). 따라서 법률로써 소유권의 내용을 제한할 수 있다. 다만, 법률로써 소유권의 내용을 제한하더라도 사유재산제도 자체를 부정하거나 소유권의 본질적인 내용을 침해하는 것은 허용되지 않는다. 또한 소유권은 재산권으로써 공공복리에 적합하도록 행사되어야 한다(헌법 제23조 제2항).

[토지소유자의 독점적·배타적 사용·수익권 행사의 제한법리]

(가) 대법원 판례를 통하여 토지소유자 스스로 그 소유의 토지를 일반 공중을 위한 용도로 제공한 경우에 그 토지에 대한 소유자의 독점적이고 배타적인 사용·수익권의 행사가 제한되는 법리가 확립되었고, 대법원은 그러한 법률관계에 관하여 판시하기 위하여 '사용·수익권의 포기', '배타적 사용·수익권의 포기', '독점적·배타적인 사용·수익권의 포기', '무상으로 통행할 권한의 부여' 등의 표현을 사용하여 왔다. 이러한 법리는 대법원이 오랜 시간에 걸쳐 발전시켜 온 것으로서, 현재에도 여전히 그 타당성을 인정할 수 있다. 다만 토지소유자의 독점적이고 배타적인 사용·수익권 행사의 제한 여부를 판단하기 위해서는 토지소유자의 소유권 보장과 공공의 이익 사이의 비교형량을 하여야 하고, 원소유자의 독점적·배타적인 사용·수익권 행사가 제한되는 경우에도 특별한 사정이 있다면 특정승계인의 독점적·배타적인 사용·수익권 행사가 허용될 수 있다. 또한, 토지소유자의 독점적·배타적인 사용·수익권 행사가 제한되는 경우에도 일정한 요건을 갖춘 때에는 사정변경의 원칙이 적용되어 소유자가 다시 독점적·배타적인 사용·수익권을 행사할 수 있다고 보아야 한다.

(나) 토지소유자가 그 소유의 토지를 도로, 수도시설의 매설 부지 등 일반 공중을 위한 용도로 제공한 경우에, 소유자가 토지를 소유하게 된 경위와 보유기간, 소유자가 토지를 공공의 사용에 제공한 경위와 그 규모, 토지의 제공에 따른 소유자의 이익 또는 편익의 유무, 해당 토지 부분의 위치나 형태, 인근의 다른 토지들과의 관계, 주위 환경 등 여러 사정을 종합적으로 고찰하고, 토지소유자의 소유권 보장과 공공의 이익 사이의 비교형량을 한 결과, 소유자가 그 토지에 대한 독점적·배타적인 사용·수익권을 포기한 것으로 볼 수 있다면, 타인[사인(사인)뿐만 아니라 국가, 지방자치단체도 이에 해당할 수 있다, 이하 같다]이 그 토지를 점유·사용하고 있다 하더라도 특별한 사정이 없는 한 그로 인해 토지소유자에게 어떤 손해가 생긴다고 볼 수 없으므로, 토지소유자는 그 타인을 상대로 부당이득반환을 청구할 수 없고, 토지의 인도 등을 구할 수도 없다. 다만 소유권의 핵심적 권능에 속하는 사용·수익 권능의 대세적·영구적인 포기는 물권법정주의에 반하여 허용할 수 없으므로, 토지소유자의 독점적·배타적인 사용·수익권의 행사가 제한되는 것으로 보는 경우에도, 일반 공중의 무상 이용이라는 토지이용현황과 양립 또는 병존하기 어려운 토지소유자의 독점적이고 배타적인 사용·수익만이 제한될 뿐이고, 토지소유자는 일반 공중의 통행 등 이용을 방해하지 않는 범위 내에서는 그 토지를 처분하거나 사용·수익할 권능을 상실하지 않는다.

(다) ① 위와 같은 법리는 토지소유자가 그 소유의 토지를 도로 이외의 다른 용도로 제공한 경우에도 적용된다. 또한, 토지소유자의 독점적·배타적인 사용·수익권의 행사가 제한되는 것으로 해석되는 경우 특별한 사정이 없는 한 그 지하 부분에 대한 독점적이고 배타적인 사용·수익권의 행사 역시 제한되는 것으로 해석함이 타당하다. ② 상속인은 피상속인의 일신에 전속한 것이 아닌 한 상속이 개시된 때부터 피상속인의 재산에 관한 포괄적 권리·의무를 승계하므로(민법 제1005조), 피상속인이 사망 전에 그 소유 토지를 일반 공중의 이용에 제공하여 독점적·배타적인 사용·수익권을 포기한 것으로 볼 수 있고 그 토지가 상속재산에 해당하는 경우에는, 피상속인의 사망 후 그 토지에 대한 상속인의 독점적·배타적인 사용·수익권의 행사 역시 제한된다고 보아야 한다. ③ 원소유자의 독점적·배타적인 사용·수익권의 행사가 제한되는 토지의 소유권을 경매, 매매, 대물변제 등에 의하여 특정승계한 자는, 특별한 사정이 없는 한 그와 같은 사용·수익의 제한이라는 부담이 있다는 사정을 용인하거나 적어도 그러한 사정이 있음을 알고서 그 토지의 소유권을 취득하였다고 봄이 타당하므로, 그러한 특정승계인은 그 토지 부분에 대하여 독점적이고 배타적인 사용·수익권을 행사할 수 없다. 이때 특정승계인의 독점적·배타적인 사용·수익권의 행사를 허용할 특별한 사정이 있는지 여부는 특정승계인이 토지를 취득한 경위, 목적과 함께, 그 토지가 일반 공중의 이용에 제공되어 사용·수익에 제한이 있다는 사정이 이용현황과 지목 등을 통하여 외관에 어느 정도로 표시되어 있었는지, 해당 토지의 취득가액에 사용·수익권 행사의 제한으로 인한 재산적 가치 하락이 반영되어 있었는지, 원소유자가 그 토지를 일반 공중의 이용에 무상 제공한 것이 해당 토지를 이용하는 사람들과의 특별한 인적 관계 또는 그 토지 사용 등을 위한 관련 법령상의 허가·등록 등과 관계가 있었다고 한다면, 그와 같은 관련성이 특정승계인에게 어떠한 영향을 미치는지 등의 여러 사정을 종합적으로 고려하여 판단하여야 한다.

(라) 토지소유자의 독점적·배타적인 사용·수익권 행사의 제한은 해당 토지가 일반 공중의 이용에 제공됨으로 인한 공공의 이익을 전제로 하는 것이므로, 토지소유자가 공공의 목적을 위해 그 토지를 제공할 당시의 객관적인 토지이용현황이 유지되는 한도 내에서만 존속한다고 보아야 한다. 따라서 토지소유자가 그 소유 토지를 일반 공중의 이용에 제공함으로써 자신의 의사에 부합하는 토지이용상태가 형성되어 그에 대한 독점적·배타적인 사용·수익권의 행사가 제한된다고 하더라도, 그 후 토지이용상태에 중대한 변화가 생기는 등으로 독점적·배타적인 사용·수익권의 행사를 제한하는 기초가 된 객관적인 사정이 현저히 변경되고, 소유자가 일반 공중의 사용을 위하여 그 토지를 제공할 당시 이러한 변화를 예견할 수 없었으며, 사용·수익권 행사가 계속하여 제한된다고 보는 것이 당사자의 이해에 중대한 불균형을 초래하는 경우에는, 토지소유자는 그와 같은 사정변경이 있은 때부터는 다시 사용·수익 권능을 포함한 완전한 소유권에 기한 권리를 주장할 수 있다고 보아야 한다. 이때 그러한 사정변경이 있는지 여부는 해당 토지의 위치와 물리적 형태, 토지소유자가 그 토지를 일반 공중의 이용에 제공하게 된 동기와 경위, 해당 토지와 인근 다른 토지들과의 관계, 토지이용상태가 바뀐 경위와 종전 이용상태와의 동일성 여부 및 소유자의 권리행사를 허용함으로써 일반 공중의 신뢰가 침해될 가능성 등 전후 여러 사정을 종합적으로 고려하여 판단하여야 한다(대판[전합] 2019.1.24. 2016다264556 - 다수의견).

[토지소유자의 독점적·배타적 사용·수익권 행사 제한의 법리가 토지가 건물의 부지 등 지상 건물의 소유자들만을 위한 용도로 제공된 경우에도 적용되는지 여부(소극) 및 토지소유자가 그 소유 토지를 건물의 부지로 제공하여 지상 건물소유자들이 이를 무상으로 사용하도록 허락한 경우, 특정승계인의 그 토지에 대한 소유권 행사가 제한되는지 여부(원칙적 소극)]

토지소유자가 그 소유 토지를 도로, 수도시설의 매설 부지 등 일반 공중을 위한 용도로 제공한 경우 소유자가 토지를 공공의 사용에 제공한 경위 등 여러 사정을 종합적으로 고찰하고, 토지소유자의 소유권 보장과 공공의 이익 사이의 비교형량을 한 결과, 토지소유자가 그 소유 토지에 대한 독점적·배타적 사용·수익권을 포기한 것으로 볼 수 있다면, 토지소유자는 그 토지 부분에 대하여 독점적이고 배타적인 사용·수익권을 행사할 수 없다. 그리고 원소유자의 독점적·배타적 사용·수익권 행사가 제한되는 토지의 소유권을 특정승계한 자는, 특별한 사정이 없는 한 그와 같은 사용·수익의 제한이라는 부담이 있다는 사정을 용인하거나 적어도 그러한 사정이 있음을 알고서 그 토지의 소유권을 취득하였다고 봄이 타당하므로, 그러한 특정승계인도 그 토지 부분에 대하여 독점적이고 배타적인 사용·수익권을 행사할 수 없다. 그러나 이러한 토지소유자의 독점적·배타적 사용·수익권 행사 제한의 법리는 토지가 도로, 수도시설의 매설 부지 등 일반 공중을 위한 용도로 제공된 경우에 적용되는 것이어서, 토지가 건물의 부지 등 지상 건물의 소유자들만을 위한 용도로 제공된 경우에는 적용되지 않는다. 따라서 토지소유자가 그 소유 토지를 건물의 부지로 제공하여 지상 건물소유자들이 이를 무상으로 사용하도록 허락하였다고 하더라도, 그러한 법률관계가 물권의 설정 등으로 특정승계인에게 대항할 수 있는 것이 아니라면 채권적인 것에 불과하여 특정승계인이 그러한 채권적 법률관계를 승계하였다는 등의 특별한 사정이 없는 한 특정승계인의 그 토지에 대한 소유권 행사가 제한된다고 볼 수 없다(대판 2019.11.14. 2015다211685).

[토지 소유자가 소유 토지를 일반 공중 등의 통행로로 무상 제공하거나 그에 대한 통행을 용인하는 등으로 자신의 의사에 부합하는 토지이용상태가 형성되어 그에 대한 독점적·배타적 사용·수익권의 행사가 제한되는 경우, 사용·수익권 자체를 대세적·확정적으로 상실하는지 여부(소극) 및 그 후 일정한 요건을 갖춘 때에는 사정변경의 원칙에 따라 소유자가 다시 독점적·배타적 사용·수익권을 행사할 수 있는지 여부(적극) / 독점적·배타적 사용·수익권 행사가 제한되는지를 판단할 때 고려하여야 할 사항 및 그에 대한 증명책임의 소재(= 독점적·배타적 사용·수익권 행사의 제한을 주장하는 사람)]

어느 사유지가 종전부터 자연발생적으로 또는 도로예정지로 편입되어 사실상 일반 공중의 교통에 공용되는 도로로 사용되고 있는 경우, 토지 소유자가 스스로 그 토지를 도로로 제공하거나 그러한 사용 상태를 용인함으로써 인근 주민이나 일반 공중이 이를 무상으로 통행하고 있는 상황에서, 도로의 점유자를 상대로 한 부당이득반환청구나 손해배상청구, 토지인도청구 등 그 토지에 대한 독점적·배타적인 사용·수익권의 행사를 제한할 수 있는 경우가 있다. 이와 같이 토지 소유자가 그 소유 토지를 일반 공중 등의 통행로로 무상 제공하거나 그에 대한 통행을 용인하는 등으로 자신의 의사에 부합하는 토지이용상태가 형성되어 그에 대한 독점적·배타적 사용·수익권의 행사가 제한되는 것은 금반언이나 신뢰보호 등 신의성실의 원칙상 기존 이용상태가 유지되는 한 토지 소유자가 이를 수인해야 함에 따른 결과일 뿐이고 그로써 소유권의 본질적 내용인 사용·수익권 자체를 대세적·확정적으로 상실하는 것은 아니다. / 또한 토지 소유자의 독점적·배타적 사용·수익권 행사가 제한되는 경우에도 일정한 요건을 갖춘 때에는 신의성실의 원칙으로부터 파생되는 사정변경의 원칙에 따라 소유자가 다시 독점적·배타적 사용·수익권을 행사할 수 있다. / 이러한 신의성실의 원칙과 독점적·배타적 사용·수익권 제한 법리의 관련성에 비추어 보면, 독점적·배타적 사용·수익권 행사가 제한되는지를 판단할 때는 토지 소유자의 의사를 비롯하여 다음에 보는 여러 사정을 종합적으로 고찰할 때 토지 소유자나 그 승계인이 권리를 행사하는 것이 금반언이나 신뢰보호 등 신의성실의 원칙상 허용될 수 있는지가 고려되어야 한다. 즉 독점적·배타적 사용·수익권을 행사하는 것을 제한할 수 있는지 여부는 소유자가 토지를 소유하게 된 경위와 보유기간, 소유자가 토지를 공공의 사용에 제공하거나 그 사용을 용인하게 된 경위와 그 규모, 토지 제공 당시 소유자의 의사, 토지 제공에 따른 소유자의 이익 또는 편익의 유무와 정도, 해당 토지의 위치나 형태, 인근의 다른 토지들과의 관계, 주위 환경, 소유자가

> 보인 행태의 모순 정도 및 이로 인한 일반 공중의 신뢰 내지 편익 침해 정도, 소유자가 행사하는 권리의 내용이나 행사 방식 및 권리 보호의 필요성 등 여러 사정을 종합적으로 고찰하고, 토지 소유자의 소유권 보장과 공공의 이익 사이의 비교형량을 하여 판단하여야 한다. 또한 독점적·배타적 사용·수익권 행사를 제한하는 법리는 토지소유자의 권리행사를 제한하는 예외적인 법리이므로, 공공필요에 의한 재산권의 수용·사용 또는 제한에 관한 정당한 보상을 지급하여야 한다는 헌법 제23조 제3항 및 법치행정의 취지에 비추어 신중하고 엄격하게 적용되어야 하고, 독점적·배타적 사용·수익권 행사의 제한을 주장하는 사람이 그 제한 요건을 충족하였다는 점에 대한 증명책임을 진다(대판 2024.2.15. 2023다295442).

제2관 부동산소유권의 범위

I. 토지소유권의 범위

1. 상하의 범위

토지소유권은 정당한 이익이 있는 범위 내에서 토지의 상하에 미친다(민법 제212조). 즉, 토지소유권은 지표면뿐만 아니라 그 지상의 공간 및 지하의 토석에까지 확장된다.

(1) 미채굴의 광물

미채굴의 광물은 국가에 의해 채굴취득권이 유보되어 있는데, 미채굴 광물의 법적 성질에 대해 학설은 국유에 속하는 부동산이라는 견해와 토지의 구성부분으로서 토지소유자의 소유에 속하지만 국가의 배타적인 채굴취득허가권의 객체라는 견해 등의 다툼이 있다.

(2) 지하수

지하수 이용권의 법적 성질에 대하여 다수설은 토지소유자에게는 토지소유권의 권능으로 인정되는 것으로 보지만, 토지소유자 아닌 자가 지하수 이용권을 가질 때에는 인역권과 유사한 독립한 물권이라고 한다.

(3) 온천권

온천수는 독립한 물건의 객체가 아닌 토지의 구성부분이고, 온천권은 관습법상 인정되는 물권이 아니다(대판 1970.5.26. 69다1239).

2. 토지소유권의 경계

① 토지의 개수는 「필(筆)」로써 계산하는데, 토지소유권의 경계는 지적도와 같은 지적공부에 의해 결정된다(대판 2005.12.23. 2004다1691).

② 지적도상의 경계와 실제의 경계가 불일치하는 경우

> **[원칙 : 공부상의 경계]**
> 지적법에 의하여 어떤 토지가 지적공부에 1필지의 토지로 등록되면 그 토지는 특별한 사정이 없는 한 등록으로써 특정되므로, 지적도를 작성함에 있어서 기술적 착오로 말미암아 지적도상의 경계선이 진실한 경계선과 다르게 작성되었다는 등의 특별한 사정이 없는 한 토지 소유권의 범위는 현실의 경계에 관계없이 지적공부상의 경계에 의하여 확정되어야 한다(대판 2012.1.12. 2011다72066).
>
> **[예외 : 실제의 경계]**
> - 지적법에 의하여 어떤 토지가 지적공부에 1필의 토지로 등록되면 그 토지의 경계는 다른 특별한 사정이 없는 한 이 등록으로써 특정되고, 지적공부를 작성함에 있어 기점을 잘못 선택하는 등의 기술적인 착오로 말미암아 지적공부상의 경계가 진실한 경계선과 다르게 잘못 작성되었다는 등의 특별한 사정이 있는 경우에는 그 토지의 경계는 지적공부에 의하지 않고 실제의 경계에 의하여 확정하여야 한다(대판 2000.5.26. 98다15446).
> - 또한 당사자가 사실상의 경계를 매매목적물의 범위로 삼은 특별한 사정이 있는 때에는 그 토지의 경계는 실제의 경계에 의하여야 한다(대판 1986.10.14. 84다카490).

③ 바다에 대한 토지의 경계선은 만조수위선이다(대판 2009.8.20. 2007다64303).

④ 토지의 경계를 확정하기 위한 소송은 형식적 형성의 소로서 법원은 당사자 쌍방이 주장하는 경계선에 기속되지 아니하고 스스로 진실하다고 인정하는 바에 따라 경계를 확정하여야 한다(대판 1993.11.23. 93다41792·41808).

Ⅱ 상린관계

1. 서 설

(1) 의 의
상린관계란 인접하고 있는 부동산 소유자 상호 간의 이용을 조절하기 위하여 민법이 규정하고 있는 권리관계를 말한다.

(2) 상린관계 규정의 성질
강행규정설과 임의규정설의 다툼이 있으나, 판례는 「민법 제242조와 제244조에 관하여 강행규정이라고 볼 수 없으므로, 이와 다른 내용의 당사자 사이의 특약을 무효라고 볼 수 없다」고 판시하였다.

(3) 적용범위

민법상 상린관계의 규정은 소유권에 관한 것이지만, 인접하는 부동산 소유자 상호 간의 이용을 조절하는데 그 목적이 있으므로 소유권을 기초로 하지 않는 부동산 이용관계, 즉 지상권과 전세권에도 준용된다(민법 제290조, 제319조).

2. 인지사용청구권

> **인지사용청구권(민법 제216조)**
> ① 토지소유자는 경계나 그 근방에서 담 또는 건물을 축조하거나 수선하기 위하여 필요한 범위 내에서 이웃 토지의 사용을 청구할 수 있다. 그러나 이웃 사람의 승낙이 없으면 그 주거에 들어가지 못한다.
> ② 전항의 경우에 이웃 사람이 손해를 받은 때에는 보상을 청구할 수 있다.

3. 생활방해의 금지

> **매연 등에 의한 인지에 대한 방해금지(민법 제217조)**
> ① 토지소유자는 매연, 열기체, 액체, 음향, 진동 기타 이에 유사한 것으로 이웃 토지의 사용을 방해하거나 이웃 거주자의 생활에 고통을 주지 아니하도록 적당한 조처를 할 의무가 있다.
> ② 이웃 거주자는 전항의 사태가 이웃 토지의 통상의 용도에 적당한 것인 때에는 이를 인용할 의무가 있다.

[1] 도로에서 발생하는 소음으로 말미암아 생활에 고통을 받는(이하 '생활방해'라 한다) 정도가 사회통념상 일반적으로 참아내야 할 정도(이하 '참을 한도'라 한다)를 넘는지는 피해의 성질과 정도, 피해이익의 공공성, 가해행위의 태양, 가해행위의 공공성, 가해자의 방지조치 또는 손해 회피의 가능성, 공법상 규제기준의 위반 여부, 지역성, 토지이용의 선후관계 등 모든 사정을 종합적으로 고려하여 판단하여야 한다. [2] 이른바 도로소음으로 인한 생활방해를 원인으로 제기된 사건에서 공동주택에 거주하는 사람들이 참을 한도를 넘는 생활방해를 받고 있는지는 특별한 사정이 없는 한 일상생활이 실제 주로 이루어지는 장소인 거실에서 도로 등 소음원에 면한 방향의 모든 창호를 개방한 상태로 측정한 소음도가 환경정책기본법상 소음환경기준 등을 초과하는지에 따라 판단하는 것이 타당하다 (대판 2015.9.24. 2011다91784).

4. 수도 등의 시설권

> **수도 등 시설권(민법 제218조)**
> ① 토지소유자는 타인의 토지를 통과하지 아니하면 필요한 수도, 소수관, 까스관, 전선 등을 시설할 수 없거나 과다한 비용을 요하는 경우에는 타인의 토지를 통과하여 이를 시설할 수 있다. 그러나 이로 인한 손해가 가장 적은 장소와 방법을 선택하여 이를 시설할 것이며 타토지의 소유자의 요청에 의하여 손해를 보상하여야 한다.
> ② 전항에 의한 시설을 한 후 사정의 변경이 있는 때에는 타토지의 소유자는 그 시설의 변경을 청구할 수 있다. 시설변경의 비용은 토지소유자가 부담한다.

> **[민법 제218조 제1항에서 정한 수도 등 시설권에 근거하여 시설공사를 시행하는 경우, 수도 등이 통과하는 토지소유자의 동의나 승낙을 받아야 하는지 여부(소극) 및 위 동의나 승낙이 수도 등 시설권의 성립이나 효력 등에 영향을 미치는 법률행위나 준법률행위인지 여부(소극)]**
> 민법 제218조 제1항 본문은 "토지소유자는 타인의 토지를 통과하지 아니하면 필요한 수도, 소수관, 까스관, 전선 등을 시설할 수 없거나 과다한 비용을 요하는 경우에는 타인의 토지를 통과하여 이를 시설할 수 있다"라고 규정하고 있는데, 이와 같은 <u>수도 등 시설권은 법정의 요건을 갖추면 당연히 인정되는 것이고, 시설권에 근거하여 수도 등 시설공사를 시행하기 위해 따로 수도 등이 통과하는 토지소유자의 동의나 승낙을 받아야 하는 것이 아니다. 따라서 토지소유자의 동의나 승낙은 민법 제218조에 기초한 수도 등 시설권의 성립이나 효력 등에 어떠한 영향을 미치는 법률행위나 준법률행위라고 볼 수 없다</u>(대판 2016.12.15. 2015다247325).

5. 주위토지통행권

> **주위토지통행권(민법 제219조)**
> ① 어느 토지와 공로 사이에 그 토지의 용도에 필요한 통로가 없는 경우에 그 토지소유자는 주위의 토지를 통행 또는 통로로 하지 아니하면 공로에 출입할 수 없거나 과다한 비용을 요하는 때에는 그 주위의 토지를 통행할 수 있고 필요한 경우에는 통로를 개설할 수 있다. 그러나 이로 인한 손해가 가장 적은 장소와 방법을 선택하여야 한다.
> ② 전항의 통행권자는 통행지소유자의 손해를 보상하여야 한다.

(1) 의 의

<u>주위토지통행권은 공로와의 사이에 그 용도에 필요한 통로가 없는 토지의 이용이라는 공익목적을 위하여 피통행지 소유자의 손해를 무릅쓰고 특별히 인정되는 것이므로, 그 통행로의 폭이나 위치 등을 정함에 있어서는 피통행지의 소유자에게 가장 손해가 적게 되는 방법이 고려되어야 하고, 어느 정도를 필요한 범위로 볼 것인가는 구체적인 사안에서 사회통념에 따라 쌍방 토지의 지형적·위치적 형상과 이용관계, 부근의 지리상황, 상린지 이용자의 이해득실 기타 제반 사정을 기초로 판단하여야 한다.</u> 한편, 주거는 사람의 사적인 생활공간이자 평온한 휴식처로서 인간생활에서 가장 중요한 장소라고 아니할 수 없어 우리 헌법도 주거의 자유를 보장하고 있는바, <u>주위토지통행권을 행사함에 있어서도 이러한 주거의 자유와 평온 및 안전을 침해하여서는 아니 된다</u>(대판 2009.6.11. 2008다75300·75317·75324).

(2) 요 건

1) 통로가 없거나 과다한 비용을 요할 것

① 민법 제219조의 주위토지통행권은 어느 토지와 공로 사이에 그 토지의 용도에 필요한 통로가 없는 경우에, 그 토지소유자가 주위의 토지를 통행 또는 통로로 하지 않으면 공로에 전혀 출입할 수 없는 경우뿐 아니라 과다한 비용을 요하는 때에도 인정될 수 있다(대판 1995.9.29. 94다43580).

② 주위토지통행권은 어느 토지가 타인 소유의 토지에 둘러싸여 공로에 통할 수 없는 경우뿐만 아니라, 이미 기존의 통로가 있더라도 그것이 당해 토지의 이용에 부적합하여 실제로 통로로서의 충분한 기능을 하지 못하고 있는 경우에도 인정된다(대판 2003.8.19. 2002다53469). 그러나 기존의 통로를 사용하는 것보다 더 편리하다는 이유만으로 다른 장소로 통행할 권리를 인정할 수는 없다(대판 1995.6.13. 95다1088·95다1095).

> **[별도의 진입로가 있는 토지의 이용에 관하여 주위토지통행권이 인정되기 위한 요건]**
> 어느 토지가 타인 소유의 토지에 둘러싸여 공로에 통할 수 없는 경우뿐만 아니라, 별도의 진입로가 이미 있다고 하더라도 그 진입로가 당해 토지의 이용에 부적합하여 실제로 통로로서의 충분한 기능을 하지 못하거나 통로를 개설하는 데 과다한 비용을 요하는 때에는 민법 제219조에 의한 주위토지통행권이 인정될 수 있다(대결 2013.2.14. 2012마1417).
>
> **[포위된 토지가 공로에 접하게 되는 등으로 주위토지통행권을 인정할 필요성이 없어진 경우, 통행권이 소멸하는지 여부(적극)]**
> 주위토지통행권은 법정의 요건을 충족하면 당연히 성립하고 요건이 없어지게 되면 당연히 소멸한다. 따라서 포위된 토지가 사정변경에 의하여 공로에 접하게 되거나 포위된 토지의 소유자가 주위의 토지를 취득함으로써 주위토지통행권을 인정할 필요성이 없어지게 된 경우에는 통행권은 소멸한다(대판 2014.12.24. 2013다11669).
>
> **[공로에 통할 수 있는 공유토지를 두고 공로에의 통로라 하여 타인의 토지를 통행하는 것이 허용되는지 여부(소극) 및 위 공로에 접하는 공유 부분을 구분소유적 공유관계에 있는 다른 공유자가 배타적으로 사용, 수익하고 있더라도 마찬가지인지 여부(적극)]**
> 공로에 통할 수 있는 자기의 공유토지를 두고 공로에의 통로라 하여 남의 토지를 통행한다는 것은 민법 제219조, 제220조에 비추어 허용될 수 없다. 설령 위 공유토지가 구분소유적 공유관계에 있고 공로에 접하는 공유 부분을 다른 공유자가 배타적으로 사용, 수익하고 있다고 하더라도 마찬가지이다(대판 2021.9.30. 2021다245443[본소]·2021다245450[반소]).
>
> **[주위토지통행권의 확인을 구하는 특정의 통로 부분 중 일부분이 민법 제219조에서 정한 요건을 충족하여 주위토지통행권이 인정되는 경우, 그 부분에 한정하여 청구를 인용하여야 하는지 여부(원칙적 적극)]**
> 주위토지통행권이 있음을 주장하여 확인을 구하는 특정의 통로 부분이 민법 제219조 소정의 요건을 충족한다고 인정되지 아니할 경우에는 다른 토지 부분에 주위토지통행권이 인정된다고 할지라도 원칙적으로 그 청구를 기각할 수밖에 없는 것이지만, 이와 달리 원고가 통행권의 확인을 구하는 특정의 통로 부분 중 일부분이 민법 제219조 소정의 요건을 충족하여 주위토지통행권이 인정된다면, 원고에게 그 일부분에 대해서만 통행권의 확인을 구할 의사는 없음이 명백한 경우가 아닌 한 원고의 청구를 전부 기각할 것이 아니라 그 부분에 한정하여 원고의 청구를 인용함이 타당하다(대판 2024.11.14. 2023다311160).

2) 통행권자

① **주위토지통행권을 주장할 수 있는 자의 범위** : 민법 제219조에 정한 주위토지통행권은 인접한 토지의 상호이용의 조절에 기한 권리로서 토지의 소유자 또는 지상권자, 전세권자 등 토지사용권을 가진 자에게 인정되는 권리이다. 따라서 명의신탁자에게는 주위토지통행권이 인정되지 아니한다(대판 2008.5.8. 2007다22767).

② **토지의 불법점유자** : 토지의 불법점유자는 토지소유권의 상린관계로서 위요지 통행권의 주장이나 통행지역권의 시효취득 주장을 할 수 없다(대판 1976.10.29. 76다1694).

3) 통행수인의무자

통상 주위토지통행권에 관한 분쟁은 통행권자와 피통행지의 소유자 사이에 발생하나, 피통행지의 소유자 이외의 제3자가 일정한 지위나 이해관계에서 통행권을 부인하고 그 행사를 방해할 때에는 그 제3자를 상대로 통행권의 확인 및 방해금지 청구를 하는 것이 통행권자의 지위나 권리를 보전하는 데에 유효·적절한 수단이 될 수 있다(대판 2005.7.14. 2003다18661).

(3) 효 과

1) 소극적인 권리

① 주위토지통행권자는 통행권의 범위 내에서 그 토지를 사용할 수 있을 뿐이고, 통행지 소유자의 점유를 배제할 권능은 없다.

② 또한 주위토지통행권자는 토지를 배타적으로 점유할 수는 없다.

2) 보상의무

① 통행권자는 통행지 소유자에게 손해를 보상해주어야 한다(민법 제219조 제2항). 단, 통행권자의 허락을 얻어 사실상 통행하고 있는 자에게는 그 손해의 보상을 청구할 수 없다(대판 1991.9.10. 91다19623).

② 보상의무의 이행이 법률상 통행권의 성립요건은 아니므로, 보상의무를 이행하지 않더라도 채무불이행책임이 문제될 뿐이고 통행권 자체가 소멸하는 것은 아니다.

3) 인정범위

① 주위토지통행권은 현재의 토지의 용법에 따른 이용의 범위에서 인정되는 것이지 더 나아가 장차의 이용상황까지 미리 대비하여 통행로를 정할 것은 아니다(대판 1996.11.29. 96다33433·33440).

② 주위토지통행권은 통행을 위한 지역권과 달리 통행로가 항상 특정한 장소로 고정되어 있는 것은 아니다.

(4) 분할이나 일부양도로 인한 무상 주위토지통행권

> **분할, 일부양도와 주위통행권(민법 제220조)**
> ① 분할로 인하여 공로에 통하지 못하는 토지가 있는 때에는 그 토지소유자는 공로에 출입하기 위하여 다른 분할자의 토지를 통행할 수 있다. 이 경우에는 보상의 의무가 없다.
> ② 전항의 규정은 토지소유자가 그 토지의 일부를 양도한 경우에 준용한다.

1) 요건 및 인정범위
① 요건 : 분할 또는 토지의 일부 양도로 인하여 공로에 통하지 못하는 토지가 있을 것
② 인정범위
    ㉠ 분할 또는 토지의 일부 양도로 인한 무상 주위토지통행권은 분할 전 또는 토지의 일부 양도 전의 양도인 소유의 종전 토지에 대하여만 생기고 다른 사람 소유의 토지에 대하여는 인정되지 아니한다.
    ㉡ 또한 무상의 주위토지통행권이 발생하는 토지의 일부 양도라 함은 1필의 토지의 일부가 양도된 경우뿐만 아니라 일단으로 되어 있던 동일인 소유의 수필의 토지 중 일부가 양도된 경우도 포함된다(대판 2005.3.10. 2004다65589·65596).

2) 무상통행권의 부담이 승계되는지 여부
① 문제점 : 무상 주위토지통행권(민법 제220조)의 적용범위와 관련하여, 직접 분할자 또는 일부 양도의 당사자로부터 양수한 특정승계인에게도 동조가 적용되는지 여부에 대하여 다툼이 있다.
② 판례의 입장 : 판례는 「원칙적으로 분할 또는 토지의 일부 양도로 인하여 공로에 통하지 못하는 토지가 생긴 경우에 그 포위된 토지를 위한 통행권은 분할 또는 일부 양도 전의 종전 토지에만 있고 그 경우 통행에 대한 보상의 의무가 없다고 하는 민법 제220조의 규정은 직접 분할자 또는 일부 양도의 당사자 사이에만 적용되고 포위된 토지 또는 피통행지의 특정승계인에게는 적용되지 않는다」(대판 1994.12.2. 93다45268)라고 판시하였다.

6. 물에 관한 상린관계

(1) 자연적 배수(排水)

> **자연유수의 승수의무와 권리(민법 제221조)**
> ① 토지소유자는 이웃 토지로부터 자연히 흘러오는 물을 막지 못한다.
> ② 고지소유자는 이웃 저지에 자연히 흘러 내리는 이웃 저지에서 필요한 물을 자기의 정당한 사용범위를 넘어서 이를 막지 못한다.
>
> **소통공사권(민법 제222조)**
> 흐르는 물이 저지에서 폐색된 때에는 고지소유자는 자비로 소통에 필요한 공사를 할 수 있다.
>
> **관습에 의한 비용부담(민법 제224조)**
> 전2조의 경우에 비용부담에 관한 관습이 있으면 그 관습에 의한다.

> **[낮은 토지의 소유자가 지반고를 높이거나 제방을 쌓아 높은 토지로부터 자연히 흘러오는 우수의 흐름을 막은 경우, 승수의무 위반인지 여부(적극)]**
> 낮은 곳의 토지소유자가 자신의 토지에 성토하여 지반고를 높이거나 제방을 쌓았기 때문에 종전에 높은 곳으로부터 자연히 흘러오는 우수의 흐름을 막게 되었다면, 이는 민법 제221조 제1항 소정의 승수의무를 위반한 것이다(대판 1995.10.13. 94다31488).

(2) 인공적 배수(排水)

① 원칙

> **처마물에 대한 시설의무(민법 제225조)**
> 토지소유자는 처마물이 이웃에 직접 낙하하지 아니하도록 적당한 시설을 하여야 한다.
>
> **저수, 배수, 인수를 위한 공작물에 대한 공사청구권(민법 제223조)**
> 토지소유자가 저수, 배수 또는 인수하기 위하여 공작물을 설치한 경우에 공작물의 파손 또는 폐색으로 타인의 토지에 손해를 가하거나 가할 염려가 있는 때에는 타인은 그 공작물의 보수, 폐색의 소통 또는 예방에 필요한 청구를 할 수 있다.
>
> **관습에 의한 비용부담(민법 제224조)**
> 전2조의 경우에 비용부담에 관한 관습이 있으면 그 관습에 의한다.

② 예외

> **여수소통권(민법 제226조)**
> ① 고지소유자는 침수지를 건조하기 위하여 또는 가용이나 농, 공업용의 여수를 소통하기 위하여 공로, 공류 또는 하수도에 달하기까지 저지에 물을 통과하게 할 수 있다.
> ② 전항의 경우에는 저지의 손해가 가장 적은 장소와 방법을 선택하여야 하며 손해를 보상하여야 한다.
>
> **유수용공작물의 사용권(민법 제227조)**
> ① 토지소유자는 그 소유지의 물을 소통하기 위하여 이웃 토지소유자의 시설한 공작물을 사용할 수 있다.
> ② 전항의 공작물을 사용하는 자는 그 이익을 받는 비율로 공작물의 설치와 보존의 비용을 분담하여야 한다.

(3) 여수(餘水)급여청구권

> **여수급여청구권(민법 제228조)**
> 토지소유자는 과다한 비용이나 노력을 요하지 아니하고는 가용이나 토지이용에 필요한 물을 얻기 곤란한 때에는 이웃 토지소유자에게 보상하고 여수의 급여를 청구할 수 있다.

(4) 유수(流水)의 이용권

① 수류지(水流地, 하천)의 소유권이 사인에게 속하고 유수(流水)를 흐르는 채로 사용하는 경우

> **수류의 변경(민법 제229조)**
> ① 구거 기타 수류지의 소유자는 대안의 토지가 타인의 소유인 때에는 그 수로나 수류의 폭을 변경하지 못한다.
> ② 양안의 토지가 수류지 소유자의 소유인 때에는 소유자는 수로와 수류의 폭을 변경할 수 있다. 그러나 하류는 자연의 수로와 일치하도록 하여야 한다.
> ③ 전2항의 규정은 다른 관습이 있으면 그 관습에 의한다.

> **언의 설치, 이용권(민법 제230조)**
> ① 수류지의 소유자가 언을 설치할 필요가 있는 때에는 그 언을 대안에 접촉하게 할 수 있다. 그러나 이로 인한 손해를 보상하여야 한다.
> ② 대안의 소유자는 수류지의 일부가 자기소유인 때에는 그 언을 사용할 수 있다. 그러나 그 이익을 받는 비율로 언의 설치, 보존의 비용을 분담하여야 한다.

② 공유하천의 물을 수류지 외의 토지로 끌어다 사용하는 경우

> **공유하천용수권(민법 제231조)**
> ① 공유하천의 연안에서 농, 공업을 경영하는 자는 이에 이용하기 위하여 타인의 용수를 방해하지 아니하는 범위 내에서 필요한 인수를 할 수 있다.
> ② 전항의 인수를 하기 위하여 필요한 공작물을 설치할 수 있다.
>
> **하류 연안의 용수권보호(민법 제232조)**
> 전조의 인수나 공작물로 인하여 하류연안의 용수권을 방해하는 때에는 그 용수권자는 방해의 제거 및 손해의 배상을 청구할 수 있다.
>
> **용수권의 승계(민법 제233조)**
> 농, 공업의 경영에 이용하는 수로 기타 공작물의 소유자나 몽리자의 특별승계인은 그 용수에 관한 전 소유자나 몽리자의 권리의무를 승계한다.
>
> **용수권에 관한 다른 관습(민법 제234조)**
> 전3조의 규정은 다른 관습이 있으면 그 관습에 의한다.

(5) 지하수용수권

> **공용수의 용수권(민법 제235조)**
> 상린자는 그 공용에 속하는 원천이나 수도를 각 수요의 정도에 응하여 타인의 용수를 방해하지 아니하는 범위 내에서 각각 용수할 권리가 있다.
>
> **용수장해의 공사와 손해배상, 원상회복(민법 제236조)**
> ① 필요한 용도나 수익이 있는 원천이나 수도가 타인의 건축 기타 공사로 인하여 단수, 감수 기타 용도에 장해가 생긴 때에는 용수권자는 손해배상을 청구할 수 있다.
> ② 전항의 공사로 인하여 음료수 기타 생활상 필요한 용수에 장해가 있을 때에는 원상회복을 청구할 수 있다.

7. 경계에 관한 상린관계

> **경계표, 담의 설치권(민법 제237조)**
> ① 인접하여 토지를 소유한 자는 공동비용으로 통상의 경계표나 담을 설치할 수 있다.
> ② 전항의 비용은 쌍방이 절반하여 부담한다. 그러나 측량비용은 토지의 면적에 비례하여 부담한다.
> ③ 전2항의 규정은 다른 관습이 있으면 그 관습에 의한다.
>
> **담의 특수시설권(민법 제238조)**
> 인지소유자는 자기의 비용으로 담의 재료를 통상보다 양호한 것으로 할 수 있으며 그 높이를 통상보다 높게 할 수 있고 또는 방화벽 기타 특수시설을 할 수 있다.
>
> **경계표 등의 공유추정(민법 제239조)**
> 경계에 설치된 경계표, 담, 구거 등은 상린자의 공유로 추정한다. 그러나 경계표, 담, 구거 등이 상린자일방의 단독비용으로 설치되었거나 담이 건물의 일부인 경우에는 그러하지 아니하다.
>
> **수지, 목근의 제거권(민법 제240조)**
> ① 인접지의 수목가지가 경계를 넘은 때에는 그 소유자에 대하여 가지의 제거를 청구할 수 있다.
> ② 전항의 청구에 응하지 아니한 때에는 청구자가 그 가지를 제거할 수 있다.
> ③ 인접지의 수목뿌리가 경계를 넘은 때에는 임의로 제거할 수 있다.

> [토지의 경계에 경계표나 담이 설치되어 있지 않을 때 한쪽 토지 소유자의 경계표나 담 설치 협력 요구에 인접 토지 소유자가 응하지 않는 경우, 민사소송으로 협력 의무의 이행을 구할 수 있는지 여부(적극) 및 이때 법원이 명할 협력 의무의 내용 / 기존의 경계표나 담장에 대하여 한쪽 토지 소유자가 처분권한을 가지고 있으면서 기존의 경계표나 담장을 제거할 의사를 분명하게 나타내고 있는 경우, 한쪽 토지 소유자가 인접 토지 소유자에 대하여 새로운 경계표나 담장의 설치에 협력할 것을 소구할 수 있는지 여부(적극) 및 담장의 처분권한이 없는 토지 소유자가 처분권한이 있는 인접 토지 소유자를 상대로 기존 담장의 철거를 명하는 판결을 받아 담장이 적법하게 철거되어야 하는 경우에도 마찬가지인지 여부(적극)]
>
> 토지의 경계에 경계표나 담이 설치되어 있지 아니하다면 특별한 사정이 없는 한 어느 한쪽 토지의 소유자는 인접한 토지의 소유자에 대하여 공동비용으로 통상의 경계표나 담을 설치하는 데에 협력할 것을 요구할 수 있고, 인접 토지 소유자는 그에 협력할 의무가 있다고 보아야 하므로, 한쪽 토지 소유자의 요구에 대하여 인접 토지 소유자가 응하지 아니하는 경우에는 한쪽 토지 소유자는 민사소송으로 인접 토지 소유자에 대하여 그 협력 의무의 이행을 구할 수 있다. 법원은 당해 토지들의 이용 상황, 그 소재 지역의 일반적인 관행, 설치비용 등을 고려하여 새로 설치할 경계표나 담장의 위치(특별한 사정이 없는 한 원칙적으로 새로 설치할 경계표나 담장의 중심 또는 중심선이 양 토지의 경계선상에 위치하도록 해야 한다), 재질, 모양, 크기 등 필요한 사항을 심리하여 인접 토지 소유자에 대하여 협력 의무의 이행을 명할 수 있다. 한편 기존의 경계표나 담장에 대하여 어느 쪽 토지 소유자도 일방적으로 처분할 권한을 가지고 있지 아니하다면 한쪽 토지 소유자가 인접 토지 소유자의 동의 없이 임의로 기존의 경계표나 담장을 제거하는 것은 허용되지 않으므로 한쪽 토지 소유자의 의사만으로 새로운 경계표나 담장을 설치하도록 강제할 수는 없으나, 그와 달리 기존의 경계표나 담장에 대하여 한쪽 토지 소유자가 처분권한을 가지고 있으면서 기존의 경계표나 담장을 제거할 의사를 분명하게 나타내고 있는 경우라면 한쪽 토지 소유자는 인접 토지 소유자에 대하여 새로운 경계표나 담장의 설치에 협력할 것을 소구할 수 있다. 담장의 처분권한이 없는 토지 소유자가 그 처분권한이 있는 인접 토지 소유자를 상대로 기존 담장의 철거를 명하는 판결을 받아 그 담장이 적법하게 철거되어야 하는 경우에도 인접 토지 사이에 경계를 표시할 통상의 담장이 설치되지 않은 상태와 마찬가지로 볼 수 있으므로, 이와 같은 법리가 그대로 적용된다(대판 2023.4.13. 2021다271725).

8. 공작물설치에 관한 상린관계

> **토지의 심굴금지(민법 제241조)**
> 토지소유자는 인접지의 지반이 붕괴할 정도로 자기의 토지를 심굴하지 못한다. 그러나 충분한 방어공사를 한 때에는 그러하지 아니하다.
>
> **경계선부근의 건축(민법 제242조)**
> ① 건물을 축조함에는 특별한 관습이 없으면 경계로부터 반미터 이상의 거리를 두어야 한다.
> ② 인접지소유자는 전항의 규정에 위반한 자에 대하여 건물의 변경이나 철거를 청구할 수 있다. 그러나 건축에 착수한 후 1년을 경과하거나 건물이 완성된 후에는 손해배상만을 청구할 수 있다.
>
> **차면시설의무(민법 제243조)**
> 경계로부터 2미터 이내의 거리에서 이웃 주택의 내부를 관망할 수 있는 창이나 마루를 설치하는 경우에는 적당한 차면시설을 하여야 한다.
>
> **지하시설 등에 대한 제한(민법 제244조)**
> ① 우물을 파거나 용수, 하수 또는 오물 등을 저치할 지하시설을 하는 때에는 경계로부터 2미터 이상의 거리를 두어야 하며 저수지, 구거 또는 지하실공사에는 경계로부터 그 깊이의 반 이상의 거리를 두어야 한다.
> ② 전항의 공사를 함에는 토사가 붕괴하거나 하수 또는 오액이 이웃에 흐르지 아니하도록 적당한 조처를 하여야 한다.

Ⅲ 건물의 구분소유

1. 서 설

건물의 일부가 경제적으로 독립한 건물과 동일한 효용을 가지고, 또한 사회관념상 독립한 건물로 다루어지는 경우, 그 위에 독립한 소유권을 인정하는 것을 구분소유권이라 한다. 민법과 「집합건물의 소유 및 관리에 관한 법률」은 다수의 구분소유자 상호 간의 구분소유건물의 관리·이용에 대한 이해관계에 대해 규율하고 있다.

2. 민법에 의한 규제

> **건물의 구분소유(민법 제215조)**
> ① 수인이 한 채의 건물을 구분하여 각각 그 일부분을 소유한 때에는 건물과 그 부속물 중 공용하는 부분은 그의 공유로 추정한다.
> ② 공용부분의 보존에 관한 비용 기타의 부담은 각자의 소유부분의 가액에 비례하여 분담한다.

3. 「집합건물의 소유 및 관리에 관한 법률」(이하 집합건물법)의 주요 내용

(1) 의 의

구분소유권이란 1동의 건물 중 구조상의 독립성 및 이용상의 독립성을 가진 전유부분을 목적으로 하는 소유권을 말한다(집합건물법 제2조 제1호).

> [상가집합건물의 구분점포에 대한 매매의 경우, 실제 이용현황과 관계없이 집합건축물대장 등 공부에 따라 구조, 위치, 면적이 확정된 구분점포가 매매의 대상이 되는지 여부(원칙적 적극) / 이때 점포의 구조, 위치, 면적을 실제 이용현황에 따라야 하는 경우]
>
> 상가집합건물의 구분점포에 대한 매매는 원칙적으로 실제 이용현황과 관계없이 집합건축물대장 등 공부에 따라 구조, 위치, 면적이 확정된 구분점포를 매매의 대상으로 삼았다고 보아야 할 것이다. 그러나 1동의 상가집합건물의 점포들이 구분소유 등기가 되어 있기는 하나 실제로는 위 상가건물의 각 점포들에 관한 집합건축물대장 등 공부상 호수와 구조, 위치 및 면적이 실제 이용현황과 일치하지 아니할 뿐만 아니라 그 복원조차 용이하지 아니하여 단지 공부가 위 상가건물에서 각 점포들이 차지하는 면적비율에 관하여 공유지분을 표시하는 정도의 역할만을 하고 있고, 위 점포들이 전전매도되면서 매매당사자들이 실제 이용현황대로의 점포를 매매할 의사를 가지고 거래한 경우 등과 같이 특별한 사정이 있는 경우에는 그 점포의 구조, 위치, 면적은 실제 이용현황에 의할 수밖에 없을 것이다(대판 2021.6.24. 2021다220666).
>
> [1] 1동의 건물 중 구조상 구분되어 구분소유권의 목적이 된 수 개의 구분건물들이 그 사이의 격벽이 제거되는 등의 방법으로 건물로서의 독립성을 상실하여 일체화되고 일체화된 후의 구획을 전유부분으로 하는 1개의 건물이 된 경우, 기존 구분건물에 대한 등기의 효력 : 1동의 건물 중 구조상 구분된 수 개의 부분이 독립한 건물로서 구분소유권의 목적이 되었으나 그 구분건물들 사이의 격벽이 제거되는 등의 방법으로 각 구분건물이 건물로서의 독립성을 상실하여 일체화되고 이러한 일체화 후의 구획을 전유부분으로 하는 1개의 건물이 되었다면 기존 구분건물에 대한 등기는 합동으로 인하여 생겨난 새로운 건물 중에서 위 구분건물이 차지하는 비율에 상응하는 공유지분 등기로서의 효력만 인정된다. [2] 인접한 구분건물 사이에 설치된 경계벽이 제거되어 각 구분건물이 구조상 및 이용상의 독립성을 상실하였으나 각 구분건물의 위치와 면적 등을 특정할 수 있고 사회통념상 복원을 전제로 한 일시적인 것으로서 복원이 용이한 경우 각 구분건물에 관한 등기의 효력(유효) / 이때 구조상의 구분에 의하여 구분소유권의 객체 범위를 확정할 수 없는 경우, 건축물관리대장상 독립한 별개의 구분건물로 등재되고 등기부상에도 구분소유권의 목적으로 등기되어 있더라도 등기 그 자체가 무효인지 여부(적극) : 인접한 구분건물 사이에 설치된 경계벽이 일정한 사유로 제거됨으로써 각 구분건물이 구분건물로서의 구조상 및 이용상의 독립성을 상실하게 되었다고 하더라도, 각 구분건물의 위치와 면적 등을 특정할 수 있고 사회통념상 그것이 구분건물로서의 복원을 전제로 한 일시적인 것일 뿐만 아니라 그 복원이 용이한 것이라면, 각 구분건물은 구분건물로서의 실체를 상실한다고 쉽게 단정할 수는 없고, 아직도 그 등기는 구분건물을 표상하는 등기로서 유효하지만, 구조상의 구분에 의하여 구분소유권의 객체 범위를 확정할 수 없는 경우에는 구조상의 독립성이 있다고 할 수 없고, 구분소유권의 객체로서 적합한 요건을 갖추지 못한 건물의 일부는 그에 관한 구분소유권이 성립할 수 없으므로, 건축물관리대장상 독립한 별개의 구분건물로 등재되고 등기부상에도 구분소유권의 목적으로 등기되어 있더라도, 그 등기는 그 자체로 무효이다(대판 2020.2.27. 2018다232898).

2) 구분소유권의 성립

① **구조상 및 이용상의 독립성(구분소유의 요건으로서 독립성)** : 건물이 구분소유의 객체가 되기 위해서는 ㉠ 1동의 건물이 구조상 구분될 수 있어야 하고, ㉡ 구분된 수 개의 부분이 독립한 건물로써 사용될 수 있어야 한다.

> - 1동의 건물의 일부분이 <u>구분소유권의 객체가 될 수 있으려면 그 부분이 이용상은 물론 구조상으로도 다른 부분과 구분되는 독립성이 있어야 한다. 이러한 구분소유권의 객체로서 적합한 물리적 요건을 갖추지 못한 건물의 일부는 그에 관한 구분소유권이 성립할 수 없다.</u> 그와 같은 건물 부분이 건축물관리대장상 독립한 별개의 구분건물로 등재되고 등기부상에도 구분소유권의 목적으로 등기되어 있어 이러한 등기에 기초하여 경매절차가 진행되어 매각허가를 받고 매수대금을 납부하였다 하더라도, 그 상태만으로는 그 등기는 효력이 없으므로 매수인은 소유권을 취득할 수 없다(대판 2018.3.27. 2015다3471).
> - **인접한 구분건물 사이에 설치된 경계벽이 제거되어 각 구분건물이 구조상 및 이용상 독립성을 상실하였으나, 각 구분건물의 위치와 면적 등을 특정할 수 있고 사회통념상 그것이 복원을 전제로 한 일시적인 것으로서 복원이 용이한 경우, 그 구분건물에 관한 등기의 효력(유효)** : 인접한 구분건물 사이에 설치된 경계벽이 제거됨으로써 각 구분건물이 구분건물로서의 구조상 및 이용상 독립성을 상실하게 되었다고 하더라도, 각 구분건물의 위치와 면적 등을 특정할 수 있고 사회통념상 그것이 구분건물로서의 복원을 전제로 한 일시적인 것일 뿐만 아니라 복원이 용이한 것이라면, 각 구분건물이 구분건물로서의 실체를 상실한다고 쉽게 단정할 수는 없고, 아직도 그 등기는 구분건물을 표상하는 등기로서 유효하다고 해석해야 한다(대판 2023.4.27. 2022다273018).

② **구분행위** : <u>구분건물이 되기 위해서는 건물을 구분소유권의 객체로 하려는 의사표시, 즉 구분행위가 있어야 한다.</u>

> [1] **1동의 건물에 대하여 구분소유가 성립하기 위한 요건 및 여기서 '구분행위'의 의미** : 1동의 건물에 대하여 구분소유가 성립하기 위해서는 객관적·물리적인 측면에서 1동의 건물이 존재하고 구분된 건물부분이 구조상으로나 이용상으로 독립성을 갖추어야 하며, 1동의 건물 중 물리적으로 구획된 부분을 각각 구분소유권의 객체로 하려는 구분행위가 있어야 한다. 여기에서 **구분행위는 건물의 특정 부분을 구분하여 별개의 소유권의 객체로 하려는 일종의 법률행위로서 그 시기나 방식에 특별한 제한은 없지만, 처분권자의 구분의사가 객관적으로 외부에 표시되어야 한다.** [2] **집합건물 중 전유부분 소유자들이 함께 사용하는 것이 일반적인 건물부분에 관하여 구분의사의 표시행위가 있었는지 판단하는 방법 및 다세대주택인 1동의 건물을 신축하면서 건축허가를 받지 않고 위법하게 건축한 지하층에 관하여 처분권자의 구분의사가 명확하게 표시되지 않은 경우 공용부분으로 추정되는지 여부(적극)** : 집합건물 중에서 전유부분 소유자들이 함께 사용하는 것이 일반적인 건물부분의 경우에는 구분소유권의 성립 여부가 전유부분 소유자들의 권리관계나 거래의 안전에 미치는 영향을 고려하여 구분의사의 표시행위가 있었는지를 신중하게 판단하여야 한다. 다세대주택의 지하층은 구분소유자들이 공동으로 사용하는 경우가 적지 않은데, 다세대주택인 1동의 건물을 신축하면서 건축허가를 받지 않고 위법하게 지하층을 건축하였다면 처분권자의 구분의사가 명확하게 표시되지 않은 이상 공용부분으로 추정하는 것이 사회관념이나 거래관행에 부합한다(대판 2018.2.13. 2016다245289).

③ **대장의 등록이나 등기가 요구되는지 여부** : 1동의 건물에 대하여 구분소유가 성립하기 위해서는 객관적·물리적인 측면에서 1동의 건물이 존재하고, 구분된 건물부분이 구조상·이용상 독립성을 갖추어야 할 뿐 아니라, 1동의 건물 중 물리적으로 구획된 건물부분을 각각 구분소유권의 객체로 하려는 구분행위가 있어야 한다. 여기서 구분행위는 건물의 물리적 형질에 변경을 가함이 없이 법률관념상 건물의 특정 부분을 구분하여 별개의 소유권의 객체로 하려는 일종의 법률행위로서, 그 시기나 방식에 특별한 제한이 있는 것은 아니고 처분권자의 구분의사가 객관적으로 외부에 표시되면 인정된다. 따라서 구분건물이 물리적으로 완성되기 전에도 건축허가신청이나 분양계약 등을 통하여 장래 신축되는 건물을 구분건물로 하겠다는 구분의사가 객관적으로 표시되면 구분행위의 존재를 인정할 수 있고, 이후 1동의 건물 및 그 구분행위에 상응하는 구분건물이 객관적·물리적으로 완성되면 아직 그 건물이 집합건축물대장에 등록되거나 구분건물로서 등기부에 등기되지 않았더라도 그 시점에서 **구분소유가 성립한다**(대판[전합] 2013.1.17. 2010다71578 – 다수의견).

[1] 집합건물의 소유 및 관리에 관한 법률 제1조의2가 신설·시행된 이후 집합건축물대장의 신규 또는 변경등록이 이루어지고 그에 따라 구분등기가 마쳐진 구분점포에 대하여는 그 등록 및 등기가 마쳐질 당시 위 조항에서 정한 구분소유권의 요건을 갖추고 있었다고 추정되는지 여부(원칙적 적극) 및 그와 다른 사실은 이를 다투는 측에서 주장·증명하여야 하는지 여부(적극) : 집합건물의 소유 및 관리에 관한 법률(이하 '집합건물법'이라고 한다)이 제1조의2에서 정하는 구분점포에 관하여는 반드시 소관청의 현황조사를 거쳐 위 조항에서 규정한 요건을 충족하는지와 건축물의 실제 현황과 건축물대장의 신청 내용이 일치하는지를 확인한 다음 그 규정에 들어맞는다고 인정될 때에만 집합건축물대장에 등록하도록 정하고 있고, 이러한 절차를 거쳐 작성된 집합건축물대장이 제출되어야 비로소 구분점포에 관한 소유권보존등기 및 표시변경등기가 마쳐질 수 있다. 그렇다면 집합건물법 제1조의2가 시행된 2004. 1. 19. 이후 집합건축물대장의 신규 또는 변경등록이 이루어지고 그에 따라 구분등기가 마쳐진 구분점포에 대하여는, 특별한 사정이 없는 한 집합건물법 소정의 절차에 따라 적법하게 대장이 등록되고 이에 기하여 구분등기가 마쳐진 것으로서 그 등록 및 등기가 마쳐질 당시 집합건물법 제1조의2에서 정한 구분소유권의 요건을 갖추고 있었다고 추정되고, 그와 다른 사실은 이를 다투는 측에서 주장·증명하여야 한다. [2] 인접한 구분건물 사이에 설치된 경계벽이 제거되어 각 구분건물이 구조상 및 이용상 독립성을 상실하였으나, 각 구분건물의 위치와 면적 등을 특정할 수 있고 사회통념상 그것이 복원을 전제로 한 일시적인 것으로서 복원이 용이한 경우, 그 구분건물에 관한 등기의 효력(유효) : 인접한 구분건물 사이에 설치된 경계벽이 제거됨으로써 각 구분건물이 구분건물로서의 구조상 및 이용상 독립성을 상실하게 되었다고 하더라도, 각 구분건물의 위치와 면적 등을 특정할 수 있고 사회통념상 그것이 구분건물로서의 복원을 전제로 한 일시적인 것일 뿐만 아니라 복원이 용이한 것이라면, 각 구분건물이 구분건물로서의 실체를 상실한다고 쉽게 단정할 수는 없고, 아직도 그 등기는 구분건물을 표상하는 등기로서 유효하다고 해석해야 한다(대결 2022.12.29. 2019마5500).

(3) 구분소유권의 내용 : 전유부분과 공용부분

① 의 의

㉠ 전유부분 : 구조상 및 이용상의 독립성을 갖춘 건물부분으로 구분소유권의 목적이 되는 부분을 말한다(집합건물법 제2조 제3호).

㉡ 공용부분 : 공용부분은 1동의 건물 중 전유부분 이외의 건물의 부분, 전유부분에 속하지 않는 건물의 부속물, 전유부분이지만 규약에 의하여 공용부분으로 된 부속건물을 말한다(동법 제2조 제4호). 공용부분은 원칙적으로 구분소유자 전원의 공유에 속하고, 지분은 전유부분의 면적비율에 의한다(동법 제12조).

② 구별기준 및 판단시기

㉠ 구별기준 : 전용부분과 공용부분의 구별기준은 구분소유자 간에 특별한 합의가 없는 한 건물의 구조에 따른 객관적인 용도에 의하여 결정되어야 한다.

㉡ 판단시기 : 전유부분인지 공용부분인지 여부는 구분소유가 성립한 시점을 기준으로 판단하여야 한다.

③ 관리비 체납의 문제

㉠ 아파트의 특별승계인은 전입주자의 체납관리비 중 공용부분에 관하여는 승계한다(대판[전합] 2001.9.20. 2001다8677).

㉡ 그러나 공용부분 관리비에 대한 연체료는 특별승계인에게 승계되는 공용부분 관리비에 포함되지 않는다(대판 2006.6.29. 2004다3598·3604).

㉢ 또한 채무인수에 있어서 면책적 인수인지, 중첩적 인수인지가 분명하지 아니한 때에는 이를 중첩적으로 인수한 것으로 볼 것이라는 채무인수의 법리에 비추어 보면, 구분소유권이 순차로 양도된 경우 각 특별승계인들은 이전 구분소유권자들의 채무를 중첩적으로 인수한다고 봄이 상당하다(대결 2010.1.14. 2009그196).

④ 공용부분의 관리

> **[집합건물의 관리인이 구 집합건물의 소유 및 관리에 관한 법률 제16조 제1항에 따라 관리단집회의 결의로 결정되어야 하는 공용부분의 '관리에 관한 사항'에 대해서 관리단규약에 정함이 없는데도 관리단집회를 거치지 않은 법률행위를 한 경우, 그 법률행위의 효력(무효)]**
>
> 구 집합건물의 소유 및 관리에 관한 법률(2020.2.4. 법률 제16919호로 개정되기 전의 것, 이하 '구 집합건물법'이라 한다)에 따르면, 집합건물의 공용부분은 구분소유자 전원의 공유에 속하고(제10조 제1항), 각 공유자는 공용부분을 그 용도에 따라 사용할 수 있다(제11조). 이러한 공용부분의 '변경에 관한 사항'은 '공용부분의 개량을 위한 것으로서 지나치게 많은 비용이 드는 것이 아닐 경우' 등이 아닌 한 관리단집회에서 구분소유자 4분의 3 이상 및 의결권의 4분의 3 이상의 특별결의로써 결정하고(제15조 제1항), 공용부분의 '관리에 관한 사항'은 규약으로 달리 정하지 않는 한 위와 같은 공용부분의 변경에 관한 특별결의 사항을 제외하고는 통상의 집회결의로써 결정하되 보존행위는 각 공유자가 할 수 있다(제16조 제1항, 제3항). 이러한 구 집합건물법의 규정 형식과 내용 및 취지 등에 비추어 보면, 집합건물 공용부분의 '관리에 관한 사항'은 규약에 달리 정함이 없는 한 구분소유자들로 구성된 관리단집회의 결의로써 결정되어야 하고, 관리인은 그와 같이 관리단집회에서 결의된 사항에 관하여 공용부분 관리를 위한 행위를 구체적으로 집행할 수 있을 뿐이다. 따라서 관리인이 구 집합건물법 제16조 제1항에 따라 관리단집회의 결의로 결정되어야 하는 공용부분의 '관리에 관한 사항'에 대해서 관리단규약에 정함이 없는데도 관리단집회를 거치지 않은 채 그러한 사항에 관하여 한 법률행위는 그 효력이 없다고 보아야 한다(대판 2024.9.27. 2023다287861).

(4) 대지사용권

① **의의** : 대지사용권이란 구분소유자가 전유부분을 소유하기 위하여 건물의 대지에 대해서 가지는 일체의 권리를 말한다(집합건물법 제2조 제6호).

② **대지사용권의 취득**

㉠ 문제점 : 구분소유자가 아직 대지에 대한 권리에 대해 등기를 마치지 못한 경우에도 대지에 관하여 매수인의 지위에서 소유권이전등기청구권을 가지고 있거나 매수인의 지위에서 점유·사용권을 가지고 있다면, 그러한 권리도 대지사용권으로 인정할 수 있는지 문제된다.

㉡ 판례 : 종래의 판례는 대지사용권이 아니라고 부정설의 입장이었으나(대판 1996.12.10. 96다14661), 현재는 그 입장을 변경하여 구분소유자의 점유·사용권은 단순한 점유권과는 차원을 달리하는 본권으로서 집합건물법상의 대지사용권에 해당하므로 건물과 대지의 분리·처분이 금지되고, 건물과 분리하여 대지를 처분하는 것을 무효라고 판시하였다(대판[전합] 2000.11.16. 98다45652·45669).

> [1] 아파트와 같은 대규모 집합건물의 경우, 대지의 분·합필 및 환지절차의 지연, 각 세대당 지분비율 결정의 지연 등으로 인하여 전유부분에 대한 소유권이전등기만 수분양자를 거쳐 양수인 앞으로 경료되고, 대지지분에 대한 소유권이전등기는 상당기간 지체되는 경우가 종종 생기고 있는데, 이러한 경우 집합건물의 건축자로부터 전유부분과 대지지분을 함께 분양의 형식으로 매수하여 그 대금을 모두 지급함으로써 소유권 취득의 실질적 요건은 갖추었지만 전유부분에 대한 소유권이전등기만 경료받고 대지지분에 대하여는 위와 같은 사정으로 아직 소유권이전등기를 경료받지 못한 자는 매매계약의 효력으로써 전유부분의 소유를 위하여 건물의 대지를 점유·사용할 권리가 있는바, 매수인의 지위에서 가지는 이러한 점유·사용권은 단순한 점유권과는 차원을 달리하는 본권으로서 집합건물의 소유 및 관리에 관한 법률 제2조 제6호 소정의 구분소유자가 전유부분을 소유하기 위하여 건물의 대지에 대하여 가지는 권리인 대지사용권에 해당한다고 할 것이고, 수분양자로부터 전유부분과 대지지분을 다시 매수하거나 증여 등의 방법으로 양수받거나 전전 양수받은 자 역시 당초 수분양자가 가졌던 이러한 대지사용권을 취득한다. [2] 집합건물의 소유 및 관리에 관한 법률의 규정내용과 입법취지를 종합하여 볼 때, 대지의 분·합필 및 환지절차의 지연, 각 세대당 지분비율 결정의 지연 등의 사정이 없었다면 당연히 전유부분의 등기와 동시에 대지지분의 등기가 이루어졌을 것으로 예상되는 경우, 전유부분에 대하여만 소유권이전등기를 경료받았으나 매수인의 지위에서 대지에 대하여 가지는 점유·사용권에 터잡아 대지를 점유하고 있는 수분양자는 대지지분에 대한 소유권이전등기를 받기 전에 대지에 대하여 가지는 점유·사용권인 대지사용권을 전유부분과 분리 처분하지 못할 뿐만 아니라, 전유부분 및 장래 취득할 대지지분을 다른 사람에게 양도한 후 그중 전유부분에 대한 소유권이전등기를 경료해 준 다음 사후에 취득한 대지지분도 전유부분의 소유권을 취득한 양수인이 아닌 제3자에게 분리 처분하지 못한다 할 것이고, 이를 위반한 대지지분의 처분행위는 그 효력이 없다(대판[전합] 2000.11.16. 98다45652·45669).

③ 전유부분과 대지사용권의 일체화

> **전유부분과 대지사용권의 일체성(집합건물의 소유 및 관리에 관한 법률 제20조)**
> ① 구분소유자의 대지사용권은 그가 가지는 전유부분의 처분에 따른다.
> ② 구분소유자는 그가 가지는 전유부분과 분리하여 대지사용권을 처분할 수 없다. 다만, 규약으로써 달리 정한 경우에는 그러하지 아니하다.
> ③ 제2항 본문의 분리처분금지는 그 취지를 등기하지 아니하면 선의(善意)로 물권을 취득한 제3자에게 대항하지 못한다.
> ④ 제2항 단서의 경우에는 제3조 제3항을 준용한다.

㉠ 분리처분금지 위반의 효과

　㉮ 무효 : 분리처분금지를 위반한 대지사용권의 처분행위는 무효이다. 따라서 매수인은 대지사용권을 취득할 수 없다.

> 집합건물의 소유 및 관리에 관한 법률 제20조 제2항에 의하면 구분소유자는 특별한 사정이 없는 한 대지사용권을 전유부분과 분리하여 처분할 수 없고, 이를 위반한 대지사용권의 처분은 법원의 공유물분할경매절차에 의한 것이라 하더라도 무효이므로, 구분소유의 목적물인 건물 각 층과 분리하여 그 대지만에 대하여 경매분할을 명한 확정판결에 기하여 진행되는 공유물분할경매절차에서 그 대지만을 매수하더라도 매수인은 원칙적으로 그 대지의 소유권을 취득할 수 없다(대판 2010.5.27. 2006다84171).

　㉯ 선의의 제3자 : 분리처분금지는 그 취지를 등기하지 아니하면 선의로 물권을 취득한 제3자에게 대항하지 못한다(동법 제20조 제3항). 여기의 선의의 제3자란 원칙적으로 집합건물의 대지로 되어 있는 사정을 모른 채 대지사용권의 목적이 된 토지를 취득한 제3자를 의미한다(대판 2009.6.23. 2009다26145).

㉡ 전유부분과 대지사용권의 관계 : 대지사용권은 전유부분의 종된 권리에 해당한다(대판 1995.8.22. 94다12722).

> 집합건물에서 구분소유자의 대지사용권은 규약으로써 달리 정하는 등의 특별한 사정이 없는 한 전유부분과 종속적 일체불가분성이 인정되어 전유부분에 대한 경매개시결정과 압류의 효력은 종물 또는 종된 권리인 대지사용권에도 미치는 것이므로(집합건물법 제20조 제1항, 제2항), 건축자의 대지소유권에 관하여 부동산등기법에 따른 구분건물의 대지권등기가 마쳐지지 않았다 하더라도 전유부분에 관한 경매절차가 진행되어 그 경매절차에서 전유부분을 매수한 매수인은 전유부분과 함께 대지사용권을 취득한다(대판 2012.3.29. 2011다79210).

㉢ 집합건물의 소유 및 관리에 관한 법률 제20조에 따라 분리처분이 금지되는 대지사용권은 구분소유의 성립을 전제로 하는지 여부(적극) / 집합건물의 대지에 관하여 구분소유자 외의 다른 공유자가 있는 경우, 공유물에 관한 민법의 일반 법리에 따라 대지를 사용·수익·관리할 수 있는지 여부(적극) / 1필의 대지 위에 집합건물과 일반건물이 공존하고 있고, 집합건물 구분소유자들에게는 집합건물법의 소유 및 관리에 관한 법률상 대지사용권이 있는 반면 일반건물 소유자들에게는 대지에 대한 민법상 공유지분이 있는 경우, 집합건물 구분소유자들과

일반건물 소유자들 사이의 대지 이용관계에 적용되는 법리(= 공유물에 관한 민법의 일반 법리) : 집합건물의 소유 및 관리에 관한 법률(이하 '집합건물법'이라 한다) 제20조에 따라 분리처분이 금지되는 대지사용권이란 구분소유자가 전유부분을 소유하기 위하여 건물의 대지에 대하여 가지는 권리로서, 구분소유의 성립을 전제로 한다. / 1동 건물의 구분소유자들이 당초 건물을 분양받을 당시 대지 공유지분 비율대로 그 건물 대지를 공유함으로써 집합건물법상 대지사용권을 가지는 경우에는 별도 규약이 존재하는 등 특별한 사정이 없는 한 구분소유자들이 그 대지에 대하여 가지는 공유지분 비율과 상관없이 대지 전부를 용도에 따라 사용할 수 있는 적법한 권원이 있다. 그러나 그 대지에 관하여 구분소유자 외의 다른 공유자가 있는 경우에는 공유물에 관한 민법의 일반 법리에 따라 대지를 사용·수익·관리할 수 있다고 보아야 한다. / 따라서 1필의 대지 위에 집합건물과 일반건물이 공존하고 있고, 집합건물 구분소유자들에게는 집합건물법상 대지사용권이 있는 반면 일반건물 소유자들에게는 대지에 대한 민법상 공유지분이 있는 경우, 집합건물 구분소유자들과 일반건물 소유자들 사이의 대지 이용관계에는 공유물에 관한 민법의 일반 법리가 적용되어야 한다(대판 2024.10.31. 2024다202317).

④ 대지의 분할청구 금지(동법 제8조 참고)

[집합건물의 대지에 관한 공유물분할 청구를 금지하는 집합건물의 소유 및 관리에 관한 법률 제8조의 입법 취지 / 집합건물의 대지에 관한 공유물분할 청구가 예외적으로 허용되는 경우]
집합건물의 소유 및 관리에 관한 법률(이하 '집합건물법'이라고 한다) 제8조는 "대지 위에 구분소유권의 목적인 건물이 속하는 1동의 건물이 있을 때에는 그 대지의 공유자는 그 건물 사용에 필요한 범위의 대지에 대하여는 분할을 청구하지 못한다"라고 규정하고 있다. 위 법률 규정의 입법 취지는 1동의 건물로서 개개의 구성부분이 독립한 구분소유권의 대상이 되는 집합건물의 존립 기초를 확보하려는 데 있는바, 집합건물의 대지는 그 지상의 구분소유권과 일체성 내지 불가분성을 가지는데 일반의 공유와 같이 공유지분권에 기한 공유물분할을 인정한다면 그 집합건물의 대지사용관계는 파탄에 이르게 되므로 집합건물의 공동생활관계의 보호를 위하여 분할청구가 금지된다. / 따라서 집합건물 대지의 공유자가 청구한 대지의 분할청구가 허용되는지 여부를 판단함에 있어서는 집합건물법 제8조의 입법 취지가 우선 고려되어야 하는바, 집합건물의 대지를 집합건물의 구분소유자인 공유자와 구분소유자가 아닌 공유자가 공유하고 있고, 당해 대지를 집합건물의 구분소유자인 공유자에게 취득시키고 구분소유자가 아닌 다른 공유자에게는 그 지분의 가격을 취득시키는 것이 공유자 간의 실질적인 공평을 해치지 않는다고 인정되는 특별한 사정이 있어 그와 같이 공유물을 분할하는 것이 허용되는 경우에는, 그러한 공유물에 대한 분할청구는 집합건물법 제8조의 입법 취지에 비추어 허용된다고 보는 것이 타당하다(대판 2023.9.14. 2022다271753).

⑤ 대지 공유지분권에 기초한 부당이득반환청구

[1동 건물의 대지에 관하여 구분소유자 외의 다른 공유자가 있는 경우, 다른 공유자가 대지 전부를 사용·수익해 온 구분소유자들을 상대로 자신의 대지 공유지분권에 기초하여 부당이득반환을 구할 수 있는지 여부(원칙적 적극)]
1동 건물의 구분소유자들이 당초 건물을 분양받을 당시 대지 공유지분 비율대로 건물의 대지를 공유하고 있는 경우에는 별도의 규약이 존재하는 등 특별한 사정이 없는 한 구분소유자들이 대지에 대하여 가지는 공유지분의 비율과 상관없이 대지 전부를 용도에 따라 사용할 수 있는 적법한 권원이 있으므로, 구분소유자들 사이에서는 대지 공유지분 비율의 차이를 이유로 부당이득반환을 구할 수 없다. 그러나 그 대지에 관하여 구분소유자 외의 다른 공유자가 있는 경우에는 공유물에 관한 일반 법리에 따라 대지를 사용·수익·관리할 수 있다고 보아야 하므로, 특별한 사정이 없으면 구분소유자들이 무상으로 대지를 전부 사용·수익할 수 있는 권원을 가진다고 할 수 없고 다른 공유자는 대지 공유지분권에 기초하여 부당이득의 반환을 청구할 수 있다(대판 2018.6.28. 2016다219419).

[집합건물의 구분소유자가 아닌 대지 공유자가 대지 공유지분권에 기초하여 적정 대지지분을 가진 구분소유자를 상대로 대지의 사용·수익에 따른 부당이득반환을 청구할 수 있는지 여부(소극)]
공유자는 공유물 전부를 지분의 비율로 사용·수익할 수 있으므로 공유토지의 일부를 배타적으로 점유하면서 사용·수익하는 공유자는 그가 보유한 공유지분의 비율에 관계없이 다른 공유자에 대하여 부당이득반환의무를 부담한다. 그런데 일반 건물에서 대지를 사용·수익할 권원이 건물의 소유권과 별개로 존재하는 것과는 달리, 집합건물의 경우에는 대지사용권인 대지지분이 구분소유권의 목적인 전유부분에 종속되어 일체화되는 관계에 있으므로, 집합건물 대지의 공유관계에서는 이와 같은 민법상 공유물에 관한 일반 법리가 그대로 적용될 수 없고, 이는 대지 공유자들 중 구분소유자 아닌 사람이 있더라도 마찬가지이다. 집합건물에서 전유부분 면적 비율에 상응하는 적정 대지지분을 가진 구분소유자는 그 대지 전부를 용도에 따라 사용·수익할 수 있는 적법한 권원을 가지므로, 구분소유자 아닌 대지 공유자는 그 대지 공유지분권에 기초하여 적정 대지지분을 가진 구분소유자를 상대로는 대지의 사용·수익에 따른 부당이득반환을 청구할 수 없다(대판[전합] 2022.8.25. 2017다257067). 이와 달리 구분소유자가 적정 대지지분의 보유 여부를 불문하고 구분소유자 아닌 대지 공유자(또는 그로부터 대지 공유지분을 양수한 구분소유자)에 대하여 민법상 공유물에 관한 일반 법리에 따라 전유부분 면적이 차지하는 비율에 따른 차임 상당의 부당이득반환의무를 부담한다고 판단한 대판 2001.12.11. 2000다13948, 대판 2011.7.14. 2009다76522·76539 등은 이 판결의 견해와 배치되는 범위에서 변경하기로 한다.

[집합건물의 구분소유자들이 건물의 대지 중 일부 지분만 가지고 있고 구분소유자 아닌 대지공유자가 나머지 지분을 가지고 있는 경우, 구분소유자 중 자신의 전유부분 면적 비율에 상응하는 적정 대지지분보다 부족한 대지지분을 가진 구분소유자는 구분소유자 아닌 대지공유자에게 적정 대지지분에서 부족한 지분의 비율에 해당하는 차임 상당의 부당이득반환의무를 부담하는지 여부(원칙적 적극)]
집합건물의 구분소유자들이 건물의 대지 중 일부 지분만 가지고 있고 구분소유자 아닌 대지공유자가 나머지 지분을 가지고 있는 경우에, 구분소유자 아닌 대지공유자는 대지 공유지분권에 기초하여 〈구분소유자 중 자신의 전유부분 면적 비율에 상응하는 대지 공유지분(이하 '적정 대지지분'이라 한다)을 가진 구분소유자〉를 상대로는 대지의 사용·수익에 따른 부당이득반환을 청구할 수 없다. 그러나 〈적정 대지지분보다 부족한 대지 공유지분(이하 '과소 대지지분'이라 한다)을 가진 구분소유자〉는 〈과소 대지지분이 적정 대지지분에 매우 근소하게 부족하여 그에 대한 부당이득반환청구가 신의성실의 원칙에 반한다고 볼 수 있는 경우, 구분건물의 분양 당시 분양자로부터 과소 대지지분만을 이전받으면서 건물 대지를 무상으로 사용할 수 있는 권한을 부여받았고 이러한 약정이 분양자의 대지지분을 특정승계한 사람에게 승계된 것으로 볼 수 있는 경우, 또는 과소 대지지분에 기하여 전유부분을 계속 소유·사용하는 현재의 사실상태가 장기간 묵인되어 온 경우 등〉과 같은 특별한 사정이 없는 한, 구분소유자 아닌 대지공유자에 대하여 적정 대지지분에서 부족한 지분의 비율에 해당하는 차임 상당의 부당이득반환의무를 부담한다고 봄이 타당하다(대판 2023.9.14. 2016다12823).

⑥ 집합건물 대지의 소유자가 대지사용권 없이 전유부분을 소유하는 구분소유자에 대하여 전유부분의 철거를 구할 수 있는지 여부(적극) / 일부 전유부분만을 철거하는 것이 사실상 불가능하다는 사정이 철거 청구를 기각할 사유에 해당하는지 여부(소극) : 1동의 집합건물의 구분소유자들은 그 전유부분을 구분소유하면서 건물의 대지 전체를 공동으로 점유·사용하는 것이므로, 대지 소유자는 대지사용권 없이 전유부분을 소유하면서 대지를 무단 점유하는 구분소유자에 대하여 그 전유부분의 철거를 구할 수 있다. 집합건물은 건물 내부를 (구조상·이용상 독립성을 갖춘) 여러 개의 부분으로 구분하여 독립된 소유권의 객체로 하는 것일 뿐 1동의 건물 자체는 일체로서 건축되어 전체 건물이 존립과 유지에 있어 불가분의 일체를 이루는 것이므로, 1동의 집합건물 중 일부 전유부분만을 떼어내거나 철거하는 것은 사실상 불가능하다. 그러나 구분소유자 전체를 상대로 각 전유부분과 공용부분의 철거 판결을 받거나 동의를 얻는 등으로 집합건물 전체를 철거

하는 것은 가능하고 이와 같은 철거 청구가 구분소유자 전원을 공동피고로 해야 하는 필수적 공동소송이라고 할 수 없으므로, 일부 전유부분만을 철거하는 것이 사실상 불가능하다는 사정은 집행개시의 장애요건에 불과할 뿐 철거 청구를 기각할 사유에 해당하지 않는다(대판 2021.7.8. 2017다204247).

⑦ **집합건물 대지의 소유자가 대지사용권을 갖지 아니한 구분소유자에 대하여 전유부분의 철거를 구하는 것이 권리남용에 해당하는지 여부(소극)** : 집합건물 대지의 소유자는 대지사용권을 갖지 아니한 구분소유자에 대하여 전유부분의 철거를 구할 수 있고, 일부 전유부분만의 철거가 사실상 불가능하다고 하더라도 이는 집행개시의 장애요건에 불과할 뿐이어서 대지 소유자의 건물 철거 청구가 권리남용에 해당한다고 볼 수 없다(대판 2021.7.8. 2017다204247).

(5) 관리단 등

① 건물에 대한 구분소유관계가 성립하면 그 건물 및 대지와 부속시설의 관리를 위하여 **구분소유자 전원으로 관리단을 구성하여야 한다**(집합건물법 제23조 제1항).

② 집합건물의 소유 및 관리에 관한 법률 제23조 제1항에서는 "건물에 대하여 구분소유관계가 성립되면 구분소유자는 전원으로써 건물 및 그 대지와 부속시설의 관리에 관한 사업의 시행을 목적으로 하는 관리단을 구성한다"고 규정하고 있으므로, 관리단은 어떠한 조직행위를 거쳐야 비로소 성립되는 단체가 아니라 구분소유관계가 성립하는 건물이 있는 경우 당연히 그 구분소유자 전원을 구성원으로 하여 성립되는 단체이고, 관리단집회에서 적법하게 결의된 사항은 그 결의에 반대한 구분소유자에 대하여도 효력을 미치는 것이다(대판 1995.3.10. 94다49687·49694).

③ **집합건물의 구분소유자가 공용부분에서 생긴 수익금을 보관하고 있는 관리단을 상대로 그 수익금 중 자신의 지분 비율에 상당하는 부분을 지급해 달라고 청구할 수 있는지 여부(원칙적 적극) / 관리단집회의 결의나 규약으로 공용부분 관리비용 등 관리단의 사무집행을 위한 비용과 분담금 등을 각 구분소유자에게 청구·수령하고 관리하는 방식에 관하여 정하면서 공용부분에서 생기는 수익금을 이러한 비용이나 분담금 등에 충당하기로 한 경우, 관리단은 그러한 방식과 절차에 따라 공용부분에서 생긴 수익금을 분배할 수 있는지 여부(적극) 및 이때 구분소유자가 관리단에 공용부분 수익금을 자신에게 직접 지급해 달라고 청구할 수 있는지 여부(소극)** : 집합건물의 소유 및 관리에 관한 법률에서는 집합건물의 공용부분은 구분소유자 전원의 공유에 속하고(제10조 제1항), 각 공유자는 공용부분을 그 용도에 따라 사용할 수 있으며(제11조), 규약에 달리 정한 바가 없으면 그 지분의 비율에 따라 공용부분에서 생기는 이익을 취득한다(제17조)고 규정하고 있다. 집합건물의 공용부분에서 생기는 수익금은 규약에서 달리 정하지 않는 한 구분소유자들 전원에게 지분의 비율에 따라 귀속하게 되고, 특별한 사정이 없는 한 각 구분소유자는 공용부분에서 생긴 수익금을 보관하고 있는 관리단을 상대로 그 수익금 중 자신의 지분 비율에 상당하는 부분을 지급해 달라고 청구할 수 있다. / 다만 관리단집회의 결의나 규약으로 공용부분 관리비용 등 관리단의 사무집행을 위한 비용과 분담금 등을 각 구분소유자에게 청구·수령하고 관리하는 방식에 관하여 정하면서 공용부분에서 생기는 수익금을 이러한 비용이나 분담금 등에 충당하기로 하였다면 관리단은 그러한 방식과 절차에 따라 공용부분에서 생긴 수익금을 분배할 수 있고, / 이 경우 구분소유자는 관리단에 공용부분 수익금을 자신에게 직접 지급해 달라고 청구할 수는 없을 것이다(대판 2024.10.8. 2023다236337).

④ 집합건물의 소유 및 관리에 관한 법률 제24조 제3항에 따라 선임된 관리인이 없는 경우, 구분소유자, 그의 승낙을 받아 전유부분을 점유하는 자, 분양자 등 이해관계인이 같은 법 제24조의2 제1항에 의하여 법원에 임시관리인의 선임을 청구할 수 있는지 여부(원칙적 적극) 및 이와 별도로 곧바로 임시관리인을 선임하지 아니하면 손해가 생길 염려가 있다는 사정이 요구되는지 여부(소극) : 집합건물의 소유 및 관리에 관한 법률(이하 '집합건물법'이라 한다) 제24조 제3항은 "관리인은 관리단집회의 결의로 선임되거나 해임된다. 다만 규약으로 제26조의3에 따른 관리위원회의 결의로 선임되거나 해임되도록 정한 경우에는 그에 따른다"라고 규정하고, 제24조의2 제1항은 "구분소유자, 그의 승낙을 받아 전유부분을 점유하는 자, 분양자 등 이해관계인은 제24조 제3항에 따라 선임된 관리인이 없는 경우에는 법원에 임시관리인의 선임을 청구할 수 있다"라고 규정한다. 이는 관리인이 없는 경우에 발생할 수 있는 집합건물의 관리공백이나 관리인 선임을 둘러싼 분쟁을 예방하는 데 그 입법 취지가 있다. 임시관리인 선임에 관한 집합건물법 제24조의2는 집합건물법이 2020.2.4. 법률 제16919호로 일부 개정되면서 신설되었는데, 그 이전에는 이사의 부존재나 결원으로 인하여 손해가 생길 염려가 있는 때에 이해관계인이나 검사의 청구로 법원이 임시이사를 선임할 수 있도록 규정한 민법 제63조를 유추적용하여 임시관리인을 선임할 수 있었다. 그런데 신설된 집합건물법 제24조의2는 '선임된 관리인이 없는 경우'만 임시관리인 선임 청구의 요건으로 정할 뿐 선임된 관리인의 부존재로 인한 손해 발생 염려를 요건으로 정하지 않았다. 집합건물법에 따르면 임시관리인은 선임된 날부터 6개월 이내에 제24조 제3항에 따른 관리인 선임을 위한 관리단집회 또는 관리위원회를 소집하여야 하고(제24조의2 제2항), 임시관리인의 임기는 선임된 날부터 제24조 제3항에 따라 관리인이 선임될 때까지로 하되 제24조 제2항에 따라 규약으로 정한 임기를 초과할 수 없다(제24조의2 제3항). 이처럼 집합건물법은 임시관리인이 선임된 경우 그에게 관리인의 조속한 선임을 위한 관리단집회 등 소집 의무를 부과하고 그의 임기도 위와 같이 제한함으로써 임시관리인의 지위가 임시적인 것임을 분명히 하고 있다. 위와 같은 집합건물법의 문언, 입법 취지, 임시관리인의 의무 및 임기 등에 비추어 보면, 집합건물법 제24조 제3항에 따라 선임된 관리인이 없는 경우 특별한 사정이 없는 한 구분소유자, 그의 승낙을 받아 전유부분을 점유하는 자, 분양자 등 이해관계인은 집합건물법 제24조의2 제1항에 의하여 법원에 임시관리인의 선임을 청구할 수 있고, 이와 별도로 곧바로 임시관리인을 선임하지 아니하면 손해가 생길 염려가 있다는 사정이 요구되는 것은 아니다(대결 2024.8.19. 2024마6239).

⑤ 甲 신탁회사가 乙 주식회사와 체결한 담보신탁계약에 따라 집합건물 중 乙 회사 소유의 전유부분인 부동산에 관하여 신탁을 원인으로 소유권이전등기를 마쳤고, 위 부동산에 관한 관리비를 위탁자가 부담한다고 규정한 신탁계약서가 신탁 등기 당시 신탁원부에 포함되어 부동산등기부에 편철되었는데, 집합건물 관리단이 수탁자인 甲 회사를 상대로 체납 관리비의 지급을 구한 사안에서, 신탁계약에서 관리비 납부의무를 위탁자인 乙 회사가 부담한다고 정하였고 이러한 사정이 신탁원부에 기재되었더라도 수탁자인 甲 회사가 제3자인 집합건물 관리단에 대항할 수 없는데도, 이와 달리 보아 청구를 기각한 원심판단에 법리오해의 잘못이 있다고 한 사례(대판 2025.2.13. 2022다233164), 즉 2011.7.25. 법률 제10924호로 전부 개정되어 2012.7.26. 시행된 신탁법 제4조

제1항은 "등기 또는 등록할 수 있는 재산권에 관하여는 신탁의 등기 또는 등록을 함으로써 그 재산이 신탁재산에 속한 것임을 제3자에게 대항할 수 있다"라고 규정하였다. 이러한 규정의 취지는 어떠한 재산에 신탁의 등기 또는 등록을 하면 그 재산이 수탁자의 다른 재산과 독립하여 신탁재산을 구성한다는 것을 제3자에게 대항할 수 있다는 의미이다. 따라서 신탁법 제4조 제1항이 적용되는 신탁계약에서는 특별한 사정이 없는 한 신탁계약의 내용이 신탁원부에 기재되어 부동산등기법 제81조 제3항에 따라 등기기록의 일부로 보게 되더라도 위와 같은 신탁재산의 구성에 관한 사항 외에는 이로써 제3자에게 대항할 수 없다.

(6) 집합건물법상의 담보책임

① **법적 성질** : 집합건물법 제9조는 강행규정이면서 법정책임에 해당한다.

> 집합건물의 소유 및 관리에 관한 법률 제9조는 건축업자 내지 분양자로 하여금 견고한 건물을 짓도록 유도하고 부실하게 건축된 집합건물의 소유자를 두텁게 보호하기 위하여 집합건물 분양자의 담보책임에 관하여 민법상 도급인의 담보책임에 관한 규정을 준용하도록 함으로써 분양자의 담보책임의 내용을 명확히 하는 한편 이를 강행규정화한 것으로서, 같은 조에 의한 책임은 분양계약에 기한 책임이 아니라 집합건물의 분양자가 집합건물의 현재의 구분소유자에 대하여 부담하는 법정책임이므로 이에 따른 손해배상청구권에 대하여는 민법 제162조 제1항에 따라 10년의 소멸시효기간이 적용된다(대판 2008.12.11. 2008다12439).

② **적용범위** : 집합건물법상 담보책임은 집합건물의 건축상 하자에 관하여 적용될 뿐 대지부분의 권리상 하자에까지 적용되는 것은 아니다.

> 집합건물의 소유 및 관리에 관한 법률 제9조는, 민법 제667조 내지 제671조에 따른 담보책임이 집합건물에도 적용됨을 규정하는 것인데, 위 민법 각 규정에 따른 담보책임은 건물의 건축상의 하자에 관한 것으로, 집합건물의 소유 및 관리에 관한 법률 제20조에서 구분소유자의 대지사용권은 그가 가지는 전유부분의 처분에 따른다고 하는 규정이 있다고 하여 대지부분의 권리상의 하자에까지 적용되는 것이라 하기 어렵다(대판 2002.11.8. 99다58136).

③ **청구권자**
  ㉠ 하자담보추급권은 현재의 집합건물의 구분소유자에게 귀속된다(대판 2003.2.11. 2001다47733).
  ㉡ 공동주택에 하자가 있는 경우 입주자대표회의로서는 사업주체에 대하여 하자보수를 청구할 수 있을 뿐, 하자담보추급권(하자보수에 갈음하는 손해배상청구권)을 행사할 수는 없다(대판 2007.3.29. 2006다64863).
  ㉢ 구 집합건물법 제23조 제1항에 따라 건물과 대지 및 부속시설의 관리에 관한 사업의 시행을 목적으로 설립되는 관리단은 구분소유자들에게서 그 권리를 양수하였다는 등의 특별한 사정이 없는 한, 하자담보추급권을 가진다고 할 수 없다(대판 2011.12.13. 2011다80531).

④ 행사기간 등
  ㉠ 기산점 : 집합건물의 하자보수에 갈음한 손해배상청구권의 소멸시효기간은 각 하자가 발생한 시점부터 별도로 진행한다(대판 2009.2.26. 2007다83908).
  ㉡ 소멸시효기간 : 민법 제162조 제1항에 따라 10년의 소멸시효기간이 적용된다(대판 2008.12.11. 2008다12439).
⑤ 집합건물의 분양계약에 있어서는 민법 제668조(도급인의 해제권) 단서가 준용되지 않는다.

> 집합건물의 소유 및 관리에 관한 법률 제9조 제1항이 위 법 소정의 건물을 건축하여 분양한 자의 담보책임에 관하여 수급인에 관한 민법 제667조 내지 제671조의 규정을 준용하도록 규정한 취지는 건축업자 내지 분양자로 하여금 견고한 건물을 짓도록 유도하고 부실하게 건축된 집합건물의 소유자를 두텁게 보호하기 위하여 집합건물의 분양자의 담보책임에 관하여 민법상 수급인의 담보책임에 관한 규정을 준용하도록 함으로써 분양자의 담보책임의 내용을 명확히 하는 한편 이를 강행규정화한 것으로서 분양자가 부담하는 책임의 내용이 민법상 수급인의 담보책임이라는 것이지 그 책임이 분양계약에 기한 것이라거나 아니면 분양계약의 법률적 성격이 도급이라는 취지는 아니며, 통상 대단위 집합건물의 경우 분양자는 대규모 건설업체임에 비하여 수분양자는 경제적 약자로서 수분양자를 보호할 필요성이 높다는 점, 집합건물이 완공된 후 개별분양계약이 해제되더라도 분양자가 집합건물의 부지사용권을 보유하고 있으므로 계약해제에 의하여 건물을 철거하여야 하는 문제가 발생하지 않을 뿐 아니라 분양자는 제3자와 새로 분양계약을 체결함으로써 그 집합건물 건축의 목적을 충분히 달성할 수 있는 점 등에 비추어 볼 때 집합건물의 소유 및 관리에 관한 법률 제9조 제1항이 적용되는 집합건물의 분양계약에 있어서는 민법 제668조 단서가 준용되지 않고 따라서 수분양자는 집합건물의 완공 후에도 분양목적물의 하자로 인하여 계약의 목적을 달성할 수 없는 때에는 분양계약을 해제할 수 있다(대판 2003.11.14. 2002다2485).

(7) 구분소유권 등의 매도청구권

> [집합건물의 소유 및 관리에 관한 법률 제48조 제4항에서 정한 매도청구권은 반드시 매도청구권자 전원이 공동으로 행사하여야 하는지 여부(소극) 및 그에 따른 소유권이전등기절차의 이행 등을 구하는 소가 고유필수적 공동소송인지 여부(소극)]
>
> 집합건물의 소유 및 관리에 관한 법률(이하 '집합건물법'이라 한다) 제48조 제4항 전문은 "제2항의 기간이 지나면 재건축 결의에 찬성한 각 구분소유자, 재건축 결의 내용에 따른 재건축에 참가할 뜻을 회답한 각 구분소유자(그의 승계인을 포함한다) 또는 이들 전원의 합의에 따라 구분소유권과 대지사용권을 매수하도록 지정된 자(이하 '매수지정자'라 한다)는 제2항의 기간 만료일부터 2개월 이내에 재건축에 참가하지 아니하겠다는 뜻을 회답한 구분소유자(그의 승계인을 포함한다)에게 구분소유권과 대지사용권을 시가로 매도할 것을 청구할 수 있다"라고 정하여 재건축에 참가하는 각 구분소유자와 매수지정자의 매도청구권을 인정하고 있다. 이 규정의 취지는 재건축에 참가하지 않는 구분소유자를 구분소유관계로부터 배제함으로써 구분소유자 전원이 재건축에 참가하는 상태를 형성할 수 있도록 하기 위하여 재건축에 참가하는 구분소유자는 재건축에 참가하지 않는 구분소유자의 구분소유권과 대지사용권에 대한 매도청구를 할 수 있게 하고, 구분소유자의 자금 부담이 곤란한 경우 등을 고려하여 자금력을 가진 구분소유자 이외의 제3자도 재건축 참가자 전원의 합의에 따라 매수 지정을 받은 경우에는 매도청구권을 행사할 수 있도록 한 데에 있다. 이러한 집합건물법 제48조 제4항의 문언과 매도청구권의 취지 등에 비추어 보면, 집합건물법 제48조 제4항에서 정한 매도청구권은 위 규정에서 정하고 있는 매도청구권자 각자에게 귀속되고, 각 매도청구권자들은 이를 단독으로 행사하거나 여러 명 또는 전원이 함께 행사할 수도 있다고 보아야 한다. 따라서 반드시 매도청구권자 모두가 재건축에 참가하지 않는 구분소유자의 구분소유권 등에 관하여 공동으로 매도청구권을 행사하여야 하는 것은 아니고, 그에 따른 소유권이전등기절차의 이행 등을 구하는 소도 매도청구권자 전원이 소를 제기하여야 하는 고유필수적 공동소송이 아니다(대판 2023.7.27. 2020다263857).

(8) 구분소유의 소멸

구분소유는 구분소유부분의 합병등기에 의하여, 물리적 구분의 제거에 의하여 또는 건물의 전부 또는 일부의 멸실에 의하여 소멸된다. 다만, 건물의 일부멸실의 경우에 복구권이 인정되기도 한다(집합건물법 제50조).

제3관 소유권의 취득

I 총설

> **점유로 인한 부동산소유권의 취득기간(민법 제245조)**
> ① 20년간 소유의 의사로 평온, 공연하게 부동산을 점유하는 자는 등기함으로써 그 소유권을 취득한다.
> ② 부동산의 소유자로 등기한 자가 10년간 소유의 의사로 평온, 공연하게 선의이며 과실 없이 그 부동산을 점유한 때에는 소유권을 취득한다.
>
> **점유로 인한 동산소유권의 취득기간(민법 제246조)**
> ① 10년간 소유의 의사로 평온, 공연하게 동산을 점유한 자는 그 소유권을 취득한다.
> ② 전항의 점유가 선의이며 과실없이 개시된 경우에는 5년을 경과함으로써 그 소유권을 취득한다.
>
> **소유권 이외의 재산권의 취득시효(민법 제248조)**
> 전3조의 규정은 소유권 이외의 재산권의 취득에 준용한다.

1. 의 의

취득시효란 어떤 물건에 대하여 권리를 가지는 듯한 외관이 일정기간 계속되는 경우 그것이 진실한 권리관계와 일치하는지 불문하고 외관상의 권리자에게 권리취득의 효과를 인정하는 제도를 말한다.

2. 취득시효의 유형

(1) **부동산 점유취득시효**(민법 제245조 제1항)

(2) **부동산 등기부취득시효**(민법 제245조 제2항)

(3) **동산소유권의 취득시효**(민법 제246조)

(4) **그 밖의 재산권의 취득시효**(민법 제248조)

Ⅱ 부동산 점유취득시효

> **점유로 인한 부동산소유권의 취득기간(민법 제245조)**
> ① 20년간 소유의 의사로 평온, 공연하게 부동산을 점유하는 자는 등기함으로써 그 소유권을 취득한다.

1. 요 건

점유취득시효 완성의 효과로써 등기청구권이 인정되기 위해서는 ① 20년간 ② 소유의 의사로 평온·공연하게 ③ 부동산을 점유하여야 한다(민법 제245조 제1항).

(1) 주 체

권리의 주체가 될 수 있는 자는 모두 취득시효의 주체가 될 수 있다. 따라서 자연인은 물론 법인도 시효취득을 할 수 있다(대판 1977.3.22. 76다2705·2706). 나아가 권리능력 없는 사단 또는 재단도 취득시효의 주체가 될 수 있다(대판 1970.2.10. 69다2013).

(2) 객 체

점유취득시효의 대상은 부동산, 즉 건물과 토지이다.

1) 타인성 여부, 즉 자기물건의 대상성 여부

통설과 판례(대판 2001.7.13. 2001다17572)는 자기물건에 대하여도 시효취득을 인정하고 있다. 나아가 판례는 성명불상자의 소유물에 대해서도 시효취득을 인정하고 있다(대판 1992.2.25. 91다9312).

2) 물건의 일부

부동산의 일부에 대한 점유취득시효도 인정된다(대판 1996.1.26. 95다24654). 다만, 1필의 토지의 일부에 대한 시효취득을 인정하기 위하여는 그 부분이 다른 부분과 구분되어 시효취득자의 점유에 속한다는 것을 인식하기에 족한 객관적 징표가 계속하여 존재할 것을 요한다(대판 1989.4.25. 88다카9494).

> **[지적공부상 면적의 표시가 잘못된 등록사항 정정 대상토지의 일부를 점유함으로써 점유취득시효가 완성된 점유자가 자신의 점유 부분에 관한 소유권이전등기를 위하여 선행절차로 토지분할을 하여야 하는 경우, 토지소유자를 상대로 지적공부 등록사항 정정절차의 이행을 구할 수 있는지 여부(적극)]**
> 1필지의 토지 중 일부에 관하여 점유취득시효가 완성된 경우, 점유자가 토지소유자로부터 그 부분에 관한 소유권을 이전받으려면 먼저 그 1필지의 토지 중 점유취득시효가 완성된 부분에 대한 분할절차를 거치는 것이 일반적인 방법이다. 이때 그 1필지의 토지가 지적공부상 면적의 표시가 잘못된 등록사항 정정 대상토지라면 면적이 확정되어 있지 않아 그 상태로 토지분할을 하는 것은 어려우므로 면적의 확정이 선행되어야 할 것인데, 그 방법으로는 공간정보관리법 제84조에서 규정하는 지적공부의 등록사항 정정절차가 있다. 그런데 공간정보관리법은 토지소유자가 아닌 점유취득시효가 완성된 점유자가 직접 지적공부의 등록사항 정정신청을 하거나 토지소유자를 대위하여 신청할 수 있는 방법을 규정하고 있지 않다. 지적공부상 면적의 표시가 잘못된 등록사항 정정 대상토지의 일부를 점유함으로써 점유취득시효가 완성된 점유자가 자신의 점유 부분에 관한 소유권이전등기를 위하여 선행절차로 토지분할을 하여야 하는 경우, 점유자는 소유권이전등기청구권을 실행하기 위하여 토지소유자를 상대로 지적공부

> 등록사항 정정절차의 이행을 구할 수 있다고 보아야 한다. 이와 달리 점유자가 지적공부 등록사항 정정절차 이행을 구할 수 없다고 본다면, 토지소유자가 지적공부 등록사항 정정신청을 하지 않는 이상 점유자는 점유 부분에 관한 소유권을 이전받을 수 없게 되므로 점유취득시효가 완성됨에 따라 소유권이전등기청구권을 갖는 점유자의 법적 지위가 보장받지 못하게 되는 결과가 발생한다(대판 2023.6.15. 2022다303766).

3) 공유지분의 일부

토지의 공유지분의 일부에 대하여도 시효취득이 가능하다(대판 1979.6.26. 79다639). 다만, 그 요건으로 부동산 전체를 점유해야 하고, 객관적 징표는 불필요하다.

4) 국유의 부동산

국유의 부동산은 공용폐지에 의하지 않는 한 원칙적으로 시효취득의 대상이 될 수 없다(대판 1990.11.27. 90다5948). 다만, 국유재산 중 잡종재산(일반재산)에 대해서는 취득시효의 성립을 인정한다(헌재결[전] 1991.5.13. 89헌가97). 현재 행정재산만이 취득시효의 대상에서 제외될 뿐이다.

5) 집합건물의 공용부분과 대지

① 집합건물의 공용부분은 취득시효에 의한 소유권 취득의 대상이 될 수 없다.

> 집합건물의 소유 및 관리에 관한 법률(이하 '집합건물법'이라 한다) 제1조, 제2조 제1호 및 제3호는 1동의 건물 중 구조상 구분된 수 개의 부분이 독립한 건물로서 사용될 수 있을 때에는 그 각 부분을 집합건물법이 정하는 바에 따라 각각 소유권의 목적으로 할 수 있고, 그 각 부분을 목적으로 하는 소유권을 구분소유권으로, 구분소유권의 목적인 각 건물 부분을 전유부분으로 규정하고 있으므로, 공용부분은 전유부분으로 변경되지 않는 한 구분소유권의 목적이 될 수 없다. 집합건물의 공용부분은 구분소유자 전원의 공유에 속하나(집합건물법 제10조 제1항), 그 공유는 민법상의 공유와는 달리 건물의 구분소유라고 하는 공동의 목적을 위하여 인정되는 것으로 집합건물법 제13조는 공용부분에 대한 공유자의 지분은 그가 가지는 전유부분의 처분에 따를 뿐 전유부분과 분리하여 처분할 수 없도록 규정하고 있다. 또한 공용부분을 전유부분으로 변경하기 위하여는 집합건물법 제15조에 따른 구분소유자들의 집회결의와 그 공용부분의 변경으로 특별한 영향을 받게 되는 구분소유자의 승낙을 얻어야 한다. 그런데 공용부분에 대하여 취득시효의 완성을 인정하여 그 부분에 대한 소유권취득을 인정한다면 전유부분과 분리하여 공용부분의 처분을 허용하고 일정 기간의 점유로 인하여 공용부분이 전유부분으로 변경되는 결과가 되어 집합건물법의 취지에 어긋나게 된다. 따라서 집합건물의 공용부분은 취득시효에 의한 소유권 취득의 대상이 될 수 없다고 봄이 타당하다(대판 2013.12.12. 2011다78200·78217).

② **집합건물의 대지에 관한 점유취득시효** : [1] 1동의 건물의 구분소유자들은 전유부분을 구분소유하면서 공용부분을 공유하므로 특별한 사정이 없는 한 건물의 대지 전체를 공동으로 점유한다. 이는 집합건물의 대지에 관한 점유취득시효에서 말하는 '점유'에도 적용되므로, 20년간 소유의 의사로 평온, 공연하게 집합건물을 구분소유한 사람은 등기함으로써 대지의 소유권을 취득할 수 있다. 이와 같이 점유취득시효가 완성된 경우에 집합건물의 구분소유자들이 취득하는 대지의 소유권은 전유부분을 소유하기 위한 대지사용권에 해당한다. [2] 집합건물의 구분소유자들이 대지 전체를 공동점유하여 그에 대한 점유취득시효가 완성된 경우에도 구분소유자들은 대지사용권으로 전유부분의 면적 비율에 따른 대지 지분을 보유한다(대판 2017.1.25. 2012다72469).

(3) 점 유

점유취득시효의 요건으로써 점유는 소유의 의사로 하는 자주점유여야 하며, 평온하고 공연한 점유여야 한다.

1) 자주점유

취득시효의 요건인 점유는 직접점유뿐만 아니라 간접점유도 포함한다(대판 1991.10.18. 91다25116). 다만, 간접점유자가 존재하는 경우에 직접점유자는 원칙적으로 타주점유에 해당하므로 취득시효가 인정될 수는 없다.

① **악의의 무단점유** : 자주점유의 추정이 번복된다(대판[전합] 1997.8.21. 95다28625 – 다수의견).
② **등기를 수반하지 않은 점유임이 밝혀진 경우** : 민법 제197조 제1항이 규정하고 있는 점유자에게 추정되는 소유의 의사는 사실상 소유할 의사가 있는 것으로 충분한 것이지 반드시 등기를 수반하여야 하는 것은 아니므로 등기를 수반하지 아니한 점유임이 밝혀졌다고 하여 이 사실만 가지고 바로 점유권원의 성질상 소유의 의사가 결여된 타주점유라고 할 수 없다(대판[전합] 2000.3.16. 97다37661).
③ **공동상속인 1인이 공유물 전부를 점유한 경우** : 공동상속인의 1인이 상속재산인 부동산을 전부 점유한다고 하더라도 달리 특별한 사정이 없는 한 다른 공유자의 지분비율의 범위에서는 타주점유로 보아야 한다(대판 1997.6.24. 97다2993).
④ **부동산을 매수하여 개시된 점유는 후일 그 매매가 무효로 되면 그 점유의 성질이 타주점유로 변하는지 여부(한정 소극)** : 부동산을 매수하여 이를 점유하게 된 자는 그 매매가 무효가 된다는 사정이 있음을 알았다는 등의 특단의 사정이 없는 한 그 점유의 시초에 소유의 의사로 점유한 것이라고 할 것이며, 가사 후일에 그 매도자에게 처분권이 없었다는 등의 이유로 그 매매가 무효로 되어 진실한 소유자에 대한 관계에서 그 점유가 결과적으로는 불법으로 되었다고 하더라도 매수자의 소유권취득의 의사로 한 위와 같은 점유의 성질은 변하지 않는다고 할 것이다(대판 1994.12.27. 94다25513).

2) 평온・공연한 점유

(4) 시효기간(20년)의 경과

1) 20년

20년 이상 계속 점유할 것이 요구되며, 점유의 계속은 추정된다(민법 제198조).

2) 기산점

① **원 칙**
㉠ 취득시효기간의 기산점을 점유개시 시기와 다르게 임의로 선택하여 정할 수는 없다(대판 1985.3.26. 84다카2317).
㉡ 취득시효의 기산점은 법률효과의 판단에 관하여 직접 필요한 주요사실이 아니고 간접사실에 불과하므로 법원으로서는 이에 관한 당사자의 주장에 구속되지 아니하고 소송자료에 의하여 점유의 시기를 인정할 수 있다(대판 1998.5.12. 97다34037).
㉢ 자기 소유의 부동산을 점유하고 있는 상태에서 다른 사람 명의로 소유권이전등기가 된 경우 자기 소유 부동산을 점유하는 것은 취득시효의 기초가 되는 점유라고 할 수 없고 소유권의 변동에 따라 비로소 취득시효의 기초가 되는 점유가 개시되므로, 취득시효의 기산점은 소유권의 변동일 즉 소유권이전등기가 경료된 날이 된다(대판 2024.4.4. 2023다304650).

② 예 외
ⓐ 취득시효기간 중 계속해서 등기명의자가 동일한 경우에는 그 기산점을 어디에 두든지 간에 취득시효의 완성을 주장할 수 있는 시점에서 보아 그 기간이 경과한 사실만 확정되면 충분하므로, 전 점유자의 점유를 승계하여 자신의 점유기간을 통산하여 20년이 경과한 경우에 있어서도 전 점유자가 점유를 개시한 이후의 임의의 시점을 그 기산점으로 삼을 수 있다(대판 1998.5.12. 97다8496·8502).
ⓑ 나아가 취득시효 완성 후 토지소유자에 변동이 있어도 당초의 점유자가 계속 점유하고 있고 소유자가 변동된 시점을 새로운 기산점으로 삼아도 다시 취득시효의 점유기간이 완성되는 경우에도 역시 타당하므로 시효취득을 주장하는 점유자로서는 소유권 변동시를 새로운 취득시효의 기산점으로 삼아 취득시효의 완성을 주장할 수 있다(대판[전합] 1994.3.22. 93다46360).

2. 효 과

(1) 소유자와 시효완성자 사이의 관계

1) 등기청구권의 취득
① 통설과 판례는 취득시효 완성을 원인으로 하는 등기청구권의 법적 성질을 채권적 청구권으로 본다.
② 채권적 청구권이므로 소멸시효의 대상에 해당한다. 다만, 토지에 대한 취득시효 완성으로 인한 소유권이전등기청구권은 그 토지에 대한 점유가 계속되는 한 시효로 소멸하지 아니하고, 여기서 말하는 점유에는 직접점유뿐만 아니라 간접점유도 포함한다(대판 1995.2.10. 94다28468).
③ 나아가 그 후 점유를 상실하였다고 하더라도 이를 시효이익의 포기로 볼 수 있는 경우가 아닌 한 이미 취득한 소유권이전등기청구권은 바로 소멸되는 것은 아니나, 취득시효가 완성된 점유자가 점유를 상실한 경우 취득시효 완성으로 인한 소유권이전등기청구권의 소멸시효는 이와 별개의 문제로서, 그 점유자가 점유를 상실한 때로부터 10년간 등기청구권을 행사하지 아니하면 소멸시효가 완성한다(대판 1996.3.8. 95다34866·34873).

2) 등기청구권의 상대방
① 원칙 : 점유취득시효 완성을 원인으로 한 소유권이전등기의무를 부담하는 자는 취득시효기간완성 당시의 소유자이다.
② 예외 : 진정한 소유자를 알 수가 없는 경우 등 진정한 소유자는 아니지만 현재 등기명의자를 상대로 이전등기를 청구할 수도 있다.

> 구 토지조사령(1912.8.13. 제령 제2호)에 따라 토지조사부가 작성되었으나 그 토지조사부의 소유자란 부분이 훼손되어 사정명의인이 누구인지 확인할 수 없게 되었지만 누구에겐가 사정된 것은 분명하고 시효취득자가 사정명의인 또는 그 상속인을 찾을 수 없어 취득시효 완성을 원인으로 하는 소유권이전등기에 의하여 소유권을 취득하는 것이 사실상 불가능하게 된 경우, 시효취득자는 취득시효 완성 당시 진정한 소유자는 아니지만 소유권보존등기명의를 가지고 있는 자에 대하여 직접 취득시효 완성을 원인으로 하는 소유권이전등기를 청구할 수 있다(대판 2005.5.26. 2002다43417).

3) 등기경료의 효과

① **소유권 취득** : 민법 제245조 제1항의 취득시효기간의 완성만으로는 소유권취득의 효력이 바로 생기는 것이 아니라, 다만 이를 원인으로 하여 소유권취득을 위한 등기청구권이 발생할 뿐이고, 미등기 부동산의 경우라고 하여 취득시효기간의 완성만으로 등기 없이도 점유자가 소유권을 취득한다고 볼 수 없다(대판 2006.9.28. 2006다22074 · 22081).

② **소급효**
  ㉠ 취득시효 완성을 이유로 한 소유권이전등기를 청구하고, 시효완성자가 등기를 경료하면 그 효과는 점유를 개시한 때로 소급한다(민법 제247조 제1항).
  ㉡ 따라서 소유명의자는 시효완성자에게 부동산의 점유로 인한 손해배상을 청구할 수 없으며(대판 1966.2.15. 65다2189), 불법점유를 이유로 건물의 철거나 대지의 인도를 청구할 수 없다(대판 1988.5.10. 87다카1979). 또한 점유자가 그 명의로 소유권이전등기를 경료하지 아니하여 아직 소유권을 취득하지 못하였다고 하더라도 소유명의자는 점유자에 대하여 점유로 인한 부당이득반환청구를 할 수도 없다(대판 1993.5.25. 92다51280).
  ㉢ 그러나 점유자가 원소유자에 대하여 점유로 인한 취득시효기간이 만료되었음을 이유로 취득시효 완성을 원인으로 한 소유권이전등기청구를 하는 등 그 권리행사를 하거나 원소유자가 취득시효 완성 사실을 알고 점유자의 권리취득을 방해하려고 하는 등의 특별한 사정이 없는 한, 원소유자는 점유자 명의로 소유권이전등기가 경료되기까지는 소유자로서 그 토지에 관한 적법한 권리를 행사할 수 있고, 따라서 그 권리행사로 인하여 점유자의 토지에 대한 점유의 상태가 변경되었다면, 그 뒤 소유권이전등기를 경료한 점유자는 변경된 점유의 상태를 용인하여야 한다(대판 1999.7.9. 97다53632).

4) 원시취득

① **기간 진행 중 설정된 각종 제한이나 부담**
  ㉠ 원칙 : 취득시효기간 중 설정된 각종 제한이나 부담은 시효완성자가 등기를 경료한 경우 원시취득으로 소멸된다.
  ㉡ 예외 : 진정한 권리자가 아니었던 채무자 또는 물상보증인이 채무담보의 목적으로 채권자에게 부동산에 관하여 저당권설정등기를 경료해 준 후 그 부동산을 시효취득한 경우, 채무자 또는 물상보증인은 저당권의 존재를 용인하고 점유를 한 것이므로 저당권은 소멸하지 않는다 (대판 2015.2.26. 2014다21649).

> [진정한 권리자가 아니었던 채무자 또는 물상보증인이 채무담보의 목적으로 채권자에게 부동산에 관하여 저당권설정등기를 경료해 준 후 그 부동산을 시효취득하는 경우, 저당목적물의 시효취득으로 저당권자의 권리가 소멸하는지 여부(소극) / 양도담보권설정자가 양도담보부동산을 20년간 소유의 의사로 평온, 공연하게 점유한 경우, 양도담보권자를 상대로 점유취득시효를 원인으로 하여 담보 목적으로 경료된 소유권이전등기의 말소 또는 양도담보권설정자 명의로의 소유권이전등기를 구할 수 있는지 여부(소극)]
> 부동산점유취득시효는 원시취득에 해당하므로 특별한 사정이 없는 한 원소유자의 소유권에 가하여진 각종 제한에 의하여 영향을 받지 아니하는 완전한 내용의 소유권을 취득하는 것이지만, 진정한 권리자가 아니었던 채무자 또는 물상보증인이 채무담보의 목적으로 채권자에게 부동산에 관하여 저당권설정등기를 경료해

> 준 후 그 부동산을 시효취득하는 경우에는, 채무자 또는 물상보증인은 피담보채권의 변제의무 내지 책임이 있는 사람으로서 이미 저당권의 존재를 용인하고 점유하여 온 것이므로, 저당목적물의 시효취득으로 저당권자의 권리는 소멸하지 않는다. 이러한 법리는 부동산 양도담보의 경우에도 마찬가지이므로, 양도담보권 설정자가 양도담보부동산을 20년간 소유의 의사로 평온, 공연하게 점유하였다고 하더라도, 양도담보권자를 상대로 피담보채권의 시효소멸을 주장하면서 담보 목적으로 경료된 소유권이전등기의 말소를 구하는 것은 별론으로 하고, 점유취득시효를 원인으로 하여 담보 목적으로 경료된 소유권이전등기의 말소를 구할 수 없고, 이와 같은 효과가 있는 양도담보권설정자 명의로의 소유권이전등기를 구할 수도 없다(대판 2015.2.26. 2014다21649).

② **기간 완성 후 설정된 각종 제한이나 부담** : 원소유자가 취득시효의 완성 이후 그 등기가 있기 전에 그 토지를 제3자에게 처분하거나 제한물권의 설정, 토지의 현상 변경 등 소유자로서의 권리를 행사하였다 하여 시효취득자에 대한 관계에서 불법행위가 성립하는 것이 아님은 물론 위 처분행위를 통하여 그 토지의 소유권이나 제한물권 등을 취득한 제3자에 대하여 취득시효의 완성 및 그 권리취득의 소급효를 들어 대항할 수도 없다 할 것이니, 이 경우 시효취득자로서는 원소유자의 적법한 권리행사로 인한 현상의 변경이나 제한물권의 설정 등이 이루어진 그 토지의 사실상 혹은 법률상 현상 그대로의 상태에서 등기에 의하여 그 소유권을 취득하게 된다. 따라서 시효취득자가 원소유자에 의하여 그 토지에 설정된 근저당권의 피담보채무를 변제하는 것은 시효취득자가 용인하여야 할 그 토지상의 부담을 제거하여 완전한 소유권을 확보하기 위한 것으로서 그 자신의 이익을 위한 행위라 할 것이니, 위 변제액 상당에 대하여 원소유자에게 대위변제를 이유로 구상권을 행사하거나 부당이득을 이유로 그 반환청구권을 행사할 수는 없다(대판 2006.5.12. 2005다75910).

(2) 점유취득시효 완성 후 완성자로부터 부동산의 점유를 이전받은 자의 법적 지위

전 점유자의 점유를 승계한 자는 그 점유 자체와 하자만을 승계하는 것이지 그 점유로 인한 법률효과까지 승계하는 것은 아니므로 부동산을 취득시효기간 만료 당시의 점유자로부터 양수하여 점유를 승계한 현 점유자는 자신의 전 점유자에 대한 소유권이전등기청구권을 보전하기 위하여 전 점유자의 소유자에 대한 소유권이전등기청구권을 대위행사할 수 있을 뿐, 전 점유자의 취득시효 완성의 효과를 주장하여 직접 자기에게 소유권이전등기를 청구할 권원은 없다(대판[전합] 1995.3.28. 93다47745).

(3) 제3취득자와의 관계

1) 시효기간이 완성되기 「전」 제3취득자

시효기간 진행 중 제3취득자의 이전등기는 점유상태를 파괴한 것으로 볼 수 없으므로 취득시효기간의 중단 사유에 해당하지 않는다. 따라서 시효완성자는 완성 당시의 제3취득자에게 취득시효 완성을 이유로 이전등기를 청구할 수 있다(대판 1997.4.25. 97다6186).

2) 시효기간이 완성된 「후」 제3취득자
① 시효완성자와 제3취득자와의 관계
　㉠ 이전등기청구 가부
　　㉮ 시효기간이 완성된 후의 제3취득자는 취득시효 완성 후 새로운 이해관계인에 해당하므로, 시효완성자는 그에게 취득시효 완성을 원인으로 한 이전등기를 청구할 수 없다. 이는 제3취득자의 이전등기 원인이 점유자의 취득시효 완성 전의 것이라 하더라도 마찬가지이다(대판 1998.7.10. 97다45402).

> **[명의신탁된 부동산에 대한 점유취득시효 완성 후 그 소유권이전등기가 경료되기 전에 명의신탁이 해지되고 새로운 명의신탁이 이루어져 그 소유명의가 새로운 명의수탁자에게 이전된 경우, 새로운 명의수탁자에 대하여 시효취득을 주장할 수 있는지 여부(소극)]**
> 명의신탁된 부동산에 관하여 그 점유자의 점유취득시효 완성 후 그 소유권이전등기를 경료하기 전에 위 명의신탁이 해지되고 새로운 명의신탁이 이루어져 그 소유 명의가 점유취득시효 완성 당시의 명의수탁자로부터 새로운 명의수탁자에게로 이전된 경우, <u>위 소유 명의의 이전이 무효가 아닌 이상 새로운 명의수탁자는 위 점유취득시효 완성 후에 소유권을 취득한 자에 해당하므로, 위 점유자는 그에 대하여 시효취득을 주장할 수 없다</u>(대판 2000.8.22. 2000다21987).

　　㉯ 다만, 제3취득자가 취득시효 완성 당시의 소유자의 상속인인 경우에는 그 상속분에 한하여는 위 제3취득자에 대하여 직접 취득시효 완성을 원인으로 한 소유권이전등기를 구할 수 있다(대판 2002.3.15. 2001다77352·77369).

> **[미등기 토지에 대한 점유취득시효 완성 당시 소유권을 가지고 있던 자가 취득시효 완성 후에 자신 명의로 소유권보존등기를 마치거나, 소유자의 상속인 명의로 소유권보존등기를 마친 경우, 점유자가 그 등기명의인에게 취득시효 완성을 주장할 수 있는지 여부(적극)]**
> <u>점유로 인한 소유권취득시효 완성 당시 미등기로 남아 있던 토지에 관하여 소유권을 가지고 있던 자가 취득시효 완성 후에 그 명의로 소유권보존등기를 마쳤다 하더라도 이는 소유권의 변경에 관한 등기가 아니므로 그러한 자를 그 취득시효 완성 후의 새로운 이해관계인으로 볼 수 없고, 또 그 미등기 토지에 대하여 소유자의 상속인 명의로 소유권보존등기를 마친 것도 시효취득에 영향을 미치는 소유자의 변경에 해당하지 않으므로, 이러한 경우에는 그 등기명의인에게 취득시효 완성을 주장할 수 있다</u>(대판 2007.6.14. 2006다84423).

　㉡ 제3취득자 명의의 등기가 원인무효인 경우 : 만일 위 제3취득자 명의의 등기가 원인무효라면 동인에게 대항할 수 있고, 따라서 취득시효 완성 당시의 소유자에 대하여 가지는 소유권이전등기청구권으로서 위 소유자를 대위하여 동인 앞으로 경료된 원인무효인 등기의 말소를 구하고 아울러 위 소유자에게 취득시효 완성을 원인으로 한 소유권이전등기를 구할 수 있다(대판 1986.8.19. 85다2306).

ⓒ 2차 취득시효 주장 가부

> [1] 당초의 점유자가 계속 점유하고 있고 소유자가 변동된 시점을 기산점으로 삼아도 다시 취득시효의 점유기간이 경과한 경우에는 점유자로서는 제3자 앞으로의 소유권 변동시를 새로운 점유취득시효의 기산점으로 삼아 2차의 취득시효의 완성을 주장할 수 있다. [2] 취득시효기간이 경과하기 전에 등기부상의 소유명의자가 변경된다고 하더라도 그 사유만으로는 점유자의 종래의 사실상태의 계속을 파괴한 것이라고 볼 수 없어 취득시효를 중단할 사유가 되지 못하므로, 새로운 소유명의자는 취득시효 완성 당시 권리의무 변동의 당사자로서 취득시효 완성으로 인한 불이익을 받게 된다 할 것이어서 시효완성자는 그 소유명의자에게 시효취득을 주장할 수 있는바, 이러한 법리는 새로이 2차의 취득시효가 개시되어 그 취득시효기간이 경과하기 전에 등기부상의 소유명의자가 다시 변경된 경우에도 마찬가지로 적용된다고 봄이 상당하다(대판 [전합] 2009.7.16. 2007다15172·15189 – 다수의견).

② 제3취득자에 대한 처분이 유효한 경우 전 소유자와 시효완성자의 관계
  ㉠ 불법행위를 원인으로 한 손해배상청구권

> • 취득시효가 완성된 토지에 관한 소유자의 처분행위가 불법행위가 되기 위하여는 소유자가 시효취득 사실을 알았거나 알 수 있어야 할 것인바, 특별한 사정이 없는 한 부동산에 관한 시효취득이 완성된 후에 그 시효취득을 주장하거나 이로 인한 소유권이전등기청구를 하기 이전에는 부동산 소유자로서는 그 시효취득 사실을 알 수 없는 것이라고 보아야 한다(대판 1994.4.12. 93다60779).
> • 부동산에 관한 점유취득시효가 완성된 후에 그 취득시효를 주장하거나 이로 인한 소유권이전등기청구를 하기 이전에는 그 등기명의인인 부동산 소유자로서는 특별한 사정이 없는 한 그 시효취득 사실을 알 수 없는 것이므로 이를 제3자에게 처분하였다 하더라도 그로 인한 손해배상책임을 부담하지 않는 것이나, 등기명의인인 부동산 소유자가 그 부동산의 인근에 거주하는 등으로 그 부동산의 점유·사용관계를 잘 알고 있고, 시효취득을 주장하는 권리자가 등기명의인을 상대로 취득시효 완성을 원인으로 한 소유권이전등기 청구소송을 제기하여 등기명의인이 그 소장 부본을 송달받은 경우에는 등기명의인이 그 부동산의 취득시효 완성 사실을 알았거나 알 수 있었다고 봄이 상당하므로, 그 이후 등기명의인이 그 부동산을 제3자에게 매도하거나 근저당권을 설정하는 등 처분하여 취득시효 완성을 원인으로 한 소유권이전등기의무가 이행불능에 빠졌다면 그러한 등기명의인의 처분행위는 시효취득자에 대한 소유권이전등기의무를 면탈하기 위하여 한 것으로서 위법하고, 부동산을 처분한 등기명의인은 이로 인하여 시효취득자가 입은 손해를 배상할 책임이 있다(대판 1999.9.3. 99다20926).

  ㉡ 대상청구권

> 민법상 이행불능의 효과로서 채권자의 전보배상청구권과 계약해제권 외에 별도로 대상청구권을 규정하고 있지는 않으나 해석상 대상청구권을 부정할 이유는 없는 것이지만, 점유로 인한 부동산 소유권 취득기간 만료를 원인으로 한 등기청구권이 이행불능으로 되었다고 하여 대상청구권을 행사하기 위하여는, 그 이행불능 전에 등기명의자에 대하여 점유로 인한 부동산 소유권 취득기간이 만료되었음을 이유로 그 권리를 주장하였거나 그 취득기간 만료를 원인으로 한 등기청구권을 행사하였어야 하고, 그 이행불능 전에 그와 같은 권리의 주장이나 행사에 이르지 않았다면 대상청구권을 행사할 수 없다고 봄이 공평의 관념에 부합한다(대판 1996.12.10. 94다43825).

ⓒ 채무불이행을 원인으로 한 손해배상청구권

> 부동산 점유자에게 시효취득으로 인한 소유권이전등기청구권이 있다고 하더라도 이로 인하여 부동산 소유자와 시효취득자 사이에 계약상의 채권·채무관계가 성립하는 것은 아니므로, 그 부동산을 처분한 소유자에게 채무불이행 책임을 물을 수 없다(대판 1995.7.11. 94다4509).

ⓔ 원소유자에게 소유권이 회복된 경우

> 부동산에 대한 점유로 인한 소유권취득시효가 완성되었다 하더라도 이를 등기하지 않고 있는 사이에 그 부동산에 관하여 제3자에게로 소유권이전등기가 경료되면 점유자가 그 제3자에게는 그 시효취득으로 대항할 수 없으나, 그로 인하여 점유자가 취득시효 완성 당시의 소유자에 대한 시효취득으로 인한 소유권이전등기청구권을 상실하게 되는 것은 아니고 위 소유자의 점유자에 대한 소유권이전등기의무가 이행불능으로 된 것이라고 할 것인데, 그 후 어떠한 사유로 취득시효 완성 당시의 소유자에게로 소유권이 회복되면 그 소유자에게 시효취득의 효과를 주장할 수 있다(대판 1991.6.25. 90다14225).

III 부동산 등기부취득시효

점유로 인한 부동산소유권의 취득기간(민법 제245조)
② 부동산의 소유자로 등기한 자가 10년간 소유의 의사로 평온, 공연하게 선의이며 과실 없이 그 부동산을 점유한 때에는 소유권을 취득한다.

1. 서 설

부동산의 소유자로 등기한 자가 10년간 소유의 의사로 평온, 공연하게 선의이며 과실 없이 그 부동산을 점유한 때에 소유권을 취득하는 것을 등기부취득시효라고 한다(민법 제245조 제2항). 이하에서는 점유취득시효와 달리 별도로 요구되는 요건인 「등기한 자」와 「선의·무과실」을 중심으로 검토하겠다.

> [부동산에 대한 취득시효 제도의 취지 / 부동산에 관하여 적법·유효한 등기를 마치고 소유권을 취득한 사람이 부동산을 점유하는 경우, 위 점유가 취득시효의 기초가 되는 점유인지 여부(소극) 및 이때 취득시효의 요건인 점유가 개시되는 시점(= 소유권 변동 시)]
> 부동산에 대한 취득시효 제도의 존재이유는 부동산을 점유하는 상태가 오랫동안 계속된 경우 권리자로서의 외형을 지닌 사실상태를 존중하여 이를 진실한 권리관계로 높여 보호함으로써 법질서의 안정을 기하고, 장기간 지속된 사실상태는 진실한 권리관계와 일치될 개연성이 높다는 점을 고려하여 권리관계에 관한 분쟁이 생긴 경우 점유자의 증명곤란을 구제하려는 데에 있다. 그런데 부동산에 관하여 적법·유효한 등기를 마치고 소유권을 취득한 사람이 자기 소유의 부동산을 점유하는 경우에는 특별한 사정이 없는 한 사실상태를 권리관계로 높여 보호할 필요가 없고, 부동산의 소유명의자는 부동산에 대한 소유권을 적법하게 보유하는 것으로 추정되어 소유권에 대한 증명의 곤란을 구제할 필요 역시 없으므로, 그러한 점유는 취득시효의 기초가 되는 점유라고 할 수 없다. 다만 그 상태에서 다른 사람 명의로 소유권이전등기가 되는 등으로 소유권의 변동이 있는 때에 비로소 취득시효의 요건인 점유가 개시된다고 볼 수 있을 뿐이다(대판 2016.10.27. 2016다224596).

2. 요건

(1) 등기한 자일 것

1) 등기의 유효성 여부

① 등기는 적법·유효한 등기일 필요가 없다(대판 1994.2.8. 93다23367). 다만, 판례는 중복등기로서 무효인 등기에 기초해서는 등기부취득시효가 불가능하다고 한다(대판[전합] 1996.10.17. 96다12511).

> 민법 제245조 제2항은 부동산의 소유자로 등기한 자가 10년간 소유의 의사로 평온·공연하게 선의이며 과실 없이 그 부동산을 점유한 때에는 소유권을 취득한다고 규정하고 있는바, 위 법 조항의 '등기'는 부동산등기법 제15조가 규정한 1부동산 1용지주의에 위배되지 아니한 등기를 말하므로, 어느 부동산에 관하여 등기명의인을 달리하여 소유권보존등기가 2중으로 경료된 경우 먼저 이루어진 소유권보존등기가 원인무효가 아니어서 뒤에 된 소유권보존등기가 무효로 되는 때에는, 뒤에 된 소유권보존등기나 이에 터잡은 소유권이전등기를 근거로 하여서는 등기부취득시효의 완성을 주장할 수 없다(대판[전합] 1996.10.17. 96다12511).

② 등기부취득시효에 있어서는 이미 등기가 경료되어 있기 때문에 등기청구권의 문제는 발생하지 않는다.

2) 등기의 계속

① **문제점** : 등기기간과 점유기간은 각각 10년이어야 한다. 그런데 민법 제199조에 의하여 점유승계가 인정되는데, 등기의 승계에 관한 규정은 없어 등기의 승계를 인정할 것인지 문제된다.

② **판례** : 등기부취득시효에 관한 민법 제245조 제2항의 규정에 위하여 소유권을 취득하는 자는 10년간 반드시 그의 명의로 등기되어 있어야 하는 것은 아니고 앞 사람의 등기까지 아울러 그 기간 동안 부동산의 소유자로 등기되어 있으면 된다(대판[전합] 1989.12.26. 87다카2176)는 입장이다.

(2) 선의·무과실일 것

선의·무과실은 등기에 관한 것이 아니라 점유에 관한 것이다(대판 1998.1.20. 96다48527).

1) 증명책임 등의 문제

① 무과실은 민법 제197조에 의해 추정되지 않으므로, 무과실에 대한 증명책임은 그 시효취득을 주장하는 사람에게 있다(대판 2017.12.13. 2016다248424).

② 부동산을 매수하는 사람으로서는 특별한 사정이 없는 한 매도인에게 그 부동산을 처분할 권한이 있는지 여부를 조사하여야 할 것이고, 그 조사를 하였더라면 매도인에게 처분권이 없음을 알 수 있었을 것임에도 그와 같은 조사를 하지 아니하고 매수하였다면 부동산의 점유에 대하여 과실 없다고 할 수 없다(대판 1991.2.12. 90다13178).

> [부동산 매도인이 등기부상 소유명의자와 동일인이고 등기부나 다른 사정에 의하여 매도인의 소유권을 의심할 수 있는 여지가 엿보이지 않는 경우, 등기부의 기재가 유효한 것으로 믿고 매수한 사람에게 과실이 있다고 할 수 있는지 여부(소극) 및 이는 매수인이 지적공부 등의 관리주체인 국가나 지방자치단체인 경우에도 마찬가지인지 여부(적극)]
>
> 부동산을 매수하는 사람은 매도인에게 그 부동산을 처분할 권한이 있는지 여부를 알아보아야 하는 것이 원칙이고, 이를 알아보았더라면 무권리자임을 알 수 있었을 때에는 과실이 있다고 보아야 할 것이나, 매도인이 등기부상의 소유명의자와 동일인인 경우에는 그 등기부나 다른 사정에 의하여 매도인의 소유권을 의심할 수 있는 여지가 엿보인다면 몰라도 그렇지 않은 경우에는 등기부의 기재가 유효한 것으로 믿고 매수한 사람에게 과실이 있다고 말할 수는 없는 것이다. 이러한 법리는 매수인이 지적공부 등의 관리주체인 국가나 지방자치단체라고 하여 달리 볼 것은 아니다(대판 2019.12.13. 2019다267464).

2) 판단의 기준시기

선의·무과실이 전 시효기간을 통하여 계속되어야 하는 것은 아니다. 즉, 점유개시 시에 선의·무과실이면 충분한다.

3. 효 과

이미 등기가 경료되었기 때문에 등기부취득시효가 완성되면 즉시 소유권을 취득한다. 따라서 등기부취득시효가 완성된 후에 그 부동산에 관한 점유자 명의의 등기가 말소되거나 적법한 원인 없이 다른 사람 앞으로 소유권이전등기가 경료되었다 하더라도, 그 점유자는 등기부취득시효의 완성에 의하여 취득한 소유권을 상실하는 것은 아니다(대판 2001.1.16. 98다20110). 따라서 점유자는 현재의 등기명의자를 상대로 소유권에 기한 방해배제를 청구할 수 있다.

> [적법한 원인 없이 타인 소유 부동산에 관하여 소유권보존등기를 마친 무권리자가 그 부동산을 제3자에게 매도하고 소유권이전등기를 마쳐준 경우, 소유권보존등기와 소유권이전등기의 효력(원칙적 무효) 및 이때 무권리자가 받은 매매대금이 부당이득에 해당하여 이를 원소유자에게 반환하여야 하는지 여부(소극) / 무권리자로부터 부동산을 매수한 제3자나 그 후행 등기 명의인의 등기부취득시효가 완성되어 원소유자가 소급하여 소유권을 상실한 경우에도 마찬가지인지 여부(적극)]
>
> 적법한 원인 없이 타인 소유 부동산에 관하여 소유권보존등기를 마친 무권리자가 그 부동산을 제3자에게 매도하고 소유권이전등기를 마쳐주었다고 하더라도, 그러한 소유권보존등기와 소유권이전등기는 실체관계에 부합한다는 등의 특별한 사정이 없는 한 모두 무효이다. 따라서 이 경우 원소유자가 소유권을 상실하지 아니하고, 또 무권리자가 제3자와 체결한 매매계약의 효력이 원소유자에게 미치는 것도 아니므로, 무권리자가 받은 매매대금이 부당이득에 해당하여 이를 원소유자에게 반환하여야 한다고 볼 수는 없다. 무권리자로부터 부동산을 매수한 제3자나 그 후행 등기 명의인이 과실 없이 점유를 개시한 후 소유권이전등기가 말소되지 않은 상태에서 소유의 의사로 평온, 공연하게 선의로 점유를 계속하여 10년이 경과한 때에는 민법 제245조 제2항에 따라 바로 그 부동산에 대한 소유권을 취득하고, 이때 원소유자는 소급하여 소유권을 상실함으로써 손해를 입게 된다. 그러나 이는 민법 제245조 제2항에 따른 물권변동의 효과일 뿐 무권리자와 제3자가 체결한 매매계약의 효력과는 직접 관계가 없으므로, 무권리자가 제3자와의 매매계약에 따라 대금을 받음으로써 이익을 얻었다고 하더라도 이로 인하여 원소유자에게 손해를 가한 것이라고 볼 수도 없다(대판 2022.12.29. 2019다272275).

IV 동산소유권의 취득시효

점유로 인한 동산소유권의 취득기간(민법 제246조)
① 10년간 소유의 의사로 평온, 공연하게 동산을 점유한 자는 그 소유권을 취득한다.
② 전항의 점유가 선의이며 과실 없이 개시된 경우에는 5년을 경과함으로써 그 소유권을 취득한다.

[동산의 점유자가 점유취득시효의 완성으로 소유권을 취득하였는지 판단하는 준거법(= 취득시효기간 만료 시점에 목적물인 동산이 소재한 곳의 법) 및 목적물이 역사적·예술적·학술적 가치를 지니고 있는 것이라고 하여 다르게 볼 수 있는지 여부(원칙적 소극)]

구 섭외사법(2001.4.7. 법률 제6465호 국제사법으로 전부 개정되기 전의 것) 제12조는 동산 및 부동산에 관한 물권 기타 등기하여야 할 권리는 그 목적물의 소재지법에 의하고, 그 권리의 득실변경은 그 원인된 행위 또는 사실이 완성할 때의 목적물의 소재지법에 의하도록 규정하고 있다. 따라서 <u>동산의 점유자가 점유취득시효의 완성으로 소유권을 취득하였는지를 판단하는 준거법은 취득시효기간의 만료 시점에 목적물인 동산이 소재한 곳의 법이고, 특별한 사정이 없는 한 그 목적물이 역사적·예술적·학술적 가치를 지니고 있는 것이라고 하여 다르게 볼 수 없다</u>(대판 2023.10.26. 2023다215590).

V 기타 재산권의 취득시효

소유권 이외의 재산권의 취득시효(민법 제248조)
전3조의 규정은 소유권 이외의 재산권의 취득에 준용한다.

VI 취득시효의 중단과 정지 등

1. 취득시효의 중단

소유권취득의 소급효, 중단 사유(민법 제247조)
① 전2조의 규정에 의한 소유권취득의 효력은 점유를 개시한 때에 소급한다.
② 소멸시효의 중단에 관한 규정은 전2조의 소유권취득기간에 준용한다.

민법 제247조 제2항은 '소멸시효의 중단에 관한 규정은 점유로 인한 부동산소유권의 시효취득기간에 준용한다'고 규정하고, 민법 제168조 제2호는 소멸시효중단 사유로 '압류 또는 가압류, 가처분'를 규정하고 있다. <u>점유로 인한 부동산소유권의 시효취득에 있어 취득시효의 중단 사유는 종래의 점유상태의 계속을 파괴하는 것으로 인정될 수 있는 사유이어야 하는데, 민법 제168조 제2호에서 정하는 '압류 또는 가압류'는 금전채권의 강제집행을 위한 수단이거나 그 보전수단에 불과하여 취득시효기간의 완성 전에 부동산에 압류 또는 가압류 조치가 이루어졌다고 하더라도 이로써 종래의 점유상태의 계속이 파괴되었다고는 할 수 없으므로 이는 취득시효의 중단 사유가 될 수 없다</u>(대판 2019.4.3. 2018다296878).

2. 취득시효의 정지

민법은 취득시효의 중단과는 달리 취득시효의 정지에는 소멸시효의 정지에 관한 규정을 준용하는 명문규정은 없으나, 다수설은 유추적용을 긍정한다.

3. 취득시효이익의 포기

(1) 의 의

민법은 소멸시효이익의 포기에 관한 규정을 취득시효에 준용한다는 명문규정을 두고 있지 않지만, 판례는 민법 제184조 제1항을 유추적용하여 취득시효가 완성된 후에 시효이익을 포기할 수 있다고 한다.

(2) 요 건

시효완성의 이익을 받을 당사자 또는 대리인이 시효완성 당시의 진정한 소유자에게 시효완성사실을 알면서 그 이익을 받지 않겠다는 의사표시를 하여야 한다.

Ⅶ 기타 소유권의 취득

1. 선점 · 습득 · 발견

(1) 무주물선점(민법 제252조)

> **무주물의 귀속(민법 제252조)**
> ① 무주의 동산을 소유의 의사로 점유한 자는 그 소유권을 취득한다.
> ② 무주의 부동산은 국유로 한다.
> ③ 야생하는 동물은 무주물로 하고 사양하는 야생동물도 다시 야생상태로 돌아가면 무주물로 한다.
>
> **「국가유산기본법」 제3조에 따른 국가유산의 국유(민법 제255조)**
> ① 학술, 기예 또는 고고의 중요한 재료가 되는 물건에 대하여는 제252조 제1항 및 전2조의 규정에 의하지 아니하고 국유로 한다.
> ② 전항의 경우에 습득자, 발견자 및 매장물이 발견된 토지 기타 물건의 소유자는 국가에 대하여 적당한 보상을 청구할 수 있다.
> [제목개정 2023.5.16.]

1) 의 의

무주의 동산을 소유의 의사로 점유한 자는 그 소유권을 취득하는데(민법 제252조 제1항), 이를 무주물선점이라 한다. 선점은 준법률행위 중 사실행위로 행위능력을 요하지 않는다.

2) 요 건

① **무주물일 것** : 무주물이란 현재의 소유자가 없는 물건을 말한다.
② **동산일 것** : 무주의 부동산은 국유에 속하므로(민법 제252조 제2항), 선점의 대상이 아니다.
③ **선점할 것** : 선점이란 소유의 의사로 점유하는 것을 말한다.
 ㉠ 선점은 사실행위이므로, 제한능력자도 선점할 수 있다.
 ㉡ 점유보조자, 점유매개자를 통해서도 선점할 수 있다.

3) 효 과

① **원칙** : 선점에 의하여 그 동산의 소유권을 원시취득한다(민법 제252조 제1항).
② **예외** : 학술 등의 자료가 되는 동산은 국유이다(민법 제255조 제1항).

(2) **유실물 습득**(민법 제253조)

> **유실물의 소유권취득(민법 제253조)**
> 유실물은 법률에 정한 바에 의하여 공고한 후 6개월 내에 그 소유자가 권리를 주장하지 아니하면 습득자가 그 소유권을 취득한다.

1) 의 의

유실물을 유실물법이 정하는 바에 따라 공고한 후 6개월 내에 그 소유자가 권리를 주장하지 않으면 습득자가 그 소유권을 취득하는 것을 유실물 습득이라 한다(민법 제253조).

2) 요 건

① **유실물일 것** : 유실물이란 점유자의 의사에 기하지 않고 그의 점유를 떠난 물건으로서 도품이 아닌 것을 말한다.
② **습득할 것** : 습득이란 유실물에 대한 점유를 취득하는 것을 말한다. 선점과 달리 소유의 의사를 필요로 하지 않는다.
③ 유실물법이 정한 바에 의하여 공고한 후 6개월 내에 그 소유자가 권리를 주장하지 않아야 한다.

3) 효 과

① **소유권의 취득** : 유실물 습득에 의하여 유실물에 대한 소유권을 원시취득한다.
② **보수청구권(= 보상금청구권)** : 유실자나 소유자 기타 물건회복의 청구권을 가진 자가 그 권리를 주장하면 유실물은 그에게 반환되며, 유실물의 소유자와 습득자의 관계는 대개 사무관리에 속하여 민법상으로는 보수청구권이 인정되지 않지만, 유실물법은 습득자의 보수청구권을 인정한다(유실물법 제4조).
③ 학술 등의 자료가 되는 동산은 국유로 되며(민법 제255조 제1항), 이때에는 국가에 대하여 적당한 보상을 청구할 수 있다(민법 제255조 제2항).

(3) 매장물 발견(민법 제254조)

> **매장물의 소유권취득(민법 제254조)**
> 매장물은 법률에 정한 바에 의하여 공고한 후 1년 내에 그 소유자가 권리를 주장하지 아니하면 발견자가 그 소유권을 취득한다. 그러나 타인의 토지 기타 물건으로부터 발견한 매장물은 그 토지 기타 물건의 소유자와 발견자가 절반하여 취득한다.

1) 의 의
매장물은 유실법이 정한 바에 의하여 공고한 후 1년 내에 그 소유자가 권리를 주장하지 아니하면 발견자가 그 소유권을 취득하는데(민법 제254조 본문), 이를 매장물 발견이라 한다.

2) 요 건
① **매장물일 것** : 매장물이란 토지 기타 물건에 묻혀 있어서 외부에서 쉽게 발견할 수 없는 상태에 있고, 현재 누구의 소유에 속하는지가 불분명한 물건을 말한다.
② **발견하였을 것** : 발견이란 매장물의 존재를 구체적·객관적으로 인식하는 것으로서, 점유의 취득은 필요하지 않는다.
③ 유실물법이 정한 바에 의하여 공고한 후 1년 내에 그 소유자가 권리를 주장하지 않아야 한다.

3) 효 과
① **소유권의 취득** : 매장물 발견에 의하여 매장물에 대한 소유권을 취득한다(민법 제254조 단서). 다만 타인의 토지 기타 물건으로부터 발견한 매장물은 그 토지 기타 물건의 소유자와 발견자가 절반하여 취득한다(민법 제254조 단서).
② 학술 등의 자료가 되는 물건은 국유로 되며(민법 제255조 제1항), 이때에는 국가에 대하여 적당한 보상을 청구할 수 있다(민법 제255조 제2항).

2. 첨 부

(1) 서 설

> **부동산에의 부합(민법 제256조)**
> 부동산의 소유자는 그 부동산에 부합한 물건의 소유권을 취득한다. 그러나 타인의 권원에 의하여 부속된 것은 그러하지 아니하다.
>
> **동산 간의 부합(민법 제257조)**
> 동산과 동산이 부합하여 훼손하지 아니하면 분리할 수 없거나 그 분리에 과다한 비용을 요할 경우에는 그 합성물의 소유권은 주된 동산의 소유자에게 속한다. 부합한 동산의 주종을 구별할 수 없는 때에는 동산의 소유자는 부합당시의 가액의 비율로 합성물을 공유한다.
>
> **혼화(민법 제258조)**
> 전조의 규정은 동산과 동산이 혼화하여 식별할 수 없는 경우에 준용한다.

> **가공(민법 제259조)**
> ① 타인의 동산에 가공한 때에는 그 물건의 소유권은 원재료의 소유자에게 속한다. 그러나 가공으로 인한 가액의 증가가 원재료의 가액보다 현저히 다액인 때에는 가공자의 소유로 한다.
> ② 가공자가 재료의 일부를 제공하였을 때에는 그 가액은 전항의 증가액에 가산한다.
>
> **첨부의 효과(민법 제260조)**
> ① 전4조의 규정에 의하여 동산의 소유권이 소멸한 때에는 그 동산을 목적으로 한 다른 권리도 소멸한다.
> ② 동산의 소유자가 합성물, 혼화물 또는 가공물의 단독소유자가 된 때에는 전항의 권리는 합성물, 혼화물 또는 가공물에 존속하고 그 공유자가 된 때에는 그 지분에 존속한다.
>
> **첨부로 인한 구상권(민법 제261조)**
> 전5조의 경우에 손해를 받은 자는 부당이득에 관한 규정에 의하여 보상을 청구할 수 있다.

1) 의 의

첨부는 부합, 혼화, 가공을 총칭하는 용어로, 어떤 물건에 타인의 물건이 결합하거나 타인의 노력이 가하여지는 것을 말한다.

2) 규정의 법적 성질

① 강행규정 : ㉠ 첨부에 의하여 생긴 물건은 1개의 물건으로서 존속하고, 그 복구는 인정되지 않는다는 첨부의 중심적 효과에 관한 규정과 ㉡ 구 물건 위에 존재하던 제3자에의 권리에 관한 규정(민법 제260조)

② 임의규정 : ㉠ 신 물건의 소유권 귀속에 관한 규정(민법 제256조 내지 제259조)과 ㉡ 당사자 사이의 이해관계를 조절하기 위한 규정(민법 제261조)

(2) 부 합

1) 의 의

부합이란 소유자를 각기 달리하는 수 개의 물건이 결합하여 한 개의 물건으로 되는 것을 의미한다. 부합의 유형으로는 부동산에의 부합과 동산 간의 부합이 있다.

2) 부동산에의 부합

① 요 건

㉠ 피부합물과 부합물 : 부합되는 물건(피부합물)은 부동산이어야 하나, 부합하는 물건(부합물)이 동산에 한정되는지 학설의 다툼이 있으나, 판례는 부동산도 가능하다는 입장이다(대판 1962.1.31. 4294민상445, 대판 1991.4.12. 90다11967).

㉡ 부합의 정도 : 거래상 독립성이 상실되어야 하며, 명문규정은 없으나 동산 간의 부합과 동일하게 판단한다. 즉, 사회경제상 분리나 복구가 불가능하거나 불리하다고 판단되는 정도에 이르러야 한다고 본다. 판례의 입장도 동일하다.

② 효 과
㉠ 원칙 : 부동산의 소유자가 부합된 물건의 소유권을 취득한다(민법 제256조 본문). 동산이 부합한 경우에 동산의 가격이 부동산의 가격을 초과하더라도 마찬가지이다. 부합된 동산의 소유권을 취득한 부동산의 소유자는 동산소유자에게 보상의무를 진다(민법 제261조).

[매도인에게 소유권이 유보된 자재를 매수인이 제3자와 체결한 도급계약에 의하여 제3자 소유의 건물 건축에 사용하여 부합된 경우, 매도인이 제3자에게 보상청구를 할 수 있는지 여부(한정 소극)]
민법 제261조에서 첨부로 법률규정에 의한 소유권 취득(민법 제256조 내지 제260조)이 인정된 경우에 "손해를 받은 자는 부당이득에 관한 규정에 의하여 보상을 청구할 수 있다"라고 규정하고 있는바, 이러한 보상청구가 인정되기 위해서는 민법 제261조 자체의 요건만이 아니라, 부당이득 법리에 따른 판단에 의하여 부당이득의 요건이 모두 충족되었음이 인정되어야 한다. 매도인에게 소유권이 유보된 자재가 제3자와 매수인 사이에 이루어진 도급계약의 이행으로 제3자 소유 건물의 건축에 사용되어 부합된 경우 보상청구를 거부할 법률상 원인이 있다고 할 수 없지만, 제3자가 도급계약에 의하여 제공된 자재의 소유권이 유보된 사실에 관하여 과실 없이 알지 못한 경우라면 선의취득의 경우와 마찬가지로 제3자가 그 자재의 귀속으로 인한 이익을 보유할 수 있는 법률상 원인이 있다고 봄이 상당하므로, 매도인으로서는 그에 관한 보상청구를 할 수 없다(대판 2009.9.24. 2009다15602).

[양도담보권의 목적인 주된 동산에 다른 동산이 부합되어 부합된 동산에 관한 권리자가 권리를 상실하는 손해를 입은 경우, 민법 제261조에 따라 보상을 청구할 수 있는 상대방(= 양도담보권설정자)]
부당이득반환청구에서 이득이란 실질적인 이익을 의미하는데, 동산에 대하여 양도담보권을 설정하면서 양도담보권설정자가 양도담보권자에게 담보목적인 동산의 소유권을 이전하는 이유는 양도담보권자가 양도담보권을 실행할 때까지 스스로 담보물의 가치를 보존할 수 있게 함으로써 만약 채무자가 채무를 이행하지 않더라도 채권자인 양도담보권자가 양도받은 담보물을 환가하여 우선변제받는 데에 지장이 없도록 하기 위한 것이고, 동산양도담보권은 담보물의 교환가치 취득을 목적으로 하는 것이다. 이러한 양도담보권의 성격에 비추어 보면, 양도담보권의 목적인 주된 동산에 다른 동산이 부합되어 부합된 동산에 관한 권리자가 권리를 상실하는 손해를 입은 경우 주된 동산이 담보물로서 가치가 증가된 데 따른 실질적 이익은 주된 동산에 관한 양도담보권설정자에게 귀속되는 것이므로, 이 경우 부합으로 인하여 권리를 상실하는 자는 양도담보권설정자를 상대로 민법 제261조에 따라 보상을 청구할 수 있을 뿐 양도담보권자를 상대로 보상을 청구할 수는 없다(대판 2016.4.28. 2012다19659).

[토지 위에 식재된 입목은 토지에 부합하는지 여부(원칙적 적극)]
토지 위에 식재된 입목은 토지의 구성부분으로 토지의 일부일 뿐 독립한 물건으로 볼 수 없으므로 특별한 사정이 없는 한 토지에 부합하고, 토지의 소유자는 식재된 입목의 소유권을 취득한다(대판 2021.8.19. 2020다266375).

[민법 제261조에서 정한 보상청구가 인정되기 위한 요건 / 계약에 따른 급부가 계약의 상대방 아닌 제3자의 이익으로 된 경우, 급부를 한 계약당사자가 제3자에 대하여 직접 부당이득반환을 청구할 수 있는지 여부(소극)]
민법 제261조에서 첨부로 법률규정에 의한 소유권 취득(민법 제256조 내지 제260조)이 인정된 경우에 "손해를 받은 자는 부당이득에 관한 규정에 의하여 보상을 청구할 수 있다"라고 규정하고 있는데, 이러한 보상청구가 인정되기 위해서는 민법 제261조 자체의 요건뿐만 아니라, 부당이득 법리에 따른 판단에 의하여 부당이득의 요건이 모두 충족되었다고 인정되어야 한다. / 한편 원래 계약당사자 사이에서 그 계약의 이행으로 급부된 것은 그 급부의 원인관계가 적법하게 실효되지 아니하는 한 부당이득이 될 수 없고, 계약에 따른 어떤 급부가 그 계약의 상대방 아닌 제3자의 이익으로 된 경우에도 급부를 한 계약당사자는 계약상대방에 대하여 계약상의 반대급부를 청구할 수 있는 것이지 그 제3자에 대하여 직접 부당이득을 주장하여 반환을 청구할 수 없다(대판 2023.4.27. 2022다304189).

ⓒ 예 외
㉮ 타인의 권원에 의하여 부속된 경우에 그 타인이 소유권을 보유한다(민법 제256조 단서).

> 민법 제256조 단서 소정의 "권원"이라 함은 지상권, 전세권, 임차권 등과 같이 타인의 부동산에 자기의 동산을 부속시켜서 그 부동산을 이용할 수 있는 권리를 뜻하므로 그와 같은 권원이 없는 자가 토지소유자의 승락을 받음이 없이 그 임차인의 승락만을 받아 그 부동산 위에 나무를 심었다면 특별한 사정이 없는 한 토지소유자에 대하여 그 나무의 소유권을 주장할 수 없다(대판 1989.7.11. 88다카9067).

㉯ 타인의 토지에 농작물을 경작한 경우에도 그 생산물은 사실상 이를 경작·지배한 자의 소유에 속한다.

> 적법한 경작권 없이 타인의 토지를 경작하였더라도 그 경작한 입도가 성숙하여 독립한 물건으로서의 존재를 갖추었으면 입도의 소유권은 경작자에게 귀속한다(대판 1979.8.28. 79다784).

㉰ 토지 위에 건물이 신축된 경우, 건물은 토지와 별개의 독립된 부동산이므로 토지에 부합하지 않는다.

③ 특수문제

> - 건물이 증축된 경우에 증축 부분이 기존건물에 부합된 것으로 볼 것인가 아닌가 하는 점은 증축 부분이 기존건물에 부착된 물리적 구조뿐만 아니라, 그 용도와 기능의 면에서 기존건물과 독립한 경제적 효용을 가지고 거래상 별개의 소유권 객체가 될 수 있는지의 여부 및 증축하여 이를 소유하는 자의 의사 등을 종합하여 판단하여야 한다(대판 2002.10.25. 2000다63110).
> - 부동산에 부합된 물건이 사실상 분리복구가 불가능하여 거래상 독립한 권리의 객체성을 상실하고 그 부동산과 일체를 이루는 부동산의 구성부분이 된 경우에는 타인이 권원에 의하여 이를 부합시켰더라도 그 물건의 소유권은 부동산의 소유자에게 귀속된다(대판 2008.5.8. 2007다36933·36940). 따라서 부동산의 소유자는 방해배제청구권에 기하여 부합물의 철거를 청구할 수 없지만, 부합물이 위와 같은 요건을 충족하지 못해 그 물건의 소유권이 부동산의 소유자에게 귀속되었다고 볼 수 없는 경우에는 부동산의 소유자는 방해배제청구권에 기하여 부합물의 철거를 청구할 수 있다.
> - 부합물에 관한 소유권 귀속의 예외를 규정한 민법 제256조 단서의 규정은 타인이 그 권원에 의하여 부속시킨 물건이라 할지라도 그 부속된 물건이 분리하여 경제적 가치가 있는 경우에 한하여 부속시킨 타인의 권리에 영향이 없다는 취지이지 분리하여도 경제적 가치가 없는 경우에는 원래의 부동산 소유자의 소유에 귀속되는 것이고, 경제적 가치의 판단은 부속시킨 물건에 대한 일반 사회통념상의 경제적 효용의 독립성 유무를 그 기준으로 하여야 한다(대판 2007.7.27. 2006다39270·39278).
> - 부동산에 부합된 물건이 사실상 분리복구가 불가능하여 거래상 독립된 권리의 객체성을 상실하고 그 부동산과 일체를 이루는 부동산의 구성부분이 된 경우에는 타인의 권원에 의하여 이를 부합시킨 경우에도 그 물건의 소유권은 부동산의 소유자에게 귀속된다. 그러나 토지의 지상에 별개의 부동산인 건축물이 건축된 경우, 토지의 지하에 시공된 시설이 토지에 부합되었는지 아니면 지상 건축물의 기초 등을 구성하여 건축물의 일부분이 되었는지 여부는, 그 시설과 토지 및 건축물 사이의 각 결합 정도나 그 물리적 구조 뿐만 아니라 당해 시설의 객관적, 사회경제적인 기능과 용도, 일반 거래관념, 토지의 당초 조성상태, 건축물의 종류와 규모 등 제반 사정을 종합하여 합리적으로 판단하여야 한다(대판 2009.8.20. 2008두8727).
> - 타인의 임야에 권한없이 식부한 임목의 소유권은 임야소유자에 귀속한다(대판 1970.11.30. 68다1995).

3) 동산 간의 부합
① 요 건
  ㉠ 수 개의 동산이 부합하여 훼손하지 아니하면 분리할 수 없거나 또는 분리에 과다한 비용을 요하게 되었어야 한다(민법 제257조 전문).
  ㉡ 수 개의 물건이 다른 소유자에게 속했어야 한다.
② 효과 : 부합한 동산 사이에 주종을 구별할 수 있으면 주된 동산의 소유자가 합성물의 소유권을 취득하지만(민법 제257조 전문), 주종을 구별할 수 없으면 각 동산의 소유자가 부합 당시의 가액의 비율로 합성물을 공유한다(민법 제257조 후문).

(3) 혼 화

혼화란 고형물의 혼합 또는 유동물의 융화처럼 물건이 동종의 다른 물건과 섞여서 원물을 식별할 수 없게 되는 것을 말한다. 혼화는 동산 간의 부합의 일종이다. 따라서 동산 간의 부합에 관한 규정을 준용한다(민법 제258조).

(4) 가 공

1) 의 의
가공이란 타인의 동산에 노력을 가하여 새로운 물건을 만들어 내는 것을 말한다.
2) 요 건
① 타인의 재료나 물건에 변경을 가하는 공작이 있을 것
② 그 공작의 결과 새로운 물건이 성립할 것
③ 가공과 원재료를 분리할 수 없을 것
3) 효 과
① **원칙(재료주의)** : 소유권은 원칙적으로 원재료의 소유자에게 귀속한다(민법 제259조 제1항 본문).
② **예외(가공주의)** : 가공으로 인한 가액의 증가가 원재료의 가액보다 현저히 다액인 경우에는 가공자의 소유로 한다(민법 제259조 제1항 단서). 이때에 가공자가 재료의 일부를 제공하였을 때에는 그 가액은 증가된 가액에 가산한다(민법 제259조 제2항).

제4관　소유권에 기한 물권적 청구권

I 총 설

민법은 물권적 청구권을 소유권과 점유권에 관하여 각각 규정하고 있으며, 소유권에 기한 물권적 청구권에 관한 규정을 지상권(민법 제290조 제1항)·지역권(민법 제301조)·전세권(민법 제319조)·저당권(민법 제370조)에서 각각 준용하고 있다. 민법은 소유권에 기한 물권적 청구권으로 소유물반환청구권(민법 제213조), 소유물방해제거청구권(민법 제214조), 소유물방해예방청구권(민법 제214조)을 규정하고 있다.

Ⅱ 소유물반환청구권

> **소유물반환청구권(민법 제213조)**
> 소유자는 그 소유에 속한 물건을 점유한 자에 대하여 반환을 청구할 수 있다. 그러나 점유자가 그 물건을 점유할 권리가 있는 때에는 반환을 거부할 수 있다.

1. 의 의

소유물반환청구권이란 소유자가 법률상 정당한 원인 없이 그 소유에 속한 물건을 점유한 자에 대하여 반환을 청구할 수 있는 권리를 의미한다.

2. 요 건

(1) 청구권자의 소유

① 소유물반환청구권을 가지는 자는 법률상의 소유자이다.

> [구 친일반민족행위자 재산의 국가귀속에 관한 특별법에 따라 이루어진 친일반민족행위자의 재산에 대한 국가귀속 결정을 취소하는 판결이 행정소송에서 확정된 경우, 그 대상재산에 관하여는 2011.5.19. 개정된 친일반민족행위자 재산의 국가귀속에 관한 특별법 부칙 제2항 단서에 따라 국가가 친일반민족행위자 등을 상대로 소유권 반환 등을 구하는 민사소송을 제기하는 것이 허용되지 않는지 여부(적극)]
> [다수의견] 2011.5.19. 법률 제10646호로 개정된 친일반민족행위자 재산의 국가귀속에 관한 특별법(이하 '개정 친일재산귀속법' 또는 '신법'이라 한다) 부칙 제2항의 문언과 체계, 입법자의 의도, 헌법합치적 해석의 필요성 등에 비추어 보면, 국가귀속결정이 확정판결로 취소된 이상 그 대상재산인 토지에 대하여는 신법 부칙 제2항 단서에 따라 신법이 적용되지 않으므로, 신법이 적용됨을 전제로 한 국가의 소유권이전등기청구 등은 받아들일 수 없다.
> [반대의견] 다수의견은 신법 부칙 제2항의 문언과 체계를 지나치게 형식적으로만 이해하여 잘못 해석한 것으로서, 입법자의 의도를 벗어나 헌법적 가치를 외면하는 결과를 가져온다. 즉, 친일재산귀속법에서 정한 친일재산은 친일재산귀속법 시행에 따라 그 취득·증여 등 원인행위 시에 소급하여 당연히 국가의 소유로 된다. 친일재산조사위원회의 국가귀속결정이 있다고 하더라도 이는 확인적 결정에 불과하므로 그 결정이 있어야 비로소 국가의 소유로 되는 것이 아니다. 친일재산의 국가귀속 법리에 따라 신법 부칙 제2항을 해석하면 신법 부칙 제2항 단서의 적용대상은 '친일재산조사위원회의 국가귀속결정'이다. 친일재산의 소유권은 당연히 국가에 소급적으로 귀속되므로 확정판결로 국가귀속결정이 취소되었더라도 국가가 친일반민족행위자와 그 상속인, 악의의 유증자·수증자를 상대로 친일재산의 소유권 반환 등을 구하는 민사소송을 제기하는 것은 허용된다고 보아야 한다(대판[전합] 2024.12.19. 2019다255416).

② 소유자인지 여부는 사실심 변론종결 당시를 기준으로 결정된다(대판 1991.7.12. 90다13161).

③ 미등기 무허가건물의 양수인이라 할지라도 그 소유권이전등기를 경료받지 않는 한 그 건물에 대한 소유권을 취득할 수 없고, 그러한 상태의 건물 양수인에게 소유권에 준하는 관습상의 물권이 있다고 볼 수도 없으므로, 건물을 신축하여 그 소유권을 원시취득한 자로부터 그 건물을 매수하였으나 아직 소유권이전등기를 갖추지 못한 자는 그 건물의 불법점거자에 대하여 직접 자신의 소유권 등에 기하여 명도를 청구할 수는 없고(대판 2007.6.15. 2007다11347), 매도인의 소유물반환청구권을 대위행사할 수 있을 뿐이다.

④ 명의신탁의 경우 명의수탁자만이 대외적 소유권자로서 소유물반환청구권을 행사할 수 있다(대판 [전합] 1979.9.25. 77다1079).

(2) 상대방의 점유

① 상대방은 현재 그 물건을 점유하고 있는 자이다. 따라서 불법점유자라 하여도 그 물건을 다른 사람에게 인도하여 현실적으로 점유를 하고 있지 않은 이상, 그 자를 상대로 한 인도 또는 명도청구는 부당하다(대판 1999.7.9. 98다9045).

② 소유물반환의무를 부담하는 자는 사실심 변론종결 당시의 점유자이다.

③ 점유보조자는 점유자가 아니므로 상대방이 될 수 없다. 즉, 주식회사의 직원으로서 회사의 사무실로 사용하고 있는 건물부분에 대한 점유보조자에 불과할 뿐 독립한 점유주체가 아닌 피고들은, 회사를 상대로 한 명도소송의 확정판결에 따른 집행력이 미치는 것은 별론으로 하고, 소유물반환청구의 성질을 가지는 퇴거청구의 독립한 상대방이 될 수는 없다(대판 2001.4.27. 2001다13983).

④ 간접점유자도 소유물반환의무를 진다는 데 학설은 일치하나, 판례는 불법점유를 원인으로 한 소유권에 기한 인도청구와 인도약정에 따른 인도청구를 구별하여, 전자는 현실로 불법점유를 하고 있는 자만을 상대로 하여야 한다고 한 반면, 후자의 경우에는 간접점유자에 대하여도 인도를 구할 수 있다는 입장이다.

> **[불법점유를 원인으로 한 소유권에 기한 인도청구의 경우]**
> 불법점유를 이유로 하여 그 명도 또는 인도를 청구하려면 현실적으로 그 목적물을 점유하고 있는 자를 상대로 하여야 하고 불법점유자라 하여도 그 물건을 다른 사람에게 인도하여 현실적으로 점유를 하고 있지 않은 이상, 그 자를 상대로 한 인도 또는 명도청구는 부당하다(대판 1999.7.9. 98다9045).
>
> **[인도약정에 따른 인도청구의 경우]**
> 임대인이 임대차계약종료로 인한 원상회복으로서 임차물의 반환을 구하는 경우에 있어 임차인이 직접점유자가 아님을 자백한 것일 뿐, 간접점유자가 아닌것까지 자백한 취지가 아니라면 임차인이 임차목적물을 직접점유하지 않다는 이유로 그 반환을 거부할 수는 없다(대판 1991.4.23. 90다19695).

⑤ 건물 대지의 점유자

   ㉠ 사회통념상 건물은 그 부지를 떠나서는 존재할 수 없는 것이므로 건물의 부지가 된 토지는 그 건물의 소유자가 점유하는 것으로 볼 것이고, 이 경우 건물의 소유자가 현실적으로 건물이나 그 부지를 점거하고 있지 아니하고 있더라도 그 건물의 소유를 위하여 그 부지를 점유한다고 보아야 한다(대판 2003.11.13. 2002다57935). 따라서 원칙적으로 대지소유자는 건물의 소유자를 상대로 대지의 반환을 청구하여야 한다.

[건물의 소유권이 양도된 경우 그 부지의 점유자]
사회통념상 건물은 그 부지를 떠나서는 존재할 수 없는 것이므로 건물의 부지가 된 토지는 그 건물의 소유자가 점유하는 것으로 볼 것이고, 건물의 소유권이 양도된 경우에는 건물의 종전의 소유자가 건물의 소유권을 상실하였음에도 불구하고 그 부지를 계속 점유할 별도의 독립된 권원이 있는 등의 특별한 사정이 없는 한 그 부지에 대한 점유도 함께 상실하는 것으로 보아야 하며, 이 경우에 건물의 종전의 소유자가 그 건물에 계속 거주하고 있고 건물의 새로운 소유자는 현실적으로 건물이나 그 부지를 점거하고 있지 아니하고 있더라도 결론은 마찬가지이다(대판 1993.10.26. 93다2483).

[건물의 소유명의자가 아닌 자도 실제로 그 건물을 점유하고 있다면 그 건물의 부지를 점유하는 자로 볼 수 있는지 여부(원칙적 소극)]
미등기건물을 양수하여 건물에 관한 사실상의 처분권을 보유하게 됨으로써 그 양수인이 건물부지 역시 아울러 점유하고 있다고 볼 수 있는 등의 다른 특별한 사정이 없는 한 건물의 소유명의자가 아닌 자로서는 실제로 그 건물을 점유하고 있다고 하더라도 그 건물의 부지를 점유하는 자로는 볼 수 없다고 할 것이다(대판 2008.7.10. 2006다39157).

[미등기건물을 양수하여 건물에 관한 사실상의 처분권을 보유하게 됨으로써 그 양수인이 건물 부지 역시 아울러 점유하고 있다고 볼 수 있는 경우, 미등기건물에 관한 사실상의 처분권자도 건물 부지의 점유·사용에 따른 부당이득반환의무를 부담하는지 여부(적극) 및 이러한 경우 미등기건물의 원시취득자와 사실상의 처분권자의 관계(= 부진정연대채무)]
미등기건물을 양수하여 건물에 관한 사실상의 처분권을 보유하게 됨으로써 그 양수인이 건물 부지 역시 아울러 점유하고 있다고 볼 수 있는 경우에는 미등기건물에 관한 사실상의 처분권자도 건물 부지의 점유·사용에 따른 부당이득반환의무를 부담한다. 이러한 경우 미등기건물의 원시취득자와 사실상의 처분권자가 토지 소유자에 대하여 부담하는 부당이득반환의무는 동일한 경제적 목적을 가진 채무로서 부진정연대채무 관계에 있다고 볼 것이다(대판 2022.9.29. 2018다243133[본소]·2018다243140[반소]).

ⓒ 건물 공유자 중 일부만이 당해 건물을 점유하고 있는 경우라도 그 건물의 부지는 건물 소유를 위하여 공유명의자 전원이 공동으로 이를 점유하고 있는 것으로 볼 것이며, 건물 공유자들이 건물부지의 공동점유로 인하여 건물부지에 대한 소유권을 시효취득하는 경우라면 그 취득시효 완성을 원인으로 한 소유권이전등기청구권은 당해 건물의 공유지분비율과 같은 비율로 건물 공유자들에게 귀속된다(대판 2003.11.13. 2002다57935).

⑥ 점유는 사회 통념상 그 사람의 사실적 지배에 속한다고 보이는 객관적 관계에 있는 것을 말하고, 이때 사실적 지배는 반드시 물건을 물리적, 현실적으로 지배하는 것에 국한하는 것이 아니라 물건과 사람과의 시간적·공간적 관계와 본권 관계, 타인 지배의 배제 가능성 등을 고려하여 사회관념에 따라 합목적적으로 판단하여야 할 것이지만, 그러한 사실적 지배에 속하는 객관적 관계에 있다고 하기 위해서는 적어도 타인의 간섭을 배제하는 면이 있어야 하고, 다른 사람 소유의 토지를 통행하더라도 그 통로에 대하여 통행지 소유자의 점유를 배제할 정도의 배타적인 점유를 하고 있지 않다면 통행지 소유자가 통행자에 대하여 통로 부분의 인도를 구할 수 없다(대판 2024.11.14. 2024다251470).

(3) 「점유할 권리」의 부존재

상대방에게 점유할 권리가 인정되는 때에는 소유권에 기한 반환청구가 인정되지 않는다(민법 제213조 단서). 여기서 「점유할 권리」란 엄격하게 권리에만 한정할 것은 아니고, 그 점유가 정당화되는 법적 지위를 모두 포함하는 의미이다.

3. 효 과

① 요건이 충족되는 경우 소유자는 점유자에 대하여 그 물건의 「반환」을 청구할 수 있다.

> [건물의 '인도'와 건물에서의 '퇴거'의 구별 / 채권자가 소로써 채무자가 건물에서 퇴거할 것을 구하고 있는데 법원이 채무자의 건물 인도를 명한 경우, 처분권주의에 반하는지 여부(적극)]
> 건물의 '인도'는 건물에 대한 현실적·사실적 지배를 완전히 이전하는 것을 의미하고, 민사집행법상 인도청구의 집행은 집행관이 채무자로부터 물건의 점유를 빼앗아 이를 채권자에게 인도하는 방법으로 한다. 한편 건물에서의 '퇴거'는 건물에 대한 채무자의 점유를 해제하는 것을 의미할 뿐, 더 나아가 채권자에게 점유를 이전할 것까지 의미하지는 않는다는 점에서 건물의 '인도'와 구별된다. / 그러므로 채권자가 소로써 채무자가 건물에서 퇴거할 것을 구하고 있는데 법원이 채무자의 건물 인도를 명하는 것은 처분권주의에 반하여 허용되지 않는다(대판 2024.6.13. 2024다213157).

② 반환에 따른 부수적 이해관계의 조절은 우선 계약관계를 지배하는 법리에 의하고, 다음으로 그러한 관계가 존재하지 않는 경우 민법 제201조 이하에 의한다.

> 점유자가 유익비를 지출할 당시 계약관계 등 적법한 점유의 권원을 가진 경우에 그 지출비용의 상환에 관하여는 그 계약관계를 규율하는 법조항이나 법리 등이 적용되는 것이어서, 점유자는 그 계약관계 등의 상대방에 대하여 해당 법조항이나 법리에 따른 비용상환청구권을 행사할 수 있을 뿐 계약관계 등의 상대방이 아닌 점유회복 당시의 소유자에 대하여 민법 제203조 제2항에 따른 지출비용의 상환을 구할 수는 없다(대판 2003.7.25. 2001다64752).

4. 관련 문제 : 변론종결 후 승계인

> [토지인도소송의 사실심 변론종결 후에 그 패소자인 토지소유자로부터 토지를 매수하고 소유권이전등기를 마친 제3자가 확정판결의 변론종결 후의 승계인에 해당하는지 여부(소극)]
> 토지소유권에 기한 물권적 청구권을 원인으로 하는 토지인도소송의 소송물은 토지소유권이 아니라 그 물권적 청구권인 토지인도청구권이므로 그 소송에서 청구기각된 확정판결의 기판력은 토지인도청구권의 존부 그 자체에만 미치는 것이고 소송물이 되지 아니한 토지소유권의 존부에 관하여는 미치지 아니한다 할 것이므로 그 토지인도소송의 사실심 변론종결 후에 그 패소자인 토지소유자로부터 토지를 매수하고 소유권이전등기를 마침으로써 그 소유권을 승계한 제3자의 토지소유권의 존부에 관하여는 위 확정판결의 기판력이 미치지 않는다 할 것이고 또 이 경우, 위 제3자가 가지게 되는 물권적 청구권인 토지인도청구권은 적법하게 승계한 토지소유권의 일반적 효력으로서 발생된 것이고 위 토지인도소송의 소송물인 패소자의 토지인도청구권을 승계함으로써 가지게 된 것이라고는 할 수 없으므로 위 제3자는 위 확정판결의 변론종결 후의 승계인에 해당한다고 할 수도 없다(대판 1984.9.25. 84다카148).

Ⅲ 소유물방해제거청구권과 소유물방해예방청구권

> **소유물방해제거, 방해예방청구권(민법 제214조)**
> 소유자는 소유권을 방해하는 자에 대하여 방해의 제거를 청구할 수 있고 소유권을 방해할 염려있는 행위를 하는 자에 대하여 그 예방이나 손해배상의 담보를 청구할 수 있다.

1. 소유물방해제거청구권

(1) 의 의

소유물방해제거청구권이란 소유자가 소유물을 점유의 침탈 이외의 방법으로 방해받고 있을 때 그 방해의 제거를 청구할 수 있는 권리이다(민법 제214조 전단).

(2) 요 건

1) 청구권자 : 현재의 소유자

소유물방해제거청구권의 주체는 소유권의 내용의 실현이 점유의 침탈 이외의 방법으로 방해받고 있는 현재의 소유자이다.

- 소유자가 자신의 소유권에 기하여 실체관계에 부합하지 아니하는 등기의 명의인을 상대로 그 등기말소나 진정명의회복 등을 청구하는 경우에, 그 권리는 물권적 청구권으로서의 방해배제청구권(민법 제214조)의 성질을 가진다. 그러므로 소유자가 그 후에 소유권을 상실함으로써 이제 등기말소 등을 청구할 수 없게 되었다면, 이를 위와 같은 청구권의 실현이 객관적으로 불능이 되었다고 파악하여 등기말소 등 의무자에 대하여 그 권리의 이행불능을 이유로 민법 제390조상의 손해배상청구권을 가진다고 말할 수 없다. 위 법규정에서 정하는 채무불이행을 이유로 하는 손해배상청구권은 계약 또는 법률에 기하여 이미 성립하여 있는 채권관계에서 본래의 채권이 동일성을 유지하면서 그 내용이 확장되거나 변경된 것으로서 발생한다. 그러나 위와 같은 등기말소청구권 등의 물권적 청구권은 그 권리자인 소유자가 소유권을 상실하면 이제 그 발생의 기반이 아예 없게 되어 더 이상 그 존재 자체가 인정되지 아니하는 것이다. 이러한 법리는 선행소송에서 소유권보존등기의 말소등기청구가 확정되었다고 하더라도 그 청구권의 법적 성질이 채권적 청구권으로 바뀌지 아니하므로 마찬가지이다(대판[전합] 2012.5.17. 2010다28604 - 다수의견).
- 선행보존등기로부터 경료된 원고 명의의 소유권이전등기가 원인무효의 등기인 이상 특단의 사정이 없는 한 원고로서는 피고 명의의 후행보존등기에 대하여 그 말소를 청구할 권원이 없다고 할 것이므로, 아무리 후행보존등기가 무효라고 하여도 아무런 권원이 없는 원고의 말소등기청구를 받아들여 그 말소를 명할 수는 없다(대판 2007.5.10. 2007다3612).
- 원고가 피고에 대하여 피고 명의로 마쳐진 소유권이전등기의 말소를 구하려면 먼저 원고에게 말소를 청구할 수 있는 권원이 있음을 적극적으로 주장·증명하여야 하고, 만일 원고에게 그러한 권원이 있음이 인정되지 않는다면 설령 피고 명의의 소유권이전등기가 말소되어야 할 무효의 등기라고 하더라도 원고의 청구를 인용할 수는 없다. 피고로부터 매매 등의 방법으로 부동산에 대한 권리가 순차적으로 이전되어 최종적으로 소유권이전등기를 마친 제3자가 시효취득을 원인으로 부동산에 대한 소유권을 취득함에 따라 당초 부동산의 소유자인 원고가 소유권을 상실하게 되면, 비록 피고 명의의 소유권이전등기가 원인무효라고 하더라도 원고에게 피고 명의의 소유권이전등기의 말소를 청구할 수 있는 권원이 없으므로, 원고는 피고에 대하여 소유권에 기한 등기말소청구를 할 수 없다(대판 2019.7.10. 2015다249352).

2) 청구의 상대방 : 현재 방해상태를 지배하는 지위에 있는 자

> 건물철거는 그 소유권의 종국적 처분에 해당하는 사실행위이므로 원칙으로는 그 소유자(등기명의자)에게만 그 철거처분권이 있다고 할 것이나 그 건물을 매수하여 점유하고 있는 자는 등기부상 아직 소유자로서의 등기명의가 없다 하더라도 그 권리의 범위 내에서 그 점유 중인 건물에 대하여 법률상 또는 사실상 처분을 할 수 있는 지위에 있고 그 건물이 건립되어 있어 불법으로 점유를 당하고 있는 토지소유자는 위와 같은 지위에 있는 건물점유자에게 그 철거를 구할 수 있다(대판 1986.12.23. 86다카1751).

3) 소유권에 대한 방해의 존재

① 의의 : 「방해」란 현재에도 지속되고 있는 위법한 침해를 의미하므로, 법익 침해가 과거에 일어나서 이미 종결된 경우에 해당하는 「손해」의 개념과는 다르다. 따라서 소유권에 기한 방해배제청구권은 방해결과의 제거를 내용으로 해서는 아니 되며, 현재 계속되고 있는 방해의 원인을 제거하는 것을 내용으로 해야 한다(대판 2003.3.28. 2003다5917).

> 甲 지방자치단체가 30여 년 전 쓰레기매립지에 쓰레기를 매립하는 과정에서 매립지와 경계를 같이 하는 인접 토지에 상당한 양의 쓰레기가 매립되었고, 그 후 인접 토지의 소유권을 취득한 乙이 토지를 굴착한 결과 지하 1.5~4m 지점 사이에 비닐, 목재, 폐의류, 오니류, 건축폐기물 등 각종 생활쓰레기가 뒤섞여 혼합된 상태로 매립되어 있었고 주변 토양은 검게 오염되어 있었으며, 이에 乙이 甲 지방자치단체를 상대로 매립물제거 등을 구한 사안에서, 위 토지 지하에 매립된 생활쓰레기는 매립된 후 30년 이상 경과하였고, 그 사이 오니류와 각종 생활쓰레기가 주변 토양과 뒤섞여 토양을 오염시키고 토양과 사실상 분리하기 어려울 정도로 혼재되어 있다고 봄이 타당하며, 이러한 상태는 과거 甲 지방자치단체의 위법한 쓰레기매립행위로 인하여 생긴 결과로서 토지 소유자인 乙이 입은 손해에 불과할 뿐 생활쓰레기가 현재 乙의 소유권에 대하여 별도의 침해를 지속하고 있는 것이라고 볼 수 없으므로, 乙의 방해배제청구는 인용될 수 없는데도, 甲 지방자치단체가 토지 지하에 매립한 생활쓰레기가 현재도 계속 존재하는 이상 乙의 방해배제청구권이 인정된다고 본 원심판단에 법리오해의 잘못이 있다고 한 사례(대판 2019.7.10. 2016다205540).

② 지상물에 대한 철거 내지 퇴거청구

㉠ 무단으로 신축된 건물의 소유자와 점유자가 같은 경우

> [건물 소유자가 건물의 소유를 통하여 타인 소유의 토지를 점유하고 있는 경우, 토지 소유자가 건물 소유자에게 건물에서 퇴거할 것을 청구할 수 있는지 여부(소극) 및 이러한 법리는 건물이 공유관계에 있는 경우에 건물의 공유자에 대해서도 마찬가지로 적용되는지 여부(적극)]
> 건물 소유자가 건물의 소유를 통하여 타인 소유의 토지를 점유하고 있다고 하더라도 토지 소유자로서는 건물의 철거와 대지 부분의 인도를 청구할 수 있을 뿐, 자기 소유의 건물을 점유하고 있는 사람에 대하여 건물에서 퇴거할 것을 청구할 수 없다. 이러한 법리는 건물이 공유관계에 있는 경우에 건물의 공유자에 대해서도 마찬가지로 적용된다(대판 2022.6.30. 2021다276256).

㉡ 무단으로 신축된 건물의 소유자와 점유자가 다른 경우

> 대지의 소유자는 건물이 소유자에 대하여 「철거청구」를, 건물의 점유자에 대하여는 「퇴거청구」를 하여야 한다. 그러나 경락에 의하여 건물의 소유자와 그 토지의 소유자가 달라지게 되어 경매 당시의 건물의 소유자가 그 건물의 이용을 위한 법정지상권을 취득한 경우, 토지소유자는 건물을 점유하는 자에 대하여 그 건물로부터의 퇴거를 구할 수 없다(대판 1997.9.26. 97다10314).

ⓒ 건물의 소유자 아닌 점유자가 주임법상의 대항력을 구비한 경우

> 건물이 그 존립을 위한 토지사용권을 갖추지 못하여 토지의 소유자가 건물의 소유자에 대하여 당해 건물의 철거 및 그 대지의 인도를 청구할 수 있는 경우에라도 건물소유자가 아닌 사람이 건물을 점유하고 있다면 토지소유자는 그 건물 점유를 제거하지 아니하는 한 위의 건물 철거 등을 실행할 수 없다. 따라서 그때 토지소유권은 위와 같은 점유에 의하여 그 원만한 실현을 방해당하고 있다고 할 것이므로, 토지소유자는 자신의 소유권에 기한 방해배제로서 건물점유자에 대하여 건물로부터의 퇴출을 청구할 수 있다. 그리고 이는 건물점유자가 건물소유자로부터의 임차인으로서 그 건물임차권이 이른바 대항력을 가진다고 해서 달라지지 아니한다. 건물임차권의 대항력은 기본적으로 건물에 관한 것이고 토지를 목적으로 하는 것이 아니므로 이로써 토지소유권을 제약할 수 없고, 토지에 있는 건물에 대하여 대항력 있는 임차권이 존재한다고 하여도 이를 토지소유자에 대하여 대항할 수 있는 토지사용권이라고 할 수는 없다. 바꾸어 말하면, 건물에 관한 임차권이 대항력을 갖춘 후에 그 대지의 소유권을 취득한 사람은 민법 제622조 제1항이나 주택임대차보호법 제3조 제1항 등에서 그 임차권의 대항을 받는 것으로 정하여진 '제3자'에 해당한다고 할 수 없다(대판 2010.8.19. 2010다43801).

(3) 효 과

이상의 요건이 충족되는 경우 소유자는 소유권을 방해하는 자에 대하여 그 방해의 제거를 청구할 수 있다.

> [순차 경료된 소유권이전등기의 최종 등기명의자에 대한 말소 청구 가부에 관계없이 중간의 등기명의자에 대하여 등기말소를 구할 소의 이익이 있는지 여부(적극)]
> 순차 경료된 소유권이전등기의 각 말소 청구소송은 보통공동소송이므로 그중의 어느 한 등기명의자만을 상대로 말소를 구할 수 있고, 최종 등기명의자에 대하여 등기말소를 구할 수 있는지에 관계없이 중간의 등기명의자에 대하여 등기말소를 구할 소의 이익이 있다(대판 1998.9.22. 98다23393).
>
> [소유자가 민법 제214조에 따라 침해자에 대하여 방해배제 비용 또는 방해예방 비용을 청구할 수 있는지 여부(소극)]
> 민법 제214조의 규정에 의하면, 소유자는 소유권을 방해하는 자에 대하여 그 방해제거 행위를 청구할 수 있고, 소유권을 방해할 염려가 있는 행위를 하는 자에 대하여 그 방해예방 행위를 청구하거나 소유권을 방해할 염려가 있는 행위로 인하여 발생하리라고 예상되는 손해의 배상에 대한 담보를 지급할 것을 청구할 수 있으나, 소유자가 침해자에 대하여 방해제거 행위 또는 방해예방 행위를 하는 데 드는 비용을 청구할 수 있는 권리는 위 규정에 포함되어 있지 않으므로, 소유자가 민법 제214조에 기하여 방해배제 비용 또는 방해예방 비용을 청구할 수는 없다(대판 2014.11.27. 2014다52612).
>
> [등기명의인 표시변경의 부기등기에 의하여 등기부상의 표시가 실지 소유관계를 표상하고 있지 않은 경우 진실한 소유자의 등기명의인에 대한 등기말소청구의 가부(긍정)]
> 현재 등기명의인 표시변경의 부기등기에 의하여 등기부상의 표시가 실지 소유관계를 표상하고 있는 것이 아니라면 진실한 소유자가 그 소유권에 터잡아 표시상의 소유명의자를 상대로 그 소유권에 장애가 되는 등기의 말소청구를 하는 것은 소유권의 내용인 침해배제청구권의 정당한 행사이다(대판 1993.10.8. 93다28867).

[1] 등기부상 진실한 소유자의 소유권에 방해되는 허무인 또는 실체가 없는 단체 명의의 불실등기가 존재하는 경우, 소유자가 허무인 등 명의로 실제 등기행위를 한 자를 상대로 등기의 말소를 구할 수 있는지 여부(적극) : 등기부상 진실한 소유자의 소유권에 방해가 되는 불실등기가 존재하는 경우에 그 등기명의인이 허무인 또는 실체가 없는 단체인 때에는 소유자는 그와 같은 허무인 또는 실체가 없는 단체 명의로 실제 등기행위를 한 자에 대하여 소유권에 기한 방해배제로서 등기행위자를 표상하는 허무인 또는 실체가 없는 단체 명의 등기의 말소를 구할 수 있다. [2] 등기명의인 표시변경(경정)의 등기에 등기의무자라는 관념이 존재할 수 있는지 여부(소극) 및 등기의무자가 아닌 자를 상대로 등기의 말소절차이행을 구하는 소가 적법한지 여부(소극) : 등기명의인 표시변경(경정)의 등기는 등기명의인의 동일성이 유지되는 범위 내에서 등기부상의 표시를 실제와 합치시키기 위하여 행하여지는 것에 불과할 뿐 어떠한 권리변동을 가져오는 것이 아니므로 등기가 잘못된 경우에도 등기명의인은 다시 소정의 서면을 갖추어 경정등기를 하면 되는 것이고 따라서 거기에는 등기의무자의 관념이 있을 수 없다. 한편 등기의무자, 즉 등기부상의 형식상 그 등기에 의하여 권리를 상실하거나 기타 불이익을 받을 자(등기명의인이거나 그 포괄승계인)가 아닌 자를 상대로 한 등기의 말소절차이행을 구하는 소는 당사자적격이 없는 자를 상대로 한 부적법한 소이다(대판 2019.5.30. 2015다47105).

[등기명의인의 표시변경 또는 경정의 부기등기에 의하여 부동산등기사항증명서상의 표시가 실지 소유관계를 표상하고 있지 않은 경우, 진실한 소유자가 표시상의 소유명의자를 상대로 위 부기등기의 말소등기절차 이행을 청구할 수 있는지 여부(적극) 및 위 청구를 하려는 자가 증명하여야 할 사항]
등기명의인의 표시변경 또는 경정의 부기등기가 등기명의인의 동일성을 해치는 방법으로 행하여져서 부동산등기사항증명서상의 표시가 실지 소유관계를 표상하고 있는 것이 아니라면 진실한 소유자는 그 소유권의 내용인 침해배제청구권의 정당한 행사로써 그 표시상의 소유명의자를 상대로 그 소유권에 장애가 되는 부기등기인 표시변경 또는 경정등기의 말소등기절차의 이행을 청구할 수 있으므로, 이와 같이 부동산의 등기명의인의 표시변경 또는 경정등기의 말소등기절차의 이행을 청구하려는 자는 자신이 부동산의 원래의 등기명의인에 해당하는 자로서 진실한 소유자라는 사실을 증명하여야 한다(대판 2021.5.7. 2020다299214).

(4) 관련 문제 : 진정명의 회복을 위한 소유권이전등기청구권

1) 서 설

① 의의 : 진정한 등기명의 회복을 위한 소유권이전등기청구는 자기 명의로 소유권의 등기가 되어 있었거나 법률에 의하여 소유권을 취득한 진정한 소유자가 현재의 등기명의인을 상대로 그 등기의 말소를 구하는 것에 갈음하여 소유권에 기하여 진정한 등기명의의 회복을 구하는 것을 의미한다(대판 2003.5.13. 2002다64148).

② 인정 여부 : 견해의 다툼이 있으나, 판례는 「말소등기 이외에 진정명의 회복을 원인으로 한 소유권이전등기를 직접 청구할 수도 있다」고 하여 인정하고 있다.

2) 요 건

① 청구권자 : 현재의 소유자일 것

진정명의 회복을 위한 소유권이전등기는 소유물방해배제청구권의 성질을 가지므로 현재의 소유자만이 청구할 수 있다.

소유자가 자신의 소유권에 기하여 실체관계에 부합하지 아니하는 등기의 명의인을 상대로 그 등기말소나 진정명의회복 등을 청구하는 경우에, 그 권리는 물권적 청구권으로서의 방해배제청구권(민법 제214조)의 성질을 가진다. 그러므로 소유자가 그 후에 소유권을 상실함으로써 이제 등기말소 등을 청구할 수 없게 되었다면, 이를 위와 같은 청구권의 실현이 객관적으로 불능이 되었다고 파악하여 등기말소 등 의무자에 대하여 그 권리의 이행불능을 이유로 민법 제390조상의 손해배상청구권을 가진다고 말할 수 없다(대판[전합] 2012.5.17. 2010다28604 – 다수의견).

② **상대방** : 현재 등기명의자일 것

> 진정한 등기명의의 회복을 위한 소유권이전등기청구는 이미 자기 앞으로 소유권을 표상하는 등기가 되어 있었거나 법률에 따라 소유권을 취득한 자가 진정한 등기명의를 회복하기 위한 방법으로서, 현재의 등기명의인을 상대로 하여야 하고 현재의 등기명의인이 아닌 자는 피고적격이 없다(대판 2017.12.5. 2015다240645).

③ 원인무효의 등기가 경료되었을 것

3) 기판력의 문제

① **문제점** : 원고가 소유권이전등기말소등기청구소송에서 패소 확정판결을 받은 후 재차 진정명의회복을 위한 소유권이전등기청구소송을 제기할 수 있는지 문제된다.

② **판 례**

> 진정한 등기명의의 회복을 위한 소유권이전등기청구는 이미 자기 앞으로 소유권을 표상하는 등기가 되어 있었거나 법률에 의하여 소유권을 취득한 자가 진정한 등기명의를 회복하기 위한 방법으로 현재의 등기명의인을 상대로 그 등기의 말소를 구하는 것에 갈음하여 허용되는 것인데, 말소등기에 갈음하여 허용되는 진정명의회복을 원인으로 한 소유권이전등기청구권과 무효등기의 말소청구권은 어느 것이나 진정한 소유자의 등기명의를 회복하기 위한 것으로서 실질적으로 그 목적이 동일하고, 두 청구권 모두 소유권에 기한 방해배제청구권으로서 그 법적 근거와 성질이 동일하므로, 비록 전자는 이전등기, 후자는 말소등기의 형식을 취하고 있다고 하더라도 그 소송물은 실질상 동일한 것으로 보아야 하고, 따라서 소유권이전등기말소청구소송에서 패소확정판결을 받았다면 그 기판력은 그 후 제기된 진정명의회복을 원인으로 한 소유권이전등기청구소송에도 미친다(대판[전합] 2001.9.20. 99다37894 - 다수의견).

2. 소유물방해예방청구권

(1) 의 의

소유물방해예방청구권이란 소유자가 소유물을 방해할 염려가 있는 행위를 하는 자에게 대하여 그 예방이나 손해배상의 담보를 청구할 수 있는 권리이다(민법 제214조 후단).

(2) 요 건

① **청구권자** : 방해될 염려가 있는 소유물의 소유자일 것
② **상대방** : 장차 소유권에 「방해를 일으킬 염려」가 있는 자일 것
③ **방해의 염려가 있을 것** : 방해의 염려가 있다고 하기 위하여는 방해예방의 소에 의하여 미리 보호받을 만한 가치가 있는 것으로서 객관적으로 근거 있는 상당한 개연성을 가져야 할 것이고 관념적인 가능성만으로는 이를 인정할 수 없다(대판 1995.7.14. 94다50533).

(3) 효 과

이상의 요건이 충족되는 경우 소유자는 방해의 예방이나 손해배상의 담보를 청구할 수 있다. 이는 선택적 권리이다. 따라서 소유자는 두 가지를 다 청구할 수는 없다.

| 제5관 | 공동소유 |

I 총설

공동소유란 하나의 물건을 2인 이상의 다수인이 공동으로 소유하는 것을 말한다. 민법은 인적 결합형태에 따라 공동소유를 공유, 합유, 총유로 구분하고 있다. 이하에서는 이에 대해서 검토하기로 한다.

II 공유

1. 서설

> **물건의 공유(민법 제262조)**
> ① 물건이 지분에 의하여 수인의 소유로 된 때에는 공유로 한다.
> ② 공유자의 지분은 균등한 것으로 추정한다.

(1) 공유의 개념 및 법적 성질

공유란 공동목적을 위한 인적 결합관계가 없는 수인이 물건을 공동으로 소유하는 것을 말한다. 공유의 법적 성질과 관련하여 견해의 다툼이 있으나 학설은 1개의 소유권이 분량적으로 분할되어 수인에게 귀속되는 상태라고 한다(양적 분할설).

> 공동상속인들의 건물철거의무는 그 성질상 불가분채무라고 할 것이고 각자 그 지분의 한도 내에서 건물 전체에 대한 철거의무를 지는 것이지만(대판 1980.6.24. 80다756), 공유물의 반환 또는 철거에 관한 소송은 필요적 공동소송이 아니므로(대판 1969.7.22. 69다6.9), 건물의 공동상속인 전원을 피고로 하여서만 건물의 철거청구를 할 수 있는 것은 아니고 공동상속인 중의 한 사람만을 상대로 그 상속분의 한도에서만 건물의 철거를 청구할 수 있다(대판 1968.7.31. 68다1102).

(2) 공유의 성립

① **법률행위에 의한 성립** : 공유는 하나의 물건을 수인이 공동의 소유로 한다는 의사표시의 합치에 의해 성립한다. 다만, 법률행위에 의하여 부동산에 관한 공유를 성립시키기 위해서는 공유의 의사표시와 지분의 등기가 요구된다(민법 제186조).

② **법률의 규정에 의한 성립** : 타인의 물건 속의 매장물의 발견(민법 제254조)이나 주종을 구별할 수 없는 동산의 부합 또는 혼화(민법 제257조, 제258조) 등에 의하여 공유가 성립한다.

2. 공유의 지분

(1) 지분의 개념
다수설인 양적 분할설은 지분을 1개 소유권의 분량적 일부, 즉 소유의 비율이라고 한다.

(2) 지분의 비율
① 지분의 비율은 당사자의 약정 또는 법률의 규정에 의하여 결정되고, 그것이 불분명한 경우 균등한 것으로 추정된다(민법 제262조 제2항).
② 공유자 1인이 지분을 포기하거나 상속인 없이 사망한 경우에, 그 지분은 다른 공유자에게 각 그 지분의 비율로 귀속한다(민법 제267조). 이를 지분의 탄력성이라 한다.

(3) 지분의 처분

> **공유지분의 처분과 공유물의 사용, 수익(민법 제263조)**
> 공유자는 그 지분을 처분할 수 있고 공유물 전부를 지분의 비율로 사용, 수익할 수 있다.

① 처분의 자유
  ㉠ 각 공유자는 그 지분을 자유롭게 처분할 수 있다(민법 제263조 전단). 따라서 지분을 처분함에 다른 공유자의 동의를 요하지 않는다(대판 1972.5.23. 71다2760). 다만, 지분에 지상권·전세권 등의 용익물권을 설정하는 것은 공유자 전원의 동의를 필요로 한다.
  ㉡ 공유자 간에 지분처분금지의 특약이 있더라도 이를 등기할 수 없으며, 채권적 효력이 있을 뿐이다.
  ㉢ 지분을 담보로 제공하거나 포기하는 것도 가능하다.
② 처분의 방법 및 효과
  ㉠ 지분처분 시 공시방법을 갖추어야 한다.
  ㉡ 분할금지특약의 효력과 공유자 상호 간에 이미 성립한 개개의 채권·채무가 양수인에게 승계되는지 여부 : 분할금지특약을 등기하지 않았다면 양수인에게 대항할 수 없고, 이미 성립한 개개의 채권·채무가 양수인에게 승계되지 않는다.

3. 공유자 간의 법률관계

> **공유지분의 처분과 공유물의 사용, 수익(민법 제263조)**
> 공유자는 그 지분을 처분할 수 있고 공유물 전부를 지분의 비율로 사용, 수익할 수 있다.
>
> **공유물의 처분, 변경(민법 제264조)**
> 공유자는 다른 공유자의 동의 없이 공유물을 처분하거나 변경하지 못한다.
>
> **공유물의 관리, 보존(민법 제265조)**
> 공유물의 관리에 관한 사항은 공유자의 지분의 과반수로써 결정한다. 그러나 보존행위는 각자가 할 수 있다.

> **공유물의 부담(민법 제266조)**
> ① 공유자는 그 지분의 비율로 공유물의 관리비용 기타 의무를 부담한다.
> ② 공유자가 1년 이상 전항의 의무이행을 지체한 때에는 다른 공유자는 상당한 가액으로 지분을 매수할 수 있다.

(1) 공유물의 사용·수익

공유자는 공유물 전부를 지분의 비율로 사용·수익할 수 있다(민법 제263조 후단). 여기서 사용·수익의 객체는 공유물 전체이지 특정 부분이 아니며, 지분의 비율로 사용·수익할 수 있다는 의미는 배타적 사용·수익이 인정되지 않는다는 의미이다. 따라서 공유자라도 공유물 중 지분비율에 상응하는 부분을 배타적으로 사용·수익할 수는 없다.

> **[공유지분 과반수 소유자의 공유물인도청구를 그 상대방인 타 공유자가 민법 제263조의 사용수익권으로 거부할 수 있는지 여부(소극)]**
> 공유자 사이에 공유물을 사용·수익할 구체적인 방법을 정하는 것은 공유물의 관리에 관한 사항으로서 공유자의 지분의 과반수로써 결정하여야 할 것이고, 과반수 지분의 공유자는 다른 공유자와 사이에 미리 공유물의 관리방법에 관한 협의가 없었다 하더라도 공유물의 관리에 관한 사항을 단독으로 결정할 수 있으므로, 과반수 지분의 공유자가 그 공유물의 특정 부분을 배타적으로 사용·수익하기로 정하는 것은 공유물의 관리방법으로서 적법하다. 또한 공유지분 과반수 소유자의 공유물인도청구는 민법 제265조의 규정에 따라 공유물의 관리를 위하여 구하는 것으로서 그 상대방인 타 공유자는 민법 제263조의 공유물의 사용수익권으로 이를 거부할 수 없다(대판 2022.11.17. 2022다253243).

(2) 공유물의 관리 및 보존

1) 공유물의 관리

① 공유물의 관리에 관한 사항은 공유자 과반수가 아닌 공유 지분의 과반수로써 결정한다(민법 제265조 본문). 여기서 관리란 이용·개량행위를 의미하며, 처분이나 변경에 이르지 않는 것이어야 한다.
② 공유자가 공유물을 타인에게 임대하는 행위 및 그 임대차계약을 해지하는 행위는 공유물의 관리행위에 해당하므로 민법 제265조 본문에 의하여 공유자의 지분의 과반수로써 결정하여야 한다(대판 2010.9.9. 2010다37905).
③ 공유물 임대와 관련한 법률관계
  ㉠ 과반수지분권자 甲이 단독으로 丙에게 임대한 경우

> [1] 공유자 사이에 공유물을 사용·수익할 구체적인 방법을 정하는 것은 공유물의 관리에 관한 사항으로서 공유자의 지분의 과반수로써 결정하여야 할 것이고, 과반수 지분의 공유자는 다른 공유자와 사이에 미리 공유물의 관리방법에 관한 협의가 없었다 하더라도 공유물의 관리에 관한 사항을 단독으로 결정할 수 있으므로, 과반수 지분의 공유자가 그 공유물의 특정 부분을 배타적으로 사용·수익하기로 정하는 것은 공유물의 관리방법으로서 적법하다고 할 것이므로, 과반수 지분의 공유자로부터 사용·수익을 허락받은 점유자에 대하여 소수 지분의 공유자는 그 점유자가 사용·수익하는 건물의 철거나 퇴거 등 점유배제를 구할 수 없다. [2] 과반수 지분의 공유자는 공유자와 사이에 미리 공유물의 관리방법에 관하여 협의가 없었다 하더라도 공유물의 관리에 관한 사항을 단독으로 결정할 수 있으므로 과반수 지분의 공유자는

> 그 공유물의 관리방법으로서 그 공유토지의 특정된 한 부분을 배타적으로 사용·수익할 수 있으나, 그로 말미암아 지분은 있으되 그 특정 부분의 사용·수익을 전혀 하지 못하여 손해를 입고 있는 소수지분권자에 대하여 그 지분에 상응하는 임료 상당의 부당이득을 하고 있다 할 것이므로 이를 반환할 의무가 있다 할 것이나, 그 과반수 지분의 공유자로부터 다시 그 특정 부분의 사용·수익을 허락받은 제3자의 점유는 다수지분권자의 공유물관리권에 터잡은 적법한 점유이므로 그 제3자는 소수지분권자에 대하여도 그 점유로 인하여 법률상 원인 없이 이득을 얻고 있다고는 볼 수 없다(대판 2002.5.14. 2002다9738).

ⓒ 소수지분권자 乙이 단독으로 丙에게 임대한 경우

> - 공유자 사이에 공유물을 사용·수익할 구체적인 방법을 정하는 것은 공유물의 관리에 관한 사항으로서 공유자의 과반수로써 결정할 것임은 민법 제265조가 규정한 바로서, 공유물의 지분권자는 타지분권자와의 협의가 없는 한 그 공유물의 일부라 하더라도 이를 자의적, 배타적으로 독점사용할 수 없고, 나머지 지분권자는 공유물 보존행위로서 그 배타적 사용의 배제를 구할 수 있다(대결 1992.6.13. 92마290).
> - [1] 부동산의 1/7 지분 소유권자가 타공유자의 동의 없이 그 부동산을 타에 임대하여 임대차보증금을 수령하였다면, 이로 인한 수익 중 자신의 지분을 초과하는 부분에 대하여는 법률상 원인 없이 취득한 부당이득이 되어 이를 반환할 의무가 있고, 또한 위 무단임대행위는 다른 공유지분권자의 사용, 수익을 침해한 불법행위가 성립되어 그 손해를 배상할 의무가 있다. [2] [1]의 경우 반환 또는 배상해야 할 범위는 위 부동산의 임대차로 인한 차임 상당액이라 할 것으로서 타공유자는 그 임대보증금 자체에 대한 지분비율 상당액의 반환 또는 배상을 구할 수는 없다. [3] [1]의 경우 공유물의 보존행위란 공유물의 현상을 유지하기 위하여 이를 침해하는 제3자에게 그 배제를 구하는 행위를 말하므로 그 행위의 전제로서 공유자가 수령한 임대차보증금 중 자신의 지분비율 상당액의 지급을 구할 수 없다(대판 1991.9.24. 91다23639).

ⓒ 甲과 乙이 공동으로 丙에게 임대한 경우

> 건물의 공유자가 공동으로 건물을 임대하고 보증금을 수령한 경우, 특별한 사정이 없는 한 그 임대는 각자 공유지분을 임대한 것이 아니고 임대목적물을 다수의 당사자로서 공동으로 임대한 것이고 그 보증금 반환채무는 성질상 불가분채무에 해당된다(대판 1998.12.8. 98다43137).

④ 관리에 관한 특약의 승계 여부

> - 공유자 간의 공유물에 대한 사용수익·관리에 관한 특약은 공유자의 특정승계인에 대하여도 당연히 승계된다고 할 것이나, 민법 제265조는 "공유물의 관리에 관한 사항은 공유자의 지분의 과반수로써 결정한다"라고 규정하고 있으므로, 위와 같은 특약 후에 공유자에 변경이 있고 특약을 변경할 만한 사정이 있는 경우에는 공유자의 지분의 과반수의 결정으로 기존 특약을 변경할 수 있다(대판 2005.5.12. 2005다1827).
> - 그러나 공유물에 관한 특약이 지분권자로서의 사용수익권을 사실상 포기하는 등으로 공유지분권의 본질적 부분을 침해한다고 볼 수 있는 경우에는 특정승계인이 그러한 사실을 알고도 공유지분권을 취득하였다는 등의 특별한 사정이 없는 한 특정승계인에게 당연히 승계되는 것으로 볼 수는 없다(대판 2009.12.10. 2009다54294). 마찬가지로 공유자 중 1인이 자신의 지분 중 일부를 다른 공유자에게 양도하기로 하는 공유자 간의 지분의 처분에 관한 약정까지 공유자의 특정승계인에게 당연히 승계되는 것으로 볼 수는 없다(대판 2007.11.29. 2007다64167).

2) 공유물의 보존

① 공유물의 보존행위는 공유자 각자가 할 수 있다(민법 제265조 단서). 여기서 보존행위란 공유물의 멸실·훼손을 방지하고 그 현상을 유지하기 위하여 하는 사실상·법률상의 행위를 말한다.

> [1] 공유물 보존행위의 의미 및 민법 제265조 단서에서 공유물의 보존행위를 각 공유자가 단독으로 할 수 있도록 한 취지 / 공유자 1인의 보존권 행사 결과가 다른 공유자의 이해와 충돌하는 경우, 보존권 행사를 공유물의 보존행위로 볼 수 있는지 여부(소극) : 공유물의 보존행위는 공유물의 멸실·훼손을 방지하고 그 현상을 유지하기 위하여 하는 사실적·법률적 행위이다. 민법 제265조 단서가 이러한 공유물의 보존행위를 각 공유자가 단독으로 할 수 있도록 한 취지는 그 보존행위가 긴급을 요하는 경우가 많고 다른 공유자에게도 이익이 되는 것이 보통이기 때문이므로, / 어느 공유자가 보존권을 행사하는 때에 그 행사의 결과가 다른 공유자의 이해와 충돌될 때에는 그 행사는 보존행위로 될 수 없다고 보아야 한다. [2] 구분소유자가 공용부분에 대해 그 지분권에 기하여 권리를 행사하는 것이 다른 구분소유자들의 이익에 어긋날 수 있는 경우, 그 권리 행사는 각 구분소유자가 개별적으로 할 수 있는 보존행위가 아니라 관리단집회의 결의를 거쳐야 하는 관리행위로 보아야 하는지 여부(적극) / 집합건물의 공용부분이 적법한 용도 또는 관리방법에 어긋나게 사용되고 있어 일부 구분소유자가 방해배제청구로 원상회복을 구하더라도 다른 구분소유자들의 이익에 어긋날 수 있는 경우, 이를 관리행위로 보아서 관리단집회의 결의를 거치도록 해야 하는지 여부(적극) : 구 집합건물의 소유 및 관리에 관한 법률(2020.2.4. 법률 제16919호로 개정되기 전의 것, 이하 '구 집합건물법'이라 한다) 제16조 제1항은 공용부분의 관리에 관한 사항은 관리단의 통상의 집회결의로써 결정한다고 정하면서 그 단서에 보존행위는 각 공유자가 할 수 있다고 정하고 있다. 앞서 본 민법 제265조 단서의 취지, 구 집합건물법의 입법 취지와 관련 규정을 종합하여 보면, 구분소유자가 공용부분에 대해 그 지분권에 기하여 권리를 행사할 때 이것이 다른 구분소유자들의 이익에 어긋날 수 있다면 이는 각 구분소유자가 구 집합건물법 제16조 제1항 단서에 의하여 개별적으로 할 수 있는 보존행위라고 볼 수 없고 구 집합건물법 제16조 제1항 본문에 따라 관리단집회의 결의를 거쳐야 하는 관리행위라고 보아야 한다. / 설령 집합건물의 공용부분이 적법한 용도 또는 관리방법에 어긋나게 사용되고 있어 일부 구분소유자가 방해배제청구로 원상회복을 구하는 경우라도 이러한 행위가 다른 구분소유자들의 이익에 어긋날 수 있다면 이를 관리행위로 보아서 관리단집회의 결의를 거치도록 하는 것이 집합건물 내 공동생활을 둘러싼 다수 구분소유자들 상호 간의 이해관계 조절을 위하여 제정된 구 집합건물법의 입법 취지에 부합하고 분쟁의 일회적인 해결을 위하여 바람직하다(대판 2024.3.12. 2023다240879).

② 무효등기에 대한 말소청구

- 부동산의 공유자 중 한 사람은 공유물에 대한 보존행위로서 그 공유물에 관한 원인무효의 등기 전부의 말소를 구할 수 있고, 진정명의회복을 원인으로 한 소유권이전등기청구권과 무효등기의 말소청구권은 어느 것이나 진정한 소유자의 등기명의를 회복하기 위한 것으로서 실질적으로 그 목적이 동일하고 두 청구권 모두 소유권에 기한 방해배제청구권으로서 그 법적 근거와 성질이 동일하므로, 공유자 중 한 사람은 공유물에 경료된 원인무효의 등기에 관하여 각 공유자에게 해당 지분별로 진정명의회복을 원인으로 한 소유권이전등기를 이행할 것을 단독으로 청구할 수 있다(대판 2005.9.29. 2003다40651).
- 실체관계상 공유인 부동산에 관하여 단독소유로 소유권보존등기가 마쳐졌거나 단독소유인 부동산에 관하여 공유로 소유권보존등기가 마쳐진 경우에 소유권보존등기 중 진정한 권리자의 소유부분에 해당하는 일부 지분에 관한 등기명의인의 소유권보존등기는 무효이므로 이를 말소하고 그 부분에 관한 진정한 권리자의 소유권보존등기를 하여야 한다. 이 경우 진정한 권리자는 소유권보존등기의 일부말소를 소로써 구하고 법원은 그 지분에 한하여만 말소를 명할 수 있으나, 등기기술상 소유권보존등기의 일부말소는 허용되지 않으므로, 그 판결의 집행은 단독소유를 공유로 또는 공유를 단독소유로 하는 경정등기의 방식으로 이루어진다. 이와 같이 일부말소 의미의 경정등기는 등기절차 내에서만 허용될 뿐 소송절차에서는 일부말소를 구하는 외에 경정등기를 소로써 구하는 것은 허용될 수 없다(대판 2017.8.18. 2016다6309).

- 공유 부동산에 관하여 제3자 명의로 원인무효의 소유권이전등기가 마쳐져 있는 경우, 공유자의 1인이 공유물에 관한 보존행위로서 등기 전부의 말소를 구할 수 있는지 여부(적극) / 공유자가 다른 공유자의 지분권을 대외적으로 주장하는 것이 공유물의 보존행위에 속하는지 여부(소극) 및 자신의 소유지분 범위를 초과하는 부분에 관하여 마쳐진 등기에 대하여 공유물에 관한 보존행위로서 무효라고 주장하면서 말소를 구할 수 있는지 여부(소극) / 원인무효의 등기가 특정 공유자의 지분에만 한정하여 마쳐진 경우, 지분을 침해받게 된 특정 공유자를 제외한 나머지 공유자들이 공유물의 보존행위로서 위 등기의 말소를 구할 수 있는지 여부(소극) : <u>부동산의 공유자의 1인은 당해 부동산에 관하여 제3자 명의로 원인무효의 소유권이전등기가 마쳐져 있는 경우 공유물에 관한 보존행위로서 제3자에 대하여 그 등기 전부의 말소를 구할 수 있으나,</u> / 공유자가 다른 공유자의 지분권을 대외적으로 주장하는 것을 공유물의 멸실·훼손을 방지하고 공유물의 현상을 유지하는 사실적·법률적 행위인 공유물의 보존행위에 속한다고 할 수는 없으므로, / 자신의 소유지분 범위를 초과하는 부분에 관하여 마쳐진 등기에 대하여 공유물에 관한 보존행위로서 무효라고 주장하면서 말소를 구할 수는 없다. / 결국 공유물에 관한 원인무효의 등기에 대하여 모든 공유자가 항상 공유물의 보존행위로서 말소를 구할 수 있는 것은 아니고, 원인무효의 등기로 인하여 자신의 지분이 침해된 공유자에 한하여 공유물의 보존행위로서 그 등기의 말소를 구할 수 있을 뿐이므로, <u>원인무효의 등기가 특정 공유자의 지분에만 한정하여 마쳐진 경우에는 그로 인하여 지분을 침해받게 된 특정 공유자를 제외한 나머지 공유자들은 공유물의 보존행위로서 위 등기의 말소를 구할 수는 없다</u>(대판 2023.12.7. 2023다273206).

③ 목적물의 불법점유

- <u>건물의 공유지분권자는 동 건물 전부에 대하여 보존행위로서 방해배제 청구를 할 수 있다</u>(대판 1968.9.17. 68다1142·68다1143).
- <u>토지공유자는 특별한 사정이 없는 한 그 지분에 대응하는 비율의 범위 내에서만 그 차임상당의 부당이득금반환의 청구권 또는 불법행위를 이유로 한 손해배상청구권을 행사할 수 있다</u>(대판 1979.1.30. 78다2088, 대판 1993.5.11. 92다52870).

④ 소수지분권자가 협의 없이 배타적으로 점유하고 있는 경우[판례 변경]

[변경 전 판례]
지분을 소유하고 있는 공유자나 그 지분에 관한 소유권이전등기청구권을 가지고 있는 자라고 할지라도 <u>다른 공유자와의 협의 없이는 공유물을 배타적으로 점유하여 사용 수익할 수 없는 것이므로, 다른 공유권자는 자신이 소유하고 있는 지분이 과반수에 미달되더라도 공유물을 점유하고 있는 자에 대하여 공유물의 보존행위로서 공유물의 인도나 명도를 청구할 수 있다</u>(대판[전합] 1994.3.22. 93다9392·93다9408).

[변경 후 판례]
(가) 공유물의 소수지분권자인 피고가 다른 공유자와 협의하지 않고 공유물의 전부 또는 일부를 독점적으로 점유하는 경우 다른 소수지분권자인 원고가 피고를 상대로 공유물의 인도를 청구할 수는 없다고 보아야 한다.
(나) 공유자들은 공유물의 소유자로서 공유물 전부를 사용·수익할 수 있는 권리가 있고(민법 제263조), 이는 공유자들 사이에 공유물 관리에 관한 결정이 없는 경우에도 마찬가지이다. 공유물을 일부라도 독점적으로 사용할 수 없는 등 사용·수익의 방법에 일정한 제한이 있다고 하여, 공유자들의 사용·수익권이 추상적·관념적인 것에 불과하다거나 공유물 관리에 관한 결정이 없는 상태에서는 구체적으로 실현할 수 없는 권리라고 할 수 없다. 공유자들 사이에 공유물 관리에 관한 결정이 없는 경우 공유자가 다른 공유자를

배제하고 공유물을 독점적으로 점유·사용하는 것은 위법하여 허용되지 않지만, 다른 공유자의 사용·수익권을 침해하지 않는 방법으로, 즉 비독점적인 형태로 공유물 전부를 다른 공유자와 함께 점유·사용하는 것은 자신의 지분권에 기초한 것으로 적법하다. 일부 공유자가 공유물의 전부나 일부를 독점적으로 점유한다면 이는 다른 공유자의 지분권에 기초한 사용·수익권을 침해하는 것이다. 공유자는 자신의 지분권 행사를 방해하는 행위에 대해서 민법 제214조에 따른 방해배제청구권을 행사할 수 있고, 공유물에 대한 지분권은 공유자 개개인에게 귀속되는 것이므로 공유자 각자가 행사할 수 있다. 원고는 공유물의 종류(토지, 건물, 동산 등), 용도, 상태(피고의 독점적 점유를 전후로 한 공유물의 현황)나 당사자의 관계 등을 고려해서 원고의 공동 점유를 방해하거나 방해할 염려 있는 피고의 행위와 방해물을 구체적으로 특정하여 방해의 금지, 제거, 예방(작위·부작위의무의 이행)을 청구하는 형태로 청구취지를 구성할 수 있다. 법원은 이것이 피고의 방해 상태를 제거하기 위하여 필요하고 원고가 달성하려는 상태가 공유자들의 공동 점유 상태에 부합한다면 이를 인용할 수 있다.

(다) 이와 같이 공유물의 소수지분권자가 다른 공유자와 협의 없이 공유물의 전부 또는 일부를 독점적으로 점유·사용하고 있는 경우 다른 소수지분권자는 공유물의 보존행위로서 그 인도를 청구할 수는 없고, 다만 자신의 지분권에 기초하여 공유물에 대한 방해 상태를 제거하거나 공동 점유를 방해하는 행위의 금지 등을 청구할 수 있다고 보아야 한다(대판[전합] 2020.5.21. 2018다287522 – 다수의견).

⑤ 집합건물의 구분소유자가 집합건물의 소유 및 관리에 관한 법률의 관련 규정에 따라 관리단집회 결의나 다른 구분소유자의 동의 없이 공용부분의 전부 또는 일부를 독점적으로 점유·사용하고 있는 경우, 다른 구분소유자가 공용부분의 보존행위로서 그 인도를 청구할 수 있는지 여부(소극) 및 자신의 지분권에 기초하여 공용부분에 대한 방해 상태를 제거하거나 공동 점유를 방해하는 행위의 금지 등을 청구할 수 있는지 여부(원칙적 적극) : 공유물의 소수지분권자가 다른 공유자와 협의 없이 공유물의 전부 또는 일부를 독점적으로 점유·사용하고 있는 경우 다른 소수지분권자는 공유물의 보존행위로서 그 인도를 청구할 수는 없고, 다만 자신의 지분권에 기초하여 공유물에 대한 방해 상태를 제거하거나 공동 점유를 방해하는 행위의 금지 등을 청구할 수 있다. 이러한 법리는 집합건물의 소유 및 관리에 관한 법률(이하 '집합건물법'이라 한다)에 따라 구분소유자 전원 또는 일부의 공유에 속하고(제10조 제1항), 공유자가 그 용도에 따라 사용할 수 있는 집합건물의 공용부분(제11조)에도 마찬가지로 적용된다. 따라서 집합건물의 구분소유자가 집합건물법의 관련 규정에 따라 관리단집회 결의나 다른 구분소유자의 동의 없이 공용부분의 전부 또는 일부를 독점적으로 점유·사용하고 있는 경우 다른 구분소유자는 공용부분의 보존행위로서 그 인도를 청구할 수는 없고, 특별한 사정이 없는 한 자신의 지분권에 기초하여 공용부분에 대한 방해 상태를 제거하거나 공동 점유를 방해하는 행위의 금지 등을 청구할 수 있다(대판 2020.10.15. 2019다245822).

(3) 공유물의 처분·변경

① 공유자는 다른 공유자의 동의 없이 공유물을 처분하거나 변경하지 못한다(민법 제264조).

> **[공유물의 '변경'의 의미와 요건 / 어떤 행위가 공유물의 '변경'에 해당하는지 판단하는 기준 / 대지 공유자 중 일부가 대지에 적법하게 건축된 건물을 소유하고 있는데 그 건물을 철거하게 하는 행위가 공유물인 대지의 변경에 해당하는지 여부(원칙적 적극)]**
>
> 공유물의 변경은 공유물을 그 자체의 경제적 용도에 따라 활용하는 이용행위나 공유물의 사용가치 내지 교환가치를 증대시키는 개량행위를 넘어서 공유물에 사실상의 물리적 변화를 가하여 공유자들의 공유물 이용관계에 중대한 변화를 가져오는 것을 말한다. 공유물의 변경은 공유자 지분의 과반수로써 결정하는 공유물의 관리(민법 제265조 본문)와 달리 공유자 전원의 동의가 있어야 할 수 있다(민법 제264조). / 어떤 행위가 공유물의 변경에 해당하는지는 그 행위가 공유물의 외관이나 용도에 본질적이거나 현저한 변화를 가져오는지, 공유물에 대한 사용·수익 방법에 중대한 영향을 미치는지, 그 행위로 발생하는 비용이 얼마나 큰지, 공유자 전원이 그 비용을 분담하는 것이 적정한지, 그 행위의 목적이 정당한지, 그 행위로 영향을 받게 되는 소수 지분권자를 보호할 필요성이 있는지 등 여러 사정을 종합적으로 고려할 때 공유자 전원의 의사 일치가 요구되는 정도로 중대한 행위인가의 관점에서 판단하여야 한다. / 한편 대지 공유자 중 일부가 대지에 적법하게 건축된 건물을 소유하고 있는데 그 건물을 철거하게 하는 행위는 특별한 사정이 없는 한 공유물인 대지의 변경에 해당한다(대판 2024.10.31. 2024다202317).

② 공유자 1인의 공유물 단독 처분행위와 관련된 법률관계

> - 공유물을 처분하기 위하여 공유자 전원의 동의가 있어야 하므로, 공유자 1인이 단독으로 처분한 경우에는 무효이나 전부무효가 아니고 그 자신의 지분에 한해서는 유효하다(대판 2008.4.24. 2008다5073).
> - 공유자 중 1인이 다른 공유자의 동의 없이 그 공유 토지의 특정부분을 매도하여 타인 명의로 소유권이전등기가 마쳐졌다면, 그 매도 부분 토지에 관한 소유권이전등기는 처분공유자의 공유지분 범위 내에서는 실체관계에 부합하는 유효한 등기라고 보아야 한다(대판 1994.12.2. 93다1596).

(4) 공유물에 대한 부담

① 각 공유자는 지분의 비율로 공유물의 관리비용 기타 의무를 부담한다(민법 제266조 제1항). 여기서 관리비용은 공유물의 유지·개량을 위하여 지출한 비용을 말한다. 민법 제266조 제1항은 임의규정이므로 공유자가 달리 약정할 수 있다.

② 제3자에 대한 관계에서는 민법 제266조 제1항이 적용되지 않는다. 즉 대외적으로 공유물에 대한 부담은 원칙적으로 불가분채무이므로 공유자는 각자가 부담 전부를 이행할 의무를 진다.

> - 공유자가 공유물의 관리에 관하여 제3자와 계약을 체결한 경우에 그 계약에 기하여 제3자가 지출한 관리비용의 상환의무를 누가 어떠한 내용으로 부담하는가는 일차적으로 당해 계약의 해석으로 정하여진다. 공유자들이 공유물의 관리비용을 각 지분의 비율로 부담한다는 내용의 민법 제266조 제1항은 공유자들 사이의 내부적인 부담관계에 관한 규정일 뿐이다(대판 2009.11.12. 2009다54034·54041).

- 공유토지의 과반수지분권자는 다른 공유자와 협의없이 단독으로 관리행위를 할 수가 있으며 그로 인한 관리비용은 공유자의 지분비율에 따라 부담할 의무가 있으나, 위와 같은 관리비용의 부담의무는 공유자의 내부관계에 있어서 부담을 정하는 것일 뿐, 제3자와의 관계는 당해 법률관계에 따라 결정된다고 할 것이고, 따라서 과반수지분권자가 관리행위가 되는 정지공사를 시행함에 있어 시공회사에 대하여 공사비용은 자신이 정산하기로 약정하였다면 그 공사비를 직접 부담해야 할 사람은 과반수지분권자만이라 할 것이고, 다만 그가 그 공사비를 지출하였다면 다른 공유자에게 그의 지분비율에 따른 공사비만을 상환청구할 수 있을 뿐이다(대판 1991.4.12. 90다20220).

4. 공유물분할

공유물의 분할청구(민법 제268조)
① 공유자는 공유물의 분할을 청구할 수 있다. 그러나 5년 내의 기간으로 분할하지 아니할 것을 약정할 수 있다.
② 전항의 계약을 갱신한 때에는 그 기간은 갱신한 날로부터 5년을 넘지 못한다.
③ 전2항의 규정은 제215조, 제239조의 공유물에는 적용하지 아니한다.

분할의 방법(민법 제269조)
① 분할의 방법에 관하여 협의가 성립되지 아니한 때에는 공유자는 법원에 그 분할을 청구할 수 있다.
② 현물로 분할할 수 없거나 분할로 인하여 현저히 그 가액이 감손될 염려가 있는 때에는 법원은 물건의 경매를 명할 수 있다.

분할로 인한 담보책임(민법 제270조)
공유자는 다른 공유자가 분할로 인하여 취득한 물건에 대하여 그 지분의 비율로 매도인과 동일한 담보책임이 있다.

(1) 서 설

1) 의 의

공유자는 분할금지특약이 없는 한 원칙적으로 언제든지 공유물의 분할을 청구하여 공유관계를 해소할 수 있다(민법 제268조). 이는 합유와 대비되는 공유의 특색이다.

2) 분할청구권의 법적 성질

① 통설과 판례(대판 1981.3.24. 80다1888・1889)는 형성권이라고 한다.
② 구체적으로 협의분할의 경우에는 분할등기 시에, 재판상 분할의 경우에는 판결확정 시에 분할이 된다.
③ 공유물분할청구권은 공유관계에서 수반되는 형성권이므로 공유관계가 존속하는 한 그 분할청구권만이 독립하여 시효소멸될 수 없다(대판 1981.3.24. 80다1888・1889).

(2) 분할청구의 자유와 제한

1) 원칙 : 분할청구의 자유(민법 제268조 제1항 본문)

2) 예외 : 분할의 제한

① 법률행위에 의한 제한(분할금지특약)
  ㉠ 공유자는 5년 내의 기간으로 분할하지 아니할 것을 약정할 수 있다(민법 제268조 제1항 단서). 이 기간은 갱신할 수 있으나, 갱신된 기간은 갱신한 날로부터 5년을 넘지 못한다(민법 제268조 제2항).
  ㉡ 부동산의 경우 분할금지특약을 등기해야 공유자의 특정승계인에게도 효력이 미친다(통설, 대판 1975.11.11. 75다82).

② 법률규정에 의한 금지
  ㉠ 건물을 구분소유하는 경우의 공용부분(민법 제215조), 경계에 설치된 경계표·담·구거 등(민법 제239조)에 대해서는 분할이 인정되지 않는다(민법 제268조 제3항).
  ㉡ 집합건물법도 구분소유권의 목적인 건물이 속하는 1동의 건물대지의 공유자는 그 건물의 사용에 필요한 범위 내의 대지에 대한 분할청구를 금지하고 있다(집합건물법 제8조).

③ 판례에 의한 제한 : 공동명의수탁(대판 1993.2.9. 92다37482), 구분소유적 공유(대판 1989.9.12. 88다카10517)의 경우에도 분할청구를 할 수 없다.

(3) 분할의 방법

1) 협의에 의한 분할
① 공유물의 분할은 협의에 의함이 우선이다(민법 제269조 제1항). 이때 전원이 참가해야 하며, 당사자는 협의에 의하여 분할의 방법을 임의로 자유로이 선택할 수 있다(대판[전합] 2013.11.21. 2011두1917).
② 분할방법으로는 ㉠ 현물분할(공유물을 그대로 분량적으로 분할하는 방법), ㉡ 대금분할(공유물을 매각하여 그 대금을 나누는 방법), ㉢ 가격(가액)배상(공유자 중 한 사람이 다른 공유자들의 지분을 양수하여 그 가격을 지급하고, 단독소유자가 되는 방법) 등이 있으며, 협의에 따라 그 어떤 방법으로도 자유롭게 선택할 수 있다.

2) 재판상 분할
① 요건 : 분할방법에 관하여 협의가 성립되지 아니할 것(민법 제269조 제1항)

> 공유물분할은 협의분할을 원칙으로 하고 협의가 성립되지 아니한 때에는 재판상 분할을 청구할 수 있으므로 공유자 사이에 이미 분할에 관한 협의가 성립된 경우에는 일부 공유자가 분할에 따른 이전등기에 협조하지 않거나 분할에 관하여 다툼이 있더라도 그 분할된 부분에 대한 소유권이전등기를 청구하든가 소유권확인을 구함은 별문제이나 또다시 소로써 그 분할을 청구하거나 이미 제기한 공유물분할의 소를 유지함은 허용되지 않는다(대판 1995.1.12. 94다30348·94다30355[반소]).

② **재판상 분할의 소의 법적 성질**
  ㉠ **형식적 형성의 소** : 공유물분할청구의 소는 형식적 형성의 소로서 처분권주의와 불이익변경금지의 원칙이 배제된다.

  > 공유물분할의 소는 형성의 소로서 공유자 상호 간의 지분의 교환 또는 매매를 통하여 공유의 객체를 단독소유권의 대상으로 하여 그 객체에 대한 공유관계를 해소하는 것을 말하므로, 법원은 공유물분할을 청구하는 자가 구하는 방법에 구애받지 아니하고 자유로운 재량에 따라 공유관계나 그 객체인 물건의 제반 상황에 따라 공유자의 지분 비율에 따른 합리적인 분할을 하면 된다(대판 2004.10.14. 2004다30583).

  ㉡ **고유필수적 공동소송**

  > [공유물분할청구의 소가 고유필수적 공동소송인지 여부(적극) 및 고유필수적 공동소송에서 공동소송인 중 일부가 상소를 제기한 경우, 상소심의 심판 범위 / 고유필수적 공동소송에 대한 본안판결에서 공동소송인 일부에 대하여만 판결하거나 남은 공동소송인에 대해 추가판결하는 것이 허용되는지 여부(소극)]
  > 공유물분할청구 소송은 분할을 청구하는 공유자가 원고가 되어 다른 공유자 전부를 공동피고로 해야 하는 고유필수적 공동소송이다. 공동소송인과 상대방 사이에 판결의 합일확정을 필요로 하는 고유필수적 공동소송에서 공동소송인 중 일부가 제기한 상소는 다른 공동소송인에게도 그 효력이 미친다. 이 경우 공동소송인 전원에 대한 관계에서 판결의 확정이 차단되고 그 소송은 전체로서 상소심에 이심되며, 상소심 판결의 효력은 상소를 하지 않은 공동소송인에게 미치므로 상소심으로서는 공동소송인 전원에 대하여 심리·판단해야 한다. 고유필수적 공동소송에 대하여 본안판결을 할 때에는 공동소송인 전원에 대한 하나의 종국판결을 선고해야 하는 것이지 공동소송인 일부에 대해서만 판결하거나 남은 공동소송인에 대해 추가판결을 하는 것은 모두 허용되지 않는다(대판 2022.6.30. 2022다217506).

③ **분할의 대상** : 건축허가나 신고 없이 건축된 미등기 건물에 대해서는 경매에 의한 공유물분할이 허용되지 않는다(대판 2013.9.13. 2011다69190).

  > 민사집행법 제81조 제1항 제2호 단서는 등기되지 아니한 건물에 대한 강제경매신청서에는 그 건물에 관한 건축허가 또는 건축신고를 증명할 서류를 첨부하여야 한다고 규정함으로써 적법하게 건축허가나 건축신고를 마친 건물이 사용승인을 받지 못한 경우에 한하여 부동산 집행을 위한 보존등기를 할 수 있게 하였고, 같은 법 제274조 제1항은 공유물분할을 위한 경매와 같은 형식적 경매는 담보권 실행을 위한 경매의 예에 따라 실시한다고 규정하며, 같은 법 제268조는 부동산을 목적으로 하는 담보권 실행을 위한 경매절차에는 같은 법 제79조 내지 제162조의 규정을 준용한다고 규정하고 있으므로, 건축허가나 신고 없이 건축된 미등기 건물에 대하여는 경매에 의한 공유물분할이 허용되지 않는다(대판 2013.9.13. 2011다69190).

④ **분할의 방법**(민법 제269조 제2항)
  ㉠ 원칙적으로 현물분할의 방법에 의하여야 한다.
  ㉡ 다만, 현물로 분할할 수 없거나 현물로 분할하게 되면 그 가액이 현저하게 감손될 염려가 있는 때에는 물건의 경매를 명하여 대금분할을 할 수 있다.

> [재판에 의하여 공유물을 분할하는 경우, 경매에 따른 대금분할을 명할 수 있는 요건인 '현물로 분할할 수 없거나 현물로 분할을 하게 되면 현저히 그 가액이 감손될 염려가 있는 때'의 의미 및 법원이 경매에 따른 대금분할의 방법을 선택할 때 유의할 사항]
> 공유는 물건에 대한 공동소유의 한 형태로서 물건에 대한 1개의 소유권이 분량적으로 분할되어 여러 사람에게 속하는 것이므로, 특별한 사정이 없는 한 공유자는 공유물의 분할을 청구하여 기존의 공유관계를 폐지하고 공유자 간에 공유물을 분배하는 법률관계를 실현하는 일방적인 권리를 가진다. 따라서 공유물의 분할은 당사자 간에 협의가 이루어지는 경우에는 그 방법을 임의로 선택할 수 있으나, 협의가 이루어지지 아니하여 재판에 의하여 공유물을 분할하는 경우에 법원은 현물로 분할하는 것이 원칙이고, 현물로 분할할 수 없거나 현물로 분할을 하게 되면 현저히 그 가액이 감손될 염려가 있는 때에 비로소 물건의 경매를 명할 수 있다(민법 제269조 제2항). 이때 '현물로 분할할 수 없다'는 요건은 이를 물리적으로 엄격하게 해석할 것은 아니고, 공유물의 성질, 위치나 면적, 이용 상황, 분할 후의 사용가치 등에 비추어 보아 현물분할을 하는 것이 곤란하거나 부적당한 경우를 포함하고, '현물로 분할을 하게 되면 현저히 그 가액이 감손될 염려가 있는 경우' 역시 공유자의 한 사람이라도 현물분할에 의하여 단독으로 소유하게 될 부분의 가액이 분할 전의 소유 지분 가액보다 현저하게 감손될 염려가 있는 경우까지 포함한다. 그러나 이 경우에도 재판에 의한 공유물분할은 공유자별 지분에 따른 합리적인 분할을 할 수 있는 한 현물분할을 하는 것이 원칙이므로, 원고가 바라는 방법에 따른 현물분할을 하는 것이 부적당하거나 이 방법에 따르면 그 가액이 현저히 감손될 염려가 있다고 하여 이를 이유로 곧바로 경매에 따른 대금분할을 명하여서는 아니 되고, 불가피하게 경매에 따른 대금분할을 할 수밖에 없는 요건에 관한 객관적·구체적인 심리 없이 단순히 공유자들 사이에 분할의 방법에 관하여 의사가 합치하고 있지 않다는 등의 주관적·추상적인 사정에 터 잡아 함부로 경매에 따른 대금분할을 명하는 것도 허용될 수 없다(대판 2023.6.29. 2023다217916).

> [공동상속을 원인으로 하는 공유관계처럼 공유자들 사이에 긴밀한 유대관계가 있어서 이들 사이에 공유물 사용에 관한 명시적 또는 묵시적 합의가 있고, 공유자 전부 또는 일부가 분할의 목적이 된 공유토지나 그 지상 건물에서 거주·생활하는 등 공유물 점유·사용의 형태를 보더라도 이러한 합의를 충분히 추단할 수 있는 경우, 공유자 일부의 지분을 경매 등으로 취득한 사람이 경매분할의 방법으로 분할할 것을 주장할 때 법원이 우선적으로 강구하여야 할 분할방법 및 이때 경매분할을 선택하기 위한 요건]
> 공동상속을 원인으로 하는 공유관계처럼 공유자들 사이에 긴밀한 유대관계가 있어서 이들 사이에 공유물 사용에 관한 명시적 또는 묵시적 합의가 있었고, 공유자 전부 또는 일부가 분할의 목적이 된 공유토지나 그 지상 건물에서 거주·생활하는 등 공유물 점유·사용의 형태를 보더라도 이러한 합의를 충분히 추단할 수 있는 사안에서, 그러한 공유자 일부의 지분을 경매 등으로 취득한 사람이 공유물 점유·사용에 관한 기존의 명시적·묵시적 합의를 무시하고 경매분할의 방법으로 분할할 것을 주장한다면 법원으로서는 기존 공유자들의 합의에 의한 점유·사용관계를 해치지 않고 공유물을 분할할 수 있는 방법을 우선적으로 강구하여야 한다. 따라서 이러한 경우 법원이 경매분할을 선택하기 위해서는 현물로 분할할 수 없거나 현물로 분할하게 되면 그 가액이 현저히 감손될 염려가 있다는 사정이 분명하게 드러나야 하고, 현물분할을 위한 금전적 조정에 어려움이 있다고 하여 경매분할을 명하는 것에는 매우 신중하여야 한다(대판 2023.6.29. 2020다260025).

ⓒ 판례는 공유물을 공유자 중의 1인의 단독소유 또는 수인의 공유로 하되, 현물을 소유하게 되는 공유자로 하여금 다른 공유자에 대하여 그 지분의 적정하고도 합리적인 가격을 배상시키는 방법에 의한 분할도 현물분할의 하나로 인정하고 있다(대판 2004.10.14. 2004다30583). 즉, 가격(가액)배상을 현물분할 방법의 하나로 인정하고 있다.

> [공유물분할의 소에서 공유물을 공유자 중의 1인의 단독소유 또는 수인의 공유로 하되 현물을 소유하게 되는 공유자로 하여금 다른 공유자에 대하여 그 지분의 적정하고도 합리적인 가격을 배상시키는 방법에 의한 분할이 허용되는 경우 / 이때 가격배상의 기준이 되는 '지분가격'의 의미(= 공유물분할 시점의 객관적인 교환가치에 해당하는 시장가격 또는 매수가격) 및 그 산정 방법]
>
> 공유물분할의 소는 형성의 소로서 공유자 상호 간의 지분의 교환 또는 매매를 통하여 공유의 객체를 단독소유권의 대상으로 하여 그 객체에 대한 공유관계를 해소하는 것을 말하므로, 법원은 공유물분할을 청구하는 자가 구하는 방법에 구애받지 아니하고 자유로운 재량에 따라 공유관계나 그 객체인 물건의 제반 상황에 따라 공유자의 지분비율에 따른 합리적인 분할을 하면 된다. 따라서 여러 사람이 공유하는 물건을 분할하는 경우 원칙적으로는 각 공유자가 취득하는 토지의 면적이 그 공유지분의 비율과 같도록 하여야 할 것이나, 반드시 그런 방법으로만 분할하여야 하는 것은 아니고, 분할 대상이 된 공유물의 형상이나 위치, 그 이용 상황이나 경제적 가치가 균등하지 아니할 때에는 이와 같은 여러 사정을 고려하여 경제적 가치가 지분비율에 상응하도록 분할하는 것도 허용되며, 일정한 요건이 갖추어진 경우에는 공유자 상호 간에 금전으로 경제적 가치의 과부족을 조정하여 분할을 하는 것도 현물분할의 한 방법으로 허용된다. 나아가 공유관계의 발생원인과 공유지분의 비율 및 분할된 경우의 경제적 가치, 분할 방법에 관한 공유자의 희망 등의 여러 사정을 종합적으로 고려하여 당해 공유물을 특정한 자에게 취득시키는 것이 상당하다고 인정되고, 다른 공유자에게는 그 지분의 가격을 취득시키는 것이 공유자 간의 실질적인 공평을 해치지 않는다고 인정되는 특별한 사정이 있는 때에는 공유물을 공유자 중의 1인의 단독소유 또는 수인의 공유로 하되 현물을 소유하게 되는 공유자로 하여금 다른 공유자에 대하여 그 지분의 적정하고도 합리적인 가격을 배상시키는 방법에 의한 분할도 현물분할의 하나로 허용된다. 이때 그 가격배상의 기준이 되는 '지분가격'이란 공유물분할 시점의 객관적인 교환가치에 해당하는 시장가격 또는 매수가격을 의미하는 것으로, 그 적정한 산정을 위해서는 분할 시점에 가까운 사실심 변론종결일을 기준으로 변론과정에 나타난 관련 자료를 토대로 최대한 객관적·합리적으로 평가하여야 하므로, 객관적 시장가격 또는 매수가격에 해당하는 시가의 변동이라는 사정을 일절 고려하지 않은 채 그러한 사정이 제대로 반영되지 아니한 감정평가액에만 의존하여서는 아니 된다(대판 2022.9.7. 2022다244805).

ⓔ 또한 공유물분할청구의 소는 형성의 소로서 법원은 공유물분할을 청구하는 원고가 구하는 방법에 구애받지 않고 재량에 따라 합리적 방법으로 분할을 명할 수 있으므로, 여러 사람이 공유하는 물건을 현물분할하는 경우에는 분할청구자의 지분 한도 안에서 현물분할을 하고 분할을 원하지 않는 나머지 공유자는 공유로 남게 하는 방법도 허용되나, 그렇다고 하더라도 공유물분할을 청구한 공유자의 지분 한도 안에서는 공유물을 현물 또는 경매·분할함으로써 공유관계를 해소하고 단독소유권을 인정하여야지, 분할청구자들이 그들 사이의 공유관계의 유지를 원하고 있지 아니한데도 분할청구자들과 상대방 사이의 공유관계만 해소한 채 분할청구자들을 여전히 공유로 남기는 방식으로 현물분할을 하는 것은 허용될 수 없다(대판 2015.7.23. 2014다88888).

(4) 분할의 효과

① **지분의 이전으로 인한 소유권의 변동** : 공유물분할에 의하여 공유관계는 종료되고, 각 공유자 간에 지분권의 교환(현물분할의 경우) 또는 매매(대금분할·가격배상의 경우)가 성립하여 소유권을 취득하게 된다.

② **효력발생시기**
  ㉠ 협의에 의한 분할은 법률행위에 의한 물권변동에 해당한다. 공유물이 부동산인 경우에는 분할의 합의가 이루어졌다고 하더라도 바로 분할된 부분에 대한 단독소유권을 취득하는 것이 아니고, 등기하여야 비로소 단독소유권을 취득한다(민법 제186조).
  ㉡ 재판상 분할에 있어서는 현물분할판결이 확정되면 분할된 부분에 대해서는 민법 제187조에 근거하여 등기 없이도 단독소유권을 취득한다.

③ **분할효과의 불소급** : 분할의 효과는 소급하지 않는다. 다만, 공동상속재산분할의 효과는 상속개시 시로 소급한다(민법 제1015조).

④ **분할로 인한 담보책임**
  ㉠ 대금분할의 경우를 제외하면 공유물의 분할은 실질적으로 지분의 교환 또는 매매를 의미하므로, 공유자는 다른 공유자가 분할에 의하여 취득한 물건에 대하여 그 지분의 비율로 매도인과 동일한 담보책임이 있다(민법 제270조).
  ㉡ 담보책임의 일반적 효과로서 손해배상, 대금감액 및 해제를 들 수 있으나, 재판상 분할의 경우에서는 해제가 인정되지 않는다.

⑤ **공유지분에 대한 저당권 설정 후 공유물이 분할된 경우(지분상의 담보책임)**

> 甲, 乙의 공유인 부동산 중 甲의 지분위에 설정된 근저당권 등 담보물권은 특단의 합의가 없는 한 공유물분할이 된 뒤에도 종전의 지분비율대로 공유물 전부의 위에 그대로 존속하고 근저당권설정자인 甲 앞으로 분할된 부분에 당연히 집중되는 것은 아니므로, 甲과 담보권자 사이에 공유물분할로 甲의 단독소유로 된 토지부분 중 원래의 乙지분부분을 근저당권의 목적물에 포함시키기로 합의하였다고 하여도 이런 합의가 乙의 단독소유로된 토지부분 중 甲지분부분에 대한 피담보채권을 소멸시키기로 하는 합의까지 내포한 것이라고는 할 수 없다(대판 1989.8.8. 88다카24868).

Ⅲ 합유

1. 서 설

> **물건의 합유(민법 제271조)**
> ① 법률의 규정 또는 계약에 의하여 수인이 조합체로서 물건을 소유하는 때에는 합유로 한다. 합유자의 권리는 합유물 전부에 미친다.
> ② 합유에 관하여는 전항의 규정 또는 계약에 의하는 외에 다음 3조의 규정에 의한다.
>
> **합유물의 처분, 변경과 보존(민법 제272조)**
> 합유물을 처분 또는 변경함에는 합유자 전원의 동의가 있어야 한다. 그러나 보존행위는 각자가 할 수 있다.
>
> **합유지분의 처분과 합유물의 분할금지(민법 제273조)**
> ① 합유자는 전원의 동의 없이 합유물에 대한 지분을 처분하지 못한다.
> ② 합유자는 합유물의 분할을 청구하지 못한다.
>
> **합유의 종료(민법 제274조)**
> ① 합유는 조합체의 해산 또는 합유물의 양도로 인하여 종료한다.
> ② 전항의 경우에 합유물의 분할에 관하여는 공유물의 분할에 관한 규정을 준용한다.

(1) 의 의

합유는 수인이 조합체를 이루어 물건을 소유하는 공동소유의 형태를 말한다(민법 제271조 제1항).

(2) 구별개념

① 공유와의 구별 : 합유는 소유권이 양적으로 다수인에게 분속(分屬)한다는 점에서는 공유와 같지만, 합유자의 지분은 공동목적을 위하여 구속되어 있어서 자유롭게 이를 처분하지 못한다는 점에서 공유와 차이가 있다(민법 제263조 전단, 제273조 제1항).

② 권리능력 없는 사단과의 구별 : 조합체란 수인이 공동의 목적으로 결합되어 있지만, 구성원의 개별성이 강하여 아직 단체(법인이나 법인이 아닌 사단)로서의 체계를 갖추지 못한 수인의 결합체를 의미한다. 즉 민법상의 조합과 법인격은 없으나 사단성이 인정되는 비법인사단을 구별함에 있어서는 일반적으로 그 단체성의 강약을 기준으로 판단한다(대판 1999.4.23. 99다4504).

2. 합유의 성립

① 합유가 성립하기 위해서는 그 전제로서 조합체의 존재가 필요하며, 조합체는 법률의 규정 또는 계약(조합계약)에 의하여 성립한다(민법 제271조 제1항). 계약에 의한 조합 성립의 전형적인 예는 동업계약이며, 법률규정에 의한 조합으로는 신탁법 제50조에 의한 조합과 광업법 제19조에 의한 조합이 있다.

② 조합의 소유권 취득은 물권변동의 일반원칙이 적용된다. 따라서 물권적 합의와 공시방법을 필요로 한다. 특히 부동산을 합유하는 때에는 그 취지를 등기해야 한다(부동산등기법 제48조 제4항).

3. 합유의 법률관계

(1) 합유지분의 처분

합유에서도 지분이 존재한다. 그러나 공유와 달리 합유자 전원의 동의 없이는 합유물에 대한 지분을 처분하지 못한다(민법 제273조 제1항). 지분의 양도는 조합원으로서의 지위의 양도를 의미하기 때문이다.

(2) 합유물의 처분·변경과 보존

① 합유물을 처분 또는 변경하려면 합유자 전원의 동의가 있어야 한다(민법 제272조 본문).
② 합유물의 보존행위는 각 합유자가 단독으로 할 수 있다(민법 제272조 단서).

> [합유재산의 보존행위를 각 합유자 단독으로 할 수 있도록 한 취지 및 민법상 조합인 공동수급체가 경쟁입찰에 참가하였으나 다른 경쟁업체가 낙찰자로 선정되자 그 공동수급체의 구성원 중 1인이 낙찰자 선정 무효확인의 소를 제기하는 것이 합유재산의 보존행위에 해당하는지 여부(적극)]
> 합유재산의 보존행위는 합유재산의 멸실·훼손을 방지하고 그 현상을 유지하기 위하여 하는 사실적·법률적 행위로서 이러한 합유재산의 보존행위를 각 합유자 단독으로 할 수 있도록 한 취지는 그 보존행위가 긴급을 요하는 경우가 많고 다른 합유자에게도 이익이 되는 것이 보통이기 때문이다. 민법상 조합인 공동수급체가 경쟁입찰에 참가하였다가 다른 경쟁업체가 낙찰자로 선정된 경우, 그 공동수급체의 구성원 중 1인이 그 낙찰자 선정이 무효임을 주장하며 무효확인의 소를 제기하는 것은 그 공동수급체가 경쟁입찰과 관련하여 갖는 법적 지위 내지 법률상 보호받는 이익이 침해될 우려가 있어 그 현상을 유지하기 위하여 하는 소송행위이므로 이는 합유재산의 보존행위에 해당한다(대판 2013.11.28. 2011다80449).

> [합유재산을 합유자 1인의 단독소유로 소유권보존등기를 한 경우, 등기가 원인무효인지 여부(적극) 및 이 경우 다른 합유자가 소유권보존등기 말소청구의 소를 제기하는 등의 방법으로 원인무효의 등기를 말소시킨 다음 새로이 합유의 소유권보존등기를 신청할 수 있는지 여부(적극)]
> 합유재산을 합유자 1인의 단독소유로 소유권보존등기를 한 경우에는 소유권보존등기가 실질관계에 부합하지 않는 원인무효의 등기이므로, 다른 합유자는 등기명의인인 합유자를 상대로 소유권보존등기 말소청구의 소를 제기하는 등의 방법으로 원인무효의 등기를 말소시킨 다음 새로이 합유의 소유권보존등기를 신청할 수 있다(대판 2017.8.18. 2016다6309).

③ 합유물에 관한 소송은 필수적 공동소송이다.

> 합유로 소유권이전등기가 된 부동산에 관하여 명의신탁해지를 원인으로 한 소유권이전등기절차의 이행을 구하는 소송은 합유물에 관한 소송으로서 고유필요적 공동소송에 해당하여 합유자 전원을 피고로 하여야 할 뿐 아니라 합유자 전원에 대하여 합일적으로 확정되어야 하므로, 합유자 중 일부의 청구인낙이나 합유자 중 일부에 대한 소의 취하는 허용되지 않는다(대판 1996.12.10. 96다23238).

(3) 합유관계의 종료

① 조합체의 해산 또는 합유물의 양도로 인하여 합유관계는 종료된다(민법 제274조 제1항). 조합체의 해산에 따른 합유물의 분할에 대하여 공유물 분할에 관한 규정이 준용된다(민법 제274조 제2항).
② 조합체가 존속하는 한 합유자는 합유물의 분할을 청구할 수 없다(민법 제273조 제2항). 다만 부득이한 사유가 있으면 각 조합원은 조합체의 해산을 청구할 수 있다(민법 제720조).

Ⅳ 총유

1. 의의

> **물건의 총유(민법 제275조)**
> ① 법인이 아닌 사단의 사원이 집합체로서 물건을 소유할 때에는 총유로 한다.
> ② 총유에 관하여는 사단의 정관 기타 계약에 의하는 외에 다음 2조의 규정에 의한다.
>
> **총유물의 관리, 처분과 사용, 수익(민법 제276조)**
> ① 총유물의 관리 및 처분은 사원총회의 결의에 의한다.
> ② 각 사원은 정관 기타의 규약에 좇아 총유물을 사용, 수익할 수 있다.
>
> **총유물에 관한 권리의무의 득상(민법 제277조)**
> 총유물에 관한 사원의 권리의무는 사원의 지위를 취득상실함으로써 취득상실된다.

총유는 법인이 아닌 사단의 사원이 집합체로서 물건을 소유하는 공동소유의 형태이다(민법 제275조 제1항). 총유의 주체는 권리능력 없는 사단인데, 그 대표적인 예가 종중과 교회이다.

2. 성립

부동산의 총유는 이를 등기하여야 하고, 등기는 비법인사단 명의로 할 수 있다(부동산등기법 제26조, 제48조 제3항).

3. 총유의 법률관계

총유관계는 사단의 정관 기타 규약에 의하여 규율되나, 정관이나 규약으로 정한 바가 없는 때에는 민법 제276조와 제277조의 규정에 의한다(민법 제275조 제2항).

(1) 총유물의 관리·처분

① 총유물의 관리 및 처분은 정관 기타 규약에 달리 정함이 없다면 사원총회의 결의에 의하여야 한다(민법 제275조 제2항, 제276조 제1항). 이를 위반한 관리 및 처분행위는 효력이 없다.

> **[주택법에 따라 설립된 주택조합 재산의 소유관계(= 조합원 전원의 총유) 및 그 관리·처분 방법]**
> 주택법에 따라 설립된 주택조합의 재산은 조합원 전원의 총유에 속하며, 총유물의 관리 및 처분에 관하여 조합규약에 정한 바가 있으면 이에 따라야 하고 그에 관한 조합규약이 없으면 조합원 총회의 결의에 의하여야 할 것이며, 그와 같은 절차를 거치지 않은 행위는 무효이다(대판 2024.10.8. 2024다257362).

② 총유물의 관리 및 처분이라 함은 총유물 그 자체에 관한 이용·개량행위나 법률적·사실적 처분행위를 의미하는 것이고, 총유물 그 자체의 관리·처분이 따르지 아니하는 단순한 채무부담행위는 이를 총유물의 관리·처분행위라고 볼 수는 없다(대판 2012.4.12. 2011다107900).

③ 판례의 분류
  ㉠ 총유물 관리·처분행위로 본 경우
    ㉮ 총유물인 종산에 대한 분묘를 설치하는 행위(대판 1967.7.18. 66다1600)
    ㉯ 주택 조합원 전원의 총유에 속하는 신축 완공한 건물을 일반인에게 분양하는 행위(대판 2007.12.13. 2005다52214)
    ㉰ 총유물에 관한 매매계약을 체결하는 행위(대판 2009.11.26. 2009다64383)
  ㉡ 정관에 의한 대표권 제한으로 본 경우(관리행위)
    ㉮ 총유물의 사용권을 타인에게 부여하거나 임대하는 행위(대판 2012.10.25. 2010다56586)
    ㉯ 비법인사단인 재건축조합이 재건축사업의 시행을 위하여 설계용역계약을 체결하는 것(대판 2003.7.22. 2002다64780)
    ㉰ 비법인사단이 타인 간의 금전채무를 보증하는 행위는 총유물 그 자체의 관리·처분이 따르지 아니하는 단순한 채무부담행위에 불과하여 이를 총유물의 관리·처분행위라고 볼 수는 없다(대판[전합] 2007.4.19. 2004다60072·60089).

(2) **총유물의 사용·수익**

총유물의 사용·수익의 권능은 개개의 사원에게 귀속된다(민법 제276조 제2항).

(3) **총유물의 보존행위**

총유물의 보존행위에 대해서는 공유(민법 제265조 단서) 및 합유(민법 제272조 단서)와 달리 별도로 규정하고 있지 않다. 반면 판례는 「총유재산에 관한 소송은 법인 아닌 사단이 그 명의로 사원총회의 결의를 거쳐야 하거나 그 구성원 전원이 당사자가 되어 필수적 공동소송의 형태로 할 수 있다」(대판[전합] 2005.9.15. 2004다44971)고 판시하였다.

- 민법 제276조 제1항은 "총유물의 관리 및 처분은 사원총회의 결의에 의한다", 같은 조 제2항은 "각 사원은 정관 기타의 규약에 좇아 총유물을 사용·수익할 수 있다"라고 규정하고 있을 뿐 공유나 합유의 경우처럼 보존행위는 그 구성원 각자가 할 수 있다는 민법 제265조 단서 또는 제272조 단서와 같은 규정을 두고 있지 아니한바, 이는 법인 아닌 사단의 소유형태인 총유가 공유나 합유에 비하여 단체성이 강하고 구성원 개인들의 총유재산에 대한 지분권이 인정되지 아니하는 데에서 나온 당연한 귀결이라고 할 것이므로 총유재산에 관한 소송은 법인 아닌 사단이 그 명의로 사원총회의 결의를 거쳐 하거나 또는 그 구성원 전원이 당사자가 되어 필수적 공동소송의 형태로 할 수 있을 뿐 그 사단의 구성원은 설령 그가 사단의 대표자라거나 사원총회의 결의를 거쳤다 하더라도 그 소송의 당사자가 될 수 없고, 이러한 법리는 총유재산의 보존행위로서 소를 제기하는 경우에도 마찬가지이다 (대판[전합] 2005.9.15. 2004다44971).
- 비법인사단이 총유재산에 관한 소송을 제기할 때에는 정관에 다른 정함이 있다는 등의 특별한 사정이 없는 한 사원총회 결의를 거쳐야 하는 것이므로, 비법인사단이 이러한 사원총회 결의 없이 그 명의로 제기한 소송은 소송요건이 흠결된 것으로서 부적법하다(대판 2011.7.28. 2010다97044).

4. 총유물에 관한 사원의 권리의무의 득실

총유물에 관한 사원의 권리의무는 사원의 지위를 취득 또는 상실함에 따라 발생 또는 소멸한다(민법 제277조).

V 준공동소유

준공동소유(민법 제278조)
본절의 규정은 소유권 이외의 재산권에 준용한다. 그러나 다른 법률에 특별한 규정이 있으면 그에 의한다.

1. 의 의

준공동소유란 소유권 이외의 재산권을 수인이 공동으로 소유하는 것을 말한다(민법 제278조). 공동소유에 공유, 합유, 총유가 있는 것처럼 준공동소유에도 준공유, 준합유, 준총유가 있다. 준공동소유에는 공동소유에 관한 규정들이 적용된다(민법 제278조).

2. 준공동소유가 인정되는 재산권

(1) 소유권 이외의 물권

(2) 채 권

채권에 대해서도 준공동소유가 성립하나, 다수당사자의 채권관계에 관한 규정이 우선 적용된다.

제6관 명의신탁

I 총 설

1. 의 의

판례는 「부동산의 명의신탁이란 당사자 간의 신탁에 관한 채권계약에 의하여 신탁자가 실질적으로는 그의 소유에 속하는 부동산의 등기명의를 실체적인 거래관계가 없는 수탁자에게 매매 등의 형식으로 이전하여 두는 것을 일컫는다」(대판 1993.11.9. 92다31699)고 판시하였다.

2. 명의신탁의 법적 성질 및 유효성

(1) 법적 성질
명의신탁이론은 판례에 의하여 정립되었는데, 판례에 의하면 명의신탁이 민법상의 신탁에 해당한다는 입장이다.

(2) 유효성
민법 제108조에 따라 무효라는 견해와 허위표시가 아니라 유효한 계약으로 보는 견해의 다툼이 있으나, 명의신탁에서 당사자들은 법적으로는 진정하게 소유권을 명의수탁자 앞으로 이전할 것을 의욕하기에, 명의신탁의 유효성 자체를 부정할 것은 아니다.

3. 규율방법

부동산 실권리자명의 등기에 관한 법률(이하 '부동산실명법'이라 한다)이 1995년 7월 1일 시행됨에 따라 기존의 판례법리에 의존해야 하는 범위가 많이 축소된 것은 사실이나, 법률상 배우자 간의 명의신탁이나 종중의 명의신탁과 같이 부동산실명법이 적용되지 않는 유형의 명의신탁의 경우 등에는 여전히 판례의 이론이 적용된다. 따라서 이하에서는 우선 부동산실명법의 내용에 대해 검토하고, 이후 명의신탁에 관한 판례이론을 검토하겠다.

Ⅱ 부동산 실권리자명의 등기에 관한 법률(이하 '부동산실명법')

1. 서 설

판례에 의하여 형성된 명의신탁의 법리가 주로 조세를 포탈하거나 토지에 관한 각종 공법상 제한을 피하기 위하여 이용되는 등의 폐해가 발생하자 1995년 3월 30일 부동산실명법이 제정되어 동년 7월 1일부로 시행되어 오고 있다.

2. 적용범위

(1) 동법의 적용대상
소유권뿐만 아니라, 기타 물권도 규율한다(부동산실명법 제2조 제1호 본문).

(2) 적용의 예외(허용되는 명의신탁)
① 양도담보나 가등기담보, 상호명의신탁, 신탁등기(부동산실명법 제2조 제1호 단서 각 호)
② 특례의 인정 : 조세포탈, 강제집행의 면탈 또는 법령상 제한의 회피 목적이 없는 종중, 배우자 및 종교 단체 사이의 명의신탁(부동산실명법 제8조)
　㉠ 여기서 종중이란 원래의 의미의 종중을 의미하고 종중과 유사한 비법인사단은 이에 속하지 않는다(대판 2007.10.25. 2006다14165).
　㉡ 배우자란 사실혼을 가장한 탈법행위를 방지하기 위해 '법률상의 배우자'에 한정된다(대판 2002.10.25. 2002다23840).

[부동산 실권리자명의 등기에 관한 법률 제8조 제2호에 따라 부부간 명의신탁이 일단 유효한 것으로 인정된 후 배우자 일방의 사망으로 부부관계가 해소된 경우, 명의신탁약정이 사망한 배우자의 다른 상속인과의 관계에서도 여전히 유효하게 존속하는지 여부(적극)]

부동산 실권리자명의 등기에 관한 법률(이하 '부동산실명법'이라 한다) 제8조 제2호는 '배우자 명의로 부동산에 관한 물권을 등기한 경우'로서 조세포탈, 강제집행의 면탈 또는 법령상 제한의 회피를 목적으로 하지 아니하는 경우에는 그 명의신탁약정과 그 약정에 기하여 행하여진 물권변동을 무효로 보는 위 법률 제4조 등을 적용하지 아니한다고 규정하고 있다. 명의신탁을 받은 사람이 사망하면 그 명의신탁관계는 재산상속인과의 사이에 그대로 존속한다고 할 것인데, 부동산실명법 제8조 제2호의 문언상 명의신탁약정에 따른 명의신탁등기의 성립 시점에 부부관계가 존재할 것을 요구하고 있을 뿐 부부관계의 존속을 그 효력 요건으로 삼고 있지 아니한 점, 부동산실명법상 제8조 제2호에 따라 일단 유효한 것으로 인정된 부부간 명의신탁에 대하여 그 후 배우자 일방의 사망 등으로 부부관계가 해소되었음을 이유로 이를 다시 무효화하는 별도의 규정이 존재하지 아니하는 점, 부부간 명의신탁이라 하더라도 조세포탈 등 목적이 없는 경우에 한하여 위 조항이 적용되는 것이므로 부부관계가 해소된 이후에 이를 그대로 유효로 인정하더라도 새삼 부동산실명법의 입법 취지가 훼손될 위험성은 크지 아니한 점 등에 비추어 보면, 부동산실명법 제8조 제2호에 따라 부부간 명의신탁이 일단 유효한 것으로 인정되었다면 그 후 배우자 일방의 사망으로 부부관계가 해소되었다 하더라도 그 명의신탁약정은 사망한 배우자의 다른 상속인과의 관계에서도 여전히 유효하게 존속한다고 보아야 한다(대판 2013.1.24. 2011다999498).

3. 명의신탁의 효력

명의신탁약정의 효력(부동산실명법 제4조)
① 명의신탁약정은 무효로 한다.
② 명의신탁약정에 따른 등기로 이루어진 부동산에 관한 물권변동은 무효로 한다. 다만, 부동산에 관한 물권을 취득하기 위한 계약에서 명의수탁자가 어느 한 쪽 당사자가 되고 상대방 당사자는 명의신탁약정이 있다는 사실을 알지 못한 경우에는 그러하지 아니하다.
③ 제1항 및 제2항의 무효는 제3자에게 대항하지 못한다.

실명등기의무 위반의 효력 등(부동산실명법 제12조)
① 제11조에 규정된 기간 이내에 실명등기 또는 매각처분 등을 하지 아니한 경우 그 기간이 지난 날 이후의 명의신탁약정 등의 효력에 관하여는 제4조를 적용한다.
② 제11조를 위반한 자에 대하여는 제3조 제1항을 위반한 자에 준하여 제5조, 제5조의2 및 제6조를 적용한다.
③ 법률 제4944호 부동산 실권리자명의 등기에 관한 법률 시행 전에 명의신탁약정에 따른 등기를 한 사실이 없는 자가 제11조에 따른 실명등기를 가장하여 등기한 경우에는 5년 이하의 징역 또는 2억원 이하의 벌금에 처한다.

(1) 명의신탁「약정」의 무효

① 명의신탁약정은 적용의 예외에 해당하지 않는 한 명시적이든 묵시적이든 무효이다(부동산실명법 제4조 제1항). 다만, 강행법규에 위반되어 무효일 뿐 제103조에 의한 무효는 아니다(대판 1991.9.13. 91다16334·16341[반소]).

② 나아가 무효인 명의신탁약정에 기하여 타인 명의의 등기가 경료되었다는 이유로 그것이 불법원인급여에 해당한다고 볼 수는 없다(대판 2003.11.27. 2003다41722).

③ 이는 농지법에 따른 제한을 회피하고자 명의신탁을 한 경우에도 마찬가지이다(대판[전합] 2019.6.20. 2013다218156).

④ 부동산실명법 제4조 제1항에 의하여 무효가 되는 것은 명의신탁약정뿐이고, 명의신탁약정에 따라 행하여진 부동산취득의 원인계약은 무효로 되지 않는다.

⑤ 명의신탁자는 부동산실명법 제11조에서 정한 유예기간 이내에 실명등기 등을 하여야 하고, 유예기간이 경과한 날 이후부터 명의신탁약정과 그에 따라 행하여진 등기에 의한 부동산에 관한 물권변동이 무효가 되므로 명의신탁자는 더 이상 명의신탁해지를 원인으로 하는 소유권이전등기를 청구할 수 없다(대판 1999.1.26. 98다1027).

(2) 명의신탁「등기」의 효력

명의신탁약정에 기한 물권변동은 무효이다(부동산실명법 제4조 제2항 본문).

(3) 제3자에 대한 효과

① 제3자 : 부동산실명법 제4조 제3항의 '제3자'라 함은, 수탁자가 물권자임을 기초로 그와의 사이에 새로운 이해관계를 맺는 자를 말하고, 여기에는 소유권이나 저당권 등 물권을 취득한 자뿐만 아니라 압류 또는 가압류채권자도 포함되며, 제3자의 선의·악의를 묻지 않는다(대판 2009.3.12. 2008다36022).

> [명의신탁자와 부동산에 관한 물권계약을 맺고 단지 등기명의만을 명의수탁자로부터 경료받은 것과 같은 외관을 갖춘 자가 부동산 실권리자명의 등기에 관한 법률 제4조 제3항의 '제3자'에 해당하는지 여부(소극) 및 이러한 자도 자신의 등기가 실체관계에 부합하는 등기로서 유효하다는 주장을 할 수 있는지 여부(적극)]
> 부동산 실권리자명의 등기에 관한 법률 제4조 제3항에 정한 '제3자'는 명의수탁자가 물권자임을 기초로 그와 새로운 이해관계를 맺은 사람을 말하고, 이와 달리 오로지 명의신탁자와 부동산에 관한 물권을 취득하기 위한 계약을 맺고 단지 등기명의만을 명의수탁자로부터 경료받은 것 같은 외관을 갖춘 자는 위 조항의 제3자에 해당하지 아니하므로, 같은 조항을 들어 무효인 명의신탁등기에 터 잡아 경료된 자신의 등기의 유효를 주장할 수는 없으나, 이러한 자도 자신의 등기가 실체관계에 부합하는 등기로서 유효하다는 주장은 할 수 있다(대판 2008.12.11. 2008다45187).

> [부동산 실권리자명의 등기에 관한 법률 제4조 제3항에서 정한 '제3자'의 범위 및 이는 명의신탁약정에 따라 형성된 외관을 토대로 다시 명의신탁이 이루어지는 등 연속된 명의신탁관계에서 최후의 명의수탁자가 물권자임을 기초로 그와 사이에 직접 새로운 이해관계를 맺은 사람에게도 적용되는지 여부(원칙적 적극)]
> 부동산 실권리자명의 등기에 관한 법률 제4조 제3항에 의하면 명의신탁약정 및 이에 따른 등기로 이루어진 부동산에 관한 물권변동의 무효는 제3자에게 대항하지 못한다. 여기서 '제3자'는 명의신탁약정의 당사자 및 포괄승계인 이외의 자로서 명의수탁자가 물권자임을 기초로 그와 사이에 직접 새로운 이해관계를 맺은 사람으로서 소유권이나 저당권 등 물권을 취득한 자뿐만 아니라 압류 또는 가압류채권자도 포함하고 그의 선의·악의를

묻지 않는다. 이러한 법리는 특별한 사정이 없는 한 명의신탁약정에 따라 형성된 외관을 토대로 다시 명의신탁이 이루어지는 등 연속된 명의신탁관계에서 최후의 명의수탁자가 물권자임을 기초로 그와 사이에 직접 새로운 이해관계를 맺은 사람에게도 적용된다(대판 2021.11.11. 2019다272725).

[명의수탁자가 신탁부동산을 임의로 처분하거나 강제수용이나 공공용지 협의취득 등을 원인으로 제3취득자 명의로 이전등기가 마쳐진 경우, 명의신탁관계가 당연히 종료되는지 여부(적극)]
부동산 실권리자명의 등기에 관한 법률 제4조 제3항에 따르면 명의수탁자가 신탁부동산을 임의로 처분하거나 강제수용이나 공공용지 협의취득 등을 원인으로 제3취득자 명의로 이전등기가 마쳐진 경우, 특별한 사정이 없는 한 제3취득자는 유효하게 소유권을 취득한다. 그리고 이 경우 명의신탁관계는 당사자의 의사표시 등을 기다릴 필요 없이 당연히 종료되었다고 볼 것이지, 주택재개발정비사업으로 인해 분양받게 될 대지 또는 건축시설물에 대해서도 명의신탁관계가 그대로 존속한다고 볼 수 없다(대판 2021.7.8. 2021다209225[본소], 2021다209232[반소]).

② 「대항하지 못한다」의 의미 : 「대항하지 못한다」의 의미는 수탁자 명의의 등기는 무효이나, 제3자에 대한 관계에서는 유효한 등기로 취급되어 제3자가 부동산 물권을 적법하게 취득할 수 있게 된다는 의미이다.

4. 명의신탁의 유형

(1) 단순 명의신탁(양자 간 명의신탁)

1) 의 의

명의신탁자가 자신 소유 부동산의 등기명의를 명의수탁자에게 신탁한 경우에 해당한다.

[명의신탁관계가 성립하기 위하여는 신탁자와 수탁자 사이의 명시적 계약 또는 묵시적 합의가 인정되어야 하는지 여부(적극)]
명의신탁관계는 반드시 신탁자와 수탁자 사이의 명시적 계약에 의하여만 성립하는 것이 아니라 묵시적 합의에 의하여도 성립할 수 있으나, 명시적인 계약이나 묵시적 합의가 인정되지 않는데도 명의신탁약정이 있었던 것으로 단정하거나 간주할 수는 없다(대판 2021.7.8. 2021다209225[본소], 2021다209232[반소]).

2) 법률관계

① 명의신탁약정이 무효이므로(부동산실명법 제4조 제1항), 그 약정에 기한 물권변동도 무효이다(부동산실명법 제4조 제2항 본문). 따라서 소유권은 대내적이든 대외적이든 모두 신탁자에게 있다.
② 이 경우 신탁자는 소유권에 기초하여 수탁자를 상대로 소유권이전등기말소청구 또는 진정명의회복을 위한 소유권이전등기청구를 할 수 있다(대판 2002.9.6. 2002다35157).
③ 부동산실명법 시행 이전의 명의신탁은 부동산실명법 시행일(1995.7.1.)로부터 1년간의 유예기간 내에 실명등기를 하지 않으면 그 명의신탁도 부동산실명법이 적용되어 명의신탁약정은 무효가 되고, 그 약정에 기한 물권변동도 무효가 된다(부동산실명법 제11조 제1항 본문, 동법 제12조).

> **[양자 간 등기명의신탁에서 부동산 실권리자명의 등기에 관한 법률 제11조의 유예기간 내에 실명등기를 하지 않은 경우, 명의수탁자가 제3자에 대한 관계에서 소유권을 주장하거나 소유권에 기한 물권적 청구권을 행사할 수 있는지 여부(소극)]**
> 명의신탁자가 그 소유인 부동산의 등기명의를 명의수탁자에게 이전하는 이른바 양자 간 등기명의신탁의 경우에 있어서 명의신탁자와의 명의신탁약정에 의하여 행하여진 명의수탁자 명의의 소유권이전등기는 법률 제4944호 부동산실명법의 유예기간이 경과한 1996.7.1. 이후에는 원인무효로서 말소되어야 한다. 그리하여 명의수탁자로서는 명의신탁자는 물론 제3자에 대한 관계에서도 수탁된 부동산에 대한 소유권자임을 주장할 수 없고, 소유권에 기한 물권적 청구권을 행사할 수도 없다고 할 것이다(대판 2014.2.13. 2012다97864).
>
> **[명의수탁자가 양자 간 명의신탁에 따라 명의신탁자로부터 소유권이전등기를 넘겨받은 부동산을 임의로 처분한 경우, 형사상 횡령죄의 성립 여부와 관계없이 명의신탁자에 대하여 민사상 불법행위책임을 부담하는지 여부(적극)]**
> 명의수탁자가 양자 간 명의신탁에 따라 명의신탁자로부터 소유권이전등기를 넘겨받은 부동산을 임의로 처분한 행위가 형사상 횡령죄로 처벌되지 않더라도, 위 행위는 명의신탁자의 소유권을 침해하는 행위로서 형사상 횡령죄의 성립 여부와 관계없이 민법상 불법행위에 해당하여 명의수탁자는 명의신탁자에게 손해배상책임을 부담한다(대판 2021.6.3. 2016다34007).

(2) 중간생략형 명의신탁(3자간 명의신탁)

1) 의 의

신탁자가 직접 계약의 당사자가 되어 매도인으로부터 부동산을 매수하지만, 자신에게 등기를 경료하지 않고, 수탁자에게 이전등기를 하는 경우를 의미하며, 「3자간 명의신탁」이라고도 한다.

> **[계약명의자인 명의수탁자가 아니라 명의신탁자에게 계약에 따른 법률효과를 직접 귀속시킬 의도로 계약을 체결한 사정이 인정되는 경우, 그 명의신탁관계는 3자간 등기명의신탁으로 보아야 하는지 여부(적극)]**
> 명의신탁약정이 3자간 등기명의신탁인지 아니면 계약명의신탁인지의 구별은 계약당사자가 누구인가를 확정하는 문제로 귀결되는데, 계약명의자가 명의수탁자로 되어 있다 하더라도 계약당사자를 명의신탁자로 볼 수 있다면 이는 3자간 등기명의신탁이 된다. 따라서 계약명의자인 명의수탁자가 아니라 명의신탁자에게 계약에 따른 법률효과를 직접 귀속시킬 의도로 계약을 체결한 사정이 인정된다면 명의신탁자가 계약당사자이고, 이 경우의 명의신탁관계는 3자간 등기명의신탁으로 보아야 한다(대판 2022.4.28. 2019다300422).

2) 법률관계

① 신탁자와 수탁자 사이의 명의신탁약정은 무효이며(부동산실명법 제4조 제1항), 수탁자 앞으로 경료된 등기 또한 무효가 된다.
② 따라서 부동산의 소유권은 등기부상 전 소유자인 매도인에게 여전히 남아 있으므로, 매도인은 자신의 소유권에 기하여 수탁자를 상대로 등기의 말소 또는 진정명의회복을 위한 소유권이전등기청구를 할 수 있지만, 신탁자는 소유자가 아니므로, 수탁자를 상대로 진정명의회복을 위한 소유권이전등기청구권을 행사할 수 없다.
③ 매도인과 명의신탁자 간에 체결된 원인계약의 효력
  ㉠ 매도인과 명의신탁자 간에 체결된 매매계약 등의 원인계약은 유효하다(대판 1999.9.17. 99다21738).
  ㉡ 따라서 매도인은 여전히 신탁자에게 소유권이전등기의무를 부담한다.

④ 신탁자의 수탁자에 대한 부당이득반환청구

[3자간 등기명의신탁에서 명의수탁자가 제3자에게 부동산을 매도하거나 부동산에 근저당권을 설정하는 등으로 처분행위를 하여 제3자가 부동산 실권리자명의 등기에 관한 법률 제4조 제3항에 따라 부동산에 관한 권리를 취득하는 경우, 명의신탁자가 명의수탁자를 상대로 직접 부당이득반환을 청구할 수 있는지 여부(적극)]
[다수의견] (가) 3자간 등기명의신탁에서 명의수탁자의 임의처분 또는 강제수용이나 공공용지 협의취득 등(이러한 소유명의 이전의 원인관계를 통틀어 이하에서는 '명의수탁자의 처분행위 등'이라 한다)을 원인으로 제3자 명의로 소유권이전등기가 마쳐진 경우, 특별한 사정이 없는 한 제3자는 유효하게 소유권을 취득한다(부동산실명법 제4조 제3항). 그 결과 매도인의 명의신탁자에 대한 소유권이전등기의무는 이행불능이 되어 명의신탁자로서는 부동산의 소유권을 이전받을 수 없게 되는 한편, 명의수탁자는 부동산의 처분대금이나 보상금 등을 취득하게 된다. 판례는, 명의수탁자가 그러한 처분대금이나 보상금 등의 이익을 명의신탁자에게 부당이득으로 반환할 의무를 부담한다고 보고 있다. 이러한 판례는 타당하므로 그대로 유지되어야 한다. (나) 명의수탁자가 부동산에 관하여 제3자에게 근저당권을 설정하여 준 경우에도 부동산의 소유권이 제3자에게 이전된 경우와 마찬가지로 보아야 한다. 명의수탁자가 제3자에게 부동산에 관하여 근저당권을 설정하여 준 경우에 제3자는 부동산실명법 제4조 제3항에 따라 유효하게 근저당권을 취득한다. 이 경우 매도인의 부동산에 관한 소유권이전등기의무가 이행불능된 것은 아니므로, 명의신탁자는 여전히 매도인을 대위하여 명의수탁자의 부동산에 관한 진정명의회복을 원인으로 한 소유권이전등기 등을 통하여 매도인으로부터 소유권을 이전받을 수 있지만, 그 소유권은 명의수탁자가 설정한 근저당권이 유효하게 남아 있는 상태의 것이다. 명의수탁자는 제3자에게 근저당권을 설정하여 줌으로써 피담보채무액 상당의 이익을 얻었고, 명의신탁자는 매도인을 매개로 하더라도 피담보채무액만큼의 교환가치가 제한된 소유권만을 취득할 수밖에 없는 손해를 입은 한편, 매도인은 명의신탁자로부터 매매대금을 수령하여 매매계약의 목적을 달성하였으면서도 근저당권이 설정된 상태의 소유권을 이전하는 것에 대하여 손해배상책임을 부담하지 않으므로 실질적인 손실을 입지 않는다. 따라서 3자간 등기명의신탁에서 명의수탁자가 부동산에 관하여 제3자에게 근저당권을 설정한 경우 명의수탁자는 근저당권의 피담보채무액 상당의 이익을 얻었고 그로 인하여 명의신탁자에게 그에 상응하는 손해를 입혔으므로, 명의수탁자는 명의신탁자에게 이를 부당이득으로 반환할 의무를 부담한다.
[대법관 5인의 반대의견] 3자간 등기명의신탁에서 명의수탁자의 처분행위 등으로 제3자에게 소유권이 이전되고 명의수탁자가 부동산의 처분대금이나 보상금 등을 취득하는 이익을 얻게 되더라도, 명의신탁자는 명의수탁자를 상대로 직접 부당이득반환을 청구할 수 없다. 이와 달리 다수의견이 명의신탁자의 명의수탁자에 대한 직접적인 부당이득반환청구권을 인정하는 판례로 들고 있는 대판 2011.9.8. 2009다49193·49209 판결 등은 부동산실명법 시행 이후에는 더 이상 유지될 수 없으므로 변경되어야 한다(대판[전합] 2021.9.9. 2018다284233).

[3자간 등기명의신탁에서 부동산 실권리자명의 등기에 관한 법률에서 정한 유예기간이 경과한 후 명의수탁자가 신탁부동산을 임의로 처분하거나 강제수용이나 공공용지 협의취득 등을 원인으로 제3취득자 명의로 이전등기가 마쳐진 경우, 명의수탁자가 명의신탁자에게 신탁부동산의 처분대금이나 보상금으로 취득한 이익을 부당이득으로 반환할 의무가 있는지 여부(적극)]
이른바 3자간 등기명의신탁에서 부동산 실권리자명의 등기에 관한 법률에서 정한 유예기간이 경과한 후 명의수탁자가 신탁부동산을 임의로 처분하거나 강제수용이나 공공용지 협의취득 등을 원인으로 제3취득자 명의로 이전등기가 마쳐진 경우, 특별한 사정이 없는 한 제3취득자는 유효하게 소유권을 취득하게 되므로(같은 법 제4조 제3항), 그로 인하여 매도인의 명의신탁자에 대한 소유권이전등기의무는 이행불능으로 되고 그 결과 명의신탁자는 신탁부동산의 소유권을 이전받을 권리를 상실하는 손해를 입게 되는 반면, 명의수탁자는 신탁부동산의 처분대금이나 보상금을 취득하는 이익을 얻게 되므로, 명의수탁자는 명의신탁자에게 그 이익을 부당이득으로 반환할 의무가 있다(대판 2011.9.8. 2009다49193·49209).

⑤ 이른바 3자간 등기명의신탁에 있어 명의신탁등기가 부동산 실권리자명의 등기에 관한 법률 시행에 의하여 무효로 된 후에 명의수탁자가 임의로 신탁부동산을 처분한 경우, 매도인이 명의수탁자의 처분행위로 인하여 손해를 입었다고 볼 수 있는지 여부(소극)

> 명의수탁자가 신탁부동산을 임의로 매각처분한 경우, 특별한 사정이 없는 한 그 매수인은 유효하게 소유권을 취득하게 되는바, 명의신탁약정 및 이에 따라 행하여진 등기에 의한 부동산에 관한 물권변동을 무효로 하는 부동산 실권리자명의 등기에 관한 법률이 시행되기 이전에 매도인이 명의신탁자의 요구에 따라 명의수탁자 앞으로 등기명의를 이전하여 주었다면, 매도인에게 매매계약의 체결이나 그 이행에 관하여 어떠한 귀책사유가 있다고 보기 어려우므로, 자신의 편의를 위하여 명의수탁자 앞으로의 등기이전을 요구한 명의신탁자가 자신의 귀책사유로 같은 법에서 정한 유예기간이 지나도록 실명등기를 하지 아니한 사정에 기인하여 매도인에 대하여 매매대금의 반환을 구하거나, 명의신탁자 앞으로 재차 소유권이전등기를 경료할 것을 요구하는 것은 신의칙상 허용되지 아니하고, 따라서 매도인으로서는 명의수탁자가 신탁부동산을 타에 처분하였다고 하더라도, 명의수탁자로부터 그 소유명의를 회복하기 전까지는 명의신탁자에 대하여 신의칙 내지 민법 제536조 제1항 본문의 규정에 의하여 이와 동시이행의 관계에 있는 매매대금 반환채무의 이행을 거절할 수 있고, 한편 명의신탁자의 소유권이전등기청구도 허용되지 아니하므로, 결국 매도인으로서는 명의수탁자의 처분행위로 인하여 손해를 입은 바가 없다(대판 2002.3.15. 2001다61654).

⑥ 명의신탁약정과는 별개의 적법한 원인에 기한 명의신탁자의 명의수탁자에 대한 소유권이전등기청구권을 보전하기 위하여 제3자 명의로 마친 가등기의 효력(무효)

> 명의신탁자가 명의신탁약정과는 별개의 적법한 원인에 기하여 명의수탁자에 대하여 소유권이전등기청구권을 가지게 되었다 하더라도, 이를 보전하기 위하여 자신의 명의가 아닌 제3자 명의로 가등기를 마친 경우 위 가등기는 명의신탁자와 제3자 사이의 명의신탁약정에 기하여 마쳐진 것으로서 약정의 무효로 말미암아 효력이 없다(대판 2015.2.26. 2014다63315).

⑦ 지방세법 제107조 제1항에 따라 재산세 납세의무를 부담하는 '재산을 사실상 소유하고 있는 자'의 의미 / 3자간 등기명의신탁의 경우, 명의신탁자가 매매계약을 체결하고 매매대금을 모두 지급하였다면 재산세 과세기준일 당시 소유권이전등기를 마치기 전이라도 부동산의 실질적 소유자로서 재산세 납부의무를 부담하는지 여부(원칙적 적극) : 지방세법 제107조 제1항에 따라 재산세 납세의무를 부담하는 '재산을 사실상 소유하고 있는 자'는 공부상 소유자로 등재된 여부를 불문하고 당해 토지나 재산에 대한 실질적인 소유권을 가진 자를 의미한다. 명의신탁자가 소유자로부터 부동산을 양수하면서 명의수탁자와 사이에 명의신탁약정을 하여 소유자로부터 바로 명의수탁자 명의로 해당 부동산의 소유권이전등기를 하는 3자간 등기명의신탁의 경우 명의신탁자의 매수인 지위는 일반 매매계약에서 매수인 지위와 근본적으로 다르지 않으므로, 명의신탁자가 부동산에 관한 매매계약을 체결하고 매매대금을 모두 지급하였다면 재산세 과세기준일 당시 그 부동산에 관한 소유권이전등기를 마치기 전이라도 해당 부동산에 대한 실질적인 소유권을 가진 자로서 특별한 사정이 없는 한 그 재산세를 납부할 의무가 있다(대판 2020.9.3. 2018다283773).

⑧ 명의수탁자가 3자간 등기명의신탁에 따라 매도인으로부터 소유권이전등기를 넘겨받은 부동산을 자기 마음대로 처분한 경우, 형사상 횡령죄로 처벌되는지와 관계없이 명의수탁자는 명의신탁자에 대하여 민사상 불법행위책임을 부담하는지 여부(적극) : 명의수탁자가 3자간 등기명의신탁에 따라 매도인으로부터 소유권이전등기를 넘겨받은 부동산을 자기 마음대로 처분한 행위가 형사상 횡령죄로 처벌되지 않더라도, 이는 명의신탁자의 채권인 소유권이전등기청구권을 침해하는 행위로써 민법 제750조에 따라 불법행위에 해당하여 명의수탁자는 명의신탁자에게 손해배상책임을 질 수 있다(대판 2022.6.9. 2020다208997).

⑨ 이른바 3자간 등기명의신탁의 명의신탁자가 제3자와 부동산 처분에 관한 약정을 맺고 그 약정에 따라 명의수탁자에서 제3자 앞으로 소유권이전등기를 마쳐준 경우, 그 등기가 실체관계에 부합하는 등기로서 유효한지 여부(원칙적 적극) : 이른바 3자간 등기명의신탁의 경우 명의신탁약정과 그에 기한 등기는 무효로 되고[부동산 실권리자명의 등기에 관한 법률(이하 '부동산실명법'이라 한다) 제4조 제1항, 제2항], 그 결과 명의신탁된 부동산은 매도인 소유로 복귀하므로 매도인은 명의수탁자에게 무효인 그 명의 등기의 말소를 구할 수 있게 된다. 한편 부동산실명법은 매도인과 명의신탁자 사이의 매매계약의 효력을 부정하는 규정을 두고 있지 아니하므로 매도인과 명의신탁자 사이의 매매계약은 여전히 유효하고, 명의신탁자는 매도인에 대하여 매매계약에 기한 소유권이전등기를 청구하거나 그 소유권이전등기청구권을 보전하기 위하여 매도인을 대위하여 명의수탁자에게 무효인 그 명의 등기의 말소를 구할 수 있다. 그러므로 이러한 지위에 있는 명의신탁자가 제3자와 사이에 부동산 처분에 관한 약정을 맺고 그 약정에 기하여 명의수탁자에서 제3자 앞으로 마쳐준 소유권이전등기는 다른 특별한 사정이 없는 한 실체관계에 부합하는 등기로서 유효하다고 보아야 한다(대판 2022.9.29. 2022다228933).

(3) 계약명의신탁(위임명의신탁)

1) 의 의

중간생략형 명의신탁(3자간 명의신탁)과 달리 신탁자의 위임에 따라 수탁자가 직접 계약당사자가 되어 자기 이름으로 매도인과 부동산의 매매계약을 하고 수탁자 자신에게 이전등기를 하는 명의신탁을 말한다.

2) 중간생략형 명의신탁과의 구별 기준

> 명의신탁약정이 3자간 등기명의신탁인지 아니면 계약명의신탁인지의 구별은 계약당사자가 누구인가를 확정하는 문제로 귀결되는데, 계약명의자가 명의수탁자로 되어 있다 하더라도 계약당사자를 명의신탁자로 볼 수 있다면 이는 3자간 등기명의신탁이 된다. 따라서 계약명의자인 명의수탁자가 아니라 명의신탁자에게 계약에 따른 법률효과를 직접 귀속시킬 의도로 계약을 체결한 사정이 인정된다면 명의신탁자가 계약당사자라고 할 것이므로, 이 경우의 명의신탁관계는 3자간 등기명의신탁으로 보아야 한다(대판 2010.10.28. 2010다52799).

3) 법률관계

① 명의신탁자와 명의수탁자 간의 명의신탁약정은 무효이다. 이는 매도인이 선의인 경우에 해당하여 수탁자가 소유권을 취득하여도 달라지지 않는다.

> [부동산 실권리자명의 등기에 관한 법률 시행 후에 계약명의신탁약정을 한 경우 명의수탁자가 완전한 소유권 취득을 전제로 사후적으로 명의신탁자와 매수자금반환의무의 이행에 갈음하여 명의신탁된 부동산을 양도하기로 약정하고 명의신탁자 앞으로 소유권이전등기를 마쳐준 경우, 위 소유권이전등기의 효력(= 원칙적 유효)]
> 계약명의신탁의 당사자들이 명의신탁약정이 유효한 것, 즉 명의신탁자가 이른바 내부적 소유권을 가지는 것을 전제로 하여 장차 명의신탁자 앞으로 목적 부동산에 관한 소유권등기를 이전하거나 부동산의 처분대가를 명의신탁자에게 지급하는 것 등을 내용으로 하는 약정을 하였다면 이는 명의신탁약정을 무효라고 정하는 부동산실명법 제4조 제1항에 좇아 무효이다. 그러나 명의수탁자가 명의수탁자의 완전한 소유권 취득을 전제로 하여 사후적으로 명의신탁자와의 사이에 위에서 본 매수자금반환의무의 이행에 갈음하여 명의신탁된 부동산 자체를 양도하기로 합의하고 그에 기하여 명의신탁자 앞으로 소유권이전등기를 마쳐준 경우에는 그 소유권이전등기는 새로운 소유권 이전의 원인인 대물급부의 약정에 기한 것이므로 약정이 무효인 명의신탁약정을 명의신탁자를 위하여 사후에 보완하는 방책에 불과한 등의 다른 특별한 사정이 없는 한 유효하고, 대물급부의 목적물이 원래의 명의신탁부동산이라는 것만으로 유효성을 부인할 것은 아니다(대판 2014.8.20. 2014다30483).

② 매도인이 선의인 경우

㉠ 명의수탁자의 소유권 취득 여부

> 부동산 실권리자명의 등기에 관한 법률 제4조에 따르면 부동산에 관한 명의신탁약정과 그에 따른 부동산 물권변동은 무효이고, 다만 부동산에 관한 물권을 취득하기 위한 계약에서 명의수탁자가 어느 한 쪽 당사자가 되고 상대방 당사자는 명의신탁약정이 있다는 사실을 알지 못한 경우[매도인이 선의인 계약명의신탁(註)] 명의수탁자는 부동산의 완전한 소유권을 취득하되 명의신탁자에 대하여 부당이득반환의무를 부담하게 될 뿐이다(대판 2002.12.26. 2000다21123, 대판 2019.6.13. 2017다246180).

㉡ 명의신탁자의 수탁자에 대한 부당이득반환청구

㉮ 부동산실명법 시행 전 명의신탁

- 원칙 : 신탁자는 수탁자를 상대로 취득한 부동산 자체에 대한 부당이득반환을 청구할 수 있다(대판 2002.12.26. 2000다21123).

> [1] 명의신탁자가 당해 부동산의 회복을 위해 명의수탁자에 대해 가지는 소유권이전등기청구권은 그 성질상 법률의 규정에 의한 부당이득반환청구권으로서 민법 제162조 제1항에 따라 10년의 기간이 경과함으로써 시효로 소멸한다. [2] 명의신탁자가 그 부동산을 점유·사용하여 온 경우에는 명의신탁자의 명의수탁자에 대한 부당이득반환청구권에 기한 등기청구권의 소멸시효가 진행되지 않는다고 보아야 한다면, 이는 명의신탁자가 부동산 실권리자명의 등기에 관한 법률의 유예기간 및 시효기간 경과 후 여전히 실명전환을 하지 않아 위 법률을 위반한 경우임에도 그 권리를 보호하여 주는 결과로 되어 부동산 거래의 실정 및 부동산 실권리자명의 등기에 관한 법률 등 관련 법률의 취지에도 맞지 않는다(대판 2009.7.9. 2009다23313). 즉, 소멸시효의 기간은 신탁자가 부동산을 점유 및 사용 중이더라도 시효의 진행을 막지 못한다는 의미이다.

- 예외 : 부동산실명법 시행 전의 명의신탁이지만 실명전환의 유예기간이 경과하기 전까지 신탁자가 소유권을 취득함에 별도의 법률상 장애가 있었던 경우에는 부동산 자체가 아니라 매수자금에 대해서만 반환을 청구할 수 있다(대판 2008.5.15. 2007다74690).

> 부동산 실권리자명의 등기에 관한 법률 시행 전에 명의신탁자와 명의수탁자가 이른바 계약명의신탁약정을 맺고 명의수탁자가 당사자가 되어 명의신탁약정이 있다는 사실을 알지 못하는 소유자와 부동산에 관한 매매계약을 체결한 후 그 매매계약에 따라 당해 부동산의 소유권이전등기를 수탁자 명의로 마쳤으나 위 법률 제11조에서 정한 유예기간이 경과하기까지 명의신탁자가 그 명의로 당해 부동산을 등기이전하는 데 법률상 장애가 있었던 경우에는, 명의신탁자는 당해 부동산의 소유권을 취득할 수 없었으므로, 위 명의신탁약정의 무효로 인하여 명의신탁자가 입은 손해는 당해 부동산 자체가 아니라 명의수탁자에게 제공한 매수자금이고, 따라서 명의수탁자는 당해 부동산 자체가 아니라 명의신탁자로부터 제공받은 매수자금을 부당이득하였다고 할 것이다(대판 2008.5.15. 2007다74690).

㉯ 부동산실명법 시행 후 명의신탁 : 부동산실명법 시행(1995.7.1.) 후의 계약명의신탁의 경우, 명의신탁자는 애초부터 당해 부동산의 소유권을 취득할 수 없으므로, 그가 입은 손해는 당해 부동산 자체가 아니라 명의 수탁자에게 지급한 매수대금 상당의 금액이다.

㉢ 신탁자와 수탁자 간의 명의신탁약정이 부동산실명법이 정한 유예기간의 경과로 무효가 된 경우, 명의신탁약정과 함께 이루어진 부동산 매입의 위임약정의 효력(원칙적 무효) 및 이 경우 신탁자와 수탁자 사이에 신탁자의 요구에 따라 부동산의 소유 명의를 이전하기로 한 약정의 효력(무효)

> 신탁자와 수탁자가 명의신탁약정을 맺고, 그에 따라 수탁자가 당사자가 되어 명의신탁약정의 존재 사실을 알지 못하는 소유자와 부동산에 관한 매매계약을 체결한 계약명의신탁에서 신탁자와 수탁자 간의 명의신탁약정이 부동산 실권리자명의 등기에 관한 법률이 정한 유예기간의 경과로 무효가 되었다면, 특별한 사정이 없는 한 신탁자와 수탁자 간에 명의신탁약정과 함께 이루어진 부동산 매입의 위임약정 역시 무효로 되고, 이 경우 신탁자와 수탁자 사이에 신탁자의 요구에 따라 부동산의 소유 명의를 이전하기로 한 약정도 명의신탁약정이 유효함을 전제로 명의신탁 부동산 자체의 반환을 구하는 범주에 속하는 것에 해당하여 역시 무효로 된다(대판 2015.9.10. 2013다55300).

③ 매도인이 악의인 경우

㉠ 매도인이 명의신탁약정의 존재를 알고 수탁자와 계약을 체결한 경우에는 물권변동이 무효이므로(부동산실명법 제4조 제2항 본문), 수탁자 앞으로 경료된 이전등기 역시 무효이다. 따라서 부동산의 소유권은 여전히 매도인에게 있다.

> [甲이 乙과 직접 부동산에 관한 매매계약을 체결하고 그 대금을 모두 지급하였으나 丙에게 명의를 신탁하여 그 앞으로 소유권이전등기를 경료한 경우의 법률관계]
> 甲이 乙과 직접 부동산에 관한 매매계약을 체결하고 그 대금을 모두 지급하였으나 丙에게 명의를 신탁하여 그 앞으로 소유권이전등기를 경료한 경우, 부동산에 관하여 乙로부터 丙 앞으로 이루어진 소유권이전등기의 원인이 된 명의신탁약정은 명의신탁자인 甲이 매매계약의 당사자로 되었으나 등기명의만을 명의수탁자인 丙에게 신탁한 것으로서 명의수탁자가 계약당사자가 된 경우가 아니어서 부동산 실권리자명의 등기에 관한 법률 제4조 제2항 단서의 규정을 적용할 여지 없이 무효라고 봄이 상당하고, 甲으로서는 여전히 乙에 대하여 부동산에 관한 소유권이전등기절차의 이행을 구할 수 있다고 할 것이므로, 乙을 대위하여 丙에게 말소등기절차의 이행을 구할 수 있다(대판 2002.11.22. 2002다11496).

ⓒ 명의수탁자가 그 부동산을 제3자에게 처분하는 경우

> 명의신탁자와 명의수탁자가 이른바 계약명의신탁 약정을 맺고 매매계약을 체결한 소유자도 명의신탁자와 명의수탁자 사이의 명의신탁약정을 알면서 그 매매계약에 따라 명의수탁자 앞으로 당해 부동산의 소유권이 전등기를 마친 경우 부동산 실권리자명의 등기에 관한 법률 제4조 제2항 본문에 의하여 명의수탁자 명의의 소유권이전등기는 무효이므로, 당해 부동산의 소유권은 매매계약을 체결한 소유자에게 그대로 남아 있게 되고, 명의수탁자가 자신의 명의로 소유권이전등기를 마친 부동산을 제3자에게 처분하면 이는 매도인의 소유권 침해행위로서 불법행위가 된다. 그러나 명의수탁자로부터 매매대금을 수령한 상태의 소유자로서는 그 부동산에 관한 소유명의를 회복하기 전까지는 신의칙 내지 민법 제536조 제1항 본문의 규정에 의하여 명의수탁자에 대하여 이와 동시이행의 관계에 있는 매매대금 반환채무의 이행을 거절할 수 있는데, 이른바 계약명의신탁에서 명의수탁자의 제3자에 대한 처분행위가 유효하게 확정되어 소유자에 대한 소유명의 회복이 불가능한 이상, 소유자로서는 그와 동시이행관계에 있는 매매대금 반환채무를 이행할 여지가 없다. 또한 명의신탁자는 소유자와 매매계약관계가 없어 소유자에 대한 소유권이전등기청구도 허용되지 아니하므로, 결국 소유자인 매도인으로서는 특별한 사정이 없는 한 명의수탁자의 처분행위로 인하여 어떠한 손해도 입은 바가 없다(대판 2013.9.12. 2010다95185).

④ 계약명의신탁에서 명의신탁자가 명의신탁약정에 따라 부동산을 점유하는 경우, 자주점유의 추정이 깨어지는지 여부(원칙적 적극) : 계약명의신탁에서 명의신탁자는 부동산의 소유자가 명의신탁약정을 알았는지 여부와 관계없이 부동산의 소유권을 갖지 못할 뿐만 아니라 매매계약의 당사자도 아니어서 소유자를 상대로 소유권이전등기청구를 할 수 없고, 이는 명의신탁자도 잘 알고 있다고 보아야 한다. 명의신탁자가 명의신탁약정에 따라 부동산을 점유한다면 명의신탁자에게 점유할 다른 권원이 인정되는 등의 특별한 사정이 없는 한 명의신탁자는 소유권 취득의 원인이 되는 법률요건이 없이 그와 같은 사실을 잘 알면서 타인의 부동산을 점유한 것이다. 이러한 명의신탁자는 타인의 소유권을 배척하고 점유할 의사를 가지지 않았다고 할 것이므로 소유의 의사로 점유한다는 추정은 깨어진다(대판 2022.5.12. 2019다249428).

4) 경매에서 타인의 자금으로 부동산을 매수한 경우의 법률관계

> [1] 부동산경매절차에서 부동산을 매수하려는 사람이 매수대금을 자신이 부담하면서 다른 사람의 명의로 매각허가 결정을 받기로 그 다른 사람과 약정함에 따라 매각허가가 이루어진 경우, 그 경매절차에서 매수인의 지위에 서게 되는 사람은 어디까지나 그 명의인이므로, 경매 목적 부동산의 소유권은 매수대금을 실질적으로 부담한 사람이 누구인가와 상관없이 그 명의인이 취득한다. 이 경우 매수대금을 부담한 사람과 이름을 빌려 준 사람 사이에는 명의신탁관계[계약명의신탁(註)]가 성립한다. [2] 부동산 실권리자명의 등기에 관한 법률 시행 전에 명의수탁자가 명의신탁 약정에 따라 부동산에 관한 소유명의를 취득한 경우 위 법률의 시행 후 같은 법 제11조 소정의 유예기간이 경과하기 전까지는 명의신탁자는 언제라도 명의신탁 약정을 해지하고 당해 부동산에 관한 소유권을 취득할 수 있었던 것인데 실명화 등의 조치 없이 위 유예기간이 경과함으로써 같은 법 제12조 제1항, 제4조에 의해 명의신탁 약정은 무효로 되는 한편, 명의수탁자가 당해 부동산에 관한 완전한 소유권을 취득하게 되어 결국 명의신탁자는 당해 부동산 자체를 부당이득하게 되고, 같은 법 제3조 및 제4조가 명의신탁자에게 소유권이 귀속되는 것을 막는 취지의 규정은 아니므로 명의수탁자는 명의신탁자에게 자신이 취득한 당해 부동산을 부당이득으로 반환할 의무가 있다(대판 2008.11.27. 2008다62687).

Ⅲ. 명의신탁에 관한 판례이론

1. 일반 명의신탁

(1) 성립 : 명의신탁의 약정과 등기

1) 명의신탁의 대상

① 명의신탁의 대상은 공부에 의하여 소유관계가 표시되는 재화, 즉 등기·등록에 의하여 공시되는 재화에 한한다. 따라서 공부상 그 소유관계가 공시될 수 없는 동산은 명의신탁이 성립할 여지가 없다(대판 1994.10.11. 94다16175).

② 소유권 또는 그 지분이 명의신탁의 대상이 됨은 의문의 여지가 없으며, 용익물권도 마찬가지이다(대판 1998.9.4. 98다20981).

③ 담보물권에 대해서는 명의신탁이 성립할 수 없다는 견해도 있으나, 판례는 명의신탁의 대상성을 긍정한다(대판 1995.9.26. 94다33583).

> 채권담보의 목적으로 채무자 소유의 부동산을 담보로 제공하여 저당권을 설정하는 경우에는 담보물권의 부종성의 법리에 비추어 원칙적으로 채권과 저당권이 그 주체를 달리할 수 없는 것이지만, 채권자 아닌 제3자의 명의로 저당권등기를 하는 데 대하여 채권자와 채무자 및 제3자 사이에 합의가 있었고, 나아가 제3자에게 그 채권이 실질적으로 귀속되었다고 볼 수 있는 특별한 사정이 있거나, 거래경위에 비추어 제3자의 저당권등기가 한낱 명목에 그치는 것이 아니라 그 제3자도 채무자로부터 유효하게 채권을 변제받을 수 있고 채무자도 채권자나 저당권 명의인 제3자 중 누구에게든 채무를 유효하게 변제할 수 있는 관계 즉 묵시적으로 채권자와 제3자가 불가분적 채권자의 관계에 있다고 볼 수 있는 경우에는, 그 제3자 명의의 저당권등기도 유효하다고 볼 것인바, 이러한 법리는 저당권의 경우뿐 아니라 채권 담보를 목적으로 가등기를 하는 경우에도 마찬가지로 적용된다고 보아야 할 것이고, 이러한 법리가 부동산 실권리자명의 등기에 관한 법률에 규정된 명의신탁약정의 금지에 위반된다고 할 것은 아니다(대판 2000.12.12. 2000다49879).

2) 명의신탁약정

부동산에 관한 명의신탁 관계가 성립하려면 신탁자와 수탁자 사이에 명의신탁 관계의 설정에 관한 합의가 있어야 할 것이고, 이러한 명의신탁약정은 반드시 명시적으로 체결될 필요는 없고, 묵시적으로 체결될 수도 있다(대판 1981.12.8. 81다카367).

3) 명의신탁등기

① 명의신탁이 성립하려면 명의신탁관계 설정에 관한 합의 외에 명의수탁자 명의의 등기가 있어야 한다. 그리고 명의신탁등기가 유효하려면 명의신탁약정이 유효하여야 한다.

② 명의신탁등기는 본등기에 한하지 않고, 가등기라도 무방하다(대판 1992.7.28. 92다10173·92다10180).

(2) 법률관계

판례는 대내·대외적 관계로 구별하여 신탁자와 수탁자의 내부적 관계에서는 신탁자를 소유자로 보지만, 제3자와의 대외적 관계에서는 수탁자를 소유자로 인정한다(상대적 권리이전설).

1) 대내적 관계

① 소유권의 유보
   ㉠ 명의신탁약정에 의하여 명의수탁자 명의로 소유권이전등기가 경료되었더라도, 신탁자와 수탁자의 내부적 관계에서는 명의신탁자가 명의신탁재산에 대한 소유권을 그대로 보유하면서 그것을 관리·수익한다. 따라서 명의신탁자는 등기 없이도 명의수탁자에 대하여 소유권을 주장할 수 있다(대판 1982.11.23. 81다372).
   ㉡ 나아가 명의신탁자는 유보된 소유권에 기하여 명의신탁재산을 처분할 권한도 갖는다. 따라서 신탁자의 매도행위는 민법 제569조의 타인권리매매라 할 수 없으며(대판 1996.8.20. 96다18656), 명의신탁자로부터 적법하게 명의신탁된 주택을 임차한 경우 주택임대차보호법이 적용될 수 있다(대판 1999.4.23. 98다49753).

② 명의수탁자의 지위
   ㉠ 명의수탁자가 대외적으로 소유권을 취득하더라도, 명의신탁자에 대한 관계에서는 제약된다.
   ㉡ 명의수탁자는 명의신탁약정에 따라 대상재산의 소유명의를 보존하고 이와 관련된 사무를 처리한다는 점에서 명의신탁은 위임과 유사한 성질을 갖는다.

③ 명의신탁관계의 승계 : 명의신탁이 유효하게 성립한 경우, 계약당사자 중 어느 일방이 사망하더라도 명의신탁관계가 당연히 소멸하지는 않고, 그 재산상속인과의 사이에 존속한다(대판 1981.6.23. 80다2809).

④ 명의신탁부동산에 대한 시효취득 : 명의수탁자는 권원의 성질상 자주점유라 할 수 없으므로 명의신탁부동산의 소유권을 시효취득할 수 없고, 명의신탁자는 수탁자 명의의 등기를 자신의 등기로 볼 수 없으므로 등기부취득시효도 인정될 수 없다(대판 2002.4.26. 2001다8097·8103).

2) 대외적 관계

① 명의수탁자의 소유권 취득
   ㉠ 재산을 타인에게 신탁한 경우 대외적인 관계에 있어서는 수탁자만이 소유권자로서 그 재산에 대한 제3자의 침해에 대하여 배제를 구할 수 있으며, 신탁자는 수탁자를 대위하여 수탁자의 권리를 행사할 수 있을 뿐 직접 제3자에게 신탁재산에 대한 침해의 배제를 구할 수 없다(대판[전합] 1979.9.25. 77다1079).
   ㉡ 또한 명의신탁사실이 인정된다고 할지라도 신탁자는 제3자에 대하여 진정한 등기명의 회복을 원인으로 한 소유권이전등기청구를 할 수 있는 진정한 소유자의 지위에 있다고 볼 수 없다(대판 2001.8.21. 2000다36484).

② 명의신탁재산의 처분 등 : 명의수탁자로부터 명의신탁부동산을 양수한 제3자는 명의신탁관계에 대한 선의·악의를 불문하고 유효하게 소유권을 취득한다. 다만, 제3자가 명의수탁자의 배신행위에 적극적으로 가담한 경우에는 민법 제103조 위반으로 명의수탁자와 제3자의 계약은 무효가 된다(이중매매 법리).

(3) 명의신탁의 해지

1) 해지권자 및 해지의 방법

① 명의신탁자는 원칙적으로 언제든지 명의신탁계약을 해지하고 명의수탁자에 대하여 신탁재산의 반환을 청구할 수 있다(대판[전합] 1980.12.9. 79다634).

② 명의신탁자의 일반채권자도 명의신탁자를 대위하여 명의신탁을 해지할 수 있다.

③ 명의수탁자도 특별한 약정이 없는 한 명의신탁을 해지할 수 있다.

④ 명의신탁의 해지는 일방적 의사표시로 할 수 있고, 묵시적으로도 할 수 있다. 또한 명의수탁자가 수인이라도 계약의 해제·해지의 불가분성에 관한 민법 제547조 제1항이 적용되지는 않는다(대판 1992.6.9. 92다9579).

2) 해지의 효과(제3자의 보호범위)

① 부동산의 명의신탁계약이 해지되더라도 그 해지의 효과는 소급하지 아니하고 장래에 향하여 효력이 있음에 불과하여 그 부동산의 소유권이 당연히 신탁자에게 복귀된다고 볼 수 없고 다만 수탁자가 신탁자에게 그 등기명의를 이전할 의무를 부담하게 됨에 불과하므로 그 의무이행으로 등기명의를 신탁자 앞으로 이전하기 전까지는 여전히 외부관계에 있어서 소유권은 수탁자에게 있다(대판 1982.8.24. 82다카416).

② **문제점** : 명의신탁자가 해지를 하였음에도 불구하고 아직 등기명의가 명의수탁자에게 남아 있음을 이용하여 명의수탁자가 제3자에게 신탁재산을 처분한 경우, 제3자가 소유권을 취득할 수 있는지에 대해 다툼이 있다.

③ 판례(대내외관계 구별설)는 내부적 소유권은 당연히 복귀하나, 외부적 소유권은 등기를 회복해야 복귀한다고 본다. 따라서 등기를 회복하기 전에 수탁자로부터 이전등기를 경료받은 제3자는 선의·악의를 불문하고 보호된다고 한다. 단, 제3자가 수탁자의 배임행위에 적극가담한 경우에는 민법 제103조 위반으로 양도행위가 무효로 된다는 입장이다.

2. 구분소유적 공유(상호명의신탁)

(1) 의 의

구분소유적 공유관계란 공유자들 사이에서 등기부상으로는 토지 전체에 대한 공유등기가 경료되어 있으나 내부적으로는 각 공유자들이 그 토지를 구분하여 특정부분만을 배타적으로 사용·수익할 수 있는 법률관계를 말한다. 이는 건물의 경우에도 동일하다(대결 2001.6.15. 2000마2633). 구분소유적 공유는 부동산실명법 제2조 제1호 단서에 의하여 동법의 적용이 배제되므로, 무효로 취급되지 않는다.

(2) 법적 성질

판례는 구분소유적 공유관계에 대해 각 공유자들이 각자의 배타적 사용·수익의 대상인 특정부분을 제외한 나머지 부분에 대한 등기를 상호명의신탁하고 있는 것으로 본다(대판[전합] 1980.12.9. 79다634).

(3) 성 립

구분소유적 공유관계는 어떤 토지에 관하여 그 위치와 면적을 특정하여 여러 사람이 구분소유하기로 하는 약정이 있어야만 적법하게 성립할 수 있다(대판 2009.3.26. 2008다44313).

(4) 구체적 법률관계

판례는 구분소유적 공유관계를 대내관계에서는 각자가 특정 부분을 단독소유하나, 대외적 관계에서는 일반 공유관계로 인정한다.

① 내부관계

- ㉠ 특정부분에 한하여 소유권을 취득하고, 이를 배타적으로 사용·수익할 수 있다. 따라서 다른 구분소유자의 방해행위에 대해서 소유권에 기한 방해배제를 구할 수 있다(대판 1994.2.8. 93다42986).
- ㉡ 구분소유적 공유관계에서 공유자 각자는 자신의 특정 부분을 단독으로 처분하고, 이에 해당하는 공유지분등기를 자유롭게 이전할 수 있다(대판 2009.10.15. 2007다83632).

② 외부관계 : 1필지 전체에 대하여 공유관계가 성립하고 공유자로서 권리만 주장할 수 있다. 따라서 제3자의 방해행위가 있는 경우 공유자는 자기의 구분소유 부분뿐만 아니라 전체토지에 대하여 공유물의 보존행위로서 그 배제를 구할 수 있다(대판 1994.2.8. 93다42986).

(5) 승계의 문제

① 특정부분을 처분한 경우 : 구분소유적 공유관계가 그대로 승계된다.

② 지분으로 처분한 경우 : 부동산 전체에 대한 공유지분을 취득하고, 구분소유적 공유관계는 소멸한다.

> 1필지의 토지의 위치와 면적을 특정하여 2인 이상이 구분소유하기로 하는 약정을 하고 그 구분소유자의 공유로 등기하는 이른바 구분소유적 공유관계에 있어서, 각 구분소유적 공유자가 자신의 권리를 타인에게 처분하는 경우 중에는 구분소유의 목적인 특정 부분을 처분하면서 등기부상의 공유지분을 그 특정 부분에 대한 표상으로서 이전하는 경우와 등기부의 기재대로 1필지 전체에 대한 진정한 공유지분으로서 처분하는 경우가 있을 수 있고, 이 중 전자의 경우에는 그 제3자에 대하여 구분소유적 공유관계가 승계되나, 후자의 경우에는 제3자가 그 부동산 전체에 대한 공유지분을 취득하고 구분소유적 공유관계는 소멸한다. 이는 경매에서도 마찬가지이므로, 전자에 해당하기 위하여는 집행법원이 공유지분이 아닌 특정 구분소유 목적물에 대한 평가를 하게 하고 그에 따라 최저경매가격을 정한 후 경매를 실시하여야 하며, 그러한 사정이 없는 경우에는 1필지에 관한 공유자의 지분에 대한 경매목적물은 원칙적으로 1필지 전체에 대한 공유지분이라고 봄이 상당하다(대판 2008.2.15. 2006다68810·68827).

③ 경매가 된 경우 : ①·②와 동일한 법리가 적용된다.

(6) 구분소유적 공유와 (관습법상) 법정지상권

- 공유로 등기된 토지의 소유관계가 구분소유적 공유관계에 있는 경우에는 공유자 중 1인이 소유하고 있는 건물과 그 대지는 다른 공유자와의 내부관계에 있어서는 그 공유자의 단독소유로 되었다 할 것이므로 건물을 소유하고 있는 공유자가 그 건물 또는 토지지분에 대하여 저당권을 설정하였다가 그 후 저당권의 실행으로 소유자가 달라지게 되면 건물 소유자는 그 건물의 소유를 위한 법정지상권을 취득하게 되며, 이는 구분소유적 공유관계에 있는 토지의 공유자들이 그 토지 위에 각자 독자적으로 별개의 건물을 소유하면서 그 토지 전체에 대하여 저당권을 설정하였다가 그 저당권의 실행으로 토지와 건물의 소유자가 달라지게 된 경우에도 마찬가지라 할 것이다(대판 2004.6.1. 2004다13533).
- 구분소유적 공유관계에 있어서는 통상적인 공유관계와는 달리 당사자 내부에 있어서는 각자가 특정매수한 부분은 각자의 단독 소유로 되었다 할 것이므로, 乙은 위 대지 중 그가 매수하지 아니한 부분에 관하여는 甲에게 그 소유권을 주장할 수 없어 위 대지 중 乙이 매수하지 아니한 부분지상에 있는 乙 소유의 건물부분은 당초부터 건물과 토지의 소유자가 서로 다른 경우에 해당되어 그에 관하여는 관습상의 법정지상권이 성립될 여지가 없다(대판 1994.1.28. 93다49871).

(7) 구분소유적 공유관계의 해소

① 해소방법 : 공유물분할이 아니라 상호명의신탁의 해지에 의한다.

> 공유물분할청구는 공유자의 일방이 그 공유지분권에 터잡아서 하여야 하는 것이므로 공유지분권을 주장하지 아니하고 목적물의 특정부분을 소유한다고 주장하는 자[구분소유적 공유관계를 주장하는(註)]는 그 부분에 대하여 신탁적으로 지분등기를 가지고 있는 자들을 상대로 하여 그 특정부분에 대한 명의신탁해지를 원인으로 한 지분이전등기절차의 이행만을 구하면 될 것이고 공유물분할 청구를 할 수 없다 할 것이다(대판 1989.9.12. 88다카10517).

② 동시이행관계 : 구분소유적 공유관계가 해소되는 경우 공유지분권자 상호 간의 지분이전등기의무는 그 이행상 견련관계에 있다.

> 구분소유적 공유관계가 해소되는 경우 공유지분권자 상호 간의 지분이전등기의무는 그 이행상 견련관계에 있다고 봄이 공평의 관념 및 신의칙에 부합하고, 또한 각 공유지분권자는 특별한 사정이 없는 한 제한이나 부담이 없는 완전한 지분소유권이전등기의무를 지므로, 그 구분소유권 공유관계를 표상하는 공유지분에 근저당권설정등기 또는 압류, 가압류등기가 경료되어 있는 경우에는 그 공유지분권자로서는 그러한 각 등기도 말소하여 완전한 지분소유권이전등기를 해 주어야 한다. 따라서 구분소유적 공유관계가 해소되는 경우 쌍방의 지분소유권이전등기의무와 아울러 그러한 근저당권설정등기 등의 말소의무 또한 동시이행의 관계에 있다. 그리고 구분소유적 공유관계에서 어느 일방이 그 명의신탁을 해지하고 지분소유권이전등기를 구함에 대하여 상대방이 자기에 대한 지분소유권이전등기 절차의 이행이 동시에 이행되어야 한다고 항변하는 경우, 그 동시이행의 항변에는 특별한 사정이 없는 한 명의신탁 해지의 의사표시가 포함되어 있다고 보아야 한다(대판 2008.6.26. 2004다32992).

3. 공동명의신탁

(1) 의의
공동명의신탁이란 수인에 대한 부동산의 명의신탁을 말하는데, 수탁자 상호 간의 소유형태는 단순한 공유관계에 해당한다(대판 1982.11.23. 81다39).

(2) 공유물 분할의 허부(許否)와 분할등기의 효력

① 공동명의수탁자 상호 간 공유물분할이 허용되는지 여부(소극)

> 공동명의수탁을 받은 경우 수탁자들이 수탁받은 부동산에 대하여 공유물분할을 하는 것은 명의신탁의 목적에 반하고 신탁자가 명의신탁을 한 취지에도 어긋나는 것이고, 특히 종중의 재산을 보존하고 함부로 처분하지 못하게 하기 위하여 다수의 종중원에게 공동으로 명의신탁한 경우에는 더욱 그 취지에 반하는 것으로서 허용되지 아니한다(대판 1993.2.9. 92다37482).

② 기경료된 분할등기의 효력(유효)

> 부동산의 공동명의수탁자들이 그 부동산에 대하여 공유물분할을 하고 각 그 지분을 서로 이전하여 단독소유로 하는 것은 수탁자들이 대외적인 소유형태를 변경하는 것일 뿐 명의신탁관계를 소멸시키는 수탁부동산의 처분행위가 아니므로 비록 그 공유물분할이 신탁자의 의사에 반한 것이더라도 그것이 신탁자에 대한 반사회적인 배임행위가 된다거나 그 지분이전등기가 원인없는 무효의 등기라고는 할 수 없다(대판 1987.2.24. 86다215 · 86다카1071).

(3) 공동명의수탁자들의 개별적 처분 후 공유물분할이 이루어진 경우

이는 소유형태의 변경에 불과하다.

> 여러 필지의 토지의 각 일부 지분을 명의신탁받은 명의수탁자가 임의로 명의신탁관계가 없는 다른 공유자들과의 공유물분할의 협의에 따라 특정 토지를 단독으로 소유하고 나머지 토지에 대한 지분을 다른 공유자에게 이전한 경우, 명의수탁자가 특정 토지를 단독으로 소유하게 된 것은 형식적으로는 다른 공유자들의 지분의 등기명의를 승계취득한 것과 같은 형태를 취하고 있으나 실질적으로는 명의신탁받은 여러 필지의 토지에 분산되어 있는 지분을 분할로 인하여 취득하는 특정 토지에 집중시켜 그에 대한 소유 형태를 변경한 것에 불과하다고 할 것이므로, 그 공유물분할이 명의신탁자의 의사와 관계없이 이루어진 것이라고 하더라도 명의신탁자와 명의수탁자 사이의 명의신탁관계는 위 특정 토지 전부에 그대로 존속한다(대판[전합] 1999.6.17. 98다58443 – 다수의견).

기본물권

제1절 점유권

01 점유에 관한 다음 설명 중 가장 옳지 않은 것은? 2025년

① 점유자가 점유물을 보존하거나 개량하기 위하여 지출한 필요비나 유익비에 관하여 민법 제203조 제1항, 제2항은 점유자가 '점유물을 반환할 때'에 상환을 청구할 수 있도록 규정하고 있으므로, 그 상환청구권은 점유자가 회복자로부터 점유물 반환을 청구받거나 회복자에게 점유물을 반환한 때에 비로소 발생하여 점유자가 이를 행사할 수 있는 상태가 되고 이행기가 도래한다.
② 민법 제203조는 정당한 법률관계가 없는 물건 점유자와 회복자 사이에서 점유물을 반환하는 경우 점유자가 지출한 필요비 또는 유익비의 상환청구 범위와 상환시기에 관하여 규정한 특별규정이다.
③ 민법 제758조 제1항 소정의 공작물 점유자란 공작물을 사실상 지배하면서 그 설치 또는 보존상의 하자로 인하여 발생할 수 있는 각종 사고를 방지하기 위하여 공작물을 보수·관리할 권한 및 책임이 있는 자를 말한다.
④ 물건에 대한 점유란 사회관념상 어떤 사람의 사실적 지배에 있다고 보이는 객관적 관계를 말하는 것으로서, 사실상의 지배가 있다고 하기 위하여는 반드시 물건을 물리적, 현실적으로 지배하여야만 하는 것이 아니고, 물건과 사람 사이의 시간적, 공간적 관계와 본권관계, 타인지배의 배제 가능성 등을 고려하여 사회통념에 따라 합목적적으로 판단하여야 한다.
⑤ 물건의 소유자가 적법한 점유 권원 없는 점유자를 상대로 민법 제213조에 따른 물권적 청구권을 행사하여 물건의 반환을 구할 수 있는 경우, 점유자는 물건의 소유자를 상대로 민법 제741조에 따라 해당 비용의 반환을 구할 수 있다.

[❶▶○] [❷▶○] [❺▶×] [1] 점유자가 점유물을 보존하거나 개량하기 위하여 지출한 필요비나 유익비에 관하여 민법 제203조 제1항, 제2항은 점유자가 '점유물을 반환할 때'에 상환을 청구할 수 있도록 규정하고 있으므로, 그 상환청구권은 점유자가 회복자로부터 점유물 반환을 청구받거나 회복자에게 점유물을 반환한 때에 비로소 발생하여 점유자가 이를 행사할 수 있는 상태가 되고 이행기가 도래한다(①). [2] 민법 제203조는 정당한 법률관계가 없는 물건 점유자와 회복자 사이에서 점유물을 반환하는 경우 점유자가 지출한 필요비 또는 유익비의 상환청구 범위와 상환시기에 관하여 규정한 특별규정이므로(②), 물건의 소유자가 적법한 점유 권원 없는 점유자를 상대로 민법 제213조에 따른 물권적 청구권을 행사하여 물건의 반환을 구할 수 있는 경우 점유자는 물건의 소유자를 상대로 민법 제741조에 따라 해당 비용의 반환을 구할 수는 없고(⑤) 민법 제203조에 따라 '점유물을 반환할 때' 비로소 비용상환청구권을 행사할 수 있을 뿐이다(대판 2024.12.24. 2020다275744).

[❸ ▶ O] 민법 제758조 제1항 소정의 공작물 점유자라 함은 공작물을 사실상 지배하면서 그 설치 또는 보존상의 하자로 인하여 발생할 수 있는 각종 사고를 방지하기 위하여 공작물을 보수·관리할 권한 및 책임이 있는 자를 말한다(대판 2000.4.21. 2000다386).

[❹ ▶ O] 물건에 대한 점유란 사회관념상 어떤 사람의 사실적 지배에 있다고 보이는 객관적 관계를 말하는 것으로서 사실상 지배가 있다고 하기 위하여는 반드시 물건을 물리적, 현실적으로 지배하는 것만을 의미하는 것이 아니고, 물건과 사람과의 시간적, 공간적 관계와 본권관계, 타인지배의 가능성 등을 고려하여 사회관념에 따라 합목적적으로 판단하여야 한다(대판 1999.6.11. 99다2553).

답 ❺

02 점유에 관한 다음 설명 중 가장 옳지 않은 것은? 2023년

① 특별한 사정이 없는 한 소유의 의사 유무는 점유개시시를 기준으로 판단하며, 나중에 매도자에게 처분권이 없었다는 등의 사유로 그 매매가 무효인 것이 밝혀지더라도 원칙적으로 점유의 성질은 변하지 않는다.
② 점유자의 점유가 소유의 의사 있는 자주점유인지 아니면 소유의 의사 없는 타주점유인지의 여부는 점유자의 내심의 의사에 의하여 결정되는 것이 아니라 점유 취득의 원인이 된 권원의 성질이나 점유와 관계가 있는 모든 사정에 의하여 외형적·객관적으로 결정된다.
③ 점유란 물건이 사회통념상 그 사람의 사실적 지배에 속한다고 보이는 객관적 관계에 있는 것을 말하고 사실상의 지배가 있다고 하기 위해서는 반드시 물건을 물리적·현실적으로 지배하는 것만을 의미하는 것이 아니고 물건과 사람과의 시간적·공간적 관계와 본권관계, 타인지배의 배제가능성 등을 고려하여 사회관념에 따라 합목적적으로 판단하여야 한다.
④ 점유자가 스스로 매매 또는 증여와 같이 자주점유의 권원을 주장하였으나 이것이 인정되지 않는 경우에는 점유권원의 성질상 타주점유라고 볼 수 있다.
⑤ 선대의 점유가 타주점유인 경우 선대로부터 상속에 의하여 점유를 승계한 자의 점유도 특단의 사정이 없는 한 자주점유로는 될 수 없고, 그 점유가 자주점유가 되기 위해서는 점유자가 소유자에 대하여 소유의 의사가 있는 것을 표시하거나 새로운 권원에 의하여 다시 소유의 의사로써 점유를 시작하여야 한다.

[❶ ▶ ○] 부동산을 매수하여 이를 점유하게 된 자는 그 매매가 무효가 된다는 사정이 있음을 알았다는 등의 특단의 사정이 없는 한 그 점유의 시초에 소유의 의사로 점유한 것이며, 나중에 매도자에게 처분권이 없었다는 등의 사유로 그 매매가 무효인 것이 밝혀졌다 하더라도 그와 같은 점유의 성질이 변하는 것은 아니다(대판 1996.5.28. 95다40328).

[❷ ▶ ○] 점유자의 점유가 소유의 의사 있는 자주점유인지 아니면 소유의 의사 없는 타주점유인지의 여부는 점유자의 내심의 의사에 의하여 결정되는 것이 아니라 점유 취득의 원인이 된 권원의 성질이나 점유와 관계가 있는 모든 사정에 의하여 외형적·객관적으로 결정되어야 하는 것이기 때문에 점유자가 성질상 소유의 의사가 없는 것으로 보이는 권원에 바탕을 두고 점유를 취득한 사실이 증명되었거나, 점유자가 타인의 소유권을 배제하여 자기의 소유물처럼 배타적 지배를 행사하는 의사를 가지고 점유하는 것으로 볼 수 없는 객관적 사정, 즉 점유자가 진정한 소유자라면 통상 취하지 아니할 태도를 나타내거나 소유자라면 당연히 취했을 것으로 보이는 행동을 취하지 아니한 경우 등 외형적·객관적으로 보아 점유자가 타인의 소유권을 배척하고 점유할 의사를 갖고 있지 아니하였던 것이라고 볼 만한 사정이 증명된 경우에는 그 추정은 깨어지고, 점유자가 점유 개시 당시에 소유권 취득의 원인이 될 수 있는 법률행위 기타 법률요건이 없이 그와 같은 법률요건이 없다는 사실을 잘 알면서 타인 소유의 부동산을 무단점유한 것임이 입증되었다면, 특별한 사정이 없는 한 점유자는 타인의 소유권을 배척하고 점유할 의사를 갖고 있지 않다고 보아야 하므로 그 경우에도 소유의 의사가 있는 점유라는 추정은 깨어진다(대판 2011.1.13. 2010다66699).

[❸ ▶ ○] 점유자가 점유의 침탈을 당한 때에는 그 물건의 반환 등을 청구할 수 있고 이러한 점유회수의 청구에 있어서는 점유를 침탈당하였다고 주장하는 당시에 점유하고 있었는지의 여부만을 살피면 된다(민법 제204조 제1항). 여기서 점유란 물건이 사회통념상 그 사람의 사실적 지배에 속한다고 보여지는 객관적 관계에 있는 것을 말하고 사실상의 지배가 있다고 하기 위하여는 반드시 물건을 물리적, 현실적으로 지배하는 것만을 의미하는 것이 아니고 물건과 사람과의 시간적, 공간적 관계와 본권관계, 타인지배의 배제가능성 등을 고려하여 사회관념에 따라 합목적적으로 판단하여야 한다(대판 2021.2.4. 2019다202795).

[❹ ▶ ×] 점유자가 스스로 매매 또는 증여와 같이 자주점유의 권원을 주장하였으나 이것이 인정되지 않는 경우에도, 원래 자주점유의 권원에 관한 입증책임이 점유자에게 있지 아니한 이상 그 주장의 점유권원이 인정되지 않는다는 사유만으로 자주점유의 추정이 번복된다거나 또는 점유권원의 성질상 타주점유라고 볼 수 없다(대판 2002.2.26. 99다72743).

[❺ ▶ ○] 상속에 의하여 점유권을 취득한 경우에는 상속인이 새로운 권원에 의하여 자기 고유의 점유를 시작하지 않는 한 피상속인의 점유를 떠나 자기만의 점유를 주장할 수 없고, 또 선대의 점유가 타주점유인 경우 선대로부터 상속에 의하여 점유를 승계한 자의 점유도 그 성질 내지 태양을 달리하는 것이 아니어서 특별한 사정이 없는 한 그 점유가 자주점유로 될 수 없고, 그 점유가 자주점유가 되기 위하여는 점유자가 소유자에 대하여 소유의 의사가 있는 것을 표시하거나 새로운 권원에 의하여 다시 소유의 의사로써 점유를 시작하여야 한다(대판 1997.12.12. 97다40100).

답 ❹

제2절 소유권

03 부동산 점유취득시효에 관한 다음 설명 중 가장 옳은 것은? 2025년

① 민법 제247조 제2항은 "소멸시효의 중단에 관한 규정은 점유로 인한 부동산소유권의 시효취득기간에 준용한다."고 규정하고, 민법 제168조 제2호는 소멸시효 중단사유로 '압류 또는 가압류, 가처분'을 규정하고 있으므로, 취득시효기간의 완성 전에 부동산에 압류 또는 가압류 조치가 이루어지면 취득시효의 진행이 중단된다.

② 토지 매수인이 매매계약에 의하여 목적 토지의 점유를 취득한 경우 설사 그것이 타인의 토지의 매매에 해당하여 그에 의하여 곧바로 소유권을 취득할 수 없다고 하더라도, 그 사실만으로 바로 그 매수인의 점유가 소유의 의사가 있는 점유라는 추정이 깨어진다고 할 수 없다.

③ 부동산점유취득시효는 원시취득에 해당하므로, 양도담보권설정자가 양도담보부동산을 20년간 소유의 의사로 평온, 공연하게 점유한 경우, 양도담보권자를 상대로 점유취득시효를 원인으로 하여 담보 목적으로 경료된 소유권이전등기의 말소를 구하거나 또는 이와 같은 효과가 있는 양도담보권설정자 명의로의 소유권이전등기를 구할 수도 있다.

④ 부동산 점유권원의 성질이 분명하지 않을 때에는 민법 제197조 제1항에 따라 점유자는 소유의 의사로 선의, 평온 및 공연하게 점유한 것으로 추정되는데, 이러한 추정은 지적공부 등의 관리주체인 국가나 지방자치단체가 점유하는 경우에는 적용되지 아니한다.

⑤ 취득시효의 대상이 미등기 부동산인 경우, 취득시효 기간이 완성되면 점유자는 등기 없이도 그 부동산의 소유권을 취득한다.

....

[❶ ▶ ×] 민법 제247조 제2항은 '소멸시효의 중단에 관한 규정은 점유로 인한 부동산소유권의 시효취득기간에 준용한다.'고 규정하고, 민법 제168조 제2호는 소멸시효 중단사유로 '압류 또는 가압류, 가처분'을 규정하고 있다. 점유로 인한 부동산소유권의 시효취득에 있어 취득시효의 중단사유는 종래의 점유상태의 계속을 파괴하는 것으로 인정될 수 있는 사유이어야 하는데, 민법 제168조 제2호에서 정하는 '압류 또는 가압류'는 금전채권의 강제집행을 위한 수단이거나 그 보전수단에 불과하여 취득시효기간의 완성 전에 부동산에 압류 또는 가압류 조치가 이루어졌다고 하더라도 이로써 종래의 점유상태의 계속이 파괴되었다고는 할 수 없으므로 이는 취득시효의 중단사유가 될 수 없다(대판 2019.4.3. 2018다296878).

[❷ ▶ ○] 토지의 매수인이 매매계약에 의하여 목적 토지의 점유를 취득한 경우 설사 그것이 타인의 토지의 매매에 해당하여 그에 의하여 곧바로 소유권을 취득할 수 없다고 하더라도 그것만으로 매수인이 점유권원의 성질상 소유의 의사가 없는 것으로 보이는 권원에 바탕을 두고 점유를 취득한 사실이 증명되었다고 단정할 수 없을 뿐만 아니라, 매도인에게 처분권한이 없다는 것을 잘 알면서 이를 매수하였다는 등의 다른 특별한 사정이 입증되지 않는 한, 그 사실만으로 바로 그 매수인의 점유가 소유의 의사가 있는 점유라는 추정이 깨어지는 것이라고 할 수 없다(대판 2006.12.8. 2006다49512).

[❸ ▶ ×] 부동산점유취득시효는 원시취득에 해당하므로 특별한 사정이 없는 한 원소유자의 소유권에 가하여진 각종 제한에 의하여 영향을 받지 아니하는 완전한 내용의 소유권을 취득하는 것이지만, 진정한 권리자가 아니었던 채무자 또는 물상보증인이 채무담보의 목적으로 채권자에게 부동산에 관하여 저당권설정등기를 경료해 준 후 그 부동산을 시효취득하는 경우에는, 채무자 또는 물상보증인은 피담보채권의 변제의무 내지 책임이 있는 사람으로서 이미 저당권의 존재를 용인하고 점유하여 온 것이므로, 저당목적물의 시효취득으로 저당권자의 권리는 소멸하지 않는다. 이러한 법리는 부동산 양도담보의 경우에도

마찬가지이므로, 양도담보권설정자가 양도담보부동산을 20년간 소유의 의사로 평온, 공연하게 점유하였다고 하더라도, 양도담보권자를 상대로 피담보채권의 시효소멸을 주장하면서 담보 목적으로 경료된 소유권이전등기의 말소를 구하는 것은 별론으로 하고, 점유취득시효를 원인으로 하여 담보 목적으로 경료된 소유권이전등기의 말소를 구할 수 없고, 이와 같은 효과가 있는 양도담보권설정자 명의로의 소유권이전등기를 구할 수도 없다(대판 2015.2.26. 2014다21649).

[❹ ▶ ×] 부동산의 점유권원의 성질이 분명하지 않을 때에는 민법 제197조 제1항에 의하여 점유자는 소유의 의사로 선의, 평온 및 공연하게 점유한 것으로 추정되는 것이며, 이러한 추정은 지적공부 등의 관리주체인 국가나 지방자치단체가 점유하는 경우에도 마찬가지로 적용된다(대판 2009.11.26. 2009다50421).

[❺ ▶ ×] 민법 제245조 제1항의 취득시효기간의 완성만으로는 소유권취득의 효력이 바로 생기는 것이 아니라, 다만 이를 원인으로 하여 소유권취득을 위한 등기청구권이 발생할 뿐이고, 미등기 부동산의 경우라고 하여 취득시효기간의 완성만으로 등기 없이도 점유자가 소유권을 취득한다고 볼 수 없다(대판 2006.9.28. 2006다22074).

04 부동산 점유취득시효에 관한 다음 설명 중 가장 옳지 않은 것은? 2023년

① 구분소유적 공유관계에 있는 토지 중 공유자 1인의 특정 구분소유 부분에 관한 점유취득시효가 완성된 경우라면, 다른 공유자의 특정 구분소유 부분이 타에 양도되고 그에 따라 토지 전체에 대한 공유지분에 관한 지분이전등기가 경료되었다 하더라도, 점유자는 취득시효의 기산점을 임의로 선택하여 주장할 수 있다.
② 시효완성 당시의 소유권보존등기 또는 이전등기가 무효라면 원칙적으로 그 등기명의인은 시효취득을 원인으로 한 소유권이전등기청구의 상대방이 될 수 없고, 이 경우 시효취득자는 소유자를 대위하여 위 무효등기의 말소를 구하고 다시 위 소유자를 상대로 취득시효완성을 이유로 한 소유권이전등기를 구하여야 한다.
③ 점유로 인한 소유권취득시효 완성 당시 미등기로 남아 있던 토지에 관하여 소유권을 가지고 있던 자가 취득시효 완성 후에 그 명의로 소유권보존등기를 마쳤다 하더라도 이는 소유권의 변경에 관한 등기가 아니므로 그러한 자를 그 취득시효 완성 후의 새로운 이해관계인으로 볼 수 없다.
④ 타인 소유의 토지에 분묘를 설치한 경우에 20년간 평온, 공연하게 분묘의 기지를 점유하면 지상권과 유사한 관습상의 물권인 분묘기지권을 시효로 취득한다는 점은 오랜 세월 동안 지속되어 온 관습 또는 관행으로서 법적 규범으로 승인되어 왔고, 이러한 법적 규범이 장사 등에 관한 법률(법률 제6158호) 시행일인 2001.1.13. 이전에 설치된 분묘에 관하여 현재까지 유지되고 있다고 보아야 한다.
⑤ 점유자가 소유자를 상대로 소유권이전등기 청구소송을 제기하면서 그 청구원인으로 '취득시효 완성'이 아닌 '매매'를 주장함에 대하여, 소유자가 이에 응소하여 원고 청구기각의 판결을 구하면서 원고의 주장 사실을 부인하는 경우에는, 시효중단사유의 하나인 재판상의 청구에 해당한다고 할 수 없다.

[❶ ▶ ×] 구분소유적 공유관계에 있는 토지 중 공유자 1인의 특정 구분소유 부분에 관한 점유취득시효가 완성된 경우 다른 공유자의 특정 구분소유 부분이 다른 사람에게 양도되고 그에 따라 토지 전체의 공유지분에 관한 지분이전등기가 경료되었다면 대외적인 관계에서는 점유취득시효가 완성된 특정 구분소유 부분 중 다른 공유자 명의의 지분에 관하여는 소유 명의자가 변동된 경우에 해당하므로, 점유자는 취득시효의 기산점을 임의로 선택하여 주장할 수 없다(대판 2006.10.12. 2006다44753).

[❷ ▶ ○] 점유취득시효완성을 원인으로 한 소유권이전등기청구는 시효완성 당시의 소유자를 상대로 하여야 하므로 시효완성 당시의 소유권보존등기 또는 이전등기가 무효라면 원칙적으로 그 등기명의인은 시효취득을 원인으로 한 소유권이전등기청구의 상대방이 될 수 없고, 이 경우 시효취득자는 소유자를 대위하여 위 무효등기의 말소를 구하고 다시 위 소유자를 상대로 취득시효완성을 이유로 한 소유권이전등기를 구하여야 한다(대판 2005.5.26. 2002다43417).

[❸ ▶ ○] 점유로 인한 소유권취득시효 완성 당시 미등기로 남아 있던 토지에 관하여 소유권을 가지고 있던 자가 취득시효 완성 후에 그 명의로 소유권보존등기를 마쳤다 하더라도 이는 소유권의 변경에 관한 등기가 아니므로 그러한 자를 그 취득시효 완성 후의 새로운 이해관계인으로 볼 수 없고, 또 그 미등기 토지에 대하여 소유자의 상속인 명의로 소유권보존등기를 마친 것도 시효취득에 영향을 미치는 소유자의 변경에 해당하지 않으므로, 이러한 경우에는 그 등기명의인에게 취득시효 완성을 주장할 수 있다(대판 2007.6.14. 2006다84423).

[❹ ▶ ○] 타인 소유의 토지에 분묘를 설치한 경우에 20년간 평온, 공연하게 분묘의 기지를 점유하면 지상권과 유사한 관습상의 물권인 분묘기지권을 시효로 취득한다는 점은 오랜 세월 동안 지속되어 온 관습 또는 관행으로서 법적 규범으로 승인되어 왔고, 이러한 법적 규범이 장사법(법률 제6158호) 시행일인 2001.1.13. 이전에 설치된 분묘에 관하여 현재까지 유지되고 있다고 보아야 한다(대판[전합] 2017.1.19. 2013다17292).

[❺ ▶ ○] 권리자가 시효를 주장하는 자로부터 제소당하여 직접 응소행위로서 상대방의 청구를 적극적으로 다투면서 자신의 권리를 주장하여 그것이 받아들여진 경우에는 민법 제247조 제2항에 의하여 취득시효기간에 준용되는 민법 제168조 제1호, 제170조 제1항에서 시효중단사유의 하나로 규정하고 있는 재판상의 청구에 포함되는 것으로 해석함이 상당하다 할 것이나, 점유자가 소유자를 상대로 소유권이전등기 청구소송을 제기하면서 그 청구원인으로 '취득시효 완성'이 아닌 '매매'를 주장함에 대하여, 소유자가 이에 응소하여 원고 청구기각의 판결을 구하면서 원고의 주장 사실을 부인하는 경우에는, 이는 원고 주장의 매매 사실을 부인하여 원고에게 그 매매로 인한 소유권이전등기청구권이 없음을 주장함에 불과한 것이고 소유자가 자신의 소유권을 적극적으로 주장한 것이라 볼 수 없으므로 시효중단사유의 하나인 재판상의 청구에 해당한다고 할 수 없다(대판 1997.12.12. 97다30288).

답 ❶

05 부동산에 관한 취득시효에 관한 다음 설명 중 가장 옳지 않은 것은? **2024년**

① 취득시효완성 당시 그 부동산의 등기부상 소유명의자는 취득시효완성으로 인한 권리변동의 당사자이나 그 등기가 실체관계와 부합하지 않는 무효의 등기인 때에는 권리변동의 당사자가 될 수 없는 것이므로, 소유권이전등기가 그 경료 당시에는 실체관계와 부합하지 아니하여 무효의 등기였다가 취득시효완성 후에 적법한 권리자로부터 권리를 양수하여 실체관계에 부합하게 된 것이라면, 그 등기명의자는 취득시효완성 후에 소유권을 취득한 자에 해당하지는 않으므로 그에 대하여 취득시효완성을 주장할 수 있다.

② 진정한 권리자가 아니었던 채무자 또는 물상보증인이 채무담보의 목적으로 채권자에게 부동산에 관하여 저당권설정등기를 경료해 준 후 그 부동산을 시효취득하는 경우에는, 채무자 또는 물상보증인은 피담보채권의 변제의무 내지 책임이 있는 사람으로서 이미 저당권의 존재를 용인하고 점유하여 온 것이므로, 저당목적물의 시효취득으로 저당권자의 권리는 소멸하지 않는다.

③ 양도담보권설정자가 양도담보부동산을 20년간 소유의 의사로 평온, 공연하게 점유하였다고 하더라도, 점유취득시효를 원인으로 하여 담보 목적으로 경료된 소유권이전등기의 말소를 구할 수 없다.

④ 점유자의 취득시효 완성 후 소유자가 토지에 대한 권리를 주장하는 소를 제기하여 승소판결을 받은 사실이 있다고 하더라도 그 판결에 의하여 시효중단의 효력이 발생할 여지는 없고, 점유자가 그 소송에서 그 토지에 대한 시효취득을 주장하지 않았다고 하여 시효이익을 포기한 것이라고도 볼 수 없다.

⑤ 등기부취득시효의 요건으로서의 소유자로 등기한 자라 함은 적법·유효한 등기를 마친 자일 필요는 없고 무효의 등기를 마친 자라도 상관없으며, 등기부취득시효에서의 선의·무과실은 등기에 관한 것이 아니고 점유 취득에 관한 것이다.

[❶▶✕] 취득시효완성 당시 그 부동산의 등기부상 소유명의자는 취득시효완성으로 인한 권리변동의 당사자이나 그 등기가 실체관계와 부합하지 않는 무효의 등기인 때에는 권리변동의 당사자가 될 수 없는 것이므로, 소유권이전등기가 그 경료 당시에는 실체관계와 부합하지 아니하여 무효의 등기였다가 취득시효완성 후에 적법한 권리자로부터 권리를 양수하여 실체관계에 부합하게 된 것이라면, <u>그 등기명의자는 취득시효완성 후에 소유권을 취득한 자에 해당하므로 그에 대하여 취득시효완성을 주장할 수 없다</u>(대판 1992.3.10. 91다43329).

[❷▶○] [❸▶○] 부동산점유취득시효는 원시취득에 해당하므로 특별한 사정이 없는 한 원소유자의 소유권에 가하여진 각종 제한에 의하여 영향을 받지 아니하는 완전한 내용의 소유권을 취득하는 것이지만, 진정한 권리자가 아니었던 채무자 또는 물상보증인이 채무담보의 목적으로 채권자에게 부동산에 관하여 저당권설정등기를 경료해 준 후 그 부동산을 시효취득하는 경우에는, 채무자 또는 물상보증인은 피담보채권의 변제의무 내지 책임이 있는 사람으로서 이미 저당권의 존재를 용인하고 점유하여 온 것이므로, 저당목적물의 시효취득으로 저당권자의 권리는 소멸하지 않는다. 이러한 법리는 부동산 양도담보의 경우에도 마찬가지이므로, 양도담보권설정자가 양도담보부동산을 20년간 소유의 의사로 평온, 공연하게 점유하였다고 하더라도, 양도담보권자를 상대로 피담보채권의 시효소멸을 주장하면서 담보 목적으로 경료된 소유권이전등기의 말소를 구하는 것은 별론으로 하고, 점유취득시효를 원인으로 하여 담보 목적으로 경료된 소유권이전등기의 말소를 구할 수 없고, 이와 같은 효과가 있는 양도담보권설정자 명의로의 소유권이전등기를 구할 수도 없다(대판 2015.2.26. 2014다21649).

[④ ▶ O] 점유자의 취득시효 완성 후 소유자가 토지에 대한 권리를 주장하는 소를 제기하여 승소판결을 받은 사실이 있다고 하더라도 그 판결에 의하여 시효중단의 효력이 발생할 여지는 없고, 점유자가 그 소송에서 그 토지에 대한 시효취득을 주장하지 않았다고 하여 시효이익을 포기한 것이라고도 볼 수 없으며 그 토지에 대한 점유자의 점유가 평온, 공연한 점유가 아니게 되는 것도 아니다(대판 1996.10.29. 96다23573).

[⑤ ▶ O] 등기부취득시효의 요건으로서의 소유자로 등기한 자라 함은 적법·유효한 등기를 마친 자일 필요는 없고 무효의 등기를 마친 자라도 상관없으며, 등기부취득시효에서의 선의·무과실은 등기에 관한 것이 아니고 점유 취득에 관한 것이다(대판 1998.1.20. 96다48527).

답 ❶

06 부합에 관한 다음 설명 중 가장 옳지 않은 것은? 2023년

① 양도담보권의 목적인 주된 동산에 다른 동산이 부합되어 부합된 동산에 관한 권리자가 권리를 상실하는 손해를 입은 경우 주된 동산이 담보물로서 가치가 증가된 데 따른 실질적 이익은 주된 동산에 관한 양도담보권설정자뿐만 아니라 양도담보권자에게도 귀속되는 것이므로, 이 경우 부합으로 인하여 권리를 상실하는 자는 양도담보권자를 상대로 민법 제261조에 따라 보상을 청구할 수 있다.
② 건물의 증축 부분이 기존건물에 부합하여 기존건물과 분리하여서는 별개의 독립물로서의 효용을 갖지 못하는 이상 기존건물에 대한 근저당권은 민법 제358조에 의하여 부합된 증축 부분에도 효력이 미치는 것이므로 기존건물에 대한 경매절차에서 경매목적물로 평가되지 아니하였다고 할지라도 경락인은 부합된 증축 부분의 소유권을 취득한다.
③ 부동산에 부합된 물건이 사실상 분리복구가 불가능하여 거래상 독립된 권리의 객체성을 상실하고 그 부동산과 일체를 이루는 부동산의 구성부분이 된 경우에는 타인의 권원에 의하여 이를 부합시킨 경우에도 그 물건의 소유권은 부동산의 소유자에게 귀속된다.
④ 매도인에게 소유권이 유보된 자재가 제3자와 매수인 사이에 이루어진 도급계약의 이행으로 제3자 소유 건물의 건축에 사용되어 부합된 경우 보상청구를 거부할 법률상 원인이 있다고 할 수 없지만, 제3자가 도급계약에 의하여 제공된 자재의 소유권이 유보된 사실에 관하여 과실 없이 알지 못한 경우라면 선의취득의 경우와 마찬가지로 제3자가 그 자재의 귀속으로 인한 이익을 보유할 수 있는 법률상 원인이 있다고 봄이 상당하므로, 매도인으로서는 그에 관한 보상청구를 할 수 없다.
⑤ 토지 위에 식재된 입목은 토지의 구성부분으로 토지의 일부일 뿐 독립한 물건으로 볼 수 없으므로 특별한 사정이 없는 한 토지에 부합하고, 토지의 소유자는 식재된 입목의 소유권을 취득한다.

[❶ ▶ ×] 부당이득반환청구에서 이득이란 실질적인 이익을 의미하는데, 동산에 대하여 양도담보권을 설정하면서 양도담보권설정자가 양도담보권자에게 담보목적인 동산의 소유권을 이전하는 이유는 양도담보권자가 양도담보권을 실행할 때까지 스스로 담보물의 가치를 보존할 수 있게 함으로써 만약 채무자가 채무를 이행하지 않더라도 채권자인 양도담보권자가 양도받은 담보물을 환가하여 우선변제받는 데에 지장이 없도록 하기 위한 것이고, 동산양도담보권은 담보물의 교환가치 취득을 목적으로 하는 것이다. 이러한 양도담보권의 성격에 비추어 보면, 양도담보권의 목적인 주된 동산에 다른 동산이 부합되어 부합된 동산에 관한 권리자가 권리를 상실하는 손해를 입은 경우 주된 동산이 담보물로서 가치가 증가된 데 따른 실질적 이익은 주된 동산에 관한 양도담보권설정자에게 귀속되는 것이므로, 이 경우 부합으로 인하여 권리를 상실하는 자는 양도담보권설정자를 상대로 민법 제261조에 따라 보상을 청구할 수 있을 뿐 양도담보권자를 상대로 보상을 청구할 수는 없다(대판 2016.4.28. 2012다19659).

[❷ ▶ ○] 건물의 증축 부분이 기존건물에 부합하여 기존건물과 분리하여서는 별개의 독립물로서의 효용을 갖지 못하는 이상 기존건물에 대한 근저당권은 민법 제358조에 의하여 부합된 증축 부분에도 효력이 미치는 것이므로 기존건물에 대한 경매절차에서 경매목적물로 평가되지 아니하였다고 할지라도 경락인은 부합된 증축 부분의 소유권을 취득한다(대판 2002.10.25. 2000다63110).

[❸ ▶ ○] 부동산에 부합된 물건이 사실상 분리복구가 불가능하여 거래상 독립된 권리의 객체성을 상실하고 그 부동산과 일체를 이루는 부동산의 구성부분이 된 경우에는 타인의 권원에 의하여 이를 부합시킨 경우에도 그 물건의 소유권은 부동산의 소유자에게 귀속된다. 그러나 토지의 지상에 별개의 부동산인 건축물이 건축된 경우, 토지의 지하에 시공된 시설이 토지에 부합되었는지 아니면 지상 건축물의 기초 등을 구성하여 건축물의 일부분이 되었는지 여부는, 그 시설과 토지 및 건축물 사이의 각 결합 정도나 그 물리적 구조뿐만 아니라 당해 시설의 객관적, 사회경제적인 기능과 용도, 일반 거래관념, 토지의 당초 조성상태, 건축물의 종류와 규모 등 제반 사정을 종합하여 합리적으로 판단하여야 한다(대판 2009.8.20. 2008두8727).

[❹ ▶ ○] 민법 제261조에서 첨부로 법률규정에 의한 소유권 취득(민법 제256조 내지 제260조)이 인정된 경우에 "손해를 받은 자는 부당이득에 관한 규정에 의하여 보상을 청구할 수 있다"라고 규정하고 있는바, 이러한 보상청구가 인정되기 위해서는 민법 제261조 자체의 요건만이 아니라, 부당이득 법리에 따른 판단에 의하여 부당이득의 요건이 모두 충족되었음이 인정되어야 한다. 매도인에게 소유권이 유보된 자재가 제3자와 매수인 사이에 이루어진 도급계약의 이행으로 제3자 소유 건물의 건축에 사용되어 부합된 경우 보상청구를 거부할 법률상 원인이 있다고 할 수 없지만, 제3자가 도급계약에 의하여 제공된 자재의 소유권이 유보된 사실에 관하여 과실 없이 알지 못한 경우라면 선의취득의 경우와 마찬가지로 제3자가 그 자재의 귀속으로 인한 이익을 보유할 수 있는 법률상 원인이 있다고 봄이 상당하므로, 매도인으로서는 그에 관한 보상청구를 할 수 없다(대판 2009.9.24. 2009다15602).

[❺ ▶ ○] 토지 위에 식재된 입목은 토지의 구성부분으로 토지의 일부일 뿐 독립한 물건으로 볼 수 없으므로 특별한 사정이 없는 한 토지에 부합하고, 토지의 소유자는 식재된 입목의 소유권을 취득한다(대판 2021.8.19. 2020다266375).

답 ❶

07 물권적 청구권에 관한 다음 설명 중 가장 옳지 않은 것은? 2023년

① 소유자가 제3자에 대하여 목적물의 소유권을 이전하기로 하는 매매·증여·교환 기타의 채권계약을 체결하는 것만에 의하여서는 자신의 소유권에 어떠한 물권적 제한을 받지 아니하여서, 그는 다른 특별한 사정이 없는 한 자신의 소유물을 여전히 유효하게 달리 처분할 수 있고, 또한 소유권에 기하여 소유물에 대한 방해 등을 배제할 수 있는 민법 제213조, 제214조의 물권적 청구권을 가진다.

② 자신의 토지에 폐기물을 매립하거나 토양을 오염시켜 토지를 유통시킨 경우는 물론 타인의 토지에 그러한 행위를 하여 토지가 유통된 경우라 하더라도, 행위자가 폐기물을 매립한 자 또는 토양오염을 유발시킨 자라는 이유만으로 자신과 직접적인 거래관계가 없는 토지의 전전 매수인에 대한 관계에서 폐기물 처리비용이나 오염정화비용 상당의 손해에 관한 불법행위책임을 부담한다고 볼 수는 없다.

③ 소유자가 자신의 소유권에 기하여 실체관계에 부합하지 아니하는 등기의 명의인을 상대로 그 등기말소나 진정명의회복 등을 청구하는 경우에, 그 권리는 물권적 청구권으로서의 방해배제청구권(민법 제214조)의 성질을 가진다. 그러므로 소유자가 그 후에 소유권을 상실하면 이제 그 발생의 기반이 아예 없게 되어 더 이상 그 존재 자체가 인정되지 아니하므로, 등기말소 등 의무자에 대하여 그 권리의 이행불능을 이유로 민법 제390조의 손해배상청구권을 가진다고 말할 수 없다.

④ 토지소유권에 기한 물권적 청구권을 원인으로 하는 토지인도소송의 소송물은 토지소유권이 아니라 그 물권적 청구권인 토지인도청구권이므로, 그 소송에서 청구기각된 확정판결의 기판력은 토지인도청구권의 존부 그 자체에만 미치는 것이고 소송물이 되지 아니한 토지소유권의 존부에 관하여는 미치지 않는다. 그러므로 그 토지인도소송의 사실심변론종결 후에 그 패소자인 토지소유자로부터 토지를 매수하고 소유권이전등기를 마침으로써 그 소유권을 승계한 제3자의 토지소유권의 존부에 관하여는 위 확정판결의 기판력이 미치지 않는다.

⑤ 상속인은 피상속인의 일신에 전속한 것이 아닌 한 상속이 개시된 때로부터 피상속인의 재산에 관한 포괄적 권리·의무를 승계하므로(민법 제1005조), 피상속인이 사망 전에 그 소유 토지를 일반 공중의 이용에 제공하여 독점적·배타적인 사용·수익권을 포기한 것으로 볼 수 있고 그 토지가 상속재산에 해당하는 경우에는, 피상속인의 사망 후 그 토지에 대한 상속인의 독점적·배타적인 사용·수익권의 행사 역시 제한된다고 보아야 한다.

[❶▶○] 소유권은 물건을 배타적으로 지배하는 권리로서 대세적 효력이 있으므로, 그에 관한 법률관계는 이해관계인들이 이를 쉽사리 인식할 수 있도록 명확하게 정하여져야 한다. 그런데 소유자에게 소유권의 핵심적 내용에 속하는 처분권능이 없다고 하면(민법 제211조 참조), 이는 결국 민법이 알지 못하는 새로운 유형의 소유권 내지 물권을 창출하는 것으로서, 객체에 대한 전면적 지배권인 소유권을 핵심으로 하여 구축되어 있고 또한 물권의 존재 및 내용에 관하여 일정한 공시수단을 요구하는 물권법의 체계를 현저히 교란하게 된다. 따라서 소유자가 제3자에 대하여 목적물의 소유권을 이전하기로 하는 매매·증여·교환 기타의 채권계약을 체결하는 것만에 의하여서는 자신의 소유권에 어떠한 물권적 제한을 받지 아니하여서, 그는 다른 특별한 사정이 없는 한 자신의 소유물을 여전히 유효하게 달리 처분할 수 있고, 또한 소유권에 기하여 소유물에 대한 방해 등을 배제할 수 있는 민법 제213조, 제214조의 물권적 청구권을 가진다(대판 2014.3.13. 2009다105215).

[❷▶×] 헌법 제35조 제1항, 구 환경정책기본법, 구 토양환경보전법 및 구 폐기물관리법의 취지와 아울러 토양오염원인자의 피해배상의무 및 오염토양 정화의무, 폐기물 처리의무 등에 관한 관련 규정들과 법리에 비추어 보면, 토지의 소유자라 하더라도 토양오염물질을 토양에 누출·유출하거나 투기·방치함으로써 토양오염을 유발하였음에도 오염토양을 정화하지 않은 상태에서 오염토양이 포함된 토지를 거래에 제공함으로써 유통되게 하거나, 토지에 폐기물을 불법으로 매립하였음에도 처리하지 않은 상태에서 토지를 거래에 제공하는 등으로 유통되게 하였다면, <u>다른 특별한 사정이 없는 한 이는 거래의 상대방 및 토지를 전전취득한 현재의 토지 소유자에 대한 위법행위로서 불법행위가 성립할 수 있다.</u> 그리고 토지를 매수한 현재의 토지 소유자가 오염토양 또는 폐기물이 매립되어 있는 지하까지 토지를 개발·사용하게 된 경우 등과 같이 자신의 토지소유권을 완전하게 행사하기 위하여 오염토양 정화비용이나 폐기물 처리비용을 지출하였거나 지출해야만 하는 상황에 이르렀다거나 구 토양환경보전법에 의하여 관할 행정관청으로부터 조치명령 등을 받음에 따라 마찬가지의 상황에 이르렀다면 위법행위로 인하여 오염토양 정화비용 또는 폐기물 처리비용의 지출이라는 손해의 결과가 현실적으로 발생하였으므로, <u>토양오염을 유발하거나 폐기물을 매립한 종전 토지 소유자는 오염토양 정화비용 또는 폐기물 처리비용 상당의 손해에 대하여 불법행위자로서 손해배상책임을 진다</u>(대판[전합] 2016.5.19. 2009다66549).

[❸▶○] 소유자가 자신의 소유권에 기하여 실체관계에 부합하지 아니하는 등기의 명의인을 상대로 그 등기말소나 진정명의회복 등을 청구하는 경우에, 그 권리는 물권적 청구권으로서의 방해배제청구권(민법 제214조)의 성질을 가진다. 그러므로 소유자가 그 후에 소유권을 상실함으로써 이제 등기말소 등을 청구할 수 없게 되었다면, 이를 위와 같은 청구권의 실현이 객관적으로 불능이 되었다고 파악하여 등기말소 등 의무자에 대하여 그 권리의 이행불능을 이유로 민법 제390조상의 손해배상청구권을 가진다고 말할 수 없다. 위 법규정에서 정하는 채무불이행을 이유로 하는 손해배상청구권은 계약 또는 법률에 기하여 이미 성립하여 있는 채권관계에서 본래의 채권이 동일성을 유지하면서 그 내용이 확장되거나 변경된 것으로서 발생한다. 그러나 위와 같은 등기말소청구권 등의 물권적 청구권은 그 권리자인 소유자가 소유권을 상실하면 이제 그 발생의 기반이 아예 없게 되어 더 이상 그 존재 자체가 인정되지 아니하는 것이다. 이러한 법리는 선행소송에서 소유권보존등기의 말소등기청구가 확정되었다고 하더라도 그 청구권의 법적 성질이 채권적 청구권으로 바뀌지 아니하므로 마찬가지이다(대판[전합] 2012.5.17. 2010다28604).

[❹▶○] 토지소유권에 기한 물권적 청구권을 원인으로 하는 토지인도소송의 소송물은 토지소유권이 아니라 그 물권적 청구권인 토지인도청구권이므로 그 소송에서 청구기각된 확정판결의 기판력은 토지인도청구권의 존부 그 자체에만 미치는 것이고 소송물이 되지 아니한 토지소유권의 존부에 관하여는 미치지 아니한다 할 것이므로 그 토지인도소송의 사실심변론종결 후에 그 패소자인 토지소유자로부터 토지를 매수하고 소유권이전등기를 마침으로써 그 소유권을 승계한 제3자의 토지소유권의 존부에 관하여는 위 확정판결의 기판력이 미치지 않는다(대판 1984.9.25. 84다카148).

[❺▶○] 상속인은 피상속인의 일신에 전속한 것이 아닌 한 상속이 개시된 때로부터 피상속인의 재산에 관한 포괄적 권리·의무를 승계하므로(민법 제1005조), 피상속인이 사망 전에 그 소유 토지를 일반 공중의 이용에 제공하여 독점적·배타적인 사용·수익권을 포기한 것으로 볼 수 있고 그 토지가 상속재산에 해당하는 경우에는, 피상속인의 사망 후 그 토지에 대한 상속인의 독점적·배타적인 사용·수익권의 행사 역시 제한된다고 보아야 한다(대판[전합] 2019.1.24. 2016다264556).

답

08 물권적 청구권에 관한 다음 설명 중 가장 옳지 않은 것은? 2024년

① 토지의 매수인이 아직 소유권이전등기를 경료받지 아니하였다 하여도 매매계약의 이행으로 그 토지를 인도받은 때에는 매매계약의 효력으로서 이를 점유·사용할 권리가 생기게 된 것으로 보아야 하고, 또 매수인으로부터 위 토지를 다시 매수한 자는 위와 같은 토지의 점유사용권을 취득한 것으로 봄이 상당하므로 매도인은 매수인으로부터 다시 위 토지를 매수한 자에 대하여 토지 소유권에 기한 물권적 청구권을 행사하거나 그 점유·사용을 법률상 원인이 없는 이익이라고 하여 부당이득반환청구를 할 수는 없다.
② 소유권을 양도함에 있어 소유권에 의하여 발생되는 물상청구권을 소유권과 분리, 소유권 없는 전소유자에게 유보하여 제3자에게 대하여 이를 행사케 한다는 것은 소유권의 절대적 권리인 점에 비추어 허용될 수 없는 것이라 할 것으로서, 이는 양도인인 전소유자가 그 목적물을 양수인에게 인도할 의무 있고 그 의무이행이 매매대금 잔액의 지급과 동시이행관계에 있다거나 그 소유권의 양도가 소송계속 중에 있었다 하여 다를 리 없고, 일단 소유권을 상실한 전소유자는 제3자인 불법점유자에 대하여 물권적청구권에 의한 방해배제를 청구할 수 없다.
③ 부동산의 양도담보설정자는 그 부동산의 등기명의가 양도담보권자 앞으로 되어 있다 할지라도 그 부동산의 불법점유자인 제3자에 대하여는 그 실질적 소유자임을 주장하여 불법점유의 상태의 배제권을 행사할 수 있다.
④ 건물이 그 존립을 위한 토지사용권을 갖추지 못하여 토지의 소유자가 건물의 소유자에 대하여 당해 건물의 철거 및 그 대지의 인도를 청구할 수 있는 경우에 건물소유자가 아닌 사람이 건물을 점유하고 있다면 토지소유자는 자신의 소유권에 기한 방해배제로서 건물점유자에 대하여 건물로부터의 퇴거를 청구할 수 있다. 다만 그 건물점유자가 건물소유자로부터의 임차인으로서 그 건물임차권이 이른바 대항력을 가지고 있다면 위 퇴거청구에 대항할 수 있게 된다.
⑤ 말소등기에 갈음하여 허용되는 진정명의회복을 원인으로 한 소유권이전등기청구권과 무효등기의 말소청구권은 어느 것이나 진정한 소유자의 등기명의를 회복하기 위한 것으로서 실질적으로 그 목적이 동일하고, 두 청구권 모두 소유권에 기한 방해배제청구권으로서 그 법적 근거와 성질이 동일하다.

[❶▶○] 토지의 매수인이 아직 소유권이전등기를 경료받지 아니하였다 하여도 매매계약의 이행으로 그 토지를 인도받은 때에는 매매계약의 효력으로서 이를 점유·사용할 권리가 생기게 된 것으로 보아야 하고, 또 매수인으로부터 위 토지를 다시 매수한 자는 위와 같은 토지의 점유사용권을 취득한 것으로 봄이 상당하므로 매도인은 매수인으로부터 다시 위 토지를 매수한 자에 대하여 토지 소유권에 기한 물권적 청구권을 행사하거나 그 점유·사용을 법률상 원인이 없는 이익이라고 하여 부당이득반환청구를 할 수는 없다고 할 것인바, 이러한 법리는 대물변제 약정에 의하여 매매와 같이 부동산의 소유권을 이전받게 되는 자가 이미 당해 부동산을 점유·사용하고 있거나, 그로부터 다시 이를 임차하여 점유·사용하고 있는 경우에도 마찬가지로 적용된다(대판 2001.12.11. 2001다45355).

[❷▶○] 소유권을 양도함에 있어 소유권에 의하여 발생되는 물상청구권을 소유권과 분리, 소유권 없는 전소유자에게 유보하여 제3자에게 대하여 이를 행사케 한다는 것은 소유권의 절대적 권리인 점에 비추어 허용될 수 없는 것이라 할 것으로서, 이는 양도인인 전소유자가 그 목적물을 양수인에게 인도할 의무 있고 그 의무이행이 매매대금 잔액의 지급과 동시이행관계에 있다거나 그 소유권의 양도가 소송계속 중에 있었다 하여 다를 리 없고 일단 소유권을 상실한 전소유자는 제3자인 불법점유자에 대하여 물권적청구권에 의한 방해배제를 청구할 수 없다(대판[전합] 1969.5.27. 68다725).

[❸ ▸ O] 부동산의 양도담보권설정자는 그 부동산의 등기명의가 양도담보권자 앞으로 되어 있다 할지라도 그 부동산의 불법점유자인 제3자에 대하여는 그 실질적 소유자임을 주장하여 불법점유의 상태의 배제권을 행사할 수 있다(대판 1988.4.25. 87다카2696).

[❹ ▸ X] 건물이 그 존립을 위한 토지사용권을 갖추지 못하여 토지의 소유자가 건물의 소유자에 대하여 당해 건물의 철거 및 그 대지의 인도를 청구할 수 있는 경우에라도 건물소유자가 아닌 사람이 건물을 점유하고 있다면 토지소유자는 그 건물 점유를 제거하지 아니하는 한 위의 건물 철거 등을 실행할 수 없다. 따라서 그때 토지소유권은 위와 같은 점유에 의하여 그 원만한 실현을 방해당하고 있다고 할 것이므로, <u>토지소유자는 자신의 소유권에 기한 방해배제로서 건물점유자에 대하여 건물로부터의 퇴출을 청구할 수 있다</u>. 그리고 이는 건물점유자가 건물소유자로부터의 임차인으로서 그 건물임차권이 이른바 대항력을 가진다고 해서 달라지지 아니한다. 건물임차권의 대항력은 기본적으로 건물에 관한 것이고 토지를 목적으로 하는 것이 아니므로 이로써 토지소유권을 제약할 수 없고, 토지에 있는 건물에 대하여 대항력 있는 임차권이 존재한다고 하여도 이를 토지소유자에 대하여 대항할 수 있는 토지사용권이라고 할 수는 없다. 바꾸어 말하면, 건물에 관한 임차권이 대항력을 갖춘 후에 그 대지의 소유권을 취득한 사람은 민법 제622조 제1항이나 주택임대차보호법 제3조 제1항 등에서 그 임차권의 대항을 받는 것으로 정하여진 '제3자'에 해당한다고 할 수 없다(대판 2010.8.19. 2010다43801).

[❺ ▸ O] 진정한 등기명의의 회복을 위한 소유권이전등기청구는 이미 자기 앞으로 소유권을 표상하는 등기가 되어 있었거나 법률에 의하여 소유권을 취득한 자가 진정한 등기명의를 회복하기 위한 방법으로 현재의 등기명의인을 상대로 그 등기의 말소를 구하는 것에 갈음하여 허용되는 것인데, 말소등기에 갈음하여 허용되는 진정명의회복을 원인으로 한 소유권이전등기청구권과 무효등기의 말소청구권은 어느 것이나 진정한 소유자의 등기명의를 회복하기 위한 것으로서 실질적으로 그 목적이 동일하고, 두 청구권 모두 소유권에 기한 방해배제청구권으로서 그 법적 근거와 성질이 동일하므로, 비록 전자는 이전등기, 후자는 말소등기의 형식을 취하고 있다고 하더라도 그 소송물은 실질상 동일한 것으로 보아야 하고, 따라서 소유권이전등기말소청구소송에서 패소확정판결을 받았다면 그 기판력은 그 후 제기된 진정명의회복을 원인으로 한 소유권이전등기청구소송에도 미친다(대판[전합] 2001.9.20. 99다37894).

답 ❹

09 공동소유에 관한 다음 설명 중 가장 옳지 않은 것은? 2024년

① 민법 제265조 단서가 공유물의 보존행위를 각 공유자가 단독으로 할 수 있도록 한 취지는 그 보존행위가 긴급을 요하는 경우가 많고 다른 공유자에게도 이익이 되는 것이 보통이기 때문이므로, 어느 공유자가 보존권을 행사하는 때에 그 행사의 결과가 다른 공유자의 이해와 충돌될 때에는 그 행사는 보존행위로 될 수 없다고 보아야 한다.

② 집합건물의 대지를 집합건물의 구분소유자인 공유자와 구분소유자가 아닌 공유자가 공유하고 있고, 당해 대지를 집합건물의 구분소유자인 공유자에게 취득시키고 구분소유자가 아닌 다른 공유자에게는 그 지분의 가격을 취득시키는 것이 공유자 간의 실질적인 공평을 해치지 않는다고 인정되는 특별한 사정이 있어 그와 같이 공유물을 분할하는 것이 허용되는 경우에는, 그러한 공유물에 대한 분할청구는 집합건물의 소유 및 관리에 관한 법률 제8조의 입법 취지에 비추어 허용된다고 보는 것이 타당하다.

③ 합유물 가운데서도 조합재산의 경우 그 처분·변경에 관한 행위는 조합의 특별사무에 해당하는 업무집행으로서, 이에 대하여는 특별한 사정이 없는 한 민법 제706조 제2항이 민법 제272조에 우선하여 적용되므로, 조합재산의 처분·변경은 업무집행자가 없는 경우에는 조합원의 과반수로 결정하고, 업무집행자가 수인 있는 경우에는 그 업무집행자의 과반수로써 결정하며, 업무집행자가 1인만 있는 경우에는 그 업무집행자가 단독으로 결정한다.

④ 여러 채권자가 같은 기회에 어느 부동산에 관하여 하나의 근저당권을 설정받아 이를 준공유하는 경우 피담보채권이 확정되기 전에는 근저당권에 대한 준공유비율을 정할 수 없으나 피담보채권액이 확정되면 각자 그 확정된 채권액의 비율에 따라 근저당권을 준공유하는 것이 되므로, 준공유자는 각기 그 채권액의 비율에 따라 변제받는 것이 원칙이고, 설령 준공유자 전원의 합의로 피담보채권의 확정 전에 위와 다른 비율을 정하거나 준공유자 중 일부가 먼저 변제받기로 약정하더라도 이는 외관을 신뢰한 제3자의 이익을 해할 수 있으므로, 준공유자들은 위와 같은 약정에 구속되지 않는다.

⑤ 총유물의 보존에 있어서는 공유물의 보존에 관한 민법 제265조의 규정이 적용될 수 없고, 민법 제276조 제1항의 규정에 따른 사원총회의 결의를 거치거나 정관이 정하는 바에 따른 절차를 거쳐야 하므로, 법인 아닌 사단인 교회가 그 총유재산에 대한 보존행위로서 소송을 하는 경우에도 교인총회의 결의를 거치거나 그 정관이 정하는 바에 따른 절차를 거쳐야 한다.

[❶▶○] 공유물의 보존행위는 공유물의 멸실·훼손을 방지하고 그 현상을 유지하기 위하여 하는 사실적·법률적 행위이다. 민법 제265조 단서가 이러한 공유물의 보존행위를 각 공유자가 단독으로 할 수 있도록 한 취지는 그 보존행위가 긴급을 요하는 경우가 많고 다른 공유자에게도 이익이 되는 것이 보통이기 때문이므로, 어느 공유자가 보존권을 행사하는 때에 그 행사의 결과가 다른 공유자의 이해와 충돌될 때에는 그 행사는 보존행위로 될 수 없다고 보아야 한다(대판 2024.3.12. 2023다240879).

[❷▶○] 집합건물의 소유 및 관리에 관한 법률(이하 '집합건물법'이라고 한다) 제8조는 "대지 위에 구분소유권의 목적인 건물이 속하는 1동의 건물이 있을 때에는 그 대지의 공유자는 그 건물사용에 필요한 범위의 대지에 대하여는 분할을 청구하지 못한다"라고 규정하고 있다. 위 법률 규정의 입법 취지는 1동의 건물로서 개개의 구성부분이 독립한 구분소유권의 대상이 되는 집합건물의 존립기초를 확보하려는 데 있는바, 집합건물의 대지는 그 지상의 구분소유권과 일체성 내지 불가분성을 가지는데 일반의 공유와 같이 공유지분권에 기한 공유물분할을 인정한다면 그 집합건물의 대지사용관계는 파탄에 이르게

되므로 집합건물의 공동생활관계의 보호를 위하여 분할청구가 금지된다. 따라서 집합건물 대지의 공유자가 청구한 대지의 분할청구가 허용되는지 여부를 판단함에 있어서는 집합건물법 제8조의 입법 취지가 우선 고려되어야 하는바, 집합건물의 대지를 집합건물의 구분소유자인 공유자와 구분소유자가 아닌 공유자가 공유하고 있고, 당해 대지를 집합건물의 구분소유자인 공유자에게 취득시키고 구분소유자가 아닌 다른 공유자에게는 그 지분의 가격을 취득시키는 것이 공유자 간의 실질적인 공평을 해치지 않는다고 인정되는 특별한 사정이 있어 그와 같이 공유물을 분할하는 것이 허용되는 경우에는, 그러한 공유물에 대한 분할청구는 집합건물법 제8조의 입법취지에 비추어 허용된다고 보는 것이 타당하다(대판 2023.9.14. 2022다271753).

[❸ ▶ O] 민법 제272조에 따르면 합유물을 처분 또는 변경함에는 합유자 전원의 동의가 있어야 하나, 합유물 가운데서도 조합재산의 경우 그 처분·변경에 관한 행위는 조합의 특별사무에 해당하는 업무집행으로서, 이에 대하여는 특별한 사정이 없는 한 민법 제706조 제2항이 민법 제272조에 우선하여 적용되므로, 조합재산의 처분·변경은 업무집행자가 없는 경우에는 조합원의 과반수로 결정하고, 업무집행자가 수인 있는 경우에는 그 업무집행자의 과반수로써 결정하며, 업무집행자가 1인만 있는 경우에는 그 업무집행자가 단독으로 결정한다(대판 2010.4.29. 2007다18911).

[❹ ▶ X] 여러 채권자가 같은 기회에 어느 부동산에 관하여 하나의 근저당권을 설정받아 이를 준공유하는 경우 그 근저당권은 준공유자들의 피담보채권액을 모두 합쳐서 채권최고액까지 담보하게 되고, 피담보채권이 확정되기 전에는 근저당권에 대한 준공유비율을 정할 수 없으나 피담보채권액이 확정되면 각자 그 확정된 채권액의 비율에 따라 근저당권을 준공유하는 것이 되므로, 준공유자는 각기 그 채권액의 비율에 따라 변제받는 것이 원칙이다. 그러나 <u>준공유자 전원의 합의로 피담보채권의 확정 전에 위와 다른 비율을 정하거나 준공유자 중 일부가 먼저 변제받기로 약정하는 것을 금할 이유가 없으므로 그와 같은 약정이 있으면 그 약정에 따라야 하며, 이와 같은 별도의 약정을 등기하게 되면 제3자에 대하여도 효력이 있다</u>(대판 2008.3.13. 2006다31887).

[❺ ▶ O] 총유물의 보존에 있어서는 공유물의 보존에 관한 민법 제265조의 규정이 적용될 수 없고, 민법 제276조 제1항의 규정에 따른 사원총회의 결의를 거치거나 정관이 정하는 바에 따른 절차를 거쳐야 하므로, 법인 아닌 사단인 교회가 총유재산에 대한 보존행위로서 소송을 하는 경우에도 교인 총회의 결의를 거치거나 정관이 정하는 바에 따른 절차를 거쳐야 한다(대판 2014.2.13. 2012다112299).

답 ❹

10 다음 설명 중 가장 옳지 않은 것은? 2023년

① 동업을 목적으로 한 조합이 조합체로서 또는 조합재산으로서 부동산의 소유권을 취득하였다면 당연히 그 조합체의 합유물이 되고, 다만 그 조합체가 합유등기를 하지 아니하고 그 대신 조합원들 명의로 각 지분에 관하여 공유등기를 하였다면 이는 그 조합체가 조합원들에게 각 지분에 관하여 명의신탁한 것으로 보아야 한다.
② 부동산의 합유자 중 일부가 사망한 경우 합유자 사이에 특별한 약정이 없는 한 사망한 합유자의 상속인이 그 지분을 승계한다.
③ 은행에 공동명의로 예금을 하고 은행에 대하여 그 권리를 함께 행사하기로 한 경우에 만일 동업자금을 공동명의로 예금한 경우라면 채권의 준합유관계에 있다고 볼 것이다.
④ 민법상 조합인 공동수급체가 경쟁입찰에 참가하였다가 다른 경쟁업체가 낙찰자로 선정된 경우, 그 공동수급체의 구성원 중 1인이 그 낙찰자 선정이 무효임을 주장하며 무효확인의 소를 제기하는 것은 합유재산의 보존행위에 해당한다.
⑤ 합유재산을 합유자 1인의 단독소유로 소유권보존등기를 한 경우에는 소유권보존등기가 실질관계에 부합하지 않는 원인무효의 등기이므로, 다른 합유자는 등기명의인인 합유자를 상대로 소유권보존등기 말소청구의 소를 제기하는 등의 방법으로 원인무효의 등기를 말소시킨 다음 새로이 합유의 소유권보존등기를 신청할 수 있다.

[❶▶○] 민법 제271조 제1항은 "법률의 규정 또는 계약에 의하여 수인이 조합체로서 물건을 소유하는 때에는 합유로 한다. 합유자의 권리는 합유물 전부에 미친다"고 규정하고(이는 물권법상의 규정으로서 강행규정이고, 따라서 조합체의 구성원인 조합원들이 공유하는 경우에는 조합체로서 물건을 소유하는 것으로 볼 수 없다), 민법 제704조는 "조합원의 출자 기타 조합재산은 조합원의 합유로 한다"고 규정하고 있으므로, 동업을 목적으로 한 조합이 조합체로서 또는 조합재산으로서 부동산의 소유권을 취득하였다면, 민법 제271조 제1항의 규정에 의하여 당연히 그 조합체의 합유물이 되고(이는 민법 제187조에 규정된 '법률의 규정에 의한 물권의 취득'과는 아무 관계가 없다. 따라서 조합체가 부동산을 법률행위에 의하여 취득한 경우에는 물론 소유권이전등기를 요한다), 다만, 그 조합체가 합유등기를 하지 아니하고 그 대신 조합원들 명의로 각 지분에 관하여 공유등기를 하였다면, 이는 그 조합체가 조합원들에게 각 지분에 관하여 명의신탁한 것으로 보아야 한다(대판 2002.6.14. 2000다30622).
[❷▶✕] 부동산의 합유자 중 일부가 사망한 경우 합유자 사이에 <u>특별한 약정이 없는 한 사망한 합유자의 상속인은 합유자로서의 지위를 승계하지 못하므로</u>, 해당 부동산은 잔존 합유자가 2인 이상일 경우에는 잔존 합유자의 합유로 귀속되고 잔존 합유자가 1인인 경우에는 잔존 합유자의 단독소유로 귀속된다(대판 1996.12.10. 96다23238).
[❸▶○] 은행에 공동명의로 예금을 하고 은행에 대하여 그 권리를 함께 행사하기로 한 경우에 만일 동업자금을 공동명의로 예금한 경우라면 채권의 준합유관계에 있다고 볼 것이나, 공동명의 예금채권자들 각자가 분담하여 출연한 돈을 동업 이외의 특정 목적을 위하여 공동명의로 예치해 둠으로써 그 목적이 달성되기 전에는 공동명의 예금채권자가 단독으로 예금을 인출할 수 없도록 방지·감시하고자 하는 목적으로 공동명의로 예금을 개설한 경우라면, 하나의 예금채권이 분량적으로 분할되어 각 공동명의 예금채권자들에게 공동으로 귀속되고, 각 공동명의 예금채권자들이 예금채권에 대하여 갖는 각자의 지분에 대한 관리처분권은 각자에게 귀속된다(대판 2004.10.14. 2002다55908).

[**④▶○**] 합유재산의 보존행위는 합유재산의 멸실·훼손을 방지하고 그 현상을 유지하기 위하여 하는 사실적·법률적 행위로서 이러한 합유재산의 보존행위를 각 합유자 단독으로 할 수 있도록 한 취지는 그 보존행위가 긴급을 요하는 경우가 많고 다른 합유자에게도 이익이 되는 것이 보통이기 때문이다. 민법상 조합인 공동수급체가 경쟁입찰에 참가하였다가 다른 경쟁업체가 낙찰자로 선정된 경우, 그 공동수급체의 구성원 중 1인이 그 낙찰자 선정이 무효임을 주장하며 무효확인의 소를 제기하는 것은 그 공동수급체가 경쟁입찰과 관련하여 갖는 법적 지위 내지 법률상 보호받는 이익이 침해될 우려가 있어 그 현상을 유지하기 위하여 하는 소송행위이므로 이는 합유재산의 보존행위에 해당한다(대판 2013.11.28. 2011다80449).

[**⑤▶○**] 합유재산을 합유자 1인의 단독소유로 소유권보존등기를 한 경우에는 소유권보존등기가 실질관계에 부합하지 않는 원인무효의 등기이므로, 다른 합유자는 등기명의인인 합유자를 상대로 소유권보존등기 말소청구의 소를 제기하는 등의 방법으로 원인무효의 등기를 말소시킨 다음 새로이 합유의 소유권보존등기를 신청할 수 있다(대판 2017.8.18. 2016다6309).

답 ②

11 공유물에 관한 다음 설명 중 가장 옳지 않은 것은?

① 부동산의 공유자의 1인은 당해 부동산에 관하여 제3자 명의로 원인무효의 소유권이전등기가 마쳐져 있는 경우 공유물에 관한 보존행위로서 제3자에 대하여 그 등기 전부의 말소를 구할 수 있다.
② 공유자가 다른 공유자의 지분권을 대외적으로 주장하는 것을 공유물의 멸실·훼손을 방지하고 공유물의 현상을 유지하는 사실적·법률적 행위인 공유물의 보존행위에 속한다고 할 수는 없으므로, 자신의 소유지분 범위를 초과하는 부분에 관하여 마쳐진 등기에 대하여 공유물에 관한 보존행위로서 무효라고 주장하면서 말소를 구할 수는 없다.
③ 공유물에 관한 원인무효의 등기에 대하여 모든 공유자가 항상 공유물의 보존행위로서 말소를 구할 수 있는 것은 아니고, 원인무효의 등기로 인하여 자신의 지분이 침해된 공유자에 한하여 공유물의 보존행위로서 그 등기의 말소를 구할 수 있을 뿐이다.
④ 과반수 지분의 공유자는 다른 공유자와 사이에 미리 공유물의 관리방법에 관한 협의가 없었다면, 공유물의 관리에 관한 사항을 단독으로 결정할 수는 없다.
⑤ 과반수 지분의 공유자가 그 공유물의 특정 부분을 배타적으로 사용·수익하기로 정하는 것은 공유물의 관리방법으로서 적법하다.

[**①▶○**] [**②▶○**] [**③▶○**] 부동산의 공유자의 1인은 당해 부동산에 관하여 제3자 명의로 원인무효의 소유권이전등기가 마쳐져 있는 경우 공유물에 관한 보존행위로서 제3자에 대하여 그 등기 전부의 말소를 구할 수 있으나(①), 공유자가 다른 공유자의 지분권을 대외적으로 주장하는 것을 공유물의 멸실·훼손을 방지하고 공유물의 현상을 유지하는 사실적·법률적 행위인 공유물의 보존행위에 속한다고 할 수는 없으므로, 자신의 소유지분 범위를 초과하는 부분에 관하여 마쳐진 등기에 대하여 공유물에 관한 보존행위로서 무효라고 주장하면서 말소를 구할 수는 없다(②). 결국 공유물에 관한 원인무효의 등기에 대하여 모든 공유자가 항상 공유물의 보존행위로서 말소를 구할 수 있는 것은 아니고, 원인무효의 등기로 인하여 자신의 지분이 침해된 공유자에 한하여 공유물의 보존행위로서 그 등기의 말소를 구할 수 있을 뿐이므로(③), 원인무효의 등기가 특정 공유자의 지분에만 한정하여 마쳐진 경우에는 그로 인하여 지분을 침해받게 된 특정 공유자를 제외한 나머지 공유자들은 공유물의 보존행위로서 위 등기의 말소를 구할 수는 없다(대판 2023.12.7. 2023다273206).

[④ ▶ ✕] [⑤ ▶ ○] 부동산에 관하여 과반수 공유지분을 가진 자는 공유자 사이에 공유물의 관리방법에 관하여 협의가 미리 없었다 하더라도 공유물의 관리에 관한 사항을 단독으로 결정할 수 있으므로(④) 공유토지에 관하여 과반수지분권을 가진 자가 그 공유토지의 특정된 한 부분을 배타적으로 사용수익할 것을 정하는 것은 공유물의 관리방법으로서 적법하다(대판 1991.9.24. 88다카33855)(⑤).

답 ④

12 공유물의 소수지분권자인 피고가 다른 공유자와 협의하지 않고 공유물의 전부 또는 일부를 독점적으로 점유하는 경우, 다른 소수지분권자인 원고가 피고를 상대로 공유물의 인도를 청구하는 사안과 관련하여 다음 설명 중 옳은 것을 모두 고른 것은? 2024년

> ㄱ. 공유물의 소수지분권자인 피고가 다른 공유자와 협의하지 않고 공유물의 전부 또는 일부를 독점적으로 점유하는 경우 다른 소수지분권자인 원고가 피고를 상대로 공유물의 보존행위로서 공유물의 인도를 청구할 수는 없다.
> ㄴ. 원고도 피고와 마찬가지로 소수지분권자에 지나지 않으므로 원고가 공유자인 피고를 전면적으로 배제하고 자신만이 단독으로 공유물을 점유하도록 인도해 달라고 청구할 권원은 없다.
> ㄷ. 피고가 다른 공유자를 배제하고 단독 소유자인 것처럼 공유물을 독점하는 것은 위법하므로, 피고의 점유는 지분비율과 무관하게 공유물 전체의 범위에서 위법하다.
> ㄹ. 원고는 위와 같이 공유물의 보존행위로서 그 인도를 청구할 수는 없을 뿐만 아니라 자신의 지분권에 기초하여 공유물에 대한 방해 상태를 제거하거나 공동 점유를 방해하는 행위의 금지 등을 청구할 수도 없다.

① ㄱ
② ㄱ, ㄴ
③ ㄱ, ㄴ, ㄷ
④ ㄱ, ㄴ, ㄹ
⑤ ㄴ, ㄷ, ㄹ

[ㄱ ▶ ○] [ㄴ ▶ ○] [ㄷ ▶ ✕] 공유물의 소수지분권자인 피고가 다른 공유자와 협의하지 않고 공유물의 전부 또는 일부를 독점적으로 점유하는 경우 다른 소수지분권자인 원고가 피고를 상대로 공유물의 인도를 청구할 수는 없다고 보아야 한다. 상세한 이유는 다음과 같다. ① 공유자 중 1인인 피고가 공유물을 독점적으로 점유하고 있어 다른 공유자인 원고가 피고를 상대로 공유물의 인도를 청구하는 경우, 그러한 행위는 공유물을 점유하는 피고의 이해와 충돌한다. 애초에 보존행위를 공유자 중 1인이 단독으로 할 수 있도록 한 것은 보존행위가 다른 공유자에게도 이익이 되기 때문이라는 점을 고려하면, 이러한 행위는 민법 제265조 단서에서 정한 보존행위라고 보기 어렵다. ② 피고가 다른 공유자를 배제하고 단독 소유자인 것처럼 공유물을 독점하는 것은 위법하지만, 피고는 적어도 자신의 지분 범위에서는 공유물 전부를 점유하여 사용·수익할 권한이 있으므로 피고의 점유는 지분비율을 초과하는 한도에서만 위법하다고 보아야 한다. ③ 원고의 피고에 대한 물건 인도청구가 인정되려면 먼저 원고에게 인도를 청구할 수 있는 권원이 인정되어야 한다. 원고에게 그러한 권원이 없다면 피고의 점유가 위법하더라도 원고의 청구를 받아들일 수 없다. 그런데 원고 역시 피고와 마찬가지로 소수지분권자에 지나지 않으므로 원고가 공유자인 피고를 전면적으로 배제하고 자신만이 단독으로 공유물을 점유하도록 인도해 달라고 청구할 권원은 없다(대판[전합] 2020.5.21. 2018다287522).

[ㄹ▶×] 이와 같이 공유물의 소수지분권자가 다른 공유자와 협의 없이 공유물의 전부 또는 일부를 독점적으로 점유·사용하고 있는 경우 다른 소수지분권자는 공유물의 보존행위로서 그 인도를 청구할 수는 없고, 다만 자신의 지분권에 기초하여 공유물에 대한 방해 상태를 제거하거나 공동점유를 방해하는 행위의 금지 등을 청구할 수 있다고 보아야 한다(대판[전합] 2020.5.21. 2018다287522).

답 ❷

13

부동산 실권리자명의 등기에 관한 법률(이하 '부동산실명법'이라 한다)의 시행 후에 이루어진 명의신탁에 관한 다음 설명 중 옳지 않은 것을 모두 고른 것은? 2024년

㉠ 부동산실명법은 부동산등기제도를 악용한 투기·탈세·탈법행위 등 반사회적 행위를 방지하는 것 등을 목적으로 제정되었으므로 위 법률에 위반되어 무효인 명의신탁약정에 기하여 타인 명의의 등기가 마쳐졌다면 그것은 불법원인급여에 해당한다.
㉡ 이른바 3자 간 등기명의신탁의 경우 명의신탁약정과 그에 의한 등기가 무효로 되고 그 결과 명의신탁된 부동산은 여전히 매도인의 소유이므로, 매도인은 명의수탁자에게 무효인 그 명의 등기의 말소를 구할 수 있게 되고, 한편 매도인과 명의신탁자 사이의 매매계약은 여전히 유효하므로, 명의신탁자는 매도인에 대하여 매매계약에 기한 소유권이전등기를 청구할 수 있고, 그 소유권이전등기청구권을 보전하기 위하여 매도인을 대위하여 명의수탁자에게 무효인 그 명의 등기의 말소를 구할 수도 있다.
㉢ 양자 간 등기명의신탁에서 명의수탁자가 신탁부동산을 처분하여 제3취득자가 유효하게 소유권을 취득하고 이로써 명의신탁자가 신탁부동산에 대한 소유권을 상실하였다면, 명의신탁자의 소유권에 기한 물권적 청구권, 즉 소유권말소등기청구권이나 진정명의회복을 원인으로 한 소유권이전등기청구권도 더 이상 그 존재 자체가 인정되지 않지만, 그 후 명의수탁자가 우연히 신탁부동산의 소유권을 다시 취득하였다면 물권적 청구권도 인정되게 된다.
㉣ 이른바 계약명의신탁약정을 맺고 명의수탁자가 당사자가 되어 명의신탁약정을 알지 못하는 소유자와 부동산에 관한 매매계약을 체결한 뒤 수탁자 명의로 소유권이전등기를 마친 경우, 명의수탁자는 명의신탁자에 대하여 부당이득반환의무를 부담하게 되는데 이때 명의수탁자는 당해 부동산 자체를 부당이득으로 반환해야 한다.
㉤ 위 ㉡의 경우, 명의신탁약정의 목적물인 부동산을 인도받아 점유하고 있는 명의신탁자의 매도인에 대한 소유권이전등기청구권은 소멸시효가 진행되지 않는다.

① ㉠, ㉢, ㉣
② ㉡, ㉢, ㉣
③ ㉠, ㉤
④ ㉡, ㉣, ㉤
⑤ ㉢, ㉣, ㉤

[㉠ ▶ ✕] 부동산 실권리자명의 등기에 관한 법률이 규정하는 명의신탁약정은 부동산에 관한 물권의 실권리자가 타인과의 사이에서 대내적으로는 실권리자가 부동산에 관한 물권을 보유하거나 보유하기로 하고 그에 관한 등기는 그 타인의 명의로 하기로 하는 약정을 말하는 것일 뿐이므로, 그 자체로 선량한 풍속 기타 사회질서에 위반하는 경우에 해당한다고 단정할 수 없을 뿐만 아니라, 위 법률은 원칙적으로 명의신탁약정과 그 등기에 기한 물권변동만을 무효로 하고 명의신탁자가 다른 법률관계에 기하여 등기회복 등의 권리행사를 하는 것까지 금지하지는 않는 대신, 명의신탁자에 대하여 행정적 제재나 형벌을 부과함으로써 사적자치 및 재산권보장의 본질을 침해하지 않도록 규정하고 있으므로, 위 법률이 비록 부동산등기제도를 악용한 투기·탈세·탈법행위 등 반사회적행위를 방지하는 것 등을 목적으로 제정되었다고 하더라도, 무효인 명의신탁약정에 기하여 타인명의의 등기가 마쳐졌다는 이유만으로 그것이 당연히 불법원인급여에 해당한다고 볼 수 없다(대판 2003.11.27. 2003다41722).

[㉡ ▶ ○] 부동산 실권리자명의 등기에 관한 법률에 의하면, 이른바 3자 간 등기명의신탁의 경우 같은 법에서 정한 유예기간 경과에 의하여 기존 명의신탁약정과 그에 의한 등기가 무효로 되고 그 결과 명의신탁된 부동산은 매도인 소유로 복귀하므로, 매도인은 명의수탁자에게 무효인 그 명의 등기의 말소를 구할 수 있게 되고, 한편 같은 법은 매도인과 명의신탁자 사이의 매매계약의 효력을 부정하는 규정을 두고 있지 아니하여 유예기간 경과 후로도 매도인과 명의신탁자 사이의 매매계약은 여전히 유효하므로, 명의신탁자는 매도인에 대하여 매매계약에 기한 소유권이전등기를 청구할 수 있고, 그 소유권이전등기청구권을 보전하기 위하여 매도인을 대위하여 명의수탁자에게 무효인 그 명의 등기의 말소를 구할 수도 있다(대판 2002.3.15. 2001다61654).

[㉢ ▶ ✕] 양자 간 등기명의신탁에서 명의수탁자가 신탁부동산을 처분하여 제3취득자가 유효하게 소유권을 취득하고 이로써 명의신탁자가 신탁부동산에 대한 소유권을 상실하였다면, 명의신탁자의 소유권에 기한 물권적 청구권, 즉 말소등기청구권이나 진정명의회복을 원인으로 한 이전등기청구권도 더 이상 그 존재 자체가 인정되지 않는다. 그 후 명의수탁자가 우연히 신탁부동산의 소유권을 다시 취득하였다고 하더라도 명의신탁자가 신탁부동산의 소유권을 상실한 사실에는 변함이 없으므로, 여전히 물권적 청구권은 그 존재 자체가 인정되지 않는다(대판 2013.2.28. 2010다89814).

[㉣ ▶ ✕] 부동산 실권리자명의 등기에 관한 법률(이하 '부동산실명법'이라고 한다) 제4조 제1항, 제2항에 의하면, 명의신탁자와 명의수탁자가 이른바 계약명의신탁 약정을 맺고 명의수탁자가 당사자가 되어 명의신탁약정이 있다는 사실을 알지 못하는 소유자와의 사이에 부동산에 관한 매매계약을 체결한 후 매매계약에 따라 당해 부동산의 소유권이전등기를 수탁자 명의로 마친 경우에는 명의신탁자와 명의수탁자 사이의 명의신탁약정의 무효에도 불구하고 명의수탁자는 당해 부동산의 완전한 소유권을 취득하게 되고, 다만 명의수탁자는 명의신탁자에 대하여 부당이득반환의무를 부담하게 될 뿐이다. 그런데 계약명의신탁약정이 부동산실명법 시행 후에 이루어진 경우에는 명의신탁자는 애초부터 당해 부동산의 소유권을 취득할 수 없었으므로 위 명의신탁약정의 무효로 명의신탁자가 입은 손해는 당해 부동산 자체가 아니라 명의수탁자에게 제공한 매수자금이고, 따라서 명의수탁자는 당해 부동산 자체가 아니라 명의신탁자로부터 제공받은 매수자금만을 부당이득한다(대판 2014.8.20. 2014다30483).

[㉤ ▶ ○] 부동산의 매수인이 목적물을 인도받아 계속 점유하는 경우에는 매도인에 대한 소유권이전등기청구권은 소멸시효가 진행되지 않고, 이러한 법리는 3자 간 등기명의신탁에 의한 등기가 유효기간의 경과로 무효로 된 경우에도 마찬가지로 적용된다. 따라서 그 경우 목적 부동산을 인도받아 점유하고 있는 명의신탁자의 매도인에 대한 소유권이전등기청구권 역시 소멸시효가 진행되지 않는다(대판 2013.12.12. 2013다26647).

답 ❶

14 부동산 실권리자명의 등기에 관한 법률(이하 '부동산실명법'이라 한다) 제4조 제3항에 의하면 명의신탁약정 및 이에 따른 등기로 이루어진 부동산에 관한 물권변동의 무효는 제3자에게 대항하지 못한다. 위 조항에 관한 다음 설명 중 가장 옳지 않은 것은? 2025년

① 명의수탁자가 신탁부동산을 임의로 처분하거나 강제수용이나 공공용지 협의취득 등을 원인으로 제3취득자 명의로 이전등기가 마쳐진 경우, 특별한 사정이 없는 한 제3취득자는 유효하게 소유권을 취득하고 이 경우 명의신탁관계는 당사자의 의사표시 등을 기다릴 필요 없이 당연히 종료되었다고 볼 것이다.

② 여기서 '제3자'는 명의신탁약정의 당사자 및 포괄승계인 이외의 자로서 명의수탁자가 물권자임을 기초로 그와 사이에 직접 새로운 이해관계를 맺은 사람으로서 소유권이나 저당권 등 물권을 취득한 자뿐만 아니라 압류 또는 가압류채권자도 포함하고 그의 선의·악의를 묻지 않는다.

③ 위 ②의 법리는 특별한 사정이 없는 한 명의신탁약정에 따라 형성된 외관을 토대로 다시 명의신탁이 이루어지는 등 연속된 명의신탁관계에서 최후의 명의수탁자가 물권자임을 기초로 그와 사이에 직접 새로운 이해관계를 맺은 사람에게도 적용된다.

④ 사립학교법 제28조 제1항은 학교법인이 기본재산에 대한 처분행위를 하고자 할 때에는 관할청의 허가를 받아야 한다고 규정하고 있다. 부동산실명법 소정의 유예기간 내에 실명등기 등을 하지 아니함으로써 종전의 명의신탁약정 및 그에 따른 등기에 의한 부동산의 물권변동이 무효가 되는 경우 명의신탁자는 명의수탁자를 상대로 원인무효를 이유로 직접 또는 대위하여 등기 말소를 구할 수 있고, 명의신탁자 명의로 소유권을 표상하는 등기가 되어 있었거나 명의신탁자가 법률에 의하여 소유권을 취득한 진정한 소유자라는 사정이 있다면 등기명의를 회복하기 위한 방법으로 진정명의회복을 원인으로 한 소유권이전등기절차이행을 구할 수도 있는바, 명의신탁자가 학교법인의 기본재산으로 등기되어 있는 부동산에 관하여 그와 같은 이유로 등기 말소 또는 진정명의회복을 원인으로 한 소유권이전등기절차이행을 구하는 경우에 이는 사립학교법 제28조 제1항에 근거하여 관할청 허가가 필요하다고 보아야 한다.

⑤ 오로지 명의신탁자와 부동산에 관한 물권을 취득하기 위한 계약을 맺고 단지 등기명의만을 명의수탁자로부터 경료받은 것 같은 외관을 갖춘 자는 위 법률조항의 제3자에 해당되지 아니한다고 할 것이므로 이러한 자로서는 자신의 등기가 실체관계에 부합하여 유효라고 주장하는 것은 별론으로 하더라도 부동산실명법 제4조 제3항의 규정을 들어 무효인 명의신탁등기에 터 잡아 경료된 자신의 등기의 유효를 주장할 수는 없다.

....

[❶▸○] 부동산 실권리자명의 등기에 관한 법률 제4조 제3항에 따르면 명의수탁자가 신탁부동산을 임의로 처분하거나 강제수용이나 공공용지 협의취득 등을 원인으로 제3취득자 명의로 이전등기가 마쳐진 경우, 특별한 사정이 없는 한 제3취득자는 유효하게 소유권을 취득한다. 그리고 이 경우 명의신탁관계는 당사자의 의사표시 등을 기다릴 필요 없이 당연히 종료되었다고 볼 것이다(대판 2021.7.8. 2021다209225).

[❷▸○] [❸▸○] 부동산 실권리자명의 등기에 관한 법률 제4조 제3항에 의하면 명의신탁약정 및 이에 따른 등기로 이루어진 부동산에 관한 물권변동의 무효는 제3자에게 대항하지 못한다. 여기서 '제3자'는 명의신탁약정의 당사자 및 포괄승계인 이외의 자로서 명의수탁자가 물권자임을 기초로 그와 사이에 직접 새로운 이해관계를 맺은 사람으로서 소유권이나 저당권 등 물권을 취득한 자뿐만 아니라 압류 또는 가압류채권자도 포함하고 그의 선의·악의를 묻지 않는다(②). 이러한 법리는 특별한 사정이 없는 한 명의신탁약정에 따라 형성된 외관을 토대로 다시 명의신탁이 이루어지는 등 연속된 명의신탁관계에서 최후의 명의수탁자가 물권자임을 기초로 그와 사이에 직접 새로운 이해관계를 맺은 사람에게도 적용된다(대판 2021.11.11. 2019다272725)(③).

[❹ ▶ ×] 부동산 실권리자명의 등기에 관한 법률 소정의 유예기간 내에 실명등기 등을 하지 아니함으로써 종전의 명의신탁약정 및 그에 따른 등기에 의한 부동산의 물권변동이 무효가 되는 경우 명의신탁자는 명의수탁자를 상대로 원인무효를 이유로 직접 또는 대위하여 등기 말소를 구할 수 있고, 명의신탁자 명의로 소유권을 표상하는 등기가 되어 있었거나 명의신탁자가 법률에 의하여 소유권을 취득한 진정한 소유자라는 사정이 있다면 등기명의를 회복하기 위한 방법으로 진정명의회복을 원인으로 한 소유권이전등기절차이행을 구할 수도 있는바, 명의신탁자가 학교법인의 기본재산으로 등기되어 있는 부동산에 관하여 그와 같은 이유로 등기 말소 또는 진정명의회복을 원인으로 한 소유권이전등기절차이행을 구하는 경우에 이를 사립학교법 제28조 제1항에서 규정하고 있는 학교법인의 기본재산 처분행위가 있는 경우라고 볼 수 없으므로 관할청 허가가 필요하다고 할 수 없다(대판 2013.8.22. 2013다31403).

[❺ ▶ ○] 부동산 실권리자명의 등기에 관한 법률 제4조 제3항의 입법 취지 등을 고려해 볼 때, 여기에서 말하는 제3자라 함은 명의수탁자가 물권자임을 기초로 그와의 사이에 새로운 이해관계를 맺은 사람을 말한다고 할 것이고, 이와 달리 오로지 명의신탁자와 부동산에 관한 물권을 취득하기 위한 계약을 맺고 단지 등기명의만을 명의수탁자로부터 경료받은 것 같은 외관을 갖춘 자는 위 법률조항의 제3자에 해당되지 아니한다고 할 것이므로 이러한 자로서는 자신의 등기가 실체관계에 부합하여 유효라고 주장하는 것은 별론으로 하더라도 같은 법 제4조 제3항의 규정을 들어 무효인 명의신탁등기에 터 잡아 경료된 자신의 등기의 유효를 주장할 수는 없다(대판 2004.8.30. 2002다48771).

답 ❹

용익물권

제1절 지상권

제1관 일반 지상권

I. 총 설

1. 의의 및 법적 성질

> **지상권의 내용(민법 제279조)**
> 지상권자는 타인의 토지에 건물 기타 공작물이나 수목을 소유하기 위하여 그 토지를 사용하는 권리가 있다.

(1) 의 의

지상권이란 타인의 토지에 건물 기타 공작물 또는 수목을 소유하기 위하여 그 토지를 사용하는 권리를 말한다(민법 제279조).

(2) 법적 성질

1) 타물권

① 지상권은 타물권, 즉 타인의 토지에 대한 권리이다. 1필 토지의 일부라도 무방하나, 등기를 하여야 한다(부동산등기법 제69조 제6호, 부동산등기규칙 제126조 제2항 참고).
② 지상권의 객체인 토지의 소유권은 그 상하에 미치지만(민법 제212조), 지상 또는 지하의 공간을 구분하여 지상권의 목적으로 할 수도 있다(구분지상권)(민법 제289조의2).

2) 용익물권

지상권은 타인의 토지를 독점적으로 사용할 수 있는 권리이다. 토지를 점유할 수 있는 권리(민법 제213조 단서)를 포함하며, 상린관계에 관한 규정이 준용된다(민법 제290조).

> **지상권**은 타인의 토지에서 건물 기타의 공작물이나 수목을 소유하는 것을 본질적 내용으로 하는 것이 아니라 타인의 토지를 사용하는 것을 본질적 내용으로 하고 있으므로 지상권 설정계약 당시 건물 기타의 공작물이나 수목이 없더라도 지상권은 유효하게 성립할 수 있고, 또한 기존의 건물 기타의 공작물이나 수목이 멸실되더라도 존속기간이 만료되지 않는 한 지상권이 소멸되지 아니한다(대판 1996.3.22. 95다49318).

3) 건물 기타 공작물 또는 수목을 소유하기 위한 토지사용권
① 공작물은 인공적으로 설치된 모든 설비로서, 지상공작물뿐만 아니라 지하공작물도 포함한다.
② 수목은 식림(植林)의 대상이 되는 식물을 말한다. 경작의 대상이 되는 식물(쌀, 보리 등)은 포함하지 않는다(다수설).

4) 지료의 지급은 지상권의 성립요소가 아니다(민법 제279조).

> 지상권에 있어서 지료의 지급은 그의 요소가 아니어서 지료에 관한 유상 약정이 없는 이상 지료의 지급을 구할 수 없다(대판 1999.9.3. 99다24874). 다만, 법정지상권의 경우에는 당연히 지료지급의무가 발생한다.

2. 구별개념

(1) 지역권 및 전세권과 이동(異同)
지상권은 용익물권이라는 점에서 지역권 및 전세권과 공통되지만, 공작물이나 수목을 소유하기 위하여 타인의 토지를 사용한다는 점에서 소유를 목적으로 하지 않는 지역권이나 전세권과 다르다.

(2) 임대차와 이동

1) 대항력 유무
① 물권인 지상권은 대항력이 있다.
② 채권인 임차권은 원칙적으로 대항력을 없으나 등기하면 대항력을 갖는다(민법 제621조, 제622조). 또한 주거용 건물이나 상가건물의 임대차에서는 일정한 요건을 갖추면 등기 없이도 대항력을 갖게 된다.

2) 존속기간
① 지상권은 최장기간의 제한이 없고, 사용목적에 따라 최단기간이 법정되어 있다(민법 제280조). 존속기간의 정함이 없는 경우 지상권에서 토지의 사용목적에 따른 최단기간을 존속기간으로 본다(민법 제281조). 따라서 지상권에는 소멸통고가 인정되지 않는다.
② 임차권은 최장기간의 제한이 없는 것은 지상권과 동일하나, 최단기간의 제한과 관련해서는 민법상으로는 최단기간의 제한은 없으나 주택임대차보호법 제4조 제1항이나 상가건물 임대차보호법 제9조 제1항의 경우 최단기간의 제한을 규정하고 있다. 또한 기간의 약정이 없는 경우 당사자는 언제든지 해지통고를 할 수 있다(민법 제635조 제1항).

3) 지 료

① 지상권에서 지료는 그 요소가 아니나(민법 제279조), 차임은 임대차의 요소이다(민법 제618조).
② 지상권에서 2년 이상 지급이 연체되면 지상권설정자가 지상권소멸청구를 할 수 있는 반면(민법 제287조), 임대차에서는 2기의 차임액에 달하면 임대인은 해지통고를 할 수 있다(민법 제640조).

4) 법정갱신

지상권에는 법정갱신이 인정되지 않으나, 임차권에는 법정갱신이 인정된다.

5) 부속물매수청구권

지상권에는 부속물매수청구권이 인정되지 않으나, 건물임차인 또는 전차인은 부속물매수청구권이 인정된다(민법 제646조, 제647조).

6) 비용상환청구권

① 지상권자에게 수선의무가 있으므로, 해석상 지상권자의 유익비상환청구권만 인정된다.
② 반면 임차인의 필요비, 유익비상환청구권은 모두 명문으로 인정된다(민법 제626조).

7) 증감청구권

① 지상권에는 지상권설정자, 지상권자 모두에게 지료증감청구권이 인정된다(민법 제286조).
② 임차권 또한 임대인, 임차인 모두에게 차임증감청구권이 인정된다(민법 제628조).

II 지상권의 취득

1. 법률행위에 의한 취득

토지소유자와 지상권자 사이의 지상권설정에 관한 물권적 합의와 등기에 의하여 지상권이 취득된다(민법 제186조).

2. 법률행위에 의하지 않은 취득(법정지상권)

등기 없이도 당연히 지상권을 취득한다(민법 제187조).

III 지상권의 존속기간

1. 설정행위로 존속기간을 정하는 경우

> **존속기간을 약정한 지상권(민법 제280조)**
> ① 계약으로 지상권의 존속기간을 정하는 경우에는 그 기간은 다음 연한보다 단축하지 못한다.
>   1. 석조, 석회조, 연와조 또는 이와 유사한 견고한 건물이나 수목의 소유를 목적으로 하는 때에는 30년
>   2. 전호 이외의 건물의 소유를 목적으로 하는 때에는 15년
>   3. 건물 이외의 공작물의 소유를 목적으로 하는 때에는 5년
> ② 전항의 기간보다 단축한 기간을 정한 때에는 전항의 기간까지 연장한다.

① **최단기간의 제한**(민법 제280조)
   ㉠ 지상권자를 보호하기 위하여 민법은 최단 존속기간을 규정하고 있다. 이에 어긋나는 계약은 강행법규에 위반되어 무효이다.
   ㉡ 지상권설정행위로 민법 제280조 제1항의 기간보다 짧은 기간을 정한 때에는 그 존속기간을 최단기간까지 연장한다(민법 제280조 제2항).
   ㉢ 최단 존속기간에 관한 규정은 지상권자가 그 소유의 건물 등을 건축하거나 수목을 식재하여 토지를 이용할 목적으로 지상권을 설정한 경우에만 그 적용이 있다(대판 1996.3.22. 95다49318). 따라서 기존 건물의 사용을 목적으로 지상권을 설정한 때에는 최단 존속기간에 관한 민법 제280조 제1항 제1호가 적용되지 않는다.
② **최장기간의 제한** : 민법상 최장기간의 제한은 없다. 따라서 존속기간을 영구·무제한으로 설정하는 것도 가능하다(대판 2001.5.29. 99다66410).

2. 설정행위로 존속기간을 정하지 않은 경우

> **존속기간을 약정하지 아니한 지상권(민법 제281조)**
> ① 계약으로 지상권의 존속기간을 정하지 아니한 때에는 그 기간은 전조의 최단존속기간으로 한다.
> ② 지상권설정 당시에 공작물의 종류와 구조를 정하지 아니한 때에는 지상권은 전조 제2호의 건물의 소유를 목적으로 한 것으로 본다.

① 지상물의 종류와 구조에 따라 민법 제280조에 정한 최단기간이 존속기간으로 된다(민법 제281조 제1항). 따라서 지상권에는 전세권에서 인정되는 소멸통고제도(민법 제313조)가 없다.
② 지상권설정 당시 공작물의 종류와 구조를 정하지 아니한 때에는 15년으로 한다(민법 제281조 제2항).

> 민법 제281조 제2항은 당사자가 지상권설정의 합의를 함에 있어서 다만 그 존속기간을 정하지 아니하고 지상권을 설정할 토지상에 소유한 공작물의 종류와 구조가 객관적으로 확정되지 않을 경우에 한하여 적용이 있는 것이므로 비록 무허가 또는 미등기건물이라 하더라도 그 건물의 종류와 구조가 확정되어 있는 경우에는 적용되는 것이 아니고 이러한 경우에는 민법 제281조 제1항에 의하여 존속기간을 정하여야 한다(대판 1988.4.12. 87다카2404).

3. 갱신과 존속기간

지상권의 법정갱신은 인정되지 않으나, 지상권의 존속기간이 만료한 경우에 법률에 특별한 규정이 없더라도 당사자가 합의하여 계약을 갱신할 수 있음은 계약자유의 원칙상 당연하다.

(1) 지상권자의 갱신청구권과 지상물매수청구권

> **지상권자의 갱신청구권, 매수청구권(민법 제283조)**
> ① 지상권이 소멸한 경우에 건물 기타 공작물이나 수목이 현존한 때에는 지상권자는 계약의 갱신을 청구할 수 있다.
> ② 지상권설정자가 계약의 갱신을 원하지 아니하는 때에는 지상권자는 상당한 가액으로 전항의 공작물이나 수목의 매수를 청구할 수 있다.
>
> **갱신과 존속기간(민법 제284조)**
> 당사자가 계약을 갱신하는 경우에는 지상권의 존속기간은 갱신한 날로부터 제280조의 최단존속기간보다 단축하지 못한다. 그러나 당사자는 이보다 장기의 기간을 정할 수 있다.

1) 갱신청구권의 의의
① 갱신청구권이란 당사자가 갱신계약을 체결하지 않은 경우에도 일정한 요건하에 지상권자가 계약의 갱신을 청구할 수 있는 권리이다(민법 제283조 제1항).
② 갱신청구권의 성질은 형성권이 아니라 순수한 청구권이다. 따라서 설정자의 승낙이 있어야 한다.

2) 갱신청구권의 발생요건
① **지상권이 소멸한 경우일 것** : 지상권이 존속기간의 만료로 소멸하여야 하고, 지상권자의 의무위반으로 설정자가 지상권소멸청구를 하게 되면 갱신청구권은 인정되지 않는다.

> **[토지소유자가 지상권자의 지료연체를 이유로 지상권소멸청구를 하여 지상권이 소멸된 경우 지상물매수청구권의 인정 가부(소극)]**
> 민법 제283조 제2항 소정의 지상물매수청구권은 지상권이 존속기간의 만료로 인하여 소멸하는 때에 지상권자에게 갱신청구권이 있어 그 갱신청구를 하였으나 지상권설정자가 계약갱신을 원하지 아니할 경우 행사할 수 있는 권리이므로, 지상권자의 지료연체를 이유로 토지소유자가 그 지상권소멸청구를 하여 이에 터잡아 지상권이 소멸된 경우에는 매수청구권이 인정되지 않는다(대판 1993.6.29. 93다10781).

> **[지상권의 존속기간 만료 후 지체 없이 행사하지 않아 지상권갱신청구권이 소멸한 경우, 민법 제283조 제2항의 지상물매수청구권이 발생하는지 여부(소극)]**
> 민법 제283조 제2항에서 정한 지상물매수청구권은 지상권이 존속기간의 만료로 인하여 소멸하는 때에 지상권자에게 갱신청구권이 있어 갱신청구를 하였으나 지상권설정자가 계약갱신을 원하지 아니할 때 비로소 행사할 수 있는 권리이다. 한편 지상권갱신청구권의 행사는 지상권의 존속기간 만료 후 지체 없이 하여야 한다. 따라서 지상권의 존속기간 만료 후 지체 없이 행사하지 아니하여 지상권갱신청구권이 소멸한 경우에는, 지상권자의 적법한 갱신청구권의 행사와 지상권설정자의 갱신 거절을 요건으로 하는 지상물매수청구권은 발생하지 않는다(대판 2023.4.27. 2022다306642).

② **지상물이 현존하고 있을 것** : 지상권이 존속기간의 만료로 소멸한 경우에 건물 기타 공작물이나 수목이 현존하고 있어야 한다(민법 제283조 제1항).

3) 갱신청구권 행사의 효과

① 지상권자의 갱신청구로 곧 계약갱신의 효과가 발생하지는 않으며, 지상권설정자가 갱신청구에 응하여 갱신계약을 체결함으로써 갱신의 효과가 발생한다.
② 지상권설정자가 지상권자의 갱신청구를 거절하는 경우에는 지상권자는 상당한 가액으로 지상물의 매수를 청구할 수 있다(민법 제283조 제2항). 따라서 갱신청구권과 지상물매수청구권은 선택적으로 행사할 수 있는 것이 아니다.

4) 지상물매수청구권

① 지상물매수청구권은 형성권이다.
② 전세권자(민법 제316조 제2항)나 임차인(민법 제646조) 등의 부속물매수청구권과 달리 지상물은 설정자의 동의를 얻어 설치하였거나 설정자로부터 매수한 것일 필요가 없다.
③ 관습법상 법정지상권도 지상물매수청구권의 행사가 가능하다(대판 1993.6.29. 93다10781).

(2) 갱신과 존속기간

당사자가 계약을 갱신하는 경우 지상권의 존속기간은 갱신한 날로부터 민법 제280조의 최단존속기간보다 단축하지 못한다(민법 제284조 본문). 그러나 당사자는 이보다 장기의 기간을 정할 수 있다(민법 제284조 단서).

4. 강행규정

지상권의 존속기간과 갱신에 관한 규정은 모두 편면적 강행규정이다. 따라서 지상권자에게 불리한 약정은 효력이 없다(민법 제289조).

IV 지상권의 효력

1. 지상권자의 토지사용권

① **지상권이 미치는 범위** : 지상권자는 설정행위에서 정하여진 목적을 위하여 필요한 범위 내에서 토지를 사용할 권리를 가진다. 이에 대응하여 지상권설정자는 지상권자의 토지사용을 방해해서는 안 된다는 소극적 인용의무를 부담할 뿐 토지를 사용에 적합한 상태에 두어야 할 적극적 의무는 없다.
② **상린관계규정의 준용** : 지상권은 토지를 사용하는 권리이므로 상린관계에 관한 민법 제216조 내지 제244조는 두 사람의 지상권자 사이 또는 지상권자와 인지소유자 사이에 준용된다(민법 제290조).
③ **지상권에 기한 물권적 청구권** : 물권인 지상권의 내용 실현이 방해되는 경우에 물권적 청구권을 행사할 수 있다.

2. 지상권 처분의 자유와 양도금지의 특약

> **지상권의 양도, 임대(민법 제282조)**
> 지상권자는 타인에게 그 권리를 양도하거나 그 권리의 존속기간 내에서 그 토지를 임대할 수 있다.
>
> **강행규정(민법 제289조)**
> 제280조 내지 제287조의 규정에 위반되는 계약으로 지상권자에게 불리한 것은 그 효력이 없다.

(1) 지상권의 양도·토지의 임대

① 강행규정 : 물권인 지상권은 당연히 양도성을 갖는다. 또한 민법 제282조는 편면적 강행규정이므로 이에 위반해서 지상권자에게 불리한 약정은 효력이 없다(민법 제289조). 따라서 양도 또는 임대를 금지하는 특약을 하더라도 무효이다.

② 분리양도 : 지상권자는 지상권을 유보한 채 지상물의 소유권만을 양도할 수도 있고, 지상물 소유권을 유보한 채 지상권만을 양도할 수도 있다.

(2) 지상권의 담보공여

지상권자는 지상권 위에 저당권을 설정할 수 있다(민법 제371조 제1항). 따라서 담보금지특약을 하더라도 그 특약은 지상권자에게 불리한 것으로 무효이다(다수설). 이와 달리 전세권 양도금지특약은 유효하다(민법 제306조 단서).

3. 지 료

(1) 지료지급의무

지료의 지급은 지상권의 요소가 아니나, 당사자 간에 지료를 지급할 것을 약정하면 지료지급의무가 발생한다. 또한 법정지상권의 경우에는 지료지급의무가 있다.

(2) 지료에 관한 약정이 제3자에게 승계되는지 여부

1) 지료가 등기된 경우

① 소유자가 변경되건, 지상권자가 변경되건 당연히 제3자에게 승계된다.

② 전(前)지상권자가 과거에 연체한 지료는 현(現) 지상권자에게 이전되지 않는다.

2) 지료가 등기되지 않은 경우

① 토지소유권이 이전된 경우, 지료가 등기되어 있지 않더라도 현 소유자는 지상권자에게 대항할 수 있다. 즉, 지료를 청구할 수 있다.

② 지상권이 이전된 경우 장래의 지료채무도 이전하나, 지료에 대하여 등기가 없으면 토지소유자는 현 지상권자에게 대항하지 못한다.

- 지상권에 있어서 지료의 지급은 그 요소가 아니므로 지료에 관한 약정이 없으면 지료의 지급을 구할 수 없으나 그 약정이 있는 이상 토지소유자는 지료에 관한 등기 여부에 관계없이 지상권자에 대하여 그 약정된 지료의 지급을 구할 수 있고 다만 등기가 되어 있지 않다면 지상권을 양수한 사람 등 제3자에게 대항할 수 없을 뿐이므로, 당사자 사이에 지상권을 설정하고 지료에 관한 약정이 있었던 이상 그 지료액 또는 지급시기를 등기하지 않았다고 하더라도 토지소유자가 지급받는 지료는 계속적·정기적으로 지급받는지 여부에 상관없이 구 소득세법(2006.12.30. 법률 제8144호로 개정되기 전의 것) 제21조 제1항 제9호에서 정한 기타소득에 해당한다(대판 2009.9.24. 2007두7505).
- 민법 제286조는 "지료가 토지에 관한 조세 기타 부담의 증감이나 지가의 변동으로 인하여 상당하지 아니하게 된 때에는 당사자는 그 증감을 청구할 수 있다"라고 규정한다. 한편 지료에 관하여 지료액 또는 그 지급시기 등의 약정은 이를 등기하여야만 그 뒤에 토지소유권 또는 지상권을 양수한 사람 등 제3자에게 대항할 수 있고, 지상권자가 종전 소유자와 지료를 늘리지 않는다는 특약을 맺은 경우 이를 가지고 새로운 소유자에게 대항하기 위해서는 그 등기를 하고 있어야 한다(대판 2024.11.14. 2024다268997).

(3) 지료증감청구권

> **지료증감청구권(민법 제286조)**
> 지료가 토지에 관한 조세 기타 부담의 증감이나 지가의 변동으로 인하여 상당하지 아니하게 된 때에는 당사자는 그 증감을 청구할 수 있다.

지료증감청구권은 사정변경으로 인한 권리로 형성권이다. 지료증감청구권에 관한 민법 제286조는 편면적 강행규정이므로, 따라서 불증액의 특약은 유효하나, 불감액의 특약은 무효이다.

(4) 지료체납의 효과

> **지상권소멸청구권(민법 제287조)**
> 지상권자가 2년 이상의 지료를 지급하지 아니한 때에는 지상권설정자는 지상권의 소멸을 청구할 수 있다.
>
> **강행규정(민법 제289조)**
> 제280조 내지 제287조의 규정에 위반되는 계약으로 지상권자에게 불리한 것은 그 효력이 없다.

① 지상권자가 2년 이상의 지료를 체납한 경우, 지상권설정자는 지상권의 소멸을 청구할 수 있다(민법 제287조). 이 규정은 편면적 강행규정이다.
② 처음부터 지료에 관해서 결정된 바가 없는 경우에는 연체를 이유로 소멸을 청구할 수 없다.

> 법정지상권의 경우 당사자 사이에 지료에 관한 협의가 있었다거나 법원에 의하여 지료가 결정되었다는 아무런 입증이 없다면, 법정지상권자가 지료를 지급하지 않았다고 하더라도 지료 지급을 지체한 것으로는 볼 수 없으므로 법정지상권자가 2년 이상의 지료를 지급하지 아니하였음을 이유로 하는 토지소유자의 지상권소멸청구는 이유가 없고, 지료액 또는 그 지급시기 등 지료에 관한 약정은 이를 등기하여야만 제3자에게 대항할 수 있는 것이고, 법원에 의한 지료의 결정은 당사자의 지료결정청구에 의하여 형식적 형성소송인 지료결정판결로 이루어져야 제3자에게도 그 효력이 미친다(대판 2001.3.13. 99다17142).

Ⅴ 지상권의 소멸

1. 소멸사유

(1) 물권 일반의 소멸사유

지상권은 토지의 멸실, 존속기간의 만료, 혼동, 지상권에 우선하는 저당권의 실행에 의한 경매, 토지수용 등으로 소멸한다.

(2) 특유한 소멸사유

1) 지상권설정자의 소멸청구

> **지상권소멸청구권(민법 제287조)**
> 지상권자가 2년 이상의 지료를 지급하지 아니한 때에는 지상권설정자는 지상권의 소멸을 청구할 수 있다.
>
> **지상권소멸청구와 저당권자에 대한 통지(민법 제288조)**
> 지상권이 저당권의 목적인 때 또는 그 토지에 있는 건물, 수목이 저당권의 목적이 된 때에는 전조의 청구는 저당권자에게 통지한 후 상당한 기간이 경과함으로써 그 효력이 생긴다.
>
> **강행규정(민법 제289조)**
> 제280조 내지 제287조의 규정에 위반되는 계약으로 지상권자에게 불리한 것은 그 효력이 없다.

① 의의 : 지상권소멸청구권은 정기의 지료를 지급하여야 하는 지상권자가 2년 이상의 지료를 체납한 경우에 지상권설정자가 지상권의 소멸을 청구할 수 있는 권리이다(민법 제287조). 형성권의 성질을 가진다.

② 요 건
　㉠ 2년 이상의 지료를 지급하지 아니한 경우일 것(민법 제287조)

> 민법 제287조가 토지소유자에게 지상권소멸청구권을 부여하고 있는 이유는 지상권은 성질상 그 존속기간 동안은 당연히 존속하는 것을 원칙으로 하는 것이나, 지상권자가 2년 이상의 지료를 연체하는 때에는 토지소유자로 하여금 지상권의 소멸을 청구할 수 있도록 함으로써 토지소유자의 이익을 보호하려는 취지에서 나온 것이라고 할 것이므로, 지상권자가 그 권리의 목적이 된 토지의 특정한 소유자에 대하여 2년분 이상의 지료를 지불하지 아니한 경우에 그 특정의 소유자는 선택에 따라 지상권의 소멸을 청구할 수 있으나, 지상권자의 지료 지급 연체가 토지소유권의 양도 전후에 걸쳐 이루어진 경우 토지양수인에 대한 연체기간이 2년이 되지 않는다면 양수인은 지상권소멸청구를 할 수 없다(대판 2001.3.13. 99다17142).

　㉡ 지상권자에게 책임 있는 사유로 지료를 지급하지 못한 것일 것
　㉢ 지상권이 저당권의 목적인 경우 또는 그 토지 위에 있는 건물이나 수목이 저당권의 목적인 경우 지료체납을 이유로 하는 지상권소멸청구는 저당권자에게 통지한 후 상당한 기간이 경과함으로써 그 효력이 생긴다(민법 제288조).

③ 효과 : 지상권소멸청구권 행사에 따른 지상권 소멸의 효과는 장래에 대해서만 발생한다.

2) 지상권의 포기

무상의 지상권은 기간에 관한 약정의 유무를 불문하고 지상권자가 자유롭게 포기할 수 있다. 그러나 지상권이 저당권의 목적인 때에는 저당권자의 동의 없이는 포기하지 못한다(민법 제371조 제2항).

2. 소멸의 효과

(1) 지상물 수거권

> **수거의무, 매수청구권(민법 제285조)**
> ① 지상권이 소멸한 때에는 지상권자는 건물 기타 공작물이나 수목을 수거하여 토지를 원상에 회복하여야 한다.
> ② 전항의 경우에 지상권설정자가 상당한 가액을 제공하여 그 공작물이나 수목의 매수를 청구한 때에는 지상권자는 정당한 이유 없이 이를 거절하지 못한다.

① 지상권이 소멸하면, 지상권자는 건물 기타 공작물이나 수목을 수거하여 토지를 원상에 회복해야 한다(민법 제285조 제1항).
② 지상물의 수거는 지상권이 소멸된 후 지체 없이 행해져야 하고, 수거를 위하여 필요한 기간 동안은 토지의 사용을 계속할 수 있다.
③ 지상권이 소멸하면 지상권설정자는 "언제든지" 지상물의 매수를 청구할 수 있다. 이는 사회경제적 고려에 기한 것이다(민법 제285조 제2항).

(2) 지상권자의 지상물매수청구권

> **지상권자의 갱신청구권, 매수청구권(민법 제283조)**
> ① 지상권이 소멸한 경우에 건물 기타 공작물이나 수목이 현존한 때에는 지상권자는 계약의 갱신을 청구할 수 있다.
> ② 지상권설정자가 계약의 갱신을 원하지 아니하는 때에는 지상권자는 상당한 가액으로 전항의 공작물이나 수목의 매수를 청구할 수 있다.

① 법적 성질 : 토지소유자가 지상권자의 갱신청구를 거절하면, 지상권자는 토지소유자에 대하여 상당한 가격으로 지상물의 매수를 청구할 수 있는데, 지상물매수청구권은 형성권이다.
② 요 건
  ㉠ 지상권자가 갱신청구를 하였으나 설정자가 거절한 경우일 것 : 지료연체 등을 이유로 갱신청구조차 할 수 없다면 지상물매수청구권도 행사할 수 없다(대판 1997.4.8. 96다54249·54256).
  ㉡ 매수청구권 행사의 상대방은 지상권을 설정한 토지소유자 또는 토지소유자가 변동된 경우에는 지상권 소멸 당시의 토지소유자이다.
  ㉢ 지상물은 전세권자나 임차인이 갖는 부속물매수청구권과 달리 지상권설정자의 동의를 얻은 물건일 필요는 없다.

③ 효 과
　㉠ 형성권인 지상물매수청구권을 행사하면 토지소유자와 지상권자 사이에 목적물에 관한 상당한 가격에 의한 매매계약이 체결된 것과 유사한 효과가 발생한다.
　㉡ 이때 「상당한 가격」은 매수청구권을 행사하여 매매계약이 성립되는 때의 시가를 의미한다(대판 1967.12.18. 67다2355).

제2관　특수한 지상권

I 구분지상권

구분지상권(민법 제289조의2)
① 지하 또는 지상의 공간은 상하의 범위를 정하여 건물 기타 공작물을 소유하기 위한 지상권의 목적으로 할 수 있다. 이 경우 설정행위로써 지상권의 행사를 위하여 토지의 사용을 제한할 수 있다.
② 제1항의 규정에 의한 구분지상권은 제3자가 토지를 사용·수익할 권리를 가진 때에도 그 권리자 및 그 권리를 목적으로 하는 권리를 가진 자 전원의 승낙이 있으면 이를 설정할 수 있다. 이 경우 토지를 사용·수익할 권리를 가진 제3자는 그 지상권의 행사를 방해하여서는 아니 된다.

준용규정(민법 제290조)
① 제213조, 제214조, 제216조 내지 제244조의 규정은 지상권자 간 또는 지상권자와 인지소유자 간에 이를 준용한다.
② 제280조 내지 제289조 및 제1항의 규정은 제289조의2의 규정에 의한 구분지상권에 관하여 이를 준용한다.

1. 의 의

(1) 개 념

구분지상권이란 건물 기타 공작물을 소유하기 위하여 타인 소유의 토지의 지하 또는 지상의 공간을 상하의 범위를 정해서 사용하는 지상권을 말한다(민법 제289조의2 제1항).

(2) 일반지상권과 차이

구분지상권도 타인의 토지를 사용하는 물권이란 점은 일반지상권과 동일하나, 다음과 같은 차이가 있다.
　① **객체** : 일반지상권은 토지의 상하 전부에 효력이 미치나, 구분지상권은 토지의 상하 특정 층에 한하여 효력이 미친다.
　② **목적** : 일반지상권은 공작물 외 수목의 소유를 위하여 설정할 수 있으나, 구분지상권은 공작물의 소유을 위해서만 설정할 수 있다. 즉 수목 소유를 위해서는 구분지상권을 설정할 수 없다.

③ 토지이용 : 일반지상권에서는 토지소유자의 토지이용이 전면적으로 배제되나, 구분지상권에서는 구분지상권이 설정된 층에 한하여 토지소유자의 토지이용이 배제될 뿐이다.

2. 설 정

① 기본적으로 구분지상권설정에 대한 합의와 등기가 있어야 한다.
② 구분지상권의 객체를 특정하기 위하여 토지의 상하 범위를 등기해야 한다(부동산등기규칙 제126조 제2항).
③ 구분지상권의 객체인 토지 위에 배타성이 있는 용익권(용익물권 또는 대항력 있는 임차권)을 침해해서는 안 된다. 따라서 배타성이 있는 용익권자 전원의 승낙을 얻으면 구분지상권을 설정할 수 있다(민법 제289조의2 제2항).

3. 효 과

① 민법 제279조(지상권의 내용)를 제외한 지상권에 관한 규정은 전부 구분지상권에 준용된다(민법 제290조 제2항).
② 구분지상권자는 토지의 「특정된 어떤 층」만을 사용할 권리만 가질 뿐이고, 나머지 부분에 대해서는 토지소유자가 사용권을 갖는다. 다만, 설정행위로써 토지소유자의 토지사용을 제한할 수 있다(민법 제290조 제1항 후문). 이 제한을 등기하면 구분지상권자 또는 그 양수인이 토지소유자 또는 제3자에게 대항할 수 있다(부동산등기법 제69조 제6호).
③ 구분지상권의 지료는 당사자 간의 합의 또는 법원의 결정에 의하여 결정된다.

II 분묘기지권

1. 의 의

분묘기지권이란 타인의 토지 위에 설치된 분묘를 소유하기 위하여 인정되는 지상권 유사의 관습상 물권을 말한다.

2. 취득요건

① 취득의 유형
  ㉠ 토지소유자의 승낙에 의한 취득(대판 2000.9.26. 99다14006)
  ㉡ 분묘기지권의 시효취득(대판 1969.1.28. 68다1927 · 1928)

> [타인 소유의 토지에 분묘를 설치한 경우에 20년간 평온, 공연하게 분묘의 기지를 점유하면 지상권과 유사한 관습상의 물권인 분묘기지권을 시효로 취득한다는 법적 규범이 2000.1.12. 법률 제6158호로 전부 개정된 '장사 등에 관한 법률'의 시행일인 2001.1.13. 이전에 설치된 분묘에 관하여 현재까지 유지되고 있는지 여부(적극)]
>
> 타인 소유의 토지에 분묘를 설치한 경우에 20년간 평온, 공연하게 분묘의 기지를 점유하면 지상권과 유사한 관습상의 물권인 분묘기지권을 시효로 취득한다는 점은 오랜 세월 동안 지속되어 온 관습 또는 관행으로서 법적 규범으로 승인되어 왔고, 이러한 법적 규범이 장사법(법률 제6158호) 시행일인 2001.1.13. 이전에 설치된 분묘에 관하여 현재까지 유지되고 있다고 보아야 한다(대판[전합] 2017.1.19. 2013다17292).

ⓒ 자기 소유의 토지에 분묘를 설치한 후 철거특약 없이 토지소유권을 이전한 경우(대판 1967.10.12. 67다1920)

② 분묘기지권이 성립하기 위해서는 봉분 등 외부에서 분묘의 존재를 인식할 수 있는 형태를 갖추고 있어야 한다.

　㉠ 평장되어 있거나 암장되어 있어 객관적으로 인식할 수 있는 외형을 갖추고 있지 아니한 경우에는 분묘기지권이 인정되지 아니한다(대판 1996.6.14. 96다14036).

　㉡ 또한 분묘의 내부에 시신이 안장되어 있어야 한다. 즉, 가묘(假墓)는 분묘기지권이 성립하지 않는다.

③ 분묘기지권은 공시방법으로 등기를 요하지 않는다(대판 1999.6.14. 96다14036). 봉분이 분묘의 존재를 공시하기 때문이다.

3. 권리의 내용

(1) 지상권 유사의 물권 취득

분묘기지권은 일종의 제한물권으로서 타인의 토지를 분묘를 소유하기 위해서만 제한된 범위에서 사용할 수 있는 권리에 불과하다.

(2) 분묘기지권이 미치는 범위

설치된 기지뿐만 아니라 수호, 제사에 필요한 범위 내에서 분묘기지권이 미치며, 이 범위 내에서는 토지소유자의 소유권은 제한된다(대판 2000.9.26. 99다14006).

> [1] 분묘기지권은 분묘의 기지 자체(봉분의 기저 부분)뿐만 아니라 그 분묘의 수호 및 제사에 필요한 범위 내에서 분묘의 기지 주위의 공지를 포함한 지역에까지 미치는 것이고 그 확실한 범위는 각 구체적인 경우에 개별적으로 정하여야 할 것인바, 사성(莎城, 무덤 뒤를 반달형으로 둘러쌓은 둔덕)이 조성되어 있다 하여 반드시 그 사성 부분을 포함한 지역에까지 분묘기지권이 미치는 것은 아니다. [2] 분묘기지권은 분묘를 수호하고 봉제사하는 목적을 달성하는 데 필요한 범위 내에서 타인의 토지를 사용할 수 있는 권리를 의미하는 것으로서, 분묘기지권에는 그 효력이 미치는 지역의 범위 내라고 할지라도 기존의 분묘 외에 새로운 분묘를 신설할 권능은 포함되지 아니하는 것이므로, 부부 중 일방이 먼저 사망하여 이미 그 분묘가 설치되고 그 분묘기지권이 미치는 범위 내에서 그 후에 사망한 다른 일방의 합장을 위하여 쌍분(雙墳) 형태의 분묘를 설치하는 것도 허용되지 않는다(대판 1997.5.23. 95다29086·29093).

(3) 지 료

[구 장사 등에 관한 법률의 시행일인 2001.1.13. 이전에 타인의 토지에 분묘를 설치하여 20년간 평온·공연하게 분묘의 기지를 점유함으로써 분묘기지권을 시효로 취득한 경우, 분묘기지권자는 토지소유자가 지료를 청구하면 그 청구한 날부터의 지료를 지급할 의무가 있는지 여부(적극)]

2000.1.12. 법률 제6158호로 전부 개정된 구 장사 등에 관한 법률(이하 '장사법'이라 한다)의 시행일인 2001.1.13. 이전에 타인의 토지에 분묘를 설치한 다음 20년간 평온·공연하게 분묘의 기지(基地)를 점유함으로써 분묘기지권을 시효로 취득하였더라도, 분묘기지권자는 토지소유자가 분묘기지에 관한 지료를 청구하면 그 청구한 날부터의 지료를 지급할 의무가 있다고 보아야 한다. 관습법으로 인정된 권리의 내용을 확정함에 있어서는 그 권리의 법적 성질과 인정 취지, 당사자 사이의 이익형량 및 전체 법질서와의 조화를 고려하여 합리적으로 판단하여야 한다. 취득시효형 분묘기지권은 당사자의 합의에 의하지 않고 성립하는 지상권 유사의 권리이고, 그로 인하여 토지소유권이 사실상 영구적으로 제한될 수 있다. 따라서 시효로 분묘기지권을 취득한 사람은 일정한 범위에서 토지소유자에게 토지 사용의 대가를 지급할 의무를 부담한다고 보는 것이 형평에 부합한다. 취득시효형 분묘기지권이 관습법으로 인정되어 온 역사적·사회적 배경, 분묘를 둘러싸고 형성된 기존의 사실관계에 대한 당사자의 신뢰와 법적 안정성, 관습법상 권리로서의 분묘기지권의 특수성, 조리와 신의성실의 원칙 및 부동산의 계속적 용익관계에 관하여 이러한 가치를 구체화한 민법상 지료증감청구권 규정의 취지 등을 종합하여 볼 때, 시효로 분묘기지권을 취득한 사람은 토지소유자가 분묘기지에 관한 지료를 청구하면 그 청구한 날부터의 지료를 지급하여야 한다고 봄이 타당하다(대판[전합] 2021.4.29. 2017다228007 - 다수의견).

[자기 소유 토지에 분묘를 설치한 사람이 토지를 양도하면서 분묘를 이장하겠다는 특약을 하지 않아 분묘기지권을 취득한 경우, 분묘기지권이 성립한 때부터 분묘기지에 관한 지료 지급의무를 지는지 여부(원칙적 적극)]

자기 소유 토지에 분묘를 설치한 사람이 그 토지를 양도하면서 분묘를 이장하겠다는 특약을 하지 않음으로써 분묘기지권을 취득한 경우, 특별한 사정이 없는 한 분묘기지권자는 분묘기지권이 성립한 때부터 토지 소유자에게 그 분묘의 기지에 대한 토지사용의 대가로서 지료를 지급할 의무가 있다(대판 2021.5.27. 2020다295892).

(4) 토지 소유자의 승낙에 의하여 성립하는 분묘기지권

[분묘의 기지인 토지가 분묘의 수호·관리권자가 아닌 다른 사람의 소유인 경우, 토지 소유자가 분묘의 설치를 승낙한 때 분묘기지권을 설정한 것으로 보아야 하는지 여부(적극) 및 위 분묘기지권 성립 당시 토지 소유자와 분묘의 수호·관리자가 지료 지급의무의 존부나 범위 등에 관하여 약정한 경우, 그 약정의 효력이 분묘 기지의 승계인에 미치는지 여부(적극)]

분묘의 기지인 토지가 분묘의 수호·관리권자 아닌 다른 사람의 소유인 경우에 그 토지 소유자가 분묘 수호·관리권자에 대하여 분묘의 설치를 승낙한 때에는 그 분묘의 기지에 관하여 분묘기지권을 설정한 것으로 보아야 한다. 이와 같이 승낙에 의하여 성립하는 분묘기지권의 경우 성립 당시 토지 소유자와 분묘의 수호·관리자가 지료 지급의무의 존부나 범위 등에 관하여 약정을 하였다면 그 약정의 효력은 분묘 기지의 승계인에 대하여도 미친다(대판 2021.9.16. 2017다271834·2017다271841).

4. 권리의 소멸

(1) 존속기간

① 당사자 사이에 약정이 없는 한 이 권리는 권리자가 분묘의 수호와 봉사를 계속하며 그 분묘가 존속하고 있는 동안 존속한다. 그러나 권리자가 상당한 기간 동안 그 수호와 봉사를 저버리고 있으면, 토지소유자는 분묘의 이전을 청구할 수 있다(대판 1994.8.26. 94다28970). 또한 분묘를 다른 곳으로 이장하면 그 분묘기지권은 당연히 소멸한다(대판 2007.6.28. 2007다16885).

② 분묘가 멸실된 경우라도 유골이 존재하여 분묘의 원상회복이 가능하며 일시적인 멸실에 불과하다면 분묘기지권은 소멸하지 않고 존속한다(대판 2007.6.28. 2005다44114).

(2) 포 기

권리자가 의무자에 대하여 그 권리를 포기하는 의사표시를 하는 외에 점유까지도 포기하여야만 분묘기지권이 소멸하는 것은 아니다(대판 1992.6.23. 92다14762).

Ⅲ 관습법상 법정지상권

1. 의 의

관습법상 법정지상권이란 동일인에게 속하였던 토지와 건물 중 어느 하나가 매매 기타의 원인으로 각각의 소유자를 달리하게 된 때에 그 건물을 철거한다는 특약이 없으면, 건물소유자가 당연히 취득하게 되는 지상권을 말한다. 관습법상 법정지상권은 사회경제적 고려, 즉 건물소유를 위한 대지이용권을 보장하기 위한 목적에서 판례에 의하여 인정된 것이다.

2. 성립요건

(1) 처분 당시 토지와 건물의 소유자가 동일하였을 것

① 처분 당시에만 동일한 소유이면 충분하므로, 처음부터 토지와 건물이 동일인 소유일 필요는 없다 (대판 1995.7.28. 95다9075・9082[반소]).

② 건물이 미등기 건물이거나 무허가 건물인 때에도 관습법상 법정지상권이 인정될 수 있으나, 그 건물을 원시취득한 경우에 한한다. 즉 미등기건물이 대지와 함께 양도되었는데 대지에 대해서만 소유권이전등기가 경료된 후 대지가 경매되어 소유자가 달라진 경우에는 관습법상 법정지상권이 성립하지 않는다(대판 1998.4.24. 98다4798)(∵ 미등기 건물의 양수인이 건물에 대한 소유자가 아니므로 '동일인 소유'의 요건미충족).

- 원래 채권을 담보하기 위하여 나대지상에 가등기가 경료되었고, 그 뒤 대지소유자가 그 지상에 건물을 신축하였는데, 그 후 그 가등기에 기한 본등기가 경료되어 대지와 건물의 소유자가 달라진 경우에 관습상 법정지상권을 인정하면 애초에 대지에 채권담보를 위하여 가등기를 경료한 사람의 이익을 크게 해하게 되기 때문에 특별한 사정이 없는 한 건물을 위한 관습상 법정지상권이 성립한다고 할 수 없다(대판 1994.11.22. 94다5458).
- 토지공유자의 한 사람이 다른 공유자의 지분 과반수의 동의를 얻어 건물을 건축한 후 토지와 건물의 소유자가 달라진 경우 토지에 관하여 관습법상의 법정지상권이 성립되는 것으로 보게 되면 이는 토지공유자의 1인으로 하여금 자신의 지분을 제외한 다른 공유자의 지분에 대하여서까지 지상권설정의 처분행위를 허용하는 셈이 되어 부당하다(대판 1993.4.13. 92다55756). 즉, 관습법상 법정지상권이 성립하지 않는다.
- 명의수탁자가 명의신탁토지 위에 건물을 신축한 경우에 「명의신탁 해지 시」그 건물의 소유를 위한 관습법상 법정지상권이 인정되지 않는다(대판 1986.5.27. 86다카62). 반면 상호명의신탁, 즉 구분소유적 공유에서 공유자 A가 배타적인 점유부분에 건물을 신축하여 소유하던 중 강제경매에 의하여 다른 공유자 B가 대지지분을 취득하였다면, 건물소유자 A는 관습법상 법정지상권을 취득한다(대판 1990.6.26. 89다카24094).
- 대지소유자가 그 지상건물을 타인과 함께 공유하면서 그 단독소유의 대지만을 건물철거의 조건 없이 타에 매도한 경우에는 건물공유자들은 각기 건물을 위하여 대지 전부에 대하여 관습에 의한 법정지상권을 취득한다(대판 1977.7.26. 76다388).
- **토지 및 그 지상 건물 모두 각 공유에 속한 상태에서 토지 및 건물공유자 중 1인이 그중 건물 지분만을 다른 사람에게 증여하여 토지와 건물의 소유자가 달라진 경우, 토지 전부에 관하여 건물의 소유를 위한 관습법상 법정지상권이 성립하는지 여부(소극)** : 토지 및 그 지상 건물 모두가 각 공유에 속한 경우 토지 및 건물공유자 중 1인이 그중 건물 지분만을 타에 증여하여 토지와 건물의 소유자가 달라진 경우에도 해당 토지 전부에 관하여 건물의 소유를 위한 관습법상 법정지상권이 성립된 것으로 보게 된다면, 이는 토지공유자의 1인으로 하여금 다른 공유자의 의사에 기하지 아니한 채 자신의 지분을 제외한 다른 공유자의 지분에 대하여서까지 지상권설정의 처분행위를 허용하는 셈이 되어 부당하다. 따라서 이 사건 토지 및 건물공유자 중 1인인 원고가 피고 1에게 위 건물의 공유지분을 이전함으로써 토지와 건물의 소유자가 달라졌다고 하여 위 피고에게 이 사건 토지에 관한 관습법상 법정지상권의 성립을 인정할 수 없다. 나아가, 관습법상 법정지상권은 동일인 소유이던 토지와 그 지상 건물이 매매, 증여 기타 적법한 원인으로 인하여 양자의 소유자가 다르게 된 경우를 전제로 인정되는 것인데, 피고 재단이 이 사건 건물 중 1/2지분을 이전받았을 당시 이 사건 토지는 원고와 망인이 각 1/2지분씩, 이 사건 건물은 피고 1과 망인이 각 1/2지분씩 공유하고 있는 상태로서 토지와 건물 자체가 동일인의 소유였다고 볼 수도 없어, 피고 재단에 대하여도 관습법상 법정지상권의 성립을 인정할 수 없다(대판 2022.8.31. 2018다218601).

③ 토지와 건물이 동일인 소유에 속하였는지를 판단하는 기준 시기 : 보통의 경우는 처분 당시이나, 강제경매의 경우 압류 당시를 기준으로(대판[전합] 2012.10.18. 2010다52140), 강제경매에 의한 압류 이전에 저당권이 설정되어 있었던 경우에는 저당권설정 당시를 기준으로 한다(대판 2013.4.11. 2009다62059).

④ 소유는 「법률상의 소유」를 의미한다.

(2) 매매 기타 원인으로 토지와 건물의 소유자가 달라졌을 것

기타 원인에는 증여(대판 1963.5.9. 630미11), 강제경매(대판[전합] 2012.10.18. 2010다52140), 환매(대판 1981.4.14. 80다2637), 공유물 분할(대판 1967.11.14. 67다1105) 등이 있다.

- 관습상의 법정지상권의 성립 요건인 해당 토지와 건물의 소유권의 동일인에의 귀속과 그 후의 각기 다른 사람에의 귀속은 법의 보호를 받을 수 있는 권리변동으로 인한 것이어야 하므로, 원래 동일인에게의 소유권 귀속이 원인무효로 이루어졌다가 그 뒤 그 원인무효임이 밝혀져 그 등기가 말소됨으로써 그 건물과 토지의 소유자가 달라지게 된 경우에는 관습상의 법정지상권을 허용할 수 없다(대판 1993.3.26. 98다64189).
- 환지로 인하여 새로운 분할지적선이 그어진 결과 환지 전에는 동일인에게 속하였던 토지와 그 지상건물의 소유자가 달라졌다 하더라도, 환지의 성질상 건물의 부지에 관하여 소유권을 상실한 건물 소유자가 그 환지된 토지(건물부지)에 대하여 건물을 위한 관습상의 법정지상권을 취득한다거나 그 환지된 토지의 소유자가 그 건물을 위한 관습상 법정지상권의 부담을 안게 된다고는 할 수 없다(대판 1996.3.8. 95다44535).
- 토지와 지상 건물이 함께 양도되었다가 채권자취소권의 행사에 따라 그중 건물에 관하여만 양도가 취소되고 수익자와 전득자 명의의 소유권이전등기가 말소된 경우, 관습상 법정지상권의 성립요건인 '동일인의 소유에 속하고 있던 토지와 지상 건물이 매매 등으로 인하여 소유자가 다르게 된 경우'에 해당하는지 여부(소극) : 동일인의 소유에 속하고 있던 토지와 지상 건물이 매매 등으로 인하여 소유자가 다르게 된 경우에 건물을 철거한다는 특약이 없는 한 건물소유자는 건물의 소유를 위한 관습상 법정지상권을 취득한다. 그런데 민법 제406조의 채권자취소권의 행사로 인한 사해행위의 취소와 일탈재산의 원상회복은 채권자와 수익자 또는 전득자에 대한 관계에 있어서만 효력이 발생할 뿐이고 채무자가 직접 권리를 취득하는 것이 아니므로, 토지와 지상 건물이 함께 양도되었다가 채권자취소권의 행사에 따라 그중 건물에 관하여만 양도가 취소되고 수익자와 전득자 명의의 소유권이전등기가 말소되었다고 하더라도, 이는 관습상 법정지상권의 성립요건인 '동일인의 소유에 속하고 있던 토지와 지상 건물이 매매 등으로 인하여 소유자가 다르게 된 경우'에 해당한다고 할 수 없다(대판 2014.12.24. 2012다73158).

(3) 건물철거의 특약이 없을 것

관습법상 법정지상권은 임의규정이다. 따라서 관습법상 법정지상권의 포기 특약은 유효하다. 반면 민법 제366조의 법정지상권은 강행규정으로 포기 특약은 무효이다.

(4) 등기는 불필요

관습법상의 법정지상권 자체에 관한 등기를 요하지 않지만, 법정지상권을 양도하기 위하여 등기해야 한다.

3. 효 과

(1) 범 위

관습법상의 법정지상권이 성립된 토지에 대해서 법정지상권자가 건물의 유지 및 사용에 필요한 범위를 벗어나지 않은 한 그 토지를 자유로이 사용할 수 있다(대판 1995.7.28. 95다9075·9082[반소]).

(2) 기 간

존속기간의 약정이 없는 지상권이 된다. 따라서 민법 제281조에 의한다.

(3) 지 료

판례는 민법 제366조 단서를 유추적용하여, 관습법상 법정지상권을 유상지상권으로 보고 있다.

> 국유재산에 관하여 관습에 의한 법정지상권이 성립된 경우 그 지료에 관하여는 당사자의 청구에 의하여 법원이 이를 정한다고 규정한 민법 제366조를 준용하여야 할 것이고, 이때 토지소유자는 법원에서 상당한 지료를 결정할 것을 전제로 하여 바로 그 급부를 청구할 수 있다(대판 1996.2.13. 95누11023).

(4) 지상권갱신청구권 대위

관습법상 법정지상권을 양수한 자는 등기 없이도 건물양도인의 지상권갱신청구권을 대위할 수 있다.

> [1] 관습상 법정지상권이 붙은 건물의 소유자가 건물을 제3자에게 처분한 경우에는 법정지상권에 관한 등기를 경료하지 아니한 자로서는 건물의 소유권을 취득한 사실만 가지고는 법정지상권을 취득하였다고 할 수 없어 대지소유자에게 지상권을 주장할 수 없고 그 법정지상권은 여전히 당초의 법정지상권자에게 유보되어 있다고 보아야 한다. [2] 법정지상권자가 건물을 제3자에게 양도하는 경우에는 특별한 사정이 없는 한 건물과 함께 법정지상권도 양도하기로 하는 채권적 계약이 있었다고 할 것이며, 양수인은 양도인을 순차 대위하여 토지소유자 및 건물의 전 소유자에 대하여 법정지상권의 설정등기 및 이전등기절차이행을 구할 수 있고, 토지소유자는 건물소유자에 대하여 법정지상권의 부담을 용인하고 그 설정등기절차를 이행할 의무가 있다 할 것이므로, 법정지상권이 붙은 건물의 양수인은 법정지상권에 대한 등기를 하지 않았다 하더라도 토지소유자에 대한 관계에서 적법하게 토지를 점유사용하고 있는 자라 할 것이고, 따라서 건물을 양도한 자라고 하더라도 지상권갱신청구권이 있고 건물의 양수인은 법정지상권자인 양도인의 갱신청구권을 대위행사할 수 있다고 보아야 할 것이다(대판 1995.4.11. 94다39925).

(5) 압류, 가압류나 체납처분압류 등 처분제한 등기가 된 건물에 관하여 그에 저촉되는 소유권이전등기를 마친 사람이 건물의 소유자로서 관습상의 법정지상권을 취득한 후 경매 또는 공매절차에서 건물이 매각되는 경우, 매수인이 위 지상권을 취득하는지 여부 (원칙적 적극)

> 동일한 소유자에 속하는 대지와 그 지상건물이 매매에 의하여 각기 소유자가 달라지게 된 경우에는 특히 건물을 철거한다는 조건이 없는 한 건물소유자는 대지 위에 건물을 위한 관습상의 법정지상권을 취득하는 것이고, 한편 건물 소유를 위하여 법정지상권을 취득한 자로부터 경매에 의하여 건물의 소유권을 이전받은 경락인은 경락 후 건물을 철거한다는 등의 매각조건하에서 경매되는 경우 등 특별한 사정이 없는 한 건물의 경락취득과 함께 위 지상권도 당연히 취득한다. 이러한 법리는 압류, 가압류나 체납처분압류 등 처분제한의 등기가 된 건물에 관하여 그에 저촉되는 소유권이전등기를 마친 사람이 건물의 소유자로서 관습상의 법정지상권을 취득한 후 경매 또는 공매절차에서 건물이 매각되는 경우에도 마찬가지로 적용된다(대판 2014.9.4. 2011다13463).

Ⅳ 담보 목적의 지상권

1. 의 의

담보 목적의 지상권이란 저당권이 실행될 때까지 제3자가 용익권을 취득하거나 목적 토지의 담보가치를 하락시키는 침해행위를 하는 것을 배제함으로써 저당 부동산의 담보가치를 확보하기 위한 권리이다.

2. 권리의 내용

(1) 제3자가 저당권의 목적인 토지 위에 건물을 신축한 경우

> 토지에 관하여 저당권을 취득함과 아울러 그 저당권의 담보가치를 확보하기 위하여 지상권을 취득하는 경우, 특별한 사정이 없는 한 그 지상권은 저당권이 실행될 때까지 제3자가 용익권을 취득하거나 목적 토지의 담보가치를 하락시키는 침해행위를 하는 것을 배제함으로써 저당 부동산의 담보가치를 확보하는 데에 그 목적이 있다고 할 것이므로, 제3자가 저당권의 목적인 토지 위에 건물을 신축하는 경우에는, 그 제3자가 지상권자에게 대항할 수 있는 권원을 가지고 있다는 등의 특별한 사정이 없는 한, 지상권자는 그 방해배제청구로서 신축중인 건물의 철거와 대지의 인도 등을 구할 수 있다(대판 2008.2.15. 2005다47205).

(2) 불법점유자에 대한 손해배상청구

> 금융기관이 대출금 채권의 담보를 위하여 토지에 저당권과 함께 지료 없는 지상권을 설정하면서 채무자 등의 사용·수익권을 배제하지 않은 경우, 위 지상권은 근저당목적물의 담보가치를 확보하는 데 목적이 있으므로, 그 위에 도로개설·옹벽축조 등의 행위를 한 무단점유자에 대하여 지상권 자체의 침해를 이유로 한 임료 상당 손해배상을 구할 수 없다(대판 2008.1.17. 2006다586).

(3) 토지의 사용·수익권

> [1] 지상권자는 타인의 토지에 건물 기타 공작물이나 수목을 소유하기 위하여 그 토지를 사용하는 권리가 있으므로(민법 제279조), 지상권설정등기가 경료되면 토지의 사용·수익권은 지상권자에게 있고, 지상권을 설정한 토지소유자는 지상권이 존속하는 한 토지를 사용·수익할 수 없다. 따라서 지상권을 설정한 토지소유자로부터 토지를 이용할 수 있는 권리를 취득하였다고 하더라도 지상권이 존속하는 한 이와 같은 권리는 원칙적으로 민법 제256조 단서가 정한 '권원'에 해당하지 아니한다. [2] 금융기관이 대출금 채권의 담보를 위하여 토지에 저당권과 함께 지료 없는 지상권을 설정하면서 채무자 등의 사용·수익권을 배제하지 않은 경우, 지상권은 저당권이 실행될 때까지 제3자가 용익권을 취득하거나 목적 토지의 담보가치를 하락시키는 침해행위를 하는 것을 배제함으로써 저당 부동산의 담보가치를 확보하는 데에 목적이 있으므로, 토지소유자는 저당 부동산의 담보가치를 하락시킬 우려가 있는 등의 특별한 사정이 없는 한 토지를 사용·수익할 수 있다고 보아야 한다. 따라서 그러한 토지소유자로부터 토지를 사용·수익할 수 있는 권리를 취득하였다면 이러한 권리는 민법 제256조 단서가 정한 '권원'에 해당한다고 볼 수 있다(대판 2018.3.15. 2015다69907).

3. 권리의 소멸

피담보채권이 변제 등으로 소멸한 경우는 물론이고 시효소멸한 경우에도 그 지상권은 피담보채권에 부종하여 소멸한다(대판 2011.4.14. 2011다6342).

제2절 지역권

I 총 설

> **지역권의 내용(민법 제291조)**
> 지역권자는 일정한 목적을 위하여 타인의 토지를 자기토지의 편익에 이용하는 권리가 있다.
>
> **용수지역권(민법 제297조)**
> ① 용수승역지의 수량이 요역지 및 승역지의 수요에 부족한 때에는 그 수요정도에 의하여 먼저 가용에 공급하고 다른 용도에 공급하여야 한다. 그러나 설정행위에 다른 약정이 있는 때에는 그 약정에 의한다.
> ② 승역지에 수 개의 용수지역권이 설정된 때에는 후순위의 지역권자는 선순위의 지역권자의 용수를 방해하지 못한다.
>
> **공작물의 공동사용(민법 제300조)**
> ① 승역지의 소유자는 지역권의 행사를 방해하지 아니하는 범위 내에서 지역권자가 지역권의 행사를 위하여 승역지에 설치한 공작물을 사용할 수 있다.
> ② 전항의 경우에 승역지의 소유자는 수익정도의 비율로 공작물의 설치, 보존의 비용을 분담하여야 한다.

1. 의 의

① 지역권이란 일정한 목적을 위하여 타인의 토지를 자기의 토지의 편익에 이용하는 용익물권이다(민법 제291조).

> **[지역권설정계약이 있는 경우, 지역권자가 승역지를 요역지의 편익에 이용할 때 요역지의 편익과 이용 방법의 구체적인 내용은 그 약정에 따라 결정되는지 여부(적극)]**
> 지역권자가 승역지를 요역지의 편익에 이용할 때 요역지의 편익과 이용 방법의 구체적인 내용은, 지역권설정계약이 있다면 그 약정에 따라 결정된다(대판 2025.6.12. 2024다288915).

② 편익을 제공받는 토지를 요역지, 편익을 제공하는 토지를 승역지라고 하며, 요역지와 승역지는 서로 인접할 필요가 없다. 또한 요역지는 1필의 토지 전부이어야 하나, 승역지는 1필의 토지 일부 여도 상관없다(민법 제293조 제2항 단서, 부동산등기법 제70조 제5호).

③ 지역권은 무상일 수도 있고 유상일 수도 있다.

2. 법적 성질

(1) 양도성과 상속성
물권으로서 양도성과 상속성을 갖는다.

(2) 부종성

> **부종성(민법 제292조)**
> ① 지역권은 요역지 소유권에 부종하여 이전하며 또는 요역지에 대한 소유권 이외의 권리의 목적이 된다. 그러나 다른 약정이 있는 때에는 그 약정에 의한다.
> ② 지역권은 요역지와 분리하여 양도하거나 다른 권리의 목적으로 하지 못한다.

① 의의 : 부종성이란 지역권은 토지에 종속된 권리이기 때문에 <u>요역지와 분리하여 지역권만을 따로 양도하거나 다른 권리의 목적으로 하지 못한다는 것</u>을 말한다(민법 제292조 제2항).

② 내 용
 ㉠ 수반성 : 수반성이란 지역권은 요역지의 편익을 위하여 토지에 종속하는 권리이므로, <u>요역지의 소유권이 이전되면 같이 이전되고 또 그 토지에 대해 설정된 다른 권리는 그 지역권에도 효력이 미치게 되는 것</u>을 의미한다. 요역지의 소유권이전등기가 마쳐지면 지역권의 이전등기 없이도 지역권 이전의 효력이 생긴다(∵ 법률의 규정에 의한 부동산 물권 취득(민법 제187조)임). 그러나 수반성은 당사자 약정에 의해 배제할 수 있다(민법 제292조 제1항 단서). 다만, 이를 등기해야 제3자에게도 대항이 가능하다(부동산등기법 제70조 제4호).
 ㉡ 요역지 소유권과 결합(민법 제292조 제2항)
 ㉢ 지역권은 요역지에 대한 소유권 이외의 권리의 목적이 된다(민법 제292조 제1항 본문 후단).

(3) 불가분성

> **공유관계, 일부양도와 불가분성(민법 제293조)**
> ① 토지공유자의 1인은 지분에 관하여 그 토지를 위한 지역권 또는 그 토지가 부담한 지역권을 소멸하게 하지 못한다.
> ② 토지의 분할이나 토지의 일부양도의 경우에는 지역권은 요역지의 각 부분을 위하여 또는 그 승역지의 각 부분에 존속한다. 그러나 지역권이 토지의 일부분에만 관한 것인 때에는 다른 부분에 대하여는 그러하지 아니하다.
>
> **취득과 불가분성(민법 제295조)**
> ① 공유자의 1인이 지역권을 취득한 때에는 다른 공유자도 이를 취득한다.
> ② 점유로 인한 지역권취득기간의 중단은 지역권을 행사하는 모든 공유자에 대한 사유가 아니면 그 효력이 없다.
>
> **소멸시효의 중단, 정지와 불가분성(민법 제296조)**
> 요역지가 수인의 공유인 경우에 그 1인에 의한 지역권소멸시효의 중단 또는 정지는 다른 공유자를 위하여 효력이 있다.

3. 종 류

(1) 작위지역권 · 부작위지역권

작위지역권은 지역권자가 일정한 행위를 할 수 있고, 승역지소유자가 이를 인용하여야 하는 의무를 부담하는 경우를 말한다. 반면 부작위지역권은 승역지소유자가 일정한 행위를 하지 않을 의무를 부담하는 경우이다.

(2) 계속지역권 · 불계속지역권

지역권의 행사가 시간적으로 계속되느냐에 따른 구별이다.

(3) 표현지역권 · 불표현지역권

지역권의 내용 실현을 외부로부터 인식할 수 있는지 여부에 따른 구별이다.

Ⅱ 지역권의 취득

1. 일반적 취득사유

지역권은 지역권설정에 관한 물권적 합의와 등기에 의하여 취득한다. 또한 유언, 상속, 양도 등에 의한 취득도 인정된다. 다만, 지역권의 양도는 독립하여 할 수는 없고, 요역지의 소유권 또는 사용권의 이전에 수반해서만 가능하다(민법 제292조 제1항).

2. 시효취득

> **지역권취득기간(민법 제294조)**
> 지역권은 계속되고 표현된 것에 한하여 제245조의 규정을 준용한다.

① 지역권은 계속되고 표현된 것에 한하여 시효취득의 대상이 될 수 있다(민법 제294조).

> 지역권은 계속되고 표현된 것에 한하여 민법 제245조의 규정을 준용하도록 되어 있으므로, 통행지역권은 요역지의 소유자가 승역지 위에 도로를 설치하여 승역지를 사용하는 객관적 상태가 민법 제245조에 규정된 기간 계속된 경우에 한하여 그 시효취득을 인정할 수 있다(대판 2010.1.28. 2009다74939·74946).

② 요역지 소유자와 사용권자(지상권자, 전세권자 등)만 시효취득이 가능할 뿐, 요역지의 불법점유자는 시효취득을 주장할 수 없다(대판 1976.10.29. 76다1694).

Ⅲ 지역권의 존속기간

민법은 지역권의 존속기간에 대한 규정을 두고 있지 않으나, 당사자가 지역권의 존속기간을 정할 수는 있다. 판례는 영구적인 지역권의 설정도 가능하다는 입장이다(대판 1980.1.29. 79다1704).

Ⅳ 지역권의 효력

용수지역권(민법 제297조)
① 용수승역지의 수량이 요역지 및 승역지의 수요에 부족한 때에는 그 수요정도에 의하여 먼저 가용에 공급하고 다른 용도에 공급하여야 한다. 그러나 설정행위에 다른 약정이 있는 때에는 그 약정에 의한다.
② 승역지에 수 개의 용수지역권이 설정된 때에는 후순위의 지역권자는 선순위의 지역권자의 용수를 방해하지 못한다.

승역지 소유자의 의무와 승계(민법 제298조)
계약에 의하여 승역지 소유자가 자기의 비용으로 지역권의 행사를 위하여 공작물의 설치 또는 수선의 의무를 부담한 때에는 승역지 소유의 특별승계인도 그 의무를 부담한다.

위기에 의한 부담면제(민법 제299조)
승역지의 소유자는 지역권에 필요한 부분의 토지소유권을 지역권자에게 위기하여 전조의 부담을 면할 수 있다.

공작물의 공동사용(민법 제300조)
① 승역지의 소유자는 지역권의 행사를 방해하지 아니하는 범위 내에서 지역권자가 지역권의 행사를 위하여 승역지에 설치한 공작물을 사용할 수 있다.
② 전항의 경우에 승역지의 소유자는 수익정도의 비율로 공작물의 설치, 보존의 비용을 분담하여야 한다.

준용규정(민법 제301조)
제214조(소유물방해제거, 방해예방청구권)의 규정은 지역권에 준용한다.
※ 지역권에는 승역지를 점유할 권능이 없으므로 승역지반환청구권은 인정되지 않는다.

Ⅴ 지역권의 소멸

1. 소멸사유 일반

지역권은 요역지 또는 승역지의 멸실, 존속기간의 만료, 지역권자의 포기, 혼동, 약정소멸사유의 발생, 승역지의 수용 등으로 소멸한다.

2. 승역지의 시효취득에 의한 소멸

승역지가 제3자에 의하여 시효취득되면, 승역지 위의 지역권은 소멸하는 것이 원칙이다. 다만, 승역지 점유자가 지역권의 존재를 인용하면서 점유를 계속하는 경우 지역권이 소멸하지 않는다.

3. 지역권의 시효소멸

① 지역권은 20년간 행사하지 않으면 소멸시효가 완성된다(민법 제162조 제2항).
② 요역지가 공유로 되어 있는 경우 지역권은 모든 공유자에게 소멸시효가 완성된 경우에만 소멸한다(민법 제296조).
③ 지역권자가 지역권의 일부만을 행사한 경우, 소멸시효는 그 불행사 부분에 한하여 완성된다.

Ⅵ 특수지역권

> **특수지역권(민법 제302조)**
> 어느 지역의 주민이 집합체의 관계로 각자가 타인의 토지에서 초목, 야생물 및 토사의 채취, 방목 기타의 수익을 하는 권리가 있는 경우에는 관습에 의하는 외에 본장의 규정을 준용한다.

1. 의 의

특수지역권이란 어느 지역의 주민이 집합체의 관계로 가지는 각자가 타인의 토지에서 초목, 야생물 및 토사의 채취, 방목 기타 수익을 하는 권리를 말한다(민법 제302조).

2. 법적 성질

(1) 제한물권

특수지역권은 타인의 토지 위에 존재하는 토지수익권으로, 제한물권에 속한다.

(2) 인역권

인역권의 일종으로, 지역권에서는 편익을 받는 것이 「토지」임에 반하여, 특수지역권에서는 「집합체로서 어느 지역의 주민」이 편익을 받는다.

(3) 주민들의 준총유

특수지역권은 한 개인에게 속하는 것이 아니라 어느 지역의 주민 전체에게 귀속된다.

3. 효력

(1) 적용법규
특수지역권에 관습, 총유에 관한 규정(민법 제278조), 지역권에 관한 규정(민법 제302조)이 적용된다.

(2) 토지수익권
지역주민 각자는 목적토지를 다른 주민과 공동으로 수익할 수 있다.

(3) 특수지역권의 득실
① 주민단체는 관습이나 계약에 의하여 특수지역권을 취득한다. 반면 토지가 멸실되거나 사용·수익의 목적물이 멸실된 경우 특수지역권은 소멸한다.
② 주민 각자의 수익권은 주민 지위의 득실에 따라 당연히 취득 또는 상실되며, 양도성과 상속성이 인정되지는 않는다.

제3절 전세권

I 총설

> **전세권의 내용(민법 제303조)**
> ① 전세권자는 전세금을 지급하고 타인의 부동산을 점유하여 그 부동산의 용도에 좇아 사용·수익하며, 그 부동산 전부에 대하여 후순위권리자 기타 채권자보다 전세금의 우선변제를 받을 권리가 있다.
> ② 농경지는 전세권의 목적으로 하지 못한다.

1. 의의

전세권이란 전세금을 지급하고 타인의 부동산을 점유하여 그 부동산의 용도에 좇아 사용·수익하는 용익물권이다. 전세권 소멸시 목적부동산의 매각대금에서 전세금의 우선변제를 받을 수 있는 권리가 인정된다(민법 제303조 제1항).

2. 특징

우리나라에 특유한 제도로서 채권적 전세(임대차)가 전세권으로 등기된 경우 물권으로서 전세권이 된다. 전세금의 지급은 전세권의 성립요소인 반면 목적물의 인도는 성립요건이 아니다(대판 1995.2.10. 94다18508).

3. 법적 성질

(1) 타물권

전세권은 타인의 부동산을 목적으로 하는 제한물권이다. 즉 목적물은 타인의 부동산(토지와 건물)이다. 단, 농경지는 전세권의 목적으로 하지 못한다(민법 제303조 제2항). 또한 부동산 일부에 대해서도 전세권을 설정할 수 있다(부동산등기법 제72조 제1항 제6호).

(2) 용익물권 겸 담보물권

전세권의 법적 성질에 대해서 ① 용익물권설, ② 순수담보물권설, ③ 용익물권 겸 담보물권설 등의 다툼이 있으나, 전세권은 목적부동산을 점유하여 그 부동산의 용도에 좇아 사용·수익하는 권리이므로 기본적으로 용익물권에 해당한다. 나아가 전세권자에게는 전세금에 관하여 우선변제권이 인정되므로, 담보물권의 성질도 갖는다는 견해가 타당하다.

II 전세권의 취득

1. 전세권 설정의 합의가 존재할 것

(1) 채권담보의 목적으로 설정된 전세권의 유효성 여부

> 전세권이 용익물권적 성격과 담보물권적 성격을 겸비하고 있다는 점 및 목적물의 인도는 전세권의 성립요건이 아닌 점 등에 비추어 볼 때, 당사자가 주로 채권담보의 목적으로 전세권을 설정하였고, 그 설정과 동시에 목적물을 인도하지 아니한 경우라 하더라도, 장차 전세권자가 목적물을 사용·수익하는 것을 완전히 배제하는 것이 아니라면, 그 전세권의 효력을 부인할 수는 없다(대판 1995.2.10. 94다18508).

(2) 임차보증금반환채권을 담보할 목적으로 설정된 전세권과 전세권저당권

> [채권담보의 목적으로 설정된 전세권의 효력]
> 실제로는 전세권설정계약을 체결하지 아니하였으면서도 임대차계약에 기한 임차보증금반환채권을 담보할 목적 또는 금융기관으로부터 자금을 융통할 목적으로 임차인과 임대인 사이의 합의에 따라 임차인 명의로 전세권설정등기를 경료한 경우, 위 전세권설정계약이 통정허위표시에 해당하여 무효라 하더라도 위 전세권설정계약에 의하여 형성된 법률관계에 기초하여 새로이 법률상 이해관계를 갖게 된 제3자에 대하여는 그 제3자가 그와 같은 사정을 알고 있었던 경우에만 그 무효를 주장할 수 있다(대판 2010.3.25. 2009다35743).
>
> [임대인과 임차인이 임대차계약에 따른 임대차보증금반환채권을 담보할 목적으로 전세권을 설정하기 위하여 전세권설정계약을 체결한 경우, 위 전세권설정계약이 임대차계약과 양립할 수 없는 범위에서 통정허위표시에 해당하여 무효인지 여부(적극) / 이때 임대인이 전세권설정계약에 의하여 형성된 법률관계에 기초하여 새로이 법률상 이해관계를 가지게 된 제3자에 대하여 무효를 주장할 수 있는 경우]
> 임대차계약에 따른 임대차보증금반환채권을 담보할 목적으로 임대인과 임차인 사이의 합의에 따라 임차인 명의로 전세권설정등기를 마친 경우, 그 전세금의 지급은 이미 지급한 임대차보증금으로 대신한 것이고, 장차 전세권자가 목적물을 사용·수익하는 것을 완전히 배제하는 것도 아니므로, 그 전세권설정등기는 유효하다. 이때 임대인과

임차인이 그와 같은 전세권설정등기를 마치기 위하여 전세권설정계약을 체결하여도, 임대차보증금은 임대차계약이 종료된 후 임차인이 목적물을 인도할 때까지 발생하는 차임 및 기타 임차인의 채무를 담보하는 것이므로, 임대인과 임차인이 위와 같이 임대차보증금반환채권을 담보할 목적으로 전세권을 설정하기 위하여 전세권설정계약을 체결하였다면, 임대차보증금에서 연체차임 등을 공제하고 남은 돈을 전세금으로 하는 것이 임대인과 임차인의 합치된 의사라고 볼 수 있다. 그러나 그 전세권설정계약은 외관상으로는 그 내용에 차임지급 약정이 존재하지 않고 이에 따라 전세금이 연체차임으로 공제되지 않는 등 임대인과 임차인의 진의와 일치하지 않는 부분이 존재한다. 따라서 그러한 전세권설정계약은 위와 같이 임대차계약과 양립할 수 없는 범위에서 통정허위표시에 해당하여 무효라고 봄이 타당하다. 다만 그러한 전세권설정계약에 의하여 형성된 법률관계에 기초하여 새로이 법률상 이해관계를 가지게 된 제3자에 대하여는 그 제3자가 그와 같은 사정을 알고 있었던 경우에만 그 무효를 주장할 수 있다(대판 2021.12.30. 2018다268538).

2. 전세금의 지급이 있을 것

[전세권 성립의 요소로서 전세금의 지급 및 기존의 채권으로 전세금 지급에 갈음할 수 있는지 여부(적극)]
전세금의 지급은 전세권 성립의 요소가 되는 것이지만 그렇다고 하여 전세금의 지급이 반드시 현실적으로 수수되어야만 하는 것은 아니고 기존의 채권으로 전세금의 지급에 갈음할 수도 있다(대판 1995.2.10. 94다18508).

3. 전세권설정등기가 경료되었을 것

[채권자·채무자 및 제3자의 합의로 전세권 등 담보권의 명의를 제3자로 하는 것이 가능한지 여부(적극)]
전세권이 담보물권적 성격도 가지는 이상 부종성과 수반성이 있는 것이기는 하지만, 채권담보를 위하여 담보권을 설정하는 경우 채권자와 채무자 및 제3자 사이에 합의가 있으면 채권자가 그 담보권의 명의를 제3자로 하는 것도 가능하고, 이와 같은 경우에는 채무자와 담보권명의자인 제3자 사이에 담보계약관계가 성립하는 것으로 그 담보권 명의자는 그 피담보채권을 수령하고 그 담보권을 실행하는 등의 담보계약상의 권한을 가진다(대판 1995.2.10. 94다18508).

III 전세권의 존속기간

1. 전세권 설정의 합의에서 존속기간을 약정한 경우

> **전세권의 존속기간(민법 제312조)**
> ① 전세권의 존속기간은 10년을 넘지 못한다. 당사자의 약정기간이 10년을 넘는 때에는 이를 10년으로 단축한다.
> ② 건물에 대한 전세권의 존속기간을 1년 미만으로 정한 때에는 이를 1년으로 한다.
> ③ 전세권의 설정은 이를 갱신할 수 있다. 그 기간은 갱신한 날로부터 10년을 넘지 못한다.
> ④ 건물의 전세권설정자가 전세권의 존속기간 만료전 6월부터 1월까지 사이에 전세권자에 대하여 갱신거절의 통지 또는 조건을 변경하지 아니하면 갱신하지 아니한다는 뜻의 통지를 하지 아니한 경우에는 그 기간이 만료된 때에 전전세권과 동일한 조건으로 다시 전세권을 설정한 것으로 본다. 이 경우 전세권의 존속기간은 그 정함이 없는 것으로 본다.

① 최장기간의 제한이 있다. 즉 10년을 넘지 못하고, 당사자 간의 약정기간이 10년을 넘는 때에는 10년으로 단축된다(민법 제312조 제1항). 이점이 최장기간의 제한이 없고 최단기간에 대해서만 일정한 제한이 있는 지상권(민법 제280조)과 다르다.
② 건물전세권에 1년의 최단존속기간의 제한이 있다(민법 제312조 제2항).

2. 존속기간을 약정하지 않은 경우

> **전세권의 소멸통고(민법 제313조)**
> 전세권의 존속기간을 약정하지 아니한 때에는 각 당사자는 언제든지 상대방에 대하여 전세권의 소멸을 통고할 수 있고 상대방이 이 통고를 받은 날로부터 6월이 경과하면 전세권은 소멸한다.

① 소멸통고권의 법적 성질은 형성권이다(다수설). 말소등기가 필요한지에 대하여 등기필요설과 등기불요설의 다툼이 있다.
② 건물전세권의 존속기간을 약정하지 않은 경우에도 1년의 최단존속기간이 적용된다(민법 제312조 제2항의 확대해석).

3. 법정갱신(민법 제312조 제4항)

① 건물전세권에만 인정된다.
② 종전 전세권과 동일한 조건으로 다시 전세권을 설정한 것으로 본다. 단, 존속기간은 정하지 않은 것으로 본다.
③ 전세권이 법정갱신된 경우 이는 법률의 규정에 의한 물권의 변동이므로 전세권갱신에 관한 등기를 필요로 하지 아니하고, 전세권자는 등기 없이도 전세권설정자나 그 목적물을 취득한 제3자에 대하여 갱신된 권리를 주장할 수 있다(대판 2010.3.25. 2009다35743).

Ⅳ. 전세권의 효력

1. 전세권자의 권리·의무

> **전세권자의 유지, 수선의무(민법 제309조)**
> 전세권자는 목적물의 현상을 유지하고 그 통상의 관리에 속한 수선을 하여야 한다.
>
> **전세권의 소멸청구(민법 제311조)**
> ① 전세권자가 전세권설정계약 또는 그 목적물의 성질에 의하여 정하여진 용법으로 이를 사용, 수익하지 아니한 경우에는 전세권설정자는 전세권의 소멸을 청구할 수 있다.
> ② 전항의 경우에는 전세권설정자는 전세권자에 대하여 원상회복 또는 손해배상을 청구할 수 있다.
>
> **준용규정(민법 제319조)**
> 제213조, 제214조, 제216조 내지 제244조의 규정은 전세권자 간 또는 전세권자와 인지소유자 및 지상권자 간에 이를 준용한다.

① **목적부동산을 용도에 좇아 사용·수익할 권리·의무와 소멸청구권** : 전세권자는 목적부동산을 점유하고 그 부동산의 용도에 좇아 사용·수익할 권리를 갖는다(민법 제303조 제1항 전단). 반면 전세권설정자는 전세권자가 전세권설정계약 또는 그 목적물의 성질에 의하여 정하여진 용법에 따르지 않은 사용·수익을 한 경우, 전세권의 소멸을 청구할 수 있으며, 원상회복 또는 손해배상을 청구할 수 있다(민법 제311조).

② **전세권자의 유지·수선의무** : 전세권자는 목적물의 현상을 유지하고 그 통상의 관리에 속한 수선을 하여야 한다(민법 제309조). 따라서 전세권자가 목적부동산을 통상적 유지 및 관리를 위하여 필요한 비용을 지출한 경우에도 그 비용의 상환을 청구하지 못한다. 단, 유익비상환청구권은 인정된다(민법 제310조 제1항).

③ **상린관계규정의 준용** : 민법 제216조 내지 제244조의 규정은 전세권자 간 또는 전세권자와 인지소유자 및 지상권자 간에 이를 준용한다(민법 제319조).

④ **전세권자의 점유권과 물권적 청구권** : 전세권자는 목적부동산을 점유할 권리를 갖는다. 따라서 점유를 침해당한 경우 점유보호청구권을 행사할 수 있다(민법 제204조 내지 제206조). 또한 전세권의 침해를 받은 때에는 물권적 청구권으로서 반환청구권, 방해제거청구권 및 방해예방청구권을 행사할 수 있다(민법 제319조).

2. 전세권의 처분

> **전세권의 양도, 임대 등(민법 제306조)**
> 전세권자는 전세권을 타인에게 양도 또는 담보로 제공할 수 있고 그 존속기간 내에서 그 목적물을 타인에게 전전세 또는 임대할 수 있다. 그러나 설정행위로 이를 금지한 때에는 그러하지 아니하다.
>
> **전세권양도의 효력(민법 제307조)**
> 전세권양수인은 전세권설정자에 대하여 전세권양도인과 동일한 권리의무가 있다.
>
> **전전세 등의 경우의 책임(민법 제308조)**
> 전세권의 목적물을 전전세 또는 임대한 경우에는 전세권자는 전전세 또는 임대하지 아니하였으면 면할 수 있는 불가항력으로 인한 손해에 대하여 그 책임을 부담한다.

(1) 처분의 자유와 제한

전세권자는 전세권설정자의 동의 없이도 전세권을 양도하거나 담보로 제공할 수 있고, 그 존속기간 내에서 그 목적물을 타인에게 전전세 또는 임대할 수 있다(민법 제306조 본문). 그러나 설정행위로써 처분을 금지할 수 있다(민법 제306조 단서). 이러한 처분금지특약은 등기하여야만 제3자에 대하여 대항할 수 있다(부동산등기법 제72조 제1항 제5호).

(2) 전세권의 양도

1) 존속기간 중 양도

법률행위에 의한 전세권의 양도의 경우에는 당사자 간의 합의와 등기가 있어야 한다(민법 제186조). 전세권의 양수인은 전세권설정자에 대하여 양도인인 전세권자와 동일한 권리의무를 갖게 된다(민법 제307조).

2) 존속기간 만료 후 양도

① 전세권설정등기를 마친 민법상의 전세권을 존속기간 만료 후에 양도할 수 있는지 여부(적극) 및 대항요건

> 전세권설정등기를 마친 민법상의 전세권은 그 성질상 용익물권적 성격과 담보물권적 성격을 겸비한 것으로서, 전세권의 존속기간이 만료되면 전세권의 용익물권적 권능은 전세권설정등기의 말소 없이도 당연히 소멸하고 단지 전세금반환채권을 담보하는 담보물권적 권능의 범위 내에서 전세금의 반환시까지 그 전세권설정등기의 효력이 존속하고 있다 할 것인데, 이와 같이 존속기간의 경과로서 본래의 용익물권적 권능이 소멸하고 담보물권적 권능만 남은 전세권에 대해서도 그 피담보채권인 전세금반환채권과 함께 제3자에게 이를 양도할 수 있다 할 것이지만 이 경우에는 민법 제450조 제2항 소정의 확정일자 있는 증서에 의한 채권양도절차를 거치지 않는 한 위 전세금반환채권의 압류·전부 채권자 등 제3자에게 위 전세보증금반환채권의 양도사실로써 대항할 수 없다(대판 2005.3.25. 2003다35659).

② 전세기간 만료 이후 전세권양도계약 및 전세권이전의 부기등기가 이루어진 것만으로는 전세금반환채권의 양도에 관하여 확정일자 있는 통지나 승낙이 있었다고 볼 수 없어 이로써 제3자인 전세금반환채권의 압류·전부 채권자에게 대항할 수 없다(대판 2005.3.25. 2003다35659).

3) 비교 : 전세권과 분리한 전세금반환채권만의 양도

① 전세권이 존속하는 동안에 전세권을 존속시키기로 하면서 전세금반환채권만을 전세권과 분리하여 확정적으로 양도할 수 있는지 여부(소극)

> 전세권은 전세금을 지급하고 타인의 부동산을 그 용도에 따라 사용·수익하는 권리로서 <u>전세금의 지급이 없으면 전세권은 성립하지 아니하는 등으로 전세금은 전세권과 분리될 수 없는 요소일 뿐 아니라</u>, 전세권에 있어서는 그 설정행위에서 금지하지 아니하는 한 전세권자는 전세권 자체를 처분하여 전세금으로 지출한 자본을 회수할 수 있도록 되어 있으므로 <u>전세권이 존속하는 동안은 전세권을 존속시키기로 하면서 전세금반환채권만을 전세권과 분리하여 확정적으로 양도하는 것은 허용되지 않는 것이며, 다만 전세권 존속 중에는 장래에 그 전세권이 소멸하는 경우에 전세금반환채권이 발생하는 것을 조건으로 그 장래의 조건부 채권을 양도할 수 있을 뿐이라 할 것이다</u>(대판 2002.8.23. 2001다69122).

② 당사자 간의 약정에 의하여 전세권의 처분이 따르지 않는 전세금반환채권만의 분리양도가 이루어진 경우, 그 전세권에 관하여 경료된 가압류부기등기의 효력(무효)

> 전세권설정계약의 당사자 사이에 그 계약이 합의해지된 경우 전세권설정등기는 전세금반환채권을 담보하는 효력은 있다고 할 것이나, 그 후 당사자 간의 약정에 의하여 전세권의 처분이 따르지 않는 전세금반환채권만의 분리양도가 이루어진 경우에는 양수인은 유효하게 전세금반환채권을 양수하였다고 할 것이고, <u>그로 인하여 전세금반환채권을 담보하는 물권으로서의 전세권마저 소멸된 이상 그 전세권에 관하여 가압류부기등기가 경료되었다고 하더라도 아무런 효력이 없다</u>(대판 1999.2.5. 97다33997).

③ 전세금반환채권을 전세권과 분리하여 양도할 수 있는지 여부(적극)

> 전세권이 담보물권적 성격도 가지는 이상 부종성과 수반성이 있는 것이므로 전세권을 그 담보하는 전세금반환채권과 분리하여 양도하는 것은 허용되지 않는다고 할 것이나, 한편 담보물권의 수반성이란 피담보채권의 처분이 있으면 언제나 담보물권도 함께 처분된다는 것이 아니라, 채권담보라고 하는 담보물권 제도의 존재목적에 비추어 볼 때 특별한 사정이 없는 한 피담보채권의 처분에는 담보물권의 처분도 포함된다고 보는 것이 합리적이라는 것일 뿐이므로, <u>전세권이 존속기간의 만료로 소멸한 경우이거나 전세계약의 합의해지 또는 당사자 간의 특약에 의하여 전세권반환채권의 처분에도 불구하고, 전세권의 처분이 따르지 않는 경우 등의 특별한 사정이 있는 때에는 채권양수인은 담보물권이 없는 무담보의 채권을 양수한 것이 된다</u>(대판 1997.11.25. 97다29790).

(3) 전전세

1) 의의 및 성질

전전세란 전세권자가 전세권을 기초로, 다시 그 전세권을 목적으로 하는 전세권을 설정하는 것을 의미한다. 즉 전전세는 원전세권에 종속되는 성질을 갖고 있다. 민법은 설정행위로 전전세를 금지하지 않는 한, 전세권자가 전세권의 존속기간 내에서 전전세를 할 수 있다고 규정하고 있다(민법 제306조).

2) 성립요건

① 전전세권설정의 물권적 합의와 등기가 있어야 한다(민법 제186조). 원전세권설정자의 동의는 요하지 않는다.
② 전전세권의 존속기간은 원전세권의 존속기간 내여야 한다(민법 제306조 본문). 또한 원전세권의 일부를 목적으로 전전세권을 설정할 수도 있다.

3) 효 과

① **원전세권의 존속과 기한** : 전전세권이 설정되더라도 원전세권은 소멸하지 않는다. 단, 전전세권은 원전세권을 기초로 하므로, 원전세권이 소멸하면 당연히 소멸한다.
② 전전세권자는 원전세권설정자에 대한 관계에서 아무런 권리·의무가 없다.
③ **전전세권자의 경매청구권** : 전전세권자가 경매청구권을 행사하기 위해서는 ㉠ 전전세권의 소멸 및 전세금반환의 지체뿐만 아니라 ㉡ 원전세권의 소멸 및 전세금반환의 지체가 있어야 한다.
④ **원전세권자의 책임가중** : 전세권자는 전전세를 하지 않았으면 면할 수 있었을 불가항력으로 인한 손해에 대해서도 그 책임을 부담한다(민법 제308조).

3. 건물전세권자의 보호를 위한 특칙

(1) 건물전세권의 지상권·임차권에 대한 효력

> **건물의 전세권, 지상권, 임차권에 대한 효력(민법 제304조)**
> ① 타인의 토지에 있는 건물에 전세권을 설정한 때에는 전세권의 효력은 그 건물의 소유를 목적으로 한 지상권 또는 임차권에 미친다.
> ② 전항의 경우에 전세권설정자는 전세권자의 동의 없이 지상권 또는 임차권을 소멸하게 하는 행위를 하지 못한다.

민법 제304조는 전세권을 설정하는 건물소유자가 건물의 존립에 필요한 지상권 또는 임차권과 같은 토지사용권을 가지고 있는 경우에 관한 것으로서, 그 경우에 건물전세권자로 하여금 토지소유자에 대하여 건물소유자, 즉 전세권설정자의 그러한 토지사용권을 원용할 수 있도록 함으로써 토지소유자 기타 토지에 대하여 권리를 가지는 사람에 대한 관계에서 건물전세권자를 보다 안전한 지위에 놓으려는 취지의 규정이다. 또한 지상권을 가지는 건물소유자가 그 건물에 전세권을 설정하였으나 그가 2년 이상의 지료를 지급하지 아니하였음을 이유로 지상권설정자, 즉 토지소유자의 청구로 지상권이 소멸하는 것(민법 제287조 참조)은 전세권설정자가 전세권자의 동의 없이는 할 수 없는 위 민법 제304조 제2항상의 "지상권 또는 임차권을 소멸하게 하는 행위"에 해당하지 아니한다. 위 민법 제304조 제1항이 제한하려는 것은 포기, 기간단축약정 등 지상권 등을 소멸하게 하거나 제한하여 건물전세권자의 지위에 불이익을 미치는 전세권설정자의 임의적인 행위이고, 그것이 법률의 규정에 의하여 지상권소멸청구권의 발생요건으로 정하여졌을 뿐인 지상권자의 지료 부지급 그 자체를 막으려고 한다거나 또는 지상권설정자가 취득하는 위의 지상권소멸청구권이 그의 일방적 의사표시로 행사됨으로 인하여 지상권이 소멸되는 효과를 제한하려고 하는 것이라고 할 수 없다. 따라서 전세권설정자가 건물의 존립을 위한 토지사용권을 가지지 못하여 그가 토지소유자의 건물철거 등 청구에 대항할 수 없는 경우에 민법 제304조 등을 들어 전세권자 또는 대항력 있는 임차권자가 토지소유자의 권리행사에 대항할 수 없음은 물론이다. 또한 건물에 대하여 전세권 또는 대항력 있는 임차권을 설정하여 준 지상권자가 그 지료를 지급하지 아니함을 이유로 토지소유자가 한 지상권소멸청구가 그에 대한 전세권자 또는 임차인의 동의가 없이 행하여졌다고 해도 민법 제304조 제2항에 의하여 그 효과가 제한된다고 할 수 없다(대판 2010.8.19. 2010다43801).

(2) 민법 제305조의 법정지상권

건물의 전세권과 법정지상권(민법 제305조)
① 대지와 건물이 동일한 소유자에 속한 경우에 건물에 전세권을 설정한 때에는 그 대지소유권의 특별승계인은 전세권설정자에 대하여 지상권을 설정한 것으로 본다. 그러나 지료는 당사자의 청구에 의하여 법원이 이를 정한다.
② 전항의 경우에 대지소유자는 타인에게 그 대지를 임대하거나 이를 목적으로 한 지상권 또는 전세권을 설정하지 못한다.

토지와 건물을 함께 소유하던 토지·건물의 소유자가 건물에 대하여 전세권을 설정하여 주었는데 그 후 토지가 타인에게 경락되어 민법 제305조 제1항에 의한 법정지상권을 취득한 상태에서 다시 건물을 타인에게 양도한 경우, 그 건물을 양수하여 소유권을 취득한 자는 특별한 사정이 없는 한 법정지상권을 취득할 지위를 가지게 되고, 다른 한편으로는 전세권 관계도 이전받게 되는바, 민법 제304조 등에 비추어 건물 양수인이 토지소유자와의 관계에서 전세권자의 동의 없이 법정지상권을 취득할 지위를 소멸시켰다고 하더라도, 그 건물 양수인은 물론 토지소유자도 그 사유를 들어 전세권자에게 대항할 수 없다(대판 2007.8.24. 2006다14684).

4. 전세목적물 양도 시 양수인의 지위

[전세권이 성립한 후 전세목적물의 소유권이 이전된 경우, 전세권이 전세권자와 목적물의 소유권을 취득한 신 소유자 사이에서 계속 동일한 내용으로 존속하는지 여부(적극) 및 목적물의 신 소유자가 전세권이 소멸하는 때에 전세권자에 대하여 전세권설정자의 지위에서 전세금 반환의무를 부담하는지 여부(적극) / 전세권이 성립한 후 전세목적물의 소유권 중 일부 지분을 이전받은 새로운 공유자도 전세권자에 대하여 공동 전세권설정자의 지위에서 전세금 반환의무를 부담하는지 여부(적극)]
전세권이 성립한 후 전세목적물의 소유권이 이전된 경우 전세권은 전세권자와 목적물의 소유권을 취득한 신 소유자 사이에서 계속 동일한 내용으로 존속하게 되므로 목적물의 신 소유자는 구 소유자와 전세권자 사이에 성립한 전세권의 내용에 따른 권리의무의 직접적인 당사자가 되어 전세권이 소멸하는 때에 전세권자에 대하여 전세권설정자의 지위에서 전세금 반환의무를 부담한다. / 한편 전세권이 성립한 후 전세목적물의 소유권 중 일부 지분을 이전받은 새로운 공유자도 전세권자에 대하여 공동 전세권설정자의 지위에서 전세금 반환의무를 부담한다(대판 2025.4.15. 2024다312566).

V. 전세권의 소멸

1. 소멸사유

(1) 물권 일반의 소멸사유

전세권은 목적부동산의 멸실, 존속기간의 만료, 혼동, 소멸시효, 전세권의 포기 등으로 소멸한다.

① 목적부동산의 멸실

> **불가항력으로 인한 멸실(민법 제314조)**
> ① 전세권의 목적물의 전부 또는 일부가 불가항력으로 인하여 멸실된 때에는 그 멸실된 부분의 전세권은 소멸한다.
> ② 전항의 일부멸실의 경우에 전세권자가 그 잔존부분으로 전세권의 목적을 달성할 수 없는 때에는 전세권설정자에 대하여 전세권전부의 소멸을 통고하고 전세금의 반환을 청구할 수 있다.
>
> **전세권자의 손해배상책임(민법 제315조)**
> ① 전세권의 목적물의 전부 또는 일부가 전세권자에 책임 있는 사유로 인하여 멸실된 때에는 전세권자는 손해를 배상할 책임이 있다.
> ② 전항의 경우에 전세권설정자는 전세권이 소멸된 후 전세금으로써 손해의 배상에 충당하고 잉여가 있으면 반환하여야 하며 부족이 있으면 다시 청구할 수 있다.

> <u>전세금은 그 성격에 비추어 민법 제315조에 정한 전세권설정자의 전세권자에 대한 손해배상채권 외 다른 채권까지 담보한다고 볼 수 없으므로, 전세권설정자가 전세권자에 대하여 위 손해배상채권 외 다른 채권을 가지고 있더라도 다른 특별한 사정이 없는 한 이를 가지고 전세금반환채권에 대하여 물상대위권을 행사한 전세권저당권자에게 상계 등으로 대항할 수 없다</u>(대판 2008.3.13. 2006다29372·29389).

② 전세권의 포기 : 비록 존속기간을 약정하고 있더라도 전세권자는 자유로이 그의 전세권을 포기할 수 있다. 그러나 전세권이 제3자의 권리의 목적인 때에는 포기할 수 없다(민법 제371조 제2항).

(2) 전세권 특유의 소멸사유

① 전세권설정자의 소멸청구

> **전세권의 소멸청구(민법 제311조)**
> ① 전세권자가 전세권설정계약 또는 그 목적물의 성질에 의하여 정하여진 용법으로 이를 사용, 수익하지 아니한 경우에는 전세권설정자는 전세권의 소멸을 청구할 수 있다.
> ② 전항의 경우에는 전세권설정자는 전세권자에 대하여 원상회복 또는 손해배상을 청구할 수 있다.

② 소멸통고

> **전세권의 소멸통고(민법 제313조)**
> 전세권의 존속기간을 약정하지 아니한 때에는 각 당사자는 언제든지 상대방에 대하여 전세권의 소멸을 통고할 수 있고 상대방이 이 통고를 받은 날로부터 6월이 경과하면 전세권은 소멸한다.

2. 소멸효과

(1) 전세금반환청구권의 발생과 동시이행관계

> **전세권의 소멸과 동시이행(민법 제317조)**
> 전세권이 소멸한 때에는 전세권설정자는 전세권자로부터 그 목적물의 인도 및 전세권설정등기의 말소등기에 필요한 서류의 교부를 받는 동시에 전세금을 반환하여야 한다.

> 전세권설정자는 전세권이 소멸한 경우 전세권자로부터 그 목적물의 인도 및 전세권설정등기의 말소등기에 필요한 서류의 교부를 받는 동시에 전세금을 반환할 의무가 있을 뿐이므로, <u>전세권자가 그 목적물을 인도하였다고 하더라도 전세권설정등기의 말소등기에 필요한 서류를 교부하거나 그 이행의 제공을 하지 아니하는 이상, 전세권설정자는 전세금의 반환을 거부할 수 있고, 이 경우 다른 특별한 사정이 없는 한 그가 전세금에 대한 이자 상당액의 이득을 법률상 원인 없이 얻는다고 볼 수 없다</u>(대판 2002.2.5. 2001다62091).

(2) 경매청구권

> **전세권자의 경매청구권(민법 제318조)**
> 전세권설정자가 전세금의 반환을 지체한 때에는 전세권자는 민사집행법의 정한 바에 의하여 전세권의 목적물의 경매를 청구할 수 있다.

① 전세권설정자가 전세금의 반환을 지체한 경우 전세권자는 경매를 청구하여(민법 제318조) 그 경락대금으로부터 우선변제를 받을 수 있다.

② 목적물 일부에 대한 전세권자의 목적물 전부에 대한 경매청구 가부(소극)

> <u>건물의 일부에 대하여 전세권이 설정되어 있는 경우</u> 그 전세권자는 민법 제303조 제1항, 제318조의 규정에 의하여 그 건물 전부에 대하여 후순위 권리자 기타 채권자보다 전세금의 우선변제를 받을 권리가 있고, 전세권설정자가 전세금의 반환을 지체한 때에는 전세권의 목적물의 경매를 청구할 수 있다 할 것이나, <u>전세권의 목적물이 아닌 나머지 건물부분에 대하여는 우선변제권은 별론으로 하고 경매신청권은 없다</u>(대결 1992.3.10. 91마256·91마257). 이는 그 전세권의 목적이 된 부분이 구조상 또는 이용상 독립성이 없어 독립한 소유권의 객체로 분할할 수 없고 따라서 그 부분만의 경매신청이 불가능하다고 하여 달리 볼 것은 아니다(대결 2001.7.2. 2001마212).

(3) 우선변제권

1) 전세권자의 우선적 지위

대항력 없는 일반채권자에 대해서는 원칙적으로 전세권자가 우선한다. 그러나 등기된 임차권, 주택임대차보호법의 대항력과 같이 대항력이 있는 채권이 경합하는 경우에는 성립순위에 따른다.

2) 저당권과 경합하는 경우

① **전세권이 저당권보다 후순위인 경우** : 저당권자나 전세권자의 어느 쪽이 경매를 신청하든 양자 모두 소멸하고, 배당순위는 설정등기의 선후에 의하게 된다. 이때 용익권이 저당권의 실행으로 소멸되느냐 여부는 그 부동산 위의 최선순위의 저당권과의 사이의 우열로 정하여진다(대판 1987.2.24. 86다카1936).

② **최선순위 전세권에 해당하는 경우** : 저당권, 압류채권, 가압류채권에 대항할 수 있는 최선순위 전세권은 매각으로 소멸되지 않고 매수인에게 인수되는 반면, 전세권자가 민사집행법 제88조에 따라 배당요구를 하였다면 매각으로 인하여 소멸된다(민사집행법 제91조 제3항 및 제4항).

(4) 부속물수거권·수거의무(민법 제316조 제1항), 부속물매수청구권(민법 제316조 제2항)

> **원상회복의무, 매수청구권(민법 제316조)**
> ① 전세권이 그 존속기간의 만료로 인하여 소멸한 때에는 전세권자는 그 목적물을 원상에 회복하여야 하며 그 목적물에 부속시킨 물건은 수거할 수 있다. 그러나 전세권설정자가 그 부속물건의 매수를 청구한 때에는 전세권자는 정당한 이유 없이 거절하지 못한다.
> ② 전항의 경우에 그 부속물건이 전세권설정자의 동의를 얻어 부속시킨 것인 때에는 전세권자는 전세권설정자에 대하여 그 부속물건의 매수를 청구할 수 있다. 그 부속물건이 전세권설정자로부터 매수한 것인 때에도 같다.

(5) 비용상환청구권

> **전세권자의 상환청구권(민법 제310조)**
> ① 전세권자가 목적물을 개량하기 위하여 지출한 금액 기타 유익비에 관하여는 그 가액의 증가가 현존한 경우에 한하여 소유자의 선택에 좇아 그 지출액이나 증가액의 상환을 청구할 수 있다.
> ② 전항의 경우에 법원은 소유자의 청구에 의하여 상당한 상환기간을 허여할 수 있다.

전세권자는 스스로 목적물의 현상유지와 수선의무(민법 제309조)를 부담하므로, 필요비 상환을 청구할 수 없다. 나아가 전세권자는 필요비상환청구를 피담보채권으로 하여 유치권을 주장할 수도 없다. 그러나 유익비에 관해서는 그 가액이 증가가 현존하는 경우에 한하여 소유자의 선택에 좇아서 그 지출액이나 증가액의 상환을 청구할 수 있다(민법 제310조 제1항). 이 경우 전세권자는 유익비상환청구권을 피담보채권으로 하여 유치권도 행사할 수 있다. 단, 법원이 소유자의 청구에 의하여 상당한 상환기간을 허여한 경우에는 그 허여된 기간에는 유치권을 행사할 수 없다.

(6) 지상물매수청구권

> **[토지임차인의 지상물매수청구권에 관한 민법 제643조가 토지의 전세권에도 유추적용되는지 여부(적극)]**
> 토지임차인의 건물 기타 공작물의 매수청구권에 관한 민법 제643조의 규정은 성질상 토지의 전세권에도 유추적용될 수 있다고 할 것이지만, 그 매수청구권은 토지임차권 등이 건물 기타 공작물의 소유 등을 목적으로 한 것으로서 기간이 만료되어야 하고 건물 기타 지상시설이 현존하여야만 행사할 수 있는 것이다(대판 2007.9.21. 2005다41740).

CHAPTER 04 용익물권

제1절 지상권

01 지상권에 관한 다음 설명 중 가장 옳은 것은? 2025년

① 지상권의 존속기간과 관련하여 민법 제280조에서 석조, 석회조, 연와조 또는 이와 유사한 견고한 건물이나 수목의 소유를 목적으로 하는 때에는 최장 30년의 제한규정을 두고 있다.
② 토지의 공유자 중의 1인이 공유토지 위에 건물을 소유하고 있다가 토지지분만을 전매한 경우 당해 토지에 관하여 건물의 소유를 위한 관습법상의 법정지상권이 성립될 수 있다.
③ 동일인의 소유에 속하고 있던 토지와 지상 건물이 함께 양도되었다가 채권자취소권의 행사에 따라 그중 건물에 관하여만 양도가 취소되고 수익자와 전득자 명의의 소유권이전등기가 말소된 경우, 관습법상 법정지상권의 성립요건인 '동일인의 소유에 속하고 있던 토지와 지상 건물이 매매 등으로 인하여 소유자가 다르게 된 경우'에 해당한다.
④ 동일인의 소유에 속하는 토지 및 그 지상 건물에 관하여 공동저당권이 설정된 후 그 지상 건물이 철거되고 새로 건물이 신축된 경우에는 그 신축건물의 소유자가 토지의 소유자와 동일하고 토지의 저당권자에게 신축건물에 관하여 토지의 저당권과 동일한 순위의 공동저당권을 설정해 주는 등 특별한 사정이 없는 한 저당물의 경매로 인하여 토지와 그 신축건물이 다른 소유자에 속하게 되더라도 그 신축건물을 위한 법정지상권은 성립하지 않는다.
⑤ 수목의 소유를 목적으로 하는 지상권은 수목이 멸실되면 소멸한다.

[❶ ▶ ×] 석조, 석회조, 연와조 또는 이와 유사한 견고한 건물이나 수목의 소유를 목적으로 하는 지상권의 존속기간과 관련하여 민법 제280조는 <u>30년의 최단존속기간을 규정하고</u> 있다.

> **민법 제280조(존속기간을 약정한 지상권)**
> ① 계약으로 지상권의 존속기간을 정하는 경우에는 그 기간은 다음 연한보다 단축하지 못한다.
>   1. 석조, 석회조, 연와조 또는 이와 유사한 견고한 건물이나 수목의 소유를 목적으로 하는 때에는 30년
>   2. 전호 이외의 건물의 소유를 목적으로 하는 때에는 15년
>   3. 건물 이외의 공작물의 소유를 목적으로 하는 때에는 5년
> ② 전항의 기간보다 단축한 기간을 정한 때에는 전항의 기간까지 연장한다.

[❷ ▸ ✕] 토지의 공유자 중의 1인이 공유토지 위에 건물을 소유하고 있다가 토지지분만을 전매함으로써 단순히 토지공유자의 1인에 대하여 관습상의 법정지상권이 성립된 것으로 볼 사유가 발생하였다고 하더라도 당해 토지 자체에 관하여 건물의 소유를 위한 관습상의 법정지상권이 성립된 것으로 보게 된다면 이는 마치 토지공유자의 1인으로 하여금 다른 공유자의 지분에 대하여서까지 지상권설정의 처분행위를 허용하는 셈이 되어 부당하다 할 것이므로 위와 같은 경우에 있어서는 당해 토지에 관하여 건물의 소유를 위한 관습상의 법정지상권이 성립될 수 없다(대판 1987.6.23. 86다카2188).

[❸ ▸ ✕] 동일인의 소유에 속하고 있던 토지와 지상 건물이 매매 등으로 인하여 소유자가 다르게 된 경우에 건물을 철거한다는 특약이 없는 한 건물소유자는 건물의 소유를 위한 관습상 법정지상권을 취득한다. 그런데 민법 제406조의 채권자취소권의 행사로 인한 사해행위의 취소와 일탈재산의 원상회복은 채권자와 수익자 또는 전득자에 대한 관계에 있어서만 효력이 발생할 뿐이고 채무자가 직접 권리를 취득하는 것이 아니므로, 토지와 지상 건물이 함께 양도되었다가 채권자취소권의 행사에 따라 그중 건물에 관하여만 양도가 취소되고 수익자와 전득자 명의의 소유권이전등기가 말소되었다고 하더라도, 이는 관습상 법정지상권의 성립요건인 '동일인의 소유에 속하고 있던 토지와 지상 건물이 매매 등으로 인하여 소유자가 다르게 된 경우'에 해당한다고 할 수 없다(대판 2014.12.24. 2012다73158).

[❹ ▸ ○] 동일인의 소유에 속하는 토지 및 그 지상 건물에 관하여 공동저당권이 설정된 후 그 지상 건물이 철거되고 새로 건물이 신축된 경우에는 그 신축건물의 소유자가 토지의 소유자와 동일하고 토지의 저당권자에게 신축건물에 관하여 토지의 저당권과 동일한 순위의 공동저당권을 설정해 주는 등 특별한 사정이 없는 한 저당물의 경매로 인하여 토지와 그 신축건물이 다른 소유자에 속하게 되더라도 그 신축건물을 위한 법정지상권은 성립하지 않는다(대판[전합] 2003.12.18. 98다43601).

[❺ ▸ ✕] 지상권은 타인의 토지에서 건물 기타의 공작물이나 수목을 소유하는 것을 본질적 내용으로 하는 것이 아니라 타인의 토지를 사용하는 것을 본질적 내용으로 하고 있으므로 지상권 설정계약 당시 건물 기타의 공작물이나 수목이 없더라도 지상권은 유효하게 성립할 수 있고, 또한 기존의 건물 기타의 공작물이나 수목이 멸실되더라도 존속기간이 만료되지 않는 한 지상권이 소멸되지 아니한다(대판 1996.3.22. 95다49318).

답 ❹

02 지상물매수청구권 및 부속물매수청구권에 관한 다음 설명 중 가장 옳지 않은 것은? 2023년

① 국가로부터 국유 토지의 관리를 위탁받은 甲 주식회사와 사용수익계약을 체결하여 그 토지 위에 건물을 건축한 乙 주식회사가 계약기간 만료 후 甲 회사를 상대로 지상물매수청구권을 행사한 경우에, 甲 회사는 국유 토지의 관리를 위탁받아 乙 회사와 사용수익계약을 체결한 자일 뿐 토지 소유자가 아니므로 지상물매수청구권의 상대방이 될 수 없다고 보아야 한다.
② 건물 기타 공작물의 임차인이 적법하게 전대한 경우에 전차인이 그 사용의 편익을 위하여 임대인의 동의를 얻어 임차인으로부터 매수한 부속물이 있는 때에는 전대차의 종료 시에 임대인에 대하여 그 부속물의 매수를 청구할 수 있다.
③ 임야 상태의 토지를 임차하여 대지로 조성한 후 건물을 건축하여 음식점을 경영할 목적으로 임대차계약을 체결한 경우, 비록 임대차계약서에서는 필요비 및 유익비의 상환청구권은 그 비용의 용도를 묻지 않고 이를 전부 포기하는 것으로 기재되었다고 하더라도 대지조성비는 그 상환청구권 포기의 대상으로 삼지 아니한 취지로 약정한 것이라고 해석하는 것이 합리적이다.
④ 건물의 소유를 목적으로 한 토지의 임대차에 있어서 임차인의 차임연체로 임대차계약이 해지되었을 때에는 임차인에게 그 지상건물에 관한 매수청구권이 발생하지 아니한다.
⑤ 기간의 정함이 없는 건물의 소유를 목적으로 하는 토지 임대차에 있어서 임대인에 의한 해지통고에 의하여 그 임차권이 소멸한 경우에도 토지 임차인이 지상물매수청구권을 행사하기 위해서는 계약 갱신 청구가 선행되어야 한다.

[❶▸○] 건물의 소유를 목적으로 하는 토지 임차인의 지상물매수청구권 행사의 상대방은 원칙적으로 임차권 소멸 당시의 토지 소유자인 임대인이다. 토지 소유자가 아닌 제3자가 토지를 임대한 경우에 임대인은 특별한 사정이 없는 한 지상물매수청구권의 상대방이 될 수 없다. … 국가로부터 국유 토지의 관리를 위탁받은 갑 주식회사와 사용수익계약을 체결하여 그 토지 위에 건물을 건축한 을 주식회사가 계약기간 만료 후 갑 회사를 상대로 지상물매수청구권을 행사한 경우, 갑 회사는 국유 토지의 관리를 위탁받아 을 회사와 사용수익계약을 체결한 자일 뿐 토지 소유자가 아니므로 지상물매수청구권의 상대방이 될 수 없다고 본 원심판단에 법리오해의 잘못이 없다(대판 2022.4.14. 2020다254228).
[❷▸○] 건물 기타 공작물의 임차인이 적법하게 전대한 경우에 전차인이 그 사용의 편익을 위하여 임대인의 동의를 얻어 이에 부속한 물건이 있는 때에는 전대차의 종료 시에 임대인에 대하여 그 부속물의 매수를 청구할 수 있다(민법 제647조 제1항).
[❸▸○] 임야 상태의 토지를 임차하여 대지로 조성한 후 건물을 건축하여 음식점을 경영할 목적으로 임대차계약을 체결한 경우, 비록 임대차계약서에서는 필요비 및 유익비의 상환청구권은 그 비용의 용도를 묻지 않고 이를 전부 포기하는 것으로 기재되었다고 하더라도 계약 당사자의 의사는 임대차 목적 토지를 대지로 조성한 후 이를 임차 목적에 따라 사용할 수 있는 상태에서 새로이 투입한 비용만에 한정하여 임차인이 그 상환청구권을 포기한 것이고 대지조성비는 그 상환청구권 포기의 대상으로 삼지 아니한 취지로 약정한 것이라고 해석하는 것이 합리적이다(대판 1998.10.20. 98다31462).
[❹▸○] 건물의 소유를 목적으로 한 토지의 임대차에 있어서 임차인의 차임연체로 임대차계약이 해지되었을 때에는 임차인에게 그 지상건물에 관한 매수청구권이 발생하지 아니한다(대판 1994.2.22. 93다44104).
[❺▸✕] 건물의 소유를 목적으로 하는 토지 임대차에 있어서, 토지 임차인의 지상물매수청구권은 기간의 정함이 없는 임대차에 있어서 임대인에 의한 해지통고에 의하여 그 임차권이 소멸한 경우에도, 임차인의 계약갱신 청구의 유무에 불구하고 인정된다(대판 1995.12.26. 95다42195).

답 ❺

03 관습법상 법정지상권에 관한 다음 설명 중 가장 옳지 않은 것은? — 2023년

① 대지 소유자가 그 지상 건물을 다른 사람과 공유하면서 대지만을 타인에게 매도한 경우 건물 공유자들은 대지에 관하여 관습법상 법정지상권을 취득한다.

② 관습법상 법정지상권이 성립된 토지에 대하여는 법정지상권자가 지상건물의 유지 및 사용에 필요한 범위를 벗어나지 않은 한 그 토지를 자유로이 사용할 수 있는 것이므로, 지상건물이 증축되었다 하더라도 관습법상 법정지상권자가 점유·사용할 권한이 있는 토지 위에 있는 이상 이를 철거할 의무는 없다.

③ 원소유자로부터 대지와 건물이 한 사람에게 매도되었으나 대지에 관하여만 그 소유권이전등기가 경료되고 건물의 소유 명의가 매도인 명의로 남아 있게 되어 형식적으로 대지와 건물이 그 소유 명의자를 달리하게 된 경우에 있어서는, 그 대지의 점유·사용 문제는 매매계약 당사자 사이의 계약에 따라 해결할 수 있는 것이므로 양자 사이에 관습법상 법정지상권을 인정할 필요는 없다.

④ 토지와 건물이 동일한 소유자에게 속하였다가 건물 또는 토지가 매매 기타 원인으로 인하여 양자의 소유자가 다르게 되었더라도, 당사자 사이에 그 건물을 철거하기로 하는 합의가 있었던 경우에는 건물 소유자는 토지 소유자에 대하여 그 건물을 위한 관습법상의 법정지상권을 취득할 수 없다.

⑤ 토지공유자의 한 사람이 다른 공유자의 지분 과반수의 동의를 얻어 건물을 건축한 후 토지와 건물의 소유자가 달라진 경우 그와 같은 건물은 공유물인 토지의 관리방법으로서 적법한 사용·수익권에 기초하여 건축된 것이므로, 토지에 관하여 관습법상 법정지상권이 성립한다.

[❶ ▶ ○] 대지소유자가 그 지상건물을 타인과 함께 공유하면서 그 단독소유의 대지만을 건물철거의 조건 없이 타에 매도한 경우에는 건물공유자들은 각기 건물을 위하여 대지 전부에 대하여 관습에 의한 법정지상권을 취득한다(대판 1977.7.26. 76다388).

[❷ ▶ ○] 관습법상의 법정지상권이 성립된 토지에 대하여는 법정지상권자가 건물의 유지 및 사용에 필요한 범위를 벗어나지 않은 한 그 토지를 자유로이 사용할 수 있는 것이므로, 지상건물이 법정지상권이 성립한 이후에 증축되었다 하더라도 그 건물이 관습법상의 법정지상권이 성립하여 법정지상권자에게 점유·사용할 권한이 있는 토지 위에 있는 이상 이를 철거할 의무는 없다(대판 1995.7.28. 95다9075).

[❸ ▶ ○] 원소유자로부터 대지와 건물이 한 사람에게 매도되었으나 대지에 관하여만 그 소유권이전등기가 경료되고 건물의 소유 명의가 매도인 명의로 남아 있게 되어 형식적으로 대지와 건물이 그 소유 명의자를 달리하게 된 경우에 있어서는, 그 대지의 점유·사용 문제는 매매계약 당사자 사이의 계약에 따라 해결할 수 있는 것이므로 양자 사이에 관습에 의한 법정지상권을 인정할 필요는 없다(대판 1998.4.24. 98다4798).

[❹ ▶ ○] 토지와 건물이 동일한 소유자에게 속하였다가 건물 또는 토지가 매매 기타 원인으로 인하여 양자의 소유자가 다르게 되었더라도, 당사자 사이에 그 건물을 철거하기로 하는 합의가 있었던 경우에는 건물 소유자는 토지 소유자에 대하여 그 건물을 위한 관습상의 법정지상권을 취득할 수 없다(대판 1999.12.10. 98다58467).

[❺ ▶ ✗] 토지공유자의 한 사람이 다른 공유자의 지분 과반수의 동의를 얻어 건물을 건축한 후 토지와 건물의 소유자가 달라진 경우 토지에 관하여 관습법상의 법정지상권이 성립되는 것으로 보게 되면 이는 토지공유자의 1인으로 하여금 자신의 지분을 제외한 다른 공유자의 지분에 대하여서까지 지상권설정의 처분행위를 허용하는 셈이 되어 부당하다(대판 1993.4.13. 92다55756).

답 ❺

제2절 지역권

04 지역권, 주위토지통행권에 관한 다음 설명 중 가장 옳지 않은 것은? 2024년

① 요역지가 분필되어 그 부분의 소유권이 타인에게 이전되었다 하여도 요역지의 소유자가 아직 지역권설정등기를 이행받지 못하고 있는 이상, 타인소유로 된 대지부분까지를 요역지로 하여 지역권설정등기의 이행을 청구할 수 있다.
② 주위토지통행권은 통행을 위한 지역권과는 달리 그 통행로가 항상 특정한 장소로 고정되어 있는 것은 아니고, 주위토지통행권확인청구는 변론종결 시에 있어서의 민법 제219조에 정해진 요건에 해당하는 토지가 어느 토지인가를 확정하는 것이므로, 주위토지 소유자가 그 용법에 따라 기존 통행로로 이용되던 토지의 사용방법을 바꾸었을 때에는 대지 소유자는 그 주위토지 소유자를 위하여 보다 손해가 적은 다른 장소로 옮겨 통행할 수밖에 없는 경우도 있다.
③ 주위토지통행권의 범위는 현재의 토지의 용법에 따른 이용의 범위뿐만 아니라 장래의 이용상황까지 미리 대비하여 정하여야 한다.
④ 지역권은 계속되고 표현된 것에 한하여 민법 제245조의 규정을 준용하도록 되어 있으므로, 통행지역권은 요역지의 소유자가 승역지 위에 도로를 설치하여 승역지를 사용하는 객관적 상태가 민법 제245조에 규정된 기간 계속된 경우에 한하여 그 시효취득을 인정할 수 있다.
⑤ 지역권은 일정한 목적을 위하여 타인의 토지를 자기의 토지의 편익에 이용하는 용익물권으로서 요역지와 승역지 사이의 권리관계에 터 잡은 것이므로, 어느 토지에 대하여 통행지역권을 주장하려면 그 토지의 통행으로 편익을 얻는 요역지가 있음을 주장·증명하여야 한다.

[❶▶○] 요역지가 분필되어 그 부분의 소유권이 타인에게 이전되었다 하여도 요역지의 소유자가 아직 지역권설정등기를 이행받지 못하고 있는 이상, 타인소유로 된 대지부분까지를 요역지로 하여 지역권설정등기의 이행을 청구할 수 있다(대판 1971.4.6. 71다249).
[❷▶○] 주위토지통행권은 통행을 위한 지역권과는 달리 그 통행로가 항상 특정한 장소로 고정되어 있는 것은 아니고, 주위토지통행권확인청구는 변론종결 시에 있어서의 민법 제219조에 정해진 요건에 해당하는 토지가 어느 토지인가를 확정하는 것이므로, 주위토지 소유자가 그 용법에 따라 기존 통행로로 이용되던 토지의 사용방법을 바꾸었을 때에는 대지 소유자는 그 주위토지 소유자를 위하여 보다 손해가 적은 다른 장소로 옮겨 통행할 수밖에 없는 경우도 있다(대판 2009.6.11. 2008다75300).
[❸▶✕] 주위토지통행권의 범위는 <u>현재의 토지의 용법에 따른 이용의 범위에서 인정되는 것이지 더 나아가 장차의 이용상황까지 미리 대비하여 통행로를 정할 것은 아니다</u>(대판 2017.9.12. 2014다236304).
[❹▶○] 지역권은 계속되고 표현된 것에 한하여 민법 제245조의 규정을 준용하도록 되어 있으므로, 통행지역권은 요역지의 소유자가 승역지 위에 도로를 설치하여 승역지를 사용하는 객관적 상태가 민법 제245조에 규정된 기간 계속된 경우에 한하여 그 시효취득을 인정할 수 있다(대판 1995.6.13. 95다1088).
[❺▶○] 지역권은 일정한 목적을 위하여 타인의 토지를 자기의 토지의 편익에 이용하는 용익물권으로서 요역지와 승역지 사이의 권리관계에 터잡은 것이므로 어느 토지에 대하여 통행지역권을 주장하려면 그 토지의 통행으로 편익을 얻는 요역지가 있음을 주장 입증하여야 한다(대판 1992.12.8. 92다22725).

답 ❸

제3절 전세권

05 전세권에 관한 다음 설명 중 가장 옳지 않은 것은? 2025년

① 전세권이 소멸한 때에는 전세권설정자는 전세권자로부터 그 목적물의 인도 및 전세권설정등기의 말소등기에 필요한 서류의 교부를 받는 동시에 전세금을 반환하여야 한다.
② 대지와 건물이 동일한 소유자에 속한 경우에 건물에 전세권을 설정한 때에는 그 대지소유권의 특별승계인은 전세권자에 대하여 지상권을 설정한 것으로 본다.
③ 전세권이 담보물권적 성격도 가지는 이상 부종성과 수반성이 있는 것이므로 전세권을 그 담보하는 전세금반환채권과 분리하여 양도하는 것은 허용되지 않는다고 할 것이나, 전세권이 존속기간의 만료로 소멸한 경우이거나 전세계약의 합의해지 또는 당사자 간의 특약에 의하여 전세권반환채권의 처분에도 불구하고, 전세권의 처분이 따르지 않는 경우 등의 특별한 사정이 있는 때에는 채권양수인은 담보물권이 없는 무담보의 채권을 양수한 것이 된다.
④ 건물의 일부에 대하여 전세권이 설정되어 있는 경우 그 전세권자는 민법 제303조 제1항, 제318조의 규정에 의하여 그 건물 전부에 대하여 후순위 권리자 기타 채권자보다 전세금의 우선변제를 받을 권리가 있고, 전세권설정자가 전세금의 반환을 지체한 때에는 전세권의 목적물의 경매를 청구할 수 있다 할 것이나, 전세권의 목적물이 아닌 나머지 건물부분에 대하여는 우선변제권은 별론으로 하고 경매신청권은 없다.
⑤ 전세권의 존속기간은 10년을 넘지 못한다. 당사자의 약정기간이 10년을 넘는 때에는 이를 10년으로 단축한다.

....

[**❶▶○**] 전세권설정자는 전세권이 소멸한 경우 전세권자로부터 그 목적물의 인도 및 전세권설정등기의 말소등기에 필요한 서류의 교부를 받는 동시에 전세금을 반환할 의무가 있을 뿐이므로, 전세권자가 그 목적물을 인도하였다고 하더라도 전세권설정등기의 말소등기에 필요한 서류를 교부하거나 그 이행의 제공을 하지 아니하는 이상, 전세권설정자는 전세금의 반환을 거부할 수 있고, 이 경우 다른 특별한 사정이 없는 한 그가 전세금에 대한 이자 상당액의 이득을 법률상 원인 없이 얻는다고 볼 수 없다(대판 2002.2.5. 2001다62091).
[**❷▶×**] 대지와 건물이 동일한 소유자에 속한 경우에 건물에 전세권을 설정한 때에는 그 대지소유권의 특별승계인은 전세권설정자에 대하여 지상권을 설정한 것으로 본다(민법 제305조 제1항 본문).
[**❸▶○**] 전세권이 담보물권적 성격도 가지는 이상 부종성과 수반성이 있는 것이므로 전세권을 그 담보하는 전세금반환채권과 분리하여 양도하는 것은 허용되지 않는다고 할 것이나, 한편 담보물권의 수반성이란 피담보채권의 처분이 있으면 언제나 담보물권도 함께 처분된다는 것이 아니라, 채권 담보라고 하는 담보물권 제도의 존재 목적에 비추어 볼 때 특별한 사정이 없는 한 피담보채권의 처분에는 담보물권의 처분도 포함된다고 보는 것이 합리적이라는 것일 뿐이므로, 전세권이 존속기간의 만료로 소멸한 경우이거나 전세계약의 합의해지 또는 당사자 간의 특약에 의하여 전세권반환채권의 처분에도 불구하고, 전세권의 처분이 따르지 않는 경우 등의 특별한 사정이 있는 때에는 채권양수인은 담보물권이 없는 무담보의 채권을 양수한 것이 된다(대판 1997.11.25. 97다29790).

[❹ ▶ ○] 건물의 일부에 대하여 전세권이 설정되어 있는 경우 그 전세권자는 민법 제303조 제1항, 제318조의 규정에 의하여 그 건물 전부에 대하여 후순위 권리자 기타 채권자보다 전세금의 우선변제를 받을 권리가 있고, 전세권설정자가 전세금의 반환을 지체한 때에는 전세권의 목적물의 경매를 청구할 수 있다 할 것이나, 전세권의 목적물이 아닌 나머지 건물부분에 대하여는 우선변제권은 별론으로 하고 경매신청권은 없다(대결 1992.3.10. 91마256).

[❺ ▶ ○] 민법 제312조 제1항

> **민법 제312조(전세권의 존속기간)**
> ① 전세권의 존속기간은 10년을 넘지 못한다. 당사자의 약정기간이 10년을 넘는 때에는 이를 10년으로 단축한다.
> ② 건물에 대한 전세권의 존속기간을 1년 미만으로 정한 때에는 이를 1년으로 한다.
> ③ 전세권의 설정은 이를 갱신할 수 있다. 그 기간은 갱신한 날로부터 10년을 넘지 못한다.
> ④ 건물의 전세권설정자가 전세권의 존속기간 만료 전 6월부터 1월까지 사이에 전세권자에 대하여 갱신거절의 통지 또는 조건을 변경하지 아니하면 갱신하지 아니한다는 뜻의 통지를 하지 아니한 경우에는 그 기간이 만료된 때에 전전세권과 동일한 조건으로 다시 전세권을 설정한 것으로 본다. 이 경우 전세권의 존속기간은 그 정함이 없는 것으로 본다.

답 ❷

06 다음 설명 중 가장 옳지 않은 것은? 2023년

① 전세권 소멸 시 목적부동산의 인도 및 전세권설정등기의 말소등기에 필요한 서류의 교부의무와 전세금반환의무는 동시이행의 관계에 있다.
② 전세권자에게 책임 있는 사유로 전세권의 목적인 부동산이 일부 멸실된 경우 전세권설정자는 멸실된 부분만이 아니라 전세권 전부의 소멸을 청구할 수 있다.
③ 건물의 일부에 대하여 전세권이 설정되어 있는 경우 그 전세권자는 전세권의 목적이 아닌 나머지 건물부분에 대하여는 경매신청을 할 수 없다.
④ 전세기간 만료 이후 전세권양도계약 및 전세권이전의 부기등기가 이루어진 경우 전세권이 담보물권적 성격도 가지는 이상 부종성과 수반성이 있는 것이므로 이로써 당연히 전세금반환채권 또한 이전되었다고 할 것이어서 확정일자 있는 증서에 의한 채권양도절차를 거치지 않더라도 전세금반환채권의 압류·전부채권자 등 제3자에게 대항할 수 있다.
⑤ 당사자가 주로 채권담보의 목적으로 전세권을 설정하였고, 그 설정과 동시에 목적물을 인도하지 아니한 경우라 하더라도, 장차 전세권자가 목적물을 사용·수익하는 것을 완전히 배제하는 것이 아니라면 그 전세권의 효력을 부인할 수는 없다.

[❶ ▶ ○] 전세권이 소멸한 때에는 전세권설정자는 전세권자로부터 그 목적물의 인도 및 전세권설정등기의 말소등기에 필요한 서류의 교부를 받는 동시에 전세금을 반환하여야 한다(민법 제317조).

[❷ ▶ ○] 전세권의 목적물인 부동산의 일부가 전세권자의 귀책사유로 멸실된 때에는 전세권설정자는 전세권자의 부동산 용법 위반을 이유로 전세권의 소멸을 청구할 수 있다(민법 제311조 제1항 참조).

> **민법 제311조(전세권의 소멸청구)**
> ① 전세권자가 전세권설정계약 또는 그 목적물의 성질에 의하여 정하여진 용법으로 이를 사용, 수익하지 아니한 경우에는 전세권설정자는 전세권의 소멸을 청구할 수 있다.

[❸ ▶ ○] 건물의 일부에 대하여 전세권이 설정되어 있는 경우 그 전세권자는 민법 제303조 제1항의 규정에 의하여 그 건물 전부에 대하여 후순위권리자 기타 채권자보다 전세금의 우선변제를 받을 권리가 있고, 민법 제318조의 규정에 의하여 전세권설정자가 전세금의 반환을 지체한 때에는 전세권의 목적물의 경매를 청구할 수 있는 것이나, 전세권의 목적물이 아닌 나머지 건물부분에 대하여는 우선변제권은 별론으로 하고 경매신청권은 없으므로, 위와 같은 경우 전세권자는 전세권의 목적이 된 부분을 초과하여 건물 전부의 경매를 청구할 수 없다고 할 것이고, 그 전세권의 목적이 된 부분이 구조상 또는 이용상 독립성이 없어 독립한 소유권의 객체로 분할할 수 없고 따라서 그 부분만의 경매신청이 불가능하다고 하여 달리 볼 것은 아니다(대결 2001.7.2. 2001마212).

[❹ ▶ ×] 전세권설정등기를 마친 민법상의 전세권은 그 성질상 용익물권적 성격과 담보물권적 성격을 겸비한 것으로서, 전세권의 존속기간이 만료되면 전세권의 용익물권적 권능은 전세권설정등기의 말소 없이도 당연히 소멸하고 단지 전세금반환채권을 담보하는 담보물권적 권능의 범위 내에서 전세금의 반환시까지 그 전세권설정등기의 효력이 존속하고 있다 할 것인데, 이와 같이 존속기간의 경과로서 본래의 용익물권적 권능이 소멸하고 담보물권적 권능만 남은 전세권에 대해서도 그 피담보채권인 전세금반환채권과 함께 제3자에게 이를 양도할 수 있다 할 것이지만 <u>이 경우에는 민법 제450조 제2항 소정의 확정일자 있는 증서에 의한 채권양도절차를 거치지 않는 한 위 전세금반환채권의 압류·전부 채권자 등 제3자에게 위 전세보증금반환채권의 양도사실로써 대항할 수 없다.</u> 전세기간 만료 이후 전세권양도계약 및 전세권이전의 부기등기가 이루어진 것만으로는 전세금반환채권의 양도에 관하여 확정일자 있는 통지나 승낙이 있었다고 볼 수 없어 이로써 제3자인 전세금반환채권의 압류·전부 채권자에게 대항할 수 없다(대판 2005.3.25. 2003다35659).

[❺ ▶ ○] 전세권이 용익물권적 성격과 담보물권적 성격을 겸비하고 있다는 점 및 목적물의 인도는 전세권의 성립요건이 아닌 점 등에 비추어 볼 때, 당사자가 주로 채권담보의 목적으로 전세권을 설정하였고, 그 설정과 동시에 목적물을 인도하지 아니한 경우라 하더라도, 장차 전세권자가 목적물을 사용·수익하는 것을 완전히 배제하는 것이 아니라면, 그 전세권의 효력을 부인할 수는 없다(대판 1995.2.10. 94다18508).

답 ❹

담보물권

제1절 총 설

Ⅰ 서 설

1. 담보제도의 필요성 및 개념

채권자 평등의 원칙상 수 개의 채권이 경합하여 채무자의 일반재산으로 채권 전부의 변제를 할 수 없다면, 비록 먼저 성립한 채권이라도 우선적으로 변제받지 못한다. 따라서 채권의 만족을 확실하게 하기 위하여 채권자 평등의 원칙에 구애받지 않는 채무자의 일반재산에 의한 보장 이상의 대비책을 담보제도라고 한다.

2. 인적 담보와 물적 담보

인적 담보는 채무자의 일반재산 외에 제3자의 일반재산으로 채권을 담보하는 것을 말하며, 대표적인 예로 보증채무와 연대채무를 들 수 있다. 반면 물적 담보는 채무자 또는 제3자 소유의 특정한 물건으로 채권을 담보하는 것을 말하며, 민법상 담보물권, 가등기담보, 동산담보권 및 양도담보가 그 예이다.

Ⅱ 담보물권의 성질

1. 담보물권의 본질

① 물건의 교환가치를 직접 지배하며, 배타성과 우선적 효력을 가진다.
② 타물권이다.
③ 담보물권은 가치권으로서 목적물의 교환가치로부터 담보목적을 달성한다. 다만, 유치권이나 동산질권은 가치권성이 약하지만, 저당권과 권리질권은 가치권의 성질이 강하다고 할 수 있다.

2. 담보물권의 통유성(通有性)

(1) 부종성

> **부종성(민법 제369조)**
> 저당권으로 담보한 채권이 시효의 완성 기타 사유로 인하여 소멸한 때에는 저당권도 소멸한다.

부종성이란 피담보채권의 존재를 전제로 담보물권이 존재하는 성질을 말한다. 부종성은 법정담보물권인 유치권이 가장 강하고, 약정담보물권인 질권과 저당권은 근질, 근저당 제도의 인정으로 인하여 부종성이 상대적으로 완화되어 있다.

(2) 수반성

> **저당권의 처분제한(민법 제361조)**
> 저당권은 그 담보한 채권과 분리하여 타인에게 양도하거나 다른 채권의 담보로 하지 못한다.

> 담보권의 수반성이란 피담보채권의 처분이 있으면 언제나 담보권도 함께 처분된다는 것이 아니라 채권담보라고 하는 담보권 제도의 존재 목적에 비추어 볼 때 특별한 사정이 없는 한 피담보채권의 처분에는 담보권의 처분도 당연히 포함된다고 보는 것이 합리적이라는 것일 뿐이므로, 피담보채권의 처분이 있음에도 불구하고, 담보권의 처분이 따르지 않는 특별한 사정이 있는 경우에는 채권양수인은 담보권이 없는 무담보의 채권을 양수한 것이 되고 채권의 처분에 따르지 않은 담보권은 소멸한다(대판 2004.4.28, 2003다61542).

(3) 물상대위성

> **물상대위(민법 제342조)**
> 질권은 질물의 멸실, 훼손 또는 공용징수로 인하여 질권설정자가 받을 금전 기타 물건에 대하여도 이를 행사할 수 있다. 이 경우에는 그 지급 또는 인도 전에 압류하여야 한다.
>
> **준용규정(민법 제355조)**
> 권리질권에는 본절의 규정외에 동산질권에 관한 규정을 준용한다.
>
> **준용규정(민법 제370조)**
> 제214조, 제321조, 제333조, 제340조, 제341조 및 제342조의 규정은 저당권에 준용한다.

물상대위성이란 담보물권의 목적물이 멸실, 훼손 또는 공용징수로 인하여 목적물에 갈음하는 금전 기타 물건으로 변하여 목적물 소유자에게 귀속된 경우, 담보물권이 그 목적물에 갈음하는 것에 관하여 존속하는 성질을 의미한다(민법 제342조, 제355조, 제370조). 이러한 물상대위성은 담보권의 가치권성에 기인한 것으로, 가치권성이 희박한 유치권에는 물상대위성이 인정되지 않는다.

(4) 불가분성

> **유치권의 불가분성(민법 제321조)**
> 유치권자는 채권 전부의 변제를 받을 때까지 유치물 전부에 대하여 그 권리를 행사할 수 있다.
>
> **준용규정(민법 제343조)**
> 제249조 내지 제251조, 제321조 내지 제325조의 규정은 동산질권에 준용한다.
>
> **준용규정(민법 제370조)**
> 제214조, 제321조, 제333조, 제340조, 제341조 및 제342조의 규정은 저당권에 준용한다.

불가분성이란 담보물권자가 피담보채권의 전부에 대한 변제를 받을 때까지 목적물 전부에 대하여 그 권리를 행사할 수 있다는 성질을 의미한다(민법 제321조, 제343조, 제370조).

> **[민법 제321조에서 정한 유치권의 불가분성은 목적물이 분할 가능하거나 수 개의 물건인 경우에도 적용되는지 여부(적극) 및 이는 상법 제58조의 상사유치권에도 적용되는지 여부(적극)]**
> 민법 제321조는 "유치권자는 채권 전부의 변제를 받을 때까지 유치물 전부에 대하여 그 권리를 행사할 수 있다"라고 정하므로, 유치물은 그 각 부분으로써 피담보채권의 전부를 담보하고, 이와 같은 <u>유치권의 불가분성은 그 목적물이 분할 가능하거나 수 개의 물건인 경우에도 적용되며, 상법 제58조의 상사유치권에도 적용된다</u>(대판 2022.6.16. 2018다301350).

Ⅲ 담보물권의 효력

1. 우선변제적 효력

채권자가 채권의 변제를 받지 못한 때 목적물을 환가해서 다른 채권자보다 우선하여 변제받을 수 있는 효력을 우선변제적 효력이라고 한다. 질권과 저당권에 인정되는 효력이나, 유치권에는 법률상 우선변제적 효력이 인정되지 않는다.

2. 유치적 효력

채권담보를 위하여 목적물을 유치하여 채무변제를 간접적으로 독촉하는 효력으로, <u>유치권, 질권에 인정되는 효력이다. 목적물의 점유를 요소로 하지 않는 담보권에는 유치적 효력이 인정되지 않는다.</u>

제2절 유치권

제1관 총설

1. 의의

유치권이란 타인의 물건 또는 유가증권을 점유하는 자가 그 물건 등에 관하여 생긴 채권을 가지는 경우에, 그 채권을 변제받을 때까지 그 목적물을 유치할 수 있는 권리를 말한다(민법 제320조 제1항). 유치권은 법정담보물권으로서 공평의 원칙에 기인한다.

2. 법적 성질

(1) 물권

유치권자는 채권의 변제를 받을 때까지 누구에게나 목적물을 유치하여 인도를 거절할 수 있다(민법 제213조 단서). 그러나 타인의 물건을 점유하고 있음에 기초하여 인정되는 권리이므로, 점유를 상실한 경우 유치권은 소멸한다(민법 제328조).

(2) 담보물권

① **법정담보물권** : 유치권은 일정한 요건이 존재하는 경우에 법률상 당연히 인정되는 권리이다. 이 점에서 약정담보물권인 질권 및 저당권과 다르다.

② **담보물권의 통유성의 수정**

> **유치권의 불가분성(민법 제321조)**
> 유치권자는 채권전부의 변제를 받을 때까지 유치물전부에 대하여 그 권리를 행사할 수 있다.

유치권은 법정담보물권으로서 부종성이 특히 강하며, 수반성과 불가분성(민법 제321조)이 인정된다. 그러나 경매청구권이 인정되지만, 그 매각대금으로부터 우선변제권이 인정되지 않으므로 물상대위성이 부정된다.

3. 동시이행의 항변권과의 비교

(1) 공통점

① 양 제도는 공평의 원칙에 기인하여 이행거절권능이 인정된다.
② 성립요건으로 견련관계와 변제기의 도과를 필요로 한다.
③ 상대방의 이행청구에 대하여 소송상 권리를 행사하면 상환급부판결이 내려진다.

(2) 차이점

① 유치권은 물권이기에 누구에게나 주장할 수 있으나, 동시이행의 항변권은 채권관계의 당사자 간에만 주장할 수 있다.
② 유치권은 「인도」만을 거절할 수 있는 권리이나, 동시이행의 항변권은 「일체의 채무이행」을 거절할 수 있는 권리이다.
③ 유치권의 채권은 계약관계이든, 법률의 규정에 의해 발생한 것이든 불문하나, 동시이행의 항변권의 채권은 쌍무계약상의 채권관계에서 인정되는 권리여야 한다.
④ 유치권은 채권의 전부를 변제받을 때까지 유치물 전부에 대하여 인도를 거절할 수 있으나, 동시이행의 항변권은 미제공 부분에 대해서만 항변권을 행사할 수 있다.

제2관 유치권의 성립요건

> **유치권의 내용(민법 제320조)**
> ① 타인의 물건 또는 유가증권을 점유한 자는 그 물건이나 유가증권에 관하여 생긴 채권이 변제기에 있는 경우에는 변제를 받을 때까지 그 물건 또는 유가증권을 유치할 권리가 있다.
> ② 전항의 규정은 그 점유가 불법행위로 인한 경우에 적용하지 아니한다.

I 타인의 물건 또는 유가증권을 점유하였을 것

1. 타인 소유

① 유치권자는 반드시 타인의 물건이나 유가증권을 점유하고 있어야 하나(민법 제320조 제1항), 채무자 소유에 한정하지 않는다. 이 점에서 채무자 소유의 물건만을 객체로 하는 상사유치권(상법 제58조)과 구별된다.
② 또한 자기 소유물에 대한 유치권은 성립하지 않는다.

2. 물건 또는 유가증권

유치권의 객체인 물건에는 동산뿐만 아니라 부동산도 포함된다. 또한 물건의 일부에도 유치권은 성립한다(대판 1968.3.5. 67다2786).

3. 점 유

① 유치권자가 목적물의 점유를 잃으면 유치권은 당연히 소멸한다(민법 제328조). 다만, 점유가 침탈되었더라도 침탈된 점유를 회복하면, 그 점유가 소멸하지 않은 것으로 간주되므로(민법 제192조 제2항 단서), 유치권이 소멸하지 않는다.
② 유치권자의 점유는 원칙적으로 직접점유이든 간접점유이든 묻지 않으나, 직접점유자가 채무자인 경우에는 유치권의 요건으로서 점유에 해당하지 않는다(대판 2008.4.11. 2007다27236).

4. 「적법한」 점유일 것

① 점유가 불법행위로 인한 경우에는 유치권이 성립하지 않는다(민법 제320조 제2항). 이 경우 점유가 불법행위로 인하여 개시되었다는 점에 대한 증명책임은 반환청구권자에게 있다(대판 1966.6.7. 66다600·601).
② 건물점유자가 건물의 원시취득자에게 그 건물에 관한 유치권이 있다고 하더라도 그 건물의 존재와 점유가 토지소유자에게 불법행위가 되고 있다면 그 유치권으로 토지소유자에게 대항할 수 없다(대판 1989.2.14. 87다카3073).
③ 유치권자의 점유하에 있는 유치물의 소유자가 변동하더라도 유치권자의 점유는 유치물에 대한 보존행위로서 하는 것이므로 적법하고 그 소유자 변동 후 유치권자가 유치물에 관하여 새로이 유익비를 지급하여 그 가격의 증가가 현존하는 경우에는 이 유익비에 대하여도 유치권을 행사할 수 있다(대판 1972.1.31. 71다2414).

Ⅱ 그 물건이나 유가증권에 관하여 생긴 채권이 존재할 것(채권과 목적물 사이의 견련관계)

1. 서 설

유치권이 성립하기 위해서는 점유자의 채권이 "그 물건이나 유가증권에 관하여 생긴 것"이어야 한다(민법 제320조 제1항). 이를 채권과 목적물 사이의 견련관계라고 한다. 반면 채권과 목적물의 점유 간에는 견련성이 요구되지 않는다.

2. 견련관계 의미에 대한 판례의 입장

「견련관계」의 의미와 관련하여 견해의 대립이 있으나, 판례는 민법 제320조 제1항에서 '그 물건에 관하여 생긴 채권'은 유치권 제도 본래의 취지인 공평의 원칙에 특별히 반하지 않는 한 채권이 목적물 자체로부터 발생한 경우는 물론이고 채권이 목적물의 반환청구권과 동일한 법률관계나 사실관계로부터 발생한 경우도 포함된다는 입장이다(대판 2007.9.7. 2005다16942).

3. 유치권 성립이 문제되는 사례의 구체적 검토

(1) 유치권의 성립이 인정된 판례

① 임차인의 임대인에 대한 비용상환청구권으로 임차물을 유치할 수 있다.

> 임차인이 임대인에 대한 비용상환청구권으로 임차물을 유치할 수 있으나, 건물의 임차인이 임대차관계 종료 시에는 건물을 원상으로 복구하여 임대인에게 명도하기로 약정한 것은 건물에 지출한 각종 유익비 또는 필요비의 상환청구권을 미리 포기하기로 한 취지의 특약이라고 볼 수 있어 임차인은 유치권을 주장을 할 수 없다(대판 1975.4.22. 73다2010).

② 도급계약에서 수급인의 도급인에 대한 공사대금채권과 이 채권의 지연손해금채권으로 완성물에 대하여 유치권을 행사할 수 있다.

> - 주택건물의 신축공사를 한 수급인이 그 건물을 점유하고 있고 또 그 건물에 관하여 생긴 공사금 채권이 있다면, 수급인은 그 채권을 변제받을 때까지 건물을 유치할 권리가 있다고 할 것이고, 이러한 유치권은 수급인이 점유를 상실하거나 피담보채무가 변제되는 등 특단의 사정이 없는 한 소멸되지 않는다(대판 1995.9.15. 95다16202 · 95다16219).
> - 채무불이행에 의한 손해배상청구권은 원채권의 연장이라 보아야 할 것이므로 물건과 원채권과 사이에 견련관계가 있는 경우에는 그 손해배상채권과 그 물건과의 사이에도 견련관계가 있다할 것으로서 손해배상채권에 관하여 유치권항변을 내세울 수 있다(대판 1976.9.28. 76다582).

③ 물건 자체에 의하여 손해가 발생한 경우 그 손해배상청구권을 위하여 물건을 유치할 수 있다.

> 물건의 인도를 청구하는 소송에 있어서 피고의 유치권 항변이 인용되는 경우에는 그 물건에 관하여 생긴 채권의 변제와 상환으로 그 물건의 인도를 명하여야 한다(대판 1969.11.25. 69다1592).

(2) 유치권의 성립이 부정된 판례

① 임차인의 보증금반환청구권

> 건물의 임대차에 있어서 임차인이 임대인에게 지급한 임차보증금반환청구권이나 임대인이 건물시설을 아니하기 때문에 임차인에게 건물을 임차목적대로 사용못한 것을 이유로 하는 손해배상청구권은 모두 민법 제320조 소정 소위 그 건물에 관하여 생긴 채권이라 할 수 없다(대판 1976.5.11. 75다1305).

② 임차인의 권리금반환청구권

> 임대인과 임차인 사이에 건물명도 시 권리금을 반환하기로 하는 약정이 있었다 하더라도 그와 같은 권리금반환청구권은 건물에 관하여 생긴 채권이라 할 수 없으므로 그와 같은 채권을 가지고 건물에 대한 유치권을 행사할 수 없다(대판 1994.10.14. 93다62119).

③ 토지임차인의 부속물매수청구권

> 토지임차인의 부속물매수청구권은 그가 건물 기타 공작물을 임대차한 경우에 생기는 것이므로 토지임차인은 임차지상에 해놓은 시설물에 대한 매수청구권으로서 임대인에게 임차물인 토지에 대한 유치권을 주장할 수 없다(대판 1977.12.13. 77다115).

④ 매도인의 매매대금채권을 피담보채권으로 하여 유치권을 주장할 수 있는지 여부(소극)

> 부동산 매도인이 매매대금을 다 지급받지 아니한 상태에서 매수인에게 소유권이전등기를 마쳐주어 목적물의 소유권을 매수인에게 이전한 경우에는, 매도인의 목적물인도의무에 관하여 동시이행의 항변권 외에 물권적 권리인 유치권까지 인정할 것은 아니다. 왜냐하면 법률행위로 인한 부동산물권변동의 요건으로 등기를 요구함으로써 물권관계의 명확화 및 거래의 안전·원활을 꾀하는 우리 민법의 기본정신에 비추어 볼 때, 만일 이를 인정한다면 매도인은 등기에 의하여 매수인에게 소유권을 이전하였음에도 매수인 또는 그의 처분에 기하여 소유권을 취득한 제3자에 대하여 소유권에 속하는 대세적인 점유의 권능을 여전히 보유하게 되는 결과가 되어 부당하기 때문이다. 또한 매도인으로서는 자신이 원래 가지는 동시이행의 항변권을 행사하지 아니하고 자신의 소유권이전의무를 선이행함으로써 매수인에게 소유권을 넘겨 준 것이므로 그에 필연적으로 부수하는 위험은 스스로 감수하여야 한다. 따라서 매도인이 부동산을 점유하고 있고 소유권을 이전받은 매수인에게서 매매대금 일부를 지급받지 못하고 있다고 하여 매매대금채권을 피담보채권으로 매수인이나 그에게서 부동산 소유권을 취득한 제3자를 상대로 유치권을 주장할 수 없다(대결 2012.1.12. 2011마2380).

⑤ 건물신축공사를 도급받은 수급인이 사회통념상 독립한 건물이 되지 못한 정착물을 토지에 설치한 상태에서 공사가 중단된 경우, 위 정착물 또는 토지에 대하여 유치권을 행사할 수 있는지 여부(소극)

> 건물의 신축공사를 한 수급인이 그 건물을 점유하고 있고 또 그 건물에 관하여 생긴 공사금 채권이 있다면, 수급인은 그 채권을 변제받을 때까지 건물을 유치할 권리가 있는 것이지만(대판 1995.9.15. 95다16202·16219 참조), 건물의 신축공사를 도급받은 수급인이 사회통념상 독립한 건물이라고 볼 수 없는 정착물을 토지에 설치한 상태에서 공사가 중단된 경우에 위 정착물은 토지의 부합물에 불과하여 이러한 정착물에 대하여 유치권을 행사할 수 없는 것이고, 또한 공사중단시까지 발생한 공사금 채권은 토지에 관하여 생긴 것이 아니므로 위 공사금 채권에 기하여 토지에 대하여 유치권을 행사할 수도 없는 것이다(대결 2008.5.30. 2007마98).

⑥ 건축자재대금채권은 매매계약에 따른 매매대금채권에 불과할 뿐 건물 자체에 관하여 생긴 채권이라고 할 수는 없어 유치권을 행사할 수 없다.

> 甲이 건물 신축공사 수급인인 乙 주식회사와 체결한 약정에 따라 공사현장에 시멘트와 모래 등의 건축자재를 공급한 사안에서, 甲의 건축자재대금채권은 매매계약에 따른 매매대금채권에 불과할 뿐 건물 자체에 관하여 생긴 채권이라고 할 수는 없음에도 건물에 관한 유치권의 피담보채권이 된다고 본 원심판결에 유치권의 성립요건인 채권과 물건 간의 견련관계에 관한 법리오해의 위법이 있다(대판 2012.1.26. 2011다96208).

(3) 신의칙에 반하는 유치권 행사의 경우

[채무자 소유의 목적물에 이미 저당권 기타 담보물권이 설정되어 있는데 채권자가 자기 채권의 우선적 만족을 위하여 채무자와 의도적으로 유치권의 성립요건을 충족하는 내용의 거래를 하고 목적물을 점유함으로써 유치권이 성립한 경우, 유치권을 저당권자 등에게 주장하는 것이 허용되는지 여부(소극) 및 이 경우 저당권자 등이 경매절차 기타 채권실행절차에서 유치권을 배제하기 위하여 그 부존재확인 등을 소로써 청구할 수 있는지 여부(적극)]

채무자가 채무초과의 상태에 이미 빠졌거나 그러한 상태가 임박함으로써 채권자가 원래라면 자기 채권의 충분한 만족을 얻을 가능성이 현저히 낮아진 상태에서 이미 채무자 소유의 목적물에 저당권 기타 담보물권이 설정되어 있어서 유치권의 성립에 의하여 저당권자 등이 그 채권 만족상의 불이익을 입을 것을 잘 알면서 자기 채권의 우선적 만족을 위하여 위와 같이 취약한 재정적 지위에 있는 채무자와의 사이에 의도적으로 유치권의 성립요건을 충족하는 내용의 거래를 일으키고 그에 기하여 목적물을 점유하게 됨으로써 유치권이 성립하였다면, 유치권자가 그 유치권을 저당권자 등에 대하여 주장하는 것은 다른 특별한 사정이 없는 한 신의칙에 반하는 권리행사 또는 권리남용으로서 허용되지 아니한다. 그리고 저당권자 등은 경매절차 기타 채권실행절차에서 위와 같은 유치권을 배제하기 위하여 그 부존재의 확인 등을 소로써 청구할 수 있다고 할 것이다(대판 2011.12.22. 2011다84298).

Ⅲ 채권의 변제기가 도래하였을 것

1. 채권의 존재

점유자가 채권을 가지고 있어야 한다. 그런데 채권의 발생원인은 묻지 않으므로 유치권의 행사 도중에 발생한 채권도 포함된다. 즉, 채권과 목적물의 점유 간에는 견련성이 요구되지 않는다.

목적물에 관하여 채권이 발생하였으나 채권자가 목적물에 관한 점유를 취득하기 전에 그에 관하여 저당권 등 담보물권이 설정되고 이후에 채권자가 목적물에 관한 점유를 취득한 경우 채권자는 다른 사정이 없는 한 그와 같이 취득한 민사유치권을 저당권자 등에게 주장할 수 있다(대판 2014.12.11. 2014다53462). 즉, 채권과 목적물의 점유 간에는 견련성이 요구되지 않는다.

2. 변제기의 도래

① 유치권은 그 목적물에 관하여 생긴 채권이 변제기에 있는 경우에 성립하는 것이므로 아직 변제기에 이르지 아니한 채권에 기하여 유치권을 행사할 수는 없다(대판 2007.9.21. 2005다41740).

[건물신축 도급계약에서 완성된 신축 건물에 하자가 있고 하자 및 손해에 상응하는 금액이 공사잔대금액 이상이어서 도급인이 하자보수청구권 등에 기하여 수급인의 공사잔대금 채권 전부에 대하여 동시이행 항변을 한 경우, 수급인이 공사잔대금 채권에 기한 유치권을 행사할 수 있는지 여부(원칙적 소극)]

수급인의 공사대금채권이 도급인의 하자보수청구권 내지 하자보수에 갈음한 손해배상채권 등과 동시이행의 관계에 있는 점 및 피담보채권의 변제기 도래를 유치권의 성립요건으로 규정한 취지 등에 비추어 보면, 건물신축 도급계약에서 수급인이 공사를 완성하였더라도, 신축된 건물에 하자가 있고 그 하자 및 손해에 상응하는

> 금액이 공사잔대금액 이상이어서, 도급인이 수급인에 대한 하자보수청구권 내지 하자보수에 갈음한 손해배상채권 등에 기하여 수급인의 공사잔대금 채권 전부에 대하여 동시이행의 항변을 한 때에는, 공사잔대금 채권의 변제기가 도래하지 아니한 경우와 마찬가지로 수급인은 도급인에 대하여 하자보수의무나 하자보수에 갈음한 손해배상의무 등에 관한 이행의 제공을 하지 아니한 이상 공사잔대금 채권에 기한 유치권을 행사할 수 없다고 보아야 한다(대판 2014.1.16. 2013다30653).

② 다만 기한을 정하지 않은 채권의 경우에는 채권자는 언제든지 이행청구를 할 수 있으므로, 채권 성립과 동시에 유치권이 성립할 수 있다.
③ 유익비상환청구에 대하여 법원이 상당한 기한을 허여하면 유치권은 소멸한다.

Ⅳ 유치권 성립을 배제하는 특약이 없을 것

> [유치권 배제 특약의 효력(유효) 및 특약에 따른 효력은 특약의 상대방뿐 아니라 그 밖의 사람도 주장할 수 있는지 여부(적극)]
> 제한물권은 이해관계인의 이익을 부당하게 침해하지 않는 한 자유로이 포기할 수 있는 것이 원칙이다. 유치권은 채권자의 이익을 보호하기 위한 법정담보물권으로서, 당사자는 미리 유치권의 발생을 막는 특약을 할 수 있고 이러한 특약은 유효하다. 유치권 배제 특약이 있는 경우 다른 법정요건이 모두 충족되더라도 유치권은 발생하지 않는데, 특약에 따른 효력은 특약의 상대방뿐 아니라 그 밖의 사람도 주장할 수 있다(대판 2018.1.24. 2016다234043).

제3관 유치권의 효력

Ⅰ 유치권자의 권리

1. 목적물을 유치할 권리

① **유치의 의미** : 유치권자는 그의 채권을 변제받을 때까지 목적물을 유치할 수 있다(민법 제320조 제1항). 여기서 「유치한다」는 의미는 목적물의 점유를 계속하여 인도를 거절한다는 뜻이다.

> 소유자는 그 소유에 속한 물건을 점유한 자에 대하여 반환을 청구할 수 있다. 그러나 점유자가 그 물건을 점유할 권리가 있는 때에는 반환을 거부할 수 있다(민법 제213조). 여기서 반환을 거부할 수 있는 점유할 권리에는 유치권도 포함되고, 유치권자로부터 유치물을 유치하기 위한 방법으로 유치물의 점유 내지 보관을 위탁받은 자는 특별한 사정이 없는 한 점유할 권리가 있음을 들어 소유자의 소유물반환청구를 거부할 수 있다(대판 2014.12.24. 2011다62618).

② **인도거절의 상대방** : 유치권은 물권이므로 채무자뿐만 아니라 모든 사람에 대하여 행사할 수 있다. 따라서 유치권을 행사하는 도중에 유치물의 소유권이 제3자에게 양도된 경우에도 그 제3자에게 유치권을 행사할 수 있다(대판 1972.1.31. 71다2414).

[유치권자가 경락인에 대하여 피담보채권의 변제를 청구할 수 있는지 여부(소극)]
민사소송법 제728조에 의하여 담보권의 실행을 위한 경매절차에 준용되는 같은 법 제608조 제3항은 경락인은 유치권자에게 그 유치권으로 담보하는 채권을 변제할 책임이 있다고 규정하고 있는바, 여기에서 '변제할 책임이 있다'는 의미는 부동산상의 부담을 승계한다는 취지로서 인적 채무까지 인수한다는 취지는 아니므로, 유치권자는 경락인에 대하여 그 피담보채권의 변제가 있을 때까지 유치목적물인 부동산의 인도를 거절할 수 있을 뿐이고 그 피담보채권의 변제를 청구할 수는 없다(대판 1996.8.23. 95다8713).

[근저당권설정 후 경매로 인한 압류의 효력 발생 전에 취득한 유치권으로 경매절차의 매수인에게 대항할 수 있는지 여부(적극)]
부동산 경매절차에서의 매수인은 민사집행법 제91조 제5항에 따라 유치권자에게 그 유치권으로 담보하는 채권을 변제할 책임이 있는 것이 원칙이나, 채무자 소유의 건물 등 부동산에 경매개시결정의 기입등기가 경료되어 압류의 효력이 발생한 후에 채무자가 위 부동산에 관한 공사대금 채권자에게 그 점유를 이전함으로써 그로 하여금 유치권을 취득하게 한 경우, 그와 같은 점유의 이전은 목적물의 교환가치를 감소시킬 우려가 있는 처분행위에 해당하여 민사집행법 제92조 제1항, 제83조 제4항에 따른 압류의 처분금지효에 저촉되므로 점유자로서는 위 유치권을 내세워 그 부동산에 관한 경매절차의 매수인에게 대항할 수 없다. 그러나 이러한 법리는 경매로 인한 압류의 효력이 발생하기 전에 유치권을 취득한 경우에는 적용되지 아니하고, 유치권 취득시기가 근저당권설정 후라거나 유치권 취득 전에 설정된 근저당권에 기하여 경매절차가 개시되었다고 하여 달리 볼 것은 아니다(대판 2009.1.15. 2008다70763). 따라서 부동산유치권은 대부분의 경우에 사실상 최우선순위의 담보권으로서 작용하여, 유치권자는 자신의 채권을 목적물의 교환가치로부터 일반채권자는 물론 저당권자 등에 대하여도 그 성립의 선후를 불문하여 우선적으로 자기 채권의 만족을 얻을 수 있게 된다.

[채무자 소유의 건물에 관하여 공사를 도급받은 수급인이 경매개시결정의 기입등기가 마쳐지기 전에 채무자에게서 건물의 점유를 이전받았으나 경매개시결정의 기입등기가 마쳐져 압류의 효력이 발생한 후에 공사를 완공하여 공사대금채권을 취득함으로써 유치권이 성립한 경우, 수급인이 유치권을 내세워 경매절차의 매수인에게 대항할 수 있는지 여부(소극)]
유치권은 목적물에 관하여 생긴 채권이 변제기에 있는 경우에 비로소 성립하고(민법 제320조), 한편 채무자 소유의 부동산에 경매개시결정의 기입등기가 마쳐져 압류의 효력이 발생한 후에 유치권을 취득한 경우에는 그로써 부동산에 관한 경매절차의 매수인에게 대항할 수 없는데, 채무자 소유의 건물에 관하여 증·개축 등 공사를 도급받은 수급인이 경매개시결정의 기입등기가 마쳐지기 전에 채무자에게서 건물의 점유를 이전받았다 하더라도 경매개시결정의 기입등기가 마쳐져 압류의 효력이 발생한 후에 공사를 완공하여 공사대금채권을 취득함으로써 그때 비로소 유치권이 성립한 경우에는, 수급인은 유치권을 내세워 경매절차의 매수인에게 대항할 수 없다(대판 2011.10.13. 2011다55214).

[채무자 소유의 부동산에 강제경매개시결정의 기입등기가 경료되어 압류의 효력이 발생한 이후에 채무자가 부동산에 관한 공사대금 채권자에게 그 점유를 이전함으로써 유치권을 취득하게 한 경우, 점유자가 유치권을 내세워 경매절차의 매수인에게 대항할 수 있는지 여부(소극)]
채무자 소유의 건물 등 부동산에 강제경매개시결정의 기입등기가 경료되어 압류의 효력이 발생한 이후에 채무자가 위 부동산에 관한 공사대금 채권자에게 그 점유를 이전함으로써 그로 하여금 유치권을 취득하게 한 경우, 그와 같은 점유의 이전은 목적물의 교환가치를 감소시킬 우려가 있는 처분행위에 해당하여 민사집행법 제92조 제1항, 제83조 제4항에 따른 압류의 처분금지효에 저촉되므로 점유자로서는 위 유치권을 내세워 그 부동산에 관한 경매절차의 매수인에게 대항할 수 없다(대판 2005.8.19. 2005다22688).

[채무자 소유의 부동산에 경매개시결정의 기입등기가 경료되어 압류의 효력이 발생한 후에 부동산의 점유를 이전받아 유치권을 취득한 채권자가 그 기입등기의 경료사실을 과실 없이 알지 못하였다는 사정을 내세워 그 유치권으로 경매절차의 매수인에게 대항할 수 있는지 여부(소극)]

채무자 소유의 부동산에 경매개시결정의 기입등기가 경료되어 압류의 효력이 발생한 이후에 채권자가 채무자로부터 위 부동산의 점유를 이전받고 이에 관한 공사 등을 시행함으로써 채무자에 대한 공사대금채권 및 이를 피담보채권으로 한 유치권을 취득한 경우, 이러한 점유의 이전은 목적물의 교환가치를 감소시킬 우려가 있는 처분행위에 해당하여 민사집행법 제92조 제1항, 제83조 제4항에 따른 압류의 처분금지효에 저촉되므로, 위와 같은 경위로 부동산을 점유한 채권자로서는 위 유치권을 내세워 그 부동산에 관한 경매절차의 매수인에게 대항할 수 없고, 이 경우 위 부동산에 경매개시결정의 기입등기가 경료되어 있음을 채권자가 알았는지 여부 또는 이를 알지 못한 것에 관하여 과실이 있는지 여부 등은 채권자가 그 유치권을 매수인에게 대항할 수 없다는 결론에 아무런 영향을 미치지 못한다(대판 2006.8.25. 2006다22050).

[체납처분압류가 되어 있는 부동산에 대하여 경매절차가 개시되기 전에 민사유치권을 취득한 유치권자가 경매절차의 매수인에게 유치권을 행사할 수 있는지 여부(적극)]

부동산에 관한 민사집행절차에서는 경매개시결정과 함께 압류를 명하므로 압류가 행하여짐과 동시에 매각절차인 경매절차가 개시되는 반면, 국세징수법에 의한 체납처분절차에서는 그와 달리 체납처분에 의한 압류(이하 '체납처분압류'라고 한다)와 동시에 매각절차인 공매절차가 개시되는 것이 아닐 뿐만 아니라, 체납처분압류가 반드시 공매절차로 이어지는 것도 아니다. 또한 체납처분절차와 민사집행절차는 서로 별개의 절차로서 공매절차와 경매절차가 별도로 진행되는 것이므로, 부동산에 관하여 체납처분압류가 되어 있다고 하여 경매절차에서 이를 그 부동산에 관하여 경매개시결정에 따른 압류가 행하여진 경우와 마찬가지로 볼 수는 없다. 따라서 체납처분압류가 되어 있는 부동산이라고 하더라도 그러한 사정만으로 경매절차가 개시되어 경매개시결정등기가 되기 전에 부동산에 관하여 민사유치권을 취득한 유치권자가 경매절차의 매수인에게 유치권을 행사할 수 없다고 볼 것은 아니다(대판[전합] 2014.3.20. 2009다60336 – 다수의견).

[부동산에 관하여 경매개시결정등기가 된 뒤에 부동산의 점유를 이전받거나 피담보채권이 발생하여 유치권을 취득한 사람이 경매절차의 매수인에 대하여 유치권을 행사할 수 있는지 여부(소극)]

민사집행법 제91조 제3항이 "지상권・지역권・전세권 및 등기된 임차권은 저당권・압류채권・가압류채권에 대항할 수 없는 경우에는 매각으로 소멸된다"라고 규정하고 있는 것과는 달리, 같은 조 제5항은 "매수인은 유치권자에게 그 유치권으로 담보하는 채권을 변제할 책임이 있다"라고 규정하고 있으므로, 유치권은 특별한 사정이 없는 한 그 성립시기에 관계없이 경매절차에서 매각으로 인하여 소멸하지 않는다. 다만 부동산에 관하여 이미 경매절차가 개시되어 진행되고 있는 상태에서 비로소 그 부동산에 유치권을 취득한 경우에도 아무런 제한 없이 경매절차의 매수인에 대한 유치권의 행사를 허용하면 경매절차에 대한 신뢰와 절차적 안정성이 크게 위협받게 됨으로써 경매 목적 부동산을 신속하고 적정하게 환가하기가 매우 어렵게 되고 경매절차의 이해관계인에게 예상하지 못한 손해를 줄 수도 있으므로, 그러한 경우까지 압류채권자를 비롯한 다른 이해관계인들의 희생 아래 유치권자만을 우선 보호하는 것은 집행절차의 법적 안정성이라는 측면에서 받아들일 수 없다. 그리하여 대법원은 집행절차의 법적 안정성을 보장할 목적으로 부동산에 관하여 경매개시결정등기가 된 뒤에 비로소 부동산의 점유를 이전받거나 피담보채권이 발생하여 유치권을 취득한 경우에는 경매절차의 매수인에 대하여 유치권을 행사할 수 없다고 본 것이다(대판 2022.12.29. 2021다253710).

③ **소송상 효과** : 물건의 인도를 청구하는 소송에 있어서 피고의 유치권 항변이 인용되는 경우에는 그 물건에 관하여 생긴 채권의 변제와 상환으로 그 물건의 인도를 명하여야 한다(대판 1969.11.25. 69다1592). 즉 법원은 상환급부판결을 해야 한다.

2. 경매권과 간이변제충당

(1) 경매권

① 유치권자는 채권의 변제를 받기 위하여 유치물을 경매할 수 있다(민법 제322조 제1항). 그러나 우선변제권은 없다.
② 유치권에 의한 경매절차가 정지된 상태에서 목적물에 대한 강제경매 또는 담보권 실행을 위한 경매절차가 진행되어 매각이 이루어진 경우, 유치권이 소멸하는지 여부(소극)

> 부동산에 관한 강제경매 또는 담보권 실행을 위한 경매절차에서의 매수인은 유치권자에게 그 유치권으로 담보하는 채권을 변제할 책임이 있고(민사집행법 제91조 제5항, 제268조), 유치권에 의한 경매절차는 목적물에 대하여 강제경매 또는 담보권 실행을 위한 경매절차가 개시된 경우에는 정지되도록 되어 있으므로(민사집행법 제274조 제2항), 유치권에 의한 경매절차가 정지된 상태에서 그 목적물에 대한 강제경매 또는 담보권 실행을 위한 경매절차가 진행되어 매각이 이루어졌다면, 유치권에 의한 경매절차가 소멸주의를 원칙으로 하여 진행된 경우와는 달리 그 유치권은 소멸하지 않는다고 봄이 상당하다(대판 2011.8.18. 2011다35593).

(2) 간이변제충당

> **경매, 간이변제충당(민법 제322조)**
> ① 유치권자는 채권의 변제를 받기 위하여 유치물을 경매할 수 있다.
> ② 정당한 이유있는 때에는 유치권자는 감정인의 평가에 의하여 유치물로 직접 변제에 충당할 것을 법원에 청구할 수 있다. 이 경우에는 유치권자는 미리 채무자에게 통지하여야 한다.

① 경매는 복잡한 절차와 비용이 소요되므로 소액의 채권을 담보하기 위한 유치권에서는 적합하지 아니할 수 있다. 이 경우 민법은 제322조 제2항에서 유치물로서 직접 변제에 충당할 수 있는 간이변제충당을 규정하고 있다.
② 간이변제충당의 요건 : 민법은 간이변제충당의 요건으로 ㉠ 정당한 이유가 있을 것, ㉡ 법원에 청구할 것, ㉢ 감정인의 평가에 의할 것, ㉣ 채무자에게 사전통지할 것을 규정하고 있다.

3. 과실수취권

> **과실수취권(민법 제323조)**
> ① 유치권자는 유치물의 과실을 수취하여 다른 채권보다 먼저 그 채권의 변제에 충당할 수 있다. 그러나 과실이 금전이 아닌 때에는 경매하여야 한다.
> ② 과실은 먼저 채권의 이자에 충당하고 그 잉여가 있으면 원본에 충당한다.

4. 유치물 사용권

> **유치권자의 선관의무(민법 제324조)**
> ① 유치권자는 선량한 관리자의 주의로 유치물을 점유하여야 한다.
> ② 유치권자는 채무자의 승낙없이 유치물의 사용, 대여 또는 담보제공을 하지 못한다. 그러나 유치물의 보존에 필요한 사용은 그러하지 아니하다.
> ③ 유치권자가 전2항의 규정에 위반한 때에는 채무자는 유치권의 소멸을 청구할 수 있다.

(1) 원 칙

유치권에는 적극적인 사용·수익권이 인정되지 않는다. 따라서 유치권자는 원칙적으로 유치물의 사용·대여 또는 담보제공 등 이용행위를 할 수 없다.

> **[하나의 채권을 피담보채권으로 하여 여러 필지의 토지에 대하여 유치권을 취득한 유치권자가 그중 일부 필지의 토지에 대하여 선량한 관리자의 주의의무를 위반한 경우, 위반행위가 있었던 필지의 토지에 대하여만 유치권 소멸청구가 가능한지 여부(원칙적 적극)]**
> 민법 제324조는 '유치권자에게 유치물에 대한 선량한 관리자의 주의의무를 부여하고, 유치권자가 이를 위반하여 채무자의 승낙 없이 유치물을 사용, 대여, 담보 제공한 경우에 채무자는 유치권의 소멸을 청구할 수 있다'고 정한다. 하나의 채권을 피담보채권으로 하여 여러 필지의 토지에 대하여 유치권을 취득한 유치권자가 그중 일부 필지의 토지에 대하여 선량한 관리자의 주의의무를 위반하였다면 특별한 사정이 없는 한 위반행위가 있었던 필지의 토지에 대하여만 유치권 소멸청구가 가능하다고 해석하는 것이 타당하다(대판 2022.6.16. 2018다301350).
>
> **[유치권자가 민법 제324조 제2항을 위반하여 유치물 소유자의 승낙 없이 유치물을 임대한 경우, 유치물의 소유자는 유치권의 소멸을 청구할 수 있는지 여부(적극) / 유치권자의 민법 제324조 제2항을 위반한 임대행위가 있은 뒤에 유치물의 소유권을 취득한 제3자가 유치권소멸청구를 할 수 있는지 여부(원칙적 적극)]**
> 유치권은 점유하는 물건으로써 유치권자의 피담보채권에 대한 우선적 만족을 확보하여 주는 법정담보물권이다(민법 제320조 제1항, 상법 제58조). 한편 유치권자가 민법 제324조 제2항을 위반하여 유치물 소유자의 승낙 없이 유치물을 임대한 경우 유치물의 소유자는 이를 이유로 민법 제324조 제3항에 의하여 유치권의 소멸을 청구할 수 있다. / 민법 제324조에서 정한 유치권소멸청구는 유치권자의 선량한 관리자의 주의의무 위반에 대한 제재로서 채무자 또는 유치물의 소유자를 보호하기 위한 규정이므로, 특별한 사정이 없는 한 민법 제324조 제2항을 위반한 임대행위가 있은 뒤에 유치물의 소유권을 취득한 제3자도 유치권소멸청구를 할 수 있다(대판 2023.8.31. 2019다295278).

(2) 예 외

다음의 경우에는 유치물을 사용할 수 있다.
① **채무자의 승낙에 의한 사용** : 승낙을 받아야 할 자는 원칙적으로 채무자이나(민법 제324조 제2항), 소유자와 채무자가 다른 사람인 경우에는 소유자의 승낙이 필요하다.
② **보존에 필요한 사용** : 보존에 필요한 사용은 채무자의 승낙이 없는 경우에도 가능하다.

5. 비용상환청구권

> **유치권자의 상환청구권(민법 제325조)**
> ① 유치권자가 유치물에 관하여 필요비를 지출한 때에는 소유자에게 그 상환을 청구할 수 있다.
> ② 유치권자가 유치물에 관하여 유익비를 지출한 때에는 그 가액의 증가가 현존한 경우에 한하여 소유자의 선택에 좇아 그 지출한 금액이나 증가액의 상환을 청구할 수 있다. 그러나 법원은 소유자의 청구에 의하여 상당한 상환기간을 허여할 수 있다.

① 비용상환의무자는 소유자이다.
② 비용상환청구권에 기하여 유치권자는 다시 유치물 위에 유치권을 취득할 수 있다(대판 1972.1.31. 71다2414).

> 유치권자의 점유하에 있는 유치물의 소유자가 변동하더라도 유치권자의 점유는 유치물에 대한 보존행위로서 하는 것이므로 적법하고 그 소유자변동 후 유치권자가 유치물에 관하여 새로이 유익비를 지급하여 그 가격의 증가가 현존하는 경우에는 이 유익비에 대하여도 유치권을 행사할 수 있다(대판 1972.1.31. 71다2414).

II 유치권자의 의무

> **유치권자의 선관의무(민법 제324조)**
> ① 유치권자는 선량한 관리자의 주의로 유치물을 점유하여야 한다.
> ② 유치권자는 채무자의 승낙없이 유치물의 사용, 대여 또는 담보제공을 하지 못한다. 그러나 유치물의 보존에 필요한 사용은 그러하지 아니하다.
> ③ 유치권자가 전2항의 규정에 위반한 때에는 채무자는 유치권의 소멸을 청구할 수 있다.

제4관 유치권의 소멸

I 물권 일반의 소멸사유

물권인 유치권도 물권 일반의 소멸사유인 목적물의 멸실, 혼동, 포기 등으로 소멸한다. 그러나 유치권 자체가 시효로 소멸하는 경우는 없으며, 유치 목적물의 소유자가 변동되었다고 유치권이 소멸하는 것도 아니다.

II 담보물권의 공통된 소멸사유

> **피담보채권의 소멸시효(민법 제326조)**
> 유치권의 행사는 채권의 소멸시효의 진행에 영향을 미치지 아니한다.

담보물권에 공통된 소멸사유는 피담보채권의 소멸이다. 따라서 비록 채권자가 유치권을 행사하고 있더라도 피담보채권의 소멸시효의 진행에 영향을 미치지 아니하므로(민법 제326조), 피담보채권이 시효로 소멸하면 부종성에 의하여 유치권이 소멸하게 된다.

> [유치권의 피담보채권의 소멸시효기간이 확정판결 등에 의하여 10년으로 연장된 경우, 유치권이 성립된 부동산의 매수인이 종전의 단기소멸시효를 원용할 수 있는지 여부(소극)]
> 유치권이 성립된 부동산의 매수인은 피담보채권의 소멸시효가 완성되면 시효로 인하여 채무가 소멸되는 결과 직접적인 이익을 받는 자에 해당하므로 소멸시효의 완성을 원용할 수 있는 지위에 있다고 할 것이나, 매수인은 유치권자에게 채무자의 채무와는 별개의 독립된 채무를 부담하는 것이 아니라 단지 채무자의 채무를 변제할 책임을 부담하는 점 등에 비추어 보면, 유치권의 피담보채권의 소멸시효기간이 확정판결 등에 의하여 10년으로 연장된 경우 매수인은 그 채권의 소멸시효기간이 연장된 효과를 부정하고 종전의 단기소멸시효기간을 원용할 수는 없다(대판 2009.9.24. 2009다39530).

III 유치권 특유의 소멸사유

1. 의무 위반에 근거한 소멸청구

> **유치권자의 선관의무(민법 제324조)**
> ① 유치권자는 선량한 관리자의 주의로 유치물을 점유하여야 한다.
> ② 유치권자는 채무자의 승낙없이 유치물의 사용, 대여 또는 담보제공을 하지 못한다. 그러나 유치물의 보존에 필요한 사용은 그러하지 아니하다.
> ③ 유치권자가 전2항의 규정에 위반한 때에는 채무자는 유치권의 소멸을 청구할 수 있다.

유치권자가 민법 제324조 제1항과 제2항의 의무를 위반한 경우 채무자는 유치권의 소멸을 청구할 수 있다(민법 제324조 제3항). 이 청구권은 상대방의 의무위반에 대한 일종의 제재이므로 형성권에 해당한다.

2. 다른 담보의 제공

> **타담보제공과 유치권소멸(민법 제327조)**
> 채무자는 상당한 담보를 제공하고 유치권의 소멸을 청구할 수 있다.

유치물의 가격이 채권액에 비하여 과다한 경우에는 채권액 상당의 가치가 있는 담보를 제공하면 족하다.

> **[담보제공에 의한 유치권 소멸청구에 있어 담보의 상당성의 판단 기준 및 그 소멸청구권자]**
> 민법 제327조에 의하여 제공하는 담보가 상당한가의 여부는 그 담보의 가치가 채권의 담보로서 상당한가, 태양에 있어 유치물에 의하였던 담보력을 저하시키지는 아니한가 하는 점을 종합하여 판단하여야 할 것인바, 유치물의 가격이 채권액에 비하여 과다한 경우에는 채권액 상당의 가치가 있는 담보를 제공하면 족하다고 할 것이고, 한편 당해 유치물에 관하여 이해관계를 가지고 있는 자인 채무자나 유치물의 소유자는 상당한 담보가 제공되어 있는 이상 유치권 소멸 청구의 의사표시를 할 수 있다(대판 2001.12.11. 2001다59866).
>
> **[민법 제327조에 따른 유치권 소멸청구를 채무자뿐만 아니라 유치물의 소유자도 할 수 있는지 여부(적극) 및 이때 채무자나 소유자가 제공하는 담보가 상당한지 판단하는 기준]**
> 채무자는 상당한 담보를 제공하고 유치권의 소멸을 청구할 수 있다(민법 제327조). 유치권 소멸청구는 민법 제327조에 규정된 채무자뿐만 아니라 유치물의 소유자도 할 수 있다. 민법 제327조에 따라 채무자나 소유자가 제공하는 담보가 상당한지는 담보 가치가 채권 담보로서 상당한지, 유치물에 의한 담보력을 저하시키지 않는지를 종합하여 판단해야 한다. 따라서 유치물 가액이 피담보채권액보다 많을 경우에는 피담보채권액에 해당하는 담보를 제공하면 되고, 유치물 가액이 피담보채권액보다 적을 경우에는 유치물 가액에 해당하는 담보를 제공하면 된다(대판 2021.7.29. 2019다216077).

3. 점유의 상실

> **점유상실과 유치권소멸(민법 제328조)**
> 유치권은 점유의 상실로 인하여 소멸한다.

점유는 유치권의 성립요건인 동시에 존속요건이기도 하다. 따라서 원칙적으로 유치권은 점유의 상실로 인하여 소멸한다(민법 제328조). 단, 유치권자의 간접점유는 점유상실에 해당하지 않는다.

[경매절차에서 유치권이 주장되었으나 소유부동산 또는 담보목적물이 매각된 경우, 소유권을 상실하거나 근저당권이 소멸된 소유자와 근저당권자가 유치권의 부존재 확인을 구할 법률상 이익이 있는지 여부(소극)]

근저당권자에게 담보목적물에 관하여 각 유치권의 부존재 확인을 구할 법률상 이익이 있다고 보는 것은 경매절차에서 유치권이 주장됨으로써 낮은 가격에 입찰이 이루어져 근저당권자의 배당액이 줄어들 위험이 있다는 데에 근거가 있고, 이는 소유자가 그 소유의 부동산에 관한 경매절차에서 유치권의 부존재 확인을 구하는 경우에도 마찬가지이다. 위와 같이 경매절차에서 유치권이 주장되었으나 소유부동산 또는 담보목적물이 매각되어 그 소유권이 이전되어 소유권을 상실하거나 근저당권이 소멸하였다면, 소유자와 근저당권자는 유치권의 부존재 확인을 구할 법률상 이익이 없다(대판 2020.1.16. 2019다247385).

[甲 주식회사가 건물신축 공사대금 일부를 지급받지 못하자 건물을 점유하면서 유치권을 행사해 왔는데, 그 후 乙이 경매절차에서 건물 중 상가 부분을 매수하여 소유권이전등기를 마친 다음 甲 회사의 점유를 침탈하여 丙에게 임대한 사안에서, 甲 회사의 유치권이 소멸하지 않았다고 본 원심판결에 법리오해의 위법이 있다고 한 사례]

甲 주식회사가 건물신축 공사대금 일부를 지급받지 못하자 건물을 점유하면서 유치권을 행사해 왔는데, 그 후 乙이 경매절차에서 건물 중 일부 상가를 매수하여 소유권이전등기를 마친 다음 甲 회사의 점유를 침탈하여 丙에게 임대한 사안에서, 乙의 점유침탈로 甲 회사가 점유를 상실한 이상 유치권은 소멸하고, 甲 회사가 점유회수의 소를 제기하여 승소판결을 받아 점유를 회복하면 점유를 상실하지 않았던 것으로 되어 유치권이 되살아나지만, 위와 같은 방법으로 점유를 회복하기 전에는 유치권이 되살아나는 것이 아님에도, 甲 회사가 상가에 대한 점유를 회복하였는지를 심리하지 아니한 채 점유회수의 소를 제기하여 점유를 회복할 수 있다는 사정만으로 甲 회사의 유치권이 소멸하지 않았다고 본 원심판결에 점유상실로 인한 유치권 소멸에 관한 법리오해의 위법이 있다(대판 2012.2.9. 2011다72189).

제3절 질 권

제1관 총 설

I 질권의 의의

동산질권의 내용(민법 제329조)
동산질권자는 채권의 담보로 채무자 또는 제3자가 제공한 동산을 점유하고 그 동산에 대하여 다른 채권자보다 자기채권의 우선변제를 받을 권리가 있다.

권리질권의 목적(민법 제345조)
질권은 재산권을 그 목적으로 할 수 있다. 그러나 부동산의 사용, 수익을 목적으로 하는 권리는 그러하지 아니하다.

질권이란 채권자가 채무의 변제를 받을 때까지 그 채권의 담보로 채무자 또는 제3자로부터 인도받은 물건 또는 재산권을 유치함으로써 채무의 변제를 간접적으로 강제하고, 이행기에 변제가 없으면 유치물의 환가대금으로부터 우선적으로 변제를 받을 수 있는 담보물권을 의미한다. 질권 설정만으로 질물 소유자가 목적물을 제3자에게 처분하는 것까지 금지되는 것은 아니다.

Ⅱ 질권의 법적 성질

① 경매권(민법 제338조 제1항)뿐만 아니라 우선변제권도 인정된다(민법 제329조).
② 저당권과 더불어 약정담보물권에 해당한다.
③ 질권은 유치적 효력이 있다(유치권과 동일하나, 저당권과 차이점이다).
④ 질권은 동산과 일정한 재산권에 대해서만 인정된다.
　㉠ 부동산과 부동산에 관한 권리에는 질권이 설정될 수 없다(민법 제329조, 제345조 단서).
　㉡ 동산이더라도 등기, 등록으로 공시되는 것은 부동산으로 취급되어 질권이 아니라 저당권이 설정될 수 있다.
⑤ 담보물권으로서 통유성
　㉠ 부종성이 인정된다. 즉 담보물권으로서 질권은 피담보채권에 부종한다. 다만 근질에서는 소멸의 부종성이 완화된다.
　㉡ 수반성이 인정된다. 다만, 공시방법이 갖추어져야 한다.
　㉢ 물상대위성이 인정된다(민법 제342조).

> **물상대위(민법 제342조)**
> 질권은 질물의 멸실, 훼손 또는 공용징수로 인하여 질권설정자가 받을 금전 기타 물건에 대하여도 이를 행사할 수 있다. 이 경우에는 그 지급 또는 인도전에 압류하여야 한다.

　㉣ 불가분성이 인정된다(민법 제343조, 제321조).

> **준용규정(민법 제343조)**
> 제249조 내지 제251조, 제321조 내지 제325조의 규정은 동산질권에 준용한다.
>
> **유치권의 불가분성(민법 제321조)**
> 유치권자는 채권전부의 변제를 받을 때까지 유치물전부에 대하여 그 권리를 행사할 수 있다.

제2관 동산질권

I 동산질권의 성립

1. 약정질권

(1) 피담보채권의 존재

① 질권에 의하여 담보될 수 있는 채권의 종류에는 제한이 없다. 따라서 금전으로 가액을 산정할 수 없는 채권도 질권의 피담보채권으로 될 수 있다(민법 제373조).
② 조건부 채권 또는 기한부 채권과 같은 장래의 채권도 성립에 관한 부종성이 완화되어 질권의 피담보채권으로서 적격성을 갖는다.
③ 일정한 계속적인 거래관계로부터 장래 발생될 다수의 불특정채권을 담보하기 위하여 설정되는 근질(根質) 또한 성립에 관한 부종성이 완화되어 유효성이 인정된다.

(2) 질권설정계약

① 동산질권은 질권설정에 관한 당사자 사이의 질권설정에 관한 물권적 합의에 의하여 설정되는 것이 원칙이다.
② 당사자
  ㉠ 질권자 : 원칙적으로 피담보채권의 채권자에 한한다.
  ㉡ 질권설정자 : 질권설정자에는 채무자와 물상보증인이 있다.
    ㉮ 처분권한 : 질권의 설정은 처분행위이므로, 설정자에게는 원칙적으로 처분권한이 있거나 처분수권이 있어야 한다. 그러나 질권설정자에게 처분권한이 없더라도 질권자가 선의·무과실이면 질권을 선의취득할 수 있다(민법 제343조, 제249조). 이 경우 선의, 무과실은 동산질권자가 입증하여야 한다(대판 1981.12.22. 80다2910).
    ㉯ 물상보증인 : 타인의 채무를 담보하기 위하여 자기의 물건 위에 질권을 설정하는 자를 의미한다.
      • 물상보증인은 채무를 부담하지 않고 책임을 부담할 뿐이다.
      • 피담보채무를 변제하거나 질권이 실행되어 질물의 소유권을 잃으면 물상보증인은 보증채무에 관한 규정에 의하여 채무자에게 구상권을 행사할 수 있다(민법 제341조).

> **[물상보증인의 구상권의 법적 성질]**
> 물상보증은 채무자 아닌 사람이 채무자를 위하여 담보물권을 설정하는 행위이고 채무자를 대신해서 채무를 이행하는 사무의 처리를 위탁받는 것이 아니므로, 물상보증인이 변제 등에 의하여 채무자를 면책시키는 것은 위임사무의 처리가 아니고 법적 의미에서는 의무 없이 채무자를 위하여 사무를 관리한 것에 유사하다. 따라서 물상보증인의 채무자에 대한 구상권은 그들 사이의 물상보증위탁계약의 법적 성질과 관계없이 민법에 의하여 인정된 별개의 독립한 권리이고, 그 소멸시효에 있어서는 민법상 일반채권에 관한 규정이 적용된다(대판 2001.4.24. 2001다6237).

- 담보권의 실행으로 담보물의 소유권을 잃은 경우 물상보증인의 구상범위는 매수인이 매각대금을 다 낸 때의 담보물의 시가를 기준으로 한다.

> 물상보증은 채무자 아닌 사람이 채무자를 위하여 담보물권을 설정하는 행위이고 물상보증인은 담보물로 물적 유한책임만을 부담할 뿐 채권자에 대하여 채무를 부담하지 않는다. 보증인은 '변제 기타의 출재(出財)로 주채무를 소멸하게 한 때' 주채무자에 대한 구상권이 있는 반면(민법 제441조 제1항, 제444조 제1항, 제2항), 물상보증인은 '그 채무를 변제'한 경우 외에 '담보권의 실행으로 인하여 담보물의 소유권을 잃은 때'에도 채무자에 대한 구상권이 있다(민법 제341조). 물상보증인이 담보권의 실행으로 타인의 채무를 담보하기 위하여 제공한 부동산의 소유권을 잃은 경우 물상보증인이 채무자에게 구상할 수 있는 범위는 특별한 사정이 없는 한 담보권의 실행으로 부동산의 소유권을 잃게 된 때, 즉 매수인이 매각대금을 다 낸 때의 부동산 시가를 기준으로 하여야 하고, 매각대금을 기준으로 할 것이 아니다(대판 2018.4.10. 2017다283028).

(3) 목적동산의 인도

> **설정계약의 요물성(민법 제330조)**
> 질권의 설정은 질권자에게 목적물을 인도함으로써 그 효력이 생긴다.
>
> **질권의 목적물(민법 제331조)**
> 질권은 양도할 수 없는 물건을 목적으로 하지 못한다.
>
> **설정자에 의한 대리점유의 금지(민법 제332조)**
> 질권자는 설정자로 하여금 질물의 점유를 하게 하지 못한다.

① 동산질권설정계약의 요물성 여부(민법 제330조) : 민법 제330조의 취지에 관하여 질권설정계약을 요물계약이라고 보는 소수 견해가 있으나 물권변동에 성립요건주의를 취하는 결과 인도가 필요할 뿐이라는 요물계약부정설이 다수설이다.

② 동산질권의 목적물(민법 제331조) : 양도성 있는 물건이어야 한다.

③ 점유개정에 의한 질권설정의 금지(민법 제332조) : 민법 제332조의 취지는 질권의 유치적 효력의 확보이다. 따라서 질권자가 질권설정자에게 자신의 의사에 기하여 질물을 반환한 경우에는 질권이 소멸한다. 즉, 인도는 질권의 성립요건이자 효력존속요건이다.

2. 법정질권

> **임차지의 부속물, 과실 등에 대한 법정질권(민법 제648조)**
> 토지임대인이 임대차에 관한 채권에 의하여 임차지에 부속 또는 그 사용의 편익에 공용한 임차인의 소유 동산 및 그 토지의 과실을 압류한 때에는 질권과 동일한 효력이 있다.
>
> **임차건물등의 부속물에 대한 법정질권(민법 제650조)**
> 건물 기타 공작물의 임대인이 임대차에 관한 채권에 의하여 그 건물 기타 공작물에 부속한 임차인 소유의 동산을 압류한 때에는 질권과 동일한 효력이 있다.

(1) 의 의
법정질권이란 법률의 규정에 의하여 당연히 성립하는 질권을 말한다. 그 예로 토지임대인의 법정질권(민법 제648조)과 건물 기타 공작물의 임대인의 법정질권(민법 제650조)이 있다.

(2) 요 건
① 법정질권의 피담보채권은 임대인의 「임대차에 관한 채권」이다. 즉, 차임, 위약금, 임대차에 기한 손해배상청구권 등이 그 예이다.
② 법정질권의 목적물은 「임차인 소유」에 속하는 임대목적물에 부속하거나 그 사용의 편익에 제공한 동산과 그 과실이다.
③ 채권자가 목적물을 「압류」하여야 한다.
④ 일시사용을 위한 임대차가 아니어야 한다(민법 제653조).

(3) 효 과
법정질권은 약정질권과 동일한 효력을 가진다.

Ⅱ 동산질권의 효력

1. 동산질권의 효력이 미치는 범위

(1) 목적물의 범위
① 동산질권은 설정계약에 의하여 질권의 목적물로써 질권자에게 인도된 물건 전부에 그 효력이 미친다. 또한 설정계약에서 달리 정하지 않는 한 종물이 인도된 경우에 한하여 질권의 효력은 종물에도 미친다(민법 제100조 제2항).
② 동산질권에 대하여 유치권자의 과실수취권에 관한 규정이 준용되어(민법 제343조, 제323조), 질권자는 질물에서 생기는 천연과실이나 소유자의 승낙을 얻어 질물을 임대한 경우(민법 제324조 제2항) 차임을 수취하여 다른 채권자보다 우선하여 자기 채권의 변제에 충당할 수 있다.

③ 물상대위 : 질권은 질물의 멸실, 훼손 또는 공용징수로 인하여 질권설정자가 받을 금전 기타 물건에 대하여도 이를 행사할 수 있다. 이 경우에는 그 지급 또는 인도 전에 압류하여야 한다(민법 제342조).

(2) 피담보채권의 범위

> **피담보채권의 범위(민법 제334조)**
> 질권은 원본, 이자, 위약금, 질권실행의 비용, 질물보존의 비용 및 채무불이행 또는 질물의 하자로 인한 손해배상의 채권을 담보한다. 그러나 다른 약정이 있는 때에는 그 약정에 의한다.

① 질권은 원본, 이자, 위약금, 질권실행의 비용, 질물보존의 비용 및 채무불이행 또는 질물의 하자로 인한 손해배상의 채권을 담보한다(민법 제334조 본문). 그러나 이러한 피담보채권의 범위는 당사자의 특약으로 변경될 수 있다(민법 제334조 단서). 즉 민법 제334조는 임의규정이다.

> **[채권의 지연손해금을 별도로 등기부에 기재하지 않았을 경우, 근저당권부 질권의 피담보채권의 범위가 등기부에 기재된 약정이자에 한정되는지 여부(소극)]**
> 민법 제355조의 규정에 의하여 권리질권에 준용되는 민법 제334조 전문은 '질권은 원본, 이자, 위약금, 질권실행의 비용, 질물보존의 비용 및 채무불이행 또는 질물의 하자로 인한 손해배상의 채권을 담보한다'고 정하고 있다. 부동산등기법 제76조 제1항은 등기관이 민법 제348조에 따라 저당권부 채권에 대한 질권의 등기를 할 때에는 부동산등기법 제48조에서 규정한 사항 외에 '채권액 또는 채권최고액, 채무자의 성명 또는 명칭과 주소 또는 사무소 소재지, 변제기와 이자의 약정이 있는 경우에는 그 내용'을 기록하여야 한다고 정하고 있어 채권의 지연손해금을 등기사항으로 정하고 있지 않다. 이러한 사정에 비추어 보면, 채권의 지연손해금을 별도로 등기부에 기재하지 않았더라도 근저당권부 질권의 피담보채권의 범위가 등기부에 기재된 약정이자에 한정된다고 볼 수 없다(대판 2023.1.12. 2020다296840).

② 불가분성 : 질권은 피담보채권 전부에 관하여 목적물 전부 위에 그 효력이 미친다.

2. 유치적 효력

> **유치적효력(민법 제335조)**
> 질권자는 전조의 채권의 변제를 받을 때까지 질물을 유치할 수 있다. 그러나 자기보다 우선권이 있는 채권자에게 대항하지 못한다.

① 질권자는 피담보채권 전부를 변제받을 때까지 질물을 유치할 수 있다(민법 제335조 본문). 그러나 자기보다 우선권이 있는 채권자에게 대항하지 못한다(민법 제335조 단서).
② 질권자는 목적물을 유치할 권리를 가지므로, 유치권의 규정이 준용된다. 따라서 유치권자의 과실수취권(민법 제323조), 선관의무(민법 제324조) 및 비용상환청구권(민법 제325조)에 관한 규정이 준용된다.

3. 우선변제적 효력

> **동산질권의 순위(민법 제333조)**
> 수 개의 채권을 담보하기 위하여 동일한 동산에 수 개의 질권을 설정한 때에는 그 순위는 설정의 선후에 의한다.

(1) 질권자의 순위

① 선순위질권자, 우선특권을 가지는 자, 질권에 우선하는 조세채권을 가지는 자보다는 후순위이지만, 일반채권자보다는 질물에 대해서 우선변제권이 있다.
② 질권설정자가 파산한 경우에는 질권자는 별제권을 가지고, 회생절차가 개시되면 피담보채권은 회생담보권이 된다(채무자 회생 및 파산에 관한 법률 제411조, 제141조).

(2) 우선변제권의 행사방법

> **경매, 간이변제충당(민법 제338조)**
> ① 질권자는 채권의 변제를 받기 위하여 질물을 경매할 수 있다.
> ② 정당한 이유있는 때에는 질권자는 감정자의 평가에 의하여 질물로 직접 변제에 충당할 것을 법원에 청구할 수 있다. 이 경우에는 질권자는 미리 채무자 및 질권설정자에게 통지하여야 한다.
>
> **유질계약의 금지(민법 제339조)**
> 질권설정자는 채무변제기 전의 계약으로 질권자에게 변제에 갈음하여 질물의 소유권을 취득하게 하거나 법률에 정한 방법에 의하지 아니하고 질물을 처분할 것을 약정하지 못한다.
>
> **질물 이외의 재산으로부터의 변제(민법 제340조)**
> ① 질권자는 질물에 의하여 변제를 받지 못한 부분의 채권에 한하여 채무자의 다른 재산으로부터 변제를 받을 수 있다.
> ② 전항의 규정은 질물보다 먼저 다른 재산에 관한 배당을 실시하는 경우에는 적용하지 아니한다. 그러나 다른 채권자는 질권자에게 그 배당금액의 공탁을 청구할 수 있다.

① **행사요건** : 채무자가 이행지체에 빠진 경우여야 한다.
② **행사방법** : 경매(민법 제338조 제1항)나 간이변제충당(민법 제338조 제2항) 등이 있다.
　㉠ 경 매
　　㉮ 먼저 자신의 담보물권을 실행하고, 부족하면 채무자의 일반재산에 집행권원을 얻어 집행할 수 있다(민법 제340조 제1항).
　　㉯ 질물보다 먼저 채무자의 다른 물건의 매각대금을 배당할 경우에, 질권자는 채권 전액을 가지고 배당에 참가할 수 있으며, 다른 채권자는 질권자에게 그 배당금의 공탁을 청구할 수 있다(민법 제340조 제2항).
　㉡ 간이변제충당 : 정당한 이유가 있는 경우에, 질권자는 감정인의 평가에 의하여 질물로 직접 변제에 충당할 것을 법원에 청구할 수 있고, 질권자는 이 사실을 채무자 및 질권설정자에게 미리 통지해야 한다(민법 제338조 제2항).

③ 유질계약의 금지(민법 제339조)
　㉠ 민법은 폭리가능성을 막기 위해서 유질계약을 금지하고 있다. 즉 변제기 전에 체결된 유질계약만이 금지되며, 변제기 이후의 약정은 대물변제에 해당하여 유효하다.
　㉡ 유질계약은 무효이나, 질권설정계약 자체가 무효로 되는 것은 아니다.

Ⅲ 동산질권자의 전질권

> **유치권자의 선관의무(민법 제324조)**
> ① 유치권자는 선량한 관리자의 주의로 유치물을 점유하여야 한다.
> ② 유치권자는 채무자의 승낙없이 유치물의 사용, 대여 또는 담보제공을 하지 못한다. 그러나 유치물의 보존에 필요한 사용은 그러하지 아니하다.
> ③ 유치권자가 전2항의 규정에 위반한 때에는 채무자는 유치권의 소멸을 청구할 수 있다.
>
> **전질권(민법 제336조)**
> 질권자는 그 권리의 범위 내에서 자기의 책임으로 질물을 전질할 수 있다. 이 경우에는 전질을 하지 아니하였으면 면할 수 있는 불가항력으로 인한 손해에 대하여도 책임을 부담한다.
>
> **전질의 대항요건(민법 제337조)**
> ① 전조의 경우에 질권자가 채무자에게 전질의 사실을 통지하거나 채무자가 이를 승낙함이 아니면 전질로써 채무자, 보증인, 질권설정자 및 그 승계인에게 대항하지 못한다.
> ② 채무자가 전항의 통지를 받거나 승낙을 한 때에는 전질권자의 동의 없이 질권자에게 채무를 변제하여도 이로써 전질권자에게 대항하지 못한다.
>
> **준용규정(민법 제343조)**
> 제249조 내지 제251조, 제321조 내지 제325조의 규정은 동산질권에 준용한다.

1. 서 설

전질이란 질권자가 자기의 채무를 담보하기 위하여 질물 위에 다시 제2의 질권을 설정하는 것을 말한다. 우리 민법은 책임전질(민법 제336조)과 승낙전질(민법 제343조, 제324조 제2항)의 두 형태를 인정하고 있다(다수설).

2. 책임전질

(1) 의 의

책임전질이란 질권자가 질권설정자의 승낙 없이 오로지 자기의 책임으로 하는 전질을 말한다(민법 제336조 전문). 책임전질의 법적 성질에 대해서 ① 질물재입질설과 ② 채권·질권공동입질설의 다툼이 있으나 통설은 질권과 함께 피담보채권도 입질하는 것으로 본다(채권·질권공동입질설). 이에 따라 통설의 입장에서 요건과 효과를 검토하겠다.

(2) 요 건

① **전질권설정계약과 질물의 인도** : 전질도 질권의 일종이므로, 원질권자와 전질권자 사이의 전질권설정계약과 질물의 인도가 있어야 한다. 전질권설정계약에 원질권설정자의 동의나 승낙은 요구되지 않는다.
② **원질권의 범위 내일 것**(민법 제336조 전문) : 전질권의 피담보채권액은 원질권의 피담보채권액을 초과하지 못하며, 전질권의 존속기간 역시 원질권의 존속기간 내여야 한다.
③ **채무자에의 통지 또는 채무자의 승낙**(민법 제337조) : 전질은 피담보채권의 입질을 포함하므로, 권리질권설정의 요건을 갖추어야 한다.

(3) 효 과

① **원질권의 존속** : 전질권이 설정되더라도 원질권은 존속한다.
② **원질권자의 책임가중** : 전질권설정자는 전질을 하지 않았더라면 면할 수 있었을 불가항력으로 인한 손해에 대해서도 책임을 진다(민법 제336조 후문).
③ **원질권자의 원질권 소멸행위의 금지** : 원질권은 전질권자의 우선변제의 대상이기 때문에 원질권자는 그 질권을 소멸하게 하는 처분행위를 하지 못한다(민법 제352조 참고).
④ **원질권설정자의 채권소멸행위의 금지** : 전질이 대항요건을 갖춘 때, 즉 채무자(원질권설정자)가 전질의 통지를 받거나 승낙을 한 때에는 채무자는 원채권을 소멸시키지 않을 구속을 받게 되므로, 전질권자의 동의 없이 원질권자에게 채무를 변제하여도 이로써 전질권자에게 대항하지 못한다(민법 제337조 제2항).
⑤ **유치적 효력** : 전질권자는 자기의 피담보채권의 변제를 받을 때까지 질물을 유치할 수 있다(민법 제335조).
⑥ **전질권의 실행요건** : 전질권자가 전질권의 실행을 하기 위해서는 자기의 채권이 변제기가 도래하였을 뿐만 아니라 원질권의 피담보채권도 변제기가 도래하였어야 한다.

3. 승낙전질

(1) 의 의

승낙전질이란 질권자가 질물소유자의 승낙을 받아 그 질물 위에 다시 질권을 성립시키는 것을 말한다(민법 제343조, 제324조 제2항). 승낙전질의 법질 성질에 대해서는 통설은 책임전질과 달리 원질권과는 전혀 별개로서 독립적으로 설정된 것으로 본다(질물재입질설).

(2) 요 건

① 전질권설정계약과 질물의 인도가 있어야 한다.
② **질물소유자의 승낙이 있을 것** : 승낙 없이 전질하면 질권의 소멸을 청구할 수 있다(민법 제343조, 제324조 제3항).
③ **기타 책임전질과 차이점** : 승낙전질은 원질권과 무관하므로, 책임전질과 달리 피담보채권의 액 및 존속기간에 대한 제한을 받지 않는다. 또한 민법 제337조의 통지도 필요 없다.

(3) 효 과
① 원질권자의 책임 불가중 : 책임전질에서와 달리 질물에 관한 질권자의 책임이 가중되지 않는다.
② 원질권설정자의 질권소멸행위 가능 : 승낙전질은 원질권과는 무관한 전질로서 원질권의 피담보채권이 입질된 것이 아니므로, 원질권설정자는 질권소멸행위를 할 수 있다.

Ⅳ 동산질권의 침해에 대한 구제

1. 점유보호청구권

동산질권은 질물을 점유하는 물권이므로, 점유가 침해된 경우 질권자는 점유보호청구권을 행사할 수 있다(민법 제204조 내지 제206조).

2. 질권에 기한 물권적 청구권

민법은 소유권에 기한 물권적 청구권의 규정(민법 제213조, 제214조)을 각종의 물권에 준용하는 규정을 두면서, 질권에 관해서는 준용규정을 두고 있지 않았다. 이에 질권자에게 점유보호청구권 외에 질권에 기한 물권적 청구권을 인정할 것인지에 대한 다툼이 있으나, 다수설은 질권도 물권이므로, 그 내용의 실현이 침해당하고 있는 때에는 당연히 물권적 청구권을 행사할 수 있다는 입장이다.

3. 불법행위에 기한 손해배상청구권

질권설정자나 제3자가 질물을 훼손한 경우, 질권자는 불법행위에 기한 손해배상청구권을 행사할 수 있다(민법 제750조).

4. 즉시변제청구권

질권설정자인 채무자가 질물을 손상 내지 멸실시킨 경우, 질권자는 피담보채권의 즉시이행을 청구할 수 있다(민법 제388조).

V 동산질권의 소멸

1. 소멸사유

① **물권 일반에 공통된 소멸사유** : 질권도 물권 일반의 소멸사유인 목적물의 멸실, 혼동, 포기 등으로 소멸한다. 그러나 질권 자체가 피담보채권과 독립하여 시효로 소멸하는 경우는 없다.
② **담보물권에 공통된 소멸사유** : 피담보채권의 소멸, 질권의 실행, 질권자에 우선하는 다른 채권자의 간이변제충당
③ **동산질권 특유의 소멸사유** : 질권자의 질권설정자에 대한 목적물 반환, 의무 위반을 이유로 한 질권설정자의 소멸청구(민법 제343조, 제324조 제3항)

2. 소멸의 효과

① 질물을 질권설정자에게 반환하여야 한다.
② 질물의 반환은 피담보채권의 변제와 동시이행의 관계에 있지 않다. 즉, 피담보채권의 변제가 선이행의무이다. 따라서 피담보채권을 변제하지 않고 질물의 반환을 소송상 청구하는 경우, 상환이행판결이 아닌 원고 전부패소판결을 해야 한다.

VI 증권에 의하여 표창되는 동산의 입질

① **의의** : 질권은 원칙적으로 목적물의 점유이전에 의하여 공시된다. 그러나 목적물의 점유이전이 불편한 경우이거나 부적절한 경우가 있기 때문에 질권의 목적물이 상품인 경우 이를 증권에 화체시켜 그 증권의 점유로 상품 자체의 점유에 갈음하게 되었다. 이에 대한 대표적인 것으로 운송증권을 들 수 있다. 운송증권에 의한 입질은 권리질이 아니라 동산질이다.
② **입질방법** : 동 증권 등은 지시채권이므로, 질권설정의 합의와 증권의 배서·교부로 질권설정을 할 수 있다.

제3관 권리질권

I 서설

1. 의의

권리질권이란 동산 이외의 재산권을 목적으로 하는 질권을 말한다(민법 제345조 본문). 권리질권에서 유치적 효력은 동산질권과 같은 채무변제를 심리적으로 강제하는 기능은 없으나, 권리행사 또는 처분을 금지함으로써 단지 교환가치를 지배할 뿐이다.

2. 목적(대상)

> **질권의 목적물(민법 제331조)**
> 질권은 양도할 수 없는 물건을 목적으로 하지 못한다.
>
> **권리질권의 목적(민법 제345조)**
> 질권은 재산권을 그 목적으로 할 수 있다. 그러나 부동산의 사용, 수익을 목적으로 하는 권리는 그러하지 아니하다.
>
> **준용규정(민법 제355조)**
> 권리질권에는 본절의 규정외에 동산질권에 관한 규정을 준용한다.

① 권리질권의 목적으로 될 수 있는 것은 양도성을 가진 재산권이어야 한다(민법 제355조, 제345조, 제331조). 따라서 재산권이더라도 일신전속권과 같이 양도성이 없으면 권리질권의 목적이 되지 못한다.
② 양도성을 가진 재산권이더라도 지상권·전세권·부동산임차권 등 부동산의 사용·수익을 목적으로 하는 권리는 질권의 목적으로 할 수 없다(민법 제345조 단서).
③ 특허권도 권리질권의 목적이 될 수 있다(특허법 제121조).

3. 설정방법

> **권리질권의 설정방법(민법 제346조)**
> 권리질권의 설정은 법률에 다른 규정이 없으면 그 권리의 양도에 관한 방법에 의하여야 한다.

Ⅱ 채권질권

1. 의 의

권리질권 중 채권을 목적으로 하는 질권을 채권질권이라 한다.

2. 채권질권의 목적(대상)

(1) 원칙 : 양도성이 있는 채권

장래의 채권·조건부 채권·선택채권 등에 관하여도 질권을 설정할 수 있으며, 금전으로 가액을 평가할 수 없는 채권도 질권의 피담보채권이 될 수 있다.

(2) 예외 : 양도성이 없는 채권

① 법률상 처분이 금지된 채권이나 성질상 양도성이 없는 채권은 입질하지 못한다(민법 제449조 제1항 단서).

② 당사자의 특약으로 양도가 금지된 채권(민법 제449조 제2항 본문)도 질권의 목적이 될 수 없다. 그러나 이러한 당사자의 특약으로 선의·무중과실의 제3자에게 대항할 수 없으므로(민법 제449조 제2항 단서), 질권자가 중과실 없이 이를 모르고 질권의 설정을 받은 경우에는 유효하게 질권을 취득할 수 있다.

3. 채권질권의 설정(질권설정의 합의 + 공시방법)

> **설정계약의 요물성(민법 제347조)**
> 채권을 질권의 목적으로 하는 경우에 채권증서가 있는 때에는 질권의 설정은 그 증서를 질권자에게 교부함으로써 그 효력이 생긴다.

① 지시채권(민법 제350조)이나 무기명채권(민법 제351조)에 관해서는 특칙이 따로 있기 때문에 법문에도 불구하고 민법 제347조 규정이 적용되는 것은 지명채권에 한한다.

② 민법 제347조의 '채권증서'는 채권의 존재를 증명하기 위하여 채권자에게 제공된 문서로서 특정한 이름이나 형식을 따라야 하는 것은 아니지만, 장차 변제 등으로 채권이 소멸하는 경우에는 민법 제475조에 따라 채무자가 채권자에게 그 반환을 청구할 수 있는 것이어야 한다. 이에 비추어 임대차계약서와 같이 계약당사자 쌍방의 권리의무관계의 내용을 정한 서면은 그 계약에 의한 권리의 존속을 표상하기 위한 것이라고 할 수는 없으므로 위 채권증서에 해당하지 않는다(대판 2013.8.22, 2013다32574).

4. 채권질권의 공시방법

(1) 지명채권

> **지명채권에 대한 질권의 대항요건(민법 제349조)**
> ① 지명채권을 목적으로 한 질권의 설정은 설정자가 제450조의 규정에 의하여 제3채무자에게 질권설정의 사실을 통지하거나 제3채무자가 이를 승낙함이 아니면 이로써 제3채무자 기타 제3자에게 대항하지 못한다.
> ② 제451조의 규정은 전항의 경우에 준용한다.

① 질권설정의 합의와 증서가 있으면 증서를 교부함으로써 성립한다.
② 채무자에 대한 통지와 승낙은 대항요건에 해당한다(민법 제349조).

> **[채권양도나 채권에 대한 질권설정에 있어서 채무자가 이의를 보류하지 않은 승낙을 한 경우]**
> [1] 채권양도나 채권에 대한 질권설정에 있어서 채무자가 이의를 보류하지 않은 승낙을 한 경우, 채무자는 질권설정자에게 대항할 수 있는 사유로서 질권자에게 대항할 수 없고, 이 경우 대항할 수 없는 사유는 협의의 항변권에 한하지 아니하고, 넓게 채권의 성립, 존속, 행사를 저지하거나 배척하는 사유를 포함한다. [2] 채권의 양도나 질권의 설정에 대하여 이의를 보류하지 아니하고 승낙을 하였더라도 양수인 또는 질권자가 악의 또는 중과실의 경우에 해당하는 한 채무자의 승낙 당시까지 양도인 또는 질권설정자에 대하여 생긴 사유로써도 양수인 또는 질권자에게 대항할 수 있다(대판 2002.3.29. 2000다13887).
>
> **[제3채무자가 질권설정을 승낙한 후 질권설정계약이 합의해지된 경우]**
> 제3채무자가 질권설정 사실을 승낙한 후 질권설정계약이 합의해지된 경우 질권설정자가 해지를 이유로 제3채무자에게 원래의 채권으로 대항하려면 질권자가 제3채무자에게 해지 사실을 통지하여야 하고, 만일 질권자가 제3채무자에게 질권설정계약의 해지 사실을 통지하였다면, 설사 아직 해지가 되지 아니하였다고 하더라도 선의인 제3채무자는 질권설정자에게 대항할 수 있는 사유로 질권자에게 대항할 수 있다고 봄이 타당하다. 그리고 위와 같은 해지 통지가 있었다면 해지 사실은 추정되고, 그렇다면 해지 통지를 믿은 제3채무자의 선의 또한 추정된다고 볼 것이어서 제3채무자가 악의라는 점은 선의를 다투는 질권자가 증명할 책임이 있다(대판 2014.4.10. 2013다76192).

(2) 지시채권

> **지시채권에 대한 질권의 설정방법(민법 제350조)**
> 지시채권을 질권의 목적으로 한 질권의 설정은 증서에 배서하여 질권자에게 교부함으로써 그 효력이 생긴다.

(3) 무기명채권

> **무기명채권에 대한 질권의 설정방법(민법 제351조)**
> 무기명채권을 목적으로 한 질권의 설정은 증서를 질권자에게 교부함으로써 그 효력이 생긴다.

(4) 저당권부 채권

> **저당채권에 대한 질권과 부기등기(민법 제348조)**
> 저당권으로 담보한 채권을 질권의 목적으로 한 때에는 그 저당권등기에 질권의 부기등기를 하여야 그 효력이 저당권에 미친다.

> 민법 제348조는 저당권으로 담보한 채권을 질권의 목적으로 한 때에는 그 저당권설정등기에 질권의 부기등기를 하여야 그 효력이 저당권에 미친다고 정한다. 저당권에 의하여 담보된 채권에 질권을 설정하였을 때 저당권의 부종성으로 인하여 등기 없이 성립하는 권리질권이 당연히 저당권에도 효력이 미친다고 한다면, 공시의 원칙에 어긋나고 그 저당권에 의하여 담보된 채권을 양수하거나 압류한 사람, 저당부동산을 취득한 제3자 등에게 예측할 수 없는 질권의 부담을 줄 수 있어 거래의 안전을 해할 수 있다. 이에 따라 민법 제348조는 저당권설정등기에 질권의 부기등기를 한 때에만 질권의 효력이 저당권에 미치도록 한 것이다. 이는 민법 제186조에서 정하는 물권변동에 해당한다. 이러한 민법 제348조의 입법 취지에 비추어 보면, '담보가 없는 채권에 질권을 설정한 다음 그 채권을 담보하기 위해서 저당권을 설정한 경우'에도 '저당권으로 담보한 채권에 질권을 설정한 경우'와 달리 볼 이유가 없다. 또한 담보가 없는 채권에 질권을 설정한 다음 그 채권을 담보하기 위해 저당권을 설정한 경우에, 당사자 간 약정 등 특별한 사정이 있는 때에는 저당권이 질권의 목적이 되지 않을 수 있으므로, 질권의 효력이 저당권에 미치기 위해서는 질권의 부기등기를 하도록 함으로써 이를 공시할 필요가 있다. 따라서 담보가 없는 채권에 질권을 설정한 다음 그 채권을 담보하기 위해 저당권이 설정되었더라도, 민법 제348조가 유추적용되어 저당권설정등기에 질권의 부기등기를 하지 않으면 질권의 효력이 저당권에 미친다고 볼 수 없다(대판 2020.4.29. 2016다235411).

5. 채권질권의 효력

> **준용규정(민법 제355조)**
> 권리질권에는 본절의 규정외에 동산질권에 관한 규정을 준용한다.

(1) 효력이 미치는 범위

① 피담보채권의 범위는 동산질권에서와 같으며(민법 제355조, 제334조), 불가분성도 인정된다(민법 제355조, 제343조, 제321조).

② 채권질권의 효력은 입질된 원본채권 및 그 이자채권과 이들에 관한 인적·물적 담보 모두에 미친다(민법 제355조, 제334조).

> **[근질권이 설정된 금전채권에 대하여 제3자의 압류로 강제집행절차가 개시된 경우, 근질권의 피담보채권의 확정 시기]**
> 근질권의 목적이 된 금전채권에 대하여 근질권자가 아닌 제3자의 압류로 강제집행절차가 개시된 경우, 제3채무자가 그 절차의 전부명령이나 추심명령에 따라 전부금 또는 추심금을 제3자에게 지급하거나 채권자의 경합 등을 사유로 위 금전채권의 채권액을 법원에 공탁하게 되면 그 변제의 효과로서 위 금전채권은 소멸하고

> 그 결과 바로 또는 그 후의 절차진행에 따라 종국적으로 근질권도 소멸하게 되므로, <u>근질권자는 위 강제집행절차에 참가하거나 아니면 근질권을 실행하는 방법으로 그 권리를 행사할 것이 요구된다. 이런 까닭에 위 강제집행절차가 개시된 때로부터 위와 같이 근질권이 소멸하게 되기까지의 어느 시점에서인가는 근질권의 피담보채권도 확정된다고 하지 않을 수 없다. 근질권자가 제3자의 압류 사실을 알고서도 채무자와 거래를 계속하여 추가로 발생시킨 채권까지 근질권의 피담보채권에 포함시킨다고 하면 그로 인하여 근질권자가 얻을 수 있는 실익은 별 다른 것이 없는 반면 제3자가 입게 되는 손해는 위 추가된 채권액만큼 확대되고 이는 사실상 채무자의 이익으로 귀속될 개연성이 높아 부당할 뿐 아니라, 경우에 따라서는 근질권자와 채무자가 그러한 점을 남용하여 제3자 등 다른 채권자의 채권 회수를 의도적으로 침해할 수 있는 여지도 제공하게 된다. 따라서 이러한 여러 사정을 적정·공평이란 관점에 비추어 보면, 근질권이 설정된 금전채권에 대하여 제3자의 압류로 강제집행절차가 개시된 경우 근질권의 피담보채권은 근질권자가 위와 같은 강제집행이 개시된 사실을 알게 된 때에 확정된다고 봄이 타당하다</u>(대판 2009.10.15. 2009다43621).

(2) 유치적 효력

① 채권증서의 유치 : 질권자는 채권증서를 점유하고, 변제가 있을 때까지 이를 유치할 수 있다(민법 제355조, 제335조).

② 질권설정자 및 제3채무자에 대한 구속력

㉠ 질권설정자에 대한 구속력

㉮ 질권설정자는 질권자의 동의 없이 질권이 목적이 된 권리를 소멸하게 하거나 질권자의 이익을 해하는 변경을 할 수 없다(민법 제352조).

㉯ <u>질권의 목적인 채권의 양도행위는 민법 제352조 소정의 질권자의 이익을 해하는 변경에 해당되지 않으므로 질권자의 동의를 요하지 아니한다</u>(대판 2005.12.22. 2003다55059).

㉡ 제3채무자에 대한 구속력

㉮ 제3채무자의 경우 <u>민법 제352조와 같은 규정은 없으나, 질권설정의 통지를 받거나 이를 승낙한 경우라면 질권설정자에게 입질채권을 변제하지 못한다고 보아야 한다.</u>

㉯ 민법 제352조를 위반한 질권설정자의 행위의 효력(상대적 무효)

> 민법 제352조가 질권설정자는 질권자의 동의 없이 질권의 목적된 권리를 소멸하게 하거나 질권자의 이익을 해하는 변경을 할 수 없다고 규정한 것은 질권자가 질권의 목적인 채권의 교환가치에 대하여 가지는 배타적 지배권능을 보호하기 위한 것이므로, <u>질권설정자와 제3채무자가 질권의 목적된 권리를 소멸하게 하는 행위를 하였다고 하더라도 이는 질권자에 대한 관계에 있어 무효일 뿐이어서 특별한 사정이 없는 한 질권자 아닌 제3자가 그 무효의 주장을 할 수는 없다</u>(대판 1997.11.11. 97다35375).

(3) 우선변제적 효력

채권질권은 유치적 효력 외에 우선변제적 효력도 있다. 민법은 입질채권의 실행방법으로 채권의 직접청구(민법 제353조)와 민사집행법이 정하는 집행(민법 제354조)을 인정한다.

① 채권의 직접청구

> **질권의 목적이 된 채권의 실행방법(민법 제353조)**
> ① 질권자는 질권의 목적이 된 채권을 직접 청구할 수 있다.
> ② 채권의 목적물이 금전인 때에는 질권자는 자기채권의 한도에서 직접 청구할 수 있다.
> ③ 전항의 채권의 변제기가 질권자의 채권의 변제기보다 먼저 도래한 때에는 질권자는 제3채무자에 대하여 그 변제금액의 공탁을 청구할 수 있다. 이 경우에 질권은 그 공탁금에 존재한다.
> ④ 채권의 목적물이 금전 이외의 물건인 때에는 질권자는 그 변제를 받은 물건에 대하여 질권을 행사할 수 있다.

[채권질권의 효력 범위 및 그 실행 방법]
질권의 목적이 된 채권이 금전채권인 때에는 질권자는 자기채권의 한도에서 질권의 목적이 된 채권을 직접 청구할 수 있고, 채권질권의 효력은 질권의 목적이 된 채권의 지연손해금 등과 같은 부대채권에도 미치므로 채권질권자는 질권의 목적이 된 채권과 그에 대한 지연손해금채권을 피담보채권의 범위에 속하는 자기채권액에 대한 부분에 한하여 직접 추심하여 자기채권의 변제에 충당할 수 있다(대판 2005.2.25. 2003다40668).

[권리질권자 또는 담보 목적으로 채권을 양도받은 채권양수인이 피담보채권을 초과하여 질권 또는 담보의 목적인 금전채권을 추심한 경우, 그 초과 부분은 질권설정자 또는 채권양도인에 대한 관계에서 부당이득이 되는지 여부(적극)]
질권자가 피담보채권을 초과하여 질권의 목적이 된 금전채권을 추심하였다면 그중 피담보채권을 초과하는 부분은 특별한 사정이 없는 한 법률상 원인이 없는 것으로서 질권설정자에 대한 관계에서 부당이득이 되고, 이러한 법리는 채무담보 목적으로 채권이 양도된 경우에서도 마찬가지이다(대판 2011.4.14. 2010다5694).

[금전채권의 질권자가 자기채권의 범위 내에서 직접청구권을 행사하는 경우, 위 범위 내에서 제3채무자의 질권자에 대한 금전지급으로써 제3채무자의 질권설정자에 대한 급부뿐만 아니라 질권설정자의 질권자에 대한 급부도 이루어지는지 여부(적극)]
금전채권의 질권자가 민법 제353조 제1항, 제2항에 의하여 자기채권의 범위 내에서 직접청구권을 행사하는 경우 질권자는 질권설정자의 대리인과 같은 지위에서 입질채권을 추심하여 자기채권의 변제에 충당하고 그 한도에서 질권설정자에 의한 변제가 있었던 것으로 보므로, 위 범위 내에서는 제3채무자의 질권자에 대한 금전지급으로써 제3채무자의 질권설정자에 대한 급부가 이루어질 뿐만 아니라 질권설정자의 질권자에 대한 급부도 이루어진다(대판 2015.5.29. 2012다92258).

[입질채권의 발생원인인 계약관계에 무효 등의 흠이 있어 입질채권이 부존재하는 경우, 제3채무자가 질권자를 상대로 직접 부당이득반환을 구할 수 있는지 여부(원칙적 소극)]
입질채권의 발생원인인 계약관계에 무효 등의 흠이 있어 입질채권이 부존재한다고 하더라도 제3채무자는 특별한 사정이 없는 한 상대방 계약당사자인 질권설정자에 대하여 부당이득반환을 구할 수 있을 뿐이고 질권자를 상대로 직접 부당이득반환을 구할 수 없다. 이와 달리 제3채무자가 질권자를 상대로 직접 부당이득반환청구를 할 수 있다고 보면 자기 책임하에 체결된 계약에 따른 위험을 제3자인 질권자에게 전가하는 것이 되어 계약법의 원리에 반하는 결과를 초래할 뿐만 아니라 질권자가 질권설정자에 대하여 가지는 항변권 등을 침해하게 되어 부당하기 때문이다(대판 2015.5.29. 2012다92258).

[질권자가 제3채무자로부터 자기채권을 초과하여 금전을 지급받은 경우, 제3채무자가 질권자를 상대로 초과 지급 부분에 관하여 부당이득반환을 구할 수 있는지 여부(원칙적 적극) 및 질권자가 초과 지급 부분을 질권설정자에게 그대로 반환한 경우에도 마찬가지인지 여부(소극)]

질권자가 제3채무자로부터 자기채권을 초과하여 금전을 지급받은 경우 초과 지급 부분에 관하여는 제3채무자의 질권설정자에 대한 급부와 질권설정자의 질권자에 대한 급부가 있다고 볼 수 없으므로, 제3채무자는 특별한 사정이 없는 한 질권자를 상대로 초과 지급 부분에 관하여 부당이득반환을 구할 수 있지만, 부당이득반환청구의 상대방이 되는 수익자는 실질적으로 그 이익이 귀속된 주체이어야 하는데, 질권자가 초과 지급 부분을 질권설정자에게 그대로 반환한 경우에는 초과 지급 부분에 관하여 질권설정자가 실질적 이익을 받은 것이지 질권자로서는 실질적 이익이 없다고 할 것이므로, 제3채무자는 질권자를 상대로 초과 지급 부분에 관하여 부당이득반환을 구할 수 없다(대판 2015.5.29. 2012다92258).

[질권설정자의 채무자에 대한 근저당권부채권 범위를 초과하여 질권자의 질권설정자에 대한 피담보채권 범위 내에서 질권자에게 배당금이 직접 지급됨으로써 질권자가 피담보채권의 만족을 얻은 경우, 실체법적으로 볼 때 배당을 통하여 법률상 원인 없이 이득을 얻은 사람(= 질권자에 대한 피담보채무가 소멸하는 이익을 얻은 질권설정자)]

질권설정자의 채무자에 대한 근저당권부채권 범위를 초과하여 질권자의 질권설정자에 대한 피담보채권 범위 내에서 질권자에게 배당금이 직접 지급됨으로써 질권자가 피담보채권의 만족을 얻은 경우, 실체법적으로 볼 때 배당을 통하여 법률상 원인 없이 이득을 얻은 사람은 피담보채권이라는 법률상 원인에 기하여 배당금을 수령한 질권자가 아니라 근저당권부채권이라는 법률상 원인의 범위를 초과하여 질권자에게 배당금이 지급되게 함으로써 자신의 질권자에 대한 피담보채무가 소멸하는 이익을 얻은 질권설정자이다(대판 2024.4.12. 2023다315155).

[타인에 대한 채무의 담보로 제3채무자에 대한 채권에 대하여 권리질권을 설정하고, 질권설정자가 제3채무자에게 질권설정의 사실을 통지하거나 제3채무자가 이를 승낙하였는데, 제3채무자가 질권자의 동의 없이 질권의 목적인 채무를 변제한 경우, 이로써 질권자에게 대항할 수 있는지 여부(소극) 및 이는 제3채무자가 질권자의 동의 없이 질권설정자와 상계합의를 하여 질권의 목적인 채무를 소멸시킨 경우에도 마찬가지인지 여부(적극)]

타인에 대한 채무의 담보로 제3채무자에 대한 채권에 대하여 권리질권을 설정한 경우 질권설정자는 질권자의 동의 없이 질권의 목적된 권리를 소멸하게 하거나 질권자의 이익을 해하는 변경을 할 수 없다(민법 제352조). 이는 질권자가 질권의 목적인 채권의 교환가치에 대하여 가지는 배타적 지배권능을 보호하기 위한 것이다. 따라서 질권설정자가 제3채무자에게 질권설정의 사실을 통지하거나 제3채무자가 이를 승낙한 때에는 제3채무자가 질권자의 동의 없이 질권의 목적인 채무를 변제하더라도 이로써 질권자에게 대항할 수 없고, 질권자는 민법 제353조 제2항에 따라 여전히 제3채무자에 대하여 직접 채무의 변제를 청구할 수 있다. 제3채무자가 질권자의 동의 없이 질권설정자와 상계합의를 함으로써 질권의 목적인 채무를 소멸하게 한 경우에도 마찬가지로 질권자에게 대항할 수 없고, 질권자는 여전히 제3채무자에 대하여 직접 채무의 변제를 청구할 수 있다(대판 2018.12.27. 2016다265689).

[질권설정자가 제3채무자에게 질권이 설정된 사실을 통지하거나 제3채무자가 이를 승낙한 경우, 제3채무자가 질권자의 동의 없이 질권의 목적인 채무를 변제하였음을 이유로 질권자에게 대항할 수 있는지 여부(소극) 및 이는 질권의 목적인 채권에 대하여 질권설정자의 일반채권자의 신청으로 압류·전부명령이 내려졌고, 위 명령이 송달된 날보다 먼저 질권자가 확정일자 있는 문서에 의해 대항요건을 갖춘 경우에도 마찬가지인지 여부(적극)]

질권설정자가 민법 제349조 제1항에 따라 제3채무자에게 질권이 설정된 사실을 통지하거나 제3채무자가 이를 승낙한 때에는 제3채무자가 질권자의 동의 없이 질권의 목적인 채무를 변제하더라도 질권자에게 대항할 수 없고, 질권자는 여전히 제3채무자에게 직접 채무의 변제를 청구할 수 있다. 질권의 목적인 채권에 대하여 질권설정자의 일반채권자의 신청으로 압류·전부명령이 내려진 경우에도 그 명령이 송달된 날보다 먼저 질권자가 확정일자 있는 문서에 의해 민법 제349조 제1항에서 정한 대항요건을 갖추었다면, 전부채권자는 질권이 설정된 채권을 이전받을 뿐이고 제3채무자는 전부채권자에게 변제했음을 들어 질권자에게 대항할 수 없다(대판 2022.3.31. 2018다21326).

② 민사집행법이 정하는 집행

> **동전(민법 제354조)**
> 질권자는 전조의 규정에 의하는 외에 민사집행법에 정한 집행방법에 의하여 질권을 실행할 수 있다.

민사집행법이 정하는 집행방법은 채권의 추심, 전부, 현금화(환가)이다(민사집행법 제273조, 제223조 이하). 이 경우 집행권원은 필요하지 않다.

(4) 기 타

① **유질계약의 금지** : 채권질권에 관해서도 유질계약의 금지에 관한 민법 제339조가 준용된다(민법 제355조).

② **전질** : 채권질권자도 전질을 할 수 있으며, 동산질권에 관한 규정이 준용된다(민법 제355조, 제336조, 제337조).

제4절 저당권

제1관 총 설

I 의 의

> **저당권의 내용(민법 제356조)**
> 저당권자는 채무자 또는 제3자가 점유를 이전하지 아니하고 채무의 담보로 제공한 부동산에 대하여 다른 채권자보다 자기채권의 우선변제를 받을 권리가 있다.

저당권이란 채권자가 채무담보를 위하여 채무자 또는 제3자(물상보증인)가 제공한 부동산 기타 목적물의 점유를 이전받지 않은 채 그 목적물을 관념적으로만 지배하다가, 채무의 변제가 없으면 그 목적물로부터 우선변제를 받을 수 있는 담보물권을 말한다(민법 제356조).

Ⅱ 법적 성질

1. 물권

물권으로서 저당권은 우선변제적 효력에 의하여 목적물의 교환가치를 직접적·배타적으로 지배한다.

2. 담보물권

① **타물권** : 저당권은 타인 소유의 부동산을 목적으로 하는 타물권이다. 따라서 원칙적으로 소유자저당권의 성립은 불가능하고, 혼동의 예외로서 자기 소유의 부동산 위에 저당권이 성립할 수 있을 뿐이다.
② 질권과 마찬가지로 원칙적으로 약정담보물권이다. 단, 예외적으로 법정저당권(민법 제649조)이 인정된다.
③ 담보물권의 통유성
  ㉠ 부종성 : 담보물권으로서 저당권은 피담보채권에 부종한다. 따라서 피담보채권이 시효의 완성 기타 사유로 인하여 소멸한 때에는 저당권도 소멸한다(민법 제369조). 단, 근저당에서는 성립과 소멸에서 부종성이 완화된다.
  ㉡ 수반성 : 저당권은 피담보채권과 분리하여 타인에게 양도하거나 다른 채권의 담보로 하지 못한다(민법 제361조).
  ㉢ 불가분성 : 저당권은 채권 전부의 변제를 받을 때까지 목적물 전부에 대하여 그 권리를 행사할 수 있다(민법 제370조, 제321조).
  ㉣ 물상대위성 : 저당권은 목적물의 멸실, 훼손 또는 공용징수로 인하여 저당권설정자가 받은 금전 기타 물건에 대하여도 행사할 수 있다(민법 제370조, 제342조).

제2관 저당권의 성립

Ⅰ 약정(법률행위)에 의한 저당권 : 저당권설정계약 + 등기

1. 피담보채권의 존재

① 저당권의 피담보채권은 제한이 없다. 보통 금전채권이지만, 금전의 지급 이외의 급부를 목적으로 하는 채권은 물론이고, 금전으로 가액을 산정할 수 없는 채권이라도 저당권의 피담보채권이 될 수 있다. 다만, 피담보채권액이 등기사항이므로(부동산등기법 제75조, 제77조), 등기된 가액의 한도에서만 우선변제권을 주장할 수 있다.
② 장래에 발생할 특정의 조건부 채권을 위해서도 저당권을 설정할 수 있다. 나아가 장래의 증감·변동하는 불특정다수의 채권에 대해서도 목적물이 담보하는 일정한 한도를 정하고 저당권을 설정할 수 있는데, 이를 근저당이라 한다(민법 제357조). 이는 부종성이 완화된 것이다.

> **[장래에 발생할 특정의 조건부 채권이 근저당권의 피담보채권으로 확정될 수 있는지 여부(적극) 및 위 확정 당시 조건이 성취되지 아니한 경우, 근저당권이 소멸하는지 여부(원칙적 소극)]**
> 장래에 발생할 특정의 조건부 채권을 담보하기 위하여도 저당권을 설정할 수 있으므로 그러한 채권도 근저당권의 피담보채권으로 확정될 수 있고, 그 조건이 성취될 가능성이 없게 되었다는 등의 특별한 사정이 없는 이상 확정 당시 조건이 성취되지 아니하였다는 사정만으로 근저당권이 소멸하는 것은 아니다(대판 2015.12.24. 2015다200531).

2. 저당권의 목적물(객체)

① 민법이 인정하는 저당권의 객체는 부동산 및 부동산물권(지상권, 전세권)이다.
② 특별법이 인정하는 저당권의 객체는 등기된 선박(상법 제871조, 선박등기법 제3조), 입목 등기가 경료된 입목(입목에 관한 법률 제3조), 광업권(광업법 제11조), 어업권(수산업법 제16조), 공장재단·광업재단(공장 및 광업재단 저당법 제10조, 제52조) 등이 있다.

3. 저당권설정계약

(1) 계약의 성질

① 저당권설정계약은 처분행위에 해당하므로, 저당권설정자는 목적물에 관한 처분권 또는 대리권을 가지고 있어야 한다.
② 저당권설정계약은 불요식이며, 조건이나 기한을 붙일 수 있다.
③ 저당권설정계약은 피담보채권의 발생을 위한 계약에 종된 계약이다(∵ 저당권의 부종성).

(2) 계약의 당사자

① **저당권자** : 저당권의 부종성 때문에 저당권자는 원칙적으로 피담보채권의 채권자에 한한다. 다만, 일정한 경우 채권자 아닌 제3자를 저당권자로 하는 등기도 유효하다.
② **저당권설정자** : 저당권설정자는 보통 채무자이지만, 제3자(물상보증인)라도 무방하다.

4. 저당권설정등기

(1) 설정등기

① 저당권은 저당권설정계약 외에 설정등기가 있어야 성립한다(민법 제186조).
② 동일목적물 위에 성립한 저당권과 다른 물권의 우열관계는 등기의 선후에 의하여 결정된다.
③ 저당권설정등기비용은 다른 특별한 약정이 없으면 채무자가 부담하는 것이 종래의 거래관행이다(대판 1962.2.15. 4294민상291).

(2) 제3자 명의로 저당권등기를 한 경우

1) 채권자 아닌 제3자를 저당권자로 등기한 경우
① 원칙 : 저당권의 부종성 때문에 저당권자는 원칙적으로 피담보채권의 채권자에 한한다. 따라서 제3자 명의의 저당권등기는 원칙적으로 무효이다.

② 예외 : 유효

> [저당권등기 유용의 합의에 따른 저당권 이전의 부기등기가 경료된 경우의 법률관계]
> 부동산의 소유자 겸 채무자가 채권자인 저당권자에게 당해 저당권설정등기에 의하여 담보되는 채무를 모두 변제함으로써 저당권이 소멸된 경우 그 저당권설정등기 또한 효력을 상실하여 말소되어야 할 것이나, 그 부동산의 소유자가 새로운 제3의 채권자로부터 금원을 차용함에 있어 그 제3자와 사이에 새로운 차용금 채무를 담보하기 위하여 잔존하는 종전 채권자 명의의 저당권설정등기를 이용하여 이에 터잡아 새로운 제3의 채권자에게 저당권 이전의 부기등기를 경료하기로 하는 내용의 저당권등기 유용의 합의를 하고 실제로 그 부기등기를 경료하였다면, 그 저당권이전등기를 경료받은 새로운 제3의 채권자로서는 언제든지 부동산의 소유자에 대하여 그 등기 유용의 합의를 주장하여 저당권설정등기의 말소청구에 대항할 수 있다고 할 것이고, 다만 그 저당권 이전의 부기등기 이전에 등기부상 이해관계를 가지게 된 자에 대하여는 위 등기 유용의 합의 사실을 들어 위 저당권설정등기 및 그 저당권 이전의 부기등기의 유효를 주장할 수는 없다(대판 1998.3.24. 97다56242).

2) 채무자 아닌 제3자를 채무자로 등기한 경우
① 원칙 : 저당권의 부종성 때문에 저당권설정자는 원칙적으로 채무자에 한한다. 따라서 저당권설정 계약상의 채무자 아닌 제3자를 채무자로 하여 경료된 등기는 원칙적으로 무효이다.

② 예외 : 유효

> 자기 소유 부동산을 타인에게 명의신탁한 명의신탁자가 제3자와의 거래관계에서 발생하는 차용금 채무를 담보하기 위하여 위 부동산에 제3자 명의로 근저당권을 설정함에 있어서 당사자 간의 편의에 따라 명의수탁자를 채무자로 등재한 경우 위 부동산의 근저당권이 담보하는 채무는 명의신탁자의 제3자에 대한 채무로 보아야 한다(대결 1999.7.22. 99마2870).

(3) 저당권등기의 불법말소

저당권등기가 불법말소된 경우, 등기는 효력발생요건일 뿐이지 효력존속요건은 아니므로 저당권은 소멸되지 않고 여전히 존속한다(통설·판례).

> 등기는 물권의 효력발생요건이고 존속요건은 아니어서 등기가 원인 없이 말소된 경우에는 그 물권의 효력에 아무런 영향이 없고, 그 회복등기가 마쳐지기 전이라도 말소된 등기의 등기명의인은 적법한 권리자로 추정되므로, 근저당권설정등기가 위법하게 말소되어 아직 회복등기를 경료하지 못한 연유로 그 부동산에 대한 경매절차의 배당기일에서 피담보채권액에 해당하는 금액을 배당받지 못한 근저당권자는 배당기일에 출석하여 이의를 하고 배당이의의 소를 제기하여 구제를 받을 수 있고, 가사 배당기일에 출석하지 않음으로써 배당표가 확정되었다고 하더라도, 확정된 배당표에 의하여 배당을 실시하는 것은 실체법상의 권리를 확정하는 것이 아니기 때문에 위 경매절차에서 실제로 배당받은 자에 대하여 부당이득반환 청구로서 그 배당금의 한도 내에서 그 근저당권설정등기가 말소되지 아니하였더라면 배당받았을 금액의 지급을 구할 수 있다(대판 2002.10.22. 2000다59678).

II 법률의 규정에 의한 법정저당권

임차지상의 건물에 대한 법정저당권(민법 제649조)
토지임대인이 변제기를 경과한 최후 2년의 차임채권에 의하여 그 지상에 있는 임차인소유의 건물을 압류한 때에는 저당권과 동일한 효력이 있다.

제3관 저당권의 효력

I 저당권의 효력이 미치는 범위

1. 목적물의 범위

(1) 부합물과 종물

저당권의 효력의 범위(민법 제358조)
저당권의 효력은 저당부동산에 부합된 물건과 종물에 미친다. 그러나 법률에 특별한 규정 또는 설정행위에 다른 약정이 있으면 그러하지 아니하다.

1) 부합물

① 원칙 : 저당권의 효력은 저당부동산에 부합된 물건에 미친다(민법 제358조 본문). 부합의 시기는 불문한다. 따라서 저당권설정 당시 부합된 것이든 이후 부합된 것이든 상관없이 부합물에 대하여 저당권의 효력이 미친다.

> • 건물이 증개축·대수리된 경우에도 동일성이 인정되는 한 현존건물 전체에 대하여 저당권의 효력이 미친다(대결 1966.5.19. 66마592).
> • 건물이 증축된 경우에 증축부분이 본래의 건물에 부합되어 본래의 건물과 분리하여서는 전혀 별개의 독립물로서의 효용을 갖지 않는다면, 위 증축부분에 관하여 별도로 보존등기가 경료되었고 본래의 건물에 대한 경매절차에서 경매목적물로 평가되지 아니하였다고 할지라도 경락인은 그 부합된 증축부분의 소유권을 취득한다(대판 1981.11.10. 80다2757·2758). 반면에 경매법원이 기존건물의 종물이라거나 부합된 부속건물이라고 볼 수 없는 건물에 대하여 경매신청된 기존건물의 부합물이나 종물로 보고서 경매를 같이 진행하여 경락허가를 하였다 하더라도 그 독립된 건물에 대한 경락은 당연무효이고 따라서 그 경락인은 위 독립된 건물에 대한 소유권을 취득할 수 없다(대판 1988.2.23. 87다카600).

② 예외 : 법률에 특별한 규정이 있는 경우나 설정행위에서 다른 약정을 한 경우, 그 특약이 등기되어 있다면 저당권의 효력은 부합물에 미치지 않는다(민법 제358조 단서).

> **[공장의 건물이나 토지에 대하여 공장저당권이 아닌 민법상의 일반저당권이 설정된 경우, 그 저당권의 효력이 미치는 범위]**
> 공장저당법에 의한 공장저당을 설정함에 있어서는 공장의 토지, 건물에 설치된 기계, 기구 등은 같은 법 제7조 소정의 기계, 기구 목록에 기재하여야만 공장저당의 효력이 생기나, 이와는 달리 공장건물이나 토지에 대하여 민법상의 일반저당권이 설정된 경우에는 공장저당법과는 상관이 없으므로 같은 법 제7조에 의한 목록의 작성이 없더라도 그 저당권의 효력은 민법 제358조에 의하여 당연히 그 공장건물이나 토지의 종물 또는 부합물에까지 미친다(대판 1995.6.29. 94다6345).

2) 종 물

① 저당권의 효력은 저당부동산의 종물에도 미친다(민법 제358조 본문). 부합물과 마찬가지로 종물로 된 시기는 불문한다. 따라서 저당권이 설정된 후의 종물에도 저당권이 효력이 미친다(대결 1971.12.10. 71마757).

② 주된 권리에 설정된 저당권의 효력은 종된 권리에도 미친다.

> - 민법 제358조 본문은 "저당권의 효력은 저당부동산에 부합된 물건과 종물에 미친다"고 규정하고 있는바, 이 규정은 저당부동산에 종된 권리에도 유추적용된다(대판 1995.8.22. 94다12722).
> - 저당권의 실행으로 부동산이 경매된 경우에 그 부동산에 부합된 물건은 그것이 부합될 당시에 누구의 소유이었는지를 가릴 것 없이 그 부동산을 낙찰받은 사람이 소유권을 취득하지만, 그 부동산의 상용에 공하여진 물건일지라도 그 물건이 부동산의 소유자가 아닌 다른 사람의 소유인 때에는 이를 종물이라고 할 수 없으므로 부동산에 대한 저당권의 효력에 미칠 수 없어 부동산의 낙찰자가 당연히 그 소유권을 취득하는 것은 아니며, 나아가 부동산의 낙찰자가 그 물건을 선의취득하였다고 할 수 있으려면 그 물건이 경매의 목적물로 되었고 낙찰자가 선의이며 과실 없이 그 물건을 점유하는 등으로 선의취득의 요건을 구비하여야 한다(대판 2008.5.8. 2007다36933 · 36940).
> - 건물의 소유를 목적으로 하여 토지를 임차한 사람이 그 토지 위에 소유하는 건물에 저당권을 설정한 때에는 민법 제358조 본문에 따라서 저당권의 효력이 건물뿐만 아니라 건물의 소유를 목적으로 한 토지의 임차권에도 미친다고 보아야 할 것이므로, 건물에 대한 저당권이 실행되어 경락인이 건물의 소유권을 취득한 때에는 특별한 다른 사정이 없는 한 건물의 소유를 목적으로 한 토지의 임차권도 건물의 소유권과 함께 경락인에게 이전된다(대판 1993.4.13. 92다24950).

(2) 과 실

> **과실에 대한 효력(민법 제359조)**
> 저당권의 효력은 저당부동산에 대한 압류가 있은 후에 저당권설정자가 그 부동산으로부터 수취한 과실 또는 수취할 수 있는 과실에 미친다. 그러나 저당권자가 그 부동산에 대한 소유권, 지상권 또는 전세권을 취득한 제3자에 대하여는 압류한 사실을 통지한 후가 아니면 이로써 대항하지 못한다.

① **천연과실**: 원칙적으로 천연과실에 대하여 저당권의 효력이 미치지 않으나, 민법 제359조는 저당부동산에 대한 압류가 있은 후에는 그 부동산으로부터 수취한 또는 수취할 수 있는 과실에 대하여 저당권의 효력이 미친다고 규정하고 있다.

② **법정과실**: 법정과실에 대해서도 원칙적으로 저당권의 효력이 미치지 않지만, 다수설은 민법 제359조가 법정과실에도 적용된다는 입장이다.

(3) 물상대위

> **물상대위(민법 제342조)**
> 질권은 질물의 멸실, 훼손 또는 공용징수로 인하여 질권설정자가 받을 금전 기타 물건에 대하여도 이를 행사할 수 있다. 이 경우에는 그 지급 또는 인도 전에 압류하여야 한다.
>
> **준용규정(민법 제355조)**
> 권리질권에는 본절의 규정외에 동산질권에 관한 규정을 준용한다.
>
> **준용규정(민법 제370조)**
> 제214조, 제321조, 제333조, 제340조, 제341조 및 제342조의 규정은 저당권에 준용한다.

1) 의 의

담보물권은 목적물 자체가 아니라 그 교환가치를 우선적으로 파악하는 권리이다. 따라서 담보물권의 목적물이 멸실, 훼손 또는 공용징수로 인하여 그 목적물에 갈음하는 금전 기타의 물건으로 변하여 목적물 소유자에게 귀속하게 된 경우, 담보물권이 그 목적물에 갈음하는 것에 존속하는 성질을 물상대위성이라 한다(민법 제370조, 제342조).

2) 인정범위

① 물상대위성은 우선변제적 효력이 있는 담보물권에만 인정된다. 따라서 동산·권리질권(민법 제342조, 제355조), 저당권(민법 제370조)뿐만 아니라 전세권양도담보권의 경우(대판 2009.11.26. 2006다37106)에도 물상대위성이 인정된다.

② 반면 가압류는 담보물권과는 달리 목적물의 교환가치를 지배하는 권리가 아니고, 담보물권의 경우에 인정되는 물상대위의 법리가 여기에 적용된다고 볼 수도 없다(대판 2009.9.10. 2006다61536·61543).

3) 요 건

① 저당물의 멸실, 훼손 또는 공용징수
  ㉠ 멸실, 훼손이란 물리적 멸실, 훼손뿐만 아니라 부합·혼화·가공 등의 법률적인 멸실, 훼손도 포함한다.
  ㉡ 담보물이 매각 또는 임대차되는 경우에는 담보물권이 그 목적물 위에 존속하므로 그 매각대금이나 차임에 대해서는 민법상의 물상대위가 허용되지 않는다.

② 저당권설정자가 받을 금전 기타 물건에 대한 청구권

> [자동차에 설정된 저당권의 피담보채권이 변제되지 않은 상태에서 자동차등록이 자동차관리법에서 정한 사유와 절차에 따라 적법하게 직권으로 말소되더라도 저당권자는 물상대위권을 행사하여 그 매각대금으로부터 우선변제를 받을 수 있는 권리를 보유하는지 여부(적극) / 자동차가 양도 등의 사정으로 다시 그에 관한 자동차등록이 이루어지고 자동차관리법 제6조에 따라 제3자에게 소유권이 귀속되는 경우, 저당권의 피담보채권액 범위 내에서 목적물인 자동차의 교환가치를 지배하고 있다가 저당권을 상실하는 손해를 입게 되는지 여부(적극)]
> 자동차에 설정된 저당권의 피담보채권이 변제되지 않은 상태에서 자동차등록이 자동차관리법에서 정한 사유와 절차에 따라 적법하게 직권으로 말소되더라도 자동차 등 특정동산 저당법 제12조에 따라 준용되는 물상대위에 관한 민법 제342조, 제370조의 규정 취지상 저당권의 효력은 저당권의 실질적 대위물인 자동차의 차체에

미치므로, 저당권자는 물상대위권을 행사하여 그 매각대금으로부터 우선변제를 받을 수 있는 권리를 보유한다./ 그러나 해당 자동차가 양도 등의 사정으로 다시 그에 관한 자동차등록이 이루어지고 자동차관리법 제6조에 따라 제3자에게 소유권이 귀속되면 그때에는 저당권설정자의 재산으로부터 이탈하게 되므로, 저당권자는 해당 자동차에 관하여 자동차 등 특정동산 저당법 제12조, 민법 제342조, 제370조에 따른 권리를 더 이상 행사할 수 없게 된다. 따라서 이러한 경우 자동차 저당권자로서는 저당권의 피담보채권액 범위 내에서 목적물인 자동차의 교환가치를 지배하고 있다가 저당권을 상실하는 손해를 입게 된다(대판 2025.6.12. 2022다279788).

③ **지급 또는 인도 전에 압류** : 담보물권자가 물상대위권을 행사하려면, 질권자(저당권자)는 질권설정자(저당권설정자)가 그 금전 기타의 물건을 지급 또는 인도받기 전에 압류하여야 한다(민법 제342조 후문, 제355조, 제370조).

- 민법 제370조에 의하여 저당권에 준용되는 제342조 후문이 "저당권자가 물상대위권을 행사하기 위하여서는 저당권 설정자가 지급받을 금전 기타 물건의 지급 또는 인도 전에 압류하여야 한다"라고 규정한 취지는, 물상대위의 목적이 되는 금전 기타 물건의 특정성을 유지하여 제3자에게 불측의 손해를 입히지 아니하려는 데 있는 것이므로, 저당목적물의 변형물인 금전 기타 물건에 대하여 이미 제3자가 압류하여 그 금전 또는 물건이 특정된 이상 저당권자는 스스로 이를 압류하지 않고서도 물상대위권을 행사할 수 있다(대판 1996.7.12. 96다21058).
- 근저당권자가 근저당권의 목적이 된 토지의 공용징수 등으로 토지의 소유자가 받을 금전이나 물건의 인도청구권을 압류하기 전에 토지의 소유자가 인도청구권에 기하여 금전 등을 수령한 경우, 근저당권자가 물상대위권을 행사할 수 있는지 여부(소극) : 근저당권자는 근저당권의 목적이 된 토지의 공용징수 등으로 토지의 소유자가 받을 금전이나 그 밖의 물건에 대하여 물상대위권을 행사할 수 있으나, 다만 그 지급이나 인도 전에 압류하여야 하고(민법 제370조, 제342조), 근저당권자가 금전이나 물건의 인도청구권을 압류하기 전에 토지의 소유자가 인도청구권에 기하여 금전 등을 수령한 경우 근저당권자는 더 이상 물상대위권을 행사할 수 없다(대판 2015.9.10. 2013다216273).

4) **행사방법**

물상대위권의 행사방법으로는 담보권의 존재를 증명하는 서류를 집행법원에 제출하여 그 채권에 대해 압류 및 추심명령이나 전부명령을 신청하는 방법(민사집행법 제273조)과 다른 채권자에 의해 강제집행이 진행되고 있는 경우에 배당요구를 하는 방법(민사집행법 제247조)이 있다(대판 2010.10.28. 2010다46756).

5) **물상대위권을 행사하지 않은 경우의 법률관계**

① 저당목적물의 소유자가 금전 등을 수령한 경우

㉠ 부당이득반환청구 : 저당권자는 저당목적물의 소유자에게 부당이득반환을 청구할 수 있다.

[저당권자가 물상대위권의 행사로 금전 또는 물건의 인도청구권을 압류하기 전에 저당목적물 소유자가 그 인도청구권에 기하여 금전 등을 수령한 경우, 저당목적물 소유자가 피담보채권액 상당의 부당이득을 반환할 의무를 부담하는지 여부(적극)]

저당권자는 저당권의 목적이 된 물건의 멸실, 훼손 또는 공용징수로 인하여 저당목적물의 소유자가 받을 저당목적물에 갈음하는 금전 기타 물건에 대하여 물상대위권을 행사할 수 있으나, 다만 그 지급 또는 인도 전에 이를 압류하여야 하며, 저당권자가 위 금전 또는 물건의 인도청구권을 압류하기 전에 저당물의

> 소유자가 그 인도청구권에 기하여 금전 등을 수령한 경우 저당권자는 더 이상 물상대위권을 행사할 수 없게 된다. 이 경우 저당권자는 저당권의 채권최고액 범위 내에서 저당목적물의 교환가치를 지배하고 있다가 저당권을 상실하는 손해를 입게 되는 반면에, 저당목적물의 소유자는 저당권의 채권최고액 범위 내에서 저당권자에게 저당목적물의 교환가치를 양보하여야 할 지위에 있다가 마치 그러한 저당권의 부담이 없었던 것과 같은 상태에서의 대가를 취득하게 되는 것이므로, 그 수령한 금액 가운데 저당권의 채권최고액을 한도로 하는 피담보채권액의 범위 내에서는 이득을 얻게 된다. 저당목적물 소유자가 얻은 위와 같은 이익은 저당권자의 손실로 인한 것으로서 인과관계가 있을 뿐 아니라, 공평의 관념에 위배되는 재산적 가치의 이동이 있는 경우 수익자로부터 그 이득을 되돌려받아 손실자와 재산상태의 조정을 꾀하는 부당이득제도의 목적에 비추어 보면 위와 같은 이익을 소유권자에게 종국적으로 귀속시키는 것은 저당권자에 대한 관계에서 공평의 관념에 위배되어 법률상 원인이 없다고 봄이 상당하므로, 저당목적물 소유자는 저당권자에게 이를 부당이득으로 반환할 의무가 있다(대판 2009.5.14. 2008다17656).

- ㉢ 물상대위권 : 근저당권자 금전이나 물건의 인도청구권을 압류하기 전에 토지의 소유자가 인도청구권에 기하여 금전 등을 수령한 경우 근저당권자는 더 이상 물상대위권을 행사할 수 없다(대판 2015.9.10. 2013다216273).
- ㉣ 다른 채권자 등이 금전 등을 수령한 경우 : 저당권자가 물상대위권의 행사에 나아가지 아니하여 우선변제권을 상실한 이상, 다른 채권자가 그 보상금 또는 이에 관한 변제공탁금으로부터 이득을 얻었다고 하더라도 저당권자는 이를 부당이득으로서 반환청구할 수 없다(대판 2010.10.28. 2010다46756).

2. 저당권에 의하여 담보되는 범위

> **피담보채권의 범위(민법 제360조)**
> 저당권은 원본, 이자, 위약금, 채무불이행으로 인한 손해배상 및 저당권의 실행비용을 담보한다. 그러나 지연배상에 대하여는 원본의 이행기일을 경과한 후의 1년분에 한하여 저당권을 행사할 수 있다.

① 원본, 이자, 위약금, 채무불이행으로 인한 손해배상은 등기가 되어야 담보된다. 그러나 저당권 실행비용은 등기가 없어도 담보된다.
② 약정이자는 등기되면 무제한 담보된다.
③ 채무불이행으로 인한 손해배상, 즉 지연배상에 관하여 약정이 있으면 이를 등기하여야 후순위저당권자 등에게 대항 가능하며, 원본의 이행기일을 경과한 후의 1년분에 한한다. 위약금이 손해배상의 예정으로 추정되면 동일하게 등기해야 제3자에게 대항가능하다.

Ⅱ 우선변제적 효력

1. 의 의

채무자가 변제기에 변제하지 않으면, 저당권자는 저당목적물을 현금화하여 그 대금으로부터 다른 채권자에 우선하여 피담보채권의 변제를 받을 수 있다(민법 제356조). 이를 우선변제권이라 한다.

2. 저당권자가 피담보채권의 변제를 받는 방법

(1) 저당권에 기하여 우선변제를 받는 경우

1) 저당권자가 직접 경매를 청구하여 우선변제 받는 방법(담보권 실행경매) : 집행권원 불필요

> **저당권자의 경매청구권, 경매인(민법 제363조)**
> ① 저당권자는 그 채권의 변제를 받기 위하여 저당물의 경매를 청구할 수 있다.
> ② 저당물의 소유권을 취득한 제3자도 경매인이 될 수 있다.

① 의의 : 담보권 실행경매란 질권, 저당권 등의 담보권의 실행을 위한 경매를 의미한다. 통상의 강제경매와 달리 확정판결과 같은 집행권원은 필요로 하지 않는다. 또한 일반채권자와 달리 첫 경매개시결정등기 전에 저당권등기를 마친 자는 별도로 배당요구를 하지 않아도 당연히 배당을 받을 수 있다.

② 요 건
  ㉠ 피담보채권 및 저당권이 존재해야 한다.
  ㉡ 피담보채권의 이행기가 도래해야 한다.

③ 매각의 효과
  ㉠ 매수인의 권리취득 : 매수인은 등기 없이도 매각대금을 완납한 때 소유권을 취득한다(민법 제187조).
  ㉡ 목적물 위의 다른 권리에 대한 효과
    ㉮ 저당부동산 위에 존재하던 다른 저당권은 순위에 관계없이 모두 소멸한다.
    ㉯ 저당목적물 위에 존재하던 용익권의 운명은 최선순위 저당권과의 우선순위에 따라 결정된다.
    ㉰ 유치권은 매각이 있더라도 그대로 존속하여, 유치권자는 매수인에게도 채권의 변제가 있을 때까지 인도를 거절할 수 있으므로, 사실상의 우선변제권을 가진다.
    ㉱ 담보가등기는 순위에 관계없이 모두 말소되지만, 보전가등기는 최선순위 저당권에 앞선 것이면 말소되지 않는다.

2) 저당목적물에 대해 일반채권자나 후순위저당권자가 경매를 청구하는 경우
① 저당권자는 경매청구를 막을 수 없고, 배당에 참가하여 우선변제를 받을 수밖에 없다.
② 선순위저당권도 소멸한다.

(2) 단순한 일반채권자로서 변제를 받는 경우(통상의 강제경매, 집행권원 필요)

> **질물 이외의 재산으로부터의 변제(민법 제340조)**
> ① 질권자는 질물에 의하여 변제를 받지 못한 부분의 채권에 한하여 채무자의 다른 재산으로부터 변제를 받을 수 있다.
> ② 전항의 규정은 질물보다 먼저 다른 재산에 관한 배당을 실시하는 경우에는 적용하지 아니한다. 그러나 다른 채권자는 질권자에게 그 배당금액의 공탁을 청구할 수 있다.
>
> **준용규정(민법 제370조)**
> 제214조, 제321조, 제333조, 제340조, 제341조 및 제342조의 규정은 저당권에 준용한다.

3. 우선변제의 순위

(1) 일반채권자에 대한 관계

① 저당권자는 원칙적으로 일반채권자에 우선한다. 다만, 저당권설정등기일보다 먼저 주택임대차보호법상 또는 상가건물 임대차보호법상 대항력과 확정일자를 갖춘 보증금반환채권에 관하여는 저당권자에 우선한다.
② 또한 주택임대차보호법상 또는 상가건물 임대차보호법상 소액보증금에 관하여는 다른 담보권자의 경매신청등기 전에 대항요건을 갖춘 경우 최우선변제권이 인정된다.

(2) 임금 등 우선권과의 관계

① 근로기준법상 근로자의 최종 3개월분의 임금, 최종 3년분의 퇴직금 및 재해보상금에 대한 채권은 사용자의 총재산에 대하여 저당권 또는 질권에 의하여 담보된 채권에 우선한다.
② 임금 등에 대한 지연손해금채권에 대해서는 최우선변제권이 인정되지 않는다(대결 2000.2.12. 99마5143).

(3) 국세 등의 우선권과의 관계

① 저당부동산 소유자가 체납한 국세 또는 지방세는 그 법정기일 전에 설정된 저당권에 우선하여 징수하지 못한다.
② 다만 당해세, 즉 「그 재산에 대하여 부과되는 국세」 등은 언제나 저당권에 우선한다.

III. 저당권과 용익관계

1. 저당권과 용익권의 관계

용익권이 저당권의 실행에 의하여 소멸되느냐 여부는 그 부동산 위의 최선순위 저당권과의 사이의 우열로 정하여진다(대판 1987.2.24. 86다카1936).

2. 법정지상권

> **법정지상권(민법 제366조)**
> 저당물의 경매로 인하여 토지와 그 지상건물이 다른 소유자에 속한 경우에는 토지소유자는 건물소유자에 대하여 지상권을 설정한 것으로 본다. 그러나 지료는 당사자의 청구에 의하여 법원이 이를 정한다.

(1) 의의 및 법적 성질

법정지상권이란 동일인 소유에 속하던 토지와 그 지상건물 중 어느 하나 또는 양자 위에 설정된 저당권의 실행으로 토지와 그 지상건물이 그 소유자를 달리하게 된 경우에 건물소유자에게 그 건물 소유를 위하여 법률상 당연히 인정되는 지상권을 말한다(민법 제366조). 민법 제366조는 가치권과 이용권의 조절을 위한 공익상의 이유로 지상권의 설정을 강제하는 것이므로 저당권설정 당사자 간의 특약으로 저당목적물인 토지에 대하여 법정지상권을 배제하는 약정을 하더라도 그 특약은 효력이 없다(대판 1988.10.25. 87다카1564). 즉, 민법 제366조는 강행규정에 해당한다.

(2) 성립요건

1) 저당권 설정 당시 토지와 그 위에 지상건물이 존재할 것

① 건물의 존재

㉠ (최선순위)저당권 설정 당시 건물이 존재하고 있어야 한다.

> **나대지에 저당권이 설정된 후 저당권설정자가 그 위에 건물을 건축하고 경매로 인하여 그 토지와 건물의 소유자가 달라진 경우, 법정지상권의 성립 여부(소극)** : 건물 없는 토지에 저당권이 설정된 후 저당권설정자가 그 위에 건물을 건축하였다가 담보권의 실행을 위한 경매절차에서 경매로 인하여 그 토지와 지상건물이 소유자를 달리하였을 경우에는, 민법 제366조의 법정지상권이 인정되지 아니할 뿐만 아니라 관습상의 법정지상권도 인정되지 아니한다(대결 1995.12.11. 95마1262).

㉡ 무허가건물이나 미등기건물이라도 법정지상권의 성립에 아무런 지장이 없다(대판 1964.9.22. 63아62).

> 민법 제366조는 저당물의 경매로 인하여 토지와 그 지상건물이 다른 소유자에 속한 경우에 토지소유자는 건물소유자에 대하여 지상권을 설정한 것으로 보는 것인바, 이 경우에 있어서 그 지상건물은 반드시 등기를 거친 것임을 필요로 하지 아니하며 또 그 건물은 건물로서의 요소를 갖추고 있는 이상 무허가 건물이고 건평 5평에 지나지 아니한다 하여도 법정지상권 성립에 아무런 장애도 될 수 없다(대판 1964.9.22. 63아62).

ⓒ 신축 중인 건물의 지상층 부분이 골조공사만 진행되었을 뿐이라고 하더라도 지하층 부분만으로도 독립된 건물로서의 요건을 갖추었다고 본 사례

> 신축 건물이 경락대금 납부 당시 이미 지하 1층부터 지하 3층까지 기둥, 주벽 및 천장 슬라브 공사가 완료된 상태이었을 뿐만 아니라 지하 1층의 일부 점포가 일반에 분양되기까지 하였다면, 비록 토지가 경락될 당시 신축 건물의 지상층 부분이 골조공사만 이루어진 채 벽이나 지붕 등이 설치된 바가 없다 하더라도, 지하층 부분만으로도 구분소유권의 대상이 될 수 있는 구조라는 점에서 신축 건물은 경락 당시 미완성 상태이기는 하지만 독립된 건물로서의 요건을 갖추었다(대판 2003.5.30. 2002다21592·21608).

ⓔ 가설건축물에 관하여 민법 제366조의 법정지상권이 성립하는지 여부(원칙적 소극)

> 민법 제366조의 법정지상권은 저당권 설정 당시 동일인의 소유에 속하던 토지와 건물이 경매로 인하여 양자의 소유자가 다르게 된 때에 건물의 소유자를 위하여 발생하는 것으로서, 법정지상권이 성립하려면 경매절차에서 매수인이 매각대금을 다 낸 때까지 해당 건물이 독립된 부동산으로서 건물의 요건을 갖추고 있어야 한다. 독립된 부동산으로서 건물은 토지에 정착되어 있어야 하는데(민법 제99조 제1항), 가설건축물은 일시 사용을 위해 건축되는 구조물로서 설치 당시부터 일정한 존치기간이 지난 후 철거가 예정되어 있어 일반적으로 토지에 정착되어 있다고 볼 수 없다. 민법상 건물에 대한 법정지상권의 최단 존속기간은 견고한 건물이 30년, 그 밖의 건물이 15년인 데 비하여, 건축법령상 가설건축물의 존치기간은 통상 3년 이내로 정해져 있다. 따라서 가설건축물은 특별한 사정이 없는 한 독립된 부동산으로서 건물의 요건을 갖추지 못하여 법정지상권이 성립하지 않는다(대판 2021.10.28. 2020다224821).

② 건물의 증축·개축과 신축
　㉠ 증축·개축한 경우

> 민법 제366조 소정의 법정지상권이 성립하려면 저당권의 설정당시 저당권의 목적되는 토지 위에 건물이 존재할 경우이어야 하는 바, 저당권설정 당시 건물이 존재한 이상 그 이후 건물을 개축, 증축하는 경우는 물론이고 건물이 멸실되거나 철거된 후 재축, 신축하는 경우에도 법정지상권이 성립한다 할 것이고, 이 경우 법정지상권의 내용인 존속기간, 범위 등은 구 건물을 기준으로 하여 그 이용에 일반적으로 필요한 범위 내로 제한되는 것이다(대판 1990.7.10. 90다카6399).

　㉡ 철거 후 신축한 경우
　　㉮ 토지에만 저당권이 설정된 경우(대판 1990.7.10. 90다카6399 참고)
　　㉯ 토지와 건물에 공동저당권이 설정된 경우

> 동일인의 소유에 속하는 토지 및 그 지상 건물에 관하여 공동저당권이 설정된 후 그 지상 건물이 철거되고 새로 건물이 신축된 경우에는 그 신축건물의 소유자가 토지의 소유자와 동일하고 토지의 저당권자에게 신축건물에 관하여 토지의 저당권과 동일한 순위의 공동저당권을 설정해 주는 등 특별한 사정이 없는 한 저당물의 경매로 인하여 토지와 그 신축건물이 다른 소유자에 속하게 되더라도 그 신축건물을 위한 법정지상권은 성립하지 않는다(대판[전합] 2003.12.18. 98다43601).

2) 저당권 설정 당시 토지와 건물이 동일인 소유일 것

① **판단시점** : 저당권 설정 당시에만 토지와 건물이 동일인 소유에 속하면 된다.

> 미등기건물을 그 대지와 함께 양수한 사람이 그 대지에 대하여서만 소유권이전등기를 넘겨 받고 건물에 대하여는 그 등기를 이전받지 못하고 있는 상태에서 그 대지가 경매되어 소유자가 달라지게 된 경우에는 법정지상권이 발생할 수 없는 것이다(대판 1991.8.27. 91다16730).

② 대지와 미등기건물을 매수한 자가 대지에 대해서만 이전등기를 마친 경우

> [1] 민법 제366조의 법정지상권은 저당권 설정 당시에 동일인의 소유에 속하는 토지와 건물이 저당권의 실행에 의한 경매로 인하여 각기 다른 사람의 소유에 속하게 된 경우에 건물의 소유를 위하여 인정되는 것이므로, 미등기건물을 그 대지와 함께 매수한 사람이 그 대지에 관하여만 소유권이전등기를 넘겨받고 건물에 대하여는 그 등기를 이전 받지 못하고 있다가, 대지에 대하여 저당권을 설정하고 그 저당권의 실행으로 대지가 경매되어 다른 사람의 소유로 된 경우에는, 그 저당권의 설정 당시에 이미 대지와 건물이 각각 다른 사람의 소유에 속하고 있었으므로 법정지상권이 성립될 여지가 없다. [2] 관습상의 법정지상권은 동일인의 소유이던 토지와 그 지상건물이 매매 기타 원인으로 인하여 각각 소유자를 달리하게 되었으나 그 건물을 철거한다는 등의 특약이 없으면 건물 소유자로 하여금 토지를 계속 사용하게 하려는 것이 당사자의 의사라고 보아 인정되는 것이므로 토지의 점유·사용에 관하여 당사자 사이에 약정이 있는 것으로 볼 수 있거나 토지소유자가 건물의 처분권까지 함께 취득한 경우에는 관습상의 법정지상권을 인정할 까닭이 없다 할 것이어서, 미등기건물을 그 대지와 함께 매도하였다면 비록 매수인에게 그 대지에 관하여만 소유권이전등기가 경료되고 건물에 관하여는 등기가 경료되지 아니하여 형식적으로 대지와 건물이 그 소유 명의자를 달리하게 되었다 하더라도 매도인에게 관습상의 법정지상권을 인정할 이유가 없다(대판[전합] 2002.6.20. 2002다9660).

③ 공유와 법정지상권

> - 토지공유자의 한 사람이 다른 공유자의 지분 과반수의 동의를 얻어 건물을 건축한 후 토지와 건물의 소유자가 달라진 경우 토지에 관하여 관습법상의 법정지상권이 성립되는 것으로 보게 되면 이는 토지공유자의 1인으로 하여금 자신의 지분을 제외한 다른 공유자의 지분에 대하여서까지 지상권설정의 처분행위를 허용하는 셈이 되어 부당하다(대판 2014.9.4. 2011다73038·73045). 즉 관습법상 법정지상권이 성립하지 않는다.
> - 토지의 공유자 중의 1인이 공유토지 위에 건물을 소유하고 있다가 토지지분만을 전매함으로써 단순히 토지공유자의 1인에 대하여 관습상의 법정지상권이 성립된 것으로 볼 사유가 발생하였다고 하더라도 당해 토지 자체에 관하여 건물의 소유를 위한 관습상의 법정지상권이 성립된 것으로 보게 된다면 이는 마치 토지공유자의 1인으로 하여금 다른 공유자의 지분에 대하여서까지 지상권설정의 처분행위를 허용하는 셈이 되어 부당하다 할 것이므로 위와 같은 경우에 있어서는 당해 토지에 관하여 건물의 소유를 위한 관습상의 법정지상권이 성립될 수 없다(대판 1987.6.23. 86다카2188). 같은 취지에서 공유물이 강제분할된 경우에도 관습법상 법정지상권의 성립을 부정하였다(대판 1993.4.13. 92다55756).

3) 토지나 건물의 양쪽 또는 어느 한 쪽에 저당권이 설정될 것

4) 저당권의 실행으로 지상건물과 토지의 소유자가 달라질 것

저당권 실행으로 인한 경매 이외의 방법으로 소유자를 달리하게 된 경우, 관습법상 법정지상권은 성립될 수 있으나, 민법 제366조에 의한 법정지상권은 성립하지 않는다.

(3) 효 과
① **성립시기** : 매수인이 매각대금을 완납한 때 법정지상권이 성립한다(민사집행법 제268조, 제135조).
② **공시방법** : 민법 제366조의 법정지상권은 민법 제187조의 법률의 규정에 의한 물권의 취득에 해당하므로, 등기를 필요로 하지 않는다. 다만, 법정지상권자는 이를 등기하지 아니하면 지상권을 처분할 수 없다(민법 제187조 단서).
③ **존속기간** : 법정지상권은 기간의 정함이 없는 지상권으로 보아 민법 제280조의 최단존속기간이 적용된다고 보는 것이 다수설이며, 판례(대판 1992.6.9. 92다4857)이다.

(4) 관련 문제 : (관습법상) 법정지상권 성립 후 건물의 소유권이 이전된 경우

1) 법률행위에 의한 이전

① **건물 양수인의 지위** : 법정지상권을 가진 건물소유자가 건물을 제3자에게 양도한 경우, 특별한 사정이 없는 한 민법 제100조 제2항의 유추적용에 의하여 건물과 함께 종된 권리인 지상권도 양도하기로 한 것으로 봄이 상당하지만(대판 1992.7.14. 92다527), 소유권이전등기뿐만 아니라 지상권이전등기까지 마쳐야 지상권 이전의 효과가 발생한다. 따라서 법정지상권을 가진 건물소유자로부터 건물을 양수하면서 법정지상권까지 양도받기로 한 자는 채권자대위의 법리에 따라 전건물소유자 및 대지소유자에 대하여 차례로 지상권의 설정등기 및 이전등기절차이행을 구할 수 있다(대판[전합] 1985.4.9. 84다카1131·1132 - 다수의견).

② **토지소유자의 건물 양수인에 대한 청구**
   ㉠ 소유권에 기한 지상물 철거청구

> 법정지상권을 가진 건물소유자로부터 건물을 양수하면서 법정지상권까지 양도받기로 한 자는 채권자대위의 법리에 따라 전건물소유자 및 대지소유자에 대하여 차례로 지상권의 설정등기 및 이전등기절차이행을 구할 수 있다 할 것이므로 이러한 법정지상권을 취득할 지위에 있는 자에 대하여 대지소유자가 소유권에 기하여 건물철거를 구함은 지상권의 부담을 용인하고 그 설정등기절차를 이행할 의무있는 자가 그 권리자를 상대로 한 청구라 할 것이어서 신의성실의 원칙상 허용될 수 없다(대판[전합] 1985.4.9. 84다카1131·1132).

   ㉡ 지료상당액에 관한 청구

> 법정지상권자라 할지라도 대지 소유자에게 지료를 지급할 의무는 있는 것이고, 법정지상권이 있는 건물의 양수인으로서 장차 법정지상권을 취득할 지위에 있어 대지 소유자의 건물 철거나 대지 인도 청구를 거부할 수 있다 하더라도 그 대지를 점유·사용함으로 인하여 얻은 이득은 부당이득으로서 대지 소유자에게 반환할 의무가 있다(대판 1997.12.26. 96다34665).

2) 경매에 의한 이전

건물에 대한 저당권의 효력은 그 건물의 소유를 목적으로 하는 지상권에도 미친다(민법 제358조). 따라서 건물에 대한 저당권이 실행되어 경락인이 소유권을 취득하였다면 법정지상권도 등기 없이 당연히 취득하고, 경락인은 종전의 지상권자를 상대로 지상권이전등기절차의 이행을 청구할 수 있다(대판 1992.7.14. 92다527).

> [법정지상권을 취득한 자로부터 경매에 의하여 건물의 소유권을 이전받은 경락인이 그 법정지상권을 취득하는지 여부 (적극)]
> 건물소유를 위하여 법정지상권을 취득한 자로부터 경매에 의하여 그 건물의 소유권을 이전받은 경락인은 경락 후 건물을 철거한다는 등의 매각조건하에서 경매되는 경우 등 특별한 사정이 없는 한 건물의 경락취득과 함께 위 지상권도 당연히 취득한다(대판 1985.2.26. 84다카1578·1579).

(5) 법정지상권의 소멸

법정지상권은 토지소유자의 소멸청구(민법 제287조 참고), 지상권자에 의한 포기 및 당사자 사이의 계약에 의하여 소멸한다.

3. 일괄경매청구권

> **저당지상의 건물에 대한 경매청구권(민법 제365조)**
> 토지를 목적으로 저당권을 설정한 후 그 설정자가 그 토지에 건물을 축조한 때에는 저당권자는 토지와 함께 그 건물에 대하여도 경매를 청구할 수 있다. 그러나 그 건물의 경매대가에 대하여는 우선변제를 받을 권리가 없다.

(1) 의 의

① 민법 제365조가 일괄경매청구권을 규정한 취지는 저당권은 담보물의 교환가치의 취득을 목적으로 할 뿐 담보물의 이용을 제한하지 아니하여 저당권설정자로서는 저당권설정 후에도 그 지상에 건물을 신축할 수 있는데, 후에 그 저당권의 실행으로 토지가 제3자에게 경락될 경우에 건물을 철거하여야 한다면 사회경제적으로 현저한 불이익이 생기게 되어 이를 방지할 필요가 있으므로 이러한 이해관계를 조절하고, 저당권자에게도 저당토지상의 건물의 존재로 인하여 생기게 되는 경매의 어려움을 해소하여 저당권의 실행을 쉽게 할 수 있도록 한 데에 있다(대판 2003.4.11. 2003다3850).

② 저당권자의 일괄경매청구권은 저당권자의 권리이지 의무가 아니다.

(2) 요 건

① 저당권 설정 당시 그 지상에 건물이 없을 것 : 토지저당권 설정 후에 그 지상에 건물이 신축된 경우에 한하여 민법 제365조가 적용된다. 따라서 토지저당권 설정 당시에 이미 그 토지상에 건물이 존재한다면 법정지상권의 성부가 문제된다.

② 저당권설정자가 축조하고 소유하는 건물일 것

> 저당지상의 건물에 대한 일괄경매청구권은 저당권설정자가 건물을 축조한 경우뿐만 아니라 저당권설정자로부터 저당토지에 대한 용익권을 설정받은 자가 그 토지에 건물을 축조한 경우라도 그 후 저당권설정자가 그 건물의 소유권을 취득한 경우에는 저당권자는 토지와 함께 그 건물에 대하여 경매를 청구할 수 있다(대판 2003.4.11. 2003다3850).

(3) 효 과

① 일괄경매를 하는 경우에도 저당권자의 우선변제적 효력은 건물에는 미치지 않고(민법 제365조 단서), 토지의 경매대금에 한정된다.
② 민법 제365조의 취지에 따라 토지와 그 지상건물은 동일인에게 매각되어야 한다.

4. 제3취득자의 지위

> **저당권자의 경매청구권, 경매인(민법 제363조)**
> ① 저당권자는 그 채권의 변제를 받기 위하여 저당물의 경매를 청구할 수 있다.
> ② 저당물의 소유권을 취득한 제3자도 경매인이 될 수 있다.
>
> **제3취득자의 변제(민법 제364조)**
> 저당부동산에 대하여 소유권, 지상권 또는 전세권을 취득한 제3자는 저당권자에게 그 부동산으로 담보된 채권을 변제하고 저당권의 소멸을 청구할 수 있다.
>
> **제3취득자의 비용상환청구권(민법 제367조)**
> 저당물의 제3취득자가 그 부동산의 보존, 개량을 위하여 필요비 또는 유익비를 지출한 때에는 제203조 제1항, 제2항의 규정에 의하여 저당물의 경매대가에서 우선상환을 받을 수 있다.

(1) 제3취득자의 의의

저당부동산의 제3취득자란 저당권이 설정된 후 저당목적물의 소유권을 취득한 자나 저당목적물에 지상권이나 전세권을 취득한 자를 말한다(민법 제364조).

(2) 제3취득자의 지위

제3취득자는 저당권이 실행되기 전에는 부동산을 용익하는 데 아무런 제한을 받지 않으나, 저당권이 실행되면 저당부동산 위의 권리를 상실할 위험이 존재한다. 따라서 민법은 제3취득자를 보호하기 위하여 특칙을 두고 있다.

(3) 제3취득자의 보호

1) **경매인이 될 수 있는 지위**(민법 제363조 제2항)

저당물의 소유권을 취득한 제3자도 경매인이 될 수 있다는 규정은 주의적 규정이다. 단, 채무자는 경매인이 될 수 없다(민사집행규칙 제59조 제1호).

2) **제3취득자의 변제권**(민법 제364조)

① 요건 : 제3취득자의 변제가 인정되기 위해서는 저당부동산에 대하여 제3자가 권리를 취득하였으며, 피담보채무의 변제기가 도래하였어야 한다.

② 제3취득자의 범위
  ㉠ 제3취득자는 저당목적물의 소유권, 지상권, 전세권을 취득한 자이다.
  ㉡ 판례는 저당부동산의 후순위근저당권자는 민법 제364조의 제3취득자에 해당하지 않는다고 보았다.

> 근저당부동산에 대하여 후순위근저당권을 취득한 자는 민법 제364조에서 정한 권리를 행사할 수 있는 제3취득자에 해당하지 아니하므로 이러한 후순위근저당권자가 선순위근저당권의 피담보채무가 확정된 이후에 그 확정된 피담보채무를 변제한 것은 민법 제469조의 규정에 의한 이해관계 있는 제3자의 변제로서 유효한 것인지 따져볼 수는 있을지언정 민법 제364조의 규정에 따라 선순위근저당권의 소멸을 청구할 수 있는 사유로는 삼을 수 없다(대판 2006.1.26. 2005다17341).

③ 변제해야 하는 채무의 범위
  ㉠ 민법 제469조에 의하면 제3취득자는 이해관계 있는 제3자로서 채무자의 모든 채무를 변제하여야 하나, 민법 제364조에 의하면 「그 부동산으로 담보된 채권」만을 변제하고 저당권의 소멸을 청구할 수 있다. 이 경우 채권의 범위는 민법 제360조에 따라 결정된다.
  ㉡ 제3취득자가 민법 제453조 및 제454조의 요건을 갖추어 피담보채무를 면책적으로 인수하면 제3취득자는 채권자에 대한 관계에서 채무자로 지위가 변경되므로 민법 제364조의 규정은 적용될 여지가 없다(대판 2002.5.24. 2002다7176).

④ 변제기 전의 변제가 가능한지 여부 : 다수설 및 판례는 변제기 전의 변제는 원칙적으로 저당권의 투자수단으로서의 기능을 해하므로 제3취득자의 변제기 전의 변제권이 원칙적으로 인정되지 않는다고 한다. 그러나 제3취득자는 손해를 배상하고 변제기 전에도 변제를 할 수 있다(민법 제468조).

⑤ 변제의 효과
  ㉠ 저당권소멸청구권(민법 제364조) : 제3취득자는 부동산으로 담보된 채권을 변제하고 저당권의 소멸을 청구할 수 있다(민법 제364조). 다만, 다수설은 제3취득자의 변제에 의하여 피담보채권이 소멸되면 저당권은 부종성에 의하여 당연히 소멸하고, 법률의 규정에 의한 물권변동이므로 말소등기를 요하지 않는다고 본다.
  ㉡ 변제자의 법정대위권(민법 제481조) : 제3취득자는 변제하는 데 정당한 이익이 있는 자이므로 변제를 하면 당연히 채권자를 대위한다.

> 타인의 채무를 담보하기 위하여 저당권을 설정한 부동산의 소유자(물상보증인)로부터 소유권을 양수한 제3자는 채권자에 의하여 저당권이 실행되게 되면 저당부동산에 대한 소유권을 상실한다는 점에서 물상보증인과 유사한 지위에 있다고 할 것이므로, 물상보증의 목적물인 저당부동산의 제3취득자가 채무를 변제하거나 저당권의 실행으로 저당물의 소유권을 잃은 때에는 물상보증인의 구상권에 관한 민법 제370조, 제341조의 규정을 유추적용하여 보증채무에 관한 규정에 의하여 채무자에 대한 구상권이 있다(대판 1997.7.25. 97다8403).

ⓒ 상환청구권 : 제3취득자는 매도인에게 출재액의 상환을 청구할 수 있다(민법 제576조 제2항).

3) 제3취득자의 비용상환청구권

① 제3취득자가 그 부동산의 보존, 개량을 위하여 필요비 또는 유익비를 지출한 경우에 점유자의 비용상환청구권 규정(민법 제203조 제1항 및 제2항)에 따라 저당물의 매각대금에서 비용의 우선상환을 받을 수 있다(민법 제367조).

② 판례는 민법 제367조의 비용상환청구권을 갖는 저당물의 제3취득자에 소유권자가 포함된다는 입장이다(대판 2004.10.15. 2004다36604).

> [저당부동산의 소유권을 취득한 자가 민법 제367조의 제3취득자에 해당하는지 여부(적극) / 제3취득자가 민법 제367조를 근거로 직접 저당권설정자, 저당권자 또는 경매절차 매수인 등에 대하여 비용상환을 청구할 수 있는지 여부(소극) 및 이를 피담보채권으로 주장하면서 유치권을 행사할 수 있는지 여부(소극)]
> 민법 제367조는 저당물의 제3취득자가 그 부동산의 보존, 개량을 위하여 필요비 또는 유익비를 지출한 때에는 제203조 제1항, 제2항의 규정에 의하여 저당물의 경매대가에서 우선상환을 받을 수 있다고 규정하고 있다. 이는 저당권이 설정되어 있는 부동산의 제3취득자가 저당부동산에 관하여 지출한 필요비, 유익비는 부동산 가치의 유지·증가를 위하여 지출된 일종의 공익비용이므로 저당부동산의 환가대금에서 부담하여야 할 성질의 비용이고 더욱이 제3취득자는 경매의 결과 그 권리를 상실하게 되므로 특별히 경매로 인한 매각대금에서 우선적으로 상환을 받도록 한 것이다. 저당부동산의 소유권을 취득한 자도 민법 제367조의 제3취득자에 해당한다. / 제3취득자가 민법 제367조에 의하여 우선상환을 받으려면 저당부동산의 경매절차에서 배당요구의 종기까지 배당요구를 하여야 한다(민사집행법 제268조, 제88조). 위와 같이 민법 제367조에 의한 우선상환은 제3취득자가 경매절차에서 배당받는 방법으로 민법 제203조 제1항, 제2항에서 규정한 비용에 관하여 경매절차의 매각대금에서 우선변제받을 수 있다는 것이지 이를 근거로 제3취득자가 직접 저당권설정자, 저당권자 또는 경매절차 매수인 등에 대하여 비용상환을 청구할 수 있는 권리가 인정될 수 없다. 따라서 제3취득자는 민법 제367조에 의한 비용상환청구권을 피담보채권으로 주장하면서 유치권을 행사할 수 없다(대판 2023.7.13. 2022다265093).

Ⅳ 저당권 침해에 대한 구제수단

1. 침해의 의의 및 특수성

(1) 저당권 침해의 의의

저당권 침해란 저당권자의 담보가치를 위태롭게 하는 일체의 행위를 의미한다.

(2) 저당권 침해의 특수성

① 저당권은 목적물의 교환가치만 지배할 뿐, 사용·수익에 관한 권리는 저당권설정자에게 있으므로, 목적물이 통상의 용법에 따라 이용되고 있다면 저당권의 침해로 되지 않는다. 다만, 저당권의 실현이 곤란하게 될 특수한 사정이 있는 경우에는 저당권 침해가 인정될 수 있으며, 이러한 특수한 사정의 증명책임은 저당권의 침해를 주장하는 자에게 있다.
② 저당목적물을 침해하여 교환가치가 감소되었더라도 나머지 가치가 아직 피담보채권액을 상회한다면 손해가 발생하지 않는 것으로 손해배상청구권이 인정되지 않는다.

2. 각종의 구제방법

(1) 물권적 청구권

> **준용규정(민법 제370조)**
> 제214조, 제321조, 제333조, 제340조, 제341조 및 제342조의 규정은 저당권에 준용한다.

① 저당권은 점유를 수반하지 않으므로 반환청구권은 없고, 방해제거와 방해예방청구권만 인정된다(민법 제370조).
② 침해된 후 교환가치가 피담보채권의 만족을 줄 수 있는 경우에도 물권적 청구권을 행사할 수 있다.
③ 피담보채권의 변제기 전에도 침해가 있으면 인정된다.
④ 저당권의 목적물 자체가 멸실된 경우 저당권은 소멸하므로, 저당권의 존재를 전제로 하는 물권적 청구권은 인정될 여지가 없다.

(2) 손해배상청구권

① 저당권이 침해된 경우 불법행위가 성립하므로 저당권자는 손해배상을 청구할 수 있다(민법 제750조). 침해자는 저당부동산의 소유자이든 제3자이든 불문한다.
② 목적물의 침해로 저당권자가 채권의 완전한 만족을 얻을 수 없는 때 손해배상청구권이 인정된다.
③ 손해배상청구권은 담보물보충청구권과는 선택적 행사의 대상이 되지만, 즉시변제청구권과는 함께 행사할 수 있다.

(3) 담보물보충청구권

> **저당물의 보충(민법 제362조)**
> 저당권설정자의 책임 있는 사유로 인하여 저당물의 가액이 현저히 감소된 때에는 저당권자는 저당권설정자에 대하여 그 원상회복 또는 상당한 담보제공을 청구할 수 있다.

① 다수설은 저당권설정자에 채무자뿐만 아니라 물상보증인도 포함된다는 입장이다.
② 저당권자가 담보물보충청구권을 행사하면, 다른 구제수단(손해배상청구권, 즉시변제청구권)이 인정되지 않는다.

(4) 즉시변제청구권

> **기한의 이익의 상실(민법 제388조)**
> 채무자는 다음 각 호의 경우에는 기한의 이익을 주장하지 못한다.
>   1. 채무자가 담보를 손상, 감소 또는 멸실하게 한 때
>   2. 채무자가 담보제공의 의무를 이행하지 아니한 때

① 채무자의 책임 있는 사유에 의한 경우에만 인정된다. 즉 물상보증인이나 제3취득자는 포함되지 않는다.
② 저당권자는 즉시변제를 청구하거나 저당권을 실행할 수 있다.
③ 즉시변제청구권은 손해배상청구권도 함께 행사할 수 있으나, 담보물보충청구권과는 함께 행사할 수 없다.

제4관 저당권의 처분 및 소멸

I 저당권의 처분

> **저당권의 처분제한(민법 제361조)**
> 저당권은 그 담보한 채권과 분리하여 타인에게 양도하거나 다른 채권의 담보로 하지 못한다.

1. 서 설

저당권자는 원칙적으로 저당채무의 변제 또는 저당권의 실행에 의하여 만족을 얻지만, 피담보채권의 변제기 전에 자본을 회수하기 위해서는 저당권을 처분(양도 또는 입질)할 수밖에 없다.

2. 저당권부 채권의 양도

(1) 수반성

민법 제361조는 "저당권은 그 담보한 채권과 분리하여 타인에게 양도하거나 다른 채권의 담보로 하지 못한다"고 하여 저당권의 수반성을 규정하고 있다. 즉 저당권은 피담보채권과 일체로만 처분할 수 있다. 따라서 저당권부 채권의 양도에는 채권양도의 합의 외에 저당권의 양도라는 물권적 합의와 저당권이전의 부기등기가 필요하다.

> 민법 제361조는 "저당권은 그 담보한 채권과 분리하여 타인에게 양도하거나 다른 채권의 담보로 하지 못한다"라고 정하고 있을 뿐 피담보채권을 저당권과 분리해서 양도하거나 다른 채권의 담보로 하지 못한다고 정하고 있지 않다. 채권담보라고 하는 저당권 제도의 목적에 비추어 특별한 사정이 없는 한 피담보채권의 처분에는 저당권의 처분도 당연히 포함된다고 볼 것이지만, 피담보채권의 처분이 있으면 언제나 저당권도 함께 처분된다고는 할 수 없다. 따라서 저당권으로 담보된 채권에 질권을 설정한 경우 원칙적으로는 저당권이 피담보채권과 함께 질권의 목적이 된다고 보는 것이 합리적이지만, 질권자와 질권설정자가 피담보채권만을 질권의 목적으로 하고 저당권은 질권의 목적으로 하지 않는 것도 가능하고 이는 저당권의 부종성에 반하지 않는다. 이는 저당권과 분리해서 피담보채권만을 양도한 경우 양도인이 채권을 상실하여 양도인 앞으로 된 저당권이 소멸하게 되는 것과 구별된다. 이와 마찬가지로 담보가 없는 채권에 질권을 설정한 다음 그 채권을 담보하기 위하여 저당권이 설정된 경우 원칙적으로는 저당권도 질권의 목적이 되지만, 질권자와 질권설정자가 피담보채권만을 질권의 목적으로 하였고 그 후 질권설정자가 질권자에게 제공하려는 의사 없이 저당권을 설정받는 등 특별한 사정이 있는 경우에는 저당권은 질권의 목적이 되지 않는다. 이때 저당권은 저당권자인 질권설정자를 위해 존재하며, 질권자의 채권이 변제되거나 질권설정계약이 해지되는 등의 사유로 질권이 소멸한 경우 저당권자는 자신의 채권을 변제받기 위해서 저당권을 실행할 수 있다(대판 2020.4.29. 2016다235411).

(2) 양도의 요건

① 저당권은 피담보채권과 분리하여 양도하지 못하는 것이어서 저당권부 채권의 양도는 언제나 저당권양도와 채권양도가 결합되어 행해지므로 저당권부 채권의 양도는 민법 제186조의 부동산물권변동에 관한 규정과 민법 제449조 내지 제452조의 채권양도에 관한 규정에 의해 규율된다.

> **[저당권부 채권을 양도하는 방법]**
> 저당권은 피담보채권과 분리하여 양도하지 못하는 것이어서 저당권부 채권의 양도는 언제나 저당권양도와 채권양도가 결합되어 행해지므로 저당권부 채권의 양도는 민법 제186조의 부동산물권변동에 관한 규정과 민법 제449조 내지 제452조의 채권양도에 관한 규정에 의해 규율된다. 저당권양도의 경우 물권변동의 일반원칙에 따라 저당권을 이전할 것을 목적으로 하는 물권적 합의와 등기가 있으면 저당권이 이전된다. 지명채권양도의 경우 채권을 이전하는 것을 목적으로 하는 준물권적 합의가 있으면 양도 당사자 사이에 채권이 이전되지만 이로써 채무자에게 대항하려면 채권양도의 통지나 이에 대한 채무자의 승낙이 있어야 한다(대결 2024.8.19. 2024마6339).

② 저당권과 함께 피담보채권을 양수한 자가 저당권이전의 부기등기를 마친 경우, 채권양도의 대항력을 갖추지 않았더라도 저당권실행을 위한 경매신청을 할 수 있는지 여부(적극) 및 이 경우 경매개시결정을 할 때 채권양도의 대항요건을 갖추었다는 점을 증명하여야 하는지 여부(소극) / 채무자가 채권양도의 대항요건이 갖추어지지 않았음을 이유로 경매개시결정에 대한 이의신청이나 매각허가결정에 대한 즉시항고를 한 경우, 신청채권자가 이에 따른 절차에서 채권양도의 대항요건을 갖추었음을 증명하여야 하는지 여부(적극) : 저당권과 함께 피담보채권을 양수한 자는 저당권이전의 부기등기를 마치고 저당권실행의 요건을 갖추고 있는 한 채권양도의 대항요건을 갖추고 있지 않더라도 경매신청을 할 수 있고, 이 경우 경매개시결정을 할 때 피담보채권의 양수인이 채권양도의 대항요건을 갖추었다는 점을 증명할 필요는 없다. / 하지만 채무자는 신청채권자가 채권양도의 대항요건을 갖추지 못하였는데도 경매개시결정 또는 매각허가결정이 이루어졌음을 이유로 경매개시결정에 대한 이의신청이나 매각허가결정에 대한 즉시항고를 할 수 있고, 신청채권자는 이에 따른 절차에서 채권양도의 대항요건을 갖추었음을 증명하여야 한다(대결 2024.8.19. 2024마6339).

③ 그리고 저당권의 양도와 관련하여 물권변동의 일반원칙에 따라 저당권을 이전할 것을 목적으로 하는 물권적 합의와 부기등기가 있어야 저당권이 이전되지만, 이때의 물권적 합의는 저당권의 양도·양수받는 당사자 사이에 있으며 족하고, 그 외에 채무자나 물상보증인 사이에까지 있어야 하는 것은 아니다(대판 2005.6.10. 2002다15412·15429).

(3) 일부양도

피담보채권의 일부가 양도 또는 이전되는 경우, 저당권의 불가분성에 따라 양 채권자는 그 채권액의 비율로 저당권을 준공유한다.

(4) 저당권부 채권의 이전 후 피담보채무가 소멸된 경우의 법률관계

- [1] 근저당권의 양도에 의한 부기등기는 기존의 근저당권설정등기에 의한 권리의 승계를 등기부상 명시하는 것뿐으로, 그 등기에 의하여 새로운 권리가 생기는 것이 아닌 만큼 근저당권설정등기의 말소등기청구는 양수인만을 상대로 하면 족하고, 양도인은 그 말소등기청구에 있어서 피고적격이 없다. [2] 근저당권 이전의 부기등기는 기존의 주등기인 근저당권설정등기에 종속되어 주등기와 일체를 이루는 것이어서 피담보채무가 소멸된 경우 또는 근저당권설정등기가 당초 원인무효인 경우 주등기인 근저당권설정등기의 말소만 구하면 되고 그 부기등기는 별도로 말소를 구하지 않더라도 주등기의 말소에 따라 직권으로 말소된다(대판 1995.5.26. 95다7550). 따라서 피담보채무가 소멸된 경우 양수인을 상대로 주등기인 근저당권설정등기의 말소를 청구하여야 한다.
- 반면에 근저당권의 이전원인만이 무효로 되거나 취소 또는 해제된 경우, 즉 근저당권의 주등기 자체는 유효한 것을 전제로 이와는 별도로 근저당권이전의 부기등기에 한하여 무효사유가 있다는 이유로 부기등기만의 효력을 다투는 경우에는 그 부기등기의 말소를 소구할 필요가 있으므로 예외적으로 소의 이익이 있다(대판 2005.6.10. 2002다15412·15429).

3. 저당권부 채권의 입질

① 입질도 피담보채권과 저당권을 함께 하여야 한다. 따라서 채권이 입질되는 것이기 때문에 권리질권의 설정에 관한 규정이 적용되고, 저당권등기에 질권의 부기등기를 하여야 저당권에도 질권의 효력이 미치게 된다(민법 제348조).
② 저당권부 채권이 입질되면 질권자는 입질된 채권의 추심권을 가지며(민법 제353조), 입질채권이 변제되지 않으면 저당권을 실행할 수 있다.

Ⅱ 저당권의 소멸

1. 일반적 소멸사유

저당권은 물권 일반에 공통하는 소멸원인 및 담보물권에 공통하는 소멸원인에 의하여 소멸한다. 또한 경매, 제3취득자의 변제 등에 의해서도 소멸한다.

2. 피담보채권의 소멸

부종성(민법 제369조)
저당권으로 담보한 채권이 시효의 완성 기타 사유로 인하여 소멸한 때에는 저당권도 소멸한다.

[피담보채권이 소멸되어 무효인 근저당권에 기초하여 개시된 부동산 임의경매절차의 효력(무효) 및 이 경우 매수인이 매각대금 지급으로 부동산의 소유권을 취득할 수 있는지 여부(소극) / 이와 같이 경매가 무효인 경우, 매수인이 경매채권자 등 배당금을 수령한 자를 상대로 부당이득반환을 구할 수 있는지 여부(적극)]
임의경매의 정당성은 실체적으로 유효한 담보권의 존재에 근거하므로, 담보권에 실체적 하자가 있다면 그에 기초한 경매는 원칙적으로 무효이다. 특히 채권자가 경매를 신청할 당시 실행하고자 하는 담보권이 이미 소멸하였다면, 그 경매개시결정은 아무런 처분권한이 없는 자가 국가에 처분권을 부여한 데에 따라 이루어진 것으로서 위법하다. 그러므로 피담보채권이 소멸되어 무효인 근저당권에 기초하여 임의경매절차가 개시되고 매수인이 해당 부동산의 매각대금을 지급하였더라도, 그 경매절차는 무효이므로 매수인은 부동산의 소유권을 취득할 수 없다. / 이와 같이 경매가 무효인 경우 매수인은 경매채권자 등 배당금을 수령한 자를 상대로 그가 배당받은 금액에 대하여 부당이득반환을 청구할 수 있다(대판 2023.7.27. 2023다228107).

3. 지상권·전세권을 목적으로 하는 저당권

지상권, 전세권을 목적으로 하는 저당권(민법 제371조)
① 본장의 규정은 지상권 또는 전세권을 저당권의 목적으로 한 경우에 준용한다.
② 지상권 또는 전세권을 목적으로 저당권을 설정한 자는 저당권자의 동의 없이 지상권 또는 전세권을 소멸하게 하는 행위를 하지 못한다.

민법 제371조 제2항의 "지상권 또는 전세권을 소멸하게 하는 행위"란 지상권 또는 전세권의 포기와 같이 저당권설정자의 적극적인 의사에 의한 소멸행위를 말하고, 저당권설정자의 의사에 기하지 않고 소멸하는 경우는 여기에 해당하지 않는다.

> **[전세권에 대하여 저당권이 설정된 경우, 전세기간 만료 후에 그 저당권을 실행하는 방법]**
> 전세권에 대하여 설정된 저당권은 민사소송법 제724조 소정의 부동산경매절차에 의하여 실행하는 것이나, 전세권의 존속기간이 만료되면 전세권의 용익물권적 권능이 소멸하기 때문에 더 이상 전세권 자체에 대하여 저당권을 실행할 수 없게 되고, 이러한 경우는 민법 제370조, 제342조 및 민사소송법 제733조에 의하여 저당권의 목적물인 전세권에 갈음하여 존속하는 것으로 볼 수 있는 전세금반환채권에 대하여 추심명령 또는 전부명령을 받거나(이 경우 저당권의 존재를 증명하는 등기부등본을 집행법원에 제출하면 되고 별도의 채무명의가 필요한 것이 아니다), 제3자가 전세금반환채권에 대하여 실시한 강제집행절차에서 배당요구를 하는 등의 방법으로 자신의 권리를 행사할 수 있을 뿐이다(대결 1995.9.18. 95마684).
>
> **[전세권에 대하여 저당권이 설정되어 있는데 전세권이 기간만료로 종료된 경우, 전세금반환채권에 대한 제3자의 압류 등이 없는 한 전세권설정자는 전세권자에 대하여만 전세금반환의무를 부담하는지 여부(적극)]**
> 전세권을 목적물로 하는 저당권의 설정은 전세권의 목적물 소유자의 의사와는 상관없이 전세권자의 동의만 있으면 가능한 것이고, 원래 전세권에 있어 전세권설정자가 부담하는 전세금반환의무는 전세금반환채권에 대한 제3자의 압류 등이 없는 한 전세권자에 대해 전세금을 지급함으로써 그 의무이행을 다할 뿐이라는 점에 비추어 볼 때, 전세권저당권이 설정된 경우에도 전세권이 기간만료로 소멸되면 전세권설정자는 전세금반환채권에 대한 제3자의 압류 등이 없는 한 전세권자에 대하여만 전세금반환의무를 부담한다(대판 1999.9.17. 98다31301).
>
> **[전세권에 대하여 저당권이 설정된 경우, 전세기간 만료 후에 전세권설정자의 상계 항변 허용 여부]**
> 전세권저당권자가 전세금반환채권에 대하여 물상대위권을 행사한 경우, 종전 저당권의 효력은 물상대위의 목적이 된 전세금반환채권에 존속하여 저당권자가 전세금반환채권으로부터 다른 일반채권자보다 우선변제를 받을 권리가 있으므로, 설령 전세금반환채권이 압류된 때에 전세권설정자가 전세권자에 대하여 반대채권을 가지고 있고 반대채권과 전세금반환채권이 상계적상에 있다고 하더라도 그러한 사정만으로 전세권설정자가 전세권저당권자에게 상계로써 대항할 수는 없다. 그러나 전세금반환채권은 전세권이 성립하였을 때부터 이미 발생이 예정되어 있다고 볼 수 있으므로, 전세권저당권이 설정된 때에 이미 전세권설정자가 전세권자에 대하여 반대채권을 가지고 있고 반대채권의 변제기가 장래 발생할 전세금반환채권의 변제기와 동시에 또는 그보다 먼저 도래하는 경우와 같이 전세권설정자에게 합리적 기대 이익을 인정할 수 있는 경우에는 특별한 사정이 없는 한 전세권설정자는 반대채권을 자동채권으로 하여 전세금반환채권과 상계함으로써 전세권저당권자에게 대항할 수 있다(대판 2014.10.27. 2013다91672).
>
> **[저당권이 설정된 전세권의 존속기간이 만료된 경우, 저당권자가 전세금의 지급을 구하는 방법 / 전세권저당권자가 전세금반환채권에 대하여 압류 및 추심명령 또는 전부명령을 받는 방법으로 물상대위권을 행사하여 전세금의 지급을 구하는 경우, 전세권설정자가 압류 및 추심명령 또는 전부명령이 송달된 때를 기준으로 하여 그 이전에 채무자와 사이에 발생한 모든 항변사유로 압류채권자에게 대항할 수 있는지 여부(적극) / 임대차계약에 따른 임대차보증금반환채권을 담보할 목적으로 유효한 전세권설정등기가 마쳐지고 전세권저당권자가 이를 알고 있었던 경우, 전세권설정자가 전세권저당권자에게 임대차계약에 따른 연체차임 등의 공제 주장으로 대항할 수 있는지 여부(적극)]**
> 전세권을 목적으로 한 저당권이 설정된 경우, 전세권의 존속기간이 만료되면 전세권의 용익물권적 권능이 소멸하기 때문에 더 이상 전세권 자체에 대하여 저당권을 실행할 수 없게 되고, 저당권자는 저당권의 목적물인 전세권에 갈음하여 존속하는 것으로 볼 수 있는 전세금반환채권에 대하여 압류 및 추심명령 또는 전부명령을 받거나 제3자가 전세금반환채권에 대하여 실시한 강제집행절차에서 배당요구를 하는 등의 방법으로 물상대위권을 행사하여 전세금의 지급을 구하여야 한다. 전세권저당권자가 물상대위권을 행사하여 전세금반환채권에 대하여 압류 및 추심명령

또는 전부명령을 받고 이에 기하여 추심금 또는 전부금을 청구하는 경우 제3채무자인 전세권설정자는 일반적 채권집행의 법리에 따라 압류 및 추심명령 또는 전부명령이 송달된 때를 기준으로 하여 그 이전에 채무자와 사이에 발생한 모든 항변사유로 압류채권자에게 대항할 수 있다. 다만 임대차계약에 따른 임대차보증금반환채권을 담보할 목적으로 유효한 전세권설정등기가 마쳐진 경우에는 전세권저당권자가 저당권 설정 당시 그 전세권설정등기가 임대차보증금반환채권을 담보할 목적으로 마쳐진 것임을 알고 있었다면, 제3채무자인 전세권설정자는 전세권저당권자에게 그 전세권설정계약이 임대차계약과 양립할 수 없는 범위에서 무효임을 주장할 수 있으므로, 그 임대차계약에 따른 연체차임 등의 공제 주장으로 대항할 수 있다(대판 2021.12.30. 2018다268538).

제5관 특수저당권

I 공동저당(민법 제368조)

공동저당과 대가의 배당, 차순위자의 대위(민법 제368조)
① 동일한 채권의 담보로 수 개의 부동산에 저당권을 설정한 경우에 그 부동산의 경매대가를 동시에 배당하는 때에는 각 부동산의 경매대가에 비례하여 그 채권의 분담을 정한다.
② 전항의 저당부동산 중 일부의 경매대가를 먼저 배당하는 경우에는 그 대가에서 그 채권전부의 변제를 받을 수 있다. 이 경우에 그 경매한 부동산의 차순위저당권자는 선순위저당권자가 전항의 규정에 의하여 다른 부동산의 경매대가에서 변제를 받을 수 있는 금액의 한도에서 선순위자를 대위하여 저당권을 행사할 수 있다.

1. 의 의

공동저당이란 채권자가 동일한 채권의 담보로서 수 개의 부동산 위에 저당권을 설정하는 것을 말한다.

2. 성립요건

(1) 저당권 설정의 합의

① "동일한" 채권의 의미는 하나의 채권을 의미하는 것이 아니다. 따라서 수 개의 채권을 담보하기 위한 공동저당의 설정도 가능하다.
② 공동저당은 동시에 성립해야 하는 것은 아니며, 때를 달리하여 설정할 수도 있다(민법 제362조의 저당물 보충 참고). 또한 수 개의 저당권의 순위가 달라도 무방하다.
③ 저당목적물이 전부 채무자 소유일 필요는 없고, 물상보증인 소유인 경우에도 공동저당이 성립하는 데 지장이 없다.
④ 목적물 수만큼 수 개의 저당권이 성립한다(저당권의 독립성).

(2) 등 기

① 각각의 부동산에 저당권등기를 한다. 이 경우 다른 부동산과 함께 공동담보로 되어 있다는 취지를 기록하여야 한다(부동산등기법 제78조 제1항).
② 공동저당부동산이 5개 이상인 경우에는 등기관은 공동담보목록을 작성하여야 한다(부동산등기법 제78조 제2항). 공동담보목록은 등기기록의 일부로 본다(부동산등기법 제78조 제3항).

3. 공동저당의 효력

(1) 공동저당권의 실행

보통의 저당권과 다르지 않지만, 채권자의 실행선택권이 인정된다. 그러나 민법은 채권자의 실행선택권을 인정하면서 후순위권리자 보호를 위하여 일정한 조치를 규정하고 있다.

(2) 동시배당(민법 제368조 제1항)

1) 부담의 안분

① 동시배당의 경우에는 공동저당권자에게 안분배당을 해야 한다. 남는 부분은 각 부동산의 후순위저당권자 등에게 배당한다. 여기서 동시배당이란 경매신청이 아닌 배당을 기준으로 한다. 따라서 동시에 경매를 신청하였더라도 배당의 시기가 다르다면 동시배당에 해당하지 않는다.
② 후순위저당권자가 없더라도 안분배당을 해야 한다.

> [민법 제368조 제1항의 규정 취지 / 공동저당권과 동순위로 배당받는 채권이 있는 경우, 위 조항에서 정한 '각 부동산의 경매대가'의 의미(= 매각대금에서 당해 부동산이 부담할 경매비용과 선순위채권뿐만 아니라 동순위채권에 안분되어야 할 금액까지 공제한 잔액) 및 이때 배당액을 산정하는 방법 / 이는 공동근저당의 경우에도 마찬가지인지 여부(적극)]
> 민법 제368조 제1항은 "동일한 채권의 담보로 수 개의 부동산에 저당권을 설정한 경우에 그 부동산의 경매대가를 동시에 배당하는 때에는 각 부동산의 경매대가에 비례하여 그 채권의 분담을 정한다"라고 규정하고 있다. 이는 공동저당권 목적 부동산의 전체 환가대금을 동시에 배당하는 이른바 동시배당의 경우에 공동저당권자의 실행선택권과 우선변제권을 침해하지 아니하는 범위 내에서 각 부동산의 책임을 안분함으로써 각 부동산의 소유자와 후순위 저당권자 그 밖의 채권자의 이해관계를 조절하는 데에 그 취지가 있다. / 여기에서 '각 부동산의 경매대가'란 일반적으로 매각대금에서 당해 부동산이 부담할 경매비용과 선순위채권을 공제한 잔액을 말하지만, 공동저당권 설정등기 전에 가압류등기가 마쳐진 경우처럼 공동저당권과 동순위로 배당받는 채권이 있는 경우에는 매각대금에서 당해 부동산이 부담할 경매비용과 선순위채권뿐만 아니라 동순위채권에 안분되어야 할 금액까지 공제한 잔액을 말한다고 봄이 타당하다. 당해 부동산에서 동순위채권에 안분되는 금액은 공동저당권의 우선변제권이 미치지 아니하여 담보가치에서 제외되고 이는 선순위채권의 경우와 다를 바 없기 때문이다. 따라서 공동저당권과 동순위로 배당받는 채권이 있는 경우 동시배당을 하는 때 민법 제368조 제1항에 따른 채권의 분담은, 먼저 공동저당권과 동순위로 배당받을 채권자가 존재하는 부동산의 매각대금에서 경매비용과 선순위채권을 공제한 잔여금액을 공동저당권의 피담보채권액과 동순위채권액에 비례하여 안분한 다음, 공동저당권의 피담보채권에 안분된 금액을 경매대가로 삼아 다른 부동산들과 사이에서 각 경매대가에 안분하여 채권의 분담을 정하는 방법으로 이루어진다. / 이는 공동근저당의 경우에도 마찬가지이다(대판 2024.6.13. 2020다258893).

2) 적용범위

① **공동근저당** : 민법 제368조 제1항은 공동저당의 목적물이 모두 채무자 소유인 경우에 적용된다. 또한 공동근저당권의 경우에도 적용되고, 공동근저당권자 스스로 경매를 실행하는 경우는 물론이고 타인이 실행한 경매에서 우선배당을 받는 경우에도 적용된다(대판 2006.10.27. 2005다14502).

② 공동저당의 목적부동산의 일부는 채무자, 나머지는 물상보증인의 소유인 경우

> [공동저당권의 목적물인 채무자 소유의 부동산과 물상보증인 소유의 부동산이 함께 경매되어 그 경매대가를 동시에 배당하는 경우, 민법 제368조 제1항이 적용되는지 여부(소극) 및 그 경우의 배당 방법]
> 공동저당권이 설정되어 있는 수 개의 부동산 중 일부는 채무자 소유이고 일부는 물상보증인의 소유인 경우 위 각 부동산의 경매대가를 동시에 배당하는 때에는, 물상보증인이 민법 제481조, 제482조의 규정에 의한 변제자대위에 의하여 채무자 소유 부동산에 대하여 담보권을 행사할 수 있는 지위에 있는 점 등을 고려할 때, "동일한 채권의 담보로 수 개의 부동산에 저당권을 설정한 경우에 그 부동산의 경매대가를 동시에 배당하는 때에는 각 부동산의 경매대가에 비례하여 그 채권의 분담을 정한다"고 규정하고 있는 민법 제368조 제1항은 적용되지 아니한다고 봄이 상당하다. 따라서 이러한 경우 경매법원으로서는 채무자 소유 부동산의 경매대가에서 공동저당권자에게 우선적으로 배당을 하고, 부족분이 있는 경우에 한하여 물상보증인 소유 부동산의 경매대가에서 추가로 배당을 하여야 한다(대판 2010.4.15. 2008다41475). 이러한 이치는 물상보증인이 채무자를 위한 연대보증인의 지위를 겸하고 있는 경우에도 마찬가지이다(대판 2016.3.10. 2014다231965).

(3) 이시배당(민법 제368조 제2항)

1) 후순위저당권자의 대위

① **의의** : 민법 제368조 제2항 후문은 대위제도를 규정하여 공동저당권의 목적 부동산 중 일부의 경매대가를 먼저 배당하는 이시배당의 경우에도 최종적인 배당의 결과가 동시배당의 경우와 같게 함으로써 공동저당권자의 실행선택권 행사로 인하여 불이익을 입은 차순위저당권자를 보호하는 데 그 취지가 있다(대판 2006.10.27. 2005다14502).

② **요건** : 후순위저당권자의 대위가 인정되기 위해서는 ㉠ 공동저당물 중 일부의 경매대가가 먼저 배당되었을 것, ㉡ 공동저당권자가 일부의 경매대가로부터 그 부동산의 책임분담액을 초과하는 배당을 받았을 것, ㉢ 그로 인하여 후순위저당권자가 동시배당에 비하여 불이익을 받았을 것 등이 요구된다.

③ **효과** : 선순위공동저당권자의 미실행 저당권이 경매된 부동산의 후순위저당권자에게 법률상 당연히 이전되고(민법 제187조), 후순위저당권자는 미실행 저당권에 기한 경매를 신청할 수 있으며, 그 부동산의 경매절차에서 동시배당의 경우와 비교하여 감소된 금액을 한도로 우선변제를 받을 수 있다(민법 제368조 제2항).

④ 대위등기가 없는 상태에서 저당권등기가 말소된 경우

> 먼저 경매된 부동산의 후순위저당권자가 다른 부동산에 공동저당의 대위등기를 하지 아니하고 있는 사이에 선순위저당권자 등에 의해 그 부동산에 관한 저당권등기가 말소되고, 그와 같이 저당권등기가 말소되어 등기부상 저당권의 존재를 확인할 수 없는 상태에서 그 부동산에 관하여 소유권이나 저당권 등 새로 이해관계를 취득한 사람에 대해서는, 후순위저당권자가 민법 제368조 제2항에 의한 대위를 주장할 수 없다(대판 2015.3.20. 2012다99341).

2) 공동저당 부동산 중 채무자 이외의 자, 즉 물상보증인 또는 제3취득자의 소유인 부동산이 존재하는 경우에도 민법 제368조 제2항 후문에 의한 후순위저당권자의 대위가 인정되는지 여부

> **[채무자 소유의 부동산이 먼저 경매된 경우]**
> 공동저당의 목적인 채무자 소유의 부동산과 물상보증인 소유의 부동산 중 채무자 소유의 부동산에 대하여 먼저 경매가 이루어져 그 경매대금의 교부에 의하여 1번 공동저당권자가 변제를 받더라도 채무자 소유의 부동산에 대한 후순위 저당권자는 민법 제368조 제2항 후단에 의하여 1번 공동저당권자를 대위하여 물상보증인 소유의 부동산에 대하여 저당권을 행사할 수 없다. 그리고 이러한 법리는 채무자 소유의 부동산에 후순위 저당권이 설정된 후에 물상보증인 소유의 부동산이 추가로 공동저당의 목적으로 된 경우에도 마찬가지로 적용된다(대판 2014.1.23. 2013다207996).
>
> **[물상보증인 소유의 부동산이 먼저 경매된 경우]**
> 공동저당에 제공된 채무자 소유의 부동산과 물상보증인 소유의 부동산 가운데 물상보증인 소유의 부동산이 먼저 경매되어 매각대금에서 선순위공동저당권자가 변제를 받은 때에는 물상보증인은 채무자에 대하여 구상권을 취득함과 동시에 변제자대위에 의하여 채무자 소유의 부동산에 대한 선순위공동저당권을 대위취득한다. 물상보증인 소유의 부동산에 대한 후순위저당권자는 물상보증인이 대위취득한 채무자 소유의 부동산에 대한 선순위공동저당권에 대하여 물상대위를 할 수 있다. 이 경우에 채무자는 물상보증인에 대한 반대채권이 있더라도 특별한 사정이 없는 한 물상보증인의 구상금 채권과 상계함으로써 물상보증인 소유의 부동산에 대한 후순위저당권자에게 대항할 수 없다. 채무자는 선순위공동저당권자가 물상보증인 소유의 부동산에 대해 먼저 경매를 신청한 경우에 비로소 상계할 것을 기대할 수 있는데, 이처럼 우연한 사정에 의하여 좌우되는 상계에 대한 기대가 물상보증인 소유의 부동산에 대한 후순위저당권자가 가지는 법적 지위에 우선할 수 없다(대판 2017.4.26. 2014다221777·2014다221784).

3) 채무자 소유 부동산과 물상보증인 소유 부동산에 공동근저당권이 설정된 후 공동담보의 목적 부동산 중 채무자 소유 부동산을 제3자에게 매각하여 그 대가로 피담보채권의 일부를 변제하는 경우, 공동근저당권자가 그와 같이 변제받은 금액에 관하여 물상보증인 소유 부동산에 대한 경매 등의 환가절차에서 우선변제권을 행사할 수 있는지 여부(소극)

> 공동근저당권자가 스스로 근저당권을 실행하거나 타인에 의하여 개시된 경매 등의 환가절차를 통하여 공동담보의 목적 부동산 중 일부에 대한 환가대금 등으로부터 다른 권리자에 우선하여 피담보채권의 일부를 배당받은 경우, 그와 같이 우선변제받은 금액에 관하여는 공동담보의 나머지 목적 부동산에 대한 경매 등의 환가절차에서 다시 공동근저당권자로서 우선변제권을 행사할 수 없다. 이러한 법리는 채무자 소유 부동산과 물상보증인 소유 부동산에 공동근저당권이 설정된 후 공동담보의 목적 부동산 중 채무자 소유 부동산을 임의환가하여 청산하는 경우, 즉 공동담보의 목적 부동산 중 채무자 소유 부동산을 제3자에게 매각하여 그 대가로 피담보채권의 일부를 변제하는 경우에도 적용되어, 공동근저당권자는 그와 같이 변제받은 금액에 관하여는 더 이상 물상보증인 소유 부동산에 대한 경매 등의 환가절차에서 우선변제권을 행사할 수 없다(대판 2018.7.11. 2017다292756).

4. 저당권의 포기로 인한 대위 침해의 문제

> 선순위 공동저당권자가 피담보채권을 변제받기 전에 공동저당 목적 부동산 중 일부에 관한 저당권을 포기한 경우에는, 후순위저당권자가 있는 부동산에 관한 경매절차에서, 저당권을 포기하지 아니하였더라면 후순위저당권자가 대위할 수 있었던 한도에서는 후순위저당권자에 우선하여 배당을 받을 수 없다고 보아야 하고, 이러한 법리는 공동근저당권의 경우에도 마찬가지로 적용된다(대판 2009.12.10. 2009다41250).

5. 공동저당 법리의 유추적용

(1) 유추적용이 인정된 경우

판례는 공동저당의 법리를 임금채권 최우선특권, 주택임대차보호법상 소액임차인의 보증금 최우선변제특권, 조세채권 우선특권에 따라 이들에게 우선배당이 실시될 경우에 후순위자에 대하여 민법 제368조를 유추한다.

(2) 유추적용이 부정된 경우

동일한 채권의 담보를 위하여 부동산과 선박에 저당권이 설정된 경우에는 민법 제368조 제2항 후문 규정이 적용 또는 유추적용되지 아니한다(대판 2002.7.12. 2001다53264).

Ⅲ 근저당(민법 제357조)

> **근저당(민법 제357조)**
> ① 저당권은 그 담보할 채무의 최고액만을 정하고 채무의 확정을 장래에 보류하여 이를 설정할 수 있다. 이 경우에는 그 확정될 때까지의 채무의 소멸 또는 이전은 저당권에 영향을 미치지 아니한다.
> ② 전항의 경우에는 채무의 이자는 최고액 중에 산입한 것으로 본다.

1. 서 설

(1) 의 의

근저당이란 계속적인 거래관계로부터 생기는 다수의 불특정의 채권을 장래의 결산기에 있어서 일정한 한도액(채권최고액)까지 담보하는 저당권을 말한다(민법 제357조).

> **[누적적 근저당권]**
> [1] 당사자 사이에 하나의 기본계약에서 발생하는 동일한 채권을 담보하기 위하여 여러 개의 부동산에 근저당권을 설정하면서 각각의 근저당권 채권최고액을 합한 금액을 우선변제받기 위하여 공동근저당권의 형식이 아닌 개별 근저당권의 형식을 취한 경우, 이러한 근저당권은 민법 제368조가 적용되는 공동근저당권이 아니라 피담보채권을 누적적으로 담보하는 근저당권에 해당한다. 이와 같은 누적적 근저당권은 공동근저당권과 달리 담보의 범위가

> 중첩되지 않으므로, 누적적 근저당권을 설정받은 채권자는 여러 개의 근저당권을 동시에 실행할 수도 있고, 여러 개의 근저당권 중 어느 것이라도 먼저 실행하여 그 채권최고액의 범위에서 피담보채권의 전부나 일부를 우선변제받은 다음 피담보채권이 소멸할 때까지 나머지 근저당권을 실행하여 그 근저당권의 채권최고액 범위에서 반복하여 우선변제를 받을 수 있다. [2] 채권자가 하나의 기본계약에서 발생하는 동일한 채권을 담보하기 위하여 채무자 소유의 부동산과 물상보증인 소유의 부동산에 누적적 근저당권을 설정받았는데 물상보증인 소유의 부동산이 먼저 경매되어 매각대금에서 채권자가 변제를 받은 경우, 물상보증인은 채무자에 대하여 구상권을 취득함과 동시에 민법 제481조, 제482조에 따라 종래 채권자가 가지고 있던 채권 및 담보에 관한 권리를 행사할 수 있다. 이때 물상보증인은 변제자대위에 의하여 종래 채권자가 보유하던 채무자 소유 부동산에 관한 근저당권을 대위취득하여 행사할 수 있다고 보아야 한다(대판 2020.4.9. 2014다51756·2014다51763[병합]).

(2) 특수성

① 근저당권은 장래의 증감·변동하는 불특정의 채권도 담보한다는 점에서 현재 또는 장래의 특정의 채권을 담보하는 보통의 저당권과 다르다.
② 근저당권은 보통의 저당권과 달리 부종성이 요구되지 않는다.

2. 근저당권의 성립요건

(1) 근저당권설정계약

① 근저당권설정계약의 당사자는 근저당권자(채권자)와 근저당권설정자(채무자 또는 물상보증인)이다.
② 근저당권설정계약에서 담보할 채권의 최고액과 함께 피담보채권의 범위를 결정하는 기준을 정해야 한다.

> **[근저당권이 유효하기 위하여 근저당권설정행위와 별도로 근저당권의 피담보채권을 성립시키는 법률행위가 필요한지 여부(적극)]**
> 근저당권은 그 담보할 채무의 최고액만을 정하고, 채무의 확정을 장래에 보류하여 설정하는 저당권으로서, 계속적인 거래관계로부터 발생하는 다수의 불특정채권을 장래의 결산기에서 일정한 한도까지 담보하기 위한 목적으로 설정되는 담보권이므로 근저당권설정행위와는 별도로 근저당권의 피담보채권을 성립시키는 법률행위가 있어야 한다(대판 2004.5.28. 2003다70041).

③ 근저당권에 의해 담보될 채권(피담보채권)을 발생케 하는 계속적 계약관계(기본계약관계)가 정해져야 한다.

(2) 근저당권설정등기

① 채권의 최고액을 등기해야 한다(부동산등기법 제75조 제2항 제1호).
② 근저당권의 존속기간을 등기할 수 있으나(부동산등기법 제75조 제2항 제4호), 이를 등기하지 않았더라도 근저당권 등기가 무효로 되는 것은 아니다.

> [부동산 매매대금의 지급을 담보하기 위하여 당사자 간의 합의에 의하여 소유권이전등기를 매수인에게 경료하지 않은 상태에서 목적 부동산 위에 근저당권자를 매도인이 지정하는 제3자로, 채무자를 매도인으로 하는 근저당권을 설정한 경우, 그 근저당권설정등기가 담보물권의 부수성에 반하여 무효인지 여부(= 제한적 유효)]
>
> 근저당권은 채권담보를 위한 것이므로 원칙적으로 채권자와 근저당권자는 동일인이 되어야 하지만, 제3자를 근저당권 명의인으로 하는 근저당권을 설정하는 경우 그 점에 대하여 채권자와 채무자 및 제3자 사이에 합의가 있고, 채권양도, 제3자를 위한 계약, 불가분적 채권관계의 형성 등 방법으로 채권이 그 제3자에게 실질적으로 귀속되었다고 볼 수 있는 특별한 사정이 있는 경우에는 제3자 명의의 근저당권설정등기도 유효하다고 보아야 할 것이고, 한편 부동산을 매수한 자가 소유권이전등기를 마치지 아니한 상태에서 매도인인 소유자의 승낙 아래 매수 부동산을 타에 담보로 제공하면서 당사자 사이의 합의로 편의상 매수인 대신 등기부상 소유자인 매도인을 채무자로 하여 마친 근저당권설정등기는 실제 채무자인 매수인의 근저당권자에 대한 채무를 담보하는 것으로서 유효하다고 볼 것인바, 위 양자의 형태가 결합된 근저당권이라 하여도 그 자체만으로는 부종성의 관점에서 근저당권이 무효라고 보아야 할 어떤 질적인 차이를 가져오는 것은 아니라 할 것이다. 그리고 매매잔대금 채무를 지고 있는 부동산 매수인이 매도인과 사이에 소유권이전등기를 경료하지 아니한 상태에서 그 부동산을 담보로 하여 대출받는 돈으로 매매잔대금을 지급하기로 약정하는 한편, 매매잔대금의 지급을 위하여 당좌수표를 발행·교부하고 이를 담보하기 위하여 그 부동산에 제1순위 근저당권을 설정하되, 그 구체적 방안으로서 채권자인 매도인과 채무자인 매수인 및 매도인이 지정하는 제3자 사이의 합의 아래 근저당권자를 제3자로, 채무자를 매도인으로 하기로 하고, 이를 위하여 매도인이 제3자로부터 매매잔대금 상당액을 차용하는 내용의 차용금증서를 작성·교부하였다면, 매도인이 매매잔대금 채권의 이전 없이 단순히 명의만을 제3자에게 신탁한 것으로 볼 것은 아니고, 채무자인 매수인의 승낙 아래 매매잔대금 채권이 제3자에게 이전되었다고 보는 것이 일련의 과정에 나타난 당사자들의 진정한 의사에 부합하는 해석일 것이므로, 제3자 명의의 근저당권설정등기는 그 피담보채무가 엄연히 존재하고 있어 그 원인이 없거나 부종성에 반하는 무효의 등기라고 볼 수 없다(대판[전합] 2001.3.15. 99다48948 - 다수의견).
>
> [채권자와 근저당권자 사이에 형성된 법률관계의 실체를 밝히는 것이 의사표시 해석의 문제인지 여부(적극) 및 그 해석 방법 / 근저당권설정등기상 근저당권자가 다른 사람과 함께 채무자로부터 유효하게 채권을 변제받을 수 있고 채무자도 그들 중 누구에게든 채무를 유효하게 변제할 수 있는 관계에 있다고 볼 수 있는 경우, 그러한 근저당권설정등기의 효력(유효)]
>
> 채권자와 근저당권자 사이에 형성된 법률관계의 실체를 밝히는 것은 단순한 사실인정의 문제가 아니라 의사표시 해석의 영역에 속하는 것일 수밖에 없고, 따라서 그 행위가 가지는 법률적 의미는 채권자와 근저당권자의 관계, 근저당권설정의 동기 및 경위, 당사자들의 진정한 의사와 목적 등을 종합적으로 고찰하여 논리와 경험칙에 따라 합리적으로 해석하여야 한다. 그리고 근저당권설정등기상 근저당권자가 다른 사람과 함께 채무자로부터 유효하게 채권을 변제받을 수 있고 채무자도 그들 중 누구에게든 채무를 유효하게 변제할 수 있는 관계, 가령 채권자와 근저당권자가 불가분적 채권자의 관계에 있다고 볼 수 있는 경우에는 그러한 근저당권설정등기도 유효하다고 볼 것이다(대판 2020.7.9. 2019다212594).

3. 근저당권의 효력

(1) 최고액

① 최고액이란 근저당권자가 목적물로부터 우선변제를 받을 수 있는 한도액을 의미한다.
② 「채무자 겸 근저당권설정자」가 그 채무의 일부인 채권최고액만을 변제하고, 나머지 잔존 채무에 대해서는 변제를 하지 않은 경우 근저당권의 말소를 구할 수 없다(대판 2001.10.12. 2000다59081). 즉 채무 전액을 변제해야 한다.

> **[근저당권자의 채권총액이 채권최고액을 초과하는 경우, 근저당권자와 채무자 겸 근저당권설정자 사이에서 근저당권의 효력이 미치는 범위]**
> 원래 저당권은 원본, 이자, 위약금, 채무불이행으로 인한 손해배상 및 저당권의 실행비용을 담보하는 것이며, 채권최고액의 정함이 있는 근저당권에 있어서 이러한 채권의 총액이 그 채권최고액을 초과하는 경우, 적어도 근저당권자와 채무자 겸 근저당권설정자와의 관계에 있어서는 위 채권 전액의 변제가 있을 때까지 근저당권의 효력은 채권최고액과는 관계없이 잔존채무에 여전히 미친다(대판 2001.10.12. 2000다59081).
>
> **[원고가 피담보채무 전액을 변제하였다고 주장하면서 근저당권설정등기의 말소등기절차 이행을 청구하였으나 원리금의 계산에 관한 다툼 등으로 인하여 변제액이 채무 전액을 소멸시키는 데에 미치지 못하고 잔존채무가 있는 것으로 밝혀진 경우, 원고의 청구에 확정된 잔존채무를 변제하고 그다음에 위 등기의 말소를 구한다는 취지도 포함되어 있다고 해석하여야 하는지 여부(원칙적 적극) 및 이때 근저당권설정등기의 피담보채무 중 잔존원금 및 지연손해금의 액수를 심리·확정한 후 그 변제를 조건으로 근저당권설정등기의 말소를 명하여야 하는지 여부(적극) / 이는 채무의 담보를 위하여 설정된 지상권설정등기 말소청구의 경우에도 마찬가지인지 여부(적극)]**
> 원고가 피담보채무 전액을 변제하였다고 주장하면서 근저당권설정등기의 말소등기절차 이행을 청구하였으나 원리금의 계산에 관한 다툼 등으로 인하여 변제액이 채무 전액을 소멸시키는 데에 미치지 못하고 잔존채무가 있는 것으로 밝혀진 경우에는 특별한 사정이 없는 한 원고의 청구에 확정된 잔존채무를 변제하고 그다음에 위 등기의 말소를 구한다는 취지도 포함되어 있다고 해석함이 상당하고, 이는 장래이행의 소로서 미리 청구할 이익도 인정되므로, 피담보채무가 전액 변제되지 않았다는 이유만으로 원고의 청구를 단순히 기각할 것이 아니라 근저당권설정등기의 피담보채무 중 잔존원금 및 지연손해금의 액수를 심리·확정한 후 그 변제를 조건으로 근저당권설정등기의 말소를 명하여야 한다. / 이는 채무의 담보를 위하여 설정된 지상권설정등기 말소청구의 경우에도 마찬가지이다(대판 2024.11.28. 2024다271825).

③ 「물상보증인」이나 「제3취득자」인 경우에는 채권최고액만을 변제하고 근저당권의 말소를 청구할 수 있다(대판 1974.12.10. 74다998, 대결 1971.5.15. 71마251).

(2) 피담보채권

① **피담보채권의 범위** : 우선 근저당권설정계약에 의하여 결정되지만, 계약에 정함이 없는 경우에는 민법 제360조가 적용된다.
② **최고액과 피담보채권의 범위와 관계**
  ㉠ 원본, 이자, 위약금, 채무불이행으로 인한 손해배상, 저당권의 실행비용 등이 근저당권에 의하여 담보된다. 다만, 지연손해금은 일반 저당과 달리 1년분에 한정될 필요가 없다.
  ㉡ 근저당권 실행비용이 최고액에 포함되는지 견해의 다툼이 있으나 다수설 및 판례는 포함하지 않는다는 입장이다.

(3) 근저당권의 실행

① **의의** : 채무자 또는 제3취득자 등이 피담보채권을 변제하여 근저당권을 소멸시키기 위해서는 먼저 피담보채권이 확정된 후 그 채권을 변제해야 한다. 실행절차는 보통의 저당권과 같다.
② **피담보채권의 확정** : 근저당권의 피담보채권은 증감, 변동하는데, 그러한 상태가 종료되는 것을 근저당권의 확정 또는 피담보채권의 확정이라 한다. 민법이 피담보채권의 확정사유 및 시기를 규정하고 있지 않아, 이론 및 판례에 의해 해결되고 있다.

㉠ 확정사유에 대한 검토
　㉮ 근저당권설정자 등의 확정청구

> [1] 근저당권이라 함은 그 담보할 채권의 최고액만을 정하고 채무의 확정을 장래에 유보하여 설정하는 저당권을 말하고, 이 경우 그 피담보채무가 확정될 때까지의 채무의 소멸 또는 이전은 근저당권에 영향을 미치지 아니하므로, 근저당부동산에 대하여 소유권을 취득한 제3자는 피담보채무가 확정된 이후에 그 확정된 피담보채무를 채권최고액의 범위 내에서 변제하고 근저당권의 소멸을 청구할 수 있다고 할 것이며, 피담보채무는 근저당권설정계약에서 근저당권의 존속기간을 정하거나 근저당권으로 담보되는 기본적인 거래계약에서 결산기를 정한 경우에는 원칙적으로 존속기간이나 결산기가 도래한 때에 확정되지만, 이 경우에도 근저당권에 의하여 담보되는 채권이 전부 소멸하고 채무자가 채권자로부터 새로이 금원을 차용하는 등 거래를 계속할 의사가 없는 경우에는, 그 존속기간 또는 결산기가 경과하기 전이라 하더라도 근저당권설정자는 계약을 해지하고 근저당권설정등기의 말소를 구할 수 있고, 한편 존속기간이나 결산기의 정함이 없는 때에는 근저당권의 피담보채무의 확정방법에 관한 다른 약정이 있으면 그에 따르되 이러한 약정이 없는 경우라면 근저당권설정자가 근저당권자를 상대로 언제든지 해지의 의사표시를 함으로써 피담보채무를 확정시킬 수 있다. [2] 피담보채무를 확정시키는 근저당권설정자의 근저당권설정계약의 해제 또는 해지에 관한 권한은 근저당부동산의 소유권을 취득한 제3취득자도 원용할 수 있다(대판 2002.5.24. 2002다7176).

㉯ 경매신청
　• 근저당권자의 경매신청

> [**근저당권자가 피담보채무의 불이행을 이유로 스스로 담보권의 실행을 위한 경매를 신청한 경우, 그때까지 발생되어 있는 채권으로 피담보채권액이 확정되는지 여부(적극) / 담보권 실행을 위한 임의경매절차에서 근저당권자가 경매신청서에 청구채권으로 원금 외에 이자, 지연손해금 등의 부대채권을 개괄적으로나마 표시하였다가 나중에 채권계산서에 의하여 그 부대채권의 구체적인 금액을 특정하는 것이 허용되는지 여부(적극) / 근저당권자가 경매신청서의 청구금액 등에 장래 발생될 것으로 예상되는 원금채권을 기재하였거나 구체적인 금액을 밝혔다는 사정만으로 경매 신청 당시에 발생하지 않은 장래의 원금채권까지 피담보채권액에 추가되거나 경매절차상 청구금액이 그와 같이 확장될 수 있는지 여부(소극)**]
> 근저당권은 계속되는 거래관계로부터 발생하고 소멸하는 불특정 다수의 장래 채권을 결산기에 계산하여 잔존하는 채무를 일정한 한도액의 범위 내에서 담보하는 저당권이어서 그 거래가 종료하기까지 채권은 계속적으로 증감 변동하나, 근저당권자가 피담보채무의 불이행을 이유로 스스로 담보권의 실행을 위한 경매를 신청한 때에는 그때까지 발생되어 있는 채권으로 피담보채권액이 확정된다. 한편 담보권 실행을 위한 임의경매절차에서 근저당권자가 경매신청서에 청구채권으로 원금 외에 이자, 지연손해금 등의 부대채권을 개괄적으로나마 표시하였다가 나중에 채권계산서에 의하여 그 부대채권의 구체적인 금액을 특정하는 것은 경매신청서에 개괄적으로 기재하였던 청구금액의 산출 근거와 범위를 밝히는 것이므로 허용되나, 피담보채권이 확정된 이후에 비로소 발생하는 원금채권은 더 이상 근저당권에 의하여 담보될 수 없으므로, 근저당권자가 경매를 신청하면서 경매신청서의 청구금액 등에 장래 발생될 것으로 예상되는 원금채권을 기재하였거나 그 구체적인 금액을 밝혔다는 사정만으로 경매 신청 당시에 발생하지 않은 장래의 원금채권까지 피담보채권액에 추가될 수 없을 뿐만 아니라 경매절차상 청구금액이 그와 같이 확장될 수 있는 것도 아니다(대판 2023.6.29. 2022다300248).

• 제3자의 경매신청

[후순위근저당권자가 경매를 신청한 경우, 선순위근저당권자의 피담보채권액이 확정되는 시기(= 경락대금 완납시)]

당해 근저당권자는 저당부동산에 대하여 경매신청을 하지 아니하였는데 다른 채권자가 저당부동산에 대하여 경매신청을 한 경우 민사소송법 제608조 제2항, 제728조의 규정에 따라 경매신청을 하지 아니한 근저당권자의 근저당권도 경락으로 인하여 소멸하므로, 다른 채권자가 경매를 신청하여 경매절차가 개시된 때로부터 경락으로 인하여 당해 근저당권이 소멸하게 되기까지의 어느 시점에서인가는 당해 근저당권의 피담보채권도 확정된다고 하지 아니할 수 없는데, 그중 어느 시기에 당해 근저당권의 피담보채권이 확정되는가 하는 점에 관하여 우리 민법은 아무런 규정을 두고 있지 아니한바, 부동산 경매절차에서 경매신청기입등기 이전에 등기되어 있는 근저당권은 경락으로 인하여 소멸되는 대신에 그 근저당권자는 민사소송법 제605조가 정하는 배당요구를 하지 아니하더라도 당연히 그 순위에 따라 배당을 받을 수 있고, 이러한 까닭으로 선순위 근저당권이 설정되어 있는 부동산에 대하여 근저당권을 취득하는 거래를 하려는 사람들은 선순위 근저당권의 채권최고액만큼의 담보가치는 이미 선순위 근저당권자에 의하여 파악되어 있는 것으로 인정하고 거래를 하는 것이 보통이므로, 담보권 실행을 위한 경매절차가 개시되었음을 선순위근저당권자가 안 때 이후의 어떤 시점에 선순위근저당권의 피담보채무액이 증가하더라도 그와 같이 증가한 피담보채무액이 선순위근저당권의 채권최고액 한도 안에 있다면 경매를 신청한 후순위근저당권자가 예측하지 못한 손해를 입게 된다고 볼 수 없는 반면, 선순위근저당권자는 자신이 경매신청을 하지 아니하였으면서도 경락으로 인하여 근저당권을 상실하게 되는 처지에 있으므로 거래의 안전을 해치지 아니하는 한도 안에서 선순위근저당권자가 파악한 담보가치를 최대한 활용할 수 있도록 함이 타당하다는 관점에서 보면, 후순위근저당권자가 경매를 신청한 경우 선순위근저당권의 피담보채권은 그 근저당권이 소멸하는 시기, 즉 경락인이 경락대금을 완납한 때에 확정된다고 보아야 한다(대판 1999.9.21. 99다26085).

㉰ 채무자가 합병으로 소멸한 경우

물상보증인이 설정한 근저당권의 채무자가 합병으로 소멸하는 경우 합병 후의 존속회사 또는 신설회사는 합병의 효과로서 채무자의 기본계약상 지위를 승계하지만 물상보증인이 존속회사 또는 신설회사를 위하여 근저당권설정계약을 존속시키는 데 동의한 경우에 한하여 합병 후에도 기본계약에 기한 근저당거래를 계속할 수 있고, 합병 후 상당한 기간이 지나도록 그러한 동의가 없는 때에는 합병 당시를 기준으로 근저당권의 피담보채무가 확정된다. 따라서 위와 같이 근저당권의 피담보채무가 확정되면, 근저당권은 그 확정된 피담보채무로서 존속회사 또는 신설회사에 승계된 채무만을 담보하게 되므로, 합병 후 기본계약에 의하여 발생한 존속회사 또는 신설회사의 채무는 근저당권에 의하여 더 이상 담보되지 아니한다. 그리고 이러한 법리는 채무자의 합병 전에 물상보증인으로부터 저당목적물의 소유권을 취득한 제3자가 있는 경우에도 마찬가지로 적용된다(대판 2010.1.28. 2008다12057).

ⓒ 확정의 효과
㉮ 담보되는 채권의 범위

> 근저당권자의 경매신청 등의 사유로 인하여 근저당권의 피담보채권이 확정되었을 경우, 확정 이후에 새로운 거래관계에서 발생한 원본채권은 그 근저당권에 의하여 담보되지 아니하지만, 확정 전에 발생한 원본채권에 관하여 확정 후에 발생하는 이자나 지연손해금 채권은 채권최고액의 범위 내에서 근저당권에 의하여 여전히 담보되는 것이다(대판 2007.4.26. 2005다38300).

㉯ 실제 채권액이 채권최고액을 초과하는 경우

> - 근저당권의 목적이 된 부동산의 제3취득자는 근저당권의 피담보채무에 대하여 채권최고액을 한도로 당해 부동산에 의한 담보적 책임을 부담하므로, 제3취득자로서는 채무자 또는 제3자의 변제 등으로 피담보채권이 일부 소멸하였다고 하더라도 잔존 피담보채권이 채권최고액을 초과하는 한 담보 부동산에 의한 자신의 책임이 그 변제 등으로 인하여 감축되었다고 주장할 수 없다(대판 2007.4.26. 2005다38300).
> - 근저당부동산에 대하여 민법 제364조의 규정에 의한 권리를 취득한 제3자는 피담보채무가 확정된 이후에 채권최고액의 범위 내에서 그 확정된 피담보채무를 변제하고 근저당권의 소멸을 청구할 수 있으나, 근저당부동산에 대하여 후순위근저당권을 취득한 자는 민법 제364조에서 정한 권리를 행사할 수 있는 제3취득자에 해당하지 아니하므로 이러한 후순위근저당권자가 선순위근저당권의 피담보채무가 확정된 이후에 그 확정된 피담보채무를 변제한 것은 민법 제469조의 규정에 의한 이해관계 있는 제3자의 변제로서 유효한 것인지 따져볼 수는 있을지언정 민법 제364조의 규정에 따라 선순위근저당권의 소멸을 청구할 수 있는 사유로는 삼을 수 없다(대판 2006.1.26. 2005다17341).
> - 채무자의 채무액이 근저당 채권최고액을 초과하는 경우에 채무자 겸 근저당권설정자가 그 채무의 일부인 채권최고액과 지연손해금 및 집행비용만을 변제하였다면 채권전액의 변제가 있을 때까지 근저당권의 효력은 잔존채무에 미치는 것이므로 위 채무일부의 변제로써 위 근저당권의 말소를 청구할 수 없다(대판 1981.11.10. 80다2712).

ⓒ 확정시기에 대한 검토

> **[근저당권의 피담보채무의 확정시기 및 피담보채무의 확정에 관한 근저당권설정자의 권한을 근저당부동산의 제3취득자가 원용할 수 있는지 여부(적극)]**
> 근저당부동산에 대하여 민법 제364조의 규정에 의한 권리를 취득한 제3자는 피담보채무가 확정된 이후에 채권최고액의 범위 내에서 그 확정된 피담보채무를 변제하고 근저당권의 소멸을 청구할 수 있으므로, 타인의 불법행위로 인하여 부동산에 유효한 근저당권이 설정되는 경우 부동산 소유자가 입은 손해는 부동산 소유자가 근저당권자에 대하여 당해 근저당권의 소멸을 청구하는 데 드는 비용이라고 할 것이고, 한편 근저당권에 의하여 담보되는 피담보채무는 근저당권설정계약에서 근저당권의 존속기간을 정하거나 근저당권으로 담보되는 기본적인 거래계약에서 결산기를 정한 경우에는 원칙적으로 존속기간이나 결산기가 도래한 때에 확정되지만, 이 경우에도 근저당권에 의하여 담보되는 채권이 전부 소멸하고 채무자가 채권자로부터 새로이 금원을 차용하는 등 거래를 계속할 의사가 없는 경우에는, 그 존속기간 또는 결산기가 경과하기 전이라 하더라도 근저당권설정자는 계약을 해제하고 근저당권설정등기의 말소를 구할 수 있고, 존속기간이나 결산기의 정함이 없는 때에는 근저당권설정자가 근저당권자를 상대로 언제든지 해지의 의사표시를 함으로써 피담보채무를 확정시킬 수 있으며, 이러한 계약의 해제 또는 해지에 관한 권한은 근저당부동산의 소유권을 취득한 제3자도 원용할 수 있다고 할 것이다(대판 2006.4.28. 2005다74108).

4. 근저당권의 변경

(1) 채무의 범위 또는 채무자의 변경

[근저당권의 피담보채무가 확정되기 전에는 채무의 범위나 채무자의 변경이 가능한지 여부(적극) 및 근저당권의 채무의 범위나 채무자가 변경된 경우, 변경 전의 범위에 속하는 채권이나 채무자에 대한 채권은 그 근저당권의 피담보채무에서 제외되는지 여부(적극)]

근저당권은 당사자 사이의 계속적인 거래관계로부터 발생하는 불특정채권을 어느 시기에 계산하여 잔존하는 채무를 일정한 한도액 범위 내에서 담보하는 저당권으로서 보통의 저당권과 달리 발생 및 소멸에 있어 피담보채무에 대한 부종성이 완화되어 있는 관계로 피담보채무가 확정되기 이전이라면 채무의 범위나 또는 채무자를 변경할 수 있는 것이고, 채무의 범위나 채무자가 변경된 경우에는 당연히 변경 후의 범위에 속하는 채권이나 채무자에 대한 채권만이 당해 근저당권에 의하여 담보되고, 변경 전의 범위에 속하는 채권이나 채무자에 대한 채권은 그 근저당권에 의하여 담보되는 채무의 범위에서 제외된다(대판 1999.5.14. 97다15777·15784).

[물상보증인이 근저당권의 피담보채무만을 면책적으로 인수하고 이를 원인으로 하여 근저당권 변경의 부기등기를 경료한 경우, 그 변경등기는 채무를 인수한 물상보증인이 다른 원인으로 근저당권자에 대하여 부담하게 된 새로운 채무까지 담보하는지 여부(소극)]

물상보증인이 근저당권의 채무자의 계약상의 지위를 인수한 것이 아니라 다만 그 채무만을 면책적으로 인수하고 이를 원인으로 하여 근저당권 변경의 부기등기가 경료된 경우, 특별한 사정이 없는 한 그 변경등기는 당초 채무자가 근저당권자에 대하여 부담하고 있던 것으로서 물상보증인이 인수한 채무만을 그 대상으로 하는 것이지, 그 후 채무를 인수한 물상보증인이 다른 원인으로 근저당권자에 대하여 부담하게 된 새로운 채무까지 담보하는 것으로 볼 수는 없다(대판 1999.9.3. 98다40657).

(2) 피담보채무의 일부양도 또는 일부 변제

[근저당권을 가지고 있는 채권자에게 그 근저당권의 피담보채권이 확정되기 전에 채무의 일부를 대위변제한 자가 그 근저당권의 피담보채권 확정 후 그 근저당권 내지 그 실행으로 인한 경락대금에 대하여 취득하는 권리 범위]

변제할 정당한 이익이 있는 자가 채무자를 위하여 채권의 일부를 대위변제할 경우에 대위변제자는 변제한 가액의 범위 내에서 종래 채권자가 가지고 있던 채권 및 담보에 관한 권리를 법률상 당연히 취득하게 되는 것이므로, 채권자가 부동산에 대하여 근저당권을 가지고 있는 경우에는, 채권자는 대위변제자에게 일부 대위변제에 따른 저당권의 일부 이전의 부기등기를 경료해 주어야 할 의무가 있다 할 것이나, 이 경우에도 채권자는 일부 변제자에 대하여 우선변제권을 가지고 있다 할 것이고, 근저당권이라고 함은 계속적인 거래관계로부터 발생하고 소멸하는 불특정다수의 장래채권을 결산기에 계산하여 잔존하는 채무를 일정한 한도액의 범위 내에서 담보하는 저당권이어서, 거래가 종료하기까지 채권은 계속적으로 증감변동하는 것이므로, 근저당 거래관계가 계속중인 경우 즉 근저당권의 피담보채권이 확정되기 전에 그 채권의 일부를 양도하거나 대위변제한 경우 근저당권이 양수인이나 대위변제자에게 이전할 여지는 없다 할 것이나, 그 근저당권에 의하여 담보되는 피담보채권이 확정되게 되면, 그 피담보채권액이 그 근저당권의 채권최고액을 초과하지 않는 한 그 근저당권 내지 그 실행으로 인한 경락대금에 대한 권리 중 그 피담보채권액을 담보하고 남는 부분은 저당권의 일부이전의 부기등기의 경료 여부와 관계없이 대위변제자에게 법률상 당연히 이전된다(대판 2002.7.26. 2001다53929).

[근저당 거래관계가 계속되는 관계로 근저당권의 피담보채권이 확정되지 아니하는 동안에 채권의 일부가 대위변제된 경우, 근저당권이 대위변제자에게 이전되는지 여부(소극)]

근저당권은 계속적인 거래관계로부터 발생·소멸하는 불특정다수의 채권 중 그 결산기에 잔존하는 채권을 일정한 한도액의 범위 내에서 담보하는 것으로서 그 거래가 종료하기까지 그 피담보채권은 계속적으로 증감·변동하는 것이므로, 근저당 거래관계가 계속되는 관계로 근저당권의 피담보채권이 확정되지 아니하는 동안에는 그 채권의 일부가 대위변제되었다 하더라도 그 근저당권이 대위변제자에게 이전될 수 없다(대판 2000.12.26. 2000다54451).

[변제할 정당한 이익이 있는 자가 채무자를 위하여 근저당권의 피담보채무의 일부를 대위변제한 경우, 근저당권의 실행으로 인한 배당절차에서 근저당권자의 우선변제권의 범위]

변제할 정당한 이익이 있는 자가 채무자를 위하여 근저당권의 피담보채무의 일부를 대위변제한 경우에 대위변제자는 피담보채무의 일부대위변제를 원인으로 한 근저당권 일부이전의 부기등기의 경료 여부와 관계없이 변제한 가액의 범위 내에서 종래 채권자가 가지고 있던 채권 및 담보에 관한 권리를 법률상 당연히 취득하게 되는 것이나 이때에도 채권자는 대위변제자에 대하여 우선변제권을 가진다고 할 것인바, 이 경우에 채권자의 우선변제권은 피담보채권액을 한도로 특별한 사정이 없는 한 자기가 보유하고 있는 잔존 채권액 전액에 미친다고 할 것이고, 이러한 법리는 채권자와 후순위권리자 사이에서도 마찬가지라 할 것이므로 근저당권의 실행으로 인한 배당절차에서도 채권자는 특별한 사정이 없는 한 자기가 보유하고 있는 잔존 채권액 및 피담보채권액의 한도에서 후순위권리자에 우선해서 배당받을 수 있다(대판 2004.6.25. 2001다2426).

5. 근저당권의 소멸

근저당권도 저당권의 일종이므로, 저당권의 소멸사유가 그대로 적용된다.

[원인 없이 말소된 근저당권설정등기의 회복등기절차 이행과 회복등기에 대한 승낙의 의사표시를 구하는 소송 도중에 근저당목적물인 부동산에 관하여 경매절차가 진행되어 매각허가결정이 확정되고 매수인이 매각대금을 완납한 경우, 회복등기절차 이행이나 회복등기에 대한 승낙의 의사표시를 구할 법률상 이익이 있는지 여부(소극)]

부동산에 관하여 근저당권설정등기가 마쳐졌다가 등기가 위조된 관계서류에 기하여 아무런 원인 없이 말소되었다는 사정만으로는 곧바로 근저당권이 소멸하는 것은 아니지만, 부동산이 경매절차에서 매각되면 매각부동산에 존재하였던 저당권은 당연히 소멸하는 것이므로(민사집행법 제91조 제2항, 제268조 참조) 근저당권설정등기가 원인 없이 말소된 이후에 근저당목적물인 부동산에 관하여 다른 근저당권자 등 권리자의 신청에 따라 경매절차가 진행되어 매각허가결정이 확정되고 매수인이 매각대금을 완납하였다면, 원인 없이 말소된 근저당권도 소멸한다. 따라서 원인 없이 말소된 근저당권설정등기의 회복등기절차 이행과 회복등기에 대한 승낙의 의사표시를 구하는 소송 도중에 근저당목적물인 부동산에 관하여 경매절차가 진행되어 매각허가결정이 확정되고 매수인이 매각대금을 완납하였다면 매각부동산에 설정된 근저당권은 당연히 소멸하므로, 더 이상 원인 없이 말소된 근저당권설정등기의 회복등기절차 이행이나 회복등기에 대한 승낙의 의사표시를 구할 법률상 이익이 없게 된다(대판 2014.12.11. 2013다28025).

6. 포괄근저당

(1) 의 의
포괄근저당이란 채권자와 채무자 사이에 기초적인 계속적 계약(기본계약)조차도 특정하지 않고서 채권자가 채무자에 대하여「현재 및 장래에 발생할 일체의 채권」을 일정한 한도까지 담보하는 것을 내용으로 하는 근저당을 말한다.

(2) 유 형
① **무제한적 포괄근저당** : 당사자 사이에 현재 및 장래에 발생할 일체의 채권·채무를 담보하는 유형이다.
② **제한적 포괄근저당** : 기본계약을 열거하고 그와 관련하여 생기는 채무 기타 일체의 채무를 담보하는 유형이다. 주로 금융거래에서 이용한다.

(3) 유효성
포괄근저당의 유효성에 관하여 학설은 대체로 긍정하는 입장이며, 인정범위에 차이가 있을 뿐이다. 반면에 판례는 포괄근저당을 유효라고 보고 있음은 분명하지만, 인정범위를 명백히 밝히지 않아 무제한적 포괄근저당도 유효인지는 분명하지 않다.

Ⅲ 특별법에 의한 저당권

> **타법률에 의한 저당권(민법 제372조)**
> 본장의 규정은 다른 법률에 의하여 설정된 저당권에 준용한다.

민법 외의 다른 법률에 의해 저당권이 인정되는 것으로 입목저당(입목에 관한 법률), 공장저당과 광업재단저당(공장 및 광업재단 저당법), 동산저당(자동차 등 특정동산 저당법), 선박(상법, 선박등기법) 등이 있다.

담보물권

제1절 총 설

제2절 유치권

01 점유와 유치권에 관한 다음 설명 중 가장 옳지 않은 것은? 2024년

① 乙의 점유침탈로 甲이 해당 상가에 대한 점유를 상실한 이상 甲의 유치권은 소멸하고, 甲이 점유회수의 소를 제기하여 승소판결을 받아 점유를 회복하면 점유를 상실하지 않았던 것이 되어 유치권이 되살아나지만, 위와 같은 방법으로 점유를 회복하기 전에는 유치권이 되살아나는 것이 아니므로, 점유회수의 소를 제기하여 점유를 회복할 수 있다는 사정만으로 甲의 유치권이 소멸하지 않았다고 판단하여서는 아니 된다.
② 민법 제321조는 "유치권자는 채권 전부의 변제를 받을 때까지 유치물 전부에 대하여 그 권리를 행사할 수 있다"라고 규정하고 있으므로, 유치물은 그 각 부분으로써 피담보채권의 전부를 담보하며, 이와 같은 유치권의 불가분성은 그 목적물이 분할 가능하거나 수 개의 물건인 경우에도 적용된다.
③ "점유물이 침탈되었을 경우에 부동산일 때에는 점유자는 침탈 후 직시 가해자를 배제하여 이를 탈환할 수 있다"고 정한 민법 제209조 제2항에서의 점유자의 자력탈환권은 점유가 침탈되었을 때 시간적으로 좁게 제한된 범위 내에서 자력으로 점유를 회복할 수 있다는 것으로서, 위 규정에서 말하는 '직시'란 '객관적으로 가능한 한 신속히' 또는 '사회관념상 가해자를 배제하여 점유를 회복하는 데 필요하다고 인정되는 범위 안에서 되도록 속히'라는 뜻으로 해석할 것이므로, 점유자가 침탈 사실을 알고 모르고와는 관계없이 침탈을 당한 후 상당한 시간이 흘렀다면 자력탈환권을 행사할 수 없다.
④ 민법 제320조 제1항에서 '그 물건에 관하여 생긴 채권'은 유치권 제도 본래의 취지인 공평의 원칙에 특별히 반하지 않는 한 채권이 목적물 자체로부터 발생한 경우는 물론이고 채권이 목적물의 반환청구권과 동일한 법률관계나 사실관계로부터 발생한 경우도 포함하므로, 이른바 계약명의신탁에서 명의신탁자의 명의수탁자에 대하여 가지는 부동산 매수자금액 상당의 부당이득반환청구권은 부동산 자체로부터 발생한 채권은 아니더라도 소유권 등에 기한 부동산의 반환청구권과 동일한 법률관계나 사실관계로부터 발생한 채권이라고 볼 수 있으므로, 위 부당이득반환청구권은 민법 제320조 제1항의 '그 물건에 관하여 생긴 채권'이라고 볼 것이다.
⑤ 유치권은 타물권인 점에 비추어 볼 때 수급인의 재료와 노력으로 건축되었고 독립한 건물에 해당되는 기성부분은 수급인의 소유라 할 것이므로 수급인은 공사대금을 지급받을 때까지 이에 대하여 유치권을 가질 수 없다.

[❶ ▶ ○] 갑 주식회사가 건물신축 공사대금 일부를 지급받지 못하자 건물을 점유하면서 유치권을 행사해 왔는데, 그 후 을이 경매절차에서 건물 중 일부 상가를 매수하여 소유권이전등기를 마친 다음 갑 회사의 점유를 침탈하여 병에게 임대한 사안에서, 을의 점유침탈로 갑 회사가 점유를 상실한 이상 유치권은 소멸하고, 갑 회사가 점유회수의 소를 제기하여 승소판결을 받아 점유를 회복하면 점유를 상실하지 않았던 것으로 되어 유치권이 되살아나지만, 위와 같은 방법으로 점유를 회복하기 전에는 유치권이 되살아나는 것이 아님에도, 갑 회사가 상가에 대한 점유를 회복하였는지를 심리하지 아니한 채 점유회수의 소를 제기하여 점유를 회복할 수 있다는 사정만으로 갑 회사의 유치권이 소멸하지 않았다고 본 원심판결에 점유상실로 인한 유치권 소멸에 관한 법리오해의 위법이 있다(대판 2012.2.9. 2011다72189).

[❷ ▶ ○] 민법 제321조는 "유치권자는 채권 전부의 변제를 받을 때까지 유치물 전부에 대하여 그 권리를 행사할 수 있다"고 규정하고 있으므로, 유치물은 그 각 부분으로써 피담보채권의 전부를 담보하며, 이와 같은 유치권의 불가분성은 그 목적물이 분할 가능하거나 수 개의 물건인 경우에도 적용된다(대판 2007.9.7. 2005다16942).

[❸ ▶ ○] 민법 제209조 제1항에 규정된 점유자의 자력방위권은 점유의 침탈 또는 방해의 위험이 있는 때에 인정되는 것인 한편, 제2항에 규정된 점유자의 자력탈환권은 점유가 침탈되었을 때 시간적으로 좁게 제한된 범위 내에서 자력으로 점유를 회복할 수 있다는 것으로서, 위 규정에서 말하는 "직시"란 "객관적으로 가능한 한 신속히" 또는 "사회관념상 가해자를 배제하여 점유를 회복하는 데 필요하다고 인정되는 범위 안에서 되도록 속히"라는 뜻으로 해석할 것이므로 점유자가 침탈사실을 알고 모르고와는 관계없이 침탈을 당한 후 상당한 시간이 흘렀다면 자력탈환권을 행사할 수 없다(대판 1993.3.26. 91다14116).

[❹ ▶ ×] 명의신탁자와 명의수탁자가 이른바 계약명의신탁약정을 맺고 명의수탁자가 당사자가 되어 명의신탁약정이 있다는 사실을 알지 못하는 소유자와 부동산에 관한 매매계약을 체결한 뒤 수탁자 명의로 소유권이전등기를 마친 경우에는, 명의신탁자와 명의수탁자 사이의 명의신탁약정은 무효이지만 그 명의수탁자는 당해 부동산의 완전한 소유권을 취득하게 되고(부동산 실권리자명의 등기에 관한 법률 제4조 제1항, 제2항 참조), 반면 명의신탁자는 애초부터 당해 부동산의 소유권을 취득할 수 없고 다만 그가 명의수탁자에게 제공한 부동산 매수자금이 무효의 명의신탁약정에 의한 법률상 원인 없는 것이 되는 관계로 명의수탁자에 대하여 동액 상당의 부당이득반환청구권을 가질 수 있을 뿐이다. 명의신탁자의 이와 같은 부당이득반환청구권은 부동산 자체로부터 발생한 채권이 아닐 뿐만 아니라 소유권 등에 기한 부동산의 반환청구권과 동일한 법률관계나 사실관계로부터 발생한 채권이라고 보기도 어려우므로, 결국 민법 제320조 제1항에서 정한 유치권 성립요건으로서의 목적물과 채권 사이의 견련관계를 인정할 수 없다(대판 2009.3.26. 2008다34828).

[❺ ▶ ○] 유치권은 타물권인 점에 비추어 볼 때 수급인의 재료와 노력으로 건축되었고 독립한 건물에 해당되는 기성부분은 수급인의 소유라 할 것이므로 수급인은 공사대금을 지급받을 때까지 이에 대하여 유치권을 가질 수 없다(대판 1993.3.26. 91다14116).

답 ❹

제3절 질권

02 질권에 관한 다음 설명 중 가장 옳지 않은 것은? `2022년`

① 질권의 목적인 채권의 양도행위는 민법 제352조 소정의 질권자의 이익을 해하는 변경에 해당하므로 질권자의 동의를 요한다.
② 근질권이 설정된 금전채권에 대하여 제3자의 압류로 강제집행절차가 개시된 경우 근질권의 피담보채권은 근질권자가 위와 같은 강제집행이 개시된 사실을 알게 된 때에 확정된다고 봄이 타당하다.
③ 질권은 원본, 이자, 위약금, 질권실행의 비용, 질물보존의 비용 및 채무불이행 또는 질물의 하자로 인한 손해배상의 채권을 담보한다. 그러나 다른 약정이 있는 때에는 그 약정에 의한다.
④ 민법 제347조는 채권을 질권의 목적으로 하는 경우에 채권증서가 있는 때에는 질권의 설정은 그 증서를 질권자에게 교부함으로써 효력이 생긴다고 규정하고 있는데, 임대차계약서와 같이 계약당사자 쌍방의 권리의무관계의 내용을 정한 서면은 그 계약에 의한 권리의 존속을 표상하기 위한 것이라고 할 수는 없으므로 위 채권증서에 해당하지 않는다고 할 것이다.
⑤ 보험금청구권의 양도 또는 질권설정에 대한 채무자의 승낙은 별도로 면책사유가 있으면 보험금을 지급하지 않겠다는 취지를 명시하지 않아도 당연히 그것을 전제로 하고 있다고 보아야 하고 그 양수인 또는 질권자도 그러한 사실을 알고 있었다고 보아야 할 것이다.

[❶ ▶ ✕] 질권의 목적인 채권의 양도행위는 민법 제352조 소정의 질권자의 이익을 해하는 변경에 해당되지 않으므로 질권자의 동의를 요하지 아니한다(대판 2005.12.22. 2003다55059).

[❷ ▶ ○] 근질권자가 제3자의 압류 사실을 알고서도 채무자와 거래를 계속하여 추가로 발생시킨 채권까지 근질권의 피담보채권에 포함시킨다고 하면 그로 인하여 근질권자가 얻을 수 있는 실익은 별다른 것이 없는 반면 제3자가 입게 되는 손해는 위 추가된 채권액만큼 확대되고 이는 사실상 채무자의 이익으로 귀속될 개연성이 높아 부당할 뿐 아니라, 경우에 따라서는 근질권자와 채무자가 그러한 점을 남용하여 제3자 등 다른 채권자의 채권 회수를 의도적으로 침해할 수 있는 여지도 제공하게 된다. 따라서 이러한 여러 사정을 적정·공평이란 관점에 비추어 보면, 근질권이 설정된 금전채권에 대하여 제3자의 압류로 강제집행절차가 개시된 경우 근질권의 피담보채권은 근질권자가 위와 같은 강제집행이 개시된 사실을 알게 된 때에 확정된다고 봄이 타당하다(대판 2009.10.15. 2009다43621).

[❸ ▶ ○] 질권은 원본, 이자, 위약금, 질권실행의 비용, 질물보존의 비용 및 채무불이행 또는 질물의 하자로 인한 손해배상의 채권을 담보한다. 그러나 다른 약정이 있는 때에는 그 약정에 의한다(민법 제334조).

[❹ ▶ ○] 민법 제347조는 채권을 질권의 목적으로 하는 경우에 채권증서가 있는 때에는 질권의 설정은 그 증서를 질권자에게 교부함으로써 효력이 생긴다고 규정하고 있다. 여기에서 말하는 '채권증서'는 채권의 존재를 증명하기 위하여 채권자에게 제공된 문서로서 특정한 이름이나 형식을 따라야 하는 것은 아니지만, 장차 변제 등으로 채권이 소멸하는 경우에는 민법 제475조에 따라 채무자가 채권자에게 그 반환을 청구할 수 있는 것이어야 한다. 이에 비추어 임대차계약서와 같이 계약당사자 쌍방의 권리의무관계의 내용을 정한 서면은 그 계약에 의한 권리의 존속을 표상하기 위한 것이라고 할 수는 없으므로 위 채권증서에 해당하지 않는다(대판 2013.8.22. 2013다32574).

[❺ ▶ ○] 보험금청구권은 보험자의 면책사유 없는 보험사고에 의하여 피보험자에게 손해가 발생한 경우에 비로소 권리로서 구체화되는 정지조건부권리이고, 그 조건부권리도 보험사고가 면책사유에 해당하는 경우에는 그에 의하여 조건불성취로 확정되어 소멸하는 것이라 할 것이므로, 위와 같은 보험금청구권의 양도 또는 질권설정에 대한 채무자의 승낙은 별도로 면책사유가 있으면 보험금을 지급하지 않겠다는 취지를 명시하지 않아도 당연히 그것을 전제로 하고 있다고 보아야 하고, 그 양수인 또는 질권자도 그러한 사실을 알고 있었다고 보아야 할 것이며, 더구나 보험사고 발생 전의 보험금청구권 양도 또는 질권설정을 승낙함에 있어서 보험자가 위 항변사유가 상당한 정도로 발생할 가능성이 있음을 인식하였다는 등의 사정이 없는 한 존재하지도 아니하는 면책사유 항변을 보류하고 이의하여야 한다고 할 수는 없으므로, 보험자가 비록 위 보험금청구권 양도 승낙 시나 질권설정 승낙 시에 면책사유에 대한 이의를 보류하지 않았다 하더라도 보험계약상의 면책사유를 양수인 또는 질권자에게 주장할 수 있다(대판 2002.3.29. 2000다13887).

답 ❶

제4절 저당권

03 저당권에 관한 다음 설명 중 가장 옳지 않은 것은? 2024년

① 민법 제365조에 기한 일괄경매청구권은 토지의 저당권자가 토지에 대하여 경매를 신청한 후에도 그 토지상의 건물에 대하여 토지에 관한 경매기일 공고 시까지는 일괄경매의 추가신청을 할 수 있고, 이 경우에 집행법원은 두 개의 경매사건을 병합하여 일괄경매절차를 진행함이 상당하다.
② 공동근저당의 목적 부동산 중 일부에 대한 경매절차에서, 공동근저당권자가 선순위근저당권자로서의 자신의 채권 전액을 청구하였다면 선순위근저당권자가 경매대가로부터 우선하여 변제받고, 후순위근저당권자는 잔액으로부터 변제를 받는 것이며, 이는 선순위근저당권자와 후순위근저당권자가 동일인이라고 하여 달라지는 것은 아니다.
③ 근저당권설정등기상 근저당권자가 다른 사람과 함께 채무자로부터 유효하게 채권을 변제받을 수 있고 채무자도 그들 중 누구에게든 채무를 유효하게 변제할 수 있는 관계, 가령 채권자와 근저당권자가 불가분적 채권자의 관계에 있다고 볼 수 있는 경우에는 그러한 근저당권설정등기도 유효하다고 볼 것이다.
④ 건물에 대한 저당권의 효력은 그 건물에 종된 권리인 건물의 소유를 목적으로 하는 지상권에도 미치게 되므로, 건물에 대한 저당권이 실행되어 경락인이 그 건물의 소유권을 취득하였다면 특별한 사정이 없는 한 경락인은 건물 소유를 위한 지상권도 민법 제187조의 규정에 따라 등기 없이 당연히 취득하게 되나, 이 경우에 경락인이 건물을 제3자에게 양도한 때에는, 별도의 합의가 없는 한 지상권도 양도하기로 한 것으로 볼 수는 없다.
⑤ 공동저당권이 설정되어 있는 수 개의 부동산 중 일부는 채무자 소유이고 일부는 물상보증인 소유인 경우 각 부동산의 경매대가를 동시에 배당하는 때에는 민법 제368조 제1항은 적용되지 아니한다.

[❶ ▶ ○] 민법 제365조에 기한 일괄경매청구권은 토지의 저당권자가 토지에 대하여 경매를 신청한 후에도 그 토지상의 건물에 대하여 토지에 관한 경매기일 공고 시까지는 일괄경매의 추가신청을 할 수 있고, 이 경우에 집행법원은 두 개의 경매사건을 병합하여 일괄경매절차를 진행함이 상당하다(대결 2001.6.13. 2001마1632).

[❷ ▶ ○] 공동근저당의 목적 부동산 중 일부에 대한 경매절차에서, 공동근저당권자가 선순위근저당권자로서의 자신의 채권 전액을 청구하였다면, 민법 제370조, 제333조, 제368조 제1항 전문의 규정에 따라 선순위근저당권자가 경매대가로부터 우선하여 변제받고, 후순위근저당권자는 잔액으로부터 변제를 받는 것이며, 이는 선순위근저당권자와 후순위근저당권자가 동일인이라고 하여 달라지는 것은 아니다(대판 2018.7.11. 2017다292756).

[❸ ▶ ○] 채권자와 근저당권자 사이에 형성된 법률관계의 실체를 밝히는 것은 단순한 사실인정의 문제가 아니라 의사표시 해석의 영역에 속하는 것일 수밖에 없고, 따라서 그 행위가 가지는 법률적 의미는 채권자와 근저당권자의 관계, 근저당권설정의 동기 및 경위, 당사자들의 진정한 의사와 목적 등을 종합적으로 고찰하여 논리와 경험칙에 따라 합리적으로 해석하여야 한다. 그리고 근저당권설정등기상 근저당권자가 다른 사람과 함께 채무자로부터 유효하게 채권을 변제받을 수 있고 채무자도 그들 중 누구에게든 채무를 유효하게 변제할 수 있는 관계, 가령 채권자와 근저당권자가 불가분적 채권자의 관계에 있다고 볼 수 있는 경우에는 그러한 근저당권설정등기도 유효하다고 볼 것이다(대판 2020.7.9. 2019다212594).

[❹ ▶ ×] 저당권의 효력이 저당부동산에 부합된 물건과 종물에 미친다는 민법 제358조 본문을 유추하여 보면 건물에 대한 저당권의 효력은 그 건물에 종된 권리인 건물의 소유를 목적으로 하는 지상권에도 미치게 되므로, 건물에 대한 저당권이 실행되어 경락인이 그 건물의 소유권을 취득하였다면 경락 후 건물을 철거한다는 등의 매각조건에서 경매되었다는 등 특별한 사정이 없는 한, 경락인은 건물 소유를 위한 지상권도 민법 제187조의 규정에 따라 등기 없이 당연히 취득하게 되고, <u>한편 이 경우에 경락인이 건물을 제3자에게 양도한 때에는, 특별한 사정이 없는 한 민법 제100조 제2항의 유추적용에 의하여 건물과 함께 종된 권리인 지상권도 양도하기로 한 것으로 봄이 상당하다</u>(대판 1996.4.26. 95다52864).

[❺ ▶ ○] 공동저당권이 설정되어 있는 수 개의 부동산 중 일부는 채무자 소유이고 일부는 물상보증인의 소유인 경우 위 각 부동산의 경매대가를 동시에 배당하는 때에는, 물상보증인이 민법 제481조, 제482조의 규정에 의한 변제자대위에 의하여 채무자 소유 부동산에 대하여 담보권을 행사할 수 있는 지위에 있는 점 등을 고려할 때, "동일한 채권의 담보로 수 개의 부동산에 저당권을 설정한 경우에 그 부동산의 경매대가를 동시에 배당하는 때에는 각 부동산의 경매대가에 비례하여 그 채권의 분담을 정한다"고 규정하고 있는 민법 제368조 제1항은 적용되지 아니한다고 봄이 상당하다. 따라서 이러한 경우 경매법원으로서는 채무자 소유 부동산의 경매대가에서 공동저당권자에게 우선적으로 배당을 하고, 부족분이 있는 경우에 한하여 물상보증인 소유 부동산의 경매대가에서 추가로 배당을 하여야 한다(대판 2010.4.15. 2008다41475).

답 ❹

04

다음 설명 중 가장 옳지 않은 것은? 2023년

① 근저당권자의 경매신청 등의 사유로 인하여 근저당권의 피담보채권이 확정되었을 경우, 확정 이후에 새로운 거래관계에서 발생한 원본채권은 그 근저당권에 의하여 담보되지 않지만, 확정 전에 발생한 원본채권에 관하여 확정 후에 발생하는 이자나 지연손해금 채권은 채권최고액의 범위 내에서 근저당권에 의하여 여전히 담보된다.
② 근저당권은 그 담보할 채무의 최고액만을 정하고, 채무의 확정을 장래에 보류하여 설정하는 저당권으로서, 계속적인 거래관계로부터 발생하는 다수의 불특정채권을 장래의 결산기에서 일정한 한도까지 담보하기 위한 목적으로 설정되는 담보권이므로, 근저당권설정행위와는 별도로 근저당권의 피담보채권을 성립시키는 법률행위가 있어야 한다.
③ 저당권은 원본, 이자, 위약금, 채무불이행으로 인한 손해배상 및 저당권의 실행비용을 담보하는 것이며, 채권최고액의 정함이 있는 근저당권에 있어서 이러한 채권의 총액이 그 채권최고액을 초과하는 경우, 적어도 근저당권자와 채무자 겸 근저당권설정자와의 관계에 있어서는 위 채권 전액의 변제가 있을 때까지 근저당권의 효력은 채권최고액과는 관계없이 잔존채무에 여전히 미친다.
④ 구분건물의 전유부분만에 관하여 설정된 저당권의 효력은 특별한 사정이 없는 한 그 전유부분의 소유자가 사후에 취득한 대지사용권에까지 미친다고 할 수 없다.
⑤ 공장건물이나 토지에 대하여 공장저당법에 의한 공장저당이 아니라 민법상의 일반저당권이 설정된 경우에 그 저당권의 효력은 민법 제358조에 의하여 당연히 그 공장건물이나 토지의 종물 또는 부합물에까지 미친다.

[❶ ▶ ○] 근저당권자의 경매신청 등의 사유로 인하여 근저당권의 피담보채권이 확정되었을 경우, 확정 이후에 새로운 거래관계에서 발생한 원본채권은 그 근저당권에 의하여 담보되지 아니하지만, 확정 전에 발생한 원본채권에 관하여 확정 후에 발생하는 이자나 지연손해금 채권은 채권최고액의 범위 내에서 근저당권에 의하여 여전히 담보되는 것이다(대판 2007.4.26. 2005다38300).

[❷ ▶ ○] 근저당권은 그 담보할 채무의 최고액만을 정하고, 채무의 확정을 장래에 보류하여 설정하는 저당권으로서, 계속적인 거래관계로부터 발생하는 다수의 불특정채권을 장래의 결산기에서 일정한 한도까지 담보하기 위한 목적으로 설정되는 담보권이므로 근저당권설정행위와는 별도로 근저당권의 피담보채권을 성립시키는 법률행위가 있어야 한다(대판 2004.5.28. 2003다70041).

[❸ ▶ ○] 원래 저당권은 원본, 이자, 위약금, 채무불이행으로 인한 손해배상 및 저당권의 실행비용을 담보하는 것이며, 채권최고액의 정함이 있는 근저당권에 있어서 이러한 채권의 총액이 그 채권최고액을 초과하는 경우, 적어도 근저당권자와 채무자 겸 근저당권설정자와의 관계에 있어서는 위 채권 전액의 변제가 있을 때까지 근저당권의 효력은 채권최고액과는 관계없이 잔존채무에 여전히 미친다(대판 2001.10.12. 2000다59081).

[❹ ▶ ✕] 구분건물의 전유부분만에 관하여 설정된 저당권의 효력은 대지사용권의 분리처분이 가능하도록 규약으로 정하는 등의 특별한 사정이 없는 한 그 <u>전유부분의 소유자가 사후에라도 대지사용권을 취득함으로써 전유부분과 대지권이 동일 소유자의 소유에 속하게 되었다면, 그 대지사용권에까지 미치고 여기의 대지사용권에는 지상권 등 용익권 이외에 대지소유권도 포함된다</u>(대판 1995.8.22. 94다12722).

[❺ ▶ ○] 공장저당법에 의한 공장저당을 설정함에 있어서는 공장의 토지, 건물에 설치된 기계, 기구 등은 같은 법 제7조 소정의 기계, 기구 목록에 기재하여야만 공장저당의 효력이 생기나, 이와는 달리 공장건물이나 토지에 대하여 민법상의 일반저당권이 설정된 경우에는 공장저당법과는 상관이 없으므로 같은 법 제7조에 의한 목록의 작성이 없더라도 그 저당권의 효력은 민법 제358조에 의하여 당연히 그 공장건물이나 토지의 종물 또는 부합물에까지 미친다(대판 1995.6.29. 94다6345).

답 ④

05 근저당권에 관한 다음 설명 중 가장 옳지 않은 것은? 2025년

① 근저당권은 계속되는 거래관계로부터 발생하고 소멸하는 불특정 다수의 장래 채권을 결산기에 계산하여 잔존하는 채무를 일정한 한도액의 범위 내에서 담보하는 저당권이어서 그 거래가 종료하기까지 채권은 계속적으로 증감 변동하나, 근저당권자가 피담보채무의 불이행을 이유로 스스로 담보권의 실행을 위한 경매를 신청한 때에는 그때까지 발생되어 있는 채권으로 피담보채권액이 확정된다.
② 이미 소멸한 근저당권에 기하여 제2차 경매를 신청하여 경매가 개시되고 부동산이 매각되어 매수인이 매각대금을 지급하였더라도 경매가 무효이므로 매수인은 소유권을 취득할 수 없다.
③ 근저당권을 설정한 후에 근저당권설정자와 근저당권자의 합의로 채무의 범위 또는 채무자를 추가하거나 교체하는 등으로 피담보채무를 변경할 수 있다.
④ 근저당권의 피담보채권 중 지연손해금도 근저당권의 채권최고액 한도에서 전액 담보된다.
⑤ 근저당권은 채권담보를 위한 것이므로 채권자와 근저당권자는 동일인이어야 한다. 따라서 근저당권설정등기상 근저당권자가 다른 사람과 함께 채무자로부터 유효하게 채권을 변제받을 수 있고 채무자도 그들 중 누구에게든 채무를 유효하게 변제할 수 있는 관계, 가령 채권자와 근저당권자가 불가분적 채권자의 관계에 있다고 볼 수 있는 경우라도 그러한 근저당권설정등기는 유효하다고 볼 수 없다.

[❶▶○] 근저당권은 계속되는 거래관계로부터 발생하고 소멸하는 불특정 다수의 장래 채권을 결산기에 계산하여 잔존하는 채무를 일정한 한도액의 범위 내에서 담보하는 저당권이어서 그 거래가 종료하기까지 채권은 계속적으로 증감 변동하나, 근저당권자가 피담보채무의 불이행을 이유로 스스로 담보권의 실행을 위한 경매를 신청한 때에는 그때까지 발생되어 있는 채권으로 피담보채권액이 확정된다(대판 2023.6.29. 2022다300248).

[❷▶○] 이미 소멸한 근저당권에 기하여 제2차 경매를 신청하여 경매가 개시되고 부동산이 매각되어 매수인이 매각대금을 지급하였더라도 경매가 무효이므로 매수인은 소유권을 취득할 수 없다(대판[전합] 2022.8.25. 2018다205209 참조).

[❸▶○] 근저당권은 피담보채무의 최고액만을 정하고 채무의 확정을 장래에 보류하여 설정하는 저당권이다(민법 제357조 제1항 본문 참조). 근저당권을 설정한 후에 근저당설정자와 근저당권자의 합의로 채무의 범위 또는 채무자를 추가하거나 교체하는 등으로 피담보채무를 변경할 수 있다. 이러한 경우 위와 같이 변경된 채무가 근저당권에 의하여 담보된다(대판 2021.12.16. 2021다264161).

[❹▶○] 저당권의 피담보채권 범위에 관한 민법 제360조 단서는 근저당권에 적용되지 않으므로 근저당권의 피담보채권 중 지연손해금도 근저당권의 채권최고액 한도에서 전액 담보된다. 이는 근저당권의 피담보채권이 회생담보권인 경우라고 해서 달리 볼 이유가 없다(대판 2021.10.14. 2021다240851).

[❺▶×] 채권담보를 목적으로 근저당권설정등기를 하는 경우에는 원칙적으로 채권자와 근저당권자가 동일인이 되어야 하지만, 채권자 아닌 제3자를 근저당권자로 한 근저당권설정등기를 하는 데 대하여 채권자와 채무자 및 제3자 사이에 합의가 있었고, 나아가 제3자에게 그 채권이 실질적으로 귀속되었다고 볼 수 있는 특별한 사정이 있거나, 거래경위에 비추어 제3자를 근저당권자로 한 근저당권설정등기가 한낱 명목에 그치는 것이 아니라 그 제3자도 채무자로부터 유효하게 채권을 변제받을 수 있고 채무자도 채권자나 근저당권자인 제3자 중 누구에게든 채무를 유효하게 변제할 수 있는 관계 즉, 채권자와 제3자가 불가분적 채권자의 관계에 있다고 볼 수 있는 경우에는, 그 제3자를 근저당권자로 한 근저당권설정등기도 유효하다고 볼 것이고, 이와 같이 제3자를 근저당권자로 한 근저당권설정등기를 유효하게 볼 수 있는 경우에는 그 근저당권설정등기를 부동산 실권리자명의 등기에 관한 법률이 금지하고 있는 실권리자 아닌 자 명의의 등기라고 할 수 없다(대판 2008.5.15. 2007다23807).

답 ❺

CHAPTER 06 비전형담보물권

제1절 총설

I 의의

비전형담보란 민법이 규정하는 담보물권이 아니면서 담보적 기능을 수행하는 제도를 말한다. 비전형담보가 거래계에서 이용되는 이유는 ① 민법상의 담보물권의 설정 및 실행절차의 복잡성과 불편함을 회피할 수 있다는 점, ② 채권자가 초과이득을 취득할 수 있다는 점, ③ 동산에 대한 담보를 설정할 때 담보권자에게 점유를 이전하지 않고 담보제공자가 동산을 이용할 수 있다는 등의 이점이 있기 때문이다.

II 유형

비전형담보를 자금획득의 방법에 따라 분류하면 매매의 형식을 이용하는 매도담보와 소비대차의 형식을 이용하는 양도담보 내지 가등기담보가 있다.

III 비전형담보에 대한 규제

1. 규제의 필요성

비전형담보제도는 채권자가 고가인 부동산을 청산절차 없이 취득하는 폐단을 초래하였으며, 이를 시정하기 위한 논리가 학설과 판례를 통해서 강구되었고, 1984년 1월 1일 가등기담보 등에 관한 법률(이하 가담법)이 시행됨으로써 마침내 입법적 규제가 이루어지게 되었다.

2. 규제방법

(1) 민법 제607조·제608조에 의한 규제

현행 민법은 구 민법에는 없던 제607조와 제608조를 신설하여 채권자의 청산의무를 인정하였으나, 절차 규정의 미비로 구체적인 실현방법이 확보되지 못하였다. 이에 비전형담보를 효과적으로 규제하기 위하여 1983년 12월 30일 가담법이 제정되었다.

(2) 가담법에 의한 규제

1983년 채무자를 더욱 적극적으로 보호하기 위하여 민법 제607조와 제608조의 절차법적 성격을 띠는 특별법으로 가담법이 제정되었다. 가담법에서 정산의 방법은 사적 실행으로 귀속청산만을 인정하여 채무자는 청산금을 지급받기 전까지는 담보목적물의 인도를 거절할 수 있고, 또한 귀속청산 절차를 엄격히 하여 채권자의 폭리가능성을 원천적으로 방지하고자 하였다.

제2절 가등기담보

I 서 설

1. 의 의

가등기담보란 소비대차에 기한 채권을 담보할 목적으로 채권자와 채무자 또는 제3자(물상보증인) 사이에 채무자 또는 제3자 소유의 부동산을 목적으로 하는 대물변제예약 또는 매매예약 등을 체결하고, 채무자의 채무불이행이 있는 경우 채권자가 예약완결권을 행사함으로써 발생하게 될 장래의 소유권이전등기청구권을 보전하기 위하여 가등기를 경료하기로 하는 내용의 가등기담보계약을 체결한 후, 이에 기하여 채권자 앞으로 가등기를 경료하여 두는 담보를 의미한다.

2. 청구권 보전의 가등기와 담보가등기의 구별

> - 당해 가등기가 담보 가등기인지 여부는 당해 가등기가 실제상 채권담보를 목적으로 한 것인지 여부에 의하여 결정되는 것이지 당해 가등기의 등기부상 원인이 매매예약으로 기재되어 있는지 아니면 대물변제예약으로 기재되어 있는가 하는 형식적 기재에 의하여 결정되는 것이 아니다(대결 1998.10.7. 98마1333).
> - 부동산의 강제경매절차에서 경매목적부동산이 낙찰된 때에도 소유권이전등기청구권의 순위보전을 위한 가등기는 그보다 선순위의 담보권이나 가압류가 없는 이상 담보목적의 가등기와는 달리 말소되지 아니한 채 낙찰인에게 인수되는 것인바, 권리신고가 되지 않아 담보가등기인지 순위보전의 가등기인지 알 수 없는 경우에도 그 가등기가 등기부상 최선순위이면 집행법원으로서는 일단 이를 순위보전을 위한 가등기로 보아 낙찰인에게 그 부담이 인수될 수 있다는 취지를 입찰물건명세서에 기재한 후 그에 기하여 경매절차를 진행하면 족한 것이지, 반드시 그 가등기가 담보가등기인지 순위보전의 가등기인지 밝혀질 때까지 경매절차를 중지하여야 하는 것은 아니다(대결 2003.10.6. 2003마1438).

3. 법적 성질

가등기담보의 법적 성질에 관하여 담보물권설(다수설), 신탁적 소유권이전설(소수설)의 다툼이 있으나, 가담법 제4조 제2항이 채권자에게 소유권이전등기가 경료되어 있더라도 동법상 청산절차를 완료한 때 비로소 소유권을 취득한다는 점을 고려한다면, 가등기담보권은 특수한 담보물권이라고 봄이 타당하다. 따라서 가등기담보권은 담보물권의 통유성을 갖는다.

Ⅲ 가등기담보 등에 관한 법률(이하 가담법)

1. 가담법의 적용범위

> **목적(가담법 제1조)**
> 이 법은 차용물(借用物)의 반환에 관하여 차주(借主)가 차용물을 갈음하여 다른 재산권을 이전할 것을 예약할 때 그 재산의 예약 당시 가액(價額)이 차용액(借用額)과 이에 붙인 이자를 합산한 액수를 초과하는 경우에 이에 따른 담보계약(擔保契約)과 그 담보의 목적으로 마친 가등기(假登記) 또는 소유권이전등기(所有權移轉登記)의 효력을 정함을 목적으로 한다.

(1) 피담보채권이 차용물일 것

가담법은 소비대차계약이나 준소비대차에 의하여 발생한 차용물의 반환에 관하여 차주가 차용물에 갈음하여 다른 재산권을 이전할 것을 예약한 경우에 적용된다.

> - 차주가 차용물의 반환에 관하여 차용물에 갈음하여 다른 재산권을 이전할 것을 예약한 경우가 아니라 단순히 매매잔대금 채권을 담보하기 위하여 경료된 가등기에 기하여 본등기를 구하는 경우에는 가등기담보 등에 관한 법률은 적용되지 아니한다(대판 1991.9.24. 90다13765).
> - 가등기담보 등에 관한 법률은 차용물의 반환에 관하여 다른 재산권을 이전할 것을 예약한 경우에 적용되므로 금전소비대차나 준소비대차에 기한 차용금반환채무 이외의 채무를 담보하기 위하여 경료된 가등기나 양도담보에는 위 법이 적용되지 아니하나, 금전소비대차나 준소비대차에 기한 차용금반환채무와 그 외의 원인으로 발생한 채무를 동시에 담보할 목적으로 경료된 가등기나 소유권이전등기라도 그 후 후자의 채무가 변제 기타의 사유로 소멸하고 금전소비대차나 준소비대차에 기한 차용금반환채무의 전부 또는 일부만이 남게 된 경우에는 그 가등기담보나 양도담보에 가등기담보 등에 관한 법률이 적용된다(대판 2004.4.27. 2003다29968).

(2) 대물변제의 예약 당시의 부동산 가액이 차용액과 그 이자의 합산액을 초과할 것

> 가등기담보 등에 관한 법률은 재산권 이전의 예약에 의한 가등기담보에 있어서 재산의 예약 당시의 가액이 차용액 및 이에 붙인 이자의 합산액을 초과하는 경우에 적용되는바, 재산권 이전의 예약 당시 재산에 대하여 선순위 근저당권이 설정되어 있는 경우에는 재산의 가액에서 피담보채무액을 공제한 나머지 가액이 차용액 및 이에 붙인 이자의 합산액을 초과하는 경우에만 적용된다(대판 2006.8.24. 2005다61140).

(3) 가등기 또는 소유권이전등기가 경료되었을 것

① 가담법이 적용되기 위해서는 채권담보의 목적으로 채권자 명의의 소유권이전등기나 가등기가 경료되어 채권자가 담보권을 취득하였어야 한다.

> 가등기담보 등에 관한 법률(이하 '가담법'이라 한다) 제3조, 제4조는 채권자가 가담법 제2조 제1호에 정한 담보계약에 따른 '담보권'을 실행하는 방법으로서 귀속정산 절차를 규정한 것이므로, 가담법 제3조, 제4조가 적용되기 위해서는 채권자가 담보목적부동산에 관하여 가등기나 소유권이전등기 등을 마침으로써 '담보권'을 취득하였음을 요한다. 이와 달리 채권자가 채무자와 담보계약을 체결하였지만, 담보목적부동산에 관하여

> 가등기나 소유권이전등기를 마치지 아니한 경우에는 '담보권'을 취득하였다고 할 수 없으므로, 이러한 경우에는 가담법 제3조, 제4조는 원칙적으로 적용될 수 없다. 따라서 채권자와 채무자가 담보계약을 체결하였지만, 담보목적부동산에 관하여 가등기나 소유권이전등기를 마치지 아니한 상태에서 채권자로 하여금 귀속정산절차에 의하지 않고 담보목적부동산을 타에 처분하여 채권을 회수할 수 있도록 약정하였다 하더라도, 그러한 약정이 가담법의 규제를 잠탈하기 위한 탈법행위에 해당한다는 등의 특별한 사정이 없는 한 가담법을 위반한 것으로 보아 무효라고 할 수는 없다(대판 2013.9.27. 2011다106778).

② 동산의 경우에는 원칙적으로 가담법이 적용되지 않는다.

2. 가등기담보권의 성립요건

가등기담보권이 성립하기 위해서는 ① 피담보채권의 발생원인에 해당하는 소비대차계약이나 준소비대차계약이 존재해야 하고, ② 계약당사자 사이에 가등기담보설정계약을 체결하였으며, ③ 채권자 명의의 (가)등기가 설정되었어야 한다.

3. 효 력

(1) 일반적 효력

1) 효력이 미치는 범위

① **피담보채권의 범위** : 가등기담보권의 효력이 미치는 피담보채권의 범위에 대하여 저당권에 관한 민법 제360조가 적용되어야 한다(가담법 제3조 제2항). 따라서 원본, 이자, 위약금, 채무불이행으로 인한 손해배상 및 담보권의 실행비용 등이 피담보채권에 포함된다.

② **목적물의 범위** : 가등기담보권의 효력이 미치는 목적물의 범위는 보통 가등기담보설정계약에서 정하여지지만, 부합물, 종물, 과실에 대해서는 설정계약이나 법률에 달리 정함이 없는 한 민법 제358조와 제359조가 유추적용된다.

2) 대내적 효력

① **목적물의 사용·수익권** : 가등기담보권설정자는 원칙적으로 가등기담보권의 실행이 있기까지는 소유자로서 담보목적물을 사용·수익할 수 있다.

② **방해의 제거 또는 예방청구권** : 반면 가등기담보권설정자가 담보목적물의 가치를 감소시키는 경우에, 가등기담보권자는 방해의 제거 또는 예방을 청구할 수 있다. 그리고 그 침해로 인하여 피담보채권의 완전한 만족을 얻을 수 없는 손해가 발생한 경우에는 그 손해의 배상을 청구할 수 있다.

3) 대외적 효력

① 제3자가 담보목적물의 가치를 감소시키는 경우에, 가등기담보권자는 방해의 제거 또는 예방을 청구할 수 있다. 그리고 그 침해로 인하여 피담보채권의 완전한 만족을 얻을 수 없는 손해가 발생한 경우에는 그 손해의 배상을 청구할 수 있다.

② 가등기담보권자는 목적부동산에 대하여 다른 채권자의 경매신청에 따른 경매개시결정이 있으면, 그 경매절차에서 우선변제권을 가진다(가담법 제13조).

③ 강제경매등에 관한 특칙(가담법 제16조)

> [가등기담보 등에 관한 법률 제16조 제2항에 해당하는 담보가등기권리자가 집행법원이 정한 기간 안에 채권신고를 하지 않은 경우 매각대금 배당을 받을 권리를 상실하는지 여부(적극) 및 가등기담보 등에 관한 법률 제16조 제1항의 가등기권리자에 대한 채권신고 최고의 방법]
> 가등기담보 등에 관한 법률(이하 '가담법'이라 한다) 제16조는 소유권 이전에 관한 가등기가 되어 있는 부동산에 대한 경매 등의 개시결정이 있는 경우 법원은 가등기권리자에 대하여 그 가등기가 담보가등기인 때에는 그 내용 및 채권의 존부·원인 및 수액을, 담보가등기가 아닌 경우에는 그 내용을 법원에 신고할 것을 상당한 기간을 정하여 최고하여야 하고(제1항), 압류등기 전에 경료된 담보가등기권리가 매각에 의하여 소멸되는 때에는 제1항의 채권신고를 한 경우에 한하여 그 채권자는 매각대금의 배당 또는 변제금의 교부를 받을 수 있다고 규정하고 있으므로(제2항), 제2항에 해당하는 담보가등기권리자가 집행법원이 정한 기간 안에 채권신고를 하지 아니하면 매각대금 배당을 받을 권리를 상실한다. 민사집행규칙 제8조 제1항은 민사집행절차에서 최고와 통지는 특별한 규정이 없으면 상당하다고 인정되는 방법으로 할 수 있다고 규정하고 있다. 가담법 제16조 제1항의 가등기권리자에 대한 채권신고 최고는 민사집행절차상 최고에 해당하는데, 그 방법에 관하여 가담법 등에서 특별한 규정을 두고 있지 않다. 따라서 가등기권리자에 대한 채권신고 최고는 상당하다고 인정되는 방법으로 할 수 있다고 보아야 한다(대판 2025.3.27. 2024다291102).

④ 가등기담보권설정자가 파산한 경우 가등기담보권자는 별제권을 가지며(가담법 제17조 제1항, 채무자 회생 및 파산에 관한 법률 제411조), 가등기담보권설정자에 대한 회생절차가 개시된 경우 가등기담보권은 회생담보권으로 취급된다(가담법 제17조 제3항, 채무자 회생 및 파산에 관한 법률 제141조).

(2) 가등기담보권의 실행

1) 의 의

가등기담보권의 실행 방법은 권리취득에 의한 사적 실행, 즉 가등기담보권자가 담보목적물의 소유권을 취득하여 피담보채권의 만족을 얻는 귀속청산과 경매에 의한 공적 실행의 두 가지가 있다. 가담법상 가등기담보권의 실행은 사적 실행과 공적 실행 모두 가능하며, 다른 약정이 없는 한 가등기담보권자가 자유롭게 선택할 수 있다. 그러나 가담법상 가등기담보권의 사적 실행에 있어서 청산기간이나 동시이행관계 등을 인정하지 아니하는 처분청산형 담보권실행은 허용되지 않는다(대판 2002.4.23. 2001다81856).

2) 권리취득에 의한 사적 실행
① 실행의 통지
  ㉠ 통지사항
    ㉮ 「청산금의 평가액」과 「통지 당시의 목적부동산의 평가액」 및 「민법 제360조에 규정된 채권액, 즉 피담보채권액」을 명시하여야 한다(가담법 제3조).
    ㉯ 목적부동산의 가액을 평가하는 방법에 제한이 없으므로, 채권자는 주관적으로 평가한 청산금의 평가액을 통지하면 족하고, 채권자가 주관적으로 평가한 청산금의 액수가 정당하게 평가된 청산금의 액수에 미치지 못하더라도 담보권 실행의 통지로서의 효력에는 아무런 영향이 없다(대판 2016.6.23. 2015다13171). 다만, 일단 통지하고 나면 채권자는 그가 통지한 청산금의 금액에 관하여 다툴 수 없다(가담법 제9조).

> 채권자가 가등기담보 등에 관한 법률(이하 '가담법'이라 한다)에 의한 가등기담보권을 실행하여 그 담보목적 부동산의 소유권을 취득하기 위하여 채무자 등에게 하는 담보권 실행의 통지에는 채권자가 주관적으로 평가한 통지 당시의 목적 부동산의 가액과 피담보채권액을 명시함으로써 청산금의 평가액을 채무자 등에게 통지하면 족하며, 채권자가 이와 같이 주관적으로 평가한 청산금의 액수가 정당하게 평가된 청산금의 액수에 미치지 못한다고 하더라도 담보권 실행의 통지로서의 효력이나 청산기간의 진행에는 아무런 영향이 없고 청산기간이 경과한 후에는 그 가등기에 기한 본등기를 청구할 수 있다. 이 경우에, 채무자 등은 채권자가 통지한 청산금액을 다투고 정당하게 평가된 청산금을 지급받을 때까지 목적부동산의 소유권이전등기 및 인도채무의 이행을 거절하거나 피담보채무 전액을 채권자에게 지급하고 채권담보의 목적으로 마쳐진 가등기의 말소를 구할 수 있을 뿐 아니라, 채권자에게 정당하게 평가된 청산금을 청구할 수도 있다(대판 2008.4.11. 2005다36618).

    ㉰ 평가한 결과 청산금이 없다고 인정되는 경우에도 그 뜻을 통지해야 한다(가담법 제3조 제2항 후문).

> 채권의 담보 목적으로 양도된 재산에 관한 담보권의 실행은 다른 약정이 없는 한 처분정산이나 귀속정산 중 채권자가 선택하는 방법에 의할 수 있는바, 그 재산에 관한 담보권이 귀속정산의 방법으로 실행되어 채권자에게 확정적으로 이전되기 위해서는 채권자가 이를 적정한 가격으로 평가한 후 그 가액으로 피담보채권의 원리금에 충당하고 그 잔액을 반환하거나, 평가액이 피담보채권액에 미달하는 경우에는 채무자에게 그와 같은 내용의 통지를 하는 등 정산절차를 마쳐야 하며, 귀속정산의 통지방법에는 아무런 제한이 없어 구두로든 서면으로든 가능하고, 담보부동산의 평가액이 피담보채권액에 미달하는 경우에는 청산금이 있을 수 없으므로 귀속정산의 통지방법으로 부동산의 평가액 및 채권액을 구체적으로 언급할 필요 없이 그 미달을 이유로 채무자에 대하여 담보권의 실행으로 그 부동산을 확정적으로 채권자의 소유로 귀속시킨다는 뜻을 알리는 것으로 족하다(대판 2001.8.24. 2000다15661).

  ㉡ 통지의 상대방 : 통지의 상대방은 채무자 등, 즉 채무자, 물상보증인, 가등기담보 후에 소유권을 취득한 제3자이다(가담법 제2조 제2호). 이들 모두에게 통지를 하여야 한다. 일부에 대하여 통지가 누락되면 통지로서의 효력이 발생하지 않는다.
  ㉢ 통지의 시기 및 방법 : 통지는 피담보채권의 변제기 이후에 하여야 하며(가담법 제3조 제1항 전문), 통지의 방법에 대해서는 법상 제한이 없으므로, 구두로든 서면으로든 가능하다.

② 청 산
  ㉠ 청산기간의 경과 : 실행의 통지가 채무자에게 도달한 날부터 2개월이 지나야 한다. 2개월의 기간을 청산기간이라 하는데, 청산기간에 관한 가담법 제3조 제1항에 반하는 특약으로 채무자 등에게 불리한 것은 그 효력이 없다(가담법 제4조 제4항 본문). 즉, 편면적 강행규정이다.
  ㉡ 청산금의 지급
    ㉮ 청산금은 실행통지 당시의 목적부동산의 가액에서 그 시점의 피담보채권액(원본, 이자, 위약금, 지연배상금, 실행비용)을 공제한 차액이다.

    > [귀속정산의 방식으로 부동산에 대한 가등기담보권을 실행하는 경우, 청산금에서 공제할 수 있는 가등기담보권 실행비용은 경매절차의 집행비용에 상응하는 것이어야 하는지 여부(적극) / 청산의 결과로서 본등기인 소유권이전등기를 마치기 위해 지출한 절차비용과 취득세 등이 청산금에서 공제할 수 있는 가등기담보권 실행비용에 해당하는지 여부(소극)]
    > 담보권의 실행이란 목적물의 교환가치로부터 채무를 변제받음으로써 채권의 만족을 실현하는 것이다. 담보목적물을 매각해 현금화하여 채무의 변제를 받는 것이 담보권의 전형적인 실행방법이고, 담보권의 성격이나 합의에 따라 담보물 가액에서 피담보채권액 등을 빼고 남은 금액을 채무자에게 지급함으로써 담보물의 소유권을 넘겨받는 방식도 가능하다. 채권자가 어떤 방법을 선택하든지 목적물의 교환가치를 파악하여 피담보채권의 만족을 도모하는 것이 담보권 실행의 본질이고, 담보물의 소유권 변동은 그에 뒤따른 결과일 뿐이다. 채권자가 담보권 실행을 위해 경매를 신청한 경우에 그 경매를 직접 목적으로 하여 지출된 돈으로서 경매절차의 준비 또는 실시를 위하여 필요한 비용이어야 집행비용(민사집행법 제275조, 제53조 제1항)으로서 배당재단에서 우선적으로 변상된다. 매각에 따라 소유권을 취득한 매수인은 소유권이전등기를 넘겨받기 위해 지출한 비용과 취득세 등을 자기가 부담해야 한다. 이는 경매를 신청한 채권자가 매수인이 된 경우에도 마찬가지이다. 귀속정산에 의한 가등기담보권 실행도 민사집행법에 따라 담보물을 매각하지 않을 뿐 담보로 파악한 교환가치만큼을 채권자에게 이전한다는 점에서 경매에 의한 실행과 본질이 같으므로, 청산금에서 공제할 수 있는 가등기담보권 실행비용은 경매절차의 집행비용에 상응하는 것이어야 한다. 그러므로 가등기담보권자는 귀속정산 과정에서 담보목적물의 교환가치를 파악하기 위하여 쓴 감정평가비용 등을 실행비용으로서 청산금에서 공제할 수 있을 뿐, 청산의 결과로서 본등기를 마치기 위해 지출한 절차비용과 취득세 등은 스스로 부담해야 한다(대판 2022.4.14. 2017다266177).

    ㉯ 이 경우 담보목적부동산에 선순위 담보권 등의 권리가 있다면, 피담보채권액을 산정할 때 선순위 담보 등에 의하여 담보된 채권액을 포함해야 한다(가담법 제4조 제1항). 반면 후순위 담보권자의 피담보채권액은 청산금에서 미리 공제하는 것이 아니므로, 부동산에 존재하는 모든 피담보채권액을 공제하는 것은 아니다.
  ㉢ 청산금 청구권자
    ㉮ 설정자 또는 제3취득자와 후순위권리자가 청산금 청구권자이다(가담법 제4조 제1항, 제5조 제1항).
    ㉯ 후순위권리자란 담보가등기 후에 등기된 저당권자・전세권자 및 담보가등기권리자를 말한다(가담법 제2조 제5호).
    ㉰ 담보가등기 후에 대항력 있는 임차권을 취득한 자에게는 청산금의 범위에서 동시이행의 항변권에 관한 민법 제536조를 준용한다(가담법 제5조 제5항).
  ㉣ 청산금 지급시기 : 청산기간의 만료 시이다. 따라서 채무자가 청산기간이 지나기 전에 청산금에 관한 권리를 제3자에게 양도 기타의 처분을 하거나 또는 채권자가 채무자에게 청산금을 지급한 때에는 이로써 후순위권리자에게 대항하지 못한다(가담법 제7조).

③ 본등기에 의한 소유권의 취득
  ㉠ 가등기담보권자가 실행통지와 청산을 거쳐 본등기를 하면 담보목적물의 소유권을 취득하고(가담법 제4조 제2항 후단), 청산금의 지급과 소유권 이전등기 및 목적물의 인도는 동시이행의 관계에 있다(가담법 제4조 제3항).
  ㉡ 채권자가 가담법의 청산절차를 거치지 않고, 가등기에 기한 본등기를 마친 경우의 법률관계

> [1] 가등기담보 등에 관한 법률(이하 '가담법'이라고 한다) 제3조는 채권자가 담보계약에 의한 담보권을 실행하여 그 담보목적 부동산의 소유권을 취득하기 위해서는 그 채권의 변제기 후에 같은 법 제4조의 청산금의 평가액을 채무자 등에게 통지하여야 하고, 이 통지에는 통지 당시 부동산의 평가액과 민법 제360조에 규정된 채권액을 밝혀야 하며, 그 통지를 받은 날부터 2월의 청산기간이 지나야 한다고 규정하고 있다. 가담법 제4조는 채권자는 위 통지 당시 부동산의 가액에서 피담보채권의 가액을 공제한 청산금을 지급하여야 하고, 부동산에 관하여 이미 소유권이전등기를 마친 경우에는 청산기간이 지난 후 청산금을 채무자 등에게 지급한 때에 부동산의 소유권을 취득하고, 담보가등기를 마친 경우에는 청산기간이 지나야 그 가등기에 따른 본등기를 청구할 수 있으며, 이에 반하는 특약으로서 채무자 등에게 불리한 것은 효력이 없다고 규정하고 있다. 위 규정들은 강행법규에 해당하여 이를 위반하여 담보가등기에 기한 본등기가 이루어진 경우 본등기는 무효라고 할 것이고, 설령 그와 같은 본등기가 가등기권리자와 채무자 사이에 이루어진 특약에 의하여 이루어졌다고 할지라도 만일 특약이 채무자에게 불리한 것으로서 무효라고 한다면 본등기는 여전히 무효일 뿐, 이른바 약한 의미의 양도담보로서 담보의 목적 내에서는 유효하다고 할 것이 아니다. 다만 가등기권리자가 가담법 제3조, 제4조에 정한 절차에 따라 청산금의 평가액을 채무자 등에게 통지한 후 채무자에게 정당한 청산금을 지급하거나 지급할 청산금이 없는 경우에는 채무자가 통지를 받은 날부터 2월의 청산기간이 지나면 위와 같이 무효인 본등기는 실체적 법률관계에 부합하는 유효한 등기로 될 수 있을 뿐이다. [2] 담보가등기에 기하여 마쳐진 본등기가 무효인 경우, 담보목적 부동산에 대한 소유권은 담보가등기 설정자인 채무자 등에게 있고 소유권의 권능 중 하나인 사용수익권도 당연히 담보가등기 설정자가 보유한다. 따라서 채무자가 자신이 소유하는 담보목적 부동산에 관하여 채권자와 임대차계약을 체결하고 채권자에게 차임을 지급하거나 채무자가 자신과 임대차계약을 체결하고 있는 임차인으로 하여금 채권자에게 차임을 지급하도록 하여 채권자가 차임을 수령하였다면, 채권자와 채무자 사이에 위 차임을 피담보채무의 변제와는 무관한 별개의 것으로 취급하기로 약정하였거나 달리 차임이 피담보채무의 변제에 충당되었다고 보기 어려운 특별한 사정이 없는 한 위 차임은 피담보채무의 변제에 충당된 것으로 보아야 한다(대판 2019.6.13. 2018다300661).

④ 채무자 등의 말소청구권
  ㉠ 채무자 등은 청산금채권을 변제받을 때까지 그 채무액(반환할 때까지의 이자와 손해금을 포함)을 채권자에게 지급하고 그 채권담보의 목적으로 마친 소유권이전등기의 말소를 청구할 수 있다(가담법 제11조 본문).
  ㉡ 다만, 채무자 등이 아직 청산금을 받지 못하고 있더라도 그 채무의 변제기로부터 10년의 제척기간이 경과하거나 선의의 제3자가 소유권을 취득한 때에는 그 채무액을 지급하고 그 소유권이전등기의 말소를 청구할 수 없다(가담법 제11조 단서).

[1] 가등기담보 등에 관한 법률 제3조, 제4조를 위반하여 적법한 청산절차를 거치지 않고 이루어진 담보가등기에 기한 본등기의 효력(무효) / 이때 채무자 등이 무효인 본등기의 말소를 청구할 수 없는 경우로서 같은 법 제11조 단서 후문에서 정한 '선의의 제3자가 소유권을 취득한 경우'의 의미 및 제3자가 악의라는 사실에 관한 주장·증명책임의 소재(= 무효를 주장하는 사람) : 가등기담보 등에 관한 법률(이하 '가담법'이라고 한다) 제3조, 제4조를 위반하여 적법한 청산절차를 거치지 아니한 채 담보가등기에 기한 본등기가 이루어진 경우 그 본등기는 무효이다. 이때 가담법 제2조 제2호에서 정한 채무자 등은 청산금채권을 변제받을 때까지는 여전히 가등기담보계약의 존속을 주장하여 그때까지의 이자와 손해금을 포함한 피담보채무액 전부를 변제하고 무효인 위 본등기의 말소를 청구할 수 있다(제11조 본문). 그러나 선의의 제3자가 소유권을 취득한 경우에는 그러하지 아니하다(제11조 단서 후문). 여기서 '선의의 제3자'라 함은 채권자가 적법한 청산절차를 거치지 않고 담보목적부동산에 관하여 본등기를 마쳤다는 사실을 모르고 그 본등기에 터 잡아 소유권이전등기를 마친 자를 뜻한다. 제3자가 악의라는 사실에 관한 주장·증명책임은 무효를 주장하는 사람에게 있다. [2] 가등기담보 등에 관한 법률 제3조, 제4조의 청산절차를 위반하여 담보가등기에 기한 본등기가 이루어진 후 선의의 제3자가 그 본등기에 터 잡아 소유권이전등기를 마치는 등으로 담보목적부동산의 소유권을 취득한 경우, 무효인 채권자 명의의 본등기가 그 등기를 마친 시점으로 소급하여 확정적으로 유효하게 되고, 담보목적부동산에 관한 채권자의 가등기담보권은 소멸하는지 여부(적극) 및 이때 채권자의 위 본등기에 터 잡아 이루어진 등기 역시 소급하여 유효하게 되는지 여부(적극) / 이러한 법리는 무효인 본등기가 마쳐진 담보목적부동산에 관하여 진행된 경매절차에서 경락인이 본등기가 무효인 사실을 알지 못한 채 담보목적부동산을 매수한 경우에도 마찬가지로 적용되는지 여부(적극) : 가등기담보 등에 관한 법률(이하 '가담법'이라고 한다) 제3조, 제4조의 청산절차를 위반하여 이루어진 담보가등기에 기한 본등기가 무효라고 하더라도 선의의 제3자가 그 본등기에 터 잡아 소유권이전등기를 마치는 등으로 담보목적부동산의 소유권을 취득하면, 가담법 제2조 제2호에서 정한 채무자 등(이하 '채무자 등'이라고 한다)은 더 이상 가담법 제11조 본문에 따라 채권자를 상대로 그 본등기의 말소를 청구할 수 없게 된다. 이 경우 그 반사적 효과로서 무효인 채권자 명의의 본등기는 그 등기를 마친 시점으로 소급하여 확정적으로 유효하게 되고, 이에 따라 담보목적부동산에 관한 채권자의 가등기담보권은 소멸하며, 청산절차를 거치지 않아 무효였던 채권자의 위 본등기에 터 잡아 이루어진 등기 역시 소급하여 유효하게 된다고 보아야 한다. 다만 이 경우에도 채무자 등과 채권자 사이의 청산금 지급을 둘러싼 채권·채무 관계까지 모두 소멸하는 것은 아니고, 채무자 등은 채권자에게 청산금의 지급을 청구할 수 있다. 이러한 법리는 경매의 법적 성질이 사법상 매매인 점에 비추어 보면 무효인 본등기가 마쳐진 담보목적부동산에 관하여 진행된 경매절차에서 경락인이 본등기가 무효인 사실을 알지 못한 채 담보목적부동산을 매수한 경우에도 마찬가지로 적용된다(대판 2021.10.28. 2016다248325).

⑤ **후순위담보권자의 경매와 가등기담보권자의 지위** : 가등기담보권자의 귀속청산에 이의가 있는 후순위권리자는 청산기간에 한정하여 그 피담보채권의 변제기 도래 전이라도 담보목적부동산의 경매를 청구할 수 있다(가담법 제12조 제2항). 이 경우 가등기담보권자는 경매절차에 참가하여 배당을 받아야 하며(가담법 제14조), 더 이상 권리취득에 의한 사적 실행은 허용되지 않는다.

3) 경매에 의한 공적 실행

가등기담보권자는 권리취득에 의한 사적 실행에 의하지 않고 목적부동산의 경매를 청구하여 권리를 실행할 수도 있다(가담법 제12조 제1항 전문).

(3) 경매에서 가등기담보권자의 배당참가

① **우선변제청구권** : 담보가등기를 마친 부동산에 대하여 제3자에 의한 경매가 진행되는 경우에, 가등기담보권자는 그 배당에 참가하여 다른 채권자보다 우선변제를 받을 수 있다. 이 경우 담보가 등기권리는 그 순위에 관하여 저당권으로 보고, 그 담보가등기가 경료된 때를 기준으로 우선순위를 정한다(가담법 제13조).

② **경매와 사적 실행의 경합** : 가담법은 경매절차와 사적 실행절차가 경합하는 경우에, 청산금이 지급되어 사적 실행절차가 사실상 종료된 상태가 아닌 한 경매의 신청이 있으면 가등기담보권자는 본등기를 청구할 수 없게 되어 경매절차가 사적 실행절차에 우선하도록 규정하고 있다(가담법 제14조).

> [담보가등기권리자가 가등기담보 등에 관한 법률 제3조에 따른 담보권 실행이 아니라 담보목적부동산의 경매를 청구하는 방법을 선택하여 경매절차가 진행 중인 경우, 담보가등기에 따른 본등기를 청구할 수 있는지 여부(원칙적 소극)]
>
> 가등기담보 등에 관한 법률(이하 '가담법'이라 한다) 제12조 제1항 전문은 "담보가등기권리자는 그 선택에 따라 제3조에 따른 담보권을 실행하거나 담보목적부동산의 경매를 청구할 수 있다"라고 규정하고, 제13조 전문은 "담보가등기를 마친 부동산에 대하여 강제경매 등이 개시된 경우에 담보가등기권리자는 다른 채권자보다 자기채권을 우선변제 받을 권리가 있다"라고 규정하며, 제14조는 "담보가등기를 마친 부동산에 대하여 강제경매 등의 개시 결정이 있는 경우에 그 경매의 신청이 청산금을 지급하기 전에 행하여진 경우(청산금이 없는 경우에는 청산기간이 지나기 전)에는 담보가등기권리자는 그 가등기에 따른 본등기를 청구할 수 없다"라고 규정하고 있다. 이러한 가담법 규정의 문언 형식과 내용 및 체계에 더하여 담보목적부동산에 대한 경매절차가 개시된 경우 그 경매절차에 참가할 수 있을 것이라는 후순위권리자 등의 기대를 보호할 필요가 있는 점 등을 고려하면, 담보가등기권리자가 담보목적부동산의 경매를 청구하는 방법을 선택하여 그 경매절차가 진행 중인 때에는 특별한 사정이 없는 한 가담법 제3조에 따른 담보권을 실행할 수 없으므로 그 가등기에 따른 본등기를 청구할 수 없다고 봄이 타당하다(대판 2022.11.30. 2017다232167[본소] · 2017다232174[반소]).

③ **담보가등기권리의 소멸** : 담보가등기가 경료된 부동산에 대하여 강제경매 등이 행하여진 경우에, 담보가등기권리는 그 부동산의 매각에 의하여 소멸한다(가담법 제15조).

4. 소 멸

(1) 일반적 소멸사유

담보가등기권리가 물권 일반에 공통된 소멸원인 및 담보물권에 공통된 소멸원인에 의하여 소멸한다. 또한 경매, 제3취득자의 변제 등에 의해서도 소멸한다.

(2) 담보가등기권리에 특유한 소멸사유

① 담보가등기권리는 그 담보권의 실행이 종료되거나 다른 경매절차에서 우선변제권을 행사함으로써 소멸한다.

② 가담법 제11조에 의한 채무자 등의 말소청구에 의하여 또는 동조 단서의 사유(그 채무의 변제기로부터 10년의 제척기간이 경과하거나 선의의 제3자가 소유권을 취득한 때)가 발생하면 담보가등기권리는 소멸한다.

제3절 양도담보

I 서설

1. 의의

양도담보란 채권담보의 목적으로 채무자 또는 제3자(물상보증인)가 목적물의 소유권을 채권자에게 이전하고, 채무자가 채무를 변제하지 않으면 채권자가 그 소유권을 확정적으로 취득하거나 그 목적물로부터 우선변제를 받지만, 채무자가 채무를 이행하는 경우에는 목적물의 소유권을 다시 채무자 또는 제3자에게 반환하는 소유권이전형 비전형담보이다.

2. 법적 성질

(1) 가담법 제정 이전

① 종래 다수설과 판례는 신탁적 소유권이전설의 입장에서 양도담보를 채권담보의 목적을 가지는 신탁적인 소유권양도행위로 파악하였다. 따라서 외부적으로는 소유권이 이전되나 내부적으로는 설정자에게 소유권이 있다고 보았다.
② 반면 담보물권설은 소유권은 대내적이든 대외적이든 여전히 설정자에게 있고, 양도담보권자는 담보물권을 취득한다고 보았다.

(2) 가담법 제정 이후

1) 부동산 양도담보
① 통설은 담보물권설의 입장이며, 대체로 동법의 적용범위를 제한하지 않는다.
② 반면 판례의 입장이 담보물권설인지 신탁적 소유권이전설의 입장인지는 불분명하다.

2) 동산 양도담보
① 동산양도담보의 경우에는 가담법의 적용이 부정된다.
② 판례는 가담법이 적용되지 않는 동산 양도담보에 대해서는 일관되게 신탁적 소유권이전설의 입장이다.

> 금전채무를 담보하기 위하여 채무자가 그 소유의 동산을 채권자에게 양도하되 점유개정에 의하여 채무자가 이를 계속 점유하기로 한 경우, 특별한 사정이 없는 한 동산의 소유권은 신탁적으로 이전되고, 채권자와 채무자 사이의 대내적 관계에서 채무자는 의연히 소유권을 보유하나 대외적인 관계에 있어서 채무자는 동산의 소유권을 이미 채권자에게 양도한 무권리자가 된다. 따라서 동산에 관하여 양도담보계약이 이루어지고 채권자가 점유개정의 방법으로 인도를 받았다면, 그 정산절차를 마치기 전이라도 양도담보권자인 채권자는 제3자에 대한 관계에 있어서는 담보목적물의 소유자로서 그 권리를 행사할 수 있다(대판 2008.11.27. 2006도4263).

Ⅱ 양도담보의 설정

1. 양도담보권설정계약

(1) 계약의 당사자
양도담보는 채권자와 채무자 또는 제3자(물상보증인) 사이의 양도담보권설정계약에 의하여 성립한다.

(2) 피담보채권
판례에 의하면 가담법은 차용물의 반환에 관하여 다른 재산권을 이전할 것을 예약한 경우에 적용되는 것이므로, 공사잔대금의 지급을 담보하기 위하여 체결된 양도담보계약에 기하여 소유권이전등기를 구하는 경우에는 동법이 적용되지 않는다(대판 1996.11.15. 96다31116).

(3) 목적물
① 양도담보의 목적물은 보통 동산이나 부동산이지만, 양도할 수 있는 재산권이라면 양도담보의 목적물이 될 수 있다.
② 집합물에 대한 양도담보권 설정

> - [1] 재고상품, 제품, 원자재 등과 같은 집합물을 하나의 물건으로 보아 이를 일정기간 계속하여 채권담보의 목적으로 삼으려는 이른바 집합물에 대한 양도담보권설정계약에 있어서는 그 목적동산을 종류, 장소 또는 수량지정 등의 방법에 의하여 특정할 수만 있다면 그 집합물 전체를 하나의 재산권으로 하는 담보권의 설정이 가능하다. [2] 위와 같이 집합물에 대한 양도담보권설정계약이 이루어지면 그 집합물을 구성하는 개개의 물건이 변동되거나 변형되더라도 한 개의 물건으로서의 동일성을 잃지 아니한 채 양도담보권의 효력은 항상 현재의 집합물 위에 미치는 것이고 따라서 그러한 경우에 양도담보권자가 담보권설정계약당시 존재하는 집합물을 점유개정의 방법으로 그 점유를 취득하면 그 후 양도담보설정자가 그 집합물을 이루는 개개의 물건을 반입하였다 하더라도 그때마다 별도의 양도담보권설정계약을 맺거나 점유개정의 표시를 하여야 하는 것은 아니다(대판 1988.12.27. 87누1043).
> - [1] 돈사에서 대량으로 사육되는 돼지를 집합물에 대한 양도담보의 목적물로 삼은 경우, 그 돼지는 번식, 사망, 판매, 구입 등의 요인에 의하여 증감 변동하기 마련이므로 양도담보권자가 그때마다 별도의 양도담보권설정계약을 맺거나 점유개정의 표시를 하지 않더라도 하나의 집합물로서 동일성을 잃지 아니한 채 양도담보권의 효력은 항상 현재의 집합물 위에 미치게 되고, 양도담보설정자로부터 위 목적물을 양수한 자가 이를 선의취득하지 못하였다면 위 양도담보권의 부담을 그대로 인수하게 된다. [2] 돈사에서 대량으로 사육되는 돼지를 집합물에 대한 양도담보의 목적물로 삼은 경우, 위 양도담보권의 효력은 양도담보설정자로부터 이를 양수한 양수인이 당초 양수한 돈사 내에 있던 돼지들 및 통상적인 양돈방식에 따라 그 돼지들을 사육·관리하면서 돼지를 출하하여 얻은 수익으로 새로 구입하거나 그 돼지와 교환한 돼지 또는 그 돼지로부터 출산시켜 얻은 새끼돼지에 한하여 미치는 것이지 양수인이 별도의 자금을 투입하여 반입한 돼지에까지는 미치지 않는다. [3] 유동집합물에 대한 양도담보계약의 목적물을 선의취득하지 못한 양수인이 그 양도담보의 효력이 미치는 목적물에다 자기 소유인 동종의 물건을 섞어 관리함으로써 당초의 양도담보의 효력이 미치는 목적물의 범위를 불명확하게 한 경우에는 양수인으로 하여금 그 양도담보의 효력이 미치지 아니하는 물건의 존재와 범위를 입증하도록 하는 것이 공평의 원칙에 부합한다(대판 2004.11.12. 2004다22858).

2. 공시방법

(1) 동 산

목적물이 동산인 경우에는 인도가 있어야 한다(민법 제188조 내지 제190조). 인도의 방법에는 특별한 제한이 없으므로 점유개정에 의해서도 가능하다.

> - [1] 동산에 대하여 점유개정의 방법으로 양도담보를 일단 설정한 후에는 양도담보권자나 양도담보설정자가 그 동산에 대한 점유를 상실하였다고 하더라도 그 양도담보의 효력에는 아무런 영향이 없다 할 것이고, 양도담보권 실행을 위한 환가절차에 있어서는 환가로 인한 매득금에서 환가비용을 공제한 잔액 전부를 양도담보권자의 채권변제에 우선 충당하여야 하고 양도담보설정자의 다른 채권자들은 양도담보권자에 대한 관계에 있어서 안분배당을 요구할 수 없다. [2] 동산에 대하여 점유개정의 방법으로 이중양도담보를 설정한 경우 원래의 양도담보권자는 뒤의 양도담보권자에 대하여 배타적으로 자기의 담보권을 주장할 수 있으므로, 뒤의 양도담보권자가 양도담보의 목적물을 처분함으로써 원래의 양도담보권자로 하여금 양도담보권을 실행할 수 없도록 하는 행위는, 이중양도담보 설정행위가 횡령죄나 배임죄를 구성하는지 여부나 뒤의 양도담보권자가 이중양도담보 설정행위에 적극적으로 가담하였는지 여부와 관계없이, 원래의 양도담보권자의 양도담보권을 침해하는 위법한 행위이다(대판 2000.6.23. 99다65066).
> - 금전채무를 담보하기 위하여 채무자가 그 소유의 동산을 채권자에게 양도하되 점유개정에 의하여 채무자가 이를 계속 점유하기로 한 경우 특별한 사정이 없는 한 동산의 소유권은 신탁적으로 이전됨에 불과하여 채권자와 채무자 사이의 대내적 관계에서 채무자는 의연히 소유권을 보유하나 대외적인 관계에 있어서 채무자는 동산의 소유권을 이미 채권자에게 양도한 무권리자가 되는 것이어서 다시 다른 채권자와의 사이에 양도담보 설정계약을 체결하고 점유개정의 방법으로 인도를 하더라도 선의취득이 인정되지 않는 한 나중에 설정계약을 체결한 채권자는 양도담보권을 취득할 수 없는데, 현실의 인도가 아닌 점유개정으로는 선의취득이 인정되지 아니하므로, 결국 뒤의 채권자는 양도담보권을 취득할 수 없다(대판 2004.10.28. 2003다30463).

(2) 부동산

목적물이 부동산인 경우에는 보통 매매를 원인으로 소유권이전등기를 한다. 이 경우 부동산 실권리자명의 등기에 관한 법률 제3조 제2항에 의해 채무자, 채권금액 및 채무변제를 위한 담보라는 뜻이 적힌 서면을 등기신청서와 함께 등기관에게 제출하여야 한다.

(3) 채 권

양도담보의 목적물이 채권 기타 재산권이라면 그 권리의 이전에 필요한 공시방법을 갖추어야 한다(민법 제450조, 제451조).

Ⅲ 양도담보의 효력

1. 효력이 미치는 범위

(1) 피담보채권의 범위

양도담보권의 피담보채권의 범위에 대하여 저당권의 피담보채권에 관한 민법 제360조가 적용된다(가담법 제3조 제2항). 판례도 같은 입장이다.

> 저당권의 피담보채무의 범위에 관하여 민법 제360조가 지연배상에 대하여는 원본의 이행기일을 경과한 후의 1년분에 한하여 저당권을 행사할 수 있다고 규정하고 있는 것은 저당권자의 제3자에 대한 관계에서의 제한이며 채무자나 저당권설정자가 저당권자에 대하여 대항할 수 있는 것이 아니고, 민법 제360조가 양도담보의 경우에 준용된다고 하여도 마찬가지로 해석하여야 할 것인 만큼, 양도담보의 채무자가 양도담보권자에 대하여 민법 제360조에 따른 피담보채권의 제한을 주장할 수는 없는 것이다(대판 1992.5.12. 90다8855).

(2) 목적물의 범위

양도담보권의 효력은 설정계약에 의하지만, 부합물 또는 종물에 대해서는 원칙적으로 저당권에 관한 민법 제358조와 제359조가 유추적용된다.

> 돼지를 양도담보의 목적물로 하여 소유권을 양도하되 점유개정의 방법으로 양도담보설정자가 계속하여 점유·관리하면서 무상으로 사용·수익하기로 약정한 경우, 양도담보 목적물로서 원물인 돼지가 출산한 새끼 돼지는 천연과실에 해당하고 그 천연과실의 수취권은 원물인 돼지의 사용·수익권을 가지는 양도담보설정자에게 귀속되므로, 다른 특별한 약정이 없는 한 천연과실인 새끼 돼지에 대하여는 양도담보의 효력이 미치지 않는다(대판 1996.9.10. 96다25463).

(3) 물상대위권

양도담보는 담보권의 실질을 가지므로 불가분성과 물상대위성이 인정된다. 판례도 물상대위를 인정한다.

2. 대내적 효력

> 일반적으로 부동산을 채권담보의 목적으로 양도한 경우 특별한 사정이 없는 한 목적부동산에 대한 사용수익권은 채무자인 양도담보설정자에게 있는 것이므로 양도담보권자는 사용수익할 수 있는 정당한 권한이 있는 채무자나 채무자로부터 그 사용수익할 수 있는 권한을 승계한 자에 대하여는 사용수익을 하지 못한 것을 이유로 임료상당의 손해배상이나 부당이득반환청구는 할 수 없다(대판 1988.11.22. 87다카2555).

3. 대외적 효력

(1) 가담법의 적용을 받는 경우

① 가담법 제4조는 채권자는 가담법 제3조에 의한 청산금의 평가액 통지 당시 부동산의 가액에서 피담보채권의 가액을 공제한 청산금을 지급하여야 하고, 부동산에 관하여 이미 소유권이전등기를 마친 경우에는 청산기간이 지난 후 청산금을 채무자 등에게 지급한 때에 부동산의 소유권을 취득하고, 담보가등기를 마친 경우에는 청산기간이 지나야 가등기에 따른 본등기를 청구할 수 있으며, 이에 반하는 특약으로서 채무자 등에게 불리한 것은 효력이 없다고 규정하고 있다. 위 규정들은 강행법규에 해당하여 이를 위반하여 담보가등기에 기한 본등기가 이루어진 경우 그 본등기는 효력이 없다(대판 2017.5.17. 2017다202296).

② 양도담보권자가 변제기 도래 전에 목적물을 제3자에게 처분한 경우, 원칙적으로 무권리자 처분행위에 해당하여 제3자는 소유권을 취득하지 못한다(담보물권설). 다만, 제3자가 선의의 경우 처분행위가 유효하므로 소유권을 취득하게 된다(가담법 제11조 단서).

(2) 가담법의 적용을 받지 않는 경우

양도담보권자가 변제기 도래 전에 목적물을 제3자에게 처분한 경우, 소유권은 대외적으로 양도담보권자에게 있으므로, 처분행위는 유효하다. 따라서 제3자는 선의·악의를 불문하고 소유권을 취득한다. 다만, 제3자가 양도담보권자의 배임행위에 적극가담 등을 한 경우에는 반사회적 행위에 해당하여 소유권을 취득할 수 없다(민법 제103조).

4. 우선변제적 효력

양도담보권의 실행방법은 당사자의 합의에 의하지만, 통상 양도담보권자가 담보제공자나 그로부터 적법하게 점유를 이전받은 제3자로부터 목적물을 인도받은 후 그것을 처분하거나(처분청산) 자신에게 귀속시킴으로써(귀속청산) 그 가액으로부터 우선변제를 받고, 잔액이 있으면 담보제공자에게 반환하는 방법에 의한다.

IV 양도담보의 소멸

1. 일반적 소멸사유

양도담보권은 물권 일반에 공통된 소멸원인 및 담보물권에 공통된 소멸원인에 의하여 소멸한다. 또한 경매, 제3취득자의 변제 등에 의해서도 소멸한다.

2. 피담보채무의 변제에 의한 목적물의 회수

피담보채무가 변제되어 양도담보권이 소멸하면, 담보제공자는 소유권이전등기의 말소를 포함하여 담보목적물을 회수할 수 있다(가담법 제11조 본문 참고).

제4절 소유권유보부매매

I 법적 성질

판례는 소유권유보부매매의 법적 성질에 대해 정지조건부 소유권이전설의 입장이다. 따라서 대금 완납 전까지는 대내·대외 구별 없이 여전히 매도인에게 소유권이 남아 있으나, 매수인이 대금을 완납하면 별도의 의사표시 없이도 소유권이 매수인에게 이전된다.

> 동산의 매매계약을 체결하면서, 매도인이 대금을 모두 지급받기 전에 목적물을 매수인에게 인도하지만 대금이 모두 지급될 때까지는 목적물의 소유권은 매도인에게 유보되며 대금이 모두 지급된 때에 그 소유권이 매수인에게 이전된다는 내용의 이른바 소유권유보의 특약을 한 경우, 목적물의 소유권을 이전한다는 당사자 사이의 물권적 합의는 매매계약을 체결하고 목적물을 인도한 때 이미 성립하지만 대금이 모두 지급되는 것을 정지조건으로 하므로, 목적물이 매수인에게 인도되었다고 하더라도 특별한 사정이 없는 한 매도인은 대금이 모두 지급될 때까지 매수인뿐만 아니라 제3자에 대하여도 유보된 목적물의 소유권을 주장할 수 있으며, 이와 같은 법리는 소유권유보의 특약을 한 매매계약이 매수인의 목적물 판매를 예정하고 있고, 그 매매계약에서 소유권유보의 특약을 제3자에 대하여 공시한 바 없고, 또한 그 매매계약이 종류물을 목적물로 하고 있다 하더라도 다를 바 없다(대판 1999.9.7. 99다30534).

II 법률관계

대금이 모두 지급되지 아니한 상태에서 매수인이 목적물을 다른 사람에게 양도하더라도, 양수인이 선의취득의 요건을 갖추거나 소유자인 소유권매도인이 후에 처분을 추인하는 등의 특별한 사정이 없는 한 그 양도는 목적물의 소유자 아닌 사람이 행한 것으로서 효력이 없어서, 그 양도로써 목적물의 소유권이 매수인에게 이전되지 아니한다(대판 2010.2.11. 2009다93671).

> [동산 소유권유보부매매의 매수인에 대한 파산절차에서 매도인의 지위(= 별제권자)]
> 동산을 매매하여 인도하면서 대금을 모두 지급할 때까지는 동산의 소유권을 매도인에게 유보하기로 특약을 맺은 이른바 '동산 소유권유보부매매'의 매수인에 대한 파산절차에서, 매도인은 환취권이 아니라 별제권을 가지는 자로 보는 것이 타당하다(대판 2024.9.12. 2022다294084).

> [동산 소유권유보부매매의 매수인이 파산선고 이전에 이미 매도인이 부여한 처분권한에 기초하여 목적물을 처분한 경우, 매도인이 매수인에 대한 파산절차에서 매수인이 제3자에 대하여 가지는 매매대금채권에 관하여 별제권을 주장할 수 있는지 여부(원칙적 소극)]
> 동산 소유권유보부매매의 매도인이 매수인에게 처분권한을 부여하여 매수인이 매매목적물을 제3자에게 처분한 경우 제3자가 소유권을 취득함에 따라 매도인은 유보된 소유권을 상실하고, 매도인은 매수인의 제3자에 대한 매매대금채권에 대하여 소유권이나 담보권, 기타 우선변제권 등을 주장할 수는 없는 것이 원칙이다. 따라서 매수인이 파산선고 이전에 이미 매도인이 부여한 처분권한에 기초하여 목적물을 처분한 경우 특별한 사정이 없는 한 매도인은 매수인에 대한 파산절차에서 매수인이 제3자에 대하여 가지는 매매대금채권에 관하여까지 별제권을 주장할 수는 없다(대판 2024.9.12. 2022다294084).

[채무자의 별제권자에 대한 변제나 대물변제가 부인의 대상이 되는지 여부(원칙적 소극)]
파산재단에 속하는 재산상에 존재하는 담보권 또는 전세권 등을 가진 자는 그 목적인 재산에 관하여 당연히 별제권을 가지고, 별제권은 파산절차에 의하지 아니하고 이를 행사할 수 있다. 따라서 파산재단에 속하는 재산 중 담보권 또는 전세권 등이 설정된 부분은 피담보채권의 범위 내에서는 일반 채권자의 공동담보가 되는 재산이 아니므로, 채무자의 별제권자에 대한 변제나 대물변제는 피담보채권액과 변제 가액이 균형을 유지하는 한 원칙적으로 부인의 대상이 되지 않는다(대판 2024.9.12. 2022다294084).

[채무자 회생 및 파산에 관한 법률 제391조 제1호에서 정한 부인의 대상으로 되는 행위인 '채무자가 파산채권자를 해하는 것을 알고 한 행위'에 이른바 편파행위도 포함되는지 여부(적극) 및 부인의 대상이 되는 행위 당시 수익자가 파산채권자를 해하게 되는 사실을 알지 못하였는지에 대한 증명책임의 소재(= 수익자)]
채무자 회생 및 파산에 관한 법률 제391조 제1호에서 정한 부인의 대상으로 되는 행위인 '채무자가 파산채권자를 해하는 것을 알고 한 행위'에는 총채권자의 공동담보가 되는 채무자의 일반재산을 파산재단으로부터 벗어나게 함으로써 파산재단을 감소시키는 행위뿐만 아니라, 특정 채권자에 대한 변제나 담보 제공과 같이 그 행위가 채무자의 재산관계에 영향을 미쳐 특정한 채권자를 배당에서 유리하게 하고 이로 인하여 파산채권자들 사이의 평등한 배당을 저해하는 이른바 편파행위도 포함된다. 이때 부인의 대상이 되는 행위라고 하더라도 이로 인하여 이익을 받은 자가 그 행위 당시 파산채권자를 해하게 되는 사실을 알지 못한 경우에는 그 행위를 부인할 수 없으나, 그와 같은 수익자의 악의는 추정되므로 수익자 자신이 선의에 대한 증명책임을 부담한다(대판 2024.9.12. 2022다294084).

제5절 동산·채권 등의 담보에 관한 법률(이하 동산채권담보법)

I 서설

1. 기존 동산·채권담보제도의 문제점

① 동산을 목적으로 하는 기존 담보로는 질권과 양도담보가 있다. 질권은 점유질원칙(민법 제330조, 제332조) 때문에 질권설정자가 동산을 활용하지 못한다는 문제가 있으며, 양도담보는 점유개정을 통해서 활용되어 실질적으로 거의 공시가 이루어지지 않는다는 점과 선의취득을 통해 양도담보가 침해될 수 있다는 문제가 있다.

② 또한 채권을 목적으로 하는 기존 담보로 역시 권리질권과 양도담보가 있다. 권리질권과 채권양도담보는 모두 그 설정방법으로 채권양도에 따른 통지나 승낙 등 대항요건을 갖추어야 하는 문제점이 있다.

③ 이러한 문제점에 더하여 국제적 금융거래가 활발해 짐에 따라 2010년 6월 10일 동산·채권 등의 담보에 관한 법률이 제정되어 2012년 6월 11일부터 시행되고 있다.

2. 동산채권담보법의 특징

(1) 동산·채권담보에 관한 새로운 공시방법
동산·채권담보를 위한 새로운 공시방법으로 등기제도를 도입하였다. 한편 등기부는 담보설정자별로 편성한 인적편성주의를 채택하고 있어 물적 편성주의를 따르는 부동산등기와 구별된다.

(2) 기존의 질권이나 양도담보의 효력
새로운 등기담보권에 의하여 기존에 활용되던 질권이나 양도담보가 폐지되지 않으며, 이로 인해 어느 한 쪽에 우선적 지위가 부여되는 것도 아니다.

(3) 인적 적용범위의 제한
법인 또는 부가가치세법에 따라 사업자등록을 한 사람에 한하여 동산·채권 등의 담보에 관한 법률에 따른 담보제도를 활용할 수 있다(동법 제2조 제5호 단서). 다만, 담보권설정자의 사업자등록이 말소된 경우에도 이미 설정된 동산담보권의 효력에는 영향을 미치지 않는다(동법 제4조).

3. 담보권의 존속기간
동산채권담보법에 따른 담보권의 존속기간은 5년을 초과할 수 없다. 다만 5년을 초과하지 않는 기간으로 이를 갱신할 수 있다(동법 제49조 제1항).

II 동산담보권

1. 의 의
동산담보권이란 담보약정에 따라 동산(여러 개의 동산 또는 장래에 취득할 동산을 포함)을 목적으로 등기한 담보권을 말한다(동법 제2조 제2호). 여기서 담보약정이란 양도담보 등 명목을 묻지 아니하고 이 법에 따라 동산·채권·지식재산권을 담보로 제공하기로 하는 약정을 말한다(동법 제2조 제1호).

2. 동산담보권의 성립

(1) 객 체
① 동산담보권의 목적물은 양도할 수 있는 동산이다(동법 제33조, 민법 제331조).
② 동산담보권이 설정된 담보목적물의 소유권, 질권을 취득하는 경우에는 민법 제249조부터 제251조까지의 규정을 준용되므로(동법 제32조), 동산담보권이 설정된 담보목적물도 선의취득의 대상이 될 수 있다.

(2) 담보약정과 담보등기
① 동산담보권이 성립하기 위해서는 채권자와 목적동산의 소유자인 채무자 또는 제3자 사이의 담보약정이 있어야 한다(동법 제2조 제1호, 제2호).
② 동산담보권은 등기함으로써 성립한다(동법 제2조 제2호, 제7조 제1항).

3. 동산담보권의 효력

(1) 동산담보권의 성질

동산담보권은 채무자 또는 제3자가 제공한 담보목적물에 대하여 다른 채권자보다 자기의 채권을 우선변제받는 것을 내용으로 하는 담보물권이다(동법 제8조). 따라서 동산담보권은 담보물권의 통유성, 즉 부종성(동법 제33조, 민법 제369조), 수반성(동법 제13조), 불가분성(동법 제9조), 물상대위성(동법 제14조)을 가진다.

(2) 동산담보권의 효력이 미치는 범위

① **피담보채권의 범위** : 동산담보권은 원본, 이자, 위약금, 담보권실행의 비용, 담보목적물의 보존비용 및 채무불이행 또는 담보목적물의 흠으로 인한 손해배상의 채권을 담보한다. 다만, 설정행위에 다른 약정이 있는 경우에는 그 약정에 따른다(동법 제12조). 민법의 저당권에서와 같은 지연배상의 제한(민법 제360조 단서)은 인정되지 않는다.

② **목적물의 범위**
　㉠ 동산담보권의 효력은 담보목적물에 부합된 물건과 종물에 미친다. 다만, 법률에 다른 규정이 있거나 설정행위에 다른 약정이 있으면 그러하지 아니하다(동법 제10조).
　㉡ 동산담보권의 효력은 담보목적물에 대한 압류 또는 제25조 제2항의 인도 청구가 있은 후에 담보권설정자가 그 담보목적물로부터 수취한 과실(果實) 또는 수취할 수 있는 과실에 미친다(동법 제11조).
　㉢ 물상대위도 인정된다. 즉 동산담보권은 담보목적물의 매각, 임대, 멸실, 훼손 또는 공용징수 등으로 인하여 담보권설정자가 받을 금전이나 그 밖의 물건에 대하여도 행사할 수 있다. 이 경우 그 지급 또는 인도 전에 압류하여야 한다(동법 제14조).

(3) 우선변제적 효력

① 담보권자에게는 채무자 또는 제3자가 제공한 담보목적물에 대하여 다른 채권자보다 자기채권을 우선변제받을 권리가 있다(동법 제8조).
② 동일한 동산에 설정된 동산담보권의 순위는 등기의 순서에 따른다(동법 제7조 제2항).

4. 동산담보권의 실행

① 동산담보권의 실행은 원칙적으로 경매에 의하지만, 예외적으로 사적 실행, 특히 귀속청산 외에 처분청산도 허용된다. 다만, 사적 실행을 위해서는 정당한 이유가 있어야 하고, 선순위권리자가 있는 경우에는 그의 동의를 받아야 한다(동법 제21조 제2항).
② **유담보약정의 허용** : 담보권자와 설정자가 동법에서 정한 실행절차와 다른 내용의 약정을 할 수 있다(동법 제31조 본문).

Ⅲ 채권담보권

1. 의 의

채권담보권이란 담보약정에 따라 금전의 지급을 목적으로 하는 지명채권(여러 개의 채권 또는 장래에 발생할 채권을 포함)을 목적으로 등기한 담보권을 말한다(동법 제2조 제3호).

2. 채권담보권의 성립

(1) 객 체

① 채권담보권의 대상은 금전의 지급을 목적으로 하는 지명채권이다(동법 제2조 제3호, 제34조 제1항).
② 여러 개의 채권(채무자가 특정되었는지 여부를 묻지 아니하고 장래에 발생할 채권을 포함)이더라도 채권의 종류, 발생 원인, 발생 연월일을 정하거나 그 밖에 이와 유사한 방법으로 특정할 수 있는 경우에는 이를 목적으로 하여 담보등기를 할 수 있다(동법 제34조 제2항).
③ 당사자 사이에 채권에 대한 양도금지특약이 있는 경우에는 이를 채권담보의 목적으로 할 수 없다.

(2) 담보약정과 담보등기

채권담보권의 등기는 동산담보권과 달리 성립요건이 아니라 대항요건이다(동법 제35조 제1항).

3. 채권담보권의 효력

(1) 채권담보권의 성질

담보물권으로서 통유성을 가진다.

(2) 채권담보권의 효력이 미치는 범위

채권담보권에 관하여는 성질에 반하지 아니하는 범위에서 동산담보권에 관한 규정들이 준용된다(동법 제37조).

(3) 대항요건

① 담보권자 또는 담보권설정자는 제3채무자에게 등기사항증명서를 건네주는 방법으로 그 사실을 통지하거나 제3채무자가 이를 승낙하지 아니하면 제3채무자에게 대항하지 못한다(동법 제35조 제2항). 이 경우 통지나 승낙에 대해서는 민법 제451조와 제452조가 준용된다(동법 제35조 제4항).
② 동일한 채권에 관하여 담보등기부의 등기와 민법 제349조 또는 제450조 제2항에 따른 통지 또는 승낙이 있는 경우에 담보권자 또는 담보의 목적인 채권의 양수인은 법률에 다른 규정이 없으면 제3채무자 외의 제3자에게 등기와 그 통지의 도달 또는 승낙의 선후에 따라 그 권리를 주장할 수 있다(동법 제35조 제3항).

4. 채권담보권의 실행

① 채권담보권자는 피담보채권의 한도에서 채권담보권의 목적이 된 채권을 직접 청구할 수 있다(동법 제36조 제1항). 그런데 채권담보권의 목적이 된 채권이 피담보채권보다 먼저 변제기에 이른 경우에는 담보권자는 제3채무자에게 그 변제금액의 공탁을 청구할 수 있고, 제3채무자가 변제금액을 공탁한 후에는 채권담보권은 그 공탁금에 존재한다(동법 제36조 제2항).

② 채권담보권자는 민사집행법에 의한 집행방법으로 채권담보권을 실행할 수도 있다(동법 제36조 제3항, 민사집행법 제273조).

CHAPTER 06 비전형담보물권

제1절 총 설

제2절 가등기담보

01 가등기담보에 관한 설명으로 가장 옳지 않은 것은? 2022년

① 가등기담보권 설정 후에 후순위권리자나 제3취득자 등 이해관계 있는 제3자가 생긴 상태에서 새로운 약정으로 기존 가등기담보권에 피담보채권을 추가하거나 피담보채권의 내용을 변경, 확장하는 경우에는 이해관계 있는 제3자의 이익을 침해하게 되므로, 이러한 경우에는 피담보채권으로 추가, 확장한 부분은 이해관계 있는 제3자에 대한 관계에서는 우선변제권 있는 피담보채권에 포함되지 않는다고 보아야 한다.
② 가등기담보부동산에 대한 예약 당시의 시가가 그 피담보채무액에 미치지 못하는 경우에 있어서는 가등기담보 등에 관한 법률이 정하는 청산금평가액의 통지 및 청산금지급 등의 절차를 이행할 여지가 없다.
③ 공동명의로 담보가등기를 마친 수인의 채권자가 각자의 지분별로 별개의 독립적인 매매예약완결권을 가지는 경우, 채권자 중 1인은 단독으로 자신의 지분에 관하여 가등기담보 등에 관한 법률이 정한 청산절차를 이행한 후 소유권이전의 본등기절차 이행청구를 할 수 있다.
④ 가등기담보 등에 관한 법률이 정한 청산절차를 거치지 않고 이루어진 담보가등기에 기한 본등기는 무효이고, 그 본등기는 약한 의미의 양도담보로서의 효력이 있다고 할 수 없다. 나아가 이 경우 나중에 가등기권자가 가등기담보 등에 관한 법률이 정한 청산절차를 마치더라도 무효인 본등기가 실체적 법률관계에 부합하는 유효한 등기로 된다고 할 수도 없다.
⑤ 목적부동산의 가액이 채권액을 넘는 경우에는 가등기담보권자는 그 차액을 청산금으로서 채무자 등에게 지급하여야 하고, 여기의 채권액을 계산함에는 선순위담보권이 있는 때에는 그것에 의하여 담보된 채권액도 합산하여야 한다.

[❶ ▸ O] 채권자와 채무자가 가등기담보권설정계약을 체결하면서 가등기 이후에 발생할 채권도 후순위권리자에 대하여 우선변제권을 가지는 가등기담보권의 피담보채권에 포함시키기로 약정할 수 있고, 가등기담보권을 설정한 후에 채권자와 채무자의 약정으로 새로 발생한 채권을 기존 가등기담보권의 피담보채권에 추가할 수도 있으나, 가등기담보권 설정 후에 후순위권리자나 제3취득자 등 이해관계 있는 제3자가 생긴 상태에서 새로운 약정으로 기존 가등기담보권에 피담보채권을 추가하거나 피담보채권의 내용을 변경, 확장하는 경우에는 이해관계 있는 제3자의 이익을 침해하게 되므로, 이러한 경우에는 피담보채권으로 추가, 확장한 부분은 이해관계 있는 제3자에 대한 관계에서는 우선변제권 있는 피담보채권에 포함되지 않는다고 보아야 한다(대판 2011.7.14. 2011다28090).

[❷ ▸ O] 가등기담보 등에 관한 법률은 재산권 이전의 예약에 의한 가등기담보에 있어서 그 재산의 예약 당시의 가액이 차용액 및 이에 붙인 이자의 합산액을 초과하는 경우에 한하여 그 적용이 있다 할 것이므로, 가등기담보부동산에 대한 예약 당시의 시가가 그 피담보채무액에 미치지 못하는 경우에 있어서는 같은 법 제3조, 제4조가 정하는 청산금평가액의 통지 및 청산금지급 등의 절차를 이행할 여지가 없다(대판 1993.10.26. 93다27611).

[❸ ▸ O] 공동명의로 담보가등기를 마친 수인의 채권자가 각자의 지분별로 별개의 독립적인 매매예약완결권을 가지는 경우, 채권자 중 1인은 단독으로 자신의 지분에 관하여 가등기담보 등에 관한 법률이 정한 청산절차를 이행한 후 소유권이전의 본등기절차 이행청구를 할 수 있다(대판[전합] 2012.2.16. 2010다82530).

[❹ ▸ ×] 가등기담보 등에 관한 법률 제3조, 제4조의 각 규정에 비추어 볼 때 위 각 규정을 위반하여 담보가등기에 기한 본등기가 이루어진 경우에는 그 본등기는 무효라고 할 것이고, 설령 그와 같은 본등기가 가등기권리자와 채무자 사이에 이루어진 특약에 의하여 이루어졌다고 할지라도 만일 그 특약이 채무자에게 불리한 것으로서 무효라고 한다면 그 본등기는 여전히 무효일 뿐, 이른바 약한 의미의 양도담보로서 담보의 목적 내에서는 유효하다고 할 것이 아니고, 다만 <u>가등기권리자가 가등기담보 등에 관한 법률 제3조, 제4조에 정한 절차에 따라 청산금의 평가액을 채무자 등에게 통지한 후 채무자에게 정당한 청산금을 지급하거나 지급할 청산금이 없는 경우에는 채무자가 그 통지를 받은 날로부터 2월의 청산기간이 경과하면 위 무효인 본등기는 실체적 법률관계에 부합하는 유효한 등기가 될 수 있을 뿐이다</u>(대판 2002.6.11. 99다41657).

[❺ ▸ O] 채권자는 제3조 제1항에 따른 통지 당시의 담보목적부동산의 가액에서 그 채권액을 뺀 금액(이하 "청산금"이라 한다)을 채무자등에게 지급하여야 한다. 이 경우 담보목적부동산에 선순위담보권 등의 권리가 있을 때에는 그 채권액을 계산할 때에 선순위담보 등에 의하여 담보된 채권액을 포함한다(가등기담보 등에 관한 법률 제4조 제1항).

답 ❹

제3절 양도담보

02 양도담보에 관한 다음 설명 중 옳지 않은 것을 모두 고른 것은? `2025년`

> ㄱ. 양도담보설정자에게 목적물에 대한 소유권이나 처분권 등 양도담보를 설정할 권한이 없어도 양도담보를 설정할 수 있다.
> ㄴ. 동산 양도담보권자는 양도담보 목적물이 소실되어 양도담보설정자가 보험회사에 대하여 화재보험계약에 따른 보험금청구권을 취득한 경우에도 담보물 가치의 변형물인 위 화재보험금청구권에 대하여 양도담보권에 기한 물상대위권을 행사할 수 있다.
> ㄷ. 동산 양도담보설정자는 여전히 그 물건에 대한 사용·수익권을 가지고, 변제기에 이르러서는 채무 전액을 변제하고 소유권을 되돌려 받을 수 있다.
> ㄹ. 동산 양도담보권자는 양도담보권설정자를 제외한 제3자에 대한 관계에 있어서 자신이 그 동산의 소유자임을 주장하여 권리를 행사할 수는 없다.

① ㄱ, ㄴ
② ㄱ, ㄷ
③ ㄱ, ㄹ
④ ㄴ, ㄷ
⑤ ㄷ, ㄹ

[ㄱ ▶ ×] 양도담보를 설정하려면 양도담보설정자에게 목적물에 대한 소유권이나 처분권 등 양도담보를 설정할 권한이 있어야 한다. 양도담보설정자에게 이러한 권한이 없는데도 양도담보설정계약을 체결한 경우에는 특별한 사정이 없는 한 양도담보가 유효하게 성립할 수 없다(대판 2022.1.27. 2019다295568).

[ㄴ ▶ ○] 동산 양도담보권자는 양도담보 목적물이 소실되어 양도담보설정자가 보험회사에 대하여 화재보험계약에 따른 보험금청구권을 취득한 경우 담보물 가치의 변형물인 화재보험금청구권에 대하여 양도담보권에 기한 물상대위권을 행사할 수 있다(대판 2014.9.25. 2012다58609).

[ㄷ ▶ ○] 동산 양도담보설정자는 담보목적물인 동산의 소유권을 채권자에게 이전해 주지만 이는 채권자의 우선변제권을 확보해 주기 위한 목적에 따른 것으로, 양도담보설정자는 여전히 그 물건에 대한 사용, 수익권을 가지고 변제기에 이르러서는 채무 전액을 변제하고 소유권을 되돌려 받을 수 있다(대판 2009.11.26. 2006다37106).

[ㄹ ▶ ×] 동산에 대하여 양도담보권설정계약이 이루어진 경우에 양도담보권자는 양도담보권설정자를 제외한 제3자에 대한 관계에 있어서는 자신이 그 동산의 소유자임을 주장하여 권리를 행사할 수 있다(대판 1999.9.7. 98다47283).

답 ③

제4절 소유권유보부매매

제5절 동산·채권 등의 담보에 관한 법률

합격의 공식 ▶ 온라인 강의

혼자 공부하기 힘드시다면 방법이 있습니다.
시대에듀의 동영상 강의를 이용하시면 됩니다.

www.sdedu.co.kr → 회원가입(로그인) → 강의 살펴보기

편저 **이성재 · 시대법학연구소**

수험문화를 선도하는 수험서 전문출판 시대에듀의 시대법학연구소는 뛰어난 전문성을 바탕으로 법률 분야 자격시험에 특화된 맞춤도서들을 발간하여 수험생들이 단기간에 합격할 수 있도록 노력하고 있습니다.

법무사 1차·2차 시험도 역시 시대에듀!

(유료)동영상강의도 준비되어 있습니다!

| 법무사 1차시험
헌법·상법 | 법무사 1차시험
민법·가족관계의 등록
등에 관한 법률 | 법무사 1차시험
민사집행법·상업등기법
및 비송사건절차법 | 법무사 1차시험
부동산등기법·공탁법 | 법무사 1차시험
핵심 기출지문 총정리
헌 법 | 법무사 1차시험
핵심 기출지문 총정리
상 법 |

| 법무사 1차시험
5개년 기출문제해설 | 법무사 2차시험
5개년 기출문제해설 | 법무사 1차시험
전과목 주요 최신판례 | 법무사 2차시험
민사소송법 | 법무사 2차시험
민사사건관련서류의
작성 | 법무사 2차시험
형 법 | 법무사 2차시험
민 법 |

동영상강의

※ 도서의 구성 및 이미지는 변경될 수 있습니다.

2026 개정판

법무사

민법 · 가족관계의 등록 등에 관한 법률

편저 | 이성재 · 시대법학연구소

[2권] 민법 II (채권총론 + 채권각론)

名將 名品

- 민법 및 가족관계등록법의 핵심이론 수록!
- 최신 법령 · 예규 · 판례 · 선례 등 반영!
- 최근 3개년 기출문제 + 해설 진도별 편제

유료 동영상 강의
www.sdedu.co.kr

CBT 모의고사
1회 무료쿠폰 제공

시대에듀

법무사
민법·가족관계의 등록 등에 관한 법률

[1권] 민법 I (민법총칙 + 물권법)

법무사 1차 시험 대비 시리즈
1. 헌법 + 상법
2. 민법 + 가족관계의 등록 등에 관한 법률
3. 민사집행법 + 상업등기법 및 비송사건절차법
4. 부동산등기법 + 공탁법
5. 5개년 기출문제해설
6. 전과목 주요 최신판례 한권으로 끝내기

시대에듀

발행일 2025년 11월 20일 | **발행인** 박영일 | **책임편집** 이해욱
편저 이성재·시대법학연구소 | **발행처** (주)시대고시기획
등록번호 제10-1521호 | **대표전화** 1600-3600 | **팩스** (02)701-8823
주소 서울시 마포구 큰우물로 75 [도화동 538 성지B/D] 9F
학습문의 www.sdedu.co.kr

※ 이 책은 저작권법에 의해 보호를 받는 저작물이므로 동영상 제작 및 무단전재와 복제를 금합니다.

9.88%

*2025년 법무사 1차 합격률

CBT 모의고사로 최종 합격 점검!

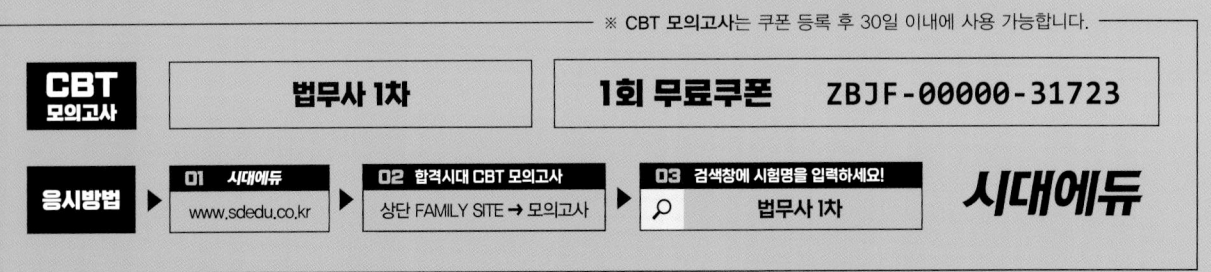

법무사

민법 · 가족관계의
등록 등에 관한 법률

[2권] 민법 II (채권총론 + 채권각론)

시대에듀

이 책의 차례 　2권 | 민법 Ⅱ

제1편　채권총론

제1장 채권법 서론
- 제1절 채권법의 의의 ········· 6
- 제2절 채권의 목적(급부) ········· 7
- 제3절 채무의 내용(채무구조론) ········· 8
- 기출문제해설 ········· 11

제2장 채권의 목적
- 제1절 특정물채권 ········· 12
- 제2절 종류채권 ········· 14
- 제3절 금전채권 ········· 17
- 제4절 이자채권 ········· 22
- 제5절 선택채권 ········· 27
- 제6절 임의채권 ········· 30
- 기출문제해설 ········· 32

제3장 채권의 효력
- 제1절 서 설 ········· 34
- 제2절 채무불이행의 유형과 그 효과 ········· 34
- 제3절 채권의 대외적 효력(제3자에 의한 채권침해) ········· 70
- 제4절 책임재산의 보전 ········· 72
- 기출문제해설 ········· 98

제4장 다수당사자의 채권관계
- 제1절 서 설 ········· 110
- 제2절 분할채권관계 ········· 110
- 제3절 불가분채권관계 ········· 112

	제4절 연대채무관계 · **115**
	제5절 보증채무 · **124**
	기출문제해설 · **147**

제5장
채권양도와
채무인수

| 제1절 채권양도 · **152** |
| 제2절 채무인수 · **163** |
| 기출문제해설 · **172** |

제6장
채권의 소멸

| 제1절 서 설 · **178** |
| 제2절 변 제 · **178** |
| 제3절 대물변제 · **196** |
| 제4절 공 탁 · **199** |
| 제5절 상 계 · **204** |
| 제6절 기타 채권의 소멸원인 · **211** |
| 기출문제해설 · **217** |

제2편　채권각론

제1장
계약총론

| 제1절 서 설 · **232** |
| 제2절 계약의 성립 · **239** |
| 제3절 계약의 효력 · **246** |
| 제4절 계약의 해제와 해지 · **258** |
| 기출문제해설 · **271** |

이 책의 차례 2권 | 민법 Ⅱ

제2장 계약각론		
	제1절 증 여	**281**
	제2절 매 매	**285**
	제3절 교 환	**306**
	제4절 소비대차	**307**
	제5절 사용대차	**313**
	제6절 임대차	**315**
	제7절 고 용	**378**
	제8절 도 급	**381**
	제8절의2 여행계약	**391**
	제9절 현상광고	**394**
	제10절 위 임	**396**
	제11절 임 치	**403**
	제12절 조 합	**409**
	제13절 종신정기금	**419**
	제14절 화 해	**420**
	기출문제해설	**422**

제3장 법정채권관계		
	제1절 사무관리	**451**
	제2절 부당이득	**455**
	제3절 불법행위	**468**
	기출문제해설	**513**

채권총론

제1장	채권법 서론
제2장	채권의 목적
제3장	채권의 효력
제4장	다수당사자의 채권관계
제5장	채권양도와 채무인수
제6장	채권의 소멸

채권법 서론

제1절 채권법의 의의

I. 채권법의 개념

채권법은 형식적으로 민법의 제3편을 지칭하지만, 실질적으로는 채권관계를 규율하는 사법의 일부를 말한다.

1. 채권관계 규율

채권관계란 채권자가 채무자에 대하여 일정한 행위, 즉 급부를 청구할 수 있는 권리를 가지는 법률관계를 말한다. 채권관계로부터 채권이 나오고, 채무가 이에 대응된다.

2. 사법의 일부

사법은 대등한 권리주체들 사이의 법률관계, 즉 평등관계를 규율한다.

II. 채권법의 특질

1. 임의규정성 : 계약자유의 원칙

(1) 원 칙

① 채권은 물권과 달리 배타성이 없기 때문에 사적자치가 허용되는 범위가 물권에 비하여 상대적으로 넓으며, 따라서 원칙적으로 당사자의 의사가 1차적인 분쟁해결의 기준이 된다.
② 채권법규는 당사자의 의사가 불명확하거나 결여된 경우 합리적인 거래의 기준을 제시하고 당사자의 의사를 보충하는 기능을 하는 임의규정적 성격이 강하다.

(2) 임의규정성의 제한

사회적 형평이나 거래의 안전, 약자 보호를 위해 강행규정도 등장하고 있다.

2. 국제성 · 보편성 · 통일성

일반적으로 물권법이나 가족법이 각국의 관습이나 전통의 영향을 강하게 받음에 비하여, 채권법은 세계적으로 보편화·통일화되는 경향을 보인다.

3. 신의칙의 지배

채권관계는 채권자와 채무자 사이의 특별한 신뢰관계를 전제로 하여 성립되므로, 다른 영역에 비하여 신의칙의 강한 지배를 특징으로 한다.

4. 강한 로마법적 요소

물권법이 게르만적 요소와 로마법적 요소가 혼재되어 있는 반면, 채권법은 로마법적 요소가 매우 강하다.

제2절 채권의 목적(급부)

> **채권의 목적(민법 제373조)**
> 금전으로 가액을 산정할 수 없는 것이라도 채권의 목적으로 할 수 있다.

I 급부

채권의 목적인 급부란 원칙적으로 채권자가 채무자에게 요구할 수 있는 일정한 행위를 말한다. 채권의 내용이라고도 하며, 채권의 목적물과는 구별된다.

II 급부의 종류

1. 작위급부와 부작위급부

급부의 내용이 적극적 행위, 즉 작위인 경우를 작위급부라 하고, 소극적 행위, 즉 부작위인 경우를 부작위급부라고 한다.

2. 주는 급부와 하는 급부

작위급부는 다시 주는 급부와 하는 급부로 나뉘며, 주는 급부는 물건의 인도(또는 권리의 이전)를 목적으로 하며, 하는 급부는 노무의 제공 또는 일의 완성을 목적으로 한다.

3. 특정물급부와 불특정물급부

주는 급부는 다시 특정물급부와 불특정물급부로 나누어지는데, 이는 인도의 목적물이 특정되어 있느냐 여부에 따른 구분이다.

4. 가분급부와 불가분급부

급부가 가분인지 여부는 급부의 객관적 성질에 의하지만, 당사자의 의사에 의하여 가분을 불가분으로 할 수도 있다.

5. 일회적 급부 · 계속적 급부 · 회귀적 급부

급부를 실현하는 모습에 의한 구별로 채무의 이행이 1회의 행위에 의하여 끝나는 경우가 일회적 급부이고, 채무의 이행이 일정기간 계속되어야 하는 경우를 계속적 급부라 하며, 일정기간 동안 정기적으로 제공되어야 하는 급부를 회귀적 급부라고 하는데, 이는 계속적 급부의 특수한 예로 이해하는 것이 일반적이다.

Ⅲ 결과채무와 수단채무

결과채무란 일정한 결과발생을 목적으로 하는 채무를 말하며, 수단채무란 어떤 결과발생을 위하여 최선의 노력을 할 것을 내용으로 하는 채무를 말한다.

제3절 채무의 내용(채무구조론)

Ⅰ 채무의 의의

채무란 채권에 상응하여 채권자에게 일정한 행위를 부담하는 의무이다. 이에는 주된 급부의무와 종된 급부의무, 부수적 주의의무, 보호의무 등이 있다.

Ⅱ 주된 급부의무와 종된 급부의무

1. 주된 급부의무

① 계약의 유형을 규정하는 채무자의 중심적 급부의무로 매매에 있어서 재산권이전의무나 대금지급의무 등이 이에 해당한다.
② 주된 급부의무 위반 시 일반 채무불이행의 효과(손해배상, 계약해제권 등)가 전부 인정된다.

2. 종된 급부의무

① 주된 급부의무에 종속적인 급부의무로, 복잡한 기계의 매매에 있어서 설명서나 보증서의 인도의무 등이 이에 해당한다.
② 종된 급부의무 위반 시 손해배상청구권은 인정되나, 계약해제권은 인정되지 않는다.

Ⅲ 부수적 주의의무

1. 의 의

급부의무의 내용을 제대로 실현하기 위해 급부에 대한 주의나 배려를 베풀어야 할 의무를 말한다. 대표적으로 약을 팔면서 부작용 등을 설명해 주어야 할 의무 등이 이에 해당한다.

2. 법적 근거

신의칙이 법적 근거이고, 주로 계속적 채권관계나 인적 신뢰가 중요시되는 채무에서 문제된다.

3. 의무 위반 시 효과

부수적 주의의무 위반 시 원칙적으로 불완전이행책임이 문제된다.
① 손해배상청구권은 인정되나, 계약해제권은 그 불이행으로 인하여 계약의 목적을 달성할 수 없는 경우 또는 특별한 약정이 있는 경우에 한정하여 인정된다.
② 부수적 주의의무의 위반이 항상 불완전이행을 야기하는 것은 아니다. 경우에 따라서는 이행불능이나 이행지체가 성립할 수도 있다.

Ⅳ 보호의무

1. 의 의

보호의무란 계약교섭과정이나 계약이행단계에서 문제되는 급부의무와는 무관한 채권자의 생명, 신체, 재산 등의 다른 법익을 침해하지 아니할 의무를 말하며, 이를 채무의 내용으로 인정할 경우 채무자는 채무불이행책임을 부담하게 된다.

2. 법적 지위

보호의무의 민법상 지위에 관하여 논란이 많은데, 핵심은 계약상의 의무로서 보호의무를 인정할 것인가 하는 점이다. 다수설은 보호의무를 계약상의 부수적 주의의무의 한 유형으로 파악한다.

3. 보호의무의 근거

계약상 보호의무의 근거는 신의성실의 원칙에서 찾을 수 있다(민법 제2조 제1항). 또한 보호의무는 채무자뿐만 아니라 채권자도 부담하며, 그 범위는 채권관계의 종류에 따라 달라진다.

4. 판례의 태도

판례는 숙박업자, 기획여행계약에서 여행업자, 고용계약이나 노무도급계약상의 사용자 등의 보호의무를 인정한다.

> **[안전배려의무 또는 보호의무를 인정한 주요 판례]**
> - [1] 사용자는 근로계약에 수반되는 신의칙상의 부수적 의무로서 피용자가 노무를 제공하는 과정에서 생명, 신체, 건강을 해치는 일이 없도록 인적·물적 환경을 정비하는 등 필요한 조치를 강구하여야 할 보호의무를 부담하고, 이러한 보호의무를 위반함으로써 피용자가 손해를 입은 경우 이를 배상할 책임이 있다. [2] 보호의무위반을 이유로 사용자에게 손해배상책임을 인정하기 위하여는 특별한 사정이 없는 한 그 사고가 피용자의 업무와 관련성을 가지고 있을 뿐 아니라 또한 그 사고가 통상 발생할 수 있다고 하는 것이 예측되거나 예측할 수 있는 경우라야 할 것이고, 그 예측가능성은 사고가 발생한 때와 장소, 가해자의 분별능력, 가해자의 성행, 가해자와 피해자의 관계 기타 여러 사정을 고려하여 판단하여야 한다(대판 2001.7.27. 99다56734).
> - 근로자파견관계에서 사용사업주와 파견근로자 사이에는 특별한 사정이 없는 한 파견근로와 관련하여 사용사업주가 파견근로자에 대한 보호의무 또는 안전배려의무를 부담한다는 점에 관한 묵시적인 의사의 합치가 있다고 할 것이고, 따라서 사용사업주의 보호의무 또는 안전배려의무 위반으로 손해를 입은 파견근로자는 사용사업주와 직접 고용 또는 근로계약을 체결하지 아니한 경우에도 위와 같은 묵시적 약정에 근거하여 사용사업주에 대하여 보호의무 또는 안전배려의무 위반을 원인으로 하는 손해배상을 청구할 수 있다. 그리고 이러한 약정상 의무 위반에 따른 채무불이행책임을 원인으로 하는 손해배상청구권에 대하여는 불법행위책임에 관한 민법 제766조 제1항의 소멸시효 규정이 적용될 수는 없다(대판 2013.11.28. 2011다60247).

5. 보호의무 위반의 효과

① 계약상의 의무로서 보호의무를 위반하여 상대방에게 손해를 발생시켰다면, 이는 불완전이행 또는 적극적 채권침해가 되어 손해배상책임이 문제된다.
② 원칙적으로 계약해제권이 발생하지 않는다. 다만, 계속적 채권관계에서 보호의무 위반으로 당사자들 사이의 신뢰관계의 기초가 파괴되었다면 예외적으로 계약해제권이 인정될 수 있다.

채권법 서론

| 제1절 | 채권법의 의의 |

| 제2절 | 채권의 목적(급부) |

| 제3절 | 채무의 내용(채무구조론) |

채권의 목적

제1절 특정물채권

특정물 인도채무자의 선관의무(민법 제374조)
특정물의 인도가 채권의 목적인 때에는 채무자는 그 물건을 인도하기까지 선량한 관리자의 주의로 보존하여야 한다.

이행지체 중의 손해배상(민법 제392조)
채무자는 자기에게 과실이 없는 경우에도 그 이행지체 중에 생긴 손해를 배상하여야 한다. 그러나 채무자가 이행기에 이행하여도 손해를 면할 수 없는 경우에는 그러하지 아니하다.

채권자지체와 채무자의 책임(민법 제401조)
채권자지체 중에는 채무자는 고의 또는 중대한 과실이 없으면 불이행으로 인한 모든 책임이 없다.

특정물의 현상인도(민법 제462조)
특정물의 인도가 채권의 목적인 때에는 채무자는 이행기의 현상대로 그 물건을 인도하여야 한다.

I 특정물채권의 의의 및 판단기준

1. 의 의

특정물채권이란 소유권의 이전 여부와는 관계없이 특정물의 인도를 목적으로 하는 채권이다(민법 제374조). 특정물채권은 채권이 성립할 당시부터 목적물이 특정되어 있어야만 하는 것은 아니며, 채권이 성립할 당시에는 특정되어 있지 않더라도 후에 특정되면 그때부터는 특정물채권이 된다.

2. 판단기준

특정물인지 종류물인지 여부를 판단하는 1차적인 기준은 '당사자들의 주관적인 의사'이다. 따라서 특정물인지 종류물인지는 1차적으로 법률행위의 해석으로 귀결되나, 당사자의 의사가 불명확한 경우에는 부대체물은 특정물, 대체물은 종류물로 본다. 반면 대체물인지 부대체물인지 여부는 물건의 성질이라는 객관적 기준에 의하여 구별된다.

Ⅱ 목적물 보존의무 : 선관주의의무(민법 제374조)

1. 선관주의

(1) 의 의

선량한 관리자의 주의란 거래상 일반적으로 평균인에게 요구되는 정도의 주의를 말한다. 민법상 선관주의의무가 원칙적인 모습이며, 이러한 주의의무 위반을 「추상적 경과실」이라 한다.

(2) 발생시기 및 존속기간
  ① 발생시기 : 특정물 인도채무의 성립 시부터 선관주의의무가 발생한다.
  ② 존속기간 : 특정물의 인도 시까지 선관주의의무를 부담하며 여기서 인도 시란 현실적인 인도 시를 의미한다.

2. 위반의 효과

채무자가 선관주의의무를 위반하여 목적물이 멸실 또는 훼손된 경우에 채무자는 다른 물건으로 급부할 의무는 없으나 채무불이행책임을 진다(민법 제390조). 선관주의의무를 다하였는지에 대한 입증책임은 채무자가 부담한다.

Ⅲ 목적물의 현상인도의무(민법 제462조)

1. 현상인도의무

특정물 인도채무의 경우 「이행기」의 「현상」대로 그 물건을 인도하여야 한다(민법 제462조).

2. 인도장소(민법 제467조 제1항)

> **변제의 장소(민법 제467조)**
> ① 채무의 성질 또는 당사자의 의사표시로 변제장소를 정하지 아니한 때에는 특정물의 인도는 채권성립 당시에 그 물건이 있던 장소에서 하여야 한다.
> ② 전항의 경우에 특정물인도 이외의 채무변제는 채권자의 현주소에서 하여야 한다. 그러나 영업에 관한 채무의 변제는 채권자의 현영업소에서 하여야 한다.

  ① 지참채무의 원칙의 특칙으로서 「채권성립 당시 목적물이 있던 장소」가 변제의 장소가 된다.
  ② 매매목적물의 인도와 동시에 대금지급을 하는 때에는 「목적물의 인도장소」가 대금지급장소라는 점을 유의해야 한다(민법 제586조).

3. 과실의 귀속

① 원칙 : 이행기 이전의 과실은 채무자에게, 이행기 이후의 과실은 채권자에게 귀속된다(다수설).
② 예외 : 매수인이 아직 대금을 지급하지 않은 경우에는 이행기 이후라도 인도 전 과실은 매도인에게 속한다(민법 제587조).

Ⅳ 목적물이 채무자의 귀책사유에 의하지 않고 멸실·훼손된 경우

1. 내 용

① 멸실된 경우 채무자는 목적물 인도의무를 면한다.
② 훼손된 경우에는 훼손된 상태대로의 물건을 인도하면 된다.
③ 채무자가 목적물 인도채무를 면하므로 채권자는 채무자에 대한 목적물 인도채권을 상실한다.

2. 선관의무

채무자가 선관주의의무를 다한 때에는 채무불이행책임도 지지 않는다.

제2절 종류채권

종류채권(민법 제375조)
① 채권의 목적을 종류로만 지정한 경우에 법률행위의 성질이나 당사자의 의사에 의하여 품질을 정할 수 없는 때에는 채무자는 중등품질의 물건으로 이행하여야 한다.
② 전항의 경우에 채무자가 이행에 필요한 행위를 완료하거나 채권자의 동의를 얻어 이행할 물건을 지정한 때에는 그때로부터 그 물건을 채권의 목적물로 한다.

Ⅰ 의 의

1. 개 념

종류채권이란 급부하여야 할 물건이 종류와 수량으로 정해져 있는 채권을 말한다.

2. 제한종류채권

급부가 종류와 수량으로 정해져 있으나, 일정의 제한된 범위에서만 특정할 수 있는 채권이다.

Ⅱ 종류채권에서 목적물의 품질

1. 품질을 정할 수 없는 경우

채무자는 법률행위의 성질이나 당사자의 의사에 의하여 품질을 정할 수 없는 경우에 「중등품질」의 물건을 급부하면 된다(민법 제375조 제1항).

2. 채무자가 상등품질의 물건을 급부한 경우

채무자가 상등품질의 물건을 급부한 경우, 통설은 채권자가 특히 중등품질의 물건을 급부받아야 할 특수한 사정이 있는 경우가 아니라면, 채무불이행으로 되지는 않는다고 한다.

Ⅲ 종류채권의 특정

1. 의 의

종류물 중에서 인도할 물건이 구체적으로 결정되는 것을 종류채권의 특정이라고 한다.

2. 특정의 방법

(1) 채무자가 이행에 필요한 행위를 완료한 때

1) 지참채무

① 지참채무는 민법상 채무이행의 원칙으로 채무자가 목적물을 채권자의 주소에 가지고 가서 이행하여야 하는 채무를 말한다.
② 이행준비를 다해서 채권자의 현주소에서 현실제공을 하면 특정이 된다. 다만, 지참채무라고 하더라도 채권자가 미리 변제받기를 거절한 경우에는 인도할 목적물을 분리·지정하고 구두의 제공(변제준비의 완료를 통지하고 그 수령을 최고)을 하면 된다.

2) 추심채무

채권자가 채무자의 주소에 와서 목적물을 추심하여 이행받는 채무를 말한다. 채무자가 인도할 목적물을 분리·지정하고 「구두제공」을 하면 특정된다.

3) 송부채무

① 송부채무란 채무자가 채권자에게 물건을 송부해야 하는 채무를 말한다. 급부장소는 채무자의 주소이고, 급부결과발생지는 통상 채권자의 주소이지만 합의된 제3지일 수도 있다.
② 송부채무에서 채무자가 채권자에게 물건을 발송함으로써 발송된 물건으로 특정이 이루어진다.

(2) 채무자가 채권자의 동의를 얻어 이행할 물건을 지정한 때

① 채무자가 채권자로부터 지정권을 부여받아 인도할 물건을 지정한 때에 특정이 이루어진다. 이러한 경우에도 채무자는 종류물의 품질에 관한 제한을 준수해야 한다.
② 판례는 지정권 불행사에 따른 지정권 이전에 대하여 선택채권에 관한 규정의 유추적용을 긍정하나, 다수설은 부정한다.

> 제한종류채권에 있어 급부목적물의 특정은, 원칙적으로 종류채권의 급부목적물의 특정에 관하여 민법 제375조 제2항이 적용되므로, 채무자가 이행에 필요한 행위를 완료하거나 채권자의 동의를 얻어 이행할 물건을 지정한 때에는 그 물건이 채권의 목적물이 되는 것이나, 당사자 사이에 지정권의 부여 및 지정의 방법에 관한 합의가 없고, 채무자가 이행에 필요한 행위를 하지 아니하거나 지정권자로 된 채무자가 이행할 물건을 지정하지 아니하는 경우에는 선택채권의 선택권 이전에 관한 민법 제381조를 준용하여 채권의 기한이 도래한 후 채권자가 상당한 기간을 정하여 지정권이 있는 채무자에게 그 지정을 최고하여도 채무자가 이행할 물건을 지정하지 아니하면 지정권이 채권자에게 이전한다(대판 2003.3.28. 2000다24856).

③ 당사자 사이의 특약으로 제3자에게 지정권을 줄 수 있다.

IV 종류채권의 특정의 효과

1. 특정물채권으로의 전환

특정 후 채무자는 특정된 물건에 대한 선관주의의무만을 부담하지만(민법 제374조), 특정된 물건의 수령을 채권자가 지체하는 경우에 채권자지체가 성립하여 채무자의 보관상의 주의의무가 경감될 수 있다(민법 제401조).

2. 급부위험의 이전

특정에 의하여 급부위험이 채무자로부터 채권자에게로 이전된다. 즉, 특정 전에는 채무자에게 조달의무가 있었으나 특정 후에는 조달의무를 면하고 급부위험이 채권자에게 이전된다.

3. 급부변경권

당사자 의사에 기한 특정물채권에서와 달리 종류채권에서는 특정의 구속을 엄격하게 새길 것은 아니고, 채권자의 이익을 해치지 않는 한 채무자의 급부변경권을 인정할 필요가 있다.

제3절 금전채권

> **금전채권(민법 제376조)**
> 채권의 목적이 어느 종류의 통화로 지급할 것인 경우에 그 통화가 변제기에 강제통용력을 잃은 때에는 채무자는 다른 통화로 변제하여야 한다.

I 금전채권의 의의

1. 개 념

금전채권이란 금전의 지급(인도)을 목적으로 하는 채권이며, 대부분의 경우에 금전채권은 금액채권이다.

2. 발생원인

금전채권은 법률행위 또는 법률의 규정에 의하여 발생한다.

3. 금전채권의 특수성

금전채권은 보통의 종류채권에서와 같은 특정의 문제도 없으며, 따라서 급부위험의 이전이라는 문제도 발생할 수 없고, 이행불능의 문제도 발생하지 않는다.

II 금전채권의 종류

1. 금액채권

일정액의 금전의 지급(인도)을 목적으로 하는 금전채권을 금액채권이라고 한다.

2. 상대적 금종채권

당사자 간의 특약으로 특정한 종류의 통화로써 지급하기로 약정한 금전채권이 금종채권이다. 이 경우 그 특정 통화가 변제기에 강제통용력을 상실한 경우 통용력 있는 다른 화폐로 지급 가능하다(민법 제376조).

3. 특정금전채권과 절대적 금종채권

(1) 특정금전채권
진열용 또는 소장용 등 특정의 화폐의 인도를 목적으로 하는 채권을 특정금전채권이라고 하는데, 이는 순수한 금액채권이 아닌,「특정물채권」에 해당한다.

(2) 절대적 금종채권
절대적으로 일정한 종류의 금전을 급부하는 것이 목적인 경우, 이는 금액채권이 아닌「종류채권」의 일종이다.

4. 외화채권

> **외화채권(민법 제377조)**
> ① 채권의 목적이 다른 나라 통화로 지급할 것인 경우에는 채무자는 자기가 선택한 그 나라의 각 종류의 통화로 변제할 수 있다.
> ② 채권의 목적이 어느 종류의 다른 나라 통화로 지급할 것인 경우에 그 통화가 변제기에 강제통용력을 잃은 때에는 그 나라의 다른 통화로 변제하여야 한다.
>
> **동전(민법 제378조)**
> 채권액이 다른 나라 통화로 지정된 때에는 채무자는 지급할 때에 있어서의 이행지의 환금시가에 의하여 우리나라 통화로 변제할 수 있다.

(1) 의 의
외국의 통화로 지급하기로 한 금전채권을 말한다.

> **[발명진흥법 제15조 제1항에서 정한 직무발명 보상금 채권이 외화채권인지 여부(원칙적 소극)]**
> 발명진흥법 제15조 제1항이 정하는 직무발명 보상금 채권은 당사자가 외국통화로 지급하기로 약정하였다는 등의 특별한 사정이 없는 한 채권액이 외국통화로 지정된 외화채권이라고 할 수 없다(대판 2024.11.14. 2023다287168).

(2) 종 류
① **외화금액채권** : 채무자는 자신의 선택에 따라 그 나라의 각종 통화로 지급할 수 있다(민법 제377조 제1항).
② **외화금종채권** : 그 나라의 특종의 통화로 지급할 약정이 있으면 그것으로 지급하고, 그 통화가 강제통용력을 상실했다면 그 나라의 다른 통화로 지급하여야 한다(민법 제377조 제2항).

(3) 채무자의 대용권(민법 제378조)

① 외화채권의 경우 외화금액채권이든, 외화금종채권이든 채무자는 지급할 때의 있어서의 이행지의 환금시가로 환산하여 우리나라 통화로 변제할 수 있다(대판[전합] 1991.3.12. 90다2147).
② 지급할 때의 의미란 현실이행시설의 입장에서 채무자가 현실로 이행할 때, 소로써 청구하는 경우에는 사실심변론종결 당시의 외국환시세를 우리나라 통화로 환산하는 기준 시로 삼아야 한다(다수설·판례).
③ 채권자에게도 이러한 대용급부청구권이 있다고 보는 것이 통설·판례이다.

Ⅲ 금전채권의 특수성

> **금전채무불이행에 대한 특칙(민법 제397조)**
> ① 금전채무불이행의 손해배상액은 법정이율에 의한다. 그러나 법령의 제한에 위반하지 아니한 약정이율이 있으면 그 이율에 의한다.
> ② 전항의 손해배상에 관하여는 채권자는 손해의 증명을 요하지 아니하고 채무자는 과실 없음을 항변하지 못한다.

1. 금전채권의 성격

① 종류채권에 관한 민법 제375조는 금전채권에 적용되지 않는다.
② 채무자는 지급무능력을 이유로 자신의 급부의무로부터 해방될 수 없다.

2. 금전채무불이행에 대한 특칙

(1) 요건에 관한 특칙

① 금전채무불이행 시 채권자는 손해의 증명을 요하지 아니하고, 채무자는 과실 없음을 항변하지 못한다(민법 제397조 제2항). 다만, 채권자가 채무의 불이행을 원인으로 손해배상을 구할 때에 지연이자 상당의 손해가 발생하였다는 취지의 주장은 하여야 한다(대판 2000.2.11. 99다49644).

> [1] 채무불이행으로 인한 손해배상 예정액의 청구에 채무불이행으로 인한 손해배상의 청구가 포함되어 있다고 볼 수 있는지 여부(소극) 및 채무불이행으로 인한 손해배상의 청구에 있어 법원이 당사자가 주장하지 아니한 손해의 발생 사실을 기초로 손해액을 산정할 수 있는지 여부(소극) : 채무불이행으로 인한 손해배상 예정액의 청구와 채무불이행으로 인한 손해배상액의 청구는 그 청구원인을 달리 하는 별개의 청구이므로 손해배상 예정액의 청구 가운데 채무불이행으로 인한 손해배상액의 청구가 포함되어 있다고 볼 수 없고, 채무불이행으로 인한 손해배상액의 청구에 있어서 손해의 발생 사실과 그 손해를 금전적으로 평가한 배상액에 관하여는 손해배상을 구하는 채권자가 주장·입증하여야 하는 것이므로, 채권자가 손해배상책임의 발생 원인 사실에 관하여는 주장·입증을 하였더라도 손해의 발생 사실에 관한 주장·입증을 하지 아니하였다면 변론주의 원칙상 법원은 당사자가 주장하지 아니한 손해의 발생 사실을 기초로 하여 손해액을 산정할 수는 없다.

> [2] 금전채무불이행을 원인으로 한 손해배상청구에 있어 법원이 채권자의 주장도 없이 민법 제397조 소정의 지연이자 상당의 손해를 인용할 수 있는지 여부(소극) : 금전채무불이행에 관한 특칙을 규정한 민법 제397조는 그 이행지체가 있으면 지연이자 부분만큼의 손해가 있는 것으로 의제하려는 데에 그 취지가 있는 것이므로 지연이자를 청구하는 채권자는 그만큼의 손해가 있었다는 것을 증명할 필요가 없는 것이나, 그렇다고 하더라도 채권자가 금전채무의 불이행을 원인으로 손해배상을 구할 때에 지연이자 상당의 손해가 발생하였다는 취지의 주장은 하여야 하는 것이지 주장조차 하지 아니하여 그 손해를 청구하고 있다고 볼 수 없는 경우까지 지연이자 부분만큼의 손해를 인용해 줄 수는 없는 것이다(대판 2000.2.11. 99다49644).

② 채무자는 자신의 귀책사유에 기한 것이 아닌 채무불이행에 대하여 책임을 지지 않지만(민법 제390조 단서), 금전채무의 채무자는 채무불이행이 자신에게 책임 없는 사유로 인한 것임을 증명하더라도 책임을 면할 수 없다.

(2) 효과에 관한 특칙

① 금전채무불이행의 경우에 손해배상액은 법정이율에 따라 산정되고(민법 제397조 제1항 본문), 채권자에게 실제로 발생한 손해가 법정이율에 의하여 산정된 액보다 많거나 적더라도 채무자는 법정이율에 따라 산정된 금액을 손해배상액으로 지급해야 한다. 그러나 법정이율과 다른 이자율의 약정이 있는 경우에 손해배상액은 그에 의하여 산정된다(민법 제397조 제1항 단서).

> [금전채무불이행의 손해배상액의 약정이율이 법정이율보다 낮은 경우, 법정이율에 의하여 지연손해금을 정해야 하는지 여부(적극)]
> 민법 제397조 제1항은 본문에서 금전채무불이행의 손해배상액을 법정이율에 의할 것을 규정하고 그 단서에서 "그러나 법령의 제한에 위반하지 아니한 약정이율이 있으면 그 이율에 의한다"고 정한다. 이 단서규정은 약정이율이 법정이율 이상인 경우에만 적용되고, 약정이율이 법정이율보다 낮은 경우에는 그 본문으로 돌아가 법정이율에 의하여 지연손해금을 정할 것이다. 우선 금전채무에 관하여 아예 이자약정이 없어서 이자청구를 전혀 할 수 없는 경우에도 채무자의 이행지체로 인한 지연손해금은 법정이율에 의하여 청구할 수 있으므로, 이자를 조금이라도 청구할 수 있었던 경우에는 더욱이나 법정이율에 의한 지연손해금을 청구할 수 있다고 하여야 한다(대판 2009.12.24. 2009다85342).
>
> [금전채무에 관하여 채무자가 채권자를 상대로 채무부존재확인소송을 제기하였을 뿐 이에 대한 채권자의 이행소송이 없는 경우, 사실심의 심리 결과 채무의 존재가 일부 인정되어 이에 대한 확인판결을 선고하더라도 지연손해금 산정에 대하여 소송촉진 등에 관한 특례법 제3조의 법정이율을 적용할 수 있는지 여부(소극)]
> 소송촉진 등에 관한 특례법(이하 '소송촉진법'이라 한다) 제3조는 금전채권자의 소 제기 후에도 상당한 이유 없이 채무를 이행하지 아니하는 채무자에게 지연이자에 관하여 불이익을 가함으로써 채무불이행 상태의 유지 및 소송의 불필요한 지연을 막고자 하는 것을 그 중요한 취지로 한다. 또한 소송촉진법 제3조의 문언상으로도 '금전채무의 전부 또는 일부의 이행을 명하는 판결을 선고할 경우'에 금전채무불이행으로 인한 손해배상액 산정의 기준이 되는 법정이율에 관하여 정하고 있다(또한 같은 조 제2항도 '채무자에게 그 이행의무가 있음을 선언하는 사실심 판결이 선고'되는 것을 전제로 하여 규정한다). 따라서 금전채무에 관하여 채무자가 채권자를 상대로 채무부존재확인소송을 제기하였을 뿐 이에 대한 채권자의 이행소송이 없는 경우에는, 사실심의 심리 결과 채무의 존재가 일부 인정되어 이에 대한 확인판결을 선고하더라도 이는 금전채무의 전부 또는 일부의 이행을 명하는 판결을 선고한 것은 아니므로, 이 경우 지연손해금 산정에 대하여 소송촉진법 제3조의 법정이율을 적용할 수 없다(대판 2021.6.3. 2018다276768).

② 계약 해제시 반환할 금전에 가산할 이자에 관하여 당사자 사이에 약정이 있는 경우에는 특별한 사정이 없는 한 이행지체로 인한 지연손해금도 그 약정이율에 의하기로 하였다고 보는 것이 당사자의 의사에 부합한다(대판 2013.4.26. 2011다50509).

③ 당사자 간에 실제로 발생한 손해액을 배상한다는 특약이 있는 경우, 법률에 특별한 규정이 있는 경우, 손해배상액의 예정이 있는 경우 또는 불이행 후 손해배상액에 대한 합의가 있는 경우에는 그에 의한다.

④ 확정된 지연배상금채무는 이행기의 정함이 없는 채무이므로 채무자는 채권자로부터 이행청구를 받은 때로부터 지체책임을 부담한다.

> [1] 채무자가 금전채무의 확정된 지연손해금에 대하여 지체책임을 부담하는 시기(= 채권자가 이행청구를 한 때부터) 및 이행판결이 확정된 지연손해금의 경우에도 채권자의 이행청구에 의해 지체책임이 생기는지 여부(적극) : 지연손해금은 금전채무의 이행지체에 따른 손해배상으로서 기한이 없는 채무에 해당하므로, 확정된 지연손해금에 대하여 채권자가 이행청구를 하면 채무자는 그에 대한 지체책임을 부담하게 된다. 판결에 의해 권리의 실체적인 내용이 바뀌는 것은 아니므로, 이행판결이 확정된 지연손해금의 경우에도 채권자의 이행청구에 의해 지체책임이 생긴다. [2] 지연손해금 발생의 원인이 된 원본에 관하여 이행판결을 선고하지 않는 경우, 소송촉진 등에 관한 특례법 제3조에 따른 법정이율을 적용할 수 있는지 여부(소극) : 소송촉진 등에 관한 특례법(이하 '소송촉진법'이라고 한다) 제3조의 입법 취지는, 금전채무의 이행을 구하는 소가 제기되었는데도 정당한 이유 없이 이행하지 않는 채무자에게 가중된 법정이율에 따른 지연손해금을 물림으로써 채무불이행 상태가 계속되거나 소송이 불필요하게 지연되는 것을 막고자 하는 데 있다. 소송촉진법 제3조의 문언을 보아도, '금전채무의 이행을 명하는 판결을 선고할 경우'에 '그 금전채무의 이행을 구하는 소장이 송달된 다음 날'부터 지체책임에 관하여 가중된 법정이율을 적용하되, '그 이행의무가 있음을 선언하는 사실심 판결이 선고되기 전까지 채무자가 그 이행의무에 관하여 항쟁하는 것이 타당한 범위'에서 위 법정이율을 적용하지 않을 수 있다고 되어 있으므로, 금전채무 원본의 이행청구가 소송물일 때 그 이행을 명하면서 동시에 그에 덧붙는 지연손해금에 관하여 적용되는 규정임을 알 수 있다. 그러므로 지연손해금 발생의 원인이 된 원본에 관하여 이행판결을 선고하지 않는 경우에는 소송촉진법 제3조에 따른 법정이율을 적용할 수 없다(대판 2022.3.11. 2021다232331).
>
> [상행위로 인한 원본채권 및 그에 대한 지연손해금 지급을 명하는 이행판결이 확정된 경우 지연손해금에 대하여 상법 제54조에 정한 상사법정지율이 적용되어야 한다고 본 사안]
> 원본채권이 상행위로 인한 채권일 경우 그 지연손해금도 상행위로 인한 채권이고 판결에 의해 권리의 실체적인 내용이 바뀌는 것은 아니며 이행판결이 확정된 지연손해금에 대해서도 채권자의 이행청구에 의해 지체책임이 생긴다. 따라서 상행위로 인한 원본채권 및 그에 대한 지연손해금 지급을 명하는 이행판결이 확정된 경우 확정판결에서 지급을 명한 지연손해금도 상행위로 인한 채권이므로, 지연손해금에 대한 채권자의 이행청구에 의해 채무자가 지체책임을 지는 경우 그 지연손해금에 대하여는 상법 제54조에 정한 상사법정이율인 연 6%의 비율을 적용하여야 할 것이다(대판 2022.12.1. 2022다258248).

⑤ 금전채무의 이행지체로 인하여 발생하는 지연손해금은 그 성질이 손해배상금이지 이자가 아니며, 민법 제163조 제1호가 규정한 '1년 이내의 기간으로 정한 채권'도 아니므로 3년간의 단기소멸시효의 대상이 되지 아니한다(대판 1998.11.10. 98다42141).

⑥ 판결이 확정된 채권자가 시효중단을 위한 신소를 제기하면서 확정판결에 따른 원금과 함께 원금에 대한 확정 지연손해금 및 이에 대한 지연손해금을 청구하는 경우, 채무자는 확정 지연손해금에 대하여도 이행청구를 받은 다음 날부터 지연손해금을 별도로 지급하여야 하는지 여부(적극) 및 이때 적용되는 이율(= 신소에 적용되는 법률이 정한 이율) : 금전채무의 지연손해금채무는 금전채무의 이행지체로 인한 손해배상채무로서 이행기의 정함이 없는 채무에 해당하므로, 채무자는 확정된 지연손해금채무에 대하여 채권자로부터 이행청구를 받은 때부터 지체책임을 부담하게 된다. 한편 원금채권과 금전채무불이행의 경우에 발생하는 지연손해금채권은 별개의 소송물이다. 따라서 판결이 확정된 채권자가 시효중단을 위한 신소를 제기하면서 확정판결에 따른 원금과 함께 원금에 대한 확정 지연손해금 및 이에 대한 지연손해금을 청구하는 경우, 확정 지연손해금에 대한 지연손해금채권은 채권자가 신소로써 확정 지연손해금을 청구함에 따라 비로소 발생하는 채권으로서 전소의 소송물인 원금채권이나 확정 지연손해금채권과는 별개의 소송물이므로, 채무자는 확정 지연손해금에 대하여도 이행청구를 받은 다음 날부터 지연손해금을 별도로 지급하여야 하되 그 이율은 신소에 적용되는 법률이 정한 이율을 적용하여야 한다(대판 2022.4.14. 2020다268760).

제4절 이자채권

I 이자의 의의

1. 개 념

이자란 금전 기타 대체물의 사용대가로 그 원본액과 사용기간에 따라 일정기간마다 일정한 비율에 따라 지급되는 금전 기타 대체물을 말한다.

2. 원본과 이자의 관계

원본과 이자는 금전에 한하지 않는다. 또한 원본과 이자는 동종일 필요가 없다.

3. 발생원인

이자채권은 법률의 규정 또는 당사자 간의 약정에 의하여 발생한다.

II 이자채권

1. 의 의

이자채권은 이자의 지급을 목적으로 하는 채권을 말한다. 여기에는 변제기에 도달하지 않은 기본적인 이자채권과 변제기에 도달하여 구체화된 이자채권인 지분적 이자채권이 있다.

2. 기본적 이자채권의 특징

① 부종성 : 원본채권에 대한 종속성이 강하여 운명을 같이 한다.
② 수반성 : 원본채권의 처분 시 특별한 의사표시가 없는 한 기본적 이자채권도 함께 수반하여 이전한다.
③ 독립성 : 기본적 이자채권도 원본채권과 분리하여 「장래의 채권」으로서 양도가 가능하다.

3. 지분적 이자채권의 특징(독립성)

① 원본채권과 분리하여 지분적 이자채권만의 양도가 가능하며, 원본채권을 양도할 때 이미 발생한 지분적 이자채권까지도 양도한다는 의사표시가 없는 한 당연히 수반하여 양도되지는 않는다(통설, 대판 1989.3.28. 88다카12803).
② 지분적 이자채권은 원본채권과 별도로 소멸시효에 걸린다. 단, 원본채권이 먼저 시효소멸하면 지분적 이자채권은 당연히 소멸한다.
③ 지분적 이자채권만 별도로 변제 가능하며, 원본채권만이 변제 등으로 소멸하더라도 지분적 이자채권은 소멸하지 않는다. 단, 원본채권의 발생원인이 무효·취소가 되어 원본채권이 부존재하게 되면 이자채권도 발생하지 않는다.

III 이 율

법정이율(민법 제379조)
이자 있는 채권의 이율은 다른 법률의 규정이나 당사자의 약정이 없으면 연 5푼으로 한다.

1. 의 의

이율은 원본액에 대한 비율을 말하는데, 이자는 이율에 의하여 산정된다.

2. 법정이율과 약정이율

① 법정이율은 법률이 정한 이율로 민사에 있어서는 연 5푼(민법 제379조), 상사에 있어서는 연 6푼이다(상법 제54조).
② 약정이율은 당사자에 의하여 정하여진 이율로 사적자치의 원칙상 자유롭게 정할 수 있다. 다만, 이자제한법 등 특별법의 제한이 있다.

3. 복 리

이자의 이자, 즉 변제기에 도달한 이자를 원본에 산입하여 그 합계액을 원금으로 하여 이에 또 붙여진 이자를 복리라고 한다. 민법은 복리를 금지 또는 제한하지 않으므로, 법률이나 선량한 풍속 기타 사회질서에 반하지 않는 한 복리의 약정을 할 수 있다.

Ⅳ 이자의 제한

1. 서 설

종래 당사자 간의 약정이자를 규제하는 이자제한법이 있었으나, 1997년 외환위기시에 IMF의 권고에 의하여 종전의 이자제한법이 1998년 폐지되었다. 이후에는 당사자 간의 약정이율이 과도한 경우 민법 제103조, 제104조에 의해서만 규율할 수밖에 없었다. 그러한 과정에서 대법원이 전원합의체판결로 이자약정이 과도한 사안에서「사회통념상 허용되는 한도를 초과하는 이율의 이자를 약정하여 지급한 경우에는 차주는 그 이자의 반환을 청구할 수 있다」고 판시하자, 국회는 고리대금업자들의 폭리행위를 원칙적으로 막고자 과거의 이자제한법과 거의 동일한 내용의 새로운 이자제한법을 제정하였다.

2. 이자제한법의 적용범위

① 이자제한법은 금전대차에 관한 계약상의 최고이자율을 제한한다(이자제한법 제2조 제1항). 즉, 금전소비대차에 있어서의 약정이자에 적용된다(대판 1980.6.10. 80다669).
  ㉠ 금전 이외의 소비물을 목적으로 하는 소비대차에는 동법이 적용되지 않지만, 민법 제104조의 폭리행위로서 무효로 될 수 있다.
  ㉡ 매매대금과 같이 대차관계에 기하지 않은 금전채권에도 동법이 적용되지 않는다(이자제한법 제2조 제5항).
  ㉢ 이자제한법의 최고이자율 제한에 관한 규정은 금전대차에 관한 계약상의 이자에 관하여 적용될 뿐, 계약을 위반한 사람을 제재하고 계약의 이행을 간접적으로 강제하기 위하여 정한 위약벌의 경우에는 적용될 수 없다(대판 2017.11.29. 2016다259769).
② 이자제한법 시행 전에 성립한 대차관계의 약정이자율에 관해서도 동법 시행일 이후부터는 동법에 따른다(이자제한법 부칙 제2항).
③ 이자제한법은 다른 법률에 의하여 인가·허가·등록을 마친 금융업 및 대부업에는 적용되지 않고(이자제한법 제7조), 대부업법은 여전히 효력을 가진다.

3. 제한이율

(1) 최고이자율

이자제한법은 약정이율의 최고한도를 제한하는 방식을 취한다. 즉, 최고이자율은 연 25%를 넘지 않는 범위 안에서 대통령령으로 정하는데(이자제한법 제2조 제1항), 이에 의하면 금전대차에 관한 계약상의 최고이자율은 연 20%이다(이자제한법 제2조 제1항의 최고이자율에 관한 규정).

(2) 간주이자

① 금전대차에 관하여 채권자가 받는 원본 외의 금전은 그 명칭 여하를 불문하고 모두 이자로 본다(이자제한법 제4조 제1항).

② 채무자가 금전대차와 관련하여 금전지급의무를 부담하기로 약정하는 경우 의무 발생의 원인 및 근거법령, 의무의 내용, 거래상 일반원칙 등에 비추어 그 의무가 원래 채권자가 부담하여야 할 성질인 때에는 이를 이자로 본다(이자제한법 제4조 제2항).

> [대부업자가 대부계약의 채무자 외의 자와 별도로 체결한 약정에 따라 지급받기로 한 금전 기타 대체물이 대부업자와 채무자 사이의 대부계약에 따른 금전대차와 관련된 것으로서 금전대차의 대가로 볼 수 있는 경우, 대부업 등의 등록 및 금융이용자 보호에 관한 법률 제8조 제2항의 이자 또는 간주이자에 해당하는지 여부(적극)]
>
> '대부업 등의 등록 및 금융이용자 보호에 관한 법률'(이하 '대부업법'이라고 한다) 제15조 제2항에 의하여 여신금융기관의 이자율에 준용되는 제8조 제2항은 "사례금, 할인금, 수수료, 공제금, 연체이자, 체당금 등 그 명칭이 무엇이든 대부와 관련하여 대부업자가 받는 것은 모두 이자로 본다"라고 규정하고 있을 뿐 그 제공자를 '채무자'로 한정하고 있지 않다. 또한 위 규정의 취지는 대부업자가 대부업법에 따른 이자 외에 사례금·할인금·수수료·공제금·연체이자·선이자 등의 명목으로 금전을 징수하는 등 위 법을 잠탈하기 위한 수단으로 사용하는 탈법행위를 방지하는 데 있으므로, 명목 여하를 불문하고 대부업자와 채무자 사이의 금전대차와 관련된 것으로서 금전대차의 대가로 볼 수 있는 것은 이자로 간주된다. 여기에 대부업자가 대부업법에 따라 받을 수 있는 이자를 초과하여 수취하는 행위를 엄격하게 규제할 필요가 있는 점 등을 보태어 보면, 대부업자가 대부계약의 채무자 외의 자와 별도로 체결한 약정에 따라 금전 기타 대체물을 받기로 한 경우에도 그것이 대부업자와 채무자 사이의 대부계약에 따른 금전대차와 관련된 것으로서 금전대차의 대가로 볼 수 있는 것은 대부업법 제8조 제2항의 이자 또는 간주이자에 해당한다(대판 2024.1.25. 2022다229615).

4. 제한위반의 효과

(1) 제한이율 초과부분은 무효

① 금전소비대차의 약정이자로 최고이자율을 초과하는 부분은 무효이다(이자제한법 제2조 제3항).

> [선이자가 공제된 경우, 구 대부업 등의 등록 및 금융이용자 보호에 관한 법률에서 정한 제한이자율을 초과하는지 판단하는 방법 및 판단 결과 초과하는 부분이 있는 경우, 채무자가 변제기에 갚아야 할 대부원금]
>
> 선이자가 공제된 경우에 구 대부업법에서 정한 제한이자율을 초과하는지 여부는 선이자 공제액을 제외하고 채무자가 실제로 받은 금액을 기초로 하여 대부일부터 변제기까지의 기간에 대한 제한이자율에 따른 이자를 기준으로, 선이자 공제액(채무자가 변제기까지 실제 지급한 이자가 있다면 이를 포함한다)이 그것을 초과하는지에 따라 판단하여야 하고, 그와 같은 판단의 결과 초과하는 부분이 있다면 그 초과 부분은 구 대부업법 제8조 제4항에 따라 당사자 사이에서 약정된 선이자 공제 전의 대부원금에 충당되어 그 충당 후 나머지가 채무자가 변제기에 갚아야 할 대부원금이 된다(대판 2023.11.16. 2023다266390).

② 준소비대차계약을 하거나 경개계약을 하더라도 초과부분에 관해서는 효력이 없다(대판 1998.10.13. 98다17046).

③ 최고이자율을 초과하는 이자채권을 자동채권으로 하여 상계의 의사표시를 하더라도 그 효력이 발생하지 않는다(대판 1963.11.21. 63다429).

(2) 임의로 지급한 제한초과이자의 반환청구

채무자가 최고이자율을 초과하는 이자를 임의로 지급한 경우에는 초과지급된 이자 상당금액은 '원본에 충당되고', '원본이 소멸한 때에는 그 반환을 청구'할 수 있다(이자제한법 제2조 제4항).

[금전을 대여한 채권자가 고의 또는 과실로 이자제한법을 위반하여 최고이자율을 초과하는 이자를 받아 채무자에게 손해를 입힌 경우, 민법 제750조에 따라 불법행위가 성립하는지 여부(원칙적 적극) 및 이때 이자제한법 제2조 제4항에 따라 원본에 충당하여 원본이 소멸하고도 남아 있는 초과 지급액이 손해라고 볼 수 있는지 여부(적극) / 제한 초과이자에 대하여 부당이득반환청구권이 있다는 것만으로 불법행위의 성립이 방해되는지 여부(소극) / 채권자와 공동으로 위와 같은 이자제한법 위반 행위를 하였거나 이에 가담한 사람도 민법 제760조에 따라 연대하여 손해를 배상하여야 하는지 여부(적극)]

금전을 대여한 채권자가 고의 또는 과실로 이자제한법을 위반하여 최고이자율을 초과하는 이자를 받아 채무자에게 손해를 입힌 경우에는 특별한 사정이 없는 한 민법 제750조에 따라 불법행위가 성립한다고 보아야 한다. 최고이자율을 초과하여 지급된 이자는 이자제한법 제2조 제4항에 따라 원본에 충당되므로, 이와 같이 충당하여 원본이 소멸하고도 남아 있는 초과 지급액은 이자제한법 위반 행위로 인한 손해라고 볼 수 있다. 부당이득반환청구권과 불법행위로 인한 손해배상청구권은 서로 별개의 청구권으로서, 제한 초과이자에 대하여 부당이득반환청구권이 있다고 해서 그것만으로 불법행위의 성립이 방해되지 않는다. 나아가 채권자와 공동으로 위와 같은 이자제한법 위반 행위를 하였거나 이에 가담한 사람도 민법 제760조에 따라 연대하여 손해를 배상할 책임이 있다(대판 2021.2.25. 2020다230239).

[1] 주요사실에 대하여 당사자가 주장하지도 않은 사실을 인정하여 판단하는 것이 변론주의에 반하는지 여부(적극) : 법률상의 요건사실에 해당하는 주요사실에 대하여 당사자가 주장하지도 아니한 사실을 인정하여 판단하는 것은 변론주의에 위반된다. [2] 선이자로 사전공제된 금액이 채무자가 실제 수령한 금액을 원본으로 하여 이자제한법상 최고이자율에 따라 계산한 금액을 초과하는 경우, 그 초과 부분은 원본에 충당한 것으로 보아야 하는지 여부(적극) : 구 이자제한법(2014.1.14. 법률 제12227호로 개정되기 전의 것) 제2조 제1항, 제3항, 제4항, 제3조, 구 이자제한법 제2조 제1항의 최고이자율에 관한 규정(2014.6.11. 대통령령 제25376호로 개정되기 전의 것)에 따르면, 금전대차에 관한 계약상의 최고이자율은 연 30%이고, 계약상의 이자로서 위 최고이자율을 초과하는 부분은 무효이며, 채무자가 위 최고이자율을 초과하는 이자를 임의로 지급한 경우에는 초과 지급된 이자 상당 금액은 원본에 충당되고, 선이자를 사전공제한 경우 그 공제액이 채무자가 실제 수령한 금액을 원본으로 하여 위 최고이자율에 따라 계산한 금액을 초과하는 때에는 그 초과 부분은 원본에 충당한 것으로 본다(대판 2021.3.25. 2020다289989).

제5절　선택채권

선택채권(민법 제380조)
채권의 목적이 수 개의 행위 중에서 선택에 좇아 확정될 경우에 다른 법률의 규정이나 당사자의 약정이 없으면 선택권은 채무자에게 있다.

당사자의 선택권의 행사(민법 제382조)
① 채권자나 채무자가 선택하는 경우에는 그 선택은 상대방에 대한 의사표시로 한다.
② 전항의 의사표시는 상대방의 동의가 없으면 철회하지 못한다.

제3자의 선택권의 행사(민법 제383조)
① 제3자가 선택하는 경우에는 그 선택은 채무자 및 채권자에 대한 의사표시로 한다.
② 전항의 의사표시는 채권자 및 채무자의 동의가 없으면 철회하지 못한다.

불능으로 인한 선택채권의 특정(민법 제385조)
① 채권의 목적으로 선택할 수 개의 행위 중에 처음부터 불능한 것이나 또는 후에 이행불능하게 된 것이 있으면 채권의 목적은 잔존한 것에 존재한다.
② 선택권 없는 당사자의 과실로 인하여 이행불능이 된 때에는 전항의 규정을 적용하지 아니한다.

선택의 소급효(민법 제386조)
선택의 효력은 그 채권이 발생한 때에 소급한다. 그러나 제3자의 권리를 해하지 못한다.

I 의 의

1. 개 념

여러 개의 상이(相異)한 급부들 중 어느 하나를 목적으로 하는 채권이 선택채권이다. 판례에 따르면 「토지소유자가 1필 또는 수필의 토지 중 일정 면적의 소유권을 상대방에게 양도하기로 하는 계약을 체결하였으나 양도할 토지 위치가 확정되지 않은 경우, 상대방이 토지소유자에게 가지는 채권은 선택채권에 해당한다」(대판 2011.6.30. 2010다16090)고 판시하였다.

2. 선택채권의 발생원인

선택채권은 당사자의 법률행위 또는 법률의 규정에 의하여 발생한다. 이 중 법률의 규정에 의한 발생하는 선택채권으로는 무권대리인의 책임(민법 제135조), 점유자 등의 유익비상환청구권(민법 제203조, 제325조 제2항, 제367조, 제594조, 제611조 제2항, 제626조, 제1081조), 보증인의 사전구상에 대한 주채무자의 보호(민법 제443조) 등이 있다.

3. 종류채권과의 비교

이동(異同)		종류채권	선택채권
공통점		채권의 내용이 아직 확정되어 있지 않음	
차이점	급부 확정	특정으로 급부가 확정	선택권자의 선택권 행사로 급부가 확정
	특정물채권화 여부	종류채권이 특정되면 특정물채권	선택채권은 선택으로 당연히 특정물채권이 되는 것이 아님(일반채권화)
	잔존급부의 특정	–	급부의 원시적 일부불능으로 잔존급부에 특정이 가능(민법 제385조 제1항)
	특정의 소급효 유무	종류채권 특정의 효과는 소급하지 않음	선택의 효과는 소급하나(민법 제386조), 급부불능에 의한 특정은 불소급

II 선택채권의 특정

1. 특정의 개념

선택채권이 이행되기 위해서는 수 개의 급부가 하나의 급부로 특정되어 단순채권으로 변경되어야 한다. 선택채권의 특정에는 선택권자의 선택에 의한 특정과 급부불능에 의한 특정이 있다.

2. 선택에 의한 특정

(1) 법적 성질

선택권은 일방적 의사표시로써 행사되며, 형성권이다.

(2) 선택권자

법률의 규정이나 당사자의 약정에 의해 정해지며, 정함이 없는 경우에는 채무자에게 선택권이 있다(민법 제380조).

(3) 당사자의 선택권 행사

① 상대방 있는 단독행위로 상대방에 대한 의사표시로 한다. 따라서 선택의 의사표시는 상대방에게 도달한 때 효력이 발생하며, 도달하여 효력이 발생한 후에는 선택의 의사표시는 원칙적으로 철회할 수 없다.
② 단독행위이므로 원칙적으로 조건이나 기한을 붙이지 못한다.

(4) 제3자의 선택권 행사

① 채권자 및 채무자 모두에게 행사되어야 한다(민법 제383조 제1항).
② 선택의 의사표시는 채무자 및 채권자의 동의가 없으면 철회할 수 없다(민법 제383조 제2항).

3. 급부불능으로 인한 특정

(1) 원시적 불능의 경우
여러 급부들 중에 처음부터 불능한 것이 있는 경우, 즉 원시적으로 불능인 급부가 있는 경우에, 잔존하는 급부에 채권이 존재한다(민법 제385조 제1항).

(2) 후발적 불능의 경우
① 선택권자의 귀책 또는 불가항력 : 잔존급부가 채권의 목적이 된다(민법 제385조 제1항).
② 선택권 없는 자의 귀책 : 선택채권의 존속에 영향이 없다. 즉, 선택권자는 불능으로 된 급부를 선택할 수 있고, 이때 선택한 급부 자체의 이행이 불가능하므로 제1차적 급부의무는 소멸하고 그 대신 전보배상이 문제될 뿐이다.

Ⅲ 선택권 행사의 효과

1. 단순·일반채권화
선택된 급부의 내용에 따라 특정물채권, 종류물채권, 금전채권 등으로 된다.

2. 선택의 소급효
① 채권발생 당시로 소급된다(민법 제386조 본문). 단, 선택의 소급효로서 제3자의 이익을 해치지 못한다(동조 단서).
② 급부불능에 의한 특정 시에는 소급효가 없다.

Ⅳ 선택권의 이전

선택권의 이전(민법 제381조)
① 선택권행사의 기간이 있는 경우에 선택권자가 그 기간 내에 선택권을 행사하지 아니하는 때에는 상대방은 상당한 기간을 정하여 그 선택을 최고할 수 있고 선택권자가 그 기간 내에 선택하지 아니하면 선택권은 상대방에게 있다.
② 선택권행사의 기간이 없는 경우에 채권의 기한이 도래한 후 상대방이 상당한 기간을 정하여 그 선택을 최고하여도 선택권자가 그 기간 내에 선택하지 아니할 때에도 전항과 같다.

제3자의 선택권의 이전(민법 제384조)
① 선택할 제3자가 선택할 수 없는 경우에는 선택권은 채무자에게 있다.
② 제3자가 선택하지 아니하는 경우에는 채권자나 채무자는 상당한 기간을 정하여 그 선택을 최고할 수 있고 제3자가 그 기간 내에 선택하지 아니하면 선택권은 채무자에게 있다.

1. **당사자 일방이 선택권자인 경우**(민법 제381조)

    ① 선택기간이 정해진 경우 : 최고가 필요하고, 기간 내에 선택이 없으면 선택권은 상대방에게 이전한다.
    ② 선택기간이 정해지지 않은 경우 : 채권의 기한이 도래한 후 상당한 기간을 정하여 최고가 필요하고, 선택권자의 선택이 그 기간 내에 없으면 선택권은 상대방에게 이전한다.

2. **제3자가 선택권자인 경우**(민법 제384조)

    ① 제3자가 선택할 수 없는 경우 : 선택권은 채무자에게 있다.
    ② 선택이 가능함에도 선택하지 않고 있는 경우 : 채권자나 채무자의 상당한 기간을 정한 최고가 필요하고, 그 기간 내에 선택이 없으면 선택권은 채무자에게 이전한다.

제6절 임의채권

I 의 의

1. 개 념

임의채권이란 채권의 목적은 하나의 급부로 특정되어 있으나 채권자 또는 채무자가 다른 급부를 가지고, 본래의 급부에 갈음할 수 있는 권리(대용권・보충권)를 보유하고 있는 채권을 말한다.

2. 성 립

법률행위에 의한 성립과 법률의 규정에 의한 성립을 들 수 있다.

II 선택채권과의 구별

차이점	선택채권	임의채권
개념상 차이	각각의 급부는 특정되기 전에는 동등한 지위에 있음	급부는 하나로 특정되어 있으며, 대용급부는 보충적 지위에 있을 뿐 대용권 행사 전에는 아무런 의미가 없음
대용권・선택권의 행사방법	의사표시만으로 충분함	대용권을 채무자가 가질 때에는 대용의 의사표시 이외에 대용급부의 현실적인 이행이 있어야 함
급부의 감축	급부의 감축문제가 발생하지 않음	대용 전 본래의 급부가 감축되면 대용급부도 감축됨
급부의 멸실	하나의 급부가 불능이 되면 다른 잔존급부로 특정될 수 있음	대용 전 본래의 급부가 소멸하면 대용급부도 소멸됨

Ⅲ 대용권 행사의 방법

1. 대용권자

대용권자는 당사자의 의사표시나 법률의 규정에 의하여 정하여지나, 당사자의 의사가 불명확한 경우에는 '채무자'가 대용권자이고, 채권자는 대용급부청구권이 없다고 봄이 통설이나, 판례는 외화채권의 경우에는 예외를 인정한다.

2. 대용권 행사

(1) 채무자의 대용권 행사

대용의 의사표시 외에 '현실적인 대용급부의 이행'이 있어야 급부가 대용급부로 전환이 된다.

(2) 채권자의 대용권 행사

대용급부를 청구하는 의사표시만으로 급부가 대용급부로 전환되어 확정된다.

Ⅳ 대용권 행사의 효과

1. 대용 전(본래의 급부만이 급부대상)

① 본래의 급부가 멸실로 소멸되면 대용급부를 이행할 의무도 없다.
② 대용급부가 멸실로 소멸되더라도 본래의 급부는 아무런 영향 없이 존속한다.

2. 대용 후(대용급부가 급부로 확정)

① 본래의 급부가 멸실로 소멸되더라도 대용급부는 존속한다.
② 대용급부가 멸실로 소멸되더라도 본래의 급부를 이행할 의무는 없다.

CHAPTER 02 채권의 목적

제1절 특정물채권

01 채권의 목적에 관한 다음 설명 중 가장 옳지 않은 것은? 2024년

① 특정물의 인도가 채권의 목적인 때에는 채무자는 그 물건을 인도하기까지 선량한 관리자의 주의로 보존하여야 하므로, 보수 없이 임치를 받은 자의 경우에도 선량한 관리자의 주의로 임치물을 보관해야 한다.
② 원본채권의 소멸시효가 지분적 이자채권의 소멸시효에 앞서 완성되면 지분적 이자채권은 그 자체의 소멸시효가 완성되지 않더라도 소멸한다.
③ 채권액이 외국통화로 지정된 금전채권인 외화채권을 채무자가 우리나라 통화로 변제함에 있어서 현실이행 시의 외국환시세에 의하여 환산한 우리나라 통화로 변제하여야 하므로, 채권자가 위와 같은 외화채권을 대용급부의 권리를 행사하여 우리나라 통화로 환산하여 청구하는 경우에도 법원이 채무자에게 그 이행을 명함에 있어서는 채무자가 현실로 이행할 때에 가장 가까운 사실심 변론종결 당시의 외국환 시세를 우리나라 통화로 환산하는 기준 시로 삼아야 한다.
④ 금전채무의 지연손해금채무는 금전채무의 이행지체로 인한 손해배상채무로서 이행기의 정함이 없는 채무에 해당하므로, 채무자는 확정된 지연손해금채무에 대하여 채권자로부터 이행청구를 받은 때로부터 지체책임을 부담하게 된다.
⑤ 금전으로 가액을 산정할 수 없는 것이라도 채권의 목적으로 할 수 있다.

[❶ ▶ ×] 민법 제374조, 제695조

> **민법 제374조(특정물인도채무자의 선관의무)**
> 특정물의 인도가 채권의 목적인 때에는 채무자는 그 물건을 인도하기까지 선량한 관리자의 주의로 보존하여야 한다.
>
> **민법 제695조(무상수치인의 주의의무)**
> 보수 없이 임치를 받은 자는 임치물을 <u>자기 재산과 동일한 주의</u>로 보관하여야 한다.

[❷ ▶ O] 지분적 이자채권은 원본채권과 별도로 소멸시효에 걸린다. 단, 주된 권리의 소멸시효가 완성한 때에는 종속된 권리에 그 효력이 미치므로(민법 제183조), 원본채권이 먼저 시효소멸하면 지분적 이자채권은 당연히 소멸한다.

[❸ ▶ O] 채권액이 외국통화로 지정된 금전채권인 외화채권을 채무자가 우리나라 통화로 변제함에 있어서는 민법 제378조가 그 환산시기에 관하여 외화채권에 관한 같은 법 제376조, 제377조 제2항의 "변제기"라는 표현과는 다르게 "지급할 때"라고 규정한 취지에서 새겨 볼 때 그 환산시기는 이행기가 아니라 현실로 이행하는 때, 즉 현실이행 시의 외국환시세에 의하여 환산한 우리나라 통화로 변제하여야 한다고 풀이함이 상당하므로 채권자가 위와 같은 외화채권을 대용급부의 권리를 행사하여 우리나라 통화로 환산하여 청구하는 경우에도 법원이 채무자에게 그 이행을 명함에 있어서는 채무자가 현실로 이행할 때에 가장 가까운 사실심 변론종결 당시의 외국환 시세를 우리나라 통화로 환산하는 기준 시로 삼아야 한다(대판[전합] 1991.3.12. 90다2147).

[❹ ▶ O] 금전채무의 지연손해금채무는 금전채무의 이행지체로 인한 손해배상채무로서 이행기의 정함이 없는 채무에 해당하므로, 채무자는 확정된 지연손해금채무에 대하여 채권자로부터 이행청구를 받은 때로부터 지체책임을 부담하게 된다(대판 2004.7.9. 2004다11582).

[❺ ▶ O] 금전으로 가액을 산정할 수 없는 것이라도 채권의 목적으로 할 수 있다(민법 제373조).

답 ❶

제2절 종류채권

제3절 금전채권

제4절 이자채권

제5절 선택채권

제6절 임의채권

채권의 효력

제1절 서 설

민법전 제3편 제1장 제2절에서는 '채권의 효력'이라는 제목 아래 ① 채무불이행과 손해배상·강제이행의 방법(민법 제387조 내지 제399조) ② 채권자지체(민법 제400조 내지 제403조) ③ 채무자의 책임재산 보전(민법 제404조 내지 제407조)을 규정하고 있다. 이하에서는 이에 대해서 검토하겠다.

제2절 채무불이행의 유형과 그 효과

I 채무불이행의 일반적 요건

> **채무불이행과 손해배상(민법 제390조)**
> 채무자가 채무의 내용에 좇은 이행을 하지 아니한 때에는 채권자는 손해배상을 청구할 수 있다. 그러나 채무자의 고의나 과실 없이 이행할 수 없게 된 때에는 그러하지 아니하다.

1. 채무불이행의 의의

채무불이행이란 채무자에게 책임 있는 사유로 채무의 내용에 좇은 이행이 이루어지지 않고 있는 상태를 말한다. 이러한 채무불이행의 유형에 대하여 다수설은 이행지체, 이행불능, 불완전이행(또는 적극적 채권침해)으로 한정하는 입장이나, 이외에도 이행거절 등이 채무불이행의 유형으로 인정된다는 견해가 있다. 이하에서는 이에 대해서 검토하겠다.

2. 채무불이행의 요건

(1) 객관적 요건
① 이행지체 : 이행이 가능함에도 불구하고 이행기에 이행하지 않고 있는 경우일 것
② 이행불능 : 이행기에 이행이 불가능할 것. 단, 후발적 불능일 것
③ 불완전이행 : 채무의 이행은 있었으나 그 이행이 채무의 내용에 좇은 이행이 아닌 경우일 것

(2) 주관적 요건
1) 채무자의 귀책사유

채무불이행에 대하여 채무자의 고의·과실이 있어야 한다. 이때의 과실은 추상적 경과실을 의미하며, 예외적인 경우에만 구체적 과실에 의한 책임을 진다.

2) 이행보조자의 고의·과실

> **이행보조자의 고의, 과실(민법 제391조)**
> 채무자의 법정대리인이 채무자를 위하여 이행하거나 채무자가 타인을 사용하여 이행하는 경우에는 법정대리인 또는 피용자의 고의나 과실은 채무자의 고의나 과실로 본다.

① 의의 : 민법 제391조의 이행보조자로서 피용자라 함은 채무자의 의사 관여 아래 그 채무의 이행행위에 속하는 활동을 하는 사람을 의미하므로, 채무자의 채권자에 대한 채무 이행행위에 속한다고 볼 수 없는 활동을 하는 사람을 민법 제391조의 이행보조자에 해당한다고 볼 수는 없다(대판 2013.8.23. 2011다2142).

② 요 건
  ㉠ 채무자의 의사관여 아래 있었을 것
     반드시 채무자의 지시 또는 감독을 받는 관계에 있어야 하는 것은 아니므로 채무자에 대하여 종속적인가 또는 독립적인 지위에 있는가는 문제되지 않는다(대판 2008.2.15. 2005다69458).
  ㉡ 채무의 이행행위에 속하는 활동을 하였을 것
     채무의 이행에 관련된 행위이면 가사 이행보조자의 행위가 채권자에 대한 불법행위가 된다고 하더라도 채무자가 면책될 수는 없다(대판 2008.2.15. 2005다69458).

③ 효 과
  ㉠ 채무자의 법적 책임
    ㉮ 채무불이행책임 : 채무자와 채권자 간에는 계약관계가 존재하고, 이행보조자의 고의나 과실은 채무자의 고의나 과실로 보므로(민법 제391조), 채권자는 채무자에게 계약상 채무불이행책임을 물을 수 있고, 채무자는 자신 및 이행보조자 모두에게 고의·과실이 없는 경우에 한하여 채무불이행책임을 면할 수 있다(민법 제390조).
    ㉯ 불법행위책임 : 이행보조자와 채무자 간에 지휘·감독관계가 인정되고, 기타 민법 제756조 요건을 모두 구비한 경우, 채무자는 민법 제756조의 사용자책임을 부담할 수 있다.

ⓒ 이행보조자의 법적 책임
㉮ 채무불이행책임 : <u>이행보조자와 채권자 간에는 계약관계가 존재하지 않으므로, 채권자는 이행보조자에게 계약상 채무불이행책임을 물 수 없다</u>(민법 제390조).
㉯ 불법행위책임 : 채권자는 민법 제750조 요건을 모두 구비한 경우에 한하여 이행보조자에게 불법행위책임을 추궁할 수 있다.
ⓓ 기 타
㉮ <u>채무자의 채무불이행책임과 이행보조자의 불법행위책임은 부진정연대채무의 관계에 있다</u>(대판 1994.11.11. 94다22446).
㉯ 채권자에게 배상을 한 채무자는 이행보조자에게 구상권을 행사할 수 있다. <u>또한 채무자는 이행보조자에 관한 선임·감독상의 주의의무를 다하였음에 근거하여 면책을 받지 못한다. 이 점이 민법 제756조 사용자책임과 비교된다.</u>
④ 복이행보조자 : 이행보조자가 채무의 이행을 위하여 제3자를 복이행보조자로서 사용하는 경우에도 채무자가 이를 승낙하였거나 적어도 묵시적으로 동의한 경우에는 채무자는 복이행보조자의 고의·과실에 관하여 민법 제391조에 의하여 책임을 부담한다(대판 2011.5.26. 2011다1330).

3. 위법성

채무불이행의 위법성이 채무불이행의 요건인지에 대해서 견해대립이 있다. 다수설은 고의·과실은 채무자 개인에 대한 주관적 판단인데 대하여 위법성은 행위 자체에 대한 객관적 판단이어서 고의·과실과는 별개의 요건으로 보아야 한다고 한다.

4. 채무자의 책임능력

채무자에게 채무불이행에 대한 귀책사유가 있다고 하려면 채무자가 책임능력을 갖출 것이 요구된다.

5. 손해배상청구권의 특유요건

원칙적으로 현실적인 손해가 발생해야 하고, 채무불이행과 손해 사이에 인과관계가 있어야 한다.

> **[보험계약을 체결할 때 고지의무를 위반한 사실과 보험사고 발생 사이에 인과관계가 존재하지 않는다는 점에 관한 증명책임의 소재(= 보험계약자 측) 및 인과관계의 존재를 조금이라도 인정할 여지가 있는 경우, 상법 제655조 단서가 적용될 수 있는지 여부(소극)]**
> 보험계약을 체결할 때 중요한 사항의 고지의무를 위반한 경우 고지의무를 위반한 사실이 보험사고 발생에 영향을 미치지 아니하였다는 점, 즉 보험사고의 발생이 보험계약자가 불고지하였거나 부실고지한 사실에 의한 것이 아니라는 점이 증명된 때에는 상법 제655조 단서의 규정에 따라 보험자는 위 불고지 또는 부실고지를 이유로 보험금 지급을 거절할 수 없다. 그러나 위와 같이 고지의무를 위반한 사실과 보험사고 발생 사이에 인과관계가 존재하지 않는다는 점에 관한 증명책임은 보험계약자 측에 있으므로, 만일 그 인과관계의 존재를 조금이라도 인정할 여지가 있으면 위 단서는 적용되어서는 안 된다(대판 2025.1.9. 2024다272941).

6. 입증책임

(1) 채권자의 입증책임
채무가 존재한다는 사실과 채무불이행의 객관적 요건에 대해서는 채권자에게 입증책임이 있다.

(2) 채무자의 입증책임
주관적 요건에 대해서는 채무자에게 입증책임이 있다.

7. 면책특약의 효력

(1) 과실면책특약
과실면책특약은 유효하다. 다만, 중과실 면책특약에 관해서는 유효설과 무효설의 대립이 있다. 단, 사업자, 이행보조자 또는 피용자의 고의 또는 중대한 과실로 인한 법률상의 책임을 배제하는 약관조항은 약관규제법 제7조 제1호에 의해 무효이다(대판 2002.4.12. 98다57099).

(2) 고의면책특약
① 채무자의 고의면책특약은 사회질서에 반하기 때문에 무효이다.
② 이행보조자의 고의면책특약에 대해서는 유효설과 무효설의 대립이 있으나 약관규제법 제7조 제1호에 비추어 무효라고 보는 것이 타당해 보인다.

출처 | 박기현·김종원, 「핵심정리 민법」, 메티스, 2014, P. 976~979

Ⅱ 이행지체

> **이행기와 이행지체(민법 제387조)**
> ① 채무이행의 확정한 기한이 있는 경우에는 채무자는 기한이 도래한 때로부터 지체책임이 있다. 채무이행의 불확정한 기한이 있는 경우에는 채무자는 기한이 도래함을 안 때로부터 지체책임이 있다.
> ② 채무이행의 기한이 없는 경우에는 채무자는 이행청구를 받은 때로부터 지체책임이 있다.

1. 이행지체의 의의

이행지체란 채무가 이행기에 있고 또한 이행이 가능함에도 불구하고 채무자의 귀책사유로 인하여 채무가 이행되지 않는 것을 말한다.

2. 이행지체의 요건

(1) 채무가 이행기에 있을 것

1) 확정기한이 있는 채무

① 기한의 도래·도과에 의하여 이행지체가 된다(민법 제387조 제1항 전문). 채무자는 변제기 당일까지 변제하면 되므로, 「기한이 도래한 때」란 기한이 도래한 다음 날을 의미한다(대판 1988.11.8. 88다3253).

> [매수인과 매도인 사이의 물품대금 지급방법에 관한 약정에 따라 그 대금의 지급을 위하여 지급기일이 물품 공급일자 이후로 된 약속어음을 발행·교부한 경우, 물품대금 지급채무의 이행기(= 약속어음의 지급기일) 및 위 약속어음이 그 지급기일 이전에 지급거절된 경우, 그때에 물품대금 지급채무가 이행기에 도달하는지 여부(소극)]
> 매수인이 매도인으로부터 물품을 공급받은 다음 그들 사이의 물품대금 지급방법에 관한 약정에 따라 그 대금의 지급을 위하여 물품 매도인에게 지급기일이 물품 공급일자 이후로 된 약속어음을 발행·교부한 경우 물품대금 지급채무의 이행기는 그 약속어음의 지급기일이고, 위 약속어음이 발행인의 지급정지의 사유로 그 지급기일 이전에 지급거절되었더라도 물품대금 지급채무가 그 지급거절된 때에 이행기에 도달하는 것은 아니다(대판 2000.9.5. 2000다26333).

② 채권자의 최고가 필요 없는 것이 원칙이다.
③ 지시채권, 무기명채권, 추심채무 기타 이행에 관하여 먼저 채권자가 협력을 하여야 할 채무의 경우 채권자가 먼저 협력 내지 그 제공을 하여 이행의 최고를 하지 않으면 지체가 되지 않는다.
④ 쌍방의 채무가 동시이행관계에 있는 경우

> 쌍무계약에서 쌍방의 채무가 동시이행관계에 있는 경우 일방의 채무의 이행기가 도래하더라도 상대방 채무의 이행제공이 있을 때까지는 그 채무를 이행하지 않아도 이행지체의 책임을 지지 않는 것이며, 이와 같은 효과는 이행지체의 책임이 없다고 주장하는 자가 반드시 동시이행의 항변권을 행사하여야만 발생하는 것은 아니므로, 동시이행관계에 있는 쌍무계약상 자기채무의 이행을 제공하는 경우 그 채무를 이행함에 있어 상대방의 행위를 필요로 할 때에는 언제든지 현실로 이행을 할 수 있는 준비를 완료하고 그 뜻을 상대방에게 통지하여 그 수령을 최고하여야만 상대방으로 하여금 이행지체에 빠지게 할 수 있는 것이다(대판 2001.7.10. 2001다3764).

2) 불확정기한이 있는 채무

① 채무자가 기한의 도래를 안 때로부터 지체책임이 있다(민법 제387조 제1항 후문). 여기서 「안 때」란 안 날의 다음 날을 의미한다.

> [소송비용액확정결정에 따른 소송비용액상환의무의 이행기 및 지체책임 발생 시기]
> 소송비용액확정결정에 따른 소송비용액상환의무는 소송비용액확정결정이 확정됨으로써 비로소 이행기가 도래하고, 채무자가 그 이행기가 도래하였음을 안 때로부터 지체책임을 진다고 할 것이다(대판 2008.7.10. 2008다10051).

② 채무자가 기한의 도래를 알지 못하더라도 채권자가 기한도래 후에 최고를 한 경우에는 최고시부터 지체책임이 있다(다수설).
③ 당사자가 불확정한 사실이 발생한 때를 이행기한으로 정한 경우에는 그 사실이 발생한 때는 물론 그 사실의 발생이 불가능하게 된 때에도 이행기한은 도래한 것으로 보아야 한다(대판 2002.3.29. 2001다41766).

3) 기한이 없는 채무

① 원칙 : 기한의 정함이 없는 채무는 그 이행의 청구를 받은 다음 날로부터 이행지체의 책임을 진다(민법 제387조 제2항, 대판 1988.11.8. 88다3253).

- 금전채무의 지연손해금채무는 금전채무의 이행지체로 인한 손해배상채무로서 이행기의 정함이 없는 채무에 해당하므로, 채무자는 확정된 지연손해금채무에 대하여 채권자로부터 이행청구를 받은 때로부터 지체책임을 부담하게 된다(대판 2004.7.9. 2004다11582).
- 타인의 토지를 점유함으로 인한 부당이득반환채무는 이행의 기한이 없는 채무로서 이행청구를 받은 때로부터 지체책임이 있다(대판 2008.2.1. 2007다8914).
- 집합건물법 제9조에 의하여 준용되는 민법 제667조가 정하는 수급인의 하자보수에 갈음하는 손해배상채무는 이행의 기한이 없는 채무로서 이행청구를 받은 때부터 지체책임이 있다(대판 2009.5.28. 2009다9539).
- 기한을 정하지 않은 채무에 정지조건이 있는 경우, 정지조건이 객관적으로 성취되고 그 후에 채권자가 이행을 청구하면 바로 지체책임이 발생한다. 조건과 기한은 하나의 법률행위에 독립적으로 작용하는 부관이므로, '조건의 성취'는 '기한이 없는 채무에서 이행기의 도래'와는 별개의 문제이기 때문이다. 그리고 청구금액이 확정되지 아니하였다는 이유만으로 채무자가 지체책임을 면할 수는 없다. 청구권은 이미 발생하였고 가액이 아직 확정되지 아니한 것일 뿐이므로, 지연손해금 발생의 전제가 되는 원본 채권이 부존재한다고 말할 수는 없기 때문이다. 불법행위로 인한 손해배상채무의 경우 불법행위가 발생한 시점에는 손해배상액을 확정할 수 없는 경우가 대부분이지만, 그 발생 시점부터 지체책임이 성립하는 점에 비추어도 그러하다(대판 2018.7.20. 2015다207044).
- 유류분반환청구권의 행사로 인하여 생기는 원물반환의무 또는 가액반환의무는 이행기한의 정함이 없는 채무이므로, 반환의무자는 그 의무에 대한 이행청구를 받은 때에 비로소 지체책임을 진다(대판 2013.3.14. 2010다42624·42631).
- 임대인이 민법 제628조에 의하여 장래에 대한 차임의 증액을 청구하였을 때에 당사자 사이에 협의가 성립되지 아니하여 법원이 결정해 주는 차임은 증액청구의 의사표시를 한 때에 소급하여 그 효력이 생기는 것이므로, 특별한 사정이 없는 한 증액된 차임에 대하여는 법원 결정 시가 아니라 증액청구의 의사표시가 상대방에게 도달한 때를 이행기로 보아야 한다(대판 2018.3.15. 2015다239508·239515).
- 예금계약의 법적 성질(= 금전의 소비임치 계약) / 예금계약의 만기가 도래한 사정만으로 금융기관이 예금 반환 지연으로 인한 지체책임을 부담하는지 여부(소극) 및 이때 지체책임의 발생 시기(= 특별한 사정이 없는 한 임치인의 적법한 지급 청구에도 불구하고 수치인이 예금 반환을 지체한 때) : 예금계약은 은행 등 법률이 정하는 금융기관을 수치인으로 하는 금전의 소비임치 계약으로서 수치인은 임치물인 금전 등을 보관하고 그 기간 중 이를 소비할 수 있고 임치인의 청구에 따라 동종 동액의 금전을 반환할 것을 약정함으로써 성립하는 것이므로 소비대차에 관한 민법의 규정이 준용되나 사실상 그 계약의 내용은 약관에 따라 정해진다고 보아야 한다. / 또한 만기가 정해진 예금계약에 따른 금융기관의 예금 반환채무는 만기가 도래하더라도 임치인이 미리 만기 후 예금 수령방법을 지정한 경우와 같은 특별한 사정이 없는 한 임치인의 적법한 지급 청구가 있어야 비로소 이행할 수 있으므로, 예금계약의 만기가 도래한 것만으로 금융기관인 수치인이 임치인에 대하여 예금 반환 지연으로 인한 지체책임을 부담한다고 볼 수는 없고, 정당한 권한이 있는 임치인의 지급 청구에도 불구하고 수치인이 예금 반환을 지체한 경우에 지체책임을 물을 수 있다고 보아야 한다(대판 2023.6.29. 2023다218353).

- 납세자가 조세환급금에 대하여 이행청구를 한 이후에는 환급가산금청구권과 지연손해금청구권이 경합적으로 발생하는지 여부(적극) : 부당이득반환의무는 일반적으로 기한의 정함이 없는 채무로서, 수익자는 이행청구를 받은 다음 날부터 이행지체로 인한 지연손해금을 배상할 책임이 있으므로, 납세자가 조세환급금에 대하여 이행청구를 한 이후에는 법정이자의 성질을 가지는 환급가산금청구권 및 이행지체로 인한 지연손해금청구권이 경합적으로 발생하고, 납세자는 자신의 선택에 좇아 그중 하나의 청구권을 행사할 수 있다(대판 2023.11.2. 2023다238029).
- 발명진흥법 제15조 제1항에서 정한 직무발명 보상금 지급 채무의 경우, 채무자는 이행청구를 받은 때로부터 지체책임이 있는지 여부(원칙적 적극) : 채무이행의 기한이 없는 경우에는 채무자는 이행청구를 받은 때로부터 지체책임이 있다(민법 제387조 제2항). 발명진흥법 제15조 제1항이 정하는 직무발명 보상금 지급 채무는 직무발명에 관한 근무규정 등에서 직무발명 보상금의 지급시기를 정하고 있다는 등의 특별한 사정이 없는 한 이행기한의 정함이 없는 채무이므로 채무자는 이행청구를 받은 때로부터 지체책임이 있다(대판 2024.11.14. 2023다287168).
- 광업법 제34조 제3항에서 정한 손실보상금 지급의무는 이행기의 정함이 없는 채무인지 여부(적극) 및 위 손실보상금 채권의 지연손해금 지급의무의 발생시기(= 광업권자 등의 손실이 현실적으로 발생한 이후로서 국가에 이행청구를 한 다음 날) : 산업통상자원부장관은 광업이 공익을 해친다고 인정할 때에는 광업권의 취소 또는 광구의 감소처분을 하여야 하고, 국가중요건설사업지 또는 그 인접 지역의 광업권이나 광물의 채굴이 국가중요건설사업에 지장을 준다고 인정할 때에는 광업권의 취소 또는 그 지역에 있는 광구의 감소처분을 할 수 있다(광업법 제34조 제1항, 제2항). 이때 국가는 광업권의 취소처분 또는 광구의 감소처분으로 발생한 손실을 해당 광업권자 등에게 보상하여야 한다(같은 법 제34조 제3항). 그러나 그 보상금에 대한 지연손해금이 언제부터 발생하는지에 관해서는 명시적인 규정이 없다. 광업권자 등이 광업법 제34조 제1항, 제2항에 근거한 광업권의 취소 또는 광구의 감소처분과 그 처분내용과 같은 광업권의 소멸ㆍ변경등록으로 인해 그 권리의 전부 또는 일부를 상실하는 손실을 입더라도, 광업권자 등으로서는 광업법 제90조의 이의신청이나 항고소송 등을 제기하여 해당 처분에 대해 다투거나 적극적으로 손실보상을 청구하는 등의 권리행사를 할 수 있다. 따라서 광업권자 등의 보상금 이행청구가 없는 상태에서 광업법 제34조 제3항에서 정한 손실보상금 지급의무의 지체책임이 발생한다고 보아 광업권자 등을 두텁게 보호하여야 할 법정책적 필요가 크지 않다. 한편 공익사업을 위한 토지 등의 취득 및 보상에 관한 법률(이하 '토지보상법'이라 한다) 제40조 제1항, 제2항은 토지 등의 수용 또는 사용에 관하여 '사업시행자는 관할 토지수용위원회가 재결로써 결정한 수용 또는 사용의 개시일까지 재결에서 정한 보상금을 지급하거나 공탁하여야 한다'는 취지로 규정하고 있으나, 광업법은 광업권자 또는 조광권자에 의한 토지 사용ㆍ수용에 관하여 광업법에 규정된 것 외에 토지보상법을 적용한다고 규정하였을 뿐(제73조 제1항), 광업법 제34조 제3항에서 정한 손실보상금에 관하여 토지보상법 제40조 제1항, 제2항 등을 준용한다는 규정을 두고 있지 않다. 결국 광업법은 광업권의 취소 또는 광구의 감소처분으로 인한 손실보상금 지급의무의 이행기를 정하지 않았고, 그 이행기를 토지보상법 제40조 제1항, 제2항과 같이 사용 또는 수용 목적물의 권리변동일로 해석하여야 할 체계적, 목적론적 근거를 찾기도 어렵다. 따라서 광업법 제34조 제3항에서 정한 손실보상금 지급의무는 이행기의 정함이 없는 채무로 봄이 타당하고, 광업권자 등의 손실이 현실적으로 발생한 이후로서 국가에 이행청구를 한 다음 날부터 그 지연손해금 지급의무가 발생한다고 보아야 할 것이다(민법 제387조 제2항 참조)(대판 2024.11.20. 2024다263091).

② 예 외

㉠ 소비대차로 인한 반환채무의 대주는 상당한 기간을 정하여 최고하여야 하므로(민법 제603조 제2항), 만약 이를 정하지 않고 최고하면 최고 후 상당한 기간이 경과한 후에야 지체가 생긴다.
㉡ 불법행위손해배상채무는 최고하지 않아도 불법행위 시부터 지체책임이 있다(통설·판례).

> **[불법행위로 인한 손해배상채무의 지연손해금 발생 시기]**
> 불법행위로 인한 손해배상채무에 대하여는 별도의 이행 최고가 없더라도 채무성립과 동시에 지연손해금이 발생하는 것이 원칙이다. 다만 불법행위 시와 변론종결 시 사이에 장기간의 세월이 경과함으로써 위자료 산정의 기준되는 변론종결 시의 국민소득수준이나 통화가치 등의 사정이 불법행위 시에 비하여 상당한 정도로 변동한 결과 그에 따라 이를 반영하는 위자료 액수 또한 현저히 증액이 불가피한 경우에는, 예외적으로 불법행위로 인한 위자료 배상채무의 지연손해금은 위자료 산정의 기준 시인 사실심 변론종결 당일부터 발생한다고 보아야 한다(대판 2012.3.29. 2011다38325).

ⓒ 이행기의 정함이 없는 채권의 양수인이 채무자를 상대로 이행청구소송을 제기하고 소송 계속 중 채무자에 대한 채권양도통지가 이루어진 경우, 채무자가 이행지체책임을 지는 시기

> 채무에 이행기의 정함이 없는 경우에는 채무자가 이행의 청구를 받은 다음 날부터 이행지체의 책임을 지는 것이나, 한편 지명채권이 양도된 경우 채무자에 대한 대항요건이 갖추어질 때까지 채권양수인은 채무자에게 대항할 수 없으므로, 이행기의 정함이 없는 채권을 양수한 채권양수인이 채무자를 상대로 그 이행을 구하는 소를 제기하고 소송 계속 중 채무자에 대한 채권양도통지가 이루어진 경우에는 특별한 사정이 없는 한 채무자는 채권양도통지가 도달된 다음 날부터 이행지체의 책임을 진다(대판 2014.4.10. 2012다29557).

4) 기한의 이익의 상실

> **기한의 이익의 상실(민법 제388조)**
> 채무자는 다음 각 호의 경우에는 기한의 이익을 주장하지 못한다.
> 1. 채무자가 담보를 손상, 감소 또는 멸실하게 한 때
> 2. 채무자가 담보제공의 의무를 이행하지 아니한 때

① 채무자는 담보를 손상, 감소 또는 멸실하게 한 때나 담보제공의 의무를 이행하지 아니한 경우에는 기한의 이익을 주장하지 못한다(민법 제388조).
② 채무자가 기한이익을 상실하면 채권자는 즉시이행을 청구할 수도 있고 본래의 이행기에 청구할 수도 있다.
③ 채무자가 기한이익을 상실하였다 하여 당연히 변제기가 도래하는 것은 아니고 채권자의 청구가 있는 때부터 지체의 책임을 진다.

(2) 이행이 가능할 것
① 이행이 가능함에도 이행기를 도과한 경우가 아니면 이행지체가 되지 않는다.
② 이행기에 이행이 불가능한 경우에는 이행불능의 문제가 된다.

(3) 이행지체가 채무자에게 책임이 있는 사유(귀책사유)에 기인할 것
① 채무자의 귀책사유란 채무자의 고의, 과실 및 신의칙상 이와 동일시되는 사유이다.
② 채무자의 법정대리인이 채무자를 위하여 이행하거나 채무자가 타인을 사용하여 이행하는 경우에는 법정대리인 또는 피용자의 고의나 과실은 채무자의 고의나 과실로 본다(민법 제391조).

(4) 이행하지 않는 것이 위법일 것

동시이행의 항변권(민법 제536조)이나 유치권(민법 제320조)과 같은 이행의 지연을 정당하게 하는 사유가 있는 때에는 이행지체의 책임을 지지 않는다. 따라서 채권자는 자기채무의 이행 또는 이행제공을 하여 채무자의 동시이행의 항변권을 소멸시켰다는 점을 주장·증명하여야 한다.

(5) 책임능력

채무자에게 고의·과실이 있다고 하기 위해서는 책임능력이 있어야 한다.

(6) 입증책임

채무자는 귀책사유 없음을 입증하지 못하면 채무불이행책임을 진다.

3. 이행지체의 효과

> **채무불이행과 손해배상(민법 제390조)**
> 채무자가 채무의 내용에 좇은 이행을 하지 아니한 때에는 채권자는 손해배상을 청구할 수 있다. 그러나 채무자의 고의나 과실 없이 이행할 수 없게 된 때에는 그러하지 아니하다.

(1) 이행의 강제

① 이행지체의 경우에 이행은 원칙적으로 가능하므로, 채권자는 채무자에 대하여 본래의 채무의 이행을 청구할 수 있다.

② 청구가 있음에도 불구하고 채무자가 이행하지 않는 때에는, 채권자는 그 강제이행을 법원에 소구하여 채권의 만족을 꾀할 수 있다.

③ 담보가 설정되어 있는 경우에는 담보를 실행할 수 있고, 위약금의 특약이 있으면 그 효력이 발생한다.

(2) 지연배상청구

① 채권자는 지체로 말미암아 생긴 손해의 배상, 즉 지연배상을 청구할 수 있다.

> **[국가가 확정된 형사보상금의 지급을 지체하는 경우, 미지급 형사보상금에 대하여 지급 청구일 다음 날부터 민사법정이율로 계산한 지연손해금을 가산하여 지급하여야 하는지 여부(적극)]**
> 헌법 제28조, 형사보상 및 명예회복에 관한 법률(이하 '형사보상법'이라고 한다) 제2조 제1항, 제7조, 제17조 제1항, 제21조 제1항, 제2항에 비추어 볼 때 형사보상 청구인은 형사보상법에서 정한 절차에 따라 무죄판결을 선고한 법원으로부터 보상결정을 받아 그 법원에 대응하는 검찰청에 보상금 지급청구서를 제출하면서 보상금의 지급을 청구할 수 있다. 이러한 경우 국가가 청구인에 대한 보상금의 지급을 지체한다면, 금전채무를 불이행한 것으로 보아 국가는 청구인에게 미지급 보상금에 대한 지급 청구일 다음 날부터 민법 제397조에 따라 지연손해금을 가산하여 지급하여야 한다(대판 2017.5.30. 2015다223411).

② 채권의 내용은 본래의 급부에 지연배상을 더한 것으로 확대된다.

(3) 전보배상청구

> **이행지체와 전보배상(민법 제395조)**
> 채무자가 채무의 이행을 지체한 경우에 채권자가 상당한 기간을 정하여 이행을 최고하여도 그 기간 내에 이행하지 아니하거나 지체 후의 이행이 채권자에게 이익이 없는 때에는 채권자는 수령을 거절하고 이행에 갈음한 손해배상을 청구할 수 있다.

[수익자가 사해행위취소 소송의 확정판결에 따른 원상회복으로 대체물 인도의무를 이행하지 않은 경우, 취소채권자가 수익자를 상대로 민법 제395조에 따라 이행지체로 인한 전보배상을 구할 수 있는지 여부(원칙적 소극) 및 이때 수익자의 대체물 인도의무에 대한 강제집행이 불가능하거나 현저히 곤란하다고 평가할 수 있는 경우에는 전보배상을 구할 수 있는지 여부(적극)]

민법 제395조에 따르면, 채무자가 채무의 이행을 지체한 경우에 채권자가 상당한 기간을 정하여 이행을 최고하여도 그 기간 내에 이행하지 않은 경우 채권자는 이행에 갈음한 손해배상청구를 할 수 있다. <u>이는 대체물 인도의무를 이행하지 않는 경우에도 마찬가지이다. 그러나 수익자가 사해행위취소 소송의 확정판결에 따른 원상회복으로 대체물 인도의무를 이행하지 않았다는 이유만으로 취소채권자가 수익자를 상대로 민법 제395조에 따라 이행지체로 인한 전보배상을 구할 수는 없다. 다만 수익자의 대체물 인도의무에 대한 강제집행이 불가능하거나 현저히 곤란하다고 평가할 수 있는 경우에는 전보배상을 구할 수 있다</u>(대판 2024.2.15. 2019다238640).

[채권적 청구권에 기해 물건의 인도를 구함과 동시에 집행불능에 대비하여 손해배상을 구하는 경우, 그 손해배상청구의 법적 성질(= 이행불능 또는 이행지체로 인한 전보배상의 청구) 및 이러한 청구의 병합은 현재의 급부청구인 본래적 급부청구와 장래의 급부청구인 대상적 급부청구의 단순병합에 해당하는지 여부(적극) / 본래적 급부의 이행과 함께 대상적 급부의 이행을 명한 판결이 선고되고 이에 기초하여 본래적 급부에 대한 강제집행에 착수하였으나 집행불능이 되어 대상적 급부청구권이 발생한 경우, 채무자가 임의로 본래적 급부를 제공하면 본래적 급부에 관한 의무 이행의 효력이 발생하는지 여부(원칙적 소극) / 본래적 급부의 이행과 함께 대상적 급부의 이행을 명한 판결이 확정되기 전에 가집행선고부 판결에 기하여 한 본래적 급부에 대한 강제집행이 집행불능에 이른 경우, 그 집행불능 시점에 대상적 급부청구권이 발생하는지 여부(원칙적 적극)]

<u>채권적 청구권에 기하여 물건의 인도를 구함과 동시에 그 집행불능에 대비하여 손해배상을 구하는 경우, 그중 대상적 급부인 손해배상청구는 민법 제390조의 이행불능으로 인한 전보배상 또는 민법 제395조의 이행지체로 인한 전보배상을 구하는 것으로서, 이러한 청구의 병합은 현재의 급부청구인 본래적 급부청구와 사실심 변론종결 후에 발생하는 장래의 급부청구인 대상적 급부청구의 단순병합에 해당한다. / 대상적 급부로서 이행지체로 인한 전보배상을 구하여 본래적 급부의 이행과 함께 대상적 급부의 이행을 명한 판결이 선고되고, 그에 기초하여 본래적 급부에 대한 강제집행에 착수하였으나 그것이 집행불능이 되어 대상적 급부청구권이 발생하면, 채권자는 본래적 급부에 대한 수령을 거절할 수 있게 된다</u>(민법 제395조 참조). <u>따라서 그 후 채무자가 임의로 본래적 급부를 제공하더라도 채권자가 이를 수령하는 등의 특별한 사정이 없는 한 그로써 바로 본래적 급부에 관한 의무 이행의 효력이 발생한다고 볼 수 없다. / 나아가 가집행선고부 판결의 집행력은 후일 본안판결 또는 가집행선고가 취소·변경될 것을 해제조건으로 그 선고 즉시 발생하므로, 본래적 급부의 이행과 함께 대상적 급부의 이행을 명한 판결이 확정되기 전에 그 가집행선고부 판결에 기하여 한 본래적 급부에 대한 강제집행이 집행불능에 이른 경우에도 이후 위 판결 또는 가집행선고가 취소·변경되지 않는 한 그 집행불능의 시점에 대상적 급부청구권이 발생한다</u>(대판 2024.7.25. 2021다239905).

(4) 책임가중

이행지체 중의 손해배상(민법 제392조)
채무자는 자기에게 과실이 없는 경우에도 그 이행지체 중에 생긴 손해를 배상하여야 한다. 그러나 채무자가 이행기에 이행하여도 손해를 면할 수 없는 경우에는 그러하지 아니하다.

(5) 계약해제

이행지체와 해제(민법 제544조)
당사자 일방이 그 채무를 이행하지 아니하는 때에는 상대방은 상당한 기간을 정하여 그 이행을 최고하고 그 기간 내에 이행하지 아니한 때에는 계약을 해제할 수 있다. 그러나 채무자가 미리 이행하지 아니할 의사를 표시한 경우에는 최고를 요하지 아니한다.

정기행위와 해제(민법 제545조)
계약의 성질 또는 당사자의 의사표시에 의하여 일정한 시일 또는 일정한 기간 내에 이행하지 아니하면 계약의 목적을 달성할 수 없을 경우에 당사자 일방이 그 시기에 이행하지 아니한 때에는 상대방은 전조의 최고를 하지 아니하고 계약을 해제할 수 있다.

① 계약에서 생긴 채무의 이행지체가 있는 경우, 채권자는 일정한 요건에 따라 그 계약을 해제할 수 있다.
② 당사자 일방이 그 채무를 이행하지 아니하는 때에는 상대방은 상당한 기간을 정하여 그 이행을 최고하고 그 기간 내에 이행하지 아니한 때에는 계약을 해제할 수 있다.
③ 채무자가 미리 이행하지 아니할 의사를 표시한 경우 최고를 요하지 아니한다(민법 제544조).
④ 계약의 성질 또는 당사자의 의사표시에 의하여 일정한 시일 또는 일정한 기간 내에 이행하지 아니하면 계약의 목적을 달성할 수 없을 경우에 당사자 일방이 그 시기에 이행하지 아니한 때에는 상대방은 최고를 하지 아니하고 계약을 해제할 수 있다(민법 제545조).

> [금전채무의 현실제공은 채권자가 급부를 즉시 수령할 수 있는 상태에 있어야만 인정될 수 있는지 여부(원칙적 적극) / 채권자가 채무자의 급부불이행 사정을 들어 계약을 해제하겠다는 통지를 한 경우, 그로써 이행의 최고를 하였다고 볼 수 있는지 여부(원칙적 적극) / 동시이행관계에 있는 반대급부의무를 지고 있는 채권자가 채무자의 변제의 제공이 없음을 이유로 계약해제를 하기 위하여는 스스로의 채무의 변제제공을 하여야 하는지 여부(적극)]
> 당사자 일방이 그 채무를 이행하지 아니하는 때에는 상대방은 상당한 기간을 정하여 그 이행을 최고하고 그 기간 내에 이행하지 아니한 때에는 계약을 해제할 수 있다(민법 제544조 본문). 채무자는 변제의 제공으로 채무불이행의 책임을 면하고 변제의 제공은 채무내용에 좇은 현실제공으로 하여야 하는데(민법 제460조, 제461조), 금전채무의 현실제공은 특별한 사정이 없는 한 채권자가 급부를 즉시 수령할 수 있는 상태에 있어야만 인정될 수 있다. 채권자가 채무자의 급부불이행 사정을 들어 계약을 해제하겠다는 통지를 한 때에는 특별히 그 급부의 수령을 거부하는 취지가 포함되어 있지 아니하는 한 그로써 이행의 최고를 하였다고 볼 수 있으며, 그로부터 상당한 기간이 경과하도록 이행되지 아니하였다면 채권자는 계약을 해제할 수 있다. 다만 동시이행관계에 있는 반대급부의무를 지고 있는 채권자는 채무자의 변제의 제공이 없음을 이유로 계약해제를 하기 위하여는 스스로의 채무의 변제제공을 하여야 한다(대판 2022.10.27. 2022다238053).

[부동산 매매계약에서 매수인이 잔대금 지급기일까지 대금을 지급하지 못하면 계약이 자동적으로 해제된다는 취지의 약정을 한 경우, 지급기일의 도과사실만으로 매매계약이 자동해제된 것으로 볼 수 있는지 여부(원칙적 소극) 및 이때 지급기일의 도과사실만으로 매매계약이 자동해제된 것으로 볼 수 있는 경우]

부동산 매매계약에서 매수인이 잔대금 지급기일까지 그 대금을 지급하지 못하면 계약이 자동적으로 해제된다는 취지의 약정이 있더라도 매도인이 이행의 제공을 하여 매수인을 이행지체에 빠뜨리지 않는 한 지급기일의 도과사실만으로는 매매계약이 자동해제된 것으로 볼 수 없다. 다만 매도인이 소유권이전등기에 필요한 서류를 갖추었는지 여부를 묻지 않고 매수인의 지급기일 도과사실 자체만으로 계약을 실효시키기로 특약을 하였다거나, 매수인이 수회에 걸친 채무불이행에 대하여 책임을 느끼고 잔금 지급기일의 연기를 요청하면서 새로운 약정기일까지는 반드시 계약을 이행할 것을 확약하고 불이행 시에는 매매계약이 자동적으로 해제되는 것을 감수하겠다는 내용의 약정을 하였다고 볼 특별한 사정이 있다면, 매수인이 잔금 지급기일까지 잔금을 지급하지 않음으로써 그 매매계약은 자동적으로 실효된다(대판 2022.11.30. 2022다255614).

Ⅲ 이행불능

1. 이행불능의 의의

채권이 성립한 후에 채무자에게 책임 있는 사유로 인하여 이행할 수 없게 된 것을 이행불능이라 하며, 불능한 급부를 목적으로 해서는 채권이 존속할 수 없으므로, 이행불능은 채권에 대한 침해가 된다.

2. 이행불능의 요건

(1) 채권성립 후에 이행할 수 없게 될 것

① 후발적 불능일 것
② 이행의 가능 여부는 사회생활상의 경험칙 내지 거래상의 통념에 의해 판단한다.

[불능 여부에 대한 관련 판례]
• 계약의 이행불능 여부는 사회통념에 의하여 이를 판정하여야 할 것인바, 임대차계약상의 임대인의 의무는 목적물을 사용수익케 할 의무로서, 목적물에 대한 소유권 있음을 성립요건으로 하고 있지 아니하여 임대인이 소유권을 상실하였다는 이유만으로 그 의무가 불능하게 된 것이라고 단정할 수 없다(대판 1994.5.10. 93다37977).
• 소유권이전등기의무자가 그 부동산상에 제3자 명의로 가등기를 마쳐 주었다 하여도 가등기는 본등기의 순위보전의 효력을 가지는 것에 불과하고, 또한 그 소유권이전등기의무자의 처분권한이 상실되는 것도 아니므로 그 가등기만으로는 소유권이전등기의무가 이행불능이 된다고 할 수 없다(대판 1993.9.14. 93다12268).

- 매매의 목적이 된 부동산에 관하여 제3자의 처분금지가처분의 등기가 기입되었다 할지라도, 이는 단지 그에 저촉되는 범위 내에서 가처분채권자에게 대항할 수 없는 효과가 있다는 것일 뿐 그것에 의하여 곧바로 부동산 위에 어떤 지배관계가 생겨서 채무자가 그 부동산을 임의로 타에 처분하는 행위 자체를 금지하는 것은 아니라 하겠으므로, 그 가처분등기로 인하여 바로 계약이 이행불능으로 되는 것은 아니고, 제3자 앞으로 소유권이전 등기가 경료되는 등 사회거래의 통념에 비추어 계약의 이행이 극히 곤란한 사정이 발생하는 때에 비로소 이행불능으로 된다(대판 2002.12.27. 2000다47361).
- 매매목적물에 관하여 이중으로 제3자와 매매계약을 체결하였다는 사실만 가지고는 매매계약이 법률상 이행 불능이라고 할 수 없고, 채무의 이행이 불능이라는 것은 단순히 절대적, 물리적으로 불능인 경우가 아니라 사회생활에 있어서의 경험법칙 또는 거래상의 관념에 비추어 볼 때 채권자가 채무자의 이행의 실현을 기대할 수 없는 경우를 말한다(대판 1996.7.26. 96다14616). 즉, 부동산을 이중매도하고 매도인이 그중 1인에게 먼저 소유권명의를 이전하여 준 경우에는 특별한 사정이 없는한 다른 1인에 대한 소유권이전등기의무는 이행불능 상태에 있다(대판 1965.7.27. 65다947).
- 매수인에게 부동산의 소유권이전등기를 해줄 의무를 지는 매도인이 그 부동산에 관하여 다른 사람에게 이전 등기를 마쳐 준 때에는 매도인이 그 부동산의 소유권에 관한 등기를 회복하여 매수인에게 이전등기해 줄 수 있는 특별한 사정이 없어야 비로소 매수인에 대한 소유권이전등기의무가 이행불능의 상태에 이르렀다고 할 수 있다(대판 2010.4.29. 2009다99129).
- [1] 소유자가 자신의 소유권에 기하여 실체관계에 부합하지 아니하는 등기의 명의인을 상대로 그 등기말소나 진정명의회복 등을 청구하는 경우에, 그 권리는 물권적 청구권으로서의 방해배제청구권(민법 제214조)의 성질을 가진다. 그러므로 소유자가 그 후에 소유권을 상실함으로써 이제 등기말소 등을 청구할 수 없게 되었다면, 이를 위와 같은 청구권의 실현이 객관적으로 불능으로 되었다고 파악하여 등기말소 등 의무자에 대하여 그 권리의 이행불능을 이유로 민법 제390조상의 손해배상청구권을 가진다고 말할 수 없다. [2] 국가 명의로 소유권보존등기가 경료된 토지의 일부 지분에 관하여 甲 등 명의의 소유권이전등기가 경료되었는데, 乙이 등기말소를 구하는 소를 제기하여 국가는 乙에게 원인무효인 등기의 말소등기절차를 이행할 의무가 있고 甲 등 명의의 소유권이전등기는 등기부취득시효 완성을 이유로 유효하다는 취지의 판결이 확정되자, 乙이 국가를 상대로 손해배상을 구한 경우, 甲 등의 등기부취득시효 완성으로 토지에 관한 소유권을 상실한 乙이 불법행위를 이유로 소유권 상실로 인한 손해배상을 청구할 수 있음은 별론으로 하고, 애초 국가의 등기말소의 무 이행불능으로 인한 채무불이행책임을 논할 여지는 없다(대판[전합] 2012.5.17. 2010다28604).

③ 금전채무에는 이행불능은 없으며 언제나 이행지체가 된다.
④ 이행지체 후에 불능으로 된 경우도 이행불능으로 본다.

(2) 불능이 채무자에게 책임 있는 사유에 기인할 것

채무자가 이행기에 이행하여도 역시 채권자가 손해를 면할 수 없었을 것을 입증할 수 없는 한, 과실이 없는 경우에도 그 지체 중에 생긴 손해를 배상하여야 한다(민법 제392조).

(3) 불능이 위법할 것

이행불능에 위법성조각사유가 없어야 한다.

3. 이행불능의 효과

(1) 손해배상청구

① 채권자는 본래급부 청구권에 갈음하여 전보배상을 청구할 수 있다(민법 제390조). 이것은 채무의 내용이 변경된 것에 불과하여 채무의 동일성은 그대로 유지된다. 따라서 본래의 급부청구권을 위한 담보는 여전히 손해배상청구권을 위하여 존속하며, 전보배상청구권과 반대급부청구권의 동시이행관계도 여전히 유지된다.

② 판례는 「매매계약의 이행불능으로 인한 전보배상책임의 범위는 이행불능 당시의 매매목적물의 시가에 의하여야 하고, 그와 같은 시가 상당액이 곧 통상의 손해라 할 것이고, 그 후 시가의 등귀는 채무자가 알거나 알 수 있었을 경우에 한하여 이를 특별사정으로 인한 손해로 보아 그 배상을 청구할 수 있는 것이므로 이행불능 당시의 시가가 계약 당시의 그것보다 현저하게 앙등되었다 할지라도 그 가격을 이른바 특별사정으로 인한 손해라고 볼 수 없다」(대판 1993.5.27. 92다20163)고 한다. 또한 이행불능으로 인한 전보배상청구권의 소멸시효는 이행불능이 되었을 때부터 진행된다(대판 2005.9.15. 2005다29474)고 하였다.

(2) 계약해제

채권자는 '최고 없이' 계약을 해제할 수 있다(민법 제546조). 이때 해제와 전보배상을 함께 청구할 수 있다.

(3) 대상청구

1) 의 의

대상청구권이란 급부의 후발적 불능으로 인해, 채무자가 이행의 목적물에 갈음하는 이익을 취득하는 경우에 채권자가 채무자에 대하여 그 이익의 상환을 청구하는 권리를 말한다.

2) 인정 여부

통설·판례는 명문의 규정은 없지만, 이행불능의 효과로서 공평의 원칙상 당연히 인정된다는 입장이다.

3) 요 건

① 채권자가 물건 내지 권리의 급부를 목적으로 하는 채권을 취득하였을 것
② 급부가 후발적으로 불능이 되었을 것 : 급부가 원시적으로 불능인 경우 대상청구권이 문제될 여지가 없으며, 후발적 불능에 대한 채무자의 귀책사유도 문제가 되지 않는다.
③ 채무자가 이행불능이 된 사정으로 인하여 취득한 이익이 있을 것
④ 채권자는 자신의 채무자에 대한 반대급부 이행이 가능할 것 : 쌍무계약 당사자 쌍방의 급부가 모두 이행불능이 된 경우에는 당사자 일방이 상대방에 대하여 대상청구권을 행사할 수 없다(대판 1996.6.25. 95다6601).

4) 효 과
① 대상청구권은 채권적 권리에 불과하다.
  ㉠ 소유권이전등기의무의 목적 부동산이 수용되어 그 소유권이전등기의무가 이행불능이 된 경우, 등기청구권자는 등기의무자에게 대상청구권의 행사로써 등기의무자가 지급받은 수용보상금의 반환을 구하거나 또는 등기의무자가 취득한 수용보상금청구권의 양도를 구할 수 있을 뿐 그 수용보상금청구권 자체가 등기청구권자에게 귀속되는 것은 아니다(대판 1996.10.29. 95다56910).
  ㉡ 취득시효가 완성된 토지가 수용됨으로써 취득시효 완성을 원인으로 하는 소유권이전등기 의무가 이행불능이 된 경우에는 그 소유권이전등기 청구권자가 대상청구권의 행사로서 그 토지의 소유자가 토지의 대가로서 지급받은 수용보상금의 반환을 청구할 수 있다고 하더라도, 시효취득자가 직접 토지의 소유자를 상대로 공탁된 토지수용보상금의 수령권자가 자신이라는 확인을 구할 수는 없다(대판 1995.7.28. 95다2074).
② 대상청구의 범위 : 대상청구권의 행사 범위와 관련하여 이행불능으로 인한 손해를 그 한도로 하는지 여부와 관련하여 무제한설과 제한설의 견해 대립이 있다. 판례 또한 다음과 같은 판시를 한 적이 있으나, 어떤 입장인지는 명확하지 않다.

> 매매의 목적물이 화재로 소실됨으로써 매도인이 지급받게 되는 화재보험금, 화재공제금에 대하여 매수인의 대상청구권이 인정되는 이상, 매수인은 특별한 사정이 없는 한 목적물에 대하여 지급되는 화재보험금, 화재공제금 전부에 대하여 대상청구권을 행사할 수 있고, 인도의무의 이행불능 당시 매수인이 지급하였거나 지급하기로 약정한 매매대금 상당액의 한도 내로 범위가 제한된다고 할 수 없다(대판 2016.10.27. 2013다7769).

③ 소멸시효의 기산점 : 대상청구권은 특별한 사정이 없는 한 원칙적으로 이행불능이 된 때부터 10년의 소멸시효가 진행한다. 다만, 법규정의 미비 등으로 인하여 손실보상청구권 자체를 행사조차 할 수 없었던 경우에는 관계법령이 시행되어 손실보상청구권을 행사할 수 있었을 때부터 대상청구권의 소멸시효가 진행한다.

(4) 청구권 경합

채무불이행에 기한 손해배상청구권과 불법행위에 기한 손해배상청구권이 경합하는 경우, 채무자는 어느 한 쪽만을 주장할 수도 있고, 선택적으로 주장할 수도 있다(통설·판례).

Ⅳ 불완전이행

1. 불완전이행의 의의

채무자가 채무의 이행으로 일정한 급부를 하였으나, 급부의 목적에 하자가 있거나 또는 채무불이행과 관련된 주의의무를 위반함으로써 채권자에게 손해를 끼친 경우이다.

① 불완전이행의 실질적 근거는 채권관계의 구성요소인 급부의무, 부수적 주의의무, 보호의무의 위반에서 찾는다. 즉, 명문의 규정은 없으나, 민법 제390조를 실정법적 근거로 들 수 있다(통설).
② 채무자의 고의·과실을 요건으로 하지 않고 부가적 손해가 배상범위에 포함되지 않는 하자담보책임과는 구별된다.

> **불완전이행과 하자담보책임**
> - **학설**: 하자담보책임의 본질을 법정책임이라고 보는 다수설에 의하면 양자는 별개의 책임체계로서 특정물매매이든 불특정물매매이든 경합의 문제는 발생하지 않고 하자담보책임의 문제만 있을 뿐이라고 한다. 다만, 확대손해가 발생한 경우에는 불완전이행의 문제가 발생한다.
> - **판례**: 하자담보책임의 본질에 대한 계약책임설의 입장에서 타인의 물건의 매매로 인한 담보책임의 경우에는 양자의 경합을 인정하고 있다.

③ 이행불능 또는 이행지체 등의 소극적 사유에 의한 침해가 아닌, 이행이라는 적극적 행위에 의하여 침해가 발생한다.

2. 불완전이행의 성립요건

① 이행행위가 있어야 한다.
② 이행이 불완전하여야 한다.
　㉠ 목적물에 원시적 하자가 존재하는 경우

> 토지 매도인이 성토작업을 기화로 다량의 폐기물을 은밀히 매립하고 그 위에 토사를 덮은 다음 도시계획사업을 시행하는 공공사업시행자와 사이에서 정상적인 토지임을 전제로 협의취득절차를 진행하여 이를 매도함으로써 매수자로 하여금 그 토지의 폐기물처리비용 상당의 손해를 입게 하였다면 매도인은 이른바 불완전이행으로서 채무불이행으로 인한 손해배상책임을 부담하고, 이는 하자 있는 토지의 매매로 인한 민법 제580조 소정의 하자담보책임과 경합적으로 인정된다(대판 2004.7.22. 2002다51586).

　㉡ 안전배려의무 위반의 경우

> 공중접객업인 숙박업을 경영하는 자가 투숙객과 체결하는 숙박계약은 숙박업자가 고객에게 숙박을 할 수 있는 객실을 제공하여 고객으로 하여금 이를 사용할 수 있도록 하고 고객으로부터 그 대가를 받는 일종의 일시사용을 위한 임대차계약으로서, 여관의 객실 및 관련시설, 공간은 오로지 숙박업자의 지배 아래 놓여 있는 것이므로 숙박업자는 통상의 임대차와 같이 단순히 여관의 객실 및 관련시설을 제공하여 고객으로 하여금 이를 사용수익하게 할 의무를 부담하는 것에서 한 걸음 더 나아가 고객에게 위험이 없는 안전하고 편안한 객실 및 관련시설을 제공함으로써 고객의 안전을 배려하여야 할 보호의무를 부담하며 이러한 의무는 숙박계약의 특수성을 고려하여 신의칙상 인정되는 부수적인 의무로서 숙박업자가 이를 위반하여 고객의 생명, 신체를 침해하여 손해를 입힌 경우 불완전이행으로 인한 채무불이행책임을 부담한다(대판 1994.1.28. 93다43590).

③ 채무자의 귀책사유가 있어야 한다.
④ 완전하지 못한 이행이 위법하여야 한다.
⑤ 하자 있는 이행에 의해 채권자에게 손해가 발생하여야 한다.

3. 불완전이행의 효과

(1) 완전이행이 가능한 경우
① 채권자의 완전이행청구권, 추완청구권, 손해배상청구권이 있다.
② 이런 청구권들은 시효기간이 아니라 신의칙상 상당한 기간의 경과로 소멸한다(다수설).

(2) 완전이행이 불가능한 경우
이행방법이 불완전하여 채권자에게 적극적 손해를 가한 동시에 급부의 목적물이 멸실된 경우, 완전이행 그 자체가 불가능하지는 않더라도 새로운 이행이 채권자에게 아무런 이익을 주지 아니하는 경우 등에는 이행불능이 되며, 적극적 채권침해에 의한 손해배상 혹은 이행불능에 의한 전보배상을 청구할 수 있다.

(3) 계약해제
① 완전이행이 가능한 경우 상당한 기간을 정하여 최고해도 채무자가 이행치 않은 때에는 채권자는 계약을 해제할 수 있다.
② 완전이행이 불가능한 때에는 바로 계약을 해제할 수 있다.

4. 입증책임
① 채무의 이행이 있었다는 사실의 입증책임은 채무자에게 있다.
② 이행이 불완전하거나 불능이었다는 사실의 입증책임은 채권자에게 있다.
③ 채무자에게 고의·과실이 없었다는 사실은 채무자가 입증하여야 한다.

Ⅴ 이행거절

1. 의 의

이행거절이란 채무자가 채무의 이행이 가능함에도 채권자에 대하여 채무를 이행할 의사가 없음을 명백하고 종국적으로 표시하여 객관적으로 보아 채권자로 하여금 채무자의 임의 이행을 더 이상 기대할 수 없게 하는 상태를 말한다.

2. 요 건

이행거절의 요건으로는 ① 채무의 이행이 가능할 것, ② 채무자가 진지하고 종국적으로 채무를 이행하지 아니할 의사표시를 하였을 것, ③ 객관적으로 보아 채무자의 임의 이행을 더 이상 기대할 수 없을 것, ④ 채무자의 이행거절이 위법할 것을 필요로 한다.

[1] 채무자가 계약을 이행하지 않을 의사를 명백히 표시한 경우, 채권자는 이행기 전이라도 이행의 최고 없이 채무자의 이행거절을 이유로 계약을 해제하거나 손해배상을 청구할 수 있는지 여부(적극) 및 이때 채무자가 계약을 이행하지 않을 의사를 명백히 표시하였는지 판단하는 기준 : 민법 제390조는 '채무불이행과 손해배상'이라는 제목으로 "채무자가 채무의 내용에 좇은 이행을 하지 아니한 때에는 채권자는 손해배상을 청구할 수 있다. 그러나 채무자의 고의나 과실 없이 이행할 수 없게 된 때에는 그러하지 아니하다"라고 정하여 채무불이행에 관한 일반조항주의를 채택하고 있다. 민법 제544조는 '이행지체와 해제'라는 제목으로 "당사자 일방이 그 채무를 이행하지 아니하는 때에는 상대방은 상당한 기간을 정하여 그 이행을 최고하고 그 기간 내에 이행하지 아니한 때에는 계약을 해제할 수 있다. 그러나 채무자가 미리 이행하지 아니할 의사를 표시한 경우에는 최고를 요하지 아니한다"라고 정하고 있다. 채무자가 채무의 이행을 지체하고 있는 상태에서 이행거절의사를 표시한 경우에는 채권자는 그 이행을 최고하지 않고 계약을 해제할 수 있음은 분명하다. 여기에서 나아가 계약상 채무자가 계약을 이행하지 않을 의사를 명백히 표시한 경우에는 채권자는 이행기 전이라도 이행의 최고 없이 채무자의 이행거절을 이유로 계약을 해제하거나 채무자를 상대로 손해배상을 청구할 수 있다. 이때 채무자가 계약을 이행하지 않을 의사를 명백히 표시하였는지는 계약 이행에 관한 당사자의 행동과 계약 전후의 구체적인 사정 등을 종합적으로 살펴서 판단하여야 한다. 위와 같은 이행거절로 인한 계약해제의 경우에는 채권자의 최고도 필요하지 않고 동시이행관계에 있는 자기 채무의 이행제공도 필요하지 않아, 이행지체를 이유로 한 계약해제와 비교할 때 계약해제의 요건이 완화되어 있으므로, 이행거절의사가 명백하고 종국적인 것으로 볼 수 있어야 한다. 명시적으로 이행거절의사를 표명하는 경우 외에 계약 당시 또는 그 후의 여러 사정을 종합하여 묵시적 이행거절의사를 인정하기 위해서는 그 거절의사가 정황상 분명하게 인정되어야 한다. [2] 甲과 乙이 오피스텔을 임차하는 계약을 체결하면서 특약사항으로 甲이 乙에게 바닥 난방공사를 해주기로 정하였는데, 甲이 바닥 난방공사 대신 카펫이나 전기패널 등 다른 방식으로 난방을 할 것을 제안하자, 乙이 甲에게 "최종적으로 바닥 공사는 카펫과 전기패널 아니면 공사 안 되는 거죠?"라고 확인 문자를 보낸 후에 곧바로 계약해제를 통보한 사안에서, 甲이 乙에게 바닥 난방공사의 위법성과 공사의 어려움 등을 강조하며 다른 대안을 제시하고 있기는 하지만 乙이 최종적으로 다른 대안을 채택하지 않을 경우에도 바닥 난방공사를 거부하겠다는 의사를 직접 표현한 부분은 찾기 어려운 점, 甲이 乙에게 바닥 난방공사를 대신할 다른 대안을 채택할 것을 설득하였다거나 乙이 보낸 확인 문자에 대하여 甲이 즉시 답변을 하지 않았다는 것만으로 甲에게 바닥 난방공사 이행에 관한 거절의사가 분명하게 인정된다고 할 수 없는 점 등을 종합하면, 甲에게 명백한 이행거절의사가 인정되지 않는다고 볼 여지가 있는데도, 이와 달리 본 원심판결에 법리오해 등의 잘못이 있다고 한 사례(대판 2021.7.15. 2018다214210).

3. 효 과

① **강제이행청구권** : 이행이 가능하므로 강제이행을 청구할 수 있다. 이 점이 이행불능과 다르다.
② **손해배상청구권** : 채무자가 채무를 이행하지 아니할 의사를 명백히 표시한 경우에는 이행의 최고나 자기 채무의 이행제공 없이 채무자의 이행거절을 이유로 계약을 해제하거나 채무자를 상대로 손해배상을 청구할 수 있지만, 이러한 이행거절이라는 채무불이행이 인정되기 위해서는 채무를 이행하지 아니할 채무자의 명백한 의사표시가 위법한 것으로 평가되어야 한다(대판 2003.2.26. 2000다40995, 대판 2015.2.12. 2014다227225).

> **[채무자가 채무를 이행하지 아니할 의사를 명백히 표시하였는지 판단하는 기준 및 채무자의 이행거절로 인한 채무불이행에서 손해액을 산정하는 기준(= 이행거절 당시 급부목적물의 시가)]**
> 채무자가 채무를 이행하지 않을 의사를 명백히 표시한 경우에 채권자는 신의성실의 원칙상 이행기 전이라도 이행의 최고 없이 채무자의 이행거절을 이유로 계약을 해제하거나 채무자를 상대로 손해배상을 청구할 수 있다. 이때 채무자가 채무를 이행하지 않을 의사를 명백히 표시하였는지는 채무 이행에 관한 당사자의 행동과 계약 전·후의 구체적인 사정 등을 종합적으로 살펴서 판단하여야 한다. 한편 채무자의 이행거절로 인한 채무불이행에서 손해액 산정은 채무자가 이행거절의 의사를 명백히 표시하여 최고 없이 계약의 해제나 손해배상을 청구할 수 있는 경우에는 이행거절 당시 급부목적물의 시가를 표준으로 해야 한다(대판 2020.10.15. 2018다235576 · 2018다235583).

③ **계약해제권** : 쌍무계약에 있어서 계약당사자의 일방은 상대방이 채무를 이행하지 아니할 의사를 명백히 표시한 경우에는 최고나 자기 채무의 이행제공 없이 그 계약을 적법하게 해제할 수 있다.

4. 이행거절의 종료

이행거절의 의사표시가 적법하게 철회된 경우에는 상대방으로서는 자기 채무의 이행을 제공하고 상당한 기간을 정하여 이행을 최고한 후가 아니면 채무불이행을 이유로 계약을 해제할 수 없다(대판 2003.2.26. 2000다40995).

Ⅵ 채무불이행의 효과(= 채무불이행에 대한 구제)

1. 강제이행

> **강제이행(민법 제389조)**
> ① 채무자가 임의로 채무를 이행하지 아니한 때에는 채권자는 그 강제이행을 법원에 청구할 수 있다. 그러나 채무의 성질이 강제이행을 하지 못할 것인 때에는 그러하지 아니하다.
> ② 전항의 채무가 법률행위를 목적으로 한 때에는 채무자의 의사표시에 갈음할 재판을 청구할 수 있고 채무자의 일신에 전속하지 아니한 작위를 목적으로 한 때에는 채무자의 비용으로 제3자에게 이를 하게 할 것을 법원에 청구할 수 있다.
> ③ 그 채무가 부작위를 목적으로 한 경우에 채무자가 이에 위반한 때에는 채무자의 비용으로써 그 위반한 것을 제각하고 장래에 대한 적당한 처분을 법원에 청구할 수 있다.
> ④ 전3항의 규정은 손해배상의 청구에 영향을 미치지 아니한다.

(1) 의 의

국가가 사인의 급부청구권을 실현시키기 위하여 법원에 의하여 채무자의 의사에 관계없이 국가의 강제력을 동원하여 급부의 내용을 실현하는 것이다. 강제이행의 방법에는 직접강제, 대체집행, 간접강제 등이 있다.

(2) 강제이행의 순서

강제이행의 순서는 직접강제, 대체집행, 간접강제의 순으로 한다.

(3) 강제이행의 방법

1) **직접강제**(민법 제389조 제1항, 민사집행법 제257조 이하)
   ① 채권의 내용을 집행기관의 집행행위만에 의하여 직접 실현시키는 것이다.
   ② 인도채무의 집행방법으로 허용된다.
   ③ 직접강제가 허용되는 채무에 관하여는 대체집행이나 간접강제가 허용되지 않는다.

2) **대체집행**(민법 제389조 제2항·제3항, 민사집행법 제260조)
   ① 채권자나 제3자로 하여금 대신 급부의 내용을 실현하게 하고 그의 비용을 금전으로 채무자에게 추심할 수 있도록 하는 강제이행방법이다.
   ② 주는 채무 이외에 하는 채무 중 대체적 작위채무의 불이행의 경우에 인정된다.
   ③ 대체집행이 허용되는 경우에 간접강제는 허용되지 않는다.

3) **간접강제**(민사집행법 제261조 제1항)
   ① 의의 : 채무자에게 불이익(일정금액 지급, 벌금, 구금)을 예고하거나 부과하여 심리적 압박을 가함으로써 채무자 자신이 채무를 이행하도록 하는 방법으로, 부대체적 작위채무에 인정된다.

> **[판결절차에서 부작위채무 또는 부대체적 작위채무의 이행을 명하면서 동시에 간접강제를 명할 수 있는지 여부 (적극) 및 그 요건]**
> 부작위채무에 관하여 판결절차의 변론종결 당시에 보아 부작위채무를 명하는 집행권원이 성립하더라도 채무자가 이를 단기간 내에 위반할 개연성이 있고, 또한 판결절차에서 민사집행법 제261조에 의하여 명할 적정한 배상액을 산정할 수 있는 경우에는 판결절차에서도 채무불이행에 대한 간접강제를 할 수 있다. 또한 부대체적 작위채무에 관하여서도 판결절차의 변론종결 당시에 보아 집행권원이 성립하더라도 채무자가 부대체적 작위채무를 임의로 이행할 가능성이 없음이 명백하고, 판결절차에서 채무자에게 간접강제결정의 당부에 관하여 충분히 변론할 기회가 부여되었으며, 민사집행법 제261조에 의하여 명할 적정한 배상액을 산정할 수 있는 경우에는 판결절차에서도 채무불이행에 대한 간접강제를 할 수 있다(대판[전합] 2021.7.22. 2020다248124 - 다수의견).
>
> **[간접강제를 명하는 경우, '상당한 이행기간' 및 '강제명령 배상금'을 정할 때 고려할 사항]**
> 민사집행법 제261조 제1항의 간접강제는 채무자에게 부대체적 작위채무 또는 부작위채무 등의 불이행에 대하여 손해배상의 제재를 예고하는 방법으로 심리적 압박을 가함으로써 채무자 스스로 채무의 내용을 실현하도록 유도하는 집행방법이다. 간접강제를 명하는 결정에는 채무의 이행의무 및 상당한 이행기간을 밝히고, 채무자가 그 기간 이내에 이행을 하지 아니하는 때에는 늦어진 기간에 따라 일정한 배상을 하도록 명할 수 있다(민사집행법 제261조 제1항). 여기서 '상당한 이행기간'이란 채무자가 법원으로부터 이행의무가 있음을 고지받은 때부터 의무를 이행하는 데 필요한 합리적인 기간을 뜻하는 것으로서, 법원은 이행의무의 내용, 이행의 용이성 등을 비롯하여 앞서 본 간접강제의 성격 등 여러 사정을 고려하여 상당한 이행기간을 정할 수 있다. 나아가 강제명령 배상금은 채무자로 하여금 이행기간 이내에 이행을 하도록 하는 심리적 강제수단이라는 성격뿐만 아니라 채무자의 채무불이행에 대한 법정 제재금이라는 성격도 가지는 것으로서, 법원은 사건의 경위, 당사자의 특성이나 자력, 채무의 성질과 구체적인 내용 및 이행의 난이도, 채무자의 태도와 위반행위의 정도, 위반행위로 인해 채무자가 얻을 것으로 예상되는 이익, 위반행위로 인한 채권자의 피해와 피해 회복의 곤란성 등을 고려하여 배상금을 정할 수 있다(대판 2025.6.12. 2020다219577).

② 간접강제가 허용되지 않는 경우 : 채무자의 자유의사에 반하여 강제한다면 채무의 내용에 좇은 급부가 되지 못하는 채무(예술가의 작품 제작), 채무자의 의사에 반하여 그 이행을 강제하는 것이 채무자의 인격존중에 반하는 채무(고용계약의 노무 제공), 채무자의 일신전속적 채무 등은 간접강제가 허용되지 않고, 다만 손해배상을 허용한다.

(4) 부작위채무의 강제이행

위반행위로 인하여 발생, 존속하는 물적 결과에 대하여 채무자는 제거의무를 지는데 그 제거의무의 집행은 대체집행의 방법에 의한다.
① 의무위반은 있었으나 아무런 물적 결과가 남아 있지 않은 경우에는 대체집행을 할 수 없으며 손해배상청구만이 가능하다.
② 의무위반이 반복되는 경우 법원은 장래에 대한 적당한 처분을 명한다.

(5) 강제이행과 손해배상의 청구

강제이행의 청구는 손해배상의 청구에 영향을 미치지 아니한다(민법 제389조 제4항).

2. 손해배상

(1) 의 의

불법한 원인으로 발생한 손해를 피해자 이외의 자가 전보하는 것이다. 이에는 원상회복주의와 금전배상주의가 있는데, 민법은 금전배상주의 원칙에 따른다(민법 제394조).

(2) 손해배상의 근거와 방법

> **채무불이행과 손해배상(민법 제390조)**
> 채무자가 채무의 내용에 좇은 이행을 하지 아니한 때에는 채권자는 손해배상을 청구할 수 있다. 그러나 채무자의 고의나 과실 없이 이행할 수 없게 된 때에는 그러하지 아니하다.
>
> **손해배상의 방법(민법 제394조)**
> 다른 의사표시가 없으면 손해는 금전으로 배상한다.
>
> **준용규정(민법 제763조)**
> 제393조, 제394조, 제396조, 제399조의 규정은 불법행위로 인한 손해배상에 준용한다.
>
> **명예훼손의 경우의 특칙(민법 제764조)**
> 타인의 명예를 훼손한 자에 대하여는 법원은 피해자의 청구에 의하여 손해배상에 갈음하거나 손해배상과 함께 명예회복에 적당한 처분을 명할 수 있다.
> [89헌마160 1991.4.1. 민법 제764조(1958.2.22. 법률 제471호)의 "명예회복에 적당한 처분"에 사죄광고를 포함시키는 것은 헌법에 위반됨]

민법은 금전배상주의를 규정하고 있다(민법 제394조). 다만, 당사자가 다른 의사표시를 한 때(민법 제394조, 제763조), 명예훼손의 경우의 특칙과 같이 법률에 다른 규정이 있을 때에는 그에 의한다.

(3) 손해배상의 범위

> **손해배상의 범위(민법 제393조)**
> ① 채무불이행으로 인한 손해배상은 통상의 손해를 그 한도로 한다.
> ② 특별한 사정으로 인한 손해는 채무자가 그 사정을 알았거나 알 수 있었을 때에 한하여 배상의 책임이 있다.

1) 통상손해

채무자의 예견유무를 불문하고 특별한 사정이 없는 한 그 종류의 채무불이행이 있으면 사회일반관념에 따라 통상 발생하는 것으로 생각되는 범위의 손해를 말한다.

[영업용 물건이 손괴되어 수리를 위하여 필요한 기간 동안 그 물건에 의한 영업을 할 수 없었던 경우, 영업을 계속하였더라면 얻을 수 있었던 수익상실이 통상손해에 해당하는지 여부(원칙적 적극) 및 영업용 물건을 손괴함으로써 그 물건을 이용하여 얻을 수 있었던 영업수익이 상실될 수 있다는 사정을 가해자가 통상적으로 예견할 수 없었던 경우에도 위 손해가 통상손해에 해당하는지 여부(소극)]
일반적으로 영업용 물건이 손괴된 경우 수리를 위하여 필요한 기간 동안 그 물건에 의한 영업을 할 수 없었던 경우에는 영업을 계속하였더라면 얻을 수 있었던 수익상실은 통상손해에 해당한다. 그러나 위법한 가해행위로 인하여 영업용 물건이 손괴되었더라도 위법행위의 태양, 물건이 사용 및 손괴된 경위 등에 비추어 볼 때 가해자가 그것이 영업용 물건으로서 이를 손괴함으로써 그 물건을 이용하여 얻을 수 있었던 영업수익이 상실될 수 있다는 사정을 통상적으로 예견할 수 없었다면 그러한 경우까지도 위 손해가 통상손해에 해당한다고 보기는 어렵다(대판 2022.11.30. 2016다26662·2016다26679·2016다26686).

[파견근로자가 사용사업주의 직접고용의무 불이행을 이유로 연차휴가미사용수당 상당의 손해배상을 청구하는 경우, 파견근로자가 보상 대상이 되는 연차휴가일수를 증명하여야 하는지 여부(적극) 및 이때 사용한 연차휴가일수를 확인할 수 없거나 사용사업주에게 근로제공이 이루어지지 않은 경우, 이를 증명하는 방법 / 파견근로자가 직접고용되었다면 근로기준법 제61조에 따라 사용사업주로부터 사용촉진을 받았을 것과 그럼에도 자발적으로 휴가를 사용하지 않았을 것임이 분명히 인정되는 경우에도 연차휴가미사용수당 상당의 손해배상을 청구할 수 있는지 여부(소극)]
파견근로자는 사용사업주의 직접고용의무 불이행에 대하여 직접고용의무 발생일부터 직접고용관계가 성립할 때까지 사용사업주에게 직접고용되었다면 받았을 임금 상당 손해배상금을 청구할 수 있다. 위 기간 중 연차휴가미사용수당 상당의 손해배상을 청구하는 파견근로자는 손해배상의 일반원칙에 따라 손해를 증명할 책임을 부담하므로 발생한 연차휴가일수에서 사용한 연차휴가일수를 공제한 보상 대상이 되는 연차휴가일수를 증명하여야 한다. 이때 사용한 연차휴가일수는 청구기간 중 파견사업주 소속으로 사용사업주에 근로를 제공하며 실제 사용한 연차휴가일수가 있다면 이에 따르고, 이를 확인할 수 없거나 청구기간 중 사용사업주에게 근로제공이 이루어지지 않은 경우에는 청구기간 전에 파견사업주 소속으로 사용사업주에 근로를 제공하여 사용한 연차휴가일수, 해당 파견근로자와 같은 종류·유사 업무를 수행하는 사용사업주의 근로자들이 청구기간 중 사용한 연차휴가일수 또는 그 밖의 적당한 간접사실로 증명하면 충분하다. / 다만 사용사업주의 사업장에서 근로기준법 제61조에 따른 연차휴가사용촉진제도가 실시되고 있고, 관련 근거규정의 내용, 대상이 되는 근로자의 범위, 시행 실태 등을 비롯한 여러 사정을 고려할 때, 파견근로자가 직접고용되었을 경우 위 제도에 따라 사용사업주로부터 사용촉진을 받았을 것과 그럼에도 자발적으로 휴가를 사용하지 않았을 것임이 분명히 인정되는 경우에는 파견근로자는 연차휴가미사용수당 상당의 손해배상을 청구할 수 없다(대판 2025.3.27. 2021다245528·245535[병합]).

2) 특별손해

① 당사자 사이의 개별적·구체적 사정에 의한 손해로서 채무자가 특별한 사정을 알았거나 알 수 있어야 한다.

> [계약의 일방 당사자가 상대방의 이행을 믿고 비용을 지출한 사실을 상대방이 알았거나 알 수 있었고 그것이 통상적인 지출비용의 범위 내에 속하는 경우, 이에 대하여 이행이익의 한도 내에서 배상을 청구할 수 있는지 여부(적극) 및 이러한 손해를 일실이익 상당의 손해와 같이 청구하는 경우, 일실이익의 범위]
> 계약의 일방 당사자가 상대방의 이행을 믿고 지출한 비용도 그러한 지출사실을 상대방이 알았거나 알 수 있었고 또 그것이 통상적인 지출비용의 범위 내에 속한다면 그에 대하여도 이행이익의 한도 내에서는 배상을 청구할 수 있으며 다만 이러한 비용 상당의 손해를 일실이익 상당의 손해와 같이 청구하는 경우에는 중복배상을 방지하기 위하여 일실이익은 제반 비용을 공제한 순이익에 한정된다고 보아야 한다(대판 2023.7.27. 2023다223171[본소]·2023다223188[반소]).

② 결과인 손해는 인식할 필요가 없다.

> [특별사정으로 인한 손해 발생 시 그 손해의 액수까지 알았거나 알 수 있었어야 배상의무가 있는지 여부(소극)]
> 채무불이행자 또는 불법행위자는 특별한 사정의 존재를 알았거나 알 수 있었으면 그러한 특별사정으로 인한 손해를 배상하여야 할 의무가 있는 것이고, 그러한 특별한 사정에 의하여 발생한 손해의 액수까지 알았거나 알 수 있었어야 하는 것은 아니다(대판 2002.10.25. 2002다23598).

③ 손해의 범위는 특별한 사정으로부터 통상 생기는 손해이다.

3) 재산권침해에 의한 특별손해가 인정되는 경우

① 특별사정으로 인한 손해배상에 있어서 채무자가 그 사정을 알았거나 알 수 있었는지의 여부를 가리는 시기는 계약체결 당시가 아니라 채무의 이행기까지를 기준으로 판단하여야 한다(대판 1985.9.10. 84다카1532).

② 일반적으로 타인의 불법행위에 의하여 재산권이 침해된 경우에는 그 재산적 손해의 배상에 의하여 정신적 고통도 회복된다고 보아야 할 것이므로, 재산적 손해의 배상에 의하여 회복할 수 없는 정신적 손해가 발생하였다면 이는 특별한 사정으로 인한 손해로서 가해자가 그러한 사정을 알았거나 알 수 있었을 경우에 한하여 그 손해에 대한 위자료를 인정할 수 있다(대판 1988.3.22. 87다카1096).

③ 매도인이 매수인으로부터 매매대금을 약정된 기일에 지급받지 못한 결과 제3자로부터 부동산을 매수하고 그 잔대금을 지급하지 못하여 그 계약금을 몰수당함으로써 손해를 입었다고 하더라도 이는 특별한 사정으로 인한 손해이므로 매수인이 이를 알았거나 알 수 있었던 경우에만 그 손해를 배상할 책임이 있다(대판 1991.10.11. 91다25369).

④ 매매대상 토지의 개별공시지가가 급등하여 매도인의 양도소득세 부담이 늘었다고 하더라도 그 손해는 사회일반의 관념상 매매계약에서의 잔금지급의 이행지체의 경우 통상 발생하는 것으로 생각되는 범위의 통상손해라고 할 수는 없고, 이는 특별한 사정에 의하여 발생한 손해에 해당한다(대판 2006.4.13. 2005다75897).

⑤ 가압류나 가처분 등 보전처분은 법원의 재판에 의하여 집행되는 것이기는 하나, 그 실체상 청구권이 있는지 여부는 본안소송에 맡기고 단지 소명에 의하여 채권자의 책임 아래 하는 것이므로, 그 집행 후에 집행채권자가 본안소송에서 패소 확정되었다면 그 보전처분의 집행으로 인하여 채무자가 입은 손해에 대하여는 특별한 반증이 없는 한 집행채권자에게 고의 또는 과실이 있다고 추정되고, 따라서 그 부당한 집행으로 인한 손해에 대하여 이를 배상할 책임이 있다고 할 것이나, <u>토지에 대한 부당한 가압류의 집행으로 그 지상에 건물을 신축하는 내용의 공사도급계약이 해제됨으로 인한 손해는 특별손해이므로, 가압류채권자가 토지에 대한 가압류집행이 그 지상 건물 공사도급계약의 해제사유가 된다는 특별한 사정을 알았거나 알 수 있었을 때에 한하여 배상의 책임이 있다</u>(대판 2008.6.26. 2006다84874).

(4) 손해배상액의 산정 기준

1) 가격 산정

① 재산적 손해의 배상은 통상가격을 표준으로 하고, 특별한 가격은 채무자가 특별사정을 알았거나 알 수 있었을 때 배상의 책임을 진다.

② 위자료액은 배상권리자가 정당하다고 생각되는 액을 청구하게 하고, 법원이 재량에 의하여 판단한다.

2) 기준 시기

① 토지의 소유권이전등기가 이행불능된 데 대한 전보배상을 명함에 있어 <u>이행불능사유 발생 당시의 시가를 감정하여 그 가액 상당의 배상을 명한 것은 정당하다</u>(대판 1990.12.7. 90다5672). 또한 <u>그 이후 목적물의 가격이 등귀하였다 하여도 그로 인한 손해는 특별손해에 해당한다</u>(대판 2005.9.15. 2005다29474).

② 판례는 이행지체로 인한 전보배상에 대하여는 책임원인발생시설을 취한 경우도 있고, 사실심 변론종결시설을 취한 경우도 있다.

3) 기준 장소

당사자의 특약 또는 특별한 규정이 없는 경우 <u>채무 이행지의 가격을 표준으로 한다</u>.

4) 육체노동의 가동연한

[일반육체노동을 하는 사람 또는 육체노동을 주로 생계활동으로 하는 사람의 가동연한을 경험칙상 만 65세까지로 보아야 하는지 여부(원칙적 적극)]

대법원은 1989.12.26. 선고한 88다카16867 전원합의체 판결(이하 '종전 전원합의체 판결'이라 한다)에서 일반육체노동을 하는 사람 또는 육체노동을 주로 생계활동으로 하는 사람(이하 '육체노동'이라 한다)의 가동연한을 경험칙상 만 55세라고 본 기존 견해를 폐기하였다. 그 후부터 현재에 이르기까지 육체노동의 가동연한을 경험칙상 만 60세로 보아야 한다는 견해를 유지하여 왔다. 그런데 우리나라의 사회적·경제적 구조와 생활여건이 급속하게 향상·발전하고 법제도가 정비·개선됨에 따라 종전 전원합의체 판결 당시 위 경험칙의 기초가 되었던 제반 사정들이 현저히 변하였기 때문에 위와 같은 견해는 더 이상 유지하기 어렵게 되었다. 이제는 특별한 사정이 없는 한 만 60세를 넘어 만 65세까지도 가동할 수 있다고 보는 것이 경험칙에 합당하다(대판[전합] 2019.2.21. 2018다248909 – 다수의견).

(5) 손해배상의 범위에 관한 특수문제

1) 과실상계

> **과실상계(민법 제396조)**
> 채무불이행에 관하여 채권자에게 과실이 있는 때에는 법원은 손해배상의 책임 및 그 금액을 정함에 이를 참작하여야 한다.

① 의의 : 채무불이행이나 불법행위에 기한 손해배상책임의 범위를 정함에 있어 채권자의 과실이 손해의 발생 및 확대에 기여한 경우 법원은 이를 참작하여야 하는데, 이를 과실상계라고 한다.

② 요 건
  ㉠ 손해배상청구권이 발생하였을 것
    ㉮ 채무 내용에 따른 본래의 급부의 이행을 구하는 경우에는 과실상계가 인정되지 않는다.
    ㉯ 표현대리가 성립하는 경우, 상대방에게 과실이 있더라도 과실상계의 법리를 유추적용하여 본인의 책임을 경감할 수 없다(대판 1994.12.12. 94다24985).
  ㉡ 채권자의 과실이 있을 것 : 판례는 손해배상책임의 요건으로서의 과실은 의무위반이라는 강력한 과실임에 반하여, 과실상계에서의 과실은 가해자의 과실과 달리 사회통념이나 신의성실의 원칙에 따라 공동생활에 있어 요구되는 약한 의미의 부주의라고 설시하고 있다(대판 2000.8.22. 2000다29408).

> [과실에 의한 불법행위자인 중개보조원이 고의에 의한 불법행위자와 공동불법행위책임을 부담하는 경우, 중개보조원의 손해배상액을 정할 때 피해자의 과실을 참작하여 과실상계를 할 수 있는지 여부(적극) 및 중개보조원을 고용한 개업공인중개사의 손해배상금액을 정할 때 불법행위에 관여하지는 않았다는 등의 개별적인 사정까지 고려하여 중개보조원보다 가볍게 책임을 제한할 수 있는지 여부(적극)]
> 피해자의 부주의를 이용하여 고의로 불법행위를 저지른 사람이 바로 피해자의 부주의를 이유로 자신의 책임을 줄여 달라고 주장하는 것은 허용될 수 없다. 그러나 이는 그러한 사유가 있는 자에게 과실상계의 주장을 허용하는 것이 신의칙에 반하기 때문이므로, 불법행위자 중의 일부에게 그러한 사유가 있다고 하여 그러한 사유가 없는 다른 불법행위자까지도 과실상계의 주장을 할 수 없다고 해석할 것은 아니다. 또한 중개보조원이 업무상 행위로 거래당사자인 피해자에게 고의로 불법행위를 저지른 경우라고 하더라도, 중개보조원을 고용하였을 뿐 이러한 불법행위에 가담하지 않은 개업공인중개사에게 책임을 묻고 있는 피해자에게 과실이 있다면, 법원은 과실상계의 법리에 따라 손해배상의 책임과 그 금액을 정하는 데 이를 참작하여야 한다. 따라서 과실에 의한 불법행위자인 중개보조원이 고의에 의한 불법행위자와 공동불법행위책임을 부담하는 경우 중개보조원의 손해배상액을 정할 때에는 피해자의 과실을 참작하여 과실상계를 할 수 있고, 중개보조원을 고용한 개업공인중개사의 손해배상금액을 정할 때에는 개업공인중개사가 중개보조원의 사용자일 뿐 불법행위에 관여하지는 않았다는 등의 개별적인 사정까지 고려하여 중개보조원보다 가볍게 책임을 제한할 수도 있다(대판 2018.2.13. 2015다242429).

  ㉢ 책임능력의 요부(要否) : 채권자에게 책임능력이 필요한지 여부에 대해 견해대립이 있으나, 통설과 판례는 책임능력은 불필요하고, 다만 사리변식능력만 있으면 족하다는 태도이다.

③ 효 과
　㉠ 과실상계 사유에 관한 사실인정이나 그 비율을 정하는 것은 그것이 형평의 원칙에 비추어 현저히 불합리하다고 인정되지 않는 한 사실심의 전권에 속하는 사항이다(대판 2012.1.12. 2010다79947).

> [채무불이행으로 인한 손해배상사건에서 채무자의 책임제한에 관한 사실인정이나 비율을 정하는 것이 사실심의 전권사항인지 여부(원칙적 적극) 및 그 한계]
> 채무자가 채권자에 대하여 채무불이행으로 인한 손해배상 책임을 지는 경우, 채권자에게 과실이 있거나 손해부담의 공평을 기하기 위한 필요가 있는 때에는 채무자의 책임을 제한할 수 있고 책임제한에 관한 사실인정이나 비율을 정하는 것은 사실심의 전권사항이나, 그것이 형평의 원칙에 비추어 현저하게 불합리하여서는 아니 된다(대판 2025.3.27. 2021다245528・2021다245535[병합]).
>
> [이사가 법령을 위반한 행위를 하여 회사에 대하여 손해를 배상할 책임이 있는 경우, 제반 사정을 참작하여 손해배상액을 제한할 수 있는지 여부(적극) 및 이때 손해배상액 제한의 참작 사유에 관한 사실인정이나 제한 비율의 결정이 사실심의 전권사항인지 여부(원칙적 적극)]
> 이사가 법령을 위반한 행위를 하여 회사에 대하여 손해를 배상할 책임이 있는 경우에 손해배상의 범위를 정함에 있어서는, 당해 사업의 내용과 성격, 당해 이사의 임무 위반의 경위 및 임무 위반 행위의 태양, 회사의 손해 발생 및 확대에 관여된 객관적인 사정이나 그 정도, 평소 이사의 회사에 대한 공헌도, 임무 위반 행위로 인한 당해 이사의 이득 유무, 회사의 조직체계의 흠결 유무나 위험관리체제의 구축 여부 등 제반 사정을 참작하여 손해분담의 공평이라는 손해배상 제도의 이념에 비추어 손해배상액을 제한할 수 있다. 이때에 손해배상액 제한의 참작 사유에 관한 사실인정이나 제한의 비율을 정하는 것은 민법상 과실상계의 사유에 관한 사실인정이나 비율을 정하는 것과 마찬가지로 그것이 형평의 원칙에 비추어 현저히 불합리한 것이 아닌 한 사실심의 전권사항이다(대판 2025.6.12. 2021다256696・2021다256702).

　㉡ 채권자에게 과실이 인정되면 법원은 손해배상의 책임 및 그 금액을 정함에 있어서 이를 참작하여야 하며, 배상의무자가 피해자의 과실에 관하여 주장하지 않는 경우에도 소송자료에 의하여 과실이 인정되는 경우에는 이를 법원이 직권으로 심리・판단하여야 한다(대판 2008.2.28. 2005다60369).
　㉢ 일부청구에서의 과실상계의 방법 : 일부청구 시 과실상계의 방법으로 안분설, 내측설, 외측설 등이 주장되고 있으나, 판례(대판 2008.12.24. 2008다51649)는 외측설을 따르고 있다.

> 일개의 손해배상청구권 중 일부가 소송상 청구되어 있는 경우에 과실상계를 함에 있어서는 손해의 전액에서 과실비율에 의한 감액을 하고 그 잔액이 청구액을 초과하지 않을 경우에는 그 잔액을 인용할 것이고 잔액이 청구액을 초과할 경우에는 청구의 전액을 인용하는 것으로 해석하여야 할 것이며, 이와 같이 풀이하는 것이 일부청구를 하는 당사자의 통상적 의사라고 할 것이고, 이러한 방식에 따라 원고의 청구를 인용한다고 하여도 처분권주의에 위배되는 것이라고 할 수는 없다(대판 2008.12.24. 2008다51649).

④ 적용범위
  ㉠ 과실책임주의를 기초로 하는 손해배상책임에 적용됨이 원칙이다. 따라서 피해자의 부주의를 이용하여 고의로 불법행위를 저지른 자가 피해자의 바로 그 부주의를 이유로 자신의 책임을 감하여 달라고 주장하는 것은 허용될 수 없다(대판 2010.7.8. 2010다21276).
  ㉡ 무과실책임(매도인의 하자담보책임)의 경우 직접적용은 부정하나 참작은 가능하다.
  ㉢ 법률행위 본래의 책임을 묻는 경우에는 과실상계가 적용되지 않는다.

> [손해담보계약상 담보의무자의 책임의 성질 및 과실상계 규정이 준용되거나 과실상계 법리를 유추적용하여 그 담보책임을 감경할 수 있는지 여부(소극)]
> 손해담보계약상 담보의무자의 책임은 손해배상책임이 아니라 이행의 책임이고, 따라서 담보계약상 담보권리자의 담보의무자에 대한 청구권의 성질은 손해배상청구권이 아니라 이행청구권이므로, 민법 제396조의 과실상계 규정이 준용될 수 없음은 물론 과실상계의 법리를 유추적용하여 그 담보책임을 감경할 수도 없는 것이 원칙이지만, 다만 담보권리자의 고의 또는 과실로 손해가 야기되는 등의 구체적인 사정에 비추어 담보권리자의 권리 행사가 신의칙 또는 형평의 원칙에 반하는 경우에는 그 권리 행사의 전부 또는 일부가 제한될 수는 있다(대판 2002.5.24. 2000다72572).

  ㉣ 손해배상의 예정에는 적용이 없다는 것이 판례의 태도이다.
⑤ 피해자 측 과실
  ㉠ 채무불이행으로 인한 손해배상의 경우 : 통설은 채권자의 수령보조자의 과실을 채권자의 과실과 동일시하여 과실상계를 한다.
  ㉡ 불법행위로 인한 손해배상의 경우 : 학설의 대립이 있으나, 판례는 과실상계에서 피해자의 과실에는 피해자 본인의 과실뿐 아니라 피해자와 동일시할 수 있는 피해자 측의 과실도 포함되어야 한다(대판 1997.11.14. 97다35344)고 설시하였다.

> [국민연금법에 따라 연금급여를 받은 피해자가 가해자를 상대로 손해배상청구를 할 때 그 손해 발생에 피해자의 과실이 경합된 경우, 손해배상액을 산정하는 방식(= 피해자의 손해액에서 연금급여액을 공제한 후 과실상계) 및 국민연금공단이 불법행위의 피해자에게 연금급여를 한 다음 국민연금법 제114조 제1항에 따라 피해자의 가해자에 대한 손해배상청구권을 대위하는 경우, 대위의 범위(= 연금급여액 중 가해자의 책임비율에 해당하는 금액)]
> 국민연금공단(이하 '공단'이라고 한다)의 손해배상청구권 대위를 인정한 국민연금법 제114조 제1항의 문언과 입법 취지, 국민연금의 목적과 사회보장적 성격, 불법행위가 없었을 경우 연금급여 수급권자가 누릴 수 있는 이익 및 법적 지위와의 균형, 수급권자와 공단 사이의 이익형량, 연금급여 수급권의 성격, 국민건강보험법 및 산업재해보상보험법 규정의 해석에 관한 판례 변경 등을 종합하여 보면, 국민연금법에 따라 연금급여를 받은 피해자가 가해자를 상대로 손해배상청구를 할 경우 그 손해 발생에 피해자의 과실이 경합된 때에는 피해자의 손해액에서 먼저 연금급여액을 공제한 다음 과실상계를 하는 '공제 후 과실상계' 방식으로 손해배상액을 산정하여야 하고, 공단이 불법행위의 피해자에게 연금급여를 한 다음 국민연금법 제114조 제1항에 따라 피해자의 가해자에 대한 손해배상청구권을 대위하는 경우 그 대위의 범위는 가해자의

> 손해배상액을 한도로 한 연금급여액 전액이 아니라 그중 가해자의 책임비율에 해당하는 금액으로 제한되며, 나머지 금액(연금급여액 중 피해자의 과실비율에 해당하는 금액)에 대해서는 피해자를 대위할 수 없으므로 이 부분은 연금급여 수급 후에도 여전히 손해를 전보받지 못한 피해자를 위해 공단이 최종적으로 부담한다고 보아야 한다(대판[전합] 2024.6.20. 2021다299594).

2) 손익상계

채무불이행이라는 동일한 원인에 의하여 채권자가 손해와 함께 이익을 얻은 경우에 그 이익을 공제하여 배상액을 산정하는 것을 말한다.

> [근로자가 사용자의 고용의무 불이행을 이유로 고용의무를 이행하였다면 받을 수 있었던 임금 상당액을 손해배상으로 청구하는 경우, 근로자가 다른 직장에 근로를 제공함으로써 얻은 이익이 사용자의 고용의무 불이행과 사이에 상당인과관계가 인정된다면 이를 손해배상액을 산정할 때 공제하여야 하는지 여부(적극)]
> 근로자가 사용자의 고용의무 불이행을 이유로 고용의무를 이행하였다면 받을 수 있었던 임금 상당액을 손해배상으로 청구하는 경우, 근로자가 사용자에게 제공하였어야 할 근로를 다른 직장에 제공함으로써 얻은 이익이 사용자의 고용의무 불이행과 사이에 상당인과관계가 인정된다면 이러한 이익은 고용의무 불이행으로 인한 손해배상액을 산정할 때 공제되어야 한다(대판 2022.9.29. 2018다301527).

> [사용자가 부당하게 해고한 근로자를 원직이 아닌 업무에 복직시켜 근로를 제공하게 한 경우, 근로자가 사용자에게 원직에서 지급받을 수 있는 임금 상당액을 청구할 수 있는지 여부(적극) 및 이때 근로자가 원직이 아닌 업무를 수행하여 지급받은 임금 전액을 청구액에서 공제하여야 하는지 여부(적극)]
> 사용자가 부당하게 해고한 근로자를 원직(종전의 일과 다소 다르더라도 원직에 복직시킨 것으로 볼 수 있는 경우를 포함한다)이 아닌 업무에 복직시켜 근로를 제공하게 하였다면 근로자는 사용자에게 원직에서 지급받을 수 있는 임금 상당액을 청구할 수 있다. 그런데 이 경우 근로자가 복직하여 실제 근로를 제공한 이상 휴업하였다고 볼 수는 없으므로 근로자가 원직이 아닌 업무를 수행하여 지급받은 임금은 그 전액을 청구액에서 공제하여야 하지, 근로기준법 제46조를 적용하여 휴업수당을 초과하는 금액의 범위 내에서만 이른바 중간수입을 공제할 것은 아니다(대판 2024.4.12. 2023다300559).

① 민법에는 규정이 없으나 공평의 원칙상 인정되는 제도임을 유의하여야 한다.
② 공제되는 이익의 범위는 채무불이행과 상당인과관계가 있는 이익이므로 채무불이행 이외의 원인을 통해 채권자가 이익을 얻은 경우에는 그 이익은 공제대상이 되지 않는다.
  ㉠ 부의금은 공제의 대상이 아니다(통설, 대판 2005.10.28. 2003다69638).
  ㉡ 피해자의 사망 시 피해자의 생활비는 손익상계로 공제된다(대판 1969.7.22. 69다504). 다만, 부양가족의 생활비는 공제되지 않는다.
  ㉢ 원심이 이 사건 아파트의 건축으로 인하여 이 사건 토지의 지가가 상승하였다고 하더라도 그것은 이 사건 손해배상책임의 원인이 되는 피고의 일조방해와는 아무런 관계가 없는 이익으로서 손익상계에 의하여 공제하여야 할 이익으로 볼 수 없다고 본 것은 정당하다(대판 2011.4.28. 2009다98652).

㉣ 불법행위로 사망한 피해자 명의의 개인택시운송사업면허를 유족들이 다른사람에게 매도함으로써 발생한 그 처분가액에 대한 가동연한까지의 중간이자 상당의 이익은 직접적으로 불법행위로 인하여 발생한 이익이라고는 보기 어려울 뿐 아니라, 위 망인의 가동연한이 도래한 때에 있어서의 위 개인택시의 처분가액이 유족들의 처분가액과 반드시 같은 것이라고 예측할 수도 없는 것이어서 불법행위와 상당인과관계가 있는 이익이라고 보기도 어렵다고 할 것이므로 손익상계에 의하여 손해에서 공제할 수 있는 이득이라고 할 수 없다(대판[전합] 1989.12.26. 88다카16867).

㉤ 파견근로자 보호 등에 관한 법률에 따라 직접고용의무가 발생하였으나 사용사업주가 이를 이행하지 아니한 상태에서 파견근로자가 파견사업주와의 근로관계를 유지하면서 사용사업주에게 근로를 제공한 경우, 사용사업주가 직접고용의무 불이행을 이유로 파견근로자에게 지급해야 할 손해배상금을 산정할 때에는 손익상계로 파견근로자가 파견사업주로부터 지급받은 임금 등을 공제하여야 한다. / 손익상계가 허용되기 위해서는 손해배상책임의 원인이 되는 행위로 인하여 파견근로자가 새로운 이득을 얻었을 뿐만 아니라 그 이득은 사용사업주가 배상하여야 할 손해의 범위에 대응하는 것이어야 한다. / 퇴직금은 후불 임금의 성격 이외에도 사회보장적 급여의 성격과 공로보상의 성격을 아울러 가지고, 발생 시점과 산정 방법도 임금과 다르므로, 파견근로자가 사용사업주를 상대로 직접고용의무 불이행으로 인한 임금 상당의 손해배상을 구하는 경우, 파견사업주로부터 지급받은 퇴직금은 그 손해의 범위에 대응하는 이익에 해당한다고 볼 수 없어 손익상계의 대상으로 삼을 수 없고, 향후 사용사업주에게 퇴직금 또는 그 상당의 손해배상을 구할 때 비로소 공제할 수 있을 뿐이다(대판 2024.7.25. 2024다211908 · 2024다211915[병합] · 2024다211922[병합]).

③ 과실상계 후 손익상계를 한다(대판 2010.2.25. 2009다87621).

3) 손해배상자의 대위

> **손해배상자의 대위(민법 제399조)**
> 채권자가 그 채권의 목적인 물건 또는 권리의 가액 전부를 손해배상으로 받은 때에는 채무자는 그 물건 또는 권리에 관하여 당연히 채권자를 대위한다.

(6) 손해배상액의 예정

> **배상액의 예정(민법 제398조)**
> ① 당사자는 채무불이행에 관한 손해배상액을 예정할 수 있다.
> ② 손해배상의 예정액이 부당히 과다한 경우에는 법원은 적당히 감액할 수 있다.
> ③ 손해배상액의 예정은 이행의 청구나 계약의 해제에 영향을 미치지 아니한다.
> ④ 위약금의 약정은 손해배상액의 예정으로 추정한다.
> ⑤ 당사자가 금전이 아닌 것으로써 손해의 배상에 충당할 것을 예정한 경우에도 전4항의 규정을 준용한다.

1) 의 의

계약과 동시에 계약 위반으로 인한 손해를 미리 산정하여 계약 위반 시에 채권자가 별도의 손해 발생 및 손해액의 증명 없이 예정배상액을 청구하기로 하는 당사자 간의 합의를 말한다.
① 당사자는 채무불이행에 관한 손해배상액을 예정할 수 있다(민법 제398조 제1항).
② 채무불이행을 정지조건으로 하는 계약이며, 기본채권에 종된 계약이다.
③ 채무불이행 시에만 적용되고 불법행위 시에는 손해배상예정을 할 수 없다.

2) 요 건

① 채무불이행의 전제가 되는 채권관계가 있어야 한다.
② 기본채권관계의 채권자와 채무자 간 손해 발생과 손해액에 대한 약정이 체결되어야 한다.
㉠ 물적합의 범위
㉮ 계약 당시 당사자 사이에 손해배상액을 예정하는 내용의 약정이 있는 경우에는 그것은 계약상의 채무불이행으로 인한 손해액에 관한 것이고 이를 그 계약과 관련된 불법행위상의 손해까지 예정한 것이라고는 볼 수 없다(대판 1999.1.15. 98다48033).
㉯ 지연배상금에 대한 약정은 이행지체에 대비한 손해배상액의 예정 합의에 해당한다.
㉡ 인적합의 범위 : 분양계약서에서 수분양자인 甲의 분양대금 납입 지체에 따른 지연손해금의 납부책임과 금액만을 규정하고 분양자이자 매도인인 乙 주식회사 등의 이행지체에 따른 지체상금에 관하여는 아무런 규정을 두지 않은 경우, 수분양자의 분양대금 납입 지체에 적용되는 지연손해금 조항이 당연히 매도인에게도 적용되어 동일한 내용의 지체상금 조항이 있는 것으로 간주될 수는 없다(대판 2012.3.29. 2010다590).
③ 채무불이행이 있었을 것

3) 효 과

① 예정배상액의 청구
㉠ 채무불이행으로 인한 손해배상액의 예정이 있는 경우에는, 채권자는 채무불이행 사실만 증명하면 손해의 발생 및 그 액을 증명하지 아니하고 예정배상액을 청구할 수 있다(대판 2000.12.8. 2000다50350).
㉡ 실제의 손해액이 예정된 배상액보다 많거나 적다는 것을 입증하더라도, 예정된 배상액만을 청구할 수 있을 뿐이다.
㉢ 당사자 사이의 채무불이행에 관하여 손해배상액을 예정한 경우에 채권자는 통상의 손해뿐만 아니라 특별한 사정으로 인한 손해에 관하여도 예정된 배상액만을 청구할 수 있고 특약이 없는 한 예정액을 초과한 배상액을 청구할 수는 없다(대판 1988.9.27. 86다카2375[본소]·2376[반소]).
㉣ 채무불이행으로 인한 손해배상액이 예정되어 있는 경우에는 채권자는 채무불이행 사실만 증명하면 손해의 발생 및 그 액을 증명하지 아니하고, 예정배상액을 청구할 수 있고, 채무자는 채권자와 채무불이행에 있어 채무자의 귀책사유를 묻지 아니한다는 약정을 하지 아니한 이상 자신의 귀책사유가 없음을 주장·입증함으로써 예정배상액의 지급책임을 면할 수 있다.

② 예정배상액의 감액
㉠ 손해배상의 예정액이 부당히 과다한 경우에는 법원은 (직권으로) 적당히 감액할 수 있다(민법 제398조 제2항, 대판 2002.12.24. 2000다54536).

> [민법 제398조 제2항에 의한 손해배상 예정액의 감액에서 '부당히 과다한 경우'의 의미 / 손해배상 예정액 자체가 크거나 계약 체결 시부터 계약 해제 시까지의 시간적 간격이 짧다는 사유만으로 손해배상 예정액을 부당히 과다하다고 하여 감액할 수 있는지 여부(소극) / 손해배상액 예정이 없더라도 채무자가 지급의무를 부담하여 채권자가 받을 수 있던 금액보다 적은 금액으로 감액하는 것은 감액의 한계를 벗어나는 것인지 여부(적극)]
> 민법 제398조 제2항에 의한 손해배상 예정액의 감액은 국가가 당사자 사이의 실질적 불평등을 제거하고 공정성을 보장하기 위하여 계약의 체결 또는 그 내용에 간섭하는 사적 자치의 원칙에 대한 제한의 한 가지 형태이다. 여기에서 '부당히 과다한 경우'는 손해가 없다거나 손해액이 예정액보다 적다는 것만으로는 부족하고, 계약자의 경제적 지위, 계약의 목적, 손해배상액 예정의 경위 및 거래관행 기타 제반 사정을 고려하여 그와 같은 예정액의 지급이 경제적 약자의 지위에 있는 채무자에게 부당한 압박을 가하여 공정성을 잃는 결과를 초래한다고 인정되는 경우를 뜻한다. / 기록상 실제의 손해액 또는 예상 손해액을 알 수 있는 경우에는 이를 그 예정액과 대비하여 볼 필요가 있고, 단지 예정액 자체가 크다든가 계약 체결 시부터 계약 해제 시까지의 시간적 간격이 짧다든가 하는 사유만으로는 손해배상 예정액을 부당히 과다하다고 하여 감액하기에 부족하다. / 손해배상액 예정이 없더라도 채무자가 당연히 지급의무를 부담하여 채권자가 받을 수 있던 금액보다 적은 금액으로 감액하는 것은 손해배상액 예정에 관한 약정 자체를 전면 부인하는 것과 같은 결과가 되기 때문에 감액의 한계를 벗어나는 것이다(대판 2023.8.18. 2022다227619).

㉡ 예정배상액이 과소한 경우에 대해서는 아무런 규정을 두고 있지 않은데, 다수설은 법원에 의한 직권 증액을 부정한다.
㉢ 손해배상의 예정액이 부당하게 과다한지의 여부 내지 그에 대한 적당한 감액의 범위를 판단하는 데 있어서는 사실심의 변론종결 당시를 기준으로 한다(대판 2000.12.8. 2000다35771).

> [손해배상 예정액이 부당히 과다한지를 판단할 때 기준이 되는 시점(= 사실심 변론종결 당시) / 감액사유에 대한 사실인정이나 그 비율을 정하는 것이 사실심의 전권사항인지 여부(원칙적 적극)]
> 법원은 손해배상 예정액이 부당히 과다한지를 판단할 때 사실심의 변론종결 당시를 기준으로 그 사이에 발생한 사정을 종합적으로 고려하여야 한다. / 감액사유에 대한 사실인정이나 그 비율을 정하는 것은 원칙적으로 사실심의 전권에 속하는 사항이지만, 그것이 형평의 원칙에 비추어 현저히 불합리하다고 인정되는 경우에는 위법한 것으로서 허용되지 않는다(대판 2023.8.18. 2022다227619).

㉣ 금전채무에 관하여 이행지체에 대비한 지연손해금 비율을 따로 약정한 경우에 이는 일종의 손해배상액의 예정으로서 민법 제398조에 의한 감액의 대상이 된다(대판 2000.7.28. 99다38637).
㉤ "손해배상의 예정액"이라 함은 문언상 배상비율 자체를 말하는 것이 아니라 그 비율에 따라 계산한 예정배상액의 총액을 의미한다고 해석하여야 한다(대판 2000.7.28. 99다38637).

③ 과실상계와 손익상계의 적용
㉠ 손해배상액이 예정된 경우에도 채무불이행에 대한 채권자의 과실이 있을 때에는 손해배상의 책임 및 금액의 산정에 있어서 이를 참작해야 한다(통설).
㉡ 손해배상액의 예정에 있어서도 손익상계는 부정되지 않는다.

[손해배상액 산정에서 손익상계가 허용되기 위한 요건 및 이사가 회사의 업무를 집행하면서 고의·과실로 법령을 위반한 경우, 법령 위반 행위로 인하여 회사에 발생한 이득을 손익상계의 대상으로 삼을 수 있는지 여부(소극)]

불법행위 등이 채권자 또는 피해자에게 손해를 생기게 하는 동시에 이익을 가져다 준 경우에는 공평의 관념상 그 이익은 당사자의 주장을 기다리지 아니하고 손해를 산정할 때에 공제하여야 한다. 손해배상액 산정에서 손익상계가 허용되기 위해서는 손해배상책임의 원인이 되는 행위로 인하여 피해자가 새로운 이득을 얻었고, 그 이득과 손해배상책임의 원인행위 사이에 상당인과관계가 있어야 하며, 그 이득은 배상의 무자가 배상하여야 할 손해의 범위에 대응하는 것이어야 한다. 회사는 기업활동을 하면서 범죄를 수단으로 하여서는 아니 되므로, 이사가 회사의 업무를 집행하면서 고의·과실로 법령을 위반한 경우에 설령 그 법령 위반 행위로 인하여 회사에 어떠한 이득이 발생하였다 하더라도, 이러한 이득을 손익상계의 대상으로 삼는 것은 이사의 법령 위반 행위로 인한 회사의 위법한 이득 보유를 그대로 승인하고 그 범위 내에서 이사의 손해배상책임을 부정함으로써 오히려 이사의 법령 위반 행위와 회사의 범죄를 조장하고 손해배상 제도의 근본적인 취지에도 반하는 결과가 되므로 <u>허용될 수 없다</u>(대판 2025.6.12. 2021다256696·2021다256702).

ⓒ <u>손해배상액을 예정한 경우에는 과실상계를 적용할 것이 아니다</u>(대판 1972.3.31. 72다108).

[채무자의 채무불이행으로 인한 손해배상액이 예정되어 있는데 손해의 발생 및 확대에 채권자에게도 과실이 있는 경우, 민법 제398조 제2항에 따라 손해배상 예정액을 감액할 수 있는지 여부(적극) 및 이때 과실상계를 할 수 있는지 여부(소극)]

당사자 사이의 계약에서 채무자의 채무불이행으로 인한 손해배상액이 예정되어 있는 경우, 채무불이행으로 인한 손해의 발생 및 확대에 채권자에게도 과실이 있더라도 민법 제398조 제2항에 따라 채권자의 과실을 비롯하여 채무자가 계약을 위반한 경위 등 제반 사정을 참작하여 <u>손해배상 예정액을 감액할 수는 있을지언정 채권자의 과실을 들어 과실상계를 할 수는 없다</u>(대판 2016.6.10. 2014다200763·2014다200770).

④ 배상액의 예정과 이행청구·계약해제 : <u>손해배상액의 예정은 이행의 청구나 계약의 해제에 영향을 미치지 않는다</u>(민법 제398조 제3항).

[채권자가 채무불이행을 이유로 계약을 해제하거나 해지한 경우, 채무불이행으로 인한 전보배상에 관한 손해배상액의 예정이 실효되는지 여부(원칙적 소극) / 이때 손해배상액의 예정이 계약의 유지를 전제로 정해진 약정이라는 등의 사정이 있는 경우에는 손해배상액의 예정이 실효될 수 있는지 여부(적극) 및 위와 같은 특별한 사정이 있는지 판단하는 기준]

민법 제398조 제1항, 제3항, 제551조의 문언·내용과 계약당사자의 일반적인 의사 등을 고려하면, <u>계약당사자가 채무불이행으로 인한 전보배상에 관하여 손해배상액을 예정한 경우에 채권자가 채무불이행을 이유로 계약을 해제하거나 해지하더라도 원칙적으로 손해배상액의 예정은 실효되지 않고, 전보배상에 관하여 특별한 사정이 없는 한 손해배상액의 예정에 따라 배상액을 정해야 한다. 다만 위와 같은 손해배상액의 예정이 계약의 유지를 전제로 정해진 약정이라는 등의 사정이 있는 경우에 채무불이행을 이유로 계약을 해제하거나 해지하면 손해배상액의 예정도 실효될 수 있다.</u> 이때 손해배상액의 예정이 실효된다고 볼 특별한 사정이 있는지는 약정 내용, 약정이 이루어지게 된 동기와 경위, 당사자가 이로써 달성하려는 목적, 거래의 관행 등을 종합적으로 고려하여 당사자의 의사를 합리적으로 해석하여 판단해야 한다(대판 2022.4.14. 2019다292736[본소]·2019다292743[반소]).

4) 관련 문제
① 위약금
- ㉠ 위약금이란 채무불이행의 경우에 채무자가 채권자에게 지급할 것을 약속한 금액으로서 손해배상액의 예정 또는 위약벌로서의 성격을 갖는다.
- ㉡ 위약금의 약정이 있는 경우에는 채무자에게 채무불이행이 있으면 채권자는 실제손해액을 증명할 필요 없이 그 예정액을 청구할 수 있는 반면에 실제손해액이 예정액을 초과하더라도 그 초과액을 청구할 수 없다(대결 1990.2.13. 89다카26250).
- ㉢ 도급계약에서 계약이행보증금과 지체상금의 약정이 있는 경우, 특별한 사정이 없는 한 계약이행보증금은 위약벌 또는 제재금의 성질을 가지고, 지체상금은 손해배상의 예정으로 봄이 상당하다(대판 1996.4.26. 95다11436).
- ㉣ 위약금은 그 약정목적에 따라 위약벌과 손해배상액의 예정으로 분류되는데 당사자 사이의 특별한 약정이 없는 한 손해배상액의 예정으로 추정된다(민법 제398조 제4항). 따라서 위약벌임을 주장하는 자에게 위약벌로서의 약정이었다는 사실에 대한 입증책임이 있다(대판 2001.9.28. 2001다14689).
- ㉤ 위약벌의 경우에는 별도의 채무불이행으로 인한 손해배상청구가 가능하다.
- ㉥ 위약벌의 약정은 손해배상의 예정에 관한 민법 제398조 제2항을 유추적용하여 그 액을 감액할 수는 없고, 다만, 그 의무의 강제에 의하여 얻어지는 채권자의 이익에 비하여 약정된 벌이 과도하게 무거울 때에는 그 일부 또는 전부가 공서양속에 반하여 무효로 된다.

② 계약금
- ㉠ 계약금이란 계약을 체결할 때에 그 계약에 부수하여 당사자의 일방이 상대방에게 교부하는 금전 기타 유가물을 말한다.
- ㉡ 계약금이 수수된 경우 이는 특별한 사정이 없는 한 해약금으로 추정될 뿐 그것을 위약금으로 하여 손해배상의 예정을 한 것으로 볼 수는 없다.
- ㉢ 다만, 계약금을 수수하면서 '일방이 위약하면 계약금을 포기하거나 배액을 상환하기로 하는 별도의 약정'이 있다면 이는 손해배상액의 예정으로서의 성질을 갖는다(대판 1989.12.12. 89다카10811).

Ⅶ 채권자지체

채권자지체(민법 제400조)
채권자가 이행을 받을 수 없거나 받지 아니한 때에는 이행의 제공 있는 때로부터 지체책임이 있다.

채권자지체와 채무자의 책임(민법 제401조)
채권자지체 중에는 채무자는 고의 또는 중대한 과실이 없으면 불이행으로 인한 모든 책임이 없다.

동전(민법 제402조)
채권자지체 중에는 이자 있는 채권이라도 채무자는 이자를 지급할 의무가 없다.

채권자지체와 채권자의 책임(민법 제403조)
채권자지체로 인하여 그 목적물의 보관 또는 변제의 비용이 증가된 때에는 그 증가액은 채권자의 부담으로 한다.

채권자귀책사유로 인한 이행불능(민법 제538조)
① 쌍무계약의 당사자 일방의 채무가 채권자의 책임 있는 사유로 이행할 수 없게 된 때에는 채무자는 상대방의 이행을 청구할 수 있다. 채권자의 수령지체 중에 당사자 쌍방의 책임 없는 사유로 이행할 수 없게 된 때에도 같다.
② 전항의 경우에 채무자는 자기의 채무를 면함으로써 이익을 얻은 때에는 이를 채권자에게 상환하여야 한다.

1. 의 의

채무의 이행에 있어서 채권자의 수령 기타의 협력을 필요로 하는 경우, 채무자가 채무의 내용에 좇은 이행의 제공을 하였음에도 불구하고 채권자가 이행을 받을 수 없거나 받지 아니한 때에는 이행의 제공이 있는 때로부터 지체책임이 있다(민법 제400조).

2. 채권자지체의 법적 성질에 관한 학설의 논의

① 채무불이행책임설(다수설) : 채권자의 수령의무를 인정하며, 수령하지 않음에 대한 채권자의 귀책사유가 필요하다. 따라서 민법 제401조 내지 민법 제403조 이외에 손해배상청구권과 계약해제권도 인정된다.
② 법정책임설 : 채권자의 수령의무는 인정되지 않으며, 따라서 채권자의 귀책사유는 요건이 아니다. 또한 민법 제401조 내지 민법 제403조 이외에 손해배상청구권과 계약해제권은 인정될 수 없다.
③ 절충설 : 원칙적으로 채권자의 일반적 수령의무는 인정할 수 없으나, 매매, 도급, 임치와 같은 계약유형에 있어서는 신의칙상 채권자의 수취의무를 인정할 수 있다. 따라서 이러한 계약유형에 있어서는 채권자에게 귀책사유가 있다면 손해배상청구권과 계약해제권도 인정할 수 있다.

[채권자지체가 성립하는 경우, 채무자가 채권자에 대하여 손해배상이나 계약 해제를 주장할 수 있는지 여부(원칙적 소극) / 신의칙상 채권자에게 급부를 수령할 의무나 급부 이행에 협력할 의무가 있다고 볼 특별한 사정이 있는지 판단하는 기준 및 위와 같은 수령의무나 협력의무가 이행되지 않으면 계약 목적을 달성할 수 없거나 채무자에게 계약의 유지를 더 이상 기대할 수 없다고 볼 수 있는 경우, 채무자가 위 의무 위반을 이유로 계약을 해제할 수 있는지 여부(적극)]

민법 제400조는 채권자지체에 관하여 "채권자가 이행을 받을 수 없거나 받지 아니한 때에는 이행의 제공 있는 때로부터 지체책임이 있다"라고 정하고 있다. 채무의 내용인 급부가 실현되기 위하여 채권자의 수령 그 밖의 협력행위가 필요한 경우에, 채무자가 채무의 내용에 따른 이행제공을 하였는데도 채권자가 수령 그 밖의 협력을 할 수 없거나 하지 않아 급부가 실현되지 않는 상태에 놓이면 채권자지체가 성립한다. 채권자지체의 성립에 채권자의 귀책사유는 요구되지 않는다. 민법은 채권자지체의 효과로서 채권자지체 중에는 채무자는 고의 또는 중대한 과실이 없으면 불이행으로 인한 모든 책임이 없고(제401조), 이자 있는 채권이라도 채무자는 이자를 지급할 의무가 없으며(제402조), 채권자지체로 인하여 그 목적물의 보관 또는 변제의 비용이 증가된 때에는 그 증가액은 채권자가 부담하는 것으로 정한다(제403조). 나아가 채권자의 수령지체 중에 당사자 쌍방의 책임 없는 사유로 채무를 이행할 수 없게 된 때에는 채무자는 상대방의 이행을 청구할 수 있다(제538조 제1항). 이와 같은 규정 내용과 체계에 비추어 보면, 채권자지체가 성립하는 경우 그 효과로서 원칙적으로 채권자에게 민법 규정에 따른 일정한 책임이 인정되는 것 외에, 채무자가 채권자에 대하여 일반적인 채무불이행 책임과 마찬가지로 손해배상이나 계약 해제를 주장할 수는 없다. 그러나 계약 당사자가 명시적·묵시적으로 채권자에게 급부를 수령할 의무 또는 채무자의 급부 이행에 협력할 의무가 있다고 약정한 경우, 또는 구체적 사안에서 신의칙상 채권자에게 위와 같은 수령의무나 협력의무가 있다고 볼 특별한 사정이 있다고 인정되는 경우에는 그러한 의무 위반에 대한 책임이 발생할 수 있다. 그중 신의칙상 채권자에게 급부를 수령할 의무나 급부 이행에 협력할 의무가 있다고 볼 특별한 사정이 있는지는 추상적·일반적으로 판단할 것이 아니라 구체적 사안에서 계약의 목적과 내용, 급부의 성질, 거래 관행, 객관적·외부적으로 표명된 계약 당사자의 의사, 계약 체결의 경위와 이행 상황, 급부의 이행 과정에서 채권자의 수령이나 협력이 차지하는 비중 등을 종합적으로 고려해서 개별적으로 판단해야 한다. 이와 같이 채권자에게 계약상 의무로서 수령의무나 협력의무가 인정되는 경우, 그 수령의무나 협력의무가 이행되지 않으면 계약 목적을 달성할 수 없거나 채무자에게 계약의 유지를 더 이상 기대할 수 없다고 볼 수 있는 때에는 채무자는 수령의무나 협력의무 위반을 이유로 계약을 해제할 수 있다(대판 2021.10.28. 2019다293036).

3. 채권자지체의 요건

(1) 채무의 내용에 좇은 이행의 제공이 있을 것

채무의 내용에 좇지 않은 제공의 불수령은 채권자지체가 되지 않는다.

(2) 채권자가 채무자의 이행의 제공을 받을 수 없거나 받지 않을 것

수령거절·수령불능의 이유는 묻지 않는다. 이행불능과 수령불능과의 구별은 이행의 장애가 채권자·채무자의 어느 쪽의 영향범위 내지 사업범위에서 발생 또는 결과를 일으켰느냐를 기준으로 하여, 그것이 채권자 측에 있으면 수령불능이 되며 채무자 측에 있으면 이행불능이 된다[영역설(통설)].

(3) 채권자의 귀책사유에 기인할 것

① 법정책임설: 채권자의 고의·과실 및 기타의 귀책사유는 요건이 되지 않는다.
② 채무불이행책임설: 채권자지체는 과실책임주의의 원칙이 지배하므로 당연히 귀책사유가 필요하게 된다.

(4) 채권자의 수령불능 또는 수령거절이 위법일 것

채무자의 이행의 제공이 채무의 내용에 적합한 것이 아닐 때에는 채권자가 수령을 거절하는 것은 법률상 당연한 일이며 위법성이 없다.

4. 채권자지체의 효과

(1) 손해배상청구권

① 채무불이행책임설은 채권자지체로 생긴 손해배상의 청구를 인정한다.
② 법정책임설은 손해배상청구권을 인정하지 않는다.

(2) 계약해제권

① 채무불이행책임설은 채무자가 수령이 가능한 경우에는 상당한 기간을 정하여 수령을 최고한 다음에, 정기행위의 경우와 수령이 불가능한 경우에는 최고 없이 곧 계약을 해제할 수 있다.
② 법정책임설은 계약해제권을 인정하지 않는다.

(3) 주의의무의 경감

채무자는 채권자지체 중에는 주의의무가 경감되며, 고의 또는 중대한 과실에 대해서만 책임을 진다(민법 제401조).

(4) 이자의 정지

채무자는 채권자지체 중에는 이자 있는 채권이라도 이자를 지급할 의무가 없다(민법 제402조).

(5) 채권자의 책임의 가중

채권자지체로 인하여 그 목적물의 보관 또는 변제의 비용이 증가된 때에는 그 증가액은 채권자의 부담으로 한다(민법 제403조).

(6) 쌍무계약에 있어서의 대가위험이전

① 채권자의 수령지체 중에 당사자 쌍방의 책임 없는 사유, 즉 불가항력으로 인하여 이행불능으로 된 때에는 그 위험은 채권자가 부담한다.
② 채무자는 상대방의 이행을 청구할 수 있다(민법 제538조 제1항 본문).

5. 입증책임

채권자지체의 성립에 관해서는 이를 주장하는 채무자가 입증하여야 한다.
① 채무자는 채권자의 협력이 필요하다는 사실과 이행의 제공 및 채권자의 지체사실에 대한 입증책임을 부담한다.
② 채권자는 채무의 불수령에 대한 자신의 귀책사유가 없음을 입증하여야 한다.

제3절 채권의 대외적 효력(제3자에 의한 채권침해)

I 서설

제3자에 의한 채권침해란 채권자의 채권 실현이 계약당사자가 아닌 제3자에 의해 불가능해지거나 방해받는 것을 말한다. 제3자가 채권을 침해한 경우 그 효과로서 문제되는 것은 채권자가 제3자에게 불법행위에 기한 손해배상을 청구할 수 있는지 여부와 채권자가 제3자에게 방해배제를 청구할 수 있는지 여부이다. 통설은 이러한 문제를 채권의 대외적 효력의 문제로 파악한다.

II 제3자의 채권침해에 의한 불법행위의 성부

1. 불법행위의 성부에 대한 이론구성

(1) 권리불가침성설

채권도 물권과 마찬가지로 법적으로 보호되는 권리로 대세적 불가침성을 가지고 있다는 이유로 채권의 상대성을 부인하고, 제3자가 채권을 침해한 경우에 불법행위의 성립을 인정한다.

(2) 위법성설(통설·판례)

채권의 상대성을 전제로 채권은 채무자 이외의 제3자에 의해서는 침해될 수 없는 것이 원칙이나, 채권의 성질상 그 침해가 가능한 경우 위법성이 인정되는 한도에서 불법행위가 성립할 수 있다는 견해이다.

2. 불법행위를 성립시킬 수 있는 채권침해의 유형

채권의 귀속을 침해하는 경우, 급부를 침해하는 경우, 제3자가 채무자의 일반재산을 감소시키는 경우 등으로 구분할 수 있다.

3. 불법행위의 성립요건

(1) 문제점

일반불법행위의 성립요건을 모두 갖추어야 하는데, 특히 채권의 상대성에 비추어 고의·과실과 위법성의 판단이 문제된다.

(2) 고의·과실

제3자의 채권침해가 불법행위가 되기 위해서는 가해자인 제3자의 고의 또는 과실이 있어야 한다. 그런데 채권은 공시가 되지 아니하기 때문에 제3자가 채권의 존재를 인식한다는 것은 매우 어렵다. 따라서 일반적으로는 제3자에게 고의가 있는 경우에 불법행위가 성립한다고 할 것이다.

(3) 위법성

제3자에 의한 채권침해시 위법성을 쉽게 인정하면 채권의 상대성의 원칙에 반하므로 침해의 의도나 모습 등에 비추어 예외적·한정적으로 신중하게 인정하여야 한다.

4. 효 과

불법행위의 요건을 갖추면 손해배상의 청구가 가능하다.

III 제3자의 채권침해에 대한 방해배제청구권

1. 문제점

제3자가 채권자의 채권행사를 방해하는 경우에 채권자는 채권에 기하여 방해한 제3자에 대하여 방해배제를 청구할 수 있는지 문제된다.

2. 인정 여부

(1) 학 설

① **통설(위법성설)** : 채권은 상대권이라는 전제 아래 채권의 일반적 효력으로서 방해제거청구권을 인정할 수 없으나, 입법정책상 이를 인정할 수 있다는 견해이다.
② **소수설** : 채권은 절대권이라는 전제 아래 제3자도 채권을 침해할 수 있고 따라서 채권의 일반적 효력으로서 방해배제청구권이 인정된다는 견해(일반적 인정설)와 방해배제청구권을 일반적으로는 인정할 수 없고, 채권침해가 위법성을 띠고 있고 방해자에게 고의·과실이 있는 경우에 예외적으로 인정된다는 견해(예외적 인정설)가 있다.

(2) 판 례

등기된 임차권에는 용익권적 권능 외에 임차보증금반환채권에 대한 담보권적 권능이 있고, 임대차 기간이 종료되면 용익권적 권능은 임차권등기의 말소등기 없이도 곧바로 소멸하나 담보권적 권능은 곧바로 소멸하지 않는다고 할 것이어서, 임차권등기가 원인 없이 말소된 때에는 그 방해를 배제하기 위한 청구를 할 수 있다(대판 2002.2.26. 99다67079).

(3) 인정 시 방해배제청구권의 내용

① 방해제거·방해예방청구권의 인정에는 다툼이 없다.
② 반환청구권에 관해서는 이를 부정하는 견해(통설)와 채권은 상대권이므로 채권자가 제3자에 대하여 그 물건을 자기에게 반환할 것을 청구하지는 못하나, 물권자인 채무자에게 반환할 것을 청구할 수는 있다는 견해가 대립한다.

출처 | 박기현·김종원, 「핵심정리 민법」, 메티스, 2014, P. 1056~1061

제4절 책임재산의 보전

I 서설

민법은 일정한 경우에 채권자가 채무자의 책임재산에 대하여 간섭하는 것을 인정함으로써, 채권의 실질적 가치를 보전하는 것을 허용한다. 이를 위하여 두 개의 제도가 인정되는데, 하나는 채권자가 채무자에 갈음하여 채무자의 재산권을 행사함으로써 채무자의 책임재산을 보전하고 충실히 하는 것이고(채권자대위권), 다른 하나는 채무자가 행한 법률행위를 채권자가 취소하고 그 법률행위로 인하여 발생한 책임재산의 감소로부터 책임재산을 원상회복하는 것이다(채권자취소권). 이하에서는 이에 대해서 검토하겠다.

II 채권자대위권

1. 의의

채무자가 그 재산권을 행사하지 않는 경우에 채권자가 자기의 채권을 보전하기 위하여 채무자에 갈음하여 그 권리를 행사함으로써 채무자의 책임재산의 유지·충실을 꾀하는 제도로, 간접소권·대위소권이라고도 한다.

2. 법적 성질

실체법상의 권리이다. 또한 채권자가 채무자의 재산을 대신 관리해주는 법정재산관리권이다(통설).

3. 채권자대위권의 행사요건

> **채권자대위권(민법 제404조)**
> ① 채권자는 자기의 채권을 보전하기 위하여 채무자의 권리를 행사할 수 있다. 그러나 일신에 전속한 권리는 그러하지 아니하다.
> ② 채권자는 그 채권의 기한이 도래하기 전에는 법원의 허가 없이 전항의 권리를 행사하지 못한다. 그러나 보전행위는 그러하지 아니하다.

(1) 채권자가 자기의 채권을 보전할 필요가 있을 것

1) 피보전채권의 존재

① 피보전채권의 범위와 내용

㉠ 피보전채권의 의미(널리 청구권을 의미한다)(대판 2003.4.11. 2003다1250)

㉮ 토지거래규제구역 내의 토지에 대해 관할관청의 허가 없이 체결된 매매계약이라 하더라도, 매수인은 매도인에 대해 토지거래허가신청절차의 협력의무의 이행청구권을 가지므로, 이를 보전하기 위해 매도인의 제3자에 대한 권리를 대위행사할 수 있다(대판 1994.12.27. 94다4806).

㉯ 물권적 청구권을 피보전채권으로 하는 채권자대위권의 행사도 인정된다(대판 2007.5.10. 2006다82700·82717).

㉡ 구체적 권리일 것

> **[이혼으로 인한 재산분할청구권이 채권자대위권의 목적이 될 수 있는지 여부(소극) 및 파산재단에 속하는지 여부(소극)]**
> 이혼으로 인한 재산분할청구권은 이혼을 한 당사자의 일방이 다른 일방에 대하여 재산분할을 청구할 수 있는 권리로서 청구인의 재산에 영향을 미치지만, 순전한 재산법적 행위와 같이 볼 수는 없다. 오히려 이혼을 한 경우 당사자는 배우자, 자녀 등과의 관계 등을 종합적으로 고려하여 재산분할청구권 행사 여부를 결정하게 되고, 법원은 청산적 요소뿐만 아니라 이혼 후의 부양적 요소, 정신적 손해(위자료)를 배상하기 위한 급부로서의 성질 등도 고려하여 재산을 분할하게 된다. 또한 재산분할청구권은 협의 또는 심판에 의하여 구체적 내용이 형성되기까지는 그 범위 및 내용이 불명확·불확정하기 때문에 구체적으로 권리가 발생하였다고 할 수 없어 채무자의 책임재산에 해당한다고 보기 어렵고, 채권자의 입장에서는 채무자의 재산분할청구권 불행사가 그의 기대를 저버리는 측면이 있다고 하더라도 채무자의 재산을 현재의 상태보다 악화시키지 아니한다. 이러한 사정을 종합하면, 이혼으로 인한 재산분할청구권은 그 행사 여부가 청구인의 인격적 이익을 위하여 그의 자유로운 의사결정에 전적으로 맡겨진 권리로서 행사상의 일신전속성을 가지므로, 채권자대위권의 목적이 될 수 없고 파산재단에도 속하지 않는다고 보아야 한다(대결 2022.7.28. 2022스613).

② 소송상 취급

㉠ 피보전채권의 존재 여부는 소송요건으로서 법원의 직권조사사항이다(대판 2009.4.23. 2009다3234).

㉡ 피보전채권이 부존재하는 경우, 당사자적격이 부정되므로 대위소송은 부적법 각하되어야 한다(대판 1988.6.14. 87다카2753).

㉢ 피보전채권의 소멸시효가 완성된 경우에도 제3채무자는 원칙적으로 이를 채권자에게 원용할 수 없다(대판 2004.2.12. 2001다10151).

2) 채권보전의 필요성
① 원 칙
   ㉠ 채권자대위권은 채권자가 자기의 채권을 보전할 필요가 있어야 행사할 수 있다. 채권의 종류는 묻지 않으며, 청구권을 포함한다. 또한, 채무자의 제3채무자에 대한 권리보다 먼저 성립되어 있을 필요도 없고, 발생원인을 불문하며(대판 2003.4.11. 2003다1250), 채무자에 대한 채권이 제3채무자에게까지 대항할 수 있는 것임을 요하는 것도 아니다.
   ㉡ 금전채권이나 손해배상채권으로 귀착되는 채권인 경우에 보전필요성이란 원칙적으로 채무자가 무자력이어서 그 일반재산의 감소를 방지할 필요가 있는 경우를 말한다.
   ㉢ 채무자가 무자력인지 여부를 인정하는 시기는 사실심의 변론종결 당시를 표준으로 한다.
   ㉣ 채무자의 무자력에 관하여는 채권자가 주장·입증하여야 한다.
② 예외 : 특정채권의 보전을 위하는 경우에는 채무자의 무자력과 관계없이 채권자대위권이 허용된다(대판 1992.10.27. 91다483). 특히 판례는 임대차보증금반환채권의 양수인이 임대인의 임차인에 대한 임차가옥명도청구권을 대위행사하는 경우(대판 1989.4.25. 88다카4253·4260), 수임인이 민법 제688조 제2항 전단 소정의 대변제청구권을 보전하기 위하여 채무자인 위임인의 채권을 대위행사하는 경우(대판 2002.1.25. 2001다52506) 등에는 채무자인 임대인이나 위임인의 무자력을 요건으로 하지 아니한다. 한편, 피보전채권과 피대위권리 간에 상호 밀접관련성은 인정되어야 한다. 따라서 채권자대위권의 행사가 채무자의 자유로운 재산관리행위에 대한 부당한 간섭이 된다는 등의 특별한 사정이 있는 경우에는 보전의 필요성을 인정할 수 없다(대판 2013.5.23. 2010다50014).

[금전채권자가 자신의 채권을 보전하기 위하여 채무자가 보유한 부동산에 관한 공유물분할청구권을 대위행사할 수 있는지 여부(원칙적 소극) 및 이는 채무자의 공유지분이 다른 공유자들의 공유지분과 함께 근저당권을 공동으로 담보하고 있고, 근저당권의 피담보채권이 채무자의 공유지분 가치를 초과하여 채무자의 공유지분만을 경매하면 남을 가망이 없어 민사집행법 제102조에 따라 경매절차가 취소될 수밖에 없는 반면, 공유물분할의 방법으로 공유부동산 전부를 경매하면 민법 제368조 제1항에 따라 각 공유지분의 경매대가에 비례해서 공동근저당권의 피담보채권을 분담하게 되어 채무자의 공유지분 경매대가에서 근저당권의 피담보채권 분담액을 변제하고 남을 가망이 있는 경우에도 마찬가지인지 여부(적극)]
채권자가 자신의 금전채권을 보전하기 위하여 채무자를 대위하여 부동산에 관한 공유물분할청구권을 행사하는 것은, 책임재산의 보전과 직접적인 관련이 없어 채권의 현실적 이행을 유효·적절하게 확보하기 위하여 필요하다고 보기 어렵고 채무자의 자유로운 재산관리행위에 대한 부당한 간섭이 되므로 보전의 필요성을 인정할 수 없다. 또한 특정 분할 방법을 전제하고 있지 않은 공유물분할청구권의 성격 등에 비추어 볼 때 그 대위행사를 허용하면 여러 법적 문제들이 발생한다. 따라서 극히 예외적인 경우가 아니라면 금전채권자는 부동산에 관한 공유물분할청구권을 대위행사할 수 없다고 보아야 한다. 이는 채무자의 공유지분이 다른 공유자들의 공유지분과 함께 근저당권을 공동으로 담보하고 있고, 근저당권의 피담보채권이 채무자의 공유지분 가치를 초과하여 채무자의 공유지분만을 경매하면 남을 가망이 없어 민사집행법 제102조에 따라 경매절차가 취소될 수밖에 없는 반면, 공유물분할의 방법으로 공유부동산 전부를 경매하면 민법 제368조 제1항에 따라 각 공유지분의 경매대가에 비례해서 공동근저당권의 피담보채권을 분담하게 되어 채무자의 공유지분 경매대가에서 근저당권의 피담보채권 분담액을 변제하고 남을 가망이 있는 경우에도 마찬가지이다(대판[전합] 2020.5.21. 2018다879 - 다수의견).

> [피보험자가 임의 비급여 진료행위에 따라 요양기관에 진료비를 지급한 다음 실손의료보험계약상의 보험자에게 청구하여 진료비와 관련한 보험금을 지급받았는데, 진료행위가 위법한 임의 비급여 진료행위로서 무효인 동시에 실손의료보험계약상 보험금 지급사유에 해당하지 아니하여 보험자가 피보험자에 대하여 보험금 상당의 부당이득반환채권을 갖게 된 경우, 채권자인 보험자가 위 부당이득반환채권을 보전하기 위하여 채무자인 피보험자를 대위하여 제3채무자인 요양기관을 상대로 진료비 상당의 부당이득반환채권을 행사하는 형태의 채권자대위소송에서 채무자의 자력 유무에 관계없이 보전의 필요성이 인정되는지 여부(소극)]
> 피보험자가 임의 비급여 진료행위에 따라 요양기관에 진료비를 지급한 다음 실손의료보험계약상의 보험자에게 청구하여 진료비와 관련한 보험금을 지급받았는데, 진료행위가 위법한 임의 비급여 진료행위로서 무효인 동시에 보험자와 피보험자가 체결한 실손의료보험계약상 진료행위가 보험금 지급사유에 해당하지 아니하여 보험자가 피보험자에 대하여 보험금 상당의 부당이득반환채권을 갖게 된 경우, 채권자인 보험자가 금전채권인 부당이득반환채권을 보전하기 위하여 채무자인 피보험자를 대위하여 제3채무자인 요양기관을 상대로 진료비 상당의 부당이득반환채권을 행사하는 형태의 채권자대위소송에서 채무자가 자력이 있는 때에는 보전의 필요성이 인정된다고 볼 수 없다(대판[전합] 2022.8.25. 2019다229202 – 다수의견).

3) 채권이 변제기에 있을 것

① 대위권을 행사하려는 채권자의 채권의 이행기가 아직 도래하기 전에는 대위권의 행사가 허용되지 않는 것이 원칙이다.
② 단, 법원의 허가를 얻어서 하는 재판상의 대위와 보존행위의 대위는 이행기 전이라도 할 수 있다(민법 제404조 제2항).

(2) 채무자가 스스로 그 권리를 행사하지 않을 것

① 채권자대위권은 채무자가 그 권리를 행사하지 아니하는 경우에 한하여 자기 채권의 보전을 위하여 행사할 수 있다(대판 1969.2.25. 68다2352·2353). 채무자 스스로 권리를 행사하고 있음에도 불구하고 채권자대위를 허용한다면 채무자에 대한 부당한 간섭이 된다(대판 1979.3.27. 78다2342).
② 따라서 채무자가 권리를 행사하는 이상, 부적당한 방법으로 권리를 행사해도 채권자대위는 허용되지 않는다.
③ 마찬가지로 채권자가 대위권을 행사할 당시 이미 채무자가 그 권리를 재판상 행사하였을 때에는 설사 패소의 확정판결을 받았더라도 채권자는 채무자를 대위하여 채무자의 권리를 행사할 당사자적격이 없다(대판 1993.3.26. 92다32876).
④ 채무자가 대위권 행사에 반대하더라도 채권자는 대위권을 행사할 수 있다(대판 1963.11.21. 63다634).
⑤ 소멸시효가 완성된 경우 채무자에 대한 일반 채권자는 〈채권자의 지위에서 독자적으로〉 소멸시효의 주장을 할 수는 없지만 자기의 채권을 보전하기 위하여 필요한 한도 내에서 〈채무자를 대위하여〉 소멸시효 주장을 할 수 있다(대판 2023.8.18. 2023다234102).

(3) 채권자대위권의 객체(피대위권리)

1) 대위권의 객체가 될 수 있는 권리
① 청구권·형성권을 불문한다.

> 채권자는 자기의 채권을 보전하기 위하여, 일신에 전속한 권리가 아닌 한 채무자의 권리를 행사할 수 있다(민법 제404조 제1항). 공유물분할청구권은 공유관계에서 수반되는 형성권으로서 공유자의 일반재산을 구성하는 재산권의 일종이다. 공유물분할청구권의 행사가 오로지 공유자의 자유로운 의사에 맡겨져 있어 공유자 본인만 행사할 수 있는 권리라고 볼 수는 없다. 따라서 공유물분할청구권도 채권자대위권의 목적이 될 수 있다(대판[전합] 2020.5.21. 2018다879).

② 채권자대위권·채권자취소권
③ 소유권이전등기의 말소등기청구권
④ 채무자의 권리는 사권뿐만 아니라 공권이라도 무방하다.
⑤ 등기신청권에 관해서는 명문의 규정이 있다(부동산등기법 제28조).
⑥ 소송법상의 권리도 직접 실체법상의 권리를 주장하는 형식인 한 대위권의 객체가 될 수 있다.

2) 대위권의 객체가 될 수 없는 권리
① 채무자의 일신전속권(민법 제404조 제1항 단서)

> **[유류분반환청구권이 채권자대위권의 목적이 될 수 있는지 여부(원칙적 소극)]**
> 유류분반환청구권은 그 행사 여부가 유류분권리자의 인격적 이익을 위하여 그의 자유로운 의사결정에 전적으로 맡겨진 권리로서 행사상의 일신전속성을 가진다고 보아야 하므로, 유류분권리자에게 그 권리행사의 확정적 의사가 있다고 인정되는 경우가 아니라면 채권자대위권의 목적이 될 수 없다(대판 2010.5.27. 2009다93992).
>
> **[계약의 청약이나 승낙이 채권자대위권의 목적이 될 수 있는지 여부(원칙적 소극) 및 이는 특정채권의 보전이나 실현을 위하여 채권자대위권을 행사하고자 하는 경우에도 마찬가지인지 여부(적극)]**
> 계약의 청약이나 승낙과 같이 비록 행사상의 일신전속권은 아니지만 이를 행사하면 그로써 새로운 권리의무관계가 발생하는 등으로 권리자 본인이 그로 인한 법률관계 형성의 결정 권한을 가지도록 할 필요가 있는 경우에는, 채무자에게 이미 그 권리행사의 확정적 의사가 있다고 인정되는 등 특별한 사정이 없는 한, 그 권리는 채권자대위권의 목적이 될 수 없다고 봄이 상당하다. 그리고 이는 일반채권자의 책임재산의 보전을 위한 경우뿐만 아니라 특정채권의 보전이나 실현을 위하여 채권자대위권을 행사하고자 하는 경우에 있어서도 마찬가지라고 할 것이다(대판 2012.3.29. 2011다100527).

② 압류금지채권
③ 채무자와 제3자와의 사이에 소송이 계속한 후에 그 소송을 수행하기 위한 소송법상의 개개의 행위인 공격·방어 방법의 제출, 상소나 재심의 소의 제기, 집행방법에 관한 이의 등은 채권자가 대위하지 못한다.

4. 채권자대위권의 행사방법

(1) 행사의 방법
① 채권자는 자기의 이름으로 채무자의 권리를 행사하는 것이며, 채무자의 대리인으로서 행사하는 것이 아니다.
② 대위권을 행사함에 있어서 법원의 허가를 얻거나 재판상 행사하여야 할 필요는 없으나, 다만, 채권자의 채권이 이행기에 있지 않은 때에는 재판상의 대위를 하여야 한다.
③ 채권자가 수령한 경우 채무자에게 인도하여야 하지만, 그것이 채권자의 채무자에 대한 채권과 동종의 것이고 또 상계적상에 있는 것인 때에는 상계를 함으로써 사실상 우선변제를 받을 수 있다.

> [채권자대위권을 행사하는 방법 / 금전의 지급이나 물건의 인도 등과 같이 급부의 수령이 필요한 경우나 말소등기절차의 이행을 구하는 경우, 예외적으로 채권자가 제3채무자에 대하여 직접 자신에게 급부행위를 하도록 청구할 수 있는지 여부(적극) / 채무자가 제3채무자에게 채권의 양도를 구할 수 있는 권리를 가지고 있고 채권자가 채무자의 위 권리를 대위행사하는 경우, 채권자가 직접 자신에게 채권양도절차를 이행하도록 청구할 수 있는지 여부(소극)]
> 채권자대위권은 채권자의 고유권리이기는 하지만 채무자가 제3채무자에 대하여 가지고 있는 권리를 대위행사하는 것이므로, 채권자가 대위권을 행사한 경우에 제3채무자에 대하여 채무자에게 일정한 급부행위를 하라고 청구하는 것이 원칙이다. / 다만 금전의 지급이나 물건의 인도 등과 같이 급부의 수령이 필요한 경우나 말소등기절차의 이행을 구하는 경우 등에는 채권자에게도 급부의 수령권한이 있을 뿐만 아니라, 채권자에게 행한 급부행위의 효과가 채무자에게 귀속되므로 예외적으로 채권자가 제3채무자에 대하여 직접 자신에게 급부행위를 하도록 청구할 수 있는 것이다. / 그러나 채무자가 제3채무자에게 채권의 양도를 구할 수 있는 권리를 가지고 있고, 채권자가 채무자의 위 권리를 대위행사하는 경우에는 채권자의 직접 청구를 인정할 예외적인 사유가 없으므로, 원칙으로 돌아가 채권자는 제3채무자에 대하여 채무자에게 채권양도절차를 이행하도록 청구하여야 하고, 직접 자신에게 채권양도절차를 이행하도록 청구할 수 없다. 제3채무자에 대하여 채무자에게 채권을 양도하는 절차를 이행하도록 하면 그 채권이 바로 채무자에게 귀속하게 되어 별도로 급부의 수령이 필요하지 않을 뿐만 아니라, 만약 제3채무자가 직접 채권자에게 채권을 양도하는 절차를 이행하도록 하면 그 채권은 채권자에게 이전된다고 볼 수밖에 없어 대위행사의 효과가 채무자가 아닌 채권자에게 귀속하게 되기 때문이다 (대판 2024.3.12. 2023다301682).

(2) 대위권행사의 통지

> **채권자대위권행사의 통지(민법 제405조)**
> ① 채권자가 전조 제1항의 규정에 의하여 보전행위 이외의 권리를 행사한 때에는 채무자에게 통지하여야 한다.
> ② 채무자가 전항의 통지를 받은 후에는 그 권리를 처분하여도 이로써 채권자에게 대항하지 못한다.

① 채권자대위권의 행사에 채무자의 동의는 필요 없지만, 그 행사 후에는 그 사실을 채무자에게 통지하여야 한다. 채권자가 보존행위 이외의 권리를 대위행사하는 경우에는 채무자에게 이를 통지하여야 한다.
② 통지를 받은 후에는 채무자가 그 권리를 처분하여도 이로써 채권자에게 대항하지 못한다.

> - 채무자가 그러한 채권자대위권 행사 사실을 알게 된 후에 그 매매계약을 합의해제함으로써 채권자대위권의 객체인 부동산 소유권이전등기청구권을 소멸시켰다 하더라도 이로써 채권자에게 대항할 수 없고, 그 결과 제3채무자 또한 그 계약해제로써 채권자에게 대항할 수 없다(대판 2007.6.28. 2006다85921).
> - 채무자의 변제수령은 처분행위라 할 수 없고 같은 이치에서 채무자가 그 명의로 소유권이전등기를 경료하는 것 역시 처분행위라고 할 수 없으므로 소유권이전등기청구권의 대위행사 후에도 채무자는 그 명의로 소유권이전등기를 경료하는 데 아무런 지장이 없다(대판 1991.4.12. 90다9407).
> - 채무자가 채권자대위권행사의 통지를 받은 후에 채무를 불이행함으로써 통지 전에 체결된 약정에 따라 매매계약이 자동적으로 해제되거나, 채권자대위권행사의 통지를 받은 후에 채무자의 채무불이행을 이유로 제3채무자가 매매계약을 해제한 경우 제3채무자는 계약해제로써 대위권을 행사하는 채권자에게 대항할 수 있다. 다만 형식적으로는 채무자의 채무불이행을 이유로 한 계약해제인 것처럼 보이지만 실질적으로는 채무자와 제3채무자 사이의 합의에 따라 계약을 해제한 것으로 볼 수 있거나, 채무자와 제3채무자가 단지 대위채권자에게 대항할 수 있도록 채무자의 채무불이행을 이유로 하는 계약해제인 것처럼 외관을 갖춘 것이라는 등의 특별한 사정이 있는 경우에는 채무자가 피대위채권을 처분한 것으로 보아 제3채무자는 계약해제로써 대위권을 행사하는 채권자에게 대항할 수 없다(대판[전합] 2012.5.17. 2011다87235).

③ 채무자가 자신의 채권이 채권자에 의해 대위행사되고 있는 사실을 안 때에는 채권자가 통지를 한 것과 같은 효과가 발생한다.

> [채권자대위소송의 채무자가 대위사실을 통지받지는 않았으나 알고 있는 경우 그 처분으로써 채권자에게 대항할 수 있는지 여부(소극)]
> 민법 제405조에 의하면 채권자가 채권자대위권에 기하여 채무자의 권리를 행사하고 그 사실을 채무자에게 통지한 경우에는 채무자가 그 권리를 처분하여도 이로써 채권자에게 대항하지 못한다고 규정되어 있는데, 이 경우 채권자가 채무자에게 그 사실을 통지하지 아니하였더라도 채무자가 자기의 채권이 채권자에 의하여 대위행사되고 있는 사실을 알고 있었다면 그 처분을 가지고 채권자에게 대항할 수 없다(대판 1993.4.27. 92다44350).

(3) 제3채무자의 지위

채권자대위권은 채무자의 제3채무자에 대한 권리를 행사하는 것이므로, 제3채무자는 채무자에 대하여 가지는 모든 항변사유로써 채권자에게 대항할 수 있다(대판 2023.4.13. 2022다244836).

5. 채권자대위권의 행사효과

(1) 채무자 처분권의 제한

① 채권자가 대위권의 행사에 착수하여 이를 채무자에게 통지하면, 채무자는 그 후 이를 방해하는 처분행위를 하여도 이로써 채권자에게 대항하지 못한다(민법 제405조 제2항).
② 채무자는 채권자대위권 행사의 통지를 받은 후에도, 자신의 채무자로부터 변제를 수령할 수 있다. 채무자의 처분행위가 금지될 뿐 관리·보존행위까지 금지되는 것은 아니다.

(2) 효과의 귀속

① 행사의 효과는 직접 채무자에 귀속한다.
② 제3채무자가 대위채권자에게 인도한 때에도 채무자의 채권은 소멸하며, 인도된 재산은 총채권자를 위한 공동담보가 된다.

(3) 시효의 중단

채권자대위권은 채권자가 채무자의 권리를 행사하는 것이므로, 채무자의 제3채무자에 대한 권리에 관해 시효중단의 효과가 발생한다.

(4) 판결의 효과

판결의 기판력이 소송참가도 하지 않고, 소송고지도 받지 않은 채무자에게도 미치는가에 대하여 학설과 판례는 다음과 같다.

① 학설 : 채무자가 알았든 몰랐든 기판력이 채무자에게 미친다(다수설).
② 판례 : 채권자가 채권자대위권을 행사하는 방법으로 제3채무자를 상대로 소송을 제기하고 판결을 받은 경우에는 어떠한 사유로 인하였든 적어도 채무자가 채권자대위권에 의한 소송이 제기된 사실을 알았을 경우에는 그 판결의 효력은 채무자에게 미친다(대판[전합] 1975.5.13. 74다1664). 나아가 대위소송확정판결 이후 동일한 대위소송을 제기한 채무자의 다른 채권자에게도 기판력이 미친다(대판 1994.8.12. 93다52808).

(5) 비용상환청구권

① 채권자가 대위하기 위하여 비용을 지출한 때에는 그 비용의 상환을 청구할 수 있다.
② 채권자가 목적물의 대위수령과 목적물 보관에 비용을 지출한 때에는 채권자는 목적물상에 유치권을 취득한다.

Ⅲ 채권자취소권

1. 의 의

채권자취소권이란 채무자가 채권자를 해함을 알면서 법률행위에 의하여 자기의 책임재산을 감소시킨 경우, 채권자가 그 법률행위의 효력을 취소하고 책임재산을 회복시키려는 권리를 말한다.

2. 법적 성질

(1) 상대적 무효설(통설, 대판 1991.8.13. 91다13717)

1) 법적 성질

사해행위의 취소와 일탈된 재산의 반환을 목적으로 하는 권리이다.

2) 소송의 형태

취소소송(형성소송)과 반환소송(이행소송)을 병합하는 것이 원칙이나 취소소송만을 먼저 제기하고 나중에 이행소송을 제기할 수도 있다.

3) 소송의 상대방

취소소송의 피고는 수익자 또는 전득자이며 채무자는 피고적격을 갖지 아니한다(판례).

4) 효 과

① 일탈된 목적물은 채무자에게 반환된다. 다만, 취소된 사해행위는 소송당사자인 수익자 또는 전득자와 채권자 사이에만 무효가 되고, 채무자와 수익자 또는 전득자 사이의 법률관계는 그대로 유효하다.
② 취소권을 행사한 채권자에게 우선변제권이 있는 것은 아니다.
③ 강제집행을 통하여 권리를 상실한 수익자나 전득자는 채무자에게 상환을 받을 수 있다.

(2) 책임설

1) 법적 성질

일탈된 재산의 회복이 목적이 아니라, 일탈재산의 책임법상의 지위회복을 목적으로 하는 권리이다. 즉, 수익자나 전득자는 물상보증인과 유사한 지위가 된다.

2) 소송의 형태

책임의 소로서 형성의 소이다.

3) 소송의 상대방

채무자는 피고적격이 없고, 수익자 또는 전득자만이 피고가 된다는 점에서 통설과 동일하다.

4) 효 과

① 일탈된 재산이 채무자에게 반환되지 않고, 여전히 수익자나 전득자에게 소유권이 있는 상태에서 채무자의 책임재산으로서의 지위만을 부여받는다.
② 총채권자의 공동담보가 될 뿐 채무자에게 반환이 되는 것은 아니기 때문에 상계적상에 있더라도 상계로써 우선변제를 받을 수 없다.

3. 채권자취소권의 행사요건

> **채권자취소권(민법 제406조)**
> ① 채무자가 채권자를 해함을 알고 재산권을 목적으로 한 법률행위를 한 때에는 채권자는 그 취소 및 원상회복을 법원에 청구할 수 있다. 그러나 그 행위로 인하여 이익을 받은 자나 전득한 자가 그 행위 또는 전득 당시에 채권자를 해함을 알지 못한 경우에는 그러하지 아니하다.
> ② 전항의 소는 채권자가 취소원인을 안 날로부터 1년, 법률행위 있은 날로부터 5년 내에 제기하여야 한다.
>
> **채권자취소의 효력(민법 제407조)**
> 전조의 규정에 의한 취소와 원상회복은 모든 채권자의 이익을 위하여 그 효력이 있다.

(1) 피보전채권이 존재할 것

1) 피보전채권의 적격이 문제되는 경우

① **특정채권** : 특정채권 그 자체의 보전을 위해 채권자취소권을 행사할 수는 없다(특정물에 대한 소유권이전등기청구권).

> [2] 양도인이 제3자에게 부동산을 이중양도하고 소유권이전등기를 경료해 줌으로써 양수인이 양도인에 대하여 취득하는 손해배상채권이 채권자취소권의 피보전채권에 해당하는지 여부(소극) : 부동산을 양도받아 소유권이전등기청구권을 가지고 있는 자가 양도인이 제3자에게 이를 이중으로 양도하여 소유권이전등기를 경료하여 줌으로써 취득하는 부동산 가액 상당의 손해배상채권은 이중양도행위에 대한 사해행위취소권을 행사할 수 있는 피보전채권에 해당한다고 할 수 없다. [3] 특정물에 대한 소유권이전등기청구권을 보전하기 위하여 채권자취소권을 행사할 수 있는지 여부(소극) : 채권자취소권을 특정물에 대한 소유권이전등기청구권을 보전하기 위하여 행사하는 것은 허용되지 않으므로, 부동산의 제1양수인은 자신의 소유권이전등기청구권 보전을 위하여 양도인과 제3자 사이에서 이루어진 이중양도행위에 대하여 채권자취소권을 행사할 수 없다(대판 1999.4.27. 98다56690).

② **담보가 설정된 피보전채권**
㉠ 피보전채권에 인적 담보가 있는 경우에도 채권자취소권을 행사할 수 있다.
㉡ 질권·저당권 등 물적 담보를 수반하는 채권에 대해서는 담보목적물의 가격이 채권액에 부족한 한도에서 채권자의 취소권을 인정하여야 한다. 따라서 채무 전액에 대하여 채권자에게 우선변제권이 확보되어 있다면 채무자가 비록 유일한 재산을 처분하는 법률행위를 하더라도 채권자에 대하여 사해행위가 성립하지 않는다(대판 2014.9.4. 2013다60661).

> [주채무자 또는 제3자 소유의 부동산에 관하여 채권자 앞으로 근저당권이 설정되어 있고 부동산의 가액 및 채권최고액이 채무액을 초과하는 경우, 채무자의 재산 처분행위가 사해행위인지 여부(소극) / 채무액이 부동산의 가액 및 채권최고액을 초과하는 경우, 채권자취소권이 인정되는 범위(= 담보물로부터 우선변제받을 금액을 뺀 나머지 채권액)]
> 주채무자 또는 제3자 소유의 부동산에 관하여 채권자 앞으로 근저당권이 설정되어 있고, 부동산의 가액 및 채권최고액이 당해 채무액을 초과하여 채무 전액에 대하여 채권자에게 우선변제권이 확보되어 있다면 그 범위 내에서는 채무자의 재산처분 행위가 채권자를 해하지 아니하므로, 채무자가 비록 재산을 처분하는 법률행위를 하더라도 채권자에 대하여 사해행위가 성립하지 않고, 채무액이 부동산의 가액 및 채권최고액을 초과하는 경우에는 '그 담보물로부터 우선변제받을 금액'을 공제한 나머지 채권액에 대하여만 채권자취소권이 인정된다. 이때 취소채권자가 '담보물로부터 우선변제받을 금액'은 사해행위 당시를 기준으로 담보물의 가액에서 취소채권자에 앞서는 선순위 담보물권자가 변제받을 금액을 먼저 공제한 다음 산정하여야 한다(대판 2021.11.25. 2016다263355).

③ **상속재산의 분할협의** : 상속재산의 분할협의는 그 성질상 재산권을 목적으로 하는 법률행위이므로, 사해행위취소권 행사의 대상이 될 수 있다.

④ 재산이나 가액의 회복 전 피보전채권이 소멸한 경우

> **[채권자취소권에 의하여 책임재산을 보전할 필요성이 없어지면 채권자취소권은 소멸하는지 여부(적극) 및 채권자취소소송에서 피보전채권의 존재가 인정되어 사해행위 취소 및 원상회복을 명하는 판결이 확정되었으나 재산이나 가액의 회복을 마치기 전에 피보전채권이 소멸한 경우, 판결의 집행력을 배제하는 적법한 청구이의 이유가 되는지 여부(적극)]**
> 채권자취소권은 채무자의 사해행위를 채권자와 수익자 또는 전득자 사이에서 상대적으로 취소하고 채무자의 책임재산에서 일탈한 재산을 회복하여 채권자의 강제집행이 가능하도록 하는 것을 본질로 하는 권리이므로, 채권자취소권에 의하여 책임재산을 보전할 필요성이 없어지면 채권자취소권은 소멸한다. 따라서 채권자취소소송에서 피보전채권의 존재가 인정되어 사해행위 취소 및 원상회복을 명하는 판결이 확정되었다고 하더라도, 그에 기하여 재산이나 가액의 회복을 마치기 전에 피보전채권이 소멸하여 채권자가 더 이상 채무자의 책임재산에 대하여 강제집행을 할 수 없게 되었다면, 이는 위 판결의 집행력을 배제하는 적법한 청구이의 이유가 된다(대판 2017.10.26. 2015다224469).

2) 피보전채권의 성립시기

① **원칙** : 사해행위 이전에 발생하였을 것을 요한다. 채권자의 채권이 사해행위 이전에 성립한 이상, 사해행위 이후에 양도되었다 하더라도 양수인은 채권자취소권을 행사할 수 있다.

> - 피보전채권이 사해행위 이전에 성립되어 있는 이상 액수나 범위가 구체적으로 확정되지 않은 경우라고 하더라도 채권자취소권의 피보전채권이 된다(대판 2018.6.28. 2016다1045).
> - 채권자의 채권이 사해행위 이전에 성립되어 있는 이상 그 채권이 양도된 경우에도 그 양수인이 채권자취소권을 행사할 수 있고, 이 경우 채권양도의 대항요건을 사해행위 이후에 갖추었더라도 채권양수인이 채권자취소권을 행사하는 데 아무런 장애사유가 될 수 없다(대판 2006.6.29. 2004다5822).

② **예외** : 단, 사해행위 당시 이미 채권 성립의 기초가 되는 법률관계가 성립되어 있고, 가까운 장래에 그 법률관계에 기하여 채권이 발생하리라는 점에 대한 고도의 개연성이 있으며, 실제로 가까운 장래에 그 개연성이 현실화되어 채권이 발생한 경우에는 그 채권도 채권자취소권의 피보전채권이 될 수 있다(대판 2012.2.23. 2011다76426).

> **[신용카드가입계약의 체결만으로 채권자취소권의 행사를 위한 '채권성립의 기초가 되는 법률관계'가 있다고 할 수 있는지 여부(소극)]**
> 신용카드가입계약은 신용카드의 발행 및 관리, 신용카드의 이용과 관련된 대금의 결제에 관한 기본적 사항을 포함하고 있기는 하나 그에 기하여 신용카드업자의 채권이 바로 성립되는 것은 아니고, 신용카드를 발행받은 신용카드회원이 신용카드를 사용하여 신용카드가맹점으로부터 물품을 구매하거나 용역을 제공받음으로써 성립하는 신용카드매출채권을 신용카드가맹점이 신용카드업자에게 양도하거나, 신용카드업자로부터 자금의 융통을 받는 별개의 법률관계에 의하여 비로소 채권이 성립하는 것이므로, 단순히 신용카드가입계약만을 가리켜 여기에서 말하는 '채권성립의 기초가 되는 법률관계'에 해당한다고 할 수는 없다(대판 2004.11.12. 2004다40955).

> **[사해행위 당시 계속적인 물품거래관계가 존재하였다는 사정만으로 채권 성립의 기초가 되는 법률관계가 발생하여 있었다고 할 수 있는지 여부(원칙적 소극)]**
> 계속적인 물품공급계약에서 대상이 되는 물품의 구체적인 수량, 거래단가, 거래시기 등에 관하여까지 구체적으로 미리 정하고 있다거나, 일정한 한도에서 공급자가 외상으로 물품을 공급할 의무를 규정하고 있지 않은

이상, 계속적 물품공급계약 그 자체에 기하여 거래당사자의 채권이 바로 성립하지는 아니하며, 주문자가 상대방에게 구체적으로 물품의 공급을 의뢰하고 그에 따라 상대방이 물품을 공급하는 별개의 법률관계가 성립하여야만 채권이 성립한다. 따라서 특별한 사정이 없는 한 사해행위 당시 계속적인 물품거래관계가 존재하였다는 사정만으로 채권 성립의 기초가 되는 법률관계가 발생하여 있었다고 할 수 없다(대판 2023.3.16. 2022다272046).

3) 피보전채권의 이행기

피보전채권의 이행기 도래는 채권자취소권의 요건이 아니다. 따라서 조건부·기한부 채권자도 채권자취소권을 행사할 수 있다.

[정지조건부채권을 피보전채권으로 하여 채권자취소권을 행사할 수 있는지 여부(원칙적 적극)]
채권자취소권 행사는 채무 이행을 구하는 것이 아니라 총채권자를 위하여 이행기에 채무 이행을 위태롭게 하는 채무자의 자력 감소를 방지하는 데 목적이 있는 점과 민법이 제148조, 제149조에서 조건부권리의 보호에 관한 규정을 두고 있는 점을 종합해 볼 때, 취소채권자의 채권이 정지조건부채권이라 하더라도 장래에 정지조건이 성취되기 어려울 것으로 보이는 등 특별한 사정이 없는 한, 이를 피보전채권으로 하여 채권자취소권을 행사할 수 있다(대판 2011.12.8. 2011다55542).

(2) 사해행위가 있을 것

1) 사해행위의 개념

사해행위란 채무자의 무자력 상태를 초래하는 재산상의 법률행위를 의미한다.

- [1] 채무자의 재산처분행위가 사해행위가 되는지 판단하는 기준 시점(= 처분행위 당시) 및 재산처분행위가 정지조건부인 경우에도 마찬가지인지 여부(원칙적 적극) : 어느 시점에서 사해행위에 해당하는 법률행위가 있었는가를 따질 때에는 당사자 사이의 이해관계에 미치는 중대한 영향을 고려하여 신중하게 이를 판정하여야 하고, 채무자의 재산처분행위가 사해행위가 되는지는 처분행위 당시를 기준으로 판단하여야 하며, 설령 재산처분행위가 정지조건부인 경우라 하더라도 특별한 사정이 없는 한 마찬가지이다. [2] 甲 주식회사가 乙에게 채무를 변제하지 못하는 것을 정지조건으로 甲 회사의 丙에 대한 채권을 양도하고 乙로부터 금전을 차용하였다가 부도를 내고 사업을 폐지한 후 乙과 위 채권에 관한 채권양도증서를 작성하여 丙에게 통지한 사안에서, 채권양도계약이 사해행위에 해당하는지는 채권양도계약 체결 시를 기준으로 판단하여야 한다는 이유로, 이와 달리 본 원심판결에 법리오해의 위법이 있다고 한 사례(대판 2013.6.28. 2013다8564).
- [1] 가등기에 기하여 본등기가 마쳐진 경우, 사해행위 요건의 구비 여부를 판단하는 기준 시기 : 가등기에 기하여 본등기가 마쳐진 경우 가등기의 원인인 법률행위와 본등기의 원인인 법률행위가 다르지 않다면 사해행위 요건의 구비 여부는 가등기의 원인인 법률행위를 기준으로 하여 판단해야 한다. 그러나 가등기와 본등기의 원인인 법률행위가 다르다면 사해행위 요건의 구비 여부는 본등기의 원인인 법률행위를 기준으로 판단해야 하고 제척기간의 기산일도 본등기의 원인인 법률행위가 사해행위임을 안 때라고 보아야 한다. [2] 채무자가 유일한 재산인 부동산에 관하여 가등기의 효력이 소멸된 상태에서 새로 매매계약을 체결하고 말소되어야 할 가등기를 기초로 하여 본등기를 한 행위가 채권자취소권의 대상인 사해행위인지 여부(원칙적 적극) 및 이때 사해행위 여부나 제척기간의 준수 여부는 새로운 매매계약을 기준으로 판단해야 하는지 여부(적극) : 채무자가 유일한 재산인 부동산에 관하여 가등기의 효력이 소멸한 상태에서 새로 매매계약을 체결하고 말소되어야 할 가등기를 기초로 하여 본등기를 한 행위는 가등기의 원인인 법률행위와 별개로 일반채권자의 공동담보를 감소시키는 것으로 특별한 사정이 없는 한 채권자취소권의 대상인 사해행위이고, 이때 본등기의 원인인 새로운 매매계약을 기준으로 사해행위 여부나 제척기간의 준수 여부를 판단해야 한다(대판 2021.9.30. 2019다266409).

2) 무자력상태

무자력이란 채무자의 변제자력이 없음을 뜻하는 것으로, 무자력인지 여부의 판단은 「사해행위 당시」를 기준으로 한다. 다만, 무자력상태는 「사실심 변론종결 시」까지 유지되어야 한다. 한편 처분행위 당시에 무자력상태의 채무자가 사실심 변론종결 당시 자력을 회복하였다는 점에 대한 입증책임은 채권자취소소송의 상대방에게 있다.

3) 채무자의 법률행위는 재산권을 목적으로 할 것

① 혼인, 입양, 이혼, 상속포기 등의 신분행위는 사해행위가 될 수 없다. 다만, 이혼 시 재산분할과 상속재산분할협의는 사해행위가 될 수 있다.
② 채무자의 법률행위로 계약뿐만 아니라 단독행위도 사해행위가 되면 취소할 수 있다. 또한 준법률행위도 포함시키는 것이 일반적이다.
③ 채무자의 법률행위가 통정허위표시인 경우에도 사해행위취소의 요건을 갖추었다면 채권자취소권의 대상이 된다(대판 1975.2.25. 74다2114).

4) 구체적 검토

① 변제와 대물변제
  ㉠ 변제와 대물변제는 원칙적으로 사해행위가 되지 않는다(통설).
  ㉡ 채무자의 재산이 채무의 전부를 변제하기에 부족한 경우에 채무자가 그의 유일한 재산을 어느 특정 채권자에게 대물변제로 제공하는 행위는 다른 특별한 사정이 없는 한 다른 채권자들에 대한 관계에서 사해행위가 된다(대판 2008.2.14. 2006다33357).

② 물적 담보의 제공
  ㉠ 다수설 : 채무자가 일부의 채권자를 위하여 부동산 기타의 재산을 저당권 기타의 물적 담보를 위한 담보물로 제공하는 행위는 변제와 구별할 이유가 없다는 점에서 사해행위성을 부정한다.
  ㉡ 주요 판례

> • 채무초과의 상태에 있는 채무자가 적극재산을 채권자 중 일부에게 담보로 양도하는 행위는 원칙적으로 다른 채권자들에 대한 관계에서 사해행위가 될 수 있다(대판 2011.3.10. 2010다52416).
> • 채무자 소유 부동산에 담보권이 설정되어 있으면 그 피담보채권액을 공제한 나머지 부분만이 일반 채권자들의 공동담보로 제공되는 책임재산이 되므로 피담보채권액이 부동산의 가액을 초과하고 있는 때에는 그와 같은 부동산의 양도나 그에 대한 새로운 담보권의 설정은 사해행위에 해당한다고 할 수 없다(대판 2007.7.26. 2007다23081).
> • 비록 당해 부동산의 환가대금으로부터는 가압류채권자가 위와 같이 근저당권을 설정받은 근저당권자와 평등하게 배당을 받을 수 있다고 하더라도, 일반적으로 그 배당으로부터 가압류채권의 충분한 만족을 얻는다는 보장이 없고 가압류채권자는 여전히 다른 책임재산을 공취할 권리를 가지는 이상, 원래 위 가압류채권을 포함한 일반채권들의 만족을 담보하는 책임재산 전체를 놓고 보면 위와 같은 물상보증으로 책임재산이 부족하게 되거나 그 상태가 악화되는 경우에는 역시 가압류채권자도 자기 채권의 충분한 만족을 얻지 못하게 되는 불이익을 받는다. 그러므로 위와 같은 가압류채권자라고 하여도 채무자의 물상보증으로 인한 근저당권 설정행위에 대하여 채권자취소권을 행사할 수 있다(대판 2010.1.28. 2009다90047).

> - 반면에 채무자가 자금을 융통하여 사업을 계속 추진하는 것이 채무변제력을 갖게 되는 최선의 방법이라고 생각하고 물품을 공급받기 위하여 채무초과상태에 있으면서도 부득이 채무자 소유의 부동산을 특정 채권자에게 담보로 제공하고 그로부터 물품을 공급 받았다면 특별한 사정이 없는 한 채무자의 담보권설정행위는 사해행위에 해당하지 않는다(대판 2012.2.23. 2011다88832).
> - 사해행위를 이유로 채권자취소권을 행사하는 경우 행위를 하지 않았다면 있었을 책임재산을 회복하도록 하여야 하고, 그보다 더 많은 책임재산을 회복하는 결과를 초래하는 것은 허용되지 않는다. 따라서 일반채권자들의 공동담보에 제공되지 않은 책임재산은 취소의 범위에서 제외되어야 한다. / 공유물인 주택에 주택임대차보호법에 따라 임차보증금을 우선적으로 변제받을 권리를 가진 임차인이 있고 그 주택의 공유자들이 불가분채무인 임차보증금 반환의무를 부담하는 경우, 공유자 중 1인인 채무자가 처분한 지분 중에서 일반채권자들의 공동담보에 제공되는 책임재산은 우선변제권이 있는 임차보증금 반환채권 전액을 공제한 나머지 부분이다. / 이러한 법리는 전세목적물의 소유권 중 일부 지분이 이전되어 전세목적물의 공유자들이 불가분채무인 전세금 반환의무를 부담하게 된 이후 그 공유자 중 1인이 자신의 지분을 처분함으로써 사해행위가 문제 되는 경우에도 마찬가지로 적용된다(대판 2025.4.15. 2024다312566).

③ **인적 담보의 제공** : 채무자가 연대채무나 보증채무를 부담하는 것은 소극재산을 증가시키므로 사해행위가 된다.

④ **부동산, 기타 중요한 재산의 매각**

ⓐ 재산을 무상 또는 부당한 염가로 매각하는 행위는 사해행위가 된다.

ⓑ 부동산 기타 재산을 상당한 대가를 받고 매각하는 것도 사해행위가 되는가에 대하여 다수설은 거래의 안전을 이유로 사해행위를 부정하나, 판례는 사해행위를 긍정한다.

ⓒ 채무자가 자기의 유일한 재산인 부동산을 매각하여 소비하기 쉬운 금전으로 바꾸는 행위로 그 매각이 일부 채권자에 대한 정당한 변제에 충당하기 위하여 상당한 매각으로 이루어졌다던가 하는 특별한 사정이 없는 한 항상 채권자에 대하여 사해행위가 된다(대판 1966.10.4. 66다1535).

ⓓ 채무자가 연속하여 수 개의 재산처분행위를 한 경우, 그 처분행위의 사해성 판단 방법

> 채무자가 연속하여 수 개의 재산처분행위를 한 경우에는 각 행위별로 그로 인하여 무자력이 초래되었는지 여부에 따라 사해성 여부를 판단하는 것이 원칙이지만, 그 일련의 행위를 하나의 행위로 볼 특별한 사정이 있는 때에는 이를 일괄하여 전체로서 사해성이 있는지 판단하게 되고, 이때 그러한 특별 사정이 있는지 여부를 판단함에 있어서는 처분의 상대방이 동일한지, 처분이 시간적으로 근접한지, 상대방과 채무자가 특별한 관계가 있는지, 처분의 동기 내지 기회가 동일한지 등이 구체적 기준이 되어야 한다(대판 2006.9.14. 2005다74900).

⑤ 채무자가 여러 채권자 중 일부에게만 채무의 이행과 관련하여 그 채무의 본래 목적이 아닌 다른 채권 기타 적극재산을 양도함으로써 채무초과상태를 유발 또는 심화시킨 경우, 그 행위가 사해행위인지 판단하는 기준 / 채무자가 일반채권자 일부에 대한 특정 채무의 이행과 관련하여 그보다 적은 가액의 다른 채권 기타 적극재산을 양도함에 따라 채무초과상태가 유발되었는지 여부를 판단하기 위한 채무자의 책임재산을 산정함에 있어 양도된 재산을 적극재산에서 제외한 경우, 위 특정 채무 중 양도된 재산과 같은 금액에 해당하는 부분도 소극재산에서 제외하여야 하는지 여부(원칙적 적극) : 채무자가 여러 채권자 중 일부에게만 채무의 이행과 관련하여 그 채무의 본래 목적이 아닌 다른 채권 기타 적극재산을 양도함으로써 채무초과상태를 유발 또는 심화시킨

경우, 채무자의 총재산에는 변동이 없지만 일반채권자를 위한 공동담보가 되는 책임재산을 감소시키는 결과가 초래되므로, 그와 같은 적극재산의 양도 행위는 채무자가 특정 채권자에게 채무 본지에 따른 변제를 하는 경우와 달리 원칙적으로 다른 채권자들에 대한 관계에서는 사해행위가 될 수 있고, 예외적으로 사해성의 일반적인 판단 기준에 비추어 그 행위가 궁극적으로 일반채권자를 해하는 행위로 볼 수 없는 경우에는 사해행위의 성립이 부정될 수 있다. / 이때 채무자가 일반채권자 일부에 대한 특정 채무의 이행과 관련하여 그보다 적은 가액의 다른 채권 기타 적극재산을 양도함에 따라 채무초과상태가 유발되었는지 여부를 판단하기 위한 채무자의 책임재산을 산정함에 있어 양도된 재산을 적극재산에서 제외하였다면, 특별한 사정이 없는 한 위 특정 채무 중 양도된 재산과 같은 금액에 해당하는 부분도 소극재산에서 제외하여야 할 것이다(대판 2023.10.18. 2023다237804).

⑥ 부부간 명의신탁

[부부간 명의신탁에서 명의신탁관계가 종료된 경우, 신탁자의 수탁자에 대한 소유권이전등기청구권이 신탁자의 책임재산이 되는지 여부(적극) / 신탁자가 유효한 명의신탁약정을 해지함을 전제로 신탁된 부동산을 제3자에게 직접 처분하면서 수탁자에게서 곧바로 제3자 앞으로 소유권이전등기를 마쳐 주는 것이 사해행위에 해당하는 경우]
부부간의 명의신탁약정은 특별한 사정이 없는 한 유효하고(부동산 실권리자명의 등기에 관한 법률 제8조 참조), 이때 명의신탁자는 명의수탁자에 대하여 신탁해지를 하고 신탁관계의 종료 그것만을 이유로 하여 소유 명의의 이전등기절차의 이행을 청구할 수 있음은 물론, 신탁해지를 원인으로 하고 소유권에 기해서도 그와 같은 청구를 할 수 있는데, 이와 같이 명의신탁관계가 종료된 경우 신탁자의 수탁자에 대한 소유권이전등기청구권은 신탁자의 일반채권자들에게 공동담보로 제공되는 책임재산이 된다. 그런데 신탁자가 유효한 명의신탁약정을 해지함을 전제로 신탁된 부동산을 제3자에게 직접 처분하면서 수탁자 및 제3자와의 합의 아래 중간등기를 생략하고 수탁자에게서 곧바로 제3자 앞으로 소유권이전등기를 마쳐 준 경우 이로 인하여 신탁자의 책임재산인 수탁자에 대한 소유권이전등기청구권이 소멸하게 되므로, 이로써 신탁자의 소극재산이 적극재산을 초과하게 되거나 채무초과상태가 더 나빠지게 되고 신탁자도 그러한 사실을 인식하고 있었다면 이러한 신탁자의 법률행위는 신탁자의 일반채권자들을 해하는 행위로서 사해행위에 해당한다(대판 2016.7.29. 2015다56086).

⑦ 채무자와 물상보증인의 공유인 부동산에 관하여 저당권이 설정된 후 채무자가 자신의 지분을 양도한 경우

[채무자와 물상보증인의 공유인 부동산에 관하여 저당권이 설정된 후 채무자가 자신의 지분을 양도한 경우, 그 양도가 사해행위에 해당하는지를 판단할 때 채무자 소유의 지분이 부담하는 피담보채권액]
사해행위취소의 소에서 채무자가 수익자에게 양도한 목적물에 저당권이 설정되어 있는 경우라면 그 목적물 중에서 일반채권자들의 공동담보에 제공되는 책임재산은 피담보채권액을 공제한 나머지 부분만이라고 할 것이고 그 피담보채권액이 목적물의 가액을 초과할 때는 당해 목적물의 양도는 사해행위에 해당한다고 할 수 없다. 그런데 수 개의 부동산에 공동저당권이 설정되어 있는 경우 책임재산을 산정함에 있어 각 부동산이 부담하는 피담보채권액은 특별한 사정이 없는 한 민법 제368조의 규정 취지에 비추어 공동저당권의 목적으로 된 각 부동산의 가액에 비례하여 공동저당권의 피담보채권액을 안분한 금액이라고 보아야 한다. 그러나 그 수 개의 부동산 중 일부는 채무자의 소유이고 다른 일부는 물상보증인의 소유인 경우에는, 물상보증인이 민법 제481조, 제482조의 규정에 따른 변제자대위에 의하여 채무자 소유의 부동산에 대하여 저당권을 행사할 수

있는 지위에 있는 점 등을 고려할 때, 그 물상보증인이 채무자에 대하여 구상권을 행사할 수 없는 특별한 사정이 없는 한 채무자 소유의 부동산에 관한 피담보채권액은 공동저당권의 피담보채권액 전액으로 봄이 상당하다. 이러한 법리는 하나의 공유부동산 중 일부 지분이 채무자의 소유이고, 다른 일부 지분이 물상보증인의 소유인 경우에도 마찬가지로 적용된다(대판[전합] 2013.7.18. 2012다5643).

⑧ 토지나 건물의 양도에 따른 양도소득세와 지방소득세 납부의무의 성립 시기(= 양도차익이 발생한 토지나 건물의 양도일이 속하는 달의 말일) 및 여기에서 '양도'와 '양도시기'의 의미 / 토지나 건물의 양도에 관한 계약 등의 교섭이 진행되는 경우, 이를 양도소득세와 지방소득세 채무 성립의 개연성 있는 준법률관계나 사실관계 등에 해당한다고 볼 수 있는지 여부(소극) / 사해행위로 주장되는 토지나 건물의 양도 자체에 대한 양도소득세와 지방소득세 채무를 사해행위로 주장되는 행위 당시의 채무초과상태를 판단할 때 소극재산으로 고려할 수 있는지 여부(소극)

토지나 건물의 양도에 따른 양도소득세와 지방소득세는 과세표준이 되는 금액이 발생한 달, 즉 양도로 양도차익이 발생한 토지나 건물의 양도일이 속하는 달의 말일에 소득세를 납부할 의무가 성립한다. 여기에서 양도는 대가적 수입을 수반하는 유상양도를 가리키고 소득세법 제98조, 같은 법 시행령 제162조에 따르면 양도시기는 대금을 청산하기 전에 소유권이전등기를 하는 경우 등 예외적인 경우를 제외하고는 대금이 모두 지급된 날을 가리킨다. 사해행위로 주장되는 토지나 건물의 양도 자체에 대한 양도소득세와 지방소득세 채무는 통상적으로 토지나 건물의 양도에 대한 대금이 모두 지급된 이후에 비로소 성립하므로 사해행위로 주장하는 행위 당시에는 아직 발생하지 않는다. 양도소득세와 지방소득세 채무 성립의 기초가 되는 법률관계가 사해행위로 주장되는 행위 당시 이미 성립되었다거나 이에 기초하여 이러한 채무가 성립할 고도의 개연성이 있다고 볼 수도 없다. 토지나 건물에 관하여 소득세법에 따른 양도가 이루어지지 않았을 때에는 양도소득세와 지방소득세 채무 성립의 기초가 되는 법률관계가 존재한다고 보기 어렵고, 토지나 건물의 양도에 관한 계약 등의 교섭이 진행되는 경우라 하더라도 이는 양도소득세와 지방소득세 채무를 성립시키기 위한 교섭이라고 볼 수 없어서 채무 성립의 개연성 있는 준법률관계나 사실관계 등에 해당한다고 볼 수 없다. 따라서 사해행위로 주장되는 토지나 건물의 양도 자체에 대한 양도소득세와 지방소득세 채무는 사해행위로 주장되는 행위 당시의 채무초과상태를 판단할 때 소극재산으로 고려할 수는 없다(대판 2022.7.14. 2019다281156).

(3) 사해의사가 있었을 것

1) 채무자의 악의

① 채무자가 사해행위를 할 당시에 그 행위에 의하여 채권자를 해하는 것을 알고 있어야 한다(민법 제406조 제1항 본문). 이때 과실의 유무는 문제되지 않는다(대판 2007.11.29. 2007다52430).
② 사해의사는 소극적인 인식으로 족하다. 특정의 채권자를 해하게 된다는 것을 인식할 필요는 없으며, 공동담보에 부족이 생긴다는 것에 관하여 인식하면 족하다.
③ 사해의사는 사해행위 당시에 존재하여야 한다. 그 당시 과실로 인하여 인식하지 못한 경우에도 채권자취소권은 성립하지 않고, 사해행위가 있은 후에 인식하더라도 역시 취소하지 못한다.
④ 채무자의 사해의사는 사해행위의 성립요건이 되는 점에서 채권자가 이를 입증하여야 한다.

2) 수익자·전득자의 악의

① 사해행위로 인하여 이익을 받은 자(수익자)나 전득한 자가 그 행위 또는 전득 당시에 채권자를 해함을 알고 있어야 한다(동법 제406조 제1항 단서).

> [사해행위취소소송에서 수익자의 선의 여부를 판단하는 기준 및 수익자의 선의에 과실이 있는지가 문제 되는지 여부(소극) / 이와 같은 법리는 채무자 회생 및 파산에 관한 법률 제391조 제1호에서 정한 고의부인의 행사에 관하여도 마찬가지로 적용되는지 여부(적극)]
> 사해행위취소소송에서 수익자의 선의 여부는 채무자와 수익자의 관계, 채무자와 수익자 사이의 처분행위의 내용과 그에 이르게 된 경위 또는 동기, 처분행위의 거래조건이 정상적이고 이를 의심할 만한 특별한 사정이 없으며 정상적인 거래관계임을 뒷받침할 만한 객관적인 자료가 있는지 여부, 처분행위 이후의 정황 등 여러 사정을 종합적으로 고려하여 논리칙·경험칙에 비추어 합리적으로 판단하여야 한다. 또한 사해행위취소소송에서는 수익자의 선의 여부만이 문제 되고 수익자의 선의에 과실이 있는지 여부는 묻지 않는다. / 이와 같은 법리는 사해행위취소소송과 실질을 같이 하는 채무자 회생 및 파산에 관한 법률 제391조 제1호에서 정한 고의부인의 행사에 관하여도 마찬가지로 적용될 수 있다(대판 2023.9.21. 2023다234553).

② 수익자나 전득자 모두에게 사해의사가 있어야 하는 것은 아니고, 그중의 어느 1인에게 있으면 충분하다.

③ 전득자의 악의를 판단함에 있어서는 단지 전득자가 전득행위 당시 채무자와 수익자 사이의 법률행위의 사해성을 인식하였는지 여부만이 문제가 될 뿐이지, 수익자와 전득자 사이의 전득행위가 다시 채권자를 해하는 행위로서 사해행위의 요건을 갖추어야 하는 것은 아니다(대판 2006.7.4. 2004다61280).

④ 사해행위취소소송에 있어서 수익자 또는 전득자가 악의라는 점에 대하여는 그 수익자 또는 전득자 자신에게 선의임을 입증할 책임이 있다(대판 2015.6.11. 2014다237192).

4. 채권자취소권의 행사

(1) 행사의 당사자

① 취소권의 주체는 사해행위로 인하여 완제를 받을 수 없게 되는 채권자이다.
② 상대방은 이득반환청구의 상대방인 수익자 또는 전득자이다.

> [채권자가 수익자와 전득자를 공동피고로 삼아 채권자취소의 소를 제기하면서 청구취지로 '채무자와 수익자 사이의 사해행위취소 청구'를 구하는 취지임을 명시한 경우, 전득자에 대한 관계에서 채무자와 수익자 사이의 사해행위를 취소하면서 채권자취소권을 행사한 것으로 보아야 하는지 여부(적극)]
> 채권자가 수익자와 전득자를 공동피고로 삼아 채권자취소의 소를 제기하면서 청구취지로 '채무자와 수익자 사이의 사해행위취소 청구'를 구하는 취지임을 명시한 경우 전득자에 대한 관계에서 채무자와 수익자 사이의 사해행위를 취소하면서 채권자취소권을 행사한 것으로 보아야 한다. 사해행위 취소를 구하는 취지를 수익자에 대한 청구취지와 전득자에 대한 청구취지로 분리하여 각각 기재하지 않았다고 하더라도 취소를 구하는 취지가 수익자에 대한 청구에 한정된 것이라고 볼 수는 없다(대판 2021.2.4. 2018다271909).

③ 채무자를 상대로 채권자취소의 소송을 제기할 수는 없다(대판 1991.8.13. 91다13717).

(2) 행사의 방법

① 채권자취소권은 채권자가 자기의 이름으로, 반드시 재판상 소송의 형태로 행사하여야 한다. 따라서 사해행위취소를 소구하지 않고 소송상의 공격·방어방법으로는 행사할 수 없다(대판 1993.1.26. 92다11008).

② 소의 성질은 형성의 소와 이행의 소를 합한 것이라고 한다.

> [원고의 본소 청구에 대하여 피고가 본소 청구를 다투면서 사해행위의 취소 및 원상회복을 구하는 반소를 적법하게 제기하였는데, 법원이 반소 청구가 이유 있다고 판단하여 사해행위의 취소 및 원상회복을 명하는 판결을 선고하는 경우, 반소 청구에 대한 판결이 확정되지 않았더라도 사해행위인 법률행위가 취소되었음을 전제로 원고의 본소 청구를 심리하여 판단할 수 있는지 여부(적극) 및 이때 반소 사해행위취소 판결을 이유로 원고의 본소 청구를 기각할 수 있는지 여부(적극)]
>
> 사해행위취소소송은 형성의 소로서 그 판결이 확정됨으로써 비로소 권리변동의 효력이 발생하나, 민법 제406조 제1항은 채권자가 사해행위의 취소와 원상회복을 법원에 청구할 수 있다고 규정함으로써 사해행위취소청구에는 그 취소판결이 미확정인 상태에서도 그 취소의 효력을 전제로 하는 원상회복청구를 병합하여 제기할 수 있도록 허용하고 있다. 또한 원고가 매매계약 등 법률행위에 기하여 소유권을 취득하였음을 전제로 피고를 상대로 일정한 청구를 할 때, 피고는 원고의 소유권 취득의 원인이 된 법률행위가 사해행위로서 취소되어야 한다고 다투면서, 동시에 반소로써 그 소유권 취득의 원인이 된 법률행위가 사해행위임을 이유로 법률행위의 취소와 원상회복으로 원고의 소유권이전등기의 말소절차 등의 이행을 구하는 것도 가능하다. 위와 같이 원고의 본소 청구에 대하여 피고가 본소 청구를 다투면서 사해행위의 취소 및 원상회복을 구하는 반소를 적법하게 제기한 경우, 사해행위의 취소 여부는 반소의 청구원인임과 동시에 본소 청구에 대한 방어방법이자, 본소 청구 인용 여부의 선결문제가 될 수 있다. 그 경우 법원이 반소 청구가 이유 있다고 판단하여, 사해행위의 취소 및 원상회복을 명하는 판결을 선고하는 경우, 비록 반소 청구에 대한 판결이 확정되지 않았다고 하더라도, 원고의 소유권 취득의 원인이 된 법률행위가 취소되었음을 전제로 원고의 본소 청구를 심리하여 판단할 수 있다고 봄이 타당하다. 그때에는 반소 사해행위취소 판결의 확정을 기다리지 않고, 반소 사해행위취소 판결을 이유로 원고의 본소 청구를 기각할 수 있다. 본소와 반소가 같은 소송절차 내에서 함께 심리, 판단되는 이상, 반소 사해행위취소 판결의 확정 여부가 본소 청구 판단 시 불확실한 상황이라고 보기 어렵고, 그로 인해 원고에게 소송상 지나친 부담을 지운다거나, 원고의 소송상 지위가 불안정해진다고 볼 수도 없다. 오히려 이로써 반소 사해행위취소소송의 심리를 무위로 만들지 않고, 소송경제를 도모하며, 본소 청구에 대한 판결과 반소 청구에 대한 판결의 모순 저촉을 피할 수 있다(대판 2019.3.14. 2018다277785[본소]·2018다277792[반소]).

③ 원상회복의 방법으로 원칙적으로 원물반환을 하여야 하나, 거래관념상 원물반환이 불가능하거나 현저히 곤란한 경우에는 사해행위의 목적물의 가액을 상환하여야 한다. 사해행위 취소로 인한 원상회복으로서 가액배상을 명하는 경우에는, 취소채권자는 직접 자기에게 가액배상금을 지급할 것을 청구할 수 있다(대판 2008.11.13. 2006다1442).

> [1] 여러 채권자가 사해행위취소 및 원상회복청구의 소를 제기하여 여러 개의 소송이 계속 중인 경우, 각 소송에서 채권자의 청구에 따라 사해행위의 취소 및 원상회복을 명하는 판결을 선고하여야 하는지 여부(적극) 및 수익자가 가액배상을 하여야 할 경우, 수익자가 반환하여야 할 가액 범위 내에서 각 채권자의 피보전채권액 전액의 반환을 명하여야 하는지 여부(적극) : 채권자취소권의 요건을 갖춘 각 채권자는 고유의 권리로서 채무자의 재산처분 행위를 취소하고 원상회복을 구할 수 있다. 그러므로 여러 채권자가 동시에 또는 시기를 달리하여 사해행위취소 및 원상회복청구의 소를 제기한 경우, 어느 한 채권자가 동일한 사해행위에 관하여 사해행위취소 및 원상회복청구를 하여 승소판결을 받아 그 판결이 확정되었다는 것만으로는 그 후에 제기된 다른 채권자의 동일한 청구가 권리보호의 이익이 없게 되는 것은 아니고, 그에 기하여 재산이나 가액의 회복을 마친 경우에 비로소 다른 채권자의 사해행위취소 및 원상회복청구가 그와 중첩되는 범위 내에서 권리보호의 이익이 없게 된다. 따라서 여러 채권자가 사해행위취소 및 원상회복청구의 소를 제기하여 여러 개의 소송이 계속 중인 경우에는 각 소송에서 채권자의 청구에 따라 사해행위의 취소 및 원상회복을 명하는 판결을 선고하여야 하고, 수익자가 가액배상을 하여야 할 경우에도 수익자가 반환하여야 할 가액 범위 내에서 각 채권자의 피보전채권액 전액의 반환을 명하여야 한다. [2] 여러 개의 사해행위취소소송에서 각 가액배상을 명하는 판결이 선고·확정되어 수익자가 어느 채권자에게 자신이 배상할 가액의 일부 또는 전부를 반환한 경우, 수익자가 다른 채권자에 대하여 청구이의의 방법으로 집행권원의 집행력의 배제를 구할 수 있는 범위 : 여러 개의 사해행위취소소송에서 각 가액배상을 명하는 판결이 선고되어 확정된 경우, 각 채권자의 피보전채권액을 합한 금액이 사해행위 목적물의 가액에서 일반채권자들의 공동담보로 되어 있지 않은 부분을 공제한 잔액(이하 '공동담보가액'이라 한다)을 초과한다면 수익자가 채권자들에게 반환하여야 할 가액은 공동담보가액이 될 것인데, 그럼에도 수익자는 공동담보가액을 초과하여 반환하게 되는 범위 내에서 이중으로 가액을 반환하게 될 위험에 처할 수 있다. 이때 각 사해행위취소 판결에서 산정한 공동담보가액의 액수가 서로 달라 수익자에게 이중지급의 위험이 발생하는지를 판단하는 기준이 되는 공동담보가액은, 그중 多額(다액)의 공동담보가액이 이를 산정한 사해행위취소소송의 사실심 변론종결 당시의 객관적인 사실관계와 명백히 다르고 해당 소송에서의 공동담보가액의 산정 경위 등에 비추어 그 가액을 그대로 인정하는 것이 심히 부당하다고 보이는 등의 특별한 사정이 없는 한 그 다액에 해당하는 금액이라고 보는 것이 채권자취소권의 취지 및 채권자취소소송에서 변론주의 원칙 등에 부합한다. 따라서 수익자가 어느 채권자에게 자신이 배상할 가액의 일부 또는 전부를 반환한 때에는 다른 채권자에 대하여 각 사해행위취소 판결에서 가장 다액으로 산정된 공동담보가액에서 자신이 반환한 가액을 공제한 금액을 초과하는 범위에서 청구이의의 방법으로 집행권원의 집행력의 배제를 구할 수 있을 뿐이다(대판 2022.8.11. 2018다202774).

(3) 행사의 범위

① 원칙 : 보전되어야 할 채권액의 범위는 원칙적으로 취소채권자의 채권액을 표준으로 하여야 한다(통설·판례). 따라서 다른 채권자가 있더라도 자신의 채권액을 넘어서 취소하지 못한다(대판 2002.10.25. 2000다64441). 또한 채권자의 채권액에는 사해행위 이후 사실심 변론종결 시까지 발생한 이자나 지연손해금도 포함된다(대판 2003.7.11. 2003다19572).

② 예외 : 목적물이 불가분인 경우와 같이 특별한 사정이 있는 경우에는 취소채권자의 가액을 초과하더라도 전부를 취소할 수 있다. 다만, 사해행위취소로 인한 원상회복으로서 가액배상을 명하는 경우에는, 취소채권자는 직접 자기에게 가액배상금을 지급할 것을 청구할 수 있고, 위 지급받은 가액배상금을 분배하는 방법이나 절차 등에 관한 아무런 규정이 없는 현행법 아래에서 다른 채권자들이 위 가액배상금에 대하여 배당요구를 할 수도 없으므로, 결국 채권자는 자신의 채권액을 초과하여 가액배상을 구할 수는 없다(대판 2008.11.13. 2006다1442).

5. 채권자취소권 행사의 효과

> **채권자취소의 효력(민법 제407조)**
> 전조의 규정에 의한 취소와 원상회복은 모든 채권자의 이익을 위하여 그 효력이 있다.

① 상대적 무효설에 의할 때 채권자와 수익자 혹은 전득자 사이에서만 무효의 효력이 있다. 따라서 채권자가 전득자를 상대로 하여 사해행위의 취소와 함께 책임재산의 회복을 구하는 소를 제기한 경우에 그 취소의 효과는 채권자와 전득자 사이의 상대적인 관계에서만 생기는 것이고 채무자 또는 채무자와 수익자 사이의 법률관계에는 미치지 않는 것이므로, 이 경우 <u>취소의 대상이 되는 사해행위는 채무자와 수익자 사이에서 행하여진 법률행위에 국한되고, 수익자와 전득자 사이의 법률행위는 취소의 대상이 되지 않는다</u>(대판 2004.8.30. 2004다21923).

② 취소권행사의 효과는 총채권자의 이익을 위하여 생긴다(민법 제407조). 따라서 취소채권자에게 회복된 재산에 대한 우선권이 인정되는 것은 아니다(대판 2005.8.25. 2005다14595).

③ 민법 제407조의 채권자라 함은 사해행위 당시 채무자에 대하여 채권을 갖고 있던 자 및 채권자취소권의 피보전채권으로서의 적격을 갖는 장래의 채권을 갖는 자에 한정되고, <u>사해행위 후의 채권자는 포함되지 않는다</u>.

④ 사해행위인 채권양도행위가 취소된 경우

> **[채무자의 수익자에 대한 채권양도가 사해행위로 취소되는 경우, 그에 따른 원상회복으로서 수익자가 제3채무자에게 채권양도가 취소되었다는 취지의 통지를 하도록 청구할 수 있는지 여부(한정 적극) 및 이 경우 채권자는 채무자를 대위하여 제3채무자에게 채권에 관한 지급을 청구할 수 있는지 여부(소극)]**
> 채무자의 수익자에 대한 채권양도가 사해행위로 취소되는 경우, 수익자가 제3채무자에게서 아직 채권을 추심하지 아니한 때에는, 채권자는 사해행위취소에 따른 원상회복으로서 수익자가 제3채무자에게 채권양도가 취소되었다는 취지의 통지를 하도록 청구할 수 있다. 그런데 사해행위의 취소는 채권자와 수익자의 관계에서 상대적으로 채무자와 수익자 사이의 법률행위를 무효로 하는 데에 그치고, 채무자와 수익자 사이의 법률관계에는 영향을 미치지 아니한다. 따라서 채무자의 수익자에 대한 채권양도가 사해행위로 취소되고, 그에 따른 원상회복으로서 제3채무자에게 채권양도가 취소되었다는 취지의 통지가 이루어지더라도, 채권자와 수익자의 관계에서 채권이 채무자의 책임재산으로 취급될 뿐, 채무자가 직접 채권을 취득하여 권리자로 되는 것은 아니므로, 채권자는 채무자를 대위하여 제3채무자에게 채권에 관한 지급을 청구할 수 없다(대판 2015.11.17. 2012다2743).

> **[채권압류명령 등 당시 피압류채권이 이미 제3자에 대한 대항요건을 갖추고 양도되어 그 명령이 효력이 없는 것이 된 이후에 사해행위취소소송에서 위 채권양도계약이 취소되어 채권이 원채권자에게 복귀한 경우, 무효인 위 채권압류명령 등이 다시 유효로 되는지 여부(소극)]**
> 채권자가 사해행위의 취소와 함께 수익자 또는 전득자로부터 책임재산의 회복을 명하는 사해행위취소의 판결을 받은 경우 그 취소의 효과는 채권자와 수익자 또는 전득자 사이에만 미치므로, 수익자 또는 전득자가 채권자에 대하여 사해행위의 취소로 인한 원상회복 의무를 부담하게 될 뿐, 채무자와 사이에서 그 취소로 인한 법률관계가 형성되거나 취소의 효력이 소급하여 채무자의 책임재산으로 회복되는 것은 아니다. 따라서 <u>채권압류명령 등 당시 피압류채권이 이미 제3자에 대한 대항요건을 갖추어 양도되어 그 명령이 효력이 없는 것이 되었다면, 그 후의 사해행위취소소송에서 위 채권양도계약이 취소되어 채권이 원채권자에게 복귀하였다고 하더라도 이미 무효로 된 채권압류명령 등이 다시 유효로 되는 것은 아니다</u>(대판 2022.12.1. 2022다247521).

⑤ 취소에 의하여 채무자 명의로 회복된 부동산을 채무자가 제3자에게 다시 처분한 경우

> **[제3자 명의의 이전등기의 효력]**
> 채무자가 사해행위 취소로 등기명의를 회복한 부동산을 제3자에게 처분하더라도 이는 무권리자의 처분에 불과하여 효력이 없으므로, 채무자로부터 제3자에게 마쳐진 소유권이전등기나 이에 기초하여 순차로 마쳐진 소유권이전등기 등은 모두 원인무효의 등기로서 말소되어야 한다(대판 2017.3.9. 2015다217980).
>
> **[제3자 명의의 이전등기에 대하여 말소를 청구할 수 있는 자의 범위]**
> 취소채권자나 민법 제407조에 따라 사해행위 취소와 원상회복의 효력을 받는 채권자는 채무자의 책임재산으로 취급되는 부동산에 대한 강제집행을 위하여 원인무효 등기의 명의인을 상대로 등기의 말소를 청구할 수 있다(대판 2017.3.9. 2015다217980).

⑥ 취소소송의 당사자가 아닌 다른 채권자가 판결에 기하여 채무자를 대위하여 마친 말소등기의 유효성

> 사해행위 취소의 효력은 채무자와 수익자의 법률관계에 영향을 미치지 아니하고, 사해행위 취소로 인한 원상회복 판결의 효력도 소송의 당사자인 채권자와 수익자 또는 전득자에게만 미칠 뿐 채무자나 다른 채권자에게 미치지 아니하므로, 어느 채권자가 수익자를 상대로 사해행위 취소 및 원상회복으로 소유권이전등기의 말소를 명하는 판결을 받았으나 말소등기를 마치지 아니한 상태라면 소송의 당사자가 아닌 다른 채권자는 위 판결에 기하여 채무자를 대위하여 말소등기를 신청할 수 없다. 그럼에도 불구하고 다른 채권자의 등기신청으로 말소등기가 마쳐졌다면 등기에는 절차상의 흠이 존재한다. 그러나 채권자가 사해행위 취소의 소를 제기하여 승소한 경우 취소의 효력은 민법 제407조에 따라 모든 채권자의 이익을 위하여 미치므로 수익자는 채무자의 다른 채권자에 대하여도 사해행위의 취소로 인한 소유권이전등기의 말소등기의무를 부담하는 점, 등기절차상의 흠을 이유로 말소된 소유권이전등기가 회복되더라도 다른 채권자가 사해행위취소판결에 따라 사해행위가 취소되었다는 사정을 들어 수익자를 상대로 다시 소유권이전등기의 말소를 청구하면 수익자는 말소등기를 해 줄 수밖에 없어서 결국 말소된 소유권이전등기가 회복되기 전의 상태로 돌아가는데 이와 같은 불필요한 절차를 거치게 할 필요가 없는 점 등에 비추어 보면, 사해행위 취소 및 원상회복으로 소유권이전등기의 말소를 명한 판결의 소송당사자가 아닌 다른 채권자가 위 판결에 기하여 채무자를 대위하여 마친 말소등기는 등기절차상의 흠에도 불구하고 실체관계에 부합하는 등기로서 유효하다(대판 2015.11.17. 2013다84995).

6. 원상회복의 방법

(1) 원칙적 원물반환

① 가등기가 사해행위인 경우 : 소유권이전등기청구권보전을 위한 가등기가 사해행위로서 이루어진 경우 그 매매예약을 취소하고 원상회복으로서 가등기를 말소하면 족한 것이고, 가등기 후에 저당권이 말소되었다거나 그 피담보채무가 일부 변제된 점 또는 그 가등기가 사실상 담보가등기라는 점 등은 그와 같은 원상회복의 방법에 아무런 영향을 주지 않는다(대판 2003.7.11. 2003다19435).

② 근저당권설정등기가 사해행위인 경우 : 사해행위로 경료된 근저당권설정등기가 사해행위취소소송의 변론종결 시까지 존속하고 있는 경우 그 원상회복은 근저당권설정등기를 말소하는 방법에 의하여야 하고, 사해행위 이전에 설정된 별개의 근저당권이 사해행위 후에 말소되었다는 사정은 원상회복의 방법에 아무런 영향을 주지 아니한다(대판 2007.10.11. 2007다45364).

③ 사해행위 취소소송에 있어서 취소 목적 부동산의 등기 명의를 수익자로부터 채무자 앞으로 복귀시키고자 하는 경우, 수익자를 상대로 채무자 앞으로 직접 소유권이전등기절차의 이행을 청구할 수 있는지 여부(적극) : 자기 앞으로 소유권을 표상하는 등기가 되어 있었거나 법률에 의하여 소유권을 취득한 자가 진정한 등기명의를 회복하기 위한 방법으로는 그 등기의 말소를 구하는 외에 현재의 등기명의인을 상대로 직접 소유권이전등기절차의 이행을 구하는 것도 허용되어야 하는바, 이러한 법리는 사해행위 취소소송에 있어서 취소 목적 부동산의 등기명의를 수익자로부터 채무자 앞으로 복귀시키고자 하는 경우에도 그대로 적용될 수 있다. 따라서 채권자는 사해행위의 취소로 인한 원상회복 방법으로 수익자 명의의 등기의 말소를 구하는 대신 수익자를 상대로 채무자 앞으로 직접 소유권이전등기절차를 이행할 것을 구할 수도 있다(대판 2000.2.25. 99다53704).

④ 예금주 명의신탁계약이 사해행위에 해당하여 취소될 경우, 원상회복은 명의인에 대하여 금융기관에 대한 예금채권을 출연자에게 양도하고 금융기관에 대하여 양도통지를 할 것을 명하는 방법으로 이루어져야 하는지 여부(원칙적 적극) : 명의수탁자는 명의신탁자와의 관계에서 상대방과의 계약으로 취득한 권리를 명의신탁자에게 이전하여 줄 의무를 지고, 출연자와 예금주인 명의인 사이에 예금주 명의신탁계약이 체결된 경우 명의인은 출연자의 요구가 있을 때에는 금융기관에 대한 예금반환채권을 출연자에게 양도할 의무가 있으므로, 예금주 명의신탁계약이 사해행위에 해당하여 취소될 경우 취소에 따른 원상회복은 명의인이 예금계좌에서 예금을 인출하여 사용하였거나 예금계좌를 해지하였다는 등의 특별한 사정이 없는 한 명의인에 대하여 금융기관에 대한 예금채권을 출연자에게 양도하고 아울러 금융기관에 대하여 양도통지를 할 것을 명하는 방법으로 이루어져야 한다(대판 2015.7.23. 2014다212438).

⑤ 저당권이 설정된 부동산이 사해행위로 증여되었다가 저당권의 실행 등으로 수증자인 수익자에게 돌아갈 배당금청구권이 있음에도 배당금지급금지가처분 등으로 인하여 현실적으로 지급되지 못한 경우, 채권자취소권의 행사에 따른 원상회복의 방법 : 저당권이 설정된 부동산이 사해행위로 증여되었다가 그 저당권의 실행 등으로 말미암아 수증자인 수익자에게 돌아갈 배당금청구권이 있음에도 배당금지급금지가처분 등으로 인하여 현실적으로 지급되지 못한 경우, 채권자취소권의 행사에 따른 원상회복의 방법은 수익자가 취득한 배당금청구권을 채무자에게 반환하는 방법으로 이루어져야 하고, 이는 배당금채권의 양도와 그 채권양도의 통지를 배당금채권의 채무자에게 할 것을 명하는 형태가 된다(대판 2023.6.29. 2022다244928).

(2) 예외적 가액배상

① 요건 : 원물반환이 불가능하거나 현저히 곤란한 경우에 한하여 성립하고, 그 외에 불가능하게 된 데에 상대방인 수익자 등의 고의나 과실을 요하는 것은 아니다(대판 1998.5.15. 97다58316).

② 범위 : 가액반환의 범위는 원칙적으로 사해행위의 범위와 피보전권리액 중 적은 금액으로 결정된다.

③ 배상액 산정기준 : 사해행위의 취소에 따른 원상회복은 원칙적으로 그 목적물 자체의 반환에 의하여야 할 것이나, 그것이 불가능하거나 현저히 곤란한 경우에는 예외적으로 가액배상에 의하여야 하고, 가액배상액을 산정함에 있어 그 가액은 수익자가 전득자로부터 실제로 수수한 대가와는 상관없이 사실심 변론종결 시를 기준으로 객관적으로 평가하여야 한다(대판 2010.4.29. 2009다104564).

[근저당권이 설정되어 있는 부동산에 관하여 사해행위가 이루어진 후 근저당권이 말소되어 사해행위를 취소하고 가액배상을 명하는 경우, 가액산정의 기준 시기(= 사실심 변론종결 시) 및 이 경우 근저당권이 말소된 후 부동산을 취득한 전득자에 대하여 가액배상을 명할 수 있는 한도]

근저당권이 설정되어 있는 부동산에 관하여 사해행위가 이루어진 후 근저당권이 말소되어 그 부동산의 가액에서 근저당권 피담보채무액을 공제한 나머지 금액의 한도에서 사해행위를 취소하고 가액의 배상을 명하는 경우 그 가액의 산정은 사실심 변론종결 시를 기준으로 하여야 하고, 이 경우 사해행위가 있은 후 그 부동산에 관한 권리를 취득한 전득자에 대하여는 사실심 변론종결 시의 부동산 가액에서 말소된 근저당권 피담보채무액을 공제한 금액과 사실심 변론종결 시를 기준으로 한 취소채권자의 채권액 중 적은 금액의 한도 내에서 그가 취득한 이익에 대해서만 가액배상을 명할 수 있다(대판 2019.4.11. 2018다203715).

[저당권이 설정된 부동산에 관하여 사해행위가 이루어진 경우, 가액배상의 범위 / 사해행위 이후 그 부동산에 관하여 제3자가 저당권을 취득한 경우, 채권자취소권의 행사에 따른 원상회복의 범위 / 채무자의 부동산에 관하여 증여 등 사해행위로 수익자에게 소유권이 이전된 후 경매의 실행으로 배당절차가 진행된 경우, 부동산 가액 중 수익자의 채권자가 배당절차에 참여하여 취득한 배당액 상당을 원상회복의 범위에서 공제하여 산정하여야 하는지 여부(소극) 및 수익자의 채권자가 채무자의 일반채권자에 해당하는 지위를 겸하고 있다고 하여 달리 볼 수 있는지 여부(소극)]

채권자취소권의 행사에 따른 가액배상은 사해행위 당시 채무자의 일반 채권자들의 공동담보로 되어 있어 사해행위가 성립하는 범위 내의 부동산 가액 전부의 배상을 명하는 것으로, 저당권이 설정된 부동산에 관하여 사해행위가 이루어진 경우 부동산의 가액에서 그 저당권의 피담보채권액을 공제한 잔액의 범위 내에서만 사해행위가 성립하므로, 사실심 변론종결 시 기준의 부동산 가액에서 저당권의 피담보채권액을 공제한 잔액의 한도에서 사해행위를 취소하고 가액의 배상을 구할 수 있다. / 따라서 사해행위 이후 그 부동산에 관하여 제3자가 저당권을 취득한 경우에는, 그 피담보채권액은 사해행위 당시 일반 채권자들의 공동담보였던 부분에 속하므로 채권자취소권의 행사에 따른 원상회복의 범위에서 이를 공제할 수 없고, 이를 포함한 전부가 가액배상 등 원상회복의 범위에 포함된다 할 것인데, / 이는 채무자의 부동산에 관하여 증여 등 사해행위로 수익자에게 그 소유권이 이전된 후 경매의 실행으로 배당절차가 진행된 경우에도 마찬가지로, 그 부동산 가액 중 수익자의 채권자가 배당절차에 참여하여 취득한 배당액 상당은 사해행위 당시 채무자의 일반 채권자들의 공동담보였으므로 가액배상 등 원상회복의 범위에서 공제하여 산정할 것은 아니고, 수익자의 채권자가 채무자의 일반채권자에 해당하는 지위를 겸하고 있다고 하여 달리 볼 것도 아니다(대판 2023.6.29. 2022다244928).

④ 채권자가 채권자취소권을 행사하면서 원상회복만을 구하는 경우에도 가액배상을 명할 수 있는지 여부(적극) : 사해행위를 전부 취소하고 원상회복을 구하는 채권자의 주장 속에는 사해행위를 일부 취소하고 가액의 배상을 구하는 취지도 포함되어 있으므로, 채권자가 원상회복만을 구하는 경우에도 법원은 가액의 배상을 명할 수 있다(대판 2001.9.4. 2000다66416).

⑤ 사해행위취소에 따른 원상회복으로 가액배상을 명할 수 있는 경우 : 어느 부동산에 관한 법률행위가 사해행위에 해당하는 경우에는 원칙적으로 그 사해행위를 취소하고 소유권이전등기의 말소 등 부동산 자체의 회복을 명하여야 할 것이나, 사해행위를 취소하여 그 부동산 자체의 회복을 명하게 되면 당초 일반 채권자들의 공동담보로 되어 있지 아니하던 부분까지 회복을 명하는 것이 되어 공평에 반하는 결과가 되는 경우에는 그 부동산의 가액에서 공동담보로 되어 있지 아니하던 부분의 가액을 공제한 잔액의 한도에서 사해행위를 취소하고 그 한도에서 가액의 배상을 명함이 상당하다(대판 2010.7.22. 2009다60466).

㉠ 저당권이 설정되어 있는 부동산이 사해행위 이후에 그 저당권 등이 말소된 경우 - 가액배상 (부동산가액 - 피담보채무) : 어느 부동산의 매매계약이 사해행위에 해당하는 경우에는 원칙적으로 그 매매계약을 취소하고 그 소유권이전등기의 말소 등 부동산 자체의 회복을 명하여야 하지만, 그 사해행위가 저당권이 설정되어 있는 부동산에 관하여 당해 저당권자 이외의 자와의 사이에 이루어지고 그 후 변제 등에 의하여 저당권설정등기가 말소된 때에는, 매매계약 전부를 취소하여 그 부동산 자체의 회복을 명하는 것은 당초 담보로 되어 있지 아니하던 부분까지 회복시키는 것이 되어 공평에 반하는 결과가 되므로, 그 부동산의 가액에서 저당권의 피담보채권액을 공제한 잔액의 한도에서 그 매매계약의 일부 취소와 그 가액의 배상을 구할 수 있을 뿐 부동산 자체의 회복을 구할 수는 없다(대판 1996.10.29. 96다23207).

㉡ 수 개의 저당권이 설정되어 있는 부동산에 관하여 사해행위가 이루어진 후 일부 저당권설정등기가 말소된 경우 : 사해행위의 목적인 부동산에 수 개의 저당권이 설정되어 있다가 사해행위 후 그중 일부의 저당권만이 말소된 경우에도 사해행위의 취소에 따른 원상회복은 가액배상의 방법에 의할 수밖에 없을 것이고, 그 경우 배상하여야 할 가액은 사해행위 취소시인 사실심 변론종결 시를 기준으로 하여 그 부동산의 가액에서 말소된 저당권의 피담보채권액과 말소되지 아니한 저당권의 피담보채권액을 모두 공제하여 산정하여야 한다(대판 1998.2.13. 97다6711).

㉢ 근저당권설정계약을 사해행위로 취소하는 경우 경매절차가 진행되어 타인이 소유권을 취득하고 근저당권설정등기가 말소되었다면 원물반환이 불가능하므로 가액배상의 방법으로 원상회복을 명한다. 이때 이미 배당이 종료되어 수익자가 배당금을 수령한 경우에는 수익자로 하여금 배당금을 반환하도록 명하고, 배당표가 확정되었으나 채권자의 배당금지급금지가처분으로 인하여 수익자가 배당금을 현실적으로 지급받지 못한 경우에는 배당금지급채권의 양도와 그 채권양도의 통지를 명한다. 만약 채권자가 배당기일에 출석하여 수익자의 배당 부분에 대하여 이의를 하였다면 그 채권자는 사해행위취소의 소를 제기함과 아울러 원상회복의 방법으로 배당이의의 소를 제기할 수 있다(대판 2018.4.10. 2016다272311).

⑥ 사해행위취소의 소에서 수익자가 원상회복으로서 가액배상을 하는 경우

> [1] 사해행위취소의 소에서 수익자가 원상회복으로서 채권자취소권을 행사하는 채권자에게 가액배상을 할 경우, 수익자 자신이 사해행위취소소송의 채무자에 대한 채권자라는 이유로 채무자에 대하여 가지는 자기의 채권과 상계하거나 채무자에게 가액배상금 명목의 돈을 지급하였다는 점을 들어 채권자취소권을 행사하는 채권자에 대해 이를 가액배상에서 공제할 것을 주장할 수 없다. 그러나 수익자가 채권자취소권을 행사하는 채권자에 대해 가지는 별개의 다른 채권을 집행하기 위하여 그에 대한 집행권원을 가지고 채권자의 수익자에 대한 가액배상채권을 압류하고 전부명령을 받는 것은 허용된다. 이는 수익자의 채무자에 대한 채권을 기초로 한 상계나 임의적인 공제와는 내용과 성질이 다르다. 또한 채권자가 채무자의 제3채무자에 대한 채권을 압류하는 경우 제3채무자가 채권자 자신인 경우에도 이를 압류하는 것이 금지되지 않으므로 단지 채권자와 제3채무자가 같다고 하여 채권압류 및 전부명령이 위법하다고 볼 수 없다. [2] 상계가 금지되는 채권이라고 하더라도 압류금지채권에 해당하지 않는 한 강제집행에 의한 전부명령의 대상이 될 수 있다(대결 2017.8.21. 2017마499).

7. 채권자취소권의 제소기간

> **채권자취소권(민법 제406조)**
> ② 전항의 소는 채권자가 취소원인을 안 날로부터 1년, 법률행위 있은 날로부터 5년 내에 제기하여야 한다.

(1) 제척기간
① 사해행위의 취소 및 원상회복의 소는 채권자가 취소원인을 안 날로부터 1년, 법률행위 있은 날로부터 5년 내에 제기하여야 한다(민법 제406조 제2항). 존속기간의 성질은 제척기간이다(통설·판례).
② 채권자가 민법 제406조 제1항에 따라 사해행위의 취소와 원상회복을 청구하는 경우 사해행위의 취소만을 먼저 청구한 다음 원상회복을 나중에 청구할 수 있다(대판 2001.9.4. 2001다14108).
③ 채권자가 민법 제406조 제1항에 따라 사해행위의 취소와 원상회복을 청구하는 경우 사해행위 취소 청구가 민법 제406조 제2항에 정하여진 기간 안에 제기되었다면 원상회복의 청구는 그 기간이 지난 뒤에도 할 수 있다(대판 2001.9.4. 2001다14108).

(2) 기산점
① 취소원인을 안 날로부터 1년 : 취소원인을 안 날이란 채권자가 채권자취소권의 요건을 안 날, 즉 채무자가 채권자를 해함을 알면서 사해행위를 하였다는 사실을 알게 된 날을 의미한다.

> [채권자취소권의 행사에서 제척기간의 기산점인 '채권자가 취소원인을 안 날'의 의미 및 채권자가 사해행위의 객관적 사실을 알았다고 하여 취소원인을 알았다고 추정할 수 있는지 여부(소극) / 채권자취소권의 제척기간 도과에 관한 증명책임의 소재(= 사해행위취소소송의 상대방)]
> 채권자취소권의 행사에서 그 제척기간의 기산점인 '채권자가 취소원인을 안 날'은 채권자가 채권자취소권의 요건을 안 날, 즉 채무자가 채권자를 해함을 알면서 사해행위를 하였다는 사실을 알게 된 날을 말한다. 이때 채권자가 취소원인을 알았다고 하기 위해서는 단순히 채무자가 재산의 처분행위를 하였다는 사실을 아는 것만으로는 부족하며, 구체적인 사해행위의 존재를 알고 나아가 채무자에게 사해의 의사가 있었다는 사실까지 알 것을 요한다. / 사해행위의 객관적 사실을 알았다고 하여 취소원인을 알았다고 추정할 수는 없고, 그 제척기간의 도과에 관한 증명책임은 사해행위취소소송의 상대방에게 있다(대판 2023.4.13. 2021다309231).

> [국민건강보험공단이 채무자에 대한 채권을 피보전채권으로 하여 채무자의 법률행위를 대상으로 채권자취소권을 행사하는 경우, 제척기간의 기산점과 관련하여 국민건강보험공단이 취소원인을 알았는지는 피보전채권의 추심 및 보전 등에 관한 업무를 담당하는 직원의 인식을 기준으로 판단하여야 하는지 여부(원칙적 적극)]
> 국민건강보험법에 따라 설립된 공법인인 국민건강보험공단이 채무자에 대한 채권을 피보전채권으로 하여 채무자의 법률행위를 대상으로 채권자취소권을 행사하는 경우, 제척기간의 기산점과 관련하여 국민건강보험공단이 취소원인을 알았는지는 특별한 사정이 없는 한 피보전채권의 추심 및 보전 등에 관한 업무를 담당하는 직원의 인식을 기준으로 판단하여야 하므로, 담당직원이 채무자의 재산 처분행위 사실뿐만 아니라 구체적인 사해행위의 존재와 채무자에게 사해의 의사가 있었다는 사실까지 인식하였다면 이로써 국민건강보험공단도 그 시점에 취소원인을 알았다고 볼 수 있다(대판 2023.4.13. 2021다309231).

> [국세징수법 제25조에 의한 사해행위취소의 소도 민법 제406조 제2항에서 정한 제소기간 내에 제기되어야 하는지 여부(적극) / 민법 제406조 제2항에서 정한 단기 제척기간의 기산일 역시 채권자취소권의 피보전채권이 성립하는 시점과 관계없이 '채권자가 취소원인을 안 날'이라고 보아야 하는지 여부(적극) 및 이는 채권자취소권의 피보전채권이 피고인에 대하여 추징을 명한 형사판결이 확정됨으로써 비로소 현실적으로 성립하게 되는 경우에도 마찬가지인지 여부(적극)]
>
> 추징금 재판은 민사집행법에서 정한 집행절차 또는 국세징수법에 따른 국세체납처분의 예에 따라 집행할 수 있고(형사소송법 제477조 제3항, 제4항), 추징금 납부의무자가 납부를 피하기 위하여 한 재산의 처분 기타 재산권을 목적으로 한 법률행위에 대하여는 사해행위취소 및 원상회복청구를 할 수 있는데(국세징수법 제25조), 이와 같은 국세징수법 제25조에 의한 사해행위취소의 소도 민법 제406조 제2항에서 정한 제소기간 내에 제기되어야 한다. 민법 제406조 제2항에서 정한 채권자가 '취소원인을 안 날'이란 단순히 채무자의 법률행위가 있었다는 사실을 아는 것만으로는 부족하고, 그 법률행위가 채권자를 불리하게 하는 행위라는 것, 즉 그 행위에 의하여 채권의 공동담보에 부족이 생기거나 이미 부족상태에 있는 공동담보가 한층 더 부족하게 되어 채권을 완전하게 만족시킬 수 없게 된다는 것까지 알아야 한다. 채무자가 유일한 재산인 부동산을 처분하였다는 사실을 채권자가 알았다면 특별한 사정이 없는 한 채무자의 사해의사도 채권자가 알았다고 봄이 타당하다. 채무자의 법률행위가 통정허위표시인 경우에도 채권자취소권의 대상이 됨은 마찬가지이다. 위와 같은 법리는, 사해행위 당시에 이미 채권 성립의 기초가 되는 법률관계가 발생되어 있고, 가까운 장래에 그 법률관계에 터 잡아 채권이 성립되리라는 점에 대한 고도의 개연성이 있으며, 실제로 가까운 장래에 그 개연성이 현실화되어 채권이 성립되는 등 예외적으로 그 채권을 채권자취소권의 피보전채권으로 인정하는 경우에도 동일하게 적용된다. 따라서 그 단기 제척기간의 기산일 역시 채권자취소권의 피보전채권이 성립하는 시점과 관계없이 '채권자가 취소원인을 안 날'이라고 보아야 하고, 이는 채권자취소권의 피보전채권이 피고인에 대하여 추징을 명한 형사판결이 확정됨으로써 비로소 현실적으로 성립하게 되는 경우에도 마찬가지이다(대판 2022.5.26. 2021다288020).

② 법률행위가 있은 날로부터 5년 : 법률행위가 있은 날이란 법률행위가 실제로 이루어진 날을 의미한다.

(3) 판단기준의 주체

채권자가 채무자의 채권자취소권을 대위행사하는 경우, 제소기간은 대위의 목적되는 권리의 채권자인 채무자를 기준으로 그 준수 여부를 가려야 한다(대판 2001.12.27. 2000다73049).

채권의 효력

제1절 서 설

제2절 채무불이행의 유형과 그 효과

01 채무불이행에 관한 다음 설명 중 가장 옳은 것은? 2024년

① 금전채무의 이행지체로 인하여 발생하는 지연이자는 단기소멸시효에 관한 민법 제163조 제1호가 규정한 '1년 이내의 기간으로 정한 채권'에 해당하여 3년의 단기소멸시효의 대상이 된다.
② 매도인이 매수인으로부터 중도금을 지급받아 원매도인에게 매매잔대금을 지급하지 아니하고서는 토지의 소유권이전등기서류를 갖추어 매수인에게 제공하기 어려운 특별한 사정이 있었고, 매수인도 그러한 사정을 알고 매매계약을 체결하였던 경우라도 매수인의 중도금 지급의무는 당초 계약상의 잔금지급기일을 도과하였다면 매도인의 소유권이전등기서류의 제공과 동시이행의 관계에 있게 된다.
③ 이행기의 정함이 없는 채권을 양수한 채권양수인이 채무자를 상대로 그 이행을 구하는 소를 제기하고 소송 계속 중 채무자에 대한 채권양도통지가 이루어진 경우 특별한 사정이 없는 채무자는 소장 부본을 송달받은 다음 날부터 이행지체의 책임을 진다.
④ 소유자가 자신의 소유권에 기하여 실체관계에 부합하지 아니하는 등기의 명의인을 상대로 그 등기 말소를 청구하는 경우 그 권리는 물권적 청구권으로서의 방해배제청구권의 성질을 가지므로 소유자가 그 후에 소유권을 상실함으로써 등기말소를 청구할 수 없게 되었다면, 소유자는 등기말소의무자에 대하여 그 권리의 이행불능을 이유로 한 민법 제390조상의 손해배상청구권을 가진다.
⑤ 채무불이행으로 인한 손해배상청구소송에서 재산적 손해의 발생사실이 인정되나 구체적인 손해의 액수를 증명하는 것이 사안의 성질상 곤란한 경우, 법원은 증거조사의 결과와 변론전체의 취지에 의하여 밝혀진 당사자들 사이의 관계, 채무불이행과 그로 인한 재산적 손해가 발생하게 된 경위, 손해의 성격, 손해가 발생한 이후의 제반 정황 등의 관련된 모든 간접사실들을 종합하여 적당하다고 인정되는 금액을 손해의 액수로 정할 수 있다.

[❶ ▸ ×] 금전채무의 이행지체로 인하여 발생하는 지연손해금은 그 성질이 손해배상금이지 이자가 아니며, 민법 제163조 제1호의 1년 이내의 기간으로 정한 채권도 아니므로 3년간의 단기소멸시효의 대상이 되지 아니한다(대판 1995.10.13. 94다57800).

[❷ ▸ ×] 매도인이 매수인으로부터 중도금을 지급받아 원매도인에게 매매잔대금을 지급하지 아니하고서는 토지의 소유권이전등기서류를 갖추어 매수인에게 제공하기 어려운 특별한 사정이 있었고, 매수인도 그러한 사정을 알고 매매계약을 체결하였던 경우, 매도인의 소유권이전등기절차 서류의 제공의무는 매수인의 중도금 지급이 선행되었을 때에 매수인의 잔대금의 지급과 동시에 이를 이행하기로 약정한 것이라고 할 것이므로, 매수인의 중도금 지급의무는 당초 계약상의 잔금지급기일을 도과하였다고 하여도 매도인의 소유권이전등기서류의 제공과 동시이행의 관계에 있다고 할 수 없다(대판 1997.4.11. 96다31109).

[❸ ▸ ×] 채무에 이행기의 정함이 없는 경우에는 채무자가 이행의 청구를 받은 다음 날부터 이행지체의 책임을 지는 것이나, 한편 지명채권이 양도된 경우 채무자에 대한 대항요건이 갖추어질 때까지 채권양수인은 채무자에게 대항할 수 없으므로, 이행기의 정함이 없는 채권을 양수한 채권양수인이 채무자를 상대로 그 이행을 구하는 소를 제기하고 소송 계속 중 채무자에 대한 채권양도통지가 이루어진 경우에는 특별한 사정이 없는 한 채무자는 채권양도통지가 도달된 다음 날부터 이행지체의 책임을 진다(대판 2014.4.10. 2012다29557).

[❹ ▸ ×] 소유자가 자신의 소유권에 기하여 실체관계에 부합하지 아니하는 등기의 명의인을 상대로 그 등기말소나 진정명의회복 등을 청구하는 경우에, 그 권리는 물권적 청구권으로서의 방해배제청구권(민법 제214조)의 성질을 가진다. 그러므로 소유자가 그 후에 소유권을 상실함으로써 이제 등기말소 등을 청구할 수 없게 되었다면, 이를 위와 같은 청구권의 실현이 객관적으로 불능이 되었다고 파악하여 등기말소 등 의무자에 대하여 그 권리의 이행불능을 이유로 민법 제390조상의 손해배상청구권을 가진다고 말할 수 없다. 위 법규정에서 정하는 채무불이행을 이유로 하는 손해배상청구권은 계약 또는 법률에 기하여 이미 성립하여 있는 채권관계에서 본래의 채권이 동일성을 유지하면서 그 내용이 확장되거나 변경된 것으로서 발생한다. 그러나 위와 같은 등기말소청구권 등의 물권적 청구권은 그 권리자인 소유자가 소유권을 상실하면 이제 그 발생의 기반이 아예 없게 되어 더 이상 그 존재 자체가 인정되지 아니하는 것이다. 이러한 법리는 선행소송에서 소유권보존등기의 말소등기청구가 확정되었다고 하더라도 그 청구권의 법적 성질이 채권적 청구권으로 바뀌지 아니하므로 마찬가지이다(대판[전합] 2012.5.17. 2010다28604).

[❺ ▸ ○] 채무불이행이나 불법행위로 인한 손해배상청구소송에서 재산적 손해의 발생사실이 인정되나 구체적인 손해의 액수를 증명하는 것이 사안의 성질상 곤란한 경우, 법원은 증거조사의 결과와 변론 전체의 취지에 의하여 밝혀진 당사자들 사이의 관계, 채무불이행이나 불법행위와 그로 인한 재산적 손해가 발생하게 된 경위, 손해의 성격, 손해가 발생한 이후의 제반 정황 등 관련된 모든 간접사실들을 종합하여 적당하다고 인정되는 금액을 손해의 액수로 정할 수 있다(대판 2020.3.26. 2018다301336).

답 ❺

02 손해배상에 관한 다음 설명 중 옳지 않은 것을 모두 고른 것은?　　2023년

ㄱ. 손해배상액의 예정과 위약벌은 그 기능이 유사하므로, 약정의 형식이나 해석 결과에 따라 감액 여부를 달리 취급할 것이 아니라, 위약벌도 손해배상액의 예정과 함께 위약금의 일종으로서 손해배상액의 예정에 관한 민법 제398조 제2항을 유추하여 감액할 수 있다고 해석하는 것이 공평의 관념에 부합한다.

ㄴ. 금전채무 불이행에 관한 특칙을 규정한 민법 제397조는 그 이행지체가 있으면 지연이자 부분만큼의 손해가 있는 것으로 의제하려는 데에 그 취지가 있는 것이므로 지연이자를 청구하는 채권자는 그 만큼의 손해가 있었다는 것을 주장 및 증명할 필요가 없다.

ㄷ. 계약 당시 당사자 사이에 손해배상액을 예정하는 내용의 약정이 있는 경우에는 그것은 계약상의 채무불이행으로 인한 손해액에 관한 것이고 이를 그 계약과 관련된 불법행위상의 손해까지 예정한 것이라고는 볼 수 없다.

ㄹ. 채무불이행자 또는 불법행위자는 특별한 사정의 존재를 알았거나 알 수 있었으면 그러한 특별사정으로 인한 손해를 배상하여야 할 의무가 있는 것이고, 그러한 특별한 사정에 의하여 발생한 손해의 액수까지 알았거나 알 수 있었어야 하는 것은 아니다.

ㅁ. 도급인이 그가 분양한 아파트의 하자와 관련하여 구분소유자들로부터 손해배상청구를 당하여 그 하자에 대한 손해배상금 및 이에 대한 지연손해금을 지급한 경우, 그 지연손해금은 수급인의 도급계약상의 채무불이행과 상당인과관계가 있는 손해라고 볼 수 있으므로, 도급인으로서는 수급인을 상대로 위 하자에 대한 손해배상금 및 이에 대한 지연손해금의 지급을 청구할 수 있다.

① ㄱ, ㄴ, ㄷ
② ㄴ, ㄷ, ㄹ
③ ㄷ, ㄹ, ㅁ
④ ㄱ, ㄴ, ㄹ
⑤ ㄱ, ㄴ, ㅁ

[ㄱ ▶ ×] 위약벌의 약정은 채무의 이행을 확보하기 위하여 정하는 것으로서 손해배상의 예정과 다르므로 손해배상의 예정에 관한 민법 제398조 제2항을 유추적용하여 그 액을 감액할 수 없고, 다만 의무의 강제로 얻는 채권자의 이익에 비하여 약정된 벌이 과도하게 무거울 때에는 일부 또는 전부가 공서양속에 반하여 무효로 된다. 그런데 당사자가 약정한 위약벌의 액수가 과다하다는 이유로 법원이 계약의 구체적 내용에 개입하여 약정의 전부 또는 일부를 무효로 하는 것은, 사적 자치의 원칙에 대한 중대한 제약이 될 수 있고, 스스로가 한 약정을 이행하지 않겠다며 계약의 구속력에서 이탈하고자 하는 당사자를 보호하는 결과가 될 수 있으므로, 가급적 자제하여야 한다(대판 2016.1.28. 2015다239324).

[ㄴ ▶ ×] 금전채무 불이행에 관한 특칙을 규정한 민법 제397조는 그 이행지체가 있으면 지연이자 부분만큼의 손해가 있는 것으로 의제하려는 데에 그 취지가 있는 것이므로 <u>지연이자를 청구하는 채권자는 그만큼의 손해가 있었다는 것을 증명할 필요가 없는 것이나</u>, 그렇다고 하더라도 채권자가 금전채무의 불이행을 원인으로 손해배상을 구할 때에 지연이자 상당의 손해가 발생하였다는 취지의 주장은 하여야 하는 것이지 주장조차 하지 아니하여 그 손해를 청구하고 있다고 볼 수 없는 경우까지 지연이자 부분만큼의 손해를 인용해 줄 수는 없는 것이다(대판 2000.2.11. 99다49644).

[ㄷ ▶ ○] 계약 당시 당사자 사이에 손해배상액을 예정하는 내용의 약정이 있는 경우에는 그것은 계약상의 채무불이행으로 인한 손해액에 관한 것이고 이를 그 계약과 관련된 불법행위상의 손해까지 예정한 것이라고는 볼 수 없다(대판 1999.1.15. 98다48033).

[ㄹ▶○] 채무불이행자 또는 불법행위자는 특별한 사정의 존재를 알았거나 알 수 있었으면 그러한 특별사정으로 인한 손해를 배상하여야 할 의무가 있는 것이고, 그러한 특별한 사정에 의하여 발생한 손해의 액수까지 알았거나 알 수 있었어야 하는 것은 아니다(대판 2002.10.25. 2002다23598).

[ㅁ▶×] 도급인이 그가 분양한 아파트의 하자와 관련하여 구분소유자들로부터 손해배상청구를 당하여 그 하자에 대한 손해배상금 및 이에 대한 지연손해금을 지급한 경우, 그 지연손해금은 도급인이 자신의 채무의 이행을 지체함에 따라 발생한 것에 불과하므로 특별한 사정이 없는 한 수급인의 도급계약상의 채무불이행과 상당인과관계가 있는 손해라고 볼 수는 없다. 이러한 경우 도급인으로서는 구분소유자들의 손해배상청구와 상관없이 수급인을 상대로 위 하자에 대한 손해배상금(원금)의 지급을 청구하여 그 이행지체에 따른 지연손해금을 청구할 수 있을 뿐이다(대판 2013.11.28. 2011다67323).

답 ⑤

제3절 채권의 대외적 효력(제3자에 의한 채권침해)

03 제3자의 채권침해에 관한 다음 설명 중 가장 옳지 않은 것은? 2025년

① 제3자가 채권자를 해한다는 사정을 알면서도 법규에 위반하거나 선량한 풍속 또는 사회질서에 위반하는 등 위법한 행위를 함으로써 채권자의 이익을 침해하였다면 이로써 불법행위가 성립한다고 하지 않을 수 없다.
② 제3자가 위법한 행위를 함으로써 다른 사람 사이의 계약체결을 방해하거나 유효하게 존속하던 계약의 갱신을 하지 못하게 하여 그 다른 사람의 정당한 법률상 이익이 침해되기에 이른 경우에도 제3자의 채권침해에 의한 불법행위가 성립한다.
③ 채권침해의 위법성은 침해되는 채권의 내용, 침해행위의 태양, 침해자의 고의 내지 해의의 유무 등을 참작하여 구체적, 개별적으로 판단하되, 거래자유 보장의 필요성, 경제·사회정책적 요인을 포함한 공공의 이익, 당사자 사이의 이익균형 등을 종합적으로 고려하여야 한다.
④ 채무자가 다른 채권자들에게 채무를 변제한 행위가 정당한 법률행위인 이상 이를 요청한 행위 또한 위법성이 없어서 제3자의 채권침해에 의한 불법행위가 될 수 없다.
⑤ 일반적으로 채권에 대하여는 배타적 효력이 부인되고 채권자 상호 간 및 채권자와 제3자 사이에 자유경쟁이 허용되는 것이지만 제3자에 의하여 채권이 침해되었으면 그 자체로 곧바로 불법행위가 성립한다고 볼 것이다.

[❶ ▶ ○] [❷ ▶ ○] [❸ ▶ ○] [❺ ▶ ×] 일반적으로 채권에 대하여는 배타적 효력이 부인되고 채권자 상호 간 및 채권자와 제3자 사이에 자유경쟁이 허용되는 것이어서 제3자에 의하여 채권이 침해되었다는 사실만으로 바로 불법행위로 되는 않는 것이지만(⑤), 거래에 있어서의 자유경쟁의 원칙은 법질서가 허용하는 범위 내에서의 공정하고 건전한 경쟁을 전제로 하는 것이므로, 제3자가 채권자를 해한다는 사정을 알면서도 법규를 위반하거나 선량한 풍속 또는 사회질서를 위반하는 등 위법한 행위를 함으로써 채권자의 이익을 침해하였다면 이로써 불법행위가 성립하고(①), 여기에서 채권침해의 위법성은 침해되는 채권의 내용, 침해행위의 태양, 침해자의 고의 내지 해의의 유무 등을 참작하여 구체적, 개별적으로 판단하되, 거래자유 보장의 필요성, 경제·사회정책적 요인을 포함한 공공의 이익, 당사자 사이의 이익균형 등을 종합적으로 고려하여야 하는바(③), 이러한 법리는 제3자가 위법한 행위를 함으로써 다른 사람 사이의 계약체결을 방해하거나 유효하게 존속하던 계약의 갱신을 하지 못하게 하여 그 다른 사람의 정당한 법률상 이익이 침해되기에 이른 경우에도 적용된다(대판 2007.5.11. 2004다11162)(②).
[❹ ▶ ○] 채무자로 하여금 채권자 甲에게 지급하여야 할 물품대금을 자금사정이 어려운 군소협력업체인 다른 채권자들에게 우선 결제하도록 지시하고 채무자가 이에 따라 그 물품대금을 채권자 甲이 아닌 다른 채권자들에게 지급함으로써 결과적으로 채무자가 채권자 甲에게 물품대금을 지급하지 못하게 된 사안에서, 채무자가 다른 채권자들에게 채무를 변제한 행위가 정당한 법률행위인 이상 이를 요청한 행위 또한 위법성이 없어서 제3자의 채권침해에 의한 불법행위가 될 수 없다고 한 원심의 판단을 수긍한 사례이다(대판 2006.6.15. 2006다13117).

답 ❺

제4절 책임재산의 보전

04 채권자대위권에 관한 다음 설명 중 가장 옳지 않은 것은? 2025년

① 채권자가 채무자를 대위하여 제3채무자에 대하여 보전행위 이외의 권리를 행사한 때에는 채무자에게 통지하여야 하고, 채무자가 그 통지를 받은 후에는 그 권리를 처분하여도 이로써 채권자에게 대항하지 못한다.
② 민법상 조합원의 조합탈퇴권은 그 성질상 조합계약의 해지권으로서 그의 일반재산을 구성하는 재산권의 일종이라 할 것이고 채권자대위가 허용되지 않는 일신전속적 권리라고는 할 수 없다.
③ 이혼으로 인한 재산분할청구권은 이혼을 한 당사자의 일방이 다른 일방에 대하여 재산분할을 청구할 수 있는 권리로서 청구인의 재산에 영향을 미치는 재산법적 행위이므로 채권자대위권의 목적이 될 수 있다.
④ 채권자대위소송에서 피대위자인 채무자가 실존인물이 아니거나 사망한 사람인 경우 피보전채권인 채권자의 채무자에 대한 권리를 인정할 수 없는 경우에 해당하므로 그러한 채권자대위소송은 당사자적격이 없어 부적법하다.
⑤ 피보전채권이 특정채권이라 하여 반드시 순차매도 또는 임대차에 있어 소유권이전등기청구권이나 인도청구권 등의 보전을 위한 경우에만 한하여 채권자대위권이 인정되는 것은 아니며, 물권적 청구권에 대하여도 채권자대위권에 관한 규정과 법리가 적용될 수 있다.

[❶ ▶ ○] 민법 제405조 제1항·제2항

> **민법 제405조(채권자대위권행사의 통지)**
> ① 채권자가 전조 제1항의 규정에 의하여 보전행위 이외의 권리를 행사한 때에는 채무자에게 통지하여야 한다.
> ② 채무자가 전항의 통지를 받은 후에는 그 권리를 처분하여도 이로써 채권자에게 대항하지 못한다.

[❷ ▶ ○] 민법상 조합원은 조합의 존속기간이 정해져 있는 경우 등을 제외하고는 원칙적으로 언제든지 조합에서 탈퇴할 수 있고(민법 제716조 참조), 조합원이 탈퇴하면 그 당시의 조합재산상태에 따라 다른 조합원과 사이에 지분의 계산을 하여 지분환급청구권을 가지게 되는바(민법 제719조 참조), 조합원이 조합을 탈퇴할 권리는 그 성질상 조합계약의 해지권으로서 그의 일반재산을 구성하는 재산권의 일종이라 할 것이고 채권자대위가 허용되지 않는 일신전속적 권리라고는 할 수 없다(대결 2007.11.30. 2005마1130).

[❸ ▶ ×] 이혼으로 인한 재산분할청구권은 이혼을 한 당사자의 일방이 다른 일방에 대하여 재산분할을 청구할 수 있는 권리로서 청구인의 재산에 영향을 미치지만, 순전한 재산법적 행위와 같이 볼 수는 없다. 오히려 이혼을 한 경우 당사자는 배우자, 자녀 등과의 관계 등을 종합적으로 고려하여 재산분할청구권 행사 여부를 결정하게 되고, 법원은 청산적 요소뿐만 아니라 이혼 후의 부양적 요소, 정신적 손해(위자료)를 배상하기 위한 급부로서의 성질 등도 고려하여 재산을 분할하게 된다. 또한 재산분할청구권은 협의 또는 심판에 의하여 구체적 내용이 형성되기까지는 그 범위 및 내용이 불명확·불확정하기 때문에 구체적으로 권리가 발생하였다고 할 수 없어 채무자의 책임재산에 해당한다고 보기 어렵고, 채권자의 입장에서는 채무자의 재산분할청구권 불행사가 그의 기대를 저버리는 측면이 있다고 하더라도 채무자의 재산을 현재의 상태보다 악화시키지 아니한다. 이러한 사정을 종합하면, 이혼으로 인한 재산분할청구권은 그 행사 여부가 청구인의 인격적 이익을 위하여 그의 자유로운 의사결정에 전적으로 맡겨진 권리로서 행사상의 일신전속성을 가지므로, 채권자대위권의 목적이 될 수 없고 파산재단에도 속하지 않는다고 보아야 한다(대결 2022.7.28. 2022스613).

[❹ ▶ ○] 채권자대위소송에서 대위에 의하여 보전될 채권자의 채무자에 대한 권리가 인정되지 아니할 경우에는 채권자가 스스로 원고가 되어 채무자의 제3채무자에 대한 권리를 행사할 당사자적격이 없게 되므로 그 대위소송은 부적법하여 각하할 것인바, 피대위자인 채무자가 실존인물이 아니거나 사망한 사람인 경우 역시 피보전채권인 채권자의 채무자에 대한 권리를 인정할 수 없는 경우에 해당하므로 그러한 채권자대위소송은 당사자적격이 없어 부적법하다(대판 2021.7.21. 2020다300893).

[❺ ▶ ○] 피보전채권이 특정채권이라 하여 반드시 순차매도 또는 임대차에 있어 소유권이전등기청구권이나 인도청구권 등의 보전을 위한 경우에만 한하여 채권자대위권이 인정되는 것은 아니며, 물권적 청구권에 대하여도 채권자대위권에 관한 민법 제404조의 규정과 위와 같은 법리가 적용될 수 있다(대판 2007.5.10. 2006다82700).

탑 ❸

05 채권자대위에 관한 다음 설명 중 가장 옳은 것은? 2024년

① 채권자대위권은 채무자의 제3채무자에 대한 권리를 행사하는 것이므로, 제3채무자는 채무자에 대해 가지는 모든 항변사유로 채권자에게 대항할 수 있고, 공평의 원칙상 채권자도 채무자 자신이 주장할 수 있는 사유의 범위뿐만 아니라 채권자 자신과 제3채무자 사이의 독자적인 사정에 기한 사유도 함께 주장할 수 있다.

② 채권자대위권은 채무자가 제3채무자에 대한 권리를 행사하지 아니하는 경우에 한하여 채권자가 자기의 채권을 보전하기 위하여 행사할 수 있는 것이기는 하나, 채권자가 대위권을 행사할 당시 이미 채무자가 그 권리를 재판상 행사하였으나 이후 불성실한 소송수행 등으로 패소의 확정판결을 받은 경우라면, 채권자는 채무자를 대위하여 채무자의 권리를 행사할 당사자적격이 있다.

③ 임대인의 임대차계약 해지권은 오로지 임대인의 의사에 행사의 자유가 맡겨져 있어 민법 제404조 제1항 후단에서 정하는 채권자대위권의 소극적 요건 중 하나인 '행사상의 일신전속권'에 해당하는 것으로 볼 수 있으므로, 채권자대위권의 대상이 되지 아니한다.

④ 부동산의 소유자에 대하여 소유권이전등기를 청구할 지위에 있기는 하지만 아직 그 소유권이전등기를 경료하지 않은 상태에서, 제3자가 부동산의 소유자를 상대로 그 부동산에 관한 소유권이전등기절차 이행의 확정판결을 받아 소유권이전등기를 경료한 경우, 그 확정판결이 당연무효이거나 재심의 소에 의하여 취소되지 않았더라도, 종전의 소유권이전등기청구권을 가지는 자가 부동산의 소유자에 대한 소유권이전등기청구권을 보전하기 위하여 부동산의 소유자를 대위하여 제3자 명의의 소유권이전등기가 원인무효임을 내세워 그 등기의 말소를 구할 수 있다.

⑤ 채무자 소유의 부동산을 시효취득한 채권자의 공동상속인이 채무자에 대한 소유권이전등기청구권을 피보전채권으로 하여 제3채무자를 상대로 채무자의 제3채무자에 대한 소유권이전등기의 말소등기청구권을 대위행사하는 경우, 공동상속인은 자신의 지분 범위 내에서만 채무자의 제3채무자에 대한 소유권이전등기의 말소등기청구권을 대위행사할 수 있고, 지분을 초과하는 부분에 관하여는 채무자를 대위할 보전의 필요성이 없다.

[❶▸×] 채권자대위권은 채무자의 제3채무자에 대한 권리를 행사하는 것이므로, 제3채무자는 채무자에 대해 가지는 모든 항변사유로 채권자에게 대항할 수 있으나, 채권자는 채무자 자신이 주장할 수 있는 사유의 범위 내에서 주장할 수 있을 뿐 자기와 제3채무자 사이의 독자적인 사정에 기한 사유를 주장할 수는 없다(대판 2009.5.28. 2009다4787).

[❷▸×] 채권자대위권은 채무자가 제3채무자에 대한 권리를 행사하지 아니하는 경우에 한하여 채권자가 자기의 채권을 보전하기 위하여 행사할 수 있는 것이어서, 채권자가 대위권을 행사할 당시에 이미 채무자가 그 권리를 재판상 행사하였을 때에는 채권자는 채무자를 대위하여 채무자의 권리를 행사할 수 없다(대판 2009.3.12. 2008다65839).

[❸▸×] 임대인의 임대차계약 해지권은 오로지 임대인의 의사에 행사의 자유가 맡겨져 있는 행사상의 일신전속권에 해당하는 것으로 볼 수 없다(대판 2007.5.10. 2006다82700).

[❹▸×] 부동산의 소유자에 대하여 소유권이전등기를 청구할 지위에 있기는 하지만 아직 그 소유권이전등기를 경료하지 않은 상태에서, 제3자가 부동산의 소유자를 상대로 그 부동산에 관한 소유권이전등기절차 이행의 확정판결을 받아 소유권이전등기를 경료한 경우, 그 확정판결이 당연무효이거나 재심의 소에 의하여 취소되지 않는 한, 종전의 소유권이전등기청구권을 가지는 자가 부동산의 소유자에 대한 소유권이전등기청구권을 보전하기 위하여 부동산의 소유자를 대위하여 제3자 명의의 소유권이전등기가 원인무효임을 내세워 그 등기의 말소를 구하는 것은 확정판결의 기판력에 저촉되므로 허용될 수 없다(대판 1999.2.24. 97다46955).

[❺ ▶ ○] 채무자 소유의 부동산을 시효취득한 채권자의 공동상속인이 채무자에 대한 소유권이전등기청구권을 피보전채권으로 하여 제3채무자를 상대로 채무자의 제3채무자에 대한 소유권이전등기의 말소등기청구권을 대위행사하는 경우, 공동상속인은 자신의 지분 범위 내에서만 채무자의 제3채무자에 대한 소유권이전등기의 말소등기청구권을 대위행사할 수 있고, 지분을 초과하는 부분에 관하여는 채무자를 대위할 보전의 필요성이 없다(대판 2014.10.27. 2013다25217).

답 ❺

06

채권자취소권에 관한 다음 설명 중 옳은 것을 모두 고른 것은?(다툼이 있는 경우 판례에 따르고 전원합의체 판결의 경우 다수의견에 의함. 이하 같음) 2025년

ㄱ. 사해행위가 채권자에 의하여 취소되기 전에 이미 수익자 또는 전득자가 배당금을 현실로 지급받은 경우, 채권자는 원상회복방법으로 수익자 또는 전득자를 상대로 배당으로 수령한 금원 중 자신의 채권액 상당의 지급을 가액배상의 방법으로 청구할 수 있다.
ㄴ. 수익자가 채무초과 상태에 있는 채무자의 부동산에 관하여 설정된 선순위 근저당권의 피담보채무를 변제하여 근저당권설정등기를 말소하는 대신 동일한 금액을 피담보채무로 하는 새로운 근저당권설정등기를 설정하면 사해행위가 성립한다.
ㄷ. 채권자가 전득자를 상대로 하여 사해행위취소의 소를 제기하는 경우, 취소의 대상이 되는 사해행위는 채무자와 수익자 사이에서 행하여진 법률행위에 국한될 뿐 수익자와 전득자 사이의 법률행위는 그 대상이 되지 않는다.
ㄹ. 원고의 피고에 대한 청구의 원인행위가 사해행위라는 이유로 원고에 대하여 사해행위취소를 청구하면서 독립당사자참가신청을 하는 경우, 독립당사자참가인의 청구가 그대로 받아들여진다 하더라도 원고와 피고 사이의 법률관계에는 아무런 영향이 없고, 따라서 그러한 참가신청은 사해방지참가의 목적을 달성할 수 없으므로 부적법하다.
ㅁ. 가등기에 기하여 본등기가 경료된 경우 가등기의 원인인 법률행위와 본등기의 원인인 법률행위가 명백히 다른 경우가 아닌 한 사해행위 요건의 구비 여부는 본등기 경료 당시를 기준으로 하여 판단하여야 한다.

① ㄱ, ㄷ, ㄹ
② ㄱ, ㄷ, ㅁ
③ ㄱ, ㄹ, ㅁ
④ ㄴ, ㄷ, ㅁ
⑤ ㄴ, ㄷ, ㄹ

[ㄱ ▸ O] 사해행위가 채권자에 의하여 취소되기 전에 이미 수익자가 배당금을 현실로 지급받은 경우에는, 수익자가 경매절차에서 채무자와의 사해행위로 취득한 근저당권부 채권에 기하여 배당에 참가하여 배당표는 확정되었으나 채권자의 배당금지급금지가처분 등으로 인하여 배당금을 현실적으로 지급받지 못한 경우와 달리, 채권자는 원상회복방법으로 수익자 또는 전득자를 상대로 배당 또는 변제로 수령한 금원 중 자신의 채권액 상당의 지급을 가액배상의 방법으로 청구할 수 있다 할 것이나, 채권에 대한 압류가 경합하여 제3채무자가 금전채권을 집행공탁한 경우 비록 제3채무자의 채무가 소멸되는 것이기는 하지만, 제3채무자의 채권자는 현실적으로 채권을 추심한 것이 아니라 공탁금출급청구권을 취득한 것에 불과하고 압류의 효력이 채무자의 공탁금출급청구권에 대하여 존속하게 되는 것이므로 사해행위의 취소에 따른 원상회복은 금전지급에 의한 가액배상이 아니라 공탁금출급청구권을 채권자에게 양도하는 방법으로 하여야 한다(대판 2004.6.25. 2004다9398).

[ㄴ ▸ X] 저당권이 설정되어 있는 목적물의 경우 목적물 중에서 일반채권자들의 공동담보에 제공되는 책임재산은 피담보채권액을 공제한 나머지 부분만이므로, 수익자가 채무초과 상태에 있는 채무자의 부동산에 관하여 설정된 선순위 근저당권의 피담보채무를 변제하여 근저당권설정등기를 말소하는 대신 동일한 금액을 피담보채무로 하는 새로운 근저당권설정등기를 설정하는 것은 채무자의 공동담보를 부족하게 하는 것이라고 볼 수 없어 사해행위가 성립하지 아니한다(대판 2012.1.12. 2010다64792).

[ㄷ ▸ O] 채권자가 전득자를 상대로 하여 사해행위의 취소와 함께 책임재산의 회복을 구하는 사해행위취소의 소를 제기한 경우에 그 취소의 효과는 채권자와 전득자 사이의 상대적인 관계에서만 생기는 것이고 채무자 또는 채무자와 수익자 사이의 법률관계에는 미치지 않는 것이므로, 이 경우 취소의 대상이 되는 사해행위는 채무자와 수익자 사이에서 행하여진 법률행위에 국한되고, 수익자와 전득자 사이의 법률행위는 취소의 대상이 되지 않는다(대판 2004.8.30. 2004다21923).

[ㄹ ▸ O] 사해행위취소의 상대적 효력에 의하면, 원고의 피고에 대한 청구의 원인행위가 사해행위라는 이유로 원고에 대하여 사해행위취소를 청구하면서 독립당사자참가신청을 하는 경우, 독립당사자참가인의 청구가 그대로 받아들여진다 하더라도 원고와 피고 사이의 법률관계에는 아무런 영향이 없고, 따라서 그러한 참가신청은 사해방지참가의 목적을 달성할 수 없으므로 부적법하다(대판 2014.6.12. 2012다47548).

[ㅁ ▸ X] 가등기에 기하여 본등기가 경료된 경우, 가등기의 원인인 법률행위와 본등기의 원인인 법률행위가 명백히 다른 것이 아닌 한 사해행위의 요건의 구비 여부는 가등기의 원인된 법률행위 당시를 기준으로 하여 판단하여야 한다(대판 1998.3.10. 97다51919).

답 ❶

07 채권자취소권에 관한 다음 설명 중 가장 옳은 것은? 2024년

① 채권자의 채권이 사해행위 이전에 성립되어 있는 이상 그 채권이 양도된 경우에도 그 양수인이 채권자취소권을 행사할 수 있으나, 이 경우 채권양도의 대항요건을 사해행위 이후에 갖추었다면, 채권양수인으로서는 채무자에게 채권양도로 대항할 수 없는 만큼 채권자취소권을 행사할 수 없다.
② 채권자취소권 행사는 채무 이행을 구하는 것이 아니라 총채권자를 위하여 채무자의 자력 감소를 방지하고, 일탈된 채무자의 책임재산을 회수하여 채권의 실효성을 확보하는 데 목적이 있으나, 채무자의 법률행위를 취소하는 법률효과를 부여하는 채권자취소권의 내용에 비추어 볼 때 피보전채권이 사해행위 이전에 이미 성립되어 있다면, 그 액수나 범위가 구체적으로 확정되어야 할 것이다.
③ 어느 부동산에 관한 법률행위가 사해행위에 해당하는 경우에 그 부동산에 관하여 주택임대차보호법 제3조 제1항이 정한 대항력을 갖추고 임대차계약서에 확정일자를 받아 임대차보증금 우선변제권을 가진 임차인 또는 같은 법 제8조에 의하여 임대차보증금 중 일정액을 우선하여 변제받을 수 있는 소액임차인이 있는 때에는 수익자가 배상하여야 할 부동산의 가액에서 그 우선변제권 있는 임차보증금 반환채권 금액을 공제하여서는 아니 된다.
④ 저당권이 이미 설정되어 있는 부동산에 관하여 사해행위가 이루어진 경우에 그 사해행위는 부동산의 가액에서 저당권의 피담보채권액을 공제한 잔액의 범위 내에서만 성립한다고 보아야 하므로, 사해행위 후 변제 등에 의하여 저당권설정등기가 말소된 경우, 사해행위를 취소하여 그 부동산 자체의 회복을 명하는 것은 당초 일반 채권자들의 공동담보로 되어 있지 아니하던 부분까지 회복을 명하는 것이 되어 공평에 반하는 결과가 되므로, 그 부동산의 가액에서 저당권의 피담보채무액을 공제한 잔액의 한도에서 사해행위를 취소하고 그 가액의 배상을 구할 수 있을 뿐이고, 그와 같은 가액 산정은 변제 등에 의하여 저당권설정등기가 말소될 당시를 기준으로 하여야 한다.
⑤ 처분행위 당시에는 채권자를 해하는 것이었다고 하더라도 그 후 채무자가 자력을 회복하여 사해행위취소권을 행사하는 사실심의 변론종결 시에는 채권자를 해하지 않게 된 경우에는 책임재산 보전의 필요성이 없어지게 되어 채권자취소권이 소멸하는 것으로 보아야 할 것인바, 그러한 사정변경이 있다는 사실은 채권자취소소송의 상대방이 증명하여야 한다.

[❶ ▸ ✕] 채권자의 채권이 사해행위 이전에 성립되어 있는 이상 그 채권이 양도된 경우에도 그 양수인이 채권자취소권을 행사할 수 있고, <u>이 경우 채권양도의 대항요건을 사해행위 이후에 갖추었더라도 채권양수인이 채권자취소권을 행사하는 데 아무런 장애사유가 될 수 없다</u> 할 것이다(대판 2006.6.29. 2004다5822).
[❷ ▸ ✕] 채권자취소권 행사는 채무 이행을 구하는 것이 아니라 총채권자를 위하여 채무자의 자력 감소를 방지하고, 일탈된 채무자의 책임재산을 회수하여 채권의 실효성을 확보하는 데 목적이 있으므로, <u>피보전채권이 사해행위 이전에 성립되어 있는 이상 액수나 범위가 구체적으로 확정되지 않은 경우라고 하더라도 채권자취소권의 피보전채권이 된다</u>(대판 2018.6.28. 2016다1045).
[❸ ▸ ✕] 어느 부동산에 관한 법률행위가 사해행위에 해당하는 경우에는 원칙적으로 그 사해행위를 취소하고 소유권이전등기의 말소 등 부동산 자체의 회복을 명하여야 하는 것이나, 다만 원물반환이 불가능하거나 현저히 곤란한 경우에는 원상회복의무의 이행으로서 사해행위 목적물 가액 상당의 배상을 명하여야 하는 것이고, 이러한 가액배상에 있어서는 일반 채권자들의 공동담보로 되어 있어 사해행위가 성립하는 범위 내의 가액배상을 명하여야 하는 것이므로, <u>그 부동산에 관하여 주택임대차보호법 제3조 제1항이 정한 대항력을 갖추고 임대차계약서에 확정일자를 받아 임대차보증금 우선변제권을 가진 임차인 또는 같은 법 제8조에 의하여 임대차보증금 중 일정액을 우선하여 변제받을 수 있는 소액임차인이 있는 때에는 수익자가 배상하여야 할 부동산의 가액에서 그 우선변제권 있는 임차보증금 반환채권 금액을 공제하여야 한다</u>(대판 2007.7.26. 2007다29119).

[❹ ▸ ×] 부동산에 관한 법률행위가 사해행위에 해당하는 경우에는 원칙적으로 그 사해행위를 취소하고 소유권이전등기의 말소 등 부동산 자체의 회복을 명하는 것이 원칙이지만, 저당권이 설정되어 있는 부동산에 관하여 사해행위가 이루어진 경우에 그 사해행위는 부동산의 가액에서 저당권의 피담보채권액을 공제한 잔액의 범위 내에서만 성립한다고 보아야 하므로, 사해행위 후 변제 등에 의하여 저당권설정등기가 말소된 경우, 사해행위를 취소하여 그 부동산의 자체의 회복을 명하는 것은 당초 일반 채권자들의 공동담보로 되어 있지 아니하던 부분까지 회복을 명하는 것이 되어 공평에 반하는 결과가 되므로, 그 부동산의 가액에서 저당권의 피담보채무액을 공제한 잔액의 한도에서 사해행위를 취소하고 그 가액의 배상을 구할 수 있을 뿐이고, <u>그와 같은 가액 산정은 사실심변론 종결 시를 기준으로 하여야 한다</u>(대판 1999.9.7. 98다41490).

[❺ ▸ ○] 처분행위 당시에는 채권자를 해하는 것이었다고 하더라도 그 후 채무자가 자력을 회복하여 사해행위취소권을 행사하는 사실심의 변론종결 시에는 채권자를 해하지 않게 된 경우에는 책임재산 보전의 필요성이 없어지게 되어 채권자취소권이 소멸하는 것으로 보아야 할 것인바, 그러한 사정변경이 있다는 사실은 채권자취소소송의 상대방이 증명하여야 한다(대판 2007.11.29. 2007다54849).

답 ❺

08 채권자취소권에 관한 다음 설명 중 옳은 것을 모두 고른 것은? 2023년

ㄱ. 채권자취소권의 요건을 갖춘 각 채권자는 고유의 권리로서 채무자의 재산처분 행위를 취소하고 그 원상회복을 구할 수 있는 것이므로 각 채권자가 동시 또는 이시에 채권자취소 및 원상회복소송을 제기한 경우 이들 소송은 중복제소에 해당하지 않는다.

ㄴ. 사해행위 당시에 이미 채권 성립의 기초가 되는 법률관계가 발생되어 있고 가까운 장래에 그 법률관계에 기하여 채권이 성립될 고도의 개연성이 있으며 실제로 가까운 장래에 그 개연성이 현실화되어 채권이 성립된 경우에는 그 채권도 채권자취소권의 피보전채권이 될 수 있으므로, 사해행위 당시 계속적인 물품거래관계가 존재하였다는 사정만으로도 채권 성립의 기초가 되는 법률관계가 발생하여 있었다고 할 수 있다.

ㄷ. 채권자취소소송에서 피보전채권의 존재가 인정되어 사해행위 취소 및 원상회복을 명하는 판결이 확정되었다고 하더라도, 그에 기하여 재산이나 가액의 회복을 마치기 전에 피보전채권이 소멸하여 채권자가 더 이상 채무자의 책임재산에 대하여 강제집행을 할 수 없게 되었다면, 이는 위 판결의 집행력을 배제하는 적법한 청구이의 이유가 된다.

ㄹ. 채권자가 채무자 소유의 부동산에 대한 가압류신청 시 첨부한 등기부등본에 수익자 명의의 근저당권설정등기가 경료되어 있었다면 채권자가 가압류신청 당시 사해행위 취소원인을 알았다고 인정할 수 있다.

ㅁ. 수익자가 채권자취소에 따른 원상회복으로서 가액배상을 할 경우, 수익자 자신도 채무자에 대한 채권자라는 이유로 채무자에 대하여 가지는 자기의 채권과의 상계를 주장할 수는 없다.

① ㄱ, ㄴ, ㄹ   ② ㄱ, ㄴ, ㅁ
③ ㄱ, ㄷ, ㅁ   ④ ㄴ, ㄷ, ㅁ
⑤ ㄷ, ㄹ, ㅁ

[ㄱ▶O] 채권자취소권의 요건을 갖춘 각 채권자는 고유의 권리로서 채무자의 재산처분행위를 취소하고 그 원상회복을 구할 수 있는 것이므로 각 채권자가 동시 또는 이시에 사해행위의 취소 및 원상회복을 구하는 소송을 제기하였다 하여도 그중 어느 소송에서 승소판결이 선고·확정되고 그에 기하여 재산이나 가액의 회복을 마치기 전에는 각 소송이 중복제소에 해당한다거나 권리보호의 이익이 없게 되는 것은 아니다(대판 2005.5.27. 2004다67806).

[ㄴ▶X] 채권자취소권에 의하여 보호될 수 있는 채권은 원칙적으로 사해행위라고 볼 수 있는 행위가 행하여지기 전에 발생된 것임을 요하지만, 사해행위 당시에 이미 채권 성립의 기초가 되는 법률관계가 발생되어 있고, 가까운 장래에 그 법률관계에 터 잡아 채권이 성립되리라는 점에 대한 고도의 개연성이 있으며, 실제로 가까운 장래에 개연성이 현실화되어 채권이 성립된 경우에는, 그 채권도 채권자취소권의 피보전채권이 될 수 있다. … 계속적인 물품공급계약에서 대상이 되는 물품의 구체적인 수량, 거래단가, 거래시기 등에 관하여까지 구체적으로 미리 정하고 있다거나, 일정한 한도에서 공급자가 외상으로 물품을 공급할 의무를 규정하고 있지 않은 이상, 계속적 물품공급계약 그 자체에 기하여 거래당사자의 채권이 바로 성립하지는 아니하며, 주문자가 상대방에게 구체적으로 물품의 공급을 의뢰하고 그에 따라 상대방이 물품을 공급하는 별개의 법률관계가 성립하여야만 채권이 성립한다. 따라서 <u>특별한 사정이 없는 한 사해행위 당시 계속적인 물품거래관계가 존재하였다는 사정만으로 채권 성립의 기초가 되는 법률관계가 발생하여 있었다고 할 수 없다</u>(대판 2023.3.16. 2022다272046).

[ㄷ▶O] 채권자취소권은 채무자의 사해행위를 채권자와 수익자 또는 전득자 사이에서 상대적으로 취소하고 채무자의 책임재산에서 일탈한 재산을 회복하여 채권자의 강제집행이 가능하도록 하는 것을 본질로 하는 권리이므로, 채권자취소권에 의하여 책임재산을 보전할 필요성이 없어지면 채권자취소권은 소멸한다. 따라서 채권자취소소송에서 피보전채권의 존재가 인정되어 사해행위 취소 및 원상회복을 명하는 판결이 확정되었다고 하더라도, 그에 기하여 재산이나 가액의 회복을 마치기 전에 피보전채권이 소멸하여 채권자가 더 이상 채무자의 책임재산에 대하여 강제집행을 할 수 없게 되었다면, 이는 위 판결의 집행력을 배제하는 적법한 청구이의 이유가 된다(대판 2017.10.26. 2015다224469).

[ㄹ▶X] 채권자취소의 소는 채권자가 취소원인을 안 날로부터 1년 내에 제기하여야 하는 것인바, 여기에서 취소원인을 안다고 하기 위하여서는 단순히 채무자의 법률행위가 있었다는 사실을 아는 것만으로는 부족하고, 그 법률행위가 채권자를 해하는 행위라는 것, 즉 그에 의하여 채권의 공동담보에 부족이 생기거나 이미 부족상태에 있는 공동담보가 한층 더 부족하게 되어 채권을 완전하게 만족시킬 수 없게 된다는 것까지 알아야 한다. … 채권자가 채무자 소유의 부동산에 대한 가압류신청시 첨부한 <u>등기부등본에 수익자 명의의 근저당권설정등기가 경료되어 있었다는 사실만으로는 채권자가 가압류신청 당시 취소원인을 알았다고 인정할 수 없다</u>(대판 2000.6.13. 2000다15265).

[ㅁ▶O] 채권자취소권은 채권의 공동담보인 채무자의 책임재산을 보전하기 위하여 채무자와 수익자 사이의 사해행위를 취소하고 채무자의 일반재산으로부터 일탈된 재산을 모든 채권자를 위하여 수익자 또는 전득자로부터 환원시키는 제도로서, 수익자로 하여금 자기의 채무자에 대한 반대채권으로써 상계를 허용하는 것은 사해행위에 의하여 이익을 받은 수익자를 보호하고 다른 채권자의 이익을 무시하는 결과가 되어 위 제도의 취지에 반하므로, 수익자가 채권자취소에 따른 원상회복으로서 가액배상을 할 때에 채무자에 대한 채권자라는 이유로 채무자에 대하여 가지는 자기의 채권과의 상계를 주장할 수는 없다(대판 2001.6.1. 99다63183).

답 ❸

다수당사자의 채권관계

제1절 서설

1. 의의

다수당사자의 채권관계란 「하나의 동일한 내용의 급부」에 관하여 채권자 또는 채무자가 복수인 경우를 말한다.

2. 종류

민법은 다수당사자의 채권관계로 분할채권관계(민법 제408조), 불가분채권관계(민법 제409조 이하), 연대채무(민법 제413조 이하) 및 보증채무(민법 제428조 이하)의 네 종류를 규정하고 있으며, 해석상 부진정연대채무가 인정되고 있다. 이하에서는 이에 대해서 검토하겠다.

제2절 분할채권관계

분할채권관계(민법 제408조)
채권자나 채무자가 수인인 경우에 특별한 의사표시가 없으면 각 채권자 또는 각 채무자는 균등한 비율로 권리가 있고 의무를 부담한다.

I 의의

하나의 가분적 급부에 대하여 채권자나 채무자가 다수 존재하는 경우에, 각 채권자가 급부의 일부에 대해서만 권리를 가지거나 또는 각 채무자가 급부의 일부만을 부담하는 채권관계를 분할채권·채무관계라고 한다. 민법상 다수당사자의 채권·채무관계의 원칙적인 모습이다.

> **[민법상 다수당사자의 채권관계]**
> 민법상 다수당사자의 채권관계는 원칙적으로 분할채권관계이고 채권의 성질상 또는 당사자의 약정에 기하여 특히 불가분으로 하는 경우에 한하여 불가분채권관계로 되는 것이다(대판 1992.10.27. 90다13628).

II 성립

① 하나의 가분급부가 존재할 경우
② 가분적 급부임에도 불구하고 학설의 경향은 채권의 효력강화를 위해 특별한 사정이 있다면 불가분채무나 연대채무로 수정해석을 한다.

> - 채권적인 전세계약에 있어서 전세물건의 소유자가 공유자일 경우에는 그 전세계약과 관련하여 받은 전세금반환채무는 성질상 불가분의 것이다(대판 1967.4.25. 67다328).
> - 건물의 공유자가 공동으로 건물을 임대하고 임차보증금을 수령한 경우 특별한 사정이 없는 한 그 임대는 각자 공유지분을 임대한 것이 아니라 임대목적물을 다수 당사자로서 공동으로 임대한 것이고 그 임차보증금 반환채무는 성질상 불가분채무에 해당한다./ 임대인 지위를 공동으로 승계한 공동임대인들의 임차보증금 반환채무 역시 성질상 불가분채무이고,/ 이는 임대목적물의 소유권 중 일부 지분을 이전받은 새로운 공유자가 임대인 지위를 승계하여 기존 임대인과 함께 임차보증금 반환의무를 부담하게 되는 경우에도 마찬가지이다(대판 2025.4.15. 2024다312566).
> - 여러 사람이 공동으로 법률상 원인 없이 타인의 재산을 사용한 경우의 부당이득 반환채무는 특별한 사정이 없는 한 불가분적 이득의 반환으로서 불가분채무이고, 불가분채무는 각 채무자가 채무 전부를 이행할 의무가 있으며, 1인의 채무이행으로 다른 채무자도 그 의무를 면하게 된다(대판 2001.12.11. 2000다13948).

III 효과

1. 대외적 효력

> **가분채권, 가분채무에의 변경(민법 제412조)**
> 불가분채권이나 불가분채무가 가분채권 또는 가분채무로 변경된 때에는 각 채권자는 자기부분만의 이행을 청구할 권리가 있고 각 채무자는 자기부담부분만을 이행할 의무가 있다.

① 특별한 사정이 없는 한 균등비율로 부담한다(민법 제408조).
② 분할채권자는 자신의 채권비율만 청구할 수 있고, 분할채무자는 자신의 채무비율만 변제하면 된다.

2. 1인에게 생긴 사유의 효력

분할채권관계에서 각 채권자의 채권과 각 채무자의 채무는 독립된 것이기 때문에, 1인의 채권자 또는 채무자에게 생긴 사유는 다른 채권자 또는 채무자에게 영향을 미치지 않는다(예외 : 해제·해지의 불가분성에 관한 민법 제547조).

3. 구상관계

① 원칙 : 구상권의 문제가 발생하지 않는다.
② 예외 : 다만, 자신의 채무부담비율 이상을 변제한 채무자는 부당이득 또는 사무관리를 근거로 구상권을 행사할 수 있다.

제3절 불가분채권관계

불가분채권(민법 제409조)
채권의 목적이 그 성질 또는 당사자의 의사표시에 의하여 불가분인 경우에 채권자가 수인인 때에는 각 채권자는 모든 채권자를 위하여 이행을 청구할 수 있고 채무자는 모든 채권자를 위하여 각 채권자에게 이행할 수 있다.

1인의 채권자에 생긴 사항의 효력(민법 제410조)
① 전조의 규정에 의하여 모든 채권자에게 효력이 있는 사항을 제외하고는 불가분채권자 중 1인의 행위나 1인에 관한 사항은 다른 채권자에게 효력이 없다.
② 불가분채권자 중의 1인과 채무자 간에 경개나 면제 있는 경우에 채무전부의 이행을 받은 다른 채권자는 그 1인이 권리를 잃지 아니하였으면 그에게 분급할 이익을 채무자에게 상환하여야 한다.

불가분채무와 준용규정(민법 제411조)
수인이 불가분채무를 부담한 경우에는 제413조 내지 제415조, 제422조, 제424조 내지 제427조 및 전조의 규정을 준용한다.

가분채권, 가분채무에의 변경(민법 제412조)
불가분채권이나 불가분채무가 가분채권 또는 가분채무로 변경된 때에는 각 채권자는 자기부분만의 이행을 청구할 권리가 있고 각 채무자는 자기부담부분만을 이행할 의무가 있다.

I. 의의

하나의 불가분급부를 목적으로 하는 다수당사자의 채권관계를 불가분채권관계라고 한다. 불가분채권관계는 다시 불가분채권과 불가분채무가 있다.

II. 성립

불가분채권관계는 급부가 성질상 불가분인 경우, 의사표시에 의해 불가분채권·채무관계로 정한 경우에도 성립한다.

III. 불가분채권의 효력

1. 대외적 효력

각 채권자는 단독으로 채권 전부의 이행을 청구할 수 있으며, 채무자는 모든 채권자를 위하여 1인의 채권자에게 전부 이행할 수 있다(민법 제409조).

> [수인의 채권자에게 금전채권이 불가분적으로 귀속되는 경우, 불가분채권자들 중 1인을 집행채무자로 한 압류 및 전부명령의 효력이 집행채무자가 아닌 다른 불가분채권자에게 미치는지 여부(소극) 및 이때 다른 불가분채권자가 모든 채권자를 위하여 채무자에게 불가분채권 전부의 이행을 청구할 수 있는지 여부(적극) / 이러한 법리는 불가분채권의 목적이 금전채권이고 그 일부에 대하여만 압류 및 전부명령이 이루어진 경우에도 마찬가지인지 여부(적극)]
> 수인의 채권자에게 금전채권이 불가분적으로 귀속되는 경우에, 불가분채권자들 중 1인을 집행채무자로 한 압류 및 전부명령이 이루어지면 그 불가분채권자의 채권은 전부채권자에게 이전되지만, 그 압류 및 전부명령은 집행채무자가 아닌 다른 불가분채권자에게 효력이 없으므로, 다른 불가분채권자의 채권의 귀속에 변경이 생기는 것은 아니다. 따라서 다른 불가분채권자는 모든 채권자를 위하여 채무자에게 불가분채권 전부의 이행을 청구할 수 있고, 채무자는 모든 채권자를 위하여 다른 불가분채권자에게 전부를 이행할 수 있다. / 이러한 법리는 불가분채권의 목적이 금전채권인 경우 그 일부에 대하여만 압류 및 전부명령이 이루어진 경우에도 마찬가지이다(대판 2023.3.20. 2021다264253).

2. 1인의 채권자에게 생긴 사유의 효력

① 절대효 : 이행청구, 이행청구로 인한 시효중단과 이행지체, 변제, 변제의 제공, 공탁, 수령지체
② 상대효 : 상계, 대물변제, 경개, 면제, 혼동, 시효완성의 효과

3. 대내적 효력

채권자 상호 간의 내부관계에 관한 명문규정이 없지만, 특별한 의사표시가 없는 한 전부 이행을 받은 채권자는 다른 채권자들에게 균등한 비율로 그 이익을 분급하여야 한다.

Ⅳ 불가분채무의 효력

1. 대외적 효력

채권자는 1인의 채무자에게 전부의 이행을 청구할 수도 있고, 채무자 전원에게 동시 또는 순차로 이행을 청구할 수도 있다(민법 제411조, 제414조).

2. 1인의 채무자에게 생긴 사유의 효력

① 절대효 : 변제, 변제제공, 공탁, 수령지체, 대물변제, 상계
② 상대효 : 경개, 면제, 시효완성의 효과
③ 이행청구 : 견해의 대립이 있으나 다수설은 상대효 사유로 본다.

3. 대내적 효력

불가분채무자 상호 간의 관계에 대하여 연대채무에 관한 규정이 준용된다.

> - 수인이 타인의 토지를 무단으로 점유한 경우의 부당이득반환채무는 특별한 사정이 없는 한 불가분적 이득의 반환으로 불가분채무이다(대판 2001.12.11. 2000다13948).
> - 건물의 공유자가 임대인의 지위에서 보증금을 수령한 경우 그 반환의무는 성질상 불가분채무이다(대판 1998.12.8. 98다43137). 참고로 공동차주(민법 제616조, 제654조)의 차임지급의무는 연대채무이다.
> - 공동상속인들의 건물철거의무는 성질상 불가분채무이고, 각자 그 지분의 한도 내에서 건물 전체에 대한 철거의무를 지는 것이다(대판 1980.6.24. 80다756).

Ⅴ 불가분채권관계의 분할채권관계로의 전환

불가분급부가 가분급부로 되면 불가분채권관계가 분할채권관계로 전환된다(민법 제412조).

제4절 연대채무관계

> **연대채무의 내용(민법 제413조)**
> 수인의 채무자가 채무전부를 각자 이행할 의무가 있고 채무자 1인의 이행으로 다른 채무자도 그 의무를 면하게 되는 때에는 그 채무는 연대채무로 한다.
>
> **채무자에 생긴 무효, 취소(민법 제415조)**
> 어느 연대채무자에 대한 법률행위의 무효나 취소의 원인은 다른 연대채무자의 채무에 영향을 미치지 아니한다.

I 의 의

연대채무란 수인의 채무자가 각자 채무 전부를 이행할 의무를 부담하되, 채무자 1인의 이행으로 다른 채무자도 그 의무를 면하게 되는 다수당사자의 채권관계를 말한다(민법 제413조).

II 성 립

1. 법률행위에 의한 성립

① 계약이나 단독행위(유언)에 의해 성립한다.
② 연대약정은 명시적뿐만 아니라 묵시적으로도 인정될 수 있다.

2. 법률의 규정에 의한 성립

(1) 공동차주(임차인, 사용차주)의 연대책임(민법 제616조, 제654조)
  순수한 연대채무 규정이다.

(2) 법인의 사원, 이사, 기타 대표자의 연대책임(민법 제35조 제2항)
  법문은 '연대하여'라고 규정되어 있으나 통설은 부진정연대책임으로 해석한다.

(3) 부부의 일상가사 연대책임(민법 제832조)

(4) 상행위로 인한 채무
  연대채무이다(상법 제47조 제1항).

Ⅲ 효력

1. 대외적 효력 : 채권자와 채무자 사이의 관계

> **각 연대채무자에 대한 이행청구(민법 제414조)**
> 채권자는 어느 연대채무자에 대하여 또는 동시나 순차로 모든 연대채무자에 대하여 채무의 전부나 일부의 이행을 청구할 수 있다.

(1) 청구방법

채권자는 어느 한 연대채무자에 대하여 또는 동시나 순차로 모든 연대채무자에 대하여 채무의 전부 또는 일부의 이행을 청구할 수 있다(민법 제414조).

(2) 연대채무자 1인의 파산 시

파산선고 당시 가진 채권의 전액을 가지고 파산재단에 참가할 수 있다. 그 후 어느 파산재단으로부터 일부배당을 받았거나 임의변제를 받았더라도 배당참가액을 감액할 필요가 없다.

2. 연대채무자 1인에 대하여 생긴 사유의 효력

> **이행청구의 절대적 효력(민법 제416조)**
> 어느 연대채무자에 대한 이행청구는 다른 연대채무자에게도 효력이 있다.
>
> **경개의 절대적 효력(민법 제417조)**
> 어느 연대채무자와 채권자 간에 채무의 경개가 있는 때에는 채권은 모든 연대채무자의 이익을 위하여 소멸한다.
>
> **상계의 절대적 효력(민법 제418조)**
> ① 어느 연대채무자가 채권자에 대하여 채권이 있는 경우에 그 채무자가 상계한 때에는 채권은 모든 연대채무자의 이익을 위하여 소멸한다.
> ② 상계할 채권이 있는 연대채무자가 상계하지 아니한 때에는 그 채무자의 부담부분에 한하여 다른 연대채무자가 상계할 수 있다.
>
> **면제의 절대적 효력(민법 제419조)**
> 어느 연대채무자에 대한 채무면제는 그 채무자의 부담부분에 한하여 다른 연대채무자의 이익을 위하여 효력이 있다.
>
> **혼동의 절대적 효력(민법 제420조)**
> 어느 연대채무자와 채권자 간에 혼동이 있는 때에는 그 채무자의 부담부분에 한하여 다른 연대채무자도 의무를 면한다.
>
> **소멸시효의 절대적 효력(민법 제421조)**
> 어느 연대채무자에 대하여 소멸시효가 완성한 때에는 그 부담부분에 한하여 다른 연대채무자도 의무를 면한다.

> **채권자지체의 절대적 효력(민법 제422조)**
> 어느 연대채무자에 대한 채권자의 지체는 다른 연대채무자에게도 효력이 있다.
>
> **효력의 상대성의 원칙(민법 제423조)**
> 전7조의 사항 외에는 어느 연대채무자에 관한 사항은 다른 연대채무자에게 효력이 없다.

(1) 민법의 태도

현행 민법은 급부의 실현을 가져오는 것 이외의 사항에 대해서도 당사자 간의 사후 법률관계를 간편하게 처리하기 위하여 절대효 사유를 넓히고 있다.

(2) 일체형 절대효 사유

변제(민법 제413조), 대물변제, 공탁, 상계(민법 제418조), 경개(민법 제417조), 이행청구(민법 제416조)와 그로 인한 이행지체(민법 제387조 제2항) 및 시효중단(민법 제168조 제1호)

(3) 부담부형 절대효 사유

면제(민법 제419조), 혼동(민법 제420조), 소멸시효의 완성(민법 제421조)

(4) 상대효 사유

① 절대효 사유 이외의 모든 사유(민법 제423조)
② 이행청구 이외의 시효중단(압류・가압류・가처분・승인) 사유
③ 채권양도에서 대항요건
④ 확정판결의 효과

3. 대내적 효력 : 연대채무자 상호 간의 구상관계

(1) 부담부분

> **부담부분의 균등(민법 제424조)**
> 연대채무자의 부담부분은 균등한 것으로 추정한다.

특약이나 특별한 사정이 없는 한 연대채무자의 부담부분은 균등한 것으로 추정한다(민법 제424조).

[1] 변제 기타 자기의 출재로 공동면책을 얻은 연대채무자가 다른 연대채무자에게 구상할 수 있는 부담부분을 결정하는 기준 및 이러한 법리는 변제 기타 자기의 출재로 공동면책을 얻은 불가분채무자가 다른 불가분채무자를 상대로 구상권을 행사하는 경우에도 마찬가지로 적용되는지 여부(적극) : 연대채무자가 변제 기타 자기의 出財(출재)로 공동면책을 얻은 때에는 다른 연대채무자의 부담부분에 대하여 구상권을 행사할 수 있고 이때 부담부분은 균등한 것으로 추정된다(민법 제425조 제1항, 제424조). 그러나 연대채무자 사이에 부담부분에 관한 특약이 있거나 특약이 없더라도 채무의 부담과 관련하여 각 채무자의 수익비율이 다르다면 그 특약 또는 비율에 따라

부담부분이 결정된다. 이러한 법리는 민법 제411조에 따라 연대채무자의 부담부분과 구상권에 관한 규정이 준용되는 불가분채무자가 변제 기타 자기의 출재로 공동면책을 얻은 때 다른 불가분채무자를 상대로 구상권을 행사하는 경우에도 마찬가지로 적용된다. 불가분채무자 사이에 부담부분에 관한 특약이 있거나 특약이 없더라도 채무자의 수익비율이 다르다면 그 특약 또는 비율에 따라 부담부분이 결정된다. 따라서 불가분채무자가 변제 등으로 공동면책을 얻은 때에는 다른 채무자의 부담부분에 대하여 구상할 수 있다. [2] **민사재판에서 확정된 관련 민사사건에서 인정된 사실의 증명력** : 민사재판에서 다른 민사사건 등의 판결에서 인정된 사실에 구속받는 것은 아니라고 할지라도 이미 확정된 관련 민사사건에서 인정된 사실은 특별한 사정이 없는 한 유력한 증거가 되므로 합리적인 이유를 제시하지 않고 이를 배척할 수 없다(대판 2020.7.9. 2020다208195).

(2) 구 상

1) 개 념

어느 연대채무자가 변제 기타 출재로 연대채무자 모두의 면책, 즉 공동면책을 가져온 경우에, 그는 다른 연대채무자들에 대하여 그들의 부담부분에 따라 구상권을 행사할 수 있다.

2) 구상의 요건 : 자기의 출재 + 공동면책

> **출재채무자의 구상권(민법 제425조)**
> ① 어느 연대채무자가 변제 기타 자기의 출재로 공동면책이 된 때에는 다른 연대채무자의 부담부분에 대하여 구상권을 행사할 수 있다.
> ② 전항의 구상권은 면책된 날 이후의 법정이자 및 피할 수 없는 비용 기타 손해배상을 포함한다.

① **자기의 출재** : 자기의 재산 감소로 채권자의 재산을 증가시켰어야 한다. 따라서 변제, 대물변제, 공탁, 상계, 경개, 혼동 등의 경우에는 구상권이 발생하나, 면제나 시효의 완성은 출재가 없으므로 구상권이 발생하지 않는다.

② **공동면책** : 공동면책이 있기만 하면 되고 그 범위가 출재를 한 연대채무자의 부담부분 이상일 필요가 없다. 다만, 공동보증인의 타 공동보증인에 대한 구상권(민법 제448조), 공동불법행위자들 사이의 구상권에 있어서는 「자기의 부담부분 이상의 면책」이 있어야 한다(통설·판례).

> **[조합원 중 1인이 조합채무를 면책시킨 경우, 다른 조합원에 대하여 민법 제425조 제1항에 따라 구상권을 행사할 수 있는지 여부(적극) 및 이러한 구상권은 반드시 잔여재산분배 절차에서 행사해야 하는지 여부(소극)]**
> 민법 제425조 제1항은 "어느 연대채무자가 변제 기타 자기의 출재로 공동면책이 된 때에는 다른 연대채무자의 부담부분에 대하여 구상권을 행사할 수 있다"라고 정하고 있다. 조합채무는 모든 조합원에게 합유적으로 귀속되므로, 조합원 중 1인이 조합채무를 면책시킨 경우 그 조합원은 다른 조합원에 대하여 민법 제425조 제1항에 따라 구상권을 행사할 수 있다. 이러한 구상권은 조합의 해산이나 청산 시에 손실을 부담하는 것과 별개의 문제이므로 반드시 잔여재산분배 절차에서 행사해야 하는 것은 아니다(대판 2022.5.26. 2022다211416).

3) 구상의 범위

구상의 범위는 출재액과 공동면책액 중 작은 쪽이다. 즉, 출재액이 소멸한 채권액보다 크더라도 면책액을 넘어 구상할 수 없다. 반면 출재액이 공동면책액보다 작으면 출재액의 한도에서 구상권을 행사할 수 있다.

4) 구상의 통지(구상권의 제한)

> **구상요건으로서의 통지(민법 제426조)**
> ① 어느 연대채무자가 다른 연대채무자에게 통지하지 아니하고 변제 기타 자기의 출재로 공동면책이 된 경우에 다른 연대채무자가 채권자에게 대항할 수 있는 사유가 있었을 때에는 그 부담부분에 한하여 이 사유로 면책행위를 한 연대채무자에게 대항할 수 있고 그 대항사유가 상계인 때에는 상계로 소멸할 채권은 그 연대채무자에게 이전된다.
> ② 어느 연대채무자가 변제 기타 자기의 출재로 공동면책되었음을 다른 연대채무자에게 통지하지 아니한 경우에 다른 연대채무자가 선의로 채권자에게 변제 기타 유상의 면책행위를 한 때에는 그 연대채무자는 자기의 면책행위의 유효를 주장할 수 있다.

① 어느 연대채무자가 변제 등 공동면책을 발생시키는 행위를 하는 경우에, 사전 및 사후에 그 사실을 다른 연대채무자에게 통지해야 한다(민법 제426조). 공동면책을 발생시키는 행위를 한 연대채무자가 사전 또는 사후의 통지를 하지 않은 경우에, 그의 내부관계에 기한 구상권이 제한된다.
② 사전의 통지를 게을리한 경우에 채권자에게 대항할 수 있는 사유를 가지는 다른 연대채무자는 그의 부담부분에 한하여 그 사유로 사전의 통지를 하지 않은 채 면책행위를 한 연대채무자에게 대항할 수 있고, 그 대항사유가 상계라면 상계로 소멸할 채권이 면책행위를 한 연대채무자에게 이전된다(민법 제426조 제1항).
③ 사후의 통지를 게을리한 경우에 선의로 변제 기타 유상의 면책행위를 한 다른 연대채무자는 제1의 면책행위자에 대하여 자기의 면책행위의 유효를 주장할 수 있다(민법 제426조 제2항).
④ 제1변제자가 사후통지 해태 중 제2변제자가 사전통지를 해태하고 변제한 경우에는 일반원칙에 따라 제1변제만이 유효하고, 제1변제자만이 구상권을 행사할 수 있다(통설·판례).

5) 상환무자력자가 있는 경우의 구상권자의 보호(구상권의 확장)

> **상환무자력자의 부담부분(민법 제427조)**
> ① 연대채무자 중에 상환할 자력이 없는 자가 있는 때에는 그 채무자의 부담부분은 구상권자 및 다른 자력이 있는 채무자가 그 부담부분에 비례하여 분담한다. 그러나 구상권자에게 과실이 있는 때에는 다른 연대채무자에 대하여 분담을 청구하지 못한다.
> ② 전항의 경우에 상환할 자력이 없는 채무자의 부담부분을 분담할 다른 채무자가 채권자로부터 연대의 면제를 받은 때에는 그 채무자의 분담할 부분은 채권자의 부담으로 한다.

① 민법 제427조 제1항의 내용 : 연대채무자 중 상환할 자력이 없는 자가 있는 경우, 그 채무자의 부담부분은 구상권자 및 다른 자력이 있는 채무자가 자신들의 부담비율에 따라 비례하여 분담한다(본문). 단, 지체 없이 구상하지 않았기 때문에 다른 연대채무자가 무자력이 된 경우와 같이 구상권자의 과실이 있는 때에는 분담을 청구할 수 없다(단서).
② 연대의 면제 : 채권자가 어느 한 연대채무자에 대해서만 연대의 면제를 하였는데 나머지 연대채무자 중 무자력자가 생긴 경우에, 연대의 면제를 받은 채무자가 분담하였을 부분을 채권자가 부담한다(민법 제427조 제2항).

Ⅳ 부진정연대채무

1. 의 의

① 부진정연대채무란 하나의 동일한 급부에 대하여 수인의 채무자가 각기 독립하여 그 전부를 급부해야 하는 의무를 부담하는 채무를 말한다.
② 부진정연대채무관계는 서로 별개의 원인으로 발생한 독립된 채무라 하더라도 가능하고, 양 채무의 발생원인, 채무의 액수 등이 반드시 서로 동일할 필요는 없다(대판 2009.3.26. 2006다47677).
③ 부진정연대채무는 「주관적 공동관계」가 없다는 점에서 연대채무와 다르다.

2. 발생원인

(1) 계약책임과 불법행위책임

[구조피해자 또는 상속인이 범죄자에 대하여 고의의 불법행위를, 범죄자의 사용자에 대하여 사용자책임을 주장하며 공동하여 손해배상을 구하는 소송을 제기하여 법원이 이들에게 공동하여 손해배상금 지급을 명하되, 사용자에 대하여만 과실상계를 적용함으로써 더 적은 금액의 지급을 명하는 경우, 구조피해자나 유족이 범죄피해자 보호법에 의한 범죄피해구조금을 받음으로써 소멸하는 부분(= 다액채무자인 범죄자가 단독으로 부담하는 채무) 및 범죄피해구조금이 다액채무자인 범죄자가 단독으로 채무를 부담하는 부분을 초과하지 않는 경우, 그 구조금 상당액은 전액 단독 부담하는 부분에서만 공제하여야 하는지 여부(적극) / 이 경우 범죄자와 사용자가 부담하는 채무의 성질(= 금액이 서로 다른 부진정연대채무)]
범죄피해자 보호법 제21조는 국가는 구조피해자나 유족이 해당 구조대상 범죄피해를 원인으로 하여 손해배상을 받았으면 그 범위에서 범죄피해구조금을 지급하지 아니하고(제1항), 국가가 지급한 범죄피해구조금의 범위에서 해당 구조금을 받은 사람이 구조대상 범죄피해를 원인으로 하여 가지고 있는 손해배상청구권을 대위한다고(제2항) 규정하여, 구조피해자 또는 상속인이 범죄피해를 원인으로 손해배상소송을 제기하는 한편 범죄피해구조금을 받는 경우 이중지급을 피하고 법률관계를 조정하기 위한 규정을 두고 있다. 구조피해자 또는 상속인이 범죄피해를 원인으로 국가배상청구소송을 제기하는 한편 범죄피해자 보호법에 따른 범죄피해구조금을 받았다면, 법원은 국가 또는 지방자치단체에 인정된 구조피해자의 소극적 손해액에서 범죄피해구조금을 공제한 금액의 지급을 명하여야 한다. 구조피해자 또는 상속인이 범죄자 본인에 대하여 고의의 불법행위를, 범죄자의 사용자에 대하여 사용자책임을 주장하며 공동하여 손해배상을 구하는 소송을 제기하여 법원이 이들에게 공동하여 손해배상금 지급을 명하되,

사용자에 대하여만 과실상계를 적용함으로써 더 적은 금액의 지급을 명하는 경우 구조피해자나 유족이 범죄피해자 보호법에 의한 범죄피해구조금을 받는다면, 구조금의 지급으로써 소멸하는 부분은 다액채무자인 범죄자 본인이 단독으로 부담하는 채무 부분이다. 그리고 지급한 범죄피해구조금이 다액채무자인 범죄자가 단독으로 채무를 부담하는 부분을 초과하지 않는 이상 그 구조금 상당액은 전액 단독 부담하는 부분에서만 공제하여야 한다./ 이 경우 범죄자 본인과 사용자가 부담하는 채무는 금액이 서로 다른 부진정연대 관계에 있는데, 손해배상금 일부의 지급을 공동으로 채무를 부담하는 부분에서 공제하는 것은 과실상계의 결과로 구조피해자나 유족이 다액채무자인 범죄자가 무자력일 때 그 위험까지 부담하게 되어 채권자로서 지위가 약화되므로 부진정연대채무의 성질에 반하고, 구조피해자나 유족이 국가로부터 소극적 손해배상의 일부에 불과한 범죄피해구조금을 수령한 것은 특별한 사정이 없는 한 다액채무자인 범죄자의 단독 부담 부분이 소멸하는 것을 받아들이는 의사였다고 봄이 합리적이기 때문이다. 무엇보다 국가가 범죄자의 무자력 위험을 부담하면서 범죄자로부터 충분한 피해배상을 받지 못하는 구조피해자나 유족이 국가로부터 신속하고 간편하게 범죄피해구조금을 받을 수 있도록 하려는 범죄피해자구조 제도 취지에 부합하지 않는다(대판 2023.3.9. 2022다228704).

[구 파견근로자 보호 등에 관한 법률에 따라 직접고용간주의 효과가 발생하였으나 사용사업주가 현실적으로 직접고용을 하지 않아 파견근로자가 파견사업주 소속으로 계속 사용사업주에게 근로를 제공한 경우, 파견사업주가 파견근로자에게 변제한 임금 등은 그 전부가 사용사업주가 지급해야 할 금액에서 공제되어야 하는지 여부(원칙적 적극) 및 이때 사용사업주가 지급할 임금 등에서 파견사업주가 지급한 퇴직금도 공제해야 하는지 여부(소극)]

구 파견근로자 보호 등에 관한 법률(2006.12.21. 법률 제8076호로 개정되기 전의 것)에 의하여 직접고용간주의 효과가 발생하였으나 사용사업주가 현실적으로 직접고용을 하지 않아 파견근로자가 파견사업주 소속으로 계속 사용사업주에게 근로를 제공한 경우, 사용사업주가 파견근로자에 대하여 부담하는 임금 등 지급의무와 파견사업주가 파견근로자에 대하여 부담하는 임금 등 지급의무는 부진정연대채무의 관계에 있다. 이 경우 파견사업주가 지급한 임금 등의 세부 항목이 사용사업주가 지급하여야 하는 세부 항목 각각에 대응하여 지급된 것이라고 볼 수 없으므로 특별한 사정이 없는 한 부진정연대채무자인 파견사업주가 파견근로자에게 변제한 임금 등은 그 세부 항목을 가리지 않고 그 전부가 사용사업주가 지급해야 할 금액에서 공제되어야 하고, 동일한 세부 항목이나 동종의 항목별로 대응하여 변제가 된 것이라고 볼 수는 없다. 그러나 퇴직금은 후불 임금으로서의 성격 이외에도 사회보장적 급여로서의 성격과 공로보상으로서의 성격을 아울러 가지고 발생 시점과 산정 방법도 임금과 다르므로 사용사업주의 임금 등 지급의무와 파견사업주의 퇴직금 지급의무가 부진정연대채무의 관계에 있다고 볼 수 없고, 형평의 원칙을 근거로도 사용사업주가 지급할 임금 등에서 파견사업주가 지급한 퇴직금을 공제해야 한다고 볼 수 없다. 다만 파견사업주가 지급한 퇴직금은 향후 파견근로자가 사용사업주를 상대로 퇴직금을 구하는 경우에 공제할 수 있을 뿐이다(대판 2024.7.25. 2020다287921).

(2) 공동불법행위책임

공동불법행위책임의 성질에 대해서 연대채무설, 부진정연대채무설, 절충설 등의 대립이 있으나, 판례는 부진정연대채무로 보고 있다(대판 1999.2.26. 98다52469).

공동불법행위자는 채권자에 대한 관계에서는 연대책임(부진정연대채무)을 지되, 공동불법행위자들 내부관계에서는 일정한 부담 부분이 있고, 이 부담 부분은 공동불법행위자의 과실의 정도에 따라 정하여지는 것으로서 공동불법행위자 중 1인이 자기의 부담 부분 이상을 변제하여 공동의 면책을 얻게 하였을 때에는 다른 공동불법행위자에게 그 부담 부분의 비율에 따라 구상권을 행사할 수 있다(대판 1999.2.26. 98다52469).

3. 효력

(1) 대외적 효력
부진정연대채무도 각자 채무전부를 부담하므로, 채권자는 채무자의 1인 또는 전원에 대하여 동시 또는 순차로 전부나 일부의 이행을 청구할 수 있다.

(2) 부진정연대채무자 1인에 관하여 생긴 사유의 효력

① 절대효 : 변제, 대물변제, 공탁, 상계 등 목적도달 사유는 절대효이다(통설·판례). 상계계약도 절대효이다(대판[전합] 2010.9.16. 2008다97218).

> - 부진정연대채무자 중 1인이 자신의 채권자에 대한 반대채권으로 상계를 한 경우에도 채권은 변제, 대물변제, 또는 공탁이 행하여진 경우와 동일하게 현실적으로 만족을 얻어 그 목적을 달성하는 것이므로, 그 상계로 인한 채무소멸의 효력은 소멸한 채무 전액에 관하여 다른 부진정연대채무자에 대하여도 미친다고 보아야 한다. 이는 부진정연대채무자 중 1인이 채권자와 상계계약을 체결한 경우에도 마찬가지이다. 나아가 이러한 법리는 채권자가 상계 내지 상계계약이 이루어질 당시 다른 부진정연대채무자의 존재를 알았는지 여부에 의하여 좌우되지 아니한다(대판[전합] 2010.9.16. 2008다97218).
> - 그러나 부진정연대채무에 있어서 부진정연대채무자 1인이 한 상계가 다른 부진정연대채무자에 대한 관계에 있어서도 공동면책의 효력 내지 절대적 효력이 있는 것인지는 별론으로 하더라도, 부진정연대채무자 사이에는 고유의 의미에 있어서의 부담부분이 존재하지 아니하므로 위와 같은 고유의 의미의 부담부분의 존재를 전제로 하는 민법 제418조 제2항은 부진정연대채무에는 적용되지 아니하는 것으로 봄이 상당하고, 따라서 부진정연대채무에 있어서는 한 부진정연대채무자가 채권자에 대하여 상계할 채권을 가지고 있음에도 상계를 하지 않고 있다 하더라도 다른 부진정연대채무자가 그 채권을 가지고 상계를 할 수는 없다(대판 1994.5.27. 93다21521).

② 상대효 : 이외의 사유는 모두 상대효이다.

> - 부진정연대채무에서 채무자 1인에 대한 재판상 청구 또는 채무자 1인이 행한 채무의 승인 등 소멸시효의 중단사유나 시효이익의 포기는 다른 채무자에게 효력을 미치지 않는다(대판 2017.9.12. 2017다865).
> - 부진정연대채무에서는 채무자 1인에 대한 이행청구 또는 채무자 1인이 행한 채무의 승인 등 소멸시효의 중단 사유나 시효이익의 포기가 다른 채무자에게 효력을 미치지 아니한다(대판 2011.4.14. 2010다91886).
> - 부진정연대채무에 있어 피해자가 채무자 중의 1인에 대하여 손해배상에 관한 권리를 포기하거나 채무를 면제하는 의사표시를 하였다 하더라도 다른 채무자에 대하여 그 효력이 미친다고 볼 수는 없다(대판 2006.1.27. 2005다19378).
> - 연대채무에 있어서 소멸시효의 절대적 효력에 관한 민법 제421조의 규정은 공동불법행위자 상호 간의 부진정연대채무에 대하여는 그 적용이 없다(대판 1997.12.23. 97다42830).

(3) 대내적 효력

1) 원 칙

부진정연대채무자 사이에는 주관적 공동관계가 없으므로, 원칙적으로 부담부분이 없다. 따라서 구상관계가 당연히 발생하는 것은 아니다.

2) 예 외

① 판례는 공동불법행위와 관련하여 불법행위자 상호 간에 특별한 사정이 없는 한 공평의 이념상 과실정도에 비례하는 부담부분이 있고, 그에 따라 구상권이 발생한다는 입장이다(대판 2006.1.27. 2005다19378).

> - [1] 공동불법행위자는 채권자에 대한 관계에서는 연대책임(부진정연대채무)을 지되, 공동불법행위자들 내부 관계에서는 일정한 부담 부분이 있고, 이 부담 부분은 공동불법행위자의 과실의 정도에 따라 정하여지는 것으로서 공동불법행위자 중 1인이 자기의 부담 부분 이상을 변제하여 공동의 면책을 얻게 하였을 때에는 다른 공동불법행위자에게 그 부담 부분의 비율에 따라 구상권을 행사할 수 있다. [2] 공동불법행위자 중 1인이 다른 공동불법행위자에 대하여 구상권을 행사하기 위하여는 자기의 부담 부분 이상을 변제하여 공동의 면책을 얻었음을 주장·입증하여야 하며, 위와 같은 법리는 피해자의 다른 공동불법행위자에 대한 손해배상청구권이 시효소멸한 후에 구상권을 행사하는 경우라고 하여 달리 볼 것이 아니다. [3] 피해자가 부진정연대채무자 중 1인에 대하여 손해배상에 관한 권리를 포기하거나 채무를 면제하는 의사표시를 하였다 하더라도 다른 채무자에 대하여 그 효력이 미친다고 볼 수는 없다. [4] 공동불법행위자 간 구상권의 발생 시점은 구상권자가 현실로 피해자에게 손해배상금을 지급한 때이다(대판 1997.12.12. 96다50896).
> - **금액이 다른 채무가 서로 부진정연대 관계에 있을 때 다액채무자가 일부 변제를 하는 경우, 변제로 먼저 소멸하는 부분(= 다액채무자가 단독으로 채무를 부담하는 부분)** : 금액이 다른 채무가 서로 부진정연대 관계에 있을 때 다액채무자가 일부 변제를 하는 경우 변제로 인하여 먼저 소멸하는 부분은 당사자의 의사와 채무 전액의 지급을 확실히 확보하려는 부진정연대채무 제도의 취지에 비추어 볼 때 다액채무자가 단독으로 채무를 부담하는 부분으로 보아야 한다. 이러한 법리는 사용자의 손해배상액이 피해자의 과실을 참작하여 과실상계를 한 결과 타인에게 직접 손해를 가한 피용자 자신의 손해배상액과 달라졌는데 다액채무자인 피용자가 손해배상액의 일부를 변제한 경우에 적용되고, 공동불법행위자들의 피해자에 대한 과실비율이 달라 손해배상액이 달라졌는데 다액채무자인 공동불법행위자가 손해배상액의 일부를 변제한 경우에도 적용된다. 또한 중개보조원을 고용한 개업공인중개사의 공인중개사법 제30조 제1항에 따른 손해배상액이 과실상계를 한 결과 거래당사자에게 직접 손해를 가한 중개보조원 자신의 손해배상액과 달라졌는데 다액채무자인 중개보조원이 손해배상액의 일부를 변제한 경우에도 마찬가지이다(대판[전합] 2018.3.22. 2012다74236).

② 판례는 연대채무에 관한 민법 제425조 제2항의 유추적용을 인정하여 면책된 날 이후의 법정이자 및 피할 수 없는 비용 기타 손해배상도 구상할 수 있다고 한다(대판 1997.4.8. 96다54232).

③ **민법 제426조의 유추적용 여부(소극)** : 부진정연대채무에 해당하는 공동불법행위로 인한 손해배상채무에 있어서는 채무자 상호 간에 구상요건으로서의 통지에 관한 민법 제426조를 유추적용할 수는 없다(대판 1998.6.26. 98다5777).

제5절 보증채무

I 총 설

1. 의 의

> **보증채무의 내용(민법 제428조)**
> ① 보증인은 주채무자가 이행하지 아니하는 채무를 이행할 의무가 있다.
> ② 보증은 장래의 채무에 대하여도 할 수 있다.

(1) 개 념

보증채무란 채권자와 보증인 사이에 체결된 보증계약에 의하여 성립하는 채무로서 주채무자가 그 채무를 이행하지 않는 경우에 보증인이 이를 보충적으로 이행하여야 하는 채무를 말한다.

(2) 구별개념 : 손해담보계약

당사자 일방이 상대방에 대하여 일정한 사항으로부터 발생할 장래의 손해를 전보할 것을 목적으로 하는 손해담보계약(예 신원인수계약)은 주채무의 존재를 전제로 하지 않으며 담보자는 독립하여 책임을 부담한다는 점에서 보증채무와 다르다. 즉, 손해담보계약상의 책임은 계약내용을 실현하는 이행책임이며, 보증채무와 달리 부종성이나 보충성이 인정되지 않을 뿐만 아니라 과실상계도 문제되지 않는다.

> 손해담보계약상 담보의무자의 책임은 손해배상책임이 아니라 이행의 책임이고, 따라서 담보계약상 담보권리자의 담보의무자에 대한 청구권의 성질은 손해배상청구권이 아니라 이행청구권이므로, 민법 제396조의 과실상계 규정이 준용될 수 없음은 물론 과실상계의 법리를 유추적용하여 그 담보책임을 감경할 수도 없는 것이 원칙이지만, 다만 담보권리자의 고의 또는 과실로 손해가 야기되는 등의 구체적인 사정에 비추어 담보권리자의 권리 행사가 신의칙 또는 형평의 원칙에 반하는 경우에는 그 권리 행사의 전부 또는 일부가 제한될 수는 있다(대판 2002.5.24. 2000다72572).

2. 법적 성질

(1) 독립성

보증채무는 채권자와 보증인 사이의 독자적인 계약에 의하여 성립하며, 보증채무는 주채무와는 별개의 독립한 채무이다. 이에 따라 보증계약이 존재한다는 점에서 채무가 없는 책임이 아니다.

(2) 내용의 동일성

보증채무의 내용은 주채무의 내용과 동일하여야 한다. 따라서 원칙적으로 주채무는 대체적 급부이어야 한다.

(3) 부종성

1) 성립상의 부종성

주채무가 무효 또는 취소로 인하여 성립하지 않은 경우에는 보증채무에 그러한 사유가 없더라도 성립하지 않는다.

2) 존속상의 부종성

주채무가 소멸한 때에는 그 원인 여하를 불문하고 보증채무도 소멸한다.

> [주채무의 소멸시효완성으로 보증채무가 소멸된 상태에서 보증인이 보증채무를 이행하거나 승인한 경우, 보증인이 주채무의 시효소멸을 이유로 보증채무의 소멸을 주장할 수 있는지 여부(원칙적 적극)]
> 보증채무에 대한 소멸시효가 중단되는 등의 사유로 완성되지 아니하였다고 하더라도 주채무에 대한 소멸시효가 완성된 경우에는 시효완성 사실로써 주채무가 당연히 소멸되므로 보증채무의 부종성에 따라 보증채무 역시 당연히 소멸된다. 그리고 주채무에 대한 소멸시효가 완성되어 보증채무가 소멸된 상태에서 보증인이 보증채무를 이행하거나 승인하였다고 하더라도, 주채무자가 아닌 보증인의 행위에 의하여 주채무에 대한 소멸시효이익의 포기 효과가 발생된다고 할 수 없으며, 주채무의 시효소멸에도 불구하고 보증채무를 이행하겠다는 의사를 표시한 경우 등과 같이 부종성을 부정하여야 할 다른 특별한 사정이 없는 한 보증인은 여전히 주채무의 시효소멸을 이유로 보증채무의 소멸을 주장할 수 있다고 보아야 한다(대판 2012.7.12. 2010다51192).

3) 이전상의 부종성(수반성)

① 채권양도

㉠ 주채무자에 대한 채권이 양도된 경우에 보증인에 대한 채권도 당연히 양도되고, 대항요건은 주채무자에 대해서만 갖추면 되고, 보증인에게는 대항요건을 갖출 필요가 없다.

㉡ 주채권과 보증인에 대한 채권의 귀속주체를 달리하는 것은, 주채무자의 항변권으로 채권자에게 대항할 수 있는 보증인의 권리가 침해되는 등 보증채무의 부종성에 반하고, 주채권을 가지지 않는 자에게 보증채권만을 인정할 실익도 없기 때문에 주채권과 분리하여 보증채권만을 양도하기로 하는 약정은 그 효력이 없다(대판 2002.9.10. 2002다21509).

② 채무인수 : 주채무가 인수된 경우에, 보증인의 동의가 없는 한 인수인의 주채무를 보증할 수 없고, 원칙적으로 보증채무는 소멸된다(민법 제459조).

4) 내용에 관한 부종성

> 목적, 형태상의 부종성(민법 제430조)
> 보증인의 부담이 주채무의 목적이나 형태보다 중한 때에는 주채무의 한도로 감축한다.

> [보증인에 대한 회생계획인가 후 주채무자의 변제 등으로 주채무가 일부 소멸하는 경우, 보증인이 부담하는 보증책임의 범위(= 회생계획에 따른 변제금액 중 주채무자의 변제 등으로 소멸하고 남은 주채무를 한도로 한 금액)]
> 보증인에 대한 회생계획인가로 보증채무가 감면되면 보증인이 주채무자의 채무를 일정한 한도에서 보증하기로 하는 이른바 일부보증과 유사한 법률관계가 성립한다. 일부보증의 경우 주채무자가 일부 변제를 하면 보증인은 남은 주채무자의 채무 중 보증한 범위 내의 것에 대하여 보증책임을 부담한다. 따라서 보증인에 대한 회생계획인가 후 주채무자의 변제 등으로 주채무가 일부 소멸하는 경우 보증인은 회생계획에 따른 변제금액 중 주채무자의 변제 등으로 소멸하고 남은 주채무를 한도로 한 금액을 변제할 의무가 있다(대판 2023.5.18. 2019다227190).

(4) 보충성

1) 의미

주채무의 이행기가 도래하였으나 주채무자가 이를 이행하지 않으면, 채권자는 보증인에 대하여 보증채무의 이행을 청구할 수 있다(민법 제428조 제1항). 그런데 보증채무는 원칙적으로 주된 채무가 이행되지 않는 경우에 그 보충으로 이행되어야 할 채무의 성격, 즉 보충성을 가진다.

2) 최고·검색의 항변권

> **보증인의 최고, 검색의 항변(민법 제437조)**
> 채권자가 보증인에게 채무의 이행을 청구한 때에는 보증인은 주채무자의 변제자력이 있는 사실 및 그 집행이 용이할 것을 증명하여 먼저 주채무자에게 청구할 것과 그 재산에 대하여 집행할 것을 항변할 수 있다. 그러나 보증인이 주채무자와 연대하여 채무를 부담한 때에는 그러하지 아니하다.
>
> **최고, 검색의 해태의 효과(민법 제438조)**
> 전조의 규정에 의한 보증인의 항변에 불구하고 채권자의 해태로 인하여 채무자로부터 전부나 일부의 변제를 받지 못한 경우에는 채권자가 해태하지 아니하였으면 변제받았을 한도에서 보증인은 그 의무를 면한다.

① 채권자로부터 채무의 이행을 청구를 받은 경우에, 보증인은 주채무자에게 변제자력이 있다는 사실과 그 집행이 용이하다는 사실을 증명하고 먼저 주채무자에게 이행을 청구하라고 항변할 수 있으며, 채권자가 먼저 주채무자에게 최고하고 보증인에게 채무의 이행을 청구하더라도 보증인은 다시 주채무자에게 변제자력이 있다는 사실과 그 집행이 용이하다는 사실을 증명하고 먼저 주채무자의 재산에 대하여 집행하라고 항변할 수 있다(민법 제437조 본문). 전자를 최고의 항변이라 하고, 후자를 검색의 항변이라 한다.

② 보증인의 최고·검색의 항변에도 불구하고 채권자가 최고나 검색을 게을리하여 주채무자로부터 전부나 일부의 변제를 받지 못한 경우에, 보증인은 채권자가 해태하지 않았으면 변제받았을 한도에서 그 의무를 면한다(민법 제438조).

3) 보충성의 배제

연대보증은 보충성이 없지만 보증으로서의 성질을 갖는다(민법 제437조 단서).

II 성립

1. 보증계약에 의한 성립

1) 보증채무는 채권자와 보증인 사이의 보증계약에 의하여 성립한다. 주채무자는 보증계약의 당사자가 아니다.

2) 보증채무는 채권자와 보증인 사이에 체결되는 무상·편무·요식계약이다.

① 보증계약은 보증인만이 의무를 부담하므로 편무계약이며 무상계약이다.

② 보증계약은 종래 민법상 특별한 방식을 요하지 않는 낙성계약이었으나, 2015년 민법 개정에 의하여 요식계약으로 바뀌었다. 즉, 서면주의를 채택하였으며, 보증계약의 서면성은 근보증에서 강화되었다.

> **보증의 방식(민법 제428조의2)**
> ① 보증은 그 의사가 보증인의 기명날인 또는 서명이 있는 서면으로 표시되어야 효력이 발생한다. 다만, 보증의 의사가 전자적 형태로 표시된 경우에는 효력이 없다.
>
>> **전자문서의 효력(전자문서 및 전자거래 기본법 제4조)**
>> ① 전자문서는 전자적 형태로 되어 있다는 이유만으로 법적 효력이 부인되지 아니한다.
>> ② 보증인이 자기의 영업 또는 사업으로 작성한 보증의 의사가 표시된 전자문서는 「민법」 제428조의2 제1항 단서에도 불구하고 같은 항 본문에 따른 서면으로 본다.
>> ③ 삭제 〈2020.6.9.〉
>
> ② 보증채무를 보증인에게 불리하게 변경하는 경우에도 제1항과 같다.
> ③ 보증인이 보증채무를 이행한 경우에는 그 한도에서 제1항과 제2항에 따른 방식의 하자를 이유로 보증의 무효를 주장할 수 없다.
> [본조신설 2015.2.3.]
>
> **근보증(민법 제428조의3)**
> ① 보증은 불확정한 다수의 채무에 대해서도 할 수 있다. 이 경우 보증하는 채무의 최고액을 서면으로 특정하여야 한다.
> ② 제1항의 경우 채무의 최고액을 제428조의2 제1항에 따른 서면으로 특정하지 아니한 보증계약은 효력이 없다.
> [본조신설 2015.2.3.]

2. 보증계약의 요건

(1) 주채무에 관한 요건 : 부종성 관련

1) 주채무가 존재할 것

① 보증채무는 주채무의 이행을 담보로 하는 채무이기 때문에 성질상 주채무가 존재하여야 한다.
② <u>장래의 채무·정지조건부 채무 등과 같이 현재는 존재하지 않으나 장래 발생될 채무에 대해서도 보증할 수 있다</u>(민법 제428조 제2항). 그리고 여기의 장래의 채무에는 장래의 특정채무뿐만 아니라 장래의 불특정채무도 포함된다. 장래의 불특정채무에 대한 보증을 근보증이라고 한다.

> [주채무 발생의 원인이 되는 기본계약이 보증계약보다 먼저 체결되어야 하는지 여부(소극) 및 장래의 채무에 대하여 보증계약을 체결할 수 있는지 여부(한정 적극)]
> 주채무 발생의 원인이 되는 기본계약이 반드시 보증계약보다 먼저 체결되어야만 하는 것은 아니고, 보증계약 체결 당시 보증의 대상이 될 주채무의 발생원인과 그 내용이 어느 정도 확정되어 있다면 장래의 채무에 대해서도 유효하게 보증계약을 체결할 수 있다 할 것이다(대판 2006.6.27. 2005다50041).

③ 근보증에 대하여 과거에는 특별한 규정이 없었으며, 판례는 「채권자와 주채무자 사이의 계속적 거래관계로 인한 현재 및 장래에 발생하는 불확정적 채무에 관하여 보증책임을 부담하기로 하는 이른바 계속적 보증계약은 보증책임의 한도액이나 보증기간에 관하여 아무런 정함이 없는 경우에는 보증인은 원칙적으로 변제기에 있는 주채무 전액에 관하여 보증책임을 부담한다(대판 1988.11.8. 88다3253 등)」고 하였으나, 2015년 민법 개정으로 근보증에 관한 규정(민법 제428조의3)이 신설되어 포괄근보증이라도 허용되나, 보증하는 채무의 최고액을 서면으로 특정해야 하며, 최고액을 서면으로 특정하지 않은 보증계약은 효력이 없다고 규정하였다.

④ 취소의 원인 있는 채무를 보증한 경우 : 보증채무는 주채무가 취소되면 부종성으로 인하여 보증채무도 무효로 되는데, 「취소의 원인 있는 채무를 보증한 자가 보증계약 당시에 그 원인 있음을 안 경우에 주채무의 불이행 또는 취소가 있는 때에는 주채무와 동일한 목적의 독립채무를 부담한 것으로 본다」는 민법 제436조는 2015년 민법 개정 시 삭제되었다.

2) 주채무의 급부는 대체적일 것

① 보증채무는 주채무와 내용상 동일할 것을 요하므로 보증채무가 성립하기 위해서는 원칙적으로 주채무가 대체적 급부를 내용으로 하여야 한다.

② 부대체적 급부를 내용으로 하는 채무에 대한 보증에 있어서는 그 채무자 불이행에 의하여 손해배상채무로 변하는 것을 정지조건으로 하여 조건부 보증채무가 성립할 수 있다.

(2) 보증인에 관한 요건

> **보증인의 조건(민법 제431조)**
> ① 채무자가 보증인을 세울 의무가 있는 경우에는 그 보증인은 행위능력 및 변제자력이 있는 자로 하여야 한다.
> ② 보증인이 변제자력이 없게 된 때에는 채권자는 보증인의 변경을 청구할 수 있다.
> ③ 채권자가 보증인을 지명한 경우에는 전2항의 규정을 적용하지 아니한다.
>
> **타담보의 제공(민법 제432조)**
> 채무자는 다른 상당한 담보를 제공함으로써 보증인을 세울 의무를 면할 수 있다.

(3) 보증계약 체결 시 채권자가 보증인에게 주채무자의 신용상태를 고지할 신의칙상 의무가 인정되는지 여부(소극)

보증제도는 본질적으로 주채무자의 무자력으로 인한 채권자의 위험을 인수하는 것이므로, 보증인이 주채무자의 자력에 대하여 조사한 후 보증계약을 체결할 것인지의 여부를 스스로 결정하여야 하는 것이고, 채권자가 보증인에게 채무자의 신용상태를 고지할 신의칙상의 의무는 인정되지 않는다(대판 1998.7.24. 97다35276). 다만, 2015년 민법 개정에 따라 채권자는 일정범위에서 정보제공 및 통지의무를 부담하게 되었다(민법 제436조의2).

> **채권자의 정보제공의무와 통지의무 등(민법 제436조의2)**
> ① 채권자는 보증계약을 체결할 때 보증계약의 체결 여부 또는 그 내용에 영향을 미칠 수 있는 주채무자의 채무 관련 신용정보를 보유하고 있거나 알고 있는 경우에는 보증인에게 그 정보를 알려야 한다. 보증계약을 갱신할 때에도 또한 같다.

② 채권자는 보증계약을 체결한 후에 다음 각 호의 어느 하나에 해당하는 사유가 있는 경우에는 지체 없이 보증인에게 그 사실을 알려야 한다.
  1. 주채무자가 원본, 이자, 위약금, 손해배상 또는 그 밖에 주채무에 종속한 채무를 3개월 이상 이행하지 아니하는 경우
  2. 주채무자가 이행기에 이행할 수 없음을 미리 안 경우
  3. 주채무자의 채무 관련 신용정보에 중대한 변화가 생겼음을 알게 된 경우
③ 채권자는 보증인의 청구가 있으면 주채무의 내용 및 그 이행 여부를 알려야 한다.
④ 채권자가 제1항부터 제3항까지의 규정에 따른 의무를 위반하여 보증인에게 손해를 입힌 경우에는 법원은 그 내용과 정도 등을 고려하여 보증채무를 감경하거나 면제할 수 있다.
[본조신설 2015.2.3.]

Ⅲ 보증채무의 효력

1. 보증채무의 내용

(1) 보증채무의 급부(주채무와의 내용적 동일성)

1) 원칙적으로 보증채무의 목적인 급부는 <u>주채무와 동일한 것이어야 한다</u>(민법 제428조).

2) 특정물채무에 대한 보증은 우선 그 채무가 장래의 채무불이행으로 인해 손해배상채무로 변경된 경우에 그 채무를 조건부로 보증한다.

(2) 보증채무의 범위

> **보증채무의 범위(민법 제429조)**
> ① 보증채무는 주채무의 이자, 위약금, 손해배상 기타 주채무에 종속한 채무를 포함한다.
> ② 보증인은 그 보증채무에 관한 위약금 기타 손해배상액을 예정할 수 있다.

1) <u>보증채무의 내용은 보증계약에 의하여 결정된다.</u>

> **[선급금 반환에 관한 보증계약이 체결된 후 도급인이 수급인의 하수급업자에 대한 하도급대금 등을 직접 지급하기로 합의하고 하도급대금을 선급금 충당의 대상이 되는 기성공사대금의 내역에서 제외하기로 약정한 경우, 보증의 효력이 미치는 범위]**
> 선급금 반환에 관한 보증계약을 체결한 보증인의 책임 범위도 도급계약 당사자 사이의 선급금의 충당 대상이 되는 기성공사대금의 내역에 관한 약정에 따라 결정된다. 보증 및 보험의 일반 법리에 비추어 선급금 보증인의 책임 유무 및 범위는 선급금 보증계약 체결 당시의 도급계약상의 약정을 기준으로 판단하여야 하므로 <u>선급금 보증계약이 체결된 후 도급인이 수급인의 하수급업자에 대한 하도급대금 등을 직접 지급하기로 합의하고 하도급대금을 선급금 충당의 대상이 되는 기성공사대금의 내역에서 제외하기로 약정함으로써 선급금 보증인의 책임이 가중된다면 그 범위 내에서는 보증의 효력이 미치지 않는다</u>(대판 2021.7.8. 2016다267067).

2) 채권자와 보증인 사이에 특별한 의사표시가 없는 한 보증채무는 주채무의 이자, 위약금, 손해배상, 기타 주채무에 종속한 채무를 포함한다(민법 제429조 제1항).

3) 보증인은 계약해제에 의한 원상회복의무(민법 제548조)와 손해배상의무(민법 제551조)에 대해서도 보증채무를 부담한다.

(3) 보증채무에 대한 위약금 등

보증인은 보증채무의 이행을 확보하기 위해 보증인과 채권자 사이에서 보증채무에 관한 위약금 기타 손해배상액을 예정할 수 있다(민법 제429조 제2항).

2. 보증채무의 대외적 효력

(1) 채권자의 보증인에 대한 권리

주채무의 이행기가 도래하였으나 주채무자가 이를 이행하지 않는 경우에 채권자는 보증인에 대하여 보증채무의 이행을 청구할 수 있다(민법 제428조 제1항).

(2) 보증인의 권리

1) 부종성에 기한 권리

> **보증인과 주채무자 항변권(민법 제433조)**
> ① 보증인은 주채무자의 항변으로 채권자에게 대항할 수 있다.
> ② 주채무자의 항변포기는 보증인에게 효력이 없다.

① 보증인은 주채무자가 채권자에 대하여 가지는 항변권을 행사할 수 있으며 주채무자가 항변권을 포기하더라도 보증인에게 아무런 효력이 없다(민법 제433조).

② 보증인의 권리에는 주채무의 부존재 및 소멸의 항변권, 주채무자의 상계권(민법 제434조), 주채무자의 취소권·해제권·해지권(민법 제435조) 등이 있다.

> 보증채무에 대한 소멸시효가 중단되었다고 하더라도 이로써 주채무에 대한 소멸시효가 중단되는 것은 아니고, 주채무가 소멸시효 완성으로 소멸된 경우에는 보증채무도 그 채무 자체의 시효중단에 불구하고 부종성에 따라 당연히 소멸된다(대판 2002.5.14. 2000다62476).

③ 주채무자의 취소권·해제권·해지권을 보증인이 직접 행사할 수 있는 것이 아니고 채권자의 이행청구에 대해서 거절할 수 있는 것이다(민법 제435조).

> **보증인과 주채무자의 취소권 등(민법 제435조)**
> 주채무자가 채권자에 대하여 취소권 또는 해제권이나 해지권이 있는 동안은 보증인은 채권자에 대하여 채무의 이행을 거절할 수 있다.

2) 보충성에 기한 권리
① 채권자가 주채무자에게 이행을 청구하지 않고 곧바로 보증인에게 채무의 이행을 청구한 때에 보증인은 주채무자에게 변제능력이 있다는 사실과 그 집행이 용이하다는 사실을 증명하여 먼저 주채무자에게 청구할 것과 주채무자의 재산에 대하여 집행할 것을 항변할 수 있다(민법 제437조 본문). 즉, 최고·검색의 항변권을 행사할 수 있다.
② 보증인이 주채무자와 연대하여 채무를 부담한 때(민법 제437조 단서), 주채무자가 파산선고를 받은 때, 주채무자가 행방불명인 때, 보증인이 항변권을 포기한 때 등의 경우에는 최고·검색의 항변권을 행사할 수 없다.
③ 전조의 규정에 의한 보증인의 항변에 불구하고 채권자의 해태로 인하여 채무자로부터 전부나 일부의 변제를 받지 못한 경우에는 채권자가 해태하지 아니하였으면 변제받았을 한도에서 보증인은 그 의무를 면한다(민법 제438조).

3. 주채무자 또는 보증인에 관하여 생긴 사유의 효력

(1) 원 칙
① 주채무자에게 발생한 사유는 절대적 효력을 갖는다.
② 보증인에게 생긴 사유는 채권을 만족시키는 사유 이외에는 상대적 효력을 갖는다.

(2) 주채무자에게 생긴 사유
① 주채무의 소멸 : 보증채무도 소멸한다.
② 주채무에 관한 채권양도와 채무인수

> **채무인수와 보증, 담보의 소멸(민법 제459조)**
> 전채무자의 채무에 대한 보증이나 제3자가 제공한 담보는 채무인수로 인하여 소멸한다. 그러나 보증인이나 제3자가 채무인수에 동의한 경우에는 그러하지 아니하다.

③ 주채무에 관한 시효중단

> **시효중단의 보증인에 대한 효력(민법 제440조)**
> 주채무자에 대한 시효의 중단은 보증인에 대하여 그 효력이 있다.

> 민법 제169조는 '시효의 중단은 당사자 및 그 승계인 간에만 효력이 있다'고 규정하고 있고, 한편 민법 제440조는 '주채무자에 대한 시효의 중단은 보증인에 대하여 그 효력이 있다'라고 규정하고 있는바, 민법 제440조는 민법 제169조의 예외규정으로서 이는 채권자 보호 내지 채권담보의 확보를 위하여 주채무자에 대한 시효중단의 사유가 발생하였을 때는 그 보증인에 대한 별도의 중단조치가 이루어지지 아니하여도 동시에 시효중단의 효력이 생기도록 한 것이고, 그 시효중단사유가 압류, 가압류 및 가처분이라고 하더라도 이를 보증인에게 통지하여야 비로소 시효중단의 효력이 발생하는 것은 아니다(대판 2005.10.27. 2005다35554·35561).

(3) 보증인에게 생긴 사유

① 시효의 중단은 시효중단행위에 관여한 당사자 및 그 승계인 사이에 효력이 있는 것이므로 연대보증인 겸 물상보증인은 보증채무의 부종성에 따라 주채무가 시효로 소멸되었음을 주장할 수는 있다.

② 원칙적으로 보증인에 관하여 생긴 사유는 상대효에 불과하므로, 채권자의 보증인에 대한 면제 등의 행위는 주채무자에게 영향을 미치지 않는다. 따라서 주채무자에 대한 시효중단의 사유가 없는 이상 연대보증인 겸 물상보증인에 대한 시효중단의 사유가 있다 하여 주채무까지 시효중단 되었다고 할 수는 없다(대판 1994.1.11. 93다21477).

4. 보증채무의 대내적 효력

(1) 수탁보증인의 구상권

1) 사후구상권의 발생요건

> **수탁보증인의 구상권(민법 제441조)**
> ① 주채무자의 부탁으로 보증인이 된 자가 과실 없이 변제 기타의 출재로 주채무를 소멸하게 한 때에는 주채무자에 대하여 구상권이 있다.
> ② 제425조 제2항의 규정은 전항의 경우에 준용한다.

① 주채무자의 부탁에 의하여 보증인이 된 자가 과실 없이 변제, 대물변제, 경개 등의 출재를 통하여 주채무를 소멸시켰을 경우에는 주채무자에 대하여 구상권을 갖는다(민법 제441조 제1항). 보증인이 주채무를 소멸시키는 행위는 주채무의 존재를 전제로 한다.

> [수탁보증인이 변제기 전에 주채무를 변제한 경우, 사후구상권을 가지는지 여부(적극) / 변제기 전에 주채무를 변제한 수탁보증인이 주채무의 변제기가 도래하기 전에 주채무자에 대하여 사후구상권을 행사할 수 있는지 여부(소극) / 수탁보증인의 출재에 과실이 존재하는 경우, 그와 인과관계가 있는 범위에서는 구상권이 발생하지 않는지 여부(적극)]
> 주채무자의 부탁으로 보증인이 된 자가 과실 없이 변제 기타의 출재로 주채무를 소멸하게 한 때에는 주채무자에 대하여 구상권이 있다(민법 제441조). 이는 주채무자의 부탁으로 물상보증인이 된 경우에도 마찬가지이다(민법 제341조, 제370조). / 이러한 수탁보증인의 사후구상권이 발생하기 위해서는 수탁보증인이 변제 기타 출재로 주채무를 소멸하게 하여야 하는데, 이때 수탁보증인이 반드시 주채무의 변제기가 도래한 후에 변제 등의 면책행위를 할 것이 요구되지 않는다. 오히려 당사자의 특별한 의사표시가 없으면 변제기 전이라도 채무자는 변제할 수 있으므로(민법 제468조), 주채무에 관하여 이해관계 있는 제3자인 수탁보증인도 변제기 전에 변제할 수 있다고 보아야 한다(민법 제469조 참조). 다만 그 경우 수탁보증인으로서는 주채무의 변제기가 도래할 때까지 주채무자에 대하여 사후구상권을 행사할 수 없을 뿐이다. / 또한 수탁보증인의 출재에 과실이 없어야 하는데 만약 출재에 과실이 존재한다면 그와 인과관계가 있는 범위에서는 구상권이 발생하지 않는다(대판 2024.10.25. 2024다252305).

② 구상권은 면책된 날 이후의 법정이자 및 피할 수 없는 비용 기타 손해배상을 포함한다(민법 제425조 제2항).

2) 사전구상권

수탁보증인의 사전구상권(민법 제442조)
① 주채무자의 부탁으로 보증인이 된 자는 다음 각 호의 경우에 주채무자에 대하여 미리 구상권을 행사할 수 있다.
  1. 보증인이 과실 없이 채권자에게 변제할 재판을 받은 때
  2. 주채무자가 파산선고를 받은 경우에 채권자가 파산재단에 가입하지 아니한 때
  3. 채무의 이행기가 확정되지 아니하고 그 최장기도 확정할 수 없는 경우에 보증계약 후 5년을 경과한 때
  4. 채무의 이행기가 도래한 때
② 전항 제4호의 경우에는 보증계약 후에 채권자가 주채무자에게 허여한 기한으로 보증인에게 대항하지 못한다.

주채무자의 면책청구(민법 제443조)
전조의 규정에 의하여 주채무자가 보증인에게 배상하는 경우에 주채무자는 자기를 면책하게 하거나 자기에게 담보를 제공할 것을 보증인에게 청구할 수 있고 또는 배상할 금액을 공탁하거나 담보를 제공하거나 보증인을 면책하게 함으로써 그 배상의무를 면할 수 있다.

[수탁보증인이 민법 제442조에 따라 주채무자에게 사전구상의무 이행을 구한 경우, 주채무자가 민법 제443조 전단을 근거로 수탁보증인에게 담보의 제공을 구할 수 있는지 여부(적극) 및 이 경우 담보제공이 있을 때까지 사전구상의무 이행을 거절할 수 있는지 여부(적극) / 수탁보증인이 주채무자의 담보제공청구를 거절하거나 구상금액에 상당한 담보를 제공하려는 의사를 표시하지 않는 경우, 법원은 수탁보증인의 사전구상금 청구를 기각하여야 하는지 여부(적극)]
민법 제443조 전단은 '전조의 규정에 의하여 주채무자가 보증인에게 배상하는 경우에 주채무자는 자기에게 담보를 제공할 것을 보증인에게 청구할 수 있다'고 정한다. 따라서 주채무자는 수탁보증인이 민법 제442조에 정한 바에 따라 주채무자에게 사전구상의무 이행을 구하면 민법 제443조 전단을 근거로 수탁보증인에게 담보의 제공을 구할 수 있고, 그러한 담보제공이 있을 때까지 사전구상의무 이행을 거절할 수 있다. / 만약 수탁보증인이 주채무자의 담보제공청구에 응하여 구상금액에 상당한 담보를 특정하여 제공할 의사를 표시한다면 법원은 주채무자가 수탁보증인으로부터 그 특정한 담보를 제공받음과 동시에 사전구상의무를 이행하여야 한다고 판결하여야 하지만, 수탁보증인이 주채무자의 담보제공청구를 거절하거나 구상금액에 상당한 담보를 제공하려는 의사를 표시하지 않는다면 법원은 수탁보증인의 사전구상금 청구를 기각하는 판결을 하여야 한다(대판 2023.2.2. 2020다283578).

3) 수탁보증인의 사전구상권과 사후구상권의 병존

수탁보증인의 사전구상권과 사후구상권은 종국적 목적과 사회적 효용을 같이 하는 공통성을 가지고 있으나, 사후구상권은 보증인이 채무자에 갈음하여 변제 등 자신의 출연으로 채무를 소멸시켰다고 하는 사실에 의하여 발생하는 것이고, 이에 대하여 사전구상권은 그 외의 민법 제442조 제1항 소정의 사유나 약정으로 정한 일정한 사실에 의하여 발생하는 등 발생원인을 달리하고 법적 성질도 달리하는 별개의 독립된 권리이므로, 사후구상권이 발생한 이후에도 사전구상권은 소멸하지 아니하고 병존하며, 다만 목적달성으로 일방이 소멸하면 타방도 소멸하는 관계에 있을 뿐이다(대판 2019.2.14. 2017다274703).

4) 구상권의 제한

> **구상요건으로서의 통지(민법 제445조)**
> ① 보증인이 주채무자에게 통지하지 아니하고 변제 기타 자기의 출재로 주채무를 소멸하게 한 경우에 주채무자가 채권자에게 대항할 수 있는 사유가 있었을 때에는 이 사유로 보증인에게 대항할 수 있고 그 대항사유가 상계인 때에는 상계로 소멸할 채권은 보증인에게 이전된다.
> ② 보증인이 변제 기타 자기의 출재로 면책되었음을 주채무자에게 통지하지 아니한 경우에 주채무자가 선의로 채권자에게 변제 기타 유상의 면책행위를 한 때에는 주채무자는 자기의 면책행위의 유효를 주장할 수 있다.
>
> **주채무자의 보증인에 대한 면책통지의무(민법 제446조)**
> 주채무자가 자기의 행위로 면책하였음을 그 부탁으로 보증인이 된 자에게 통지하지 아니한 경우에 보증인이 선의로 채권자에게 변제 기타 유상의 면책행위를 한 때에는 보증인은 자기의 면책행위의 유효를 주장할 수 있다.

> **[수탁보증에 있어 주채무자가 면책행위를 하고도 보증인에게 통지를 하지 않고 있는 동안에 보증인이 사전 통지 없이 이중의 면책행위를 한 경우, 보증인이 주채무자에게 구상권을 행사할 수 있는지 여부(소극)]**
> 민법 제446조의 규정은 같은 법 제445조 제1항의 규정을 전제로 하는 것이어서 같은 법 제445조 제1항의 사전 통지를 하지 아니한 수탁보증인까지 보호하는 취지의 규정은 아니므로, 수탁보증에 있어서 주채무자가 면책행위를 하고도 그 사실을 보증인에게 통지하지 아니하고 있던 중에 보증인도 사전 통지를 하지 아니한 채 이중의 면책행위를 한 경우에는 보증인은 주채무자에 대하여 민법 제446조에 의하여 자기의 면책행위의 유효를 주장할 수 없다고 봄이 상당하고 따라서 이 경우에는 이중변제의 기본 원칙으로 돌아가 먼저 이루어진 주채무자의 면책행위가 유효하고 나중에 이루어진 보증인의 면책행위는 무효로 보아야 하므로 보증인은 민법 제446조에 기하여 주채무자에게 구상권을 행사할 수 없다(대판 1997.10.10. 95다46265).
>
> **[민법 제445조 제1항에 따라 주채무자가 채권자에게 대항할 수 있는 사유로 보증인에게 대항할 수 있을 때 구체적인 대항의 효과는 주채무자가 채권자에게 갖는 대항사유에 따라 결정되는지 여부(적극)]**
> 보증인이 주채무자에게 통지하지 아니하고 변제 기타 자기의 출재로 주채무를 소멸하게 한 경우에 주채무자가 채권자에게 대항할 수 있는 사유가 있었을 때에는 이 사유로 보증인에게 대항할 수 있다(민법 제445조 제1항). 이때 구체적인 대항의 효과는 주채무자가 채권자에게 갖는 대항사유에 따라 결정된다(대판 2024.10.25. 2024다252305).

(2) 부탁 없는 보증인의 구상권

> **부탁 없는 보증인의 구상권(민법 제444조)**
> ① 주채무자의 부탁 없이 보증인이 된 자가 변제 기타 자기의 출재로 주채무를 소멸하게 한 때에는 주채무자는 그 당시에 이익을 받은 한도에서 배상하여야 한다.
> ② 주채무자의 의사에 반하여 보증인이 된 자가 변제 기타 자기의 출재로 주채무를 소멸하게 한 때에는 주채무자는 현존이익의 한도에서 배상하여야 한다.
> ③ 전항의 경우에 주채무자가 구상한 날 이전에 상계원인이 있음을 주장한 때에는 그 상계로 소멸할 채권은 보증인에게 이전된다.

① 주채무자의 부탁 없이 보증인이 된 자가 변제 기타 자기의 출재로 주채무를 소멸하게 한 때에는 주채무자는 '그 당시에 이익을 받은 한도에서' 배상하여야 한다(민법 제444조 제1항).
② 주채무자의 의사에 반하여 보증인이 된 자가 변제 기타 자기의 출재로 주채무를 소멸하게 한 때에는 주채무자는 '현존 이익의 한도에서' 배상하여야 한다(민법 제444조 제2항).
③ 부탁 없는 보증인은 사전구상권이 없다.

(3) 구상권자의 법정대위권
① 보증인은 변제할 정당한 이익이 있는 자이므로 변제에 의해 당연히 채권자의 채권 및 담보에 관한 권리를 대위한다.
② 변제할 정당한 이익이 있는 자가 채무자를 위하여 채권의 일부를 대위변제할 경우 대위자는 그 변제한 가액에 비례하여 채권자와 함께 그 권리를 행사하고, 변제한 가액의 범위 내에서 종래 채권자가 가지고 있던 채권 및 담보에 관한 권리를 취득하는 것이되, 이 경우에도 채권자는 일부대위변제자에 대하여 우선변제권을 가지는 것이라 하겠으나, 보증인이 변제 기타의 출재로 주채무를 소멸하게 하는 등의 사유로 주채무자에 대하여 가지게 되는 구상권은 변제자가 갖는 고유의 권리로서 대위의 객체가 된 권리와는 별개라 할 것이어서 당사자 사이에 다른 약정이 있다는 등의 특정한 사정이 없는 한 일부대위에 관한 위와 같은 법리가 보증인이 행사하는 구상권의 경우에 당연히 그대로 적용되는 것은 아니다(대판 1995.3.3. 94다33514).

(4) 수인의 주채무자 중 1인만을 위해 보증인이 된 경우의 구상관계
① 주채무가 분할채무인 경우 : 보증인이 채무자 전원이 부담하는 채무액 전부를 변제한 경우 보증한 주채무자 이외의 자의 부담에 관하여는 제3자의 변제에 해당하여, 사무관리에 의한 비용의 상환청구 또는 부당이득반환을 청구할 수 있다.
② 주채무가 불가분채무·연대채무인 경우

> **연대, 불가분채무의 보증인의 구상권(민법 제447조)**
> 어느 연대채무자나 어느 불가분채무자를 위하여 보증인이 된 자는 다른 연대채무자나 다른 불가분채무자에 대하여 그 부담부분에 한하여 구상권이 있다.

> 어느 공동불법행위자를 위하여 보증인이 된 사람이 피보증인을 위하여 손해배상채무를 변제한 경우, 그 보증인은 피보증인이 아닌 다른 공동불법행위자에 대하여 그 부담 부분에 한하여 구상권을 행사할 수 있고, 이러한 법리는 어느 공동불법행위자를 위하여 그가 위 손해배상채무를 변제한 보증인에 대하여 부담하는 구상채무를 보증한 구상보증인이 피보증인을 위하여 그 구상채무를 변제한 경우에도 마찬가지여서 그 구상보증인은 피보증인이 아닌 다른 공동불법행위자에 대하여 그 부담 부분에 한하여 구상권을 행사할 수 있다(대판 2008.7.24. 2007다37530).

IV 연대보증

1. 의 의

연대보증이란 보증인이 채권자에 대하여 주채무자와 연대하여 채무를 부담하는 형태의 보증채무를 말한다.

2. 특 성

① 연대보증채무도 보증채무이므로 부종성이 있다.
② 그러나 연대보증인은 주채무자와 연대하여 채무를 부담하기에 보충성이 없다. 따라서 연대보증인에게 최고·검색의 항변권이 인정되지 않는다.
③ 그리고 수인의 연대보증인이 있더라도 분별의 이익이 없어 채권자는 어느 연대보증인에게나 채권 전액을 청구할 수 있다.

3. 연대보증에서의 구상

연대보증인 중 1인이 채무의 전액이나 적어도 자기의 부담부분 이상을 변제하였다면 다른 보증인에 대하여 구상을 할 수 있으나, 다른 보증인 중 이미 자기의 부담부분을 변제한 자에 대하여는 구상을 할 수 없다(대판 1993.5.27. 93다4656).

V 보증연대

수인의 보증인이 연대하여 채무를 부담함으로써 주채무의 이행을 담보하는 다수당사자의 채무이다. 보증연대는 부종성과 보충성을 갖는다는 점에서 보증채무와 같은 성질을 갖지만 분별의 이익이 없다는 점에서 공동보증과 구별된다.

VI 공동보증

1. 의 의

① 동일한 주채무에 대하여 수인이 보증채무를 부담하는 보증의 형태이다.
② 연대보증에 있어서는 보충성과 분별의 이익이 없으나 부종성이 있으며, 보증연대에 있어서는 부종성과 보충성이 있으나 분별의 이익이 없다는 점에서 부종성, 보충성, 분별의 이익을 갖는 공동보증과 구별된다.

2. 공동보증인 사이의 분별의 이익

> **공동보증의 분별의 이익(민법 제439조)**
> 수인의 보증인이 각자의 행위로 보증채무를 부담한 경우에도 제408조의 규정을 적용한다.

① 분별의 이익이란 공동보증인이 주채무를 균등한 비율로 분할한 부분에 관해서만 보증채무를 부담하는 것을 말한다.
② 주채무가 불가분인 경우 보증연대, 연대보증의 경우에는 분별의 이익이 인정되지 않는다.
③ 어느 연대채무자나 어느 불가분채무자를 위하여 보증인이 된 자는 다른 연대채무자나 다른 불가분채무자에 대하여 그 부담부분에 한하여 구상권이 있다(민법 제447조).
④ 연대채무자 甲, 乙의 채권자에 대한 채무를 담보할 목적으로 자기 소유의 부동산에 관하여 근저당권을 설정하였다가 그 실행으로 인하여 위 부동산의 소유권을 상실하게 된 물상보증인은 채무자들에 대한 구상권이 있다.
⑤ 연대채무자 甲의 부탁 없이 물상보증인이 되었다면 甲은 '그 당시에 이익을 받은 한도 내에서' 물상보증인에게 이를 구상하여 줄 의무가 있다.
⑥ 제447조는 어느 연대채무자나 어느 불가분채무자를 위하여 보증인이 된 자의 다른 연대채무자나 다른 불가분채무자에 대한 구상권에 관한 규정에 불과하므로 연대채무자 모두를 위하여 물상보증인이 된 자가 그 연대채무자의 1인에 대하여 구상권을 행사하는 경우에는 적용될 여지가 없다(대판 1990.11.13. 90다카26065).

3. 공동보증인 간의 구상관계

> **공동보증인 간의 구상권(민법 제448조)**
> ① 수인의 보증인이 있는 경우에 어느 보증인이 자기의 부담부분을 넘은 변제를 한 때에는 제444조의 규정을 준용한다.
> ② 주채무가 불가분이거나 각 보증인이 상호연대로 또는 주채무자와 연대로 채무를 부담한 경우에 어느 보증인이 자기의 부담부분을 넘은 변제를 한 때에는 제425조 내지 제427조의 규정을 준용한다.

① 공동보증인이 분별의 이익을 가지는 경우에 자기의 분담액을 넘어 변제하였다면 채무자의 부탁을 받지 않은 보증인의 지위와 유사하므로 다른 공동보증인에 대하여 일종의 사무관리가 되어 민법 제444조가 준용된다(민법 제448조 제1항).
② 공동보증인이 분별의 이익을 가지지 않는 경우(주채무가 불가분이거나 각 보증인이 상호연대로 또는 주채무자와 연대로 채무를 부담한 경우)에 자기의 부담부분을 넘는 변제를 한 때에는 연대채무자의 구상권에 관한 규정을 준용해야 할 것이다(민법 제448조 제2항).

[연대보증인 가운데 한 사람이 자기의 부담부분을 초과하여 변제한 경우, 다른 연대보증인에 대한 구상관계 / 연대보증인 가운데 한 사람이 자기의 부담부분을 초과하여 변제하여 다른 연대보증인에 대하여 구상을 하는 경우, 구상권 행사 가능 여부를 판단하기 위하여 연대보증인들의 부담부분을 산정하는 방법]

수인의 보증인이 있는 경우에는 그 사이에 분별의 이익이 있는 것이 원칙이지만, 그 수인이 연대보증인일 때에는 각자가 별개의 법률행위로 보증인이 되었고 또한 보증인 상호 간에 연대의 특약(보증연대)이 없었더라도 채권자에 대하여는 분별의 이익을 갖지 못하고 각자의 채무의 전액을 변제하여야 하나, 연대보증인들 상호 간의 내부관계에서는 주채무에 대하여 출재를 분담하는 일정한 금액을 의미하는 부담부분이 있고, 그 부담부분의 비율, 즉 분담비율에 관하여는 그들 사이에 특약이 있으면 당연히 그에 따르되 그 특약이 없는 한 각자 평등한 비율로 부담을 지게 된다. / 그러므로 연대보증인 가운데 한 사람이 자기의 부담부분을 초과하여 변제하였을 때에는 다른 연대보증인에 대하여 구상을 할 수 있는데, 다만 다른 연대보증인 가운데 이미 자기의 부담부분을 변제한 사람에 대하여는 구상을 할 수 없으므로 그를 제외하고 아직 자기의 부담부분을 변제하지 아니한 사람에 대하여만 구상권을 행사하여야 한다. 또한 연대보증인 가운데 한 사람이 자기의 부담부분을 초과하여 변제하여 다른 연대보증인에 대하여 구상을 하는 경우의 부담부분은 수인의 연대보증이 성립할 당시 주채무액에 분담비율을 적용하여 산출된 금액으로 일단 정하여지지만, 그 후 주채무자의 변제 등으로 주채무가 소멸하면 부종성에 따라 각 연대보증인의 부담부분이 그 소멸액만큼 분담비율에 따라 감소하고 또한 연대보증인의 변제가 있으면 당해 연대보증인의 부담부분이 그 변제액만큼 감소하게 된다. 그러므로 자기의 부담부분을 초과한 변제를 함으로써 그 초과 변제액에 대하여 다른 연대보증인을 상대로 구상권을 행사할 수 있는 연대보증인인지 여부는 당해 변제 시를 기준으로 판단하되, 구체적으로는 우선 그때까지 발생·증가하였던 주채무의 총액에 분담비율을 적용하여 당해 연대보증인의 부담부분 총액을 산출하고 그전에 앞서 본 바와 같은 사유 등으로 감소한 그의 부담부분이 있다면 이를 위 부담부분 총액에서 공제하는 방법으로 당해 연대보증인의 부담부분을 확정한 다음 당해 변제액이 위 확정된 부담부분을 초과하는지 여부에 따라 판단하여야 한다. 한편 이미 자기의 부담부분을 변제함으로써 위와 같은 구상권 행사의 대상에서 제외되는 다른 연대보증인인지 여부도 원칙적으로 구상의 기초가 되는 변제 당시에 위와 같은 방법에 의하여 확정되는 그 연대보증인의 부담부분을 기준으로 판단하여야 한다(대판 2024.10.25. 2024다232066·232073).

Ⅶ 계속적 보증

1. 의의

계속적 보증이란 일시적 보증에 대응하는 개념으로서 계속적 채권관계에 기하여 채무자가 부담하는 현재 또는 장래의 불특정한 채무에 대한 보증을 말한다. 이러한 계속적 보증에는 근보증(신용보증), 신원보증(身元保證) 및 임대차의 보증 등이 있다. 계속적 보증의 경우에는 보증인에게 과도한 책임이 요구되므로 보증인을 보호할 필요성이 크다. 이에 따라 민법과 보증인보호법은 근보증에 관한 명문규정을 두었으며, 신원보증에 관하여는 신원보증법이라는 특별법을 두었다. 이하에서는 민법상의 근보증에 관하여 알아보고, 목차를 바꿔서 보증인보호법과 신원보증에 관하여 알아보기로 한다.

2. 근보증

> **근보증(민법 제428조의3)**
> ① 보증은 불확정한 다수의 채무에 대해서도 할 수 있다. 이 경우 보증하는 채무의 최고액을 서면으로 특정하여야 한다.
> ② 제1항의 경우 채무의 최고액을 제428조의2 제1항에 따른 서면으로 특정하지 아니한 보증계약은 효력이 없다.

(1) 의 의

근보증은 계속적 채권관계(당좌대월계약, 어음할인계약 등)에서 발생하는 불확정채무를 보증하는 것을 말하는데, 신용보증이라고도 한다. 민법은 2015년 개정 시 근보증에 관한 규정을 신설하였다(민법 제428조의3).

> 민법 제428조의3의 규정 및 그 입법 취지에 비추어 볼 때, 불확정한 다수의 채무에 대하여 보증하는 경우 보증채무의 최고액이 서면으로 특정되어 보증계약이 유효하다고 하기 위해서는, 보증인의 보증의사가 표시된 서면에 보증채무의 최고액이 명시적으로 기재되어 있어야 하고, 보증채무의 최고액이 명시적으로 기재되어 있지 않더라도 서면 자체로 보아 보증채무의 최고액이 얼마인지를 객관적으로 알 수 있는 등 보증채무의 최고액이 명시적으로 기재되어 있는 경우와 동일시할 수 있을 정도의 구체적인 기재가 필요하다(대판 2019.3.14. 2018다282473).

(2) 내 용

1) 책임의 범위

① 보증은 불확정한 다수의 채무에 대해서도 할 수 있다. 즉, 포괄근보증도 인정된다(민법 제428조의3 제1항 전문). 다만, 이 경우 보증하는 채무의 최고액을 서면으로 특정하여야 하고(동조 제1항 후문), 채무의 최고액을 서면으로 특정하지 아니한 보증계약은 효력이 없다(동조 제2항). 이에 따라 근보증에 관한 과거의 판례 중 민법 제428조의3에 어긋나는, 즉 계속적 보증계약에 있어서 보증책임의 한도액에 관하여 아무런 정함이 없는 경우의 보증책임의 범위에 관한 부분(대판 1988.11.8. 88다3253 등)은 더 이상 유지되기 어렵다고 판단된다. 반면에 채무의 최고액을 서면으로 특정한 경우에는 보증인은 그 한도액만큼 책임을 부담한다.

> **[계속적 보증계약에 있어서의 보증책임의 범위]**
> 보증책임의 한도액이나 보증기간에 관하여 아무런 정함이 없는 경우에는 보증인은 원칙적으로 변제기에 있는 주채무 전액에 관하여 보증책임을 부담한다(대판 1988.11.8. 88다3253).

② 계속적 보증계약에서 보증한도액의 정함이 있는 경우, 그 한도액을 주채무의 원본 총액만을 기준으로 할 것인지 그 한도액에 이자, 지연손해금 등의 부수채무까지도 포함될 것으로 할 것인지는 먼저 계약당사자의 의사에 따라야 하나, 특약이 없는 한도액 내에는 이자 등 부수채무도 포함되는 것으로 해석하여야 한다(대판 1995.6.30. 94다40444).

③ 계속적 보증계약 당시 주채무의 액수를 보증인이 예상하였거나 예상할 수 있었을 경우에는 그 예상범위로 보증책임을 제한할 수 있다 할 것이나, 그 예상범위를 상회하는 주채무 과다 발생의 원인이 채권자가 주채무자의 자산상태가 현저히 악화된 사실을 잘 알면서도(중대한 과실로 알지 못한 경우도 같다) 이를 알지 못하는 보증인에게 아무런 통보나 의사 타진도 없이 고의로 거래규모를 확대함에 연유하는 등 신의칙에 반하는 사정이 있는 경우에 한하여 보증인의 책임을 합리적인 범위 내로 제한할 수 있다(대판 1995.12.22. 94다42129).

④ 계속적인 신용거래 관계로부터 장래 발생할 불특정 채무를 보증하기 위해 이른바 보증한도액을 정하여 근보증을 하고 아울러 그 불특정 채무를 담보하기 위하여 동일인이 근저당권설정등기를 하여 물상보증도 한 경우에, 근보증약정과 근저당권설정계약은 별개의 계약으로서 원칙적으로 그 성립과 소멸이 따로 다루어져야 할 것이나, 근보증의 주채무와 근저당권의 피담보채무가 동일한 채무인 이상 근보증과 근저당권은 특별한 사정이 없는 한 동일한 채무를 담보하기 위한 중첩적인 담보로서 근저당권의 실행으로 변제를 받은 금액은 근보증의 보증한도액에서 공제되어야 한다(대판 2004.7.9. 2003다27160).

⑤ 보증한도액이 정해진 계속적 보증계약의 경우 보증인이 사망하였다 하더라도 보증계약이 당연히 종료되는 것은 아니고 특별한 사정이 없는 한 상속인들이 보증인의 지위를 승계한다고 보아야 할 것이나, 보증기간과 보증한도액의 정함이 없는 계속적 보증계약의 경우에는 보증인이 사망하면 보증인의 지위가 상속인에게 상속된다고 할 수 없고 다만, 기왕에 발생된 보증채무만이 상속된다(대판 2001.6.12. 2000다47187).

2) 해 지

① 계속적인 보증에 있어서는 보증계약 후 당초 예기하지 못한 사정변경이 생겨 보증인에게 계속하여 보증책임을 지우는 것이 당사자의 의사해석 내지 신의칙에 비추어 상당하지 못하다고 인정되는 경우에는, 상대방인 채권자에게 신의칙상 묵과할 수 없는 손해를 입게 하는 등의 특별한 사정이 없는 한 보증인의 일방적인 보증계약해지의 의사표시에 의하여 보증계약을 해지할 수 있다(대판 1996.12.10. 96다27858).

② 회사의 이사의 지위에서 부득이 회사와 제3자 사이의 계속적 거래로 인한 회사의 채무에 대하여 보증인이 된 자가 그 후 퇴사하여 이사의 지위를 떠난 때에는 보증계약 성립 당시의 사정에 현저한 변경이 생긴 경우에 해당하므로 이를 이유로 보증계약을 해지할 수 있는 것이고, 한편 계속적 보증계약의 보증인이 장차 그 보증계약에 기한 보증채무를 이행할 경우 피보증인이 계속적 보증계약의 보증인에게 부담하게 될 불확정한 구상금채무를 보증한 자에게도 사정변경이라는 해지권의 인정 근거에 비추어 마찬가지로 해지권을 인정하여야 할 것이나, 이와 같은 경우에도 보증계약이 해지되기 전에 계속적 거래가 종료되거나 그 밖의 사유로 주채무 내지 구상금채무가 확정된 경우라면 보증인으로서는 더 이상 사정변경을 이유로 보증계약을 해지할 수 없다(대판 2002.5.31. 2002다1673).

Ⅷ. 보증인 보호를 위한 특별법(이하 '보증인보호법')

1. 제정취지

이 법은 보증에 관하여 「민법」에 대한 특례를 규정함으로써 아무런 대가 없이 호의(好意)로 이루어지는 보증으로 인한 보증인의 경제적·정신적 피해를 방지하고, 금전채무에 대한 합리적인 보증계약 관행을 확립함으로써 신용사회 정착에 이바지함을 목적으로 한다(보증인보호법 제1조).

2. 편면적 강행규정

이 법에 위반하는 약정으로서 보증인에게 불리한 것은 효력이 없다(보증인보호법 제11조).

3. 주요 내용

(1) 보증인보호법의 적용 대상

아무런 대가 없이 호의로 보증인이 된 자가 동법의 적용을 받는 보증인에 해당한다.

> **정의(보증인보호법 제2조)**
> 이 법에서 사용하는 용어의 뜻은 다음과 같다.
> 1. "보증인"이란 「민법」 제429조 제1항에 따른 보증채무(이하 "보증채무"라 한다)를 부담하는 자로서 다음 각 목에서 정하는 경우를 제외한 자를 말한다.
>   가. 「신용보증기금법」 제2조 제1호에 따른 기업(이하 "기업"이라 한다)이 영위하는 사업과 관련된 타인의 채무에 대하여 보증채무를 부담하는 경우
>   나. 기업의 대표자, 이사, 무한책임사원, 「국세기본법」 제39조 제2항에 따른 과점주주(寡占株主) 또는 기업의 경영을 사실상 지배하는 자가 그 기업의 채무에 대하여 보증채무를 부담하는 경우
>   다. 기업의 대표자, 이사, 무한책임사원, 「국세기본법」 제39조 제2항에 따른 과점주주 또는 기업의 경영을 사실상 지배하는 자의 배우자, 직계 존속·비속 등 특수한 관계에 있는 자가 기업과 경제적 이익을 공유하거나 기업의 경영에 직접·간접적으로 영향을 미치면서 그 기업의 채무에 대하여 보증채무를 부담하는 경우
>   라. 채무자와 동업 관계에 있는 자가 동업과 관련한 동업자의 채무를 부담하는 경우
>   마. 나목부터 라목까지의 어느 하나에 해당하는 경우로서 기업의 채무에 대하여 그 기업의 채무를 인수한 다른 기업을 위하여 보증채무를 부담하는 경우
>   바. 기업 또는 개인의 신용을 보증하기 위하여 법률에 따라 설치된 기금 또는 그 관리기관이 보증채무를 부담하는 경우

> **[물상보증의 경우에도 보증인 보호를 위한 특별법이 적용되는지 여부(소극)]**
> 보증인 보호를 위한 특별법(이하 '보증인보호법'이라 한다)의 목적 및 보증인보호법 제2조 제1호, 제2호의 문언에 비추어 볼 때, 보증인보호법은 민법 제429조 제1항에 따른 보증채무를 부담하는 경우에 적용될 뿐 타인의 채무에 대하여 담보물의 한도 내에서 책임을 지는 물상보증의 경우에는 적용되지 아니한다(대판 2015.3.26. 2014다83142).

(2) 보증의 방식

종래 보증인보호법 제3조에서 보증의사 등을 서면으로 표시할 것을 요구하였으나, 2015년 2월 3일 민법 제428조의2(보증의 방식)가 신설됨에 따라 2015년 2월 3일 삭제되었다.

> **[구 보증인 보호를 위한 특별법 제3조 제1항에서 정한 '보증인의 서명'의 의미 및 타인이 보증인의 이름을 대신 쓰는 것이 이에 해당하는지 여부(소극)]**
> 구 보증인 보호를 위한 특별법(2015.2.3. 법률 제13125호로 개정되기 전의 것, 이하 '구 보증인보호법'이라 한다) 제3조 제1항에서 보증의 의사표시에 보증인의 기명날인 또는 서명이 있는 서면을 요구하는 것은, 보증 의사를 명확하게 표시하게 함으로써 보증 의사의 존부 및 내용에 관하여 분명한 확인수단을 보장하여 분쟁을 예방하는 한편, 보증인으로 하여금 가능한 한 경솔하게 보증에 이르지 아니하고 숙고의 결과로 보증을 하도록 하려는 취지에서 나온 것이다(대판 2017.12.13. 2016다233576).

(3) 보증채무 최고액의 특정

보증계약을 체결할 때에는 보증채무의 최고액(最高額)을 서면으로 특정(特定)하여야 한다. 보증기간을 갱신할 때에도 또한 같다(보증인보호법 제4조).

(4) 채권자의 통지의무 등

> **채권자의 통지의무 등(보증인보호법 제5조)**
> ① 채권자는 주채무자가 원본, 이자 그 밖의 채무를 3개월 이상 이행하지 아니하는 경우 또는 주채무자가 이행기에 이행할 수 없음을 미리 안 경우에는 지체 없이 보증인에게 그 사실을 알려야 한다.
> ② 채권자로서 보증계약을 체결한 금융기관은 주채무자가 원본, 이자 그 밖의 채무를 1개월 이상 이행하지 아니하는 경우에는 지체 없이 그 사실을 보증인에게 알려야 한다.
> ③ 채권자는 보증인의 청구가 있으면 주채무의 내용 및 그 이행 여부를 보증인에게 알려야 한다.
> ④ 채권자가 제1항부터 제3항까지의 규정에 따른 의무를 위반한 경우에는 보증인은 그로 인하여 손해를 입은 한도에서 채무를 면한다.

(5) 근보증

> **근보증(보증인보호법 제6조)**
> ① 보증은 채권자와 주채무자 사이의 특정한 계속적 거래계약이나 그 밖의 일정한 종류의 거래로부터 발생하는 채무 또는 특정한 원인에 기하여 계속적으로 발생하는 채무에 대하여도 할 수 있다. 이 경우 그 보증하는 채무의 최고액을 서면으로 특정하여야 한다.
> ② 제1항의 경우 채무의 최고액을 서면으로 특정하지 아니한 보증계약은 효력이 없다.

1) 의 의

보증인보호법은 포괄근보증이 아닌 한정근보증만을 규정하고 있다(보증인보호법 제6조 제1항 전문). 한정근보증의 경우 보증하는 채무의 최고액을 서면으로 특정하여야 하며(동법 제6조 제1항 후문), 서면으로 특정하지 아니한 보증계약은 효력이 없다(동법 제6조 제2항).

2) 보증책임의 범위

① 근보증의 피보증채무가 구체적으로 확정되는 시기(= 근보증관계 종료 시점) 및 한정근보증계약에서 미리 정한 기본거래의 종류에 의하여 장래 체결될 기본거래계약 또는 그에 기하여 발생하는 보증대상인 채무를 특정할 수 있는 경우, 주채무 발생의 원인이 되는 기본거래계약이 한정근보증계약보다 먼저 체결되어 있지 않은 것이 한정근보증계약의 성립이나 효력에 영향을 미치는지 여부(소극)

근보증은 채권자와 주채무자 사이의 특정한 계속적 거래계약뿐 아니라 그 밖에 일정한 종류의 거래로부터 발생하는 채무 또는 특정한 원인에 기하여 계속적으로 발생하는 채무에 대하여도 할 수 있다. 또한 근보증의 대상인 주채무는 근보증계약을 체결할 당시에 이미 발생되어 있거나 구체적으로 내용이 특정되어 있을 필요는 없고, 장래의 채무, 조건부 채무는 물론 장래 증감·변동이 예정된 불특정의 채무라도 이를 특정할 수 있는 기준이 정해져 있으면 된다. 이와 같이 근보증은 그 보증대상인 주채무의 확정을 장래 근보증관계가 종료될 시점으로 유보하여 두는 것이므로, 그 종료 시점에 이르러 비로소 보증인이 부담할 피보증채무가 구체적으로 확정된다. 한편 위와 같은 근보증의 특질에 비추어 볼 때, 근보증계약이 특정 기본거래계약에 기하여 발생하는 채무만을 보증하기로 한 것이 아니라, 기본거래의 종류만을 정하고 그 종류에 속하는 현재 또는 장래의 기본거래계약에 기하여 근보증 결산기 이전에 발생하는 채무를 보증한도액 범위 내에서 보증하기로 하는 이른바 '한정근보증계약'인 경우, 미리 정한 기본거래의 종류에 의하여 장래 체결될 기본거래계약 또는 그에 기하여 발생하는 보증대상인 채무를 특정할 수 있다면 비록 주채무 발생의 원인이 되는 기본거래계약이 한정근보증계약보다 먼저 체결되어 있지 아니하더라도 그 근보증계약의 성립이나 효력에는 아무런 영향이 없다(대판 2013.11.14. 2011다29987).

② 한정근보증계약 체결 후 새로운 기본거래계약을 체결하거나 기존 기본거래계약의 기한을 갱신하고 거래 한도금액을 증액하는 약정이 당초 정한 기본거래의 종류에 속하고 채무가 근보증 결산기 이전에 발생한 것으로서 근보증한도액을 넘지 않는 경우, 보증인의 동의를 받거나 보증인에게 통지를 하여야 한정근보증의 피담보채무 범위에 속하게 되는지 여부(원칙적 소극)

한정근보증계약은 거기에 정한 기본거래의 종류에 속하는 기본거래계약이 별도로 체결되는 것을 예정하고 있으므로, 채권자와 주채무자가 한정근보증계약 체결 이후 새로운 기본거래계약을 체결하거나 기존 기본거래계약의 기한을 갱신하고 그 거래 한도금액을 증액하는 약정을 하였다고 하더라도, 그것이 당초 정한 기본거래의 종류에 속하고 그로 인한 채무가 근보증 결산기 이전에 발생한 것으로서 근보증한도액을 넘지 않는다면, 이는 모두 한정근보증의 피보증채무 범위에 속한다고 보아야 하고, 별도의 약정이 있다는 등의 특별한 사정이 없는 한 새로운 기본거래계약 체결 등에 관하여 보증인의 동의를 받거나 보증인에게 통지하여야만 피보증채무의 범위에 속하게 되는 것은 아니다(대판 2013.11.14. 2011다29987).

(6) 보증기간 등

> **보증기간 등(보증인보호법 제7조)**
> ① 보증기간의 약정이 없는 때에는 그 기간을 3년으로 본다.
> ② 보증기간은 갱신할 수 있다. 이 경우 보증기간의 약정이 없는 때에는 계약 체결 시의 보증기간을 그 기간으로 본다.
> ③ 제1항 및 제2항에서 간주되는 보증기간은 계약을 체결하거나 갱신하는 때에 채권자가 보증인에게 고지하여야 한다.
> ④ 보증계약 체결 후 채권자가 보증인의 승낙 없이 채무자에 대하여 변제기를 연장하여 준 경우에는 채권자나 채무자는 보증인에게 그 사실을 알려야 한다. 이 경우 보증인은 즉시 보증채무를 이행할 수 있다.

1) 보증인보호법 제7조 제1항의 '보증기간' 3년의 의미

판례는 「보증인보호법 제1조, 제4조, 제6조, 제7조 제1항 및 제2항의 내용과 체계, 입법 목적 등에 비추어 보면, 보증인보호법 제7조 제1항의 취지는 보증채무의 범위를 특정하여 보증인을 보호하는 것이다. 따라서 이 규정에서 정한 '보증기간'은 특별한 사정이 없는 한 보증인이 보증책임을 부담하는 주채무의 발생기간이라고 해석함이 타당하고, 보증채무의 존속기간을 의미한다고 볼 수 없다(대판 2020.7.23. 2018다42231)」고 판시하였다.

> **[계속적 채권관계에서 발생하는 주계약상 불확정 채무에 대하여 보증계약이 체결된 후 주계약상 거래기간이 연장되었으나 보증기간이 연장되지 아니함으로써 보증계약이 종료된 경우, 보증인은 보증계약 종료 시의 주계약상의 채무에 대하여만 보증책임을 지는지 여부(적극)]**
> 계속적 채권관계에서 발생하는 주계약상의 불확정 채무에 대하여 보증한 경우 그 보증채무는 통상적으로 주계약상의 채무가 확정된 때에 이와 함께 확정된다. 그러나 채권자와 주채무자 사이에서 주계약상의 거래기간이 연장되었으나 보증인과 사이에서 보증기간이 연장되지 아니하는 등의 사정으로 보증계약 관계가 먼저 종료된 때에는 그 종료로 보증채무가 확정되므로, 보증인은 그 당시의 주계약상의 채무에 대하여 보증책임을 지고, 그 후의 채무에 대하여는 보증책임을 지지 아니한다(대판 2021.1.28. 2019다207141).

2) 보증기간의 갱신 및 갱신 기간

보증기간은 갱신할 수 있는데, 이 경우 보증기간의 약정이 없는 때에는 계약 체결 시의 보증기간을 갱신 기간으로 본다(보증인보호법 제7조 제2항).

3) 채권자의 고지의무

동법 제7조 제1항 및 제2항에서 간주되는 보증기간은 계약을 체결하거나 갱신하는 때에 채권자가 보증인에게 고지하여야 한다(보증인보호법 제7조 제3항).

4) 채권자나 채무자의 통지의무 등

① 보증계약 체결 후 채권자가 보증인의 승낙 없이 채무자에 대하여 변제기를 연장하여 준 경우에는 채권자나 채무자는 보증인에게 그 사실을 알려야 한다(보증인보호법 제7조 제4항 전문).
② ①의 경우 보증인은 즉시 보증채무를 이행할 수 있다(보증인보호법 제7조 제4항 후문).

(7) 금융기관 보증계약의 특칙

> **금융기관 보증계약의 특칙(보증인보호법 제8조)**
> ① 금융기관이 채권자로서 보증계약을 체결할 때에는 「신용정보의 이용 및 보호에 관한 법률」에 따라 종합신용정보집중기관으로부터 제공받은 채무자의 채무관련 신용정보를 보증인에게 제시하고 그 서면에 보증인의 기명날인이나 서명을 받아야 한다. 보증기간을 갱신할 때에도 또한 같다.
> ② 금융기관이 제1항에 따라 채무자의 채무관련 신용정보를 보증인에게 제시할 때에는 채무자의 동의를 받아야 한다.
> ③ 금융기관이 제1항에 따라 보증인에게 채무관련 신용정보를 제시하지 아니한 경우에는 보증인은 금융기관에 대하여 보증계약 체결 당시 채무자의 채무관련 신용정보를 제시하여 줄 것을 요구할 수 있다.
> ④ 금융기관이 제3항에 따라 채무관련 신용정보의 제시요구를 받은 날부터 7일 이내에 그 요구에 응하지 아니하는 경우에는 보증인은 그 사실을 안 날부터 1개월 이내에 보증계약의 해지를 통고할 수 있다. 이 경우 금융기관이 해지통고를 받은 날부터 1개월이 경과하면 해지의 효력이 생긴다.

IX 신원보증법

1. 의 의

(1) 개념 및 모습

신원보증은 주로 고용계약에 부수하여 체결되는 계약으로서 주로 신원보증계약 내지는 신원인수계약(손해담보계약)의 모습으로 행하여진다. 구체적으로 신원보증계약은 피용자가 장차 고용계약상의 채무불이행 또는 불법행위로 인하여 사용자에 대하여 부담할 손해배상의무 등을 보증하는 경우인 반면에 신원인수계약은 피용자가 사용자에 대하여 법률상 의무를 부담하는지 여부를 불문하고 피용자의 고용으로부터 발생하는 사용자의 모든 손해를 담보한다는 점에서 일종의 손해담보계약의 성질을 가진다.

> 손해담보계약상 담보의무자의 책임은 손해배상책임이 아니라 이행의 책임이고, 따라서 담보계약상 담보권리자의 담보의무자에 대한 청구권의 성질은 손해배상청구권이 아니라 이행청구권이므로, 민법 제396조의 과실상계 규정이 준용될 수 없음은 물론 과실상계의 법리를 유추적용하여 그 담보책임을 감경할 수도 없는 것이 원칙이지만, 다만 담보권리자의 고의 또는 과실로 손해가 야기되는 등의 구체적인 사정에 비추어 담보권리자의 권리 행사가 신의칙 또는 형평의 원칙에 반하는 경우에는 그 권리 행사의 전부 또는 일부가 제한될 수는 있다(대판 2002.5.24. 2000다72572).

(2) 신원보증법의 제정 이유

주로 고용계약과 관련되는 인적담보제도로서의 신원보증제도는 통상 피용자와의 인간관계상 어쩔 수 없이 보증인이 된 신원보증인에게 예측가능성이 희박하면서도 광범위한 책임을 지우는 불합리한 측면이 있어 신원보증인의 책임을 완화하기 위하여 신원보증법이 제정되었다. 이하에서는 신원보증법의 내용에 대해 알아보기로 한다.

2. 신원보증법의 내용

목적(신원보증법 제1조)
이 법은 신원보증 관계를 적절히 규율함을 목적으로 한다.

정의(신원보증법 제2조)
이 법에서 "신원보증계약"이란 피용자(被傭者)가 업무를 수행하는 과정에서 그에게 책임 있는 사유로 사용자(使用者)에게 손해를 입힌 경우에 그 손해를 배상할 채무를 부담할 것을 약정하는 계약을 말한다.

신원보증계약의 존속기간 등(신원보증법 제3조)
① 기간을 정하지 아니한 신원보증계약은 그 성립일부터 2년간 효력을 가진다.
② 신원보증계약의 기간은 2년을 초과하지 못한다. 이보다 장기간으로 정한 경우에는 그 기간을 2년으로 단축한다.
③ 신원보증계약은 갱신할 수 있다. 다만, 그 기간은 갱신한 날부터 2년을 초과하지 못한다.

사용자의 통지의무(신원보증법 제4조)
① 사용자는 다음 각 호의 어느 하나에 해당하는 경우에는 지체 없이 신원보증인에게 통지하여야 한다.
  1. 피용자가 업무상 부적격자이거나 불성실한 행적이 있어 이로 인하여 신원보증인의 책임을 야기할 우려가 있음을 안 경우
  2. 피용자의 업무 또는 업무수행의 장소를 변경함으로써 신원보증인의 책임이 가중되거나 업무 감독이 곤란하게 될 경우
② 사용자가 고의 또는 중과실로 제1항의 통지의무를 게을리하여 신원보증인이 제5조에 따른 해지권을 행사하지 못한 경우 신원보증인은 그로 인하여 발생한 손해의 한도에서 의무를 면한다.

신원보증인의 계약해지권(신원보증법 제5조)
신원보증인은 다음 각 호의 어느 하나에 해당하는 사유가 있는 경우에는 계약을 해지할 수 있다.
  1. 사용자로부터 제4조 제1항의 통지를 받거나 신원보증인이 스스로 제4조 제1항 각 호의 어느 하나에 해당하는 사유가 있음을 안 경우
  2. 피용자의 고의 또는 과실로 인한 행위로 발생한 손해를 신원보증인이 배상한 경우
  3. 그 밖에 계약의 기초가 되는 사정에 중대한 변경이 있는 경우

신원보증인의 책임(신원보증법 제6조)
① 신원보증인은 피용자의 고의 또는 중과실로 인한 행위로 발생한 손해를 배상할 책임이 있다.
② 신원보증인이 2명 이상인 경우에는 특별한 의사표시가 없으면 각 신원보증인은 같은 비율로 의무를 부담한다.
③ 법원은 신원보증인의 손해배상액을 산정하는 경우 피용자의 감독에 관한 사용자의 과실 유무, 신원보증을 하게 된 사유 및 이를 할 때 주의를 한 정도, 피용자의 업무 또는 신원의 변화, 그 밖의 사정을 고려하여야 한다.

신원보증계약의 종료(신원보증법 제7조)
신원보증계약은 신원보증인의 사망으로 종료된다.

불이익금지(신원보증법 제8조)
이 법의 규정에 반하는 특약으로서 어떠한 명칭이나 내용으로든지 신원보증인에게 불리한 것은 효력이 없다.

다수당사자의 채권관계

제1편 | 채권총론

제1절	서 설
제2절	분할채권관계
제3절	불가분채권관계
제4절	연대채무관계

01 수인의 채권자 및 채무자에 관한 다음 설명 중 가장 옳지 않은 것은? 2024년

① 공유물 무단 점유자에 대한 차임 상당 부당이득반환청구권은 특별한 사정이 없는 한 각 공유자에게 지분 비율만큼 귀속된다.
② 민법 제428조의2 제1항 전문은 "보증은 그 의사가 보증인의 기명날인 또는 서명이 있는 서면으로 표시되어야 효력이 발생한다"라고 규정하고 있는데, '보증인의 서명'은 원칙적으로 보증인이 직접 자신의 이름을 쓰는 것을 의미하므로 타인이 보증인의 이름을 대신 쓰는 것은 이에 해당하지 않지만, '보증인의 기명날인'은 타인이 이를 대행하는 방법으로 하여도 무방하다.
③ 부진정연대채무자 중 1인이 자신의 채권자에 대한 반대채권으로 상계를 한 경우, 채권자가 상계 내지 상계계약이 이루어질 당시 다른 부진정연대채무자의 존재를 알았던 경우에 한하여 그 상계로 인한 채무소멸의 효력이 소멸한 채무 전액에 관하여 다른 부진정연대채무자에 대하여도 미친다고 보아야 한다.
④ 여러 사람이 공동임대인으로서 임차인과 하나의 임대차계약을 체결한 경우에는 민법 제547조 제1항의 적용을 배제하는 특약이 있다는 등의 특별한 사정이 없는 한 공동임대인 전원의 해지의 의사표시에 따라 임대차계약 전부를 해지하여야 하고, 이러한 법리는 임대차계약의 체결 당시부터 공동임대인이었던 경우뿐만 아니라 임대차목적물 중 일부가 양도되어 그에 관한 임대인의 지위가 승계됨으로써 공동임대인으로 되는 경우에도 마찬가지로 적용된다.
⑤ 어느 연대채무자가 다른 연대채무자에게 통지하지 아니하고 변제 기타 자기의 출재로 공동면책이 된 경우에 다른 연대채무자가 채권자에게 대항할 수 있는 사유가 있었을 때에는 그 부담부분에 한하여 이 사유로 면책행위를 한 연대채무자에게 대항할 수 있고, 그 대항사유가 상계인 때에는 상계로 소멸할 채권은 그 연대채무자에게 이전된다.

[❶ ▶ ○] 불가분채권이 되려면 그 성질이나 당사자의 의사표시에 의해 급부를 나눌 수 없어야 한다(민법 제409조). 공유물 무단 점유자에 대한 차임 상당 부당이득반환청구권은 특별한 사정이 없는 한 각 공유자에게 지분 비율만큼 귀속된다(대판 2021.12.16. 2021다257255).

[❷ ▶ ○] 민법 제428조의2 제1항 전문은 "보증은 그 의사가 보증인의 기명날인 또는 서명이 있는 서면으로 표시되어야 효력이 발생한다"라고 규정하고 있는데, '보증인의 서명'은 원칙적으로 보증인이 직접 자신의 이름을 쓰는 것을 의미하므로 타인이 보증인의 이름을 대신 쓰는 것은 이에 해당하지 않지만, '보증인의 기명날인'은 타인이 이를 대행하는 방법으로 하여도 무방하다(대판 2019.3.14. 2018다282473).

[❸ ▶ ×] 부진정연대채무자 중 1인이 자신의 채권자에 대한 반대채권으로 상계를 한 경우에도 채권은 변제, 대물변제, 또는 공탁이 행하여진 경우와 동일하게 현실적으로 만족을 얻어 그 목적을 달성하는 것이므로, 그 상계로 인한 채무소멸의 효력은 소멸한 채무 전액에 관하여 다른 부진정연대채무자에 대하여도 미친다고 보아야 한다. 이는 부진정연대채무자 중 1인이 채권자와 상계계약을 체결한 경우에도 마찬가지이다. 나아가 이러한 법리는 채권자가 상계 내지 상계계약이 이루어질 당시 다른 부진정연대채무자의 존재를 알았는지 여부에 의하여 좌우되지 아니한다(대판[전합] 2010.9.16. 2008다97218).

[❹ ▶ ○] 민법 제547조 제1항은 "당사자의 일방 또는 쌍방이 수인인 경우에는 계약의 해지나 해제는 그 전원으로부터 또는 전원에 대하여 하여야 한다"라고 규정하고 있으므로, 여러 사람이 공동임대인으로서 임차인과 하나의 임대차계약을 체결한 경우에는 민법 제547조 제1항의 적용을 배제하는 특약이 있다는 등의 특별한 사정이 없는 한 공동임대인 전원의 해지의 의사표시에 따라 임대차계약 전부를 해지하여야 한다. 이러한 법리는 임대차계약의 체결 당시부터 공동임대인이었던 경우뿐만 아니라 임대차목적물 중 일부가 양도되어 그에 관한 임대인의 지위가 승계됨으로써 공동임대인으로 되는 경우에도 마찬가지로 적용된다(대판 2015.10.29. 2012다5537).

[❺ ▶ ○] 어느 연대채무자가 다른 연대채무자에게 통지하지 아니하고 변제 기타 자기의 출재로 공동면책이 된 경우에 다른 연대채무자가 채권자에게 대항할 수 있는 사유가 있었을 때에는 그 부담부분에 한하여 이 사유로 면책행위를 한 연대채무자에게 대항할 수 있고 그 대항사유가 상계인 때에는 상계로 소멸할 채권은 그 연대채무자에게 이전된다(민법 제426조 제1항).

답 ❸

제5절 보증채무

02 물상보증인에 관한 다음 설명 중 가장 옳지 않은 것은?   2023년

① 물상보증인이 담보부동산을 제3취득자에게 매도하고 제3취득자가 담보부동산에 설정된 근저당권의 피담보채무의 이행을 인수한 경우, 이후 담보부동산에 대한 담보권이 실행되면 제3취득자가 채무자에 대하여 구상권을 취득한다.
② 공동저당에 제공된 채무자 소유의 부동산과 물상보증인 소유의 부동산 가운데 물상보증인 소유의 부동산이 먼저 경매되어 매각대금에서 선순위공동저당권자가 변제를 받은 때에는 물상보증인은 채무자에 대하여 구상권을 취득함과 동시에 변제자대위에 의하여 채무자 소유의 부동산에 대한 선순위공동저당권을 대위취득한다. 이 경우 물상보증인 소유의 부동산에 대한 후순위저당권자는 물상보증인이 대위취득한 채무자 소유의 부동산에 대한 선순위공동저당권에 대하여 물상대위를 할 수 있다.
③ 공동저당이 설정된 복수의 부동산이 같은 물상보증인의 소유에 속하고 그중 하나의 부동산에 후순위저당권이 설정되어 있는데 그 부동산의 대가만 배당되는 경우, 후순위저당권자는 선순위 공동저당권자가 민법 제368조 제1항에 따라 공동저당이 설정된 다른 부동산으로부터 변제를 받을 수 있었던 금액에 이르기까지 공동저당이 설정된 다른 부동산에 대한 선순위 공동저당권자의 저당권을 대위 행사할 수 있고, 공동저당이 설정된 부동산이 제3자에게 양도되어 소유자가 다르게 되더라도 마찬가지이다.
④ 물상보증인의 채무자에 대한 구상권은 그들 사이의 물상보증위탁계약의 법적 성질과 관계없이 민법에 의하여 인정된 별개의 독립한 권리이고, 그 소멸시효에 있어서는 민법상 일반채권에 관한 규정이 적용된다.
⑤ 물상보증인이 담보권의 실행으로 타인의 채무를 담보하기 위하여 제공한 부동산의 소유권을 잃은 경우 물상보증인이 채무자에게 구상할 수 있는 범위는 특별한 사정이 없는 한 담보권의 실행으로 부동산의 소유권을 잃게 된 때(매수인이 매각대금을 다 낸 때)의 부동산 시가를 기준으로 하여야 하고, 매각대금을 기준으로 할 것이 아니다.

[❶ ▶ ×] 물상보증인이 담보부동산을 제3취득자에게 매도하고 제3취득자가 담보부동산에 설정된 근저당권의 피담보채무의 이행을 인수한 경우, 그 이행인수는 매매당사자 사이의 내부적인 계약에 불과하여 이로써 물상보증인의 책임이 소멸하지 않는 것이고, 따라서 <u>담보부동산에 대한 담보권이 실행된 경우에도 제3취득자가 아닌 원래의 물상보증인이 채무자에 대한 구상권을 취득한다</u>(대판 1997.5.30. 97다1556).

[❷ ▶ ○] 공동저당에 제공된 채무자 소유의 부동산과 물상보증인 소유의 부동산 가운데 물상보증인 소유의 부동산이 먼저 경매되어 매각대금에서 선순위공동저당권자가 변제를 받은 때에는 물상보증인은 채무자에 대하여 구상권을 취득함과 동시에 변제자대위에 의하여 채무자 소유의 부동산에 대한 선순위공동저당권을 대위취득한다. 물상보증인 소유의 부동산에 대한 후순위저당권자는 물상보증인이 대위취득한 채무자 소유의 부동산에 대한 선순위공동저당권에 대하여 물상대위를 할 수 있다. 이 경우에 채무자는 물상보증인에 대한 반대채권이 있더라도 특별한 사정이 없는 한 물상보증인의 구상금 채권과 상계함으로써 물상보증인 소유의 부동산에 대한 후순위저당권자에게 대항할 수 없다(대판 2017.4.26. 2014다221777).

[❸ ▶ ○] 공동저당이 설정된 복수의 부동산이 같은 물상보증인의 소유에 속하고 그중 하나의 부동산에 후순위저당권이 설정되어 있는 경우에, 그 부동산의 대가만이 배당되는 때에는 후순위저당권자는 민법 제368조 제2항에 따라 선순위 공동저당권자가 같은 조 제1항에 따라 공동저당이 설정된 다른 부동산으로부터 변제를 받을 수 있었던 금액에 이르기까지 선순위 공동저당권자를 대위하여 그 부동산에 대한 저당권을 행사할 수 있다. 이 경우 공동저당이 설정된 부동산이 제3자에게 양도되어 그 소유자가 다르게 되더라도 민법 제482조 제2항 제3호, 제4호에 따라 각 부동산의 소유자는 그 부동산의 가액에 비례해서만 변제자대위를 할 수 있으므로 후순위저당권자의 지위는 영향을 받지 않는다(대판 2021.12.16. 2021다247258).

[❹ ▶ ○] 물상보증은 채무자 아닌 사람이 채무자를 위하여 담보물권을 설정하는 행위이고 채무자를 대신해서 채무를 이행하는 사무의 처리를 위탁받는 것이 아니므로, 물상보증인이 변제 등에 의하여 채무자를 면책시키는 것은 위임사무의 처리가 아니고 법적 의미에서는 의무 없이 채무자를 위하여 사무를 관리한 것에 유사하다. 따라서 물상보증인의 채무자에 대한 구상권은 그들 사이의 물상보증위탁계약의 법적 성질과 관계없이 민법에 의하여 인정된 별개의 독립한 권리이고, 그 소멸시효에 있어서는 민법상 일반채권에 관한 규정이 적용된다(대판 2001.4.24. 2001다6237).

[❺ ▶ ○] 물상보증인이 담보권의 실행으로 타인의 채무를 담보하기 위하여 제공한 부동산의 소유권을 잃은 경우 물상보증인이 채무자에게 구상할 수 있는 범위는 특별한 사정이 없는 한 담보권의 실행으로 부동산의 소유권을 잃게 된 때, 즉 매수인이 매각대금을 다 낸 때의 부동산 시가를 기준으로 하여야 하고, 매각대금을 기준으로 할 것이 아니다. 경매절차에서 유찰 등의 사유로 소유권 상실 당시의 시가에 비하여 낮은 가격으로 매각되는 경우가 있는데, 이 경우 소유권 상실로 인한 부동산 시가와 매각대금의 차액에 해당하는 손해는 채무자가 채무를 변제하지 못한 데 따른 담보권의 실행으로 물상보증인에게 발생한 손해이므로, 이를 채무자에게 구상할 수 있어야 하기 때문이다(대판 2018.4.10. 2017다283028).

답 ❶

03 보증에 관한 다음 설명 중 가장 옳지 않은 것은? 2024년

① 주채무에 대한 소멸시효가 완성되어 보증채무가 소멸된 상태에서 보증인이 보증채무를 이행하거나 승인하였다고 하더라도, 주채무자가 아닌 보증인의 행위에 의하여 주채무에 대한 소멸시효 이익의 포기 효과가 발생된다고 할 수 없다.

② 채권자와 주채무자 사이의 확정판결에 의하여 주채무가 확정되어 그 소멸시효기간이 10년으로 연장되었다면, 그 보증채무까지도 당연히 단기소멸시효의 적용이 배제되어 10년의 소멸시효기간이 적용된다고 보는 것이 보증채무의 성질에 부합한다.

③ 민법 제440조는 "주채무자에 대한 시효의 중단은 보증인에 대하여 그 효력이 있다"라고 규정하고 있는바, 민법 제440조는 시효중단에 관한 민법 제169조의 예외 규정으로서 이는 채권자보호 내지 채권담보의 확보를 위하여 주채무자에 대한 시효중단의 사유가 발생하였을 때는 그 보증인에 대한 별도의 중단조치가 이루어지지 아니하여도 동시에 시효중단의 효력이 생기도록 한 것이고, 그 시효중단사유가 압류, 가압류 및 가처분이라고 하더라도 이를 보증인에게 통지하여야 비로소 시효중단의 효력이 발생하는 것은 아니다.

④ 수탁보증인의 사전구상권과 사후구상권은 종국적 목적과 사회적 효용을 같이 하는 공통성을 가지고 있으나, 그 발생원인을 달리하고 법적성질도 달리하는 별개의 독립된 권리이므로, 사후구상권이 발생한 이후에도 사전구상권은 소멸하지 아니하고 병존하며, 다만 목적달성으로 일방이 소멸하면 타방도 소멸하는 관계에 있을 뿐이다.
⑤ 어느 연대채무자나 어느 불가분채무자를 위하여 보증인이 된 자의 다른 연대채무자나 다른 불가분채무자에 대한 구상권에 관한 규정인 민법 제447조는 연대채무자 모두를 위하여 물상보증인이 된 자가 그 연대채무자의 1인에 대하여 구상권을 행사하는 경우에는 적용될 여지가 없다.

[❶ ▶ ○] 보증채무에 대한 소멸시효가 중단되는 등의 사유로 완성되지 아니하였다고 하더라도 주채무에 대한 소멸시효가 완성된 경우에는 시효완성 사실로써 주채무가 당연히 소멸되므로 보증채무의 부종성에 따라 보증채무 역시 당연히 소멸된다. 그리고 주채무에 대한 소멸시효가 완성되어 보증채무가 소멸된 상태에서 보증인이 보증채무를 이행하거나 승인하였다고 하더라도, 주채무자가 아닌 보증인의 행위에 의하여 주채무에 대한 소멸시효 이익의 포기 효과가 발생된다고 할 수 없으며, 주채무의 시효소멸에도 불구하고 보증채무를 이행하겠다는 의사를 표시한 경우 등과 같이 부종성을 부정하여야 할 다른 특별한 사정이 없는 한 보증인은 여전히 주채무의 시효소멸을 이유로 보증채무의 소멸을 주장할 수 있다고 보아야 한다(대판 2012.7.12. 2010다51192).

[❷ ▶ ×] 채권자와 주채무자 사이의 확정판결에 의하여 주채무가 확정되어 그 소멸시효기간이 10년으로 연장되었다 할지라도 <u>그 보증채무까지 당연히 단기소멸시효의 적용이 배제되어 10년의 소멸시효기간이 적용되는 것은 아니고, 채권자와 연대보증인 사이에 있어서 연대보증채무의 소멸시효기간은 여전히 종전의 소멸시효기간에 따른다</u>(대판 2006.8.24. 2004다26287).

[❸ ▶ ○] 민법 제169조는 '시효의 중단은 당사자 및 그 승계인 간에만 효력이 있다'고 규정하고 있고, 한편 민법 제440조는 '주채무자에 대한 시효의 중단은 보증인에 대하여 그 효력이 있다'라고 규정하고 있는바, 민법 제440조는 민법 제169조의 예외 규정으로서 이는 채권자 보호 내지 채권담보의 확보를 위하여 주채무자에 대한 시효중단의 사유가 발생하였을 때는 그 보증인에 대한 별도의 중단조치가 이루어지지 아니하여도 동시에 시효중단의 효력이 생기도록 한 것이고, 그 시효중단사유가 압류, 가압류 및 가처분이라고 하더라도 이를 보증인에게 통지하여야 비로소 시효중단의 효력이 발생하는 것은 아니다(대판 2005.10.27. 2005다35554).

[❹ ▶ ○] 수탁보증인의 사전구상권과 사후구상권은 종국적 목적과 사회적 효용을 같이 하는 공통성을 가지고 있으나, 사후구상권은 보증인이 채무자에 갈음하여 변제 등 자신의 출연으로 채무를 소멸시켰다고 하는 사실에 의하여 발생하는 것이고, 이에 대하여 사전구상권은 그 외의 민법 제442조 제1항 소정의 사유나 약정으로 정한 일정한 사실에 의하여 발생하는 등 발생원인을 달리하고 법적 성질도 달리하는 별개의 독립된 권리이므로, 사후구상권이 발생한 이후에도 사전구상권은 소멸하지 아니하고 병존하며, 다만 목적달성으로 일방이 소멸하면 타방도 소멸하는 관계에 있을 뿐이다(대판 2019.2.14. 2017다274703).

[❺ ▶ ○] 민법 제447조는 어느 연대채무자나 어느 불가분채무자를 위하여 보증인이 된 자의 다른 연대채무자나 다른 불가분채무자에 대한 구상권에 관한 규정에 불과하므로 연대채무자 모두를 위하여 물상보증인이 된 자가 그 연대채무자의 1인에 대하여 구상권을 행사하는 경우에는 적용될 여지가 없다(대판 1990.11.13. 90다카26065).

답 ❷

채권양도와 채무인수

제1절 채권양도

I. 서설

1. 채권양도의 의의

채권양도란 채권을 그 동일성을 유지하면서 이전하는 양도인과 양수인 사이의 계약이다.

2. 채권양도의 법적 성질

(1) 처분행위

채권양도는 처분행위로서 준물권행위이다.

(2) 불요식성

지명채권양도는 낙성·불요식 계약이다. 통지·승낙은 대항요건일 뿐이다.

(3) 독자성과 무인성

① 독자성 여부 : 채권양도가 그 원인행위와는 독립하여 따로 체결되는지의 여부가 채권양도의 독자성의 문제이다. 지명채권양도는 원칙적으로 독자성을 부정하나, 증권적 채권의 경우에는 독자성을 긍정한다(통설).

② 무인성 여부 : 원인행위가 무효·취소·해제되면 채권양도행위가 효력을 상실하는지 여부가 무인성의 문제이다. 지명채권양도는 유인성이 인정되나, 증권적 채권의 양도는 무인성이 인정된다(통설).

(4) 동일성의 유지

종전 채권과 동일성이 인정된다.

3. 구별개념 : 담보를 위한 채권양도

- [1] 채무자가 채권자에게 채무변제와 관련하여 다른 채권을 양도하는 것은 특단의 사정이 없는 한 채무변제를 위한 담보 또는 변제의 방법으로 양도되는 것으로 추정할 것이지 채무변제에 갈음한 것으로 볼 것은 아니어서, 그 경우 채권양도만 있으면 바로 원래의 채권이 소멸한다고 볼 수는 없고 채권자가 양도받은 채권을 변제받은 때에 비로소 그 범위 내에서 채무자가 면책된다. [2] 채무자가 채권자에게 채무변제에 '갈음하여' 다른 채권을 양도하기로 한 경우에는 특별한 사정이 없는 한 채권양도의 요건을 갖추어 대체급부가 이루어짐으로써 원래의 채무는 소멸하는 것이고 그 양수한 채권의 변제까지 이루어져야만 원래의 채무가 소멸한다고 할 것은 아니다. 이 경우 대체급부로서 채권을 양도한 양도인은 양도 당시 양도대상인 채권의 존재에 대해서는 담보책임을 지지만 당사자 사이에 별도의 약정이 있다는 등 특별한 사정이 없는 한 그 채무자의 변제자력까지 담보하는 것은 아니다 (대판 2013.5.9. 2012다40988).
- 채권양도가 다른 채무의 담보조로 이루어졌으며 또한 그 채무가 변제되었다고 하더라도 이는 채권양도인과 양수인 간의 문제이지 양도채권의 채무자는 위 채권 양도·양수인 간의 채무 소멸 여하에 관계없이 양도된 채무를 양수인에게 변제하여야 한다(대판 1979.9.25. 79다709).

Ⅱ 지명채권의 양도

1. 의 의

(1) 지명채권의 개념

지명채권이란 채권자가 특정되어 있고, 그 채권의 성립, 양도를 위해서 증서의 작성·교부를 필요로 하지 않는 채권이다.

(2) 지명채권의 양도성

> **채권의 양도성(민법 제449조)**
> ① 채권은 양도할 수 있다. 그러나 채권의 성질이 양도를 허용하지 아니하는 때에는 그러하지 아니하다.
> ② 채권은 당사자가 반대의 의사를 표시한 경우에는 양도하지 못한다. 그러나 그 의사표시로써 선의의 제3자에게 대항하지 못한다.

1) 원 칙

지명채권의 양도는 원칙적으로 인정된다. 또한 장래의 채권도 그 권리의 특정이 가능하고 가까운 장래에 발생할 것임이 상당 정도 기대되는 경우에는 채권양도의 대상이 될 수 있다(대판 1996.7.30. 95다7932).

> **[장래의 채권 또는 조건부 채권의 양도가 유효하기 위한 당해 채권의 특정 정도]**
> 채권양도에 있어 사회통념상 양도 목적 채권을 다른 채권과 구별하여 그 동일성을 인식할 수 있을 정도이면 그 채권은 특정된 것으로 보아야 할 것이고, 채권양도 당시 양도 목적 채권의 채권액이 확정되어 있지 아니하였다 하더라도 채무의 이행기까지 이를 확정할 수 있는 기준이 설정되어 있다면 그 채권의 양도는 유효한 것으로 보아야 한다(대판 1997.7.25. 95다21624).

2) 예 외

단, 다음의 세 경우에는 예외적으로 양도성이 인정되지 않는다.

① 채권의 성질이 양도를 허용하지 않는 경우(민법 제449조 제1항 단서)

> 부동산의 매매로 인한 소유권이전등기청구권은 물권의 이전을 목적으로 하는 매매의 효과로서 매도인이 부담하는 재산권이전의무의 한 내용을 이루는 것이고, 매도인이 물권행위의 성립요건을 갖추도록 의무를 부담하는 경우에 발생하는 채권적 청구권으로 그 이행과정에 신뢰관계가 따르므로, 소유권이전등기청구권을 매수인으로부터 양도받은 양수인은 매도인이 그 양도에 대하여 동의하지 않고 있다면 매도인에 대하여 채권양도를 원인으로 하여 소유권이전등기절차의 이행을 청구할 수 없고, 따라서 매매로 인한 소유권이전등기청구권은 특별한 사정이 없는 이상 그 권리의 성질상 양도가 제한되고 그 양도에 채무자의 승낙이나 동의를 요한다고 할 것이므로 통상의 채권양도와 달리 양도인의 채무자에 대한 통지만으로는 채무자에 대한 대항력이 생기지 않으며 반드시 채무자의 동의나 승낙을 받아야 대항력이 생긴다(대판 2005.3.10. 2004다67653・67660). 그러나 취득시효 완성으로 인한 소유권이전등기청구권은 채권자와 채무자 사이에 아무런 계약관계나 신뢰관계가 없고, 그에 따라 채권자가 채무자에게 반대급부로 부담하여야 하는 의무도 없다. 따라서 취득시효 완성으로 인한 소유권이전등기청구권의 양도의 경우에는 매매로 인한 소유권이전등기청구권에 관한 양도제한의 법리가 적용되지 않는다(대판 2018.7.12. 2015다36167).

② 당사자가 양도금지특약을 한 경우(민법 제449조 제2항 본문)

㉠ 양도금지특약을 위반하여 이루어진 채권양도는 원칙적으로 효력이 없다(대판[전합] 2019.12.19. 2016다24284).

> [양도금지특약을 위반한 채권양도의 효력(원칙적 무효) 및 채권양수인의 악의 또는 중과실에 대한 주장・증명책임의 소재(= 양도금지특약으로 양수인에게 대항하려는 자)]
> 채권은 양도할 수 있다. 그러나 채권의 성질이 양도를 허용하지 아니하는 때에는 그러하지 아니하다(민법 제449조 제1항). 그리고 채권은 당사자가 반대의 의사를 표시한 경우에는 양도하지 못한다. 그러나 그 의사표시로써 선의의 제3자에게 대항하지 못한다(민법 제449조 제2항). 이처럼 당사자가 양도를 반대하는 의사를 표시(이하 '양도금지특약'이라고 한다)한 경우 채권은 양도성을 상실한다. 양도금지특약을 위반하여 채권을 제3자에게 양도한 경우에 채권양수인이 양도금지특약이 있음을 알았거나 중대한 과실로 알지 못하였다면 채권 이전의 효과가 생기지 아니한다. 반대로 양수인이 중대한 과실 없이 양도금지특약의 존재를 알지 못하였다면 채권양도는 유효하게 되어 채무자는 양수인에게 양도금지특약을 가지고 채무이행을 거절할 수 없다. 채권양수인의 악의 내지 중과실은 양도금지특약으로 양수인에게 대항하려는 자가 주장・증명하여야 한다(대판[전합] 2019.12.19. 2016다24284 – 다수의견).

> [양도금지특약이 있는 채권을 전부받은 자로부터 다시 그 채권을 양수한 자가 양도금지특약에 대하여 악의인 경우, 채무자는 위 특약을 근거로 채권양도의 무효를 주장할 수 있는지 여부(소극)]
> 당사자 사이에 양도금지의 특약이 있는 채권이더라도 전부명령에 의하여 전부되는 데에는 지장이 없고, 양도금지의 특약이 있는 사실에 관하여 집행채권자가 선의인가 악의인가는 전부명령의 효력에 영향을 미치지 못하는 것인바, 이와 같이 양도금지특약부 채권에 대한 전부명령이 유효한 이상, 그 전부채권자로부터 다시 그 채권을 양수한 자가 그 특약의 존재를 알았거나 중대한 과실로 알지 못하였다고 하더라도 채무자는 위 특약을 근거로 삼아 채권양도의 무효를 주장할 수 없다(대판 2003.12.11. 2001다3771).

ⓒ 당사자의 의사표시에 의한 양도금지특약은 선의의 제3자에 대해 대항할 수 없다.
　　ⓒ 중대한 과실은 악의와 같이 취급되어야 하므로, 양도금지특약의 존재를 알지 못하고 채권을 양수한 경우에 있어서 그 알지 못함에 중대한 과실이 있는 때에는 악의의 양수인과 같이 양도에 의한 채권을 취득할 수 없다(대판 1996.6.28. 96다18281). 다만, 양도금지의 특약이 있는 경우에도 채무자의 사후승낙(승인)이 있는 경우에는 그 채권양도는 유효하다(대판 1989.7.11. 88다카20866). 또한 사후승낙의 효력은 다른 약정이 없는 한 채권양도 시에 소급하는 것이 아니라 승낙시부터 효과가 발생한다(대판 2002.4.7. 99다52817).

> **[집합채권의 양도가 양도금지특약을 위반하여 무효인 경우 채무자가 일부 개별채권을 특정하여 추인할 수 있는지 여부(적극)]**
> 당사자의 양도금지의 의사표시로써 채권은 양도성을 상실하며 양도금지의 특약에 위반해서 채권을 제3자에게 양도한 경우에 악의 또는 중과실의 채권양수인에 대하여는 채권 이전의 효과가 생기지 아니하나, 악의 또는 중과실로 채권양수를 받은 후 채무자가 그 양도에 대하여 승낙을 한 때에는 채무자의 사후승낙에 의하여 무효인 채권양도행위가 추인되어 유효하게 되며 이 경우 다른 약정이 없는 한 소급효가 인정되지 않고 양도의 효과는 승낙시부터 발생한다. 이른바 집합채권의 양도가 양도금지특약을 위반하여 무효인 경우 채무자는 일부 개별채권을 특정하여 추인하는 것이 가능하다(대판 2009.10.29. 2009다47685).

　　ⓔ 양도금지의 특약이 붙은 채권이 양도된 경우에 양수인의 악의 또는 중과실에 관한 입증책임은 채무자가 부담한다(대판 2000.12.22. 2000다55904).
③ **법률이 양도를 금지하는 경우**: 근로자의 임금채권은 그 양도를 금지하는 법률의 규정이 없으므로 이를 양도할 수 있다. 그러나 근로자가 그 임금채권을 양도한 경우라 할지라도 그 임금의 지급에 관하여는 임금직접지급의 원칙이 적용되어 사용자는 직접 근로자에게 임금을 지급하지 아니하면 안 되는 것이고 그 결과 비록 양수인이라고 할지라도 스스로 사용자에 대하여 임금의 지급을 청구할 수는 없다(대판[전합] 1988.12.13. 87다카2803).

2. 채권양도의 대항요건

> **지명채권양도의 대항요건(민법 제450조)**
> ① 지명채권의 양도는 양도인이 채무자에게 통지하거나 채무자가 승낙하지 아니하면 채무자 기타 제3자에게 대항하지 못한다.
> ② 전항의 통지나 승낙은 확정일자 있는 증서에 의하지 아니하면 채무자 이외의 제3자에게 대항하지 못한다.
>
> **양도통지와 금반언(민법 제452조)**
> ① 양도인이 채무자에게 채권양도를 통지한 때에는 아직 양도하지 아니하였거나 그 양도가 무효인 경우에도 선의인 채무자는 양수인에게 대항할 수 있는 사유로 양도인에게 대항할 수 있다.
> ② 전항의 통지는 양수인의 동의가 없으면 철회하지 못한다.

(1) 채무자에 대한 대항요건

1) 채무자에 대한 통지(민법 제450조 제1항)

① 통지란 채권양도가 있었다는 사실을 알리는 행위로서 그 법적 성질은 관념의 통지이다.

> **[채권양도의 통지가 채무자에게 도달하였는지 여부에 대하여 민사소송법의 송달에 관한 규정을 유추적용할 수 있는지 여부(소극)]**
> 민사소송법상의 송달은 당사자나 그 밖의 소송관계인에게 소송상 서류의 내용을 알 기회를 주기 위하여 법정의 방식에 좇아 행하여지는 통지행위로서, 송달장소와 송달을 받을 사람 등에 관하여 구체적으로 법이 정하는 바에 따라 행하여지지 아니하면 부적법하여 송달로서의 효력이 발생하지 아니한다. 한편 채권양도의 통지는 채무자에게 도달됨으로써 효력이 발생하는 것이고, 여기서 도달이라 함은 사회통념상 상대방이 통지의 내용을 알 수 있는 객관적 상태에 놓여졌다고 인정되는 상태를 가리킨다. 이와 같이 도달은 보다 탄력적인 개념으로서 송달장소나 수송달자 등의 면에서 위에서 본 송달에서와 같은 엄격함은 요구되지 아니하며, 이에 송달장소 등에 관한 민사소송법의 규정을 유추적용할 것이 아니다. 따라서 채권양도의 통지는 민사소송법상의 송달에 관한 규정에서 송달장소로 정하는 채무자의 주소·거소·영업소 또는 사무소 등에 해당하지 아니하는 장소에서라도 채무자가 사회통념상 그 통지의 내용을 알 수 있는 객관적 상태에 놓여졌다고 인정됨으로써 족하다(대판 2010.4.15. 2010다57).

② 통지권자는 양도인이며, 양수인에 의한 통지는 대항력이 발생하지 않는다.

③ 통지의 상대방은 채무자이다.
  연대채무인 경우에는 연대채무자 전원에게 통지하여야 한다. 그러나 보증채무의 경우에는 주채무자에 대한 채권이 양도되면 보증인에 대한 채권도 당연히 수반되어 이전되므로, 그 대항요건도 주채무자에게만 통지하면 되고, 보증인은 민법 제450조 제1항의 제3자에 해당하기 때문에 따로 통지할 필요가 없다(대판 2002.9.10. 2002다21509).

④ 지명채권의 양도통지를 한 후 그 양도계약이 해제된 경우에, 양도인이 그 해제를 이유로 다시 원래의 채무자에 대하여 양도채권으로 대항하려면 양수인이 채무자에게 위와 같은 해제사실을 통지하여야 한다(대판 1993.8.27. 93다17379).

⑤ 양도인이 채무자에게 채권양도를 통지한 때에는 아직 양도하지 아니하였거나 그 양도가 무효인 경우에도 선의인 채무자는 양수인에게 대항할 수 있는 사유로 양도인에게 대항할 수 있다(민법 제452조 제1항).

⑥ 채권양도의 통지는 양수인의 동의가 없으면 철회하지 못한다(민법 제452조 제2항).

⑦ 채권양도의 통지는 양도인이 직접 하지 아니하고 사자를 통하여 하거나 나아가서 대리인으로 하여금 하게 하여도 무방하고, 그와 같은 경우에 양수인이 양도인의 사자 또는 대리인으로서 채권양도통지를 하였다 하여 민법 제450조의 규정에 어긋난다고 할 수 없다(대판 1997.6.27. 95다40977·40984).

⑧ 채권양도가 있기 전에 미리 하는 사전통지는 채무자로 하여금 양도의 시기를 확정할 수 없는 불안한 상태에 있게 하는 결과가 되어 원칙적으로 허용될 수 없다(대판 2000.4.11. 2000다2627).

⑨ 채권을 양수하기는 하였으나 아직 양도인에 의한 통지 또는 채무자의 승낙이라는 대항요건을 갖추지 못하였다면 채권양수인은 현재는 채무자와 사이에 아무런 법률관계가 없어 채무자에 대하여 아무런 권리 주장을 할 수 없기 때문에 채무자에 대하여 채권양도인으로부터 양도통지를 받은 다음 채무를 이행하라는 청구는 장래이행의 소로서의 요건을 갖추지 못하여 부적법하다(대판 1992.8.18. 90다9452·9469).

⑩ 지명채권의 양수인이 대항요건을 갖추기 위하여 채권자에게 채권양도통지절차의 이행을 청구할 수 있는지 여부(적극) : 지명채권의 양도는 특별한 사정이 없는 한 채권자와 양수인 사이의 계약에 의하여 이루어지는데, 채무자에 대한 통지 또는 채무자의 승낙이 없으면 채무자 기타 제3자에게 대항할 수 없다(민법 제450조 제1항). 한편 위 통지나 승낙이 확정일자 있는 증서에 의한 것이 아니면 채무자 이외의 제3자에게 대항하지 못하므로(민법 제450조 제2항), 양수인은 대항요건을 구비하기 위해 채권자에게 채권양도통지절차의 이행을 청구할 수 있다(대판 2022.10.27. 2017다243143).

2) 채무자의 승낙

① 승낙은 관념의 통지이다.
② 승낙권자는 채무자이고, 상대방은 양도인 또는 양수인이다.
③ 지명채권의 양도를 승낙함에 있어서는 이의를 보류하고 할 수 있음은 물론이고 양도금지의 특약이 있는 채권양도를 승낙함에 있어 조건을 붙여서 할 수도 있으며 승낙의 성격이 관념의 통지라고 하여 조건을 붙일 수 없는 것은 아니다(대판 1989.7.11. 88다카20866).
④ 채무자가 이의를 보류하지 아니하고 승낙을 한 때에는 양도인에게 대항할 수 있는 사유로써 양수인에게 대항하지 못한다(민법 제451조 제1항 본문). 이는 공신의 원칙에 기하여 양수인의 신뢰를 보호하고 채권양도의 안전을 보장하려는 것이므로, 양수인은 선의·무중과실이어야 한다(대판 1984.9.11. 83다카2288).

[보험자가 보험사고 발생 전의 보험금청구권 양도를 승낙하면서 면책사유에 대한 이의를 유보하지 않았다 하더라도 보험계약상의 면책사유를 주장할 수 있는지 여부(적극)]
보험금청구권은 보험자의 면책사유 없는 보험사고에 의하여 피보험자에게 손해가 발생한 경우에 비로소 권리로서 구체화되는 정지조건부권리이고, 그 조건부권리도 보험사고가 면책사유에 해당하는 경우에는 그에 의하여 조건불성취로 확정되어 소멸하는 것이라 할 것인데, 위와 같은 보험금청구권의 양도에 대한 채무자의 승낙은 별도로 면책사유가 있으면 보험금을 지급하지 않겠다는 취지를 명시하지 않아도 당연히 그것을 전제로 하고 있다고 보아야 하고, 더구나 보험사고 발생 전의 보험금청구권 양도를 승인함에 있어서 보험자가 위 항변사유가 상당한 정도로 발생할 가능성이 있음을 인식하였다는 등의 사정이 없는 한 존재하지도 아니하는 면책사유 항변을 유보하고 이의하여야 한다고 할 수는 없으므로, 보험자는 비록 위 보험금청구권 양도 승인시에 면책사유에 대한 이의를 유보하지 않았다 하더라도 보험계약상의 면책사유를 주장할 수 있다(대판 2001.6.15. 99다72453).

⑤ 채권양수인으로서는 양도인이 채무자에게 채권양도통지를 하거나 채무자가 이를 승낙하여야 채무자에게 채권양수를 주장(대항)할 수 있는 것이며, 그 입증은 양수인이 사실심에서 하여야 할 책임이다(대판 1990.11.27. 90다카27662).

⑥ 승낙 당시 이미 상계를 할 수 있는 원인이 있었던 경우에는 아직 상계적상에 있지 아니하였다 하더라도 그 후에 상계적상이 생기면 채무자는 양수인에 대하여 상계로 대항할 수 있다(대판 1999.8.20. 99다18039).

> [채무자의 채권양도인에 대한 자동채권이 발생하는 기초가 되는 원인이 양도 전에 이미 성립하여 존재하고 자동채권이 수동채권인 양도채권과 동시이행의 관계에 있는 경우, 채권양도의 대항요건이 갖추어진 후에 자동채권이 발생하였다고 하더라도 채무자가 동시이행의 항변권을 주장할 수 있는지 여부(적극) 및 그 채권에 의한 상계로 양수인에게 대항할 수 있는지 여부(적극)]
> 채권양도에 의하여 채권은 그 동일성을 유지하면서 양수인에게 이전되고, 채무자는 양도통지를 받은 때까지 양도인에 대하여 생긴 사유로써 양수인에게 대항할 수 있다(민법 제451조 제2항). 따라서 채무자의 채권양도인에 대한 자동채권이 발생하는 기초가 되는 원인이 양도 전에 이미 성립하여 존재하고 자동채권이 수동채권인 양도채권과 동시이행의 관계에 있는 경우에는, 양도통지가 채무자에게 도달하여 채권양도의 대항요건이 갖추어진 후에 자동채권이 발생하였다고 하더라도 채무자는 동시이행의 항변권을 주장할 수 있고, 따라서 그 채권에 의한 상계로 양수인에게 대항할 수 있다(대판 2015.4.9. 2014다80945).

⑦ 민법 제451조 제1항의 "양도인에게 대항할 수 있는 사유"란 채권의 성립, 존속, 행사를 저지·배척하는 사유를 가리킬 뿐이고, 채권의 귀속(채권이 이미 타인에게 양도되었다는 사실)은 이에 포함되지 아니한다(대판 1994.4.29. 93다35551).

⑧ 채무자는 채권양도를 승낙한 후에 취득한 양도인에 대한 채권으로써 양수인에 대하여 상계로써 대항하지 못한다(대판 1984.9.11. 83다카2288).

(2) 채무자 이외의 제3자에 대한 대항요건

① 지명채권의 통지나 승낙은 확정일자 있는 증서에 의하지 아니하면 채무자 이외의 제3자에게 대항하지 못한다(민법 제450조 제2항).

② 확정일자란 당사자가 후에 변경하지 못하는 것으로 공정증서, 공무소에서 기입한 일자 등이다.

③ 제3자란 그 채권에 대해서 법률상의 이익을 가지고 있는 자 또는 그 채권에 대해 양수인의 지위와 양립할 수 없는 법률상의 지위를 취득한 자를 의미한다.

④ 채권의 이중양수인, 채권질권자, 채권을 압류한 양도인의 채권자 및 그 채권의 양도인이 파산한 경우의 파산채권자 등은 제3자에 해당된다.

⑤ 확정판결은 확정일자 있는 증서에 해당한다(대판 1999.3.26. 97다30622).

⑥ 채권자가 채권양도통지서에 공증인가 합동법률사무소의 확정일자인증을 받아 그 자리에서 채무자에게 교부하였다면 하나의 행위로서 확정일자인증과 채권양도통지가 이루어진 것으로 보아 확정일자 있는 증서에 의한 채권양도의 통지가 있었다고 해석함이 타당하다(대판 1986.12.9. 86다카858).

⑦ 지명채권양도에 있어서 확정일자 있는 증서에 의한 통지나 승낙은 제3자에 대한 대항요건에 불과하고 채권양도의 유효요건은 아니며, 당해 채권을 양수한 양수인에게까지 필요한 것은 아니다(대판 1983.2.22. 81다134·135·136).

⑧ 선순위의 근저당권부 채권을 양수한 채권자보다 후순위의 근저당권자는 채권양도의 대항요건을 갖추지 아니한 경우 대항할 수 없는 제3자에 포함되지 않는다(대판 2005.6.23. 2004다29279).

⑨ 지명채권 양수인이 '양도되는 채권의 채무자'여서 양도된 채권이 혼동에 의하여 소멸한 후 채권에 관한 압류 또는 가압류결정이 제3채무자에게 송달된 경우, 채권압류 또는 가압류결정의 효력(무효) 및 이때 압류 또는 가압류채권자가 민법 제450조 제2항에서 정한 제3자에 해당하는지 여부(소극) : 민법 제450조 제2항에서 정한 지명채권양도의 제3자에 대한 대항요건은 양도된 채권이 존속하는 동안에 그 채권에 관하여 양수인의 지위와 양립할 수 없는 법률상의 지위를 취득한 제3자가 있는 경우에 적용된다. 따라서 지명채권 양수인이 '양도되는 채권의 채무자'여서 양도된 채권이 민법 제507조 본문에 따라 혼동에 의하여 소멸한 경우에는 후에 채권에 관한 압류 또는 가압류결정이 제3채무자에게 송달되더라도 채권압류 또는 가압류결정은 존재하지 아니하는 채권에 대한 것으로서 무효이고, 압류 또는 가압류채권자는 민법 제450조 제2항에서 정한 제3자에 해당하지 아니한다(대판 2022.1.13. 2019다272855).

⑩ 채권가압류취소결정의 집행으로서 집행법원이 제3채무자에게 가압류집행취소통지서를 송달한 경우, 채권가압류결정이 제3채무자에게 송달된 상태에서 그 채권을 양수하여 확정일자 있는 통지 등에 의한 대항요건을 갖춘 채권양수인이 채권 취득의 효력을 가압류채권자에게 대항할 수 있는지 여부(적극) 및 이는 이후 항고심에서 가압류취소결정을 취소하여 가압류결정을 인가하였더라도 마찬가지인지 여부(적극) : 채권가압류취소결정의 집행으로서 집행법원이 제3채무자에게 가압류집행취소통지서를 송달한 경우 그 효력은 확정적이므로, 채권가압류결정이 제3채무자에게 송달된 상태에서 그 채권을 양수하여 확정일자 있는 통지 등에 의한 대항요건을 갖춘 채권양수인은 위와 같이 가압류집행취소통지서가 제3채무자에게 송달된 이후에는 더 이상 처분금지효의 제한을 받지 않고 아무런 부담이 없는 채권 취득의 효력을 가압류채권자에게 대항할 수 있게 된다. 위와 같이 가압류취소결정의 집행이 완료된 이상 이후 항고심에서 가압류취소결정을 취소하여 가압류결정을 인가하였다고 하더라도, 이미 취소된 가압류집행이 소급하여 부활하는 것은 아니므로, 채권양수인이 아무런 부담이 없는 채권 취득의 효력을 가압류채권자에게 대항할 수 있음은 마찬가지이다(대판 2022.1.27. 2017다256378).

⑪ 채무자가 압류 또는 가압류의 대상인 채권을 양도하고 확정일자 있는 통지 등에 의한 채권양도의 대항요건을 갖춘 경우, 그 후 채무자의 다른 채권자가 양도된 채권에 대하여 한 압류 또는 가압류의 효력(무효) : 채권압류의 효력발생 전에 채무자가 채권을 처분한 경우에는 그보다 먼저 압류한 채권자가 있어 그 채권자에게는 대항할 수 없는 사정이 있더라도 처분 후에 집행에 참가하는 채권자에 대하여는 처분의 효력을 대항할 수 있는 것이므로, 채무자가 압류 또는 가압류의 대상인 채권을 양도하고 확정일자 있는 통지 등에 의한 채권양도의 대항요건을 갖추었다면, 그 후 채무자의 다른 채권자가 양도된 채권에 대하여 압류 또는 가압류를 하더라도 압류 또는 가압류 당시에 피압류채권은 이미 존재하지 않는 것과 같아 압류 또는 가압류로서의 효력이 없다(대판 2022.1.27. 2017다256378).

⑫ 채무자가 압류 또는 가압류의 대상인 채권을 양도하고 확정일자 있는 통지 등에 의한 채권양도의 대항요건을 갖춘 경우, 그 후 이루어진 압류 또는 가압류와 이에 기한 추심명령 또는 전부명령의 효력(무효) : 채무자가 압류 또는 가압류의 대상인 채권을 양도하고 확정일자 있는 통지 등에 의한 채권양도의 대항요건을 갖추었다면, 그 후 채무자의 다른 채권자가 그 양도된 채권에 대하여 압류 또는 가압류를 하더라도 그 압류 또는 가압류 당시에 피압류채권은 이미 존재하지 않는 것과 같아 압류 또는 가압류로서의 효력이 없고, 그에 기한 추심명령 또한 무효이므로, 그 다른 채권자는 압류 등에 따른 집행절차에 참여할 수 없다. 또한 압류된 금전채권에 대한 전부명령이 절차상 적법하게 발부되어 확정되었다고 하더라도 전부명령이 제3채무자에게 송달될 때에 피압류채권이 존재하지 않으면 전부명령도 무효이므로, 피압류채권이 전부채권자에게 이전되거나 집행채권이 변제되어 소멸하는 효과는 발생할 수 없다(대판 2022.12.1. 2022다247521).

⑬ 금전채권에 대하여 채권압류 및 추심명령이 있는 경우, 제3채무자가 채권압류 전 압류채무자에게 대항할 수 있는 사유로 압류채권자에게 대항할 수 있는지 여부(적극) 및 전부명령이 있는 경우, 제3채무자가 채권압류 전 피전부채권자에게 가지고 있던 항변사유로 전부채권자에게 대항할 수 있는지 여부(적극) : 금전채권에 대하여 채권압류 및 추심명령이 있는 때에는 제3채무자는 채권이 압류되기 전에 압류채무자에게 대항할 수 있는 사유로 압류채권자에게 대항할 수 있고, 전부명령이 있는 때에는 피전부채권이 동일성을 유지한 채로 집행채무자로부터 집행채권자에게 이전되므로 제3채무자는 채권압류 전 피전부채권자에 대하여 가지고 있었던 항변사유로 전부채권자에게 대항할 수 있다(대판 2023.4.13. 2022다293272).

⑭ 채권압류 및 추심명령에 기한 추심의 소에서 피압류채권의 존재에 관한 증명책임의 소재(= 채권자) : 채권압류 및 추심명령에 기한 추심의 소에서 피압류채권의 존재는 채권자가 증명하여야 한다(대판 2023.4.13. 2022다279733 · 2022다279740[병합]).

3. 채권양도의 유형과 대항관계

> **승낙, 통지의 효과(민법 제451조)**
> ① 채무자가 이의를 보류하지 아니하고 전조의 승낙을 한 때에는 양도인에게 대항할 수 있는 사유로써 양수인에게 대항하지 못한다. 그러나 채무자가 채무를 소멸하게 하기 위하여 양도인에게 급여한 것이 있으면 이를 회수할 수 있고 양도인에 대하여 부담한 채무가 있으면 그 성립되지 아니함을 주장할 수 있다.
> ② 양도인이 양도통지만을 한 때에는 채무자는 그 통지를 받은 때까지 양도인에 대하여 생긴 사유로써 양수인에게 대항할 수 있다.

(1) 채권양도만이 있는 경우
① 채무자에 대한 통지나 채무자의 승낙을 갖추지 않는 한 채무자에게 대항할 수 없다.
② 이중양도의 경우에는 양수인 상호 간에도 대항할 수 없다.

(2) 채권양도와 함께 채무자에 대한 통지만이 행해진 경우

① 1인의 양수인에게만 양도한 경우에, 통지나 승낙의 요건을 갖추는 한 채무자에 대하여 양도사실을 주장할 수 있다.
② 이중양도를 하였으나 1인의 양수인에 관해서만 통지를 한 경우에도 그 양수인은 채무자에게 대항할 수 있다.
③ 이중양도를 행하고 각 양도에 대해 모두 통지를 행한 경우에는 각 양수인은 상호 간에 대항할 수 없는 결과 채무자에 대해서도 대항할 수 없다. 다만, 채무자는 임의로 1인의 양수인에게 유효한 변제를 할 수 있다.

(3) 채권양도와 확정일자 있는 증서에 의해 통지가 행해진 경우

① 먼저 이중양도가 행해지고 1인에 대해서는 확정일자부 증서에 의한 통지를, 그리고 다른 1인에 대해서는 단순한 통지만을 행한 경우에는 확정일자부 증서에 의해 통지된 양수인만이 진정한 권리자가 된다.
② 이중양도가 행해지고 각 양도에 대해 모두 확정일자 있는 증서에 의한 통지가 행해진 경우 다수설에 따르면 각 채권양도 사이의 우열의 기준을 획일적으로 처리하기 위하여 확정일자 있는 증서에 의한 통지 가운데 확정일자가 우선하는 통지에 대해 우선적 효력을 부여하고 있다. 반면 판례는 확정일자 있는 양도통지가 채무자에게 도달한 일시 또는 확정일자 있는 승낙의 일시 선후에 따라 우선적 효력을 부여하고 있다.

> 채권이 이중으로 양도된 경우의 양수인 상호 간의 우열은 통지 또는 승낙에 붙여진 확정일자의 선후에 의하여 결정할 것이 아니라, 채권양도에 대한 채무자의 인식, 즉 확정일자 있는 양도통지가 채무자에게 도달한 일시 또는 확정일자 있는 승낙의 일시의 선후에 의하여 결정하여야 할 것이다(대판[전합] 1994.4.26. 93다24223).

③ 채권양도 통지와 채권가압류결정 정본이 같은 날 도달되었는데 그 선후관계에 대하여 달리 입증이 없으면 동시에 도달된 것으로 추정한다(대판[전합] 1994.4.26. 93다24223).

> [1] 채권이 이중으로 양도된 경우의 양수인 상호 간의 우열은 통지 또는 승낙에 붙여진 확정일자의 선후에 의하여 결정할 것이 아니라, 채권양도에 대한 채무자의 인식, 즉 확정일자 있는 양도통지가 채무자에게 도달한 일시 또는 확정일자 있는 승낙의 일시의 선후에 의하여 결정하여야 할 것이고, 이러한 법리는 채권양수인과 동일 채권에 대하여 가압류명령을 집행한 자 사이의 우열을 결정하는 경우에 있어서도 마찬가지이므로, 확정일자 있는 채권양도 통지와 가압류결정 정본의 제3채무자(채권양도의 경우는 채무자)에 대한 도달의 선후에 의하여 그 우열을 결정하여야 한다. [2] 채권양도 통지, 가압류 또는 압류명령 등이 제3채무자에 동시에 송달되어 그들 상호 간에 우열이 없는 경우에도 그 채권양수인, 가압류 또는 압류채권자는 모두 제3채무자에 대하여 완전한 대항력을 갖추었다고 할 것이므로, 그 전액에 대하여 채권양수금, 압류전부금 또는 추심금의 이행청구를 하고 적법하게 이를 변제받을 수 있고, 제3채무자로서는 이들 중 누구에게라도 그 채무 전액을 변제하면 다른 채권자에 대한 관계에서도 유효하게 면책되는 것이며, 만약 양수채권액과 가압류 또는 압류된 채권액의 합계액이 제3채무자에 대한 채권액을 초과할 때에는 그들 상호 간에는 법률상의 지위가 대등하므로 공평의 원칙상 각 채권액에 안분하여 이를 내부적으로 다시 정산할 의무가 있다. [3] 채권양도의 통지와 가압류 또는

> 압류명령이 제3채무자에게 동시에 송달되었다고 인정되어 채무자가 채권양수인 및 추심명령이나 전부명령을 얻은 가압류 또는 압류채권자 중 한 사람이 제기한 급부소송에서 전액 패소한 이후에도 다른 채권자가 그 송달의 선후에 관하여 다시 문제를 제기하는 경우 기판력의 이론상 제3채무자는 이중지급의 위험이 있을 수 있으므로, 동시에 송달된 경우에도 제3채무자는 송달의 선후가 불명한 경우에 준하여 채권자를 알 수 없다는 이유로 변제공탁을 함으로써 법률관계의 불안으로부터 벗어날 수 있다. [4] 채권양도 통지와 채권가압류결정 정본이 같은 날 도달되었는데 그 선후관계에 대하여 달리 입증이 없으면 동시에 도달된 것으로 추정한다(대판[전합] 1994.4.26. 93다24223).

Ⅲ 증권적 채권의 양도

1. 지시채권의 양도

① 지시채권은 그 증서에 배서하여 양수인에게 교부하는 방식으로 양도할 수 있다(민법 제508조).
② 증서의 배서·교부는 대항요건이 아니라 성립요건이다.
③ 지시채권은 그 채무자에 대하여도 배서하여 양도할 수 있다(민법 제509조 제1항).
④ 배서로 지시채권을 양수한 채무자는 다시 배서하여 이를 양도할 수 있다(민법 제509조 제2항).

2. 무기명채권의 양도

무기명채권은 지시채권과 달리 특정 채권자가 증서면에 기재·표시되어 있지 않다는 점에서 배서를 요하지 않고 양수인에게 그 증서를 교부함으로써 양도의 효력이 생긴다(민법 제523조).

3. 지명소지인출급채권의 양도

지명소지인출급채권은 무기명채권과 동일한 효력을 가지고 있으므로(민법 제525조), 증서의 교부만으로도 양도의 효력이 생긴다.

4. 면책증서

면책증서란 채무자가 증서의 소지인에게 변제를 하면 소지인이 정당한 권리자가 아닌 경우에도, 채무자에게 악의 또는 중대한 과실이 없는 한 면책의 효력을 갖는 증서를 말한다. 채권을 화체하고 있는 증서는 아니므로 면책증서를 가지고 권리를 양도할 수는 없다.

제2절 채무인수

I 면책적 채무인수

채권자와의 계약에 의한 채무인수(민법 제453조)
① 제3자는 채권자와의 계약으로 채무를 인수하여 채무자의 채무를 면하게 할 수 있다. 그러나 채무의 성질이 인수를 허용하지 아니하는 때에는 그러하지 아니하다.
② 이해관계 없는 제3자는 채무자의 의사에 반하여 채무를 인수하지 못한다.

채무자와의 계약에 의한 채무인수(민법 제454조)
① 제3자가 채무자와의 계약으로 채무를 인수한 경우에는 채권자의 승낙에 의하여 그 효력이 생긴다.
② 채권자의 승낙 또는 거절의 상대방은 채무자나 제3자이다.

승낙 여부의 최고(민법 제455조)
① 전조의 경우에 제3자나 채무자는 상당한 기간을 정하여 승낙 여부의 확답을 채권자에게 최고할 수 있다.
② 채권자가 그 기간 내에 확답을 발송하지 아니한 때에는 거절한 것으로 본다.

채무인수의 철회, 변경(민법 제456조)
제3자와 채무자 간의 계약에 의한 채무인수는 채권자의 승낙이 있을 때까지 당사자는 이를 철회하거나 변경할 수 있다.

채무인수의 소급효(민법 제457조)
채권자의 채무인수에 대한 승낙은 다른 의사표시가 없으면 채무를 인수한 때에 소급하여 그 효력이 생긴다. 그러나 제3자의 권리를 침해하지 못한다.

전채무자의 항변사유(민법 제458조)
인수인은 전채무자의 항변할 수 있는 사유로 채권자에게 대항할 수 있다.

채무인수와 보증, 담보의 소멸(민법 제459조)
전채무자의 채무에 대한 보증이나 제3자가 제공한 담보는 채무인수로 인하여 소멸한다. 그러나 보증인이나 제3자가 채무인수에 동의한 경우에는 그러하지 아니하다.

1. 서 설

(1) 의 의

채무인수란 채무의 동일성을 유지하면서 채무를 인수인에게 이전시키는 계약이다. 채무의 동일성이 변경되지 않는다는 점에서 채무자변경에 의한 경개와는 다르다.

(2) 채무인수의 법적 성질

① 채무인수의 종류에 따라 다르다.
- ㉠ 채권자·채무자·인수인의 3면계약에 의한 경우와 채권자와 인수인이 당사자인 경우는, 준물권행위(채권자의 처분행위) + 채권행위(인수인의 의무부담행위)가 합체되어 이루어진 것으로 본다.
- ㉡ 채무자와 인수인이 당사자인 경우는, 일단은 채권행위로서의 성질을 갖다가 채권자의 승낙이 있으면 비로소 준물권행위로 된다.

> **[채무인수의 효력이 생기기 위하여 채권자의 승낙을 요하는 경우(= 면책적 채무인수) 및 채무인수의 성질 결정의 기준]**
> 채무인수의 효력이 생기기 위하여 채권자의 승낙을 요하는 것은 면책적 채무인수의 경우에 한하고, 채무인수가 면책적인가 중첩적인가 하는 것은 채무인수계약에 나타난 당사자 의사의 해석에 관한 문제이다(대판 1998.11.24. 98다33765).

② 채무인수는 낙성·불요식 계약이다.

2. 채무인수의 요건

(1) 채무에 관한 요건

1) 채무의 존재

조건부·기한부 채무도 이미 성립한 채무로서 인수의 대상이 된다. 또 장래의 채무도 인수할 수 있다(단, 특정이 가능하여야 한다).

2) 이전가능성
① 채무인수가 되려면 채무는 이전할 수 있는 것이어야 한다.
② 단, 성질상 제한(민법 제455조 제1항 단서)과 당사자의 의사표시에 의하여 이전이 제한될 수 있다(통설).

(2) 인수계약의 당사자

1) 채권자·인수인·채무자 사이의 계약

명문의 규정은 없지만, 계약자유의 원칙상 당연히 유효하다.

2) 채권자와 인수인 사이의 계약
① 이해관계 없는 제3자는 채무자의 의사에 반하여 인수인이 되지 못한다(민법 제453조 제2항). 단, 병존적 채무인수는 사실상 인적담보의 기능을 가지는 점에서 보증채무의 경우(민법 제444조 제2항)에 준하여 채무자의 의사에 반해서도 가능하다(대판 1988.5.24. 87다카3104).
② 이해관계 없는 제3자가 채무자의 의사에 반하여 채무를 인수했다는 것에 대한 입증책임은 판례에 의하면 이를 주장하는 자가 부담한다.

3) 채무자와 인수인 사이의 계약

① 채무자와 인수인 사이의 계약으로 채무인수를 할 수 있으나, 이때에는 채권자의 승낙이 있어야 그 효력이 발생한다(민법 제454조 제1항). 즉, 채권자의 승낙은 계약의 효력발생요건에 해당한다. 채권자는 명시적인 방법뿐만 아니라 묵시적인 방법으로도 승낙을 할 수 있다. 따라서 채권자가 직접 채무인수인에게 인수채무금의 지급을 청구하였다면 그 지급청구로써 묵시적으로 채무인수를 승낙한 것으로 보아야 한다(대판 1989.11.14. 88다카29962).

② 채권자의 승낙은 사전에도 가능하며(통설), 그 상대방은 채무자 또는 인수인에게 가능하다(민법 제454조 제2항).

③ 채무인수에 대한 채권자의 승낙은 다른 의사표시가 없으면 채무를 인수한 때에 소급하여 그 효력이 생긴다. 그러나 제3자의 권리를 해하지 못한다(민법 제457조).

④ 채무자나 인수인은 상당한 기간을 정하여 승낙 여부의 확답을 최고할 수 있다. 채권자가 그 기간 내에 확답을 발송하지 아니한 때에는 승낙을 거절한 것으로 본다(민법 제455조 제2항).

⑤ 채권자의 승낙에 의하여 채무인수의 효력이 생기는 경우, 채권자가 승낙을 거절하면 그 이후에는 채권자가 다시 승낙하여도 채무인수로서의 효력이 생기지 않는다(대판 1998.11.24. 98다33765).

⑥ 채무자나 인수인은 채권자의 승낙이 있을 때까지는 채무인수계약을 철회하거나 변경할 수 있다(민법 제456조).

3. 채무인수의 효과

(1) 채무의 이전

① 채무인수가 효력이 발생함과 동시에 채무는 동일성을 유지하면서 채무자로부터 인수인에게 이전한다. 이로써 전(前)채무자는 채무를 면하고 인수인이 채무를 부담한다.

② 채무가 동일성을 유지하면서 이전된다는 점에서 그 채무에 종된 권리도 그대로 이전된다.

(2) 항변권의 이전

> **전채무자의 항변사유(민법 제458조)**
> 인수인은 전채무자의 항변할 수 있는 사유로 채권자에게 대항할 수 있다.

① 인수인은 전채무자가 채권자에 대해 가지고 있던 항변사유로 채권자에게 대항할 수 있다(민법 제458조). 단, 인수된 채무의 발생원인이 되는 계약의 취소권·해제권은 계약당사자만이 가지는 권리이므로, 단순히 채무의 특정승계인에 지나지 않는 인수인은 이러한 권리를 주장할 수 없다. 또 인수인은 전채무자가 가지고 있던 반대채권으로 상계하지도 못한다.

② 인수인이 전채무자에 대하여 가지는 항변사유로 채권자에게 대항할 수는 없다(대판 1966.11.29. 66다1861).

(3) 보증·담보의 존속 여부

1) 제3자가 제공한 담보

> **채무인수와 보증, 담보의 소멸(민법 제459조)**
> 전채무자의 채무에 대한 보증이나 제3자가 제공한 담보는 채무인수로 인하여 소멸한다. 그러나 보증인이나 제3자가 채무인수에 동의한 경우에는 그러하지 아니하다.

① 제3자가 제공한 담보(물상보증)나 보증채무는 이들의 승낙이 없는 한 이전하지 않고 소멸한다(민법 제459조).
② 물상보증인이 피담보채무를 인수한 때에는 그 동의를 한 것으로 해석된다.

2) 채무자가 제공한 담보

① 채무인수가 「채권자와 인수인」 사이의 계약으로 이루어질 때에는 채무자의 승낙이 없는 한 소멸한다(통설).
② 채무자와 인수인 또는 3면계약에 의해 이루어진 때에는 채무자인 담보제공자가 채무인수에 동의한 것으로 보아 민법 제459조를 유추적용하여 존속하는 것으로 본다(통설).

3) 법정담보

채무인수에 영향을 받지 않고 그대로 존속한다(통설).

Ⅱ 병존적 채무인수

1. 의의

① 병존적 채무인수란 기존 채무자의 채무도 존속시키면서 인수인이 동일한 채무를 부담하는 채무인수를 말한다.
② 병존적 채무인수란 인적 담보의 기능을 하는데, 기존 채무자의 채무를 면하게 하는 것은 아니므로 처분행위가 아니다.
③ 면책적인지 병존적인지 의사가 불분명하면 채권자에게 유리한 병존적 인수로 해석한다.
④ 부동산을 매매하면서 매도인과 매수인 사이에 중도금 및 잔금은 매도인의 채권자에게 직접 지급하기로 약정한 경우, 그 약정은 매도인의 채권자로 하여금 매수인에 대하여 그 중도금 및 잔금에 대한 직접청구권을 행사할 권리를 취득케 하는 제3자를 위한 계약에 해당하고 동시에 매수인이 매도인의 그 제3자에 대한 채무를 인수하는 병존적 채무인수에도 해당한다(대판 1997.10.24. 97다28698).

2. 요 건

① 계약의 당사자는 채권자·채무자·인수인, 채권자·인수인, 채무자·인수인 모두 가능하다.
② 채권자와 인수인 사이의 계약으로 이루어질 경우 이는 담보적 기능을 갖기 때문에 채무자의 의사에 반해서도 제3자의 병존적 채무인수가 가능하다(대판 1988.11.22. 87다카1836).
③ 채무자와 인수인 사이의 병존적 채무인수계약은 일종의 제3자를 위한 계약으로서(대판 1989.4.25. 87다카2443), 민법 제539조 제2항 소정의 채권자의 수익의 의사표시가 필요하다.

> [채무자와 인수인의 합의에 의한 중첩적 채무인수에서 채권자의 '수익의 의사표시'가 계약의 성립요건이나 효력발생요건인지 여부(소극)]
> 채무자와 인수인의 합의에 의한 중첩적 채무인수는 일종의 제3자를 위한 계약이라고 할 것이므로, 채권자는 인수인에 대하여 채무이행을 청구하거나 기타 채권자로서의 권리를 행사하는 방법으로 수익의 의사표시를 함으로써 인수인에 대하여 직접 청구할 권리를 갖게 된다. 이러한 점에서 채무자에 대한 채권을 상실시키는 효과가 있는 면책적 채무인수의 경우 채권자의 승낙을 계약의 효력발생요건으로 보아야 하는 것과는 달리, 채무자와 인수인의 합의에 의한 중첩적 채무인수의 경우 채권자의 수익의 의사표시는 그 계약의 성립요건이나 효력발생요건이 아니라 채권자가 인수인에 대하여 채권을 취득하기 위한 요건이다(대판 2019.9.13. 2011다56033).

3. 효 과

① 두 채무 가운데 어느 하나가 변제되면 두 채무는 전부 소멸한다. 물론 채무인수인이 변제하게 되면 원래의 채무자에게 구상권을 행사할 수 있다. 이 경우 인수인은 채권자의 권리를 법정대위 한다.
② 종전의 채무와 인수된 채무가 채권자에 대하여 어떠한 관계에 있는지 문제되는데 학설은 보증채무관계설, 연대채무관계설, 부진정연대채무관계설 등이 주장되고 있다. 최근 판례는 채무자와 인수인 사이에 주관적 공동관계가 있으면 연대채무관계, 주관적 공동관계가 없으면 부진정연대관계라고 하여 연대채무관계설을 취하고 있다(대판 2009.8.20. 2009다32409).

Ⅲ 이행인수

1. 의 의

이행인수는 인수인이 채무자에 대해 채무자의 채무를 이행할 것을 약정하는 채무자·인수인 사이의 계약을 말한다.

2. 요 건

인수되는 채무는 제3자에 의한 변제를 허용하는 것이어야 하며, 이행인수계약이 유효하게 체결되어야 한다.

3. 효과

① 인수인은 채무자와 사이에 채권자에게 채무를 이행할 의무를 부담하는 데 그치고 직접 채권자에 대하여 채무를 부담하는 것이 아니므로 채권자는 직접 인수인에 대하여 채무를 이행할 것을 청구할 수 없다(대판 2010.9.30. 2009다65942·65959).

② 다만, 채무자는 인수인이 그 채무를 이행하지 아니하는 경우 인수인에 대하여 채권자에게 이행할 것을 청구할 수 있고, 그에 관한 승소의 판결을 받은 때에는 금전채권의 집행에 관한 규정을 준용하여 강제집행을 할 수도 있다. 이러한 채무자의 인수인에 대한 청구권은 그 성질상 재산권의 일종으로서 일신전속적 권리라고 할 수는 없으므로, 채권자는 채권자대위권에 의하여 채무자의 인수인에 대한 청구권을 대위행사 할 수 있다(대판 2009.6.11. 2008다75072).

③ 부동산의 매수인이 매매목적물에 관한 근저당권이나 가등기 등의 피담보채무를 인수하는 한편 그 채무액을 매매대금에서 공제하기로 약정한 경우 다른 특별한 약정이 없는 이상 이는 매도인을 면책시키는 채무인수가 아니라 이행인수로 보아야 한다(대판 1994.6.14. 92다23377).

> **[물상보증인이 담보부동산을 제3취득자에게 매도하여 제3취득자가 근저당권의 피담보채무를 인수한 경우, 담보권 실행으로 인한 구상권의 귀속 주체(= 물상보증인)]**
> 물상보증인이 담보부동산을 제3취득자에게 매도하고 제3취득자가 담보부동산에 설정된 근저당권의 피담보채무의 이행을 인수한 경우, 그 이행인수는 매매당사자 사이의 내부적인 계약에 불과하여 이로써 물상보증인의 책임이 소멸하지 않는 것이고, 따라서 담보부동산에 대한 담보권이 실행된 경우에도 제3취득자가 아닌 원래의 물상보증인이 채무자에 대한 구상권을 취득한다(대판 1997.5.30. 97다1556).
>
> **[부동산 매수인이 매매목적물에 관한 임대차보증금 반환채무 등을 인수하는 한편 그 채무액을 매매대금에서 공제하기로 약정한 경우, 위 인수가 면책적 채무인수라고 볼 수 있는지 여부(원칙적 소극) / 부동산 매도인과 매수인 사이에 임대차보증금 반환채무를 면책적으로 인수하는 약정이 있는 경우, 그에 기한 면책적 채무인수의 효력이 발생하기 위한 요건(= 채권자인 임차인의 승낙) 및 이때 임차인의 승낙은 묵시적 의사표시로도 가능한지 여부(적극) / 임대보증금 반환채권의 회수가능성 등이 의문시되는 상황인 경우, 임차인의 어떠한 행위를 임대차보증금 반환채무의 면책적 인수에 대한 묵시적 승낙의 의사표시에 해당한다고 단정할 수 있는지 여부(소극)]**
> 면책적 채무인수는 병존적 채무인수 또는 이행인수와는 달리 제3자가 채무를 인수함으로써 기존 채무자가 면책되므로, 어떠한 인수의 법적 성격이 문제 되는 경우 이를 병존적 채무인수 또는 이행인수가 아니라 면책적 채무인수로 보는 데에는 엄격함과 신중함이 요구된다. 그러므로 부동산 매수인이 매매목적물에 관한 임대차보증금 반환채무 등을 인수하는 한편 그 채무액을 매매대금에서 공제하기로 약정한 경우, 그 인수는 특별한 사정이 없는 이상 매도인을 면책시키는 면책적 채무인수라고 볼 수 없다. / 또한 부동산 매도인과 매수인 사이에 임대차보증금 반환채무를 면책적으로 인수하는 약정이 있었더라도 그에 기한 면책적 채무인수의 효력이 발생하려면 채권자인 임차인의 승낙이 있어야 한다(민법 제454조 참조). 이때 임차인의 승낙은 반드시 명시적

의사표시로 하여야 하는 것은 아니고 묵시적 의사표시로도 가능하다. / 그러나 임차인이 채무자인 임대인을 면책시키는 것은 그의 채권을 처분하는 행위이므로, 임대보증금 반환채권의 회수 가능성 등이 의문시되는 상황이라면 임차인의 어떠한 행위를 임대차보증금 반환채무의 면책적 인수에 대한 묵시적 승낙의 의사표시에 해당한다고 쉽게 단정하여서는 아니 된다(대판 2024.6.13. 2024다215542).

[부동산 매수인이 매매목적물에 관한 채무를 인수하고 그 채무액을 매매대금에서 공제하기로 약정한 경우, 그 인수의 법적 성질(= 이행인수) 및 매수인이 인수 채무를 이행하지 아니하였을 때 계약해제권이 발생하기 위한 요건과 그 판단 기준]

부동산의 매수인이 매매목적물에 관한 채무를 인수하는 한편 그 채무액을 매매대금에서 공제하기로 약정한 경우, 그 인수는 특별한 사정이 없는 한 매도인을 면책시키는 채무인수가 아니라 이행인수로 보아야 하고, 매수인은 매매계약시 인수한 채무를 현실적으로 변제할 의무를 부담하는 것은 아니며, 특별한 사정이 없는 한 매수인이 매매대금에서 그 채무액을 공제한 나머지를 지급함으로써 잔금지급의 의무를 다하였다 할 것이므로, 설사 매수인이 위 채무를 현실적으로 변제하지 아니하였다 하더라도 그와 같은 사정만으로는 매도인은 매매계약을 해제할 수 없는 것이지만, 매수인이 인수채무를 이행하지 아니함으로써 매매대금의 일부를 지급하지 아니한 것과 동일하다고 평가할 수 있는 특별한 사유가 있을 때에는 계약해제권이 발생한다. 그리고 위와 같은 '특별한 사정'이 있는지의 여부는, 매매계약의 당사자들이 그러한 내용의 매매계약에 이르게 된 경위, 매수인의 인수채무 불이행으로 인하여 매도인이 입게 되는 구체적인 불이익의 내용과 그 정도 등 제반 사정을 종합적으로 고려하여 '매매대금의 일부를 지급하지 아니한 것과 동일하다고 평가할 수 있는 경우'에 해당하는지 여부를 판단하여야 한다(대판 2007.9.21. 2006다69479·69486).

[담보책임]

매매의 목적이 된 부동산에 설정된 저당권의 행사로 인하여 매수인이 취득한 소유권을 잃은 때에는 매수인은 민법 제576조 제1항의 규정에 의하여 매매계약을 해제할 수 있지만, 매수인이 매매목적물에 관한 근저당권의 피담보채무를 인수하는 것으로 매매대금의 지급에 갈음하기로 약정한 경우에는 특별한 사정이 없는 한, 매수인으로서는 매도인에 대하여 민법 제576조 제1항의 담보책임을 면제하여 주었거나 이를 포기한 것으로 봄이 상당하므로, 매수인이 매매목적물에 관한 근저당권의 피담보채무 중 일부만을 인수한 경우 매도인으로서는 자신이 부담하는 피담보채무를 모두 이행한 이상 매수인이 인수한 부분을 이행하지 않음으로써 근저당권이 실행되어 매수인이 취득한 소유권을 잃게 되더라도 민법 제576조 소정의 담보책임을 부담하게 되는 것은 아니다(대판 2002.9.4. 2002다11151).

[이행불능책임]

부동산 매수인이 매매목적물에 설정된 근저당권의 피담보채무에 관하여 그 이행을 인수한 경우, 채권자에 대한 관계에서는 매도인이 여전히 채무를 부담한다고 하더라도, 매도인과 매수인 사이에서는 매수인에게 위 피담보채무를 변제할 책임이 있으므로, 매수인이 그 변제를 게을리하여 근저당권이 실행됨으로써 매도인이 매매목적물에 관한 소유권을 상실하였다면, 특별한 사정이 없는 한, 이는 매수인에게 책임 있는 사유로 인하여 소유권이전등기의무가 이행불능으로 된 경우에 해당하고, 거기에 매도인의 과실이 있다고 할 수는 없다(대판 2008.8.21. 2007다8464·8471).

Ⅳ 계약인수

1. 의 의

계약인수란 계약당사자로서의 지위의 이전을 목적으로 하는 계약을 말한다. 계약인수는 민법상 명문의 규정이 없다고 하더라도 그 같은 계약이 인정되어야 할 것임은 계약자유, 사법자치의 원칙에 비추어 당연한 귀결이다(대판 1996.9.24. 96다25548).

2. 요 건

계약의 인수는 양도인과 양수인 및 잔류 당사자의 동시적인 합의에 의한 3면계약으로 이루어지는 것이 통상적이라고 할 것이지만, 계약관계자 3인 중 2인의 합의와 나머지 당사자의 동의 내지 승낙의 방법으로도 가능하다(대판 1992.3.13. 91다32534).

> **[계약당사자 지위 승계를 목적으로 하는 계약인수의 성립 요건 및 계약인수 여부의 판단 기준]**
> 계약당사자로서의 지위 승계를 목적으로 하는 계약인수는 계약당사자 및 인수인의 3면 합의에 의하여 계약당사자 중 일방이 당사자로서의 지위를 포괄적으로 제3자에게 이전하여 계약관계에서 탈퇴하고 제3자가 그 지위를 승계하는 것을 목적으로 하는 계약으로서 3면 계약으로 이루어지는 것이 보통이나 관계 당사자 중 2인이 합의하고 나머지 당사자가 이를 동의 내지 승낙하는 방법으로도 가능하고, 나머지 당사자의 동의 내지 승낙이 반드시 명시적 의사표시에 의하여야 하는 것은 아니며 묵시적 의사표시에 의하여서도 가능하다. 이러한 계약인수 여부가 다투어지는 경우에는, 그것이 계약 주체의 변동을 초래하는 등 당사자 사이의 법률상 지위에 중대한 영향을 미치는 법률행위인 점을 고려하여, 계약의 성질, 당사자의 거래 동기와 경위, 거래 형식 및 내용, 당사자가 그 거래행위에 의하여 달성하려는 목적, 거래관행 등에 비추어 신중하게 판단하여야 할 것이다(대판 2023.3.30. 2022다296165).

3. 효 과

① 계약으로부터 발생된 채권·채무는 인수인에게 이전되며, 그 계약의 내용에 따라 장래 발생하게 될 채권·채무도 양수인을 주체로 하여 발생한다. 이 경우 그 계약관계로부터 생기는 취소권, 해제권 등의 권리·의무도 포괄적으로 이전된다.

② 계약인수가 적법하게 이루어지면 양도인은 계약관계에서 탈퇴하게 되고 계약인수 후에는 특별한 사정이 없는 한 잔류당사자와 양도인 사이에는 계약관계가 존재하지 않게 되며 그에 따른 채권채무관계도 소멸한다(대판 1987.9.8. 85다카733·734).

[관광진흥법 제8조 제1항과 제2항의 규정 취지 및 관광진흥법 제8조 제2항에 따른 승계의 법적 성격(= 법률상 당연승계)과 효력 / 관광진흥법에 따른 관광사업자의 지위 승계를 원하지 않는 회원이 관광사업의 양도나 주요한 관광사업 시설의 인수 사실을 안 때로부터 상당한 기간 내에 이의를 제기하여 승계되는 입회계약의 구속으로부터 벗어날 수 있는지 여부(적극) 및 이 경우 기존 관광사업자의 회원에 대한 입회금 반환채무가 소멸하지 않고 존속하는지 여부(적극) / 이는 기존 관광사업자와의 관계뿐 아니라 입회금 반환채무의 보증인 등이 있는 경우에도 마찬가지인지 여부(적극)]

관광진흥법 제8조는 제1항에서 "관광사업을 양수한 자 또는 관광사업을 경영하는 법인이 합병한 때에는 합병 후 존속하거나 설립되는 법인은 그 관광사업의 등록 등 또는 신고에 따른 관광사업자의 권리·의무(제20조 제1항에 따라 분양이나 회원 모집을 한 경우에는 그 관광사업자와 소유자 등 또는 회원 간에 약정한 사항을 포함한다)를 승계한다"라고 하고, 제2항에서 "민사집행법에 따른 경매 등의 절차에 따라 문화체육관광부령으로 정하는 주요한 관광사업 시설의 전부를 인수한 자는 그 관광사업자의 지위(제20조에 따라 분양이나 회원 모집을 한 경우에는 그 관광사업자와 소유자 등 또는 회원 간에 약정한 권리 및 의무 사항을 포함한다)를 승계한다"라고 규정하고 있다. 이는 관광사업의 양수인 등이나 주요한 관광사업 시설의 전부를 인수한 자에 대하여 영업주체의 변동에도 불구하고 관광사업의 등록 등 또는 신고에 따른 공법상 관리관계를 유지시키려는 취지와 함께, 관광사업자와 분양 및 회원 모집으로 계약관계를 맺은 다수 소유자 등 및 회원(이하 '회원'이라고만 한다)의 이익을 보호하려는 취지에서 둔 특칙이다. 이러한 법조항의 문언, 체계 및 입법 취지를 고려하면, 관광진흥법 제8조 제2항에 따른 승계는 법률상 당연승계로 보아야 하므로, 주요한 관광사업 시설의 전부를 인수한 자는 해당 시설의 소유권과 결합하여 관광사업자의 지위 및 그로 인한 계약상 권리·의무 일체를 그대로 승계한다. 그 결과 양수인은 관광사업자의 기존 회원에 대한 일체의 채무를 면책적으로 인수하고, 양도인은 그 계약관계에서 탈퇴하여 회원에 대한 입회금 반환채무를 면하게 된다. 다만 관광진흥법 제20조 제5항은 관광사업 시설에 대하여 분양 또는 회원 모집을 한 자가 소유자 등·회원의 권익을 보호하기 위하여 지켜야 할 사항들을 규정하고 있는데 이에는 회원 입회금의 반환이 명시되어 있고, 같은 법 시행령 제26조는 회원의 입회금의 반환에 관하여 '회원의 입회기간 및 입회금의 반환은 관광사업자 또는 사업계획승인을 받은 자와 회원 간에 체결한 계약에 따르되, 회원의 입회기간이 끝나 입회금을 반환해야 하는 경우에는 입회금 반환을 요구받은 날부터 10일 이내에 반환할 것'이라고 규정하는 등 회원의 권익 보호와 관련된 사항으로 입회금 반환에 관한 구체적인 규정을 두고 있는 점 등을 고려하면, 공법상 관리관계를 유지시키면서 다수의 권리관계를 안정적으로 확정하려는 관광진흥법 제8조의 규정 역시 이러한 소유자 등·회원의 권익 보호 차원에서 조화롭게 이해되어야 한다. / 나아가 계약 당사자로서의 지위 승계를 목적으로 하는 계약인수는 계약상 지위에 관한 양도인과 양수인 사이의 합의와 나머지 당사자의 동의 내지 승낙을 요한다는 원칙에 비추어 볼 때, 회원으로서는 자신의 의사와 무관하게 이루어지는 관광사업자 지위 승계에 관하여 이를 수용할 것인지 선택할 권리가 있다고 보아야 한다. 이와 같이 회원의 권익 보호를 위한 관광진흥법의 입법 취지, 계약인수에 당사자의 의사 관여를 요구하는 점 등에 비추어 관광진흥법에 따른 관광사업자의 지위 승계에 있어서도 관광사업자의 지위 승계를 원하지 않는 회원으로서는 관광사업의 양도나 주요한 관광사업 시설의 인수 사실을 안 때로부터 상당한 기간 내에 이의를 제기함으로써 승계되는 입회계약의 구속으로부터 벗어날 수 있고, 그와 같은 경우 기존 관광사업자의 회원에 대한 입회금 반환채무는 소멸하지 않는다고 보아야 한다. / 그리고 이는 기존 관광사업자와의 관계뿐 아니라 입회금 반환채무의 보증인 등이 있는 경우에도 마찬가지이다(대판 2024.11.14. 2024다251876).

채권양도와 채무인수

제1절 채권양도

01 채권양도에 관한 다음 설명 중 가장 옳은 것은? 2025년

① 채권의 양수인이 채권양도의 대항요건을 갖추지 못하여 채무자에게 대항하지 못하는 상태에서 채무자를 상대로 재판상의 청구를 하였다면 이는 소멸시효 중단사유인 재판상의 청구에 해당한다고 볼 수 없다.
② 주채무자에 대한 채권이 이전되면 당사자 사이에 별도의 특약이 없는 한 보증인에 대한 채권도 함께 이전하지만, 채권양도의 대항요건은 주채무자와 별도로 보증인에 대하여도 구비하여야 보증인에게 대항할 수 있게 된다.
③ 매매로 인한 소유권이전등기청구권 같은 지명채권의 양도는 양도인이 채무자에게 통지하거나 채무자가 승낙하지 아니하면 채무자 기타 제3자에게 대항하지 못한다.
④ 양도금지의 특약이 붙은 채권이 양도된 경우에 양수인의 악의 또는 중과실에 관한 증명책임은 채무자가 부담하므로 채무자는 특별한 사정이 없는 한 민법 제487조 후단의 채권자 불확지를 원인으로 하여 변제공탁을 할 수 없다.
⑤ 계약인수는 개별 채권·채무의 이전을 목적으로 하는 것이 아니라 다수의 채권·채무를 포함한 계약당사자로서의 지위의 포괄적 이전을 목적으로 하는 것으로서, 채무자 보호를 위해 개별 채권양도에서 요구되는 대항요건은 계약인수에서는 별도로 요구되지 않는다.

[❶ ▶ ✕] 채권양도는 구 채권자인 양도인과 신 채권자인 양수인 사이에 채권을 그 동일성을 유지하면서 전자로부터 후자에게로 이전시킬 것을 목적으로 하는 계약을 말한다 할 것이고, 채권양도에 의하여 채권은 그 동일성을 잃지 않고 양도인으로부터 양수인에게 이전되며, 이러한 법리는 채권양도의 대항요건을 갖추지 못하였다고 하더라도 마찬가지인 점, 민법 제149조의 "조건의 성취가 미정한 권리의무는 일반규정에 의하여 처분, 상속, 보존 또는 담보로 할 수 있다."는 규정은 대항요건을 갖추지 못하여 채무자에게 대항하지 못한다고 하더라도 채권양도에 의하여 채권을 이전받은 양수인의 경우에도 그대로 준용될 수 있는 점, 채무자를 상대로 재판상의 청구를 한 채권의 양수인을 '권리 위에 잠자는 자'라고 할 수 없는 점 등에 비추어 보면, <u>비록 대항요건을 갖추지 못하여 채무자에게 대항하지 못한다고 하더라도 채권의 양수인이 채무자를 상대로 재판상의 청구를 하였다면 이는 소멸시효 중단사유인 재판상의 청구에 해당한다고 보아야 한다</u>(대판 2005.11.10. 2005다41818).

[❷ ▸ ×] 보증채무는 주채무에 대한 부종성 또는 수반성이 있어서 주채무자에 대한 채권이 이전되면 당사자 사이에 별도의 특약이 없는 한 보증인에 대한 채권도 함께 이전하고, 이 경우 채권양도의 대항요건도 주채권의 이전에 관하여 구비하면 족하고, 별도로 보증채권에 관하여 대항요건을 갖출 필요는 없다(대판 2002.9.10. 2002다21509).

[❸ ▸ ×] 매매로 인한 소유권이전등기청구권은 특별한 사정이 없는 이상 그 권리의 성질상 양도가 제한되고 그 양도에 채무자의 승낙이나 동의를 요한다고 할 것이므로 통상의 채권양도와 달리 양도인의 채무자에 대한 통지만으로는 채무자에 대한 대항력이 생기지 않으며 반드시 채무자의 동의나 승낙을 받아야 대항력이 생긴다(대판 2001.10.9. 2000다51216).

[❹ ▸ ×] 채권양도금지특약에 반하여 채권양도가 이루어진 경우, 그 양수인이 양도금지특약이 있음을 알았거나 중대한 과실로 알지 못하였던 경우에는 채권양도는 효력이 없게 되고, 반대로 양수인이 중대한 과실 없이 양도금지특약의 존재를 알지 못하였다면 채권양도는 유효하게 되어 채무자로서는 양수인에게 양도금지특약을 가지고 그 채무이행을 거절할 수 없게 되어 양수인의 선의, 악의 등에 따라 양수채권의 채권자가 결정되는바, 이와 같이 양도금지의 특약이 붙은 채권이 양도된 경우에 양수인의 악의 또는 중과실에 관한 입증책임은 채무자가 부담하지만, 그러한 경우에도 채무자로서는 양수인의 선의 등의 여부를 알 수 없어 과연 채권이 적법하게 양도된 것인지에 관하여 의문이 제기될 여지가 충분히 있으므로 특별한 사정이 없는 한 민법 제487조 후단의 채권자 불확지를 원인으로 하여 변제공탁을 할 수 있다(대판 2000.12.22. 2000다55904).

[❺ ▸ ○] 계약인수가 이루어지면 계약관계에서 이미 발생한 채권·채무도 이를 인수 대상에서 배제하기로 하는 특약이 있는 등 특별한 사정이 없는 한 인수인에게 이전된다. 계약인수는 개별 채권·채무의 이전을 목적으로 하는 것이 아니라 다수의 채권·채무를 포함한 계약당사자로서의 지위의 포괄적 이전을 목적으로 하는 것으로서 계약당사자 3인의 관여에 의해 비로소 효력을 발생하는 반면, 개별 채권의 양도는 채권양도인과 양수인 2인만의 관여로 성립하고 효력을 발생하는 등 양자가 법적인 성질과 요건을 달리하므로, 채무자 보호를 위해 개별 채권양도에서 요구되는 대항요건은 계약인수에서는 별도로 요구되지 않는다. 그리고 이러한 법리는 상법상 영업양도에 수반된 계약인수에 대해서도 마찬가지로 적용된다(대판 2020.12.10. 2020다245958).

답 ❺

02 채권양도에 관한 다음 설명 중 가장 옳지 않은 것은? 2023년

① 민법 제666조에서 정한 수급인의 저당권설정청구권은 공사대금채권을 담보하기 위하여 인정되는 채권적 청구권으로서 공사대금채권에 부수하여 인정되는 권리이므로, 당사자 사이에 공사대금채권만을 양도하고 저당권설정청구권은 이와 함께 양도하지 않기로 약정하였다는 등의 특별한 사정이 없는 한, 공사대금채권이 양도되는 경우 저당권설정청구권도 이에 수반하여 함께 이전된다고 봄이 타당하다.
② 채무자가 양도되는 채권의 성립이나 소멸에 영향을 미치는 사정에 관하여 양수인에게 알려야 할 신의칙상 주의의무가 있다고 볼 만한 특별한 사정이 없는 한, 채무자가 그러한 사정을 알리지 아니하였다고 하여 불법행위가 성립한다고 볼 수 없다.
③ 제3채무자가 질권설정 사실을 승낙한 후 질권설정계약이 합의해지된 경우에, 만일 질권자가 제3채무자에게 질권설정계약의 해지 사실을 통지하였다면, 설사 아직 해지가 되지 아니하였다고 하더라도 선의인 제3채무자는 질권설정자에게 대항할 수 있는 사유로 질권자에게 대항할 수 있다고 봄이 타당하다.
④ 채무자의 채권양도인에 대한 자동채권이 발생하는 기초가 되는 원인이 양도 전에 이미 성립하여 존재하고 그 자동채권이 수동채권인 양도채권과 동시이행의 관계에 있다 하더라도, 양도통지가 채무자에게 도달하여 채권양도의 대항요건이 갖추어진 후에 자동채권이 발생하였다면, 채무자는 동시이행의 항변권을 주장할 수 없고, 따라서 그 채권에 의한 상계로 양수인에게 대항할 수도 없다.
⑤ 양도금지특약부 채권에 대한 전부명령이 유효한 이상, 그 전부채권자로부터 다시 그 채권을 양수한 자가 그 특약의 존재를 알았거나 중대한 과실로 알지 못하였다 하더라도 채무자는 위 특약을 근거로 삼아 채권양도의 무효를 주장할 수 없다.

[❶ ▶ O] 민법 제666조에서 정한 수급인의 저당권설정청구권은 공사대금채권을 담보하기 위하여 인정되는 채권적 청구권으로서 공사대금채권에 부수하여 인정되는 권리이므로, 당사자 사이에 공사대금채권만을 양도하고 저당권설정청구권은 이와 함께 양도하지 않기로 약정하였다는 등의 특별한 사정이 없는 한, 공사대금채권이 양도되는 경우 저당권설정청구권도 이에 수반하여 함께 이전된다고 봄이 타당하다. 따라서 신축건물의 수급인으로부터 공사대금채권을 양수받은 자의 저당권설정청구에 의하여 신축건물의 도급인이 그 건물에 저당권을 설정하는 행위 역시 다른 특별한 사정이 없는 한 사해행위에 해당하지 아니한다(대판 2018.11.29. 2015다19827).

[❷ ▶ O] 채무자가 채권양도에 대하여 이의를 보류하지 아니하는 승낙을 하였더라도 양도인에게 대항할 수 있는 사유로서 양수인에게 대항하지 못할 뿐이고(민법 제451조), 채권의 내용이나 양수인의 권리확보에 위험을 초래할 만한 사정을 조사, 확인할 책임은 원칙적으로 양수인 자신에게 있으므로, 채무자는 양수인이 대상 채권의 내용이나 원인이 되는 법률관계에 대하여 잘 알고 있음을 전제로 채권양도를 승낙할지를 결정하면 되고 양수인이 채권의 내용 등을 실제와 다르게 인식하고 있는지까지 확인하여 위험을 경고할 의무는 없다. 따라서 채무자가 양도되는 채권의 성립이나 소멸에 영향을 미치는 사정에 관하여 양수인에게 알려야 할 신의칙상 주의의무가 있다고 볼 만한 특별한 사정이 없는 한 채무자가 그러한 사정을 알리지 아니하였다고 하여 불법행위가 성립한다고 볼 수 없다(대판 2015.12.24. 2014다49241).

[❸ ▸ O] 제3채무자가 질권설정 사실을 승낙한 후 질권설정계약이 합의해지된 경우 질권설정자가 해지를 이유로 제3채무자에게 원래의 채권으로 대항하려면 질권자가 제3채무자에게 해지 사실을 통지하여야 하고, 만일 질권자가 제3채무자에게 질권설정계약의 해지 사실을 통지하였다면, 설사 아직 해지가 되지 아니하였다고 하더라도 선의인 제3채무자는 질권설정자에게 대항할 수 있는 사유로 질권자에게 대항할 수 있다고 봄이 타당하다. 그리고 위와 같은 해지 통지가 있었다면 해지 사실은 추정되고, 그렇다면 해지 통지를 믿은 제3채무자의 선의 또한 추정된다고 볼 것이어서 제3채무자가 악의라는 점은 선의를 다투는 질권자가 증명할 책임이 있다(대판 2014.4.10. 2013다76192).

[❹ ▸ ×] 채권양도에 의하여 채권은 그 동일성을 유지하면서 양수인에게 이전되고, 채무자는 양도통지를 받은 때까지 양도인에 대하여 생긴 사유로써 양수인에게 대항할 수 있다(민법 제451조 제2항). 따라서 채무자의 채권양도인에 대한 자동채권이 발생하는 기초가 되는 원인이 양도 전에 이미 성립하여 존재하고 자동채권이 수동채권인 양도채권과 동시이행의 관계에 있는 경우에는, <u>양도통지가 채무자에게 도달하여 채권양도의 대항요건이 갖추어진 후에 자동채권이 발생하였다고 하더라도 채무자는 동시이행의 항변권을 주장할 수 있고, 따라서 그 채권에 의한 상계로 양수인에게 대항할 수 있다</u>(대판 2015.4.9. 2014다80945).

[❺ ▸ O] 당사자 사이에 양도금지의 특약이 있는 채권이더라도 전부명령에 의하여 전부되는 데에는 지장이 없고, 양도금지의 특약이 있는 사실에 관하여 집행채권자가 선의인가 악의인가는 전부명령의 효력에 영향을 미치지 못하는 것인바, 이와 같이 양도금지특약부 채권에 대한 전부명령이 유효한 이상, 그 전부채권자로부터 다시 그 채권을 양수한 자가 그 특약의 존재를 알았거나 중대한 과실로 알지 못하였다고 하더라도 채무자는 위 특약을 근거로 삼아 채권양도의 무효를 주장할 수 없다(대판 2003.12.11. 2001다3771).

답 ❹

03 채권양도에 관한 다음 설명 중 가장 옳지 않은 것은?   2024년

① 양도인이 지명채권을 제1양수인에게 1차로 양도한 다음 제1양수인이 그에 따라 확정일자 있는 증서에 의한 대항요건을 적법하게 갖추었다면 이로써 채권이 제1양수인에게 이전하고 양도인은 채권에 대한 처분권한을 상실하므로, 그 후 양도인이 동일한 채권을 제2양수인에게 양도하였더라도 제2양수인은 채권을 취득할 수 없다. 다만, 제2차 양도계약 후 양도인과 제1양수인이 제1차 양도계약을 합의해지한 다음 제1양수인이 그 사실을 채무자에게 통지함으로써 채권이 다시 양도인에게 귀속하게 되었다면, 양도인이 처분권한 없이 한 제2차 양도계약이 채권양도로서 유효하게 될 수 있다.

② 당사자의 의사표시에 의한 채권양도금지 특약은 제3자가 악의인 경우는 물론 제3자가 채권양도금지 특약을 알지 못한 데에 중대한 과실이 있는 경우에도 채권양도금지 특약으로써 대항할 수 있고, 제3자의 악의 내지 중과실은 채권양도금지 특약으로 양수인에게 대항하려는 자가 이를 주장·증명하여야 한다.

③ 민법 제449조 제2항 단서는 채권양도금지 특약으로써 대항할 수 없는 자를 '선의의 제3자'라고만 규정하고 있어 채권자로부터 직접 양수한 자만을 가리키는 것으로 해석할 이유는 없으므로, 악의의 양수인으로부터 다시 선의로 양수한 전득자도 위 조항에서의 선의의 제3자에 해당한다.

④ 지명채권양도에 있어서 확정일자 있는 증서에 의한 통지나 승낙은 제3자에 대한 대항요건에 불과하고 채권양도의 유효요건은 아니며, 여기서 채무자 이외의 제3자라 함은 당해 채권에 관하여 양수인의 지위와 양립할 수 없는 법률상 지위를 취득한 자를 말하는 것이므로, 당해 채권을 양수한 양수인에게까지 확정일자 있는 증서에 의한 통지나 승낙이 대항요건으로 필요한 것은 아니라고 할 것이다.

⑤ 채권양도의 통지는 채무자에게 도달됨으로써 효력이 발생하는 것이고, 여기서 도달이라 함은 사회통념상 상대방이 통지의 내용을 알 수 있는 객관적 상태에 놓여졌다고 인정되는 상태를 가리킨다. 이와 같이 도달은 보다 탄력적인 개념으로서 송달장소나 수송달자 등의 면에서 민사소송법상의 송달에서와 같은 엄격함은 요구되지 아니하며, 이에 따라 송달장소 등에 관한 민사소송법의 규정을 유추적용할 것이 아니다.

....

[❶ ▶ ✕] 양도인이 지명채권을 제1양수인에게 1차로 양도한 다음 제1양수인이 그에 따라 확정일자 있는 증서에 의한 대항요건을 적법하게 갖추었다면 이로써 채권이 제1양수인에게 이전하고 양도인은 채권에 대한 처분권한을 상실하므로, 그 후 양도인이 동일한 채권을 제2양수인에게 양도하였더라도 제2양수인은 채권을 취득할 수 없다. 이 경우 양도인이 다른 채무를 담보하기 위하여 제1차 양도계약을 하였더라도 대외적으로 채권이 제1양수인에게 이전되어 제1양수인이 채권을 취득하게 되므로 그 후에 이루어진 제2차 양도계약에 따라 제2양수인이 채권을 취득하지 못하게 됨은 마찬가지이다. 또한 제2차 양도계약 후 양도인과 제1양수인이 제1차 양도계약을 합의해지한 다음 제1양수인이 그 사실을 채무자에게 통지함으로써 채권이 다시 양도인에게 귀속하게 되었더라도 특별한 사정이 없는 한 양도인이 처분권한 없이 한 제2차 양도계약이 채권양도로서 유효하게 될 수는 없으므로, 그로 인하여 제2양수인이 당연히 채권을 취득하게 된다고 볼 수는 없다(대판 2016.7.14, 2015다46119).

[❷ ▶ ○] [❸ ▶ ○]　당사자의 의사표시에 의한 채권양도금지 특약은 제3자가 악의인 경우는 물론 제3자가 채권양도금지 특약을 알지 못한 데에 중대한 과실이 있는 경우에도 채권양도금지 특약으로써 대항할 수 있고, 제3자의 악의 내지 중과실은 채권양도금지 특약으로 양수인에게 대항하려는 자가 이를 주장·증명하여야 한다. 그리고 민법 제449조 제2항 단서는 채권양도금지 특약으로써 대항할 수 없는 자를 '선의의 제3자'라고만 규정하고 있어 채권자로부터 직접 양수한 자만을 가리키는 것으로 해석할 이유는 없으므로, 악의의 양수인으로부터 다시 선의로 양수한 전득자도 위 조항에서의 선의의 제3자에 해당한다. 또한 선의의 양수인을 보호하고자 하는 위 조항의 입법 취지에 비추어 볼 때, 이러한 선의의 양수인으로부터 다시 채권을 양수한 전득자는 선의·악의를 불문하고 채권을 유효하게 취득한다(대판 2015.4.9. 2012다118020).

[❹ ▶ ○]　지명채권양도에 있어서 확정일자 있는 증서에 의한 통지나 승낙은 제3자에 대한 대항요건에 불과하고 채권양도의 유효요건은 아니며, 여기서 채무자 이외의 제3자라 함은 당해 채권에 관하여 양수인의 지위와 양립할 수 없는 법률상 지위를 취득한 자를 말하는 것이므로 당해 채권을 양수한 양수인에게까지 확정일자 있는 증서에 의한 통지나 승낙이 대항요건으로 필요한 것은 아니라고 할 것이다(대판 1983.2.22. 81다134).

[❺ ▶ ○]　채권양도의 통지는 채무자에게 도달됨으로써 효력이 발생하는 것이고, 여기서 도달이라 함은 사회통념상 상대방이 통지의 내용을 알 수 있는 객관적 상태에 놓여졌다고 인정되는 상태를 가리킨다. 이와 같이 도달은 보다 탄력적인 개념으로서 송달장소나 수송달자 등의 면에서 위에서 본 송달에서와 같은 엄격함은 요구되지 아니하며, 이에 송달장소 등에 관한 민사소송법의 규정을 유추적용할 것이 아니다. 따라서 채권양도의 통지는 민사소송법상의 송달에 관한 규정에서 송달장소로 정하는 채무자의 주소·거소·영업소 또는 사무소 등에 해당하지 아니하는 장소에서라도 채무자가 사회통념상 그 통지의 내용을 알 수 있는 객관적 상태에 놓여졌다고 인정됨으로써 족하다(대판 2011.1.13. 2010다77477).

답 ❶

제2절　채무인수

채권의 소멸

제1절 서 설

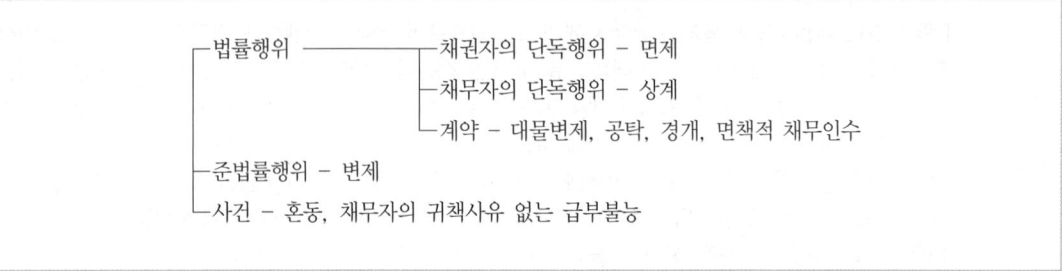

제2절 변 제

I 변제 일반

1. 변제의 의의

변제란 채무자 또는 제3자의 급부행위에 의하여 채권이 만족을 얻어 채권의 소멸이라는 법률효과를 발생시키는 법률요건이다.

2. 변제의 법적 성질

① 변제는 법률행위가 아니라 준법률행위이다(통설). 따라서 변제의사나 행위능력을 필요로 하지 않는다.
② 단, 변제와 변제행위는 구별되어야 한다.

Ⅱ 변제의 당사자

1. 변제자

(1) 채무자
채무자는 변제를 하여야 할 자로서 스스로 변제를 할 수도 있고 이행보조자를 시켜 변제할 수도 있으며, 급부가 법률행위인 때에는 대리인을 시켜 변제할 수도 있다.

(2) 제3자의 변제

> **제3자의 변제(민법 제469조)**
> ① 채무의 변제는 제3자도 할 수 있다. 그러나 채무의 성질 또는 당사자의 의사표시로 제3자의 변제를 허용하지 아니하는 때에는 그러하지 아니하다.
> ② 이해관계 없는 제3자는 채무자의 의사에 반하여 변제하지 못한다.

1) 의 의
제3자의 변제란 채무자의 이름으로 변제하는 것이 아니라 자신의 이름으로 타인의 채무를 변제하려는 의사를 가지고 변제하는 것을 말한다.

2) 제3자의 변제의 요건
① 타인 채무의 변제라는 지정행위가 있을 것
② 제3자가 채권자에 대하여 자기의 채무변제를 지정하는 경우에는 본조가 적용되지 않는다.

3) 제3자의 변제의 제한
① 채무의 성질상 제3자의 변제가 허용되지 않는 경우
② 이해관계 없는 제3자의 변제로서 채무자의 의사에 반하는 경우 : 물상보증인이나 담보부동산의 제3취득자 등과 같이 법률상의 이해관계를 가지는 제3자는 채무자의 의사에 반하여서도 변제할 수 있으나, 이해관계가 없는 제3자는 채무자의 의사에 반하여 변제할 수 없다(민법 제469조 제2항).
③ 당사자의 의사표시로 제3자의 변제를 금지한 경우(민법 제469조 제1항 단서)

(3) 제3자의 변제의 효과
① 제3자의 변제가 유효하면 채권이 소멸된다.
② 채무자에 대한 구상권을 갖는다. 제3자가 채무자에 대해 구상권을 가지는 경우 이러한 구상권의 확보를 위해 변제자대위가 가능하다.
③ 제3자의 변제제공을 채권자가 정당한 이유 없이 거절하면 수령지체에 빠진다.
④ 변제자는 채권자에 대하여 영수증의 교부를 청구하는 권리(민법 제474조)와 채권증서의 반환을 청구하는 권리(민법 제475조 전단)를 가진다.
⑤ 다수설에 의하면 영수증의 교부와 변제는 동시이행의 관계에 있다고 해석되지만, 채권증서의 반환과 변제는 동시이행의 관계가 없다고 한다.

2. 변제수령자

(1) 원 칙
채권자에게 변제수령권이 있는 것이 원칙이다.

(2) 채권자에게 변제수령권한이 없는 경우
압류당한 채권자, 파산한 채권자, 입질시킨 채권자는 수령할 권한이 없다.

(3) 채권의 준점유자에 대한 변제

> **채권의 준점유자에 대한 변제(민법 제470조)**
> 채권의 준점유자에 대한 변제는 변제자가 선의이며 과실 없는 때에 한하여 효력이 있다.

1) 의 의
채권의 준점유자란 채권을 사실상 행사하는 자로 사실상 행사의 의미는 진정한 채권자가 아니면서 채권자로서의 외형을 갖춘 것을 말한다(대판 2004.4.23. 2004다5389).

2) 요 건
① 채권의 준점유자일 것

> **[판례가 채권의 준점유자로 인정한 주요 사례]**
> - 채권의 표현상속인
> - 예금증서와 인장의 소지인
> - 위조된 영수증의 소지자
> - 가압류된 채권이 지급된 경우
> - 채권양도가 무효인 경우 사실상의 양수인 또는 무효인 전부명령을 받은 자
> - 채권자의 대리인이라고 칭한 자

② 변제자의 선의·무과실
  ㉠ 채권의 준점유자에게 변제수령의 권한이 있다고 믿었으며 또 그와 같이 믿는 데 과실이 없는 때에만 유효한 것으로 된다(민법 제470조).
  ㉡ 통설은 선의 및 무과실의 주장·입증책임은 변제의 유효를 주장하는 자가 부담한다고 한다.
③ 채권자의 귀책사유가 필요한지 여부 : 통설은 채권의 준점유자가 외형을 갖추는 것에 대한 채권자의 귀책사유는 불필요하다고 한다.

3) 효 과
채권의 준점유자에 대한 변제가 유효하면 채권은 확정적으로 소멸하고 채무자는 채무를 면한다. 따라서 채권자는 채무자에 대해 이행을 청구할 수 없다. 또한 채무자는 준점유자에 부당이득의 반환을 청구할 수 없으며, 진정한 채권자만이 준점유자에게 부당이득반환을 청구할 수 있다.

(4) 영수증소지자에 대한 변제

> **영수증소지자에 대한 변제(민법 제471조)**
> 영수증을 소지한 자에 대한 변제는 그 소지자가 변제를 받을 권한이 없는 경우에도 효력이 있다. 그러나 변제자가 그 권한 없음을 알았거나 알 수 있었을 경우에는 그러하지 아니하다.

1) 의 의

영수증이란 변제의 수령을 증명하는 서면을 말하는데, 영수증소지자가 무권한자인 경우에도 변제자가 선의·무과실로 변제한 경우라면 변제자를 보호할 필요가 있다.

2) 요 건

① 영수증은 진정하게 작성된 것이어야 한다.
② 변제자는 선의·무과실이어야 한다. 변제자에게 악의나 과실이 있다는 점은 변제의 효력을 부정하는 채권자가 증명해야 한다.

3) 효 과

유효한 변제가 되어 채무는 소멸한다.

(5) 증권적 채권의 소지인에 대한 변제

증권적 채권(지시채권, 무기명채권, 지명소지인출급채권 등)의 소지인에 대한 변제는 그가 진정한 권리자가 아니더라도 변제자가 악의이거나 중과실이 없는 한 유효하다. 증권적 채권의 유통성 확보를 위한 것이다.

(6) 권한 없는 자에 대한 변제의 특칙

> **권한 없는 자에 대한 변제(민법 제472조)**
> 전2조의 경우 외에 변제받을 권한 없는 자에 대한 변제는 채권자가 이익을 받은 한도에서 효력이 있다.

1) 원 칙

권한 없는 자에 대한 변제는 원칙적으로 민법 제470조나 민법 제471조에 의해 보호되는 경우가 아닌 한 변제로서의 효력이 없다.

2) 예 외

① 단, 무효인 변제에 의하여 채권자가 사실상 이익을 받은 경우에는 그 한도에서 변제가 유효하다.

> **[민법 제472조에서 정한 '채권자가 이익을 받은' 경우로 볼 수 있는 범위 / 변제수령자가 변제로 받은 급부를 가지고 자신이나 제3자의 채권자에 대한 채무를 변제함으로써 채권자의 기존 채권을 소멸시킨 경우, 민법 제472조에 의한 변제의 효력을 인정할 수 있는지 여부(소극)]**
> 민법 제472조는 불필요한 연쇄적 부당이득반환의 법률관계가 형성되는 것을 피하기 위하여 변제받을 권한 없는 자에 대한 변제의 경우에도 그로 인하여 채권자가 이익을 받은 한도에서 효력이 있다고 규정하고 있다.

> 여기에서 '채권자가 이익을 받은' 경우란 변제수령자가 채권자에게 변제로 받은 급부를 전달한 경우는 물론이고, 변제수령자가 변제로 받은 급부를 가지고 채권자의 자신에 대한 채무의 변제에 충당하거나 채권자의 제3자에 대한 채무를 대신 변제함으로써 채권자의 기존 채무를 소멸시키는 등 채권자에게 실질적인 이익이 생긴 경우를 포함하나, 변제수령자가 변제로 받은 급부를 가지고 자신이나 제3자의 채권자에 대한 채무를 변제함으로써 채권자의 기존 채권을 소멸시킨 경우에는 채권자에게 실질적인 이익이 생겼다고 할 수 없으므로 민법 제472조에 의한 변제의 효력을 인정할 수 없다(대판 2014.10.15. 2013다17117).

② 변제자의 선의·악의는 불문한다.

Ⅲ 변제의 제공

1. 변제제공의 의의

변제의 제공이란 채권자의 수령, 협력을 요하는 채무에 있어서 채무자가 그 급부실현에 필요한 준비를 다하고 채권자에게 협력을 구하는 것을 말한다.

2. 변제제공의 방법

> **변제제공의 방법(민법 제460조)**
> 변제는 채무내용에 좇은 현실제공으로 이를 하여야 한다. 그러나 채권자가 미리 변제받기를 거절하거나 채무의 이행에 채권자의 행위를 요하는 경우에는 변제준비의 완료를 통지하고 그 수령을 최고하면 된다.

(1) 원칙 : 현실의 제공

현실의 제공은 채권자의 현주소지나 이행지에서 채권자가 수령할 수 있는 상태에 두는 것을 말한다.

> **[채무자가 채무내용에 좇은 급부를 제공하면서도 채권자가 그 급부를 즉시 수령하기 어려운 장애요인을 형성·유지한 경우, 현실제공이 있다고 할 수 있는지 여부(소극)]**
> 변제의 제공은 채무내용에 좇은 현실제공으로 이를 하여야 하고, 채무자는 변제의 제공이 있는 때로부터 채무불이행의 책임을 면하지만(민법 제460조, 제461조), 금전채무의 경우 현실제공은 특별한 사정이 없는 한 채권자가 급부를 즉시 수령할 수 있는 상태에 있어야만 인정될 수 있다. 따라서 채무자가 채무내용에 좇은 급부를 제공하면서도 채권자가 그 급부를 즉시 수령하기 어려운 장애요인을 형성·유지한 경우에는 현실제공이 있다고 할 수 없다(대판 2012.10.11. 2011다17403).

> **[변제에 관한 증명책임의 귀속주체(= 채무자) / 급부가 특정 채무의 변제로서 이루어졌는지 판단하는 방법 및 채무자의 급부가 객관적으로 특정 채무의 내용에 적합한 경우, 급부가 그 채무의 변제로서 이루어졌다는 점이 인정되는지 여부(원칙적 적극)]**
> 변제에 관한 증명책임은 채무자에게 있다. 채무자는 채권자에게 급부한 점 및 그 급부가 특정 채무의 변제로서 이루어졌다는 점을 증명해야 한다. / 급부가 특정 채무의 변제로서 이루어졌는지는 급부와 채무의 구체적 내용, 당사자의 의사, 급부 당시의 상황 등 여러 사정을 고려하여 판단한다. 채무자가 객관적으로 특정 채무의 내용에 적합한 급부를 하였다면 특별한 사정이 없는 한 급부가 그 채무의 변제로서 이루어졌다는 점이 인정된다(대판 2024.10.8. 2024다258921).
>
> **[쌍무계약에서 일방 당사자가 하여야 할 자기 채무에 관한 이행제공의 정도 및 부동산 매수인이 잔대금의 지급준비가 되어 있지 아니하여 소유권이전등기서류를 수령할 준비를 안 한 경우, 매도인은 그에 상응한 이행의 준비를 하면 족한지 여부(적극)]**
> 쌍무계약에서 일방 당사자의 자기 채무에 관한 이행의 제공을 엄격하게 요구하면 오히려 불성실한 상대 당사자에게 구실을 주는 것이 될 수도 있으므로 일방 당사자가 하여야 할 제공의 정도는 그 시기와 구체적인 상황에 따라 신의성실의 원칙에 어긋나지 않게 합리적으로 정하여야 하고, 따라서 매수인이 잔대금의 지급준비가 되어 있지 아니하여 소유권이전등기서류를 수령할 준비를 안 한 경우에는 매도인으로서도 그에 상응한 이행의 준비를 하면 족하다(대판 2025.6.26. 2025다209893[본소]·2025다209894[반소]).

(2) 예외 : 구두의 제공

구두의 제공이란 채권자의 협력이 있으면 급부를 할 수 있도록 준비한 것을 채권자에게 통지하여 그 수령, 기타의 협력을 최고하는 것을 말한다.

(3) 구두의 제공조차 필요하지 않은 경우

① 채권자가 수령거절의 의사를 명백히 한 경우
② 분할적·회귀적 급부에 있어서 그 급부의 1회분을 제공했음에도 불구하고 채권자가 수령을 거절한 경우

3. 변제제공의 효과

> **변제제공의 효과(민법 제461조)**
> 변제의 제공은 그때로부터 채무불이행의 책임을 면하게 한다.

채무자는 변제의 제공이 있는 때로부터 채무불이행으로 인하여 생기는 손해배상, 지연이자, 위약금 등 모든 책임을 면한다(민법 제461조).
① 채무불이행책임을 면할 뿐 채권이 소멸하는 것은 아니다.
② 담보권을 실행당하지 않는다.
③ 약정이자는 그 발생이 정지된다.
④ 쌍무계약에서는 상대방은 동시이행의 항변권을 상실한다. 그러나 판례는 동시이행항변권을 상실시키려면 일회적 제공으로는 안 되고, 변제의 제공이 계속되어야 한다고 한다.

Ⅳ 변제의 장소와 시기

1. 변제의 장소

> **변제의 장소(민법 제467조)**
> ① 채무의 성질 또는 당사자의 의사표시로 변제장소를 정하지 아니한 때에는 특정물의 인도는 채권성립 당시에 그 물건이 있던 장소에서 하여야 한다.
> ② 전항의 경우에 특정물인도 이외의 채무변제는 채권자의 현주소에서 하여야 한다. 그러나 영업에 관한 채무의 변제는 채권자의 현영업소에서 하여야 한다.
>
> **대금지급장소(민법 제586조)**
> 매매의 목적물의 인도와 동시에 대금을 지급할 경우에는 그 인도장소에서 이를 지급하여야 한다.
>
> **임치물의 반환장소(민법 제700조)**
> 임치물은 그 보관한 장소에서 반환하여야 한다. 그러나 수치인이 정당한 사유로 인하여 그 물건을 전치한 때에는 현존하는 장소에서 반환할 수 있다.

> **[영업에 관한 채무의 이행을 구하는 소를 제소 당시 채권 추심 관련 업무를 실제로 담당하는 채권자의 영업소 소재지 법원에 제기할 수 있는지 여부(적극)]**
> 민법 제467조 제2항의 '영업에 관한 채무'는 영업과 관련성이 인정되는 채무를 의미하고, '현영업소'는 변제 당시를 기준으로 그 채무와 관련된 채권자의 영업소로서 주된 영업소(본점)에 한정되는 것이 아니라 그 채권의 추심 관련 업무를 실제로 담당하는 영업소까지 포함된다. 따라서 영업에 관한 채무의 이행을 구하는 소는 제소 당시 채권 추심 관련 업무를 실제로 담당하는 채권자의 영업소 소재지 법원에 제기할 수 있다(대결 2022.5.3. 2021마6868).

2. 변제의 시기

> **변제기전의 변제(민법 제468조)**
> 당사자의 특별한 의사표시가 없으면 변제기전이라도 채무자는 변제할 수 있다. 그러나 상대방의 손해는 배상하여야 한다.
>
> **기한전의 변제(민법 제743조)**
> 변제기에 있지 아니한 채무를 변제한 때에는 그 반환을 청구하지 못한다. 그러나 채무자가 착오로 인하여 변제한 때에는 채권자는 이로 인하여 얻은 이익을 반환하여야 한다.

[채권자와 채무자 모두가 기한의 이익을 갖는 이자부 금전소비대차계약 등에 있어서, 채무자가 기한의 이익을 포기하고 변제기 전에 변제하는 경우, 변제기까지의 약정이자 등 채권자의 손해를 배상하여야 하는지 여부(적극) 및 이러한 약정이자 등 손해액을 함께 제공하지 않으면 채권자가 수령을 거절할 수 있는지 여부(적극) / 이는 제3자가 변제하는 경우에도 마찬가지인지 여부(적극)]

채권자와 채무자 모두가 기한의 이익을 갖는 이자부 금전소비대차계약 등에 있어서, 채무자가 변제기로 인한 기한의 이익을 포기하고 변제기 전에 변제하는 경우 변제기까지의 약정이자 등 채권자의 손해를 배상하여야 하고, 이러한 약정이자 등 손해액을 함께 제공하지 않으면 채무의 내용에 따른 변제제공이라고 볼 수 없으므로, 채권자는 수령을 거절할 수 있다. 이는 제3자가 변제하는 경우에도 마찬가지이다(대판 2023.4.13. 2021다305338).

V 변제의 목적물

특정물의 현상인도(민법 제462조)
특정물의 인도가 채권의 목적인 때에는 채무자는 이행기의 현상대로 그 물건을 인도하여야 한다.

변제로서의 타인의 물건의 인도(민법 제463조)
채무의 변제로 타인의 물건을 인도한 채무자는 다시 유효한 변제를 하지 아니하면 그 물건의 반환을 청구하지 못한다.

양도능력 없는 소유자의 물건인도(민법 제464조)
양도할 능력 없는 소유자가 채무의 변제로 물건을 인도한 경우에는 그 변제가 취소된 때에도 다시 유효한 변제를 하지 아니하면 그 물건의 반환을 청구하지 못한다.

채권자의 선의소비, 양도와 구상권(민법 제465조)
① 전2조의 경우에 채권자가 변제로 받은 물건을 선의로 소비하거나 타인에게 양도한 때에는 그 변제는 효력이 있다.
② 전항의 경우에 채권자가 제3자로부터 배상의 청구를 받은 때에는 채무자에 대하여 구상권을 행사할 수 있다.

VI 변제의 비용과 변제의 증거

1. 변제의 비용

변제비용의 부담(민법 제473조)
변제비용은 다른 의사표시가 없으면 채무자의 부담으로 한다. 그러나 채권자의 주소이전 기타의 행위로 인하여 변제비용이 증가된 때에는 그 증가액은 채권자의 부담으로 한다.

매매계약의 비용의 부담(민법 제566조)
매매계약에 관한 비용은 당사자 쌍방이 균분하여 부담한다.

2. 변제의 증거

> **영수증청구권(민법 제474조)**
> 변제자는 변제를 받는 자에게 영수증을 청구할 수 있다.
>
> **채권증서반환청구권(민법 제475조)**
> 채권증서가 있는 경우에 변제자가 채무전부를 변제한 때에는 채권증서의 반환을 청구할 수 있다. 채권이 변제 이외의 사유로 전부 소멸한 때에도 같다.

(1) 영수증청구권
① 변제와 영수증의 교부는 동시이행관계에 있다(통설, 대판 2005.8.19. 2003다22042).
② 일부변제나 대물변제도 변제의 효과가 발생하므로 영수증을 청구할 수 있다.

(2) 채권증서반환청구권
① 채권증서의 반환비용은 채권자가 부담한다.
② 변제와 채권증서의 반환은 동시이행관계가 아니다(통설, 대판 2005.8.19. 2003다22042).
③ 일부변제자는 채권증서의 반환을 청구할 수 없고, 일부변제 사실의 기재만을 청구할 수 있다.

VII 변제의 충당

> **지정변제충당(민법 제476조)**
> ① 채무자가 동일한 채권자에 대하여 같은 종류를 목적으로 한 수 개의 채무를 부담한 경우에 변제의 제공이 그 채무전부를 소멸하게 하지 못하는 때에는 변제자는 그 당시 어느 채무를 지정하여 그 변제에 충당할 수 있다.
> ② 변제자가 전항의 지정을 하지 아니할 때에는 변제받는 자는 그 당시 어느 채무를 지정하여 변제에 충당할 수 있다. 그러나 변제자가 그 충당에 대하여 즉시 이의를 한 때에는 그러하지 아니하다.
> ③ 전2항의 변제충당은 상대방에 대한 의사표시로써 한다.
>
> **법정변제충당(민법 제477조)**
> 당사자가 변제에 충당할 채무를 지정하지 아니한 때에는 다음 각 호의 규정에 의한다.
>   1. 채무 중에 이행기가 도래한 것과 도래하지 아니한 것이 있으면 이행기가 도래한 채무의 변제에 충당한다.
>   2. 채무전부의 이행기가 도래하였거나 도래하지 아니한 때에는 채무자에게 변제이익이 많은 채무의 변제에 충당한다.
>   3. 채무자에게 변제이익이 같으면 이행기가 먼저 도래한 채무나 먼저 도래할 채무의 변제에 충당한다.
>   4. 전2호의 사항이 같은 때에는 그 채무액에 비례하여 각 채무의 변제에 충당한다.
>
> **부족변제의 충당(민법 제478조)**
> 1개의 채무에 수 개의 급여를 요할 경우에 변제자가 그 채무전부를 소멸하게 하지 못한 급여를 한 때에는 전2조의 규정을 준용한다.

> **비용, 이자, 원본에 대한 변제충당의 순서(민법 제479조)**
> ① 채무자가 1개 또는 수 개의 채무의 비용 및 이자를 지급할 경우에 변제자가 그 전부를 소멸하게 하지 못한 급여를 한 때에는 비용, 이자, 원본의 순서로 변제에 충당하여야 한다.
> ② 전항의 경우에 제477조의 규정을 준용한다.

1. 의 의

변제의 충당이란 채무자가 같은 채권자에 대하여 수 개의 동종의 채무를 부담하고 있는 경우 또는 한 개의 채무의 변제로서 수 개의 급부를 하여야 할 경우에, 변제자가 제공한 급부가 그 채무의 전부를 소멸시킬 수 없는 때에는 어느 채무 또는 급부의 변제에 충당할 것인가를 결정하는 것을 말한다.

① 당사자 사이의 계약이 있는 경우에는 그에 의하며, 계약이 없는 경우에는 지정충당에 의하여 정하여지고, 지정이 없을 때에는 법률의 규정에 의하여 충당이 이루어진다.

> **[채권자와 채무자 사이에 변제가 모든 채무를 소멸시키기에 부족한 때에 채권자가 적당하다고 인정하는 순서와 방법으로 충당하기로 하는 약정이 있는 경우, 채권자가 변제자에 대한 의사표시 없이 변제충당을 할 수 있는지 여부(적극)]**
> 변제충당지정은 상대방에 대한 의사표시로써 하여야 하나, 채권자와 채무자 사이에 변제충당에 관한 약정이 있고, 그 약정내용이 변제가 채권자에 대한 모든 채무를 소멸시키기에 부족한 때에는 채권자가 적당하다고 인정하는 순서와 방법에 의하여 충당하기로 한 것이라면, 변제수령권자인 채권자가 위 약정에 터 잡아 스스로 적당하다고 인정하는 순서와 방법에 좇아 변제충당을 한 이상 변제자에 대한 의사표시와 관계없이 충당의 효력이 있다고 해석하는 것이 타당하다(대판 2012.4.13. 2010다1180).

② 변제충당에 관한 규정은 임의규정이므로 변제자와 변제받는 자 사이에 위 규정과 다른 약정이 있다면 그 약정에 따라 변제충당의 효력이 발생한다(대결 2010.3.10. 2009마942).

2. 변제충당의 순서

① 합의충당이 최우선이다.
② 비용·이자·원본의 순서는 지정충당으로 변경할 수 없고, 합의로만 변경할 수 있다. 따라서 채무자가 1개 또는 수 개 채무의 비용 및 이자를 전부 소멸케 하지 못하는 급여를 한 경우의 변제충당에 관하여는 민법 제479조에 그 충당순서가 법정되어 있고 지정변제충당에 관한 민법 제476조는 준용되지 아니하므로, 당사자 사이에 특별한 합의가 없는 한 비용, 이자, 원본의 순서로 변제에 충당되며, 채무자는 물론 채권자라고 할지라도 위 법정순서와 다르게 일방적으로 충당의 순서를 지정할 수는 없다(대판 2006.10.12. 2004재다818).

> **[원본뿐 아니라 지연이자도 지급할 의무가 있는 채무자가 그에 미치지 못하는 이행제공을 하면서 이를 원본에 대한 변제로 지정한 경우, 그 지정의 효력(= 무효) 및 채권자가 그 수령을 거절할 수 있는지 여부(적극)]**
> 채무자가 이행지체에 빠진 이상, 채무자의 이행제공이 이행지체를 종료시키려면 완전한 이행을 제공하여야 하므로, 채무자가 원본뿐 아니라 지연이자도 지급할 의무가 있는 때에는 원본과 지연이자를 합한 전액에 대하여 이행의 제공을 하여야 할 것이고, 그에 미치지 못하는 이행제공을 하면서 이를 원본에 대한 변제로 지정하였더라도, 그 지정은 민법 제479조 제1항에 반하여 채권자에 대하여 효력이 없으므로, 채권자는 그 수령을 거절할 수 있다(대판 2005.8.19. 2003다22042).

③ 가집행선고로 인한 강제집행을 면하기 위하여 채무자가 지급한 가지급금의 액수가 채권자에게 지급하여야 할 정당한 금원인 원본과 지연손해금 합계액에 미치지 못한 경우, 변제충당의 순서 및 이러한 법리는 가집행의 근거가 된 판결의 소송물이 복수의 금전청구가 객관적으로 병합된 것인 경우에도 마찬가지로 적용되는지 여부(적극) : 가집행선고로 인한 강제집행을 면하기 위하여 채무자가 채권자에게 금원을 지급하였으나 그 가지급금의 액수가 채무자가 채권자에게 지급하여야 할 정당한 금원(최종적으로 확정된 금원)인 원본 및 지연손해금 합계액에 미치지 못하였다면, 그 가지급금으로는 특별한 사정이 없는 한, 민법 소정의 변제충당의 법리에 따라 채무자가 채권자에게 지급하여야 할 정당한 금원에 관하여 지연손해금, 원본의 순서로 변제에 충당되어야 한다. 이러한 법리는 가집행의 근거가 된 판결의 소송물이 복수의 금전청구가 객관적으로 병합된 것인 경우에도 마찬가지로 적용된다(대판 2024.10.31. 2024다257812).

3. 합의충당(계약에 의한 충당)

> 변제충당에 관한 민법 제476조 내지 제479조의 규정은 임의규정이므로, 합의변제충당이 원칙적으로 우선하여 적용된다. 다만, 강제경매나 담보권 실행을 위한 경매[임의경매(註)]에서는 합의변제충당이 허용될 수 없고, 획일적으로 가장 공평·타당한 충당방법인 민법 제477조 및 제479조의 규정에 의한 법정변제충당의 방법에 따라야 한다(대판 2000.12.8. 2000다51339, 대판 1991.7.23. 90다18678 등 참고).

4. 지정행위에 의한 충당(민법 제476조)

(1) 변제자에 의한 충당

1차 충당지정권자는 변제자이다. 따라서 변제자의 지정으로 충당할 수 있고, 수령자는 이의를 제기할 수 없다.

(2) 변제수령자에 의한 충당

2차 충당지정권자는 변제수령자이다. 따라서 변제자는 변제수령자의 지정충당에 대하여 즉시 이의를 제기할 수 있고, 이의를 제기하면 변제수령자의 지정충당은 그 효력이 없어지면서 법정충당에 의한다(통설).

> **[채권자가 변제 금원의 수령 사실을 인정하면서도 다른 채무의 변제에 충당하였다고 주장하는 경우, 채권자가 부담하는 주장·증명책임의 내용]**
> 채권자에게 여러 채무를 부담하는 채무자의 급부가 동시에 여러 채무의 내용에 적합하나 그 채무 전부를 소멸시키기에 부족한 경우에는 변제충당이 문제된다. 채무자가 그중 특정 채무의 변제로서 급부하였다고 주장함에 대하여, 채권자가 이를 수령한 사실을 인정하면서도 다른 채무의 변제에 충당하였다고 주장하는 경우에는 채권자는 그 다른 채권이 존재한다는 사실과 그 다른 채권에 변제충당하기로 하는 합의나 지정 또는 그 채권이 법정충당의 우선순위에 있었다는 사실을 주장·증명하여야 한다(대판 2024.10.8. 2024다258921).

(3) 지정충당에 대한 제한(민법 제479조)

5. 법정충당(민법 제477조)

(1) 의 의

변제자에 의한 지정도 변제수령자에 의한 지정도 없는 경우 또는 변제수령자가 지정하였으나 변제자가 즉시 이의를 제기한 경우에 그리고 비용, 이자 및 원본 사이에서는 법정충당에 따라 충당된다.

(2) 충당의 순서

① 이행기 도래의 여부 : 채무 중에 이행기가 도래한 것과 도래하지 아니한 것이 있으면 이행기가 도래한 채무의 변제에 충당한다(제1호).
② 변제이익의 다과 : 채무 전부의 이행기가 도래하였거나 도래하지 아니한 때에는 채무자에게 변제이익이 많은 채무의 변제에 충당한다(제2호).
③ 이행기의 선후 : 채무자에게 변제이익이 같으면 이행기가 먼저 도래한 채무나 먼저 도래할 채무의 변제에 충당한다(제3호).
④ 비례충당 : 전2호의 사항이 같은 때에는 그 채무액에 비례하여 각 채무의 변제에 충당한다(제4호).

(3) 관련 판례

변제자가 주채무자인 경우에 보증인이 있는 채무와 보증인이 없는 채무 사이에 있어서 전자가 후자에 비하여 변제이익이 더 많다고 볼 근거는 전혀 없어 양자는 변제이익의 점에 있어 차이가 없다(대판 1985.3.12. 84다카2093). 마찬가지로 변제자가 채무자인 경우 물상보증인이 제공한 물적 담보가 있는 채무와 그러한 담보가 없는 채무 사이에도 변제이익의 점에서 차이가 없다(대판 2014.4.30. 2013다8250).

Ⅷ 변제자대위

1. 의 의

변제로서 당연히 소멸되어야 할 채권자의 채권을 소멸시키지 않고 구상권자의 구상권의 확보를 위해 구상권자에게 이전할 수 있도록 하는 규정이 변제자대위 제도이다.

2. 법적 성질

① 권리의 이전 : 변제에 의한 대위의 경우 채권자의 권리가 변제자에게 이전된다(법률상 권리이전설)(통설·판례).
② 청구권의 경합

> 어느 연대채무자가 자기의 출재로 공동면책이 된 때에는 민법 제425조 제1항에 따라 다른 연대채무자의 부담부분에 대하여 구상권을 가짐과 동시에 민법 제481조, 제482조 제1항에 따른 변제자대위에 의하여 당연히 채권자를 대위하여 채권자의 채권 및 그 담보에 관한 권리를 행사할 수 있는데, 구상권과 변제자대위권은 원본, 변제기, 이자, 지연손해금의 유무 등에서 내용이 다른 별개의 권리이다(대판 2015.11.12. 2013다214970).

3. 변제자대위의 요건

(1) 대위의 요건

① 변제 기타 원인으로 채권의 만족을 주었을 것 : 변제, 대물변제, 공탁, 상계 등 자기의 출재로 채권자에게 만족을 주었어야 하며(민법 제486조), 채권 일부의 만족을 준 때에도 변제자대위가 인정된다.
② 변제자가 채무자에 대하여 구상권을 가질 것 : 변제자대위 제도의 목적이 구상권을 확보하기 위함이므로, 구상권이 없다면 대위가 인정되지 않는다(대판 1994.12.9. 94다38106).
③ 변제할 정당한 이익이 있을 것(민법 제481조) : 민법 제469조 제2항은 이해관계 없는 제3자는 채무자의 의사에 반하여 변제하지 못한다고 규정하고, 민법 제481조는 변제할 정당한 이익이 있는 자는 변제로 당연히 채권자를 대위한다고 규정하고 있는바, 위 조항에서 말하는 '이해관계' 내지 '변제할 정당한 이익'이 있는 자는 변제를 하지 않으면 채권자로부터 집행을 받게 되거나 또는 채무자에 대한 자기의 권리를 잃게 되는 지위에 있기 때문에 변제함으로써 당연히 대위의 보호를 받아야 할 법률상 이익을 가지는 자를 말하고, 단지 사실상의 이해관계를 가진 자는 제외된다(대결 2009.5.28. 2008마109).

> [부동산의 매수인이 그 부동산에 대한 담보권 등의 권리를 소멸시키기 위하여 매도인의 채무를 대신 변제할 법률상 이해관계 있는 제3자인지 여부(적극)]
> 부동산의 매수인은 그 권리실현에 장애가 되는 그 부동산에 대한 담보권 등의 권리를 소멸시키기 위하여 매도인의 채무를 대신 변제할 법률상 이해관계 있는 제3자라고 볼 것이다(대판 1995.3.24. 94다44620).

④ 변제와 동시에 채권자의 승낙이 있을 것(민법 제480조 제1항)

(2) 구체적 검토

1) 법정대위의 경우

> **변제자의 법정대위(민법 제481조)**
> 변제할 정당한 이익이 있는 자는 변제로 당연히 채권자를 대위한다.

① **변제할 정당한 이익을 갖는 자** : 변제할 정당한 이익이 있는 자란 변제를 하지 않으면 채권자로부터 집행을 받게 되거나 또는 채무자에 대한 자기의 권리를 잃게 되는 지위에 있기 때문에 변제함으로써 당연히 대위의 보호를 받아야 할 법률상의 이익을 가지는 자를 의미하며, <u>사실상의 이해관계를 가지는 자는 포함되지 않는다</u>(대판 1991.7.12. 90다17774 · 90다17781[반소]). 변제할 정당한 이익이 있는 자란 구체적으로 불가분채무자, 연대채무자, 보증인, 물상보증인 등을 말한다.

> **[민법 제481조에 의하여 법정대위를 할 수 있는 '변제할 정당한 이익이 있는 자'의 의미 및 이행인수인이 '변제할 정당한 이익이 있는 자'에 해당하는지 여부(적극)]**
> 민법 제481조에 의하여 법정대위를 할 수 있는 '변제할 정당한 이익이 있는 자'라고 함은 변제함으로써 당연히 대위의 보호를 받아야 할 법률상의 이익을 가지는 자를 의미한다. 그런데 이행인수인이 채무자와의 이행인수약정에 따라 채권자에게 채무를 이행하기로 약정하였음에도 불구하고 이를 이행하지 아니하는 경우에는 채무자에 대하여 채무불이행의 책임을 지게 되어 특별한 법적 불이익을 입게 될 지위에 있다고 할 것이므로, <u>이행인수인은 그 변제를 할 정당한 이익이 있다고 할 것이다</u>(대결 2012.7.16. 2009마461).

> **[채무담보 목적의 가등기가 경료되어 있는 부동산을 시효취득하였으나 그 등기를 경료하지 못하고 있던 자가 청산절차를 거치지 아니하고 위 가등기에 기하여 본등기를 경료한 채권자에게 위 채무를 변제할 수 있는 이해관계 있는 제3자에 해당하는지 여부(적극)]**
> 채무담보 목적의 가등기가 경료되어 있는 부동산을 시효취득하여 소유권이전등기청구권을 취득한 자가 그 등기를 경료하지 못하던 중에 채권자가 청산절차를 거치지 아니하고 위 가등기에 기하여 본등기를 경료하였다면 <u>그는 부동산 소유자에 대한 소유권이전등기청구권을 보전하기 위하여 위 소유자를 대위하여 그의 채권자에게 위 채무를 변제할 법률상의 권한이 있어 이해관계 있는 제3자에 해당한다</u>(대판 1991.7.12. 90다17774 · 90다17781).

② **법정대위의 효과** : 채권양도의 합의나 대항요건을 갖추지 않더라도 법률상 당연히 채권자의 채권이 변제자에게 이전되고 담보권 등도 당연히 이전된다(통설).

2) 임의대위의 경우

> **변제자의 임의대위(민법 제480조)**
> ① 채무자를 위하여 변제한 자는 변제와 동시에 채권자의 승낙을 얻어 채권자를 대위할 수 있다.
> ② 전항의 경우에 제450조 내지 제452조의 규정을 준용한다.

① 성립요건
  ㉠ 변제할 정당한 이익을 가지지 않는 자라 하더라도 채무자를 위해 변제한 자는 변제와 동시에 채권자의 승낙을 얻어 채권자를 대위할 수 있다(민법 제480조 제1항).

> [1] 제3자가 채무자를 위하여 변제함으로써 채무자에 대하여 구상권을 취득하는 경우, 그 구상권의 범위 내에서 종래 채권자가 가지고 있던 채권과 그 담보에 관한 권리가 변제자에게 이전하는지 여부(적극) 및 이때 대위할 범위에 관하여 종래 채권자가 배당요구 없이 배당받을 수 있었던 경우, 대위변제자도 배당요구 없이 배당을 받을 수 있는지 여부(적극) : 채무자를 위하여 변제한 자는 변제와 동시에 채권자의 승낙을 얻어 채권자를 대위할 수 있다(민법 제480조 제1항). 제3자가 채무자를 위하여 채무를 변제함으로써 채무자에 대하여 구상권을 취득하는 경우, 그 구상권의 범위 내에서 종래 채권자가 가지고 있던 채권과 그 담보에 관한 권리는 동일성을 유지한 채 법률상 당연히 변제자에게 이전한다. 이때 대위할 범위에 관하여 종래 채권자가 배당요구 없이도 당연히 배당받을 수 있었던 경우에는 대위변제자는 따로 배당요구를 하지 않아도 배당을 받을 수 있다. [3] 채무자를 위하여 변제한 자가 취득할 수 있는 채무자에 대한 구상권과 민법 제480조 제1항에 따른 변제자대위권이 별개의 권리인지 여부(적극) 및 변제자대위로 원채권과 담보권을 행사하는 경우, 그 행사의 범위가 구상권의 범위로 한정되는지 여부(적극) : 채무자를 위하여 채무를 변제한 자는 채무자에 대한 구상권을 취득할 수 있는데, 구상권은 변제자가 민법 제480조 제1항에 따라 가지는 변제자대위권과 원본, 변제기, 이자, 지연손해금 유무 등에서 그 내용이 다른 별개의 권리이다. 민법 제482조 제1항은 변제자대위의 경우 변제자는 자기의 권리에 의하여 구상할 수 있는 범위에서 채권과 그 담보에 관한 권리를 행사할 수 있다고 정하고 있다. 변제자대위는 채무를 변제함으로써 채무자에 대하여 갖게 된 구상권의 효력을 확보하기 위한 제도이므로 대위에 의한 원채권과 담보권의 행사 범위는 구상권의 범위로 한정된다(대판 2021.2.5. 2016다232597).

  ㉡ 채권자의 승낙은 반드시 명시적일 필요가 없다.
② 효과 : 변제만으로 채권자의 채권이 당연히 이전하지는 않고, 채권자의 승낙이 필요할 뿐만 아니라 채무자 기타 제3자에게 대항하기 위해서는 채권양도의 대항요건을 갖추어야 한다(민법 제480조 제2항).

4. 변제자대위의 효과

> **변제자대위의 효과, 대위자 간의 관계(민법 제482조)**
> ① 전2조의 규정에 의하여 채권자를 대위한 자는 자기의 권리에 의하여 구상할 수 있는 범위에서 채권 및 그 담보에 관한 권리를 행사할 수 있다.
> ② 전항의 권리행사는 다음 각 호의 규정에 의하여야 한다.
>   1. 보증인은 미리 전세권이나 저당권의 등기에 그 대위를 부기하지 아니하면 전세물이나 저당물에 권리를 취득한 제3자에 대하여 채권자를 대위하지 못한다.
>   2. 제3취득자는 보증인에 대하여 채권자를 대위하지 못한다.
>   3. 제3취득자 중의 1인은 각 부동산의 가액에 비례하여 다른 제3취득자에 대하여 채권자를 대위한다.
>   4. 자기의 재산을 타인의 채무의 담보로 제공한 자가 수인인 경우에는 전호의 규정을 준용한다.
>   5. 자기의 재산을 타인의 채무의 담보로 제공한 자와 보증인 간에는 그 인원수에 비례하여 채권자를 대위한다. 그러나 자기의 재산을 타인의 채무의 담보로 제공한 자가 수인인 때에는 보증인의 부담부분을 제외하고 그 잔액에 대하여 각 재산의 가액에 비례하여 대위한다. 이 경우에 그 재산이 부동산인 때에는 제1호의 규정을 준용한다.

> **일부의 대위(민법 제483조)**
> ① 채권의 일부에 대하여 대위변제가 있는 때에는 대위자는 그 변제한 가액에 비례하여 채권자와 함께 그 권리를 행사한다.
> ② 전항의 경우에 채무불이행을 원인으로 하는 계약의 해지 또는 해제는 채권자만이 할 수 있고 채권자는 대위자에게 그 변제한 가액과 이자를 상환하여야 한다.

(1) 대위자와 채무자 사이의 효과

① 원채권 및 그 담보권은 동일성이 유지되면서 대위권자에게 이전된다(민법 제482조 제1항).
② 대위권은 구상권의 범위 내에서만 행사가 가능하다(대판 2005.10.13. 2003다24147).
  ㉠ 구상권 확보와 무관한 계약해제권이나 취소권은 행사할 수 없다.
  ㉡ 구상권이 소멸하면 원채권 및 그 담보권도 소멸한다. 변제자대위권은 구상권에 부종하기 때문이다.

(2) 일부대위의 경우

① 변제자가「그 변제한 가액에 비례하여 채권자와 함께 그 권리를 행사」한다(민법 제483조 제1항).

> [변제할 정당한 이익이 있는 자가 채무자에 대한 회생절차개시 전에 채무자의 근저당권 피담보채무 중 일부를 대위변제한 경우, 채권자가 잔존 채권액 및 피담보채권액의 한도에서 일부 대위변제자에 우선하여 회생담보권을 행사할 수 있는지 여부(원칙적 적극)]
> 변제할 정당한 이익이 있는 자가 채무자를 위하여 근저당권 피담보채무의 일부를 대위변제한 경우 대위변제자는 변제한 가액의 범위 내에서 종래 채권자가 가지고 있던 채권 및 담보에 관한 권리를 법률상 당연히 취득하게 되지만 이때에도 채권자는 대위변제자에 대하여 우선변제권을 가진다. 이 경우에 채권자의 우선변제권은 피담보채권액을 한도로 특별한 사정이 없는 한 자기가 보유하고 있는 잔존 채권액 전액에 미친다. 이러한 법리는 채무자에 대한 회생절차개시 전에 채무자의 근저당권 피담보채무 중 일부를 대위변제한 자와 채권자 사이에서도 마찬가지이다. 따라서 채무자에 대한 회생절차에서도 채권자는 잔존 채권액 및 피담보채권액의 한도에서 일부 대위변제자에 우선하여 회생담보권을 행사하고, 일부 대위변제자는 채권자보다 후순위로 회생담보권을 행사할 수 있다(대판 2024.3.12. 2021다262189).

② 채권의 일부에 대하여 대위변제가 있는 경우에 채무불이행을 원인으로 하는 계약의 해지 또는 해제는 채권자만이 할 수 있고 채권자는 대위자에게 그 변제한 가액과 이자를 상환하여야 한다(민법 제483조 제2항).
③ 수인이 시기를 달리하여 채권의 일부씩을 대위변제한 경우 그들은 각 일부 대위변제자로서 그 변제한 가액에 비례하여 근저당권을 준공유하고 있다고 보아야 하고, 그 근저당권을 실행하여 배당함에 있어서는 다른 특별한 사정이 없는 한 각 변제채권액에 비례하여 안분배당하여야 한다 (대판 2006.2.10. 2004다2762).

(3) 법정대위자 상호 간의 효과

1) 의 의

동일한 채권에 관하여 법정대위자가 수인이 있는 경우 민법은 대위변제자 상호 간의 관계, 즉 대위의 순서와 비율에 관하여 규정하고 있다(민법 제482조 제2항).

2) 권리행사방법

① 보증인·물상보증인과 제3취득자 : 보증인(제1호와 제2호)과 물상보증인(해석상)이 우선한다.
② 보증인 상호 간, 보증인과 물상보증인 상호 간은 '인원수'에 비례하여 대위한다(제5호 본문).
③ 제3취득자 상호 간, 물상보증인 상호 간은 '가액'에 비례하여 대위한다(제3호, 제4호).

> [공동저당이 설정된 복수의 부동산이 같은 물상보증인의 소유에 속하고 그중 하나의 부동산에 후순위저당권이 설정되어 있는데 그 부동산의 대가만 배당되는 경우, 후순위저당권자가 공동저당이 설정된 다른 부동산에 대한 선순위 공동저당권자의 저당권을 대위 행사할 수 있는지 여부(적극) 및 이는 공동저당이 설정된 부동산이 제3자에게 양도되어 소유자가 다르게 되더라도 마찬가지인지 여부(적극)]
>
> 공동저당이 설정된 복수의 부동산이 같은 물상보증인의 소유에 속하고 그중 하나의 부동산에 후순위저당권이 설정되어 있는 경우에, 그 부동산의 대가만 배당되는 때에는 후순위저당권자는 민법 제368조 제2항에 따라 선순위 공동저당권자가 같은 조 제1항에 따라 공동저당이 설정된 다른 부동산으로부터 변제를 받을 수 있었던 금액에 이르기까지 선순위 공동저당권자를 대위하여 그 부동산에 대한 저당권을 행사할 수 있다. 이 경우 공동저당이 설정된 부동산이 제3자에게 양도되어 그 소유자가 다르게 되더라도 민법 제482조 제2항 제3호, 제4호에 따라 각 부동산의 소유자는 그 부동산의 가액에 비례해서만 변제자대위를 할 수 있으므로 후순위저당권자의 지위는 영향을 받지 않는다(대판 2021.12.16. 2021다247258).
>
> [수인의 물상보증인 또는 그로부터 담보의 목적이 된 부동산에 관한 소유권 등을 취득한 제3취득자 중 1인이 채무를 변제하거나 담보권의 실행으로 소유권을 잃은 경우, 다른 물상보증인 또는 그로부터 담보의 목적이 된 부동산에 관한 소유권을 취득한 제3취득자에 대하여 구상권의 범위 내에서 채권자를 대위하여 채권 및 그 담보에 관한 권리를 행사할 수 있는지 여부(적극) / 이때에도 그 행사는 민법 제482조 제2항 제3호 및 제4호에 따라 각 부동산의 가액에 비례하는지 여부(원칙적 적극)]
>
> 민법 제481조는 "변제할 정당한 이익이 있는 자는 변제로 당연히 채권자를 대위한다"라고 규정하고, 민법 제482조 제1항은 '민법 제481조에 의하여 채권자를 대위한 자는 자기의 권리에 의하여 구상할 수 있는 범위에서 채권 및 그 담보에 관한 권리를 행사할 수 있다'고 규정하며, 민법 제482조 제2항은 "전항의 권리행사는 다음 각 호의 규정에 의하여야 한다"라고 규정하면서 제3취득자 중 1인은 각 부동산의 가액에 비례하여 다른 제3취득자에 대하여 채권자를 대위하고(제3호) 자기의 재산을 타인의 채무의 담보로 제공한 자가 수인인 경우에는 이를 준용하고(제4호) 있다. 위와 같은 규정을 종합하면, 수인의 물상보증인 또는 그로부터 담보의 목적이 된 부동산에 관한 소유권 등을 취득한 제3취득자 중 1인이 채무를 변제하거나 담보권의 실행으로 소유권을 잃은 때에는 다른 물상보증인 또는 그로부터 담보의 목적이 된 부동산에 관한 소유권을 취득한 제3취득자에 대하여 구상권의 범위 내에서 채권자를 대위하여 채권 및 그 담보에 관한 권리를 행사할 수 있고, / 이때에도 특별한 사정이 없는 한 그 행사는 물상보증인 상호 간의 대위를 규정한 민법 제482조 제2항 제3호 및 제4호에 따라 각 부동산의 가액에 비례한다고 봄이 타당하다(대판 2024.7.31. 2023다266420).

④ 보증인과 물상보증인 사이에서는 인원수에 비례하여 채권자를 대위한다. 다만, 이때 물상보증인이 수인인 때에는 보증인의 부담부분을 제외하고 그 잔액에 대해서 각 담보물의 가액에 비례하여 대위한다(제5호 단서).

> [민법 제482조 제2항 제1호의 규정 취지 및 보증인이 채무를 변제한 후 저당권 등의 등기에 관하여 대위의 부기등기를 하지 않고 있는 동안 제3취득자가 목적부동산에 대하여 권리를 취득한 경우, 보증인이 제3취득자에 대하여 채권자를 대위할 수 있는지 여부(소극) / 제3취득자가 목적부동산에 대하여 권리를 취득한 후 채무를 변제한 보증인은 대위의 부기등기를 하지 않고도 대위할 수 있다고 보아야 하는지 여부(적극)]
>
> 민법 제480조, 제481조에 따라 채권자를 대위한 자는 자기의 권리에 의하여 구상할 수 있는 범위에서 채권과 그 담보에 관한 권리를 행사할 수 있다(민법 제482조 제1항). 보증인과 제3취득자 사이의 변제자대위에 관하여 민법 제482조 제2항 제1호는 "보증인은 미리 전세권이나 저당권의 등기에 그 대위를 부기하지 아니하면 전세물이나 저당물에 권리를 취득한 제3자에 대하여 채권자를 대위하지 못한다"라고 정하고 있다. 이 규정은 보증인의 변제로 저당권 등이 소멸한 것으로 믿고 목적부동산에 대하여 권리를 취득한 제3취득자를 예측하지 못한 손해로부터 보호하기 위한 것이다. 따라서 보증인이 채무를 변제한 후 저당권 등의 등기에 관하여 대위의 부기등기를 하지 않고 있는 동안 제3취득자가 목적부동산에 대하여 권리를 취득한 경우 보증인은 제3취득자에 대하여 채권자를 대위할 수 없다. 그러나 제3취득자가 목적부동산에 대하여 권리를 취득한 후 채무를 변제한 보증인은 대위의 부기등기를 하지 않고도 대위할 수 있다고 보아야 한다. 보증인이 변제하기 전 목적부동산에 대하여 권리를 취득한 제3자는 등기부상 저당권 등의 존재를 알고 권리를 취득하였으므로 나중에 보증인이 대위하더라도 예측하지 못한 손해를 입을 염려가 없다(대판 2020.10.15, 2019다222041).

(4) 채권자와 대위자 사이의 효과

> **대위변제와 채권증서, 담보물(민법 제484조)**
> ① 채권전부의 대위변제를 받은 채권자는 그 채권에 관한 증서 및 점유한 담보물을 대위자에게 교부하여야 한다.
> ② 채권의 일부에 대한 대위변제가 있는 때에는 채권자는 채권증서에 그 대위를 기입하고 자기가 점유한 담보물의 보존에 관하여 대위자의 감독을 받아야 한다.
>
> **채권자의 담보상실, 감소행위와 법정대위자의 면책(민법 제485조)**
> 제481조의 규정에 의하여 대위할 자가 있는 경우에 채권자의 고의나 과실로 담보가 상실되거나 감소된 때에는 대위할 자는 그 상실 또는 감소로 인하여 상환을 받을 수 없는 한도에서 그 책임을 면한다.

① 채권자는 채권증서 및 담보물 교부의무가 있다(민법 제484조).
② 채권자의 담보보존의무(민법 제485조)

> [채권자가 고의나 과실로 담보를 상실하게 하거나 감소하게 한 경우, 법정대위를 할 자가 민법 제485조에 따라 면책을 주장할 수 있는지 여부(원칙적 적극) 및 이때 채권자가 제3자에 대하여 자신의 담보권을 성실하게 보존·행사하여야 할 의무를 부담하는 특별한 사정이 인정되는 경우, 채권자의 담보권 포기 행위가 불법행위에 해당할 수 있는지 여부(적극)]
>
> 민법 제485조는 "제481조의 규정에 의하여 대위할 자가 있는 경우에 채권자의 고의나 과실로 담보가 상실되거나 감소된 때에는 대위할 자는 그 상실 또는 감소로 인하여 상환을 받을 수 없는 한도에서 그 책임을 면한다"라고 정한다. 이는 보증인 등 법정대위를 할 자가 있는 경우에 채권자에게 담보보존의무를 부담시킴으로써 대위할 자의 구상권과 대위에 대한 기대권을 보호하려는 것이다. 법정대위를 할 자는 채권자가 고의나 과실로 담보를 상실하게 하거나 감소하게 한 때에는 원칙적으로 민법 제485조에 따라 면책을 주장할 수 있을 뿐이지만, 채권자가 제3자에 대하여 자신의 담보권을 성실하게 보존·행사하여야 할 의무를 부담하는 특별한 사정이 인정되는 경우에는 채권자의 담보권의 포기 행위가 불법행위에 해당할 수 있다(대판 2022.12.29, 2017다261882).

③ 채권자의 부당이득반환의무(민법 제483조 제2항)

제3절 대물변제

> **대물변제(민법 제466조)**
> 채무자가 채권자의 승낙을 얻어 본래의 채무이행에 갈음하여 다른 급여를 한 때에는 변제와 같은 효력이 있다.

I 의 의

1. 개 념

대물변제란 채무자가 부담하는 원래의 급부에 갈음하여 다른 급부를 현실적으로 함으로써 채권을 소멸시키는 변제자와 채권자 사이의 계약을 말한다(민법 제466조).

2. 법적 성질

대물변제를 계약, 유상계약 및 요물계약으로 여긴다(다수설·판례).

II 요 건

1. 채권이 존재할 것

원래의 급부를 목적으로 하는 채권이 존재하지 않거나, 무효이거나 또는 취소된 경우에 대물변제의 효과가 발생하지 않는다.

2. 본래의 급부와 다른 급부를 현실적으로 할 것

① 본래의 급부와 다른 급부의 종류에는 제한이 없다. 단, 양도가 금지되어 있는 것이어서는 안 된다(대판 1965.7.6. 65다563). 그리고 대물변제한 물건에 하자 있는 경우에도 담보책임이 문제될 뿐 대물변제가 무효가 되는 것은 아니다.
② 대물변제가 채무소멸의 효력을 발생시키려면 채무자가 본래의 이행에 갈음하여 행하는 다른 급부가 현실적인 것이어야 한다. 즉, 다른 급부가 등기나 등록을 요하는 경우에는 그 등기나 등록까지 마쳐야 대물변제의 효과가 발생한다(대판 1995.9.15. 95다13371). 다른 급부를 약속하는 약정은 대물변제의 예약이나 경개에 불과하다.

> **[대물변제에서 본래 채무의 이행에 갈음한 다른 급여가 부동산의 소유권이전인 경우, 기존채무가 소멸하는 시기(= 소유권이전등기 완료 시) 및 이때 목적물에 하자가 있을 경우, 매도인의 담보책임에 관한 민법 조항이 준용되는지 여부(적극)]**
> 대물변제는 본래 채무의 이행에 갈음하여 다른 급여를 현실적으로 하는 때에 성립하는 계약이므로, 다른 급여가 부동산의 소유권이전인 경우 등기를 완료하면 대물변제가 성립되어 기존채무가 소멸한다. 한편 대물변제도 유상계약이므로 목적물에 하자가 있을 경우 매도인의 담보책임에 관한 민법 조항이 준용된다(대판 2023.2.2. 2022다276789).

③ 본래의 급부와 다른 급부가 동가치의 것이어야 하는 것은 아니다.

3. 본래의 채무이행에 갈음하여 다른 급부가 행하여질 것

① 대물변제가 성립하려면 다른 급부가 변제를 '위하여'가 아니고 변제에 '갈음하여' 행하여져야 한다.
② 당사자들이 변제에 갈음하는 급부를 원했는지 아니면 변제를 위한 급부를 원했는지는 법률행위의 해석에 의하는데, 채무자가 채권자에게 채무변제와 관련하여 다른 채권을 양도하는 것은 특단의 사정이 없는 한 채무변제를 위한 담보 또는 변제의 방법으로 양도되는 것으로 추정할 것이지 채무변제에 갈음한 것으로 볼 것은 아니어서 채권양도만 있으면 바로 원래의 채권이 소멸한다고 볼 수 없다(대판 1995.9.15. 95다13371).

4. 채권자의 승낙이 있을 것

Ⅲ 효 과

1. 기본적 효과

① 대물변제는 변제와 동일한 효과를 갖는다(민법 제466조). 즉, 대물변제에 의하여 본래의 채권과 그 채권을 담보하는 담보권도 소멸한다.
② 다만, 대물변제가 채권의 일부에 관한 것에 불과하고 나머지 채권을 남겨두기로 하였다면 이를 주장하고 입증할 책임은 채권자에게 있다.

2. 담보책임

대물변제는 유상계약이므로, 대물변제로 급부된 것에 하자가 있으면 매도인의 담보책임에 관한 규정이 준용된다(민법 제567조).

Ⅳ 대물변제의 예약

1. 의 의

(1) 개 념
대물변제의 예약이란 채무자가 본래의 급부에 갈음하여 장래 다른 급부를 할 것을 채권자와 미리 약정하는 것을 의미한다.

(2) 기 능
대물변제의 예약은 물적 담보제도로 기능한다.

2. 종 류

(1) 진정한 의미의 대물변제의 예약
대물변제의 예약의 법적 성질에 대해 예약설을 취하는 통설에서는 예약권자의 일방적인 의사표시인 예약완결권의 행사가 있으면 상대방의 승낙을 받을 필요 없이 본계약을 성립시키는 「일방 또는 쌍방예약」이라는 견해와 예약권자가 본계약의 청약을 하면 상대방이 승낙하여야 할 의무를 부담하는 「편무 또는 쌍무예약」이라는 견해의 대립이 있다.

(2) 정지조건부 대물변제예약
변제기에 채무의 이행이 없는 경우 목적물의 소유권이 공시 없이도 당연히 채권자에게 이전하는 유형이다. 현행 민법은 물권변동에 관하여 성립요건주의(민법 제186조)를 취하고 있으므로 정지조건부 대물변제예약은 무효이나, 무효행위의 전환에 의해 진정한 의미의 대물변제예약으로 전환되는 것으로 해석될 수 있다.

3. 효과(진정한 의미의 대물변제의 예약을 전제)

① 당사자 사이에 예약의 성질이 명백하게 약정되지 않은 경우에는 대물변제예약은 채권자에게 예약완결권이 인정되는 일방예약이라고 추정되고, 대물변제계약은 유상계약이므로 민법 제567조에 의해 민법 제564조의 규정이 준용된다(다수설).
② 비전형담보제도로서 이용되는 대물변제의 예약에 관해서는 민법 제607조, 민법 제608조가 적용되어 담보의 범위에서만 그 효력이 인정된다.
③ 대물변제예약에 따른 장래의 소유권이전등기청구권을 보전하기 위해 가등기를 한 때에는 가등기담보 등에 관한 법률의 규제를 받는다.

제4절 공 탁

I 서 설

1. 의 의

① 공탁이란 금전·유가증권 기타 물건을 공탁소에 임치하는 것을 말한다. 공탁원인 내지 목적에 따라 변제공탁(민법 제487조 이하), 담보공탁(민법 제353조 제3항), 집행공탁(민사집행법 제222조) 등이 있는데, 민법 제487조 이하에서 정하는 공탁은 채권의 소멸원인으로 다루어지는 변제공탁이다.

② 변제공탁이란 채권자가 변제를 받지 않거나 받을 수 없는 경우에 변제자가 채권자를 위하여 변제의 목적물을 공탁소에 임치함으로써 채무를 면하는 제도이다.

2. 법적 성질

(1) 학 설

공탁의 법적 성질에 대하여 공법관계설, 사법관계설, 양면관계설 등이 대립하고 있다.

(2) 판 례

판례는 공탁은 국가기관인 공탁소를 중심으로 공탁법 규정에 따라 그 절차가 실현되어 민법상의 채무가 소멸된다고 하여 공법관계설을 취하고 있다.

II 요 건

> **변제공탁의 요건, 효과(민법 제487조)**
> 채권자가 변제를 받지 아니하거나 받을 수 없는 때에는 변제자는 채권자를 위하여 변제의 목적물을 공탁하여 그 채무를 면할 수 있다. 변제자가 과실 없이 채권자를 알 수 없는 경우에도 같다.

1. 변제공탁의 원인

(1) 채권자의 변제수령의 거절 또는 불능

① 채권자가 미리 수령을 거절한 경우에 구두제공을 포함하는 변제제공 없이 바로 공탁할 수 있다.
② 수령불능의 경우에도 변제제공 없이 바로 공탁할 수 있다. 수령불능은 사실상의 불능 외에 법률상의 불능을 포함한다.
③ 수령거절에서 그 주관적 이유 또는 불능에서 채권자의 귀책사유의 유무는 문제되지 않는다.

(2) 변제자가 과실 없이 채권자를 알 수 없는 경우, 즉 채권자 불확지

채권자 불확지란 객관적으로 채권자가 존재하지만 채무자가 선관주의를 다하여도 채권자가 누구인지를 알 수 없는 경우를 의미한다(상대적 불확지). 대표적인 예로 상속이 개시되었으나 공동상속인들이나 그 상속인들의 지분을 구체적으로 알기 어려운 경우(대판 1991.5.28. 91다3055)와 확정일자 있는 채권양도통지와 채권가압류명령이 제3채무자에게 동시에 도달된 경우에도 제3채무자는 송달의 선후가 불명한 경우에 준하여 채권자를 알 수 없다는 이유로 변제공탁을 할 수 있다(대판 2004.9.3. 2003다22561).

2. 공탁의 내용

(1) 일부공탁

원칙적으로 일부에 대해서도 무효가 되어 그 부분에 대하여도 채무소멸의 효력이 발생하지 않으나, 예외적으로 채권자의 승인이 있거나, 이의 없이 수령한 경우에는 하자가 치유된다(통설·판례).

> **[채무자가 채무액의 일부만을 변제공탁한 후 채권자의 공탁물수령 의사표시 전에 부족분을 추가공탁하면서 제1차 공탁 시에 지정된 공탁의 목적인 채무의 내용을 변경하는 것이 허용되는지 여부(적극)]**
> 채무자가 채무액의 일부만을 변제공탁하였으나 그 후 부족분을 추가로 공탁하였다면 그때부터는 전 채무액에 대하여 유효한 공탁이 이루어진 것으로 볼 수 있는 것이고, 이 경우 채권자가 공탁물수령의 의사표시를 하기 전이라면 추가공탁을 하면서 제1차 공탁 시에 지정된 공탁의 목적인 채무의 내용을 변경하는 것도 허용될 수 있다 할 것이다(대판 1991.12.27. 91다35670).

(2) 조건부 공탁

① 본래 채무에 붙은 조건은 부착이 가능하다.

> **공탁물수령과 상대의무이행(민법 제491조)**
> 채무자가 채권자의 상대의무이행과 동시에 변제할 경우에는 채권자는 그 의무이행을 하지 아니하면 공탁물을 수령하지 못한다.

② 새로운 조건은 채권자의 승낙이 없는 한 불가능하다.

> **[특단의 사정이 없는 한 조건부 변제공탁은 무효]**
> 채권자의 본래의 청구권에 선이행 또는 동시이행의 항변권이 붙어 있지 않는 경우에 채무자가 채권자의 어떤 행위의 이행을 조건으로 공탁하였다면 그 공탁은 채권자의 승낙이 없는 한 무효이다(대판 1970.9.22. 70다1061).
>
> **[건물명도와 동시이행관계에 있는 임차보증금의 변제공탁을 함에 있어 건물을 명도하였다는 확인서를 첨부할 것을 반대급부의 조건으로 붙인 경우 변제로서의 효력이 있는지 여부(소극)]**
> 건물명도와 동시이행관계에 있는 임차보증금의 변제공탁을 함에 있어서 건물을 명도하였다는 확인서를 첨부할 것을 반대급부조건으로 붙였다면 위 변제공탁은 명도의 선이행을 조건으로 한 것이라고 볼 수밖에 없으므로 변제의 효력이 없다고 보아야 할 것이다(대판 1991.12.10. 91다27594).

> [구 국세징수법 제5조, 지방세징수법 제5조, 국민연금법 제95조의2, 국민건강보험법 제81조의3 및 구 국세징수법 시행령 제4조 제1항 제1호, 지방세징수법 시행령 제4조 제1항 제1호, 국민연금법 시행령 제70조의3 제4항 제1호, 국민건강보험법 시행령 제47조의3 제3항 제1호에서 정한 바에 따라 납세자 등이 국가로부터 납세증명서 등의 제출을 요구받고도 불응한 경우, 국가가 대금의 지급을 거절할 수 있는지 여부(적극) 및 납세증명서 등 제출 시까지 국가가 대금지급채무에 관한 이행지체책임을 면하는지 여부(소극) / 이러한 경우 국가가 변제공탁으로 대금지급채무에서 벗어나 지체책임을 면할 수 있는지 여부(적극) / 이때 납세증명서 등의 제출이라는 반대급부를 조건으로 하는 변제공탁의 효력(유효) 및 이는 채권양도로 인하여 양도인의 납세증명서 등을 제출하여야 하는 경우에도 마찬가지인지 여부(적극)]
> 구 국세징수법(2020.12.29. 법률 제17758호로 전부 개정되기 전의 것) 제5조, 지방세징수법 제5조, 국민연금법 제95조의2, 국민건강보험법 제81조의3(이하 '각 법률 조항'이라 한다) 및 구 국세징수법 시행령(2021.2.17. 대통령령 제31453호로 전부 개정되기 전의 것) 제4조 제1항 제1호, 지방세징수법 시행령 제4조 제1항 제1호, 국민연금법 시행령 제70조의3 제4항 제1호, 국민건강보험법 시행령 제47조의3 제3항 제1호(이하 '각 시행령 조항'이라 한다)에서 정한 바에 따라 납세자 등이 국가로부터 납세증명서 등의 제출을 요구받고도 이에 불응하면, 국가는 대금의 지급을 거절할 수 있으나, 납세자 등이 납세증명서 등을 제출할 때까지 그 대금지급채무에 관하여 이행지체책임을 면하는 것은 아니다. / 이러한 경우 국가는 채권자인 납세자 등의 수령불능을 이유로 변제공탁함으로써 대금지급채무에서 벗어날 수 있고, 그에 따라 지체책임도 면할 수 있다. / 한편 채권자가 본래의 채권을 변제받기 위하여 어떠한 반대급부 기타의 조건이행을 할 필요가 있는 경우에는 이를 조건으로 하는 채무자의 변제공탁은 유효하다. 각 법률 조항 및 시행령 조항에서 납세자 등이 국가로부터 대금을 지급받을 때에는 납세증명서 등을 제출하도록 규정하고 있으므로, 납세증명서 등의 제출이라는 반대급부를 이행할 필요가 있는 경우에 해당하고, 따라서 이러한 반대급부를 조건으로 하는 변제공탁은 유효하다. 이는 채권양도로 인하여 양도인의 납세증명서 등을 제출하여야 하는 때에도 마찬가지이다(대판 2023.5.18. 2020다295298).

3. 공탁적성

(1) 공탁목적물

공탁하려는 물건이 공탁에 적합한 것이어야 한다. 다수설은 동산뿐만 아니라 부동산도 공탁이 가능하다고 한다. 판례는 등기인수청구권에 관한 사안에서「통상의 채권채무 관계에서는 채권자가 수령을 지체하는 경우 채무자는 공탁 등에 의한 방법으로 채무부담에서 벗어날 수 있으나 등기에 관한 채권채무 관계에 있어서는 이러한 방법을 사용할 수 없다」(대판 2001.2.9. 2000다60708)고 판시하였다.

(2) 자조매각

> **자조매각금의 공탁(민법 제490조)**
> 변제의 목적물이 공탁에 적당하지 아니하거나 멸실 또는 훼손될 염려가 있거나 공탁에 과다한 비용을 요하는 경우에는 변제자는 법원의 허가를 얻어 그 물건을 경매하거나 시가로 방매하여 대금을 공탁할 수 있다.

III 절차

> **공탁의 방법(민법 제488조)**
> ① 공탁은 채무이행지의 공탁소에 하여야 한다.
> ② 공탁소에 관하여 법률에 특별한 규정이 없으면 법원은 변제자의 청구에 의하여 공탁소를 지정하고 공탁물보관자를 선임하여야 한다.
> ③ 공탁자는 지체 없이 채권자에게 공탁통지를 하여야 한다.

1. 공탁의 당사자

① 공탁자와 공탁소가 공탁의 당사자이며, 채권자는 공탁의 당사자가 아니다.
② 공탁자는 변제자이며, 채무자에 한하지 않는다.
③ 공탁을 받는 자는 채무이행지의 공탁소이다(민법 제488조 제1항).

2. 공탁절차

공탁법과 공탁사무처리규칙이 규율한다.

IV 효과

1. 채무의 소멸

① 공탁의 기본적인 효과로 채무자는 공탁에 의하여 채무를 면한다(민법 제487조). 공탁의 효력은 공탁공무원의 수탁처분과 공탁물보관자의 공탁물 수령시에 발생한다(통설, 대결 1972.5.15. 72마401).
② 공탁통지나 채권자의 수익의 의사표시는 공탁의 효력발생의 요건이 아니다.
③ 공탁이 행해진 후에도 변제자에 의해 원칙적으로 공탁물의 회수가 허용된다. 따라서 공탁에 의하여 채무가 일단 소멸하지만, 공탁자가 공탁물을 회수하면 채무가 부활된다.

2. 채권자의 공탁물출급청구권

(1) 공탁물출급청구권의 발생 및 출급청구권자

① 공탁에 의하여 채권자는 공탁소에 대하여 공탁물출급청구권을 취득한다.

> **[공탁금출급청구권의 소멸시효를 원용할 수 있는 자(= 국가)]**
> 공탁금출급청구권은 피공탁자가 공탁소에 대하여 공탁금의 지급, 인도를 구하는 청구권으로서 위 청구권이 시효로 소멸한 경우 공탁자에게 공탁금회수청구권이 인정되지 않는 한 그 공탁금은 국고에 귀속하게 되는 것이어서(공탁사무처리규칙 제55조 참조) 공탁금출급청구권의 종국적인 채무자로서 소멸시효를 원용할 수 있는 자는 국가이다(대판 2007.3.30. 2005다11312).

② 공탁물출급청구권자는 공탁서의 기재에 의하여 형식적으로 결정된다(대판 2006.8.25. 2005다67476).

(2) 표현대리의 성부

판례는 「공탁물 수령에 있어서도 표현대리가 성립한다」고 한다.

3. 공탁물소유권의 이전

① 공탁물이 금전 기타 소비물인 경우 : 공탁물의 소유권이 일단 공탁소에게 귀속되며, 채권자가 공탁소로부터 동종·동질·동량의 물건을 수령하였을 때에 그 물건의 소유권을 취득한다.
② 공탁물이 특정물인 경우 : 공탁소가 소유권을 취득하지 않고 변제자로부터 직접 채권자에게 소유권이 이전된다.

4. 공탁물의 회수

> **공탁물의 회수(민법 제489조)**
> ① 채권자가 공탁을 승인하거나 공탁소에 대하여 공탁물을 받기를 통고하거나 공탁유효의 판결이 확정되기까지는 변제자는 공탁물을 회수할 수 있다. 이 경우에는 공탁하지 아니한 것으로 본다[공탁의 효과는 소급적 소멸(註)].
> ② 전항의 규정은 질권 또는 저당권이 공탁으로 인하여 소멸한 때에는 적용하지 아니한다.
>
> **공탁물의 수령·회수(공탁법 제9조)**
> ① 공탁물을 수령하려는 자는 대법원규칙으로 정하는 바에 따라 그 권리를 증명하여야 한다.
> ② 공탁자는 다음 각 호의 어느 하나에 해당하면 그 사실을 증명하여 공탁물을 회수할 수 있다.
>   1. 민법 제489조에 따르는 경우
>   2. 착오로 공탁을 한 경우
>   3. 공탁의 원인이 소멸한 경우
> ③ 제1항 및 제2항(제9조의2 제1항 단서에 따라 공탁물을 회수할 수 있는 경우를 포함한다. 이하 제4항에서 같다)의 공탁물이 금전인 경우(제7조에 따른 유가증권상환금, 배당금과 제11조에 따른 물품을 매각하여 그 대금을 공탁한 경우를 포함한다) 그 원금 또는 이자의 수령, 회수에 대한 권리는 그 권리를 행사할 수 있는 때부터 10년간 행사하지 아니할 때에는 시효로 인하여 소멸한다.
> ④ 법원행정처장은 제3항에 따른 시효가 완성되기 전에 대법원규칙으로 정하는 바에 따라 제1항 및 제2항의 공탁금 수령·회수권자에게 공탁금을 수령하거나 회수할 수 있는 권리가 있음을 알릴 수 있다.

> **[변제공탁자가 공탁물 회수권을 행사하여 공탁물을 회수한 경우, 공탁에 따른 채권소멸의 효력이 소급하여 없어지는지 여부(적극) 및 그 공탁물의 회수에 제3자가 공탁자의 공탁물 회수청구권에 대한 압류 및 추심명령을 받아 그 집행으로 공탁물을 회수한 경우도 포함되는지 여부(적극)]**
> 변제공탁이 적법한 경우에는 채권자가 공탁물 출급청구를 하였는지 여부와는 관계없이 공탁을 한 때에 변제의 효력이 발생하나, 변제공탁자가 공탁물 회수권의 행사에 의하여 공탁물을 회수한 경우에는 공탁하지 아니한 것으로 보아 채권소멸의 효력은 소급하여 없어진다. 이와 같이 채권소멸의 효력을 소급적으로 소멸시키는 공탁물의 회수에는 공탁자에 의하여 이루어진 경우뿐만 아니라, 제3자가 공탁자에게 대하여 가지는 별도 채권의 집행권원으로써 공탁자의 공탁물 회수청구권에 대하여 압류 및 추심명령을 받아 그 집행으로 공탁물을 회수한 경우도 포함된다(대판 2014.5.29. 2013다212295).

제5절 상계

I 의의

1. 개념

상계란 채권자와 채무자가 서로 동종의 채권·채무를 가지는 경우에, 그 채권·채무를 대등액에서 소멸시키는 당사자 일방의 일방적 의사표시이다.

2. 기능

상계는 간이한 결제방법이면서 자동채권의 확보를 위하여 수동채권이 최우선, 최강력의 담보적 역할을 한다.

II 요건

> **상계의 요건(민법 제492조)**
> ① 쌍방이 서로 같은 종류를 목적으로 한 채무를 부담한 경우에 그 쌍방의 채무의 이행기가 도래한 때에는 각 채무자는 대등액에 관하여 상계할 수 있다. 그러나 채무의 성질이 상계를 허용하지 아니할 때에는 그러하지 아니하다.
> ② 전항의 규정은 당사자가 다른 의사를 표시한 경우에는 적용하지 아니한다. 그러나 그 의사표시로써 선의의 제3자에게 대항하지 못한다.
>
> **이행지를 달리하는 채무의 상계(민법 제494조)**
> 각 채무의 이행지가 다른 경우에도 상계할 수 있다. 그러나 상계하는 당사자는 상대방에게 상계로 인한 손해를 배상하여야 한다.
>
> **소멸시효 완성된 채권에 의한 상계(민법 제495조)**
> 소멸시효가 완성된 채권이 그 완성전에 상계할 수 있었던 것이면 그 채권자는 상계할 수 있다.

1. 쌍방의 채권이 상계적상에 있을 것

(1) 쌍방의 채권이 대립하고 있을 것

① 상계하는 측의 채권을 자동채권이라 하고, 상계를 당하는 측의 채권을 수동채권이라 한다.
② 자동채권은 원칙적으로 상계자 자신이 피상계자에 대하여 가지는 채권이어야 한다. 수동채권 역시 원칙적으로 피상계자가 상계자에 대하여 가지는 채권이어야 한다. 따라서 상대방이 제3자에 대하여 가지는 채권과는 상계할 수 없다. 따라서 유치권이 인정되는 아파트를 경락·취득한 자가 아파트 일부를 점유·사용하고 있는 유치권자에 대한 임료 상당의 부당이득금 반환채권을

자동채권으로 하고 유치권자의 종전 소유자에 대한 유익비상환채권을 수동채권으로 하여 상계의 의사표시를 한 경우, 상대방이 제3자에 대하여 가지는 채권을 수동채권으로 하여 상계할 수 없다(대판 2011.4.28. 2010다101394).

> [상계제도의 의미와 취지 / 상계자가 상대방에 대하여 가지는 채권이 아닌 제3자가 상대방에 대하여 가지는 채권을 자동채권으로 하여 상계할 수 있는지 여부(원칙적 소극)]
> 상계는 당사자 쌍방이 서로 같은 종류를 목적으로 한 채무를 부담한 경우에 서로 같은 종류의 급부를 현실로 이행하는 대신 어느 일방 당사자의 의사표시로 그 대등액에 관하여 채권과 채무를 동시에 소멸시키는 것이고, 이러한 상계제도의 취지는 서로 대립하는 두 당사자 사이의 채권·채무를 간이한 방법으로 원활하고 공평하게 처리하려는 데 있으므로, / 법률의 규정 등 특별한 사정이 없는 한 자동채권으로 될 수 있는 채권은 상계자가 상대방에 대하여 가지는 채권이어야 하고 제3자가 상대방에 대하여 가지는 채권으로는 상계할 수 없다(대판 2022.12.16. 2022다218271).

> [국세징수법에 의한 채권압류의 효력 / 압류채권자가 채무자의 제3채무자에 대한 채권을 압류한 경우 이를 자동채권으로 하여 제3채무자의 압류채권자에 대한 채권과 상계할 수 있는지 여부(소극) 및 이는 피압류채권에 대하여 이중압류, 배분요구 등이 없더라도 마찬가지인지 여부(적극)]
> 국세징수법에 의한 채권압류의 경우 압류채권자는 체납자에 대신하여 추심권을 취득할 뿐이고, 이로 인하여 채무자가 제3채무자에 대하여 가지는 채권이 압류채권자에게 이전되거나 귀속되는 것은 아니다. 따라서 압류채권자가 채무자의 제3채무자에 대한 채권을 압류한 경우 그 채권은 압류채권자가 제3채무자에 대하여 가지는 채권이 아니므로, 압류채권자는 이를 자동채권으로 하여 제3채무자의 압류채권자에 대한 채권과 상계할 수 없고, 이는 피압류채권에 대하여 이중압류, 배분요구 등이 없다고 하더라도 달리 볼 것은 아니다(대판 2022.12.16. 2022다218271).

③ 상계의 대상이 되는 채권은 상대방과 사이에서 직접 발생한 채권에 한하는 것이 아니라, 제3자로부터 양수 등을 원인으로 하여 취득한 채권도 포함된다(대판 2003.4.11. 2002다59481).

(2) 쌍방의 채권이 동종의 목적일 것

① 쌍방의 채권이 동종의 목적이어야 하므로 특정채권인 경우에는 상계적상이 인정되기 어렵다.
② 이행지가 다르더라도 상계가 허용된다. 단, 이로 인한 손해는 배상하여야 한다(민법 제494조).
③ 채권의 종류에는 별도의 제한이 없다. 따라서 소송비용상환청구권도 성질은 사법상의 청구권이며, 상계의 수동채권으로 될 수 있다(대판 1994.5.13. 94다9856).

(3) 쌍방의 채권이 변제기에 있을 것

쌍방의 채권이 변제기에 있을 것이 원칙이나, 자동채권의 변제기만 도래한 경우도 상계권자인 채무자는 자신의 채무(수동채권)의 기한의 이익을 포기할 수 있으므로 상계가 가능하다. 단, 이 경우에도 자동채권에 항변권의 부착이 없어야 한다.

> [민법 제492조 제1항에서 정한 '채무의 이행기가 도래한 때'의 의미]
> 쌍방이 서로 같은 종류를 목적으로 한 채무를 부담한 경우 쌍방 채무의 이행기가 도래한 때에는 각 채무자는 대등액에 관하여 상계할 수 있다(민법 제492조 제1항). 민법 제492조 제1항에서 정한 '채무의 이행기가 도래한 때'는 채권자가 채무자에게 이행의 청구를 할 수 있는 시기가 도래하였음을 의미하고 채무자가 이행지체에 빠지는 시기를 말하는 것이 아니다(대판 2021.5.7. 2018다25946).

(4) 상계가 금지되어 있지 않을 것

1) 채권의 성질이 상계를 허용할 것(민법 제492조 제1항 단서)

- 항변권이 붙어 있는 채권을 자동채권으로 하여 타의 채무와의 상계를 허용한다면 상계자 일방의 의사표시에 의하여 상대방의 항변권행사의 기회를 상실케 하는 결과가 되므로 이와 같은 상계는 그 성질상 허용될 수 없다(대판 2002.8.23, 2002다25242). 반면에 수동채권에 항변권이 붙어 있는 경우에는 상계권자 스스로 항변권을 포기하는 것이 가능하므로, 상계가 허용된다.
- 항변권이 붙어 있는 채권을 자동채권으로 하여 다른 채무(수동채권)와의 상계를 허용한다면 상계자 일방의 의사표시에 의하여 상대방의 항변권 행사의 기회를 상실시키는 결과가 되므로 그러한 상계는 허용될 수 없고, 특히 수탁보증인이 주채무자에 대하여 가지는 민법 제442조의 사전구상권에는 민법 제443조의 담보제공청구권이 항변권으로 부착되어 있는 만큼 이를 자동채권으로 하는 상계는 원칙적으로 허용될 수 없다(대판 2019.2.14, 2017다274703).
- 상계의 대상이 될 수 있는 자동채권과 수동채권이 동시이행관계에 있다고 하더라도 서로 현실적으로 이행하여야 할 필요가 없는 경우라면 상계로 인한 불이익이 발생할 우려가 없고 오히려 상계를 허용하는 것이 동시이행관계에 있는 채권·채무 관계를 간명하게 해소할 수 있으므로 특별한 사정이 없는 한 상계가 허용된다(대판 2006.7.28, 2004다54633).
- 별소로 계속 중인 채권을 자동채권으로 하는 소송상 상계의 주장이 허용되는지 여부(적극) 및 먼저 제기된 소송에서 상계 항변을 제출한 다음 소송계속 중에 자동채권과 동일한 채권에 기한 소송을 별도의 소나 반소로 제기하는 것이 가능한지 여부(적극) : 상계의 항변을 제출할 당시 이미 자동채권과 동일한 채권에 기한 소송을 별도로 제기하여 계속 중인 경우, 사실심의 담당재판부로서는 전소와 후소를 같은 기회에 심리·판단하기 위하여 이부, 이송 또는 변론병합 등을 시도함으로써 기판력의 저촉·모순을 방지함과 아울러 소송경제를 도모함이 바람직하나, 그렇다고 하여 특별한 사정이 없는 한 별소로 계속 중인 채권을 자동채권으로 하는 소송상 상계의 주장이 허용되지 않는다고 볼 수는 없다. 마찬가지로 먼저 제기된 소송에서 상계 항변을 제출한 다음 그 소송계속 중에 자동채권과 동일한 채권에 기한 소송을 별도의 소나 반소로 제기하는 것도 가능하다(대판 2022.2.17, 2021다275741).

2) 당사자의 약정에 의한 금지(민법 제492조 제2항)

채권자와 채무자는 상계의 금지를 약정할 수 있다. 당사자 사이에 상계금지의 특약이 있는 경우에 상계는 허용되지 아니한다. 상계금지의 특약은 선의의 제3자에게 대항하지 못한다.

3) 법률의 규정에 의한 금지

불법행위채권을 수동채권으로 하는 상계의 금지(민법 제496조)
채무가 고의의 불법행위로 인한 것인 때에는 그 채무자는 상계로 채권자에게 대항하지 못한다.

압류금지채권을 수동채권으로 하는 상계의 금지(민법 제497조)
채권이 압류하지 못할 것인 때에는 그 채무자는 상계로 채권자에게 대항하지 못한다.

지급금지채권을 수동채권으로 하는 상계의 금지(민법 제498조)
지급을 금지하는 명령을 받은 제3채무자는 그 후에 취득한 채권에 의한 상계로 그 명령을 신청한 채권자에게 대항하지 못한다.

① 고의의 불법행위로 인한 손해배상채권
  ㉠ 내 용
    ㉮ 가해자가 자기의 채권을 자동채권으로 하고 피해자의 손해배상채권을 수동채권으로 하여 상계하는 것은 허용되지 않는다.
    ㉯ 피해자 스스로 불법행위로 인한 손해배상채권을 자동채권으로 하여 상계하는 것은 허용된다.
  ㉡ 적용범위
    ㉮ 중과실의 불법행위에 의한 손해배상채무 : 민법 제496조가 고의의 불법행위로 인한 손해배상채권에 대한 상계를 금지하는 입법취지는 고의에 의한 불법행위의 발생을 방지함과 아울러 고의의 불법행위로 인한 피해자에게 현실의 변제를 받게 하려는 데 있는바, 이 같은 입법취지나 적용결과에 비추어 볼 때 <u>고의의 불법행위에 인한 손해배상채권에 대한 상계금지를 중과실의 불법행위에 인한 손해배상채권에까지 유추 또는 확장적용하여야 할 필요성이 있다고 할 수 없다</u>(대판 1994.8.12. 93다52808).

> **[민법 제496조의 규정 취지 및 이 규정이 고의의 채무불이행으로 인한 손해배상채권을 수동채권으로 하는 상계에 적용되는지 여부(원칙적 소극) / 고의에 의한 행위가 불법행위와 채무불이행을 동시에 구성하여 불법행위로 인한 손해배상채권과 채무불이행으로 인한 손해배상채권이 경합하는 경우, 위 규정이 유추적용되어 채무자는 고의의 채무불이행으로 인한 손해배상채권을 수동채권으로 하여 상계하더라도 채권자에게 대항할 수 없는지 여부(적극)]**
> 민법 제496조는 "채무가 고의의 불법행위로 인한 것인 때에는 그 채무자는 상계로 채권자에게 대항하지 못한다"라고 정하고 있다. 고의의 불법행위로 인한 손해배상채권에 대하여 상계를 허용한다면 고의로 불법행위를 한 사람까지도 상계권 행사로 현실적으로 손해배상을 지급할 필요가 없게 되어 보복적 불법행위를 유발하게 될 우려가 있다. 또 고의의 불법행위로 인한 피해자가 가해자의 상계권 행사로 현실의 변제를 받을 수 없는 결과가 됨은 사회적 정의관념에 맞지 않는다. 따라서 <u>고의에 의한 불법행위의 발생을 방지함과 아울러 고의의 불법행위로 인한 피해자에게 현실의 변제를 받게 하려는 데 이 규정의 취지가 있다. 이 규정은 고의의 불법행위로 인한 손해배상채권을 수동채권으로 한 상계에 관한 것이고 고의의 채무불이행으로 인한 손해배상채권에는 적용되지 않는다. 다만 고의에 의한 행위가 불법행위를 구성함과 동시에 채무불이행을 구성하여 불법행위로 인한 손해배상채권과 채무불이행으로 인한 손해배상채권이 경합하는 경우에는 이 규정을 유추적용할 필요가 있다.</u> 이러한 경우에 고의의 채무불이행으로 인한 손해배상채권을 수동채권으로 한 상계를 허용하면 이로써 고의의 불법행위로 인한 손해배상채권까지 소멸하게 되어 고의의 불법행위에 의한 손해배상채권은 현실적으로 만족을 받아야 한다는 이 규정의 입법 취지가 몰각될 우려가 있기 때문이다. 따라서 이러한 예외적인 경우에는 민법 제496조를 유추적용하여 고의의 채무불이행으로 인한 손해배상채권을 수동채권으로 하는 상계를 한 경우에도 채무자가 상계로 채권자에게 대항할 수 없다고 보아야 한다(대판 2017.2.15. 2014다19776·2014다19783).

㉯ 수동채권이 고의의 불법행위로 인한 채권은 아니지만 실질적으로 위 채권과 마찬가지라고 평가할 수 있는 경우, 민법 제496조가 유추적용될 수 있는지 여부(적극) : 민법 제496조는 "채무가 고의의 불법행위로 인한 것일 때에는 그 채무자는 상계로 채권자에게 대항하지 못한다"라고 정하고 있다. 이는 보복적 불법행위의 가능성을 줄이고 불법행위의 피해자는 현실적으로 변제받도록 하는 한편, 상계 금지라는 불이익을 부과하여 고의의 불법행위자를 제재함으로써 장차 그러한 불법행위를 억지하기 위한 것으로서, 불법행위의 피해자는 보호하고 가해자는 제재한다는 사회적 정의관념이 상계 제도에 반영된 규정이다. 이 규정은 고의의 불법행위로 인한 손해배상채권을 수동채권으로 한 상계에 관한 것이므로 그 외의 채권을 수동채권으로 한 상계에는 적용되지 않는다. 다만 고의의 불법행위가 동시에 채무불이행을 구성함으로써 하나의 행위에 기초하여 두 개의 손해배상채권이 발생하여 경합하는 경우나 고의의 불법행위가 동시에 부당이득 원인을 구성함으로써 하나의 원인에 기초하여 두 개의 청구권이 발생하여 경합하는 경우 등 상계 금지의 취지에 비추어 볼 때 수동채권이 실질적으로 고의의 불법행위로 인한 채권과 마찬가지라고 평가할 수 있는 때에는 민법 제496조가 유추적용될 수 있다(대판 2024.8.1. 2024다204696).

㉰ 상대방의 기망행위로 소비대차계약을 체결한 자가 불법행위로 인한 손해배상청구를 하지 않고 계약상 채권에 따른 대여금과 이자 등의 지급을 구하는 경우, 민법 제496조가 유추적용될 수 있는지 여부(소극) : 상대방의 기망행위로 소비대차계약을 체결한 자가 불법행위로 인한 손해배상청구를 하지 아니하고 계약상 채권에 따른 대여금 및 이자 등의 지급을 구하는 경우에는 민법 제496조가 유추적용될 수 없다고 보아야 한다. 계약상 채권은 상대방의 기망행위가 아니라 쌍방 사이의 계약에 기초하여 발생하는 권리이고, 그 급부의 이행으로 지향하는 경제적 이익이 불법행위로 인한 손해배상채권과 동일하여 양자가 경합하는 관계에 있다고 보기도 어려우며, 달리 민법 제496조가 정한 상계 금지의 취지에 비추어 계약상 채권이 실질적으로 고의의 불법행위로 인한 채권과 마찬가지라고 평가할 만한 사정도 없기 때문이다(대판 2024.8.1. 2024다204696).

㉱ 피용자의 고의의 불법행위로 인하여 사용자책임이 성립하는 경우 : 피용자의 고의의 불법행위로 인하여 사용자책임이 성립하는 경우에 민법 제496조의 적용을 배제하여야 할 이유가 없으므로 사용자책임이 성립하는 경우 사용자는 자신의 고의의 불법행위가 아니라는 이유로 민법 제496조의 적용을 면할 수는 없다(대판 2006.10.26. 2004다63019).

② **압류가 금지된 채권**
㉠ 내용 : 수동채권이 압류가 금지된 채권인 경우에는 그 채무자는 상계로 채권자에게 대항하지 못한다. 반면에 압류금지의 채권을 자동채권으로 하는 상계는 허용된다.
㉡ 임금채권 등을 수동채권으로 한 상계가 허용되는지 여부(원칙 소극) : 근로기준법 제43조 제1항의 임금 전액지급의 원칙에 따라 원칙적으로 사용자가 근로자에 대하여 가지는 채권을 자동채권으로 근로자의 임금채권을 수동채권으로 하여 일방적으로 상계하는 것은 금지되나, 사용자가 근로자의 동의를 얻어 근로자의 임금채권에 대해 상계하는 것은 근로기준법 제43조 제1항에 위반되지 않으므로 허용된다. 다만, 그 동의는 근로자의 자유로운 의사에 기한 것이라는 판단은 엄격하고 신중하게 이루어져야 한다(대판 2001.10.23. 2001다25184).

③ 지급이 금지된 채권
  ㉠ 일반론

  > 채권압류명령을 받은 제3채무자가 압류채무자에 대한 반대채권을 가지고 있는 경우에 상계로써 압류채권자에게 대항하기 위하여는, 압류의 효력 발생 당시에 대립하는 양 채권이 상계적상에 있거나, 그 당시 반대채권(자동채권)의 변제기가 도래하지 아니한 경우에는 그것이 피압류채권(수동채권)의 변제기와 동시에 또는 그보다 먼저 도래하여야 한다. 이러한 법리는 채권압류명령을 받은 제3채무자이자 보증채무자인 사람이 압류 이후 보증채무를 변제함으로써 담보제공청구의 항변권을 소멸시킨 다음, 압류채무자에 대하여 압류 이전에 취득한 사전구상권으로 피압류채권과 상계하려는 경우에도 적용된다고 봄이 타당하다(대판 2019.2.14. 2017다274703).

  ㉡ 압류의 효력이 생긴 후에 비로소 자동채권이 발생한 경우

  > 금전채권에 대한 압류 및 전부명령이 있는 때에는 압류된 채권은 동일성을 유지한 채로 압류채무자로부터 압류채권자에게 이전되고, 제3채무자는 채권이 압류되기 전에 압류채무자에게 대항할 수 있는 사유로써 압류채권자에게 대항할 수 있는 것이므로, 제3채무자의 압류채무자에 대한 자동채권이 수동채권인 피압류채권과 동시이행의 관계에 있는 경우에는, 압류명령이 제3채무자에게 송달되어 압류의 효력이 생긴 후에 자동채권이 발생하였다고 하더라도 제3채무자는 동시이행의 항변권을 주장할 수 있다. 이 경우에 자동채권이 발생한 기초가 되는 원인은 수동채권이 압류되기 전에 이미 성립하여 존재하고 있었던 것이므로, 그 자동채권은 민법 제498조의 '지급을 금지하는 명령을 받은 제3채무자가 그 후에 취득한 채권'에 해당하지 않는다고 봄이 상당하고, 제3채무자는 그 자동채권에 의한 상계로 압류채권자에게 대항할 수 있다(대판 2010.3.25. 2007다35152).

  ㉢ 압류의 효력이 생기기 전에 자동채권이 발생한 경우

  > [지급금지명령 효력 발생 당시 상계적상 상태에 있었던 경우]
  > 양 채권이 변제기가 도래한 상태뿐만 아니라 자동채권의 변제기는 도래하였으나 수동채권의 변제기가 아직 도래하지 않았던 경우에도 상계를 하여 압류채권자에게 대항할 수 있다(대판 1979.6.12. 79다662).

  > [지급금지명령 효력 발생 당시 상계적상 상태에 있지 않았던 경우]
  > 가압류명령을 받은 제3채무자가 가압류채무자에 대한 반대채권을 가지고 있는 경우에 상계로써 가압류채권자에게 대항하기 위하여는 가압류의 효력 발생 당시에 양 채권이 상계적상에 있거나, 반대채권이 압류 당시 변제기에 이르지 않는 경우에는 피압류채권인 수동채권의 변제기와 동시에 또는 보다 먼저 변제기에 도달하는 경우이어야 된다(대판 1982.6.22. 82다카200).

④ **질권이 설정된 채권** : 질권이 설정된 채권은 질권의 효력으로써 지급금지의 효력이 생기므로 지급금지명령을 받은 채권과 동일하게 상계가 금지된다.

2. 상계의 방법

> **상계의 방법, 효과(민법 제493조)**
> ① 상계는 상대방에 대한 의사표시로 한다. 이 의사표시에는 조건 또는 기한을 붙이지 못한다.
> ② 상계의 의사표시는 각 채무가 상계할 수 있는 때에 대등액에 관하여 소멸한 것으로 본다.

① 당사자 일방의 상대방에 대한 일방적 의사표시로 상계권을 행사한다. 상계의 의사표시가 없는 한 상계적상이라는 이유만으로는 상계의 효과가 발생하지 않는다(대판 2000.9.8. 99다6524). 또한 상계의 의사표시가 묵시적으로도 가능하더라도, 다른 의사와 구분되는 별도의 상계 의사를 확인하지 않은 채 상계를 인정할 수는 없다(대판 2009.10.29. 2009다51359).
② 상계는 특별한 방식을 요하지 않으나, 증권적 채권을 자동채권으로 하는 상계의 경우에 판례는 증권적 채권의 제시와 교부를 요한다.
③ 상계의 의사표시는 일방적으로 철회할 수 없지만, 상계의 의사표시 후에 상계자와 상대방이 상계가 없었던 것으로 하기로 하는 약정은 제3자에게 손해를 미치지 않는 한 계약자유의 원칙상 유효하다(대판 1995.6.16. 95다11146).
④ 상계는 단독행위이므로 조건을 붙일 수 없고, 소급효가 있기 때문에 시기를 붙일 수 없다(민법 제493조 제1항).
⑤ 상계는 자동채권의 처분행위의 성질을 갖기 때문에 상계 시에 행위능력이 요구된다.

Ⅲ 효 과

1. 채권의 소멸

상계에 의하여 당사자 쌍방의 채권은 각 채무가 상계할 수 있었던 때에 그 대등액에 관하여 소멸한다(민법 제493조 제2항). 다만, 피상계자가 여러 개의 상계적상에 있는 수동채권을 가지고 있는데 자동채권이 그 전부를 소멸시키기에 부족한 경우 변제충당에 관한 규정을 준용하여 상계에 의하여 소멸될 수동채권을 결정한다(상계충당, 민법 제499조).

2. 상계의 소급효

① 자동채권과 수동채권은 상계표시 시가 아니라 '상계할 수 있는 때'에 소급하여 소멸하는데, 상계할 수 있는 때란 양 채권이 모두 변제기가 도래한 경우와 수동채권의 변제기가 도래하지 아니하였더라도 기한의 이익을 포기할 수 있는 경우를 포함한다(대판 2011.7.28. 2010다70018).
② 상계의 소급효가 인정되더라도 상계표시 전에 이미 실현된 사실을 번복할 수는 없다.

> **[민법 제493조 제2항에서 정한 상계의 소급효에 의하여 상계의 의사표시 전에 발생한 사실이 복멸하는지 여부(원칙적 소극)]**
> 상계의 의사표시에 의하여 각 채무는 상계할 수 있는 때에 대등액에 관하여 소멸한 것으로 보게 되지만(민법 제493조 제2항), 이러한 상계의 소급효는 양 채권 및 이에 관한 이자나 지연손해금 등을 정산하는 기준시기를 소급하는 것일 뿐이고 특별한 사정이 없는 한 상계의 의사표시 전에 이미 발생한 사실을 복멸시키지는 아니한다(대판 2025.5.15. 2024다317332[본소]·2024다317349[반소]).

③ 채권양수인이 양수채권을 자동채권으로 하여 채무자가 채권양수인에 대해 가지고 있던 기존 채권과 상계한 경우, 채권양도 전에 이미 양 채권의 변제기가 도래하였더라도 상계의 효력은 변제기가 아니라 채권양도의 대항요건이 갖추어진 시점으로 소급하는지 여부(적극) : 민법 제493조 제2항은 "상계의 의사표시는 각 채무가 상계할 수 있는 때에 대등액에 관하여 소멸한 것으로 본다"라고 정하고 있으므로 상계의 효력은 상계적상 시로 소급하여 발생한다. 상계적상은 자동채권과 수동채권이 상호 대립하는 때에 비로소 생긴다. 채권양수인이 양수채권을 자동채권으로 하여 그 채무자가 채권양수인에 대해 가지고 있던 기존 채권과 상계한 경우, 채권양수인은 채권양도의 대항요건이 갖추어진 때 비로소 자동채권을 행사할 수 있으므로 채권양도 전에 이미 양 채권의 변제기가 도래하였다고 하더라도 상계의 효력은 변제기로 소급하는 것이 아니라 채권양도의 대항요건이 갖추어진 시점으로 소급한다(대판 2022.6.30. 2022다200089).

제6절 기타 채권의 소멸원인

I 경개

> **경개의 요건, 효과(민법 제500조)**
> 당사자가 채무의 중요한 부분을 변경하는 계약을 한 때에는 구채무는 경개로 인하여 소멸한다.
>
> **채무자변경으로 인한 경개(민법 제501조)**
> 채무자의 변경으로 인한 경개는 채권자와 신채무자 간의 계약으로 이를 할 수 있다. 그러나 구채무자의 의사에 반하여 이를 하지 못한다.
>
> **채권자변경으로 인한 경개(민법 제502조)**
> 채권자의 변경으로 인한 경개는 확정일자 있는 증서로 하지 아니하면 이로써 제3자에게 대항하지 못한다.
>
> **채권자변경의 경개와 채무자승낙의 효과(민법 제503조)**
> 제451조 제1항의 규정은 채권자의 변경으로 인한 경개에 준용한다.

> **구채무불소멸의 경우(민법 제504조)**
> 경개로 인한 신채무가 원인의 불법 또는 당사자가 알지 못한 사유로 인하여 성립되지 아니하거나 취소된 때에는 구채무는 소멸되지 아니한다.
>
> **신채무에의 담보이전(민법 제505조)**
> 경개의 당사자는 구채무의 담보를 그 목적의 한도에서 신채무의 담보로 할 수 있다. 그러나 제3자가 제공한 담보는 그 승낙을 얻어야 한다.

1. 개념

경개는 채무의 중요한 부분을 변경함으로써 신채무를 성립시키고 구채무를 소멸시키는 유상계약을 말한다(민법 제500조).

> **[기존 채권채무의 당사자가 그 목적물을 소비대차의 목적으로 하기로 약정한 경우 그 약정의 해석]**
> 경개나 준소비대차는 모두 기존채무를 소멸케 하고 신채무를 성립시키는 계약인 점에 있어서는 동일하지만 경개에 있어서는 기존채무와 신채무와의 사이에 동일성이 없는 반면, 준소비대차에 있어서는 원칙적으로 동일성이 인정된다는 점에 차이가 있는 바, 기존채권 채무의 당사자가 그 목적물을 소비대차의 목적으로 할 것을 약정한 경우 그 약정을 경개로 볼 것인가 또는 준소비대차로 볼 것인가는 일차적으로 당사자의 의사에 의하여 결정되고 만약 당사자의 의사가 명백하지 않을 때에는 의사해석의 문제이나 특별한 사정이 없는 한 동일성을 상실함으로써 채권자가 담보를 잃고 채무자가 항변권을 잃게 되는 것과 같이 스스로 불이익을 초래하는 의사를 표시하였다고는 볼 수 없으므로 일반적으로 준소비대차로 보아야 한다(대판 1989.6.27, 89다카2957).
>
> **[기존 채권이 제3자에게 이전된 경우, 그 법적 성질이 채권양도인지 경개인지 판단 기준]**
> 기존의 채권이 제3자에게 이전된 경우 이를 채권의 양도로 볼 것인가 또는 경개로 볼 것인가는 일차적으로 당사자의 의사에 의하여 결정되고, 만약 당사자의 의사가 명백하지 아니할 때에는 특별한 사정이 없는 한 동일성을 상실함으로써 채권자가 담보를 잃고 채무자가 항변권을 잃게 되는 것과 같이 스스로 불이익을 초래하는 의사를 표시하였다고는 볼 수 없으므로 일반적으로 채권의 양도로 볼 것이다(대판 1996.7.9, 96다16612).
>
> **[민법 제500조에서 정한 '경개'의 의미 및 기존채무와 관련하여 새로이 체결한 약정이 경개에 해당하는지 아니면 단순히 기존채무의 변제기나 변제방법 등을 변경한 것인지에 관하여 당사자 의사가 명백하지 않은 경우, 당사자의 의사를 해석하는 방법]**
> 민법 제500조의 경개는 기존채무의 중요부분을 변경하여 기존채무를 소멸시키고 이와 동일성이 없는 새로운 채무를 성립시키는 계약이다. 기존채무와 관련하여 새로운 약정을 체결한 경우 그러한 약정이 경개에 해당하는지 아니면 단순히 기존채무의 변제기나 변제방법 등을 변경한 것인지는 당사자의 의사에 의하여 결정되고, 만약 당사자의 의사가 명백하지 않을 때에는 의사해석의 문제로 귀착된다. 이러한 당사자의 의사를 해석할 때에는 새로운 약정이 이루어지게 된 동기와 경위, 당사자가 그 약정에 의하여 달성하려고 하는 목적과 진정한 의사 등을 종합적으로 고찰하여 사회정의와 형평의 이념에 맞도록 논리와 경험칙, 그리고 사회일반의 상식과 거래통념에 따라 합리적으로 해석하여야 한다(대판[전합] 2019.10.23, 2012다46170).

2. 경개의 유형과 당사자

(1) 채무내용 변경의 경개(민법 제500조)

원래의 채권자와 채무자가 당사자가 된다.

(2) 채무자 변경의 경개(민법 제501조)

① 구채무자의 의사에 반하여 채무자변경의 경개를 할 수는 없으며, 이는 이해관계 있는 제3자도 마찬가지이다.
② 채무의 동일성이 인정되지 않는다는 점에서 면책적 채무인수와 구별된다.

(3) 채권자 변경의 경개(민법 제502조)

반드시 신·구채권자와 채무자가 3면계약으로 하여야 한다.

3. 요 건

① 소멸할 채무의 존재와 그에 대한 처분권한이 필요하다.
② 신채무의 성립
③ 채무의 중요한 부분이 변경되어야 한다.

4. 효 과

(1) 구채무의 소멸과 신채무의 성립(민법 제500조)

> **[경개로 인한 구채무의 소멸이 신채무의 성립에 의존하는지 여부(적극) 및 조건부 경개의 경우 구채무의 소멸과 신채무의 성립 자체가 조건의 성취 여부에 달려 있는지 여부(적극)]**
> 경개계약은 구채무를 소멸시키고 신채무를 성립시키는 처분행위로서 구채무의 소멸은 신채무의 성립에 의존하므로, 경개로 인한 신채무가 원인의 불법 또는 당사자가 알지 못한 사유로 인하여 성립하지 아니하거나 취소된 때에는 구채무는 소멸하지 않는 것이며(민법 제504조), 특히 경개계약에 조건이 붙어 있는 이른바 조건부 경개의 경우에는 구채무의 소멸과 신채무의 성립 자체가 그 조건의 성취 여부에 걸려 있게 된다(대판 2007.11.15. 2005다31316).

(2) 경개계약의 해제 인정 여부

① 법정해제 : 경개계약은 신채권을 성립시키고 구채권을 소멸시키는 처분행위로서 신채권이 성립되면 그 효과는 완결되고 경개계약 자체의 이행의 문제는 발생할 여지가 없으므로 경개에 의하여 성립된 신채무의 불이행을 이유로 경개계약을 해제할 수는 없다(대판 2003.2.11. 2002다62333).
② 합의해제 : 계약자유의 원칙상 경개계약의 성립 후에 그 계약을 합의해제하여 구채권을 부활시키는 것은 적어도 당사자 사이에서는 가능하다(대판 2003.2.11. 2002다62333).

Ⅱ 면 제

> **면제의 요건, 효과(민법 제506조)**
> 채권자가 채무자에게 채무를 면제하는 의사를 표시한 때에는 채권은 소멸한다. 그러나 면제로써 정당한 이익을 가진 제3자에게 대항하지 못한다.

1. 의 의

면제란 채무자에 대한 채권자의 일방적 의사표시에 의하여 채권을 무상으로 소멸시키는 것을 의미한다(민법 제506조). 채권의 포기에 해당하며, 채권의 처분행위에 해당한다.

2. 요 건

(1) 채권자에게 처분권한이 인정될 것

(2) 면제의 의사표시를 하였을 것

① 면제는 채무자에 대한 일방적 의사표시로 한다.
② 방식에 제한이 없으므로, 면제의 의사표시는 명시적이든 묵시적이든 불문한다(대판 1979.7.10. 79다705).

3. 효 과

① 면제의 효과로써 채권은 소멸한다. 일부면제도 유효하며, 그 범위에서 채권은 소멸한다. 채권의 전부가 소멸한 때에는 그에 수반하는 담보물권, 보증채무 등의 종된 권리 또한 소멸한다.
② 채권이 제3자의 권리의 목적이 되어 있는 때에는 물론이고, 제3자가 그 채권에 관하여 정당한 이익을 갖는 경우에는 면제로써 그 제3자에게 대항하지 못한다(민법 제506조 단서).

Ⅲ 혼 동

> **혼동의 요건, 효과(민법 제507조)**
> 채권과 채무가 동일한 주체에 귀속한 때에는 채권은 소멸한다. 그러나 그 채권이 제3자의 권리의 목적인 때에는 그러하지 아니하다.

1. 의 의

혼동이란 채권자가 채무자를 상속하는 경우와 같이 채권과 채무가 동일인에게 귀속되는 사실을 의미한다.

2. 요 건

채권과 채무가 동일한 주체에 귀속되어야 한다(민법 제507조 본문).

3. 효 과

① 원칙 : 원칙적으로 혼동에 의하여 채권은 소멸한다(민법 제507조 본문).

> **[채권양도에 따른 채권의 귀속주체 변경의 효과가 발생하는 시점(= 채권양도에 따른 처분행위 시) 및 지명채권 양수인이 '양도되는 채권의 채무자'인 경우, 채권양도에 따른 처분행위 시 채권이 혼동에 의하여 소멸하는지 여부(적극)]**
> 채권양도는 양도인과 양수인 사이에 채권을 동일성을 유지하면서 전자로부터 후자에게로 이전시킬 것을 목적으로 하는 계약을 말한다. 채권양도에 의하여 채권은 동일성을 잃지 않고 양도인으로부터 양수인에게 이전되는데, 이는 채권양도의 대항요건을 갖추지 못하였다고 하더라도 마찬가지이다. 이와 같은 채권의 귀속주체 변경의 효과는 원칙적으로 채권양도에 따른 처분행위 시 발생하는바, 지명채권 양수인이 '양도되는 채권의 채무자'인 경우에는 채권양도에 따른 처분행위 시 채권과 채무가 동일한 주체에 귀속한 때에 해당하므로 민법 제507조 본문에 따라 채권이 혼동에 의하여 소멸한다(대판 2022.1.13. 2019다272855).

② 예외 : 채권과 채무가 동일인에게 귀속하더라도 그 채권이 제3자의 권리의 목적인 때에는 채권을 존속시킬 법률상의 이익이 있으므로, 채권은 혼동이 있어도 소멸하지 않는다(민법 제507조 단서).

> **[피해자의 보험자에 대한 직접청구권의 전제가 되는 피해자의 운행자에 대한 손해배상청구권이 위 손해배상청구권과 손해배상의무가 상속에 의하여 동일인에게 귀속하는 경우에 혼동으로 소멸하는지 여부(한정 소극)]**
> 자동차손해배상보장법 제9조 제1항에 의한 피해자의 보험자에 대한 직접청구권이 수반되는 경우에는 그 직접청구권의 전제가 되는 자동차손해배상보장법 제3조에 의한 피해자의 운행자에 대한 손해배상청구권은 비록 위 손해배상청구권과 손해배상의무가 상속에 의하여 동일인에게 귀속되더라도 혼동에 의하여 소멸되지 않고 이러한 법리는 자동차손해배상보장법 제3조에 의한 손해배상의무자가 피해자를 상속한 경우에도 동일하지만, 예외적으로 가해자가 피해자의 상속인이 되는 등 특별한 경우에 한하여 손해배상청구권과 손해배상의무가 혼동으로 소멸하고 그 결과 피해자의 보험자에 대한 직접청구권도 소멸한다(대판 2005.1.14. 2003다38573・38580).

[명의신탁자가 장차 소유권이전등기청구권 보전을 위한 가등기를 경료한 후 가등기와는 상관없이 소유권이전등기를 넘겨받은 경우, 가등기에 기한 본등기청구권이 혼동으로 소멸되는지 여부(소극)]
채권은 채권과 채무가 동일한 주체에 귀속한 때에 한하여 혼동으로 소멸하는 것이 원칙이므로, 어느 특정의 물건에 관한 채권을 가지는 자가 그 물건의 소유자가 되었다는 사정만으로는 채권과 채무가 동일한 주체에 귀속한 경우에 해당한다고 할 수 없어 그 물건에 관한 채권이 혼동으로 소멸하는 것은 아닌바, 토지를 乙에게 명의신탁하고 장차의 소유권이전의 청구권 보전을 위하여 자신의 명의로 가등기를 경료한 甲이, 乙에 대하여 가지는 가등기에 기한 본등기청구권은 채권으로서, 甲이 乙을 상속하거나 乙의 가등기에 기한 본등기 절차 이행의 의무를 인수하지 아니하는 이상, 甲이 가등기에 기한 본등기 절차에 의하지 아니하고 乙로부터 별도의 소유권이전등기를 경료받았다고 하여 혼동의 법리에 의하여 甲의 가등기에 기한 본등기청구권이 소멸하는 것은 아니다(대판 1995.12.26. 95다29888).

[제한물권이 혼동에 의하여 소멸하지 않는 경우]
어떠한 물건에 대한 소유권과 다른 물권이 동일한 사람에게 귀속한 경우 그 제한물권은 혼동에 의하여 소멸하는 것이 원칙이지만, 본인 또는 제3자의 이익을 위하여 그 제한물권을 존속시킬 필요가 있다고 인정되는 경우에는 혼동으로 소멸하지 않는다(대결 2013.11.19. 2012마745).

[부동산에 대한 소유권과 임차권이 동일인에게 귀속하더라도 임차권이 혼동에 의하여 소멸하지 않는 경우]
부동산에 대한 소유권과 임차권이 동일인에게 귀속하게 되는 경우 임차권은 혼동에 의하여 소멸하는 것이 원칙이지만, 그 임차권이 대항요건을 갖추고 있고 또한 그 대항요건을 갖춘 후에 저당권이 설정된 때에는 혼동으로 인한 물권소멸 원칙의 예외 규정인 민법 제191조 제1항 단서를 준용하여 임차권은 소멸하지 않는다(대판 2001.5.15. 2000다12693).

채권의 소멸

제1절 서 설

제2절 변 제

01 채권의 소멸에 관한 다음 설명 중 가장 옳지 않은 것은? 2025년

① 부진정연대채무자 중 1인이 자신의 채권자에 대한 반대채권으로 상계를 한 경우 그 상계로 인한 채무소멸의 효력은 소멸한 채무 전액에 관하여 다른 부진정연대채무자에 대하여도 미친다.
② 법정변제충당과 관련하여 특별한 사정이 없는 한 변제자가 타인의 채무에 대한 연대보증인으로서 부담하는 채무는 변제자 자신의 채무에 비하여 변제 이익이 적다.
③ 검사 작성의 피의자신문조서는 검사가 피의자를 신문하여 그 진술을 기재한 조서로서 당해 신문과정에서 다른 피의자나 참고인과 대질이 이루어진 경우라고 할지라도 피의자 진술은 어디까지나 검사를 상대로 이루어지는 것이므로 그 진술기재 가운데 채무면제의 의사가 표시되어 있다고 하더라도 그 부분이 곧바로 채무면제의 처분문서에 해당한다고 보기 어렵다.
④ 변제할 정당한 이익이 있는 자가 채무자를 위하여 채권의 일부를 대위변제할 경우에 대위변제자는 변제한 가액의 범위 내에서 종래 채권자가 가지고 있던 채권 및 담보에 관한 권리를 취득하게 되고 따라서 채권자가 부동산에 대하여 저당권을 가지고 있는 경우에는 채권자는 대위변제자에게 일부 대위변제에 따른 저당권의 일부이전의 부기등기를 경료해 주어야 할 의무가 있으므로 일부 대위변제자는 채권자에 대하여 우선변제권을 가지게 된다.
⑤ 변제공탁이 유효하려면 채무 전부에 대한 변제의 제공 및 채무 전액에 대한 공탁이 있어야 하고, 채무 전액이 아닌 일부에 대한 공탁은 일부의 제공이 유효한 제공이라고 볼 수 있거나 변제자의 공탁금액이 채무의 총액에 비하여 아주 근소하게 부족하여 해당 변제공탁을 신의칙상 유효한 것이라고 볼 수 있는 등의 특별한 사정이 있는 경우를 제외하고는 채권자가 이를 수락하지 않는 한 그 공탁 부분에 관하여서도 채무소멸의 효과가 발생하지 않는다.

[❶ ▶ O] 부진정연대채무자 중 1인이 자신의 채권자에 대한 반대채권으로 상계를 한 경우에도 채권은 변제, 대물변제, 또는 공탁이 행하여진 경우와 동일하게 현실적으로 만족을 얻어 그 목적을 달성하는 것이므로, 그 상계로 인한 채무소멸의 효력은 소멸한 채무 전액에 관하여 다른 부진정연대채무자에 대하여도 미친다고 보아야 한다. 이는 부진정연대채무자 중 1인이 채권자와 상계계약을 체결한 경우에도 마찬가지이다. 나아가 이러한 법리는 채권자가 상계 내지 상계계약이 이루어질 당시 다른 부진정연대채무자의 존재를 알았는지 여부에 의하여 좌우되지 아니한다(대판[전합] 2010.9.16. 2008다97218).

[❷ ▶ O] 특별한 사정이 없는 한, 변제자가 타인의 채무에 대한 보증인으로서 부담하는 보증채무(연대보증채무도 포함)는 변제자 자신의 채무에 비하여, 연대채무는 단순채무에 비하여, 각각 변제자에게 그 변제의 이익이 적다(대판 1999.7.9. 98다55543).

[❸ ▶ O] 민법상 채무면제는 채권을 무상으로 소멸시키는 채권자의 채무자에 대한 단독행위이고 다만 계약에 의하여도 동일한 법률효과를 발생시킬 수 있는 것인 반면, 검사 작성의 피의자신문조서는 검사가 피의자를 신문하여 그 진술을 기재한 조서로서 그 작성형식은 원칙적으로 검사의 신문에 대하여 피의자가 응답하는 형태를 취하므로, 비록 당해 신문과정에서 다른 피의자나 참고인과 대질이 이루어진 경우라고 할지라도 피의자 진술은 어디까지나 검사를 상대로 이루어지는 것이므로 그 진술기재 가운데 채무면제의 의사가 표시되어 있다고 하더라도 그 부분이 곧바로 채무면제의 처분문서에 해당한다고 보기 어렵다(대판 1998.10.13. 98다17046).

[❹ ▶ ×] 변제할 정당한 이익이 있는 자가 채무자를 위하여 채권의 일부를 대위변제할 경우에 대위변제자는 변제한 가액의 범위 내에서 종래 채권자가 가지고 있던 채권 및 담보에 관한 권리를 취득하게 되고 따라서 채권자가 부동산에 대하여 저당권을 가지고 있는 경우에는 채권자는 대위변제자에게 일부 대위변제에 따른 저당권의 일부이전의 부기등기를 경료해 주어야 할 의무가 있으나 이 경우에도 채권자는 일부 대위변제자에 대하여 우선변제권을 가진다(대판 2009.11.26. 2009다57545).

[❺ ▶ O] 변제공탁이 유효하려면 채무 전부에 대한 변제의 제공 및 채무 전액에 대한 공탁이 있어야 하고, 채무 전액이 아닌 일부에 대한 공탁은 일부의 제공이 유효한 제공이라고 볼 수 있거나 변제자의 공탁금액이 채무의 총액에 비하여 아주 근소하게 부족하여 해당 변제공탁을 신의칙상 유효한 것이라고 볼 수 있는 등의 특별한 사정이 있는 경우를 제외하고는 채권자가 이를 수락하지 않는 한 그 공탁 부분에 관하여서도 채무소멸의 효과가 발생하지 않는다(대판 2022.11.30. 2017다232167).

답 ❹

02 변제에 관한 다음 설명 중 가장 옳지 않은 것은? 2023년

① 채무담보 목적의 가등기가 경료되어 있는 부동산을 시효취득하여 소유권이전등기청구권을 취득한 자가 그 등기를 경료하지 못하던 중에 채권자가 청산절차를 거치지 아니하고 위 가등기에 기하여 본등기를 경료하였다면 그는 부동산 소유자에 대한 소유권이전등기청구권을 보전하기 위하여 위 소유자를 대위하여 그의 채권자에게 위 채무를 변제할 법률상의 권한이 있어 이해관계 있는 제3자에 해당한다.
② 확정판결에 대한 청구이의 사유는 그 확정판결의 변론 종결 후에 생긴 것이어야 하므로, 확정판결의 변론 종결 전에 이루어진 일부이행을 채권자가 변론 종결 후 수령함으로써 변제의 효력이 발생한 경우 그 한도 내에서도 청구이의 사유가 될 수는 없다.
③ 효력규정인 강행법규에 위반되는 계약을 체결한 자가 그 약정의 효력이 부인된다는 사실을 알지 못한 탓에 그 약정에 따라 변제수령권을 갖는 것처럼 외관을 갖게 된 자에게 변제를 한 경우에는, 특별한 사정이 없는 한 과실에 기인한 변제이므로 채권의 준점유자에 대한 변제로서 유효하다고 볼 수 없다.
④ 채무자(乙)가 제3채무자(丙)에 대하여 가지고 있던 채권에 관하여 제3자(丁) 앞으로 대항력 있는 채권양도가 이루어진 후 乙이 丁의 승낙 없이 임의로 丙에게 채권양도철회의 통지를 한 상태에서 乙에 대한 채권자(甲)가 위 채권에 대하여 채권압류 및 전부명령을 받고 이어 甲이 제기한 전부금소송에서 丙이 패소판결을 받고 甲에게 그 금원을 지급한 경우, 법률전문가가 아닌 丙이 甲이 유효하게 채권을 전부받은 채권자인 것으로 오인한 데 대하여 과실이 있다고 볼 수 없으므로 丙의 甲에 대한 변제는 채권의 준점유자에 대한 변제로서 유효하다.
⑤ 채무자는 변제의 제공이 있는 때로부터 채무불이행의 책임을 면하지만, 금전채무의 경우 현실제공은 특별한 사정이 없는 한 채권자가 급부를 즉시 수령할 수 있는 상태에 있어야만 인정될 수 있다. 따라서 채무자가 채무내용에 좇은 급부를 제공하면서도 채권자가 그 급부를 즉시 수령하기 어려운 장애요인을 형성·유지한 경우에는 현실제공이 있다고 할 수 없다.

[❶ ▶ ○] 채무담보 목적의 가등기가 경료되어 있는 부동산을 시효취득하여 소유권이전등기청구권을 취득한 자가 그 등기를 경료하지 못하던 중에 채권자가 청산절차를 거치지 아니하고 위 가등기에 기하여 본등기를 경료하였다면 그는 부동산 소유자에 대한 소유권이전등기청구권을 보전하기 위하여 위 소유자를 대위하여 그의 채권자에게 위 채무를 변제할 법률상의 권한이 있어 이해관계 있는 제3자에 해당한다(대판 1991.7.12. 90다17774).
[❷ ▶ ×] 확정판결에 대한 청구이의 사유는 그 확정판결의 변론 종결 후에 생긴 것이어야 한다. 그러나 확정판결의 변론 종결 전에 이루어진 일부이행을 채권자가 변론 종결 후 수령함으로써 변제의 효력이 발생한 경우에는 그 한도 내에서 청구이의 사유가 될 수 있다고 보아야 한다(대판 2009.10.29. 2008다51359).
[❸ ▶ ○] 효력규정인 강행법규에 위반되는 계약을 체결한 자가 그 약정의 효력이 부인된다는 사실을 알지 못한 탓에 그 약정에 따라 변제수령권을 갖는 것처럼 외관을 갖게 된 자에게 변제를 한 경우에는, 특별한 사정이 없는 한 그 변제자가 채권의 준점유자에게 변제수령권이 있는 것으로 오해한 것은 법률적인 검토를 제대로 하지 않은 과실에 기인한 것이라고 할 것이다(대판 2004.6.11. 2003다1601).

[❹▶○] 채무자(乙)가 제3채무자(丙)에 대하여 가지고 있던 채권에 관하여 제3자(丁) 앞으로 대항력 있는 채권양도가 이루어진 후 乙이 丁의 승낙 없이 임의로 丙에게 채권양도철회의 통지를 한 상태에서 乙에 대한 채권자(甲)가 위 채권에 대하여 채권압류 및 전부명령을 받고 이어 甲이 제기한 전부금소송에서 丙이 패소판결을 받고 甲에게 그 금원을 지급한 경우, 법률전문가가 아닌 丙으로서는 乙의 채권양도철회통지로 인하여 채권양도가 없었던 것과 같이 되었다고 믿을 수밖에 없었고, 더욱이 甲이 제기한 전부금청구의 소에서 전부명령의 효력을 적극 다투었다가 패소판결을 선고받았다면, 丙이 甲이 유효하게 임대보증금반환채권을 전부받은 채권자인 것으로 오인한 데 대하여 과실이 있다고 볼 수 없고, 따라서 丙의 甲에 대한 변제는 유효하다(대판 1997.3.11. 96다44747).

[❺▶○] 변제의 제공은 채무내용에 좇은 현실제공으로 이를 하여야 하고, 채무자는 변제의 제공이 있는 때로부터 채무불이행의 책임을 면하지만(민법 제460조, 제461조), 금전채무의 경우 현실제공은 특별한 사정이 없는 한 채권자가 급부를 즉시 수령할 수 있는 상태에 있어야만 인정될 수 있다. 따라서 채무자가 채무내용에 좇은 급부를 제공하면서도 채권자가 그 급부를 즉시 수령하기 어려운 장애요인을 형성·유지한 경우에는 현실제공이 있다고 할 수 없다(대판 2012.10.11. 2011다17403).

답 ❷

03 변제자대위에 관한 다음 설명 중 가장 옳지 않은 것은? 2025년

① 채권의 일부에 대하여 대위변제가 있는 때에는 대위자는 그 변제한 가액에 비례하여 채권자와 함께 그 권리를 행사한다.
② 변제할 정당한 이익이 있는 사람이 채무자를 위하여 채권의 일부를 대위변제할 경우에 대위변제자는 변제한 가액의 범위 내에서 종래 채권자가 가지고 있던 채권 및 담보에 관한 권리를 취득하므로, 채권자가 부동산에 대하여 저당권을 가지고 있는 경우에는 채권자는 대위변제자에게 일부 대위변제에 따른 저당권 일부 이전의 부기등기를 할 의무를 진다.
③ 변제로 채권자를 대위하는 경우에 채권 및 그 담보에 관한 권리가 변제자에게 이전될 뿐 계약당사자의 지위가 이전되는 것은 아니다.
④ 대위변제자와 채무자 사이에 구상금에 관한 지연손해금 약정이 있으면 이 약정은 변제자대위권을 행사하는 경우에도 적용된다.
⑤ 채무자를 위하여 변제한 자는 변제와 동시에 채권자의 승낙을 얻어 채권자를 대위할 수 있는바(민법 제480조 제1항), 여기에서 채권자의 승낙은 반드시 명시적일 필요가 없고, 변제의 동기 내지 이유와 그 과정, 변제받음에 있어 채권자가 보인 태도, 변제 후의 사정 등 여러 사정을 두루 참작하여 그 승낙이 있은 것으로 추단될 수 있으면 된다.

[❶▶○] 채권의 일부에 대하여 대위변제가 있는 때에는 대위자는 그 변제한 가액에 비례하여 채권자와 함께 그 권리를 행사한다(민법 제483조 제1항).

[❷▶○] 변제할 정당한 이익이 있는 사람이 채무자를 위하여 채권의 일부를 대위변제할 경우에 대위변제자는 변제한 가액의 범위 내에서 종래 채권자가 가지고 있던 채권 및 담보에 관한 권리를 취득하므로, 채권자가 부동산에 대하여 저당권을 가지고 있는 경우에는 채권자는 대위변제자에게 일부 대위변제에 따른 저당권 일부 이전의 부기등기를 할 의무를 진다(대판 2017.7.18. 2015다206973).

[❸ ▶ ○] 변제로 채권자를 대위하는 경우에 '채권 및 그 담보에 관한 권리'가 변제자에게 이전될 뿐 계약당사자의 지위가 이전되는 것은 아니다(대판 2017.7.18. 2015다206973).

[❹ ▶ ×] 채무를 변제할 이익이 있는 자가 채무를 대위변제한 경우에 통상 채무자에 대하여 구상권을 가짐과 동시에 민법 제481조에 의하여 당연히 채권자를 대위하나, 위 구상권과 변제자 대위권은 그 원본, 변제기, 이자, 지연손해금의 유무 등에 있어서 그 내용이 다른 별개의 권리이므로, 대위변제자와 채무자 사이에 구상금에 관한 지연손해금 약정이 있더라도 이 약정은 구상금을 청구하는 경우에 적용될 뿐, 변제자대위권을 행사하는 경우에는 적용될 수 없다(대판 2009.2.26. 2005다32418).

[❺ ▶ ○] 채무자를 위하여 변제한 자는 변제와 동시에 채권자의 승낙을 얻어 채권자를 대위할 수 있는바(민법 제480조 제1항), 여기에서 채권자의 승낙은 반드시 명시적일 필요가 없고, 변제의 동기 내지 이유와 그 과정, 변제받음에 있어 채권자가 보인 태도, 변제 후의 사정 등 여러 사정을 두루 참작하여 그 승낙이 있은 것으로 추단될 수 있으면 된다(대결 2011.4.15. 2010마1447).

답 ❹

04 변제충당에 관한 다음 설명 중 가장 옳은 것은? 2025년

① 담보권 실행을 위한 경매에서 배당된 배당금이 담보권자가 가지는 수 개의 피담보채권 전부를 소멸시키기에 부족한 경우에는 민법 제477조의 규정에 의한 법정변제충당의 방법에 따라 충당하여야 하나, 채권자와 채무자 사이에 변제충당에 관한 합의가 있었다면 그 합의에 따른 변제충당은 허용된다.

② 변제자가 주채무자인 경우 보증인이 있는 채무와 보증인이 없는 채무 사이에 전자가 후자에 비하여 변제이익이 더 많고, 물상보증인이 제공한 물적 담보가 있는 채무와 그러한 담보가 없는 채무 사이에는 전자가 후자에 비하여 변제이익이 더 많다.

③ 변제자와 변제수령자는 변제로 소멸한 채무에 관한 보증인 등 이해관계 있는 제3자의 이익을 해하지 않는 이상 이미 급부를 마친 뒤에도 기존의 충당방법을 배제하고 제공된 급부를 어느 채무에 어떤 방법으로 다시 충당할 것인가를 약정할 수 있다.

④ 가집행선고로 인한 강제집행을 면하기 위하여 채무자가 채권자에게 금원을 지급하였으나 그 가지급금의 액수가 채무자가 채권자에게 지급하여야 할 정당한 금원(최종적으로 확정된 금원)인 원본 및 지연손해금 합계액에 미치지 못하였다면, 그 가지급금으로는 특별한 사정이 없는 한, 민법 소정의 변제충당의 법리에 따라 채무자가 채권자에게 지급하여야 할 정당한 금원에 관하여 지연손해금, 원본의 순서로 변제에 충당되어야 하나, 이러한 법리는 가집행의 근거가 된 판결의 소송물이 복수의 금전청구가 객관적으로 병합된 경우에는 적용되지 아니한다.

⑤ 비용, 이자, 원본에 대한 변제충당에 있어서는 민법 제479조에 그 충당 순서가 법정되어 있고 지정 변제충당에 관한 민법 제476조는 준용되지 않으므로 원칙적으로 비용, 이자, 원본의 순서로 충당하여야 하고, 채무자는 물론 채권자라 할지라도 위 법정 순서와 다르게 일방적으로 충당의 순서를 지정할 수는 없으며, 당사자 간 합의로도 법정충당의 순서와 달리 충당의 순서를 정할 수 없다.

[❶ ▸ X] 담보권 실행을 위한 경매에서 배당된 배당금이 담보권자가 가지는 수 개의 피담보채권 전부를 소멸시키기에 부족한 경우에는 채권자와 채무자 사이에 변제충당에 관한 합의가 있었다고 하더라도 그 합의에 따른 변제충당은 허용될 수 없고, 획일적으로 가장 공평타당한 충당방법인 민법 제477조의 규정에 의한 법정변제충당의 방법에 따라 충당하여야 한다(대판 1997.7.25. 96다52649).

[❷ ▸ X] 변제자가 주채무자인 경우 보증인이 있는 채무와 보증인이 없는 채무 사이에 전자가 후자에 비하여 변제이익이 더 많다고 볼 근거는 전혀 없으므로 양자는 변제이익의 점에서 차이가 없다고 보아야 한다. 마찬가지로 변제자가 채무자인 경우 물상보증인이 제공한 물적 담보가 있는 채무와 그러한 담보가 없는 채무 사이에도 변제이익의 점에서 차이가 없다(대판 2014.4.30. 2013다8250).

[❸ ▸ O] 변제자(채무자)와 변제수령자(채권자)는 변제로 소멸한 채무에 관한 보증인 등 이해관계 있는 제3자의 이익을 해하지 않는 이상 이미 급부를 마친 뒤에도 기존의 충당방법을 배제하고 제공된 급부를 어느 채무에 어떤 방법으로 다시 충당할 것인가를 약정할 수 있다(대판 2013.9.12. 2012다118044).

[❹ ▸ X] 가집행선고로 인한 강제집행을 면하기 위하여 채무자가 채권자에게 금원을 지급하였으나 그 가지급금의 액수가 채무자가 채권자에게 지급하여야 할 정당한 금원(최종적으로 확정된 금원)인 원본 및 지연손해금 합계액에 미치지 못하였다면, 그 가지급금으로는 특별한 사정이 없는 한, 민법 소정의 변제충당의 법리에 따라 채무자가 채권자에게 지급하여야 할 정당한 금원에 관하여 지연손해금, 원본의 순서로 변제에 충당되어야 한다. 이러한 법리는 가집행의 근거가 된 판결의 소송물이 복수의 금전청구가 객관적으로 병합된 것인 경우에도 마찬가지로 적용된다(대판 2024.10.31. 2024다257812).

[❺ ▸ X] 비용, 이자, 원본에 대한 변제충당에 있어서는 민법 제479조에 그 충당 순서가 법정되어 있고 지정 변제충당에 관한 민법 제476조는 준용되지 않으므로 원칙적으로 비용, 이자, 원본의 순서로 충당하여야 하고, 채무자는 물론 채권자라 할지라도 위 법정 순서와 다르게 일방적으로 충당의 순서를 지정할 수는 없다. 그러나 당사자 사이에 특별한 합의가 있는 경우이거나 당사자의 일방적인 지정에 대하여 상대방이 지체 없이 이의를 제기하지 아니함으로써 묵시적인 합의가 되었다고 보이는 경우에는 그 법정충당의 순서와는 달리 충당의 순서를 인정할 수 있다(대판 2009.6.11. 2009다12399).

답 ❸

제3절 대물변제

제4절 공 탁

05 변제공탁에 관한 다음 설명 중 가장 옳지 않은 것은? 2023년

① 변제공탁의 목적인 채무는 현존하는 확정채무여야 하지만, 그 의미는 장래의 채무나 불확정채무는 원칙적으로 변제공탁의 목적이 되지 못한다는 것일 뿐, 채무자에 대한 각 채권자의 채권이 동일한 채권이어야 한다는 의미는 아니다.
② 변제공탁이 적법한 경우에는 채권자가 공탁물 출급청구를 하였는지 여부와는 관계없이 공탁을 한 때에 변제의 효력이 발생하나, 피공탁자를 포함한 제3자가 공탁자에 대하여 가지는 별도 채권의 집행권원으로써 공탁자의 공탁물 회수청구권에 대하여 압류 및 추심명령을 받아 그 집행으로 공탁물을 회수한 경우 채권소멸의 효력은 소급하여 없어진다.
③ 채권자에게 반대급부 기타 조건의 이행의무가 없음에도 불구하고 채무자가 그와 같은 조건으로 변제공탁을 한 때에는 채권자가 이를 수락하였다고 하더라도 그 변제공탁은 무효이다.
④ 채권자의 태도로 보아 채무자가 설령 채무의 이행제공을 하였더라도 그 수령을 거절하였을 것이 명백한 경우에는 채무자는 이행의 제공을 하지 않고 바로 변제공탁할 수 있다.
⑤ 채무자가 채무액의 일부만을 변제공탁하였으나 그 후 부족분을 추가로 공탁하였다면 그때부터는 전 채무액에 대하여 유효한 공탁이 이루어진 것으로 볼 수 있고, 이 경우 채권자가 공탁물수령의 의사표시를 하기 전이라면 추가공탁을 하면서 제1차 공탁 시에 지정된 공탁의 목적인 채무의 내용을 변경하는 것도 허용될 수 있다.

[❶ ▸ ○] 변제공탁의 목적인 채무는 현존하는 확정채무여야 하지만, 그 의미는 장래의 채무나 불확정채무는 원칙적으로 변제공탁의 목적이 되지 못한다는 것일 뿐, 채무자에 대한 각 채권자의 채권이 동일한 채권이어야 한다는 의미는 아니다(대판 2014.12.24. 2014다207245).
[❷ ▸ ○] 변제공탁이 적법한 경우에는 채권자가 공탁물 출급청구를 하였는지 여부와는 관계없이 공탁을 한 때에 변제의 효력이 발생하나, 피공탁자를 포함한 제3자가 공탁자에 대하여 가지는 별도 채권의 집행권원으로써 공탁자의 공탁물 회수청구권에 대하여 압류 및 추심명령을 받아 그 집행으로 공탁물을 회수한 경우 채권소멸의 효력은 소급하여 없어진다(대결 2020.5.22. 2018마5697).
[❸ ▸ ✕] 변제공탁에 있어서 채권자에게 반대급부 기타조건의 이행의무가 없음에도 불구하고 채무자가 이를 조건으로 공탁한 때에는 채권자가 이를 수락하지 않는 한 그 변제공탁은 무효이다(대판 1984.4.10. 84다77).
[❹ ▸ ○] 채권자의 태도로 보아 채무자가 설사 채무의 이행제공을 하였더라도 그 수령을 거절하였을 것이 명백한 경우에는 채무자는 이행의 제공을 하지 않고 바로 변제공탁할 수 있다(대판 1981.9.8. 80다2851).
[❺ ▸ ○] 채무자가 채무액의 일부만을 변제공탁 하였으나 그 후 부족분을 추가로 공탁하였다면 그때부터는 전 채무액에 대하여 유효한 공탁이 이루어진 것으로 볼 수 있는 것이고, 이 경우 채권자가 공탁물수령의 의사표시를 하기 전이라면 추가공탁을 하면서 제1차 공탁 시에 지정된 공탁의 목적인 채무의 내용을 변경하는 것도 허용될 수 있다 할 것이다(대판 1991.12.27. 91다35670).

답 ❸

제5절 상계

06 상계에 관한 다음 설명 중 가장 옳지 않은 것은? 2025년

① 상계의 의사표시에 의하여 각 채무는 상계할 수 있는 때에 대등액에 관하여 소멸한 것으로 보게 되지만, 이러한 상계의 소급효는 양 채권 및 이에 관한 이자나 지연손해금 등을 정산하는 기준시기를 소급하는 것일 뿐이고 특별한 사정이 없는 한 상계의 의사표시 전에 이미 발생한 사실을 복멸시키지는 아니한다.
② 어느 연대채무자가 채권자에 대하여 채권이 있는 경우에 그 채무자가 상계한 때에는 채권은 모든 연대채무자의 이익을 위하여 소멸한다.
③ 상계는 상대방에 대한 의사표시로 한다. 이 의사표시에는 조건 또는 기한을 붙이지 못한다.
④ 부당이득반환채권은 이행기의 정함이 없는 채권으로서 그 이행 청구일에 상계적상에서 의미하는 이행기가 도래한 것으로 볼 수 있다.
⑤ 채권양수인이 양수채권을 자동채권으로 하여 그 채무자가 채권양수인에 대해 가지고 있던 기존 채권과 상계한 경우, 채권양수인은 채권양도의 대항요건이 갖추어진 때 비로소 자동채권을 행사할 수 있으므로 채권양도 전에 이미 양 채권의 변제기가 도래하였다고 하더라도 상계의 효력은 변제기로 소급하는 것이 아니라 채권양도의 대항요건이 갖추어진 시점으로 소급한다.

[❶ ▸ ○] 상계의 의사표시에 의하여 각 채무는 상계할 수 있는 때에 대등액에 관하여 소멸한 것으로 보게 되지만(민법 제493조 제2항), 이러한 상계의 소급효는 양 채권 및 이에 관한 이자나 지연손해금 등을 정산하는 기준시기를 소급하는 것일 뿐이고 특별한 사정이 없는 한 상계의 의사표시 전에 이미 발생한 사실을 복멸시키지는 아니한다(대판 2025.5.15. 2024다317332).
[❷ ▸ ○] 민법 제418조 제1항

> **민법 제418조(상계의 절대적 효력)**
> ① 어느 연대채무자가 채권자에 대하여 채권이 있는 경우에 그 채무자가 상계한 때에는 채권은 모든 연대채무자의 이익을 위하여 소멸한다.
> ② 상계할 채권이 있는 연대채무자가 상계하지 아니한 때에는 그 채무자의 부담부분에 한하여 다른 연대채무자가 상계할 수 있다.

[❸ ▸ ○] 민법 제493조 제1항

> **민법 제493조(상계의 방법, 효과)**
> ① 상계는 상대방에 대한 의사표시로 한다. 이 의사표시에는 조건 또는 기한을 붙이지 못한다.
> ② 상계의 의사표시는 각 채무가 상계할 수 있는 때에 대등액에 관하여 소멸한 것으로 본다.

[❹ ▸ ×] 이행기의 정함이 없는 채권의 경우 그 성립과 동시에 이행기에 놓이게 되고, 부당이득반환채권은 이행기의 정함이 없는 채권으로서 채권의 성립과 동시에 언제든지 이행을 청구할 수 있으므로, 그 채권의 성립일에 상계적상에서 의미하는 이행기가 도래한 것으로 볼 수 있다(대판 2022.3.17. 2021다287515).

[❺ ▶ ○] 민법 제493조 제2항은 "상계의 의사표시는 각 채무가 상계할 수 있는 때에 대등액에 관하여 소멸한 것으로 본다."라고 정하고 있으므로 상계의 효력은 상계적상 시로 소급하여 발생한다. 상계적상은 자동채권과 수동채권이 상호 대립하는 때에 비로소 생긴다. 채권양수인이 양수채권을 자동채권으로 하여 그 채무자가 채권양수인에 대해 가지고 있던 기존 채권과 상계한 경우, 채권양수인은 채권양도의 대항요건이 갖추어진 때 비로소 자동채권을 행사할 수 있으므로 채권양도 전에 이미 양 채권의 변제기가 도래하였다고 하더라도 상계의 효력은 변제기로 소급하는 것이 아니라 채권양도의 대항요건이 갖추어진 시점으로 소급한다(대판 2022.6.30. 2022다200089).

답 ④

07 상계에 관한 다음 설명 중 가장 옳지 않은 것은? 2025년

① 주채무자가 수탁보증인에 대해 사전에 민법 제443조의 담보제공청구권 등의 항변권을 포기한 경우, 그 수탁보증인은 주채무자에 대하여 가지는 민법 제442조의 사전구상권을 자동채권으로 하여 주채무자가 수탁보증인에 대하여 가지는 채권과 상계할 수 있다.
② 근로자가 일정 기간 동안의 미지급 법정수당을 청구하는 경우에 사용자가 같은 기간 동안 법정수당의 초과 지급 부분이 있음을 이유로 상계나 그 충당을 주장하는 것은 허용된다.
③ 임대인인 甲이 임차인인 乙을 상대로 임대차계약 종료 후에도 임대목적물인 건물 부분을 불법점유하고 있다며 건물 부분의 인도와 함께 임대차계약에서 정한 손해배상 예정액의 지급을 구하자, 乙이 준비서면의 송달로 부속물매수청구권을 행사한다는 의사표시를 하고, 甲도 준비서면의 송달로 乙의 불법점유로 인한 甲의 손해배상채권을 자동채권으로 하여 乙의 부속물 매매대금 채권과 대등액에서 상계한다는 의사표시를 한 사안에서, 甲의 상계 의사표시로 그 의사표시 이전까지 존재하였던 甲의 부속물 매매대금 지급의무와 乙의 건물 부분 인도의무 사이의 동시이행관계는 상계적상이 있었던 시기로 소급하여 소멸하고 이로 인해 乙의 점유는 소급하여 불법점유가 된다.
④ 유치권이 인정되는 아파트를 경매로 매수한 자가 아파트 일부를 점유·사용하고 있는 유치권자에 대한 임료 상당의 부당이득금 반환채권을 자동채권으로 하고 유치권자가 종전 소유자에 대하여 가지는 유익비상환채권을 수동채권으로 하여 상계할 수는 없다.
⑤ 제3채무자의 압류채무자에 대한 자동채권이 수동채권인 피압류채권과 동시이행의 관계에 있는 경우에는, 압류명령이 제3채무자에게 송달되어 압류의 효력이 생긴 후에 자동채권이 발생하였다고 하더라도, 제3채무자는 그 채권에 의한 상계로 압류채권자에게 대항할 수 있다.

[❶ ▶ ○] 항변권이 붙어 있는 채권을 자동채권으로 하여 다른 채무(수동채권)와의 상계를 허용한다면 상계자 일방의 의사표시에 의하여 상대방의 항변권 행사의 기회를 상실시키는 결과가 되므로 그러한 상계는 허용될 수 없고, 특히 <u>수탁보증인이 주채무자에 대하여 가지는 민법 제442조의 사전구상권에는 민법 제443조의 담보제공청구권이 항변권으로 부착되어 있는 만큼 이를 자동채권으로 하는 상계는 허용될 수 없으며, 다만 민법 제443조는 임의규정으로서 주채무자가 사전에 담보제공청구권의 항변권을 포기한 경우에는 보증인은 사전구상권을 자동채권으로 하여 주채무자에 대한 채무와 상계할 수 있다</u>(대판 2004.5.28. 2001다81245).

[❷▸○] 일반적으로 임금은 직접 근로자에게 전액을 지급하여야 하므로 사용자가 근로자에 대하여 가지는 채권으로서 근로자의 임금채권과 상계를 하지 못하는 것이 원칙이나, 계산의 착오 등으로 임금이 초과 지급되었을 때 그 행사의 시기가 초과 지급된 시기와 임금의 정산, 조정의 실질을 잃지 않을 만큼 합리적으로 밀접되어 있고 금액과 방법이 미리 예고되는 등 근로자의 경제생활의 안정을 해할 염려가 없는 경우나, 근로자가 퇴직한 후에 그 재직 중 지급되지 아니한 임금이나 퇴직금을 청구하는 경우에는 초과 지급된 임금의 반환청구권을 자동채권으로 하여 상계하는 것은 무방하다. 따라서 근로자가 일정 기간 동안의 미지급 법정수당을 청구하는 경우에 사용자가 같은 기간 동안 법정수당의 초과 지급 부분이 있음을 이유로 상계나 그 충당을 주장하는 것도 허용된다(대판[전합] 1995.12.21. 94다26721).

[❸▸×] 甲 시설관리공단[임대인(註)]이 乙 주식회사[임차인(註)]를 상대로 임대차계약이 종료 후에도 임대목적물인 건물 부분을 불법점유하고 있다며 건물 부분의 인도와 함께 임대차계약에서 월 차임의 1.3배로 정한 손해배상 예정액의 지급을 구하자, 乙 회사가 준비서면의 송달로 부속물매수청구권을 행사한다는 의사표시를 하고, 甲 공단도 준비서면의 송달로 乙 회사의 불법점유로 인한 甲 공단의 손해배상채권을 자동채권으로 하여 乙 회사의 부속물 매매대금 채권과 대등액에서 상계한다는 의사표시를 한 사안에서, 甲 공단의 상계 의사표시로 그 의사표시 이전까지 존재하였던 甲 공단의 부속물 매매대금 지급의무와 乙 회사의 건물 부분 인도의무 사이의 동시이행관계가 상계적상이 있었던 시기로 소급하여 소멸한다거나 이로 인해 乙 회사의 점유가 소급하여 불법점유가 된다고 할 수 없는데도, 상계의 소급효에 의해 동시이행관계 내지 점유권원이 소급하여 상실됨을 전제로 乙 회사의 부속물매수청구권 행사 의사가 표시된 준비서면이 甲 공단에 송달된 날부터 甲 공단의 상계의 의사가 표시된 준비서면이 乙 회사에 송달된 날까지 乙 회사의 건물 부분에 대한 점유를 불법점유로 보아 乙 회사는 甲 공단에 위 기간에 대하여 손해배상 예정액을 지급할 의무가 있다고 본 원심판단에 법리오해의 잘못이 있다고 한 사례이다(대판 2025.5.15. 2024다317332).

[❹▸○] 유치권이 인정되는 아파트를 경락·취득한 자가 아파트 일부를 점유·사용하고 있는 유치권자에 대한 임료 상당의 부당이득금 반환채권을 자동채권으로 하고 유치권자의 종전 소유자에 대한 유익비상환채권을 수동채권으로 하여 상계의 의사표시를 한 사안에서, 상대방이 제3자에 대하여 가지는 채권을 수동채권으로 하여 상계할 수 없음에도, 그러한 상계가 허용됨을 전제로 위 상계의 의사표시로 부당이득금 반환채권과 유익비상환채권이 대등액의 범위 내에서 소멸하였다고 본 원심판결에 법리오해의 위법이 있다고 한 사례이다(대판 2011.4.28. 2010다101394).

[❺▸○] 금전채권에 대한 압류 및 전부명령이 있는 때에는 압류된 채권은 동일성을 유지한 채로 압류채무자로부터 압류채권자에게 이전되고, 제3채무자는 채권이 압류되기 전에 압류채무자에게 대항할 수 있는 사유로써 압류채권자에게 대항할 수 있는 것이므로 제3채무자의 압류채무자에 대한 자동채권이 수동채권인 피압류채권과 동시이행의 관계에 있는 경우에는, 압류명령이 제3채무자에게 송달되어 압류의 효력이 생긴 후에 자동채권이 발생하였다고 하더라도 제3채무자는 동시이행의 항변권을 주장할 수 있고 따라서 그 채권에 의한 상계로 압류채권자에게 대항할 수 있는 것으로서, 이 경우에 자동채권이 발생한 기초가 되는 원인은 수동채권이 압류되기 전에 이미 성립하여 존재하고 있었던 것이므로, 그 자동채권은 민법 제498조 소정의 "지급을 금지하는 명령을 받은 제3채무자가 그 후에 취득한 채권"에 해당하지 않는다고 봄이 상당하다(대판 1993.9.28. 92다55794).

답 ❸

08 상계에 관한 다음 설명 중 가장 옳지 않은 것은? 2024년

① 상속채권자가 상속이 개시된 후 한정승인 이전에 피상속인에 대한 채권을 자동채권으로 하여 상속인에 대한 채무에 대하여 상계하였더라도, 그 이후 상속인이 한정승인을 하는 경우에는 민법 제1031조의 취지에 따라 상계가 소급하여 효력을 상실하고, 상계의 자동채권인 상속채권자의 피상속인에 대한 채권과 수동채권인 상속인에 대한 채무는 모두 부활한다.
② 채권양도가 사해행위에 해당하는 경우 불법행위로 인한 손해배상채권의 채무자가 채권양도인에 대한 별도의 채권자 지위에서 채권양수인에게 채권자취소권을 행사하여 채권양도의 취소를 구함과 아울러 취소에 따른 원상회복 방법으로 직접 자신 앞으로 가액배상의 지급을 구하는 것 자체는 민법 제496조에 반하지 않으므로 허용된다.
③ 수탁보증인이 주채무자에 대하여 가지는 민법 제442조의 사전구상권에는 민법 제443조의 담보제공청구권이 항변권으로 부착되어 있으므로 이를 자동채권으로 하는 상계는 원칙적으로 허용될 수 없다.
④ 대항요건을 갖춘 채권양수인이 양수채권을 자동채권으로 하여 그 채무자가 채권양수인에 대해 가지고 있던 기존 채권과 상계한 경우, 채권양도 전에 이미 양 채권의 변제기가 도래하였다면 상계의 효력은 변제기로 소급한다.
⑤ 민법 제492조 제1항에 따르면 쌍방이 서로 같은 종류를 목적으로 한 채무를 부담한 경우 쌍방 채무의 이행기가 도래한 때에는 각 채무자는 대등액에 관하여 상계할 수 있는데, 위 조항에서 정한 '채무의 이행기가 도래한 때'는 채권자가 채무자에게 이행의 청구를 할 수 있는 시기가 도래하였음을 의미하고 채무자가 이행지체에 빠지는 시기를 말하는 것이 아니다.

[❶ ▶ ○] 상속인이 한정승인을 하는 경우에도, 피상속인의 채무와 유증에 대한 책임 범위가 한정될 뿐 상속인은 상속이 개시된 때부터 피상속인의 일신에 전속한 것을 제외한 피상속인의 재산에 관한 포괄적인 권리·의무를 승계하지만(민법 제1005조), 피상속인의 상속재산을 상속인의 고유재산으로부터 분리하여 청산하려는 한정승인 제도의 취지에 따라 상속인의 피상속인에 대한 재산상 권리·의무는 소멸하지 아니한다(민법 제1031조). 그러므로 상속채권자가 피상속인에 대하여는 채권을 보유하면서 상속인에 대하여는 채무를 부담하는 경우, 상속이 개시되면 위 채권 및 채무가 모두 상속인에게 귀속되어 상계적상이 생기지만, 상속인이 한정승인을 하면 상속이 개시된 때부터 민법 제1031조에 따라 피상속인의 상속재산과 상속인의 고유재산이 분리되는 결과가 발생하므로, 상속채권자의 피상속인에 대한 채권과 상속인에 대한 채무 사이의 상계는 제3자의 상계에 해당하여 허용될 수 없다. 즉, 상속채권자가 상속이 개시된 후 한정승인 이전에 피상속인에 대한 채권을 자동채권으로 하여 상속인에 대한 채무에 대하여 상계하였더라도, 그 이후 상속인이 한정승인을 하는 경우에는 민법 제1031조의 취지에 따라 상계가 소급하여 효력을 상실하고, 상계의 자동채권인 상속채권자의 피상속인에 대한 채권과 수동채권인 상속인에 대한 채무는 모두 부활한다(대판 2022.10.27. 2022다254154).

[❷ ▶ ○] 고의의 불법행위로 인한 손해배상채권의 채무자는 그 채권을 수동채권으로 한 상계로 채권자에게 대항하지 못하고(민법 제496조), 그 결과 채권이 양도된 경우에 양수인에게도 상계로 대항할 수 없게 되나(민법 제451조 제2항 참조), 채권양도가 사해행위에 해당하는 경우 불법행위로 인한 손해배상채권의 채무자가 채권양도인에 대한 별도의 채권자 지위에서 채권양수인에게 채권자취소권을 행사하여 채권양도의 취소를 구함과 아울러 취소에 따른 원상회복 방법으로 직접 자신 앞으로 가액배상의 지급을 구하는 것 자체는 민법 제496조에 반하지 않으므로 허용된다(대판 2011.6.10. 2011다8980).

[**❸** ▶ ○] 항변권이 붙어 있는 채권을 자동채권으로 하여 다른 채무(수동채권)와의 상계를 허용한다면 상계자 일방의 의사표시에 의하여 상대방의 항변권 행사의 기회를 상실시키는 결과가 되므로 그러한 상계는 허용될 수 없고, 특히 수탁보증인이 주채무자에 대하여 가지는 민법 제442조의 사전구상권에는 민법 제443조의 담보제공청구권이 항변권으로 부착되어 있는 만큼 이를 자동채권으로 하는 상계는 원칙적으로 허용될 수 없다(대판 2019.2.14. 2017다274703).

[**❹** ▶ ×] 민법 제493조 제2항은 "상계의 의사표시는 각 채무가 상계할 수 있는 때에 대등액에 관하여 소멸한 것으로 본다"라고 정하고 있으므로 상계의 효력은 상계적상 시로 소급하여 발생한다. 상계적상은 자동채권과 수동채권이 상호 대립하는 때에 비로소 생긴다. 채권양수인이 양수채권을 자동채권으로 하여 그 채무자가 채권양수인에 대해 가지고 있던 기존 채권과 상계한 경우, 채권양수인은 채권양도의 대항요건이 갖추어진 때 비로소 자동채권을 행사할 수 있으므로 채권양도 전에 이미 양 채권의 변제기가 도래하였다고 하더라도 상계의 효력은 변제기로 소급하는 것이 아니라 채권양도의 대항요건이 갖추어진 시점으로 소급한다(대판 2022.6.30. 2022다200089).

[**❺** ▶ ○] 쌍방이 서로 같은 종류를 목적으로 한 채무를 부담한 경우 쌍방 채무의 이행기가 도래한 때에는 각 채무자는 대등액에 관하여 상계할 수 있다(민법 제492조 제1항). 민법 제492조 제1항에서 정한 '채무의 이행기가 도래한 때'는 채권자가 채무자에게 이행의 청구를 할 수 있는 시기가 도래하였음을 의미하고 채무자가 이행지체에 빠지는 시기를 말하는 것이 아니다(대판 2021.5.7. 2018다25946).

답 ❹

09 지연손해금에 관한 다음 설명 중 가장 옳지 않은 것은? 2025년

① 불법행위로 인한 손해배상채무는 손해발생과 동시에 이행기에 있는 것으로, 공평의 관념상 별도의 이행최고가 없더라도 불법행위 당시부터 지연손해금이 발생하는 것이 원칙이다.
② 매매계약이 해제되면 그 효력이 소급적으로 소멸함에 따라 각 당사자는 상대방에 대하여 원상회복의무가 있으므로 이미 그 계약상 의무에 기하여 이행된 급부는 원상회복을 위하여 부당이득으로 반환되어야 하고, 그 원상회복의 대상에는 매매대금은 물론 이와 관련하여 그 매매계약의 존속을 전제로 수령한 지연손해금도 포함된다.
③ 금전채무의 지연손해금채무는 금전채무의 이행지체로 인한 손해배상채무로서 이행기의 정함이 없는 채무에 해당하므로, 채무자는 확정된 지연손해금채무에 대하여 채권자로부터 이행청구를 받은 때부터 지체책임을 부담하게 된다.
④ 금전채무에 관하여 이행지체에 대비한 지연손해금 비율을 따로 약정한 경우에 이는 일종의 손해배상액의 예정으로서 민법 제398조 제2항에 의한 감액의 대상이 된다.
⑤ 상계적상 시점 이전에 수동채권에 대하여 이자나 지연손해금이 발생한 경우 상계적상 시점까지 수동채권의 이자나 지연손해금을 계산한 다음 자동채권으로써 먼저 수동채권의 원본을 소각하고 잔액을 가지고 이자나 지연손해금을 소각하여야 한다.

[**❶** ▶ ○] 불법행위로 인한 손해배상채무는 손해발생과 동시에 이행기에 있는 것으로, 공평의 관념상 별도의 이행최고가 없더라도 불법행위 당시부터 지연손해금이 발생하는 것이 원칙이고, 불법행위 시점과 손해발생 시점 사이에 시간적 간격이 있는 경우에는 불법행위로 인한 손해배상채권의 지연손해금은 손해발생 시점을 기산일로 하여 발생한다(대판 2022.6.16. 2017다289538).

[❷▸○] 매매계약이 해제되면 그 효력이 소급적으로 소멸함에 따라 각 당사자는 상대방에 대하여 원상회복의무가 있으므로 이미 그 계약상 의무에 기하여 이행된 급부는 원상회복을 위하여 부당이득으로 반환되어야 하고, 그 원상회복의 대상에는 매매대금은 물론 이와 관련하여 그 매매계약의 존속을 전제로 수령한 지연손해금도 포함된다 할 것이다(대판 2022.4.28. 2017다284236).

[❸▸○] 금전채무의 지연손해금채무는 금전채무의 이행지체로 인한 손해배상채무로서 이행기의 정함이 없는 채무에 해당하므로, 채무자는 확정된 지연손해금채무에 대하여 채권자로부터 이행청구를 받은 때로부터 지체책임을 부담하게 된다(대판 2004.7.9. 2004다11582).

[❹▸○] 금전채무에 관하여 이행지체에 대비한 지연손해금 비율을 따로 약정한 경우에 이는 일종의 손해배상액의 예정으로서 민법 제398조에 의한 감액의 대상이 된다(대판 2000.7.28. 99다38637).

[❺▸✕] 상계의 의사표시가 있는 경우, 채무는 상계적상 시에 소급하여 대등액에 관하여 소멸한 것으로 보게 되므로, 상계에 의한 양 채권의 차액 계산 또는 상계 충당은 상계적상의 시점을 기준으로 하게 되고, 따라서 그 시점 이전에 수동채권의 변제기가 이미 도래하여 지체가 발생한 경우에는 상계적상 시점까지의 수동채권의 약정이자 및 지연손해금을 계산한 다음 자동채권으로써 먼저 수동채권의 약정이자 및 지연손해금을 소각하고 잔액을 가지고 원본을 소각하여야 한다(대판 2005.7.8. 2005다8125).

답 ❺

제6절 기타 채권의 소멸원인

10 다음 설명 중 가장 옳지 않은 것은?(다툼이 있는 경우 판례에 따르고 전원합의체 판결의 경우 다수의견에 의함. 이하 같음) 2023년

① 경개계약은 신채권을 성립시키고 구채권을 소멸시키는 처분행위로서 신채권이 성립되면 그 효과는 완결되고 경개계약 자체의 이행의 문제는 발생할 여지가 없으므로 경개에 의하여 성립된 신채무의 불이행을 이유로 경개계약을 해제할 수는 없다.
② 기존의 채권이 제3자에게 이전된 경우 이를 채권의 양도로 볼 것인가 또는 경개로 볼 것인가는 일차적으로 당사자의 의사에 의하여 결정되고, 만약 당사자의 의사가 명백하지 아니할 때에는 일반적으로 채권의 양도로 볼 것이다.
③ 기존채무와 관련하여 새로운 약정을 체결한 경우에 그러한 약정이 경개에 해당하는 것인지 아니면 단순히 기존채무의 변제기나 변제방법 등을 변경한 것인지는 당사자의 의사에 의하여 결정되고, 만약 당사자의 의사가 명백하지 아니할 때에는 의사해석의 문제로 귀착되는 것으로서, 이러한 당사자의 의사를 해석함에 있어서는 새로운 약정이 이루어지게 된 동기 및 경위, 당사자가 그 약정에 의하여 달성하려고 하는 목적과 진정한 의사 등을 종합적으로 고찰하여 사회정의와 형평의 이념에 맞도록 논리와 경험의 법칙, 그리고 사회일반의 상식과 거래의 통념에 따라 합리적으로 해석하여야 한다.
④ 채무자가 부담한 구채무의 일부가 이자제한법 위반으로 무효라고 하더라도 경개계약을 체결한 경우 그 부분에 관하여 효력이 발생하지 않는다고 할 수 없다.
⑤ 현실적인 자금의 수수 없이 형식적으로만 신규대출을 하여 기존채무를 변제하는 이른바 대환은 특별한 사정이 없는 한 형식적으로는 별도의 대출에 해당하나 실질적으로는 기존채무의 변제기의 연장에 불과하여 경개라고 할 수 없다.

[❶ ▶ O] 경개계약은 신채권을 성립시키고 구채권을 소멸시키는 처분행위로서 신채권이 성립되면 그 효과는 완결되고 경개계약 자체의 이행의 문제는 발생할 여지가 없으므로 경개에 의하여 성립된 신채무의 불이행을 이유로 경개계약을 해제할 수는 없다(대판 2003.2.11. 2002다62333).

[❷ ▶ O] 기존의 채권이 제3자에게 이전된 경우 이를 채권의 양도로 볼 것인가 또는 경개로 볼 것인가는 일차적으로 당사자의 의사에 의하여 결정되고, 만약 당사자의 의사가 명백하지 아니할 때에는 특별한 사정이 없는 한 동일성을 상실함으로써 채권자가 담보를 잃고 채무자가 항변권을 잃게 되는 것과 같이 스스로 불이익을 초래하는 의사를 표시하였다고는 볼 수 없으므로 일반적으로 채권의 양도로 볼 것이다(대판 1996.7.9. 96다16612).

[❸ ▶ O] 민법 제500조의 경개는 기존채무의 중요부분을 변경하여 기존채무를 소멸시키고 이와 동일성이 없는 새로운 채무를 성립시키는 계약이다. 기존채무와 관련하여 새로운 약정을 체결한 경우 그러한 약정이 경개에 해당하는지 아니면 단순히 기존채무의 변제나 변제방법 등을 변경한 것인지는 당사자의 의사에 의하여 결정되고, 만약 당사자의 의사가 명백하지 않을 때에는 의사해석의 문제로 귀착된다. 이러한 당사자의 의사를 해석할 때에는 새로운 약정이 이루어지게 된 동기와 경위, 당사자가 그 약정에 의하여 달성하려고 하는 목적과 진정한 의사 등을 종합적으로 고찰하여 사회정의와 형평의 이념에 맞도록 논리와 경험칙, 그리고 사회일반의 상식과 거래 통념에 따라 합리적으로 해석하여야 한다(대판[전합] 2019.10.23. 2012다46170).

[❹ ▶ ×] 계약상의 이자로서 이자제한법 소정의 제한이율을 초과하는 부분은 무효이고 이러한 제한초과의 이자에 대하여 준소비대차계약 또는 경개계약을 체결하더라도 그 초과 부분에 대하여는 효력이 생기지 아니한다(대판 1998.10.13. 98다17046).

[❺ ▶ O] 현실적인 자금의 수수 없이 형식적으로만 신규 대출을 하여 기존 채무를 변제하는 이른바 대환은 특별한 사정이 없는 한 형식적으로는 별도의 대출에 해당하나 실질적으로는 기존 채무의 변제기 연장에 불과하므로, 그 법률적 성질은 기존 채무가 여전히 동일성을 유지한 채 존속하는 준소비대차로 보아야 하고, 이러한 경우 채권자와 보증인 사이에 사전에 신규 대출 형식에 의한 대환을 하는 경우 보증책임을 면하기로 약정하는 등의 특별한 사정이 없는 한 기존 채무에 대한 보증책임이 존속된다(대판 2012.2.23. 2011다76426).

답 ❹

채권각론

제1장	계약총론
제2장	계약각론
제3장	법정채권관계

계약총론

제1절 서 설

I. 계약의 의의

계약은 서로 대립하는 두 개 이상의 의사표시의 합치로 성립하는 법률행위로, 채권관계의 발생을 목적으로 한다.

II. 계약의 자유 및 제한

1. 계약자유의 원칙

근대민법은 개인에게 그들의 이해관계를 스스로 조절하고 그들의 사사(私事)를 자율적으로 처리하도록 사적자치를 넓게 허용하여, 그들 상호 간의 문제를 원칙적으로 그들의 자유로운 합의, 즉 계약에 의하여 자율적으로 처리하게 하고 있는데, 이를 계약자유의 원칙이라고 한다. 계약자유의 원칙의 구체적인 내용으로 계약체결의 자유, 상대방 선택의 자유, 내용결정의 자유, 방식의 자유를 들 수 있다.

2. 계약자유의 원칙에 대한 제한

① 계약자유의 원칙에는 일정한 위험이 따른다. 즉 형식적 자유를 지나치게 강조한 결과, 개인의 구체적 능력의 차이로 인한 실질적 불평등, 특히 자본주의의 고도의 발달에 따른 빈부의 격차, 노사 간의 대립 등의 폐단을 초래함으로써 결과적으로 경제적 약자에게 계약부자유로 나타나기도 한다. 여기서 계약에서의 정의가 문제된다.
② 계약자유의 원칙이 제대로 기능하기 위하여 당사자들이 대등한 교섭력을 가져야 하며, 아울러 경쟁이 갖추어져야 한다. 이러한 인식은 사회적 형평이라는 이념에 따라 계약자유의 원칙이 제한될 것을 요구하고, 그 결과 계약자유에 대한 국가의 간섭이 점차 늘고 있다.

③ 계약에서 정의의 실현은 원칙적으로 무기평등의 원칙에 의해야 하고, 계약자유에 대한 제한은 단지 소극적·제한적으로 행해져야 한다.

3. 약관과 계약

(1) 의 의

① 약관의 개념 : 약관이란 그 명칭이나 형식 또는 범위에 상관 없이 계약의 한 쪽 당사자가 여러 명의 상대방과 계약을 체결하기 위하여 일정한 형식으로 미리 마련한 계약의 내용을 말한다(약관법 제2조 제1호). 따라서 구체적인 계약에서의 개별적 합의 등은 그 형태와 관계없이 동법의 규제를 받는 약관에 해당하지 않는다(대판 2002.10.11. 2002다39807).

② 약관규제의 필요성 : 경제적 약자를 보호하고 내용결정에 관한 실질적 자유를 보장하기 위하여 약관에 대한 법적 규제가 필요하게 되었으며, 이를 약관법이 담당하고 있다.

> **[비교 판례]**
> **[매수자가 만기에만 권리를 행사할 수 있는 유럽형 옵션(option)의 경우, 장중 시세의 급격한 변동으로 위탁증거금 액수가 결제예상금액에 크게 미달하는 등 만기에 결제불이행이 발생할 우려가 커졌을 경우에 투자중개업자로 하여금 장중 반대매매를 할 수 있도록 허용하는 약관을 둘 수 있는지 여부(적극)]**
> 파생상품에는 기초자산이나 기초자산의 가격·이자율·지표·단위 또는 이를 기초로 하는 지수 등에 의하여 산출된 금전 등을 장래의 특정 시점에 인도할 것을 약정하는 계약인 선도(forward)와 선도를 표준화하여 거래소에서 거래하는 선물(future), 당사자 어느 한쪽의 의사표시에 의하여 기초자산이나 기초자산의 가격·이자율·지표·단위 또는 이를 기초로 하는 지수 등에 의하여 산출된 금전 등을 수수하는 거래를 성립시킬 수 있는 권리를 부여하는 것을 약정하는 계약인 옵션(option) 등이 있다(자본시장과 금융투자업에 관한 법률 제5조 제1항 제1호, 제2호). 옵션은 권리행사 가능 시기에 따라 만기에만 권리를 행사할 수 있는 유럽형 옵션과 만기 전에도 언제든지 권리를 행사할 수 있는 미국형 옵션으로 나눌 수 있다. 유럽형 옵션의 경우 만기에 이르러야 옵션이 정한 거래를 성립시키는 권리가 행사될 수 있으므로, 만기 도래 전에는 거래 당사자의 결제불이행 위험이 현실화되지 않는다. 하지만 유럽형 옵션의 만기 도래 전이라도 급격한 시세의 변동으로 만기에 투자자가 감당하기 어려운 액수의 결제를 해야 하는 상황이 발생할 가능성이 증가하고 그에 비해 투자자의 위탁증거금 액수는 결제예상금액에 크게 미달하는 등으로 만기 시점의 결제불이행 위험이 발생할 우려가 커졌을 경우 투자중개업자는 결제불이행 위험의 현실화 및 더 큰 손실 발생을 막기 위한 조치를 취할 필요가 있고, 이를 위하여 장중 반대매매에 관한 약관을 둘 수 있다고 보아야 한다(대판 2025.3.13. 2024다215375[본소]·2024다215382[반소]).

(2) 약관의 편입통제

1) 약관의 구속력의 근거

종래 규범설이 주장되었으나, 통설·판례는 계약당사자인 작성자와 그 상대방의 합의가 약관의 구속력에 대한 근거라는 계약설을 취하고 있다.

2) 약관편입의 요건 : 약관의 명시·설명

① 명시·설명의 대상 : 명시·설명의 대상이 되는 것은 원칙적으로 약관의 중요한 사항, 즉 고객의 이해관계에 중대한 영향을 미치는 계약의 중요한 내용에 한한다.

> [보험약관의 명시·설명의무 대상이 되는 '중요한 내용'의 의미 및 판단 기준 / 보험약관의 명시·설명의무가 면제되는 경우 / 보험약관의 명시·설명의무를 위반한 경우, 그 약관 내용을 계약의 내용으로 주장할 수 있는지 여부(소극)]
>
> 일반적으로 보험자 및 보험계약의 체결 또는 모집에 종사하는 사람은 보험계약을 체결할 때 보험계약자 또는 피보험자에게 보험약관에 기재되어 있는 보험상품의 내용, 보험료율의 체계 및 보험청약서상 기재사항의 변동 사항 등 보험계약의 중요한 내용에 관하여 구체적이고 상세한 명시·설명의무를 진다. 여기서 설명의무의 대상이 되는 '중요한 내용'이란 사회통념에 비추어 고객이 계약체결의 여부 또는 대가를 결정하거나 계약체결 후 어떤 행동을 취할지에 관하여 직접적인 영향을 미칠 수 있는 사항을 말하고, 약관조항 중에서 무엇이 중요한 내용에 해당하는지에 관하여는 일률적으로 말할 수 없으며, 구체적인 사건에서 개별적 사정을 고려하여 판단하여야 한다. / 이러한 명시·설명의무가 인정되는 것은 어디까지나 보험계약자가 알지 못하는 가운데 약관의 중요한 사항이 계약내용으로 되어 보험계약자가 예측하지 못한 불이익을 받게 되는 것을 피하고자 하는 데에 그 근거가 있으므로, 약관에 정하여진 사항이라고 하더라도 거래상 일반적이고 공통된 것이어서 보험계약자가 이미 잘 알고 있는 내용이거나 별도의 설명 없이도 충분히 예상할 수 있었던 사항 또는 이미 법령에서 정하여진 것을 되풀이하거나 부연하는 정도에 불과한 사항이라면 그러한 사항에 대하여까지 보험자에게 명시·설명의무가 인정되는 것은 아니지만, / 이와 같이 보험자에게 명시·설명의무가 면제되는 경우가 아니라면 보험자가 이러한 보험약관의 명시·설명의무에 위반하여 보험계약을 체결한 때에는 그 약관의 내용을 보험계약의 내용으로 주장할 수 없다(대판 2025.3.13. 2023다250746).
>
> [명시·설명의무를 부정한 사례]
>
> 甲이 乙을 피보험자로 하여 丙 보험회사와 체결한 보험계약에는 '갱신형 질병입원의료비' 특약이 포함되어 있고, 위 특약에 관한 약관 조항은 '국민건강보험법에서 정한 요양급여 중 본인부담금(본인이 실제로 부담한 금액)의 90%에 해당하는 금액과 비급여(본인이 실제로 부담한 금액)의 80%에 해당하는 금액을 합한 금액'을 보험금 지급대상으로 정하고 있는데, 乙이 병원 입원치료 중 면역항암제를 전액본인부담으로 처방받아 의료기관에 약제비용을 지급한 후 위험분담제에 따라 제약회사로부터 약제비용의 일부를 환급받았는데도, 甲이 환급금을 포함한 본인부담금 전부를 보상하여야 한다며 丙 회사를 상대로 보험금 지급을 구한 사안에서, 위 약관 조항은 피보험자가 국민건강보험공단이나 제약회사로부터 위험분담제에 따라 환급을 받아 실제로 부담하지 않는 부분은 보험금 지급대상에 포함되지 않는다는 의미로 일의적으로 해석되고, 피보험자가 제약회사로부터 위험분담제에 따라 약제비용의 일부를 환급받음으로써 환급금 상당액을 실제 부담하지 아니하게 되었다면, 위 환급금 상당액이 보험계약에서 보상하는 손해에 포함되지 아니한다는 사정은 피보험자나 보험계약자가 별도의 설명이 없더라도 충분히 알 수 있으므로 丙 회사의 명시·설명의무의 대상에 해당하지 않는다고 한 사례(대판 2024.7.11. 2024다223949).

② 명시·설명의 방법 : 사업자는 약관에 정하여져 있는 「중요한 내용」을 고객이 이해할 수 있도록 설명하여야 한다(약관법 제3조 제3항). 설명의무의 상대방은 계약자 본인에 국한되는 것은 아니고, 고객의 대리인과 계약을 체결하는 경우에 그 대리인에게 약관을 설명하면 된다(대판 2001.7.27. 2001다23973).

③ 명시·설명의무 위반의 효과 : 명시·설명을 요하는 사항이 명시·설명되지 않은 경우에, 사업자가 그 사항을 계약의 내용으로 주장하지 못하지만(약관법 제3조 제4항), 고객은 그 사항을 계약의 내용으로 주장할 수 있다.

④ 입증책임 : 명시·설명을 요하는 약관이 명시·설명되었다는 점 또는 명시·설명의 대상이 아니라는 점에 대하여 사업자(보험자)가 입증책임을 진다.

(3) 약관의 해석통제

① 객관적·통일적 해석의 원칙

> [보험약관의 해석에서 객관적·획일적 해석의 원칙]
> 보험약관은 신의성실의 원칙에 따라 당해 약관의 목적과 취지를 고려하여 공정하고 합리적으로 해석하되, 개개의 계약당사자가 기도한 목적이나 의사를 참작함이 없이 평균적 고객의 이해가능성을 기준으로 보험단체 전체의 이해관계를 고려하여 객관적·획일적으로 해석하여야 한다(대판 2023.6.15. 2021다206691).

② 작성자 불이익의 원칙

> [약관의 해석에서 작성자 불이익의 원칙 및 약관의 목적과 취지를 고려하여 공정하고 합리적으로, 그리고 평균적 고객의 이해가능성을 기준으로 객관적이고 획일적으로 해석한 결과 약관 조항이 일의적으로 해석되는 경우, 작성자 불이익의 원칙이 적용되는지 여부(소극)]
> 약관은 신의성실의 원칙에 따라 해당 약관의 목적과 취지를 고려하여 공정하고 합리적으로 해석하되, 개별 계약 당사자가 의도한 목적이나 의사를 참작하지 않고 평균적 고객의 이해가능성을 기준으로 객관적·획일적으로 해석하여야 한다. 그리고 특정 약관 조항을 그 목적과 취지를 고려하여 공정하고 합리적으로 해석하기 위해서는 특별한 사정이 없는 한 그 약관 조항의 문언이 갖는 의미뿐만 아니라 그 약관 조항이 전체적인 논리적 맥락 속에서 갖는 의미도 고려해야 한다. 위와 같은 해석을 거친 후에도 약관 조항이 객관적으로 다의적으로 해석되고 각각의 해석이 합리성이 있는 등 해당 약관의 뜻이 명확하지 않은 경우에는 고객에게 유리하게 해석하여야 한다. 반면 약관의 목적과 취지를 고려하여 공정하고 합리적으로, 그리고 평균적 고객의 이해가능성을 기준으로 객관적이고 획일적으로 해석한 결과 약관 조항이 일의적으로 해석된다면 약관 조항을 고객에게 유리하게 해석할 여지가 없다(대판 2024.1.25. 2023다283913).

③ 개별 약정 우선의 원칙(약관법 제4조)

(4) 약관의 불공정성통제

1) **일반통제**(약관법 제6조)
① 신의성실의 원칙을 위반하여 공정성을 잃은 약관 조항은 무효이다(제1항).
② 약관의 내용 중 다음의 어느 하나에 해당하는 내용을 정하고 있는 조항은 공정성을 잃은 것으로 추정된다(제2항).
　㉠ 고객에게 부당하게 불리한 조항(제1호)

> [1] 약관 조항이 고객에 대하여 부당하게 불리한 조항으로서 '신의성실의 원칙을 위반하여 공정성을 잃은 약관 조항'이라는 이유로 무효라고 보기 위한 요건 및 이를 판단하는 기준 : 약관의 규제에 관한 법률 제6조 제1항, 제2항 제1호에 따라 고객에 대하여 부당하게 불리한 조항으로서 '신의성실의 원칙을 위반하여 공정성을 잃은 약관 조항'이라는 이유로 무효라고 보기 위해서는, 그 약관 조항이 고객에게 다소 불이익하다는 점만으로는 부족하고, 약관 작성자가 거래상의 지위를 남용하여 계약 상대방의 정당한 이익과 합리적인 기대에 반하여 형평에 어긋나는 약관 조항을 작성·사용함으로써 건전한 거래질서를 훼손하는 등 고객에게 부당하게 불이익을 주었다는 점이 인정되어야 한다. 그리고 이와 같이 약관 조항의 무효 사유에 해당하는 '고객에게 부당하게 불리한 조항'인지는 관계 법령이나 거래관행 등에 비추어 해당 약관 조항이 고객에게 어떠한 불이익을 발생시키는지, 고객이 사업자와 개별적으로 합의하였더라도 동일한 내용이 포함되었으리라고 할 수 있는지, 고객의 불이익을 정당화할 만한 사업주의 정당한 이익이나 합리적 사유가 있는지, 사업자가 고객의 불이익을 상쇄하거나 최소화할 만한 합리적인 조치를 두어 고객의 이익도 충분히 배려하였는지 등을 다른 약관 조항 등 계약 전체의 내용, 계약을 통해 추구하고자 한 이익의 내용과 그 사이의 균형, 거래관계의 실질적인 사정, 사업의 특성 등에 비추어 심사할 필요가 있다. [2] 甲 항공사 등이 마일리지에 약 10년의 유효기간을 도입하는 내용으로 약관을 개정하자, 마일리지 보유자인 乙 등이 甲 항공사 등을 상대로 위 약관이 고객에게 부당하게 불리한 조항으로서 공정성을 잃어 무효라고 주장하면서 소멸된 마일리지의 지급을 구한 사안에서, 위 약관이 약관의 규제에 관한 법률 제6조 제2항 제1호의 '고객에게 부당하게 불리한 조항'이라거나 위 법 제6조 제1항의 '신의성실의 원칙을 위반하여 공정성을 잃은 조항'이라고 보기는 어렵다고 한 원심판단이 정당하다고 한 사례(대판 2024.11.28. 2021다308030).

　㉡ 고객이 계약의 거래형태 등 관련된 모든 사정에 비추어 예상하기 어려운 조항(제2호)
　㉢ 계약의 목적을 달성할 수 없을 정도로 계약에 따르는 본질적 권리를 제한하는 조항(제3호)

2) **개별통제**
① 면책조항의 금지(약관법 제7조)
② 손해배상액의 예정에 대한 통제(약관법 제8조)
③ 계약의 해제·해지에 대한 통제(약관법 제9조)
④ 채무의 이행과 관련된 통제(약관법 제10조)
⑤ 고객의 권익 보호를 위한 통제(약관법 제11조)
⑥ 의사표시의 의제에 대한 통제(약관법 제12조)
⑦ 대리인의 책임 가중에 대한 통제(약관법 제13조)
⑧ 제소와 관련된 통제(약관법 제14조)

3) 무효인 약관조항의 효력(약관법 제16조)
① 약관조항의 일부 또는 전부가 계약의 내용으로 되지 못하거나 무효인 경우에 민법상의 일부무효의 법리(민법 제137조)가 적용되지 않는다. 즉 민법과 달리 약관규제법은 약관의 일부가 무효인 경우, 원칙적으로 전부무효가 아니라 일부무효로 규정하고 있다.
② 무효조항에 기초하여 고객이 이미 급부한 경우, 그 급부는 원칙적으로 민법 제746조의 불법원인급여에 해당하지 않으므로 부당이득반환청구의 대상에 해당한다(민법 제741조).

> 약관의 규제에 관한 법률에 의하여 약관조항이 무효인 경우 그것이 유효함을 전제로 민법 제398조 제2항을 적용하여 적당한 한도로 손해배상예정액을 감액하거나, 과중한 손해배상의무를 부담시키는 부분을 감액한 나머지 부분만으로 그 효력을 유지시킬 수는 없다(대판 2009.8.20, 2009다20475·20482).

Ⅲ 계약의 종류

1. 전형계약과 비전형계약

민법전에 규정되어 있는 15종의 계약을 전형계약이라고 말하고, 이에 속하지 않는 것을 비전형계약이라고 한다. 그리고 두 가지 이상의 전형계약의 성질을 겸하는 것 또는 전형계약과 비전형계약의 내용이 혼합된 것을 혼합계약이라고 한다.

2. 쌍무계약과 편무계약

(1) 쌍무계약

쌍무계약이라 함은 당사자의 쌍방이 서로 대가적 의미를 가지는 채무를 부담하는 계약을 말한다.
① 매매, 교환, 임대차, 고용, 도급, 조합, 화해
② 위임, 임치, 종신정기금이 유상인 때

(2) 편무계약

편무계약이라 함은 당사자의 일방만이 채무를 부담하거나, 또는 쌍방이 채무를 부담하더라도 그 채무가 서로 대가적 의미를 갖지 않는 계약을 말한다. 증여, 사용대차, 현상광고가 편무계약에 해당한다.

(3) 구별의 실익

쌍무계약에 있어서는 동시이행의 항변(민법 제536조), 위험부담(민법 제537조 이하)의 문제가 생기고 계약해제에 관한 규정이 적용되지만, 편무계약에서는 이런 문제가 생기지 않는다.

3. 유상계약과 무상계약

(1) 개 념
계약당사자가 서로 대가적 의미를 가진 재산상 출원 내지 출재를 하는가에 따른 구별이다.

(2) 유상계약과 쌍무계약의 비교
쌍무계약은 모두 유상계약이지만, 유상계약이 반드시 쌍무계약인 것은 아니다. 현상광고는 유상계약이지만 편무계약이다.

(3) 구체적인 검토
① 유상계약 : 매매, 교환, 임대차, 고용, 도급, 조합, 현상광고, 화해
② 무상계약 : 증여, 사용대차
③ 유상 또는 무상계약 : 소비대차, 위임, 임치, 종신정기금은 이자 또는 보수를 지급하는가의 여부에 따라 유상이 되거나 또는 무상이 된다.

(4) 유상계약의 특칙
① 유상계약에 관하여는 매매에 관한 규정이 준용된다(민법 제567조). 특히 담보책임에 관한 규정이 준용된다. 단, 도급에는 독자적인 담보책임 규정이 있기 때문에 매매에 관한 담보책임 규정이 준용될 수 없다(통설·판례).
② 무상계약에 있어서는 원칙적으로 담보책임이 없다. 단, 예외적으로 담보책임을 부담하는 경우가 있다.

4. 낙성계약과 요물계약

낙성계약은 당사자의 합의만으로 성립하는 계약이며, 민법상 전형계약은 현상광고를 제외하고는 모두 이에 속한다. 요물계약은 당사자의 합의 이외에 물건의 인도 기타의 급부를 하여야만 성립하는 계약으로, 민법상 전형계약 중에서 현상광고만이 요물계약이다.

5. 요식계약과 불요식계약

의사표시가 일정한 방식을 갖추어야 성립하는 계약이 요식계약이고, 그렇지 않은 계약이 불요식계약이다. 민법상 계약은 원칙적으로 방식을 요하지 않는다.

6. 계속적 계약과 일시적 계약

임대차, 임치, 고용 등과 같이 일정기간 동안 계속하여 급부를 실현해야 할 의무가 발생하는 계약을 계속적 계약이라 하고, 반면에 급부가 1회적으로 이행되는 계약을 일시적 계약이라고 한다.

제2절 계약의 성립

I 계약성립요건

1. 계약의 일반성립요건

당사자의 존재 및 특정가능성(당사자는 이행기까지 특정되면 족하다), 목적의 존재, 의사표시의 존재가 필요하다.

2. 계약의 특별성립요건 : 청약과 승낙의 합치

(1) 객관적 합치(내용의 합치)

불합치된 부분이 경미하다 할지라도 계약은 성립하지 않는다.

> 계약이 성립하기 위하여는 당사자의 서로 대립하는 수 개의 의사표시의 객관적 합치가 필요하고 객관적 합치가 있다고 하기 위하여는 당사자의 의사표시에 나타나 있는 사항에 관하여는 모두 일치하고 있어야 하는 한편, 계약 내용의 '중요한 점' 및 계약의 객관적 요소는 아니더라도 특히 당사자가 그것에 중대한 의의를 두고 계약성립의 요건으로 할 의사를 표시한 때에는 이에 관하여 합치가 있어야 계약이 적법·유효하게 성립한다(대판 2003.4.11. 2001다53059).

(2) 주관적 합치(상대방의 일치)

주관적 합치가 없는 경우에도 계약이 성립하지 않는다.

3. 불합의의 구별개념

(1) 불합의

의식적 불합의이건 무의식적 불합의이건 구별 없이 계약은 성립하지 않는다.

(2) 숨은 불합의와 착오의 구별

당사자가 불합의를 모르고 있었던 경우인 숨은 불합의는 착오와 구별이 곤란하다. 다만, 의사표시의 합치는 계약의 성립요건이고, 착오는 계약의 성립을 전제로 한 계약의 유효요건의 문제이므로 숨은 불합의는 착오가 문제될 여지는 없다.

4. 의사의 합치의 정도

당해 계약의 내용을 이루는 모든 사항에 관하여 의사의 합치가 있어야 하는 것은 아니나 그 본질적 사항이나 중요사항에 관하여는 구체적으로 의사의 합치가 있거나 적어도 장래 구체적으로 특정할 수 있는 기준과 방법 등에 관한 합의는 있어야 한다(대판 2006.11.24. 2005다39594).

II 청약과 승낙에 의한 계약의 성립

> **계약의 청약의 구속력(민법 제527조)**
> 계약의 청약은 이를 철회하지 못한다.
>
> **승낙기간을 정한 계약의 청약(민법 제528조)**
> ① 승낙의 기간을 정한 계약의 청약은 청약자가 그 기간 내에 승낙의 통지를 받지 못한 때에는 그 효력을 잃는다.
> ② 승낙의 통지가 전항의 기간 후에 도달한 경우에 보통 그 기간 내에 도달할 수 있는 발송인 때에는 청약자는 지체 없이 상대방에게 그 연착의 통지를 하여야 한다. 그러나 그 도달 전에 지연의 통지를 발송한 때에는 그러하지 아니하다.
> ③ 청약자가 전항의 통지를 하지 아니한 때에는 승낙의 통지는 연착되지 아니한 것으로 본다.
>
> **승낙기간을 정하지 아니한 계약의 청약(민법 제529조)**
> 승낙의 기간을 정하지 아니한 계약의 청약은 청약자가 상당한 기간 내에 승낙의 통지를 받지 못한 때에는 그 효력을 잃는다.
>
> **연착된 승낙의 효력(민법 제530조)**
> 전2조의 경우에 연착된 승낙은 청약자가 이를 새 청약으로 볼 수 있다.
>
> **격지자 간의 계약성립시기(민법 제531조)**
> 격지자 간의 계약은 승낙의 통지를 발송한 때에 성립한다.
>
> **변경을 가한 승낙(민법 제534조)**
> 승낙자가 청약에 대하여 조건을 붙이거나 변경을 가하여 승낙한 때에는 그 청약의 거절과 동시에 새로 청약한 것으로 본다.

1. 청 약

(1) 청약의 개념

① 청약은 승낙과 결합하여 일정한 계약을 성립시키는 것을 목적으로 하는 일방적·확정적 의사표시이다.
② 청약은 불특정다수인에 대한 것도 유효하다.
③ 청약은 그에 대응하는 승낙만 있으면 곧 계약을 성립시키는 구체적·확정적 의사표시이다.

(2) 청약의 효력

1) 청약의 효력발생시기

① 청약도 의사표시이므로, 의사표시의 효력발생시기에 관한 일반원칙(민법 제111조 제1항)에 따라 도달에 의하여 그 효력이 발생한다. 다만, 불특정인에 대한 청약에서는 불특정인이 요지할 수 있는 상태가 성립한 때에 도달이 있다고 할 수 있다.
② 청약의 발신 후 그 도달 전에 청약자가 사망하거나 행위능력을 상실하더라도 청약의 효력에는 영향이 없다(민법 제111조 제2항).

2) 청약의 구속력(비철회성)

① **의의** : 청약이 상대방에게 도달하여 그 효력이 발생한 경우에는 청약자가 이를 마음대로 철회하지 못한다(민법 제527조)는 것을 의미한다.

> • 공무원이 한 사직의 의사표시는 그에 터잡은 의원면직처분이 있을 때까지는 원칙적으로 이를 철회할 수 있는 것이지만, 다만 의원면직처분이 있기 전이라도 사직의 의사표시를 철회하는 것이 신의칙에 반한다고 인정되는 특별한 사정이 있는 경우에는 그 철회는 허용되지 아니한다(대판 1993.7.27. 92누16942).
> • 근로자가 사직원의 제출방법에 의하여 근로계약관계의 합의해지를 청약하고 이에 대하여 사용자가 승낙함으로써 당해 근로관계를 종료시키게 되는 경우 근로자는 사직원의 제출에 따른 사용자의 승낙의사가 형성되어 확정적으로 근로계약 종료의 효과가 발생하기 전에는 사직의 의사표시를 자유로이 철회할 수 있다(대판 1992.12.8. 91다43015).

② **구속력의 존속기간**
  ㉠ 승낙기간을 정한 청약은 그 기간 중에는 철회하지 못하고(민법 제527조), 그 기간을 경과하면 청약은 효력(승낙적격)을 잃는다(민법 제528조 제1항).
  ㉡ 승낙기간을 정하지 아니한 청약을 한 경우에는 청약자가 상당한 기간 내에 승낙의 통지를 받지 못한 때에는 효력을 잃는다(민법 제529조).

3) 청약의 실질적 효력(승낙적격, 청약의 존속기간)

① 청약을 받은 상대방은 승낙함으로써 곧 계약을 성립시킬 수 있다. 즉 청약은 그에 대한 승낙만 있으면 바로 계약을 성립하게 하는 효력이 있는데, 이를 청약의 실질적 효력(승낙적격)이라고 한다.
② 승낙기간이 정하여진 청약의 경우 그 기간 내에 한하여 승낙할 수 있는데, 승낙은 승낙기간 내에 도달해야 한다(민법 제528조 제1항). 다만, 승낙의 통지가 기간 후에 도달한 경우에 보통 그 기간 내에 도달할 수 있는 발송인 때에는 청약자는 지체 없이 상대방에게 그 연착의 통지를 하여야 한다. 청약자가 통지를 하지 아니한 때에는 승낙의 통지는 연착되지 아니한 것으로 본다(민법 제528조).
③ 승낙기간을 경과하여 연착된 승낙은 청약자가 이를 새로운 청약으로 보고(민법 제530조), 이에 대해 승낙을 하면 계약은 성립한다.

2. 승 낙

(1) 승낙의 개념

승낙은 청약의 상대방이 청약에 응하여 계약을 성립시킬 목적으로 청약자에 대하여 행하는 의사표시이다.
① **승낙의 상대방** : 승낙은 반드시 특정의 청약자에 대하여 해야 한다. 즉, 불특정·다수인에 대한 승낙은 불가능하다.
② **변경을 가한 승낙** : 승낙은 청약과 내용적으로 일치(객관적 합치)해야 하는데, 청약의 양적 일부에만 승낙한 경우 새로운 청약이 된다(민법 제534조).

③ 연착된 승낙 : 새로운 청약이 된다(민법 제530조).
④ 승낙의 방법 : 원칙적으로 자유이고 그에 대한 특별한 제한이 없다.

(2) 승낙의 효력발생시기

1) 문제점

계약의 성립시기와 관련하여 민법 제528조 제1항과 민법 제529조를 민법 제531조와 어떻게 조화롭게 해석해야 하는지 문제된다.

2) 학 설

① 해제조건설(다수설)
  ㉠ 승낙기간 내 승낙의 부도달을 해제조건으로 승낙통지 발송시에 계약은 성립한다는 견해이다. 따라서 승낙자는 발송사실만 증명하면 되고, 부도달의 입증책임은 청약자가 부담한다.
  ㉡ 승낙의 발신 후에는 그 도달 전이라도 철회할 수 없다.
  ㉢ 민법 제531조는 승낙의 효력발생시기에 관하여 발신주의를 규정한 것이다.

② 정지조건설
  ㉠ 승낙통지가 승낙기간 내에 청약자에게 도달할 것을 정지조건으로 하여 승낙통지를 발송한 때에 소급하여 유효한 계약이 성립한다는 견해이다. 이 경우에는 승낙자가 발송사실과 도달 모두의 입증책임을 부담한다.
  ㉡ 승낙의 발신 후에도 그 도달 전에는 철회할 수 있다.
  ㉢ 승낙은 도달한 때에 효력이 발생한다.

3) 학설의 공통점

기간 내에 도달하면 발송시에 계약은 성립하고, 기간 내에 도달하지 않으면 계약은 불성립한다.

3. 의사실현에 의한 계약의 성립

> **의사실현에 의한 계약성립(민법 제532조)**
> 청약자의 의사표시나 관습에 의하여 승낙의 통지가 필요하지 아니한 경우에는 계약은 승낙의 의사표시로 인정되는 사실이 있는 때에 성립한다.

4. 교차청약에 의한 계약의 성립

> **교차청약(민법 제533조)**
> 당사자 간에 동일한 내용의 청약이 상호교차된 경우에는 양청약이 상대방에게 도달한 때에 계약이 성립한다.

Ⅲ 사실적 계약관계론

1. 의 의

일상생활에 밀접하고 대량적·반복적으로 이루어지는 계약유형에 있어서는 당사자의 사실적 행위만으로 당사자의 구체적 의사와 관계없이 계약관계가 성립한다는 이론이다. 대표적인 경우로 통신이나 교통수단, 수도·가스의 공급 등을 들 수 있다.

2. 취 지

① 제한능력자제도를 배제하고자 하는 취지이다.
② 법률행위에 무효나 취소원인이 있더라도 이미 존재한 사실에는 법률효과를 인정한다. 따라서 착오취소를 배제한다.
③ 명시적인 승낙의 거절이 있어도 급부를 받으면 계약의 성립을 인정한다.

3. 인정 여부

통설은 의사자치를 기본으로 하는 실정법 체계에 맞지 않아 도입을 부정한다.

Ⅳ 계약체결상 과실책임

1. 의 의

(1) 개 념

계약체결을 위한 준비과정이나 계약의 성립과정에서 당사자 일방이 유책적으로 상대방의 손해를 야기한 경우에, 이를 배상해야 할 책임을 계약체결상의 과실책임이라 한다.

(2) 기 능

계약체결상의 과실책임은 원래 계약책임에 대해서도 불법행위책임에 대해서도 일반조항을 두지 않았던 독일민법에서 피해자 구제의 공백을 메우기 위하여 논의되었다. 반면, 우리나라 민법은 계약이 원시적 불능으로 인하여 무효인 경우에 관하여 명문으로 이 책임을 규정하지만(민법 제535조), 학설은 일반적으로 여기에서 더 나아가 계약체결의 준비단계 또는 계약이 좌절된 경우에도 계약체결상의 과실책임을 인정한다. 반면 판례는 민법 제535조 이외에 계약체결상 과실책임을 명시적으로 인정한 예는 없다.

2. 책임의 법적 성질

(1) 논의의 실익
법적 성질을 어떻게 보느냐에 따라 입증책임의 부담자, 법정대리인 또는 이행보조자의 고의·과실에 관한 민법 제391조의 적용 여부, 배상청구권의 소멸시효기간 등이 달라지게 된다.

(2) 학 설
① **계약책임설(다수설)** : 계약상의 의무에는 주된 급부의무 이외에 부수적 주의의무, 보호의무 등 신의칙상의 의무가 포함되고, 신의칙상 의무는 계약체결을 위한 준비단계에서도 인정되어 계약책임으로 구성할 수 있다고 보는 견해이다.
② **불법행위책임설** : 계약체결과정에서 또는 무효인 계약에 의해 상대방에게 불의의 손해를 주지 않도록 하는 것은 사회생활상의 의무이고, 이를 위반하여 과실로 상대방에게 손해를 준 자는 불법행위책임을 진다는 견해이다.
③ **법정책임설(고유책임설)** : 계약체결을 위한 협의의 개시 시부터 계약의 성립 시까지의 과정을 하나의 독립된 단계로 보아 그 자체에 법적으로 특별한 지위를 부여하고 전통적인 불법행위책임과 계약책임의 체계에 수정을 가하는 견해로, 계약책임과 유사한 독자적인 책임이고, 그 실정법적 근거는 민법 제535조를 유추적용한다.

3. 책임의 유형

① 계약준비단계에 있어서의 체약상 과실책임

> • [1] **계약교섭의 부당한 중도파기가 불법행위를 구성하는지 여부(적극)** : 어느 일방이 교섭단계에서 계약이 확실하게 체결되리라는 정당한 기대 내지 신뢰를 부여하여 상대방이 그 신뢰에 따라 행동하였음에도 상당한 이유 없이 계약의 체결을 거부하여 손해를 입혔다면 이는 신의성실의 원칙에 비추어 볼 때 계약자유원칙의 한계를 넘는 위법한 행위로서 불법행위를 구성한다. [2] **계약교섭의 부당한 중도파기로 인한 손해배상책임의 범위(= 신뢰손해) 및 신뢰손해의 의미** : 계약교섭의 부당한 중도파기가 불법행위를 구성하는 경우 그러한 불법행위로 인한 손해는 일방이 신의에 반하여 상당한 이유 없이 계약교섭을 파기함으로써 계약체결을 신뢰한 상대방이 입게 된 상당인과관계 있는 손해로서 계약이 유효하게 체결된다고 믿었던 것에 의하여 입었던 손해 즉 신뢰손해에 한정된다고 할 것이고, 이러한 신뢰손해란 예컨대, 그 계약의 성립을 기대하고 지출한 계약준비비용과 같이 그러한 신뢰가 없었더라면 통상 지출하지 아니하였을 비용상당의 손해라고 할 것이며, 아직 계약체결에 관한 확고한 신뢰가 부여되기 이전 상태에서 계약교섭의 당사자가 계약체결이 좌절되더라도 어쩔 수 없다고 생각하고 지출한 비용, 예컨대 경쟁입찰에 참가하기 위하여 지출한 제안서, 견적서 작성비용 등은 여기에 포함되지 아니한다. [3] **계약교섭의 부당한 중도파기로 인하여 인격적 법익이 침해된 경우 그 정신적 고통에 대한 별도의 손해배상을 구할 수 있는지 여부(적극)** : 침해행위와 피해법익의 유형에 따라서는 계약교섭의 파기로 인한 불법행위가 인격적 법익을 침해함으로써 상대방에게 정신적 고통을 초래하였다고 인정되는 경우라면 그러한 정신적 고통에 대한 손해에 대하여는 별도로 배상을 구할 수 있다(대판 2003.4.11. 2001다53059).

- 계약교섭의 부당한 중도파기로 인한 손해배상의 범위 및 계약의 성립을 기대하고 이행을 위하여 지출한 비용 상당의 손해가 상당인과관계 있는 손해에 해당한다고 볼 수 있는 경우 : 계약교섭의 부당한 중도파기가 불법행위를 구성하는 경우, 상대방에게 배상책임을 지는 것은 계약체결을 신뢰한 상대방이 입게 된 상당인과관계 있는 손해이고, 한편 계약교섭 단계에서는 아직 계약이 성립된 것이 아니므로 당사자 중 일방이 계약의 이행행위를 준비하거나 이를 착수하는 것은 이례적이라고 할 것이므로 설령 이행에 착수하였다고 하더라도 이는 자기의 위험 판단과 책임에 의한 것이라고 평가할 수 있지만 만일 이행의 착수가 상대방의 적극적인 요구에 따른 것이고, 바로 위와 같은 이행에 들인 비용의 지급에 관하여 이미 계약교섭이 진행되고 있었다는 등의 특별한 사정이 있는 경우에는 당사자 중 일방이 계약의 성립을 기대하고 이행을 위하여 지출한 비용 상당의 손해가 상당인과관계 있는 손해에 해당한다(대판 2004.5.28, 2002다32301).
- 계약 체결을 위한 교섭 과정에서 어느 일방이 보호가치 있는 기대나 신뢰를 가지게 된 경우, 상대방이 상당한 이유 없이 이를 침해하여 손해를 입혔다면 불법행위를 구성할 수 있는지 여부(적극) 및 계약 체결을 위한 교섭 과정에서 상대방의 기대나 신뢰를 보호하고 배려해야 할 의무를 위반하면서 상대방의 성과물을 무단으로 이용한 경우, 위법성이 인정되는지 여부(적극) : 계약 체결을 위한 교섭 과정에서 어느 일방이 보호가치 있는 기대나 신뢰를 가지게 된 경우에, 그러한 기대나 신뢰를 보호하고 배려해야 할 의무를 부담하게 된 상대방이 오히려 상당한 이유 없이 이를 침해하여 손해를 입혔다면, 신의성실의 원칙에 비추어 볼 때 계약 체결의 준비 단계에서 협력관계에 있었던 당사자 사이의 신뢰관계를 해치는 위법한 행위로서 불법행위를 구성할 수 있다고 보아야 한다. 특히 계약 체결을 위한 교섭 과정에서 상대방의 기대나 신뢰를 보호하고 배려해야 할 의무를 위반하면서 상대방의 성과물을 무단으로 이용한 경우에는 당사자 사이의 신뢰관계를 해칠 뿐만 아니라 상도덕이나 공정한 경쟁질서를 위반한 것으로서 그러한 행위의 위법성을 좀 더 쉽게 인정할 수 있다(대판 2021.6.30, 2019다268061).

② 계약이 무효·취소된 경우의 체약상 과실책임
③ 계약이 유효한 경우의 체약상 과실책임

4. 원시적 불능으로 인한 계약체결상의 과실책임

> **계약체결상의 과실(민법 제535조)**
> ① 목적이 불능한 계약을 체결할 때에 그 불능을 알았거나 알 수 있었을 자는 상대방이 그 계약의 유효를 믿었음으로 인하여 받은 손해를 배상하여야 한다. 그러나 그 배상액은 계약이 유효함으로 인하여 생길 이익액을 넘지 못한다.
> ② 전항의 규정은 상대방이 그 불능을 알았거나 알 수 있었을 경우에는 적용하지 아니한다.

(1) 의 의

민법 제535조는 계약의 목적이 원시적 불능으로 무효인 경우 그 불능을 알았거나 알 수 있었던 자에게 상대방이 입은 손해를 배상할 책임을 규정하고 있다.

(2) 요 건

① 원시적 불능으로 무효일 것 : 특히 계약이 원시적·전부불능일 때에만 민법 제535조의 적용이 있다(대판 2002.4.9. 99다47396).

> [계약 당시 이미 채무의 이행이 불가능한 경우, 채권자가 이행을 구하는 것이 허용되는지 여부(원칙적 소극) / 채무의 이행이 불가능하다는 것의 의미 및 채무를 이행하는 행위가 법률로 금지되어 그 행위의 실현이 법률상 불가능한 경우도 포함하는지 여부(적극)]
> 계약 체결 후에 채무의 이행이 불가능하게 된 경우에는 채권자가 이행을 청구하지 못하고 채무불이행을 이유로 손해배상을 청구하거나 계약을 해제할 수 있다. 그러나 계약 당시에 이미 채무의 이행이 불가능했다면 특별한 사정이 없는 한 채권자가 이행을 구하는 것은 허용되지 않고, 민법 제535조에서 정한 계약체결상의 과실책임을 추궁하는 등으로 권리를 구제받을 수밖에 없다(대판 2017.8.29. 2016다212524).

② 배상자 측 요건 : 원시적 불능이라는 사실에 대해 알았거나 알 수 있었어야 한다.
③ 상대방 측 요건 : 상대방은 불능의 원인에 대해 선의·무과실이어야 한다.

(3) 효 과

① 손해배상청구권 : 계약의 유효를 믿었음으로 인하여 받은 손해를 배상하여야 하고, 그 배상액은 계약이 유효함으로 인하여 생길 이익액을 넘지 못한다.
② 입증책임 및 이행보조자 책임의 문제 : 다수설(계약책임설)에 의하면 가해자가 자신에게 귀책사유가 없음을 입증해야 하며, 이행보조자에 대해서는 민법 제391조가 적용된다.

출처 | 박기현·김종원, 「핵심정리 민법」, 메티스, 2014, P. 1325~1339

제3절 계약의 효력

I 서 설

성립요건과 효력발생요건을 갖춘 쌍무계약으로부터 생기는 두 개의 채무는 서로 대가적 의의를 가지고 각 채무 사이에는 성립상·이행상·존속상의 견련관계가 인정되고 있다.

II 동시이행의 항변권

> **동시이행의 항변권(민법 제536조)**
> ① 쌍무계약의 당사자 일방은 상대방이 그 채무이행을 제공할 때까지 자기의 채무이행을 거절할 수 있다. 그러나 상대방의 채무가 변제기에 있지 아니하는 때에는 그러하지 아니하다.
> ② 당사자 일방이 상대방에게 먼저 이행하여야 할 경우에 상대방의 이행이 곤란할 현저한 사유가 있는 때에는 전항 본문과 같다.

1. 의 의

① 쌍무계약에 있어서의 이행상의 견련관계를 인정하기 위한 제도이다.
② 쌍무계약의 당사자 일방은 상대방이 그 채무의 이행을 제공할 때까지는 자기의 채무의 이행을 거절할 수 있는 항변권을 가진다(민법 제536조).
③ 쌍무계약에서의 각 채무자가 거절할 수 있는 권능[항변권설(다수설)]이라고 한다.
④ 동시이행항변권 규정은 임의규정이다.

> [부동산 매매계약에서 매수인의 잔대금 지급의무와 매도인의 소유권이전등기서류 교부의무가 동시이행관계에 있는지 여부(원칙적 적극) / 동시이행항변권의 포기는 묵시적 의사표시로도 가능한지 여부(적극) 및 그 인정은 엄격하고 신중하게 이루어져야 하는지 여부(적극) / 매수인이 대금을 약정기일까지 납부하지 아니할 경우 그 체납액에 대하여 연체료를 가산하여 지급하기로 하는 연체료 약정의 법적 성격(= 이행지체에 대한 손해배상의 예정) 및 연체료 지급의무의 발생 시점(= 이행지체책임이 발생할 때)]
> 부동산 매매계약에서 특별한 사정이 없는 한 매수인의 잔대금 지급의무와 매도인의 소유권이전등기서류 교부의무는 동시이행관계에 있다. / 동시이행항변권의 포기는 명시적 의사표시뿐만 아니라 묵시적 의사표시로 이루어지는 것도 가능하지만, 묵시적 의사표시의 해석을 통한 동시이행항변권 포기의 인정은 엄격하고 신중하게 이루어져야 한다. / 한편 매수인이 대금을 약정기일까지 납부하지 아니할 경우 그 체납액에 대하여 연체료를 가산하여 지급하기로 하는 연체료 약정은 이행지체에 대한 손해배상의 예정으로서 지체책임이 발생할 때 비로소 그 지급의무가 발생한다(대판 2025.6.26. 2025다209893[본소]·2025다209894[반소]).

2. 요 건

(1) 당사자 쌍방이 서로 대가적 의미 있는 채무를 부담하고 있을 것

① 원칙적으로 동일한 쌍무계약에 의하여 당사자 쌍방이 서로 대가적 의미 있는 채무를 부담하여야 한다. 따라서 쌍방이 채무를 부담하더라도 그 채무가 서로 대가적 의미를 가지지 않거나 서로 다른 법률상의 원인에 의해 발생한 경우에는 원칙적으로 동시이행항변권이 인정되지 않는다(대판 1989.2.14. 88다카10753).

> [1] '동시이행의 항변권' 제도의 취지 및 당사자가 부담하는 각 채무가 쌍무계약에서 고유의 대가관계에 있는 채무가 아니더라도 동시이행의 항변권을 인정할 수 있는 경우 : 동시이행의 항변권은 공평의 관념과 신의칙에 입각하여 각 당사자가 부담하는 채무가 서로 대가적 의미를 가지고 관련되어 있을 때 그 이행에 견련관계를 인정하여 당사자 일방은 상대방이 채무를 이행하거나 이행의 제공을 하지 아니한 채 당사자 일방의 채무의 이행을 청구할 때에는 자기의 채무 이행을 거절할 수 있도록 하는 제도이다. 이러한 제도의 취지에서 볼 때 당사자가 부담하는 각 채무가 쌍무계약에서 고유의 대가관계에 있는 채무가 아니더라도, 양 채무가 동일한 법률요건으로부터 생겨서 대가적 의미가 있거나 공평의 관점에서 보아 견련적으로 이행시킴이 마땅한 경우에는 동시이행의 항변권을 인정할 수 있다. [2] 임대차계약 종료에 따른 임차인의 임차목적물 반환의무와 임대인의 권리금 회수 방해로 인한 손해배상의무가 동시이행관계에 있는지 여부(소극) : 임차인의 임차목적물 반환의무는 임대차계약의 종료에 의하여 발생하나, 임대인의 권리금 회수 방해로 인한 손해배상의무는 상가건물 임대차보호법에서 정한 권리금 회수기회 보호의무 위반을 원인으로 하고 있으므로 양 채무는 동일한 법률요건이 아닌 별개의 원인에 기하여 발생한 것일 뿐 아니라 공평의 관점에서 보더라도 그 사이에 이행상 견련관계를 인정하기 어렵다(대판 2019.7.10. 2018다242727).

② 본래의 채무의 내용이 바뀌어 손해배상채무가 되더라도 채무의 동일성은 있으므로 항변권은 소멸하지 않는다(대판 2000.2.25. 97다30066).
③ 채무불이행으로 인한 손해배상채권은 본래의 채권과 동일성을 가진다.

> 채무불이행으로 인한 손해배상채권은 본래의 채권이 확장된 것이거나 본래의 채권의 내용이 변경된 것이므로 본래의 채권과 동일성을 가진다. 따라서 본래의 채권이 시효로 소멸한 때에는 손해배상채권도 함께 소멸한다(대판 2018.2.28. 2016다45779).

(2) 상대방의 채무가 변제기에 있을 것

① 법률의 규정 또는 특약에 의하여 일방이 선이행의무를 지는 때에는 선이행의무자는 항변권을 가지지 않는다.
② 쌍방의 채무가 변제기를 같이 할 필요는 없으며, 항변권을 행사할 때에 상대방의 채무의 변제기가 도래되어 있으면 되므로 선이행의 의무를 지는 자가 이행하지 않고 있는 동안에 상대방의 채무가 이행기에 달한 경우, 상대방의 청구에 대하여 선이행의무자도 동시이행의 항변을 행사할 수 있다(통설·판례).
③ 당사자 일방이 선이행의무를 지고 있는 경우라도 상대방의 재산상태의 악화 등으로 상대방이 부담하는 의무의 이행이 곤란할 현저한 사유가 있는 때에는, 상대방의 채무의 변제기가 도래하기 전에도 동시이행의 항변권을 가진다(불안의 항변권)(민법 제536조 제2항).

> [민법 제536조 제2항에서 정한 '선이행의무를 지고 있는 당사자가 상대방의 이행이 곤란할 현저한 사유가 있는 때에 자기의 채무이행을 거절할 수 있는 경우'의 의미 및 상대방의 채무가 아직 이행기에 이르지 않았지만 이행기에 이행될 것인지 여부가 현저히 불확실하게 된 경우도 이에 해당하는지 여부(적극)]
> 민법 제536조 제2항에서 정한 '선이행의무를 지고 있는 당사자가 상대방의 이행이 곤란할 현저한 사유가 있는 때에 자기의 채무이행을 거절할 수 있는 경우'란 선이행채무를 지고 있는 당사자가 계약 성립 후 상대방의 신용불안이나 재산상태 악화 등과 같은 사정으로 상대방의 이행을 받을 수 없는 사정변경이 생기고 이로 말미암아 당초의 계약 내용에 따른 선이행의무를 이행하게 하는 것이 공평과 신의칙에 반하게 되는 경우를 가리킨다. 상대방의 채무가 아직 이행기에 이르지 않았지만 이행기에 이행될 것인지 여부가 현저히 불확실하게 된 경우에는 선이행채무를 지고 있는 당사자라도 상대방의 이행이 확실하게 될 때까지 선이행의무의 이행을 거절할 수 있다(대판 2023.12.7. 2023다269139).

(3) 상대방이 자기의 채무의 이행 또는 그 제공을 하지 않고서 이행을 청구할 것

① 상대방이 일부의 이행이나 불완전한 이행을 한 경우에는, 청구를 받은 채무가 가분적이면 원칙적으로 불이행 또는 불완전한 부분에 상당하는 만큼의 채무의 이행을 거절할 수 있다.
② 불이행 또는 불완전한 부분이 경미한 것이면 일부에 관한 항변권은 없고, 반대로 중요한 것이면 전부에 대한 항변권이 성립한다.
③ 청구를 받은 채무가 불가분인 때에는 불이행 또는 불완전한 부분의 중요성에 따라서 전부에 관한 항변권이 성립하느냐 않느냐가 결정된다. 중요성의 판단은 계약의 취지나 신의칙에 의하여 결정된다.

④ 수령지체에 빠진 당사자도 그 후 상대방이 자기의 채무의 이행의 제공을 다시 하지 않고서 이행을 청구한 경우에 항변권을 여전히 갖는다(통설). 판례도 이행의 제공이 계속되지 않는 한 과거에 이행의 제공이 있었다는 사실만으로 상대방이 가진 동시이행의 항변권이 소멸되지는 않는다고 하여 동시이행의 항변권을 인정하고 있다.

> **[동시이행판결의 채무자가 그 판결의 집행력 배제를 구하는 청구이의의 소에서 채권자가 반대의무의 이행 또는 이행제공을 하지 않았다는 주장을 청구이의의 사유로 내세울 수 있는지 여부(소극)]**
> 집행권원인 동시이행판결의 반대의무 이행 또는 이행제공은 집행개시의 요건으로서 집행개시와 관련된 집행에 관한 이의신청 절차에서 주장·심리되어야 할 사항이지, 집행권원에 표시되어 있는 청구권에 관하여 생긴 이의를 내세워 그 집행권원이 가지는 집행력의 배제를 구하는 청구이의의 소에서 심리되어야 할 사항은 아니다. 따라서 동시이행판결의 채무자로서는 그 집행력의 배제를 구하는 청구이의의 소에서 채권자가 반대의무의 이행 또는 이행제공을 하지 않았다는 주장을 청구이의의 사유로 내세울 수 없다(대판 2024.6.13. 2024다231391).

3. 동시이행항변권의 효과

(1) 이행거절권능

이행거절을 위해서는 동시이행의 항변권을 실제로 행사하여야 한다(통설·판례).

(2) 당연효의 문제

이행지체저지효는 항변권의 존재만으로 당연히 생긴다(통설·판례). 그러나 변제와 어음·수표의 반환과 같이 동일한 쌍무계약에서 발생한 고유의 대가관계가 있는 채무가 아니더라도 동시이행항변권이 인정될 수 있는지 문제된다.

> - 쌍무계약에서 쌍방의 채무가 동시이행관계에 있는 경우 일방 채무의 이행기가 도래하더라도 상대방 채무의 이행 제공이 있을 때까지는 그 채무를 이행하지 않아도 지체책임을 지지 않는 것이고, 이는 지체책임의 면책을 주장하는 자가 상대방의 이행청구에 대하여 동시이행의 항변권을 재판상 또는 재판 외에서 행사하여야만 발생하는 것은 아니다. 한편 매매계약이 해제된 경우에 당사자 쌍방의 원상회복의무는 동시이행의 관계에 있고, 이때 계약의 해제로 인하여 당사자가 상대방에 대하여 원상회복의무와 손해배상의무를 부담하는 경우에는 당사자가 부담하는 원상회복의무뿐만 아니라 손해배상의무도 함께 동시이행관계에 있다(대판 2024.2.29. 2023다289720).
> - 당사자가 부담하는 각 채무가 쌍무계약에 있어 고유의 대가관계가 있는 채무가 아니라고 하더라도 구체적인 계약관계에서 각 당사자가 부담하는 채무에 관한 약정내용에 따라 그것이 대가적 의미가 있어 이행상의 견련관계를 인정하여야 할 사정이 있는 경우에는 동시이행의 항변권을 인정할 수 있을 것이다(대판 1992.8.18. 91다30927).
> - 채무자가 어음의 반환이 없음을 이유로 원인채무의 변제를 거절할 수 있는 권능을 가진다고 하여 채권자가 어음의 반환을 제공하지 아니하면 채무자에게 적법한 이행의 최고를 할 수 없다고 할 수는 없고, 채무자는 원인채무의 이행기를 도과하면 원칙적으로 이행지체의 책임을 진다(대판 1999.7.9. 98다47542·47559).

(3) 상계금지효

원칙적으로 동시이행항변권이 붙은 채권은 이를 자동채권으로 상계하지 못한다. 다만, 판례는 자동채권과 수동채권이 서로 동시이행관계에 있는 경우에는 상계를 허용한다.

4. 동시이행항변권이 인정되는 사례

(1) 민법상 명문규정이 있는 경우

계약해제로 인한 원상회복의무의 이행(민법 제549조), 매도인의 담보책임(민법 제583조), 도급에서 완성된 목적물에 하자가 있는 경우에 손해배상을 할 수급인의 의무와 도급인의 보수지급의무(민법 제667조 제3항), 종신정기금계약의 해제에 따른 쌍방의 채무(민법 제728조) 등

(2) 판례가 인정하는 경우

임차인의 목적물반환의무와 임대인의 보증금반환의무, 변제와 영수증의 교부, 계약이 무효·취소된 경우의 반환의무, 채무의 변제와 그 채무이행 확보를 위해 교부한 어음·수표의 반환, 매도인의 소유권이전등기의무 및 인도의무와 매수인의 잔대금지급의무 등

[판례가 동시이행관계를 긍정한 주요 사례]
- 임차인의 임차보증금반환청구채권이 전부된 경우 임대차계약 해지 후의 임차인의 목적물에 대한 점유가 불법점유인지 여부(한정 소극) : 임차인의 임차보증금반환청구채권이 전부된 경우에도 채권의 동일성은 그대로 유지되는 것이어서 동시이행관계도 당연히 그대로 존속한다고 해석할 것이므로 임대차계약이 해지된 후에 임대인이 잔존임차보증금반환청구채권을 전부받은 자에게 그 채무를 현실적으로 이행하였거나 그 채무이행을 제공하였음에도 불구하고 임차인이 목적물을 명도하지 않음으로써 임차목적물반환채무가 이행지체에 빠지는 등의 사유로 동시이행의 항변권을 상실하게 되었다는 점에 관하여 임대인이 주장·입증을 하지 않은 이상 임차인의 목적물에 대한 점유는 동시이행의 항변권에 기한 것이어서 불법점유라고 볼 수 없다(대판 2002.7.26. 2001다68839).
- 지입계약 종료에 따른 지입회사의 소유권이전등록절차이행의무와 지입차량 운행과 관련하여 지입회사에 부과된 세금, 과태료 등에 대한 지입차주의 정산의무가 동시이행관계에 있는지 여부(적극) : 지입계약의 종료에 따라 지입회사가 지입차주에 대하여 부담하는 소유권이전등록절차이행의무와 지입계약이 유지됨으로 인하여 지입회사에게 부과된 세금이나 지입차주의 차량운행과 관련하여 발생한 과태료 등을 정산하여 지급하여야 할 지입차주의 지입회사에 대한 의무는 쌍무계약에 있어서 고유의 대가관계에 있는 것은 아니라고 하더라도 형평의 원칙에 비추어 서로 동시이행관계에 있다고 봄이 상당하다(대판 2010.6.24. 2010다22989).
- 부동산교환계약에서 목적 부동산에 설정된 담보권의 피담보채무를 인수하기로 약정한 경우, 일방이 상대방의 채무인수의무 불이행으로 그 채무를 대신 변제하였다면 그로 인한 상대방의 손해배상채무와 일방의 소유권이전등기의무가 동시이행관계에 있는지 여부(적극) : 부동산교환계약에 있어서 목적 부동산에 설정된 담보권의 피담보채무를 인수하기로 하는 약정이 행하여진 경우 그 일방이 상대방의 채무인수의무 불이행으로 말미암아 그 채무를 대신 변제하였다면 그로 인한 손해배상채무는 채무인수의무의 변형으로서 일방의 소유권이전등기의무와 상대방의 그 손해배상채무는 대가적 의미가 있어 이행상 견련관계에 있다고 할 것이고, 따라서 양자는 동시이행의 관계에 있다고 해석함이 공평의 관념 및 신의칙에 합당하다(대판 2014.4.30. 2010다11323).

[판례가 동시이행관계를 부정한 주요 사례]
- 채무자가 채무 전부를 변제한 때에는 채권자에게 채권증서의 반환을 청구할 수 있으며, 제3자가 변제를 하는 경우에는 제3자도 채권증서의 반환을 구할 수 있으나, 이러한 채권증서 반환청구권은 채권 전부를 변제한 경우에 인정되는 것이고, 영수증 교부의무와 달리 변제와 동시이행관계에 있지 않다(대판 2005.8.19. 2003다22042).
- 채무담보의 목적으로 경료된 채권자 명의의 소유권이전등기나 그 청구권보전의 가등기의 말소를 구하려면 먼저 채무를 변제하여야 하고 피담보채무의 변제와 교환적으로 말소를 구할 수는 없다(대판 1984.9.11. 84다카781).

- 근저당권 실행을 위한 경매가 무효로 되어 채권자(= 근저당권자)가 채무자를 대위하여 낙찰자에 대한 소유권이전등기 말소청구권을 행사하는 경우, 낙찰자가 부담하는 소유권이전등기 말소의무는 채무자에 대한 것인 반면, 낙찰자의 배당금 반환청구권은 실제 배당금을 수령한 채권자(= 근저당권자)에 대한 채권인바, 채권자(= 근저당권자)가 낙찰자에 대하여 부담하는 배당금 반환채무와 낙찰자가 채무자에 대하여 부담하는 소유권이전등기 말소의무는 서로 이행의 상대방을 달리하는 것으로서, 채권자(= 근저당권자)의 배당금 반환채무가 동시이행의 항변권이 부착된 채 채무자로부터 승계된 채무도 아니므로, 위 두 채무는 동시에 이행되어야 할 관계에 있지 아니하다(대판 2006.9.22. 2006다24049).
- 임대인의 임대차보증금 반환의무와 임차인의 주택임대차보호법 제3조의3에 의한 임차권등기 말소의무가 동시이행관계에 있는지 여부(소극) : 주택임대차보호법 제3조의3 규정에 의한 임차권등기는 이미 임대차계약이 종료하였음에도 임대인이 그 보증금을 반환하지 않는 상태에서 경료되게 되므로, 이미 사실상 이행지체에 빠진 임대인의 임대차보증금의 반환의무와 그에 대응하는 임차인의 권리를 보전하기 위하여 새로이 경료하는 임차권등기에 대한 임차인의 말소의무를 동시이행관계에 있는 것으로 해석할 것은 아니고, 특히 위 임차권등기는 임차인으로 하여금 기왕의 대항력이나 우선변제권을 유지하도록 해 주는 담보적 기능만을 주목적으로 하는 점 등에 비추어 볼 때, 임대인의 임대차보증금의 반환의무가 임차인의 임차권등기 말소의무보다 먼저 이행되어야 할 의무이다(대판 2005.6.9. 2005다4529).
- 공사도급계약상 도급인의 지체상금채권과 수급인의 공사대금채권이 동시이행 관계에 있는지 여부(원칙적 소극) : 공사도급계약상 도급인의 지체상금채권과 수급인의 공사대금채권은 특별한 사정이 없는 한 동시이행의 관계에 있다고 할 수 없다(대판 2015.8.27. 2013다81224·81231).
- 당사자 쌍방의 채무가 동시이행관계에 있는 경우, 상대방 채무의 이행제공이 있을 때까지 이행지체의 책임을 지지 않는지 여부(적극) / 금전채권의 채무자가 채권자에게 담보를 제공한 경우, 채무자의 변제의무와 채권자의 담보 반환의무가 동시이행관계에 있는지 여부(원칙적 소극) 및 이때 채권자가 담보를 반환하기 전에도 채무자가 이행지체 책임을 지는지 여부(원칙적 적극) : 당사자 쌍방의 채무가 동시이행관계에 있는 경우 일방 채무의 이행기가 도래하더라도 상대방 채무의 이행제공이 있을 때까지는 채무를 이행하지 않아도 이행지체의 책임을 지지 않는다. 금전채권의 채무자가 채권자에게 담보를 제공한 경우 특별한 사정이 없는 한 채권자는 채무자로부터 채무를 모두 변제받은 다음 담보를 반환하면 될 뿐 채무자의 변제의무와 채권자의 담보 반환의무가 동시이행관계에 있다고 볼 수 없다. 따라서 채권자가 채무자로부터 제공받은 담보를 반환하기 전에도 특별한 사정이 없는 한 채무자는 이행지체 책임을 진다(대판 2019.10.31. 2019다247651).

5. 관련 쟁점 : 일시적 제공

(1) 동시이행의 항변권 소멸 여부

쌍무계약의 당사자 일방이 먼저 한 번 현실의 제공을 하고, 상대방을 수령지체에 빠지게 하였다 하더라도 그 이행의 제공이 계속되지 않는 경우는 과거에 이행의 제공이 있었다는 사실만으로 상대방이 가지는 동시이행의 항변권이 소멸하는 것은 아니다(대판 1993.8.24. 92다56490).

(2) 이행제공의 중지와 지연배상청구

일시적으로 당사자 일방의 의무의 이행 제공이 있었으나 곧 그 이행의 제공이 중지되어 더 이상 그 제공이 계속되지 아니하는 기간 동안에는 상대방의 의무가 이행지체 상태에 빠졌다고 할 수는 없다고 할 것이고, 따라서 그 이행의 제공이 중지된 이후에 상대방의 의무가 이행지체되었음을 전제로 하는 손해배상청구도 할 수 없는 것이다(대판 1995.3.14. 94다26646).

Ⅲ 위험부담

채무자위험부담주의(민법 제537조)
쌍무계약의 당사자 일방의 채무가 당사자쌍방의 책임 없는 사유로 이행할 수 없게 된 때에는 채무자는 상대방의 이행을 청구하지 못한다.

채권자귀책사유로 인한 이행불능(민법 제538조)
① 쌍무계약의 당사자 일방의 채무가 채권자의 책임 있는 사유로 이행할 수 없게 된 때에는 채무자는 상대방의 이행을 청구할 수 있다. 채권자의 수령지체 중에 당사자쌍방의 책임 없는 사유로 이행할 수 없게 된 때에도 같다.
② 전항의 경우에 채무자는 자기의 채무를 면함으로써 이익을 얻은 때에는 이를 채권자에게 상환하여야 한다.

1. 의 의

① 위험부담은 쌍무계약으로부터 생기는 양 채무의 존속상의 견련관계를 인정하는 제도이다.
② 쌍무계약상의 일방의 채무가 채무자의 책임 없는 사유로 후발적 불능이 되어 소멸한 경우, 다른 일방의 채무의 존속 여부에 관한 문제이다.
③ 우리 민법은 채무자위험부담주의 원칙을 취하고(민법 제537조) 예외적으로 채권자위험부담주의를 취하고 있다(민법 제538조 제1항).

> [쌍무계약에서 당사자 쌍방의 귀책사유 없이 채무를 이행할 수 없게 된 경우, 이미 이행한 급부의 반환을 청구할 수 있는지 여부(적극) 및 채무의 이행이 불가능하다는 것의 의미 / 기간을 정한 부동산 임대차계약 등 계속적 계약에서 일정 기간 동안 채무 이행이 불가능하게 된 경우, 채권자가 채무자의 이행의 실현을 기대할 수 없다면 해당 기간의 급부불능을 종국적인 것이라고 평가할 수 있는지 여부(적극) 및 이때 계약의 존속 여부가 민법 제537조의 적용 여부에 영향을 미치는지 여부(소극)]
> 쌍무계약에서 당사자 쌍방의 귀책사유 없이 채무를 이행할 수 없게 된 경우 채무자는 민법 제537조에 따라 자신의 채무를 이행할 의무를 면함과 더불어 상대방의 이행도 청구하지 못한다. 쌍방 채무의 이행이 없었던 경우에는 계약상 의무의 이행을 청구하지 못하고, 이미 이행한 급부는 법률상 원인 없는 급부가 되어 부당이득 법리에 따라 반환을 청구할 수 있다. 채무의 이행이 불가능하다는 것은 절대적·물리적으로 불가능한 경우만이 아니라 사회생활상 경험칙이나 거래상의 관념에 비추어 볼 때 채권자가 채무자의 이행의 실현을 기대할 수 없는 경우도 포함한다. / 기간을 정한 부동산의 임대차계약 등 채권·채무의 내용을 이루는 급부가 일정 기간 계속하여 행하여지는 이른바 계속적 계약에서 어떠한 사유로 일정 기간 동안 채무 이행이 불가능하게 된 경우, 계약의 목적과 유형, 급부의 내용 및 특성, 이행의 형태와 방법 등에 따라 채권자가 채무자의 이행의 실현을 기대할 수 없다면, 해당 기간의 급부불능을 일시적인 것이 아니라 종국적인 것이라고 평가할 수 있다. 이때 해당 기간의 급부불능이 종국적 이행불능에 해당하는 이상 계약의 존속 여부는 민법 제537조의 적용 여부에 영향을 미치지 않는다(대판 2025.5.1. 2024다293580).

2. 채무자위험부담주의

(1) 요 건

① 쌍무계약일 것
② 일방의 채무가 후발적 불능일 것
③ 급부의 불능에 관하여 양 당사자에게 귀책사유가 없을 것
④ 민법 제537조는 임의규정이므로 당사자 사이의 특약에 의하여 위험부담의 문제를 약정할 수 있다(대판 1995.3.28. 94다44132).

(2) 효 과

1) 내 용

급부위험은 채권자가 부담하고, 대가위험은 채무자가 부담한다.

2) 일부불능과 반대급부의 감축

① 일부불능이 생긴 경우에는 채무자는 불능이 생긴 범위에서 채무를 면함과 동시에 그것에 대응하는 반대급부를 받을 권리도 소멸한다.
② 일부불능 때문에 계약의 목적을 달성할 수 없게 된 때에는 전부불능의 경우와 마찬가지로 다루어야 할 것이다.

3) 대상청구권

대상청구권을 인정하는 것이 통설·판례이다. 즉 채무자가 급부불능을 원인으로 급부에 갈음하는 이익을 취득한 경우에는, 채권자는 그 대상을 청구하고 자기의 반대급부를 이행할 수 있다.

3. 채권자의 귀책사유로 인한 이행불능(채권자위험부담주의)

(1) 요 건

① 채권자의 귀책사유로 인한 불능의 경우
② 채권자의 수령지체 중 불능의 경우

> **[민법 제538조 제1항 소정의 '채권자의 수령지체 중에 당사자 쌍방의 책임 없는 사유로 이행할 수 없게 된 때'에 해당하기 위하여 현실 제공이나 구두 제공이 필요한지 여부(적극)]**
>
> 민법 제400조 소정의 채권자지체가 성립하기 위해서는 민법 제460조 소정의 채무자의 변제 제공이 있어야 하고, 변제 제공은 원칙적으로 현실 제공으로 하여야 하며 다만 채권자가 미리 변제받기를 거절하거나 채무의 이행에 채권자의 행위를 요하는 경우에는 구두의 제공으로 하더라도 무방하고, 채권자가 변제를 받지 아니할 의사가 확고한 경우(이른바, 채권자의 영구적 불수령)에는 구두의 제공을 한다는 것조차 무의미하므로 그러한 경우에는 구두의 제공조차 필요 없다고 할 것이지만, 그러한 구두의 제공조차 필요 없는 경우라고 하더라도, 이는 그로써 채무자가 채무불이행책임을 면한다는 것에 불과하고, 민법 제538조 제1항 제2문 소정의 '채권자의 수령지체 중 당사자 쌍방의 책임 없는 사유로 이행할 수 없게 된 때'에 해당하기 위해서는 현실 제공이나 구두 제공이 필요하다(다만, 그 제공의 정도는 그 시기와 구체적인 상황에 따라 신의성실의 원칙에 어긋나지 않게 합리적으로 정하여야 한다)(대판 2004.3.12. 2001다79013).

(2) 효 과

1) 대가위험의 이전
대가위험이 채권자에게 이전되어 채무자는 반대급부청구권을 상실하지 않는다.

2) 채무자의 이익상환의무
① 채무자는 자신의 채무를 면함으로써 얻은 이익을 채권자에게 상환하여야 한다(민법 제538조 제2항).
② 이때 이익이란 적극적으로 얻은 이익뿐만 아니라 소극적으로 지출하지 않게 된 비용도 포함된다.
③ 상환하여야 할 이익은 채무를 면한 것과 상당인과관계에 있는 것에 한한다(대판 1993.5.25. 92다31125).

Ⅳ 제3자를 위한 계약

> **제3자를 위한 계약(민법 제539조)**
> ① 계약에 의하여 당사자 일방이 제3자에게 이행할 것을 약정한 때에는 그 제3자는 채무자에게 직접 그 이행을 청구할 수 있다.
> ② 전항의 경우에 제3자의 권리는 그 제3자가 채무자에 대하여 계약의 이익을 받을 의사를 표시한 때에 생긴다.
>
> **채무자의 제3자에 대한 최고권(민법 제540조)**
> 전조의 경우에 채무자는 상당한 기간을 정하여 계약의 이익의 향수 여부의 확답을 제3자에게 최고할 수 있다. 채무자가 그 기간 내에 확답을 받지 못한 때에는 제3자가 계약의 이익을 받을 것을 거절한 것으로 본다.
>
> **제3자의 권리의 확정(민법 제541조)**
> 제539조의 규정에 의하여 제3자의 권리가 생긴 후에는 당사자는 이를 변경 또는 소멸시키지 못한다.
>
> **채무자의 항변권(민법 제542조)**
> 채무자는 제539조의 계약에 기한 항변으로 그 계약의 이익을 받을 제3자에게 대항할 수 있다.

1. 의 의
제3자를 위한 계약이란 계약당사자의 일방이 계약당사자 이외의 자에게 직접 채무를 부담할 것을 내용으로 하는 계약을 말한다(민법 제539조 제1항).

2. 3자 사이의 법률관계
① 기본관계(보상관계) : 요약자와 낙약자 사이의 관계
② 대가관계(출연관계) : 요약자와 제3자와의 관계
③ 급부관계 : 낙약자와 제3자와의 관계로 낙약자와 제3자 사이에는 계약이 존재하지 않는다.

3. 요 건

(1) 요약자와 낙약자 간에 유효한 계약의 성립(기본관계의 유효)

① 대가관계의 효력은 제3자를 위한 계약 또는 요약자와 낙약자 사이의 기본계약의 성립이나 효력에 아무런 영향을 주지 않는다.
② 낙약자는 요약자와 수익자 사이의 법률관계에 기한 항변으로 수익자에게 대항하지 못하고, 요약자도 대가관계의 부존재나 효력의 상실을 이유로 자신이 기본관계에 기하여 낙약자에게 부담하는 채무의 이행을 거부할 수 없다.
③ 제3자는 계약당사자가 아니다.
④ 조건부 제3자를 위한 계약도 체결가능하다(대판 2006.5.12. 2005다68783).

(2) 제3자 수익의 약정

① 제3자를 위한 계약이 성립하려면 요약자와 낙약자 간의 계약으로 '제3자에게 직접적으로 채권을 취득시키려는 약정'이 있어야 하며, 「제3자에게 직접 권리를 취득하게 하려는 것」인지는 의사해석의 문제이다(대판 2006.9.14. 2004다18804). 또한 제3자의 수익의 의사표시는 계약의 성립요건, 효력발생요건이 아니고, 「제3자가 채권을 취득하기 위한 요건」일 뿐이다.
② 제3자를 위한 계약인 병존적 채무인수와 이행인수의 판별 기준은 계약당사자에게 제3자 또는 채권자가 계약당사자 일방 또는 인수인에 대하여 직접 채권을 취득케 할 의사가 있는지 여부에 달려 있다(대판 1997.10.24. 97다28698).

> [1] **제3자를 위한 계약의 의의 및 그 판별 기준** : 제3자를 위한 계약이라 함은 통상의 계약이 그 효력을 당사자 사이에서만 발생시킬 의사로 체결되는 것과는 달리 계약 당사자가 자기들 명의로 체결한 계약에 의하여 제3자로 하여금 직접 계약 당사자의 일방에 대하여 권리를 취득하게 하는 것을 목적으로 하는 계약인바, 어떤 계약이 제3자를 위한 계약에 해당하는지 여부는 당사자의 의사가 그 계약에 의하여 제3자에게 직접 권리를 취득하게 하려는 것인지에 관한 의사해석의 문제로서 이는 계약 체결의 목적, 계약에 있어서의 당사자의 행위의 성질, 계약으로 인하여 당사자 사이 또는 당사자와 제3자 사이에 생기는 이해득실, 거래 관행, 제3자를 위한 계약제도가 갖는 사회적 기능 등 제반 사정을 종합하여 계약 당사자의 합리적 의사를 해석함으로써 판별할 수 있다. [2] **제3자를 위한 계약인 채무인수와 이행인수의 판별 기준** : 채무자와 인수인의 계약으로 체결되는 병존적 채무인수는 채권자로 하여금 인수인에 대하여 새로운 권리를 취득하게 하는 것으로 제3자를 위한 계약의 하나로 볼 수 있고, 이와 비교하여 이행인수는 채무자와 인수인 사이의 계약으로 인수인이 변제 등에 의하여 채무를 소멸케 하여 채무자의 책임을 면하게 할 것을 약정하는 것으로 인수인이 채무자에 대한 관계에서 채무자를 면책케 하는 채무를 부담하게 될 뿐 채권자로 하여금 직접 인수인에 대한 채권을 취득케 하는 것이 아니므로 결국 제3자를 위한 계약과 이행인수의 판별 기준은 계약 당사자에게 제3자 또는 채권자가 계약 당사자 일방 또는 인수인에 대하여 직접 채권을 취득케 할 의사가 있는지 여부에 달려 있다 할 것이고, 구체적으로는 계약 체결의 동기, 경위 및 목적, 계약에 있어서의 당사자의 지위, 당사자 사이 및 당사자와 제3자 사이의 이해관계, 거래 관행 등을 종합적으로 고려하여 그 의사를 해석하여야 한다(대판 1997.10.24. 97다28698).

(3) 제3자의 존재(수익자의 특정)

수익자는 계약체결 당시 현존하고 있을 필요가 없으므로 설립 중의 법인도 수익자가 될 수 있다(대판 1960.7.21. 4292민상773). 다만, 수익의 의사표시를 할 때에는 제3자가 현존·특정되어 있어야 한다.

(4) 제3자를 위한 계약의 목적

① 제3자가 물권을 취득하게 하는 약정도 가능하다. 다만, 등기나 인도는 제3자 앞으로 갖추어야 한다.
② 낙약자가 제3자에 대한 채권에 관하여 채무의 면제를 하는 계약도 제3자를 위한 계약에 준하는 것으로 유효하다(대판 2004.9.3. 2002다37405).
③ 제3자의 부담을 목적으로 하는 계약, 즉 제3자에게 직접 채무를 부담시키는 계약은 무효이다(통설). 그러나 제3자에게 권리만을 주는 것이 아니라 일정한 의무를 부담케 하는 계약은 학설상으로는 다툼이 있으나 판례는 유효하다고 한다.

4. 효 과

(1) 제3자의 지위

① 수익의 의사표시가 있어야 제3자는 이행청구권을 갖는다(통설).
② 수익의 의사표시는 명시·묵시를 불문한다.
③ 수익의 의사표시를 할 권리는 형성권에 해당하고, 계약에서 특별히 정한 바가 없으면 10년의 제척기간이 걸린다.
④ 수익의 의사표시 후 요약자·낙약자 등은 계약을 변경·소멸하게 할 수 없다(민법 제541조). 그러나 계약으로 해제권을 유보한 경우에는 그러하지 아니하다.
⑤ 낙약자의 채무불이행을 이유로 하여 요약자가 법정해제권을 행사함에는 수익자의 동의 없이도 가능하다(대판 1970.2.24. 69다1410·1411).
⑥ 제3자를 위한 계약이 무효·취소·해제가 된 경우 수익자는 제3자로서 보호를 받을 수 없다(통설).

(2) 수익자의 지위

① 낙약자의 귀책사유에 의한 채무불이행이 있게 되면 제3자가 채무불이행에 의한 손해배상청구권을 갖게 된다(대판 1994.8.12. 92다41559).
② 요약자가 낙약자의 채무불이행을 이유로 계약을 해제하게 되면 수익자는 낙약자에게 자기가 입은 손해의 배상을 청구할 수 있다. 단, 수익자는 제3자를 위한 계약의 당사자는 아니므로 해제권이나 해제를 원인으로 한 원상회복청구권이 있다고 볼 수 없다(대판 1994.8.12. 92다41559).
③ 제3자를 위한 계약관계에서 낙약자와 요약자 사이의 법률관계(이른바 기본관계)를 이루는 계약이 무효이거나 해제된 경우 그 계약관계의 청산은 계약의 당사자인 낙약자와 요약자 사이에 이루어져야 하므로, 특별한 사정이 없는 한 낙약자가 이미 제3자에게 급부한 것이 있더라도 낙약자는 계약해제 등에 기한 원상회복 또는 부당이득을 원인으로 제3자를 상대로 그 반환을 구할 수 없다 (대판 2010.8.19. 2010다31860·31877).

(3) 요약자의 지위

① 요약자는 제3자에 대해 채무를 이행할 것을 낙약자에게 청구할 수 있다.

> **[제3자를 위한 계약에서 요약자가 제3자의 권리와는 별도로 낙약자에 대하여 제3자에게 급부를 이행할 것을 요구할 수 있는 권리를 가지는지 여부(적극) 및 이때 낙약자가 요약자의 이행청구에 응하지 않은 경우, 요약자는 낙약자에 대하여 제3자에게 급부를 이행할 것을 소로써 구할 이익이 있는지 여부(원칙적 적극)]**
>
> 이행의 소는 원칙적으로 원고가 이행청구권의 존재를 주장하는 것으로서 권리보호의 이익이 인정되고, 이행판결을 받아도 집행이 사실상 불가능하거나 현저히 곤란하다는 사정만으로 그 이익이 부정되는 것은 아니다. 제3자를 위한 계약에서 제3자는 채무자(낙약자)에 대하여 계약의 이익을 받을 의사를 표시한 때에 채무자에게 직접 이행을 청구할 수 있는 권리를 취득하고(민법 제539조), 요약자는 제3자를 위한 계약의 당사자로서 원칙적으로 제3자의 권리와는 별도로 낙약자에 대하여 제3자에게 급부를 이행할 것을 요구할 수 있는 권리를 가진다. 이때 낙약자가 요약자의 이행청구에 응하지 아니하면 특별한 사정이 없는 한 요약자는 낙약자에 대하여 제3자에게 급부를 이행할 것을 소로써 구할 이익이 있다(대판 2022.1.27. 2018다259565).

② 낙약자의 채무불이행 시 요약자는 낙약자를 상대로 수익자에게 손해를 배상하도록 청구할 수 있다. 또한 요약자는 계약해제권을 행사할 수 있고, 이때에는 수익자의 동의가 불필요하다(대판 1970.2.24. 69다1410·1411).

(4) 낙약자의 지위

채무자는 민법 제539조의 계약에 기한 항변으로 그 계약의 이익을 받을 제3자에게 대항할 수 있다(민법 제542조).

5. 제3자를 위한 계약의 종류

(1) 제3자를 위한 계약인 것

변제를 위한 공탁, 타인을 위한 보험, 타인을 위한 신탁, 병존적 채무인수

(2) 제3자를 위한 계약이 아닌 것

이행인수, 면책적 채무인수, 계약인수

제4절 계약의 해제와 해지

I 서설

1. 의의

① 계약해제란 유효하게 성립한 계약의 효력을 당사자 일방의 의사표시에 의하여 소급적으로 소멸하게 하여, 계약이 처음부터 성립하지 않는 것과 같은 상태로 복귀시키는 것을 말한다(해제에 관한 직접효과설).
② 해제권은 권리자의 일방적 의사표시에 의하여 계약의 효력을 소멸시키는 권리로 형성권에 속한다. 또한 해제권은 계약에 종된 권리로서 계약당사자만이 이를 가질 수 있고, 계약당사자의 지위를 승계하지 않는 한 해제권만의 양도는 허용되지 않는다.
③ 해제권은 법률의 규정에 의하여 당연히 발생하는 법정해제권과 당사자 사이의 특약으로 유보된 약정해제권으로 구분된다.
④ 해제에 관한 민법규정은 임의규정이다.

2. 구별개념

(1) 해제계약(합의해제)

1) 의의

해제권의 유무에도 불구하고 계약당사자 쌍방이 합의에 의하여 기존의 계약의 효력을 소멸시켜 당초부터 계약이 체결되지 않았던 것과 같은 상태로 복귀시킬 것을 내용으로 하는 새로운 계약이다. 계약자유의 원칙상 당사자들의 약정으로 종전의 해제된 계약을 부활시키는 것은 적어도 그 계약당사자 사이에서는 가능하다(대판 2007.12.27. 2007도5030).

2) 성립요건

계약의 일반적 성립요건 및 유효요건을 갖추어야 한다.
① 합의해제가 인정되려면 계약의 청약과 승낙이라는 의사표시가 합치되어야 한다.
② 합의해제는 묵시적으로 이루어질 수 있으나, 묵시적 합의해제는 계약 후 당사자 쌍방의 계약실현의사의 결여 또는 포기로 인하여 계약을 실현하지 아니할 당사자 쌍방의 의사가 일치되어야만 하고(대판 2007.6.15. 2004다37904·37911), 계약이 일부 이행된 경우에는 그 원상회복에 관하여도 의사가 일치되어야 할 것이다(대판 2011.4.28. 2010다98412·98429).

> **[계약의 합의해제 또는 해제계약의 요건]**
> 계약의 합의해제 또는 해제계약은 해제권의 유무를 불문하고 계약당사자 쌍방이 합의에 의하여 기존 계약의 효력을 소멸시켜 당초부터 계약이 체결되지 않았던 것과 같은 상태로 복귀시킬 것을 내용으로 하는 새로운 계약으로서, 계약이 합의해제되기 위하여는 계약의 성립과 마찬가지로 계약의 청약과 승낙이라는 서로 대립하는 의사표시가 합치될 것(합의)을 요건으로 하는바, 이와 같은 합의가 성립하기 위하여는 쌍방당사자의 표시행위에 나타난 의사의 내용이 객관적으로 일치하여야 한다. 그리고 계약의 합의해제는 명시적으로뿐만 아니라

당사자 쌍방의 묵시적인 합의에 의하여도 할 수 있으나, 묵시적인 합의해제를 한 것으로 인정되려면 계약이 체결되어 그 일부가 이행된 상태에서 당사자 쌍방이 장기간에 걸쳐 나머지 의무를 이행하지 아니함으로써 이를 방치한 것만으로는 부족하고, 당사자 쌍방에게 계약을 실현할 의사가 없거나 계약을 포기할 의사가 있다고 볼 수 있을 정도에 이르러야 한다. 이 경우에 당사자 쌍방이 계약을 실현할 의사가 없거나 포기할 의사가 있었는지 여부는 계약이 체결된 후의 여러 가지 사정을 종합적으로 고려하여 판단하여야 한다(대판 2011.2.10. 2010다77385).

[계약의 합의해지를 인정하기 위한 요건 및 계약당사자의 일방이 계약해지에 관한 조건을 제시한 경우, 조건에 관한 합의까지 이루어져야 합의해지가 성립하는지 여부(적극)]

계약의 합의해지는 계속적 채권채무관계에서 당사자가 이미 체결한 계약의 효력을 장래에 향하여 소멸시킬 것을 내용으로 하는 새로운 계약으로서, 이를 인정하기 위해서는 계약이 성립하는 경우와 마찬가지로 기존 계약의 효력을 장래에 향하여 소멸시키기로 하는 내용의 청약과 승낙이라는 서로 대립하는 의사표시가 합치될 것을 요건으로 한다. 계약의 합의해지는 묵시적으로 이루어질 수도 있으나, 계약에 따른 채무의 이행이 시작된 다음에 당사자 쌍방이 계약실현 의사의 결여 또는 포기로 계약을 실현하지 않을 의사가 일치되어야만 한다. 이와 같은 합의가 성립하기 위해서는 쌍방 당사자의 표시행위에 나타난 의사의 내용이 객관적으로 일치하여야 하므로 계약당사자 일방이 계약해지에 관한 조건을 제시한 경우 그 조건에 관한 합의까지 이루어져야 한다(대판 2021.5.7. 2020다300176).

3) 효과

① 해제에 관한 민법 제543조 이하의 규정은 원칙적으로 단독행위로서의 해제권의 행사를 전제로 하는 것이므로, 해제계약에는 적용되지 않는다(대판 1979.10.30. 79다1455).

② 계약의 합의해제의 경우에도 민법 제548조 제1항 단서가 적용된다(대판 2005.6.9. 2005다6341).

③ 합의해제 또는 해제계약이라 함은 해제권의 유무에 불구하고 계약당사자 쌍방이 합의에 의하여 기존의 계약의 효력을 소멸시켜 당초부터 계약이 체결되지 않았던 것과 같은 상태로 복귀시킬 것을 내용으로 하는 새로운 계약으로서, 그 효력은 그 합의의 내용에 의하여 결정되고 여기에는 해제에 관한 민법 제548조 제2항의 규정은 적용되지 아니하므로, 당사자 사이에 약정이 없는 이상 합의해제로 인하여 반환할 금전에 그 받은 날로부터의 이자를 가하여야 할 의무가 있는 것은 아니다(대판 1996.7.30. 95다16011).

④ 계약이 합의해제된 경우에는 그 해제시에 당사자 일방이 상대방에게 손해배상을 하기로 특약하거나 손해배상청구를 유보하는 의사표시를 하는 등 다른 사정이 없는 한 채무불이행으로 인한 손해배상을 청구할 수 없다(대판 1989.4.25. 86다카1147·1148).

[계약이 합의에 따라 해제되거나 해지된 경우라도 상대방에게 손해배상을 하기로 특약하거나 손해배상 청구를 유보하는 의사표시가 있으면 그에 따라 손해배상을 하여야 하는지 여부(적극) 및 그와 같은 특약 등이 있었다는 점에 대한 증명책임의 소재(= 이를 주장하는 당사자)]

계약이 합의에 따라 해제되거나 해지된 경우에는 특별한 사정이 없는 한 채무불이행으로 인한 손해배상을 청구할 수 없으나, 상대방에게 손해배상을 하기로 특약하거나 손해배상 청구를 유보하는 의사표시가 있으면 그러한 특약이나 의사에 따라 손해배상을 하여야 한다. 그와 같은 손해배상의 특약이 있었다거나 손해배상 청구를 유보하였다는 점은 이를 주장하는 당사자가 증명할 책임이 있다(대판 2021.3.25. 2020다285048).

> [당사자가 표시한 문언에서 표시행위에 부여한 의미가 명확하게 드러나지 않는 경우, 법률행위를 해석하는 방법 / 계약을 합의하여 해제하거나 해지하면서 상대방에게 손해배상을 하기로 하는 특약이나 손해배상청구를 유보하는 의사표시를 하였는지를 판단할 때에도 같은 법리가 적용되는지 여부(적극) 및 이를 판단하는 기준 시기(= 합의해제 · 해지 당시) / 원래의 계약에 있는 위약금이나 손해배상에 관한 약정이 합의해제 · 해지의 경우에까지 적용되는지 여부(원칙적 소극)]
>
> 법률행위의 해석은 당사자가 그 표시행위에 부여한 의미를 명백하게 확정하는 것으로서, 당사자가 표시한 문언에서 그 의미가 명확하게 드러나지 않는 경우에는 문언의 내용, 법률행위가 이루어진 동기와 경위, 당사자가 법률행위로 달성하려는 목적과 진정한 의사, 거래의 관행 등을 종합적으로 고려하여 논리와 경험의 법칙, 그리고 사회일반의 상식과 거래의 통념에 따라 합리적으로 해석하여야 한다. 계약을 합의하여 해제하거나 해지하면서 상대방에게 손해배상을 하기로 하는 특약이나 손해배상청구를 유보하는 의사표시를 하였는지를 판단할 때에도 위와 같은 법률행위 해석에 관한 법리가 적용된다. 위와 같은 특약이나 의사표시가 있었는지는 합의해제 · 해지 당시를 기준으로 판단하여야 하는데, 원래의 계약에 있는 위약금이나 손해배상에 관한 약정은 그것이 계약 내용이나 당사자의 의사표시 등에 비추어 합의해제 · 해지의 경우에도 적용된다고 볼 만한 특별한 사정이 없는 한 합의해제 · 해지의 경우에까지 적용되지는 않는다(대판 2021.5.7. 2017다220416).

⑤ 합의해제에 따른 매도인의 원상회복청구권은 소멸시효의 대상이 되지 않는다(대판 1982.7.27. 80다2968).

(2) 해제조건(실권조항)

실권조항이란 채무불이행이 있는 경우에 채권자의 특별한 의사표시가 없더라도 당연히 계약의 효력을 잃게 하고, 채무자의 계약상의 권리를 상실하게 하는 취지의 약정 또는 약관을 말한다. 따라서 실권조항이 있는 경우 채무자의 채무불이행을 해제조건으로 하는 조건부 법률행위가 있는 것으로 해석된다.

(3) 취 소

구 분	취 소	해 제
공통점	법률행위의 효력이 소급적으로 소멸	
차이점	법률행위의 흠이 요건	유효하게 성립한 계약의 효력이 소급적으로 소멸
	모든 법률행위에 대해 인정	계약에 대해서만 인정
	법률의 규정이 있는 경우에만 인정	법률의 규정 외에 당사자의 약정에 의해서도 발생

(4) 철 회

해제는 유효하게 성립한 계약의 효력을 소급적으로 소멸시키는 제도라는 점에서 법률행위의 효력이 발생하기 전에 그 발생을 저지하는 철회와 구별된다.

Ⅱ 법정해제

이행지체와 해제(민법 제544조)
당사자 일방이 그 채무를 이행하지 아니하는 때에는 상대방은 상당한 기간을 정하여 그 이행을 최고하고 그 기간 내에 이행하지 아니한 때에는 계약을 해제할 수 있다. 그러나 채무자가 미리 이행하지 아니할 의사를 표시한 경우에는 최고를 요하지 아니한다.

정기행위와 해제(민법 제545조)
계약의 성질 또는 당사자의 의사표시에 의하여 일정한 시일 또는 일정한 기간 내에 이행하지 아니하면 계약의 목적을 달성할 수 없을 경우에 당사자 일방이 그 시기에 이행하지 아니한 때에는 상대방은 전조의 최고를 하지 아니하고 계약을 해제할 수 있다.

이행불능과 해제(민법 제546조)
채무자의 책임 있는 사유로 이행이 불능하게 된 때에는 채권자는 계약을 해제할 수 있다.

1. 해제권의 발생

(1) 의 의

① 법정해제권 발생의 요건인 채무불이행은 주된 채무의 그것이어야 하고, 주된 채무 이외의 부수의무의 불이행은 원칙적으로 해제권을 발생시키지 않는다. 다만, 외관상 부수의무라도 실질적으로 그것을 불이행함으로써 계약의 목적을 달성할 수 없다면, 그 불이행이 해제권을 발생시킬 수도 있을 것이다.

> **[부수적 채무의 불이행을 이유로 계약을 해제할 수 있는 경우 및 주된 채무와 부수적 채무의 구별 기준]**
> 계약으로부터 발생하는 부수적 채무의 불이행을 원인으로 하여 계약을 해제할 수 있는 것은 그 불이행으로 인하여 채권자가 계약의 목적을 달성할 수 없는 경우 또는 특별한 약정이 있는 경우에 한정된다고 볼 것이다. 또한 계약으로부터 발생하는 의무 가운데 주된 채무와 부수적 채무를 구별함에 있어서는 급부의 독립된 가치와는 관계없이 계약을 체결할 때 표명되었거나 그 당시 상황으로 보아 분명하게 객관적으로 나타난 당사자의 합리적 의사에 의하여 결정하되, 계약의 내용·목적·불이행의 결과 등의 여러 사정을 고려하여야 할 것이다 (대판 2012.3.29. 2011다102301).

② 유동적 무효상태에서는 계약의 효력으로서 채무가 발생하지 않으므로, 채무불이행을 이유로 한 해제 및 손해배상의 청구가 불가능하다(대판 1997.7.25. 97다4357·4364).

③ 채무불이행이 있더라도 법정해제권의 발생을 배제하기로 하는 합의가 유효하지만, 그 효력을 인정함에는 신중해야 한다.

(2) 이행지체에 의한 해제권의 발생

① 채무자의 이행지체가 있어야 한다.

> **[계약해제권의 발생사유인 '이행지체'의 의미 / 조합채권의 추심은 조합원 전원이 공동으로 행하여야 하는지 여부(원칙적 적극)]**
> 계약해제권의 발생사유인 이행지체라 함은 채무의 이행이 가능한데도 채무자가 그 이행기를 도과한 것을 말하는 것이어서 그 이행기가 도래하기 전에는 이행지체란 있을 수 없고, 조합채권의 추심은 원칙적으로 조합원 전원이 공동으로 행하여야 한다(대판 2021.7.8. 2020다290804).

② 상당기간을 정한 최고가 있어야 한다. 상당한 기간을 정하지 않은 최고도 유효하고, 최고 후 객관적으로 상당한 기간이 지나면 해제권이 발생한다(대결 1990.3.27. 89다카14110).

> **[채무자의 급부불이행 사정을 들어 계약을 해제하겠다는 통지를 한 경우, 그로써 이행의 최고가 있었다고 볼 수 있는지 여부(원칙적 적극)]**
> 채무자의 급부불이행 사정을 들어 계약을 해제하겠다는 통지를 한 때에는 특별히 그 급부의 수령을 거부하는 취지가 포함되어 있지 아니하는 한 그로써 이행의 최고가 있었다고 볼 수 있으며, 그로부터 상당한 기간이 경과하도록 이행되지 아니하였다면 채권자는 계약을 해제할 수 있다(대판 2021.7.8. 2020다290804).

③ 상당기간 내에 채무자의 이행이나 이행의 제공이 없어야 한다.

④ 상대방에게 동시이행의 항변권이 있는 경우에 상대방을 이행지체에 빠뜨리기 위해서는 자신의 채무의 이행을 제공하고 이행청구를 하여야 한다.

> **[부동산 매매계약에 매수인이 잔대금지급기일까지 대금을 지급하지 못하면 계약이 자동해제된다는 취지의 약정이 있는 경우 계약의 자동해제를 위하여 매도인이 잔대금지급기일에 자기 채무의 이행제공을 하여 매수인을 이행지체에 빠지게 하여야 하는지 여부(적극)]**
> 부동산 매매계약에 있어서 매수인이 잔대금지급기일까지 그 대금을 지급하지 못하면 그 계약이 자동적으로 해제된다는 취지의 약정이 있더라도 특별한 사정이 없는 한 매수인의 잔대금지급의무와 매도인의 소유권이전등기의무는 동시이행의 관계에 있으므로 매도인이 잔대금지급기일에 소유권이전등기에 필요한 서류를 준비하여 매수인에게 알리는 등 이행의 제공을 하여 매수인으로 하여금 이행지체에 빠지게 하였을 때에 비로소 자동적으로 매매계약이 해제된다고 보아야 하고 매수인이 그 약정기한을 도과하였더라도 이행지체에 빠진 것이 아니라면 대금 미지급으로 계약이 자동해제된다고는 볼 수 없다(대판 1992.10.27. 91다32022).
>
> **[중도금 미지급을 이유로 매매계약해제의 통고를 한 경우, 그로부터 상당한 기간이 경과하도록 중도금을 지급받지 못했다면 매매계약을 해제할 수 있는지 여부(적극)]**
> 이행지체를 이유로 계약을 해제함에 있어서 그 전제요건인 이행의 최고는 반드시 미리 일정기간을 명시하여 최고하여야 하는 것은 아니며 최고한 때로부터 상당한 기간이 경과하면 해제권이 발생한다고 할 것이고, 매도인이 매수인에게 중도금을 지급하지 아니하였으니 매매계약을 해제하겠다는 통고를 한 때에는 이로써 중도금 지급의 최고가 있었다고 보아야 하며, 그로부터 상당한 기간이 경과하도록 매수인이 중도금을 지급하지 아니하였다면 매도인은 매매계약을 해제할 수 있다(대판 1994.11.25. 94다35930).

> **[매수인의 중도금 지급의무 불이행 시 매매계약을 무효로 한다는 특약이 있는 경우 그 불이행 자체로써 계약이 자동적으로 해제되는지 여부(적극)]**
> 매매계약에 있어서 매수인이 중도금을 약정한 일자에 지급하지 아니하면 그 계약을 무효로 한다고 하는 특약이 있는 경우 매수인이 약정한대로 중도금을 지급하지 아니하면(해제의 의사표시를 요하지 않고) 그 불이행 자체로써 계약은 그 일자에 자동적으로 해제된 것이라고 보아야 한다(대판 1991.8.13. 91다13717).

⑤ 해제권 발생요건을 경감하는 특약도 유효하다.

(3) 이행불능에 의한 해제권의 발생

① 이행불능으로 인한 해제권 행사에는 후발적 불능에 국한한다. 이행지체와 달리 최고가 요구되지 않으며, 채무자의 채무가 상대방의 채무와 동시이행관계에 있더라도 반대급부의 이행제공을 할 필요가 없다(대판 2003.1.24. 2000다22850).
② 이행기에 불능한 것이 확실한 경우에는 이행기를 기다리지 않고 곧 해제할 수 있다.

(4) 이행거절의 경우 해제권의 발생

이른바 '이행거절'로 인한 계약해제의 경우에는 상대방의 최고 및 동시이행관계에 있는 자기 채무의 이행제공을 요하지 아니하여 이행지체 시의 계약해제와 비교할 때 계약해제의 요건이 완화되어 있는 바, 명시적으로 이행거절의사를 표명하는 경우 외에 계약 당시나 계약 후의 여러 사정을 종합하여 묵시적 이행거절의사를 인정하기 위하여는 그 거절의사가 정황상 분명하게 인정되어야 한다(대판 2011.2.10. 2010다77385).

> **[계약상 채무자가 계약을 이행하지 아니할 의사를 명백히 표시하였는지 여부의 판단 기준]**
> 계약상 채무자가 계약을 이행하지 아니할 의사를 명백히 표시한 경우에 채권자는 신의성실의 원칙상 이행기 전이라도 이행의 최고 없이 채무자의 이행거절을 이유로 계약을 해제하거나 채무자를 상대로 손해배상을 청구할 수 있고, 채무자가 계약을 이행하지 아니할 의사를 명백히 표시하였는지 여부는 계약 이행에 관한 당사자의 행동과 계약 전후의 구체적인 사정 등을 종합적으로 살펴서 판단하여야 한다(대판 2005.8.19. 2004다53173).

> **[매수인이 수차 매매잔대금 지급의 연기를 요청하였다는 것만으로 채무를 이행하지 아니할 의사를 명백히 한 것으로 볼 수 있는지 여부(소극)]**
> 매수인이 매도인과 사이의 매매계약에 의한 잔대금지급기일에 잔대금을 지급하지 못하여 그 지급의 연기를 수차 요청하였다는 것만으로는 그 채무를 이행하지 아니할 의사를 명백히 한 것으로는 볼 수 없다(대판 1990.11.13. 90다카23882).

(5) 불완전이행을 이유로 한 해제권의 발생

① 민법에 명문의 규정이 없으나 통설은 불완전한 이행으로 인하여 계약의 목적을 달성할 수 없는 경우에는 채권자는 계약을 해제할 수 있다.
② 부수적 주의의무를 위반한 경우에는 원칙적으로 해제권이 인정되지 않지만, 그 불이행으로 인하여 계약의 목적을 달성할 수 없는 경우 또는 특별한 약정이 있는 경우에는 예외적으로 해제권이 인정될 수 있다.

(6) 채권자지체에 의한 해제권의 발생
① 법정책임설에 의하면 수령지체에 의하여는 해제권이 생기지 않는다.
② 채무불이행책임설에 의할 때에는 상당한 기간을 정하여 수령을 최고하고 해제할 수 있게 된다.

(7) 사정변경과 해제권
① 다수설은 사정변경의 원칙에 의하여 계약체결 당시에 전혀 예상하지 못하고 또한 예상할 수도 없었던 사정이 발생하여 당사자를 그대로 그 계약의 구속을 받게 하면 가혹하고 온당치 않다고 인정될 때에는 최고 없이 계약을 해제할 수 있다고 한다.
② 판례에 의하면 종래 일시적 계약에서는 사정변경의 원칙에 의한 해제권 인정에 대하여 소극적이었으나 최근에는 일시적 계약에서도 사정변경에 의한 계약해제의 법리를 긍정하는 판시를 한 바 있다(대판 2007.3.29. 2004다31302).

2. 해제권의 행사

> **해지, 해제권(민법 제543조)**
> ① 계약 또는 법률의 규정에 의하여 당사자의 일방이나 쌍방이 해지 또는 해제의 권리가 있는 때에는 그 해지 또는 해제는 상대방에 대한 의사표시로 한다.
> ② 전항의 의사표시는 철회하지 못한다.
>
> **해지, 해제권의 불가분성(민법 제547조)**
> ① 당사자의 일방 또는 쌍방이 수인인 경우에는 계약의 해지나 해제는 그 전원으로부터 또는 전원에 대하여 하여야 한다.
> ② 전항의 경우에 해지나 해제의 권리가 당사자 1인에 대하여 소멸한 때에는 다른 당사자에 대하여도 소멸한다.
>
> **해제권행사 여부의 최고권(민법 제552조)**
> ① 해제권의 행사의 기간을 정하지 아니한 때에는 상대방은 상당한 기간을 정하여 해제권행사 여부의 확답을 해제권자에게 최고할 수 있다.
> ② 전항의 기간 내에 해제의 통지를 받지 못한 때에는 해제권은 소멸한다.

(1) 행사의 방법
① 해제권이 발생하더라도, 해제권의 행사 여부는 해제권자의 자유이다.
② 해제의 의사표시에는 원칙적으로 조건이나 기한을 붙이지 못한다.
③ 해제권의 행사는 상대방 있는 의사표시로서 상대방에게 도달한 때 효과가 발생한다.
④ 소제기로써 계약해제권을 행사한 후 그 뒤 그 소송을 취하하였다 하더라도 해제권은 형성권이므로 그 행사의 효력에는 아무런 영향을 미치지 아니한다(대판 1982.5.11. 80다916).

(2) 해제의 불가분성

1) 해제권 행사의 불가분성
① 계약당사자 일방 또는 쌍방이 수인인 경우에 해제의 의사표시는 전원으로부터 전원에 대하여 하여야 그 효과가 발생한다.
② 명의수탁자가 수인인 경우 신탁자가 그 일부에 대해서만 해지권을 행사하였다면 신탁해지의 효과는 그 일부에 대해서만 발생하는 것이고, 해제, 해지의 불가분성에 대한 민법 제547조 규정은 적용되지 않는다.
③ 해제의 불가분성에 관한 민법 제547조는 당사자의 특약에 의하여 배제될 수 있는 임의규정이다.

2) 해제권 소멸의 불가분성
해제권을 가진 자가 수인인 경우, 1인의 당사자에 대하여 해제권이 소멸하면 다른 당사자의 해제권도 소멸한다.

3. 해제의 효과

> **해제의 효과, 원상회복의무(민법 제548조)**
> ① 당사자 일방이 계약을 해제한 때에는 각 당사자는 그 상대방에 대하여 원상회복의 의무가 있다. 그러나 제3자의 권리를 해하지 못한다.
> ② 전항의 경우에 반환할 금전에는 그 받은 날로부터 이자를 가하여야 한다.
>
> **원상회복의무와 동시이행(민법 제549조)**
> 제536조의 규정은 전조의 경우에 준용한다.
>
> **해지의 효과(민법 제550조)**
> 당사자 일방이 계약을 해지한 때에는 계약은 장래에 대하여 그 효력을 잃는다.
>
> **해지, 해제와 손해배상(민법 제551조)**
> 계약의 해지 또는 해제는 손해배상의 청구에 영향을 미치지 아니한다.

(1) 해제의 효과에 관한 법리구성

1) 직접효과설
① 계약은 소급적으로 소멸한다.
② 원상회복청구권은 부당이득반환청구권의 성질을 가진다. 단, 반환범위는 원상회복으로서 민법 제548조에 의하여 정해지는데, 이는 민법 제748조의 특별규정의 성격을 띤다(대판 2014.3.13. 2013다34143).

③ 계약해제로 원인행위인 채권행위는 소급적으로 소멸하는데, 물권이 계약해제로 당연히 복귀하는지가 문제된다. 이에 대해 채권적 효과설은 물권행위의 무인론을 근거로 물권변동은 유효하다고 하나, 물권적 효과설은 물권행위의 유인론을 근거로 물권행위도 소급적으로 소멸하여 물권은 말소등기 없이도 당연히 복귀한다고 한다.
④ 민법 제548조 제1항 단서의 성격에 대해 채권적 효과설은 제3자는 선의, 악의를 불문하고 보호된다고 하여 민법 제548조 제1항 단서는 주의적 규정에 불과하다고 하나, 물권적 효과설은 제3자는 원칙적으로 보호될 수 없고 민법상 특별한 규정이 있어야만 보호된다는 입장으로 이에 의하면 민법 제548조 제1항 단서는 거래안전의 보호를 위한 특별규정으로 본다.
⑤ 민법 제549조의 원상회복의무 사이의 동시이행관계는 공평의 원칙상 인정된 것이다.

2) 청산관계설

① 해제의 의사표시에 의해 기존의 계약관계는 소급적으로 소멸하는 것이 아니라 장래를 향하여 청산관계로 변경된다는 견해이다.
② 원상회복청구권의 성질은 부당이득반환청구권이 아니고 원채권관계의 변형일 뿐이라고 한다.
③ 해제의 의사표시로 원인행위가 소급적으로 소멸하는 것이 아니므로 해제의 의사표시만으로는 물권의 귀속에 아무런 영향이 없다. 원소유자는 원상회복청구권에 기해 채권적 반환청구권만을 갖는다.
④ 해제의 의사표시만으로 물권이 당연히 복귀되지는 않으므로 그 권리를 취득한 제3자의 지위에는 아무런 영향을 주지 않는다. 따라서 해제의 의사표시의 전후와 선・악의를 불문하고 제3자는 보호된다는 입장이다.
⑤ 원상회복의무 사이의 동시이행관계는 쌍무계약의 상환성이 유지되므로 당연히 인정된다.

(2) 원상회복의무

1) 받은 이익 전부의 반환(부당이득의 특별규정)

① 금전이 급부된 경우 받은 금전 및 그 받은 날부터 이자를 붙여서 반환하여야 한다(민법 제548조 제2항). 여기서 가산되는 이자는 원상회복의 범위에 속하는 것으로서 일종의 부당이득반환의 성질을 갖는 것으로, 반환의무의 이행지체로 인한 지연손해금이 아니다(대판 2016.6.9. 2015다222722).

> **[계약해제로 인한 원상회복으로서 반환하는 금전에 가산하는 민법 제548조 제2항 소정의 이자의 법적 성질(= 부당이득반환) 및 위 이자에 소송촉진 등에 관한 특례법 제3조 제1항 소정의 이율을 적용할 수 있는지 여부(소극)]**
> 민법 제548조 제2항은 계약해제로 인한 원상회복의무의 이행으로서 반환하는 금전에는 그 받은 날로부터 이자를 가산하여야 한다고 하고 있는바, 위 이자의 반환은 원상회복의무의 범위에 속하는 것으로 일종의 부당이득반환의 성질을 가지는 것이지 반환의무의 이행지체로 인한 손해배상은 아니라고 할 것이고, 소송촉진 등에 관한 특례법 제3조 제1항은 금전채무의 전부 또는 일부의 이행을 명하는 판결을 선고할 경우에 있어서 금전채무 불이행으로 인한 손해배상액 산정의 기준이 되는 법정이율에 관한 특별규정이므로, 위 이자에는 소송촉진 등에 관한 특례법 제3조 제1항에 의한 이율을 적용할 수 없다(대판 2000.6.23. 2000다16275・16282).

② 당사자 사이에 이자에 관하여 특별한 약정이 있으면 그 약정이율이 우선적용되고, 약정이율이 없으면 법정이율이 적용된다(대판 2013.4.26. 2011다50509).

2) 원물반환의 원칙

3) 가액반환의 예외

① 원물반환이 불가능한 경우에는 가액을 반환하여야 한다.

② 원물반환이 불가능한 경우 가액의 산정은 「회복불능 당시」의 목적물의 시가를 기준으로 한다(대판 1995.5.12. 94다25551).

4) 과실·비용의 반환

① 과실 : 금전은 이를 받은 날로부터 반환할 때까지의 이자를 가산하여 반환해야 한다(민법 제548조 제2항).

> - 아파트 분양계약에서 수분양자의 중도금 대출이자를 분양자가 부담하기로 약정한 경우, 분양계약이 해제되면 수분양자가 대납 대출이자 상당액의 돈을 분양자에게 지급하여야 하는지 여부(적극) / 계약해제에 따른 원상회복의무로서 반환할 금전에 가산되는 이자의 법적 성질(= 부당이득반환) : 아파트 분양계약에서 수분양자의 중도금 대출이자를 분양자가 부담하기로 하는 약정은 분양계약의 존속을 전제로 하는 것이어서 분양계약이 해제되면 위 약정도 소급적으로 효력을 잃는다고 보아야 하므로, 수분양자는 그 원상회복으로서 대납 대출이자 상당액의 돈을 분양자에게 지급하여야 한다. 한편 당사자 일방이 계약을 해제한 때에는 각 당사자는 상대방에 대하여 원상회복의무가 있고, 이 경우 반환할 돈에는 받은 날로부터 이자를 가산하여 지급하여야 한다. 여기서 가산되는 이자는 원상회복의 범위에 속하는 것으로서 일종의 부당이득반환의 성질을 가지고 반환의무의 이행지체로 인한 지연손해금이 아니다(대판 2022.4.28. 2018다29081[본소]·2018다290818[반소]).
> - 민법 제548조 제2항은 계약해제로 인한 원상회복의무의 이행으로서 반환하는 금전에는 받은 날로부터 이자를 가산하여야 한다고 정하였는데, 위 이자의 반환은 원상회복의무의 범위에 속하는 것으로 일종의 부당이득반환의 성질을 가지는 것이지 반환의무의 이행지체로 인한 손해배상은 아니고, 소송촉진 등에 관한 특례법(이하 '소송촉진법'이라 한다) 제3조 제1항은 금전채무의 전부 또는 일부의 이행을 명하는 판결을 선고할 경우에 있어서 금전채무불이행으로 인한 손해배상액 산정의 기준이 되는 법정이율에 관한 특별규정이므로, 위 이자에는 소송촉진법 제3조 제1항에서 정한 이율을 적용할 수 없다(대판 2024.2.29. 2023다289720).

② 비용 : 반환의무자가 반환할 물건에 관하여 필요비나 유익비를 지출한 경우에는 회복자에게 그 상환을 청구할 수 있다.

5) 원상회복의무의 제한 가능 여부

계약의 해제로 인한 원상회복청구권에 대하여 해제자가 해제의 원인이 된 채무불이행에 관하여 '원인'의 일부를 제공하였다는 등의 사유를 내세워 신의칙 또는 공평의 원칙에 기하여 일반적으로 손해배상에 있어서의 과실상계에 준하여 권리의 내용이 제한될 수 있다고 하는 것은 허용되어서는 아니 된다(대판 2014.3.13. 2013다34143).

(3) 민법 제548조 제1항 단서의 제3자의 보호

① 제3자의 의미 : 민법 제548조 제1항 단서의 제3자란 그 해제된 계약으로부터 생긴 법률효과를 기초로 하여 해제 전 새로운 이해관계를 가졌을 뿐만 아니라 등기, 인도 등으로 완전한 권리를 취득한 자를 말한다(대판 2007.12.27. 2006다60229). 또한 해제의 의사표시가 있은 후 그 해제에 기한 말소등기가 있기 이전에 이해관계를 갖게 된 선의의 제3자도 민법 제548조 제1항 단서의 제3자에 포함된다(대판 2000.4.21. 2000다584).

> **[매매계약의 이행으로 주택을 인도받아 그 임대권한을 명시적 또는 묵시적으로 부여받은 매수인으로부터 매매계약의 해제 전에 그 주택을 임차하여 주택임대차보호법상의 대항요건을 갖춘 임차인이, 매매계약의 해제에도 불구하고 자신의 임차권으로 매도인의 명도청구에 대항할 수 있는지 여부(적극)]**
> 매매계약의 이행으로 매매목적물인 주택을 인도받은 매수인이 매도인으로부터 그 주택의 임대권한을 명시적 또는 묵시적으로 부여받은 경우, 매수인으로부터 매매계약이 해제되기 전에 매매목적물인 주택을 임차하여 그 주택의 인도와 주민등록을 마침으로써 주택임대차보호법 제3조 제1항에 의한 대항요건을 갖춘 임차인은 민법 제548조 제1항 단서의 규정에 따라 계약해제로 인하여 권리를 침해받지 않는 제3자에 해당하므로 임대인의 임대권원의 바탕이 되는 매매계약의 해제에도 불구하고 자신의 임차권을 들어 매도인의 명도청구에 대항할 수 있다(대판 2009.1.30, 2008다65617).

② 제3자의 해당 여부

제3자에 해당하는 경우	제3자에 해당하지 않는 경우
부동산을 가압류집행한 가압류채권자	계약상의 채권을 양도받은 양수인이나 그 채권자체를 압류 또는 전부한 채권자
매수인과 매매예약을 체결한 후 그에 기한 소유권이전등기청구권 보전을 위한 가등기를 마친 사람	계약상의 채권을 양수하여 이를 피보전권리로 하여 처분금지가처분결정을 받은 자
교환계약 당사자로부터 전득하여 등기를 마친 자	토지매수인이 토지위에 신축한 건물을 매수한 자

(4) 손해배상

① 해제권 행사와 함께 해제원인에 귀책사유 있는 상대방에게 손해배상을 청구할 수 있으며, 이는 채무불이행으로 인한 손해배상을 의미한다.
② 손해배상의 범위는 이행이익의 배상이 원칙이다. 다만, 그에 갈음하여 그 계약이 이행되리라고 믿고 채권자가 지출한 비용, 즉 신뢰이익의 배상을 구하는 것도 가능하다(대판 2002.6.11, 2002다2539).

4. 해제권의 소멸

(1) 일반적 소멸원인

① 해제권의 행사 전에 채무의 이행이나 이행제공
② 해제권의 포기 또는 실효
③ 제척기간의 만료

(2) 해제권에 특유한 소멸원인

> **해제권행사여부의 최고권(민법 제552조)**
> ① 해제권의 행사의 기간을 정하지 아니한 때에는 상대방은 상당한 기간을 정하여 해제권행사여부의 확답을 해제권자에게 최고할 수 있다.
> ② 전항의 기간 내에 해제의 통지를 받지 못한 때에는 해제권은 소멸한다.
>
> **훼손 등으로 인한 해제권의 소멸(민법 제553조)**
> 해제권자의 고의나 과실로 인하여 계약의 목적물이 현저히 훼손되거나 이를 반환할 수 없게 된 때 또는 가공이나 개조로 인하여 다른 종류의 물건으로 변경된 때에는 해제권은 소멸한다.

① 최고에 의한 소멸 : 상대방의 최고권 행사에 대해 확답을 하지 않은 경우(민법 제552조)
② 해제권자의 고의·과실로 계약목적물을 현저히 훼손시키거나 목적물을 반환할 수 없게 된 경우(민법 제553조)
③ 해제권 행사·소멸의 불가분성에 따라 1인에게 해제권이 소멸한 경우(민법 제547조 제2항)

III 약정해제

1. 의 의

계약을 체결하면서 장래의 사정변경에 대비하기 위하여 특약으로 해제권을 유보하는 경우를 의미한다.

2. 약정해제권의 행사

① 특약을 한 경우 그에 따라야 한다.
② 특약이 없는 경우에는 상대방에 대한 의사표시로 한다. 해제의 불가분성에 관한 민법 제547조도 적용된다.

3. 약정해제의 효과

① 원상회복의무가 생긴다.
② 채무불이행에 의한 것이 아니므로 일반적으로 손해배상의 청구라는 효과는 생기지 않는다. 따라서 민법 제551조는 적용되지 않는다.

4. 약정해제권의 소멸

법정해제권의 소멸을 참조하라. 단, 계약금의 교부에 의하여 해제권이 유보된 경우에 당사자의 일방이 이행에 착수하면 해제권이 소멸하지만, 그 밖의 경우에는 중도금 지급 후라도 약정해제권을 행사할 수 있다(대판 1979.9.25. 79다832·833).

Ⅳ 계약의 해지

1. 의 의

계속적 계약관계의 경우 일방적 의사표시로 그 효력을 장래에 향하여 소멸시키는 것을 해지라고 한다.

2. 해지권의 발생

(1) 법정해지권

민법은 각종의 계약에 관하여 개별적으로 법정해지권의 발생원인을 규정하고 있다.

(2) 약정해지권

계약을 체결하면서 당사자 일방이나 쌍방을 위하여 해지권을 유보하는 특약을 할 수도 있다.

3. 해지권의 행사

① 해지권의 행사는 상대방에 대한 의사표시로써 하며, 재판상·재판 외 행사 모두 가능하다(대판 2000.1.28. 99다50712).
② 해지의 의사표시는 철회하지 못한다(민법 제543조 제2항).
③ 행사 및 소멸의 불가분성은 해제권과 동일하다(민법 제547조).

> **[청약저축의 가입자가 사망하였고 여러 명의 상속인이 있는 경우, 청약저축 예금계약을 해지하려면 상속인들 전원이 해지의 의사표시를 하여야 하는지 여부(원칙적 적극)]**
>
> 청약저축 가입자는 주택공급을 신청할 권리를 가지게 되고, 가입자가 사망하여 공동상속인들이 그 권리를 공동으로 상속하는 경우에는 공동상속인들이 상속지분비율에 따라 피상속인의 권리를 준공유하게 된다. 민법 제547조 제1항은 "당사자의 일방 또는 쌍방이 수인인 경우에는 계약의 해지나 해제는 그 전원으로부터 또는 전원에 대하여 하여야 한다"라고 규정하고 있다. 따라서 주택공급을 신청할 권리와 분리될 수 없는 청약저축의 가입자가 사망하였고 그에게 여러 명의 상속인이 있는 경우에 그 상속인들이 청약저축 예금계약을 해지하려면, 금융기관과 사이에 다른 내용의 특약이 있다는 등의 특별한 사정이 없는 한 상속인들 전원이 해지의 의사표시를 하여야 한다(대판 2022.7.14. 2021다294674).

4. 해지의 효과

(1) 장래효

계약을 해지한 때에는 계약은 장래에 대하여 그 효력을 잃는다(민법 제550조). 이 점이 소급효가 인정되는 해제와 근본적으로 다르다.

(2) 손해배상의 청구

해지는 손해배상의 청구에 영향을 미치지 않는다(민법 제551조).

CHAPTER 01 계약총론

제1절 서 설

제2절 계약의 성립

01 다음 설명 중 가장 옳지 않은 것은?   2022년

① 계약이 의사의 불합치로 성립하지 아니한 경우 그로 인하여 손해를 입은 당사자는 상대방이 계약이 성립되지 아니할 수 있다는 것을 알았거나 알 수 있었음을 이유로 민법 제535조를 유추적용하여 계약체결상의 과실로 인한 손해배상청구를 할 수 있다.

② 당사자 간에 동일한 내용의 청약이 상호교차된 경우에는 양청약이 상대방에게 도달한 때에 계약이 성립하고, 승낙자가 청약에 대하여 조건을 붙이거나 변경을 가하여 승낙한 때에는 그 청약의 거절과 동시에 새로 청약한 것으로 본다.

③ 명예퇴직의 신청은 근로계약에 대한 합의해지의 청약에 불과하여 이에 대한 사용자의 승낙이 있어 근로계약이 합의해지되기 전에는 근로자가 임의로 그 청약의 의사표시를 철회할 수 있다.

④ 무효인 약관조항에 의거하여 계약이 체결되었다면 그 후 상대방이 계약의 이행을 지체하는 과정에서 약관작성자로부터 채무의 이행을 독촉받고 종전 약관에 따른 계약내용의 이행 및 약정내용을 재차 확인하는 취지의 각서를 작성하여 교부하였다 하여 무효인 약관의 조항이 유효한 것으로 된다고 할 수 없다.

⑤ 약관상 매매계약 해제 시 매도인을 위한 손해배상액의 예정조항은 있는 반면 매수인을 위한 손해배상액의 예정조항은 없는 경우, 매도인 일방만을 위한 손해배상액의 예정조항을 두었다는 사정만으로는 약관의 규제에 관한 법률에 위배되어 무효라 할 수는 없다.

[❶ ▶ ×] 계약이 의사의 불합치로 성립하지 아니한 경우 그로 인하여 손해를 입은 당사자가 상대방에게 부당이득반환청구 또는 불법행위로 인한 손해배상청구를 할 수 있는지는 별론으로 하고, 상대방이 계약이 성립되지 아니할 수 있다는 것을 알았거나 알 수 있었음을 이유로 민법 제535조를 유추적용하여 계약체결상의 과실로 인한 손해배상청구를 할 수는 없다(대판 2017.11.14. 2015다10929).

[❷ ▶ ○] 민법 제533조, 제534조

> **민법 제533조(교차청약)**
> 당사자 간에 동일한 내용의 청약이 상호교차된 경우에는 양청약이 상대방에게 도달한 때에 계약이 성립한다.
>
> **민법 제534조(변경을 가한 승낙)**
> 승낙자가 청약에 대하여 조건을 붙이거나 변경을 가하여 승낙한 때에는 그 청약의 거절과 동시에 새로 청약한 것으로 본다.

[❸ ▶ ○] 명예퇴직은 근로자가 명예퇴직의 신청(청약)을 하면 사용자가 요건을 심사한 후 이를 승인(승낙)함으로써 합의에 의하여 근로관계를 종료시키는 것으로, 명예퇴직의 신청은 근로계약에 대한 합의해지의 청약에 불과하여 이에 대한 사용자의 승낙이 있어 근로계약이 합의해지되기 전에는 근로자가 임의로 그 청약의 의사표시를 철회할 수 있다(대판 2003.4.25. 2002다11458).

[❹ ▶ ○] 무효인 약관조항에 의거하여 계약이 체결되었다면 그 후 상대방이 계약의 이행을 지체하는 과정에서 약관작성자로부터 채무의 이행을 독촉받고 종전 약관에 따른 계약내용의 이행 및 약정내용을 재차 확인하는 취지의 각서를 작성하여 교부하였다 하여 무효인 약관의 조항이 유효한 것으로 된다거나, 위 각서의 내용을 새로운 개별약정으로 보아 약관의 유·무효와는 상관없이 위 각서에 따라 채무의 이행 및 원상회복의 범위 등이 정하여 진다고 할 수 없다(대판 2000.1.18. 98다18506).

[❺ ▶ ○] 약관상 매매계약 해제 시 매도인을 위한 손해배상액의 예정조항은 있는 반면 매수인을 위한 손해배상액의 예정조항은 없는 경우, 매도인 일방만을 위한 손해배상액의 예정조항을 두었다고 하여 곧 그 조항이 약관의 규제에 관한 법률에 위배되어 무효라 할 수는 없다(대판 2000.9.22. 99다53759).

답 ❶

제3절 계약의 효력

02 동시이행에 관한 다음 설명 중 가장 옳지 않은 것은? 2025년

① 임차인이 불이행한 원상회복의무가 사소한 부분이고 그로 인한 손해배상액 역시 근소한 금액인 경우에까지 임대인이 그를 이유로, 임차인이 그 원상회복의무를 이행할 때까지 혹은 임대인이 현실로 목적물의 명도를 받을 때까지 원상회복의무 불이행으로 인한 손해배상액 부분을 넘어서서 거액의 잔존 임대차보증금 전액에 대하여 그 반환을 거부할 수 있다고 하는 것은 오히려 공평의 관념에 반하는 것이 되어 부당하고, 그와 같은 임대인의 동시이행의 항변은 신의칙에 반하는 것이 되어 허용할 수 없다.
② 가압류등기 등이 있는 부동산의 매매계약에 있어 매도인의 소유권이전등기 의무와 아울러 가압류등기의 말소의무도 매수인의 대금지급의무와 동시이행 관계에 있다.
③ 양 채무가 동일한 법률요건으로부터 생겨서 공평의 관점에서 보아 견련적으로 이행시킴이 마땅한 경우에는 동시이행관계가 인정되므로, 채무담보를 위하여 경료된 근저당권설정등기의 말소와 채무의 변제는 동시이행의 관계에 있다.
④ 매도인의 매매계약상의 소유권이전등기의무가 이행불능이 되어 이를 이유로 매매계약을 해제함에 있어서는 상대방의 잔대금지급의무가 매도인의 소유권이전등기의무와 동시이행관계에 있다고 하더라도 그 이행의 제공을 필요로 하는 것이 아니다.
⑤ 임대인과 임차인이 임대차계약을 체결하면서 임대차보증금을 전세금으로 하는 전세권설정등기를 경료한 경우 임대차보증금은 전세금의 성질을 겸하게 되므로, 당사자 사이에 다른 약정이 없는 한 임대차보증금 반환의무는 민법 제317조에 따라 전세권설정등기의 말소의무와도 동시이행관계에 있다.

──────────────────

[❶ ▶ ○] 동시이행의 항변권은 근본적으로 공평의 관념에 따라 인정되는 것인데, 임차인이 불이행한 원상회복의무가 사소한 부분이고 그로 인한 손해배상액 역시 근소한 금액인 경우에까지 임대인이 그를 이유로, 임차인이 그 원상회복의무를 이행할 때까지, 혹은 임대인이 현실로 목적물의 명도를 받을 때까지 원상회복의무 불이행으로 인한 손해배상액 부분을 넘어서서 거액의 잔존 임대차보증금 전액에 대하여 그 반환을 거부할 수 있다고 하는 것은 오히려 공평의 관념에 반하는 것이 되어 부당하고, 그와 같은 임대인의 동시이행의 항변은 신의칙에 반하는 것이 되어 허용할 수 없다(대판 1999.11.12. 99다34697).

[❷ ▶ ○] 부동산의 매매계약이 체결된 경우에는 매도인의 소유권이전등기의무, 인도의무와 매수인의 잔대금지급의무는 동시이행의 관계에 있는 것이 원칙이고, 이 경우 매도인은 특별한 사정이 없는 한 제한이나 부담이 없는 완전한 소유권이전등기의무를 지는 것이므로 매매목적 부동산에 가압류등기 등이 되어 있는 경우에는 매도인은 이와 같은 등기도 말소하여 완전한 소유권이전등기를 해 주어야 하는 것이고, 따라서 가압류등기 등이 있는 부동산의 매매계약에 있어서는 매도인의 소유권이전등기 의무와 아울러 가압류등기의 말소의무도 매수인의 대금지급의무와 동시이행 관계에 있다고 할 것이다(대판 2000.11.28. 2000다8533).

[❸ ▶ ×] 양 채무가 동일한 법률요건으로부터 생겨서 공평의 관점에서 보아 견련적으로 이행시킴이 마땅한 경우에는 동시이행관계가 인정되나(대판 1992.10.9. 92다25656 참조), 채무담보를 위하여 근저당권설정등기, 가등기 등이 경료되어 있는 경우 그 채무의 변제의무는 그 등기의 말소의무보다 선행되어야 한다(대판 1991.4.12. 90다9872 참조).

[❹ ▶ ○] 매도인의 매매계약상의 소유권이전등기의무가 이행불능이 되어 이를 이유로 매매계약을 해제함에 있어서는 상대방의 잔대금지급의무가 매도인의 소유권이전등기의무와 동시이행관계에 있다고 하더라도 그 이행의 제공을 필요로 하는 것이 아니다(대판 2003.1.24. 2000다22850).

[❺ ▶ ○] 임대인과 임차인이 임대차계약을 체결하면서 임대차보증금을 전세금으로 하는 전세권설정등기를 경료한 경우 임대차보증금은 전세금의 성질을 겸하게 되므로, 당사자 사이에 다른 약정이 없는 한 임대차보증금 반환의무는 민법 제317조에 따라 전세권설정등기의 말소의무와도 동시이행관계에 있다(대판 2011.3.24. 2010다95062).

답 ❸

03 동시이행항변에 관한 다음 설명 중 가장 옳지 않은 것은? 2023년

① 완성된 목적물에 하자가 있어 도급인이 하자의 보수에 갈음하여 손해배상을 청구한 경우에 도급인의 손해배상 채권과 동시이행관계에 있는 수급인의 공사대금 채권은 공사잔대금 채권 중 위 손해배상 채권액과 동액의 채권에 한한다.
② 제3채무자의 압류채무자에 대한 자동채권이 수동채권인 피압류채권과 동시이행의 관계에 있다 하더라도, 압류명령이 제3채무자에게 송달되어 압류의 효력이 생긴 후에 자동채권이 발생하였다면 그 자동채권은 민법 제498조의 '지급을 금지하는 명령을 받은 제3채무자가 그 후에 취득한 채권'에 해당하므로, 제3채무자는 동시이행의 항변권을 주장할 수 없다.
③ 계속적 거래관계에 있어서 재화나 용역을 먼저 공급한 후 일정기간마다 거래대금을 정산하여 일정 기일 후에 지급받기로 약정한 경우에, 공급자가 선이행의 자기 채무를 이행하였으나 이미 정산이 완료되어 이행기가 지난 전기의 대금을 지급받지 못한 경우에는, 공급자는 이미 이행기가 지난 전기의 대금을 지급받을 때까지 선이행의무가 있는 다음 기간의 자기 채무의 이행을 거절할 수 있다고 해석할 것이다.
④ 부동산 매매계약에 있어 매수인이 부가가치세를 부담하기로 약정한 경우, 부가가치세를 매매대금과 별도로 지급하기로 했다는 등의 특별한 사정이 없는 한 부가가치세를 포함한 매매대금 전부와 부동산의 소유권이전등기의무가 동시이행의 관계에 있다고 봄이 상당하다.
⑤ 근저당권설정등기가 되어 있는 부동산을 매매하는 경우, 매수인이 근저당권의 피담보채무를 인수하여 그 채무금 상당을 매매잔대금에서 공제하기로 하는 특약을 하는 등 특별한 사정이 없는 한, 매도인의 근저당권말소 및 소유권이전등기의무와 매수인의 잔대금지급의무는 동시이행의 관계에 있는 것이다.

[❶ ▶ ○] 완성된 목적물에 하자가 있어 도급인이 하자의 보수에 갈음하여 손해배상을 청구한 경우에, 도급인은 수급인이 그 손해배상청구에 관하여 채무이행을 제공할 때까지 그 손해배상액에 상응하는 보수액에 관하여만 자기의 채무이행을 거절할 수 있을 뿐이고 그 나머지 보수액은 지급을 거절할 수 없다고 할 것이므로, 도급인의 손해배상 채권과 동시이행관계에 있는 수급인의 공사대금 채권은 공사잔대금 채권 중 위 손해배상 채권액과 동액의 채권에 한하고, 그 나머지 공사잔대금 채권은 위 손해배상 채권과 동시이행관계에 있다고 할 수 없다(대판 1996.6.11. 95다12798).

[❷ ▶ ×] 제3채무자의 압류채무자에 대한 자동채권이 수동채권인 피압류채권과 동시이행의 관계에 있는 경우에는, 비록 압류명령이 제3채무자에게 송달되어 압류의 효력이 생긴 후에 비로소 자동채권이 발생하였다고 하더라도 동시이행의 항변권을 주장할 수 있는 제3채무자로서는 그 채권에 의한 상계로써 압류채권자에게 대항할 수 있는 것으로서, <u>이 경우 자동채권이 발생한 기초가 되는 원인은 수동채권이 압류되기 전에 이미 성립하여 존재하고 있었던 것이므로 그 자동채권은 민법 제498조에 규정된 '지급을 금지하는 명령을 받은 제3채무자가 그 후에 취득한 채권'에 해당하지 않는다</u>(대판 2005.11.10. 2004다37676).

[❸ ▶ ○] 계속적 거래관계에 있어서 재화나 용역을 먼저 공급한 후 일정기간마다 거래대금을 정산하여 일정일 후에 지급받기로 약정한 경우에 공급자가 선이행의 자기 채무를 이행하고, 이미 정산이 완료되어 이행기가 지난 전기의 대금을 지급받지 못하였거나 정산은 완료되었으나 후이행의 상대방의 채무는 아직 이행기가 되지 아니하였지만 이행기의 이행이 현저히 불안한 사유가 있는 경우에는 민법 제536조 제2항 및 신의성실의 원칙에 비추어 볼 때 공급자는 이미 이행기가 지난 전기의 대금을 지급받을 때 또는 전기에 대한 상대방의 이행기 미도래채무의 이행불안사유가 해소될 때까지 선이행의무가 있는 다음 기간의 자기 채무의 이행을 거절할 수 있다고 해석할 것이다(대판 1995.2.28. 93다53887).

[❹ ▶ ○] 부동산 매매계약에 있어 매수인이 부가가치세를 부담하기로 약정한 경우, 부가가치세를 매매대금과 별도로 지급하기로 했다는 등의 특별한 사정이 없는 한 부가가치세를 포함한 매매대금 전부와 부동산의 소유권이전등기의무가 동시이행의 관계에 있다고 봄이 상당하다(대판 2006.2.24. 2005다58656).

[❺ ▶ ○] 근저당권설정등기가 되어 있는 부동산을 매매하는 경우 매수인이 근저당권의 피담보채무를 인수하여 그 채무금 상당을 매매잔대금에서 공제하기로 하는 특약을 하는 등 특별한 사정이 없는 한 매도인의 근저당권말소 및 소유권이전등기의무와 매수인의 잔대금지급의무는 동시이행의 관계에 있는 것이다(대판 1991.11.26. 91다23103).

답 ❷

04 동시이행항변에 관한 다음 설명 중 가장 옳지 않은 것은? 2024년

① 기존의 원인채권과 어음채권이 병존하는 경우에 채권자가 원인채권을 행사함에 있어서 채무자는 원칙적으로 어음과 상환으로 지급하겠다고 하는 항변으로 채권자에게 대항할 수 있다. 따라서 어음상 권리가 시효완성으로 소멸하여 채무자에게 이중지급의 위험이 없고 채무자가 다른 어음상 채무자에 대하여 권리를 행사할 수도 없는 경우이더라도 채권자의 원인채권 행사에 대하여 채무자에게 어음상환의 동시이행항변을 인정할 필요가 있다.
② 토지 임차인의 매수청구권 행사로 지상 건물에 대하여 시가에 의한 매매 유사의 법률관계가 성립된 경우에는 임차인의 건물명도 및 그 소유권이전등기의무와 토지 임대인의 건물대금지급의무는 서로 대가관계에 있는 채무가 되므로, 임차인이 임대인에게 매수청구권이 행사된 건물들에 대한 명도와 소유권이전등기를 마쳐주지 아니하였다면 임대인에게 그 매매대금에 대한 지연손해금을 구할 수 없다.
③ 매수인이 매매의 목적이 된 부동산을 명도받기 전에 잔대금을 먼저 지급하기로 약정한 매매의 경우에, 매수인이 잔대금지급채무를 이행하지 아니하였다고 하더라도 매매계약이 해제되지 아니한 상태에서 부동산의 명도기일이 지날 때까지 부동산이 명도되지 아니하였다면, 그때부터는 매수인의 잔대금지급채무와 매도인의 부동산명도의무는 동시이행의 관계에 있게 된다.
④ 동시이행의 항변권은 상대방의 채무이행이 있기까지 자신의 채무이행을 거절할 수 있는 권리이므로, 매수인이 매도인을 상대로 매매목적 부동산 중 일부에 대해서만 소유권이전등기의무의 이행을 구하고 있는 경우에도 매도인은 특별한 사정이 없는 한 그 매매잔대금 전부에 대하여 동시이행의 항변권을 행사할 수 있다고 할 것이다.
⑤ 항변권이 부착되어 있는 채권을 자동채권으로 하여 타의 채무와의 상계를 허용한다면 상계가 일방의 의사표시에 의하여 상대방의 항변권행사의 기회를 상실케 하는 결과가 되므로 이와 같은 상계는 그 성질상 허용할 수 없다.

....

[❶ ▶ ✕] 기존의 원인채권과 어음채권이 병존하는 경우에 채권자가 원인채권을 행사함에 있어서 채무자는 원칙적으로 어음과 상환으로 지급하겠다고 하는 항변으로 채권자에게 대항할 수 있다. 그러나 채무자가 어음의 반환이 없음을 이유로 원인채무의 변제를 거절할 수 있는 것은 채무자로 하여금 무조건적인 원인채무의 이행으로 인한 이중지급의 위험을 면하게 하려는 데 그 목적이 있고, 기존의 원인채권에 터잡은 이행청구권과 상대방의 어음반환청구권 사이에 민법 제536조에 정하는 쌍무계약상의 채권채무관계나 그와 유사한 대가관계가 있기 때문은 아니다. 따라서 어음상 권리가 시효완성으로 소멸하여 채무자에게 이중지급의 위험이 없고 채무자가 다른 어음상 채무자에 대하여 권리를 행사할 수도 없는 경우에는 채권자의 원인채권 행사에 대하여 채무자에게 어음상환의 동시이행항변을 인정할 필요가 없으므로 결국 채무자의 동시이행항변권은 부인된다(대판 2010.7.29. 2009다69692).

[❷ ▶ ○] 토지 임차인의 매수청구권 행사로 지상 건물에 대하여 시가에 의한 매매 유사의 법률관계가 성립된 경우에는 임차인의 건물명도 및 그 소유권이전등기의무와 토지 임대인의 건물대금지급의무는 서로 대가관계에 있는 채무가 되므로, 임차인이 임대인에게 매수청구권이 행사된 건물들에 대한 명도와 소유권이전등기를 마쳐주지 아니하였다면 임대인에게 그 매매대금에 대한 지연손해금을 구할 수 없다(대판 1998.5.8. 98다2389).

[❸ ▶ ○] 매수인이 매매의 목적이 된 부동산을 명도받기 전에 잔대금을 먼저 지급하기로 약정한 매매의 경우에, 매수인이 잔대금지급채무를 이행하지 아니하였다고 하더라도 매매계약이 해제되지 아니한 상태에서 부동산의 명도기일이 지날 때까지 부동산이 명도되지 아니하였다면, 그때부터는 매수인의 잔대금지급채무와 매도인의 부동산명도의무는 동시이행의 관계에 있게 된다(대판 1991.8.13. 91다13144).

[❹ ▶ ○] 부동산매매계약에서 발생하는 매도인의 소유권이전등기의무와 매수인의 매매잔대금지급의무는 동시이행관계에 있고, 동시이행의 항변권은 상대방의 채무이행이 있기까지 자신의 채무이행을 거절할 수 있는 권리이므로, 매수인이 매도인을 상대로 매매목적 부동산 중 일부에 대해서만 소유권이전등기의무의 이행을 구하고 있는 경우에도 매도인은 특별한 사정이 없는 한 그 매매잔대금 전부에 대하여 동시이행의 항변권을 행사할 수 있다고 할 것이다(대판 2006.2.23. 2005다53187).

[❺ ▶ ○] 항변권이 붙어 있는 채권을 자동채권으로 하여 타의 채무와의 상계를 허용한다면 상계자 일방의 의사표시에 의하여 상대방의 항변권행사의 기회를 상실케 하는 결과가 되므로 이와 같은 상계는 그 성질상 허용될 수 없다(대판 2002.8.23. 2002다25242).

답 ❶

05 제3자를 위한 계약에 관한 다음 설명 중 가장 옳지 않은 것은? 2023년

① 어떤 계약이 제3자를 위한 계약에 해당하는지 여부는 당사자의 의사가 그 계약에 의하여 제3자에게 직접 권리를 취득하게 하려는 것인지에 관한 의사 해석의 문제로서, 이는 계약 체결의 목적, 계약에 있어서의 당사자의 행위의 성질, 계약으로 인하여 당사자 사이 또는 당사자와 제3자 사이에 생기는 이해득실, 거래 관행, 제3자를 위한 계약 제도가 갖는 사회적 기능 등 제반 사정을 종합하여 계약 당사자의 합리적 의사를 해석함으로써 판별할 수 있다.

② 제3자를 위한 계약이 성립하기 위하여는 일반적으로 그 계약의 당사자가 아닌 제3자로 하여금 직접 권리를 취득하게 하는 조항이 있어야 할 것이지만, 계약의 당사자가 제3자에 대하여 가진 채권에 관하여 그 채무를 면제하는 계약도 제3자를 위한 계약에 준하는 것으로서 유효하다.

③ 낙약자는 요약자와 수익자 사이의 법률관계에 기한 항변으로 수익자에게 대항하지 못하고, 요약자도 요약자와 제3자(수익자) 사이의 법률관계의 부존재나 효력의 상실을 이유로 자신이 낙약자 사이의 법률관계에 기하여 낙약자에게 부담하는 채무의 이행을 거부할 수 없다.

④ 채무자와 인수인의 계약으로 체결되는 병존적 채무인수는 채권자로 하여금 인수인에 대하여 새로운 권리를 취득하게 하는 것으로 제3자를 위한 계약에 해당한다.

⑤ 제3자를 위한 계약에 있어서 수익의 의사표시를 한 수익자는 낙약자에게 직접 그 이행을 청구할 수 있으나, 요약자가 낙약자와의 계약을 해제한 경우에는 수익자는 낙약자에게 자기가 입은 손해의 배상을 청구할 수는 없다.

[❶ ▶ ○] 제3자를 위한 계약이라 함은 통상의 계약이 그 효력을 당사자 사이에서만 발생시킬 의사로 체결되는 것과는 달리 계약 당사자가 자기들 명의로 체결한 계약에 의하여 제3자로 하여금 직접 계약 당사자의 일방에 대하여 권리를 취득하게 하는 것을 목적으로 하는 계약인바, 어떤 계약이 제3자를 위한 계약에 해당하는지 여부는 당사자의 의사가 그 계약에 의하여 제3자에게 직접 권리를 취득하게 하려는 것인지에 관한 의사해석의 문제로서 이는 계약 체결의 목적, 계약에 있어서의 당사자의 행위의 성질, 계약으로 인하여 당사자 사이 또는 당사자와 제3자 사이에 생기는 이해득실, 거래 관행, 제3자를 위한 계약제도가 갖는 사회적 기능 등 제반 사정을 종합하여 계약 당사자의 합리적 의사를 해석함으로써 판별할 수 있다(대판 1997.10.24. 97다28698).

[❷ ▶ ○] 제3자를 위한 계약이 성립하기 위하여는 일반적으로 그 계약의 당사자가 아닌 제3자로 하여금 직접 권리를 취득하게 하는 조항이 있어야 할 것이지만, 계약의 당사자가 제3자에 대하여 가진 채권에 관하여 그 채무를 면제하는 계약도 제3자를 위한 계약에 준하는 것으로서 유효하다(대판 2004.9.3. 2002다37405).

[❸ ▶ ○] 제3자를 위한 계약의 체결 원인이 된 요약자와 제3자(수익자) 사이의 법률관계(이른바 대가관계)의 효력은 제3자를 위한 계약 자체는 물론 그에 기한 요약자와 낙약자 사이의 법률관계(이른바 기본관계)의 성립이나 효력에 영향을 미치지 아니하므로 낙약자는 요약자와 수익자 사이의 법률관계에 기한 항변으로 수익자에게 대항하지 못하고, 요약자도 대가관계의 부존재나 효력의 상실을 이유로 자신이 기본관계에 기하여 낙약자에게 부담하는 채무의 이행을 거부할 수 없다(대판 2003.12.11. 2003다49771).

[❹ ▶ ○] 채무자와 인수인의 계약으로 체결되는 병존적 채무인수는 채권자로 하여금 인수인에 대하여 새로운 권리를 취득하게 하는 것으로 제3자를 위한 계약의 하나로 볼 수 있고, 이와 비교하여 이행인수는 채무자와 인수인 사이의 계약으로 인수인이 변제 등에 의하여 채무를 소멸케 하여 채무자의 책임을 면하게 할 것을 약정하는 것으로 인수인이 채무자에 대한 관계에서 채무자를 면책케 하는 채무를 부담하게 될 뿐 채권자로 하여금 직접 인수인에 대한 채권을 취득케 하는 것이 아니므로 결국 제3자를 위한 계약과 이행인수의 판별 기준은 계약 당사자에게 제3자 또는 채권자가 계약 당사자 일방 또는 인수인에 대하여 직접 채권을 취득케 할 의사가 있는지 여부에 달려 있다 할 것이고, 구체적으로는 계약 체결의 동기, 경위 및 목적, 계약에 있어서의 당사자의 지위, 당사자 사이 및 당사자와 제3자 사이의 이해관계, 거래 관행 등을 종합적으로 고려하여 그 의사를 해석하여야 한다(대판 1997.10.24. 97다28698).

[❺ ▶ ×] 제3자를 위한 계약에 있어서 수익의 의사표시를 한 수익자는 낙약자에게 직접 그 이행을 청구할 수 있을 뿐만 아니라 <u>요약자가 계약을 해제한 경우에는 낙약자에게 자기가 입은 손해의 배상을 청구할 수 있는 것이므로</u>, 수익자가 완성된 목적물의 하자로 인하여 손해를 입었다면 수급인은 그 손해를 배상할 의무가 있다(대판 1994.8.12. 92다41559).

답 ❺

제4절 계약의 해제와 해지

06 해제에 관한 다음 설명 중 가장 옳지 않은 것은? 2025년

① 계약이 합의에 따라 해제되거나 해지된 경우에는 상대방에게 손해배상을 하기로 특약하거나 손해배상청구를 유보하는 의사표시를 하는 등 다른 사정이 없는 한 채무불이행으로 인한 손해배상을 청구할 수 없다.
② 계약의 합의해제는 묵시적으로 이루어질 수도 있으나, 계약이 묵시적으로 합의해제되었다고 하려면 계약의 성립 후에 당사자 쌍방의 계약실현의사의 결여 또는 포기로 인하여 당사자 쌍방의 계약을 실현하지 아니할 의사가 일치되어야 한다.
③ 해제권자의 고의나 과실로 인하여 계약의 목적물이 현저히 훼손되거나 이를 반환할 수 없게 된 때 또는 가공이나 개조로 인하여 다른 종류의 물건으로 변경된 때에는 해제권은 소멸한다.
④ 채무자가 이행해야 할 본래 채무가 이행불능이라는 이유로 계약을 해제하려고 할 때, 그 이행불능의 대상이 되는 채무자의 본래 채무가 유효하게 존속할 필요는 없다.
⑤ 민법 제548조 제2항은 계약해제로 인한 원상회복의무의 이행으로서 반환하는 금전에는 그 받은 날로부터 이자를 가산하여야 한다고 하고 있는바, 위 이자의 반환은 원상회복의무의 범위에 속하는 것으로 일종의 부당이득반환의 성질을 가지는 것이지 반환의무의 이행지체로 인한 손해배상은 아니라고 할 것이다.

[❶ ▶ ○] 계약이 합의에 의하여 해제 또는 해지된 경우에는 상대방에게 손해배상을 하기로 특약하거나 손해배상 청구를 유보하는 의사표시를 하는 등 다른 사정이 없는 한 채무불이행으로 인한 손해배상을 청구할 수 없다. 그와 같은 손해배상의 특약이 있었다거나 손해배상 청구를 유보하였다는 점은 이를 주장하는 당사자가 증명할 책임이 있다(대판 2021.5.7. 2017다220416).

[❷ ▶ ○] 계약의 합의해제는 묵시적으로 이루어질 수도 있으나, 계약이 묵시적으로 합의해제되었다고 하려면 계약의 성립 후에 당사자 쌍방의 계약실현의사의 결여 또는 포기로 인하여 당사자 쌍방의 계약을 실현하지 아니할 의사가 일치되어야만 한다(대판 1998.8.21. 98다17602).

[❸ ▶ ○] 해제권자의 고의나 과실로 인하여 계약의 목적물이 현저히 훼손되거나 이를 반환할 수 없게 된 때 또는 가공이나 개조로 인하여 다른 종류의 물건으로 변경된 때에는 해제권은 소멸한다(민법 제553조).

[❹ ▶ ×] 이행불능 또는 이행지체를 이유로 한 법정해제권은 채무자의 채무불이행에 대한 구제수단으로 인정되는 권리이다. 따라서 채무자가 이행해야 할 본래 채무가 이행불능이라는 이유로 계약을 해제하려면 그 이행불능의 대상이 되는 채무자의 본래 채무가 유효하게 존속하고 있어야 한다(대판 2022.9.29. 2019다204593).

[❺ ▶ ○] 민법 제548조 제2항은 계약해제로 인한 원상회복의무의 이행으로서 반환하는 금전에는 그 받은 날로부터 이자를 가산하여야 한다고 하고 있는바, 위 이자의 반환은 원상회복의무의 범위에 속하는 것으로 일종의 부당이득반환의 성질을 가지는 것이지 반환의무의 이행지체로 인한 손해배상은 아니라고 할 것이고, 소송촉진 등에 관한 특례법 제3조 제1항은 금전채무의 전부 또는 일부의 이행을 명하는 판결을 선고할 경우에 있어서 금전채무불이행으로 인한 손해배상액 산정의 기준이 되는 법정이율에 관한 특별규정이므로, 위 이자에는 소송촉진 등에 관한 특례법 제3조 제1항에 의한 이율을 적용할 수 없다(대판 2000.6.23. 2000다16275).

답 ❹

07 계약의 해제에 관한 다음 설명 중 가장 옳지 않은 것은?

2024년

① 매매계약의 일방 당사자가 사망하였고 그에게 여러 명의 상속인이 있는 경우에 그 상속인들이 위 계약을 해제하려면, 상대방과 사이에 다른 내용의 특약이 있다는 등의 특별한 사정이 없는 한 상속인들 전원이 해제의 의사표시를 하여야 한다.
② 매매계약이 해제된 후에도 매도인이 별다른 이의 없이 일부 변제를 수령한 경우 특별한 사정이 없는 한 당사자 사이에 해제된 계약을 부활시키는 약정이 있었다고 해석함이 상당하고, 이러한 경우 매도인으로서는 새로운 이행의 최고 없이 바로 해제권을 행사할 수 없다.
③ 민법 제548조 제1항 단서에서 규정하는 해제의 효과에도 보호받는 제3자는 일반적으로 그 해제된 계약으로부터 생긴 법률효과를 기초로 하여 해제 전에 새로운 이해관계를 가졌을 뿐 아니라 등기·인도 등으로 완전한 권리를 취득한 자를 의미하므로, 계약이 해제되기 이전에 계약상의 채권을 양수하여 이를 피보전권리로 하여 처분금지가처분결정을 받은 경우 그 채권자는 민법 제548조 제1항 단서 소정의 해제의 소급효가 미치지 아니하는 '제3자'에 해당한다.
④ 계약 해제의 효과로서 원상회복의무를 규정하는 민법 제548조 제1항 본문은 부당이득에 관한 특별 규정의 성격을 가지는 것으로서, 그 이익 반환의 범위는 이익의 현존 여부나 청구인의 선의·악의를 불문하고 특단의 사유가 없는 한 받은 이익의 전부이다.
⑤ 계약의 해제로 인한 원상회복청구권에 대하여 해제자가 해제의 원인이 된 채무불이행에 관하여 '원인'의 일부를 제공하였다는 등의 사유를 내세워 신의칙 또는 공평의 원칙에 기하여 일반적으로 손해배상에 있어서의 과실상계에 준하여 권리의 내용이 제한될 수 있다고 하는 것은 허용되지 않는다.

[❶▶○] 민법 제547조 제1항은 '당사자의 일방 또는 쌍방이 수인인 경우에는 계약의 해지나 해제는 그 전원으로부터 또는 전원에 대하여 하여야 한다'고 규정하고 있다. 따라서 매매계약의 일방당사자가 사망하였고 그에게 여러 명의 상속인이 있는 경우에 그 상속인들이 위 계약을 해제하려면, 상대방과 사이에 다른 내용의 특약이 있다는 등의 특별한 사정이 없는 한, 상속인들 전원이 해제의 의사표시를 하여야 한다(대판 2013.11.28. 2013다22812).

[❷▶○] 매매계약이 해제된 후에도 매도인이 별다른 이의 없이 일부 변제를 수령한 경우 특별한 사정이 없는 한 당사자 사이에 해제된 계약을 부활시키는 약정이 있었다고 해석함이 상당하고, 이러한 경우 매도인으로서는 새로운 이행의 최고 없이 바로 해제권을 행사할 수 없다(대판 1992.10.27. 91다483).

[❸▶✕] 계약이 해제되기 이전에 계약상의 채권을 양수하여 이를 피보전권리로 하여 처분금지가처분결정을 받은 경우, <u>그 권리는 채권에 불과하고 대세적 효력을 갖는 완전한 권리가 아니라는 이유로 그 채권자는 민법 제548조 제1항 단서 소정의 해제의 소급효가 미치지 아니하는 '제3자'에 해당하지 아니한다</u>(대판 2000.8.22. 2000다23433).

[❹▶○] 계약 해제의 효과로서 원상회복의무를 규정하는 민법 제548조 제1항 본문은 부당이득에 관한 특별규정의 성격을 가지는 것으로서, 그 이익 반환의 범위는 이익의 현존 여부나 청구인의 선의·악의를 불문하고 특단의 사유가 없는 한 받은 이익의 전부이다(대판 2014.3.13. 2013다34143).

[❺▶○] 계약의 해제로 인한 원상회복청구권에 대하여 해제자가 해제의 원인이 된 채무불이행에 관하여 '원인'의 일부를 제공하였다는 등의 사유를 내세워 신의칙 또는 공평의 원칙에 기하여 일반적으로 손해배상에 있어서의 과실상계에 준하여 권리의 내용이 제한될 수 있다고 하는 것은 허용되어서는 아니 된다(대판 2014.3.13. 2013다34143).

답 ❸

계약각론

제1절 증여

Ⅰ 서설

1. 의의

① 증여란 당사자 일방이 무상으로 재산을 상대방에 수여하는 의사를 표시하고 상대방이 이를 승낙함으로써 그 효력이 생기는 계약을 말한다(민법 제554조). 증여는 무상·편무·낙성·불요식의 계약이다. ② 수증자의 의사표시를 요건으로 하므로 태어나 아직 형성되지 않은 종중 또는 친족공동체에 대한 증여의 의사표시는 효력이 인정되지 않는다. ③ 서면에 의하지 않은 증여는 각 당사자가 해제할 수 있는데(민법 제555조), 증여의 성립에 반드시 서면이 작성되어야만 하는 것은 아니다. ④ 증여는 채권계약이므로 타인의 재산도 증여의 목적으로 할 수 있다.

> [기부채납의 법적 성질(= 증여계약) 및 지방자치단체와 상인인 기부자 사이에 체결된 기부채납 약정에 근거한 채권에 5년의 상사 소멸시효기간이 적용되는지 여부(적극)]
> 기부채납이란 지방자치단체 외의 자가 부동산 등의 소유권을 무상으로 지방자치단체에 이전하여 지방자치단체가 이를 취득하는 것으로서, 기부자가 재산을 지방자치단체의 공유재산으로 증여하는 의사표시를 하고 지방자치단체가 이를 승낙하는 채납의 의사표시를 함으로써 성립하는 증여계약에 해당한다. 당사자 쌍방에 대하여 모두 상행위가 되는 행위로 인한 채권뿐만 아니라 당사자 일방에 대하여만 상행위에 해당하는 행위로 인한 채권도 상법 제64조에 정해진 5년의 소멸시효기간이 적용되는 상사채권에 해당한다. 이 경우 상행위에는 상법 제46조 각 호에 해당하는 기본적 상행위뿐만 아니라 상인이 영업을 위하여 하는 보조적 상행위(상법 제47조)도 포함되고, 상인이 영업을 위하여 하는 행위는 상행위로 보되 상인의 행위는 영업을 위하여 하는 것으로 추정된다. 따라서 기부자가 상인인 경우 지방자치단체와 그 기부자 사이에 체결된 기부채납 약정은 다른 사정이 없는 한 상인이 영업을 위하여 한 보조적 상행위에 해당하므로, 그러한 기부채납 약정에 근거한 채권에는 5년의 상사 소멸시효기간이 적용된다(대판 2022.4.28. 2019다272053).

2. 증여의 효력

(1) 증여자의 의무
증여자는 약정한 재산권을 이전해 줄 의무를 부담한다(민법 제554조).

(2) 증여자의 담보책임

> **증여자의 담보책임(민법 제559조)**
> ① 증여자는 증여의 목적인 물건 또는 권리의 하자나 흠결에 대하여 책임을 지지 아니한다. 그러나 증여자가 그 하자나 흠결을 알고 수증자에게 고지하지 아니한 때에는 그러하지 아니하다.
> ② 상대부담 있는 증여에 대하여는 증여자는 그 부담의 한도에서 매도인과 같은 담보의 책임이 있다.

증여는 무상계약이므로 원칙적으로 담보책임을 지지 않으나(민법 제559조 제1항 본문), 예외적으로 증여자가 악의인 때(민법 제559조 제1항 단서)와 증여가 부담부인 때(민법 제559조 제2항)에는 담보책임을 진다.

(3) 증여의 특수한 해제

> **서면에 의하지 아니한 증여와 해제(민법 제555조)**
> 증여의 의사가 서면으로 표시되지 아니한 경우에는 각 당사자는 이를 해제할 수 있다.
>
> **수증자의 행위와 증여의 해제(민법 제556조)**
> ① 수증자가 증여자에 대하여 다음 각 호의 사유가 있는 때에는 증여자는 그 증여를 해제할 수 있다.
>   1. 증여자 또는 그 배우자나 직계혈족에 대한 범죄행위가 있는 때
>   2. 증여자에 대하여 부양의무 있는 경우에 이를 이행하지 아니하는 때
> ② 전항의 해제권은 해제원인 있음을 안 날로부터 6월을 경과하거나 증여자가 수증자에 대하여 용서의 의사를 표시한 때에는 소멸한다.
>
> **증여자의 재산상태변경과 증여의 해제(민법 제557조)**
> 증여계약 후에 증여자의 재산상태가 현저히 변경되고 그 이행으로 인하여 생계에 중대한 영향을 미칠 경우에는 증여자는 증여를 해제할 수 있다.
>
> **해제와 이행완료부분(민법 제558조)**
> 전3조의 규정에 의한 계약의 해제는 이미 이행한 부분에 대하여는 영향을 미치지 아니한다.

1) 서면에 의하지 않은 증여(민법 제555조)

① 서면에 의한 증여는 증여자의 증여의사가 문서를 통하여 확실히 알 수 있는 정도로 서면에 나타난 증여를 말한다. 즉 서면에 표시되어야 하는 것은 증여의 의사표시이다(대판 1998.9.25. 98다22543).

② 민법 제555조에서 말하는 해제는 일종의 특수한 철회일 뿐 민법 제543조 이하에서 규정한 본래 의미의 해제와는 다르다고 할 것이어서 형성권의 제척기간의 적용을 받지 않는다(대판 2003.4.11. 2003다1755).

③ 민법 제555조 소정의 증여의 의사가 표시된 서면의 작성시기 : 민법 제555조 소정의 증여의 의사가 표시된 서면의 작성시기에 대하여는 법률상 아무런 제한이 없으므로 증여계약이 성립한 당시에는 서면이 작성되지 않았더라도 그후 계약이 존속하는 동안 서면을 작성한 때에는 그때부터는 서면에 의한 증여로서 당사자가 임의로 이를 해제할 수 없게 된다(대판 1989.5.9. 88다카2271).

2) 망은행위(민법 제556조)

[수증자의 범죄행위를 원인으로 한 증여계약의 해제를 규정하고 있는 민법 제556조 제1항 제1호에서 정한 '범죄행위'의 의미와 이에 해당하는지 판단하는 기준 및 이때 수증자가 그 범죄행위로 형사처벌을 받을 필요가 있는지 여부(소극)]
민법 제556조 제1항 제1호는 '수증자가 증여자에 대하여 증여자 또는 그 배우자나 직계혈족에 대한 범죄행위가 있는 때에는 증여자는 그 증여를 해제할 수 있다'고 정한다. 이는 중대한 배은행위를 한 수증자에 대해서까지 증여자로 하여금 증여계약상의 의무를 이행하게 할 필요가 없다는 윤리적 요청을 법률적으로 고려한 것이다. 여기에서 '범죄행위'는, 수증자가 증여자에게 감사의 마음을 가져야 함에도 불구하고 증여자가 배은망덕하다고 느낄 정도로 둘 사이의 신뢰관계를 중대하게 침해하여 수증자에게 증여의 효과를 그대로 유지시키는 것이 사회통념상 허용되지 아니할 정도의 범죄를 저지르는 것을 말한다. 이때 이러한 범죄행위에 해당하는지는 수증자가 범죄행위에 이르게 된 동기 및 경위, 수증자의 범죄행위로 증여자가 받은 피해의 정도, 침해되는 법익의 유형, 증여자와 수증자의 관계 및 친밀도, 증여행위의 동기와 목적 등을 종합적으로 고려하여 판단하여야 하고, 반드시 수증자가 그 범죄행위로 형사처벌을 받을 필요는 없다(대판 2022.3.11. 2017다207475[본소]·2017다207482[반소]).

[민법상 부양의무 있는 친족간이 아닌 당사자 사이에서 부양의무를 조건으로 한 증여계약이 이행된 후 수증자가 부양의무를 게을리한 경우, 그 증여계약을 해제할 수 없는지 여부]
민법 제556조 제1항 제2호에 규정되어 있는 '부양의무'라 함은 민법 제974조에 규정되어 있는 직계혈족 및 그 배우자 또는 생계를 같이 하는 친족간의 부양의무를 가리키는 것으로서, 친족간이 아닌 당사자 사이의 약정에 의한 부양의무는 이에 해당하지 아니하여 민법 제556조 제2항이나 민법 제558조가 적용되지 않는다(대판 1996.1.26. 95다43358).

3) 증여자의 재산상태 악화(민법 제557조)

4) 해제 효력의 제한(민법 제558조)

① 이행의 의미 : 증여계약의 특수한 해제는 이미 이행한 부분에 대해서는 영향을 미치지 않는다(민법 제558조). 여기서 이행이란 증여자의 의사에 기한 것을 의미한다.

② 이행 여부에 대한 판단 : 동산이라면 수증자에게 인도한 때, 부동산이라면 수증자에게 등기를 한 때에 이행한 것이 된다. 즉, 부동산의 증여에 있어서는 목적부동산을 인도받지 아니하여도 그에 대한 소유권이전등기절차를 마침으로써 그 이행이 종료되어 수증자는 그로써 확정적으로 그 소유권을 취득한다(대판 1981.10.13. 81다649).

Ⅱ 특수한 증여

> **정기증여와 사망으로 인한 실효(민법 제560조)**
> 정기의 급여를 목적으로 한 증여는 증여자 또는 수증자의 사망으로 인하여 그 효력을 잃는다.
>
> **부담부증여(민법 제561조)**
> 상대부담 있는 증여에 대하여는 본절의 규정 외에 쌍무계약에 관한 규정을 적용한다.
>
> **사인증여(민법 제562조)**
> 증여자의 사망으로 인하여 효력이 생길 증여에는 유증에 관한 규정을 준용한다.

1. 부담부 증여

(1) 의 의

부담부 증여란 수증자가 증여를 받는 동시에 일정한 부담, 즉 일정한 급부를 하여야 할 채무를 부담하는 것을 부관으로 하는 증여를 말한다. 따라서 본 계약인 증여계약이 무효이면 부관에 불과한 부담도 함께 무효가 된다. 반면 부담만이 무효인 경우에는 본 계약인 증여계약까지 반드시 무효가 되는 것은 아니다.

(2) 담보책임

부담부분에 한하여 담보책임을 진다(민법 제559조 제2항).

(3) 준용규정

① 부담에 한해 동시이행항변권, 위험부담의 규정을 적용한다(민법 제561조).
② 부담 있는 증여에 대하여는 쌍무계약에 관한 규정이 준용되어 부담의무 있는 상대방이 자신의 의무를 이행하지 아니할 때에는 비록 증여계약이 이미 이행되어 있다 하더라도 증여자는 계약을 해제할 수 있고, 그 경우 민법 제555조와 민법 제558조는 적용되지 아니하기 때문에 원상회복의 무가 있다(대판 1997.7.8. 97다2177).

> **[증여의 의사가 서면으로 표시되지 않은 경우, 민법 제555조에 따라 부담부증여계약을 해제할 수 있는지 여부(원칙적 적극) / 부담부증여계약에서 증여자의 증여 이행이 완료되지 않았더라도 수증자가 부담의 이행을 완료한 경우, 서면에 의하지 않은 증여임을 이유로 증여계약의 전부 또는 일부를 해제할 수 있는지 여부(원칙적 소극)]**
> 민법 제555조는 "증여의 의사가 서면으로 표시되지 아니한 경우에는 각 당사자는 이를 해제할 수 있다"라고 정하고, 민법 제561조는 "상대부담 있는 증여에 대하여는 본절의 규정 외에 쌍무계약에 관한 규정을 적용한다"라고 정한다. 이처럼 부담부증여에도 민법 제3편 제2장 제2절(제554조부터 제562조까지)의 증여에 관한 일반 조항들이 그대로 적용되므로, 증여의 의사가 서면으로 표시되지 않은 경우 각 당사자는 원칙적으로 민법 제555조에 따라 부담부증여계약을 해제할 수 있다. 그러나 부담부증여계약에서 증여자의 증여 이행이 완료되지 않았더라도 수증자가 부담의 이행을 완료한 경우에는, 그러한 부담이 의례적·명목적인 것에 그치거나 그 이행에 특별한 노력과 비용이 필요하지 않는 등 실질적으로는 부담 없는 증여가 이루어지는 것과 마찬가지라고 볼 만한 특별한 사정이 없는 한, 각 당사자가 서면에 의하지 않은 증여임을 이유로 증여계약의 전부 또는 일부를 해제할 수는 없다고 봄이 타당하다(대판 2022.9.29. 2021다299976[본소]·2021다299983[반소]).

2. 정기증여

① 정기증여는 계속적인 채권관계에 해당한다.
② 정기증여는 증여자 또는 수증자의 사망으로 효력을 상실한다.

3. 사인증여

(1) 준용규정(민법 제562조)

사인증여는 증여자의 사망으로 효력이 발생하는 증여계약이나, 유증은 단독행위·요식행위라는 점에서, 주로 유증의 효력에 관한 것을 준용하고, 단독행위·요식행위로서의 성질을 갖는 것은 준용하지 않는다(대판 1996.4.12. 94다37714·37721).

(2) 포괄적 사인증여

포괄적 사인증여는 낙성·불요식의 증여계약의 일종이고, 포괄적 유증은 엄격한 방식을 요하는 단독행위이며, 방식을 위배한 포괄적 유증은 대부분 포괄적 사인증여로 보여질 것인바, 포괄적 사인증여에 민법 제1078조가 준용된다면 양자의 효과는 같게 되므로, 결과적으로 포괄적 유증에 엄격한 방식을 요하는 요식행위로 규정한 조항들은 무의미하게 된다. 따라서 민법 제1078조가 포괄적 사인증여에 준용된다고 하는 것은 사인증여의 성질에 반하므로 준용되지 아니한다(대판 1996.4.12. 94다37714·37721).

제2절 매 매

I 서 설

1. 의 의

> **매매의 의의(민법 제563조)**
> 매매는 당사자 일방이 재산권을 상대방에게 이전할 것을 약정하고 상대방이 그 대금을 지급할 것을 약정함으로써 그 효력이 생긴다.

2. 법적 성질

매매는 당사자 일방, 즉 매도인이 일정한 재산권을 상대방, 즉 매수인에게 이전할 것을 약정하고, 상대방은 이에 대하여 대금을 지급할 것을 약정함으로써 성립하는 낙성·쌍무·불요식의 유상계약이다(민법 제563조).

Ⅱ 매매의 성립

1. 서 설

매매는 낙성계약이므로, 재산권이전과 대금지급에 관한 합의만 있으면 유효하게 성립한다. 매매의 목적물과 대금은 일반적으로 계약체결 당시에 특정되지만, 그렇지 않은 경우에도 사후에 구체적으로 특정할 수 있는 방법과 기준이 정해져 있으면 충분하다(대판 1986.2.11. 84다카2454). 매매는 처분행위가 아니므로 매도인이 권리자가 아니더라도 의무부담행위로서 매매는 유효하게 성립한다(민법 제569조). 매매의 성립에 관하여 주의할 것은 매매의 예약과 계약금이다.

> [매매계약의 성립을 위한 매매목적물과 대금의 특정 정도 / 매매대금 액수를 일정기간 후 시가에 의하여 정하기로 하였다는 사유만으로 매매계약이 아닌 매매예약이라고 단정할 수 있는지 여부(소극) / 이행시기, 이행장소, 담보책임 등에 관한 합의가 없더라도 매매계약이 성립하는지 여부(원칙적 적극)]
> 매매는 당사자 일방이 재산권을 상대방에게 이전할 것을 약정하고 상대방이 대금을 지급할 것을 약정함으로써 효력이 발생하는 것이므로, 매매계약은 매도인이 재산권을 이전하는 것과 매수인이 대가로서 대금을 지급하는 것에 관하여 쌍방 당사자의 합의가 이루어짐으로써 성립하는 것이며, 그 경우 매매목적물과 대금은 반드시 계약체결 당시에 구체적으로 특정할 필요는 없고 이를 사후에라도 구체적으로 특정할 수 있는 방법과 기준이 정하여져 있으면 충분하다. 이 경우 그 약정된 기준에 따른 대금액 산정에 관하여 당사자 간에 다툼이 있다면 법원이 이를 정할 수밖에 없다. / 매매대금 액수를 일정기간 후 시가에 의하여 정하기로 하였다는 사유만을 들어 매매계약이 아닌 매매예약이라고 단정할 것은 아니다. / 그 밖에 특별한 사정이 없는 한 이행시기, 이행장소, 담보책임 등에 관한 합의가 없었더라도 매매계약이 성립하는 데에 지장이 없다(대판 2023.9.14. 2023다227500).

2. 매매의 예약

> **매매의 일방예약(민법 제564조)**
> ① 매매의 일방예약은 상대방이 매매를 완결할 의사를 표시하는 때에 매매의 효력이 생긴다.
> ② 전항의 의사표시의 기간을 정하지 아니한 때에는 예약자는 상당한 기간을 정하여 매매완결 여부의 확답을 상대방에게 최고할 수 있다.
> ③ 예약자가 전항의 기간 내에 확답을 받지 못한 때에는 예약은 그 효력을 잃는다.

(1) 의 의

장차 본계약을 체결할 것을 약정하는 것이 예약이고, 매매의 예약은 장차 매매계약을 체결할 것을 약정하는 것이다. 예약자체는 채권계약이다.

(2) 종 류

① **일방예약과 쌍방예약** : 쌍방 예약당사자 중 일방만이 예약완결권을 가지는 것을 일방예약이라 하고, 쌍방이 예약완결의 의사표시를 할 수 있는 권리를 가지는 것을 쌍방예약이라고 한다.

② **편무예약과 쌍무예약** : 당사자 일방만이 승낙의무를 부담하는 경우, 즉 본계약 체결의 청약을 할 수 있는 권리를 당사자 일방만이 가지는 경우와 당사자 쌍방이 모두 승낙의무를 부담하는 경우, 즉 당사자 쌍방이 모두 상대방에 대하여 청약을 할 수 있는 권리를 가지는 경우가 있는데 전자를 편무예약, 후자를 쌍무예약이라고 한다.

③ **일방예약의 추정** : 당사자가 위의 네 가지 유형 중 어느 종류의 예약을 하였는지는 계약의 성질 또는 해석에 의하여 결정되어야 하지만, 법은 특히 일방예약에 관한 규정을 두고 있기 때문에(민법 제564조 제1항), 매매의 예약은 일방예약으로 추정된다.

(3) 매매의 일방예약

1) 성립요건

① 매매예약은 당사자의 합의만 있으면 성립한다.

② 매매의 일방예약은 매매를 완결할 의사표시를 한 때에 매매가 성립하고 즉시 효력이 생기므로 예약 당시에 그 예약에 의하여 체결된 본계약의 요소가 되는 내용이 확정되어 있거나 또는 확정될 수 있어야 한다(대판 1993.5.27. 93다4908·4915·4922).

2) 예약완결권

① 예약완결권이란 매매의 일방예약 또는 쌍방예약에 의하여 일방 또는 쌍방이 상대방에게 매매완결의 의사표시를 할 수 있는 권리인 바, 이는 형성권이고 재산권에 해당한다. 약정이 없는 경우 10년의 제척기간에 걸린다.

> 매매의 일방예약에서 예약자의 상대방이 매매예약 완결의 의사표시를 하여 매매의 효력을 생기게 하는 권리 즉, 매매예약 완결권은 일종의 형성권으로서 당사자 사이에 그 행사기간을 약정한 때에는 그 기간 내에, 그러한 약정이 없는 때에는 그 예약이 성립한 때로부터 10년 내에 이를 행사하여야 하고, 그 기간을 지난 때에는 상대방이 예약 목적물인 부동산을 인도받은 경우라도 예약완결권은 제척기간의 경과로 인하여 소멸한다(대판 1997.7.25. 96다47494·47500).

② 예약완결권의 존속기간을 정하지 않은 경우 예약자는 상당한 기간을 정하여 매매완결 여부의 확답을 최고할 수 있고, 확답을 받지 못한 경우 예약은 그 효력을 잃는다.

③ 예약완결권은 양도성이 있다.

④ 공동명의로 담보가등기를 마친 수인의 채권자가 각자의 지분별로 별개의 독립적인 매매예약완결권을 가지는 경우, 채권자 중 1인이 단독으로 자신의 지분에 관한 청산절차를 이행한 후 소유권이전의 본등기절차 이행을 구할 수 있는지 여부(적극) : 공동명의로 담보가등기를 마친 수인의 채권자가 각자의 지분별로 별개의 독립적인 매매예약완결권을 가지는 경우, 채권자 중 1인은 단독으로 자신의 지분에 관하여 가등기담보 등에 관한 법률이 정한 청산절차를 이행한 후 소유권이전의 본등기절차 이행청구를 할 수 있다(대판[전합] 2012.2.16. 2010다82530).

3. 계약금

(1) 의 의

계약을 체결할 때에 그 계약에 부수하여 당사자의 일방이 상대방에게 교부하는 금전 기타의 유가물을 말한다. 계약금계약은 요물계약이며 종된 계약이다.

(2) 종 류

1) 증약금

증약금이란 계약체결의 증거로서 의미를 가지는 계약금을 의미한다. 따라서 계약금이 교부된 경우 계약체결의 증거가 된다.

2) 해약금

> **해약금(민법 제565조)**
> ① 매매의 당사자 일방이 계약 당시에 금전 기타 물건을 계약금, 보증금등의 명목으로 상대방에게 교부한 때에는 당사자 간에 다른 약정이 없는 한 당사자의 일방이 이행에 착수할 때까지 교부자는 이를 포기하고 수령자는 그 배액을 상환하여 매매계약을 해제할 수 있다.
> ② 제551조의 규정은 전항의 경우에 이를 적용하지 아니한다.

① 의의 : 계약금의 교부는 당사자 간의 다른 약정이 없는 한 해약금으로 추정된다(민법 제565조)(통설·판례). 즉 계약금을 교부한 자는 그것을 포기함으로써, 이를 수령한 자는 그 배액을 상환함으로써 각각 계약을 해제할 수 있다.

> **[매매계약금에 대하여 매수인이 위약하였을 때에는 이를 무효로 하고 매도인이 위약하였을 때에는 그 배액을 상환할 뜻의 약정이 있는 경우 그 계약금의 성질]**
> 매매당사자 사이에 수수된 계약금에 대하여 매수인이 위약하였을 때에는 이를 무효로 하고 매도인이 위약하였을 때에는 그 배액을 상환할 뜻의 약정이 있는 경우에는 특별한 사정이 없는 한 그 계약금은 민법 제398조 제1항 소정의 손해배상액의 예정의 성질을 가질 뿐 아니라 민법 제565조 소정의 해약금의 성질도 가진 것으로 볼 것이다(대판 1992.5.12. 91다2151).

② 요 건
  ㉠ 금전 기타 물건을 계약금 명목으로 교부하였을 것

> **[계약금계약의 요건 및 계약금 지급약정만 한 단계에서 민법 제565조 제1항의 계약해제권이 발생하는지 여부(소극)]**
> 계약이 일단 성립한 후에는 당사자의 일방이 이를 마음대로 해제할 수 없는 것이 원칙이고, 다만 주된 계약과 더불어 계약금계약을 한 경우에는 민법 제565조 제1항의 규정에 따라 임의해제를 할 수 있기는 하나, 계약금계약은 금전 기타 유가물의 교부를 요건으로 하므로 단지 계약금을 지급하기로 약정만 한 단계에서는 아직 계약금으로서의 효력, 즉 위 민법 규정에 의해 계약해제를 할 수 있는 권리는 발생하지 않는다고 할 것이다. 따라서 당사자가 계약금의 일부만을 먼저 지급하고 잔액은 나중에 지급하기로 약정하거나 계약금 전부를 나중에 지급하기로 약정한 경우, 교부자가 계약금의 잔금이나 전부를 약정대로 지급하지 않으면 상대방은 계약금 지급의무의 이행을 청구하거나 채무불이행을 이유로 계약금약정을 해제할

수 있고, 나아가 위 약정이 없었더라면 주계약을 체결하지 않았을 것이라는 사정이 인정된다면 주계약도 해제할 수도 있을 것이나, 교부자가 계약금의 잔금 또는 전부를 지급하지 아니하는 한 계약금계약은 성립하지 아니하므로 당사자가 임의로 주계약을 해제할 수는 없다(대판 2008.3.13. 2007다73611).

[매도인이 '계약금 일부만 지급된 경우 지급받은 금원의 배액을 상환하고 매매계약을 해제할 수 있다'고 주장한 사안에서, 매도인이 계약금의 일부로서 지급받은 금원의 배액을 상환하는 것으로는 매매계약을 해제할 수 없다고 한 사례]
매도인이 '계약금 일부만 지급된 경우 지급받은 금원의 배액을 상환하고 매매계약을 해제할 수 있다'고 주장한 경우, '실제 교부받은 계약금'의 배액만을 상환하여 매매계약을 해제할 수 있다면 이는 당사자가 일정한 금액을 계약금으로 정한 의사에 반하게 될 뿐 아니라, 교부받은 금원이 소액일 경우에는 사실상 계약을 자유로이 해제할 수 있어 계약의 구속력이 약화되는 결과가 되어 부당하기 때문에, 계약금 일부만 지급된 경우 수령자가 매매계약을 해제할 수 있다고 하더라도 해약금의 기준이 되는 금원은 '실제 교부받은 계약금'이 아니라 '약정 계약금'이라고 봄이 타당하므로, 매도인이 계약금의 일부로서 지급받은 금원의 배액을 상환하는 것으로는 매매계약을 해제할 수 없다(대판 2015.4.23. 2014다231378).

ⓒ 수령자의 배액 제공 내지 교부자의 포기의 의사표시가 있을 것
  ㉮ 계약금수령자 : 계약금의 수령자는 단순히 해제의 의사표시만으로는 해제를 하지 못하며, 배액을 제공하여야 한다. 따라서 배액이 되지 않는 일부만을 제공한 경우 해제하지 못한다(대판 1973.1.30. 72다2243). 그리고 배액을 제공만 하면 되므로, 상대방이 이를 수령하지 않는다고 공탁까지 할 필요는 없다(대판 1981.10.27. 80다2784).
  ㉯ 계약금교부자 : 계약금 교부자는 계약금을 포기하고 매매계약을 해제할 수 있다.
ⓒ 당사자 일방이 이행에 착수하기 전일 것
  ㉮ 이행의 착수
    • 이행에 착수한다는 것은 객관적으로 외부에서 인식할 수 있는 정도로 채무의 이행행위의 일부를 하거나 또는 이행을 하기 위하여 필요한 전제행위를 하는 경우를 말하는 것으로서 단순히 이행의 준비를 하는 것만으로는 부족하나 반드시 계약내용에 들어 맞는 이행의 제공의 정도에까지 이르러야 하는 것은 아니다(대판 1993.5.25. 93다1114).
    • 당사자 중 어느 일방이라도 이해에 착수하면 비록 상대방이 이행에 착수하지 않고 있는 경우라도 해제권을 행사할 수 없다(대판 1994.11.11. 94다17659).

[민법 제565조 제1항 소정의 '당사자의 일방'의 의미 및 중도금을 지급하여 이행에 착수한 매수인이 계약금을 포기하고 매매계약을 해제할 수 있는지 여부(소극)]
민법 제565조 제1항에서 말하는 당사자의 일방이라는 것은 매매 쌍방 중 어느 일방을 지칭하는 것이고, 상대방이라 국한하여 해석할 것이 아니므로, 비록 상대방인 매도인이 매매계약의 이행에는 전혀 착수한 바가 없다 하더라도 매수인이 중도금을 지급하여 이미 이행에 착수한 이상 매수인은 민법 제565조에 의하여 계약금을 포기하고 매매계약을 해제할 수 없다(대판 2000.2.11. 99다62074).

  ㉯ 이행기 전에 이루어진 이행 : 이행기 전에 이루어진 이행이 이행의 착수에 해당하는지 문제된다. 판례는 이행기의 약정이 있는 경우라도 당사자가 채무의 이행기 전에는 착수하지 아니하기로 하는 특약을 하는 등의 특별한 사정이 없는 한 이행기 전에도 이행에 착수할 수 있다고 한다(대판 2006.2.10. 2004다11599).

> [이행의 착수가 부정된 경우]
> - 국토의 계획 및 이용에 관한 법률에 정한 토지거래계약에 관한 허가구역으로 지정된 구역 안의 토지에 관하여 매매계약이 체결된 후 계약금만 수수한 상태에서 당사자가 토지거래허가신청을 하고 이에 따라 관할관청으로부터 그 허가를 받았다 하더라도, 그러한 사정만으로는 아직 이행의 착수가 있다고 볼 수 없어 매도인으로서는 민법 제565조에 의하여 계약금의 배액을 상환하여 매매계약을 해제할 수 있다(대판 2009.4.23, 2008다62427).
> - 매도인이 매수인에 대하여 매매계약의 이행을 최고하고 매매잔대금의 지급을 구하는 소송을 제기한 것만으로는 이행에 착수하였다고 볼 수 없다(대판 2008.10.23, 2007다72274 · 72281).
>
> [계약에서 정한 매매대금의 이행기가 매도인을 위해서도 기한의 이익을 부여하는 것이라고 볼 수 있는 경우, 채무자가 이행기 전에 이행에 착수할 수 없는 특별한 사정이 있는 경우에 해당하는지 여부(적극) 및 그 판단 방법]
> 부동산 매매계약에서 중도금 또는 잔금 지급기일은 일반적으로 계약금에 의한 해제권의 유보기간의 의미를 가진다고 이해되고 있으므로, 계약에서 정한 매매대금의 이행기가 매도인을 위해서도 기한의 이익을 부여하는 것이라고 볼 수 있다면, 채무자가 이행기 전에 이행에 착수할 수 없는 특별한 사정이 있는 경우에 해당한다고 할 수 있다. 이에 해당하는지 여부는 채무 내용, 이행기가 정하여진 목적, 이행기까지 기간의 장단 및 그에 관한 부수적인 약정의 존재와 내용, 채무 이행행위를 비롯하여 당사자들이 계약 이행과정에서 보인 행위의 태양, 이행기 전 이행행위가 통상적인 계약의 이행에 해당하기보다 상대방의 해제권의 행사를 부당하게 방해하기 위한 것으로 볼 수 있는지, 채권자가 채무자의 이행의 착수에도 불구하고 계약을 해제하는 것이 신의칙에 반한다고 볼 수 있는지 등 여러 가지 사정을 종합하여 구체적으로 판단해야 한다(대판 2024.1.4, 2022다256624).

ⓔ 배제특약의 부존재 : 민법 제565조의 해약권은 당사자 간에 다른 약정이 없는 경우에 한하여 인정되는 것이고, 만일 당사자가 위 조항의 해약권을 배제하기로 하는 약정을 하였다면 더 이상 그 해제권을 행사할 수 없다(대판 2009.4.23, 2008다50615).

③ 해약금 해제의 효과
  ㉠ 원상회복의무의 불발생
  ㉡ 손해배상청구권의 불발생 : 해약금에 기한 해제는 채무불이행에 기한 해제가 아니기 때문에 손해배상청구권이 발생하지 않는다.
  ㉢ 다른 이유에 의한 계약해제 : 해약금 해제가 채무불이행 등 다른 이유에 의한 계약해제권을 배제하는 것은 아니다.

3) 위약금
① 의의 : 위약금이란 채무불이행이 있는 경우에 의미를 가지는 계약금을 말한다.
② 요 건
  ㉠ 계약금이 위약금으로 인정되기 위해서는 별도의 특약이 있어야 한다. 따라서 별도의 특약이 없다면 해약금으로 추정될 뿐 당연히 위약금의 기능을 갖게 되는 것은 아니다(대판 1987.2.24, 86누438). 따라서 별도의 특약이 없다면 채무불이행이 있는 때에도 실제 손해만을 배상받을 수 있을 뿐 계약금이 위약금으로서 상대방에게 당연히 귀속되는 것은 아니다(대판 2020.4.29, 2007다24930).
  ㉡ 특약을 통해 계약금이 위약금이 되었다고 해약금의 성질이 사라지는 것은 아니다.

③ 위약금의 성질
  ㉠ 구별기준 : 위약금 특약이 있는 경우 손해배상액의 예정의 성질을 가지는 경우도 있고, 위약벌의 성질을 가지는 경우도 있다. 양자의 구별은 법률행위의 해석의 문제이나, 불분명한 경우 통설과 판례는 손해배상액의 예정으로 추정한다. 판례는 당사자 사이의 도급계약서에 계약보증금 외에 지체상금도 규정되어 있다는 점만을 이유로 하여 계약보증금을 위약벌로 보기는 어렵다고 하였다(대판 2000.12.8. 2000다35771).
  ㉡ 위약벌에 해당하는 경우

> 위약벌의 약정은 채무의 이행을 확보하기 위하여 정해지는 것으로서 손해배상의 예정과는 그 내용이 다르므로 손해배상의 예정에 관한 민법 제398조 제2항을 유추적용하여 그 액을 감액할 수는 없고, 다만 그 의무의 강제에 의하여 얻어지는 채권자의 이익에 비하여 약정된 벌이 과도하게 무거울 때에는 그 일부 또는 전부가 공서양속에 반하여 무효로 된다(대판 1993.3.23. 92다46905).

4. 매매계약 비용의 부담

매매계약의 비용의 부담(민법 제566조)
매매계약에 관한 비용은 당사자 쌍방이 균분하여 부담한다.

매매계약에 관한 비용, 예컨대 중개사 수수료, 계약서 작성비용 등은 당사자 쌍방이 균분하여 부담한다(민법 제566조).

Ⅲ 매매의 효력

매매의 효력(민법 제568조)
① 매도인은 매수인에 대하여 매매의 목적이 된 권리를 이전하여야 하며 매수인은 매도인에게 그 대금을 지급하여야 한다.
② 전항의 쌍방의무는 특별한 약정이나 관습이 없으면 동시에 이행하여야 한다.

과실의 귀속, 대금의 이자(민법 제587조)
매매계약 있은 후에도 인도하지 아니한 목적물로부터 생긴 과실은 매도인에게 속한다. 매수인은 목적물의 인도를 받은 날로부터 대금의 이자를 지급하여야 한다. 그러나 대금의 지급에 대하여 기한이 있는 때에는 그러하지 아니하다.

1. 매도인의 재산권이전의무

매도인은 매수인에 대하여 매매의 목적이 된 권리를 이전하여야 할 의무를 진다(민법 제568조 제1항).
① 매도인의 재산권 이전의무는 특약이나 관습이 없으면 매수인의 대금지급의무와 동시이행의 관계에 선다(민법 제568조 제2항).

> 부동산의 매매계약이 체결된 경우에는 매도인의 소유권이전등기의무, 인도의무와 매수인의 잔대금지급의무는 동시이행의 관계에 있는 것이 원칙이고, 이 경우 매도인은 특별한 사정이 없는 한 제한이나 부담이 없는 완전한 소유권이전등기의무를 지는 것이므로 매매목적 부동산에 가압류등기 등이 되어 있는 경우에는 매도인은 이와 같은 등기도 말소하여 완전한 소유권이전등기를 해 주어야 하는 것이고, 따라서 가압류등기 등이 있는 부동산의 매매계약에 있어서는 매도인의 소유권이전등기 의무와 아울러 가압류등기의 말소의무도 매수인의 대금지급의무와 동시이행 관계에 있다(대판 2000.11.28. 2000다8533).

② 매매계약 있은 후에도 인도하지 아니한 목적물로부터 생긴 과실은 매도인에게 속한다(민법 제587조). 다만, 매매목적물의 인도 전이라도 매수인이 매매대금을 완납한 때에는 그 이후의 과실수취권은 매수인에게 귀속된다(대판 1993.11.9. 93다28928).

2. 매도인의 담보책임

(1) 의 의

① 매매에 의하여 매수인이 취득하는 권리 또는 권리의 객체인 물건에 하자 내지 불완전한 점이 있는 때에 매도인이 매수인에 대하여 부담하는 책임을 말한다.
② 매도인의 담보책임의 법적 성질에 대하여 다수설은 매매계약의 유사성에 비추어 매수인을 보호하고 거래의 안전을 보장하기 위해 인정되는 법정책임이라고 한다.

> **담보책임면제의 특약(민법 제584조)**
> 매도인은 전15조에 의한 담보책임을 면하는 특약을 한 경우에도 매도인이 알고 고지하지 아니한 사실 및 제3자에게 권리를 설정 또는 양도한 행위에 대하여는 책임을 면하지 못한다.

③ 매도인의 담보책임은 매도인의 고의나 과실 등의 귀책사유를 요건으로 하지 않는 일종의 무과실책임이다.

(2) 법적 성질

1) 학설(법정책임설과 채무불이행책임설의 비교)

① 과실의 요부 : 법정책임설은 과실은 그 요건이 아니며 책임내용도 법률에 정해진 것에 한정된다고 보는 반면에 채무불이행책임설은 채무자의 과실을 요건으로 하고 있으며 그 효과도 달리한다.
② 특정물 매매 : 법정책임설은 특정물매매에 있어서 하자 있는 물건의 급부는 그것으로서 매도인의 이행의무는 종결된다고 하나, 채무불이행책임설은 하자 없는 급부의무가 인정되기 때문에 불완전이행이 된다고 한다.

③ 채무불이행 책임과의 경합 : 법정책임설에서는 경합을 부정하는 반면에 채무불이행책임설에서는 원칙적으로 경합을 인정한다.
④ 손해배상의 범위 : 법정책임설은 신뢰이익의 배상에 한정된다고 하는 반면에 채무불이행책임설에서는 이행이익을 배상하여야 한다고 한다.
⑤ 하자의 개념
  ㉠ 객관적 하자설 : 매매목적물이 일반적 용도에 적합하지 않으면 계약당사자의 합의내용과 관계없이 하자가 존재하는 것이 된다(법정책임설).
  ㉡ 주관적 하자설 : 매매목적물이 계약에 의하여 합의된 성상에 적합하지 못한 경우, 즉 계약체결 시 당사자 쌍방이 전제로 한 성질이 목적물에 없는 경우 하자가 존재한다(채무불이행책임설).
⑥ 하자의 판단시점
  ㉠ 계약성립 시나 특정 시 : 특정물매매의 경우에는 계약의 성립당시를 기준으로 하며, 종류물매매의 경우에는 목적물이 특정되는 시기를 기준으로 한다(법정책임설).
  ㉡ 위험이전시 : 특정물매매와 종류물매매를 구별할 필요 없이 매매목적물에 대한 위험의 이전 시기에 하자의 존재 여부를 판단한다(채무불이행책임설).

2) 판례

종래에는 법정책임설을 취하고 있었으나, 현재는 채무불이행책임설을 취하고 있다. 즉 채무불이행책임과의 경합을 인정하고 있으며, 이행이익의 배상을 인정하고 있다.

(3) 권리의 하자에 대한 담보책임

1) 타인의 권리의 매매

> **타인의 권리의 매매(민법 제569조)**
> 매매의 목적이 된 권리가 타인에게 속한 경우에는 매도인은 그 권리를 취득하여 매수인에게 이전하여야 한다.

① 타인의 물건이 매매의 목적인 때에도 매매계약은 유효하며, 원시적 불능으로 무효가 되는 것이 아니다(대판 1993.9.10. 93다20283).
② 매매나 증여의 대상인 권리가 타인에게 귀속되어 있다는 이유만으로 채무자의 계약에 따른 이행이 불능이라고 할 수는 없다(대판 2016.5.12. 2016다200729).
③ 타인의 권리매매에 있어 매도인의 목적물을 매수인에게 이전할 수 없게 된 것이 오직 매수인의 귀책사유에 기인한 경우에는 매도인은 민법 제569조 하자담보책임을 지지 않는다(대판 1979.6.26. 79다564).

2) 전부타인권리매매

> **동전-매도인의 담보책임(민법 제570조)**
> 전조의 경우에 매도인이 그 권리를 취득하여 매수인에게 이전할 수 없는 때에는 매수인은 계약을 해제할 수 있다. 그러나 매수인이 계약 당시 그 권리가 매도인에게 속하지 아니함을 안 때에는 손해배상을 청구하지 못한다.

① 요건 : 민법 제570조의 담보책임이 성립하기 위해서는 ㉠ 전부 타인권리의 매매가 성립되었을 것, ㉡ 매도인이 그 권리를 취득하여 매수인에게 이전할 수 없을 것 등의 요건을 충족하여야 한다.
② 책임의 내용
　㉠ 해제권 : 매수인은 상대방에게 최고할 필요도 없이 선의·악의를 불문하고 해제할 수 있고(민법 제570조 본문), 매도인의 귀책사유도 불문한다.
　㉡ 손해배상청구권
　　㉮ 범위 : 선의의 매수인은 손해배상을 청구할 수 있다(민법 제570조 단서).

> [민법 제570조 단행의 경우와 손해배상청구 / 이행불능에 관한 귀책사유의 입증책임]
> 매매계약 당시 그 토지의 소유권이 매도인에 속하지 아니함을 알고 있던 매수인은 매도인에 대하여 그 이행불능을 원인으로 손해배상을 청구할 수 없고 다만 그 이행불능이 매도인의 귀속사유로 인하여 이루어진 것일 때에 한하여 그 손해배상을 청구할 수 있는 것이므로 그 이행불능이 매도인의 귀속사유로 인한 것인가는 매수인이 입증해야 한다(대판 1970.12.29. 70다2449).

　　㉯ 산정시점 : 배상액의 산정은 목적물을 취득하여 이전하는 것이 불능으로 된 때의 시가를 표준으로 한다(대판 1973.3.13. 72다2207).
　㉢ 권리행사기간 : 민법 제570조의 해제권과 손해배상청구권의 행사기간에 대한 별도의 규정이 없어, 견해의 대립이 있으며, 다수설은 제척기간이 없는 것으로 본다.
　㉣ 선의 매도인의 해제권

> 동전-선의의 매도인의 담보책임(민법 제571조)
> ① 매도인이 계약 당시에 매매의 목적이 된 권리가 자기에게 속하지 아니함을 알지 못한 경우에 그 권리를 취득하여 매수인에게 이전할 수 없는 때에는 매도인은 손해를 배상하고 계약을 해제할 수 있다.
> ② 전항의 경우에 매수인이 계약 당시 그 권리가 매도인에게 속하지 아니함을 안 때에는 매도인은 매수인에 대하여 그 권리를 이전할 수 없음을 통지하고 계약을 해제할 수 있다.

　　㉮ 적용범위 : 민법 제571조는 선의의 매도인이 매매의 목적인 권리의 전부를 이전할 수 없는 경우에 적용될 뿐 권리의 일부를 이전할 수 없는 경우에는 적용되지 않는다.
　　㉯ 해제의 효과 : 매도인은 매수인에게 손해배상의무를 부담하고, 매수인은 매도인에게 목적물을 반환하고 목적물을 사용한 경우 그 사용이익을 반환할 의무를 부담하며, 이는 동시이행의 관계에 있다(대판 1993.4.9. 92다25946).
　㉤ 채무불이행책임과의 경합 인정 여부 : 판례는 「타인의 권리를 매매의 목적으로 한 경우에 있어서 그 권리를 취득하여 매수인에게 이전하여야 할 매도인의 의무가 매도인의 귀책사유로 인하여 이행불능이 되었다면 매수인이 매도인의 담보책임에 관한 민법 제570조 단서의 규정에 의해 손해배상을 청구할 수 없다 하더라도 채무불이행 일반의 규정(민법 제546조, 제390조)에 좇아서 계약을 해제하고 손해배상을 청구할 수 있다」(대판 1993.11.23. 93다37328)고 보아 담보책임과 채무불이행책임의 경합을 인정하였다.

3) 일부타인권리매매

> **권리의 일부가 타인에게 속한 경우와 매도인의 담보책임(민법 제572조)**
> ① 매매의 목적이 된 권리의 일부가 타인에 속함으로 인하여 매도인이 그 권리를 취득하여 매수인에게 이전할 수 없는 때에는 매수인은 그 부분의 비율로 대금의 감액을 청구할 수 있다.
> ② 전항의 경우에 잔존한 부분만이면 매수인이 이를 매수하지 아니하였을 때에는 선의의 매수인은 계약전부를 해제할 수 있다.
> ③ 선의의 매수인은 감액청구 또는 계약해제외에 손해배상을 청구할 수 있다.
>
> **전조의 권리행사의 기간(민법 제573조)**
> 전조의 권리는 매수인이 선의인 경우에는 사실을 안 날로부터, 악의인 경우에는 계약한 날로부터 1년 내에 행사하여야 한다.

① 요건 : 민법 제572조의 담보책임이 성립하기 위해서는 ㉠ 일부 타인권리의 매매가 성립되었을 것, ㉡ 매도인이 그 권리를 취득하여 매수인에게 이전할 수 없을 것, ㉢ 제척기간(민법 제573조)을 준수하였을 것 등의 요건을 갖추어야 한다.

> **[부동산 매매계약의 목적물인 대지의 일부가 타인에게 속하고 건물의 일부도 타인의 토지 위에 건립되어 있는데 건물의 일부가 그 피침범토지 소유자의 권리행사로 존립을 유지할 수 없게 된 경우, 민법 제572조의 매도인의 담보책임규정이 유추적용 되는지 여부(적극)]**
> 매매계약에서 건물과 그 대지가 계약의 목적물인데 건물의 일부가 경계를 침범하여 이웃 토지 위에 건립되어 있는 경우에 매도인이 그 경계 침범의 건물부분에 관한 대지부분을 취득하여 매수인에게 이전하지 못하는 때에는 매수인은 매도인에 대하여 민법 제572조를 유추적용하여 담보책임을 물을 수 있다. 그리고 그 경우에 이웃 토지의 소유자가 소유권에 기하여 그와 같은 방해상태의 배제를 구하는 소를 제기하여 승소의 확정판결을 받았으면, 다른 특별한 사정이 없는 한 매도인은 그 대지부분을 취득하여 매수인에게 이전할 수 없게 되었다고 봄이 상당하다(대판 2009.7.23. 2009다33570).

② 책임의 내용
　㉠ 대금감액청구권 : 매수인은 선의·악의를 불문하고 타인에게 속하는 부분의 비율만큼 대금의 감액을 청구할 수 있다(민법 제572조 제1항).
　㉡ 계약해제권(민법 제572조 제2항): 선의의 매수인에 한한다.
　㉢ 손해배상청구권 : 선의의 매수인은 손해배상을 청구할 수 있는데, 배상범위는 매수인에게 이전할 수 없게 된 때의 이행불능이 된 권리의 시가, 즉 이행이익 상당액이다(대판 1993.1.19. 92다37727).
　㉣ 권리행사기간 : 민법 제573조 소정의 권리행사기간의 기산점인 선의의 매수인이 "사실을 안 날"이라 함은 단순히 권리의 일부가 타인에게 속한 사실을 안 날이 아니라 그 때문에 매도인이 이를 취득하여 매수인에게 이전할 수 없게 되었음이 확실하게 된 사실을 안 날을 말하는 것이다(대판 1991.12.10. 91다27396).

4) 목적물의 수량부족·일부멸실

> **수량부족, 일부멸실의 경우와 매도인의 담보책임(민법 제574조)**
> 전2조의 규정은 수량을 지정한 매매의 목적물이 부족되는 경우와 매매목적물의 일부가 계약 당시에 이미 멸실된 경우에 매수인이 그 부족 또는 멸실을 알지 못한 때에 준용한다.

① **요건** : 민법 제574조의 담보책임이 성립하기 위해서는 ⑦ 수량을 지정한 매매의 목적물이 부족한 경우와 ⓒ 매매목적물의 일부가 계약 당시 이미 멸실된 경우일 것 등의 요건을 갖추어야 한다.

> - 부동산 매매계약에 있어서 매수인이 일정한 면적이 있는 것으로 믿고 매도인도 그 면적이 있는 것을 명시적 또는 묵시적으로 표시하며, 나아가 계약당사자가 면적을 가격을 정하는 여러 요소 중 가장 중요한 요소로 파악하고, 그 객관적 수치를 기준으로 가격을 정하는 경우라면 특정물이 일정한 수량을 가지고 있다는 데에 주안을 두고, 대금도 그 수량을 기준으로 하여 정한 경우에 속하므로 민법 제574조에 정한 '수량을 지정한 매매'에 해당한다(대판 2001.4.10. 2001다12256).
> - 부동산매매계약에 있어서 실제면적이 계약면적에 미달하는 경우에는 그 매매가 수량지정매매에 해당할 때에 한하여 민법 제574조, 제572조에 의한 대금감액청구권을 행사함은 별론으로 하고, 그 매매계약이 그 미달 부분만큼 일부무효임을 들어 이와 별도로 일반 부당이득반환청구를 하거나 그 부분의 원시적 불능을 이유로 민법 제535조가 규정하는 계약체결상의 과실에 따른 책임의 이행을 구할 수 없다(대판 2002.11.8. 99다58136).

② **책임의 내용** : 매수인이 선의의 경우에 한하여 대금감액청구권, 계약해제권, 손해배상청구권을 행사할 수 있다.

③ **권리행사기간** : 수량지정매매에 있어서의 매도인의 담보책임에 기한 매수인의 대금감액청구권은 매수인이 선의인 경우에는 사실을 안 날로부터, 악의인 경우에는 계약한 날로부터 1년 이내에 행사하여야 하며, 여기서 매수인이 사실을 안 날이라 함은 단순히 권리의 일부가 타인에게 속한 사실을 안 날이 아니라 그 때문에 매도인이 이를 취득하여 매수인에게 이전할 수 없게 되었음이 확실하게 된 사실을 안 날을 말한다(대판 2002.11.8. 99다58136).

※ 주의 : 통설은 조문의 해석에 충실하게 대금감액청구권은 매수인이 선의인 경우에 한해서 행사할 수 있다고 본다.

5) 용익적 권리에 의하여 제한받고 있는 경우

> **제한물권 있는 경우와 매도인의 담보책임(민법 제575조)**
> ① 매매의 목적물이 지상권, 지역권, 전세권, 질권 또는 유치권의 목적이 된 경우에 매수인이 이를 알지 못한 때에는 이로 인하여 계약의 목적을 달성할 수 없는 경우에 한하여 매수인은 계약을 해제할 수 있다. 기타의 경우에는 손해배상만을 청구할 수 있다.
> ② 전항의 규정은 매매의 목적이 된 부동산을 위하여 존재할 지역권이 없거나 그 부동산에 등기된 임대차계약이 있는 경우에 준용한다.
> ③ 전2항의 권리는 매수인이 그 사실을 안 날로부터 1년 내에 행사하여야 한다.

6) 저당권·전세권에 의하여 제한받고 있는 경우

> **저당권, 전세권의 행사와 매도인의 담보책임(민법 제576조)**
> ① 매매의 목적이 된 부동산에 설정된 저당권 또는 전세권의 행사로 인하여 매수인이 그 소유권을 취득할 수 없거나 취득한 소유권을 잃은 때에는 매수인은 계약을 해제할 수 있다.
> ② 전항의 경우에 매수인의 출재로 그 소유권을 보존한 때에는 매도인에 대하여 그 상환을 청구할 수 있다.
> ③ 전2항의 경우에 매수인이 손해를 받은 때에는 그 배상을 청구할 수 있다.
>
> **저당권의 목적이 된 지상권, 전세권의 매매와 매도인의 담보책임(민법 제577조)**
> 전조의 규정은 저당권의 목적이 된 지상권 또는 전세권이 매매의 목적이 된 경우에 준용한다.

① 요건 : 민법 제576조의 담보책임이 성립하기 위해서는 ㉠ 매매의 목적된 부동산에 설정된 저당권 또는 전세권의 행사로 인하여 ㉡ 매수인이 소유권을 취득할 수 없거나 취득한 소유권을 잃었어야 한다(민법 제576조 제1항).

> 가압류 목적이 된 부동산을 매수한 사람이 그 후 가압류에 기한 강제집행으로 부동산 소유권을 상실하게 되었다면 이는 매매의 목적 부동산에 설정된 저당권 또는 전세권의 행사로 인하여 매수인이 취득한 소유권을 상실한 경우와 유사하므로, 이와 같은 경우 매도인의 담보책임에 관한 민법 제576조의 규정이 준용된다고 보아 매수인은 같은 조 제1항에 따라 매매계약을 해제할 수 있고, 같은 조 제3항에 따라 손해배상을 청구할 수 있다고 보아야 한다(대판 2011.5.13. 2011다1941).

② 책임의 내용
  ㉠ 해제권 : 매수인은 선의·악의를 불문하고 계약을 해제할 수 있다(민법 제576조 제1항).
  ㉡ 상환청구권(민법 제576조 제2항)
  ㉢ 손해배상청구권 : 매수인은 선의·악의를 불문하고 손해배상청구권이 인정된다(민법 제576조 제3항).
  ㉣ 권리행사기간 : 민법 제570조와 마찬가지로 제척기간에 대한 규정이 없다.

(4) 물건의 하자에 대한 담보책임

> **매도인의 하자담보책임(민법 제580조)**
> ① 매매의 목적물에 하자가 있는 때에는 제575조 제1항의 규정을 준용한다. 그러나 매수인이 하자 있는 것을 알았거나 과실로 인하여 이를 알지 못한 때에는 그러하지 아니하다.
> ② 전항의 규정은 경매의 경우에 적용하지 아니한다.
>
> **종류매매와 매도인의 담보책임(민법 제581조)**
> ① 매매의 목적물을 종류로 지정한 경우에도 그 후 특정된 목적물에 하자가 있는 때에는 전조의 규정을 준용한다.
> ② 전항의 경우에 매수인은 계약의 해제 또는 손해배상의 청구를 하지 아니하고 하자 없는 물건을 청구할 수 있다.
>
> **전2조의 권리행사기간(민법 제582조)**
> 전2조에 의한 권리는 매수인이 그 사실을 안 날로부터 6월 내에 행사하여야 한다.

1) 요 건

① 매매의 목적물에 하자가 있을 것

㉠ 하자의 개념 : 하자란 매매의 목적물에 물질적인 결점이 있는 것을 의미하며, 하자의 존부는 그 종류의 물건이 보통 갖고 있어야 할 품질·성능 등을 표준으로 하여 판단하여야 한다(객관적 하자). 다만, 매도인이 견본이나 광고에 의하여 목적물이 특수한 품질이나 성능을 갖고 있음을 표시하여 명시적·묵시적으로 보증한 때에는 그 특수한 표준에 따라 결점의 유무를 결정하여야 한다(주관적 하자)(대판 2000.10.27. 2000다30554·30561). 그리고 하자의 존재시기에 대해 견해가 대립되나, 판례는 원시적 하자설의 입장이다.

[아파트 분양계약에서 분양자의 채무불이행책임이나 하자담보책임이 인정되는 경우 / 여러 동의 아파트를 하나의 단지로 이루어 건축한 후 그 구분소유에 속하는 세대별로 분양하는 경우, 각 세대의 일조나 조망, 사생활의 노출 차단 등에 관한 상황은 기본적인 건축 계획에 따라 결정되는지 여부(적극) 및 기본적인 건축 계획은 분양계약 과정에서 계약서 및 그 부속서류, 광고·설명 자료를 통하여 수분양자에게 제공되어 계약의 내용을 이루게 되는지 여부(적극) / 분양된 아파트가 건축 관계 법령 및 주택법상의 주택건설기준 등에 적합하고, 일조나 조망 등이 분양계약 체결 당시 수분양자에게 알려진 기본적인 건축 계획에서 제공되는 정보로부터 수분양자가 예상할 수 있는 범위 내에 있는 경우, 분양계약상 채무불이행책임이나 하자담보책임이 인정되는지 여부(원칙적 소극) / 이는 아파트 분양계약 체결 후 설계변경으로 아파트 단지 내에 추가로 구조물 등이 설치되고, 그러한 설치로 분양된 아파트 각 동·세대의 환경에 일정 부분 변화가 있더라도 마찬가지인지 여부(원칙적 적극)]

아파트 분양계약에서 분양자의 채무불이행책임이나 하자담보책임은 분양된 아파트가 당사자의 특약에 의하여 보유하여야 하거나 주택법상의 주택건설기준 등 거래상 통상 갖추어야 할 품질이나 성질을 갖추지 못한 경우에 인정된다. / 여러 동의 아파트를 하나의 단지로 이루어 건축한 후 그 구분소유에 속하는 세대별로 분양하는 경우에 각 세대의 일조나 조망, 사생활의 노출 차단 등에 관한 상황은 아파트 각 동·세대의 배치 및 구조, 아파트의 층수, 아파트 각 동·세대 사이의 거리 등에 관한 기본적인 건축 계획에 따라 결정된다. 기본적인 건축 계획은 분양계약 과정에서 계약서 및 그 부속서류, 광고·설명 자료를 통하여 수분양자에게 제공되어 계약의 내용을 이루게 되고, 특별한 사정이 없는 한 수분양자는 기본적인 건축 계획에 의하여 결정되는 일조나 조망, 사생활의 노출 등에 관한 상황을 예상하고 받아들여 분양계약에 이르렀다고 봄이 상당하다. / 따라서 분양된 아파트가 건축 관계 법령 및 주택법상의 주택건설기준 등에 적합하고, 아파트 각 동·세대의 방위나 높이, 구조 또는 다른 동과의 인접 거리 등에 따른 일조나 조망, 사생활 노출 등이 분양계약 체결 당시 수분양자에게 알려진 기본적인 건축 계획에서 제공되는 정보로부터 수분양자가 예상할 수 있는 범위 내에 있었다면 특별한 사정이 없는 한 분양계약의 목적물로서 거래상 통상 갖추어야 하거나 당사자의 특약에 의하여 보유하여야 할 품질이나 성질을 갖추지 못한 경우에 해당된다고 할 수 없다. / 나아가 아파트 분양계약 체결 후 설계변경으로 아파트 단지 내에 추가로 구조물 등이 설치되고, 그러한 설치로 분양된 아파트 각 동·세대의 환경에 일정 부분 변화가 있더라도 그것이 기본적인 건축 계획으로부터 수분양자가 예상할 수 있는 범위 내에 있다면 특별한 사정이 없는 한 이를 두고 아파트가 분양계약의 목적물로서 거래상 통상 갖추어야 하거나 당사자의 특약에 의하여 보유하여야 할 품질이나 성질을 갖추지 못한 경우에 해당한다고 볼 수 없다(대판 2024.12.12. 2024다267994).

㉡ 법률상의 장애 : 건축을 위하여 토지를 매수하였으나 건축허가가 나오지 않는 지역인 경우 즉 매매의 목적물에 물질적인 흠은 없으나 법률상의 장애가 있어 목적물을 사용하지 못한 경우에 물건의 하자에 해당하는지 문제되나, 판례는 물건의 하자로 보고 있다(대판 1985.4.9. 84다카2525).

> [건축을 목적으로 매매된 토지에 대하여 건축허가를 받을 수 없어 건축이 불가능하다는 법률적 장애가 매매목적물의 하자에 해당하는지 여부(적극) 및 그 하자의 존부에 관한 판단 기준 시(= 매매계약 성립 시)]
> 매매의 목적물이 거래통념상 기대되는 객관적 성질·성능을 결여하거나, 당사자가 예정 또는 보증한 성질을 결여한 경우에 매도인은 매수인에 대하여 그 하자로 인한 담보책임을 부담한다 할 것이고, 한편 건축을 목적으로 매매된 토지에 대하여 건축허가를 받을 수 없어 건축이 불가능한 경우, 위와 같은 법률적 제한 내지 장애 역시 매매목적물의 하자에 해당한다 할 것이나, 다만 위와 같은 하자의 존부는 매매계약 성립 시를 기준으로 판단하여야 할 것이다(대판 2000.1.18. 98다18506).

> [1] 매매의 목적물이 거래통념상 기대되는 객관적 성질이나 성능을 갖추지 못한 경우 또는 당사자가 예정하거나 보증한 성질을 갖추지 못한 경우, 매도인이 민법 제580조에 따라 하자담보책임을 부담하는지 여부(적극): 매매의 목적물이 거래통념상 기대되는 객관적 성질이나 성능을 갖추지 못한 경우 또는 당사자가 예정하거나 보증한 성질을 갖추지 못한 경우에 매도인은 민법 제580조에 따라 매수인에게 그 하자로 인한 담보책임을 부담한다. [2] 매매의 목적물인 토지에 폐기물이 매립되어 있고 매수인이 폐기물을 처리하기 위해 비용이 발생한 경우, 매도인의 하자담보책임과 채무불이행책임이 경합적으로 인정되는지 여부(적극): 매매의 목적물에 하자가 있는 경우 매도인의 하자담보책임과 채무불이행책임은 별개의 권원에 의하여 경합적으로 인정된다. 이 경우 특별한 사정이 없는 한 하자를 보수하기 위한 비용은 매도인의 하자담보책임과 채무불이행책임에서 말하는 손해에 해당한다. 따라서 매매 목적물인 토지에 폐기물이 매립되어 있고 매수인이 폐기물을 처리하기 위해 비용이 발생한다면 매수인은 그 비용을 민법 제390조에 따라 채무불이행으로 인한 손해배상으로 청구할 수도 있고, 민법 제580조 제1항에 따라 하자담보책임으로 인한 손해배상으로 청구할 수도 있다(대판 2021.4.8. 2017다202050).

② 매수인이 하자의 존재에 대하여 선의·무과실일 것(민법 제580조 제1항 단서, 제581조 제1항)

2) 책임의 내용

① 특정물매매의 경우: 목적물의 하자로 인하여 매매의 목적을 달성할 수 없을 때, 매수인은 계약을 해제할 수 있고, 손해배상을 청구할 수 있다.

② 불특정물매매의 경우: 불특정물매매의 경우, 나중에 특정된 목적물의 하자로 인하여 매매의 목적을 달성할 수 없는 때에는 민법 제580조가 준용되어 계약을 해제할 수 있으며, 손해배상을 청구할 수 있다(민법 제581조 제1항). 다만, 매수인은 계약의 해제 또는 손해배상을 청구하지 않고서 그에 갈음하여 하자 없는 완전물의 급부를 청구할 수도 있다(민법 제581조 제2항).

③ 권리행사기간(민법 제582조): 6개월의 기간은 제척기간이며, 재판상 또는 재판 외의 권리행사기간이고 재판상 청구를 위한 출소기간은 아니다(대판 1985.11.12. 84다카2344).

④ 확대손해의 처리

> 매도인이 매수인에게 공급한 부품이 통상의 품질이나 성능을 갖추고 있는 경우, 나아가 내한성이라는 특수한 품질이나 성능을 갖추고 있지 못하여 하자가 있다고 인정할 수 있기 위하여는, 매수인이 매도인에게 완제품이 사용될 환경을 설명하면서 그 환경에 충분히 견딜 수 있는 내한성 있는 부품의 공급을 요구한 데 대하여, 매도인이 부품이 그러한 품질과 성능을 갖춘 제품이라는 점을 명시적으로나 묵시적으로 보증하고 공급하였다는 사실이 인정되어야만 할 것이고, 특히 매매목적물의 하자로 인하여 확대손해 내지 2차 손해가 발생하였다는 이유로 매도인에게 그 확대손해에 대한 배상책임을 지우기 위하여는 채무의 내용으로 된 하자 없는 목적물을 인도하지 못한 의무위반사실 외에 그러한 의무위반에 대하여 매도인에게 귀책사유가 인정될 수 있어야만 한다(대판 1997.5.7. 96다39455).

(5) 그 밖의 담보책임

1) 채권의 매도인 담보책임

> **채권매매와 매도인의 담보책임(민법 제579조)**
> ① 채권의 매도인이 채무자의 자력을 담보한 때에는 매매계약 당시의 자력을 담보한 것으로 추정한다.
> ② 변제기에 도달하지 아니한 채권의 매도인이 채무자의 자력을 담보한 때에는 변제기의 자력을 담보한 것으로 추정한다.

2) 경매에 있어서의 담보책임

> **경매와 매도인의 담보책임(민법 제578조)**
> ① 경매의 경우에는 경락인은 전8조의 규정에 의하여 채무자에게 계약의 해제 또는 대금감액의 청구를 할 수 있다.
> ② 전항의 경우에 채무자가 자력이 없는 때에는 경락인은 대금의 배당을 받은 채권자에 대하여 그 대금전부나 일부의 반환을 청구할 수 있다.
> ③ 전2항의 경우에 채무자가 물건 또는 권리의 흠결을 알고 고지하지 아니하거나 채권자가 이를 알고 경매를 청구한 때에는 경락인은 그 흠결을 안 채무자나 채권자에 대하여 손해배상을 청구할 수 있다.

① 요 건
  ㉠ 경매가 유효할 것 : 민법 제578조와 민법 제580조 제2항이 말하는 '경매'는 민사집행법상의 강제집행이나 담보권 실행을 위한 경매 또는 국세징수법상의 공매 등과 같이 국가나 그를 대행하는 기관 등이 법률에 기하여 목적물 권리자의 의사와 무관하게 행하는 매도행위만을 의미하는 것으로 해석하여야 한다(대판 2016.8.24. 2014다80839). 여기서 경매는 공경매를 말하고, 사경매는 포함되지 않는다.
  ㉡ 경매의 목적물에 권리의 하자가 있을 것 : 경매의 목적물에 권리의 하자가 있을 때 담보책임이 인정된다. 이와 달리 물건의 하자가 있더라도 원칙적으로 하자담보책임은 생기지 않는다(민법 제580조 제2항).

② 책임의 내용
  ㉠ 해제권·대금감액청구권(민법 제578조 제1항)
  ㉡ 대금반환청구권(민법 제578조 제2항)
  ㉢ 손해배상청구권(민법 제578조 제3항)

(6) 담보책임과 동시이행

담보책임과 동시이행(민법 제583조)
제536조의 규정은 제572조 내지 제575조, 제580조 및 제581조의 경우에 준용한다.

[권리의 하자로 인한 담보책임]

해제권	원칙	선의의 매수인만 가능
	예외	민법 제570조(매도인의 담보책임), 민법 제576조(저당권 등의 실행)는 악의의 매수인도 가능
손해배상	원칙	선의의 매수인만 가능
	예외	민법 제576조는 악의의 매수인도 가능
대금감액청구	민법 제572조 (일부타인권리매매)	선·악의 불문	판례는 민법 제574조의 수량지정매매에서의 대금감액청구권에 대하여 매수인의 선의·악의는 불문한다는 취지의 판시를 함
	민법 제574조 (수량부족·일부멸실)	선의의 매수인만 가능	
제척기간	없음	민법 제570조, 제576조, 제577조(저당권의 목적이 된 지상권, 전세권의 매매와 매도인의 담보책임)는 제척기간이 없음
	있음	물건은 6월, 나머지는 1년

3. 매수인의 의무

동일기한의 추정(민법 제585조)
매매의 당사자 일방에 대한 의무이행의 기한이 있는 때에는 상대방의 의무이행에 대하여도 동일한 기한이 있는 것으로 추정한다.

대금지급장소(민법 제586조)
매매의 목적물의 인도와 동시에 대금을 지급할 경우에는 그 인도장소에서 이를 지급하여야 한다.

권리주장자가 있는 경우와 대금지급거절권(민법 제588조)
매매의 목적물에 대하여 권리를 주장하는 자가 있는 경우에 매수인이 매수한 권리의 전부나 일부를 잃을 염려가 있는 때에는 매수인은 그 위험의 한도에서 대금의 전부나 일부의 지급을 거절할 수 있다. 그러나 매도인이 상당한 담보를 제공한 때에는 그러하지 아니하다.

대금공탁청구권(민법 제589조)
전조의 경우에 매도인은 매수인에 대하여 대금의 공탁을 청구할 수 있다.

매수인은 매도인의 재산권이전에 대한 반대급부로서 대금지급 의무를 진다(민법 제568조 제1항).
① 대금지급장소는 채권자의 현주소에서 하는 것이 원칙이다(민법 제467조 제2항).
② 매매의 목적물의 인도와 동시에 대금을 지급할 경우에는 그 인도장소에서 이를 지급하여야 한다(민법 제586조).
③ 매수인이 동시이행의 항변권을 원용할 수 있는 경우에는 대금의 지급을 거절할 수 있다.
④ 매수인에게 목적물 수령의무가 있는가에 대하여 통설은 협력공동체로서 수령의무를 인정한다.

Ⅳ 환매와 재매매의 예약

환매의 의의(민법 제590조)
① 매도인이 매매계약과 동시에 환매할 권리를 보류한 때에는 그 영수한 대금 및 매수인이 부담한 매매비용을 반환하고 그 목적물을 환매할 수 있다.
② 전항의 환매대금에 관하여 특별한 약정이 있으면 그 약정에 의한다.
③ 전2항의 경우에 목적물의 과실과 대금의 이자는 특별한 약정이 없으면 이를 상계한 것으로 본다.

환매기간(민법 제591조)
① 환매기간은 부동산은 5년, 동산은 3년을 넘지 못한다. 약정기간이 이를 넘는 때에는 부동산은 5년, 동산은 3년으로 단축한다.
② 환매기간을 정한 때에는 다시 이를 연장하지 못한다.
③ 환매기간을 정하지 아니한 때에는 그 기간은 부동산은 5년, 동산은 3년으로 한다.

환매등기(민법 제592조)
매매의 목적물이 부동산인 경우에 매매등기와 동시에 환매권의 보류를 등기한 때에는 제3자에 대하여 그 효력이 있다.

환매권의 대위행사와 매수인의 권리(민법 제593조)
매도인의 채권자가 매도인을 대위하여 환매하고자 하는 때에는 매수인은 법원이 선정한 감정인의 평가액에서 매도인이 반환할 금액을 공제한 잔액으로 매도인의 채무를 변제하고 잉여액이 있으면 이를 매도인에게 지급하여 환매권을 소멸시킬 수 있다.

환매의 실행(민법 제594조)
① 매도인은 기간 내에 대금과 매매비용을 매수인에게 제공하지 아니하면 환매할 권리를 잃는다.
② 매수인이나 전득자가 목적물에 대하여 비용을 지출한 때에는 매도인은 제203조의 규정에 의하여 이를 상환하여야 한다. 그러나 유익비에 대하여는 법원은 매도인의 청구에 의하여 상당한 상환기간을 허여할 수 있다.

공유지분의 환매(민법 제595조)
공유자의 1인이 환매할 권리를 보류하고 그 지분을 매도한 후 그 목적물의 분할이나 경매가 있는 때에는 매도인은 매수인이 받은 또는 받을 부분이나 대금에 대하여 환매권을 행사할 수 있다. 그러나 매도인에게 통지하지 아니한 매수인은 그 분할이나 경매로써 매도인에게 대항하지 못한다.

1. 환 매

(1) 서 설

① 의의 : 매도인이 매매계약과 동시에 매수인과 특약에 의하여 환매권을 유보하는 경우, 일정한 기간 내에 그 환매권을 행사하여 매매의 목적물을 다시 사오는 것을 말한다(민법 제590조). 주계약에 해당하는 매매계약이 무효가 되면 종된 계약에 해당하는 환매특약도 실효되나, 반대로 종된 계약에 해당하는 환매특약이 실효되는 경우 주계약에 해당하는 매매계약이 실효되는 것은 아니다.

② 법적 성질 : 해제권유보부 매매라는 견해와 재매매의 예약이라는 견해의 대립이 있다.

③ 환매의 기능 : 매도인이 매도한 물건을 다시 매수해야 할 필요성과 금전대차를 하면서 채권담보를 하기 위함이다.

(2) 환매특약의 성립시기

① 환매특약은 매매계약의 성립과 동시에 하여야 한다(환매특약은 매매계약과는 별개의 계약이다).

② 단, 매매계약의 성립 후에 환매를 약정하면 환매특약으로서는 인정되지 않지만, 재매매의 예약이 된다.

(3) 환매대금

환매대금은 특약에 의하는 것이 원칙이다(민법 제590조 제2항). 단, 민법 제607조, 제608조의 제한이 있다.

(4) 환매의 실행

환매기간 내에 환매대금을 매수인에게 제공하고 환매의 의사표시를 한다(민법 제594조 제1항). 환매대금의 현실적인 제공이 있어야 환매의 효과가 발생한다.

(5) 환매기간

① 부동산은 5년, 동산은 3년을 초과하지 못한다(민법 제591조 제1항 제1문).

② 기간을 정한 때에는 다시 이 기간을 연장할 수 없다(민법 제591조 제2항).

③ 환매기간의 기산점은 '특약의 성립일'이다.

④ 환매기간을 경과하면 환매권이 소멸되므로, 환매기간 경과 후에는 환매권을 행사할 수 없다(민법 제594조 제1항).

(6) 환매권의 법적 성질

① 환매권은 형성권이다.

② 환매권은 양도성이 있다.

③ 환매권은 일신전속적 권리가 아니므로 채권자대위권의 객체가 될 수 있다(민법 제593조).

(7) 공유지분의 환매(민법 제595조)

(8) 환매의 효과

1) 해제권유보부 매매설
① 환매권의 행사를 본매매계약의 약정해제권의 행사로 보는 견해이다.
② 물권복귀 시 환매의 목적물이 부동산이라면 등기는 말소등기가 된다. 따라서 물권행위의 무인론에 의하면 말소등기가 있어야 소유권이 매도인에게 복귀하고, 유인론에 의하면 말소등기 없이 환매권행사 즉시 소유권이 복귀한다.

2) 재매매의 예약설
① 환매권의 행사를 재매매의 예약의 예약완결권의 행사로 보는 견해이다.
② 환매의 목적물이 부동산이라면 이전등기에 의하여 매도인에게 소유권이 복귀된다(판례).

2. 재매매의 예약

(1) 의 의

① 재매매의 예약이란 어떤 물건 또는 권리를 타인에게 매각하면서 장차 그 물건이나 권리를 다시 매수하기로 하는 예약을 말한다.
② 재매매의 예약은 일종의 매매예약이므로 민법 제564조의 일방예약에 관한 규정이 적용되어 일방예약으로 추정된다.

(2) 환매와의 비교

내 용	환 매	재매매예약
법적 근거	민법 제590조	없 음
특약 시기	매매계약과 동시에 환매특약을 함	제한 없음
대 금	특약이 없으면 일정범위로 제한 (민법 제590조 제1항·제2항)	제한 없음
존속 기간	부동산 5년, 동산 3년 (민법 제591조 제1항·제3항)	제한 없음 단, 형성권의 행사이므로 10년의 제척기간이 걸림
등기 여부	환매권의 유보를 등기할 수 있음 (민법 제592조)	특별규정이 없기에 일반적인 청구권보전의 가등기를 할 수 있을 뿐임

Ⅴ 특수한 매매

1. 소유권유보부매매

(1) 의 의
매도인이 매매목적물을 매수인에게 인도하되, 자신의 대금채권을 확보하기 위해 매매대금이 모두 지급될 때까지 소유권을 매도인 자신에게 유보하고 대금의 완납이 있으면 자동적으로 소유권이 이전되도록 약정하는 매매이다.

(2) 법적 성질
① 정지조건부 소유권이전설 : 대금의 완납이라는 정지조건이 성취되면 소유권은 매수인에게 자동으로 이전된다는 견해이다(통설·판례).
② 담보물권설 : 소유권유보의 목적이 담보의 목적이라면 매도인의 권리를 소유권으로 구성할 것이 아니라 담보권으로 구성하자는 견해이다. 이에 따르면 소유권은 처음부터 매수인에게 이전되고 매도인은 담보권을 가질 뿐이다.

(3) 법률관계
① 대내관계 : 소유권은 매도인에게 있으나, 사용·수익권과 과실취득권은 매수인에게 있다.
② 대외관계 : 정지조건부 소유권이전설에 의하면 매도인이 소유자이고, 담보물권설에 의하면 매수인이 소유자가 된다.

(4) 소유권유보의 소멸
매수인이 매매대금을 완납함으로써 소유권유보는 소멸한다. 그 밖에 목적물의 소유권이 매수인이나 제3자에게 이전되면 소유권유보가 소멸한다.

(5) 위험부담
매수인이 할부대금을 완납하기 전에 목적물이 멸실된 경우 매수인은 소유권을 취득하지는 못하였지만 목적물을 인도받아 사용하고 있는 중이었으므로 매수인이 위험을 부담하여 계속하여 대금을 지급할 의무가 있다(통설).

2. 할부매매

(1) 의 의
할부매매란 매수인이 매도인에게 일정기간 이상에 걸쳐 매매대금을 분할하여 지급하고, 대금완납 전에 목적물을 미리 인도받는 형식의 매매를 말한다.

(2) 할부거래에 관한 법률
할부거래에 관한 법률은 계약체결 전의 정보제공(할부거래법 제5조)과 할부계약의 서면주의(동법 제6조), 매수인의 철회권(동법 제8조), 매도인의 계약해제와 손해배상(동법 제11조, 제12조) 등을 규정하고 있다.

제3절 교환

> **교환의 의의(민법 제596조)**
> 교환은 당사자 쌍방이 금전 이외의 재산권을 상호이전할 것을 약정함으로써 그 효력이 생긴다.
>
> **금전의 보충지급의 경우(민법 제597조)**
> 당사자 일방이 전조의 재산권이전과 금전의 보충지급을 약정한 때에는 그 금전에 대하여는 매매대금에 관한 규정을 준용한다.

I 의 의

교환은 당사자 쌍방이 금전 외의 재산권을 서로 이전할 것을 약정함으로써 성립하는 계약이다(민법 제596조).

II 법적 성질

낙성·쌍무·유상·불요식의 계약이다.

III 성 립

1. 의사의 합치

교환은 당사자 쌍방이 모두 금전 이외의 재산권을 이전하기로 하는 약정이 있어야 성립한다.

2. 교환의 목적

교환은 금전 이외의 재산권을 목적으로 하나, 당사자 일방이 일정액의 금전을 보충지급할 것을 약정하는 경우가 있다(민법 제597조). 이 경우에 지급되는 금전을 보충금이라고 한다.

IV 효 력

① 교환은 유상계약이므로 매매에 관한 규정이 준용된다(민법 제567조).
② 보충금지급의 특약이 있는 경우에는 매매대금에 관한 규정이 준용된다(민법 제597조).

제4절 소비대차

소비대차의 의의(민법 제598조)
소비대차는 당사자 일방이 금전 기타 대체물의 소유권을 상대방에게 이전할 것을 약정하고 상대방은 그와 같은 종류, 품질 및 수량으로 반환할 것을 약정함으로써 그 효력이 생긴다.

파산과 소비대차의 실효(민법 제599조)
대주가 목적물을 차주에게 인도하기 전에 당사자 일방이 파산선고를 받은 때에는 소비대차는 그 효력을 잃는다.

이자계산의 시기(민법 제600조)
이자 있는 소비대차는 차주가 목적물의 인도를 받은 때로부터 이자를 계산하여야 하며 차주가 그 책임 있는 사유로 수령을 지체할 때에는 대주가 이행을 제공한 때로부터 이자를 계산하여야 한다.

무이자소비대차와 해제권(민법 제601조)
이자 없는 소비대차의 당사자는 목적물의 인도전에는 언제든지 계약을 해제할 수 있다. 그러나 상대방에게 생긴 손해가 있는 때에는 이를 배상하여야 한다.

대주의 담보책임(민법 제602조)
① 이자 있는 소비대차의 목적물에 하자가 있는 경우에는 제580조 내지 제582조의 규정을 준용한다.
② 이자 없는 소비대차의 경우에는 차주는 하자 있는 물건의 가액으로 반환할 수 있다. 그러나 대주가 그 하자를 알고 차주에게 고지하지 아니한 때에는 전항과 같다.

반환시기(민법 제603조)
① 차주는 약정 시기에 차용물과 같은 종류, 품질 및 수량의 물건을 반환하여야 한다.
② 반환시기의 약정이 없는 때에는 대주는 상당한 기간을 정하여 반환을 최고하여야 한다. 그러나 차주는 언제든지 반환할 수 있다.

반환불능으로 인한 시가상환(민법 제604조)
차주가 차용물과 같은 종류, 품질 및 수량의 물건을 반환할 수 없는 때에는 그때의 시가로 상환하여야 한다. 그러나 제376조 및 제377조 제2항의 경우에는 그러하지 아니하다.

대물대차(민법 제606조)
금전대차의 경우에 차주가 금전에 갈음하여 유가증권 기타 물건의 인도를 받은 때에는 그 인도 시의 가액으로써 차용액으로 한다.

I 서설

1. 의의

소비대차는 당사자 일방이 금전 기타 대체물의 소유권을 상대방에게 이전할 것을 약정하고 상대방은 그와 같은 종류, 품질 및 수량으로 반환할 것을 약정함으로써 성립하는 계약이다(민법 제598조).

> [금전을 이전받는 상대방이 이전받은 금전의 원금 전액 반환을 보장하는 약정을 하지 않은 경우, 이자제한법이 적용될 수 있는지 여부(소극) 및 이때 이자제한법의 적용을 받는 금전소비대차계약인지 판단하는 기준 / 금전을 지급한 당사자와 상대방 사이에 이전받은 금전의 원금 전액 반환과 아울러 추가로 상대방의 사업 성공이나 이익의 발생 등과 같은 조건충족에 결부시키지 않은 일정한 금전의 지급을 약정 내용 자체에서 확정적으로 보장한 경우, 이러한 약정은 금전소비대차계약으로서 이자제한법이 적용될 수 있는지 여부(적극)]
>
> 이자제한법은 이자의 적정한 최고한도를 정함으로써 국민경제생활의 안정과 경제정의를 실현하기 위하여 제2조에서 "금전대차에 관한 계약상의 최고이자율은 연 25%를 초과하지 아니하는 범위 안에서 대통령령으로 정한다(제1항). 계약상의 이자로서 제1항에서 정한 최고이자율을 초과하는 부분은 무효로 한다(제3항)"라고 규정한다. 나아가 "예금, 할인금, 수수료, 공제금, 체당금, 그 밖의 명칭에도 불구하고 금전의 대차와 관련하여 채권자가 받은 것은 이를 이자로 본다(제4조 제1항)"라는 규정과 "제2조 제1항에서 정한 최고이자율을 초과하여 이자를 받은 자는 1년 이하의 징역 또는 1천만원 이하의 벌금에 처한다(제8조 제1항)"라는 규정을 두고 있다. 이처럼 이자제한법은 금전소비대차계약에 관하여 규율하면서 최고이자율을 넘는 이자나 금전대차와 관련한 대가 지급약정의 효력을 인정하지 않고 이를 초과하여 이자를 받은 자를 형사처벌하고 있다. 민법 제598조는 "소비대차는 당사자 일방이 금전 기타 대체물의 소유권을 상대방에게 이전할 것을 약정하고 상대방은 그와 같은 종류, 품질 및 수량으로 반환할 것을 약정함으로써 그 효력이 생긴다"라고 규정하는바, 금전을 이전받는 상대방이 이전받은 금전의 원금 전액 반환을 보장하는 약정을 하지 않았다면 이는 금전소비대차계약이라고 할 수 없어 이자제한법이 적용될 여지가 없다. / 이자제한법의 적용을 받는 금전소비대차계약인지 여부는 원칙적으로 당사자 사이의 계약 해석의 문제로, 금전을 지급한 당사자와 상대방 사이의 관계, 금전을 지급하게 된 경위, 금전 지급에 대하여 상대방이 제공하기로 약정한 이익의 성질과 제공 방법, 통상적인 거래관념 등을 종합적으로 고려하여야 하는데, / 금전을 지급한 당사자와 상대방 사이에 이전받은 금전의 원금 전액 반환과 아울러 추가로 상대방의 사업 성공이나 이익의 발생 등과 같은 조건충족에 결부시키지 않은 일정한 금전의 지급을 약정 내용 자체에서 확정적으로 보장하였다면, 이러한 약정은 금전소비대차계약으로서 이자제한법이 적용될 가능성이 높다(대판 2024.11.14. 2023다272289).

2. 법적 성질

① 민법상의 소비대차는 낙성·불요식의 계약이다.
② 소비대차는 원칙적으로 무상계약이지만, 유상계약일 수도 있다.
③ 소비대차가 쌍무계약인지, 편무계약인지는 견해의 대립이 있다. 무이자소비대차에 관하여는 일반적으로 편무계약으로 보나, 이자부소비대차에 관하여는 쌍무계약이라고 본다.

Ⅱ 소비대차의 성립

1. 합 의
소비대차는 낙성계약이므로 당사자의 일정한 합의만 있으면 성립한다.

2. 목적물
소비대차의 목적물은 금전 기타 대체물이다.

Ⅲ 소비대차의 효력

1. 대주의 의무

(1) 목적물의 소유권이전의무

(2) 담보책임

① 이자부 소비대차의 경우 : 목적물에 하자가 있는 경우 민법 제580조 내지 민법 제582조의 규정을 준용한다(민법 제602조 제1항).

② 무이자 소비대차의 경우 : 원칙적으로 담보책임이 없지만, 대주가 하자를 알고서도 고지하지 않은 경우에는 담보책임을 진다(민법 제602조 제2항 단서).

2. 차주의 의무

(1) 목적물반환의무

1) 반환시기

① 반환시기를 약정한 때에는, 차주는 약정 시기에 차용물과 같은 종류・품질 및 수량의 물건을 반환하여야 한다(민법 제603조 제1항).

② 반환시기의 약정이 없는 때에는 대주는 상당한 기간을 정하여 반환을 최고하여야 한다. 그러나 차주는 언제든지 반환할 수 있다(민법 제603조 제2항).

2) 반환할 물건

① 원칙 : 차용한 것과 동종, 동질, 동량의 물건을 반환해야 한다(민법 제598조).

② 예 외

㉠ 차주가 하자 있는 물건을 받은 경우, 이때는 하자 있는 물건의 가액으로 반환할 수 있다(민법 제602조 제2항).

㉡ 차주가 차용물과 같은 종류, 품질 및 수량의 물건을 반환할 수 없는 때에는 그때의 시가로 상환하여야 한다. 그러나 민법 제376조 및 민법 제377조 제2항의 경우에는 그러하지 아니하다(민법 제604조).

(2) 이자지급의무

이자지급약정이 있는 경우

Ⅳ 소비대차의 실효와 해제에 관한 특칙

1. 파 산

대주가 목적물을 차주에게 인도하기 전에 당사자 일방이 파산선고를 받은 때에는 소비대차는 그 효력을 잃는다(민법 제599조).

2. 무이자소비대차와 해제권

이자 없는 소비대차의 당사자는 목적물의 인도 전에는 언제든지 계약을 해제할 수 있다. 그러나 상대방에게 생긴 손해가 있는 때에는 이를 배상하여야 한다(민법 제601조).

Ⅴ 준소비대차

> **준소비대차(민법 제605조)**
> 당사자 쌍방이 소비대차에 의하지 아니하고 금전 기타의 대체물을 지급할 의무가 있는 경우에 당사자가 그 목적물을 소비대차의 목적으로 할 것을 약정한 때에는 소비대차의 효력이 생긴다.

1. 의 의

소비대차에 의하지 않고 금전 기타 대체물을 급부할 의무를 지는 자가 상대방과의 계약에 의하여 그 목적물을 소비대차의 목적으로 할 것을 약정한 경우를 말한다. 낙성·불요식계약이므로 구두의 합의만으로도 성립할 수 있다.

2. 경개와의 비교

① 준소비대차는 신·구채무 간의 동일성이 인정되지만, 경개는 동일성이 없다.
② 당사자의 의사가 불분명하다면 항변권 등이 유지되는 준소비대차로 보아야 한다(대판 2003.9.26. 2002다31803·31810).

3. 성립요건

① **기존 채무의 존재** : 금전 기타 대체물을 목적으로 하는 기존의 채무가 유효하게 존재하여야 한다. 따라서 기존 채무가 처음부터 존재하지 않거나 무효·취소된 때에는 준소비대차도 무효로 되어 신채무는 소급하여 소멸한다(대판 2007.1.11. 2005다47175).

> **[기존채무에 채권가압류가 마쳐진 후에 이루어진 준소비대차의 효력]**
> 기존채무에 대하여 채권가압류가 마쳐진 후 채무자와 제3채무자 사이에 준소비대차 약정이 체결된 경우, 준소비대차 약정은 가압류된 채권을 소멸하게 하는 것으로서 채권가압류의 효력에 반하므로, 가압류의 처분제한의 효력에 따라 채무자와 제3채무자는 준소비대차의 성립을 가압류채권자에게 주장할 수 없고, 다만 채무자와 제3채무자 사이에서는 준소비대차가 유효하다(대판 2007.1.11. 2005다47175).

> **[대환의 법적 성질(= 준소비대차) 및 대환의 경우 기존 채무에 대한 보증책임이 존속하는지 여부(원칙적 적극)]**
> 현실적인 자금의 수수 없이 형식적으로만 신규대출을 하여 기존 채무를 변제하는 이른바 대환은 특별한 사정이 없는 한 형식적으로는 별도의 대출에 해당하나 실질적으로는 기존 채무의 변제기 연장에 불과하므로, 그 법률적 성질은 기존 채무가 여전히 동일성을 유지한 채 존속하는 준소비대차로 보아야 하고, 이러한 경우 채권자와 보증인 사이에 사전에 신규 대출 형식에 의한 대환을 하는 경우 보증책임을 면하기로 약정하는 등의 특별한 사정이 없는 한 기존 채무에 대한 보증책임이 존속된다(대판 2012.2.23. 2011다76426).

> **[준소비대차계약이 성립하려면 당사자 사이에 금전 기타의 대체물의 급부를 목적으로 하는 기존 채무가 존재하여야 하는지 여부(적극) 및 기존 채무가 존재하지 않거나 무효가 된 경우, 준소비대차계약의 효력(무효) / 준소비대차계약의 채무자가 기존 채무의 부존재를 주장하는 경우, 채권자가 기존 채무의 존재를 증명하여야 하는지 여부(적극)]**
> 준소비대차계약이 성립하려면 당사자 사이에 금전 기타의 대체물의 급부를 목적으로 하는 기존 채무가 존재하여야 하고, 기존 채무가 존재하지 않거나 또는 존재하고 있더라도 그것이 무효가 된 때에는 준소비대차계약은 효력이 없다. / 준소비대차계약의 채무자가 기존 채무의 부존재를 주장하는 이상 채권자로서는 기존 채무의 존재를 증명할 책임이 있다(대판 2024.4.25. 2022다254024).

② **합의** : 기존채무의 당사자들이 그 채무의 목적물을 소비대차의 목적으로 한다는 합의를 할 것

> **[준소비대차계약의 당사자는 기존 채무의 당사자이어야 하는지 여부(적극)]**
> 준소비대차는 소비대차에 의하지 아니하고 금전 기타의 대체물을 지급할 의무가 있는 경우에 당사자가 그 목적물을 소비대차의 목적물로 할 것을 약정함으로써 당사자 사이에 소비대차의 효력이 생기는 것을 말하는 것으로서 기존 채무의 당사자가 그 채무의 목적물을 소비대차의 목적물로 한다는 합의를 할 것을 요건으로 하므로 준소비대차계약의 당사자는 기초가 되는 기존 채무의 당사자이어야 한다(대판 2002.12.6. 2001다2846).

4. 효력

① 준소비대차는 소비대차의 효력이 생긴다(민법 제605조). 즉 구채무가 소멸하고 소비대차에 의하여 신채무가 성립한다.
② 구채무와 신채무는 동일성을 유지하고 있으므로 구채무에 있던 종전의 항변권과 그 담보도 그대로 존속한다(대판 1994.5.13. 94다8440). 다만, 특약에 의하여 소멸할 수 있다.
③ 소멸시효기간은 준소비대차에 의하여 성립하는 신채무를 기준으로 결정된다(대판 1981.12.22. 80다1363).

Ⅵ. 대물변제의 예약

> **대물반환의 예약(민법 제607조)**
> 차용물의 반환에 관하여 차주가 차용물에 갈음하여 다른 재산권을 이전할 것을 예약한 경우에는 그 재산의 예약 당시의 가액이 차용액 및 이에 붙인 이자의 합산액을 넘지 못한다.
>
> **차주에 불이익한 약정의 금지(민법 제608조)**
> 전2조의 규정에 위반한 당사자의 약정으로서 차주에 불리한 것은 환매 기타 여하한 명목이라도 그 효력이 없다.

1. 적용범위

① 소비대차와 준소비대차, 소비임치에 그 적용이 있다.
② 대물변제의 예약에 적용되므로, 차주가 임의로 대물변제를 하는 경우에는 적용이 없다.
③ 대물변제의 예약에 있어서 대신 급부하기로 한 목적물에는 제한이 없다.

2. 내용

(1) 차주의 보호

다른 재산의 「예약 당시의 가액」이 「차용액 및 이에 붙인 이자의 합산액」을 초과한 경우 무효이다(민법 제607조).

(2) 민법 제608조의 의미

민법 제606조(대물대차)나 민법 제607조(대물반환의 예약)의 규정에 위반한 당사자 간의 약정으로서 차주에 불리한 것은 환매 기타 여하한 명목이라도 그 효력이 없다는 의미는 대물변제의 예약으로서는 무효이지만, 소위 약한 의미의 양도담보계약이 된 것으로 보아 그 소유권이전등기는 담보목적의 범위 내에서는 유효하다는 것이 판례의 태도이다(대판 1980.7.22. 80다998).

제5절 사용대차

사용대차의 의의(민법 제609조)
사용대차는 당사자 일방이 상대방에게 무상으로 사용, 수익하게 하기 위하여 목적물을 인도할 것을 약정하고 상대방은 이를 사용, 수익한 후 그 물건을 반환할 것을 약정함으로써 그 효력이 생긴다.

차주의 사용, 수익권(민법 제610조)
① 차주는 계약 또는 그 목적물의 성질에 의하여 정하여진 용법으로 이를 사용, 수익하여야 한다.
② 차주는 대주의 승낙이 없으면 제3자에게 차용물을 사용, 수익하게 하지 못한다.
③ 차주가 전2항의 규정에 위반한 때에는 대주는 계약을 해지할 수 있다.

비용의 부담(민법 제611조)
① 차주는 차용물의 통상의 필요비를 부담한다.
② 기타의 비용에 대하여는 제594조 제2항의 규정을 준용한다.

준용규정(민법 제612조)
제559조, 제601조의 규정은 사용대차에 준용한다.

차용물의 반환시기(민법 제613조)
① 차주는 약정 시기에 차용물을 반환하여야 한다.
② 시기의 약정이 없는 경우에는 차주는 계약 또는 목적물의 성질에 의한 사용, 수익이 종료한 때에 반환하여야 한다. 그러나 사용, 수익에 족한 기간이 경과한 때에는 대주는 언제든지 계약을 해지할 수 있다.

차주의 사망, 파산과 해지(민법 제614조)
차주가 사망하거나 파산선고를 받은 때에는 대주는 계약을 해지할 수 있다.

차주의 원상회복의무와 철거권(민법 제615조)
차주가 차용물을 반환하는 때에는 이를 원상에 회복하여야 한다. 이에 부속시킨 물건은 철거할 수 있다.

공동차주의 연대의무(민법 제616조)
수인이 공동하여 물건을 차용한 때에는 연대하여 그 의무를 부담한다.

손해배상, 비용상환청구의 기간(민법 제617조)
계약 또는 목적물의 성질에 위반한 사용, 수익으로 인하여 생긴 손해배상의 청구와 차주가 지출한 비용의 상환청구는 대주가 물건의 반환을 받은 날로부터 6월 내에 하여야 한다.

I 의의

사용대차는 편무·무상·낙성·불요식계약이다.

II 성립

1. 합의

낙성계약이므로 당사자의 합의가 있으면 성립한다.

2. 목적물

① 사용대차의 목적물은 제한이 없으므로, 동산·부동산 모두 가능하다.
② 목적물의 소유권이 차주에게 이전되지 않으므로, 타인의 물건에 관하여도 사용대차를 할 수 있다.

III 효력

1. 대주의 의무

① 대주는 목적물을 차주에게 인도한 후 차주의 목적물 사용·수익을 인용할 소극적 의무만을 부담한다.
② 사용대차는 무상계약이므로, 그 대주의 담보책임에 관하여는 증여자의 담보책임에 관한 민법 제559조가 준용된다(민법 제612조).

2. 차주의 권리·의무

① 목적물의 사용·수익권(민법 제610조)
② 비용상환청구권
  ㉠ 차주는 차용물의 통상의 필요비를 부담한다(민법 제611조 제1항).
  ㉡ 사용대차에서 차주는 민법 제611조 제2항, 제594조 제2항, 제203조 제2항에 따라 유익비상환을 청구할 수 있다.
③ 차용물보관 및 차용물반환의무
  ㉠ 차주는 선량한 관리자의 주의를 가지고 차용물을 보관하여야 한다(민법 제374조).
  ㉡ 차주는 차용물의 통상의 필요비를 부담하며, 기타의 비용에 대해서는 환매에 관한 민법 제594조 제2항의 규정을 준용한다(민법 제611조).
  ㉢ 차주가 차용물을 반환하는 때에 이를 원상에 회복하여야 한다. 이에 부속시킨 물건은 철거할 수 있다(민법 제615조).
④ 공동차주의 연대의무(민법 제616조)

Ⅳ 종 료

1. 존속기간의 만료(민법 제613조)

2. 해 지

(1) 대주의 해지

① 차주가 계약 또는 목적물의 성질에 의하여 정하여진 용법에 반하여 사용·수익하거나 대주의 승낙 없이 제3자에게 사용·수익하게 한 때에는 대주는 계약을 해지할 수 있다(민법 제610조 제3항).
② 반환시기를 약정하지 않은 경우에 계약 또는 목적물의 성질에 의한 사용·수익에 충분한 기간이 경과한 때에는 대주는 언제든지 계약을 해지할 수 있다(민법 제613조 제2항 단서).
③ 차주의 사망 또는 파산선고의 경우에도 대주는 계약을 해지할 수 있다(민법 제614조).

> **[건물의 소유를 목적으로 한 토지 사용대차에 있어 대주가 차주의 사망을 이유로 계약을 해지할 수 있는지 여부(한정 소극)]**
> 일반으로 건물의 소유를 목적으로 하는 토지 사용대차에 있어서는, 당해 토지의 사용수익의 필요는 당해 지상건물의 사용수익의 필요가 있는 한 그대로 존속하는 것이고, 이는 특별한 사정이 없는 한 차주 본인이 사망하더라도 당연히 상실되는 것이 아니어서 그로 인하여 곧바로 계약의 목적을 달성하게 되는 것은 아니라고 봄이 통상의 의사해석에도 합치되므로, 이러한 경우에는 민법 제614조의 규정에 불구하고 대주가 차주의 사망사실을 사유로 들어 사용대차계약을 해지할 수는 없다(대판 1993.11.26. 93다36806).

(2) 차주의 해지

차주는 다른 특별한 약정이 없는 한 언제든지 해지할 수 있다(민법 제153조).

제6절 임대차

Ⅰ 서 설

> **임대차의 의의(민법 제618조)**
> 임대차는 당사자 일방이 상대방에게 목적물을 사용, 수익하게 할 것을 약정하고 상대방이 이에 대하여 차임을 지급할 것을 약정함으로써 그 효력이 생긴다.

1. 의 의

임대차는 당사자 일방, 즉 임대인이 상대방(임차인)에게 목적물을 사용·수익하게 할 것을 약정하고, 상대방은 이에 대하여 차임을 지급할 것을 약정함으로써 성립하는 낙성·불요식·유상·쌍무계약이다(민법 제618조).

2. 부동산임차권의 물권화현상

부동산임차권의 물권화 내용으로는 대항력 부여, 제3자의 침해시 방해배제인정, 임차권의 존속보장 등을 들 수 있다.

3. 임대차의 목적물

① 물건이다. 즉 동산, 부동산을 불문한다.
② 임대인에게 임대물에 대한 소유권 기타 이를 임대할 권한까지 인정될 필요는 없다.

> **[타인 소유의 부동산을 임대한 경우와 임차인의 착오에 의한 계약의 취소와의 관계]**
> 타인소유의 부동산을 임대한 것이 임대차계약을 해지할 사유는 될 수 없고 목적물이 반드시 임대인의 소유일 것을 특히 계약의 내용으로 삼은 경우라야 착오를 이유로 임차인이 임대차계약을 취소할 수 있다(대판 1975.1.28. 74다2069).
>
> **[임대차기간 중 임차 목적물의 소유권을 취득한 제3자의 요구로 임차인이 그 임차 목적물을 인도한 경우, 임대차계약의 종료 여부(적극)]**
> 임대차는 당사자 일방이 상대방에게 목적물을 사용·수익하게 할 것을 약정하고 상대방이 이에 대하여 차임을 지급할 것을 약정함으로써 성립하는 것으로서 임대인이 그 목적물에 대한 소유권 기타 이를 임대할 권한이 있을 것을 성립요건으로 하고 있지 아니하므로, 임대차계약이 성립된 후 그 존속기간 중에 임대인이 임대차 목적물에 대한 소유권을 상실한 사실 그 자체만으로 바로 임대차에 직접적인 영향을 미친다고 볼 수는 없지만, 임대인이 임대차 목적물의 소유권을 제3자에게 양도하고 그 소유권을 취득한 제3자가 임차인에게 그 임대차 목적물의 인도를 요구하여 이를 인도하였다면 임대인이 임차인에게 임대차 목적물을 사용·수익케 할 의무는 이행불능이 되었다고 할 것이고, 이러한 이행불능이 일시적이라고 볼 만한 특별한 사정이 없다면 임대차는 당사자의 해지 의사표시를 기다릴 필요 없이 당연히 종료되었다고 볼 것이지, 임대인의 채무가 손해배상 채무로 변환된 상태로 채권·채무관계가 존속한다고 볼 수 없다(대판 1996.3.8. 95다15087).

Ⅱ 임대차의 존속기간

1. 존속기간을 정한 경우

(1) 최장기간의 제한

헌법재판소는 최장기간 제한에 관한 민법 제651조가 사적자치에 의한 자율적 거래관계 형성을 왜곡한다는 이유로 단순위헌결정을 하였고(헌재결[전] 2013.12.26. 2011헌바234), 2016년 민법 제651조가 삭제되었다.

[임대차기간을 영구로 정한 임대차계약이 허용되는지 여부(원칙적 적극) / 임차인은 언제라도 영구 임대차기간에 관한 권리를 포기할 수 있는지 여부(적극) 및 이때 임대차계약은 임차인에게 기간의 정함이 없는 임대차가 되는지 여부(적극)]

구 민법(2016.1.6. 법률 제13710호로 삭제되기 전의 것) 제651조에서는 '석조, 석회조, 연와조 또는 이와 유사한 견고한 건물 기타 공작물의 소유를 목적으로 하는 토지임대차 및 식목, 채염을 목적으로 하는 토지임대차'를 제외한 임대차의 존속기간을 20년으로 제한하고 있었으나, 헌법재판소는 2013.12.26. 위 조항의 입법 취지가 불명확하고, 과잉금지원칙을 위반하여 계약의 자유를 침해한다는 이유로 헌법에 위반된다는 결정을 선고하였다. 결국 민법 제619조에서 처분능력, 권한 없는 자의 단기임대차의 경우에만 임대차기간의 최장기를 제한하는 규정만 있을 뿐, 민법상 임대차기간이 영구인 임대차계약의 체결을 불허하는 규정은 없다. 소유자가 소유권의 핵심적 권능에 속하는 사용·수익의 권능을 대세적으로 포기하는 것은 특별한 사정이 없는 한 허용되지 않으나, 특정인에 대한 관계에서 채권적으로 사용·수익권을 포기하는 것까지 금지되는 것은 아니다. 따라서 임대차기간이 영구인 임대차계약을 인정할 실제의 필요성도 있고, 이러한 임대차계약을 인정한다고 하더라도 사정변경에 의한 차임증감청구권이나 계약 해지 등으로 당사자들의 이해관계를 조정할 수 있는 방법이 있을 뿐만 아니라, 임차인에 대한 관계에서만 사용·수익권이 제한되는 외에 임대인의 소유권을 전면적으로 제한하는 것도 아닌 점 등에 비추어 보면, 당사자들이 자유로운 의사에 따라 임대차기간을 영구로 정한 약정은 이를 무효로 볼 만한 특별한 사정이 없는 한 계약자유의 원칙에 의하여 허용된다고 보아야 한다. 특히 영구임대라는 취지는, 임대인이 차임지급 지체 등 임차인의 귀책사유로 인한 채무불이행이 없는 한 임차인이 임대차관계의 유지를 원하는 동안 임대차계약이 존속되도록 이를 보장하여 주는 의미로, 위와 같은 임대차기간의 보장은 임대인에게는 의무가 되나 임차인에게는 권리의 성격을 갖는 것이므로 임차인으로서는 언제라도 그 권리를 포기할 수 있고, 그렇게 되면 임대차계약은 임차인에게 기간의 정함이 없는 임대차가 된다(대판 2023.6.1. 2023다209045).

(2) 최단기간의 제한

민법은 최단기간에 관하여 아무런 제한이 없으나, 부동산임대차에서 임차인 보호를 위하여 최단기간을 제한할 필요가 있으며, 주택임대차보호법 제4조와 상가건물 임대차보호법 제9조는 일정한 건물임대차에 관하여 최단기간을 규정하고 있다.

2. 기간의 갱신

(1) 갱신계약(갱신청구권)

당사자들이 임대차의 기간을 갱신할 수 있는데, 이 경우 동일성이 유지된다.
① 요건 : 건물 기타 공작물의 소유 또는 식목·채염·목축을 목적으로 한 토지임대차의 기간이 만료한 경우 건물·수목 기타 지상시설이 현존한 때에는 임차인은 계약의 갱신을 청구할 수 있다 (민법 제643조, 제283조 제1항).
② 효과 : 임차인의 갱신청구권은 형성권이 아니라 청구권에 불과하다. 따라서 임차인의 갱신청구권에 대하여 임대인에게는 반드시 이를 승낙할 법률상 의무는 없다.

(2) 묵시의 갱신(법정갱신)

> **묵시의 갱신(민법 제639조)**
> ① 임대차기간이 만료한 후 임차인이 임차물의 사용, 수익을 계속하는 경우에 임대인이 상당한 기간 내에 이의를 하지 아니한 때에는 전임대차와 동일한 조건으로 다시 임대차한 것으로 본다. 그러나 당사자는 제635조의 규정에 의하여 해지의 통고를 할 수 있다.
> ② 전항의 경우에 전임대차에 대하여 제3자가 제공한 담보는 기간의 만료로 인하여 소멸한다.

① 판례는 본 규정을 임차인을 보호하기 위한 강행규정이라고 해석한다(대판 2011.5.26. 2011다1231).
② 임차인의 계속 사용에 상당기간 동안 임대인의 이의가 없으면 전임대차와 동일 조건으로 갱신된 것으로 본다(민법 제639조 제1항 본문). 단, 존속기간은 약정이 없는 것으로 당사자는 언제든지 해지통고가 가능하다(민법 제639조 제1항 단서).

> [민법 제639조 제1항에 따라 임대차계약의 갱신에 임대인이 이의를 하는 방법 및 묵시적 또는 조건부 이의가 있다고 볼 수 있는 경우 / 임대차기간 만료 후 민법 제628조에서 정한 차임증액청구권을 행사하였다는 사정만으로 임대인이 더 이상 임대차관계를 지속하지 않겠다는 의사에 기하여 민법 제639조 제1항의 이의를 하였다고 볼 수 있는지 여부(소극)]
> 민법 제639조 제1항 본문은 "임대차기간이 만료한 후 임차인이 임차물의 사용·수익을 계속하는 경우에 임대인이 상당한 기간 내에 이의를 하지 아니한 때에는 전 임대차와 동일한 조건으로 다시 임대차한 것으로 본다"라고 규정하고 있다. 이때 임대인의 이의는 명시적으로뿐만 아니라 묵시적으로도 할 수 있고, 차임을 증액하지 않으면 임대차관계를 지속하지 않겠다는 것과 같이 조건부로도 할 수 있다. 다만 임차인의 신뢰를 보호하기 위한 위 규정의 취지에 비추어 볼 때, 묵시적 또는 조건부 이의가 있다고 보기 위해서는 더 이상 임대차관계를 지속하지 않겠다는 임대인의 의사를 객관적으로 추단할 만한 사정이 있어야 한다. / 한편 민법 제628조의 차임증액청구권은 임대차계약이 존속하고 있음을 전제로 행사하는 권리이므로, 임대인이 전 임대차기간 만료 후 차임증액청구권을 행사하였다는 사정만으로는 임대인이 더 이상 임대차관계를 지속하지 않겠다는 의사에 기하여 민법 제639조 제1항의 이의를 하였다고 보기 어렵다(대판 2025.3.13. 2024다315046).

③ 묵시의 갱신이 성립되는 경우 전 임대차에 대하여 제3자가 제공한 담보는 소멸한다(민법 제639조 제2항).
④ 주택임대차가 묵시적으로 갱신된 경우, 임대차의 존속기간은 2년으로 본다. 단, 묵시적 갱신의 경우에도 언제든지 임대인에게 계약해지를 통지할 수 있고, 임대인이 통지를 받은 날로부터 3개월이 지나면 그 효력이 발생한다(주택임대차보호법 제6조의2).

3. 존속기간을 정하지 않은 경우

> **기간의 약정 없는 임대차의 해지통고(민법 제635조)**
> ① 임대차기간의 약정이 없는 때에는 당사자는 언제든지 계약해지의 통고를 할 수 있다.
> ② 상대방이 전항의 통고를 받은 날로부터 다음 각 호의 기간이 경과하면 해지의 효력이 생긴다.
>   1. 토지, 건물 기타 공작물에 대하여는 임대인이 해지를 통고한 경우에는 6월, 임차인이 해지를 통고한 경우에는 1월
>   2. 동산에 대하여는 5일

> **해지통고의 전차인에 대한 통지(민법 제638조)**
> ① 임대차계약이 해지의 통고로 인하여 종료된 경우에 그 임대물이 적법하게 전대되었을 때에는 임대인은 전차인에 대하여 그 사유를 통지하지 아니하면 해지로써 전차인에게 대항하지 못한다.
> ② 전차인이 전항의 통지를 받은 때에는 제635조 제2항의 규정을 준용한다.

① 당사자는 언제든지 해지의 통고를 할 수 있지만, 해지의 효력은 상대방이 해지통고를 받은 날부터 일정한 기간이 경과하여야 한다(민법 제635조 참고). 이 규정에 위반하는 약정으로 임차인에게 불리한 것은 그 효력이 없다(민법 제652조).
② 존속기간을 정하지 않은 경우에도 주택임대차보호법 제4조는 2년, 상가건물 임대차보호법 제9조는 1년의 존속기간을 보장한다.

4. 처분능력, 권한 없는 자의 단기임대차의 존속기간

> **처분능력, 권한 없는 자의 할 수 있는 단기임대차(민법 제619조)**
> 처분의 능력 또는 권한 없는 자가 임대차를 하는 경우에는 그 임대차는 다음 각 호의 기간을 넘지 못한다.
> 1. 식목, 채염 또는 석조, 석회조, 연와조 및 이와 유사한 건축을 목적으로 한 토지의 임대차는 10년
> 2. 기타 토지의 임대차는 5년
> 3. 건물 기타 공작물의 임대차는 3년
> 4. 동산의 임대차는 6월

III 임대인의 의무

> **임대인의 의무(민법 제623조)**
> 임대인은 목적물을 임차인에게 인도하고 계약존속 중 그 사용, 수익에 필요한 상태를 유지하게 할 의무를 부담한다.
>
> **임차인의 상환청구권(민법 제626조)**
> ① 임차인이 임차물의 보존에 관한 필요비를 지출한 때에는 임대인에 대하여 그 상환을 청구할 수 있다.
> ② 임차인이 유익비를 지출한 경우에는 임대인은 임대차 종료 시에 그 가액의 증가가 현존한 때에 한하여 임차인의 지출한 금액이나 그 증가액을 상환하여야 한다. 이 경우에 법원은 임대인의 청구에 의하여 상당한 상환기간을 허여할 수 있다.

1. 임대인의 수선의무(임차물을 사용·수익하게 할 의무)

임대인은 임차인이 목적물을 사용·수익할 수 있게 해 줄 적극적 의무를 진다(민법 제618조, 제623조). 그 결과 목적물인도의무, 방해배제의무, 비용상환의무, 담보책임과 같은 의무를 부담한다.

> [임대인의 임차목적물 인도의무의 내용 / 임대인의 임차목적물 사용·수익상태 유지의무가 임대인의 귀책사유 없이 하자가 발생한 경우 면해지는지 여부(소극) 및 임대인이 그와 같은 하자 발생 사실을 몰랐거나 임차인이 이를 알거나 알 수 있었더라도 마찬가지인지 여부(적극)]
> 임대인은 임차인이 목적물을 사용·수익할 수 있도록 목적물을 임차인에게 인도하여야 한다(민법 제623조 전단). 임차인이 계약에 의하여 정하여진 목적에 따라 사용·수익하는 데 하자가 있는 목적물인 경우 임대인은 하자를 제거한 다음 임차인에게 하자 없는 목적물을 인도할 의무가 있다. 임대인이 임차인에게 그와 같은 하자를 제거하지 아니하고 목적물을 인도하였다면 사후에라도 위 하자를 제거하여 임차인이 목적물을 사용·수익하는 데 아무런 장해가 없도록 해야만 한다. 임대인의 임차목적물의 사용·수익상태 유지의무는 임대인 자신에게 귀책사유가 있어 하자가 발생한 경우는 물론, 자신에게 귀책사유가 없이 하자가 발생한 경우에도 면해지지 아니한다. 또한 임대인이 그와 같은 하자 발생 사실을 몰랐다거나 반대로 임차인이 이를 알거나 알 수 있었다고 하더라도 마찬가지이다(대판 2021.4.29. 2021다202309).

> [임대인에게 목적물을 사용·수익할 수 있는 상태로 임차인에게 인도하고, 임대차 기간 중 그러한 상태를 유지시킬 의무가 있는지 여부(적극) 및 목적물이 사용·수익에 적합한 상태인지 판단하는 기준]
> 임대인은 민법 제623조에 따라 임차인이 목적물을 사용·수익할 수 있는 상태로 목적물을 임차인에게 인도하여야 하고, 임대차 기간 중 그러한 상태를 유지시킬 의무를 부담한다. 어떠한 상태가 사용·수익에 적합한 상태인지는 임대차 목적물의 통상적인 사용방법을 중심으로 하되, 단순히 물리적인 사용·수익 가능성뿐만 아니라, 임대차의 목적과 유형, 거래 관행, 계약의 내용을 통해 드러난 당사자의 의사 등을 종합적으로 고려하여 판단해야 한다(대판 2025.5.1. 2024다293580).

2. 필요비상환의무

(1) 요 건
① 임차인이 임차목적물의 보존에 관하여 비용을 지출할 것
② 임대인이 부담할 비용일 것 : 임대인이 부담하여야 할 수선비용을 임차인이 대신하여 지출한 경우 임차인이 임대인에게 이를 필요비로 상환청구할 수 있다(지상권자, 전세권자의 경우 필요비 상환청구권이 없다는 점과 비교된다).

(2) 효 과
① 행사시기 : 임차인이 임차물의 보존에 관한 필요비를 지출하였을 경우에는 「즉시」 상환청구를 할 수 있다(민법 제626조 제1항).
② 상환청구액 : 임차인은 필요비의 현존 여부와 상관 없이 임대인에게 지출한 비용 「전액」을 청구할 수 있다. 그러나 임차인의 비용상환청구권에 관한 규정은 강행규정이 아니므로 약정으로 이를 포기할 수 있다(대판 1998.5.29. 98다6497).

③ 동시이행의 항변권 : 임차인은 임대인으로부터 필요비를 상환받을 때까지 임대인에게 차임의 지급을 거절할 수 있다.

> **[민법 제626조 제1항에서 정한 '필요비'의 의미 / 임대인이 필요비상환의무를 이행하지 않는 경우, 임차인이 지출한 필요비 금액의 한도에서 차임의 지급을 거절할 수 있는지 여부(원칙적 적극)]**
> 임대차는 타인의 물건을 빌려 사용·수익하고 그 대가로 차임을 지급하기로 하는 계약이다(민법 제618조). 임대차계약에서 임대인은 목적물을 계약존속 중 사용·수익에 필요한 상태를 유지하게 할 의무를 부담한다(민법 제623조). 임대인이 목적물을 사용·수익하게 할 의무는 임차인의 차임지급의무와 서로 대응하는 관계에 있으므로, 임대인이 이러한 의무를 불이행하여 목적물의 사용·수익에 지장이 있으면 임차인은 지장이 있는 한도에서 차임의 지급을 거절할 수 있다. 임차인이 임차물의 보존에 관한 필요비를 지출한 때에는 임대인에게 상환을 청구할 수 있다(민법 제626조 제1항). 여기에서 '필요비'란 임차인이 임차물의 보존을 위하여 지출한 비용을 말한다. 임대차계약에서 임대인은 목적물을 계약존속 중 사용·수익에 필요한 상태를 유지하게 할 의무를 부담하고, 이러한 의무와 관련한 임차물의 보존을 위한 비용도 임대인이 부담해야 하므로, 임차인이 필요비를 지출하면, 임대인은 이를 상환할 의무가 있다. 임대인의 필요비상환의무는 특별한 사정이 없는 한 임차인의 차임지급의무와 서로 대응하는 관계에 있으므로, 임차인은 지출한 필요비 금액의 한도에서 차임의 지급을 거절할 수 있다(대판 2019.11.14. 2016다227694).

> **[임대차계약 종료에 따른 임차인의 목적물 반환의무와 임차인의 부속물매수청구권 행사에 따른 임대인의 부속물 매매대금 지급의무가 동시이행관계에 있는지 여부(적극) 및 임차인이 적법한 부속물매수청구권 행사 후 목적물을 계속 점유하는 경우 불법점유에 따른 손해배상의무를 지는지 여부(원칙적 소극)]**
> 임대차계약 종료로 발생한 임차인의 목적물 반환의무와 임차인의 부속물매수청구권 행사로 발생한 임대인의 부속물 매매대금 지급의무는 동시이행관계에 있으므로, 임대인이 부속물 매매대금 지급의무를 이행하거나 적법하게 이행제공을 하는 등으로 임차인의 동시이행항변권을 상실시키지 않은 이상, 임차인이 적법한 부속물매수청구권 행사 후에 목적물을 계속 점유하는 것을 불법점유라고 할 수 없고 임차인은 이에 대한 손해배상의무를 지지 않는다(대판 2025.5.15. 2024다317332[본소] · 2024다317349[반소]).

④ 유치권 : 임차인은 필요비상환청구권에 기하여 '임차목적물'을 유치할 수 있다. 그러나 비용상환청구권을 포기한 경우에는 유치권은 생기지 않는다.

3. 유익비상환의무

(1) 요 건

① 임차인이 지출한 결과가 임차목적물의 구성부분이 되어 독립성을 상실할 것
② 목적물의 객관적 가치를 증가시키키 위해 투입한 비용일 것
③ 임대차 종료 시에 가액의 증가가 현존할 것

(2) 효과

① 임차인은 임대차계약이 종료한 때 임대인에게 그 상환을 청구할 수 있다(민법 제626조 제2항).

> [민법 제495조에 따른 소멸시효가 완성된 채권에 의한 상계는 '자동채권의 소멸시효 완성 전에 양 채권이 상계적상에 이르렀을 것'을 요건으로 하는지 여부(적극) / 임차인이 유익비를 지출한 경우, 임차인의 유익비상환채권의 발생 시기(= 임대차계약 종료 시) 및 임대차 존속 중 임대인의 구상금채권 소멸시효가 완성된 경우, 임대인이 이미 소멸시효가 완성된 구상금채권을 자동채권으로 삼아 임차인의 유익비상환채권과 상계할 수 있는지 여부(소극)]
>
> 민법 제495조는 "소멸시효가 완성된 채권이 그 완성 전에 상계할 수 있었던 것이면 그 채권자는 상계할 수 있다"라고 규정하고 있다. 이는 당사자 쌍방의 채권이 상계적상에 있었던 경우에 당사자들은 그 채권·채무관계가 이미 정산되어 소멸하였다고 생각하는 것이 일반적이라는 점을 고려하여 당사자들의 신뢰를 보호하기 위한 것이다. 다만 이는 '자동채권의 소멸시효 완성 전에 양 채권이 상계적상에 이르렀을 것'을 요건으로 한다. 민법 제626조 제2항은 임차인이 유익비를 지출한 경우에는 임대인은 임대차 종료 시에 그 가액의 증가가 현존한 때에 한하여 임차인의 지출한 금액이나 그 증가액을 상환하여야 한다고 규정하고 있으므로, 임차인의 유익비상환채권은 임대차계약이 종료한 때에 비로소 발생한다고 보아야 한다. 따라서 임대차 존속 중 임대인의 구상금채권의 소멸시효가 완성된 경우에는 위 구상금채권과 임차인의 유익비상환채권이 상계할 수 있는 상태에 있었다고 할 수 없으므로, 그 이후에 임대인이 이미 소멸시효가 완성된 구상금채권을 자동채권으로 삼아 임차인의 유익비상환채권과 상계하는 것은 민법 제495조에 의하더라도 인정될 수 없다(대판 2021.2.10. 2017다258787).

② 임차인은 그가 지출한 금액과 현존하는 증가된 가액 중 임대인이 선택한 것을 임대인에게 청구할 수 있다.
③ 법원은 유익비의 상환에 관하여 상당한 기간을 허용할 수 있다. 이 경우 임차인은 유치권을 주장할 수 없다.

Ⅳ 임차인의 권리

1. 임차물의 사용·수익권(민법 제654조, 제610조)

> **준용규정(민법 제654조)**
> 제610조 제1항, 제615조 내지 제617조의 규정은 임대차에 이를 준용한다.
>
> **차주의 사용, 수익권(민법 제610조)**
> ① 차주는 계약 또는 그 목적물의 성질에 의하여 정하여진 용법으로 이를 사용, 수익하여야 한다.
> ② 차주는 대주의 승낙이 없으면 제3자에게 차용물을 사용, 수익하게 하지 못한다.
> ③ 차주가 전2항의 규정에 위반한 때에는 대주는 계약을 해지할 수 있다.

2. 임차권의 대항력

> **임대차의 등기(민법 제621조)**
> ① 부동산임차인은 당사자 간에 반대약정이 없으면 임대인에 대하여 그 임대차등기절차에 협력할 것을 청구할 수 있다.
> ② 부동산임대차를 등기한 때에는 그때부터 제3자에 대하여 효력이 생긴다.
>
> **건물등기 있는 차지권의 대항력(민법 제622조)**
> ① 건물의 소유를 목적으로 한 토지임대차는 이를 등기하지 아니한 경우에도 임차인이 그 지상건물을 등기한 때에는 제3자에 대하여 임대차의 효력이 생긴다.
> ② 건물이 임대차기간 만료 전에 멸실 또는 후폐한 때에는 전항의 효력을 잃는다.

> **[등기된 임차권이 침해된 경우, 그 임차권에 기한 방해배제를 청구할 수 있는지 여부(적극)]**
> 등기된 임차권에는 용익권적 권능 외에 임차보증금반환채권에 대한 담보권적 권능이 있고, 임대차기간이 종료되면 용익권적 권능은 임차권등기의 말소등기 없이도 곧바로 소멸하나 담보권적 권능은 곧바로 소멸하지 않는다고 할 것이어서, 임차권자는 임대차기간이 종료한 후에도 임차보증금을 반환받기까지는 임대인이나 그 승계인에 대하여 임차권등기의 말소를 거부할 수 있다고 할 것이고, 따라서 임차권등기가 원인 없이 말소된 때에는 그 방해를 배제하기 위한 청구를 할 수 있다(대판 2002.2.26. 99다67079).

3. 부속물매수청구권

> **임차인의 부속물매수청구권(민법 제646조)**
> ① 건물 기타 공작물의 임차인이 그 사용의 편익을 위하여 임대인의 동의를 얻어 이에 부속한 물건이 있는 때에는 임대차의 종료 시에 임대인에 대하여 그 부속물의 매수를 청구할 수 있다.
> ② 임대인으로부터 매수한 부속물에 대하여도 전항과 같다.

(1) 의 의
임차인의 부속물매수청구권에 관한 민법 제646조는 편면적 강행규정이며(민법 제652조), 따라서 임차인에게 불리한 포기 특약은 무효이다. 일시사용을 위한 임대차에는 적용되지 않는다(민법 제653조).

(2) 행사의 요건
① 건물 기타 공작물의 임대차일 것 : 토지임차인에게는 갱신청구권과 지상물매수청구권이 인정되기 때문에 굳이 부속물매수청구권을 인정할 필요가 없다(민법 제643조).
② 건물 기타 공작물의 사용의 편익을 위하여 부속시킨 것일 것 : 부속물이란 임차인의 소유에 속하고, 건물의 구성부분이 되지 아니한 것으로서 건물의 사용에 객관적인 편익을 가져오게 하는 물건이어야 한다.

③ 임대인의 동의를 얻었거나 임대인으로부터 매수한 것일 것
④ 독립성이 인정되는 것일 것
⑤ 임대차가 종료된 경우일 것 : 단, 판례는 임차인의 채무불이행에 기해 임대차가 해지된 경우 임차인은 부속물매수청구권을 행사할 수 없다고 한다(대판 1990.1.23. 88다카7245·88다카7252).

(3) 행사의 효과

① 부속물매수청구권은 형성권으로, 임차인의 일방적인 의사표시에 의하여 매매계약이 성립된 경우와 같은 효과가 발생한다.
② 임차인이 부속물매수청구권을 행사한 경우에, 그는 주된 물건인 임차목적물 자체에 대하여 유치권을 행사할 수 없다(통설, 대판 2013.10.24. 2011다44788).

4. 지상물매수청구권

임차인의 갱신청구권, 매수청구권(민법 제643조)
건물 기타 공작물의 소유 또는 식목, 채염, 목축을 목적으로 한 토지임대차의 기간이 만료한 경우에 건물, 수목 기타 지상시설이 현존한 때에는 제283조의 규정을 준용한다.

지상권자의 갱신청구권, 매수청구권(민법 제283조)
① 지상권이 소멸한 경우에 건물 기타 공작물이나 수목이 현존한 때에는 지상권자는 계약의 갱신을 청구할 수 있다.
② 지상권설정자가 계약의 갱신을 원하지 아니하는 때에는 지상권자는 상당한 가액으로 전항의 공작물이나 수목의 매수를 청구할 수 있다.

(1) 의 의

지상물매수청구권은 임차인을 위한 제도로, 그에 관한 민법 제643조는 편면적 강행규정이다(민법 제652조). 갱신청구권은 청구권인데 비하여 지상물매수청구권은 형성권임에 유의하여야 한다(통설·판례). 따라서 건물의 소유를 목적으로 한 토지의 임차인이 임대차계약을 체결하거나 임차인으로서의 지위를 승계할 당시 임대인과의 사이에 건물 기타 지상시설 일체를 포기하기로 약정을 하였다고 하더라도 임대차계약의 조건이나 계약이 체결된 경위 등 제반 사정을 종합적으로 고려하여 실질적으로 임차인에게 불리하다고 볼 수 없는 특별한 사정이 인정되지 아니하는 한 위와 같은 약정은 임차인에게 불리한 것으로서 민법 제652조에 의하여 효력이 없다(대판 1993.6.22. 93다16130).

> [임대차계약 종료 시 임차인에게 계약갱신요구권과 지상물매수청구권을 부여한 취지 및 임차인의 지상물매수청구가 허용되기 위해서는 임대인에게 지상물을 매수한 후 이를 자유롭게 사용·처분할 수 있는 권리가 보장되어야 하는지 여부(적극) / 재산권 행사를 제한하는 위와 같은 예외적 강행규정은 엄격하게 해석하여야 하는지 여부(적극)]
> 민법은 임대차계약 종료 시에 계약 목적 대지 위에 존재하는 지상물의 잔존가치를 보존하자는 국민경제적 요청과 아울러 토지 소유자의 배타적 소유권 행사로 인해 희생당하기 쉬운 임차인을 보호하기 위해서 임대차계약을 위반하지 않고, 계약을 성실하게 지켜온 임차인에게는 임대차계약 종료 시에 계약갱신 요구권을 부여하고, 임대인이 굳이 위 요구를 벗어나 자신의 뜻대로 토지를 사용하고자 할 때에는 계약 목적 토지 위에 임차인이 설치한 건물 등 지상물을 매수하도록 강제함으로써 비로소 위와 같은 제한으로부터 벗어날 수 있게 하는 지상물매수청구권을 두었다. 그렇다면 임대인에게는 지상물을 매수한 후 이와 같은 제한으로부터 완전히 벗어나 그가 매수한 지상건물과 대지를 그의 뜻대로 자유롭게 사용 처분할 수 있는 권리가 보장되어야 한다. 또 임대인의 재산권 행사를 제한하는 위와 같은 예외적 강행규정은 그 해석을 엄격하게 하여야 한다(대판 2021.12.10. 2021다260671).

(2) 행사의 요건

1) 건물 기타 공작물의 소유 또는 식목·채염·목축을 목적으로 한 토지임대차일 것

2) 지상시설이 현존하고 갱신청구를 거절한 경우일 것

① 토지임대차 기간의 만료 시 지상시설이 현존하여야 하며, 임대인이 임차인의 갱신청구를 거절한 경우이어야 한다.

② 판례는 차임연체 등 임차인의 채무불이행으로 임대차가 해지된 경우에는 갱신청구의 가능성이 없으므로, 이를 전제로 하는 2차적인 지상물매수청구권도 불가능하다(대판 1997.4.8. 96다54249)는 입장이다.

③ 제643조의 취지는 건물철거방지의 국민경제적 관점과 임차인을 보호하기 위한 제도이므로, 비록 행정관청의 허가를 받은 적법한 건물이 아니더라도 임차인의 건물매수청구권의 대상이 될 수 있다(대판 1997.12.23. 97다37753).

④ 임대인의 동의를 얻어서 신축한 것이 아니더라도 매수청구권의 대상이 된다.

3) 지상물매수청구권의 상대방

지상물매수청구권자는 지상물의 소유자에 한하며, 그 상대방은 원칙적으로 임차권 소멸 당시의 임대인이다.

> [1] 건물의 소유를 목적으로 하는 토지 임차인의 지상물매수청구권 행사의 상대방은 원칙적으로 임차권 소멸 당시의 토지 소유자인 임대인이다. 토지 소유자가 아닌 제3자가 토지를 임대한 경우에 임대인은 특별한 사정이 없는 한 지상물매수청구권의 상대방이 될 수 없다. [2] 국가로부터 국유 토지의 관리를 위탁받은 甲주식회사와 사용수익계약을 체결하여 그 토지 위에 건물을 건축한 乙주식회사가 계약기간 만료 후 甲회사를 상대로 지상물매수청구권을 행사한 사안에서, 甲회사는 국유 토지의 관리를 위탁받아 乙회사와 사용수익계약을 체결한 자일 뿐 토지 소유자가 아니므로 지상물매수청구권의 상대방이 될 수 없다고 본 원심판단에 법리오해의 잘못이 없다고 한 사례(대판 2022.4.14. 2020다254228·2020다254235).

(3) 행사의 효과

① **매매계약의 체결** : 지상물매수청구권 행사에 의하여 임대인과 임차인 사이에 지상물에 대한 매매가 성립한다.

② **동시이행관계** : 임차인의 건물인도 및 소유권이전등기의무와 임대인의 건물대금지급의무는 동시이행관계에 있다(대판 1998.5.8. 98다2389). 그 결과 임차인이 임대인에게 매수청구권이 행사된 건물들에 대한 명도와 소유권이전등기를 마쳐주지 아니하였다면 임대인에게 그 매매대금에 대한 지연손해금을 구할 수 없다(대판 1998.5.8. 98다2389). 다만, 임차인이 지상건물 등의 점유·사용을 통하여 그 부지를 계속하여 점유·사용하는 한 그로 인한 부당이득으로서 부지의 임료 상당액은 이를 반환할 의무가 있다(대판 2001.6.1. 99다60535).

> [건물에 근저당권이 설정되어 있는 경우에도 토지임차인의 건물매수청구권이 인정되는지 여부(적극) 및 그 경우 건물 매수가격의 산정 방법]
> 건물의 소유를 목적으로 한 토지임대차계약의 기간이 만료함에 따라 지상건물 소유자가 임대인에 대하여 행사하는 민법 제643조 소정의 매수청구권은 매수청구의 대상이 되는 건물에 근저당권이 설정되어 있는 경우에도 인정된다. 이 경우에 그 건물의 매수가격은 건물 자체의 가격 외에 건물의 위치, 주변 토지의 여러 사정 등을 종합적으로 고려하여 매수청구권 행사 당시 건물이 현존하는 대로의 상태에서 평가된 시가 상당액을 의미하고, 여기에서 근저당권의 채권최고액이나 피담보채무액을 공제한 금액을 매수가격으로 정할 것은 아니다. 다만, 매수청구권을 행사한 지상건물 소유자가 위와 같은 근저당권을 말소하지 않는 경우 토지소유자는 민법 제588조에 의하여 위 근저당권의 말소등기가 될 때까지 그 채권최고액에 상당한 대금의 지급을 거절할 수 있다(대판 2008.5.29. 2007다4356).

> [민법 제643조 소정의 임차인의 지상물매수청구권의 행사로 인한 효과로서 임대인이 임차인이 임차지상의 건물을 신축하기 위하여 지출한 모든 비용을 보상할 의무를 부담하게 되는지 여부(소극)]
> 민법 제643조 소정의 지상물매수청구권이 행사되면 임대인과 임차인 사이에서는 임차지상의 건물에 대하여 매수청구권 행사 당시의 건물시가를 대금으로 하는 매매계약이 체결된 것과 같은 효과가 발생하는 것이지, 임대인이 기존 건물의 철거비용을 포함하여 임차인이 임차지상의 건물을 신축하기 위하여 지출한 모든 비용을 보상할 의무를 부담하게 되는 것은 아니다(대판 2002.11.13. 2002다46003·46027·46010).

> [지상물매수청구의 대상이 된 건물의 매수가격에 관하여 당사자 사이에 의사합치가 이루어지지 않은 경우, 법원은 매수청구권 행사 당시 건물이 현재하는 대로의 상태에서 평가된 시가를 임의로 증감하여 직권으로 매매대금을 정할 수 있는지 여부]
> 건물 소유를 목적으로 한 토지임대차계약의 기간이 만료함에 따라 지상건물 소유자가 임대인에 대하여 민법 제643조에 따른 지상물매수청구권을 행사한 경우에 그 건물의 매수가격은 건물 자체의 가격 외에 건물의 위치, 주변 토지의 여러 사정 등을 종합적으로 고려하여 매수청구권의 행사 당시 건물이 현재하는 대로의 상태에서 평가된 시가를 말한다(대판 1987.6.23. 87다카390 참조). 그런데 민법 제643조에서 정한 지상물매수청구권은 이른바 형성권이므로, 그 행사로써 곧바로 임대인과 임차인 사이에 임차 토지 지상의 건물에 관하여 매수청구권 행사 당시의 건물 시가를 대금으로 하는 매매계약이 체결된 것과 같은 효과가 발생한다(대판[전합] 1995.7.11. 94다34265, 대판 2002.11.13. 2002다46003·46027·46010 참조). 따라서 지상물매수청구의 대상이 된 건물의 매수가격에 관하여 당사자 사이에 의사합치가 이루어지지 않았다면, 법원은 위와 같은 여러 사정을 종합적으로 고려하여 인정된 매수청구권 행사 당시의 건물 시가를 매매대금으로 하는 매매계약이 성립하였음을 인정할 수 있을 뿐, 그와 같이 인정된 시가를 임의로 증감하여 직권으로 매매대금을 정할 수는 없다(대판 2024.4.12. 2023다309020[본소]·2023다309037[반소]).

V 임차인의 의무

임대인의 보존행위, 인용의무(민법 제624조)
임대인이 임대물의 보존에 필요한 행위를 하는 때에는 임차인은 이를 거절하지 못한다.

임차인의 의사에 반하는 보존행위와 해지권(민법 제625조)
임대인이 임차인의 의사에 반하여 보존행위를 하는 경우에 임차인이 이로 인하여 임차의 목적을 달성할 수 없는 때에는 계약을 해지할 수 있다.

일부멸실 등과 감액청구, 해지권(민법 제627조)
① 임차물의 일부가 임차인의 과실 없이 멸실 기타 사유로 인하여 사용, 수익할 수 없는 때에는 임차인은 그 부분의 비율에 의한 차임의 감액을 청구할 수 있다.
② 전항의 경우에 그 잔존부분으로 임차의 목적을 달성할 수 없는 때에는 임차인은 계약을 해지할 수 있다.

차임증감청구권(민법 제628조)
임대물에 대한 공과부담의 증감 기타 경제사정의 변동으로 인하여 약정한 차임이 상당하지 아니하게 된 때에는 당사자는 장래에 대한 차임의 증감을 청구할 수 있다.

차임지급의 시기(민법 제633조)
차임은 동산, 건물이나 대지에 대하여는 매월 말에, 기타 토지에 대하여는 매년 말에 지급하여야 한다. 그러나 수확기 있는 것에 대하여는 그 수확 후 지체 없이 지급하여야 한다.

임차인의 통지의무(민법 제634조)
임차물의 수리를 요하거나 임차물에 대하여 권리를 주장하는 자가 있는 때에는 임차인은 지체 없이 임대인에게 이를 통지하여야 한다. 그러나 임대인이 이미 이를 안 때에는 그러하지 아니하다.

차임연체와 해지(민법 제640조)
건물 기타 공작물의 임대차에는 임차인의 차임연체액이 2기의 차임액에 달하는 때에는 임대인은 계약을 해지할 수 있다.

동전(민법 제641조)
건물 기타 공작물의 소유 또는 식목, 채염, 목축을 목적으로 한 토지임대차의 경우에도 전조의 규정을 준용한다.

토지임대차의 해지와 지상건물 등에 대한 담보물권자에의 통지(민법 제642조)
전조의 경우에 그 지상에 있는 건물 기타 공작물이 담보물권의 목적이 된 때에는 제288조의 규정을 준용한다.

준용규정(민법 제654조)
제610조 제1항, 제615조 내지 제617조의 규정은 임대차에 이를 준용한다.

1. 차임지급의무

(1) 차임의 내용

① 차임은 임대차의 요소이다. 반면 보증금은 임대차의 요소가 아니다.

> [임차인의 차임지급의무는 그가 임대인으로부터 목적물을 인도받았는지와 무관하게 임대차계약의 효력으로서 발생하는지 여부(적극) / 임대인이 임차인에게 목적물을 인도하여 이를 사용·수익할 수 있도록 할 의무를 불이행하여 목적물의 사용·수익에 지장이 있는 경우, 임차인은 지장이 있는 한도에서 차임 지급을 거절할 수 있는지 여부(적극)]
> 임대인은 임차인에게 목적물을 인도하여 이를 사용·수익할 수 있도록 할 의무를 부담하고, 임차인은 이에 대하여 차임을 지급할 의무를 부담한다(민법 제618조, 제623조 참조). 이러한 임대인과 임차인의 의무는 특별한 사정이 없는 한 임대차계약이 유효하게 성립하면 발생하는 것이고, 상대방의 의무 이행이나 이행의 제공이 있어야 비로소 발생하는 것은 아니다. 그러므로 임차인의 차임지급의무는 그가 임대인으로부터 목적물을 인도받았는지와 무관하게 임대차계약의 효력으로서 발생한다. / 다만 임대인의 위와 같은 의무는 임차인의 차임지급의무와 서로 대응하는 관계에 있으므로, 임대인이 이러한 의무를 불이행하여 목적물의 사용·수익에 지장이 있으면 임차인은 지장이 있는 한도에서 차임지급을 거절할 수 있다(대판 2024.9.13. 2024다256116).

② 차임의 지급시기도 당사자가 자유롭게 정할 수 있으나, 특약이 없으며, 후급이 원칙이다.
③ 수인의 임차인이 공동차주인 경우에는 연대채무를 부담한다. 따라서 차임채무도 연대채무가 된다.

(2) 차임의 증감청구

1) 임차인의 차임감액청구

편면적 강행규정이므로 임차인에게 불리한 약정은 무효이다(민법 제652조).

2) 차임증감청구권(민법 제628조)

① 임차인과 임대인 모두에게 인정되는 권리이다.
② 편면적 강행규정이므로 임차인에게 불리한 약정은 무효이다(민법 제652조).
③ 일시사용을 위한 임대차에서 적용되지 않는다(민법 제653조).

(3) 차임의 연체와 해지

① 2기의 차임액을 연체한 경우 임대인은 계약을 해지할 수 있다(민법 제640조).
② 편면적 강행규정이므로 임차인에게 불리한 약정은 효력이 없다(민법 제652조).

(4) 차임 등 확보를 위한 임대인의 법정담보물권(민법 제648조 내지 제650조)

(5) 연체차임에 대한 지연손해금의 발생종기

> [부동산 임대차보증금의 법적 성질 및 피담보채무 상당액이 임대차관계의 종료 후 목적물이 반환될 때 별도의 의사표시 없이 임대차보증금에서 당연히 공제되는지 여부(원칙적 적극) / 보증금에 의하여 담보되는 채권에 연체차임 및 그에 대한 지연손해금이 포함되는지 여부(적극)와 연체차임에 대한 지연손해금의 발생종기]
> 부동산 임대차에 있어서 수수된 보증금은 차임채무, 목적물의 멸실·훼손 등으로 인한 손해배상채무 등 임대차에 따른 임차인의 모든 채무를 담보하는 것으로서 그 피담보채무 상당액은 임대차관계의 종료 후 목적물이 반환될 때에 특별한 사정이 없는 한 별도의 의사표시 없이 보증금에서 당연히 공제되는데(대판 1999.12.7. 99다50729 등 참조), 보증금에 의하여 담보되는 채권에는 연체차임 및 그에 대한 지연손해금도 포함된다고 할 것이다. 한편

차임지급채무는 그 지급에 확정된 기일이 있는 경우에는 그 지급기일 다음 날부터 지체책임이 발생하고 보증금에서 공제되었을 때 비로소 그 채무 및 그에 따른 지체책임이 소멸되는 것이므로, 연체차임에 대한 지연손해금의 발생종기는 다른 특별한 사정이 없는 한 임대차계약의 해지 시가 아니라 목적물이 반환되는 때라고 할 것이다(대판 2014.2.27. 2009다39233).

2. 임차물보관 및 목적물반환의무

① 임차인은 임대차관계가 종료되어 임대인에게 임차목적물을 반환할 때까지 목적물을 '선량한 관리자의 주의의무'로 보관할 의무가 있다(민법 제374조).

② 임대차 종료 시 임차인은 임대인에게 임차물을 반환할 계약상의 의무를 부담한다(민법 제654조, 제615조).

> **[임대차종료로 인한 임차인의 원상회복의무에 임대인이 임대 당시의 부동산 용도에 맞게 다시 사용할 수 있도록 협력할 의무가 포함되는지 여부(적극) 및 임차건물 부분에서의 영업허가에 대한 폐업신고절차 이행의무도 이에 포함되는지 여부(적극)]**
>
> 임대차종료로 인한 임차인의 원상회복의무에는 임차인이 사용하고 있던 부동산의 점유를 임대인에게 이전하는 것은 물론 임대인이 임대 당시의 부동산 용도에 맞게 다시 사용할 수 있도록 협력할 의무도 포함한다. 따라서 임대인 또는 그 승낙을 받은 제3자가 임차건물 부분에서 다시 영업허가를 받는 데 방해가 되지 않도록 임차인은 임차건물 부분에서의 영업허가에 대하여 폐업신고절차를 이행할 의무가 있다(대판 2008.10.9. 2008다34903).
>
> **[임대차계약이 종료된 후 임대인이 임대차보증금의 반환의무를 이행하거나 적법하게 이행제공을 하는 등으로 임차인이 동시이행항변권을 상실하였는데도 목적물의 반환을 계속 거부하면서 점유하고 있는 경우, 불법행위를 구성하는지 여부(원칙적 적극)]**
>
> 임대차계약이 종료되면 임차인은 목적물을 반환하고 임대인은 연체차임을 공제한 나머지 보증금을 반환해야 한다. 이러한 임차인의 목적물반환의무와 임대인의 보증금반환의무는 동시이행관계에 있으므로, 임대인이 임대차보증금의 반환의무를 이행하거나 적법하게 이행제공을 하는 등으로 임차인의 동시이행항변권을 상실시키지 않은 이상, 임대차계약 종료 후 임차인이 목적물을 계속 점유하더라도 그 점유를 불법점유라고 할 수 없고 임차인은 이에 대한 손해배상의무를 지지 않는다. 그러나 임차인이 그러한 동시이행항변권을 상실하였는데도 목적물의 반환을 계속 거부하면서 점유하고 있다면, 달리 점유에 관한 적법한 권원이 인정될 수 있는 특별한 사정이 없는 한 이러한 점유는 적어도 과실에 의한 점유로서 불법행위를 구성한다(대판 2020.5.14. 2019다252042).
>
> **[임대차보증금이 연체차임 등으로 모두 충당된 후 임차인의 점유가 불법점유가 되는지 여부]**
>
> 임대차계약이 종료되면 임차인은 목적물을 반환하고 임대인은 연체차임을 공제한 나머지 보증금을 반환해야 한다. 이러한 임차인의 목적물반환의무와 임대인의 보증금반환의무는 동시이행관계에 있으므로, 임대인이 임대차보증금의 반환의무를 이행하거나 적법하게 이행제공을 하는 등으로 임차인의 동시이행항변권을 상실시키지 않은 이상, 임대차계약 종료 후 임차인이 목적물을 계속 점유하더라도 그 점유를 불법점유라고 할 수 없고 임차인은 이에 대한 손해배상의무를 지지 않는다. 그러나 그 후 임차인이 목적물을 계속 점유함에 따라 발생한 차임 등으로 임대차보증금이 모두 공제된 때에는 동시이행항변권을 상실한 것으로 볼 수 있고, 그럼에도 임차인의 점유에 관한 적법한 권원이 인정될 수 있는 특별한 사정이 없이 목적물의 인도를 거부하였다면 임차인의 점유는 적어도 동시이행항변권의 상실을 알 수 있는 때부터 과실에 의한 점유로서 불법행위를 구성한다(대판 2024.6.13. 2022다228667).

[임대차 목적물이 화재 등으로 소멸됨으로써 임차인의 목적물 반환의무가 이행불능이 된 경우, 임차인이 이행불능이 자기가 책임질 수 없는 사유로 인한 것이라는 증명을 다하지 못하면 목적물 반환의무의 이행불능으로 인한 손해를 배상할 책임을 지는지 여부(적극) 및 이는 화재 등의 구체적인 발생 원인이 밝혀지지 아니한 때에도 마찬가지인지 여부(적극) / 이러한 법리는 반환된 임차 건물이 화재로 훼손되었음을 이유로 손해배상을 구하는 경우에도 동일하게 적용되는지 여부(적극)]

임대차 목적물이 화재 등으로 인하여 소멸됨으로써 임차인의 목적물 반환의무가 이행불능이 된 경우에, 임차인은 이행불능이 자기가 책임질 수 없는 사유로 인한 것이라는 증명을 다하지 못하면 목적물 반환의무의 이행불능으로 인한 손해를 배상할 책임을 지고, 그 화재 등의 구체적인 발생 원인이 밝혀지지 아니한 때에도 마찬가지이다. / 이러한 법리는 임대차 종료 당시 임대차 목적물 반환의무가 이행불능 상태는 아니지만 반환된 임차 건물이 화재로 인하여 훼손되었음을 이유로 손해배상을 구하는 경우에도 동일하게 적용된다(대판 2023.11.2. 2023다244895).

[숙박업자가 고객과 숙박계약을 체결한 경우, 객실을 비롯한 숙박시설이 숙박기간 중에도 숙박업자의 지배 아래 있다고 보아야 하는지 여부(원칙적 적극) 및 고객이 숙박계약에 따라 객실을 사용·수익하던 중 발생 원인이 밝혀지지 않은 화재가 발생한 경우, 그로 인하여 객실에 발생한 손해가 숙박업자의 부담으로 귀속되는지 여부(원칙적 적극)]

숙박업자가 고객과 체결하는 숙박계약은 숙박업자가 고객에게 객실을 제공하여 이를 일시적으로 사용할 수 있도록 하고, 고객은 숙박업자에게 사용에 따른 대가를 지급하는 것을 내용으로 한다는 점에서 임대차계약과 유사하다. 대법원이 숙박계약을 '일종의 일시 사용을 위한 임대차계약'이라고 한 것은 이러한 유사성에 착안한 것이다. 그러나 숙박계약은 통상의 임대차계약과는 다른 여러 가지 요소들도 포함하고 있으므로, 숙박계약에 대한 임대차 관련 법리의 적용 여부와 범위는 이러한 숙박계약의 특수성을 고려하여 개별적으로 판단하여야 한다. 임대인은 임대차계약에 따라 임차인에게 목적물을 인도하여야 한다(민법 제623조). 임차인은 목적물의 점유를 취득하여 이를 사용·수익하면서 선량한 관리자의 주의를 다하여 목적물을 보존하고, 임대차가 종료되면 목적물을 원상에 회복하여 반환하여야 한다(민법 제374조, 제654조, 제615조). 임차인은 목적물을 인도받아 이를 사용·수익하는 동안 목적물을 직접 지배한다고 추단된다. 그러므로 목적물에 화재가 발생한 경우 화재가 임대인의 귀책사유로 인한 것이거나 임대인의 지배영역에서 발생하였다는 등의 사정이 없는 한 화재로 인한 목적물 반환의무의 이행불능으로 인한 손해는 임차인의 부담으로 귀속된다. 숙박업자와 고객의 관계는 통상적인 임대인과 임차인의 관계와는 다르다. 숙박업자는 고객에게 객실을 사용·수익하게 하는 것을 넘어서서 고객이 안전하고 편리하게 숙박할 수 있도록 시설 및 서비스를 제공하고 고객의 안전을 배려할 보호의무를 부담한다. 숙박업자에게는 숙박시설이나 설비를 위생적이고 안전하게 관리할 공법적 의무도 부과된다(공중위생관리법 제4조 제1항 참조). 숙박업자는 고객에게 객실을 제공한 이후에도 필요한 경우 객실에 출입하며 고객의 안전 배려 또는 객실 관리를 위한 조치를 취하기도 한다. 숙박업자가 고객에게 객실을 제공하여 일시적으로 이를 사용·수익하게 하더라도 객실을 비롯한 숙박시설에 대한 점유는 그대로 유지하는 것이 일반적이다. 그러므로 객실을 비롯한 숙박시설은 특별한 사정이 없는 한 숙박기간 중에도 고객이 아닌 숙박업자의 지배 아래 놓여 있다고 보아야 한다. / 그렇다면 임차인이 임대차기간 중 목적물을 직접 지배함을 전제로 한 임대차 목적물 반환의무 이행불능에 관한 법리는 이와 전제를 달리하는 숙박계약에 그대로 적용될 수 없다. 고객이 숙박계약에 따라 객실을 사용·수익하던 중 발생 원인이 밝혀지지 않은 화재로 인하여 객실에 발생한 손해는 특별한 사정이 없는 한 숙박업자의 부담으로 귀속된다고 보아야 한다(대판 2023.11.2. 2023다244895).

[임대 당시 이미 임차목적물인 토지에 종전 임차인 등이 설치한 가건물 기타 공작물이 있는 경우, 임차인이 임차목적물을 반환할 때 종전 임차인 등이 설치한 부분까지 원상회복할 의무가 있는지 여부(원칙적 소극) 및 임차인이 위 부분에 대한 원상회복의무까지 부담한다고 볼 특별한 사정이 있는지 판단하는 방법]
임차인이 임대인에게 임차목적물을 반환하는 때에는 원상회복의무가 있다(민법 제654조, 제615조). 임차인이 임차목적물의 현상을 변경한 때에는 원칙적으로 변경 부분을 철거하는 등으로 임차목적물을 임대 당시의 상태로 사용할 수 있도록 해야 하나, 토지 임대 당시 이미 임차목적물인 토지에 종전 임차인 등이 설치한 가건물 기타 공작물이 있는 경우에는 특별한 사정이 없는 한 임차인은 그가 임차하였을 때의 상태로 임차목적물을 반환하면 되고 종전 임차인 등이 설치한 부분까지 원상회복할 의무는 없다. 위 특별한 사정의 인정은 임대차계약의 체결 경위와 내용, 임대 당시 목적물의 상태, 임차인에 의한 현상 변경 유무 등을 심리하여 구체적·개별적으로 이루어져야 한다(대판 2023.11.2. 2023다249661).

Ⅵ 임차권의 양도와 전대

임차권의 양도, 전대의 제한(민법 제629조)
① 임차인은 임대인의 동의 없이 그 권리를 양도하거나 임차물을 전대하지 못한다.
② 임차인이 전항의 규정에 위반한 때에는 임대인은 계약을 해지할 수 있다.

전대의 효과(민법 제630조)
① 임차인이 임대인의 동의를 얻어 임차물을 전대한 때에는 전차인은 직접 임대인에 대하여 의무를 부담한다. 이 경우에 전차인은 전대인에 대한 차임의 지급으로써 임대인에게 대항하지 못한다.
② 전항의 규정은 임대인의 임차인에 대한 권리행사에 영향을 미치지 아니한다.

전차인의 권리의 확정(민법 제631조)
임차인이 임대인의 동의를 얻어 임차물을 전대한 경우에는 임대인과 임차인의 합의로 계약을 종료한 때에도 전차인의 권리는 소멸하지 아니한다.

임차건물의 소부분을 타인에게 사용케 하는 경우(민법 제632조)
전3조의 규정은 건물의 임차인이 그 건물의 소부분을 타인에게 사용하게 하는 경우에 적용하지 아니한다.

해지통고의 전차인에 대한 통지(민법 제638조)
① 임대차계약이 해지의 통고로 인하여 종료된 경우에 그 임대물이 적법하게 전대되었을 때에는 임대인은 전차인에 대하여 그 사유를 통지하지 아니하면 해지로써 전차인에게 대항하지 못한다.
② 전차인이 전항의 통지를 받은 때에는 제635조 제2항의 규정을 준용한다.

> **전차인의 임대청구권, 매수청구권(민법 제644조)**
> ① 건물 기타 공작물의 소유 또는 식목, 채염, 목축을 목적으로 한 토지임차인이 적법하게 그 토지를 전대한 경우에 임대차 및 전대차의 기간이 동시에 만료되고 건물, 수목 기타 지상시설이 현존한 때에는 전차인은 임대인에 대하여 전전대차와 동일한 조건으로 임대할 것을 청구할 수 있다.
> ② 전항의 경우에 임대인이 임대할 것을 원하지 아니하는 때에는 제283조 제2항의 규정을 준용한다.
>
> **전차인의 부속물매수청구권(민법 제647조)**
> ① 건물 기타 공작물의 임차인이 적법하게 전대한 경우에 전차인이 그 사용의 편익을 위하여 임대인의 동의를 얻어 이에 부속한 물건이 있는 때에는 전대차의 종료 시에 임대인에 대하여 그 부속물의 매수를 청구할 수 있다.
> ② 임대인으로부터 매수하였거나 그 동의를 얻어 임차인으로부터 매수한 부속물에 대하여도 전항과 같다.

1. 의 의

임차권의 양도란 임차권이 동일성을 유지하면서 이전되는 것을 의미하고, 임차물의 전대란 임차인이 스스로 임대인이 되어서 임차물을 다시 제3자로 하여금 사용·수익하게 하는 계약을 의미한다.

2. 임대인의 동의 없는 양도·전대의 법률관계

(1) 임대인의 동의 없는 임차권의 양도(무단양도)

① 임차인(양도인)과 양수인의 관계 : 임대인의 동의를 받지 아니하고 임차권을 양도한 계약도 이로써 임대인에게 대항할 수 없을 뿐 임차인과 양수인 사이에는 유효한 것이고 이 경우 임차인은 양수인을 위하여 임대인의 동의를 받아 줄 의무가 있다(대판 1986.2.25. 85다카1812).

② 임대인과 양수인의 관계 : 양수인은 임대인에 대하여 임차권을 취득하였음을 주장하지 못한다. 따라서 목적물에 대한 점유·사용은 임대인에게 불법점유가 되어 임대인은 양수인에게 소유권에 기한 물권적 청구권을 행사할 수 있다(민법 제213조, 제214조).

> [임차인이 임대인의 동의를 받지 않고 제3자에게 임차권을 양도하거나 전대하는 등의 방법으로 임차물을 사용·수익하게 한 경우, 임대인은 임대차계약이 존속하는 한도 내에서 제3자에게 불법점유를 이유로 한 차임 상당 손해배상청구나 부당이득반환청구를 할 수 있는지 여부(소극) / 임대차계약이 종료된 이후 임차물을 소유하고 있는 임대인이 제3자를 상대로 위와 같은 손해배상청구나 부당이득반환청구를 할 수 있는지 여부(적극)]
> 임차인이 임대인의 동의를 받지 않고 제3자에게 임차권을 양도하거나 전대하는 등의 방법으로 임차물을 사용·수익하게 하더라도, 임대인이 이를 이유로 임대차계약을 해지하거나 그 밖의 다른 사유로 임대차계약이 적법하게 종료되지 않는 한 임대인은 임차인에 대하여 여전히 차임청구권을 가지므로, 임대차계약이 존속하는 한도 내에서는 제3자에게 불법점유를 이유로 한 차임 상당 손해배상청구나 부당이득반환청구를 할 수 없다. / 그러나 임대차계약이 종료된 이후에는 임차물을 소유하고 있는 임대인은 제3자를 상대로 위와 같은 손해배상청구나 부당이득반환청구를 할 수 있다(대판 2023.3.30. 2022다296165).

③ 임대인과 임차인(양도인)의 관계 : 임차권 무단 양도(전대)의 경우, 원칙적으로 임대인은 임대차계약을 해지할 수 있다(민법 제629조 제2항). 다만, 임차인의 변경이 당사자의 개인적인 신뢰를 기초로 하는 계속적 법률관계인 임대차를 더 이상 지속시키기 어려울 정도로 당사자 간의 신뢰관계를 파괴하는 임대인에 대한 배신행위가 아니라고 인정되는 특별한 사정이 있는 때에는 임대인은 자신의 동의 없이 임차권이 이전되었다는 것만을 이유로 민법 제629조 제2항에 따라서 임대차계약을 해지할 수 없고, 그와 같은 특별한 사정이 있는 때에 한하여 경락인은 임대인의 동의가 없더라도 임차권의 이전을 임대인에게 대항할 수 있다고 봄이 상당한바, 위와 같은 특별한 사정이 있는 점은 경락인이 주장·입증하여야 한다(대판 1993.4.13. 92다24950).

(2) 임대인의 동의 없는 임차물의 전대(무단전대)

① 전대인과 전차인의 관계 : 전대차계약은 하나의 임대차계약으로서 유효하게 성립하며, 전대인은 전차인에게 임대인의 동의를 얻을 의무를 부담한다.

② 임대인과 전차인의 관계 : 전차인은 전대인으로부터 취득한 임차권을 가지고 임대인에게 대항할 수 없다. 임대인은 전차인에게 소유권에 기한 물권적 청구권을 행사하여 목적물의 반환이나 방해배제를 청구할 수 있다(민법 제213조, 제214조).

③ 임대인과 임차인(전대인)의 관계 : 임대인은 임차인과의 임대차계약을 해지할 수 있다(민법 제629조 제2항). 그럼에도 불구하고 임대인이 임대차 계약을 해지하지 않은 경우에는 여전히 임차인에게 차임을 계속청구할 수 있다. 그리고 임대인의 동의는 사전 동의에 한정되는 것은 아니므로, 임대인이 사후에라도 동의를 한 경우에는 더 이상 임대차계약을 해지할 수 없다.

3. 임대인의 동의 있는 양도·전대의 법률관계

(1) 임차권의 양도

임차권은 동일성을 유지하면서 양수인에게 이전되고, 양도인은 임대차관계에서 벗어난다. 임대차보증금에 관한 구 임차인의 권리의무관계는 구 임차인이 임대인과 사이에 임대차보증금을 신 임차인의 채무불이행의 담보로 하기로 약정하거나 신 임차인에 대하여 임대차보증금반환채권을 양도하기로 하는 등의 특별한 사정이 없는 한 신 임차인에게 승계되지 아니한다(대판 1998.7.14. 96다17202).

(2) 전 대

1) 법률관계

① 임차인(전대인)과 전차인의 관계 : 전대차계약의 내용에 따라 결정된다.

② 임대인과 임차인(전대인)의 관계 : 임대인이 전차인에 대하여 직접 권리를 행사할 수 있다고 하여, 임대인이 임차인에게 권리를 행사할 수 없게 되는 것은 아니므로, 임대인은 여전히 차임의 청구나 해지권의 행사 등을 임차인(전대인)에게 할 수 있다.

③ 임대인과 전차인의 관계
  ㉠ 임대차관계의 불성립 : 임대인의 동의 있는 전대로 인하여 임대인과 전차인 사이에 직접 임대차계약이 성립하는 것은 아니다. 따라서 전차인은 임대인에게 비용상환청구권을 갖지 않는다.
  ㉡ 전차인의 의무부담

> **전대의 효과(민법 제630조)**
> ① 임차인이 임대인의 동의를 얻어 임차물을 전대한 때에는 전차인은 직접 임대인에 대하여 의무를 부담한다. 이 경우에 전차인은 전대인에 대한 차임의 지급으로써 임대인에게 대항하지 못한다.
> ② 전항의 규정은 임대인의 임차인에 대한 권리행사에 영향을 미치지 아니한다.

민법 제630조 제1항은 임차인이 임대인의 동의를 얻어 임차물을 전대한 때에는 전차인은 직접 임대인에 대하여 의무를 부담하고, 이 경우에 전차인은 전대인에 대한 차임의 지급으로써 임대인에게 대항할 수 없다고 규정하고 있는바, 위 규정에 의하여 전차인이 임대인에게 대항할 수 없는 차임의 범위는 전대차계약상의 차임지급시기를 기준으로 하여 그전에 전대인에게 지급한 차임에 한정되고, 그 이후에 지급한 차임으로는 임대인에게 대항할 수 있다(대판 2008.3.27, 2006다45459).

  ㉢ 전차인 보호를 위한 특별규정

> **해지통고의 전차인에 대한 통지(민법 제638조)**
> ① 임대차계약이 해지의 통고로 인하여 종료된 경우에 그 임대물이 적법하게 전대되었을 때에는 임대인은 전차인에 대하여 그 사유를 통지하지 아니하면 해지로써 전차인에게 대항하지 못한다.
> ② 전차인이 전항의 통지를 받은 때에는 제635조 제2항의 규정을 준용한다.
>
> **전차인의 임대청구권, 매수청구권(민법 제644조)**
> ① 건물 기타 공작물의 소유 또는 식목, 채염, 목축을 목적으로 한 토지임차인이 적법하게 그 토지를 전대한 경우에 임대차 및 전대차의 기간이 동시에 만료되고 건물, 수목 기타 지상시설이 현존한 때에는 전차인은 임대인에 대하여 전전대차와 동일한 조건으로 임대할 것을 청구할 수 있다.
> ② 전항의 경우에 임대인이 임대할 것을 원하지 아니하는 때에는 제283조 제2항의 규정을 준용한다.
>
> **지상권목적토지의 임차인의 임대청구권, 매수청구권(민법 제645조)**
> 전조의 규정은 지상권자가 그 토지를 임대한 경우에 준용한다.
>
> **전차인의 부속물매수청구권(민법 제647조)**
> ① 건물 기타 공작물의 임차인이 적법하게 전대한 경우에 전차인이 그 사용의 편익을 위하여 임대인의 동의를 얻어 이에 부속한 물건이 있는 때에는 전대차의 종료 시에 임대인에 대하여 그 부속물의 매수를 청구할 수 있다.
> ② 임대인으로부터 매수하였거나 그 동의를 얻어 임차인으로부터 매수한 부속물에 대하여도 전항과 같다.

2) 전대차의 종료

> **전차인의 권리의 확정(민법 제631조)**
> 임차인이 임대인의 동의를 얻어 임차물을 전대한 경우에는 임대인과 임차인의 합의로 계약을 종료한 때에도 전차인의 권리는 소멸하지 아니한다.

임대인의 동의 있는 전차인도 임차인의 채무불이행으로 임대차계약이 해지되면 특단의 사정이 없는 한 임대인에 대해서 전차인의 전대인에 대한 권리를 주장할 수가 없다(대판 1990.12.27. 90다카24939).

Ⅶ 보증금과 권리금

1. 보증금

(1) 의 의

임차보증금이란 부동산임대차 특히 건물임대차에 있어서 임차인의 채무를 담보하기 위하여 임차인 또는 제3자가 임대인에게 교부하는 금전 기타의 유가물을 말한다.

(2) 법적 성질

보증금의 성질에 대하여 다수설은 정지조건부 반환채무를 수반하는 금전소유권의 이전이라고 하고, 판례는 보증금반환채권은 임대인의 채권이 발생한다는 사정을 해제조건으로 하여 성립한다고 한다.

(3) 효 력

① 담보적 효력 : 보증금은 임대차관계에 따른 임차인의 모든 채무를 담보하는 담보적 효력을 가지며, 그 결과 임대인은 임대차와 관련된 자신의 채권을 우선변제 받을 수 있다.

② 담보의 범위

> [부동산 임대인이 임차인을 상대로 차임연체로 인한 임대차계약의 해지를 원인으로 임대차목적물인 부동산의 인도 및 연체차임의 지급을 구하는 소송을 제기한 경우, 그 소송비용을 반환할 임대차보증금에서 당연히 공제할 수 있는지 여부(적극) 및 임차인이 이미 다른 사람에게 임대차보증금 반환채권을 양도하고 임대인에게 양도통지를 한 경우에도 마찬가지인지 여부(적극)]
> 부동산임대차에서 임차인이 임대인에게 지급하는 임대차보증금은 임대차관계가 종료되어 목적물을 반환하는 때까지 임대차관계에서 발생하는 임차인의 모든 채무를 담보하는 것으로서, 임대인이 임차인을 상대로 차임연체로 인한 임대차계약의 해지를 원인으로 임대차목적물인 부동산의 인도 및 연체차임의 지급을 구하는 소송비용은 임차인이 부담할 원상복구비용 및 차임지급의무 불이행으로 인한 것이어서 임대차관계에서 발생하는 임차인의 채무에 해당하므로 이를 반환할 임대차보증금에서 당연히 공제할 수 있고, 한편 임대인의 임대차보증금 반환의무는 임대차관계가 종료되는 경우에 임대차보증금 중에서 목적물을 반환받을 때까지 생긴 임차인의 모든 채무를 공제한 나머지 금액에 관하여서만 비로소 이행기에 도달하는 것이므로, 임차인이 다른 사람에게 임대차보증금 반환채권을 양도하고, 임대인에게 양도통지를 하였어도 임차인이 임대차목적물을 인도하기 전까지는 임대인이 위 소송비용을 임대차보증금에서 당연히 공제할 수 있다(대판 2012.9.27. 2012다49490).

> **[임대차관계 종료 시 임대인의 임대차보증금 반환의무의 이행기가 도래하는 범위(= 임대차보증금 중에서 목적물을 반환받을 때까지 생긴 임차인의 모든 채무를 공제한 나머지 금액)]**
> 부동산임대차에서 임차인이 임대인에게 지급하는 임대차보증금은 임대차관계가 종료되어 목적물을 반환하는 때까지 그 임대차관계에서 발생하는 임차인의 모든 채무를 담보하는 것으로서, 임대인의 임대차보증금 반환의무는 임대차관계가 종료되는 경우에 그 임대차보증금 중에서 목적물을 반환받을 때까지 생긴 연체차임 등 임차인의 모든 채무를 공제한 나머지 금액에 관하여서만 비로소 이행기에 도달한다(대판 2025.3.27. 2024다302217).

③ 공제의 항변

> - 임대차보증금이 임대인에게 교부되어 있더라도 임대인은 임대차관계가 계속되고 있는 동안에는 임대차보증금에서 연체차임을 충당할 것인지를 자유로이 선택할 수 있으므로, 임대차계약 종료 전에는 연체차임이 공제 등 별도의 의사표시 없이 임대차보증금에서 당연히 공제되는 것은 아니다. 그리고 임대인이 차임채권을 양도하는 등의 사정으로 인하여 차임채권을 가지고 있지 아니한 경우에는 특별한 사정이 없는 한 임대차계약 종료 전에 임대차보증금에서 공제한다는 의사표시를 할 수 있는 권한이 있다고 할 수도 없다(대판 2013.2.28. 2011다49608·49615).
> - 임대보증금이 수수된 임대차계약에서 차임채권에 관하여 압류 및 추심명령이 있었다 하더라도, 당해 임대차계약이 종료되어 목적물이 반환될 때에는 그때까지 추심되지 아니한 채 잔존하는 차임채권 상당액도 임대보증금에서 당연히 공제된다(대판 2004.12.23. 2004다56554 등).
> - 임차보증금을 피전부채권으로 하여 전부명령이 있을 경우에도 제3채무자인 임대인은 임차인에게 대항할 수 있는 사유로서 전부채권자에게 대항할 수 있는 것이어서 건물임대차보증금의 반환채권에 대한 전부명령의 효력이 그 송달에 의하여 발생한다고 하여도 위 보증금반환채권은 임대인의 채권이 발생하는 것을 해제조건으로 하는 것이므로 임대인의 채권을 공제한 잔액에 관하여서만 전부명령이 유효하다(대판 1988.1.19. 87다카1315).
> - 민법 제495조에 따라 소멸시효가 완성된 채권이 그 완성 전에 상계할 수 있었던 것이면 채권자는 상계할 수 있다. 이는 '자동채권의 소멸시효 완성 전에 양 채권이 상계적상에 이르렀을 것'을 요건으로 하는 것인데, 임대인의 임대차보증금 반환채무는 임대차계약이 종료된 때에 비로소 이행기에 도달하므로, 임대차 존속 중 차임채권의 소멸시효가 완성된 경우에는 소멸시효 완성 전에 임대인이 임대차보증금 반환채무에 관한 기한의 이익을 실제로 포기하였다는 등의 특별한 사정이 없는 한 양 채권이 상계할 수 있는 상태에 있었다고 할 수 없다. 그러므로 그 이후에 임대인이 이미 소멸시효가 완성된 차임채권을 자동채권으로 삼아 임대차보증금 반환채무와 상계하는 것은 민법 제495조에 따르더라도 인정될 수 없다. 그러나 임대차 존속 중 차임이 연체되고 있음에도 임대차보증금에서 연체차임을 충당하지 않고 있었던 임대인의 신뢰와 차임연체 상태에서 임대차관계를 지속해 온 임차인의 묵시적 의사를 감안하면, 그 연체차임은 민법 제495조를 유추적용하여 임대차보증금에서 공제할 수는 있다고 봄이 타당하다(대판 2025.3.27. 2024다302217).

(4) 보증금반환청구

1) 반환청구권자 : 임차인

임차인이 보증금반환청구권자에 해당한다. 그리고 임차인이 임대차계약 존속 중에도 보증금반환채권을 유효하게 양도할 수 있는지 문제되는데, 판례는 장래의 채권도 양도 당시 기본적 채권관계가 어느 정도 확정되어 있어 그 권리의 특정이 가능하고 가까운 장래에 발생할 것임이 상당 정도 기대되는 경우에는 이를 양도할 수 있다(대판 1996.7.30. 95다7932)고 판시하였다.

2) 반환청구의 상대방 : 임대차 종료 시 임대인

① **양도인과 양수인 간의 합의를 통한 지위인수** : 임차목적물의 소유권 양도와 함께 양도인과 양수인 간에 임대인 지위 인수계약이 체결된 경우, 별도로 임차인의 동의나 승낙 없이도 지위 인수계약의 효력이 인정되는지 문제된다.

> 임대차계약에 있어 임대인의 지위의 양도는 임대인의 의무의 이전을 수반하는 것이지만 임대인의 의무는 임대인이 누구인가에 의하여 이행방법이 특별히 달라지는 것은 아니고, 목적물의 소유자의 지위에서 거의 완전히 이행할 수 있으며, 임차인의 입장에서 보아도 신 소유자에게 그 의무의 승계를 인정하는 것이 오히려 임차인에게 훨씬 유리할 수도 있으므로 임대인과 신 소유자와의 계약만으로써 그 지위의 양도를 할 수 있다 할 것이나, 이 경우에 임차인이 원하지 아니하면 임대차의 승계를 임차인에게 강요할 수는 없는 것이어서 스스로 임대차를 종료시킬 수 있어야 한다는 공평의 원칙 및 신의성실의 원칙에 따라 임차인이 곧 이의를 제기함으로써 승계되는 임대차관계의 구속을 면할 수 있고, 임대인과의 임대차관계도 해지할 수 있다고 보아야 한다(대결 1998.9.2. 98마100).

② **주택임대차보호법 등에 따른 대항력에 의한 임대인 지위승계**

> [주택임대차보호법상 대항력을 갖춘 임차인의 임대차보증금반환채권이 가압류된 상태에서 임대주택이 양도된 경우, 양수인이 채권가압류의 제3채무자 지위를 승계하는지 여부(적극) 및 이 경우 가압류채권자는 양수인에 대하여만 가압류의 효력을 주장할 수 있는지 여부(적극)]
> 주택임대차보호법 제3조 제3항은 같은 조 제1항이 정한 대항요건을 갖춘 임대차의 목적이 된 임대주택(이하 '임대주택'은 주택임대차보호법의 적용대상인 임대주택을 가리킨다)의 양수인은 임대인의 지위를 승계한 것으로 본다고 규정하고 있는바, 이는 법률상의 당연승계 규정으로 보아야 하므로, 임대주택이 양도된 경우에 양수인은 주택의 소유권과 결합하여 임대인의 임대차 계약상의 권리·의무 일체를 그대로 승계하며, 그 결과 양수인이 임대차보증금반환채무를 면책적으로 인수하고, 양도인은 임대차관계에서 탈퇴하여 임차인에 대한 임대차보증금반환채무를 면하게 된다. 나아가 임차인에 대하여 임대차보증금반환채무를 부담하는 임대인임을 당연한 전제로 하여 임대차보증금반환채무의 지급금지를 명령받은 제3채무자의 지위는 임대인의 지위와 분리될 수 있는 것이 아니므로, 임대주택의 양도로 임대인의 지위가 일체로 양수인에게 이전된다면 채권가압류의 제3채무자의 지위도 임대인의 지위와 함께 이전된다고 볼 수밖에 없다. 한편 주택임대차보호법상 임대주택의 양도에 양수인의 임대차보증금반환채무의 면책적 인수를 인정하는 이유는 임대주택에 관한 임대인의 의무 대부분이 그 주택의 소유자이기만 하면 이행가능하고 임차인이 같은 법에서 규정하는 대항요건을 구비하면 임대주택의 매각대금에서 임대차보증금을 우선변제받을 수 있기 때문인데, 임대주택이 양도되었음에도 양수인이 채권가압류의 제3채무자의 지위를 승계하지 않는다면 가압류권자는 장차 본집행절차에서 주택의 매각대금으로부터 우선변제를 받을 수 있는 권리를 상실하는 중대한 불이익을 입게 된다. 이러한 사정들을 고려하면, 임차인의 임대차보증금반환채권이 가압류된 상태에서 임대주택이 양도되면 양수인이 채권가압류의 제3채무자의 지위도 승계하고, 가압류권자 또한 임대주택의 양도인이 아니라 양수인에 대하여만 위 가압류의 효력을 주장할 수 있다고 보아야 한다(대판[전합] 2013.1.17. 2011다49523 – 다수의견).

3) 동시이행의 관계

임대차계약의 기간이 만료된 경우에 임차인이 임차목적물을 명도할 의무와 임대인이 보증금중 연체차임등 당해 임대차에 관하여 명도 시까지 생긴 모든 채무를 청산한 나머지를 반환할 의무는 동시이행의 관계가 있다(대판[전합] 1997.9.28. 77다1241·1242).

> [임대인이 임대차 종료 후 임대차보증금의 반환의무를 이행하거나 적법한 이행제공을 하지 않는 경우, 임차인이 임차목적물반환의무의 이행지체로 인한 손해배상책임을 지는지 여부(소극)]
> 임대차계약의 종료에 의하여 발생된 임차인의 임차목적물 반환의무와 임대인의 연체차임 등을 공제한 나머지 임대차보증금의 반환의무는 동시이행관계에 있으므로, 임대인이 나머지 임대차보증금의 반환의무를 이행하거나 적법한 이행제공을 하여 임차인의 동시이행항변권을 상실시키지 아니한 이상, 임차인이 임차목적물반환의무를 이행하지 아니하고 임차목적물을 계속 점유하고 있다고 하더라도, 임차인은 임대인에 대하여 임차목적물반환의무의 이행지체로 인한 손해배상책임을 지지 아니한다(대판 2006.10.13. 2006다39720).
>
> [임차인이 민법 제621조에 의하여 임차권등기를 마친 경우, 임차인은 임차권등기 말소의무를 이행하거나 이행제공을 하여 상대방을 이행지체에 빠뜨려야 비로소 임차보증금에 대한 지연손해금의 지급을 청구할 수 있는지 여부(원칙적 적극)]
> 임차인이 민법 제621조에 의하여 임차권등기를 마친 경우 당사자 사이에 다른 약정이 없는 한 임대차 종료 후 임대인의 임차보증금 반환의무와 임차인의 임차권등기 말소의무는 동시이행관계에 있으므로, 임차인은 임차권등기 말소의무를 이행하거나 이행제공을 하여 상대방을 이행지체에 빠뜨려야 비로소 임차보증금에 대한 지연손해금의 지급을 청구할 수 있다(대판 2024.12.12. 2024다261989).

2. 권리금

(1) 의 의

권리금이란 주로 부동산이 갖는 특수한 장소적 이익의 대가를 의미하며, 임차인으로부터 임대인에게 또는 임차권 양수인으로부터 양도인에게 지급되는 금전을 의미한다.

(2) 임대인의 반환의무 인정 여부

① 원칙 : 임대차가 종료되더라도 임대인에게는 권리금반환의무가 인정되지 않으므로, 임차인은 권리금반환청구를 할 수 없다.
② 예외 : 임대인의 사정으로 중도 해지됨으로써 당초 보장된 기간 동안의 이용이 불가능해진 경우에는 권리금 중 잔금기간에 대응하는 금액의 반환을 청구할 수 있다(대판 2002.7.26. 2002다25013).

VIII 임대차의 종료와 해지권

1. 종료의 원인

(1) 해지통고(일정기간 경과 후 해지의 효과발생)

> **기간의 약정 없는 임대차의 해지통고(민법 제635조)**
> ① 임대차기간의 약정이 없는 때에는 당사자는 언제든지 계약해지의 통고를 할 수 있다.
> ② 상대방이 전항의 통고를 받은 날로부터 다음 각 호의 기간이 경과하면 해지의 효력이 생긴다.
>   1. 토지, 건물 기타 공작물에 대하여는 임대인이 해지를 통고한 경우에는 6월, 임차인이 해지를 통고한 경우에는 1월
>   2. 동산에 대하여는 5일

기간의 약정 있는 임대차의 해지통고(민법 제636조)
임대차기간의 약정이 있는 경우에도 당사자 일방 또는 쌍방이 그 기간 내에 해지할 권리를 보류한 때에는 전조의 규정을 준용한다.

임차인의 파산과 해지통고(민법 제637조)
① 임차인이 파산선고를 받은 경우에는 임대차기간의 약정이 있는 때에도 임대인 또는 파산관재인은 제635조의 규정에 의하여 계약해지의 통고를 할 수 있다.
② 전항의 경우에 각 당사자는 상대방에 대하여 계약해지로 인하여 생긴 손해의 배상을 청구하지 못한다.

해지통고의 전차인에 대한 통지(민법 제638조)
① 임대차계약이 해지의 통고로 인하여 종료된 경우에 그 임대물이 적법하게 전대되었을 때에는 임대인은 전차인에 대하여 그 사유를 통지하지 아니하면 해지로써 전차인에게 대항하지 못한다.
② 전차인이 전항의 통지를 받은 때에는 제635조 제2항의 규정을 준용한다.

(2) 즉시해지권(해지 즉시 효과발생)

임차인의 의사에 반하는 보존행위와 해지권(민법 제625조)
임대인이 임차인의 의사에 반하여 보존행위를 하는 경우에 임차인이 이로 인하여 임차의 목적을 달성할 수 없는 때에는 계약을 해지할 수 있다.

일부멸실 등과 감액청구, 해지권(민법 제627조)
① 임차물의 일부가 임차인의 과실 없이 멸실 기타 사유로 인하여 사용, 수익할 수 없는 때에는 임차인은 그 부분의 비율에 의한 차임의 감액을 청구할 수 있다.
② 전항의 경우에 그 잔존부분으로 임차의 목적을 달성할 수 없는 때에는 임차인은 계약을 해지할 수 있다.

임차권의 양도, 전대의 제한(민법 제629조)
① 임차인은 임대인의 동의 없이 그 권리를 양도하거나 임차물을 전대하지 못한다.
② 임차인이 전항의 규정에 위반한 때에는 임대인은 계약을 해지할 수 있다.

차임연체와 해지(민법 제640조)
건물 기타 공작물의 임대차에는 임차인의 차임연체액이 2기의 차임액에 달하는 때에는 임대인은 계약을 해지할 수 있다.

동전(민법 제641조)
건물 기타 공작물의 소유 또는 식목, 채염, 목축을 목적으로 한 토지임대차의 경우에도 전조의 규정을 준용한다.

(3) 존속기간의 만료

2. 종료의 효과

① 해지에 의하여 임대차계약은 장래에 향하여 소멸한다(민법 제550조 참조).
② 당사자 일방에게 귀책사유가 있으면 손해배상을 청구할 수도 있다(민법 제551조).
③ 임대차의 종료로 임차인은 목적물을 반환해야 하지만, 보증금의 반환과 유익비의 상환 또는 부속물의 매수를 청구하거나 철거를 할 수 있다.

> **[토지임대차 종료 시 임대인의 건물철거 및 부지인도 청구에는 건물매수대금 지급과 동시에 건물명도를 구하는 청구가 포함된 것인지 여부(소극)]**
> 토지임대차 종료 시 임대인의 건물철거와 그 부지인도 청구에는 건물매수대금 지급과 동시에 건물명도를 구하는 청구가 포함되어 있다고 볼 수 없다(대판[전합] 1995.7.11. 94다34265).

IX 특수한 임대차

1. 일시임대차

> **일시사용을 위한 임대차의 특례(민법 제653조)**
> 제628조, 제638조, 제640조, 제646조 내지 제647조, 제648조, 제650조 및 전조의 규정은 일시사용하기 위한 임대차 또는 전대차인 것이 명백한 경우에는 적용하지 아니한다.

① 일시임대차에는 제628조(차임증감청구권), 제638조(해지통고의 전차인에 대한 통지), 제640조(차임연체와 해지), 제646조(임차인의 부속물매수청구권), 제647조(전차인의 부속물매수청구권), 제648조(임차지의 부속물, 과실 등에 대한 법정질권), 제650조(임차건물 등의 부속물에 대한 법정질권), 제652조(강행규정)는 적용하지 아니한다(민법 제653조).
② 또한 일시임대차에는 주택임대차보호법(주택임대차법 제11조)·상가건물 임대차보호법(상가임대차법 제16조)도 적용하지 아니한다.

2. 주택임대차

(1) 의 의

주택임차인을 보호하기 위한 특별법으로 주택임대차보호법(이하 '주택임대차법'이라 한다)이 있는데, 이 법은 주거용 건물의 임대차에 관하여 민법에 대한 특례를 규정함으로써 국민 주거생활의 안정을 보장함을 목적으로 한다(주택임대차법 제1조). 이하에서는 주택임대차법의 주요 내용에 대해서 살펴보기로 한다.

(2) 적용범위

> **적용범위(주택임대차법 제2조)**
> 이 법은 주거용 건물(이하 "주택"의 전부 또는 일부의 임대차에 관하여 적용한다. 그 임차주택의 일부가 주거 외의 목적으로 사용되는 경우에도 또한 같다.

1) 목적물의 용도(주거용 건물)
① 주택임대차법이 적용되기 위해서는 임대차 목적물이 주거용 건물이어야 한다.
② 주거용 건물에 해당하는지 여부는 임대차목적물의 공부상 표시만을 기준으로 할 것이 아니라 그 실지 용도에 따라서 정하여야 하고(대판 1995.3.10. 94다52522), 주거용 건물이라면 미등기 또는 무허가 건물도 본법의 적용대상에 해당한다(대판[전합] 2007.6.21. 2004다26133).
③ 주택임대차법 제2조의 후단(후문) 규정은 반드시 주된 목적이 주거용에 있는 주거용 건물의 일부가 주거 이외의 목적으로 사용되는 경우만을 대상으로 하는 것은 아니다(대판 1988.12.27. 87다카2024).
④ 주택임대차법은 일시사용을 위한 임대차임이 명백한 경우에는 적용하지 아니한다(동법 제11조).
⑤ 주택임대차법은 채권적 전세, 즉 주택의 등기를 하지 아니한 전세계약에 준용된다. 이 경우 전세금은 임대차의 보증금으로 본다(동법 제12조).

2) 인적 범위
법인은 원칙적으로 주택임대차법상의 임차인 보호대상에 포함되지 않으나(대판 1997.7.11. 96다7236), ① 주택도시기금을 재원으로 하여 저소득층 무주택자에게 주거생활 안정을 목적으로 전세임대주택을 지원하는 법인이 주택을 임차한 경우(주택임대차법 제3조 제2항)와 ② 중소기업기본법 제2조에 따른 중소기업에 해당하는 법인이 소속 직원의 주거용으로 주택을 임차한 경우(동법 제3조 제3항) 일정한 요건하에 대항력(동법 제3조 제2항·제3항)과 우선변제권(동법 제3조의2 제2항)을 부여한 결과 보증금을 확보할 수 있게 되어 예외적으로 주택임대차법상의 임차인 보호가 법인인 임차인에도 적용되고 있다.

(3) 제3자에 대한 대항력

> **대항력 등(주택임대차법 제3조)**
> ① 임대차는 그 등기(登記)가 없는 경우에도 임차인(賃借人)이 주택의 인도(引渡)와 주민등록을 마친 때에는 그 다음 날부터 제3자에 대하여 효력이 생긴다. 이 경우 전입신고를 한 때에 주민등록이 된 것으로 본다.
> ② 주택도시기금을 재원으로 하여 저소득층 무주택자에게 주거생활 안정을 목적으로 전세임대주택을 지원하는 법인이 주택을 임차한 후 지방자치단체의 장 또는 그 법인이 선정한 입주자가 그 주택을 인도받고 주민등록을 마쳤을 때에는 제1항을 준용한다. 이 경우 대항력이 인정되는 법인은 대통령령으로 정한다.
> ③ 중소기업기본법 제2조에 따른 중소기업에 해당하는 법인이 소속 직원의 주거용으로 주택을 임차한 후 그 법인이 선정한 직원이 해당 주택을 인도받고 주민등록을 마쳤을 때에는 제1항을 준용한다. 임대차가 끝나기 전에 그 직원이 변경된 경우에는 그 법인이 선정한 새로운 직원이 주택을 인도받고 주민등록을 마친 다음 날부터 제3자에 대하여 효력이 생긴다.
> ④ 임차주택의 양수인(讓受人)(그 밖에 임대할 권리를 승계한 자를 포함한다)은 임대인(賃貸人)의 지위를 승계한 것으로 본다.
> ⑤ 이 법에 따라 임대차의 목적이 된 주택이 매매나 경매의 목적물이 된 경우에는 민법 제575조 제1항·제3항 및 같은 법 제578조를 준용한다.
> ⑥ 제5항의 경우에는 동시이행의 항변권(抗辯權)에 관한 민법 제536조를 준용한다.

1) 요 건
① 적법한 임대권한을 가진 임대인과 임대차계약을 체결하였을 것
   ㉠ 주택임대차법이 적용되는 임대차는 반드시 주택의 소유자가 임대한 것에만 한정되지는 않는다.

   > **[주택의 명의신탁자와 임대차계약을 체결한 임차인에 대하여 명의수탁자가 자신이 소유자임을 내세워 주택의 명도를 구할 수 있는지 여부(소극)]**
   > 주택임대차법이 적용되는 임대차는 반드시 임차인과 주택의 소유자인 임대인 사이에 임대차계약이 체결된 경우에 한정된다고 할 수는 없고, 주택의 소유자는 아니지만 주택에 관하여 적법하게 임대차계약을 체결할 수 있는 권한(적법한 임대권한)을 가진 명의신탁자 사이에 임대차계약이 체결된 경우도 포함된다고 할 것이고, 이 경우 임차인은 등기부상 주택의 소유자인 명의수탁자에 대한 관계에서도 적법한 임대차임을 주장할 수 있는 반면 명의수탁자는 임차인에 대하여 그 소유자임을 내세워 명도를 구할 수 없다(대판 1999.4.23. 98다49753).

   ㉡ 기존 채권을 임대차보증금으로 전환하여 임대차계약을 체결한 경우, 그 사정만으로 임차인의 주택임대차법상의 대항력이 부정되는 것은 아니다(대판 2002.1.8. 2001다47535).

② 주택의 인도 : '주택의 인도'는 임차목적물인 주택에 대한 점유의 이전을 말한다. 이때 점유는 사회통념상 어떤 사람의 사실적 지배에 있다고 할 수 있는 객관적 관계를 가리키는 것으로서, 사실상의 지배가 있다고 하기 위해서는 반드시 물건을 물리적·현실적으로 지배할 필요는 없고, 물건과 사람의 시간적·공간적 관계, 본권관계, 타인의 간섭가능성 등을 고려해서 사회통념에 따라 합목적적으로 판단하여야 한다. 임대주택을 인도하는 경우에는 임대인이 임차인에게 현관이나 대문의 열쇠를 넘겨주었는지, 자동문 비밀번호를 알려주었는지, 이사를 할 수 있는지 등도 고려하여야 한다(대판 2017.8.29. 2017다212194).

   > **[간접점유자의 주민등록이 주택임대차의 유효한 공시방법이 되는지 여부(소극)]**
   > 주택임대차법 제3조 제1항 소정의 대항력은 임차인이 당해 주택에 거주하면서 이를 직접점유하는 경우뿐만 아니라 타인의 점유를 매개로 하여 이를 간접점유하는 경우에도 인정될 수 있을 것이나, 그 경우 당해 주택에 실제로 거주하지 아니하는 간접점유자인 임차인은 주민등록의 대상이 되는 '당해 주택에 주소 또는 거소를 가진 자'(주민등록법 제6조 제1항)가 아니어서 그 자의 주민등록은 주민등록법 소정의 적법한 주민등록이라고 할 수 없고, 따라서 간접점유자에 불과한 임차인 자신의 주민등록으로는 대항력의 요건을 적법하게 갖추었다고 할 수 없으며, 임차인과의 점유매개관계에 기하여 당해 주택에 실제로 거주하는 직접점유자가 자신의 주민등록을 마친 경우에 한하여 비로소 그 임차인의 임대차가 제3자에 대하여 적법하게 대항력을 취득할 수 있다(대판 2001.1.19. 2000다55645).

③ 임차인의 주민등록
   ㉠ 주택임대차법 제3조 제1항의 「주민등록」의 의미 : 주택임대차법 제3조 제1항에서 주택의 인도와 더불어 대항력의 요건으로 규정하고 있는 주민등록은 거래의 안전을 위하여 임차권의 존재를 제3자가 명백히 인식할 수 있게 하는 공시방법으로 마련된 것으로서, 주민등록이 어떤 임대차를 공시하는 효력이 있는가의 여부는 그 주민등록으로 제3자가 임차권의 존재를 인식할 수 있는가에 따라 결정된다고 할 것이므로, 주민등록이 대항력의 요건을 충족시킬 수 있는 공시방법이 되려면 단순히 형식적으로 주민등록이 되어 있다는 것만으로는 부족하고, 주민등록에 의하여 표상되는 점유관계가 임차권을 매개로 하는 점유임을 제3자가 인식할 수 있는 정도는 되어야 한다(대판 1999.4.23. 98다32939).

ⓒ 「주민등록」 신고의 효력 발생시기 : 전입신고를 한 때에 주민등록이 된 것으로 본다(주택임대차법 제3조 제1항 후문). 판례는 전입신고가 수리된 때 신고의 효력이 발생한다고 본다(대판 2009.1.30. 2006다17850).

ⓒ 공시방법으로서의 「주민등록」의 유효성 여부 판단

㉮ 건물 대지의 지번을 잘못 기재한 경우

- 정확한 지번과 동, 호수로 주민등록 전입신고서를 작성·제출하였는데 담당공무원이 착오로 수정을 요구하여, 잘못된 지번으로 수정하고 동, 호수 기재를 삭제한 주민등록 전입신고서를 다시 작성·제출하여 그대로 주민등록이 된 사안에서, 그 주민등록이 임대차의 공시방법으로서 유효하지 않고 이것이 담당공무원의 요구에 기인한 것이라 하더라도 마찬가지이다(대판 2009.1.30. 2006다17850).
- 그러나 임차인이 전입신고를 올바르게(즉 임차건물 소재지 지번으로) 하였다면 이로써 그 임대차의 대항력이 생기는 것이므로 설사 담당공무원의 착오로 주민등록표상에 신거주지 지번이 다소 틀리게 (안양동 545의5가 안양동 545의2로) 기재되었다 하여 그 대항력에 소장을 끼칠 수는 없다(대판 1991.8.13. 91다18118).

㉯ 다세대주택(다가구주택과 달리 구분소유가 인정되는 집합건물)의 동·호수를 잘못 기재하거나 누락한 경우

- 임차인들이 다세대주택의 동·호수 표시 없이 그 부지 중 일부 지번으로만 주민등록을 한 경우, 그 주민등록으로써는 일반의 사회통념상 그 임차인들이 그 다세대주택의 특정 동·호수에 주소를 가진 것으로 제3자가 인식할 수는 없는 것이므로, 임차인들은 그 임차 주택에 관한 임대차의 유효한 공시방법을 갖추었다고 볼 수 없다(대판 1996.2.23. 95다48421).
- 등기부상 동·호수 표시인 'D동(註) 103호'와 불일치한 '라동 103'호로 된 주민등록은 그로써 당해 임대차건물에 임차인이 주소 또는 거소를 가진 자로 등록되어 있는지를 인식할 수 있다고 보여지지 아니한다고 하여, 위 주민등록이 임대차의 공시방법으로서 유효하다고 할 수 없다(대판 1999.4.13. 99다4207).

㉰ 다가구용 단독주택의 경우

[다가구용 단독주택의 경우, 주택임대차법상의 대항요건을 갖추기 위해서 지번 외에 호수까지 기재해야 하는지 여부(소극) 및 임차인이 같은 건물 내에서 이사를 하면서 호수를 변경한 전입신고를 다시 한 경우에도 원래의 전입신고가 유효한 공시방법이 되는지 여부(적극)]

다가구용 단독주택의 경우 건축법이나 주택건설촉진법상 이를 공동주택으로 볼 근거가 없어 단독주택으로 보아야 하는 이상 주민등록법 시행령 제5조 제5항에 따라 임차인이 위 건물의 일부나 전부를 임차하여 전입신고를 하는 경우 지번만 기재하는 것으로 충분하고, 나아가 위 건물 거주자의 편의상 구분하여 놓은 호수까지 기재할 의무나 필요가 있다고 할 수 없으며, 임차인이 실제로 위 건물의 어느 부분을 임차하여 거주하고 있는지 여부의 조사는 단독주택의 경우와 마찬가지로 위 건물에 담보권 등을 설정하려는 이해관계인의 책임하에 이루어져야 하므로, 임차인이 위 건물의 지번으로 전입신고를 한 이상 일반 사회통념상 그 주민등록으로 위 건물에 위 임차인이 주소 또는 거소를 가진 자로 등록되어 있는지를 인식할 수 있어 임대차의 공시방법으로 유효하고, 그 임차인이 위 건물 중 종전에 임차하고 있던 부분에서 다른 부분으로 옮기면서 그 옮긴 부분으로 다시 전입신고를 하였다고 하더라도 이를 달리 볼 것은 아니다(대판 1998.1.23. 97다47828).

ⓔ 주택임대차법 제3조 제1항에 의한 대항력 취득의 요건인 주민등록은 임차인 본인뿐 아니라 배우자나 자녀 등 가족의 주민등록도 포함되고, 이러한 법리는 구 재외동포의 출입국과 법적 지위에 관한 법률(2008.3.14. 법률 제8896호로 개정되기 전의 것)에 의한 재외국민이 임차인인 경우에도 마찬가지로 적용된다(대판 2016.10.13. 2014다218030[본소]·2014다218047[반소]).

ⓜ 대항력의 존속 필요성

> [주택임대차법상의 대항력을 행사하기 위해서는 그 요건인 주택의 인도 및 주민등록이 계속 존속하고 있어야 하는지 여부(적극)]
> 주택임대차법이 제3조 제1항에서 주택임차인에게 주택의 인도와 주민등록을 요건으로 명시하여 등기된 물권에 버금가는 강력한 대항력을 부여하고 있는 취지에 비추어 볼 때 달리 공시방법이 없는 주택임대차에 있어서 주택의 인도 및 주민등록이라는 대항요건은 그 대항력 취득시에만 구비하면 족한 것이 아니고 그 대항력을 유지하기 위하여서도 계속 존속하고 있어야 한다(대판 1998.1.23. 97다43468).

2) 대항력의 취득시기

주택임차인이 <u>주택의 인도와 주민등록을 마친 다음 날부터</u> 제3자에 대하여 효력이 생긴다(주택임대차법 제3조 제1항 전문).

> [임차인이 대항력 취득 후 가족과 함께 일시 다른 곳으로 주민등록을 이전했다가 재전입한 경우, 원래의 대항력의 소멸 여부(적극) 및 대항력의 소급 회복 여부(소극)]
> 주택의 임차인이 그 주택의 소재지로 전입신고를 마치고 그 주택에 입주함으로써 일단 임차권의 대항력을 취득한 후 어떤 이유에서든지 그 가족과 함께 일시적이나마 다른 곳으로 주민등록을 이전하였다면 이는 전체적으로나 종국적으로 주민등록의 이탈이라고 볼 수 있으므로 그 대항력은 그 전출 당시 이미 대항요건의 상실로 소멸되는 것이고, 그 후 그 임차인이 얼마 있지 않아 다시 원래의 주소지로 주민등록을 재전입하였다 하더라도 이로써 소멸되었던 대항력이 당초에 소급하여 회복되는 것이 아니라 그 재전입한 때부터 그와는 동일성이 없는 새로운 대항력이 재차 발생하는 것이다(대판 1998.1.23. 97다43468).

3) 대항력의 내용

① 임대인의 지위 승계

㉠ 지위 승계권자

㉮ <u>임차주택의 양수인(그 밖에 임대할 권리를 승계한 자를 포함한다)은 임대인의 지위를 승계한 것으로 본다</u>(주택임대차법 제3조 제4항). 이는 법률이 임차인 보호를 위하여 임대인의 지위 승계를 의제한 것이다. 이 경우 <u>양수인의 임대인 지위 승계에 임차인의 동의는 필요하지 않다</u>(대판 1996.2.27. 95다35616).

㉯ 주택임대차법 제3조 제4항의 임대인의 지위를 승계한 것으로 보게 되는 <u>임차주택의 양수인이 되려면 주택을 임대할 권리나 이를 수반하는 권리를 종국적·확정적으로 이전받게 되는 경우라야 한다</u>(대판 2002.4.12. 2000다70460).

[임대인의 지위를 승계하는 양수인에 해당하는 사례]
- 주택의 명의신탁자와 임대차계약을 체결한 후 명의신탁자로부터 주택을 임대할 권리를 포함하여 주택에 대한 처분권한을 종국적으로 이전받은 경우의 명의수탁자(대판 1999.4.23. 98다49753)
- 건물이 미등기인 관계로 그 건물에 대하여 아직 소유권이전등기를 경료하지는 못하였지만 그 건물에 대하여 사실상 소유자로서의 권리를 행사하고 있는 자(대판 1987.3.24. 86다카164)
- 매매, 증여, 경매, 상속, 공용징수 등에 의하여 임차주택의 소유권을 취득한 자(대판 1993.11.23. 93다4083)

[임대인의 지위를 승계하는 양수인에 해당하지 않는 사례]
- 임차주택의 양도담보권자(대판 1993.11.23. 93다4083)
- 임차권에 우선하는 저당권에 기하여 경락을 받은 자(대판 1987.2.24. 86다카1936)
- 임차주택의 양수인에게 대항할 수 있는 임차권자라도 스스로 임대차관계의 승계를 원하지 아니할 때에는 승계되는 임대차관계의 구속을 면할 수 있다고 보아야 하므로, 임대차기간의 만료 전에 임대인과 합의에 의하여 임대차계약을 해지하고 임대인으로부터 임대차보증금을 반환받을 수 있으며, 이러한 경우 임차주택의 양수인은 임대인의 지위를 승계하지 아니한다(대판 2018.12.27. 2016다265689).
- 경매 목적 부동산이 매각된 경우에는 경매로 인하여 소멸하는 저당권보다 뒤에 등기되었거나 대항력을 갖춘 임차권은 선순위 저당권과 함께 소멸하는 이상 경매 목적 부동산의 매수인은 주택임대차법 제3조에서 말하는 임차주택의 양수인에 포함되지 않으므로, 임차인은 매수인에 대하여 임차권의 효력을 주장할 수 없다(대판 2025.4.15. 2024다326398).

㉰ 매도인이 악의인 계약명의신탁의 명의수탁자로부터 명의신탁의 목적물인 주택을 임차하여 주택임대차보호법 제3조 제1항의 대항요건을 갖춘 임차인이, 명의수탁자의 소유권이전등기가 말소됨으로써 등기명의를 회복한 매도인과 그로부터 다시 소유권이전등기를 마친 명의신탁자에 대하여 자신의 임차권을 대항할 수 있는지 여부(적극) 및 이 경우 소유권이전등기를 마친 명의신탁자가 주택임대차보호법 제3조 제4항에 따라 임대인의 지위를 승계하는지 여부(적극) : 매도인이 악의인 계약명의신탁에서 명의수탁자로부터 명의신탁의 목적물인 주택을 임차하여 주택 인도와 주민등록을 마침으로써 주택임대차보호법 제3조 제1항에 의한 대항요건을 갖춘 임차인은 '부동산 실권리자명의 등기에 관한 법률' 제4조 제3항의 규정에 따라 명의신탁약정 및 그에 따른 물권변동의 무효를 대항할 수 없는 제3자에 해당하므로 명의수탁자의 소유권이전등기가 말소됨으로써 등기명의를 회복하게 된 매도인 및 매도인으로부터 다시 소유권이전등기를 마친 명의신탁자에 대해 자신의 임차권을 대항할 수 있고, 이 경우 임차인 보호를 위한 주택임대차보호법의 입법 목적 및 임차인이 보증금반환청구권을 행사하는 때의 임차주택 소유자로 하여금 임차보증금반환채무를 부담하게 함으로써 임차인을 두텁게 보호하고자 하는 주택임대차보호법 제3조 제4항의 개정 취지 등을 종합하면 위의 방법으로 소유권이전등기를 마친 명의신탁자는 주택임대차보호법 제3조 제4항에 따라 임대인의 지위를 승계한다(대판 2022.3.17. 2021다210720).

㉣ 임차인이 임대인의 지위승계를 원하지 않는 경우, 임차인이 임차주택의 양도사실을 안 때로부터 상당한 기간 내에 이의를 제기하면 양도인의 임차인에 대한 보증금 반환채무는 소멸하지 않게 되는지 여부(적극) : <u>임차인의 보호를 위한 주택임대차법의 입법취지에 비추어 임차인이 임대인의 지위승계를 원하지 않는 경우에는 임차인이 임차주택의 양도사실을 안 때로부터 상당한 기간 내에 이의를 제기함으로써 승계되는 임대차관계의 구속으로부터 벗어날 수 있고, 그와 같은 경우에는 양도인의 임차인에 대한 임대차보증금 반환채무는 소멸하지 않는다</u>(대판 2021.11.11. 2021다251929).

ⓒ 지위 승계의 효과

㉮ 대항력을 갖춘 임차권 있는 주택이 양도되어 양수인에게 임대인의 지위가 승계된 경우, 양도인의 임차보증금반환 채무가 소멸되는지 여부(적극) : <u>주택의 임차인이 제3자에 대한 대항력을 갖춘 후 임차주택의 소유권이 양도되어 그 양수인이 임대인의 지위를 승계하는 경우에는, 임대차보증금의 반환채무도 부동산의 소유권과 결합하여 일체로서 이전하는 것이므로 양도인의 임대인으로서의 지위나 보증금반환 채무는 소멸한다</u>(대판 1996.2.27. 95다35616).

> [주택의 공동임차인 중 1인이 주택임대차보호법 제3조 제1항에서 정한 대항력 요건을 갖춘 상태에서 임차 건물이 양도되는 경우, 공동임차인에 대한 보증금반환채무 전부가 임대인의 지위를 승계한 양수인에게 이전되고 양도인의 채무가 소멸하는지 여부(원칙적 적극) 및 이러한 법리는 계약당사자 사이에 공동임차인의 임대차보증금 지분을 별도로 정한 경우에도 마찬가지인지 여부(적극)]
> 주택의 공동임차인 중 1인이라도 주택임대차보호법 제3조 제1항에서 정한 대항력 요건을 갖추게 되면 그 대항력은 임대차 전체에 미치므로, 임차 건물이 양도되는 경우 특별한 사정이 없는 한 공동임차인에 대한 보증금반환채무 전부가 임대인 지위를 승계한 양수인에게 이전되고 양도인의 채무는 소멸한다. 이러한 법리는 계약당사자 사이에 공동임차인의 임대차보증금 지분을 별도로 정한 경우에도 마찬가지이다. 공동임차인으로서 임대차계약을 체결한 것은 기본적으로 임대차계약에 따른 권리·의무를 함께 하겠다는 것이고, 임대차보증금에 관한 지분을 정하여 그 지분에 따라 임대차보증금을 지급하거나 반환받기로 약정하였다고 하더라도 임대차계약 자체를 지분에 따라 분리하겠다는 것이라고 볼 수는 없다. 공동임차인 중 1인이 취득한 대항력이 임대차 전체에 미친다고 보더라도 주택임대차보호법에 따른 공시의 목적, 거래관행 등에 비추어 임대차계약을 전제로 법률행위를 하고자 하는 제3자의 권리가 침해된다고 볼 수도 없다(대판 2021.10.28. 2021다238650).

㉯ 대항력 있는 임차권의 목적인 주택의 양수인이 임대차보증금을 반환한 경우의 법률관계 : 주택 양수인이 임차인에게 임대차보증금을 반환하였다 하더라도, 이는 자신의 채무를 변제한 것에 불과할 뿐, 양도인의 채무를 대위변제한 것이라거나, 양도인이 위 금액 상당의 반환채무를 면함으로써 법률상 원인 없이 이익을 얻고 양수인이 그로 인하여 위 금액 상당의 손해를 입었다고 할 수 없다(대판 1993.7.16. 93다17324). <u>그 결과 양수인은 양도인에게 부당이득반환청구를 할 수 없다.</u>

㉐ 임차주택의 양수인이 임차보증금반환채무를 부담하게 된 이후에 임차인이 주민등록을 옮긴 경우의 법률관계 : 주택의 임차인이 제3자에 대하여 대항력을 구비한 후에 임대주택의 소유권이 양도된 경우에는 그 양수인이 임대인의 지위를 승계하게 되므로, 임대인의 임차보증금반환채무도 양수인에게 이전되는 것이고, 이와 같이 <u>양수인이 임차보증금반환채무를 부담하게 된 이후에 임차인이 주민등록을 다른 곳으로 옮겼다 하여 이미 발생한 임차보증금반환채무가 소멸하는 것은 아니다</u>(대판 1993.12.7. 93다36615).

㉑ 주택임대차법상 대항력을 갖춘 임차인의 임대차보증금반환채권이 가압류된 상태에서 임대주택이 양도된 경우, 양수인이 채권가압류의 제3채무자 지위를 승계하는지 여부(적극) 및 이 경우 가압류채권자는 양수인에 대하여만 가압류의 효력을 주장할 수 있는지 여부(적극) : 주택임대차법 제3조 제3항[현행 주택임대차법 제3조 제4항(註)]은 같은 조 제1항이 정한 대항요건을 갖춘 임대차의 목적이 된 임대주택(이하 '임대주택'은 주택임대차법의 적용대상인 임대주택을 가리킨다)의 양수인은 임대인의 지위를 승계한 것으로 본다고 규정하고 있는바, 이는 법률상의 당연승계 규정으로 보아야 하므로, 임대주택이 양도된 경우에 양수인은 주택의 소유권과 결합하여 임대인의 임대차 계약상의 권리·의무 일체를 그대로 승계하며, 그 결과 양수인이 임대차보증금반환채무를 면책적으로 인수하고, 양도인은 임대차관계에서 탈퇴하여 임차인에 대한 임대차보증금반환채무를 면하게 된다. 나아가 <u>임차인에 대하여 임대차보증금반환채무를 부담하는 임대인임을 당연한 전제로 하여 임대차보증금반환채무의 지급금지를 명령받은 제3채무자의 지위는 임대인의 지위와 분리될 수 있는 것이 아니므로, 임대주택의 양도로 임대인의 지위가 일체로 양수인에게 이전된다면 채권가압류의 제3채무자의 지위도 임대인의 지위와 함께 이전된다고 볼 수밖에 없다.</u> 한편 주택임대차법상 임대주택의 양도에 양수인의 임대차보증금반환채무의 면책적 인수를 인정하는 이유는 임대주택에 관한 임대인의 의무 대부분이 그 주택의 소유자이기만 하면 이행가능하고 임차인이 같은 법에서 규정하는 대항요건을 구비하면 임대주택의 매각대금에서 임대차보증금을 우선변제받을 수 있기 때문인데, 임대주택이 양도되었음에도 양수인이 채권가압류의 제3채무자의 지위를 승계하지 않는다면 가압류권자는 장차 본집행절차에서 주택의 매각대금으로부터 우선변제를 받을 수 있는 권리를 상실하는 중대한 불이익을 입게 된다. 이러한 사정들을 고려하면, <u>임차인의 임대차보증금반환채권이 가압류된 상태에서 임대주택이 양도되면 양수인이 채권가압류의 제3채무자의 지위도 승계하고, 가압류권자 또한 임대주택의 양도인이 아니라 양수인에 대하여만 위 가압류의 효력을 주장할 수 있다고 보아야 한다</u>(대판[전합] 2013.1.17. 2011다49523 - 다수의견).

㉒ 주택임대차법 제3조 제1항의 대항요건을 갖춘 임차인의 임대차보증금반환채권에 대한 압류 및 전부명령이 확정된 후 소유자인 임대인이 당해 주택을 매도한 경우, 임대인이 전부금지급의무를 면하는지 여부(적극) : 주택임대차법 제3조 제1항의 대항요건을 갖춘 임차인의 임대차보증금반환채권에 대한 압류 및 전부명령이 확정되어 임차인의 임대차보증금반환채권이 집행채권자에게 이전된 경우 제3채무자인 임대인으로서는 임차인에 대하여 부담하고 있던 채무를 집행채권자에 대하여 부담하게 될 뿐 그가 임대차목적물인 주택의 소유자로서 이를 제3자에게 매도할 권능은 그대로 보유하는 것이며, 위와 같이 <u>소유자인 임대인이 당해 주택을 매도한 경우 주택임대차법 제3조 제2항[현행 주택임대차법 제3조 제4항(註)]에 따라 전부채권자에 대한 보증금지급의무를 면하게 되므로, 결국 임대인은 전부금지급의무를 부담하지 않는다</u>(대판 2005.9.9. 2005다23773).

② 저당권과의 관계
  ㉠ 임차인의 대항요건 구비 후 저당권이 설정된 경우

> [임차건물에 관한 저당권설정등기 전에 대항력을 갖춘 임차인이 저당권설정등기 후 임대인과 합의하여 임차보증금을 증액한 경우, 그 증액한 보증금으로 위 저당권에 기해 건물을 경락받은 소유자에게 대항할 수 있는지 여부(소극) 및 이러한 법리는 체납처분에 의한 압류등기 후 증액한 보증금의 경우에도 마찬가지로 적용되는지 여부(적극)]
> 임차인이 임차건물에 관한 저당권설정등기 이전에 대항력을 갖춘 임차권을 취득한 경우에는 그 임차권으로써 저당권자에게 대항할 수 있음은 물론이나, 저당권설정등기 후에 임대인과 사이에 임차보증금을 증액하기로 합의하고 증액된 부분의 보증금을 지급하였다면 그 합의는 저당권자의 권리를 해하는 것이므로 저당권자에게는 대항할 수 없다고 할 것이다. 따라서 임차인은 위 저당권에 기하여 건물을 경락받은 소유자의 건물명도청구에 대하여 증액 전 임차보증금을 상환받을 때까지 그 건물을 명도할 수 없다고 주장할 수 있을 뿐이고 저당권설정등기 이후에 증액한 임차보증금으로써는 소유자에게 대항할 수 없는 것이다. 이러한 법리는 대항력을 갖춘 임차인이 체납처분에 의한 압류등기 이후에 임대인과 보증금을 증액하기로 합의하고 초과부분을 지급한 경우에도 마찬가지로 적용된다고 할 것이다(대판 2010.5.13. 2010다12753).

  ㉡ 저당권이 설정된 후 임차인이 대항요건을 구비한 경우
    ㉮ 문제점 : 甲이 乙로부터 선순위근저당권이 설정되어 있던 乙 소유 주택을 임차하고 주택임대차법 제3조 제1항의 대항요건을 모두 갖추었는데, 이후 주택의 소유권이 丙에게 양도된 경우, 임차인 甲이 丙에게 대항력을 주장할 수 있는지 여부가 문제된다.
    ㉯ 丙의 소유권 취득원인이 매매인 경우 : 선순위근저당권이 소멸되지 않으므로 임차인 甲은 임대인의 지위를 승계한 양수인 丙에게 대항력을 주장할 수 있다. 즉, 주택의 임차인이 제3자에 대한 대항력을 갖춘 후 임차주택의 소유권이 양도되어 그 양수인이 임대인의 지위를 승계하는 경우에는, 임대차보증금의 반환채무도 부동산의 소유권과 결합하여 일체로서 이전하는 것이므로 양도인의 임대인으로서의 지위나 보증금반환 채무는 소멸한다(대판 1996.2.27. 95다35616). 그 결과 丙이 보증금반환채무를 부담하고, 乙의 보증금반환채무는 소멸한다.
    ㉰ 丙의 소유권 취득원인이 경매인 경우 : 부동산의 경매절차에 있어서 주택임대차법 제3조에 정한 대항요건을 갖춘 임차권보다 선순위의 근저당권이 있는 경우에는, 낙찰로 인하여 선순위근저당권이 소멸하면 그보다 후순위의 임차권도 선순위근저당권이 확보한 담보가치의 보장을 위하여 그 대항력을 상실하는 것이지만, 낙찰로 인하여 근저당권이 소멸하고 낙찰인이 소유권을 취득하게 되는 시점인 낙찰대금지급기일 이전에 선순위근저당권이 다른 사유로 소멸한 경우에는, 대항력이 있는 임차권의 존재로 인하여 담보가치의 손상을 받을 선순위근저당권이 없게 되므로 임차권의 대항력이 소멸하지 아니한다(대판 2003.4.25. 2002다70075). 이에 따라 丙은 임대인의 지위를 승계하지 않고, 乙이 여전히 임차인 甲에게 보증금반환채무를 부담하므로 임차인 甲이 丙에게 임차권의 대항력을 주장할 수는 없다.

4) 일정한 법인이 임차인인 경우

① 주택도시기금을 재원으로 하여 저소득층 무주택자에게 주거생활 안정을 목적으로 전세임대주택을 지원하는 법인이 주택을 임차한 후 지방자치단체의 장 또는 그 법인이 선정한 입주자가 그 주택을 인도받고 주민등록을 마쳤을 때에는 그 다음 날부터 제3자에 대하여 효력이 생기며, 이 경우 전입신고를 한 때에 주민등록이 된 것으로 본다(주택임대차법 제3조 제2항 전문). 그리고 이 경우 대항력이 인정되는 법인은 대통령령으로 정하는데(동법 제3조 제2항 후문), 이에 따르면 「한국토지주택공사법」에 따른 한국토지주택공사와 「지방공기업법」 제49조에 따라 주택사업을 목적으로 설립된 지방공사가 대항력이 인정되는 법인에 해당한다(동법 시행령 제2조).

② 「중소기업기본법」 제2조에 따른 중소기업에 해당하는 법인이 소속 직원의 주거용으로 주택을 임차한 후 그 법인이 선정한 직원이 해당 주택을 인도받고 주민등록을 마쳤을 때에는 그 다음 날부터 제3자에 대하여 효력이 생기며, 이 경우 전입신고를 한 때에 주민등록이 된 것으로 본다(주택임대차법 제3조 제3항 전문). 임대차가 끝나기 전에 그 직원이 변경된 경우에는 그 법인이 선정한 새로운 직원이 주택을 인도받고 주민등록을 마친 다음 날부터 제3자에 대하여 효력이 생긴다(동법 제3조 제3항 후문).

[주식회사의 대표이사 또는 사내이사로 등기된 사람은 주택임대차보호법 제3조 제3항에서 말하는 '직원'에서 제외되는지 여부(적극) 및 위와 같은 범위의 임원을 제외한 직원이 법인이 임차한 주택을 인도받아 주민등록을 마치고 그곳에서 거주하고 있다면 이로써 위 조항에서 정한 대항력을 갖추었다고 보아야 하는지 여부(적극)]
주택임대차보호법 제3조 제3항은 중소기업기본법 제2조에 따른 중소기업에 해당하는 법인이 소속 직원의 주거용으로 주택을 임차한 후 그 법인이 선정한 직원이 해당 주택을 인도받고 주민등록을 마쳤을 때에는 그다음 날부터 제3자에 대하여 효력이 생기고, 임대차가 끝나기 전에 그 직원이 변경된 경우에는 그 법인이 선정한 새로운 직원이 주택을 인도받고 주민등록을 마친 다음 날부터 제3자에 대하여 효력이 생긴다고 정하고 있다. 그리고 주택임대차보호법 제3조의2 제1항은 임차인의 범위에 '제3조 제3항의 법인을 포함한다. 이하 같다'라고 정하고 있으며, 주택임대차보호법 제6조의3은 계약갱신 요구 등에 관하여 정하고 있다. 주택임대차보호법 제3조 제3항에 따라 법인인 임차인이 주택임대차보호법이 정한 임차인에 해당된다고 보려면, 임차인인 법인의 직원인 사람이 법인이 임차한 주택을 인도받고 주민등록을 마쳐야 한다. 여기에서 말하는 '직원'은, 해당 법인이 주식회사라면 그 법인에서 근무하는 사람 중 법인등기사항증명서에 대표이사 또는 사내이사로 등기된 사람을 제외한 사람을 의미한다고 보아야 한다. 다만 위와 같은 범위의 임원을 제외한 직원이 법인이 임차한 해당 주택을 인도받아 주민등록을 마치고 그곳에서 거주하고 있다면 이로써 위 조항에서 정한 대항력을 갖추었다고 보아야 하고, 그 밖에 업무관련성, 임대료의 액수, 지리적 근접성 등 다른 사정을 고려하여 그 요건을 갖추었는지를 판단할 것은 아니다(대판 2023.12.14. 2023다226866).

[주택 임차인이 법인인 경우, 임차주택의 양수인이 임대인의 지위를 당연히 승계한다는 내용의 주택임대차보호법 제3조 제4항이 적용되는지 여부(원칙적 소극) / 임대인이 법인을 임차인으로 하는 주택을 양도한 경우, 임대인의 법인에 대한 임대차보증금 반환채무가 소멸하는지 여부(원칙적 소극)]
법인은 주택임대차보호법 제3조 제1항이 정하는 대항요건의 하나인 주민등록을 마칠 수 없는 점에 비추어 보면, 주택을 임차한 법인에는 주택임대차보호법 제3조 제2항, 제3항이 정하는 경우를 제외하고는 주택임대차보호법 제3조가 적용되지 않는다. 그러므로 임차주택의 양수인이 임대인의 지위를 당연히 승계한다는 내용의 주택임대차보호법 제3조 제4항도 주택 임차인이 법인인 경우에는 원칙적으로 적용되지 않는다. / 따라서 임대인이 법인을 임차인으로 하는 주택을 양도한 경우에는 임대인의 임대차보증금 반환채무를 양수인이 면책적으로 인수하였다는 등의 특별한 사정이 없는 한 임대인의 법인에 대한 임대차보증금 반환채무는 위 주택 양도에도 불구하고 소멸하지 아니한다(대판 2024.6.13. 2024다215542).

(4) 우선변제권

> **보증금의 회수(주택임대차법 제3조의2)**
> ① 임차인(제3조 제2항 및 제3항의 법인을 포함한다. 이하 같다)이 임차주택에 대하여 보증금반환청구소송의 확정판결이나 그 밖에 이에 준하는 집행권원에 따라서 경매를 신청하는 경우에는 집행개시요건에 관한 「민사집행법」 제41조에도 불구하고 반대의무의 이행이나 이행의 제공을 집행개시의 요건으로 하지 아니한다.
> ② 제3조 제1항·제2항 또는 제3항의 대항요건과 임대차계약증서(제3조 제2항 및 제3항의 경우에는 법인과 임대인 사이의 임대차계약증서를 말한다)상의 확정일자를 갖춘 임차인은 「민사집행법」에 따른 경매 또는 「국세징수법」에 따른 공매를 할 때에 임차주택(대지를 포함한다)의 환가대금에서 후순위권리자나 그 밖의 채권자보다 우선하여 보증금을 변제받을 권리가 있다.
> ③ 임차인은 임차주택을 양수인에게 인도하지 아니하면 제2항에 따른 보증금을 받을 수 없다.
> ④ 제2항 또는 제7항에 따른 우선변제의 순위와 보증금에 대하여 이의가 있는 이해관계인은 경매법원이나 체납처분청에 이의를 신청할 수 있다.
> ⑤ 제4항에 따라 경매법원에 이의를 신청하는 경우에는 「민사집행법」 제152조부터 제161조까지의 규정을 준용한다.
> ⑥ 제4항에 따라 이의신청을 받은 체납처분청은 이해관계인이 이의신청일부터 7일 이내에 임차인 또는 제7항에 따라 우선변제권을 승계한 금융기관 등을 상대로 소(訴)를 제기한 것을 증명하면 해당 소송이 끝날 때까지 이의가 신청된 범위에서 임차인 또는 제7항에 따라 우선변제권을 승계한 금융기관 등에 대한 보증금의 변제를 유보하고 남은 금액을 배분하여야 한다. 이 경우 유보된 보증금은 소송의 결과에 따라 배분한다.
> ⑦ 다음 각 호의 금융기관 등이 제2항, 제3조의3 제5항, 제3조의4 제1항에 따른 우선변제권을 취득한 임차인의 보증금반환채권을 계약으로 양수한 경우에는 양수한 금액의 범위에서 우선변제권을 승계한다.
> 1.~10. 생략
> ⑧ 제7항에 따라 우선변제권을 승계한 금융기관 등(이하 "금융기관등"은 다음 각 호의 어느 하나에 해당하는 경우에는 우선변제권을 행사할 수 없다.
> 1. 임차인이 제3조 제1항·제2항 또는 제3항의 대항요건을 상실한 경우
> 2. 제3조의3 제5항에 따른 임차권등기가 말소된 경우
> 3. 민법 제621조에 따른 임대차등기가 말소된 경우
> ⑨ 금융기관등은 우선변제권을 행사하기 위하여 임차인을 대리하거나 대위하여 임대차를 해지할 수 없다.

1) 우선변제권의 요건

① **주택임차인이 대항력을 구비하였을 것** : 주택임대차법 제8조에서 임차인에게 같은 법 제3조 제1항 소정의 주택의 인도와 주민등록을 요건으로 명시하여 그 보증금 중 일정액의 한도 내에서는 등기된 담보물권자에게도 우선하여 변제받을 권리를 부여하고 있는 점, 위 임차인은 배당요구의 방법으로 우선변제권을 행사하는 점, 배당요구 시까지만 위 요건을 구비하면 족하다고 한다면 동일한 임차주택에 대하여 주택임대차법 제8조 소정의 임차인 이외에 같은 법 제3조의2 소정의 임차인이 출현하여 배당요구를 하는 등 경매절차상의 다른 이해관계인들에게 피해를 입힐 수도 있는 점 등에 비추어 볼 때, 공시방법이 없는 주택임대차에 있어서 주택의 인도와 주민등록[대항력(註)]이라는 우선변제의 요건은 그 우선변제권 취득 시에만 구비하면 족한 것이 아니고, 민사집행법상 배당요구의 종기까지 계속 존속하고 있어야 한다(대판 2007.6.14. 2007다17475).

② **주택임차인이 임대차계약증서에 확정일자를 구비하였을 것**(주택임대차법 제3조의2 제2항) : 등기필증에 찍힌 등기관의 접수인은 첨부된 등기원인계약서에 대하여 민법 부칙 제3조 제4항 후단에 의한 확정일자에 해당한다고 할 것이므로, 위와 같은 전세권설정계약서가 첨부된 등기필증에 등기관의 접수인이 찍혀 있다면 그 원래의 임대차에 관한 계약증서에 확정일자가 있는 것으로 보아야 할 것이다(대판 2002.11.8. 2001다51725).

③ **주택임대차법상 임차인에게 우선변제권이 인정되기 위하여 계약 당시 임차보증금이 전액 지급되어 있을 것을 요하는지 여부(소극)** : 주택임대차법은 임차인에게 우선변제권이 인정되기 위하여 대항요건과 임대차계약증서상의 확정일자를 갖추는 것 외에 계약 당시 임차보증금이 전액 지급되어 있을 것을 요구하지는 않는다. 따라서 임차인이 임대인에게 임차보증금의 일부만을 지급하고 주택임대차법 제3조 제1항에서 정한 대항요건과 임대차계약증서상의 확정일자를 갖춘 다음 나머지 보증금을 나중에 지급하였다고 하더라도 특별한 사정이 없는 한 대항요건과 확정일자를 갖춘 때를 기준으로 임차보증금 전액에 대해서 후순위권리자나 그 밖의 채권자보다 우선하여 변제를 받을 권리를 갖는다 보아야 한다(대판 2017.8.29. 2017다212194).

④ **임차인이 배당요구를 하였을 것** : 주택임대차법에 의하여 우선변제청구권이 인정되는 임대차보증금반환채권은 현행법상 배당요구가 필요한 배당요구채권에 해당한다(대판 1998.10.13. 98다12379).
※ 2002년 민사집행법 시행 전의 판례로 배당요구 종기를 경락기일로 보았으나, 현행 민사집행법 제84조 제1항은 배당요구 종기를 첫 매각기일 이전으로 규정하고 있다.

> **[배당요구를 하지 않아도 당연히 우선변제권이 인정되는 예외적인 경우]**
> - 임차권등기명령에 의하여 임차권등기를 한 임차인은 우선변제권을 가지며, 위 임차권등기는 임차인으로 하여금 기왕의 대항력이나 우선변제권을 유지하도록 해 주는 담보적 기능을 주목적으로 하고 있으므로, 위 임차권등기가 첫 경매개시결정등기 전에 등기된 경우, 배당받을 채권자의 범위에 관하여 규정하고 있는 민사집행법 제148조 제4호의 "저당권·전세권, 그 밖의 우선변제청구권으로서 첫 경매개시결정 등기 전에 등기되었고 매각으로 소멸하는 것을 가진 채권자"에 준하여, 그 임차인은 별도로 배당요구를 하지 않아도 당연히 배당받을 채권자에 속하는 것으로 보아야 한다(대판 2005.9.15. 2005다33039).
> - 주택임대차법상의 대항력과 우선변제권을 모두 가지고 있는 임차인이 보증금을 반환받기 위하여 보증금반환청구소송의 확정판결 등 집행권원을 얻어 임차주택에 대하여 스스로 강제경매를 신청하였다면 특별한 사정이 없는 한 대항력과 우선변제권 중 우선변제권을 선택하여 행사한 것으로 보아야 하고, 이 경우 우선변제권을 인정받기 위하여 배당요구의 종기까지 별도로 배당요구를 하여야 하는 것은 아니다(대판 2013.11.14. 2013다27831).

⑤ **임차인이 임차주택을 양수인에게 인도하였을 것** : 임차인은 임차주택을 양수인에게 인도하지 아니하면 보증금을 받을 수 없다(주택임대차법 제3조의2 제3항).

2) 우선변제권의 내용

① **우선변제의 대상** : 민사집행법에 따른 경매 또는 국세징수법에 따른 공매를 하는 경우 대항요건과 임대차계약증서상의 확정일자를 갖춘 임차인은 임차주택 및 대지의 환가대금에서 후순위권리자나 그 밖의 채권자보다 우선하여 보증금을 변제받을 수 있다(주택임대차법 제3조의2 제2항).

② **우선변제권의 발생시기** : 주택임대차법 제3조 제1항이 인도와 주민등록을 갖춘 다음 날부터 대항력이 발생한다고 규정한 것은 인도나 주민등록이 등기와 달리 간이한 공시방법이어서 인도 및 주민등록과 제3자 명의의 등기가 같은 날 이루어진 경우에 그 선후관계를 밝혀 선순위 권리자를 정하는 것이 사실상 곤란한 데다가, 제3자가 인도와 주민등록을 마친 임차인이 없음을 확인하고 등기까지 경료하였음에도 그 후 같은 날 임차인이 인도와 주민등록을 마침으로 인하여 입을 수 있는 불측의 피해를 방지하기 위하여 임차인보다 등기를 경료한 권리자를 우선시키고자 하는 취지이고, 같은 법 제3조의2 제1항에 규정된 우선변제적 효력은 대항력과 마찬가지로 주택임차권의 제3자에 대한 물권적 효력으로서 임차인과 제3자 사이의 우선순위를 대항력과 달리 규율하여야 할 합리적인 근거도 없으므로, 법 제3조의2 제1항에 규정된 확정일자를 입주 및 주민등록일과 같은 날 또는 그 이전에 갖춘 경우에는 우선변제적 효력은 대항력과 마찬가지로 인도와 주민등록을 마친 다음 날을 기준으로 발생한다(대판 1997.12.12. 97다22393).

③ **우선변제권자의 범위**

㉠ 보증금반환채권만 양수한 자(소극) : 주택임대차법의 입법목적과 주택임차인의 임차보증금반환채권에 우선변제권을 인정한 제도의 취지, 주택임대차법상 관련 규정의 문언 내용 등에 비추어 볼 때, 비록 채권양수인이 우선변제권을 행사할 수 있는 주택임차인으로부터 임차보증금반환채권을 양수하였다고 하더라도 임차권과 분리된 임차보증금반환채권만을 양수한 이상 그 채권양수인이 주택임대차법상의 우선변제권을 행사할 수 있는 임차인에 해당한다고 볼 수 없다. 따라서 위 채권양수인은 임차주택에 대한 경매절차에서 주택임대차법상의 임차보증금 우선변제권자의 지위에서 배당요구를 할 수 없고, 이는 채권양수인이 주택임차인으로부터 다른 채권에 대한 담보목적으로 임차보증금반환채권을 양수한 경우에도 마찬가지이다. 다만, 이와 같은 경우에도 채권양수인이 일반 금전채권자로서의 요건을 갖추어 배당요구를 할 수 있음은 물론이다(대판 2010.5.27. 2010다10276).

[비교 판례]
[주택임대차보호법 제3조의2 제7항에서 정한 금융기관이 임차인으로부터 보증금반환채권을 계약으로 양수하여 양수한 금액의 범위에서 우선변제권을 승계한 다음 경매절차에서 배당요구를 하여 보증금 중 일부를 배당받은 경우, 주택임대차의 대항요건이 존속되는 한 임차인은 보증금반환채권을 양수한 금융기관이 보증금 잔액을 반환받을 때까지 임차주택의 양수인을 상대로 임대차관계의 존속을 주장할 수 있는지 여부(적극)]
주택임차인은 주택임대차보호법 제3조 제1항에서 정한 주택의 인도와 주민등록을 구비하면 대항력을 취득하고 대항요건이 존속되는 한 대항력은 계속 유지된다. 한편 주택임대차보호법에 정한 대항력과 우선변제권 두 가지 권리를 겸유하고 있는 임차인이 먼저 우선변제권을 선택하여 임차주택에 대하여 진행되고 있는 경매절차에서 배당요구를 하였으나 보증금 전액을 배당받지 못한 경우 임차인은 여전히 대항요건을

> 유지함으로써 임대차관계의 존속을 주장할 수 있으므로, 임차인이 대항력을 구비한 후 임차주택을 양수한 자는 그와 같이 존속되는 임대차의 임대인 지위를 당연히 승계한다. 이는 주택임대차보호법 제3조의2 제7항에서 정한 금융기관이 임차인으로부터 보증금반환채권을 계약으로 양수함으로써 양수한 금액의 범위에서 우선변제권을 승계한 다음 경매절차에서 배당요구를 하여 보증금 중 일부를 배당받은 경우에도 마찬가지이다. 따라서 주택임대차의 대항요건이 존속되는 한 임차인은 보증금반환채권을 양수한 금융기관이 보증금 잔액을 반환받을 때까지 임차주택의 양수인을 상대로 임대차관계의 존속을 주장할 수 있다(대판 2023.2.2. 2022다255126).

ⓒ 주택임차인이 그 지위를 강화하고자 별도로 전세권설정등기를 마쳤더라도 주택임차인이 주택임대차법 제3조 제1항의 대항요건을 상실한 경우(소극) : 주택임차인이 그 지위를 강화하고자 별도로 전세권설정등기를 마치더라도 주택임대차법상 주택임차인으로서의 우선변제를 받을 수 있는 권리와 전세권자로서 우선변제를 받을 수 있는 권리는 근거 규정 및 성립요건을 달리하는 별개의 것이라는 점, 주택임대차법 제3조의3 제1항에서 규정한 임차권등기명령에 의한 임차권등기와 동법 제3조의4 제2항에서 규정한 주택임대차등기는 공통적으로 주택임대차법상의 대항요건인 '주민등록일자', '점유개시일자' 및 '확정일자'를 등기사항으로 기재하여 이를 공시하지만 전세권설정등기에는 이러한 대항요건을 공시하는 기능이 없는 점, 주택임대차법 제3조의4 제1항에서 임차권등기명령에 의한 임차권등기의 효력에 관한 동법 제3조의3 제5항의 규정은 민법 제621조에 의한 주택임대차등기의 효력에 관하여 이를 준용한다고 규정하고 있을 뿐 주택임대차법 제3조의3 제5항의 규정을 전세권설정등기의 효력에 관하여 준용할 법적 근거가 없는 점 등을 종합하면, 주택임차인이 그 지위를 강화하고자 별도로 전세권설정등기를 마쳤더라도 주택임차인이 주택임대차법 제3조 제1항의 대항요건을 상실하면 이미 취득한 주택임대차법상의 대항력 및 우선변제권을 상실한다(대판 2007.6.28. 2004다69741).

3) 우선변제권 행사의 한계

[대항력과 우선변제권을 겸유하고 있는 임차인이 임대인을 상대로 보증금반환청구소송을 제기하여 승소판결을 받고 그 확정판결에 기하여 강제경매를 신청하였으나 그 경매절차에서 보증금 전액을 배당받지 못한 경우, 후행 경매절차에서 우선변제권에 의한 배당을 받을 수 있는지 여부(소극)]
주택임대차법상의 대항력과 우선변제권의 두 가지 권리를 함께 가지고 있는 임차인이 우선변제권을 선택하여 제1경매절차에서 보증금 전액에 대하여 배당요구를 하였으나 보증금 전액을 배당받을 수 없었던 때에는 경락인에게 대항하여 이를 반환받을 때까지 임대차관계의 존속을 주장할 수 있을 뿐이고, 임차인의 우선변제권은 경락으로 인하여 소멸하는 것이므로 제2경매절차에서 우선변제권에 의한 배당을 받을 수 없는바, 이는 근저당권자가 신청한 1차 임의경매절차에서 확정일자 있는 임대차계약서를 첨부하거나 임차권등기명령을 받아 임차권등기를 하였음을 근거로 하여 배당요구를 하는 방법으로 우선변제권을 행사한 것이 아니라, 임대인을 상대로 보증금반환청구 소송을 제기하여 승소판결을 받은 뒤 그 확정판결에 기하여 1차로 강제경매를 신청한 경우에도 마찬가지이다(대판 2006.2.10. 2005다21166).

[채무자 회생 및 파산에 관한 법률 제564조에 의한 면책결정의 효력이 우선변제권이 인정되는 부분을 포함하여 주택임차인의 보증금반환채권 전부에 미치는지 여부(적극) 및 주택임차인이 보증금반환채권 중 우선변제권이 인정되는 부분조차 변제받지 못한 상태에서 파산절차가 폐지되고 면책결정이 확정된 경우, 주택임차인이 채무자를 상대로 보증금반환채권의 이행을 소구할 수 있는지 여부(소극)]

채무자 회생 및 파산에 관한 법률(이하 '법'이라고 한다) 제566조는 "면책을 받은 채무자는 파산절차에 의한 배당을 제외하고는 파산채권자에 대한 채무의 전부에 관하여 그 책임이 면제된다. 다만 다음 각 호의 청구권에 대하여는 책임이 면제되지 아니한다"라고 규정하면서 각 호에서 파산채권에 해당하는 법 제415조의 주택임대차보호법상 대항요건 및 확정일자를 갖춘 주택임차인이 채무자에 대하여 가지는 보증금반환채권을 면책에서 제외되는 청구권으로 규정하고 있지 않고, 위 보증금반환채권 중 우선변제권이 인정되는 부분 역시 마찬가지이므로, 법 제564조에 의한 면책결정의 효력은 우선변제권이 인정되는 부분을 포함하여 주택임차인의 보증금반환채권 전부에 미친다. 따라서 법 제415조에서 주택임차인의 보증금반환채권에 관하여 우선변제권을 규정하였음에도 불구하고 주택임차인이 보증금반환채권 중 우선변제권이 인정되는 부분조차 변제받지 못한 상태에서 파산절차가 폐지되었다고 하더라도, 법 제564조에 의한 면책결정이 확정된 이상 주택임차인으로서는 이후 주택이 환가되는 경우 환가대금에 관하여 자신의 우선변제권을 주장할 수 있을 뿐 채무자를 상대로 보증금반환채권의 이행을 소구할 수 없다(대판 2025.6.12. 2022다247378).

4) 임차권등기명령

임차권등기명령(주택임대차법 제3조의3)
① 임대차가 끝난 후 보증금이 반환되지 아니한 경우 임차인은 임차주택의 소재지를 관할하는 지방법원·지방법원지원 또는 시·군 법원에 임차권등기명령을 신청할 수 있다.
② 임차권등기명령의 신청서에는 다음 각 호의 사항을 적어야 하며, 신청의 이유와 임차권등기의 원인이 된 사실을 소명(疎明)하여야 한다.
  1. 신청의 취지 및 이유
  2. 임대차의 목적인 주택(임대차의 목적이 주택의 일부분인 경우에는 해당 부분의 도면을 첨부한다)
  3. 임차권등기의 원인이 된 사실(임차인이 제3조 제1항·제2항 또는 제3항에 따른 대항력을 취득하였거나 제3조의2 제2항에 따른 우선변제권을 취득한 경우에는 그 사실)
  4. 그 밖에 대법원규칙으로 정하는 사항
③ 〈생 략〉
④ 임차권등기명령의 신청을 기각(棄却)하는 결정에 대하여 임차인은 항고(抗告)할 수 있다.
⑤ 임차인은 임차권등기명령의 집행에 따른 임차권등기를 마치면 제3조 제1항·제2항 또는 제3항에 따른 대항력과 제3조의2 제2항에 따른 우선변제권을 취득한다. 다만, 임차인이 임차권등기 이전에 이미 대항력이나 우선변제권을 취득한 경우에는 그 대항력이나 우선변제권은 그대로 유지되며, 임차권등기 이후에는 제3조 제1항·제2항 또는 제3항의 대항요건을 상실하더라도 이미 취득한 대항력이나 우선변제권을 상실하지 아니한다.
⑥ 임차권등기명령의 집행에 따른 임차권등기가 끝난 주택(임대차의 목적이 주택의 일부분인 경우에는 해당 부분으로 한정)을 그 이후에 임차한 임차인은 제8조에 따른 우선변제를 받을 권리가 없다.
⑦ 임차권등기의 촉탁(囑託), 등기관의 임차권등기 기입 등 임차권등기명령을 시행하는 데에 필요한 사항은 대법원규칙으로 정한다.
⑧ 임차인은 제1항에 따른 임차권등기명령의 신청과 그에 따른 임차권등기와 관련하여 든 비용을 임대인에게 청구할 수 있다.
⑨ 금융기관등은 임차인을 대위하여 제1항의 임차권등기명령을 신청할 수 있다. 이 경우 제3항·제4항 및 제8항의 "임차인"은 "금융기관등"으로 본다.

① 의의 : 임대차 종료 후 보증금에 대하여 우선변제를 받기 위해서는 주택임대차법 제3조에 의한 대항요건 및 확정일자의 요건을 갖추어야 한다. 그런데, 보증금을 변제받기 전에 다른 곳으로 이사를 가야 하는 경우 임차인은 우선변제권을 상실할 수도 있다는 문제가 발생한다. 이에 주택임대차법은 임차권등기명령제도를 도입하여 임차인이 단독으로 법원에 임차권등기명령을 신청할 수 있도록 규정하였으며(동법 제3조의3 제1항), 임차인이 임차권등기 이전에 이미 대항력 또는 우선변제권을 취득한 경우에는 그 대항력 또는 우선변제권은 그대로 유지되며, 임차권등기 이후에는 그 대항요건을 상실하더라도 이미 취득한 대항력이나 우선변제권을 상실하지 아니한다(동법 제3조의3 제5항).

[주택 임차인이 전입신고를 마치고 주택을 인도받아 임차권의 대항력을 취득하였으나 그 후 주택의 점유를 상실한 경우, 대항력이 소멸하는지 여부(적극) / 대항력이 상실된 이후 임차권등기를 마친 경우, 대항력이 소급하여 회복되는지 여부(소극) 및 이 경우 등기가 마쳐진 때부터 그와는 동일성이 없는 새로운 대항력이 발생하는지 여부(적극)]
주택임대차법이 제3조 제1항에서 주택 임차인에게 주택의 인도와 주민등록을 요건으로 명시하여 등기된 물권에 버금가는 강력한 대항력을 부여하고 있는 취지에 비추어 볼 때 달리 공시방법이 없는 주택 임대차에서 주택의 인도 및 주민등록이라는 대항요건은 대항력 취득 시에만 갖추면 충분한 것이 아니라 대항력을 유지하기 위하여서도 계속 존속하고 있어야 한다. 따라서 주택 임차인이 주택 소재지로 전입신고를 마치고 주택을 인도받아 일단 임차권의 대항력을 취득하였으나 그 후 주택의 점유를 상실하였다면 그 대항력은 점유 상실 시에 소멸한다. / 한편 주택임대차법 제3조의3 제5항은 "임차인은 임차권등기명령의 집행에 따른 임차권등기를 마치면 제3조 제1항·제2항 또는 제3항에 따른 대항력과 제3조의2 제2항에 따른 우선변제권을 취득한다"라고 규정하고 있으므로, 대항력과 우선변제권은 임차권등기가 마쳐진 때부터 발생한다고 보아야 한다. 따라서 대항력이 상실된 이후에 임차권등기가 마쳐졌더라도 이로써 소멸하였던 대항력이 당초에 소급하여 회복되는 것이 아니라 그 등기가 마쳐진 때부터 그와는 동일성이 없는 새로운 대항력이 발생한다(대판 2025.4.15. 2024다326398).

② 내 용
㉠ 임대인의 임대차보증금의 반환의무가 임차인의 임차권등기말소의무보다 먼저 이행되어야 할 의무이다(대판 2005.6.9. 2005다4529).
㉡ 임차권등기명령의 집행에 따른 임차권등기가 끝난 주택을 그 이후에 임차한 임차인은 주택임대차법 제8조에 따른 우선변제를 받을 권리가 없다(동법 제3조의3 제6항).
㉢ 주택임대차법 제3조의3에서 정한 임차권등기명령에 따른 임차권등기에 민법 제168조 제2호에서 정하는 소멸시효중단사유인 압류 또는 가압류, 가처분에 준하는 효력이 있는지 여부(소극) : 주택임대차법 제3조의3에서 정한 임차권등기명령에 따른 임차권등기는 특정 목적물에 대한 구체적 집행행위나 보전처분의 실행을 내용으로 하는 압류 또는 가압류, 가처분과 달리 어디까지나 주택임차인이 주택임대차법에 따른 대항력이나 우선변제권을 취득하거나 이미 취득한 대항력이나 우선변제권을 유지하도록 해 주는 담보적 기능을 주목적으로 한다. 비록 주택임대차법이 임차권등기명령의 신청에 대한 재판절차와 임차권등기명령의 집행 등에 관하여 민사집행법상 가압류에 관한 절차규정을 일부 준용하고 있지만, 이는 일방 당사자의 신청에 따라 법원이 심리·결정한 다음 등기를 촉탁하는 일련의 절차가 서로 비슷한 데서

비롯된 것일 뿐 이를 이유로 임차권등기명령에 따른 임차권등기가 본래의 담보적 기능을 넘어서 채무자의 일반재산에 대한 강제집행을 보전하기 위한 처분의 성질을 가진다고 볼 수는 없다. 그렇다면 임차권등기명령에 따른 임차권등기에는 민법 제168조 제2호에서 정하는 소멸시효중단사유인 압류 또는 가압류, 가처분에 준하는 효력이 있다고 볼 수 없다(대판 2019.5.16. 2017다226629).

㉣ 임차인이 주택임대차법 제3조의3 제8항에서 정한 임차권등기명령 신청비용과 임차권등기비용에 대한 비용상환청구권을 상계의 자동채권으로 삼는 등의 방법으로 행사할 수 있는지 여부(적극) : 주택임대차법 제3조의3은 제3항에서 임차권등기명령의 신청에 대한 재판절차와 임차권등기명령의 집행 등에 관하여 민사집행법상 가압류에 관한 절차규정을 일부 준용하는 한편, 제8항에서 "임차인은 제1항에 따른 임차권등기명령의 신청과 그에 따른 임차권등기와 관련하여 든 비용을 임대인에게 청구할 수 있다"라고 규정하고 있다. 이처럼 주택임대차법 제3조의3 제8항은 임차권등기명령 신청비용과 임차권등기비용에 대한 비용상환청구권을 인정하면서도 비용청구의 방법이나 절차에 관한 별도의 규정을 두지 않고 있다. 따라서 임차인은 민사소송으로 그 비용을 청구하거나, 상계의 자동채권으로 삼는 등의 방법으로 비용상환청구권을 행사할 수 있다고 봄이 타당하다(대판 2025.4.24. 2024다221455).

5) 소액보증금의 우선변제특권

> **보증금 중 일정액의 보호(주택임대차법 제8조)**
> ① 임차인은 보증금 중 일정액을 다른 담보물권자보다 우선하여 변제받을 권리가 있다. 이 경우 임차인은 주택에 대한 경매신청의 등기 전에 제3조 제1항의 요건을 갖추어야 한다.
> ② 제1항의 경우에는 제3조의2 제4항부터 제6항까지의 규정을 준용한다.
> ③ 제1항에 따라 우선변제를 받을 임차인 및 보증금 중 일정액의 범위와 기준은 제8조의2에 따른 주택임대차위원회의 심의를 거쳐 대통령령으로 정한다. 다만, 보증금 중 일정액의 범위와 기준은 주택가액(대지의 가액을 포함)의 2분의 1을 넘지 못한다.
>
>> **보증금 중 일정액의 범위 등(주택임대차법 시행령 제10조)**
>> ① 법 제8조에 따라 우선변제를 받을 보증금 중 일정액의 범위는 다음 각 호의 구분에 의한 금액 이하로 한다. 〈개정 2023.2.21.〉
>>   1. 서울특별시 : 5천 500만원
>>   2. 「수도권정비계획법」에 따른 과밀억제권역(서울특별시는 제외한다), 세종특별자치시, 용인시, 화성시 및 김포시 : 4천 800만원
>>   3. 광역시(「수도권정비계획법」에 따른 과밀억제권역에 포함된 지역과 군지역은 제외한다), 안산시, 광주시, 파주시, 이천시 및 평택시 : 2천 800만원
>>   4. 그 밖의 지역 : 2천 500만원
>> ② 임차인의 보증금 중 일정액이 주택가액의 2분의 1을 초과하는 경우에는 주택가액의 2분의 1에 해당하는 금액까지만 우선변제권이 있다.
>> ③ 하나의 주택에 임차인이 2명 이상이고, 그 각 보증금 중 일정액을 모두 합한 금액이 주택가액의 2분의 1을 초과하는 경우에는 그 각 보증금 중 일정액을 모두 합한 금액에 대한 각 임차인의 보증금 중 일정액의 비율로 그 주택가액의 2분의 1에 해당하는 금액을 분할한 금액을 각 임차인의 보증금 중 일정액으로 본다.
>> ④ 하나의 주택에 임차인이 2명 이상이고 이들이 그 주택에서 가정공동생활을 하는 경우에는 이들을 1명의 임차인으로 보아 이들의 각 보증금을 합산한다.

> **우선변제를 받을 임차인의 범위(주택임대차법 시행령 제11조)**
> 법 제8조에 따라 우선변제를 받을 임차인은 보증금이 다음 각 호의 구분에 의한 금액 이하인 임차인으로 한다. 〈개정 2023.2.21.〉
> 1. 서울특별시 : 1억 6천 500만원
> 2. 「수도권정비계획법」에 따른 과밀억제권역(서울특별시는 제외한다), 세종특별자치시, 용인시, 화성시 및 김포시 : 1억 4천 500만원
> 3. 광역시(「수도권정비계획법」에 따른 과밀억제권역에 포함된 지역과 군지역은 제외한다), 안산시, 광주시, 파주시, 이천시 및 평택시 : 8천 500만원
> 4. 그 밖의 지역 : 7천 500만원

① 의의 : 주택임대차법의 입법목적은 주거용건물에 관하여 민법에 대한 특례를 규정함으로써 국민의 주거생활의 안정을 보장하려는 것이고(제1조), 주택임대차법 제8조 제1항에서 임차인이 보증금 중 일정액을 다른 담보물권자보다 우선하여 변제받을 수 있도록 한 것은, 소액임차인의 경우 그 임차보증금이 비록 소액이라고 하더라도 그에게는 큰 재산이므로 적어도 소액임차인의 경우에는 다른 담보권자의 지위를 해하게 되더라도 그 보증금의 회수를 보장하는 것이 타당하다는 사회보장적 고려에서 나온 것으로서 민법의 일반규정에 대한 예외규정이다(대판 2001.5.8. 2001다14733).

② 요 건

㉠ 소액임차인에 해당할 것

> [1] 임대차계약의 주된 목적이 주택의 사용·수익보다 소액임차인으로 보호받아 기존채권을 회수하려는 데 있는 경우, 주택임대차법상의 소액임차인으로 보호받을 수 있는지 여부(소극) : 주택임대차법의 입법목적과 소액임차인 보호제도의 취지 등을 고려할 때, 채권자가 채무자 소유의 주택에 관하여 채무자와 임대차계약을 체결하고 전입신고를 마친 다음 그곳에 거주하였다고 하더라도, 임대차계약의 주된 목적이 주택을 사용·수익하려는 것에 있는 것이 아니고 소액임차인으로 보호받아 선순위담보권자에 우선하여 채권을 회수하려는 것에 주된 목적이 있었던 경우에는, 그러한 임차인을 주택임대차법상 소액임차인으로 보호할 수 없다. [2] 임대차보증금의 감액으로 주택임대차법상 소액임차인에 해당하게 된 경우에 소액임차인으로서 보호받을 수 있는지 여부(원칙적 적극) : 실제 임대차계약의 주된 목적이 주택을 사용·수익하려는 것인 이상, 처음 임대차계약을 체결할 당시에는 보증금액이 많아 주택임대차법상 소액임차인에 해당하지 않았지만 그 후 새로운 임대차계약에 의하여 정당하게 보증금을 감액하여 소액임차인에 해당하게 되었다면, 그 임대차계약이 통정허위표시에 의한 계약이어서 무효라는 등의 특별한 사정이 없는 한 그러한 임차인은 같은 법상 소액임차인으로 보호받을 수 있다(대판 2008.5.15. 2007다23203).

㉡ 대항요건을 갖추었을 것 : 소액임차인은 주택에 대한 경매신청의 등기 전에 제3조 제1항의 대항요건, 즉 주택의 인도와 주민등록을 갖추어야 하며(주택임대차법 제8조 제1항 후문), 공시방법이 없는 주택임대차에 있어서 주택의 인도와 주민등록이라는 우선변제의 요건은 그 우선변제권 취득 시에만 구비하면 족한 것이 아니고, 민사집행법상 배당요구의 종기까지 계속 존속하고 있어야 한다(대판 2007.6.14. 2007다17475).

> [미등기 주택의 임차인이 임차주택 대지의 환가대금에 대하여 주택임대차법상 우선변제권을 행사할 수 있는지 여부(적극)]
>
> 대항요건 및 확정일자를 갖춘 임차인과 소액임차인에게 우선변제권을 인정한 주택임대차법 제3조의2 및 제8조가 미등기 주택을 달리 취급하는 특별한 규정을 두고 있지 아니하므로, 대항요건 및 확정일자를 갖춘 임차인과 소액임차인의 임차주택 대지에 대한 우선변제권에 관한 법리는 임차주택이 미등기인 경우에도 그대로 적용된다. 이와 달리 임차주택의 등기 여부에 따라 그 우선변제권의 인정 여부를 달리 해석하는 것은 합리적 이유나 근거 없이 그 적용대상을 축소하거나 제한하는 것이 되어 부당하고, 민법과 달리 임차권의 등기 없이도 대항력과 우선변제권을 인정하는 같은 법의 취지에 비추어 타당하지 아니하다. 다만, 소액임차인의 우선변제권에 관한 같은 법 제8조 제1항이 그 후문에서 '이 경우 임차인은 주택에 대한 경매신청의 등기 전에' 대항요건을 갖추어야 한다고 규정하고 있으나, 이는 소액보증금을 배당받을 목적으로 배당절차에 임박하여 가장 임차인을 급조하는 등의 폐단을 방지하기 위하여 소액임차인의 대항요건의 구비시기를 제한하는 취지이지, 반드시 임차주택과 대지를 함께 경매하여 임차주택 자체에 경매신청의 등기가 되어야 한다거나 임차주택에 경매신청의 등기가 가능한 경우로 제한하는 취지는 아니라 할 것이다. 대지에 대한 경매신청의 등기 전에 위 대항요건을 갖추도록 하면 입법 취지를 충분히 달성할 수 있으므로, 위 규정이 미등기 주택의 경우에 소액임차인의 대지에 관한 우선변제권을 배제하는 규정에 해당한다고 볼 수 없다(대판[전합] 2007.6.21. 2004다26133).

  ⓒ 임차주택이 경매 등에 의하여 매각되었을 것
  ② 배당요구를 하였을 것 : 주택임대차법에 의하여 우선변제청구권이 인정되는 소액임차인의 소액보증금반환채권은 민사소송법 제605조 제1항[현행 민사집행법 제88조 제1항(註)]에서 규정하는 배당요구가 필요한 배당요구채권에 해당한다(대판 2002.1.22. 2001다70702).

③ 내용
  ㉠ 우선변제를 받을 임차인 및 보증금 중 일정액의 범위와 기준은 제8조의2에 따른 주택임대차위원회의 심의를 거쳐 대통령령으로 정한다. 다만, 보증금 중 일정액의 범위와 기준은 주택가액(대지의 가액을 포함한다)의 2분의 1을 넘지 못한다(주택임대차법 제8조 제3항).
  ㉡ 대항요건 및 확정일자를 갖춘 임차인과 소액임차인은 임차주택과 그 대지가 함께 경매될 경우뿐만 아니라 임차주택과 별도로 그 대지만이 경매될 경우에도 그 대지의 환가대금에 대하여 우선변제권을 행사할 수 있고, 이와 같은 우선변제권은 이른바 법정담보물권의 성격을 갖는 것으로서 임대차 성립 시의 임차 목적물인 임차주택 및 대지의 가액을 기초로 임차인을 보호하고자 인정되는 것이므로, 임대차 성립 당시 임대인의 소유였던 대지가 타인에게 양도되어 임차주택과 대지의 소유자가 서로 달라지게 된 경우에도 마찬가지이다(대판[전합] 2007.6.21. 2004다26133).
  ㉢ 임차주택의 환가대금 및 주택가액에 건물뿐만 아니라 대지의 환가대금 및 가액도 포함된다고 규정하고 있는 주택임대차법(1999.1.21. 법률 제5641호로 개정되기 전의 것) 제3조의2 제1항 및 제8조 제3항의 각 규정과 같은 법의 입법 취지 및 통상적으로 건물의 임대차에는 당연히 그 부지 부분의 이용을 수반하는 것인 점 등을 종합하여 보면, 대지에 관한 저당권의 실행으로 경매가 진행된 경우에도 그 지상 건물의 소액임차인은 대지의 환가대금 중에서 소액보증금을

우선변제받을 수 있다고 할 것이나, 이와 같은 법리는 대지에 관한 저당권 설정 당시에 이미 그 지상 건물이 존재하는 경우에만 적용될 수 있는 것이고, 저당권 설정 후에 비로소 건물이 신축된 경우에까지 공시방법이 불완전한 소액임차인에게 우선변제권을 인정한다면 저당권자가 예측할 수 없는 손해를 입게 되는 범위가 지나치게 확대되어 부당하므로, 이러한 경우에는 소액임차인은 대지의 환가대금에 대하여 우선변제를 받을 수 없다고 보아야 한다(대판 1999.7.23. 99다25532).

ⓔ 주택임대차법 제3조의2 제2항은 대항요건(주택인도와 주민등록전입신고)과 임대차계약증서상의 확정일자를 갖춘 주택임차인에게 부동산 담보권에 유사한 권리를 인정한다는 취지로서, 이에 따라 대항요건과 확정일자를 갖춘 임차인들 상호 간에는 대항요건과 확정일자를 최종적으로 갖춘 순서대로 우선변제받을 순위를 정하게 되므로, 만일 대항요건과 확정일자를 갖춘 임차인들이 주택임대차법 제8조 제1항에 의하여 보증금 중 일정액의 보호를 받는 소액임차인의 지위를 겸하는 경우, 먼저 소액임차인으로서 보호받는 일정액을 우선 배당하고 난 후의 나머지 임차보증금채권액에 대하여는 대항요건과 확정일자를 갖춘 임차인으로서의 순위에 따라 배당을 하여야 하는 것이다(대판 2007.11.15. 2007다45562).

(5) 주택임차권의 승계

> **주택임차권의 승계(주택임대차법 제9조)**
> ① 임차인이 상속인 없이 사망한 경우에는 그 주택에서 가정공동생활을 하던 사실상의 혼인 관계에 있는 자가 임차인의 권리와 의무를 승계한다.
> ② 임차인이 사망한 때에 사망 당시 상속인이 그 주택에서 가정공동생활을 하고 있지 아니한 경우에는 그 주택에서 가정공동생활을 하던 사실상의 혼인 관계에 있는 자와 2촌 이내의 친족이 공동으로 임차인의 권리와 의무를 승계한다.
> ③ 제1항과 제2항의 경우에 임차인이 사망한 후 1개월 이내에 임대인에게 제1항과 제2항에 따른 승계 대상자가 반대의사를 표시한 경우에는 그러하지 아니하다.
> ④ 제1항과 제2항의 경우에 임대차 관계에서 생긴 채권·채무는 임차인의 권리의무를 승계한 자에게 귀속된다.

(6) 기 타

> **임대차기간 등(주택임대차법 제4조)**
> ① 기간을 정하지 아니하거나 2년 미만으로 정한 임대차는 그 기간을 2년으로 본다. 다만, 임차인은 2년 미만으로 정한 기간이 유효함을 주장할 수 있다.
> ② 임대차기간이 끝난 경우에도 임차인이 보증금을 반환받을 때까지는 임대차관계가 존속되는 것으로 본다.
>
> **계약의 갱신(주택임대차법 제6조)**
> ① 임대인이 임대차기간이 끝나기 6개월 전부터 2개월 전까지의 기간에 임차인에게 갱신거절의 통지를 하지 아니하거나 계약조건을 변경하지 아니하면 갱신하지 아니한다는 뜻의 통지를 하지 아니한 경우에는 그 기간이 끝난 때에 전 임대차와 동일한 조건으로 다시 임대차한 것으로 본다. 임차인이 임대차기간이 끝나기 2개월 전까지 통지하지 아니한 경우에도 또한 같다. 〈개정 2020.6.9.〉

② 제1항의 경우 임대차의 존속기간은 2년으로 본다.
③ 2기(期)의 차임액에 달하도록 연체하거나 그 밖에 임차인으로서의 의무를 현저히 위반한 임차인에 대하여는 제1항을 적용하지 아니한다.

묵시적 갱신의 경우 계약의 해지(주택임대차법 제6조의2)
① 제6조 제1항에 따라 계약이 갱신된 경우 같은 조 제2항에도 불구하고 임차인은 언제든지 임대인에게 계약해지를 통지할 수 있다.
② 제1항에 따른 해지는 임대인이 그 통지를 받은 날부터 3개월이 지나면 그 효력이 발생한다.

계약갱신 요구 등(주택임대차법 제6조의3)
① 제6조에도 불구하고 임대인은 임차인이 제6조 제1항 전단의 기간 이내에 계약갱신을 요구할 경우 정당한 사유 없이 거절하지 못한다. 다만, 다음 각 호의 어느 하나에 해당하는 경우에는 그러하지 아니하다.
  1. 임차인이 2기의 차임액에 해당하는 금액에 이르도록 차임을 연체한 사실이 있는 경우
  2. 임차인이 거짓이나 그 밖의 부정한 방법으로 임차한 경우
  3. 서로 합의하여 임대인이 임차인에게 상당한 보상을 제공한 경우
  4. 임차인이 임대인의 동의 없이 목적 주택의 전부 또는 일부를 전대(轉貸)한 경우
  5. 임차인이 임차한 주택의 전부 또는 일부를 고의나 중대한 과실로 파손한 경우
  6. 임차한 주택의 전부 또는 일부가 멸실되어 임대차의 목적을 달성하지 못할 경우
  7. 임대인이 다음 각 목의 어느 하나에 해당하는 사유로 목적 주택의 전부 또는 대부분을 철거하거나 재건축하기 위하여 목적 주택의 점유를 회복할 필요가 있는 경우
     가. 임대차계약 체결 당시 공사시기 및 소요기간 등을 포함한 철거 또는 재건축 계획을 임차인에게 구체적으로 고지하고 그 계획에 따르는 경우
     나. 건물이 노후·훼손 또는 일부 멸실되는 등 안전사고의 우려가 있는 경우
     다. 다른 법령에 따라 철거 또는 재건축이 이루어지는 경우
  8. 임대인(임대인의 직계존속·직계비속을 포함한다)이 목적 주택에 실제 거주하려는 경우
  9. 그 밖에 임차인이 임차인으로서의 의무를 현저히 위반하거나 임대차를 계속하기 어려운 중대한 사유가 있는 경우
② 임차인은 제1항에 따른 계약갱신요구권을 1회에 한하여 행사할 수 있다. 이 경우 갱신되는 임대차의 존속기간은 2년으로 본다.
③ 갱신되는 임대차는 전 임대차와 동일한 조건으로 다시 계약된 것으로 본다. 다만, 차임과 보증금은 제7조의 범위에서 증감할 수 있다.
④ 제1항에 따라 갱신되는 임대차의 해지에 관하여는 제6조의2를 준용한다.
⑤ 임대인이 제1항 제8호의 사유로 갱신을 거절하였음에도 불구하고 갱신요구가 거절되지 아니하였더라면 갱신되었을 기간이 만료되기 전에 정당한 사유 없이 제3자에게 목적 주택을 임대한 경우 임대인은 갱신거절로 인하여 임차인이 입은 손해를 배상하여야 한다.
⑥ 제5항에 따른 손해배상액은 거절 당시 당사자 간에 손해배상의 예정에 관한 합의가 이루어지지 않는 한 다음 각 호의 금액 중 큰 금액으로 한다.
  1. 갱신거절 당시 월차임(차임 외에 보증금이 있는 경우에는 그 보증금을 제7조의2 각 호 중 낮은 비율에 따라 월 단위의 차임으로 전환한 금액을 포함한다. 이하 "환산월차임"이라 한다)의 3개월분에 해당하는 금액
  2. 임대인이 제3자에게 임대하여 얻은 환산월차임과 갱신거절 당시 환산월차임 간 차액의 2년분에 해당하는 금액
  3. 제1항 제8호의 사유로 인한 갱신거절로 인하여 임차인이 입은 손해액
[본조신설 2020.7.31.]

차임 등의 증감청구권(주택임대차법 제7조)

① 당사자는 약정한 차임이나 보증금이 임차주택에 관한 조세, 공과금, 그 밖의 부담의 증감이나 경제사정의 변동으로 인하여 적절하지 아니하게 된 때에는 장래에 대하여 그 증감을 청구할 수 있다. 이 경우 증액청구는 임대차계약 또는 약정한 차임이나 보증금의 증액이 있은 후 1년 이내에는 하지 못한다. 〈개정 2020.7.31.〉
② 제1항에 따른 증액청구는 약정한 차임이나 보증금의 20분의 1의 금액을 초과하지 못한다. 다만, 특별시·광역시·특별자치시·도 및 특별자치도는 관할 구역 내의 지역별 임대차 시장 여건 등을 고려하여 본문의 범위에서 증액청구의 상한을 조례로 달리 정할 수 있다. 〈신설 2020.7.31.〉

월차임 전환 시 산정률의 제한(주택임대차법 제7조의2)

보증금의 전부 또는 일부를 월 단위의 차임으로 전환하는 경우에는 그 전환되는 금액에 다음 각 호 중 낮은 비율을 곱한 월차임(月借賃)의 범위를 초과할 수 없다.
1. 「은행법」에 따른 은행에서 적용하는 대출금리와 해당 지역의 경제 여건 등을 고려하여 대통령령으로 정하는 비율
2. 한국은행에서 공시한 기준금리에 대통령령으로 정하는 이율을 더한 비율

강행규정(주택임대차법 제10조)

이 법에 위반된 약정으로서 임차인에게 불리한 것은 그 효력이 없다.

초과 차임 등의 반환청구(주택임대차법 제10조의2)

임차인이 제7조에 따른 증액비율을 초과하여 차임 또는 보증금을 지급하거나 제7조의2에 따른 월차임 산정률을 초과하여 차임을 지급한 경우에는 초과 지급된 차임 또는 보증금 상당금액의 반환을 청구할 수 있다.

미등기 전세에의 준용(주택임대차법 제12조)

주택의 등기를 하지 아니한 전세계약에 관하여는 이 법을 준용한다. 이 경우 "전세금"은 "임대차의 보증금"으로 본다.

주택임대차분쟁조정위원회(주택임대차법 제14조)

① 이 법의 적용을 받는 주택임대차와 관련된 분쟁을 심의·조정하기 위하여 대통령령으로 정하는 바에 따라 「법률구조법」 제8조에 따른 대한법률구조공단(이하 "공단"이라 한다)의 지부, 「한국토지주택공사법」에 따른 한국토지주택공사(이하 "공사"라 한다)의 지사 또는 사무소 및 「한국감정원법」에 따른 한국감정원(이하 "감정원"이라 한다)의 지사 또는 사무소에 주택임대차분쟁조정위원회(이하 "조정위원회"라 한다)를 둔다. 특별시·광역시·특별자치시·도 및 특별자치도(이하 "시·도"라 한다)는 그 지방자치단체의 실정을 고려하여 조정위원회를 둘 수 있다. 〈개정 2020.7.31.〉
② 조정위원회는 다음 각 호의 사항을 심의·조정한다.
  1. 차임 또는 보증금의 증감에 관한 분쟁
  2. 임대차 기간에 관한 분쟁
  3. 보증금 또는 임차주택의 반환에 관한 분쟁
  4. 임차주택의 유지·수선 의무에 관한 분쟁

5. 그 밖에 대통령령으로 정하는 주택임대차에 관한 분쟁

> **조정위원회의 심의·조정 사항(주택임대차법 시행령 제22조)**
>
> 법 제14조 제2항 제5호에서 "대통령령으로 정하는 주택임대차에 관한 분쟁"이란 다음 각 호의 분쟁을 말한다. 〈개정 2024.12.31.〉
> 1. 임대차계약의 이행 및 임대차계약 내용의 해석에 관한 분쟁
> 2. 임대차계약 갱신 및 종료에 관한 분쟁
> 3. 임대차계약의 불이행 등에 따른 손해배상청구에 관한 분쟁
> 4. 공인중개사 보수 등 비용부담에 관한 분쟁
> 5. 「공인중개사법」 제30조에 따른 공인중개사의 손해배상책임(중개의뢰인이 같은 법 시행령 제26조 제1항에 따라 보증기관에 손해배상금으로 공제금의 지급을 청구하는 경우를 포함한다)에 관한 분쟁
> 6. 주택임대차표준계약서 사용에 관한 분쟁
> 7. 그 밖에 제1호부터 제6호까지의 규정에 준하는 분쟁으로서 조정위원회의 위원장(이하 "위원장"이라 한다)이 조정이 필요하다고 인정하는 분쟁

③ 조정위원회의 사무를 처리하기 위하여 조정위원회에 사무국을 두고, 사무국의 조직 및 인력 등에 필요한 사항은 대통령령으로 정한다.

④ 사무국의 조정위원회 업무담당자는 「상가건물 임대차보호법」 제20조에 따른 상가건물임대차분쟁조정위원회 사무국의 업무를 제외하고 다른 직위의 업무를 겸직하여서는 아니 된다.

[임차인이 주택임대차보호법 제6조의3 제1항에 따라 임대차계약의 갱신을 요구한 경우, 갱신의 효력이 발생하는 시점(= 임대인에게 갱신요구가 도달한 때) / 임차인이 위 법 제6조의2 제1항에 따라 한 계약해지의 통지가 갱신된 임대차계약 기간이 개시되기 전에 임대인에게 도달한 경우, 그 효력이 발생하는 시점(= 해지통지 후 3개월이 지난 때)]

주택임대차보호법 제6조의3 제1항은 "임대인은 임차인이 제6조 제1항 전단의 기간 이내에 계약갱신을 요구할 경우 정당한 사유 없이 거절하지 못한다"라고 하여 임차인의 계약갱신요구권을 규정하고, 같은 조 제4항은 "제1항에 따라 갱신되는 임대차의 해지에 관하여는 제6조의2를 준용한다"라고 규정한다. 한편 주택임대차보호법 제6조의2 제1항은 "제6조 제1항에 따라 계약이 갱신된 경우 같은 조 제2항에도 불구하고 임차인은 언제든지 임대인에게 계약해지를 통지할 수 있다"라고 규정하고, 제2항은 "제1항에 따른 해지는 임대인이 그 통지를 받은 날부터 3개월이 지나면 그 효력이 발생한다"라고 규정한다. 이러한 주택임대차보호법 규정을 종합하여 보면, 임차인이 주택임대차보호법 제6조의3 제1항에 따라 임대차계약의 갱신을 요구하면 임대인에게 갱신거절 사유가 존재하지 않는 한 임대인에게 갱신요구가 도달한 때 갱신의 효력이 발생한다. / 갱신요구에 따라 임대차계약에 갱신의 효력이 발생한 경우 임차인은 제6조의2 제1항에 따라 언제든지 계약의 해지통지를 할 수 있고, 해지통지 후 3개월이 지나면 그 효력이 발생하며, 이는 계약해지의 통지가 갱신된 임대차계약 기간이 개시되기 전에 임대인에게 도달하였더라도 마찬가지이다(대판 2024.1.11. 2023다258672).

[임차인이 주택임대차보호법 제6조의3 제1항 본문에 따라 계약갱신을 요구하였더라도 임대인이나 같은 법 제3조 제4항에 따라 임대인의 지위를 승계한 임차주택의 양수인이 같은 법 제6조 제1항 전단에서 정한 기간 내에 제6조의3 제1항 단서 제8호에 따라 주택에 실제 거주하려고 한다는 사유를 들어 임차인의 계약갱신 요구를 거절할 수 있는지 여부(원칙적 적극)]

주택임대차보호법 제6조, 제6조의3 등 관련 규정의 내용과 체계, 입법 취지 등을 종합하여 보면, 임차인이 같은 법 제6조의3 제1항 본문에 따라 계약갱신을 요구하였더라도, 임대인으로서는 특별한 사정이 없는 한 같은 법 제6조 제1항 전단에서 정한 기간 내라면 제6조의3 제1항 단서 제8호에 따라 임대인이 목적 주택에 실제 거주하려고 한다는 사유를 들어 임차인의 계약갱신 요구를 거절할 수 있고, 같은 법 제3조 제4항에 의하여 임대인의 지위를 승계한 임차주택의 양수인도 그 주택에 실제 거주하려는 경우 위 갱신거절 기간 내에 위 제8호에 따른 갱신거절 사유를 주장할 수 있다고 보아야 한다(대판 2022.12.1. 2021다266631).

[임대인이 목적 주택에 실제 거주하려는 경우에 해당한다는 점에 대한 증명책임의 소재(= 임대인) / '실제 거주하려는 의사'의 존재를 인정하기 위한 요건 및 판단 기준]

임대인(임대인의 직계존속·직계비속을 포함한다. 이하 같다)이 목적 주택에 실제 거주하려는 경우에 해당한다는 점에 대한 증명책임은 임대인에게 있다. / '실제 거주하려는 의사'의 존재는 임대인이 단순히 그러한 의사를 표명하였다는 사정이 있다고 하여 곧바로 인정될 수는 없지만, 임대인의 내심에 있는 장래에 대한 계획이라는 위 거절사유의 특성을 고려할 때 임대인의 의사가 가공된 것이 아니라 진정하다는 것을 통상적으로 수긍할 수 있을 정도의 사정이 인정된다면 그러한 의사의 존재를 추인할 수 있을 것이다. 이는 임대인의 주거 상황, 임대인이나 그의 가족의 직장이나 학교 등 사회적 환경, 임대인이 실제 거주하려는 의사를 가지게 된 경위, 임대차계약 갱신요구 거절 전후 임대인의 사정, 임대인의 실제 거주 의사와 배치·모순되는 언동의 유무, 이러한 언동으로 계약갱신에 대하여 형성된 임차인의 정당한 신뢰가 훼손될 여지가 있는지 여부, 임대인이 기존 주거지에서 목적 주택으로 이사하기 위한 준비의 유무 및 내용 등 여러 사정을 종합하여 판단할 수 있다(대판 2023.12.7. 2022다279795).

3. 상가건물 임대차

(1) 의 의

상가건물 임대차보호법(이하 '상가임대차법'이라 한다)은 상가건물 임대차에 관하여 「민법」에 대한 특례를 규정하여 국민 경제생활의 안정을 보장함을 목적으로 2001년 12월 29일 제정되었다(상가임대차법 제1조). 이하에서는 상가임대차법의 주요 내용에 대해 살펴보기로 한다.

(2) 적용범위

적용범위(상가임대차법 제2조)

① 이 법은 상가건물(제3조 제1항에 따른 사업자등록의 대상이 되는 건물을 말한다)의 임대차(임대차 목적물의 주된 부분을 영업용으로 사용하는 경우를 포함한다)에 대하여 적용한다. 다만, 제14조의2에 따른 상가건물임대차위원회의 심의를 거쳐 대통령령으로 정하는 보증금액을 초과하는 임대차에 대하여는 그러하지 아니하다. 〈개정 2020.7.31.〉
② 제1항 단서에 따른 보증금액을 정할 때에는 해당 지역의 경제 여건 및 임대차 목적물의 규모 등을 고려하여 지역별로 구분하여 규정하되, 보증금 외에 차임이 있는 경우에는 그 차임액에 은행법에 따른 은행의 대출금리 등을 고려하여 대통령령으로 정하는 비율을 곱하여 환산한 금액을 포함하여야 한다.
③ 제1항 단서에도 불구하고 제3조, 제10조 제1항, 제2항, 제3항 본문, 제10조의2부터 제10조의9까지의 규정, 제11조의2 및 제19조는 제1항 단서에 따른 보증금액을 초과하는 임대차에 대하여도 적용한다. 〈개정 2022.1.4.〉

1) 상가건물

상가임대차법은 동법 제3조 제1항에 따른 사업자등록의 대상이 되는 상가건물의 임대차(임대차 목적물의 주된 부분을 영업용으로 사용하는 경우를 포함한다)에 대하여 적용한다(동법 제2조 제1항 본문).

[상가임대차법 적용대상인 '상가건물 임대차'의 의미 및 이러한 '상가건물'에 해당하는지에 관한 판단 기준]
상가임대차법의 목적과 같은 법 제2조 제1항 본문, 제3조 제1항에 비추어 보면, 상가임대차법이 적용되는 상가건물 임대차는 사업자등록 대상이 되는 건물로서 임대차 목적물인 건물을 영리를 목적으로 하는 영업용으로 사용하는 임대차를 가리킨다. 그리고 상가임대차법이 적용되는 상가건물에 해당하는지는 공부상 표시가 아닌 건물의 현황·용도 등에 비추어 영업용으로 사용하느냐에 따라 실질적으로 판단하여야 하고, 단순히 상품의 보관·제조·가공 등 사실행위만이 이루어지는 공장·창고 등은 영업용으로 사용하는 경우라고 할 수 없으나 그곳에서 그러한 사실행위와 더불어 영리를 목적으로 하는 활동이 함께 이루어진다면 상가임대차법 적용대상인 상가건물에 해당한다(대판 2011.7.28. 2009다40967).

2) 상가임대차법은 동법 제14조의2에 따른 상가건물임대차위원회의 심의를 거쳐 대통령령으로 정하는 보증금액을 초과하지 않는 상가건물의 임대차에 대하여 적용된다(동법 제2조 제1항 단서).

① 대통령령으로 정하는 보증금액이란 ㉠ 서울특별시는 9억원, ㉡ 「수도권정비계획법」에 따른 과밀억제권역(서울특별시는 제외한다) 및 부산광역시는 6억 9천만원, ㉢ 광역시(「수도권정비계획법」에 따른 과밀억제권역에 포함된 지역과 군지역, 부산광역시는 제외한다), 세종특별자치시, 파주시, 화성시, 안산시, 용인시, 김포시 및 광주시는 5억 4천만원, ㉣ 그 밖의 지역은 3억 7천만원의 금액을 말한다(동법 시행령 제2조 제1항).

② 보증금 외에 차임이 있는 경우에는 그 차임액(월 단위의 차임액을 의미)에 「은행법」에 따른 은행의 대출금리 등을 고려하여 대통령령으로 정하는 비율(1분의 100)을 곱하여 환산한 금액을 포함하여야 한다(동법 제2조 제2항 단서, 동법 시행령 제2조 제3항).

③ 다만, 대항력(동법 제3조), 계약갱신요구(동법 제10조, 제10조의2), 권리금(동법 제10조의3 내지 제10조의7), 차임연체와 해지(동법 제10조의8), 폐업으로 인한 임차인의 해지권(동법 제11조의2), 표준계약서의 작성(동법 제19조) 등은 동법 제2조 제1항 단서에도 불구하고 보증금의 과다와 무관하게 적용된다(동법 제2조 제3항).

3) 상가임대차법은 일시사용을 위한 임대차임이 명백한 경우에는 적용되지 않는다(동법 제16조).

(3) 대항력 등

대항력 등(상가임대차법 제3조)
① 임대차는 그 등기가 없는 경우에도 임차인이 건물의 인도와 부가가치세법 제8조, 소득세법 제168조 또는 법인세법 제111조에 따른 사업자등록을 신청하면 그 다음 날부터 제3자에 대하여 효력이 생긴다.
② 임차건물의 양수인(그 밖에 임대할 권리를 승계한 자를 포함한다)은 임대인의 지위를 승계한 것으로 본다.
③ 이 법에 따라 임대차의 목적이 된 건물이 매매 또는 경매의 목적물이 된 경우에는 민법 제575조 제1항·제3항 및 제578조를 준용한다.
④ 제3항의 경우에는 민법 제536조를 준용한다.

① 상가건물의 임대차는 그 등기가 없는 경우에도 임차인이 ㉠ 건물의 인도와 ㉡ 부가가치세법 제8조, 소득세법 제168조 또는 법인세법 제111조에 따른 사업자등록을 신청하면 그 다음 날부터 제3자에 대하여 효력이 생긴다(상가임대차법 제3조 제1항).

② 상가임대차법 제3조는 '대항력 등'이라는 표제로 제1항에서 대항력의 요건을 정하고, 제2항에서 "임차건물의 양수인(그 밖에 임대할 권리를 승계한 자를 포함한다)은 임대인의 지위를 승계한 것으로 본다"라고 정하고 있다. 이 조항은 임차인이 취득하는 대항력의 내용을 정한 것으로, 상가건물의 임차인이 제3자에 대한 대항력을 취득한 다음 임차건물의 양도 등으로 소유자가 변동된 경우에는 양수인 등 새로운 소유자(이하 '양수인'이라 한다)가 임대인의 지위를 당연히 승계한다는 의미이다. 소유권 변동의 원인이 매매 등 법률행위든 상속·경매 등 법률의 규정이든 상관없이 이 규정이 적용된다. 따라서 임대를 한 상가건물을 여러 사람이 공유하고 있다가 이를 분할하기 위한 경매절차에서 건물의 소유자가 바뀐 경우에도 양수인이 임대인의 지위를 승계한다. 위 조항에 따라 임차건물의 양수인이 임대인의 지위를 승계하면, 양수인은 임차인에게 임대보증금 반환의무를 부담하고 임차인은 양수인에게 차임지급의무를 부담한다. 그러나 임차건물의 소유권이 이전되기 전에 이미 발생한 연체차임이나 관리비 등은 별도의 채권양도절차가 없는 한 원칙적으로 양수인에게 이전되지 않고 임대인만이 임차인에게 청구할 수 있다. 차임이나 관리비 등은 임차건물을 사용한 대가로서 임차인에게 임차건물을 사용하도록 할 당시의 소유자 등 처분권한 있는 자에게 귀속된다고 볼 수 있기 때문이다. 임대차계약에서 임대차보증금은 임대차계약 종료 후 목적물을 임대인에게 명도할 때까지 발생하는, 임대차에 따른 임차인의 모든 채무를 담보한다. 따라서 이러한 채무는 임대차관계 종료 후 목적물이 반환될 때에 특별한 사정이 없는 한 별도의 의사표시 없이 보증금에서 당연히 공제된다. 임차건물의 양수인이 건물 소유권을 취득한 후 임대차관계가 종료되어 임차인에게 임대차보증금을 반환해야 하는 경우에 임대인의 지위를 승계하기 전까지 발생한 연체차임이나 관리비 등이 있으면 이는 특별한 사정이 없는 한 임대차보증금에서 당연히 공제된다. 일반적으로 임차건물의 양도 시에 연체차임이나 관리비 등이 남아 있더라도 나중에 임대차관계가 종료되는 경우 임대차보증금에서 이를 공제하겠다는 것이 당사자들의 의사나 거래관념에 부합하기 때문이다(대판 2017.3.22. 2016다218874).

③ 어떠한 목적물에 관하여 임차인이 상가임대차법상의 대항력 또는 우선변제권 등을 취득한 후에 그 목적물의 소유권이 제3자에게 양도되면 임차인은 그 새로운 소유자에 대하여 자신의 임차권으로 대항할 수 있고, 새로운 소유자는 종전 소유자의 임대인으로서의 지위를 승계한다(상가임대차법 제3조 제1항·제2항, 제5조 제2항 등 참조). 그러나 임차권의 대항 등을 받는 새로운 소유자라고 할지라도 임차인과의 계약에 기하여 그들 사이의 법률관계를 그들의 의사에 좇아 자유롭게 형성할 수 있는 것이다. 따라서 새로운 소유자와 임차인이 동일한 목적물에 관하여 종전 임대차계약의 효력을 소멸시키려는 의사로 그와는 별개의 임대차계약을 새로이 체결하여 그들 사이의 법률관계가 이 새로운 계약에 의하여 규율되는 것으로 정할 수 있다. 그리고 그 경우에는 종전의 임대차계약은 그와 같은 합의의 결과로 그 효력을 상실하게 되므로, 다른 특별한 사정이 없는 한 이제 종전의 임대차계약을 기초로 발생하였던 대항력 또는 우선변제권 등도 종전 임대차계약과 함께 소멸하여 이를 새로운 소유자 등에게 주장할 수 없다고 할 것이다(대판 2013.12.12. 2013다211919).

④ 상가임대차법 제3조는 '대항력 등'이라는 표제로 제1항에서 대항력의 요건을 정하고, 제2항에서 "임차건물의 양수인(그 밖에 임대할 권리를 승계한 자를 포함한다)은 임대인의 지위를 승계한 것으로 본다"라고 정하고 있다. 상속에 따라 임차건물의 소유권을 취득한 자도 위 조항에서 말하는 임차건물의 양수인에 해당한다. 임대인 지위를 공동으로 승계한 공동임대인들의 임차보증금반환채무는 성질상 불가분채무에 해당한다. 불가분채무자가 변제 등으로 공동면책을 얻은 때에는 다른 채무자의 부담부분에 대하여 구상할 수 있다. / 민법 제1007조는 "공동상속인은 각자의 상속분에 응하여 피상속인의 권리·의무를 승계한다"라고 정하는데 위 조항에서 정한 '상속분'은 법정상속분을 의미한다. / 따라서 임대인 지위를 공동으로 승계한 상속인 중 1인이 변제 등으로 공동면책을 얻은 때에는 다른 공동상속인들을 상대로 법정상속분에 따라 구상할 수 있다(대판 2024.8.1. 2023다318857).

⑤ 상속재산분할심판에서 분할대상 상속재산 중 특정 상속재산을 공동상속인 중 1인의 단독소유로 하고 그의 구체적 상속분과 그 특정 상속재산의 가액과의 차액을 현금으로 정산하는 방법(이른바 대상분할의 방법)으로 상속재산을 분할하였는데 그 특정 상속재산이 상가임대차법 제3조 제1항이 정한 대항요건을 갖춘 임대차의 목적물인 경우 그 공동상속인은 임대차보증금반환채무를 면책적으로 인수하고 다른 공동상속인들은 임대차관계에서 탈퇴하여 임차인에 대한 임대차보증금반환채무를 면하게 된다. / 그런데 상속재산분할심판에서 임대차보증금반환채무가 분할대상에서 제외된 가운데 임대차 목적물을 단독으로 상속받게 된 공동상속인이 그 임대차보증금반환채무를 면책적으로 인수하면서 다른 공동상속인들에게는 이러한 채무인수를 고려하지 않은 방식에 따라 산정된 차액을 지급하게 되면, 그는 본래 상속재산분할에서 의도되었던 것보다 과도한 부담을 안을 수 있어 부당하다. 이러한 경우 다른 공동상속인들이 임대차보증금반환채무를 면하는 것을 정당화할 만한 특별한 사정이 없는 한 공동상속인들 사이에서는 임대차보증금반환채무에 관하여 법정상속분에 따른 내부적 부담부분이 그대로 유지되고, 그 임대차 목적물을 단독소유하게 된 공동상속인이 나중에 임대차보증금을 반환한 때에는 다른 공동상속인들을 상대로 구상할 수 있다(대판 2024.8.1. 2023다318857).

(4) 우선변제권

① 상가임대차법 제3조 제1항의 대항요건을 갖추고 관할 세무서장으로부터 임대차계약서상의 확정일자를 받은 임차인은 민사집행법에 따른 경매 또는 국세징수법에 따른 공매 시 임차건물(임대인 소유의 대지를 포함한다)의 환가대금에서 후순위권리자나 그 밖의 채권자보다 우선하여 보증금을 변제받을 권리가 있다(동법 제5조 제2항).

② 임차인이 임차건물에 대하여 보증금반환청구소송의 확정판결, 그 밖에 이에 준하는 집행권원에 의하여 경매를 신청하는 경우에는 민사집행법 제41조에도 불구하고 반대의무의 이행이나 이행의 제공을 집행개시의 요건으로 하지 아니한다(상가임대차법 제5조 제1항). 그러나 임차인은 임차건물을 양수인에게 인도하지 아니하면 제2항에 따른 보증금을 받을 수 없다(동법 제5조 제3항).

③ 상가임대차법 제5조 제2항 또는 제7항에 따른 우선변제의 순위와 보증금에 대하여 이의가 있는 이해관계인은 경매법원 또는 체납처분청에 이의를 신청할 수 있다(동법 제5조 제4항). 이해관계인이 경매법원에 이의를 신청하는 경우에는 민사집행법 제152조 내지 제161조까지의 규정을 준용한다(동법 제5조 제5항).

④ 상가임대차법 제5조 제4항에 따라 이의신청을 받은 체납처분청은 이해관계인이 이의신청일부터 7일 이내에 임차인 또는 제7항에 따라 우선변제권을 승계한 금융기관 등을 상대로 소(訴)를 제기한 것을 증명한 때에는 그 소송이 종결될 때까지 이의가 신청된 범위에서 임차인 또는 제7항에 따라 우선변제권을 승계한 금융기관 등에 대한 보증금의 변제를 유보(留保)하고 남은 금액을 배분하여야 한다. 이 경우 유보된 보증금은 소송 결과에 따라 배분한다(동법 제5조 제6항).

⑤ 상가임대차법 제5조 제7항 각 호의 금융기관 등이 동법 제5조 제2항(확정일자를 갖춘 경우), 제6조 제5항(임차권등기명령의 집행에 따른 임차권등기를 마친 경우) 또는 제7조 제1항(민법 제621조에 따라 건물임대차등기를 마친 경우)에 따른 우선변제권을 취득한 임차인의 보증금반환채권을 계약으로 양수한 경우에는 양수한 금액의 범위에서 우선변제권을 승계한다(동법 제5조 제7항). 다만, 임차인이 제3조 제1항의 대항요건을 상실한 경우, 제6조 제5항에 따른 임차권등기가 말소된 경우, 「민법」 제621조에 따른 임대차등기가 말소된 경우에는 우선변제권을 행사할 수 없다(동법 제5조 제8항).

⑥ 금융기관등은 우선변제권을 행사하기 위하여 임차인을 대리하거나 대위하여 임대차를 해지할 수 없다(상가임대차법 제5조 제9항).

(5) 보증금 중 일정액의 보호

보증금 중 일정액의 보호(상가임대차법 제14조)
① 임차인은 보증금 중 일정액을 다른 담보물권자보다 우선하여 변제받을 권리가 있다. 이 경우 임차인은 건물에 대한 경매신청의 등기 전에 제3조 제1항의 요건을 갖추어야 한다.
② 제1항의 경우에 제5조 제4항부터 제6항까지의 규정을 준용한다.
③ 제1항에 따라 우선변제를 받을 임차인 및 보증금 중 일정액의 범위와 기준은 임대건물가액(임대인 소유의 대지가액을 포함한다)의 2분의 1 범위에서 해당 지역의 경제 여건, 보증금 및 차임 등을 고려하여 제14조의2에 따른 상가건물임대차위원회의 심의를 거쳐 대통령령으로 정한다. 〈개정 2020.7.31.〉

우선변제를 받을 임차인의 범위(상가임대차법 시행령 제6조)
법 제14조의 규정에 의하여 우선변제를 받을 임차인은 보증금과 차임이 있는 경우 법 제2조 제2항의 규정에 의하여 환산한 금액의 합계가 다음 각 호의 구분에 의한 금액 이하인 임차인으로 한다.
  1. 서울특별시 : 6천 500만원
  2. 「수도권정비계획법」에 따른 과밀억제권역(서울특별시는 제외한다) : 5천 500만원
  3. 광역시(「수도권정비계획법」에 따른 과밀억제권역에 포함된 지역과 군지역은 제외한다), 안산시, 용인시, 김포시 및 광주시 : 3천 8백만원
  4. 그 밖의 지역 : 3천만원

> **우선변제를 받을 보증금의 범위 등(상가임대차법 시행령 제7조)**
> ① 법 제14조의 규정에 의하여 우선변제를 받을 보증금 중 일정액의 범위는 다음 각 호의 구분에 의한 금액 이하로 한다.
>   1. 서울특별시 : 2천 200만원
>   2. 「수도권정비계획법」에 따른 과밀억제권역(서울특별시는 제외한다) : 1천 900만원
>   3. 광역시(「수도권정비계획법」에 따른 과밀억제권역에 포함된 지역과 군지역은 제외한다), 안산시, 용인시, 김포시 및 광주시 : 1천 300만원
>   4. 그 밖의 지역 : 1천만원
> ② 임차인의 보증금 중 일정액이 상가건물의 가액의 2분의 1을 초과하는 경우에는 상가건물의 가액의 2분의 1에 해당하는 금액에 한하여 우선변제권이 있다.
> ③ 하나의 상가건물에 임차인이 2인 이상이고, 그 각 보증금 중 일정액의 합산액이 상가건물의 가액의 2분의 1을 초과하는 경우에는 그 각 보증금 중 일정액의 합산액에 대한 각 임차인의 보증금 중 일정액의 비율로 그 상가건물의 가액의 2분의 1에 해당하는 금액을 분할한 금액을 각 임차인의 보증금 중 일정액으로 본다.

(6) 임차권등기명령

① 임대차가 종료된 후 보증금이 반환되지 아니한 경우 임차인은 임차건물의 소재지를 관할하는 지방법원, 지방법원지원 또는 시·군법원에 임차권등기명령을 신청할 수 있다(상가임대차법 제6조 제1항).

② 임차인이 임차권등기명령을 신청할 때에는 신청 취지 및 이유, 임대차의 목적인 건물(임대차의 목적이 건물의 일부분인 경우에는 그 부분의 도면을 첨부한다), 임차권등기의 원인이 된 사실(임차인이 제3조 제1항에 따른 대항력을 취득하였거나 제5조 제2항에 따른 우선변제권을 취득한 경우에는 그 사실), 그 밖에 대법원규칙으로 정하는 사항을 기재하여야 하며, 신청 이유 및 임차권등기의 원인인 된 사실을 소명하여야 한다(상가임대차법 제6조 제2항).

③ 임차권등기명령의 집행에 따른 임차권등기를 마치면 임차인은 제3조 제1항에 따른 대항력과 제5조 제2항에 따른 우선변제권을 취득한다. 다만, 임차인이 임차권등기 이전에 이미 대항력 또는 우선변제권을 취득한 경우에는 그 대항력 또는 우선변제권이 그대로 유지되며, 임차권등기 이후에는 제3조 제1항의 대항요건을 상실하더라도 이미 취득한 대항력 또는 우선변제권을 상실하지 아니한다(상가임대차법 제6조 제5항).

④ 임차권등기명령의 집행에 따른 임차권등기를 마친 건물(임대차의 목적이 건물의 일부분인 경우에는 그 부분으로 한정한다)을 그 이후에 임차한 임차인은 제14조에 따른 우선변제를 받을 권리가 없다(상가임대차법 제6조 제6항).

⑤ 금융기관등은 임차인을 대위하여 제1항의 임차권등기명령을 신청할 수 있다(상가임대차법 제6조 제9항 전문).

(7) 경매에 의한 임차권의 소멸

임차권은 임차건물에 대하여 「민사집행법」에 따른 경매가 실시된 경우에는 그 임차건물이 매각되면 소멸한다. 다만, 보증금이 전액 변제되지 아니한 대항력이 있는 임차권은 그러하지 아니하다(상가임대차법 제8조).

(8) 임대차기간 등

> **임대차기간 등(상가임대차법 제9조)**
> ① 기간을 정하지 아니하거나 기간을 1년 미만으로 정한 임대차는 그 기간을 1년으로 본다. 다만, 임차인은 1년 미만으로 정한 기간이 유효함을 주장할 수 있다.
> ② 임대차가 종료한 경우에도 임차인이 보증금을 돌려받을 때까지는 임대차 관계는 존속하는 것으로 본다.

[상가건물 임대차보호법 제9조 제2항의 취지 및 위 법이 적용되는 상가건물의 임차인이 임대차 종료 이후 보증금을 반환받기 전에 임차 목적물을 점유하고 있는 경우, 임차인에게 차임 상당의 부당이득이 성립하는지 여부(소극) / 위 법이 적용되는 임대차가 기간만료나 당사자의 합의, 해지 등으로 종료된 경우, 보증금을 반환받을 때까지 임차 목적물을 계속 점유하면서 사용·수익한 임차인이 시가에 따른 차임 상당의 부당이득금 지급 의무를 부담하는지 여부(소극)]
상가건물 임대차에서 기간만료나 당사자의 합의 등으로 임대차가 종료된 경우에도 상가건물 임대차보호법(이하 '상가임대차법'이라고 한다) 제9조 제2항에 의하여 임차인은 보증금을 반환받을 때까지 임대차관계가 존속하는 것으로 의제된다. 이는 임대차기간이 끝난 후에도 상가건물의 임차인이 보증금을 반환받을 때까지는 임차인의 목적물에 대한 점유를 임대차기간이 끝나기 전과 마찬가지 정도로 강하게 보호함으로써 임차인의 보증금반환채권을 실질적으로 보장하기 위한 것이다. 따라서 상가임대차법이 적용되는 상가건물의 임차인이 임대차 종료 이후에 보증금을 반환받기 전에 임차 목적물을 점유하고 있다고 하더라도 임차인에게 차임 상당의 부당이득이 성립한다고 할 수 없다. / 위와 같은 상가임대차법 제9조 제2항의 입법 취지, 상가건물 임대차 종료 후 의제되는 임대차관계의 법적 성격 등을 종합하면, 상가임대차법이 적용되는 임대차가 기간만료나 당사자의 합의, 해지 등으로 종료된 경우 보증금을 반환받을 때까지 임차 목적물을 계속 점유하면서 사용·수익한 임차인은 종전 임대차계약에서 정한 차임을 지급할 의무를 부담할 뿐이고, 시가에 따른 차임에 상응하는 부당이득금을 지급할 의무를 부담하는 것은 아니다(대판 2023.11.9. 2023다257600[반소]).

(9) 계약갱신 요구 등

> **계약갱신 요구 등(상가임대차법 제10조)**
> ① 임대인은 임차인이 임대차기간이 만료되기 6개월 전부터 1개월 전까지 사이에 계약갱신을 요구할 경우 정당한 사유 없이 거절하지 못한다. 다만, 다음 각 호의 어느 하나의 경우에는 그러하지 아니하다.
>   1. 임차인이 3기의 차임액에 해당하는 금액에 이르도록 차임을 연체한 사실이 있는 경우
>   2. 임차인이 거짓이나 그 밖의 부정한 방법으로 임차한 경우
>   3. 서로 합의하여 임대인이 임차인에게 상당한 보상을 제공한 경우
>   4. 임차인이 임대인의 동의 없이 목적 건물의 전부 또는 일부를 전대(轉貸)한 경우
>   5. 임차인이 임차한 건물의 전부 또는 일부를 고의나 중대한 과실로 파손한 경우
>   6. 임차한 건물의 전부 또는 일부가 멸실되어 임대차의 목적을 달성하지 못할 경우

7. 임대인이 다음 각 목의 어느 하나에 해당하는 사유로 목적 건물의 전부 또는 대부분을 철거하거나 재건축하기 위하여 목적 건물의 점유를 회복할 필요가 있는 경우
   가. 임대차계약 체결 당시 공사시기 및 소요기간 등을 포함한 철거 또는 재건축 계획을 임차인에게 구체적으로 고지하고 그 계획에 따르는 경우
   나. 건물이 노후·훼손 또는 일부 멸실되는 등 안전사고의 우려가 있는 경우
   다. 다른 법령에 따라 철거 또는 재건축이 이루어지는 경우
8. 그 밖에 임차인이 임차인으로서의 의무를 현저히 위반하거나 임대차를 계속하기 어려운 중대한 사유가 있는 경우
② 임차인의 계약갱신요구권은 최초의 임대차기간을 포함한 전체 임대차기간이 10년을 초과하지 아니하는 범위에서만 행사할 수 있다.
③ 갱신되는 임대차는 전 임대차와 동일한 조건으로 다시 계약된 것으로 본다. 다만, 차임과 보증금은 제11조에 따른 범위에서 증감할 수 있다.
④ 임대인이 제1항의 기간 이내에 임차인에게 갱신 거절의 통지 또는 조건 변경의 통지를 하지 아니한 경우에는 그 기간이 만료된 때에 전 임대차와 동일한 조건으로 다시 임대차한 것으로 본다. 이 경우에 임대차의 존속기간은 1년으로 본다.
⑤ 제4항의 경우 임차인은 언제든지 임대인에게 계약해지의 통고를 할 수 있고, 임대인이 통고를 받은 날부터 3개월이 지나면 효력이 발생한다.

계약갱신의 특례(상가임대차법 제10조의2)
제2조 제1항 단서에 따른 보증금액을 초과하는 임대차의 계약갱신의 경우에는 당사자는 상가건물에 관한 조세, 공과금, 주변 상가건물의 차임 및 보증금, 그 밖의 부담이나 경제사정의 변동 등을 고려하여 차임과 보증금의 증감을 청구할 수 있다.

[상가의 임차인이 임대차기간 만료 1개월 전부터 만료일 사이에 갱신거절의 통지를 한 경우, 임대차계약의 묵시적 갱신이 인정되지 않고 임대차기간의 만료일에 종료하는지 여부(적극)]
상가의 임차인이 임대차기간 만료 1개월 전부터 만료일 사이에 갱신거절의 통지를 한 경우 해당 임대차계약은 묵시적 갱신이 인정되지 않고 임대차기간의 만료일에 종료한다고 보아야 한다.
① 기간을 정한 임대차계약은 법률의 특별한 규정이 없는 한 기간이 만료함으로써 종료한다. 민법 제639조는 임대차기간이 만료한 후 임차인이 임차물의 사용, 수익을 계속하는 경우에 임대인이 상당한 기간 안에 이의를 하지 아니하는 때에는 묵시의 갱신을 인정하고 있다. 민법에 의하면 임차인이 임대차기간 만료 전에 갱신거절의 통지를 하는 경우에는 묵시의 갱신이 인정될 여지가 없다.
② 「상가건물 임대차보호법」(이하 '상가임대차법'이라 한다) 제10조 제1항은 "임대인은 임차인이 임대차기간이 만료되기 6개월 전부터 1개월 전까지 사이에 계약갱신을 요구할 경우 정당한 사유 없이 거절하지 못한다"라고 정하여 임차인의 계약갱신요구권을 인정할 뿐이고, 임차인이 갱신거절의 통지를 할 수 있는 기간은 제한하지 않았다. 상가임대차법 제10조 제4항은 "임대인이 제1항의 기간 이내에 임차인에게 갱신거절의 통지 또는 조건변경의 통지를 하지 아니한 경우에는 그 기간이 만료된 때에 전임대차와 동일한 조건으로 다시 임대차한 것으로 본다"라고 정하여 묵시적 갱신을 규정하면서 임대인의 갱신거절 또는 조건변경의 통지기간을 제한하였을 뿐, 주택임대차보호법 제6조 제1항 후문과 달리 상가의 임차인에 대하여는 기간의 제한을 두지 않았다. 상가임대차법에 임차인의 갱신거절 통지기간에 대하여 명시적인 규정이 없는 이상 원칙으로 돌아가 임차인의 갱신거절 통지기간은 제한이 없다고 보아야 한다.

> ③ 원심이 이 사건 임대차계약의 임대차기간이 만료되기 6개월 전부터 1개월 전까지 사이에 임차인인 원고가 별다른 조치를 취하지 아니한 이상, 이 사건 임대차계약은 기간만료일 전 1개월이 경과하여 묵시적으로 갱신되었다고 판단한 것은 문언해석에 반한다. 또한 상가임대차법 제10조 제1항이 임차인의 갱신거절 통지 기간도 한정한 것으로 해석한다면, 위 기간 이후 임대차기간 만료 전에 갱신거절 통지를 한 임차인의 의사에 반하여 상가임대차법 제10조 제4항에 따른 묵시적 갱신을 강제하는 결과가 되고, 이는 상가건물 임차인을 보호함으로써 그 경제생활의 안정을 보장하고자 하는 상가임대차법의 입법 취지에도 반한다(대판 2024.6.27. 2023다307024).

(10) 권리금의 정의와 권리금 회수기회 보호 등

권리금의 정의 등(상가임대차법 제10조의3)
① 권리금이란 임대차 목적물인 상가건물에서 영업을 하는 자 또는 영업을 하려는 자가 영업시설·비품, 거래처, 신용, 영업상의 노하우, 상가건물의 위치에 따른 영업상의 이점 등 유형·무형의 재산적 가치의 양도 또는 이용대가로서 임대인, 임차인에게 보증금과 차임 이외에 지급하는 금전 등의 대가를 말한다.
② 권리금 계약이란 신규임차인이 되려는 자가 임차인에게 권리금을 지급하기로 하는 계약을 말한다.

권리금 회수기회 보호 등(상가임대차법 제10조의4)
① 임대인은 임대차기간이 끝나기 6개월 전부터 임대차 종료 시까지 다음 각 호의 어느 하나에 해당하는 행위를 함으로써 권리금 계약에 따라 임차인이 주선한 신규임차인이 되려는 자로부터 권리금을 지급받는 것을 방해하여서는 아니 된다. 다만, 제10조 제1항 각 호의 어느 하나에 해당하는 사유가 있는 경우에는 그러하지 아니하다.
  1. 임차인이 주선한 신규임차인이 되려는 자에게 권리금을 요구하거나 임차인이 주선한 신규임차인이 되려는 자로부터 권리금을 수수하는 행위
  2. 임차인이 주선한 신규임차인이 되려는 자로 하여금 임차인에게 권리금을 지급하지 못하게 하는 행위
  3. 임차인이 주선한 신규임차인이 되려는 자에게 상가건물에 관한 조세, 공과금, 주변 상가건물의 차임 및 보증금, 그 밖의 부담에 따른 금액에 비추어 현저히 고액의 차임과 보증금을 요구하는 행위
  4. 그 밖에 정당한 사유 없이 임대인이 임차인이 주선한 신규임차인이 되려는 자와 임대차계약의 체결을 거절하는 행위
② 다음 각 호의 어느 하나에 해당하는 경우에는 제1항 제4호의 정당한 사유가 있는 것으로 본다.
  1. 임차인이 주선한 신규임차인이 되려는 자가 보증금 또는 차임을 지급할 자력이 없는 경우
  2. 임차인이 주선한 신규임차인이 되려는 자가 임차인으로서의 의무를 위반할 우려가 있거나 그 밖에 임대차를 유지하기 어려운 상당한 사유가 있는 경우
  3. 임대차목적물인 상가건물을 1년 6개월 이상 영리목적으로 사용하지 아니한 경우
  4. 임대인이 선택한 신규임차인이 임차인과 권리금계약을 체결하고 그 권리금을 지급한 경우
③ 임대인이 제1항을 위반하여 임차인에게 손해를 발생하게 한 때에는 그 손해를 배상할 책임이 있다. 이 경우 그 손해배상액은 신규임차인이 임차인에게 지급하기로 한 권리금과 임대차 종료 당시의 권리금 중 낮은 금액을 넘지 못한다.
④ 제3항에 따라 임대인에게 손해배상을 청구할 권리는 임대차가 종료한 날부터 3년 이내에 행사하지 아니하면 시효의 완성으로 소멸한다.
⑤ 임차인은 임대인에게 임차인이 주선한 신규임차인이 되려는 자의 보증금 및 차임을 지급할 자력 또는 그 밖에 임차인으로서의 의무를 이행할 의사 및 능력에 관하여 자신이 알고 있는 정보를 제공하여야 한다.

[1] 상가건물 임대차보호법 제10조의4에서 정한 권리금 회수 방해로 인한 손해배상책임이 성립하기 위해서는 임차인이 구체적인 인적사항을 제시하면서 신규 임차인이 되려는 자를 임대인에게 주선하였어야 하는지 여부(원칙적 적극) / 임대인이 정당한 사유 없이 임차인이 주선할 신규 임차인이 되려는 자와 임대차계약을 체결할 의사가 없음을 확정적으로 표시한 경우, 임차인이 실제로 신규 임차인을 주선하지 않았더라도 임대인에게 권리금 회수 방해로 인한 손해배상을 청구할 수 있는지 여부(적극) : 상가건물 임대차보호법(이하 '상가임대차법'이라 한다) 제10조의3, 제10조의4의 문언과 내용, 입법 취지 등을 종합하면, 임차인이 구체적인 인적사항을 제시하면서 신규 임차인이 되려는 자를 임대인에게 주선하였음에도 임대인이 상가임대차법 제10조의4 제1항에서 정한 기간에 이러한 신규 임차인이 되려는 자에게 권리금을 요구하는 등 위 제1항 각 호의 어느 하나에 해당하는 행위를 함으로써 임차인이 신규 임차인으로부터 권리금을 회수하는 것을 방해한 때에는 임대인은 임차인이 입은 손해를 배상할 책임이 있다. / 특히, 임대차계약이 종료될 무렵 신규 임차인의 주선과 관련해서 임대인과 임차인이 보인 언행과 태도, 이를 둘러싼 구체적 사정 등을 종합적으로 살펴볼 때, 임대인이 정당한 사유 없이 임차인이 신규 임차인이 되려는 자를 주선하더라도 그와 임대차계약을 체결하지 않겠다는 의사를 확정적으로 표시한 경우에는 임차인이 실제로 신규 임차인을 주선하지 않았더라도 위와 같은 손해배상책임을 진다. [2] **임대인이 신규 임차인이 되려는 사람과 임대차계약 체결을 위한 협의 과정에서 철거·재건축 계획 및 그 시점을 고지하였다는 사정만으로 상가건물 임대차보호법 제10조의4 제1항 제4호에서 정한 '권리금 회수 방해행위'에 해당한다고 볼 수 있는지 여부(원칙적 소극) / 이는 임대인의 고지 내용에 같은 법 제10조 제1항 제7호 각 목의 요건이 충족되지 않더라도 마찬가지인지 여부(적극)** : 건물 내구연한 등에 따른 철거·재건축의 필요성이 객관적으로 인정되지 않거나 그 계획·단계가 구체화되지 않았음에도 임대인이 신규 임차인이 되려는 사람에게 짧은 임대 가능기간만 확정적으로 제시·고수하는 경우 또는 임대인이 신규 임차인이 되려는 사람에게 고지한 내용과 모순되는 정황이 드러나는 등의 특별한 사정이 없는 한, 임대인이 신규 임차인이 되려는 사람과 임대차계약 체결을 위한 협의 과정에서 철거·재건축 계획 및 그 시점을 고지하였다는 사정만으로는 상가건물 임대차보호법(이하 '상가임대차법'이라 한다) 제10조의4 제1항 제4호에서 정한 '권리금 회수 방해행위'에 해당한다고 볼 수 없다. / 임대차계약의 갱신에 관한 상가임대차법 제10조 제1항과 권리금의 회수에 관한 상가임대차법 제10조의3, 제10조의4의 각 규정의 내용·취지가 같지 아니한 이상, 후자의 규정이 적용되는 임대인의 고지 내용에 상가임대차법 제10조 제1항 제7호 각 목의 요건이 충족되지 않더라도 마찬가지이다(대판 2022.8.11. 2022다202498).

[1] 구 상가건물 임대차보호법 제10조 제2항에 따라 최초의 임대차기간을 포함한 전체 임대차기간이 5년을 초과하여 임차인이 계약갱신요구권을 행사할 수 없는 경우에도 임대인이 같은 법 제10조의4 제1항에 따른 권리금 회수기회 보호의무를 부담하는지 여부(적극) : 구 상가건물 임대차보호법(2018.10.16. 법률 제15791호로 개정되기 전의 것, 이하 '구 상가임대차법'이라 한다) 제10조의4의 문언과 내용, 입법 취지에 비추어 보면, 구 상가임대차법 제10조 제2항에 따라 최초의 임대차기간을 포함한 전체 임대차기간이 5년을 초과하여 임차인이 계약갱신요구권을 행사할 수 없는 경우에도 임대인은 같은 법 제10조의4 제1항에 따른 권리금 회수기회 보호의무를 부담한다고 보아야 한다. [2] 甲이 乙과 상가 임대차계약을 체결한 다음 상가를 인도받아 음식점을 운영하면서 2회에 걸쳐 계약을 갱신하였고, 최종 임대차기간이 만료되기 전 丙과 권리금 계약을 체결한 후 乙에게 丙과 새로운 임대차계약을 체결하여 줄 것을 요청하였으나, 乙이 노후화된 건물을 재건축하거나 대수선할 계획을 가지고 있다는 등의 이유로 丙과의 임대차계약 체결에 응하지 아니한 사안에서, 甲이 구 상가건물 임대차보호법(2018.10.16. 법률 제15791호로 개정되기 전의 것) 제10조의4 제1항에 따라 임대차기간이 끝나기 3개월 전부터 임대차 종료 시까지 신규임차인을 주선하였으므로, 乙은 정당한 사유 없이 신규임차인과 임대차계약 체결을 거절해서는 안 되고, 이는 甲과 乙 사이의 전체 임대차기간이 5년을 지난 경우에도 마찬가지인데도, 甲이 丙과 권리금 계약을 체결할 당시 더 이상 임대차계약의 갱신을 요구할 수 없었던 상황이었으므로 乙이 권리금 회수기회 보호의무를 부담하지 않는다고 본 원심판단에 법리오해의 잘못이 있다고 한 사례(대판 2019.5.16. 2017다225312[본소]·2017다225329[반소]).

[1] 임차인이 임대인에게 권리금 회수 방해로 인한 손해배상을 구하기 위해서는 임차인이 신규임차인이 되려는 자를 주선하였어야 하는지 여부(원칙적 적극) / 임대인이 정당한 사유 없이 임차인이 주선할 신규임차인이 되려는 자와 임대차계약을 체결할 의사가 없음을 확정적으로 표시한 경우, 임차인이 실제로 신규임차인을 주선하지 않았더라도 임대인에게 권리금 회수 방해로 인한 손해배상을 청구할 수 있는지 여부(적극) 및 임대인이 위와 같은 의사를 표시하였는지 판단하는 기준: 구 상가건물 임대차보호법(2018.10.16. 법률 제15791호로 개정되기 전의 것, 이하 '상가임대차법'이라 한다) 제10조의3 내지 제10조의7의 내용과 입법 취지에 비추어 보면, 임차인이 임대인에게 권리금 회수 방해로 인한 손해배상을 구하기 위해서는 원칙적으로 임차인이 신규임차인이 되려는 자를 주선하였어야 한다. 그러나 임대인이 정당한 사유 없이 임차인이 신규임차인이 되려는 자를 주선하더라도 그와 임대차계약을 체결하지 않겠다는 의사를 확정적으로 표시하였다면 이러한 경우에까지 임차인에게 신규임차인을 주선하도록 요구하는 것은 불필요한 행위를 강요하는 결과가 되어 부당하다. 이와 같은 특별한 사정이 있다면 임차인이 실제로 신규임차인을 주선하지 않았더라도 임대인의 위와 같은 거절행위는 상가임대차법 제10조의4 제1항 제4호에서 정한 거절행위에 해당한다고 보아야 한다. 따라서 임차인은 같은 조 제3항에 따라 임대인에게 권리금 회수 방해로 인한 손해배상을 청구할 수 있다. [2] 상가 임차인인 甲이 임대차기간 만료 전 임대인인 乙에게 甲이 주선하는 신규임차인과 임대차계약을 체결하여 줄 것을 요청하였으나, 乙이 상가를 인도받은 후 직접 사용할 계획이라고 답변하였고, 이에 甲이 신규임차인 물색을 중단하고 임대차기간 만료일에 乙에게 상가를 인도한 후 乙을 상대로 권리금 회수 방해로 인한 손해배상을 구한 사안에서, 乙이 甲에게 임대차 종료 후에는 신규임차인과 임대차계약을 체결하지 않고 자신이 상가를 직접 이용할 계획이라고 밝힘으로써 甲의 신규임차인 주선을 거절하는 의사를 명백히 표시하였고, 이러한 경우 甲에게 신규임차인을 주선하도록 요구하는 것은 부당하다고 보이므로 특별한 사정이 없는 한 甲은 실제로 신규임차인을 주선하지 않았더라도 임대인의 권리금 회수기회 보호의무 위반을 이유로 乙에게 손해배상을 청구할 수 있다고 보아야 하는데, 이와 달리 본 원심판단에 법리오해의 잘못이 있다고 한 사례(대판 2019.7.4. 2018다284226).

[1] 구 상가건물 임대차보호법 제10조의4에서 정한 권리금 회수 방해로 인한 손해배상책임이 성립하기 위하여 반드시 임차인과 신규임차인이 되려는 자 사이에 권리금 계약이 미리 체결되어 있어야 하는지 여부(소극): 구 상가건물 임대차보호법(2018.10.16. 법률 제15791호로 개정되기 전의 것, 이하 개정 전후와 관계없이 '상가임대차법'이라고 한다) 제10조의3, 제10조의4의 문언과 내용, 입법 취지 등을 종합하면, 임차인이 구체적인 인적사항을 제시하면서 신규임차인이 되려는 자를 임대인에게 주선하였는데, 임대인이 제10조의4 제1항에서 정한 기간에 이러한 신규임차인이 되려는 자에게 권리금을 요구하는 등 제1항 각 호의 어느 하나에 해당하는 행위를 함으로써 임차인이 신규임차인으로부터 권리금을 회수하는 것을 방해한 때에는 임대인은 임차인이 입은 손해를 배상할 책임이 있고, 이때 권리금 회수 방해를 인정하기 위하여 반드시 임차인과 신규임차인이 되려는 자 사이에 권리금 계약이 미리 체결되어 있어야 하는 것은 아니다. [2] 상가 임대인인 甲이 기존 임차인 乙과 임대차계약을 합의해지할 무렵 丙 학교와 새로이 임대차계약을 체결하면서 상가에 설치된 모든 시설을 인수하는 조건으로 丙 학교로부터 시설비 명목의 돈을 수령하였는데, 乙이 기존 임대차계약과 별개로 임대인과 체결한 시설투자비 상환약정에 따라 매월 임대인에게 차임 이외의 금원을 별도로 지급하여 왔고 이는 권리금에 해당한다고 주장하면서 甲을 상대로 권리금 회수 방해를 이유로 한 손해배상을 구한 사안에서, 乙이 권리금 회수 방해로 인한 손해배상을 구하려면 乙과 신규임차인 사이에 권리금 계약이 체결되었을 것이 전제되어야 하는 것은 아니지만, 乙은 신규임차인인 丙 학교와 권리금 계약을 체결하지 않았음은 물론, 자신이 권리금을 지급받기 위해서 丙 학교와 권리금 계약의 대상이나 임대인과의 시설투자비 상환약정과 관련하여 乙이 양도할 수 있는 시설물의 범위 등에 관하여 전혀 논의한 적이 없고, 甲이 丙 학교로부터 시설비를 받는 것에 관해서도 별다른 이의를 하지 아니하였으므로, 乙과 丙 학교는 애초부터 권리금 계약 체결 자체를 예정하고 있지 아니하였다고 할 것이어서, 甲이 乙의 권리금 회수를 방해하였다거나 乙에게 어떠한 손해가 발생하였다고 볼 여지가 없다고 한 사례(대판 2019.7.10. 2018다239608).

[구 상가건물 임대차보호법 제10조의4 제2항 제3호에서 정한 '임대차 목적물인 상가건물을 1년 6개월 이상 영리목적으로 사용하지 아니한 경우'의 의미 및 임대인이 다른 사유로 신규 임대차계약 체결을 거절한 후 사후적으로 1년 6개월 동안 상가건물을 영리목적으로 사용하지 않았다는 사정만으로 위 조항에 따른 정당한 사유로 인정할 수 있는지 여부(소극)]

구 상가건물 임대차보호법(2018.10.16. 법률 제15791호로 개정되기 전의 것, 이하 '구 상가임대차법'이라 한다) 제10조의4의 문언과 체계, 입법 목적과 연혁 등을 종합하면, 구 상가임대차법 제10조의4 제2항 제3호에서 정하는 '임대차 목적물인 상가건물을 1년 6개월 이상 영리목적으로 사용하지 아니한 경우'는 임대인이 임대차 종료 후 임대차 목적물인 상가건물을 1년 6개월 이상 영리목적으로 사용하지 아니하는 경우를 의미하고, 위 조항에 따른 정당한 사유가 있다고 보기 위해서는 임대인이 임대차 종료 시 그러한 사유를 들어 임차인이 주선한 자와 신규 임대차계약 체결을 거절하고, 실제로도 1년 6개월 동안 상가건물을 영리목적으로 사용하지 않아야 한다. 그렇지 않고 임대인이 다른 사유로 신규 임대차계약 체결을 거절한 후 사후적으로 1년 6개월 동안 상가건물을 영리목적으로 사용하지 않았다는 사정만으로는 위 조항에 따른 정당한 사유로 인정할 수 없다(대판 2021.11.25. 2019다285257).

[상가건물 임대차보호법 제10조의4 제2항 제3호에서 정한 '임대차 목적물인 상가건물을 1년 6개월 이상 영리목적으로 사용하지 아니한 경우'의 의미 및 종전 소유자인 임대인이 임대차 종료 후 상가건물을 영리목적으로 사용하지 아니한 기간이 1년 6개월에 미치지 못하는 사이에 상가건물의 소유권이 변동된 경우, 위 조항에 따른 정당한 사유를 인정하기 위한 요건]

상가건물 임대차보호법 제10조의4 제2항 제3호에서 정하는 '임대차 목적물인 상가건물을 1년 6개월 이상 영리목적으로 사용하지 아니한 경우'는 임대인이 임대차 종료 후 임대차 목적물인 상가건물을 1년 6개월 이상 영리목적으로 사용하지 아니하는 경우를 말하고, 위 조항에 따른 정당한 사유가 있다고 하기 위해서는 임대인이 임대차 종료 시 그러한 사유를 들어 임차인이 주선한 자와 신규 임대차계약 체결을 거절하고, 실제로도 1년 6개월 동안 상가건물을 영리목적으로 사용하지 않아야 한다. 이때 종전 소유자인 임대인이 임대차 종료 후 상가건물을 영리목적으로 사용하지 아니한 기간이 1년 6개월에 미치지 못하는 사이에 상가건물의 소유권이 변동되었더라도, 임대인이 상가건물을 영리목적으로 사용하지 않는 상태가 새로운 소유자의 소유기간에도 계속하여 그대로 유지될 것을 전제로 처분하고, 실제 새로운 소유자가 그 기간 중에 상가건물을 영리목적으로 사용하지 않으며, 임대인과 새로운 소유자의 비영리 사용기간을 합쳐서 1년 6개월 이상이 되는 경우라면, 임대인에게 임차인의 권리금을 가로챌 의도가 있었다고 보기 어려우므로, 그러한 임대인에 대하여는 위 조항에 의한 정당한 사유를 인정할 수 있다(대판 2022.1.14. 2021다272346).

[상가건물 임대차보호법에 따른 임대인의 권리금 회수기회 방해로 인한 손해배상책임의 법적 성질(= 상가건물 임대차보호법이 요건, 배상범위 및 소멸시효를 특별히 규정한 법정책임) 및 그 손해배상채무의 지체책임이 발생하는 시기(= 임대차 종료일 다음 날)]

상가건물 임대차보호법(이하 '상가임대차법'이라고 한다)이 보호하고자 하는 권리금의 회수기회란 임대차 종료 당시를 기준으로 하여 임차인이 임대차 목적물인 상가건물에서 영업을 통해 창출한 유·무형의 재산적 가치를 신규임차인으로부터 회수할 수 있는 기회를 의미한다. 이러한 권리금 회수기회를 방해한 임대인이 부담하게 되는 손해배상액은 임대차 종료 당시의 권리금을 넘지 않도록 규정되어 있는 점, 임대인에게 손해배상을 청구할 권리의 소멸시효 기산일 또한 임대차가 종료한 날인 점 등 상가임대차법 규정의 입법 취지, 보호법익, 내용이나 체계를 종합하면, 임대인의 권리금 회수기회 방해로 인한 손해배상책임은 상가임대차법이 그 요건, 배상범위 및 소멸시효를 특별히 규정한 법정책임이고, 그 손해배상채무는 임대차가 종료한 날에 이행기가 도래하여 그 다음 날부터 지체책임이 발생하는 것으로 보아야 한다(대판 2023.2.2. 2022다260586).

(11) 차임지금의 연체와 해지

차임연체와 해지(상가임대차법 제10조의8)
임차인의 차임연체액이 3기의 차임액에 달하는 때에는 임대인은 계약을 해지할 수 있다.

[상가건물 임대차보호법의 적용을 받는 상가건물의 임대차기간 중 어느 때라도 차임이 3기분에 달하도록 연체된 사실이 있는 경우, 임대인이 임차인의 계약갱신 요구를 거부할 수 있는지 여부(적극)]
상가건물 임대차보호법(이하 '상가임대차법'이라고 한다) 제10조의8은 임대인이 차임연체를 이유로 계약을 해지할 수 있는 요건을 '차임연체액이 3기의 차임액에 달하는 때'라고 규정하였다. 반면 임대인이 임대차기간 만료를 앞두고 임차인의 계약갱신 요구를 거부할 수 있는 사유에 관해서는 '3기의 차임액에 해당하는 금액에 이르도록 차임을 연체한 사실이 있는 경우'라고 문언을 달리하여 규정하고 있다(상가임대차법 제10조 제1항 제1호). 그 취지는, 임대차계약 관계는 당사자 사이의 신뢰를 기초로 하므로, 종전 임대차기간에 차임을 3기분에 달하도록 연체한 사실이 있는 경우에까지 임차인의 일방적 의사에 의하여 계약관계가 연장되는 것을 허용하지 아니한다는 것이다. 위 규정들의 문언과 취지에 비추어 보면, 임대차기간 중 어느 때라도 차임이 3기분에 달하도록 연체된 사실이 있다면 임차인과의 계약관계 연장을 받아들여야 할 만큼의 신뢰가 깨어졌으므로 임대인은 계약갱신 요구를 거절할 수 있고, 반드시 임차인이 계약갱신요구권을 행사할 당시에 3기분에 이르는 차임이 연체되어 있어야 하는 것은 아니다(대판 2021.5.13. 2020다255429).

(12) 계약 갱신요구 등에 관한 임시 특례

계약 갱신요구 등에 관한 임시 특례(상가임대차법 제10조의9)
임차인이 이 법(법률 제17490호 상가건물 임대차보호법 일부개정법률을 말한다) 시행일부터 6개월까지의 기간 동안 연체한 차임액은 제10조 제1항 제1호, 제10조의4 제1항 단서 및 제10조의8의 적용에 있어서는 차임연체액으로 보지 아니한다. 이 경우 연체한 차임액에 대한 임대인의 그 밖의 권리는 영향을 받지 아니한다.
[본조신설 2020.9.29.]

[상가임차인의 변제제공이 상가건물 임대차보호법 제10조의9에서 정한 특례기간을 포함하여 그 전후의 연체 차임액 전부에 미치지 못하는 경우, 변제충당의 방법 및 이때 '특례기간의 연체 차임'이 이행기가 도래한 다른 연체 차임보다 후순위로 충당되는지 여부(적극)]
상가건물 임대차보호법(이하 '상가임대차법'이라 한다) 제10조의9는 2020.9.29.부터 6개월 동안(이하 '특례기간'이라 한다)의 연체 차임액을 '계약갱신의 거절사유(제10조 제1항 제1호)', '권리금 회수기회의 제외사유(제10조의4 제1항 단서)' 및 '계약 해지사유(제10조의8)'에서 정한 연체 차임액에서 제외하되, 임대인의 연체 차임액에 대한 그 밖의 권리에는 영향을 미치지 아니한다고 규정하였다. 이는 '코로나19' 여파로 국내 소비지출이 위축되고 상가임차인의 매출과 소득이 급감하는 가운데 임대료가 상가임차인의 영업활동에 큰 부담이 되는 실정임을 고려하여, 특례기간의 차임 연체를 이유로 한 임대인의 계약 해지 등 일부 권리의 행사를 제한함으로써 경제적 위기 상황에서 영업기반 상실의 위험으로부터 임차인을 구제하기 위하여 신설된 임시 특례규정이다. 변제충당에 관한 민법 제476조 내지 제479조는 임의규정이지만, 상가임대차법의 규정에 위반된 약정으로서 임차인에게 불리한 것은 효력이 없으므로(상가임대차법 제15조), 임대인과 임차인이 연체 차임과 관련하여 민법상 변제충당과 다른 약정을 체결하였더라도 그것이 임차인에게 불리한 경우에는 효력을 인정할 수 없고, 이 경우에는 상가임대차법 제10조의9의

규정에 반하지 않는 범위 내에서만 민법상 변제충당 규정이 적용된다. 따라서 임차인의 변제제공이 연체 차임액 전부에 미치지 못할 경우에는 임차인이 지정변제충당(민법 제476조 제1항)을 할 수 있으나, 임대인의 지정변제충당(민법 제476조 제2항)이 상가임대차법 제10조의9에 반하는 경우에는 이를 적용할 수 없고, 임차인의 변제제공 당시를 기준으로 민법 제477조의 법정변제충당의 순서에 따라 변제충당의 효력이 발생할 뿐이다. 결국 임차인의 변제제공이 특례기간을 포함하여 그 전후의 연체 차임액 전부에 미치지 못하는 경우에는, 합의충당이나 임차인의 지정변제충당(민법 제476조 제1항) 등의 특별한 사정이 없는 이상 변제기가 도래하지 않은 차임에 먼저 충당된다고 볼 수 없으므로, 민법 제477조의 법정변제충당이 적용된다. 따라서 변제제공 시점에 이미 이행기가 도래한 연체 차임의 변제에 먼저 충당되고(민법 제477조 제1호), 그중 상가임대차법 제10조의9에 따른 '특례기간의 연체 차임'은 임대인의 계약갱신 거절권·계약 해지권 등의 권리 행사가 제한되어 상대적으로 변제이익이 적은 경우에 해당되므로, 이행기가 도래한 다른 연체 차임보다 후순위로 충당된다(민법 제477조 제2호)(대판 2023.4.13. 2022다309337).

(13) 차임 등의 증감청구권

차임 등의 증감청구권(상가임대차법 제11조)
① 차임 또는 보증금이 임차건물에 관한 조세, 공과금, 그 밖의 부담의 증감이나 「감염병의 예방 및 관리에 관한 법률」 제2조 제2호에 따른 제1급감염병 등에 의한 경제사정의 변동으로 인하여 상당하지 아니하게 된 경우에는 당사자는 장래의 차임 또는 보증금에 대하여 증감을 청구할 수 있다. 그러나 증액의 경우에는 대통령령으로 정하는 기준에 따른 비율을 초과하지 못한다. 〈개정 2020.9.29.〉

> **차임 등 증액청구의 기준(상가임대차법 시행령 제4조)**
> 법 제11조 제1항의 규정에 의한 차임 또는 보증금의 증액청구는 청구당시의 차임 또는 보증금의 100분의 5의 금액을 초과하지 못한다.

② 제1항에 따른 증액 청구는 임대차계약 또는 약정한 차임 등의 증액이 있은 후 1년 이내에는 하지 못한다.
③ 「감염병의 예방 및 관리에 관한 법률」 제2조 제2호에 따른 제1급감염병에 의한 경제사정의 변동으로 차임 등이 감액된 후 임대인이 제1항에 따라 증액을 청구하는 경우에는 증액된 차임 등이 감액 전 차임 등의 금액에 달할 때까지는 같은 항 단서를 적용하지 아니한다. 〈신설 2020.9.29.〉

(14) 기 타

전대차관계에 대한 적용 등(상가임대차법 제13조)
① 제10조, 제10조의2, 제10조의8, 제10조의9(제10조 및 제10조의8에 관한 부분으로 한정한다), 제11조 및 제12조는 전대인(轉貸人)과 전차인(轉借人)의 전대차관계에 적용한다. 〈개정 2020.9.29.〉
② 임대인의 동의를 받고 전대차계약을 체결한 전차인은 임차인의 계약갱신요구권 행사기간 이내에 임차인을 대위(代位)하여 임대인에게 계약갱신요구권을 행사할 수 있다.

표준계약서의 작성 등(상가임대차법 제19조)
법무부장관은 국토교통부장관과 협의를 거쳐 보증금, 차임액, 임대차기간, 수선비 분담 등의 내용이 기재된 상가건물임대차표준계약서를 정하여 그 사용을 권장할 수 있다. 〈개정 2020.7.31.〉

상가건물임대차분쟁조정위원회(상가임대차법 제20조)

① 이 법의 적용을 받는 상가건물 임대차와 관련된 분쟁을 심의·조정하기 위하여 대통령령으로 정하는 바에 따라 「법률구조법」 제8조에 따른 대한법률구조공단의 지부, 「한국토지주택공사법」에 따른 한국토지주택공사의 지사 또는 사무소 및 「한국감정원법」에 따른 한국감정원의 지사 또는 사무소에 상가건물임대차분쟁조정위원회(이하 "조정위원회"라 한다)를 둔다. 특별시·광역시·특별자치시·도 및 특별자치도는 그 지방자치단체의 실정을 고려하여 조정위원회를 둘 수 있다. 〈개정 2020.7.31.〉
② 조정위원회는 다음 각 호의 사항을 심의·조정한다.
  1. 차임 또는 보증금의 증감에 관한 분쟁
  2. 임대차 기간에 관한 분쟁
  3. 보증금 또는 임차상가건물의 반환에 관한 분쟁
  4. 임차상가건물의 유지·수선 의무에 관한 분쟁
  5. 권리금에 관한 분쟁
  6. 그 밖에 대통령령으로 정하는 상가건물 임대차에 관한 분쟁

> **조정위원회의 심의·조정 사항(상가임대차법 시행령 제9조)**
>
> 법 제20조 제2항 제6호에서 "대통령령으로 정하는 상가건물 임대차에 관한 분쟁"이란 다음 각 호의 분쟁을 말한다. 〈개정 2024.12.31.〉
>   1. 임대차계약의 이행 및 임대차계약 내용의 해석에 관한 분쟁
>   2. 임대차계약 갱신 및 종료에 관한 분쟁
>   3. 임대차계약의 불이행 등에 따른 손해배상청구에 관한 분쟁
>   4. 공인중개사 보수 등 비용부담에 관한 분쟁
>   5. 「공인중개사법」 제30조에 따른 공인중개사의 손해배상책임(중개의뢰인이 같은 법 시행령 제26조 제1항에 따라 보증기관에 손해배상금으로 공제금의 지급을 청구하는 경우를 포함한다)에 관한 분쟁
>   6. 법 제19조에 따른 상가건물임대차표준계약서의 사용에 관한 분쟁
>   7. 그 밖에 제1호부터 제6호까지의 규정에 준하는 분쟁으로서 조정위원회의 위원장이 조정이 필요하다고 인정하는 분쟁

③ 조정위원회의 사무를 처리하기 위하여 조정위원회에 사무국을 두고, 사무국의 조직 및 인력 등에 필요한 사항은 대통령령으로 정한다.
④ 사무국의 조정위원회 업무담당자는 「주택임대차법」 제14조에 따른 주택임대차분쟁조정위원회 사무국의 업무를 제외하고 다른 직위의 업무를 겸직하여서는 아니 된다.

주택임대차분쟁조정위원회 준용(상가임대차법 제21조)

조정위원회에 대하여는 이 법에 규정한 사항 외에는 주택임대차분쟁조정위원회에 관한 「주택임대차법」 제14조부터 제29조까지의 규정을 준용한다. 이 경우 "주택임대차분쟁조정위원회"는 "상가건물임대차분쟁조정위원회"로 본다.

벌칙 적용에서 공무원 의제(상가임대차법 제22조)

공무원이 아닌 상가건물임대차위원회의 위원 및 상가건물임대차분쟁조정위원회의 위원은 「형법」 제127조(공무상비밀의 누설), 제129조부터 제132조(수뢰·사전수뢰, 제3자뇌물제공, 수뢰후부정처사·사후수뢰, 알선수뢰)까지의 규정을 적용할 때에는 공무원으로 본다. 〈개정 2020.7.31.〉

제7절 고용

I 서설

1. 의의

> **고용의 의의(민법 제655조)**
> 고용은 당사자 일방이 상대방에 대하여 노무를 제공할 것을 약정하고 상대방이 이에 대하여 보수를 지급할 것을 약정함으로써 그 효력이 생긴다.

고용의 목적은 노무의 제공이고, 사용자의 보수지급을 그 요소로 한다.

2. 법적 성질

고용은 노무의 공급을 목적으로 하는 낙성·불요식·유상·쌍무계약이다.

II 고용계약의 내용

1. 노무자의 의무

① 노무제공의무(민법 제655조)

> [근로계약, 취업규칙, 단체협약 등에 명시된 정년에 도달하여 당연퇴직하게 된 근로자에게 정년 연장을 요구할 수 있는 권리가 있는지 여부(원칙적 소극) 및 근로계약 당사자 사이에 근로자가 정년에 도달하더라도 일정한 요건을 충족하면 기간제 근로자로 재고용될 수 있다는 신뢰관계가 형성되어 있는 경우, 근로자가 정년 후 재고용되리라는 기대권을 가지는지 여부(원칙적 적극)]
> 근로자의 정년을 정한 근로계약, 취업규칙이나 단체협약 등이 법령에 위반되지 않는 한 그 명시된 정년에 도달하여 당연퇴직하게 된 근로자와의 근로관계를 정년을 연장하는 등의 방법으로 계속 유지할 것인지는 원칙적으로 사용자의 권한에 속하는 것으로서, 해당 근로자에게 정년 연장을 요구할 수 있는 권리가 있다고 할 수 없다. 그러나 근로계약, 취업규칙, 단체협약 등에서 정년에 도달한 근로자가 일정한 요건을 충족하면 기간제 근로자로 재고용하여야 한다는 취지의 규정을 두고 있거나, 그러한 규정이 없더라도 재고용을 실시하게 된 경위 및 실시기간, 해당 직종 또는 직무 분야에서 정년에 도달한 근로자 중 재고용된 사람의 비율, 재고용이 거절된 근로자가 있는 경우 그 사유 등의 여러 사정을 종합하여 볼 때, 사업장에 그에 준하는 정도의 재고용 관행이 확립되어 있다고 인정되는 등 근로계약 당사자 사이에 근로자가 정년에 도달하더라도 일정한 요건을 충족하면 기간제 근로자로 재고용될 수 있다는 신뢰관계가 형성되어 있는 경우에는 특별한 사정이 없는 한 근로자는 그에 따라 정년 후 재고용되리라는 기대권을 가진다(대판 2023.6.1. 2018다275925).

[노사가 어떤 임금의 내용을 형성하는 과정에서 그 임금을 지급받기 위하여 특정 시점에 재직 중이어야 한다는 조건을 부가한 경우, 그 조건의 효력(원칙적 유효)]
사용자와 근로자는 임금 구조와 체계, 개별 임금 항목의 유형과 내용, 임금 총액 등을 자유롭게 정할 수 있고, 임금에 관한 조건도 자유롭게 부가할 수 있다. 그 조건은 강행규정에 위반되거나 탈법행위에 해당하는 등 별도의 무효 사유가 존재하지 않는 한 효력을 가진다. 노사가 어떤 임금의 내용을 형성하는 과정에서 그 임금을 지급받기 위하여 특정 시점에 재직 중이어야 한다는 조건을 부가하는 것은 원칙적으로 그 임금이 지급되기 위한 기준 내지 임금의 지급대상을 정하는 것이지 이미 지급하기로 정해져 있는 임금을 특정 시점에 재직하지 않는다는 이유로 포기하게 하거나 박탈하는 것이라고 보기 어려우므로, 특별한 사정이 없는 한 무효라고 볼 수 없다(대판 2025.1.23. 2019다204876).

② 지휘·명령에 복종할 의무
③ 선관주의의무 등의 부수적 의무

2. 사용자의 의무

① **보수지급의무**(민법 제655조, 제656조) : 약정 → 관습 → 후불(노무종료 후 지체 없이)

보수액과 그 지급시기(민법 제656조)
① 보수 또는 보수액의 약정이 없는 때에는 관습에 의하여 지급하여야 한다.
② 보수는 약정한 시기에 지급하여야 하며 시기의 약정이 없으면 관습에 의하고 관습이 없으면 약정한 노무를 종료한 후 지체 없이 지급하여야 한다.

[어떤 근로자에 대하여 누가 임금 지급의무를 부담하는 사용자인지 판단하는 기준]
어떤 근로자에 대하여 누가 임금 지급의무를 부담하는 사용자인가를 판단할 때에는 계약의 형식이나 관련 법규의 내용에 관계없이 실질적인 근로관계를 기준으로 하여야 하고, 근로기준법상 근로자인지를 판단할 때에 고려하였던 여러 요소들을 종합적으로 고려하여야 한다(대판 2023.8.18. 2019다252004).

[임금채권에 관하여 근로자에게 불리할 수 있는 의사표시는 엄격하게 해석하여야 하는지 여부]
근로자의 임금채권은 근로기준법에 따라 강력한 보호를 받으므로, 임금채권에 관하여 근로자에게 불리할 수 있는 의사표시는 엄격하게 해석하여야 한다(대판 2024.2.8. 2018다206899·2018다206905[병합]·2018다206912[병합]).

[파견근로자 보호 등에 관한 법률에 따른 직접고용의무가 발생하였으나 사용사업주가 이를 이행하지 아니하여 사용사업주에 대한 근로제공이 이루어지지 않은 경우, 파견근로자가 사용사업주를 상대로 근로를 제공하였다면 받을 수 있었던 임금 등 상당의 손해배상을 청구할 수 있는지 여부(적극) / 이때 근로제공이 이루어지지 않은 것이 사용사업주의 직접고용의무 불이행으로 인한 것인지 판단하는 기준]
파견근로자 보호 등에 관한 법률에 따라 사용사업주에게 직접고용의무가 발생하였으나 사용사업주가 이를 이행하지 아니하였다면 사용사업주에 대하여 근로를 제공한 파견근로자는 사용사업주를 상대로 직접고용관계가 성립할 때까지의 임금 등 상당의 손해배상을 청구할 수 있고, 직접고용의무 발생 후 사용사업주에 대한 근로제공이 이루어지지 않은 경우에도 파견근로자는 근로의 미제공이 사용사업주의 직접고용의무 불이행으로 인한 것임을 증명하여 해당 기간 동안 계속 근로를 제공하였다면 받을 수 있었던 임금 등 상당의 손해배상을 청구할 수 있다. / 이때 파견근로자가 근로를 제공하지 않은 것이 사용사업주의 직접고용의무 불이행으로 인한 것인지는 근로제공이 이루어지지 않은 구체적인 사유와 경위, 그 사유에 관한 파견근로자와 사용사업주의 태도 등을 고려하여 판단하여야 한다(대판 2025.3.27. 2021다245528·2021다245535[병합]).

② 노무청구권의 양도금지(민법 제657조)

> **권리의무의 전속성(민법 제657조)**
> ① 사용자는 노무자의 동의 없이 그 권리를 제3자에게 양도하지 못한다.
> ② 노무자는 사용자의 동의 없이 제3자로 하여금 자기에 갈음하여 노무를 제공하게 하지 못한다.
> ③ 당사자 일방이 전2항의 규정에 위반한 때에는 상대방은 계약을 해지할 수 있다.

③ 안전배려의무

> 사용자는 근로계약에 수반되는 신의칙상의 부수적 의무로서 피용자가 노무를 제공하는 과정에서 생명, 신체, 건강을 해치는 일이 없도록 인적·물적 환경을 정비하는 등 필요한 조치를 강구하여야 할 보호의무를 부담하고, 이러한 보호의무를 위반함으로써 피용자가 손해를 입은 경우 이를 배상할 책임이 있다(대판 2001.7.27. 99다56734).

④ 부당해고된 근로자 복직 관련 의무

> **[사용자가 부당해고된 근로자를 복직시키는 경우, 원직에 복귀시켜야 하는지 여부(원칙적 적극) 및 사용자가 부당해고한 근로자를 복직시키면서 일시적인 대기발령을 하는 경우, 대기발령의 정당성이 있는지 판단하는 기준]**
> 사용자가 부당해고된 근로자를 복직시키는 경우 원칙적으로 원직에 복귀시켜야 할 것이나, 해고 이후 복직 시까지 해고가 유효함을 전제로 이미 이루어진 인사질서, 사용주의 경영상의 필요, 작업환경의 변화 등을 고려하여 복직 근로자에게 그에 합당한 일을 시킨 경우, 그 일이 비록 종전의 일과 다소 다르더라도 정당하게 복직시킨 것으로 볼 수 있다. 사용자가 부당해고한 근로자를 복직시키면서 일시적인 대기발령을 하는 경우 그 대기발령이 아무런 보직을 부여하지 않는 인사명령으로서 원직복직에 해당하지 않는다는 이유만으로 위법하다고 볼 것은 아니고, 그 대기발령이 앞서 본 바와 같이 이미 이루어진 인사질서, 사용주의 경영상 필요, 작업환경의 변화 등을 고려하여 근로자에게 원직복직에 해당하는 합당한 업무를 부여하기 위한 임시적인 조치로서 필요성과 상당성이 인정되는 경우에는 근로자의 생활상의 불이익과 비교·교량하고 근로자 측과의 협의 등 신의칙상 요구되는 절차를 거쳤는지 여부 등을 종합적으로 고려하여 대기발령의 정당성을 인정할 수 있다(대판 2024.1.4. 2021다169).

Ⅲ 고용의 해지와 종료

1. 묵시의 갱신(법정갱신)(민법 제662조)

> **묵시의 갱신(민법 제662조)**
> ① 고용기간이 만료한 후 노무자가 계속하여 그 노무를 제공하는 경우에 사용자가 상당한 기간 내에 이의를 하지 아니한 때에는 전고용과 동일한 조건으로 다시 고용한 것으로 본다. 그러나 당사자는 제660조의 규정에 의하여 해지의 통고를 할 수 있다.
> ② 전항의 경우에는 전고용에 대하여 제3자가 제공한 담보는 기간의 만료로 인하여 소멸한다.

2. 해지통고

(1) 기간의 약정이 없는 경우(민법 제660조)

> **기간의 약정이 없는 고용의 해지통고(민법 제660조)**
> ① 고용기간의 약정이 없는 때에는 당사자는 언제든지 계약해지의 통고를 할 수 있다.
> ② 전항의 경우에는 상대방이 해지의 통고를 받은 날로부터 1월이 경과하면 해지의 효력이 생긴다.
> ③ 기간으로 보수를 정한 때에는 상대방이 해지의 통고를 받은 당기 후의 일기를 경과함으로써 해지의 효력이 생긴다.

(2) 기간의 약정이 있는 경우

> **3년 이상의 경과와 해지통고권(민법 제659조)**
> ① 고용의 약정기간이 3년을 넘거나 당사자의 일방 또는 제3자의 종신까지로 된 때에는 각 당사자는 3년을 경과한 후 언제든지 계약해지의 통고를 할 수 있다.
> ② 전항의 경우에는 상대방이 해지의 통고를 받은 날로부터 3월이 경과하면 해지의 효력이 생긴다.

> **부득이한 사유와 해지권(민법 제661조)**
> 고용기간의 약정이 있는 경우에도 부득이한 사유 있는 때에는 각 당사자는 계약을 해지할 수 있다. 그러나 그 사유가 당사자 일방의 과실로 인하여 생긴 때에는 상대방에 대하여 손해를 배상하여야 한다.

3. 즉시해지의 사유

① 노무제공과 수령의 일신전속성 위반 시(민법 제657조)
② 부득이한 사유로 고용해지 시(민법 제661조)
③ 사용자의 파산 시(민법 제663조) : 해지 시 따로 손해배상청구는 불가

제8절 도 급

I 서 설

1. 의 의

> **도급의 의의(민법 제664조)**
> 도급은 당사자 일방이 어느 일을 완성할 것을 약정하고 상대방이 그 일의 결과에 대하여 보수를 지급할 것을 약정함으로써 그 효력이 생긴다.

2. 법적 성질

(1) 일반적인 도급의 경우
낙성·불요식·쌍무·유상계약이다.

(2) 제작물 공급계약

> 당사자의 일방이 상대방의 주문에 따라 자기 소유의 재료를 사용하여 만든 물건을 공급하기로 하고 상대방이 대가를 지급하기로 약정하는 이른바 제작물공급계약은 그 제작의 측면에서는 도급의 성질이 있고 공급의 측면에서는 매매의 성질이 있어 대체로 매매와 도급의 성질을 함께 가지고 있으므로, 그 적용 법률은 계약에 의하여 제작 공급하여야 할 물건이 대체물인 경우에는 매매에 관한 규정이 적용되지만, 물건이 특정의 주문자의 수요를 만족시키기 위한 부대체물인 경우에는 당해 물건의 공급과 함께 그 제작이 계약의 주목적이 되어 도급의 성질을 띠게 된다(대판 2010.11.25, 2010다56685).

II 수급인의 의무

1. 일을 완성할 의무

도급은 일의 완성을 목적으로 한다. 이와 관련하여 도급인과 수급인이 미리 계약에 의하여 이행지체 시에 채무자가 지급하여야 할 손해배상액을 정하는 경우가 있는데 이를 지체상금이라고 한다.

> **[지체상금약정]**
> - 도급계약의 지연보상에 관한 약정은 수급인이 일의 완성을 지체한데 대한 손해배상의 예정을 약정한 것이라 할 것인바, 공사도급계약이 수급인이 건물신축공사를 완성하여 준공검사를 마치고 도급인에게 인도하는 것을 그 일의 내용으로 하는 것이라면 위 약정에 의한 수급인의 지체보상의무의 종기는 수급인이 건물에 대한 준공검사를 마치고 도급인에게 인도한 때라고 할 것이므로 도급인이 준공검사를 마친 건물을 인도받은 후에 있어서는 비록 인도된 건물에 공사내용대로 완성되지 아니한 불완전한 부분이 있다 하더라도 그에 따른 하자보수청구 등 별도의 책임이 있음은 별론으로 하고 수급인에게 지체보상약정에 따른 책임은 물을 수는 없다(대판 1988.3.8, 87다카2083·2084[반소]).
> - 지체상금 약정은 수급인이 약정 준공일보다 늦게 공사를 완료하거나 수급인의 귀책사유로 도급계약이 해제된 경우뿐 아니라 도급인의 귀책사유로 도급계약이 해제된 경우에도 적용이 된다 할 것이고, 이 경우에는 도급인의 귀책사유가 발생하지 아니하여 수급인이 공사를 계속하였더라면 완성할 수 있었을 때까지의 기간을 기준으로 하여 당초의 준공예정일로부터 지체된 기간을 산정하는 방법으로 지체일수를 적용해야 할 것이다(대판 2012.10.11, 2010다34043·34050).
> - 수급인이 완공기한 내에 공사를 완성하지 못한 채 완공기한을 넘겨 도급계약이 해제된 경우에 있어서 그 지체상금 발생의 시기(始期)는 완공기한 다음 날이고, 종기(終期)는 수급인이 공사를 중단하거나 기타 해제사유가 있어 도급인이 이를 해제할 수 있었을 때를 기준으로 하여 도급인이 다른 업자에게 의뢰하여 같은 건물을 완공할 수 있었던 시점이다(대판 2001.1.30, 2000다56112).
> - 지체상금에 관한 약정은 수급인이 그와 같은 일의 완성을 지체한 데 대한 손해배상액의 예정이므로, 수급인이 약정된 기간 내에 그 일을 완성하여 도급인에게 인도하지 아니하여 지체상금을 지급할 의무가 있는 경우, 법원은 민법 제398조 제2항의 규정에 따라 계약당사자의 지위, 계약의 목적과 내용, 지체상금을 예정한 동기, 실제의 손해와 그 지체상금액의 대비, 그 당시의 거래관행 및 경제상태 등 제반 사정을 참작하여 약정에 따라 산정한 지체상금액이 일반 사회인이 납득할 수 있는 범위를 넘어 부당하게 과다하다고 인정하는 경우에 이를 적당히 감액할 수 있다(대판 2002.9.4, 2001다1386).

- 도급계약서에 계약보증금 외에 지체상금도 함께 규정되어 있는 점만으로 계약보증금을 위약벌로 볼 수 있는지 여부(소극) : 도급계약서 및 그 계약내용에 편입된 약관에 수급인의 귀책사유로 인하여 계약이 해제된 경우에는 계약보증금이 도급인에게 귀속한다는 조항이 있는 경우, 그 계약보증금이 손해배상액의 예정인지 위약벌인지는 도급계약서 및 위 약관 등을 종합하여 개별적으로 결정할 의사해석의 문제이고, 위약금은 민법 제398조 제4항에 의하여 손해배상액의 예정으로 추정되므로 위약금이 위약벌로 해석되기 위하여는 특별한 사정이 주장·입증되어야 하는바, 도급계약서에 계약보증금 외에 지체상금도 규정되어 있다는 점만을 이유로 하여 계약보증금을 위약벌이라고 보기는 어렵다 할 것이다(대판 2005.11.10. 2004다40597).

2. 완성물의 인도의무

[민법 제665조 제1항에서 정한 '목적물의 인도'의 의미]
민법 제665조 제1항은 도급계약에서 보수는 완성된 목적물의 인도와 동시에 지급해야 한다고 정하고 있는데, 이때 목적물의 인도는 단순한 점유의 이전만을 의미하는 것이 아니라 도급인이 목적물을 검사한 후 목적물이 계약 내용대로 완성되었음을 명시적 또는 묵시적으로 시인하는 것까지 포함하는 의미이다(대판 2023.3.30. 2022다289174).

3. 완성물의 소유권이전의무

(1) 약정이 있는 경우

그 약정이 우선적용된다(통설·판례).

[1] 일반적으로 자기의 노력과 재료를 들여 건물을 건축한 사람은 그 건물의 소유권을 원시취득하는 것이고, 다만 도급계약에 있어서 수급인이 자기의 노력과 재료를 들여 건물을 완성하더라도 도급인과 수급인 사이에 도급인 명의로 건축허가를 받아 소유권보존등기를 하기로 하는 등 완성된 건물의 소유권을 도급인에게 귀속시키기로 합의한 것으로 보여질 경우에는 그 건물의 소유권은 도급인에게 원시적으로 귀속된다. [2] 단지 채무의 담보를 위하여 채무자가 자기의 비용과 노력으로 신축하는 건물의 건축허가명의를 채권자 명의로 하였다면 이는 완성될 건물을 담보로 제공하기로 하는 합의로서 법률행위에 의한 담보물권의 설정과 다름없으므로 완성된 건물의 소유권은 일단 채무자가 이를 원시취득한 후 채권자 명의로 소유권보존등기를 마침으로써 담보목적의 범위 내에서 채권자에게 그 소유권이 이전된다고 보아야 한다(대판 1992.8.18. 91다25505).

(2) 약정이 없는 경우

1) 도급인이 재료를 제공한 경우

도급인에게 소유권이 귀속된다.

2) 수급인이 재료를 제공한 경우

① 동산의 경우 : 수급인에게 소유권이 귀속된다.
② 부동산의 경우 : 수급인 귀속설이 다수설과 판례이다.

4. 수급인의 담보책임

> **수급인의 담보책임(민법 제667조)**
> ① 완성된 목적물 또는 완성 전의 성취된 부분에 하자가 있는 때에는 도급인은 수급인에 대하여 상당한 기간을 정하여 그 하자의 보수를 청구할 수 있다. 그러나 하자가 중요하지 아니한 경우에 그 보수에 과다한 비용을 요할 때에는 그러하지 아니하다.
> ② 도급인은 하자의 보수에 갈음하여 또는 보수와 함께 손해배상을 청구할 수 있다.
> ③ 전항의 경우에는 제536조의 규정을 준용한다.
>
> **동전-도급인의 해제권(민법 제668조)**
> 도급인이 완성된 목적물의 하자로 인하여 계약의 목적을 달성할 수 없는 때에는 계약을 해제할 수 있다. 그러나 건물 기타 토지의 공작물에 대하여는 그러하지 아니하다.

(1) 담보책임의 의의
도급도 유상계약이므로 담보책임에 관한 규정이 준용되어야 하지만, 민법은 수급인의 담보책임에 관하여 민법 제667조 이하에서 특별히 규정하고 있다.

(2) 담보책임의 성립요건
① 일의 완성에 하자가 있어야 한다.
② 목적물의 하자가 도급인이 제공한 재료의 성질 혹은 도급인의 지시에 기인하는 경우가 아니어야 한다(민법 제669조).
③ 수급인의 귀책사유를 불문한다.
④ 담보책임 규정은 임의규정이다.

(3) 담보책임의 내용
① 하자보수청구권(민법 제667조)
  ㉠ 내용 : 도급계약에서 완성된 목적물에 하자가 있으면 도급인은 수급인에게 하자의 보수나 그에 갈음하는 손해배상을 청구할 수 있으나, 하자가 중요하지 아니하면서 동시에 보수에 과다한 비용을 요할 때에는 하자의 보수나 그에 갈음하는 손해배상을 청구할 수는 없고, 하자로 인하여 입은 손해의 배상만을 청구할 수 있다(대판 2015.4.23. 2011다63383).

> [1] 도급계약에서 완성된 목적물의 하자가 중요하지 아니하면서 동시에 보수에 과다한 비용을 요하는 경우, 하자의 보수나 그에 갈음하는 손해배상은 청구할 수 없고 하자로 인하여 입은 손해의 배상만을 청구할 수 있는지 여부(소극) 및 도급인이 하자보수를 주장하는 경우, 수급인의 하자보수책임을 인정할 수 있는지 판단하는 방법 : 도급계약에서 완성된 목적물에 하자가 발생한 경우라도 그 하자가 중요하지 아니하면서 동시에 보수에 과다한 비용을 요할 때에는 하자의 보수나 그에 갈음하는 손해배상을 청구할 수는 없고 하자로 인하여 입은 손해의 배상만을 청구할 수 있으므로, 도급인이 하자보수를 주장하는 경우 법원으로서는 보수하여야 할 하자의 종류와 정도를 특정함과 아울러 그 하자를 보수하는 적당한 방법과 그 보수에 요할 비용 등에 관하여 심리하여 봄으로써, 그 하자가 중요한 것인지 또는 그 하자가 중요한 것은 아니더라도 그 보수에 과다한 비용을 요하지 않는 것인지를 가려보아 수급인의 하자보수책임을 인정할 수 있는지 여부를 판단하여야 한다.

[2] 도급계약에서 도급인이 배상을 구할 수 있는 하자로 인하여 입은 손해의 범위 : 도급인이 하자로 인하여 입은 통상의 손해는 특별한 사정이 없는 한 하자 없이 시공되었을 목적물의 교환가치와 하자가 있는 현재 목적물의 교환가치 차액이 되고, 그 교환가치 차액을 산출하기가 현실적으로 불가능한 경우 통상의 손해는 각 시공비용의 차액이 될 수 있으며, 도급인이 하자 있는 목적물을 사용함에 따라 발생하는 정신적 고통으로 인한 손해는 수급인이 그러한 사정을 알았거나 알 수 있었을 경우 특별손해로서 배상받을 수 있다(대판 2022.7.14. 2022다222881).

ⓛ 동시이행의 관계

- 기성고에 따라 공사대금을 분할하여 지급하기로 약정한 경우라도 특별한 사정이 없는 한 하자보수의무와 동시이행관계에 있는 공사대금지급채무는 당해 하자가 발생한 부분의 기성공사대금에 한정되는 것은 아니라고 할 것이다. 왜냐하면, 이와 달리 본다면 도급인이 하자발생사실을 모른 채 하자가 발생한 부분에 해당하는 기성공사의 대금을 지급하고 난 후 뒤늦게 하자를 발견한 경우에는 동시이행의 항변권을 행사하지 못하게 되어 공평에 반하기 때문이다(대판 2001.9.18. 2001다9304).
- 도급계약에 있어서 완성된 목적물에 하자가 있는 때에는 도급인은 수급인에 대하여 하자의 보수를 청구할 수 있고 그 하자의 보수에 갈음하여 또는 보수와 함께 손해배상을 청구할 수 있는바, 이들 청구권은 수급인의 공사대금채권과 동시이행관계에 있으므로 수급인의 하수급인에 대한 하도급 공사대금채무를 인수한 도급인은 수급인이 하수급인과 사이의 하도급계약상 동시이행의 관계에 있는 수급인의 하수급인에 대한 하자보수청구권 내지 하자에 갈음한 손해배상채권 등에 기한 동시이행의 항변으로써 하수급인에게 대항할 수 있다(대판 2007.10.11. 2007다31914).

② 손해배상청구권(민법 제667조)
㉠ 도급인은 하자의 보수에 갈음하여 또는 보수와 함께 손해배상을 청구할 수 있다(민법 제667조 제2항). 도급인의 손해배상청구권과 수급인의 보수청구권은 동시이행의 관계에 있다. 다만, 동시이행관계에 있는 보수청구권은 손해배상채권액에 상당하는 부분에 한한다.
㉡ 하자가 중요한 경우에는 비록 보수에 과다한 비용이 필요하더라도 보수에 갈음하는 비용, 즉 실제로 보수에 필요한 비용이 모두 손해배상에 포함된다. 나아가 완성된 건물 기타 토지의 공작물(이하 '건물 등'이라 한다)에 중대한 하자가 있고 이로 인하여 건물 등이 무너질 위험성이 있어서 보수가 불가능하고 다시 건축할 수밖에 없는 경우에는, 특별한 사정이 없는 한 건물 등을 철거하고 다시 건축하는 데 드는 비용 상당액을 하자로 인한 손해배상으로 청구할 수 있고(대판 2016.8.18. 2014다31691·31707), 이러한 하자보수에 갈음한 손해배상청구권은 하자가 발생하여 보수가 필요하게 된 시점에서 성립된다(대판 2000.3.10. 99다55632).
㉢ 액젓저장탱크의 제작·설치공사 도급계약에 의하여 완성된 저장탱크에 균열이 발생한 경우, 보수비용은 민법 제667조 제2항에 의한 수급인의 하자담보책임 중 하자보수에 갈음하는 손해배상이고, 액젓 변질로 인한 손해배상은 위 하자담보책임을 넘어서 수급인이 도급계약의 내용에 따른 의무를 제대로 이행하지 못함으로 인하여 도급인의 신체·재산에 발생한 손해에 대한 배상으로서 양자는 별개의 권원에 의하여 경합적으로 인정된다(대판 2004.8.20. 2001다70337). 하자확대손해로 인한 수급인의 손해배상채무와 도급인의 공사대금채무도 동시이행관계에 있는 것으로 보아야 한다(대판 2005.11.10. 2004다37676).

② 민법 제495조는 "소멸시효가 완성된 채권이 그 완성 전에 상계할 수 있었던 것이면 그 채권자는 상계할 수 있다"라고 정하고 있다. 이는 당사자 쌍방의 채권이 상계적상에 있었던 경우에 당사자들은 채권·채무관계가 이미 정산되어 소멸하였거나 추후에 정산될 것이라고 생각하는 것이 일반적이라는 점을 고려하여 당사자들의 신뢰를 보호하기 위한 것이다. 매도인이나 수급인의 담보책임을 기초로 한 매수인이나 도급인의 손해배상채권의 제척기간이 지난 경우에도 민법 제495조를 유추적용해서 매수인이나 도급인이 상대방의 채권과 상계할 수 있는지 문제된다. 매도인의 담보책임을 기초로 한 매수인의 손해배상채권 또는 수급인의 담보책임을 기초로 한 도급인의 손해배상채권이 각각 상대방의 채권과 상계적상에 있는 경우에 당사자들은 채권·채무관계가 이미 정산되었거나 정산될 것으로 기대하는 것이 일반적이므로, 그 신뢰를 보호할 필요가 있다. 이러한 손해배상채권의 제척기간이 지난 경우에도 그 기간이 지나기 전에 상대방에 대한 채권·채무관계의 정산 소멸에 대한 신뢰를 보호할 필요성이 있다는 점은 소멸시효가 완성된 채권의 경우와 아무런 차이가 없다. 따라서 매도인이나 수급인의 담보책임을 기초로 한 손해배상채권의 제척기간이 지난 경우에도 제척기간이 지나기 전 상대방의 채권과 상계할 수 있었던 경우에는 매수인이나 도급인은 민법 제495조를 유추적용해서 위 손해배상채권을 자동채권으로 해서 상대방의 채권과 상계할 수 있다고 봄이 타당하다(대판 2019.3.14. 2018다255648).

⑩ 도급인이 그가 분양한 아파트의 하자와 관련하여 구분소유자들로부터 손해배상청구를 당하여 그 하자에 대한 손해배상금 및 이에 대한 지연손해금을 지급한 경우, 그 지연손해금은 도급인이 자신의 채무의 이행을 지체함에 따라 발생한 것에 불과하므로 특별한 사정이 없는 한 수급인의 도급계약상의 채무불이행과 상당인과관계가 있는 손해라고 볼 수는 없다. 이러한 경우 도급인으로서는 구분소유자들의 손해배상청구와 상관없이 수급인을 상대로 위 하자에 대한 손해배상금(원금)의 지급을 청구하여 그 이행지체에 따른 지연손해금을 청구할 수 있을 뿐이다(대판 2013.11.28. 2011다67323).

③ **계약해제권**(민법 제668조)
  ㉠ 의의 : 도급인이 완성된 목적물의 하자로 인하여 계약의 목적을 달성할 수 없는 때에는 계약을 해제할 수 있다. 그러나 건물 기타 토지의 공작물에 대하여는 그러하지 아니하다(민법 제666조).
  ㉡ 해제의 소급효 제한

> [수급인이 공사를 완공하지 못한 채 공사도급계약이 해제되어 기성고에 따른 공사비를 정산하여야 할 경우, 공사비를 산정하는 방법 및 이때 기성고 비율의 의미 / 공사도급계약에서 설계 및 사양의 변경에 따라 공사대금이 변경되는 것으로 특약한 경우, 기성고에 따른 공사비를 산정하는 방법]
> 수급인이 공사를 완공하지 못한 채 공사도급계약이 해제되어 기성고에 따른 공사비를 정산하여야 할 경우, 기성 부분과 미시공 부분에 실제로 소요되거나 소요될 공사비를 기초로 산출한 기성고 비율을 약정 공사비에 적용하여 그 공사비를 산정하여야 하고, 기성고 비율은 이미 완성된 부분에 소요된 공사비에다가 미시공 부분을 완성하는 데 소요될 공사비를 합친 전체 공사비 가운데 이미 완성된 부분에 소요된 공사비가 차지하는 비율이라고 할 것이고, / 만약 공사도급계약에서 설계 및 사양의 변경이 있는 때에는 그 설계 및 사양의 변경에 따라 공사대금이 변경되는 것으로 특약하고, 변경된 설계 및 사양에 따라 공사가 진행되다가 중단되었다면 설계 및 사양의 변경에 따라 변경된 공사대금에 기성고 비율을 적용하는 방법으로 기성고에 따른 공사비를 산정하여야 한다(대판 2023.10.12. 2020다210860[본소], 2020다210877[반소]).

(4) 책임의 면제에 관한 특칙

> **동전-하자가 도급인의 제공한 재료 또는 지시에 기인한 경우의 면책(민법 제669조)**
> 전2조의 규정은 목적물의 하자가 도급인이 제공한 재료의 성질 또는 도급인의 지시에 기인한 때에는 적용하지 아니한다. 그러나 수급인이 그 재료 또는 지시의 부적당함을 알고 도급인에게 고지하지 아니한 때에는 그러하지 아니하다.
>
> **담보책임면제의 특약(민법 제672조)**
> 수급인은 제667조, 제668조의 담보책임이 없음을 약정한 경우에도 알고 고지하지 아니한 사실에 대하여는 그 책임을 면하지 못한다.

> 도급계약에 따라 완성된 목적물에 하자가 있는 경우, 수급인의 하자담보책임과 채무불이행책임은 별개의 권원에 의하여 경합적으로 인정된다. 민법 제669조 본문은 완성된 목적물의 하자가 도급인이 제공한 재료의 성질 또는 도급인의 지시에 기인한 때에는 수급인의 하자담보책임에 관한 규정이 적용되지 않는다고 정하고 있다. 그러나 이 규정은 수급인의 하자담보책임이 아니라 민법 제390조에 따른 채무불이행책임에는 적용되지 않는다(대판 2020.1.30. 2019다268252).

(5) 담보책임의 존속기간

> **담보책임의 존속기간(민법 제670조)**
> ① 전3조의 규정에 의한 하자의 보수, 손해배상의 청구 및 계약의 해제는 목적물의 인도를 받은 날로부터 1년 내에 하여야 한다.
> ② 목적물의 인도를 요하지 아니하는 경우에는 전항의 기간은 일의 종료한 날로부터 기산한다.
>
> **수급인의 담보책임-토지, 건물 등에 대한 특칙(민법 제671조)**
> ① 토지, 건물 기타 공작물의 수급인은 목적물 또는 지반공사의 하자에 대하여 인도 후 5년간 담보의 책임이 있다. 그러나 목적물이 석조, 석회조, 연와조, 금속 기타 이와 유사한 재료로 조성된 것인 때에는 그 기간을 10년으로 한다.
> ② 전항의 하자로 인하여 목적물이 멸실 또는 훼손된 때에는 도급인은 그 멸실 또는 훼손된 날로부터 1년 내에 제667조의 권리를 행사하여야 한다.

민법상 수급인의 하자담보책임에 관한 기간은 제척기간으로서 재판상 또는 재판 외의 권리행사기간이며, 재판상 청구를 위한 출소기간이 아니라고 할 것이다(대판 2004.1.27. 2001다24891).

Ⅲ 도급인의 의무

1. 보수지급의무(민법 제665조)

> **보수의 지급시기(민법 제665조)**
> ① 보수는 그 완성된 목적물의 인도와 동시에 지급하여야 한다. 그러나 목적물의 인도를 요하지 아니하는 경우에는 그 일을 완성한 후 지체 없이 지급하여야 한다.
> ② 전항의 보수에 관하여는 제656조 제2항의 규정을 준용한다.

[1] 제작물공급계약에서 보수의 지급시기에 관하여 당사자 사이의 특약이나 관습이 없으면 도급인은 완성된 목적물을 인도받음과 동시에 수급인에게 보수를 지급하는 것이 원칙이고, 이때 목적물의 인도는 완성된 목적물에 대한 단순한 점유의 이전만을 의미하는 것이 아니라 도급인이 목적물을 검사한 후 그 목적물이 계약내용대로 완성되었음을 명시적 또는 묵시적으로 시인하는 것까지 포함하는 의미이다. [2] 제작물공급계약의 당사자들이 보수의 지급시기에 관하여 "수급인이 공급한 목적물을 도급인이 검사하여 합격하면, 도급인은 수급인에게 그 보수를 지급한다"는 내용으로 한 약정은 도급인의 수급인에 대한 보수지급의무와 동시이행관계에 있는 수급인의 목적물 인도의무를 확인한 것에 불과하므로, 법률행위의 효력 발생을 장래의 불확실한 사실의 성부에 의존하게 하는 법률행위의 부관인 조건에 해당하지 아니할 뿐만 아니라, 조건에 해당한다 하더라도 검사에의 합격 여부는 도급인의 일방적인 의사에만 의존하지 않고 그 목적물이 계약내용대로 제작된 것인지 여부에 따라 객관적으로 결정되므로 순수수의조건에 해당하지 않는다. [3] 도급계약에 있어 일의 완성에 관한 주장·입증책임은 일의 결과에 대한 보수의 지급을 청구하는 수급인에게 있고, 제작물공급계약에서 일이 완성되었다고 하려면 당초 예정된 최후의 공정까지 일단 종료하였다는 점만으로는 부족하고 목적물의 주요구조 부분이 약정된 대로 시공되어 사회통념상 일반적으로 요구되는 성능을 갖추고 있어야 하므로, 제작물공급에 대한 보수의 지급을 청구하는 수급인으로서는 그 목적물 제작에 관하여 계약에서 정해진 최후 공정을 일단 종료하였다는 점뿐만 아니라 그 목적물의 주요구조 부분이 약정된 대로 시공되어 사회통념상 일반적으로 요구되는 성능을 갖추고 있다는 점까지 주장·입증하여야 한다(대판 2006.10.13. 2004다21862).

[공사도급계약에 따른 선급금의 법적 성질 / 도급인이 선급금을 지급한 후 도급계약이 해제되거나 해지된 경우, 별도의 상계 의사표시 없이 기성고에 해당하는 공사대금 중 미지급액이 선급금으로 충당되는지 여부(원칙적 적극) 및 이때 선급금이 미지급 공사대금에 충당되고 남는 경우, 수급인이 남은 선급금을 반환할 의무를 지는지 여부(원칙적 적극)] 공사도급계약에 따라 주고받는 선급금은 일반적으로 구체적인 기성고와 관련하여 지급되는 것이 아니라 전체 공사와 관련하여 지급되는 공사대금의 일부이다. 도급인이 선급금을 지급한 후 도급계약이 해제되거나 해지된 경우에는 특별한 사정이 없는 한 별도의 상계 의사표시 없이 그때까지 기성고에 해당하는 공사대금 중 미지급액은 당연히 선급금으로 충당되고 공사대금이 남아 있으면 도급인은 그 금액에 한하여 지급의무가 있다. 거꾸로 선급금이 미지급 공사대금에 충당되고 남는다면 수급인이 남은 선급금을 반환할 의무가 있다(대판 2017.1.12. 2014다11574·2014다11581).

[공사도급계약의 해제 또는 해지 등의 사유로 수급인이 도중에 선급금을 반환하게 된 경우, 별도의 상계 의사표시 없이 선급금이 미지급 기성공사대금에 충당되는지 여부(원칙적 적극) / 도급인이 하수급인에게 하도급대금을 직접 지급하는 사유가 발생하는 때에 해당 금원을 선급금 충당의 대상이 되는 기성공사대금의 내역에서 제외하기로 하는 예외적 정산약정을 한 경우, 도급인이 미정산 선급금이 기성공사대금에 충당되었음을 이유로 하도급대금 지급의무를 면할 수 있는지 여부(소극) / 선급금의 충당 대상이 되는 기성공사대금의 내역에 관한 도급계약의 해석을 둘러싸고 이견이 발생한 경우, 이를 해석하는 방법 및 예외적 정산약정의 존재를 인정할 때 고려하여야 할 사항]

공사도급계약에서 수수되는 이른바 선급금은 자금 사정이 좋지 않은 수급인이 자재 확보·노임 지급 등의 어려움 없이 공사를 원활하게 진행할 수 있도록 도급인이 수급인에게 장차 지급할 공사대금을 미리 지급하는 것으로서 구체적인 기성고에 대한 공사대금이 아니라 전체 공사에 대한 공사대금이다. 따라서 선급금이 지급된 후 계약의 해제 또는 해지 등의 사유로 수급인이 도중에 선급금을 반환하게 되었다면 특별한 사정이 없는 한 별도의 상계 의사표시 없이 선급금이 그때까지 기성고에 해당하는 공사대금 중 미지급액에 충당된다. 도급인은 나머지 공사대금이 있는 경우 그 금액에 한하여 지급할 의무를 부담한다. 이때 선급금의 충당 대상이 되는 기성공사대금의 내역을 어떻게 정할 것인지는 도급계약 당사자 사이의 약정에 따른다. 도급계약 당사자가 도급인이 하수급인에게 하도급대금을 직접 지급하는 사유가 발생할 경우 이에 해당하는 금원을 선급금 충당의 대상이 되는 기성공사대금의 내역에서 제외하기로 하는 예외적 정산약정을 하였다면, 도급인은 미정산 선급금이 기성공사대금에 충당되었음을 이유로 하수급인에게 부담하는 하도급대금 지급의무를 면할 수 없다. 만약 선급금의 충당 대상이 되는 기성공사대금의 내역에 관한 도급계약의 해석을 둘러싸고 이견이 발생한다면 그 해석은 문언의 내용, 그와 같은 약정이 이루어진 동기와 경위, 약정에 의하여 달성하려는 목적, 당사자의 진정한 의사 등을 종합적으로 고찰하여 논리와 경험칙에 따라 합리적으로 해석해야 한다. 다만 도급계약의 해지 또는 해제에 따른 정산관계에 있어서는 각 미정산 선급금반환채권과 기성공사대금채권에 대하여 대립하는 이해관계인들이 다수 존재하는 것이 보통이므로 그들의 이해관계에 큰 영향을 미칠 수 있는 예외적 정산약정의 존재를 인정함에 있어서는 신중을 기하여야 한다(대판 2021.7.8. 2016다267067).

[도급계약에서 정한 일의 완성 이전에 계약이 해제된 경우, 수급인이 도급인에게 보수를 청구할 수 있는지 여부(원칙적 소극) / 예외적으로 이미 완성된 부분에 대한 수급인의 보수청구권이 인정될 수 있는 경우 및 이에 해당하는지 판단하는 기준]

도급계약에서 수급인의 보수는 완성된 목적물의 인도와 동시에 지급하여야 하고, 인도를 요하지 않는 경우 일을 완성한 후 지체 없이 지급하여야 하며, 도급인은 완성된 목적물의 인도의 제공이나 일의 완성이 있을 때까지 보수 지급을 거절할 수 있으므로, 도급계약에서 정한 일의 완성 이전에 계약이 해제된 경우 수급인으로서는 도급인에게 보수를 청구할 수 없음이 원칙이다. / 다만 당해 도급계약에 따라 수급인이 일부 미완성한 부분이 있더라도 계약해제를 이유로 이를 전부 원상회복하는 것이 신의성실의 원칙 등에 비추어 공평·타당하지 않다고 평가되는 특별한 경우라면 예외적으로 이미 완성된 부분에 대한 수급인의 보수청구권이 인정될 수 있고, 그와 같은 경우에 해당하는지는 도급인과 수급인의 관계, 당해 도급계약의 목적·유형·내용 및 성질, 수급인이 도급계약을 이행함에 있어 도급인의 관여 여부, 수급인이 도급계약에 따라 이행한 결과의 정도 및 그로 인해 도급인이 얻을 수 있는 실질적인 이익의 존부, 계약해제에 따른 원상회복 시 사회적·경제적 손실의 발생 여부 등을 종합적으로 고려하여 판단하여야 한다(대판 2023.3.30. 2022다289174).

2. 보수지급의무의 담보

> **수급인의 목적부동산에 대한 저당권설정청구권(민법 제666조)**
> 부동산공사의 수급인은 전조의 보수에 관한 채권을 담보하기 위하여 그 부동산을 목적으로 한 저당권의 설정을 청구할 수 있다.

수급인의 저당권설정청구권을 규정하는 민법 제666조는 부동산공사에서 그 목적물이 보통 수급인의 자재와 노력으로 완성되는 점을 감안하여 그 목적물의 소유권이 원시적으로 도급인에게 귀속되는 경우 수급인에게 목적물에 대한 저당권설정청구권을 부여함으로써 수급인이 사실상 목적물로부터 공사대금을 우선적으로 변제받을 수 있도록 하는 데 그 취지가 있고, 이러한 수급인의 지위가 목적물에 대하여 유치권을 행사하는 지위보다 더 강화되는 것은 아니어서 도급인의 일반 채권자들에게 부당하게 불리해지는 것도 아닌 점 등에 비추어, 신축건물의 도급인이 민법 제666조가 정한 수급인의 저당권설정청구권의 행사에 따라 공사대금채무의 담보로 그 건물에 저당권을 설정하는 행위는 특별한 사정이 없는 한 사해행위에 해당하지 아니한다(대판 2008.3.27. 2007다78616·78623).

Ⅳ. 도급의 종료

1. 도급인의 임의해제

> **완성 전의 도급인의 해제권(민법 제673조)**
> 수급인이 일을 완성하기 전에는 도급인은 손해를 배상하고 계약을 해제할 수 있다.

[민법 제673조에 의하여 도급계약이 해제된 경우, 도급인이 수급인에 대한 손해배상에 있어서 과실상계나 손해배상예정액 감액을 주장할 수 있는지 여부(소극)]

민법 제673조에서 도급인으로 하여금 자유로운 해제권을 행사할 수 있도록 하는 대신 수급인이 입은 손해를 배상하도록 규정하고 있는 것은 도급인의 일방적인 의사에 기한 도급계약 해제를 인정하는 대신, 도급인의 일방적인 계약해제로 인하여 수급인이 입게 될 손해, 즉 수급인이 이미 지출한 비용과 일을 완성하였더라면 얻었을 이익을 합한 금액을 전부 배상하게 하는 것이라 할 것이므로, 위 규정에 의하여 도급계약을 해제한 이상은 특별한 사정이 없는 한 도급인은 수급인에 대한 손해배상에 있어서 과실상계나 손해배상예정액 감액을 주장할 수는 없다(대판 2002.5.10. 2000다37296·37302).

[도급인이 수급인의 채무불이행을 이유로 도급계약 해제의 의사표시를 하였으나 실제로는 채무불이행의 요건을 갖추지 못한 것으로 밝혀진 경우, 당사자 사이에 분쟁이 있었다는 사정만으로 위 의사표시에 민법 제673조에 따른 임의해제의 의사가 포함되어 있다고 볼 수 있는지 여부(소극)]

도급인이 수급인의 채무불이행을 이유로 도급계약 해제의 의사표시를 하였으나 실제로는 채무불이행의 요건을 갖추지 못한 것으로 밝혀진 경우, 도급계약의 당사자 사이에 분쟁이 있었다고 하여 그러한 사정만으로 위 의사표시에 민법 제673조에 따른 임의해제의 의사가 포함되어 있다고 볼 수는 없다. 그 이유는 다음과 같다.

> ① 도급인이 수급인의 채무불이행을 이유로 도급계약을 해제하면 수급인에게 손해배상을 청구할 수 있다. 이에 반하여 민법 제673조에 기하여 도급인이 도급계약을 해제하면 오히려 수급인에게 손해배상을 해주어야 하는 처지가 된다. 도급인으로서는 자신이 손해배상을 받을 수 있다고 생각하였으나 이제는 자신이 손해배상을 하여야 하는 결과가 된다면 이는 도급인의 의사에 반할 뿐 아니라 의사표시의 일반적인 해석의 원칙에도 반한다.
> ② 수급인의 입장에서 보더라도 채무불이행 사실이 없으므로 도급인의 도급계약 해제의 의사표시가 효력이 없다고 믿고 일을 계속하였는데, 민법 제673조에 따른 해제가 인정되면 그 사이에 진행한 일은 도급계약과 무관한 일을 한 것이 되고 그 사이에 다른 일을 할 수 있는 기회를 놓치는 경우도 있을 수 있어 불측의 손해를 입을 수 있다(대판 2022.10.14. 2022다246757).

2. 도급인의 파산과 해제

> **도급인의 파산과 해제권(민법 제674조)**
> ① 도급인이 파산선고를 받은 때에는 수급인 또는 파산관재인은 계약을 해제할 수 있다. 이 경우에는 수급인은 일의 완성된 부분에 대한 보수 및 보수에 포함되지 아니한 비용에 대하여 파산재단의 배당에 가입할 수 있다.
> ② 전항의 경우에는 각 당사자는 상대방에 대하여 계약해제로 인한 손해의 배상을 청구하지 못한다.

제8절의2 여행계약

I 서 설

1. 의 의

> **여행계약의 의의(민법 제674조의2)**
> 여행계약은 당사자 한 쪽이 상대방에게 운송, 숙박, 관광 또는 그 밖의 여행 관련 용역을 결합하여 제공하기로 약정하고 상대방이 그 대금을 지급하기로 약정함으로써 효력이 생긴다.

여행계약은 당사자 한 쪽, 즉 여행주최자가 상대방에게 운송, 숙박, 관광 또는 그 밖의 여행관련 용역을 결합하여 제공하기로 약정하고 이에 대해 상대방, 즉 여행자가 그 대금을 지급하기로 약정함으로써 성립한다(민법 제674조의2).

2. 법적 성질

여행계약은 유상·쌍무계약이며, 낙성·불요식의 계약이다.

Ⅱ 여행계약의 성립

여행관련 용역을 제공하는 여행주최자와 그에 대하여 대가를 제공하는 여행자가 여행계약의 당사자에 해당한다. 여행계약은 낙성・불요식의 계약이므로 서면의 작성이 없더라도 계약은 성립한다.

Ⅲ 여행계약의 효력

1. 여행주최자의 의무

① 여행주최자는 약정된 대로 여행자에게 여행급부 전부, 즉 운송, 숙박, 관광 또는 그 밖의 여행관련 용역을 결합하여 제공할 의무를 진다.
② 여행주최자의 의무에 관한 규정들은 편면적 강행규정이다(민법 제674조의9).
③ 여행주최자는 여행자에 대하여 여행계약상의 부수의무로서 신의칙상 주의의무를 진다.

2. 여행자의 의무

① 여행자는 약정한 시기에 대금을 지급해야 하며, 그 시기의 약정이 없으면 관습에 따르고, 관습이 없으면 여행의 종료 후 지체 없이 지급해야 한다(민법 제674조의5). 이 규정은 주의적 규정이고, 실제로는 대개 약관에 따라 사전에 전액 지급된다.
② 부수적으로 특히 단체여행에서 여행자 간의 화합도모 및 질서유지에 협력할 의무도 진다.

3. 여행주최자의 담보책임

> **여행주최자의 담보책임(민법 제674조의6)**
> ① 여행에 하자가 있는 경우에는 여행자는 여행주최자에게 하자의 시정 또는 대금의 감액을 청구할 수 있다. 다만, 그 시정에 지나치게 많은 비용이 들거나 그 밖에 시정을 합리적으로 기대할 수 없는 경우에는 시정을 청구할 수 없다.
> ② 제1항의 시정 청구는 상당한 기간을 정하여 하여야 한다. 다만, 즉시 시정할 필요가 있는 경우에는 그러하지 아니하다.
> ③ 여행자는 시정 청구, 감액 청구를 갈음하여 손해배상을 청구하거나 시정 청구, 감액 청구와 함께 손해배상을 청구할 수 있다.
>
> **여행주최자의 담보책임과 여행자의 해지권(민법 제674조의7)**
> ① 여행자는 여행에 중대한 하자가 있는 경우에 그 시정이 이루어지지 아니하거나 계약의 내용에 따른 이행을 기대할 수 없는 경우에는 계약을 해지할 수 있다.
> ② 계약이 해지된 경우에는 여행주최자는 대금청구권을 상실한다. 다만, 여행자가 실행된 여행으로 이익을 얻은 경우에는 그 이익을 여행주최자에게 상환하여야 한다.
> ③ 여행주최자는 계약의 해지로 인하여 필요하게 된 조치를 할 의무를 지며, 계약상 귀환운송 의무가 있으면 여행자를 귀환운송하여야 한다. 이 경우 상당한 이유가 있는 때에는 여행주최자는 여행자에게 그 비용의 일부를 청구할 수 있다.

> **담보책임의 존속기간(민법 제674조의8)**
> 제674조의6과 제674조의7에 따른 권리는 여행 기간 중에도 행사할 수 있으며, 계약에서 정한 여행 종료일부터 6개월 내에 행사하여야 한다.

Ⅳ 여행계약의 종료

> **여행 개시 전의 계약 해제(민법 제674조의3)**
> 여행자는 여행을 시작하기 전에는 언제든지 계약을 해제할 수 있다. 다만, 여행자는 상대방에게 발생한 손해를 배상하여야 한다.
>
> **부득이한 사유로 인한 계약 해지(민법 제674조의4)**
> ① 부득이한 사유가 있는 경우에는 각 당사자는 계약을 해지할 수 있다. 다만, 그 사유가 당사자 한 쪽의 과실로 인하여 생긴 경우에는 상대방에게 손해를 배상하여야 한다.
> ② 제1항에 따라 계약이 해지된 경우에도 계약상 귀환운송(歸還運送)의무가 있는 여행주최자는 여행자를 귀환운송할 의무가 있다.
> ③ 제1항의 해지로 인하여 발생하는 추가 비용은 그 해지 사유가 어느 당사자의 사정에 속하는 경우에는 그 당사자가 부담하고, 누구의 사정에도 속하지 아니하는 경우에는 각 당사자가 절반씩 부담한다.

1. 사전해제

여행 개시 전의 사전해제가 인정된다(민법 제674조의3).

2. 계약의 해지

여행이 개시된 후 부득이한 사유가 있는 경우에 각 당사자는 계약을 해지할 수 있는데, 그 사유가 당사자 한 쪽의 과실로 인하여 생긴 경우에는 상대방에게 손해를 배상해야 한다(민법 제674조의4 제1항). 그런데 계약이 해지된 경우에도 계약상 귀환운송의무가 있는 여행주최자는 여행자를 귀환운송할 의무가 있다(민법 제674조의4 제2항).

3. 비용부담

해지로 인하여 발생하는 추가비용은 그 해지사유가 어느 당사자의 사정에 속하는 경우에 그 당사자가 부담하고, 누구의 사정에도 속하지 아니한 때에는 각 당사자가 절반씩 부담한다(민법 제674조의4 제3항).

제9절 현상광고

현상광고의 의의(민법 제675조)
현상광고는 광고자가 어느 행위를 한 자에게 일정한 보수를 지급할 의사를 표시하고 이에 응한 자가 그 광고에 정한 행위를 완료함으로써 그 효력이 생긴다.

보수수령권자(민법 제676조)
① 광고에 정한 행위를 완료한 자가 수인인 경우에는 먼저 그 행위를 완료한 자가 보수를 받을 권리가 있다.
② 수인이 동시에 완료한 경우에는 각각 균등한 비율로 보수를 받을 권리가 있다. 그러나 보수가 그 성질상 분할할 수 없거나 광고에 1인만이 보수를 받을 것으로 정한 때에는 추첨에 의하여 결정한다.

광고부지의 행위(민법 제677조)
전조의 규정은 광고 있음을 알지 못하고 광고에 정한 행위를 완료한 경우에 준용한다.

우수현상광고(민법 제678조)
① 광고에 정한 행위를 완료한 자가 수인인 경우에 그 우수한 자에 한하여 보수를 지급할 것을 정하는 때에는 그 광고에 응모기간을 정한 때에 한하여 그 효력이 생긴다.
② 전항의 경우에 우수의 판정은 광고 중에 정한 자가 한다. 광고 중에 판정자를 정하지 아니한 때에는 광고자가 판정한다.
③ 우수한 자 없다는 판정은 이를 할 수 없다. 그러나 광고 중에 다른 의사표시가 있거나 광고의 성질상 판정의 표준이 정하여져 있는 때에는 그러하지 아니하다.
④ 응모자는 전2항의 판정에 대하여 이의를 하지 못한다.
⑤ 수인의 행위가 동등으로 판정된 때에는 제676조 제2항의 규정을 준용한다.

현상광고의 철회(민법 제679조)
① 광고에 그 지정한 행위의 완료기간을 정한 때에는 그 기간만료 전에 광고를 철회하지 못한다.
② 광고에 행위의 완료기간을 정하지 아니한 때에는 그 행위를 완료한 자 있기 전에는 그 광고와 동일한 방법으로 광고를 철회할 수 있다.
③ 전광고와 동일한 방법으로 철회할 수 없는 때에는 그와 유사한 방법으로 철회할 수 있다. 이 철회는 철회한 것을 안 자에 대하여만 그 효력이 있다.

I 서설

1. 의의

현상광고는 광고자가 일정한 행위를 한 자에게 일정한 보수를 지급할 의사를 광고의 방법으로 표시하고, 이에 응한 자가 그 광고에서 정한 행위를 완료함으로써 성립하는 계약이다.

2. 법적 성질

① 현상광고의 법적 성질을 단독행위로 새기는 유력설이 있으나, 다수설은 계약설이다. 계약으로서 현상광고는 유상·편무계약이고, 지정된 행위를 완료하여야 계약이 성립하므로 요물계약이다.
② 현상광고도 법률행위이므로 그 효력의 발생, 즉 그 광고에 정한 행위의 완료에 조건이나 기한을 붙일 수 있다.

II 현상광고의 성립

1. 청약과 승낙

현상광고에서 불특정 다수인에 대한 광고자의 광고행위가 청약이고, 그 광고에 응하여 지정된 행위를 완료하는 응모자의 행위가 승낙이다.

2. 철회 여부

① 현상광고는 불특정 다수인에 대한 광고이므로, 이를 철회하지 못하는 것이 원칙이다.
② 지정행위의 완료시기를 정한 경우 청약의 철회는 인정될 수 없다. 그러나 지정행위의 완료시기를 정하지 않았다면, 그 행위를 완료한 자가 있기 전에 전의 광고와 동일한 방법으로 그 광고를 철회할 수 있다.

III 현상광고의 효과

1. 보수청구권의 취득

현상광고에서 지정된 행위를 완료한 자는 광고자에 대하여 보수청구권을 취득한다.

2. 지정행위를 완료한 자가 수인이 있는 경우

지정행위를 완료한 자가 수인이 있는 경우에, 최초로 지정행위를 완료한 자가 보수청구권을 취득한다. 수인이 동시에 지정행위를 완료한 경우에는 각각 균등한 비율로 보수를 받을 권리가 인정되지만, 보수가 성질상 분할할 수 없는 것이면 추첨에 의하여 보수청구권자를 정한다(민법 제676조). 이 규정은 임의규정이다.

Ⅳ 우수현상광고

1. 의 의

우수자에게만 보수를 지급한다는 현상광고를 의미한다(민법 제678조).

2. 응모기간

응모기간이 반드시 정해져야 한다(민법 제678조 제1항). 따라서 이것은 철회가 불가하다(민법 제679조 제1항).

3. 우수자가 없다는 판정의 가능성

우수자가 없다는 판정은 원칙적으로 불가능하다. 다만, 예외적으로 광고에서 다른 의사표시를 하거나 또는 광고의 성질상 판정의 표준이 정하여져 있으면 가능하다(민법 제678조 제3항).

4. 판정에 대한 이의제기

판정은 광고자 및 응모자를 구속한다. 즉, 이의제기를 할 수 없다(민법 제678조 제4항).

제10절 위 임

Ⅰ 서 설

1. 의 의

> **위임의 의의(민법 제680조)**
> 위임은 당사자 일방이 상대방에 대하여 사무의 처리를 위탁하고 상대방이 이를 승낙함으로써 그 효력이 생긴다.

위임은 당사자 일방, 즉 위임인이 상대방(수임인)에 대하여 사무의 처리를 위탁하고, 상대방이 이를 승낙함으로써 성립하는 계약이다(민법 제680조).

2. 법적 성질

① 민법상의 위임은 무상임을 원칙으로 하며, 그 법적 성질은 편무·낙성계약이다. 그러나 특약으로 유상으로 할 수 있는데, 이 경우 쌍무·낙성계약이다.
② 위임은 타인의 사무를 처리하는 활동 그 자체를 목적으로 하는 수단채무적 성격이 강하나, 도급은 일의 완성을 목적으로 하는 결과채무적 성격이 강하다.

3. 위임의 성립

① 위임은 일정한 사무처리의 위탁을 목적으로 한다. 여기서 사무처리는 법률상 또는 사실상의 모든 행위로, 법률행위, 준법률행위, 사실행위를 포함한다.
② 위임인이 수임인에게 보수를 지급하는 것은 위임의 요건이 아니다.

II 위임의 효력

1. 수임인의 의무

수임인의 선관의무(민법 제681조)
수임인은 위임의 본지에 따라 선량한 관리자의 주의로써 위임사무를 처리하여야 한다.

복임권의 제한(민법 제682조)
① 수임인은 위임인의 승낙이나 부득이한 사유 없이 제3자로 하여금 자기에 갈음하여 위임사무를 처리하게 하지 못한다.
② 수임인이 전항의 규정에 의하여 제3자에게 위임사무를 처리하게 한 경우에는 제121조, 제123조의 규정을 준용한다.

수임인의 보고의무(민법 제683조)
수임인은 위임인의 청구가 있는 때에는 위임사무의 처리상황을 보고하고 위임이 종료한 때에는 지체 없이 그 전말을 보고하여야 한다.

수임인의 취득물 등의 인도, 이전의무(민법 제684조)
① 수임인은 위임사무의 처리로 인하여 받은 금전 기타의 물건 및 그 수취한 과실을 위임인에게 인도하여야 한다.
② 수임인이 위임인을 위하여 자기의 명의로 취득한 권리는 위임인에게 이전하여야 한다.

수임인의 금전소비의 책임(민법 제685조)
수임인이 위임인에게 인도할 금전 또는 위임인의 이익을 위하여 사용할 금전을 자기를 위하여 소비한 때에는 소비한 날 이후의 이자를 지급하여야 하며 그 외의 손해가 있으면 배상하여야 한다.

(1) 위임사무처리의무

① 선량한 관리자의 주의로 사무를 처리하여야 한다(민법 제681조).

> • 부동산중개업자와 중개의뢰인의 법률관계는 민법상의 위임관계와 유사하므로 중개의뢰를 받은 중개업자는 선량한 관리자의 주의로 중개대상물의 권리관계 등을 조사·확인하여 중개의뢰인에게 설명할 의무가 있다. 나아가 직접 조사·확인하여 설명할 의무가 없는 사항이라고 할지라도 중개의뢰인이 계약을 맺을지를 결정하는 데 중요한 것이라면 그에 관하여 그릇된 정보를 제공해서는 아니 되고, 그 정보가 진실인 것처럼 그대로 전달하여 중개의뢰인이 이를 믿고 계약을 체결하도록 했다면 선량한 관리자의 주의로 신의를 지켜 성실하게 중개해야 할 의무를 위반한 것이 된다(대판 2023.11.30. 2023다259743).

- 신탁관계가 설정된 부동산에 관하여 임대차계약을 중개하는 공인중개사로서는 선량한 관리자의 주의와 신의성실로써 신탁관계에 관한 조사·확인을 거쳐, 중개의뢰인에게 신탁원부를 제시하고, 신탁관계 설정사실 및 그 법적인 의미와 효과, 즉 대상 부동산의 소유자가 수탁자이고, 임대인 소유 아닌 부동산에 관하여 임대차계약이 체결되는 것이며, 수탁자의 사전승낙이나 사후승인이 없다면 수탁자에게 임대차계약으로 대항할 수 없다는 점 등을 성실하고 정확하게 설명하여야 할 의무가 있다(대판 2023.8.31. 2023다224327).
- 부동산중개업자와 중개의뢰인과의 법률관계는 민법상의 위임관계와 같으므로 중개업자는 중개의뢰의 본지에 따라 선량한 관리자의 주의로 의뢰받은 중개업무를 처리할 의무가 있을 뿐 아니라, 공인중개사법 제29조 제1항에 의하여 신의와 성실로 공정하게 중개행위를 할 의무가 있다. / 공인중개사법 제2조 제1호, 제3호의 규정에 의하면, 부동산중개업의 대상이 되는 중개행위는 중개대상물에 대하여 거래당사자 간의 매매·교환·임대차 그 밖의 권리의 득실변경에 관한 행위를 알선하는 것으로서, 당사자 사이에 매매 등 법률행위가 용이하게 성립할 수 있도록 조력하고 주선하는 사실행위에 불과하고, 변호사법 제3조에서 규정한 법률사무와는 구별된다. / 그런데 부동산 매수인이 매매목적물에 관한 임대차보증금 반환채무 등을 인수하는 한편 그 채무액을 매매대금에서 공제하기로 약정한 경우, 당사자의 의사, 임차인이 주택임대차보호법상의 대항력을 갖추었는지 여부, 임차인의 명시적 또는 묵시적 동의 여부 등에 따라 위와 같은 채무인수의 법적 성격이 면책적 채무인수, 이행인수 또는 병존적 채무인수로 달라질 수 있으므로, 각 채무인수의 요건에 관한 분석 등을 통하여 채무인수의 법적 성격을 가리는 행위는 단순한 사실행위가 아닌 법률사무에 해당한다고 보아야 한다. / 따라서 공인중개사가 부동산을 중개하는 과정에서 채무인수의 법적 성격까지 조사·확인하여 설명할 의무가 있다고 보기 어려우므로, 중개 과정에서 그릇된 정보를 전달하였다는 등의 특별한 사정이 없는 한, 채무인수의 법적 성격에 관하여 조사·확인하여 설명하지 않았다는 사정만으로 선량한 관리자의 주의로 신의를 지켜 성실하게 중개행위를 하여야 할 의무를 위반하였다고 볼 수 없다(대판 2024.9.12. 2024다239364).
- 투자중개업자는 자본시장과 금융투자업에 관한 법률(이하 '자본시장법'이라 한다) 제37조 제1항에 의하여 신의성실의 원칙에 따라 공정하게 투자중개업을 영위할 의무를 부담하고, 그 의무를 위반하거나 업무를 소홀히 하여 투자자에게 손해를 발생시킨 경우에는 자본시장법 제64조 제1항에 따라 손해를 배상할 책임이 있다. 투자중개업자가 투자자의 파생상품 거래와 관련한 증거금이 부족할 경우에 투자자의 파생상품 등을 청산할 권한을 일임받아 이를 실행하는 경우에도 선량한 관리자로서의 주의를 다하여 투자자의 손실을 최소한도에 그치도록 해야 하는 의무를 부담한다. 이 경우 투자중개업자가 선관주의의무를 위반하였는지 여부는 파생상품의 급격한 평가가치 하락의 원인과 가격 전망, 증거금 부족액과 이를 만회하기 위해 실행한 처분 규모, 반대매매 실행 당시 시장 상황과 주문 방식, 급격한 가격 변동과 반대매매 실행 가능성에 대한 투자자의 인식 여부 등 여러 사정을 참작하여 전문가인 투자중개업자가 합리적인 판단을 하였다고 볼 수 있는지를 기준으로 판단하여야 한다. 다만 투자중개업자가 전문가라 하더라도 불확실성과 변동성이 큰 파생상품의 가격을 정확하게 예측하는 것은 사실상 불가능하므로, 반대매매 대상이 된 파생상품의 가격이 하락 또는 상승하는 경향이 뚜렷하여 투자자의 손실을 최소화할 수 있는 거래 기회가 있음을 확실하게 예상할 수 있었다는 등의 특별한 사정이 없는 한 사후적으로 실제 반대매매 결과보다 더 나은 조건으로 반대매매를 할 기회가 있었다는 등의 사정만으로는 선관주의의무를 위반하였다고 할 수 없다(대판 2025.3.13. 2024다215375[본소]·2024다215382[반소]).

② 원칙적으로 수임인은 자기 스스로 사무를 처리하여야 한다. 다만, 위임인이 승낙이 있거나 부득이한 사유가 있으면 수임인은 제3자로 하여금 자기에 갈음하여 위임사무를 처리하게 할 수 있다(민법 제682조 제1항).

(2) 부수의무

① 보고의무(민법 제683조)

② 취득물인도의무(민법 제684조 제1항) : 취득한 것 전부를 그대로 인도하여야 한다.

> **[수임인이 위임사무 처리로 인하여 받은 금전 등을 위임인에게 인도하여야 하는 시기 및 반환할 금전의 범위를 정하는 기준 시기(= 위임 종료 시)]**
> 민법 제684조 제1항은 "수임인은 위임사무의 처리로 인하여 받은 금전 기타의 물건 및 그 수취한 과실을 위임인에게 인도하여야 한다"라고 규정하고 있다. 이때 인도 시기는 당사자 간에 특약이 있거나 위임의 본뜻에 반하는 경우 등과 같은 특별한 사정이 없는 한 위임계약이 종료된 때이고, 수임인이 반환할 금전의 범위도 위임 종료 시를 기준으로 정해진다(대판 2024.11.14. 2021다215060).

③ 취득한 권리의 이전의무(민법 제684조 제2항)

> **[수임인이 위임인을 위하여 자기 명의로 취득한 권리를 위임인에게 이전하여야 하는 시기 및 위 권리에 관한 위임인의 이전청구권의 소멸시효 기산점(= 위임계약이 종료된 때)]**
> 민법 제684조 제2항은 "수임인이 위임인을 위하여 자기의 명의로 취득한 권리는 위임인에게 이전하여야 한다"라고 규정하고 있는데, 이때 그 이전 시기는 당사자 간에 특약이 있거나 위임의 본뜻에 반하는 경우 등과 같은 특별한 사정이 없는 한 위임계약이 종료된 때이다. 따라서 위임사무로 수임인 명의로 취득한 권리에 관한 위임인의 이전청구권의 소멸시효는 위임계약이 종료된 때부터 진행하게 된다(대판 2022.9.7. 2022다217117).

④ 금전소비에 대한 책임(민법 제685조) : 소비한 날 이후의 이자와 그 외에 손해가 있으면 손해까지 배상하여야 한다.

2. 위임인의 의무

> **수임인의 보수청구권(민법 제686조)**
> ① 수임인은 특별한 약정이 없으면 위임인에 대하여 보수를 청구하지 못한다.
> ② 수임인이 보수를 받을 경우에는 위임사무를 완료한 후가 아니면 이를 청구하지 못한다. 그러나 기간으로 보수를 정한 때에는 그 기간이 경과한 후에 이를 청구할 수 있다.
> ③ 수임인이 위임사무를 처리하는 중에 수임인의 책임 없는 사유로 인하여 위임이 종료된 때에는 수임인은 이미 처리한 사무의 비율에 따른 보수를 청구할 수 있다.
>
> **수임인의 비용선급청구권(민법 제687조)**
> 위임사무의 처리에 비용을 요하는 때에는 위임인은 수임인의 청구에 의하여 이를 선급하여야 한다.
>
> **수임인의 비용상환청구권 등(민법 제688조)**
> ① 수임인이 위임사무의 처리에 관하여 필요비를 지출한 때에는 위임인에 대하여 지출한 날 이후의 이자를 청구할 수 있다.
> ② 수임인이 위임사무의 처리에 필요한 채무를 부담한 때에는 위임인에게 자기에 갈음하여 이를 변제하게 할 수 있고 그 채무가 변제기에 있지 아니한 때에는 상당한 담보를 제공하게 할 수 있다.
> ③ 수임인이 위임사무의 처리를 위하여 과실 없이 손해를 받은 때에는 위임인에 대하여 그 배상을 청구할 수 있다.

(1) 보수지급의무

① 특약이 없는 한 보수지급의무가 없다는 것이 민법상의 원칙이다(민법 제686조 제1항). 단, 명시적 특약이 없다고 할지라도 유상성이 추정되는 경우가 있다(통설·판례).

> [변호사에게 계쟁 사건의 처리를 위임하는 경우, 보수 지급 및 수액에 관하여 명시적인 약정을 아니하였더라도 보수를 지급할 묵시의 약정이 있는 것으로 보아야 하는지 여부(원칙적 적극) 및 이 경우 보수액을 결정하는 방법]
> 변호사에게 계쟁 사건의 처리를 위임하는 경우에 그 보수 지급 및 수액에 관하여 명시적인 약정을 아니하였더라도, 무보수로 한다는 등 특별한 사정이 없는 한 응분의 보수를 지급할 묵시의 약정이 있는 것으로 봄이 상당하고, 이 경우 그 보수액은 사건 수임의 경위, 사건의 경과와 난이 정도, 소송물 가액, 승소로 인하여 당사자가 얻는 구체적 이익, 의뢰인과 변호사 간의 관계, 기타 변론에 나타난 여러 사정을 참작하여 결정함이 상당하다(대판 2024.4.4. 2023다298670).

> [변호사의 소송위임사무에 관한 약정 보수액이 부당하게 과다하여 신의성실의 원칙이나 형평의 관념에 반한다고 볼 만한 특별한 사정이 있는 경우, 변호사의 보수 청구가 적당하다고 인정되는 범위 내로 제한되는지 여부(적극) 및 이 경우 법원은 그에 관한 합리적 근거를 명확히 밝혀야 하는지 여부(적극)]
> 변호사의 소송위임 사무처리 보수에 관하여 변호사와 의뢰인 사이에 약정이 있는 경우 위임사무를 완료한 변호사는 원칙적으로 약정 보수액 전부를 청구할 수 있다. 다만 의뢰인과의 평소 관계, 사건 수임경위, 사건처리 경과와 난이도, 노력의 정도, 소송물 가액, 의뢰인이 승소로 인하여 얻게 된 구체적 이익, 그 밖에 변론에 나타난 여러 사정을 고려하여, 약정 보수액이 부당하게 과다하여 신의성실의 원칙이나 형평의 관념에 반한다고 볼 만한 특별한 사정이 있는 경우에는 예외적으로 적당하다고 인정되는 범위 내의 보수액만을 청구할 수 있다. 그런데 이러한 보수 청구의 제한은 어디까지나 계약자유의 원칙에 대한 예외를 인정하는 것이므로, 법원은 그에 관한 합리적인 근거를 명확히 밝혀야 한다. 이러한 법리는 대법원이 오랜 시간에 걸쳐 발전시켜 온 것으로서, 현재에도 여전히 그 타당성을 인정할 수 있다(대판[전합] 2018.5.17. 2016다35833 – 다수의견). 위와 같은 특별한 사정의 존재에 대한 증명책임은 약정된 보수액이 부당하게 과다하다고 주장하는 측에 있다(대판 2023.8.31. 2022다293937).

② 보수의 지급시기(후급의 원칙) : 특약이 없으면 위임사무의 종료 시에 지급한다(민법 제686조 제2항 본문). 기간으로 정한 보수는 기간이 지난 후에 지급한다(민법 제686조 제2항 단서).

> [소송위임계약으로 성공보수를 약정하였을 경우, 보수청구권의 소멸시효 기산점(= 해당 심급의 판결을 송달받은 때) 및 이때 당사자 사이에 보수금의 지급시기에 관한 특약이 있는 경우, 소멸시효 기산점(= 특약에 따라 보수채권을 행사할 수 있는 때)]
> 민법 제686조 제2항에 의하면 수임인은 위임사무를 완료하여야 보수를 청구할 수 있다. 따라서 소송위임계약으로 성공보수를 약정하였을 경우 심급대리의 원칙에 따라 수임한 소송사무가 종료하는 시기인 해당 심급의 판결을 송달받은 때로부터 그 소멸시효기간이 진행되나, 당사자 사이에 보수금의 지급시기에 관한 특약이 있다면 그에 따라 보수채권을 행사할 수 있는 때로부터 소멸시효가 진행한다고 보아야 한다(대판 2023.2.2. 2022다276307).

(2) 그 밖의 의무

① 비용선급의무(민법 제687조)
② 필요비상환의무(민법 제688조 제1항)

> **[민법 제688조 제1항에 따라 수임인이 상환을 청구할 수 있는 필요비의 의미]**
> 수임인이 위임사무의 처리에 관하여 필요비를 지출한 때에는 위임인에 대하여 지출한 날 이후의 이자를 청구할 수 있는바(민법 제688조 제1항), 위 규정에 따라 수임인이 상환을 청구할 수 있는 필요비는 선량한 관리자의 주의를 가지고 수임인이 필요하다고 판단하여 지출한 비용으로서 위임인에게 실익이 생기는지 여부 또는 위임인이 소기의 목적을 달성하였는지 여부는 불문한다(대판 2006.1.26. 2004다69420 참조). 한편 수임인이 위임사무를 처리하는 과정에서 선관주의의무를 위반한 사실이 있다 하더라도, 그 이후 수임인이 위임사무 처리를 위해 비용을 지출하였고, 해당 비용의 지출 과정에서 수임인이 선량한 관리자로서의 주의를 다하였다면, 수임인은 선행 선관주의의무 위반과 상당인과관계 있는 비용 증가에 대하여 손해배상의무를 부담하는 것은 별론으로 하고 위임인에 대하여 필요비의 상환을 청구할 수 있다(대판 2024.2.29. 2023다294470[본소] · 2023다294487[반소]).

③ 채무의 대변제의무 및 담보제공의무(민법 제688조 제2항)
④ 손해배상의무(민법 제688조 제3항)

III 위임의 종료

> **위임의 상호해지의 자유(민법 제689조)**
> ① 위임계약은 각 당사자가 언제든지 해지할 수 있다.
> ② 당사자 일방이 부득이한 사유 없이 상대방의 불리한 시기에 계약을 해지한 때에는 그 손해를 배상하여야 한다.
>
> **사망 · 파산 등과 위임의 종료(민법 제690조)**
> 위임은 당사자 한 쪽의 사망이나 파산으로 종료된다. 수임인이 성년후견개시의 심판을 받은 경우에도 이와 같다.

1. 위임의 상호해지의 자유

① 위임계약은 유상이든 무상이든 상관 없이 각 당사자가 언제든지 해지할 수 있다(민법 제689조 제1항).

> • [1] 위임계약의 일방 당사자가 타방 당사자의 채무불이행을 이유로 위임계약을 해지한다는 의사표시를 하였으나 실제로는 채무불이행을 이유로 한 계약 해지의 요건을 갖추지 못한 경우, 민법 제689조 제1항에 따른 임의해지로서의 효력이 인정되는지 여부(원칙적 적극) : 위임계약의 각 당사자는 민법 제689조 제1항에 따라 특별한 이유 없이도 언제든지 위임계약을 해지할 수 있다. 따라서 위임계약의 일방 당사자가 타방 당사자의 채무불이행을 이유로 위임계약을 해지한다는 의사표시를 하였으나 실제로는 채무불이행을 이유로 한 계약 해지의 요건을 갖추지 못한 경우라도, 특별한 사정이 없는 한 의사표시에는 민법 제689조 제1항에 따른 임의해지로서의 효력이 인정된다.

> [2] 상대방이 불리한 시기에 위임계약을 해지한 경우 그로 인한 손해를 배상하여야 하는지 여부 및 배상의 범위 / 수임인이 사무처리를 완료하기 전에 위임계약을 해지한 것이 위임인에게 불리한 시기에 해지한 것인지 여부(소극) : 민법상의 위임계약은 유상계약이든 무상계약이든 당사자 쌍방의 특별한 대인적 신뢰관계를 기초로 하는 위임계약의 본질상 각 당사자는 언제든지 해지할 수 있고 그로 말미암아 상대방이 손해를 입는 일이 있어도 그것을 배상할 의무를 부담하지 않는 것이 원칙이며, 다만 상대방이 불리한 시기에 해지한 때에는 해지가 부득이한 사유에 의한 것이 아닌 한 그로 인한 손해를 배상하여야 하나, 배상의 범위는 위임이 해지되었다는 사실로부터 생기는 손해가 아니라 적당한 시기에 해지되었더라면 입지 아니하였을 손해에 한한다. 그리고 수임인이 위임받은 사무를 처리하던 중 사무처리를 완료하지 못한 상태에서 위임계약을 해지함으로써 위임인이 사무처리의 완료에 따른 성과를 이전받거나 이익을 얻지 못하게 되더라도, 별도로 특약을 하는 등 특별한 사정이 없는 한 위임계약에서는 시기를 불문하고 사무처리 완료 전에 계약이 해지되면 당연히 위임인이 사무처리의 완료에 따른 성과를 이전받거나 이익을 얻지 못하는 것으로 계약 당시에 예정되어 있으므로, 수임인이 사무처리를 완료하기 전에 위임계약을 해지한 것만으로 위임인에게 불리한 시기에 해지한 것이라고 볼 수는 없다(대판 2015.12.23. 2012다71411).
>
> • [1] 등기권리자와 등기의무자 쌍방으로부터 등기절차 위임을 받은 법무사와의 위임계약을 등기의무자의 일방적 의사표시로 해제할 수 있는지 여부(소극) : 등기권리자와 등기의무자 쌍방으로부터 등기절차의 위임을 받고 그 절차에 필요한 서류를 교부받은 법무사는 절차가 끝나기 전에 등기의무자로부터 등기신청을 보류해 달라는 요청이 있었다 해도 등기권리자에 대한 관계에 있어서는 그 사람의 동의가 있는 등 특별한 사정이 없는 한 그 요청을 거부해야 할 위임계약상의 의무가 있는 것이므로 이와 같은 경우에는 등기의무자와 법무사 사이의 위임계약은 계약의 성질상 민법 제689조 제1항의 규정에 관계없이 등기권리자의 동의 등 특별한 사정이 없는 한 해제할 수 없다고 할 것이다. [2] 등기권리자와 등기의무자 쌍방으로부터 위임받은 등기절차가 마쳐지기 전에 등기의무자로부터 동일한 등기목적 부동산에 관하여 제3자에게로 등기절차를 경료하여 달라는 요청을 받은 경우, 법무사가 등기권리자의 수임자로서 요청을 거부하거나 최소한 그 사실을 등기권리자에게 알려줄 위임계약상 의무를 부담하는지 여부(적극) : 법무사의 성실의무 등에 비추어 위와 같이 등기권리자와 등기의무자 쌍방으로부터 위임받은 등기절차가 마쳐지기 전에 등기의무자로부터 동일한 등기목적 부동산에 관하여 기존의 등기권리자가 아닌 제3자에게로의 등기절차를 경료하여 달라는 요청을 받은 경우, 법무사는 등기권리자의 수임자로서 그 요청을 거부하거나 최소한 그 사실을 위임인인 등기권리자에게 알려주어 등기권리자가 권리보호를 위하여 적당한 조치를 취할 기회를 가지게 할 위임계약상의 의무가 있다(대판 2011.4.28. 2010다98771).

② 위임에서 임의해지가 인정되고, 그로 말미암아 상대방이 손해를 입더라도, 그것을 배상할 의무를 부담하지 않는 것이 원칙이지만, 부득이한 사유 없이 상대방에게 불리한 시기에 해지한 경우에는 그 손해를 배상해야 한다(민법 제689조 제2항).

2. 기타 종료사유

① 당사자 한 쪽의 사망이나 파산, 수임인에 대한 성년후견개시의 심판을 받은 경우(민법 제690조)
② 채무불이행으로 인한 해제

> 수임인이 위임계약상의 채무를 제대로 이행하지 아니하였다 하여 위임인이 언제나 최고 없이 바로 그 채무불이행을 이유로 하여 위임계약을 해제할 수 있는 것은 아니고, 아직도 수임인이 위임계약상의 채무를 이행하는 것이 가능하다면 위임인은 수임인에 대하여 상당한 기간을 정하여 그 이행을 최고하고, 수임인이 그 기간 내에 이를 이행하지 아니할 때에 한하여 계약을 해제할 수 있다(대판 1996.11.26. 96다27148).

3. 위임종료의 특칙

> **위임종료 시의 긴급처리(민법 제691조)**
> 위임종료의 경우에 급박한 사정이 있는 때에는 수임인, 그 상속인이나 법정대리인은 위임인, 그 상속인이나 법정대리인이 위임사무를 처리할 수 있을 때까지 그 사무의 처리를 계속하여야 한다. 이 경우에는 위임의 존속과 동일한 효력이 있다.

> **위임종료의 대항요건(민법 제692조)**
> 위임종료의 사유는 이를 상대방에게 통지하거나 상대방이 이를 안 때가 아니면 이로써 상대방에게 대항하지 못한다.

① 수임인의 긴급사무처리의무(민법 제691조)
② 위임종료의 대항요건(민법 제692조)

제11절 임 치

I 서 설

1. 의 의

> **임치의 의의(민법 제693조)**
> 임치는 당사자 일방이 상대방에 대하여 금전이나 유가증권 기타 물건의 보관을 위탁하고 상대방이 이를 승낙함으로써 효력이 생긴다.

임치는 당사자 일방(임치인)이 상대방(수치인)에 대하여 금전이나 유가증권 기타 물건의 보관을 위탁하고, 상대방이 이를 승낙함으로써 성립하는 낙성·불요식의 계약이다. 즉, 임치는 목적물의 보관 자체를 목적으로 하는 계약이다(민법 제693조).

2. 법적 성질

편무·무상계약이 원칙이나, 보수지급의 약정이 있으면 쌍무·유상계약이다.

II 임치의 성립

① 동산뿐만 아니라 부동산의 임치도 가능하다.
② 임치는 무상임을 원칙으로 하므로, 보수는 임치의 요건이 아니다. 다만, 상법상의 임치는 원칙적으로 유상이다(상법 제61조).

III 임치의 효력

1. 수치인의 의무

> **수치인의 임치물사용금지(민법 제694조)**
> 수치인은 임치인의 동의 없이 임치물을 사용하지 못한다.
>
> **무상수치인의 주의의무(민법 제695조)**
> 보수 없이 임치를 받은 자는 임치물을 자기재산과 동일한 주의로 보관하여야 한다.
>
> **수치인의 통지의무(민법 제696조)**
> 임치물에 대한 권리를 주장하는 제3자가 수치인에 대하여 소를 제기하거나 압류한 때에는 수치인은 지체 없이 임치인에게 이를 통지하여야 한다.
>
> **임치물의 반환장소(민법 제700조)**
> 임치물은 그 보관한 장소에서 반환하여야 한다. 그러나 수치인이 정당한 사유로 인하여 그 물건을 전치한 때에는 현존하는 장소에서 반환할 수 있다.
>
> **준용규정(민법 제701조)**
> 제682조, 제684조 내지 제687조 및 제688조 제1항, 제2항의 규정은 임치에 준용한다.

(1) 임치물보관의무

① 수치인은 수치한 그 물건을 반환해야 하므로, 선량한 관리자의 주의로써 임치물을 보관해야 한다(민법 제374조).
② 그러나 선관주의의무를 부담하는 것은 유상수치인에 한하고, 무상임치에서 수치인은 자기의 재산과 동일한 주의로써 보관하는 것으로 충분하다(민법 제695조).

(2) 부수의무

① 임치인의 동의 없이 보관 중인 임치물을 사용하지 못한다(민법 제694조).
② 임치물에 관하여 권리를 주장하는 제3자가 수치인에 대하여 소를 제기하거나 압류한 경우에, 수치인은 지체 없이 그 사실을 임치인에게 통지해야 한다(민법 제696조).
③ 수임인과 마찬가지로 수치인은 보관과 관련하여 받은 금전 기타 물건을 임치인에게 인도하고, 취득한 권리를 이전하고, 자기를 위하여 소비한 금전의 이자를 지급하며 손해를 배상할 의무를 진다(민법 제701조, 제684조, 제685조).

(3) 임치물반환의무

① 임치가 종료하면 수치인은 임치물을 임치인에게 반환해야 한다. 반환의 목적물은 수치인이 받아 보관한 것 자체이다. 임치물이 대체물인 때에도 마찬가지이다. 따라서 임치물이 전부 멸실한 때에는 임치물반환채무는 이행불능이 되는 것이며, 그 물건이 대체물인 경우에도 그와 동종·동량의 물건으로 인도할 의무는 없다(대판 1976.11.9. 76다1932).
② 반환의 장소는 특약이 없으면 보관한 장소이다. 다만, 수치인이 정당한 이유에 기하여 전치한 경우에는 현존하는 장소에서 반환할 수 있다(민법 제700조).
③ 유상임치에서 수치인의 반환의무는 임치인의 보수지급의무와 동시이행관계에 있다.
④ 임치계약 해지에 따른 임치물 반환청구권의 소멸시효 기산점(= 임치계약이 성립하여 임치물이 수치인에게 인도된 때) : 임치계약 해지에 따른 임치물 반환청구는 임치계약 성립 시부터 당연히 예정된 것이고, 임치계약에서 임치인은 언제든지 계약을 해지하고 임치물의 반환을 구할 수 있는 것이므로, 특별한 사정이 없는 한 임치물 반환청구권의 소멸시효는 임치계약이 성립하여 임치물이 수치인에게 인도된 때부터 진행하는 것이지, 임치인이 임치계약을 해지한 때부터 진행한다고 볼 수 없다(대판 2022.8.19. 2020다220140).

2. 임치인의 의무

> **임치물의 성질, 하자로 인한 임치인의 손해배상의무(민법 제697조)**
> 임치인은 임치물의 성질 또는 하자로 인하여 생긴 손해를 수치인에게 배상하여야 한다. 그러나 수치인이 그 성질 또는 하자를 안 때에는 그러하지 아니하다.
>
> **준용규정(민법 제701조)**
> 제682조, 제684조 내지 제687조 및 제688조 제1항, 제2항의 규정은 임치에 준용한다.

(1) 임치인의 임치물인도의무 인정 여부

학설은 긍정설과 부정설 및 무상임치의 경우에는 부정하나, 유상임치인 경우에는 긍정하는 절충설이 대립한다.

(2) 위임에 관한 규정의 준용 등

위임에 관한 규정이 준용되므로 유상인지, 무상인지 불문하고 임치인은 비용의 선급, 비용의 상환, 채무변제 및 담보제공의 의무를 부담한다(민법 제701조, 제687조, 제688조 제1항·제2항). 또한 임치물의 성질 또는 하자로 인하여 수치인이 입은 손해를 배상하여야 한다. 그러나 수치인이 그 성질이나 하자를 알고 있었다면 배상책임을 면한다(민법 제697조).

(3) 임치인의 보수지급의무 및 지급시기 등

임치인의 보수지급의무는 특약이 있는 경우에만 발생하며, 그 지급시기 등은 위임에서와 같다(민법 제701조, 제686조).

Ⅳ 임치의 종료

기간의 약정 있는 임치의 해지(민법 제698조)
임치기간의 약정이 있는 때에는 수치인은 부득이한 사유 없이 그 기간만료전에 계약을 해지하지 못한다. 그러나 임치인은 언제든지 계약을 해지할 수 있다.

기간의 약정 없는 임치의 해지(민법 제699조)
임치기간의 약정이 없는 때에는 각 당사자는 언제든지 계약을 해지할 수 있다.

1. 임치인

기간의 약정의 유무를 불문하고 언제든지 해지 가능하다(민법 제698조 단서, 제699조).

2. 수치인

기간의 약정이 없으면 언제든지 해지 가능하나(민법 제699조), 기간의 약정이 있으면 부득이한 사유가 있어야만 기간의 만료 전에 해지 가능하다(민법 제698조 본문).

3. 기타 종료사유

그 밖에 임치기간의 만료 또는 목적물의 멸실에 의해서도 임치관계가 종료된다.

Ⅴ 소비임치

소비임치(민법 제702조)
수치인이 계약에 의하여 임치물을 소비할 수 있는 경우에는 소비대차에 관한 규정을 준용한다. 그러나 반환시기의 약정이 없는 때에는 임치인은 언제든지 그 반환을 청구할 수 있다.

1. 의 의

수치인이 대체물인 임치물을 소비하고, 그것과 동종·동질·동량의 물건을 반환할 의무를 부담하는 임치를 소비임치 또는 불규칙임치라고 한다(민법 제702조).

2. 효과

(1) 준용규정
소비대차에 관한 규정이 준용되나, 반환시기에 관한 규정은 준용되지 않는다.

(2) 임치물의 소유권
소비임치에서는 임치물의 소유권이 수치인에게 귀속하므로, 수치인은 목적물의 보관의무를 부담하지 않으며, 동종·동질·동량의 물건의 반환의무만 부담한다.

3. 예금계약

(1) 법적 성질 : 소비임치(통설·판례)

(2) 예금계약의 성립시기
금융기관의 창구에서 금융기관이 돈을 받아 확인하면 그때 성립한다(대판 1996.1.26. 95다26919).

> **[예금계약의 성립 요건 및 금융기관의 직원이 받은 돈을 입금하지 않고 횡령한 경우 예금계약의 성립 여부(적극)]**
> 예금계약은 예금자가 예금의 의사를 표시하면서 금융기관에 돈을 제공하고 금융기관이 그 의사에 따라 그 돈을 받아 확인을 하면 그로써 성립하며, 금융기관의 직원이 그 받은 돈을 금융기관에 입금하지 아니하고 이를 횡령하였다고 하더라도 예금계약의 성립에는 아무런 소장이 없다(대판 1996.1.26. 95다26919).

(3) 예금증서(통장)의 의미
통장은 예금계약 사실을 증빙하는 증표일 뿐이므로 그 통장이 수기식이라고 하여 이미 성립한 예금계약이 소급하여 무효가 되지는 않는다(대판 1984.8.14. 84도1139).

(4) 예금채권의 귀속관계

> • 송금의뢰인과 수취인 사이에 계좌이체의 원인이 되는 법률관계가 존재하지 않음에도 불구하고 계좌이체에 의하여 수취인이 계좌이체금액 상당의 예금채권을 취득한 경우, 송금의뢰인이 수취인에 대하여 위 금액 상당의 부당이득반환청구권을 가지는지 여부(적극) : 금융실명거래 및 비밀보장에 관한 법률에 따라 실명확인 절차를 거쳐 예금계약을 체결하고 그 실명확인 사실이 예금계약서 등에 명확히 기재되어 있는 경우에는, 금융기관과 출연자 등의 사이에서 예금명의자와의 예금계약을 부정하여 예금명의자의 예금반환청구권을 배제하고 출연자 등과 예금계약을 체결하여 출연자 등에게 예금반환청구권을 귀속시키겠다는 명확한 의사의 합치가 있는 극히 예외적인 경우가 아닌 한 예금명의자를 예금계약의 당사자, 즉 예금반환청구권자로 보아야 한다. 또한 예금거래기본약관에 따라 송금의뢰인이 수취인의 예금계좌에 자금이체를 하여 예금원장에 입금의 기록이 된 때에는 특별한 사정이 없는 한 송금의뢰인과 수취인 사이에 자금이체의 원인인 법률관계가 존재하는지 여부에 관계없이 수취인과 수취은행 사이에는 위 입금액 상당의 예금계약이 성립하고, 수취인이 수취은행에 대하여 위 입금액 상당의 예금채권을 취득한다. 그리고 이때 송금의뢰인과 수취인 사이에 계좌이체의 원인이 되는 법률관계가 존재하지 않음에도 불구하고, 계좌이체에 의하여 수취인이 계좌이체금액 상당의 예금채권을 취득한 경우에는, 송금의뢰인은 수취인에 대하여 위 금액 상당의 부당이득반환청구권을 가지게 된다(대판 2010.11.11. 2010다41263·41270).

- 특정 목적을 달성하기까지 단독으로 예금을 인출할 수 없게 하기 위한 목적으로 공동명의 예금계좌를 개설한 경우 예금채권의 귀속관계 : 은행에 공동명의로 예금을 하고 은행에 대하여 그 권리를 함께 행사하기로 한 경우에 만일 동업자금을 공동명의로 예금한 경우라면 채권의 준합유관계에 있지만, 공동명의 예금채권자들 각자가 분담하여 출연한 돈을 동업 이외의 특정 목적을 위하여 공동명의로 예치해 둠으로써 그 목적이 달성되기 전에는 공동명의 예금채권자가 단독으로 예금을 인출할 수 없도록 방지·감시하고자 하는 등의 목적으로 공동명의로 예금을 개설한 경우라면 하나의 예금채권이 분량적으로 분할되어 각 공동명의 예금채권자들에게 귀속된다. 다만 은행과 공동명의 예금채권자들 사이에 공동반환의 특약이 존재하는 경우 은행에 대한 지급 청구만을 공동명의 예금채권자들 모두가 공동으로 하여야 하는 부담이 남는다(대판 2008.10.9. 2005다72430).
- 송금의뢰인이 착오송금임을 이유로 수취은행에 송금액의 반환을 요청하고 수취인도 착오송금을 인정하여 수취은행에 반환을 승낙하고 있는 경우, 수취은행이 수취인에 대한 대출채권 등을 자동채권으로 하여 수취인 계좌에 착오송금된 금원 상당의 예금채권과 상계하는 것이 송금의뢰인에 대한 관계에서 신의칙에 반하거나 상계권 남용인지 여부(원칙적 적극) / 이때 수취인의 계좌에 착오로 입금된 금원 상당의 예금채권이 이미 제3자에 의하여 압류되었다는 특별한 사정이 있는 경우, 수취은행이 수취인에 대한 대출채권 등을 자동채권으로 하여 수취인의 예금채권과 상계할 수 있는 범위(= 피압류채권액의 범위 내) : 송금의뢰인이 착오송금임을 이유로 거래은행을 통하여 혹은 수취은행에 직접 송금액의 반환을 요청하고, 수취인도 송금의뢰인의 착오송금에 의하여 수취인의 계좌에 금원이 입금된 사실을 인정하여 수취은행에 그 반환을 승낙하고 있는 경우, 수취은행이 수취인에 대한 대출채권 등을 자동채권으로 하여 수취인의 계좌에 착오로 입금된 금원 상당의 예금채권과 상계하는 것은 수취은행이 선의인 상태에서 수취인의 예금채권을 담보로 대출을 하여 그 자동채권을 취득한 것이라거나 그 예금채권이 이미 제3자에 의하여 압류되었다는 등의 특별한 사정이 없는 한, 공공성을 지닌 자금이체시스템의 운영자가 그 이용자인 송금의뢰인의 실수를 기화로 그의 희생하에 당초 기대하지 않았던 채권회수의 이익을 취하는 행위로서 상계제도의 목적이나 기능을 일탈하고 법적으로 보호받을 만한 가치가 없으므로, 송금의뢰인에 대한 관계에서 신의칙에 반하거나 상계에 관한 권리를 남용하는 것이다. 수취인의 계좌에 착오로 입금된 금원 상당의 예금채권이 이미 제3자에 의하여 압류되었다는 특별한 사정이 있어 수취은행이 수취인에 대한 대출채권 등을 자동채권으로 하여 수취인의 그 예금채권과 상계하는 것이 허용되더라도 이는 피압류채권액의 범위 내에서만 가능하고, 그 범위를 벗어나는 상계는 신의칙에 반하거나 권리를 남용하는 것으로서 허용되지 않는다(대판 2022.7.14. 2020다212958). • 채권가압류결정정본이 제3채무자에게 이미 송달되어 가압류결정이 집행된 경우, 가압류집행의 효력이 소멸되는 시기(= 취하통지서가 제3채무자에게 송달되었을 때) : 채권가압류에 있어서 채권자가 가압류신청을 취하하면 가압류결정은 그로써 효력이 소멸되지만, 채권가압류결정정본이 제3채무자에게 이미 송달되어 가압류결정이 집행되었다면 그 취하통지서가 제3채무자에게 송달되었을 때 비로소 가압류집행의 효력이 장래를 향하여 소멸된다(대판 2022.7.28. 2022다203033).
- 송금의뢰인이 착오송금을 주장하더라도 수취인이 착오송금 사실을 인정하거나 수취은행에 그 반환을 승낙하였다고 볼 수 없는 경우, 수취은행의 상계가 허용되는지 여부(원칙적 적극) : 일반적으로 수취인의 계좌에 입금된 금원이 착오송금에 의한 것인지 조사·확인하여야 할 수취은행의 의무는 없으므로, 송금의뢰인이 착오송금을 주장하더라도 수취인이 착오송금 사실을 인정하거나 수취은행에 그 반환을 승낙하였다고 볼 수 없는 경우에는, 수취은행의 상계는 이에 해당하지 않아 원칙적으로 허용된다(대판 2022.8.31. 2021다256481).

제12절 조 합

I 서설

1. 의의

> **조합의 의의(민법 제703조)**
> ① 조합은 2인 이상이 상호출자하여 공동사업을 경영할 것을 약정함으로써 그 효력이 생긴다.
> ② 전항의 출자는 금전 기타 재산 또는 노무로 할 수 있다.

① 조합은 2인 이상이 상호출자하여 공동사업을 경영할 것을 약정함으로써 성립하는 계약을 말한다(민법 제703조 제1항). 판례는 "당사자들이 공동이행방식의 공동수급체를 구성하여 도급인으로부터 공사를 수급받는 경우 공동수급체는 원칙적으로 민법상 조합에 해당한다"고 판시하고 있다(대판 2018.1.24. 2015다69990).

- 이른바 '내적조합'이라는 일종의 특수한 조합으로 보기 위하여는 당사자의 내부관계에서는 조합관계가 있어야 할 것이고, 내부적인 조합관계가 있다고 하려면 서로 출자하여 공동사업을 경영할 것을 약정하여야 하며, 영리사업을 목적으로 하면서 당사자 중의 일부만이 이익을 분배받고 다른 자는 전혀 이익분배를 받지 않는 경우에는 조합관계(동업관계)라고 할 수 없다(대판 2000.7.7. 98다44666).
- 민법상 조합계약의 의의 및 '공동의 목적달성'이라는 정도만으로 조합의 성립요건을 갖추었다고 할 수 있는지 여부(소극) : 민법상의 조합계약은 2인 이상이 상호 출자하여 공동으로 사업을 경영할 것을 약정하는 계약으로서, 특정한 사업을 공동 경영하는 약정에 한하여 이를 조합계약이라고 할 수 있고, 공동의 목적달성이라는 정도만으로는 조합의 성립요건을 갖추지 못하였다고 할 것이다(대판 2010.10.28. 2010다51369).
- 구 도시 및 주거환경정비법(2007.12.21. 법률 제8785호로 개정되기 전의 것, 이하 '구 도시정비법'이라 한다) 제14조 제1항은 조합설립추진위원회(이하 '추진위원회'라 한다)는 조합의 설립인가를 받기 위한 준비업무(제4호), 그 밖에 조합설립의 추진을 위하여 필요한 업무로서 대통령령이 정하는 업무(제5호) 등을 수행한다고 규정하고, 그 위임을 받은 구 도시 및 주거환경정비법 시행령(2007.12.31. 대통령령 제20506호로 개정되기 전의 것, 이하 같다) 제22조는 토지 등 소유자의 동의서 징구(제2호), 그 밖에 추진위원회 운영규정이 정하는 사항(제5호) 등을 추진위원회의 업무로 정하고 있다. 이처럼 구 도시정비법 제14조 제1항, 같은 법 시행령 제22조는 추진위원회가 수행할 수 있는 업무의 범위를 조합의 설립인가를 받기 위한 준비업무, 토지 등 소유자의 동의서 징구 등과 같이 조합설립의 추진을 위하여 필요한 업무로 한정하고 있으며, 정비사업과 관련하여 토지 등 소유자에 대한 구체적인 보상방법을 정하는 업무는 이에 해당하지 않는다. 따라서 추진위원회가 토지 등 소유자에게 현금이나 현물 보상을 약정하는 것은 법령에 정한 추진위원회의 권한 범위에 속하지 않는 것이어서 조합에는 효력이 없다고 보아야 한다(대판 2024.12.12. 2024다260405[본소] · 2024다260412[반소]).

② 조합자체는 권리 · 의무의 주체가 아니다. 즉, 조합은 권리능력이 없고, 소송상 당사자능력도 없다(대판 1994.4.23. 99다4504).

2. 법적 성격

(1) 견해의 대립
순수한 계약이라는 견해, 합동행위로서의 성질과 계약으로서의 성질을 모두 가지는 특수한 법률행위라는 견해의 대립이 있다.

(2) 유상계약에 관한 규정의 적용 여부
조합계약이 낙성·불요식의 계약이라는 점은 이설이 없으나, 쌍무·유상계약인지 여부에 대해서는 견해의 대립이 있으며, 다수설은 쌍무·유상계약이라고 한다. 이에 따라 조합은 매매에 관한 규정이 준용된다. 그러나 임의탈퇴, 제명, 해산청구 등에 관한 특칙이 있기 때문에 해제와 해지에 관한 일반 규정은 적용되지 않는다(통설·판례).

3. 조합계약의 성립

(1) 출자의무
모든 조합원이 출자의무를 부담하여야 하고, 출자의무를 부담하지 않는 자가 있는 조합계약은 무효이다. 출자의 목적에는 제한이 없고, 노무의 출자도 가능하다(민법 제703조 제2항).

(2) 무효·취소의 소급효 제한
통설·판례는 조합이 이미 활동을 시작한 후에는 조합계약에 무효·취소사유가 있는 경우에도 거래의 안전을 보호하기 위해 조합계약의 소급효를 제한하고 있다.

II 조합의 법률관계

1. 조합의 대내관계(업무집행)

> **사무집행의 방법(민법 제706조)**
> ① 조합계약으로 업무집행자를 정하지 아니한 경우에는 조합원의 3분의 2 이상의 찬성으로써 이를 선임한다.
> ② 조합의 업무집행은 조합원의 과반수로써 결정한다. 업무집행자 수인인 때에는 그 과반수로써 결정한다.
> ③ 조합의 통상사무는 전항의 규정에 불구하고 각 조합원 또는 각 업무집행자가 전행할 수 있다. 그러나 그 사무의 완료전에 다른 조합원 또는 다른 업무집행자의 이의가 있는 때에는 즉시 중지하여야 한다.
>
> **준용규정(민법 제707조)**
> 조합업무를 집행하는 조합원에는 제681조 내지 제688조의 규정을 준용한다.
>
> **업무집행자의 사임, 해임(민법 제708조)**
> 업무집행자인 조합원은 정당한 사유 없이 사임하지 못하며 다른 조합원의 일치가 아니면 해임하지 못한다.
>
> **조합원의 업무, 재산상태검사권(민법 제710조)**
> 각 조합원은 언제든지 조합의 업무 및 재산상태를 검사할 수 있다.

> **[민법 제707조, 제688조 제1항에 따라 조합업무를 집행하는 조합원이 조합에 상환을 청구할 수 있는 필요비의 의미(= 선량한 관리자의 주의를 가지고 조합에 필요하다고 판단하여 지출한 비용) 및 이때 조합의 비용상환채무가 조합채무에 해당하는지 여부(원칙적 적극)]**
> 조합의 통상사무는 각 조합원 또는 각 업무집행자가 단독으로 집행할 수 있고(민법 제706조 제3항), 조합업무를 집행하는 조합원이 그 집행에 관하여 필요비를 지출한 때에는 그 비용의 상환을 조합에 청구할 수 있다(민법 제707조, 제688조 제1항). 여기에서 필요비는 조합업무를 집행하는 조합원이 선량한 관리자의 주의를 가지고 조합에 필요하다고 판단하여 지출한 비용을 의미한다. 이때 조합의 비용상환채무는 특별한 사정이 없는 한 조합채무에 해당한다(대판 2025.6.26. 2025다205399[본소] · 2025다205405[반소]).

> **[조합과 맺은 명의신탁약정에 따라 조합원이 조합의 공동사업에 필요한 부동산을 매수하는 계약명의신탁에서 상대방 당사자가 명의신탁약정 사실을 알지 못한 채 매매계약과 등기가 이루어져 부동산 소유권이 조합원에게 귀속된 경우, 조합원이 조합업무 집행에 관해 위 부동산에 지출한 필요비의 상환을 조합에 청구할 수 있는지 여부(원칙적 적극)]**
> 조합과 조합원이 명의신탁약정을 맺고 그에 따라 조합원이 조합의 공동사업에 필요한 부동산을 매수하는 계약명의신탁 사안에서, 상대방 당사자가 명의신탁약정 사실을 알지 못한 상태에서 조합원의 매매계약 및 조합원 명의의 등기가 이루어짐으로써 부동산 소유권이 조합원에게 귀속되었더라도(부동산 실권리자명의 등기에 관한 법률 제4조 제2항 단서 참조) 조합원은 특별한 사정이 없는 한 조합업무 집행에 관하여 부동산에 지출한 필요비의 상환을 조합에 청구할 수 있다(대판 2025.6.26. 2025다205399[본소] · 2025다205405[반소]).

2. 조합의 대외관계(조합대리)

> **업무집행자의 대리권추정(민법 제709조)**
> 조합의 업무를 집행하는 조합원은 그 업무집행의 대리권 있는 것으로 추정한다.

Ⅲ 조합의 재산관계

1. 조합원의 출자

> **금전출자지체의 책임(민법 제705조)**
> 금전을 출자의 목적으로 한 조합원이 출자시기를 지체한 때에는 연체이자를 지급하는 외에 손해를 배상하여야 한다.

각 조합원은 조합계약에 의하여 출자의무를 부담한다(민법 제703조 제1항). 한편 금전출자의무를 부담하는 조합원이 이를 게을리하였다면, 이자를 지급해야 할 뿐만 아니라 그로 인한 손해도 배상해야 한다(민법 제705조). 출자한 권리가 조합재산으로 되려면 등기 등 권리이전절차를 거쳐야 한다(대판 2002.6.14. 2000다30622).

2. 조합재산

(1) 합유적 귀속

> **조합재산의 합유(민법 제704조)**
> 조합원의 출자 기타 조합재산은 조합원의 합유로 한다.

① 조합재산은 조합원의 개인재산과 구별되는 독립성을 가진다. 따라서 조합의 채무자는 그가 부담하는 채무와 조합원 개인에 대한 채권을 상계하지 못한다(민법 제715조). 그러나 조합 자체가 독립한 권리주체인 것은 아니므로 조합재산은 전 조합원의 합유에 속한다.
② 각 조합원은 조합의 청산 전에 조합재산의 분할을 청구하지 못하지만(민법 제273조 제2항), 조합원 전원의 동의가 있으면 분할할 수 있다.
③ 조합원 전원의 동의 없이 조합재산에 대한 지분을 처분하지 못한다(민법 제273조 제1항). 이를 위반하더라도 그 처분 자체가 무효로 되지는 않지만, 조합 및 조합과 거래한 제3자에게 대항하지 못한다.
④ 조합재산의 합유성에 따른 결과로 조합원의 합유지분에 대한 압류가 그 잠재적인 지분에 대해서는 효력이 없고, 그 지분에 기한 장래의 이익배당 및 지분을 반환받을 권리에 대해서만 효력을 가질 뿐이다(민법 제714조).
⑤ 조합의 채권도 전 조합원에게 합유적으로 귀속된다.

> 조합원이 조합재산을 횡령하는 행위로 인하여 손해를 입은 주체는 조합재산을 상실한 조합이므로, 이로 인하여 조합원이 조합재산에 대한 합유지분을 상실하였다고 하더라도 이는 조합원의 지위에서 입은 손해에 지나지 않는다. 따라서 조합원으로서는 조합관계를 벗어난 개인의 지위에서 손해배상을 구할 수는 없고, 그 손해배상채권은 조합원 전원의 준합유에 속하므로 원칙적으로 전 조합원이 고유필수적 공동소송에 의하여만 구할 수 있다(대판 2022.12.29. 2022다263448).

⑥ 합유등기가 아닌 공유등기를 마친 경우의 법률관계

> 동업을 목적으로 한 조합이 조합체로서 또는 조합재산으로서 부동산의 소유권을 취득하였다면, 민법 제271조 제1항의 규정에 의하여 당연히 그 조합체의 합유물이 되고(이는 민법 제187조에 규정된 '법률의 규정에 의한 물권의 취득'과는 아무 관계가 없다. 따라서 조합체가 부동산을 법률행위에 의하여 취득한 경우에는 물론 소유권이전등기를 요한다), 다만, 그 조합체가 합유등기를 하지 아니하고 그 대신 조합원들 명의로 각 지분에 관하여 공유등기를 하였다면, 이는 그 조합체가 조합원들에게 각 지분에 관하여 명의신탁한 것으로 보아야 한다(대판 2002.6.14. 2000다30622).

(2) 조합채무에 대한 책임

> **조합원에 대한 채권자의 권리행사(민법 제712조)**
> 조합채권자는 그 채권발생 당시에 조합원의 손실부담의 비율을 알지 못한 때에는 각 조합원에게 균분하여 그 권리를 행사할 수 있다.

> **무자력조합원의 채무와 타조합원의 변제책임(민법 제713조)**
> 조합원 중에 변제할 자력없는 자가 있는 때에는 그 변제할 수 없는 부분은 다른 조합원이 균분하여 변제할 책임이 있다.

조합의 채무도 전 조합원에게 합유적으로 귀속되며, 조합재산으로 조합채권자에게 책임을 진다. 또한 조합채무는 각 조합원의 채무이기도 하므로, 각 조합원은 손실분담의 비율로 각자의 재산으로 책임을 지기도 한다.

3. 손익분배

> **손익분배의 비율(민법 제711조)**
> ① 당사자가 손익분배의 비율을 정하지 아니한 때에는 각 조합원의 출자가액에 비례하여 이를 정한다.
> ② 이익 또는 손실에 대하여 분배의 비율을 정한 때에는 그 비율은 이익과 손실에 공통된 것으로 추정한다.

Ⅳ 조합원의 탈퇴

1. 탈퇴 유형

(1) 임의탈퇴

> **임의탈퇴(민법 제716조)**
> ① 조합계약으로 조합의 존속기간을 정하지 아니하거나 조합원의 종신까지 존속할 것을 정한 때에는 각 조합원은 언제든지 탈퇴할 수 있다. 그러나 부득이한 사유 없이 조합의 불리한 시기에 탈퇴하지 못한다.
> ② 조합의 존속기간을 정한 때에도 조합원은 부득이한 사유가 있으면 탈퇴할 수 있다.

[1] 민법상 조합원은 조합의 존속기간이 정해져 있는 경우 등을 제외하고는 원칙적으로 언제든지 조합에서 탈퇴할 수 있고(민법 제716조 참조), 조합원이 탈퇴하면 그 당시의 조합재산 상태에 따라 다른 조합원과 사이에 지분의 계산을 하여 지분환급청구권을 가지게 되는바(민법 제719조 참조), 조합원이 조합을 탈퇴할 권리는 그 성질상 조합계약의 해지권으로서 그의 일반재산을 구성하는 재산권의 일종이라 할 것이고 채권자대위가 허용되지 않는 일신전속적 권리라고는 할 수 없다. [2] 민법 제714조는 "조합원의 지분에 대한 압류는 그 조합원의 장래의 이익배당 및 지분의 반환을 받을 권리에 대하여 효력이 있다"고 규정하여 조합원의 지분에 대한 압류를 허용하고 있으나, 여기에서의 조합원의 지분이란 전체로서의 조합재산에 대한 조합원 지분을 의미하는 것이고, 이와 달리 조합재산을 구성하는 개개의 재산에 대한 합유지분에 대하여는 압류 기타 강제집행의 대상으로 삼을 수 없다 할 것이다(대결 2007.11.30. 2005마1130).

(2) 비임의탈퇴

> **비임의 탈퇴(민법 제717조)**
> 제716조의 경우 외에 조합원은 다음 각 호의 어느 하나에 해당하는 사유가 있으면 탈퇴된다.
>   1. 사 망
>   2. 파 산
>   3. 성년후견의 개시
>   4. 제명(除名)
>
> **제명(민법 제718조)**
> ① 조합원의 제명은 정당한 사유 있는 때에 한하여 다른 조합원의 일치로써 이를 결정한다.
> ② 전항의 제명결정은 제명된 조합원에게 통지하지 아니하면 그 조합원에게 대항하지 못한다.

> **[민법 제718조 제1항에서 조합원의 제명 요건으로 정한 '정당한 사유가 있는 때'의 의미 및 신뢰관계 파탄을 이유로 조합원을 제명한 것에 정당한 사유가 있는지 판단할 때 고려하여야 할 사항]**
> 민법상 조합에서 조합원의 제명은 정당한 사유가 있는 때에 한하여 다른 조합원의 일치로써 결정한다(제718조 제1항). 여기에서 '정당한 사유가 있는 때'란 특정 조합원이 동업계약에서 정한 의무를 이행하지 않거나 조합업무를 집행하면서 부정행위를 한 경우와 같이 특정 조합원에게 명백한 귀책사유가 있는 경우는 물론이고, 이에 이르지 않더라도 특정 조합원으로 말미암아 조합원들 사이에 반목·불화로 대립이 발생하고 신뢰관계가 근본적으로 훼손되어 특정 조합원이 계속 조합원의 지위를 유지하도록 한다면 조합의 원만한 공동운영을 기대할 수 없는 경우도 포함한다. 신뢰관계 파탄을 이유로 조합원을 제명한 것에 정당한 사유가 있는지를 판단할 때에는 특정 조합원으로 말미암아 조합의 목적 달성에 방해가 계속되었는지 여부와 그 정도, 제명 이외에 다른 방해제거 수단이 있었는지 여부, 조합계약의 내용, 그 존속기간과 만료 여부, 제명에 이르게 된 경위 등을 종합적으로 고려해야 한다(대판 2021.10.28. 2017다200702).

2. 탈퇴의 효과

(1) 조합원 지위의 상실

(2) 지분의 계산

> **탈퇴조합원의 지분의 계산(민법 제719조)**
> ① 탈퇴한 조합원과 다른 조합원 간의 계산은 탈퇴 당시의 조합재산상태에 의하여 한다.
> ② 탈퇴한 조합원의 지분은 그 출자의 종류여하에 불구하고 금전으로 반환할 수 있다.
> ③ 탈퇴당시에 완결되지 아니한 사항에 대하여는 완결 후에 계산할 수 있다.

- 2인으로 구성된 조합에서 한 사람이 탈퇴한 경우, 조합이 해산이나 청산되는지 여부(원칙적 소극) 및 이때 조합재산의 귀속관계 / 조합 탈퇴 당시 조합의 재산상태가 적자가 아닌 경우, 탈퇴한 조합원이 지분을 환급받을 수 있는지 여부(적극) 및 이때 조합재산 상태에 관한 증명책임의 소재(= 지분의 환급을 주장하는 자) : 탈퇴한 조합원과 다른 조합원 간의 계산은 탈퇴 당시의 조합재산 상태에 의하여 한다(민법 제719조 제1항). 2인으로 구성된 조합에서 한 사람이 탈퇴하면 조합관계는 종료되나 특별한 사정이 없는 한 조합은 해산이나 청산이 되지 않고, 다만 조합원의 합유에 속한 조합재산은 남은 조합원의 단독소유에 속하여 탈퇴 조합원과 남은 조합원 사이에는 탈퇴로 인한 계산을 해야 한다. 탈퇴한 조합원은 탈퇴 당시의 조합재산을 계산한 결과 조합의 재산상태가 적자가 아닌 경우에 지분을 환급받을 수 있다. 따라서 탈퇴 조합원의 지분을 계산할 때 지분을 계산하는 방법에 관해서 별도 약정이 있다는 등 특별한 사정이 없는 한 지분의 환급을 주장하는 사람에게 조합재산의 상태를 증명할 책임이 있다(대판 2021.7.29. 2019다207851).
- 조합에서 조합원이 탈퇴하는 경우, 탈퇴자와 잔존자 사이의 탈퇴로 인한 계산은 특별한 사정이 없는 한 민법 제719조 제1항, 제2항에 따라 '탈퇴 당시의 조합재산상태'를 기준으로 평가한 조합재산 중 탈퇴자의 지분에 해당하는 금액을 금전으로 반환하여야 하고, 조합원의 지분비율은 조합청산의 경우에 실제 출자한 자산가액의 비율에 의하는 것과는 달리 조합 내부의 손익분배 비율을 기준으로 계산하여야 하는 것이 원칙이다(대판 2023.10.12. 2022다285523·285530).
- 조합원의 조합 탈퇴는 특정 조합원이 장래에 향하여 조합원으로서의 지위를 벗어나는 것으로, 조합 그 자체는 남은 조합원에 의해 동일성을 유지하며 존속하므로 결국 탈퇴는 남은 조합원이 동업사업을 계속 유지·존속함을 전제로 한다. / 탈퇴한 조합원은 탈퇴 당시의 조합재산을 계산한 결과 조합의 재산상태가 적자가 아닌 경우에 지분을 환급받을 수 있다. 탈퇴한 조합원과 다른 조합원 간의 계산은 탈퇴 당시의 조합재산상태에 의하여야 한다(민법 제719조 제1항). 탈퇴 조합원의 지분을 계산할 때 그 계산 방법에 관하여 별도 약정이 있다는 등 특별한 사정이 없는 한 지분의 환급을 주장하는 사람에게 조합재산의 상태를 증명할 책임이 있다(대판 2024.9.13. 2024다234239).
- 2인으로 구성된 조합에서 한 조합원이 탈퇴하면 조합관계는 종료되나 특별한 사정이 없는 한 조합은 해산이나 청산이 되지 않는다. 다만 조합원의 합유에 속한 조합재산은 남은 조합원의 단독소유에 속하여 탈퇴 조합원과 남은 조합원 사이에는 탈퇴로 인한 계산을 해야 한다. / 이때 탈퇴 조합원이 탈퇴로 인한 계산 결과 남은 조합원에게 가지게 되는 지분반환청구권(민법 제719조 참조)은 조합의 해산에 따른 잔여재산 분배청구권(민법 제724조 제2항 참조)과 구별되는 별도의 권리이다(대판 2024.9.13. 2024다234239).

(3) 조합원 지위의 양도

조합원은 다른 조합원 전원의 동의가 있으면 그 지분을 처분할 수 있으나 조합의 목적과 단체성에 비추어 조합원으로서의 자격과 분리하여 그 지분권만을 처분할 수는 없으므로, 조합원이 지분을 양도하면 그로써 조합원의 지위를 상실하게 되며, 이와 같은 조합원 지위의 변동은 조합지분의 양도양수에 관한 약정으로써 바로 효력이 생긴다. 한편, 당사자 사이에 조합지분의 양도양수에 관한 약정이 있었는지 여부는 법률행위 해석의 일반원칙에 따라야 하고, 당사자 사이에 계약의 해석을 둘러싸고 이견이 있어 처분문서에 나타난 당사자의 의사해석이 문제되는 경우에는 문언의 내용, 그와 같은 약정이 이루어진 동기와 경위, 약정에 의하여 달성하려는 목적, 당사자의 진정한 의사 등을 종합적으로 고찰하여 논리와 경험칙에 따라 합리적으로 해석하여야 한다(대판 2009.3.12. 2006다28454).

V 조합의 해산과 청산

1. 조합의 해산

(1) 해산사유
조합계약에서 정한 사유의 발생, 존속기간의 만료, 조합의 목적인 사업의 성공 또는 성공불능, 조합원 전원의 합의 등이 있으면 '조합원의 해산청구가 없더라도' 조합은 해산되어 조합관계는 종료한다.

(2) 해산청구

> **부득이한 사유로 인한 해산청구(민법 제720조)**
> 부득이한 사유가 있는 때에는 각 조합원은 조합의 해산을 청구할 수 있다.

① 임의규정 : 민법의 조합의 해산사유와 청산에 관한 규정은 그와 내용을 달리하는 당사자의 특약까지 배제하는 강행규정이 아니므로 당사자가 민법의 조합의 해산사유와 청산에 관한 규정과 다른 내용의 특약을 한 경우, 그 특약은 유효하다(대판 1985.2.26. 84다카1921).

② 부득이한 사유의 의미 : 경제계의 사정변경에 따른 조합 재산상태의 악화나 영업부진 등으로 조합의 목적달성이 매우 곤란하다고 인정되는 객관적인 사정이 있거나 조합 당사자 간의 불화·대립으로 인하여 신뢰관계가 파괴됨으로써 조합업무의 원활한 운영을 기대할 수 없는 경우 등 부득이한 사유가 있는 때에는 조합원이 조합의 해산을 청구할 수 있다(대판 1970.5.30. 95다4957).

③ 조합의 탈퇴와 해산청구의 차이

> [조합계약의 당사자가 조합계약을 해제 또는 해지하고 상대방에게 원상회복의 부담을 지울 수 있는지 여부(소극) 및 조합의 탈퇴와 해산청구의 차이 / 조합 당사자 간의 불화·대립으로 인하여 신뢰관계가 깨어지고 특정 조합원의 탈퇴나 제명으로도 조합업무의 원활한 운영을 기대할 수 없게 된 상황에서 특정 조합원이 다른 조합원에게 해지통고를 한 경우, 이를 조합의 해산청구로 볼 수 있는지 여부(적극)]
> 동업계약과 같은 조합계약에서는 조합의 해산청구를 하거나 조합으로부터 탈퇴를 하거나 또는 다른 조합원을 제명할 수 있을 뿐이지 일반계약에서처럼 조합계약을 해제 또는 해지하고 상대방에게 그로 인한 원상회복의 의무를 부담지울 수는 없다. / 그리고 민법 제716조에 의한 조합의 탈퇴라 함은 특정 조합원이 장래에 향하여 조합원으로서의 지위를 벗어나는 것으로서, 이 경우 조합 자체는 나머지 조합원에 의해 동일성을 유지하며 존속하는 것이므로 결국 탈퇴는 잔존 조합원이 동업사업을 계속 유지·존속함을 전제로 하는 것인 반면, 민법 제720조에 의한 조합의 해산청구는 조합이 소멸하기 위하여 그의 목적인 사업을 수행하기 위한 적극적인 활동을 중지하고, 조합재산을 정리하는 단계에 들어가는 것이다. / 따라서 조합 당사자 간의 불화·대립으로 인하여 신뢰관계가 깨어지고 특정 조합원의 탈퇴나 제명으로도 조합업무의 원활한 운영을 기대할 수 없게 된 상황에서 특정 조합원이 다른 조합원에게 해지통고를 한 것이라면 이는 조합의 소멸을 동반하는 조합의 해산청구로 볼 수 있다(대판 2024.9.27. 2024다224645[본소]·2024다224652[반소]).

2. 조합의 청산

(1) 의 의
청산이란 해산한 조합의 재산관리를 정리하는 것을 말한다.

(2) 청산절차
① 청산인

> **청산인(민법 제721조)**
> ① 조합이 해산한 때에는 청산은 총조합원 공동으로 또는 그들이 선임한 자가 그 사무를 집행한다.
> ② 전항의 청산인의 선임은 조합원의 과반수로써 결정한다.
>
> **청산인의 업무집행방법(민법 제722조)**
> 청산인이 수인인 때에는 제706조 제2항 후단의 규정을 준용한다.
>
> **조합원인 청산인의 사임, 해임(민법 제723조)**
> 조합원 중에서 청산인을 정한 때에는 제708조의 규정을 준용한다.
>
> **청산인의 직무, 권한과 잔여재산의 분배(민법 제724조)**
> ① 청산인의 직무 및 권한에 관하여는 제87조의 규정을 준용한다.
> ② 잔여재산은 각 조합원의 출자가액에 비례하여 이를 분배한다.

> [민사집행법 제300조 제2항에서 정한 '임시의 지위를 정하는 가처분'은 다툼 있는 권리관계의 존재를 요건으로 하는지 여부(적극) / 형성의 소는 법률에 명문의 규정이 있는 경우에 한하여 제기할 수 있는지 여부(적극) / 민법상 조합의 청산인에 대한 해임청구권을 피보전권리로 하여 청산인에 대한 직무집행정지와 직무대행자선임을 구하는 가처분이 허용되는지 여부(원칙적 소극)]
>
> 민사집행법 제300조 제2항에서 정한 '임시의 지위를 정하는 가처분'은 다툼 있는 권리관계에 관하여 그것이 본안소송에 의하여 확정되기까지 가처분권리자가 현재의 현저한 손해를 피하거나 급박한 위험을 막기 위하여 또는 그 밖에 필요한 이유가 있는 경우 허용되는 응급적·잠정적인 처분이므로 다툼 있는 권리관계의 존재를 요건으로 한다. 법률관계의 변경·형성을 목적으로 하는 형성의 소는 법률에 명문의 규정이 있는 경우에 한하여 제기할 수 있다. 단체의 대표자 등에 대하여 해임을 청구하는 소는 형성의 소에 해당하고, 이를 허용하는 법적 근거가 없는 경우 대표자 등에 대하여 직무집행정지와 직무대행자선임을 구하는 가처분 신청은 가처분에 의하여 보전될 권리관계가 존재한다고 볼 수 없어 허용되지 않는다. 조합이 해산한 때 청산은 총조합원 공동으로 또는 그들이 선임한 자가 그 사무를 집행하고 청산인의 선임은 조합원의 과반수로써 결정한다(민법 제721조 제1항, 제2항). 민법은 조합원 중에서 청산인을 정한 때 다른 조합원의 일치가 아니면 청산인인 조합원을 해임하지 못한다고 정하고 있을 뿐이고(제723조, 제708조), 조합원이 법원에 청산인의 해임을 청구할 수 있는 규정을 두고 있지 않다. 민법상 조합의 청산인에 대하여 법원에 해임을 청구할 권리가 조합원에게 인정되지 않으므로, 특별한 사정이 없는 한 그와 같은 해임청구권을 피보전권리로 하여 청산인에 대한 직무집행정지와 직무대행자선임을 구하는 가처분은 허용되지 않는다(대결 2020.4.24. 2019마6918).

> **[조합이 해산된 때에 처리하여야 할 잔무가 있는 경우, 청산절차가 종료되지 아니한 상태에서 잔여재산의 분배를 청구할 수 있는지 여부(소극)]**
> 조합의 해산은 조합이 소멸하기 위하여 그 목적인 사업을 수행하기 위한 적극적인 활동을 중지하고 조합재산을 정리하는 단계에 들어가는 것이다. 조합이 해산한 때 청산사무는 총조합원이 공동으로 또는 그들이 선임한 자가 집행하고, 청산인의 선임은 조합원의 과반수로써 결정한다(민법 제721조). 조합이 해산된 때에 처리하여야 할 잔무가 없고 잔여재산의 분배만이 남아 있을 경우에는 따로 청산절차를 밟을 필요가 없지만, 그렇지 않은 경우에는 조합원들에게 분배할 잔여재산과 그 가액은 청산절차가 종료된 때에 확정되므로 조합원들 사이에 별도의 약정이 없는 이상 청산절차가 종료되지 아니한 상태에서 잔여재산의 분배를 청구할 수는 없다(대판 2024.9.13. 2024다234239).

② 잔여재산의 분배

- 배임행위로 인하여 조합관계가 종료되고 달리 조합의 잔여업무가 남아 있지 아니한 상황에서 조합의 유일한 재산이 배임행위를 한 조합원에 대한 손해배상채권의 형식으로 잔존하고 있는 경우, 다른 조합원은 배임행위를 한 조합원에게 그 손해배상채권액 중 자신의 출자가액 비율에 의한 몫에 해당하는 돈을 잔여재산분배금으로 청구할 수 있는지 여부(적극) : 업무집행 조합원의 배임행위로 조합이 손해를 입은 경우 그로 인하여 손해를 입은 주체는 조합이라 할 것이므로 그로 인하여 조합의 목적을 달성할 수 없게 되었다고 하더라도 조합원으로서는 조합관계를 벗어난 개인의 지위에서 그 손해의 배상을 구할 수는 없는 것이 원칙이고, 다만 배임행위로 인하여 조합관계가 종료되고 달리 조합의 잔여업무가 남아 있지 아니한 상황에서 조합의 유일한 재산이 배임행위를 한 조합원에 대한 손해배상채권의 형식으로 잔존하고 있는 경우라면, 다른 조합원은 배임행위를 한 조합원에게 그 손해배상채권액 중 자신의 출자가액 비율에 의한 몫에 해당하는 돈을 잔여재산분배금으로 청구할 수 있을 뿐이라고 할 것이다(대판 2005.12.8. 2004다30682).
- 조합이 해산되어 그 잔무로서 잔여재산의 분배만이 남아 있는 경우, 청산절차를 거치지 아니하고 바로 잔여재산의 분배를 청구할 수 있는지 여부(적극) 및 이 경우 잔여재산 분배청구권의 행사 방법 : 조합의 목적 달성으로 인하여 조합이 해산되었으나 조합의 잔무로서 처리할 일이 없고 다만 잔여재산의 분배만이 남아 있을 때에는 따로 청산절차를 밟을 필요가 없이 각 조합원은 자신의 잔여재산의 분배비율의 범위 내에서 그 분배비율을 초과하여 잔여재산을 보유하고 있는 조합원에 대하여 바로 잔여재산의 분배를 청구할 수 있고, 이 경우의 잔여재산 분배청구권은 조합원 상호 간의 내부관계에서 발생하는 것으로서 각 조합원이 분배비율을 초과하여 잔여재산을 보유하고 있는 조합원을 상대로 개별적으로 행사하면 족한 것이지 반드시 조합원들이 공동으로 행사하거나 조합원 전원을 상대로 행사하여야 하는 것은 아니다(대판 2000.4.21. 99다35713).
- 조합의 일부 조합원이 당초 약정한 출자의무를 이행하고 있지 않은 상태에서 조합이 해산되어 잔여업무가 남아 있지 않고 잔여재산의 분배 절차만이 남은 경우, 이행되지 아니한 출자금 채권을 추심하거나 청산절차를 거치지 않고도 각 조합원은 자신이 실제로 출자한 가액 비율의 범위 내에서 출자가액 비율을 초과하여 잔여재산을 보유하고 있는 조합원에 대하여 잔여재산의 분배 절차를 진행할 수 있는지 여부(적극) 및 이때 잔여재산을 분배하는 방법 / 이러한 기준에 따라 잔여재산분배 절차를 진행하는 경우, 다른 조합원들이 출자의무를 이행하지 아니한 조합원에게 출자의무의 이행을 청구할 수 있는지 여부(소극) : 조합의 일부 조합원이 당초 약정한 출자의무를 이행하고 있지 않은 상태에서 조합의 해산사유가 발생하여 해산이 이루어진 경우 그 잔여업무가 남아 있지 않고 다만 잔여재산의 분배 절차만이 남아 있을 때에는 조합원 사이에 별도의 약정이 없는 이상, 그 이행되지 아니한 출자금 채권을 추심하거나 청산절차를 거치지 않고도 각 조합원은 자신이 실제로 출자한 가액 비율의 범위 내에서 그 출자가액 비율을 초과하여 잔여재산을 보유하고 있는 조합원에 대하여 잔여재산의 분배 절차를 진행할 수 있다. 이때 잔여재산은 특별한 사정이 없는 한 각 조합원이 실제로 출자한 가액에 비례하여 이를 분배하여야 할 것인데, 일부 이행되지 아니한 출자금이 있더라도 이를 고려하지 않고 잔여재산의 범위를 확정한 다음 각 조합원이 실제로 출자한 가액에

비례하여 이를 분배함이 타당하다. 그리고 이러한 기준에 따라 잔여재산분배 절차를 진행하는 이상 다른 조합원들은 출자의무를 이행하지 아니한 조합원에게 더 이상 출자의무의 이행을 청구할 수 없다고 보아야 한다(대판 2022.2.17. 2016다278579[본소]·2016다278586[반소]).
- 조합관계가 종료되고 채권자가 조합원인 조합채무의 변제 사무만 남은 경우, 동업체 자산을 보유하는 자가 동업체 자산에서 채권자 조합원에 대한 조합채무를 공제하여 분배대상 잔여재산액을 산출한 다음 다른 조합원들에게 잔여재산 중 각 조합원의 출자가액에 비례한 몫을 반환함과 아울러 채권자 조합원에게 조합채무를 이행하는 방법으로 별도의 청산절차 없이 잔여재산을 분배할 수 있는지 여부(적극) : 조합관계가 종료된 경우 당사자 사이에 별도의 약정이 없는 이상 청산절차를 밟는 것이 통례이나, 조합의 잔무로서 처리할 일이 없고 잔여재산의 분배만이 남아 있을 때에는 따로 청산절차를 밟을 필요가 없다. 잔여재산은 조합원 사이에 별도의 약정이 없는 이상 각 조합원의 출자가액에 비례하여 분배하도록 되어 있으므로, 비록 조합채무의 변제 사무가 완료되지 아니한 사정이 있더라도 그 채권자가 조합원인 경우에는 동업체 자산을 보유하는 자가 동업체 자산에서 채권자 조합원에 대한 조합채무를 공제하여 분배대상 잔여재산액을 산출한 다음, 다른 조합원들에게 잔여재산 중 각 조합원의 출자가액에 비례한 몫을 반환함과 아울러 채권자 조합원에게 조합채무를 이행함으로써 별도의 청산절차를 거침이 없이 간이한 방법으로 공평한 잔여재산의 분배가 가능하다(대판 2025.6.26. 2025다205399[본소]·2025다205405[반소]).

제13절 종신정기금

종신정기금계약의 의의(민법 제725조)
종신정기금계약은 당사자 일방이 자기, 상대방 또는 제3자의 종신까지 정기로 금전 기타의 물건을 상대방 또는 제3자에게 지급할 것을 약정함으로써 그 효력이 생긴다.

종신정기금의 계산(민법 제726조)
종신정기금은 일수로 계산한다.

종신정기금계약의 해제(민법 제727조)
① 정기금채무자가 정기금채무의 원본을 받은 경우에 그 정기금채무의 지급을 해태하거나 기타 의무를 이행하지 아니한 때에는 정기금채권자는 원본의 반환을 청구할 수 있다. 그러나 이미 지급을 받은 채무액에서 그 원본의 이자를 공제한 잔액을 정기금채무자에게 반환하여야 한다.
② 전항의 규정은 손해배상의 청구에 영향을 미치지 아니한다.

해제와 동시이행(민법 제728조)
제536조의 규정은 전조의 경우에 준용한다.

채무자귀책사유로 인한 사망과 채권존속선고(민법 제729조)
① 사망이 정기금채무자의 책임 있는 사유로 인한 때에는 법원은 정기금채권자 또는 그 상속인의 청구에 의하여 상당한 기간 채권의 존속을 선고할 수 있다.
② 전항의 경우에도 제727조의 권리를 행사할 수 있다.

> **유증에 의한 종신정기금(민법 제730조)**
> 본절의 규정은 유증에 의한 종신정기금채권에 준용한다.

제14절 화 해

> **화해의 의의(민법 제731조)**
> 화해는 당사자가 상호양보하여 당사자 간의 분쟁을 종지할 것을 약정함으로써 그 효력이 생긴다.
>
> **화해의 창설적 효력(민법 제732조)**
> 화해계약은 당사자 일방이 양보한 권리가 소멸되고 상대방이 화해로 인하여 그 권리를 취득하는 효력이 있다.
>
> **화해의 효력과 착오(민법 제733조)**
> 화해계약은 착오를 이유로 하여 취소하지 못한다. 그러나 화해당사자의 자격 또는 화해의 목적인 분쟁 이외의 사항에 착오가 있는 때에는 그러하지 아니하다.

I 의 의

당사자가 상호 양보하여 그들 사이의 분쟁을 종지할 것을 약정함으로써 성립하는 낙성·불요식·쌍무·유상계약이다.

II 성립요건

1. 당사자 사이의 분쟁이 있을 것

분쟁이란 법률관계의 존부·범위·태양 등에 관하여 당사자의 주장이 서로 일치하지 않는 것을 의미한다.

2. 당사자가 상호 양보할 것

당사자가 서로 양보하여야 하므로, 일방만의 양보는 민법상 화해가 아니다. 이는 권리의 승인이나 포기에 해당한다.

3. 당사자에게 처분권한이 있을 것

① 화해의 대상은 처분할 수 있는 법률관계여야 하므로 <u>원칙적으로 재산적 법률관계에 한정된다.</u>
② 따라서 가족법상의 법률관계는 원칙적으로 화해의 대상이 아니다. 다만, 재산적 의미를 갖는 상속회복청구권 등은 가족법상 법률관계임에도 불구하고 화해의 대상이 될 수 있다.

Ⅲ 효력

1. 확정력

화해는 분쟁의 대상이 된 법률관계를 확정하는 효력이 있다.

2. 창설적 효력(민법 제732조)

민법 제732조는 임의규정이다. 따라서 해제조건부 화해도 유효하다.

3. 화해와 실효

(1) 원 칙

<u>화해계약도 의사표시를 요소로 하는 법률행위이므로 무효, 취소에 관한 규정이 적용된다. 따라서 화해계약이 사기로 인하여 이루어진 경우에는 화해의 목적인 분쟁에 관한 사항에 착오가 있는 때에도 민법 제110조에 따라 이를 취소할 수 있다</u>(대판 2008.9.11. 2008다15278).

(2) 예 외

① <u>화해계약의 의사표시에 착오가 있더라도 이것이 당사자의 자격이나 화해의 목적인 분쟁 이외의 사항에 관한 것이 아니고 분쟁의 대상인 법률관계 자체에 관한 것인 때에는 이를 취소할 수 없다</u>
(대판 1989.9.12. 88다카10050).

② 민법상 화해계약에 있어서 착오를 이유로 취소할 수 있는 '화해의 목적인 분쟁 이외의 사항'의 의미

> 민법상의 화해계약을 체결한 경우 당사자는 착오를 이유로 취소하지 못하고, 다만 화해 당사자의 자격 또는 화해의 목적인 분쟁 이외의 사항에 착오가 있는 때에 한하여 이를 취소할 수 있으며, 여기서 '화해의 목적인 분쟁 이외의 사항'이라 함은 분쟁의 대상이 아니라 분쟁의 전제 또는 기초가 된 사항으로서 쌍방 당사자가 예정한 것이어서 상호 양보의 내용으로 되지 않고 다툼이 없는 사실로 양해된 사항을 말한다(대판 2004.6.25. 2003다32797).

③ <u>환자가 의료과실로 사망한 것으로 전제하고 의사가 유족들에게 손해배상금을 지급하기로 하는 합의가 이루어졌으나 그 사인이 진료와는 관련이 없는 것으로 판명되었다면 위 합의는 그 목적이 아닌 망인의 사인에 관한 착오로 이루어진 화해이므로 착오를 이유로 취소할 수 있다</u>(대판 1991.1.25. 90다12526).

CHAPTER 02 계약각론

제1절 증여

01 증여에 관한 다음 설명 중 가장 옳지 않은 것은? 2025년

① 송금 등 금전지급행위가 증여에 해당하기 위해서는 객관적으로 채무자와 수익자 사이에 금전을 무상으로 수익자에게 종국적으로 귀속시키는 데에 의사의 합치가 있어야 한다. 다른 사람의 예금계좌에 금전을 이체하는 등으로 송금하는 경우 다양한 원인이 있을 수 있는데, 과세 당국 등의 추적을 피하기 위하여 일정한 인적 관계에 있는 사람이 그 소유의 금전을 자신의 예금계좌로 송금한다는 사실을 알면서 그에게 자신의 예금계좌로 송금할 것을 승낙 또는 양해하였다거나 그러한 목적으로 자신의 예금계좌를 사실상 지배하도록 용인하였다는 것만으로는 특별한 사정이 없는 한 송금인과 계좌명의인 사이에 송금액을 계좌명의인에게 무상으로 증여한다는 의사의 합치가 있었다고 쉽사리 추단할 수 없다.

② 민법 제555조는 "증여의 의사가 서면으로 표시되지 아니한 경우에는 각 당사자는 이를 해제할 수 있다."고 함으로써 서면에 의한 증여의 해제를 제한하고 있는바, 법적 안정성을 추구하고자 하는 위 규정의 취지상 서면에 의한 증여가 이루어졌다면 증여자가 착오에 기한 의사표시라는 이유로 민법 총칙규정에 따라 증여의 의사표시를 취소할 수도 없다.

③ 상대부담 있는 증여에 대하여는 민법 제561조에 의하여 쌍무계약에 관한 규정이 준용되어 부담의무 있는 상대방이 자신의 의무를 이행하지 아니할 때에는 비록 증여계약이 이미 이행되어 있다 하더라도 증여자는 계약을 해제할 수 있다.

④ 민법 제562조는 사인증여에 관하여는 유증에 관한 규정을 준용하도록 규정하고 있지만, 유증의 방식에 관한 민법 제1065조 내지 제1072조는 그것이 단독행위임을 전제로 하는 것이어서 계약인 사인증여에는 적용되지 아니한다.

⑤ 민법 제562조가 사인증여에 관하여 유증에 관한 규정을 준용하도록 규정하고 있다고 하여, 이를 근거로 포괄적 유증을 받은 자는 상속인과 동일한 권리의무가 있다고 규정하고 있는 민법 제1078조가 포괄적 사인증여에도 준용된다고 해석할 수는 없다.

[❶▶○] 송금 등 금전지급행위가 증여에 해당하기 위해서는 객관적으로 채무자와 수익자 사이에 금전을 무상으로 수익자에게 종국적으로 귀속시키는 데에 의사의 합치가 있어야 한다. 다른 사람의 예금계좌에 금전을 이체하는 등으로 송금하는 경우 다양한 원인이 있을 수 있는데, 과세 당국 등의 추적을 피하기 위하여 일정한 인적 관계에 있는 사람이 그 소유의 금전을 자신의 예금계좌로 송금한다는 사실을 알면서 그에게 자신의 예금계좌로 송금할 것을 승낙 또는 양해하였다거나 그러한 목적으로 자신의 예금계좌를 사실상 지배하도록 용인하였다는 것만으로는 특별한 사정이 없는 한 송금인과 계좌명의인 사이에 송금액을 계좌명의인에게 무상으로 증여한다는 의사의 합치가 있었다고 쉽사리 추단할 수 없다. 이는 금융실명제 아래에서 실명확인절차를 거쳐 개설된 예금계좌의 경우에 특별한 사정이 없는 한 명의인이 예금계약의 당사자로서 예금반환청구권을 가진다고 해도, 이는 계좌가 개설된 금융회사에 대한 관계에 관한 것으로서 그 점을 들어 곧바로 송금인과 계좌명의인 사이의 법률관계를 달리 볼 것이 아니다(대판 2018.12.27. 2017다290057).

[❷▶×] 민법 제47조 제1항에 의하여 생전처분으로 재단법인을 설립하는 때에 준용되는 민법 제555조는 "증여의 의사가 서면으로 표시되지 아니한 경우에는 각 당사자는 이를 해제할 수 있다."고 함으로써 서면에 의한 증여(출연)의 해제를 제한하고 있으나, 그 해제는 민법 총칙상의 취소와는 요건과 효과가 다르므로 서면에 의한 출연이더라도 민법 총칙규정에 따라 출연자가 착오에 기한 의사표시라는 이유로 출연의 의사표시를 취소할 수 있고, 상대방 없는 단독행위인 재단법인에 대한 출연행위라고 하여 달리 볼 것은 아니다(대판 1999.7.9. 98다9045).

[❸▶○] 상대부담 있는 증여에 대하여는 민법 제561조에 의하여 쌍무계약에 관한 규정이 준용되어 부담의무 있는 상대방이 자신의 의무를 이행하지 아니할 때에는 비록 증여계약이 이미 이행되어 있다 하더라도 증여자는 계약을 해제할 수 있고, 그 경우 민법 제555조와 제558조는 적용되지 아니한다(대판 1997.7.8. 97다2177).

[❹▶○] 민법 제562조는 사인증여에 관하여는 유증에 관한 규정을 준용하도록 규정하고 있지만, 유증의 방식에 관한 민법 제1065조 내지 제1072조는 그것이 단독행위임을 전제로 하는 것이어서 계약인 사인증여에는 적용되지 아니한다(대판 1996.4.12. 94다37714).

[❺▶○] 민법 제562조가 사인증여에 관하여 유증에 관한 규정을 준용하도록 규정하고 있다고 하여, 이를 근거로 포괄적 유증을 받은 자는 상속인과 동일한 권리의무가 있다고 규정하고 있는 민법 제1078조가 포괄적 사인증여에도 준용된다고 해석하면 포괄적 사인증여에도 상속과 같은 효과가 발생하게 된다. 그러나 포괄적 사인증여는 낙성·불요식의 증여계약의 일종이고, 포괄적 유증은 엄격한 방식을 요하는 단독행위이며, 방식을 위배한 포괄적 유증은 대부분 포괄적 사인증여로 보여질 것인바, 포괄적 사인증여에 민법 제1078조가 준용된다면 양자의 효과는 같게 되므로, 결과적으로 포괄적 유증에 엄격한 방식을 요하는 요식행위로 규정한 조항들은 무의미하게 된다. 따라서 민법 제1078조가 포괄적 사인증여에 준용된다고 하는 것은 사인증여의 성질에 반하므로 준용되지 아니한다고 해석함이 상당하다(대판 1996.4.12. 94다37714).

답 ❷

02 **증여에 관한 다음 설명 중 가장 옳지 않은 것은?** 2024년

① 상대부담 있는 증여에 대하여는 증여자는 그 전체 부분에 대해 매도인과 같은 담보의 책임이 있다.
② 증여의 의사가 서면으로 표시되지 아니한 경우에는 각 당사자는 이를 해제할 수 있으나, 이미 이행한 부분에 대하여는 영향을 미치지 아니한다.
③ 증여계약이 서면에 의하지 아니하였음을 이유로 한 해제에 대하여는 10년의 제척기간이 적용되지 아니한다.
④ 정기의 급여를 목적으로 한 증여는 증여자 또는 수증자의 사망으로 인하여 그 효력을 잃는다.
⑤ 민법 제104조가 규정하는 현저히 공정을 잃은 법률행위라 함은 자기의 급부에 비하여 현저하게 균형을 잃은 반대급부를 하게 하여 부당한 재산적 이익을 얻는 행위를 의미하는 것이므로, 증여계약과 같이 아무런 대가관계 없이 당사자 일방이 상대방에게 일방적인 급부를 하는 법률행위는 그 공정성 여부를 논의할 수 있는 성질의 법률행위가 아니다.

[❶ ▶ ✕] 상대부담 있는 증여에 대하여는 증여자는 <u>그 부담의 한도에서</u> 매도인과 같은 담보의 책임이 있다(민법 제559조 제2항).

[❷ ▶ ○] 민법 제555조, 제558조

> **민법 제555조(서면에 의하지 아니한 증여와 해제)**
> 증여의 의사가 서면으로 표시되지 아니한 경우에는 각 당사자는 이를 해제할 수 있다.
>
> **민법 제558조(해제와 이행완료부분)**
> 전3조의 규정에 의한 계약의 해제는 이미 이행한 부분에 대하여는 영향을 미치지 아니한다.

[❸ ▶ ○] 민법 제555조에서 말하는 증여계약의 해제는 민법 제543조 이하에서 규정한 본래 의미의 해제와는 달리 형성권의 제척기간의 적용을 받지 않는 특수한 철회로서, 10년이 경과한 후에 이루어졌다 하더라도 원칙적으로 적법하다(대판 2009.9.24. 2009다37831).

[❹ ▶ ○] 정기의 급여를 목적으로 한 증여는 증여자 또는 수증자의 사망으로 인하여 그 효력을 잃는다(민법 제560조).

[❺ ▶ ○] 민법 제104조가 규정하는 현저히 공정을 잃은 법률행위라 함은 자기의 급부에 비하여 현저하게 균형을 잃은 반대급부를 하게 하여 부당한 재산적 이익을 얻는 행위를 의미하는 것이므로, 증여계약과 같이 아무런 대가관계 없이 당사자 일방이 상대방에게 일방적인 급부를 하는 법률행위는 그 공정성 여부를 논의할 수 있는 성질의 법률행위가 아니다(대판 2000.2.11. 99다56833).

답 ❶

제2절 매매

03 매매에 관한 다음 설명 중 가장 옳지 않은 것은? 　　　　　　　　　　　　2024년

① 민법 제564조가 정하고 있는 매매예약에서 예약자의 상대방이 매매예약 완결의 의사표시를 하여 매매의 효력을 생기게 하는 권리, 즉 매매예약의 완결권은 일종의 형성권으로서 당사자 사이에 행사기간을 약정한 때에는 그 기간 내에, 약정이 없는 때에는 예약이 성립한 때부터 10년 내에 이를 행사하여야 하고, 그 기간이 지난 때에는 예약완결권은 제척기간의 경과로 소멸한다.
② 상대방인 매도인이 매매계약의 이행에는 전혀 착수한 바가 없는 경우에는 매수인이 중도금을 지급하여 이미 이행에 착수하였더라도 상대방인 매도인으로서는 필요한 비용을 지출하는 등 예측하지 못한 손해를 입게 될 우려가 없다고 할 것이므로, 매수인은 민법 제565조에 의하여 계약금을 포기하고 매매계약을 해제할 수 있다.
③ 매매예약이 성립한 이후 상대방의 매매예약 완결의 의사표시 전에 목적물이 멸실 기타의 사유로 이전할 수 없게 되어 예약 완결권의 행사가 이행불능이 된 경우에는 예약 완결권을 행사할 수 없고, 이행불능 이후에 상대방이 매매예약 완결의 의사표시를 하여도 매매의 효력이 생기지 아니한다.
④ 매매계약에서 계약금의 일부만 지급된 경우 수령자가 매매계약을 해제할 수 있다고 하더라도 해약금의 기준이 되는 금원은 '실제 교부받은 계약금'이 아니라 '약정 계약금'이라고 봄이 타당하므로, 매도인이 계약금의 일부로서 지급받은 금원의 배액을 상환하는 것으로는 매매계약을 해제할 수 없다.
⑤ 민법 제565조가 해제권 행사의 시기를 당사자의 일방이 이행에 착수할 때까지로 제한한 것은 당사자의 일방이 이미 이행에 착수한 때에는 그 당사자는 그에 필요한 비용을 지출하였을 것이고, 또 그 당사자는 계약이 이행될 것으로 기대하고 있는데 만일 이러한 단계에서 상대방으로부터 계약이 해제된다면 예측하지 못한 손해를 입게 될 우려가 있으므로 이를 방지하고자 함에 있고, 이행기의 약정이 있는 경우라 하더라도 당사자가 채무의 이행기 전에는 착수하지 아니하기로 하는 특약을 하는 등 특별한 사정이 없는 한 이행기 전에 이행에 착수할 수 있다.

[❶ ▶ ○] 민법 제564조가 정하고 있는 매매의 일방예약에서 예약자의 상대방이 매매예약 완결의 의사표시를 하여 매매의 효력을 생기게 하는 권리, 즉 매매예약의 완결권은 일종의 형성권으로서 당사자 사이에 행사기간을 약정한 때에는 그 기간 내에, 약정이 없는 때에는 예약이 성립한 때로부터 10년 내에 이를 행사하여야 하고, 그 기간을 지난 때에는 예약 완결권은 제척기간의 경과로 인하여 소멸한다. 한편 당사자 사이에 약정하는 예약 완결권의 행사기간에 특별한 제한은 없다(대판 2017.1.25. 2016다42077).

[❷ ▶ ×] 민법 제565조 제1항에서 말하는 당사자의 일방이라는 것은 매매 쌍방 중 어느 일방을 지칭하는 것이고, 상대방이라 국한하여 해석할 것이 아니므로, 비록 <u>상대방인 매도인이 매매계약의 이행에는 전혀 착수한 바가 없다 하더라도 매수인이 중도금을 지급하여 이미 이행에 착수한 이상 매수인은 민법 제565조에 의하여 계약금을 포기하고 매매계약을 해제할 수 없다</u>(대판 2000.2.11. 99다62074).

[❸ ▶ ○] 매매예약이 성립한 이후 상대방의 매매예약 완결의 의사표시 전에 목적물이 멸실 기타의 사유로 이전할 수 없게 되어 예약 완결권의 행사가 이행불능이 된 경우에는 예약 완결권을 행사할 수 없고, 이행불능 이후에 상대방이 매매예약 완결의 의사표시를 하여도 매매의 효력이 생기지 아니한다. 그리고 채무의 이행이 불능이라는 것은 단순히 절대적·물리적으로 불능인 경우가 아니라 사회생활의 경험법칙 또는 거래상의 관념에 비추어 볼 때 채권자가 채무자의 이행의 실현을 기대할 수 없는 경우를 말한다(대판 2015.8.27. 2013다28247).

[❹ ▶ ○] 매도인이 '계약금 일부만 지급된 경우 지급받은 금원의 배액을 상환하고 매매계약을 해제할 수 있다'고 주장한 사안에서, '실제 교부받은 계약금'의 배액만을 상환하여 매매계약을 해제할 수 있다면 이는 당사자가 일정한 금액을 계약금으로 정한 의사에 반하게 될 뿐 아니라, 교부받은 금원이 소액일 경우에는 사실상 계약을 자유로이 해제할 수 있어 계약의 구속력이 약화되는 결과가 되어 부당하기 때문에, 계약금 일부만 지급된 경우 수령자가 매매계약을 해제할 수 있다고 하더라도 해약금의 기준이 되는 금원은 '실제 교부받은 계약금'이 아니라 '약정 계약금'이라고 봄이 타당하므로, 매도인이 계약금의 일부로서 지급받은 금원의 배액을 상환하는 것으로는 매매계약을 해제할 수 없다(대판 2015.4.23. 2014다231378).

[❺ ▶ ○] 민법 제565조가 해제권 행사의 시기를 당사자의 일방이 이행에 착수할 때까지로 제한한 것은 당사자의 일방이 이미 이행에 착수한 때에는 그 당사자는 그에 필요한 비용을 지출하였을 것이고, 또 그 당사자는 계약이 이행될 것으로 기대하고 있는데 만일 이러한 단계에서 상대방으로부터 계약이 해제된다면 예측하지 못한 손해를 입게 될 우려가 있으므로 이를 방지하고자 함에 있고, 이행기의 약정이 있는 경우라 하더라도 당사자가 채무의 이행기 전에는 착수하지 아니하기로 하는 특약을 하는 등 특별한 사정이 없는 한 이행기 전에 이행에 착수할 수 있다(대판 2006.2.10. 2004다11599).

답 ❷

04 매매에 관한 다음 설명 중 가장 옳지 않은 것은? 2023년

① 자동차관리법령의 문언·내용과 체계 등에 비추어 보면, 자동차 양수인이 양도인으로부터 자동차를 인도받고서도 등록명의 이전을 하지 않는 경우 양도인은 자동차관리법 제12조 제4항에 따라 양수인을 상대로 소유권이전등록의 인수절차 이행을 구할 수 있다.

② 상가집합건물의 구분점포에 대한 매매는 특별한 사정이 없다면 원칙적으로 실제 이용현황과 관계없이 집합건축물대장 등 공부에 따라 구조, 위치, 면적이 확정된 구분점포를 매매의 대상으로 삼았다고 보아야 할 것이다.

③ 선시공·후분양의 방식으로 분양되는 아파트 등의 경우에는 완공된 아파트 등 그 자체가 분양계약의 목적물로 된다고 봄이 상당하고, 완공된 아파트 등의 현황과 달리 분양광고 등에만 표현되어 있는 아파트 등의 외형·재질 등에 관한 사항은 특별한 사정이 없는 한 이를 분양계약의 내용으로 하기로 하는 묵시적 합의가 있었다고 보기는 어렵다.

④ 부동산매도인이 매매대금을 다 지급받지 아니한 상태에서 매수인에게 소유권이전등기를 경료하여 목적물의 소유권을 매수인에게 이전한 경우에는, 매도인의 목적물인도의무에 관하여 위와 같은 동시이행의 항변권과 물권적 권리인 유치권이 인정된다.

⑤ 계약 체결 후에 채무의 이행이 불가능하게 된 경우에는 채권자가 이행을 청구하지 못하고 채무불이행을 이유로 손해배상을 청구하거나 계약을 해제할 수 있다. 그러나 계약 당시에 이미 채무의 이행이 불가능했다면 특별한 사정이 없는 한 채권자가 이행을 구하는 것은 허용되지 않고, 민법 제535조에서 정한 계약체결상의 과실책임을 추궁하는 등으로 권리를 구제받을 수밖에 없다.

[❶ ▸ ○] 구 자동차관리법 제12조, 구 자동차등록령 제27조 제1항, 구 자동차등록규칙 제33조 제1항의 문언·내용과 체계 등에 비추어 보면, 자동차 양수인이 양도인으로부터 자동차를 인도받고서도 등록명의 이전을 하지 않는 경우 양도인은 자동차관리법 제12조 제4항에 따라 양수인을 상대로 소유권이전등록의 인수절차 이행을 구할 수 있다. 그러나 자동차가 전전양도된 경우 중간생략등록의 합의가 없는 한 양도인은 전전양수인에 대하여 직접 양수인 명의로 소유권이전등록의 인수절차 이행을 구할 수 없다(대판 2020.12.10. 2020다9244).

[❷ ▸ ○] 상가집합건물의 구분점포에 대한 매매는 원칙적으로 실제 이용현황과 관계없이 집합건축물대장 등 공부에 따라 구조, 위치, 면적이 확정된 구분점포를 매매의 대상으로 삼았다고 보아야 할 것이다. 그러나 1동의 상가집합건물의 점포들이 구분소유 등기가 되어 있기는 하나 실제로는 위 상가건물의 각 점포들에 관한 집합건축물대장 등 공부상 호수와 구조, 위치 및 면적이 실제 이용현황과 일치하지 아니할 뿐만 아니라 그 복원조차 용이하지 아니하여 단지 공부가 위 상가건물에서 각 점포들이 차지하는 면적비율에 관하여 공유지분을 표시하는 정도의 역할만을 하고 있고, 위 점포들이 전전매도되면서 매매당사자들이 실제 이용현황대로의 점포를 매매할 의사를 가지고 거래한 경우 등과 같이 특별한 사정이 있는 경우에는 그 점포의 구조, 위치, 면적은 실제 이용현황에 의할 수밖에 없을 것이다(대판 2021.6.24. 2021다220666).

[❸ ▸ ○] 선시공·후분양의 방식으로 분양되거나, 당초 선분양·후시공의 방식으로 분양하기로 계획되었으나 계획과 달리 준공 전에 분양이 이루어지지 아니하여 준공 후에 분양이 되는 아파트 등의 경우에는 수분양자는 실제로 완공된 아파트 등의 외형·재질 등에 관한 시공 상태를 직접 확인하고 분양계약 체결 여부를 결정할 수 있어 완공된 아파트 등 그 자체가 분양계약의 목적물로 된다고 봄이 상당하다.

따라서 비록 준공 전에 분양안내서 등을 통해 분양광고를 하거나 견본주택 등을 설치한 적이 있고, 그러한 광고내용과 달리 아파트 등이 시공되었다고 하더라도, 완공된 아파트 등의 현황과 달리 분양광고 등에만 표현되어 있는 아파트 등의 외형·재질 등에 관한 사항은 분양계약 시에 아파트 등의 현황과는 별도로 다시 시공해 주기로 약정하였다는 등의 특별한 사정이 없는 한 이를 분양계약의 내용으로 하기로 하는 묵시적 합의가 있었다고 보기는 어렵다(대판 2014.11.13. 2012다29601).

[❹ ▶ ×] 부동산 매도인이 매매대금을 다 지급받지 아니한 상태에서 매수인에게 소유권이전등기를 마쳐주어 목적물의 소유권을 매수인에게 이전한 경우에는, 매도인의 목적물인도의무에 관하여 동시이행의 항변권 외에 물권적 권리인 유치권까지 인정할 것은 아니다. 왜냐하면 법률행위로 인한 부동산물권변동의 요건으로 등기를 요구함으로써 물권관계의 명확화 및 거래의 안전·원활을 꾀하는 우리 민법의 기본정신에 비추어 볼 때, 만일 이를 인정한다면 매도인은 등기에 의하여 매수인에게 소유권을 이전하였음에도 매수인 또는 그의 처분에 기하여 소유권을 취득한 제3자에 대하여 소유권에 속하는 대세적인 점유의 권능을 여전히 보유하게 되는 결과가 되어 부당하기 때문이다. 또한 매도인으로서는 자신이 원래 가지는 동시이행의 항변권을 행사하지 아니하고 자신의 소유권이전의무를 선이행함으로써 매수인에게 소유권을 넘겨 준 것이므로 그에 필연적으로 부수하는 위험은 스스로 감수하여야 한다. 따라서 매도인이 부동산을 점유하고 있고 소유권을 이전받은 매수인에게서 매매대금 일부를 지급받지 못하고 있다고 하여 매매대금채권을 피담보채권으로 매수인이나 그에게서 부동산 소유권을 취득한 제3자를 상대로 유치권을 주장할 수 없다(대결 2012.1.12. 2011마2380).

[❺ ▶ ○] 계약 체결 후에 채무의 이행이 불가능하게 된 경우에는 채권자가 이행을 청구하지 못하고 채무불이행을 이유로 손해배상을 청구하거나 계약을 해제할 수 있다. 그러나 계약 당시에 이미 채무의 이행이 불가능했다면 특별한 사정이 없는 한 채권자가 이행을 구하는 것은 허용되지 않고, 민법 제535조에서 정한 계약체결상의 과실책임을 추궁하는 등으로 권리를 구제받을 수밖에 없다(대판 2017.8.29. 2016다212524).

답 ❹

제3절 교환

제4절 소비대차

05 소비대차, 준소비대차에 관한 다음 설명 중 가장 옳지 않은 것은? 2024년

① 준소비대차계약이 성립하려면 당사자 사이에 금전 기타의 대체물의 급부를 목적으로 하는 기존 채무가 존재하여야 하고, 기존 채무가 존재하지 않거나 또는 존재하고 있더라도 그것이 무효가 된 때에는 준소비대차계약은 효력이 없으며, 준소비대차계약의 채무자가 기존 채무의 부존재를 주장하는 이상 채권자로서는 기존 채무의 존재를 증명할 책임이 있다.
② 민법상 소비대차는 이른바 낙성계약이므로, 차주가 현실로 금전 등을 수수하거나 현실의 수수가 있는 것과 같은 경제적 이익을 취득하여야만 소비대차가 성립하는 것은 아니고, 반대로 당사자 일방이 상대방에게 현실로 금전 기타 대체물의 소유권을 이전하였다고 하더라도 상대방이 같은 종류, 품질 및 수량으로 반환할 것을 약정한 경우가 아니라면 이들 사이의 법률행위를 소비대차라 할 수 없다.
③ 반환시기에 관하여 약정이 없는 소비대차에 있어서 반환의 최고는 소장의 송달로도 할 수 있다.
④ 당사자 사이에 부동산에 관한 대물반환의 예약 내지는 양도담보의 약정을 맺은 경우, 채무자는 채권자에게 그 피담보채무를 변제함으로써 약정에 따른 소유권이전등기절차 이행의무 자체를 소멸시킬 수 있고, 나아가 채권자 앞으로 소유권이전등기가 경료된 후에는 채권자로부터 청산금 채권을 변제받을 때까지 채권자 앞으로 경료된 소유권이전등기의 말소를 청구할 수는 있으나, 한편 채무자는 채권자에게 소유권이전등기절차 이행의무를 부담하므로 채무자의 그 부동산에 관한 근저당권설정등기 말소청구가 허용될 수는 없다.
⑤ 금전소비대차계약이 성립된 이후에 차주의 신용불안이나 재산상태의 현저한 변경이 생겨 장차 대주의 대여금반환청구권 행사가 위태롭게 되는 등 사정변경이 생기고 이로 인하여 당초의 계약내용에 따른 대여의무를 이행케 하는 것이 공평과 신의칙에 반하게 되는 경우에 대주는 대여의무의 이행을 거절할 수 있다고 보아야 한다.

....

[❶ ▶ ○] 준소비대차계약이 성립하려면 당사자 사이에 금전 기타의 대체물의 급부를 목적으로 하는 기존 채무가 존재하여야 하고, 기존 채무가 존재하지 않거나 또는 존재하고 있더라도 그것이 무효가 된 때에는 준소비대차계약은 효력이 없다. 준소비대차계약의 채무자가 기존 채무의 부존재를 주장하는 이상 채권자로서는 기존 채무의 존재를 증명할 책임이 있다(대판 2024.4.25. 2022다254024).

[❷ ▶ ○] 민법상 소비대차는 당사자 일방이 금전 기타 대체물의 소유권을 상대방에게 이전할 것을 약정하고 상대방은 그와 같은 종류, 품질 및 수량으로 반환할 것을 약정함으로써 효력이 생기는 이른바 낙성계약이므로, 차주가 현실로 금전 등을 수수하거나 현실의 수수가 있는 것과 같은 경제적 이익을 취득하여야만 소비대차가 성립하는 것은 아니다. 반대로 당사자 일방이 상대방에게 현실로 금전 기타 대체물의 소유권을 이전하였다고 하더라도 상대방이 같은 종류, 품질 및 수량으로 반환할 것을 약정한 경우가 아니라면 이들 사이의 법률행위를 소비대차라 할 수 없다(대판 2018.12.27. 2015다73098).

[❸ ▸ ○] 반환시기에 관하여 약정이 없는 소비대차에 있어서 반환의 최고는 소장의 송달로서도 이를 할 수 있다(대판 1969.1.28. 68다2313).

[❹ ▸ ×] 당사자 사이에 부동산에 관한 대물반환의 예약 내지는 양도담보의 약정을 맺은 경우, 채무자는 채권자에게 그 피담보채무를 변제함으로써 약정에 따른 소유권이전등기절차 이행의무 자체를 소멸시킬 수도 있고, 나아가 채권자 앞으로 소유권이전등기가 경료된 후에는 채권자로부터 청산금 채권을 변제받을 때까지 채권자 앞으로 경료된 소유권이전등기의 말소를 청구할 수 있으므로(가등기담보 등에 관한 법률 제11조), 채무자가 채권자에게 소유권이전등기절차 이행의무를 부담한다는 이유만으로 채무자의 그 부동산에 관한 근저당권설정등기 말소청구가 허용될 수 없다고 단정할 수는 없다(대판 1996.5.10. 94다35565).

[❺ ▸ ○] 민법 제2조 제1항은 신의성실의 원칙에 관하여 "권리의 행사와 의무의 이행은 신의에 좇아 성실히 하여야 한다"라고 정한다. 이 원칙은 법률관계의 당사자가 상대방의 이익을 배려하여 형평에 어긋나거나 신의를 저버리는 내용 또는 방법으로 권리를 행사하거나 의무를 이행해서는 안 된다는 추상적 규범으로서 법질서 전체를 관통하는 일반 원칙으로 작용하고 있다. 한편 민법 제536조 제2항에 정한 '선이행의무를 지고 있는 당사자가 상대방의 이행이 곤란한 현저한 사유가 있는 때에 자기의 채무이행을 거절할 수 있는 경우'란 선이행채무를 지게 된 채권자가 계약 성립 후 채무자의 신용불안이나 재산상태의 악화 등의 사정으로 반대급부를 이행받을 수 없는 사정변경이 생기고 이로 인하여 당초의 계약내용에 따른 선이행의무를 이행케 하는 것이 공평과 신의칙에 반하게 되는 경우를 말하는 것이고, 이와 같은 사유는 당사자 쌍방의 사정을 종합하여 판단하여야 한다. 나아가 민법 제599조는 "대주가 목적물을 차주에게 인도하기 전에 당사자 일방이 파산선고를 받은 때에는 소비대차는 그 효력을 잃는다"라고 정한다. 위 규정의 취지는 소비대차계약의 목적물이 인도되기 전에 당사자의 일방이 파산한 경우에는 당사자 사이의 신뢰관계가 깨어져 당초의 계약관계를 유지하는 것이 타당하지 아니한 사정변경을 반영한 것이다. 위와 같은 규정의 내용과 그 입법 취지에 비추어 보면, 금전소비대차계약이 성립된 이후에 차주의 신용불안이나 재산상태의 현저한 변경이 생겨 장차 대주의 대여금반환청구권 행사가 위태롭게 되는 등 사정변경이 생기고 이로 인하여 당초의 계약내용에 따른 대여의무를 이행케 하는 것이 공평과 신의칙에 반하게 되는 경우에 대주는 대여의무의 이행을 거절할 수 있다고 보아야 한다(대판 2021.10.28. 2017다224302).

답 ❹

제5절 사용대차

제6절 임대차

06 다음 설명 중 가장 옳지 않은 것은? 2023년

① 채권자와 채무자 모두가 기한의 이익을 갖는 이자부 금전소비대차계약 등에 있어서, 채무자가 변제기로 인한 기한의 이익을 포기하고 변제기 전에 변제하는 경우 변제기까지의 약정이자 등 채권자의 손해를 배상하여야 하고, 이러한 약정이자 등 손해액을 함께 제공하지 않으면 채무의 내용에 따른 변제제공이라고 볼 수 없으므로, 채권자는 수령을 거절할 수 있다.
② 공동상속인들 사이에 협의가 이루어지지 않는 경우에는 제사주재자의 지위를 인정할 수 없는 특별한 사정이 있지 않는 한 피상속인의 직계비속 중 남녀, 적서를 불문하고 최근친의 연장자가 제사주재자로 우선한다.
③ 유언증서가 성립한 후에 멸실되거나 분실되었다는 사유만으로 유언이 실효되는 것은 아니고 이해관계인은 유언증서의 내용을 증명하여 유언의 유효를 주장할 수 있다. 이는 녹음에 의한 유언이 성립한 후에 녹음테이프나 녹음파일 등이 멸실 또는 분실된 경우에도 마찬가지이다.
④ 지상권의 존속기간 만료 후 지체 없이 지상권갱신청구권을 행사하지 아니하여 지상권갱신청구권이 소멸한 경우에는, 지상권자의 적법한 갱신청구권의 행사와 지상권설정자의 갱신 거절을 요건으로 하는 지상물매수청구권은 발생하지 않는다.
⑤ 임대차계약에서 임대차기간을 영구로 설정한 것은 채권인 임차권의 성질로 보아 허용되지 않고, 사용·수익 권능을 영구적으로 포기함으로써 처분 권능만이 남는 새로운 유형의 소유권을 창출하는 것이어서 무효이다.

....

[❶ ▸ ○] 채권자와 채무자 모두가 기한의 이익을 갖는 이자부 금전소비대차계약 등에 있어서, 채무자가 변제기로 인한 기한의 이익을 포기하고 변제기 전에 변제하는 경우 변제기까지의 약정이자 등 채권자의 손해를 배상하여야 하고, 이러한 약정이자 등 손해액을 함께 제공하지 않으면 채무의 내용에 따른 변제제공이라고 볼 수 없으므로, 채권자는 수령을 거절할 수 있다. 이는 제3자가 변제하는 경우에도 마찬가지이다(대판 2023.4.13. 2021다305338).

[❷ ▸ ○] '2008년 전원합의체 판결'은 제사주재자는 우선적으로 망인의 공동상속인들 사이의 협의에 의해 정하되, 협의가 이루어지지 않는 경우에는 제사주재자의 지위를 유지할 수 없는 특별한 사정이 있지 않는 한 망인의 장남(장남이 이미 사망한 경우에는 장손자)이 제사주재자가 되고, 공동상속인들 중 아들이 없는 경우에는 망인의 장녀가 제사주재자가 된다고 판시하였다. 그러나 공동상속인들 사이에 협의가 이루어지지 않는 경우 제사주재자 결정방법에 관한 2008년 전원합의체 판결의 법리는 더 이상 조리에 부합한다고 보기 어려워 유지될 수 없다. 공동상속인들 사이에 협의가 이루어지지 않는 경우에는 제사주재자의 지위를 인정할 수 없는 특별한 사정이 있지 않는 한 피상속인의 직계비속 중 남녀, 적서를 불문하고 최근친의 연장자가 제사주재자로 우선한다고 보는 것이 가장 조리에 부합한다(대판[전합] 2023.5.11. 2018다248626).

[❸ ▸ O] 유언증서가 성립한 후에 멸실되거나 분실되었다는 사유만으로 유언이 실효되는 것은 아니고 이해관계인은 유언증서의 내용을 증명하여 유언의 유효를 주장할 수 있다. 이는 녹음에 의한 유언이 성립한 후에 녹음테이프나 녹음파일 등이 멸실 또는 분실된 경우에도 마찬가지이다(대판 2023.6.1. 2023다217534).

[❹ ▸ O] 민법 제283조 제2항에서 정한 지상물매수청구권은 지상권이 존속기간의 만료로 인하여 소멸하는 때에 지상권자에게 갱신청구권이 있어 갱신청구를 하였으나 지상권설정자가 계약갱신을 원하지 아니할 때 비로소 행사할 수 있는 권리이다. 한편 지상권갱신청구권의 행사는 지상권의 존속기간 만료 후 지체 없이 하여야 한다. 따라서 지상권의 존속기간 만료 후 지체 없이 행사하지 아니하여 지상권갱신청구권이 소멸한 경우에는, 지상권자의 적법한 갱신청구권의 행사와 지상권설정자의 갱신 거절을 요건으로 하는 지상물매수청구권은 발생하지 않는다(대판 2023.4.27. 2022다306642).

[❺ ▸ ×] 소유자가 소유권의 핵심적 권능에 속하는 사용·수익의 권능을 대세적으로 포기하는 것은 특별한 사정이 없는 한 허용되지 않으나, 특정인에 대한 관계에서 채권적으로 사용·수익권을 포기하는 것까지 금지되는 것은 아니다. 따라서 임대차기간이 영구인 임대차계약을 인정할 실제의 필요성도 있고, 이러한 임대차계약을 인정한다고 하더라도 사정변경에 의한 차임증감청구권이나 계약 해지 등으로 당사자들의 이해관계를 조정할 수 있는 방법이 있을 뿐만 아니라, 임차인에 대한 관계에서만 사용·수익권이 제한되는 외에 임대인의 소유권을 전면적으로 제한하는 것도 아닌 점 등에 비추어 보면, <u>당사자들이 자유로운 의사에 따라 임대차기간을 영구로 정한 약정은 이를 무효로 볼 만한 특별한 사정이 없는 한 계약자유의 원칙에 의하여 허용된다고 보아야 한다</u>(대판 2023.6.1. 2023다209045).

답 ❺

07 임차인의 매수청구권에 관한 다음 설명 중 가장 옳지 않은 것은? 2024년

① 건물매수청구권의 대상이 되는 건물은 그것이 토지의 임대 목적에 반하여 축조되고 임대인이 예상할 수 없을 정도의 고가의 것이라는 등의 특별한 사정이 없는 한, 비록 행정관청의 허가를 받은 적법한 건물이 아니더라도 임차인의 건물매수청구권의 대상이 될 수 있다.
② 건물매수청구권 행사로 인하여 토지 소유자가 임차인에게 지급하여야 할 건물의 시가를 산정함에 있어서 그 건물에서 임차인이 영업을 하면서 얻고 있었던 수익까지 고려하여야 할 것은 아니다.
③ 건물임차인의 채무불이행으로 인하여 임대차가 해지된 경우 건물임차인은 민법 제646조에 의한 부속물매수청구권이 없으나, 민법 제643조에 의한 건물매수청구권은 국민경제적 관점에서 건물의 잔존가치를 보호하고 토지소유자의 배타적 소유권 행사로 인하여 희생당하기 쉬운 임차인을 보호하기 위한 제도이므로, 토지임차인의 채무불이행을 이유로 임대차계약이 해지되는 경우라면 토지임차인으로서는 토지임대인에 대하여 지상건물의 매수를 청구할 수 있다.
④ 일시사용을 위한 임대차인 것이 명백한 경우에는 부속물매수청구권의 규정이 적용되지 않는다.
⑤ 건물자체의 수선 내지 증·개축부분이 건물자체의 구성부분을 이루고 독립된 물건이라고 보이지 않는 경우 임차인의 부속물 매수청구권의 대상이 될 수 없다.

[❶ ▶ O] 민법 제643조가 정하는 건물 소유를 목적으로 하는 토지 임대차에 있어서 임차인이 가지는 건물매수청구권은 건물의 소유를 목적으로 하는 토지 임대차계약이 종료되었음에도 그 지상 건물이 현존하는 경우에 임대차계약을 성실하게 지켜온 임차인이 임대인에게 상당한 가액으로 그 지상 건물의 매수를 청구할 수 있는 권리로서 국민경제적 관점에서 지상 건물의 잔존 가치를 보존하고, 토지 소유자의 배타적 소유권 행사로 인하여 희생당하기 쉬운 임차인을 보호하기 위한 제도이므로, 임대차계약 종료 시에 경제적 가치가 잔존하고 있는 건물은 그것이 토지의 임대 목적에 반하여 축조되고 임대인이 예상할 수 없을 정도의 고가의 것이라는 등의 특별한 사정이 없는 한, 비록 행정관청의 허가를 받은 적법한 건물이 아니더라도 임차인의 건물매수청구권의 대상이 될 수 있다(대판 1997.12.23. 97다37753).

[❷ ▶ O] 건물매수청구권 행사로 인하여 토지 소유자가 임차인에게 지급하여야 할 건물의 시가를 산정함에 있어서 그 건물에서 임차인이 영업을 하면서 얻고 있었던 수익까지 고려하여야 할 것은 아니다 (대판 1997.12.23. 97다37753).

[❸ ▶ ×]

- 임대차계약이 임차인의 채무불이행으로 인하여 해지된 경우에는 임차인은 민법 제646조에 의한 부속물매수청구권이 없다(대판 1990.1.23. 88다카7245).
- 토지임차인의 차임연체 등 채무불이행을 이유로 임대차계약이 해지되는 경우 토지임차인으로서는 토지임대인에 대하여 지상건물의 매수를 청구할 수 없다(대판 1997.4.8. 96다54249).

[❹ ▶ O] 민법 제646조 제1항, 제653조

민법 제646조(임차인의 부속물매수청구권)
① 건물 기타 공작물의 임차인이 그 사용의 편익을 위하여 임대인의 동의를 얻어 이에 부속한 물건이 있는 때에는 임대차의 종료 시에 임대인에 대하여 그 부속물의 매수를 청구할 수 있다.

민법 제653조(일시사용을 위한 임대차의 특례)
제628조, 제638조, 제640조, 제646조 내지 제648조, 제650조 및 전조의 규정은 일시사용하기 위한 임대차 또는 전대차인 것이 명백한 경우에는 적용하지 아니한다.

[❺ ▶ O] 건물자체의 수선 내지 증·개축부분은 특별한 사정이 없는 한 건물자체의 구성부분을 이루고 독립된 물건이라고 보이지 않으므로 임차인의 부속물 매수청구권의 대상이 될 수 없다(대판 1983.2.22. 80다589).

답 ❸

08 임대차에 관한 다음 설명 중 가장 옳지 않은 것은? 2023년

① 상가건물 임대차보호법이 적용되는 상가건물에 해당하는지는 공부상 표시가 아닌 건물의 현황·용도 등에 비추어 영업용으로 사용하느냐에 따라 실질적으로 판단하여야 하고, 단순히 상품의 보관·제조·가공 등 사실행위만이 이루어지는 공장·창고 등은 영업용으로 사용하는 경우라고 할 수 없다.

② 건물 내구연한 등에 따른 철거·재건축의 필요성이 객관적으로 인정되지 않거나 그 계획·단계가 구체화되지 않았음에도 임대인이 신규 임차인이 되려는 사람에게 짧은 임대 가능기간만 확정적으로 제시·고수하는 경우 또는 임대인이 신규 임차인이 되려는 사람에게 고지한 내용과 모순되는 정황이 드러나는 등의 특별한 사정이 없는 한, 임대인이 신규 임차인이 되려는 사람과 임대차계약 체결을 위한 협의 과정에서 철거·재건축 계획 및 그 시점을 고지하였다는 사정만으로는 상가건물 임대차보호법 제10조의4 제1항 제4호에서 정한 '권리금 회수 방해행위'에 해당한다고 볼 수 없다.

③ 차임지급채무는 그 지급에 확정된 기일이 있는 경우에는 그 지급기일 다음 날부터 지체책임이 발생하고 보증금에서 공제되었을 때 비로소 그 채무 및 그에 따른 지체책임이 소멸되는 것이므로, 연체차임에 대한 지연손해금의 발생종기는 다른 특별한 사정이 없는 한 목적물이 반환되는 때가 아니라 임대차계약의 해지 시라고 할 것이다.

④ 임차인이 임대인의 동의를 받지 않고 제3자에게 임차권을 양도하거나 전대하는 등의 방법으로 임차물을 사용·수익하게 하더라도, 임대인이 이를 이유로 임대차계약을 해지하거나 그 밖의 다른 사유로 임대차계약이 적법하게 종료되지 않는 한 임대인은 임차인에 대하여 여전히 차임청구권을 가지므로, 임대차계약이 존속하는 한도 내에서는 제3자에게 불법점유를 이유로 한 차임상당 손해배상청구나 부당이득반환청구를 할 수 없다 할 것이다.

⑤ 상가건물의 임대차에 이해관계가 있는 자는 관할 세무서장에게 해당 상가건물의 확정일자 부여일, 차임 및 보증금 등 정보의 제공을 요청할 수 있고, 이 경우 요청을 받은 관할 세무서장은 정당한 사유 없이 이를 거부할 수 없다.

....

[❶ ▶ ○] 상가건물 임대차보호법의 목적과 같은 법 제2조 제1항 본문, 제3조 제1항에 비추어 보면, 상가건물 임대차보호법이 적용되는 상가건물 임대차는 사업자등록 대상이 되는 건물로서 임대차 목적물인 건물을 영리를 목적으로 하는 영업용으로 사용하는 임대차를 가리킨다. 그리고 상가건물 임대차보호법이 적용되는 상가건물에 해당하는지는 공부상 표시가 아닌 건물의 현황·용도 등에 비추어 영업용으로 사용하느냐에 따라 실질적으로 판단하여야 하고, 단순히 상품의 보관·제조·가공 등 사실행위만이 이루어지는 공장·창고 등은 영업용으로 사용하는 경우라고 할 수 없으나 그곳에서 그러한 사실행위와 더불어 영리를 목적으로 하는 활동이 함께 이루어진다면 상가건물 임대차보호법 적용대상인 상가건물에 해당한다(대판 2011.7.28. 2009다40967).

[❷ ▶ ○] 건물 내구연한 등에 따른 철거·재건축의 필요성이 객관적으로 인정되지 않거나 그 계획·단계가 구체화되지 않았음에도 임대인이 신규 임차인이 되려는 사람에게 짧은 임대 가능기간만 확정적으로 제시·고수하는 경우 또는 임대인이 신규 임차인이 되려는 사람에게 고지한 내용과 모순되는 정황이 드러나는 등의 특별한 사정이 없는 한, 임대인이 신규 임차인이 되려는 사람과 임대차계약 체결을 위한 협의 과정에서 철거·재건축 계획 및 그 시점을 고지하였다는 사정만으로는 상가건물 임대차보호법 제10조의4 제1항 제4호에서 정한 '권리금 회수 방해행위'에 해당한다고 볼 수 없다. 임대차계약의 갱신에 관한 상가임대차법 제10조 제1항과 권리금의 회수에 관한 상가임대차법 제10조의3, 제10조의4의 각 규정의 내용·취지가 같지 아니한 이상, 후자의 규정이 적용되는 임대인의 고지 내용에 상가임대차법 제10조 제1항 제7호 각 목의 요건이 충족되지 않더라도 마찬가지이다(대판 2022.8.11. 2022다202498).

[❸ ▸ ×] 차임지급채무는 그 지급에 확정된 기일이 있는 경우에는 그 지급기일 다음 날부터 지체책임이 발생하고 보증금에서 공제되었을 때 비로소 그 채무 및 그에 따른 지체책임이 소멸되는 것이므로, 연체차임에 대한 지연손해금의 발생종기는 다른 특별한 사정이 없는 한 임대차계약의 해지 시가 아니라 목적물이 반환되는 때라고 할 것이다(대판 2014.2.27. 2009다39233).

[❹ ▸ ○] 임차인이 임대인의 동의를 받지 않고 제3자에게 임차권을 양도하거나 전대하는 등의 방법으로 임차물을 사용·수익하게 하더라도, 임대인이 이를 이유로 임대차계약을 해지하거나 그 밖의 다른 사유로 임대차계약이 적법하게 종료되지 않는 한 임대인은 임차인에 대하여 여전히 차임청구권을 가지므로, 임대차계약이 존속하는 한도 내에서는 제3자에게 불법점유를 이유로 한 차임상당 손해배상청구나 부당이득반환청구를 할 수 없다(대판 2008.2.28. 2006다10323).

[❺ ▸ ○] 상가건물의 임대차에 이해관계가 있는 자는 관할 세무서장에게 해당 상가건물의 확정일자 부여일, 차임 및 보증금 등 정보의 제공을 요청할 수 있다. 이 경우 요청을 받은 관할 세무서장은 정당한 사유 없이 이를 거부할 수 없다(상가건물 임대차보호법 제4조 제3항).

답 ❸

09 미등기 건물에 관한 다음 설명 중 가장 옳지 않은 것은? 2025년

① 미등기 무허가건물에 관한 매매계약이 해제되기 전에 매수인으로부터 해당 무허가건물을 다시 매수하고 무허가건물관리대장에 소유자로 등재되었다고 하더라도 건물에 관하여 완전한 권리를 취득한 것으로 볼 수 없으므로 민법 제548조 제1항 단서에서 규정하는 제3자에 해당한다고 할 수 없다.
② 건물 소유를 목적으로 하는 토지 임대차에서 종전 임차인으로부터 미등기 무허가건물을 매수하여 점유하고 있는 임차인은 특별한 사정이 없는 한 비록 소유자로서의 등기명의가 없어 소유권을 취득하지 못하였다 하더라도 임대인에 대하여 지상물매수청구권을 행사할 수 있는 지위에 있다.
③ 소액임차인의 우선변제권에 관한 주택임대차보호법 제8조 제1항은 그 후문에서 '임차인은 주택에 대한 경매신청의 등기 전에' 대항요건을 갖추어야 한다고 규정하고 있으므로, 위 규정에 의해 건물이나 토지의 매각대금에서 우선변제를 받기 위해서는 그 임대차의 목적물인 주택에 관하여 임대차 후에라도 소유권등기가 거쳐져 경매신청의 등기가 되는 경우이어야 한다.
④ 미등기 무허가건물의 양수인이라 할지라도 그 소유권이전등기를 경료받지 않는 한 건물에 대한 소유권을 취득할 수 없고, 그러한 건물의 취득자에게 소유권에 준하는 관습상의 물권이 있다고 볼 수 없다.
⑤ 건축허가나 신고 없이 건축된 미등기 건물에 대하여는 경매에 의한 공유물분할이 허용되지 않는다.

[❶ ▸ ○] 민법 제548조 제1항 단서에서 규정하는 제3자라 함은 해제된 계약으로부터 생긴 법률적 효과를 기초로 하여 새로운 이해관계를 가졌을 뿐 아니라 등기·인도 등으로 완전한 권리를 취득한 사람을 지칭하는 것이다. 그런데 미등기 무허가건물의 매수인은 소유권이전등기를 마치지 않는 한 건물의 소유권을 취득할 수 없고, 소유권에 준하는 관습상의 물권이 있다고도 할 수 없으며, 현행법상 사실상의 소유권이라고 하는 포괄적인 권리 또는 법률상의 지위를 인정하기도 어렵다. 또한, 무허가건물관리대장은 무허가건물에 관한 관리의 편의를 위하여 작성된 것일 뿐 그에 관한 권리관계를 공시할 목적으로

작성된 것이 아니므로 무허가건물관리대장에 소유자로 등재되었다는 사실만으로는 무허가건물에 관한 소유권 기타의 권리를 취득하는 효력이 없다. 따라서 미등기 무허가건물에 관한 매매계약이 해제되기 전에 매수인으로부터 해당 무허가건물을 다시 매수하고 무허가건물관리대장에 소유자로 등재되었다고 하더라도 건물에 관하여 완전한 권리를 취득한 것으로 볼 수 없으므로 민법 제548조 제1항 단서에서 규정하는 제3자에 해당한다고 할 수 없다(대판 2014.2.13. 2011다64782).

[❷ ▶ ○] 민법 제643조가 정하는 건물 소유를 목적으로 하는 토지 임대차에서 임차인이 가지는 지상물매수청구권은 건물의 소유를 목적으로 하는 토지 임대차계약이 종료되었음에도 그 지상 건물이 현존하는 경우에 임대차계약을 성실하게 지켜온 임차인이 임대인에게 상당한 가액으로 그 지상 건물의 매수를 청구할 수 있는 권리로서 국민경제적 관점에서 지상 건물의 잔존 가치를 보존하고, 토지 소유자의 배타적 소유권 행사로 인하여 희생당하기 쉬운 임차인을 보호하기 위한 제도이므로, 특별한 사정이 없는 한 행정관청의 허가를 받은 적법한 건물이 아니더라도 임차인의 지상물매수청구권의 대상이 될 수 있다. 그리고 건물을 매수하여 점유하고 있는 사람은 소유자로서의 등기명의가 없다 하더라도 그 권리의 범위 내에서는 그 점유 중인 건물에 대하여 법률상 또는 사실상의 처분권을 가지고 있다. 위와 같은 지상물매수청구청구권 제도의 목적, 미등기 매수인의 법적 지위 등에 비추어 볼 때, 종전 임차인으로부터 미등기 무허가건물을 매수하여 점유하고 있는 임차인은 특별한 사정이 없는 한 비록 소유자로서의 등기명의가 없어 소유권을 취득하지 못하였다 하더라도 임대인에 대하여 지상물매수청구권을 행사할 수 있는 지위에 있다(대판 2013.11.28. 2013다48364).

[❸ ▶ ✕] 대항요건 및 확정일자를 갖춘 임차인과 소액임차인에게 우선변제권을 인정한 주택임대차보호법 제3조의2 및 제8조가 미등기 주택을 달리 취급하는 특별한 규정을 두고 있지 아니하므로, 대항요건 및 확정일자를 갖춘 임차인과 소액임차인의 임차주택 대지에 대한 우선변제권에 관한 법리는 임차주택이 미등기인 경우에도 그대로 적용된다. 이와 달리 임차주택의 등기 여부에 따라 그 우선변제권의 인정 여부를 달리 해석하는 것은 합리적 이유나 근거 없이 그 적용대상을 축소하거나 제한하는 것이 되어 부당하고, 민법과 달리 임차권의 등기 없이도 대항력과 우선변제권을 인정하는 같은 법의 취지에 비추어 타당하지 아니하다. 다만, 소액임차인의 우선변제권에 관한 같은 법 제8조 제1항이 그 후문에서 '이 경우 임차인은 주택에 대한 경매신청의 등기 전에' 대항요건을 갖추어야 한다고 규정하고 있으나, 이는 소액보증금을 배당받을 목적으로 배당절차에 임박하여 가장 임차인을 급조하는 등의 폐단을 방지하기 위하여 소액임차인의 대항요건의 구비시기를 제한하는 취지이지, 반드시 임차주택과 대지를 함께 경매하여 임차주택 자체에 경매신청의 등기가 되어야 한다거나 임차주택에 경매신청의 등기가 가능한 경우로 제한하는 취지는 아니라 할 것이다. 대지에 대한 경매신청의 등기 전에 위 대항요건을 갖추도록 하면 입법 취지를 충분히 달성할 수 있으므로, 위 규정이 미등기 주택의 경우에 소액임차인의 대지에 관한 우선변제권을 배제하는 규정에 해당한다고 볼 수 없다(대판[전합] 2007.6.21. 2004다26133).

[❹ ▶ ○] 미등기 무허가건물의 양수인이라 할지라도 그 소유권이전등기를 경료받지 않는 한 건물에 대한 소유권을 취득할 수 없고, 그러한 건물의 취득자에게 소유권에 준하는 관습상의 물권이 있다고 볼 수 없다(대판 1999.3.23. 98다59118).

[❺ ▶ ○] 민사집행법 제81조 제1항 제2호 단서는 등기되지 아니한 건물에 대한 강제경매신청서에는 그 건물에 관한 건축허가 또는 건축신고를 증명할 서류를 첨부하여야 한다고 규정함으로써 적법하게 건축허가나 건축신고를 마친 건물이 사용승인을 받지 못한 경우에 한하여 부동산 집행을 위한 보존등기를 할 수 있게 하였고, 같은 법 제274조 제1항은 공유물분할을 위한 경매와 같은 형식적 경매는 담보권 실행을 위한 경매의 예에 따라 실시한다고 규정하며, 같은 법 제268조는 부동산을 목적으로 하는 담보권 실행을 위한 경매절차에는 같은 법 제79조 내지 제162조의 규정을 준용한다고 규정하고 있으므로, 건축허가나 신고 없이 건축된 미등기 건물에 대하여는 경매에 의한 공유물분할이 허용되지 않는다(대판 2013.9.13. 2011다69190).

답 ❸

10 임대차에 관한 다음 설명 중 가장 옳지 않은 것은? 2025년

① 임대차계약에 있어서 임대인은 목적물을 계약 존속 중 그 사용·수익에 필요한 상태를 유지하게 할 의무를 부담하는 것이므로, 목적물에 파손 또는 장해가 생긴 경우 그것이 임차인이 별 비용을 들이지 아니하고도 손쉽게 고칠 수 있을 정도의 사소한 것이어서 임차인의 사용·수익을 방해할 정도의 것이 아니라면 임대인은 수선의무를 부담하지 않지만, 그것을 수선하지 아니하면 임차인이 계약에 의하여 정해진 목적에 따라 사용·수익할 수 없는 상태로 될 정도의 것이라면 임대인은 그 수선의무를 부담한다.
② 임대차는 당사자 일방이 상대방에게 목적물을 사용·수익하게 할 것을 약정하고 상대방이 이에 대하여 차임을 지급할 것을 약정함으로써 성립하는 것으로, 임대인이 임대차 목적물에 대한 소유권 기타 이를 임대할 권한이 없다고 하더라도 임대차계약은 유효하게 성립한다.
③ 주택임대차보호법이 적용되는 임대차가 되기 위해서는 임차인과 주택의 소유자인 임대인 사이에 임대차계약이 체결된 경우로 한정되는 것도 아니고, 그 주택에 관하여 적법하게 임대차계약을 체결할 수 있는 권한을 가진 임대인이 임대차계약을 체결할 것이 요구되지도 않는다.
④ 임차인의 임차목적물 반환의무는 임대차계약의 종료에 의하여 발생하나, 임대인의 권리금 회수 방해로 인한 손해배상의무는 상가건물 임대차보호법에서 정한 권리금 회수기회 보호의무 위반을 원인으로 하고 있으므로 양 채무는 동일한 법률요건이 아닌 별개의 원인에 기하여 발생한 것일 뿐 아니라 공평의 관점에서 보더라도 그 사이에 이행상 견련관계를 인정하기 어렵다.
⑤ 건물의 소유를 목적으로 한 토지임대차계약의 기간이 만료함에 따라 지상건물 소유자가 임대인에 대하여 행사하는 민법 제643조 소정의 매수청구권은 매수청구의 대상이 되는 건물에 근저당권이 설정되어 있는 경우에도 인정된다. 이 경우에 그 건물의 매수가격은 건물 자체의 가격 외에 건물의 위치, 주변 토지의 여러 사정 등을 종합적으로 고려하여 매수청구권 행사 당시 건물이 현존하는 대로의 상태에서 평가된 시가 상당액을 의미하고, 여기에서 근저당권의 채권최고액이나 피담보채무액을 공제한 금액을 매수가격으로 정할 것은 아니다.

[❶ ▶ ○] 임대차계약에 있어서 임대인은 목적물을 계약 존속 중 사용·수익에 필요한 상태를 유지하게 할 의무를 부담하는 것이므로, 목적물에 파손 또는 장해가 생긴 경우 그것이 임차인이 별 비용을 들이지 아니하고도 손쉽게 고칠 수 있을 정도의 사소한 것이어서 임차인의 사용·수익을 방해할 정도의 것이 아니라면 임대인은 수선의무를 부담하지 않지만, 그것을 수선하지 아니하면 임차인이 계약에 의하여 정해진 목적에 따라 사용·수익할 수 없는 상태로 될 정도의 것이라면 임대인은 그 수선의무를 부담하며, 이와 같은 임대인의 수선의무는 특약에 의하여 이를 면제하거나 임차인의 부담으로 돌릴 수 있다(대판 2004.6.10. 2004다2151).

[❷ ▶ ○] 임대차는 당사자 일방이 상대방에게 목적물을 사용·수익하게 할 것을 약정하고 상대방이 이에 대하여 차임을 지급할 것을 약정함으로써 성립하는 것으로서(민법 제618조 참조), 임대인이 그 목적물에 대한 소유권 기타 이를 임대할 권한이 없다고 하더라도 임대차계약은 유효하게 성립한다(대판 2009.9.24. 2008다38325).

[❸ ▶ ✕] 주택임대차보호법이 적용되는 임대차는 반드시 임차인과 주택 소유자인 임대인 사이에 임대차계약이 체결된 경우에 한정되는 것은 아니고, 주택 소유자는 아니더라도 주택에 관하여 적법하게 임대차계약을 체결할 수 있는 권한을 가진 임대인과 임대차계약이 체결된 경우도 포함된다(대판 2012.7.26. 2012다45689).

[**❹ ▶ ○**] 임차인의 임차목적물 반환의무는 임대차계약의 종료에 의하여 발생하나, 임대인의 권리금 회수 방해로 인한 손해배상의무는 상가건물 임대차보호법에서 정한 권리금 회수기회 보호의무 위반을 원인으로 하고 있으므로 양 채무는 동일한 법률요건이 아닌 별개의 원인에 기하여 발생한 것일 뿐 아니라 공평의 관점에서 보더라도 그 사이에 이행상 견련관계를 인정하기 어렵다(대판 2019.7.10. 2018다242727).

[**❺ ▶ ○**] 건물의 소유를 목적으로 한 토지임대차계약의 기간이 만료함에 따라 지상건물 소유자가 임대인에 대하여 행사하는 민법 제643조 소정의 매수청구권은 매수청구의 대상이 되는 건물에 근저당권이 설정되어 있는 경우에도 인정된다. 이 경우에 그 건물의 매수가격은 건물 자체의 가격 외에 건물의 위치, 주변 토지의 여러 사정 등을 종합적으로 고려하여 매수청구권 행사 당시 건물이 현존하는 대로의 상태에서 평가된 시가 상당액을 의미하고, 여기에서 근저당권의 채권최고액이나 피담보채무액을 공제한 금액을 매수가격으로 정할 것은 아니다. 다만, 매수청구권을 행사한 지상건물 소유자가 위와 같은 근저당권을 말소하지 않는 경우 토지소유자는 민법 제588조에 의하여 위 근저당권의 말소등기가 될 때까지 그 채권최고액에 상당한 대금의 지급을 거절할 수 있다(대판 2008.5.29. 2007다4356).

답 ❸

11

임대차에 관한 다음 설명 중 가장 옳지 않은 것은? 2024년

① 임대차기간을 2019.3.10.부터 2021.3.9.까지로 정한 주택임대차보호법 적용 사안에서, 임차인의 갱신요구 통지가 2021.1.5. 임대인에게 도달하였고, 그 후 임차인의 갱신된 임대차계약에 대한 해지 취지가 기재된 통지서가 2021.1.29. 임대인에게 도달하였다면, 그로부터 3개월이 지난 2021.4.29. 갱신된 임대차계약의 해지 효력이 발생하였다고 보아야 한다.

② 주택임대차보호법 제3조의3에서 정한 임차권등기명령에 따른 임차권등기에는 민법 제168조 제2호에서 정하는 소멸시효 중단사유인 압류 또는 가압류, 가처분에 준하는 효력이 있다고 볼 수 없다.

③ 주택임대차보호법 제6조의3 제1항 제8호에서 정한 "임대인(임대인의 직계존속·직계비속을 포함한다)이 목적 주택에 실제 거주하려는 경우"에 해당한다는 점에 대한 증명책임은 임대인에게 있고, '실제 거주하려는 의사'의 존재는 임대인이 단순히 그러한 의사를 표명하였다는 사정이 있다고 하여 곧바로 인정될 수는 없다.

④ 주택임대차보호법 제3조 제3항에서 말하는 '직원'은, 해당 법인이 주식회사라면 그 법인에서 근무하는 사람 중 법인등기사항증명서에 대표이사 또는 사내이사로 등기된 사람을 제외한 사람을 의미한다고 보아야 한다. 다만 위와 같은 범위의 임원을 제외한 직원이 법인이 임차한 해당 주택을 인도받아 주민등록을 마치고 그곳에서 거주하고 있다고 하더라도 업무관련성, 임대료의 액수, 지리적 근접성 등 제반 사정을 고려하여 위 조항에서 정한 대항력을 갖추었는지 여부를 판단하여야 한다.

⑤ 임대인의 필요비상환의무는 특별한 사정이 없는 한 임차인의 차임지급의무와 서로 대응하는 관계에 있으므로, 임차인은 지출한 필요비 금액의 한도에서 차임의 지급을 거절할 수 있다.

[❶ ▶ ○] 주택임대차보호법 제6조의3 제1항은 "임대인은 임차인이 제6조 제1항 전단의 기간 이내에 계약갱신을 요구할 경우 정당한 사유 없이 거절하지 못한다"라고 하여 임차인의 계약갱신요구권을 규정하고, 같은 조 제4항은 "제1항에 따라 갱신되는 임대차의 해지에 관하여는 제6조의2를 준용한다"라고 규정한다. 한편 주택임대차보호법 제6조의2 제1항은 "제6조 제1항에 따라 계약이 갱신된 경우 같은 조 제2항에도 불구하고 임차인은 언제든지 임대인에게 계약해지를 통지할 수 있다"라고 규정하고, 제2항은 "제1항에 따른 해지는 임대인이 그 통지를 받은 날부터 3개월이 지나면 그 효력이 발생한다"라고 규정한다. 이러한 주택임대차보호법 규정을 종합하여 보면, 임차인이 주택임대차보호법 제6조의3 제1항에 따라 임대차계약의 갱신을 요구하면 임대인에게 갱신거절 사유가 존재하지 않는 한 임대인에게 갱신 요구가 도달할 때 갱신의 효력이 발생한다. 갱신요구에 따라 임대차계약에 갱신의 효력이 발생한 경우 임차인은 제6조의2 제1항에 따라 언제든지 계약의 해지통지를 할 수 있고, 해지통지 후 3개월이 지나면 그 효력이 발생하며, 이는 계약해지의 통지가 갱신된 임대차계약기간이 개시되기 전에 임대인에게 도달하였더라도 마찬가지이다(대판 2024.1.11. 2023다258672). 즉, 임대차계약해지의 효력은 갱신된 임대차계약 기간이 개시되는 2021.3.10.부터 3개월 후인 2021.6.9.이 아니라 해지통지가 도달된 2021.1.29.부터 3개월 후인 2021.4.29.부터 발생한다.

[❷ ▶ ○] 주택임대차보호법 제3조의3에서 정한 임차권등기명령에 따른 임차권등기는 특정 목적물에 대한 구체적 집행행위나 보전처분의 실행을 내용으로 하는 압류 또는 가압류, 가처분과 달리 어디까지나 주택임차인이 주택임대차보호법에 따른 대항력이나 우선변제권을 취득하거나 이미 취득한 대항력이나 우선변제권을 유지하도록 해 주는 담보적 기능을 주목적으로 한다. 비록 주택임대차보호법이 임차권등기명령의 신청에 대한 재판절차와 임차권등기명령의 집행 등에 관하여 민사집행법상 가압류에 관한 절차규정을 일부 준용하고 있지만, 이는 일방 당사자의 신청에 따라 법원이 심리·결정한 다음 등기를 촉탁하는 일련의 절차가 서로 비슷한 데서 비롯된 것일 뿐 이를 이유로 임차권등기명령에 따른 임차권등기가 본래의 담보적 기능을 넘어서 채무자의 일반재산에 대한 강제집행을 보전하기 위한 처분의 성질을 가진다고 볼 수는 없다. 그렇다면 임차권등기명령에 따른 임차권등기에는 민법 제168조 제2호에서 정하는 소멸시효 중단사유인 압류 또는 가압류, 가처분에 준하는 효력이 있다고 볼 수 없다(대판 2019.5.16. 2017다226629).

[❸ ▶ ○] 임대인(임대인의 직계존속·직계비속을 포함한다. 이하 같다)이 목적 주택에 실제 거주하려는 경우에 해당한다는 점에 대한 증명책임은 임대인에게 있다. '실제 거주하려는 의사'의 존재는 임대인이 단순히 그러한 의사를 표명하였다는 사정이 있다고 하여 곧바로 인정될 수는 없지만, 임대인의 내심에 있는 장래에 대한 계획이라는 위 거절사유의 특성을 고려할 때 임대인의 의사가 가공된 것이 아니라 진정하다는 것을 통상적으로 수긍할 수 있을 정도의 사정이 인정된다면 그러한 의사의 존재를 추인할 수 있을 것이다(대판 2023.12.7. 2022다279795).

[❹ ▶ ×] 주택임대차보호법 제3조 제3항은 중소기업기본법 제2조에 따른 중소기업에 해당하는 법인이 소속 직원의 주거용으로 주택을 임차한 후 그 법인이 선정한 직원이 해당 주택을 인도받고 주민등록을 마쳤을 때에는 그 다음 날부터 제3자에 대하여 효력이 생기고, 임대차가 끝나기 전에 그 직원이 변경된 경우에는 그 법인이 선정한 새로운 직원이 주택을 인도받고 주민등록을 마친 다음 날부터 제3자에 대하여 효력이 생긴다고 정하고 있다. 그리고 주택임대차보호법 제3조의2 제1항은 임차인의 범위에 '제3조 제3항의 법인을 포함한다. 이하 같다'라고 정하고 있으며, 주택임대차보호법 제6조의3은 계약갱신 요구 등에 관하여 정하고 있다. 주택임대차보호법 제3조 제3항에 따라 법인인 임차인이 주택임대차보호법이 정한 임차인에 해당된다고 보려면, 임차인인 법인의 직원인 사람이 법인이 임차한 주택을 인도받고 주민등록을 마쳐야 한다. 여기에서 말하는 '직원'은, 해당 법인이 주식회사라면 그 법인에서 근무하는

사람 중 법인등기사항증명서에 대표이사 또는 사내이사로 등기된 사람을 제외한 사람을 의미한다고 보아야 한다. 다만 위와 같은 범위의 임원을 제외한 직원이 법인이 임차한 해당 주택을 인도받아 주민등록을 마치고 그곳에서 거주하고 있다면 이로써 위 조항에서 정한 대항력을 갖추었다고 보아야 하고, 그 밖에 업무관련성, 임대료의 액수, 지리적 근접성 등 다른 사정을 고려하여 그 요건을 갖추었는지를 판단할 것은 아니다(대판 2023.12.14. 2023다226866).

[❺▶○] 임차인이 임차물의 보존에 관한 필요비를 지출한 때에는 임대인에게 상환을 청구할 수 있다(민법 제626조 제1항). 여기에서 '필요비'란 임차인이 임차물의 보존을 위하여 지출한 비용을 말한다. 임대차계약에서 임대인은 목적물을 계약존속 중 사용·수익에 필요한 상태를 유지하게 할 의무를 부담하고, 이러한 의무와 관련한 임차물의 보존을 위한 비용도 임대인이 부담해야 하므로, 임차인이 필요비를 지출하면, 임대인은 이를 상환할 의무가 있다. 임대인의 필요비상환의무는 특별한 사정이 없는 한 임차인의 차임지급의무와 서로 대응하는 관계에 있으므로, 임차인은 지출한 필요비 금액의 한도에서 차임의 지급을 거절할 수 있다(대판 2019.11.14. 2016다227694).

답 ❹

제7절 고 용

제8절 도 급

12 도급에 대한 다음 설명 중 가장 옳지 않은 것은? 2024년

① 완성된 목적물 또는 완성 전의 성취된 부분에 하자가 있는 때에는 도급인은 수급인에 대하여 상당한 기간을 정하여 그 하자의 보수를 청구할 수 있다. 그러나 하자가 중요하지 아니한 경우에 그 보수에 과다한 비용을 요할 때에는 그러하지 아니하다.
② 신축건물의 수급인으로부터 공사대금채권을 양수받은 자의 저당권설정청구에 의하여 신축건물의 도급인이 그 건물에 저당권을 설정하는 행위는 다른 특별한 사정이 없는 한 사해행위에 해당하지 아니한다.
③ 제작물공급계약은 그 제작의 측면에서는 도급의 성질이 있고 공급의 측면에서는 매매의 성질이 있어 대체로 매매와 도급의 성질을 함께 가지고 있으므로, 그 적용 법률은 계약에 의하여 제작공급하여야 할 물건이 대체물인 경우에는 매매에 관한 규정이 적용되지만, 부대체물인 경우에는 도급의 성질을 띠게 된다.
④ 수급인의 담보책임에 관한 민법 제667조는 법이 특별히 인정한 무과실책임으로서 민법 제396조의 과실상계 규정이 준용될 수는 없다 하더라도 담보책임이 민법의 지도이념인 공평의 원칙에 입각한 것인 이상 하자발생 및 그 확대에 가공한 도급인의 잘못을 참작하여 손해배상의 범위를 정함이 상당하다.
⑤ 민법 제666조에 따른 수급인의 목적부동산에 대한 저당권설정청구권은 10년간 행사하지 않으면 소멸시효가 완성된다.

[❶ ▸ ○] 완성된 목적물 또는 완성 전의 성취된 부분에 하자가 있는 때에는 도급인은 수급인에 대하여 상당한 기간을 정하여 그 하자의 보수를 청구할 수 있다. 그러나 하자가 중요하지 아니한 경우에 그 보수에 과다한 비용을 요할 때에는 그러하지 아니하다(민법 제667조 제1항).

[❷ ▸ ○] 민법 제666조에서 정한 수급인의 저당권설정청구권은 공사대금채권을 담보하기 위하여 인정되는 채권적 청구권으로서 공사대금채권에 부수하여 인정되는 권리이므로, 당사자 사이에 공사대금채권만을 양도하고 저당권설정청구권은 이와 함께 양도하지 않기로 약정하였다는 등의 특별한 사정이 없는 한, 공사대금채권이 양도되는 경우 저당권설정청구권도 이에 수반하여 함께 이전된다고 봄이 타당하다. 따라서 신축건물의 수급인으로부터 공사대금채권을 양수받은 자의 저당권설정청구에 의하여 신축건물의 도급인이 그 건물에 저당권을 설정하는 행위 역시 다른 특별한 사정이 없는 한 사해행위에 해당하지 아니한다(대판 2018.11.29. 2015다19827).

[❸ ▸ ○] 당사자의 일방이 상대방의 주문에 따라 자기 소유의 재료를 사용하여 만든 물건을 공급하기로 하고 상대방이 대가를 지급하기로 약정하는 이른바 제작물공급계약은 그 제작의 측면에서는 도급의 성질이 있고 공급의 측면에서는 매매의 성질이 있어 대체로 매매와 도급의 성질을 함께 가지고 있으므로, 그 적용 법률은 계약에 의하여 제작 공급하여야 할 물건이 대체물인 경우에는 매매에 관한 규정이 적용되지만, 물건이 특정의 주문자의 수요를 만족시키기 위한 부대체물인 경우에는 당해 물건의 공급과 함께 그 제작이 계약의 주목적이 되어 도급의 성질을 띠게 된다(대판 2010.11.25. 2010다56685).

[❹ ▸ ○] 수급인의 하자담보책임에 관한 민법 제667조는 법이 특별히 인정한 무과실책임으로서 여기에 민법 제396조의 과실상계 규정이 준용될 수는 없다 하더라도 담보책임이 민법의 지도이념인 공평의 원칙에 입각한 것인 이상 하자발생 및 그 확대에 가공한 도급인의 잘못을 참작하여 손해배상의 범위를 정함이 상당하다(대판 1990.3.9. 88다카31866).

[❺ ▸ ×] 도급받은 공사의 공사대금채권은 민법 제163조 제3호에 따라 3년의 단기소멸시효가 적용되고, 공사에 부수되는 채권도 마찬가지인데, 민법 제666조에 따른 저당권설정청구권은 공사대금채권을 담보하기 위하여 저당권설정등기절차의 이행을 구하는 채권적 청구권으로서 <u>공사에 부수되는 채권에 해당하므로 소멸시효기간 역시 3년이다</u>(대판 2016.10.27. 2014다211978).

답 ❺

13. 다음 설명 중 옳지 않은 것을 모두 고른 것은? (2023년)

ㄱ. 준소비대차는 소비대차에 의하지 아니하고 금전 기타의 대체물을 지급할 의무가 있는 경우에 당사자가 그 목적물을 소비대차의 목적물로 할 것을 약정함으로써 당사자 사이에 소비대차의 효력이 생기는 것을 말하는 것이므로, 준소비대차계약의 당사자는 반드시 기초가 되는 기존 채무의 당사자일 필요는 없다.

ㄴ. 임대차종료로 인한 임차인의 원상회복의무에는 임차인이 사용하고 있던 부동산의 점유를 임대인에게 이전하는 것은 물론 임대인이 임대 당시의 부동산 용도에 맞게 다시 사용할 수 있도록 협력할 의무도 포함한다고 할 것이므로, 임대인 또는 그 승낙을 받은 제3자가 임차건물 부분에서 다시 영업허가를 받는 데에 방해되지 않도록 임차인은 임차건물 부분에서의 영업허가에 관하여 폐업신고절차를 이행할 의무가 있다.

ㄷ. 임차인이 임차물을 전대하여 그 임대차 기간 및 전대차 기간이 모두 만료된 경우에는 그 전대차가 임대인의 동의를 얻은 여부와 상관없이 임대인으로서는 전차인에 대하여 소유권에 기한 반환청구권에 터잡아 목적물을 자신에게 직접 반환해 줄 것을 요구할 수 있고, 전차인으로서도 목적물을 임대인에게 직접 명도함으로써 임차인(전대인)에 대한 목적물 명도의무를 면한다.

ㄹ. 제작물공급계약의 당사자들이 보수의 지급시기에 관하여 "수급인이 공급한 목적물을 도급인이 검사하여 합격하면, 도급인은 수급인에게 그 보수를 지급한다"는 내용으로 한 약정은 법률행위의 효력 발생을 장래의 불확실한 사실의 성부에 의존하게 하는 법률행위의 부관인 조건이며 그중에서도 순수수의조건에 해당한다.

ㅁ. 공사도급계약에서 선급금을 지급한 후 계약이 해제 또는 해지되는 등의 사유로 수급인이 도중에 선급금을 반환하여야 할 사유가 발생하였다면, 특별한 사정이 없는 한 별도의 상계 의사표시 없이도 그때까지의 기성고에 해당하는 공사대금 중 미지급액은 선급금으로 충당되고 도급인은 나머지 공사대금이 있는 경우 그 금액에 한하여 지급할 의무를 부담하게 된다.

① ㄱ, ㄴ
② ㄱ, ㄷ
③ ㄱ, ㄹ
④ ㄱ, ㄴ, ㄹ
⑤ ㄴ, ㄷ, ㅁ

[ㄱ▶✕] 준소비대차는 소비대차에 의하지 아니하고 금전 기타의 대체물을 지급할 의무가 있는 경우에 당사자가 그 목적물을 소비대차의 목적물로 할 것을 약정함으로써 당사자 사이에 소비대차의 효력이 생기는 것을 말하는 것으로서 기존 채무의 당사자가 그 채무의 목적물을 소비대차의 목적물로 한다는 합의를 할 것을 요건으로 하므로 <u>준소비대차계약의 당사자는 기초가 되는 기존 채무의 당사자이어야 한다</u>(대판 2002.12.6. 2001다2846).

[ㄴ▶○] 임대차종료로 인한 임차인의 원상회복의무에는 임차인이 사용하고 있던 부동산의 점유를 임대인에게 이전하는 것은 물론 임대인이 임대 당시의 부동산 용도에 맞게 다시 사용할 수 있도록 협력할 의무도 포함한다. 따라서 임대인 또는 그 승낙을 받은 제3자가 임차건물 부분에서 다시 영업허가를 받는 데 방해가 되지 않도록 임차인은 임차건물 부분에서의 영업허가에 대하여 폐업신고절차를 이행할 의무가 있다(대판 2008.10.9. 2008다34903).

[ㄷ▶○] 임차인이 임차물을 전대하여 그 임대차 기간 및 전대차 기간이 모두 만료된 경우에는, 그 전대차가 임대인의 동의를 얻은 여부와 상관없이 임대인으로서는 전차인에 대하여 소유권에 기한 반환청구권에 터잡아 목적물을 자신에게 직접 반환해 줄 것을 요구할 수 있고, 전차인으로서도 목적물을 임대인에게 직접 명도함으로써 임차인(전대인)에 대한 목적물 명도의무를 면한다(대판 1995.12.12. 95다23996).

[ㄹ▸×] 제작물공급계약의 당사자들이 보수의 지급시기에 관하여 "수급인이 공급한 목적물을 도급인이 검사하여 합격하면, 도급인은 수급인에게 그 보수를 지급한다"는 내용으로 한 약정은 도급인의 수급인에 대한 보수지급의무와 동시이행관계에 있는 수급인의 목적물 인도의무를 확인한 것에 불과하므로, 법률행위의 효력 발생을 장래의 불확실한 사실의 성부에 의존하게 하는 법률행위의 부관인 조건에 해당하지 아니할 뿐만 아니라, 조건에 해당한다 하더라도 검사에의 합격 여부는 도급인의 일방적인 의사에만 의존하지 않고 그 목적물이 계약내용대로 제작된 것인지 여부에 따라 객관적으로 결정되므로 순수수의조건에 해당하지 않는다(대판 2006.10.13. 2004다21862).

[ㅁ▸○] 공사도급계약에 있어서 수수되는 이른바 선급금은 수급인으로 하여금 공사를 원활하게 진행할 수 있도록 하기 위하여 도급인이 수급인에게 미리 지급하는 공사대금의 일부로서 구체적인 기성고와 관련하여 지급하는 것이 아니라 전체 공사와 관련하여 지급하는 것이지만 선급 공사대금의 성질을 갖는다는 점에 비추어 선급금을 지급한 후 도급계약이 해제 또는 해지되거나 선급금 지급조건을 위반하는 등의 사유로 수급인이 도중에 선급금을 반환하여야 할 사유가 발생하였다면, 특별한 사정이 없는 한 별도의 상계의 의사표시 없이도 그때까지의 기성고에 해당하는 공사대금 중 미지급액은 당연히 선급금으로 충당되고 도급인은 나머지 공사대금이 있는 경우 그 금액에 한하여 지급할 의무를 부담하게 된다(대판 1999.12.7. 99다55519).

답 ❸

제8절의2 여행계약

14 여행계약에 관한 다음 설명 중 가장 옳지 않은 것은? 2024년

① 여행자는 여행을 시작하기 전에는 언제든지 계약을 해제할 수 있다. 다만, 여행자는 상대방에게 발생한 손해를 배상하여야 한다.
② 여행자가 해외 여행계약에 따라 여행하는 도중 여행업자의 고의 또는 과실로 상해를 입은 경우 계약상 여행업자의 여행자에 대한 국내로의 귀환운송의무가 예정되어 있고, 현지에서 당초 예정한 여행기간 내에 치료를 완료하기 어렵거나, 계속적·전문적 치료가 요구되어 사회통념상 여행자가 국내로 귀환할 필요성이 있었다고 인정된다면, 이로 인하여 발생하는 귀환운송비 등 추가적인 비용은 여행업자의 고의 또는 과실로 인하여 발생한 통상손해의 범위에 포함된다.
③ 민법 제674조의6(여행주최자의 담보책임)과 민법 제674조의7(여행주최자의 담보책임과 여행자의 해지권)에 따른 권리는 여행 기간 중에도 행사할 수 있으며, 계약에서 정한 여행 종료일부터 1년 내에 행사하여야 한다.
④ 기획여행업자는 통상 여행 일반은 물론 목적지의 자연적·사회적 조건에 관하여 전문적 지식을 가진 자로서 우월적 지위에서 행선지나 여행시설 이용 등에 관한 계약 내용을 일방적으로 결정하는 반면, 여행자는 안전성을 신뢰하고 기획여행업자가 제시하는 조건에 따라 여행계약을 체결하는 것이 일반적이므로, 기획여행업자는 여행자에게 여행계약 내용의 실시 도중에 여행자가 부딪칠지 모르는 위험을 고지함으로써 여행자 스스로 위험을 수용할지에 관하여 선택할 기회를 주는 등 합리적 조치를 취할 신의칙상 안전배려의무를 부담한다.
⑤ 부득이한 사유가 있는 경우에는 각 당사자는 여행계약을 해지할 수 있고, 그 해지로 인하여 발생하는 추가 비용은 그 해지 사유가 어느 당사자의 사정에 속하는 경우에는 그 당사자가 부담하고, 누구의 사정에도 속하지 아니하는 경우에는 각 당사자가 절반씩 부담한다.

[❶ ▶ O] 여행자는 여행을 시작하기 전에는 언제든지 계약을 해제할 수 있다. 다만, 여행자는 상대방에게 발생한 손해를 배상하여야 한다(민법 제674조의3).

[❷ ▶ O] 여행자가 해외 여행계약에 따라 여행하는 도중 여행업자의 고의 또는 과실로 상해를 입은 경우 계약상 여행업자의 여행자에 대한 국내로의 귀환운송의무가 예정되어 있고, 여행자가 입은 상해의 내용과 정도, 치료행위의 필요성과 치료기간은 물론 해외의 의료 기술수준이나 의료제도, 치료과정에서 발생할 수 있는 언어적 장애 및 의료비용의 문제 등에 비추어 현지에서 당초 예정한 여행기간 내에 치료를 완료하기 어렵거나, 계속적, 전문적 치료가 요구되어 사회통념상 여행자가 국내로 귀환할 필요성이 있었다고 인정된다면, 이로 인하여 발생하는 귀환운송비 등 추가적인 비용은 여행업자의 고의 또는 과실로 인하여 발생한 통상손해의 범위에 포함되고, 이 손해가 특별한 사정으로 인한 손해라고 하더라도 예견가능성이 있었다고 보아야 한다(대판 2019.4.3. 2018다286550).

[❸ ▶ ×] 제674조의6(여행주최자의 담보책임)과 제674조의7(여행주최자의 담보책임과 여행자의 해지권)에 따른 권리는 여행 기간 중에도 행사할 수 있으며, 계약에서 정한 여행 종료일부터 <u>6개월 내에</u> 행사하여야 한다(민법 제674조의8).

[❹ ▶ O] 기획여행업자는 통상 여행 일반은 물론 목적지의 자연적·사회적 조건에 관하여 전문적 지식을 가진 자로서 우월적 지위에서 행선지나 여행시설 이용 등에 관한 계약 내용을 일방적으로 결정하는 반면, 여행자는 안전성을 신뢰하고 기획여행업자가 제시하는 조건에 따라 여행계약을 체결하는 것이 일반적이다. 이러한 점을 감안할 때, 기획여행업자는 여행자의 생명·신체·재산 등의 안전을 확보하기 위하여 여행목적지·여행일정·여행행정·여행서비스기관의 선택 등에 관하여 미리 충분히 조사·검토하여 여행계약 내용의 실시 도중에 여행자가 부딪칠지 모르는 위험을 미리 제거할 수단을 강구하거나, 여행자에게 그 뜻을 고지함으로써 여행자 스스로 위험을 수용할지에 관하여 선택할 기회를 주는 등 합리적 조치를 취할 신의칙상 안전배려의무를 부담하며, 기획여행업자가 사용한 여행약관에서 여행업자의 여행자에 대한 책임의 내용 및 범위 등에 관하여 규정하고 있다면 이는 위와 같은 안전배려의무를 구체적으로 명시한 것으로 보아야 한다(대판 2011.5.26. 2011다1330).

[❺ ▶ O] 민법 제674조의4 제1항, 제3항

> **민법 제674조의4(부득이한 사유로 인한 계약 해지)**
> ① 부득이한 사유가 있는 경우에는 각 당사자는 계약을 해지할 수 있다. 다만, 그 사유가 당사자 한쪽의 과실로 인하여 생긴 경우에는 상대방에게 손해를 배상하여야 한다.
> ③ 제1항의 해지로 인하여 발생하는 추가 비용은 그 해지 사유가 어느 당사자의 사정에 속하는 경우에는 그 당사자가 부담하고, 누구의 사정에도 속하지 아니하는 경우에는 각 당사자가 절반씩 부담한다.

답 ❸

제9절 현상광고

제10절 위임

15 위임에 관한 다음 설명 중 가장 옳지 않은 것은? 2023년

① 민법 제684조 제2항은 "수임인이 위임인을 위하여 자기의 명의로 취득한 권리는 위임인에게 이전하여야 한다"라고 규정하고 있는데, 이때 그 이전 시기는 당사자 간에 특약이 있거나 위임의 본뜻에 반하는 경우 등과 같은 특별한 사정이 없는 한 위임계약이 종료된 때이다. 따라서 위임사무로 수임인 명의로 취득한 권리에 관한 위임인의 이전청구권의 소멸시효는 위임계약이 종료된 때부터 진행한다.
② 위임계약에서 보수액에 관하여 약정한 경우에 수임인은 원칙적으로 약정보수액을 전부 청구할 수 있는 것이 원칙이지만, 위임업무 처리의 경과와 난이도, 투입한 노력의 정도 등 제반 사정을 고려할 때 약정보수액이 부당하게 과다하여 신의성실의 원칙이나 형평의 원칙에 반한다고 볼 만한 특별한 사정이 있는 때에는 예외적으로 상당하다고 인정되는 범위 내의 보수액만을 청구할 수 있다.
③ 소송위임계약으로 성공보수를 약정하였을 경우 심급대리의 원칙에 따라 수임한 소송사무가 종료하는 시기인 해당 심급의 판결을 송달받은 때로부터 그 소멸시효기간이 진행되나, 당사자 사이에 보수금의 지급시기에 관한 특약이 있다면 그에 따라 보수채권을 행사할 수 있는 때로부터 소멸시효가 진행한다.
④ 위임계약의 각 당사자는 민법 제689조 제1항에 따라 특별한 이유 없이도 언제든지 위임계약을 해지할 수 있다. 그러나 위임계약의 일방 당사자가 타방 당사자의 채무불이행을 이유로 위임계약을 해지한다는 의사표시를 하였으나 실제로는 채무불이행을 이유로 한 계약 해지의 요건을 갖추지 못한 경우에는, 특별한 사정이 없는 한 그와 같은 의사표시에 민법 제689조 제1항에 따른 임의해지로서의 효력을 인정할 수는 없다.
⑤ 민법상 위임계약의 당사자는 언제든지 계약을 해지할 수 있고 그로 말미암아 상대방이 손해를 입는 일이 있어도 그것을 배상할 의무를 부담하지 않는 것이 원칙이다. 다만 상대방이 불리한 시기에 해지한 때에는 해지가 부득이한 사유에 의한 것이 아닌 한 그로 인한 손해를 배상하여야 하나, 배상의 범위는 위임이 해지되었다는 사실로부터 생기는 손해가 아니라 적당한 시기에 해지되었더라면 입지 아니하였을 손해에 한한다.

[❶ ▶ ○] 민법 제684조 제2항은 "수임인이 위임인을 위하여 자기의 명의로 취득한 권리는 위임인에게 이전하여야 한다"라고 규정하고 있는데, 이때 그 이전 시기는 당사자 간에 특약이 있거나 위임의 본뜻에 반하는 경우 등과 같은 특별한 사정이 없는 한 위임계약이 종료된 때이다. 따라서 위임사무로 수임인 명의로 취득한 권리에 관한 위임인의 이전청구권의 소멸시효는 위임계약이 종료된 때부터 진행하게 된다(대판 2022.9.7. 2022다217117).

[❷ ▶ ○] 위임계약에서 보수액에 관하여 약정한 경우에 수임인은 원칙적으로 약정보수액을 전부 청구할 수 있는 것이 원칙이지만, 위임의 경위, 위임업무 처리의 경과와 난이도, 투입한 노력의 정도, 위임인이 업무 처리로 인하여 얻게 되는 구체적 이익, 기타 변론에 나타난 제반 사정을 고려할 때 약정보수액이 부당하게 과다하여 신의성실의 원칙이나 형평의 원칙에 반한다고 볼 만한 특별한 사정이 있는 때에는 예외적으로 상당하다고 인정되는 범위 내의 보수액만을 청구할 수 있다(대판 2016.2.18. 2015다35560).

[❸ ▶ ○] 민법 제686조 제2항에 의하면 수임인은 위임사무를 완료하여야 보수를 청구할 수 있다. 따라서 소송위임계약으로 성공보수를 약정하였을 경우 심급대리의 원칙에 따라 수임한 소송사무가 종료하는 시기인 해당 심급의 판결을 송달받은 때로부터 그 소멸시효기간이 진행되나, 당사자 사이에 보수금의 지급시기에 관한 특약이 있다면 그에 따라 보수채권을 행사할 수 있는 때로부터 소멸시효가 진행한다고 보아야 한다(대판 2023.2.2. 2022다276307).

[❹ ▶ ×] 위임계약의 각 당사자는 민법 제689조 제1항에 따라 특별한 이유 없이도 언제든지 위임계약을 해지할 수 있다. 따라서 위임계약의 일방 당사자가 타방 당사자의 채무불이행을 이유로 위임계약을 해지한다는 의사표시를 하였으나 실제로는 채무불이행을 이유로 한 계약 해지의 요건을 갖추지 못한 경우라도, 특별한 사정이 없는 한 의사표시에는 민법 제689조 제1항에 따른 임의해지로서의 효력이 인정된다(대판 2015.12.23. 2012다71411).

[❺ ▶ ○] 민법상의 위임계약은 그것이 유상계약이든 무상계약이든 당사자 쌍방의 특별한 대인적 신뢰관계를 기초로 하는 위임계약의 본질상 각 당사자는 언제든지 이를 해지할 수 있고 그로 말미암아 상대방이 손해를 입는 일이 있어도 그것을 배상할 의무를 부담하지 않는 것이 원칙이며, 다만 상대방이 불리한 시기에 해지한 때에는 그 해지가 부득이한 사유에 의한 것이 아닌 한 그로 인한 손해를 배상하여야 하나 그 배상의 범위는 위임이 해지되었다는 사실로부터 생기는 손해가 아니라 적당한 시기에 해지되었더라면 입지 아니하였을 손해에 한한다고 볼 것이다(대판 1991.4.9. 90다18968).

답 ❹

제11절 임치

16 예금계약에 관한 다음 설명 중 가장 옳지 않은 것은? 2024년

① 예금계약은 예금자가 예금의 의사를 표시하면서 금융기관에 돈을 제공하고 금융기관이 그 의사에 따라서 그 돈을 받아 확인을 하면 그로써 성립하며, 금융기관의 직원이 그 받은 돈을 금융기관에 입금하지 아니하고 이를 횡령하였다고 하더라도 예금계약의 성립에는 아무런 영향이 없다.
② 예금거래기본약관에 따라 송금의뢰인이 수취인의 예금계좌에 자금이체를 하여 예금원장에 입금의 기록이 된 때에는 특별한 사정이 없는 한 송금의뢰인과 수취인 사이에 자금이체의 원인인 법률관계가 존재하는지에 관계없이 수취인과 수취은행 사이에는 입금액 상당의 예금계약이 성립하고, 수취인은 수취은행에 대하여 입금액 상당의 예금채권을 취득한다.
③ 출금계좌의 예금주가 수취인 앞으로의 계좌이체에 대하여 지급지시를 하거나 수취인의 추심이체에 관하여 출금 동의 등을 한 바가 없는데도, 은행이 그와 같은 지급지시나 출금 동의가 있는 것으로 착오를 일으켜 출금계좌에서 예금을 인출한 다음 이를 수취인의 예금계좌에 입금하여 그 기록이 완료된 때에도 수취인과 수취은행 사이에는 입금액 상당의 예금계약이 성립하고, 수취인은 수취은행에 대하여 입금액 상당의 예금채권을 취득한다.
④ 송금의뢰인이 착오송금임을 이유로 거래은행을 통하여 혹은 수취은행에 직접 송금액의 반환을 요청하고 수취인도 송금의뢰인의 착오송금에 의하여 수취인의 계좌에 금원이 입금된 사실을 인정하고 수취은행에 그 반환을 승낙하고 있는 경우, 수취은행이 수취인에 대한 대출채권 등을 자동채권으로 하여 수취인의 계좌에 착오로 입금된 금원 상당의 예금채권과 상계하는 것은 원칙적으로 가능하다.
⑤ 만기가 정해진 예금계약에 따른 금융기관의 예금 반환채무는 만기가 도래하더라도 임치인이 미리 만기 후 예금 수령방법을 지정한 경우와 같은 특별한 사정이 없는 한 임치인의 적법한 지급 청구가 있어야 비로소 이행할 수 있으므로, 예금계약의 만기가 도래한 것만으로 금융기관인 수치인이 임치인에 대하여 예금 반환 지연으로 인한 지체책임을 부담한다고 볼 수는 없다.

[❶ ▶ ○] 예금계약은 예금자가 예금의 의사를 표시하면서 금융기관에 돈을 제공하고 금융기관이 그 의사에 따라 그 돈을 받아 확인을 하면 그로써 성립하며, 금융기관의 직원이 그 받은 돈을 금융기관에 실제로 입금하였는지 여부는 예금계약의 성립에는 아무런 영향을 미치지 아니한다(대판 2005.12.23, 2003다30159).

[❷ ▶ ○] [❸ ▶ ○] 자금이체는 은행 간 및 은행점포 간의 송금절차를 통하여 저렴한 비용으로 안전하고 신속하게 자금을 이동시키는 수단이고, 다수인 사이에 다액의 자금이동을 원활하게 처리하기 위하여 그 중개역할을 하는 은행이 각 자금이동의 원인인 법률관계의 존부, 내용 등에 관여함이 없이 이를 수행하는 체제로 되어 있다. 따라서 예금거래기본약관에 따라 송금의뢰인이 수취인의 예금계좌에 자금이체를 하여 예금원장에 입금의 기록이 된 때에는 특별한 사정이 없는 한 송금의뢰인과 수취인 사이에 자금이체의 원인인 법률관계가 존재하는지에 관계없이 수취인과 수취은행 사이에는 입금액 상당의 예금계약이 성립하고, 수취인은 수취은행에 대하여 입금액 상당의 예금채권을 취득한다. 이와 같은 법리는 출금계좌의 예금주가 수취인 앞으로의 계좌이체에 대하여 지급지시를 하거나 수취인의 추심이체에 관하여 출금 동의 등을 한 바가 없는데도, 은행이 그와 같은 지급지시나 출금 동의가 있는 것으로 착오를

일으켜 출금계좌에서 예금을 인출한 다음 이를 수취인의 예금계좌에 입금하여 그 기록이 완료된 때에도 동일하게 적용된다고 봄이 타당하므로, 수취인은 이러한 은행의 착오에 의한 자금이체의 경우에도 입금액 상당의 예금채권을 취득한다(대판 2012.10.25. 2010다47117).

[❹ ▶ ×] 송금의뢰인이 착오송금임을 이유로 거래은행을 통하여 혹은 수취은행에 직접 송금액의 반환을 요청하고, 수취인도 송금의뢰인의 착오송금에 의하여 수취인의 계좌에 금원이 입금된 사실을 인정하여 수취은행에 그 반환을 승낙하고 있는 경우, 수취은행이 수취인에 대한 대출채권 등을 자동채권으로 하여 수취인의 계좌에 착오로 입금된 금원 상당의 예금채권과 상계하는 것은 수취은행이 선의인 상태에서 수취인의 예금채권을 담보로 대출을 하여 그 자동채권을 취득한 것이라거나 그 예금채권이 이미 제3자에 의하여 압류되었다는 등의 특별한 사정이 없는 한, 공공성을 지닌 자금이체시스템의 운영자가 그 이용자인 송금의뢰인의 실수를 기화로 그의 희생하에 당초 기대하지 않았던 채권회수의 이익을 취하는 행위로서 상계제도의 목적이나 기능을 일탈하고 법적으로 보호받을 만한 가치가 없으므로, 송금의뢰인에 대한 관계에서 신의칙에 반하거나 상계에 관한 권리를 남용하는 것이다. 수취인의 계좌에 착오로 입금된 금원 상당의 예금채권이 이미 제3자에 의하여 압류되었다는 특별한 사정이 있어 수취은행이 수취인에 대한 대출채권 등을 자동채권으로 하여 수취인의 그 예금채권과 상계하는 것이 허용되더라도 이는 피압류채권액의 범위 내에서만 가능하고, 그 범위를 벗어나는 상계는 신의칙에 반하거나 권리를 남용하는 것으로서 허용되지 않는다(대판 2022.7.14. 2020다212958).

[❺ ▶ ○] 만기가 정해진 예금계약에 따른 금융기관의 예금 반환채무는 만기가 도래하더라도 임치인이 미리 만기 후 예금 수령방법을 지정한 경우와 같은 특별한 사정이 없는 한 임치인의 적법한 지급청구가 있어야 비로소 이행할 수 있으므로, 예금계약의 만기가 도래한 것만으로 금융기관인 수치인이 임치인에 대하여 예금 반환 지연으로 인한 지체책임을 부담한다고 볼 수는 없고, 정당한 권한이 있는 임치인의 지급 청구에도 불구하고 수치인이 예금 반환을 지체한 경우에 지체책임을 물을 수 있다고 보아야 한다(대판 2023.6.29. 2023다218353).

답 ❹

제12절 조 합

17 다음 중 민법상 조합에 관한 설명으로 가장 옳지 않은 것은? 2024년

① 동업계약과 같은 조합계약에 있어서는 조합의 해산청구를 하거나 조합으로부터 탈퇴를 하거나 또는 다른 조합원을 제명할 수 있을 뿐이지 일반계약에 있어서처럼 조합계약을 해제하고 상대방에게 그로 인한 원상회복의 의무를 부담지울 수는 없는 것이다.
② 일부 조합원이 동업계약에 따라 동업자금을 출자하였는데 업무집행 조합원이 본연의 임무에 위배되거나 혹은 권한을 넘어선 행위를 자행함으로써 끝내 동업체의 동업 목적을 달성할 수 없게끔 만들고, 조합원이 출자한 동업자금을 모두 허비한 경우에 그로 인하여 손해를 입은 주체는 동업자금을 상실하여 버린 조합, 즉 조합원들로 구성된 동업체라 할 것이고, 이로 인하여 결과적으로 동업자금을 출자한 조합원에게 손해가 발생하였다 하더라도 이는 조합과 무관하게 개인으로서 입은 손해가 아니므로, 결국 피해자인 조합원으로서는 조합관계를 벗어난 개인의 지위에서 그 손해의 배상을 구할 수는 없다.
③ 민법 제706조에서는 조합원 3분의 2 이상의 찬성으로 조합의 업무집행자를 선임하고 조합원 과반수의 찬성으로 조합의 업무집행방법을 결정하도록 규정하고 있는바, 여기서 말하는 조합원은 조합원의 인원수가 아닌 조합원의 출자가액이나 지분을 뜻한다.
④ 조합원은 다른 조합원 전원의 동의가 있으면 그 지분을 처분할 수 있으나 조합의 목적과 단체성에 비추어 조합원으로서의 자격과 분리하여 그 지분권만을 처분할 수는 없다고 할 것이므로, 조합원이 지분을 양도하면 그로써 조합원의 지위를 상실하게 되며 이와 같은 조합원 지위의 변동은 조합지분의 양도양수에 관한 약정으로써 바로 효력이 생긴다.
⑤ 조합계약에 '동업지분은 제3자에게 양도할 수 있다'는 약정을 두고 있는 것과 같이 조합계약에서 개괄적으로 조합원 지분의 양도를 인정하고 있는 경우 조합원은 다른 조합원 전원의 동의가 없더라도 자신의 지분 전부를 일체로써 제3자에게 양도할 수 있으나, 그 지분의 일부를 제3자에게 양도하는 경우까지 당연히 허용되는 것은 아니다.

[❶ ▶ ○] 동업계약과 같은 조합계약에 있어서는 조합의 해산청구를 하거나 조합으로부터 탈퇴를 하거나 또는 다른 조합원을 제명할 수 있을 뿐이지 일반계약에 있어서처럼 조합계약을 해제하고 상대방에게 그로 인한 원상회복의 의무를 부담지울 수는 없다(대판 1994.5.13. 94다7157).

[❷ ▶ ○] 일부 조합원이 동업계약에 따라 동업자금을 출자하였는데 업무집행 조합원이 본연의 임무에 위배되거나 혹은 권한을 넘어선 행위를 자행함으로써 끝내 동업체의 동업 목적을 달성할 수 없게끔 만들고, 조합원이 출자한 동업자금을 모두 허비한 경우에 그로 인하여 손해를 입은 주체는 동업자금을 상실하여 버린 조합, 즉 조합원들로 구성된 동업체라 할 것이고, 이로 인하여 결과적으로 동업자금을 출자한 조합원에게 손해가 발생하였다 하더라도 이는 조합과 무관하게 개인으로서 입은 손해가 아니고, 조합체를 구성하는 조합원의 지위에서 입은 손해에 지나지 아니하는 것이므로, 결국 피해자인 조합원으로서는 조합관계를 벗어난 개인의 지위에서 그 손해의 배상을 구할 수는 없다(대판 1999.6.8. 98다60484).

[❸ ▶ ×] 민법 제706조에서는 조합원 3분의 2 이상의 찬성으로 조합의 업무집행자를 선임하고 조합원 과반수의 찬성으로 조합의 업무집행방법을 결정하도록 규정하고 있는바, <u>여기서 말하는 조합원은 조합원의 출자가액이나 지분이 아닌 조합원의 인원수를 뜻한다</u>. 다만, 위와 같은 민법의 규정은 임의규정이므로, 당사자 사이의 약정으로 업무집행자의 선임이나 업무집행방법의 결정을 조합원의 인원수가 아닌 그 출자가액 내지 지분의 비율에 의하도록 하는 등 그 내용을 달리 정할 수 있고, 그와 같은 약정이 있는 경우에는 그 정한 바에 따라 업무집행자를 선임하거나 업무집행방법을 결정하여야만 유효하다(대판 2009.4.23. 2008다4247).

[❹ ▶ ○] 조합원은 다른 조합원 전원의 동의가 있으면 그 지분을 처분할 수 있으나 조합의 목적과 단체성에 비추어 조합원으로서의 자격과 분리하여 그 지분권만을 처분할 수는 없으므로, 조합원이 지분을 양도하면 그로써 조합원의 지위를 상실하게 되며, 이와 같은 조합원 지위의 변동은 조합지분의 양도양수에 관한 약정으로써 바로 효력이 생긴다(대판 2009.3.12. 2006다28454).

[❺ ▶ ○] 조합계약에 '동업지분은 제3자에게 양도할 수 있다'는 약정을 두고 있는 것과 같이 조합계약에서 개괄적으로 조합원 지분의 양도를 인정하고 있는 경우 조합원은 다른 조합원 전원의 동의가 없더라도 자신의 지분 전부를 일체로써 제3자에게 양도할 수 있으나, 그 지분의 일부를 제3자에게 양도하는 경우까지 당연히 허용되는 것은 아니다. 왜냐하면, 민법 제706조에 따라 조합원 수의 다수결로 업무집행자를 선임하고 업무집행방법을 결정하게 되어 있는 조합에 있어서는 조합원 지분의 일부가 제3자에게 양도되면 조합원 수가 증가하게 되어 당초의 조합원 수를 전제로 한 조합의 의사결정구조에 변경이 생기고, 나아가 소수의 조합원이 그 지분을 다수의 제3자들에게 분할·양도함으로써 의도적으로 그 의사결정구조에 왜곡을 가져올 가능성도 있으므로, 조합원 지분의 일부 양도를 명시적으로 허용한 것이 아니라 단지 조합원 지분의 양도가능성을 개괄적으로 인정하고 있을 뿐인 위 약정만으로 조합계약 당시 조합원들이 위와 같은 의사결정구조의 변경 또는 왜곡의 가능성을 충분히 인식하고 이를 용인할 의사로써 그 지분 일부의 양도까지 허용하였다고 볼 수는 없기 때문이다(대판 2009.4.23. 2008다4247).

답 ❸

제13절 종신정기금

제14절 화 해

법정채권관계

제1절 사무관리

I 서 설

1. 의 의

사무관리란 법률상 의무 없이 타인을 위하여 그의 사무를 처리하는 행위를 말한다. 부탁 없이 타인의 채무를 대신 변제해 주거나 타인의 자식을 양육 및 교육시켜 주는 것이 사무관리이다.

2. 인정취지

사무관리제도가 인정되는 것은 타인의 이익을 증진하는 것이 사회연대·상호부조의 이상에 부합하기 때문이라고 한다(사회부조설).

II 사무관리의 성립요건

사무관리의 내용(민법 제734조)
① 의무 없이 타인을 위하여 사무를 관리하는 자는 그 사무의 성질에 좇아 가장 본인에게 이익되는 방법으로 이를 관리하여야 한다.
② 관리자가 본인의 의사를 알거나 알 수 있는 때에는 그 의사에 적합하도록 관리하여야 한다.
③ 관리자가 전2항의 규정에 위반하여 사무를 관리한 경우에는 과실 없는 때에도 이로 인한 손해를 배상할 책임이 있다. 그러나 그 관리행위가 공공의 이익에 적합한 때에는 중대한 과실이 없으면 배상할 책임이 없다.

1. 타인의 사무관리

① 사무란 사람의 생활에 필요한 모든 일을 말하며, 타인의 사무이어야 한다.
② 관리란 보존·이용·개량행위뿐만 아니라 처분행위도 포함된다.
③ 사실행위로 나타날 수도 있고 법률행위의 방식으로도 나타날 수 있다.
④ 관리자는 행위능력이 있어야 한다(통설).

2. 타인을 위하여 하는 의사(사무관리의사)가 존재할 것

① 타인을 위하여란 관리자가 관리의 사실상의 이익을 타인(본인)에게 귀속시키려는 의사가 존재한다는 의미이다.
② 관리의사는 관리자 자신의 이익을 위한 의사와 병존할 수 있고, 반드시 외부적으로 표시될 필요가 없으며, 사무를 관리할 당시에 확정되어 있을 필요가 없다(대판 2013.8.22. 2013다30882).

3. 법률상 또는 계약상의 의무가 없을 것

> 의무 없이 타인의 사무를 처리한 자는 그 타인에 대하여 민법상 사무관리 규정에 따라 비용상환 등을 청구할 수 있으나, 제3자와의 약정에 따라 타인의 사무를 처리한 경우에는 의무 없이 타인의 사무를 처리한 것이 아니므로 이는 원칙적으로 그 타인과의 관계에서는 사무관리가 된다고 볼 수 없다(대판 2013.9.26. 2012다43539).

4. 본인에게 불리하거나 본인의 의사에 반한다는 것이 명백하지 않을 것

> 사무관리가 성립하기 위하여는 우선 그 사무가 타인의 사무이고 타인을 위하여 사무를 처리하는 의사, 즉 관리의 사실상의 이익을 타인에게 귀속시키려는 의사가 있어야 하며, 나아가 그 사무의 처리가 본인에게 불리하거나 본인의 의사에 반한다는 것이 명백하지 아니할 것을 요한다(대판 2013.8.22. 2013다30882).

Ⅲ 사무관리의 효과

1. 일반적 효과

① 민법상으로 관리자에게 보수청구권이 인정되지 않는다.
② 사무관리의 요건을 충족한 때에는 위법성이 조각되므로 비록 손해가 발생한 경우에도 불법행위에 해당하지 않는다.

2. 사무관리자의 주의의무 및 손해배상책임

(1) 과실책임의 원칙

사무관리자는 원칙적으로 본인의 사무처리에 대한 선관주의의무를 부담한다(다수설).

(2) 무과실의 손해배상책임

관리자가 본인의 의사나 이익에 반하여 사무를 관리한 경우 관리행위 자체에 과실이 없어도 본인에게 손해가 발생하였다면 사무관리자는 이에 대한 손해배상의 책임이 있다(민법 제734조 제3항).

(3) 중과실의 경우에 손해배상책임을 지는 경우

① 공익관리 : 본인의 의사나 이익에 반하더라도 공공의 이익에 적합하다면 중과실의 경우에만 손해배상책임이 있다(민법 제734조 제3항 단서).
② 긴급사무관리 : 관리자가 타인의 생명, 신체, 명예 또는 재산에 대한 급박한 위해를 면하게 하기 위하여 그 사무를 관리한 때에는 고의나 중대한 과실이 없으면 이로 인한 손해를 배상할 책임이 없다(민법 제735조).

3. 관리자의 의무

① 관리개시의 통지의무(민법 제736조)
② 관리계속의무(민법 제737조)
③ 보고의무(민법 제738조, 제683조)
④ 취득물 등의 인도·이전의무(민법 제738조, 제684조)
⑤ 금전소비시 이자와 손해배상책임(민법 제738조, 제685조)

4. 본인의 의무

(1) 비용상환의무

> **관리자의 비용상환청구권(민법 제739조)**
> ① 관리자가 본인을 위하여 필요비 또는 유익비를 지출한 때에는 본인에 대하여 그 상환을 청구할 수 있다.
> ② 관리자가 본인을 위하여 필요 또는 유익한 채무를 부담한 때에는 제688조 제2항의 규정을 준용한다.
> ③ 관리자가 본인의 의사에 반하여 관리한 때에는 본인의 현존이익의 한도에서 전2항의 규정을 준용한다.

1) 본인의 의사나 이익에 합치되는 경우

① 유익비·필요비 전액을 본인의 이득 여하와는 관계없이 상환해야 한다(민법 제739조 제1항).
② 채무의 대변제의무, 담보제공의무(민법 제739조 제2항, 제688조 제2항)

2) 본인의 의사나 이익에 반하는 경우

현존이익의 한도에서 비용상환·채무의 대변제·담보제공의무를 부담한다(민법 제739조 제3항).

> **[의무 없이 타인을 위하여 사무를 관리한 자가 타인에 대하여 민법상 사무관리 규정에 따라 비용상환 등을 청구할 수 있는 외에 사무관리에 의하여 사실상 이익을 얻은 제3자에게 직접 부당이득반환을 청구할 수 있는지 여부(소극)]**
> 계약상의 급부가 계약의 상대방뿐 아니라 제3자에게 이익이 된 경우에 급부를 한 계약당사자는 계약 상대방에 대하여 계약상의 반대급부를 청구할 수 있는 이외에 그 제3자에 대하여 직접 부당이득반환청구를 할 수는 없다고 보아야 하고, 이러한 법리는 그 급부가 사무관리에 의하여 이루어진 경우에도 마찬가지이다. 따라서 의무 없이 타인을 위하여 사무를 관리한 자는 그 타인에 대하여 민법상 사무관리 규정에 따라 비용상환 등을 청구할 수 있는 외에 그 사무관리에 의하여 결과적으로 사실상 이익을 얻은 다른 제3자에 대하여 직접 부당이득반환을 청구할 수는 없다고 할 것이다(대판 2013.6.27. 2011다17106).

(2) 손해보상의무

> **관리자의 무과실손해보상청구권(민법 제740조)**
> 관리자가 사무관리를 함에 있어서 과실 없이 손해를 받은 때에는 본인의 현존이익의 한도에서 그 손해의 보상을 청구할 수 있다.

관리자가 사무관리를 함에 있어서 과실 없이 손해를 받을 때에는 본인의 현존이익의 한도에서 그 손해의 보상을 청구할 수 있다(민법 제740조).

(3) 보수지급의무

민법상으로는 보수지급의무가 없고, 특별법상의 보수지급의무가 있을 뿐이다.

IV 준사무관리

1. 서 설

(1) 의 의

사무관리의사가 없는 경우에 문제되는 것이 준사무관리이다.

(2) 유 형

① 오신사무관리 : 타인의 사무를 자기의 사무로 잘못 알고 관리하는 경우이다.
② 불법사무관리 : 타인의 사무인 줄 알면서도 자기의 사무처럼 부당하게 관리하는 경우이다.

2. 인정 여부

(1) 오신사무관리

통설은 준사무관리로 인정하지 않는다. 관리자가 선의이고 과실이 없으면 본인과의 관계는 부당이득으로 처리되고, 과실이 있으면 불법행위가 성립된다.

(2) 불법사무관리

① 사회부조설 : 요건상 사무관리의사를 필요로 하는 사회부조설은 다시 준사무관리 긍정설과 부정설로 구분된다.
② 귀속성설 : 요건상 사무관리의사가 불필요하다는 귀속성설은 바로 사무관리가 성립한다고 한다.

제2절 부당이득

I 부당이득의 의의

법률상의 원인 없이 부당하게 재산적 이득을 얻고 이로 인하여 타인에게 손해를 준 자에 대하여 그 이득의 반환을 명하는 제도를 말한다(민법 제741조). 사무관리 및 불법행위와 더불어 민법이 인정하는 법정채권 발생원인이며, 법적 성질은 사건이다.

① '법률상 원인 없이'라는 것은 공평의 원칙 또는 사회정의에 반하는 것을 의미한다[통일설(공평설, 다수설)·판례]. 통일설에 의하면 비통일설과는 달리 부당이득을 유형별로 구별하지 아니하고, 부당이득의 요건으로서 언제나 수익과 손해가 있어야 하며, 수익과 손해 사이에 인과관계가 요구된다.
② 부당이득반환청구권은 원칙적으로 다른 청구권에 의하여 만족을 얻지 못하는 경우에만 보충적으로 인정된다.

II 부당이득의 성립요건

> **부당이득의 내용(민법 제741조)**
> 법률상 원인 없이 타인의 재산 또는 노무로 인하여 이익을 얻고 이로 인하여 타인에게 손해를 가한 자는 그 이익을 반환하여야 한다.

1. 타인의 재산 또는 노무로 인한 이득의 취득

① 재산이 적극적으로 증가한 경우와 소극적으로 재산의 감소를 면한 경우를 포함한다.

> **[채무를 면하는 경우와 같이 어떠한 사실의 발생으로 당연히 발생하였을 손실을 보지 않는 것이 부당이득이 성립하기 위한 요건인 '이익'에 해당하는지 여부(적극)]**
> 법률상 원인 없이 타인의 재산 또는 노무로 인하여 이익을 얻고 이로 인하여 타인에게 손해를 입힌 자는 그 이익을 반환하여야 한다(민법 제741조). 이러한 부당이득이 성립하기 위한 요건인 '이익'을 얻은 방법에는 제한이 없다. 채무를 면하는 경우와 같이 어떠한 사실의 발생으로 당연히 발생하였을 손실을 보지 않는 것과 같은 재산의 소극적 증가도 이익에 해당한다(대판 2024.3.28. 2023다308911).

② 이득의 방법에는 제한이 없으며, 수익은 타인의 재산 또는 노무를 원인으로 하는 것이어야 한다.

> • 법률상 원인 없이 이득하였음을 이유로 한 부당이득반환에 있어서 이득이라 함은 실질적인 이익을 가리키는 것이므로 법률상 원인 없이 건물을 점유하고 있다고 하여도 이를 사용수익하지 못하였다면 실질적인 이익을 얻었다고 할 수 없다(대판 1986.3.25. 85다422·85다카1796). 그러나 타인 소유의 토지 위에 권한 없이 건물을 소유하고 있는 자는 그 자체로써 특별한 사정이 없는 한 법률상 원인 없이 타인의 재산으로 인하여 토지의 차임에 상당하는 이익을 얻고 이로 인하여 타인에게 동액 상당의 손해를 주고 있다고 보아야 한다(대판 1998.5.8. 98다2389).

> • 타인 소유의 토지를 법률상 권원 없이 점유함으로 인하여 토지 소유자가 입은 통상의 손해는 특별한 사정이 없는 한 점유 토지의 임료 상당액이지만, 수익자가 단지 공로에 이르는 통로로 통행지를 통행함에 그치고 통행지 소유자의 점유를 배제할 정도의 배타적인 점유를 하고 있지 않다면, 통행지 소유자가 통행지를 본래 목적대로 사용·수익할 수 없게 되는 경우의 손해액이라 할 수 있는 임료 상당액 전부가 통행지 소유자의 손해액이 된다고 볼 수는 없고, 구체적 사안에서 사회통념에 따라 쌍방 토지의 토지소유권 취득 시기와 가격, 통행지에 부과되는 재산세, 본래 용도에의 사용 가능성, 통행지를 공동으로 이용하는 사람이 있는지를 비롯하여 통행 횟수·방법 등의 이용태양, 쌍방 토지의 지형적·위치적 형상과 이용관계, 부근의 환경, 상린지 이용자의 이해득실 기타 제반 사정을 고려하여 이를 감경할 수 있다(대판 2023.3.13. 2022다293999).

③ 부당이득은 그 수익의 방법에 제한이 없는 것으로, 채권도 물권과 같이 재산의 하나이므로 그 취득도 당연히 이득이 되고 수익이 된다(대판 1996.11.22. 96다34009).

> **[배당받을 권리 없는 채권자의 부당이득반환의무]**
> [1] 배당받을 권리 있는 채권자가 자신이 배당받을 몫을 받지 못하고 그로 인해 권리 없는 다른 채권자가 그 몫을 배당받은 경우, 배당이의 여부 또는 배당표의 확정 여부와 관계없이 배당받을 수 있었던 채권자는 배당금을 수령한 다른 채권자를 상대로 부당이득반환청구를 할 수 있다. [2] 담보권 실행을 위한 부동산경매절차에서 근저당권자인 甲 은행에 2순위로 채권액 전부가 배당되고 일반채권자인 신용보증기금과 乙 주식회사 등에는 6순위로 채권액 일부만 배당되자 배당기일에 출석한 乙 회사가 甲 은행에 배당된 배당금에 관하여 이의하고 甲 은행을 상대로 배당이의의 소를 제기하여 확정된 화해권고결정에 따라 甲 은행에 배당된 배당금 전액을 수령하였는데, 그 후 위 배당기일에 출석하였으나 이의하지 않은 신용보증기금이 乙 회사를 상대로 乙 회사가 수령한 배당금 중 신용보증기금의 채권액에 비례한 안분액에 대해서 부당이득반환을 구한 경우, 乙 회사는 신용보증기금에 乙 회사가 수령한 배당금 중 신용보증기금의 채권액에 비례한 안분액을 부당이득으로 반환할 의무가 있다(대판[전합] 2019.7.18. 2014다206983).

④ 타인의 토지를 담보로 이용한 경우와 부당이득의 성부

> 담보권자가 담보제공자 아닌 제3자 소유의 토지를 담보물로 이용하였다고 하더라도 현실적인 점유를 수반하지 아니하는 가치권의 이용만으로써는 담보권자에게 어떠한 현실적인 이익이 있었다고 할 수도 없고 또 이로 인하여 제3자의 현실적인 점유가 방해되었다고도 할 수 없다(대판 1981.1.13. 80다979).

2. 손해의 발생

(1) 통일설(다수설·판례)

타인이 손해를 입지 않은 경우에는 부당이득이 성립하지 않는다고 한다.

> **[구분소유자 중 일부가 정당한 권원 없이 집합건물의 복도, 계단 등과 같은 공용부분을 배타적으로 점유·사용한 경우, 해당 공용부분을 점유·사용함으로써 얻은 이익을 부당이득으로 반환할 의무가 있는지 여부(원칙적 적극) 및 이는 해당 공용부분이 구조상 이를 별개 용도로 사용하거나 다른 목적으로 임대할 수 있는 대상이 아닌 경우에도 마찬가지인지 여부(적극) / 이러한 법리는 구분소유자가 아닌 제3자가 집합건물의 공용부분을 정당한 권원 없이 배타적으로 점유·사용하는 경우에도 마찬가지로 적용되는지 여부(적극)]**
> (가) 구분소유자 중 일부가 정당한 권원 없이 집합건물의 복도, 계단 등과 같은 공용부분을 배타적으로 점유·사용함으로써 이익을 얻고, 그로 인하여 다른 구분소유자들이 해당 공용부분을 사용할 수 없게 되었다면, 공용부분을

무단점유한 구분소유자는 특별한 사정이 없는 한 해당 공용부분을 점유·사용함으로써 얻은 이익을 부당이득으로 반환할 의무가 있다. 해당 공용부분이 구조상 이를 별개 용도로 사용하거나 다른 목적으로 임대할 수 있는 대상이 아니더라도, 무단점유로 인하여 다른 구분소유자들이 해당 공용부분을 사용·수익할 권리가 침해되었고 이는 그 자체로 민법 제741조에서 정한 손해로 볼 수 있다.
(나) 이러한 법리는 구분소유자가 아닌 제3자가 집합건물의 공용부분을 정당한 권원 없이 배타적으로 점유·사용하는 경우에도 마찬가지로 적용된다(대판[전합] 2020.5.21. 2017다220744 - 다수의견).

음악저작권신탁관리업자인 甲 사단법인이 매장음악서비스 제공업체인 乙 주식회사 등과 자신이 신탁관리하는 음악저작물을 乙 회사 등이 웹캐스팅 방식(온라인상 실시간으로 공중이 동시에 수신하게 할 목적으로 제공하는 것)으로 매장음악서비스에 이용할 수 있도록 허락하는 계약을 체결하였고, 乙 회사 등은 丙 주식회사와 자신들이 음원 권리자와의 계약을 통해 보유한 음원을 丙 회사 또는 丙 회사의 가맹점사업자가 운영하는 프랜차이즈 매장에 매장음악서비스로 제공하는 계약을 체결한 다음, 음원공급업체로부터 시중에 판매되는 디지털 음원파일과 동일한 음원파일을 공급받아 서버에 저장하고, 丙 회사 등 매장의 재생장치에서만 재생될 수 있도록 암호화 등의 조치를 한 후 이를 선곡·배열하여 채널을 편성하고 그 채널의 음원파일을 웹캐스팅 방식으로 丙 회사 등 매장의 매장음악서비스 관련 시스템에 제공하여, 丙 회사 등이 제공받은 음원파일을 매장의 재생장치를 통해 배경음악으로 재생하자, 甲 법인이 丙 회사를 상대로 공연료 상당의 손해배상 또는 부당이득반환을 구한 사안에서, ① 乙 회사 등은 甲 법인으로부터 甲 법인이 신탁관리하는 음악저작물을 웹캐스팅 방식으로 매장음악서비스에 이용할 수 있다는 허락을 받았으나 공연권에 대한 이용허락은 받지 않은 점, ② 乙 회사 등이 음원공급업체로부터 취득한 음원파일을 자신의 서버 저장장치에 컴퓨터 파일 형식으로 고정한 것(이하 '대상 음원파일'이라 한다)은 음을 디지털화한 것을 복제한 것으로 구 저작권법(2016.3.22. 법률 제14083호로 개정되기 전의 것, 이하 같다) 제2조 제5호의 음반에 해당하는 점, ③ 丙 회사 등이 제공받아 매장에서 재생하여 공중에게 공연한 음반은 대상 음원파일이고, 이는 시중에 판매할 목적이 아니라 매장 배경음악으로 재생하여 공연하려는 자에게 웹캐스팅 방식으로 제공할 목적, 즉 매장음악서비스를 위한 목적으로 음을 디지털화한 것을 복제한 것이어서 구 저작권법 제29조 제2항의 '판매용 음반'에 해당하지 않는 점을 종합하면, 甲 법인의 공연권이 구 저작권법 제29조 제2항에 따라 제한된다고 볼 수 없으므로, 丙 회사 등이 乙 회사 등으로부터 웹캐스팅 방식으로 제공받은 대상 음원파일을 매장에서 재생하는 행위는 甲 법인의 공연권을 침해하는 행위에 해당하는데도, 이와 달리 본 원심판단에 법리오해의 잘못이 있다고 한 사례이다(대판 2025.1.23. 2023다300436).

(2) 비통일설

① 침해부당이득의 경우에는 권리자에게 손해가 발생하지 않았다 하더라도 침해자의 수익만 있으면 부당이득반환청구가 가능하다고 한다.
② 급부부당이득에서는 급부자에게 당연히 귀속되어야 할 것이 바로 손해가 된다고 한다.

> [당사자 일방이 자신의 의사에 따라 일정한 급부를 한 다음 그 급부가 법률상 원인 없음을 이유로 반환을 청구하는 이른바 급부부당이득의 경우, 급부 자체가 급부수령자의 이익 및 급부자의 손해를 구성하는지 여부(적극)]
> 민법 제741조는 "법률상 원인 없이 타인의 재산 또는 노무로 인하여 이익을 얻고 이로 인하여 타인에게 손해를 가한 자는 그 이익을 반환하여야 한다"라고 정하고 있다. 당사자 일방이 자신의 의사에 따라 일정한 급부를 한 다음 그 급부가 법률상 원인 없음을 이유로 반환을 청구하는 이른바 급부부당이득의 경우 그 급부 자체가 급부수령자의 이익 및 급부자의 손해를 구성한다(대판 2024.10.8. 2024다257362).

3. 이득과 손해 사이에 인과관계가 있을 것

4. 법률상 원인이 없을 것

① 수익자에게 이득의 취득, 보유권한이 없어야 한다.

> [채무자가 피해자로부터 편취한 금전을 자신의 채권자에 대한 채무변제에 사용하는 경우, 채권자가 변제를 수령하면서 금전의 편취 사실에 대하여 악의 또는 중대한 과실이 없다면 채권자의 금전취득은 피해자에 대한 관계에서 법률상 원인이 있는 것으로 보아야 하는지 여부(적극) / 여기서 '중대한 과실'의 의미 및 채권자의 악의 또는 중대한 과실에 대한 증명책임의 소재(= 피해자)]
> 채무자가 피해자로부터 편취한 금전을 자신의 채권자에 대한 채무변제에 사용하는 경우 채권자가 그 변제를 수령하면서 그 금전이 편취된 것이라는 사실에 대하여 악의 또는 중대한 과실이 없다면, 채권자의 금전취득은 피해자에 대한 관계에서 법률상 원인이 있는 것으로 봄이 타당하다. / 여기서 '중대한 과실'이란 채권자가 조금만 주의를 기울였다면 수령한 금전이 편취된 것이라는 사실을 쉽게 알 수 있었음에도 그러한 행위를 하지 않는 등 일반인에게 요구되는 주의의무를 현저히 위반하는 것을 말하고, 채권자가 수령한 금전이 편취된 것이라는 사실을 알았거나 중대한 과실로 알지 못하였다는 점에 대한 증명책임은 피해자에게 있다(대판 2024.6.27. 2024다216187).
>
> [1] 배당절차에서 권리 없는 자가 배당을 받아감으로써 법률상 원인 없이 부당이득을 한 경우, 다음 순위의 배당을 받을 수 있는 채권자가 있는데도 채무자가 부당이득반환청구를 할 수 있는지 여부(소극) : 배당절차에서 권리 없는 자가 배당을 받아감으로써 법률상 원인 없이 부당이득을 하였다 하더라도, 그로 인하여 손해를 입은 사람은 배당이 잘못되지 않았다면 배당을 받을 수 있었던 사람이지 다음 순위의 배당을 받을 수 있는 채권자가 있음에도 곧바로 손해가 채무자에게 귀속된다고 할 수는 없다. [2] 후순위 근저당권과 함께 피담보채권을 양수하였지만 채권양도의 대항요건을 갖추지 못한 양수인이 선순위 근저당권자가 신청한 경매절차에서 배당을 받았으나, 채무자가 양수인을 상대로 채권양도의 대항요건 미비를 이유로 배당이의절차에서 다툼으로써 양수인이 배당을 받지 못하게 된 경우, 양도인이 민사집행법 제148조 제4호에 따라 배당요구 없이 당연히 배당을 받는 근저당권자에 해당하는지 여부(적극) 및 채무자에게 위 배당으로 손해가 발생하였다고 할 수 있는지 여부(소극) : 후순위 근저당권과 함께 그 피담보채권을 양수하였지만 채권양도의 대항요건을 갖추지 못한 양수인이 선순위 근저당권자가 신청한 경매절차에서 배당을 받은 경우에, 채무자가 양수인을 상대로 채권양도의 대항요건 미비를 이유로 배당이의절차에서 다툼으로써 양수인이 배당을 받지 못하게 되더라도, 그 후순위 근저당권이 경매개시결정등기 전에 등기되어 매각으로 소멸하는 이상 채무자에 대한 관계에서 양도인이 민사집행법 제148조 제4호에 따라 배당요구 없이 당연히 배당을 받는 근저당권자에 해당한다고 볼 수 있으므로, 채무자에게는 위 배당으로 인하여 손해가 발생하였다고 할 수 없다(대판 2021.12.16. 2021다215701).
>
> [채무자가 자신의 채무에 관하여 스스로 또는 이행보조자를 사용하여 법률상 원인 없는 변제를 한 경우 또는 제3자가 타인의 채무에 관하여 법률상 원인 없는 변제를 한 경우, 그 변제로 이루어진 급부에 대하여 부당이득반환을 구할 수 있는 사람(= 변제 주체인 채무자 또는 제3자) 및 이러한 변제 주체에 대한 증명책임의 소재(= 변제 주체임을 전제로 부당이득반환을 구하는 사람)]
> 변제를 목적으로 하는 급부가 이루어졌으나 그 급부에 법률상 원인이 없는 경우 그 급부는 비채변제에 해당하여 부당이득으로 반환되어야 한다. 이러한 급부부당이득의 반환은 법률상 원인 없는 변제를 한 주체가 청구할 수 있다. 변제는 채무자 외에 제3자도 할 수 있는데(민법 제469조 참조), 이행보조자의 변제는 채무자의 변제로 취급된다(민법 제391조 참조). 채무자가 자신의 채무에 관하여 스스로 또는 이행보조자를 사용하여 법률상 원인 없는 변제를 한 경우에는 채무자, 제3자가 타인의 채무에 관하여 법률상 원인 없는 변제를 한 경우에는

제3자가 각각 변제의 주체로서 그 변제로서 이루어진 급부의 반환을 청구할 수 있다. 이러한 변제 주체에 대한 증명책임은 자신이 변제 주체임을 전제로 변제에 법률상 원인이 없다고 주장하며 부당이득 반환청구를 하는 사람에게 있다(대판 2024.2.15. 2023다272883).

[국가 또는 지방자치단체가 위법하게 사유지에 대한 점유를 개시한 경우, 공익사업을 위한 토지 등의 취득 및 보상에 관한 법률에 따라 해당 토지에 대한 수용 또는 사용 절차를 거쳐 손실보상금을 지급할 가능성이 있었다는 사정만으로 토지 소유자에 대한 부당이득반환의무가 소멸하는지 여부(소극)]

국가 또는 지방자치단체가 위법하게 사유지에 대한 점유를 개시한 경우, 국가 또는 지방자치단체가 공익사업을 위한 토지 등의 취득 및 보상에 관한 법률(이하 '토지보상법'이라고 한다)에 따라 해당 토지에 대한 수용 또는 사용 절차를 거쳐 손실보상금을 지급할 가능성이 있었다는 사정만으로 토지 소유자에 대한 부당이득반환의무가 소멸한다고 볼 수 없다. 국가 또는 지방자치단체로서는 토지보상법에 따른 적법한 수용 또는 사용 절차를 통해 정당한 보상을 함으로써 토지에 대한 사용권을 획득한 이후에야 그 범위 내에서 부당이득반환의무를 면할 뿐이다(대판 2024.6.27. 2023다275530).

[확정판결에 따른 이행으로 받은 급부나 그 급부의 대가로서 기존 급부와 동일성을 유지하면서 형태가 변경된 것에 불과한 처분대금 등을 법률상 원인 없는 이익이라고 할 수 있는지 여부(소극)]

확정판결은 재심의 소 등으로 취소되지 않는 한 그 소송당사자를 기속하므로 확정판결에 기한 이행으로 받은 급부는 법률상 원인 없는 이익이라고 할 수 없다. 그리고 이는 해당 급부뿐만 아니라 그 급부의 대가로서 기존 급부와 동일성을 유지하면서 형태가 변경된 것에 불과한 처분대금 등에 대해서도 마찬가지이다(대판 2023.6.29. 2021다243812).

[종래의 공공시설 소유자 등이 종래의 공공시설 부지에 공공주택지구조성사업 이후에도 동일한 종류의 공공시설이 중복으로 위치하게 된다는 이유로 종래의 공공시설에 관한 무상귀속 협의절차에 응하지 않아 사업시행자가 이를 유상매수 협의취득 및 토지수용절차를 거쳐 보상금을 지급하고 취득한 경우, 사업시행자가 소유자 등을 상대로 보상금액 상당의 부당이득반환을 구할 수 있는지 여부(적극) / 종래의 공공시설 및 부지가 공공주택지구조성사업으로 용도가 폐지되었다고 보기 어려운 경우, 공공주택 특별법 제29조 제1항, 국토의 계획 및 이용에 관한 법률 제65조 제1항에 따른 무상귀속이나 공공주택지구조성사업 시행을 위한 수용의 대상이 되는지 여부(원칙적 소극) / 공공주택지구조성사업에도 불구하고 계속하여 아무런 변경 없이 그대로 사용되는 종래의 공공시설 부지에 관하여 수용재결이 행해진 경우, 그 효력(당연무효) 및 이 경우 사업시행자가 수용재결에 관한 취소소송이나 무효확인소송에서 승소 확정판결을 받지 않더라도 종래의 공공시설 소유자를 상대로 토지보상금액 상당의 부당이득반환을 구할 수 있는지 여부(적극)]

종래의 공공시설 소유자 등이 종래의 공공시설 부지에 공공주택지구조성사업 이후에도 동일한 종류의 공공시설이 중복으로 위치하게 된다는 이유로 종래의 공공시설이 용도폐지되지 않아 사업시행자에게 무상귀속되지 않는다고 주장하면서 사업시행자의 무상귀속 협의절차에 응하지 않음으로써 부득이 그 사업일정을 맞추고자 사업시행자가 유상매수 협의취득 및 토지수용절차를 거쳐 그 보상금을 지급하고 종래의 공공시설을 취득하였다면, 가사 매매계약과 토지수용절차에서의 재결에 무효나 취소사유가 존재하지 아니한다고 하더라도 이는 종래의 공공시설 소유자가 정당한 원인 없이 보상금액 상당의 이득을 얻은 셈이 되므로, 사업시행자는 종래의 공공시설 소유자에게 보상금액 상당의 부당이득반환을 구할 수 있다. / 다만 새로이 조성되는 공공주택지구에 포함된 종래의 공공시설이 공공주택지구조성사업의 시행에도 불구하고 아무런 변경 없이 종래의 행정목적 그대로 사용되는 경우와 같이 종래의 공공시설 및 그 부지가 해당 공공주택지구조성사업으로 인하여 용도가 폐지되었다고 보기 어려운 경우에는 특별한 사정이 없는 한 그 공공시설 및 부지는 공공주택 특별법 제29조 제1항, 국토의 계획 및 이용에 관한 법률 제65조 제1항에 따라 사업시행자에게 무상귀속되는 대상이 된다고 할 수 없고, 공공주택지구조성사업의 시행을 위하여 수용되어야 할 대상도 되지 아니한다. / 따라서 공공주택지구조성사업에도 불구하고 계속하여 아무런 변경 없이 그대로 사용되는 종래의 공공시설 부지에 관한 수용재결이 행해졌다면, 그와 같은 수용재결은 별다른 사실조사 없이도 수용재결 대상이 될 수 없음을 쉽게 확인할 수 있는 물건을 수용재결 대상으로 삼은 것으로서 공공주택 특별법 제27조 제1항 또는 공공주택 특별법 제27조 제6항, 공익사업을 위한 토지 등의 취득 및 보상에 관한 법률 제19조 제2항을 위반한 중대명백한 하자가 있어 당연무효이다./ 사업시행자는 그와 같은 수용재결에 관한 취소소송이나 무효확인소송에서 승소의 확정판결을 받지 않은 상태에서도 토지보상금을 수령한 종래의 공공시설 소유자를 상대로 보상금액 상당의 부당이득반환을 구할 수 있다(대판 2024.12.12. 2022다274028).

[국세환급금 충당의 법적 성격 / 국세환급금 충당으로 소멸할 대상인 조세채권이 존재하지 않거나 당연무효 또는 취소되는 경우, 납세의무자가 충당의 효력이 없음을 주장하여 민사소송으로 국세환급금의 반환을 청구할 수 있는지 여부(적극) 및 이와 같이 국세환급금 충당의 효력이 없는 경우 그 범위에서 되살아나는 권리(= 당초 확정된 후 충당되었던 조세의 환급청구권) / 이러한 법리는 특별징수의무자 또는 원천징수의무자 명의로 납부된 세액에 관한 환급금의 경우에도 동일하게 적용되는지 여부(적극)]
국세환급금의 충당은 납세의무자가 갖는 환급청구권의 존부나 범위 또는 소멸에 구체적이고 직접적인 영향을 미치는 처분이라기보다는 국가의 환급금 채무와 조세채권이 대등액에서 소멸되는 점에서 민법상 상계와 비슷하고,/ 소멸대상인 조세채권이 존재하지 아니하거나 당연무효 또는 취소되는 경우에는 그 충당의 효력이 없는 것으로서 이러한 사유가 있는 경우에 납세의무자로서는 충당의 효력이 없음을 주장하여 언제든지 민사소송으로 이미 결정된 국세환급금의 반환을 청구할 수 있다./ 이와 같이 환급금 충당의 효력이 없는 경우 그 범위에서 되살아나는 권리는 충당의 대상이 되었던 조세의 환급청구권이 아니라 당초 확정된 후 충당되었던 조세의 환급청구권이다./ 나아가 이러한 법리는 특별징수의무자 또는 원천징수의무자 명의로 납부된 세액에 관한 환급금이 다른 조세채권에 충당 처리되었다가 해당 조세채권이 마찬가지로 존재하지 않거나 당연무효 또는 취소되는 경우에도 동일하게 적용된다(대판 2025.4.24. 2024다295852·2024다295876).

[원천징수의무자가 원천납세의무자로부터 원천징수대상이 아닌 소득에 대하여 세액을 징수·납부하였거나 징수하여야 할 세액을 초과하여 징수·납부한 경우, 원천징수의무자 명의로 납부된 세액에 관한 환급청구권자(= 원천징수의무자) 및 이러한 법리는 특별징수에 따른 조세의 법률관계에 대해서도 마찬가지로 적용되는지 여부(적극)]
원천징수 세제에서 원천징수의무자가 원천납세의무자로부터 원천징수대상이 아닌 소득에 대하여 세액을 징수·납부하였거나 징수하여야 할 세액을 초과하여 징수·납부하였다면, 이는 국가가 원천징수의무자로부터 납부받는 순간 아무런 법률상 원인이 없는 부당이득이 된다. 이때 원천징수의무자 명의로 납부된 그러한 세액에 관하여는 원천징수의무자가 그 환급청구권자가 되고, 원천납세의무자는 자신 명의로 납부된 세액에 관하여만 환급청구권자가 될 수 있을 뿐이다. 그리고 이러한 법리는 특별징수에 따른 조세의 법률관계에 대해서도 마찬가지로 적용된다(대판 2025.4.24. 2024다295852).

② 통일설(공평설)은 법률상 원인의 결여를 공평, 정의의 관념에 따라 판단한다.

[법률상의 원인이 인정된 경우]
- 배당요구 채권자가 적법한 배당요구를 하지 아니하여 그를 배당에서 제외하는 것으로 배당표가 작성·확정되고 그 확정된 배당표에 따라 배당이 실시되었다면, 집행목적물의 교환가치에 대하여서만 우선변제권을 가지고 있는 법정담보물권자의 경우와는 달리 그가 적법한 배당요구를 한 경우에 배당받을 수 있었던 금액 상당의 금원이 후순위 채권자에게 배당되었다 하여 이를 법률상 원인이 없는 것이라고 할 수 없다(대판 1996.12.20. 95다28304).
- 토지에 대하여 가압류가 집행된 후에 제3자가 그 토지의 소유권을 취득함으로써 가압류의 처분금지 효력을 받고 있던 중 그 토지가 공익사업법에 따라 수용됨으로 인하여 기존 가압류의 효력이 소멸되는 한편 제3취득자인 토지소유자는 위 가압류의 부담에서 벗어나 토지수용보상금을 온전히 지급받게 되었다고 하더라도, 이는 위 법에 따른 토지 수용의 효과일 뿐이지 이를 두고 법률상 원인 없는 부당이득이라고 할 것은 아니다(대판 2009.9.10. 2006다61536·61543).

- 어떠한 계약상의 채무를 채무자가 이행하지 않았다고 하더라도 채권자는 여전히 해당 계약에서 정한 채권을 보유하고 있으므로, 특별한 사정이 없는 한 채무자가 채무를 이행하지 않고 있다고 하여 채무자가 법률상 원인 없이 이득을 얻었다고 할 수는 없고, 설령 채권이 시효로 소멸하게 되었다 하더라도 달리 볼 수 없다(대판 2018.2.28, 2016다45779).
- 토지의 매수인이 아직 소유권이전등기를 마치지 않았더라도 매매계약의 이행으로 토지를 인도받은 때에는 매매계약의 효력으로서 이를 점유·사용할 권리가 있으므로, 매도인이 매수인에 대하여 그 점유·사용을 법률상 원인이 없는 이익이라고 하여 부당이득반환청구를 할 수는 없다. 이러한 법리는 대물변제 약정 등에 의하여 매매와 같이 부동산의 소유권을 이전받게 되는 사람이 이미 부동산을 점유·사용하고 있는 경우에도 마찬가지로 적용된다(대판 2016.7.7, 2014다2662).
- 甲이 반공법 위반 등으로 징역형을 선고받아 복역한 후 재심에서 무죄판결이 선고되었고, 이에 불법구금 등을 원인으로 위자료 지급을 구하는 소를 제기하여 국가로부터 손해배상금을 지급받았으며, 그 후 재심판결이 확정되자 불법구금에 대한 형사보상을 청구하여 국가로부터 형사보상금을 지급받았는데, 국가가 형사보상금 지급이 형사보상 및 명예회복에 관한 법률 제6조 제2항에 반하는 이중지급이라고 주장하며 甲을 상대로 부당이득반환을 구한 사안에서, 위 지급은 국가의 위법한 수사와 형의 집행으로 상당한 손해를 입은 甲에 대하여 각기 확정된 국가배상판결과 형사보상결정에 따른 것으로 법률상 원인을 결여하였다고 할 수 없다고 한 사례(대판 2021.11.25, 2018다201207).
- 채권양수인이 대항요건을 갖추기 전에 양도인에 대하여 회생절차가 개시된 경우, 양수인의 채권양도통지 이행청구권이 회생채권에 해당하는지 여부(적극) 및 양수인의 채권양도통지 이행청구권이 회생절차에서 회생채권자 목록에 기재되거나 신고되지 않아 실권된 경우, 관리인이 위 채권의 채무자로부터 변제를 수령하는 것이 부당이득이 되는지 여부(소극): 채권의 양수인이 대항요건을 갖추기 전에 양도인에 대하여 회생절차가 개시된 경우, 양수인의 채권양도통지 이행청구권은 비금전채권이기는 하지만 양도인인 회생채무자의 재산 감소와 직결되는 것이므로 '재산상의 청구권'에 해당하고, 그 원인이 회생절차개시 전에 있었으므로 회생채권에 해당한다. 한편 회생채권이 회생채권자 목록에 기재되거나 신고되지 않으면, 회생채권자가 회생절차에 참가할 기회를 전혀 얻지 못하는 등의 특별한 사정이 없는 한 회생계획인가결정이 있는 때에 실권된다. 이와 같이 채권양수인의 채권양도통지 이행청구권이 회생채권임에도 양도인에 대한 회생절차에서 회생채권자 목록에 기재되거나 신고되지 않고 그대로 실권된 경우, 관리인은 그 채권의 채무자로부터 적법하게 변제받을 수 있으므로, 그 변제를 수령한 행위가 법률상 권원이 없음을 전제로 하는 부당이득반환의 책임을 부담하지 않는다(대판 2022.10.27, 2017다243143).
- 사업시행계획상 정비구역에 포함된 일반재산이 사업시행자에게 양도되는 것으로 예정되어 있는 경우, 사업시행자는 사업시행인가가 이루어진 때부터 그 일반재산에 대한 사용·수익을 정당화할 법적 지위에 있다고 보아야 하는지 여부(원칙적 적극): 사업시행계획상 정비구역에 포함된 일반재산이 사업시행자에게 양도되는 것으로 예정되어 있다면, 그 일반재산의 사용관계에 관하여 달리 정해진 내용이 있다는 등의 특별한 사정이 없는 한 사업시행자는 사업시행인가가 이루어진 때부터 그 일반재산의 소유권을 취득하기에 상당한 기간 동안 자신의 사용·수익을 정당화할 법적 지위에 있다고 보아야 한다(대판 2024.10.8, 2023다210991).
- 甲이 乙 지역주택조합과 조합가입계약을 체결하고 계약금 및 분담금을 납부하였는데, 甲이 조합설립인가 신청일까지도 조합원 자격 요건을 갖추지 못하여 조합원 지위를 취득하지 못하였고, 이에 甲이 乙 지역주택조합을 상대로 조합가입계약이 무효라는 이유로 기존에 납부한 분담금 중 1차, 2차 계약금 상당의 부당이득반환을 구한 사안에서, 甲이 乙 조합의 조합설립인가 신청일 후에 납부한 분담금 중 1차 계약금은 乙 조합의 조합설립인가 신청일 전에 이행기가 도래한 분담금에 해당하는데, 甲이 조합가입계약 체결 시는 물론 乙 조합의 조합설립인가 신청일까지도 조합원 자격 요건을 충족하지 못하여 조합원 지위를 취득하지 못하였다고 하더라도 그 효력은 장래에 향해서만 미치므로, 乙 조합의 조합설립인가 신청일 전에 이행기가 도래한 분담금인 1차 계약금에 대해서는 乙 조합의 조합설립인가 신청일 후에도 여전히 甲의 납부의무가 존재하는바, 甲이 이러한 납부의무를 이행한 것을 두고 법률상 원인 없는 부당이득으로서 반환의 대상이 된다고 볼 수 없는데도, 乙 조합의 조합설립인가 신청일에 그때까지 이행기가 도래하였는지 여부와 관계없이 甲의 조합가입계약에 따른 일체의 분담금 납부의무가 소급적으로 소멸함을 전제로 乙 조합의 甲에 대한 부당이득반환의무를 인정한 원심판단에 법리오해의 잘못이 있다고 한 사례이다(대판 2025.1.9, 2023다209403).

- 조합원 자격 요건을 갖추지 못한 甲이 乙 지역주택조합과 조합가입계약을 체결하고 계약금을 납입하였는데, 甲이 乙 조합을 상대로 위 계약이 체결 당시부터 원시적 불능으로 무효라고 주장하며 납입한 분담금에 대한 부당이득반환을 구한 사안에서, 조합가입계약 체결 당시 甲이 조합원 자격 요건을 갖추지 못하였다는 사정만으로는 甲과 乙 조합 사이에 체결한 조합가입계약이 당연히 무효라고 볼 수 없는데도, 이와 달리 보아 乙 조합의 甲에 대한 부당이득반환의무를 인정한 원심판단에 법리오해의 잘못이 있다고 한 사례이다(대판 2025.2.13. 2024다249040).

[법률상의 원인이 부정된 경우]
- 확정된 배당표에 의하여 배당을 실시하는 것은 실체법상의 권리를 확정하는 것이 아니므로 배당을 받아야 할 자가 배당을 받지 못하고 배당을 받지 못할 자가 배당을 받은 경우에는 배당에 관하여 이의를 한 여부 또는 형식상 배당절차가 확정되었는지 여부에 관계없이 배당을 받지 못한 채권자는 배당받은 자에 대하여 부당이득반환을 청구할 수 있다(대판 2004.4.9. 2003다32681).
- 타인 소유의 토지 위에 권한 없이 건물을 소유하는 자는 그 자체로써 건물 부지가 된 토지를 점유하고 있는 것이므로 특별한 사정이 없는 한 법률상 원인 없이 타인의 재산으로 인하여 토지의 차임에 상당하는 이익을 얻고 이로 인하여 타인에게 동액 상당의 손해를 주고 있다고 할 것이고, 이는 건물 소유자가 미등기건물의 원시취득자로서 그 건물에 관하여 사실상의 처분권을 보유하게 된 양수인이 따로 존재하는 경우에도 다르지 아니하다(대판 2011.7.14. 2009다76522 · 76539).

Ⅲ 부당이득의 효과

1. 부당이득의 반환의무

(1) 반환의무의 대상

> **원물반환불능한 경우와 가액반환, 전득자의 책임(민법 제747조)**
> ① 수익자가 그 받은 목적물을 반환할 수 없는 때에는 그 가액을 반환하여야 한다.
> ② 수익자가 그 이익을 반환할 수 없는 경우에는 수익자로부터 무상으로 그 이익의 목적물을 양수한 악의의 제3자는 전항의 규정에 의하여 반환할 책임이 있다.

① 원물반환의 원칙
② 가액반환의 예외

(2) 반환의무의 한도

<u>손해를 입은 자의 손해를 한도로 하여 이득자의 이득을 반환한다</u>(통설, 대판 1982.5.25. 81다카1061).

2. 부당이득반환의 범위

> **수익자의 반환범위(민법 제748조)**
> ① 선의의 수익자는 그 받은 이익이 현존한 한도에서 전조의 책임이 있다.
> ② 악의의 수익자는 그 받은 이익에 이자를 붙여 반환하고 손해가 있으면 이를 배상하여야 한다.
>
> **수익자의 악의인정(민법 제749조)**
> ① 수익자가 이익을 받은 후 법률상 원인 없음을 안 때에는 그때부터 악의의 수익자로서 이익반환의 책임이 있다.
> ② 선의의 수익자가 패소한 때에는 그 소를 제기한 때부터 악의의 수익자로 본다.

(1) 선의의 수익자의 반환범위(민법 제748조 제1항)

1) 현존이익의 반환

① 선의의 수익자는 그 받은 이익이 현존한 한도에서 가액 반환의 책임이 있다(민법 제748조 제1항).
② 수익자의 과실 유무는 묻지 않는다.

2) 현존이익의 기준시기

현존이익의 결정은 원칙적으로 이득을 반환할 때를 기준으로 하지만, 소가 제기된 때에는 그 소제기 시에 현존이익을 결정한다(다수설).

3) 이익의 현존의 입증책임

① 다수설은 이익의 현존은 추정되므로 수익자가 현존이익이 없음을 입증해야 한다고 한다.
② 판례는 부당이득이 금전상의 이익인 경우에는 이익이 현존하는 것으로 추정하나, 금전이 아닌 경우에는 그 입장이 분명하지 않다.

> [선의의 수익자가 부담하는 부당이득반환의 범위(= 현존이익) / 부당이득 반환의무자가 악의의 수익자라는 점에 대한 증명책임의 소재(= 이를 주장하는 측) / 수익자가 취득한 것이 금전상의 이득인 경우, 그 금전이 현존하는 것으로 추정되는지 여부(적극) 및 수익자가 급부자의 지시나 그와의 합의에 따라 금전을 사용하거나 지출하는 등의 사정이 있는 경우, 위 추정이 번복될 수 있는지 여부(적극)]
> 법률상 원인 없이 타인의 재산 또는 노무로 인하여 이익을 얻고 이로 인하여 타인에게 손해를 가한 경우 선의의 수익자는 받은 이익이 현존하는 한도에서 반환책임이 있고(민법 제748조 제1항), / 부당이득 반환의무자가 악의의 수익자라는 점에 대하여는 이를 주장하는 측에서 증명책임을 진다. / 수익자가 취득한 것이 금전상의 이득인 때에는 그 금전은 이를 취득한 자가 소비하였는지 여부를 불문하고 현존하는 것으로 추정되나, 수익자가 급부자의 지시나 급부자와의 합의에 따라 그 금전을 사용하거나 지출하는 등의 사정이 있다면 위 추정은 번복될 수 있다(대판 2022.10.14. 2018다244488).

(2) 악의의 수익자의 반환범위(민법 제748조 제2항)

1) 받은 이익 및 이자의 반환의무

악의의 수익자는 그 받은 이익에 이자를 붙여 반환하고 손해가 있으면 이를 배상하여야 한다.

> [매매계약이 무효로 되는 때에 매도인이 악의의 수익자인 경우, 매도인이 반환할 매매대금에 대하여 민법이 정한 법정이자를 붙여 반환하여야 하는지 여부(원칙적 적극) / 이때 법정이자 지급의 법적 성질(= 부당이득반환) 및 매도인의 매매대금 반환의무와 매수인의 소유권이전등기 말소등기절차 이행의무가 동시이행의 관계에 있는지와 관계없이 법정이자를 지급하여야 하는지 여부(적극)]
>
> 계약무효의 경우 각 당사자가 상대방에 대하여 부담하는 반환의무는 성질상 부당이득반환의무로서 악의의 수익자는 그 받은 이익에 법정이자를 붙여 반환하여야 하므로(민법 제748조 제2항), 매매계약이 무효로 되는 때에는 매도인이 악의의 수익자인 경우 특별한 사정이 없는 한 매도인은 반환할 매매대금에 대하여 민법이 정한 연 5%의 법정이율에 의한 이자를 붙여 반환하여야 한다. 그리고 위와 같은 법정이자의 지급은 부당이득반환의 성질을 가지는 것이지 반환의무의 이행지체로 인한 손해배상이 아니므로, 매도인의 매매대금 반환의무와 매수인의 소유권이전등기 말소등기절차 이행의무가 동시이행의 관계에 있는지 여부와는 관계가 없다(대판 2017.3.9. 2016다47478).

2) 악의에 대한 판단기준

① 부당이득의 수익자가 선의이냐 악의이냐 하는 문제는 오로지 법률상 원인 없는 이득임을 알았는지의 여부에 따라 결정된다.

② 부당이득반환의무자가 악의의 수익자라는 점에 대하여는 이를 주장하는 측에서 증명책임을 진다
(대판 2010.1.28. 2009다24187·24194).

3. 악의의 무상전득자에 관한 특칙

(1) 의 의

수익자로부터 목적물을 전득한 자는 본래 부당이득을 취득하는 것이 아니므로 반환의무자가 아닌 것이 원칙이다. 다만, 민법은 일정한 경우에 전득자에 대해서도 부당이득반환을 청구할 수 있는 것으로 규정하고 있다.

(2) 수익자 측 요건

수익자가 그 이익을 반환할 수 없는 경우일 것

(3) 전득자 측 요건

① 전득자가 무상으로 그 이익의 목적물을 양수하였을 것

② 전득자가 악의일 것

(4) 효 과

손실자는 전득자에게 부당이득반환을 청구할 수 있다.

Ⅳ 특수한 부당이득

1. 비채변제

> **비채변제(민법 제742조)**
> 채무 없음을 알고 이를 변제한 때에는 그 반환을 청구하지 못한다.
>
> **도의관념에 적합한 비채변제(민법 제744조)**
> 채무 없는 자가 착오로 인하여 변제한 경우에 그 변제가 도의관념에 적합한 때에는 그 반환을 청구하지 못한다.

(1) 원 칙

변제자가 채무가 없음에도 불구하고 이를 변제하였다면 수령자는 부당이득으로서 반환해야 한다.

(2) 예 외

1) 악의의 비채변제(민법 제742조)

① 채무가 없음을 알면서 변제한 경우에는 그 반환을 청구하지 못한다(민법 제742조). 다만, 민법 제742조 소정의 비채변제는 지급자가 채무없음을 알면서도 임의로 지급한 경우에만 성립하고 채무없음을 알고 있었다 하더라도 변제를 강제당한 경우나 변제거절로 인한 사실상의 손해를 피하기 위하여 부득이 변제하게 된 경우 등 그 변제가 자기의 자유로운 의사에 반하여 이루어진 것으로 볼 수 있는 사정이 있는 때에는 지급자가 그 반환청구권을 상실하지 않는다(대판 1988.2.9. 87다432).

② 제742조의 비채변제에 관한 규정은 변제자가 채무 없음을 알면서도 변제를 한 경우에 적용되는 것이고, 채무 없음을 알지 못한 경우에는 그 과실 유무를 불문하고 적용되지 아니한다(대판 1998.11.13. 97다58453).

③ 악의의 비채변제에 대한 주장·입증책임은 반환의무를 면하려는 변제수령자에게 있다(대판 2010.5.13. 2009다96847).

2) 도의관념에 적합한 비채변제(민법 제744조)

채무 없는 자가 착오로 인하여 변제한 경우에 그 변제가 도의관념에 적합한 때에는 그 반환을 청구하지 못한다.

> [민법 제744조에서 정한 도의관념에 적합한 비채변제에서 변제가 도의관념에 적합한 것인지 판단하는 기준 및 그 증명책임의 소재(= 급부수령자) / 비채변제가 강행법규를 위반한 무효의 약정 또는 상대방의 고의·중과실의 위법행위에 기하여 이루어졌다는 사정만으로 그러한 변제행위가 도의관념에 적합한 비채변제라고 단정할 수 있는지 여부(소극)]
> 민법 제744조가 정하는 도의관념에 적합한 비채변제에서 변제가 도의관념에 적합한 것인지는 객관적인 관점에서 급부를 수령자가 그대로 보유하는 것이 일반인의 법감정에 부합하는지에 따라 판단하고 이에 대한 증명책임은 급부수령자에게 있으며, / 비채변제가 강행법규를 위반한 무효의 약정 또는 상대방의 고의·중과실의 위법행위에 기하여 이루어진 경우에는 그러한 변제행위를 도의관념에 적합한 비채변제라고 속단하여서는 아니 된다(대판 2024.10.8. 2024다257362).

2. 타인채무의 변제

> **타인의 채무의 변제(민법 제745조)**
> ① 채무자 아닌 자가 착오로 인하여 타인의 채무를 변제한 경우에 채권자가 선의로 증서를 훼멸하거나 담보를 포기하거나 시효로 인하여 그 채권을 잃은 때에는 변제자는 그 반환을 청구하지 못한다.
> ② 전항의 경우에 변제자는 채무자에 대하여 구상권을 행사할 수 있다.

(1) 타인의 채무임을 알고 변제한 경우

제3자를 위한 유효한 변제로서 채권은 소멸한다. 이 경우 변제자는 사무관리 또는 부당이득을 근거로 본래의 채무자에게 구상권을 행사할 수 있다.

(2) 자기의 채무인 것으로 오신하고 착오로 변제한 경우(민법 제745조)

제3자를 위한 변제로서의 효력이 없어 채권은 소멸하지 않고, 변제자는 비채변제로서 부당이득반환을 청구할 수 있다. 다만, 채권자가 선의로 채권증서를 훼멸하거나 담보를 포기하거나 시효로 인하여 그 채권을 잃은 때에는 변제자는 그 반환을 청구하지 못한다. 이 경우 변제자는 채무자에게 구상권을 행사할 수 있고 이는 부당이득반환청구권의 성질을 갖는다.

3. 변제기 전의 변제

> **기한 전의 변제(민법 제743조)**
> 변제기에 있지 아니한 채무를 변제한 때에는 그 반환을 청구하지 못한다. 그러나 채무자가 착오로 인하여 변제한 때에는 채권자는 이로 인하여 얻은 이익을 반환하여야 한다.

① 이는 비채변제가 아니다.
② 변제기 전이라는 사실을 알면서 변제한 경우에는 기한의 이익의 포기로 해석할 수 있으나, 채무자가 변제기를 착오하여 변제기가 도래했다고 오신하고서 변제한 경우에는 채권자에게 발생한 이익의 반환을 청구할 수 있다(민법 제743조 단서).

4. 불법원인급여

> **불법원인급여(민법 제746조)**
> 불법의 원인으로 인하여 재산을 급여하거나 노무를 제공한 때에는 그 이익의 반환을 청구하지 못한다. 그러나 그 불법원인이 수익자에게만 있는 때에는 그러하지 아니하다.

(1) 의 의

민법 제746조는 법이 불법에는 조력할 수 없다는 취지로 민법 제103조와 표리일체를 이루어 사법의 이상을 실현하고자 하는 규정으로 볼 수 있다(통설).

(2) 성립요건

1) 불 법

① 불법의 개념에 관하여 민법 제103조와 같이 선량한 풍속 기타 사회질서 위반이라고 보는 것이 통설과 판례의 태도이다.
② 강행법규의 위반이 곧바로 불법원인급여의 불법에 해당한다고 볼 수는 없다.
③ 불법원인이라 함은 재산을 급여한 원인이 선량한 풍속 기타 사회질서에 위반한 경우를 가리키는 것인데, 강제집행을 면할 목적으로 부동산의 소유자명의를 신탁하는 것은 불법원인급여에 해당하지 않는다고 한다(대판 1994.4.15. 93다61307).
④ 부동산 실권리자명의 등기에 관한 법률(이하 '부동산실명법') 규정의 문언, 내용, 체계와 입법목적 등을 종합하면, 부동산실명법을 위반하여 무효인 명의신탁약정에 따라 명의수탁자 명의로 등기를 하였다는 이유만으로 그것이 당연히 불법원인급여에 해당한다고 단정할 수는 없다. 이는 농지법에 따른 제한을 회피하고자 명의신탁을 한 경우에도 마찬가지이다(대판[전합] 2019.6.20. 2013다218156).

2) 급부의 원인이 불법일 것

3) 급 여

자발적인 의사에 기초하여 급부가 이루어져야 한다. 따라서 자발적이지 않은 경우에는 이에 포함되지 않는다.

> [급여의 종국성과 관련된 판례]
> • 불법원인으로 근저당권을 설정해 준 경우는 급부가 종국적이지 않다.
> • 양도담보로 이전해 준 소유권이전등기는 급여의 종국성이 인정된다.

(3) 효 과

1) 제746조 본문

급여자는 부당이득반환청구를 할 수 없다. 소유권에 기한 반환청구도 부정된다는 것이 통설·판례이다.

2) 제746조 단서

불법원인이 수익자에게만 있는 때에는 급여자는 급여한 것을 반환청구할 수 있다.

(4) 불법원인급여의 반환약정

① **현실적 임의반환** : 수령자가 현실적으로 임의반환을 하는 것은 무방하다(대판 1964.10.27. 64다798).
② **사전의 반환약정** : 사전의 임의반환약정은 무효이다. 따라서 무효인 반환약정을 근거로 반환청구를 하지 못한다(통설, 대판 1991.3.22. 91다520).
③ **사후의 반환약정** : 다수설은 임의반환의 경우와 동일한 이유로 그 약정의 효력을 긍정하지만, 사후적 약정이라 하여 일률적으로 그 효력을 긍정해서는 안 된다는 소수설도 있다. 판례는 "당사자 일방이 상대방에게 공무원의 직무에 관한 사항에 관하여 특별한 청탁을 하게 하고 그에 대한 보수로 돈을 지급할 것을 내용으로 한 약정은 사회질서에 반하는 무효의 계약이고, 나아가 그 보수를 지급한 후에 그 돈을 반환하여 주기로 한 약정도 결국 불법원인급여물의 반환을 구하는 범주에 속하는 것으로서 무효이고, 따라서 그 반환약정에 기하여 약속어음을 발행하였다 하더라도 채권자는 그 이행을 청구할 수 없다"고 판시하고 있다(대판 1995.7.14. 94다51994).

제3절 불법행위

I 서설

1. 불법행위의 의의

불법행위란 고의 또는 과실로 위법하게 타인에게 손해를 가하는 행위를 말하며 법정채권관계를 발생시키는 법률요건에 해당한다. 민법은 과실책임주의를 원칙으로 하고, 예외적으로 무과실책임을 인정하고 있다.

2. 불법행위책임과 계약책임

(1) 공통점
① 불법행위책임과 계약책임은 위법행위에 의한 책임이라는 점에서 공통점을 갖는다.
② 민법은 손해배상의 방법과 범위, 과실상계, 손해배상자의 대위에 관한 계약책임의 규정을 불법행위에 준용하고 있다(민법 제763조).

(2) 차이점
1) 과실의 입증책임
① 계약책임에서는 채무자가 자기에게 귀책사유 없음을 적극적으로 입증해야 한다.
② 불법행위에서는 손해를 입은 피해자가 가해자의 과실을 입증해야 한다.

2) 소멸시효
① 계약책임에 따른 손해배상청구권의 소멸시효기간은 10년이다(민법 제162조 제1항).
② 불법행위책임에 따른 손해배상청구권의 소멸시효는 피해자 측이 손해 및 가해자를 안 날로부터 3년, 불법행위를 한 날로부터 10년으로 정하고 있다(민법 제766조). 10년의 기간에 대해서 학설은 제척기간으로 이해하나 판례는 소멸시효기간으로 본다.
3) 손해배상청구권의 상계
가해자는 고의에 의한 불법행위로 부담하는 손해배상의무를 수동채권으로 하여 상계하지 못한다(민법 제496조 참조).

(3) 양자의 관계
① 불법행위의 당사자 사이에 계약관계가 있고, 가해사실이 계약과 관련을 가지는 경우에 양 청구권은 요건과 효과가 각각 다른 별개의 청구권이므로 경합한다(청구권 경합설).
② 전세권자의 실화로 인하여 가옥을 소실케 하여 그 반환의무를 이행할 수 없게 된 때에는 과실로 인하여 전세물에 대한 소유권을 침해한 것으로서 불법행위가 되는 동시에 한편으로는 과실로 인하여 채무를 이행할 수 없게 됨으로써 채무불이행이 되는 것이다(대판 1967.12.5. 67다2251).

II 일반불법행위의 성립요건

불법행위의 내용(민법 제750조)
고의 또는 과실로 인한 위법행위로 타인에게 손해를 가한 자는 그 손해를 배상할 책임이 있다.

불법행위를 원인으로 한 손해배상청구가 인정되기 위해서는 ① 고의 또는 과실, ② 위법성, ③ 책임능력, ④ 가해행위에 의한 손해의 발생, ⑤ 가해행위와 손해의 발생 사이의 인과관계가 인정되어야 한다.

1. 고의·과실
고의란 일정한 결과가 발생하리라는 것을 알면서 감히 이를 행하는 심리상태이며, 과실은 일정한 결과가 발생한다는 것을 알고 있었어야 함에도 불구하고 부주의로 그것을 알지 못하고서 어떤 행위를 하는 심리상태를 말한다.
① 민법에서는 불법행위에 의한 손해의 전보에 목적을 두고 따라서 고의와 과실에 차이를 두지 않기 때문에 그러한 엄격한 구별이 반드시 요구되지는 않는다.
② 불법행위에서 요구되는 과실은 원칙적으로 추상적 경과실로서, 그 기준은 사회일반인의 주의이다.
③ 고의, 과실의 입증책임은 피해자에게 있음이 원칙이나 예외적으로 입증책임이 전환 또는 완화되는 경우가 있다.

[가압류·가처분 등 보전처분의 집행 후 집행채권자가 본안소송에서 패소 확정된 경우, 보전처분의 집행으로 인하여 채무자가 입은 손해에 대하여 집행채권자에게 고의 또는 과실이 있다고 추정되는지 여부(원칙적 적극) / 채권자가 가압류신청에서 진정한 채권액보다 지나치게 과다한 가액을 주장하여 그 가액대로 가압류 결정이 된 경우, 본안소송에서 피보전권리가 없는 것으로 확인된 부분의 범위 내에서 채권자의 고의·과실이 추정되는지 여부(적극) / 채권자에게 가압류 집행으로 인하여 채무자가 입은 손해의 전부를 배상하게 하는 것이 공평의 이념에 반하는 경우, 채권자의 손해배상책임을 제한할 수 있는지 여부(적극)]

가압류·처분 등 보전처분은 법원의 재판에 따라 집행되지만, 이는 실체법상 청구권이 있는지 여부를 본안소송에 맡기고 단지 소명에 따라 채권자의 책임 아래 하는 것이므로, 보전처분의 집행 후 집행채권자가 본안소송에서 패소 확정되었다면 보전처분의 집행으로 인하여 채무자가 입은 손해에 대하여는 특별한 반증이 없는 한 집행채권자에게 고의 또는 과실이 있다고 추정되고, 따라서 집행채권자는 보전처분의 부당한 집행으로 인한 손해에 대하여 채무자에게 이를 배상할 책임이 있다. / 채권자가 가압류신청에서 진정한 채권액보다 지나치게 과다한 가액을 주장하여 그 가액대로 가압류 결정이 된 후 본안소송에서 피보전권리가 없는 것으로 확인된 부분의 범위 내에서는 채권자의 고의·과실이 추정된다. / 다만 불법행위에 따른 손해배상액을 산정할 때에 손해부담의 공평을 기하기 위하여 가해자의 책임을 제한할 수 있으므로, 보전처분과 본안소송에서 판단이 달라진 경위와 대상, 해당 판단 요소들의 사실적·법률적 성격, 판단의 난이도, 당사자의 인식과 검토 여부 등 관여 정도를 비롯한 여러 사정에 비추어 채권자에게 가압류 집행으로 인하여 채무자가 입은 손해의 전부를 배상하게 하는 것이 공평의 이념에 반하는 것으로 평가된다면 채권자의 손해배상책임을 제한할 수 있다(대판 2023.6.1. 2020다242935).

2. 위법성

① 가해자의 가해행위는 위법성이 인정되어야 불법행위가 성립한다(민법 제750조).

• 부작위에 의한 불법행위 성립의 전제가 되는 작위의무가 법적인 의무인지 여부(적극) / 신의성실의 원칙이나 사회상규 혹은 조리상 작위의무가 기대되는 경우에도 법적인 작위의무가 인정될 수 있는지 여부(적극) / 신의성실의 원칙이나 사회상규 혹은 조리상 작위의무는 상대방의 법익을 보호하거나 그의 법익에 대한 침해를 방지하여야 할 특별한 지위에 있는 자에 대하여만 인정되는지 여부(적극) 및 그러한 지위에 있지 아니한 제3자에게 함부로 작위의무를 확대하여 부과할 수 있는지 여부(소극) : 부작위에 의한 불법행위가 성립하기 위해서는 작위의무가 있는 자의 부작위가 인정되어야 한다. 여기서 작위의무는 법적인 의무이어야 하는데 그 근거가 법령, 법률행위, 선행행위로 인한 경우는 물론이고 신의성실의 원칙이나 사회상규 혹은 조리상 작위의무가 기대되는 경우에도 법적인 작위의무가 인정될 수는 있다. / 다만 신의성실의 원칙이나 사회상규 혹은 조리상 작위의무는 혈연적인 결합관계나 계약관계 등으로 인한 특별한 신뢰관계가 존재하여 상대방의 법익을 보호하고 그에 대한 침해를 방지할 책임이 있다고 인정되거나 혹은 상대방에게 피해를 입힐 수 있는 위험요인을 지배·관리하고 있거나 타인의 행위를 관리·감독할 지위에 있어 개별적·구체적 사정하에서 위험요인이나 타인의 행위로 인한 피해가 생기지 않도록 조치할 책임이 있다고 인정되는 경우 등과 같이 상대방의 법익을 보호하거나 그의 법익에 대한 침해를 방지하여야 할 특별한 지위에 있음이 인정되는 자에 대하여만 인정할 수 있고, 그러한 지위에 있지 아니한 제3자에 대하여 함부로 작위의무를 확대하여 부과할 것은 아니다(대판 2023.11.16. 2022다265994).

- 민법 제750조는 "고의 또는 과실로 인한 위법행위로 타인에게 손해를 가한 자는 그 손해를 배상할 책임이 있다"라고 정하고 있다. 위법행위는 불법행위의 핵심적인 성립요건으로서, 법률을 위반한 경우에 한정되지 않고 전체 법질서의 관점에서 사회통념상 위법하다고 판단되는 경우도 포함할 수 있는 탄력적인 개념이다. 불법행위의 성립요건으로서 위법성은 관련 행위 전체를 일체로 보아 판단하여 결정해야만 하는 것은 아니고, 문제가 되는 행위마다 개별적·상대적으로 판단하여야 한다. 소유권을 비롯한 절대권을 침해한 경우뿐만 아니라 법률상 보호할 가치가 있는 이익을 침해하는 경우에도 침해행위의 양태, 피침해이익의 성질과 그 정도에 비추어 그 위법성이 인정되면 불법행위가 성립할 수 있다(대판 2021.6.30. 2019다268061).

- 민법 제750조에서 정한 '위법행위'의 의미 / 위법성은 문제가 되는 행위마다 개별적·상대적으로 판단하여야 하는지 여부(적극) / 법률상 보호할 가치가 있는 이익을 침해하는 경우에도 위법성이 인정되면 불법행위가 성립하는지 여부(적극) : 민법 제750조는 "고의 또는 과실로 인한 위법행위로 타인에게 손해를 가한 자는 그 손해를 배상할 책임이 있다"라고 정하고 있다. 위법행위는 불법행위의 핵심적인 성립요건으로서, 법률을 위반한 경우에 한정되지 않고 전체 법질서의 관점에서 사회통념상 위법하다고 판단되는 경우도 포함할 수 있는 탄력적인 개념이다. / 불법행위의 성립요건으로서 위법성은 관련 행위 전체를 일체로 보아 판단하여 결정해야만 하는 것은 아니고, 문제가 되는 행위마다 개별적·상대적으로 판단하여야 한다. / 소유권을 비롯한 절대권을 침해한 경우뿐만 아니라 법률상 보호할 가치가 있는 이익을 침해하는 경우에도 침해행위의 양태, 피침해이익의 성질과 그 정도에 비추어 그 위법성이 인정되면 불법행위가 성립할 수 있다(대판 2024.7.11. 2023다314022).

- [1] 언론보도의 진실성이란 그 내용 전체의 취지를 살펴볼 때 중요한 부분이 객관적 사실과 합치되는 사실이라는 의미로서, 세부적으로 진실과 약간 차이가 나거나 다소 과장된 표현이 있다고 하여 그 보도가 진실하지 않다고 볼 것은 아니다. 또한 복잡한 사실관계를 알기 쉽게 단순하게 만드는 과정에서 일부 특정한 사실관계를 압축, 강조하거나 대중의 흥미를 끌기 위하여 실제 사실관계에 장식을 가하는 과정에서 다소의 수사적 과장이 있더라도 전체적인 맥락에서 보아 보도내용의 중요부분이 진실에 합치한다면 그 보도의 진실성은 인정된다. [2] 언론·출판을 통해 사실을 적시함으로써 타인의 명예를 훼손하는 경우에도 그것이 진실한 사실로서 오로지 공공의 이익에 관한 때에는 그 행위에 위법성이 없다. 여기서 적시된 사실이 공공의 이익에 관한 것인지 여부는 그 적시된 사실의 구체적 내용, 그 사실의 공표가 이루어진 상대방의 범위, 그 표현의 방법 등 그 표현 자체에 관한 제반 사정을 고려함과 동시에 그 표현에 의하여 훼손되거나 훼손될 수 있는 명예의 침해 정도 등을 비교·고려하여 결정하여야 하고, 나아가 명예훼손을 당한 피해자가 공적 인물인지 일반 사인인지, 공적 인물 중에서도 공직자나 정치인 등과 같이 광범위하게 국민의 관심과 감시의 대상이 되는 인물인지, 단지 특정 시기에 한정된 범위에서 관심을 끌게 된 데 지나지 않는 인물인지, 적시된 사실이 피해자의 공적 활동 분야와 관련된 것이거나 공공성·사회성이 있어 공적 관심사에 해당하고 그와 관련한 공론의 필요성이 있는지, 그리고 공적 관심을 불러일으키게 된 데에 피해자 스스로 어떤 관여가 된 바 있는지 등을 종합적으로 살펴서 결정하여야 한다(대판 2024.10.8. 2022다251650).

- 민법상 불법행위가 되는 '명예훼손'의 의미 / 순수한 의견 표명 자체만으로 명예훼손이 성립하는지 여부(소극) 및 어떠한 표현이 사실의 적시인지 의견의 진술인지 판단하는 기준 : 민법상 불법행위가 되는 명예훼손이란 공연히 사실을 적시함으로써 사람의 품성, 덕행, 명성, 신용 등 인격적 가치에 대하여 사회적으로 받는 객관적인 평가를 침해하는 행위를 말한다. / 타인에 대한 사회적 평가를 침해할 가능성이 있을 정도로 구체성 있는 사실을 명시한 표현행위가 명예훼손이 될 수 있음은 물론이지만, 의견이나 논평을 표명하는 형식의 표현행위도 그 전체적 취지에 비추어 의견의 근거가 되는 숨겨진 기초 사실 적시가 묵시적으로 포함되어 있고 그 사실이 타인에 대한 사회적 평가를 침해할 수 있다면 명예훼손에 해당할 수 있다. 그러나 순수하게 의견만을 표명하는 경우에는, 표현행위의 형식과 내용이 모욕적이고 경멸적인 인신공격에 해당하는 등으로 타인의 인격권을 침해한다면 다른 유형의 불법행위를 구성할 수 있음은 별론으로 하고, 그 의견표명 자체만으로 명예훼손이 성립하지는 않는다. 어떠한 표현이 사실의 적시인지 의견의 진술인지는 어휘의 통상적인 의미나 전후 문맥 등 전체적인 흐름, 사회평균인의 지식이나 경험 등을 고려하여 그 표현의 진위를 결정하는 것이 가능한지 여부에 따라 판단되어야 한다(대판 2025.6.26. 2022다242649).

> • 명예훼손과 관련하여 정당의 정치적 주장의 위법성을 판단함에 있어서 고려되어야 할 특수성 : 국회의원 등 정치인의 발언으로서 소속 정당의 정치적 입장과 내용을 같이 하는 정치적 주장에는 국민의 지지를 얻기 위하여 어느 정도의 단정적인 어법이 종종 사용되고, 이는 수사적인 과장 표현으로 용인될 수 있으며, 국민들도 정당의 정치적 주장 등에 구체적인 사실의 적시가 수반되지 않으면 비록 단정적인 어법으로 공격하는 경우에도 대부분 이를 정치공세로 치부할 뿐 그 주장을 표현 그대로 객관적인 진실로 믿거나 받아들이지는 않는 것이 보통이므로, 명예훼손과 관련하여 정당의 정치적 주장의 위법성을 판단함에 있어서는 이러한 특수성이 충분히 고려되어야 한다. 따라서 공공의 이해와 관련된 사항에서 다른 정당 및 그 소속 정치인들의 행태 등에 대한 비판, 이와 직접적으로 관련된 각종 정치적 쟁점이나 관여 인물·단체 등에 대한 문제의 제기 등 정당의 정치적 주장에 관하여는, 그것이 어느 정도의 단정적인 어법 사용에 의해 수사적으로 과장 표현된 경우라고 하더라도 구체적 정황의 뒷받침 없이 악의적이거나 현저히 상당성을 잃은 공격이 아닌 한 가볍게 그 책임을 추궁해서는 안 된다(대판 2025.6.26. 2022다242649).

② 민법은 위법성조각사유로 정당방위와 긴급피난(민법 제761조)을 규정하고 있다.

> **정당방위, 긴급피난(민법 제761조)**
> ① 타인의 불법행위에 대하여 자기 또는 제3자의 이익을 방위하기 위하여 부득이 타인에게 손해를 가한 자는 배상할 책임이 없다. 그러나 피해자는 불법행위에 대하여 손해의 배상을 청구할 수 있다.
> ② 전항의 규정은 급박한 위난을 피하기 위하여 부득이 타인에게 손해를 가한 경우에 준용한다.

3. 책임능력

> **미성년자의 책임능력(민법 제753조)**
> 미성년자가 타인에게 손해를 가한 경우에 그 행위의 책임을 변식할 지능이 없는 때에는 배상의 책임이 없다.
>
> **심신상실자의 책임능력(민법 제754조)**
> 심신상실 중에 타인에게 손해를 가한 자는 배상의 책임이 없다. 그러나 고의 또는 과실로 인하여 심신상실을 초래한 때에는 그러하지 아니하다.

책임능력이란 자기행위의 책임을 인식할 수 있는 능력을 말하며, 연령에 의하여 획일적으로 인정되는 것이 아니라 개별적·구체적으로 판단된다.
① 책임능력은 일반인에게는 갖추어져 있는 것이 보통이므로 가해자 측에서 책임을 면하려면 책임무능력의 사실을 입증하여야 한다.
② 미성년자로서 행위의 책임을 변식할 지능이 없는 때에는 불법행위책임을 지지 않는다(민법 제753조).
③ 심신상실 중에 타인에게 손해를 가한 자는 손해배상책임이 없다(민법 제754조 본문). 그러나 고의 또는 과실로 인하여 심신상실을 초래한 때에는 배상의 책임이 있다(민법 제754조 단서).

4. 가해행위에 의한 손해의 발생

불법행위가 성립하려면 가해행위에 의하여 손해가 발생하여야 하는데 그 손해는 현실적으로 발생한 것으로 한하여 배상된다.

① 손해는 재산적 손해뿐만 아니라 정신적 손해 등 일체의 이익상실이 포함된다.

② 손해발생에 대한 입증책임은 피해자인 원고에게 있다.

> **[손해가 발생한 사실이 인정되나 구체적인 손해의 액수를 증명하는 것이 어려운 경우, 법원이 취하여야 할 조치 및 이때 고려할 사항]**
>
> 손해가 발생한 사실이 인정되나 구체적인 손해의 액수를 증명하는 것이 매우 어려운 경우에 법원은 손해배상청구를 쉽사리 배척해서는 안 되고, 적극적으로 석명권을 행사하여 증명을 촉구하는 등으로 구체적인 손해액에 관하여 심리하여야 한다. 그 후에도 구체적인 손해액을 알 수 없다면 민사소송법 제202조의2에 따라 법원은 변론 전체의 취지와 증거조사의 결과에 의하여 인정되는 모든 사정을 종합하여 상당하다고 인정되는 금액을 손해배상 액수로 정할 수 있다. 이때 고려할 사정에는 당사자들 사이의 관계, 불법행위로 인한 손해가 발생하게 된 경위, 손해의 성격, 손해가 발생한 이후의 정황 등이 포함된다(대판 2021.6.30. 2017다249219).
>
> **[불법행위로 인한 손해배상청구소송에서 재산적 손해의 발생 사실은 인정되나 구체적인 손해액수를 입증하는 것이 사안의 성질상 곤란한 경우, 법원이 증거조사의 결과와 변론 전체의 취지에 의하여 밝혀진 모든 간접사실들을 종합하여 상당인과관계 있는 손해의 범위인 수액을 판단할 수 있는지 여부(적극)]**
>
> 불법행위로 인한 손해배상청구소송에서 재산적 손해의 발생 사실은 인정되나 그 구체적인 손해액수를 입증하는 것이 사안의 성질상 곤란한 경우, 법원은 증거조사의 결과와 변론 전체의 취지에 의하여 밝혀진 당사자들 사이의 관계, 불법행위와 그로 인한 재산적 손해가 발생하게 된 경위, 손해의 성격, 손해가 발생한 이후의 제반 정황 등의 관련된 모든 간접사실들을 종합하여 상당인과관계 있는 손해의 범위인 수액을 판단할 수 있다. 표시·광고의 공정화에 관한 법률 제11조도 '부당한 표시·광고 행위로 손해가 발생된 사실은 인정되나 그 손해액을 증명하는 것이 사안의 성질상 곤란한 경우 법원은 변론 전체의 취지와 증거조사의 결과에 기초하여 상당한 손해액을 인정할 수 있다'고 정하였다(대판 2023.4.27. 2021다262905).

③ 위법행위가 가해진 현재의 재산상태와 위법행위가 없었더라면 존재하였을 재산상태 사이에 차이가 없는 경우, 위법행위로 인한 손해의 발생을 인정할 수 있는지 여부(소극) : 불법행위로 인한 재산상 손해는 위법한 가해행위로 인하여 발생한 재산상 불이익, 즉 그 위법행위가 없었더라면 존재하였을 재산상태와 그 위법행위가 가해진 현재의 재산상태의 차이를 말하는 것이므로, 위법행위가 있었다 하더라도 그로 인한 재산상태와 그 위법행위가 없었더라면 존재하였을 재산상태 사이에 차이가 없다면 다른 특별한 사정이 없는 한 위법행위로 인한 손해가 발생하였다고 할 수 없다(대판 2009.9.10. 2009다30762).

④ 불법행위로 인한 재산상 손해의 의미 및 손해액 산정의 기준 시점(= 불법행위 시) / 특정 주식의 가격상승 등에 관한 기망으로 이를 매수하게 하는 불법행위가 있었으나 해당 주식이 매수 전후 정상적인 거래의 대상이었고 기망이 없었다면 이를 매수하지 않았을 것이라고 단정할 수 없는 경우, 불법행위로 인한 재산상 손해(= 주식의 매수대금에서 취득 당시 객관적인 가액 상당을 공제한 차액) : 불법행위로 인한 재산상 손해는 위법한 가해행위로 인하여 발생한 재산상 불이익, 즉 위법행위가 없었더라면 존재하였을 재산상태와 위법행위가 가해진 시점의 재산상태의 차이를 의미하고, 그 손해액은 원칙적으로 불법행위 시를 기준으로 산정하여야 한다./ 이는 특정 주식의 가격상승 등에 관한 기망으로 이를 매수하게 한 것이 불법행위에 해당하는 경우에도 마찬가지이므로, 해당 주식이 매수 전후에 정상적인 거래의 대상이었고 기망이 없었다면 이를 매수하지 않았을 것이라고 단정할 수 없다면, 불법행위로 인한 재산상 손해는 주식의 매수대금에서 취득 당시 객관적인 가액 상당을 공제한 차액이라고 볼 수 있다(대판 2024.1.4. 2022다286335).

5. 가해행위와 손해발생 사이의 인과관계

가해행위와 손해 사이에는 인과관계가 있어야 한다. 인과관계의 입증책임은 원고에게 있다(통설·판례).

[1] 제3자가 채무자의 책임재산을 감소시키는 행위를 함으로써 채권자로 하여금 채권의 실행과 만족을 불가능 내지 곤란하게 한 것이 채권자에 대한 불법행위를 구성하기 위한 요건 : 제3자가 채무자에 대한 채권자의 존재 및 그 채권의 침해사실을 알면서 채무자와 적극 공모하거나 채권행사를 방해할 의도로 사회상규에 반하는 부정한 수단을 사용하는 등으로 채무자의 책임재산을 감소시키는 행위를 함으로써 채권자로 하여금 채권의 실행과 만족을 불가능 내지 곤란하게 한 경우 채권자에 대한 불법행위를 구성할 수 있다. [2] 채무자의 재산을 은닉하는 방법으로 제3자에 의한 채권침해가 이루어질 당시 채무자가 다액의 채무를 가지고 있어 채권침해가 없었더라도 채권자가 채무자로부터 일정액 이상으로 채권을 회수할 가능성이 없었던 경우, 일정액을 초과하는 손해와 제3자의 채권침해로 인한 불법행위 사이에 상당인과관계가 인정되는지 여부(소극) 및 이때 채권회수의 가능성을 판단하는 방법 : 채무자의 재산을 은닉하는 방법으로 제3자에 의한 채권침해가 이루어질 당시 채무자가 가지고 있던 다액의 채무로 인하여 제3자의 채권침해가 없었더라도 채권자가 채무자로부터 일정액 이상으로 채권을 회수할 가능성이 없었다고 인정될 경우에는 위 일정액을 초과하는 손해와 제3자의 채권침해로 인한 불법행위 사이에는 상당인과관계를 인정할 수 없다. 이때의 채권회수 가능성은 불법행위 시를 기준으로 채무자의 책임재산과 채무자가 부담하는 채무의 액수를 비교하는 방법으로 판단할 수 있고, 불법행위 당시에 이미 이행기가 도래한 채무는 채권자가 종국적으로 권리를 행사하지 아니할 것으로 볼 만한 특별한 사정이 없는 한 비교대상이 되는 채무자 부담의 채무에 포함되며, 더 나아가 비교대상 채무에 해당하기 위하여 불법행위 당시 채무자의 재산에 대한 압류나 가압류가 되어 있을 것을 요하는 것은 아니다(대판 2019.5.10. 2017다239311).

[소유권이전등기청구권을 압류한 채권자가 제3채무자나 채무자로부터 이전등기를 마친 제3자에 대하여 위 이전등기의 원인무효를 주장하며 말소를 청구할 수 있는지 여부(소극) 및 제3채무자가 압류결정을 무시하고 채무자에게 이전등기를 이행하고 채무자가 다시 제3자에게 이전등기를 마쳐 주어 채권자에게 손해를 입힌 경우, 불법행위가 성립하는지 여부(적극)]
소유권이전등기청구권에 대한 압류가 있으면 변제금지의 효력에 따라 제3채무자는 채무자에게 임의로 이전등기를 이행하여서는 아니 되나, 이러한 압류에는 청구권의 목적물인 부동산 자체의 처분을 금지하는 대물적 효력이 없으므로, 제3채무자나 채무자로부터 이전등기를 마친 제3자에 대하여는 취득한 등기가 원인무효라고 주장하여 말소를 청구할 수 없지만, 제3채무자가 압류결정을 무시하고 이전등기를 이행하고 채무자가 다시 제3자에게 이전등기를 마쳐준 결과 채권자에게 손해를 입힌 때에는 불법행위에 따른 배상책임을 진다(대판 2022.12.15. 2022다247750).

[불법행위 손해배상책임을 지우기 위한 요건으로서 위법한 행위와 손해 사이에 상당인과관계가 있는지 판단하는 방법 / 금융투자상품의 기초자산 시세를 고정시키거나 변동시켜 타인에게 손해를 가한 경우, 민법 제750조의 불법행위책임을 부담할 수 있는지 여부(적극)]

불법행위로 인한 손해배상책임을 지우려면 위법한 행위와 피해자가 입은 손해 사이에 상당인과관계가 있어야 하고, 상당인과관계의 유무는 일반적인 결과 발생의 개연성은 물론 당해 행위와 관련된 법령 기타 행동규범의 목적과 보호법익, 가해행위의 내용과 위법성, 피침해이익의 성질 및 피해의 정도 등을 종합적으로 고려하여 판단해야 한다. / 금융투자상품의 기초자산 시세를 고정시키거나 변동시켜 타인에게 손해를 가한 경우에는 그 행위와 상당인과관계 있는 범위 내에서 민법 제750조의 불법행위책임을 부담할 수 있다(대판 2023.12.21. 2017다249929).

[광고가 소비자를 속이거나 소비자로 하여금 잘못 알게 할 우려가 있는지 판단하는 기준 / 표시·광고의 공정화에 관한 법률 제10조 제1항에 따른 손해배상책임을 인정하는 경우, 당해 소비자를 기준으로 법적·규범적 관점에서 부당한 표시·광고와 손해 사이의 상당인과관계가 인정되면 인과관계의 증명이 있다고 보아야 하는지 여부(적극) 및 이와 같이 상당인과관계가 증명되는 한 소비자의 과실 등 다른 원인이 손해 발생에 기여하였더라도 마찬가지인지 여부(적극)]

'표시·광고의 공정화에 관한 법률'(이하 '표시광고법'이라 한다)은 상품 또는 용역에 관한 표시·광고를 할 때 소비자를 속이거나 소비자로 하여금 잘못 알게 하는 부당한 표시·광고를 방지하고, 소비자에게 바르고 유용한 정보의 제공을 촉진함으로써 공정한 거래질서를 확립하고 소비자를 보호하는 데 목적이 있다. 일반 소비자는 광고에서 직접적으로 표현된 문장, 단어, 디자인, 도안, 소리 또는 이들의 결합에 의하여 제시되는 표현뿐만 아니라 광고에서 간접적으로 암시하고 있는 사항, 관례적이고 통상적인 상황 등도 종합하여 전체적·궁극적 인상을 형성하게 되므로, 광고가 소비자를 속이거나 소비자로 하여금 잘못 알게 할 우려가 있는지는 보통의 주의력을 가진 일반 소비자가 그 광고를 받아들이는 전체적·궁극적 인상을 기준으로 하여 객관적으로 판단하여야 한다. / 이러한 표시광고법의 입법 취지, 부당한 표시·광고가 소비자의 의사결정에 작용하는 태양 및 그로 인해 침해되는 소비자의 이익의 성질을 고려하면, 표시광고법 제10조 제1항에 따른 손해배상책임을 인정함에 있어 반드시 부당한 표시·광고와 손해 사이의 인과관계가 자연과학에 준하는 수준으로 명백히 증명되어야 하는 것은 아니고, 당해 소비자를 기준으로 법적·규범적 관점에서 상당인과관계가 인정되면 그 증명이 있다고 보아야 하며, 이와 같이 부당한 표시·광고와 손해 사이의 상당인과관계가 증명되는 한 이를 신뢰한 소비자의 과실 등 다른 원인이 손해의 발생에 기여하였다고 하여 달리 볼 수 없다(대판 2023.4.27. 2021다262905).

[구 보험업법 제102조 제1항의 규정 취지 / 보험계약자와 보험수익자가 다른 타인을 위한 생명보험에서 보험설계사의 위법행위로 보험계약이 무효가 되거나 일정한 사고를 담보하지 못하여 보험계약자가 지정한 보험수익자에게 보험금이 지급되지 않은 경우, 구 보험업법 제102조 제1항에 따른 손해배상책임의 범위(= 보험설계사의 위법행위가 없었으면 보험수익자에게 지급되었을 전체 보험금 상당액)]

구 보험업법(2020.3.24. 법률 제17112호로 개정되기 전의 것) 제102조 제1항은 "보험회사는 그 임직원·보험설계사 또는 보험대리점(보험대리점 소속 보험설계사를 포함한다)이 모집을 하면서 보험계약자에게 손해를 입힌 경우 배상할 책임을 진다. 다만 보험회사가 보험설계사 또는 보험대리점에 모집을 위탁하면서 상당한 주의를 하였고 이들이 모집을 하면서 보험계약자에게 손해를 입히는 것을 막기 위하여 노력한 경우에는 그러하지 아니하다"라고 규정한다. 위 규정은 보험 모집 과정에서 보험설계사 등의 행위로 보험계약자가 입은 손해에 대하여 보험회사에 무과실에 가까운 손해배상책임을 부담하게 함으로써 보험계약자의 이익을 보호함과 동시에 보험사업의 건전한 육성을 기하고자 하는 데에 그 의의가 있다. / 생명보험은 피보험자의 사망, 생존, 사망과 생존에 관한 보험사고가 발생할 경우에 약정한 보험금을 지급하는 내용의 보험이고(상법 제730조), 보험계약자는 보험수익자를 지정 또는 변경할 권리를 가진다(상법 제731조 제1항). 보험계약자는 피보험자의 사망 등에 관한 보험사고로 인하여 발생할 불이익에 대비하여 일정한 사고 발생 시 자신이 지정하는 보험수익자에게 보험금이 지급되도록 할 목적으로 생명보험계약을 체결한다. 따라서 보험계약자와 보험수익자가 다른 타인을 위한 생명보험에서 보험계약자는 유효한 보험계약 체결과 보험금 지급에 관한 법적 이해관계 내지 이익을 가진다. 보험설계사의 위법행위로 보험계약이 무효가 되거나 일정한 사고를 담보하지 못하여 보험계약자가 지정한 보험수익자에게 보험금이 지급되지 않은 경우 그와 상당인과관계가 있는 것으로서 보험계약자에게 발생한 손해는 보험설계사의 위법행위가 없었으면 보험계약자의 의사에 따라 정해지는 보험수익자에게 지급되었을 전체 보험금 상당액이라고 봄이 타당하다(대판 2024.12.12. 2022다200317[본소]·2022다200324[반소]).

[국가 또는 지방자치단체 소속 공무원의 직무상 의무 위반으로 국가가 배상책임을 지는 경우의 '직무상 의무'의 내용 및 직무상 의무 위반과 손해의 발생 사이에 상당인과관계가 있는지 판단하는 기준]
국가 또는 지방자치단체 소속 공무원에게 부과된 직무상 의무의 내용이 단순히 공공 일반의 이익을 위한 것이거나 행정기관 내부의 질서를 규율하기 위한 것이 아니고 전적으로 또는 부수적으로 사회구성원 개인의 안전과 이익을 보호하기 위하여 설정된 것이라면, 공무원이 그와 같은 직무상 의무를 위반함으로 인하여 피해자가 입은 손해에 대하여는 상당인과관계가 인정되는 범위 내에서 국가 또는 지방자치단체가 배상책임을 진다. 이때 상당인과관계의 유무를 판단함에 있어서는 일반적인 결과 발생의 개연성은 물론 직무상 의무를 부과하는 법령 기타 행동규범의 목적, 그 수행하는 직무의 목적 내지 기능으로부터 예견가능한 행위 후의 사정, 가해행위의 태양 및 피해의 정도 등을 종합적으로 고려하여야 한다(대판 2025.6.12. 2022다279788).

[자동차관리법 제13조 제10항, 자동차등록규칙 제27조 제3항의 목적과 취지 / 자동차등록업무를 담당하는 공무원이 직무상 의무를 위반하여 말소등록 당시 자동차에 설정되어 있던 저당권의 피담보채권이 소멸되었음을 증명하는 서류를 확인하지 않은 채 제3자에게 해당 자동차에 대한 등록을 마친 경우, 직무상 위반 행위와 저당권자가 입은 저당권 상실의 손해 사이에 상당인과관계가 있는지 여부(적극) 및 그 등록업무를 담당한 공무원이 속한 지방자치단체의 배상책임을 인정할 수 있는지 여부(적극)]
자동차관리법 제13조 제10항, 자동차등록규칙 제27조 제3항의 목적과 취지는 자동차 말소등록을 악용하여 자동차에 설정된 저당권 등의 권리관계도 외형상 소멸되도록 한 뒤 차량을 다시 등록하여 판매하는 경우 여신금융회사 등 채권자의 부실채권이 증가하고 자동차매매시장의 투명성도 저해되는 결과가 발생하기 때문에 이를 방지하기 위해 각 관할관청에 말소등록 당시 이해관계인의 권리관계를 확인하여 해당 자동차에 대한 등록 전에 그 권리관계의 소멸에 관한 증명 서류를 확인할 의무를 부과하고자 함에 있다. / 따라서 자동차등록업무를 담당하는 공무원으로서는 위와 같은 법령의 규정에 따라 말소등록 당시 이해관계인에 대한 권리관계가 소멸되었음을 증명하는 서류를 등록신청인으로부터 제출받아 확인할 의무가 있고, 이러한 직무상 의무는 단순히 공공 일반의 이익을 위한 것이거나 행정기관 내부의 질서를 규율하기 위한 것이 아니라 전적으로 또는 부수적으로 사회구성원 개인의 안전과 이익을 보호하기 위하여 설정된 것이다. 따라서 자동차등록업무를 담당하는 공무원이 그 직무상 의무를 위반하여 말소등록 당시 자동차에 설정되어 있던 저당권의 피담보채권이 소멸되었음을 증명하는 서류를 확인하지 않은 채 제3자에게 해당 자동차에 대한 등록을 마친 경우에는 그 직무상 위반 행위와 저당권자가 입은 저당권 상실의 손해 사이에 상당인과관계가 인정된다고 보아야 하므로, 그 등록업무를 담당한 공무원이 속한 지방자치단체의 배상책임을 인정할 수 있다(대판 2025.6.12. 2022다279788).

Ⅲ 책임무능력자의 감독자책임

> **감독자의 책임(민법 제755조)**
> ① 다른 자에게 손해를 가한 사람이 제753조 또는 제754조에 따라 책임이 없는 경우에는 그를 감독할 법정의무가 있는 자가 그 손해를 배상할 책임이 있다. 다만, 감독의무를 게을리하지 아니한 경우에는 그러하지 아니하다.
> ② 감독의무자를 갈음하여 제753조 또는 제754조에 따라 책임이 없는 사람을 감독하는 자도 제1항의 책임이 있다.

1. 감독자의 책임요건

가해자가 책임무능력자인 경우에는 법정감독의무자 또는 이에 갈음하여 무능력자를 감독하는 자가 배상할 책임이 있다(민법 제755조). 감독자가 감독의무를 해태하지 아니하였음을 입증한 때에는 책임을 지지 않는다(민법 제755조 제1항 단서).

2. 책임능력 있는 미성년자의 불법행위와 감독자 책임

책임능력 있는 미성년자의 불법행위에 대하여도 감독자책임을 부담하는가에 대하여 민법 제755조는 가해자에게 책임능력이 없는 경우에 한하여 적용되는 것이고, 다만, 감독상의 부주의와 손해의 발생과의 사이에 상당인과관계가 있으면 감독의무자는 민법 제750조상의 책임을 부담한다(통설).

> **[이혼으로 인하여 부모 중 1명이 친권자 및 양육자로 지정된 경우 그렇지 않은 부모가 미성년자의 부모라는 사정만으로 미성년 자녀에 대한 감독의무를 부담하는지 여부(원칙적 소극)]**
> 미성년자가 책임능력이 있어 스스로 불법행위책임을 지는 경우에도 그 손해가 미성년자의 감독의무자의 의무위반과 상당인과관계가 있으면 감독의무자는 민법 제750조에 따라 일반불법행위자로서 손해배상책임이 있다. 이 경우 그러한 감독의무 위반사실과 손해 발생과의 상당인과관계는 이를 주장하는 자가 증명하여야 한다. 미성년 자녀를 양육하며 친권을 행사하는 부모는 자녀를 경제적으로 부양하고 보호하며 교양할 법적인 의무가 있다(민법 제913조). 부모와 함께 살면서 경제적으로 부모에게 의존하는 미성년자는 부모의 전면적인 보호·감독 아래 있으므로, 그 부모는 미성년자가 타인에게 불법행위를 하지 않고 정상적으로 학교 및 사회생활을 하도록 일반적, 일상적으로 지도와 조언을 할 보호·감독의무를 부담한다. 따라서 그러한 부모는 미성년자의 감독의무자로서 위에서 본 것처럼 미성년자의 불법행위에 대하여 손해배상책임을 질 수 있다. 그런데 이혼으로 인하여 부모 중 1명이 친권자 및 양육자로 지정된 경우 그렇지 않은 부모(이하 '비양육친'이라 한다)에게는 자녀에 대한 친권과 양육권이 없어 자녀의 보호·교양에 관한 민법 제913조 등 친권에 관한 규정이 적용될 수 없다. 비양육친은 자녀와 상호 면접교섭할 수 있는 권리가 있지만(민법 제837조의2 제1항), 이러한 면접교섭 제도는 이혼 후에도 자녀가 부모와 친밀한 관계를 유지하여 정서적으로 안정되고 원만한 인격발달을 이룰 수 있도록 함으로써 자녀의 복리를 실현하는 것을 목적으로 하고, 제3자와의 관계에서 손해배상책임의 근거가 되는 감독의무를 부과하는 규정이라고 할 수 없다. 비양육친은 이혼 후에도 자녀의 양육비용을 분담할 의무가 있지만, 이것만으로 비양육친이 일반적, 일상적으로 자녀를 지도하고 조언하는 등 보호·감독할 의무를 진다고 할 수 없다. 이처럼 비양육친이 미성년자의 부모라는 사정만으로 미성년 자녀에 대하여 감독의무를 부담한다고 볼 수 없다. 다만 비양육친도 부모로서 자녀와 면접교섭을 하거나 양육친과의 협의를 통하여 자녀 양육에 관여할 가능성이 있는 점을 고려하면, ① 자녀의 나이와 평소 행실, 불법행위의 성질과 태양, 비양육친과 자녀 사이의 면접교섭의 정도와 빈도, 양육 환경, 비양육친의 양육에 대한 개입 정도 등에 비추어 비양육친이 자녀에 대하여 실질적으로 일반적이고 일상적인 지도, 조언을 함으로써

공동 양육자에 준하여 자녀를 보호·감독하고 있었거나, ② 그러한 정도에는 이르지 않더라도 면접교섭 등을 통해 자녀의 불법행위를 구체적으로 예견할 수 있었던 상황에서 자녀가 불법행위를 하지 않도록 부모로서 직접 지도, 조언을 하거나 양육친에게 알리는 등의 조치를 취하지 않은 경우 등과 같이 비양육친의 감독의무를 인정할 수 있는 특별한 사정이 있는 경우에는, 비양육친도 감독의무 위반으로 인한 손해배상책임을 질 수 있다(대판 2022.4.14. 2020다240021).

Ⅳ 사용자책임

사용자의 배상책임(민법 제756조)
① 타인을 사용하여 어느 사무에 종사하게 한 자는 피용자가 그 사무집행에 관하여 제3자에게 가한 손해를 배상할 책임이 있다. 그러나 사용자가 피용자의 선임 및 그 사무감독에 상당한 주의를 한 때 또는 상당한 주의를 하여도 손해가 있을 경우에는 그러하지 아니하다.
② 사용자에 갈음하여 그 사무를 감독하는 자도 전항의 책임이 있다.
③ 전2항의 경우에 사용자 또는 감독자는 피용자에 대하여 구상권을 행사할 수 있다.

도급인의 책임(민법 제757조)
도급인은 수급인이 그 일에 관하여 제3자에게 가한 손해를 배상할 책임이 없다. 그러나 도급 또는 지시에 관하여 도급인에게 중대한 과실이 있는 때에는 그러하지 아니하다.

1. 의 의

사용자책임이란 타인을 사용하여 어느 사무에 종사하게 한 자가 사무집행에 관하여 피용자가 타인에게 가한 손해를 배상하는 책임을 말한다(민법 제756조 제1항). 타인을 사용하여 자기의 활동범위를 확대한 자는 그 책임의 범위도 확대된다(보상책임설).

2. 요 건

(1) 타인을 사용하여 어느 사무에 종사하게 하였을 것

① 사무란 영리적인 것에 한하지 않으며 또한 계속적인 것이어야 하는 것도 아니다.
② 사용자와 피용자의 관계는 반드시 유효한 고용관계가 있는 경우에 한하는 것이 아니고, 사실상 어떤 사람이 다른 사람을 위하여 그 지휘·감독 아래 그 의사에 따라 사무를 집행하는 관계에 있으면 족하다(대판 1998.8.21. 97다13702). 다단계판매원은 다단계판매업자의 지휘·감독을 받으면서 다단계판매업자의 업무를 직접 또는 간접으로 수행하는 자로서 다단계판매업자와의 관계에서 민법 제756조에 규정한 피용자에 해당하며(대판 2008.11.27. 2008다56118), 책임능력 없는 자의 가해행위에 그 대리감독자의 불법행위가 성립하는 경우 대리감독자의 사용자도 사용자책임을 부담할 수 있다(대판 1981.8.11. 81다298).

③ 사용자가 선임하고 또한 지휘·감독하는 관계가 있어야 하는데 그러한 관계는 객관적으로 결정된다.
④ 명의대여관계의 경우 민법 제756조가 규정하고 있는 사용자책임의 요건으로서의 사용관계가 있느냐 여부는 실제적으로 지휘·감독을 하였느냐의 여부에 관계없이 객관적·규범적으로 보아 사용자가 그 불법행위자를 지휘·감독해야 할 지위에 있었느냐의 여부를 기준으로 결정하여야 한다(대판 2001.8.21. 2001다3658).
⑤ 일반적으로 도급인과 수급인 사이에는 지휘·감독의 관계가 없으므로 도급인은 수급인이나 수급인의 피용자의 불법행위에 대하여 사용자로서의 배상책임이 없는 것이지만, 도급인이 수급인에 대하여 특정한 행위를 지휘하거나 특정한 사업을 도급시키는 경우와 같은 이른바 노무도급의 경우에는 비록 도급인이라고 하더라도 사용자로서의 배상책임이 있다(대판 2005.11.10. 2004다37676).
⑥ 동업관계에 있는 자들이 공동으로 처리하여야 할 업무를 동업자 중 1인에게 맡겨 그로 하여금 처리하도록 한 경우 다른 동업자는 그 업무집행자의 동업자인 동시에 사용자의 지위에 있다 할 것이므로, 업무집행과정에서 발생한 사고에 대하여 사용자로서 손해배상책임이 있다(대판 2006.3.10. 2005다65562).

[동업으로 합동법무사사무소를 경영하는 법무사 상호 간에 업무집행을 위임하여 그 법무사 중 1인이 다른 법무사의 명의로 업무집행을 한 경우, 명의자인 법무사는 실제 업무를 처리한 법무사를 지휘·감독할 사용자관계에 있는지 여부(적극)]
합동법무사사무소의 구성원인 법무사들이 위촉된 등기사무를 처리함에 있어서 실제로 그 구성원 법무사 중 누가 사무를 처리하든 관계없이 한 달을 열흘 단위로 나누어 구성원 1인의 이름으로 처리하기로 내부방침을 정하고 있었고, 위 방침에 따라 구성원인 법무사 중 1인이 등기신청 대행 업무를 처리하면서 다른 법무사를 서류상 작성명의인으로 기재한 경우, 서류상 작성명의인인 법무사는 합동사무소에 위촉되어 동업관계에 있는 법무사와 공동으로 처리하여야 할 업무를 위임하여 처리하도록 한 셈이므로 그 업무처리에 있어 실제 업무를 처리한 법무사를 지휘·감독하여야 할 사용자관계에 있다고 보아야 한다(대판 1999.4.27. 98다36238).

⑦ 피용자가 퇴직한 뒤에는 퇴직에도 불구하고 사용자의 실질적인 지휘·감독 아래에 있었다고 볼 수 있는 특별한 사정이 없다면 그의 행위에 대하여 원칙적으로 종전의 사용자에게 사용자책임을 물을 수 없다(대판 2001.9.4. 2000다26128).
⑧ 소위 지입차량의 소유명의자는 그 지입차량의 운전자를 직접 고용하여 지휘감독을 한 바 없었더라도 명의대여자로서 뿐만 아니라 객관적으로 지입 차량의 운전자를 지휘 감독할 관계에 있는 사용자의 지위에 있다 할 것이므로 그 운전자의 과실로 타인에게 손해를 가한 경우에는 사용자책임을 부담한다(대판 1991.8.23. 91다15409).

(2) 피용자가 사무집행에 관하여 제3자에게 손해를 주었을 것

1) 사무집행 관련성

① 피용자의 불법행위가 외형상 객관적으로 사용자의 사업활동 내지 사무집행행위 또는 그와 관련된 것이라고 보여질 때에는 행위자의 주관적 사정을 고려함이 없이 이를 사무집행에 관하여 한 행위로 본다(대판 1996.1.26. 95다46890).

> **[택시운전사가 택시를 운행 중 승객인 부녀를 강간한 경우 택시회사의 사용자책임 유무(적극)]**
> 사용자의 배상책임을 규정한 민법 제756조 소정의 "그 사무집행에 관하여"라 함은 사용자의 사업집행 자체 또는 이에 필요한 행위뿐만 아니라 이와 관련된 것이라고 일반적으로 보여지는 행위는 설사 그것이 피용자의 이익을 도모하기 위한 경우라도 이에 포함된다고 보아야 할 것이므로 택시회사의 운전수가 택시의 승객을 태우고 운행 중 차속에서 부녀를 강간한 경우 위 회사는 사용자로서 손해배상책임이 있다(대판 1991.1.11. 90다8954).

② 피용자의 불법행위가 외관상 사무집행의 범위 내에 속하는 것으로 보이는 경우에도 피용자의 행위가 사용자나 사용자에 갈음하여 그 사무를 감독하는 자의 사무집행행위에 해당하지 않음을 피해자 자신이 알았거나 또는 중대한 과실로 알지 못한 때에는 사용자 또는 사용자에 갈음하여 사무를 감독하는 자에게 사용자책임을 물을 수 없다(대판 2011.11.24. 2011다41529).

③ 피용자가 고의에 기하여 다른 사람에게 가해행위를 한 경우 그 행위가 피용자의 사무집행 그 자체는 아니라 하더라도 사용자의 사업과 시간적, 장소적으로 근접하고, 피용자의 사무의 전부 또는 일부를 수행하는 과정에서 이루어지거나 가해행위의 동기가 업무처리와 관련된 것일 경우에는 외형적, 객관적으로 사용자의 사무집행행위와 관련된 것이라고 보아 사용자책임이 성립한다고 할 것이다(대판 2000.2.11. 99다47297).

2) 제3자에 대한 손해

제3자란 사용자와 가해행위를 한 피용자를 제외한 그 밖의 자를 말한다.

(3) 피용자의 행위가 불법행위에 해당할 것

무능력자의 대리감독자에게 민법 제755조 제2항에 의한 배상책임이 있다고 하여 위 대리감독자의 사용자 또는 사용자에 갈음한 감독자에게 당연히 민법 제756조에 의한 사용자책임이 있다고 볼 수는 없으며, 책임무능력자의 가해행위에 관하여 그 대리감독자에게 고의 또는 과실이 인정됨으로써 별도로 불법행위의 일반요건을 충족한 때에만 위 대리감독자의 사용자 또는 사용자에 갈음한 감독자는 사용자책임을 지게 된다(대판 1981.8.11. 81다298).

(4) 사용자가 면책사유를 입증하지 못할 것

사용자는 피용자의 선임 및 그 사무감독에 상당한 주의를 한 때 또는 상당한 주의를 하여도 손해가 있을 경우에는 배상책임을 면한다(민법 제756조 제1항 단서).

3. 효과 : 배상책임과 구상관계

피용자는 민법 제750조의 일반불법행위책임을, 사용자는 민법 제756조의 사용자배상책임을 진다.
① 사용자에 갈음하여 그 사무를 감독하는 자도 사용자와 동일한 책임을 진다(민법 제756조 제2항). 이들의 책임은 부진정연대채무를 이룬다.
② 사용자 또는 감독자가 배상을 한 때에는 피용자에 대하여 구상권을 행사할 수 있다(민법 제756조 제3항).
③ 사용자가 피용자의 과실에 의한 불법행위로 인한 사용자책임을 부담하는 경우와 마찬가지로 피용자의 고의에 의한 불법행위로 인하여 사용자책임을 부담하는 경우에도 피해자에게 그 손해의 발생과 확대에 기여한 과실이 있다면 사용자책임의 범위를 정함에 있어서 이러한 피해자의 과실을 고려하여 그 책임을 제한할 수 있다(대판 2002.12.26. 2000다56952).
④ 사용자는 손해의 공평한 분담이라는 견지에서 신의칙상 상당하다고 인정되는 한도 내에서만 피용자에 대하여 손해배상을 청구하거나 그 구상권을 행사할 수 있다(대판 1996.4.9. 95다52611).
⑤ 파견근로자 보호 등에 관한 법률에 의한 근로자 파견은 파견사업주가 근로자를 고용한 후 그 고용관계를 유지하면서 사용사업주와 사이에 체결한 근로자파견계약에 따라 사용사업주에게 근로자를 파견하여 근로를 제공하게 하는 것으로서, 파견사업주와 파견근로자 사이에는 민법 제756조의 사용관계가 인정되어 파견사업주는 파견근로자의 파견업무에 관련한 불법행위에 대하여 파견근로자의 사용자로서의 책임을 져야 하지만, 파견근로자가 사용사업주의 구체적인 지시·감독을 받아 사용사업주의 업무를 행하던 중에 불법행위를 한 경우에 파견사업주가 파견근로자의 선발 및 일반적 지휘·감독권의 행사에 있어서 주의를 다하였다고 인정되는 때에는 면책된다고 할 것이다(대판 2003.10.9. 2001다24655).
⑥ 피해자의 부주의를 이용하여 고의로 불법행위를 저지른 자가 바로 그 피해자의 부주의를 이유로 자신의 책임을 감하여 달라고 주장하는 것은 허용될 수 없으나, 이는 그러한 사유가 있는 자에게 과실상계의 주장을 허용하는 것이 신의칙에 반하기 때문이므로, 중개보조원이 업무상 행위로 거래당사자인 피해자에게 고의로 불법행위를 저지른 경우라 하더라도 중개보조원을 고용하였을 뿐 이러한 불법행위에 가담하지 아니한 중개업자에게 책임을 묻고 있는 피해자에 과실이 있다면, 법원은 과실상계의 법리에 좇아 손해배상책임 및 그 금액을 정하면서 이를 참작하여야 한다(대판 2011.7.14. 2011다21143).
⑦ 피용자와 제3자가 공동불법행위로 피해자에게 손해를 가하여 그 손해배상채무를 부담하는 경우에 피용자와 제3자는 공동불법행위자로서 서로 부진정연대관계에 있고, 한편 사용자의 손해배상책임은 피용자의 배상책임에 대한 대체적 책임이어서 사용자도 제3자와 부진정연대관계에 있다고 보아야 할 것이므로, 사용자가 피용자와 제3자의 책임비율에 의하여 정해진 피용자의 부담 부분을 초과하여 피해자에게 손해를 배상한 경우에는 사용자는 제3자에 대하여도 구상권을 행사할 수 있으며, 그 구상의 범위는 제3자의 부담 부분에 국한된다고 보는 것이 타당하다(대판[전합] 1992.6.23. 91다33070).

V 공작물 등의 점유자와 소유자의 책임

공작물 등의 점유자, 소유자의 책임(민법 제758조)
① 공작물의 설치 또는 보존의 하자로 인하여 타인에게 손해를 가한 때에는 공작물점유자가 손해를 배상할 책임이 있다. 그러나 점유자가 손해의 방지에 필요한 주의를 해태하지 아니한 때에는 그 소유자가 손해를 배상할 책임이 있다.
② 전항의 규정은 수목의 재식 또는 보존에 하자 있는 경우에 준용한다.
③ 전2항의 경우 점유자 또는 소유자는 그 손해의 원인에 대한 책임 있는 자에 대하여 구상권을 행사할 수 있다.

1. 의 의

공작물의 설치 또는 보존의 하자로 인하여 타인에게 손해를 준 때에는 1차로 공작물의 점유자가 책임을 지되, 그가 손해의 방지에 필요한 주의를 다한 때에는 그는 면책되고 이때에는 2차로 공작물의 소유자가 그 책임을 지는데, 소유자에게는 면책이 인정되지 않는다(민법 제758조 제1항).

[시공상의 잘못으로 발생한 공작물의 하자로 인하여 타인에게 손해를 가한 경우, 민법 제758조가 공작물 시공자의 피해자에 대한 민법 제750조에 의한 손해배상책임을 배제하는 규정인지 여부(소극)]
민법 제758조는 공작물의 설치·보존의 하자로 인하여 타인에게 손해를 가한 경우 그 점유자 또는 소유자에게 일반 불법행위와 달리 이른바 위험책임의 법리에 따라 책임을 가중시킨 규정일 뿐이고, 그 공작물 시공자가 그 시공상의 고의·과실로 인하여 피해자에게 가한 손해를 민법 제750조에 의하여 직접 책임을 부담하게 되는 것을 배제하는 취지의 규정은 아니다(대판 1996.11.22. 96다39219).

[민법 제758조 제1항에서 정한 공작물 점유자의 의미 / 가사상, 영업상 기타 유사한 관계에 의하여 타인의 지시를 받아서 공작물에 대한 사실상의 지배를 하는 자가 민법 제758조 제1항에 의한 공작물 점유자의 책임을 부담하는 자에 해당하는지 여부(소극)]
민법 제758조 제1항 소정의 공작물 점유자란 공작물을 사실상 지배하면서 그 설치 또는 보존상의 하자로 인하여 발생할 수 있는 각종 사고를 방지하기 위하여 공작물을 보수·관리할 권한 및 책임이 있는 자를 말한다. / 가사상, 영업상 기타 유사한 관계에 의하여 타인의 지시를 받아서 공작물에 대한 사실상의 지배를 하는 자가 있는 경우에 그 타인의 지시를 받는 자는 민법 제195조에 따른 점유보조자에 불과하므로 민법 제758조 제1항에 의한 공작물 점유자의 책임을 부담하는 자에 해당하지 않는다(대판 2024.2.15. 2019다208724).

2. 요 건

(1) 공작물의 설치·보존의 하자로 인하여 타인에게 손해를 가하였을 것

① 공작물 : 공작물이란 인공적 작업에 의해 제작된 물건을 의미한다(대판 1979.7.10. 79다714).
② 설치·보존의 하자 : 설치·보존의 하자란 공작물이 그 용도에 따라 본래 갖추어야 할 객관적인 안전성을 설치 당시부터 결여하거나 또는 설치 후 결여하게 된 것을 의미한다(대판 1983.4.12. 81다226).

> [공작물의 설치 또는 보존상의 하자가 사고의 공동원인 중 하나인 경우, 사고로 인한 손해가 위 하자에 의하여 발생한 것이라고 보아야 하는지 여부(적극) / 화재가 공작물의 설치 또는 보존상의 하자가 아닌 다른 원인으로 발생하였거나 화재의 발생원인이 밝혀지지 않았더라도, 위 하자를 화재사고의 공동원인 중 하나로 볼 수 있는 경우]
> 공작물의 설치 또는 보존상의 하자로 인한 사고는 공작물의 설치 또는 보존상의 하자만이 손해발생의 원인이 되는 경우만을 말하는 것이 아니고, 공작물의 설치 또는 보존상의 하자가 사고의 공동원인의 하나가 되는 이상 사고로 인한 손해는 공작물의 설치 또는 보존상의 하자에 의하여 발생한 것이라고 보아야 한다. 그리고 화재가 공작물의 설치 또는 보존상의 하자가 아닌 다른 원인으로 발생하였거나 화재의 발생 원인이 밝혀지지 않은 경우에도 공작물의 설치 또는 보존상의 하자로 인하여 화재가 확산되어 손해가 발생하였다면 공작물의 설치 또는 보존상의 하자는 화재사고의 공동원인의 하나가 되었다고 볼 수 있다(대판 2015.2.12. 2013다61602).
>
> [철도를 설치하고 보존·관리하는 자가 설치 또는 보존·관리의 하자로 인하여 피해가 발생한 경우, 민법 제758조 제1항에 따라 이를 배상할 의무가 있는지 여부(적극) 및 '공작물의 설치 또는 보존의 하자'의 의미 / 공작물을 본래의 목적 등으로 이용하는 과정에서 일정한 한도를 초과하여 제3자에게 사회통념상 일반적으로 참아내야 할 정도를 넘는 피해가 발생하였는지 판단하는 기준]
> 철도를 설치하고 보존·관리하는 자는 설치 또는 보존·관리의 하자로 인하여 피해가 발생한 경우 민법 제758조 제1항에 따라 이를 배상할 의무가 있다. 공작물의 설치 또는 보존의 하자는 해당 공작물이 용도에 따라 갖추어야 할 안전성을 갖추지 못한 상태에 있다는 것을 의미한다. 여기에서 안전성을 갖추지 못한 상태, 즉 타인에게 위해를 끼칠 위험성이 있는 상태라 함은 해당 공작물을 구성하는 물적 시설 자체에 물리적·외형적 결함이 있거나 필요한 물적 시설이 갖추어져 있지 않아 이용자에게 위해를 끼칠 위험성이 있는 경우뿐만 아니라, 공작물을 본래의 목적 등으로 이용하는 과정에서 일정한 한도를 초과하여 제3자에게 사회통념상 일반적으로 참아내야 할 정도를 넘는 피해를 입히는 경우까지 포함된다. 이 경우 참을 한도를 넘는 피해가 발생하였는지는 구체적으로 피해의 성질과 정도, 피해이익의 공공성, 가해행위의 종류와 태양, 가해행위의 공공성, 가해자의 방지조치 또는 손해 회피의 가능성, 공법상 규제기준의 위반 여부, 토지가 있는 지역의 특성과 용도, 토지이용의 선후 관계 등 모든 사정을 종합적으로 고려하여 판단하여야 한다(대판 2017.2.15. 2015다23321).

③ 인과관계 : 공작물의 설치·보존의 하자로 제3자에게 손해를 가했어야 한다.
④ 타인 : 가옥의 임차인인 직접점유자가 공작물의 설치보존상의 하자로 인하여 피해를 입을 경우에 소유자는 이에 대하여 손해배상을 하여줄 책임이 있고 피해자인 직접점유자에게 그 보존상의 과실이 있으면 과실상계사유가 된다(대판 1989.3.14. 88다카11121).

(2) 면책사유가 없을 것

3. 효 과

점유자의 1차 책임은 과실의 입증책임을 전환한 중간책임이나, 2차로 보충적으로 지는 소유자의 책임은 무과실책임으로 구성되어 있다. 공작물이 국가나 지방자치단체가 설치하여 관리하는 것인 때에는 민법 제758조가 아니라 국가배상법 제5조에 의해 국가 등이 그 배상책임을 지게 된다. 수목의 식재 또는 보존에 하자가 있는 경우에도 공작물책임에서와 같은 책임이 준용된다(민법 제758조 제2항).

Ⅵ 동물 점유자의 책임

> **동물의 점유자의 책임(민법 제759조)**
> ① 동물의 점유자는 그 동물이 타인에게 가한 손해를 배상할 책임이 있다. 그러나 동물의 종류와 성질에 따라 그 보관에 상당한 주의를 해태하지 아니한 때에는 그러하지 아니하다.
> ② 점유자에 갈음하여 동물을 보관한 자도 전항의 책임이 있다.

동물의 점유자 또는 점유자에 갈음하여 동물을 보관하는 자는 그 동물이 타인에게 가한 손해를 배상할 책임이 있다(민법 제759조 제1항 본문). 동물의 종류와 성질에 따라 그 보관에 상당한 주의를 게을리하지 않은 때에는 면책된다(민법 제759조 제1항 단서).

Ⅶ 공동불법행위

> **공동불법행위자의 책임(민법 제760조)**
> ① 수인이 공동의 불법행위로 타인에게 손해를 가한 때에는 연대하여 그 손해를 배상할 책임이 있다.
> ② 공동 아닌 수인의 행위 중 어느 자의 행위가 그 손해를 가한 것인지를 알 수 없는 때에도 전항과 같다.
> ③ 교사자나 방조자는 공동행위자로 본다.

1. 의 의

공동불법행위란 수인이 공동으로 타인에게 손해를 가한 경우를 말하는데 그 가해행위에 가담한 자들은 연대하여 손해를 배상하여야 한다(민법 제760조).

2. 공동불법행위의 요건

(1) 협의의 공동불법행위(민법 제760조 제1항)

① 각자의 행위가 불법행위의 요건을 구비할 것

> 실손의료보험 약관 변경으로 다초점 인공수정체 비용이 실손의료보험 보장에서 제외되자, 안과의원을 운영하는 의사 甲이 乙 등에게 백내장 수술 및 다초점 인공수정체 삽입술을 시행하면서 실손의료보험이 적용되는 검사비는 올리고, 실손의료보험이 적용되지 않는 다초점 인공수정체 비용은 공급가보다 낮추는 방식으로 진료비를 조정하였고, 이후 乙 등이 丙 보험회사에 검사비를 청구하여 丙 회사가 乙 등에게 보험금을 지급하였는데, 丙 회사가 甲과 乙 등을 상대로 이를 기망행위라고 주장하며 손해배상을 구한 사안에서, 제반 사정에 비추어 甲과 乙 등의 위와 같은 행위가 공동불법행위 요건으로서 위법행위에 해당한다고 보기 어려운데도, 이와 달리 본 원심판단에 법리오해 등의 잘못이 있다고 한 사례이다(대판 2024.12.24. 2023다205487).

② 가해행위의 공동성이 인정될 것(행위의 관련공동성) : 공동의 의미와 관련하여 판례는 「공동불법행위의 성립에는 공동불법행위자 상호 간에 의사의 공통이나 공동의 인식이 필요하지 아니하고 객관적으로 그들의 각 행위에 관련공동성이 있으면 족하고 그 관련공동성 있는 행위에 의하여 손해가 발생하였다면 그 손해배상책임을 면할 수 없다(대판 1998.9.25. 98다9205)」고 하여 객관적 공동설의 입장이다.

(2) 가해자 불명의 공동불법행위(민법 제760조 제2항)

① 각자의 행위가 불법행위의 요건을 구비할 것
② 공동 아닌 수인의 행위가 있을 것
③ 수인 중 가해자가 불명일 것 : 다수의 의사가 의료행위에 관여한 경우 그중 누구의 과실에 의하여 의료사고가 발생한 것인지 분명하게 특정할 수 없는 때에는 일련의 의료행위에 관여한 의사들 모두에 대하여 민법 제760조 제2항에 따라 공동불법행위책임을 물을 수 있다고 봄이 상당하다(대판 2005.9.30. 2004다52576).

(3) 교사자와 방조자의 책임(민법 제760조 제3항)

① 교사자나 방조자는 공동행위자로 본다(민법 제760조 제3항).
② 교사란 타인으로 하여금 불법행위의 의사결정을 하게 하는 것을 의미하며, 교사의 수단·방법에는 제한이 없다.
③ 방조란 불법행위의 보조적 행위를 하는 것, 즉 불법행위를 용이하게 하는 직접·간접의 모든 행위를 말한다. 형법과 달리 과실에 의한 방조도 인정된다.

> [1] 타인의 불법행위에 대하여 과실에 의한 방조를 이유로 공동불법행위의 책임을 지우기 위한 요건 및 방조행위와 피해자의 손해 사이에 상당인과관계가 있는지 판단하는 기준 : 타인의 불법행위에 대하여 과실에 의한 방조로서 공동불법행위의 책임을 지우기 위해서는 방조행위와 불법행위에 의한 피해자의 손해 발생 사이에 상당인과관계가 인정되어야 하며, 상당인과관계를 판단할 때에는 과실에 의한 행위로 인하여 해당 불법행위를 용이하게 한다는 사정에 관한 예견가능성과 아울러 과실에 의한 행위가 피해 발생에 끼친 영향, 피해자의 신뢰 형성에 기여한 정도, 피해자 스스로 쉽게 피해를 방지할 수 있었는지 등을 종합적으로 고려하여 그 책임이 지나치게 확대되지 않도록 신중을 기하여야 한다. [2] 타인의 불법행위가 계속되는 중 공동불법행위자의 과실에 의한 행위가 이루어진 경우, 그 과실에 의한 행위와 그 이전에 타인의 불법행위로 발생한 손해 사이에 상당인과관계가 인정되는지 여부(원칙적 소극) : 공동불법행위자 1인이라고 하여 자신의 행위와 상당인과관계가 없는 손해에 대하여도 당연히 배상책임을 진다고 할 수는 없는 것이고, 타인의 불법행위가 계속되는 중 공동불법행위자의 과실에 의한 행위가 이루어졌다면, 특별한 사정이 없는 한 그 과실에 의한 행위와 그 이전에 타인의 불법행위로 발생한 손해 사이에 상당인과관계가 있다고 보기는 어렵다(대판 2022.9.7. 2022다237098).

3. 공동불법행위의 효과

(1) 부진정연대채무

민법 제760조 제1항의 연대의 의미와 관련하여 견해의 대립이 있으나, 통설과 판례는 피해자를 두텁게 보호하기 위하여 부진정연대채무로 본다. 1인의 공동불법행위자가 행한 변제, 대물변제, 공탁, 상계 등 채권을 만족시키는 사유는 절대적 효력이 있다.

(2) 손해배상의 범위

① **산정의 기준** : 각 공동불법행위자는 민법 제393조에 따라 공동불법행위와 상당인과관계가 있는 손해에 대하여 배상하여야 한다(민법 제763조, 제393조).

> - 교통사고의 피해자가 사고로 상해를 입은 후에도 계속하여 종전과 같이 직장에 근무하여 종전과 같은 보수를 지급받고 있다 하더라도 그와 같은 보수가 사고와 상당인과관계가 있는 이익이라고 볼 수 없으므로 이를 손해배상액에서 공제할 수 없다(대판 1992.12.22. 92다31361).
> - 손해배상은 손해의 전보를 목적으로 하는 것이므로 피해자로 하여금 근로기준법이나 산업재해보상보험법에 따라 휴업급여나 장해급여 등을 이미 지급받은 경우에 그 급여액을 일실수입의 배상액에서 공제하는 것은 그 손해의 성질이 동일하여 상호보완적 관계에 있는 것 사이에서만 가능하다. 따라서 피해자가 수령한 휴업급여금이나 장해급여금이 법원에서 인정된 소극적 손해액을 초과하더라도 그 초과부분을 기간과 성질을 달리하는 손해배상액에서 공제할 것은 아니며, 휴업급여는 휴업기간 중의 일실수입에 대응하는 것이므로 그것이 지급된 휴업기간 중의 일실수입 상당의 손해액에서만 공제되어야 한다(대판 2020.6.25. 2020다216240).
> - 민법 제760조 제1항, 제3항의 공동불법행위자에게 불법행위로 인한 손해배상책임을 지우기 위한 요건으로서 위법한 행위와 손해 사이에 상당인과관계가 있는지 판단하는 방법 : 민법 제760조 제1항, 제3항의 공동불법행위자에게 불법행위로 인한 손해배상책임을 지우려면, 그 위법한 행위와 원고가 입은 손해 사이에 상당인과관계가 있어야 하고, 그 상당인과관계의 유무는 결과발생의 개연성, 위법행위의 태양 및 피침해이익의 성질 등을 종합적으로 고려하여 판단하여야 한다(대판 2022.4.28. 2020다268265).

② **과실상계** : 공동불법행위책임은 가해자 각 개인의 행위에 대하여 개별적으로 그로 인한 손해를 구하는 것이 아니라 가해자들이 공동으로 가한 불법행위에 대하여 그 책임을 추궁하는 것이므로, 공동불법행위로 인한 손해배상책임의 범위는 피해자에 대한 관계에서 가해자들 전원의 행위를 전체적으로 함께 평가하여 정하여야 하나, 이는 과실상계를 위한 피해자의 과실을 평가함에 있어서 공동불법행위자 전원에 대한 과실을 전체적으로 평가하여야 한다는 것이지, 공동불법행위자 중에 고의로 불법행위를 행한 자가 있는 경우에는 피해자에게 과실이 없는 것으로 보아야 한다거나 모든 불법행위자가 과실상계의 주장을 할 수 없게 된다는 의미는 아니다(대판 2020.2.27. 2019다223747).

> [법원이 과실상계를 함에 있어서 피해자의 공동불법행위자 각인에 대한 과실비율이 서로 다른 경우, 피해자의 과실을 평가하는 방법 / 공동불법행위자의 관계는 아니지만 부진정연대채무 관계가 인정되는 경우, 과실상계를 할 때 반드시 채권자의 과실을 채무자 전원에 대하여 전체적으로 평가하여야 하는지 여부(소극) / 손해배상사건에서 과실상계 또는 책임제한에 관한 사실인정이나 비율을 정하는 것이 사실심의 전권사항인지 여부(원칙적 적극)]
> 공동불법행위책임은 가해자 각 개인의 행위에 대하여 개별적으로 그로 인한 손해를 구하는 것이 아니라 그 가해자들이 공동으로 가한 불법행위에 대하여 그 책임을 추궁하는 것으로, 법원이 피해자의 과실을 들어 과실상계를 함에 있어서는 피해자의 공동불법행위자 각인에 대한 과실비율이 서로 다르더라도 피해자의 과실을 공동불법행위자 각인에 대한 과실로 개별적으로 평가하지 않고 그들 전원에 대한 과실로 전체적으로 평가하는 것이 원칙이다. 그런데 공동불법행위자의 관계는 아니지만 서로 별개의 원인으로 발생한 독립된 채무가 동일한 경제적 목적을 가지고 있고 서로 중첩되는 부분에 관하여 한 쪽의 채무가 변제 등으로 소멸하면 다른 쪽의 채무도 소멸하는 관계에 있기 때문에 부진정연대채무 관계가 인정되는 경우가 있다. 이러한 경우까지 과실상계를 할 때 반드시 채권자의 과실을 채무자 전원에 대하여 전체적으로 평가하여야 하는 것은 아니다. 그리고 손해배상사건에서 과실상계나 손해부담의 공평을 기하기 위한 책임제한에 관한 사실인정이나 그 비율을 정하는 것은 그것이 형평의 원칙에 비추어 현저하게 불합리하다고 인정되지 않는 한 사실심의 전권사항에 속한다(대판 2022.7.28. 2017다16747[본소] · 2017다16754[반소]).

[공동불법행위자에 대한 손해배상청구를 별개의 소로 진행한 경우 과실상계비율이나 손해액을 달리 인정할 수 있는지 여부(적극)]

피해자가 공동불법행위자들을 모두 피고로 삼아 한꺼번에 손해배상청구의 소를 제기한 경우와 달리 공동불법행위자별로 별개의 소를 제기하여 소송을 진행하는 경우에는 각 소송에서 제출된 증거가 서로 다르고 이에 따라 교통사고의 경위와 피해자의 손해액산정의 기초가 되는 사실이 달리 인정됨으로 인하여 과실상계비율과 손해액도 서로 달리 인정될 수 있는 것이므로, 피해자가 공동불법행위자들 중 일부를 상대로 한 전소에서 승소한 금액을 전부 지급받았다고 하더라도 그 금액이 나머지 공동불법행위자에 대한 후소에서 산정된 손해액에 미치지 못한다면 후소의 피고는 그 차액을 피해자에게 지급할 의무가 있다(대판 2001.2.9. 2000다60227).

[산업재해보상보험법에 따라 보험급여를 받은 재해근로자가 산업재해보상보험 가입 사업주와 제3자의 공동불법행위를 원인으로 사업주를 상대로 손해배상을 청구할 때 그 손해 발생에 재해근로자의 과실이 경합된 경우, 재해근로자의 손해배상청구액을 산정하는 방식(= 보험급여와 같은 성질의 손해액에서 먼저 보험급여를 공제한 다음 과실상계) 및 제3자의 개입 없이 사업주의 불법행위로 근로자가 산업재해를 입었고 그 손해 발생에 재해근로자의 과실이 경합된 경우에도 마찬가지인지 여부(적극)]

산업재해보상보험법 제80조 제2항의 문언과 입법 취지, 산업재해보상보험(이하 '산재보험'이라 한다) 제도의 목적과 사회보장적 성격, 재해근로자(유족 등 보험급여 수급자를 포함한다)와 근로복지공단(이하 '공단'이라 한다) 및 불법행위자 사이의 이익형량 등을 종합하여 보면, 재해근로자가 산재보험 가입 사업주와 제3자의 공동불법행위를 원인으로 가입 사업주를 상대로 손해배상을 청구하는 경우 그 손해 발생에 재해근로자의 과실이 경합된 때에는 공단이 재해근로자에게 지급한 보험급여 중 재해근로자의 과실비율에 해당하는 금액은 공단이 재해근로자를 위해 종국적으로 부담하는 것이므로, 재해근로자에 대한 사업주의 손해배상책임이 공단이 지급한 보험급여 전액만큼 당연히 면제된다고 볼 수는 없다. 따라서 재해근로자의 손해배상청구액은 보험급여와 같은 성질의 손해액에서 먼저 보험급여를 공제한 다음 과실상계를 하는 '공제 후 과실상계' 방식으로 산정하여야 한다. 제3자의 개입 없이 산재보험 가입 사업주의 불법행위로 근로자가 산업재해를 입었고 그 손해 발생에 재해근로자의 과실이 경합된 경우 공단이 재해근로자를 위해 보험급여 중 재해근로자의 과실비율에 해당하는 금액을 종국적으로 부담하는 점은 다르지 않으므로, 이 경우에도 위와 같은 '공제 후 과실상계' 방식으로 재해근로자의 손해배상청구액을 산정하여야 한다(대판 2025.6.26. 2023다297141).

(3) 구상관계

[공동불법행위자들 중의 1인이 전체 채무를 변제한 경우, 나머지 공동불법행위자들이 부담하는 구상채무의 성질(= 분할채무)]

공동불법행위자는 채권자에 대한 관계에서는 부진정연대책임을 지되, 공동불법행위자들 내부관계에서는 일정한 부담 부분이 있고, 이 부담 부분은 공동불법행위자의 과실의 정도에 따라 정하여지는 것으로서 공동불법행위자 중 1인이 자기의 부담 부분 이상을 변제하여 공동의 면책을 얻게 하였을 때에는 다른 공동불법행위자에게 그 부담 부분의 비율에 따라 구상권을 행사할 수 있고, 공동불법행위자 중 1인에 대하여 구상의무를 부담하는 다른 공동불법행위자가 수인인 경우에는 특별한 사정이 없는 이상 그들의 구상권자에 대한 채무는 이를 부진정연대채무로 보아야 할 근거는 없으며, 오히려 다수 당사자 사이의 분할채무의 원칙이 적용되어 각자의 부담 부분에 따른 분할채무로 봄이 상당하다(대판 2002.9.27. 2002다15917). 반면에 구상권자인 공동불법행위자 측에 과실이 없는 경우, 즉 내부적인 부담 부분이 전혀 없는 경우에는 이와 달리 그에 대한 수인의 구상의무 사이의 관계를 부진정연대관계로 봄이 상당하다(대판 2005.10.13. 2003다24147).

[자신의 부담 부분을 넘어 공동 면책을 시킨 공동불법행위자에 대하여 구상의무를 부담하는 다른 공동불법행위자가 수인인 경우, 구상권자에 대한 다른 공동불법행위자들의 채무는 각자의 부담 부분에 따른 분할채무인지 여부(원칙적 적극) / 이때 분할채무 관계에 있는 공동불법행위자들 중 1인이 자신의 부담 부분을 초과하여 구상에 응함으로써 다른 공동불법행위자가 채무를 면하게 되는 경우, 구상에 응한 공동불법행위자가 다른 공동불법행위자의 부담 부분 내에서 자신의 부담 부분을 초과하여 변제한 금액에 관하여 구상권을 취득하는지 여부(적극)]

자신의 부담 부분을 넘어 공동 면책을 시킨 공동불법행위자에 대하여 구상의무를 부담하는 다른 공동불법행위자가 수인인 경우에는 특별한 사정이 없는 이상 구상권자에 대한 다른 공동불법행위자들의 채무는 각자의 부담 부분에 따른 분할채무로 봄이 타당하다. / 이때 분할채무 관계에 있는 공동불법행위자들 중 1인이 자신의 부담 부분을 초과하여 구상에 응하였고 그로 인하여 다른 공동불법행위자가 자신의 출연 없이 채무를 면하게 되는 경우, 구상에 응한 공동불법행위자는 다른 공동불법행위자의 부담 부분 내에서 자신의 부담 부분을 초과하여 변제한 금액에 관하여 구상권을 취득한다(대판 2023.6.29. 2022다309474).

[공동불법행위자 중 1인이 피해자로부터 손해배상청구소송을 당하여 그 판결에서 인용된 손해배상금을 지급함으로써 공동 면책된 경우, 다른 공동불법행위자에게 구상권을 행사할 수 있는 범위 / 공동불법행위자 중 1인이 공동 면책을 시킨 다른 공동불법행위자로부터 구상금 청구 소송을 당한 경우, 그 소송과 관련하여 지출한 변호사보수나 소송비용상환액에 관하여 나머지 공동불법행위자들에게 구상할 수 있는지 여부(소극)]

공동불법행위자 중 1인이 피해자로부터 손해배상청구소송을 당하여 그 판결에서 인용된 손해배상금을 지급함으로써 공동 면책된 때에는, 그것이 부당응소라는 등의 특별한 사정이 없는 한 공동 면책된 금액 중 다른 공동불법행위자의 과실비율에 상당하는 금액은 물론이고 그에 대한 공동 면책일 이후의 법정이자 및 피할 수 없는 비용 기타의 손해배상을 구상할 수 있다. 이러한 피할 수 없는 비용 기타의 손해배상에는 소송을 제기당한 공동불법행위자가 피해자에게 지급한 소송비용상환액뿐만 아니라 소송을 수행하는 과정에서 지출한 소송비용도 포함되고, 그가 지출한 변호사보수 중에서 변호사보수의 소송비용 산입에 관한 규칙에 의한 보수기준, 소속 변호사회의 규약, 소송물가액, 사건의 난이도, 소송 진행 과정, 판결 결과 등 여러 가지 사정을 참작하여 합리적으로 판단하여 상당하다고 인정되는 범위 내의 금원은 피할 수 없는 비용 기타의 손해로서 구상할 수 있다. 반면 공동불법행위자가 다른 공동불법행위자와의 공동 면책이 아니라 자신의 권리를 방어하기 위하여 지출한 소송비용은 다른 공동불법행위자에 대하여 구상하는 것이 허용되지 않는다. / 공동불법행위자 중 1인이 공동 면책을 시킨 다른 공동불법행위자로부터 구상금 청구 소송을 당한 경우 그 구상금 채무는 특별한 사정이 없는 한 자신의 부담 부분에 따른 분할채무이다. 따라서 그 소송과 관련하여 지출한 변호사보수나 소송비용상환액은 나머지 공동불법행위자들과의 공동 면책이 아니라 자신의 권리를 방어하기 위한 것으로 이들에 대하여 구상을 할 수 없다(대판 2023.6.29. 2022다309474).

[소멸시효]

공동불법행위자 간 구상권의 발생 시점은 구상권자가 현실로 피해자에게 손해배상금을 지급한 때이다(대판 1997.12.12. 96다50896). 그리고 기간 역시 민법 제766조에 의할 것이 아니라 일반 채권과 같이 10년으로 보아야 한다(대판 1996.3.26. 96다3791).

[공동불법행위자 중 1인의 보험자가 피해자에게 손해배상금을 보험금으로 모두 지급하여 공동불법행위자들의 보험자들이 공동면책된 경우, 손해배상금을 지급한 보험자가 다른 공동불법행위자들의 보험자들이 부담하여야 할 부분에 대하여 직접 구상권을 행사할 수 있는지 여부(적극) 및 이 경우 구상금채권의 소멸시효기간(= 5년)]

공동불법행위에서 공동불법행위자들과 각각 보험계약을 체결한 보험자들은 그 공동불법행위의 피해자에 대한 관계에서 상법 제724조 제2항에 따른 손해배상채무를 각자 직접 부담하는 것이므로, 공동불법행위자 중의 1인과 보험계약을 체결한 보험자가 피해자에게 손해배상금을 보험금으로 모두 지급함으로써 공동불법행위자들의 보험자들이 공동면책되었다면, 그 손해배상금을 지급한 보험자는 다른 공동불법행위자들의 보험자들이 부담하여야 할 부분에 대하여 직접 구상권을 행사할 수 있다. 이 경우 손해배상금 지급행위는 상인이 영업을 위하여 하는 행위이므로, 그 구상금채권은 보조적 상행위로 인한 채권으로서 그 권리를 행사할 수 있는 때로부터 5년간 행사하지 아니하면 소멸시효가 완성한다(대판 2024.9.27. 2024다249729).

[공동불법행위자 중 1인의 보험자가 피해자에게 손해배상금을 보험금으로 모두 지급함으로써 공동면책된 경우, 피보험자인 공동불법행위자가 다른 공동불법행위자들에 대하여 갖는 구상권을 상법 제724조 제2항에 따라 그들의 보험자들에게 직접 행사할 수 있는지 여부(적극) 및 손해배상금을 지급한 보험자가 상법 제682조의 보험자대위의 법리에 따라 자신의 피보험자가 다른 공동불법행위자들의 보험자들에 대하여 갖는 직접적인 구상권을 취득하여 그 보험자들에게 행사할 수 있는지 여부(적극) / 이같이 보험자대위의 법리에 따라 취득한 구상권의 소멸시효기간(= 10년) 및 그 기산점(= 구상권자가 현실로 피해자에게 손해배상금을 지급한 때)]

공동불법행위자 중 1인의 보험자가 피해자에게 손해배상금을 보험금으로 모두 지급함으로써 공동면책되었다면, 피보험자인 공동불법행위자는 다른 공동불법행위자들을 상대로 그들의 부담 부분에 대하여 구상권을 행사할 수 있을 뿐만 아니라, 상법 제724조 제2항에 따라 다른 공동불법행위자들의 부담 부분에 대한 구상권을 그들의 보험자들에게 직접 행사할 수 있고, 손해배상금을 지급한 보험자는 상법 제682조의 보험자대위의 법리에 따라 자신의 피보험자가 다른 공동불법행위자들의 보험자들에 대하여 갖는 직접적인 구상권을 취득하여 그 보험자들에게 행사할 수 있다. / 이같이 보험자대위의 법리에 따라 취득한 피보험자의 다른 공동불법행위자들 및 그들의 보험자들에 대한 구상권의 소멸시효기간은 일반채권과 같이 10년이고, 그 기산점은 구상권이 발생한 시점, 즉 구상권자가 현실로 피해자에게 손해배상금을 지급한 때이다(대판 2024.9.27. 2024다249729).

[공동불법행위자 중 1인의 보험자가 피해자에게 손해배상금을 보험금으로 모두 지급한 경우, 위 보험자가 갖는 다른 공동불법행위자들의 보험자들에 대한 '구상권'과 상법 제682조에 따라 피보험자의 다른 공동불법행위자들의 보험자들에 대한 구상권을 대위 취득하는 '보험자대위권'이 별개의 권리인지 여부(적극)]

공동불법행위자 중의 1인과 보험계약을 체결한 보험자가 피해자에게 손해배상금을 보험금으로 모두 지급한 경우 다른 공동불법행위자들의 보험자들에 대하여 직접 구상권을 가짐과 동시에 상법 제682조에 따라 피보험자의 다른 공동불법행위자들의 보험자들에 대한 구상권을 대위 취득하게 되나, 이러한 '구상권'과 '보험자대위권'은 내용이 전혀 다른 별개의 권리이다(대판 2024.9.27. 2024다249729).

Ⅷ 현대적 불법행위

1. 자동차운행자의 책임

(1) 서 설

① 자동차손해배상보장법(이하 자배법)은 민법의 특별법으로 민법보다 우선 적용된다(대판 1997.11.28. 95다29390).
② 자배법은 인적 손해에 한정되어 적용되며, 물적 손해에 대해서는 민법상 일반불법행위책임 또는 사용자책임 등이 적용된다.
③ 자배법은 자동차운행자에게 사실상 무과실책임을 부과한다.

(2) 요 건

> **자동차손해배상책임(자배법 제3조)**
> 자기를 위하여 자동차를 운행하는 자는 그 운행으로 다른 사람을 사망하게 하거나 부상하게 한 경우에는 그 손해를 배상할 책임을 진다. 다만, 다음 각 호의 어느 하나에 해당하면 그러하지 아니하다.
> 1. 승객이 아닌 자가 사망하거나 부상한 경우에 자기와 운전자가 자동차의 운행에 주의를 게을리하지 아니하였고, 피해자 또는 자기 및 운전자 외의 제3자에게 고의 또는 과실이 있으며, 자동차의 구조상의 결함이나 기능상의 장해가 없었다는 것을 증명한 경우
> 2. 승객이 고의나 자살행위로 사망하거나 부상한 경우

① 자기를 위하여 자동차를 운행하는 자일 것(운행자일 것) : 운행지배와 운행이익이 있어야 한다. '자기를 위하여 자동차를 운행하는 자'란 사회통념상 당해 자동차에 대한 운행을 지배하여 그 이익을 향수하는 책임주체로서의 지위에 있다고 할 수 있는 자를 말하고, 이 경우 운행의 지배는 현실적인 지배에 한하지 아니하고 사회통념상 간접지배 내지는 지배가능성이 있다고 볼 수 있는 경우도 포함한다(대판 1998.10.27. 98다36382). 따라서 무단운전의 경우에도 원칙적으로 자동차 보유자에게 운행자성이 인정된다(대판 1998.7.10. 98다1072). 반면 절취운전의 경우 절도범은 운행자이나, 자동차 소유자는 원칙적으로 운행자성을 상실한다(대판 1988.3.22. 86다카2747 참조).

② 운행으로 인하여 타인의 생명·신체에 대한 손해를 야기하였을 것
  ㉠ '운행'의 의미 : '운행'이라 함은 사람 또는 물건의 운송 여부에 관계없이 자동차를 그 용법에 따라 사용 또는 관리하는 것을 말한다. 여기서 '자동차를 그 용법에 따라 사용한다'는 것은 자동차의 용도에 따라 그 구조상 설비되어 있는 각종의 장치를 각각의 장치목적에 따라 사용하는 것을 말하는 것으로서, 자동차가 반드시 주행 상태에 있지 않더라도 주행의 전후단계로서 주·정차 상태에서 문을 열고 닫는 등 각종 부수적인 장치를 사용하는 것도 포함한다(대판 2004.7.9. 2004다20340·20357).
  ㉡ 운행으로 인하여 : 운행과 사고 사이에 상당인과관계가 있음을 의미한다.
  ㉢ 타인의 생명·신체에 대한 손해를 야기하였을 것 : '다른 사람'이란 '자기를 위하여 자동차를 운행하는 자 및 당해 자동차의 운전자를 제외한 그 이외의 자'를 지칭하므로, 당해 자동차를 현실로 운전하거나 그 운전의 보조에 종사한 자는 같은 법 제3조 소정의 타인에 해당하지 아니한다고 할 것이나, 당해 자동차의 운전자나 운전보조자라도 사고 당시에 현실적으로 자동차의 운전에 관여하지 않고 있었다면 그러한 자는 같은 법 제3조 소정의 타인으로서 보호된다(대판 1999.9.17. 99다22328).

③ 면책사유가 없을 것 : 면책사유에 대한 증명책임은 운행자에게 있다(대판 2005.12.8. 2005다46479·2005다46486).

(3) 관련 쟁점 : 호의동승

피해자가 사고자동차에 호의동승한 것만으로는 자동차손해배상보장법상의 타인이 아니라고 할 수 없고 또한 사고에 있어서 어떤 과실이 있었다고 할 수 없다. 따라서 호의동승자는 운행자에게 자배법상의 책임을 물을 수 있다(대판 1991.1.15, 90다13710). 그리고 여러 사정에 비추어 가해자에게 일반 교통사고와 동일한 책임을 지우는 것이 신의법칙이나 형평의 원칙으로 보아 매우 불합리하다고 인정될 때에는 그 배상액을 경감할 수 있으나, 사고 차량에 단순히 호의로 동승하였다는 사실만 가지고 바로 이를 배상액 경감사유로 삼을 수 있는 것은 아니다(대판 1999.2.9, 98다53141).

(4) 보론 : 자배법령상의 최신 판례

[교통사고 피해자의 부상으로 인한 손해액이 자동차보험진료수가에 관한 기준에 따라 산출한 진료비 해당액에 미달하는 경우, 자동차손해배상보장법 시행령 제3조 제1항 제2호 단서 규정이 적용되는지 여부(적극) 및 여기서 '부상으로 인한 손해액'과 '진료비 해당액'을 산정하는 방법]

자동차손해배상보장법 시행령(이하 '자배법 시행령'이라 한다) 제3조 제1항은 자배법 제5조 제1항의 규정에 따라 자동차보유자가 가입하여야 하는 책임보험 또는 책임공제의 보험금 또는 공제금(이하 '책임보험금'이라 한다)은 피해자 1명당 다음 각 호의 금액과 같다고 규정하면서, 제2호에서 "부상한 경우에는 [별표 1]에서 정하는 금액의 범위에서 피해자에게 발생한 손해액. 다만 그 손해액이 법 제15조 제1항에 따른 자동차보험진료수가에 관한 기준(이하 '자동차보험진료수가기준'이라 한다)에 따라 산출한 진료비 해당액에 미달하는 경우에는 [별표 1]에서 정하는 금액의 범위에서 그 진료비 해당액으로 한다"라고 규정한다. 자배법 시행령 제3조 제1항 제2호의 규정은, 피해자가 부상한 경우에 손해액이 자배법 시행령의 [별표 1]에서 정한 금액을 초과하는 때에는 [별표 1]에서 정한 금액을, 손해액이 [별표 1]에서 정한 금액에 미달하는 때에는 손해액을 각각 책임보험금으로 하되, '부상으로 인한 손해액'이 자동차보험진료수가기준에 따라 산출한 진료비 해당액에조차 미달하는 때에는 '진료비 해당액'을 부상으로 인한 책임보험금으로 한다는 뜻이다. '부상으로 인한 손해액'이란 부상으로 인하여 피해자가 실제로 입은 손해액으로서 치료비 등 적극적 손해, 치료기간 중 일실수입 등 소극적 손해와 정신적 손해를 포함한 금액에서 피해자의 과실비율에 해당하는 금액이나 기왕증 기여도에 해당하는 금액을 공제한 손해액을 말한다. '진료비 해당액'이란 자동차보험진료수가기준에 따라 산출한 진료비이다. 자동차보험진료수가는 자동차보험진료수가기준 제5조 제2항 등에서 달리 정하지 않으면 국민건강보험법 제41조 제3항 및 제4항에 따라 보건복지부장관이 정한 내역과 기준 등에 따르므로(자동차보험진료수가기준 제5조 제1항 제1호), 진료비 해당액은 대체로 공단부담금과 본인일부부담금을 합산한 건강보험 보험급여비용이 된다. 만약 피해자의 기왕증이 자동차사고와 경합하여 악화된 경우에는 기왕증에 대한 진료비 중 자동차사고로 악화된 부분의 진료비만이 '진료비 해당액'이 된다. 이러한 기준으로 산정된 부상으로 인한 손해액이 진료비 해당액에 미달한다면 자배법 시행령 제3조 제1항 제2호 단서 규정이 적용된다(대판 2025.5.15, 2022다246146).

[국민건강보험공단이 교통사고 피해자에게 보험급여를 한 다음 국민건강보험법 제58조 제1항에 따라 자배법 시행령 제3조 제1항 제2호 단서 규정에 의한 책임보험금 청구권을 대위하는 경우, 대위의 범위(= 공단부담금의 한도 내에서, 책임보험금 중 원래 가해자가 부담하여야 할 손해배상액 부분에 대해서는 공단부담금 중 가해자의 책임비율에 해당하는 금액 / 피해자 과실과 관계없이 위 단서 규정에 따라 증액된 나머지 부분에 대해서는 전액)]

국민건강보험공단(이하 '공단'이라고 한다)의 손해배상청구권 대위를 인정한 국민건강보험법 제58조의 문언과 입법 취지, 국민건강보험제도의 목적과 사회보장적 성격, 불법행위가 없었을 경우 보험급여 수급권자가 누릴 수 있는 법적 지위와의 균형이나 이익형량, 보험급여 수급권의 성격 등을 종합하여 보면, 공단이 불법행위의 피해자에게 보험급여를 한 다음 국민건강보험법 제58조 제1항에 따라 피해자의 가해자에 대한 기왕치료비 손해배상채권을 대위하는 경우 그 대위의 범위는, 가해자의 손해배상액을 한도로 공단이 부담한 보험급여비용(이하 '공단부담금'이라 한다) 전액이 아니라 그중 가해자의 책임비율에 해당하는 금액으로 제한되고 나머지 금액(공단부담금 중 피해자의 과실비율에 해당하는 금액)에 대해서는 피해자를 대위할 수 없으며 이는 보험급여 후에도 여전히 손해를 전보받지 못한 피해자를 위해 공단이 최종적으로 부담한다고 보아야 한다. 이러한 법리는 공단이 국민건강보험법 제58조 제1항에 따라 피해자를 대위하여 가해자의 책임보험자를 상대로 구상금을 청구하는 경우에도 마찬가지이다. 자해법 시행령 제3조 제1항 제2호 단서(이하 '단서 규정'이라 한다)는 피해자에게 발생한 손해액이 자동차손해배상보장법 제15조 제1항의 규정에 의한 자동차보험진료수가에 관한 기준에 따라 산출한 진료비 해당액에 미달하는 경우에는 [별표 1]에서 정하는 금액의 범위에서 그 진료비 해당액을 책임보험금으로 지급하도록 규정하고 있다. 단서 규정의 취지는 교통사고 피해자가 입은 손해 중 그의 과실비율에 해당하는 금액을 공제한 손해액이 위 규정의 진료비 해당액에 미달하는 경우에도 교통사고로 인한 피해자의 치료 보장을 위해 그 진료비 해당액을 손해액으로 보아 이를 책임보험금으로 지급하라는 것으로 해석되므로, 교통사고 피해자로서는 교통사고의 발생에 기여한 자신의 과실의 유무나 다과에 불구하고 단서 규정에 따른 진료비 해당액을 자동차손해배상보장법에 의한 책임보험금으로 청구할 수 있다. 이 경우 보험회사의 교통사고 피해자에 대한 책임보험금 지급채무는 가해자의 교통사고 피해자에 대한 손해배상채무를 병존적으로 인수한 것이되, 그중 손해액만이 위와 같이 법령에 따라 의제되어 가해자가 부담하여야 할 손해배상액보다 증가된 것으로 볼 수 있다. 그렇다면 공단이 교통사고 피해자에게 보험급여를 한 다음 국민건강보험법 제58조 제1항에 따라 단서 규정에 의한 책임보험금 청구권을 대위하는 경우 그 대위의 범위는 공단부담금의 한도 내에서, 책임보험금 중 원래 가해자가 부담하여야 할 손해배상액 부분에 대해서는 공단부담금 중 가해자의 책임비율에 해당하는 금액으로 제한되고, 피해자 과실과 관계없이 단서 규정에 따라 증액된 나머지 부분에 대해서는 전액을 대위할 수 있다고 보아야 한다(대판 2025.5.15. 2022다235009).

[교통사고로 부상한 피해자가 치료를 받던 도중 사망한 경우의 책임보험금에 관하여 규정하고 있는 자배법 시행령 제3조 제2항 제1호의 '제1항 제1호와 제2호에 따른 한도금액의 합산액 범위에서 피해자에게 발생한 손해액'의 의미]
자배법 제5조 제1항은 '자동차보유자는 자동차의 운행으로 다른 사람이 사망하거나 부상한 경우에 피해자에게 대통령령으로 정하는 금액을 지급할 책임을 지는 책임보험이나 책임공제에 가입하여야 한다'는 취지로 정하고 있다. 이는 자동차사고 피해자에 대한 보호와 그에 따른 사회적 손실의 방지 등을 위하여 자동차보유자에게 의무보험의 가입을 강제하는 한편, 이로써 초래될 자동차보유자의 계약의 자유 및 재산권 등에 대한 제한, 자동차운송 위축에 따른 사회적 손실 등을 고려하여 그 의무보험이 보장하여야 할 책임보험금액을 대통령령으로 정하도록 위임한 것이다. 이에 따라 자배법 시행령 제3조 제1항은 그 책임보험금액에 대하여 자동차의 운행으로 사람이 사망한 경우 '1억 5,000만원의 범위에서 피해자에게 발생한 손해액. 다만 그 손해액이 2,000만원 미만인 경우에는 2,000만원으로 한다'(제1호)는 취지로, 부상한 경우 '[별표 1]에서 정하는 금액의 범위에서 피해자에게 발생한 손해액. 다만 그 손해액이 자동차보험진료수가기준에 따라 산출한 진료비 해당액에 미달하는 경우에는 [별표 1]에서 정하는 금액의 범위에서 진료비 해당액으로 한다'(제2호)는 취지로 정하고 있다. 즉, 사망하거나 부상한 경우의 책임보험금액을 피해자에게 발생한 손해액으로 정하되, 자동차보유자의 이익 등을 고려하여 본문에서 책임보험금의 상한을 정하고 자동차사고 피해자의 보호 등을 고려하여 단서에서 책임보험금의 하한을 정한 것이다. 자배법 시행령 제3조 제2항 제1호는 부상한 사람이 치료 중 그 부상이 원인이 되어 사망한 경우 피해자에게 지급되어야 할 책임보험금을 '제1항 제1호와 같은 항 제2호에 따른 한도금액의 합산액 범위에서 피해자에게 발생한 손해액'으로 정하고 있다. 위 규정에서 '한도'는 수량이나 범위가 제한된 정도를, '범위'는 일정하게 한정된 영역을 뜻하고, 위 규정은 상한과 하한을 구분하지 않고 '한도금액의 합산액'이라 표현하고 있으므로, '제1항 제1호와 같은 항 제2호에 따른 한도금액의 합산액 범위에서'라는 문언은 자배법 시행령 제3조 제1항 제1호, 제2호 각 본문에서 정한 각 상한의 합산액뿐만 아니라 각 단서에서 정한 각 하한의 합산액도 책임보험금의 한도로 정한다는 의미로 볼 수 있다. 이와 같이 위 규정에서 피해자가 부상하여 사망한 경우 피해자에게 지급되어야 할 책임보험금의 하한을 정해두었다고 보는 것이 피해자가 사망하거나 부상한 경우 피해자를 보호하기 위하여 책임보험금의 하한을

설정해 둔 자배법 및 그 시행령의 취지 및 규정 체계에 부합한다. 또한 자배법 시행령 제3조 제1항이 피해자가 사망한 경우 책임보험금의 하한을 2,000만원(제1호 단서)으로, 피해자가 부상한 경우 책임보험금의 하한을 진료비 해당액(제2호 단서)으로 설정한 것은 피해자에게 사망 또는 부상 중 어느 하나만 발생한 상황을 전제한 것이므로, 피해자가 부상하여 사망에 이른 경우 피해자에게 지급될 책임보험금은 위 각 하한의 합산액만큼은 보장되어야 한다. 이러한 자배법 시행령 제3조 제2항 제1호의 문언, 책임보험금액의 설정에 관한 자배법과 그 시행령 규정의 취지 및 체계 등을 고려하면, 교통사고로 부상한 피해자가 치료를 받던 도중 사망한 경우의 책임보험금에 관한 위 규정의 '제1항 제1호와 제2호에 따른 한도금액의 합산액 범위에서 피해자에게 발생한 손해액'은 자배법 시행령 제3조 제1항 제1호, 제2호 각 본문 금액, 즉 상한의 합산액 범위에서 피해자에게 발생한 손해액을 책임보험금으로 하되, 그 손해액이 같은 항 제1호, 제2호 각 단서 금액, 즉 하한의 합산액에 미달할 경우에는 그 합산액만큼은 피해자에게 책임보험금으로 지급되어야 한다는 의미로 해석함이 타당하다(대판 2025.3.13. 2024다238217).

[구 자배법 제12조의2, 제19조, 제21조 등에 따라 건강보험심사평가원의 자동차보험진료수가 심사결과에 합의의제의 효과가 발생하지 않은 경우, 건강보험심사평가원은 직권으로 기존 심사결과를 조정할 수 있는지 여부(적극)]
구 자배법(2024.1.9. 법률 제19981호로 개정되기 전의 것, 이하 '구 자배법'이라고 한다) 제12조의2 제1항은 "보험회사 등은 제12조 제4항에 따라 의료기관이 청구하는 자동차보험진료수가의 심사·조정 업무 등을 대통령령으로 정하는 전문심사기관에 위탁할 수 있다"라고 규정하고, 제4항은 "제1항에 따라 전문심사기관에 위탁한 경우 청구, 심사, 이의제기 등의 방법 및 절차 등은 국토교통부령으로 정한다"라고 규정하고 있다. 자배법 시행령 제11조의2는 자동차보험진료수가의 심사·조정 업무 등을 담당하는 전문심사기관을 건강보험심사평가원(이하 '심사평가원'이라고 한다)으로 정하고 있고, 구 자배법 시행규칙(2024.7.10. 국토교통부령 제1358호로 개정되기 전의 것) 제6조의3은 심사평가원의 자동차보험진료수가 심사방법과 절차 등을 규정하고 있으며, 제6조의5에서 심사 등에 필요한 세부사항은 국토교통부장관이 정하도록 규정하고 있다. 위 위임에 따라 구 자동차보험진료수가 심사업무처리에 관한 규정(2024.12.23. 국토교통부고시 제2024-830호로 개정되기 전의 것)은 제23조 제7항에서 '심사평가원장이 자동차보험진료수가 심사내역 확인이 필요하다고 인정하는 경우 심사평가원은 자동차보험진료수가의 지급 후 심사내역을 확인·조정할 수 있다'는 취지로 규정하고 있다. 위와 같은 각 규정의 내용에 비추어 보면, 심사평가원은 자동차보험진료수가가 적합한 것인지를 심사·조정하여야 하는바, 심사평가원이 위탁받은 업무의 범위에는 의료기관이 청구하는 자동차보험진료수가를 심사하는 것뿐만 아니라, 기존 심사결과를 조정하는 것도 포함된다. 따라서 구 자배법 제12조의2, 제19조, 제21조 등에 따라 심사평가원의 심사결과에 합의의제의 효과가 발생하지 않는 이상 심사평가원은 직권으로 기존 심사결과를 조정할 수 있다고 봄이 타당하다(대판 2025.3.13. 2024다310102).

[구 자배법 제19조 제3항에서 정한 합의의제가 성립하는 시점인 '건강보험심사평가원의 자동차보험진료수가 심사결과를 통보받은 날부터 제1항의 기간'의 의미(= 구 자배법 시행규칙 제6조의4 제1항에서 정한 90일) 및 이의제기 기간 동안에는 합의의제가 성립하지 않는지 여부(적극) / 건강보험심사평가원의 자동차보험진료수가 심사결과에 보험회사와 의료기관의 이의가 없어 합의가 성립된 것으로 볼 수 있는 시점(= 심사결과에 대하여 보험회사나 의료기관이 이의를 제기하지 않고 건강보험심사평가원도 기존 심사결과를 조정하는 내용의 심사결정을 하지 않은 채 위 이의제기 기간 90일이 도과되었을 때)]
구 자배법(2024.1.9. 법률 제19981호로 개정되기 전의 것, 이하 '구 자배법'이라고 한다) 제12조의2, 제19조, 제21조 등은 의료기관의 지급청구에 대한 전문심사기관인 건강보험심사평가원(이하 '심사평가원'이라고 한다)의 심사결과나 자동차보험진료수가분쟁심의회의 심사결정 등에 대하여 보험회사와 의료기관의 이의가 없는 경우 보험회사와 의료기관 사이에 그와 같은 내용으로 합의가 성립된 것으로 본다고 규정하고 있다. 구체적으로 구 자배법 제19조 제1항은 "보험회사등과 의료기관은 제12조의2 제2항에 따른 심사결과에 이의가 있는 때에는 이의제기 결과를 통보받은 날부터 30일 이내에 자동차보험진료수가분쟁심의회에 그 심사를 청구할 수 있다"라고 규정하고, 제3항은 "제12조의2 제1항에 따른 전문심사기관의 심사결과를 통지받은 보험회사 등 및 의료기관은 제1항의 기간에 심사를 청구하지 아니하면 그 기간이 끝나는 날에 의료기관이 지급청구한 내용 또는 심사결과에 합의한 것으로 본다"라고

규정하고 있다. 그런데 구 자배법 제12조의2 제4항은 심사평가원에의 청구, 심사, 이의제기 등의 방법 및 절차 등은 국토교통부령으로 정하도록 하고 있는데, 그 위임에 따른 구 자배법 시행규칙(2024.7.10. 국토교통부령 제1358호로 개정되기 전의 것, 이하 '구 자배법 시행규칙'이라고 한다) 제6조의4 제1항은 "의료기관 및 보험회사 등은 제6조의3 제3항에 따른 심사평가원의 심사결과에 이의가 있는 때에는 심사결과를 통보받은 날부터 90일 이내에 심사평가원에 이의제기할 수 있다"라고 규정하고 있다. 이는 의료기관 및 보험회사 등의 이의제기 기회를 보장하고, 적정한 자동차보험진료수가 산정을 도모하기 위한 것이므로, 특별한 사정이 없는 한 위 90일의 이의제기 기간은 충분히 보장되어야 한다. 구 자배법 제19조 제3항이 정하고 있는 합의의제가 성립하는 시점인 '심사평가원의 심사결과를 통보받은 날부터 제1항의 기간'은, 심의회에 심사를 청구할 수 있는 기간으로 제1항에 규정된 30일이 아니라 심사평가원의 심사결과에 대하여 이의를 제기할 수 있는 기간으로 구 자배법 시행규칙 제6조의4 제1항에 규정된 90일로 새겨야 하고, 이와 같은 이의제기 기간 동안에는 합의의제가 성립하지 않는다고 보아야 한다. / 결국 심사평가원의 심사결과에 보험회사와 의료기관의 이의가 없어 합의가 성립된 것으로 볼 수 있으려면, 그 심사결과에 대하여 보험회사나 의료기관이 이의를 제기하지 않고 심사평가원도 기존 심사결과를 조정하는 내용의 심사결정을 하지 않은 채 위 이의제기 기간 90일이 도과되어야 한다(대판 2025.3.13. 2024다310102).

2. 제조물책임

(1) 서 설

목적(제조물 책임법 제1조)
이 법은 제조물의 결함으로 발생한 손해에 대한 제조업자 등의 손해배상책임을 규정함으로써 피해자 보호를 도모하고 국민생활의 안전 향상과 국민경제의 건전한 발전에 이바지함을 목적으로 한다.

제조물 책임법은 제조물의 결함으로 인하여 발생한 손해에 대하여 제조업자 등에게 손해배상책임을 부담하게 하여 피해자 보호를 도모하고 국민생활의 안전 향상과 국민경제의 건전한 발전에 이바지함을 목적으로 한다.

[제조물의 결함으로 손해를 입은 자가 제조물 책임법에 의한 손해배상을 주장하지 않고 민법상 불법행위책임을 주장한 경우, 법원이 우선 적용하여야 하는 법(= 제조물 책임법) 및 제조물 책임법의 요건이 갖추어지지 않았지만 민법상 불법행위책임 요건을 갖춘 경우, 민법상 불법행위책임을 인정할 수 있는지 여부(적극)]
제조물 책임법은 불법행위에 관한 민법의 특별법이라 할 것이므로, 제조물의 결함으로 손해를 입은 자가 제조물 책임법에 의하여 손해배상을 주장하지 않고 민법상 불법행위책임을 주장하였더라도 법원은 민법에 우선하여 제조물 책임법을 적용하여야 하고, 제조물 책임법의 요건이 갖추어지지 않았지만 민법상 불법행위책임 요건을 갖추었다면 민법상 불법행위책임을 인정할 수도 있다(대판 2023.5.18. 2022다230677).

(2) 제조물 책임법의 주요 내용

① 제조물 책임법은 무과실책임이다. 제조물에 결함이 있는 것으로 객관적으로 인정되면 족하고, 그 결함에 제조업자의 과실 여부는 불문한다.
② 제조물 책임법은 결함으로 인한 확대손해만이 그 적용대상이다. 결함 있는 당해 제조물 자체에 대한 손해는 하자담보책임이나 불완전이행에 따른 채무불이행책임으로 그 배상을 구하여야 한다.

> **정의(제조물 책임법 제2조)**
> 이 법에서 사용하는 용어의 뜻은 다음과 같다.
> 1. "제조물"이란 제조되거나 가공된 동산(다른 동산이나 부동산의 일부를 구성하는 경우를 포함)을 말한다.
> 2. "결함"이란 해당 제조물에 다음 각 목의 어느 하나에 해당하는 제조상·설계상 또는 표시상의 결함이 있거나 그 밖에 통상적으로 기대할 수 있는 안전성이 결여되어 있는 것을 말한다.
>   가. "제조상의 결함"이란 제조업자가 제조물에 대하여 제조상·가공상의 주의의무를 이행하였는지에 관계없이 제조물이 원래 의도한 설계와 다르게 제조·가공됨으로써 안전하지 못하게 된 경우를 말한다.
>   나. "설계상의 결함"이란 제조업자가 합리적인 대체설계(代替設計)를 채용하였더라면 피해나 위험을 줄이거나 피할 수 있었음에도 대체설계를 채용하지 아니하여 해당 제조물이 안전하지 못하게 된 경우를 말한다.
>   다. "표시상의 결함"이란 제조업자가 합리적인 설명·지시·경고 또는 그 밖의 표시를 하였더라면 해당 제조물에 의하여 발생할 수 있는 피해나 위험을 줄이거나 피할 수 있었음에도 이를 하지 아니한 경우를 말한다.

> 제조물책임이란 제조물에 통상적으로 기대되는 안전성을 결여한 결함으로 인하여 생명·신체나 제조물 그 자체 외의 다른 재산에 손해가 발생한 경우에 제조업자 등에게 지우는 손해배상책임이고, 제조물에 상품적합성이 결여되어 제조물 그 자체에 발생한 손해는 제조물책임의 적용 대상이 아니므로, 하자담보책임으로서 그 배상을 구하여야 한다(대판 2000.7.28. 98다35525).

③ 제조물의 범위는 제조 또는 가공된 동산만이 그 대상이다.

3. 의료과오책임

(1) 서 설

의료과오책임이란 의료행위 중에 의사 기타 의료인의 과실에 기인하여 발생한 사고에 대하여 손해배상책임을 지는 것을 의미하며, 그 유형으로 채무불이행책임이나 불법행위책임을 물을 수 있다. 의료과오에는 치료과오와 설명과오로 나누어 볼 수 있다.

(2) 의료과오와 불법행위책임

1) 치료과오에 의한 불법행위책임 – 의료사고에 있어 의료인의 과실

> **[의사가 의료행위를 할 때 요구되는 주의의무의 정도 및 주의의무의 판단 기준이 되는 '의료수준'의 의미와 평가 방법]**
> 의사가 진찰·치료 등의 의료행위를 할 때에는 사람의 생명·신체·건강을 관리하는 업무의 성질에 비추어 환자의 구체적인 증상이나 상황에 따라 위험을 방지하기 위하여 요구되는 최선의 조치를 취하여야 할 주의의무가 있고, 의사의 이와 같은 주의의무는 의료행위를 할 당시 의료기관 등 임상의학 분야에서 실천되고 있는 의료행위의 수준을 기준으로 삼되 그 의료수준은 통상의 의사에게 의료행위 당시 일반적으로 알려져 있고 또 시인되고 있는 이른바 의학상식을 뜻하므로 진료환경 및 조건, 의료행위의 특수성 등을 고려하여 규범적인 수준으로 파악되어야 한다(대판 2023.10.12. 2021다213316).

[의사의 진단상의 과실 유무를 판단하는 기준]
진단은 문진·시진·촉진·청진 및 각종 임상검사 등의 결과에 기초하여 질병 여부를 감별하고 그 종류, 성질 및 진행 정도 등을 밝혀내는 임상의학의 출발점으로서 이에 따라 치료법이 선택되는 중요한 의료행위이므로, 진단상의 과실 유무를 판단할 때에는 해당 의사가 비록 완전무결한 임상진단의 실시는 불가능할지라도 적어도 임상의학 분야에서 실천되고 있는 진단 수준의 범위 안에서 전문직업인으로서 요구되는 의료상의 윤리와 의학지식 및 경험에 기초하여 신중히 환자를 진찰하고 정확히 진단함으로써 위험한 결과 발생을 예견하고 이를 회피하는 데에 필요한 최선의 주의의무를 다하였는지 여부를 따져 보아야 한다(대판 2023.7.13. 2020다217533).

[의료진이 일반인의 수인한도를 넘어서 현저하게 불성실한 진료를 행한 경우, 위자료 배상책임을 부담하는지 여부(적극) 및 그 증명책임의 소재(= 피해자) / 이때 위자료를 인정하기 위한 판단 기준]
의료진의 주의의무 위반 정도가 일반인의 처지에서 보아 수인한도를 넘어설 만큼 현저하게 불성실한 진료를 행한 것이라고 평가될 정도에 이른 경우라면 그 자체로서 불법행위를 구성하여 그로 말미암아 환자나 그 가족이 입은 정신적 고통에 대한 위자료 배상을 명할 수 있으나, 이때 수인한도를 넘어서는 정도로 현저하게 불성실한 진료를 하였다는 점은 불법행위의 성립을 주장하는 피해자가 증명하여야 한다. / 의료진이 임상의학 분야에서 요구되는 수준에 부합하는 진료를 한 경우 불성실한 진료를 하였다고 평가할 수는 없으므로, 수인한도를 넘는 현저히 불성실한 진료는 의료진에게 현저한 주의의무 위반이 있음을 전제로 한다. 그리고 수인한도를 넘는 현저히 불성실한 진료로 인한 위자료는, 환자에게 발생한 신체상 손해의 발생 또는 확대와 관련된 정신적 고통을 위자하는 것이 아니라 불성실한 진료 그 자체로 인하여 발생한 정신적 고통을 위자하기 위한 것이다. 따라서 불성실한 진료로 인하여 이미 발생한 정신적 고통이 중대하여 진료 후 신체상 손해가 발생하지 않더라도 별도의 위자료를 인정하는 것이 사회통념상 마땅한 정도에 이르러야 한다(대판 2023.8.18. 2022다306185).

2) 인과관계의 증명책임의 완화

[진료상 과실로 인한 손해배상책임이 성립하기 위한 요건 / 환자 측이 의료행위 당시 진료상 과실로 평가되는 행위의 존재를 증명하고, 과실이 환자 측의 손해를 발생시킬 개연성이 있다는 점을 증명한 경우, 진료상 과실과 손해 사이의 인과관계가 추정되는지 여부(적극) 및 여기서 손해 발생의 개연성이 증명되었다고 볼 수 없는 경우 / 진료상 과실과 손해 사이의 인과관계가 추정되는 경우에도 의료행위를 한 측에서는 환자 측의 손해가 진료상 과실로 인하여 발생한 것이 아니라는 것을 증명하여 추정을 번복시킬 수 있는지 여부(적극)]
진료상 과실로 인한 손해배상책임이 성립하기 위해서는 다른 경우와 마찬가지로 손해가 발생하는 것 외에 주의의무 위반, 주의의무 위반과 손해 사이의 인과관계가 인정되어야 한다. / 그러나 의료행위는 고도의 전문적 지식을 필요로 하는 분야로서 환자 측에서 의료진의 과실을 증명하는 것이 쉽지 않고, 현대의학지식 자체의 불완전성 등 때문에 진료상 과실과 환자 측에게 발생한 손해(기존에 없던 건강상 결함 또는 사망의 결과가 발생하거나, 통상적으로 회복가능한 질병 등에서 회복하지 못하게 된 경우 등) 사이의 인과관계는 환자 측뿐만 아니라 의료진 측에서도 알기 어려운 경우가 많다. 이러한 증명의 어려움을 고려하면, 환자 측이 의료행위 당시 임상의학 분야에서 실천되고 있는 의료수준에서 통상의 의료인에게 요구되는 주의의무의 위반 즉 진료상 과실로 평가되는 행위의 존재를 증명하고, 그 과실이 환자 측의 손해를 발생시킬 개연성이 있다는 점을 증명한 경우에는, 진료상 과실과 손해 사이의 인과관계를 추정하여 인과관계 증명책임을 완화하는 것이 타당하다. 여기서 손해 발생의 개연성은 자연과학적, 의학적 측면에서 의심이 없을 정도로 증명될 필요는 없으나, 해당 과실과 손해 사이의 인과관계를 인정하는 것이 의학적 원리 등에 부합하지 않거나 해당 과실이 손해를 발생시킬 막연한 가능성이 있는 정도에 그치는 경우에는 증명되었다고 볼 수 없다. / 한편 진료상 과실과 손해 사이의 인과관계가 추정되는 경우에도 의료행위를 한 측에서는 환자 측의 손해가 진료상 과실로 인하여 발생한 것이 아니라는 것을 증명하여 추정을 번복시킬 수 있다(대판 2023.8.31. 2022다219427).

[수술 도중이나 수술 후 환자에게 중한 결과의 원인이 된 증상이 발생한 경우, 의료상의 과실 이외의 다른 원인이 있다고 보기 어려운 간접사실들을 증명함으로써 그와 같은 증상이 의료상의 과실에 기한 것이라고 추정할 수 있는지 여부(적극)]
의료행위는 고도의 전문적 지식을 필요로 하는 분야로서 전문가가 아닌 일반인으로서는 의사의 의료행위의 과정에 주의의무 위반이 있는지 여부나 주의의무 위반과 손해발생 사이에 인과관계가 있는지 여부를 밝혀내기 극히 어려운 특수성이 있으므로, 수술 도중이나 수술 후 환자에게 중한 결과의 원인이 된 증상이 발생한 경우 그 증상발생에 관하여 의료상의 과실 이외의 다른 원인이 있다고 보기 어려운 간접사실들을 증명함으로써 그와 같은 증상이 의료상의 과실에 기한 것이라고 추정하는 것도 가능하다(대판 2023.8.31. 2022다303995).

3) 설명의무의 위반과 손해배상책임

① **설명의무의 의의** : 의사가 환자나 그 보호자에게 질병의 종류·내용 및 그 치료방법과 이에 따르는 위험 등 환자의 진료와 관계되는 중요한 사항을 설명해 주는 것을 의사의 설명의무라 한다. 이는 환자의 알권리와 자기결정권의 보장하기 위함이다.

[의사의 설명의무는 의료행위가 행해질 때까지 적절한 시간적 여유를 두고 이행되어야 하는지 여부(적극) 및 의사가 환자에게 의사를 결정함에 충분한 시간을 주지 않고 의료행위에 관한 설명을 한 다음 곧바로 의료행위로 나아간 경우, 의사의 설명의무가 이행되었다고 볼 수 있는지 여부(소극) / 이때 적절한 시간적 여유를 두고 설명의무를 이행하였는지 판단하는 기준]
의사는 응급환자의 경우나 그 밖에 특별한 사정이 없는 한 환자에게 수술 등 인체에 위험을 가하는 의료행위를 할 경우 그에 대한 승낙을 얻기 위한 전제로서 환자에게 질병의 증상, 치료방법의 내용 및 필요성, 발생이 예상되는 생명, 신체에 대한 위험과 부작용 등에 관하여 당시의 의료수준에 비추어 환자가 의사결정을 함에 있어 중요하다고 생각되는 사항을 구체적으로 설명하여 환자로 하여금 수술 등의 의료행위에 응할 것인지 스스로 결정할 기회를 가지도록 할 의무가 있다. 이와 같은 의사의 설명의무는 의료행위가 행해질 때까지 적절한 시간적 여유를 두고 이행되어야 한다. 환자가 의료행위에 응할 것인지를 합리적으로 결정할 수 있기 위해서는 그 의료행위의 필요성과 위험성 등을 환자 스스로 숙고하고 필요하다면 가족 등 주변 사람과 상의하고 결정할 시간적 여유가 환자에게 주어져야 하기 때문이다. 의사가 환자에게 의사를 결정함에 충분한 시간을 주지 않고 의료행위에 관한 설명을 한 다음 곧바로 의료행위로 나아간다면 이는 환자가 의료행위에 응할 것인지 선택할 기회를 침해한 것으로서 의사의 설명의무가 이행되었다고 볼 수 없다. / 이때 적절한 시간적 여유를 두고 설명의무를 이행하였는지는 의료행위의 내용과 방법, 그 의료행위의 위험성과 긴급성의 정도, 의료행위 전 환자의 상태 등 여러 가지 사정을 종합하여 개별적·구체적으로 판단하여야 한다(대판 2022.1.27. 2021다265010).

② **의료행위에 있어서 설명의무와 관련한 증명책임**

설명의무는 침습적인 의료행위로 나아가는 과정에서 의사에게 필수적으로 요구되는 절차상의 조치로서, 그 의무의 중대성에 비추어 의사로서는 적어도 환자에게 설명한 내용을 문서화하여 이를 보존할 직무수행상의 필요가 있다고 보일 뿐 아니라, 응급의료에 관한 법률 제9조, 같은 법 시행규칙 제3조 및 [서식] 1에 의하면, 통상적인 의료행위에 비해 오히려 긴급을 요하는 응급의료의 경우에도 의료행위의 필요성, 의료행위의 내용, 의료행위의 위험성 등을 설명하고 이를 문서화한 서면에 동의를 받을 법적 의무가 의료종사자에게 부과되어 있는 점, 의사가 그러한 문서에 의해 설명의무의 이행을 입증하기는 매우 용이한 반면 환자 측에서 설명의무가 이행되지 않았음을 입증하기는 성질상 극히 어려운 점 등에 비추어, 특별한 사정이 없는 한 의사측에 설명의무를 이행한 데 대한 증명책임이 있다고 해석하는 것이 손해의 공평·타당한 부담을 그 지도원리로 하는 손해배상 제도의 이상 및 법체계의 통일적 해석의 요구에 부합한다(대판 2007.5.31. 2005다5867).

③ 설명의무의 위반과 손해배상의 범위

> 의사가 설명의무를 위반한 채 수술 등을 하여 환자에게 사망 등의 중대한 결과가 발생한 경우에 있어서 환자측에서 선택의 기회를 잃고 자기결정권을 행사할 수 없게 된 데 대한 위자료만을 청구하는 경우에는 의사의 설명결여 내지 부족으로 선택의 기회를 상실하였다는 사실만을 입증함으로써 족하고, 설명을 받았더라면 사망 등의 결과는 생기지 않았을 것이라는 관계까지 입증할 필요는 없으나, 그 결과로 인한 모든 손해를 청구하는 경우에는 그 중대한 결과와 의사의 설명의무 위반 내지 승낙취득과정에서의 잘못과의 사이에 상당인과관계가 존재하여야 하며, 그 경우 의사의 설명의무의 위반은 환자의 자기결정권 내지 치료행위에 대한 선택의 기회를 보호하기 위한 점에 비추어 환자의 생명 신체에 대한 의료적 침습 과정에서 요구되는 의사의 주의의무 위반과 동일시할 정도의 것이어야 한다(대판 1994.4.15. 93다60953).

④ 의사가 미성년자인 환자에 대해서 의료행위에 관한 설명의무를 부담하는지 여부(원칙적 적극) / 의사가 미성년자인 환자의 친권자나 법정대리인에게 의료행위에 관하여 설명한 경우, 그러한 설명이 친권자나 법정대리인을 통하여 미성년자인 환자에게 전달됨으로써 의사는 미성년자인 환자에 대한 설명의무를 이행하였다고 볼 수 있는지 여부(적극) / 의사가 미성년자인 환자에게 직접 의료행위에 관하여 설명하고 승낙을 받을 필요가 있는 특별한 사정이 있는 경우, 의사가 미성년자인 환자에게 직접 설명의무를 부담하는지 여부(적극) 및 이때 설명의 정도 : 의료법 및 관계법령들의 취지에 비추어 보면, 환자가 미성년자라도 의사결정능력이 있는 이상 자신의 신체에 위험을 가하는 의료행위에 관한 자기결정권을 가질 수 있으므로 원칙적으로 의사는 미성년자인 환자에 대해서 의료행위에 관하여 설명할 의무를 부담한다. 그러나 미성년자인 환자는 친권자나 법정대리인의 보호 아래 병원에 방문하여 의사의 설명을 듣고 의료행위를 선택·승낙하는 상황이 많을 것인데, 이 경우 의사의 설명은 친권자나 법정대리인에게 이루어지고 미성년자인 환자는 설명 상황에 같이 있으면서 그 내용을 듣거나 친권자나 법정대리인으로부터 의료행위에 관한 구체적인 설명을 전해 들음으로써 의료행위를 수용하는 것이 일반적이다. 아직 정신적이나 신체적으로 성숙하지 않은 미성년자에게는 언제나 의사가 직접 의료행위를 설명하고 선택하도록 하는 것보다는 이처럼 미성년자와 유대관계가 있는 친권자나 법정대리인을 통하여 설명이 전달되어 수용하게 하는 것이 미성년자의 복리를 위해서 더 바람직할 수 있다. 따라서 의사가 미성년자인 환자의 친권자나 법정대리인에게 의료행위에 관하여 설명하였다면, 그러한 설명이 친권자나 법정대리인을 통하여 미성년자인 환자에게 전달됨으로써 의사는 미성년자인 환자에 대한 설명의무를 이행하였다고 볼 수 있다. 다만 친권자나 법정대리인에게 설명하더라도 미성년자에게 전달되지 않아 의료행위 결정과 시행에 미성년자의 의사가 배제될 것이 명백한 경우나 미성년자인 환자가 의료행위에 대하여 적극적으로 거부 의사를 보이는 경우처럼 의사가 미성년자인 환자에게 직접 의료행위에 관하여 설명하고 승낙을 받을 필요가 있는 특별한 사정이 있으면 의사는 친권자나 법정대리인에 대한 설명만으로 설명의무를 다하였다고 볼 수는 없고, 미성년자인 환자에게 직접 의료행위를 설명하여야 한다. 이와 같이 의사가 미성년자인 환자에게 직접 설명의무를 부담하는 경우 의사는 미성년자인 환자의 나이, 미성년자인 환자가 자신의 질병에 대하여 갖고 있는 이해 정도에 맞추어 설명을 하여야 한다(대판 2023.3.9. 2020다218925).

4. 환경오염에 대한 책임

[토지 소유자가 토양오염물질을 토양에 누출·유출하거나 투기·방치함으로써 토양오염을 유발하였음에도 오염토양을 정화하지 않은 상태에서 오염토양이 포함된 토지를 거래에 제공함으로써 유통되게 하거나, 토지에 폐기물을 불법으로 매립하였음에도 처리하지 않은 상태로 토지를 거래에 제공하는 등으로 유통되게 한 경우, 거래 상대방 및 토지를 전전 취득한 현재의 토지 소유자에 대한 위법행위로서 불법행위가 성립할 수 있는지 여부(원칙적 적극) / 이때 현재의 토지 소유자가 지출하였거나 지출해야 하는 오염토양 정화비용 또는 폐기물 처리비용 상당의 손해에 대하여 불법행위자로서 손해배상책임을 지는지 여부(적극)]

헌법 제35조 제1항, 구 환경정책기본법(2011. 7. 21. 법률 제10893호로 전부 개정되기 전의 것), 구 토양환경보전법(2011. 4. 5. 법률 제10551호로 개정되기 전의 것, 이하 같다) 및 구 폐기물관리법(2007. 1. 19. 법률 제8260호로 개정되기 전의 것)의 취지와 아울러 토양오염원인자의 피해배상의무 및 오염토양 정화의무, 폐기물 처리의무 등에 관한 관련 규정들과 법리에 비추어 보면, 토지의 소유자라 하더라도 토양오염물질을 토양에 누출·유출하거나 투기·방치함으로써 토양오염을 유발하였음에도 오염토양을 정화하지 않은 상태에서 오염토양이 포함된 토지를 거래에 제공함으로써 유통되게 하거나, 토지에 폐기물을 불법으로 매립하였음에도 처리하지 않은 상태로 토지를 거래에 제공하는 등으로 유통되게 하였다면, 다른 특별한 사정이 없는 한 이는 거래의 상대방 및 토지를 전전 취득한 현재의 토지 소유자에 대한 위법행위로서 불법행위가 성립할 수 있다. 그리고 토지를 매수한 현재의 토지 소유자가 오염토양 또는 폐기물이 매립되어 있는 지하까지 토지를 개발·사용하게 된 경우 등과 같이 자신의 토지소유권을 완전하게 행사하기 위하여 오염토양 정화비용이나 폐기물 처리비용을 지출하였거나 지출해야만 하는 상황에 이르렀다거나 구 토양환경보전법에 의하여 관할 행정관청으로부터 조치명령 등을 받음에 따라 마찬가지의 상황에 이르렀다면 위법행위로 인하여 오염토양 정화비용 또는 폐기물 처리비용의 지출이라는 손해의 결과가 현실적으로 발생하였으므로, 토양오염을 유발하거나 폐기물을 매립한 종전 토지 소유자는 오염토양 정화비용 또는 폐기물 처리비용 상당의 손해에 대하여 불법행위자로서 손해배상책임을 진다(대판[전합] 2016. 5. 19. 2009다66549 - 다수의견).

[환경오염피해에 대하여 시설의 사업자에게 구 환경오염피해 배상책임 및 구제에 관한 법률 제6조 제1항에 따른 손해배상책임을 묻는 경우, 그 시설과 피해 사이의 인과관계를 추정하기 위한 입증의 정도 및 이때 해당 시설에서 배출된 오염물질 등이 피해자나 피해물건에 도달하여 피해가 발생하였다는 사실이 반드시 직접 증명되어야만 하는지 여부(소극) / 사업자는 같은 법 제9조 제2항의 간접사실들에 대하여 반증을 들어 다투거나 같은 조 제3항의 사실들을 증명하여 추정을 번복하거나 배제시킬 수 있는지 여부(적극)]

구 환경오염피해구제법의 입법 목적과 취지, 관련 규정의 내용 등을 종합하여 보면, 환경오염피해에 대하여 시설의 사업자에게 구 환경오염피해구제법 제6조 제1항에 따른 손해배상책임을 묻는 경우, 피해자가 같은 법 제9조 제2항이 정한 여러 간접사실을 통하여 전체적으로 보아 시설의 설치·운영과 관련하여 배출된 오염물질 등으로 인해 다른 사람의 생명·신체 및 재산에 피해가 발생한 것으로 볼 만한 상당한 개연성이 있다는 점을 증명하면 그 시설과 피해 사이의 인과관계가 추정된다고 보아야 하고, 이때 해당 시설에서 배출된 오염물질 등이 피해자나 피해물건에 도달하여 피해가 발생하였다는 사실이 반드시 직접 증명되어야만 하는 것은 아니라고 할 것이다. / 한편 사업자는 같은 법 제9조 제2항의 간접사실들에 대하여 반증을 들어 다투거나 같은 조 제3항의 사실들을 증명하여 추정을 번복하거나 배제시킬 수 있다(대판 2023. 12. 28. 2019다300866).

[토양환경보전법상 '오염토양'이 당초부터 존재하던 부지에서 토사로 반출되어 동산인 '물질'로서의 상태를 갖는 경우, '오염토양' 자체의 누출·유출·투기·방치 등으로 토양오염을 발생시킨 행위도 토양환경보전법 제10조의4 제1항 제1호가 정한 '토양오염물질의 누출·유출·투기·방치 또는 그 밖의 행위로 토양오염을 발생시킨 행위'에 해당하는지 여부(적극)]

토양은 자연환경의 구성요소로서 토양환경보전법 등에 따라 보호하여야 할 대상이면서 동시에 물리적·화학적 성질에 따라 오염물질을 흡수하거나 축적·저장함으로써 공기, 물 등과 같이 오염물질을 이동시키는 매개체가 될 수 있다. 한편 토양환경보전법은 토양오염으로 인한 국민건강 및 환경상의 위해를 예방하고, 오염된 토양을 정화하는 등 토양을 적정하게 관리·보전함을 목적으로 하는 법률인데(제1조), '토양오염'은 사업활동이나 그 밖의 사람의 활동에 의하여 토양이 오염되는 것으로서 사람의 건강·재산이나 환경에 피해를 주는 상태를 말하고(토양환경보전법 제2조 제1호), '토양오염물질'은 토양오염의 원인이 되는 '물질'로서 환경부령이 정하는 것을 말하며(같은 조 제2호), 토양환경보전법 제4조의2와 제11조 제3항을 종합하면, '오염토양'은 토양오염물질이 축적되어 사람의 건강·재산, 동식물의 생육에 지장을 주는 토양이라고 정의할 수 있다. 그리고 토양환경보전법 제15조의4 제1호, 제2호 및 그 벌칙규정에 의하면, 오염토양을 버리거나 운반 등의 과정에서 누출·유출하는 행위는 금지된다. 토양환경보전법의 입법 목적과 위 각 규정의 문언 등에 비추어 보면, 오염토양이 당초부터 존재하던 부지에서 토사로 반출되어 동산인 '물질'로서의 상태를 갖는 경우, 이를 다른 토양에 투기하면 오염토양에 섞여 있는 토양오염물질로 인하여 다른 토양이 오염되므로, '오염토양' 자체의 누출·유출·투기·방치 등으로 토양오염을 발생시킨 행위도 토양환경보전법 제10조의4 제1항 제1호가 정한 '토양오염물질의 누출·유출·투기·방치 또는 그 밖의 행위로 토양오염을 발생시킨 행위'에 해당한다고 볼 수 있다(대판 2025.5.15. 2023다306014).

[토양환경보전법 제10조의4 제1항은 제1호에서 정한 '토양오염물질의 누출·유출·투기·방치 또는 그 밖의 행위로 토양오염을 발생시킨 자'의 의미 / 자기의 사업활동을 위하여 자기의 관리·감독하에 있는 행위자를 이용하는 자는 그 행위자가 발생시킨 토양오염에 대하여 정화책임을 부담하는지 여부(원칙적 적극)]

토양환경보전법 제10조의4 제1항은 제1호에서 '토양오염물질의 누출·유출·투기·방치 또는 그 밖의 행위로 토양오염을 발생시킨 자'를 토양정화 등의 책임을 부담해야 하는 주체인 정화책임자로 규정하고 있다. 여기서 말하는 '토양오염물질의 누출·유출·투기·방치 또는 그 밖의 행위로 토양오염을 발생시킨 자'는 자기의 행위 또는 자기의 사업활동을 위하여 자기의 관리·감독하에 있는 자의 행위로 토양오염을 발생시킨 자를 의미한다고 봄이 타당하다. / 따라서 자기의 사업활동을 위하여 자기의 관리·감독하에 있는 행위자를 이용하는 자는 특별한 사정이 없는 한 그 행위자가 발생시킨 토양오염에 대하여 정화책임을 부담한다고 보아야 한다(대판 2025.5.15. 2023다306014).

5. 기 타

실화책임에 관한 법률

목적(제1조)
이 법은 실화(失火)의 특수성을 고려하여 실화자에게 중대한 과실이 없는 경우 그 손해배상액의 경감(輕減)에 관한 「민법」 제765조의 특례를 정함을 목적으로 한다.

적용범위(제2조)
이 법은 실화로 인하여 화재가 발생한 경우 연소(延燒)로 인한 부분에 대한 손해배상청구에 한하여 적용한다.

손해배상액의 경감(제3조)
① 실화가 중대한 과실로 인한 것이 아닌 경우 그로 인한 손해의 배상의무자(이하 "배상의무자"라 한다)는 법원에 손해배상액의 경감을 청구할 수 있다.
② 법원은 제1항의 청구가 있을 경우에는 다음 각 호의 사정을 고려하여 그 손해배상액을 경감할 수 있다.
  1. 화재의 원인과 규모
  2. 피해의 대상과 정도
  3. 연소(延燒) 및 피해 확대의 원인
  4. 피해 확대를 방지하기 위한 실화자의 노력
  5. 배상의무자 및 피해자의 경제상태
  6. 그 밖에 손해배상액을 결정할 때 고려할 사정

부칙〈법률 제9648호, 2009.5.8.〉
① (시행일)이 법은 공포한 날부터 시행한다.
② (적용례)이 법은 2007년 8월 31일 이후 이 법 시행 전에 발생한 실화에 대하여도 적용한다.

[2009.5.8. 법률 제9648호로 전부 개정된 실화책임에 관한 법률하에서 공작물의 설치·보존상의 하자에 의하여 발생한 화재로부터 연소한 부분에 대한 손해배상책임에 관하여 민법 제758조 제1항이 적용되는지 여부(적극)]
2009.5.8. 법률 제9648호로 전부 개정된 실화책임에 관한 법률(이하 '개정 실화책임법'이라고 한다)은 구 실화책임에 관한 법률(2009.5.8. 법률 제9648호로 전부 개정되기 전의 것)과 달리 손해배상액의 경감에 관한 특례 규정만을 두었을 뿐 손해배상의무의 성립을 제한하는 규정을 두고 있지 아니하므로, 공작물의 점유자 또는 소유자가 공작물의 설치·보존상의 하자로 인하여 생긴 화재에 대하여 손해배상책임을 지는지는 다른 법률에 달리 정함이 없는 한 일반 민법의 규정에 의하여 판단하여야 한다. 따라서 공작물의 설치·보존상의 하자에 의하여 직접 발생한 화재로 인한 손해배상책임뿐만 아니라 그 화재로부터 연소한 부분에 대한 손해배상책임에 관하여도 공작물의 설치·보존상의 하자와 손해 사이에 상당인과관계가 있는 경우에는 민법 제758조 제1항이 적용되고, 실화가 중대한 과실로 인한 것이 아닌 한 그 화재로부터 연소한 부분에 대한 손해의 배상의무자는 개정 실화책임법 제3조에 의하여 손해배상액의 경감을 받을 수 있다(대판 2013.3.28. 2010다71318).

[실화책임에 관한 법률의 입법 취지 및 발화점과 불가분의 일체를 이루는 물건의 소실에 대하여도 위 법률이 적용되는지 여부(소극)]
실화책임에 관한 법률(이하 '실화책임법'이라고 한다)은 실화로 인하여 일단 화재가 발생한 경우에는 부근 가옥 기타 물건에 연소함으로써 그 피해가 예상외로 확대되어 실화자의 책임이 과다하게 되는 점을 고려하여 그 책임을 제한함으로써 실화자를 지나치게 가혹한 부담으로부터 구제하고자 하는 데 입법 취지가 있으므로, 실화책임법은 발화점과 불가분의 일체를 이루는 물건의 소실, 즉 직접 화재에는 적용되지 아니하고, 그로부터 연소한 부분에만 적용된다(대판 2024.2.15. 2019다208724).

Ⅸ. 불법행위의 효과

1. 손해배상의 방법

(1) 금전배상의 원칙

> **재산 이외의 손해의 배상(민법 제751조)**
> ① 타인의 신체, 자유 또는 명예를 해하거나 기타 정신상고통을 가한 자는 재산 이외의 손해에 대하여도 배상할 책임이 있다.
> ② 법원은 전항의 손해배상을 정기금채무로 지급할 것을 명할 수 있고 그 이행을 확보하기 위하여 상당한 담보의 제공을 명할 수 있다.
>
> **준용규정(민법 제763조)**
> 제393조(손해배상의 범위), 제394조(손해배상의 방법), 제396조(과실상계), 제399조(손해배상자의 대위)의 규정은 불법행위로 인한 손해배상에 준용한다.

① 민법은 금전배상주의를 취한다(민법 제763조, 제394조). 즉 금전배상이 원칙이고, 다만 당사자 간에 다른 특약이 있거나 특별한 규정이 있는 경우에는 예외적으로 원상회복방법이 인정된다.

② 금전배상의 지급방법: 손해배상의 지급은 일시금배상이 원칙이지만, 정기금배상도 인정할 수 있다.

> [구 보험업법 제102조에 의한 손해배상책임에서 보험계약자에게 손해의 발생 또는 확대에 관하여 과실이 있거나 보험회사의 책임을 제한할 사유가 있는 경우, 배상책임의 범위를 정할 때 이를 참작하여야 하는지 여부(적극) / 이때 과실상계 또는 책임제한 사유에 관한 사실인정이나 비율을 정하는 것이 사실심의 전권사항인지 여부(원칙적 적극)]
>
> 구 보험업법(2020.3.24. 법률 제17112호로 개정되기 전의 것) 제102조에 의한 손해배상책임에서 보험계약자에게 손해의 발생 또는 확대에 관하여 과실이 있거나 보험회사의 책임을 제한할 사유가 있는 경우에는 배상책임의 범위를 정함에 있어서 당연히 이를 참작하여야 하나, / 과실상계 또는 책임제한 사유에 관한 사실인정이나 그 비율을 정하는 것은 그것이 형평의 원칙에 비추어 현저히 불합리하다고 인정되지 않는 한 사실심의 전권사항에 속한다(대판 2024.12.12. 2022다200317[본소] · 2022다200324[반소]).
>
> [국민건강보험공단이 제3자의 행위로 보험급여사유가 생겨 가입자 등에게 본인부담상한액 초과 금액을 지급한 경우, 국민건강보험법 제58조 제1항에 따라 그 초과 금액 한도 내에서 제3자에게 손해배상을 청구할 수 있는지 여부(적극)]
>
> 국민건강보험법상 요양급여비용은 가입자 또는 피부양자(이하 '가입자 등'이라고 한다)가 부담하는 본인일부부담금과 국민건강보험공단(이하 '공단'이라고 한다)이 부담하는 공단부담금으로 구성된다. 구 국민건강보험법(2023.5.19. 법률 제19420호로 개정되기 전의 것) 제44조 제2항은 가입자 등의 본인일부부담금 연간 총액이 대통령령으로 정하는 금액(이하 '본인부담상한액'이라고 한다)을 초과하면 그 초과 금액을 공단이 부담하도록 규정하고 있으므로, 본인부담상한액 초과 금액은 요양급여비용 중 공단부담금에 해당한다. 한편 국민건강보험법상 요양급여는 현물급여가 원칙이므로, 요양기관에서 가입자 등에 대한 치료가 이루어지면 현실적으로 보험급여가 이루어져 공단이 요양급여비용을 부담하게 되고, 이는 본인부담상한액 초과 금액에 해당하는 요양급여비용의 경우에도 마찬가지이다. 따라서 공단이 가입자 등에게 그 초과 금액을 지급하는 것은 요양급여비용의 사후 정산으로 볼 수 있고, 제3자의 행위로 보험급여사유가 생겨 공단이 가입자 등에게 본인부담상한액 초과 금액을 지급하는 결과가 발생하였다면 공단은 국민건강보험법 제58조 제1항에 따라 그 초과 금액 한도 내에서 제3자에게 손해배상을 청구할 수 있다(대판 2025.4.3. 2024다262197).

(2) 명예훼손의 경우

명예훼손의 경우의 특칙(민법 제764조)
타인의 명예를 훼손한 자에 대하여는 법원은 피해자의 청구에 의하여 손해배상에 갈음하거나 손해배상과 함께 명예회복에 적당한 처분을 명할 수 있다.〈개정 2014.12.30.〉
[헌재 1991.4.1. 89헌마160. 민법 제764조(1958.2.22. 법률 제471호)의 "명예회복에 적당한 처분"에 사죄광고를 포함시키는 것은 헌법에 위반됨]

[명예훼손으로 인한 손해배상청구소송에서 적시된 사실의 허위성 및 위법성조각사유에 대한 증명책임의 분배]
사실을 적시함으로써 타인의 명예를 훼손하는 경우 원고가 청구원인으로 적시된 사실이 허위사실이라고 주장하며 손해배상을 구하는 때에는 허위성에 대한 증명책임은 원고에게 있다. 다만 피고가 적시된 사실에 대하여 그 목적이 오로지 공공의 이익을 위한 것이고 그 내용이 진실한 사실이거나 진실이라고 믿을 만한 상당한 이유가 있어 위법성이 없다고 항변할 경우 위법성을 조각시키는 사유에 대한 증명책임은 이를 피고가 부담한다(대판 2023.11.30. 2022다280283).

[신문 등 언론매체가 사실을 적시하여 개인의 명예를 훼손하는 행위를 한 경우, 위법성이 조각되기 위한 요건 및 그에 대한 증명책임의 소재(= 명예훼손 행위를 한 신문 등 언론매체) / 언론·출판의 자유와 명예보호 사이의 한계를 설정할 때 공공적·사회적인 의미를 가진 사안에 관한 표현의 경우, 언론의 자유에 대한 제한이 완화되어야 하는지 여부(적극) 및 특히 공직자의 도덕성·청렴성이나 업무처리가 정당하게 이루어지고 있는지에 관한 언론보도가 제한될 수 있는지 여부(한정 소극) / 이때 그 언론보도가 공직자 또는 공직 사회에 대한 감시·비판·견제라는 정당한 언론활동의 범위를 벗어나 공직자 개인에 대한 악의적이거나 심히 경솔한 공격으로서 현저히 상당성을 잃은 것인지 판단하는 방법]
신문 등 언론매체가 사실을 적시하여 개인의 명예를 훼손하는 행위를 한 경우에도 그것이 공공의 이해에 관한 사항으로서 그 목적이 오로지 공공의 이익을 위한 것일 때에는 적시된 사실이 진실이라는 증명이 있거나 그 증명이 없다 하더라도 행위자가 그것을 진실이라고 믿었고 또 그렇게 믿을 상당한 이유가 있으면 위법성이 없다고 보아야 할 것이고, 그에 대한 입증책임은 어디까지나 명예훼손 행위를 한 신문 등 언론매체에 있다. / 한편 언론·출판의 자유와 명예보호 사이의 한계를 설정함에 있어서는 당해 표현으로 인하여 명예를 훼손당하게 되는 피해자가 공적 인물인지 사적 인물인지, 그 표현이 공적인 관심 사안에 관한 것인지 순수한 사적인 영역에 속하는 사안에 관한 것인지 등에 따라 그 심사기준에 차이를 두어 공공적·사회적인 의미를 가진 사안에 관한 표현의 경우에는 언론의 자유에 대한 제한이 완화되어야 한다. 특히 공직자의 도덕성·청렴성이나 그 업무처리가 정당하게 이루어지고 있는지 여부는 항상 국민의 감시와 비판의 대상이 되어야 한다는 점을 감안하면, 이러한 감시와 비판 기능은 그것이 공직자 개인에 대한 악의적이거나 심히 경솔한 공격으로서 현저히 상당성을 잃은 것으로 평가되지 않는 한 쉽게 제한되어서는 아니 된다. / 이때 그 언론보도가 공직자 또는 공직 사회에 대한 감시·비판·견제라는 정당한 언론활동의 범위를 벗어나 공직자 개인에 대한 악의적이거나 심히 경솔한 공격으로서 현저히 상당성을 잃은 것인지는 표현의 내용이나 방식, 의혹사항의 내용이나 공익성의 정도, 공직자 또는 공직 사회의 사회적 평가를 저하하는 정도, 취재과정이나 취재로부터 보도에 이르기까지의 사실 확인을 위한 노력의 정도, 그 밖의 주위 여러 사정 등을 종합하여 판단해야 한다(대판 2024.5.9. 2021다270654).

2. 손해배상의 산정

(1) 서 설

손해는 적극적 손해, 소극적 손해, 정신적 손해로 구분된다(손해3분설). 따라서 피해자는 각각의 손해를 증명하여야 하고, 손해 간에 전용은 인정되지 않는다.

> 재산적 손해로 인한 배상청구와 정신적 손해로 인한 배상청구는 각각 소송물을 달리하는 별개의 청구이므로 소송당사자로서는 그 금액을 각각 특정하여 청구하여야 하고, 법원으로서도 그 내역을 밝혀 각 청구의 당부에 관하여 판단하여야 하는 것이다(대판 2006.9.22. 2006다32569).

(2) 산정의 기준시기

① 일반적으로 '불법행위 시'를 기준으로 배상액을 산정한다. 불법행위 후 목적물의 가격등귀와 같은 특별한 사정에 의한 손해는 예견가능성이 있었던 경우에 한하여 배상책임이 인정된다. 다만, '불법행위 시'와 '결과 발생 시' 사이에 시간적 간격이 있는 경우에는 불법행위가 완성된 시점인 '손해발생 시'가 손해액 산정의 기준시점이 된다(대판 2014.7.10. 2013다65710).

> [불법행위로 인한 재산상 손해의 의미 및 손해액 산정의 기준 시점(= 불법행위 시) / 불법행위 시와 결과발생 시 사이에 시간적 간격이 있는 경우, 손해액 산정의 기준 시점(= 손해발생 시) / 손해발생 시점의 의미 및 그 판단 기준]
> 불법행위로 인한 재산상 손해는 위법한 가해행위로 인하여 발생한 재산상 불이익, 즉 그 위법행위가 없었더라면 존재하였을 재산상태와 그 위법행위가 가해진 현재의 재산상태의 차이를 말하는 것이며, 그 손해액은 원칙적으로 불법행위 시를 기준으로 산정하여야 한다. / 다만 불법행위 시와 결과발생 시 사이에 시간적 간격이 있는 경우에는 결과가 발생한 때에 불법행위가 완성된다고 보아 불법행위가 완성된 시점, 즉 손해발생 시가 손해액 산정의 기준시점이 된다. / 손해의 발생 시점이란 이러한 손해가 현실적으로 발생한 시점을 의미하는데, 현실적으로 손해가 발생하였는지 여부는 사회통념에 비추어 객관적이고 합리적으로 판단하여야 한다(대판 2023.5.18. 2022다230677).
>
> [매수인이 매도인의 기망행위로 인하여 부동산을 고가에 매수하게 됨으로써 입게 된 손해(= 부동산의 매수 당시 시가와 매수가격과의 차액) 및 그 후 부동산 시가가 상승하여 매수가격을 상회하게 되었다고 하여 매수인에게 손해가 발생하지 않았다고 할 수 있는지 여부(소극)]
> 매수인이 매도인의 기망행위로 인하여 부동산을 고가에 매수하게 됨으로써 입게 된 손해는 부동산의 매수 당시 시가와 매수가격과의 차액이고, 그 후 매수인이 위 부동산 중 일부에 대하여 보상금을 수령하였다거나 부동산 시가가 상승하여 매수가격을 상회하게 되었다고 하여 매수인에게 손해가 발생하지 않았다고 할 수 없다(대판 2010.4.29. 2009다91828).

② 지연손해금의 발생시기 : 불법행위로 인한 손해배상채무는 그 손해발생과 동시에 이행기가 도래한다(대판 1966.10.21. 64다1102). 따라서 불법행위로 인한 손해배상채무의 지연손해금의 기산일은 원칙적으로 불법행위 성립일이다(대판 2010.7.22. 2010다18829).

> [불법행위 시와 변론종결 시 사이에 장기간의 세월이 지나 통화가치 등에 상당한 변동이 생긴 경우, 불법행위로 인한 위자료 배상채무의 지연손해금 기산일(= 사실심 변론종결일) 및 이러한 예외적인 경우에는 불법행위 시부터 지연손해금이 가산되는 원칙적인 경우보다 배상이 지연된 사정을 적절히 참작하여 사실심 변론종결 시의 위자료 원금을 산정할 필요가 있는지 여부(적극)]
> 불법행위 시와 변론종결 시 사이에 장기간의 세월이 지나 위자료를 산정할 때 반드시 참작해야 할 변론종결 시의 통화가치 등에 불법행위 시와 비교하여 상당한 변동이 생긴 때에는 예외적으로 불법행위로 인한 위자료 배상채무의 지연손해금은 그 위자료 산정의 기준 시인 사실심 변론종결일로부터 발생한다고 보아야 하고, 이처럼 불법행위로 인한 위자료 배상채무의 지연손해금이 사실심 변론종결일부터 발생한다고 보아야 하는 예외적인 경우에는 불법행위 시부터 지연손해금이 가산되는 원칙적인 경우보다 배상이 지연된 사정을 적절히 참작하여 사실심 변론종결 시의 위자료 원금을 산정할 필요가 있다(대판 2023.3.9. 2021다202903).

③ 불법행위 당시에 전혀 예상하지 못했던 후발적 손해 판명 시점

> [불법행위로 상해를 입었지만 후유증 등으로 인하여 불법행위 당시에는 전혀 예상할 수 없었던 후발손해가 새로이 발생한 경우와 같이, 사회통념상 후발손해가 판명된 때에 현실적으로 손해가 발생한 것으로 볼 수 있는 경우, 불법행위로 인한 손해배상채권이 성립하는 시점 및 지연손해금이 발생하는 시점(= 후발손해 판명 시점) / 이 경우 후발손해가 판명된 때가 불법행위 시이자 그로부터 장래의 구체적인 소극적·적극적 손해에 대한 중간이자를 공제하는 현가산정의 원칙적인 기준시기가 되는지 여부(적극)]
> 불법행위로 상해를 입었지만 후유증 등으로 인하여 불법행위 당시에는 전혀 예상할 수 없었던 후발손해가 새로이 발생한 경우와 같이, 사회통념상 후발손해가 판명된 때에 현실적으로 손해가 발생한 것으로 볼 수 있는 경우에는 후발손해 판명 시점에 불법행위로 인한 손해배상채권이 성립하고, 지연손해금 역시 그때부터 발생한다고 봄이 상당하다. 이 경우 후발손해가 판명된 때가 불법행위 시이자 그로부터 장래의 구체적인 소극적·적극적 손해에 대한 중간이자를 공제하는 현가산정의 원칙적인 기준시기가 된다고 보아야 하고, 그보다 앞선 시점이 현가산정의 기준시기나 지연손해금의 기산일이 될 수는 없다(대판 2022.6.16. 2017다289538).

(3) 재산적 손해

① **적극적 손해** : 입원비, 진료비, 약대 등의 치료비가 적극적 손해에 포함된다. 고의 또는 과실에 의하여 타인의 생명을 해한 자는 장례비를 손해로서 배상할 의무가 있다(대판 1966.10.11. 66다1456). 그러나 장례 때 조객으로부터 받는 부의금은 손실을 전보하는 성질의 것이 아니므로, 이를 재산적 손해액 산정에서 참작할 것이 아니다(대판 1976.5.24. 75다1088).

② **소극적 손해(일실이익)** : 불법행위 당시 일정한 수입이 없는 피해자의 장래 수입상실액은 일반노동임금을 기준으로 하나, 불법행위 당시 일정한 수입이 있었던 경우에는 원칙적으로 피해자가 사고 당시에 실제로 얻고 있었던 수입금액을 확정하고 이를 기초로 하여 일실수입액을 산정하여야 한다(대판 2006.3.9. 2005다16904).

(4) 정신적 손해(위자료청구권)

① 의 의

> **재산 이외의 손해의 배상(민법 제751조)**
> ① 타인의 신체, 자유 또는 명예를 해하거나 기타 정신상고통을 가한 자는 재산 이외의 손해에 대하여도 배상할 책임이 있다.
> ② 법원은 전항의 손해배상을 정기금채무로 지급할 것을 명할 수 있고 그 이행을 확보하기 위하여 상당한 담보의 제공을 명할 수 있다.

위자료란 불법행위 또는 기타의 불법원인으로 피해자가 입은 고통·충격 등의 정신적 손해를 금전으로 배상해 주는 손해배상금을 의미한다. 불법행위로 입은 비재산적 손해에 대한 위자료 액수에 관하여는 사실심법원이 여러 사정을 참작하여 그 직권에 속하는 재량에 의하여 이를 확정할 수 있고, 법원이 그 위자료 액수 결정의 근거가 되는 제반 사정을 판결 이유 중에 빠짐없이 명시해야만 하는 것은 아니나, 이것이 위자료의 산정에 법관의 자의가 허용된다는 것을 의미하는 것은 물론 아니다(대판[전합] 2013.5.16. 2012다202819).

> **[불법행위로 인한 위자료를 산정할 때 참작하여야 할 요소]**
> 불법행위로 인한 위자료를 산정할 경우, 피해자의 연령, 직업, 사회적 지위, 재산과 생활상태, 피해로 입은 고통의 정도, 피해자의 과실 정도 등 피해자 측의 사정과 아울러 가해자의 고의·과실의 정도, 가해행위의 동기와 원인, 불법행위 후의 가해자의 태도 등 가해자 측의 사정까지 함께 참작하는 것이 손해의 공평부담이라는 손해배상의 원칙에 부합하고, 법원은 이러한 여러 사정을 참작하여 그 직권에 속하는 재량에 의하여 위자료 액수를 확정할 수 있다(대판 2023.2.2. 2020다270633).

> **[분묘를 발굴하거나 유체·유골을 훼손한 행위가 어떤 사람의 추모감정 등 인격적 법익을 침해하여 정신적 고통을 초래한 경우, 위 사람은 분묘의 관리처분권자인 제사주재자가 아니더라도 분묘 발굴 등을 한 사람을 상대로 정신적 고통에 따른 위자료 청구를 할 수 있는지 여부(적극) 및 분묘 발굴 등 행위가 어떤 사람의 추모감정 등 인격적 법익을 침해하여 정신적 고통을 초래하였는지 판단하는 기준]**
> 분묘를 발굴하거나 유체·유골을 훼손하는 행위가 있었고 그러한 행위가 어떤 사람의 추모감정 등 인격적 법익을 침해함으로써 정신적 고통을 초래하였다고 인정되는 경우, 그 사람은 분묘를 발굴하거나 유체·유골을 훼손한 사람을 상대로 그 정신적 고통에 대하여 위자료를 청구할 수 있다. 이와 같은 위자료를 청구할 수 있는 사람은 분묘의 관리처분권자인 제사주재자에 한정되는 것은 아니다. 분묘 발굴, 유체·유골 훼손 행위가 어떤 사람의 추모감정 등 인격적 법익을 침해함으로써 정신적 고통을 초래하였는지는 개별 사안에서 그 행위자가 분묘 발굴 또는 유체·유골의 처리에 이르게 된 경위와 동기, 분묘 발굴 또는 유체·유골의 처리가 사회통념상 받아들일 수 있는 방법으로 이루어진 것인지 여부, 추모감정 등의 침해를 주장하는 사람과 망인 사이의 친족관계 또는 생전 생활관계, 평소 분묘 등의 관리상황, 분묘나 유체·유골의 손상상태 등 여러 사정을 종합적으로 고려하여 개별적·구체적으로 판단하여야 한다(대판 2025.3.27. 2023다283401).

[이른바 '행정상 공표'의 방법으로 실명을 공개함으로써 타인의 명예를 훼손한 경우, 위법성이 조각되기 위한 요건 / 그 공표 내용이 진실이라고 믿을 만한 상당한 이유가 있는지 및 공공의 이익에 관한 것인지 판단하는 기준 / 한국소비자원의 '행정상 공표'를 규정한 소비자기본법 제35조 제3항과의 관계]

일정한 행정목적 달성을 위하여 언론에 보도자료를 제공하는 등 이른바 행정상 공표의 방법으로 실명을 공개함으로써 타인의 명예를 훼손한 경우, 그 내용이 진실한 사실이거나 이에 대한 증명이 없더라도 공표의 주체가 이를 진실이라고 믿을 만한 상당한 이유가 있고 그것이 오로지 공공의 이익에 관한 것이면 위법성이 없고, 이는 언론을 포함한 사인(私人)이 한 명예훼손의 경우와 다를 바가 없다. / 그러나 상당한 이유가 있는지 여부의 판단은 실명공표 자체가 매우 신중하게 이루어져야 한다는 요청에서 비롯되는 무거운 주의의무와 공권력을 행사하는 공표 주체의 광범한 사실조사능력, 그리고 공표된 사실이 진실하리라는 점에 대한 국민의 강한 기대와 신뢰 등에 비추어 볼 때 사인이 행하는 경우보다는 훨씬 더 엄격한 기준이 요구된다고 할 것이므로, 공표사실이 의심의 여지 없이 확실히 진실이라고 믿을 만한 객관적이고도 타당한 확증과 근거가 있는 경우가 아니라면 그러한 상당한 이유가 있다고 할 수가 없다. 또한 공공의 이익에 관한 것인지 여부는 그 적시된 사실의 구체적 내용, 그 사실의 공표가 이루어진 상대방의 범위, 그 표현의 방법 등 표현 자체에 관한 제반 사정을 고려함과 동시에 그 표현으로 훼손되거나 훼손될 수 있는 명예의 침해 정도 등을 비교·고려하여 결정하여야 하고, / 여기에는 소비자기본법 제35조 제3항이 "한국소비자원은 업무수행 과정에서 취득한 사실 중 소비자의 권익증진, 소비자피해의 확산 방지, 물품 등의 품질향상 그 밖에 소비생활의 향상을 위하여 필요하다고 인정되는 사실은 이를 공표하여야 한다. 다만 사업자 또는 사업자단체의 영업비밀을 보호할 필요가 있다고 인정되거나 공익상 필요하다고 인정되는 때에는 그러하지 아니하다"라고 정함으로써 한국소비자원에 그 본문에서 정한 소비자의 권익증진이나 소비자피해의 확산 방지 등을 위하여 공표할 필요가 있는 사실에 대해서는 원칙적으로 공표 의무를 부과하는 한편, 그 단서에서 정한 사업자단체의 영업비밀을 보호할 필요나 다른 공익상 필요가 있을 경우에는 예외적으로 그 이익을 비교·형량하여 공표 여부를 결정할 재량권을 부여한 점도 아울러 고려되어야 한다(대판 2025.5.15. 2020다296604).

[명예훼손으로 인한 손해배상청구소송에서 적시된 사실의 허위성 및 위법성조각사유에 대한 증명책임의 분배]

사실을 적시함으로써 타인의 명예를 훼손하는 경우, 원고가 청구원인으로 그 적시된 사실이 허위사실이라고 주장하며 손해배상을 구하는 때에는 그 허위성에 대한 증명책임은 원고에게 있다. 다만 피고가 적시된 사실에 대하여 그 목적이 오로지 공공의 이익을 위한 것이고 그 내용이 진실한 사실이거나 진실이라고 믿을 만한 상당한 이유가 있어 위법성이 없다고 항변할 경우 위법성을 조각시키는 사유에 대한 증명책임은 이를 피고가 부담한다(대판 2025.5.15. 2020다296604).

['행정상 공표'가 명예훼손이 되기 위한 요건 / 적시된 전체 내용의 취지를 살펴볼 때 중요한 부분이 객관적 사실과 합치되는 경우, 세부에 있어서 진실과 약간 차이가 나거나 다소 과장된 표현이 있다고 하더라도 이를 허위의 사실이라고 볼 수 있는지 여부(소극) / 적시된 내용이 사실을 적시한 것인지 판단하는 기준]

행정상 공표의 경우에도 순수하게 의견만을 표명하는 것은 타인의 명예를 훼손하는 행위가 될 여지가 없으나, 의견이나 평가를 표명하는 형식의 표현행위라 하더라도 그 전체적 취지에 비추어 의견의 근거가 되는 숨겨진 기초 사실에 대한 주장이 묵시적으로 포함되어 있고 그 사실이 타인의 사회적 평가를 침해할 수 있다면 명예훼손에 해당할 수 있다. / 나아가 적시된 전체 내용의 취지를 살펴볼 때 중요한 부분이 객관적 사실과 합치되는 경우에는 세부에 있어서 진실과 약간 차이가 나거나 다소 과장된 표현이 있다고 하더라도 이를 허위의 사실이라고 볼 수는 없다. / 적시된 내용이 사실을 적시한 것인지 아니면 단순히 의견 또는 평가를 표명하는 것인지 여부 및 허위인지 여부는 그 전체적인 취지와 연관 아래에서 문언의 객관적인 내용, 사용된 어휘의 통상적인 의미, 문구의 연결방법 등을 종합적으로 고려하여 이를 접하는 사람들에게 주는 전체적인 인상을 판단 기준으로 삼아야 하고, 여기에다가 그 내용의 배경이 된 사회적 흐름 속에서 당해 표현이 가지는 의미를 함께 고려하여야 한다(대판 2025.5.15. 2020다296604).

② 위자료청구권자의 범위

> **생명침해로 인한 위자료(민법 제752조)**
> 타인의 생명을 해한 자는 피해자의 직계존속, 직계비속 및 배우자에 대하여는 재산상의 손해 없는 경우에도 손해배상의 책임이 있다.

- ㉠ **생명침해의 경우**: 민법 제752조는 생명침해를 입은 피해자의 직계존속, 직계비속, 배우자에게 재산적 손해와 무관하게 위자료을 인정하고 있으며, 사실혼관계의 배우자와 같이 사실상의 친족도 포함된다. 그리고 판례는 「민법 제752조의 규정은 제한적 규정이 아니므로 예시적 규정에 불과하다는 점에 근거하여 민법 제752조에 규정된 친족 이외의 친족도 그 정신적 고통에 대한 입증을 함으로써 민법 제750조, 제751조에 의하여 위자료를 청구할 수 있다」(대판 1978.1.17. 77다1942)고 한다.
- ㉡ **신체침해의 경우**: 사실상의 혼인관계에 있는 배우자도 다른 배우자가 제3자의 불법행위로 인하여 상해를 입은 경우에는 자기가 받은 정신적 고통에 대한 위자료를 청구할 권리가 있다 (대판 1969.7.22. 69다684).

③ **사망자의 위자료청구권에 대한 상속성**: 판례는 「정신적 손해에 대한 배상(위자료)청구권은 피해자가 이를 파기하거나 면제했다고 볼 수 있는 특별한 사정이 없는 한 생전에 청구의 의사를 표시할 필요없이 원칙적으로 상속되는 것이라고 해석함이 상당하다」(대판 1966.10.18. 66다1335)고 하였다. 또한 「피해자가 즉사한 경우라 하여도 피해자가 치명상을 받은 때와 사망과의 사이에는 이론상 시간적 간격이 인정될 수 있는 것이므로 피해자의 위자료 청구권은 당연히 상속의 대상이 된다」 (대판 1969.4.15. 69다268)고 하였다.

(5) 배상액 산정시 고려사항

① 불법행위에 관하여 피해자에게도 과실이 있는 때에는, 법원은 손해배상의 책임 및 그 금액을 정함에 있어 반드시 이를 참작하여야 한다.
② 피해자의 부주의를 이용하여 고의로 불법행위를 저지른 자가 바로 그 피해자의 부주의를 이유로 자신의 책임을 감하여 달라고 주장하는 것은 허용될 수 없다(대판 2005.11.10. 2003다66066).
③ 불법행위로 인한 손해배상액을 산정함에 있어서 과실상계를 한 다음 손익상계를 하여야 한다(대판 1996.1.23. 95다24340).
④ 배상의무자는 그 손해가 고의 또는 중대한 과실에 의한 것이 아니고 그 배상으로 인하여 배상자의 생계에 중대한 영향을 미치게 될 경우에는 법원에 그 배상액의 경감을 청구할 수 있다. 법원은 청구가 있는 때에는 채권자 및 채무자의 경제 상태와 손해의 원인 등을 참작하여 배상액을 경감할 수 있다(민법 제765조).

3. 손해배상의 범위(조정)

(1) 과실상계

피해자의 과실에는 피해자 본인의 과실뿐 아니라 그와 신분상 내지 사회생활상 일체(一體)를 이루는 관계에 있는 자의 과실도 피해자 측의 과실로서 참작되어야 하고, 어느 경우에 신분상 내지 사회생활상 일체를 이루는 관계라고 할 것인지는 구체적인 사정을 검토하여 피해자 측의 과실로 참작하는 것이 공평의 관념에서 타당한지에 따라 판단하여야 한다(대판 1999.7.23. 98다32868).

(2) 배상액의 경감청구

> **배상액의 경감청구(민법 제765조)**
> ① 본장의 규정에 의한 배상의무자는 그 손해가 고의 또는 중대한 과실에 의한 것이 아니고 그 배상으로 인하여 배상자의 생계에 중대한 영향을 미치게 될 경우에는 법원에 그 배상액의 경감을 청구할 수 있다.
> ② 법원은 전항의 청구가 있는 때에는 채권자 및 채무자의 경제상태와 손해의 원인 등을 참작하여 배상액을 경감할 수 있다.

4. 손해배상청구권의 소멸시효

> **손해배상청구권의 소멸시효(민법 제766조)**
> ① 불법행위로 인한 손해배상의 청구권은 피해자나 그 법정대리인이 그 손해 및 가해자를 안 날로부터 3년간 이를 행사하지 아니하면 시효로 인하여 소멸한다.
> ② 불법행위를 한 날로부터 10년을 경과한 때에도 전항과 같다.
> ③ 미성년자가 성폭력, 성추행, 성희롱, 그 밖의 성적(性的) 침해를 당한 경우에 이로 인한 손해배상청구권의 소멸시효는 그가 성년이 될 때까지는 진행되지 아니한다.
> [헌재 2018.8.30. 2014헌바148 단순위헌. 민법(1958.2.22. 법률 제471호로 제정된 것) 제766조 제2항 중 '진실·화해를 위한 과거사정리 기본법' 제2조 제1항 제3호, 제4호에 규정된 사건에 적용되는 부분은 헌법에 위반됨]

(1) 민법 제766조 제1항·제2항 기간의 법적 성질

3년의 기간의 법적 성질에 대해서는 소멸시효라는 것에 이견이 없으나, 10년의 기간에 대해서는 통설은 제척기간으로 보나, 판례는 소멸시효로 본다.

> **[민법 제766조 제1항에서 정한 '손해 및 가해자를 안 날'의 의미 및 판단 기준]**
> 민법 제766조 제1항은 불법행위로 인한 손해배상청구권은 피해자나 그 법정대리인이 그 손해 및 가해자를 안 날부터 3년간 이를 행사하지 아니하면 시효로 소멸한다고 규정하고 있다. 여기서 '손해 및 가해자를 안 날'이란 피해자나 그 법정대리인이 손해 및 가해자를 현실적이고도 구체적으로 인식한 날을 의미하고, 그 인식은 손해발생의 추정이나 의문만으로는 충분하지 않고, 손해의 발생사실뿐만 아니라 가해행위가 불법행위를 구성한다는 사실,

> 즉 불법행위의 요건사실에 대한 인식으로서 위법한 가해행위의 존재, 손해의 발생 및 가해행위와 손해 사이의 인과관계 등이 있다는 사실까지 안 날을 뜻하며, 가해행위가 불법행위로서 이를 원인으로 하여 손해배상을 소로써 청구할 수 있다는 사실까지를 안 날을 의미한다. 그리고 피해자 등이 언제 불법행위의 요건사실을 현실적이고도 구체적으로 인식한 것으로 볼 것인지는 개별 사건의 여러 객관적 사정을 참작하고 손해배상청구가 사실상 가능하게 된 상황을 고려하여 합리적으로 인정하여야 한다(대판 2022.9.7. 2019다241455).
>
> **[상해의 후유증 등으로 불법행위 당시에는 예견할 수 없었던 손해가 발생하였다거나 손해가 확대된 경우, 그 부분에 대한 손해배상청구권의 소멸시효 기산점 / 전문적인 감정 등을 통해서 상해를 입은 피해자의 여명에 관한 예측을 토대로 손해배상의 범위가 결정되어 일시금 지급방식으로 배상이 이루어졌는데, 이후 예측된 여명기간을 지나 피해자가 계속 생존하는 경우, 추가로 발생하는 손해로 인한 배상청구권의 소멸시효 기산점]**
> 불법행위로 인한 손해배상청구권은 민법 제766조 제1항에 따라 피해자나 그 법정대리인이 그 손해와 가해자를 안 날부터 3년간 행사하지 않으면 소멸시효가 완성한다. 여기에서 손해를 안다는 것은 현실로 손해가 발생한 것을 안 경우뿐만 아니라 손해발생을 예견할 수 있을 때를 포함한다. 이때 그 손해의 정도나 액수를 구체적으로 알아야 하는 것은 아니므로, 일반적으로 상해의 피해자는 상해를 입었을 때 그 손해를 알았다고 보아야 할 것이지만, 그 후 후유증 등으로 불법행위 당시에는 전혀 예견할 수 없었던 새로운 손해가 발생하였다거나 예상외로 손해가 확대된 경우에는 그러한 사유가 판명된 때에 새로이 발생하거나 확대된 손해를 알았다고 보아야 한다. 이와 같이 새로이 발생하거나 확대된 손해 부분에 대해서는 그러한 사유가 판명된 때부터 민법 제766조 제1항에서 정한 소멸시효기간이 진행된다. 전문적인 감정 등을 통해서 상해를 입은 피해자의 여명에 관한 예측을 토대로 손해배상의 범위가 결정되어 소송 또는 합의 등을 통하여 정기금 지급방식이 아닌 일시금 지급방식으로 배상이 이루어졌는데, 이후 예측된 여명기간을 지나 피해자가 계속 생존하게 되면 종전에 배상이 이루어질 당시에는 예상할 수 없었던 새로운 손해가 발생할 수 있다. 이 경우 예측된 여명기간 내에 그 기간을 지나 생존할 것을 예상할 수 있는 사정이 생겼다면 그때에, 그러한 사정이 발생하지 않고 예측된 여명기간이 지나면 그때에 장래에 발생 가능한 손해를 예견할 수 있다고 보아야 한다. 따라서 종전에 손해배상 범위 결정의 전제가 된 여명기간을 지나 피해자가 생존하게 되어 발생하는 손해로 인한 배상청구권은 늦어도 종전에 예측된 여명기간이 지난 때부터 민법 제766조 제1항에서 정한 소멸시효기간이 진행된다(대판 2021.7.29. 2016다11257).

(2) 기산점

1) 피해자나 그 법정대리인이 그 손해 및 가해자를 안 날로부터 3년

① '손해 및 가해자를 안 날'이라 함은 손해의 발생, 위법한 가해행위의 존재, 가해행위와 손해의 발생과의 사이에 상당인과관계가 있다는 사실 등 불법행위의 요건 사실에 대하여 현실적이고도 구체적으로 인식하였을 때를 의미한다(대판 2008.4.24. 2006다30440).

> [1] 가해행위와 이로 인한 현실적인 손해의 발생 사이에 시간적 간격이 있는 불법행위의 경우, 손해배상채권의 소멸시효의 기산점이 되는 '불법행위를 안 날'의 의미 및 이때 신체에 대한 가해행위가 있은 후 상당한 기간 동안 치료가 계속되는 과정에서 어떠한 증상이 발현되어 그로 인한 손해가 현실화된 사안의 경우, 법원이 '손해를 안 날'을 정하는 방법 : 불법행위로 인한 손해배상의 청구권은 피해자나 그 법정대리인이 손해 및 가해자를 안 날로부터 소멸시효가 시작된다. 가해행위와 이로 인한 현실적인 손해의 발생 사이에 시간적 간격이 있는 불법행위의 경우 소멸시효의 기산점이 되는 불법행위를 안 날은 단지 관념적이고 부동적인 상태에서 잠재하고 있던 손해에 대한 인식이 있었다는 정도만으로는 부족하고 그러한 손해가 그 후 현실화된 것을 안 날을 의미한다. 이때 신체에 대한 가해행위가 있은 후 상당한 기간 동안 치료가 계속되는 과정에서 어떠한 증상이 발현되어 그로 인한 손해가 현실화된 사안이라면, 법원은 피해자가 담당의사의 최종 진단이나

법원의 감정 결과가 나오기 전에 손해가 현실화된 사실을 알았거나 알 수 있었다고 인정하는 데 매우 신중할 필요가 있다. 특히 가해행위가 있을 당시 피해자의 나이가 왕성하게 발육·성장활동을 하는 때이거나, 최초 손상된 부위가 뇌나 성장판과 같이 일반적으로 발육·성장에 따라 호전가능성이 매우 크거나(다만 최초 손상의 정도나 부위로 보아 장차 호전가능성이 전혀 없다고 단정할 수 있는 경우는 제외한다), 치매나 인지장애 등과 같이 증상의 발현 양상이나 진단 방법 등으로 보아 일정한 연령에 도달한 후 전문가의 도움을 받아야 정확하게 진단할 수 있는 등의 특수한 사정이 있는 때에는 더욱 그러하다. [2] 甲이 만 15개월 무렵에 교통사고를 당하여 뇌 손상 등을 입은 후 약간의 발달지체 등의 증세를 보여 계속 치료를 받던 중 만 6세 때 처음으로 의학적으로 언어장애 등의 장애진단이 내려지고 제1심에서의 신체감정 결과 치매, 주요 인지장애의 진단이 내려진 사안에서, 치료경과나 증상의 발현시기, 정도와 함께 사고 당시 甲의 나이, 최초 손상의 부위 및 정도, 최종 진단경위나 병명 등을 종합적으로 고려하면, 사고 직후에 언어장애 등으로 인한 손해가 현실화되었다고 단정하기 어렵고, 나아가 甲이나 그 법정대리인으로서도 그 무렵에 혹시라도 장차 상태가 악화되면 甲에게 어떠한 장애가 발생할 수도 있을 것이라고 막연하게 짐작할 수 있었을지언정 뇌 손상으로 인하여 발생할 장애의 종류나 정도는 물론 장애가 발생할지 여부에 대해서조차 확실하게 알 수 없었을 것으로 볼 여지가 충분한데도, 교통사고 당시 甲이 손해의 발생 사실을 알았다고 인정한 다음 그에 따라 교통사고가 발생한 날이 불법행위에 기한 손해배상청구권의 소멸시효의 기산점이 된다고 본 원심판단에 법리오해 등의 잘못이 있다고 한 사례(대판 2019.7.25. 2016다1687).

[상법 제399조 제1항, 제414조 제1항에서 규정하고 있는 주식회사의 이사 또는 감사의 회사에 대한 임무해태로 인한 손해배상책임에 따른 손해배상채권에 민법 제766조 제1항의 단기소멸시효가 적용되는지 여부(소극)]
상법 제399조 제1항, 제414조 제1항에서 규정하고 있는 주식회사의 이사 또는 감사의 회사에 대한 임무 해태로 인한 손해배상책임은 위임관계로 인한 채무불이행책임이므로 그에 따른 손해배상채권에는 민법 제766조 제1항의 단기소멸시효가 적용되지 않는다(대판 2023.10.26. 2020다236848).

[상법 제401조의2 제1항에서 정한 업무집행지시자 등의 손해배상책임에 따른 손해배상채권에 일반 불법행위책임의 단기소멸시효를 규정한 민법 제766조 제1항이 적용되는지 여부(소극)]
상법 제401조의2 제1항은 회사에 대한 자신의 영향력을 이용하여 이사에게 업무집행을 지시한 자(제1호), 이사의 이름으로 직접 업무를 집행한 자(제2호) 또는 이사가 아니면서 명예회장·회장·사장·부사장·전무·상무·이사 기타 회사의 업무를 집행할 권한이 있는 것으로 인정될 만한 명칭을 사용하여 회사의 업무를 집행한 자(제3호)가 그 지시하거나 집행한 업무에 관하여 제399조, 제401조, 제403조 및 제406조의2를 적용하는 경우에는 그 자를 "이사"로 본다고 규정하고 있다. 이는 주식회사의 이사가 아니지만 이사에게 업무집행을 지시하거나 이사처럼 업무를 집행하는 등으로 회사의 업무에 관여한 자에 대하여 그에 상응하는 책임을 묻기 위함이다. 이러한 법률 문언 내용과 입법 취지에 비추어 보면, 상법 제401조의2 제1항 각 호에 해당하는 자는 회사의 이사는 아니지만 상법 제399조에서 정한 손해배상책임을 적용함에 있어 그가 관여한 업무에 관하여 법령준수의무를 비롯하여 이사와 같은 선관주의의무와 충실의무를 부담하고, 이를 게을리하였을 경우 회사에 대하여 그로 인한 손해배상책임을 지게 되는 것이다. 이와 같이 상법 제401조의2 제1항이 정한 손해배상책임은 상법에 의하여 이사로 의제되는 데 따른 책임이므로 그에 따른 손해배상채권에는 일반 불법행위책임의 단기소멸시효를 규정한 민법 제766조 제1항이 적용되지 않는다(대판 2023.10.26. 2020다236848).

② **계속적 불법행위의 경우** : 불법행위가 계속적으로 행하여지는 결과 손해도 역시 계속적으로 발생하는 경우에는 특별한 사정이 없는 한 그 손해는 날마다 새로운 불법행위에 기하여 발생하는 손해로서 민법 제766조 제1항을 적용함에 있어서 그 각 손해를 안 때로부터 각별로 소멸시효가 진행된다(대판 1999.3.23. 98다30285).

2) 불법행위를 한 날로부터 10년

'불법행위를 한 날'이란 가해행위가 있었던 날이 아니라 현실적으로 손해의 결과가 발생한 날을 의미하지만, 그 손해의 결과발생이 현실적인 것으로 되었다면 그 소멸시효는 피해자가 손해의 결과발생을 알았거나 예상할 수 있는가 여부에 관계없이 가해행위로 인한 손해가 현실적인 것으로 되었다고 볼 수 있는 때로부터 진행한다(대판 2005.5.13. 2004다71881).

> [진실·화해를 위한 과거사정리 기본법 제2조 제1항 제3호의 '민간인 집단 희생사건', 같은 항 제4호의 '중대한 인권침해사건·조작의혹사건'에서 공무원의 위법한 직무집행으로 입은 손해에 대한 국가배상청구권에 민법 제766조 제2항에 따른 장기소멸시효가 적용되는지 여부(소극)]
> 헌법재판소는 2018.8.30. 민법 제166조 제1항, 제766조 제2항 중 '진실·화해를 위한 과거사정리 기본법'(이하 '과거사정리법'이라 한다) 제2조 제1항 제3호의 '민간인 집단 희생사건', 같은 항 제4호의 '중대한 인권침해사건·조작의혹사건'에 적용되는 부분은 헌법에 위반된다는 결정을 선고하였다. 따라서 과거사정리법상 '민간인 집단 희생사건', '중대한 인권침해사건·조작의혹사건'에서 공무원의 위법한 직무집행으로 입은 손해에 대한 국가배상청구권에 대해서는 민법 제766조 제2항에 따른 장기소멸시효가 적용되지 않는다(대판 2023.1.12. 2021다201184).

(3) 미성년자가 성폭력, 성추행, 성희롱, 그 밖의 성적(性的) 침해를 당한 경우의 손해배상청구권의 소멸시효 〈신설 2020.10.20.〉

① 내용 : 미성년자가 성폭력, 성추행, 성희롱, 그 밖의 성적(性的) 침해를 당한 경우에 이로 인한 손해배상청구권의 소멸시효는 <u>그가 성년이 될 때까지는 진행되지 아니한다</u>(민법 제766조 제3항).

② 취지 : 현행 「민법」에 따르면 미성년자가 성적(性的) 침해를 당한 경우에도 일반 손해배상청구권과 동일하게 부모 등 법정대리인이 손해 및 가해자를 안 날부터 3년이 지나거나 성적 침해가 발생한 날부터 10년이 지나면 소멸시효가 완성되어 손해배상을 청구할 수 없었다. 특히 미성년자를 대상으로 하는 성폭력범죄 등은 주변인들이 가해자인 경우가 많아 대리인을 통한 권한 행사가 어려운 상황이라는 점을 고려해 미성년자인 피해자가 성년이 될 때까지 손해배상청구권의 소멸시효를 유예해야 한다는 의견이 제기되었고, 이에 미성년자가 성폭력, 성추행, 성희롱, 그 밖의 성적 침해를 당한 경우에는 해당 미성년자가 성년이 될 때까지 손해배상청구권의 소멸시효가 진행되지 아니하도록 규정하여 미성년자인 피해자가 성년이 된 후 스스로 가해자에게 손해배상을 청구할 수 있도록 보장함으로써 성적 침해를 당한 미성년자에 대한 보호를 강화하려는 것이다.

법정채권관계

제1절 사무관리

01 사무관리, 부당이득에 관한 다음 설명 중 가장 옳지 않은 것은? 2024년

① 임차인이 임대차계약관계가 소멸한 다음에도 임대차 목적물을 계속 점유하기는 하였지만 이를 본래의 임대차계약상 목적에 따라 사용·수익하지 않아 이익을 얻은 적이 없는 경우에는 그로 말미암아 임대인에게 손해가 발생하였더라도 임차인의 부당이득반환의무는 성립하지 않는다.
② 부당이득제도는 이득자의 재산상 이득이 법률상 원인을 갖지 못한 경우에 공평·정의의 이념에 근거하여 이득자에게 반환의무를 부담시키는 것이므로, 이득자에게 실질적으로 이득이 귀속된 바 없다면 반환의무를 부담시킬 수 없다.
③ 사무관리가 성립하기 위하여는 우선 그 사무가 타인의 사무이고 타인을 위하여 사무를 처리하는 의사, 즉 관리의 사실상의 이익을 타인에게 귀속시키려는 의사가 있어야 하며, 나아가 그 사무의 처리가 본인에게 불리하거나 본인의 의사에 반한다는 것이 명백하지 아니할 것을 요한다. 여기에서 '타인을 위하여 사무를 처리하는 의사'는 관리자 자신의 이익을 위한 의사와 병존할 수 있으나, 외부적으로 표시되어야 하며 사무를 관리할 당시에 확정되어 있어야 한다.
④ 의무 없이 타인의 사무를 처리한 자는 그 타인에 대하여 민법상 사무관리 규정에 따라 비용상환 등을 청구할 수 있으나, 제3자와의 약정에 따라 타인의 사무를 처리한 경우에는 의무 없이 타인의 사무를 처리한 것이 아니므로 이는 원칙적으로 그 타인과의 관계에서는 사무관리가 된다고 볼 수 없다.
⑤ 민법 제742조 소정의 비채변제에 관한 규정은 변제자가 채무 없음을 알면서도 변제를 한 경우에 적용되는 것이고, 채무 없음을 알지 못한 경우에는 그 과실 유무를 불문하고 적용되지 아니하며, 변제자가 채무 없음을 알았다는 점에 대한 입증책임은 반환청구권을 부인하는 측에 있다고 할 것이다.

[❶ ▸ O] 민법 제741조는 "법률상 원인 없이 타인의 재산 또는 노무로 인하여 이익을 얻고 이로 인하여 타인에게 손해를 가한 자는 그 이익을 반환하여야 한다"라고 정하고 있다. 임차인이 임대차계약관계가 소멸한 다음에도 임대차 목적물을 계속 점유하기는 하였지만 이를 본래의 임대차계약상 목적에 따라 사용·수익하지 않아 이익을 얻은 적이 없는 경우에는 그로 말미암아 임대인에게 손해가 발생하였더라도 임차인의 부당이득반환의무는 성립하지 않는다(대판 2019.4.11. 2018다291347).

[❷ ▸ O] 계약상 채무의 이행으로 당사자가 상대방에게 급부를 행하였는데 계약이 무효이거나 취소되는 등으로 효력을 가지지 못하는 경우에 당사자들은 각기 상대방에 대하여 계약이 없었던 상태의 회복으로 자신이 행한 급부의 반환을 청구할 수 있는데, 이러한 경우의 원상회복의무를 법적으로 뒷받침하는 것이 민법 제741조 이하에서 정하는 부당이득법이 수행하는 핵심적인 기능의 하나이다. 이러한 부당이득 제도는 이득자의 재산상 이득이 법률상 원인을 갖지 못한 경우에 공평·정의의 이념에 근거하여 이득자에게 반환의무를 부담시키는 것이므로, 이득자에게 실질적으로 이득이 귀속된 바 없다면 반환의무를 부담시킬 수 없다(대판 2017.6.29. 2017다213838).

[❸ ▸ ×] 사무관리가 성립하기 위하여는 우선 그 사무가 타인의 사무이고 타인을 위하여 사무를 처리하는 의사, 즉 관리의 사실상의 이익을 타인에게 귀속시키려는 의사가 있어야 하며, 나아가 그 사무의 처리가 본인에게 불리하거나 본인의 의사에 반한다는 것이 명백하지 아니할 것을 요한다. 여기에서 '타인을 위하여 사무를 처리하는 의사'는 관리자 자신의 이익을 위한 의사와 병존할 수 있고, <u>반드시 외부적으로 표시될 필요가 없으며, 사무를 관리할 당시에 확정되어 있을 필요가 없다</u>(대판 2013.8.22. 2013다30882).

[❹ ▸ O] 의무 없이 타인의 사무를 처리한 자는 그 타인에 대하여 민법상 사무관리 규정에 따라 비용상환 등을 청구할 수 있으나, 제3자와의 약정에 따라 타인의 사무를 처리한 경우에는 의무 없이 타인의 사무를 처리한 것이 아니므로 이는 원칙적으로 그 타인과의 관계에서는 사무관리가 된다고 볼 수 없다(대판 2013.9.26. 2012다43539).

[❺ ▸ O] 민법 제742조 소정의 비채변제에 관한 규정은 변제자가 채무 없음을 알면서도 변제를 한 경우에 적용되는 것이어서 채무 없음을 알지 못한 경우에는 그 과실 유무를 불문하고 적용되지 아니하며, 변제자가 채무 없음을 알았다는 점에 대한 입증책임은 반환청구권을 부인하는 측에 있다고 할 것이다(대판 2012.11.15. 2010다68237).

답 ❸

제2절 부당이득

02 불법원인급여에 관한 다음 설명 중 옳지 않은 것을 모두 고른 것은? 2025년

> ㄱ. 급여자와 수익자의 불법성을 비교하여 수익자의 불법성이 급여자의 그것에 비하여 현저히 큰 경우에는 급여자는 수익자에 대하여 이익의 반환을 청구할 수 있다.
> ㄴ. 불법원인급여가 성립한 경우, 수익자가 그 불법의 원인에 가공하였다면 특별한 사정이 없는 한 급여자는 수익자의 불법행위를 이유로 그 재산의 급여로 말미암아 발생한 자신의 손해의 배상을 구할 수 있다.
> ㄷ. 구 수산업법 제33조에서 정한 어업권 임대차 금지를 위반하는 행위는 그 금지의 취지 등에 비추어 선량한 풍속 기타 사회질서에 반하는 행위에 해당하므로, 어업권을 임대한 어업권자로서는 임차인이 양식어장을 점유·사용함으로써 얻은 이익을 부당이득으로 반환을 구할 수 없다.
> ㄹ. 불법의 원인으로 소유권을 이전한 경우에 급여자는 부당이득을 이유로 하여 그 반환을 청구할 수는 없으나 특별한 사정이 없는 한 소유권에 기한 반환청구는 가능하다.
> ㅁ. 부동산 실권리자명의 등기에 관한 법률을 위반하여 무효인 명의신탁약정에 따라 명의수탁자 명의로 등기를 한 경우, 명의신탁자가 명의수탁자를 상대로 그 등기의 말소를 구하는 것이 불법원인급여를 이유로 금지된다고 할 수 없고, 이는 해당 명의신탁약정이 농지법에 따른 제한을 회피하고자 체결된 경우에도 마찬가지이다.

① ㄱ, ㄷ, ㄹ
② ㄱ, ㄷ, ㅁ
③ ㄴ, ㄷ, ㅁ
④ ㄴ, ㄷ, ㄹ
⑤ ㄴ, ㄹ, ㅁ

[ㄱ▶O] 선량한 풍속 기타 사회질서에 위반하여 무효인 부분의 이자 약정을 원인으로 차주가 대주에게 임의로 이자를 지급하는 것은 통상 불법의 원인으로 인한 재산 급여라고 볼 수 있을 것이나, 불법원인급여에 있어서도 그 불법원인이 수익자에게만 있는 경우이거나 수익자의 불법성이 급여자의 그것보다 현저히 커서 급여자의 반환청구를 허용하지 않는 것이 오히려 공평과 신의칙에 반하게 되는 경우에는 급여자의 반환청구가 허용되므로, 대주가 사회통념상 허용되는 한도를 초과하는 이율의 이자를 약정하여 지급받은 것은 그의 우월한 지위를 이용하여 부당한 이득을 얻고 차주에게는 과도한 반대급부 또는 기타의 부당한 부담을 지우는 것으로서 그 불법의 원인이 수익자인 대주에게만 있거나 또는 적어도 대주의 불법성이 차주의 불법성에 비하여 현저히 크다고 할 것이어서 차주는 그 이자의 반환을 청구할 수 있다(대판[전합] 2007.2.15. 2004다50426).

[ㄴ▶X] 불법의 원인으로 재산을 급여한 사람은 상대방 수령자가 그 '불법의 원인'에 가공하였다고 하더라도 상대방에게만 불법의 원인이 있거나 그의 불법성이 급여자의 불법성보다 현저히 크다고 평가되는 등으로 제반 사정에 비추어 급여자의 손해배상청구를 인정하지 아니하는 것이 오히려 사회상규에 명백히 반한다고 평가될 수 있는 특별한 사정이 없는 한 상대방의 불법행위를 이유로 그 재산의 급여로 말미암아 발생한 자신의 손해를 배상할 것을 주장할 수 없다고 할 것이다. 그와 같은 경우에 급여자의 위와 같은 손해배상청구를 인용한다면, 이는 급여자는 결국 자신이 행한 급부 자체 또는 그 경제적 동일물을 환수하는 것과 다름없는 결과가 되어, 민법 제746조에서 실정법적으로 구체화된 법이념에 반하게 되는 것이다(대판 2013.8.22. 2013다35412).

[ㄷ ▶ ✕] 구 수산업법(2007.4.11. 법률 제8377호로 전부 개정되기 전의 것) 제33조가 어업권의 임대차를 금지하고 있는 취지 등에 비추어 보면, 위 규정에 위반하는 행위가 무효라고 하더라도 그것이 선량한 풍속 기타 사회질서에 반하는 행위라고 볼 수는 없다. 따라서 어업권의 임대차를 내용으로 하는 임대차계약이 구 수산업법 제33조에 위반되어 무효라고 하더라도 그것이 부당이득의 반환이 배제되는 '불법의 원인'에 해당하는 것으로 볼 수는 없으므로, 어업권을 임대한 어업권자로서는 그 임대차계약에 기해 임차인에게 한 급부로 인하여 임차인이 얻은 이익, 즉 임차인이 양식어장(어업권)을 점유·사용함으로써 얻은 이익을 부당이득으로 반환을 구할 수 있다(대판 2010.12.9. 2010다57626).

[ㄹ ▶ ✕] 민법 제746조는 단지 부당이득제도만을 제한하는 것이 아니라 동법 제103조와 함께 사법의 기본이념으로서, 결국 사회적 타당성이 없는 행위를 한 사람은 스스로 불법한 행위를 주장하여 복구를 그 형식 여하에 불구하고 소구할 수 없다는 이상을 표현한 것이므로, 급여를 한 사람은 그 원인행위가 법률상 무효라 하여 상대방에게 부당이득반환청구를 할 수 없음은 물론 급여한 물건의 소유권은 여전히 자기에게 있다고 하여 소유권에 기한 반환청구도 할 수 없고 따라서 급여한 물건의 소유권은 급여를 받은 상대방에게 귀속된다(대판[전합] 1979.11.13. 79다483).

[ㅁ ▶ ◯] 부동산 실권리자명의 등기에 관한 법률(이하 '부동산실명법'이라 한다) 규정의 문언, 내용, 체계와 입법 목적 등을 종합하면, 부동산실명법을 위반하여 무효인 명의신탁약정에 따라 명의수탁자 명의로 등기를 하였다는 이유만으로 그것이 당연히 불법원인급여에 해당한다고 단정할 수는 없다. 이는 농지법에 따른 제한을 회피하고자 명의신탁을 한 경우에도 마찬가지이다(대판[전합] 2019.6.20. 2013다218156).

답 ❹

03 부당이득에 관한 다음 설명 중 가장 옳지 않은 것은? 2025년

① 계약의 일방당사자가 상대방의 지시 등으로 상대방과 또 다른 계약관계를 맺고 있는 제3자에게 직접 급부한 경우(이른바 삼각관계에서의 급부가 이루어진 경우), 계약의 일방당사자는 제3자를 상대로 법률상 원인 없이 급부를 수령하였다는 이유로 부당이득반환청구를 할 수 없다.
② 이른바 삼각관계에서의 급부가 이루어진 경우, 제3자가 급부를 수령함에 있어 계약의 일방당사자가 상대방에 대하여 급부를 한 원인관계인 법률관계에 무효 등의 흠이 있었다는 사실을 알고 있었다면 계약의 일방당사자는 제3자를 상대로 법률상 원인 없이 급부를 수령하였다는 이유로 부당이득반환청구를 할 수 있다.
③ 계약상 금전채무를 지는 이가 채권자 甲의 지시에 좇아 甲에 대한 채권자에게 직접 금전을 지급하였는데 계약의 효력이 불발생하였으면, 그와 같이 적법한 이행을 한 계약당사자는 다른 특별한 사정이 없는 한 그 제3자가 아니라 계약의 상대방당사자에 대하여 계약의 효력불발생으로 인한 부당이득을 이유로 자신의 급부 또는 그 가액의 반환을 청구하여야 한다.
④ 제3자를 위한 계약관계에서 낙약자와 요약자 사이의 법률관계(이른바 기본관계)를 이루는 계약이 해제된 경우 그 계약관계의 청산은 계약의 당사자인 낙약자와 요약자 사이에 이루어져야 하므로, 특별한 사정이 없는 한 낙약자가 이미 제3자에게 급부한 것이 있더라도 낙약자는 계약해제에 기한 원상회복 또는 부당이득을 원인으로 제3자를 상대로 그 반환을 구할 수 없다.
⑤ 회사가 임원이나 근로자를 피보험자 및 수익자로 하여 퇴직보험에 가입한 경우, 임원이나 근로자가 퇴직보험에 의하여 수령한 금원 중에서 위 퇴직금을 초과하는 금원은 회사가 출연한 보험료를 기초로 하여 법률상 원인 없이 이득을 얻은 것이 되어 회사에게 반환할 의무가 있다.

[❶ ▶ ○] [❷ ▶ ×] 계약의 일방당사자가 상대방의 지시 등으로 상대방과 또 다른 계약관계를 맺고 있는 제3자에게 직접 급부한 경우(이른바 삼각관계에서의 급부가 이루어진 경우), 그 급부로써 급부를 한 당사자의 상대방에 대한 급부가 이루어질 뿐 아니라 그 상대방의 제3자에 대한 급부도 이루어지는 것이므로 계약의 일방당사자는 제3자를 상대로 법률상 원인 없이 급부를 수령하였다는 이유로 부당이득반환청구를 할 수 없다(①). 이러한 경우에 계약의 일방당사자가 상대방에 대하여 급부를 한 원인관계인 법률관계에 무효 등의 흠이 있다는 이유로 제3자를 상대로 직접 부당이득반환청구를 할 수 있다고 보면 자기 책임하에 체결된 계약에 따른 위험부담을 제3자에게 전가하는 것이 되어 계약법의 원리에 반하는 결과를 초래할 뿐만 아니라 수익자인 제3자가 상대방에 대하여 가지는 항변권 등을 침해하게 되어 부당하기 때문이다. 이와 같이 <u>삼각관계에서의 급부가 이루어진 경우에, 제3자가 급부를 수령함에 있어 계약의 일방당사자가 상대방에 대하여 급부를 한 원인관계인 법률관계에 무효 등의 흠이 있었다는 사실을 알고 있었다 할지라도 계약의 일방당사자는 제3자를 상대로 법률상 원인 없이 급부를 수령하였다는 이유로 부당이득반환청구를 할 수 없다</u>(대판 2008.9.11. 2006다46278)(②).

[❸ ▶ ○] 계약상 금전채무를 지는 이가 채권자 甲의 지시에 좇아 甲에 대한 채권자 또는 甲이 증여하고자 하는 이에게 직접 금전을 지급한 경우 또는 남의 경사를 축하하기 위하여 꽃을 산 사람이 경사의 당사자에게 직접 배달시킨 경우와 같이, 계약상 급부가 실제적으로는 제3자에게 행하여졌다고 하여도 그것은 계약상 채무의 적법한 이행(이른바 '제3자방 이행')이라고 할 것이다. 이때 계약의 효력이 불발생하였으면, 그와 같이 적법한 이행을 한 계약당사자는 다른 특별한 사정이 없는 한 그 제3자가 아니라 계약의 상대방당사자에 대하여 계약의 효력불발생으로 인한 부당이득을 이유로 자신의 급부 또는 그 가액의 반환을 청구하여야 한다(대판 2010.3.11. 2009다98706).

[❹ ▶ ○] 제3자를 위한 계약관계에서 낙약자와 요약자 사이의 법률관계(이른바 기본관계)를 이루는 계약이 해제된 경우 그 계약관계의 청산은 계약의 당사자인 낙약자와 요약자 사이에 이루어져야 하므로, 특별한 사정이 없는 한 낙약자가 이미 제3자에게 급부한 것이 있더라도 낙약자는 계약해제에 기한 원상회복 또는 부당이득을 원인으로 제3자를 상대로 그 반환을 구할 수 없다(대판 2005.7.22. 2005다7566).

[❺ ▶ ○] 회사가 임원이나 근로자를 피보험자 및 수익자로 하여 퇴직보험에 가입하였더라도, 이는 임원이나 근로자가 퇴직할 경우 회사가 퇴직금 관련 규정에 따라 지급하여야 할 퇴직금을 보험금 또는 해약환급금에서 직접 지급받도록 함으로써 회사의 재무 사정에 영향을 받지 않고 퇴직금 지급이 보장되도록 하기 위한 것일 뿐 그 퇴직금을 넘는 금원을 임원이나 근로자에게 지급하기 위한 것은 아니다. 따라서 비록 임원이나 근로자가 퇴직보험에서 정한 바에 따라 직접 보험금 또는 해약환급금을 수령하였다고 하더라도, 회사에 대한 관계에서는 회사가 지급하여야 하는 퇴직금의 범위 내에서만 보험금 또는 해약환급금을 보유할 수 있는 권리를 가질 뿐이며, 임원이나 근로자가 퇴직보험에 의하여 수령한 금원 중에서 위 퇴직금을 초과하는 금원은 회사가 출연한 보험료를 기초로 하여 법률상 원인 없이 이득을 얻은 것이 되어 회사에게 반환할 의무가 있다(대판 2010.3.11. 2007다71271).

답 ❷

제3절 불법행위

04 공동불법행위책임에 관한 다음 설명 중 가장 옳지 않은 것은? 2025년

① 공동불법행위자 중의 1인과 보험계약을 체결한 보험자가 피해자에게 손해배상금을 보험금으로 모두 지급한 경우 다른 공동불법행위자들의 보험자들에 대하여 직접 구상권을 가짐과 동시에 상법 제682조에 따라 피보험자의 다른 공동불법행위자들의 보험자들에 대한 구상권을 대위 취득하게 되나, 이러한 '구상권'과 '보험자대위권'은 내용이 전혀 다른 별개의 권리이다.

② 제3자가 부부의 일방과 부정행위를 함으로써 그 배우자에게 부담하는 불법행위책임은 부정행위를 한 부부의 일방이 배우자에 대하여 부담하는 불법행위책임과 공동불법행위책임으로서 부진정연대채무 관계에 있지만, 부정행위를 한 부부의 일방이 이혼과정에서 배우자에게 금원을 지급하였으나 그 금원에 위자료뿐만 아니라 재산분할금이나 양육비 등 다른 성격의 금원이 포함되어 있어 공동불법행위로 인한 위자료를 구분·특정하기 어려운 특별한 경우에는, 그러한 금원 지급으로 인한 변제의 효과가 부진정연대채무자인 제3자에게 미치지 아니한다.

③ 공동불법행위책임은 가해자 각 개인의 행위에 대하여 개별적으로 그로 인한 손해를 구하는 것이 아니라 가해자들이 공동으로 가한 불법행위에 대하여 그 책임을 추궁하는 것이므로, 법원이 피해자의 과실을 들어 과실상계를 함에 있어서는 피해자의 공동불법행위자 각인에 대한 과실비율이 서로 다르더라도 피해자의 과실을 공동불법행위자 각인에 대한 과실로 개별적으로 평가할 것이 아니고 그들 전원에 대한 과실로 전체적으로 평가하여야 한다.

④ 공동불법행위자 중 1인이 피해자에게 전부 변제하여 면책된 경우 그 공동불법행위자에게 과실이 없다면, 그에 대한 다른 공동불법행위자들의 구상의무는 부진정연대관계에 있다.

⑤ 환자가 수혈로 인하여 에이즈에 감염된 경우, 에이즈에 감염된 혈액을 수혈한 대한적십자사의 과실과 수혈로 인한 에이즈 바이러스 감염 위험 등의 설명의무를 다하지 아니한 의사들의 과실은 공동불법행위를 구성하지 아니한다.

[❶▸○] 공동불법행위자 중의 1인과 보험계약을 체결한 보험자가 피해자에게 손해배상금을 보험금으로 모두 지급한 경우 다른 공동불법행위자들의 보험자들에 대하여 직접 구상권을 가짐과 동시에 상법 제682조에 따라 피보험자의 다른 공동불법행위자들의 보험자들에 대한 구상권을 대위 취득하게 되나, 이러한 '구상권'과 '보험자대위권'은 내용이 전혀 다른 별개의 권리이다(대판 2024.9.27. 2024다249729).

[❷▸×] 제3자가 부부의 일방과 부정행위를 함으로써 혼인의 본질에 해당하는 부부공동생활을 침해하거나 그 유지를 방해하고 그에 대한 배우자로서의 권리를 침해하여 배우자에게 정신적 고통을 가하는 행위는 원칙적으로 불법행위를 구성한다. 그리고 이에 따라 제3자가 부담하는 불법행위책임은 부정행위를 한 부부의 일방이 배우자에 대하여 부담하는 불법행위책임과 공동불법행위책임으로서 부진정연대채무 관계에 있다. 부진정연대채무자 상호 간에 채권의 목적을 달성시키는 변제와 같은 사유는 채무자 전원에 대하여 절대적 효력을 발생하므로, 부정행위를 한 부부의 일방이 배우자에게 공동불법행위로 인한 손해배상금을 지급한 경우 그 변제의 효과는 부진정연대채무자인 제3자에 대하여도 효력이 있다. 다만, 부정행위를 한 부부의 일방이 이혼과정에서 배우자에게 위자료 등의 명목으로 금원을 지급하였는데 그 금원에 위자료뿐만 아니라 재산분할금이나 양육비 등 다른 성격의 금원이 포함되어 있고, 그러한 이유로 그 금원 중 공동불법행위로 인한 위자료를 구분·특정하기 어려운 경우가 있다. 이러한 경우 법원은 부부의 일방이 배우자에게 위자료의 일부로서 금원을 지급한 사정을 제3자가 부담하는 위자료 액수를 산정할 때 참작할 수 있다(대판 2024.6.27. 2023므12782).

[❸▶○] 공동불법행위책임은 가해자 각 개인의 행위에 대하여 개별적으로 그로 인한 손해를 구하는 것이 아니라 가해자들이 공동으로 가한 불법행위에 대하여 그 책임을 추궁하는 것으로, 법원이 피해자의 과실을 들어 과실상계를 함에 있어서는 피해자의 공동불법행위자 각인에 대한 과실비율이 서로 다르더라도 피해자의 과실을 공동불법행위자 각인에 대한 과실로 개별적으로 평가할 것이 아니고 그들 전원에 대한 과실로 전체적으로 평가하여야 한다(대판 1998.6.12. 96다55631).

[❹▶○] 공동불법행위자 중 1인에 대하여 구상의무를 부담하는 다른 공동불법행위자가 수인인 경우에는 특별한 사정이 없는 이상 그들의 구상권자에 대한 채무는 각자의 부담 부분에 따른 분할채무로 보는 것이 타당하지만, 구상권자인 공동불법행위자 측에 과실이 없는 경우, 즉 내부적인 부담 부분이 전혀 없는 경우에는 이와 달리 그에 대한 수인의 구상의무를 부진정연대관계로 보는 것이 타당하다(대판 2012.3.15. 2011다52727).

[❺▶○] 에이즈 바이러스에 감염된 혈액을 환자가 수혈받음으로써 에이즈에 감염될 위험을 배제할 의무 및 그와 같은 결과를 회피할 의무를 다하지 아니하여 감염된 혈액을 수혈받은 환자로 하여금 에이즈 바이러스 감염이라는 치명적인 건강 침해를 입게 한 <u>대한적십자사의 과실 및 위법행위는 신체상해 자체에 대한 것인 데 비하여</u>, 수혈로 인한 에이즈 바이러스 감염 위험 등의 설명의무를 다하지 아니한 <u>의사들의 과실 및 위법행위는</u> 신체상해의 결과 발생 여부를 묻지 아니하는 수혈 여부와 수혈 혈액에 대한 환자의 자기결정권이라는 인격권의 침해에 대한 것이므로, 대한적십자사와 의사의 양 행위가 경합하여 단일한 결과를 발생시킨 것이 아니라 각 행위의 결과 발생을 구별할 수 있으니, 이와 같은 경우에는 공동불법행위가 성립한다고 할 수 없다(대판 1998.2.13. 96다7854).

답 ❷

05 다음 설명 중 가장 옳지 않은 것은? 2023년

① 교통사고의 피해자가 사고로 상해를 입은 후에도 계속하여 종전과 같이 직장에 근무하여 종전과 같은 보수를 지급받고 있다 하더라도 이를 손해배상액에서 공제할 수 없다.

② 아파트 건축으로 인근 토지 소유자의 일조권을 침해하여 불법행위로 인한 손해배상책임이 성립한 경우 아파트 건축으로 인하여 그 토지의 지가가 상승하였다고 하더라도 그 이익을 손해배상액에서 공제할 수 없다.

③ 교통사고를 일으켜 개인택시를 운전하는 사람을 사망하게 한 경우 그 망인의 가족들이 망인의 가동연한이 도래하기 전에 미리 개인택시운송사업면허를 다른 사람에게 처분하고 받은 돈에 대한 망인의 가동연한까지의 법정이자 상당 이익을 망인에 대한 손해배상액에서 공제할 수 있다.

④ 공무원연금법상의 퇴직연금을 받던 사람이 다른 사람의 불법행위로 인하여 사망한 경우에 그 유족이 퇴직연금 상당의 손해배상청구권을 상속함과 동시에 유족연금을 지급받게 되었다면, 유족에게 지급할 손해배상액을 산정함에 있어서는 위 망인의 일실퇴직연금액에서 유족연금액을 공제하여야 한다.

⑤ 피해자가 수령한 산업재해보상보험법에 따른 휴업급여금이나 장해급여금이 법원에서 인정된 소극적 손해액을 초과하더라도 그 초과부분을 기간과 성질을 달리하는 손해배상액에서 공제할 것은 아니며, 휴업급여는 휴업기간 중의 일실수입에 대응하는 것이므로 그것이 지급된 휴업기간 중의 일실수입 상당의 손해액에서만 공제되어야 한다.

[**❶** ▶ O] 교통사고의 피해자가 사고로 상해를 입은 후에도 계속하여 종전과 같이 직장에 근무하여 종전과 같은 보수를 지급받고 있다 하더라도 그와 같은 보수가 사고와 상당인과관계가 있는 이익이라고 볼 수 없으므로 이를 손해배상액에서 공제할 수 없다(대판 1992.12.22. 92다31361).

[**❷** ▶ O] 이 사건 아파트의 건축으로 인하여 이 사건 토지의 지가가 상승하였다고 하더라도 그것은 이 사건 손해배상책임의 원인이 되는 피고의 일조방해와는 아무런 관계가 없는 이익으로서 손익상계에 의하여 공제하여야 할 이익으로 볼 수 없다(대판 2011.4.28. 2009다98652).

[**❸** ▶ ×] 불법행위로 사망한 피해자 명의의 개인택시운송사업면허를 유족들이 다른 사람에게 매도함으로써 발생한 <u>그 처분가액에 대한 가동연한까지의 중간이자 상당의 이익은 직접적으로 불법행위로 인하여 발생한 이익이라고는 보기 어려울 뿐 아니라, 위 망인의 가동연한이 도래한 때에 있어서의 위 개인택시의 처분가액이 유족들의 처분가액과 반드시 같은 것이라고 예측할 수도 없는 것이어서 불법행위와 상당인과관계가 있는 이익이라고 보기도 어렵다고 할 것이므로 손익상계에 의하여 손해에서 공제할 수 있는 이득이라고 할 수 없다</u>(대판[전합] 1989.12.26. 88다카6867).

[**❹** ▶ O] 공무원연금법상의 퇴직연금과 유족연금은 모두 수급권자의 생활안정과 복지향상을 도모하기 위한 동일한 목적과 성격을 지닌 급부로서, 공무원연금법상의 퇴직연금을 받던 사람이 다른 사람의 불법행위로 인하여 사망한 경우에 그 유족이 퇴직연금 상당의 손해배상청구권을 상속함과 동시에 유족연금을 지급받게 되었다면, 그 유족은 같은 목적의 급부를 이중으로 받게 되므로 유족에게 지급할 손해배상액을 산정함에 있어서는 위 망인의 일실퇴직연금액에서 유족연금액을 공제하여야 한다. 그리고 유족이 지급받을 손해액을 산정할 때 일실퇴직연금액에서 유족연금액을 공제하는 취지가 동일한 목적과 내용의 급부가 이중으로 지급되는 것을 막는 데 있는 이상, 사망한 사람의 일실퇴직연금액에서 공제하여야 하는 유족연금액의 범위는 사망한 사람의 기대여명기간이 끝날 때까지 그 유족이 받을 금액에 한정되고, 그 후 유족이 불법행위로 인한 사망과 관계없이 받을 수 있는 유족연금액은 이에 포함되지 아니한다(대판 2007.12.13. 2007다54481).

[**❺** ▶ O] 손해배상은 손해의 전보를 목적으로 하는 것이므로 피해자로 하여금 근로기준법이나 산업재해보상보험법에 따라 휴업급여나 장해급여 등을 이미 지급받은 경우에 그 급여액을 일실수입의 배상액에서 공제하는 것은 그 손해의 성질이 동일하여 상호보완적 관계에 있는 것 사이에서만 가능하다. 따라서 피해자가 수령한 휴업급여금이나 장해급여금이 법원에서 인정된 소극적 손해액을 초과하더라도 그 초과 부분을 기간과 성질을 달리하는 손해배상액에서 공제할 것은 아니며, 휴업급여는 휴업기간 중의 일실수입에 대응하는 것이므로 그것이 지급된 휴업기간 중의 일실수입 상당의 손해액에서만 공제되어야 한다 (대판 2020.6.25. 2020다216240).

답 ❸

06. 다음 설명 중 옳은 것(O)과 옳지 않은 것(×)을 올바르게 조합한 것은? (2023년)

ㄱ. 어떤 토지가 개설경위를 불문하고 일반 공중의 통행에 공용되는 도로, 즉 공로가 되면 그 부지의 소유권 행사는 제약을 받게 되며, 이는 소유자가 수인하여야 하는 재산권의 사회적 제약에 해당한다. 따라서 공로 부지의 소유자가 이를 점유·관리하는 지방자치단체를 상대로 공로로 제공된 도로의 철거, 점유 이전 또는 통행금지를 청구하는 것은 법질서상 원칙적으로 허용될 수 없는 '권리남용'이라고 보아야 한다.

ㄴ. 매수인이 매도인 등의 기망행위로 인하여 부동산을 고가에 매수하게 됨으로써 입게 된 손해는 그 부동산의 매수 당시 시가와 매수가격과의 차액이지만, 그 후 매수인이 그 부동산 중 일부에 대하여 보상금을 수령하였다거나 부동산 시가가 상승하여 매수가격을 상회하게 되었다면 매수인에게 손해가 발생하지 않았다고 볼 수 있다.

ㄷ. 채무불이행으로 인한 손해배상을 규정하고 있는 민법 제394조는 다른 의사표시가 없는 한 금전으로 배상하여야 한다고 규정하고 있는바, 위 법조 소정의 금전이라 함은 우리나라의 통화를 가리키는 것이어서, 채무불이행으로 인한 손해배상을 구하는 채권은 당사자가 외국통화로 지급하기로 약정하였다는 등의 특별한 사정이 없는 한 채권액이 외국통화로 지정된 외화채권이라고 할 수 없다.

ㄹ. 판결이 확정되면 기판력에 의하여 그 대상이 된 청구권의 존재가 확정되고 그 내용에 따라 집행력이 발생하는 것이므로, 확정판결의 내용이 실체적 권리관계에 배치되어 부당하고 또한 그 확정판결에 기한 집행채권자가 이를 알고 있었다면 그 집행행위에 대하여 불법행위가 성립한다고 할 수 있다.

ㅁ. 어떠한 건물 신축이 건축 당시의 건축법 등 관계법령의 일조방해에 관한 직접적인 단속법규에 위반하지 않는다면 현실적인 일조방해의 정도가 현저하게 커 사회통념상 수인한도를 넘은 경우라도 위법행위로 평가될 수는 없다.

① ㄱ(O), ㄴ(×), ㄷ(O), ㄹ(×), ㅁ(×)
② ㄱ(O), ㄴ(O), ㄷ(O), ㄹ(×), ㅁ(×)
③ ㄱ(O), ㄴ(×), ㄷ(×), ㄹ(O), ㅁ(O)
④ ㄱ(×), ㄴ(O), ㄷ(×), ㄹ(×), ㅁ(O)
⑤ ㄱ(×), ㄴ(×), ㄷ(O), ㄹ(O), ㅁ(×)

[ㄱ▶O] 어떤 토지가 개설경위를 불문하고 일반 공중의 통행에 공용되는 도로, 즉 공로가 되면 그 부지의 소유권 행사는 제약을 받게 되며, 이는 소유자가 수인하여야 하는 재산권의 사회적 제약에 해당한다. 따라서 공로 부지의 소유자가 이를 점유·관리하는 지방자치단체를 상대로 공로로 제공된 도로의 철거, 점유 이전 또는 통행금지를 청구하는 것은 법질서상 원칙적으로 허용될 수 없는 '권리남용'이라고 보아야 한다(대판 2021.3.11. 2020다229239).

[ㄴ▶×] 매수인이 매도인의 기망행위로 인하여 부동산을 고가에 매수하게 됨으로써 입게 된 손해는 부동산의 매수 당시 시가와 매수가격과의 차액이고, 그 후 매수인이 위 부동산 중 일부에 대하여 보상금을 수령하였다거나 부동산 시가가 상승하여 매수가격을 상회하게 되었다고 하여 매수인에게 손해가 발생하지 않았다고 할 수 없다(대판 2010.4.29. 2009다91828).

[ㄷ ▶ ○] 채무불이행으로 인한 손해배상을 규정하고 있는 민법 제394조는 다른 의사표시가 없는 한 손해는 금전으로 배상하여야 한다고 규정하고 있는바, 위 법조 소정의 금전이라 함은 우리나라의 통화를 가리키는 것이어서 채무불이행으로 인한 손해배상을 구하는 채권은 당사자가 외국통화로 지급하기로 약정하였다는 등의 특별한 사정이 없는 한 채권액이 외국통화로 지정된 외화채권이라고 할 수 없다(대판 2005.7.28. 2003다12083).

[ㄹ ▶ ×] 판결이 확정되면 기판력에 의하여 대상이 된 청구권의 존재가 확정되고 그 내용에 따라 집행력이 발생하는 것이므로, 그에 따른 집행이 불법행위를 구성하기 위하여는 소송당사자가 상대방의 권리를 해할 의사로 상대방의 소송 관여를 방해하거나 허위의 주장으로 법원을 기망하는 등 부정한 방법으로 실체의 권리관계와 다른 내용의 확정판결을 취득하여 집행을 하는 것과 같은 특별한 사정이 있어야 하고, 그와 같은 사정이 없이 확정판결의 내용이 단순히 실체적 권리관계에 배치되어 부당하고 또한 확정판결에 기한 집행 채권자가 이를 알고 있었다는 것만으로는 그 집행행위가 불법행위를 구성한다고 할 수 없는바, 편취된 판결에 기한 강제집행이 불법행위로 되는 경우가 있다고 하더라도 당사자의 법적 안정성을 위해 확정판결에 기판력을 인정한 취지나 확정판결의 효력을 배제하기 위하여는 그 확정판결에 재심사유가 존재하는 경우에 재심의 소에 의하여 그 취소를 구하는 것이 원칙적인 방법인 점에 비추어 볼 때 불법행위의 성립을 쉽게 인정하여서는 아니 되고, 확정판결에 기한 강제집행이 불법행위로 되는 것은 당사자의 절차적 기본권이 근본적으로 침해된 상태에서 판결이 선고되었거나 확정판결에 재심사유가 존재하는 등 확정판결의 효력을 존중하는 것이 정의에 반함이 명백하여 이를 묵과할 수 없는 경우로 한정하여야 한다(대판 2001.11.13. 99다32899).

[ㅁ ▶ ×] 건축법 등 관계법령에 일조방해에 관한 직접적인 단속법규가 있다면 그 법규에 적합한지 여부가 사법상 위법성을 판단함에 있어서 중요한 판단자료가 될 것이지만, 이러한 공법적 규제에 의하여 확보하고자 하는 일조는 원래 사법상 보호되는 일조권을 공법적인 면에서도 가능한 한 보증하려는 것으로서 특별한 사정이 없는 한 일조권 보호를 위한 최소한도의 기준으로 봄이 상당하고, 구체적인 경우에 있어서는 어떠한 건물 신축이 건축 당시의 공법적 규제에 형식적으로 적합하다고 하더라도 현실적인 일조방해의 정도가 현저하게 커 사회통념상 수인한도를 넘은 경우에는 위법행위로 평가될 수 있다(대판 2000.5.16. 98다56997).

답 ❶

07 다음 설명 중 옳지 않은 것을 모두 고른 것은?   2023년

ㄱ. 민법 제400조 소정의 채권자지체가 성립하기 위해서는 민법 제460조 소정의 채무자의 변제 제공이 있어야 하고, 변제 제공은 원칙적으로 현실 제공으로 하여야 하며, 다만 구두의 제공으로 하더라도 무방한 경우 또는 구두의 제공조차 필요하지 않은 경우도 있지만, 민법 제538조 제1항 제2문 소정의 '채권자의 수령지체 중에 당사자 쌍방의 책임 없는 사유로 이행할 수 없게 된 때'에 해당하기 위해서는 현실 제공이나 구두 제공이 필요하다.

ㄴ. 채무불이행으로 인한 손해배상 예정액의 청구와 채무불이행으로 인한 손해배상액의 청구는 그 청구원인을 달리하는 별개의 청구이므로 손해배상 예정액의 청구 가운데 채무불이행으로 인한 손해배상액의 청구가 포함되어 있다고 볼 수 없다. 따라서 채무불이행으로 인한 손해배상액의 청구에 있어서 채권자가 손해배상책임의 발생 원인 사실에 관하여는 주장·입증을 하였더라도 손해의 발생 사실에 관한 주장·입증을 하지 아니하였다면 변론주의의 원칙상 법원은 당사자가 주장하지 아니한 손해의 발생 사실을 기초로 하여 손해액을 산정할 수는 없다.

ㄷ. 매수인의 잔금지급 지체로 인하여 계약을 해제하지 아니한 매도인이 지체된 기간 동안 입은 손해 중 그 미지급 잔금에 대한 법정이율에 따른 이자 상당의 금액은 통상손해라고 할 것이고, 그 사이에 매매대상 토지의 개별공시지가가 급등하여 매도인의 양도소득세 부담이 늘었다면 그 손해 또한 사회일반의 관념상 매매계약에서의 잔금지급의 이행지체의 경우 통상 발생하는 것으로 생각되는 범위의 통상손해라고 할 수 있다.

ㄹ. 공동불법행위로 인한 손해배상책임의 범위는 피해자에 대한 관계에서 가해자들 전원의 행위를 전체적으로 함께 평가하여 정하여야 하나, 이는 과실상계를 위한 피해자의 과실을 평가함에 있어서 공동불법행위자 전원에 대한 과실을 전체적으로 평가하여야 한다는 것이지, 공동불법행위자 중에 고의로 불법행위를 행한 자가 있는 경우에는 피해자에게 과실이 없는 것으로 보아야 한다거나 모든 불법행위자가 과실상계의 주장을 할 수 없게 된다는 의미는 아니다.

ㅁ. 실화가 중과실로 인한 것이 아닌 경우 배상의무자는 법원에 손해배상액의 경감을 청구할 수 있고, 이러한 청구가 있을 경우 법원은 배상의무자 및 피해자의 경제 상태 등을 고려하여 그 손해배상액을 경감하여야 한다.

① ㄱ, ㄴ
② ㄷ, ㄹ
③ ㄱ, ㅁ
④ ㄴ, ㄹ
⑤ ㄷ, ㅁ

[ㄱ▶○] 민법 제400조 소정의 채권자지체가 성립하기 위해서는 민법 제460조 소정의 채무자의 변제 제공이 있어야 하고, 변제 제공은 원칙적으로 현실 제공으로 하여야 하며 다만 채권자가 미리 변제받기를 거절하거나 채무의 이행에 채권자의 행위를 요하는 경우에는 구두의 제공으로 하더라도 무방하고, 채권자가 변제를 받지 아니할 의사가 확고한 경우(이른바, 채권자의 영구적 불수령)에는 구두의 제공을 한다는 것조차 무의미하므로 그러한 경우에는 구두의 제공조차 필요 없다고 할 것이지만, 그러한 구두의 제공조차 필요 없는 경우라고 하더라도, 이는 그로써 채무자가 채무불이행책임을 면한다는 것에 불과하고, 민법 제538조 제1항 제2문 소정의 '채권자의 수령지체 중에 당사자 쌍방의 책임 없는 사유로 이행할 수 없게 된 때'에 해당하기 위해서는 현실 제공이나 구두 제공이 필요하다(다만, 그 제공의 정도는 그 시기와 구체적인 상황에 따라 신의성실의 원칙에 어긋나지 않게 합리적으로 정하여야 한다)(대판 2004.3.12. 2001다79013).

[ㄴ ▸ ㅇ] 채무불이행으로 인한 손해배상 예정액의 청구와 채무불이행으로 인한 손해배상액의 청구는 그 청구원인을 달리하는 별개의 청구이므로 손해배상 예정액의 청구 가운데 채무불이행으로 인한 손해배상액의 청구가 포함되어 있다고 볼 수 없고, 채무불이행으로 인한 손해배상액의 청구에 있어서 손해의 발생 사실과 그 손해를 금전적으로 평가한 배상액에 관하여는 손해배상을 구하는 채권자가 주장·입증하여야 하는 것이므로, 채권자가 손해배상책임의 발생 원인 사실에 관하여는 주장·입증을 하였더라도 손해의 발생 사실에 관한 주장·입증을 하지 아니하였다면 변론주의의 원칙상 법원은 당사자가 주장하지 아니한 손해의 발생 사실을 기초로 하여 손해액을 산정할 수는 없다(대판 2000.2.11. 99다49644).

[ㄷ ▸ ×] 매수인의 잔금지급 지체로 인하여 계약을 해제하지 아니한 매도인이 지체된 기간 동안 입은 손해 중 그 미지급 잔금에 대한 법정이율에 따른 이자 상당의 금액은 통상손해라고 할 것이지만, 그 사이에 매매대상 토지의 개별공시지가가 급등하여 매도인의 양도소득세 부담이 늘었다고 하더라도 그 손해는 사회일반의 관념상 매매계약에서의 잔금지급의 이행지체의 경우 통상 발생하는 것으로 생각되는 범위의 통상손해라고 할 수는 없고, 이는 특별한 사정에 의하여 발생한 손해에 해당한다(대판 2006.4.13. 2005다75897).

[ㄹ ▸ ㅇ] 공동불법행위책임은 가해자 각 개인의 행위에 대하여 개별적으로 그로 인한 손해를 구하는 것이 아니라 가해자들이 공동으로 가한 불법행위에 대하여 그 책임을 추궁하는 것이므로, 공동불법행위로 인한 손해배상책임의 범위는 피해자에 대한 관계에서 가해자들 전원의 행위를 전체적으로 함께 평가하여 정하여야 하나, 이는 과실상계를 위한 피해자의 과실을 평가함에 있어서 공동불법행위자 전원에 대한 과실을 전체적으로 평가하여야 한다는 것이지, 공동불법행위자 중에 고의로 불법행위를 행한 자가 있는 경우에는 피해자에게 과실이 없는 것으로 보아야 한다거나 모든 불법행위자가 과실상계의 주장을 할 수 없게 된다는 의미는 아니다(대판 2020.2.27. 2019다223747).

[ㅁ ▸ ×] 실화책임에 관한 법률 제3조 제1항, 제2항

실화책임에 관한 법률 제3조(손해배상액의 경감)

① 실화가 중대한 과실로 인한 것이 아닌 경우 그로 인한 손해의 배상의무자(이하 "배상의무자"라 한다)는 법원에 손해배상액의 경감을 청구할 수 있다.
② 법원은 제1항의 청구가 있을 경우에는 다음 각 호의 사정을 고려하여 그 손해배상액을 경감할 수 있다.
  1. 화재의 원인과 규모
  2. 피해의 대상과 정도
  3. 연소(延燒) 및 피해 확대의 원인
  4. 피해 확대를 방지하기 위한 실화자의 노력
  5. 배상의무자 및 피해자의 경제상태
  6. 그 밖에 손해배상액을 결정할 때 고려할 사정

답 ❺

08 불법행위에 관한 다음 설명 중 가장 옳지 않은 것은? 2023년

① 위법행위가 있었다 하더라도 그로 인한 재산상태와 그 위법행위가 없었더라면 존재하였을 재산상태 사이에 차이가 없다면 다른 특별한 사정이 없는 한 위법행위로 인한 손해가 발생하였다고 할 수 없다.

② 배우자 있는 부녀와 간통행위를 하고, 이로 인하여 그 부녀가 배우자와 별거하거나 이혼하는 등으로 혼인관계를 파탄에 이르게 한 경우 그 부녀와 간통행위를 한 제3자(상간자)는 그 부녀의 자녀에 대한 관계에서 불법행위책임을 부담하므로 그가 입은 정신상의 고통을 위자할 의무가 있다고 할 것이다.

③ 손해배상의무자는 그 손해가 고의 또는 중대한 과실에 의한 것이 아니고 그 배상으로 인하여 배상자의 생계에 중대한 영향을 미치게 될 경우에는 법원에 그 배상액의 경감을 청구할 수 있다.

④ 불법행위로 상해를 입었지만 후유증 등으로 인하여 불법행위 당시에는 전혀 예상할 수 없었던 후발손해가 새로이 발생한 경우와 같이, 사회통념상 후발손해가 판명된 때에 현실적으로 손해가 발생한 것으로 볼 수 있는 경우에는 후발손해 판명 시에 불법행위로 인한 손해배상채권이 성립하고, 지연손해금 역시 그때부터 발생한다고 봄이 상당하다. 이 경우 후발손해가 판명된 때가 불법행위 시이자 그로부터 장래의 구체적인 소극적·적극적 손해에 대한 중간이자를 공제하는 현가산정의 원칙적인 기준시기가 된다고 보아야 하고, 그보다 앞선 시점이 현가산정의 기준시기나 지연손해금의 기산일이 될 수는 없다.

⑤ 환자가 병원에 입원하여 치료를 받는 경우에 있어서, 병원은 진료뿐만 아니라 환자에 대한 숙식의 제공을 비롯하여 간호, 보호 등 입원에 따른 포괄적 채무를 지므로, 병원은 병실에의 출입자를 통제·감독하든가 그것이 불가능하다면 최소한 입원환자에게 휴대품을 안전하게 보관할 수 있는 시정장치가 있는 사물함을 제공하는 등으로 입원환자의 휴대품 등의 도난을 방지함에 필요한 적절한 조치를 강구하여 줄 신의칙상의 보호의무가 있다고 할 것이다.

[❶ ▸ ○] 불법행위로 인한 재산상 손해는 위법한 가해행위로 인하여 발생한 재산상 불이익, 즉 그 위법행위가 없었더라면 존재하였을 재산상태와 그 위법행위가 가해진 현재의 재산상태의 차이를 말하는 것이므로, 위법행위가 있었다 하더라도 그로 인한 재산상태와 그 위법행위가 없었더라면 존재하였을 재산상태 사이에 차이가 없다면 다른 특별한 사정이 없는 한 위법행위로 인한 손해가 발생하였다고 할 수 없다(대판 2009.9.10. 2009다30762).

[❷ ▸ ×] 배우자 있는 부녀와 간통행위를 하고, 이로 인하여 그 부녀가 배우자와 별거하거나 이혼하는 등으로 혼인관계를 파탄에 이르게 한 경우 그 부녀와 간통행위를 한 제3자(상간자)는 그 부녀의 배우자에 대하여 불법행위를 구성하고, 따라서 그로 인하여 그 부녀의 배우자가 입은 정신상의 고통을 위자할 의무가 있다고 할 것이나, 이러한 경우라도 간통행위를 한 부녀 자체가 그 자녀에 대하여 불법행위책임을 부담한다고 할 수는 없고, <u>또한 간통행위를 한 제3자(상간자) 역시 해의(害意)를 가지고 부녀의 그 자녀에 대한 양육이나 보호 내지 교양을 적극적으로 저지하는 등의 특별한 사정이 없는 한 그 자녀에 대한 관계에서 불법행위책임을 부담한다고 할 수는 없다</u>(대판 2005.5.13. 2004다1899).

[❸ ▸ ○] 본장의 규정에 의한 배상의무자는 그 손해가 고의 또는 중대한 과실에 의한 것이 아니고 그 배상으로 인하여 배상자의 생계에 중대한 영향을 미치게 될 경우에는 법원에 그 배상액의 경감을 청구할 수 있다(민법 제765조 제1항).

[❹ ▶ O] 불법행위로 상해를 입었지만 후유증 등으로 인하여 불법행위 당시에는 전혀 예상할 수 없었던 후발손해가 새로이 발생한 경우와 같이, 사회통념상 후발손해가 판명된 때에 현실적으로 손해가 발생한 것으로 볼 수 있는 경우에는 후발손해 판명 시점에 불법행위로 인한 손해배상채권이 성립하고, 지연손해금 역시 그때부터 발생한다고 봄이 상당하다. 이 경우 후발손해가 판명된 때가 불법행위 시이자 그로부터 장래의 구체적인 소극적·적극적 손해에 대한 중간이자를 공제하는 현가산정의 원칙적인 기준시기가 된다고 보아야 하고, 그보다 앞선 시점이 현가산정의 기준시기나 지연손해금의 기산일이 될 수는 없다(대판 2022.6.16. 2017다289538).

[❺ ▶ O] 환자가 병원에 입원하여 치료를 받는 경우에 있어서, 병원은 진료뿐만 아니라 환자에 대한 숙식의 제공을 비롯하여 간호, 보호 등 입원에 따른 포괄적 채무를 지는 것인 만큼, 병원은 병실에의 출입자를 통제·감독하든가 그것이 불가능하다면 최소한 입원환자에게 휴대품을 안전하게 보관할 수 있는 시정장치가 있는 사물함을 제공하는 등으로 입원환자의 휴대품 등의 도난을 방지함에 필요한 적절한 조치를 강구하여 줄 신의칙상의 보호의무가 있다고 할 것이고, 이를 소홀히 하여 입원환자와는 아무런 관련이 없는 자가 입원환자의 병실에 무단출입하여 입원환자의 휴대품 등을 절취하였다면 병원은 그로 인한 손해배상책임을 면하지 못한다(대판 2003.4.11. 2002다63275).

답 ❷

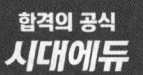

 혼자 공부하기 힘드시다면 방법이 있습니다.
시대에듀의 동영상 강의를 이용하시면 됩니다.
www.sdedu.co.kr → 회원가입(로그인) → 강의 살펴보기

9.88%

***2025년 법무사 1차 합격률**

CBT 모의고사로 최종 합격 점검!

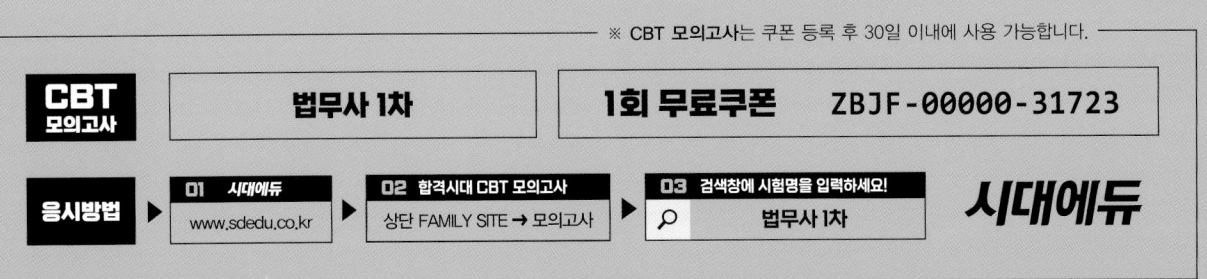

법무사 1차 시험 대비 시리즈

1. 헌법 + 상법
2. **민법 + 가족관계의 등록 등에 관한 법률**
3. 민사집행법 + 상업등기법 및 비송사건절차법
4. 부동산등기법 + 공탁법
5. 5개년 기출문제해설
6. 전과목 주요 최신판례 한권으로 끝내기

시대에듀

발행일 2025년 11월 20일 | **발행인** 박영일 | **책임편집** 이해욱

편저 이성재·시대법학연구소 | **발행처** (주)시대고시기획

등록번호 제10-1521호 | **대표전화** 1600-3600 | **팩스** (02)701-8823

주소 서울시 마포구 큰우물로 75 [도화동 538 성지B/D] 9F

학습문의 www.sdedu.co.kr

※ 이 책은 저작권법에 의해 보호를 받는 저작물이므로 동영상 제작 및 무단전재와 복제를 금합니다.

2026 개정판

법무사

민법·가족관계의 등록 등에 관한 법률

편저 | 이성재·시대법학연구소

[3권] 민법 Ⅲ (친족·상속법)

名將

민법 및 가족관계등록법의 핵심이론 수록!
최신 법령·예규·판례·선례 등 반영!
최근 3개년 기출문제 + 해설 진도별 편제

유료 동영상 강의
www.sdedu.co.kr

CBT 모의고사
1회 무료쿠폰 제공

시대에듀

편저 이성재 · 시대법학연구소

수험문화를 선도하는 수험서 전문출판 시대에듀의 시대법학연구소는 뛰어난 전문성을 바탕으로 법률 분야 자격시험에 특화된 맞춤도서들을 발간하여 수험생들이 단기간에 합격할 수 있도록 노력하고 있습니다.

법무사 1차 · 2차 시험도 역시 시대에듀!

(유료)동영상강의도 준비되어 있습니다!

법무사 1차시험	법무사 1차시험	법무사 1차시험	법무사 1차시험	법무사 1차시험	법무사 1차시험
헌법 · 상법	민법 · 가족관계의 등록 등에 관한 법률	민사집행법 · 상업등기법 및 비송사건절차법	부동산등기법 · 공탁법	핵심 기출지문 총정리 헌 법	핵심 기출지문 총정리 상 법

법무사 1차시험	법무사 2차시험	법무사 1차시험	법무사 2차시험	법무사 2차시험	법무사 2차시험	법무사 2차시험
5개년 기출문제해설	5개년 기출문제해설	전과목 주요 최신판례	민사소송법	민사사건관련서류의 작성	형 법	민 법

동영상강의

※ 도서의 구성 및 이미지는 변경될 수 있습니다.

법무사

민법 · 가족관계의 등록 등에 관한 법률

[3권] 민법 Ⅲ (친족·상속법)

시대에듀

이 책의 차례 3권 | 민법 Ⅲ

제1편 친족·상속법

제1장 가족법 서론
- 제1절 가족법의 의의 · 4
- 제2절 가족법상의 법률행위 · 5
- 제3절 가족법과 민법총칙 · 6
- 제4절 가족법의 법원 · 7
- 기출문제해설 · 13

제2장 친족법
- 제1절 총 설 · 14
- 제2절 가족의 범위와 자의 성과 본 · 17
- 제3절 혼 인 · 20
- 제4절 부모와 자(친자관계) · 77
- 제5절 후 견 · 136
- 제6절 부 양 · 161
- 기출문제해설 · 169

제3장 상속법
- 제1절 상 속 · 184
- 제2절 유 언 · 266
- 제3절 유류분 · 292
- 기출문제해설 · 309

친족·상속법

제1장	가족법 서론
제2장	친족법
제3장	상속법

가족법 서론

제1절 가족법의 의의

I 가족법의 개념

일반적으로 가족법은 「친족관계 내지 가족관계를 규율하는 일반사법」으로서 친족법과 「상속관계를 규율하는 일반사법」으로서 상속법의 결합을 의미한다.

II 가족법의 특질

가족법이 규율하는 친족관계는 재산관계에 비하여 다음과 같은 대표적인 특질을 가진다(상속법에서는 이와 다소 다르다는 점에 주의를 요한다).

1. 비타산성(非打算性)·비합리성(非合理性)

친족법은 혼인·친자관계와 같이 성적·혈연관계를 규율하는 비타산적·비합리성을 지니므로, 타산적·합리적인 재산법과는 차이가 있다.

2. 강행규정성(强行規定性)

친족법(상속법도 유사함)이 이미 사회적으로 형성·승인된 가족관계를 유지함을 목적으로 함으로 대부분 강행규정인데 비해 재산법은 대부분 임의규정이다. 다만, 가족법에서도 부부 사이의 재산귀속(민법 제829조)이나 이혼 시의 재산분할(민법 제839조의2) 등 가족 사이의 재산관계에 관한 규정은 대체로 임의규정이다.

3. 보수성(保守性)

친족법은 관습·전통에 의해 지배되는 경향이 강하고 보수적인 색채를 띠는 데 비해, 재산법 특히 계약법은 세계적으로 보편화되는 경향을 보인다.

제2절 가족법상의 법률행위

I 의의

가족법상의 법률행위(가족행위 또는 신분행위)는 친족·상속법상의 법률효과 발생을 목적으로 하는 법률행위를 말한다. 특히 친족법상의 효과(가족관계의 창설, 변경, 폐지)의 발생과 관련된 법률행위를 좁은 의미의 가족행위라 한다.

II 가족행위의 종류

1. 형성적 행위

① 형성적 친족행위는 가족관계의 창설·변경·폐지를 가져오는 법률행위를 말한다(예 혼인, 협의이혼, 입양, 협의파양, 인지 등).
② 형성적 친족행위는 법률이 정하는 바에 따라 신고하지 않으면 효력이 생기지 않는 요식행위이다.

2. 후견적 행위(지배적 행위)

① 후견적 친족행위는 가족관계에서의 지위에 기하여 일정한 관계에 있는 타인의 행위에 관여하는 행위를 말한다(예 친권의 행사·후견권의 행사 등).
② 후견적 친족행위는 타인의 법률행위를 보조하는 역할을 수행한다(예 미성년자인 子의 법률행위에 대한 부모의 동의 등).

3. 부수적 행위

① 부수적 행위는 형성적 친족행위에 부수하여 행해지는 행위이다(예 혼인에 부수하는 부부재산계약이나 협의이혼에 부수하는 재산분할계약 등).
② 부수적 행위는 일반적으로 그 자체가 재산상의 법률행위를 구성하나(협의이혼 시 子의 양육과 친권에 관한 협의 등과 같은 비재산적인 행위도 있다), 그 효력과 내용은 가족관계와 밀접하게 관련된다.

제3절 가족법과 민법총칙

I 서 설

민법 제1편 총칙은 체계상 재산법과 가족법에 모두 적용되어야 하나, 입법자는 별도의 특별규정(예 민법 제801조·제802조·제807조·제835조·제1061조·제1063조) 등을 두어 총칙규정의 적용을 배제하고 있으며, 특별규정이 없는 경우에도 당사자의 진의가 중요시되는 친족법상의 행위에는 원칙적으로 총칙규정이 적용되지 않는다고 보아야 한다(상속법상의 행위는 이와 다르게 다루어진다).

II 가족법에 적용되는 총칙규정들

① **법원에 관한 규정**(민법 제1조) : 가족법의 영역은 법의 공백이 많아서 관습법과 조리가 적용되는 영역이 많다.
② **신의성실에 관한 규정**(민법 제2조) : 친권남용에 의한 친권상실제도가 대표적이다.
③ **주소에 관한 규정**(민법 제18조 내지 제21조) : 피상속인의 주소는 상속개시의 장소이다(민법 제998조).
④ **부재와 실종에 관한 규정**(민법 제22조 내지 제30조) : 실종은 상속개시의 원인(민법 제997조)이 되며, 부재자의 재산관리에 관한 규정은 미성년자의 재산관리를 위한 관리인(민법 제918조)이나 상속재산의 관리(민법 제1023조, 제1047조)에 준용된다.
⑤ **물건에 관한 규정**(민법 제98조 내지 102조)
⑥ **반사회질서의 법률행위에 관한 규정**(민법 제103조) : 근친혼금지, 중혼금지 등이 그 예이다. 다만, 중혼은 사회질서에 반하지만 혼인의 취소사유(민법 제816조)에 불과하다.
⑦ **불공정한 법률행위에 관한 규정**(민법 제104조) : 성질상 친족법에는 적용되지 않으나, 상속법에는 적용이 가능하다.
⑧ **무효행위의 전환에 관한 규정**(민법 제138조) : 학설의 대립이 있으나 판례는 허위의 친생자출생신고를 입양신고로 그 효력을 인정하고 있다(대판 2000.6.9. 99므1633·1640).
⑨ **기간에 관한 규정**(민법 제155조 내지 제161조)

III 가족법의 대표적인 특별규정들

① **태아의 권리능력에 관한 규정** : 민법 제858조(포태 중인 자의 인지), 제1000조 제3항(태아의 상속순위), 제1064조(유언과 태아, 상속결격자)
② **행위능력에 관한 규정** : 민법 제800조(약혼의 자유), 제807조(혼인적령), 제808조(동의가 필요한 혼인), 제835조(성년후견과 협의상 이혼), 제856조(인지), 제870조(미성년자 입양에 대한 부모의 동의), 제871조(성년자 입양에 대한 부모의 동의), 제1061조(유언적령), 제1062조(제한능력자의 유언), 제1063조(피성년후견인의 유언능력) 등

③ **사기·강박에 의한 의사표시에 관한 규정** : 민법 제816조 제3호(혼인취소의 사유), 제838조(사기, 강박으로 인한 이혼의 취소청구권), 제854조(사기, 강박으로 인한 친생자승인의 취소), 제861조(인지의 취소), 제884조 제3호(입양취소의 원인) 등 다만, 민법 제1024조 제2항(상속의 승인, 포기)과 제1075조 제2항(유증의 승인, 포기)에 대해서는 총칙규정이 준용된다.
④ **대리에 관한 규정** : 민법 제869조(입양의 의사표시), 제910조(자의 친권의 대행), 제948조(미성년자의 친권의 대행) 등
⑤ **취소에 관한 규정** : 민법 제816조 내지 제824조(혼인의 취소 : 소급효 배제), 제854조(친생자승인의 취소), 제884조 내지 제897조(입양의 취소 : 소급효 배제), 제1111조(부담있는 유언의 취소) 등
⑥ **부관에 관한 규정** : 원칙적으로 부관에 관한 규정은 가족법에 적용되지 않지만, 민법 제1073조 제2항(유언의 효력발생시기), 제1089조 제2항(유증효력발생전의 수증자의 사망) 등의 경우에는 조건을 붙일 수 있다.
⑦ 판례는 민법 제139조(무효행위의 추인)의 법문과 달리 무효행위의 추인에 소급효를 인정한다(대판 1991.12.27. 91므30 참조).

제4절 가족법의 법원

I 서설

가족법의 법원은 형식적으로는 민법 제4편과 제5편을 지칭하나, 실질적으로는 (절차법을 포함) 가족관계의 등록 등에 관한 법률, 혼인신고특례법, 입양특례법, 아동복지법, 부재선고에 관한 특별조치법, 남북주민 사이의 가족관계와 상속 등에 관한 특례법, 가사소송법 등의 특별법과 불문법원이 있다. 이하에서는 가족관계의 등록 등에 관한 법률과 가사소송법에 대해 검토하기로 한다.

II 가족관계의 등록 등에 관한 법률(이하 '가족관계등록법'으로 약칭)

1. 개관

가족관계등록법은 2005년 민법 개정에 의하여 호주제도가 폐지됨에 따라 국민의 출생·혼인·사망 등 가족관계의 발생 및 변동사항에 관한 등록과 그 증명에 관한 사항을 규정함을 목적으로 제정되었다(가족관계등록법 제1조).

> **[가족관계등록부 기재의 추정력과 그 번복]**
> 가족관계등록제도는 국민의 출생·혼인·사망 등 가족관계의 발생 및 변동사항을 가족관계의 등록 등에 관한 법률이 정한 절차에 따라 가족관계등록부에 등록하여 공시·공증하는 제도이다(제1조, 제9조). 따라서 가족관계등록부는 그 기재가 적법하게 되었고 기재사항이 진실에 부합한다는 추정을 받는다. 그러나 가족관계등록부의 기재에 반하는 증거가 있거나 그 기재가 진실이 아니라고 볼 만한 특별한 사정이 있을 때에는 그 추정은 번복될 수 있다. 따라서 어떠한 신분에 관한 내용이 가족관계등록부에 기재되었더라도 기재된 사항이 진실에 부합하지 않음이 분명한 경우에는 그 기재내용을 수정함으로써 가족관계등록부가 진정한 신분관계를 공시하도록 하여야 한다(대결 2020.1.9. 2018스40).

2. 가족관계등록부의 신고

(1) 창설적 신고

신고의 수리에 의하여 비로소 신분관계가 창설되는 신고로, 혼인신고, 협의이혼신고, 인지신고, 입양신고, 협의파양신고 등이 이에 해당한다. 사실상혼인관계존재확인의 소에 의한 혼인신고에 대하여 다수설은 보고적 신고로 보지만, 판례는 창설적 신고로 본다(대판 1973.1.16. 72므25 참조).

(2) 보고적 신고

신고에 의하여 법적 효과가 생기는 것이 아니라 법적으로 이미 효과가 발생한 사실에 관하여 사후적으로 하는 신고로, 출생신고, 사망신고, 후견개시신고, 재판 또는 유언에 의한 인지신고, 재판에 의한 파양·파양취소신고 등이 이에 해당한다.

> **[현재 혼인 중에 있지 아니한 성전환자에게 미성년 자녀가 있는 경우, 성별정정을 허가할 수 있는지 여부(적극) 및 그 판단 기준]**
> (가) 인간은 누구나 자신의 성정체성에 따른 인격을 형성하고 삶을 영위할 권리가 있다. 성전환자도 자신의 성정체성을 바탕으로 인격과 개성을 실현하고 우리 사회의 동등한 구성원으로서 타인과 함께 행복을 추구하며 살아갈 수 있어야 한다. 이러한 권리를 온전히 행사하기 위해서 성전환자는 자신의 성정체성에 따른 성을 진정한 성으로 법적으로 확인받을 권리를 가진다. 이는 인간으로서의 존엄과 가치에서 유래하는 근본적인 권리로서 행복추구권의 본질을 이루므로 최대한 보장되어야 한다. 한편 미성년 자녀를 둔 성전환자도 부모로서 자녀를 보호하고 교양하며(민법 제913조), 친권을 행사할 때에도 자녀의 복리를 우선해야 할 의무가 있으므로(민법 제912조), 미성년 자녀가 있는 성전환자의 성별정정 허가 여부를 판단할 때에는 성전환자의 기본권의 보호와 미성년 자녀의 보호 및 복리와의 조화를 이룰 수 있도록 법익의 균형을 위한 여러 사정들을 종합적으로 고려하여 실질적으로 판단하여야 한다. 따라서 위와 같은 사정들을 고려하여 실질적으로 판단하지 아니한 채 단지 성전환자에게 미성년 자녀가 있다는 사정만을 이유로 성별정정을 불허하여서는 아니 된다.
> (나) 미성년 자녀를 둔 성전환자의 성별정정을 허가할지 여부를 판단할 때에는 성전환자 본인의 인간으로서의 존엄과 가치, 행복추구권, 평등권 등 헌법상 기본권을 최대한 보장함과 동시에 미성년 자녀가 갖는 보호와 배려를 받을 권리 등 자녀의 복리를 염두에 두어야 한다. 따라서 이때에는 성전환자의 성별정정에 필요한 일반적인 허가 기준을 충족하였는지 외에도 미성년 자녀의 연령 및 신체적·정신적 상태, 부 또는 모의 성별정정에 대한 미성년 자녀의 동의나 이해의 정도, 미성년 자녀에 대한 보호와 양육의 형태 등 성전환자가 부 또는 모로서 역할을 수행하는 모습, 성전환자가 미성년 자녀를 비롯한 다른 가족들과 형성·유지하고 있는 관계 및 유대감, 기타 가정환경 등 제반 사정을 고려하여 성전환자의 성별정정 허가 여부가 미성년 자녀의 복리에 미치는 영향을 살펴 성별정정을 허가할 것인지를 판단하여야 한다.

(다) 성전환자에게 미성년 자녀가 있는 경우 성전환자의 가족관계등록부상 성별정정이 허용되지 않다는 취지의 대결[전합] 2011.9.2. 2009스117을 비롯하여 그와 같은 취지의 결정들은 이 결정의 견해에 배치되는 범위에서 모두 변경하기로 한다(대결[전합] 2022.11.24. 2020스616).

[성전환자가 혼인 중에 있거나 미성년자인 자녀가 있는 경우 성별정정을 허가할 것인지 여부(소극)]
성전환수술에 의하여 출생 시의 성과 다른 반대의 성으로 성전환이 이미 이루어졌고, 정신의 등 의학적 측면에서도 이미 전환된 성으로 인식되고 있다면, 전환된 성으로 개인적 행동과 사회적 활동을 하는 데에까지 법이 관여할 방법은 없다. 그러나 성전환자가 혼인 중에 있거나 미성년자인 자녀가 있는 경우에는, 가족관계등록부에 기재된 성별을 정정하여, 배우자나 미성년자인 자녀의 법적 지위와 그에 대한 사회적 인식에 곤란을 초래하는 것까지 허용할 수는 없으므로, 현재 혼인 중에 있거나 미성년자인 자녀를 둔 성전환자의 성별정정은 허용되지 않는다(대결[전합] 2011.9.2. 2009스117 - 다수의견).

[개명허가의 기준]
[1] 개명신청의 이유가 개인적인 평가 또는 판단에서 나왔다는 것만으로 이를 개명의 상당한 이유에 해당하지 않는다고 볼 수 있는지 여부(소극) : 개명신청을 하는 사람이 신청이유로 제시하는 바가 개인적인 평가 또는 판단에서 나왔다고 하더라도 그것이 일시적·즉흥적인 착상이 아니고 신중한 선택에 기하였다고 판단되는 한 그것이 그 자체로 현저히 불합리한 것이 아니라면 그것만으로 이를 개명의 상당한 이유에 해당하지 않는다고 볼 수 없다. [2] 개명이 허용되지 않는 경우 : 개명은 범죄를 기도 또는 은폐하거나 법령에 따른 각종 제한을 회피하거나 부정한 금전적 이익을 얻으려는 의도가 개입되는 등으로 개명신청권의 남용으로 볼 수 있는 경우에는 이를 허용하여서는 안 된다(대결 2009.10.16. 2009스90).

[이미 사망한 자에 대하여 가족관계등록창설이 허용되는지 여부(소극)]
가족관계등록창설 허가신청은 가족관계등록이 되어 있지 아니한 사람(이하 '무등록자'라 한다) 자신이 신청하는 것이고, 무등록자가 이미 사망하였다면 가족관계등록창설이 허용되지 아니한다(대결 2011.3.28. 2011스25).

[외국인인 모의 인적사항은 알지만 자신이 책임질 수 없는 사유로 출생신고에 필요한 서류를 갖출 수 없거나, 모의 소재불명이나 모가 정당한 사유 없이 출생신고에 필요한 서류 발급에 협조하지 않는 경우에도 가족관계의 등록 등에 관한 법률 제57조 제2항이 적용되는지 여부(적극)]
가족관계의 등록 등에 관한 법률 제57조 제2항의 취지, 입법연혁, 관련 법령의 체계 및 아동의 출생등록될 권리의 중요성을 함께 살펴보면, 가족관계의 등록 등에 관한 법률 제57조 제2항은 같은 법 제57조 제1항에서 생부가 단독으로 출생자신고를 할 수 있게 하였음에도 불구하고 같은 법 제44조 제2항에 규정된 신고서의 기재내용인 모의 인적사항을 알 수 없는 경우에 부의 등록기준지 또는 주소지를 관할하는 가정법원의 확인을 받아 신고를 할 수 있게 하기 위한 것으로, 문언에 기재된 '모의 성명·등록기준지 및 주민등록번호를 알 수 없는 경우'는 예시적인 것이므로, 외국인인 모의 인적사항은 알지만 자신이 책임질 수 없는 사유로 출생신고에 필요한 서류를 갖출 수 없는 경우 또는 모의 소재불명이나 모가 정당한 사유 없이 출생신고에 필요한 서류 발급에 협조하지 않는 경우 등과 같이 그에 준하는 사정이 있는 때에도 적용된다고 해석하는 것이 옳다(대결 2020.6.8. 2020스575).

Ⅲ 가사소송법

1. 서 설

① 가사소송법은 가사소송절차에 대한 기본법으로, 가사(家事)에 관한 소송(訴訟)과 비송(非訟) 및 조정(調停)에 대한 절차의 특례를 규정함을 목적으로 한다(가사소송법 제1조).
② 법에 특별한 규정이 없으면 가사소송절차에 관하여는 민사소송법을(가사소송법 제12조), 가사비송절차에 대해서는 비송사건절차법을(가사소송법 제34조), 가사조정절차에 관하여는 민사조정법을(가사소송법 제49조)을 각각 준용한다.
③ 가사사건에 대한 심리와 재판은 가정법원의 전속관할로 한다(가사소송법 제2조 제1항).
④ 나류·다류의 가사소송사건과 마류의 가사비송사건은 조정전치주의가 적용되어 가정법원에 소를 제기하거나 심판을 청구하려는 사람은 먼저 조정을 신청하여야 한다(가사소송법 제50조 제1항).

2. 가사소송절차

(1) 의 의

가사소송사건은 가사소송법 제2조 제1항 제1호의 가類 사건, 나類 사건, 다類 사건을 말한다(가사소송법 제2조 제1항 제1호).

(2) 가사소송절차의 특색

① 가類 사건, 나類 사건에 대한 법원의 직권조사(가사소송법 제17조)
② 가類 사건, 나類 사건에 대한 소송절차의 승계에 대한 특례(가사소송법 제16조)
③ 가類 사건, 나類 사건에 대한 확정판결의 대세적 효력(가사소송법 제21조 제1항)
④ 나類 사건, 다類 사건에 대한 조정전치주의(가사소송법 제50조)
⑤ 사정에 의한 항소기각의 판결(가사소송법 제19조 제3항)

> **[가사소송법상의 가류 가사소송사건에 해당하는 청구에 관한 재판상 화해나 조정의 효력(무효)]**
> 친생자관계의 존부 확인과 같이 현행 가사소송법상의 가류 가사소송사건에 해당하는 청구는 성질상 당사자가 임의로 처분할 수 없는 사항을 대상으로 하는 것으로, 이에 관하여 조정이나 재판상 화해가 성립하더라도 효력이 없다(대판 2007.7.26. 2006므2757·2764).
>
> **[가사소송법 제2조 제1항 소정의 나류 가사소송사건과 마류 가사비송사건에 관한 소송에서 통상의 민사사건에 속하는 청구를 병합할 수 있는지 여부(소극)]**
> 가사소송법 제2조 제1항 소정의 나류 가사소송사건과 마류 가사비송사건은 통상의 민사사건과는 다른 종류의 소송절차에 따르는 것이므로, 원칙적으로 위와 같은 가사사건에 관한 소송에서 통상의 민사사건에 속하는 청구를 병합할 수는 없다(대판 2006.1.13. 2004므1378).

3. 가사비송절차

(1) 의 의

가사비송사건은 가사소송법 제2조 제1항 제2호의 라類 사건, 마類 사건을 말한다(가사소송법 제2조 제1항 제2호).

> **[항고심에서 마류 가사비송사건의 반대청구를 할 수 있는 경우]**
> 가사소송법 제2조 제1항 제2호 나목 10)에 따르면, 상속재산의 분할에 관한 청구(민법 제1013조 제2항)는 마류 가사비송사건에 속하고, 상대방은 제1심의 절차종결 시까지 청구인의 청구와 견련관계에 있는 마류 가사비송사건으로서 금전의 지급이나 물건의 인도, 기타 재산상의 의무이행을 구하는 반대청구를 할 수 있다(가사소송규칙 제92조). 한편 민사소송법 제412조를 유추하여 반대청구 상대방의 심급의 이익을 해할 우려가 없는 때 또는 반대청구 상대방이 동의하거나 이의 없이 반대청구의 심문에 응함으로써 동의한 것으로 간주되는 때에는 항고심에서도 마류 가사비송사건의 반대청구를 할 수도 있다(대결 2025.3.24. 2024스866·867·868).

(2) 가사비송절차의 특색

① 법원이 후견적 입장에서 개입하는 성질상 당사자주의는 적용되지 않고, 직권주의가 지배하므로 법원은 직권으로 사실의 탐지와 필요하다고 인정하는 증거의 조사를 할 수 있다(가사소송법 제34조, 비송사건절차법 제11조).
② 마類 사건에 대한 조정전치주의(가사소송법 제50조 제1항)
③ 심판의 형식에 의한 종국재판(가사소송법 제39조)

4. 가사조정절차

(1) 조정기관

가사조정사건은 조정장 1명과 2명 이상의 조정위원으로 구성된 조정위원회에서 처리한다(가사소송법 제52조 제1항).

(2) 조정의 원칙

① 조정위원회는 조정을 할 때 당사자의 이익뿐 아니라 조정으로 인하여 영향받게 되는 모든 이해관계인의 이익을 고려하고 분쟁을 평화적·종국적(終局的)으로 해결할 수 있는 방안을 마련하여 당사자를 설득하여야 한다(가사소송법 제58조 제1항).
② 자녀의 친권을 행사할 사람의 지정과 변경, 양육 방법의 결정 등 미성년자인 자녀의 이해(利害)에 직접적인 관련이 있는 사항을 조정할 때에는 미성년자인 자녀의 복지를 우선적으로 고려하여야 한다(가사소송법 제58조 제2항).

(3) 조정의 성립

① 조정은 당사자 사이에 합의된 사항을 조서에 적음으로써 성립한다(가사소송법 제59조 제1항).
② 조정이나 확정된 조정을 갈음하는 결정은 재판상 화해와 동일한 효력이 있다. 다만, 당사자가 임의로 처분할 수 없는 사항에 대하여는 그러하지 아니하다(가사소송법 제59조 제2항).

(4) 재판절차

이의신청 등에 의해 소송으로의 이행이 인정된다(가사소송법 제60조, 민사조정법 제36조).

5. 가정법원의 관장사항(가사소송법 제2조)

		가사소송사건
가류		• 무효의 소 : 혼인의 무효, 이혼의 무효, 인지(認知)의 무효, 입양의 무효, 파양(罷養)의 무효 • 친생자관계존부확인(親生子關係存否確認)
나류	조정전치주의	• 취소의 소 : 혼인의 취소, 이혼의 취소, 인지의 취소, 입양의 취소, 파양의 취소, 친양자(親養子) 입양의 취소 • 재판상 이혼, 재판상 파양, 친양자의 파양 • 인지에 대한 이의(異議), 인지청구, 친생부인(親生否認), 아버지의 결정, 사실상혼인관계존부확인 • 상속권 상실 선고 [시행 : 2026.1.1.]
다류		• 약혼 해제(解除) 또는 사실혼관계 부당 파기(破棄)로 인한 손해배상청구(제3자에 대한 청구를 포함) 및 원상회복의 청구 • 혼인의 무효·취소, 이혼의 무효·취소 또는 이혼을 원인으로 하는 손해배상청구(제3자에 대한 청구를 포함) 및 원상회복의 청구 • 입양의 무효·취소, 파양의 무효·취소 또는 파양을 원인으로 하는 손해배상청구(제3자에 대한 청구를 포함) 및 원상회복의 청구 • 「민법」 제839조의3에 따른 재산분할청구권 보전을 위한 사해행위(詐害行爲) 취소 및 원상회복의 청구
		가사비송사건
라류		• 성년후견·한정후견 개시의 심판과 그 종료의 심판, 특정후견의 심판과 그 종료의 심판 • 피한정후견인이 한정후견인의 동의를 받아야 하는 행위의 범위 결정 및 그 변경 및 한정후견인의 동의를 갈음하는 허가 • 취소할 수 없는 피성년후견인의 법률행위의 범위 결정 및 그 변경 • 부재자재산의 관리에 관한 처분 • 실종의 선고와 그 취소 • 성과 본에 관한 사항 • 친생부인의 허가, 인지의 허가, 미성년자의 입양에 대한 허가, 부부재산약정의 변경에 대한 허가, 친양자 입양의 허가 • 후견의 종료 및 친권자의 지정 • 상속재산의 보존·관리에 관한 사항 등
마류	조정전치주의	• 「민법」 제826조 및 제833조에 따른 부부의 동거·부양·협조 또는 생활비용의 부담에 관한 처분 • 「민법」 제829조 제3항에 따른 재산관리자의 변경 또는 공유재산(共有財産)의 분할을 위한 처분 • 「민법」 제837조 및 제837조의2(같은 법 제843조에 따라 위 각 조항이 준용되는 경우 및 혼인의 취소 또는 인지를 원인으로 하는 경우를 포함)에 따른 자녀의 양육에 관한 처분과 그 변경, 면접교섭권(面接交涉權)의 처분 또는 제한·배제·변경 • 「민법」 제839조의2 제2항(같은 법 제843조에 따라 준용되는 경우 및 혼인의 취소를 원인으로 하는 경우를 포함)에 따른 재산분할에 관한 처분 • 「민법」 제909조 제4항 및 제6항(혼인의 취소를 원인으로 하는 경우를 포함)에 따른 친권자의 지정과 변경 • 「민법」 제922조의2에 따른 친권자의 동의를 갈음하는 재판 • 「민법」 제924조, 제924조의2, 제925조 및 제926조에 따른 친권의 상실, 일시 정지, 일부 제한 및 그 실권 회복의 선고 또는 법률행위의 대리권과 재산관리권의 상실 및 그 실권 회복의 선고 • 「민법」 제976조부터 제978조까지의 규정에 따른 부양(扶養)에 관한 처분 • 「민법」 제1008조의2 제2항 및 제4항에 따른 기여분(寄與分)의 결정 • 「민법」 제1013조 제2항에 따른 상속재산의 분할에 관한 처분

가족법 서론

제1편 | 친족·상속법

제1절	가족법의 의의
제2절	가족법상의 법률행위
제3절	가족법과 민법총칙
제4절	가족법의 법원

친족법

제1절 총설

I 친족의 종류

> **친족의 정의(민법 제767조)**
> 배우자, 혈족 및 인척을 친족으로 한다.
>
> **혈족의 정의(민법 제768조)**
> 자기의 직계존속과 직계비속을 직계혈족이라 하고 자기의 형제자매와 형제자매의 직계비속, 직계존속의 형제자매 및 그 형제자매의 직계비속을 방계혈족이라 한다.
>
> **인척의 계원(민법 제769조)**
> 혈족의 배우자, 배우자의 혈족, 배우자의 혈족의 배우자를 인척으로 한다.
>
> **인척관계 등의 소멸(민법 제775조)**
> ① 인척관계는 혼인의 취소 또는 이혼으로 인하여 종료한다.
> ② 부부의 일방이 사망한 경우 생존 배우자가 재혼한 때에도 제1항과 같다.
>
> **입양으로 인한 친족관계의 소멸(민법 제776조)**
> 입양으로 인한 친족관계는 입양의 취소 또는 파양으로 인하여 종료한다.

1. 배우자

① 배우자는 혼인에 의하여 발생하고, 당사자 일방의 사망, 혼인의 취소 또는 이혼으로 인하여 소멸한다.
② 법률상의 배우자를 말하고, 사실혼 부부는 배우자가 아니다. 다만, 주택임대차보호법 등의 특별법에 의하여 사실혼 부부에게 법률상의 배우자에 준하는 보호가 행해지기도 한다.

2. 혈족

① 혈족은 혈연으로 연결된 자를 말하는데, 직계혈족과 방계혈족으로 구분된다. 즉, 직계존속과 직계비속을 직계혈족이라 하고, 형제자매와 형제자매의 직계비속, 직계존속의 형제자매 및 그 형제자매의 직계비속을 방계혈족이라 한다(민법 제768조).

② 혈족은 또한 자연혈족과 법정혈족으로 구분된다.

　㉠ 자연혈족은 혈연관계가 있는 혈족으로, 출생에 의하여 맺어지고 사망으로 소멸한다. 혼인 외의 출생자의 경우 母와는 당연히, 父의 경우에는 인지한 경우 자연혈족관계이다.

　㉡ 반면 법정혈족은 입양에 의하여 혈연관계가 없는 자 사이에 자연혈족과 같은 관계가 인정되는데, 입양한 때부터 양친자관계가 성립하며(민법 제772조 제1항), 입양의 취소 또는 파양으로 법정혈족관계가 종료된다(민법 제776조).

> **[양친자관계]**
> [1] 입양의 의사로 친생자출생신고를 하고 거기에 입양의 실질적 요건이 모두 구비되어 있는 경우, 입양의 효력발생 여부(적극) 및 이 경우 친생자관계부존재확인청구의 가능 여부(한정 소극) : 당사자가 양친자관계를 창설할 의사로 친생자출생신고를 하고 거기에 입양의 실질적 요건이 모두 구비되어 있다면 그 형식에 다소 잘못이 있더라도 입양의 효력이 발생하고, 양친자관계는 파양에 의하여 해소될 수 있는 점을 제외하고는 법률적으로 친생자관계와 똑같은 내용을 갖게 되므로 이 경우의 허위의 친생자출생신고는 법률상의 친자관계인 양친자관계를 공시하는 입양신고의 기능을 발휘하게 되는 것이며, 이와 같은 경우 파양에 의하여 그 양친자관계를 해소할 필요가 있는 등 특별한 사정이 없는 한 그 호적기재 자체를 말소하여 법률상 친자관계의 존재를 부인하게 하는 친생자관계부존재확인청구는 허용될 수 없는 것이다. [2] 양부모가 이혼하여 양모가 양부의 가를 떠났을 경우, 양모자관계가 소멸하는지 여부(소극) : 민법 제776조는 "입양으로 인한 친족관계는 입양의 취소 또는 파양으로 인하여 종료한다"라고 규정하고 있을 뿐 '양부모의 이혼'을 입양으로 인한 친족관계의 종료사유로 들고 있지 않고, 구관습시대에는 오로지 가계계승(家系繼承)을 위하여만 양자가 인정되었기 때문에 입양을 할 때 처는 전혀 입양당사자가 되지 못하였으므로 양부모가 이혼하여 양모가 부(夫)의 가(家)를 떠났을 때에는 입양당사자가 아니었던 양모와 양자의 친족관계가 소멸하는 것은 논리상 가능하였으나, 처를 부와 함께 입양당사자로 하는 현행 민법 아래에서는(1990.1.13. 개정 전 민법 제874조 제1항은 "처가 있는 자는 공동으로 함이 아니면 양자를 할 수 없고 양자가 되지 못한다"고 규정하였고, 개정 후 현행 민법 제874조 제1항은 "배우자 있는 자가 양자를 할 때에는 배우자와 공동으로 하여야 한다"고 규정하고 있다) 부부공동입양제가 되어 처도 부와 마찬가지로 입양당사자가 되기 때문에 양부모가 이혼하였다고 하여 양모를 양부와 다르게 취급하여 양모자관계만 소멸한다고 볼 수는 없는 것이다(대판[전합] 2001.5.24. 2000므1493).

　㉢ 양자의 방계혈족 또는 양자의 직계존속과 양부모 등의 사이에는 친족관계가 발생하지 않는다.

　㉣ 종래 법정혈족관계가 인정되던 적모서자 및 계모자 사이에는 1990년 민법 개정에 따라 인척관계가 인정된다.

　㉤ 양자와 생가혈족과의 친족관계는 소멸하지 않는다. 다만, 친양자 입양의 경우에는 입양 전의 친족관계는 소멸함이 원칙이다(민법 제908조의3 제2항 본문).

3. 인 척

① 인척은 혈족의 배우자(계모, 적모, 매형, 형부 등), 배우자의 혈족(시부모, 장인·장모, 처제, 처남 등), 배우자의 혈족의 배우자(처제의 남편 등)를 말한다(민법 제769조).

② 혈족의 배우자의 혈족(甲과 乙이 부부인 경우 甲의 남동생과 乙의 여동생은 혈족의 배우자의 혈족으로서 인척이 아니므로 서로 혼인을 할 수 있다)은 인척이 아니다.

> **[친족상도례가 적용되는 '친족'의 범위 및 사기죄의 피고인과 피해자가 사돈지간인 경우 친족에 해당하는지 여부(소극)]**
> 친족상도례가 적용되는 친족의 범위는 민법의 규정에 의하여야 하는데, 민법 제767조는 배우자, 혈족 및 인척을 친족으로 한다고 규정하고 있고, 민법 제769조는 혈족의 배우자, 배우자의 혈족, 배우자의 혈족의 배우자만을 인척으로 규정하고 있을 뿐, 구 민법(1990.1.13. 법률 제4199호로 개정되기 전의 것) 제769조에서 인척으로 규정하였던 '혈족의 배우자의 혈족'을 인척에 포함시키지 않고 있다. 따라서 사기죄의 피고인과 피해자가 사돈지간이라고 하더라도 이를 민법상 친족으로 볼 수 없다(대판 2011.4.28. 2011도2170).

③ 인척관계의 발생 및 종료 : 인척관계는 혼인을 통해서 발생하고, 혼인의 무효·취소, 이혼, 부부 일방의 사망 후 재혼으로 종료된다.

II 친족의 범위와 촌수계산

혈족의 촌수의 계산(민법 제770조)
① 직계혈족은 자기로부터 직계존속에 이르고 자기로부터 직계비속에 이르러 그 세수를 정한다.
② 방계혈족은 자기로부터 동원의 직계존속에 이르는 세수와 그 동원의 직계존속으로부터 그 직계비속에 이르는 세수를 통산하여 그 촌수를 정한다.

인척의 촌수의 계산(민법 제771조)
인척은 배우자의 혈족에 대하여는 배우자의 그 혈족에 대한 촌수에 따르고, 혈족의 배우자에 대하여는 그 혈족에 대한 촌수에 따른다.

친족의 범위(민법 제777조)
친족관계로 인한 법률상 효력은 이 법 또는 다른 법률에 특별한 규정이 없는 한 다음 각 호에 해당하는 자에 미친다.
  1. 8촌 이내의 혈족
  2. 4촌 이내의 인척
  3. 배우자

제2절 가족의 범위와 자의 성과 본

가족의 범위(민법 제779조)
① 다음의 자는 가족으로 한다.
　1. 배우자, 직계혈족 및 형제자매
　2. 직계혈족의 배우자, 배우자의 직계혈족 및 배우자의 형제자매
② 제1항 제2호의 경우에는 생계를 같이 하는 경우에 한한다.

자의 성과 본(민법 제781조)
① 자는 부의 성과 본을 따른다. 다만, 부모가 혼인신고 시 모의 성과 본을 따르기로 협의한 경우에는 모의 성과 본을 따른다.
② 부가 외국인인 경우에는 자는 모의 성과 본을 따를 수 있다.
③ 부를 알 수 없는 자는 모의 성과 본을 따른다.
④ 부모를 알 수 없는 자는 법원의 허가를 받아 성과 본을 창설한다. 다만, 성과 본을 창설한 후 부 또는 모를 알게 된 때에는 부 또는 모의 성과 본을 따를 수 있다.
⑤ 혼인 외의 출생자가 인지된 경우 자는 부모의 협의에 따라 종전의 성과 본을 계속 사용할 수 있다. 다만, 부모가 협의할 수 없거나 협의가 이루어지지 아니한 경우에는 자는 법원의 허가를 받아 종전의 성과 본을 계속 사용할 수 있다.
⑥ 자의 복리를 위하여 자의 성과 본을 변경할 필요가 있을 때에는 부, 모 또는 자의 청구에 의하여 법원의 허가를 받아 이를 변경할 수 있다. 다만, 자가 미성년자이고 법정대리인이 청구할 수 없는 경우에는 제777조의 규정에 따른 친족 또는 검사가 청구할 수 있다.

I 호주제도의 폐지

[호주제가 헌법에 위반되는지 여부(적극)]
(1) 심판대상조항인 민법 제778조, 제781조 제1항 본문 후단, 제826조 제3항 본문이 그 근거와 골격을 이루고 있는 호주제는 '호주를 정점으로 가(家)라는 관념적 집합체를 구성하고, 이러한 가를 직계비속남자를 통하여 승계시키는 제도', 달리 말하면 남계혈통을 중심으로 가족집단을 구성하고 이를 대대로 영속시키는 데 필요한 여러 법적 장치로서, 단순히 집안의 대표자를 정하여 이를 호주라는 명칭으로 부르고 호주를 기준으로 호적을 편제하는 제도는 아니다. (2) 호주제는 성역할에 관한 고정관념에 기초한 차별로서, 호주승계 순위, 혼인 시 신분관계 형성, 자녀의 신분관계 형성에 있어서 정당한 이유 없이 남녀를 차별하는 제도이고, 이로 인하여 많은 가족들이 현실적 가족생활과 가족의 복리에 맞는 법률적 가족관계를 형성하지 못하여 여러모로 불편과 고통을 겪고 있다. 숭조(崇祖)사상, 경로효친, 가족화합과 같은 전통사상이나 미풍양속은 문화와 윤리의 측면에서 얼마든지 계승, 발전시킬 수 있으므로 이를 근거로 호주제의 명백한 남녀차별성을 정당화하기 어렵다. (3) 호주제는 당사자의 의사나 복리와 무관하게 남계혈통 중심의 가의 유지와 계승이라는 관념에 뿌리박은 특정한 가족관계의 형태를 일방적으로 규정·강요함으로써 개인을 가족 내에서 존엄한 인격체로 존중하는 것이 아니라 가의 유지와 계승을 위한 도구적 존재로 취급하고 있는데, 이는 혼인·가족생활을 어떻게 꾸려나갈 것인지에 관한 개인과 가족의 자율적 결정권을 존중하라는 헌법 제36조 제1항에 부합하지 않는다.

(4) 오늘날 가족관계는 한 사람의 가장(호주)과 그에 복속하는 가속(家屬)으로 분리되는 권위주의적인 관계가 아니라, 가족원 모두가 인격을 가진 개인으로서 성별을 떠나 평등하게 존중되는 민주적인 관계로 변화하고 있고, 사회의 분화에 따라 가족의 형태도 모와 자녀로 구성되는 가족, 재혼부부와 그들의 전혼소생자녀로 구성되는 가족 등으로 매우 다변화되었으며, 여성의 경제력 향상, 이혼율 증가 등으로 여성이 가구주로서 가장의 역할을 맡는 비율이 점증하고 있다. 호주제가 설사 부계혈통주의에 입각한 전래의 가족제도와 일정한 연관성을 지닌다고 가정하더라도, 이와 같이 그 존립의 기반이 붕괴되어 더 이상 변화된 사회환경 및 가족관계와 조화되기 어렵고 오히려 현실적 가족공동체를 질곡하기도 하는 호주제를 존치할 이유를 찾아보기 어렵다(헌재결[전] 2005.2.3. 2001헌가9 내지 15·2004헌가5).

Ⅱ 가족의 범위

1. 개정의 의의

개정 전의 가족의 범위는 부계혈통주의의 추상적인 家를 정하고 그 家에 속해 있는지 여부에 따라 가족의 여부를 판단하였는데, 2008년 시행된 민법은 '개인을 기준'으로 하여 가족의 범위를 정하였다는 점에 그 의의가 있다.

2. 가족의 범위

(1) 당연가족형

① 개인을 기준으로 그의 배우자, 직계혈족 및 형제자매는 항상 가족에 포함된다(민법 제779조 제1항 제1호).
② 배우자는 현재 혼인관계에 있는 자를 의미하고, 사별한 또는 이혼한 배우자는 이에 해당하지 않는다.

(2) 생계공동형

① 직계혈족의 배우자, 배우자의 직계혈족 및 배우자의 형제자매도 생계를 같이 하는 경우에는 가족에 편입된다(민법 제779조 제2항).
② "생계를 같이 하는 경우"란 공동의 가계 내에서 생활하는 것을 의미한다. 이에 따라 반드시 동거하지 않더라고 공동의 가계에 속한 때에는 이 범주에 포함될 수 있다.

Ⅲ 자(子)의 성(姓)과 본(本)

1. 성과 본의 결정

(1) 원칙 : 부자동성(父子同姓)주의

자는 부의 성과 본을 따른다(민법 제781조 제1항 본문).

(2) 예외 : 모성(母姓)주의

① 부모가 혼인신고 시 모의 성과 본을 따르기로 협의한 경우에는 모의 성과 본을 따른다(민법 제781조 제1항 단서).
② 부가 외국인인 경우에는 자는 모의 성과 본을 따를 수 있다(민법 제781조 제2항).
③ 부를 알 수 없는 자는 모의 성과 본을 따른다(민법 제781조 제3항).
④ 부모를 알 수 없는 자는 법원의 허가를 받아 성과 본을 창설한다. 다만, 성과 본을 창설한 후 부 또는 모를 알게 된 때에는 부 또는 모의 성과 본을 따를 수 있다(민법 제781조 제4항).
⑤ 혼인 외의 출생자가 인지된 경우 자는 부모의 협의에 따라 종전의 성과 본을 계속 사용할 수 있다. 다만, 부모가 협의할 수 없거나 협의가 이루어지지 아니한 경우에는 자는 법원의 허가를 받아 종전의 성과 본을 계속 사용할 수 있다(민법 제781조 제5항).

2. 성과 본의 변경

(1) 입법취지

가족형태의 다양화에 따른 불편 내지 불이익을 제거하고 자의 복리를 위하여 자의 성을 변경할 수 있도록 하기 위함이다.

(2) 변경요건

① 자의 성과 본의 변경에는 법원의 허가가 있어야 한다.
② 청구인은 부, 모 또는 자이다. 다만, 자가 미성년자이고 법정대리인이 청구할 수 없는 경우에는 제777조의 규정에 따른 친족 또는 검사가 청구할 수 있다(민법 제781조 제6항).
③ 자의 복리를 위하여 자의 성과 본을 변경할 필요가 있어야 한다.

(3) 변경의 한계

성의 변경은 부의 성에서 모의 성으로, 또는 모의 성에서 부의 성으로 변경함이 원칙이고, 자가 계부의 성과 본을 따라 변경하는 것은 계부와 사이에 친양자 등의 친자관계의 존재를 그 요건으로 한다는 점에서 친자관계의 범주를 벗어날 수 없다는 내재적인 한계가 있다.

제3절 혼 인

I 약 혼

약혼의 자유(민법 제800조)
성년에 달한 자는 자유로 약혼할 수 있다.

약혼 나이(민법 제801조)
18세가 된 사람은 부모나 미성년후견인의 동의를 받아 약혼할 수 있다. 이 경우 제808조를 준용한다.
[제목개정 2022.12.27.]

성년후견과 약혼(민법 제802조)
피성년후견인은 부모나 성년후견인의 동의를 받아 약혼할 수 있다. 이 경우 제808조를 준용한다.

약혼의 강제이행금지(민법 제803조)
약혼은 강제이행을 청구하지 못한다.

약혼해제의 사유(민법 제804조)
당사자 한 쪽에 다음 각 호의 어느 하나에 해당하는 사유가 있는 경우에는 상대방은 약혼을 해제할 수 있다.
1. 약혼 후 자격정지 이상의 형을 선고받은 경우
2. 약혼 후 성년후견개시나 한정후견개시의 심판을 받은 경우
3. 성병, 불치의 정신병, 그 밖의 불치의 병질(病疾)이 있는 경우
4. 약혼 후 다른 사람과 약혼이나 혼인을 한 경우
5. 약혼 후 다른 사람과 간음(姦淫)한 경우
6. 약혼 후 1년 이상 생사(生死)가 불명한 경우
7. 정당한 이유 없이 혼인을 거절하거나 그 시기를 늦추는 경우
8. 그 밖에 중대한 사유가 있는 경우

약혼해제의 방법(민법 제805조)
약혼의 해제는 상대방에 대한 의사표시로 한다. 그러나 상대방에 대하여 의사표시를 할 수 없는 때에는 그 해제의 원인 있음을 안 때에 해제된 것으로 본다.

약혼해제와 손해배상청구권(민법 제806조)
① 약혼을 해제한 때에는 당사자 일방은 과실 있는 상대방에 대하여 이로 인한 손해의 배상을 청구할 수 있다.
② 전항의 경우에는 재산상 손해 외에 정신상 고통에 대하여도 손해배상의 책임이 있다.
③ 정신상 고통에 대한 배상청구권은 양도 또는 승계하지 못한다. 그러나 당사자 간에 이미 그 배상에 관한 계약이 성립되거나 소를 제기한 후에는 그러하지 아니하다.

1. 약혼의 의의

(1) 의 의
약혼은 장차 혼인을 체결하려는 당사자 사이의 합의, 즉 혼인예약이다.

(2) 구별개념
① 동서(同棲) : 혼인의사 없이 동거생활을 하는 것을 의미한다.
② 사실혼 : 당사자 사이에 주관적으로 혼인의사가 있고, 객관적으로도 부부공동생활을 인정할 만한 혼인생활의 실체가 있으나 혼인신고가 없는 경우를 말한다(대판 1995.3.28. 94므1584).
③ 부첩관계 : 법률상 배우자 있는 남자가 다른 여자와 지속적으로 성적 관계를 가지는 것으로서 사회질서에 반하여 보호받지 못한다.

2. 약혼의 성립요건

(1) 약혼의 실질적 요건
① 혼인할 당사자 사이에 약혼의 합의가 있을 것
약혼은 장차 혼인을 하려는 당사자 사이의 합의가 있으면 성립하며, 합의는 묵시적인 방법으로도 행해질 수 있다.
② 약혼 나이에 달할 것
  ㉠ 성년에 달한 자는 자유로이 약혼할 수 있다(민법 제800조). 약혼 나이에 미달하는 자의 약혼의 효력에 대하여 무효라는 견해가 있으나 다수설은 민법 제817조를 유추하여 취소할 수 있다고 본다.
  ㉡ 18세가 된 사람은 부모나 미성년후견인의 동의를 받아 약혼할 수 있으며, 이 경우 민법 제808조를 준용한다(민법 제801조). 이에 따라 부모 중 한 쪽이 동의권을 행사할 수 없을 때에는 다른 한 쪽의 동의를 받아야 하고, 부모가 모두 동의권을 행사할 수 없을 때에는 미성년후견인의 동의를 받아야 한다(민법 제808조 제1항).
  ㉢ 피성년후견인은 부모나 성년후견인의 동의를 받아 약혼할 수 있으며, 이 경우 민법 제808조를 준용한다(민법 제802조). 이에 따라 부모 중 한 쪽이 동의권을 행사할 수 없을 때에는 다른 한 쪽의 동의를 받아야 하고, 부모가 모두 동의권을 행사할 수 없을 때에는 성년후견인의 동의를 받아야 한다(민법 제808조 제2항).
  ㉣ 피한정후견인은 한정후견인의 동의 없이 약혼할 수 있다.
③ 약혼이 사회질서에 반하지 않을 것
  ㉠ 배우자 있는 자, 사실상 혼인관계에 있는 자의 약혼은 사회질서에 반하여 무효이다.
  ㉡ 조건부 또는 기한부 약혼은 사회질서에 반하지 않는 한 유효하다. 이 점은 조건부 또는 기한부 혼인의사가 인정되지 않는 점과 다르다.

(2) 약혼의 형식적 요건
약혼은 혼인과 달리 특별한 방식이 요구되지 않는다. 즉, 낙성·불요식 계약이다. 이에 따라 약혼 시 주고받는 예물은 약혼의 성립요건이 아닌 약혼성립의 증명이 될 뿐이다.

3. 약혼의 효과

① 약혼이 성립하면 양 당사자는 혼인관계를 성립시킬 의무를 부담하며, 위반 시 손해배상청구가 가능하나 혼인의사가 없는 자에게 혼인을 강제하는 것은 혼인의 본질에 반하므로, 강제이행을 청구하지는 못한다(민법 제803조).
② 제3자가 약혼관계를 침해하였을 경우에는 불법행위가 성립한다(대판 1975.1.14. 74므11 참고).
③ 약혼만으로는 친족관계가 성립하지는 않으며, 약혼 중의 자는 혼인 외의 자이지만, 그 후 약혼자가 혼인하면 혼인 중의 출생자로 된다(민법 제855조 제2항의 준정).

4. 약혼의 해제

(1) 해제사유

민법은 당사자 한 쪽에 다음의 일정한 사유가 있는 경우에는 상대방이 일방적으로 정당하게 약혼을 해제할 수 있도록 하고 있다(민법 제804조).
① 약혼 후 자격정지 이상의 형을 선고받은 경우(제1호)
② 약혼 후 성년후견개시나 한정후견개시의 심판을 받은 경우(제2호)
③ 성병, 불치의 정신병, 그 밖의 불치의 병질(病疾)이 있는 경우(제3호)
④ 약혼 후 다른 사람과 약혼이나 혼인을 한 경우(제4호)
⑤ 약혼 후 다른 사람과 간음(姦淫)한 경우(제5호)
⑥ 약혼 후 1년 이상 생사(生死)가 불명한 경우(제6호)
⑦ 정당한 이유 없이 혼인을 거절하거나 그 시기를 늦추는 경우(제7호)
⑧ 그 밖에 중대한 사유가 있는 경우(제8호)

> **[그 밖에 중대한 사유와 관련된 판례]**
> • **약혼 시 학력과 직장에서의 직종·직급 등을 속인 것이 후에 밝혀진 경우 상대방의 약혼해제가 적법한지 여부(적극)** : 종전에 서로 알지 못하던 甲과 乙이 중매를 통하여 불과 10일간의 교제를 거쳐 약혼을 하게 되는 경우에는 서로 상대방의 인품이나 능력에 대하여 충분히 알 수 없기 때문에 학력이나 경력, 직업 등이 상대방에 대한 평가의 중요한 자료가 된다고 할 것인데 甲이 학력과 직장에서의 직종·직급 등을 속인 것이 약혼 후에 밝혀진 경우에는 甲의 말을 신뢰하고 이에 기초하여 혼인의 의사를 결정하였던 乙의 입장에서 보면 甲의 이러한 신의성실의 원칙에 위반한 행위로 인하여 甲에 대한 믿음이 깨어져 甲과의 사이에 애정과 신뢰에 바탕을 둔 인격적 결합을 기대할 수 없어 甲과의 약혼을 유지하여 혼인을 하는 것이 사회생활관계상 합리적이라고 할 수 없으므로 민법 제804조 제8호 소정의 '기타 중대한 사유가 있는 때'에 해당하여 甲에 대한 약혼의 해제는 적법하다(대판 1995.12.8. 94므1676·1683).
> • **임신불능과 혼인예약 해제 여부(소극)** : 임신불능은 혼인예약의 해제사유가 아니다(대판 1960.8.18. 4292민상995).

(2) 해제의 방법

약혼해제는 상대방에 대한 의사표시로 한다(민법 제805조 본문). 그러나 상대방에 대하여 의사표시를 할 수 없는 때(예 민법 제804조 제6호의 사유가 있는 때)에는 그 해제의 원인 있음을 안 때에 해제된 것으로 본다(민법 제805조 단서).

(3) 해제의 효과

1) 약혼의 소급적 무효

약혼이 해제되면 약혼은 처음부터 없었던 것으로 된다(소급효).

2) 손해배상의 청구

① 약혼을 해제한 때에는 당사자 일방은 과실 있는 상대방에 대하여 이로 인한 재산상·정신상 손해의 배상을 청구할 수 있다(민법 제806조 제1항·제2항).

② 정신상 고통에 대한 배상청구권(위자료청구권)은 양도 또는 승계하지 못한다. 그러나 당사자 간에 이미 그 배상에 관한 계약이 성립되거나 소를 제기한 후에는 그러하지 아니하다(민법 제806조 제3항). 즉, 손해배상청구권은 행사상의 일신전속권이지 귀속상의 일신전속권은 아니므로 소 제기 후 사망한 경우 상속은 허용된다.

③ 약혼해제는 조정전치주의가 적용되지 않으나, 약혼해제로 인한 손해배상청구는 조정전치주의가 적용된다(가사소송법 제2조 제1항 제1호 다類 가사소송사건, 제50조 제1항).

3) 약혼해제와 예물반환청구권

> **[약혼예물 수수의 법적 성질 및 혼인 해소의 경우 그 소유권의 귀속관계]**
> 약혼예물의 수수는 약혼의 성립을 증명하고 혼인이 성립한 경우 당사자 내지 양가의 정리를 두텁게 할 목적으로 수수되는 것으로 혼인의 불성립을 해제조건으로 하는 증여와 유사한 성질을 가지므로, 예물의 수령자측이 혼인 당초부터 성실히 혼인을 계속할 의사가 없고 그로 인하여 혼인의 파국을 초래하였다고 인정되는 등 특별한 사정이 있는 경우에는 신의칙 내지 형평의 원칙에 비추어 혼인 불성립의 경우에 준하여 예물반환의무를 인정함이 상당하나, 그러한 특별한 사정이 없는 한 일단 부부관계가 성립하고 그 혼인이 상당 기간 지속된 이상 후일 혼인이 해소되어도 그 반환을 구할 수는 없으므로, 비록 혼인 파탄의 원인이 며느리에게 있더라도 혼인이 상당 기간 계속된 이상 약혼예물의 소유권은 며느리에게 있다(대판 1996.5.14. 96다5506).

Ⅱ 혼인의 성립

> **혼인적령(민법 제807조)**
> 18세가 된 사람은 혼인할 수 있다. 〈개정 2022.12.27.〉
>
> **동의가 필요한 혼인(민법 제808조)**
> ① 미성년자가 혼인을 하는 경우에는 부모의 동의를 받아야 하며, 부모 중 한 쪽이 동의권을 행사할 수 없을 때에는 다른 한 쪽의 동의를 받아야 하고, 부모가 모두 동의권을 행사할 수 없을 때에는 미성년후견인의 동의를 받아야 한다.
> ② 피성년후견인은 부모나 성년후견인의 동의를 받아 혼인할 수 있다.
>
> **근친혼 등의 금지(민법 제809조)**
> ① 8촌 이내의 혈족(친양자의 입양 전의 혈족을 포함) 사이에서는 혼인하지 못한다.
> ② 6촌 이내의 혈족의 배우자, 배우자의 6촌 이내의 혈족, 배우자의 4촌 이내의 혈족의 배우자인 인척이거나 이러한 인척이었던 자 사이에서는 혼인하지 못한다.
> ③ 6촌 이내의 양부모계(養父母系)의 혈족이었던 자와 4촌 이내의 양부모계의 인척이었던 자 사이에서는 혼인하지 못한다.
>
> **중혼의 금지(민법 제810조)**
> 배우자 있는 자는 다시 혼인하지 못한다.
>
> **혼인의 성립(민법 제812조)**
> ① 혼인은 「가족관계의 등록 등에 관한 법률」에 정한 바에 의하여 신고함으로써 그 효력이 생긴다.
> ② 전항의 신고는 당사자 쌍방과 성년자인 증인 2인의 연서한 서면으로 하여야 한다.
>
> **혼인신고의 심사(민법 제813조)**
> 혼인의 신고는 그 혼인이 제807조 내지 제810조 및 제812조 제2항의 규정 기타 법령에 위반함이 없는 때에는 이를 수리하여야 한다.
>
> **외국에서의 혼인신고(민법 제814조)**
> ① 외국에 있는 본국민 사이의 혼인은 그 외국에 주재하는 대사, 공사 또는 영사에게 신고할 수 있다.
> ② 제1항의 신고를 수리한 대사, 공사 또는 영사는 지체 없이 그 신고서류를 본국의 재외국민 가족관계등록사무소에 송부하여야 한다.

1. 혼인의 의의

혼인은 사회적으로 정당하고, 법질서에 의하여 승인된 양성(兩性)의 생활공동을 목적으로 하는 친족법상의 합의이다.

2. 혼인의 성립요건

(1) 서 설

민법 제812조 제1항은 '혼인은 「가족관계의 등록 등에 관한 법률」에 정한 바에 의하여 신고함으로써 그 효력이 생긴다'라고 규정하고 있다. 즉, 혼인신고는 혼인의 성립요건이다(통설·판례). 한편 혼인은 계약에 해당하므로, 혼인이 성립하기 위해서는 당사자 간의 혼인 의사표시의 일치(합치)와 혼인장애사유가 없어야 한다. 이하에서는 혼인성립의 두 요건에 대해서 검토하겠다.

(2) 실질적 요건

1) 당사자 간의 혼인의사의 합치가 있을 것

① 혼인의사
  ㉠ 문제점 : 당사자 간의 혼인의사의 합치가 없는 경우 그 혼인은 무효(민법 제815조 제1호)가 되는데, 대표적으로 가장혼인의 효력과 관련하여 혼인의사의 본질이 문제된다.
  ㉡ 판례 : 형식적 의사설에 따라 가장혼인이 유효하다는 판례(대판 1975.11.25. 75므26)도 있지만, 대법원의 주류는 실질적 의사설에 따라 가장혼인은 무효라는 입장이다.
  ㉢ 검토 : 형식적 의사설은 신고에 의하여 비로소 혼인이 성립한다는 규정 및 혼인관계의 법적 안정성을 고려하면 일응 타당한 면이 있으나, 이혼과 달리 가족관계등록공무원에게 실질적 심사권이 인정되지 않아 부부공동생활이라는 실체적 요건을 갖추지 못한 혼인이 성립할 가능성이 있으며, 사실혼 부부의 보호에도 부적합하다는 측면에서 실질적 의사설이 타당하다.

② 혼인의사의 존재시기
  ㉠ 혼인합의는 혼인신고서 작성 시와 혼인신고 당시에도 존재하여야 한다. 따라서 혼인신고서의 제출 전에 혼인의사가 철회된 후 신고된 혼인의 효력은 무효이다(대판 1983.12.27. 83므28).
  ㉡ 혼인의 합의에 의사능력은 있어야 하므로, 결혼식을 하고 사실혼관계에 있었으나 일방이 뇌졸중으로 혼수상태에 빠져 있는 사이 혼인신고가 이루어졌다면 위 신고에 의한 혼인은 특별한 사정이 없는 한 무효이다(대판 1996.6.28. 94므1089).

> **[사실혼관계에 있는 당사자 사이의 혼인의사가 불분명한 경우, 혼인의사의 존재를 추정할 수 있는지 여부(적극)]**
> 혼인의 합의란 법률혼주의를 채택하고 있는 우리나라 법제하에서는 법률상 유효한 혼인을 성립하게 하는 합의를 말하는 것이므로 비록 사실혼관계에 있는 당사자 일방이 혼인신고를 한 경우에도 상대방에게 혼인의사가 결여되었다고 인정되는 한 그 혼인은 무효라 할 것이나, 상대방의 혼인의사가 불분명한 경우에는 혼인의 관행과 신의성실의 원칙에 따라 사실혼관계를 형성시킨 상대방의 행위에 기초하여 그 혼인의사의 존재를 추정할 수 있으므로 이와 반대되는 사정, 즉 혼인의사를 명백히 철회하였다거나 당사자 사이에 사실혼관계를 해소하기로 합의하였다는 등의 사정이 인정되지 아니하는 경우에는 그 혼인을 무효라고 할 수 없다(대판 2000.4.11. 99므1329).

③ 성전환자의 혼인 : 동성(同性)자의 혼인의 합의는 당사자 간의 합의로 인정되지 않는다. 다만, 성전환자는 법적으로 전환된 성(性)으로 인정되는 경우에 다른 성의 사람과 혼인할 수 있다(대결 [전합] 2006.6.22. 2004스42).

④ 조건부·기한부 혼인 : 무효이다.

2) 혼인의 장애사유가 없을 것

(3) 형식적 요건 : 신고(申告)

1) 혼인신고의 법적 성질

민법은 혼인이 성립하려면 「가족관계의 등록 등에 관한 법률」에 정한 바에 따라 신고하여야 한다(민법 제812조 제1항)고 규정하고 있으므로, 혼인신고는 혼인의 성립요건이다(통설·판례).

2) 신고의 절차

① 혼인신고는 당사자 쌍방과 성년자인 증인 2인의 연서한 서면으로 하여야 하나(민법 제812조 제2항), 구술로도 가능하다(가족관계등록법 제23조 제1항, 제31조).

② 서면으로 신고한 경우에는 신고서에 당사자가 서명날인한 이상 그 신고를 반드시 본인이 제출할 필요는 없으며, 우송(가족관계등록법 제41조 참고)을 하거나, 타인(使者)에게 제출하게 할 수 있다. 그러나 구술신고는 타인이 대리할 수 없다(가족관계등록법 제31조 제3항, 제71조).

③ 사자(死者)에 의한 혼인신고는 원칙적으로 허용되지 않으나, 혼인신고특례법상 예외적으로 허용되는 경우[전쟁이나 사변(事變)으로 전투에 참가하거나 전투 수행을 위한 공무(公務)에 종사함으로 인하여 혼인신고를 하지 못하고 사망한 경우 생존한 당사자가 가정법원의 확인을 받아 단독으로 혼인신고를 할 수 있고(혼인신고특례법 제1조, 제2조), 이 신고가 있으면 신고 의무자 어느 한 쪽의 사망 시에 신고가 있었던 것으로 본다(혼인신고특례법 제4조)]가 있다.

④ 가족관계등록법은 '신고로 인하여 효력이 발생하는 등록사건(창설적 신고)에 관하여 다른 요건을 부가하고 있다. 즉, 신고사건 본인이 시·읍·면에 출석하지 아니하는 경우에는 신고사건 본인의 주민등록증(모바일 주민등록증을 포함한다)·운전면허증·여권, 그 밖에 대법원규칙으로 정하는 신분증명서를 제시하거나 신고서에 신고사건 본인의 인감증명서를 첨부하여야 하며, 이 경우 본인의 신분증명서를 제시하지 아니하거나 본인의 인감증명서를 첨부하지 아니한 때에는 신고서를 수리하여서는 아니 된다'고 규정하고 있다(가족관계등록법 제23조 제2항).

⑤ 신고인의 생존 중에 우송한 신고서는 그 사망 후라도 시·읍·면의 장은 수리하여야 하며, 신고서가 수리된 때에는 신고인의 사망 시에 신고한 것으로 본다(가족관계등록법 제41조).

3) 신고의 효력발생시기

① 혼인신고 시나 가족관계등록부 기재 시는 효력요건이 아니고, 신고 '수리 시'에 신고가 완료되고 그때 혼인이 성립한다.

② 신고가 수리되면 설사 그것이 법령에 위반된다 하더라도 일단 효력이 발생하고, 혼인은 성립한다. 다만, 무효나 취소를 주장할 수 있을 뿐이다.

4) 재외한국인의 혼인
① 직접 신고 : 국내에서의 신고절차에 의해 직접 신고할 수 있다.
② 재외공관을 통한 신고 : 외국에 있는 본국민 사이의 혼인은 그 외국에 주재하는 대사, 공사 또는 영사에게 신고할 수 있다(민법 제814조 제1항, 가족관계등록법 제34조). 이 경우 신고를 수리한 대사, 공사 또는 영사는 지체 없이 그 신고서류를 본국의 재외국민 가족관계등록사무소에 송부하여야 한다(민법 제814조 제2항, 가족관계등록법 제36조).
③ 국제사법에 의한 신고 : 거주하는 외국의 법률이 정하는 방식으로 혼인을 성립시킬 수도 있다(국제사법 제63조 제2항 본문).

3. 혼인의 장애사유

(1) 혼인적령의 미달
① 남녀 모두 18세가 된 경우 혼인할 수 있다(민법 제807조).
② 혼인적령에 미달하는 혼인신고의 경우에는 가족관계등록사무 담당공무원은 신고를 수리해서는 아니 된다(민법 제813조). 만약 신고가 수리된 경우에는 혼인은 성립하고, 그 취소를 청구할 수 있다(민법 제816조 제1호, 제817조).
③ 취소권자는 당사자 또는 그 법정대리인이다(민법 제817조).
④ 다만, 혼인 중 19세가 된 후 또는 혼인 중 임신한 경우에는 민법 제819조 유추해석상 취소를 청구할 수 없다고 보아야 한다.

(2) 부모 등의 동의 결여
① 미성년자 또는 피성년후견인이 혼인을 하는 경우에는 혼인적령에 달하였더라도 부모의 동의를 받아야 하며, 부모 중 한 쪽이 동의권을 행사할 수 없을 때에는 다른 한 쪽의 동의를 받아야 하고, 부모가 모두 동의권을 행사할 수 없을 때에는 미성년후견인 또는 성년후견인의 동의를 받아야 한다(민법 제808조). 반면 피한정후견인은 단독으로 자유로이 혼인할 수 있다.
② 부모 등의 동의가 없으면 혼인신고는 수리되어서는 아니 되나(민법 제813조), 일단 수리되면 혼인은 성립하고, 취소를 청구할 수 있을 뿐이다(민법 제816조 제1호, 제817조). 그러나 동의를 요하는 혼인의 경우 당사자가 19세가 된 후 또는 성년후견종료의 심판이 있은 후 3개월이 지나거나 혼인 중에 임신한 경우에는 그 취소를 청구하지 못한다(민법 제819조).

(3) 근친혼(近親婚)

1) 의 의
민법 제809조는 일정한 범위의 근친자 사이의 혼인을 금지하고 있다. 이는 우생학적·사회윤리적 관점에서 합리적이라고 평가되고 있다.

2) 근친혼의 범위 및 위반의 효과
① 8촌 이내의 혈족(친양자의 입양 전의 혈족을 포함) 사이의 혼인(제1항) : 헌법재판소는 8촌 이내의 혈족 사이에서는 혼인할 수 없도록 하는 민법 제809조 제1항에 대해서는 합헌 결정을 하였으나, 민법 제809조 제1항을 위반한 혼인을 무효로 하는 민법 제815조 제2호는 2024. 12. 31.을 시한으로 개정될 때까지 계속 적용하는 잠정적용 헌법불합치 결정을 하였다(헌재결[전] 2022.10.27. 2018헌바115).

② 6촌 이내의 혈족의 배우자, 배우자의 6촌 이내의 혈족, 배우자의 4촌 이내의 혈족의 배우자인 인척이거나 인척이었던 자 사이의 혼인(제2항)
- ⑤ 6촌 이내의 혈족의 배우자, 배우자의 6촌 이내의 혈족, 배우자의 4촌 이내의 혈족의 배우자인 인척이거나 이러한 인척이었던 자 사이의 혼인은 취소할 수 있다(민법 제816조 제1항, 제809조 제2항).
- ⓒ 다만, 당사자 간에 직계인척관계에 있거나 있었던 때에는 무효사유에 해당한다(민법 제815조 제3호).
- ⓒ 취소청구권자는 당사자, 그 직계존속 또는 4촌 이내의 방계혈족이나(민법 제817조), 당사자 간에 혼인 중 포태한 때에는 그 취소를 청구하지 못한다(민법 제820조).

③ 6촌 이내의 양부모계의 혈족이었던 자와 4촌 이내의 양부모계의 인척이었던 자 사이의 혼인(제3항)
- ⑤ 6촌 이내의 양부모계의 혈족이었던 자와 4촌 이내의 양부모계의 인척이었던 자 사이의 혼인도 취소할 수 있다(민법 제816조 제1호, 제809조 제3항).
- ⓒ 다만, 당사자 사이에 양부모계와 직계혈족관계에 있었던 때에는 무효사유에 해당한다(민법 제815조 제4호).
- ⓒ 취소청구권자는 당사자, 그 직계존속 또는 4촌 이내의 방계혈족이나(민법 제817조), 당사자 간에 혼인 중 포태한 때에는 그 취소를 청구하지 못한다(민법 제820조).

(4) 중혼(重婚)

1) 의 의

배우자 있는 자는 다시 혼인하지 못한다(민법 제810조). 즉, 중혼은 금지된다. 여기에서 금지되는 혼인은 법률혼만을 가리키며 사실혼은 포함되지 않는다.

2) 중혼의 효과

① 이미 혼인신고를 한 자가 다시 혼인신고를 하면 그 신고의 수리가 거부될 것이나(민법 제813조), 신고가 수리된 경우에는 혼인은 성립하고, 취소를 청구할 수 있다(민법 제816조 제1호, 제818조).
② 중혼은 후혼(後婚)의 취소사유에 불과하므로, 취소가 없는 경우 전혼(前婚)·후혼(後婚)은 모두 유효하다. 이에 따라 전혼과 후혼의 배우자 모두 상속권이 있고, 중혼 배우자도 양 배우자에 대하여 모두 상속권이 있다. 또한 중혼 중의 출생자도 혼인 중의 출생자이며, 처(妻)가 중혼자인 경우 자(子)는 양부(兩父)의 친생추정을 받는다. 따라서 부(父)를 정하는 소(민법 제845조)를 유추하여 부를 정한다.
③ 취소청구권자는 당사자 및 그 배우자, 직계혈족, 4촌 이내의 방계혈족 또는 검사이다(민법 제818조).
④ 취소청구권의 소멸여부 : 판례는 중혼의 경우 취소권 행사기간의 제한이 없고, 취소권이 실효될 수도 없지만, 취소권 행사가 권리남용에 해당하는 경우 허용되지 않는다는 입장이다.

> **[중혼 성립 후 10여 년 동안 혼인취소청구권을 행사하지 아니하였다 하여 권리가 소멸되었다고 할 수 없으나 그 행사가 권리남용에 해당한다고 본 사례]**
> 대법원은「민법의 관계규정에 의하면 민법 소정의 혼인취소사유 중 동의 없는 혼인, 동성혼, 재혼금지기간 위반 혼인, 악질 등 사유에 의한 혼인, 사기, 강박으로 인한 혼인 등에 대하여는 제척기간 또는 권리소멸사유를 규정하면서도(민법 제819조 내지 제823조) 중혼과 연령 미달 혼인에 대하여만은 권리소멸에 관한 사유를 규정하지 아니하고 있는바, 이는 중혼 등의 반사회성, 반윤리성이 다른 혼인취소사유에 비하여 일층 무겁다고 본 입법자의 의사를 반영한 것으로 보이고, 그렇다면 중혼의 취소청구권에 관하여 장기간의 권리불행사 등

사정만으로 가볍게 그 권리소멸을 인정하여서는 아니 될 것이다」하면서, 중혼 성립 후 10여 년 동안 혼인취소청구권을 행사하지 아니하였다 하여 권리가 소멸되었다고 할 수 없으나 그 행사가 권리남용에 해당한다고 판시하였다(대판 1993.8.24. 92므907).

III 혼인의 무효와 취소

혼인의 무효(민법 제815조)
혼인은 다음 각 호의 어느 하나의 경우에는 무효로 한다.
  1. 당사자 간에 혼인의 합의가 없는 때
  2. 혼인이 제809조 제1항의 규정을 위반한 때 – 헌법불합치 결정(잠정적용)(헌재결[전] 2022.10.27. 2018헌바115)
  3. 당사자 간에 직계인척관계(直系姻戚關係)가 있거나 있었던 때
  4. 당사자 간에 양부모계의 직계혈족관계가 있었던 때

혼인취소의 사유(민법 제816조)
혼인은 다음 각 호의 어느 하나의 경우에는 법원에 그 취소를 청구할 수 있다.
  1. 혼인이 제807조 내지 제809조(제815조의 규정에 의하여 혼인의 무효사유에 해당하는 경우를 제외한다. 이하 제817조 및 제820조에서 같다) 또는 제810조의 규정에 위반한 때
  2. 혼인 당시 당사자 일방에 부부생활을 계속할 수 없는 악질 기타 중대사유 있음을 알지 못한 때
  3. 사기 또는 강박으로 인하여 혼인의 의사표시를 한 때

나이위반 혼인 등의 취소청구권자(민법 제817조)
혼인이 제807조(혼인적령), 제808조(동의가 필요한 혼인)의 규정에 위반한 때에는 당사자 또는 그 법정대리인이 그 취소를 청구할 수 있고 제809조(근친혼 등의 금지)의 규정에 위반한 때에는 당사자, 그 직계존속 또는 4촌 이내의 방계혈족이 그 취소를 청구할 수 있다.
[제목개정 2022.12.27.]

중혼의 취소청구권자(민법 제818조)
당사자 및 그 배우자, 직계혈족, 4촌 이내의 방계혈족 또는 검사는 제810조를 위반한 혼인의 취소를 청구할 수 있다.

동의 없는 혼인의 취소청구권의 소멸(민법 제819조)
제808조를 위반한 혼인은 그 당사자가 19세가 된 후 또는 성년후견종료의 심판이 있은 후 3개월이 지나거나 혼인 중에 임신한 경우에는 그 취소를 청구하지 못한다.

근친혼 등의 취소청구권의 소멸(민법 제820조)
제809조의 규정에 위반한 혼인은 그 당사자 간에 혼인 중 포태(胞胎)한 때에는 그 취소를 청구하지 못한다.

악질 등 사유에 의한 혼인취소청구권의 소멸(민법 제822조)
제816조 제2호의 규정에 해당하는 사유있는 혼인은 상대방이 그 사유 있음을 안 날로부터 6월을 경과한 때에는 그 취소를 청구하지 못한다.

사기, 강박으로 인한 혼인취소청구권의 소멸(민법 제823조)
사기 또는 강박으로 인한 혼인은 사기를 안 날 또는 강박을 면한 날로부터 3월을 경과한 때에는 그 취소를 청구하지 못한다.

혼인취소의 효력(민법 제824조)
혼인의 취소의 효력은 기왕에 소급하지 아니한다.

혼인의 취소와 자의 양육 등(민법 제824조의2)
제837조(이혼과 자의 양육책임) 및 제837조의2(면접교섭권)의 규정은 혼인의 취소의 경우에 자의 양육책임과 면접교섭권에 관하여 이를 준용한다.

혼인취소와 손해배상청구권(민법 제825조)
제806조(약혼해제와 손해배상청구권)의 규정은 혼인의 무효 또는 취소의 경우에 준용한다.

1. 서 설

혼인의 무효와 취소는 혼인에 일정한 흠이 있는 경우 그 혼인관계를 종료시키는 제도이다. 그러나 재산상의 법률행위와 달리 원상회복이 불가능하기 때문에 민법은 극히 제한된 범위에서 혼인을 무효(소급효)로 하고 이외에는 취소(비소급효)할 수 있는 것으로 규정하고 있다(민법 제815조 내지 제825조 참고).

2. 혼인의 무효

(1) 무효사유

1) 당사자 간에 혼인의 합의가 없는 때(민법 제815조 제1호)

> **[당사자 일방에게만 참다운 부부관계의 설정을 바라는 효과의사가 있고 상대방에게는 그러한 의사가 결여된 경우, 혼인의 효력(= 무효)]**
> 민법 제815조 제1호가 혼인무효의 사유로 규정하는 '당사자 간에 혼인의 합의가 없는 때'란 당사자 사이에 사회관념상 부부라고 인정되는 정신적·육체적 결합을 생기게 할 의사의 합치가 없는 경우를 의미하므로, 당사자 일방에게만 그와 같은 참다운 부부관계의 설정을 바라는 효과의사가 있고 상대방에게는 그러한 의사가 결여되었다면 비록 당사자 사이에 혼인신고 자체에 관하여 의사의 합치가 있어 일응 법률상의 부부라는 신분관계를 설정할 의사는 있었다고 하더라도 그 혼인은 당사자 간에 혼인의 합의가 없는 것이어서 무효라고 보아야 한다(대판 2010.6.10. 2010므574).
>
> **[혼인신고서의 제출 전에 혼인의사의 철회와 신고된 혼인의 효력(= 혼인무효)]**
> 혼인 당사자 간의 혼인할 의사의 합치는 혼인신고서를 작성할 때는 물론이고 혼인신고서를 호적공무원에게 신고할 때에도 존재함을 요한다고 해석되므로 일단 의사의 합치아래 유효하게 신고서를 작성하였더라도 그 제출 전에 일방이 타방에 대하여 또는 그 제출을 타인에게 의뢰하였다면 그 사람에게 혼인의사를 철회한 경우나 호적공무원에게 혼인의사를 철회하였으니 그 수리를 하지 말도록 말한 경우에는 혼인의 의사합치가 없다고 할 것이므로 그 신고서가 제출되었더라도 그 혼인은 무효이다(대판 1983.12.27. 83므28).

2) 근친혼 사이의 혼인(민법 제815조 제2호 내지 제4호)

① 8촌 이내의 혈족(친양자의 입양 전의 혈족을 포함)인 자 사이의 혼인(민법 제815조 제2호, 제809조 제1항)
  - 헌법불합치 결정(잠정적용)

> 헌법재판소는 근친혼의 금지와 무효에 관한 민법 조항들에 대하여 아래와 같은 결정을 선고하였다(헌재결[전] 2022.10.27. 2018헌바115).
> 1. 재판관 5 : 4의 의견으로, 8촌 이내의 혈족 사이에서는 혼인할 수 없도록 하는 민법(2005.3.31. 법률 제7427호로 개정된 것) 제809조 제1항은 혼인의 자유를 침해하지 아니하여 헌법에 위반되지 아니한다는 결정을 선고하였다[합헌 결정].
> 2. 재판관 전원의 일치된 의견으로, 민법 제809조 제1항을 위반한 혼인을 무효로 하는 민법(2005.3.31. 법률 제7427호로 개정된 것) 제815조 제2호는 헌법에 합치되지 아니한다는 결정을 선고하였다[헌법불합치 결정(잠정적용)].

② 당사자 간에 직계인척관계(直系姻戚關係)가 있거나 있었던 때(민법 제815조 제3호) : 시아버지와 며느리, 장모와 사위, 계모와 계자, 적모와 서자 사이 등이 이에 해당한다.
③ 당사자 간에 양부모계의 직계혈족관계가 있었던 때(민법 제815조 제4호) : 양부모와 양자 사이 등이 이에 해당한다.

(2) 혼인무효의 성질과 혼인무효확인의 소

1) 혼인무효의 성질
① **문제점** : 혼인무효사유가 있는 경우 그 혼인이 당연무효인지 아니면 무효판결에 의하여 비로소 무효가 되는지 문제된다.
② **판례** : 대법원은 「민법은 혼인의 취소에 관하여는 소에 의하도록 하면서도(민법 제816조), 혼인의 무효에 관하여는 그 사유만을 제815조에 규정하고 있을 뿐이므로, 혼인무효사유가 있는 경우 혼인무효의 소를 제기할 수 있음은 물론, 이러한 소가 제기되지 않은 상태에서도 이해관계인은 다른 소송에서 선결문제로서 혼인의 무효를 주장할 수 있다(대판 2013.9.13. 2013두9564)」고 하여 당연무효설과 같은 입장이다.
③ **검토** : 소송을 통한 무효판결에 의하여 비로소 무효가 된다는 형성무효설은 당사자 권리구제 측면에서 다수설과 판례의 입장인 당연무효설에 비해 실효적이지 못하다.

2) 혼인무효확인의 소
① **의의** : 민법은 혼인무효확인의 소를 별도로 규정하지 않고 가사소송법에서 규정하고 있다. 즉, 당사자·법정대리인 또는 4촌 이내의 친족은 언제든지 조정 없이 혼인무효를 제기할 수 있다.
② **청구권자** : 당사자 및 법정대리인 또는 4촌 이내의 친족이다(가사소송법 제23조).
③ **혼인무효확인의 소의 상대방**
  ㉠ 부부 일방이 소를 제기한 경우 : 부부 중 어느 한 쪽이 혼인의 무효의 소를 제기할 때에는 배우자를 상대방으로 한다(가사소송법 제24조 제1항).
  ㉡ 제3자가 소를 제기한 경우 : 제3자는 부부를 상대방으로 하고, 부부 중 어느 한 쪽이 사망한 경우에는 그 생존자를 상대방으로 한다(가사소송법 제24조 제2항).
  ㉢ 상대방이 될 사람이 사망한 경우 : ㉠과 ㉡에 따라 상대방이 될 사람이 사망한 경우에는 검사를 상대방으로 한다(가사소송법 제24조 제3항).

④ 부부 일방의 사망이나 협의이혼 등으로 혼인이 해소된 경우에 확인의 이익이 존재하는지와 관련하여 판례는 이미 혼인이 해소되었다면 원칙적으로 과거의 법률관계의 존부확인을 구할 이익이 부정되지만(대판 1984.2.28. 82므67), 예외적으로 과거의 법률관계의 확인이 현재의 법률상태에 직접적인 중대한 영향을 미치는 경우 확인의 이익이 있다(대판 1978.7.11. 78므7)고 한다.

> [혼인관계가 이혼으로 해소된 이후에도 과거 일정기간 존재하였던 혼인관계의 무효 확인을 구할 확인의 이익이 있는지 여부(원칙적 적극)]
> 이혼으로 혼인관계가 이미 해소되었다면 기왕의 혼인관계는 과거의 법률관계가 된다. 그러나 신분관계인 혼인관계는 그것을 전제로 하여 수많은 법률관계가 형성되고 그에 관하여 일일이 효력의 확인을 구하는 절차를 반복하는 것보다 과거의 법률관계인 혼인관계 자체의 무효 확인을 구하는 편이 관련된 분쟁을 한꺼번에 해결하는 유효·적절한 수단일 수 있으므로, 특별한 사정이 없는 한 혼인관계가 이미 해소된 이후라고 하더라도 혼인무효의 확인을 구할 이익이 인정된다고 보아야 한다. 그 상세한 이유는 다음과 같다.
> ① 무효인 혼인과 이혼은 법적 효과가 다르다. 무효인 혼인은 처음부터 혼인의 효력이 발생하지 않는다. 따라서 인척이거나 인척이었던 사람과의 혼인금지 규정(민법 제809조 제2항)이나 친족 사이에 발생한 재산범죄에 대하여 형을 면제하는 친족상도례 규정(형법 제328조 제1항 등) 등이 적용되지 않는다. 반면 혼인관계가 이혼으로 해소되었더라도 그 효력은 장래에 대해서만 발생하므로 이혼 전에 혼인을 전제로 발생한 법률관계는 여전히 유효하다. 그러므로 이혼 이후에도 혼인관계가 무효임을 확인할 실익이 존재한다.
> ② 가사소송법은 부부 중 어느 한쪽이 사망하여 혼인관계가 해소된 경우 혼인관계 무효 확인의 소를 제기하는 방법에 관한 규정을 두고 있다. 이러한 가사소송법 규정에 비추어 이혼한 이후 제기되는 혼인무효 확인의 소가 과거의 법률관계를 대상으로 한다는 이유로 확인의 이익이 없다고 볼 것은 아니다.
> ③ 대법원은 협의파양으로 양친자관계가 해소된 이후 제기된 입양무효 확인의 소에서 확인의 이익을 인정하였다. 대법원의 위와 같은 판단은 이혼으로 혼인관계가 해소된 이후 제기된 혼인무효 확인의 소에서 확인의 이익을 판단할 때에도 동일하게 적용될 수 있다.
> ④ 무효인 혼인 전력이 잘못 기재된 가족관계등록부의 정정 요구를 위한 객관적 증빙자료를 확보하기 위해서는 혼인관계 무효 확인의 소를 제기할 필요가 있다.
> ⑤ 가족관계등록부의 잘못된 기재가 단순한 불명예이거나 간접적·사실상의 불이익에 불과하다고 보아 그 기재의 정정에 필요한 자료를 확보하기 위하여 기재 내용의 무효 확인을 구하는 소에서 확인의 이익을 부정한다면, 혼인무효 사유의 존부에 대하여 법원의 판단을 구할 방법을 미리 막아버림으로써 국민이 온전히 권리구제를 받을 수 없게 되는 결과를 가져올 수 있다.
> ⑥ 이와 달리 '단순히 여자인 청구인이 혼인하였다가 이혼한 것처럼 호적상 기재되어 있어 불명예스럽다는 사유는 청구인의 현재 법률관계에 영향을 미치는 것이 아니고, 이혼신고로써 해소된 혼인관계의 무효 확인은 과거의 법률관계에 대한 확인이어서 확인의 이익이 없다'고 본 대판 1984.2.28. 82므67 등은 이 판결의 견해에 배치되는 범위에서 이를 변경하기로 한다(대판[전합] 2024.5.23. 2020므15896).

(3) 혼인무효의 효과

1) 당사자 사이의 효과

① 처음부터 부부가 아닌 것으로 본다(소급효).
② 혼인을 기초로 한 상속, 일상가사대리권 등 권리변동이 무효가 되고, 재산분할청구권을 행사할 수도 없다.
③ 혼인이 무효로 된 경우 당사자 일방은 과실 있는 상대방에 대하여 이로 인한 손해배상(정신적 손해배상 포함)을 청구할 수 있다(민법 제825조, 제806조).

2) 자(子)에 대한 효과

① 혼인이 무효가 되면 그 당사자 사이에서 출생한 자는 혼인 외의 자가 된다(민법 제855조 제1항 후문). 다만, 무효한 혼인 중 출생한 자를 생부가 출생신고를 하여 자기의 가족관계등록부에 등재하였다면, 그 자에 대한 인지의 효력이 발생할 수 있다(대판 1971.11.15. 71다1983).

② 무효로 된 혼인에서 출생한 자가 미성년자인 경우 친권자를 지정하여야 하는데, 이 경우 재판상 이혼의 경우와 마찬가지로 법원은 부모에게 미성년자인 자녀의 친권자로 지정될 사람 등에 대하여 미리 협의하도록 권고하여야 하고(가사소송법 제25조 제1항·제2항), 협의를 할 수 없거나 협의가 되지 않은 때에는 가정법원이 직권으로 친권자를 정해야 한다(민법 제909조 유추적용).

3) 제3자에 대한 효과

혼인무효의 효과는 당사자는 물론이고 제3자에게도 발생하므로(가사소송법 제21조 제1항), 제3자는 당사자에 대하여 일상가사에 대한 연대책임을 주장할 수 없다.

4) 무효인 혼인의 추인

① '혼인의 실체를 유지할 의사'가 있는 명시적·묵시적 추인이 가능하다.
② 판례는 무효인 신분행위의 추인(소급효)에는 민법 제139조(비소급효)가 적용되지 않는다는 입장이다.

3. 혼인의 취소

(1) 취소사유

1) 나이위반 혼인(민법 제817조 전단, 제816조 제1호, 제807조)
2) 부모 등의 동의를 결여한 혼인(민법 제817조 전단, 제816조 제1호, 제808조)
3) 근친혼(민법 제817조 후단, 제816조 제1호, 제809조)
① 민법 제817조, 제809조 사유 중 무효사유는 제외
② 2005.3.31. 민법 개정 후에는 형부와 처제 사이의 혼인은 무효가 아니고 취소사유에 해당한다.

> [2005.3.31. 법률 제7427호로 개정된 민법 시행 후 1990.1.13. 법률 제4199호로 개정된 민법이 시행되던 당시의 형부와 처제 사이의 사실혼관계에 대하여 이를 무효사유 있는 사실혼관계라고 주장할 수 있는지 여부(소극)]
> 2005.3.31. 법률 제7427호로 개정된 민법은 부칙 제4조에서 혼인의 무효·취소에 관한 경과조치로 "이 법 시행 전의 혼인에 종전의 규정에 의하여 혼인의 무효 또는 취소의 원인이 되는 사유가 있는 경우에도 이 법의 규정에 의하여 혼인의 무효 또는 취소의 원인이 되지 아니하는 경우에는 이 법 시행 후에는 혼인의 무효를 주장하거나 취소를 청구하지 못한다"고 정하고 있고, 이 경과규정의 취지는 특별한 사정이 없는 한 사실혼관계에 대하여도 미친다. 따라서 2005년 개정된 민법 시행 이후에는 1990.1.13. 법률 제4199호로 개정된 민법이 시행되던 당시의 형부와 처제 사이의 사실혼관계에 대하여 이를 무효사유 있는 사실혼관계라고 주장할 수 없다(대판 2010.11.25. 2010두14091).

4) 중혼(민법 제818조, 제816조 제1호, 제810조)

5) 부부생활을 계속할 수 없는 악질 기타 중대한 사유가 있는 혼인(민법 제816조 제2호, 제822조)

혼인 당시 당사자 일방에 부부생활을 계속할 수 없는 악질 기타 중대사유 있음을 알지 못한 경우에는 상대방은 그 사유 있음을 안 날로부터 6월 이내에 취소를 청구할 수 있다.

> **[임신가능 여부가 민법 제816조 제2호의 혼인취소 사유인 '부부생활을 계속할 수 없는 악질 기타 중대한 사유'에 해당하는지 여부(원칙적 소극) 및 위 '부부생활을 계속할 수 없는 중대한 사유'의 해석 방법]**
> 혼인은 남녀가 일생의 공동생활을 목적으로 하여 도덕 및 풍속상 정당시되는 결합을 이루는 법률상, 사회생활상 중요한 의미를 가지는 신분상의 계약으로서 본질은 양성 간의 애정과 신뢰에 바탕을 둔 인격적 결합에 있다고 할 것이고, 특별한 사정이 없는 한 임신가능 여부는 민법 제816조 제2호의 부부생활을 계속할 수 없는 악질 기타 중대한 사유에 해당한다고 볼 수 없다. 그리고 '혼인을 계속하기 어려운 중대한 사유'에 관한 민법 제840조 제6호의 이혼사유와는 다른 문언내용 등에 비추어 민법 제816조 제2호의 '부부생활을 계속할 수 없는 중대한 사유'는 엄격히 제한하여 해석함으로써 그 인정에 신중을 기하여야 한다(대판 2015.2.26, 2014므4734·4741).

6) 사기 또는 강박에 의한 혼인(민법 제816조 제3호)

① 사기 또는 강박으로 인한 혼인은 사기를 안 날 또는 강박을 면한 날로부터 3월 이내에 혼인의 취소를 청구할 수 있다(민법 제823조).

② 사기 또는 강박은 상대방뿐만 아니라 제3자가 하였어도 무방하며, 제3자의 사기·강박의 경우 상대방이 그에 대하여 선의·무과실이더라도 혼인을 취소할 수 있다. 즉, 민법 제110조 제2항은 적용되지 않는다.

(2) 혼인취소의 절차

① 혼인에 취소사유가 있는 경우 취소청구권자는 가정법원에 그 취소를 청구할 수 있다(민법 제816조). 이 경우 취소청구권자는 가정법원의 조정을 거쳐야 한다(가사소송법 제2조 제1항 제1호 나류 가사소송사건, 제50조 제1항).

② 혼인취소의 소는 형성의 소로서 그 판결의 확정으로 혼인이 취소되며, 다른 소의 전제로서 혼인의 취소를 주장할 수는 없다. 그리고 취소판결의 효력은 제3자효를 가진다(가사소송법 제21조 제1항).

③ 혼인취소의 재판이 확정되면 소를 제기한 자는 재판확정일부터 1개월 이내에 그 취지를 신고하여야 한다(가족관계등록법 제73조, 제58조 제1항).

(3) 혼인취소의 효과

① 취소판결이 확정되면 혼인은 장래를 향하여 해소되며, 소급효가 인정되지 않는다(민법 제824조).
  ㉠ 혼인에서 출생한 자는 혼인 중의 자로 되고, 미성년자가 혼인한 후 성년 나이에 달하기 전에 취소된 때에도 성년의제는 유지된다.
  ㉡ 배우자 사이에 재산상속이 있은 후 혼인이 취소되더라도 상속은 유효하다(대판 1996.12.23, 95다48308).

② 혼인이 취소되면 혼인관계 및 인척관계는 종료된다(민법 제775조 제1항).

③ 손해배상청구와 재산분할청구
　㉠ 혼인이 취소되면 당사자 일방은 과실이 있는 상대방에 대하여 이로 인한 재산상·정신상의 손해배상을 청구할 수 있다(민법 제825조, 제806조 제1항·제2항, 가사소송법 제2조 제1항 제1호 다류 가사소송사건).
　㉡ 혼인이 취소된 경우에도 민법에 준용규정이 없으나, 재산분할청구가 가능하다(가사소송법 제2조 제1항 제2호 마류 가사비송사건).
　㉢ 손해배상청구와 재산분할청구에는 조정전치주의가 적용된다(가사소송법 제50조 제1항).
④ 혼인의 취소와 자의 양육 등
　㉠ 혼인이 취소된 경우 가정법원이 직권으로 친권자를 정한다(민법 제909조 제5항).
　㉡ 혼인이 취소된 경우 자의 양육책임과 면접교섭권에 관하여 민법 제837조(이혼 시의 자의 양육책임)와 제837조의2(면접교섭권)가 준용된다(민법 제824조의2).

Ⅳ 혼인의 효과

1. 서 설

부부간의 의무(민법 제826조)
① 부부는 동거하며 서로 부양하고 협조하여야 한다. 그러나 정당한 이유로 일시적으로 동거하지 아니하는 경우에는 서로 인용하여야 한다.
② 부부의 동거장소는 부부의 협의에 따라 정한다. 그러나 협의가 이루어지지 아니하는 경우에는 당사자의 청구에 의하여 가정법원이 이를 정한다.

성년의제(민법 제826조의2)
미성년자가 혼인을 한 때에는 성년자로 본다.

부부간의 가사대리권(민법 제827조)
① 부부는 일상의 가사에 관하여 서로 대리권이 있다.
② 전항의 대리권에 가한 제한은 선의의 제3자에게 대항하지 못한다.

부부재산의 약정과 그 변경(민법 제829조)
① 부부가 혼인성립 전에 그 재산에 관하여 따로 약정을 하지 아니한 때에는 그 재산관계는 본관 중 다음 각 조에 정하는 바에 의한다.
② 부부가 혼인성립 전에 그 재산에 관하여 약정한 때에는 혼인 중 이를 변경하지 못한다. 그러나 정당한 사유가 있는 때에는 법원의 허가를 얻어 변경할 수 있다.
③ 전항의 약정에 의하여 부부의 일방이 다른 일방의 재산을 관리하는 경우에 부적당한 관리로 인하여 그 재산을 위태하게 한 때에는 다른 일방은 자기가 관리할 것을 법원에 청구할 수 있고 그 재산이 부부의 공유인 때에는 그 분할을 청구할 수 있다.
④ 부부가 그 재산에 관하여 따로 약정을 한 때에는 혼인성립까지에 그 등기를 하지 아니하면 이로써 부부의 승계인 또는 제3자에게 대항하지 못한다.
⑤ 제2항, 제3항의 규정이나 약정에 의하여 관리자를 변경하거나 공유재산을 분할하였을 때에는 그 등기를 하지 아니하면 이로써 부부의 승계인 또는 제3자에게 대항하지 못한다.

> **특유재산과 귀속불명재산(민법 제830조)**
> ① 부부의 일방이 혼인 전부터 가진 고유재산과 혼인 중 자기의 명의로 취득한 재산은 그 특유재산으로 한다.
> ② 부부의 누구에게 속한 것인지 분명하지 아니한 재산은 부부의 공유로 추정한다.
>
> **특유재산의 관리 등(민법 제831조)**
> 부부는 그 특유재산을 각자 관리, 사용, 수익한다.
>
> **가사로 인한 채무의 연대책임(민법 제832조)**
> 부부의 일방이 일상의 가사에 관하여 제3자와 법률행위를 한 때에는 다른 일방은 이로 인한 채무에 대하여 연대책임이 있다. 그러나 이미 제3자에 대하여 다른 일방의 책임없음을 명시한 때에는 그러하지 아니하다.
>
> **생활비용(민법 제833조)**
> 부부의 공동생활에 필요한 비용은 당사자 간에 특별한 약정이 없으면 부부가 공동으로 부담한다.

혼인에 의하여 당사자는 부부라는 생활공동체를 형성하고, 그들 사이에는 친족적·재산적 효과가 발생하는데, 민법은 이를 일반적 효력(민법 제826조 내지 제828조)과 재산적 효력(민법 제829조 내지 제833조)으로 구분하여 규정하고 있다.

2. 혼인의 일반적 효과

(1) 친족관계의 발생
① 부부는 서로 배우자로서 친족이 된다(민법 제777조 제3호).
② 혼인을 매개로 하여 인척관계가 발생한다(민법 제769조).

(2) 부부의 성(姓)
부부는 혼인 후에도 각자 본래의 성을 그대로 가진다.

(3) 부부 상호 간의 공동생활상의 의무
부부는 동거하며, 서로 부양하고 협조하여야 한다(민법 제826조 제1항 본문).

1) 동거의무
① 부부는 동거의무를 진다. 그러나 정당한 이유로 일시적으로 동거하지 아니하는 경우에는 서로 인용하여야 한다(민법 제826조 제1항).
② 부부의 동거장소는 부부의 협의에 따라 정하되, 협의가 이루어지지 아니하는 경우에는 당사자의 청구에 의하여 가정법원이 정한다(민법 제826조 제2항).
③ 동거의무 불이행
  ㉠ 부부 일방이 정당한 이유 없이 동거의무를 불이행한 경우 상대방은 가정법원에 동거에 관한 심판을 청구할 수 있다(가사소송법 제2조 제1항 제2호 마류 가사비송사건, 제50조 제1항 조정전치주의).
  ㉡ 동거를 명하는 심판에 대해서는 직접강제뿐만 아니라 간접강제도 허용되지 않는다.

ⓒ 부당한 동거의무의 위반은 악의의 유기로서 이혼원인이 될 수 있다(민법 제840조 제2호).
ⓓ 판례는 부부의 일방이 동거의무를 위반한 경우에 다른 일방은 이혼을 청구하지 않고 위자료를 청구할 수 있다고 한다.
ⓔ 판례는 또한 부당하게 동거의무를 거부한 배우자 일방은 상대방에 대하여 부양료의 지급을 청구할 수 없다고 한다.

2) 부양의무

① 부양의 정도와 수준
  ⓐ 부양은 부부의 사회적 지위나 재산상태를 고려하여 서로 자기의 생활과 같은 수준으로 보장하여야 한다.
  ⓑ 부부 사이의 부양의무는 일방에게 경제적 여유가 있는 경우에만 인정되는 친족 간의 부양과 달리 무조건적이다.

② 부부간 과거의 부양료 청구의 인정 여부

> **[부부간의 상호부양의무에 있어 이행청구 전의 부양료에 대한 지급청구의 가부(소극)]**
> 민법 제826조가 규정하고 있는 부부간의 상호부양의무는 부부 중 일방에게 부양의 필요가 생겼을 때 발생하는 것이기는 하지만 과거의 부양료에 관하여는 부양을 받을 자가 부양의무자에게 부양의무의 이행을 청구하였음에도 불구하고 부양의무자가 부양의무를 이행하지 아니함으로써 이행지체에 빠진 이후의 것에 대하여만 부양료의 지급을 청구할 수 있을 뿐, 부양의무자가 부양의무의 이행을 청구받기 이전의 부양료의 지급은 청구할 수 없다고 보는 것이 부양의무의 성질이나 형평의 관념에 합치된다(대결 2008.6.12. 2005스50, 대판 1991.10.8. 90므781・798).
>
> **[비교 판례]**
> **[부모 중 한 쪽만이 자녀를 양육하게 된 경우 양육비 청구 이전의 과거의 양육비의 상환을 청구할 수 있는지 여부(원칙적 적극)]**
> 어떠한 사정으로 인하여 부모 중 어느 한 쪽만이 자녀를 양육하게 된 경우에, 그와 같은 일방에 의한 양육이 그 양육자의 일방적이고 이기적인 목적이나 동기에서 비롯된 것이라거나 자녀의 이익을 위하여 도움이 되지 아니하거나 그 양육비를 상대방에게 부담시키는 것이 오히려 형평에 어긋나게 되는 등 특별한 사정이 있는 경우를 제외하고는, 양육하는 일방은 상대방에 대하여 현재 및 장래에 있어서의 양육비 중 적정 금액의 분담을 청구할 수 있음은 물론이고, 부모의 자녀양육의무는 특별한 사정이 없는 한 자녀의 출생과 동시에 발생하는 것이므로 과거의 양육비에 대하여도 상대방이 분담함이 상당하다고 인정되는 경우에는 그 비용의 상환을 청구할 수 있다(대결[전합] 1994.5.13. 92스21).

③ 부양의무 불이행
  ⓐ 부양의무 위반은 악의의 유기에 해당하여 이혼사유로 될 수 있다(민법 제840조 제2호).
  ⓑ 부부 일방이 부양의무를 이행하지 않는 경우, 부부 사이의 부양의무는 재산적 성질의 것이기 때문에, 상대방은 가정법원에 부양에 관한 심판을 청구할 수 있다(가사소송법 제2조 제1항 제2호 마류 가사비송사건, 제50조 제1항 조정전치주의).

3) 협조의무
① 협조의무는 부부의 공동생활에 기초한 협력의무이다.
② 협조의무 불이행
　㉠ 부부 일방이 협조의무를 이행하지 않는 경우 상대방은 가정법원에 심판을 청구할 수 있다(가사소송법 제2조 제1항 제2호 마류 가사비송사건, 제50조 제1항 조정전치주의).
　㉡ 동거의무의 불이행과 동일하게 강제집행(직접강제·간접강제)이 허용되지 않는다.
　㉢ 협조의무 불이행은 이혼사유가 될 수 있다(민법 제840조 제6호).

4) 정조의무(= 성적 성실의무)
① 민법상 명문규정이 없으나, 판례는 동거의무 내지 부부공동생활 유지의무의 내용으로서 부부는 부정행위를 하지 않아야 하는 성적 성실의무를 부담한다고 한다(대판 2015.5.29. 2013므2441).
② 정조의무 불이행
　㉠ 부부의 일방이 정조의무를 위반하여 부정행위를 한 경우 상대방은 이혼을 청구할 수 있고(민법 제840조 제1호), 또한 그로 인하여 입은 정신적 고통에 대하여 불법행위에 의한 손해배상을 청구할 수 있다(민법 제843조, 제806조).
　㉡ 제3자가 부부의 일방과 부정행위를 함으로써 혼인의 본질에 해당하는 부부공동생활을 침해하거나 유지를 방해하고 그에 대한 배우자로서의 권리를 침해하여 배우자에게 정신적 고통을 가하는 행위는 원칙적으로 불법행위를 구성하며, 부부의 일방과 제3자가 부담하는 불법행위책임은 공동불법행위책임이다(민법 제760조).

> **[부부의 일방이 부정행위를 한 경우에 그로 인하여 배우자가 입은 정신적 고통에 대하여 불법행위에 의한 손해배상의무를 지는지 여부(적극) 및 제3자가 부부의 일방과 부정행위를 함으로써 부부공동생활을 침해하거나 유지를 방해하고 그에 대한 배우자로서 권리를 침해하여 배우자에게 정신적 고통을 가하는 행위가 불법행위를 구성하는지 여부(원칙적 적극) / 부부의 일방과 제3자가 부담하는 불법행위책임이 공동불법행위책임으로서 부진정연대채무 관계에 있는지 여부(적극)]**
> 부부는 동거하며 서로 부양하고 협조할 의무를 진다(민법 제826조). 부부는 정신적·육체적·경제적으로 결합된 공동체로서 서로 협조하고 보호하여 부부공동생활로서의 혼인이 유지되도록 상호 간에 포괄적으로 협력할 의무를 부담하고 그에 관한 권리를 가진다. 이러한 동거의무 내지 부부공동생활 유지의무의 내용으로서 부부는 부정행위를 하지 아니하여야 하는 성적(性的) 성실의무를 부담한다. 부부의 일방이 부정행위를 한 경우에 부부의 일방은 그로 인하여 배우자가 입은 정신적 고통에 대하여 불법행위에 의한 손해배상의무를 진다. 한편 제3자도 타인의 부부공동생활에 개입하여 부부공동생활의 파탄을 초래하는 등 그 혼인의 본질에 해당하는 부부공동생활을 방해하여서는 아니 된다. 제3자가 부부의 일방과 부정행위를 함으로써 혼인의 본질에 해당하는 부부공동생활을 침해하거나 유지를 방해하고 그에 대한 배우자로서의 권리를 침해하여 배우자에게 정신적 고통을 가하는 행위는 원칙적으로 불법행위를 구성한다. 그리고 부부의 일방과 제3자가 부담하는 불법행위책임은 공동불법행위책임으로서 부진정연대채무 관계에 있다(대판 2015.5.29. 2013므2441).

[부부가 장기간 별거하는 등의 사유로 실질적으로 부부공동생활이 파탄되어 실체가 더 이상 존재하지 아니하게 되고 객관적으로 회복할 수 없는 정도에 이른 경우, 제3자가 부부의 일방과 성적인 행위를 하였을 때 불법행위가 성립하는지 여부(소극) / 부부의 일방과 부정행위를 한 제3자가 실질적으로 부부공동생활이 파탄되어 회복할 수 없을 정도의 상태에 이르게 된 원인을 제공한 경우라고 하더라도 마찬가지인지 여부(적극)]

제3자가 부부의 일방과 부정행위를 함으로써 혼인의 본질에 해당하는 부부공동생활을 침해하거나 그 유지를 방해하고 그에 대한 배우자로서의 권리를 침해하여 배우자에게 정신적 고통을 가하는 행위는 원칙적으로 불법행위를 구성한다. 그러나 부부가 장기간 별거하는 등의 사유로 실질적으로 부부공동생활이 파탄되어 실체가 더 이상 존재하지 아니하게 되고 객관적으로 회복할 수 없는 정도에 이른 경우에는 혼인의 본질에 해당하는 부부공동생활이 유지되고 있다고 볼 수 없으므로, 비록 부부가 아직 이혼하지 아니하였지만 이처럼 실질적으로 부부공동생활이 파탄되어 회복할 수 없을 정도의 상태에 이르렀다면, 제3자가 부부의 일방과 성적인 행위를 하더라도 이를 두고 부부공동생활을 침해하거나 그 유지를 방해하는 행위라고 할 수 없고 또한 그로 인하여 배우자의 부부공동생활에 관한 권리가 침해되는 손해가 생긴다고 할 수도 없으므로 불법행위가 성립한다고 보기 어렵다. / 부부의 일방과 부정행위를 한 제3자가 실질적으로 부부공동생활이 파탄되어 회복할 수 없을 정도의 상태에 이르게 된 원인을 제공한 경우라 하더라도, 배우자 아닌 자와의 성적인 행위가 부부공동생활이 실질적으로 파탄되어 실체가 더 이상 존재하지 아니하거나 객관적으로 회복할 수 없는 정도에 이른 상태에서 이루어졌다면 이를 달리 볼 수는 없다(대판 2023.12.21. 2023다265731).

(4) 성년의제(成年擬制)

1) 의 의

미성년자가 혼인을 한 때에는 성년자로 본다(민법 제826조의2). 민법이 성년의제 규정을 둔 취지는 혼인의 자주독립성을 보장하고(미성년자의 경우 친권 또는 후견에 따르게 된다), 부부의 실질적 평등을 구현하며(일방이 미성년자인 경우 다른 일방이 후견인이 된다), 법적 거래안전을 보호하기 위함이다(미성년자와 거래는 불안정적이다).

2) 적용범위

① 혼인한 미성년자는 민법상 성년자와 동일한 행위능력을 가진다.
② 혼인한 미성년자는 후견인(민법 제937조), 유언증인(민법 제1072조), 유언집행자(민법 제1098조)가 될 수 있고, 소송능력(민사소송법 제55조 제1항 단서 제1호)도 인정된다.
③ 성년의제에 의하여 사법상의 행위능력이 인정될 뿐이고, 공법관계(예 선거법, 조세법 등)에서는 여전히 미성년자로서 행위능력이 인정되지 않는다.
④ 성년의제는 사실혼에는 적용되지 않고 법률혼에만 적용된다. 성년의제는 예외적인 규정이고, 거래안전을 보호하는 성년의제의 취지에 비추어 법률혼에만 한정하는 것이 타당하다.
⑤ 성년으로 의제되는 미성년자가 양자를 할 수 있는지(= 양부모가 될 수 있는지)에 대해서 ㉠ 현행법상 양부모의 자격에 특별한 제한이 없으므로 양부모가 될 수 있다는 긍정설과 ㉡ 양자의 복리를 최대 이념으로 하는 양자제도의 취지상 양부모가 될 수 없다는 부정설이 대립한다.

3) 혼인의 해소와 성년의제

① 혼인의 취소, 이혼, 부부 일방의 사망의 경우에는 여전히 성년의제의 효과가 유지된다.
② 혼인의 무효인 경우에는 성년의제의 효과도 소멸한다.

(5) 부부간의 일상가사대리권

1) 의 의
부부는 일상의 가사에 관하여 서로 대리권이 있으므로(민법 제827조 제1항), 부부 일방이 가족공동체의 유지를 위하여 한 거래행위는 타방의 대리인으로서 행위하는 것으로 보아 그로 인하여 발생한 채무가 타방에게 귀속된다.

2) 일상가사의 의미 및 범위

> [민법 제832조에 규정된 '일상의 가사에 관한 법률행위'의 의미 및 그 판단 기준]
> 민법 제832조에서 말하는 '일상의 가사에 관한 법률행위'라 함은 부부의 공동생활에서 필요로 하는 통상의 사무에 관한 법률행위를 말하는 것으로, 그 구체적인 범위는 부부공동체의 사회적 지위나 재산, 수입, 능력 등 현실적 생활상태뿐만 아니라 그 부부의 생활장소인 지역사회의 관습 등에 의하여 정하여지나, 당해 구체적인 법률행위가 일상의 가사에 관한 법률행위인지 여부를 판단함에 있어서는 그 법률행위를 한 부부공동체의 내부 사정이나 그 행위의 개별적인 목적만을 중시할 것이 아니라 그 법률행위의 객관적인 종류나 성질 등도 충분히 고려하여 판단하여야 할 것이다(대판 2009.2.12. 2007다77712).

> [일상가사의 범위와 관련된 중요 판례]
> - 금전차용행위도 금액, 차용 목적, 실제의 지출용도, 기타의 사정 등을 고려하여 그것이 부부의 공동생활에 필요한 자금조달을 목적으로 하는 것이라면 일상가사에 속한다고 보아야 할 것이므로, 아파트 구입비용 명목으로 차용한 경우 그와 같은 비용의 지출이 부부공동체 유지에 필수적인 주거 공간을 마련하기 위한 것이라면 일상가사에 속한다고 볼 수 있다. 그러므로 부인이 남편 명의로 분양받은 45평형 아파트의 분양금을 납입하기 위한 명목으로 금전을 차용하여 분양금을 납입하였고, 그 아파트가 남편의 유일한 부동산으로서 가족들이 거주하고 있는 경우, 그 금전차용행위는 일상가사에 해당한다(대판 1999.3.9. 98다46877).
> - 그러나 처가 자가용차를 구입하기 위하여 타인으로부터 금전을 차용하는 행위(대판 1985.3.26. 84다카1621), 아내가 남편 소유의 부동산을 매각하는 행위(대판 1966.7.19. 66다863), 처(妻)가 별거하여 외국에 체류 중인 부(夫)의 재산을 처분한 행위(대판 1993.9.28. 93다16369) 등은 일상가사에 해당하지 않는다.

3) 일상가사대리권의 제한
부부의 일방은 일상가사대리권을 제한할 수 있으나, 그 제한은 선의의 제3자에게 대항하지 못한다(민법 제827조 제2항).

4) 일상가사대리권을 초과한 행위와 표현대리
① 문제점 : 부부 일방의 행위가 일상가사에 관한 법률행위로 인정되지 않는 경우에는 다른 일방의 책임은 발생하지 않는다. 이 경우 일상가사대리권을 기본대리권으로 하여 민법 제126조의 표현대리가 성립할 수 있는지 문제된다.

② 판례 : 처가 집에 둔 남편의 실인과 등기권리증 등을 가지고 남편의 위임을 받았다고 하면서 남편 소유의 부동산에 관하여 근저당권설정등기를 경료한 사안에서「민법 제827조 제1항의 규정상 부부는 일상의 가사에 관한편 서로 대리할 권한을 가지는 것이라 할지라도 일반사회 통념상 남편이 아내에게 자기소유의 부동산을 타인에게 근저당권의 설정 또는 소유권 이전 등에 관한 등기절차를 이행케 하거나 그 각 등기의 원인되는 법률행위를 함에 필요한 대리권을 수여하는 것은 이례에 속하는 것이니만큼, 아내가 특별한 수권 없이 남편소유 부동산에 관하여 위와 같은

행위를 하였을 경우에 그것이 민법 제126조 소정의 표현대리가 되려면 그 아내에게 가사대리권이 있었다는 것뿐만 아니라 상대방이 남편이 그 아내에게 그 행위에 관한 대리의 권한을 주었다고 믿었음을 정당화할 만한 객관적인 사정이 있었어야 하는 것이다」라고 판단하였다(대판 1970.3.10. 69다2218).

③ 검토 : 일상가사대리권을 기본대리권으로 하여 제3자에게 그 권한이 있다고 믿을 만한 정당한 이유를 판단하는 다수설과 판례가 타당하다.

(6) 부부간의 계약취소권 〈삭제 2012.2.10.〉

구 민법 제828조는「부부간의 계약은 혼인 중 언제든지 부부의 일방이 취소할 수 있다. 그러나 제3자의 권리를 해하지 못한다」라고 규정하고 있었는데, 2012.2.10. 민법 개정 시 삭제되었다. 이에 따라 부부 사이의 계약은 총칙규정에 따라 취소될 수 있다.

3. 혼인의 재산적 효과(= 부부재산제)

(1) 의 의

부부재산제도는 혼인 중 부부 사이의 재산관계를 정한 제도로서, 부부재산계약(계약재산제)와 법정재산제(부부별산제)가 있다. 우리 민법은 계약재산제를 원칙으로 하므로, 우선 그들의 합의에 의하여 재산관계를 정하도록 하고, 그러한 합의가 없는 경우에는 법정재산제(부부별산제)에 따라 일률적으로 적용하도록 하고 있다.

(2) 부부재산계약(계약재산제)

1) 의 의

부부로 될 자는 혼인성립 전에 그 재산에 관하여 자유롭게 계약을 체결할 수 있다(민법 제829조 제1항 참조). 이를 부부재산계약이라고 한다.

2) 계약의 체결

① 시기 : 혼인성립(혼인신고) 전에 계약이 체결되어야 한다.
② 의사능력 : 부부재산계약은 재산행위로서의 색체가 강하기 때문에 행위능력이 필요하다는 견해도 있으나, 부부재산계약은 혼인의 종된 계약이므로, 혼인체결능력(의사능력)만 있으면 충분하다.
③ 대상 : 혼인 중의 법률관계를 대상으로 해야 한다. 즉, 부부재산계약은 혼인 중의 재산관계만을 정할 수 있을 뿐이지 혼인성립 전이나 혼인해소 후의 재산관계를 정할 수는 없다.
④ 방식 : 부부재산계약은 불요식계약이므로 특별한 방식이 요구되지 않는다.
⑤ 대항요건으로서 등기 : 부부가 그 재산에 관하여 따로 약정을 한 때에는 혼인성립까지에 그 등기를 하지 아니하면 이로써 부부의 승계인 또는 제3자에게 대항하지 못한다(민법 제829조 제4항).

3) 계약의 내용
① 부부재산계약은 혼인이 성립하였을 때 효력이 발생하고, 혼인이 해소 또는 취소되면 혼인에 종된 계약인 부부재산계약은 원칙적으로 그때부터 효력을 잃는다.
② 혼인의 본질적인 요소나 남녀평등, 사회질서에 반하는 것은 효력이 없다.
③ 부부재산계약은 신분계약이므로 조건이나 기한을 붙일 수 없다.
④ 일상가사채무에 의한 연대책임(민법 제832조)은 제3자의 이해관계와 관련되므로 부부재산계약으로도 제한할 수 없다.

4) 부부재산계약의 변경
① 원칙 : 부부가 혼인성립 전에 그 재산에 관하여 약정한 때에는 혼인 중 임의로 변경하지 못한다(민법 제829조 제2항 본문).
② 예 외
  ㉠ 정당한 사유가 있는 경우 법원의 허가를 얻어 변경할 수 있다(민법 제829조 제2항 단서).
  ㉡ 부부의 일방이 다른 일방의 재산을 관리하는 경우에 부적당한 관리로 인하여 그 재산을 위태하게 한 때에는 다른 일방은 자기가 관리할 것을 법원에 청구할 수 있고 그 재산이 부부의 공유인 때에는 그 분할을 청구할 수 있다(민법 제829조 제3항).
  ㉢ 약정(혼인 전 체결한 부부재산계약)에 의하여 혼인 후의 관리자를 변경하거나 공유재산을 분할하는 것은 법원의 허가 없이도 가능하나, 그 등기를 하지 아니하면 이로써 부부의 승계인 또는 제3자에게 대항하지 못한다(민법 제829조 제5항).

5) 계약의 종료
혼인 중 재산관계의 종료(예 사기·강박에 의한 부부재산계약의 취소 등)나 혼인관계의 해소로 인한 재산관계의 종료(예 이혼, 혼인의 취소, 배우자의 사망 등)에 의하여 부부재산계약은 종료된다.

(3) 법정재산제(부부별산제)

1) 개 관
부부재산계약이 체결되지 않거나 그것이 효력을 잃은 경우에 부부재산의 귀속과 관리는 법이 정하는 바에 의한다(민법 제829조 제1항). 현행법은 부부별산제를 채택하였는데, 부부별산제는 개인주의를 바탕으로 처의 재산에 대한 독립성을 인정하고 부부평등을 실현하기 위한 제도이다.

2) 특유재산과 공유재산
① 부부의 일방이 혼인 전부터 가진 고유재산과 혼인 중 자기의 명의로 취득한 재산은 그 특유재산으로 하고(민법 제830조 제1항), 부부가 각자 관리, 사용, 수익한다(민법 제831조).
② 부부의 누구에게 속한 것인지 분명하지 아니한 재산은 부부의 공유로 추정한다(민법 제830조 제2항).

(4) 일상가사로 인한 채무의 연대책임

1) 의 의

부부의 일방이 일상의 가사에 관하여 제3자와 법률행위를 한 때에는 다른 일방은 이로 인한 채무에 대하여 연대책임이 있다(민법 제832조 본문). 다만, 이미 제3자에 대하여 다른 일방의 책임 없음을 명시한 경우에는 연대책임을 부담하지 않는다(민법 제832조 단서).

2) 내 용

① 보통의 연대채무와는 달리 제3자와의 관계에서 부담부분에 관한 규정(민법 제418조 제2항, 제419조, 제421조, 제424조)이 적용되지 않는다. 이에 따라 부부 일방은 타방의 채권으로 제한 없이 상계할 수 있고, 면제의 효과도 전면적이며, 일방의 채무가 시효로 소멸한 경우에 타방의 채무도 전부 소멸하게 된다.
② 혼인해소 후에도 부부의 연대책임은 소멸하지 않고, 보통의 연대채무로 존속한다.
③ 일상가사대리권과 일상가사채무에 대한 연대책임은 사실혼 부부에게도 인정되어야 한다.
④ 일상가사채무에 의한 연대책임(민법 제832조)은 제3자의 이해관계와 관련되므로 부부재산계약으로도 제한할 수 없다.

(5) 생활비용의 공동부담

부부의 공동생활에 필요한 비용은 당사자 간에 특별한 약정이 없으면 부부가 공동으로 부담한다(민법 제833조). 부담의 비율과 방법은 구체적인 조건을 고려하여 부부의 협의로 정하되, 협의가 되지 않으면 가정법원에 심판을 청구할 수 있다(가사소송법 제2조 제1항 제2호 마류 가사비송사건, 제50조 제1항 조정전치주의).

V 이 혼

1. 혼인해소의 일반론

혼인해소란 유효하게 성립한 혼인이 그 후의 사정으로 인하여 소멸하는 것을 말한다. 혼인해소의 원인으로는 배우자의 사망, 실종선고, 인정사망, 이혼(협의이혼·재판상 이혼) 등이 있다. 이하에서는 이혼에 대해 검토하겠다.

2. 협의상 이혼

> **협의상 이혼(민법 제834조)**
> 부부는 협의에 의하여 이혼할 수 있다.
>
> **성년후견과 협의상 이혼(민법 제835조)**
> 피성년후견인의 협의상 이혼에 관하여는 제808조 제2항을 준용한다.

이혼의 성립과 신고방식(민법 제836조)
① 협의상 이혼은 가정법원의 확인을 받아 「가족관계의 등록 등에 관한 법률」의 정한 바에 의하여 신고함으로써 그 효력이 생긴다.
② 전항의 신고는 당사자 쌍방과 성년자인 증인 2인의 연서한 서면으로 하여야 한다.

이혼의 절차(민법 제836조의2)
① 협의상 이혼을 하려는 자는 가정법원이 제공하는 이혼에 관한 안내를 받아야 하고, 가정법원은 필요한 경우 당사자에게 상담에 관하여 전문적인 지식과 경험을 갖춘 전문상담인의 상담을 받을 것을 권고할 수 있다.
② 가정법원에 이혼의사의 확인을 신청한 당사자는 제1항의 안내를 받은 날부터 다음 각 호의 기간이 지난 후에 이혼의사의 확인을 받을 수 있다.
  1. 양육하여야 할 자(포태 중인 자를 포함한다. 이하 이 조에서 같다)가 있는 경우에는 3개월
  2. 제1호에 해당하지 아니하는 경우에는 1개월
③ 가정법원은 폭력으로 인하여 당사자 일방에게 참을 수 없는 고통이 예상되는 등 이혼을 하여야 할 급박한 사정이 있는 경우에는 제2항의 기간을 단축 또는 면제할 수 있다.
④ 양육하여야 할 자가 있는 경우 당사자는 제837조에 따른 자(子)의 양육과 제909조 제4항에 따른 자(子)의 친권자결정에 관한 협의서 또는 제837조 및 제909조 제4항에 따른 가정법원의 심판정본을 제출하여야 한다.
⑤ 가정법원은 당사자가 협의한 양육비부담에 관한 내용을 확인하는 양육비부담조서를 작성하여야 한다. 이 경우 양육비부담조서의 효력에 대하여는 「가사소송법」 제41조를 준용한다.

이혼과 자의 양육책임(민법 제837조)
① 당사자는 그 자의 양육에 관한 사항을 협의에 의하여 정한다.
② 제1항의 협의는 다음의 사항을 포함하여야 한다.
  1. 양육자의 결정
  2. 양육비용의 부담
  3. 면접교섭권의 행사 여부 및 그 방법
③ 제1항에 따른 협의가 자(子)의 복리에 반하는 경우에는 가정법원은 보정을 명하거나 직권으로 그 자(子)의 의사(意思)·나이와 부모의 재산상황, 그 밖의 사정을 참작하여 양육에 필요한 사항을 정한다. 〈개정 2022.12.27.〉
④ 양육에 관한 사항의 협의가 이루어지지 아니하거나 협의할 수 없는 때에는 가정법원은 직권으로 또는 당사자의 청구에 따라 이에 관하여 결정한다. 이 경우 가정법원은 제3항의 사정을 참작하여야 한다.
⑤ 가정법원은 자(子)의 복리를 위하여 필요하다고 인정하는 경우에는 부·모·자(子) 및 검사의 청구 또는 직권으로 자(子)의 양육에 관한 사항을 변경하거나 다른 적당한 처분을 할 수 있다.
⑥ 제3항부터 제5항까지의 규정은 양육에 관한 사항 외에는 부모의 권리의무에 변경을 가져오지 아니한다.

면접교섭권(민법 제837조의2)
① 자(子)를 직접 양육하지 아니하는 부모의 일방과 자(子)는 상호 면접교섭할 수 있는 권리를 가진다.
② 자(子)를 직접 양육하지 아니하는 부모 일방의 직계존속은 그 부모 일방이 사망하였거나 질병, 외국거주, 그 밖에 불가피한 사정으로 자(子)를 면접교섭할 수 없는 경우 가정법원에 자(子)와의 면접교섭을 청구할 수 있다. 이 경우 가정법원은 자(子)의 의사(意思), 면접교섭을 청구한 사람과 자(子)의 관계, 청구의 동기, 그 밖의 사정을 참작하여야 한다.
③ 가정법원은 자의 복리를 위하여 필요한 때에는 당사자의 청구 또는 직권에 의하여 면접교섭을 제한·배제·변경할 수 있다.

사기, 강박으로 인한 이혼의 취소청구권(민법 제838조)
사기 또는 강박으로 인하여 이혼의 의사표시를 한 자는 그 취소를 가정법원에 청구할 수 있다.

> **준용규정(민법 제839조)**
> 제823조의 규정은 협의상 이혼에 준용한다.
>
> **재산분할청구권(민법 제839조의2)**
> ① 협의상 이혼한 자의 일방은 다른 일방에 대하여 재산분할을 청구할 수 있다.
> ② 제1항의 재산분할에 관하여 협의가 되지 아니하거나 협의할 수 없는 때에는 가정법원은 당사자의 청구에 의하여 당사자 쌍방의 협력으로 이룩한 재산의 액수 기타 사정을 참작하여 분할의 액수와 방법을 정한다.
> ③ 제1항의 재산분할청구권은 이혼한 날부터 2년을 경과한 때에는 소멸한다.
>
> **재산분할청구권 보전을 위한 사해행위취소권(민법 제839조의3)**
> ① 부부의 일방이 다른 일방의 재산분할청구권 행사를 해함을 알면서도 재산권을 목적으로 하는 법률행위를 한때에는 다른 일방은 제406조 제1항을 준용하여 그 취소 및 원상회복을 가정법원에 청구할 수 있다.
> ② 제1항의 소는 제406조 제2항의 기간 내에 제기하여야 한다.

(1) 의 의

부부는 협의에 의하여 이혼할 수 있는데(민법 제834조), 이를 협의이혼이라 한다. 협의이혼은 계약의 일종으로서 일정한 방식으로 신고하여야 하는 요식행위이다(민법 제836조 참고).

(2) 성립요건

1) 실질적 요건 : 이혼의사의 합치

① 가장이혼
  ㉠ 문제점 : 혼인의사와 마찬가지로 이혼의사의 실체가 무엇인지와 관련하여 가장이혼의 효력이 문제된다.
  ㉡ 판례 : 과거 가장이혼에 관하여 실질적 의사설에 입각하여 판결을 한 적이 있으나(대판 1967.2.7. 66다2542), 그 이후에는 형식적 의사설에 따라 판결을 하고 있다(대판 1993.6.11. 93므171).
  ㉢ 검토 : 1963년 호적법 개정으로 호적공무원에게 이혼의사에 대한 실질적 심사권이 부여되었고, 1977년 민법 개정으로 가정법원이 이혼의사를 확인하게 되었으므로, 형식적 의사설에 따라 가장이혼의 효력을 판단하는 것이 타당하다.
② 이혼의사의 존재시기 : 이혼의사는 이혼신고서 작성 시는 물론 신고서가 수리될 때에도 존재해야 한다. 따라서 협의이혼신고서가 수리되기 전에 협의이혼의사의 철회신고서가 제출되면 협의이혼신고서는 수리할 수 없는 것이므로, 설사 호적공무원이 착오로 협의이혼의사 철회신고서가 제출된 사실을 간과한 나머지 그 후에 제출된 협의이혼신고서를 수리하였다고 하더라도 협의상 이혼의 효력이 생길 수 없다(대판 1994.2.8. 93도2869).
③ 이혼의사의 합치에 의사능력이 필요하다. 피성년후견인도 의사능력이 있으면 이혼합의를 할 수 있으나, 부모 또는 성년후견인의 동의를 얻어야 한다(민법 제835조, 제808조 제2항). 반면 미성년자는 성년의제가 된 경우 단독으로 이혼할 수 있다.

2) 형식적 요건(절차적 요건)
① 협의상 이혼은 가정법원의 확인을 받아「가족관계등록법」이 정하는 바에 의하여 신고함으로써 그 효력이 생긴다(민법 제836조 제1항). 이 신고는 당사자 쌍방과 성년자인 증인 2인의 연서한 서면으로 하여야 한다(민법 제836조 제2항).
② 협의이혼을 하려는 자는 가정법원이 제공하는 이혼에 관한 안내를 받아야 하고, 가정법원은 필요한 경우 당사자에게 상담에 관하여 전문적인 지식과 경험을 갖춘 전문상담인의 상담을 받을 것을 권고할 수 있다(민법 제836조의2 제1항).
③ 이혼숙려기간이 경과해야 한다.
  ㉠ 가정법원에 이혼의사의 확인을 신청한 당사자는 제1항의 안내를 받은 날부터 다음 각 호의 기간이 지난 후에 이혼의사의 확인을 받을 수 있다(민법 제836조의2 제2항).
    ㉮ 양육하여야 할 자(포태 중인 자를 포함)가 있는 경우에는 3개월(제1호)
    ㉯ 제1호에 해당하지 아니하는 경우에는 1개월(제2호)
  ㉡ 다만, 가정법원은 폭력으로 인하여 당사자 일방에게 참을 수 없는 고통이 예상되는 등 이혼을 하여야 할 급박한 사정이 있는 경우에는 제2항의 기간을 단축 또는 면제할 수 있다(민법 제836조의2 제3항).
④ 자녀의 양육 및 친권자의 지정에 대한 합의 또는 그에 갈음하는 가정법원의 심판이 있어야 한다.

(3) 협의이혼의 무효와 취소

1) 협의이혼의 무효
① **서설** : 민법은 협의이혼의 무효에 대한 규정이 없으나(이는 입법의 불비임), 가사소송법은 이혼의 무효에 대하여 규정하고 있다(가사소송법 제2조 제1항 제1호 가류 가사소송사건). 다만, 재판상 이혼은 무효가 될 수 없으므로 여기의 이혼은 협의이혼을 전제로 한다.
② **무효원인** : '당사자 간에 이혼의 합의가 없는 때'에는 협의이혼이 무효이다(민법 제815조 제1호 유추).
③ **무효의 성질** : 가사소송사건으로서 이혼 무효의 소는 확인의 소이다(형성의 소라는 견해도 있음).
④ **이혼 무효의 소**
  ㉠ 협의이혼의 무효판결이 확정되면 처음부터 이혼이 없었던 것과 같이 된다(소급효).
  ㉡ 협의이혼의 무효확인청구를 인용하는 확정판결은 제3자에게도 효력이 있다(대세효)(가사소송법 제21조 제1항).
  ㉢ 협의이혼의 무효판결이 확정된 경우에는 소를 제기한 사람은 판결확정일부터 1개월 이내에 판결의 등본 및 그 확정증명서를 첨부하여 등록부의 정정을 신청하여야 한다(가족관계등록법 제107조).

2) 협의이혼의 취소
① 취소원인
  ㉠ 사기 또는 강박으로 인하여 이혼의 의사표시를 한 자는 사기를 안 날 또는 강박을 면한 날부터 3개월 이내 이혼의 취소를 가정법원에 청구할 수 있다(민법 제838조, 제839조, 제823조).
  ㉡ 제3자가 사기나 강박을 행한 경우에는 상대방 배우자가 제3자의 사기·강박 사실에 대하여 선의·무과실이더라도 취소할 수 있다. 즉, 당사자의 진의가 중요한 혼인취소에는 민법총칙 규정(민법 제110조 제2항)을 적용하지 않는다.

② 취소의 절차
  ㉠ 이혼을 취소하기 위하여 가정법원의 조정을 거쳐야 한다(가사소송법 제50조 제1항).
  ㉡ 조정이 성립하지 않으면 제소신청을 할 수 있다.
③ 이혼 취소의 소
  ㉠ 협의이혼이 취소된 경우에는 혼인의 취소(장래효)와는 달리 처음부터 이혼이 무효였던 것으로 본다(소급효). 따라서 당사자가 이혼신고 후 재혼한 경우에 이혼의 취소로 인하여 중혼이 성립한다(대판 1984.3.27. 84므9).
  ㉡ 협의이혼 취소의 소(가사소송법 제2조 제1항 제1호 나류 가사소송사건, 제50조 제1항 조정전치주의)는 형성의 소로 대세효를 가진다(가사소송법 제21조 제1항).
  ㉢ 이혼 취소의 판결이 확정된 경우에는 소를 제기한 사람은 판결의 확정일부터 1개월 이내에 그 취지를 신고하여야 한다(가족관계등록법 제78조, 제58조 제1항).
  ㉣ 이혼 취소를 원인으로 하는 손해배상청구(제3자에 대한 청구를 포함) 및 원상회복청구에는 조정전치주의가 적용된다(가사소송법 제2조 제1항 제1호 다류 가사소송사건, 제50조 제1항 조정전치주의).

(4) 사실상의 이혼

1) 의 의

형식적으로는 법률혼 상태에 있으나, 부부가 이혼에 합의하고 별거하여 부부공동생활의 실체가 없는 상태를 사실상의 이혼이라 한다.

2) 효 과

혼인의 효력에 관한 규정 중 부부공동생활을 전제로 하는 것은 적용하지 않는다.
① 부부 사이의 동거·부양·협조의무는 소멸한다.
② 일상가사대리권과 일상가사채무의 연대책임도 인정되지 않는다. 단, 제3자 보호와 관련하여 표현대리제도가 활용될 수 있다(민법 제129조).
③ 친족관계는 유지된다. 따라서 사실상 이혼상태인 부부도 재혼할 수 없고, 타인과 재혼한 경우에는 중혼이 된다. 그리고 사실상 이혼상태에서 부부 일방이 사망한 경우에는 생존배우자도 상속권이 있다.
④ 사실상 이혼을 한 뒤 300일 이후에 출생한 자(子)는 사실상 이혼 후에 포태된 것으로 추정되므로, 그러한 자에 대해서는 친생부인의 소에 의하지 않고 친자관계부존재확인의 소에 의하여 친자관계를 부정할 수 있다.

> **[처가 부의 자를 포태할 수 없음이 외관상 명백한 경우 부가 그 출생자의 친자관계를 부인하는 방법]**
> 민법 제844조는 부부가 동거하여 처가 부의 자를 포태할 수 있는 상태에서 자를 포태한 경우에 적용되는 것이고 부부의 한 쪽이 장기간에 걸쳐 해외에 나가 있거나 사실상의 이혼으로 부부가 별거하고 있는 경우 등 동서의 결여로 처가 부의 자를 포태할 수 없는 것이 외관상 명백한 사정이 있는 경우에는 그 추정이 미치지 아니하므로 이 사건에 있어서 처가 가출하여 부와 별거한 지 약 2년 2개월 후에 자를 출산하였다면 이에는 동조의 추정이 미치지 아니하여 부는 친생부인의 소에 의하지 않고 친자관계부존재확인소송을 제기할 수 있다(대판[전합] 1983.7.12. 82므59).

3. 재판상 이혼

> **재판상 이혼원인(민법 제840조)**
> 부부의 일방은 다음 각 호의 사유가 있는 경우에는 가정법원에 이혼을 청구할 수 있다.
>   1. 배우자에 부정한 행위가 있었을 때
>   2. 배우자가 악의로 다른 일방을 유기한 때
>   3. 배우자 또는 그 직계존속으로부터 심히 부당한 대우를 받았을 때
>   4. 자기의 직계존속이 배우자로부터 심히 부당한 대우를 받았을 때
>   5. 배우자의 생사가 3년 이상 분명하지 아니한 때
>   6. 기타 혼인을 계속하기 어려운 중대한 사유가 있을 때
>
> **부정으로 인한 이혼청구권의 소멸(민법 제841조)**
> 전조 제1호의 사유는 다른 일방이 사전동의나 사후용서를 한 때 또는 이를 안 날로부터 6월, 그 사유 있은 날로부터 2년을 경과한 때에는 이혼을 청구하지 못한다.
>
> **기타 원인으로 인한 이혼청구권의 소멸(민법 제842조)**
> 제840조 제6호의 사유는 다른 일방이 이를 안 날로부터 6월, 그 사유 있은 날로부터 2년을 경과하면 이혼을 청구하지 못한다.
>
> **준용규정(민법 제843조)**
> 재판상 이혼에 따른 손해배상책임에 관하여는 제806조(약혼해제와 손해배상청구권)를 준용하고, 재판상 이혼에 따른 자녀의 양육책임 등에 관하여는 제837조(이혼과 자의 양육책임)를 준용하며, 재판상 이혼에 따른 면접교섭권에 관하여는 제837조의2(면접교섭권)를 준용하고, 재판상 이혼에 따른 재산분할청구권에 관하여는 제839조의2(재산분할청구권)를 준용하며, 재판상 이혼에 따른 재산분할청구권 보전을 위한 사해행위취소권에 관하여는 제839조의3(재산분할청구권 보전을 위한 사해행위취소권)을 준용한다.

(1) 서 설

1) 의 의

재판상 이혼이란 일정한 법정의 사유가 있을 때 당사자 일방의 청구로 가정법원의 판결에 의하여 혼인을 해소하는 것을 말한다(민법 제840조).

2) 입법주의

① 재판상 이혼에 관한 입법주의로 유책주의와 파탄주의가 있는데, ㉠ 유책주의는 몇 개의 구체적인 유책사유를 제한적으로 인정하며, 청구인의 무책성과 피청구인의 유책성을 요구하는 반면, ㉡ 파탄주의는 혼인파탄이라는 객관적 사실의 존부(存否)에 의하여 그 원인에 관계없이 이혼의 가부를 결정한다는 입장이다. 특히 민법 제840조 제6호 사유를 파탄주의의 일반조항으로 보아 민법이 파탄주의의 입장이라는 견해도 있으나, 다수설과 판례는 민법은 유책주의의 입장이라고 한다.

② 민법 제840조 제1호 내지 제5호와 제6호의 관계 : 민법 제840조 제1호 내지 제5호는 제6호와 독립된 규정인지, 아니면 제6호를 전제로 하는 예시적인 규정인지 문제되는데, 판례는 독립된 규정으로 보고 있으나, 학설의 다수견해는 파탄주의에 충실한 예시설로 본다.

> **[재판상 이혼사유를 규정한 민법 제840조 각 호는 각 별개의 독립된 이혼사유를 구성하는지 여부(적극) 및 이혼청구를 한 원고가 민법 제840조 각 호 소정의 수 개의 사유를 주장할 경우, 법원은 그중 어느 하나의 사유를 받아들여 원고의 청구를 인용할 수 있는지 여부(적극)]**
> 재판상 이혼사유에 관한 민법 제840조는 동조가 규정하고 있는 각 호 사유마다 각 별개의 독립된 이혼사유를 구성하는 것이고, 이혼청구를 구하면서 위 각 호 소정의 수 개의 사유를 주장하는 경우 법원은 그중 어느 하나를 받아들여 청구를 인용할 수 있다(대판 2000.9.5. 99므1886).

(2) 재판상 이혼원인

1) **배우자의 부정행위**(민법 제840조 제1호)
① 부정한 행위라 함은 간통보다 넓은 개념으로서 간통에 이르지는 아니하였다고 하더라도 부부의 정조의무에 충실하지 아니한 것으로 인정되는 일체의 행위를 포함한다(대판 1993.4.9. 92므938).
② 부정한 행위는 계속적일 필요가 없으며, 1회로도 충분하다.
③ 부정행위는 혼인 후의 행위만을 의미하므로, 혼인 전 약혼단계에서의 부정행위라도 이에 해당하지 않는다(대판 1991.9.13. 91므85·92).
④ 자유로운 의사에 기한 행위여야 한다. 따라서 강간을 당한 경우 등은 이에 해당하지 않는다.
⑤ 배우자의 부정행위를 이유로 한 이혼청구권의 소멸(민법 제841조)
  ㉠ 사전동의 또는 사후용서
    ㉮ 사전동의 및 사후용서의 방식에는 법률상 제한이 없으므로, 명시적으로는 물론 묵시적으로도 할 수 있다.
    ㉯ 사전동의가 되기 위해서는 상대방이 부정한 행위를 하더라도 이의가 없다는 의사가 명백하고 적극적으로 표시되어야 하고, 사후용서(유서) 또한 배우자의 부정행위에도 불구하고 혼인관계를 지속시키려는 진실한 의사가 명백하고 믿을 수 있는 방법으로 표현되어야 한다(대판 2000.7.7. 2000도868).
  ㉡ 제척기간의 경과 : 부정행위를 안 날로부터 6월, 그 사유 있는 날로부터 2년을 경과한 때에는 이혼을 청구하지 못한다(민법 제841조). 다만, 부정행위가 계속적인 것인 때에는 그 행위가 계속되는 한 이혼청구권은 소멸하지 않고, 부정행위가 종료된 때부터 제척기간이 기산된다.

2) **악의의 유기행위**(민법 제840조 제2호)
① 악의의 유기란 배우자가 정당한 이유 없이 서로 동거·부양·협조하여야 할 부부로서의 의무를 포기하고 다른 일방을 버린 경우를 의미한다(대판 1998.4.10. 96므1434).
② 악의의 유기로 인한 이혼청구권의 제척기간 : 악의의 유기를 원인으로 하는 재판상 이혼청구권이 법률상 그 행사기간의 제한이 없는 형성권으로서 10년의 제척기간에 걸린다고 하더라도 피고가 부첩관계를 계속 유지함으로써 민법 제840조 제2호에 해당하는 배우자가 악의로 다른 일방을 유기하는 것이 이혼청구 당시까지 존속되고 있는 경우에는 기간 경과에 의하여 이혼청구권이 소멸할 여지는 없다(대판 1998.4.10. 96므1434).

3) **배우자 또는 그의 직계존속으로부터의 심히 부당한 대우**(민법 제840조 제3호)
민법 제840조 제3호 소정의 이혼사유인 '배우자로부터 심히 부당한 대우를 받았을 때'라 함은 혼인관계의 지속을 강요하는 것이 참으로 가혹하다고 여겨질 정도의 폭행이나 학대 또는 모욕을 받았을 경우를 말한다(대판 2004.2.27. 2003므1890).

4) 자기의 직계존속에 대한 배우자의 심히 부당한 대우(민법 제840조 제4호)

5) 3년 이상의 생사불명(민법 제840조 제5호)

① 생사불명이란 생존도 사망도 증명할 수 없는 경우로, 이 사유에 해당하려면 이혼청구 당시에도 생사불명이어야 한다.

② 본 사유로 이혼판결이 확정된 후 실종된 배우자가 살아서 돌아오더라도 실종선고가 취소되는 경우와는 달리 혼인은 부활하지 않는다.

6) 기타 혼인을 계속하기 어려운 중대한 사유(민법 제840조 제6호)

① 민법 제840조 제6호 소정의 이혼원인인 '혼인을 계속하기 어려운 중대한 사유가 있을 때'라 함은 혼인의 본질에 상응하는 부부공동생활 관계가 회복할 수 없을 정도로 파탄되고, 그 혼인생활의 계속을 강제하는 것이 일방 배우자에게 참을 수 없는 고통이 되는 경우를 말하고, 이를 판단함에 있어서는 혼인계속의사의 유무, 파탄의 원인에 관한 당사자의 책임 유무, 혼인생활의 기간, 자녀의 유무, 당사자의 연령, 이혼 후의 생활보장, 기타 혼인관계의 제반 사정을 두루 고려하여야 한다. 그리고 이와 같은 여러 사정을 고려하여 보아 부부의 혼인관계가 돌이킬 수 없을 정도로 파탄되었다고 인정된다면 그 파탄의 원인에 대한 원고의 책임이 피고의 책임보다 더 무겁다고 인정되지 않는 한 이혼청구는 인용되어야 한다(대판 2009.12.24. 2009므2130, 대판 2010.7.15. 2010므1140 등).

② 판례는 제6호 사유와 나머지 사유는 서로 무관한 독립된 사유로 본다(대판 2000.9.5. 99므1886).

[혼인을 계속하기 어려운 중대한 사유에 해당하는 사례]
- 유부녀 강간, 현금강취와 같은 배우자의 파렴치범죄(대판 1974.10.22. 74므1)
- 합리적 이유 없이 성관계를 거부하고 결혼생활 동안 거의 매일 외간남자와 전화통화를 한 경우(대판 2002.3.29. 2002므74)
- 성적 불능을 숨기고 결혼한 사실 : 남편이 성기능이 불완전함에도 불구하고 이를 숨긴 채 그 처와 형식상 혼례식을 거행하고 젊은 부부로서 약 6개월간에 걸쳐 신혼생활을 하는 동안 한 번도 성교관계가 없었다면 정상적인 혼인생활을 원하는 처로서는 정신상의 고통을 받았음이 사리상 당연하다 하여 위자료청구를 인용한 사례(대판 1966.1.31. 65므65)
- 불치의 정신병(대판 1997.3.28. 96므608·615)
- 지나친 신앙생활(대판 1996.11.15. 96므851)
- 상습 도박(대판 1991.11.26. 91므559) 등

[혼인을 계속하기 어려운 중대한 사유에 해당하지 않는 사례]
- 정신병 증세가 있으나 그 증상이 가벼운 정도에 그치거나 회복 가능한 경우(대판 2004.9.13. 2004므740)
- 출산불능(임신불능)(대판 1991.2.26. 89므365·367)
- 일시적 성기능 장애(대판 2015.2.26. 2014므4734·4741)
- 이혼합의 사실의 존재 : 혼인생활 중 부부가 일시 이혼에 합의하고 위자료 명목의 금전을 지급하거나 재산분배를 하였다고 하더라도 그것으로 인하여 부부관계가 돌이킬 수 없을 정도로 파탄되어 부부 쌍방이 이혼의 의사로 사실상 부부관계의 실체를 해소한 채 생활하여 왔다는 등의 특별한 사정이 없다면 그러한 이혼합의 사실의 존재만으로는 이를 민법 제840조 제6호의 재판상 이혼사유인 혼인을 계속할 수 없는 중대한 사유에 해당한다고 할 수 없다(대판 1996.4.26. 96므226).

③ 제척기간의 경과 : 사유를 안 날로부터 6월, 그 사유 있은 날로부터 2년을 경과하면 이혼을 청구하지 못한다(민법 제842조). 다만, 사유가 이혼심판청구 당시까지 계속 존재하는 것으로 보아야 할 경우에는 제척기간에 관한 민법 제842조가 적용되지 아니한다(대판 2001.2.23. 2000므1561).

(3) 유책배우자의 이혼청구권

1) 인정 여부

유책배우자가 이혼을 청구할 수 있는가는 민법 제840조 제6호의 해석과 연계된 문제이다. 제6호가 파탄주의를 규정한 것으로 이해하면 유책배우자의 이혼청구를 허용할 수 있으나, 유책주의라고 하면 이혼을 청구할 수 없게 된다. 이에 대하여 통설과 판례는 유책배우자의 이혼청구를 원칙적으로 부정하되, 예외적으로 엄격한 요건하에서 제한적으로 인정한다.

2) 유책배우자의 이혼청구에 관한 판례 정리

[민법 제840조 제6호 이혼사유에 관하여 유책배우자의 이혼청구를 허용할 것인지 여부(원칙적 소극) / 예외적으로 유책배우자의 이혼청구를 허용할 수 있는 경우 및 판단 기준]

(가) 이혼에 관하여 파탄주의를 채택하고 있는 여러 나라의 이혼법제는 우리나라와 달리 재판상 이혼만을 인정하고 있을 뿐 협의상 이혼을 인정하지 아니하고 있다. 우리나라에서는 유책배우자라 하더라도 상대방 배우자와 협의를 통하여 이혼을 할 수 있는 길이 열려 있다. 이는 유책배우자라도 진솔한 마음과 충분한 보상으로 상대방을 설득함으로써 이혼할 수 있는 방도가 있음을 뜻하므로, 유책배우자의 행복추구권을 위하여 재판상 이혼원인에 있어서까지 파탄주의를 도입하여야 할 필연적인 이유가 있는 것은 아니다. 우리나라에는 파탄주의의 한계나 기준, 그리고 이혼 후 상대방에 대한 부양적 책임 등에 관해 아무런 법률 조항을 두고 있지 아니하다. 따라서 유책배우자의 상대방을 보호할 입법적인 조치가 마련되어 있지 아니한 현 단계에서 파탄주의를 취하여 유책배우자의 이혼청구를 널리 인정하는 경우 유책배우자의 행복을 위해 상대방이 일방적으로 희생되는 결과가 될 위험이 크다. 유책배우자의 이혼청구를 허용하지 아니하고 있는 데에는 중혼관계에 처하게 된 법률상 배우자의 축출이혼을 방지하려는 의도도 있는데, 여러 나라에서 간통죄를 폐지하는 대신 중혼에 대한 처벌규정을 두고 있는 것에 비추어 보면 이에 대한 아무런 대책 없이 파탄주의를 도입한다면 법률이 금지하는 중혼을 결과적으로 인정하게 될 위험이 있다. 가족과 혼인생활에 관한 우리 사회의 가치관이 크게 변화하였고 여성의 사회 진출이 대폭 증가하였더라도 우리 사회가 취업, 임금, 자녀양육 등 사회경제의 모든 영역에서 양성평등이 실현되었다고 보기에는 아직 미흡한 것이 현실이다. 그리고 우리나라에서 이혼율이 급증하고 이혼에 대한 국민의 인식이 크게 변화한 것이 사실이더라도 이는 역설적으로 혼인과 가정생활에 대한 보호의 필요성이 그만큼 커졌다는 방증이고, 유책배우자의 이혼청구로 인하여 극심한 정신적 고통을 받거나 생계유지가 곤란한 경우가 엄연히 존재하는 현실을 외면해서도 아니 될 것이다.

(나) 이상의 논의를 종합하여 볼 때, 민법 제840조 제6호 이혼사유에 관하여 유책배우자의 이혼청구를 원칙적으로 허용하지 아니하는 종래의 대법원판례를 변경하는 것이 옳다는 주장은 아직은 받아들이기 어렵다. 유책배우자의 이혼청구를 허용하지 아니하는 것은 혼인제도가 요구하는 도덕성에 배치되고 신의성실의 원칙에 반하는 결과를 방지하려는 데 있으므로, 혼인제도가 추구하는 이상과 신의성실의 원칙에 비추어 보더라도 책임이 반드시 이혼청구를 배척해야 할 정도로 남아 있지 아니한 경우에는 그러한 배우자의 이혼청구는 혼인과 가족제도를 형해화할 우려가 없고 사회의 도덕관·윤리관에도 반하지 아니하므로 허용될 수 있다. 그리하여 상대방 배우자도 혼인을 계속할 의사가 없어 일방의 의사에 따른 이혼 내지 축출이혼의 염려가 없는 경우는 물론, 나아가 이혼을 청구하는 배우자의 유책성을 상쇄할 정도로 상대방 배우자 및 자녀에 대한 보호와 배려가 이루어진 경우, 세월의 경과에 따라 혼인파탄 당시 현저하였던 유책배우자의 유책성과 상대방 배우자가 받은 정신적 고통이 점차 약화되어 쌍방의 책임의 경중을 엄밀히 따지는 것이 더 이상 무의미할 정도가 된 경우 등과 같이 혼인생활의 파탄에 대한 유책성이 이혼청구를 배척해야 할 정도로 남아 있지 아니한 특별한 사정이 있는 경우에는 예외적으로 유책배우자의 이혼청구를 허용할 수 있다. 유책배우자의 이혼청구를 예외적으로 허용할 수 있는지 판단할 때에는, 유책배우자 책임의 태양·정도, 상대방 배우자의 혼인계속의사 및 유책배우자에 대한 감정, 당사자의 연령, 혼인생활의 기간과 혼인 후의 구체적인 생활관계, 별거기간, 부부간의 별거 후에 형성된 생활관계, 혼인생활의 파탄 후 여러 사정의 변경 여부, 이혼이 인정될 경우의 상대방 배우자의 정신적·사회적·경제적 상태와 생활보장의 정도, 미성년 자녀의 양육·교육·복지의 상황, 그 밖의 혼인관계의 여러 사정을 두루 고려하여야 한다(대판[전합] 2015.9.15. 2013므568 – 다수의견).

> **[유책배우자의 이혼청구를 허용한 사례]**
> - **상대방에게도 이혼의사가 인정되는 경우** : 혼인생활의 파탄에 대하여 주된 책임이 있는 배우자는 원칙적으로 그 파탄을 사유로 하여 이혼을 청구할 수 없고, 다만 상대방도 그 파탄 이후 혼인을 계속할 의사가 없음이 객관적으로 명백한데도 오기나 보복적 감정에서 이혼에 응하지 아니하고 있을 뿐이라는 등 특별한 사정이 있는 경우에만 예외적으로 유책배우자의 이혼청구가 허용된다(대판 2004.9.24. 2004므1033, 대판 1997.5.16. 97므155 등).
> - **이혼청구인이 혼인파탄의 전적인 또는 주된 책임자가 아닌 경우** : 혼인관계가 파탄에 이르렀음이 인정되는 경우에는 원고의 책임이 피고의 책임보다 더 무겁다고 인정되지 아니하는 한 원고의 이혼청구는 인용되어야 한다(대판 1994.5.27. 94므130).
> - **다른 원인으로 혼인이 파탄된 뒤 청구인에게 유책사유가 있었던 경우** : 혼인파탄에 있어 유책성은 혼인파탄의 원인이 된 사실에 기초하여 평가할 일이며 혼인관계가 완전히 파탄된 뒤에 있은 일을 가지고 따질 것은 아니다(대판 2004.2.27. 2003므1890).

(4) 재판상 이혼의 절차

1) 조정절차

① 재판상 이혼은 나류 가사소송사건으로 조정전치주의의 적용을 받으므로(가사소송법 제50조 제1항), 이혼을 하려는 자는 우선 조정을 신청하여야 하고, 조정을 신청하지 않고 소를 제기하거나 심판을 청구한 경우에는 가정법원은 특별한 사정이 없는 한 그 사건을 조정에 회부하여야 한다(가사소송법 제50조 제2항).

② 조정에 의하여 합의가 성립되고 그것을 조서에 기재하면 조정이 성립되는데(가사소송법 제59조 제1항), 조정은 재판상 화해와 동일한 효력이 있으므로(가사소송법 제59조 제2항 본문), 혼인이 해소된다.

③ 조정이 성립되면 조정을 신청한 사람은 조정 성립일부터 1개월 이내에 이혼신고를 하여야 한다(가족관계등록법 제78조, 제58조). 여기서 이혼신고는 보고적 신고이다.

2) 재판절차

① 조정이 성립되지 않거나 조정을 하지 아니하기로 하는 결정이 있거나 조정에 갈음하는 결정에 대하여 이의신청이 있는 때에는 조정신청을 한 때에 소가 제기된 것으로 본다(가사소송법 제59조, 민사조정법 제36조 제1항).

② 이혼심판은 선고로 그 효력이 생긴다(가사소송법 제12조 본문, 민사소송법 제205조). 따라서 가족관계등록법에 따른 신고는 보고적 신고이다.

③ 이혼청구를 인용하는 확정판결은 제3자에 대해서도 효력을 가진다(대세효)(가사소송법 제21조 제1항).

④ 재판상 이혼청구권은 부부의 일신전속적 권리이므로 이혼소송 계속 중 배우자 일방이 사망한 때에는 상속인이 수계할 수 없음은 물론 검사가 수계할 수 있는 특별한 규정도 없으므로 이혼소송은 종료된다. 반면 이혼위자료청구권은 원칙적으로 일신전속적 권리로서 양도나 상속 등 승계가 되지 아니하나 이는 행사상 일신전속권이고 귀속상 일신전속권은 아니라 할 것인바, 그 청구권자가 위자료의 지급을 구하는 소송을 제기함으로써 청구권을 행사할 의사가 외부적 객관적으로 명백하게 된 이상 양도나 상속 등 승계가 가능하다(대판 1993.5.27. 92므143).

⑤ 한편, 이혼의 심판이 확정된 경우에 그 심판에 재심사유가 있다면 그 확정판결에 의하여 형성된 신분관계(정당한 부부관계의 해소)는 위법한 것으로서 재심에 의하여 그 확정판결을 취소하여 그 효력을 소멸시키는 것이 공익상 합당하다고 할 것이므로 그 재심피청구인이 될 청구인이 사망한 경우에는 위에서 본 규정들을 유추적용하여 검사를 상대로 재심의 소를 제기할 수 있다고 해석함이 합리적이라고 할 것이고 같은 이치에서 재심소송의 계속 중 본래 소송의 청구인이며 재심피청구인이었던 당사자가 사망한 경우에는 검사로 하여금 그 소송을 수계하게 함이 합당하다(대판 1992.5.26. 90므1135).

⑥ 이혼소송과 재산분할청구가 병합된 경우, 배우자 일방이 사망하면 이혼의 성립을 전제로 하여 이혼소송에 부대한 재산분할청구 역시 이를 유지할 이익이 상실되어 이혼소송의 종료와 동시에 종료된다(대판 1994.10.28. 94므246·253).

(5) 이혼의 효과

1) 일반적 효과

① **혼인관계의 종료** : 이혼으로 혼인이 해소되어(비소급효), 혼인의 존속을 전제로 하는 일체의 권리의무(동거·부양·협조의무 등)가 소멸한다.

> [혼인이 사실상 파탄되어 부부가 별거하면서 서로 이혼소송을 제기하는 경우, 이혼을 명한 판결의 확정 등으로 법률상 혼인관계가 완전히 해소될 때까지 부부간 부양의무는 소멸하지 않는지 여부(원칙적 적극)]
> 부부간 부양의무는 혼인의 본질적 의무로서 부양받을 자의 생활을 부양의무자의 생활과 같은 정도로 보장하여 부부공동생활의 유지를 가능하게 하는 것이다. 따라서 혼인이 사실상 파탄되어 부부가 별거하면서 서로 이혼소송을 제기하는 경우라고 하더라도, 특별한 사정이 없는 한 이혼을 명한 판결의 확정 등으로 법률상 혼인관계가 완전히 해소될 때까지는 부부간 부양의무가 소멸하지 않는다고 보아야 한다.
> ① 부부간에 부양받을 자의 생활을 부양의무자와 같은 정도로 보장하고자 하는 부부간 부양의무는 부부가 동거하면서 정상적인 부부관계를 유지하는 경우보다는 부부가 어떤 이유에서든지 별거하여 배우자 일방이 상대방에 대하여 부양의무를 이행할 필요성이 있는 경우에 더 큰 의미가 있다.
> ② 민법상 혼인관계의 해소는 혼인이 무효이거나 취소된 때가 아닌 한 협의 또는 재판상 이혼에 의해야 하므로 그와 같은 이혼의 효력이 발생되지 않으면 여전히 법률상 부부관계가 남아 있는 것이고 당사자의 의사에 따라 언제든지 다시 정상적인 부부관계로 회복될 여지가 있다. 협의이혼 신고의 수리 전 철회나 재판상 이혼청구(반소 포함)의 종국판결 확정 전 취하를 통해 사실상 종료된 혼인관계를 다시 유지할 수도 있기 때문이다.
> ③ 재산분할청구 사건에서 혼인 중 이룩한 재산관계의 청산뿐 아니라 이혼 이후 당사자들의 생활보장에 대한 배려 등 부양적 요소, 사실심 변론종결 당시까지의 부양 상황 등을 함께 고려하여 재산분할의 대상과 액수를 정하게 되는데, 이러한 재산분할에 따른 권리는 이혼의 확정을 전제로 발생하는 것이므로 이혼이 확정되기 전까지의 부양적 요소는 별도의 부양료 심판 등에서 고려될 필요가 있고, 특히 부양이 필요한 배우자가 소득이 없는 경우에는 더욱 그러하다.
> ④ 재판상 이혼의 경우 일방의 이혼, 위자료 및 재산분할 등을 구하는 본소 제기는 물론 이에 대한 상대방의 이혼 등의 반소 제기는, 모두 이혼의 의사가 있으니 법원의 형성판결을 통해 혼인관계를 해소하고 혼인파탄의 책임 및 부부공동재산의 범위를 따져 위자료 및 재산분할 내용을 정해 달라는 재판상 청구권을 행사하는 것이다. 따라서 부양의무자의 이혼 등 본소에 대하여 부양권리자가 이혼 등의 반소를 제기하였다는 사정은 이혼 의사가 합치되었다는 사정에 불과할 뿐 여전히 둘 사이에는 혼인파탄의 책임 및 부부공동재산의 범위에 관한 분쟁이 남아 있어 혼인이 완전히 해소되었다고 볼 수는 없다.

> ⑤ 따라서 배우자 일방이 스스로 정당한 이유 없이 동거를 거부하면서도 상대방에게 부양료의 지급을 청구할 수는 없지만, 그러한 귀책사유 없는 배우자 일방이 상대방에게 부양료의 지급을 청구하는 것은 부양료 지급의 요건 및 필요성이 인정되지 않는 특별한 사정이 없는 한 비록 당사자 쌍방이 이혼소송을 서로 제기한 경우라도 인정되어야 한다(대결 2023.3.24. 2022스771).

② **인척관계의 소멸** : 혼인에 의하여 배우자의 혈족과의 사이에 생겼던 인척관계는 소멸한다(민법 제775조 제1항).

③ **양친자관계는 소멸하지 않는다**(대판[전합] 2001.5.24. 2000므1493).

> **[양부모가 이혼하여 양모가 양부의 가를 떠났을 경우, 양모자관계가 소멸하는지 여부(소극)]**
> 민법 제776조는 "입양으로 인한 친족관계는 입양의 취소 또는 파양으로 인하여 종료한다"라고 규정하고 있을 뿐 '양부모의 이혼'을 입양으로 인한 친족관계의 종료사유로 들고 있지 않고, 구관습시대에는 오로지 가계계승(家系繼承)을 위하여만 양자가 인정되었기 때문에 입양을 할 때 처는 전혀 입양당사자가 되지 못하였으므로 양부모가 이혼하여 양모가 부(夫)의 가(家)를 떠났을 때에는 입양당사자가 아니었던 양모와 양자의 친족관계가 소멸하는 것은 논리상 가능하였으나, 처를 부와 함께 입양당사자로 하는 현행 민법 아래에서는(1990.1.13. 개정 전 민법 제874조 제1항은 "처가 있는 자는 공동으로 함이 아니면 양자를 할 수 없고 양자가 되지 못한다"고 규정하였고, 개정 후 현행 민법 제874조 제1항은 "배우자 있는 자가 양자를 할 때에는 배우자와 공동으로 하여야 한다"고 규정하고 있다) 부부공동입양제가 되어 처도 부와 마찬가지로 입양당사자가 되기 때문에 양부모가 이혼하였다고 하여 양모를 양부와 다르게 취급하여 양모자관계만 소멸한다고 볼 수는 없는 것이다(대판[전합] 2001.5.24. 2000므1493).

2) 자(子)에 대한 효과

① **자(子)의 신분** : 부부 사이에 출생한 자는 그 부부가 이혼하더라도 혼인 중 출생자의 지위에 변함이 없다.

② **친권자의 결정**

㉠ 협의이혼의 경우 : 부모의 협의로 친권자를 정하여야 하고, 협의할 수 없거나 협의가 이루어지지 아니하는 경우 가정법원은 직권 또는 당사자의 청구에 따라 친권자를 정하여야 한다(민법 제909조 제4항 본문). 다만, 부모의 협의가 자의 복리에 반하는 경우에는 가정법원은 보정을 명하거나 직권으로 친권자를 정한다(민법 제909조 제4항 단서).

㉡ 재판상 이혼의 경우 : 가정법원은 직권으로 친권자를 정한다(민법 제909조 제5항).

㉢ 친권자의 변경 : 가정법원은 자의 복리를 위하여 필요하다고 인정되는 경우에는 자의 4촌 이내의 친족의 청구에 의하여 정하여진 친권자를 다른 일방으로 변경할 수 있다(민법 제909조 제6항).

㉣ 친권자의 결정과 변경은 마류 가사비송사건으로서 조정을 거쳐야 한다(가사소송법 제2조 제1항 제2호, 제50조 제1항).

③ 양육에 관한 사항의 결정
  ㉠ 부모가 이혼하는 경우 그 자의 양육에 관한 사항은 부모의 협의에 의하여 정한다(민법 제837조 제1항). 부모의 협의에는 반드시 양육자의 결정, 양육비용의 부담, 면접교섭권의 행사 여부 및 그 방법이 포함되어야 한다(민법 제837조 제2항).
  ㉡ 부모의 협의가 자(子)의 복리에 반하는 경우에는 가정법원은 보정을 명하거나 직권으로 그 자(子)의 의사(意思)·나이와 부모의 재산상황, 그 밖의 사정을 참작하여 양육에 필요한 사항을 정한다(민법 제837조 제3항).
  ㉢ 양육에 관한 사항의 협의가 이루어지지 아니하거나 협의할 수 없는 때에는 가정법원은 직권으로 또는 당사자의 청구에 따라 이에 관하여 결정한다. 이 경우 가정법원은 제3항의 사정을 참작하여야 한다(민법 제837조 제4항).
  ㉣ 가정법원은 자(子)의 복리를 위하여 필요하다고 인정하는 경우에는 부·모·자(子) 및 검사의 청구 또는 직권으로 자(子)의 양육에 관한 사항을 변경하거나 다른 적당한 처분을 할 수 있다(민법 제837조 제5항). 자(子)의 양육에 관한 처분과 그 변경은 마류 가사비송사건으로서 조정을 거쳐야 한다(가사소송법 제2조 제1항 제2호 마류 가사비송사건, 제50조 제1항 조정전치주의).
  ㉤ 양육권 없는 부모라도 부모로서의 권리의무 자체에는 영향을 받지 않으며(민법 제837조 제6항), 상속 또는 부양관계, 자(子)의 혼인에 대한 동의권 등은 그대로 유지된다.
  ㉥ 양육자의 결정 : 보통 부모 중 일방을 양육자로 지정하나, 부모 쌍방이나 제3자를 양육자로 지정할 수도 있다.
  ㉦ 양육비의 부담
    ㉮ 양육비의 부담은 양육자의 지정과는 별개의 문제이다. 명문규정은 없지만, 양육비의 부담은 실질적으로는 부모의 미성년의 자에 대한 부양의무에 갈음하는 것으로, 양육자가 부모의 일방인 경우에는 양육자 아닌 다른 일방에 대하여, 양육자가 제3자인 경우에는 부모 쌍방에 대하여 양육비를 청구할 수 있다.
    ㉯ 위법한 양육의 경우 : 자녀의 친권자 및 양육자 지정에 관한 조정이 성립된 후 양육권이 없는 청구인이 임의로 자녀를 양육한 경우, 상대방에게 임의적 양육에 관하여 양육비를 청구할 수 없다(대결 2006.4.17. 2005스18·19).

> **[자녀의 양육비 관련 판례]**
> • 어떠한 사정으로 인하여 부모 중 어느 한 쪽만이 자녀를 양육하게 된 경우에, 그와 같은 일방에 의한 양육이 그 양육자의 일방적이고 이기적인 목적이나 동기에서 비롯된 것이라거나 자녀의 이익을 위하여 도움이 되지 아니하거나 그 양육비를 상대방에게 부담시키는 것이 오히려 형평에 어긋나게 되는 등 특별한 사정이 있는 경우를 제외하고는, 양육하는 일방은 상대방에 대하여 현재 및 장래에 있어서의 양육비 중 적정 금액의 분담을 청구할 수 있음은 물론이고, 부모의 자녀양육의무는 특별한 사정이 없는 한 자녀의 출생과 동시에 발생하는 것이므로 과거의 양육비에 대하여도 상대방이 분담함이 상당하다고 인정되는 경우에는 그 비용의 상환을 청구할 수 있다(대결[전합] 1994.5.13. 92스21 - 다수의견).

- 이혼한 부부 사이에서 자(子)에 대한 양육비의 지급을 구할 권리는 당사자의 협의 또는 가정법원의 심판에 의하여 구체적인 청구권의 내용과 범위가 확정되기 전에는 '상대방에 대하여 양육비의 분담액을 구할 권리를 가진다'라는 추상적인 청구권에 불과하고 당사자의 협의나 가정법원이 당해 양육비의 범위 등을 재량적·형성적으로 정하는 심판에 의하여 비로소 구체적인 액수만큼의 지급청구권이 발생한다고 보아야 하므로, 당사자의 협의 또는 가정법원의 심판에 의하여 구체적인 청구권의 내용과 범위가 확정되기 전에는 그 내용이 극히 불확정하여 상계할 수 없지만, <u>가정법원의 심판에 의하여 구체적인 청구권의 내용과 범위가 확정된 후의 양육비채권 중 이미 이행기에 도달한 후의 양육비채권은 완전한 재산권(손해배상청구권)으로서 친족법상의 신분으로부터 독립하여 처분이 가능하고, 권리자의 의사에 따라 포기, 양도 또는 상계의 자동채권으로 하는 것도 가능하다</u>(대판 2006.7.4. 2006므751).

- 양육자가 상대방에 대하여 자녀 양육비의 지급을 구할 권리는 당초에는 기본적으로 친족관계를 바탕으로 하여 인정되는 하나의 추상적인 법적 지위이었던 것이 당사자 사이의 협의 또는 당해 양육비의 내용 등을 재량적·형성적으로 정하는 가정법원의 심판에 의하여 구체적인 청구권으로 전환됨으로써 비로소 보다 뚜렷하게 독립한 재산적 권리로서의 성질을 가지게 된다. 이와 같이 <u>당사자의 협의 또는 가정법원의 심판에 의하여 구체적인 지급청구권으로서 성립하기 전에는 과거의 양육비에 관한 권리는 양육자가 그 권리를 행사할 수 있는 재산권에 해당한다고 할 수 없고, 따라서 이에 대하여는 소멸시효가 진행할 여지가 없다고 보아야 한다</u>(대결 2011.7.29. 2008스67).

- [1] 부모는 자녀를 공동으로 양육할 책임이 있고, 양육에 드는 비용도 원칙적으로 부모가 공동으로 부담하여야 한다. 그런데 어떠한 사정으로 인하여 부모 중 어느 한 쪽만이 자녀를 양육하게 된 경우에는 양육하는 사람이 상대방에게 현재와 장래의 양육비 중 적정 금액의 분담을 청구할 수 있다. 재판상 이혼에 따른 자녀의 양육책임에 대하여 이혼 당사자 간에 양육자의 결정과 양육비용의 부담에 관한 사항에 대하여 협의가 이루어지지 않거나 협의할 수 없을 때에는 가정법원은 직권으로 또는 당사자의 청구에 따라 해당 사항을 정한다(민법 제837조, 제843조). 자녀의 양육에 관한 처분에 관한 심판은 부모 중 일방이 다른 일방을 상대방으로 하여 청구하여야 한다(가사소송규칙 제99조 제1항). 이러한 사항들을 종합하면, <u>재판상 이혼 시 친권자와 양육자로 지정된 부모의 일방은 상대방에게 양육비를 청구할 수 있고, 이 경우 가정법원으로서는 자녀의 양육비 중 양육자가 부담해야 할 양육비를 제외하고 상대방이 분담해야 할 적정 금액의 양육비만을 결정하는 것이 타당하다.</u> [2] 판결 주문은 명확하여야 하고 주문 자체로서 내용이 특정될 수 있어야 한다. 주문은 어떠한 범위에서 당사자의 청구를 인용하고 배척한 것인가를 그 이유와 대조하여 짐작할 수 있을 정도로 표시되고 집행에 의문이 없을 정도로 이를 명확히 특정하여야 한다. 판결 주문이 특정되었는지 여부는 직권조사사항이다. <u>가사비송사건에서 금전의 지급, 물건의 인도, 등기, 그 밖에 의무의 이행을 명하는 심판은 집행권원이 된다</u>(가사소송법 제41조). 따라서 <u>양육비의 지급을 명하거나 양육비의 사용 등에 관한 의무의 이행을 명하는 심판도 집행의 문제가 남게 되므로 특히 주문은 의문이 생기지 않도록 분명히 적어야 한다</u>(대판 2020.5.14. 2019므15302).

- 양육자로 지정된 양육친이 비양육친을 상대로 제기한 양육비 청구 사건에서 제1심 가정법원이 자녀가 성년에 이르기 전날을 종기로 삼아 장래양육비의 분담을 정한 경우, <u>항고심법원이 양육에 관한 사항을 심리한 결과 일정 시점 이후에는 양육자로 지정된 자가 자녀를 양육하지 않고 있는 사실이 확인된다면 이를 반영하여 장래양육비의 지급을 명하는 기간을 다시 정하여야 한다.</u> 민법 제843조, 제837조 제3항, 제4항은 이혼 소송에서 당사자 사이에 미성년 자녀의 양육에 관한 사항의 협의가 이루어지지 아니하거나 협의할 수 없는 때에 가정법원이 직권으로 자녀의 의사, 연령과 부모의 재산상황, 그 밖의 사정을 참작하여 양육에 관한 사항을 결정하도록 규정하고 있고, <u>여기에는 양육자의 결정, 양육 비용의 부담, 면접교섭권의 행사 여부 및 그 방법이 포함된다.</u> 가사소송규칙 제93조 제2항은 가정법원이 금전의 지급을 구하는 청구에 대하여는 청구의 취지를 초과하여 의무의 이행을 명할 수 없으나,

자의 복리를 위하여 양육에 관한 사항을 정하는 경우에는 그렇지 않은 것으로 규정하고 있다. 따라서 가정법원은 양육비용의 분담을 정함에 있어 자녀의 복리를 위하여 청구에 구애받지 않고 직권으로 양육비용의 분담에 관한 기간을 정할 수 있다. 위 양육비용의 분담을 포함하여 가정법원이 양육에 관한 사항을 정함에 있어서는 친자법을 지배하는 기본이념인 '자녀의 복리를 위하여 필요한지'를 기준으로 하여야 하고, 그 결정이 궁극적으로 자녀의 복리에 필요한 것인지에 따라 판단하여야 한다(대결 2022.11.10. 2021스766).

- [1] 자녀의 양육에 드는 비용인 양육비는 자녀를 공동으로 양육할 책임이 있는 부모가 원칙적으로 공동으로 부담하여야 한다. 그런데 어떠한 사정으로 부모 중 어느 한쪽만이 자녀를 양육하게 된 경우에는 양육하는 사람이 상대방에게 현재와 장래의 양육비 중 적정 금액의 분담을 청구할 수 있고, 나아가 특별한 사정이 있는 경우를 제외하고는 과거의 양육비에 대하여 상대방이 분담하는 것이 상당한 비용의 상환을 청구할 수 있다. / 다만 과거 양육비의 경우 양육비를 청구하기 이전에 이미 소요된 비용을 한꺼번에 상대방에게 부담시키게 되면 상대방은 예상하지 못하였던 금액을 일시에 부담하게 되어 지나치게 가혹하거나 신의성실의 원칙 또는 형평의 원칙에 어긋날 수도 있으므로, 반드시 이행청구 이후의 양육비와 동일한 기준에서 정할 필요는 없고, 부모 중 한쪽이 자녀를 양육하게 된 경위와 그에 소요된 비용의 액수, 그 상대방이 부양의무를 인식한 것인지 여부와 그 시기, 그것이 양육에 소요된 통상의 생활비인지 아니면 이례적이고 불가피하게 소요된 다액의 특별한 비용(치료비 등)인지 여부와 당사자들의 재산 상황이나 경제적 능력과 부담의 형평성 등 여러 사정을 고려하여 적절하다고 인정되는 분담의 범위를 정할 수 있다. / 특히 현재와 장래의 양육비나 과거 양육비를 불문하고 양육비의 분담 범위를 정할 때에 당사자들의 재산 상황이나 경제적 능력과 부담의 형평성 등과 관련하여, 혼인관계 해소 시의 재산분할은 당사자 사이에 청산적 요소뿐만 아니라 이혼 후의 부양적 요소, 정신적 손해(위자료)를 배상하기 위한 급부로서의 성질 등을 포함하여 이루어지는 것이므로, 당사자들의 이혼 시 이루어진 재산분할 또는 재산상 합의의 유무와 내용, 그러한 재산분할 상황 등과 양육비 부담과의 관계 등을 고려할 필요가 있다. 자녀를 두고 혼인관계를 해소하는 부모로서는 이혼 후 자녀의 양육 문제와 혼인 중 공동으로 형성한 재산의 청산 문제를 결정하면서 이 두 가지가 상호 긴밀한 영향을 미치는 관계 속에서 자녀의 양육자 및 양육비, 재산분할 등에 관한 합의에 이르거나 재산분할 또는 양육비의 청구 여부를 결정하게 되기 때문이다. [2] 자녀가 성년에 이르게 되면 이혼한 부부가 공동으로 부담하는 자녀양육의무는 종료하고, 더 이상 자녀에 대한 장래 양육비를 결정하거나 분담하여야 하는 문제가 생기지 않는다. 그 부부 사이에는 어느 일방이 과거에 자녀의 양육을 위해 지출한 비용을 서로 정산하여야 하는 관계만이 남게 된다. 나아가 자녀에 대한 과거 양육비의 분담과 관련하여, 자녀가 성년이 된 때부터는 관련 당사자 사이의 협의나 가정법원의 심판은 과거의 양육 상황과 지출 비용 등에 대한 확인과 평가를 거쳐 과거 양육비 중 상대방이 분담함이 상당하다고 인정되는 금액을 구체적으로 확정한다는 의미만을 가지게 되고, 자녀의 복리를 위해 필요한 양육비 분담액을 재량적으로 형성한다는 의미는 사라지게 된다. 자녀가 성년이 된 후에는 과거 양육비 분담액을 정할 때에 변동 가능성이 내재된 장래 양육비 분담액과 조화롭게 조정하는 과정을 거칠 필요가 없고, 과거 양육비에 관한 권리가 현재 또는 장래 양육의 필요에 제공될 여지가 없으므로 자녀의 복리에 미칠 영향을 고려할 필요도 없게 된다. 이와 같이 사건본인이 이미 성년에 달한 경우와 미성년자인 경우는 그 과거 양육비의 확정 및 분담의 의미가 다르므로, 이혼한 부부 사이에 성년이 된 자녀에 대한 과거 양육비의 분담을 결정하는 법원으로서는 이러한 차이를 바탕으로 당사자들의 재산 상황이나 경제적 능력, 부담의 형평성 등에 관하여 심리하여 그 결과를 반영할 필요가 있다(대결 2024.10.8. 2023스637).

- 양육비부담조서 등에 의하여 확정된 의무에 관하여 의무자가 이행하지 아니한 의무의 범위를 넘어서 가사소송법 제64조에서 정한 이행명령을 할 수 있는지 여부(소극) : 가사소송법 제64조에 규정된 이행명령은 과태료 또는 감치와 같은 제재를 통하여 판결, 심판, 조정조서, 조정을 갈음하는 결정 또는 양육비부담조서에 의하여 확정되어 있는 금전의 지급의무 등의 이행을 촉구하는 가사소송법상의 이행확보제도로서, 권리의 존부를 확정하는 기관과 그 확정된 권리를 실현하는 기관을 엄격히 분리시키지 아니하고 권리의 존부를 확정한 판단기관 자신이 의무의 이행을 촉구하는 것이기는 하지만, 권리의 존부를 확정하기 위한 절차가 아니라 이미 확정되어 있는 권리를 실현하기 위한 절차의 일부라는 점에서는 민사집행법에 따른 강제집행과 다르지 아니하다고 봄이 타당하다. 따라서 가사소송법 제64조에 규정된 이행명령으로 판결, 심판, 조정조서, 조정을 갈음하는 결정 또는 양육비부담조서에 의하여 확정되어 있는 의무의 내용을 변경하거나 의무자에 대하여 새로운 의무를 창설할 수 있는 것은 아니므로, 이행명령은 판결, 심판, 조정조서, 조정을 갈음하는 결정 또는 양육비부담조서에 의하여 확정된 의무 중 이행명령을 할 때까지 의무자가 이행하지 아니한 의무의 전부 또는 일부에 대하여만 할 수 있을 뿐이고(가사소송규칙 제123조 참조), 이행하지 아니한 의무의 범위를 넘어서는 할 수 없다(대결 2025.5.23. 2025으517).

④ 면접교섭권

㉠ 의의 : 면접교섭권이란 자(子)를 직접 양육하지 않는 부모의 일방과 그 자(子)가 상호 면접, 서신교환 또는 접촉을 할 수 있는 권리를 말한다(민법 제837조의2 제1항).

㉡ 법적 성질 : 부모의 권리임과 동시에 자녀의 권리이다. 또한 절대권이고, 일신전속권이어서 양도할 수 없고, 영속적 권리로서 소멸하거나 포기할 수도 없다.

㉢ 내 용

㉮ 민법은 면접교섭권의 행사방법과 범위에 관하여는 규정하고 있지 않은데, 통설은 면접교섭권에 관한 민법 제837조의2를 양육에 관한 민법 제837조의 특별규정으로 보아, 면접교섭권의 행사방법과 범위에 관하여 민법 제837조를 유추적용한다. 따라서 면접교섭권의 행사방법과 범위는 1차적으로 부모의 협의로 정한다.

㉯ 또한 면접교섭권은 양육권을 침해할 수 없으며, 2016.12.2. 민법 개정으로 조부모의 손자녀에 대한 면접교섭권이 인정되었다(민법 제837조의2 제2항 신설).

㉣ 제한·배제·변경 : 가정법원은 자(子)의 복리를 위하여 필요한 때에는 당사자의 청구 또는 직권에 의하여 면접교섭을 제한·배제·변경할 수 있다(민법 제837조의2 제3항).

※ 2016.12.2. 민법 개정 시 변경이 추가되었다.

㉤ 침해에 대한 구제 : 가정법원은 자(子)와의 면접교섭 허용의무를 이행하여야 할 사람이 정당한 이유 없이 그 의무를 이행하지 아니하는 경우에는 당사자의 신청에 의하여 일정한 기간 내에 그 의무를 이행할 것을 명할 수 있다(가사소송법 제64조 제1항 제3호). 이 경우 제67조 제1항(의무 불이행에 대한 제재로써 과태료) 및 제68조(특별한 의무 불이행에 대한 제재로써 감치명령)에 규정된 제재를 고지하여야 하며(가사소송법 제64조 제2항), 정당한 이유 없이 이 명령을 위반한 경우에는 가정법원은 직권으로 또는 권리자의 신청에 의하여 결정으로 1천만원 이하의 과태료를 부과할 수 있으나(가사소송법 제67조 제1항), 제68조의 감치를 명할 수 있는지에 대해서는 견해가 대립한다.

ⓑ 민법은 면접교섭권을 협의상 이혼에서 규정하고 있고(민법 제837조의2), 이를 재판상 이혼에 준용한다(민법 제843조). 또한 혼인의 취소(민법 제824조의2), 인지(민법 제864조의2)의 경우에도 준용한다(가사소송법 제2조 제1항 제2호 마류 가사비송사건).

ⓢ 면접교섭권에 관한 민법 제837조의2는 사실혼의 해소 시에도 유추적용된다(통설).

3) 재산적 효과(재산분할청구권)

① **서 설**
  ㉠ 의의 : 재산분할청구권은 이혼한 부부 일방이 다른 일방에 대하여 재산분할을 청구할 수 있는 법정채권이다(민법 제839조의2, 제843조). 민법은 재산분할청구권을 협의상 이혼에 규정하고(민법 제839조의2), 이를 재판상 이혼의 경우에 준용하고 있으며(민법 제843조), 가사소송법은 동조를 혼인의 취소의 경우에도 준용하고 있다(가사소송법 제2조 제1항 제1호 나류 가사소송사건, 제50조 제1항 조정전치주의). 또한 통설, 판례(대판 1995.3.28. 94므1584)는 사실혼의 경우에도 동조를 준용 또는 유추적용할 수 있다고 한다.

  ㉡ 취지 : 학설은 일반적으로 처의 가사노동의 가치를 정당하게 평가하여 이혼 후 생활공동체 해소에 따른 재산관계를 양성평등의 이념에 어긋나지 않게 청산하고, 더불어 이혼 후 경제적 자립능력 없는 배우자를 부양함으로써 이혼의 자유를 실질적으로 보장하려는 데 있다고 한다.

② **법적 성질** : 학설은 ㉠ 혼인 중 부부의 협력으로 형성된 공동재산의 청산(잠재적 지분의 현실화)을 목적으로 한다는 청산설, ㉡ 이혼 후 경제적 자립능력 없는 배우자를 자립능력 있는 타방이 부양하는 것이라는 부양설, ㉢ 부부의 공동재산의 청산을 중심으로 보충적으로 배우자의 부양적 요소를 포함한다는 청산 및 부양설, ㉣ 청산 및 부양적 성질 이외에 이혼으로 인한 손해배상도 포함된다는 견해 등이 대립되나, 다수설과 판례(대판 2000.9.29. 2000다25569)는 청산 및 부양설의 입장이다.

③ **재산분할청구권자**
  ㉠ 이혼(민법 제839조의2, 제843조)이나 혼인취소의 경우(민법에는 준용규정은 없으나 가사소송법 제2조 제1항 제2호 마류 가사비송사건의 규정상 재산분할을 청구할 수 있다) 일방배우자가 청구권자가 되며, 유책배우자라도 혼인 중에 취득한 실질적 공동재산에 대하여 재산분할을 청구할 수 있다(대결 1993.5.11. 93스6).

  ㉡ 재산분할에 관한 민법 규정을 사실혼관계에 준용 또는 유추적용할 수 있으나(대판 1995.3.28. 94므1584), 법률상 배우자 있는 자는 '그 법률혼 관계가 사실상 이혼상태라는 등의 특별한 사정이 없는 한' 사실혼관계에 있는 상대방에게 그와의 사실혼 해소를 이유로 재산분할을 청구함은 허용되지 않는다(대결 1995.7.3. 94스30).

> **[관련 판례]**
> • 사실혼관계가 일방 당사자의 사망으로 인하여 종료된 경우, 그 상대방에게 재산분할청구권을 인정할 수 있는지 여부(소극) : 사실혼이란 당사자 사이에 혼인의 의사가 있고 객관적으로 사회관념상으로 가족질서적인 면에서 부부공동생활을 인정할 만한 혼인생활의 실체가 있는 경우이고, 부부재산에 관한 청산의 의미를 갖는 재산분할에 관한 법률 규정은 부부의 생활공동체라는 실질에 비추어 인정되는 것으로서 사실혼관계에도 이를 준용 또는 유추적용할 수 있기 때문에, 사실혼관계에 있었던 당사자들이 생전에

사실혼관계를 해소한 경우 재산분할청구권을 인정할 수 있으나, 법률상 혼인관계가 일방 당사자의 사망으로 인하여 종료된 경우에도 생존 배우자에게 재산분할청구권이 인정되지 아니하고 단지 상속에 관한 법률 규정에 따라서 망인의 재산에 대한 상속권만이 인정된다는 점 등에 비추어 보면, 사실혼관계가 일방 당사자의 사망으로 인하여 종료된 경우에는 그 상대방에게 재산분할청구권이 인정된다고 할 수 없다(대판 2006.3.24. 2005두15595).

- 부부가 혼인 중에 취득한 실질적인 공동재산에 대하여 유책배우자도 재산분할청구권이 있는지 여부(적극) : 혼인 중에 부부가 협력하여 이룩한 재산이 있는 경우에는 혼인관계의 파탄에 대하여 책임이 있는 배우자라도 재산의 분할을 청구할 수 있다(대결 1993.5.11. 93스6).
- 재산분할에 관한 민법 규정을 사실혼관계에 준용 또는 유추적용할 수 있는지 여부(적극) : 사실혼이란 당사자 사이에 혼인의 의사가 있고, 객관적으로 사회관념상으로 가족질서적인 면에서 부부공동생활을 인정할 만한 혼인생활의 실체가 있는 경우이므로, 법률혼에 대한 민법의 규정 중 혼인신고를 전제로 하는 규정은 유추적용할 수 없으나, 부부재산의 청산의 의미를 갖는 재산분할에 관한 규정은 부부의 생활공동체라는 실질에 비추어 인정되는 것이므로, 사실혼관계에도 준용 또는 유추적용할 수 있다(대판 1995.3.28. 94므1584).
- 사실혼 해소를 원인으로 한 재산분할에서 분할의 대상이 되는 재산과 액수를 정하는 기준 시기(= 사실혼이 해소된 날) / 사실혼 해소 이후 재산분할 청구사건의 사실심 변론종결 시까지 사이에 혼인 중 공동의 노력으로 형성·유지한 부동산 등에 발생한 외부적, 후발적 사정이 있는 경우, 이를 분할대상 재산의 가액 산정에 참작할 수 있는지 여부(한정 적극) : 사실혼 해소를 원인으로 한 재산분할에서 분할의 대상이 되는 재산과 액수는 사실혼이 해소된 날을 기준으로 하여 정하여야 한다. / 한편 재산분할 제도가 혼인관계 해소 시 부부가 혼인 중 공동으로 형성한 재산을 청산·분배하는 것을 주된 목적으로 하는 것으로서, 부부 쌍방의 협력으로 이룩한 적극재산 및 그 형성에 수반하여 부담한 채무 등을 분할하여 각자에게 귀속될 몫을 정하기 위한 것이므로, 사실혼 해소 이후 재산분할 청구사건의 사실심 변론종결 시까지 사이에 혼인 중 공동의 노력으로 형성·유지한 부동산 등에 발생한 외부적, 후발적 사정으로서, 그로 인한 이익이나 손해를 일방에게 귀속시키는 것이 부부 공동재산의 공평한 청산·분배라고 하는 재산분할제도의 목적에 현저히 부합하지 않는 결과를 가져오는 등의 특별한 사정이 있는 경우에는 이를 분할대상 재산의 가액 산정에 참작할 수 있다(대판 2023.7.13. 2017므11856[본소]·2017므11863[반소]).

④ 재산분할청구권의 대상

㉠ 부부의 협력으로 이룩한 재산 : 혼인 중에 쌍방의 협력에 의하여 이룩한 부부의 실질적인 공동재산은 부동산은 물론 현금 및 예금자산 등도 포함하여 그 명의가 누구에게 있는지 그 관리를 누가 하고 있는지를 불문하고 재산분할의 대상이 되는 것이고, 부부의 일방이 별거 후에 취득한 재산이라도 그것이 별거 전에 쌍방의 협력에 의하여 형성된 유형·무형의 자원에 기한 것이라면 재산분할의 대상이 된다(대판 1999.6.11. 96므1397).

㉡ 부부 일방의 특유재산이 재산분할의 대상이 되는 경우 : 민법 제839조의2에 규정된 재산분할 제도는 혼인 중에 취득한 실질적인 공동재산을 청산 분배하는 것을 주된 목적으로 하는 것이므로, 부부가 이혼을 할 때 쌍방의 협력으로 이룩한 재산이 있는 한, 법원으로서는 당사자의 청구에 의하여 그 재산의 형성에 기여한 정도 등 당사자 쌍방의 일체의 사정을 참작하여 분할의 액수와 방법을 정하여야 하는바, 이 경우 부부 일방의 특유재산은 원칙적으로 분할의 대상이 되지 아니하나 특유재산일지라도 다른 일방이 적극적으로 그 특유재산의 유지에 협력하여 그 감소를 방지하였거나 그 증식에 협력하였다고 인정되는 경우에는 분할의 대상이 될 수 있으며(대결 2002.8.28. 2002스36), 여기의 협력에는 처의 가사노동도 포함된다(대결 1993.5.11. 93스6).

ⓒ 퇴직금·퇴직연금 등의 경우
  ㉮ 퇴직금

> 부부 일방이 이혼 당시 아직 퇴직하지 아니한 채 직장에 근무하고 있는 경우, 퇴직급여채권이 재산분할의 대상에 포함되는지 여부(적극) 및 그 대상 채권의 범위 : 근로자퇴직급여보장법, 공무원연금법, 군인연금법, 사립학교교직원연금법이 각 규정하고 있는 퇴직급여는 사회보장적 급여로서의 성격 외에 임금의 후불적 성격과 성실한 근무에 대한 공로보상적 성격도 지닌다. 그리고 이러한 퇴직급여를 수령하기 위하여는 일정기간 근무할 것이 요구되는바, 그와 같이 근무함에 있어 상대방 배우자의 협력이 기여한 것으로 인정된다면 그 퇴직급여 역시 부부 쌍방의 협력으로 이룩한 재산으로서 재산분할의 대상이 될 수 있다. 퇴직급여채권은 퇴직이라는 급여의 사유가 발생함으로써 현실화되는 것이므로, 이혼 시점에서는 어느 정도의 불확실성이나 변동가능성을 지닐 수밖에 없다. 그러나 그렇다고 하여 퇴직급여채권을 재산분할의 대상에서 제외하고 단지 장래의 수령가능성을 재산분할의 액수와 방법을 정하는 데 필요한 기타 사정으로만 참작하는 것은 부부가 혼인 중 형성한 재산관계를 이혼에 즈음하여 청산·분배하는 것을 본질로 하는 재산분할제도의 취지에 맞지 않고, 당사자 사이의 실질적 공평에도 반하여 부당하다. 위와 같은 재산분할제도의 취지 및 여러 사정들에 비추어 볼 때, 비록 이혼 당시 부부 일방이 아직 재직 중이어서 실제 퇴직급여를 수령하지 않았더라도 이혼소송의 사실심 변론종결 시에 이미 잠재적으로 존재하여 경제적 가치의 현실적 평가가 가능한 재산인 퇴직급여채권은 재산분할의 대상에 포함시킬 수 있으며, 구체적으로는 이혼소송의 사실심 변론종결 시를 기준으로 그 시점에서 퇴직할 경우 수령할 수 있을 것으로 예상되는 퇴직급여 상당액의 채권이 그 대상이 된다(대판[전합] 2014.7.16. 2013므2250).

  ㉯ 퇴직연금

> 이혼소송의 사실심 변론종결 당시에 부부 중 일방이 공무원 퇴직연금을 실제로 수령하고 있는 경우에, 위 공무원 퇴직연금에는 사회보장적 급여로서의 성격 외에 임금의 후불적 성격이 불가분적으로 혼재되어 있으므로, 혼인기간 중의 근무에 대하여 상대방 배우자의 협력이 인정되는 이상 공무원 퇴직연금수급권 중 적어도 그 기간에 해당하는 부분은 부부 쌍방의 협력으로 이룩한 재산으로 볼 수 있다. 따라서 재산분할제도의 취지에 비추어 허용될 수 없는 경우가 아니라면, 이미 발생한 공무원 퇴직연금수급권도 부동산 등과 마찬가지로 재산분할의 대상에 포함될 수 있다고 봄이 상당하다. 그리고 구체적으로는 연금수급권자인 배우자가 매월 수령할 퇴직연금액 중 일정 비율에 해당하는 금액을 상대방 배우자에게 정기적으로 지급하는 방식의 재산분할도 가능하다(대판[전합] 2014.7.16. 2012므2888).

ⓓ 부부 일방이 혼인 중 부담한 채무 : 부부 일방이 혼인 중 제3자에게 부담한 채무는 일상가사에 관한 것 이외에는 원칙적으로 그 개인의 채무로서 청산의 대상이 되지 않으나 그것이 공동재산의 형성에 수반하여 부담한 채무인 경우에는 청산의 대상이 된다(대판 2010.4.15. 2009므4297 등).

[재산분할의 대상이 되는 분양권 매도대금을 형성하는 데 필수적으로 지출되는 비용인 '양도소득세 및 주민세'가 청산의 대상이 된다고 본 사례]

피고가 자진납부세액으로 신고한 양도소득세 및 주민세는 사실심 변론종결일 당시의 분할 대상 재산인 이 사건 분양권 매도대금의 형성에 있어 필수적으로 지출될 것이 예정되어 있는 비용으로서 소극재산으로 평가되어야 할 것이다(대판 2010.4.15. 2009므4297).

[부부 일방이 혼인 중 제3자에게 부담한 임대차보증금반환채무가 재산분할의 대상이 되는지 여부(적극)]

부부 일방이 혼인 중 제3자에 대하여 채무를 부담한 경우에 그 채무 중에서 공동재산의 형성 또는 유지에 수반하여 부담하게 된 채무는 그 이혼에 있어서 재산분할의 대상이 된다. 그리고 혼인생활 중 쌍방의 협력으로 취득한 부동산에 관하여 부부의 일방이 부담하는 임대차보증금반환채무는 특별한 사정이 없는 한 혼인 중 재산의 형성에 수반한 채무로서 재산분할의 대상이 된다(대판 2011.3.10. 2010므4699·4705·4712).

[부부가 이혼할 때 쌍방의 소극재산 총액이 적극재산 총액을 초과하여 재산분할을 한 결과가 결국 채무의 분담을 정하는 것이 되는 경우에도 재산분할 청구를 받아들일 수 있는지 여부(적극) 및 이 경우 채무를 분담하게 할지 여부와 분담의 방법 등을 정하는 기준]

이혼 당사자 각자가 보유한 적극재산에서 소극재산을 공제하는 등으로 재산상태를 따져 본 결과 재산분할 청구의 상대방이 그에게 귀속되어야 할 몫보다 더 많은 적극재산을 보유하고 있거나 소극재산의 부담이 더 적은 경우에는 적극재산을 분배하거나 소극재산을 분담하도록 하는 재산분할은 어느 것이나 가능하다고 보아야 하고, 후자의 경우라고 하여 당연히 재산분할 청구가 배척되어야 한다고 할 것은 아니다. 그러므로 소극재산의 총액이 적극재산의 총액을 초과하여 재산분할을 한 결과가 결국 채무의 분담을 정하는 것이 되는 경우에도 법원은 채무의 성질, 채권자와의 관계, 물적 담보의 존부 등 일체의 사정을 참작하여 이를 분담하게 하는 것이 적합하다고 인정되면 구체적인 분담의 방법 등을 정하여 재산분할 청구를 받아들일 수 있다 할 것이다. 그것이 부부가 혼인 중 형성한 재산관계를 이혼에 즈음하여 청산하는 것을 본질로 하는 재산분할 제도의 취지에 맞고, 당사자 사이의 실질적 공평에도 부합한다. 다만 재산분할 청구 사건에 있어서는 혼인 중에 이룩한 재산관계의 청산뿐 아니라 이혼 이후 당사자들의 생활보장에 대한 배려 등 부양적 요소 등도 함께 고려할 대상이 되므로, 재산분할에 의하여 채무를 분담하게 되면 그로써 채무초과상태가 되거나 기존의 채무초과상태가 더욱 악화되는 것과 같은 경우에는 채무부담의 경위, 용처, 채무의 내용과 금액, 혼인생활의 과정, 당사자의 경제적 활동능력과 장래의 전망 등 제반 사정을 종합적으로 고려하여 채무를 분담하게 할지 여부 및 분담의 방법 등을 정할 것이고, 적극재산을 분할할 때처럼 재산형성에 대한 기여도 등을 중심으로 일률적인 비율을 정하여 당연히 분할 귀속되게 하여야 한다는 취지는 아니라는 점을 덧붙여 밝혀 둔다(대판[전합] 2013.6.20. 2010므4071·4088 - 다수의견).

ⓜ 제3자 명의의 재산 : 제3자 명의의 재산이더라도 그것이 부부 중 일방에 의하여 명의신탁된 재산 또는 부부의 일방이 실질적으로 지배하고 있는 재산으로서 부부 쌍방의 협력에 의하여 형성된 것이거나 부부 쌍방의 협력에 의하여 형성된 유형, 무형의 자원에 기한 것이라면 재산분할의 대상이 된다(대결 2009.6.9. 2008스111).

ⓑ 합유재산 : 합유재산이라는 이유만으로 이를 재산분할의 대상에서 제외할 수는 없고, 다만 부부의 일방이 제3자와 합유하고 있는 재산 또는 그 지분은 이를 임의로 처분하지 못하므로, 직접 당해 재산의 분할을 명할 수는 없으나 그 지분의 가액을 산정하여 이를 분할의 대상으로 삼거나 다른 재산의 분할에 참작하는 방법으로 재산분할의 대상에 포함하여야 한다(대판 2009.11.12. 2009므2840·2857).

ⓢ 1인 회사 소유의 적극재산 : 부부의 일방이 실질적으로 혼자서 지배하고 있는 주식회사(이른바 '1인 회사')라고 하더라도 그 회사 소유의 재산을 바로 그 개인의 재산으로 평가하여 재산분할의 대상에 포함시킬 수는 없다. 주식회사와 같은 기업의 재산은 다양한 자산 및 부채 등으로 구성되는 것으로서, 그 회사의 재산에 대하여는 일반적으로 이를 종합적으로 평가한 후에야 1인 주주에 개인적으로 귀속되고 있는 재산가치를 산정할 수 있을 것이다. 따라서 그의 이혼에 있어서 재산분할에 의한 청산을 함에 있어서는 특별한 사정이 없는 한 회사의 개별적인 적극재산의 가치가 그대로 1인 주주의 적극재산으로서 재산분할의 대상이 된다고 할 수 없다(대판 2011.3.10. 2010므4699·4705·4712).

ⓞ 재판상 이혼에 따른 재산분할에서 혼인관계 파탄 이후 일방에 의하여 채무가 감소한 경우 감소 부분이 재산분할의 대상이 되는지 여부(소극) : 재산분할 제도는 이혼 등의 경우에 부부가 혼인 중 공동으로 형성한 재산을 청산·분배하는 것을 주된 목적으로 한다. 이는 민법이 혼인 중 부부의 어느 일방이 자기 명의로 취득한 재산은 그의 특유재산으로 하는 부부별산제를 취하고 있는 것을 보완하여, 이혼을 할 때는 그 재산의 명의와 상관없이 재산의 형성 및 유지에 기여한 정도 등 실질에 따라 각자의 몫을 분할하여 귀속시키고자 하는 제도이다. 부부가 이혼을 할 때 쌍방의 협력으로 이룩한 적극재산이 있는 경우는 물론 부부 중 일방이 제3자에 대하여 부담한 채무라도 그것이 공동재산의 형성에 수반하여 부담한 것이거나 부부 공동생활관계에서 필요한 비용 등을 조달하는 과정에서 부담한 것이면 재산분할의 대상이 된다(대판[전합] 2013.6.20. 2010므4071·4088 등 참조). 바꾸어 말하면, 어떤 적극재산이나 채무가 부부 쌍방의 협력이 아니라 부부 중 일방에 의하여 생긴 것으로서 상대방이 그 형성이나 유지 또는 부담과 무관한 경우에는 이를 재산분할의 대상으로 삼을 수 없다. 재판상 이혼에 따른 재산분할에서 분할 대상이 되는 재산과 그 액수는 이혼소송의 사실심 변론종결일을 기준으로 하여 정하는 것이 원칙이다. 그러나 앞서 살펴본 법리에 비추어 보면, 혼인관계가 파탄된 이후 변론종결일 사이에 생긴 재산관계의 변동이 부부 중 일방에 의한 후발적 사정에 의한 것으로서 혼인 중 공동으로 형성한 재산관계와 무관하다는 등의 사정이 있는 경우 그 변동된 재산은 재산분할 대상으로 삼지 않아야 한다(대판 2013.11.28. 2013므1455·1462 참조). 따라서 재산분할 대상 채무가 혼인관계 파탄 이후 변론종결일에 이르기까지 감소하였고, 그 감소가 혼인중 공동으로 형성한 재산관계와 무관하게 부부 중 일방의 노력이나 비용으로 이루어졌다면, 그 감소 부분은 재산분할의 대상으로 삼을 수 없으므로 결국 혼인관계 파탄 시점의 채무가 재산분할의 대상이 된다(대판 2024.5.17. 2024므10721[본소]·2024므10738[반소]).

ⓩ 재산분할사건에서 법원이 당사자의 주장에 구애되지 아니하고 재산분할의 대상과 가액을 직권으로 조사·판단할 수 있는지 여부(적극) : 협의상 이혼한 자 일방은 다른 일방에 대하여 재산분할을 청구할 수 있고(민법 제839조의2 제1항), 재판상 이혼에 따른 재산분할청구권에도 위 민법 제839조의2가 준용된다(민법 제843조). 재산분할사건은 마류 가사비송사건에 해당하고[가사소송법 제2조 제1항 제2호 (나)목 4)], 금전의 지급 등 재산상의 의무이행을 구하는 마류 가사비송사건의 경우 원칙적으로 청구인의 청구취지를 초과하여 의무의 이행을 명할 수 없다(가사소송규칙 제93조 제2항 본문). 그러나 한편 가사비송절차에 관하여는 가사소송법에 특별한 규정이 없는 한 비송사건절차법 제1편의 규정을 준용하며(가사소송법 제34조 본문), 비송사건절차에 있어서는 민사소송의 경우와 달리 당사자의 변론에만 의존하는 것이 아니고, 법원이 자기의 권능과 책임으로 재판의 기초가 되는 자료를 수집하는, 이른바 직권탐지주의에 의하고 있으므로(비송사건절차법 제11조), 법원으로서는 당사자의 주장에 구애되지 아니하고 재산분할의 대상과 가액을 직권으로 조사·판단할 수 있다. 따라서 재산분할사건에서 재산분할 대상과 가액을 주장하는 것은 그에 관한 법원의 직권 판단을 구하는 것에 불과하다(대판 2024.5.30. 2024므10370).

⑤ **재산분할의 방법**
㉠ 협의에 의한 분할
㉮ 이혼한 부부 일방이 다른 일방에 대하여 재산분할을 청구한 경우 당사자는 우선적으로 협의에 의하여 재산분할의 방법과 액수를 정한다(민법 제839조의2 제2항 참고).
㉯ 협의이혼을 전제로 한 재산분할약정 : [1] 재산분할에 관한 협의는 혼인 중 당사자 쌍방의 협력으로 이룩한 재산의 분할에 관하여 이미 이혼을 마친 당사자 또는 아직 이혼하지 않은 당사자 사이에 행하여지는 협의를 가리키는 것인바, 그중 아직 이혼하지 않은 당사자가 장차 협의상 이혼할 것을 약정하면서 이를 전제로 하여 위 재산분할에 관한 협의를 하는 경우에 있어서는, 특별한 사정이 없는 한, 장차 당사자 사이에 협의상 이혼이 이루어질 것을 조건으로 하여 조건부 의사표시가 행하여지는 것이라 할 것이므로, 그 협의 후 당사자가 약정한 대로 협의상 이혼이 이루어진 경우에 한하여 그 협의의 효력이 발생하는 것이지, 어떠한 원인으로든지 협의상 이혼이 이루어지지 아니하고 혼인관계가 존속하게 되거나 당사자 일방이 제기한 이혼청구의 소에 의하여 재판상 이혼(화해 또는 조정에 의한 이혼을 포함)이 이루어진 경우에는, 그 협의는 조건의 불성취로 인하여 효력이 발생하지 않는다. [2] 협의이혼을 전제로 재산분할의 약정을 한 후 재판상 이혼이 이루어진 경우, 재판상 이혼 후 또는 재판상 이혼과 함께 재산분할을 원하는 당사자로서는, 이혼성립 후 새로운 협의가 이루어지지 아니하는 한, 이혼소송과 별도의 절차로 또는 이혼소송 절차에 병합하여 가정법원에 재산분할에 관한 심판을 청구하여야 하는 것이지(이에 따라 가정법원이 재산분할의 액수와 방법을 정함에 있어서는 그 협의의 내용과 협의가 이루어진 경위 등을 민법 제839조의2 제2항 소정 '기타 사정'의 하나로서 참작하게 될 것이다), 당초의 재산분할에 관한 협의의 효력이 유지됨을 전제로 하여 민사소송으로써 그 협의 내용 자체의 이행을 구할 수는 없다(대판 1995.10.12. 95다23156).

ⓒ 분할 대상이 되는 재산과 그 액의 산정기준시기 : 협의이혼을 예정하고 미리 재산분할 협의를 한 경우 협의이혼에 따른 재산분할에 있어 분할의 대상이 되는 재산과 액수는 협의이혼이 성립한 날(이혼신고일)을 기준으로 정하여야 한다. 따라서 재산분할 협의를 한 후 협의이혼 성립일까지의 기간 동안 재산분할 대상인 채무의 일부가 변제된 경우 그 변제된 금액은 원칙적으로 채무액에서 공제되어야 한다(대판 2006.9.14. 2005다74900).

ⓒ 가정법원에 의한 분할
㉮ 재산분할에 관하여 협의가 되지 아니하거나 협의할 수 없는 때에는 가정법원은 당사자의 청구에 의하여 당사자 쌍방의 협력으로 이룩한 재산의 액수 기타 사정을 참작하여 분할의 액수와 방법을 정하므로(민법 제839조의2, 가사소송법 제2조 제1항 제2호 마류 가사비송사건, 제50조 제1항 조정전치주의), 재산분할에 대한 분할의 액수와 방법에 관한 협의는 반드시 거쳐야 하는 것은 아니다.

㉯ 재판상 이혼을 전제로 한 재산분할에서 분할의 대상이 되는 재산과 그 액수를 정하는 기준시기(= 이혼소송의 사실심 변론종결일) / 재산분할액 산정의 기초가 되는 재산의 가액을 평가하는 방법 : 재판상 이혼을 전제로 한 재산분할에서 분할의 대상이 되는 재산과 그 액수는 이혼소송의 사실심 변론종결일을 기준으로 정하는 것이 원칙이다. 재산분할액 산정의 기초가 되는 재산의 가액은 반드시 시가감정에 의하여 인정하여야 하는 것은 아니지만 객관성과 합리성이 있는 자료에 의하여 평가하여야 할 것인바, 법원으로서는 위 변론종결일까지 기록에 나타난 객관적인 자료에 의하여 개개의 공동재산의 가액을 정하여야 한다(대판 2024.5.30. 2024므10370).

㉰ 상대방이 있는 마류 가사비송사건인 재산분할심판 사건의 경우, 심판청구 취하에 상대방의 동의가 필요한지 여부(소극) 및 상대방이 취하에 부동의하였더라도 취하의 효력이 발생하는지 여부(적극) : 재산분할심판 사건은 마류 가사비송사건에 해당하고[가사소송법 제2조 제1항 제2호 (나)목 4)], 당사자의 심판청구에 의하여 절차가 개시되며 당사자가 청구를 취하하여 절차를 종료시킬 수 있다. 가사비송절차에 관하여 가사소송법에 특별한 규정이 없는 한 비송사건절차법 제1편의 규정을 준용하는데(가사소송법 제34조 본문), 가사소송법에 가사비송사건의 심판청구 취하에 있어서 상대방의 동의 필요 여부에 관하여 특별한 규정을 두고 있지 아니하고, 비송사건절차법은 '소취하에 대한 동의'에 관한 민사소송법 제266조 제2항을 준용하지 않는다. 따라서 상대방이 있는 마류 가사비송사건인 재산분할심판 사건의 경우 심판청구 취하에 상대방의 동의를 필요로 하지 않고, 상대방이 취하에 부동의하였더라도 취하의 효력이 발생한다(대판 2023.11.2. 2023므12218).

㉱ 구체적인 재산분할 방법 : 재산의 전부 또는 일부를 현물로 양도하는 방법, 일정한 금전을 일시불 또는 정기급으로 지급하는 방법, 장래 취득할 봉급, 연금 기타 수입의 일정 비율에 대한 청구권을 부여하는 방법 등이 있다.

⑥ 재산분할청구권의 성립시기 : 이혼으로 인한 재산분할청구권은 이혼을 한 당사자의 일방이 다른 일방에 대하여 재산분할을 청구할 수 있는 권리로서 이혼이 성립한 때에 그 법적 효과로서 비로소 발생하는 것일 뿐만 아니라, 협의 또는 심판에 의하여 그 구체적 내용이 형성되기까지는 그 범위 및 내용이 불명확·불확정하기 때문에 구체적으로 권리가 발생하였다고 할 수 없으므로, 당사자가 이혼이 성립하기 전에 이혼소송과 병합하여 재산분할의 청구를 하고 법원이 이혼과 동시에 재산분할로서 금전의 지급을 명하는 판결을 하는 경우 그 금전지급채무에 관하여는 그 판결이 확정된 다음 날부터 이행지체책임을 지게 되고, 따라서 소송촉진 등에 관한 특례법 제3조 제1항 단서에 의하여 같은 조항 본문에 정한 이율이 적용되지 아니한다(대판 2001.9.25. 2001므725·732).

⑦ 다른 제도와의 관계

㉠ 위자료청구권과의 관계 : 다수설은 양자를 그 요건과 성격 등을 달리하는(위자료청구권은 당사자의 유책성을 전제로 하는 손해배상적 성격을 가지는 데 반해, 재산분할청구권은 당사자의 유책성과는 무관하게 혼인재산의 청산과 부양을 주목적으로 한다는 점 등을 근거로 함) 독립된 별개의 권리로 본다. 이에 따르면 재산분할을 청구하면서 유책배우자에게 별도의 손해배상을 청구할 수 있다.

[재산분할청구권과 이혼위자료의 관계]
이혼에 따른 재산분할을 함에 있어 정신적 손해(위자료)를 배상하기 위한 급부로서의 성질까지 포함하여 분할할 수 있는지 여부(적극) : 이혼에 있어서 재산분할은 부부가 혼인 중에 가지고 있었던 실질상의 공동재산을 청산하여 분배함과 동시에 이혼 후에 상대방의 생활유지에 이바지하는 데 있지만, 분할자의 유책행위에 의하여 이혼함으로 인하여 입게 되는 정신적 손해(위자료)를 배상하기 위한 급부로서의 성질까지 포함하여 분할할 수도 있다(대판 2005.1.28. 2004다58963).

[가집행선고 여부]
• 이혼소송과 병합하여 재산분할청구를 하여 법원이 이혼과 동시에 재산분할을 명하는 경우, 가집행선고를 붙일 수 있는지 여부(소극) : 민법상의 재산분할청구권은 이혼을 한 당사자의 일방이 다른 일방에 대하여 재산분할을 청구할 수 있는 권리로서 이혼이 성립한 때에 그 법적 효과로서 비로소 발생하는 것이므로, 당사자가 이혼이 성립하기 전에 이혼소송과 병합하여 재산분할의 청구를 하고, 법원이 이혼과 동시에 재산분할을 명하는 판결을 하는 경우에도 이혼판결은 확정되지 아니한 상태이므로, 그 시점에서 가집행을 허용할 수는 없다(대판 1998.11.13. 98므1193).
• [1] 민법 제837조에 따른 이혼 당사자 사이의 양육비 청구사건이 즉시항고와 가집행선고의 대상이 되는지 여부(적극) : 가사소송법 제42조 제1항은 "재산상의 청구 또는 유아의 인도에 관한 심판으로서 즉시항고의 대상이 되는 심판에는 담보를 제공하게 하지 아니하고 가집행할 수 있음을 명하여야 한다"라고 규정하고, 가사소송규칙 제94조 제1항은 마류 가사비송사건의 심판에 대하여는 청구인과 상대방이 즉시항고를 할 수 있다고 규정하고 있는바, 민법 제837조에 따른 이혼 당사자 사이의 양육비 청구사건은 마류 가사비송사건으로서 즉시항고의 대상에 해당하고, 가집행선고의 대상이 된다. [2] 민법 제839조의2에 따라 재산분할의 방법으로 금전의 지급을 명하는 부분이 가집행선고의 대상이 되는지 여부(소극) 및 이는 이혼이 먼저 성립한 후에 재산분할로 금전의 지급을 명하는 경우에도 마찬가지인지 여부(적극) : 민법 제839조의2에 따른 재산분할 청구사건은 마류 가사비송사건으로서 즉시항고의 대상에 해당하기는 하지만, 재산분할은 부부가 혼인 중에 취득한 실질적인 공동재산을 청산 분배하는 것을 주된 목적으로 하고, 법원이 당사자 쌍방의 협력으로 이룩한 재산의 액수 기타 사정을 참작하여 분할의 액수와 방법을

정하는 것이므로, 재산분할로 금전의 지급을 명하는 경우에도 판결 또는 심판이 확정되기 전에는 금전지급의무의 이행기가 도래하지 아니할 뿐만 아니라 금전채권의 발생조차 확정되지 아니한 상태에 있다고 할 것이어서, 재산분할의 방법으로 금전의 지급을 명한 부분은 가집행선고의 대상이 될 수 없다. 그리고 이는 이혼이 먼저 성립한 후에 재산분할로 금전의 지급을 명하는 경우라고 하더라도 마찬가지이다(대판 2014.9.4. 2012므1656).

[재산분할청구권과 위자료청구권의 비교]

구 분	재산분할청구권	위자료청구권
법적 근거	민법 제839조의2	민법 제843조, 제806조
목 적	혼인 중 형성한 부부공동재산의 청산 및 부양	이혼에 의한 손해배상
당사자	부부	부부 이외 제3자도 포함
권리행사기간	이혼한 날로부터 2년이 경과한 때 소멸 (민법 제839조의2 제3항 : 제척기간)	이혼의 원인행위가 불법행위를 구성할 경우 3년 또는 10년의 시효로 소멸 (민법 제766조 제1항·제2항 : 소멸시효)
유책자의 청구 가능성	가 능	불가능
소송의 성질	마류 가사비송사건	다류 가사소송사건

ⓒ 채권자대위권(민법 제404조)과의 관계

㉮ 이혼으로 인한 재산분할청구권을 보전하기 위하여 채권자대위권을 행사할 수 있는지 여부(소극) : 이혼으로 인한 재산분할청구권은 협의 또는 심판에 의하여 그 구체적 내용이 형성되기까지는 그 범위 및 내용이 불명확·불확정하기 때문에 구체적으로 권리가 발생하였다고 할 수 없으므로 이를 보전하기 위하여 채권자대위권을 행사할 수 없다(대판 1999.4.9. 98다58016). 즉, 채권자대위권의 피보전채권이 될 수 없다.

㉯ 한편 재산분할청구권이 채권자대위권의 객체가 될 수 있는지와 관련하여 재산분할청구권 자체는 부양적 요소 등 일신전속적 색채가 강하므로 채권자대위권의 대상이 될 수 없으나, 협의 또는 재판에 의하여 금전채권 또는 급부청구권으로 구체화된 경우에는 대위의 객체가 될 수 있다고 보아야 한다.

ⓒ 채권자취소권과의 관계

㉮ 재산분할청구권을 피보전권리로 한 채권자취소권 : 2007년 민법 개정 시 재산분할청구권 보전을 위한 사해행위취소권 제도가 신설되었다. 이에 따르면 부부의 일방이 다른 일방의 재산분할청구권 행사를 해함을 알면서도 재산권을 목적으로 하는 법률행위를 한 때에는 다른 일방은 제406조 제1항을 준용하여 그 취소 및 원상회복을 가정법원에 청구할 수 있고(민법 제839조의3 제1항), 그 소는 민법 제406조 제2항의 기간(채권자가 취소원인을 안 날로부터 1년, 법률행위 있은 날로부터 5년) 내에 제기하여야 한다(민법 제839조의3 제2항).

㉯ 민법은 재산분할청구권 보전을 위한 사해행위취소권 규정을 협의이혼에 관하여 규정하고(민법 제839조의3), 이를 재판상 이혼의 경우에 준용한다(민법 제843조).

> - 협의 또는 심판에 의하여 구체화되지 않은 이혼에 따른 재산분할청구권을 포기하는 행위가 채권자취소권의 대상이 되는지 여부(소극) : 이혼으로 인한 재산분할청구권은 이혼을 한 당사자의 일방이 다른 일방에 대하여 재산분할을 청구할 수 있는 권리로서 이혼이 성립한 때에 그 법적 효과로서 비로소 발생하는 것일 뿐만 아니라, 협의 또는 심판에 의하여 구체적 내용이 형성되기까지는 그 범위 및 내용이 불명확·불확정하기 때문에 구체적으로 권리가 발생하였다고 할 수 없으므로 협의 또는 심판에 의하여 구체화되지 않은 재산분할청구권은 채무자의 책임재산에 해당하지 아니하고, 이를 포기하는 행위 또한 채권자취소권의 대상이 될 수 없다(대판 2013.10.11. 2013다7936).
> - 이혼에 따른 재산분할청구권에 의하여 재산을 취득하는 것이 사해행위로서 채권자취소의 대상이 되기 위한 요건 및 그 입증책임의 소재(= 채권자) : 이미 채무초과상태에 있는 채무자가 이혼을 함에 있어 자신의 배우자에게 재산분할로 일정한 재산을 양도함으로써 결과적으로 일반 채권자에 대한 공동담보를 감소시키는 결과로 되어도, 위 재산분할이 민법 제839조의2 제2항 규정의 취지에 따른 상당한 정도를 벗어나는 과대한 것이라고 인정할 만한 특별한 사정이 없는 한 사해행위로서 채권자에 의한 취소의 대상으로 되는 것은 아니라고 할 것이고, 다만 위와 같은 상당한 정도를 벗어나는 초과부분에 관한 적법한 재산분할이라고 할 수 없기 때문에 그 취소의 대상으로 될 수 있다고 할 것인바, 위와 같이 상당한 정도를 벗어나는 과대한 재산분할이라고 볼 만한 특별한 사정이 있다는 점에 관한 입증책임은 채권자에게 있다(대판 2006.6.29. 2005다73105, 대판 2000.7.28. 2000다14101).

⑧ 재산분할청구권의 상속
  ㉠ 부부 일방이 이혼 전 사망한 경우 : 이혼소송과 재산분할청구가 병합된 경우, 재판상의 이혼청구권은 부부의 일신전속의 권리이므로 이혼소송 계속 중 배우자의 일방이 사망한 때에는 상속인이 그 절차를 수계할 수 없음은 물론이고, 또 그러한 경우에 검사가 이를 수계할 수 있는 특별한 규정도 없으므로 이혼소송은 종료되고, 이에 따라 이혼의 성립을 전제로 하여 이혼소송에 부대한 재산분할청구 역시 이를 유지할 이익이 상실되어 이혼소송의 종료와 동시에 종료한다고 할 것이다(대판 1994.10.28. 94므246·253).
  ㉡ 부부 일방이 이혼 후 사망한 경우 : 이혼이 성립한 후 재산분할청구를 한 상태에서 부부의 일방이 사망하는 경우 학설은 부양적 요소에 해당하는 부분(일신전속적임)을 제외한 부분은 상속된다고 한다.

⑨ 재산분할과 과세(課稅)의 관계
  ㉠ 재산분할로 취득한 재산에 대하여 증여세를 부과할 수 없다(헌재결 1997.10.30. 96헌바14, 대판 1997.11.28. 96누4725).

> [협의이혼 시 부부 사이에 재산분할 및 위자료의 명목으로 부동산 소유권이 이전된 경우, 증여세 과세대상 해당 여부(소극)]
> 협의이혼 시 부부 사이에 재산분할 및 위자료의 명목으로 이전된 부동산에 대한 증여세 부과처분의 취소가 문제된 사안과 관련하여 1997.10.30. 헌법재판소는 96헌바14호 사건에서 구 상속세법(1994.12.22. 법률 제4805호로 개정되기 전의 것) 제29조의2 제1항 제1호 중 "이혼한 자의 일방이 민법 제839조의2 또는 동법 제843조의 규정에 의하여 다른 일방으로부터 재산분할을 청구하여 제11조 제1항 제1호의 규정에 의한 금액을 초과하는 재산을 취득한 경우로서 그 초과 부분의 취득을 포함한다"는 부분이 헌법에 위반된다는 결정을 선고하였으므로, 과세처분의 근거조항인 법 제29조의2 제1항 제1호는 그 효력을 상실하게 되었으며, 그 위헌결정은 당해 사건인 이 사건에 소급하여 그 효력이 미친다고 할 것이므로, 위 과세처분은

결과적으로 법률상의 근거가 없이 행하여진 위법한 처분이 되었으며, 증여된 부동산의 가액 중 일부를 위자료로 인정한 원심의 조치가 여러 사정에 비추어 부당하게 과다하여 위법하고, 위 금원 상당액이 위자료가 아니라 재산분할에 해당하여도, 이러한 재산분할 상당액에 대하여는 증여세를 부과할 수 있는 법적 근거가 없어지게 되었다(대판 1997.11.28. 96누4725).

ⓛ 재산분할에 의한 자산의 이전은 양도소득세 과세대상이 되는 유상양도에 해당하지 않는다(대판 2003.11.14. 2002두6422).

[이혼 시 재산분할의 방법으로 부부 일방의 소유명의로 되어 있던 부동산을 상대방에게 이전하는 것이 자산의 유상양도에 해당하는지 여부(소극) 및 재산분할로 인하여 이전받은 부동산을 양도하는 경우 그 양도차익을 산정함에 있어서 취득가액의 산정기준]
민법 제839조의2에 규정된 재산분할제도는 그 법적 성격, 분할대상 및 범위 등에 비추어 볼 때 실질적으로는 공유물분할에 해당하는 것이어서 공유물분할에 관한 법리가 준용되어야 할 것인바, 공유물의 분할은 법률상으로는 공유자 상호 간의 지분의 교환 또는 매매라고 볼 것이나 실질적으로는 공유물에 대하여 관념적으로 그 지분에 상당하는 비율에 따라 제한적으로 행사되던 권리, 즉 지분권을 분할로 인하여 취득하는 특정 부분에 집중시켜 그 특정 부분에만 존속시키는 것으로 소유형태가 변경된 것뿐이어서 이를 자산의 유상양도라고 할 수 없으며, 이러한 법리는 이혼 시 재산분할의 방법으로 부부 일방의 소유명의로 되어 있던 부동산을 상대방에게 이전한 경우에도 마찬가지라고 할 것이고, 또한 재산분할로 인하여 이전받은 부동산을 그 후에 양도하는 경우 그 양도차익을 산정함에 있어서는 취득가액은 최초의 취득 시를 기준으로 정할 것이지 재산분할을 원인으로 한 소유권이전 시를 기준으로 할 것은 아니다(대판 2003.11.14. 2002두6422).

ⓒ 반면 재산분할에 의한 부동산취득은 취득세와 등록세의 과세대상에 해당한다(대판 2003.8.19. 2003두4331).

[1] 이혼에 따른 재산분할을 원인으로 한 부동산취득이 지방세법 제110조 제4호 소정의 취득세 비과세대상인 '공유권의 분할로 인한 취득'에 해당하는지 여부(소극) : 부동산취득세는 부동산 소유권의 이전이라는 사실 자체에 대하여 부과되는 유통세의 일종으로서 부동산을 사용, 수익, 처분함으로써 얻게 될 경제적 이익에 대하여 부과되는 것이 아니므로 지방세법 제105조 제1항의 '부동산의 취득'이란 실질적인 소유권의 취득 여부에 관계없이 소유권 이전의 형식으로 이루어지는 부동산 취득의 모든 경우를 말하고, 한편 조세법률주의의 원칙상 조세법규는 과세요건이거나 비과세요건을 가리지 아니하고 특별한 사정이 없는 한 법률의 문언대로 해석하여야 하고 합리적 이유 없이 확장해석하거나 유추해석하는 것은 허용되지 아니하므로 민법 제839조의2의 재산분할에 따른 부동산 소유권의 이전은 취득세의 비과세대상을 한정적으로 규정한 지방세법 제110조 제4호의 '공유권의 분할로 인한 취득'에 해당하지 아니한다. [2] 이혼에 따른 재산분할을 원인으로 한 부동산이전등기가 지방세법 제128조 소정의 '등록세 비과세대상' 및 같은 법 제131조 제1항 제5호 소정의 '공유물의 분할'에 해당하는지 여부(소극) : 등록세는 재산권 기타 권리의 취득·이전·변경 또는 소멸에 관한 사항을 공부에 등기 또는 등록하는 경우에 등기 또는 등록이라는 사실의 존재에 대하여 부과되는 세금이므로 이혼에 따른 재산분할을 원인으로 한 부동산이전등기는 무상의 승계취득으로서 지방세법 제128조의 등록세 비과세대상에 포함되지 아니하고, 지방세법 제131조 제1항 제5호의 공유물 분할에도 해당하지 아니한다(대판 2003.8.19. 2003두4331).

⑩ 재산분할청구권의 포기

[재산분할청구권을 혼인이 해소되기 전에 미리 포기하는 것이 허용되는지 여부(소극) 및 아직 이혼하지 않은 당사자가 장차 협의상 이혼할 것을 합의하는 과정에서 이를 전제로 재산분할청구권을 포기하는 서면을 작성한 경우, 재산분할에 관한 협의로서의 포기약정이라고 볼 수 있는지 여부(원칙적 소극)]

민법 제839조의2에 규정된 재산분할제도는 혼인 중에 부부 쌍방의 협력으로 이룩한 실질적인 공동재산을 청산·분배하는 것을 주된 목적으로 하는 것이고, 이혼으로 인한 재산분할청구권은 이혼이 성립한 때에 법적 효과로서 비로소 발생하는 것일 뿐만 아니라 협의 또는 심판에 따라 구체적 내용이 형성되기까지는 범위 및 내용이 불명확·불확정하기 때문에 구체적으로 권리가 발생하였다고 할 수 없으므로, 협의 또는 심판에 따라 구체화되지 않은 재산분할청구권을 혼인이 해소되기 전에 미리 포기하는 것은 성질상 허용되지 아니한다. 아직 이혼하지 않은 당사자가 장차 협의상 이혼할 것을 합의하는 과정에서 이를 전제로 재산분할청구권을 포기하는 서면을 작성한 경우, 부부 쌍방의 협력으로 형성된 공동재산 전부를 청산·분배하려는 의도로 재산분할의 대상이 되는 재산액, 이에 대한 쌍방의 기여도와 재산분할 방법 등에 관하여 협의한 결과 부부 일방이 재산분할청구권을 포기하기에 이르렀다는 등의 사정이 없는 한 성질상 허용되지 아니하는 '재산분할청구권의 사전포기'에 불과할 뿐이므로 쉽사리 '재산분할에 관한 협의'로서의 '포기약정'이라고 보아서는 아니 된다(대결 2016.1.25, 2015스451).

⑪ 재산분할청구권의 행사기간

㉠ 법적 성질 : 재산분할청구권은 이혼한 날로부터 2년 내에 행사하여야 하고 그 기간이 경과하면 소멸되어 이를 청구할 수 없는바, 이때의 2년이라는 기간은 일반 소멸시효기간이 아니라 제척기간으로서 그 기간이 도과하였는지 여부는 당사자의 주장에 관계없이 법원이 당연히 조사하여 고려할 사항이다(대판 1994.9.9. 94다17536). 즉, 2년은 제척기간으로서 직권조사사항이다.

㉡ 관련 판례

[민법 제839조의2 제3항, 제843조에 따라 2년 제척기간 내에 재산의 일부에 대해서만 재산분할을 청구하고 제척기간이 지난 경우, 그때까지 청구 목적물로 하지 않은 재산에 대한 청구권이 소멸하는지 여부(적극) / 재산분할재판에서 분할대상인지 여부가 전혀 심리된 바 없는 재산이 재판확정 후 추가로 발견된 경우, 이에 대하여 추가로 재산분할청구를 할 수 있는지 여부(적극) 및 추가 재산분할청구에도 이혼한 날부터 2년 이내라는 제척기간을 준수하여야 하는지 여부(적극)]

민법 제839조의2 제3항, 제843조에 따르면 재산분할청구권은 협의상 또는 재판상 이혼한 날부터 2년이 지나면 소멸한다. 2년 제척기간 내에 재산의 일부에 대해서만 재산분할을 청구한 경우 청구 목적물로 하지 않은 나머지 재산에 대해서는 제척기간을 준수한 것으로 볼 수 없으므로, 재산분할청구 후 제척기간이 지나면 그때까지 청구 목적물로 하지 않은 재산에 대해서는 청구권이 소멸한다. 재산분할재판에서 분할대상인지 여부가 전혀 심리된 바 없는 재산이 재판확정 후 추가로 발견된 경우에는 이에 대하여 추가로 재산분할청구를 할 수 있다. 다만 추가 재산분할청구 역시 이혼한 날부터 2년 이내라는 제척기간을 준수하여야 한다(대판 2018.6.22. 2018스18).

[민법 제843조, 제839조의2 제3항에서 정한 2년의 제척기간이 출소기간인지 여부(적극) 및 재산분할청구 후 제척기간이 지날 때까지 청구 목적물로 하지 않은 재산에 대해서 제척기간을 준수한 것으로 볼 수 있는지 여부(원칙적 소극) / 청구인 지위에서 대상 재산에 대해 적극적으로 재산분할을 청구하는 것이 아니라 이미 제기된 재산분할청구 사건의 상대방 지위에서 분할대상 재산을 주장하는 경우, 제척기간이 적용되는지 여부(소극)]

민법 제843조, 제839조의2 제3항은 협의상 또는 재판상 이혼 시의 재산분할청구권에 관하여 '이혼한 날부터 2년을 경과한 때에는 소멸한다'고 정하고 있는데, 위 기간은 제척기간이고, 나아가 재판 외에서 권리를 행사하는 것으로 족한 기간이 아니라 그 기간 내에 재산분할심판 청구를 하여야 하는 출소기간이다. 재산분할청구 후 제척기간이 지나면 그때까지 청구 목적물로 하지 않은 재산에 대해서는 특별한 사정이 없는 한 제척기간을 준수한 것으로 볼 수 없다. 그러나 청구인 지위에서 대상 재산에 대해 적극적으로 재산분할을 청구하는 것이 아니라, 이미 제기된 재산분할청구 사건의 상대방 지위에서 분할대상 재산을 주장하는 경우에는 제척기간이 적용되지 않는다(대결 2022.11.10. 2021스766).

[협의상 또는 재판상 이혼을 하였으나 재산분할을 하지 않아 이혼 후 2년 이내에 최초로 법원에 민법 제839조의2에 따라 재산분할청구를 한 경우, 제척기간 내 이루어진 청구에 대하여 제척기간 준수의 효력이 인정되는지 여부(적극)]

협의상 이혼한 자 일방은 다른 일방에 대하여 재산분할을 청구할 수 있고(민법 제839조의2 제1항), 재산분할청구권은 이혼한 날부터 2년을 경과한 때에는 소멸하는데(민법 제839조의2 제3항), 재판상 이혼에 따른 재산분할청구권에도 위 민법 제839조의2가 준용된다(민법 제843조). 협의상 또는 재판상 이혼을 하였으나 재산분할을 하지 않아 이혼 후 2년 이내에 최초로 법원에 민법 제839조의2에 따라 재산분할청구를 함에 있어 제척기간 내 이루어진 청구에 대하여 제척기간 준수의 효력이 인정된다.

① 재산분할 제도는 혼인관계 해소 시 부부가 혼인 중 공동으로 형성한 재산을 청산·분배하는 것을 주된 목적으로 한다. 재산분할사건은 가사비송사건에 해당하고[가사소송법 제2조 제1항 제2호 (나)목 4)], 가사비송절차에 관하여는 가사소송법에 특별한 규정이 없는 한 비송사건절차법 제1편의 규정을 준용하며(가사소송법 제34조 본문), 비송사건절차에 있어서는 민사소송의 경우와 달리 당사자의 변론에만 의존하는 것이 아니고, 법원이 자기의 권능과 책임으로 재판의 기초가 되는 자료를 수집하는, 이른바 직권탐지주의에 의하고 있으므로(비송사건절차법 제11조), 청구인이 재산분할 대상을 특정하여 주장하더라도 법원으로서는 당사자의 주장에 구애되지 아니하고 재산분할의 대상이 무엇인지 직권으로 사실조사를 하여 포함시키거나 제외시킬 수 있다.

② 민법 제839조의2 제3항이 정하는 제척기간은 재판 외에서 권리를 행사하는 것으로 족한 기간이 아니라 그 기간 내에 재산분할심판 청구를 하여야 하는 출소기간이다. 따라서 이혼한 날부터 2년 내에 재산분할심판 청구를 하였음에도 그 재판에서 특정한 증거신청을 하였는지에 따라 제척기간 준수 여부를 판단할 것은 아니다(대판 2023.12.21. 2023므11819).

4) 손해배상청구권

① 재판상 이혼의 경우 당사자 일방은 과실 있는 상대방에 대하여 재산상의 손해에 대하여 뿐만 아니라 정신상의 고통에 대해서도 손해배상을 청구할 수 있다(민법 제843조, 제806조 제1항·제2항).

② 위자료청구권은 양도 또는 상속되지 않으나, 당사자 간에 이미 그 배상에 관한 계약이 성립되거나 소를 제기한 후에는 승계된다(민법 제843조, 제806조 제3항).

③ 또한 이혼하는 부부 일방은 혼인의 파탄에 책임이 있는 제3자에 대하여도 손해배상을 청구할 수 있다(민법 제750조).

④ 민법은 재판상 이혼의 경우에만 손해배상청구권을 규정하고 있으나, 통설, 판례[사기 또는 강박으로 인해서 혼인하게 된 자가 혼인취소 또는 이혼판결에 의하지 아니하고 협의이혼을 한 경우에도 손해배상청구를 할 수 있다(대판 1977.1.25. 76다2223)]는 협의상 이혼의 경우에도 손해배상청구권을 인정한다.

> **[손해배상청구권에 관한 주요 판례]**
> - **[1] 이혼소송 계속 중 배우자 일방이 사망한 경우 이혼소송의 종료 여부(적극)** : 재판상 이혼청구권은 부부의 일신전속적 권리이므로 이혼소송 계속 중 배우자 일방이 사망한 때에는 상속인이 수계할 수 없음은 물론 검사가 수계할 수 있는 특별한 규정도 없으므로 이혼소송은 종료된다. **[2] 이혼위자료청구권이 행사상 일신전속권으로서 승계가 가능한지 여부(적극)** : 이혼위자료청구권은 상대방 배우자의 유책불법한 행위에 의하여 혼인관계가 파탄상태에 이르러 이혼하게 된 경우 그로 인하여 입게 된 정신적 고통을 위자하기 위한 손해배상청구권으로서 이혼 시점에서 확정, 평가되고 이혼에 의하여 비로소 창설되는 것이 아니며, 이혼위자료청구권의 양도 내지 승계의 가능 여부에 관하여 민법 제806조 제3항은 약혼해제로 인한 손해배상청구권에 관하여 정신상 고통에 대한 손해배상청구권은 양도 또는 승계하지 못하지만 당사자 간에 배상에 관한 계약이 성립되거나 소를 제기한 후에는 그러하지 아니하다고 규정하고 같은 법 제843조가 위 규정을 재판상 이혼의 경우에 준용하고 있으므로, 이혼위자료청구권은 원칙적으로 일신전속적 권리로서 양도나 상속 등 승계가 되지 아니하나 이는 행사상 일신전속권이고 귀속상 일신전속권은 아니라 할 것인바, 그 청구권자가 위자료의 지급을 구하는 소송을 제기함으로써 청구권을 행사할 의사가 외부적 객관적으로 명백하게 된 이상 양도나 상속 등 승계가 가능하다(대판 1993.5.7. 92므143).
> - **이혼을 원인으로 하는 위자료청구권의 의미 / 유책배우자에 대한 위자료 액수를 산정할 때 혼인관계의 파탄 이후 최종적 이혼에 이르기까지 발생한 모든 사정을 고려하여야 하는지 여부(적극) 및 이때 개별적 유책행위에 대하여 별개의 손해배상청구를 할 수 있다고 하여도 마찬가지인지 여부(적극)** : 이혼을 원인으로 하는 위자료청구권은 상대방 배우자의 유책불법한 행위에 의하여 혼인관계가 파탄상태에 이르러 '이혼하게 된 경우 그로 인하여 입게 된 정신적 고통을 위자하기 위한 손해배상청구권으로서, 이혼의 원인이 되는 개별적 유책행위의 발생으로부터 최종적 이혼에 이르기까지 일련의 경과가 전체로서 불법행위로 파악되어 최종적 이혼시점에서 확정, 평가된다. / 유책배우자에 대한 위자료 액수를 산정함에 있어서는, 유책행위에 이르게 된 경위와 정도, 혼인관계 파탄의 원인과 책임, 배우자의 연령과 재산상태 등 변론에 나타나는 모든 사정을 참작하여 법원이 직권으로 정하여야 하고, 이러한 사정에는 혼인관계의 파탄 이후 최종적 이혼에 이르기까지 발생한 모든 사정이 포함되며, 개별적 유책행위에 대하여 별개의 손해배상청구를 할 수 있다고 하여 달라지지 않는다(대판 2024.10.25. 2024므11526[본소]·2024므11533[반소]).

Ⅵ 사실혼

1. 의의

사실혼(事實婚)이란 실질적으로 부부로서 혼인생활을 하고 있으나 형식적으로 혼인신고를 하지 않아서 법률상 혼인으로 인정되지 않는 남녀관계를 말한다. 다수설·판례는 사실혼을 준혼관계로 파악함으로써 민법규정 중 혼인신고와 관련된 규정을 제외하고는 혼인의 효과를 모두 인정하고 있다. 이하에서는 다수설·판례의 입장에서 사실혼을 검토하기로 한다.

2. 사실혼의 성립요건

① 사실혼이 성립하기 위해서는 주관적 요건(혼인의사의 합치)과 객관적 요건(부부공동생활을 인정할 만한 혼인생활의 실체)이 필요하다(대판 2001.4.13. 2000다52943).
  ㉠ 주관적 요건으로서 당사자 사이에 혼인의사의 합치가 필요하며, 이때의 혼인의사는 실질의사설에 따른 혼인의사를 의미한다. 즉, 혼인의사를 '사회관념상 부부라고 인정되는 정신적·육체적 결합을 하려는 의사'로 본다.
  ㉡ 객관적 요건으로서 당사자 사이에 사회관념상 가족질서적인 면에서 부부공동생활을 인정할 만한 사회적 실체가 있어야 한다. 즉, 단기간의 동거 또는 간헐적인 정교관계가 있는 경우 그것만으로는 당사자 사이에 혼인의사의 합치나 혼인생활의 실체가 존재한다고 인정하기 어렵다(대판 2001.1.30. 2000도4942).
② ①의 요건 외에 혼인의 장애사유(민법 제808조 내지 제810조)도 없어야 한다. 사실혼은 신고를 제외한 나머지 혼인의 요건을 모두 갖추어야 한다(이설 있음). 판례도 중혼적 사실혼의 경우 특별한 사정(법률혼인 전혼이 사실상 이혼상태에 있다는 등의 사정)이 없는 한 이를 사실혼으로 인정하여 법률혼에 준하는 보호를 할 수는 없다고 한다(대판 2001.4.13. 2000다52943).

3. 사실혼의 효과

(1) 일반적 효과

1) 혼인신고를 전제로 한 효과

사실혼에는 법률혼에 대한 민법의 규정 중 혼인신고를 전제로 하는 규정은 유추적용할 수 없다(대판 1995.3.10. 94므1379·1386). 따라서 사실혼 배우자 및 그 혈족과의 사이에 친족관계가 성립하지 않고, 미성년자는 사실혼관계에 있더라도 성년의제(민법 제826조의2)가 인정되지 않으며, 사실혼 부부 사이에서 출생한 자는 혼인 외의 자이다. 또한 사실혼 배우자는 상속권이 인정되지 않는다(대판 1999.5.11. 99두1540). 다만, 사실혼 배우자는 특별연고자로서 상속인이 없는 경우 상속재산에 대한 분할청구를 할 수 있다(민법 제1057조의2).

2) 동거·부양·협조·정조의무 등

부부공동생활관계를 전제로 인정되는 효과는 사실혼에도 유추적용된다.

(2) 재산적 효과

혼인의 재산적 효과는 사실혼의 경우에도 인정된다. 따라서 사실혼의 부부도 생활비용을 공동으로 부담하고, 일상가사에 관하여 서로 대리권이 있으며(민법 제827조 참조), 그 대리권 행사로 인하여 발생한 채무에 대하여 연대책임을 진다(민법 제832조). 또한 부부재산의 귀속에 관한 규정(민법 제830조)도 사실혼의 경우에 유추적용된다.

> **[사실혼관계가 일방 당사자의 사망으로 인하여 종료된 경우, 그 상대방에게 재산분할청구권을 인정할 수 있는지 여부(소극)]**
>
> 사실혼이란 당사자 사이에 혼인의 의사가 있고 객관적으로 사회관념상으로 가족질서적인 면에서 부부공동생활을 인정할 만한 혼인생활의 실체가 있는 경우이고, 부부재산에 관한 청산의 의미를 갖는 재산분할에 관한 법률 규정은 부부의 생활공동체라는 실질에 비추어 인정되는 것으로서 사실혼관계에도 이를 준용 또는 유추적용할 수 있기 때문에, 사실혼관계에 있었던 당사자들이 생전에 사실혼관계를 해소한 경우 재산분할청구권을 인정할 수 있으나, 법률상 혼인관계가 일방 당사자의 사망으로 인하여 종료된 경우에도 생존 배우자에게 재산분할청구권이 인정되지 아니하고 단지 상속에 관한 법률 규정에 따라서 망인의 재산에 대한 상속권만이 인정된다는 점 등에 비추어 보면, 사실혼관계가 일방 당사자의 사망으로 인하여 종료된 경우에는 그 상대방에게 재산분할청구권이 인정된다고 할 수 없다(대판 2006.3.24. 2005두15595).
>
> **[사실혼관계에 있는 부부 일방이 사실혼 중 자기 명의로 취득한 재산의 소유관계]**
>
> 사실혼관계에 있는 부부의 일방이 사실혼 중에 자기 명의로 취득한 재산은 그 명의자의 특유재산으로 추정되나 실질적으로 다른 일방 또는 쌍방이 그 재산의 대가를 부담하여 취득한 것이 증명된 때에는 특유재산의 추정은 번복되어 그 다른 일방의 소유이거나 쌍방의 공유라고 보아야 할 것이다(대판 1994.12.22. 93다52068·52075).

(3) 특별법상 효과

민법에는 사실혼에 관한 규정이 없으나, 특별법령에서는 사실혼 배우자를 법률상의 배우자와 동일하게 취급하고 있다. 이하에서는 대표적인 특별법령의 내용을 검토하기로 한다.

① 주택임대차보호법 제9조 제1항은 '임차인이 상속인 없이 사망한 경우에는 그 주택에서 가정공동생활을 하던 사실상의 혼인 관계에 있는 자가 임차인의 권리와 의무를 승계한다'고 규정하고 있고, 동법 제9조 제2항은 '임차인이 사망한 때에 사망 당시 상속인이 그 주택에서 가정공동생활을 하고 있지 아니한 경우에는 그 주택에서 가정공동생활을 하던 사실상의 혼인 관계에 있는 자와 2촌 이내의 친족이 공동으로 임차인의 권리와 의무를 승계한다'고 규정하고 있다.

② 근로기준법 시행령 제48조 제1항 제1호는 제1순위 유족의 범위인 배우자에 사실혼 관계에 있던 자를 포함시킨다.

③ 공무원연금법 제3조 제1항 제2호 가목의 배우자에 재직 당시 사실상 혼인관계에 있던 사람을 포함시킨다.

4. 사실혼의 해소

(1) 당사자 일방의 사망에 의한 해소
사실혼의 당사자 일방이 사망한 경우 재산분할청구권이 인정되지 않고(대판 2006.3.24. 2005두15595), 상속권도 인정되지 않으나, 특별연고자에 대한 재산분여규정(민법 제1057조의2)에 의하여 상속재산의 전부 또는 일부를 분여받을 수 있다.

(2) 합의에 의한 해소
① 사실혼관계에 있었던 당사자들이 생전에 사실혼관계를 해소한 경우 재산분할청구권을 인정할 수 있으나, 사실혼관계가 일방 당사자의 사망으로 인하여 종료된 경우에는 그 상대방에게 재산분할청구권이 인정된다고 할 수 없다(대판 2006.3.24. 2005두15595).

② 사실혼이 해소된 후 자(子)의 양육에 관하여 민법 제837조를 유추적용할 것인가에 대하여 학설은 일반적으로 긍정하나 판례(대판 1979.5.8. 79므3)는 부정한다.

> **[혼인 외 출생자의 생모가 생부를 상대로 양육자 지정 또는 양육에 관한 사항을 정하여 달라는 청구를 할 수 있는지 여부(소극)]**
> 현행법상은 이혼당사자의 신청이 있는 경우, 혼인의 무효 또는 취소 판결시 그 당사자의 신청이 있는 경우 이외에는 자의 양육자 지정이나 양육에 관한 사항을 정하여 달라는 신청을 할 수 있는 법률상 근거가 없으므로, 사실혼관계나 일시적 정교관계로 출생한 자의 생모는 그 자의 생부를 상대로 그와 같은 청구를 할 수 없다(대판 1979.5.8. 79므3).

③ 사실혼관계가 불과 1개월 만에 파탄된 경우

> **[1] 사실혼관계가 단기간에 해소된 경우, 혼수 구입비용 상당액의 손해배상청구를 배척한 사례** : 원·피고 사이의 사실혼관계가 불과 1개월 만에 파탄된 경우, 혼인생활에 사용하기 위하여 결혼 전후에 원고 자신의 비용으로 구입한 가재도구 등을 피고가 점유하고 있다고 하더라도 이는 여전히 원고의 소유에 속한다고 할 것이어서, 원고가 소유권에 기하여 그 반환을 구하거나 원상회복으로 반환을 구하는 것은 별론으로 하고, 이로 인하여 원고에게 어떠한 손해가 발생하였다고 할 수 없다는 이유로 그 구입비용 상당액의 손해배상청구를 배척하였다. **[2] 사실혼관계가 단기간에 해소된 경우, 결혼 후 동거할 주택구입 명목으로 교부한 금원은 형평의 원칙상 원상회복으로서 전액 반환되어야 한다고 한 사례** : 원고가 결혼 후 동거할 주택구입 명목으로 피고에게 금원을 교부함으로써 피고가 자신의 명의로 주택을 소유하게 되었을 뿐 아니라 향후 그 주택의 시가상승으로 인한 이익까지 독점적으로 보유하게 된다는 점 등을 고려할 때, 결혼생활이 단기간에 파탄되었다면 형평의 원칙상 위 금원은 원상회복으로서 특별한 사정이 없는 한 전액 반환되어야 한다(대판 2003.11.14. 2000므1257·1264).

(3) 일방적 파기에 의한 해소

① 판례는 「사실혼관계는 사실상의 관계를 기초로 하여 존재하는 것으로서 당사자 일방의 의사에 의하여 해소될 수 있고 당사자 일방의 파기로 인하여 공동생활의 사실이 없게 되면 사실상의 혼인관계는 해소되는 것이며, 다만 정당한 사유 없이 해소된 때에는 유책자가 상대방에 대하여 손해배상의 책임을 지는 데 지나지 않는다(대결 2009.2.9. 2008스105)」고 하였다.

② 나아가 「사실혼관계의 당사자 중 일방이 의식불명이 된 상태에서 상대방이 사실혼관계의 해소를 주장하면서 재산분할심판청구를 한 사안에서, 위 사실혼관계는 상대방의 의사에 의하여 해소되었고 그에 따라 재산분할청구권도 인정된다(대결 2009.2.9. 2008스105)」고 하였다.

5. 사실상혼인관계존부확인청구

(1) 의 의

사실혼관계가 성립되었다고 할 수 있는 경우(객관적·외부적으로 혼인의 실체를 인정할 수 있는 경우)에 당사자의 일방이 혼인신고에 협력하지 않는 경우 타방이 조정을 거쳐서 가정법원에 사실상혼인관계존부확인의 소를 제기할 수 있다(가사소송법 제2조 제1항 제1호 나류 가사소송사건, 제50조 제1항 조정전치주의). 이 소에 의하여 혼인신고가 이루어지면 혼인 외의 자(子)가 준정(準正)이 되어 혼인 중의 자(子)로 되고, 일방 배우자가 사망한 경우 상대방 배우자는 상속권을 가진다는 실익이 있다.

(2) 혼인의사의 존부 판단기준 시

실질적 의사설에 따른 혼인의사의 존부는 사실혼의 성립 당시를 기준으로 판단해야 한다(다수설). 만약 사실심 변론종결 시에 혼인의사가 존속하고 있지 않다는 이유로 이 소를 제기할 수 없다고 하면, 재판에 의한 혼인신고제도의 실효성이 무의미해지기 때문이다.

(3) 법적 성질

형성의 소라는 견해도 있으나 다수설과 판례(대판 1995.11.14. 95므694)는 사실상혼인관계존부확인의 소를 확인의 소로 본다. 판례는 호적법 제76조의2(현행 가족관계등록법 제72조)에 의한 혼인신고의 법적 성질을 창설적 신고로 보아 혼인신고에 의하여 비로소 법률상 혼인이 성립한다고 하나(대결 1991.8.13. 91스6), 다수설은 재판확정시 혼인이 성립하고, 그에 따른 혼인신고는 보고적 신고라고 한다.

> [사실혼관계의 존재를 확인하는 심판이 확정된 경우 법률상 혼인의 성립여부(소극)]
> 사실혼관계의 존재를 확인하는 심판이 확정되더라도 이로써 그 일방당사자가 호적법 제76조의2의 규정에 의하여 단독으로 혼인신고를 할 수 있는 길이 열리는 것일 뿐이고 심판확정으로 곧 그 당사자 간에 법률상의 혼인관계가 형성되는 것은 아니며 신고혼주의를 취하는 우리 법제 아래서는 혼인신고가 있어야만 비로소 법률상 혼인이 성립된다(대결 1991.8.13. 91스6).

(4) 사망자에 대한 사실상혼인관계존부확인청구

1) 사망자와 사이의 사실상혼인관계존부확인청구에 있어서 확인의 이익 유무

> 사실혼 배우자의 일방이 사망한 경우 생존하는 당사자가 혼인신고를 하기 위한 목적으로서는 사망자와의 과거의 사실혼관계 존재확인을 구할 소의 이익이 있다고는 할 수 없고, 이러한 과거의 사실혼관계가 생존하는 당사자와 사망자와 제3자 사이의 현재적 또는 잠재적 분쟁의 전제가 되어 있어 그 존부확인청구가 이들 수많은 분쟁을 일거에 해결하는 유효 적절한 수단일 수 있는 경우에는 확인의 이익이 인정될 수 있는 것이지만, 그러한 유효 적절한 수단이라고 할 수 없는 경우에는 확인의 이익이 부정되어야 한다(대판 1995.11.14. 95므694).

2) 사실혼 당사자가 모두 사망한 경우

> [구 관습법하에서 혼례식만 거행한 부부쌍방이 모두 사망한 경우 그 혼인신고를 하기 위하여 과거의 혼인사실의 존재확인을 구할 이익이 있는지 여부(소극)]
> 형식혼주의(법률혼주의)를 채택하기 시작한 조선민사령 또는 조선호적령 시행전의 구 관습법하에서 혼인신고없이 혼례식만을 거행한 당사자에 대하여 민법 부칙 제2조에 따라 현행 법률혼으로서의 효력이 인정된다고 하더라도 위 혼인당사자가 모두 사망한 이상 그 혼인관계는 소멸하여 버렸고 현행법상 부부쌍방이 모두 사망한 경우 제3자가 그 혼인신고를 할 수 있는 방법이 없으므로 위 사망한 당사자의 혼인신고를 하기 위하여 그들 사이에 과거의 혼인사실의 존재확인을 구함은 확인의 이익이 없어 부적법하다(대판 1988.4.12. 87므104).

제4절 부모와 자(친자관계)

I 친자관계 일반

1. 친자관계의 의의

친자관계란 '부모와 자(子)의 신분관계'를 말하며, 부부관계와 더불어 친족적 공동생활의 기초를 이룬다.

2. 친자관계의 종류

① 친자관계는 현행 민법상 친생친자관계(親生親子關係)와 법정친자관계(法定親子關係)인 양친자관계가 있다.
② 친생친자관계는 부모와 자(子)의 관계가 혈연에 기초한 것이고, 법정친자관계는 법률에 기초한 것이다.
③ 친생친자관계에서 자(子)인 친생자는 부모와 혈연관계가 있는 자인데, 친생자는 혼인 중 출생자(혼생자)와 혼인 외의 출생자로 구분되며, 혼인 외의 출생자는 다시 부(父)에게 인지된 자(인지만으로는 혼생자가 될 수 없고, 준정이 있어야 한다)와 인지되지 않은 자로 구분된다.

II. 친생자(親生子)

1. 혼인 중의 출생자

> **남편의 친생자의 추정(민법 제844조)**
> ① 아내가 혼인 중에 임신한 자녀는 남편의 자녀로 추정한다.
> ② 혼인이 성립한 날부터 200일 후에 출생한 자녀는 혼인 중에 임신한 것으로 추정한다.
> ③ 혼인관계가 종료된 날부터 300일 이내에 출생한 자녀는 혼인 중에 임신한 것으로 추정한다.
> [전문개정 2017.10.31.]
> [2017.10.31. 법률 제14965호에 의하여 2015.4.30. 헌법재판소에서 헌법불합치 결정된 이 조를 개정함]
>
> **법원에 의한 부의 결정(민법 제845조)**
> 재혼한 여자가 해산한 경우에 제844조의 규정에 의하여 그 자의 부를 정할 수 없는 때에는 법원이 당사자의 청구에 의하여 이를 정한다.
>
> **자의 친생부인(민법 제846조)**
> 부부의 일방은 제844조의 경우에 그 자가 친생자임을 부인하는 소를 제기할 수 있다.
>
> **친생부인의 소(민법 제847조)**
> ① 친생부인(親生否認)의 소(訴)는 부(夫) 또는 처(妻)가 다른 일방 또는 자(子)를 상대로 하여 그 사유가 있음을 안 날부터 2년 내에 이를 제기하여야 한다.
> ② 제1항의 경우에 상대방이 될 자가 모두 사망한 때에는 그 사망을 안 날부터 2년 내에 검사를 상대로 하여 친생부인의 소를 제기할 수 있다.
>
> **성년후견과 친생부인의 소(민법 제848조)**
> ① 남편이나 아내가 피성년후견인인 경우에는 그의 성년후견인이 성년후견감독인의 동의를 받아 친생부인의 소를 제기할 수 있다. 성년후견감독인이 없거나 동의할 수 없을 때에는 가정법원에 그 동의를 갈음하는 허가를 청구할 수 있다.
> ② 제1항의 경우 성년후견인이 친생부인의 소를 제기하지 아니하는 경우에는 피성년후견인은 성년후견종료의 심판이 있은 날부터 2년 내에 친생부인의 소를 제기할 수 있다.
>
> **자(子) 사망 후의 친생부인(민법 제849조)**
> 자(子)가 사망한 후에도 그 직계비속이 있는 때에는 그 모를 상대로, 모가 없으면 검사를 상대로 하여 부인의 소를 제기할 수 있다.
>
> **유언에 의한 친생부인(민법 제850조)**
> 부(夫) 또는 처(妻)가 유언으로 부인의 의사를 표시한 때에는 유언집행자는 친생부인의 소를 제기하여야 한다.
>
> **부의 자(子) 출생 전 사망 등과 친생부인(민법 제851조)**
> 부(夫)가 자(子)의 출생 전에 사망하거나 부(夫) 또는 처(妻)가 제847조 제1항의 기간 내에 사망한 때에는 부(夫) 또는 처(妻)의 직계존속이나 직계비속에 한하여 그 사망을 안 날부터 2년 내에 친생부인의 소를 제기할 수 있다.
>
> **친생부인권의 소멸(민법 제852조)**
> 자의 출생 후에 친생자(親生子)임을 승인한 자는 다시 친생부인의 소를 제기하지 못한다.

> **사기, 강박으로 인한 승인의 취소(민법 제854조)**
> 제852조의 승인이 사기 또는 강박으로 인한 때에는 이를 취소할 수 있다.
>
> **친생부인의 허가청구(민법 제854조의2)**
> ① 어머니 또는 어머니의 전(前) 남편은 제844조 제3항의 경우에 가정법원에 친생부인의 허가를 청구할 수 있다. 다만, 혼인 중의 자녀로 출생신고가 된 경우에는 그러하지 아니하다.
> ② 제1항의 청구가 있는 경우에 가정법원은 혈액채취에 의한 혈액형 검사, 유전인자의 검사 등 과학적 방법에 따른 검사결과 또는 장기간의 별거 등 그 밖의 사정을 고려하여 허가 여부를 정한다.
> ③ 제1항 및 제2항에 따른 허가를 받은 경우에는 제844조 제1항 및 제3항의 추정이 미치지 아니한다.

(1) 의 의

혼인 중 출생자(혼생자)는 혼인관계 있는 부모 사이에서 태어난 자(子)를 말한다. 혼인 중 출생자에는 ① 생래적 혼인 중의 출생자(출생 시부터 혼인 중 출생자의 지위를 취득)와 ② 준정(準正)에 의한 혼인 중의 출생자(출생 시에는 혼인 외의 출생자였으나 후에 부모의 혼인에 의하여 혼인 중의 출생자의 지위를 취득)가 있다. 그리고 생래적 혼인 중의 출생자에는 ㉠ 친생추정을 받는 혼인 중의 출생자, ㉡ 친생추정을 받지 않는 혼인 중의 출생자가 있다. 이하에서는 이에 대해서 검토하기로 한다.

(2) 친생자의 추정

1) 취 지

포태와 분만이라는 자연적 사실에 의하여 확정되는 모자관계와 달리 부자관계를 민법은 조기에 확정하여, 부자관계를 둘러싼 분쟁을 적절하게 처리하기 위하여 혼인 중의 자에 대하여 친생을 추정하는 규정을 두고 있다(민법 제844조).

2) 친생추정의 요건

① 부와 모가 혼인관계에 있어야 하고, 모는 부의 처(妻)여야 한다.
② 아내가 혼인 중에 임신한 자녀는 남편의 자녀로 추정하고(민법 제844조 제1항), 혼인이 성립한 날부터 200일 후에 출생한 자녀는 혼인 중에 임신한 것으로 추정하며(동조 제2항), 혼인관계가 종료된 날부터 300일 이내에 출생한 자녀는 혼인 중에 임신한 것으로 추정한다(동조 제3항).
  ㉠ 여기서 혼인이 성립한 날은 혼인신고일(단, 사실혼이 선행하고 뒤에 혼인신고가 이루어지는 경우 사실혼 성립 시가 기준일이 된다)을 말하고, 혼인관계가 종료된 날은 이혼의 효력이 발생한 날을 의미한다.
  ㉡ 혼인이 성립한 날부터 200일이 경과하기 전에 출생한 부의 자녀 또는 혼인관계가 종료된 날부터 300일 이후에 출생한 부의 자녀는 친생추정을 받지 않으며, 이 경우 친생자관계부존재확인의 소에 의하여 친생 여부를 다툴 수 있다.

[혼인 종료 후 300일 이내에 출생한 자를 전남편의 친생자로 추정하는 민법(1958.2.22. 법률 제471호로 제정된 것) 제844조 제2항 중 "혼인관계종료의 날로부터 300일 내에 출생한 자"에 관한 부분(이하 '심판대상조항'이라 한다)이 모가 가정생활과 신분관계에서 누려야 할 인격권, 혼인과 가족생활에 관한 기본권을 침해하는지 여부(적극)]

[1] 오늘날 이혼 및 재혼이 크게 증가하였고, 여성의 재혼금지기간이 2005년 민법 개정으로 삭제되었으며, 이혼숙려기간 및 조정전치주의가 도입됨에 따라 혼인 파탄으로부터 법률상 이혼까지의 시간간격이 크게 늘어나게 됨에 따라, 여성이 전남편 아닌 생부의 자를 포태하여 혼인 종료일로부터 300일 이내에 그 자를 출산할 가능성이 과거에 비하여 크게 증가하게 되었으며, 유전자검사 기술의 발달로 부자관계를 의학적으로 확인하는 것이 쉽게 되었다. 그런데 심판대상조항에 따르면, 혼인 종료 후 300일 내에 출생한 자녀가 전남편의 친생자가 아님이 명백하고, 전남편이 친생추정을 원하지도 않으며, 생부가 그 자를 인지하려는 경우에도, 그 자녀는 전남편의 친생자로 추정되어 가족관계등록부에 전남편의 친생자로 등록되고, 이는 엄격한 친생부인의 소를 통해서만 번복될 수 있다. 그 결과 심판대상조항은 이혼한 모와 전남편이 새로운 가정을 꾸리는 데 부담이 되고, 자녀와 생부가 진실한 혈연관계를 회복하는 데 장애가 되고 있다. 이와 같이 민법 제정 이후의 사회적·법률적·의학적 사정변경을 전혀 반영하지 아니한 채, 이미 혼인관계가 해소된 이후에 자가 출생하고 생부가 출생한 자를 인지하려는 경우마저도, 아무런 예외 없이 그 자를 전남편의 친생자로 추정함으로써 친생부인의 소를 거치도록 하는 심판대상조항은 입법형성의 한계를 벗어나 모가 가정생활과 신분관계에서 누려야 할 인격권, 혼인과 가족생활에 관한 기본권을 침해한다. [2] 심판대상조항을 위헌으로 선언하면 친생추정의 효력이 즉시 상실되어 혼인 종료 후 300일 이내에 출생한 자의 법적 지위에 공백이 발생할 우려가 있고, 심판대상조항의 위헌상태를 어떤 기준과 요건에 따라 개선할 것인지는 원칙적으로 입법자의 형성재량에 속하므로, 헌법불합치 결정을 선고하되 입법자의 개선입법이 있을 때까지 계속적용을 명한다(헌재결 2015.4.30. 2013마623).

③ 관련 문제 : 인공수정

[아내가 혼인 중 남편이 아닌 제3자의 정자를 제공받아 인공수정으로 임신한 자녀를 출산한 경우, 출생한 자녀가 남편의 자녀로 추정되는지 여부(적극) / 인공수정에 동의한 남편이 나중에 이를 번복하고 친생부인의 소를 제기할 수 있는지 여부(소극) 및 남편이 인공수정 자녀에 대해서 친자관계를 공시·용인해 왔다고 볼 수 있는 경우, 동의가 있는 경우와 마찬가지로 취급하여야 하는지 여부(적극)]

(가) 친생자와 관련된 민법 규정, 특히 민법 제844조 제1항(이하 '친생추정 규정'이라 한다)의 문언과 체계, 민법이 혼인 중 출생한 자녀의 법적 지위에 관하여 친생추정 규정을 두고 있는 기본적인 입법 취지와 연혁, 헌법이 보장하고 있는 혼인과 가족제도 등에 비추어 보면, 아내가 혼인 중 남편이 아닌 제3자의 정자를 제공받아 인공수정으로 자녀를 출산한 경우에도 친생추정 규정을 적용하여 인공수정으로 출생한 자녀가 남편의 자녀로 추정된다고 보는 것이 타당하다.

(나) 정상적으로 혼인생활을 하고 있는 부부 사이에서 인공수정 자녀가 출생하는 경우 남편은 동의의 방법으로 자녀의 임신과 출산에 참여하게 되는데, 이것이 친생추정 규정이 적용되는 근거라고 할 수 있다. 남편이 인공수정에 동의하였다가 나중에 이를 번복하고 친생부인의 소를 제기하는 것은 허용되지 않는다. 나아가 인공수정 동의와 관련된 현행법상 제도의 미비, 인공수정이 이루어지는 의료 현실, 민법 제852조에서 친생자임을 승인한 자의 친생부인을 제한하고 있는 취지 등에 비추어 이러한 동의가 명백히 밝혀지지 않았던 사정이 있다고 해서 곧바로 친자관계가 부정된다거나 친생부인의 소를 제기할 수 있다고 볼 것은 아니다. 부부가 정상적인 혼인생활을 하고 있는 경우 출생한 인공수정 자녀에 대해서는 남편의 동의가 있었을 개연성이 높다. 따라서 혼인 중 출생한 인공수정 자녀에 대해서는 다른 명확한 사정에 관한 증명이 없는 한 남편의 동의가 있었던 것으로 볼 수 있다. 동의서 작성이나 그 보존 여부가 명백하지 않더라도 인공수정 자녀의 출생 이후 남편이 인공수정 자녀라는 사실을 알면서 출생신고를 하는 등 인공수정 자녀를

> 자신의 친자로 공시하는 행위를 하거나, 인공수정 자녀의 출생 이후 상당 기간 동안 실질적인 친자관계를 유지하면서 인공수정 자녀를 자신의 자녀로 알리는 등 사회적으로 보아 친자관계를 공시·용인해 왔다고 볼 수 있는 경우에는 동의가 있는 경우와 마찬가지로 취급하여야 한다(대판[전합] 2019.10.23. 2016므2510 - 다수의견).

④ 관련 문제 : 군사분계선 이북지역에서의 혼인관계

> **[군사분계선 이북지역에서 혼인관계가 유효하게 성립하였으나 가족관계등록부에 그 혼인관계가 기록되지 않았다는 사정만으로 그 혼인관계 중에 출생한 자녀가 혼인 외의 출생자가 되는지 여부(소극)]**
> 군사분계선 이북지역(이하 '북한'이라 한다)에서 혼인관계가 유효하게 성립하였으나 가족관계등록부에 그 혼인관계가 기록되지 않았다는 사정만으로 그 혼인관계 중에 출생한 자녀가 혼인 외의 출생자가 되는 것은 아니다. 그 이유는 다음과 같다.
> ① 북한이탈주민의 보호 및 정착지원에 관한 법률 제19조의2는 가족관계 등록을 창설한 북한이탈주민 중 북한에 배우자를 둔 사람이 그 배우자를 상대로 이혼을 청구하는 경우의 특례를 규정하고 있다. 그리고 남북 주민 사이의 가족관계와 상속 등에 관한 특례법은 정전협정 전에 혼인하여 군사분계선 이남지역(이하 '남한'이라 한다)에 배우자를 둔 사람이 북한에서 다시 혼인을 한 경우 이를 중혼으로 취소하는 것을 제한하거나 일정한 경우 전혼이 소멸한 것으로 보고(제6조), 혼인 중의 자녀로 출생한 북한주민이 남한주민인 부모를 상대로 친생자관계존재확인의 소를 제기하는 기간에 대한 특례를 규정하고 있다(제8조).
> ② 이처럼 관련 법률은 북한에서 성립한 혼인관계의 효력이 인정될 수 있고 그 혼인관계 중 출생한 자녀도 혼인 중의 자녀가 될 수 있다는 입장에 서서 그에 따른 법률관계를 규율하고 있다. 이는 남북관계 및 이로 인하여 발생하는 남북 주민의 신분관계의 여러 문제점이 가지는 특수성을 고려하여, 가족관계의 등록 등에 관한 법률에 따른 기록이 없다는 이유만을 들어 북한에서 이미 유효하게 이루어진 신분관계의 효력을 부정하지 않겠다는 취지이다(대판 2024.6.13. 2024스536).

> **[군사분계선 이북지역에서 유효하게 성립한 혼인관계 중에 출생한 자녀임을 주장하며 부와의 사이에 친생자관계존재확인의 확정판결을 받은 경우, 가족관계등록부를 정정하는 방법]**
> 자신이 군사분계선 이북지역(이하 '북한'이라 한다)에서 유효하게 성립한 혼인관계 중에 출생한 자녀임을 주장하며 부와의 사이에 친생자관계존재확인의 확정판결을 받아 가족관계등록부 정정을 신청하는 경우에는 비록 가족관계등록부 등에 부모의 혼인관계가 기록되어 있지 않아도 북한에서 부모의 혼인관계 성립 여부 또는 이와 관련한 신분관계를 소명하여 가족관계의 등록 등에 관한 법률 제104조에 따른 가정법원의 허가를 받아 정정신청을 함으로써 가족관계등록부를 정정할 수 있다고 보아야 한다. 북한에서 유효하게 성립한 혼인관계가 가족관계등록부에 기록되기 어려운 점, 가사소송법 등에 혼인관계가 유효하게 존속한다거나 특정인이 그 혼인 중에 출생한 자녀임을 확인받을 수 있는 직접적인 쟁송방법이 없는 점, 앞서 살펴본 관련 법률의 취지 등을 고려하면, 위와 같은 경우에도 가정법원의 허가를 받아 가족관계등록부를 정정할 수 있는 법적 가능성을 부여할 필요가 있기 때문이다(대판 2024.6.13. 2024스536).

3) 친생추정의 효과

① 친생추정을 받는 자는 요건이 엄격한 '친생부인의 소'에 의하지 않는 한 그 추정이 번복되지 않는다.
② 친생추정이 미치는 자에 대하여는 친자관계부존재확인의 소로 다툴 수 없다.
③ 부(夫)의 친생자로 추정되는 자(子)에 대하여 누구도 인지할 수 없으며, 친생추정을 받는 자(子) 역시도 제3자를 상대로 인지청구의 소를 제기할 수 없다.

> **[비교 판례]**
> **[생부모가 호적상의 부모와 다른 사실이 객관적으로 명백한 경우, 친생추정을 깨뜨리지 않고도 생부모를 상대로 인지청구를 할 수 있는지 여부(적극)]**
> 민법 제844조의 친생추정을 받는 자는 친생부인의 소에 의하여 그 친생추정을 깨뜨리지 않고서는 다른 사람을 상대로 인지청구를 할 수 없으나, 호적상(현행 가족관계등록부)의 부모의 혼인 중의 자로 등재되어 있는 자라 하더라도 그의 생부모가 호적상의 부모와 다른 사실이 객관적으로 명백한 경우에는 그 친생추정이 미치지 아니하므로, 그와 같은 경우에는 곧바로 생부모를 상대로 인지청구를 할 수 있다(대판 2000.1.28. 99므1817).
>
> **[친생부인의 소를 제기할 사안에서 친생부인의 소가 아닌 친생자관계부존재확인의 소를 제기하였는데, 법원이 그 잘못을 간과하고 청구를 받아들여 친생자관계가 존재하지 않는다는 확인의 심판을 선고받아 확정된 경우 그 심판의 효력 및 그 확정심판의 효과로서 친생자로서의 추정이 깨어지는지 여부(적극)]**
> 민법 제844조 제1항의 친생자 추정의 규정 즉 혼인 중 처가 포태한 자에 대한 부의 자로서의 친생추정은 다른 반증을 허용하지 않는 강한 추정이므로, 이와 같은 추정을 번복하기 위하여서는 부 측에서 민법 제846조, 제847조가 규정하는 친생부인의 소를 제기하여 그 확정판결을 받아야 하며, 친생부인의 소의 방법이 아닌 민법 제865조 소정의 친생자관계부존재확인의 소의 방법에 의하여 그 친생자관계의 부존재확인을 소구하는 것은 부적법하나, 법원이 그 잘못을 간과하고 청구를 받아들여 친생자관계가 존재하지 않는다는 확인의 심판을 선고하고 그 심판이 확정된 이상 이 심판이 당연무효라고 할 수는 없는 것이며, 구 인사소송법(1990.12.31. 법률 제4300호 가사소송법에 의하여 폐지) 제35조, 제32조에 의하여 위 확정심판의 기판력은 제3자에게도 미친다고 할 것이어서 위 심판의 확정으로 누구도 소송상으로나 소송 외에서 친생자임을 주장할 수 없게 되었다고 할 것이니 이제는 위 확정심판의 기판력과 충돌되는 친생자로서의 추정의 효력은 사라져버렸다(대판 1992.7.24. 91므566). 이에 따라 인지청구를 할 수 있다.

4) 친생추정의 한계

① **문제점**: 부(夫)의 자(子)가 아니라는 것이 명백함에도 불구하고 자(子)가 친생자로 추정을 받는다는 것은 매우 부당하므로 이를 제한적으로 보아야 하는데, 그 범위에 대하여 다툼이 있다.
② **판례**: 과거 무제한설의 입장에서 부부의 동거(同居) 유무나 처(妻)가 부(夫)의 자(子)를 포태할 가능성의 유무를 묻지 않고, 혼인 중 처(妻)가 자(子)를 포태한 경우에는 친생추정을 인정하였으나, 그 후 판례를 변경하여 외관설의 입장에서 동서의 결여로 처(妻)가 부(夫)의 자(子)를 포태할 수 없는 것이 외관상 명백한 사정이 있는 경우에는 그 추정이 미치지 않는다고 하였다(대판[전합] 1983.7.12. 82므59).

> **[처가 부의 자를 포태할 수 없음이 외관상 명백한 경우 부가 그 출생자의 친자관계를 부인하는 방법]**
> 민법 제844조는 부부가 동거하여 처가 부의 자를 포태할 수 있는 상태에서 자를 포태한 경우에 적용되는 것이고 부부의 한 쪽이 장기간에 걸쳐 해외에 나가 있거나 사실상의 이혼으로 부부가 별거하고 있는 경우 등 동서의 결여로 처가 부의 자를 포태할 수 없는 것이 외관상 명백한 사정이 있는 경우에는 그 추정이 미치지 아니하므로 이 사건에 있어서 처가 가출하여 부와 별거한 지 약 2년 2개월 후에 자를 출산하였다면 이에는 동조의 추정이 미치지 아니하여 부는 친생부인의 소에 의하지 않고 친자관계부존재확인소송을 제기할 수 있다(대판[전합] 1983.7.12. 82므59). 이 판결에 의하여 이른바 무제한설을 따르던 1968.2.27. 67므34, 1975.7.22. 75다65 판결 등이 변경되었다.

③ 검토 : 무제한설은 혼인 중의 출생자가 부(夫)의 자(子) 아님이 객관적으로 명백한 경우에도 친생부인의 소를 제기하도록 하여 권리구제 측면에서 불합리한 면이 있고, 혈연설은 친생추정을 다툴 수 있는 범위를 혈액형의 배치나 부의 생식능력 등으로 한정하여 권리구제 측면에서 실효적이지 못하므로 혼인 중의 출생자라도 부(夫)의 자(子) 아님이 외관상 객관적으로 명백하다면 친생추정이 미치지 않다고 보는 외관설이 타당하다.

(3) 친생추정을 받지 않는 혼인 중의 출생자

혼인이 성립한 날로부터 200일이 되기 전에 출생한 자는 친생자의 추정을 받지 못하며, 이 경우 법률상 이해관계 있는 자는 누구든지 제소기간의 제한이 없는 친생자관계부존재확인의 소를 제기할 수 있다.

(4) 친생추정이 미치지 않는 자

① 부(夫) 또는 모(母)가 친생부인의 소를 제기하는 것도 가능하나, 원고적격과 제소기간의 제한이 없는 친생자관계부존재확인의 소를 제기하는 것이 일반적이다.
② 이 경우 자(子)는 가족관계등록부상의 부(父)가 친생부인의 소를 제기하지 않더라도 진실한 부(父)에 대하여 인지청구의 소를 제기할 수 있다.

출처 | 송덕수, 신민법강의, 박영사, 2022, P. 1587~1588

(5) 친생부인(親生否認)의 소

1) 의 의

친생부인의 소는 부부의 일방이 다른 일방 또는 자(子)를 상대로 그 자(子)의 친생자 추정을 번복하여 부자관계를 부정하기 위하여 제기하는 소이다(민법 제847조). 자(子)의 친생자 추정은 오직 친생부인의 소에 의해서만 번복될 수 있지, 친생자관계부존재확인의 소나 인지청구의 소 등의 선결문제로 친생을 부인하는 것은 허용되지 않는다.

2) 절 차

① 친생부인의 소를 제기하기 위하여 조정을 거쳐야 한다(가사소송법 제2조 제1항 제1호 나류 가사소송사건, 제50조 제1항 조정전치주의).
② 친생부인의 조정이 성립되더라도 이는 당사자가 임의로 처분할 수 없는 사항에 관한 것이므로(가사소송법 제59조 제2항 단서) 친생부인의 효력이 생기지 않는다(대판 1968.2.27. 67므34). 따라서 조정만으로는 친생부인의 효력이 생기지 않고, 가정법원의 확정판결이 있어야 한다.

③ 반면 부(夫)가 자(子)의 친생을 승인하는 조정이 성립하여 당사자 사이에 합의된 사항을 조정조서에 기재하면 자(子)는 부(夫)의 친생자로 확정된다(가사소송법 제59조 제1항).
④ 조정이 성립하지 않으면 조정신청을 한 때에 소를 제기한 것으로 간주하여 소송절차로 넘어간다(가사소송법 제49조, 민사조정법 제36조).

3) 원고적격(= 제소권자)
① 원칙 : 친생부인의 소는 원칙적으로 부(夫) 또는 처(妻)만이 제기할 수 있다(민법 제847조 제1항). 즉, 자(子)에게는 인정되지 않는다.

> [민법 제846조, 제847조 제1항에서 정한 친생부인의 소의 원고적격이 있는 '부(婦), 처(妻)'는 자의 생모에 한정되는지 여부(적극) 및 여기에 '재혼한 처(妻)'가 포함되는지 여부(소극)]
> 민법 규정의 입법 취지, 개정 연혁과 체계 등에 비추어 보면, 민법 제846조, 제847조 제1항에서 정한 친생부인의 소의 원고적격이 있는 '부(婦), 처(妻)'는 자의 생모에 한정되고, 여기에 친생부인이 주장되는 대상자의 법률상 부(父)와 '재혼한 처(妻)'는 포함되지 않는다(대판 2014.12.11. 2013므4591).

② 예 외
  ㉠ 부(夫) 또는 처(妻)의 성년후견인
    ㉮ 남편이나 아내가 피성년후견인인 경우에는 그의 성년후견인이 성년후견감독인의 동의를 받아 친생부인의 소를 제기할 수 있다. 이 경우 성년후견감독인이 없거나 동의할 수 없을 때에는 가정법원에 그 동의를 갈음하는 허가를 청구할 수 있다(민법 제848조 제1항).
    ㉯ 성년후견인이 친생부인의 소를 제기하지 아니하는 경우에는 피성년후견인은 성년후견종료의 심판이 있은 날부터 2년 내에 친생부인의 소를 제기할 수 있다(민법 제848조 제2항).
  ㉡ 유언집행자 : 부(夫) 또는 처(妻)가 유언으로 부인의 의사를 표시한 때에는 유언집행자는 친생부인의 소를 제기하여야 한다(민법 제850조).
  ㉢ 부(夫) 또는 처(妻)의 직계존속이나 직계비속 : 부(夫)가 자(子)의 출생 전에 사망하거나 부(夫) 또는 처(妻)가 제847조 제1항의 기간 내에 사망한 때에는 부(夫) 또는 처(妻)의 직계존속이나 직계비속에 한하여 그 사망을 안 날부터 2년 내에 친생부인의 소를 제기할 수 있다(민법 제851조).

4) 상대방적격
① 원칙 : 친생부인(親生否認)의 소(訴)는 부(夫) 또는 처(妻)가 다른 일방 또는 자(子)를 상대로 하여 제기하여야 한다(민법 제847조 제1항).
② 예 외
  ㉠ 검사 : 상대방이 될 자가 모두 사망한 때에는 그 사망을 안 날부터 2년 내에 검사를 상대로 하여 친생부인의 소를 제기할 수 있다(민법 제847조 제2항).
  ㉡ 모(母)가 없으면 검사 : 자(子)가 사망한 후에도 그 직계비속이 있는 때에는 그 모(母)를 상대로, 모(母)가 없으면 검사를 상대로 하여 부인의 소를 제기할 수 있다(민법 제849조).

5) 제소기간
① 친생부인의 소는 그 사유가 있음을 안 날부터 2년 내에 이를 제기하여야 한다(민법 제847조 제1항). 여기서 '그 사유가 있음을 안 날'의 의미는 부(夫)의 자(子)가 아닌 사실을 안 날을 의미하며, 2년의 기간은 혈연의 진실에 대한 부(夫)의 권리와 자(子)의 신분안정이라는 상반되는 이익을 조화하기 위한 제척기간이다.
② 부(夫) 또는 처(妻)가 피성년후견인인 경우 성년후견인이 친생부인의 소를 제기하지 아니하는 경우에는 피성년후견인은 성년후견종료의 심판이 있은 날부터 2년 내에 친생부인의 소를 제기할 수 있다(민법 제848조 제2항).
③ 부(夫) 또는 처(妻)의 직계존속이나 직계비속에 한하여 그 사망을 안 날부터 2년 내에 친생부인의 소를 제기할 수 있다(민법 제851조).

6) 친생부인권의 소멸 및 친생자승인의 취소
① **친생부인권의 소멸** : 자(子)의 출생 후에 친생자(親生子)임을 승인한 자는 다시 친생부인의 소를 제기하지 못한다(민법 제852조).
② **친생자승인의 취소** : 민법 제852조의 친생자승인이 사기 또는 강박으로 인한 때에는 이를 취소할 수 있다(민법 제854조).
③ "부는 친생부인소송의 종결 후에도 그 친생자임을 승인할 수 있다"는 규정(구 민법 제853조)은 2005년 민법 개정 시 삭제되었다.

7) 친생부인판결의 효력
친생부인판결이 확정되면 자(子)는 모(母)의 혼인 외의 출생자가 되고, 모(母)의 부(夫)와는 아무런 관계가 없게 된다. 이 효과는 형성적·대세적이므로(가사소송법 제21조 제1항), 생부가 자(子)를 인지할 수도 있다.

(6) 친생부인의 허가청구와 인지 허가청구
① 헌법재판소는 개정 전 민법 제844조 제2항 중 "혼인관계종료의 날로부터 300일 내에 출생한 자"에 관한 부분에 대하여 헌법불합치 결정을 하였다(헌재결 2015.4.30. 2013마623). 그 후 2017.10.31. 헌법재판소의 헌법불합치 결정의 취지를 고려하여 보다 쉽게 친생추정을 번복할 수 있는 제도로 친생부인의 허가청구제도(민법 제854조의2)와 인지의 허가청구제도(민법 제855조의2)를 민법 개정 시 신설하였다.
② 친생부인의 허가청구제도
  ㉠ 어머니 또는 어머니의 전(前) 남편은 제844조 제3항의 경우에(혼인관계가 종료된 날부터 300일 이내에 출생한 친생추정을 받는 자녀가 있는 경우) 가정법원에 친생부인의 허가를 청구할 수 있다. 다만, 혼인 중의 자녀로 출생신고가 된 경우에는 그러하지 아니하다(민법 제854조의2 제1항).
  ㉡ 제1항의 청구가 있는 경우에 가정법원은 혈액채취에 의한 혈액형 검사, 유전인자의 검사 등 과학적 방법에 따른 검사결과 또는 장기간의 별거 등 그 밖의 사정을 고려하여 허가 여부를 정한다(민법 제854조의2 제2항).
  ㉢ 제1항 및 제2항에 따른 허가를 받은 경우에는 제844조 제1항(아내가 혼인 중에 임신한 자녀는 남편의 자녀로 추정한다) 및 제3항(혼인관계가 종료된 날부터 300일 이내에 출생한 자녀는 혼인 중에 임신한 것으로 추정한다)의 추정이 미치지 아니한다(민법 제854조의2 제3항).

③ 인지의 허가청구제도
　㉠ 생부(生父)는 제844조 제3항의 경우에(혼인관계가 종료된 날부터 300일 이내에 출생한 친생추정을 받는 자녀가 있는 경우) 가정법원에 인지의 허가를 청구할 수 있다. 다만, 혼인 중의 자녀로 출생신고가 된 경우에는 그러하지 아니하다(민법 제855조의2 제1항).
　㉡ 제1항의 청구가 있는 경우에 가정법원은 혈액채취에 의한 혈액형 검사, 유전인자의 검사 등 과학적 방법에 따른 검사결과 또는 장기간의 별거 등 그 밖의 사정을 고려하여 허가 여부를 정한다(민법 제855조의2 제2항).
　㉢ 제1항 및 제2항에 따라 허가를 받은 생부가 「가족관계의 등록 등에 관한 법률」 제57조 제1항에 따른 신고를 하는 경우에는 제844조 제1항(아내가 혼인 중에 임신한 자녀는 남편의 자녀로 추정한다) 및 제3항(혼인관계가 종료된 날부터 300일 이내에 출생한 자녀는 혼인 중에 임신한 것으로 추정한다)의 추정이 미치지 아니한다(민법 제854조의2 제3항).

(7) 부(父)를 정하는 소

① 재혼한 여자가 출산하였는데, 그 출산이 전혼(前婚) 종료 후 300일 내이지만 후혼(後婚) 성립 후 200일 이후인 경우에는, 민법 제844조에 의하여 그 자녀는 전혼의 부의 자로도 추정되고 후혼의 부의 자로도 추정되어, 친생추정의 중복이 발생한다. 이 경우 민법은 당사자의 청구에 의하여 법원이 부(父)를 정하도록 규정한다(민법 제845조).
② 부(父)를 정하는 소는 가사소송법 제2조 제1항 제1호 나류 가사소송사건으로, 조정을 거쳐야 한다 (가사소송법 제51조 제1항).
③ 부(父)를 정하는 소의 확정판결은 제3자에게도 효력이 있으므로(가사소송법 제21조 제1항), 판결이 확정된 후에는 친생부인의 소를 제기할 수 없다.

2. 혼인 외의 출생자

> **인지(민법 제855조)**
> ① 혼인 외의 출생자는 그 생부나 생모가 이를 인지할 수 있다. 부모의 혼인이 무효인 때에는 출생자는 혼인 외의 출생자로 본다.
> ② 혼인 외의 출생자는 그 부모가 혼인한 때에는 그때로부터 혼인 중의 출생자로 본다.
>
> **인지의 허가청구(민법 제855조의2)**
> ① 생부(生父)는 제844조 제3항의 경우에 가정법원에 인지의 허가를 청구할 수 있다. 다만, 혼인 중의 자녀로 출생신고가 된 경우에는 그러하지 아니하다.
> ② 제1항의 청구가 있는 경우에 가정법원은 혈액채취에 의한 혈액형 검사, 유전인자의 검사 등 과학적 방법에 따른 검사결과 또는 장기간의 별거 등 그 밖의 사정을 고려하여 허가 여부를 정한다.
> ③ 제1항 및 제2항에 따라 허가를 받은 생부가 「가족관계의 등록 등에 관한 법률」 제57조 제1항에 따른 신고를 하는 경우에는 제844조 제1항 및 제3항의 추정이 미치지 아니한다.

피성년후견인의 인지(민법 제856조)
아버지가 피성년후견인인 경우에는 성년후견인의 동의를 받아 인지할 수 있다.

사망자의 인지(민법 제857조)
자가 사망한 후에도 그 직계비속이 있는 때에는 이를 인지할 수 있다.

포태 중인 자의 인지(민법 제858조)
부는 포태 중에 있는 자에 대하여도 이를 인지할 수 있다.

인지의 효력발생(민법 제859조)
① 인지는 「가족관계의 등록 등에 관한 법률」의 정하는 바에 의하여 신고함으로써 그 효력이 생긴다.
② 인지는 유언으로도 이를 할 수 있다. 이 경우에는 유언집행자가 이를 신고하여야 한다.

인지의 소급효(민법 제860조)
인지는 그 자의 출생 시에 소급하여 효력이 생긴다. 그러나 제3자의 취득한 권리를 해하지 못한다.

인지의 취소(민법 제861조)
사기, 강박 또는 중대한 착오로 인하여 인지를 한 때에는 사기나 착오를 안 날 또는 강박을 면한 날로부터 6월 내에 가정법원에 그 취소를 청구할 수 있다.

인지에 대한 이의의 소(민법 제862조)
자 기타 이해관계인은 인지의 신고 있음을 안 날로부터 1년 내에 인지에 대한 이의의 소를 제기할 수 있다.

인지청구의 소(민법 제863조)
자와 그 직계비속 또는 그 법정대리인은 부 또는 모를 상대로 하여 인지청구의 소를 제기할 수 있다.

부모의 사망과 인지청구의 소(민법 제864조)
제862조 및 제863조의 경우에 부 또는 모가 사망한 때에는 그 사망을 안 날로부터 2년 내에 검사를 상대로 하여 인지에 대한 이의 또는 인지청구의 소를 제기할 수 있다.

인지와 자의 양육책임 등(민법 제864조의2)
제837조 및 제837조의2의 규정은 자가 인지된 경우에 자의 양육책임과 면접교섭권에 관하여 이를 준용한다.

다른 사유를 원인으로 하는 친생관계존부확인의 소(민법 제865조)
① 제845조, 제846조, 제848조, 제850조, 제851조, 제862조와 제863조의 규정에 의하여 소를 제기할 수 있는 자는 다른 사유를 원인으로 하여 친생자관계존부의 확인의 소를 제기할 수 있다.
② 제1항의 경우에 당사자 일방이 사망한 때에는 그 사망을 안 날로부터 2년 내에 검사를 상대로 하여 소를 제기할 수 있다.

(1) 서 설

1) 의 의

혼인 외의 출생자는 부모가 혼인하지 않은 상태에서 출생한 자(子)를 말한다. 사실혼관계, 사통관계(私通關係), 부첩관계 등으로부터 출생한 자, 부모의 혼인이 무효인 때의 출생자 등은 혼인 외의 출생자이나(민법 제855조 제1항 후문), 부모의 혼인이 취소된 경우의 출생자는 혼인취소의 비소급효(민법 제824조)로 인하여 여전히 혼인 중의 출생자이다.

2) 혼인 외의 출생자의 법적 지위

혼인 외의 출생자는 모(母)와의 사이에는 출생과 동시에 친자관계가 발생하나, 생부(生父)와는 부(父)의 인지가 있어야 친자관계가 발생한다. 따라서 생부(生父)와의 관계에서 인지 전에는 친권, 부양, 상속 등의 친자관계에 따른 법률효과가 발생하지 않는다. 한편 혼인 외의 자는 그 부모가 혼인한 때에는 그때로부터 혼인 중의 출생자로 보게 되는데(민법 제855조 제2항), 이를 준정(準正)이라 한다.

(2) 인지(認知)

1) 의 의

① 인지란 혼인 외의 출생자의 생부(生父) 또는 생모(生母)가 혼인 외의 출생자를 자기의 자(子)로 인정하여 법률상의 친자관계를 형성하는 일방적인 의사표시이다. 즉, 인지는 의사표시이면서 상대방 없는 단독행위이다. 또한 요식행위이다(민법 제859조).

② 인지는 임의인지와 강제인지로 구분되는데, 임의인지는 부(父) 또는 모(母)가 스스로 인지의 의사표시를 하는 경우이고, 강제인지(인지청구의 소에 의한 재판상 인지)는 부(父) 또는 모(母)를 상대로 인지의 소를 제기하여 인지의 효과를 발생시키는 경우이다.

2) 임의인지

① 임의인지의 요건
  ㉠ 인지자 : 생부(生父) 또는 생모(生母)
    ㉮ 임의인지는 혼인 외의 출생자의 생부(生父) 또는 생모(生母)가 할 수 있다(민법 제855조 제1항).
    ㉯ 생부(生父) 또는 생모(生母)가 제한능력자라 하더라도 의사능력이 있으면 법정대리인의 동의 없이 임의인지를 할 수 있으나, 피성년후견인이 인지하는 경우에는 성년후견인의 동의를 받아야 한다(민법 제856조).
  ㉡ 피인지자 : 혼인 외의 출생자
    ㉮ 혼인 외의 출생자인 이상 미성년자・성년자 모두 인지대상이 될 수 있으며, 이 경우 피인지자의 동의 내지 승낙이 필요한 것은 아니다(인지가 상대방 없는 단독행위임을 고려).
    ㉯ 피인지자는 생존해 있어야 하는 것이 원칙이나, 다음과 같은 예외가 있다. 즉, ⓐ 피인지자인 자(子)가 사망한 후에도 그에게 직계비속이 있는 경우(민법 제857조), ⓑ 피인지자가 태아인 경우이다(민법 제858조).

② 임의인지의 방식
　㉠ 인지신고에 의한 인지 : 인지는 「가족관계의 등록 등에 관한 법률」의 정하는 바에 의하여 신고함으로써 그 효력이 생긴다(민법 제859조 제1항). 따라서 여기의 신고는 창설적 신고이다.
　㉡ 유언에 의한 인지 : 인지는 유언으로도 이를 할 수 있다. 이 경우에는 유언집행자가 이를 신고하여야 한다(민법 제859조 제2항). 그런데, 유언집행자가 하는 신고는 보고적 신고이다. 결국 인지자의 사망 시 인지의 효과가 발생한다.
　㉢ 인지의 효력이 있는 출생신고
　　㉮ 부(父)가 혼인 외의 자녀에 대하여 친생자 출생의 신고를 한 때에는 그 신고는 인지의 효력이 있다(가족관계등록법 제57조 제1항 본문). 이 경우 친생자 출생신고에 의한 인지의 효력을 다투는 방법은 그 신고가 인지신고가 아니라 출생신고인 이상 그와 같은 신고로 인한 친자관계의 외관을 배제하고자 하는 때에도 인지에 관련된 소송이 아니라 친생자관계부존재확인의 소를 제기하여야 한다(대판 1993.7.27. 91므306).
　　㉯ 혼인신고가 위법하여 무효인 경우에도 무효한 혼인 중 출생한 자를 그 호적에 출생신고하여 등재한 이상 그 자에 대한 인지의 효력이 있다(대판 1971.11.15. 71다1983).
③ 인지의 무효와 취소, 인지에 대한 이의의 소
　㉠ 인지의 무효
　　㉮ 인지무효의 원인 : 민법에는 규정이 없으며, 가사소송법도 구체적인 인지무효의 사유를 규정하는 것이 아닌 단순한 제소규정을 규정하고 있을 뿐이다(가사소송법 제2조 제1항 제1호 가류 가사소송사건, 제26조 제1항, 제28조, 제23조, 제24조). 이와 관련하여 통설은 ⓐ 인지가 사실에 반하는 경우, ⓑ 의사능력 흠결 상태의 인지, ⓒ 인지자인 부(父)의 의사에 의하지 않은 인지신고는 당연무효라고 한다.

> [친생자가 아닌 자에 대하여 한 인지신고의 효력 유무(소극)와 이 경우 인지무효의 주장방법]
> 친생자가 아닌 자에 대하여 한 인지신고는 당연무효이며 이런 인지는 무효를 확정하기 위한 판결 기타의 절차에 의하지 아니하고도, 또 누구에 의하여도 그 무효를 주장할 수 있는 것이다(대판 1992.10.23. 92다29399).

　　㉯ 인지무효의 소 : 인지무효의 소는 임의인지가 무효라고 주장하면서 인지로 생긴 법적 친자관계를 소멸시키기 위한 확인의 소이다. 인지무효의 심판에 의하여 인지는 소급적으로 효력을 상실한다.

> [생부의 인지 없이 생모에 의해 임의로 생부의 친생자로 출생신고되었다는 것을 이유로 한 인지무효확인심판의 기판력이 재판상 인지 청구에 미치는지 여부(소극)]
> 생부의 인지 없이 생모에 의해 임의로 생부의 친생자로 출생신고되었다는 것을 이유로 한 인지무효확인의 확정심판은 생부 스스로 자(子)를 그의 친생자로 인정하여 출생신고를 한 바 없는데도 생모에 의해 그러한 행위를 한 것처럼 호적상 기재가 되어 있으니 그 출생신고에 의한 임의 인지가 무효임을 확인한다는 것이 심판대상임이 명백하고, 따라서 그 기판력 역시 생부의 출생신고에 의한 임의 인지가 무효라는 점에 한하여 발생할 뿐이며, 나아가 생부와 자(子) 사이에 친생자관계가 존재하는지의 여부에 대해서까지 그 확정심판의 효력이 미치는 것은 아니므로, 그 확정심판의 효력은 자(子)와 생부 사이에 친생자관계가 존재함을 전제로 하여 재판상 인지를 구하는 청구에는 미치지 아니한다(대판 1999.10.8. 98므1698).

- ⓒ 인지의 취소
  - ㉮ 인지를 한 자는 원칙적으로 인지를 취소할 수 없다. 다만, 인지가 사기, 강박 또는 중대한 착오로 인하여 인지를 한 때에는 사기나 착오를 안 날 또는 강박을 면한 날로부터 6월 내에 가정법원에 그 취소를 청구할 수 있다(민법 제861조).
  - ㉯ 인지의 취소의 소는 가사소송법 제2조 제1항 제1호 나류 가사소송사건으로, 조정전치주의가 적용된다(가사소송법 제50조 제1항).
  - ㉰ 소급효 : 인지를 취소하는 판결이 확정되면 인지는 처음부터 무효로 되며, 그 판결은 제3자에게도 효력이 있다(가사소송법 제21조 제1항).
- ⓒ 인지에 대한 이의의 소
  - ㉮ 혼인 외의 자를 그 생부(生父)가 아닌 사람이 인지한 경우 자(子) 기타 이해관계인은 인지의 신고 있음을 안 날로부터 1년 내에 인지에 대한 이의의 소를 제기할 수 있다(민법 제862조).
  - ㉯ 인지에 대한 이의의 소를 제기할 수 있는 이해관계인에 인지자 자신은 포함되지 않으며(대판 1969.1.21. 68므41), 이 경우 인지자는 인지무효의 소에 의한 제소가 가능하다.
  - ㉰ 인지에 대한 이의는 임의인지만을 대상으로 한다. 강제인지에 대해서는 그 심판에 대한 재심의 소로서 이를 다투어야 하고, 인지에 대한 이의의 소로서(또는 인지무효의 소로서) 위 인지심판의 효력을 다툴 수는 없다(대판 1981.6.23. 80므109).

3) 강제인지(인지청구의 소에 의한 재판상 인지)

① 의의 : 부(父) 또는 모(母)가 임의로 인지하지 않는 경우 자(子)와 그 직계비속 또는 그 법정대리인은 부(父) 또는 모(母)를 상대로 하여 인지청구의 소를 제기할 수 있고(민법 제863조), 부(父) 또는 모(母)가 사망한 때에는 그 사망을 안 날로부터 2년 내에 검사를 상대로 하여 인지청구의 소를 제기할 수 있다(민법 제864조). 이러한 인지청구의 소에 의한 인지를 강제인지 또는 재판상 인지라고 한다.

> [생모가 혼인 외 출생자를 상대로 혼인 외 출생자와 사망한 부(父) 사이의 친생자관계존재확인을 구할 수 있는지 여부(소극)]
> 혼인 외 출생자의 경우에 있어서 모자관계는 인지를 요하지 아니하고 법률상의 친자관계가 인정될 수 있지만, 부자관계는 부(父)의 인지에 의하여서만 발생하는 것이므로, 부(父)가 사망한 경우에는 그 사망을 안 날로부터 1년(현행 2년) 이내에 검사를 상대로 인지청구의 소를 제기하여야 하고, 생모가 혼인 외 출생자를 상대로 혼인 외 출생자와 사망한 부(父) 사이의 친생자관계존재확인을 구하는 소는 허용될 수 없다(대판 1997.2.14. 96므738).

② 인지청구의 소의 성질 : 부(父)에 대한 인지청구의 소는 친자관계의 존재를 확인하는 판결에 의하여 비로소 법률상의 친자관계가 창설되기 때문에 형성의 소이나, 모(母)에 대한 인지청구의 소는 자(子)의 출생으로 당연히 법률상의 친족관계가 생긴다고 해석하는 것이 타당하므로 확인의 소이다(통설)(대판 1967.10.4. 67다1791).

③ 인지청구의 소의 당사자
  ㉠ 제소권자 : 인지청구의 소를 제기할 수 있는 자는 혼인 외의 출생자(子)와 그 직계비속[자(子)의 직계비속은 자(子)가 사망한 경우에만 소제기를 할 수 있는지, 아니면 고유한 권리로 제소할 수 있는지 다툼이 있다] 또는 그 법정대리인[자(子)나 그 직계비속이 제한능력자인 경우에는 법정대리인만이 소를 제기할 수 있는지 다툼이 있다]이다(민법 제863조). 태아에게는 인지청구권이 없으며, 그 모(母)도 태아를 대리하여 소를 제기할 수 없다.
  ㉡ 소의 상대방 : 부(父) 또는 모(母)이며(민법 제863조), 부(父) 또는 모(母)가 사망한 때에는 검사가 상대방이 된다(민법 제864조).

④ 인지청구의 절차
  ㉠ 인지청구의 소에는 조정전치주의가 적용된다(가사소송법 제2조 제1항 제1호 나류 가사소송사건, 제50조 제1항).
  ㉡ 조정이 성립되면 조정을 신청한 자가 1개월 이내에 인지신고(보고적 신고)를 하여야 하나(가족관계등록법 제58조 제1항), 조정이 성립하지 않으면 조정신청 시에 소가 제기된 것으로 본다(가사소송법 제49조 본문, 민사조정법 제36조 제1항).
  ㉢ 인지의 재판이 확정된 경우에 소를 제기한 사람은 재판의 확정일부터 1개월 이내에 재판서의 등본 및 확정증명서를 첨부하여 그 취지를 신고하여야 한다(가족관계등록법 제58조 제1항). 여기서 신고도 보고적 신고이다.

⑤ 제소기간 : 부(父) 또는 모(母)가 생존한 경우에는 제소기간의 제한이 없으나, 부(父) 또는 모(母)가 사망한 경우에는 그 사망을 안 날로부터 2년 내에 검사를 상대로 하여 인지청구의 소를 제기할 수 있다(민법 제864조).

> [미성년자인 자녀의 법정대리인이 인지청구의 소를 제기한 경우, 민법 제864조에서 정한 제척기간의 기산점(= 법정대리인이 부 또는 모의 사망사실을 안 날) / 자녀가 미성년자인 동안 법정대리인이 인지청구의 소를 제기하지 않은 경우, 인지청구의 소를 제기할 수 있는 기간(= 자녀가 성년이 된 뒤로 부 또는 모의 사망을 안 날로부터 2년 이내)]
> 자녀와 그 직계비속 또는 그 법정대리인은 부 또는 모를 상대로 하여 인지청구의 소를 제기할 수 있고, 이 경우에 부 또는 모가 사망한 때에는 그 사망을 안 날로부터 2년 내에 검사를 상대로 인지청구의 소를 제기하여야 한다(민법 제863조, 제864조). 이때 미성년자인 자녀의 법정대리인이 인지청구의 소를 제기한 경우에는 그 법정대리인이 부 또는 모의 사망사실을 안 날이 민법 제864조에서 정한 제척기간의 기산일이 된다. / 그러나 자녀가 미성년자인 동안 법정대리인이 인지청구의 소를 제기하지 않은 때에는 자녀가 성년이 된 뒤로 부 또는 모의 사망을 안 날로부터 2년 내에 인지청구의 소를 제기할 수 있다고 보아야 한다. 인지청구권은 자녀 본인의 일신전속적인 신분관계상의 권리로서 그 의사가 최대한 존중되어야 하고, 법정대리인에게 인지청구의 소를 제기할 수 있도록 한 것은 소송능력이 제한되는 미성년자인 자녀의 이익을 두텁게 보호하기 위한 것일 뿐 그 권리행사를 제한하기 위한 것이 아니기 때문이다(대판 2024.2.8. 2021므13279).

⑥ 인지청구권의 포기 : 인지청구권은 본인의 일신전속적인 신분관계상의 권리로서 포기할 수도 없으며 포기하였더라도 그 효력이 발생할 수 없는 것이고, 이와 같이 인지청구권의 포기가 허용되지 않는 이상 거기에 실효의 법리가 적용될 여지도 없다(대판 2001.11.27. 2001므1353).

⑦ 부자관계의 증명
  ㉠ 인지청구의 소는 부와 자 사이에 사실상의 친자관계의 존재를 확정하고 법률상의 친자관계를 창설함을 목적으로 하는 소송으로서, 당사자의 증명이 충분하지 못할 때에는 법원이 직권으로 사실조사와 증거조사를 하여야 하고, 친자관계를 증명할 때는 부와 자 사이의 혈액형검사, 유전자검사 등 과학적 증명방법이 유력하게 사용되며, 이러한 증명에 의하여 혈연상 친생자관계가 인정되어 확정판결을 받으면 당사자 사이에 친자관계가 창설된다. 이와 같은 인지청구의 소의 목적, 심리절차와 증명방법 및 법률적 효과 등을 고려할 때, 인지의 소의 확정판결에 의하여 일단 부와 자 사이에 친자관계가 창설된 이상, 재심의 소로 다투는 것은 별론으로 하고, 확정판결에 반하여 친생자관계부존재확인의 소로써 당사자 사이에 친자관계가 존재하지 않는다고 다툴 수는 없다(대판 2015.6.11. 2014므8217).
  ㉡ 가정법원은 당사자 또는 관계인 사이의 혈족관계의 유무를 확정할 필요가 있는 경우에 다른 증거조사에 의하여 심증(心證)을 얻지 못한 때에는 검사를 받을 사람의 건강과 인격의 존엄을 해치지 아니하는 범위에서, 당사자 또는 관계인에게 혈액채취에 의한 혈액형의 검사 등 유전인자의 검사나 그 밖에 적당하다고 인정되는 방법에 의한 검사를 받을 것을 명할 수 있다(가사소송법 제29조 제1항). 이 경우 제67조(의무불이행에 대한 제재)에 규정된 제재(과태료, 감치명령)를 고지하여야 한다(가사소송법 제29조 제2항).

4) 인지의 효과(임의인지나 강제인지나 동일)
① 인지의 소급효
  ㉠ 인지는 그 자(子)의 출생 시에 소급하여 효력이 생긴다(민법 제860조 본문). 즉, 임의인지의 경우에는 '인지신고 수리 시'에, 유언인지는 '유언자의 사망 시'에, 강제인지는 '판결확정 시'에 법률상 부자관계가 자(子)의 출생 시로 소급하여 형성된다.
  ㉡ 인지의 소급효는 제3자가 취득한 권리를 해하지 못한다(민법 제860조 단서).
② 부양 : 인지의 효력은 소급하므로 인지된 자(피인지자)는 출생한 때로부터 부양받을 권리가 있다.
③ 상속
  ㉠ 인지로써 피인지자는 '출생 시부터' 상속권을 갖는다.
  ㉡ 이미 상속이 개시된 경우의 처리 : 피인지자와 상속순위가 동일한 공동상속인들 사이의 관계는 민법 제1014조에 의해 처리되나, 이미 상속을 받은 자가 피인지자보다 후순위 상속권자인 경우에는 후순위 상속권자의 상속권은 소급적으로 상실하고, 피인지자만이 상속인이 된다. 즉, 피인지자보다 후순위 상속권자는 민법 제860조 단서에 의해 보호되는 제3자에 포함되지 않는다.

> **[혼인 외의 출생자가 부의 사망 후 인지의 소에 의하여 친생자로 인지받은 경우 피인지자보다 후순위 상속인인 피상속인의 직계존속이나 형제자매는 피인지자의 출현으로 자신이 취득한 상속권을 소급하여 잃게 되는지 여부(적극)]**
> 민법 제860조는 인지의 소급효는 제3자가 이미 취득한 권리에 의하여 제한받는다는 취지를 규정하면서 민법 제1014조는 상속개시 후의 인지 또는 재판의 확정에 의하여 공동상속인이 된 자는 그 상속분에 상응한 가액의 지급을 청구할 권리가 있다고 규정하여 제860조 소정의 제3자의 범위를 제한하고 있는 취지에 비추어 볼 때, 혼인 외의 출생자가 부의 사망 후에 인지의 소에 의하여 친생자로 인지받은 경우 피인지자보다 후순위 상속인인 피상속인의 직계존속 또는 형제자매 등은 피인지자의 출현과 함께 자신이 취득한 상속권을 소급하여 잃게 되는 것으로 보아야 하고, 그것이 민법 제860조 단서의 규정에 따라 인지의 소급효 제한에 의하여 보호받게 되는 제3자의 기득권에 포함된다고는 볼 수 없다(대판 1993.3.12. 92다48512).

④ 친 권
  ㉠ 인지 전(前) : 생모(生母)가 친권자이다(민법 제909조 제1항 본문).
  ㉡ 임의인지 : 혼인 외의 자가 인지된 경우에는 부모의 협의로 친권자를 정하여야 하고, 협의할 수 없거나 협의가 이루어지지 아니하는 경우에는 가정법원은 직권으로 또는 당사자의 청구에 따라 친권자를 지정하여야 한다. 다만, 부모의 협의가 자(子)의 복리에 반하는 경우에는 가정법원은 보정을 명하거나 직권으로 친권자를 정한다(민법 제909조 제4항).
  ㉢ 강제인지(인지청구의 소) : 가정법원은 인지청구의 소의 경우에는 직권으로 친권자를 정한다(민법 제909조 제5항).
⑤ 양육 : 자(子)가 인지된 경우에 자(子)의 양육책임과 면접교섭권에 관하여 제837조(이혼과 자의 양육책임) 및 제837조의2(면접교섭권)의 규정을 준용한다(민법 제864조의2).

(3) 준정(準正)

1) 의 의
준정이란 혼인 외의 출생자가 그 생부(生父), 생모(生母)의 혼인으로 인하여 혼인 중 출생자의 지위를 취득하게 되는 제도를 말한다. 민법은 혼인에 의한 준정만을 규정하고 있으나(민법 제855조 제2항), 통설은 혼인 중의 준정, 혼인해소 후의 준정, 사망한 자(子)에 대한 준정도 인정한다.

2) 준정의 종류
① 혼인에 의한 준정(민법 제855조 제2항) : 부모의 혼인 전 출생하여 부(父)로부터 인지를 받고 있던 자(子)가 부모의 혼인에 의하여 혼인 중 출생자가 되는 것을 의미한다.
② 혼인 중의 준정 : 부모의 혼인 전 출생하여 인지를 받지 못한 혼인 외의 출생자가 그 부모의 혼인 후 인지 또는 친생자 출생신고에 의하여 혼인 중 출생자가 되는 것을 의미한다.
③ 혼인해소 후의 준정 : 부모의 혼인 전 출생한 혼인 외의 출생자가 부모의 혼인이 사망 또는 이혼으로 해소되거나 취소된 후에 인지됨으로써 혼인 중 출생자가 되는 것을 의미한다.
④ 사망한 자(子)에 대한 준정 : 직계비속이 있는 사망한 혼인 외의 출생자를 인지한 후, 그 부모가 혼인하여 혼인 중 출생자가 되는 것을 의미한다.

3) 준정의 효과

① 혼인 외의 자(子)는 그 부모가 혼인한 때부터 혼인 중 출생자(혼생자)가 된다. 즉, 소급효가 없다.
② 준정에 의한 혼인 중의 출생자는 친생추정을 받지 못하므로, 친자관계에 다툼이 있으면 친생부인의 소가 아닌 친자관계존부확인의 소를 제기하면 된다.

3. 친생자관계존부확인의 소

(1) 의 의

친생자관계존부확인의 소는 특정인 사이에 친생자관계의 존부가 명확하지 않은 경우에 그에 대한 확인을 구하는 소이다(가사소송법 제2조 제1항 제1호 가류 가사소송사건). 이 소에는 조정전치주의가 적용되지 않는다.

> [가사소송법상의 가류 가사소송사건에 대한 재판상 화해나 조정의 가부(소극)]
> 친생자관계의 존부확인과 같이 현행 가사소송법상의 가류 가사소송사건에 해당하는 청구는 성질상 당사자가 임의로 처분할 수 없는 사항을 대상으로 하는 것으로서 이에 관하여 조정이나 재판상 화해가 성립되더라도 효력이 있을 수 없다(대판 1999.10.8. 98므1698).
>
> [친생자관계존재확인의 소를 통해 진실한 신분관계를 귀속시키는 것이 자녀의 복리에 현저히 반하게 되는 특별한 사정이 있는 경우, 친생자관계존재확인의 소도 예외적으로 소권남용에 해당하여 허용되지 않을 수 있는지 여부(적극) 및 여기서 자녀의 복리에 현저히 반하게 되는지 판단하는 기준]
> 가사소송절차에 준용되는 민사소송법 제1조 제2항은 당사자와 소송관계인은 신의에 따라 성실하게 소송을 수행하여야 한다고 규정하여 가사소송에 있어서도 신의성실의 원칙이 적용됨을 선언하고 있다. 그러므로 이러한 신의칙을 위배한 소권의 행사는 허용되지 아니한다 할 것이나, 법원의 재판을 받을 권리는 헌법상 보장된 기본권에 속하는 이상 실체법상의 권리를 실현하기 위한 소송의 제기에 대하여 이를 신의칙에 반하는 소권의 남용이라고 판단함에 있어서는 신중을 기하여야 한다. 특히 친족법상 친자관계의 존부를 다투는 소송에서는, 친자관계가 신분관계의 기본이 되는 것으로 단순히 친자 상호 간의 관계뿐만 아니라 친족 간의 상속문제 기타 친족관계에 기초한 각종 법률관계에도 영향을 초래할 수 있으므로 진실한 신분관계를 확정하는 것은 그 자체가 법이 의도하고 있는 정당한 행위이다. 따라서 소송의 결과가 위 각종 법률관계에 영향을 미치는 것은 정당한 신분관계의 회복에 당연히 수반되는 것이므로 이를 두고 그 소송의 동기나 목적이 소권남용의 의도에서 비롯된 것으로 단정 지어 비난할 사유가 되지 못하고, 특별한 사정이 없는 한 친생자관계존재확인의 소가 소권의 남용이라는 명목으로 쉽게 배척되어서는 아니 된다. 그러나 자녀의 복리는 친자관계의 성립과 유지에서 가장 우선적으로 고려해야 할 사항이므로, 친생자관계존재확인의 소를 통해 진실한 신분관계를 귀속시키는 것이 오히려 자녀의 복리에 현저히 반하게 되는 특별한 사정이 있다면 친생자관계존재확인의 소도 예외적으로 소권남용에 해당하여 허용되지 않을 수 있다. 여기서 자녀의 복리에 현저히 반하게 되는지는 법률상 친자관계가 진실한 혈연관계와 달라진 경위, 법률상 부모와 자녀가 친생자관계에 준할 정도의 정서적 유대와 실질적 생활관계를 형성·유지해온 기간과 내용, 판결로써 친생자관계의 존재를 확정함에 따라 자녀 및 법률상 부모가 입을 고통이나 불이익, 원고가 친생자관계존재확인의 소에 이른 경위와 동기 및 목적, 친생자관계존재확인의 소가 받아들여지지 않을 경우 원고가 입을 고통이나 불이익, 원고 외에 현저하게 불이익을 받는 자의 유무 등의 사정을 종합적으로 고려하여 신중하게 판단하여야 한다(대판 2025.4.24. 2022므15371).

(2) 보충적 성격의 소송

친생자관계존부확인의 소는 부(父)를 정하는 소(민법 제845조), 친생부인의 소(민법 제846조, 제848조, 제850조, 제851조), 인지에 대한 이의의 소(민법 제862조), 인지청구의 소(민법 제863조)의 목적과는 다른 사유이어야 한다. 즉, 보충적 소송이다(민법 제865조 제1항).

> **[입양의 의사로 친생자 출생신고를 하고 거기에 입양의 실질적 요건이 모두 구비되어 있는 경우, 입양의 효력발생 여부(적극) 및 이 경우 친생자관계부존재확인청구의 가능 여부(한정 소극)]**
> 당사자가 양친자관계를 창설할 의사로 친생자 출생신고를 하고 거기에 입양의 실질적 요건이 모두 구비되어 있다면 그 형식에 다소 잘못이 있더라도 입양의 효력이 발생하고, 양친자관계는 파양에 의하여 해소될 수 있는 점을 제외하고는 법률적으로 친자관계와 똑같은 내용을 갖게 되므로 이 경우의 허위의 친생자출생신고는 법률상의 친자관계인 양친자관계를 공시하는 입양신고의 기능을 발휘하게 되는 것이며, 이와 같은 경우 파양에 의하여 그 양친자관계를 해소할 필요가 있는 등 특별한 사정이 없는 한 그 호적기재 자체를 말소하여 법률상 친자관계의 존재를 부인하게 하는 친생자관계부존재확인청구는 허용될 수 없는 것이다(대판[전합] 2001.5.24. 2000므1493).
>
> **[처가 부의 자를 포태할 수 없음이 외관상 명백한 경우 부가 그 출생자의 친자관계를 부인하는 방법]**
> 민법 제844조는 부부가 동거하여 처가 부의 자를 포태할 수 있는 상태에서 자를 포태한 경우에 적용되는 것이고 부부의 한 쪽이 장기간에 걸쳐 해외에 나가 있거나 사실상의 이혼으로 부부가 별거하고 있는 경우 등 동서의 결여로 처가 부의 자를 포태할 수 없는 것이 외관상 명백한 사정이 있는 경우에는 그 추정이 미치지 아니하므로 이 사건에 있어서 처가 가출하여 부와 별거한 지 약 2년 2개월 후에 자를 출산하였다면 이에는 동조의 추정이 미치지 아니하여 부는 친생부인의 소에 의하지 않고 친자관계부존재확인소송을 제기할 수 있다(대판[전합] 1983.7.12. 82므59).
>
> **[친생자 출생신고에 의한 인지의 효력을 다투는 방법]**
> 인지에 대한 이의의 소 또는 인지무효의 소는 민법 제855조 제1항, 호적법 제60조의 규정(현행 가족관계등록법 제55조)에 의하여 생부 또는 생모가 인지신고를 함으로써 혼인 외의 자를 인지한 경우에 그 효력을 다투기 위한 소송이며, 위 각 법조에 의한 인지신고에 의함이 없이 일반 출생신고에 의하여 호적부상 등재된 친자관계를 다투기 위하여는 위의 각 소송과는 별도로 민법 제865조가 규정하고 있는 친생자관계부존재확인의 소에 의하여야 할 것인바, 호적법 제62조(현행 가족관계등록법 제57조 제1항 본문)에 부가 혼인 외의 자에 대하여 친생자 출생신고를 한 때에는 그 신고는 인지의 효력이 있는 것으로 규정되어 있으나, 그 신고가 인지신고가 아니라 출생신고인 이상 그와 같은 신고로 인한 친자관계의 외관을 배제하고자 하는 때에도 인지에 관련된 소송이 아니라 친생자관계부존재확인의 소를 제기하여야 한다(대판 1993.7.27. 91므306).

(3) 당사자적격

① 제소권자

㉠ 친생자관계존부확인의 소를 제기할 수 있는 자는 부(父)를 정하는 소(민법 제845조), 친생부인의 소(민법 제846조, 제848조, 제850조, 제851조), 인지에 대한 이의의 소(민법 제862조), 인지청구의 소(민법 제863조)를 제기할 수 있는 자이다. 구체적으로는 부(夫), 부(夫)의 후견인 또는 유언집행자, 부(夫)의 직계존속 또는 직계비속, 모(母), 모(母)의 후견인 또는 유언집행자, 모(母)의 직계존속이나 직계비속, 자(子), 자(子)의 직계비속 또는 그 법정대리인, 기타 이해관계인 등이 정당한 당사자로서 친생자관계존부확인의 소를 제기할 수 있다.

㉡ 여기의 이해관계인은 확인의 소에 의하여 그 타인들 사이에 친자관계가 존재하지 않는 것이 확정됨으로써 특정한 권리를 얻게 되거나 특정한 의무를 면하게 되는 등의 직접적인 이해관계가 있는 제3자를 말한다(대판 1990.7.13. 90므88).

ⓒ 확인의 이익과 관련하여 민법 제777조의 친족이 당연히 이해관계인에 포함되는지 다툼이 있다. 즉, ㉮ 친족이라도 이해관계인의 범주에 드는 경우에만 확인이 인정된다는 견해와 ㉯ 친족인 이상 당연히 이해관계인에 포함된다는 견해가 대립한다. 한편 민법 제777조에서 정한 친족이라는 사실만으로 당연히 친생자관계존부확인의 소를 제기할 수 있다고 한 종전 대법원 판례는 2020.6.18. 선고된 전원합의체 판결(대판[전합] 2020.6.18. 2015므8351)로써 더 이상 효력을 유지할 수 없게 되었다. 생각건대 친족이라도 친생자관계의 존부에 대해 법률상 이해관계를 가지는 경우에 한하여 친생자관계존부확인의 소를 제기할 수 있다고 하여야 한다.

> [친생자관계존부확인의 소를 제기할 수 있는 자는 민법 제865조 제1항에서 정한 제소권자로 한정되는지 여부(적극) 및 민법 제777조에서 정한 친족이라는 사실만으로 당연히 친생자관계존부확인의 소를 제기할 수 있는지 여부(소극)]
>
> (가) 친생자관계에 관하여 민법은 임신과 출산이라는 자연적인 사실에 의하여 그 관계가 명확히 결정되는 모자관계와 달리 부자관계의 성립과 해소에 대하여는 그 관계 확정을 위한 여러 규정을 두고 있다. 아내가 혼인 중에 임신한 자녀를 남편의 자녀로 추정하는 친생추정 규정(제844조 제1항)과 이에 대한 번복방법인 친생부인의 소에 관한 규정(제846조 내지 제851조), 재혼한 여자가 해산한 경우 법원에 의한 부의 결정에 관한 규정(제845조), 혼인 외 출생자의 인지에 관한 규정(제855조 제1항, 제863조), 인지의 취소 및 인지에 대한 이의의 소에 관한 규정(제861조 및 제862조)이 이에 해당한다. 따라서 법적 친생자관계의 성립과 해소를 구하는 소송절차에서는 위 각 규정에 명시된 제소권자가 해당 규정이 정한 요건을 갖춰 소를 제기하는 것이 원칙이다. 민법 제865조 제1항은 "제845조, 제846조, 제848조, 제850조, 제851조, 제862조, 제863조의 규정에 의하여 소를 제기할 수 있는 자는 다른 사유를 원인으로 하여 친생자관계존부확인의 소를 제기할 수 있다"라고 정한다. 이는 법적 친자관계와 가족관계등록부에 표시된 친자관계가 일치하지 않을 때 이를 바로잡기 위하여 친생자관계존부확인의 소를 제기할 수 있도록 한 것이다. 민법 제865조 제1항이 친생자관계존부확인의 소를 제기할 수 있는 자를 구체적으로 특정하여 직접 규정하는 대신 소송목적이 유사한 다른 소송절차에 관한 규정들을 인용하면서 각 소의 제기권자에게 원고적격을 부여하고 그 사유만을 달리하게 한 점에 비추어 보면, 민법 제865조 제1항이 정한 친생자관계존부확인의 소는 법적 친생자관계의 성립과 해소에 관한 다른 소송절차에 대하여 보충성을 가진다. 이처럼 민법 제865조 제1항의 규정 형식과 문언 및 체계, 위 각 규정들이 정한 소송절차의 특성, 친생자관계존부확인의 소의 보충성 등을 고려하면, 친생자관계존부확인의 소를 제기할 수 있는 자는 민법 제865조 제1항에서 정한 제소권자로 한정된다고 봄이 타당하다.
> ① 친생자관계의 당사자인 부, 모, 자녀는 민법 제845조, 제846조, 제862조, 제863조에 의하여 소를 제기할 수 있는 자로서 다른 사유를 원인으로 하는 경우에는 친생자관계존부확인의 소를 제기할 수 있다.
> ② 친생자관계의 당사자인 자녀의 직계비속과 그 법정대리인은 민법 제863조에 의하여 소를 제기할 수 있는 자로서 다른 사유를 원인으로 하는 경우에는 친생자관계존부확인의 소를 제기할 수 있다.
> ③ 민법 제848조, 제850조, 제851조의 제소권자인 성년후견인, 유언집행자, 부 또는 처의 직계존속이나 직계비속은 위 규정들에 의하여 소를 제기할 수 있는 요건을 갖춘 경우에 한하여 원고적격이 있다. 즉, 성년후견인은 남편이나 아내가 성년후견을 받게 되었을 때(제848조), 유언집행자는 부 또는 처가 유언으로 친생자관계를 부정하는 의사를 표시한 때(제850조), 부 또는 처의 직계존속이나 직계비속은 부(夫)가 자녀의 출생 전에 사망하거나 부 또는 처가 친생부인의 소의 제기기간 내에 사망한 때(제851조) 비로소 다른 사유를 원인으로 하여 친생자관계존부확인의 소를 제기할 수 있다.

④ 이해관계인은 민법 제862조에 따라 다른 사유를 원인으로 하여 친생자관계존부확인의 소를 제기할 수 있다. 여기서 이해관계인은 다른 사람들 사이의 친생자관계가 존재하거나 존재하지 않는다는 내용의 판결이 확정됨으로써 일정한 권리를 얻거나 의무를 면하는 등 법률상 이해관계가 있는 제3자를 뜻한다. 이러한 이해관계인에 해당하는지 여부는 원고의 주장 내용과 변론에 나타난 제반 사정을 토대로 상속이나 부양 등에 관한 원고의 권리나 의무, 법적 지위에 미치는 구체적인 영향이 무엇인지를 개별적으로 심리하여 판단해야 한다.

(나) 구 인사소송법(1990.12.31. 법률 제4300호 가사소송법 부칙 제2조로 폐지. 이하 같다) 등의 폐지와 가사소송법의 제정·시행, 호주제 폐지 등 가족제도의 변화, 신분관계 소송의 특수성, 가족관계 구성의 다양화와 그에 대한 당사자 의사의 존중, 법적 친생자관계의 성립이나 해소를 목적으로 하는 다른 소송절차와의 균형 등을 고려할 때, 민법 제777조에서 정한 친족이라는 사실만으로 당연히 친생자관계존부확인의 소를 제기할 수 있다고 한 종전 대법원 판례는 더 이상 유지될 수 없게 되었다고 보아야 한다(대판[전합] 2020.6.18. 2015므8351 – 다수의견).

② 소의 상대방
㉠ 친생자관계의 일방 당사자가 소를 제기한 경우 : 타방 당사자를 상대방으로 한다.
㉡ 제3자가 소를 제기한 경우 : 부모와 자 쌍방이 상대방으로 된다. 부모나 자 중 어느 한 쪽이 사망한 경우에는 생존하고 있는 다른 쪽이 상대방으로 되고(가사소송법 제28조, 제24조 제2항), 양쪽 모두 사망한 경우에는 검사를 상대방으로 한다(가사소송법 제28조, 제24조 제3항).

[민법 제865조에 따라 이해관계 있는 제3자가 친생자관계부존재확인을 청구하는 경우, 피고 적격 / 제3자가 친자 쌍방을 상대로 제기한 친생자관계부존재확인소송 계속 중 친자 중 어느 한편이 사망한 경우, 사망한 사람에 대한 소송이 종료되는지 여부(적극)]
민법 제865조의 규정에 의하여 이해관계 있는 제3자가 친생자관계부존재확인을 청구하는 경우 친자 쌍방이 다 생존하고 있는 경우는 친자 쌍방을 피고로 삼아야 하고, 친자 중 어느 한편이 사망하였을 때에는 생존자만을 피고로 삼아야 하며, 친자가 모두 사망하였을 경우에는 검사를 상대로 소를 제기할 수 있다. 친생자관계존부 확인소송은 소송물이 일신전속적인 것이므로, 제3자가 친자 쌍방을 상대로 제기한 친생자관계부존재확인소송이 계속되던 중 친자 중 어느 한편이 사망하였을 때에는 생존한 사람만 피고가 되고, 사망한 사람의 상속인이나 검사가 절차를 수계할 수 없다. 이 경우 사망한 사람에 대한 소송은 종료된다(대판 2018.5.15. 2014므4963).

[친생자관계존부확인소송 계속 중 피고가 사망한 경우, 검사로 하여금 피고의 지위를 수계하도록 소송수계를 신청할 수 있는지 여부(적극) 및 소송수계를 신청할 수 있는 기간 / 이와 같은 법리는 친생자관계존부확인소송 계속 중 피고에 대하여 실종선고가 확정된 경우에도 마찬가지로 적용되는지 여부(적극) 및 소송수계 신청기간의 기산일]
친생자관계존부확인소송은 소송물이 일신전속적인 것이지만, 당사자 일방이 사망한 때에는 일정한 기간 내에 검사를 상대로 하여 그 소를 제기할 수 있으므로(민법 제865조 제2항), 당초에는 원래의 피고적격자를 상대로 친생자관계존부확인소송을 제기하였으나 소송 계속 중 피고가 사망한 경우 원고의 수계신청이 있으면 검사로 하여금 사망한 피고의 지위를 수계하게 하여야 한다. 그러나 그 경우에도 가사소송법 제16조 제2항을 유추적용하여 원고는 피고가 사망한 때로부터 6개월 이내에 수계신청을 하여야 하고, 그 기간 내에 수계신청을 하지 않으면 그 소송절차는 종료된다고 보아야 한다. 이와 같은 법리는 친생자관계존부확인소송 계속 중 피고에 대하여 실종선고가 확정되어 피고가 사망한 것으로 간주되는 경우에도 마찬가지로

> 적용된다. 소송이 적법하게 계속된 후 당해 소송의 당사자에 대하여 실종선고가 확정된 경우에 실종자가 사망하였다고 보는 시기는 실종기간이 만료한 때라 하더라도 소송상 지위의 승계절차는 실종선고가 확정되어야만 비로소 취할 수 있으므로 실종선고가 있기까지는 소송상 당사자능력이 없다고 할 수 없고 소송절차가 법률상 진행을 할 수 없게 된 때, 즉 실종선고가 확정된 때에 소송절차가 중단된다. 따라서 친생자관계존부확인소송의 계속 중 피고에 대하여 실종선고가 확정된 경우 원고는 실종선고가 확정된 때로부터 6개월 이내에 위와 같은 수계신청을 하여야 한다(대판 2014.9.4. 2013므4201).

(4) 제소기간
① 원칙 : 확인의 소로서 제소기간의 제한이 없다.
② 예외 : 다만, 당사자 일방이 사망한 때에는 그 사망을 안 날로부터 2년 내에 검사를 상대로 하여 소를 제기할 수 있다(민법 제865조 제2항).

(5) 판결의 효력
① 판결의 확정에 의하여 친생자관계의 존부가 확정되며, 그 판결은 제3자에게도 효력이 있다(가사소송법 제21조 제1항).
② 확정판결로 인하여 등록부를 정정하여야 할 때에는 소를 제기한 사람은 판결확정일부터 1개월 이내에 판결의 등본 및 그 확정증명서를 첨부하여 등록부의 정정을 신청하여야 한다(가족관계등록법 제107조).

Ⅲ 양자(養子)

1. 서 설

(1) 양자제도의 의의
양자제도는 자연혈연적 친자관계가 없는 사람들 사이에서 인위적으로 법률상 친자관계를 창설하려는 당사자 사이의 합의로써, 혼인과 더불어 대표적인 가족법상의 법률행위이다.

(2) 양자제도의 변천과정
① 양자제도는 역사적으로 가(家)를 위한 양자 → 양친(養親)을 위한 양자 → 양자(養子)를 위한 양자의 단계로 발전하였다.
② 현대의 양자법은 입양의 성립과정에 있어서는 계약형 양자(양친자관계의 창설을 단순한 사적 계약으로 봄) → 선고형(복지형, 허가형 : 국가기관이 자의 복리를 위하여 입양의 성립에 적극적으로 관여) 양자로, 입양의 효과 면에서는 불완전양자(생부모와의 관계를 단절하지 않음) → 완전양자(생부모와 관계를 단절함)로 변천하는 추세이다.

(3) 1990년 민법 개정에서 삭제된 입양 관련 규정

사후양자제도의 폐지, 호주의 직계비속장남자의 입양금지규정의 삭제, 서양자제도(사위가 동시에 양자가 될 수 있는 제도)의 폐지, 유언양자제도의 폐지

(4) 우리나라의 양자법

① 민법은 완전양자제도에 유사한 친양자제도를 도입(민법 제908조의2 내지 제908조의8)하였는데(2008년 시행), 양자의 복리를 위하여 국가기관의 허가에 의하여 친양자제도가 성립하도록 하였다.
② 보통양자제도는 불완전양자제도이나, 2012년 2월 10일 개정법에서 미성년자 입양시에는 가정법원의 허가를 받도록 하여(민법 제867조), 선고형으로 변천하는 추세이다.

2. 입양의 성립

(1) 입양의 의의

입양이란 양친자관계를 창설하려는 양친과 양자 사이의 합의로서 넓은 의미의 계약에 속한다. 입양은 가족관계등록법에 의하여 일정한 방식으로 신고하여야 성립하는 요식행위이다(민법 제878조).

(2) 입양의 성립요건

> **입양을 할 능력(민법 제866조)**
> 성년이 된 사람은 입양(入養)을 할 수 있다.
>
> **미성년자의 입양에 대한 가정법원의 허가(민법 제867조)**
> ① 미성년자를 입양하려는 사람은 가정법원의 허가를 받아야 한다.
> ② 가정법원은 양자가 될 미성년자의 복리를 위하여 그 양육 상황, 입양의 동기, 양부모(養父母)의 양육능력, 그 밖의 사정을 고려하여 제1항에 따른 입양의 허가를 하지 아니할 수 있다.
>
> **입양의 의사표시(민법 제869조)**
> ① 양자가 될 사람이 13세 이상의 미성년자인 경우에는 법정대리인의 동의를 받아 입양을 승낙한다.
> ② 양자가 될 사람이 13세 미만인 경우에는 법정대리인이 그를 갈음하여 입양을 승낙한다.
> ③ 가정법원은 다음 각 호의 어느 하나에 해당하는 경우에는 제1항에 따른 동의 또는 제2항에 따른 승낙이 없더라도 제867조 제1항에 따른 입양의 허가를 할 수 있다.
>   1. 법정대리인이 정당한 이유 없이 동의 또는 승낙을 거부하는 경우. 다만, 법정대리인이 친권자인 경우에는 제870조 제2항의 사유가 있어야 한다.
>   2. 법정대리인의 소재를 알 수 없는 등의 사유로 동의 또는 승낙을 받을 수 없는 경우
> ④ 제3항 제1호의 경우 가정법원은 법정대리인을 심문하여야 한다.
> ⑤ 제1항에 따른 동의 또는 제2항에 따른 승낙은 제867조 제1항에 따른 입양의 허가가 있기 전까지 철회할 수 있다.

미성년자 입양에 대한 부모의 동의(민법 제870조)
① 양자가 될 미성년자는 부모의 동의를 받아야 한다. 다만, 다음 각 호의 어느 하나에 해당하는 경우에는 그러하지 아니하다.
   1. 부모가 제869조 제1항에 따른 동의를 하거나 같은 조 제2항에 따른 승낙을 한 경우
   2. 부모가 친권상실의 선고를 받은 경우
   3. 부모의 소재를 알 수 없는 등의 사유로 동의를 받을 수 없는 경우
② 가정법원은 다음 각 호의 어느 하나에 해당하는 사유가 있는 경우에는 부모가 동의를 거부하더라도 제867조 제1항에 따른 입양의 허가를 할 수 있다. 이 경우 가정법원은 부모를 심문하여야 한다.
   1. 부모가 3년 이상 자녀에 대한 부양의무를 이행하지 아니한 경우
   2. 부모가 자녀를 학대 또는 유기(遺棄)하거나 그 밖에 자녀의 복리를 현저히 해친 경우
③ 제1항에 따른 동의는 제867조 제1항에 따른 입양의 허가가 있기 전까지 철회할 수 있다.

성년자 입양에 대한 부모의 동의(민법 제871조)
① 양자가 될 사람이 성년인 경우에는 부모의 동의를 받아야 한다. 다만, 부모의 소재를 알 수 없는 등의 사유로 동의를 받을 수 없는 경우에는 그러하지 아니하다.
② 가정법원은 부모가 정당한 이유 없이 동의를 거부하는 경우에 양부모가 될 사람이나 양자가 될 사람의 청구에 따라 부모의 동의를 갈음하는 심판을 할 수 있다. 이 경우 가정법원은 부모를 심문하여야 한다.

피성년후견인의 입양(민법 제873조)
① 피성년후견인은 성년후견인의 동의를 받아 입양을 할 수 있고 양자가 될 수 있다.
② 피성년후견인이 입양을 하거나 양자가 되는 경우에는 제867조를 준용한다.
③ 가정법원은 성년후견인이 정당한 이유 없이 제1항에 따른 동의를 거부하거나 피성년후견인의 부모가 정당한 이유 없이 제871조 제1항에 따른 동의를 거부하는 경우에 그 동의가 없어도 입양을 허가할 수 있다. 이 경우 가정법원은 성년후견인 또는 부모를 심문하여야 한다.

부부의 공동 입양 등(민법 제874조)
① 배우자가 있는 사람은 배우자와 공동으로 입양하여야 한다.
② 배우자가 있는 사람은 그 배우자의 동의를 받아야만 양자가 될 수 있다.

입양의 금지(민법 제877조)
존속이나 연장자를 입양할 수 없다.

입양의 성립(민법 제878조)
입양은 「가족관계의 등록 등에 관한 법률」에서 정한 바에 따라 신고함으로써 그 효력이 생긴다.

입양 신고의 심사(민법 제881조)
제866조, 제867조, 제869조부터 제871조까지, 제873조, 제874조, 제877조, 그 밖의 법령을 위반하지 아니한 입양 신고는 수리하여야 한다.

외국에서의 입양 신고(민법 제882조)
외국에서 입양 신고를 하는 경우에는 제814조를 준용한다.

1) 입양의 실질적 요건 : 입양의 합의
① 입양의 실질적 요건으로 당사자[입양의 당사자는 양친과 양자이며, 민법상 아무런 근거가 없는 양손입양은 강행법규인 신분법규정에 위반되어 무효다(대판 1988.3.22. 87므105)] 사이의 합의가 있어야 한다.
② 입양의사는 조건부나 기한부여서는 안 되고, 입양신고서 수리 시까지 유지되어야 한다.
③ 행위능력을 갖추어야 하는 것은 아니나(이에 따라 피한정후견인도 독자적으로 입양에 관한 의사결정을 할 수 있다), 의사능력은 필요하다.

2) 양친에 관한 요건
① 미성년자는 입양을 할 수 없으며, 입양을 하려는 자는 성년자이어야 한다(민법 제866조). 성년자인 이상 남녀, 기혼·미혼, 자녀 유무 등은 불문한다.
② 배우자 있는 사람은 배우자와 공동으로 입양하여야 한다(민법 제874조 제1항 부부공동입양제).
③ ①, ②를 위반한 입양신고는 수리되지 않으나(민법 제881조), 잘못하여 수리된 경우에는 입양을 취소할 수 있다(민법 제884조 제1항 제1호).

3) 양자에 관한 요건
① 양자가 미성년자인 경우
㉠ 양자가 13세 이상의 미성년자인 경우 : 양자가 될 사람이 13세 이상의 미성년자인 경우에는 법정대리인(친권자 또는 미성년후견인)의 동의를 받아 (미성년자 스스로)입양을 승낙한다(민법 제869조 제1항). 법정대리인(친권자 또는 미성년후견인)의 동의는 가정법원의 입양허가가 있기 전까지 철회할 수 있다(민법 제869조 제5항).
㉡ 양자가 13세 미만의 미성년자인 경우(代諾入養) : 양자가 될 사람이 13세 미만인 경우에는 법정대리인(친권자 또는 미성년후견인)이 그를 갈음하여 입양을 승낙한다(민법 제869조 제2항). 이러한 승낙을 입양대락이라고 한다. 법정대리인(친권자 또는 미성년후견인)의 승낙은 가정법원의 입양허가가 있기 전까지 철회할 수 있다(민법 제869조 제5항).
㉢ 가정법원은 ㉮ 법정대리인(친권자 또는 미성년후견인)이 정당한 이유 없이 동의 또는 승낙을 거부하는 경우(다만, 법정대리인이 친권자인 경우에는 제870조 제2항의 사유인 부모가 3년 이상 자녀에 대한 부양의무를 이행하지 아니하거나, 부모가 자녀를 학대 또는 유기(遺棄)하거나 그 밖에 자녀의 복리를 현저히 해쳐야 한다), ㉯ 법정대리인(친권자 또는 미성년후견인)의 소재를 알 수 없는 등의 사유로 동의 또는 승낙을 받을 수 없는 경우에는 법정대리인(친권자 또는 미성년후견인)의 동의 또는 승낙이 없더라도 입양의 허가를 할 수 있다(민법 제869조 제3항). 가정법원은 ㉮의 경우 법정대리인을 심문하여야 한다(민법 제869조 제4항).

ⓔ 미성년자 입양에 대한 가정법원의 허가 : 미성년자를 입양하려는 사람은 가정법원의 허가를 받아야 하는데(민법 제867조 제1항), 가정법원은 양자가 될 미성년자의 복리를 위하여 그 양육 상황, 입양의 동기, 양부모(養父母)의 양육능력, 그 밖의 사정을 고려하여 입양의 허가를 하지 아니할 수 있다(민법 제867조 제2항).

ⓜ 미성년자 입양에 대한 부모의 동의
  ㉮ 양자가 될 미성년자는 부모의 동의를 받아야 하는데, ⓐ 부모가 제869조 제1항에 따른 동의를 하거나(13세 이상의 미성년자가 양자가 되면서 입양승낙을 할 때 법정대리인인 부모가 동의를 한 경우) 같은 조 제2항에 따른 승낙을 한 경우(13세 미만의 미성년자가 양자가 될 때 법정대리인인 부모가 그를 갈음하여 입양을 승낙한 경우), ⓑ 부모가 친권상실의 선고를 받은 경우, ⓒ 부모의 소재를 알 수 없는 등의 사유로 동의를 받을 수 없는 경우에는 부모의 동의를 받을 필요가 없다(민법 제870조 제1항). 부모의 동의는 가정법원의 입양허가가 있기 전까지 철회할 수 있다(민법 제870조 제3항).
  ㉯ 가정법원은 ⓐ 부모가 3년 이상 자녀에 대한 부양의무를 이행하지 아니한 경우, ⓑ 부모가 자녀를 학대 또는 유기(遺棄)하거나 그 밖에 자녀의 복리를 현저히 해친 경우의 어느 하나에 해당하는 경우 부모가 동의를 거부하더라도 제867조 제1항에 따른 입양의 허가를 할 수 있다. 이 경우 가정법원은 부모를 심문하여야 한다(민법 제870조 제2항).

② **양자가 될 자가 성년자인 경우**
  ㉠ 양자가 될 사람이 성년인 경우에는 부모의 동의를 받아야 한다. 다만, 부모의 소재를 알 수 없는 등의 사유로 동의를 받을 수 없는 경우에는 부모의 동의를 받을 필요가 없다(민법 제871조 제1항).
  ㉡ 가정법원은 부모가 정당한 이유 없이 동의를 거부하는 경우에 양부모가 될 사람이나 양자가 될 사람의 청구에 따라 부모의 동의를 갈음하는 심판을 할 수 있다. 이 경우 가정법원은 부모를 심문하여야 한다(민법 제871조 제2항).

③ **양자가 피성년후견인인 경우**
  ㉠ 피성년후견인은 성년후견인의 동의를 받아 입양을 할 수 있고, 양자가 될 수 있다(민법 제873조 제1항). 다만, 가정법원은 성년후견인이 정당한 이유 없이 제1항에 따른 동의를 거부하거나 피성년후견인의 부모가 정당한 이유 없이 제871조 제1항에 따른 동의를 거부하는 경우에 그 동의가 없어도 입양을 허가할 수 있다. 이 경우 가정법원은 성년후견인 또는 부모를 심문하여야 한다(민법 제873조 제3항).
  ㉡ 피성년후견인이 양자가 되는 경우에는 가정법원의 허가를 받아야 하는데(민법 제873조 제2항, 제867조 제1항), 가정법원은 양자가 될 피성년후견인의 복리를 위하여 그 양육 상황, 입양의 동기, 양부모(養父母)의 양육능력, 그 밖의 사정을 고려하여 제1항에 따른 입양의 허가를 하지 아니할 수 있다(민법 제873조 제2항, 제867조 제2항).

④ 배우자 있는 자가 양자가 될 경우 : 배우자가 있는 사람은 그 배우자의 동의를 받아야만 양자가 될 수 있다(민법 제874조 제2항).
⑤ 양자의 금지 : 양자는 양친의 존속 또는 연장자가 아니어야 한다(민법 제877조 제1항).

> [조부모가 손자녀를 입양할 수 있는지 여부(적극) / 조부모에 의한 미성년 손자녀 입양의 허가 여부를 판단하는 기준 및 이때 법원이 고려하여야 할 요소]
> (가) 입양은 출생이 아니라 법에 정한 절차에 따라 원래는 부모·자녀가 아닌 사람 사이에 부모·자녀 관계를 형성하는 제도이다. 조부모와 손자녀 사이에는 이미 혈족관계가 존재하지만 부모·자녀 관계에 있는 것은 아니다. 민법은 입양의 요건으로 동의와 허가 등에 관하여 규정하고 있을 뿐이고 존속을 제외하고는 혈족의 입양을 금지하고 있지 않다(민법 제877조 참조). 따라서 조부모가 손자녀를 입양하여 부모·자녀 관계를 맺는 것이 입양의 의미와 본질에 부합하지 않거나 불가능하다고 볼 이유가 없다. 조부모가 자녀의 입양허가를 청구하는 경우에 입양의 요건을 갖추고 입양이 자녀의 복리에 부합한다면 이를 허가할 수 있다. 다만 조부모가 자녀를 입양하는 경우에는, 양부모가 될 사람과 자녀 사이에 이미 祖孫(조손)관계가 존재하고 있고 입양 후에도 양부모가 여전히 자녀의 친생부 또는 친생모에 대하여 부모의 지위에 있다는 특수성이 있으므로, 이러한 사정이 자녀의 복리에 미칠 영향에 관하여 세심하게 살필 필요가 있다.
> (나) 법원은 조부모가 단순한 양육을 넘어 양친자로서 신분적 생활관계를 형성하려는 실질적인 의사를 가지고 있는지, 입양의 주된 목적이 부모로서 자녀를 안정적·영속적으로 양육·보호하기 위한 것인지, 친생부모의 재혼이나 국적 취득, 그 밖의 다른 혜택 등을 목적으로 한 것은 아닌지를 살펴보아야 한다. 또한 친생부모의 입양동의가 자녀 양육과 입양에 관한 충분한 정보를 제공받은 상태에서 자발적이고 확정적으로 이루어진 것인지를 확인하고 필요한 경우 가사조사, 상담 등을 통해 관련 정보를 제공할 필요가 있다. 그 밖에 조부모가 양육능력이나 양부모로서의 적합성과 같은 일반적인 요건을 갖추는 것 외에도, 자녀와 조부모의 나이, 현재까지의 양육 상황, 입양에 이르게 된 경위, 친생부모의 생존 여부나 교류 관계 등에 비추어 조부모와 자녀 사이에 양친자관계가 자연스럽게 형성될 것을 기대할 수 있는지를 살피고 조부모의 입양이 자녀에게 도움이 되는 사항과 우려되는 사항을 비교·형량하여, 개별적·구체적인 사안에서 입양이 자녀의 복리에 적합한지를 판단하여야 한다. 심리 과정에서는 입양되는 자녀가 13세 미만인 경우에도 자신의 의견을 형성할 능력이 있다면 자녀의 나이와 상황에 비추어 적절한 방법으로 자녀의 의견을 청취하는 것이 바람직하다(대결[전합] 2021.12.23. 2018스5 - 다수의견).

4) 입양의 형식적 요건 : 입양신고
① 입양은 가족관계등록법에 따라 신고함으로써 그 효력이 생긴다(민법 제878조). 따라서, 입양신고는 창설적 신고이다. 양자가 될 사람이 13세 미만인 경우에는 민법 제869조 제2항에 따라 그를 갈음하여 입양의 승낙을 한 법정대리인이 신고하여야 한다(가족관계등록법 제62조 제1항).
② 입양신고가 제866조, 제867조, 제869조부터 제871조까지, 제873조, 제874조, 제877조, 그 밖의 법령을 위반하지 않으면 가족관계등록공무원은 이를 수리하여야 한다(민법 제881조).
③ 외국에서 입양 신고를 하는 경우(재외국민 간의 입양신고)에는 제814조(외국에서의 혼인신고)를 준용한다(민법 제882조).

④ 허위의 친생자 출생신고에 의한 입양의 효력과 관련하여 판례는 「당사자 사이에 양친자관계를 창설하려는 명백한 의사가 있고 기타 입양의 성립요건이 모두 구비된 경우에는 요식성을 갖춘 입양신고 대신 친생자 출생신고가 있다 하더라도 입양의 효력이 있다(대판[전합] 1977.7.26. 77다492)」고 판시하였고, 나아가 「여기서 입양의 실질적 요건이 구비되어 있다고 하기 위하여는 입양의 합의가 있을 것, 15세(현행 13세) 미만자는 법정대리인의 대낙(代諾)이 있을 것, 양자는 양부모의 존속 또는 연장자가 아닐 것 등 민법 제883조 각 호 소정의 입양의 무효사유가 없어야 함은 물론 감호·양육 등 양친자로서의 신분적 생활사실이 반드시 수반되어야 하는 것으로서, 입양의 의사로 친생자 출생신고를 하였다 하더라도 위와 같은 요건을 갖추지 못한 경우에는 입양신고로서의 효력이 생기지 아니한다(대판 2010.3.11. 2009므4099)」고 판시하였다. 그리고 「친생자 출생신고 당시에는 양친자에게 입양의 의사가 없었더라도 그 이후 입양의 실질적 요건을 갖추게 됨으로써 무효인 친생자 출생신고가 소급적으로 입양신고로서의 효력을 갖게 되었다(대판 2009.10.29. 2009다4862)」고 판시하였다. 즉, 판례는 이른바 무효행위의 추인이론에 의하여 입양의 성립을 인정하면서 그 성립시기를 친생자 출생신고로 소급시키고 있다.

3. 입양의 효과

> **입양의 효력(민법 제882조의2)**
> ① 양자는 입양된 때부터 양부모의 친생자와 같은 지위를 가진다.
> ② 양자의 입양 전의 친족관계는 존속한다.

(1) 법정혈족관계의 발생

① 양자는 입양된 때부터(입양신고일부터) 양부모의 친생자와 같은 지위를 가진다(민법 제882조의2 제1항). 따라서 양자와 양부모 및 그 혈족사이에는 서로 부양·상속의 관계가 발생한다. 또한 양부모가 이혼한다고 하여도, 양모자관계는 소멸하지 않는다(통설)(대판[전합] 2001.5.24. 2000므1493).

> [입양의 의사로 친생자 출생신고를 하고 입양의 실질적 요건이 모두 구비된 경우, 입양의 효력이 발생하는지 여부(적극) / 파양에 의하여 양친자관계를 해소할 필요가 있는 등 특별한 사정이 있는 경우, 친생자관계부존재확인청구가 허용되는지 여부(적극) / 양친자관계를 해소하기 위한 친생자관계부존재확인청구의 인용판결이 확정된 경우, 양친자관계의 존재를 주장할 수 있는지 여부(소극)]
> 당사자가 입양의 의사로 친생자 출생신고를 하고 입양의 실질적 요건이 모두 구비되었다면 형식에 다소 잘못이 있더라도 입양의 효력이 발생한다. / 이때 친생자 출생신고는 법률상의 친자관계인 양친자관계를 공시하는 입양신고의 기능을 한다. 따라서 파양에 의하여 양친자관계를 해소할 필요가 있는 등 특별한 사정이 있는 경우 호적기재 자체를 말소하여 법률상 친자관계의 존재를 부인하게 하는 친생자관계부존재확인청구가 허용될 수 있다. / 이와 같은 양친자관계를 해소하기 위한 친생자관계부존재확인청구의 인용판결이 확정되면 확정일 이후부터는 더 이상 양친자관계의 존재를 주장할 수 없다(대판 2023.9.21. 2021므13354).

② 양자가 미성년자인 경우에는 친생부모의 친권은 소멸하고, 양부모의 친권에 따른다(민법 제909조 제1항).

(2) 생가친족과의 관계 존속

양자의 입양 전의 친족관계는 존속한다(민법 제882조의2 제2항). 따라서 생가의 친족에 대한 부양·상속 등의 친족적 효과는 그대로 존속한다.

(3) 이성양자(異姓養子)의 성(姓)

이성양자의 경우 입양으로 양자의 성이 변경되는지 문제되는데, 명문의 규정이 없어 ① 이성양자는 양부 또는 양모의 성을 따라야 한다는 견해와 ② 양자의 성은 변경되지 않는다는 견해(다수설)의 대립이 있다. 생각건대 명문의 규정이 없으므로 원칙적으로 양자의 성은 변경되지 않는다고 보는 것이 타당하나, 자(子)의 복리를 위하여 필요한 경우에는 민법 제781조 제6항에 따라 자의 성과 본을 변경할 수 있고, 친양자의 경우에는 양부 또는 양모의 성과 본을 따른다고 보아야 한다.

4. 입양의 무효와 취소

입양 무효의 원인(민법 제883조)
다음 각 호의 어느 하나에 해당하는 입양은 무효이다.
1. 당사자 사이에 입양의 합의가 없는 경우
2. 제867조 제1항(제873조 제2항에 따라 준용되는 경우를 포함), 제869조 제2항, 제877조를 위반한 경우

입양 취소의 원인(민법 제884조)
① 입양이 다음 각 호의 어느 하나에 해당하는 경우에는 가정법원에 그 취소를 청구할 수 있다.
1. 제866조, 제869조 제1항, 같은 조 제3항 제2호, 제870조 제1항, 제871조 제1항, 제873조 제1항, 제874조를 위반한 경우
2. 입양 당시 양부모와 양자 중 어느 한 쪽에게 악질(惡疾)이나 그 밖에 중대한 사유가 있음을 알지 못한 경우
3. 사기 또는 강박으로 인하여 입양의 의사표시를 한 경우

② 입양 취소에 관하여는 제867조 제2항을 준용한다.

입양 취소 청구권자(민법 제885조)
양부모, 양자와 그 법정대리인 또는 직계혈족은 제866조를 위반한 입양의 취소를 청구할 수 있다.

입양 취소 청구권자(민법 제886조)
양자나 동의권자는 제869조 제1항, 같은 조 제3항 제2호, 제870조 제1항을 위반한 입양의 취소를 청구할 수 있고, 동의권자는 제871조 제1항을 위반한 입양의 취소를 청구할 수 있다.

입양 취소 청구권자(민법 제887조)
피성년후견인이나 성년후견인은 제873조 제1항을 위반한 입양의 취소를 청구할 수 있다.

입양 취소 청구권자(민법 제888조)
배우자는 제874조를 위반한 입양의 취소를 청구할 수 있다.

입양 취소 청구권의 소멸(민법 제889조)
양부모가 성년이 되면 제866조를 위반한 입양의 취소를 청구하지 못한다.

입양 취소 청구권의 소멸(민법 제891조)
① 양자가 성년이 된 후 3개월이 지나거나 사망하면 제869조 제1항, 같은 조 제3항 제2호, 제870조 제1항을 위반한 입양의 취소를 청구하지 못한다.
② 양자가 사망하면 제871조 제1항을 위반한 입양의 취소를 청구하지 못한다.

입양 취소 청구권의 소멸(민법 제893조)
성년후견개시의 심판이 취소된 후 3개월이 지나면 제873조 제1항을 위반한 입양의 취소를 청구하지 못한다.

입양 취소 청구권의 소멸(민법 제894조)
제869조 제1항, 같은 조 제3항 제2호, 제870조 제1항, 제871조 제1항, 제873조 제1항, 제874조를 위반한 입양은 그 사유가 있음을 안 날부터 6개월, 그 사유가 있었던 날부터 1년이 지나면 그 취소를 청구하지 못한다.

입양 취소 청구권의 소멸(민법 제896조)
제884조 제1항 제2호에 해당하는 사유가 있는 입양은 양부모와 양자 중 어느 한 쪽이 그 사유가 있음을 안 날부터 6개월이 지나면 그 취소를 청구하지 못한다.

준용규정(민법 제897조)
입양의 무효 또는 취소에 따른 손해배상책임에 관하여는 제806조를 준용하고, 사기 또는 강박으로 인한 입양 취소 청구권의 소멸에 관하여는 제823조를 준용하며, 입양 취소의 효력에 관하여는 제824조를 준용한다.

(1) 입양의 무효

1) 무효원인

① 당사자 사이에 입양의 합의가 없는 경우(민법 제883조 제1호)
  ㉠ '당사자 간에 입양의 합의가 없는 때'라 함은 당사자 간에 실제로 양친자로서의 신분적 생활관계를 형성하려는 의사를 가지고 있지 아니한 경우를 말한다. 예를 들면 당사자가 의사무능력자인 경우, 조건부 또는 기한부로 입양의 합의를 한 경우, 호적상 형식적으로만 입양한 것처럼 가장한 가장입양의 경우 등이다.
  ㉡ 입양의 합의는 신고서를 작성할 때와 신고서가 수리될 때 모두 존재하여야 한다. 따라서 일방 당사자가 입양의사를 철회한 뒤에 상대방이 일방적으로 입양신고를 한 경우에는 그 입양은 무효이다.
② 미성년자를 입양하면서 가정법원의 허가를 받지 않은 경우와 피성년후견인이 입양을 하거나 양자가 되면서 가정법원의 허가를 받지 않은 경우(민법 제883조 제2호, 제873조 제2항, 제867조 제1항)
③ 양자가 될 사람이 13세 미만인 경우 법정대리인의 입양승낙을 받지 않은 경우(민법 제883조 제2호, 제869조 제2항)
④ 양자가 양친의 존속이거나 연장자인 경우(민법 제883조 제2호, 제877조)

2) 무효의 효과

① 입양의 무효는 당연무효이다(다수설). 따라서 당사자와 제3자는 다른 소송에서 선결문제로서 그 입양이 무효임을 주장할 수 있다.
② 입양무효의 소는 당사자·법정대리인 또는 4촌 이내의 친족이 제기할 수 있는 가사소송법 제2조 제1항 제1호 가류 가사소송사건으로(가사소송법 제31조, 제23조, 제2조), 그 판결의 효력은 제3자에게도 미친다(가사소송법 제21조 제1항).
③ 입양무효판결이 확정되면 당사자 사이에 처음부터 입양이 없었던 것으로 된다. 따라서 입양으로 발생한 친족관계는 소멸한다.
④ 입양이 무효가 된 경우 당사자 일방은 과실 있는 상대방에 대하여 이로 인한 재산상 손해·정신상 손해의 배상을 청구할 수 있다(민법 제897조, 제806조 제1항·제2항).

3) 무효인 입양의 추인

판례는 허위의 친생자 출생신고를 한 후에 입양의 실질적 요건을 갖추게 된 경우에 입양의 소급효를 인정한다(대판 1992.10.23. 92다29399).

(2) 입양의 취소

1) 취소원인·취소청구권자·청구기간

① 미성년자가 입양을 한 경우(민법 제884조 제1항 제1호, 제866조)
  ㉠ 취소청구권자 : 양부모, 양자와 그 법정대리인 또는 직계혈족은 제866조를 위반한 입양의 취소를 청구할 수 있다(민법 제885조).
  ㉡ 하자치유기간 : 양부모가 성년이 되면 제866조를 위반한 입양의 취소를 청구하지 못한다(민법 제889조).

② 양자가 될 사람이 13세 이상의 미성년자인 경우에 법정대리인의 동의를 받지 않고 입양승낙을 한 경우(민법 제884조 제1항 제1호, 제869조 제1항)
  ㉠ 취소청구권자 : 양자나 동의권자는 제869조 제1항을 위반한 입양의 취소를 청구할 수 있다(민법 제886조).
  ㉡ 하자치유기간 : 양자가 성년이 된 후 3개월이 지나거나 사망하면 제869조 제1항을 위반한 입양의 취소를 청구하지 못한다(민법 제891조).
  ㉢ 제척기간 : 제869조 제1항을 위반한 입양은 취소사유가 있음을 안 날부터 6개월, 취소사유가 있었던 날부터 1년이 지나면 그 취소를 청구하지 못한다(민법 제894조).

③ 법정대리인의 소재를 알 수 있는데도 알 수 없다고 하는 등의 사유로 가정법원으로부터 입양의 허가를 받아 양자가 된 경우(민법 제884조 제1항 제1호, 제869조 제3항 제2호)
  ㉠ 취소청구권자 : 양자나 동의권자는 제869조 제3항 제2호를 위반한 입양의 취소를 청구할 수 있다(민법 제886조).
  ㉡ 하자치유기간 : 양자가 성년이 된 후 3개월이 지나거나 사망하면 제869조 제3항 제2호를 위반한 입양의 취소를 청구하지 못한다(민법 제891조 제1항).
  ㉢ 제척기간 : 제869조 제3항 제2호를 위반한 입양은 취소사유가 있음을 안 날부터 6개월, 취소사유가 있었던 날부터 1년이 지나면 그 취소를 청구하지 못한다(민법 제894조).

④ 양자가 될 미성년자가 부모의 동의를 받지 않은 경우(민법 제884조 제1항 제1호, 제870조 제1항)
  ㉠ 취소청구권자 : 양자나 동의권자는 제870조 제1항을 위반한 입양의 취소를 청구할 수 있다(민법 제886조).
  ㉡ 하자치유기간 : 양자가 성년이 된 후 3개월이 지나거나 사망하면 제870조 제1항을 위반한 입양의 취소를 청구하지 못한다(민법 제891조 제1항).
  ㉢ 제척기간 : 제870조 제1항을 위반한 입양은 취소사유가 있음을 안 날부터 6개월, 취소사유가 있었던 날부터 1년이 지나면 그 취소를 청구하지 못한다(민법 제894조).
⑤ 양자가 될 성년자가 부모의 동의를 받지 못한 경우(민법 제884조 제1항 제1호, 제871조 제1항)
  ㉠ 취소청구권자 : 동의권자는 제871조 제1항을 위반한 입양의 취소를 청구할 수 있다(민법 제886조).
  ㉡ 하자치유기간 : 양자가 사망하면 제871조 제1항을 위반한 입양의 취소를 청구하지 못한다(민법 제891조 제2항).
  ㉢ 제척기간 : 제871조 제1항을 위반한 입양은 취소사유가 있음을 안 날부터 6개월, 취소사유가 있었던 날부터 1년이 지나면 그 취소를 청구하지 못한다(민법 제894조).
⑥ 피성년후견인이 입양을 하거나 양자가 되면서 성년후견인의 동의를 받지 않은 경우(민법 제884조 제1항 제1호, 제873조 제1항)
  ㉠ 취소청구권자 : 피성년후견인이나 성년후견인은 제873조 제1항을 위반한 입양의 취소를 청구할 수 있다(민법 제887조).
  ㉡ 하자치유기간 : 성년후견개시의 심판이 취소된 후 3개월이 지나면 제873조 제1항을 위반한 입양의 취소를 청구하지 못한다(민법 제893조).
  ㉢ 제척기간 : 제873조 제1항을 위반한 입양은 취소사유가 있음을 안 날부터 6개월, 취소사유가 있었던 날부터 1년이 지나면 그 취소를 청구하지 못한다(민법 제894조).
⑦ 배우자가 있는 사람이 배우자와 공동으로 입양하지 않았거나 배우자가 있는 사람이 양자가 되면서 배우자의 동의를 받지 않은 경우(민법 제884조 제1항 제1호, 제874조)
  ㉠ 취소청구권자 : 배우자는 제874조를 위반한 입양의 취소를 청구할 수 있다(민법 제886조).
  ㉡ 제척기간 : 제874조를 위반한 입양은 취소사유가 있음을 안 날부터 6개월, 취소사유가 있었던 날부터 1년이 지나면 그 취소를 청구하지 못한다(민법 제894조).
⑧ 입양 당시 양부모와 양자 중 어느 한 쪽에게 악질(惡疾)이나 그 밖에 중대한 사유가 있음을 알지 못한 경우(민법 제884조 제1항 제2호)
  ㉠ 취소청구권자 : 중대한 사유가 있음을 알지 못했던 양부모나 양자는 입양의 취소를 청구할 수 있다.
  ㉡ 제척기간 : 제884조 제1항 제2호에 해당하는 사유가 있는 입양은 양부모와 양자 중 어느 한 쪽이 취소사유가 있음을 안 날부터 6개월이 지나면 그 취소를 청구하지 못한다(민법 제896조).
⑨ 사기 또는 강박으로 인하여 입양의 의사표시를 한 경우(민법 제884조 제1항 제3호)
  ㉠ 취소청구권자 : 사기 또는 강박으로 인하여 입양의 의사표시를 한 자는 입양의 취소를 청구할 수 있다.
  ㉡ 제척기간 : 제884조 제1항 제3호에 해당하는 사유가 있는 입양은 사기를 안 날 또는 강박을 면한 날부터 3개월이 경과하면 입양의 취소를 청구하지 못한다(민법 제897조, 제823조).

2) 입양취소청구의 기각

가정법원은 입양의 취소원인이 존재할 경우에도 양자가 될 미성년자의 복리를 위하여 그 양육 상황, 입양의 동기, 양부모(養父母)의 양육능력, 그 밖의 사정을 고려하여 입양을 취소하지 않을 수 있다(민법 제884조 제2항, 제867조 제2항).

3) 입양취소의 소

① 입양취소의 소를 제기하려면 먼저 가정법원에 조정을 신청하여야 한다(가사소송법 제2조 제1항 제1호 나류 가사소송사건, 제50조 제1항).
② 입양취소의 소는 형성의 소이고, 그 판결은 제3자에게도 효력이 있다(가사소송법 제21조 제1항).
③ 입양취소의 재판이 확정되면 소를 제기한 자는 재판의 확정일부터 1개월 이내에 신고하여 한다(가족관계등록법 제65조, 제58조 제1항).

4) 입양취소의 효과

① 입양취소의 효력은 기왕에 소급하지 않는다(민법 제897조, 제824조). 따라서 취소판결이 확정된 때부터 입양이 무효로 된다. 이 점은 친양자 입양의 취소와 동일하다. 한편 이혼취소, 파양취소, 인지취소의 경우 소급효가 있다.
② 입양으로 인하여 발생한 친족관계도 종료한다(민법 제776조). 다만, 양자가 미성년자인 경우에 입양이 취소된 때에 친생부모의 친권이 당연히 부활하는 것은 아니며, 일정한 기간(입양이 취소된 사실을 안 날로부터 1월, 입양이 취소된 날부터 6월) 내에 일정한 자(친생부모 일방 또는 쌍방, 미성년자, 미성년자의 친족)의 청구에 의하여 가정법원이 친생부모의 일방 또는 쌍방을 친권자로 지정할 수 있다(민법 제909조의2 제2항). 이러한 법리는 입양이 파양된 경우나 양부모가 모두 사망한 경우 동일하다(민법 제909조의2 제2항).
③ 입양이 취소된 경우 당사자 일방은 과실 있는 상대방에 대하여 이로 인한 재산상·정신상 손해의 배상을 청구할 수 있다(민법 제897조, 제806조).

(3) 양친자관계존부확인의 소

> [1] 민법이나 가사소송법에 규정되지 아니한 유형의 신분관계존부확인소송의 허용 여부(적극) : 신분관계존부의 확정에 관하여 민법이나 가사소송법 등에서 구체적으로 소송유형을 규정하고 있는 예가 많으나(가사소송법 제2조 제1항 가. 가사소송사건의 ㉠ 가류사건 중 1 내지 6호, ㉡ 나류사건 중 1 내지 3호, 5 내지 11호가 이에 속한다), 그와 같이 실정법상 소송유형이 규정되어 있는 경우에 한하여 신분관계존부확인에 관한 소송을 제기할 수 있는 것으로 볼 것은 아니며, 소송유형이 따로 규정되어 있지 아니하더라도 법률관계인 신분관계의 존부를 즉시 확정할 이익이 있는 경우라면 일반 소송법의 법리에 따라 그 신분관계존부확인의 소송을 제기할 수 있다. [2] 양친자 중 일방이 사망한 경우 양친자관계존부확인소송의 피고적격 : 양친자 중 일방이 원고로 되어 양친자관계존재확인의 소를 제기하는 경우에는 친생자관계존부확인소송의 경우에 준하여 양친자 중 다른 일방을 피고로 하여야 할 것이고, 피고가 되어야 할 다른 일방이 이미 사망한 경우에는 역시 친생자관계존부확인소송의 경우를 유추하여 검사를 상대로 소를 제기할 수 있다. [3] [2]의 경우 출소기간 : 민법 제864조와 제865조 제2항은 인지청구의 소와 친생자관계존부확인의 소에 관하여 당사자 일방이 사망한 경우에 검사를 상대로 하여 소를 제기할 수 있음을 규정하면서 그 소제기는 사망사실을 안 날로부터 1년(현행 2년) 내에 하여야 하는 것으로 출소기간을 정하고 있으므로, 양친자관계존부확인의 소에 있어 위 각법조의 유추적용에 의하여 검사를 상대로 하는 소제기를 허용하는 경우에도 그 각 법조가 정하는 출소기간의 적용을 받는 것으로 해석함이 타당하다(대판 1993.7.16. 92므372).

5. 파양(罷養)

협의상 파양(민법 제898조)
양부모와 양자는 협의하여 파양(罷養)할 수 있다. 다만, 양자가 미성년자 또는 피성년후견인인 경우에는 그러하지 아니하다.

피성년후견인의 협의상 파양(민법 제902조)
피성년후견인인 양부모는 성년후견인의 동의를 받아 파양을 협의할 수 있다.

파양 신고의 심사(민법 제903조)
제898조, 제902조, 그 밖의 법령을 위반하지 아니한 파양 신고는 수리하여야 한다.

준용규정(민법 제904조)
사기 또는 강박으로 인한 파양 취소 청구권의 소멸에 관하여는 제823조를 준용하고, 협의상 파양의 성립에 관하여는 제878조를 준용한다.

재판상 파양의 원인(민법 제905조)
양부모, 양자 또는 제906조에 따른 청구권자는 다음 각 호의 어느 하나에 해당하는 경우에는 가정법원에 파양을 청구할 수 있다.
  1. 양부모가 양자를 학대 또는 유기하거나 그 밖에 양자의 복리를 현저히 해친 경우
  2. 양부모가 양자로부터 심히 부당한 대우를 받은 경우
  3. 양부모나 양자의 생사가 3년 이상 분명하지 아니한 경우
  4. 그 밖에 양친자관계를 계속하기 어려운 중대한 사유가 있는 경우

파양 청구권자(민법 제906조)
① 양자가 13세 미만인 경우에는 제869조 제2항에 따른 승낙을 한 사람이 양자를 갈음하여 파양을 청구할 수 있다. 다만, 파양을 청구할 수 있는 사람이 없는 경우에는 제777조에 따른 양자의 친족이나 이해관계인이 가정법원의 허가를 받아 파양을 청구할 수 있다.
② 양자가 13세 이상의 미성년자인 경우에는 제870조 제1항에 따른 동의를 한 부모의 동의를 받아 파양을 청구할 수 있다. 다만, 부모가 사망하거나 그 밖의 사유로 동의할 수 없는 경우에는 동의 없이 파양을 청구할 수 있다.
③ 양부모나 양자가 피성년후견인인 경우에는 성년후견인의 동의를 받아 파양을 청구할 수 있다.
④ 검사는 미성년자나 피성년후견인인 양자를 위하여 파양을 청구할 수 있다.

파양 청구권의 소멸(민법 제907조)
파양 청구권자는 제905조 제1호·제2호·제4호의 사유가 있음을 안 날부터 6개월, 그 사유가 있었던 날부터 3년이 지나면 파양을 청구할 수 없다.

준용규정(민법 제908조)
재판상 파양에 따른 손해배상책임에 관하여는 제806조를 준용한다.

(1) 의 의

파양이란 유효하게 성립한 양친자관계를 입양성립 후에 생긴 사유로 인위적으로 해소하는 가족법상의 법률행위이다. 양친자관계는 입양당사자가 사망한 경우에도 해소되지 않고 파양에 의해서만 해소되는데(민법 제776조 제1항), 파양에는 협의상 파양과 재판상 파양이 있다.

(2) 협의상 파양

1) 의 의
양부모와 양자는 협의하여 파양할 수 있는데(민법 제898조 본문), 이를 협의상 파양이라 한다. 협의상 파양은 넓은 의미의 계약의 일종으로, 일정한 방식으로 신고해야 하는 요식행위이다(민법 제904조, 제878조).

2) 성립요건

① 실질적 요건 : 파양의 합의
  ㉠ 양부모와 양자의 파양의사의 합치가 있어야 한다(민법 제898조 본문). 따라서 가장파양은 무효가 된다.
  ㉡ 양자가 미성년자 또는 피성년후견인인 경우에는 협의상 파양이 인정되지 않고(민법 제898조 단서), 재판상 파양(민법 제906조)만 인정된다.
  ㉢ 피성년후견인인 양부모는 성년후견인의 동의를 받아 파양을 협의할 수 있다(민법 제902조).

② 형식적 요건 : 파양신고
  ㉠ 협의상 파양은 가족관계등록법에 따라 신고함으로써 그 효력이 생긴다(민법 제904조, 제878조). 따라서 이 신고는 창설적 신고이다.
  ㉡ 파양신고가 민법 제898조, 제902조, 그 밖의 법령을 위반하지 않으면 그것을 수리하여야 한다(민법 제903조).

3) 협의상 파양의 무효와 취소

① 협의상 파양의 무효
  ㉠ 민법에는 협의상 파양의 무효에 관한 규정이 없으나, 가사소송법에서 규정하고 있다(가사소송법 제2조 제1항 제1호 가류 가사소송사건).
  ㉡ 협의상 파양의 무효에는 입양의 무효에 관한 규정(민법 제883조)를 유추적용한다. 즉, 당사자 사이에 파양의 합의가 없는 때, 양자가 미성년자 또는 피성년후견인인 경우 파양은 무효이다.

② 협의상 파양의 취소
  ㉠ 사기 또는 강박으로 인하여 파양의 의사표시를 한 자는 사기를 안 날 또는 강박을 면한 날부터 3개월 이내에 법원에 파양의 취소를 청구할 수 있다(민법 제904조, 제823조).
  ㉡ 민법 제902조(피성년후견인인 양부모는 성년후견인의 동의를 받아 파양을 협의할 수 있다)를 위반한 경우에 대해서는 민법에 취소규정이 없으므로, 통설은 파양이 계속해서 유효하다고 한다.

ⓒ 협의상 파양의 취소는 가정법원에 소를 제기하여야 하는 가사소송법 제2조 제1항 제1호 나류 가사소송사건으로, 조정전치주의가 적용된다(가사소송법 제50조 제1항).
ⓔ 파양취소의 효과는 소급한다.

(3) 재판상 파양

1) 의 의
재판상 파양은 일정한 원인이 있는 경우에 양부모, 양자 또는 제906조에 따른 청구권자가 가정법원에 파양청구의 소를 제기하여 파양하는 것을 말한다.

2) 재판상 파양의 원인
① 양부모가 양자를 학대 또는 유기하거나 그 밖에 양자의 복리를 현저히 해친 경우(민법 제905조 제1호)
② 양부모가 양자로부터 심히 부당한 대우를 받은 경우(민법 제905조 제2호)
③ 양부모나 양자의 생사가 3년 이상 분명하지 아니한 경우(민법 제905조 제3호)
④ 그 밖에 양친자관계를 계속하기 어려운 중대한 사유가 있는 경우(민법 제905조 제4호)

3) 재판상 파양의 절차
① 조정전치주의가 적용되며(가사소송법 제2조 제1항 제1호 나류 가사소송사건, 제50조 제1항), 조정이 성립되면 파양의 효력이 생긴다(가사소송법 제59조).
② **파양청구권자**
  ⓐ 가사소송법에 규정이 없으나, 양부모와 양자가 파양소송의 당사자가 되며, 제3자는 파양을 청구할 수 없다(대판 1983.9.13. 83므16).
  ⓑ 민법은 미성년자가 양자인 경우나 피성년후견인이 양부모나 양자인 경우에 파양청구권자와 관련하여 민법 제906조의 특별규정을 두고 있다. 특히 민법 제906조 제4항은 '검사가 미성년자나 피성년후견인인 양자를 위해 파양을 청구할 수 있다'고 규정하고 있음을 유의해야 한다.
③ 부부공동입양의 원칙의 취지에 비추어 양친이 부부인 경우 파양도 부부공동으로 하여야 할 것이나, 양친인 부부 일방이 사망하거나 양친이 이혼한 때에는 공동파양의 원칙이 적용될 여지가 없다(대판 2001.8.21. 99므2230).

4) 파양청구권의 제소기간
파양청구권자는 제905조 제3호(언제든지 제소 가능)를 제외한 제905조 제1호·제2호·제4호의 경우에는 사유가 있음을 안 날부터 6개월, 그 사유가 있었던 날부터 3년이 지나면 파양을 청구할 수 없다(민법 제907조).

5) 파양신고(보고적 신고)
파양의 재판이 확정되면 소를 제기한 자는 재판확정일부터 1개월 이내에 신고하여야 하며, 이 신고는 보고적 신고이다.

(4) 파양의 효과

① 협의상 파양이나 재판상 파양이 성립하면 양부모와 양자 사이의 양친자관계(부양, 상속, 친권관계)를 비롯한 친족관계가 모두 소멸한다(민법 제776조).
② 양자가 미성년자인 경우에 재판상 파양이 된 때에 친생부모의 친권이 당연히 부활하는 것은 아니다. 즉, 입양이 파양된 경우 친생부모 일방 또는 쌍방, 미성년자, 미성년자의 친족은 그 사실을 안 날부터 1개월, 입양이 파양된 날부터 6개월 내에 가정법원에 친생부모 일방 또는 쌍방을 친권자로 지정할 것을 청구할 수 있다(민법 제909조의2 제2항 본문).
③ 재판상 파양을 한 때에는 과실 있는 상대방에 대하여 이로 인한 재산상, 정신상 손해배상을 청구할 수 있는데(민법 제908조, 제806조), 조정전치주의가 적용된다(가사소송법 제2조 제1항 제1호 다류 가사소송사건, 제50조 제1항 조정전치주의).

6. 친양자(親養子)

친양자 입양의 요건 등(민법 제908조의2)
① 친양자(親養子)를 입양하려는 사람은 다음 각 호의 요건을 갖추어 가정법원에 친양자 입양을 청구하여야 한다.
  1. 3년 이상 혼인 중인 부부로서 공동으로 입양할 것. 다만, 1년 이상 혼인 중인 부부의 한 쪽이 그 배우자의 친생자를 친양자로 하는 경우에는 그러하지 아니하다.
  2. 친양자가 될 사람이 미성년자일 것
  3. 친양자가 될 사람의 친생부모가 친양자 입양에 동의할 것. 다만, 부모가 친권상실의 선고를 받거나 소재를 알 수 없거나 그 밖의 사유로 동의할 수 없는 경우에는 그러하지 아니하다.
  4. 친양자가 될 사람이 13세 이상인 경우에는 법정대리인의 동의를 받아 입양을 승낙할 것
  5. 친양자가 될 사람이 13세 미만인 경우에는 법정대리인이 그를 갈음하여 입양을 승낙할 것
② 가정법원은 다음 각 호의 어느 하나에 해당하는 경우에는 제1항 제3호·제4호에 따른 동의 또는 같은 항 제5호에 따른 승낙이 없어도 제1항의 청구를 인용할 수 있다. 이 경우 가정법원은 동의권자 또는 승낙권자를 심문하여야 한다.
  1. 법정대리인이 정당한 이유 없이 동의 또는 승낙을 거부하는 경우. 다만, 법정대리인이 친권자인 경우에는 제2호 또는 제3호의 사유가 있어야 한다.
  2. 친생부모가 자신에게 책임이 있는 사유로 3년 이상 자녀에 대한 부양의무를 이행하지 아니하고 면접교섭을 하지 아니한 경우
  3. 친생부모가 자녀를 학대 또는 유기하거나 그 밖에 자녀의 복리를 현저히 해친 경우
③ 가정법원은 친양자가 될 사람의 복리를 위하여 그 양육상황, 친양자 입양의 동기, 양부모의 양육능력, 그 밖의 사정을 고려하여 친양자 입양이 적당하지 아니하다고 인정하는 경우에는 제1항의 청구를 기각할 수 있다.

친양자 입양의 효력(민법 제908조의3)
① 친양자는 부부의 혼인 중 출생자로 본다.
② 친양자의 입양 전의 친족관계는 제908조의2 제1항의 청구에 의한 친양자 입양이 확정된 때에 종료한다. 다만, 부부의 일방이 그 배우자의 친생자를 단독으로 입양한 경우에 있어서의 배우자 및 그 친족과 친생자 간의 친족관계는 그러하지 아니하다.

> **친양자 입양의 취소 등(민법 제908조의4)**
> ① 친양자로 될 사람의 친생(親生)의 아버지 또는 어머니는 자신에게 책임이 없는 사유로 인하여 제908조의2 제1항 제3호 단서에 따른 동의를 할 수 없었던 경우에 친양자 입양의 사실을 안 날부터 6개월 안에 가정법원에 친양자 입양의 취소를 청구할 수 있다.
> ② 친양자 입양에 관하여는 제883조, 제884조를 적용하지 아니한다.
>
> **친양자의 파양(민법 제908조의5)**
> ① 양친, 친양자, 친생의 부 또는 모나 검사는 다음 각 호의 어느 하나의 사유가 있는 경우에는 가정법원에 친양자의 파양(罷養)을 청구할 수 있다.
>   1. 양친이 친양자를 학대 또는 유기(遺棄)하거나 그 밖에 친양자의 복리를 현저히 해하는 때
>   2. 친양자의 양친에 대한 패륜(悖倫)행위로 인하여 친양자관계를 유지시킬 수 없게된 때
> ② 제898조 및 제905조의 규정은 친양자의 파양에 관하여 이를 적용하지 아니한다.
>
> **준용규정(민법 제908조의6)**
> 908조의2 제3항은 친양자 입양의 취소 또는 제908조의5 제1항 제2호에 따른 파양의 청구에 관하여 이를 준용한다.
>
> **친양자 입양의 취소·파양의 효력(민법 제908조의7)**
> ① 친양자 입양이 취소되거나 파양된 때에는 친양자관계는 소멸하고 입양 전의 친족관계는 부활한다.
> ② 제1항의 경우에 친양자 입양의 취소의 효력은 소급하지 아니한다.
>
> **준용규정(민법 제908조의8)**
> 친양자에 관하여 이 관에 특별한 규정이 있는 경우를 제외하고는 그 성질에 반하지 아니하는 범위 안에서 양자에 관한 규정을 준용한다.

(1) 서 설

1) 친양자제도의 도입 배경

보통양자는 양부의 성(姓)을 따를 수 없고, 설사 양부의 성(姓)을 따를 수 있다고 하더라도 입양신고를 하면 양자라는 사실이 호적부(현 가족관계등록부)에 공시되기 때문에 입양을 하는 많은 부모들은 양자를 친생자인 것처럼 출생신고하는 것이 보편화되었다. 2005년 민법 개정 시에 양자와 양부모의 관계를 친생자와 같이 하여 양자의 복리를 달성하기 위하여 친양자제도를 도입하여 우리 민법상 양자제도는 보통양자와 친양자로 이원화되었다.

2) 친양자제도의 특징

① 친양자제도는 외국의 '완전양자제도'에 해당한다.
② 친양자제도는 법원의 재판에 의하여 성립한다는 점에서 선고형 양자제도이다.

(2) 친양자 입양의 요건

친양자 입양이 성립하려면 친양자를 입양하려는 사람이 다음의 일정한 요건을 갖추어 가정법원에 친양자 입양을 청구하여야 하고(민법 제908조의2), 가정법원이 그 청구를 인용하는 재판을 하여야 한다.

1) 양친(養親)에 관한 요건
① '3년' 이상 '혼인 중의 부부'로서 '공동'으로 입양해야 한다(민법 제908조의2 제1항 제1호 본문).
② 다만, '1년' 이상 '혼인 중인 부부의 한 쪽이 배우자의 친생자를 친양자로 하는 경우에는 단독으로 입양할 수 있다(민법 제908조의2 제1항 제1호 단서).

2) 친양자(親養子)가 될 자의 요건
친양자가 될 사람은 미성년자여야 한다(민법 제908조의2 제1항 제2호).

3) 친생부모의 동의
① 친양자가 될 사람의 친생부모가 친양자 입양에 동의해야 한다(민법 제908조의2 제1항 제3호 본문).
② 다만, 부모가 친권상실의 선고를 받거나 소재를 알 수 없거나 그 밖의 사유로 동의할 수 없는 경우에는 친생부모의 동의를 요하지 않는다(민법 제908조의2 제1항 제3호 단서).
③ 친생부모의 동의 없이 친양자 입양이 가능한 경우(민법 제908조의 제2항 제2호·제3호)
  ㉠ 친생부모가 자신에게 책임이 있는 사유로 3년 이상 자녀에 대한 부양의무를 이행하지 아니하고 면접교섭을 하지 아니한 경우(제2호)
  ㉡ 친생부모가 자녀를 학대 또는 유기하거나 그 밖에 자녀의 복리를 현저히 해친 경우(제3호)
  ㉢ ㉠과 ㉡의 경우 가정법원은 동의권자를 심문하여야 한다.

4) 법정대리인의 동의
① 친양자가 될 사람이 13세 이상인 경우에는 친양자를 입양하려는 사람은 법정대리인의 동의를 받아 입양을 승낙하여야 한다(민법 제908조의2 제1항 제4호).
② 법정대리인의 동의 없이 친양자 입양이 가능한 경우(민법 제908조의 제2항 제1호) : 법정대리인이 정당한 이유 없이 동의를 거부하는 경우 가정법원은 법정대리인의 동의 없이 친양자 입양을 허가하는 심판을 할 수 있다. 다만, 법정대리인이 친권자인 경우에는 제2호 또는 제3호의 사유가 있어야 한다. 이 경우 가정법원은 동의권자를 심문하여야 한다.

5) 법정대리인의 입양 승낙
① 친양자가 될 사람이 13세 미만인 경우에는 법정대리인이 그를 갈음하여 입양을 승낙하여야 한다(민법 제908조의2 제1항 제5호).
② 법정대리인의 승낙 없이 친양자 입양이 가능한 경우(민법 제908조의2 제2항 제1호) : 법정대리인이 정당한 이유 없이 승낙을 거부하는 경우 가정법원은 법정대리인의 승낙 없이도 친양자 입양을 허가하는 심판을 할 수 있다. 다만, 법정대리인이 친권자인 경우에는 제2호 또는 제3호의 사유가 있어야 한다. 이 경우 가정법원은 승낙권자를 심문하여야 한다.

6) 가정법원의 허가
① 친양자(親養子)를 입양하려는 사람은 가정법원에 친양자 입양을 청구하여 친양자 입양 허가를 받아야 한다(민법 제908조의2 제1항).
② 가정법원은 친양자가 될 사람의 복리를 위하여 그 양육상황, 친양자 입양의 동기, 양부모의 양육능력, 그 밖의 사정을 고려하여 친양자 입양이 적당하지 아니하다고 인정하는 경우에는 제1항의 청구를 기각할 수 있다(민법 제908조의2 제3항).
③ 가정법원의 청구인용 재판이 확정되면 친양자를 입양하고자 하는 사람은 재판확정일부터 1개월 이내에 입양신고를 하여야 한다(가족관계등록법 제67조 제1항). 이 신고는 보고적 신고이다.

(3) 친양자 입양의 효력

① 친양자는 부부의 혼인 중 출생자로 본다(민법 제908조의3 제1항).
  ㉠ 부모가 혼인신고 시 모의 성과 본을 따르기로 협의하지 않은 한 양부의 성과 본을 따른다(민법 제781조 제1항).
  ㉡ 친양자와 양부모의 친족 사이에 친족관계가 발생한다. 이에 따라 부양·상속관계도 발생한다.
② 입양 전의 친족관계의 종료
  ㉠ 친양자의 입양 전의 친생부모 및 그 혈족과의 친족관계는 친양자 입양의 청구에 의한 친양자 입양이 확정된 때에 종료한다(민법 제908조의3 제2항 본문). 따라서 친양자 입양이 친양자 입양 전의 상속이나 부양관계에는 영향을 미치지 않는다.
  ㉡ 다만, 부부의 일방이 그 배우자의 친생자를 단독으로 입양한 경우에 있어서의 배우자 및 그 친족과 친생자 간의 친족관계는 종료하지 않는다(민법 제908조의3 제2항 단서).
③ 친양자 입양에 의하여 종료되는 것은 '법률상의 친족관계'이며, '생물학적인 혈족관계'는 종료되지 않으므로 입양 전의 8촌 이내의 혈족 사이의 혼인은 금지된다(민법 제815조 제2호, 제809조 제1항).

(4) 친양자 입양의 무효와 취소

① 민법은 친양자 입양에 보통의 입양의 무효(민법 제883조)와 취소(민법 제884조)에 관한 규정을 적용하지 않고(민법 제908조의4 제2항), 별도의 규정을 두어 한 가지 사유에 대하여 취소청구를 인정한다(민법 제908조의4 제1항). 즉, 친양자로 입양된 자의 친생(親生)의 아버지 또는 어머니는 자신에게 책임이 없는 사유로 인하여 제908조의2 제1항 제3호 단서에 따른 동의를 할 수 없었던 경우에 친양자 입양의 사실을 안 날부터 6개월 안에 가정법원에 친양자 입양의 취소를 청구할 수 있다.
② 친양자 입양 취소청구의 기각 : 가정법원은 취소사유가 있더라도 친양자가 될 사람의 복리를 위하여 그 양육상황, 친양자 입양의 동기, 양부모의 양육능력, 그 밖의 사정을 고려하여 친양자 입양의 취소가 적당하지 아니하다고 인정하는 경우에는 취소청구를 기각할 수 있다(민법 제908조의6, 제908조의2 제3항).
③ 친양자 입양이 취소되면 친양자관계는 소멸하고 입양 전의 친족관계가 부활하나(민법 제908조의7 제1항), 친양자 입양 취소의 효력은 소급하지는 않는다(민법 제908조의7 제2항).
④ 친양자 입양이 취소된 경우 친생부모의 친권은 당연히 부활하지 않으며, 법원의 심판을 받아서 친권자로 지정될 수 있을 뿐이다(민법 제909조의2 제2항).

(5) 친양자 입양의 파양

1) 보통양자와의 차이점

양자를 양부모의 친생자로 간주하는 친양자제도의 본질상 보통양자에 인정되는 협의상 파양과 재판상 파양은 친양자에는 원칙적으로 인정되지 않는다(민법 제908조의5 제2항). 다만, 민법은 제한된 범위에서 재판상 파양을 인정하고 있다(민법 제908조의5 제1항).

2) 파양원인

① **친양자를 위한 파양원인** : 양친이 친양자를 학대 또는 유기(遺棄)하거나 그 밖에 친양자의 복리를 현저히 해하는 때이다(민법 제908조의5 제1항 제1호).

② **양친을 위한 파양원인** : 친양자의 양친에 대한 패륜(悖倫)행위로 인하여 친양자관계를 유지시킬 수 없게 된 때이다(민법 제908조의5 제1항 제2호). 다만, 이 사유는 가정법원이 여러 사정을 고려하여 파양청구가 적당하지 아니하다고 인정하는 경우에는 파양청구를 기각할 수 있다(민법 제908조의6, 제908조의2 제3항).

3) 파양청구권자

양친, 친양자, 친생의 부 또는 모나 검사는 2)의 파양원인 중 어느 하나의 사유가 있는 경우에는 가정법원에 친양자의 파양(罷養)을 청구할 수 있다(민법 제908조의5 제1항).

4) 파양의 효과

① 친양자 입양이 파양된 때에는 친양자관계는 소멸하고 입양 전의 친족관계는 부활한다(민법 제908조의7 제1항).

② 친양자 입양이 파양된 경우 친생부모의 친권은 당연히 부활하지 않으며, 법원의 심판을 받아서 친권자로 지정될 수 있을 뿐이다(민법 제909조의2 제2항).

(6) 기 타

친양자에 관하여 특별한 규정이 있는 경우를 제외하고는 그 성질에 반하지 아니하는 범위 안에서 양자에 관한 규정을 준용한다(민법 제908조의8).

Ⅳ 친 권

1. 서 설

① **친권의 성질** : 친권은 미성년인 자(子)의 양육과 감호 및 재산관리를 적절히 함으로써 그의 복리를 확보하도록 하기 위한 부모의 권리이자 의무의 성격을 갖는다(대결 1993.3.4. 93스3).

② 친권에 따르는 사람은 미성년의 자이다(민법 제909조 제1항). 미성년자가 혼인한 때에는 성년자로 의제되는데(민법 제826조의2), 이 경우 친권에 따르지 않는다.

2. 친권자

> **친권자(민법 제909조)**
> ① 부모는 미성년자인 자의 친권자가 된다. 양자의 경우에는 양부모(養父母)가 친권자가 된다.
> ② 친권은 부모가 혼인 중인 때에는 부모가 공동으로 이를 행사한다. 그러나 부모의 의견이 일치하지 아니하는 경우에는 당사자의 청구에 의하여 가정법원이 이를 정한다.

③ 부모의 일방이 친권을 행사할 수 없을 때에는 다른 일방이 이를 행사한다.
④ 혼인 외의 자가 인지된 경우와 부모가 이혼하는 경우에는 부모의 협의로 친권자를 정하여야 하고, 협의할 수 없거나 협의가 이루어지지 아니하는 경우에는 가정법원은 직권으로 또는 당사자의 청구에 따라 친권자를 지정하여야 한다. 다만, 부모의 협의가 자(子)의 복리에 반하는 경우에는 가정법원은 보정을 명하거나 직권으로 친권자를 정한다.
⑤ 가정법원은 혼인의 취소, 재판상 이혼 또는 인지청구의 소의 경우에는 직권으로 친권자를 정한다.
⑥ 가정법원은 자의 복리를 위하여 필요하다고 인정되는 경우에는 자의 4촌 이내의 친족의 청구에 의하여 정하여진 친권자를 다른 일방으로 변경할 수 있다.

친권자의 지정 등(민법 제909조의2)
① 제909조 제4항부터 제6항까지의 규정에 따라 단독 친권자로 정하여진 부모의 일방이 사망한 경우 생존하는 부 또는 모, 미성년자, 미성년자의 친족은 그 사실을 안 날부터 1개월, 사망한 날부터 6개월 내에 가정법원에 생존하는 부 또는 모를 친권자로 지정할 것을 청구할 수 있다.
② 입양이 취소되거나 파양된 경우 또는 양부모가 모두 사망한 경우 친생부모 일방 또는 쌍방, 미성년자, 미성년자의 친족은 그 사실을 안 날부터 1개월, 입양이 취소되거나 파양된 날 또는 양부모가 모두 사망한 날부터 6개월 내에 가정법원에 친생부모 일방 또는 쌍방을 친권자로 지정할 것을 청구할 수 있다. 다만, 친양자의 양부모가 사망한 경우에는 그러하지 아니하다.
③ 제1항 또는 제2항의 기간 내에 친권자 지정의 청구가 없을 때에는 가정법원은 직권으로 또는 미성년자, 미성년자의 친족, 이해관계인, 검사, 지방자치단체의 장의 청구에 의하여 미성년후견인을 선임할 수 있다. 이 경우 생존하는 부 또는 모, 친생부모 일방 또는 쌍방의 소재를 모르거나 그가 정당한 사유 없이 소환에 응하지 아니하는 경우를 제외하고 그에게 의견을 진술할 기회를 주어야 한다.
④ 가정법원은 제1항 또는 제2항에 따른 친권자 지정 청구나 제3항에 따른 후견인 선임 청구가 생존하는 부 또는 모, 친생부모 일방 또는 쌍방의 양육의사 및 양육능력, 청구 동기, 미성년자의 의사, 그 밖의 사정을 고려하여 미성년자의 복리를 위하여 적절하지 아니하다고 인정하면 청구를 기각할 수 있다. 이 경우 가정법원은 직권으로 미성년후견인을 선임하거나 생존하는 부 또는 모, 친생부모 일방 또는 쌍방을 친권자로 지정하여야 한다.
⑤ 가정법원은 다음 각 호의 어느 하나에 해당하는 경우에 직권으로 또는 미성년자, 미성년자의 친족, 이해관계인, 검사, 지방자치단체의 장의 청구에 의하여 제1항부터 제4항까지의 규정에 따라 친권자가 지정되거나 미성년후견인이 선임될 때까지 그 임무를 대행할 사람을 선임할 수 있다. 이 경우 그 임무를 대행할 사람에 대하여는 제25조 및 제954조를 준용한다.
  1. 단독 친권자가 사망한 경우
  2. 입양이 취소되거나 파양된 경우
  3. 양부모가 모두 사망한 경우
⑥ 가정법원은 제3항 또는 제4항에 따라 미성년후견인이 선임된 경우라도 미성년후견인 선임 후 양육상황이나 양육능력의 변동, 미성년자의 의사, 그 밖의 사정을 고려하여 미성년자의 복리를 위하여 필요하면 생존하는 부 또는 모, 친생부모 일방 또는 쌍방, 미성년자의 청구에 의하여 후견을 종료하고 생존하는 부 또는 모, 친생부모 일방 또는 쌍방을 친권자로 지정할 수 있다.

자의 친권의 대행(민법 제910조)
친권자는 그 친권에 따르는 자에 갈음하여 그 자에 대한 친권을 행사한다.

미성년자인 자의 법정대리인(민법 제911조)
친권을 행사하는 부 또는 모는 미성년자인 자의 법정대리인이 된다.

친권 행사와 친권자 지정의 기준(민법 제912조)
① 친권을 행사함에 있어서는 자의 복리를 우선적으로 고려하여야 한다.
② 가정법원이 친권자를 지정함에 있어서는 자(子)의 복리를 우선적으로 고려하여야 한다. 이를 위하여 가정법원은 관련 분야의 전문가나 사회복지기관으로부터 자문을 받을 수 있다.

친권의 상실, 일시 정지 또는 일부 제한과 친권자의 지정 등(민법 제927조의2)
① 제909조 제4항부터 제6항까지의 규정에 따라 단독 친권자가 된 부 또는 모, 양부모(친양자의 양부모를 제외한다) 쌍방에게 다음 각 호의 어느 하나에 해당하는 사유가 있는 경우에는 제909조의2 제1항 및 제3항부터 제5항까지의 규정을 준용한다. 다만, 제1호의3·제2호 및 제3호의 경우 새로 정하여진 친권자 또는 미성년후견인의 임무는 제한된 친권의 범위에 속하는 행위에 한정된다.
　1. 제924조에 따른 친권상실의 선고가 있는 경우
　1의2. 제924조에 따른 친권 일시 정지의 선고가 있는 경우
　1의3. 제924조의2에 따른 친권 일부 제한의 선고가 있는 경우
　2. 제925조에 따른 대리권과 재산관리권 상실의 선고가 있는 경우
　3. 제927조 제1항에 따라 대리권과 재산관리권을 사퇴한 경우
　4. 소재불명 등 친권을 행사할 수 없는 중대한 사유가 있는 경우
② 가정법원은 제1항에 따라 친권자가 지정되거나 미성년후견인이 선임된 후 단독 친권자이었던 부 또는 모, 양부모 일방 또는 쌍방에게 다음 각 호의 어느 하나에 해당하는 사유가 있는 경우에는 그 부모 일방 또는 쌍방, 미성년자, 미성년자의 친족의 청구에 의하여 친권자를 새로 지정할 수 있다.
　1. 제926조에 따라 실권의 회복이 선고된 경우
　2. 제927조 제2항에 따라 사퇴한 권리를 회복한 경우
　3. 소재불명이던 부 또는 모가 발견되는 등 친권을 행사할 수 있게 된 경우

(1) 혼인 중의 출생자의 친권자

① 미성년자인 자(子)가 혼인 중의 출생자인 경우에는 그 부모가 친권자가 된다(민법 제909조 제1항 전문).
② 친권은 부모가 혼인 중인 때에는 부모가 공동으로 이를 행사한다(민법 제909조 제2항 본문).
　㉠ 여기서「친권을 공동으로 행사한다」는 것은 친권행사를 부모의 공동의사에 따라 해야 한다는 의미이며, 행위 자체를 반드시 부모가 공동으로 하거나 공동의 명의로 하여야 한다는 것은 아니다.
　㉡ 부모가 공동으로 친권을 행사하는 경우 부모의 일방이 공동명의로 자를 대리하거나 자의 법률행위에 동의한 때에는 다른 일방의 의사에 반하는 때에도 그 효력이 있다. 그러나 상대방이 악의인 때에는 그러하지 아니한다(민법 제920조의2).
③ 부모의 의견이 일치하지 아니하는 경우에는 당사자의 청구에 의하여 가정법원이 이를 정한다(민법 제909조 제2항 단서). 그리고 부모의 일방이 친권을 행사할 수 없을 때에는 다른 일방이 이를 행사한다(민법 제909조 제3항).

(2) 혼인 외의 출생자의 친권자

1) 인지 전

생모가 친권자이다.

2) 임의인지의 경우

① 혼인 외의 자가 인지된 경우에는 부모의 협의로 친권자를 정하여야 하고, 협의할 수 없거나 협의가 이루어지지 아니하는 경우에는 가정법원은 직권으로 또는 당사자의 청구에 따라 친권자를 지정하여야 한다(민법 제909조 제4항 본문).

② 다만, 부모의 협의가 자(子)의 복리에 반하는 경우에는 가정법원은 보정을 명하거나 직권으로 친권자를 정한다(민법 제909조 제4항 단서).

3) 강제인지(인지청구의 소, 재판상 인지)의 경우

가정법원은 인지청구의 소의 경우에는 직권으로 친권자를 정한다(민법 제909조 제5항).

(3) 양자의 친권자

① 양자의 경우에는 양부모(養父母)가 친권자가 된다(민법 제909조 제1항 후문). 친양자의 경우에도 같다.

② 친권행사의 방법은 혼인 중의 출생자에 있어서와 같다(민법 제909조 제2항·제3항).

(4) 혼인해소 후의 친권자

1) 협의이혼의 경우

① 부모가 이혼하는 경우에는 부모의 협의로 친권자를 정하여야 하고, 협의할 수 없거나 협의가 이루어지지 아니하는 경우에는 가정법원은 직권으로 또는 당사자의 청구에 따라 친권자를 지정하여야 한다(민법 제909조 제4항 본문).

② 다만, 부모의 협의가 자(子)의 복리에 반하는 경우에는 가정법원은 보정을 명하거나 직권으로 친권자를 정한다(민법 제909조 제4항 단서).

2) 혼인취소, 재판상 이혼의 경우

가정법원은 혼인의 취소, 재판상 이혼의 경우에는 직권으로 친권자를 정한다(민법 제909조 제5항).

(5) 심판에 의한 친권자의 변경

가정법원은 자의 복리를 위하여 필요하다고 인정되는 경우에는 자의 4촌 이내의 친족의 청구에 의하여 정하여진 친권자를 다른 일방으로 변경할 수 있다(민법 제909조 제6항, 가사소송법 제2조 제1항 제2호 마류 가사비송사건, 제50조 제1항 조정전치주의).

(6) 정해진 친권자가 없게 된 경우

1) 서 설

이혼 시 단독 친권자로 되어 있던 부모 중 일방이 사망한 경우에는 누가 친권자로 되는지와 관련하여 민법 개정 전에는 아무런 규정이 없었는데, 판례는 다른 일방의 친권이 자동으로 부활된다고 하였다(대판 1994.4.29. 94다1302). 이는 다른 일방이 부적격자임에도 불구하고 친권을 행사하게 된다는 점에서 불합리하였다. 이에 개정 민법은 이혼의 경우 외에도 인지된 경우, 혼인이 취소된 경우에 정해진 친권자가 없게 된 때나, 입양이 취소되거나 파양이 된 경우 또는 양부모가 모두 사망한 경우에 관하여 규정하고 있다.

2) 정해진 단독 친권자가 사망한 경우

① 민법 제909조 제4항(혼인 외의 자가 인지된 경우와 부모가 이혼하는 경우)·제5항(혼인의 취소, 재판상 이혼 또는 인지청구의 소의 경우)·제6항(정해진 친권자를 다른 일방으로 변경한 경우)에 따라 단독 친권자로 정해진 부모의 일방이 사망한 경우에는 생존하는 부 또는 모, 미성년자, 미성년자의 친족은 그 사실을 안 날부터 1개월, 사망한 날부터 6개월 내에 가정법원에 생존하는 부 또는 모를 친권자로 지정할 것을 청구할 수 있다(민법 제909조의2 제1항).

② 제1항의 기간 내에 친권자 지정의 청구가 없을 때에는 가정법원은 직권으로 또는 미성년자, 미성년자의 친족, 이해관계인, 검사, 지방자치단체의 장의 청구에 의하여 미성년후견인을 선임할 수 있다. 이 경우 생존하는 부 또는 모, 친생부모 일방 또는 쌍방의 소재를 모르거나 그가 정당한 사유 없이 소환에 응하지 아니하는 경우를 제외하고 그에게 의견을 진술할 기회를 주어야 한다(민법 제909조의2 제3항).

③ 가정법원은 제1항에 따른 친권자 지정 청구나 제3항에 따른 후견인 선임 청구가 생존하는 부 또는 모, 친생부모 일방 또는 쌍방의 양육의사 및 양육능력, 청구 동기, 미성년자의 의사, 그 밖의 사정을 고려하여 미성년자의 복리를 위하여 적절하지 아니하다고 인정하면 청구를 기각할 수 있다. 이 경우 가정법원은 직권으로 미성년후견인을 선임하거나 생존하는 부 또는 모, 친생부모 일방 또는 쌍방을 친권자로 지정하여야 한다(민법 제909조의2 제4항).

④ 가정법원은 제3항 또는 제4항에 따라 미성년후견인이 선임된 경우라도 미성년후견인 선임 후 양육상황이나 양육능력의 변동, 미성년자의 의사, 그 밖의 사정을 고려하여 미성년자의 복리를 위하여 필요하면 생존하는 부 또는 모, 친생부모 일방 또는 쌍방, 미성년자의 청구에 의하여 후견을 종료하고 생존하는 부 또는 모, 친생부모 일방 또는 쌍방을 친권자로 지정할 수 있다(민법 제909조의2 제6항).

3) 입양취소·파양·양부모가 모두 사망한 경우

① 입양이 취소되거나 파양된 경우 또는 양부모가 모두 사망한 경우 친생부모 일방 또는 쌍방, 미성년자, 미성년자의 친족은 그 사실을 안 날부터 1개월, 입양이 취소되거나 파양된 날 또는 양부모가 모두 사망한 날부터 6개월 내에 가정법원에 친생부모 일방 또는 쌍방을 친권자로 지정할 것을 청구할 수 있다(민법 제909조의2 제2항 본문).

② 다만, 친양자의 양부모가 사망한 경우에는 그러하지 아니하다(민법 제909조의2 제2항 본문). 즉, 후견이 개시되는 것이지 친생부모의 친권이 부활하는 것은 아니다.

4) 후견인 임무 대행자 선임

① 가정법원은 단독 친권자가 사망한 경우, 입양이 취소되거나 파양된 경우, 양부모가 모두 사망한 경우의 어느 하나에 해당하는 경우에 직권으로 또는 미성년자, 미성년자의 친족, 이해관계인, 검사, 지방자치단체의 장의 청구에 의하여 제1항부터 제4항까지의 규정에 따라 친권자가 지정되거나 미성년후견인이 선임될 때까지 그 임무를 대행할 사람을 선임할 수 있다(민법 제909조의2 제5항 전문).

② 이 경우 그 임무를 대행할 사람에 대하여는 민법 제25조(관리인의 권한) 및 제954조(가정법원의 후견사무에 관한 처분)를 준용한다(민법 제909조의2 제5항 후문).

(7) 친권행사와 친권자 지정의 기준

① 친권을 행사함에 있어서는 자(子)의 복리를 우선적으로 고려하여야 한다(민법 제912조 제1항).
② 가정법원이 친권자를 지정함에 있어서는 자(子)의 복리를 우선적으로 고려하여야 한다. 이를 위하여 가정법원은 관련 분야의 전문가나 사회복지기관으로부터 자문을 받을 수 있다(민법 제912조 제2항).

(8) 친권상실로 인한 친권자의 지정 또는 후견인의 선임

1) 단독 친권자가 된 부 또는 모, 양부모 모두에게 친권상실 등의 사유가 발생한 경우

① 제909조 제4항부터 제6항까지의 규정[인지(임의/강제)·이혼(협의/재판)·혼인취소·정해진 친권자를 다른 일방으로 변경한 경우]에 따라 단독 친권자가 된 부 또는 모, 양부모(친양자의 양부모를 제외한다) 쌍방에게 ㉠ 친권상실의 선고가 있는 경우, ㉡ 친권 일시 정지의 선고가 있는 경우, ㉢ 친권 일부 제한의 선고가 있는 경우, ㉣ 대리권과 재산관리권 상실의 선고가 있는 경우, ㉤ 대리권과 재산관리권을 사퇴한 경우, ㉥ 소재불명 등 친권을 행사할 수 없는 중대한 사유가 있는 경우 중 어느 하나에 해당하는 사유가 있는 경우에는 단독 친권자가 사망한 경우에 관한 제909조의2 제1항 및 제3항부터 제5항까지의 규정을 준용한다(민법 제927조의2 제1항 본문).
② 다만, ㉢ 친권 일부 제한의 선고가 있는 경우, ㉣ 대리권과 재산관리권 상실의 선고가 있는 경우, ㉤ 대리권과 재산관리권을 사퇴의 경우에는 새로 정하여진 친권자 또는 미성년후견인의 임무는 제한된 친권의 범위에 속하는 행위에 한정된다(민법 제927조의2 제1항 단서).

2) 친권을 상실했던 부모가 친권을 회복한 경우

가정법원은 제1항에 따라 친권자가 지정되거나 미성년후견인이 선임된 후 단독 친권자이었던 부 또는 모, 양부모 일방 또는 쌍방에게 ① 실권의 회복이 선고된 경우, ② 사퇴한 권리를 회복한 경우, ③ 소재불명이던 부 또는 모가 발견되는 등 친권을 행사할 수 있게 된 경우의 어느 하나에 해당하는 사유가 있는 경우에는 그 부모 일방 또는 쌍방, 미성년자, 미성년자의 친족의 청구에 의하여 친권자를 새로 지정할 수 있다(민법 제927조의2 제2항).

(9) 친권행사능력

친권의 내용은 자(子)의 신분과 재산에 관하여 광범위하게 인정되기 때문에 친권자는 행위능력을 가지고 있어야 한다. 따라서 제한능력자는 친권자가 되지 못한다. 다만, 혼인한 미성년자는 성년자로 의제되므로(민법 제826조의2) 친권을 행사할 수 있다.

3. 친권의 내용

(1) 자(子)의 신분에 관한 권리·의무

1) 자의 보호·교양에 관한 권리·의무

① 친권자는 자(子)를 보호하고 교양할 권리의무가 있다(민법 제913조). 여기서 자(子)를 보호하고 교양한다는 것은 실제로 양육·감호·교육하는 것을 의미한다.

② 보호·교양에 필요한 비용은 부부의 공동생활에 필요한 비용으로서 당사자 사이에 특별한 약정이 없으면 부부가 공동으로 부담한다(민법 제833조).

③ 자(子)의 불법행위에 대한 책임 : 친권자는 책임무능력자인 자(子)의 불법행위에 대하여 감독자책임을 지며(민법 제753조, 제755조), 책임능력자인 자(子)의 불법행위에 대해서는 일반불법행위책임을 진다(민법 제750조).

2) 자의 인도청구권

자의 인도청구권에 관하여 우리 민법은 명문의 규정이 없으나, 통설·판례는 친권의 효력 중 하나로 친권자에게 인정하고 있다. 따라서 제3자가 불법적으로 자(子)를 부당하게 억류하고 있는 경우에는 친권자는 인도청구권을 행사할 수 있다.

3) 거소지정권

친권자는 보호·교양을 위하여 필요한 범위 안에서 자(子)의 거소를 지정하여 그 장소에 거주시킬 수 있다(민법 제914조).

4) 징계권

친권자의 징계권 규정(구 민법 제915조)은 아동학대 가해자인 친권자의 항변사유로 이용되는 등 아동학대를 정당화하는 데 악용될 소지가 있는바, 이를 방지하고 아동의 권리와 인권을 보호하려는 취지에서 징계권 규정을 2021.1.26. 삭제하였다.

5) 영업허락권

친권자는 법정대리인으로서 미성년자의 자(子)에게 특정한 영업을 허락할 수 있고(민법 제8조 제1항), 그 허락을 취소 또는 제한할 수 있다(민법 제8조 제2항 본문).

6) 신분상의 행위에 대한 대리권 및 동의권

① 친권자는 미성년자의 법정대리인으로서 법률에 특별한 규정이 있는 경우에 한하여 자(子)의 신분행위에 대한 대리권이 있다. 인지청구의 소제기(민법 제863조), 성년에 달하지 않은 자가 입양한 경우의 그 입양의 취소청구(민법 제885조), 부모 등의 동의를 얻지 않고 양자가 된 경우의 그 입양의 취소청구(민법 제886조), 13세 미만의 자가 양자가 되는 경우의 입양에 대한 승낙(민법 제869조 제2항), 13세 미만의 양자가 파양하는 경우에 그를 갈음한 재판상 파양청구(민법 제906조), 상속의 승인 또는 포기(민법 제1019조, 제1020조) 등이 대표적이다.

② 동의권 : 자(子)의 신분행위에 대한 동의는 부모의 자격으로 하는 것이 대부분이다.

7) 친권의 대행

친권자는 그 친권에 따르는 자(子)에 갈음하여 그 자(子)에 대한 친권을 행사한다(민법 제910조). 민법상 성년의제 규정으로 인하여 미성년자가 혼인을 하면 성년자로 의제되어 스스로 친권을 행사할 수 있으므로, 이 규정은 미성년자가 혼인하지 않은 상태에서 혼인 외의 자를 출생한 경우에만 적용된다.

(2) 자(子)의 재산에 관한 권리·의무

자의 특유재산과 그 관리(민법 제916조)
자가 자기의 명의로 취득한 재산은 그 특유재산으로 하고 법정대리인인 친권자가 이를 관리한다.

제3자가 무상으로 자에게 수여한 재산의 관리(민법 제918조)
① 무상으로 자에게 재산을 수여한 제3자가 친권자의 관리에 반대하는 의사를 표시한 때에는 친권자는 그 재산을 관리하지 못한다.
② 전항의 경우에 제3자가 그 재산관리인을 지정하지 아니한 때에는 법원은 재산의 수여를 받은 자 또는 제777조의 규정에 의한 친족의 청구에 의하여 관리인을 선임한다.
③ 제3자의 지정한 관리인의 권한이 소멸하거나 관리인을 개임할 필요있는 경우에 제3자가 다시 관리인을 지정하지 아니한 때에도 전항과 같다.
④ 제24조 제1항, 제2항, 제4항, 제25조 전단 및 제26조 제1항, 제2항의 규정은 전2항의 경우에 준용한다.

위임에 관한 규정의 준용(민법 제919조)
제691조, 제692조의 규정은 전3조의 재산관리에 준용한다.

자의 재산에 관한 친권자의 대리권(민법 제920조)
법정대리인인 친권자는 자의 재산에 관한 법률행위에 대하여 그 자를 대리한다. 그러나 그 자의 행위를 목적으로 하는 채무를 부담할 경우에는 본인의 동의를 얻어야 한다.

공동친권자의 일방이 공동명의로 한 행위의 효력(민법 제920조의2)
부모가 공동으로 친권을 행사하는 경우 부모의 일방이 공동명의로 자를 대리하거나 자의 법률행위에 동의한 때에는 다른 일방의 의사에 반하는 때에도 그 효력이 있다. 그러나 상대방이 악의인 때에는 그러하지 아니한다.

친권자와 그 자 간 또는 수인의 자 간의 이해상반행위(민법 제921조)
① 법정대리인인 친권자와 그 자 사이에 이해상반되는 행위를 함에는 친권자는 법원에 그 자의 특별대리인의 선임을 청구하여야 한다.
② 법정대리인인 친권자가 그 친권에 따르는 수인의 자 사이에 이해상반되는 행위를 함에는 법원에 그 자 일방의 특별대리인의 선임을 청구하여야 한다.

친권자의 주의의무(민법 제922조)
친권자가 그 자에 대한 법률행위의 대리권 또는 재산관리권을 행사함에는 자기의 재산에 관한 행위와 동일한 주의를 하여야 한다.

친권자의 동의를 갈음하는 재판(민법 제922조의2)
가정법원은 친권자의 동의가 필요한 행위에 대하여 친권자가 정당한 이유 없이 동의하지 아니함으로써 자녀의 생명, 신체 또는 재산에 중대한 손해가 발생할 위험이 있는 경우에는 자녀, 자녀의 친족, 검사 또는 지방자치단체의 장의 청구에 의하여 친권자의 동의를 갈음하는 재판을 할 수 있다.

> **재산관리의 계산(민법 제923조)**
> ① 법정대리인인 친권자의 권한이 소멸한 때에는 그 자의 재산에 대한 관리의 계산을 하여야 한다.
> ② 전항의 경우에 그 자의 재산으로부터 수취한 과실은 그 자의 양육, 재산관리의 비용과 상계한 것으로 본다. 그러나 무상으로 자에게 재산을 수여한 제3자가 반대의 의사를 표시한 때에는 그 재산에 관하여는 그러하지 아니하다.

1) 재산관리권

① 내 용

  ㉠ 자(子)가 자기의 명의로 취득한 재산은 그 특유재산으로 하고 법정대리인인 친권자가 이를 관리한다(민법 제916조). 재산의 관리란 보존·이용·개량을 목적으로 하는 행위이고, 처분행위는 원칙적으로 허용되지 않지만, 관리에 필요한 한도에서는 처분행위도 할 수 있다.

  ㉡ 친권자가 그 자에 대한 재산관리권을 행사함에는 「자기의 재산에 관한 행위와 동일한 주의」를 하여야 한다(민법 제922조). 이 주의의무는 선량한 관리자의 주의의무보다 낮은 정도의 것이며, 이를 위반한 경우의 과실은 구체적 과실이다.

② 제3자에 의한 재산관리권 배제

  ㉠ 무상으로 자에게 재산을 수여한 제3자가 친권자의 관리에 반대하는 의사를 표시한 때에는 친권자는 그 재산을 관리하지 못하며(민법 제918조 제1항), 제3자가 지정한 재산관리인 또는 일정한 자(재산의 수여를 받은 자 또는 제777조의 규정에 의한 친족)의 청구에 의하여 법원이 선임한 관리인이 재산을 관리한다(민법 제918조 제2항).

  ㉡ 제3자의 지정한 관리인의 권한이 소멸하거나 관리인을 개임할 필요가 있는 경우에 제3자가 다시 관리인을 지정하지 아니한 때에도 법원이 일정한 자의 청구에 의하여 관리인을 선임한다(민법 제918조 제3항).

  ㉢ 가정법원이 선임한 관리인에 대하여 부재자의 재산관리에 관한 규정들(민법 제24조 제1항·제2항·제4항, 제25조 전단 및 제26조 제1항·제2항)을 준용한다(민법 제918조 제4항).

  ㉣ 관리인의 재산관리가 종료한 경우에는 위임에 관한 민법 제691조, 제692조가 준용된다(민법 제919조).

③ 재산관리의 계산

> [민법 제923조 제1항에서 정한 '관리의 계산'의 의미 / 친권자가 자녀의 특유재산을 통상적인 양육비용으로 사용할 수 있는 경우 / 친권자가 자녀에 대한 재산 관리 권한에 기하여 자녀에게 지급되어야 할 돈을 자녀 대신 수령한 경우, 재산 관리 권한이 소멸하면 그 돈 중 재산 관리 권한 소멸 시까지 정당하게 지출한 부분을 공제한 나머지를 자녀 또는 그 법정대리인에게 반환할 의무가 있는지 여부(적극) 및 이때 친권자가 자녀를 대신하여 수령한 돈을 정당하게 지출하였다는 점에 대한 증명책임의 소재(= 친권자) / 자녀의 친권자에 대한 위와 같은 반환청구권을 자녀의 채권자가 압류할 수 있는지 여부(적극)]
> 친권자는 자녀가 그 명의로 취득한 특유재산을 관리할 권한이 있는데(민법 제916조), 그 재산 관리 권한이 소멸하면 자녀의 재산에 대한 관리의 계산을 하여야 한다(민법 제923조 제1항). 여기서 '관리의 계산'이란 자녀의 재산을 관리하던 기간의 그 재산에 관한 수입과 지출을 명확히 결산하여 자녀에게 귀속되어야 할 재산과 그 액수를 확정하는 것을 말한다. 친권자의 위와 같은 재산 관리 권한이 소멸한 때에는 위임에 관한 민법 제683조, 제684조가 유추적용되므로, 친권자는 자녀 또는 그 법정대리인에게 위와 같은 계산 결과를

> 보고하고, 자녀에게 귀속되어야 할 재산을 인도하거나 이전할 의무가 있다. 한편 부모는 자녀를 공동으로 양육할 책임이 있고 양육에 소요되는 비용도 원칙적으로 공동으로 부담하여야 하는 점을 고려할 때, 친권자는 자녀의 특유재산을 자신의 이익을 위하여 임의로 사용할 수 없음은 물론 자녀의 통상적인 양육비용으로도 사용할 수도 없는 것이 원칙이나, 친권자가 자신의 자력으로는 자녀를 부양하거나 생활을 영위하기 곤란한 경우, 친권자의 자산, 수입, 생활수준, 가정상황 등에 비추어 볼 때 통상적인 범위를 넘는 현저한 양육비용이 필요한 경우 등과 같이 정당한 사유가 있는 경우에는 자녀의 특유재산을 그와 같은 목적으로 사용할 수 있다. 따라서 친권자는 자녀에 대한 재산 관리 권한에 기하여 자녀에게 지급되어야 할 돈을 자녀 대신 수령한 경우 그 재산 관리 권한이 소멸하면 그 돈 중 재산 관리 권한 소멸 시까지 위와 같이 정당하게 지출한 부분을 공제한 나머지를 자녀 또는 그 법정대리인에게 반환할 의무가 있다. 이 경우 친권자가 자녀를 대신하여 수령한 돈을 정당하게 지출하였다는 점에 대한 증명책임은 친권자에게 있다. 친권자의 위와 같은 반환의무는 민법 제923조 제1항의 계산의무 이행 여부를 불문하고 그 재산 관리 권한이 소멸할 때 발생한다고 봄이 타당하다. 이에 대응하는 자녀의 친권자에 대한 위와 같은 반환청구권은 재산적 권리로서 일신전속적인 권리라고 볼 수 없으므로, 자녀의 채권자가 그 반환청구권을 압류할 수 있다(대판 2022.11.17. 2018다294179).

2) 재산상의 행위에 대한 대리권·동의권

① 법정대리인인 친권자는 자(子)의 재산에 관한 법률행위에 대하여 그 자(子)를 대리한다(민법 제920조 본문, 제911조). 그러나 처분을 허락한 재산(민법 제6조), 영업을 허락한 경우의 영업재산(민법 제8조), 제3자가 무상으로 자에게 재산을 수여하면서 친권자의 관리를 배제한 재산(민법 제918조 제1항), 근로계약의 체결(근로기준법 제67조 제1항), 임금청구(근로기준법 제68조)는 대리할 수 없다.

② 대리권 남용 : 친권자가 오직 자기 또는 제3자의 이익을 위하여 대리행위를 한 경우에는 대리권 남용에 관한 이론을 적용하여야 한다.

> - [1] 법정대리인인 친권자가 자(子)의 유일한 재산을 그 사실을 아는 제3자에게 증여한 행위가 친권의 남용으로서 무효인지 여부(적극) : 친권자인 모(母)가 미성년자인 자(子)의 법정대리인으로서 자의 유일한 재산을 아무런 대가도 받지 않고 증여하였고 상대방이 그 사실을 알고 있었던 경우, 그 증여행위는 친권의 남용에 의한 것이므로 그 효과는 자에게 미치지 않는다. [2] [1]의 경우, 친권의 상실 여부(소극) 및 그 후 친권자가 법정대리인으로서 증여에 기하여 이루어진 소유권이전등기의 말소를 구하는 것이 금반언의 원칙에 반하는지 여부(소극) : 친권자의 법정대리권의 남용으로 인한 법률행위의 효과가 미성년인 자(子)에게 미치지 아니한다고 하여 그 친권자의 친권이 상실되어야 하는 것은 아니며, 친권자가 자의 법정대리인으로서 소송대리인을 선임하여 그 증여에 기하여 이루어진 소유권이전등기의 말소를 구하는 소를 제기하였다고 하여 이를 금반언의 원칙에 어긋난 것으로 볼 수도 없다(대판 1997.1.24. 96다43928).
> - 법정대리인인 친권자의 대리행위가 미성년자 본인에게는 경제적인 손실만을 초래하는 반면 친권자나 제3자에게는 경제적인 이익을 가져오는 행위이고 행위의 상대방이 이러한 사실을 알았거나 알 수 있었을 경우, 행위의 효과가 자(子)에게 미치는지 여부(소극) 및 그와 같은 사정을 들어 선의의 제3자에게 대항할 수 있는지 여부(소극) / 이때 제3자가 악의라는 사실에 관한 주장·증명책임의 소재(= 무효를 주장하는 자) : 법정대리인인 친권자의 대리행위가 객관적으로 볼 때 미성년자 본인에게는 경제적인 손실만을 초래하는 반면, 친권자나 제3자에게는 경제적인 이익을 가져오는 행위이고 행위의 상대방이 이러한 사실을 알았거나 알 수 있었을 때에는 민법 제107조 제1항 단서의 규정을 유추적용하여 행위의 효과가 자(子)에게는 미치지 않는다고 해석함이 타당하나, 그에 따라 외형상 형성된 법률관계를 기초로 하여 새로운 법률상 이해관계를 맺은 선의의 제3자에 대하여는 같은 조 제2항의 규정을 유추적용하여 누구도 그와 같은 사정을 들어 대항할 수 없으며, 제3자가 악의라는 사실에 관한 주장·증명책임은 무효를 주장하는 자에게 있다(대판 2018.4.26. 2016다3201).

③ **민법 제126조 표현대리의 인정여부** : 통설·판례는 법정대리권도 민법 제126조의 표현대리의 기본대리권이 될 수 있다고 보아 민법 제126조의 표현대리가 성립할 수 있다는 입장이다.
④ **재산상 행위에 대한 동의 내지 허락권** : 친권자는 법정대리인으로서 미성년자의 재산상의 행위에 대한 동의 내지 허락권을 가지며(민법 제7조 내지 제7조), 나아가 미성년자에게 특정한 영업을 허락할 수 있고, 그 허락을 취소 또는 제한할 수 있다(민법 제8조).

3) 이해상반행위에 있어서 친권행사의 제한
① **서설** : 법정대리인인 친권자와 그 자(子) 사이 또는 친권을 따르는 수인의 자(子)들 사이에 이해가 충돌하는 경우에는 친권의 공정한 행사를 기대하기 어려우므로, 민법은 친권자의 친권행사가 제한하고, 가정법원이 선임한 특별대리인으로 하여금 대리권 등의 권한을 행사하도록 하고 있다(민법 제921조).
② **이해상반행위**
　㉠ 이해상반행위의 판단기준
　　㉮ **판례의 태도** : 판례는 형식적 판단설의 입장에서, 「민법 제921조의 이해상반행위란 행위의 객관적 성질상 친권자와 그 자(子) 사이 또는 친권에 복종하는 수인의 자(子) 사이에 이해의 대립이 생길 우려가 있는 행위를 가리키는 것으로서, 친권자의 의도나 그 행위의 결과 실제로 이해의 대립이 생겼는지의 여부는 묻지 않는다(대판 1996.11.22. 96다10270)」고 하였다.
　　㉯ **검토** : 학설의 대립은 제한능력자(미성년자) 보호와 거래안전의 보호라는 상충되는 이념을 어떻게 조화시킬 것인가와 관련되는데, 제한능력자 보호라는 이념을 우선적으로 고려하여 형식적 판단설의 입장에서 이해상반행위를 판단하는 것이 보다 합리적이다.
　㉡ 이해상반행위에 대한 대표적인 판례

> **[이해상반행위에 해당하는 경우]**
> - 친권자인 모(母)가 자신이 연대보증한 차용금 채무의 담보로 자신과 자(子)의 공유인 토지 중 자신의 공유지분에 관하여는 공유지분권자로서, 자(子)의 공유지분에 관하여는 그 법정대리인의 자격으로 각각 근저당권설정계약을 체결한 경우, 위 채권의 만족을 얻기 위하여 채권자가 위 토지 중 자(子)의 공유지분에 관한 저당권의 실행을 선택한 때에는, 그 경매대금이 변제에 충당되는 한도에 있어서 모(母)의 책임이 경감되고, 또한 채권자가 모(母)에 대한 연대보증책임의 추구를 선택하여 변제를 받은 때에는, 모(母)는 채권자를 대위하여 위 토지 중 자(子)의 공유지분에 대한 저당권을 실행할 수 있는 것으로 되는바, 위와 같이 친권자인 모(母)와 자(子) 사이에 이해의 충돌이 발생할 수 있는 것이, 친권자인 모(母)가 한 행위 자체의 외형상 객관적으로 당연히 예상되는 것이어서, 모(母)가 자(子)를 대리하여 위 토지 중 자(子)의 공유지분에 관하여 위 근저당권설정계약을 체결한 행위는 이해상반행위로서 무효라고 보아야 한다(대판 2002.1.11. 2001다65960).
> - 양모(養母)가 미성년의 양자를 상대로 한 소유권이전등기청구소송은 민법 제921조 제1항 소정의 이해상반행위에 해당한다(대판 1991.4.12. 90다17491).
> - 피상속인의 처(妻)가 미성년자인 자(子)와 동순위로 공동상속인이 된 경우에 미성년자인 자(子)의 친권자로서 상속재산을 분할하는 협의를 하는 행위는 민법 제921조 소정의 "이해상반되는 행위"에 해당하므로 특별대리인을 선임받아 미성년자를 대리하게 하여야 한다(대판 1993.3.9. 92다18481).

- 상속재산에 대하여 그 소유의 범위를 정하는 내용의 공동상속재산분할협의는 그 행위의 객관적 성질상 상속인 상호 간의 이해의 대립이 생길 우려가 있는 민법 제921조 소정의 이해상반되는 행위에 해당하므로 공동상속인인 친권자와 미성년인 수인의 자 사이에 상속재산분할협의를 하게 되는 경우에는 미성년자 각자마다 특별대리인을 선임하여 그 각 특별대리인이 각 미성년자인 자를 대리하여 상속재산분할의 협의를 하여야 하고, 만약 친권자가 수인의 미성년자의 법정대리인으로서 상속재산분할협의를 한 것이라면 이는 민법 제921조에 위반된 것으로서 이러한 대리행위에 의하여 성립된 상속재산분할협의는 적법한 추인이 없는 한 무효라고 할 것이다(대판 2001.6.29. 2001다28299, 대판 1994.9.9. 94다6680, 대판 1993.4.13. 92다54524 등).

[이해상반행위에 해당되지 않는 경우]
- 법정대리인인 친권자가 부동산을 매수하여 이를 그 자(子)에게 증여하는 행위는 미성년자인 자(子)에게 이익만을 주는 행위이므로 친권자와 자(子) 사이의 이해상반행위에 속하지 아니하고, 또 자기계약이지만 유효하다(대판 1981.10.13. 81다649).
- 미성년자의 친권자인 모(母)가 자기 오빠의 제3자에 대한 채무의 담보로 미성년자 소유의 부동산에 근저당권을 설정하는 행위가, 채무자를 위한 것으로서 미성년자에게는 불이익만을 주는 것이라고 하더라도, 민법 제921조 제1항에 규정된 "법정대리인인 친권자와 그 자(子) 사이에 이해상반되는 행위"라고 볼 수는 없다(대판 1991.11.26. 91다32466).
- 친권자인 모(母)가 자신이 대표이사로 있는 주식회사의 채무 담보를 위하여 자신과 미성년인 자(子)의 공유재산에 대하여 자의 법정대리인 겸 본인의 자격으로 근저당권을 설정한 행위는, 친권자가 채무자 회사의 대표이사로서 그 주식의 66%를 소유하는 대주주이고 미성년인 자(子)에게는 불이익만을 주는 것이라는 점을 감안하더라도, 그 행위의 객관적 성질상 채무자 회사의 채무를 담보하기 위한 것에 불과하므로 친권자와 그 자(子) 사이에 이해의 대립이 생길 우려가 있는 이해상반행위라고 볼 수 없다(대판 1996.11.22. 96다10270).

③ **이행상반행위의 효력** : 친권자가 미성년자와 이행상반되는 행위를 특별대리인에 의하지 않고 한 경우에는 특별한 사정이 없는 한 그 행위는 무효이다(대판 2013.1.24. 2010두27189). 다만, 본인인 자(子)가 성년이 된 후에 추인하면 유효하게 된다.

[민법 제921조에서 정한 '이해상반행위'의 의미 / 수인의 미성년자와 그 친권자가 공유물분할의 소의 당사자가 된 경우, 미성년자마다 특별대리인을 선임하여 그 특별대리인이 미성년자를 대리하여 소송행위를 하여야 하는지 여부(적극) / 이때 친권자가 수인의 미성년자의 법정대리인으로서 한 소송행위의 효력(원칙적 무효)]
민법 제921조의 이해상반행위란 행위의 객관적 성질상 친권자와 그 자(子) 사이 또는 친권에 복종하는 수인의 자 사이에 이해의 대립이 생길 우려가 있는 행위를 가리키고, 친권자의 의도나 그 행위의 결과 실제로 이해의 대립이 생겼는지의 여부는 묻지 않는다. / 공유물분할에 관한 절차는 그 절차의 객관적 성질상 공유자들 사이에 이해의 대립이 생길 우려가 있다. 따라서 수인의 미성년자와 그 친권자가 공유물분할의 소의 당사자가 된 경우에는 미성년자마다 특별대리인을 선임하여 그 특별대리인이 미성년자를 대리하여 소송행위를 하여야 한다. / 만약 친권자가 수인의 미성년자의 법정대리인으로서 소송행위를 하였다면 이는 민법 제921조에 위반되어 미성년자들의 적법한 추인이 없는 한 무효라고 할 것이다(대판 2024.7.11. 2023다301941).

④ 특별대리인의 선임
　㉠ 법정대리인인 **친권자가 그 자(子) 사이에 이해상반되는 행위를 하는 경우**에는 친권자는 법원에 그 자(子)의 특별대리인의 선임을 청구하여야 한다(민법 제921조 제1항).
　㉡ 법정대리인인 **친권자가 그 친권에 따르는 수인의 자(子) 사이에 이해상반되는 행위를 하는 경우**에는 법원에 그 자(子) 일방의 특별대리인의 선임을 청구하여야 한다(민법 제921조 제2항).
　㉢ 특별대리인은 이해가 상반되는 특정의 법률행위에 관하여 개별적으로 선임되어야 한다. 따라서 포괄적으로 권한을 수여하는 심판을 할 수는 없다(대판 1996.4.9. 96다1139).

(3) 친권자의 동의를 갈음하는 재판

가정법원은 친권자의 동의가 필요한 행위에 대하여 친권자가 정당한 이유 없이 동의하지 아니함으로써 자녀의 생명, 신체 또는 재산에 중대한 손해가 발생할 위험이 있는 경우에는 자녀, 자녀의 친족, 검사 또는 지방자치단체의 장의 청구에 의하여 친권자의 동의를 갈음하는 재판을 할 수 있다(민법 제922조의2).

4. 친권의 소멸·정지·제한과 회복

친권의 상실 또는 일시정지의 선고(민법 제924조)
① 가정법원은 부 또는 모가 친권을 남용하여 자녀의 복리를 현저히 해치거나 해칠 우려가 있는 경우에는 자녀, 자녀의 친족, 검사 또는 지방자치단체의 장의 청구에 의하여 그 친권의 상실 또는 일시정지를 선고할 수 있다.
② 가정법원은 친권의 일시정지를 선고할 때에는 자녀의 상태, 양육상황, 그 밖의 사정을 고려하여 그 기간을 정하여야 한다. 이 경우 그 기간은 2년을 넘을 수 없다.
③ 가정법원은 자녀의 복리를 위하여 친권의 일시정지 기간의 연장이 필요하다고 인정하는 경우에는 자녀, 자녀의 친족, 검사, 지방자치단체의 장, 미성년후견인 또는 미성년후견감독인의 청구에 의하여 2년의 범위에서 그 기간을 한 차례만 연장할 수 있다.

친권의 일부제한의 선고(민법 제924조의2)
가정법원은 거소의 지정이나 그 밖의 신상에 관한 결정 등 특정한 사항에 관하여 친권자가 친권을 행사하는 것이 곤란하거나 부적당한 사유가 있어 자녀의 복리를 해치거나 해칠 우려가 있는 경우에는 자녀, 자녀의 친족, 검사 또는 지방자치단체의 장의 청구에 의하여 구체적인 범위를 정하여 친권의 일부제한을 선고할 수 있다.

대리권, 재산관리권 상실의 선고(민법 제925조)
가정법원은 법정대리인인 친권자가 부적당한 관리로 인하여 자녀의 재산을 위태롭게 한 경우에는 자녀의 친족, 검사 또는 지방자치단체의 장의 청구에 의하여 그 법률행위의 대리권과 재산관리권의 상실을 선고할 수 있다.

친권상실선고 등의 판단 기준(민법 제925조의2)
① 제924조에 따른 친권상실의 선고는 같은 조에 따른 친권의 일시정지, 제924조의2에 따른 친권의 일부제한, 제925조에 따른 대리권·재산관리권의 상실선고 또는 그 밖의 다른 조치에 의해서는 자녀의 복리를 충분히 보호할 수 없는 경우에만 할 수 있다.
② 제924조에 따른 친권의 일시정지, 제924조의2에 따른 친권의 일부제한 또는 제925조에 따른 대리권·재산관리권의 상실선고는 제922조의2에 따른 동의를 갈음하는 재판 또는 그 밖의 다른 조치에 의해서는 자녀의 복리를 충분히 보호할 수 없는 경우에만 할 수 있다.

> **부모의 권리와 의무(민법 제925조의3)**
> 제924조와 제924조의2, 제925조에 따라 친권의 상실, 일시정지, 일부제한 또는 대리권과 재산관리권의 상실이 선고된 경우에도 부모의 자녀에 대한 그 밖의 권리와 의무는 변경되지 아니한다.
>
> **실권회복의 선고(민법 제926조)**
> 가정법원은 제924조, 제924조의2 또는 제925조에 따른 선고의 원인이 소멸된 경우에는 본인, 자녀, 자녀의 친족, 검사 또는 지방자치단체의 장의 청구에 의하여 실권(失權)의 회복을 선고할 수 있다.
>
> **대리권, 관리권의 사퇴와 회복(민법 제927조)**
> ① 법정대리인인 친권자는 정당한 사유가 있는 때에는 법원의 허가를 얻어 그 법률행위의 대리권과 재산관리권을 사퇴할 수 있다.
> ② 전항의 사유가 소멸한 때에는 그 친권자는 법원의 허가를 얻어 사퇴한 권리를 회복할 수 있다.

(1) 친권의 소멸

① 절대적 소멸(친권의 완전한 소멸) : 친권의 절대적 소멸에는 자(子)가 사망(실종선고를 받은 경우를 포함)한 경우, 자(子)가 성년이 된 경우, 자(子)가 혼인한 경우(민법 제826조의2)가 있다.

② 상대적 소멸(다른 사람이 친권자가 되거나 후견이 개시되는 경우를 의미) : 친권의 상대적 소멸에는 ㉠ 친권자가 사망한 경우, ㉡ 자(子)가 다른 사람의 양자가 된 경우(민법 제909조 제1항 후문), ㉢ 혼인 외의 자가 인지된 후 부가 친권자로 된 경우(민법 제909조 제4항), ㉣ 부모의 이혼 또는 혼인의 무효·취소로 부모 일방이 친권자로 된 경우(민법 제909조 제4항·제5항), ㉤ 법원의 심판에 의하여 친권자가 변경된 경우(민법 제909조 제6항), ㉥ 친권상실의 선고를 받은 경우(민법 제924조 제1항), ㉦ 친권자가 대리권 또는 관리권을 사퇴한 경우(민법 제927조) 등이 있다.

(2) 친권의 상실

1) 서 설

① 가정법원은 부 또는 모가 친권을 남용하여 자녀의 복리를 현저히 해치거나 해칠 우려가 있는 경우에는 자녀, 자녀의 친족, 검사 또는 지방자치단체의 장의 청구에 의하여 그 친권의 상실을 선고할 수 있는데(민법 제924조 제1항), 이를 친권상실제도라 한다.

② 친권상실선고의 보충성·최후성 : 제924조에 따른 친권상실의 선고는 같은 조에 따른 친권의 일시정지, 제924조의2에 따른 친권의 일부제한, 제925조에 따른 대리권·재산관리권의 상실선고 또는 그 밖의 다른 조치에 의해서는 자녀의 복리를 충분히 보호할 수 없는 경우에만 할 수 있다(민법 제925조의2 제1항). 즉, 친권상실선고는 보충적인 제도임과 동시에 다른 제도로는 목적달성이 불가능한 경우에만 사용할 수 있는 제도이다.

> [민법 제924조 제1항에 따라 친권상실 청구가 있고, 가정법원이 민법 제925조의2의 판단 기준을 참작하여 친권 상실사유에는 해당하지 않지만 자녀의 복리를 위하여 친권의 일부제한이 필요하다고 볼 경우, 청구취지에 구속되지 않고 친권의 일부제한을 선고할 수 있는지 여부(적극)]
>
> 민법은 친권남용 등의 중대한 사유가 있는 때 법원이 친권상실을 선고할 수 있다는 규정만을 두고 있었으나(제924조), 2014.10.15. 법률 제12777호로 민법을 개정할 당시 친권상실선고 외에도 친권의 일시정지(제924조)와 친권의 일부제한(제924조의2)을 선고할 수 있다는 규정을 신설하고 친권상실선고 등의 판단 기준도 신설하였다(제925조의2). 가사소송규칙 제93조는 (마)류 가사비송사건에 대하여 가정법원이 가장 합리적인 방법으로 청구의 목적이 된 법률관계를 조정할 수 있는 내용의 심판을 하도록 하고 있고(제1항), 금전의 지급이나 물건의 인도, 기타 재산상의 의무이행을 구하는 청구에 대하여는 청구취지를 초과하여 의무의 이행을 명할 수 없다고 하면서도 자녀의 복리를 위하여 양육에 관한 사항을 정하는 경우를 제외하고 있다(제2항). 위와 같은 규정 내용과 체계 등에 비추어 친권상실이나 제한의 경우에도 자녀의 복리를 위한 양육과 마찬가지로 가정법원이 후견적 입장에서 폭넓은 재량으로 당사자의 법률관계를 형성하고 그 이행을 명하는 것이 허용되며 당사자의 청구취지에 엄격하게 구속되지 않는다고 보아야 한다. 따라서 민법 제924조 제1항에 따른 친권상실 청구가 있으면 가정법원은 민법 제925조의2의 판단 기준을 참작하여 친권상실사유에는 해당하지 않지만 자녀의 복리를 위하여 친권의 일부제한이 필요하다고 볼 경우 청구취지에 구속되지 않고 친권의 일부제한을 선고할 수 있다(대결 2018.5.25. 2018스520).

2) 친권상실선고의 요건

① 부 또는 모의 친권의 남용이 있을 것 : 친권의 남용이란 친권을 자녀의 복리를 현저히 해치거나 해칠 우려가 있는 방식으로 행사하는 것을 말한다.

② 자녀의 복리를 현저히 해치거나 해칠 우려가 있을 것 : 판례는 「친권은 미성년인 자의 양육과 감호 및 재산관리를 적절히 함으로써 그의 복리를 확보하도록 하기 위한 부모의 권리이자 의무의 성격을 갖는 것으로서, 민법 제924조에 의한 친권상실선고사유의 해당 여부를 판단함에 있어서도 친권의 목적이 자녀의 복리보호에 있다는 점이 판단의 기초가 되어야 하고, 설사 친권자에게 간통 등의 비행이 있어 자녀들의 정서나 교육 등에 악영향을 줄 여지가 있다 하더라도 친권의 대상인 자녀의 나이나 건강상태를 비롯하여 관계인들이 처해 있는 여러 구체적 사정을 고려하여 비행을 저지른 친권자를 대신하여 다른 사람으로 하여금 친권을 행사하거나 후견을 하게 하는 것이 자녀의 복리를 위하여 보다 낫다고 인정되는 경우가 아니라면 섣불리 친권상실을 인정하여서는 안 된다(대결 1993.3.4. 93스3)」고 결정하여 해당 요건을 엄격하게 판단하고 있다.

③ 일정한 자의 청구가 있을 것

㉠ 자녀, 자녀의 친족, 검사 또는 지방자치단체의 장의 청구가 있어야 한다. 이와 관련하여 친권상실을 청구할 수 있는 권리는 포기할 수 없고, 그 청구권을 포기하는 것을 내용으로 하는 계약은 공서양속에 반하여 무효이다(대판 1977.6.7. 76므34).

㉡ 가사소송법 제2조 제1항 제2호 마류 가사비송사건으로, 조정전치주의가 적용되나(가사소송법 제50조 제1항), 조정의 성립만으로 친권상실의 효과가 발생하는 것은 아니다(가사소송법 제59조 제2항 단서).

㉢ 친권상실의 재판이 확정되면 재판을 청구한 사람 등이 재판의 확정일부터 1개월 이내에 그 취지를 신고하여야 한다(가족관계등록법 제79조 제2항, 제58조). 이 신고는 보고적 신고이다.

3) 친권상실선고의 효과
① 공동친권자 중 1인이 친권을 상실하면 나머지 1인이 친권자가 되며(민법 제909조 제3항), 부모가 모두 친권을 상실한 경우 자(子)를 위한 후견인을 선임하여야 한다(민법 제928조).
② 친권의 상실이 선고된 경우에도 부모의 자녀에 대한 그 밖의 권리와 의무[자녀의 혼인동의권(민법 제808조 제1항·제2항), 부양의 권리·의무(민법 제974조 제1항), 상속에 관한 권리·의무(민법 제1000조, 제1001조, 제1112조 등)는 변경되지 않는다(민법 제925조의3).

(3) 친권의 일시정지

1) 서 설
① 가정법원은 부 또는 모가 친권을 남용하여 자녀의 복리를 현저히 해치거나 해칠 우려가 있는 경우에는 자녀, 자녀의 친족, 검사 또는 지방자치단체의 장의 청구에 의하여 그 친권의 일시 정지를 선고할 수 있는데(민법 제924조 제1항), 이 제도가 2014년 민법 개정 시 도입된 친권의 일시정지제도이다.
② 친권의 일시정지선고의 보충성 : 제924조에 따른 친권의 일시정지선고는 제922조의2에 따른 동의를 갈음하는 재판 또는 그 밖의 다른 조치에 의해서는 자녀의 복리를 충분히 보호할 수 없는 경우에만 할 수 있다(민법 제925조의2 제2항).

2) 친권의 일시정지선고의 요건
① 친권상실의 요건과 동일하다(민법 제924조 제1항).
② 가사소송법 제2조 제1항 제2호 마류 가사비송사건으로, 조정전치주의가 적용되나(가사소송법 제50조 제1항), 조정의 성립만으로 친권이 일시정지되는 효과가 발생하는 것은 아니다(가사소송법 제59조 제2항 단서).

3) 친권의 일시정지선고의 효과
① 정지기간 및 그 기간의 연장
  ㉠ 가정법원은 친권의 일시정지를 선고할 때에는 자녀의 상태, 양육상황, 그 밖의 사정을 고려하여 그 기간을 정하여야 한다. 이 경우 그 기간은 2년을 넘을 수 없다(민법 제924조 제2항).
  ㉡ 가정법원은 자녀의 복리를 위하여 친권의 일시정지기간의 연장이 필요하다고 인정하는 경우에는 자녀, 자녀의 친족, 검사, 지방자치단체의 장, 미성년후견인 또는 미성년후견감독인의 청구에 의하여 2년의 범위에서 그 기간을 한 차례만 연장할 수 있다(민법 제924조 제3항).
② 친권의 일시정지가 선고되면 친권자는 법원이 정한 기간 동안 친권을 행사하지 못하지만, 그 기간이 지나면 다시 친권을 행사할 수 있다.
③ 친권의 일시정지선고에도 불구하고 부모의 자녀에 대한 그 밖의 권리와 의무는 변경되지 아니한다(민법 제925조의3).
④ 미성년자의 친권자가 제924조에 따라 친권의 전부 또는 일부를 행사할 수 없는 경우에는 미성년후견인을 두어야 한다(민법 제928조).

(4) 친권의 일부제한

1) 서 설

① 가정법원은 거소의 지정이나 그 밖의 신상에 관한 결정 등 특정한 사항에 관하여 친권자가 친권을 행사하는 것이 곤란하거나 부적당한 사유가 있어 자녀의 복리를 해치거나 해칠 우려가 있는 경우에는 자녀, 자녀의 친족, 검사 또는 지방자치단체의 장의 청구에 의하여 구체적인 범위를 정하여 친권의 일부 제한을 선고할 수 있는데(민법 제924조의2), 이를 친권의 일부제한선고라고 한다.
② 친권의 일부제한과 일시정지, 나아가 대리권과 재산관리권의 상실제도는 필요에 따라 선택적으로 사용할 수 있다.
③ 친권의 일부제한선고의 보충성 : 제924조의2에 따른 친권의 일부제한선고는 제922조의2에 따른 동의를 갈음하는 재판 또는 그 밖의 다른 조치에 의해서는 자녀의 복리를 충분히 보호할 수 없는 경우에만 할 수 있다(민법 제925조의2 제2항).

2) 친권의 일부제한선고의 요건

① 특정한 사항에 관하여 친권자가 친권을 행사하는 것이 곤란하거나 부적당한 사유가 있을 것
② 자녀의 복리를 해치거나 해칠 우려가 있을 것
③ 일정한 자의 청구가 있을 것
   ㉠ 자녀, 자녀의 친족, 검사 또는 지방자치단체의 장의 청구가 있어야 한다.
   ㉡ 가사소송법 제2조 제1항 제2호 마류 가사비송사건으로, 조정전치주의가 적용되나(가사소송법 제50조 제1항), 조정의 성립만으로 친권의 일부제한의 효과가 발생하는 것은 아니다(가사소송법 제59조 제2항 단서).

3) 친권의 일부제한선고의 효과

① 「구체적인 범위를 정하여」 친권의 일부 제한을 선고할 수 있다(민법 제924조의2). 친권의 일부제한선고가 있으면 제한된 그 범위에서 친권을 행사하지 못한다.
② 친권의 일부제한선고가 된 경우에도 부모의 자녀에 대한 그 밖의 권리와 의무는 변경되지 아니한다(민법 제925조의3).
③ 미성년자의 친권자가 제924조의2에 따라 친권의 일부를 행사할 수 없는 경우에는 미성년후견인을 두어야 한다(민법 제928조).

> [가정법원이 민법 제924조의2에 따라 부모의 친권 중 양육권만을 제한하여 미성년후견인으로 하여금 자녀에 대한 양육권을 행사하도록 결정한 경우, 민법 제837조를 유추적용하여 미성년후견인이 비양육친을 상대로 가사소송법 제2조 제1항 제2호 (나)목 3)에 따른 양육비심판을 청구할 수 있는지 여부(적극)]
> 가사소송법 제2조 제1항 제2호 (나)목 3)은 '민법 제837조(동조가 준용되는 경우 포함)에 따른 자녀의 양육에 관한 처분과 그 변경'을 마류 가사비송사건으로 정하고, 민법 제837조는 '양육자의 결정, 양육비용의 부담'을 자의 양육에 관한 사항으로 정하며(제2항), '가정법원은 부·모·자 및 검사의 청구 또는 직권으로 자의 양육에 관한 사항을 변경하거나 다른 적당한 처분을 할 수 있다'고 정하고 있다(제5항). 가사소송규칙 제99조 제1항은 '자의 양육에 관한 처분과 변경에 관한 심판은 부모 중 일방이 다른 일방을 상대방으로 하여 청구하여야 한다'고 정하고 있다. 또한 민법은 친권의 상실(제924조), 법률행위 대리권·재산관리권의 상실(제925조)에 관한 규정만을 두고 있었으나, 2014.10.15. 법률 제12777호로 개정되면서 가정법원은 친권 상실사유에 이르지 않더라도

> 미성년 자녀의 복리를 위해서 친권의 일부를 제한할 수 있다는 규정(제924조의2)을 신설하였고, 가정법원은 미성년 자녀의 보호에 공백이 생기는 것을 막기 위해 친권의 일부 제한 등으로 그 제한된 범위의 친권을 행사할 사람이 없는 경우 미성년후견인을 직권으로 선임하며(제932조 제2항, 제928조), 이 경우 미성년후견인의 임무는 제한된 친권의 범위에 속하는 행위에 한정되는 것으로 정하였다(제946조). 이에 따라 가정법원은 부모가 미성년 자녀를 양육하는 것이 오히려 자녀의 복리에 반한다고 판단한 경우 부모의 친권 중 보호·교양에 관한 권리(민법 제913조), 거소지정권(민법 제914조) 등 자녀의 양육과 관련된 권한(이하 '양육권'이라고 한다)만을 제한하여 미성년후견인이 부모를 대신하여 그 자녀를 양육하도록 하는 내용의 결정도 할 수 있게 되었다. 앞서 본 규정 내용과 체계, 민법의 개정 취지 등에 비추어 보면, 가정법원이 민법 제924조의2에 따라 부모의 친권 중 양육권만을 제한하여 미성년후견인으로 하여금 자녀에 대한 양육권을 행사하도록 결정한 경우에 민법 제837조를 유추적용하여 미성년후견인은 비양육친을 상대로 가사소송법 제2조 제1항 제2호 (나)목 3)에 따른 양육비심판을 청구할 수 있다고 봄이 타당하다(대결 2021.5.27. 2019스621).

(5) 대리권과 재산관리권의 상실(친권의 일부상실)

1) 서 설

① 가정법원은 법정대리인인 친권자가 부적당한 관리로 인하여 자녀의 재산을 위태롭게 한 경우에는 자녀의 친족, 검사 또는 지방자치단체의 장의 청구에 의하여 그 법률행위의 대리권과 재산관리권의 상실을 선고할 수 있다(민법 제925조).

② 대리권과 재산관리권의 상실선고의 보충성 : 제925조에 따른 대리권·재산관리권의 상실선고는 제922조의2에 따른 동의를 갈음하는 재판 또는 그 밖의 다른 조치에 의해서는 자녀의 복리를 충분히 보호할 수 없는 경우에만 할 수 있다(민법 제925조의2 제2항).

2) 대리권과 재산관리권의 상실 요건

① 법정대리인인 친권자가 부적당한 관리로 인하여 자녀의 재산을 위태롭게 한 경우일 것

② 일정한 자의 청구가 있을 것

　㉠ 자녀의 친족, 검사 또는 지방자치단체의 장의 청구가 있어야 한다.

　㉡ 가사소송법 제2조 제1항 제2호 마류 가사비송사건으로, 조정전치주의가 적용되나(가사소송법 제50조 제1항), 조정의 성립만으로 대리권과 재산관리권이 상실되지는 않는다(가사소송법 제59조 제2항 단서).

3) 대리권과 재산관리권의 상실 효과

① 대리권과 재산관리권의 상실선고의 심판이 확정되면 친권자는 대리권과 재산관리권을 상실한다(민법 제925조).

② 자(子)의 신분사항에 대하여는 여전히 친권자의 신분을 가지므로 친권을 행사한다.

③ 민법 제925조에 따라 대리권과 재산관리권의 상실이 선고된 경우에도 부모의 자녀에 대한 그 밖의 권리와 의무는 변경되지 아니한다(민법 제925조의3).

④ 미성년자의 친권자가 제925조에 따라 친권의 일부를 행사할 수 없는 경우에는 미성년후견인을 두어야 하는데(민법 제928조), 대리권 또는 재산관리권을 상실한 친권자는 후견인을 지정할 수 없다(민법 제931조).

(6) 실권회복

1) 의 의

가정법원은 제924조(친권의 상실 또는 일시정지의 선고), 제924조의2(친권의 일부제한의 선고) 또는 제925조(대리권, 재산관리권 상실의 선고)에 따른 선고의 원인이 소멸된 경우에는 본인, 자녀, 자녀의 친족, 검사 또는 지방자치단체의 장의 청구에 의하여 실권(失權)의 회복을 선고할 수 있다(민법 제926조).

2) 실권회복선고의 요건

① 제924조(친권의 상실 또는 일시정지의 선고), 제924조의2(친권의 일부제한의 선고) 또는 제925조(대리권, 재산관리권 상실의 선고)에 따른 선고의 원인이 소멸된 경우일 것
② 일정한 자의 청구가 있을 것
　㉠ 본인, 자녀, 자녀의 친족, 검사 또는 지방자치단체의 장의 청구가 있어야 한다.
　㉡ 가사소송법 제2조 제1항 제2호 마류 가사비송사건으로, 조정전치주의가 적용되나(가사소송법 제50조 제1항), 조정의 성립만으로 실권회복이 되지는 않는다(가사소송법 제59조 제2항 단서).

3) 실권회복선고의 효과

실권회복선고의 심판이 확정되면 친권자는 그때부터 친권 또는 대리권·재산관리권을 회복하고, 후견이 개시되어 있는 경우에는 후견이 종료된다.

(7) 대리권·재산관리권의 사퇴와 회복

1) 대리권·재산관리권의 사퇴

① 법정대리인인 친권자는 정당한 사유(장기간의 해외여행, 중병 등)가 있는 때에는 법원의 허가를 얻어 그 법률행위의 대리권과 재산관리권을 사퇴할 수 있다(민법 제927조 제1항).
② 친권은 의무적 성격이 강하기 때문에 친권 전부의 사퇴는 불가능한 반면 후견은 권리 전부의 사퇴만 가능하다.
③ 친권자의 일방이 대리권과 재산관리권을 사퇴한 경우 다른 친권자가 이러한 권리를 행사하고, 다른 친권자도 대리권과 재산관리권을 상실한 경우 후견이 개시된다(민법 제928조).

2) 대리권·재산관리권의 회복

① 대리권·재산관리권의 사퇴 사유가 소멸한 때에는 그 친권자는 법원의 허가를 얻어 사퇴한 권리를 회복할 수 있다(민법 제927조 제2항).
② 사퇴한 권리를 회복한 친권자는 대리권과 재산관리권을 행사할 수 있으며, 후견이 개시되었던 경우에는 후견이 종료된다.

제5절 후 견

I 서 설

1. 후견제도의 취지

후견은 제한능력자를 보호하기 위하여 마련된 제도로서, 보호를 요하는 자의 재산을 관리하고 신상을 보호함을 목표로 한다.

2. 2011년 개정 민법(2013.7.1. 시행)의 주요 내용

① 기존의 한정치산·금치산제도를 성년후견제도로 대체하였다.
② 후견인으로서 적합하지 않은 사람이 법에 의하여 자동으로 후견인이 되어 오히려 피후견인의 복리를 해할 수 있는 법정후견인제도[후견인은 직계혈족, 3촌 이내 방계혈족 순이고, 양가혈족이 선순위로 한다(민법 제933조 내지 제955조)]가 폐지되었다.
③ 친족회가 폐지되었으나, 그 대신 후견감독기관으로서 후견감독인제도가 신설되었다(민법 제940조의2 이하).
④ 성년연령을 20세에서 19세로 변경하였다(민법 제4조).

3. 후견제도의 기본구조

우선 미성년후견과 넓은 의미의 성년후견의 구분을 전제로, 넓은 의미의 성년후견을 다시 법정후견과 임의후견으로 구분하였으며, 법정후견을 보호의 필요성에 따라 성년후견, 한정후견, 특정후견으로 분류하였다. 이하에서는 이에 대해서 순서대로 검토하기로 한다.

II 미성년후견과 성년후견

1. 후견의 개시

> **미성년자에 대한 후견의 개시(민법 제928조)**
> 미성년자에게 친권자가 없거나 친권자가 924조, 제924조의2, 제925조 또는 제927조 제1항에 따라 친권의 전부 또는 일부를 행사할 수 없는 경우에는 미성년후견인을 두어야 한다.
>
> **성년후견심판에 의한 후견의 개시(민법 제929조)**
> 가정법원의 성년후견개시심판이 있는 경우에는 그 심판을 받은 사람의 성년후견인을 두어야 한다.

(1) 미성년후견의 개시

1) 개시원인

미성년자에게 친권자가 없거나 친권자가 제924조(친권의 상실 또는 일시정지의 선고), 제924조의2 (친권의 일부제한의 선고), 제925조(대리권, 재산관리권 상실의 선고) 또는 제927조 제1항(대리권, 관리권의 사퇴)에 따라 친권의 전부 또는 일부를 행사할 수 없는 경우에는 미성년후견인을 두어야 한다(민법 제928조).

① 미성년자에게 친권자가 없는 경우
  - ㉠ 공동친권자가 모두 사망하거나 친권을 상실한 경우, 단독친권자가 사망하거나 친권을 상실한 경우, 단독친권자가 성년후견심판을 받은 경우 등이다.
  - ㉡ 다만, 친권대행자가 있는 경우에는 후견이 개시되지 않는다(민법 제910조).
  - ㉢ 가정법원은 제1항[이혼(협의이혼, 재판상이혼), 인지(임의인지, 강제인지), 혼인의 취소시 정해진 단독 친권자가 사망] 또는 제2항[입양이 취소되거나 파양된 경우 또는 양부모가 모두 사망]의 경우 일정한 기간 내에 친권자 지정청구가 없을 때에는 가정법원이 직권으로 또는 일정한 자의 청구에 의하여 미성년후견인을 선임할 수 있다(민법 제909조의2 제3항 전문).
  - ㉣ 가정법원은 제909조의2 제1항 또는 제2항에 따른 친권자 지정청구나 제3항에 따른 미성년후견인 선임청구가 미성년자의 복리를 위하여 적절하지 아니하다고 인정하면 청구를 기각할 수 있다. 이 경우 가정법원은 직권으로 미성년후견인을 선임하거나 생존하는 부 또는 모, 친생부모 일방 또는 쌍방을 친권자로 지정하여야 한다(민법 제909조의2 제4항).

② 친권자가 제924조(친권의 상실 또는 일시정지의 선고), 제924조의2(친권의 일부제한의 선고), 제925조(대리권, 재산관리권 상실의 선고) 또는 제927조 제1항(대리권, 관리권의 사퇴)에 따라 친권의 전부 또는 일부를 행사할 수 없는 경우
  - ㉠ 친권자가 친권을 상실한 경우(민법 제924조 제1항)에는 후견이 개시된다(민법 제928조). 이는 공동친권자가 모두 친권을 상실한 경우, 단독 친권자가 친권을 상실하거나 성년후견심판을 받은 경우 등이다.
  - ㉡ 단독 친권자의 친권이 일시정지되거나(민법 제924조 제1항) 또는 일부제한되는 경우(민법 제924조의2), 단독 친권자가 대리권과 재산관리권을 상실하거나(민법 제925조) 대리권과 재산관리권을 사퇴한 경우(민법 제927조 제1항)에는 그 부분(일시정지의 경우에는 전부일 수 있음)에 한하여 후견이 개시된다(민법 제928조).
  - ㉢ 이혼(협의이혼, 재판상이혼), 인지(임의인지, 강제인지), 혼인의 취소로 인하여 단독 친권자로 정해진 부 또는 모, 양부모(친양자의 양부모는 제외) 쌍방이 친권상실선고를 받은 경우(민법 제927조의2 제1항 제1호, 제909조의2 제3항), 친권의 일시정지선고를 받거나(민법 제927조의2 제1항 제1호의2, 제909조의2 제3항), 친권의 일부제한선고를 받은 경우(민법 제927조의2 제1항 제1호의3, 제909조의2 제3항), 법률행위의 대리권과 재산관리권 상실의 선고를 받거나(민법 제927조의2 제1항 제2호, 제909조의2 제3항), 법률행위 대리권과 재산관리권을 사퇴한 경우(민법 제927조의2 제1항 제3호, 제909조의2 제3항), 소재불명 등 친권을 행사할 수 없는 중대한 사유가 있는 경우(민법 제927조의2 제1항 제4호, 제909조의2 제3항)에는 일정한 기간 내에 친권자 지정청구가 없을 때에는 가정법원은 직권 또는 일정한 자의 청구에 의하여 미성년후견인을 선임할 수 있다(민법 제927조의2 제1항, 제909조의2 제3항).

㉣ 가정법원은 제909조의2 제1항 또는 제2항에 따른 친권자 지정청구나 제3항에 따른 미성년후견인 선임청구가 미성년자의 복리를 위하여 적절하지 아니하다고 인정하면 청구를 기각할 수 있다. 이 경우 가정법원은 직권으로 미성년후견인을 하거나 생존하는 부 또는 모, 친생부모 일방 또는 쌍방을 친권자로 지정하여야 한다(민법 제927조의2 제1항, 제909조의2 제4항).

2) 후견개시의 신고

① 미성년후견인은 그 취임일부터 1개월 이내에 후견개시의 신고를 하여야 한다(가족관계등록법 제80조 제1항). 이 신고는 보고적 신고이다.
② 유언에 의하여 미성년후견인을 지정한 경우에는 지정에 관한 유언서 그 등본 또는 유언녹음을 기재한 서면을 신고서에 첨부하여야 한다(가족관계등록법 제82조 제1항).
③ 미성년후견인 선임의 재판이 있는 경우에는 재판서의 등본을 신고서에 첨부하여야 한다(가족관계등록법 제82조 제2항).

(2) 성년후견의 개시

① 가정법원의 성년후견개시심판이 있는 경우에는 그 심판을 받은 사람의 성년후견인을 두어야 한다(민법 제929조).
② 성년후견개시의 신고 : 성년후견인은 그 취임일부터 1개월 이내에 후견개시의 신고를 하여야 한다(가족관계등록법 제80조 제1항 유추). 이 신고는 보고적 신고이다.

2. 후견인

후견인의 수와 자격(민법 제930조)
① 미성년후견인의 수(數)는 한 명으로 한다.
② 성년후견인은 피성년후견인의 신상과 재산에 관한 모든 사정을 고려하여 여러 명을 둘 수 있다.
③ 법인도 성년후견인이 될 수 있다.

유언에 의한 미성년후견인의 지정 등(민법 제931조)
① 미성년자에게 친권을 행사하는 부모는 유언으로 미성년후견인을 지정할 수 있다. 다만, 법률행위의 대리권과 재산관리권이 없는 친권자는 그러하지 아니하다.
② 가정법원은 제1항에 따라 미성년후견인이 지정된 경우라도 미성년자의 복리를 위하여 필요하면 생존하는 부 또는 모, 미성년자의 청구에 의하여 후견을 종료하고 생존하는 부 또는 모를 친권자로 지정할 수 있다.

미성년후견인의 선임(민법 제932조)
① 가정법원은 제931조에 따라 지정된 미성년후견인이 없는 경우에는 직권으로 또는 미성년자, 친족, 이해관계인, 검사, 지방자치단체의 장의 청구에 의하여 미성년후견인을 선임한다. 미성년후견인이 없게 된 경우에도 또한 같다.
② 가정법원은 제924조, 제924조의2 및 제925조에 따른 친권의 상실, 일시정지, 일부제한의 선고 또는 법률행위의 대리권이나 재산관리권 상실의 선고에 따라 미성년후견인을 선임할 필요가 있는 경우에는 직권으로 미성년후견인을 선임한다.
③ 친권자가 대리권 및 재산관리권을 사퇴한 경우에는 지체 없이 가정법원에 미성년후견인의 선임을 청구하여야 한다.

성년후견인의 선임(민법 제936조)
① 제929조에 따른 성년후견인은 가정법원이 직권으로 선임한다.
② 가정법원은 성년후견인이 사망, 결격, 그 밖의 사유로 없게 된 경우에도 직권으로 또는 피성년후견인, 친족, 이해관계인, 검사, 지방자치단체의 장의 청구에 의하여 성년후견인을 선임한다.
③ 가정법원은 성년후견인이 선임된 경우에도 필요하다고 인정하면 직권으로 또는 제2항의 청구권자나 성년후견인의 청구에 의하여 추가로 성년후견인을 선임할 수 있다.
④ 가정법원이 성년후견인을 선임할 때에는 피성년후견인의 의사를 존중하여야 하며, 그 밖에 피성년후견인의 건강, 생활관계, 재산상황, 성년후견인이 될 사람의 직업과 경험, 피성년후견인과의 이해관계의 유무(법인이 성년후견인이 될 때에는 사업의 종류와 내용, 법인이나 그 대표자와 피성년후견인 사이의 이해관계의 유무를 말한다) 등의 사정도 고려하여야 한다.

후견인의 결격사유(민법 제937조)
다음 각 호의 어느 하나에 해당하는 자는 후견인이 되지 못한다.
  1. 미성년자
  2. 피성년후견인, 피한정후견인, 피특정후견인, 피임의후견인
  3. 회생절차개시결정 또는 파산선고를 받은 자
  4. 자격정지 이상의 형의 선고를 받고 그 형기(刑期) 중에 있는 사람
  5. 법원에서 해임된 법정대리인
  6. 법원에서 해임된 성년후견인, 한정후견인, 특정후견인, 임의후견인과 그 감독인
  7. 행방이 불분명한 사람
  8. 피후견인을 상대로 소송을 하였거나 하고 있는 사람
  9. 제8호에서 정한 사람의 배우자와 직계혈족. 다만, 피후견인의 직계비속은 제외한다.

후견인의 사임(민법 제939조)
후견인은 정당한 사유가 있는 경우에는 가정법원의 허가를 받아 사임할 수 있다. 이 경우 그 후견인은 사임청구와 동시에 가정법원에 새로운 후견인의 선임을 청구하여야 한다.

후견인의 변경(민법 제940조)
가정법원은 피후견인의 복리를 위하여 후견인을 변경할 필요가 있다고 인정하면 직권으로 또는 피후견인, 친족, 후견감독인, 검사, 지방자치단체의 장의 청구에 의하여 후견인을 변경할 수 있다.

(1) 후견인 수(數)와 자격

1) 미성년후견인의 수(數)와 자격

미성년후견인의 수(數)는 한 명으로 하고(민법 제930조 제1항), 성년후견인과는 달리 법인은 미성년후견인이 될 수 없다(민법 제930조 제3항 반대해석).

2) 성년후견인의 수(數)와 자격

성년후견인은 피성년후견인의 신상과 재산에 관한 모든 사정을 고려하여 여러 명을 둘 수 있고(민법 제930조 제1항), 법인도 성년후견인이 될 수 있다(민법 제930조 제3항).

(2) 후견인의 선임

1) 미성년후견인의 선임

종래에는 지정후견인, 법정후견인, 선임후견인 순으로 후견인이 결정되었으나, 2011년 민법 개정에 따라 법정후견인제도가 폐지되었다.

① 지정 미성년후견인
- ㉠ 미성년자에게 친권을 행사하는 부모는 유언으로 미성년후견인을 지정할 수 있는데, 이러한 후견인을 지정후견인이라 한다. 다만, 법률행위의 대리권과 재산관리권이 없는 친권자는 미성년후견인을 지정할 수 없다(민법 제931조 제1항).
- ㉡ 가정법원은 제1항에 따라 미성년후견인이 지정된 경우라도 미성년자의 복리를 위하여 필요하면 생존하는 부 또는 모, 미성년자의 청구에 의하여 후견을 종료하고 생존하는 부 또는 모를 친권자로 지정할 수 있다(민법 제931조 제2항).

② 선임 미성년후견인
- ㉠ 가정법원은 제931조에 따라 지정된 미성년후견인이 없는 경우에는 직권으로 또는 미성년자, 친족, 이해관계인, 검사, 지방자치단체의 장의 청구에 의하여 미성년후견인을 선임한다. 미성년후견인이 없게 된 경우에도 또한 같다(민법 제932조 제1항).
- ㉡ 가정법원은 제924조, 제924조의2 및 제925조에 따른 친권의 상실, 일시정지, 일시제한의 선고 또는 법률행위의 대리권이나 재산관리권 상실의 선고에 따라 미성년후견인을 선임할 필요가 있는 경우에는 직권으로 미성년후견인을 선임한다(민법 제932조 제2항).
- ㉢ 친권자가 대리권이나 재산관리권을 사퇴한 경우에는 지체 없이 가정법원에 미성년후견인의 선임을 청구하여야 한다(민법 제932조 제3항).

2) 성년후견인의 선임

미성년후견인과 달리 지정후견인이 있을 수 없고, 법정후견인제도도 2011년 민법 개정 시 폐지되었다.

① 성년후견개시의 심판이 있는 경우 성년후견인은 가정법원이 직권으로 선임한다(민법 제936조 제1항).
- ㉠ 성년후견개시의 심판 : 가정법원은 질병, 장애, 노령, 그 밖의 사유로 인한 정신적 제약으로 사무를 처리할 능력이 지속적으로 결여된 사람에 대하여 본인, 배우자, 4촌 이내의 친족, 미성년후견인, 미성년후견감독인, 한정후견인, 한정후견감독인, 특정후견인, 특정후견감독인, 검사 또는 지방자치단체의 장의 청구에 의하여 성년후견개시의 심판을 한다(민법 제9조 제1항).
- ㉡ 가정법원은 성년후견개시의 심판을 할 때 본인의 의사를 고려하여야 한다(민법 제9조 제2항).

② 가정법원은 성년후견인이 사망, 결격, 그 밖의 사유로 없게 된 경우에도 직권으로 또는 피성년후견인, 친족, 이해관계인, 검사, 지방자치단체의 장의 청구에 의하여 성년후견인을 선임한다(민법 제936조 제2항).

③ 가정법원은 성년후견인이 선임된 경우에도 필요하다고 인정하면 직권으로 또는 제2항의 청구권자나 성년후견인의 청구에 의하여 추가로 성년후견인을 선임할 수 있다(민법 제936조 제3항).

④ 가정법원이 성년후견인을 선임할 때에는 피성년후견인의 의사를 존중하여야 하며, 그 밖에 피성년후견인의 건강·생활관계·재산상황·성년후견인이 될 사람의 직업과 경험·피성년후견인과의 이해관계의 유무(법인이 성년후견인이 될 때에는 사업의 종류와 내용, 법인이나 그 대표자와 피성년후견인 사이의 이해관계의 유무를 말한다) 등의 사정도 고려하여야 한다(민법 제936조 제4항).

(3) 후견인의 결격·사임·변경(성년후견, 한정후견도 동일)

1) 후견인의 결격사유(민법 제937조)

다음의 경우에 해당하는 자는 후견인이 되지 못한다.

① 미성년자(제1호)
② 피성년후견인, 피한정후견인, 피특정후견인, 피임의후견인(제2호)
③ 회생절차개시결정 또는 파산선고를 받은 자(제3호)
④ 자격정지 이상의 형의 선고를 받고 그 형기(刑期) 중에 있는 사람(제4호)
⑤ 법원에서 해임된 법정대리인(제5호)
⑥ 법원에서 해임된 성년후견인, 한정후견인, 특정후견인, 임의후견인과 그 감독인(제6호)
⑦ 행방이 불분명한 사람(제7호)
⑧ 피후견인을 상대로 소송을 하였거나 하고 있는 사람(제8호)
⑨ 제8호에서 정한 사람의 배우자와 직계혈족. 다만, 피후견인의 직계비속은 제외한다(제9호).

2) 후견인의 사임(민법 제939조)

① 후견인은 정당한 사유가 있는 경우에는 가정법원의 허가를 받아 사임할 수 있다(민법 제939조 전문). 모든 권리의 사퇴만이 가능하다는 점에서 대리권과 관리권의 일부사퇴만 가능한 친권자와 차이가 있다(민법 제927조 제1항).

② 이 경우 그 후견인은 사임청구와 동시에 가정법원에 새로운 후견인의 선임을 청구하여야 한다(민법 제939조 후문).

3) 후견인의 변경(민법 제940조)

① 가정법원은 피후견인의 복리를 위하여 후견인을 변경할 필요가 있다고 인정하면 직권으로 또는 피후견인, 친족, 후견감독인, 검사, 지방자치단체의 장의 청구에 의하여 후견인을 변경할 수 있다.

> [민법 제940조에서 성년후견인 변경요건으로 정한 '피성년후견인의 복리를 위하여 후견인을 변경할 필요가 있다고 인정되는 경우'의 의미 및 성년후견인 변경사유를 판단할 때 재산관리와 신상보호라는 양 업무의 측면을 모두 고려하여야 하는지 여부(원칙적 적극)]
>
> 가정법원은 직권 또는 친족 등의 청구에 의하여 성년후견인을 변경할 수 있는데(민법 제940조), 그 변경의 요건은 '피성년후견인의 복리를 위하여 후견인을 변경할 필요가 있다고 인정되는 경우'이다. 성년후견제도의 도입 취지 및 목적, 성년후견인의 임무와 범위, 가정법원의 감독권한 등을 종합하면 성년후견인의 변경사유인 '피성년후견인의 복리를 위하여 후견인을 변경할 필요가 있다고 인정되는 경우'는 가정법원이 성년후견인의 임무수행을 전체적으로 살펴보았을 때 선량한 관리자로서의 주의의무를 게을리하여 후견인으로서 그 임무를 수행하는 데 적당하지 않은 사유가 있는 경우로서 그 부적당한 점으로 피후견인의 복리에 영향이 있는 경우라고 봄이 상당하다. 또한 성년후견인의 임무에는 피성년후견인의 재산관리 임무뿐 아니라 신상보호 임무가 포함되어 있고, 신상보호 임무 역시 재산관리 임무 못지않게 피성년후견인의 복리를 위하여 중요한 의미를 가지기 때문에, 특별한 사정이 없는 한 성년후견인 변경사유를 판단함에 있어서는 재산관리와 신상보호의 양 업무의 측면을 모두 고려하여야 한다(대결 2021.2.4. 2020스647).

② 후견인의 변경사유는 2005년 민법 개정 전의 후견인 해임사유였던 후견인의 현저한 비행, 부정행위, 기타 후견의 임무를 감당할 수 없는 사유에 한정되지 않는다.

3. 후견감독기관

미성년후견감독인의 지정(민법 제940조의2)
미성년후견인을 지정할 수 있는 사람은 유언으로 미성년후견감독인을 지정할 수 있다.

미성년후견감독인의 선임(민법 제940조의3)
① 가정법원은 제940조의2에 따라 지정된 미성년후견감독인이 없는 경우에 필요하다고 인정하면 직권으로 또는 미성년자, 친족, 미성년후견인, 검사, 지방자치단체의 장의 청구에 의하여 미성년후견감독인을 선임할 수 있다.
② 가정법원은 미성년후견감독인이 사망, 결격, 그 밖의 사유로 없게 된 경우에는 직권으로 또는 미성년자, 친족, 미성년후견인, 검사, 지방자치단체의 장의 청구에 의하여 미성년후견감독인을 선임한다.

성년후견감독인의 선임(민법 제940조의4)
① 가정법원은 필요하다고 인정하면 직권으로 또는 피성년후견인, 친족, 성년후견인, 검사, 지방자치단체의 장의 청구에 의하여 성년후견감독인을 선임할 수 있다.
② 가정법원은 성년후견감독인이 사망, 결격, 그 밖의 사유로 없게 된 경우에는 직권으로 또는 피성년후견인, 친족, 성년후견인, 검사, 지방자치단체의 장의 청구에 의하여 성년후견감독인을 선임한다.

후견감독인의 결격사유(민법 제940조의5)
제779조에 따른 후견인의 가족은 후견감독인이 될 수 없다.

후견감독인의 직무(민법 제940조의6)
① 후견감독인은 후견인의 사무를 감독하며, 후견인이 없는 경우 지체 없이 가정법원에 후견인의 선임을 청구하여야 한다.
② 후견감독인은 피후견인의 신상이나 재산에 대하여 급박한 사정이 있는 경우 그의 보호를 위하여 필요한 행위 또는 처분을 할 수 있다.
③ 후견인과 피후견인 사이에 이해가 상반되는 행위에 관하여는 후견감독인이 피후견인을 대리한다.

위임 및 후견인 규정의 준용(민법 제940조의7)
후견감독인에 대하여는 제681조, 제691조, 제692조, 제930조 제2항·제3항, 제936조 제3항·제4항, 제937조, 제939조, 제940조, 제947조의2 제3항부터 제5항까지, 제949조의2, 제955조 및 제955조의2를 준용한다.

(1) 가정법원의 후견감독

가정법원의 감독내용은 ① 미성년후견인·성년후견인의 선임(민법 제932조, 제936조), ② 후견인의 사임허가(민법 제939조), ③ 후견인의 변경(민법 제940조), ④ 미성년후견감독인·성년후견감독인의 선임 또는 추가선임(민법 제940조의3, 제940조의4, 제940조의7, 제936조 제3항), ⑤ 미성년후견감독인·성년후견감독인의 사임허가(민법 제940조의7, 제939조), ⑥ 미성년후견감독인·성년후견감독인의 변경(민법 제940조의7, 제940조), ⑦ 후견인의 재산목록작성을 위한 기간연장의 허가(민법 제941조 제1항 단서), ⑧ 후견사무에 관한 처분명령(민법 제954조), ⑨ 후견인에 대한 보수수여(민법 제955조), ⑩ 후견사무 종료 시의 관리계산 기간의 연장허가(민법 제957조 제1항 단서) 등이다.

(2) 후견감독인의 후견감독

2011년 개정 민법은 친족회제도를 폐지하고, 후견인의 감독기관으로서 후견감독인제도를 신설하였다. 후견감독인은 필수기관이 아닌 임의기관에 해당한다.

1) 후견감독인의 수와 자격 등(성년후견감독인도 동일)

① 미성년후견감독인은 여러 명을 둘 수 있고(민법 제940조의7, 제930조 제2항), 법인도 후견감독인이 될 수 있다(민법 제940조의7, 제930조 제3항). 이는 미성년후견인의 경우 한 명만 둘 수 있고, 자연인에 한한다는 점과 구별하여야 한다.

② 후견감독인의 선임기준 : 가정법원이 후견감독인을 선임할 때에는 피후견인의 의사를 존중하여야 한다(민법 제940조의7, 제936조 제4항).

③ 후견감독인의 추가선임 : 가정법원은 후견감독인이 선임된 경우에도 필요하다고 인정하면 직권으로 또는 제2항의 청구권자나 후견감독인의 청구에 의하여 추가로 후견감독인을 선임할 수 있다(민법 제940조의7, 제936조 제3항).

2) 미성년후견감독인의 선임(순위)

① 지정후견감독인 : 미성년후견인을 지정할 수 있는 사람은 유언으로 미성년후견감독인을 지정할 수 있는데(민법 제940조의2), 이를 지정후견감독인이라 한다.

② 선임후견감독인
  ㉠ 가정법원은 제940조의2에 따라 지정된 미성년후견감독인이 없는 경우에 필요하다고 인정하면 직권으로 또는 미성년자, 친족, 미성년후견인, 검사, 지방자치단체의 장의 청구에 의하여 미성년후견감독인을 선임할 수 있다(민법 제940조의3 제1항).
  ㉡ 가정법원은 미성년후견감독인이 사망, 결격, 그 밖의 사유로 없게 된 경우에는 직권으로 또는 미성년자, 친족, 미성년후견인, 검사, 지방자치단체의 장의 청구에 의하여 미성년후견감독인을 선임한다(민법 제940조의3 제2항).

3) 성년후견감독인의 선임

① 가정법원은 필요하다고 인정하면 직권으로 또는 피성년후견인, 친족, 성년후견인, 검사, 지방자치단체의 장의 청구에 의하여 성년후견감독인을 선임할 수 있다(민법 제940조의4 제1항).

② 가정법원은 성년후견감독인이 사망, 결격, 그 밖의 사유로 없게 된 경우에는 직권으로 또는 피성년후견인, 친족, 성년후견인, 검사, 지방자치단체의 장의 청구에 의하여 성년후견감독인을 선임한다(민법 제940조의4 제2항).

4) 후견감독인의 결격·사임·변경(성년후견감독인도 동일)

① 후견감독인의 결격사유 : 후견감독인에 후견인의 결격사유에 관한 제937조가 준용되므로(민법 제940조의7), 후견인 결격자는 후견감독인이 될 수 없다. 또한 제779조에 따른 후견인의 가족도 후견감독인이 될 수 없다(민법 제940조의5).

② 후견감독인의 사임 : 후견인감독인은 정당한 사유가 있는 경우에는 가정법원의 허가를 받아 사임할 수 있다. 이 경우 그 후견감독인은 사임청구와 동시에 가정법원에 새로운 후견감독인의 선임을 청구하여야 한다(민법 제940조의7, 제939조).

③ 후견감독인의 변경 : 가정법원은 피후견인의 복리를 위하여 후견감독인인을 변경할 필요가 있다고 인정하면 직권으로 또는 피후견인, 친족, 후견감독인(후견감독인이 복수인 경우를 전제), 검사, 지방자치단체의 장의 청구에 의하여 후견감독인을 변경할 수 있다(민법 제940조의7, 제940조).

5) 후견감독인의 직무(성년후견감독인도 동일. 단, 피후견인이 미성년자인 경우에만 가능한 것은 제외)

① 후견감독인은 후견인의 사무를 감독하며, 후견인이 없는 경우 지체 없이 가정법원에 후견인의 선임을 청구하여야 한다(민법 제940조의6 제1항).
② 후견감독인은 피후견인의 신상이나 재산에 대하여 급박한 사정이 있는 경우 그의 보호를 위하여 필요한 행위 또는 처분을 할 수 있다(민법 제940조의6 제2항).
③ 후견인과 피후견인 사이에 이해가 상반되는 행위에 관하여는 후견감독인이 피후견인을 대리한다(민법 제940조의6 제3항).
④ 후견감독인에 대하여 위임에 관한 제681조(수임인의 선관의무), 제691조(위임종료 시 긴급처리), 제692조(위임종료의 대항요건)가 준용된다(민법 제940조의7).

6) 기타(성년후견감독인도 동일)

후견감독인이 복수인 경우 제949조의2(성년후견인이 여러 명인 경우 권한의 행사 등)가 준용되고, 보수 및 비용에 관하여 제955조(후견인에 대한 보수) 및 제955조의2(지출금액의 예정과 사무비용)가 준용된다.

4. 후견사무

(1) 후견인의 주의의무

자기 재산에 관한 행위와 동일한 주의의무를 갖는 친권자(민법 제922조, 구체적 경과실)와 달리 후견인은 선량한 관리자의 주의로써 그 임무를 수행하여야 한다(민법 제956조, 제681조).

(2) 후견인 취임 시 임무

> **재산조사와 목록작성(민법 제941조)**
> ① 후견인은 지체 없이 피후견인의 재산을 조사하여 2개월 내에 그 목록을 작성하여야 한다. 다만, 정당한 사유가 있는 경우에는 법원의 허가를 받아 그 기간을 연장할 수 있다.
> ② 후견감독인이 있는 경우 제1항에 따른 재산조사와 목록작성은 후견감독인의 참여가 없으면 효력이 없다.
>
> **후견인의 채권·채무의 제시(민법 제942조)**
> ① 후견인과 피후견인 사이에 채권·채무의 관계가 있고 후견감독인이 있는 경우에는 후견인은 재산목록의 작성을 완료하기 전에 그 내용을 후견감독인에게 제시하여야 한다.
> ② 후견인이 피후견인에 대한 채권이 있음을 알고도 제1항에 따른 제시를 게을리한 경우에는 그 채권을 포기한 것으로 본다.

목록작성 전의 권한(민법 제943조)
후견인은 재산조사와 목록작성을 완료하기까지는 긴급 필요한 경우가 아니면 그 재산에 관한 권한을 행사하지 못한다. 그러나 이로써 선의의 제3자에게 대항하지 못한다.

피후견인이 취득한 포괄적 재산의 조사 등(민법 제944조)
전3조의 규정은 후견인의 취임 후에 피후견인이 포괄적 재산을 취득한 경우에 준용한다.

(3) 신분에 관한 권리와 의무

미성년자의 신분에 관한 후견인의 권리·의무(민법 제945조)
미성년후견인은 제913조 및 제914조에서 규정한 사항에 관하여는 친권자와 동일한 권리와 의무가 있다. 다만, 다음 각 호의 어느 하나에 해당하는 경우에는 미성년후견감독인이 있으면 그의 동의를 받아야 한다.
1. 친권자가 정한 교육방법, 양육방법 또는 거소를 변경하는 경우
2. 삭제 〈2021. 1. 26.〉
3. 친권자가 허락한 영업을 취소하거나 제한하는 경우

친권 중 일부에 한정된 후견(민법 제946조)
미성년자의 친권자가 제924조의2, 제925조 또는 제927조 제1항에 따라 친권 중 일부에 한정하여 행사할 수 없는 경우에 미성년후견인의 임무는 제한된 친권의 범위에 속하는 행위에 한정된다.

피성년후견인의 복리와 의사존중(민법 제947조)
성년후견인은 피성년후견인의 재산관리와 신상보호를 할 때 여러 사정을 고려하여 그의 복리에 부합하는 방법으로 사무를 처리하여야 한다. 이 경우 성년후견인은 피성년후견인의 복리에 반하지 아니하면 피성년후견인의 의사를 존중하여야 한다.

피성년후견인의 신상결정 등(민법 제947조의2)
① 피성년후견인은 자신의 신상에 관하여 그의 상태가 허락하는 범위에서 단독으로 결정한다.
② 성년후견인이 피성년후견인을 치료 등의 목적으로 정신병원이나 그 밖의 다른 장소에 격리하려는 경우에는 가정법원의 허가를 받아야 한다.
③ 피성년후견인의 신체를 침해하는 의료행위에 대하여 피성년후견인이 동의할 수 없는 경우에는 성년후견인이 그를 대신하여 동의할 수 있다.
④ 제3항의 경우 피성년후견인이 의료행위의 직접적인 결과로 사망하거나 상당한 장애를 입을 위험이 있을 때에는 가정법원의 허가를 받아야 한다. 다만, 허가절차로 의료행위가 지체되어 피성년후견인의 생명에 위험을 초래하거나 심신상의 중대한 장애를 초래할 때에는 사후에 허가를 청구할 수 있다.
⑤ 성년후견인이 피성년후견인을 대리하여 피성년후견인이 거주하고 있는 건물 또는 그 대지에 대하여 매도, 임대, 전세권 설정, 저당권 설정, 임대차의 해지, 전세권의 소멸, 그 밖에 이에 준하는 행위를 하는 경우에는 가정법원의 허가를 받아야 한다.

미성년자의 친권의 대행(민법 제948조)
① 미성년후견인은 미성년자를 갈음하여 미성년자의 자녀에 대한 친권을 행사한다.
② 제1항의 친권행사에는 미성년후견인의 임무에 관한 규정을 준용한다.

성년후견인이 여러 명인 경우 권한의 행사 등(민법 제949조의2)
① 가정법원은 직권으로 여러 명의 성년후견인이 공동으로 또는 사무를 분장하여 그 권한을 행사하도록 정할 수 있다.
② 가정법원은 직권으로 제1항에 따른 결정을 변경하거나 취소할 수 있다.
③ 여러 명의 성년후견인이 공동으로 권한을 행사하여야 하는 경우에 어느 성년후견인이 피성년후견인의 이익이 침해될 우려가 있음에도 법률행위의 대리 등 필요한 권한행사에 협력하지 아니할 때에는 가정법원은 피성년후견인, 성년후견인, 후견감독인 또는 이해관계인의 청구에 의하여 그 성년후견인의 의사표시를 갈음하는 재판을 할 수 있다.

1) 미성년후견인의 권리·의무

① 미성년후견인은 제913조(보호, 교양의 권리의무) 및 제914조(거소지정권)에서 규정한 사항에 관하여는 친권자와 동일한 권리와 의무가 있다. 다만, ㉠ 친권자가 정한 교육방법, 양육방법 또는 거소를 변경하는 경우, ㉡ 친권자가 허락한 영업을 취소하거나 제한하는 경우에는 미성년후견감독인이 있으면 그의 동의를 받아야 한다(민법 제945조). 2021.1.26. 민법 개정 시 징계권 규정은 아동학대 가해자인 친권자의 항변사유로 이용되는 등 아동학대를 정당화하는 데 악용될 소지가 있다고 보아 삭제되었다.

② 미성년자의 친권자가 제924조의2(친권의 일부제한의 선고), 제925조(대리권, 재산관리권 상실의 선고) 또는 제927조 제1항(대리권, 관리권의 사퇴)에 따라 친권 중 일부에 한정하여 행사할 수 없는 경우에 미성년후견인의 임무는 제한된 친권의 범위에 속하는 행위에 한정된다(민법 제946조).

③ 미성년후견인은 미성년자의 가족법상의 일정한 행위에 대하여 동의권과 대리권을 갖는다.
   ㉠ 동의권 : ㉮ 약혼(민법 제801조), ㉯ 혼인(민법 제808조 제1항), ㉰ 13세 이상인 미성년자의 입양(민법 제869조 제1항), ㉱ 13세 이상인 미성년자의 친양자 입양(민법 제908조의2 제1항 제4호)
   ㉡ 대리권 : ㉮ 혼인적령 미달자의 혼인 및 미성년자가 동의권자의 동의 없이 한 혼인에 대한 취소(민법 제817조), ㉯ 인지청구의 소제기(민법 제863조), ㉰ 13세 미만인 미성년자의 입양에 대한 승낙(민법 제869조 제2항), ㉱ 미성년자가 한 입양의 취소(민법 제885조), ㉲ 13세 이상의 미성년자가 동의권자의 동의 없이 양자가 된 경우의 입양의 취소(민법 제886조), ㉳ 13세 미만인 미성년자의 재판상 파양의 청구(민법 제906조 제1항), ㉴ 13세 미만인 미성년자의 친양자 입양에 대한 승낙(민법 제908조의2 제1항 제5호), ㉵ 상속의 승인·포기(민법 제1019조·제1020조), ㉶ 법정대리인으로서 가사소송법에 의한 신분관계의 소제기(가사소송법 제23조, 제28조, 제31조) 등

④ **친권의 대행** : 미성년후견인은 미성년자를 갈음하여 미성년자의 자녀에 대한 친권을 행사하며, 이 경우 미성년후견인의 임무에 관한 규정을 준용한다(민법 제948조).

2) 성년후견인의 권리 · 의무
① 성년후견인이 여러 명인 경우의 권한행사 등
  ㉠ 가정법원은 직권으로 여러 명의 성년후견인이 공동으로 또는 사무를 분장하여 그 권한을 행사하도록 정할 수 있다(민법 제949조의2 제1항).
  ㉡ 가정법원은 직권으로 제1항에 따른 결정을 변경하거나 취소할 수 있다(민법 제949조의2 제2항).
  ㉢ 여러 명의 성년후견인이 공동으로 권한을 행사하여야 하는 경우에 어느 성년후견인이 피성년후견인의 이익이 침해될 우려가 있음에도 법률행위의 대리 등 필요한 권한행사에 협력하지 아니할 때에는 가정법원은 피성년후견인, 성년후견인, 후견감독인 또는 이해관계인의 청구에 의하여 그 성년후견인의 의사표시를 갈음하는 재판을 할 수 있다(민법 제949조의2 제3항).
② 피성년후견인의 복리와 의사존중 : 성년후견인은 피성년후견인의 재산관리와 신상보호를 할 때 여러 사정을 고려하여 그의 복리에 부합하는 방법으로 사무를 처리하여야 한다. 이 경우 성년후견인은 피성년후견인의 복리에 반하지 아니하면 피성년후견인의 의사를 존중하여야 한다(민법 제947조).
③ 피성년후견인의 신상(身上)결정 등
  ㉠ 원칙 : 피성년후견인은 자신의 신상에 관하여 그의 상태가 허락하는 범위에서 단독으로 결정한다(민법 제947조의2 제1항).
  ㉡ 가정법원의 감독
    ㉮ 성년후견인이 피성년후견인을 치료 등의 목적으로 정신병원이나 그 밖의 다른 장소에 격리하려는 경우에는 가정법원의 허가를 받아야 한다(민법 제947조의2 제2항).
    ㉯ 피성년후견인의 신체를 침해하는 의료행위에 대하여 피성년후견인이 동의할 수 없는 경우에는 성년후견인이 그를 대신하여 동의할 수 있다(민법 제947조의2 제3항). 이 경우 피성년후견인이 의료행위의 직접적인 결과로 사망하거나 상당한 장애를 입을 위험이 있을 때에는 가정법원의 허가를 받아야 한다. 다만, 허가절차로 의료행위가 지체되어 피성년후견인의 생명에 위험을 초래하거나 심신상의 중대한 장애를 초래할 때에는 사후에 허가를 청구할 수 있다(민법 제947조의2 제4항).
    ㉰ 성년후견인이 피성년후견인을 대리하여 피성년후견인이 거주하고 있는 건물 또는 그 대지에 대하여 매도, 임대, 전세권 설정, 저당권 설정, 임대차의 해지, 전세권의 소멸, 그 밖에 이에 준하는 행위를 하는 경우에는 가정법원의 허가를 받아야 한다(민법 제947조의2 제5항).
④ 성년후견인의 가족법상의 행위에 관한 동의권 · 대리권
  ㉠ 동의권 : ㉮ 약혼(민법 제802조), ㉯ 혼인(민법 제808조 제2항), ㉰ 협의이혼(민법 제835조, 제808조 제2항), ㉱ 인지(민법 제856조), ㉲ 입양(민법 제873조 제1항), ㉳ 협의상 및 재판상 파양(민법 제902조, 제906조 제3항) 등
  ㉡ 대리권 : ㉮ 혼인취소(민법 제817조), ㉯ 인지청구의 소(민법 제863조), ㉰ 입양취소(민법 제887조), ㉱ 상속의 승인 · 포기(민법 제1019 · 1020조), ㉲ 가사소송법에 의한 신분관계의 소제기(가사소송법 제23조, 제28조, 제31조) 등

(4) 재산에 관한 권한

1) 재산관리권과 대리권

> **후견인의 대리권 등(민법 제938조)**
> ① 후견인은 피후견인의 법정대리인이 된다.
> ② 가정법원은 성년후견인이 제1항에 따라 가지는 법정대리권의 범위를 정할 수 있다.
> ③ 가정법원은 성년후견인이 피성년후견인의 신상에 관하여 결정할 수 있는 권한의 범위를 정할 수 있다.
> ④ 제2항 및 제3항에 따른 법정대리인의 권한의 범위가 적절하지 아니하게 된 경우에 가정법원은 본인, 배우자, 4촌 이내의 친족, 성년후견인, 성년후견감독인, 검사 또는 지방자치단체의 장의 청구에 의하여 그 범위를 변경할 수 있다.
>
> **재산관리권과 대리권(민법 제949조)**
> ① 후견인은 피후견인의 재산을 관리하고 그 재산에 관한 법률행위에 대하여 피후견인을 대리한다.
> ② 제920조 단서의 규정은 전항의 법률행위에 준용한다.

2) 재산상 행위에 대한 동의권

미성년후견인은 법정대리인으로서(민법 제938조 제1항) 재산행위에 대하여 동의권도 가지나(민법 제5조 제1항), <u>성년후견인은 동의권이 없다</u>(민법 제10조 제1항 참조).

3) 후견인의 권한에 대한 제한

> **이해상반행위(민법 제949조의3)**
> 후견인에 대하여는 제921조를 준용한다. 다만, 후견감독인이 있는 경우에는 그러하지 아니하다.
>
> **후견감독인의 동의를 필요로 하는 행위(민법 제950조)**
> ① 후견인이 피후견인을 대리하여 다음 각 호의 어느 하나에 해당하는 행위를 하거나 미성년자의 다음 각 호의 어느 하나에 해당하는 행위에 동의를 할 때는 후견감독인이 있으면 그의 동의를 받아야 한다.
>   1. 영업에 관한 행위
>   2. 금전을 빌리는 행위
>   3. 의무만을 부담하는 행위
>   4. 부동산 또는 중요한 재산에 관한 권리의 득실변경을 목적으로 하는 행위
>   5. 소송행위
>   6. 상속의 승인, 한정승인 또는 포기 및 상속재산의 분할에 관한 협의
> ② 후견감독인의 동의가 필요한 행위에 대하여 후견감독인이 피후견인의 이익이 침해될 우려가 있음에도 동의를 하지 아니하는 경우에는 가정법원은 후견인의 청구에 의하여 후견감독인의 동의를 갈음하는 허가를 할 수 있다.
> ③ 후견감독인의 동의가 필요한 법률행위를 후견인이 후견감독인의 동의 없이 하였을 때에는 피후견인 또는 후견감독인이 그 행위를 취소할 수 있다.
>
> **피후견인의 재산 등의 양수에 대한 취소(민법 제951조)**
> ① 후견인이 피후견인에 대한 제3자의 권리를 양수(讓受)하는 경우에는 피후견인은 이를 취소할 수 있다.
> ② 제1항에 따른 권리의 양수의 경우 후견감독인이 있으면 후견인은 후견감독인의 동의를 받아야 하고, 후견감독인의 동의가 없는 경우에는 피후견인 또는 후견감독인이 이를 취소할 수 있다.

상대방의 추인 여부 최고(민법 제952조)
제950조 및 제951조의 경우에는 제15조를 준용한다.

위임과 친권의 규정의 준용(민법 제956조)
제681조 및 제918조의 규정은 후견인에게 이를 준용한다.

4) 감독기관에 대한 의무

후견감독인의 후견사무의 감독(민법 제953조)
후견감독인은 언제든지 후견인에게 그의 임무 수행에 관한 보고와 재산목록의 제출을 요구할 수 있고 피후견인의 재산상황을 조사할 수 있다.

가정법원의 후견사무에 관한 처분(민법 제954조)
가정법원은 직권으로 또는 피후견인, 후견감독인, 제777조에 따른 친족, 그 밖의 이해관계인, 검사, 지방자치단체의 장의 청구에 의하여 피후견인의 재산상황을 조사하고, 후견인에게 재산관리 등 후견임무 수행에 관하여 필요한 처분을 명할 수 있다.

5) 후견인의 보수와 비용

후견인에 대한 보수(민법 제955조)
법원은 후견인의 청구에 의하여 피후견인의 재산상태 기타 사정을 참작하여 피후견인의 재산 중에서 상당한 보수를 후견인에게 수여할 수 있다.

지출금액의 예정과 사무비용(민법 제955조의2)
후견인이 후견사무를 수행하는 데 필요한 비용은 피후견인의 재산 중에서 지출한다.

5. 후견의 종료

후견사무의 종료와 관리의 계산(민법 제957조)
① 후견인의 임무가 종료된 때에는 후견인 또는 그 상속인은 1개월 내에 피후견인의 재산에 관한 계산을 하여야 한다. 다만, 정당한 사유가 있는 경우에는 법원의 허가를 받아 그 기간을 연장할 수 있다.
② 제1항의 계산은 후견감독인이 있는 경우에는 그가 참여하지 아니하면 효력이 없다.

이자의 부가와 금전소비에 대한 책임(민법 제958조)
① 후견인이 피후견인에게 지급할 금액이나 피후견인이 후견인에게 지급할 금액에는 계산종료의 날로부터 이자를 부가하여야 한다.
② 후견인이 자기를 위하여 피후견인의 금전을 소비한 때에는 그 소비한 날로부터 이자를 부가하고 피후견인에게 손해가 있으면 이를 배상하여야 한다.

위임규정의 준용(민법 제959조)
제691조, 제692조의 규정은 후견의 종료에 이를 준용한다.

(1) 종료원인

1) 절대적 종료원인

후견 그 자체가 종료하는 절대적 원인은 ① 피후견인의 사망, ② 미성년자의 성년 도달 또는 혼인, ③ 성년후견종료의 심판, ④ 미성년자에 대하여 새로이 친권자가 생기는 경우, ⑤ 미성년자에 대하여 종전의 친권으로 이행하는 경우 등이다.

2) 상대적 종료원인

현재 후견임무를 수행하는 후견인의 임무가 종료하는 상대적 원인은 ① 후견인의 사망, ② 후견인의 결격·사임·변경 등이다.

(2) 후견종료 후의 청산

1) 관리의 계산

① 후견인의 임무가 종료된 때에는 후견인 또는 그 상속인은 1개월 내에 피후견인의 재산에 관한 계산을 하여야 한다. 다만, 정당한 사유가 있는 경우에는 법원의 허가를 받아 그 기간을 연장할 수 있다(민법 제957조 제1항).

② 제1항의 계산은 후견감독인이 있는 경우에는 그가 참여하지 아니하면 효력이 없다(민법 제957조 제2항).

2) 이자의 부가와 금전소비에 대한 책임

① 후견인이 피후견인에게 지급할 금액이나 피후견인이 후견인에게 지급할 금액에는 계산종료의 날로부터 이자를 부가하여야 한다(민법 제958조 제1항).

② 후견인이 자기를 위하여 피후견인의 금전을 소비한 때에는 그 소비한 날로부터 이자를 부가하고 피후견인에게 손해가 있으면 이를 배상하여야 한다(민법 제958조 제2항).

3) 후견종료와 긴급처리

① 후견종료의 경우에 급박한 사정이 있는 때에는 후견인, 그 상속인이나 법정대리인은 피후견인, 그 상속인이나 법정대리인이 스스로 그 사무를 처리할 수 있을 때까지 그 사무의 처리를 계속하여야 한다. 이 경우에는 후견의 존속과 동일한 효력이 있다(민법 제959조, 제691조).

② 후견인 또는 피후견인 중 일방에 후견종료의 사유가 발생한 경우에는 이를 상대방에게 통지하거나 상대방이 이를 안 때가 아니면 이로써 상대방에게 대항하지 못한다(민법 제959조, 제692조).

4) 후견종료의 신고

후견이 종료한 때(미성년자가 성년이 되어 미성년후견이 종료된 경우에는 제외)에는 후견인이 1개월 이내에 후견종료의 신고를 하여야 한다(가족관계등록법 제83조 제1항).

Ⅲ 한정후견과 특정후견

1. 한정후견

> **한정후견의 개시(민법 제959조의2)**
> 가정법원의 한정후견개시의 심판이 있는 경우에는 그 심판을 받은 사람의 한정후견인을 두어야 한다.
>
> **한정후견인의 선임 등(민법 제959조의3)**
> ① 제959조의2에 따른 한정후견인은 가정법원이 직권으로 선임한다.
> ② 한정후견인에 대하여는 제930조 제2항·제3항, 제936조 제2항부터 제4항까지, 제937조, 제939조, 제940조 및 제949조의3을 준용한다.
>
> **한정후견인의 대리권 등(민법 제959조의4)**
> ① 가정법원은 한정후견인에게 대리권을 수여하는 심판을 할 수 있다.
> ② 한정후견인의 대리권 등에 관하여는 제938조 제3항 및 제4항을 준용한다.
>
> **한정후견감독인(민법 제959조의5)**
> ① 가정법원은 필요하다고 인정하면 직권으로 또는 피한정후견인, 친족, 한정후견인, 검사, 지방자치단체의 장의 청구에 의하여 한정후견감독인을 선임할 수 있다.
> ② 한정후견감독인에 대하여는 제681조, 제691조, 제692조, 제930조 제2항·제3항, 제936조 제3항·제4항, 제937조, 제939조, 제940조, 제940조의3 제2항, 제940조의5, 제940조의6, 제947조의2 제3항부터 제5항까지, 제949조의2, 제955조 및 제955조의2를 준용한다. 이 경우 제940조의6 제3항 중 "피후견인을 대리한다"는 "피한정후견인을 대리하거나 피한정후견인이 그 행위를 하는 데 동의한다"로 본다.
>
> **한정후견사무(민법 제959조의6)**
> 한정후견의 사무에 관하여는 제681조, 제920조 단서, 제947조, 제947조의2, 제949조, 제949조의2, 제949조의3, 제950조부터 제955조까지 및 제955조의2를 준용한다.
>
> **한정후견인의 임무의 종료 등(민법 제959조의7)**
> 한정후견인의 임무가 종료한 경우에 관하여는 제691조, 제692조, 제957조 및 제958조를 준용한다.

(1) 한정후견의 개시

<u>가정법원의 한정후견개시의 심판이 있는 경우에는 그 심판을 받은 사람(피한정후견인)의 한정후견인을 두어야 한다</u>(민법 제959조의2).

(2) 한정후견인의 선임 등

1) 한정후견인의 선임

① <u>가정법원의 한정후견개시의 심판이 있는 경우에는 한정후견인은 가정법원이 직권으로 선임한다</u>(민법 제959조의3 제1항).

② 가정법원은 한정후견인이 사망, 결격, 그 밖의 사유로 없게 된 경우에도 직권으로 또는 피한정후견인, 친족, 이해관계인, 검사, 지방자치단체의 장의 청구에 의하여 한정후견인을 선임한다(민법 제959조의3 제2항, 제936조 제2항).

③ 가정법원은 한정후견인이 선임된 경우에도 필요하다고 인정하면 직권으로 또는 제2항의 청구권자나 한정후견인의 청구에 의하여 추가로 한정후견인은 선임할 수 있다(민법 제959조의3 제2항, 제936조 제3항).

④ 가정법원이 한정후견인을 선임할 때에는 피한정후견인의 의사를 존중하여야 하며, 그 밖에 피한정후견인의 건강·생활관계·재산상황·한정후견인이 될 사람의 직업과 경험·피한정후견인과의 이해관계의 유무(법인이 한정후견인이 될 때에는 사업의 종류와 내용, 법인이나 그 대표자와 피한정후견인 사이의 이해관계의 유무를 말한다) 등의 사정도 고려하여야 한다(민법 제959조의3 제2항, 제936조 제4항).

2) 한정후견인의 수(數)와 자격

성년후견인과 마찬가지로 여러 명을 둘 수 있고(민법 제959조의3 제2항, 제930조 제2항), 법인도 한정후견인이 될 수 있다(민법 제959조의3 제2항, 제930조 제3항).

3) 한정후견인의 결격·사임·변경

한정후견인에 대하여 제937조(후견인의 결격사유), 제939조(후견인의 사임), 제940조(후견인의 변경)를 준용한다(민법 제959조의3 제2항).

4) 한정후견인의 이해상반행위

후견인의 이해상반행위의 경우 특별대리인 선임에 관한 제949조의3도 한정후견인에 대하여 준용된다(민법 제959조의3 제2항).

(3) 후견감독기관

한정후견의 경우 후견감독기관으로는 가정법원과 한정후견감독인이 있다.

1) 가정법원의 후견감독

대체로 성년후견에서와 같다.

2) 한정후견감독인의 후견감독

① 가정법원은 필요하다고 인정하면 직권으로 또는 피한정후견인, 친족, 한정후견인, 검사, 지방자치단체의 장의 청구에 의하여 한정후견감독인을 선임할 수 있다(민법 제959의5 제1항).

② **준용규정** : 한정후견감독인에 대하여는 제681조(수임인의 선관의무), 제691조(위임종료 시의 긴급처리), 제692조(위임종료의 대항요건), 제930조 제2항(성년후견인의 수)·제3항(성년후견인의 자격), 제936조 제3항(성년후견인의 추가선임)·제4항(성년후견인 선임 시 피성년후견인 의사 존중·그 밖의 고려사항), 제937조(후견인의 결격사유), 제939조(후견인의 사임), 제940조(후견인의 변경), 제940조의3 제2항(미성년후견감독인이 사망, 결격, 그 밖의 사유로 없게 된 경우의 미성년후견감독인의 선임), 제940조의5(후견감독인의 결격사유), 제940조의6(후견감독인의 직무 : 특히 "후견인과 피후견인 사이에 이해가 상반되는 행위에 관하여는 후견감독인이 피후견인을 대리한다"는 제940조의6 제3항의 내용 중 "피후견인을 대리한다"는 피한정후견인을 대리하거나 피한정후견인이 그 행위를 하는 데 동의한다"로 본다), 제947조의2(피성년후견인의 신상결정 등) 제3항부터 제5항까지[피성년후견인의 신체를 침해하는 의료행위에 대한 성년후견인의 동의/ 가정법원의 감독(사전허가, 사후허가)], 제949조의2(성년후견인이 여러 명인 경우 권한의 행사 등), 제955조(후견인에 대한 보수) 및 제955조의2(지출금액의 예정과 사무비용)를 준용한다(민법 제959조의5 제2항 전문).

(4) 한정후견사무

1) 한정후견인의 대리권 등

① 가정법원은 한정후견인에게 대리권을 수여하는 심판을 할 수 있고(민법 제959조의4 제1항), 법정대리인인 한정후견인의 권한의 범위가 적절하지 아니하게 된 경우에 가정법원은 본인, 배우자, 4촌 이내의 친족, 한정후견인, 한정후견감독인, 검사 또는 지방자치단체의 장의 청구에 의하여 그 범위를 변경할 수 있다(민법 제959조의4 제2항, 제938조 제4항).

② 가정법원은 한정후견인이 피한정후견인의 신상에 관하여 결정할 수 있는 권한의 범위를 정할 수 있다(민법 제959조의4 제2항, 제938조 제3항).

2) 준용규정

한정후견의 사무에 관하여는 제681조(수임인의 선관의무), 제920조 단서(子의 행위를 목적으로 하는 채무 부담시 子의 동의 필요), 제947조(피성년후견인의 복리와 의사존중), 제947조의2(피성년후견인의 신상결정 등), 제949조(재산관리권과 대리권), 제949조의2(성년후견인이 여러 명인 경우 권한의 행사 등), 제949조의3(이해상반행위), 제950조부터 제955조까지(후견감독인의 동의를 필요로 하는 행위/ 피후견인의 재산 등의 양수에 대한 취소/ 상대방의 추인 여부 최고/ 후견감독인의 후견사무의 감독/ 가정법원의 후견사무에 관한 처분/ 후견인에 대한 보수) 및 제955조의2(지출금액의 예정과 사무비용)를 준용한다(민법 제959조의6).

(5) 한정후견의 종료

① 한정후견의 종료는 종료심판의 종류를 제외하면 성년후견에서와 같다.

② 한정후견인의 임무가 종료한 경우에 관하여는 제691조(위임종료 시의 긴급처리), 제692조(위임종료의 대항요건), 제957조(후견사무의 종료와 관리의 계산) 및 제958조(이자의 부가와 금전소비에 대한 책임)를 준용한다(민법 제959의7).

2. 특정후견

특정후견에 따른 보호조치(민법 제959조의8)
가정법원은 피특정후견인의 후원을 위하여 필요한 처분을 명할 수 있다.

특정후견인의 선임 등(민법 제959조의9)
① 가정법원은 제959조의8에 따른 처분으로 피특정후견인을 후원하거나 대리하기 위한 특정후견인을 선임할 수 있다.
② 특정후견인에 대하여는 제930조 제2항·제3항, 제936조 제2항부터 제4항까지, 제937조, 제939조 및 제940조를 준용한다.

> **특정후견감독인(민법 제959조의10)**
> ① 가정법원은 필요하다고 인정하면 직권으로 또는 피특정후견인, 친족, 특정후견인, 검사, 지방자치단체의 장의 청구에 의하여 특정후견감독인을 선임할 수 있다.
> ② 특정후견감독인에 대하여는 제681조, 제691조, 제692조, 제930조 제2항·제3항, 제936조 제3항·제4항, 제937조, 제939조, 제940조, 제940조의5, 제940조의6, 제949조의2, 제955조 및 제955조의2를 준용한다.
>
> **특정후견인의 대리권(민법 제959조의11)**
> ① 피특정후견인의 후원을 위하여 필요하다고 인정하면 가정법원은 기간이나 범위를 정하여 특정후견인에게 대리권을 수여하는 심판을 할 수 있다.
> ② 제1항의 경우 가정법원은 특정후견인의 대리권 행사에 가정법원이나 특정후견감독인의 동의를 받도록 명할 수 있다.
>
> **특정후견사무(민법 제959조의12)**
> 특정후견의 사무에 관하여는 제681조, 제920조 단서, 제947조, 제949조의2, 제953조부터 제955조까지 및 제955조의2를 준용한다.
>
> **특정후견인의 임무의 종료 등(민법 제959조의13)**
> 특정후견인의 임무가 종료한 경우에 관하여는 제691조, 제692조, 제957조 및 제958조를 준용한다.

(1) 특정후견에 따른 보호조치

1) 특정후견의 심판

가정법원은 질병, 장애, 노령, 그 밖의 사유로 인한 정신적 제약으로 일시적 후원 또는 특정한 사무에 관한 후원이 필요한 사람에 대하여 본인, 배우자, 4촌 이내의 친족, 미성년후견인, 미성년후견감독인, 검사 또는 지방자치단체의 장의 청구에 의하여 특정후견의 심판을 하는데(민법 제14조의2 제1항), 가정법원에 의하여 특정후견의 심판을 받은 사람이 피특정후견인이다.

2) 가정법원의 처분

가정법원은 특정후견심판이 있는 경우 피특정후견인의 후원을 위하여 필요한 처분을 명할 수 있다(민법 제959조의8).

3) 특정후견인의 선임 등

① 가정법원은 제959조의8에 따른 처분으로 피특정후견인을 후원하거나 대리하기 위한 특정후견인을 선임할 수 있다(민법 제959조의9 제1항). 특정후견인의 선임은 성년후견(민법 제929조)·한정후견(민법 제959조의2)과는 달리 필수적인 것이 아니다.

② 가정법원은 특정후견인이 사망, 결격, 그 밖의 사유로 없게 된 경우에도 직권으로 또는 피특정후견인, 친족, 이해관계인, 검사, 지방자치단체의 장의 청구에 의하여 특정후견인을 선임한다(민법 민법 제959조의9 제2항, 제936조 제2항).

③ 가정법원은 특정후견인이 선임된 경우에도 필요하다고 인정하면 직권으로 또는 제2항의 청구권자나 특정후견인의 청구에 의하여 추가로 특정후견인을 선임할 수 있다(민법 제959조의9 제2항, 제936조 제3항).

④ 가정법원이 특정후견인을 선임할 때에는 피특정후견인의 의사를 존중하여야 하며, 그 밖에 피특정후견인의 건강, 생활관계, 재산상황, 특정후견인이 될 사람의 직업과 경험, 피특정후견인과의 이해관계의 유무(법인이 성년후견인이 될 때에는 사업의 종류와 내용, 법인이나 그 대표자와 피성년후견인 사이의 이해관계의 유무를 말한다) 등의 사정도 고려하여야 한다(민법 제959조의9 제2항, 제936조 제4항).

(2) 특정후견인

1) 특정후견인의 수(數)와 자격

특정후견인도 여러 명을 둘 수 있고(민법 제959조의9 제2항, 제930조 제2항), 법인도 특정후견인이 될 수 있다(민법 제959조의9 제2항, 제930조 제3항).

2) 특정후견인의 결격·사임·변경

특정후견인에 대하여는 제937조(후견인의 결격사유), 제939조(후견인의 사임), 제940조(후견인의 변경)를 준용한다(민법 제959조의9 제2항).

(3) 후견감독기관

특정후견의 경우 후견감독기관으로는 가정법원과 특정후견감독인이 있다.

1) 가정법원의 후견감독

가정법원의 후견감독의 주요 내용은 ① 피특정후견인의 후원을 위하여 필요한 처분을 명하는 것(민법 제959조의8), ② 특정후견인의 선임 또는 추가선임(민법 제959조의9, 제936조 제2항 내지 제4항), ③ 특정후견인의 사임허가(민법 제959조의9 제2항, 제939조), ④ 특정후견인의 변경(민법 제959조의9 제2항, 제940조), ⑤ 특정후견감독인의 선임 또는 추가선임(민법 제959조의10, 제936조 제3항), ⑥ 특정후견감독인의 사임허가(민법 제959조의10, 제939조)와 변경(민법 제959조의10, 제940조), ⑦ 특정후견인이 여러 명인 경우 그들의 권한행사 방법의 결정과 그것의 변경·취소(민법 제959조의12, 제949조의2) 및 여러 명의 특정후견인이 공동으로 권한을 행사하여야 하는 경우에 권한행사에 협력하지 않는 특정후견인의 의사표시를 갈음하는 재판(민법 제959조의12, 제949조의2), ⑧ 특정후견인 또는 특정후견감독인에 대한 보수수여(민법 제959조의12, 제959조의10 제2항, 제955조), ⑨ 특정후견인에게 대리권수여의 심판을 한 경우 특정후견인의 대리권행사에 가정법원이나 특정후견감독인의 동의를 받도록 명하는 것(민법 제959조의11 제2항) 등이다.

2) 특정후견감독인의 후견감독

① 특정후견감독인도 특정후견인처럼 임의기관이다(민법 제959조의10 제1항).

② 준용규정 : 특정후견감독인에 대하여는 제681조(수임인의 선관의무), 제691조(위임종료 시의 긴급처리), 제692조(위임종료의 대항요건), 제930조 제2항(성년후견인의 수)·제3항(성년후견인의 자격), 제936조 제3항(성년후견인의 추가선임)·제4항(성년후견인 선임 시 피성년후견인 의사 존중·그 밖의 고려사항), 제937조(후견인의 결격사유), 제939조(후견인의 사임), 제940조(후견인의 변경), 제940조의5(후견감독인의 결격사유), 제940조의6(후견감독인의 직무), 제949조의2(성년후견인이 여러 명인 경우 권한의 행사 등), 제955조(후견인에 대한 보수) 및 제955조의2(지출금액의 예정과 사무비용)를 준용한다(민법 제959조의10 제2항).

(4) 특정후견사무

1) 특정후견인의 대리권

① 피특정후견인의 후원을 위하여 필요하다고 인정하면 가정법원은 기간이나 범위를 정하여 특정후견인에게 대리권을 수여하는 심판을 할 수 있다(민법 제959조의11 제1항).
② 제1항의 경우 가정법원은 특정후견인의 대리권 행사에 가정법원이나 특정후견감독인의 동의를 받도록 명할 수 있다(민법 제959조의11 제2항).

2) 준용규정

특정후견의 사무에 관하여는 제681조(수임인의 선관의무), 제920조 단서(子의 행위를 목적으로 하는 채무 부담시 子의 동의 필요), 제947조(피성년후견인의 복리와 의사존중), 제949조의2(성년후견인이 여러 명인 경우 권한의 행사 등), 제953조부터 제955조까지(후견감독인의 후견사무의 감독/ 가정법원의 후견사무에 관한 처분/ 후견인에 대한 보수) 및 제955조의2(지출금액의 예정과 사무비용)를 준용한다(민법 제959조의12). 주의할 것은 준용되는 규정 중 신상보호에 관한 민법 제947조의2는 없다는 점이다(특정후견감독인의 경우에도 동일하다).

(5) 특정후견의 종료

특정후견인의 임무가 종료한 경우에 관하여는 제691조(위임종료 시의 긴급처리), 제692조(위임종료의 대항요건), 제957조(후견사무의 종료와 관리의 계산) 및 제958조(이자의 부가와 금전소비에 대한 책임)를 준용한다(민법 제959의13).

Ⅳ 후견계약(임의후견제도)

후견계약의 의의와 체결방법 등(민법 제959조의14)
① 후견계약은 질병, 장애, 노령, 그 밖의 사유로 인한 정신적 제약으로 사무를 처리할 능력이 부족한 상황에 있거나 부족하게 될 상황에 대비하여 자신의 재산관리 및 신상보호에 관한 사무의 전부 또는 일부를 다른 자에게 위탁하고 그 위탁사무에 관하여 대리권을 수여하는 것을 내용으로 한다.
② 후견계약은 공정증서로 체결하여야 한다.
③ 후견계약은 가정법원이 임의후견감독인을 선임한 때부터 효력이 발생한다.
④ 가정법원, 임의후견인, 임의후견감독인 등은 후견계약을 이행·운영할 때 본인의 의사를 최대한 존중하여야 한다.

임의후견감독인의 선임(민법 제959조의15)
① 가정법원은 후견계약이 등기되어 있고, 본인이 사무를 처리할 능력이 부족한 상황에 있다고 인정할 때에는 본인, 배우자, 4촌 이내의 친족, 임의후견인, 검사 또는 지방자치단체의 장의 청구에 의하여 임의후견감독인을 선임한다.
② 제1항의 경우 본인이 아닌 자의 청구에 의하여 가정법원이 임의후견감독인을 선임할 때에는 미리 본인의 동의를 받아야 한다. 다만, 본인이 의사를 표시할 수 없는 때에는 그러하지 아니하다.
③ 가정법원은 임의후견감독인이 없게 된 경우에는 직권으로 또는 본인, 친족, 임의후견인, 검사 또는 지방자치단체의 장의 청구에 의하여 임의후견감독인을 선임한다.
④ 가정법원은 임의후견임감독인이 선임된 경우에도 필요하다고 인정하면 직권으로 또는 제3항의 청구권자의 청구에 의하여 임의후견감독인을 추가로 선임할 수 있다.
⑤ 임의후견감독인에 대하여는 제940조의5를 준용한다.

임의후견감독인의 직무 등(민법 제959조의16)
① 임의후견감독인은 임의후견인의 사무를 감독하며 그 사무에 관하여 가정법원에 정기적으로 보고하여야 한다.
② 가정법원은 필요하다고 인정하면 임의후견감독인에게 감독사무에 관한 보고를 요구할 수 있고 임의후견인의 사무 또는 본인의 재산상황에 대한 조사를 명하거나 그 밖에 임의후견감독인의 직무에 관하여 필요한 처분을 명할 수 있다.
③ 임의후견감독인에 대하여는 제940조의6 제2항·제3항, 제940조의7 및 제953조를 준용한다.

임의후견개시의 제한 등(민법 제959조의17)
① 임의후견인이 제937조 각 호에 해당하는 자 또는 그 밖에 현저한 비행을 하거나 후견계약에서 정한 임무에 적합하지 아니한 사유가 있는 자인 경우에는 가정법원은 임의후견감독인을 선임하지 아니한다.
② 임의후견감독인을 선임한 이후 임의후견인이 현저한 비행을 하거나 그 밖에 그 임무에 적합하지 아니한 사유가 있게 된 경우에는 가정법원은 임의후견감독인, 본인, 친족, 검사 또는 지방자치단체의 장의 청구에 의하여 임의후견인을 해임할 수 있다.

후견계약의 종료(민법 제959조의18)
① 임의후견감독인의 선임 전에는 본인 또는 임의후견인은 언제든지 공증인의 인증을 받은 서면으로 후견계약의 의사표시를 철회할 수 있다.
② 임의후견감독인의 선임 이후에는 본인 또는 임의후견인은 정당한 사유가 있는 때에만 가정법원의 허가를 받아 후견계약을 종료할 수 있다.

임의후견인의 대리권 소멸과 제3자와의 관계(민법 제959조의19)
임의후견인의 대리권 소멸은 등기하지 아니하면 선의의 제3자에게 대항할 수 없다.

후견계약과 성년후견·한정후견·특정후견의 관계(민법 제959조의20)
① 후견계약이 등기되어 있는 경우에는 가정법원은 본인의 이익을 위하여 특별히 필요할 때에만 임의후견인 또는 임의후견감독인의 청구에 의하여 성년후견, 한정후견 또는 특정후견의 심판을 할 수 있다. 이 경우 후견계약은 본인이 성년후견 또는 한정후견 개시의 심판을 받은 때 종료된다.
② 본인이 피성년후견인, 피한정후견인 또는 피특정후견인인 경우에 가정법원은 임의후견감독인을 선임함에 있어서 종전의 성년후견, 한정후견 또는 특정후견의 종료 심판을 하여야 한다. 다만, 성년후견 또는 한정후견 조치의 계속이 본인의 이익을 위하여 특별히 필요하다고 인정하면 가정법원은 임의후견감독인을 선임하지 아니한다.

1. 서 설

(1) 의 의

후견계약은 질병, 장애, 노령, 그 밖의 사유로 인한 정신적 제약으로 사무를 처리할 능력이 부족한 상황에 있거나 부족하게 될 상황에 대비하여 자신의 재산관리 및 신상보호에 관한 사무의 전부 또는 일부를 다른 자에게 위탁하고 그 위탁사무에 관하여 대리권을 수여하는 것을 내용으로 하는 계약이다(민법 제959조의14 제1항). 후견계약에 의한 후견을 미성년후견, 성년후견, 한정후견 등의 법정후견과 비교하여 임의후견이라 한다. 2011.3.7. 민법 개정 시 신설된 제도이다.

(2) 법적 성질

후견계약은 후견을 사무처리의 내용으로 하는 위임계약에 해당하여, 원칙적으로 무상·편무계약이지만, 보수지급 약정이 있는 경우 유상·쌍무계약으로서 성질을 가진다.

2. 후견계약

(1) 후견계약의 성립

1) 후견계약의 당사자

후견계약의 당사자는 임의후견을 받을 본인(피임의후견인)과 임의후견인이 될 상대방(여러 명, 법인도 가능)이다.

2) 후견계약의 요식성

민법은 후견계약은 공정증서로 체결하여야 한다고(민법 제959조의14 제2항) 규정하고 있으며(이에 따라 공정증서에 의하지 않은 후견계약은 무효이다), 이를 등기하도록 하고 있다(민법 제959조의15 제1항).

(2) 후견계약의 효력발생

① 민법은 후견계약은 가정법원이 임의후견감독인을 선임한 때부터 효력이 발생한다고 규정하고 있다(민법 제959조의14 제3항). 이는 후견계약에서 시기를 정하고 있지 않은 경우나 그 시기를 정한 경우에도 계약에서 합의한 정신상태에 언제 도달하였는지를 판단하기가 쉽지 않은 점을 고려한 것이다.

② 임의후견감독인은 임의후견에서 필수기관에 해당하여, 임의후견감독인의 선임은 일종의 법정조건이라고 할 수 있다.

(3) 후견계약의 철회

임의후견감독인의 선임 전(후견계약의 효력발생 전)에는 본인 또는 임의후견인은 언제든지 공증인의 인증을 받은 서면으로 후견계약의 의사표시를 철회할 수 있다(민법 제959조의18 제1항).

3. 임의후견의 내용

(1) 임의후견의 제한

① 임의후견인이 제937조(후견인의 결격사유) 각 호에 해당하는 자 또는 그 밖에 현저한 비행을 하거나 후견계약에서 정한 임무에 적합하지 아니한 사유가 있는 자인 경우에는 가정법원은 임의후견감독인을 선임하지 아니함으로써 임의후견의 개시를 제한할 수 있다(민법 제959조의17 제1항).

② 본인이 피성년후견인, 피한정후견인 또는 피특정후견인인 경우에 가정법원은 임의후견감독인을 선임함에 있어서 종전의 성년후견, 한정후견 또는 특정후견의 종료 심판을 하여야 한다. 다만, 성년후견 또는 한정후견 조치의 계속이 본인의 이익을 위하여 특별히 필요하다고 인정하면 가정법원은 임의후견감독인을 선임하지 아니하는바(민법 제959조의20 제2항), 이 경우에도 역시 임의후견의 개시를 제한할 수 있다.

(2) 임의후견인의 임무

① 임의후견인의 임무는 후견계약의 내용에 따른다.

② 임의후견인은 일종의 수임인으로서 선량한 관리자의 주의로써 후견계약을 이행하여야 하며, 이 경우 본인의 의사를 최대한 존중하여야 한다(민법 제959조의14 제4항).

4. 임의후견감독인

(1) 임의후견감독인의 선임

① 가정법원은 후견계약이 등기되어 있고, 본인이 사무를 처리할 능력이 부족한 상황에 있다고 인정할 때에는 본인, 배우자, 4촌 이내의 친족, 임의후견인, 검사 또는 지방자치단체의 장의 청구에 의하여 임의후견감독인을 선임한다(민법 제959조의15 제1항).

② 본인이 아닌 자의 청구에 의하여 가정법원이 임의후견감독인을 선임할 때에는 미리 본인의 동의를 받아야 한다. 다만, 본인이 의사를 표시할 수 없는 때에는 그러하지 아니하다(민법 제959조의15 제2항).

③ 가정법원은 임의후견감독인이 없게 된 경우에는 직권으로 또는 본인, 친족, 임의후견인, 검사 또는 지방자치단체의 장의 청구에 의하여 임의후견감독인을 선임한다(민법 제959조의15 제3항).

④ 가정법원은 임의후견임감독인이 선임된 경우에도 필요하다고 인정하면 직권으로 또는 제3항의 청구권자의 청구에 의하여 임의후견감독인을 추가로 선임할 수 있다(민법 제959조의15 제4항).

⑤ 임의후견감독인에 대하여는 제940조의5(후견감독인의 결격사유)를 준용한다. 즉, 제779조에 따른 임의후견인의 가족은 임의후견감독인이 될 수 없다(민법 제959조의15 제5항, 제940조의5).

(2) 임의후견감독인의 직무 등

① 임의후견감독인은 임의후견인의 사무를 감독하며 그 사무에 관하여 가정법원에 정기적으로 보고하여야 한다(민법 제959조의16 제1항).

② 가정법원은 필요하다고 인정하면 임의후견감독인에게 감독사무에 관한 보고를 요구할 수 있고 임의후견인의 사무 또는 본인의 재산상황에 대한 조사를 명하거나 그 밖에 임의후견감독인의 직무에 관하여 필요한 처분을 명할 수 있다(민법 제959조의16 제2항).

③ 임의후견감독인에 대하여는 제940조의6 제2항(후견감독인이 피후견인의 신상이나 재산에 급박한 사정이 있는 경우 할 수 있는 행위·처분)·제3항(후견인과 피후견인 사이에 이해가 상반되는 행위에 관하여는 후견감독인이 피후견인을 대리), 제940조의7(위임 및 후견인 규정의 준용) 및 제953조(후견감독인의 후견사무의 감독)를 준용한다(민법 제959조의16 제3항).

㉠ 임의후견감독인은 본인(피임의후견인)의 신상이나 재산에 대하여 급박한 사정이 있는 경우 그의 보호를 위하여 필요한 행위 또는 처분을 할 수 있고(민법 제959조의16 제3항, 제940조의6 제2항), 임의후견인과 본인(피임의후견인) 사이에 이해가 상반되는 행위에 관하여는 임의후견감독인이 본인(피임의후견인)을 대리한다(민법 제959조의16 제3항, 제940조의6 제3항).

㉡ 임의후견감독인에 대하여는 제681조(수임인의 선관의무), 제691조(위임종료 시의 긴급처리), 제692조(위임종료의 대항요건), 제930조 제2항(성년후견인의 수)·제3항(성년후견인의 자격), 제936조 제3항(성년후견인의 추가선임)·제4항(성년후견인 선임 시 피성년후견인 의사존중·그 밖의 고려사항), 제937조(후견인의 결격사유), 제939조(후견인의 사임), 제940조(후견인의 변경), 제947조의2(피성년후견인의 신상결정 등) 제3항부터 제5항까지[피성년후견인의

신체를 침해하는 의료행위에 대한 성년후견인의 동의/ 가정법원의 감독(사전허가, 사후허가)], 제949조의2(성년후견인이 여러 명인 경우 권한의 행사 등), 제955조(후견인에 대한 보수) 및 제955조의2(지출금액의 예정과 사무비용)를 준용한다(민법 제959조의16 제3항, 제940조의7).
ⓒ 임의후견감독인은 언제든지 임의후견인에게 그의 임무 수행에 관한 보고와 재산목록의 제출을 요구할 수 있고 본인(피임의후견인)의 재산상황을 조사할 수 있다(민법 제959조의16 제3항, 제953조).

5. 임의후견의 종료

(1) 종료사유
① 임의후견감독인의 선임 이후에는 본인 또는 임의후견인은 정당한 사유가 있는 때에만 가정법원의 허가를 받아 후견계약을 종료할 수 있다(민법 제959조의18 제2항).
② 임의후견감독인을 선임한 이후 임의후견인이 현저한 비행을 하거나 그 밖에 그 임무에 적합하지 아니한 사유가 있게 된 경우에는 가정법원은 임의후견감독인, 본인, 친족, 검사 또는 지방자치단체의 장의 청구에 의하여 임의후견인을 해임할 수 있다(민법 제959조의17 제2항).

(2) 종료의 효과
① 후견계약이 종료(해지)되면 그 계약은 장래에 향하여 효력이 소멸한다.
② 후견계약이 종료되는 경우 임의후견인에게 수여된 대리권은 소멸되나, 임의후견인의 대리권 소멸은 등기하지 아니하면 선의의 제3자에게 대항할 수 없다(민법 제959조의19).

6. 임의후견과 법정후견(성년후견, 한정후견, 특정후견) 사이의 관계

(1) 임의후견 우선의 원칙(법정후견의 보충성)
① 후견계약이 있는 경우에는 사적자치의 원칙상 법정후견이 개시되지 않는 것이 원칙이다. 다만, 후견계약이 등기되어 있는 경우에는 가정법원은 본인의 이익을 위하여 특별히 필요할 때에만 임의후견인 또는 임의후견감독인의 청구에 의하여 성년후견, 한정후견 또는 특정후견의 심판을 할 수 있다(민법 제959조의20 제1항 전문).
② ①의 성년후견 등의 심판이 있는 경우 후견계약은 본인이 성년후견 또는 한정후견 개시의 심판을 받은 때 종료된다(민법 제959조의20 제1항 후문). 본 규정의 해석상 본인이 특정후견의 심판을 받은 경우에는 후견계약은 계속 유지된다고 보아야 한다.

> [후견계약이 등기된 상태에서 본인의 이익을 위한 특별한 필요성이 인정되어 법정후견 심판을 한 경우, 후견계약이 임의후견감독인의 선임과 관계없이 본인이 성년후견 또는 한정후견 개시의 심판을 받은 때 종료하는지 여부(적극)]
> 민법 제959조의20 제1항 전문은 후견계약이 등기된 경우에는 본인의 이익을 위하여 특별히 필요한 때에만 법정후견 심판을 할 수 있다고 정하고 있을 뿐이고 임의후견감독인이 선임되어 있을 것을 요구하고 있지 않다. 또한 법정후견 청구권자로 '임의후견인 또는 임의후견감독인'을 정한 것은 임의후견에서 법정후견으로

> 원활하게 이행할 수 있도록 민법 제9조 제1항, 제12조 제1항, 제14조의2 제1항에서 정한 법정후견 청구권자 외에 임의후견인 또는 임의후견감독인을 추가한 것이다. 민법 제959조의20 제1항 후문은 "이 경우 후견계약은 성년후견 또는 한정후견 개시의 심판을 받은 때 종료된다"고 정하고 있고, '이 경우'는 같은 항 전문에 따라 법정후견 심판을 한 경우를 가리킨다. 이러한 규정의 문언, 체제와 목적 등에 비추어 보면, <u>후견계약이 등기된 경우 본인의 이익을 위한 특별한 필요성이 인정되어 민법 제9조 제1항 등에서 정한 법정후견 청구권자, 임의후견인이나 임의후견감독인의 청구에 따라 법정후견 심판을 한 경우 후견계약은 임의후견감독인의 선임과 관계없이 본인이 성년후견 또는 한정후견 개시의 심판을 받은 때 종료한다고 보아야 한다</u>(대결 2021.7.15. 2020으547).

(2) 후견계약의 효력발생과 법정후견의 종료

① 본인이 피성년후견인, 피한정후견인 또는 피특정후견인인 경우에 <u>가정법원은 임의후견감독인을 선임함에 있어서 종전의 성년후견, 한정후견 또는 특정후견의 종료 심판을 하여야 한다</u>(민법 제959조의20 제2항 본문).
② 다만, <u>성년후견 또는 한정후견 조치의 계속이 본인의 이익을 위하여 특별히 필요하다고 인정하면 가정법원은 임의후견감독인을 선임하지 아니한다</u>(민법 제959조의20 제2항 단서).

제6절　부 양

부양의무(민법 제974조)
다음 각 호의 친족은 서로 부양의 의무가 있다.
  1. 직계혈족 및 그 배우자 간
  2. 삭제 〈1990.1.13.〉
  3. 기타 친족 간[생계(生計)를 같이 하는 경우(境遇)에 한(限)한다]

부양의무와 생활능력(민법 제975조)
부양의 의무는 부양을 받을 자가 자기의 자력 또는 근로에 의하여 생활을 유지할 수 없는 경우에 한하여 이를 이행할 책임이 있다.

부양의 순위(민법 제976조)
① 부양의 의무 있는 자가 수인인 경우에 부양을 할 자의 순위에 관하여 당사자 간에 협정이 없는 때에는 법원은 당사자의 청구에 의하여 이를 정한다. 부양을 받을 권리자가 수인인 경우에 부양의무자의 자력이 그 전원을 부양할 수 없는 때에도 같다.
② 전항의 경우에 법원은 수인의 부양의무자 또는 권리자를 선정할 수 있다.

부양의 정도, 방법(민법 제977조)
부양의 정도 또는 방법에 관하여 당사자 간에 협정이 없는 때에는 법원은 당사자의 청구에 의하여 부양을 받을 자의 생활정도와 부양의무자의 자력 기타 제반사정을 참작하여 이를 정한다.

> **부양관계의 변경 또는 취소(민법 제978조)**
> 부양을 할 자 또는 부양을 받을 자의 순위, 부양의 정도 또는 방법에 관한 당사자의 협정이나 법원의 판결이 있은 후 이에 관한 사정변경이 있는 때에는 법원은 당사자의 청구에 의하여 그 협정이나 판결을 취소 또는 변경할 수 있다.
>
> **부양청구권처분의 금지(민법 제979조)**
> 부양을 받을 권리는 이를 처분하지 못한다.

I 서 설

1. 민법상 부양

일반적으로 부양이란 일정한 범위의 친족이 다른 친족의 생활을 유지해 주거나 부조(扶助)하는 것을 의미한다. 민법이 인정하는 부양(사적 부양제도)에는 제1차적 부양으로서 '부모와 미성년의 자(子) 사이의 부양' 및 '부부 사이의 부양'이 있고, 제2차적 부양으로서 '그 밖의 친족 사이의 부양'이 있다.

2. 부양청구권

(1) 부양청구권의 요건

부양청구권이 발생하려면 부양의 필요성(민법 제975조)과 부양의 가능성이 있어야 한다. 즉, 제1차적 부양('부모와 미성년의 자(子) 사이'의 부양 및 '부부 사이'의 부양)과는 달리 친족 간의 제2차적 부양에서는 부양의 필요성과 부양의 가능성이 요구된다.

1) 부양의 필요성

부양청구권자는 자기의 자력 또는 근로에 의하여 생활을 유지할 수 없는 경우여야 한다(민법 제975조).

2) 부양의 가능성

부양의무자는 자기의 생활을 꾸려나갈 자력과 요부양자의 생활을 도와줄 수 있는 경제적인 자력이 있어야 한다(이는 친족 간의 부양이 2차적 부양의무라는 측면을 고려한 요건이다).

(2) 부양청구권의 성질

부양청구권은 채권에 유사한 일종의 신분적 재산권으로서(대판 1983.9.13. 81므78), 보통의 재산권과는 다른 다음의 성질을 갖는다.

> **[부의 부양의무 불이행으로 인한 자의 정신적 고통이 특별손해인지 여부]**
> 부양받을 권리는 일종의 신분적 재산권이므로 그 권리가 충족되지 않음에 관련되는 일반적인 정신상의 고통은 그 재산권의 실현에 의하여 회복되는 것이라고 봄이 상당하고 부의 자에 대한 부양의무불이행으로 인한 회복할 수 없는 정신적 손해는 특별사정으로 인한 손해이다(대판 1983.9.13. 81므78).

① **행사상·귀속상 일신전속권** : 부양청구권은 행사상·귀속상 일신전속권이므로 ㉠ 채권자대위권의 객체가 되지 않고(민법 제404조 제1항 단서), ㉡ 상속되지도 않는다(민법 제1005조 단서. 단 그 내용이 구체적으로 확정된 부양청구권은 상속된다).

② **양도금지채권** : 부양청구권은 법률상 양도가 금지된 채권이므로(민법 제979조) ㉠ 타인에게 양도할 수 없고, ㉡ 부양청구권자가 채권담보를 위하여 입질(入質)할 수 없으며(민법 제346조), 장래에 향하여 포기하지도 못한다.

③ **압류금지채권** : 부양청구권은 압류금지채권이므로(민사집행법 제246조 제1항 제1호), ㉠ 부양청구권자의 채권자가 압류할 수 없다. 따라서 부양청구권자가 파산한 경우 부양청구권은 파산재단에 포함되지 않는다. 또한 ㉡ 부양청구권을 수동채권으로 한 상계는 허용되지 않는다(민법 제497조). 그러나 압류금지채권을 자동채권으로 하는 상계는 가능하므로 부양권리자가 부양청구권을 자동채권으로 하는 상계는 허용된다.

④ 부양청구권이 제3자에 의하여 침해된 경우 부양청구권자는 제3자를 상대로 손해배상청구가 가능하다(민법 제750조).

⑤ 부양청구권은 3년의 단기소멸시효에 걸린다(민법 제163조 제1호, 이와 달리 공동부양의무자 상호 간의 구상청구권은 10년의 소멸시효에 걸린다).

> **[부양료청구권의 침해를 이유로 채권자취소권을 행사하는 경우, 제척기간의 기산일(= 취소원인을 안 날 또는 법률행위가 있은 날)]**
> 민법 제974조, 제975조에 의하여 부양의 의무 있는 사람이 여러 사람인 경우에 그중 부양의무를 이행한 1인이 다른 부양의무자에 대하여 이미 지출한 과거 부양료의 지급을 구하는 권리는 당사자의 협의 또는 가정법원의 심판 확정에 의하여 비로소 구체적이고 독립한 재산적 권리로 성립하게 되지만, 그러한 부양료청구권의 침해를 이유로 채권자취소권을 행사하는 경우의 제척기간은 부양료청구권이 구체적인 권리로서 성립한 시기가 아니라 민법 제406조 제2항이 정한 '취소원인을 안 날' 또는 '법률행위가 있은 날'로부터 진행한다(대판 2015.1.29. 2013다79870).

⑥ 부양의 필요성이나 가능성이 소멸하면, 부양청구권도 소멸한다(이는 2차적 부양의무에만 해당한다).

Ⅱ 부양의 당사자

1. 부양당사자의 범위

민법은 '직계혈족 및 그 배우자 간', '기타 생계를 같이 하는 친족 간'에는 서로 부양의무가 있다고 규정하고 있다(민법 제974조). 그런데 부모와 친자 간의 부양의무 또는 부부간의 부양의무(제1차적 부양)는 생활유지의무(생활유지적 부양)인 반면, 친족 간의 부양의무(제2차적 부양)는 생활부조의무(사회보장적 의미의 부양)이다.

(1) 부모와 친자 간의 부양

① 부모와 친자 간의 부양에 관한 법적 근거로 다수설은 부모와 미성년의 자(子) 사이에서는 친권에 관한 민법 제913조를, 부모와 성년의 자(子) 사이에서는 제974조를 든다.
② 한편 혼외자의 경우에는 부(父)의 인지 전에는 생모에게, 부(父)의 인지 후에는 부(父)와 생모에게 부양의무가 있다.

(2) 부부간의 부양

배우자 간에는 상호 부양의무가 인정된다. 법적 근거로는 제826조(부부간의 의무) 제1항을 드는 것이 일반적이다.

(3) 친족 간의 부양

1) 직계혈족 및 그 배우자 사이의 부양

생계를 같이할 것을 요하지 않는다.
① 부모와 자녀, 조부모와 손자는 직계혈족으로서 부양의무가 있다.
② 며느리와 시부모, 사위와 장인·장모, 계부와 처(妻)의 자녀, 계모와 부(夫)의 자녀 등은 직계혈족의 배우자 사이로서 부양의무가 있다.

> [부부 일방의 부모 등 그 직계혈족과 상대방 사이에 직계혈족이 사망하고 생존한 상대방이 재혼하지 않은 경우에 부양의무가 인정되는 경우]
> 민법 제775조 제2항에 의하면 부부의 일방이 사망한 경우에 혼인으로 인하여 발생한 그 직계혈족과 생존한 상대방 사이의 인척관계는 일단 그대로 유지되다가 상대방이 재혼한 때에 비로소 종료하게 되어 있으므로 부부의 일방이 사망하여도 그 부모 등 직계혈족과 생존한 상대방 사이의 친족관계는 그대로 유지되나, 그들 사이의 관계는 민법 제974조 제1호의 '직계혈족 및 그 배우자 간'에 해당한다고 볼 수 없다. 배우자관계는 혼인의 성립에 의하여 발생하여 당사자 일방의 사망, 혼인의 무효·취소, 이혼으로 인하여 소멸하는 것이므로, 그 부모의 직계혈족인 부부 일방이 사망함으로써 그와 생존한 상대방 사이의 배우자관계가 소멸하였기 때문이다. 따라서 부부 일방의 부모 등 그 직계혈족과 상대방 사이에서는, 직계혈족이 생존해 있다면 민법 제974조 제1호에 의하여 생계를 같이 하는지와 관계없이 부양의무가 인정되지만, 직계혈족이 사망하면 생존한 상대방이 재혼하지 않았더라도 민법 제974조 제3호에 의하여 생계를 같이 하는 경우에 한하여 부양의무가 인정된다(대결 2013.8.30. 2013스96).

③ 미성년의 자(子)에 대한 부모의 부양과 부부 사이의 부양은 제1차적 부양이므로, 여기에 해당하지 않으나, 성년의 자녀와 부모 사이의 부양은 제2차적 부양으로서 여기에 속한다.

2) 기타 친족 간의 부양

생계를 같이 하는 경우에 한한다. 형자자매를 비롯한 그 밖의 친족 간의 부양은 생계를 같이 하는 경우에 한하여 인정된다. 이 경우의 부양은 제2차적인 것으로서 부양의 필요성과 가능성이 요구된다.

> [민법상 부양의무 있는 친족 간이 아닌 당사자 사이에서 부양의무를 조건으로 한 증여계약이 이행된 후 수증자가 부양의무를 게을리한 경우, 그 증여계약을 해제할 수 없는지 여부(소극)]
> 민법 제556조 제1항 제2호에 규정되어 있는 '부양의무'라 함은 민법 제974조에 규정되어 있는 직계혈족 및 그 배우자 또는 생계를 같이 하는 친족 간의 부양의무를 가리키는 것으로서, 친족 간이 아닌 당사자 사이의 약정에 의한 부양의무는 이에 해당하지 아니하여 민법 제556조 제2항이나 제558조가 적용되지 않는다(대판 1996.1.26. 95다43358).

2. 부양당사자의 순위

(1) 부양의무자가 수인인 경우

① 부양의 의무 있는 자가 수인인 경우에 부양을 할 자의 순위에 관하여 당사자 간에 협정이 없는 때에는 법원은 당사자의 청구에 의하여 이를 정한다(민법 제976조 제1항 전문, 가사소송법 제2조 제1항 제2호 마류 가사비송사건). 가정법원이 부양할 자를 정하는 경우에는 조정을 거쳐야 한다(가사소송법 제50조 제1항 조정전치주의).

② 가정법원은 수인을 부양의무자로 선정할 수 있다(민법 제976조 제2항).

(2) 부양권리자가 수인인 경우

① 부양을 받을 권리자(요부양자)가 수인이고, 부양의무자의 자력이 그 전원을 부양할 수 없는 때에는 우선적으로 당사자의 협정에 의하며, 협정이 없는 경우에는 법원이 당사자의 청구에 의하여 부양받을 권리자의 순위를 정한다(민법 제976조 제1항 후문, 가사소송법 제2조 제1항 제2호 마류 가사비송사건).

② 가정법원은 수인을 부양권리자로 선정할 수 있다(민법 제976조 제2항).

(3) 순위의 변경 또는 취소

부양을 할 자 또는 부양을 받을 자의 순위에 관한 당사자의 협정이나 법원의 판결이 있은 후 이에 관한 사정변경이 있는 때에는 법원은 당사자의 청구에 의하여 그 협정이나 판결을 취소 또는 변경할 수 있다(민법 제978조, 가사소송법 제2조 제1항 제2호 마류 가사비송사건, 제50조 제1항 조정전치주의).

> [부부간의 상호부양의무와 부모의 성년 자녀에 대한 부양의무의 우선순위 및 2차 부양의무자의 1차 부양의무자에 대한 상환청구 가능 여부(적극)]
>
> 민법 제826조 제1항에 규정된 부부간 상호부양의무는 혼인관계의 본질적 의무로서 부양을 받을 자의 생활을 부양의무자의 생활과 같은 정도로 보장하여 부부공동생활의 유지를 가능하게 하는 것을 내용으로 하는 제1차 부양의무이고, 반면 부모가 성년의 자녀에 대하여 직계혈족으로서 민법 제974조 제1호, 제975조에 따라 부담하는 부양의무는 부양의무자가 자기의 사회적 지위에 상응하는 생활을 하면서 생활에 여유가 있음을 전제로 하여 부양을 받을 자가 자력 또는 근로에 의하여 생활을 유지할 수 없는 경우에 한하여 그의 생활을 지원하는 것을 내용으로 하는 제2차 부양의무이다. 이러한 제1차 부양의무와 제2차 부양의무는 의무이행의 정도뿐만 아니라 의무이행의 순위도 의미하는 것이므로, 제2차 부양의무자는 제1차 부양의무자보다 후순위로 부양의무를 부담한다. 따라서 제1차 부양의무자와 제2차 부양의무자가 동시에 존재하는 경우에 제1차 부양의무자는 특별한 사정이 없는 한 제2차 부양의무자에 우선하여 부양의무를 부담하므로, 제2차 부양의무자가 부양받을 자를 부양한 경우에는 소요된 비용을 제1차 부양의무자에 대하여 상환청구할 수 있다(대판 2012.12.27. 2011다96932).

> [성년의 자녀가 부모를 상대로 부양료를 청구할 수 있는 경우 및 범위 / 통상적인 생활필요비라고 보기 어려운 유학비용의 충당을 위해 성년의 자녀가 부모를 상대로 부양료를 청구할 수 있는지 여부(원칙적 소극)]
>
> 민법 제826조 제1항에 규정된 부부간 상호부양의무는 혼인관계의 본질적 의무로서 부양을 받을 자의 생활을 부양의무자의 생활과 같은 정도로 보장하여 부부공동생활의 유지를 가능하게 하는 것을 내용으로 하는 제1차 부양의무이고, 반면 부모가 성년의 자녀에 대하여 직계혈족으로서 민법 제974조 제1호, 제975조에 따라 부담하는 부양의무는 부양의무자가 자기의 사회적 지위에 상응하는 생활을 하면서 생활에 여유가 있음을 전제로 하여 부양을 받을 자가 자력 또는 근로에 의하여 생활을 유지할 수 없는 경우에 한하여 그의 생활을 지원하는 것을 내용으로 하는 제2차 부양의무이다. 따라서 성년의 자녀는 요부양상태, 즉 객관적으로 보아 생활비 수요가 자기의 자력 또는

> 근로에 의하여 충당할 수 없는 곤궁한 상태인 경우에 한하여, 부모를 상대로 그 부모가 부양할 수 있을 한도 내에서 생활부조로서 생활필요비에 해당하는 부양료를 청구할 수 있을 뿐이다. 나아가 이러한 부양료는 부양을 받을 자의 생활정도와 부양의무자의 자력 기타 제반 사정을 참작하여 부양을 받을 자의 통상적인 생활에 필요한 비용의 범위로 한정됨이 원칙이므로, 특별한 사정이 없는 한 통상적인 생활필요비라고 보기 어려운 유학비용의 충당을 위해 성년의 자녀가 부모를 상대로 부양료를 청구할 수는 없다(대결 2017.8.25. 2017스5).

Ⅲ 부양의 정도 및 방법

1. 부양의 정도 및 방법

① 당사자 간에 협정이 있으면 협정에 따르고, 협정이 없는 때에는 법원은 당사자의 청구에 의하여 부양을 받을 자의 생활정도와 부양의무자의 자력 기타 제반사정을 참작하여 이를 정한다(민법 제977조).

② 부양의 정도 또는 방법에 관한 당사자의 협정이나 법원의 판결이 있은 후 이에 관한 사정변경이 있는 때에는 법원은 당사자의 청구에 의하여 그 협정이나 판결을 취소 또는 변경할 수 있다(민법 제978조, 가사소송법 제2조 제1항 제2호 마류 가사비송사건, 제50조 제1항 조정전치주의).

2. 부양의무 불이행에 대한 조치

1) 가집행선고와 사전처분

부양의무 불이행, 특히 부양료지급은 부양권리자의 생존과 직결되는 문제이므로, 가정법원은 원칙적으로 담보를 제공하지 않고 가집행할 수 있음을 선고하고(가사소송법 제42조 제1항), 신속한 이행을 요하는 경우에는 임시로 필요한 사전처분을 할 수 있다(가사소송법 제62조).

2) 이행명령, 과태료, 감치

가정법원은 부양의무자가 심판에서 정한 방법에 따라 이행하지 않으면, 당사자의 신청에 의하여 일정기간 내에 그 의무를 이행할 것을 명하는 것과 함께 1천만원 이하의 과태료를 부과할 수 있고(가사소송법 제64조 제1항 제1호, 제67조 제1항), 금전의 정기적 지급을 명령받은 사람이 정당한 이유 없이 3기(期) 이상 그 의무를 이행하지 아니한 경우에는 부양권리자의 신청에 의하여 30일 이내의 범위에서 의무자에 대한 감치를 명할 수 있다(가사소송법 제68조 제1항 제1호).

Ⅳ 부양료의 구상

1. 자녀를 양육한 일방이 상대방에게 과거의 부양료를 청구할 수 있는지 여부

(1) 문제점

부양에 관한 협정이나 심판이 없는 경우에, 부모 일방이 자녀를 양육하였다면 상대방 배우자에 대하여 과거의 부양료를 청구할 수 있는지 문제된다.

(2) 판 례

판례는 자녀의 양육비에 관하여는 과거의 부양료를 청구할 수 있다는 입장이나(대결[전합] 1994.5.13. 92스21), 부부 사이에서는 특별한 사정이 없는 한 과거의 부양료는 청구할 수 없다는 입장이다(대판 2012.12.27. 2011다96932).

> [부모 중 어느 한쪽만이 자녀를 양육하게 된 경우, 양육자는 상대방이 분담함이 상당하다고 인정되는 과거 양육비의 상환을 청구할 수 있는지 여부(적극) / 이때 분담의 범위를 정하는 기준 / 인지판결의 확정 전에 발생한 과거의 양육비에 대하여도 상대방이 부담함이 상당한 범위 내에서 그 비용의 상환을 청구할 수 있는지 여부(적극)]
> 부모는 그 소생의 자녀를 공동으로 양육할 책임이 있고, 양육에 소요되는 비용도 원칙적으로 부모가 공동으로 부담하여야 하는 것이며, 이는 부모 중 누가 친권을 행사하는 자인지 또 누가 양육권자이고 현실로 양육하고 있는 자인지를 물을 것 없이 친자관계의 본질로부터 발생하는 의무이다. 어떠한 사정으로 인하여 부모 중 어느 한쪽만이 자녀를 양육하게 된 경우에, 그와 같은 일방에 의한 양육이 그 양육자의 일방적이고 이기적인 목적이나 동기에서 비롯한 것이라거나 자녀의 이익을 위하여 도움이 되지 아니하거나 그 양육비를 상대방에게 부담시키는 것이 오히려 형평에 어긋나게 되는 등 특별한 사정이 있는 경우를 제외하고는, 양육하는 일방은 상대방에 대하여 현재 및 장래에 있어서의 양육비 중 적정 금액의 분담을 청구할 수 있음은 물론이고, 부모의 자녀양육의무는 특별한 사정이 없는 한 자녀의 출생과 동시에 발생하는 것이므로 과거의 양육비에 대하여도 상대방이 분담함이 상당하다고 인정되는 경우에는 그 비용의 상환을 청구할 수 있다. / 다만 한쪽의 양육자가 양육비를 청구하기 이전의 과거의 양육비 모두를 상대방에게 부담시키게 되면 상대방은 예상하지 못하였던 양육비를 일시에 부담하게 되어 지나치고 가혹하며 신의성실의 원칙이나 형평의 원칙에 어긋날 수도 있으므로, 이와 같은 경우에는 반드시 이행청구 이후의 양육비와 동일한 기준에서 정할 필요는 없고, 부모 중 한쪽이 자녀를 양육하게 된 경위와 그에 소요된 비용의 액수, 그 상대방이 부양의무를 인식한 것인지 여부와 그 시기, 그것이 양육에 소요된 통상의 생활비인지 아니면 이례적이고 불가피하게 소요된 다액의 특별한 비용(치료비 등)인지 여부와 당사자들의 재산 상황이나 경제적 능력과 부담의 형평성 등 여러 사정을 고려하여 적절하다고 인정되는 분담의 범위를 정할 수 있다. / 민법 제860조는 "인지는 그 자의 출생 시에 소급하여 효력이 생긴다"라고 규정하고 있다. 따라서 인지판결 확정으로 법률상 부양의무가 현실화되는 것이기는 하지만 부모의 법률상 부양의무는 인지판결이 확정되면 그 자의 출생 시로 소급하여 효력이 생기는 것이므로, 양육자는 인지판결의 확정 전에 발생한 과거의 양육비에 대하여도 상대방이 부담함이 상당한 범위 내에서 그 비용의 상환을 청구할 수 있다고 보아야 한다(대결 2023.10.31. 2023스643).

> [부부간의 부양의무를 이행하지 않은 부부의 일방을 상대로 상대방의 친족이 과거의 부양료 상환청구를 하는 경우, 상환의무의 존부 및 범위를 정할 때 고려하여야 할 사항]
> 부부간의 부양의무 중 과거의 부양료에 관하여는 특별한 사정이 없는 한 부양을 받을 사람이 부양의무자에게 부양의무의 이행을 청구하였음에도 불구하고 부양의무자가 부양의무를 이행하지 아니함으로써 이행지체에 빠진 후의 것에 관하여만 부양료의 지급을 청구할 수 있을 뿐이므로, 부양의무자인 부부의 일방에 대한 부양의무 이행청구에도 불구하고 배우자가 부양의무를 이행하지 아니함으로써 이행지체에 빠진 후의 것이거나, 그렇지 않은 경우에는 부양의무의 성질이나 형평의 관념상 이를 허용해야 할 특별한 사정이 있는 경우에 한하여 이행청구 이전의

> 과거 부양료를 지급하여야 한다. 그리고 부부 사이의 부양료 액수는 당사자 쌍방의 재산 상태와 수입액, 생활정도 및 경제적 능력, 사회적 지위 등에 따라 부양이 필요한 정도, 그에 따른 부양의무의 이행정도, 혼인생활 파탄의 경위와 정도 등을 종합적으로 고려하여 판단하여야 한다. 따라서 상대방의 친족이 부부의 일방을 상대로 한 과거의 부양료 상환청구를 심리·판단함에 있어서도 이러한 점을 모두 고려하여 상환의무의 존부 및 범위를 정하여야 한다(대판 2012.12.27. 2011다96932).

(3) 검 토

부양청구권설은 갓 태어나서 부모로부터 버려진 채 말도 할 줄 모르는 유아조차도 스스로 부모에게 부양을 청구하지 않으면 부모에게 아무런 부양의무가 없다는 불공평한 결과에 이르게 된다는 점에서 부양료청구 여부와 관계없이 부양의 필요성과 가능성이 충족되면 부양의무가 발생한다고 보는 부양요건 성립시설이 타당하다.

2. 제3자의 부양료 구상청구

부양의무 없는 제3자가 요부양자를 부양한 경우에, 제3자는 법률상 의무 없이 부양의무자의 사무를 대신 처리하여 준 것이므로 사무관리규정에 따라 부양의무자에게 구상할 수 있다고 보는 것이 일반적이다(민법 제739조).

3. 부양의무자 상호 간의 구상

부양의무자가 수인인 경우에 그중 1인이 부양료를 부담하였다면 다른 의무자가 분담하였을 범위에서 구상할 수 있다(대결 1994.6.2. 93스11). 그러나 부양능력이 없어서 부양의무가 없는 자에게는 구상하지 못한다.

> **[부양료 분담 범위의 결정기준]**
> 민법 제974조, 제975조에 의하여 부양의 의무 있는 자가 여러 사람인 경우에 그중 부양의무를 이행한 1인은 다른 부양의무자를 상대로 하여 이미 지출한 과거의 부양료에 대하여도 상대방이 분담함이 상당하다고 인정되는 범위에서 그 비용의 상환을 청구할 수 있는 것이고, 이 경우 법원이 분담비율이나 분담액을 정함에 있어서는 과거의 양육에 관하여 부모 쌍방이 기여한 정도, 자의 연령 및 부모의 재산상황이나 자력 등 기타 제반 사정을 참작하여 적절하다고 인정되는 분담의 범위를 정할 수 있다(대결 1994.6.2. 93스11).
>
> **[부부간의 부양의무를 이행하지 않은 부부의 일방에 대하여 상대방의 친족이 구하는 부양료의 상환청구가 민사소송사건에 해당하는지 여부(적극)]**
> 가사소송법 제2조 제1항 제2호 나. 마류사건 제1호는 민법 제826조에 따른 부부의 부양에 관한 처분을, 같은 법 제2조 제1항 제2호 나. 마류사건 제8호는 민법 제976조부터 제978조까지의 규정에 따른 부양에 관한 처분을 각각 별개의 가사비송사건으로 규정하고 있다. 따라서 부부간의 부양의무를 이행하지 않은 부부의 일방에 대한 상대방의 부양료 청구는 위 마류사건 제1호의 가사비송사건에 해당하고, 친족 간의 부양의무를 이행하지 않은 친족의 일방에 대한 상대방의 부양료 청구는 위 마류사건 제8호의 가사비송사건에 해당한다 할 것이나, 부부간의 부양의무를 이행하지 않은 부부의 일방에 대하여 상대방의 친족이 구하는 부양료의 상환청구는 같은 법 제2조 제1항 제2호 나. 마류사건의 어디에도 해당하지 아니하여 이를 가사비송사건으로 가정법원의 전속관할에 속하는 것이라고 할 수는 없고, 이는 민사소송사건에 해당한다고 봄이 타당하다(대판 2012.12.27. 2011다96932).

친족법

제1절	총 설
제2절	가족의 범위와 자의 성과 본
제3절	혼 인

01 혼인에 관한 다음 설명 중 가장 옳지 않은 것은? 2025년

① 사실혼이란 당사자 사이에 주관적으로 혼인의 의사가 있고, 객관적으로도 사회관념상 가족질서적인 면에서 부부공동생활을 인정할 만한 혼인생활의 실체가 있는 경우라야 하고, 법률상 혼인을 한 부부가 별거하고 있는 상태에서 그 다른 한쪽이 제3자와 혼인의 의사로 실질적인 부부생활을 하고 있다고 하더라도, 특별한 사정이 없는 한, 이를 사실혼으로 인정하여 법률혼에 준하는 보호를 할 수는 없는 것이다.
② 중혼적 사실혼관계에 해당한다면, 법률혼인 전 혼인이 사실상 이혼상태에 있다는 등의 특별한 사정이 있더라도, 법률혼에 준하는 보호를 할 필요는 없다.
③ 약혼예물의 수수는 약혼의 성립을 증명하고 혼인이 성립한 경우 당사자 내지 양가의 정리를 두텁게 할 목적으로 수수되는 것으로 혼인의 불성립을 해제조건으로 하는 증여와 유사한 성질을 가진다.
④ 현행 부부재산제도는 부부별산제를 기본으로 하고 있어 부부 각자의 채무는 각자가 부담하는 것이 원칙이므로 부부가 이혼하는 경우 일방이 혼인 중 제3자에게 부담한 채무는 일상가사에 관한 것 이외에는 원칙적으로 그 개인의 채무로서 청산의 대상이 되지 않으나 그것이 공동재산의 형성·유지에 수반하여 부담한 채무인 때에는 청산의 대상이 된다.
⑤ 재산분할에 관한 협의는 혼인 중 당사자 쌍방의 협력으로 이룩한 재산의 분할에 관하여 이미 이혼을 마친 당사자 또는 아직 이혼하지 않은 당사자 사이에 행하여지는 협의를 가리키는 것이다.

[❶ ▶ ○] 사실혼이란 당사자 사이에 주관적으로 혼인의 의사가 있고, 객관적으로도 사회관념상 가족질서적인 면에서 부부공동생활을 인정할 만한 혼인생활의 실체가 있는 경우라야 하고, 법률상 혼인을 한 부부가 별거하고 있는 상태에서 그 다른 한 쪽이 제3자와 혼인의 의사로 실질적인 부부생활을 하고 있다고 하더라도, 특별한 사정이 없는 한, 이를 사실혼으로 인정하여 법률혼에 준하는 보호를 할 수는 없다(대판 2001.4.13. 2000다52943).

[❷ ▶ ×] 사실혼은 당사자 사이에 주관적으로 혼인의 의사가 있고, 객관적으로도 사회관념상 가족질서적인 면에서 부부공동생활을 인정할 만한 혼인생활의 실체가 있으면 일단 성립하는 것이고, 비록 우리 법제가 일부일처주의를 채택하여 중혼을 금지하는 규정을 두고 있다 하더라도 이를 위반한 때를 혼인 무효의 사유로 규정하지 않고 단지 혼인 취소의 사유로만 규정하고 있는 까닭에(민법 제816조) 중혼에 해당하는 혼인이라도 취소되기 전까지는 유효하게 존속하는 것이고, 이는 중혼적 사실혼이라 하여 달리 볼 것이 아니다. 또한 비록 중혼적 사실혼관계일지라도 법률혼인 전 혼인이 사실상 이혼상태에 있다는 등의 특별한 사정이 있다면 법률혼에 준하는 보호를 할 필요가 있을 수 있다(대판 2009.12.24. 2009다64161).

[❸ ▶ ○] 약혼예물의 수수는 약혼의 성립을 증명하고 혼인이 성립한 경우 당사자 내지 양가의 정리를 두텁게 할 목적으로 수수되는 것으로 혼인의 불성립을 해제조건으로 하는 증여와 유사한 성질을 가진다(대판 1996.5.14. 96다5506).

[❹ ▶ ○] 현행 부부재산제도는 부부별산제를 기본으로 하고 있어 부부 각자의 채무는 각자가 부담하는 것이 원칙이므로 부부가 이혼하는 경우 일방이 혼인 중 제3자에게 부담한 채무는 일상가사에 관한 것 이외에는 원칙적으로 그 개인의 채무로서 청산의 대상이 되지 않으나 그것이 공동재산의 형성·유지에 수반하여 부담한 채무인 때에는 청산의 대상이 되며, 그 채무로 인하여 취득한 특정 적극재산이 남아 있지 않더라도 그 채무부담행위가 부부 공동의 이익을 위한 것으로 인정될 때에는 혼인 중의 공동재산의 형성·유지에 수반하는 것으로 보아 청산의 대상이 된다(대판 2006.9.14. 2005다74900).

[❺ ▶ ○] 재산분할에 관한 협의는 혼인 중 당사자 쌍방의 협력으로 이룩한 재산의 분할에 관하여 이미 이혼을 마친 당사자 또는 아직 이혼하지 않은 당사자 사이에 행하여지는 협의를 가리키는 것이다(대판 2000.10.24. 99다33458).

답

02 다음 설명 중 가장 옳지 않은 것은? 2023년

① 일반적으로 약혼은 특별한 형식을 거칠 필요 없이 장차 혼인을 체결하려는 당사자 사이에 합의가 있으면 성립한다.
② 약혼을 하는 당사자 일방은 자신의 학력, 경력 및 직업과 같은 혼인의사를 결정하는 데 있어 중대한 영향을 미치는 사항에 관하여 이를 상대방에게 사실대로 고지할 신의성실의 원칙상의 의무가 있다.
③ 약혼예물이 수수된 경우 특별한 사정이 없는 한 일단 부부관계가 성립하고 그 혼인이 상당 기간 지속된 이상 후일 부부 일방의 귀책사유로 혼인이 해소되어도 약혼예물의 반환을 구할 수는 없다.
④ 약혼의 해제에 관하여 과실이 있는 유책자는 상대방에게 자신이 제공한 약혼예물의 반환을 구할 수는 없다.
⑤ 사실혼관계가 단기간에 해소된 경우, 혼인생활에 사용하기 위하여 부부 일방이 자신의 비용으로 구입한 가재도구 등을 상대방이 점유하고 있다면 그 상대방에 대하여 그 구입비용 상당액의 손해배상을 청구할 수 있다.

[❶ ▶ ○] 일반적으로 약혼은 특별한 형식을 거칠 필요 없이 장차 혼인을 체결하려는 당사자 사이에 합의가 있으면 성립하는 데 비하여, 사실혼은 주관적으로는 혼인의 의사가 있고, 또 객관적으로는 사회통념상 가족질서의 면에서 부부공동생활을 인정할 만한 실체가 있는 경우에 성립한다(대판 1998.12.8. 98므961).

[❷ ▶ ○] 약혼은 혼인할 것을 목적으로 하는 혼인의 예약이므로 당사자 일방은 자신의 학력, 경력 및 직업과 같은 혼인의사를 결정하는 데 있어 중대한 영향을 미치는 사항에 관하여 이를 상대방에게 사실대로 고지할 신의성실의 원칙상의 의무가 있다(대판 1995.12.8. 94므1676).

[❸ ▶ ○] 약혼예물의 수수는 약혼의 성립을 증명하고 혼인이 성립한 경우 당사자 내지 양가의 정리를 두텁게 할 목적으로 수수되는 것으로 혼인의 불성립을 해제조건으로 하는 증여와 유사한 성질을 가지므로, 예물의 수령자 측이 혼인 당초부터 성실히 혼인을 계속할 의사가 없고 그로 인하여 혼인의 파국을 초래하였다고 인정되는 등 특별한 사정이 있는 경우에는 신의칙 내지 형평의 원칙에 비추어 혼인 불성립의 경우에 준하여 예물반환의무를 인정함이 상당하나, 그러한 특별한 사정이 없는 한 일단 부부관계가 성립하고 그 혼인이 상당 기간 지속된 이상 후일 혼인이 해소되어도 그 반환을 구할 수는 없으므로, 비록 혼인 파탄의 원인이 며느리에게 있더라도 혼인이 상당 기간 계속된 이상 약혼예물의 소유권은 며느리에게 있다(대판 1996.5.14. 96다5506).

[❹ ▶ ○] 약혼예물의 수수는 혼인 불성립을 해제조건으로 하는 증여와 유사한 성질의 것이나 약혼의 해제에 관하여 과실이 있는 유책자로서는 그가 제공한 약혼예물을 적극적으로 반환청구할 권리가 없다(대판 1976.12.28. 76므41).

[❺ ▶ ✕] 원・피고 사이의 사실혼관계가 불과 1개월 만에 파탄된 경우, 혼인생활에 사용하기 위하여 결혼 전후에 원고 자신의 비용으로 구입한 가재도구 등을 피고가 점유하고 있다고 하더라도 이는 여전히 원고의 소유에 속한다고 할 것이어서, <u>원고가 소유권에 기하여 그 반환을 구하거나 원상회복으로 반환을 구하는 것은 별론으로 하고, 이로 인하여 원고에게 어떠한 손해가 발생하였다고 할 수 없다는 이유로 그 구입비용 상당액의 손해배상청구를 배척하였다</u>(대판 2003.11.14. 2000므1257).

답 ❺

03 이혼 당사자의 재산분할청구에 관한 다음 설명 중 가장 옳은 것은? 2025년

① 아직 이혼하지 않은 당사자가 장차 협의상 이혼할 것을 합의하는 과정에서 이를 전제로 재산분할청구권을 포기하는 서면을 작성한 경우, 특별한 사정이 없는 한 '재산분할에 관한 협의'로서의 '포기약정'에 해당한다.
② 재산분할재판에서 분할대상인지 여부가 전혀 심리된 바 없는 재산이 재판확정 후 추가로 발견된 경우에는 이에 대하여 추가로 재산분할청구를 할 수 있지만, 그러한 추가 재산분할청구 역시 이혼한 날부터 2년 이내라는 제척기간을 준수하여야 한다.
③ 협의이혼에 따른 재산분할에서 분할의 대상이 되는 재산과 액수는 협의이혼이 성립한 날(이혼신고일)을 기준으로 정하여야 하지만, 협의이혼을 예정하고 미리 재산분할 협의를 한 경우에는 해당 재산분할 협의 시점을 기준으로 정하여야 한다.
④ 공무원 퇴직연금은 수급권자의 사망으로 그 지급이 종료되는데 수급권자의 여명을 확정할 수 없으므로 그 자체를 재산분할의 대상으로 할 수 없고, 다만 이를 분할액수와 방법을 정함에 있어서 참작되는 '기타의 사정'으로 삼는 것으로 족하다.
⑤ 재산분할재판에서 법원이 적극재산과 소극재산을 구별하거나, 분할대상 재산들을 개별적으로 구분하여 분할비율을 달리 정하는 것도 원칙적으로 허용된다.

[❶▶×] 아직 이혼하지 않은 당사자가 장차 협의상 이혼할 것을 합의하는 과정에서 이를 전제로 재산분할청구권을 포기하는 서면을 작성한 경우, 부부 쌍방의 협력으로 형성된 공동재산 전부를 청산·분배하려는 의도로 재산분할의 대상이 되는 재산액, 이에 대한 쌍방의 기여도와 재산분할 방법 등에 관하여 협의한 결과 부부 일방이 재산분할청구권을 포기하기에 이르렀다는 등의 사정이 없는 한 성질상 허용되지 아니하는 '재산분할청구권의 사전포기'에 불과할 뿐이므로 쉽사리 '재산분할에 관한 협의'로서의 '포기약정'이라고 보아서는 아니 된다(대결 2016.1.25. 2015스451).
[❷▶○] 재산분할재판에서 분할대상인지 여부가 전혀 심리된 바 없는 재산이 재판확정 후 추가로 발견된 경우에는 이에 대하여 추가로 재산분할청구를 할 수 있다. 다만 추가 재산분할청구 역시 이혼한 날부터 2년 이내라는 제척기간을 준수하여야 한다(대결 2018.6.22. 2018스18).
[❸▶×] 협의이혼에 따른 재산분할에 있어 분할의 대상이 되는 재산과 액수는 협의이혼이 성립한 날(이혼신고일)을 기준으로 정하여야 하고, 협의이혼을 예정하고 미리 재산분할 협의를 한 경우에도 그 기준일에 관하여 달리 볼 것은 아니다(대판 2006.9.14. 2005다74900 참조).
[❹▶×] 이혼소송의 사실심 변론종결 당시에 부부 중 일방이 공무원 퇴직연금을 실제로 수령하고 있는 경우에, 위 공무원 퇴직연금에는 사회보장적 급여로서의 성격 외에 임금의 후불적 성격이 불가분적으로 혼재되어 있으므로, 혼인기간 중의 근무에 대하여 상대방 배우자의 협력이 인정되는 이상 공무원 퇴직연금수급권 중 적어도 그 기간에 해당하는 부분은 부부 쌍방의 협력으로 이룩한 재산으로 볼 수 있다. 따라서 재산분할제도의 취지에 비추어 허용될 수 없는 경우가 아니라면, 이미 발생한 공무원 퇴직연금수급권도 부동산 등과 마찬가지로 재산분할의 대상에 포함될 수 있다고 봄이 상당하다(대판[전합] 2014.7.16. 2012므2888). ④의 내용은 2012므2888 전합 판결에 배치되어 폐기된 법리이다.
[❺▶×] 법원이 합리적인 근거 없이 적극재산과 소극재산을 구별하여 분담비율을 달리 정한다거나, 분할대상 재산들을 개별적으로 구분하여 분할비율을 달리 정함으로써 분할할 적극재산의 가액을 임의로 조정하는 것은 허용될 수 없다(대판 2002.9.4. 2001므718).

답 ❷

04 이혼 내지 사실혼관계의 해소에 따른 재산분할청구에 관한 다음 설명 중 가장 옳지 않은 것은?
2024년

① 법률상 혼인관계가 일방 당사자의 사망으로 인하여 종료된 경우에도 생존 배우자에게 재산분할청구권이 인정되지 아니하고 단지 상속에 관한 법률 규정에 따라서 망인의 재산에 대한 상속권만이 인정된다는 점 등에 비추어 보면, 사실혼관계가 일방 당사자의 사망으로 인하여 종료된 경우에는 그 상대방에게 재산분할청구권이 인정된다고 할 수 없다.

② 이혼으로 인한 재산분할청구권은 협의 또는 심판에 의하여 그 구체적 내용이 형성되기까지는 그 범위 및 내용이 불명확·불확정하더라도 협의나 심판절차가 개시된 이상 재산분할청구권의 존재 자체는 분명하다고 할 것이므로 이를 보전하기 위하여 채권자대위권을 행사할 수 있다.

③ 협의이혼을 예정하고 미리 재산분할 협의를 한 경우 협의이혼에 따른 재산분할에 있어 분할의 대상이 되는 재산과 액수는 협의이혼이 성립한 날(이혼신고일)을 기준으로 정하여야 한다. 따라서 재산분할 협의를 한 후 협의이혼 성립일까지의 기간 동안 재산분할 대상인 채무의 일부가 변제된 경우 그 변제된 금액은 원칙적으로 채무액에서 공제되어야 한다.

④ 이혼 당사자 각자가 보유한 적극재산에서 소극재산을 공제하는 등으로 재산상태를 따져 본 결과 재산분할 청구의 상대방이 그에게 귀속되어야 할 몫보다 더 많은 적극재산을 보유하고 있거나 소극재산의 부담이 더 적은 경우에는 적극재산을 분배하거나 소극재산을 분담하도록 하는 재산분할은 어느 것이나 가능하다고 보아야 하고, 후자의 경우라고 하여 당연히 재산분할청구가 배척되어야 한다고 할 것은 아니다.

⑤ 이혼하지 않은 당사자가 장차 협의상 이혼할 것을 합의하는 과정에서 이를 전제로 재산분할청구권을 포기하는 서면을 작성한 경우, 부부 쌍방의 협력으로 형성된 공동재산 전부를 청산·분배하려는 의도로 재산분할의 대상이 되는 재산액, 이에 대한 쌍방의 기여도와 재산분할 방법 등에 관하여 협의한 결과 부부 일방이 재산분할청구권을 포기하기에 이르렀다는 등의 사정이 없는 한 성질상 허용되지 아니하는 '재산분할청구권의 사전포기'에 불과할 뿐이므로 쉽사리 '재산분할에 관한 협의'로서의 '포기약정'이라고 보아서는 아니 된다.

[❶ ▶ ○] 사실혼이란 당사자 사이에 혼인의 의사가 있고 객관적으로 사회관념상으로 가족질서적인 면에서 부부공동생활을 인정할 만한 혼인생활의 실체가 있는 경우이고, 부부재산에 관한 청산의 의미를 갖는 재산분할에 관한 법률 규정은 부부의 생활공동체라는 실질에 비추어 인정되는 것으로서 사실혼관계에도 이를 준용 또는 유추적용할 수 있기 때문에, 사실혼관계에 있었던 당사자들이 생전에 사실혼관계를 해소한 경우 재산분할청구권을 인정할 수 있으나, 법률상 혼인관계가 일방 당사자의 사망으로 인하여 종료된 경우에도 생존 배우자에게 재산분할청구권이 인정되지 아니하고 단지 상속에 관한 법률 규정에 따라서 망인의 재산에 대한 상속권만이 인정된다는 점 등에 비추어 보면, 사실혼관계가 일방 당사자의 사망으로 인하여 종료된 경우에는 그 상대방에게 재산분할청구권이 인정된다고 할 수 없다(대판 2006.3.24. 2005두15595).

[❷ ▶ ✕] 이혼으로 인한 재산분할청구권은 협의 또는 심판에 의하여 그 구체적 내용이 형성되기까지는 그 범위 및 내용이 불명확·불확정하기 때문에 <u>구체적으로 권리가 발생하였다고 할 수 없으므로 이를 보전하기 위하여 채권자대위권을 행사할 수 없다</u>(대판 1999.4.9. 98다58016).

[❸ ▶ ○] 협의이혼을 예정하고 미리 재산분할 협의를 한 경우 협의이혼에 따른 재산분할에 있어 분할의 대상이 되는 재산과 액수는 협의이혼이 성립한 날(이혼신고일)을 기준으로 정하여야 한다. 따라서 재산분할 협의를 한 후 협의이혼 성립일까지의 기간 동안 재산분할 대상인 채무의 일부가 변제된 경우 그 변제된 금액은 원칙적으로 채무액에서 공제되어야 한다. 그런데 채무자가 자금을 제3자로부터 증여받아 위 채무를 변제한 경우에는 전체적으로 감소된 채무액만큼 분할대상 재산액이 외형상 증가하지만 그 수증의 경위를 기여도를 산정함에 있어 참작하여야 하고, 채무자가 기존의 적극재산으로 위 채무를 변제하거나 채무자가 위 채무를 변제하기 위하여 새로운 채무를 부담하게 된 경우에는 어느 경우에도 전체 분할대상 재산액은 변동이 없다(대판 2006.9.14. 2005다74900).

[❹ ▶ ○] 이혼 당사자 각자가 보유한 적극재산에서 소극재산을 공제하는 등으로 재산상태를 따져본 결과 재산분할 청구의 상대방이 그에게 귀속되어야 할 몫보다 더 많은 적극재산을 보유하고 있거나 소극재산의 부담이 더 적은 경우에는 적극재산을 분배하거나 소극재산을 분담하도록 하는 재산분할은 어느 것이나 가능하다고 보아야 하고, 후자의 경우라고 하여 당연히 재산분할 청구가 배척되어야 한다고 할 것은 아니다. 그러므로 소극재산의 총액이 적극재산의 총액을 초과하여 재산분할을 한 결과가 결국 채무의 분담을 정하는 것이 되는 경우에도 법원은 채무의 성질, 채권자와의 관계, 물적 담보의 존부 등 일체의 사정을 참작하여 이를 분담하게 하는 것이 적합하다고 인정되면 구체적인 분담의 방법 등을 정하여 재산분할 청구를 받아들일 수 있다 할 것이다(대판[전합] 2013.6.20. 2010므4071).

[❺ ▶ ○] 민법 제839조의2에 규정된 재산분할제도는 혼인 중에 부부 쌍방의 협력으로 이룩한 실질적인 공동재산을 청산·분배하는 것을 주된 목적으로 하는 것이고, 이혼으로 인한 재산분할청구권은 이혼이 성립한 때에 법적 효과로서 비로소 발생하는 것일 뿐만 아니라 협의 또는 심판에 따라 구체적 내용이 형성되기까지는 범위 및 내용이 불명확·불확정하기 때문에 구체적으로 권리가 발생하였다고 할 수 없으므로, 협의 또는 심판에 따라 구체화되지 않은 재산분할청구권을 혼인이 해소되기 전에 미리 포기하는 것은 성질상 허용되지 아니한다. 아직 이혼하지 않은 당사자가 장차 협의상 이혼할 것을 합의하는 과정에서 이를 전제로 재산분할청구권을 포기하는 서면을 작성한 경우, 부부 쌍방의 협력으로 형성된 공동재산 전부를 청산·분배하려는 의도로 재산분할의 대상이 되는 재산액, 이에 대한 쌍방의 기여도와 재산분할 방법 등에 관하여 협의한 결과 부부 일방이 재산분할청구권을 포기하기에 이르렀다는 등의 사정이 없는 한 성질상 허용되지 아니하는 '재산분할청구권의 사전포기'에 불과할 뿐이므로 쉽사리 '재산분할에 관한 협의'로서의 '포기약정'이라고 보아서는 아니 된다(대결 2016.1.25. 2015스451).

답 ❷

제4절 부모와 자(친자관계)

05 친자관계 등에 관한 다음 설명 중 가장 옳지 않은 것은? 2023년

① 민법은 입양의 요건으로 동의와 허가 등에 관하여 규정하고 있을 뿐이고 존속을 제외하고는 혈족의 입양을 금지하고 있지 않으므로, 조부모가 손자녀를 입양하여 부모·자녀 관계를 맺는 것도 가능하다.
② 인지의 소의 확정판결에 의하여 일단 부와 자 사이에 친자관계가 창설된 이상, 확정판결에 반하여 친생자관계부존재확인의 소로써 당사자 사이에 친자관계가 존재하지 않는다고 다툴 수는 없다.
③ 아내가 혼인 중 남편이 아닌 제3자의 정자를 제공받아 인공수정으로 자녀를 출산한 경우에도 친생추정 규정을 적용하여 인공수정으로 출생한 자녀는 남편의 자녀로 추정된다.
④ 인지청구권은 본인의 일신전속적인 신분관계상의 권리로서 포기할 수 없고, 포기하였더라도 그 효력이 발생할 수 없으며, 이와 같이 인지청구권의 포기가 허용되지 않는 이상 거기에 실효의 법리가 적용될 여지도 없다.
⑤ 성전환자가 미성년자인 자녀가 있는 경우에는, 가족관계등록부에 기재된 성별을 정정하여 미성년자인 자녀의 법적 지위와 그에 대한 사회적 인식에 곤란을 초래하는 것까지 허용할 수는 없으므로, 미성년자인 자녀를 둔 성전환자의 성별정정은 허용되지 않는다.

[❶ ▶ ○] 입양은 출생이 아니라 법에 정한 절차에 따라 원래는 부모·자녀가 아닌 사람 사이에 부모·자녀 관계를 형성하는 제도이다. 조부모와 손자녀 사이에는 이미 혈족관계가 존재하지만 부모·자녀 관계에 있는 것은 아니다. 민법은 입양의 요건으로 동의와 허가 등에 관하여 규정하고 있을 뿐이고 존속을 제외하고는 혈족의 입양을 금지하고 있지 않다(민법 제877조 참조). 따라서 조부모가 손자녀를 입양하여 부모·자녀 관계를 맺는 것이 입양의 의미와 본질에 부합하지 않거나 불가능하다고 볼 이유가 없다(대결[전합] 2021.12.23. 2018스5).

[❷ ▶ ○] 인지청구의 소는 부와 자 사이에 사실상의 친자관계의 존재를 확정하고 법률상의 친자관계를 창설함을 목적으로 하는 소송으로서, 당사자의 증명이 충분하지 못할 때에는 법원이 직권으로 사실조사와 증거조사를 하여야 하고, 친자관계를 증명할 때는 부와 자 사이의 혈액형검사, 유전자검사 등 과학적 증명방법이 유력하게 사용되며, 이러한 증명에 의하여 혈연상 친생자관계가 인정되어 확정판결을 받으면 당사자 사이에 친자관계가 창설된다. 이와 같은 인지청구의 소의 목적, 심리절차와 증명방법 및 법률적 효과 등을 고려할 때, 인지의 소의 확정판결에 의하여 일단 부와 자 사이에 친자관계가 창설된 이상, 재심의 소로 다투는 것은 별론으로 하고, 확정판결에 반하여 친생자관계부존재확인의 소로써 당사자 사이에 친자관계가 존재하지 않는다고 다툴 수는 없다(대판 2015.6.11. 2014므8217).

[❸ ▶ ○] 친생자와 관련된 민법 규정, 특히 민법 제844조 제1항(이하 '친생추정 규정'이라 한다)의 문언과 체계, 민법이 혼인 중 출생한 자녀의 법적 지위에 관하여 친생추정 규정을 두고 있는 기본적인 입법 취지와 연혁, 헌법이 보장하고 있는 혼인과 가족제도 등에 비추어 보면, 아내가 혼인 중 남편이 아닌 제3자의 정자를 제공받아 인공수정으로 자녀를 출산한 경우에도 친생추정 규정을 적용하여 인공수정으로 출생한 자녀가 남편의 자녀로 추정된다고 보는 것이 타당하다(대판[전합] 2019.10.23. 2016므2510).

[❹ ▶ ○] 인지청구권은 본인의 일신전속적인 신분관계상의 권리로서 포기할 수도 없으며 포기하였더라도 그 효력이 발생할 수 없는 것이고, 이와 같이 인지청구권의 포기가 허용되지 않는 이상 거기에 실효의 법리가 적용될 여지도 없다(대판 2001.11.27. 2001므1353).

[❺ ▶ ×] 미성년 자녀를 둔 성전환자도 부모로서 자녀를 보호하고 교양하며(민법 제913조), 친권을 행사할 때에도 자녀의 복리를 우선해야 할 의무가 있으므로(민법 제912조), 미성년 자녀가 있는 성전환자의 성별정정 허가 여부를 판단할 때에는 성전환자의 기본권의 보호와 미성년 자녀의 보호 및 복리와의 조화를 이룰 수 있도록 법익의 균형을 위한 여러 사정들을 종합적으로 고려하여 실질적으로 판단하여야 한다. 따라서 위와 같은 사정들을 고려하여 실질적으로 판단하지 아니한 채 <u>단지 성전환자에게 미성년 자녀가 있다는 사정만을 이유로 성별정정을 불허하여서는 아니 된다</u>(대결[전합] 2022.11.24. 2020스616).

답 ❺

06 다음 설명 중 옳은 것을 모두 고른 것은? 2024년

ㄱ. 인지청구권은 본인의 일신전속적인 신분관계상의 권리로서 포기할 수도 없으며 포기하였더라도 그 효력이 발생할 수 없는 것이고, 이와 같이 인지청구권의 포기가 허용되지 않는 이상 거기에 실효의 법리가 적용될 여지도 없다.

ㄴ. 혼인 외의 출생자가 부의 사망 후에 인지의 소에 의하여 친생자로 인지받은 경우 피인지자보다 후순위 상속인인 피상속인의 직계존속 또는 형제자매 등은 피인지자의 출현과 함께 자신이 취득한 상속권을 잃게 되므로, 이들은 민법 제860조 단서의 규정에 따라 인지의 소급효 제한에 의하여 보호받게 되는 제3자에 포함된다.

ㄷ. 민법 제865조의 규정에 의하여 이해관계 있는 제3자가 친생자관계 부존재확인을 청구하는 경우 친자 쌍방이 다 생존하고 있는 경우는 친자 쌍방을 피고로 삼아야 하고, 친자 중 어느 한편이 사망하였을 때에는 생존자만을 피고로 삼아야 하며, 친자가 모두 사망하였을 경우에는 검사를 상대로 소를 제기할 수 있다. 친생자관계존부확인소송은 소송물이 일신전속적인 것이기는 하나, 제3자가 친자 쌍방을 상대로 제기한 친생자관계부존재확인소송이 계속되던 중 친자 중 어느 한편이 사망하였을 때에는 생존한 사람만 피고가 됨과 동시에 공익적 지위를 갖는 검사가 망인의 소송절차를 수계할 수 있다.

ㄹ. 전 등기명의인이 미성년자이고 당해 부동산을 친권자에게 증여하는 행위가 이해상반행위라 하더라도 일단 친권자에게 이전등기가 경료된 이상, 특별한 사정이 없는 한 그 이전등기에 관하여 필요한 절차를 적법하게 거친 것으로 추정된다.

ㅁ. 친권자가 수인의 미성년자의 법정대리인으로서 상속재산분할협의를 한 것이라면 이는 민법 제921조에 위반된 것으로서 이러한 대리행위에 의하여 성립된 상속재산분할협의는 피대리자 전원에 의한 추인이 없는 한 무효이다.

① ㄱ, ㄹ, ㅁ
② ㄱ, ㄷ, ㅁ
③ ㄱ, ㄴ, ㄷ
④ ㄴ, ㄷ, ㄹ
⑤ ㄴ, ㄹ, ㅁ

[ㄱ ▸ ○] 인지청구권은 본인의 일신전속적인 신분관계상의 권리로서 포기할 수도 없으며 포기하였더라도 그 효력이 발생할 수 없는 것이고, 이와 같이 인지청구권의 포기가 허용되지 않는 이상 거기에 실효의 법리가 적용될 여지도 없다(대판 2001.11.27. 2001므1353).

[ㄴ ▸ ✕] 민법 제860조는 인지의 소급효는 제3자가 이미 취득한 권리에 의하여 제한받는다는 취지를 규정하면서 민법 제1014조는 상속개시 후의 인지 또는 재판의 확정에 의하여 공동상속인이 된 자는 그 상속분에 상응한 가액의 지급을 청구할 권리가 있다고 규정하여 제860조 소정의 제3자의 범위를 제한하고 있는 취지에 비추어 볼 때, 혼인 외의 출생자가 부의 사망 후에 인지의 소에 의하여 친생자로 인지받은 경우 피인지자보다 후순위 상속인인 피상속인의 직계존속 또는 형제자매 등은 피인지자의 출현과 함께 자신이 취득한 상속권을 소급하여 잃게 되는 것으로 보아야 하고, 그것이 민법 제860조 단서의 규정에 따라 인지의 소급효 제한에 의하여 보호받게 되는 제3자의 기득권에 포함된다고는 볼 수 없다(대판 1993.3.12. 92다48512).

[ㄷ ▸ ✕] 민법 제865조의 규정에 의하여 이해관계 있는 제3자가 친생자관계 부존재확인을 청구하는 경우 친자 쌍방이 다 생존하고 있는 경우는 친자 쌍방을 피고로 삼아야 하고, 친자 중 어느 한편이 사망하였을 때에는 생존자만을 피고로 삼아야 하며, 친자가 모두 사망하였을 경우에는 검사를 상대로 소를 제기할 수 있다. 친생자관계존부 확인소송은 소송물이 일신전속적인 것이므로, 제3자가 친자 쌍방을 상대로 제기한 친생자관계 부존재확인소송이 계속되던 중 친자 중 어느 한편이 사망하였을 때에는 생존한 사람만 피고가 되고, 사망한 사람의 상속인이나 검사가 절차를 수계할 수 없다. 이 경우 사망한 사람에 대한 소송은 종료된다(대판 2018.5.15. 2014므4963).

[ㄹ ▸ ○] 전 등기명의인이 미성년자이고 당해 부동산을 친권자에게 증여하는 행위가 이해상반행위라 하더라도 일단 친권자에게 이전등기가 경료된 이상, 특별한 사정이 없는 한, 그 이전등기에 관하여 필요한 절차를 적법하게 거친 것으로 추정된다(대판 2002.2.5. 2001다72029).

[ㅁ ▸ ○] 친권자가 수인의 미성년자의 법정대리인으로서 상속재산분할협의를 한 것이라면 이는 민법 제921조에 위반된 것으로서 이러한 대리행위에 의하여 성립된 상속재산분할협의는 피대리자 전원에 의한 추인이 없는 한 무효이다(대판 1993.4.13. 92다54524).

답 ❶

07 양육에 관한 다음 설명 중 가장 옳지 않은 것은?

2024년

① 양육자는 인지판결의 확정 전에 발생한 과거의 양육비에 대하여도 상대방이 부담함이 상당한 범위 내에서 그 비용의 상환을 청구할 수 있다고 보아야 한다.
② 가정법원이 민법 제924조의2에 따라 부모의 친권 중 양육권만을 제한하여 미성년후견인으로 하여금 자녀에 대한 양육권을 행사하도록 결정한 경우에 민법 제837조를 유추적용하여 미성년후견인은 비양육친을 상대로 가사소송법 제2조 제1항 제2호 (나)목 3)에 따른 양육비심판을 청구할 수 있다고 봄이 타당하다.
③ 양육자로 지정된 양육친이 비양육친을 상대로 제기한 양육비 청구 사건에서 제1심 가정법원이 자녀가 성년에 이르기 전날을 종기로 삼아 장래양육비의 분담을 정한 경우, 항고심법원이 양육에 관한 사항을 심리한 결과 일정 시점 이후에는 양육자로 지정된 자가 자녀를 양육하지 않고 있는 사실이 확인된다고 하더라도 이를 반영하여 장래양육비의 지급을 명하는 기간을 다시 정할 수는 없다.
④ 종전에 정해진 양육비의 분담이 과다하게 되었다고 주장하며 감액을 청구하는 경우 법원은 자녀들의 성장에도 불구하고 양육비의 감액이 필요할 정도로 청구인의 소득과 재산이 실질적으로 감소하였는지를 심리·판단하여야 한다.
⑤ 대한민국 국민과 혼인을 한 후 입국하여 체류자격을 취득하고 거주하다가 한국어를 습득하기 충분하지 않은 기간에 이혼에 이르게 된 외국인이 당사자인 경우, 미성년 자녀의 양육에 있어 한국어 소통능력이 부족한 외국인보다는 대한민국 국민인 상대방에게 양육되는 것이 더 적합할 것이라는 추상적이고 막연한 판단으로 해당 외국인 배우자가 미성년 자녀의 양육자로 지정되기에 부적합하다고 평가하는 것은 옳지 않다.

[❶▶○] 민법 제860조는 "인지는 그 자의 출생 시에 소급하여 효력이 생긴다"라고 규정하고 있다. 따라서 인지판결 확정으로 법률상 부양의무가 현실화되는 것이기는 하지만 부모의 법률상 부양의무는 인지판결이 확정되면 그 자의 출생 시로 소급하여 효력이 생기는 것이므로, 양육자는 인지판결의 확정 전에 발생한 과거의 양육비에 대하여도 상대방이 부담함이 상당한 범위 내에서 그 비용의 상환을 청구할 수 있다고 보아야 한다(대결 2023.10.31. 2023스643).

[❷▶○] 가정법원이 민법 제924조의2에 따라 부모의 친권 중 양육권만을 제한하여 미성년후견인으로 하여금 자녀에 대한 양육권을 행사하도록 결정한 경우에 민법 제837조를 유추적용하여 미성년후견인은 비양육친을 상대로 가사소송법 제2조 제1항 제2호 (나)목 3)에 따른 양육비심판을 청구할 수 있다고 봄이 타당하다(대결 2021.5.27. 2019스621).

[❸▶×] 양육자로 지정된 양육친이 비양육친을 상대로 제기한 양육비 청구 사건에서 제1심 가정법원이 자녀가 성년에 이르기 전날을 종기로 삼아 장래양육비의 분담을 정한 경우, 항고심법원이 양육에 관한 사항을 심리한 결과 일정 시점 이후에는 양육자로 지정된 자가 자녀를 양육하지 않고 있는 사실이 확인된다면 이를 반영하여 장래양육비의 지급을 명하는 기간을 다시 정하여야 한다(대결 2022.11.10. 2021스766).

[❹▶○] 가정법원이 '재판 또는 당사자의 협의로 정해진 양육비 부담 내용이 제반 사정에 비추어 부당하게 되었다'고 인정하는 때에는 그 내용을 변경할 수 있지만, 종전 양육비 부담이 '부당'한지 여부는 친자법을 지배하는 기본이념인 '자녀의 복리를 위하여 필요한지'를 기준으로 판단하여야 한다. 양육비의 감액은 일반적으로 자녀의 복리를 위하여 필요한 조치라고 보기 어려우므로, 양육비 감액이 자녀에게

미치는 영향을 우선적으로 고려하되 종전 양육비가 정해진 경위와 액수, 줄어드는 양육비 액수, 당초 결정된 양육비 부담 외에 혼인관계 해소에 수반하여 정해진 위자료, 재산분할 등 재산상 합의의 유무와 내용, 그러한 재산상 합의와 양육비 부담과의 관계, 쌍방 재산상태가 변경된 경우 그 변경이 당사자의 책임으로 돌릴 사정이 있는지 유무, 자녀의 수, 연령 및 교육 정도, 부모의 직업, 건강, 소득, 자금 능력, 신분관계의 변동, 물가의 동향 등 여러 사정을 종합적으로 참작하여 양육비 감액이 불가피하고 그러한 조치가 궁극적으로 자녀의 복리에 필요한 것인지에 따라 판단하여야 한다. 또한 통상적으로 자녀가 성장함에 따라 양육에 소요되는 비용 또한 증가한다고 봄이 타당하다. 따라서 종전에 정해진 양육비의 분담이 과다하게 되었다고 주장하며 감액을 청구하는 경우 법원은 자녀들의 성장에도 불구하고 양육비의 감액이 필요할 정도로 청구인의 소득과 재산이 실질적으로 감소하였는지 심리·판단하여야 한다(대결 2022.9.29. 2022스646).

[❺ ▶ ○] 대한민국 국민과 혼인을 한 후 입국하여 체류자격을 취득하고 거주하다가 한국어를 습득하기 충분하지 않은 기간에 이혼에 이르게 된 외국인이 당사자인 경우, 미성년 자녀의 양육에 있어 한국어 소통능력이 부족한 외국인보다는 대한민국 국민인 상대방에게 양육되는 것이 더 적합할 것이라는 추상적이고 막연한 판단으로 해당 외국인 배우자가 미성년 자녀의 양육자로 지정되기에 부적합하다고 평가하는 것은 옳지 않다(대판 2021.9.30. 2021므12320).

답 ❸

08 친양자 입양에 관한 다음 설명 중 옳은 것을 모두 고른 것은? 2025년

ㄱ. 친양자가 될 사람이 15세 이상인 경우에는 법정대리인의 동의를 받아 입양을 승낙하고, 15세 미만인 경우에는 법정대리인이 그를 갈음하여 입양을 승낙하여야 한다.
ㄴ. 친양자를 입양하려는 사람은 2년 이상 혼인 중인 부부로서 공동으로 입양하여야 하고, 다만 1년 이상 혼인 중인 부부의 한쪽이 그 배우자의 친생자를 친양자로 하는 경우에는 그러하지 않다.
ㄷ. 친생부모가 자신에게 책임이 있는 사유로 3년 이상 자녀에 대한 부양의무를 이행하지 아니하고 면접교섭을 하지 아니한 경우에는 동의권자 또는 승낙권자의 동의나 승낙이 없더라도 가정법원은 친양자 입양청구를 인용할 수 있다.
ㄹ. 친양자 입양이 취소된 때에는 친양자 관계는 입양한 때로 소급하여 소멸하고 입양 전의 친족관계는 부활한다.
ㅁ. 친양자 입양에는 친양자가 될 사람의 친생부모의 동의가 필요하지만, 친생부모의 소재를 알 수 없는 경우에는 그의 동의 없이도 친양자 입양이 가능하다.

① ㄱ, ㄷ ② ㄱ, ㅁ
③ ㄴ, ㄹ ④ ㄷ, ㄹ
⑤ ㄷ, ㅁ

[ㄱ ▸ ✕] 친양자가 될 사람이 13세 이상인 경우에는 법정대리인의 동의를 받아 입양을 승낙하고(민법 제908조의2 제1항 제4호), 13세 미만인 경우에는 법정대리인이 그를 갈음하여 입양을 승낙하여야 한다(동항 제5호).

[ㄴ ▸ ✕] 친양자를 입양하려는 사람은 3년 이상 혼인 중인 부부로서 공동으로 입양하여야 하고, 다만 1년 이상 혼인 중인 부부의 한쪽이 그 배우자의 친생자를 친양자로 하는 경우에는 그러하지 아니하다(민법 제908조의2 제1항 제1호).

[ㄷ ▸ ○] 친생부모가 자신에게 책임이 있는 사유로 3년 이상 자녀에 대한 부양의무를 이행하지 아니하고 면접교섭을 하지 아니한 경우에는 동의권자 또는 승낙권자의 동의나 승낙이 없더라도 가정법원은 친양자 입양청구를 인용할 수 있다(민법 제908조의2 제2항 제2호).

[ㄹ ▸ ✕] 친양자 입양이 취소되면 친양자 관계는 소멸하고 입양 전의 친족관계는 부활하나(민법 제908조의7 제1항), 친양자 입양의 취소의 효력은 소급하지는 않는다(민법 제908조의7 제2항).

[ㅁ ▸ ○] 친양자 입양에는 친양자가 될 사람의 친생부모의 동의가 필요하지만, 친생부모의 소재를 알 수 없는 경우에는 그의 동의 없이도 친양자 입양이 가능하다(민법 제908조의2 제1항 제3호 참조).

> **민법 제908조의2(친양자 입양의 요건 등)**
> ① 친양자(親養子)를 입양하려는 사람은 다음 각 호의 요건을 갖추어 가정법원에 친양자 입양을 청구하여야 한다.
>   1. 3년 이상 혼인 중인 부부로서 공동으로 입양할 것. 다만, 1년 이상 혼인 중인 부부의 한쪽이 그 배우자의 친생자를 친양자로 하는 경우에는 그러하지 아니하다.
>   2. 친양자가 될 사람이 미성년자일 것
>   3. 친양자가 될 사람의 친생부모가 친양자 입양에 동의할 것. 다만, 부모가 친권상실의 선고를 받거나 소재를 알 수 없거나 그 밖의 사유로 동의할 수 없는 경우에는 그러하지 아니하다.
>   4. 친양자가 될 사람이 13세 이상인 경우에는 법정대리인의 동의를 받아 입양을 승낙할 것
>   5. 친양자가 될 사람이 13세 미만인 경우에는 법정대리인이 그를 갈음하여 입양을 승낙할 것
> ② 가정법원은 다음 각 호의 어느 하나에 해당하는 경우에는 제1항 제3호·제4호에 따른 동의 또는 같은 항 제5호에 따른 승낙이 없어도 제1항의 청구를 인용할 수 있다. 이 경우 가정법원은 동의권자 또는 승낙권자를 심문하여야 한다.
>   1. 법정대리인이 정당한 이유 없이 동의 또는 승낙을 거부하는 경우. 다만, 법정대리인이 친권자인 경우에는 제2호 또는 제3호의 사유가 있어야 한다.
>   2. 친생부모가 자신에게 책임이 있는 사유로 3년 이상 자녀에 대한 부양의무를 이행하지 아니하고 면접교섭을 하지 아니한 경우
>   3. 친생부모가 자녀를 학대 또는 유기하거나 그 밖에 자녀의 복리를 현저히 해친 경우
> ③ 가정법원은 친양자가 될 사람의 복리를 위하여 그 양육상황, 친양자 입양의 동기, 양부모의 양육능력, 그 밖의 사정을 고려하여 친양자 입양이 적당하지 아니하다고 인정하는 경우에는 제1항의 청구를 기각할 수 있다.

답 ❺

| 제5절 | 후 견 |

09 다음 설명 중 가장 옳지 않은 것은? 2023년

① 한정후견의 개시를 청구한 사건에서 의사의 감정 결과 등에 비추어 성년후견 개시의 요건을 충족하고 본인도 성년후견의 개시를 희망한다면 법원이 성년후견을 개시할 수 있고, 성년후견 개시를 청구하고 있더라도 필요하다면 한정후견을 개시할 수 있다.
② 피성년후견인 또는 피한정후견인은 의사능력이 있는 한 성년후견인 또는 한정후견인의 동의 없이도 유언을 할 수 있다.
③ 후견심판 사건에서 사전처분으로 후견심판이 확정될 때까지 임시후견인이 선임된 경우, 아직 성년후견이 개시되기 전이라면 의사가 유언서에 심신 회복 상태를 부기하고 서명날인하도록 요구한 민법 제1063조 제2항은 적용되지 않는다.
④ 후견계약이 등기된 경우 본인의 이익을 위한 특별한 필요성이 인정되어 민법 제9조 제1항 등에서 정한 법정후견 청구권자, 임의후견인이나 임의후견감독인의 청구에 따라 법정후견 심판을 한 경우 후견계약은 임의후견감독인의 선임과 관계없이 본인이 성년후견 또는 한정후견 개시의 심판을 받은 때 종료한다.
⑤ 후견계약이 등기되어 있는 경우에는 본인의 이익을 위하여 특별히 필요할 때에만 한정후견 등의 심판을 할 수 있도록 규정한 민법 제959조의20 제1항은 본인에 대해 한정후견개시심판 청구가 제기된 후 심판이 확정되기 전에 후견계약이 등기된 경우에는 적용되지 않는다.

[❶ ▶ ○] 성년후견이든 한정후견이든 본인의 의사를 고려하여 개시 여부를 결정한다는 점은 마찬가지이다(민법 제9조 제2항, 제12조 제2항). 위와 같은 규정 내용이나 입법 목적 등을 종합하면, 성년후견이나 한정후견 개시의 청구가 있는 경우 가정법원은 청구 취지와 원인, 본인의 의사, 성년후견 제도와 한정후견 제도의 목적 등을 고려하여 어느 쪽의 보호를 주는 것이 적절한지를 결정하고, 그에 따라 필요하다고 판단하는 절차를 결정해야 한다. 따라서 한정후견의 개시를 청구한 사건에서 의사의 감정 결과 등에 비추어 성년후견 개시의 요건을 충족하고 본인도 성년후견의 개시를 희망한다면 법원이 성년후견을 개시할 수 있고, 성년후견 개시를 청구하고 있더라도 필요하다면 한정후견을 개시할 수 있다고 보아야 한다(대결 2021.6.10. 2020스596).

[❷ ▶ ○] [❸ ▶ ○] 민법 제1060조는 '유언은 본법의 정한 방식에 의하지 아니하면 효력이 발생하지 아니한다'고 정하여 유언에 관하여 엄격한 요식성을 요구하고 있으나, 피성년후견인과 피한정후견인의 유언에 관하여는 행위능력에 관한 민법 제10조 및 제13조가 적용되지 않으므로(민법 제1062조), 피성년후견인 또는 피한정후견인은 의사능력이 있는 한 성년후견인 또는 한정후견인의 동의 없이도 유언을 할 수 있다. 위와 같은 규정의 내용과 체계 및 취지에 비추어 보면, 후견심판 사건에서 가사소송법 제62조 제1항에 따른 사전처분으로 후견심판이 확정될 때까지 임시후견인이 선임된 경우, 사건본인은 의사능력이 있는 한 임시후견인의 동의가 없이도 유언을 할 수 있다고 보아야 하고, 아직 성년후견이 개시되기 전이라면 의사가 유언서에 심신 회복 상태를 부기하고 서명날인하도록 요구한 민법 제1063조 제2항은 적용되지 않는다고 보아야 한다(대판 2022.12.1. 2022다261237).

[④ ▶ ○] 민법 제959조의20 제1항 전문은 후견계약이 등기된 경우에는 본인의 이익을 위하여 특별히 필요한 때에만 법정후견 심판을 할 수 있다고 정하고 있을 뿐이고 임의후견감독인이 선임되어 있을 것을 요구하고 있지 않다. 또한 법정후견 청구권자로 '임의후견인 또는 임의후견감독인'을 정한 것은 임의후견에서 법정후견으로 원활하게 이행할 수 있도록 민법 제9조 제1항, 제12조 제1항, 제14조의2 제1항에서 정한 법정후견 청구권자 외에 임의후견인 또는 임의후견감독인을 추가한 것이다. 민법 제959조의20 제1항 후문은 "이 경우 후견계약은 성년후견 또는 한정후견 개시의 심판을 받은 때 종료된다"고 정하고 있고, '이 경우'는 같은 항 전문에 따라 법정후견 심판을 한 경우를 가리킨다. 이러한 규정의 문언, 체제와 목적 등에 비추어 보면, 후견계약이 등기된 경우 본인의 이익을 위한 특별한 필요성이 인정되어 민법 제9조 제1항 등에서 정한 법정후견 청구권자, 임의후견인이나 임의후견감독인의 청구에 따라 법정후견 심판을 한 경우 후견계약은 임의후견감독인의 선임과 관계없이 본인이 성년후견 또는 한정후견 개시의 심판을 받은 때 종료한다고 보아야 한다(대결 2021.7.15. 2020으547).

[⑤ ▶ ×] 민법 규정은 후견계약이 등기된 경우에는 사적 자치의 원칙에 따라 본인의 의사를 존중하여 후견계약을 우선하도록 하고, 예외적으로 본인의 이익을 위하여 특별히 필요할 때에 한하여 법정후견(성년후견, 한정후견 또는 특정후견을 가리킨다)을 개시할 수 있도록 하고 있다. 민법 제959조의20 제1항에서 후견계약의 등기 시점을 특별히 제한하지 않고 제2항 본문에서 본인에 대해 이미 법정후견이 개시된 경우에는 임의후견감독인을 선임하면서 종전 법정후견의 종료 심판을 하도록 한 점 등에 비추어 보면, <u>위 제1항은 본인에 대해 법정후견 개시심판 청구가 제기된 후 심판이 확정되기 전에 후견계약이 등기된 경우에도 적용된다고 보아야 하고</u>, 그 경우 가정법원은 본인의 이익을 위하여 특별히 필요하다고 인정할 때에만 법정후견 개시심판을 할 수 있다(대결 2021.7.15. 2020으547).

답 ⑤

제6절 부양

10 입양에 관한 다음 설명 중 가장 옳지 않은 것은? 2022년

① 친생자 출생신고 당시 입양의 실질적 요건을 갖추지 못하여 입양신고로서의 효력이 생기지 않았더라도 그 후에 입양의 실질적 요건을 갖추게 된 경우에는 무효인 친생자 출생신고는 소급적으로 입양신고로서의 효력을 갖게 된다고 할 것이나, 당사자 간에 무효인 신고행위에 상응하는 신분관계가 실질적으로 형성되어 있지 아니한 경우에는 무효인 신분행위에 대한 추인의 의사표시만으로 그 무효행위의 효력을 인정할 수 없다.

② 조부모가 자녀의 입양허가를 청구하는 경우에 입양의 요건을 갖추고 입양이 자녀의 복리에 부합한다면 이를 허가할 수 있다.

③ 입양으로 인한 친족관계는 입양의 취소 또는 파양으로 인하여 종료하므로, 양부모가 이혼하였을 경우에는 양부자관계는 존속하지만 양모자관계는 소멸한다.

④ 친생자 출생신고가 입양의 효력을 갖는 경우, 양친 부부 중 일방이 사망한 후 생존하는 다른 일방이 사망한 일방과 양자 사이의 양친자관계의 해소를 위하여 재판상 파양에 갈음하는 친생자관계부존재확인청구를 할 수는 없다.

⑤ 입양신고가 형식적으로만 입양한 것처럼 가장하기로 하여 이루어진 것일 뿐 당사자 사이에 실제로 양친자로서의 신분적 생활관계를 형성한다는 의사의 합치가 없었던 것이라면 이는 당사자 간에 입양의 합의가 없는 때에 해당하여 무효이다.

[❶▶○] 친생자 출생신고 당시 입양의 실질적 요건을 갖추지 못하여 입양신고로서의 효력이 생기지 아니하였더라도 그 후에 입양의 실질적 요건을 갖추게 된 경우에는 무효인 친생자 출생신고는 소급적으로 입양신고로서의 효력을 갖게 된다고 할 것이나, 민법 제139조 본문이 무효인 법률행위는 추인하여도 그 효력이 생기지 않는다고 규정하고 있음에도 불구하고, 입양 등의 신분행위에 관하여 이 규정을 적용하지 아니하고 추인에 의하여 소급적 효력을 인정하는 것은 무효인 신분행위 후 그 내용에 맞는 신분관계가 실질적으로 형성되어 쌍방 당사자가 이의 없이 그 신분관계를 계속하여 왔다면, 그 신고가 부적법하다는 이유로 이미 형성되어 있는 신분관계의 효력을 부인하는 것은 당사자의 의사에 반하고 그 이익을 해칠 뿐만 아니라, 그 실질적 신분관계의 외형과 호적의 기재를 믿은 제3자의 이익도 침해할 우려가 있기 때문에 추인에 의하여 소급적으로 신분행위의 효력을 인정함으로써 신분관계의 형성이라는 신분관계의 본질적 요소를 보호하는 것이 타당하다는 데에 그 근거가 있다고 할 것이므로, 당사자 간에 무효인 신고행위에 상응하는 신분관계가 실질적으로 형성되어 있지 아니한 경우에는 무효인 신분행위에 대한 추인의 의사표시만으로 그 무효행위의 효력을 인정할 수 없는 것이다(대판 2004.11.11. 2004므1484).

[❷▶○] 조부모와 손자녀 사이에는 이미 혈족관계가 존재하지만 부모·자녀 관계에 있는 것은 아니다. 민법은 입양의 요건으로 동의와 허가 등에 관하여 규정하고 있을 뿐이고 존속을 제외하고는 혈족의 입양을 금지하고 있지 않다(민법 제877조 참조). 따라서 조부모가 손자녀를 입양하여 부모·자녀 관계를 맺는 것이 입양의 의미와 본질에 부합하지 않거나 불가능하다고 볼 이유가 없다. 조부모가 자녀의 입양허가를 청구하는 경우에 입양의 요건을 갖추고 입양이 자녀의 복리에 부합한다면 이를 허가할 수 있다. 다만 조부모가 자녀를 입양하는 경우에는, 양부모가 될 사람과 자녀 사이에 이미 조손관계가 존재하고 있고 입양 후에도 양부모가 여전히 자녀의 친생부 또는 친생모에 대하여 부모의 지위에 있다는 특수성이 있으므로, 이러한 사정이 자녀의 복리에 미칠 영향에 관하여 세심하게 살필 필요가 있다(대결[전합] 2021.12.23. 2018스5).

[❸▶×] 처를 부와 함께 입양당사자로 하는 현행 민법 아래에서는(1990.1.13. 개정 전 민법 제874조 제1항은 "처가 있는 자는 공동으로 함이 아니면 양자를 할 수 없고 양자가 되지 못한다"고 규정하였고, 개정 후 현행 민법 제874조 제1항은 "배우자 있는 자가 양자를 할 때에는 배우자와 공동으로 하여야 한다"고 규정하고 있다) 부부공동입양제가 되어 처도 부와 마찬가지로 입양당사자가 되기 때문에 양부모가 이혼하였다고 하여 양모를 양부와 다르게 취급하여 양모자관계만 소멸한다고 볼 수는 없는 것이다(대판[전합] 2001.5.24. 2000므1493).

[❹▶○] 양부가 사망한 때에는 양모는 단독으로 양자와 협의상 또는 재판상 파양을 할 수 있으되 이는 양부와 양자 사이의 양친자관계에 영향을 미칠 수 없는 것이고, 또 양모가 사망한 양부에 갈음하거나 또는 양부를 위하여 파양을 할 수는 없다고 할 것이며, 이는 친생자부존재확인을 구하는 청구에 있어서 입양의 효력은 있으나 재판상 파양 사유가 있어 양친자관계를 해소할 필요성이 있는 이른바 재판상 파양에 갈음하는 친생자관계부존재확인청구에 관하여도 마찬가지라고 할 것이다. 왜냐하면 양친자관계는 파양에 의하여 해소될 수 있는 점을 제외하고는 친생자관계와 똑같은 내용을 갖게 되는데, 진실에 부합하지 않는 친생자로서의 호적기재가 법률상의 친자관계인 양친자관계를 공시하는 효력을 갖게 되었고 사망한 양부와 양자 사이의 이러한 양친자관계는 해소할 방법이 없으므로 그 호적기재 자체를 말소하여 법률상 친자관계를 부인하게 하는 친생자관계존부확인청구는 허용될 수 없는 것이기 때문이다(대판 2001.8.21. 99므2230).

[❺▶○] 입양신고가 고소사건으로 인한 처벌 등을 모면하게 할 목적으로 호적상 형식적으로만 입양한 것처럼 가장하기로 하여 이루어진 것일 뿐 당사자 사이에 실제로 양친자로서의 신분적 생활관계를 형성한다는 의사의 합치는 없었던 것이라면, 이는 당사자 간에 입양의 합의가 없는 때에 해당하여 무효라고 보아야 할 것이다(대판 1995.9.29. 94므1553·1560).

답 ❸

상속법

제1절 상속

제1관 총설

I 상속과 상속권

1. 상속의 의의

상속이란 피상속인이 사망한 경우에 피상속인의 재산에 관한 권리의무(재산상의 지위)가 법률규정에 의해 일정한 사람에게 당연히 포괄적으로 승계되는 것을 말한다(민법 제1005조 본문 참고).

2. 상속권의 의의

상속개시 전에는 상속인은 기대권을, 상속개시 후에는 상속의 효과를 받을 수 있는 포괄적 지위로서의 상속권을 가진다(다수설).

II 상속의 유형

1. 제사상속·호주상속(신분상속)·재산상속

제사상속은 조상의 제사를 주재하는 지위를 승계하는 것이고, 호주상속은 호주 내지 가장의 지위를 승계하는 것이며, 재산상속은 피상속인의 재산을 상속하는 것이다. 현행 민법상 재산상속만이 인정된다.

2. 생전상속 · 사후상속(사망상속)

생전상속은 피상속인 생존 중에 상속이 개시되는 경우를 말하고, 사후상속은 피상속인 사망 시에 상속이 개시되는 경우를 말한다. 민법상 재산상속은 사후상속만이 인정된다.

3. 법정상속 · 유언상속

법정상속은 상속인이 될 자의 범위와 순위가 법률상 정해져 있는 상속이고, 유언상속은 상속인이 피상속인의 유언에 의하여 지정되는 상속이다. 우리 민법은 법정상속만을 규정하고 있고, 유언에 의한 상속인의 지정은 허용하지 않는다. 다만, 유언으로 포괄유증은 할 수 있어서 상속인을 지정한 것과 같은 효과가 발생한다(민법 제1078조).

4. 단독상속 · 공동상속

단독상속은 상속인이 1인으로 한정되어 상속되는 것이고, 공동상속은 복수의 상속인이 공동으로 상속하는 것이다. 민법은 호주상속(2008년 호주제 폐지)을 단독상속제로 하였으나, 재산상속은 공동상속제로 하고 있다.

5. 강제상속 · 임의상속

강제상속은 상속포기가 허용되지 않는 상속을 말하고, 임의상속은 상속포기가 허용되는 상속을 말한다. 민법은 호주상속(2008년 호주제 폐지)을 강제상속제로 하였으나, 재산상속은 임의상속제로 하였다.

6. 균분상속 · 불균분상속

균분상속과 불균분상속은 공동상속인에게 귀속되는 상속재산의 비율이 평등한지에 따른 구별이다. 민법은 균분상속을 원칙으로 하고(민법 제1009조 제1항), 배우자에게 5할을 가산한다(민법 제1009조 제2항).

Ⅲ 상속의 근거

이는 상속제도를 두고 있는 이유에 대한 논의이다. 학설은 이와 관련하여 상속의 근거를 ① 상속의 생활보장적 기능에서 찾는 생활보장설, ② 상속재산에 대한 가족 구성원의 기여분 청산과 피상속인 사후 가족 구성원의 생활보장에서 찾는 기여분 청산 및 생활보장설, ③ 죽은 자의 의사를 추정하여 법정상속이 이루어진다는 의사추정설 등의 견해가 주장되고 있다.

제2관 상속의 개시

상속개시의 원인(민법 제997조)
상속은 사망으로 인하여 개시된다.

상속개시의 장소(민법 제998조)
상속은 피상속인의 주소지에서 개시한다.

상속비용(민법 제998조의2)
상속에 관한 비용은 상속재산 중에서 지급한다.

상속회복청구권(민법 제999조)
① 상속권이 참칭상속권자로 인하여 침해된 때에는 상속권자 또는 그 법정대리인은 상속회복의 소를 제기할 수 있다.
② 제1항의 상속회복청구권은 그 침해를 안 날부터 3년, 상속권의 침해행위가 있은 날부터 10년을 경과하면 소멸된다.

I 상속개시의 원인

1. 상속개시의 의의

상속의 개시란 상속에 의한 법률효과가 발생하는 것을 의미한다.

2. 상속개시의 원인

민법은 사망(피상속인의 사망)을 상속개시의 원인으로 규정하고 있다(민법 제997조). 여기의 사망은 자연적 사망과 법원의 실종선고에 의한 의제사망(인정사망은 사망이 의제되지는 않으나 사망이 추정되어 상속이 개시된다)이 있다.

II 상속개시의 시기

1. 의 의

상속개시의 시기는 ① 상속인의 자격·범위·순위·능력을 결정하는 기준이 되고, ② 상속에 관한 권리의 행사기간의 기산점이 되며, ③ 상속의 효력발생, 상속재산·상속분·유류분의 산정기준이 되는 등 법적으로 중요하다.

2. 구체적인 시기

(1) 피상속인의 사망
피상속인이 실제로 사망한 때, 즉 호흡과 혈액순환이 영구적으로 멈춘 때(심장정지시설) 상속이 개시되며, 가족관계등록법에 의한 사망신고가 이루어진 시점이 아니다.

(2) 실종선고의 경우
실종선고가 있으면 실종기간 만료 시에 사망이 의제되므로(민법 제28조), 그때 상속이 개시된다.

(3) 인정사망의 경우
인정사망은 수해, 화재나 그 밖의 재난으로 인하여 사망한 사람이 있는 경우에 이를 조사한 관공서의 사망통보에 의하여 가족관계등록부에 사망의 기록을 하는 것을 의미한다(가족관계등록법 제87조 참조). 이 경우 관공서가 인정한 시기에 상속이 개시된다. 즉, 인정사망의 경우에는 사망보고에 의하여 가족관계등록부에 기록된 사망일이 상속개시일이 된다.

(4) 동시사망의 추정
2인 이상이 동일한 위난으로 사망한 경우에는 동시에 사망한 것으로 추정한다(민법 제30조). 따라서 동시존재의 원칙상(상속인은 피상속인이 사망한 때에 권리능력을 가지고 있어야 한다는 의미) 동시사망자 사이에서는 상속이 일어나지는 않는다. 그러나 대습상속은 발생할 수 있다.

> **[동시사망으로 추정되는 경우 대습상속의 가능 여부(적극)]**
> 원래 대습상속제도는 대습자의 상속에 대한 기대를 보호함으로써 공평을 꾀하고 생존 배우자의 생계를 보장하여 주려는 것이고, 또한 동시사망 추정규정도 자연과학적으로 엄밀한 의미의 동시사망은 상상하기 어려운 것이나 사망의 선후를 입증할 수 없는 경우 동시에 사망한 것으로 다루는 것이 결과에 있어 가장 공평하고 합리적이라는 데에 그 입법 취지가 있는 것인바, 상속인이 될 직계비속이나 형제자매(피대습자)의 직계비속 또는 배우자(대습자)는 피대습자가 상속개시 전에 사망한 경우에는 대습상속을 하고, 피대습자가 상속개시 후에 사망한 경우에는 피대습자를 거쳐 피상속인의 재산을 본위상속을 하므로 두 경우 모두 상속을 하는데, 만일 피대습자가 피상속인의 사망, 즉 상속개시와 동시에 사망한 것으로 추정되는 경우에만 그 직계비속 또는 배우자가 본위상속과 대습상속의 어느 쪽도 하지 못하게 된다면 동시사망 추정 이외의 경우에 비하여 현저히 불공평하고 불합리한 것이라 할 것이고, 이는 앞서 본 대습상속제도 및 동시사망 추정규정의 입법 취지에도 반하는 것이므로, 민법 제1001조의 '상속인이 될 직계비속이 상속개시 전에 사망한 경우'에는 '상속인이 될 직계비속이 상속개시와 동시에 사망한 것으로 추정되는 경우'도 포함하는 것으로 합목적적으로 해석함이 상당하다(대판 2001.3.9. 99다13157).

Ⅲ 상속개시의 장소

1. 상속은 피상속인의 주소지에서 개시된다(민법 제998조).

상속은 상속인의 주소지나 피상속인의 본적지가 아닌 피상속인의 주소지에서 개시된다.

2. 피상속인의 주소를 알 수 없을 때에는 거소를 주소로 보고(민법 제19조)**, 국내에 주소가 없는 자에 대하여는 국내에 있는 거소를 주소로 본다**(민법 제20조).

Ⅳ 상속에 관한 비용

1. 상속에 관한 비용의 의의

① 상속에 관한 비용(상속비용)이라 함은 상속재산의 관리 및 청산에 필요한 비용을 의미한다고 할 것인바, 장례비용은 피상속인이나 상속인의 사회적 지위와 그 지역의 풍속 등에 비추어 합리적인 금액 범위 내라면 이를 상속비용으로 보는 것이 옳고, 묘지구입비는 장례비용의 일부라고 볼 것이며, 상속재산의 관리·보존을 위한 소송비용도 상속에 관한 비용에 포함된다(대판 1997.4.25. 97다3996).

② 한편 판례는「사람이 사망한 경우에 부조금 또는 조위금 등의 명목으로 보내는 부의금은 상호부조의 정신에서 유족의 정신적 고통을 위로하고 장례에 따르는 유족의 경제적 부담을 덜어줌과 아울러 유족의 생활안정에 기여함을 목적으로 증여되는 것으로서, 장례비용에 충당하고 남는 것에 관하여는 특별한 다른 사정이 없는 한 사망한 사람의 공동상속인들이 각자의 상속분에 응하여 권리를 취득하는 것으로 봄이 우리의 윤리감정이나 경험칙에 합치된다(대판 1992.8.18. 92다2998)」고 보았다.

2. 상속비용은 상속재산 중에서 지급한다(민법 제998조의2).

이 규정은 상속의 한정승인·상속포기·재산분리·상속재산의 파산 등의 경우에 실익이 있다.

Ⅴ 상속회복청구권

1. 의 의

상속회복청구권은 상속권이 참칭상속권자에 의하여 침해된 경우 진정한 상속권자 또는 그 법정대리인이 일정한 기간 내에 그 회복을 청구할 수 있는 권리이다(민법 제999조).

2. 법적 성질

(1) 문제점

상속이 개시되면 피상속인의 권리·의무가 상속인에게 포괄적으로 승계되므로(민법 제187조 본문, 제1005조 본문 참고), 상속인은 상속권을 침해한 자에 대하여 소유권 등이 있음을 이유로 물권적 청구권 등을 행사하여 상속재산의 회복을 구할 수 있다. 그럼에도 불구하고 민법이 별도로 상속회복청구권을 규정한 것과 관련하여 상속회복청구권의 본질이 무엇이고, 상속회복청구권과 물권적 청구권 등의 개별적인 권리가 어떠한 관계에 있는지 문제된다.

(2) 판 례

판례는 집합권리설의 입장에서 「상속재산인 부동산에 관한 등기의 말소 등을 청구하는 경우에도 재산귀속의 주장이 상속을 원인으로 하는 것인 이상 그 청구원인 여하에 불구하고 이는 민법 제999조 소정의 상속회복청구의 소」라고 판시하였다(대판[전합] 1991.12.24. 90다5740 등).

(3) 검 토

민법이 개별적인 청구권 이외에 별도의 명문규정을 두어 상속회복청구권을 인정하는 이유는 상속을 원인으로 한 상속회복의 경우에 있어서는 개별적인 청구권의 행사를 배제하여 조속한 거래의 안전을 도모하려는 취지로 보이므로 상속회복청구권의 법적 성질을 상속재산을 구성하는 개개의 재산에 대한 개별적인 청구권의 집합으로 보는 집합권리설이 타당하다.

3. 당사자

(1) 상속회복청구권자

1) 상속권자 또는 그 법정대리인 등

① 상속회복청구권자는 상속권자 또는 그 법정대리인이다(민법 제999조 제1항).
② 판례는 「상속인의 상속회복청구권 및 그 제척기간에 관하여 규정한 민법 제999조는 포괄적 유증의 경우에도 유추적용된다(대판 2001.10.12. 2000다22942)」고 보아 포괄적 수증자도 상속회복청구권자에 해당한다는 입장이다.
③ 또한 상속개시 후 인지된 자도 상속회복청구권자에 포함된다(대판 1981.2.10. 79다2052).

2) 상속분을 양도받은 포괄승계인

① 상속분의 양수인(민법 제1011조)은 상속인의 지위를 포괄적으로 승계하므로 상속인에 준하여 상속회복청구권을 행사할 수 있다.
② 그러나 상속재산에 대한 특정승계인은 상속회복청구권자가 아니다. 그것은 상속회복청구권이 일신전속적 권리이기 때문이다.

3) 상속회복청구권의 상속 여부

상속권을 침해당한 상속인이 상속회복청구권을 행사하지 않고 사망한 경우, 그 상속회복청구권이 상속되는지에 대해 상속회복청구권이 그의 상속인에게 상속된다는 소수 견해가 있으나, 다수설은 상속권을 침해당한 상속인의 상속회복청구권은 상속되지 않으나, 그의 상속인은 자기의 상속권이 침해되었음을 이유로 하여 자신의 고유한 상속회복청구권을 가지게 된다고 한다.

(2) 상속회복청구권의 상대방

1) 참칭상속인

① 상속회복청구의 상대방은 참칭상속인이다.

> **[상속회복청구의 상대방이 되는 참칭상속인의 의미]**
> 상속회복청구는 자신이 진정한 상속인임을 전제로 그 상속으로 인한 소유권 또는 지분권 등 재산권의 귀속을 주장하면서 참칭상속인 또는 참칭상속인으로부터 상속재산에 관한 권리를 취득하거나 새로운 이해관계를 맺은 제3자를 상대로 상속재산인 부동산에 관한 등기의 말소 또는 진정명의 회복을 위한 등기의 이전 등을 청구하는 것이고, 여기서 참칭상속인이란 정당한 상속권이 없음에도 재산상속인임을 신뢰케 하는 외관을 갖추거나 상속인이라고 참칭하면서 상속재산의 전부 또는 일부를 점유함으로써 진정한 상속인의 재산상속권을 침해하는 자를 말한다(대판 2009.7.23. 2007다91855).

② 참칭상속인의 선의·악의, 과실은 불문한다.

2) 자기의 상속권을 주장하지 않고, 다른 특정의 권원을 주장하며 상속재산을 점유하고 있는 자

학설은 대립하나, 판례는 참칭상속인이 될 수는 없다고 한다. 이러한 자는 보통의 재산권 침해자로서 일반적인 물권적 청구권의 상대방이 되며, 단기제척기간이 적용되지 않는다.

3) 상속분을 침해한 공동상속인

① 공동상속인이라도 자신의 상속분을 넘어 다른 공동상속인의 상속분을 침해하는 경우에는 참칭상속인에 해당하여 상속회복청구권의 상대방이 된다.

> **[상속등기가 공동상속인 중 1인 명의로 경료된 경우, 그 등기명의인이 참칭상속인에 해당하는지 여부(한정 적극)]**
> 상속회복청구의 상대방이 되는 참칭상속인이라 함은 정당한 상속권이 없음에도 재산상속인임을 신뢰케 하는 외관을 갖추고 있는 자나 상속인이라고 참칭하여 상속재산의 전부 또는 일부를 점유하고 있는 자를 가리키는 것으로서, 상속재산인 부동산에 관하여 공동상속인 중 1인 명의로 소유권이전등기가 경료된 경우 그 등기가 상속을 원인으로 경료된 것이라면 등기명의인의 의사와 무관하게 경료된 것이라는 등의 특별한 사정이 없는 한 그 등기명의인은 재산상속인임을 신뢰케 하는 외관을 갖추고 있는 자로서 참칭상속인에 해당된다(대판 1997.1.21. 96다4688).

> **[공동상속인 중 1인이 협의분할에 의한 상속을 원인으로 상속부동산에 관한 소유권이전등기를 마친 경우, 협의분할이 무효라는 이유로 다른 공동상속인이 구하는 소유권이전등기 말소등기청구의 소가 상속회복청구의 소에 해당하는지 여부(적극)]**
> 공동상속인 중 1인이 협의분할에 의한 상속을 원인으로 하여 상속부동산에 관한 소유권이전등기를 마친 경우에, 협의분할이 다른 공동상속인의 동의 없이 이루어진 것이어서 무효라는 이유로 다른 공동상속인이 위 등기의 말소를 청구하는 소는 상속회복청구의 소에 해당한다(대판 2011.3.10. 2007다17482).

② 단, 공동상속인이 자신의 단독명의로 '상속을 원인으로' 등기를 경료한 것이라면 상대방이 되는 것이나, 등기의 원인이 '매매 등'으로 기재된 경우라면 참칭상속인에 해당하지 않는다. 즉, 등기의 기재를 기준으로 참칭상속인 해당 여부를 판단한다.

[상속재산인 부동산에 관하여 공동상속인 중 1인 명의로 소유권이전등기가 경료되었으나 등기부상 등기원인이 매매나 증여로 기재된 경우, 그 등기명의인이 참칭상속인에 해당하는지 여부(소극)]

소유권이전등기에 의하여 재산상속인임을 신뢰케 하는 외관을 갖추었는지의 여부는 권리관계를 외부에 공시하는 등기부의 기재에 의하여 판단하여야 하므로, 등기부상 등기원인이 매매나 증여로 기재된 이상 재산상속인임을 신뢰케 하는 외관을 갖추었다고 볼 수 없다. 따라서 공동상속인 중 1인이 피상속인의 생전에 그로부터 토지를 매수하거나 증여받은 사실이 없음에도 불구하고 구 부동산 소유권이전등기 등에 관한 특별조치법(이하 '특별조치법'이라고 한다)에 의하여 매매 또는 증여를 원인으로 한 이전등기를 경료한 경우 그 이전등기가 무효라는 이유로 다른 공동상속인이 그 등기의 말소(또는 진정명의 회복을 위한 등기의 이전)를 청구하는 소는 상속회복청구의 소에 해당한다고 볼 수 없다(대판 2008.6.26. 2007다7898).

[적법하게 공동상속등기가 마쳐진 부동산에 관하여 상속인 중 1인이 자기 단독명의로 소유권이전등기를 한 경우, 다른 상속인들이 그 이전등기의 말소를 구하는 소가 상속회복청구의 소에 해당하여 민법 제999조 제2항의 제척기간이 적용되는지 여부(소극)]

일단 적법하게 공동상속등기가 마쳐진 부동산에 관하여 상속인 중 1인이 자기 단독명의로 소유권이전등기를 한 경우 다른 상속인들이 그 이전등기가 원인 없이 마쳐진 것이라 하여 말소를 구하는 소는 상속회복청구의 소에 해당하지 아니하여 민법 제999조 제2항이 정하는 소의 제기에 관한 제척기간이 적용되지 아니한다(대판 1987.5.12. 86다카2443 참조). 이는 상속권이 침해되었음을 이유로 그 회복을 구하는 것이 아니라 상속으로 일단 취득한 소유권이 그 후 위법하게 침해되었다는 이유로 소유권의 회복을 구하는 것이기 때문이며, 공동상속등기와 그에 이은 이전등기 사이의 시간적 간격이 짧다거나 공동상속등기와 이전등기가 상속인 중 1인에 의하여 동일한 기회에 이루어졌다고 하여 달리 볼 것이 아니다(대판 2011.9.29. 2009다78801).

[피상속인 사망 후 공동상속인 중 1인이 다른 공동상속인에게 자신의 상속지분을 중간생략등기 방식으로 명의신탁하였다가 그 명의신탁이 '부동산 실권리자명의 등기에 관한 법률'이 정한 유예기간의 도과로 무효가 되었음을 이유로 명의수탁자를 상대로 상속지분의 반환을 구하는 경우, 상속회복청구에 해당하는지 여부(소극)]

피상속인 사망 후 공동상속인 중 1인이 다른 공동상속인에게 자신의 상속지분을 중간생략등기 방식으로 명의신탁하였다가 그 명의신탁이 '부동산 실권리자명의 등기에 관한 법률'이 정한 유예기간의 도과로 무효가 되었음을 이유로 명의수탁자를 상대로 상속지분의 반환을 구하는 경우, 그러한 청구는 명의신탁이 유예기간의 도과로 무효로 되었음을 원인으로 하여 소유권의 귀속을 주장하는 것일 뿐 상속으로 인한 재산권의 귀속을 주장하는 것이라고 볼 수 없고, 나아가 명의수탁자로 주장된 피고를 두고 진정상속인의 상속권을 침해하고 있는 참칭상속인이라고 할 수도 없으므로, 위와 같은 청구가 상속회복청구에 해당한다고 할 수 없다(대판 2010.2.11. 2008다16899).

[동일한 부동산에 관하여 등기명의인을 달리하여 중복된 소유권보존등기가 마쳐져, 선행 보존등기로부터 소유권이전등기를 한 소유자의 상속인이 후행 보존등기나 그에 기하여 순차로 이루어진 소유권이전등기 등 후속등기가 모두 무효라는 이유로 등기의 말소를 구하는 경우, 그 소가 상속회복청구의 소에 해당하는지 여부(소극)]

동일한 부동산에 관하여 등기명의인을 달리하여 중복된 소유권보존등기가 마쳐진 경우 먼저 이루어진 소유권보존등기가 원인무효로 되지 않는 한 뒤에 된 소유권보존등기는 그것이 실체관계에 부합하는지를 가릴 것 없이 1부동산 1등기용지주의의 법리에 비추어 무효이므로, 선행 보존등기로부터 소유권이전등기를 한 소유자의 상속인이 후행 보존등기나 그에 기하여 순차로 이루어진 소유권이전등기 등 후속등기가 모두 무효라는 이유로 등기의 말소를 구하는 소는, 후행 보존등기로부터 이루어진 소유권이전등기가 참칭상속인에 의한 것이어서 무효이고 따라서 후속등기도 무효임을 이유로 하는 것이 아니라 후행 보존등기 자체가 무효임을 이유로 하는 것이므로 상속회복청구의 소에 해당하지 않는다(대판 2011.7.14. 2010다107064).

③ 제사용 재산도 상속회복청구에 관하여는 일반 상속재산과 구별할 이유가 없다.

> **[구 민법 제996조에 규정된 제사용 재산의 승계가 본질적으로 상속에 해당하는지 여부(적극) 및 그에 관한 권리의 회복을 청구하는 경우, 민법 제999조 제2항의 제척기간이 적용되는지 여부(적극)]**
> 구 민법 제996조(1990.1.13. 법률 제4199호로 삭제)에 정한 이른바 제사용 재산은 일반상속재산과는 구분되는 특별재산으로서 대외적인 관계뿐만 아니라 상속인 상호 간의 대내적인 관계에서도 구 민법상의 호주상속인이 단독으로 그 소유권을 승계하는 것이나, 위 규정에 의한 승계를 상속과는 완전히 별개의 제도라고 볼 것이 아니라 본질적으로 상속에 속하는 것으로서 일가의 제사를 계속할 수 있게 하기 위하여 상속에 있어서의 한 특례를 규정한 것으로 보는 것이 상당하다. 따라서 그에 관하여 일반상속재산과는 다소 다른 특별재산으로서의 취급을 할 부분이 있다 하더라도, 상속을 원인으로 한 권리의무관계를 조속히 확정시키고자 하는 상속회복청구권의 제척기간 제도의 취지까지 그 적용을 배제하여야 할 아무런 이유가 없다(대판 2006.7.4. 2005다45452).

4) 참칭상속인으로부터 상속재산을 전득한 제3자

통설·판례(대판[전합] 1981.1.27. 79다854)는 참칭상속인으로부터 상속재산을 전득한 제3자도 상속회복청구권의 상대방이 되며, 이 경우 단기의 제척기간이 적용된다고 한다.

5) 민법 제1014조 가액지급의무자

판례(대판 1981.2.10. 79다2052)는 민법 제1014조에 의한 피인지자 등의 가액지급청구권을 일종의 상속회복청구권으로 보므로, 가액지급의무자는 상속회복청구권의 상대방이 된다.

> **[사후의 피인지자에 의한 민법 제1014조 소정의 가액청구권의 성질]**
> 민법 제1014조에 의하여, 상속개시 후의 인지 또는 재판의 확정에 의하여 공동상속인이 된 자가 분할을 청구할 경우에 다른 공동상속인이 이미 분할 기타 처분을 한 때에는 그 상속분에 상당한 가액의 지급을 청구할 권리가 있는바, 이 가액청구권은 상속회복청구권의 일종이다. 그리고 민법 제1014조의 가액은 다른 공동상속인들이 상속재산을 실제처분한 가액 또는 처분할 때의 시가가 아니라 사실심 변론종결 시의 시가를 의미한다(대판 1993.8.24. 93다12).

6) 진정상속인과 참칭상속인이 주장하는 피상속인은 '동일인'이어야 한다.

> **[진정상속인과 참칭상속인이 주장하는 피상속인이 서로 다른 사람인 경우, 상속회복청구의 소라고 할 수 있는지 여부(소극)]**
> 상속회복청구의 소는 진정상속인과 참칭상속인이 주장하는 피상속인이 동일인임을 전제로 하는 것이므로 진정상속인이 주장하는 피상속인과 참칭상속인이 주장하는 피상속인이 다른 사람인 경우에는 진정상속인의 청구원인이 상속에 의하여 소유권을 취득하였음을 전제로 한다고 하더라도 이를 상속회복청구의 소라고 할 수 없다(대판 1998.4.10. 97다54345).

4. 상속회복청구권의 행사

(1) 행사방법

① 통설은 상속회복청구권은 반드시 재판상 행사할 필요는 없으며, 재판 외의 청구도 가능하다는 입장이나, 판례는 그 행사기간의 성질을 '제소기간'으로 보아 재판상으로 행사하여야 한다는 입장이다.

> **[상속회복청구의 소에 대한 제척기간의 준수 여부가 법원의 직권조사사항인지 여부(적극) 및 제척기간 도과 후 제기된 소에 대한 법원의 조치(= 소각하)]**
> 상속회복의 소는 상속권의 침해를 안 날로부터 3년, 상속개시된 날로부터 10년 내에 제기하도록 제척기간을 정하고 있는바, 이 기간은 제소기간으로 볼 것이므로, 상속회복청구의 소에 있어서는 법원이 제척기간의 준수 여부에 관하여 직권으로 조사한 후 기간도과 후에 제기된 소는 부적법한 소로서 흠결을 보정할 수 없으므로 각하하여야 할 것이다(대판 1993.2.26. 92다3083).

② **관할법원** : 상속회복청구의 소의 관할법원은 가정법원이 아닌 일반 민사법원이나, 민법 제1014조에 의한 상속재산분할 후 피인지자 등의 가액지급청구권에 대한 관할법원은 가정법원이다(가사소송법 제2조 제2항, 가사소송규칙 제2조 제1항 제2호).

③ **입증책임**
　㉠ 상속인의 입증책임 : 상속회복을 청구하는 자는 ㉮ 자신이 상속권을 가진다는 사실과 ㉯ 청구의 목적물이 상속개시 당시 피상속인의 점유에 속하였던 사실뿐만 아니라 ㉰ 나아가 참칭상속인에 의하여 그의 재산상속권이 침해되었음을 주장·증명하여야 한다(대판 2011.7.28. 2009다64635).
　㉡ 상대방의 입증책임 : 상대방은 자신이 목적물에 대해 정당한 권원이 있음을 입증해야 한다.

(2) 행사의 효과

1) 당사자 사이의 효과

① 상속회복청구의 재판에서 원고승소판결이 확정되면 참칭상속인은 진정한 상속인에게 그가 점유하는 상속재산을 반환하여야 한다. 다만, 원고승소판결의 기판력은 청구된 목적물에 관하여만 미친다.

② **반환의 범위** : 민법 제201조 내지 제203조를 유추적용한다.
　㉠ 참칭상속인이 악의인 경우 : 취득재산, 과실 및 사용이익을 모두 반환하여야 한다.
　㉡ 참칭상속인이 선의인 경우 : 과실이나 사용이익은 현존이익만 반환하면 된다는 견해, 과실은 취득한다는 견해, 선의자라 하더라도 진정상속인을 보호하기 위하여 취득한 재산 전부를 반환해야 한다는 견해가 대립한다.

> **[민법 제1014조의 가액에 부당이득반환의 범위에 관한 민법규정의 유추적용 여부]**
> 상속개시 후에 인지되거나 재판이 확정되어 공동상속인이 된 자도 그 상속재산이 아직 분할되거나 처분되지 아니한 경우에는 당연히 다른 공동상속인들과 함께 분할에 참여할 수 있을 것인바, 민법 제1014조는 그와 같은 인지 이전에 다른 공동상속인이 이미 상속재산을 분할 기타의 방법으로 처분한 경우에는 사후의

> 피인지자는 다른 공동상속인들의 분할 기타 처분의 효력을 부인하지 못하게 하는 대신, 이들에게 그 상속분에 상당한 가액의 지급을 청구할 수 있도록 하여 상속재산의 새로운 분할에 갈음하는 권리를 인정함으로써 피인지자의 이익과 기존의 권리관계를 합리적으로 조정하는 데 그 목적이 있다 할 것이고, 따라서 그 <u>가액의 범위에 관하여는 부당이득반환의 범위에 관한 민법규정을 유추적용할 수 없고, 다른 공동상속인들이 분할 기타의 처분 시에 피인지자의 존재를 알았는지의 여부에 의하여 그 지급할 가액의 범위가 달라지는 것도 아니다</u>(대판 1993.8.24. 93다12).
> ※ 이 판례에 대하여 학설은 참칭상속인에 의해 침해된 재산의 반환(원물반환, 가액반환 불문)은 부당이득의 반환으로 보아야 한다는 비판이 있다.

2) 제3자에 대한 효과

① **참칭상속인으로부터 상속재산을 양수한 제3자** : 동산이나 증권적 채권을 취득한 경우에는 선의취득에 의해 보호될 수 있으나, 부동산을 취득한 경우에는 보호될 수 없다. 이에 따라 선의의 제3자 보호를 위한 입법조치가 필요하다.

② **공동상속인으로부터 상속재산을 양수한 제3자** : 선의취득은 무권리자로부터 취득을 전제로 하기 때문에 동산이라 하더라도 공동상속인으로부터 취득은 보호될 수 없고 상속회복청구권의 상대방이 된다. 다만, 공동상속인의 상속지분 범위 내에서는 유효하게 권리를 취득할 수 있다.

③ **참칭상속인에 대한 채무변제** : 피상속인의 채무자가 선의이며 과실없이 참칭상속인에게 변제한 경우에는 채권의 준점유자에 대한 변제로서 유효하게 된다(민법 제470조). 이 경우 진정상속인은 채권의 준점유자인 참칭상속인에게 부당이득반환청구를 하여야 한다.

5. 상속회복청구권의 소멸

(1) 제척기간의 경과

1) 제척기간과 기산점

상속회복청구권은 그 침해를 안 날부터 3년, 상속권의 침해행위가 있는 날부터 10년이 경과하면 소멸된다(민법 제999조 제2항). 여기의 3년 또는 10년의 기간은 제척기간이다.

① 「상속권의 침해를 안 날」로부터 3년

> [상속회복청구권의 제척기간 기산점이 되는 민법 제999조 제2항에서의 '상속권의 침해를 안 날'의 의미와 판단기준]
> 상속회복청구권의 제척기간 기산점이 되는 <u>민법 제999조 제2항 소정의 '상속권의 침해를 안 날'</u>이라 함은 자기가 진정한 상속인임을 알고 또 자기가 상속에서 제외된 사실을 안 때를 가리키는 것으로서, <u>단순히 상속권 침해의 추정이나 의문만으로는 충분하지 않으며</u>, 언제 상속권의 침해를 알았다고 볼 것인지는 개별적 사건에 있어서 여러 객관적 사정을 참작하고 상속회복청구가 사실상 가능하게 된 상황을 고려하여 합리적으로 인정하여야 한다(대판 2007.10.25. 2007다36223).

> [민법 제1014조에 의한 피인지자 등의 상속분상당가액지급청구권에 대하여 같은 법 제999조 제2항에 정한 제척기간이 적용되는지 여부(적극) 및 혼인 외의 자가 인지판결 확정으로 공동상속인이 된 경우, 위 제척기간의 기산일(= 인지판결 확정일)]
>
> 민법 제1014조에 의한 피인지자 등의 상속분상당가액지급청구권은 그 성질상 상속회복청구권의 일종이므로 같은 법 제999조 제2항에 정한 제척기간이 적용되고, 같은 항에서 3년의 제척기간의 기산일로 규정한 '그 침해를 안 날'이라 함은 피인지자가 자신이 진정상속인인 사실과 자신이 상속에서 제외된 사실을 안 때를 가리키는 것으로 혼인 외의 자가 법원의 인지판결 확정으로 공동상속인이 된 때에는 그 인지판결이 확정된 날에 상속권이 침해되었음을 알았다고 할 것이다(대판 2007.7.26. 2006므2757·2764 등).

② 「상속권의 침해행위가 있은 날」로부터 10년

> [상속회복청구의 소의 제척기간의 기산점이 되는 '상속권의 침해행위가 있은 날'의 의미 및 제척기간의 준수 여부의 판단 기준]
>
> 민법 제999조 제2항은 "상속회복청구권은 그 침해를 안 날부터 3년, 상속권의 침해행위가 있은 날부터 10년을 경과하면 소멸한다"고 규정하고 있는바, 여기서 그 제척기간의 기산점이 되는 '상속권의 침해행위가 있은 날'이라 함은 참칭상속인이 상속재산의 전부 또는 일부를 점유하거나 상속재산인 부동산에 관하여 소유권이전등기를 마치는 등의 방법에 의하여 진정한 상속인의 상속권을 침해하는 행위를 한 날을 의미한다. 또한, 제척기간의 준수 여부는 상속회복청구의 상대방별로 각각 판단하여야 할 것이어서, 진정한 상속인이 참칭상속인으로부터 상속재산에 관한 권리를 취득한 제3자를 상대로 제척기간 내에 상속회복청구의 소를 제기한 이상 그 제3자에 대하여는 민법 제999조에서 정하는 상속회복청구권의 기간이 준수되었으므로, 참칭상속인에 대하여 그 기간 내에 상속회복청구권을 행사한 일이 없다고 하더라도 그것이 진정한 상속인의 제3자에 대한 권리행사에 장애가 될 수는 없다(대판 2009.10.15. 2009다42321).

> [진정상속인이 참칭상속인의 최초 침해행위가 있은 날로부터 10년의 제척기간이 경과하기 전에 참칭상속인에 대한 상속회복청구 소송에서 승소의 확정판결을 받았다고 하더라도 위 제척기간이 경과한 후에는 제3자를 상대로 상속회복청구 소송을 제기하여 상속재산에 관한 등기의 말소 등을 구할 수 없다고 한 사례]
>
> 참칭상속인의 최초 침해행위가 있은 날로부터 10년이 경과한 이후에는 비록 제3자가 참칭상속인으로부터 상속재산에 관한 권리를 취득하는 등의 새로운 침해행위가 최초 침해행위 시로부터 10년이 경과한 후에 이루어졌다 하더라도 상속회복청구권은 제척기간의 경과로 소멸되어 진정상속인은 더 이상 제3자를 상대로 그 등기의 말소 등을 구할 수 없다 할 것이며, 이는 진정상속인이 참칭상속인을 상대로 제척기간 내에 상속회복청구의 소를 제기하여 승소의 확정판결을 받았다고 하여 달리 볼 것은 아니라 할 것이다(대판 2006.9.8. 2006다26694).

2) 제척기간의 준수 여부의 판단기준

상속회복청구의 상대방별로 각각 판단하여야 한다(대판 2009.10.15. 2009다42321).

3) 제척기간의 경과로 인한 상속회복청구권의 소멸효과

상속회복청구권이 제척기간의 경과로 소멸한 경우 참칭상속인은 반사적으로 상속 개시일로 소급하여 상속인의 지위 및 상속재산의 소유권을 취득하게 된다.

(2) 상속회복청구권의 포기

상속회복청구권은 상속개시 후에는 자유롭게 포기할 수 있다. 다만, 피상속인 등의 압박으로 상속인이 사전에 포기하는 것을 방지하기 위해서 상속개시 전에는 포기할 수 없다고 보아야 한다.

제3관 상속인

상속의 순위(민법 제1000조)
① 상속에 있어서는 다음 순위로 상속인이 된다.
  1. 피상속인의 직계비속
  2. 피상속인의 직계존속
  3. 피상속인의 형제자매
  4. 피상속인의 4촌 이내의 방계혈족
② 전항의 경우에 동순위의 상속인이 수인인 때에는 최근친을 선순위로 하고 동친 등의 상속인이 수인인 때에는 공동상속인이 된다.
③ 태아는 상속순위에 관하여는 이미 출생한 것으로 본다.

대습상속(민법 제1001조)
전조 제1항 제1호와 제3호의 규정에 의하여 상속인이 될 직계비속 또는 형제자매가 상속개시 전에 사망하거나 결격자가 된 경우에 그 직계비속이 있는 때에는 그 직계비속이 사망하거나 결격된 자의 순위에 갈음하여 상속인이 된다.

배우자의 상속순위(민법 제1003조)
① 피상속인의 배우자는 제1000조 제1항 제1호와 제2호의 규정에 의한 상속인이 있는 경우에는 그 상속인과 동순위로 공동상속인이 되고 그 상속인이 없는 때에는 단독상속인이 된다.
② 제1001조의 경우에 상속개시 전에 사망 또는 결격된 자의 배우자는 동조의 규정에 의한 상속인과 동순위로 공동상속인이 되고 그 상속인이 없는 때에는 단독상속인이 된다.

상속인의 결격사유(민법 제1004조)
다음 각 호의 어느 하나에 해당한 자는 상속인이 되지 못한다.
  1. 고의로 직계존속, 피상속인, 그 배우자 또는 상속의 선순위나 동순위에 있는 자를 살해하거나 살해하려한 자
  2. 고의로 직계존속, 피상속인과 그 배우자에게 상해를 가하여 사망에 이르게 한 자
  3. 사기 또는 강박으로 피상속인의 상속에 관한 유언 또는 유언의 철회를 방해한 자
  4. 사기 또는 강박으로 피상속인의 상속에 관한 유언을 하게 한 자
  5. 피상속인의 상속에 관한 유언서를 위조·변조·파기 또는 은닉한 자

상속권 상실 선고(민법 제1004조의2)
① 피상속인은 상속인이 될 사람이 피상속인의 직계존속으로서 다음 각 호의 어느 하나에 해당하는 경우에는 제1068조에 따른 공정증서에 의한 유언으로 상속권 상실의 의사를 표시할 수 있다. 이 경우 유언집행자는 가정법원에 그 사람의 상속권 상실을 청구하여야 한다.
  1. 피상속인에 대한 부양의무(미성년자에 대한 부양의무로 한정한다)를 중대하게 위반한 경우
  2. 피상속인 또는 그 배우자나 피상속인의 직계비속에게 중대한 범죄행위(제1004조의 경우는 제외한다)를 하거나 그 밖에 심히 부당한 대우를 한 경우
② 제1항의 유언에 따라 상속권 상실의 대상이 될 사람은 유언집행자가 되지 못한다.
③ 제1항에 따른 유언이 없었던 경우 공동상속인은 피상속인의 직계존속으로서 다음 각 호의 사유가 있는 사람이 상속인이 되었음을 안 날부터 6개월 이내에 가정법원에 그 사람의 상속권 상실을 청구할 수 있다.
  1. 피상속인에 대한 부양의무(미성년자에 대한 부양의무로 한정한다)를 중대하게 위반한 경우
  2. 피상속인에게 중대한 범죄행위(제1004조의 경우는 제외한다)를 하거나 그 밖에 심히 부당한 대우를 한 경우

④ 제3항의 청구를 할 수 있는 공동상속인이 없거나 모든 공동상속인에게 제3항 각 호의 사유가 있는 경우에는 상속권 상실 선고의 확정에 의하여 상속인이 될 사람이 이를 청구할 수 있다.
⑤ 가정법원은 상속권 상실을 청구하는 원인이 된 사유의 경위와 정도, 상속인과 피상속인의 관계, 상속재산의 규모와 형성 과정 및 그 밖의 사정을 종합적으로 고려하여 제1항, 제3항 또는 제4항에 따른 청구를 인용하거나 기각할 수 있다.
⑥ 상속개시 후에 상속권 상실의 선고가 확정된 경우 그 선고를 받은 사람은 상속이 개시된 때에 소급하여 상속권을 상실한다. 다만, 이로써 해당 선고가 확정되기 전에 취득한 제3자의 권리를 해치지 못한다.
⑦ 가정법원은 제1항, 제3항 또는 제4항에 따른 상속권 상실의 청구를 받은 경우 이해관계인 또는 검사의 청구에 따라 상속재산관리인을 선임하거나 그 밖에 상속재산의 보존 및 관리에 필요한 처분을 명할 수 있다.
⑧ 가정법원이 제7항에 따라 상속재산관리인을 선임한 경우 상속재산관리인의 직무, 권한, 담보제공 및 보수 등에 관하여는 제24조부터 제26조까지를 준용한다.
[시행 2026.1.1.] [본조신설 2024.9.20.]

유류분의 권리자와 유류분(민법 제1112조)
상속인의 유류분은 다음 각 호에 의한다. 〈개정 2024.9.20.〉
 1. 피상속인의 직계비속은 그 법정상속분의 2분의 1
 2. 피상속인의 배우자는 그 법정상속분의 2분의 1
 3. 피상속인의 직계존속은 그 법정상속분의 3분의 1
 4. 피상속인의 형제자매는 그 법정상속분의 3분의 1 – 삭제 〈2024.9.20.〉
[2024.9.20. 법률 제20432호에 의하여 2024.4.25. 헌법재판소에서 위헌결정된 이 조 제4호를 삭제함]
[헌법불합치, 2020헌가4, 2024.4.25., 민법(1977.12.31. 법률 제3051호로 개정된 것) 제1112조 제1호부터 제3호 및 제1118조는 모두 헌법에 합치되지 아니한다. 위 조항들은 2025.12.31.을 시한으로 입법자가 개정할 때까지 계속 적용된다.]

I 상속인의 자격

1. 상속능력

① 상속능력은 상속인이 될 수 있는 법률상 자격을 말한다.
② 권리능력 있는 자는 일반적으로 상속능력을 가지지만, 법인은 상속능력을 가지지 못한다[다만, 법인은 포괄적 유증을 받음으로써 실질적으로 상속을 받은 것과 동일한 효과를 받을 수는 있다(민법 제1078조 참조)].
③ 민법은 상속인을 피상속인의 일정한 친족으로 한정하고 있다(민법 제1000조, 제1003조 참고). 특히 태아는 제1000조 제3항에 의하여 상속능력을 가진다.
④ 상속인으로서 상속을 받을 수 있으려면 피상속인이 사망할 당시에 생존하고 있어야 한다. 이를 「동시존재의 원칙」이라고 한다. 민법 제1000조 제3항(태아는 상속순위에 관하여는 이미 출생한 것으로 본다)은 태아의 보호를 위하여 동시존재의 원칙에 대하여 예외를 인정한 것이다.

2. 상속결격

(1) 의 의
상속결격이란 상속인에게 일정한 사유가 발생한 경우 재판상의 선고를 기다리지 않고 그 상속인이 법률상 상속인으로서 자격을 당연히 상실하는 것을 말한다. 이는 재산승계의 윤리적·정신적 협동관계를 깨뜨리는 자는 상속권을 인정할 필요가 없다는 상속적 협동관계 파괴설에 근거한 제도이다 (통설).

(2) 결격사유
민법은 결격사유로 5가지를 규정하고 있는데(민법 제1004조), 크게 피상속인 등에 대한 부도덕한 행위 (제1호·제2호)와 피상속인의 유언에 대한 부정행위(제3호 내지 제5호)로 구분할 수 있다.

1) 피상속인 등에 대한 부도덕한 행위
① 고의로 직계존속, 피상속인, 그 배우자 또는 상속의 선순위나 동순위에 있는 자를 살해하거나 살해하려한 경우(제1호)
  ㉠ 살인의 기수·미수를 불문하고, 예비·음모도 포함되나, 과실치사는 포함되지 않는다.
  ㉡ 자살의 교사·방조도 포함된다.
  ㉢ 상속결격사유로서 '살해의 고의' 이외에 '상속에 유리하다는 인식'은 필요로 하지 않는다.
  ㉣ 상속개시 전 뿐만 아니라 상속개시 후에 선순위나 동순위에 있는 자를 살해한 자도 상속결격자에 해당한다(통설).
② 고의로 직계존속, 피상속인과 그 배우자에게 상해를 가하여 사망에 이르게 한 경우(제2호)
  ㉠ 상해치사의 경우로, 단순 상해는 포함되지 않으며, 과실치사도 포함되지 않는다.
  ㉡ 제1호와 달리 상속의 선순위·동순위에 대한 상해치사는 포함되지 않는다.
  ㉢ 상속결격사유로서 '상해의 고의'만 있으면 되고, '상속에 유리하다는 인식'은 필요로 하지 않는다.

2) 피상속인의 유언에 대한 부정행위
① 사기 또는 강박으로 피상속인의 상속에 관한 유언 또는 유언의 철회를 방해한 경우(제3호)
  ㉠ 여기서 유언은 유효한 것이어야 하며, 사기 또는 강박과 유언 또는 유언의 철회 사이에 인과관계가 있어야 한다.
  ㉡ 상속에 유리하다는 인식이 있어야 한다.
② 사기 또는 강박으로 피상속인의 상속에 관한 유언을 하게 한 경우(제4호)
  ㉠ 사기 또는 강박으로 피상속인의 상속에 관한 유언을 취소하게 한 경우에도 제4호가 적용된다고 볼 수 있다.
  ㉡ 상속에 유리하다는 인식이 있어야 한다.
③ 피상속인의 상속에 관한 유언서를 위조·변조·파기 또는 은닉한 경우(제5호)
  ㉠ 여기의 행위는 고의에 의한 것이어야 하며, 과실에 의한 행위는 결격사유에 해당하지 않는다.
  ㉡ 상속에 유리하다는 인식이 있어야 한다.

(3) 결격의 효과

① 상속결격자는 피상속인의 상속인이 될 수 없으며(민법 제1004조), 수유결격자가 되므로(민법 제1064조), 유증도 받지 못한다.
② 상속결격의 효과는 특정의 피상속인에 대한 관계에서만 미치고, 다른 피상속인에게는 미치지 않는다.
③ 또한 상속결격의 효과는 결격자 본인에만 한정하므로, 그의 직계비속이나 배우자가 대습상속을 하는 것은 가능하다. 단, 대습상속인 자신도 피상속인에 대하여 결격사유가 있어서는 아니 된다.
④ 결격사유가 상속개시 전에 발생한 경우에는 결격자는 후에 상속이 개시되더라도 상속을 하지 못하고, 결격사유가 상속개시 후에 발생한 경우에는 일단 유효하게 개시된 상속이 그 개시 시에 소급하여 무효로 된다(절대적 효과). 따라서 결격자가 상속재산을 선의·무과실의 제3자에게 양도한 경우에도 그 양도행위는 처음부터 당연무효가 되며(단, 제3자가 선의취득 또는 시효취득에 의해 보호받을 수 있는 것은 별개의 문제이다), 진정한 상속인은 상속회복청구를 할 수 있다.
⑤ 피상속인이 상속결격자를 용서하여 결격의 효과를 소멸시킬 수 있는지에 대하여 결격의 효과는 법률상 당연히 발생하므로 용서에 의해서 결격의 취소 또는 면제가 허용되지는 않는다는 견해와 용서에 의한 협동관계의 부활이 있으면 결격의 효과를 소멸시켜도 무방하다는 견해(결격자에 대한 생전증여가 가능하다는 점을 고려)의 대립이 있다.

Ⅱ 상속인의 순위

1. 서 설

상속인에는 혈족상속인과 배우자상속인이 있다(민법 제1000조, 제1003조). 이 중 혈족상속인과 관련하여 민법은 피상속인과의 관계에 따라 상속의 순위를 정하는 반면, 배우자상속인은 언제나 상속인으로 규정하고 있다. 그리고 상속인으로 될 수 있는 자가 수인이 있는 경우에는 그들의 상속순위가 다르다면 최근친을 선순위로 하고, 동순위라면 공동상속을 한다(민법 제1000조 제2항).

2. 혈족상속인

(1) 제1순위 : 피상속인의 직계비속(민법 제1000조 제1항 제1호)

① 직계비속이면 부계혈족, 모계혈족, 자연혈족뿐만 아니라 법정혈족도 포함된다. 인지된 혼인 외의 자, 태아도 이에 해당한다(민법 제1000조 제3항).
② 직계비속이 수인인 경우 촌수가 다르면 최근친의 직계비속이, 촌수가 같으면 동순위로 공동상속인이 된다(민법 제1000조 제2항).

③ 피상속인의 직계비속에는 대습상속(민법 제1001조, 제1003조 제2항) 및 유류분권이 인정된다(민법 제1112조 제1호). 그런데, 피상속인에게 수인의 자녀가 있었는데 이들이 상속개시 전에 모두 사망 또는 결격자가 된 경우에 피상속인의 손자녀들이 고유한 상속인으로서 본위상속을 하는지 아니면 대습상속을 하는지 견해 대립이 있으나 판례는 대습상속설의 입장이다.

④ 단, 계모자 사이와 적모·서자 사이에서는 상속권이 없다.

(2) 제2순위 : 피상속인의 직계존속(민법 제1000조 제1항 제2호)

① 직계존속이면 부계인지, 모계인지, 양가 쪽인지, 생가 쪽인지, 이혼 여부 등은 불문한다.

② 직계존속이 수인인 경우 촌수가 다르면 최근친의 직계존속이, 촌수가 같으면 동순위로 공동상속인이 된다(민법 제1000조 제2항).

③ 직계존속의 경우에는 대습상속이 인정되지 않으나(민법 제1001조 참조), 유류분권은 인정된다(민법 제1112조 제3호).

(3) 제3순위 : 피상속인의 형제자매(민법 제1000조 제1항 제3호)

① 형제자매는 부계·모계를 모두 포함하며(동성이복(同姓異腹)의 형제자매뿐만 아니라 이성이복(異姓同腹)의 형제자매도 포함된다), 자연혈족인지 법정혈족인지 불문한다.

② 형제자매가 수인인 경우 동순위로 공동상속인이 된다(민법 제1000조 제2항).

③ 형제자매에 대해서는 그 직계비속과 배우자에게 대습상속이 인정되나(민법 제1001조, 제1003조 제2항), 유류분권은 인정되지 않는다(2024.9.20. 헌법재판소에서 2024.4.25. 위헌결정된 민법 제1112조 제4호 삭제).

(4) 제4순위 : 피상속인의 4촌 이내의 방계혈족(민법 제1000조 제1항 제4호)

① 방계혈족은 ㉠ 피상속인의 형제자매, ㉡ 형제자매의 직계비속, ㉢ 직계존속의 형제자매, ㉣ 직계존속의 형제자매의 직계비속인데(민법 제768조 후단), ㉠은 3순위 상속인으로, ㉡은 ㉠을 대습 또는 재대습상속하므로 ㉠, ㉡은 4순위 상속인에서 제외된다. 따라서 ㉢, ㉣ 가운데 4촌 이내의 혈족이 4순위 상속인이 된다.

② 4촌 이내의 방계혈족이 수인인 경우 촌수가 다르면 최근친의 방계혈족이, 촌수가 같으면 동순위로 공동상속인이 된다(민법 제1000조 제2항).

③ 방계혈족이면 되고, 부계인지 모계인지는 불문한다.

④ 피상속인의 4촌 이내의 방계혈족에게는 대습상속도 유류분권도 인정되지 않는다(민법 제1001조, 제1112조 참조).

3. 배우자상속인

① 피상속인의 배우자는 제1000조 제1항 제1호(피상속인의 직계비속)와 제2호(피상속인의 직계존속)의 규정에 의한 상속인이 있는 경우에는 그 상속인과 동순위로 공동상속인이 되고 그 상속인이 없는 때에는 단독상속인이 된다(민법 제1003조 제1항).

> **[피상속인의 배우자와 자녀 중 자녀 전부가 상속을 포기한 경우, 배우자가 단독상속인이 되는지 여부(적극)]**
>
> (가) 우리 민법은 제정 당시부터 배우자 상속을 혈족 상속과 구분되는 특별한 상속으로 규정하지 않았다. 상속에 관한 구 관습도 배우자가 일정한 경우에 단독상속인이 되었을 뿐 배우자 상속과 혈족 상속을 특별히 구분하지 않았다. 위와 같은 입법 연혁에 비추어 보면, 구 관습이 적용될 때는 물론이고 제정 민법 이후 현재에 이르기까지 배우자는 상속인 중 한 사람이고 다른 혈족 상속인과 법률상 지위에서 차이가 없다.
>
> (나) 민법 제1000조부터 제1043조까지 각각의 조문에서 규정하는 '상속인'은 모두 동일한 의미임이 명백하다. 따라서 민법 제1043조의 '상속인이 수인인 경우' 역시 민법 제1000조 제2항의 '상속인이 수인인 때'와 동일한 의미로서 같은 항의 '공동상속인이 되는' 경우에 해당하므로 그 공동상속인에 배우자도 당연히 포함되며, 민법 제1043조에 따라 상속포기자의 상속분이 귀속되는 '다른 상속인'에도 배우자가 포함된다. 이에 따라 공동상속인 배우자와 여러 명의 자녀들 중 일부 또는 전부가 상속을 포기한 경우의 법률효과를 본다. 공동상속인인 배우자와 자녀들 중 자녀 일부만 상속을 포기한 경우에는 민법 제1043조에 따라 상속포기자인 자녀의 상속분이 배우자와 상속을 포기하지 않은 다른 자녀에게 귀속된다. 이와 동일하게 공동상속인인 배우자와 자녀들 중 자녀 전부가 상속을 포기한 경우 민법 제1043조에 따라 상속을 포기한 자녀의 상속분은 남아 있는 '다른 상속인'인 배우자에게 귀속되고, 따라서 배우자가 단독상속인이 된다. 이에 비하여 피상속인의 배우자와 자녀 모두 상속을 포기한 경우 민법 제1043조는 적용되지 않는다. 민법 제1043조는 공동상속인 중 일부가 상속을 포기한 경우만 규율하고 있음이 문언상 명백하기 때문이다.
>
> (다) 특히 상속의 포기는 피상속인의 상속재산 중 소극재산이 적극재산을 초과하는 경우의 상속(이하 '채무상속'이라 한다)에서 중요한 의미를 가진다. 상속을 포기한 피상속인의 자녀들은 피상속인의 채무가 자신은 물론 자신의 자녀에게도 승계되는 효과를 원천적으로 막을 목적으로 상속을 포기한 것이라고 보는 것이 자연스럽다. 상속을 포기한 피상속인의 자녀들이 자신은 피상속인의 채무 승계에서 벗어나고 그 대가로 자신의 자녀들, 즉 피상속인의 손자녀들에게 상속채무를 승계시키려는 의사가 있다고 볼 수는 없다. 그런데 피상속인의 배우자와 자녀들 중 자녀 전부가 상속을 포기하였다는 이유로 피상속인의 배우자와 손자녀 또는 직계존속이 공동상속인이 된다고 보는 것은 위와 같은 당사자들의 기대나 의사에 반하고 사회 일반의 법감정에도 반한다.
>
> (라) 대판 2015.5.14. 2013다48852(이하 '종래 판례'라 한다)에 따라 피상속인의 배우자와 손자녀 또는 직계존속이 공동상속인이 되었더라도 그 이후 피상속인의 손자녀 또는 직계존속이 다시 적법하게 상속을 포기함에 따라 결과적으로는 피상속인의 배우자가 단독상속인이 되는 실무례가 많이 발견된다. 결국 공동상속인들의 의사에 따라 배우자가 단독상속인으로 남게 되는 동일한 결과가 되지만, 피상속인의 손자녀 또는 직계존속에게 별도로 상속포기 재판절차를 거치도록 하고 그 과정에서 상속채권자와 상속인들 모두에게 불필요한 분쟁을 증가시키며 무용한 절차에 시간과 비용을 들이는 결과가 되었다. 따라서 피상속인의 배우자와 자녀 중 자녀 전부가 상속을 포기한 경우 배우자가 단독상속인이 된다고 해석함으로써 법률관계를 간명하게 확정할 수 있다.
>
> (마) 이상에서 살펴본 바와 같이 상속에 관한 입법례와 민법의 입법 연혁, 민법 조문의 문언 및 체계적·논리적 해석, 채무상속에서 상속포기자의 의사, 실무상 문제 등을 종합하여 보면, 피상속인의 배우자와 자녀 중 자녀 전부가 상속을 포기한 경우에는 배우자가 단독상속인이 된다고 봄이 타당하다. 이와 달리 피상속인의 배우자와 자녀 중 자녀 전부가 상속을 포기한 경우 배우자와 피상속인의 손자녀 또는 직계존속이 공동상속인이 된다는 취지의 종래 판례는 이 판결의 견해에 배치되는 범위 내에서 변경하기로 한다(대결[전합] 2023.3.23. 2020그42 - 다수의견).

② 여기의 배우자는 혼인신고를 한 법률상의 배우자를 말하며, 사실혼의 배우자는 포함되지 않는다[사실혼의 배우자는 상속인이 없는 경우 특별연고자로서 상속재산의 전부 또는 일부의 분여를 받을 수 있을 뿐이다(민법 제1057조의2 참조)].

③ 혼인에 무효사유가 존재하는 경우에는 혼인이 당연무효라는 통설에 의하면 생존배우자는 상속권을 가지지 않으나, 혼인에 취소사유가 존재하는 경우 혼인취소에 소급효가 인정되지 않으므로 취소소송 계속 중 배우자 일방이 사망하였더라도 생존배우자는 상속권을 가진다. 이 점은 중혼의 경우에도 같다.

[부부의 일방이 사망하여 상대방 배우자가 상속받은 후에 그 혼인이 취소된 경우, 이미 이루어진 상속관계가 소급하여 무효로 되거나 부당이득으로 되는지 여부(소극)]
민법 제824조는 "혼인의 취소의 효력은 기왕에 소급하지 아니한다"고 규정하고 있을 뿐 재산상속 등에 관해 소급효를 인정할 별도의 규정이 없는바, 혼인 중에 부부 일방이 사망하여 상대방이 배우자로서 망인의 재산을 상속받은 후에 그 혼인이 취소되었다는 사정만으로 그전에 이루어진 상속관계가 소급하여 무효라거나 또는 그 상속재산이 법률상 원인 없이 취득한 것이라고는 볼 수 없다(대판 1996.12.23. 95다48308).

④ 이혼한 부부 상호 간에는 상속이 발생하지 않는다. 다만, 이혼소송 계속 중 배우자의 일방이 사망한 경우에는 상속인이 그 절차를 수계할 수 없음은 물론이고, 또 그러한 경우에 검사가 이를 수계할 수 있는 특별한 규정도 없으므로 이혼소송은 종료되며, 그 결과 생존배우자는 비록 유책배우자라 하더라도 상속권이 있다고 보아야 한다.

Ⅲ 대습상속

1. 의의 및 성질

(1) 의 의

① 대습상속이란 「상속인이 될 피상속인의 직계비속 또는 형제자매가 상속개시 전에 사망하거나 결격자가 된 경우에 사망자 또는 결격자의 직계비속이나 배우자가 있는 때에는 그들이 사망자 또는 결격자의 순위에 갈음하여 상속인이 되는 것」을 말한다(민법 제1001조·제1003조 제2항, 대판 1999.7.9. 98다64318·64325).

② 대습상속제도는 대습자의 상속에 대한 기대를 보호함으로써 공평을 꾀하고 생존 배우자의 생계를 보장하여 주려는 취지의 제도이다.

(2) 법적 성질

대습상속의 법적 성질과 관련하여 ① 대습자의 고유한 권리로서 직접 상속을 한다는 고유권설과 ② 대습자는 피대습자의 권리를 승계한다는 승계권설이 대립한다. 피대습자는 이미 권리능력을 상실했거나 상속받을 자격을 상실하여, 승계가 논리적으로 불가능하므로, 법률의 규정에 의하여 대습상속인에게 부여되는 고유권설로 보는 것이 타당하다.

2. 대습상속의 요건

(1) 피대습자(본래의 상속인)의 요건

① 대습상속은 상속인이 될 자가 피상속인의 직계비속 또는 형제자매인 경우에 한정하여 인정된다(민법 제1001조).

② 상속인이 될 자의 배우자는 피대습자로서의 적격이 인정되지 않는다.

> **[대습상속에 있어서 피대습자의 배우자가 대습상속의 상속개시 전에 사망하거나 결격자가 된 경우, 그 배우자에게 다시 피대습자로서의 지위가 인정되는지 여부(소극)]**
>
> 민법 제1000조 제1항, 제1001조, 제1003조의 각 규정에 의하면, 대습상속은 상속인이 될 피상속인의 직계비속 또는 형제자매가 상속개시 전에 사망하거나 결격자가 된 경우에 사망자 또는 결격자의 직계비속이나 배우자가 있는 때에는 그들이 사망자 또는 결격자의 순위에 갈음하여 상속인이 되는 것을 말하는 것으로, 대습상속이 인정되는 경우는 상속인이 될 자(사망자 또는 결격자)가 피상속인의 직계비속 또는 형제자매인 경우에 한한다 할 것이므로, 상속인이 될 자(사망자 또는 결격자)의 배우자는 민법 제1003조에 의하여 대습상속인이 될 수는 있으나, 피대습자(사망자 또는 결격자)의 배우자가 대습상속의 상속개시 전에 사망하거나 결격자가 된 경우, 그 배우자에게 다시 피대습자로서의 지위가 인정될 수는 없다(대판 1999.7.9. 98다64318·64325).

③ 사위에게 대습상속을 인정하는 것이 헌법에 위반되는지 여부

> **[피상속인의 사위가 피상속인의 형제자매보다 우선하여 단독으로 대습상속한다는 민법 제1003조 제2항이 위헌인지 여부(소극)]**
>
> ① 우리나라에서는 전통적으로 오랫동안 며느리의 대습상속이 인정되어 왔고, 1958.2.22. 제정된 민법에서도 며느리의 대습상속을 인정하였으며, 1990.1.13. 개정된 민법에서 며느리에게만 대습상속을 인정하는 것은 남녀평등·부부평등에 반한다는 것을 근거로 하여 사위에게도 대습상속을 인정하는 것으로 개정한 점, ② 헌법 제11조 제1항이 누구든지 성별에 의하여 정치적·경제적·사회적·문화적 생활의 모든 영역에 있어서 차별을 받지 아니한다고 규정하고 있고, 헌법 제36조 제1항이 혼인과 가족생활은 양성의 평등을 기초로 성립되고 유지되어야 하며 국가는 이를 보장한다고 규정하고 있는 점, ③ 현대 사회에서 딸이나 사위가 친정 부모 내지 장인장모를 봉양, 간호하거나 경제적으로 지원하는 경우가 드물지 아니한 점, ④ 배우자의 대습상속은 혈족상속과 배우자상속이 충돌하는 부분인데 이와 관련한 상속순위와 상속분은 입법자가 입법정책적으로 결정할 사항으로서 원칙적으로 입법자의 입법형성의 재량에 속한다고 할 것인 점, ⑤ 상속순위와 상속분은 그 나라 고유의 전통과 문화에 따라 결정될 사항이지 다른 나라의 입법례에 크게 좌우될 것은 아닌 점, ⑥ 피상속인의 방계혈족에 불과한 피상속인의 형제자매가 피상속인의 재산을 상속받을 것을 기대하는 지위는 피상속인의 직계혈족의 그러한 지위만큼 입법적으로 보호하여야 할 당위성이 강하지 않은 점 등을 종합하여 볼 때, 외국에서 사위의 대습상속권을 인정한 입법례를 찾기 어렵고, 피상속인의 사위가 피상속인의 형제자매보다 우선하여 단독으로 대습상속하는 것이 반드시 공평한 것인지 의문을 가져볼 수는 있다 하더라도, 이를 이유로 곧바로 피상속인의 사위가 피상속인의 형제자매보다 우선하여 단독으로 대습상속할 수 있음이 규정된 민법 제1003조 제2항이 입법형성의 재량의 범위를 일탈하여 행복추구권이나 재산권보장 등에 관한 헌법규정에 위배되는 것이라고 할 수 없다(대판 2001.3.9. 99다13157).

(2) 상속개시 전 피대습자의 사망 또는 결격

① **사망** : 자연적 사망뿐만 아니라 실종선고에 의한 사망의제도 포함한다.
② **상속결격** : 결격도 사망과 마찬가지로 상속개시 전의 결격자여야 한다는 해석이 가능하나, 상속개시 후 결격자가 되더라도 그 효과는 상속개시 시로 소급하기 때문에 결격은 상속개시 후에 일어나더라도 무방하다(대판 1992.5.22. 92다2127).
③ 상속의 포기는 대습상속의 원인이 아니다.

> **[채무자인 피상속인의 제1순위 상속인인 자(子) 전원이 상속을 포기한 경우, 차순위인 손(孫)들이 상속하는 채무의 성질(= 본위상속)]**
> 채무자인 피상속인이 그의 처와 동시에 사망하고 제1순위 상속인인 자(子) 전원이 상속을 포기한 경우, 상속을 포기한 자(子)는 상속 개시 시부터 상속인이 아니었던 것과 같은 지위에 놓이게 되므로 같은 순위의 다른 상속인이 없어 그 다음 근친 직계비속인 피상속인의 손(孫)들이 차순위의 본위 상속인으로서 피상속인의 채무를 상속하게 된다고 한 사례(대판 1995.9.26. 95다27769).

④ 동시사망의 추정에도 대습상속이 이루어지는지에 대하여 법문상으로는 대습상속이 부정되어야 하나, 학설과 판례(대판 2001.3.9. 99다13157)는 피상속인과 피대습자가 동시에 사망한 경우에도 대습상속을 인정한다.

> **[동시사망으로 추정되는 경우 대습상속의 가능 여부(적극)]**
> 원래 대습상속제도는 대습자의 상속에 대한 기대를 보호함으로써 공평을 꾀하고 생존 배우자의 생계를 보장하여 주려는 것이고, 또한 동시사망 추정규정도 자연과학적으로 엄밀한 의미의 동시사망은 상상하기 어려운 것이나 사망의 선후를 입증할 수 없는 경우 동시에 사망한 것으로 다루는 것이 결과에 있어 가장 공평하고 합리적이라는 데에 그 입법 취지가 있는 것인바, 상속인이 될 직계비속이나 형제자매(피대습자)의 직계비속 또는 배우자(대습자)는 피대습자가 상속개시 전에 사망한 경우에는 대습상속을 하고, 피대습자가 상속개시 후에 사망한 경우에는 피대습자를 거쳐 피상속인의 재산을 본위상속을 하므로 두 경우 모두 상속을 하는데, 만일 피대습자가 피상속인의 사망, 즉 상속개시와 동시에 사망한 것으로 추정되는 경우에만 그 직계비속 또는 배우자가 본위상속과 대습상속의 어느 쪽도 하지 못하게 된다면 동시사망 추정 이외의 경우에 비하여 현저히 불공평하고 불합리한 것이라 할 것이고, 이는 앞서 본 대습상속제도 및 동시사망 추정규정의 입법 취지에도 반하는 것이므로, 민법 제1001조의 '상속인이 될 직계비속이 상속개시 전에 사망한 경우'에는 '상속인이 될 직계비속이 상속개시와 동시에 사망한 것으로 추정되는 경우'도 포함하는 것으로 합목적적으로 해석함이 상당하다(대판 2001.3.9. 99다13157).

⑤ **재(再)대습상속** : 피상속인의 자(子)에게 대습원인이 발생한 경우에 손(孫)이 대습상속을 하게 되는데, 대습상속을 해야 할 손(孫)에게도 대습원인이 발생하면 그 손(孫)의 직계비속인 증손(曾孫)이 다시 대습상속을 하는 것을 재(再)대습상속이라 한다. 민법은 재(再)대습상속과 관련하여 별도의 규정을 두고 있지 않으나, 학설은 재(再)대습상속을 인정한다.

(3) 대습자의 요건

① 상속인이 될 자(피대습자)의 직계비속 또는 배우자이어야 한다(민법 제1001조, 제1003조 제2항).
② 대습상속인이 되려면 대습자도 피상속인에 대하여 상속결격자가 아니어야 한다.
③ 태아도 대습자가 될 수 있다. 즉, 대습상속능력이 있다(민법 제1000조 제3항 유추).

3. 대습상속의 효과

① 대습상속인은 피대습자의 상속분을 상속하게 된다(민법 제1010조 제1항).
② 대습상속인이 수인인 경우 피대습자의 상속분을 각 대습자가 자신의 법정상속분의 비율로 취득한다(민법 제1010조 제2항).

제4관 상속의 효력

I 일반적 효과

상속과 포괄적 권리의무의 승계(민법 제1005조)
상속인은 상속개시된 때로부터 피상속인의 재산에 관한 포괄적 권리의무를 승계한다. 그러나 피상속인의 일신에 전속한 것은 그러하지 아니하다.

공동상속과 재산의 공유(민법 제1006조)
상속인이 수인인 때에는 상속재산은 그 공유로 한다.

공동상속인의 권리의무승계(민법 제1007조)
공동상속인은 각자의 상속분에 응하여 피상속인의 권리의무를 승계한다.

분묘 등의 승계(민법 제1008조의3)
분묘에 속한 1정보 이내의 금양임야와 600평 이내의 묘토인 농지, 족보와 제구의 소유권은 제사를 주재하는 자가 이를 승계한다.

1. 상속재산의 포괄승계의 원칙

① 상속인은 상속개시된 때(피상속인의 사망 시)로부터 피상속인의 재산에 관한 포괄적 권리의무를 승계한다(민법 제1005조 본문).
  ㉠ 피상속인의 재산이면 적극재산(권리)이든 소극재산(채무)이든 불문한다.
  ㉡ 조건부 권리나 아직 권리로서 구체화되지 않은 재산법적인 법률관계도 피상속인의 상속재산에 포함된다.
  ㉢ 인격권이나 친족법상의 권리(친권자나 배우자의 권리 등)는 비재산권으로서 상속대상이 아니다.
② 재산적인 권리·의무라도 피상속인의 일신에 전속한 것은 상속되지 않는다(민법 제1005조 단서).

2. 상속재산의 범위

(1) 재산상의 권리

1) 물권 등

① 물권은 원칙적으로 전부 상속된다. 그리고 상속으로 인한 부동산물권의 취득은 등기를 요하지 않는다(민법 제187조 본문).

② **점유권의 상속**(민법 제193조) : 점유권은 상속인이 물건을 현실적으로 지배하고 있지 않더라도 피상속인의 사망과 동시에 상속인에게 이전된다. 단, 점유권의 공동상속인들에게는 민법 제1009조 소정의 상속분에 관한 규정이 적용되지 않는다(대판 1962.10.11. 62다460).

③ 합유자 중 일부가 사망한 경우 합유지분의 상속성(소극)

> **[합유자 중 일부가 사망한 경우의 소유권 귀속관계]**
> 부동산의 합유자 중 일부가 사망한 경우 합유자 사이에 특별한 약정이 없는 한 사망한 합유자의 상속인은 합유자로서의 지위를 승계하지 못하므로, 해당 부동산은 잔존 합유자가 2인 이상일 경우에는 잔존 합유자의 합유로 귀속되고 잔존 합유자가 1인인 경우에는 잔존 합유자의 단독소유로 귀속된다(대판 1996.12.10. 96다23238).

④ **유해의 상속** : 통설·판례(대판[전합] 2008.11.20. 2007다27670)는 유해에 대한 권리는 제사주재자에게 승계된다고 한다(민법 제1008조의3 참조).

> **[망인의 유체·유골의 승계권자 및 피상속인이 생전행위 또는 유언으로 자신의 유체·유골의 처분 방법을 정하거나 매장장소를 지정한 경우 그 효력]**
> (가) 사람의 유체·유골은 매장·관리·제사·공양의 대상이 될 수 있는 유체물로서, 분묘에 안치되어 있는 선조의 유체·유골은 민법 제1008조의3 소정의 제사용 재산인 분묘와 함께 그 제사주재자에게 승계되고, 피상속인 자신의 유체·유골 역시 위 제사용 재산에 준하여 그 제사주재자에게 승계된다.
> (나) 피상속인이 생전행위 또는 유언으로 자신의 유체·유골을 처분하거나 매장장소를 지정한 경우에, 선량한 풍속 기타 사회질서에 반하지 않는 이상 그 의사는 존중되어야 하고 이는 제사주재자로서도 마찬가지이지만, 피상속인의 의사를 존중해야 하는 의무는 도의적인 것에 그치고, 제사주재자가 무조건 이에 구속되어야 하는 법률적 의무까지 부담한다고 볼 수는 없다(대판[전합] 2008.11.20. 2007다27670 - 다수의견).

⑤ **지식재산권과 광업권, 어업권** : 특허권, 상표권, 저작권 등의 지적재산권과 광업권, 어업권은 원칙적으로 상속된다.

2) 채권

① 원칙 : 채권도 일신전속적인 것(부양청구권 등)을 제외하고는 상속의 대상이 된다(민법 제449조 제1항 본문).

② 손해배상청구권
  ㉠ 통상의 손해배상청구권 : 당연히 상속의 대상이 된다(민법 제1005조 본문).
  ㉡ 위자료청구권
    ㉮ 가족법상의 위자료청구권 : 약혼해제(민법 제806조 제3항), 혼인의 무효·취소(민법 제825조, 제806조), 이혼(민법 제843조, 제806조), 입양의 무효·취소(민법 제897조, 제806조), 파양(민법 제908조, 제806조) 등을 이유로 한 위자료청구권은 원칙적으로 상속되지 않으나, 그 배상에 관한 계약이 성립하거나 소를 제기한 경우에는 상속이 된다(민법 제806조 제3항).
    ㉯ 생명침해의 경우 위자료청구권 : 상속의 인정 여부에 대해 학설의 대립이 있으나, 판례는 「위자료청구권은 일신전속적 권리라고 할 수 없고, 피해자가 이를 파기하거나 면제했다고 볼 수 있는 특별한 사정이 없는 한 생전에 청구의 의사를 표시할 필요없이 원칙적으로 상속되는 것이라고 보았다(대판 1966.10.18. 66다1335)」. 나아가 「피해자가 즉사한 경우라 하여도 피해자가 치명상을 받은 때와 사망과의 사이에는 이론상 시간적 간격이 인정될 수 있는 것이므로 피해자의 위자료청구권은 당연히 상속의 대상이 된다(대판 1969.4.15. 69다268)」고 하였다.

③ 재산분할청구권
  ㉠ 이혼 후 사망한 경우 : 학설은 일반적으로 청구의 의사표시에 관계없이 재산분할청구권은 당연히 상속이 되나, 부양적 요소는 상속되지 않는다고 한다.
  ㉡ 이혼소송과 재산분할청구를 병합한 소송의 계속 중 당사자 일방이 사망한 경우 : 이혼의 성립을 전제로 한 재산분할청구권이 인정되지 않으므로, 그 권리의 상속성이 문제될 여지도 없다.

④ 생명보험금청구권
  ㉠ 보험계약자인 피상속인이 자기를 피보험자 및 보험수익자로 지정한 경우에는 보험금청구권은 상속재산이 된다.
  ㉡ 보험계약자인 피상속인이 자기를 피보험자로 하고, 보험수익자를 상속인의 전부 또는 일부로 지정한 경우에는 수익자를 성명으로 특정한 때는 물론 수익자를 단순히 상속인이라고 지정한 때에도 보험금청구권은 보험계약의 효력에 의한 것이어서 상속인들의 고유재산이며, 상속재산에 해당하지 않는다.
  ㉢ 보험계약자(피상속인)가 스스로를 피보험자로 하면서, 수익자는 만기까지 자신이 생존할 경우에는 자기 자신을, 자신이 사망한 경우에는 '상속인'이라고만 지정하고 그 피보험자가 사망하여 보험사고가 발생한 경우, 보험금청구권은 상속인들의 고유재산으로 보아야 할 것이고, 이를 상속재산이라 할 수 없다(대판 2001.12.28. 2000다31502).

㉣ 보험수익자가 보험존속 중에 사망한 때에는 보험계약자는 다시 보험수익자를 지정할 수 있다. 이 경우에 보험계약자가 지정권을 행사하지 아니하고 사망한 때에는 보험수익자의 상속인을 보험수익자로 한다(상법 제733조 제3항). 이 경우의 보험금청구권은 보험수익자의 상속인의 고유재산으로서 상속재산에 해당하지 않는다.

> [1] 생명보험의 보험계약자가 보험수익자의 지정권을 행사하기 전에 보험사고가 발생하여 피보험자의 상속인이 보험수익자로 되는 경우, 상속인이 가지는 보험금청구권이 상속재산인지 여부(소극) : 보험계약자가 피보험자의 상속인을 보험수익자로 하여 맺은 생명보험계약에 있어서 피보험자의 상속인은 피보험자의 사망이라는 보험사고가 발생한 때에는 보험수익자의 지위에서 보험자에 대하여 보험금 지급을 청구할 수 있고, 이 권리는 보험계약의 효력으로 당연히 생기는 것으로서 상속재산이 아니라 상속인의 고유재산이라고 할 것인데, 이는 상해의 결과로 사망한 때에 사망보험금이 지급되는 상해보험에 있어서 피보험자의 상속인을 보험수익자로 미리 지정해 놓은 경우는 물론, 생명보험의 보험계약자가 보험수익자의 지정권을 행사하기 전에 보험사고가 발생하여 상법 제733조에 의하여 피보험자의 상속인이 보험수익자가 되는 경우에도 마찬가지라고 보아야 한다. [2] 상해의 결과로 사망하여 사망보험금이 지급되는 상해보험에 있어서 보험수익자가 지정되어 있지 않아 피보험자의 상속인이 보험수익자로 되는 경우, 보험금청구권이 상속인의 고유재산인지 여부(적극) : 보험수익자의 지정에 관한 상법 제733조는 상법 제739조에 의하여 상해보험에도 준용되므로, 결국 상해의 결과로 사망한 때에 사망보험금이 지급되는 상해보험에 있어서 보험수익자가 지정되어 있지 않아 위 법률규정에 의하여 피보험자의 상속인이 보험수익자가 되는 경우에도 보험수익자인 상속인의 보험금청구권은 상속재산이 아니라 상속인의 고유재산으로 보아야 한다(대판 2004.7.9. 2003다29463).

⑤ 부의금(조의금) : 유족에게 증여되는 것으로서, 상속재산에 해당하지 않는다.

> **[부의금의 귀속주체]**
> 사람이 사망한 경우에 부조금 또는 조위금 등의 명목으로 보내는 부의금은 상호부조의 정신에서 유족의 정신적 고통을 위로하고 장례에 따르는 유족의 경제적 부담을 덜어줌과 아울러 유족의 생활안정에 기여함을 목적으로 증여되는 것으로서, 장례비용에 충당하고 남는 것에 관하여는 특별한 다른 사정이 없는 한 사망한 사람의 공동상속인들이 각자의 상속분에 응하여 권리를 취득하는 것으로 봄이 우리의 윤리감정이나 경험칙에 합치된다고 할 것이다(대판 1992.8.18. 92다2998). 즉, 상속재산에 해당하지 않는다.

⑥ 퇴직생활급여

> 甲이 초등학교 교사로서 퇴직 당시 퇴직일시금과 퇴직수당, 교원장기저축금 등을 받아 한국교직원공제회에 퇴직생활급여 상품으로 예치하였는데, 甲의 사망 후 공동상속인인 乙 등이 다른 공동상속인인 丙 등을 상대로 상속재산분할을 구하면서 甲이 생전에 한국교직원공제회에 예치해 두었던 퇴직생활급여금도 甲이 사망 당시 소유하고 있던 재산으로서 상속재산분할대상에 해당한다고 주장한 사안에서, 한국교직원공제회가 운영하는 퇴직생활급여 상품은 퇴직 후 가입하는 저축상품으로서 가입자인 甲이 가입기간 동안 부가금(이자)을 지급받고, 급여를 청구할 경우 원리금을 모두 지급받는 구조인데, 가입자가 사망한 경우에 급여 수급권자의 순위는 민법상 재산상속 순위에 따르지만, 가입자가 사망 전에 배우자, 직계비속, 형제자매에 한하여 수급권자를 지정할 수 있으며, 이에 甲이 사망 전에 배우자인 丙을 수급권자로 지정하였고, 이에 따라 丙이 甲의 사망 후 한국교직원공제회로부터 甲이 생전에 예치한 퇴직생활급여를 받았는바, 이러한 퇴직생활급여의 발생 근거와 성격 등을 종합하면, 퇴직생활급여는 丙이 독자적으로 수령할 권한이 있는 고유재산이므로 상속재산의 범위에 포함되지 않는다고 본 원심판단이 정당하다고 한 사례(대결 2019.5.17. 2017스516·517).

⑦ 공무원연금법상의 유족급여

> 공무원연금법 제3조 제1항 제2호, 같은 조 제2항, 제28조, 제29조, 제30조, 제42조, 제46조, 제48조, 제56조, 제57조, 제60조, 제61조의2, 같은법시행령 제24조의 규정을 종합하여 보면, 공무원의 퇴직을 사유로 하는 퇴직급여는 공무원이 재직 중 사망하거나 공무원이었던 자로서 퇴직연금 또는 장해연금을 받을 권리가 있는 자가 사망한 경우에 그 유족에게 지급되는 유족급여와는 그 발생사유 및 수급권자, 금액 등에서 차이가 있어 구별되는 것으로, 공무원이 재직 중 사망한 경우에는 처음부터 퇴직을 사유로 한 퇴직급여의 문제는 생기지 아니하고, 한편, 유족급여는 공무원 또는 공무원이었던 자의 사망 당시 그에 의하여 부양되고 있던 유족의 생활보장과 복리향상을 목적으로 하여 민법과는 다른 입장에서 수급권자를 정한 것으로, 수급권자인 유족이나 유족이 아닌 직계비속은 상속인으로서가 아니라 이들 규정에 의하여 직접 자기의 고유의 권리로서 취득하는 것이다(대판 2000.9.26. 98다50340).

(2) 재산상의 의무

1) 일반론
채무는 일반적으로 일신전속적인 것이 아닌 한 상속된다(민법 제449조 제1항 본문).

2) 보증채무
① **통상의 보증채무** : 보증인의 책임범위가 확정되어 있는 보통의 보증채무는 상속된다.
② **신원보증계약으로 인한 보증채무** : 신원보증계약은 신원보증인의 사망으로 종료되므로(신원보증법 제7조), 신원보증인의 지위는 상속되지 않지만, 신원보증인의 사망 전에 이미 발생한 신원보증계약으로 인한 보증채무는 상속된다(대판 1972.2.29. 71다2747).
③ **계속적 보증의 경우 보증채무** : 보증한도액이 정해진 계속적 보증계약의 경우 보증인이 사망하였다 하더라도 보증계약이 당연히 종료되는 것은 아니고 특별한 사정이 없는 한 상속인들이 보증인의 지위를 승계한다고 보아야 할 것이나, 보증기간과 보증한도액의 정함이 없는 계속적 보증계약의 경우에는 보증인이 사망하면 보증인의 지위가 상속인에게 상속된다고 할 수 없고 다만, 기왕에 발생된 보증채무만이 상속된다(대판 2001.6.12. 2000다47187).

3) 등기이전의무
피상속인이 제3자에게 부동산을 양도하였으나 등기를 이전하기 전에 사망한 경우에는 상속인이 피상속인의 등기이전의무를 승계하며, 공동상속의 경우에는 상속인들이 상속지분의 범위에서 등기이전의무를 승계한다.

4) 재산세 납부의무
민법 제1007조는 "공동상속인은 각자의 상속분에 응하여 피상속인의 권리·의무를 승계한다"라고 정하는데, 위 조항에서 정한 '상속분'은 법정상속분을 의미하므로 일단 상속이 개시되면 공동상속인은 각자의 법정상속분 비율에 따라 모든 상속재산을 승계한다. 또한 민법 제1006조는 "상속인이 수인인 때에는 상속재산은 그 공유로 한다"라고 정하므로, 공동상속인들은 상속이 개시되어 상속재산의 분할이 있을 때까지 민법 제1007조에 기하여 각자의 법정상속분에 따라 이를 공유한다. 그리고 공유물에 관계되는 지방세는 공유자가 연대하여 납부할 의무를 지고, 이에 관하여는 출재채무자의 구상권에 관한 민법 제425조를 준용한다(지방세기본법 제2조 제1항 제22호, 제44조 제1항, 제5항).

한편 민법 제1015조는 "상속재산의 분할은 상속개시된 때에 소급하여 그 효력이 있다. 그러나 제3자의 권리를 해하지 못한다"라고 규정함으로써 상속재산분할의 소급효를 인정하고 있으나, 상속재산 분할에 소급효가 인정된다고 하더라도, 상속개시 이후 공동상속인들이 상속재산의 공유관계에 있었던 사실 자체가 소급하여 소멸하는 것은 아니다. 따라서 위와 같이 공동상속인들이 각자의 법정상속분에 따라 상속재산을 공유하는 동안 상속재산에 부과된 재산세는 공동상속인들이 연대하여 납부할 의무를 지고, 그중 1인이 위 재산세를 납부함으로써 공동면책을 얻었다면 그 공동상속인은 특별한 사정이 없는 한 다른 공동상속인들을 상대로 각자의 법정상속분에 따라 구상할 수 있다./ 그리고 구상을 하지 않은 상태에서 상속재산분할 절차가 진행되는 경우 그 절차에서 위와 같이 납부된 재산세가 고려될 수 있으나, 이에 대한 고려가 이루어지지 않았다면 그 상속재산을 재산세를 납부한 공동상속인의 단독소유로 하는 내용의 상속재산분할이 이루어졌다고 해도 여전히 다른 공동상속인들을 상대로 구상할 수 있다(대판 2024.8.1. 2023다318857).

(3) 법률상 지위 또는 계약상 지위

1) 사원권 등

① 민법상 사단법인(비영리법인)의 사원의 지위(사원권)는 원칙적으로 양도 또는 상속되지 않는다(민법 제56조). 단, 민법 제56조는 임의규정이므로 사원의 지위는 규약이나 관행에 의하여 양도 또는 상속될 수 있다(대판 1997.9.26. 95다6205).

② 민법상 조합에서 조합원이 사망하면 당연히 조합에서 탈퇴하게 되고(민법 제717조 제1호), 조합원의 지위는 상속인에게 승계되지 않는다. 단, 조합계약이나 규약에서 달리 정한 바가 있다면 상속이 가능하다.

2) 임대차

① 임차권은 재산적 가치를 갖는 채권이므로 원칙적으로 상속된다.

② 단, 주택임대차보호법상 상속에 관한 특별규정이 있다(주택임대차보호법 제9조).

　㉠ 임차인이 상속인 없이 사망한 경우에는 그 주택에서 가정공동생활을 하던 사실상의 혼인관계에 있는 자가 임차인의 권리와 의무를 승계한다(제1항).

　㉡ 임차인이 사망한 때에 사망 당시 상속인이 그 주택에서 가정공동생활을 하고 있지 아니한 경우에는 그 주택에서 가정공동생활을 하던 사실상의 혼인관계에 있는 자와 2촌 이내의 친족이 공동으로 임차인의 권리와 의무를 승계한다(제2항).

　㉢ 제1항과 제2항의 경우에 임차인이 사망한 후 1개월 이내에 임대인에게 제1항과 제2항에 따른 승계 대상자가 반대의사를 표시한 경우에는 임차권을 승계하지 아니할 수 있다(제3항).

　㉣ 제1항과 제2항의 경우에 임대차 관계에서 생긴 채권·채무는 임차인의 권리의무를 승계한 자에게 귀속된다(제4항).

3) 대리인의 지위

대리인의 지위는 대리인의 사망으로 상속되지 않으며, 대리권은 소멸한다(민법 제127조).

4) 소송상의 지위

① 소송당사자가 사망한 때에는 소송절차는 중단된다(민사소송법 제233조 제1항 전문). 단, 소송대리인이 있는 경우에는 중단되지 않는다(민사소송법 제238조).
② 소송당사자의 사망으로 소송절차가 중단되는 경우에는 상속인·상속재산 관리인, 그 밖에 법률에 의하여 소송을 계속하여 수행할 사람이 소송절차를 수계(受繼)하여야 한다(민사소송법 제233조 제1항 후문). 그러나 소송의 목적인 권리가 피상속인의 일신에 전속하는 것인 경우에는 소송은 종료된다.

3. 제사용 재산의 특별승계

(1) 서 설

1) 의 의

민법은 "분묘에 속한 1정보(3천평) 이내의 금양임야와 600평 이내의 묘토인 농지, 족보와 제구의 소유권은 제사를 주재하는 자가 이를 승계한다(민법 제1008조의3)"고 규정하고 있다. 이는 제사용 재산을 공동상속하게 하거나 평등분할하도록 하는 것은 조상숭배나 가통의 계승을 중시하는 우리의 습속이나 국민감정에 반하는 것이므로 일반 상속재산과는 구별하여 달리 취급하기 위한 것이다(대판 1997.11.28. 96누18069).

2) 제사용 재산의 특징

① 제사용 재산은 일반 상속재산이 아닌 특별재산이므로 상속분이나 유류분 산정의 기초재산에 편입되지 않는다. 이에 따라 상속포기자도 제사용 재산을 승계할 수 있다.

> [구 민법 제996조(현행 민법 제1008조의3)에 규정된 제사용 재산의 승계가 본질적으로 상속에 해당하는지 여부(적극) 및 그에 관한 권리의 회복을 청구하는 경우, 민법 제999조 제2항의 제척기간이 적용되는지 여부(적극)]
> 구 민법 제996조(현행 민법 제1008조의3)에 정한 이른바 제사용 재산은 일반상속재산과는 구분되는 특별재산으로서, 위 규정에 의한 승계를 상속과는 완전히 별개의 제도라고 볼 것이 아니라 본질적으로 상속에 속하는 것으로서 일가의 제사를 계속할 수 있게 하기 위하여 상속에 있어서의 한 특례를 규정한 것으로 보는 것이 상당하다. 따라서 그에 관하여 일반 상속재산과는 다소 다른 특별재산으로서의 취급을 할 부분이 있다 하더라도, 상속을 원인으로 한 권리의무관계를 조속히 확정시키고자 하는 상속회복청구권의 제척기간 제도의 취지까지 그 적용을 배제하여야 할 아무런 이유가 없다(대판 2006.7.4. 2005다45452).

② 제사용 재산은 한정승인이나 재산분리청구가 있는 경우에도 책임재산에서 제외된다.
③ 제사용 재산의 승계는 취득자의 상속분에 영향을 미치지 않는다.
④ 제사용 재산은 생전승계도 가능하다.
⑤ 제사용 재산 중에는 압류가 금지되는 물건이 있으며(민사집행법 제195조 제8호·제9호), 금양임야와 묘토인 농지는 2억원을 한도로, 족보와 제구는 1천만원을 한도로 상속세가 부과되지 않는다(상속세 및 증여세법 제12조 제3호, 동법 시행령 제8조 제3항).

(2) 제사용 재산의 범위

제사용 재산은 ① 분묘에 속한 1정보 이내의 금양임야(분묘 또는 그 예정지 주위의 벌목이 금지되는 임야), ② 600평 이내의 묘토(위토라고도 하며, 제사 또는 이와 관계되는 사항을 집행·처리하기 위하여 설정된 토지)인 농지, ③ 족보, ④ 제구(조상의 제사에 사용되는 도구로, 분묘의 부속시설인 비석도 포함)로 구성된다.

> [금양임야가 수호하는 분묘의 기지를 처분한 후에도 분묘를 이전하기까지는 금양임야로서의 성질을 지니는지 여부(적극)]
> 금양임야 등 제사용 재산을 일반상속의 대상에서 제외하여 특별상속에 의하도록 하고 있는 이유는 제사용 재산을 공동상속하게 하거나 평등분할하도록 하는 것은 조상 숭배나 가통의 계승을 중시하는 우리의 습속이나 국민감정에 반하는 것이므로 일반상속재산과는 구별하여 달리 취급하기 위한 것이라 할 것이므로, 이와 같은 제도의 취지에 비추어 볼 때, 금양임야가 수호하는 분묘의 기지가 제3자에게 이전된 경우에도 그 분묘를 사실상 이전하기 전까지는 그 임야는 여전히 금양임야로서의 성질을 지니고 있으므로, 금양임야가 수호하던 분묘의 기지가 포함된 토지가 토지수용으로 인하여 소유권이 이전된 후에도 미처 분묘를 이장하지 못하고 있던 중 피상속인이 사망하였다면 위 임야는 여전히 금양임야로서의 성질을 지닌다(대판 1997.11.28. 96누18069).

(3) 제사용 재산의 승계자

① 제사용 재산은 제사를 주재하는 자에게 승계된다(민법 제1008조의3).
② 제사주재자의 결정 : 대판[전합] 2008.11.20. 2007다27670(이하 '2008년 전원합의체 판결'이라 한다)은 제사주재자는 우선적으로 망인의 공동상속인들 사이의 협의에 의해 정하되, 협의가 이루어지지 않는 경우에는 제사주재자의 지위를 유지할 수 없는 특별한 사정이 있지 않는 한 망인의 장남(장남이 이미 사망한 경우에는 장손자)이 제사주재자가 되고, 공동상속인들 중 아들이 없는 경우에는 망인의 장녀가 제사주재자가 된다고 판시하였다. 그러나 공동상속인들 사이에 협의가 이루어지지 않는 경우 제사주재자 결정방법에 관한 2008년 전원합의체 판결의 법리는 더 이상 조리에 부합한다고 보기 어려워 유지될 수 없다. 공동상속인들 사이에 협의가 이루어지지 않는 경우에는 제사주재자의 지위를 인정할 수 없는 특별한 사정이 있지 않는 한 피상속인의 직계비속 중 남녀, 적서를 불문하고 최근친의 연장자가 제사주재자로 우선한다고 보는 것이 가장 조리에 부합한다(대판[전합] 2023.5.11. 2018다248626).

(4) 관련 판례

1) 망인의 유체·유골의 승계권자 및 망인이 생전행위 또는 유언으로 자신의 유체·유골의 처분 방법을 정하거나 매장장소를 지정한 경우 그 효력(대판[전합] 2008.11.20. 2007다27670)

① 망인의 유체·유골의 승계권자 : 사람의 유체·유골은 매장·관리·제사·공양의 대상이 될 수 있는 유체물로서, 분묘에 안치되어 있는 선조의 유체·유골은 민법 제1008조의3 소정의 제사용 재산인 분묘와 함께 그 제사주재자에게 승계되고, 피상속인 자신의 유체·유골 역시 위 제사용 재산에 준하여 그 제사주재자에게 승계된다.

② 망인이 생전행위 또는 유언으로 자신의 유체·유골의 처분 방법을 정하거나 매장장소를 지정한 경우 그 효력 : 피상속인이 생전행위 또는 유언으로 자신의 유체·유골을 처분하거나 매장장소를 지정한 경우에, 선량한 풍속 기타 사회질서에 반하지 않는 이상 그 의사는 존중되어야 하고 이는 제사주재자로서도 마찬가지이지만, 피상속인의 의사를 존중해야 하는 의무는 도의적인 것에 그치고, 제사주재자가 무조건 이에 구속되어야 하는 법률적 의무까지 부담한다고 볼 수는 없다.

2) 금양임야 등 제사용 재산이 제사주재자가 아닌 다른 상속인에게로 소유권이전 되었을 경우, 일반 상속재산에 포함되는지 여부(소극)

어느 토지가 민법 제1008조의3 소정의 금양임야이거나 묘토인 농지에 해당한다면 그 규정에 정한 범위 내의 토지는 제사주재자가 단독으로 그 소유권을 승계할 것이고, 만일 다른 상속인 등의 명의로 소유권이전등기가 경료되었다 하여도 그 부분에 관한 한은 무효의 등기에 불과하므로, 그 소유권이전등기로써 제사주재자가 승계할 금양임야가 일반 상속재산으로 돌아가는 것은 아니다(대판 1997.11.28. 96누18069).

3) 금양임야 등의 소유자가 사망한 후 상속인과 그 수호분묘의 제사 주재자가 다를 경우, 금양임야 등이 일반 상속재산으로 돌아가는지 여부(적극)

금양임야 등의 소유자가 사망한 후 상속인과 그 금양임야로서 수호하는 분묘의 제사를 주재하는 자가 다를 경우에는 그 금양임야 등은 상속인들의 일반 상속재산으로 돌아간다고 보아야 할 것이며 상속인이 아닌 제사를 주재하는 자에게 금양임야 등의 승계권이 귀속된다고 할 수는 없다(대판 1994.10.14. 94누4059).

4. 공동상속

(1) 의 의

상속이 개시되면 상속재산은 상속인에게 이전되나, 상속인이 복수인 경우에는 공동상속인은 각자의 상속분에 따라 피상속인의 권리·의무를 승계하며(민법 제1007조), 상속재산은 그들의 공유로 한다(민법 제1006조).

> [민법 제1007조에서 정한 '상속분'의 의미(= 법정상속분) 및 공동상속인들 사이에서 상속재산의 분할이 마쳐지지 않았음에도 특정 공동상속인에 대하여 특별수익 등을 고려하면 그의 구체적 상속분이 없다는 등의 이유를 들어 개개의 상속재산에 관하여 법정상속분에 따른 권리승계가 아예 이루어지지 않았다거나, 법정상속분에 따라 마쳐진 상속을 원인으로 한 소유권이전등기가 원인무효라고 주장하는 것이 허용되는지 여부(소극)]
> 민법 제1007조는 "공동상속인은 각자의 상속분에 응하여 피상속인의 권리·의무를 승계한다"라고 정하는바, 위 조항에서 정한 '상속분'은 법정상속분을 의미하므로 일단 상속이 개시되면 공동상속인은 각자의 법정상속분의 비율에 따라 모든 상속재산을 승계한다. 또한 민법 제1006조는 "상속인이 수인인 때에는 상속재산은 그 공유로 한다"라고 정하므로, 공동상속인들은 상속이 개시되어 상속재산의 분할이 있을 때까지 민법 제1007조에 기하여 각자의 법정상속분에 따라서 이를 잠정적으로 공유하다가 특별수익 등을 고려한 구체적 상속분에 따라 상속재산을 분할함으로써 위와 같은 잠정적 공유상태를 해소하고 최종적으로 개개의 상속재산을 누구에게 귀속시킬 것인지를 확정하게 된다. 그러므로 공동상속인들 사이에서 상속재산의 분할이 마쳐지지 않았음에도 특정 공동상속인에 대하여 특별수익 등을 고려하면 그의 구체적 상속분이 없다는 등의 이유를 들어 그 공동상속인에게는 개개의 상속재산에 관하여 법정상속분에 따른 권리승계가 아예 이루어지지 않았다거나, 부동산인 상속재산에 관하여 법정상속분에 따라 마쳐진 상속을 원인으로 한 소유권이전등기가 원인무효라고 주장하는 것은 허용될 수 없다(대판 2023.4.27. 2020다292626).

(2) 민법 제1006조 「공유」의 의미

1) 문제점

민법 제1006조의 「공유」의 의미에 관하여 재산법상의 공유를 의미하는지 합유를 의미하는지가 「개별상속재산에 대한 지분처분의 자유」 인정 여부와 관련하여 문제된다.

2) 판례

판례는 「공동상속재산은 상속인들의 공유이고, 또 부동산의 공유자인 한 사람은 그 공유물에 대한 보존행위로서 그 공유물에 관한 원인무효의 등기 전부의 말소를 구할 수 있다(대판 1996.2.9. 94다61649)」고 하여 공유설을 취하고 있다.

3) 검토

민법 제1015조 단서가 지분처분의 자유를 전제로 상속재산분할의 소급효로부터 지분취득자를 보호하기 위한 규정임을 고려하면, 민법 제1006조의 공유를 합유로 해석할 이유는 없다.

(3) 공동상속의 구체적인 경우

1) 물건의 공동상속

공동상속인은 상속재산에 속하는 개개의 물건에 대하여 상속분에 따른 공유지분을 갖는다(민법 제262조 참조).

2) 채권의 공동상속

① **가분채권** : 상속개시와 동시에 당연히 공동상속인 사이에서 그들의 상속분에 따라 분할되어 상속된다(대판 1980.11.25. 80다1847).

② **불가분채권** : 상속재산의 분할 시까지 공동상속인 전원에게 불가분적으로 귀속한다. 이에 따라 각 상속인은 모든 상속인을 위하여 이행을 청구할 수 있고, 채무자는 모든 상속인을 위하여 어느 상속인에게 이행할 수 있다(민법 제409조).

3) 채무의 공동상속

① **가분채무** : 가분채권과 동일하게 각 공동상속인에게 그들의 상속분에 따라 분할된다.

> [금전채무가 공동상속된 경우, 상속재산분할의 대상이 될 수 있는지 여부(소극)]
> 금전채무와 같이 급부의 내용이 가분인 채무가 공동상속된 경우, 이는 상속개시와 동시에 당연히 법정상속분에 따라 공동상속인에게 분할되어 귀속되는 것이므로, 상속재산분할의 대상이 될 여지가 없다(대판 1997.6.24. 97다8809).

② **불가분채무** : 공동상속인 각자가 불가분채무 전부에 대하여 이행의 책임을 진다(민법 제411조, 제414조).

> [상속에 따라 임차건물의 소유권을 취득한 자가 상가건물 임대차보호법 제3조 제2항에서 정한 '임차건물의 양수인'에 해당하는지 여부(적극) 및 임대인 지위를 공동으로 승계한 공동임대인들의 임차보증금 반환채무가 불가분채무인지 여부(적극)]
> 상가건물 임대차보호법 제3조는 '대항력 등'이라는 표제로 제1항에서 대항력의 요건을 정하고, 제2항에서 "임차건물의 양수인(그 밖에 임대할 권리를 승계한 자를 포함)은 임대인의 지위를 승계한 것으로 본다"라고

정하고 있다. 이 조항은 임차인이 취득하는 대항력의 내용을 정한 것으로, 상가건물의 임차인이 제3자에 대한 대항력을 취득한 다음 임차건물의 양도 등으로 소유자가 변동된 경우에는 양수인 등 새로운 소유자(이하 '양수인'이라 한다)가 임대인의 지위를 당연히 승계한다는 의미이다. 소유권 변동의 원인이 매매 등 법률행위든 상속·경매 등 법률의 규정이든 상관없이 이 규정이 적용되므로, 상속에 따라 임차건물의 소유권을 취득한 자도 위 조항에서 말하는 임차건물의 양수인에 해당한다. 임대인 지위를 공동으로 승계한 공동임대인들의 임차보증금 반환채무는 성질상 불가분채무에 해당한다(대판 2021.1.28, 2015다59801).

(4) 공동상속재산의 관리 및 처분

1) 공동상속재산의 관리

① **보존행위** : 공동상속인 각자가 단독으로 할 수 있다(민법 제265조 단서). 따라서 공동상속인 중 1인은 공유물에 관한 제3자 명의의 원인무효의 등기전부를 보존행위로서 말소청구할 수 있다. 그러나 다른 공동상속인이 상속부동산 전부에 관하여 소유권이전등기를 그의 단독명의로 경료한 경우에는 각 공동상속인은 그 공유자의 공유지분을 제외한 나머지 공유지분 전부에 관하여 소유권이전등기말소를 청구할 수 있다.

[공동상속인 중 1인이 상속부동산에 대하여 단독으로 등기를 경료한 경우 다른 공동상속인 중 1인이 그 공동상속인들의 공유지분 전부에 대하여 그 등기말소절차의 이행을 구할 수 있는지 여부(소극)]
부동산의 공유자의 1인은 당해 부동산에 관하여 제3자 명의로 원인무효의 소유권이전등기가 경료되어 있는 경우 공유물에 관한 보존행위로서 제3자에 대하여 그 등기전부의 말소를 구할 수 있으므로 상속에 의하여 수인의 공유로 된 부동산에 관하여 그 공유자 중의 1인이 부정한 방법으로 공유물 전부에 관한 소유권이전등기를 그 단독명의로 경료함으로써 타의 공유자가 공유물에 대하여 갖는 권리를 방해한 경우에 있어서는 그 방해를 받고 있는 공유자 중의 1인은 공유물의 보존행위로서 위 단독명의로 등기를 경료하고 있는 공유자에 대하여 그 공유자의 공유지분을 제외한 나머지 공유지분 전부에 관하여 소유권이전등기말소등기절차의 이행을 구할 수 있다(대판 1988.2.23, 87다카961).

② **이용·개량행위** : 공유물의 관리에 관한 사항으로서 공동상속인의 법정상속분 지분의 과반수로 결정한다(민법 제265조 본문).

2) 공동상속재산의 처분

① 상속개시와 동시에 상속분에 따른 공유지분을 취득하므로, 상속재산 전체에 대한 각자의 상속분은 단독으로 처분할 수 있다.
② 상속재산에 속하는 개개의 물건 또는 권리는 공동상속인 전원의 동의 없이는 단독으로 처분할 수는 없으나(민법 제264조), 처분한 경우에는 그 처분자의 지분범위 내에서는 유효(∵개개의 물건 또는 권리의 지분은 각 공동상속인이 단독으로 유효하게 처분가능)하고(민법 제1015조 단서, 제263조) 다른 상속인의 지분범위 내에서는 무효이다.

3) 공동상속재산에 관한 소송이 필수적 공동소송인지 여부에 관한 판례
① 공동상속재산의 지분에 관한 지분권존재확인을 구하는 소송은 필수적 공동소송이 아니라 통상의 공동소송이다(대판 2010.2.25. 2008다96963·96970).
② 공동상속인이 다른 공동상속인을 상대로 어떤 재산이 상속재산임의 확인을 구하는 소는 이른바 고유필수적 공동소송이라고 할 것이고, 고유필수적 공동소송에서는 원고들 일부의 소 취하 또는 피고들 일부에 대한 소 취하는 특별한 사정이 없는 한 그 효력이 생기지 않는다(대판 2007.8.24. 2006다40980).
③ 공동상속인들을 상대로 피상속인이 이행하여야 할 부동산소유권이전등기절차이행을 청구하는 소는 필요적 공동소송이 아니다(대판 1964.12.29. 64다1054).

Ⅱ 상속분

특별수익자의 상속분(민법 제1008조)
공동상속인 중에 피상속인으로부터 재산의 증여 또는 유증을 받은 자가 있는 경우에 그 수증재산이 자기의 상속분에 달하지 못한 때에는 그 부족한 부분의 한도에서 상속분이 있다.

기여분(민법 제1008조의2)
① 공동상속인 중에 상당한 기간 동거·간호 그 밖의 방법으로 피상속인을 특별히 부양하거나 피상속인의 재산의 유지 또는 증가에 특별히 기여한 자가 있을 때에는 상속개시 당시의 피상속인의 재산가액에서 공동상속인의 협의로 정한 그 자의 기여분을 공제한 것을 상속재산으로 보고 제1009조 및 제1010조에 의하여 산정한 상속분에 기여분을 가산한 액으로써 그 자의 상속분으로 한다.
② 제1항의 협의가 되지 아니하거나 협의할 수 없는 때에는 가정법원은 제1항에 규정된 기여자의 청구에 의하여 기여의 시기·방법 및 정도와 상속재산의 액 기타의 사정을 참작하여 기여분을 정한다.
③ 기여분은 상속이 개시된 때의 피상속인의 재산가액에서 유증의 가액을 공제한 액을 넘지 못한다.
④ 제2항의 규정에 의한 청구는 제1013조 제2항의 규정에 의한 청구가 있을 경우 또는 제1014조에 규정하는 경우에 할 수 있다.

법정상속분(민법 제1009조)
① 동순위의 상속인이 수인인 때에는 그 상속분은 균분으로 한다.
② 피상속인의 배우자의 상속분은 직계비속과 공동으로 상속하는 때에는 직계비속의 상속분의 5할을 가산하고, 직계존속과 공동으로 상속하는 때에는 직계존속의 상속분의 5할을 가산한다.

대습상속분(민법 제1010조)
① 제1001조의 규정에 의하여 사망 또는 결격된 자에 갈음하여 상속인이 된 자의 상속분은 사망 또는 결격된 자의 상속분에 의한다.
② 전항의 경우에 사망 또는 결격된 자의 직계비속이 수인인 때에는 그 상속분은 사망 또는 결격된 자의 상속분의 한도에서 제1009조의 규정에 의하여 이를 정한다. 제1003조 제2항의 경우에도 또한 같다.

> **공동상속분의 양수(민법 제1011조)**
> ① 공동상속인 중에 그 상속분을 제3자에게 양도한 자가 있는 때에는 다른 공동상속인은 그 가액과 양도비용을 상환하고 그 상속분을 양수할 수 있다.
> ② 전항의 권리는 그 사유를 안 날로부터 3월, 그 사유있은 날로부터 1년 내에 행사하여야 한다.

1. 서 설

(1) 상속분의 의의

일반적으로 상속분이란 각 공동상속인이 포괄적인 상속재산(소극재산을 포함)에 대하여 가지는 권리·의무의 비율을 의미한다.

(2) 지정상속분 또는 유언상속분의 문제

피상속인이 유언으로 상속분을 지정할 수 있는지에 대하여 학설은 ① 현행법상 지정상속분에 관한 규정이 없고, 유언은 법정사항에 한하여 할 수 있음을 근거로 지정상속분이 인정될 수 없다는 견해와 ② 상속인에 의한 포괄유증을 법정상속분과 달리 피상속인의 의사에 의하여 상속분이 결정되는 경우로 파악하여 지정상속분을 긍정하는 견해의 대립이 있다.

2. 법정상속분

(1) 혈족상속인의 상속분

동순위의 상속인이 수인인 때에는 그 상속분은 균분으로 한다(민법 제1009조 제1항).

> [생명보험에서 지정 보험수익자 사망 후 보험계약자가 재지정권을 행사하기 전에 보험계약자가 사망하거나 보험사고가 발생하고, 보험계약자 사망 또는 보험사고 발생 당시 지정 보험수익자의 상속인이 생존하고 있지 아니한 경우의 보험수익자(= 순차 상속인으로서 당시 생존한 자) 및 보험수익자가 되는 상속인이 여럿인 경우, 상속인들이 법정상속분 비율로 보험금청구권을 취득하는지 여부(적극)]
>
> 생명보험에서 보험계약자는 보험수익자를 지정·변경할 권리를 가지고 있고(상법 제733조 제1항), 지정된 보험수익자(이하 '지정 보험수익자'라 한다)가 보험존속 중 사망한 경우 보험계약자는 다시 보험수익자를 지정할 수 있되 보험계약자가 지정권을 행사하지 아니하고 사망하거나 보험계약자가 지정권을 행사하기 전에 보험사고가 생긴 때에는 지정 보험수익자의 상속인을 보험수익자로 한다(상법 제733조 제3항, 제4항). 상법 제733조 제3항, 제4항은 보험계약자가 재지정권을 행사하지 못하여 보험수익자에 흠결이 생긴 경우 보험계약자가 지정 보험수익자에게 보험금청구권을 취득하도록 한 원래의 의사를 우선 고려하고자 하는 취지이다. 이러한 상법 제733조 제3항, 제4항의 법 문언과 규정 취지를 고려하면, 지정 보험수익자 사망 후 보험계약자가 재지정권을 행사하기 전에 보험계약자가 사망하거나 보험사고가 발생하고, 보험계약자 사망 또는 보험사고 발생 당시 지정 보험수익자의 상속인이 생존하고 있지 아니한 경우에는 그 상속인의 상속인을 비롯한 순차 상속인으로서 보험계약자 사망 또는 보험사고 발생 당시 생존한 자가 보험수익자가 된다고 봄이 타당하다. 또한 보험수익자가 되는 상속인이 여럿인 경우 그 상속인들은 법정상속분 비율로 보험금청구권을 취득한다(대판 2025.2.20. 2022다306048·2022다306055).

(2) 배우자상속인의 상속분

피상속인의 배우자의 상속분은 직계비속과 공동으로 상속하는 때에는 직계비속의 상속분의 5할을 가산하고, 직계존속과 공동으로 상속하는 때에는 직계존속의 상속분의 5할을 가산한다(민법 제1009조 제2항).

(3) 대습상속인의 상속분

① 제1001조(대습상속)의 규정에 의하여 사망 또는 결격된 자에 갈음하여 상속인이 된 자의 상속분은 사망 또는 결격된 자의 상속분에 의한다(민법 제1010조 제1항).

② 전항의 경우에 사망 또는 결격된 자의 직계비속이 수인인 때에는 그 상속분은 사망 또는 결격된 자의 상속분의 한도에서 제1009조(법정상속분)의 규정에 의하여 이를 정한다(민법 제1010조 제2항 전문).

③ 제1003조 제2항(제1001조의 경우에 상속개시 전에 사망 또는 결격된 자의 배우자는 동조의 규정에 의한 상속인과 동순위로 공동상속인이 되고 그 상속인이 없는 때에는 단독상속인이 된다)의 경우에도 또한 같다(민법 제1010조 제2항 후문).

3. 특별수익자의 상속분

(1) 서 설

① 의의 : 민법은 "공동상속인 중에 피상속인으로부터 재산의 증여 또는 유증을 받은 자(특별수익자)가 있는 경우에 그 수증재산이 자기의 상속분에 달하지 못한 때에는 그 부족한 부분의 한도에서 상속분이 있다(민법 제1008조)"고 규정하고 있다. 이처럼 구체적 상속분의 산정에서 증여 또는 유증받은 부분을 공제하는 것을 특별수익의 반환제도 또는 반환의무라고 한다.

② 민법 제1008조의 취지 : 공동상속인 중에 피상속인으로부터 재산의 증여 또는 유증을 받은 특별수익자가 있는 경우에, 공동상속인들 사이의 공평을 기하기 위하여 그 수증재산을 상속분의 선급으로 다루어 구체적인 상속분을 산정함에 있어 이를 참작하도록 하려는 데 있다(대판 1996.2.9. 95다17885).

> **[피대습인이 대습원인의 발생 이전에 피상속인으로부터 생전 증여로 특별수익을 받은 경우, 생전 증여를 대습상속인의 특별수익으로 보아야 하는지 여부(적극)]**
>
> 민법 제1008조는 공동상속인 중에 피상속인으로부터 재산의 증여 또는 유증을 받은 특별수익자가 있는 경우에 공동상속인들 사이의 공평을 기하기 위하여 그 수증재산을 상속분의 선급으로 다루어 구체적인 상속분을 산정할 때 이를 참작하도록 하려는 데 그 취지가 있다. 피대습인이 생전에 피상속인으로부터 특별수익을 받은 경우 대습상속이 개시되었다고 하여 피대습인의 특별수익을 고려하지 않고 대습상속인의 구체적인 상속분을 산정한다면 대습상속인은 피대습인이 취득할 수 있었던 것 이상의 이익을 취득하게 된다. 이는 공동상속인들 사이의 공평을 해칠 뿐만 아니라 대습상속의 취지에도 반한다. 따라서 피대습인이 대습원인의 발생 이전에 피상속인으로부터 생전 증여로 특별수익을 받은 경우 그 생전 증여는 대습상속인의 특별수익으로 봄이 타당하다(대판 2022.3.17. 2020다267620).

(2) 특별수익자

1) 공동상속인 중 증여 또는 유증을 받은 자

① 특별수익의 반환의무를 부담하는 자는 상속을 승인(단순승인·한정승인 불문)한 공동상속인이다. 따라서 상속을 포기한 자는 반환의무가 없다(단, 특별수익이 다른 공동상속인의 유류분을 침해한 경우에는 유류분반환청구의 대상이 되어 반환의무가 있다).

② 공동상속인의 직계비속·배우자·직계존속이 증여 또는 유증을 받은 경우에는 원칙적으로 반환의무가 없으나, 실질적으로 피상속인으로부터 공동상속인에게 직접 증여된 것과 다르지 않다고 인정되는 경우에는 공동상속인의 직계비속, 배우자, 직계존속 등에게 이루어진 증여나 유증도 특별수익으로서 이를 고려할 수 있다.

> **[상속인의 직계비속, 배우자, 직계존속 등에게 이루어진 증여와 유증을 상속분 산정에서 특별수익으로 고려할 수 있는지 여부(한정 적극)]**
> 민법 제1008조는 '공동상속인 중에 피상속인으로부터 재산의 증여 또는 유증을 받은 자가 있는 경우에 그 수증재산이 자기의 상속분에 달하지 못한 때에는 그 부족한 부분의 한도에서 상속분이 있다'고 규정하고 있는 바, 이와 같이 상속분의 산정에서 증여 또는 유증을 참작하게 되는 것은 원칙적으로 상속인이 유증 또는 증여를 받은 경우에만 발생하고, 그 상속인의 직계비속, 배우자, 직계존속이 유증 또는 증여를 받은 경우에는 그 상속인이 반환의무를 지지 않는다고 할 것이나, 증여 또는 유증의 경위, 증여나 유증된 물건의 가치, 성질, 수증자와 관계된 상속인이 실제 받은 이익 등을 고려하여 실질적으로 피상속인으로부터 상속인에게 직접 증여된 것과 다르지 않다고 인정되는 경우에는 상속인의 직계비속, 배우자, 직계존속 등에게 이루어진 증여나 유증도 특별수익으로서 이를 고려할 수 있다고 함이 상당하다(대결 2007.8.28. 2006스3·4).

③ 상속결격사유가 발생한 이후에 결격된 자가 피상속인에게서 직접 증여를 받은 경우, 그 수익은 상속인의 지위에서 받은 것이 아니어서 원칙적으로 상속분의 선급으로 볼 수 없다. 따라서 결격된 자의 수익은 특별한 사정이 없는 한 특별수익에 해당하지 않는다(대결 2015.7.17. 2014스206·207). 즉, 상속인이 아니면 특별수익을 반환할 필요가 없다.

2) 포괄적 수증자

법정상속인인 포괄적 수증자는 특별수익을 반환하여야 하나, 법정상속인이 아닌 경우에는 특별수익을 반환할 필요가 없다(민법 제1008조는 공동상속인 사이의 공평을 기하기 위한 규정이다).

3) 대습상속인

① 피대습자가 피상속인으로부터 특별수익을 받은 경우에는 대습상속인은 언제나 반환의무가 있다.

② 대습상속인이 직접 피상속인으로부터 특별수익을 받은 경우에는 ㉠ 대습상속인이 실제로 공동상속인의 자격을 취득하게 되는 시점 이전에 수익하였든 그 이후에 수익하였든 언제나 반환의무가 있다는 견해와 ㉡ 대습상속인이 실제로 공동상속인의 자격을 취득하게 되는 시점 이후에 수익한 경우에만 반환의무가 있다는 견해가 대립한다. 판례는 ㉡설과 같다.

> [대습상속인이 대습원인의 발생 이전에 피상속인으로부터 증여를 받은 경우, 대습상속인의 위와 같은 수익이 특별수익에 해당하는지 여부(소극)]
> 대습상속인이 대습원인의 발생 이전에 피상속인으로부터 증여를 받은 경우 이는 상속인의 지위에서 받은 것이 아니므로 상속분의 선급으로 볼 수 없다. 그렇지 않고 이를 상속분의 선급으로 보게 되면, 피대습인이 사망하기 전에 피상속인이 먼저 사망하여 상속이 이루어진 경우에는 특별수익에 해당하지 아니하던 것이 피대습인이 피상속인보다 먼저 사망하였다는 우연한 사정으로 인하여 특별수익으로 되는 불합리한 결과가 발생한다. 따라서 대습상속인의 위와 같은 수익은 특별수익에 해당하지 않는다. 이는 유류분제도가 상속인들의 상속분을 일정 부분 보장한다는 명분 아래 피상속인의 자유의사에 기한 자기 재산의 처분을 그의 의사에 반하여 제한하는 것인 만큼 인정 범위를 가능한 한 필요최소한으로 그치는 것이 피상속인의 의사를 존중한다는 의미에서 바람직하다는 관점에서 보아도 더욱 그러하다(대판 2014.5.29. 2012다31802).

4) 혼인 또는 입양으로 상속인이 된 자

특별수익 당시에는 상속인이 될 지위에 있지 않았지만 그 후 증여자 또는 유증자(피상속인)의 배우자나 양자로 된 경우에는 일반적으로 반환의무가 있다.

(3) 특별수익의 범위

1) 생전증여

① 문제점 : 민법은 생전증여재산의 반환범위에 관한 규정을 두고 있지 않다. 이에 따라 어떠한 생전증여가 특별수익에 해당하는지 문제된다.

② 판 례

> ['특별수익자의 상속분'에 관해 규정한 민법 제1008조의 취지 및 어떠한 생전증여가 특별수익에 해당하는지 결정하는 기준 / 피상속인이 한 생전증여에 상속인의 특별한 부양 내지 기여에 대한 대가의 의미가 포함되어 있는 경우, 생전증여를 특별수익에서 제외할 수 있는지 여부(적극) 및 그 판단 기준]
> 유류분에 관한 민법 제1118조에 따라 준용되는 민법 제1008조는 '특별수익자의 상속분'에 관하여 "공동상속인 중에 피상속인으로부터 재산의 증여 또는 유증을 받은 자가 있는 경우에 그 수증재산이 자기의 상속분에 달하지 못한 때에는 그 부족한 부분의 한도에서 상속분이 있다"라고 정하고 있다. 이는 공동상속인 중에 피상속인으로부터 재산의 증여 또는 유증을 받은 특별수익자가 있는 경우에 공동상속인들 사이의 공평을 기하기 위하여 그 수증재산을 상속분의 선급으로 다루어 구체적인 상속분을 산정하는 데 참작하도록 하기 위한 것이다. 여기서 어떠한 생전증여가 특별수익에 해당하는지는 피상속인의 생전의 자산, 수입, 생활수준, 가정상황 등을 참작하고 공동상속인들 사이의 형평을 고려하여 당해 생전증여가 장차 상속인으로 될 자에게 돌아갈 상속재산 중 그의 몫의 일부를 미리 주는 것이라고 볼 수 있는지에 의하여 결정하여야 한다. / 따라서 피상속인으로부터 생전증여를 받은 상속인이 피상속인을 특별히 부양하였거나 피상속인의 재산의 유지 또는 증가에 특별히 기여하였고, 피상속인의 생전증여에 상속인의 위와 같은 특별한 부양 내지 기여에 대한 대가의 의미가 포함되어 있는 경우와 같이 상속인이 증여받은 재산을 상속분의 선급으로 취급한다면 오히려 공동상속인들 사이의 실질적인 형평을 해치는 결과가 초래되는 경우에는 그러한 한도 내에서 생전증여를 특별수익에서 제외할 수 있다. 여기서 피상속인이 한 생전증여에 상속인의 특별한 부양 내지 기여에 대한 대가의 의미가 포함되어 있는지 여부는 당사자들의 의사에 따라 판단하되, 당사자들의 의사가 명확하지 않은 경우에는 피상속인과 상속인 사이의 개인적 유대관계, 상속인의 특별한 부양 내지 기여의 구체적 내용과 정도, 생전증여 목적물의 종류 및 가액과 상속재산에서 차지하는 비율, 생전증여 당시의 피상속인과 상속인의 자산, 수입, 생활수준 등을 종합적으로 고려하여 형평의 이념에 맞도록 사회일반의 상식과 사회통념에 따라 판단하여야 한다.

> 다만 유류분제도가 피상속인의 재산처분행위로부터 유족의 생존권을 보호하고 법정상속분의 일정비율에 해당하는 부분을 유류분으로 산정하여 상속인의 상속재산 형성에 대한 기여와 상속재산에 대한 기대를 보장하는데 그 목적이 있는 점을 고려할 때, 피상속인의 생전증여를 만연히 특별수익에서 제외하여 유류분제도를 형해화시키지 않도록 신중하게 판단하여야 한다(대판 2022.3.17. 2021다230083[본소], 2021다230090[반소]).

③ **구체적 검토**: 혼수비용·사업자금·주택구입자금 등은 특별수익에 해당하나, 부양비용·일반적인 의료비·의례적인 선물·소액의 증여 등은 특별수익에 해당하지 않는다.

2) 유증

공동상속인이 받은 유증은 목적을 불문하고 반환의 대상이 된다. 다만, 유증의 목적물은 상속개시 시에는 아직 상속재산에 포함되어 있지 않으므로 생전증여와 달리 상속재산에 가산할 필요가 없다.

3) 생명보험금·사망퇴직금·유족연금 등

생명보험금(유증 내지 사인증여에 준함), 사망퇴직금(임금의 후불적 성격), 유족연금 등은 상속재산에는 포함되지는 않지만, 특별수익에는 해당한다.

> [단체협약에서 근로자의 사망으로 지급되는 퇴직금을 근로기준법이 정한 유족보상의 범위와 순위에 따라 유족에게 지급하기로 정한 경우, 이에 따른 사망퇴직금이 유족의 고유재산인지 여부(적극)]
> 단체협약에서 근로자의 사망으로 지급되는 퇴직금(이하 '사망퇴직금'이라 한다)을 근로기준법이 정한 유족보상의 범위와 순위에 따라 유족에게 지급하기로 정하였다면, 개별 근로자가 사용자에게 이와 다른 내용의 의사를 표시하지 않는 한 수령권자인 유족은 상속인으로서가 아니라 위 규정에 따라 직접 사망퇴직금을 취득하는 것이므로, 이러한 경우의 사망퇴직금은 상속재산이 아니라 수령권자인 유족의 고유재산이라고 보아야 한다(대판 2023.11.16. 2018다283049).

(4) 특별수익의 평가기준시기와 평가방법

1) 평가기준시기

생전증여의 경우 증여시와 상속개시 시 사이에 시간적 간격이 있을 수 있는데, 이 경우 반환재산의 가액을 어느 시점을 기준으로 평가할 것인지에 대해서 판례는 상속개시 시를 기준으로 한다.

> [공동상속인 중에 특별수익자가 있는 경우의 구체적 상속분 산정을 위한 재산 평가시점(상속개시일) 및 대상분할의 방법에 의한 상속재산분할 시의 정산을 위한 상속재산 평가시점(분할 시)]
> 공동상속인 중에 피상속인으로부터 재산의 증여 또는 유증 등의 특별수익을 받은 자가 있는 경우에는 이러한 특별수익을 고려하여 상속인별로 고유의 법정상속분을 수정하여 구체적인 상속분을 산정하게 되는데, 이러한 구체적 상속분을 산정함에 있어서는 상속개시 시를 기준으로 상속재산과 특별수익재산을 평가하여 이를 기초로 하여야 할 것이고, 다만 법원이 실제로 상속재산분할을 함에 있어 분할의 대상이 된 상속재산 중 특정의 재산을 1인 및 수인의 상속인의 소유로 하고 그의 상속분과 그 특정의 재산의 가액과의 차액을 현금으로 정산할 것을 명하는 방법(소위 대상분할의 방법)을 취하는 경우에는, 분할의 대상이 되는 재산을 그 분할 시를 기준으로 하여 재평가하여 그 평가액에 의하여 정산을 하여야 한다(대결 1997.3.21. 96스62).

2) 평가방법

① 증여받거나 유증받은 재산이 금전이 아닌 물건인 경우 특별수익의 반환대상은 원물이 아니라 관념적인 가액이다. 이에 따라 금전증여와 동일하게 상속개시 시의 화폐가치로 환산·평가하여야 한다.
② 천재지변 기타 불가항력으로 목적물이 멸실된 경우에는 그 가액을 가산하지 않는다.
③ 불가항력으로 목적물의 가액이 증감한 경우에는 상속개시 시의 목적물의 시가로 평가한다.
④ 수증자의 행위에 의하여 증여물이 멸실·변경된 경우에도 상속개시 시의 시가로 평가한다.
⑤ 특정물을 증여받은 경우에 수증자가 그 물건으로부터 수취한 과실 또는 그 사용수익의 대가는 상속재산에 포함되지 않는다. 유증을 받은 경우에도 동일하다.
⑥ 특별수익자가 있는 경우에도 상속채무(소극재산)는 법정상속분에 따라 승계된다. 즉, 민법 제1008조가 적용되어 공제되는 것이 아니다.

3) 구체적 상속분의 산정

[공동상속인 중에 특별수익자가 있는 경우의 상속분의 산정방법]
공동상속인 중에 특별수익자가 있는 경우의 구체적인 상속분의 산정을 위하여는, 피상속인이 상속개시 당시에 가지고 있던 재산의 가액에 생전증여의 가액을 가산한 후, 이 가액에 각 공동상속인별로 법정상속분율을 곱하여 산출된 상속분의 가액으로부터 특별수익자의 수증재산인 증여 또는 유증의 가액을 공제하는 계산방법에 의하여 할 것이고, 여기서 이러한 계산의 기초가 되는 "피상속인이 상속개시 당시에 가지고 있던 재산의 가액"은 상속재산 가운데 적극재산의 전액을 가리키는 것으로 보아야 옳다(대판 1995.3.10. 94다16571).

[구체적 상속분의 의미 및 그 산정의 기준 시기(= 상속개시 시)]
구체적 상속분이란 공동상속인 중 일부의 수증재산과 기여분을 참작해 법정상속분을 수정한 것으로서 분할대상 상속재산에 대한 상속인별 몫을 뜻하고, 상속개시 시를 기준으로 정해진다(대결 2025.3.24. 2024스866·867·868).

① 특별수익자의 구체적인 상속분(각 상속인의 상속재산 분배액) = (상속개시 시 적극재산의 가액 + 생전증여) × 상속분 – 특별수익(이미 받은 생전증여 또는 앞으로 받을 유증)
② 특별수익자의 상속이익 = 특별수익자의 구체적인 상속분 + 특별수익(이미 받은 생전증여 또는 앞으로 받을 유증)

(5) 초과특별수익자의 반환의무

① **문제점** : 특별수익이 본래의 상속분을 초과한 경우 특별수익자는 상속재산으로부터 더 이상 상속을 받을 수 없다. 나아가 특별수익자가 상속분을 초과한 부분을 다른 공동상속인에게 반환하여야 하는지 문제된다.
② **학설** : ㉠ 민법 제1008조 단서(그러나 수증재산이 상속분을 초과한 경우에는 그 초과분의 반환을 요하지 아니한다)가 삭제된 점 등을 이유로 초과특별수익을 반환하여야 한다는 견해, ㉡ 공동상속인의 유류분을 침해한 경우에만 반환하여야 한다는 견해, ㉢ 상속을 포기하면 반환할 필요가 없다는 견해의 대립이 있다.
③ **검토** : 상속포기 여부에 따라 초과특별수익의 반환 여부가 달라지는 점이 문제이며, 유류분제도를 도입하면서 민법 제1008조 단서 규정이 삭제된 점을 고려하면 초과특별수익은 공동상속인의 유류분을 침해하는 범위에서 반환하여야 한다고 보아야 한다.

4. 기여분

(1) 서 설
① 의의 : 기여분제도는 공동상속인 중에 상당한 기간 동거·간호 그 밖의 방법으로 피상속인을 특별히 부양하거나 피상속인의 재산의 유지 또는 증가에 특별히 기여한 자가 있을 때에는 상속분 산정에 있어 그러한 기여나 부양을 고려하는 제도이다. 기여분은 기여분권자의 상속분에는 포함되나, 상속재산에 포함되지 않는다.
② 취지 : 기여분제도는 공동상속인 사이의 실질적 공평을 도모하는 제도라는 점에서 특별수익의 반환제도 또는 반환의무와 그 취지가 동일하다.

(2) 기여분을 받기 위한 요건

1) 기여분권리자
① 기여분권리자는 상속재산의 분할에 참가하는 공동상속인에 한한다. 따라서 상속결격자, 상속포기자, 포괄적 수증자, 사실혼 배우자 등은 기여분권리자에 해당하지 않는다.
② 수인의 기여분권리자가 있을 수 있으며, 그들의 기여분액이 동일해야 하는 것은 아니다.
③ 대습상속인도 기여분권리자가 될 수 있다. 이 경우 대습상속인은 자신의 기여뿐만 아니라 피대습자의 기여도 주장할 수 있다.

2) 기여의 종류와 정도
민법은 고려되는 기여로 피상속인에 대한 특별한 부양과 피상속인의 재산상에 대한 특별한 기여를 규정하고 있다(민법 제1008조의2 제1항). 이에 따라 정신적 협력이나 원조는 기여에 해당하지 않는다.
① 피상속인에 대한 특별한 부양
  ㉠ 상당한 기간 동거·간호 그 밖의 방법으로 피상속인을 특별히 부양한 경우 기여분을 청구할 수 있다.
  ㉡ 특별한 부양은 친족 간의 통상의 부양의무(제2차적 부양의무)의 범위를 넘는 것이어야 한다.
  ㉢ 특별한 부양이 있는 경우에는 그 부양으로 피상속인의 재산의 유지나 증가에 기여가 있을 필요가 없다.
② 피상속인 재산의 유지 또는 증가에 대한 특별한 기여
  ㉠ 상속인의 특별한 기여와 피상속인 재산의 유지 또는 증가 사이에 인과관계가 있어야 한다.
  ㉡ 특별한 기여는 무상의 행위여야 한다.

(3) 기여분의 결정

① **결정절차** : 기여분은 1차적으로 공동상속인들의 협의에 의하여 결정하고(민법 제1008조의2 제1항), 협의가 되지 아니하거나 협의할 수 없는 경우에는 가정법원이 기여자의 청구에 의하여 심판으로 결정한다(민법 제1008조의2 제2항, 가사소송법 제2조 제1항 제2호 마류 가사비송사건, 제50조 제1항 조정전치주의). 기여분은 유언으로 결정할 수 없다(기여분 지정은 법정유언사항이 아니다).

> **[기여상속인이 민법 소정의 방식에 따라 기여분이 결정이 되기 전에 유류분반환청구소송에서 상속재산 중 자신의 기여분에 대한 공제항변을 할 수 있는지 여부(소극)]**
> 공동상속인 중 피상속인의 재산의 유지 또는 증가에 관하여 특별히 기여하거나 피상속인을 특별히 부양한 자가 있는 경우 그 기여분의 산정은 공동상속인들의 협의에 의하여 정하도록 되어 있고, 협의가 되지 않거나 협의할 수 없는 때에는 기여자의 신청에 의하여 가정법원이 심판으로 이를 정하도록 되어 있으므로 이와 같은 방법으로 기여분이 결정되기 전에는 유류분반환청구소송에서 피고가 된 기여상속인은 상속재산 중 자신의 기여분을 공제할 것을 항변으로 주장할 수 없다(대판 1994.10.14. 94다8334).

② 기여분 결정의 심판청구는 상속재산의 분할청구가 있을 경우(민법 제1013조 제2항) 또는 예외적으로 상속재산분할 후에 인지 또는 재판의 확정에 의하여 공동상속인이 된 자의 가액지급청구가 있는 경우(민법 제1014조)에도 할 수 있다(민법 제1008조의2 제4항).

(4) 기여분의 산정

1) **산정방법**

① 가정법원은 기여자의 청구에 의하여 기여의 시기·방법 및 정도와 상속재산의 액 기타의 사정을 참작하여 기여분을 정한다(민법 제1008조의2 제2항).

② 기여분은 상속이 개시된 때의 피상속인의 재산가액에서 유증의 가액을 공제한 액을 넘지 못한다(민법 제1008조의2 제3항). 즉, 유증은 기여분에 우선한다. 반면 유증으로 유류분을 침해할 수는 없다(민법 제1115조 제1항 참조).

2) **기여분권자와 특별수익자가 병존하는 경우**

① **문제점** : 공동상속인 중에 특별수익자와 기여상속인이 병존하는 경우에 기여분 공제와 특별수익의 가산을 어떤 순서로 할 것인지가 문제된다.

② **학설** : ㉠ 두 규정을 동시에 적용하여야 한다는 견해와 ㉡ 먼저 기여분을 공제하고 특별수익을 가산하여야 한다는 견해의 다툼이 있으나, 논의의 실익이 없다[어느 견해에 의하든 상속분 산정을 위한 상속재산(상속가액 + 생전증여 - 기여분)은 동일하게 되므로, 결과에 있어서 차이가 없다]. 한편 기여상속인과 특별수익자가 동일인 경우에, 특별수익이 기여에 대한 실질적 대가로 볼 수 있고, 그 한도에서 기여분의 청구는 인정될 수 없다.

3) 기여분과 유류분

기여분과 유류분은 아무런 관계가 없다. 이에 따라 기여분은 유류분반환청구의 대상이 되지 않는다.

> [공동상속인 중에 상당한 기간 동거·간호 그 밖의 방법으로 피상속인을 특별히 부양하거나 피상속인의 재산의 유지 또는 증가에 특별히 기여한 사람이 있는 경우, 유류분반환청구소송에서 기여분을 주장할 수 있는지 여부(한정 소극) /공동상속인의 협의 또는 가정법원의 심판으로 기여분이 결정된 경우, 유류분을 산정함에 있어 기여분을 공제할 수 있는지 여부(소극) 및 기여분으로 유류분에 부족이 생겼다고 하여 기여분 반환을 청구할 수 있는지 여부(소극)]
> 민법 제1008조의2, 제1112조, 제1113조 제1항, 제1118조에 비추어 보면, 기여분은 상속재산분할의 전제 문제로서의 성격을 가지는 것으로서, 상속인들의 상속분을 일정부분 보장하기 위하여 피상속인의 재산처분의 자유를 제한하는 유류분과는 서로 관계가 없다. 따라서 공동상속인 중에 상당한 기간 동거·간호 그 밖의 방법으로 피상속인을 특별히 부양하거나 피상속인의 재산의 유지 또는 증가에 특별히 기여한 사람이 있을지라도 공동상속인의 협의 또는 가정법원의 심판으로 기여분이 결정되지 않은 이상 유류분반환청구소송에서 기여분을 주장할 수 없음은 물론이거니와, 설령 공동상속인의 협의 또는 가정법원의 심판으로 기여분이 결정되었다고 하더라도 유류분을 산정함에 있어 기여분을 공제할 수 없고, 기여분으로 유류분에 부족이 생겼다고 하여 기여분에 대하여 반환을 청구할 수도 없다(대판 2015.10.29. 2013다60753).

4) 기여분권리자가 있는 경우의 구체적 상속분 결정

기여분권리자의 구체적 상속분은 상속개시 당시의 피상속인의 재산가액에서 공동상속인의 협의로 정한 그 자의 기여분을 공제한 것을 상속재산으로 보고 제1009조 및 제1010조에 의하여 산정한 법정상속분에 기여분을 가산한 액으로써 그 자의 상속분으로 한다(민법 제1008조의2 제1항).

(5) 기여분의 승계와 포기

① 기여분이 공동상속인의 협의 또는 가정법원의 심판에 의하여 결정된 후에는 상속과 양도가 가능하다. 문제는 기여분이 구체적으로 결정되기 전에도 상속·양도할 수 있는지에 대하여 학설의 대립이 있다. 다수설은 상속은 가능하지만, 양도는 불가능하다고 한다.

② 기여분도 상속포기와 마찬가지로 상속이 개시된 이후에는 포기가 가능하다.

5. 상속분의 양도와 양수(환수)

(1) 상속분의 양도

1) 의 의

공동상속인은 상속이 개시된 후 상속재산이 분할되기 전에는 자유롭게 상속분을 양도할 수 있다. 여기서 말하는 '상속분'은 상속재산분할 전에 적극재산과 소극재산을 모두 포함한 상속재산 전부에 관하여 공동상속인이 가지는 포괄적 상속분, 즉 상속인으로서의 지위를 의미하므로 상속재산을 구성하는 개개의 물건 또는 권리에 대한 개개의 물권적 양도는 상속분의 양도에 해당하지 아니한다(대판 2006.3.24. 2006다2179).

2) 요 건

① 상속재산분할 전 상속분의 양도가 있어야 한다.
  ㉠ 상속분의 양도는 상속재산분할 전에 있어야 한다.
  ㉡ 상속분의 양도는 유상·무상을 불문하고, 특별한 방식을 요하지 않는다.
② 상속분의 일부양도가 허용되는지에 대하여 학설의 대립이 있으나, 상속관계를 복잡하게 할 우려가 있음을 근거로 일부양도를 부정함이 타당하다(일부양도를 부정하는 명문규정이 없는 이상 허용함이 타당하다는 반대견해가 있다).
③ 상속분의 양도에 다른 공동상속인에 대한 통지를 요하는지에 대하여 채권양도의 대항요건(민법 제450조) 규정을 유추적용하여 다른 공동상속인에게 통지하여야 한다는 견해가 있으나, 명문의 규정이 없는 한 그렇게 판단할 수는 없다.

3) 효 과

① 상속분의 양도는 상속인지위의 양도이므로, 양수인은 상속인과 같은 지위에서 상속회복청구권을 행사할 수 있고, 상속재산의 관리뿐만 아니라 상속재산의 분할에도 참여할 수 있다.
② 다른 공동상속인이 상속권을 포기한 경우 양수인의 상속분이 증가하며, 양도상속인이 포기분을 취득하는 것은 아니다.
③ 상속분의 양도에 의하여 상속인이 상속채무를 면할 수 있는지에 대하여 통설은 채권자 보호를 위하여 상속인은 상속채무를 면하지 못하며, 양수인이 상속채무를 병존적으로 인수한다고 본다.

(2) 상속분의 양수(환수)

1) 의 의

민법은 '공동상속인 중에 그 상속분을 제3자에게 양도한 자가 있는 때에는 다른 공동상속인은 그 가액과 양도비용을 상환하고 그 상속분을 양수할 수 있다(민법 제1011조 제1항)'고 규정하고 있는데, 이를 상속분의 양수라고 한다. 상속분의 양수제도는 상속인 아닌 제3자가 상속재산분할에 참가하게 되는 경우 가(家) 중심적인 재산이 다른 자에게 귀속될 우려가 있어 제3자의 개입을 방지하기 위한 제도이다.

2) 요 건

① 상속분의 양도(유상·무상 불문)가 상속재산분할 전에 있어야 한다.

> [1] 민법 제1011조 제1항은 "공동상속인 중 그 상속분을 제3자에게 양도한 자가 있는 때에는 다른 공동상속인은 그 가액과 양도비용을 상환하고 그 상속분을 양수할 수 있다"고 규정하고 있는바, 여기서 말하는 '상속분의 양도'란 상속재산분할 전에 적극재산과 소극재산을 모두 포함한 상속재산 전부에 관하여 공동상속인이 가지는 포괄적 상속분, 즉 상속인 지위의 양도를 의미하므로, 상속재산을 구성하는 개개의 물건 또는 권리에 대한 개개의 물권적 양도는 이에 해당하지 아니한다. [2] 공동상속인 중 일부가 상속재산인 임야 중 자신들의 상속지분을 양도한 경우, 이는 민법 제1011조 제1항에 규정된 '상속분의 양도'에 해당하지 아니하고 상속받은 임야에 관한 공유지분을 양도한 것에 불과하여, 다른 공동상속인에게 민법 제1011조 제1항에 규정된 상속분 양수권이 있다고 볼 수 없다고 한 원심의 판단을 수긍한 사례(대판 2006.3.24. 2006다2179).

② 공동상속인 이외의 제3자에게 상속분이 양도되었어야 한다.

3) 양수권의 행사

① 양수권은 형성권으로서 상속분의 양수인(전득자에게도 가능)에 대하여 일방적 의사표시로 행사한다.
② 양수제도의 취지상 양도된 상속분 전부를 양수하여야 하며, 상속분의 일부만을 양수할 수는 없다.
③ 양수할 때에는 양수할 당시의 상속분의 가액과 양도비용을 상환하고 그 상속분을 양수할 수 있다(민법 제1011조 제1항). 이는 상속인이 상속분을 무상으로 양도했더라도 동일하다.
④ 양수권은 상속분이 양도된 것을 안 날로부터 3월, 양도가 있었던 날로부터 1년 내에 행사하여야 한다(민법 제1011조 제2항). 이 두 기간은 모두 제척기간에 해당한다.

4) 행사의 효과

① 양수권이 행사되면, 제3자에게 양도되었던 상속분은 양도인 이외의 공동상속인 전부에게 그들의 상속분에 따라 귀속된다.
② 이때 양수권 행사에 사용된 가액과 비용도 상속분에 따라 공동상속인이 부담한다.
③ 양수권의 행사로 양도인과 제3자 사이의 양도가 무효로 되는 것은 아니다.

Ⅲ 상속재산의 분할

유언에 의한 분할방법의 지정, 분할금지(민법 제1012조)
피상속인은 유언으로 상속재산의 분할방법을 정하거나 이를 정할 것을 제3자에게 위탁할 수 있고 상속개시의 날로부터 5년을 초과하지 아니하는 기간 내의 그 분할을 금지할 수 있다.

협의에 의한 분할(민법 제1013조)
① 전조의 경우 외에는 공동상속인은 언제든지 그 협의에 의하여 상속재산을 분할할 수 있다.
② 제269조의 규정은 전항의 상속재산의 분할에 준용한다.

분할 후의 피인지자 등의 청구권(민법 제1014조)
상속개시 후의 인지 또는 재판의 확정에 의하여 공동상속인이 된 자가 상속재산의 분할을 청구할 경우에 다른 공동상속인이 이미 분할 기타 처분을 한 때에는 그 상속분에 상당한 가액의 지급을 청구할 권리가 있다.

분할의 소급효(민법 제1015조)
상속재산의 분할은 상속개시된 때에 소급하여 그 효력이 있다. 그러나 제3자의 권리를 해하지 못한다.

공동상속인의 담보책임(민법 제1016조)
공동상속인은 다른 공동상속인이 분할로 인하여 취득한 재산에 대하여 그 상속분에 응하여 매도인과 같은 담보책임이 있다.

상속채무자의 자력에 대한 담보책임(민법 제1017조)
① 공동상속인은 다른 상속인이 분할로 인하여 취득한 채권에 대하여 분할 당시의 채무자의 자력을 담보한다.
② 변제기에 달하지 아니한 채권이나 정지조건 있는 채권에 대하여는 변제를 청구할 수 있는 때의 채무자의 자력을 담보한다.

무자력 공동상속인의 담보책임의 분담(민법 제1018조)
담보책임 있는 공동상속인 중에 상환의 자력이 없는 자가 있는 때에는 그 부담부분은 구상권자와 자력 있는 다른 공동상속인이 그 상속분에 응하여 분담한다. 그러나 구상권자의 과실로 인하여 상환을 받지 못한 때에는 다른 공동상속인에게 분담을 청구하지 못한다.

1. 서 설

(1) 의 의
상속재산의 분할은 상속재산의 공유관계를 종료시키고, 상속분에 따라 상속재산을 배분하여 공동상속인 각자의 단독소유로 전환하기 위한 분배절차이다.

(2) 분할의 종류
민법이 규정하고 있는 분할절차는 ① 유언에 의한 분할(민법 제1012조 전단, 지정분할이라고도 한다), ② 협의에 의한 분할(민법 제1013조 제1항), ③ 조정 또는 심판에 의한 분할(민법 제1013조 제2항, 제269조, 가사소송법 제2조 제1항 제2호 마류 가사비송사건)이다.

(3) 분할의 요건

1) 상속재산에 대한 공유관계가 존재해야 한다.
공유관계의 개념상 단독상속인의 경우 분할의 여지는 없다.

2) 공동상속인이 확정되어야 한다.
① 공동상속인 중 1인 또는 수인이 상속의 승인 또는 포기를 하지 않고 있는 동안에는 상속인이 확정되지 않으므로 상속재산을 분할할 수가 없다.
② 한정승인이나 재산분리의 경우에는 상속재산 전체에 대하여 청산이 행해지므로 분할을 할 여지가 없다. 그러나 판례는 한정승인에 따른 청산절차가 종료되지 않은 경우에도 상속재산분할청구가 가능하다고 본다(대결 2014.7.25. 2011스226).

> **[한정승인에 따른 청산절차가 종료되지 않은 경우 상속재산분할청구가 가능한지 여부(적극)]**
> 우리 민법이 한정승인 절차가 상속재산분할 절차보다 선행하여야 한다는 명문의 규정을 두고 있지 않고, 공동상속인들 중 일부가 한정승인을 하였다고 하여 상속재산분할이 불가능하다거나 분할로 인하여 공동상속인들 사이에 불공평이 발생한다고 보기 어려우며, 상속재산분할의 대상이 되는 상속재산의 범위에 관하여 공동상속인들 사이에 분쟁이 있을 경우에는 한정승인에 따른 청산절차가 제대로 이루어지지 못할 우려가 있는데 그럴 때에는 상속재산분할청구 절차를 통하여 분할의 대상이 되는 상속재산의 범위를 한꺼번에 확정하는 것이 상속채권자의 보호나 청산절차의 신속한 진행을 위하여 필요하다는 점 등을 고려하면, 한정승인에 따른 청산절차가 종료되지 않은 경우에도 상속재산분할청구가 가능하다(대결 2014.7.25. 2011스226).

3) 분할의 금지가 없어야 한다.
① 상속재산은 원칙적으로 상속인들이 자유롭게 분할할 수 있다.
② 그러나 피상속인은 유언으로 상속개시의 날로부터 5년을 초과하지 아니하는 기간 내의 그 분할을 금지할 수 있다(민법 제1012조). 분할금지는 상속재산 전부에 대한 것이든 그 일부에 대한 것이든 문제되지 않는다. 또한 상속인 전원에 대하여뿐만 아니라 그 일부에 대하여도 분할을 금지할 수 있다.
③ 또한 공동상속인 간의 합의로도 분할을 금지시킬 수 있다.

(4) 분할청구권자
① 공동상속인(민법 제1013조), 공동상속인의 상속인·대습상속인도 상속재산의 분할을 청구할 수 있다.
② 그리고 포괄적 유증을 받은 자(민법 제1078조), 상속분의 양수인(민법 제1011조)도 상속재산의 분할을 청구할 수 있다.
③ 또한 공동상속인의 채권자도 그 상속인을 대위하여 상속재산의 분할을 청구할 수 있다(이 점이 대위 불가채권인 상속회복청구권과 다르다).

(5) 분할의 대상인 상속재산
1) 일신전속적인 것을 제외한 피상속인의 모든 재산이다.
2) 구체적 검토
① 유언으로 재단법인을 설립한 경우 그 출연재산은 상속재산에 포함되지 않는다.
② 불가분채무는 당연히 분할의 대상이 된다.
③ 그러나 판례는 금전채무인 가분채무에 대하여 분할의 대상이 아니라고 한다. 이에 반해 다수설은 채권자 보호를 위하여 가분채무도 불가분채무관계의 형태로 공동상속인에게 귀속된다고 보아 금전채무인 가분채무도 분할의 대상이 된다고 한다.

> [상속재산분할의 대상이 될 수 없는 상속채무에 대하여 공동상속인들 사이에 분할의 협의가 있는 경우, 그 협의의 의미]
> 상속재산분할의 대상이 될 수 없는 상속채무에 관하여 공동상속인들 사이에 분할의 협의가 있는 경우라면 이러한 협의는 민법 제1013조에서 말하는 상속재산의 협의분할에 해당하는 것은 아니지만, 위 분할의 협의에 따라 공동상속인 중의 1인이 법정상속분을 초과하여 채무를 부담하기로 하는 약정은 면책적 채무인수의 실질을 가진다고 할 것이어서, 채권자에 대한 관계에서 위 약정에 의하여 다른 공동상속인이 법정상속분에 따른 채무의 일부 또는 전부를 면하기 위하여는 민법 제454조의 규정에 따른 채권자의 승낙을 필요로 하고, 여기에 상속재산 분할의 소급효를 규정하고 있는 민법 제1015조가 적용될 여지는 전혀 없다(대판 1997.6.24. 97다8809).

④ 가분채권도 판례는 원칙적으로 분할의 대상이 아니라고 한다.

> **[가분채권이 공동상속되는 경우의 법률관계 / 주식이 공동상속되는 경우, 공동상속인들이 준공유하는 법률관계가 성립하는지 여부(적극) / 청약저축의 가입자가 사망하여 공동상속이 이루어진 경우, 공동상속인이 청약저축 예금계약을 해지하려면 전원이 해지의 의사표시를 하여야 하는지 여부(원칙적 적극)]**
> 금전채권과 같이 급부의 내용이 가분인 채권은 공동상속되는 경우 상속개시와 동시에 당연히 법정상속분에 따라 공동상속인들에게 분할하여 귀속하고, <u>특별수익이 존재하거나 기여분이 인정되는 등 특별한 사정이 있는 경우에는 가분채권도 상속재산분할의 대상이 될 수 있다.</u> / 주식은 주식회사의 주주 지위를 표창하는 것으로서 <u>금전채권과 같은 가분채권이 아니므로 공동상속하는 경우 법정상속분에 따라 당연히 분할하여 귀속하는 것이 아니라 공동상속인들이 이를 준공유하는 법률관계를 형성하고,</u> / <u>주택공급을 신청할 권리와 분리될 수 없는 청약저축의 가입자가 사망하여 공동상속이 이루어진 경우 공동상속인이 청약저축 예금계약을 해지하려면 금융기관과 사이에 다른 내용의 특약이 있다는 등의 특별한 사정이 없는 한 전원이 해지의 의사표시를 하여야 한다</u>(대판 2023.12.21. 2023다221144).

⑤ **대상재산(代償財産)** : 대상재산은 상속개시 시부터 상속재산분할 시까지 상속재산이 처분되거나 멸실·훼손되는 등으로 인하여 상속인이 받은 금전 기타 물건을 말한다. 판례는 대상재산은 종래의 상속재산이 동일성을 유지하면서 형태가 변경된 것에 불과하다고 보아 상속재산분할의 대상이 될 수 있다고 보았다.

> **[상속개시 당시 상속재산을 구성하던 재산이 그 후 처분되거나 멸실·훼손되는 등으로 상속재산분할 당시 상속재산을 구성하지 아니하게 된 경우, 상속재산분할의 대상이 될 수 있는지 여부(소극) 및 그 대가로 취득하게 된 대상재산(代償財産)이 상속재산분할의 대상이 될 수 있는지 여부(적극)]**
> <u>상속개시 당시에는 상속재산을 구성하던 재산이 그 후 처분되거나 멸실·훼손되는 등으로 상속재산분할 당시 상속재산을 구성하지 아니하게 되었다면 그 재산은 상속재산분할의 대상이 될 수 없다. 다만 상속인이 그 대가로 처분대금, 보험금, 보상금 등 대상재산(代償財産)을 취득하게 된 경우에는, 대상재산은 종래의 상속재산이 동일성을 유지하면서 형태가 변경된 것에 불과할 뿐만 아니라 상속재산분할의 본질이 상속재산이 가지는 경제적 가치를 포괄적·종합적으로 파악하여 공동상속인에게 공평하고 합리적으로 배분하는 데에 있는 점에 비추어, 대상재산이 상속재산분할의 대상으로 될 수는 있다</u>(대결 2016.5.4. 2014스122).

⑥ 상속개시 후에 상속재산으로부터 생긴 수익(부동산의 차임, 예금의 이자)도 <u>분할대상이 된다</u>.

2. 지정분할

(1) 의 의

① 피상속인은 유언으로 상속재산의 분할방법을 정하거나 이를 정할 것을 제3자에게 위탁할 수 있는데, 이에 의한 상속재산의 분할이 지정분할이다(민법 제1012조 전단). 즉, <u>분할방법의 지정 또는 지정의 위탁은 반드시 유언으로 해야 한다</u>.

> **[유언의 방식에 의하지 아니한 피상속인의 상속재산분할방법 지정행위의 효력(무효)]**
> 피상속인은 유언으로 상속재산의 분할방법을 정할 수는 있지만, <u>생전행위에 의한 분할방법의 지정은 그 효력이 없어 상속인들이 피상속인의 의사에 구속되지는 않는다</u>(대판 2001.6.29. 2001다28299).

② 분할방법의 지정은 반드시 공동상속인 전원에 대하여, 상속재산 전부에 대하여 이루어져야 하는 것은 아니다. 즉, 특정한 상속재산을 특정의 상속인에게 지정하는 것도 특별한 사정이 없는 한 지정분할에 해당한다.

(2) 유언에 의한 분할방법의 지정
① 유언에 의한 분할방법의 지정은 각각의 공동상속인의 법정상속분에 따른 것이어야 한다.
② 법정상속분과 다른 분할방법의 지정은 지정분할이 아닌 유증에 해당한다. 이에 다른 공동상속인의 유류분을 침해하는 경우 반환청구를 당할 수 있다.

(3) 제3자에 대한 지정의 위탁
① 위탁되는 제3자는 공동상속인(포괄적 수유자 포함) 이외의 자이어야 한다.
② 위탁받은 제3자는 반드시 법정상속분에 따라 지정하여야 하며, 그렇지 않은 경우 지정은 무효이다.

3. 협의분할

(1) 의 의
유언에 의한 분할방법의 지정(제3자 지정위탁 포함)이나 분할의 금지가 없을 때 공동상속인은 언제든지 그 협의에 의하여 상속재산을 분할할 수 있다(민법 제1013조 제1항).

(2) 분할협의의 당사자

1) 일반론
① 상속재산의 협의분할은 공동상속인 간의 일종의 계약이므로 공동상속인 전원이 참가하여야 한다.
② 포괄적 수증자, 상속분의 양수인도 분할협의의 당사자이나, 상속분의 양도인은 당사자가 아니다.

> **[상속재산의 협의분할에 공동상속인 전원이 참여하여야 하는지 여부(적극) 및 순차적으로 이루어진 상속재산 협의분할의 효력(유효)]**
> 상속재산의 협의분할은 공동상속인 간의 일종의 계약으로서 공동상속인 전원이 참여하여야 하고 일부 상속인만으로 한 협의분할은 무효라고 할 것이나, 반드시 한 자리에서 이루어질 필요는 없고 순차적으로 이루어질 수도 있으며, 상속인 중 한 사람이 만든 분할 원안을 다른 상속인이 후에 돌아가며 승인하여도 무방하다(대판 2010.2.25. 2008다96963 · 96970).
>
> **[상속포기 신고가 법원에 수리되지 않고 있는 동안 포기자를 제외한 나머지 공동상속인들이 상속재산분할협의를 한 경우, 그 후 상속포기 신고가 적법하게 수리되면 상속재산분할협의가 소급적으로 유효하게 되는지 여부(적극) 및 포기자가 상속재산분할협의에 참여하여 당사자가 된 경우에도 마찬가지인지 여부(한정 적극)]**
> 상속의 포기는 상속이 개시된 때에 소급하여 그 효력이 있고(민법 제1042조), 포기자는 처음부터 상속인이 아니었던 것이 된다. 따라서 상속포기의 신고가 아직 행하여지지 아니하거나 법원에 의하여 아직 수리되지 아니하고 있는 동안에 포기자를 제외한 나머지 공동상속인들 사이에 이루어진 상속재산분할협의는 후에 상속포기의 신고가 적법하게 수리되어 상속포기의 효력이 발생하게 됨으로써 공동상속인의 자격을 가지는 사람들 전원이 행한 것이 되어 소급적으로 유효하게 된다. 이는 설사 포기자가 상속재산분할협의에 참여하여 그 당사자가 되었다고 하더라도 그 협의가 그의 상속포기를 전제로 하여서 포기자에게 상속재산에 대한 권리를 인정하지 아니하는 내용인 경우에는 마찬가지이다(대판 2011.6.9. 2011다29307).

2) 특수한 경우(상속인인지 여부가 불분명한 경우)
① 태아
  ㉠ 문제점 : 태아는 상속순위에 관하여는 이미 출생한 것으로 간주되나(민법 제1000조 제3항), 태아가 분할협의에 참가할 방법이 정해져 있지 않아 해석상 문제가 있다.
  ㉡ 검토 : 태아가 모체에서 사망하거나 쌍생아가 출생하는 경우도 있으므로 즉, 상속인의 수와 상속분이 분명하지 않으므로 대부분의 문언들은 태아가 출생할 때까지 기다려서 분할하는 것이 타당하다고 본다.
② 공동상속인이 제한능력자인 경우 : 공동상속인 중에 제한능력자가 있는 경우에는 그 제한능력자를 대리하여 법정대리인이 협의에 참가해야 한다.
③ 상속인지위의 '소멸'이 다투어지고 있는 경우(친생부인의 소가 제기된 경우, 혼인무효의 소가 계쟁 중인 경우 등) : 재판의 확정을 기다려 분할해야 한다. 다만, 그전에 분할할 경우에는 지위의 소멸이 다투어지고 있는 자도 재산분할 절차에 참가시켜야 하며, 나중에 자격상실자로 확정되면 그 분할협의는 무효가 된다.
④ 상속인지위의 '발생'이 다투어지고 있는 경우(상속인 아닌 자가 인지청구의 소를 제기한 경우, 부를 정하는 소, 파양무효나 이혼무효의 소를 제기한 경우 등) : 그 자를 제외하고 분할할 수 있다. 나중에 상속인으로 확정되더라도 분할협의는 유효하고, 가액으로 상환하면 된다(민법 제1014조).

(3) 협의의 내용
1) 분할의 기준
① 협의분할은 공동상속인 전원의 합의에 의한 것으로, 분할로 인하여 각자가 취득할 가액이 어떤 비율로 되든 상관없고, 어떤 상속인의 상속분을 '0'으로 하는 것도 가능하다.
② 협의분할은 공동상속인 간의 일종의 계약으로서 공동상속인 전원이 참여하여야 하고, 일부 상속인만으로 한 협의분할은 무효이다. 그러나 반드시 한 자리에서 이루어질 필요는 없고, 순차적으로 이루어질 수도 있다. 또한 상속재산의 일부를 먼저 분할하고 나머지를 나중에 다시 분할할 수도 있다.
2) 분할방법
상속재산의 분할방법에는 제한이 없다. 따라서 상속인들은 현물분할·대금분할(환가분할)·가격배상 가운데 어느 하나를 선택할 수도 있고, 이들을 병용·절충하거나 기타의 방법을 선택할 수도 있다.

3) 분할과 상속분의 관계
① 협의분할의 경우에는 반드시 법정상속분에 따라서 분할하여야 하는 것은 아니다.
② 상속재산의 분할은 상속이 개시된 때에 소급하여 효력이 있으므로(민법 제1015조), 상속개시 당시에 피상속인으로부터 승계받는 것으로 보아야 하고 다른 공동상속인으로부터 증여받은 것으로 볼 것은 아니다.

> [상속재산에 관한 협의분할에 의하여 공동상속인 중 일부가 고유의 상속분을 초과하는 재산을 취득한 경우, 이 초과분은 다른 공동상속인으로부터 증여받은 것으로 보아야 하는지 여부(소극) 및 상속재산분할협의의 성립요건]
> 공동상속인 상호 간에 상속재산에 관하여 협의분할이 이루어짐으로써 공동상속인 중 일부가 고유의 상속분을 초과하는 재산을 취득하게 되었다고 하여도 이는 상속개시 당시에 소급하여 피상속인으로부터 승계받은 것으로 보아야 하고 다른 공동상속인으로부터 증여받은 것으로 볼 수 없다 할 것인바, 그러한 상속재산분할협의는 상속인 전원이 참여하여야 하나, 반드시 한 자리에서 이루어질 필요는 없고, 순차적으로 이루어질 수도 있다(대판 2001.11.27. 2000두9731).

(4) 분할협의의 무효·취소 등
① 무자격자가 분할협의에 참가한 경우 또는 공동상속인 중의 일부가 분할협의에서 제외된 경우에는 그 분할협의는 무효이다. 이러한 경우 공동상속인은 상속회복청구가 아닌 분할무효의 확인 및 재분할을 청구할 수 있다.
② 분할협의의 의사표시에 착오나 사기·강박이 있는 경우에는 표의자(공동상속인 등)가 의사표시의 무효 또는 취소를 주장할 수 있다.

> [상속재산의 분할협의가 사해행위취소권 행사의 대상이 되는지 여부(적극) / 채무초과상태에 있는 채무자가 상속재산의 분할협의를 하면서 자신의 상속분에 관한 권리를 포기함으로써 일반 채권자에 대한 공동담보가 감소된 경우 사해행위 해당 여부(적극) / 상속개시 전에 채권을 취득한 채권자가 상속 개시 후에 채무자의 상속재산분할협의를 대상으로 사해행위취소권을 행사할 수 있는지 여부(적극)]
> 상속재산의 분할협의는 상속이 개시되어 공동상속인 사이에 잠정적 공유가 된 상속재산에 대하여 그 전부 또는 일부를 각 상속인의 단독소유로 하거나 새로운 공유관계로 이행시킴으로써 상속재산의 귀속을 확정시키는 것으로 그 성질상 재산권을 목적으로 하는 법률행위이므로 사해행위취소권 행사의 대상이 될 수 있다. 한편 채무자가 자기의 유일한 재산인 부동산을 매각하여 소비하기 쉬운 금전으로 바꾸거나 타인에게 무상으로 이전하여 주는 행위는 특별한 사정이 없는 한 채권자에 대하여 사해행위가 되는 것이므로, 이미 채무초과상태에 있는 채무자가 상속재산의 분할협의를 하면서 자신의 상속분에 관한 권리를 포기함으로써 일반 채권자에 대한 공동담보가 감소한 경우에도 원칙적으로 채권자에 대한 사해행위에 해당한다. 이는 상속개시 전에 채권을 취득한 채권자가 상속개시 후에 채무자의 상속재산분할협의를 대상으로 사해행위취소권을 행사하는 경우에도 마찬가지이다(대판 2013.6.13. 2013다2788, 대판 2007.7.26. 2007다29119).

> [채무초과상태에 있는 채무자가 상속재산의 분할협의를 하면서 상속재산에 관한 권리를 포기함으로써 일반 채권자에 대한 공동담보가 감소되는 경우, 사해행위 취소의 범위(= 채무자의 구체적 상속분에 미달하는 부분)]
> 채무초과상태에 있는 채무자가 상속재산의 분할협의를 하면서 상속재산에 관한 권리를 포기함으로써 결과적으로 일반 채권자에 대한 공동담보가 감소되었다 하더라도, 그 재산분할결과가 채무자의 구체적 상속분에 상당하는 정도에 미달하는 과소한 것이라고 인정되지 않는 한 사해행위로서 취소되어야 할 것이 아니고, 구체적 상속분에 상당하는 정도에 미달하는 과소한 경우에도 사해행위로서 취소되는 범위는 그 미달하는 부분에 한정하여야 한다(대판 2001.2.9. 2000다51797).

③ 공동상속인 중 일부의 동의가 없거나 그 의사표시에 대리권의 흠결이 있다면 그 분할은 무효이다 (대판 2001.6.29. 2001다28299).

(5) 분할협의의 합의해제

① 상속재산의 분할협의도 공동상속인 전원의 합의로 해제할 수 있다. 이에 따라 분할협의에 의하여 발생된 물권변동이 소급하여 무효로 된다. 그러나 민법 제548조 제1항 단서의 규정상 제3자의 권리를 해치지 못한다.

> [상속재산분할협의가 합의해제된 경우에도 민법 제548조 제1항 단서의 규정이 적용되는지 여부(적극)]
> 상속재산분할협의가 합의해제되면 그 협의에 따른 이행으로 변동이 생겼던 물권은 당연히 그 분할협의가 없었던 원상태로 복귀하지만, 민법 제548조 제1항 단서의 규정상 이러한 합의해제를 가지고서는, 그 해제 전의 분할협의로부터 생긴 법률효과를 기초로 하여 새로운 이해관계를 가지게 되고 등기·인도 등으로 완전한 권리를 취득한 제3자의 권리를 해하지 못한다(대판 2004.7.8. 2002다73203).

② 상속재산분할협의의 전부 또는 일부를 합의해제한 후 다시 새로운 분할협의를 할 수 있는지 여부(적극): 상속재산분할협의는 공동상속인들 사이에 이루어지는 일종의 계약으로서, 공동상속인들은 이미 이루어진 상속재산분할협의의 전부 또는 일부를 전원의 합의에 의하여 해제한 다음 다시 새로운 분할협의를 할 수 있다(대판 2004.7.8. 2002다73203).

4. 조정 또는 심판에 의한 분할

(1) 조정분할

공동상속인 사이에 분할의 협의가 성립되지 않는 경우에 공동상속인은 가정법원에 분할심판을 청구할 수 있다(민법 제1013조 제2항, 제269조 제1항). 이 경우에 공동상속인은 상속재산의 분할을 청구하기 전에 먼저 조정을 신청하여야 하고(가사소송법 제2조 제1항 제2호 마류 가사비송사건, 제50조 제1항 조정전치주의), 조정이 성립되지 않으면 심판을 청구할 수 있다.

> [공동상속인이 상속재산의 분할에 관하여 공동상속인 사이에 협의가 성립되지 아니하거나 협의할 수 없는 경우, 상속재산에 속하는 개별 재산에 관하여 민법 제268조의 규정에 따라 공유물분할청구의 소를 제기할 수 있는지 여부(소극)]
> 공동상속인은 상속재산의 분할에 관하여 공동상속인 사이에 협의가 성립되지 아니하거나 협의할 수 없는 경우에 가사소송법이 정하는 바에 따라 가정법원에 상속재산분할심판을 청구할 수 있을 뿐이고, 상속재산에 속하는 개별 재산에 관하여 민법 제268조의 규정에 따라 공유물분할청구의 소를 제기하는 것은 허용되지 않는다(대판 2015.8.13. 2015다18367).

(2) 심판분할

① 상속재산분할심판은 가정법원의 전속관할에 속하며, 직권주의가 적용된다. 따라서 공동상속인이 분할방법에 관한 구체적인 내용을 청구하더라도 법원은 이에 구속되지 않는다.
② 상속재산분할심판을 청구하는 경우에 포괄수유자를 포함하여 공동상속인 전원이 그 심판에 당사자로 참여하여야 하나(즉 고유필수적 공동소송이다), 공동상속인 전원이 공동으로 청구하여야 하는 것은 아니다.

> [공동상속인이 다른 공동상속인을 상대로 어떤 재산이 상속재산임의 확인을 구하는 소의 성질(= 고유필수적 공동소송) 및 고유필수적 공동소송에서 당사자 일부의 또는 일부에 대한 소 취하의 효력(무효)]
> 공동상속인이 다른 공동상속인을 상대로 어떤 재산이 상속재산임의 확인을 구하는 소는 이른바 고유필수적 공동소송이라고 할 것이고, 고유필수적 공동소송에서는 원고들 일부의 소 취하 또는 피고들 일부에 대한 소 취하는 특별한 사정이 없는 한 그 효력이 생기지 않는다(대판 2007.8.24. 2006다40980).

(3) 분할의 방법

① 현물분할을 원칙으로 하지만, 현물분할이 불가능하거나 현물분할을 할 경우 그 가액이 현저하게 줄어들 염려가 있다면 법원은 물건의 경매를 명하여 그 대금을 분할하게 할 수 있다(이른바 대금분할, 민법 제1013조 제2항, 제269조 제2항).
② 가사소송법규칙은 분할의 대상이 된 상속재산 중 특정의 재산을 1인 또는 수인의 상속인의 소유로 하고, 그의 상속분 및 기여분과 그 특정의 재산의 가액의 차액을 현금으로 정산하게 하는 이른바 가격배상(= 대상분할)도 인정하고 있다(가사소송규칙 제115조 제2항).

5. 상속재산분할의 효과

(1) 소급효

1) 원 칙

① 상속재산의 분할은 상속개시된 때에 소급하여 그 효력이 있다(민법 제1015조 본문). 그 결과 각 상속인은 상속재산을 피상속인으로부터 직접 승계취득한 것이 된다. 이러한 소급효는 현물분할의 경우에만 인정되는 것이고, 환가분할(대금분할이나 가격배상)의 경우에는 인정되지 않는다.
② 상속재산의 분할심판에 의하여 어느 공동상속인이 특정부동산을 취득한 경우(상속재산을 피상속인으로부터 직접 승계받은 것으로 보아) 등기를 요하지 않지만, 그것을 처분하기 위해서는 등기를 해야 한다(민법 제187조).
③ 공동상속인이 상속재산을 공유하는 동안에 생긴 과실은 수익을 낸 상속재산의 취득자에게 소급적으로 귀속되는 것이 아니고 상속재산에 포함되어 분할의 대상이 된다.

> 상속개시 후 상속재산분할이 완료되기 전까지 상속재산으로부터 발생하는 과실(이하 '상속재산 과실'이라 한다)은 상속개시 당시에는 존재하지 않았던 것이다. 상속재산분할심판에서 이러한 상속재산 과실을 고려하지 않은 채, 분할의 대상이 된 상속재산 중 특정 상속재산을 상속인 중 1인의 단독소유로 하고 그의 구체적 상속분과 특정 상속재산의 가액과의 차액을 현금으로 정산하는 방법(이른바 대상분할의 방법)으로 상속재산을 분할한 경우, 그 특정 상속재산을 분할받은 상속인은 민법 제1015조 본문에 따라 상속개시된 때에 소급하여 이를 단독소유한 것으로 보게 되지만, 상속재산 과실까지도 소급하여 상속인이 단독으로 차지하게 된다고 볼 수는 없다. 이러한 경우 상속재산 과실은 특별한 사정이 없는 한, 공동상속인들이 수증재산과 기여분 등을 참작하여 상속개시 당시를 기준으로 산정되는 '구체적 상속분'의 비율에 따라, 이를 취득한다고 보는 것이 타당하다(대판 2018.8.30. 2015다27132 · 2015다27149).

2) 예외(제3자 보호)

① 상속재산분할의 소급효는 제3자의 권리를 해하지 못한다(민법 제1015조 단서). 여기의 제3자는 일반적으로 상속재산분할의 대상이 된 상속재산에 관하여 상속재산분할 전에 새로운 이해관계를 가졌을 뿐만 아니라 등기, 인도 등으로 권리를 취득한 사람을 말한다(대판 2020.8.13. 2019다249312).

② 제3자의 선의·악의는 불문한다. 단, 제3자는 권리변동의 요건(민법 제186조, 제188조)이나 대항요건(민법 제450조)을 갖추어야 한다.

③ 판 례

> **[제3자에 해당하지 않는다고 본 주요 판례]**
> - 공동상속인 중 1인이 제3자에게 상속 부동산을 매도한 뒤 그 앞으로 소유권이전등기가 경료되기 전에 그 매도인과 다른 공동상속인들 간에 그 부동산을 매도인 외의 다른 상속인 1인의 소유로 하는 내용의 상속재산 협의분할이 이루어져 그 앞으로 소유권이전등기를 한 경우에, 그 상속재산 협의분할은 상속개시된 때에 소급하여 효력이 발생하고 등기를 경료하지 아니한 제3자는 민법 제1015조 단서 소정의 소급효가 제한되는 제3자에 해당하지 아니하는바, 이 경우 상속재산 협의분할로 부동산을 단독으로 상속한 자가 협의분할 이전에 공동상속인 중 1인이 그 부동산을 제3자에게 매도한 사실을 알면서도 상속재산 협의분할을 하였을 뿐 아니라, 그 매도인의 배임행위(또는 배신행위)를 유인, 교사하거나 이에 협력하는 등 적극적으로 가담한 경우에는 그 상속재산 협의분할 중 그 매도인의 법정상속분에 관한 부분은 민법 제103조 소정의 반사회질서의 법률행위에 해당한다(대판 1996.4.26. 95다54426 · 54433).
> - 상속재산 협의분할에 의하여 甲 명의의 소유권이전등기가 경료된 경우 협의분할 이전에 피상속인의 장남인 乙로부터 토지를 매수하였을 뿐 소유권이전등기를 경료하지 아니한 자나 그 상속인들은 민법 제1015조 단서에서 말하는 "제3자"에 해당하지 아니하여 乙의 상속지분에 대한 협의분할을 무효로 주장할 수 없다(대판 1992.11.24. 92다31514).

(2) 분할 후에 인지 또는 재판에 의해 상속인으로 판명된 자의 청구권(상속분가액지급청구권)

1) 의 의

민법은 상속재산분할 후 인지 또는 재판에 의해 공동상속인이 된 자가 있는 경우에는 제3자 보호를 위하여 분할의 효력을 유지하면서, 인지 등으로 공동상속인이 된 자에게는 그 상속분에 상당한 가액의 지급을 청구할 권리를 부여하고 있다(민법 제1014조). 즉, 민법 제1014조는 피인지자의 이익과 기존의 권리관계를 합리적으로 조종하는 데 그 목적이 있다.

2) 청구권의 요건

① 민법 제1014조에 기한 청구의 당사자는 상속개시 후 인지 또는 재판의 확정에 의하여 공동상속인으로 된 자 또는 그와 동순위의 다른 공동상속인이다. 문제는 인지 또는 재판에 의하여 상속인으로 된 자보다 후순위 상속인들이 상속하여 분할을 한 경우에도 가액지급청구만이 인정되는지이다. 판례는 부정하나, 다수설은 긍정한다.

> [혼인 외의 출생자가 부(父)의 사망 후 인지의 소에 의하여 친생자로 인지받은 경우 피인지자보다 후순위 상속인인 피상속인의 직계존속이나 형제자매는 피인지자의 출현으로 자신이 취득한 상속권을 소급하여 잃게 되는지 여부 (적극)]
>
> 민법 제860조는 인지의 소급효는 제3자가 이미 취득한 권리에 의하여 제한받는다는 취지를 규정하면서 민법 제1014조는 상속개시 후의 인지 또는 재판의 확정에 의하여 공동상속인이 된 자는 그 상속분에 상응한 가액의 지급을 청구할 권리가 있다고 규정하여 제860조 소정의 제3자의 범위를 제한하고 있는 취지에 비추어 볼 때, 혼인 외의 출생자가 부(父)의 사망 후에 인지의 소에 의하여 친생자로 인지받은 경우 피인지자보다 후순위 상속인인 피상속인의 직계존속 또는 형제자매 등은 피인지자의 출현과 함께 자신이 취득한 상속권을 소급하여 잃게 되는 것으로 보아야 하고, 그것이 민법 제860조 단서의 규정에 따라 인지의 소급효 제한에 의하여 보호받게 되는 제3자의 기득권에 포함된다고는 볼 수 없다(대판 1993.3.12. 92다48512). 즉, 판례는 후순위 상속인은 민법 제1014조의 공동상속인에 포함되지 않는 표현상속인이고, 표현상속인이 참여한 상속재산의 분할은 무효이므로 피인지자가 상속회복청구를 할 수 있다는 입장이다.

② 피인지자 등이 재산분할을 청구할 당시 이미 다른 공동상속인이 「분할 기타 처분」을 했어야 한다.
  ㉠ 분할은 협의분할·조정분할·심판분할 어느 것이라도 무방하다.
  ㉡ 기타 처분은 공동상속인이 공동으로 상속재산을 처분한 경우 또는 상속재산에 속하는 개개의 재산의 지분을 양도한 경우 등을 말한다.

3) 청구권의 성질

가액지급청구권의 성질에 대하여 다수설과 판례는 상속회복청구권의 일종으로 보아 상속회복청구권의 소멸에 민법 제999조 제2항의 제척기간이 적용된다고 한다.

> [민법 제1014조에 의한 피인지자 등의 상속분상당가액지급청구권에 대하여 같은 법 제999조 제2항에 정한 제척기간이 적용되는지 여부(적극) 및 혼인 외의 자가 인지판결 확정으로 공동상속인이 된 경우, 위 제척기간의 기산일(= 인지판결 확정일)]
>
> 민법 제1014조에 의한 피인지자 등의 상속분상당가액지급청구권은 그 성질상 상속회복청구권의 일종이므로 같은 법 제999조 제2항에 정한 제척기간이 적용되고, 같은 항에서 3년의 제척기간의 기산일로 규정한 '그 침해를 안 날'이라 함은 피인지자가 자신이 진정상속인인 사실과 자신이 상속에서 제외된 사실을 안 때를 가리키는 것으로 혼인 외의 자가 법원의 인지판결 확정으로 공동상속인이 된 때에는 그 인지판결이 확정된 날에 상속권이 침해되었음을 알았다고 할 것이다(대판 2007.7.26. 2006므2757·2764).

4) 가액산정의 기준시점과 대상

① 피인지자 등이 상속분의 가액지급을 청구하는 경우 상속재산의 가액은 사실심 변론종결 당시의 시가를 기준으로 하여 산정하여야 한다.

> [피상속인이 사망한 뒤 친생자로 인지된 상속인이 이미 상속재산을 협의분할한 다른 공동상속인들을 상대로 상속분에 해당하는 가액의 지급을 구할 경우 상속재산의 평가시기(= 사실심 변론종결 시)]
> 상속개시 후의 인지 또는 재판의 확정에 의하여 공동상속인이 된 사람이 민법 제1014조에 따라 그 상속분에 상당한 가액의 지급을 소송으로 청구하는 경우 상속재산의 가액은 사실심 변론종결 당시의 시가를 기준으로 산정하여야 한다(대판 2002.11.26. 2002므1398).

② 피인지자 등은 그들의 상속분에 상당한 가액을 청구할 수 있는데, 이때의 상속분은 모든 재산이 아닌 적극재산에 대한 것만을 의미한다.

> [피인지자에 대한 인지 이전에 상속재산을 분할한 공동상속인이 그 분할받은 상속재산으로부터 발생한 과실을 취득하는 것이 피인지자에 대한 관계에서 부당이득이 되는지 여부(소극)]
> 인지 이전에 공동상속인들에 의해 이미 분할되거나 처분된 상속재산은 민법 제860조 단서가 규정한 인지의 소급효 제한에 따라 이를 분할받은 공동상속인이나 공동상속인들의 처분행위에 의해 이를 양수한 자에게 그 소유권이 확정적으로 귀속되는 것이며, 상속재산의 소유권을 취득한 자는 민법 제102조에 따라 그 과실을 수취할 권능도 보유한다고 할 것이므로, 피인지자에 대한 인지 이전에 상속재산을 분할한 공동상속인이 그 분할받은 상속재산으로부터 발생한 과실을 취득하는 것은 피인지자에 대한 관계에서 부당이득이 된다고 할 수 없다(대판 2007.7.26. 2006다83796).

> [인지 전에 이미 분할되거나 처분된 상속재산으로부터 발생한 과실이 상속재산에 해당하는지 여부(소극) 및 민법 제1014조에 의한 상속분상당가액지급청구에 있어 가액산정 대상에 포함되는지 여부(소극)]
> 인지 전에 공동상속인들에 의해 이미 분할되거나 처분된 상속재산은 이를 분할받은 공동상속인이나 공동상속인들의 처분행위에 의해 이를 양수한 자에게 그 소유권이 확정적으로 귀속되는 것이며, 그 후 그 상속재산으로부터 발생하는 과실은 상속개시 당시 존재하지 않았던 것이어서 이를 상속재산에 해당한다 할 수 없고, 상속재산의 소유권을 취득한 자(분할받은 공동상속인 또는 공동상속인들로부터 양수한 자)가 민법 제102조에 따라 그 과실을 수취할 권능도 보유한다고 할 것이며, 민법 제1014조도 '이미 분할 내지 처분된 상속재산' 중 피인지자의 상속분에 상당한 가액의 지급청구권만을 규정하고 있을 뿐 '이미 분할 내지 처분된 상속재산으로부터 발생한 과실'에 대해서는 별도의 규정을 두지 않고 있으므로, 결국 민법 제1014조에 의한 상속분상당가액지급청구에 있어 상속재산으로부터 발생한 과실은 그 가액산정 대상에 포함된다고 할 수 없다(대판 2007.7.26. 2006므2757·2764).

(3) 공동상속인의 담보책임

상속재산의 분할에 대하여 소급효를 인정하는 경우 분할된 재산은 상속인이 피상속인으로부터 상속에 의하여 직접 승계취득한 것이 되고, 공동상속인은 서로 승계인이 아니므로 공동상속인 간에는 담보책임이 발생할 수 없는 것이 논리적이다. 그러나 민법은 공동상속인 사이의 공평을 기하기 위해서 담보책임에 관한 규정을 두고 있다(민법 제1016조 내지 제1018조).

1) 매도인과 동일한 담보책임

공동상속인은 다른 공동상속인이 분할로 인하여 취득한 재산에 대하여 그 상속분에 응하여 매도인과 같은 담보책임이 있다(민법 제1016조).

2) 상속채무자의 자력에 대한 담보책임

① 공동상속인은 다른 상속인이 분할로 인하여 취득한 채권에 대하여 분할 당시의 채무자의 자력을 담보한다(민법 제1017조 제1항).
② 변제기에 달하지 아니한 채권이나 정지조건있는 채권에 대하여는 변제를 청구할 수 있는 때의 채무자의 자력을 담보한다(민법 제1017조 제2항).

3) 무자력 공동상속인의 담보책임의 분담

① 담보책임 있는 공동상속인 중에 상환의 자력이 없는 자가 있는 때에는 그 부담부분은 구상권자와 자력있는 다른 공동상속인이 그 상속분에 응하여 분담한다(민법 제1018조 본문).
② 그러나 구상권자의 과실로 인하여 상환을 받지 못한 때에는 다른 공동상속인에게 분담을 청구하지 못한다(민법 제1018조 단서).

제5관 상속의 승인과 포기

I 총 설

승인, 포기의 기간(민법 제1019조)
① 상속인은 상속개시 있음을 안 날로부터 3월 내에 단순승인이나 한정승인 또는 포기를 할 수 있다. 그러나 그 기간은 이해관계인 또는 검사의 청구에 의하여 가정법원이 이를 연장할 수 있다.
② 상속인은 제1항의 승인 또는 포기를 하기 전에 상속재산을 조사할 수 있다.
③ 제1항에도 불구하고 상속인은 상속채무가 상속재산을 초과하는 사실(이하 이 조에서 "상속채무 초과사실"이라 한다)을 중대한 과실 없이 제1항의 기간 내에 알지 못하고 단순승인(제1026조 제1호 및 제2호에 따라 단순승인한 것으로 보는 경우를 포함한다. 이하 이 조에서 같다)을 한 경우에는 그 사실을 안 날부터 3개월 내에 한정승인을 할 수 있다. 〈개정 2022.12.13.〉
④ 제1항에도 불구하고 미성년자인 상속인이 상속채무가 상속재산을 초과하는 상속을 성년이 되기 전에 단순승인한 경우에는 성년이 된 후 그 상속의 상속채무 초과사실을 안 날부터 3개월 내에 한정승인을 할 수 있다. 미성년자인 상속인이 제3항에 따른 한정승인을 하지 아니하였거나 할 수 없었던 경우에도 또한 같다. 〈신설 2022.12.13.〉

제한능력자의 승인·포기의 기간(민법 제1020조)
상속인이 제한능력자인 경우에는 제1019조 제1항의 기간은 그의 친권자 또는 후견인이 상속이 개시된 것을 안 날부터 기산(起算)한다.

승인, 포기기간의 계산에 관한 특칙(민법 제1021조)
상속인이 승인이나 포기를 하지 아니하고 제1019조 제1항의 기간 내에 사망한 때에는 그의 상속인이 그 자기의 상속개시 있음을 안 날로부터 제1019조 제1항의 기간을 기산한다.

상속재산의 관리(민법 제1022조)
상속인은 그 고유재산에 대하는 것과 동일한 주의로 상속재산을 관리하여야 한다. 그러나 단순승인 또는 포기한 때에는 그러하지 아니하다.

상속재산보존에 필요한 처분(민법 제1023조)
① 법원은 이해관계인 또는 검사의 청구에 의하여 상속재산의 보존에 필요한 처분을 명할 수 있다.
② 법원이 재산관리인을 선임한 경우에는 제24조 내지 제26조의 규정을 준용한다.

승인, 포기의 취소금지(민법 제1024조)
① 상속의 승인이나 포기는 제1019조 제1항의 기간 내에도 이를 취소하지 못한다.
② 전항의 규정은 총칙편의 규정에 의한 취소에 영향을 미치지 아니한다. 그러나 그 취소권은 추인할 수 있는 날로부터 3월, 승인 또는 포기한 날로부터 1년 내에 행사하지 아니하면 시효로 인하여 소멸된다.

1. 상속의 승인·포기의 자유

민법은 상속에 의한 권리·의무의 당연승계를 인정하면서(민법 제1005조 본문), 다른 한편으로 이를 승인하거나 포기할 수 있도록 하고 있다(민법 제1019조 이하). 이는 상속인에게 권리취득 또는 불이익부담을 강요하지 않기 위함이다.

2. 승인·포기의 법적 성질

① 상대방 없는 일방적 의사표시이다.
  ㉠ 상속의 승인·포기는 모두 하나의 의사표시이고, 동시에 상대방 없는 단독행위(조건이나 기한을 붙이지 못한다)이다.
  ㉡ 요식행위로서 한정승인·포기는 법원에 대하여 신고로써 하여야 한다. 반면 단순승인은 불요식행위이다.
② 상속인에게 재산법상의 행위능력이 필요하다.
  ㉠ 상속의 승인·포기는 재산법상의 행위이므로 상속인에게 행위능력이 있어야 유효한 행위가 가능하다.
  ㉡ 상속인이 제한능력자이면 법정대리인의 동의를 얻어서 하거나 법정대리인이 대리하여 하여야 한다.
  ㉢ 특히 법정대리인인 친권자가 미성년자에 갈음하여 승인 또는 포기를 하는 경우에는 이해상반행위가 될 수 있으므로, 이 경우에는 법원에 특별대리인의 선임을 청구하여야 한다(민법 제921조).
  ㉣ 후견인이 피후견인을 대리하여 승인 또는 포기를 하거나 피후견인인 미성년자·피한정후견인이 승인 또는 포기하는데 동의를 할 때에는 후견감독인이 있으면 그의 동의를 받아야 한다(민법 제950조 제1항 제6호, 제959조의6).

③ 임의대리인도 상속인을 대리하여 승인과 포기를 할 수 있다.
④ 승인·포기는 상속이 개시된 이후에만 가능하다. 따라서 상속개시 전에 한 승인·포기는 무효이다.
⑤ 승인·포기는 포괄적으로 하여야 하고, 특정재산에 대해서만 선택적으로 승인하거나 포기할 수는 없다.
⑥ 승인과 포기는 상속인만이 할 수 있다. 즉, 행사상 일신전속권이다.
  ㉠ 승인과 포기는 행사상 일신전속권이므로 채권자대위권의 목적이 될 수 없다.
  ㉡ 상속의 포기는 민법 제406조 제1항에서 정하는 "재산권에 관한 법률행위"에 해당하지 아니하여 사해행위취소의 대상이 되지 못한다(대판 2011.6.9. 2011다29307).

3. 승인·포기의 기간

(1) 고려기간(= 숙려기간)

① 상속인은 상속개시 있음을 안 날로부터 3월 내에 단순승인이나 한정승인 또는 포기를 할 수 있다 (민법 제1019조 제1항 본문).
② 상속인은 승인 또는 포기를 하기 전에 상속재산을 조사할 수 있다(민법 제1019조 제2항).
③ **고려기간의 법적 성질** : 제척기간이다(통설)(대결 2003.8.11. 2003스32).

> [민법 제1019조 제3항 및 부칙 제3항 소정의 기간의 법적 성질(= 제척기간) 및 추후보완이 가능한지 여부(소극)]
> 민법 제1019조 제3항의 기간은 한정승인신고의 가능성을 언제까지나 남겨둠으로써 당사자 사이에 일어나는 법적 불안상태를 막기 위하여 마련한 제척기간이고, 경과규정인 개정 민법(2002.1.14. 법률 제6591호) 부칙 제3항 소정의 기간도 제척기간이라 할 것이며, 한편 제척기간은 불변기간이 아니어서 그 기간을 지난 후에는 당사자가 책임질 수 없는 사유로 그 기간을 준수하지 못하였더라도 추후에 보완될 수 없다(대결 2003.8.11. 2003스32).

④ **기간도과의 효과** : 상속인이 고려기간 내에 한정승인이나 포기를 하지 않으면 단순승인을 한 것으로 의제된다(민법 제1026조 제2호).
⑤ **특별한정승인제도의 신설(2002.1.14.)**
  ㉠ 민법은 제1019조 제1항의 규정에도 불구하고 일정한 경우에는 한정승인을 할 수 있도록 하는 제도를 신설하였다(민법 제1019조 제3항). 즉, 제1항의 규정에 불구하고 상속인은 상속채무가 상속재산을 초과하는 사실을 중대한 과실 없이 제1항의 기간 내에 알지 못하고 단순승인(제1026조 제1호 및 제2호의 규정에 의하여 단순승인한 것으로 보는 경우를 포함)을 한 경우에는 그 사실을 안 날부터 3월 내에 한정승인을 할 수 있다.
  ㉡ 민법 제1019조 제3항에 정한 '상속채무가 상속재산을 초과하는 사실을 중대한 과실 없이 알지 못한 경우'의 의미 및 그 증명책임의 소재(= 상속인) : 민법 제1019조 제3항은 민법 제1026조 제2호에 대한 헌법재판소의 헌법불합치 결정 이후에 신설된 조항으로, 위 조항에서 말하는 상속채무가 상속재산을 초과하는 사실을 중대한 과실로 알지 못한다 함은 '상속인이 조금만 주의를 기울였다면 상속채무가 상속재산을 초과한다는 사실을 알 수 있었음에도 이를 게을리 함으로써 그러한 사실을 알지 못한 것'을 의미하고, 상속인이 상속채무가 상속재산을 초과하는 사실을 중대한 과실 없이 민법 제1019조 제1항의 기간 내에 알지 못하였다는 점에 대한 증명책임은 상속인에게 있다(대판 2010.6.10. 2010다7904).

ⓒ 민법 제1019조 제3항 기간(그 사실을 안 날부터 3월)의 법적 성질 : 제척기간이다(대결 2003.8.11. 2003스32).
ⓓ 미성년자인 상속인이 상속채무가 상속재산을 초과하는 상속을 성년이 되기 전에 단순승인한 경우에는 성년이 된 후 그 상속의 상속채무 초과사실을 안 날부터 3개월 내에 한정승인을 할 수 있다. 미성년자인 상속인이 제3항에 따른 한정승인을 하지 아니하였거나 할 수 없었던 경우에도 또한 같다(민법 제1019조 제4항). 〈신설 2022.12.13.〉

(2) 고려기간의 기산점

1) 3개월의 고려기간은 「상속개시 있음을 안 날」부터 기산한다(민법 제1019조 제1항 본문).
① 「상속개시 있음을 안 날」의 의미 : 민법 제1019조 제1항의 상속개시 있음을 안 날이라 함은 상속인이 상속개시의 원인되는 사실의 발생(즉 피상속인의 사망)을 알게됨으로써 자기가 상속인이 되었음을 안 날을 말하는 것이지 상속재산의 유무를 안 날을 뜻하거나 상속포기제도를 안 날을 의미하는 것은 아니다(대판 1988.8.25. 88스10·11·12·13).
② 상속인이 수인 있는 경우 고려기간은 각 상속인별로 기산한다.

2) 기산점에 대한 특칙
① 상속인이 제한능력자인 경우 그의 친권자 또는 후견인이 상속이 개시된 것을 안 날로부터 기산한다(민법 제1020조).
② 상속인이 승인이나 포기를 하지 아니하고 제1019조 제1항의 기간 내에 사망한 때에는 그의 상속인이 자기의 상속개시가 있음을 안 날로부터 3월을 기산하게 된다(민법 제1021조).

> [1] 1998.5.27. 전에 이미 상속개시 있음과 상속채무 초과사실을 모두 알았던 상속인이 민법 제1019조 제3항의 특별한정승인을 할 수 있는지 여부(소극) : 민법 제1019조 제3항은 민법 부칙(2002.1.14. 개정 법률 부칙 중 2005.12.29. 법률 제7765호로 개정된 것, 이하 같다) 제3항, 제4항에 따라 ① 1998.5.27.부터 위 개정 민법 시행 전까지 상속개시 있음을 안 상속인과 ② 1998.5.27. 전에 상속개시 있음을 알았지만 그로부터 3월 내에 상속채무 초과사실을 중대한 과실 없이 알지 못하다가 1998.5.27. 이후 상속채무 초과사실을 알게 된 상속인에게도 적용되므로, 이러한 상속인들도 위 부칙 규정에서 정한 기간 내에 특별한정승인을 하는 것이 가능하였다. 그러나 위 부칙 규정상 1998.5.27. 전에 이미 상속개시 있음과 상속채무 초과사실을 모두 알았던 상속인에게는 민법 제1019조 제3항이 적용되지 않으므로, 이러한 상속인은 특별한정승인을 할 수 없는 것으로 귀결된다. [2] 상속인이 미성년인 경우, 민법 제1019조 제3항이나 그 소급 적용에 관한 민법 부칙(2002.1.14.) 제3항, 제4항에서 정한 '상속채무 초과사실을 중대한 과실 없이 제1019조 제1항의 기간 내에 알지 못하였는지'와 '상속채무 초과사실을 안 날'은 법정대리인의 인식을 기준으로 판단하여야 하는지 여부(적극) : 민법 제1019조 제1항, 제3항의 각 기간은 상속에 관한 법률관계를 조기에 안정시켜 법적 불안상태를 막기 위한 제척기간인 점, 미성년자를 보호하기 위해 마련된 법정대리인 제도와 민법 제1020조의 내용 및 취지 등을 종합하면, 상속인이 미성년인 경우 민법 제1019조 제3항이나 그 소급적용에 관한 민법 부칙(2002.1.14. 개정 법률 부칙 중 2005.12.29. 법률 제7765호로 개정된 것, 이하 같다) 제3항, 제4항에서 정한 '상속채무 초과사실을 중대한 과실 없이 제1019조 제1항의 기간 내에 알지 못하였는지'와 '상속채무 초과사실을 안 날이 언제인지'를 판단할 때에는 법정대리인의 인식을 기준으로 삼아야 한다. 따라서 미성년 상속인의 법정대리인이 1998.5.27. 전에 상속개시 있음과 상속채무 초과사실을 모두 알았다면, 앞서 본 민법 부칙 규정에 따라 그 상속인에게는

민법 제1019조 제3항이 적용되지 않으므로, 이러한 상속인은 특별한정승인을 할 수 없다. 또한 법정대리인이 상속채무 초과사실을 안 날이 1998.5.27. 이후서어 상속인에게 민법 제1019조 제3항이 적용되더라도, 법정대리인이 위와 같이 상속채무 초과사실을 안 날을 기준으로 특별한정승인에 관한 3월의 제척기간이 지나게 되면, 그 상속에 대해서는 기존의 단순승인의 법률관계가 그대로 확정되는 효과가 발생한다. [3] **미성년 상속인의 법정대리인이 인식한 바를 기준으로 할 때 민법 제1019조 제3항의 특별한정승인 규정이 적용되지 않거나 그 제척기간이 이미 지난 경우, 상속인이 성년에 이른 뒤 본인 스스로의 인식을 기준으로 새롭게 특별한정승인을 할 수 있는지 여부(소극)** : 미성년 상속인의 법정대리인이 인식한 바를 기준으로 '상속채무 초과사실을 중대한 과실 없이 알지 못하였는지 여부'와 '이를 알게 된 날'을 정한 다음 이를 토대로 살폈을 때 특별한정승인 규정이 애당초 적용되지 않거나 특별한정승인의 제척기간이 이미 지난 것으로 판명되면, 단순승인의 법률관계가 그대로 확정된다. 그러므로 이러한 효과가 발생한 이후 상속인이 성년에 이르더라도 상속개시 있음과 상속채무 초과사실에 관하여 상속인 본인 스스로의 인식을 기준으로 특별한정승인 규정이 적용되고 제척기간이 별도로 기산되어야 함을 내세워 새롭게 특별한정승인을 할 수는 없다고 보아야 한다(대판[전합] 2020.11.19. 2019다232918 – 다수의견).

(3) 고려기간의 연장

3개월의 고려기간은 이해관계인 또는 검사의 청구에 의하여 가정법원이 이를 연장할 수 있다(민법 제1019조 제1항 단서).

4. 승인·포기 전의 상속재산의 관리

(1) 상속재산의 조사권

상속인은 승인 또는 포기를 하기 전에 상속재산을 조사할 수 있다(민법 제1019조 제2항).

(2) 상속재산의 관리의무

1) 주의의무의 정도 : 구체적 경과실

상속인은 '그 고유재산에 대하는 것과 동일한 주의'로 상속재산을 관리하여야 한다(민법 제1022조 본문).

2) 주의의무의 존속기간(민법 제1022조 단서 참고).

① 상속인이 단순승인을 하는 경우에는 상속재산의 주체가 되므로 관리의무가 없게 된다.
② 상속을 포기한 경우에는 상속인의 지위를 잃게 되어 관리의무가 소멸하나, 그 포기로 인하여 상속인이 된 자가 상속재산을 관리할 수 있을 때까지 그 재산의 관리를 계속하여야 한다(민법 제1044조).
③ 한정승인을 한 경우에는 상속재산의 청산이 종료할 때까지 민법 제1022조의 주의로 관리를 계속하여야 한다.

(3) 상속재산의 보존에 필요한 처분

① 법원은 이해관계인 또는 검사의 청구에 의하여 상속재산의 보존에 필요한 처분을 명할 수 있다(민법 제1023조 제1항).
② 여기서 '이해관계인'이란 상속채권자·공동상속인·상속포기로 인하여 상속인이 될 자와 같이 널리 법률상 이해관계가 있는 자를 의미하고, '보존에 필요한 처분'은 재산관리인의 선임, 재산의 환가, 기타의 처분금지, 재산목록의 작성 등을 의미한다.
③ 법원이 재산관리인을 선임한 경우에는 제24조 내지 제26조(부재자 재산관리인)의 규정을 준용한다(민법 제1023조 제2항).

(4) 변제거절권

상속인은 상속의 승인 또는 포기 전에 상속채권자로부터 이행청구를 받은 경우 변제를 거절할 수 있다고 보아야 한다. 만약 상속인에게 변제거절권이 없다고 보면 상속채권자의 이행청구에 응하여 변제를 하게 되는데, 이는 민법 제1026조 제1호의 단순승인으로 의제될 수 있어 상속인에게 불리하기 때문이다.

5. 승인·포기의 철회금지와 취소·무효

(1) 승인·포기의 철회금지

상속인이 상속의 승인이나 포기를 한 경우에는 비록 제1019조 제1항의 기간(고려기간 또는 숙려기간) 내인 경우라도 이를 취소(철회의 의미이다)하지 못한다(민법 제1024조 제1항). 이는 이해관계인의 신뢰를 보호하기 위함이다.

(2) 승인·포기의 취소

① 승인·포기의 철회는 금지되나, 민법총칙편의 규정에 의한 승인·포기의 취소는 금지되지 않는다(민법 제1024조 제2항 본문).
② **취소권의 소멸** : 승인·포기의 취소권은 추인할 수 있는 날로부터 3월, 승인 또는 포기한 날로부터 1년 내에 행사하지 아니하면 시효로 인하여 소멸된다(민법 제1024조 제2항 단서). 통설은 이 기간을 법문의 표현에도 불구하고 제척기간이라고 한다.

(3) 승인·포기의 무효

민법은 승인·포기의 무효에 관하여 명문의 규정을 두고 있지 않다. 그러나 승인·포기는 모두 법률행위이므로 민법총칙편의 규정에 의한 무효의 주장도 당연히 인정된다고 보아야 한다.

Ⅱ 단순승인

단순승인의 효과(민법 제1025조)
상속인이 단순승인을 한 때에는 제한 없이 피상속인의 권리의무를 승계한다.

법정단순승인(민법 제1026조)
다음 각 호의 사유가 있는 경우에는 상속인이 단순승인을 한 것으로 본다.
1. 상속인이 상속재산에 대한 처분행위를 한 때
2. 상속인이 제1019조 제1항의 기간 내에 한정승인 또는 포기를 하지 아니한 때
3. 상속인이 한정승인 또는 포기를 한 후에 상속재산을 은닉하거나 부정소비하거나 고의로 재산목록에 기입하지 아니한 때

[2002.1.14. 법률 제6591호에 의하여 1998.8.27. 헌법재판소에서 헌법불합치 결정된 제2호를 신설함]

법정단순승인의 예외(민법 제1027조)
상속인이 상속을 포기함으로 인하여 차순위 상속인이 상속을 승인한 때에는 전조 제3호의 사유는 상속의 승인으로 보지 아니한다.

1. 단순승인의 의의

단순승인은 피상속인의 권리·의무가 제한 없이 승계되는 것을 승인하는 상속인의 의사표시이다. 단순승인의 방식에는 특별한 제한이 없으므로 단순승인의 의사가 어떤 형태로든 외부에 표시되면 충분하다.

2. 법정단순승인

민법은 다음의 일정한 사유가 있는 경우에는 상속인에게 단순승인의 의사가 있는지를 묻지 않고 단순승인한 것으로 본다(민법 제1026조).

(1) 상속인이 상속재산에 대한 처분행위를 한 때(제1호)

① 여기의 처분행위는 한정승인 또는 포기를 하기 전에 한 것만을 의미하며, 그 이후에 한 처분행위에는 민법 제1026조 제3호가 적용될 수 있을 뿐이다.

> [상속인이 가정법원에 상속포기의 신고를 하였으나 이를 수리하는 심판이 고지되기 전에 상속재산을 처분한 경우, 민법 제1026조 제1호에 따라 상속의 단순승인을 한 것으로 보아야 하는지 여부(적극)]
> 민법 제1026조 제1호는 상속인이 상속재산에 대한 처분행위를 한 때에는 단순승인을 한 것으로 본다고 규정하고 있다. 그런데 상속의 한정승인이나 포기의 효력이 생긴 이후에는 더 이상 단순승인으로 간주할 여지가 없으므로, 이 규정은 한정승인이나 포기의 효력이 생기기 전에 상속재산을 처분한 경우에만 적용된다.

> 한편 상속의 한정승인이나 포기는 상속인의 의사표시만으로 효력이 발생하는 것이 아니라 가정법원에 신고를 하여 가정법원의 심판을 받아야 하며, 심판은 당사자가 이를 고지받음으로써 효력이 발생한다. 이는 한정승인이나 포기의 의사표시의 존재를 명확히 하여 상속으로 인한 법률관계가 획일적으로 처리되도록 함으로써, 상속재산에 이해관계를 가지는 공동상속인이나 차순위 상속인, 상속채권자, 상속재산의 처분 상대방 등 제3자의 신뢰를 보호하고 법적 안정성을 도모하고자 하는 것이다. 따라서 상속인이 가정법원에 상속포기의 신고를 하였더라도 이를 수리하는 가정법원의 심판이 고지되기 이전에 상속재산을 처분하였다면, 이는 상속포기의 효력발생 전에 처분행위를 한 것이므로 민법 제1026조 제1호에 따라 상속의 단순승인을 한 것으로 보아야 한다(대판 2016.12.29. 2013다73520).

② 처분행위는 상속재산의 전부에 대한 것이든 일부에 대한 것이든, 사실적인 것(고의로 상속재산을 파괴하는 행위 등)이든 법률적인 것이든 불문한다.
③ 상속인에게는 상속재산의 관리의무(민법 제1022조)가 있으므로 관리행위(상속인의 상속등기 등의 보존행위, 장례비용의 지출 등)는 처분행위에 해당하지 않는다.
④ 공동상속인 중 일부가 처분행위를 한 때에는 그 자만이 단순승인을 한 것으로 되며, 다른 공동상속인에게는 영향이 미치지 않는다.
⑤ 관련 판례

[처분행위에 해당한다고 본 판례]
- 상속인 중 1인이 다른 공동재산상속인과 협의하여 상속재산을 분할한 때는 민법 제1026조 제1호에 규정된 상속재산에 대한 처분행위를 한 때에 해당되어 단순승인을 한 것으로 보게 되어 이를 취소할 수 없는 것이므로 그뒤 가정법원에 상속포기 신고를 하여 수리되었다 하여도 포기의 효력이 생기지 않는다(대판 1983.6.28. 82도2421).
- 상속인이 상속재산에 대한 처분행위를 한 때에는 단순승인을 한 것으로 보는바, 상속인이 피상속인의 채권을 추심하여 변제받는 것도 상속재산에 대한 처분행위에 해당한다(대판 2010.4.29. 2009다84936).

[처분행위에 해당하지 않는다고 본 판례]
- 권원 없이 공유물을 점유하는 자에 대한 공유물의 반환청구는 공유물의 보존행위이므로, 상속인들이 상속포기 신고를 하기에 앞서 점유자를 상대로 피상속인의 소유였던 주권에 관하여 주권반환청구소송을 제기한 것은 민법 제1026조 제1호가 정하는 상속재산의 처분행위에 해당하지 아니한다(대판 1996.10.15. 96다23283).
- 보험계약자가 피보험자의 상속인을 보험수익자로 하여 맺은 생명보험계약에 있어서 피보험자의 상속인은 피보험자의 사망이라는 보험사고가 발생한 때에는 보험수익자의 지위에서 보험자에 대하여 보험금 지급을 청구할 수 있고, 이 권리는 보험계약의 효력으로 당연히 생기는 것으로서 상속재산이 아니라 상속인의 고유재산이라고 할 것인데, 이는 상해의 결과로 사망한 때에 사망보험금이 지급되는 상해보험에 있어서 피보험자의 상속인을 보험수익자로 미리 지정해 놓은 경우는 물론, 생명보험의 보험계약자가 보험수익자의 지정권을 행사하기 전에 보험사고가 발생하여 상법 제733조에 의하여 피보험자의 상속인이 보험수익자가 되는 경우에도 마찬가지라고 보아야 한다(대판 2004.7.9. 2003다29463). 따라서 피보험자의 상속인이 사망보험금을 수령하는 행위는 민법 제1026조 제1호에 정한 단순승인 사유에 해당하지 않는다.

(2) 상속인이 3개월의 고려기간(= 숙려기간) 내에 한정승인 또는 포기를 하지 않은 때(제2호)

① 제2호는 상속인이 제한능력자인 경우에도 적용된다. 상속인이 제한능력자인 경우 고려기간의 진행은 그 법정대리인이 상속개시 있음을 안 날부터 진행한다고 봄이 타당하다.

② 민법 제1019조 제3항에 의한 적용의 제한 : 제1026조 제2호에 의해 법정단순승인이 의제되었다 하더라도 상속채무초과 사실을 중대한 과실 없이 알지 못한 경우 그 사실을 안 날부터 3월 내에 특별한정승인을 할 수 있다(민법 제1019조 제3항).

(3) 상속인이 한정승인 또는 포기를 한 후에 상속재산을 은닉하거나 부정소비하거나 고의로 재산목록에 기입하지 않은 때(제3호)

① 취지 : 상속인이 한정승인 또는 포기를 한 후에 부정행위를 하는 경우, 상속채권자나 후순위 상속인의 이익을 보호하기 위하여 부정행위를 한 상속인에게 상속채무에 대한 무한책임을 지우려는 취지에 기인한 것이다.

② 법정단순승인에 관한 민법 제1026조 제3호의 '상속재산의 은닉'이라 함은 상속재산의 존재를 쉽게 알 수 없게 만드는 것을 뜻하고, '상속재산의 부정소비'라 함은 정당한 사유 없이 상속재산을 써서 없앰으로써 그 재산적 가치를 상실시키는 것을 의미한다. 또한 '고의로 재산목록에 기입하지 아니한 때'라 함은 한정승인을 함에 있어 상속재산을 은닉하여 상속채권자를 사해할 의사로써 상속재산을 재산목록에 기입하지 않는 것을 뜻한다(대판 2010.4.29. 2009다84936).

③ 상속인이 상속을 포기함으로 인하여 차순위 상속인이 상속을 승인을 한 때에는, 포기자가 부정행위(민법 제1026조 제3호 사유)를 하더라도 단순승인으로 의제되지 않는다(민법 제1027조).

3. 단순승인의 효과

① 상속인은 피상속인의 권리·의무를 제한 없이 승계한다(민법 제1025조).
  ㉠ 상속인은 피상속인의 소극재산이 그의 적극재산을 넘는 때에도 변제를 거절할 수 없다.
  ㉡ 상속채권자(피상속인의 채권자)는 상속인의 고유재산에 대하여 강제집행을 할 수 있으며, 상속인의 채권자는 상속재산에 대하여 강제집행을 할 수 있다.

② 다만, 단순승인(민법 제1026조 제1호·제2호에 의한 단순승인 의제의 경우도 포함)을 한 후에도 제한된 범위에서 특별한정승인을 할 수 있다(민법 제1019조 제3항의 특별한정승인).

III 한정승인

한정승인의 효과(민법 제1028조)
상속인은 상속으로 인하여 취득할 재산의 한도에서 피상속인의 채무와 유증을 변제할 것을 조건으로 상속을 승인할 수 있다.

공동상속인의 한정승인(민법 제1029조)
상속인이 수인인 때에는 각 상속인은 그 상속분에 응하여 취득할 재산의 한도에서 그 상속분에 의한 피상속인의 채무와 유증을 변제할 것을 조건으로 상속을 승인할 수 있다.

한정승인의 방식(민법 제1030조)
① 상속인이 한정승인을 할 때에는 제1019조 제1항·제3항 또는 제4항의 기간 내에 상속재산의 목록을 첨부하여 법원에 한정승인의 신고를 하여야 한다. 〈개정 2022.12.13.〉
② 제1019조 제3항 또는 제4항에 따라 한정승인을 한 경우 상속재산 중 이미 처분한 재산이 있는 때에는 그 목록과 가액을 함께 제출하여야 한다. 〈신설 2022.12.13.〉

한정승인과 재산상 권리의무의 불소멸(민법 제1031조)
상속인이 한정승인을 한 때에는 피상속인에 대한 상속인의 재산상 권리의무는 소멸하지 아니한다.

1. 서 설

(1) 의 의

① 한정승인은 상속으로 취득하게 될 재산의 한도에서 피상속인의 채무와 유증을 변제할 조건으로 상속을 승인하는 의사표시이다(민법 제1028조). 한정승인은 상속재산이 채무초과상태인지 불분명한 경우에 유용하게 이용할 수 있는 제도이다.

② **공동상속인의 한정승인**: 상속인이 수인인 때에는 각 상속인은 그 상속분에 응하여 취득할 재산의 한도에서 그 상속분에 의한 피상속인의 채무와 유증을 변제할 것을 조건으로 상속을 승인할 수 있다(민법 제1029조).

(2) 한정승인을 할 수 있는 경우

① 상속인은 원칙적으로 상속개시 있음을 안 날로부터 3월 내에 한정승인을 할 수 있다(민법 제1019조 제1항 본문).

② 상속인이 상속채무가 상속재산을 초과하는 사실을 중대한 과실 없이 제1항의 기간(고려기간 = 숙려기간) 내에 알지 못하고 단순승인[제1026조 제1호(상속재산에 대한 처분행위를 한 때) 및 제2호(고려기간 내에 한정승인·포기를 하지 않은 때)에 따라 단순승인한 것으로 보는 경우를 포함한다]을 한 경우에는 그 사실을 안 날부터 3개월 내에 한정승인을 할 수 있다(민법 제1019조 제3항).

③ 미성년자인 상속인이 상속채무가 상속재산을 초과하는 상속을 성년이 되기 전에 단순승인한 경우에는 성년이 된 후 그 상속의 상속채무 초과사실을 안 날부터 3개월 내에 한정승인을 할 수 있다. 미성년자인 상속인이 제3항에 따른 한정승인을 하지 아니하였거나 할 수 없었던 경우에도 또한 같다(민법 제1019조 제4항).

2. 한정승인의 방식

① 상속인이 한정승인을 할 때에는 제1019조 제1항·제3항 또는 제4항의 기간 내에 상속재산의 목록을 첨부하여 가정법원에 한정승인의 신고를 하여야 한다(민법 제1030조 제1항).
② 제1019조 제3항 또는 제4항에 따라 한정승인을 한 경우 상속재산 중 이미 처분한 재산이 있는 때에는 그 목록과 가액을 함께 제출하여야 한다(민법 제1030조 제2항). 이 경우 한정승인신고를 함에 있어서 상속재산을 고의로 재산목록에 기입하지 않으면 단순승인으로 의제된다(민법 제1026조 제3호).

3. 한정승인의 효과

(1) 물적 유한책임(채무와 책임의 분리)

① 한정승인을 한 상속인(공동상속인 포함)은 상속으로 인하여 취득할 적극재산(공동상속인의 경우에는 상속분에 의하여 취득할 적극재산)의 한도에서 피상속인의 채무와 유증을 변제할 책임이 있다(민법 제1028조, 제1029조). 즉, 상속채무는 전부승계하지만 책임의 범위가 상속재산인 적극재산에 한정된다는 의미이다.

> **[상속인이 한정승인의 신고를 한 경우, 상속채권자가 상속인의 고유재산에 대하여 강제집행을 할 수 있는지 여부(원칙적 소극) 및 상속재산으로부터만 채권의 만족을 받을 수 있는지 여부(적극)]**
> 민법 제1028조는 "상속인은 상속으로 인하여 취득할 재산의 한도에서 피상속인의 채무와 유증을 변제할 것을 조건으로 상속을 승인할 수 있다"라고 규정하고 있다. 상속인이 위 규정에 따라 한정승인의 신고를 하게 되면 피상속인의 채무에 대한 한정승인자의 책임은 상속재산으로 한정되고, 그 결과 상속채권자는 특별한 사정이 없는 한 상속인의 고유재산에 대하여 강제집행을 할 수 없으며 상속재산으로부터만 채권의 만족을 받을 수 있다(대판 2016.5.24. 2015다250574).
>
> **[한정승인이 이루어진 경우 상속채권자가 상속재산에 관하여 한정승인자로부터 담보권을 취득한 고유채권자에 대하여 우선적 지위를 주장할 수 있는지 여부(소극)]**
> 법원이 한정승인신고를 수리하게 되면 피상속인의 채무에 대한 상속인의 책임은 상속재산으로 한정되고, 그 결과 상속채권자는 특별한 사정이 없는 한 상속인의 고유재산에 대하여 강제집행을 할 수 없다. 그런데 민법은 한정승인을 한 상속인(이하 '한정승인자'라 한다)에 관하여 그가 상속재산을 은닉하거나 부정소비한 경우 단순승인을 한 것으로 간주하는 것(제1026조 제3호) 외에는 상속재산의 처분행위 자체를 직접적으로 제한하는 규정을 두고 있지 않기 때문에, 한정승인으로 발생하는 위와 같은 책임제한 효과로 인하여 한정승인자의 상속재산 처분행위가 당연히 제한된다고 할 수는 없다. 또한 민법은 한정승인자가 상속재산으로 상속채권자 등에게 변제하는 절차는 규정하고 있으나(제1032조 이하), 한정승인만으로 상속채권자에게 상속재산에 관하여 한정승인자로부터 물권을 취득한 제3자에 대하여 우선적 지위를 부여하는 규정은 두고 있지 않으며, 민법 제1045조 이하의 재산분리 제도와 달리 한정승인이 이루어진 상속재산임을 등기하여 제3자에 대항할 수 있게 하는 규정도 마련하고 있지 않다. 따라서 한정승인자로부터 상속재산에 관하여 저당권 등의 담보권을 취득한 사람과 상속채권자 사이의 우열관계는 민법상의 일반원칙에 따라야 하고, 상속채권자가 한정승인의 사유만으로 우선적 지위를 주장할 수는 없다. 그리고 이러한 이치는 한정승인자가 그 저당권 등의 피담보채무를 상속개시 전부터 부담하고 있었다고 하여 달리 볼 것이 아니다(대판[전합] 2010.3.18. 2007다77781 – 다수의견).

② ①의 결과 상속채권자는 한정승인자에 대하여도 채무 전부에 대하여 이행을 청구할 수 있으며, 한정승인자가 임의로 책임의 범위를 초과한 변제를 한 경우에는 비채변제가 아닌 유효한 변제가 된다.

> [상속의 한정승인에 있어서 상속재산이 없거나 그 상속재산이 상속채무의 변제에 부족한 경우 상속채무 전부에 대한 이행판결을 선고하여야 하는지 여부(적극)]
> 상속의 한정승인은 채무의 존재를 한정하는 것이 아니라 단순히 그 책임의 범위를 한정하는 것에 불과하기 때문에, 상속의 한정승인이 인정되는 경우에도 상속채무가 존재하는 것으로 인정되는 이상, 법원으로서는 상속재산이 없거나 그 상속재산이 상속채무의 변제에 부족하다고 하더라도 상속채무 전부에 대한 이행판결을 선고하여야 하고, 다만, 그 채무가 상속인의 고유재산에 대해서는 강제집행을 할 수 없는 성질을 가지고 있으므로, 집행력을 제한하기 위하여 이행판결의 주문에 상속재산의 한도에서만 집행할 수 있다는 취지를 명시하여야 한다(대판 2003.11.14. 2003다30968).

③ 피상속인의 보증인과 물상보증인은 채무도 책임도 감축되지 않는다.
  ㉠ 따라서 여전히 채무 전액에 대해 변제할 책임이 있다.
  ㉡ 보증인 등이 변제를 하는 경우 상속인에게 채무 전액에 대한 구상권을 취득하게 되며, 이 구상권을 확보하기 위하여 채권자를 대위할 수 있다. 다만, 이 경우에도 보증인은 채무 전액에 대한 이행청구는 가능하나 구상권과 대위에 의해 이전된 채권자의 권리행사는 상속으로 얻은 재산의 한도에서만 가능하다.

④ 판결절차에서 한정승인의 항변을 하지 아니한 상속인의 지위 : 한정승인에 의한 책임의 제한은 상속채무의 존재 및 범위의 확정과는 관계가 없고 다만 판결의 집행대상을 상속재산의 한도로 한정함으로써 판결의 집행력을 제한할 뿐이다. 특히 채권자가 피상속인의 금전채무를 상속한 상속인을 상대로 그 상속채무의 이행을 구하여 제기한 소송에서 채무자가 한정승인 사실을 주장하지 않으면 책임의 범위는 현실적인 심판대상으로 등장하지 아니하여 주문에서는 물론 이유에서도 판단되지 않으므로 그에 관하여 기판력이 미치지 않는다. 그러므로 채무자가 한정승인을 하고도 채권자가 제기한 소송의 사실심 변론종결 시까지 그 사실을 주장하지 아니하여 책임의 범위에 관한 유보가 없는 판결이 선고되어 확정되었다고 하더라도, 채무자는 그 후 위 한정승인 사실을 내세워 청구에 관한 이의의 소를 제기할 수 있다(대판 2006.10.13. 2006다23138).

(2) 상속재산과 고유재산의 분리

혼동이 일어나지 않는다. 즉, 상속인이 한정승인을 한 때에는 피상속인에 대한 상속인의 권리·의무는 소멸하지 않는다(민법 제1031조). 이 점이 단순승인과의 차이점이다.

> [상속채권자가 피상속인에 대하여는 채권을 보유하면서 상속인에 대하여는 채무를 부담하는 경우, 상속채권자가 상속이 개시된 후 피상속인에 대한 채권을 자동채권으로 하여 상속인에 대한 채무에 대하여 상계하였더라도 이후 상속인이 한정승인을 하면 상계가 소급하여 효력을 상실하는지 여부(적극)]
> 상속인이 한정승인을 하는 경우에도, 피상속인의 채무와 유증에 대한 책임 범위가 한정될 뿐 상속인은 상속이 개시된 때부터 피상속인의 일신에 전속한 것을 제외한 피상속인의 재산에 관한 포괄적인 권리·의무를 승계하지만(민법 제1005조), 피상속인의 상속재산을 상속인의 고유재산으로부터 분리하여 청산하려는 한정승인 제도의 취지에 따라 상속인의 피상속인에 대한 재산상 권리·의무는 소멸하지 아니한다(민법 제1031조).

> 그러므로 상속채권자가 피상속인에 대하여는 채권을 보유하면서 상속인에 대하여는 채무를 부담하는 경우, 상속이 개시되면 위 채권 및 채무가 모두 상속인에게 귀속되어 상계적상이 생기지만, 상속인이 한정승인을 하면 상속이 개시된 때부터 민법 제1031조에 따라 피상속인의 상속재산과 상속인의 고유재산이 분리되는 결과가 발생하므로, 상속채권자의 피상속인에 대한 채권과 상속인에 대한 채무 사이의 상계는 제3자의 상계에 해당하여 허용될 수 없다. 즉, 상속채권자가 상속이 개시된 후 한정승인 이전에 피상속인에 대한 채권을 자동채권으로 하여 상속인에 대한 채무에 대하여 상계하였더라도, 그 이후 상속인이 한정승인을 하는 경우에는 민법 제1031조의 취지에 따라 상계가 소급하여 효력을 상실하고, 상계의 자동채권인 상속채권자의 피상속인에 대한 채권과 수동채권인 상속인에 대한 채무는 모두 부활한다(대판 2022.10.27. 2022다254154[본소]·2022다254161[반소]).

(3) 상속재산의 관리

> **공동상속재산과 그 관리인의 선임(민법 제1040조)**
> ① 상속인이 수인인 경우에는 법원은 각 상속인 기타 이해관계인의 청구에 의하여 공동상속인 중에서 상속재산 관리인을 선임할 수 있다.
> ② 법원이 선임한 관리인은 공동상속인을 대표하여 상속재산의 관리와 채무의 변제에 관한 모든 행위를 할 권리의무가 있다.
> ③ 제1022조, 제1032조 내지 전조의 규정은 전항의 관리인에 준용한다. 그러나 제1032조의 규정에 의하여 공고할 5일의 기간은 관리인이 그 선임을 안 날로부터 기산한다.

① 재산이 분리되어 있으므로 한정승인을 한 상속인은 상속재산에 대해서 계속하여 관리의무(그 고유재산에 대하는 것과 동일한 주의의무)를 부담한다(민법 제1022조 해석).

② 한정승인자가 수인인 경우에는 법원은 각 상속인 기타 이해관계인의 청구에 의하여 공동상속인 중에서 상속재산 관리인을 선임할 수 있다(민법 제1040조 제1항).

> **[공동상속재산 관리인으로 상속인 아닌 사람의 선임은 위법]**
> 민법 제1040조에 의하면 법원이 공동상속 재산에 관한 관리인을 선임할 경우에는 반드시 그 공동상속인 중에서 관리인을 선임하여야 하도록 되어 있으므로, 공동상속인 아닌 다른 사람을 선임한 결정은 위법하다(대판 1979.12.27. 76그2).

③ 가정법원이 선임한 관리인은 공동상속인을 대표하여 상속재산의 관리와 채무의 변제에 관한 모든 행위를 할 권리의무가 있다(민법 제1040조 제2항).

④ 가정법원이 선임한 관리인은 '그 고유재산에 대하는 것과 동일한 주의'로 상속재산을 관리하여야 하며(민법 제1040조 제3항 본문, 제1022조), 청산에 관하여는 제1032조 내지 제1039조가 준용된다(민법 제1040조 제3항 본문). 그러나 제1032조의 규정에 의하여 공고할 5일의 기간은 관리인이 그 선임을 안 날로부터 기산한다(민법 제1040조 제3항 단서).

4. 한정승인에 의한 상속재산의 청산절차

채권자에 대한 공고, 최고(민법 제1032조)
① 한정승인자는 한정승인을 한 날로부터 5일 내에 일반 상속채권자와 유증받은 자에 대하여 한정승인의 사실과 일정한 기간 내에 그 채권 또는 수증을 신고할 것을 공고하여야 한다. 그 기간은 2월 이상이어야 한다.
② 제88조 제2항, 제3항과 제89조의 규정은 전항의 경우에 준용한다.

최고기간 중의 변제거절(민법 제1033조)
한정승인자는 전조 제1항의 기간만료 전에는 상속채권의 변제를 거절할 수 있다.

배당변제(민법 제1034조)
① 한정승인자는 제1032조 제1항의 기간만료 후에 상속재산으로서 그 기간 내에 신고한 채권자와 한정승인자가 알고 있는 채권자에 대하여 각 채권액의 비율로 변제하여야 한다. 그러나 우선권 있는 채권자의 권리를 해하지 못한다.
② 제1019조 제3항 또는 제4항에 따라 한정승인을 한 경우에는 그 상속인은 상속재산 중에서 남아 있는 상속재산과 함께 이미 처분한 재산의 가액을 합하여 제1항의 변제를 하여야 한다. 다만, 한정승인을 하기 전에 상속채권자나 유증받은 자에 대하여 변제한 가액은 이미 처분한 재산의 가액에서 제외한다. 〈신설 2022.12.13.〉

변제기 전의 채무 등의 변제(민법 제1035조)
① 한정승인자는 변제기에 이르지 아니한 채권에 대하여도 전조의 규정에 의하여 변제하여야 한다.
② 조건 있는 채권이나 존속기간의 불확정한 채권은 법원의 선임한 감정인의 평가에 의하여 변제하여야 한다.

수증자에의 변제(민법 제1036조)
한정승인자는 전2조의 규정에 의하여 상속채권자에 대한 변제를 완료한 후가 아니면 유증받은 자에게 변제하지 못한다.

상속재산의 경매(민법 제1037조)
전3조의 규정에 의한 변제를 하기 위하여 상속재산의 전부나 일부를 매각할 필요가 있는 때에는 민사집행법에 의하여 경매하여야 한다.

부당변제 등으로 인한 책임(민법 제1038조)
① 한정승인자가 제1032조의 규정에 의한 공고나 최고를 해태하거나 제1033조 내지 제1036조의 규정에 위반하여 어느 상속채권자나 유증받은 자에게 변제함으로 인하여 다른 상속채권자나 유증받은 자에 대하여 변제할 수 없게 된 때에는 한정승인자는 그 손해를 배상하여야 한다. 제1019조 제3항의 규정에 의하여 한정승인을 한 경우 그 이전에 상속채무가 상속재산을 초과함을 알지 못한 데 과실이 있는 상속인이 상속채권자나 유증받은 자에게 변제한 때에도 또한 같다.
② 제1항 전단의 경우에 변제를 받지 못한 상속채권자나 유증받은 자는 그 사정을 알고 변제를 받은 상속채권자나 유증받은 자에 대하여 구상권을 행사할 수 있다. 제1019조 제3항 또는 제4항에 따라 한정승인을 한 경우 그 이전에 상속채무가 상속재산을 초과함을 알고 변제받은 상속채권자나 유증받은 자가 있는 때에도 또한 같다. 〈개정 2022.12.13.〉
③ 제766조의 규정은 제1항 및 제2항의 경우에 준용한다.

> **신고하지 않은 채권자 등(민법 제1039조)**
> 제1032조 제1항의 기간 내에 신고하지 아니한 상속채권자 및 유증받은 자로서 한정승인자가 알지 못한 자는 상속재산의 잔여가 있는 경우에 한하여 그 변제를 받을 수 있다. 그러나 상속재산에 대하여 특별담보권 있는 때에는 그러하지 아니하다.

(1) 채권자에 대한 공고와 최고(민법 제1032조)

(2) 청산방법

1) 최고기간 중의 변제거절

한정승인자는 전조 제1항의 채권신고 기간만료 전에는 상속채권의 변제를 거절할 수 있다(민법 제1033조).

2) 배당변제

한정승인자는 신고기간이 만료된 후에 질권·저당권 등 우선권이 있는 채권자 → 일반 채권자 → 유증을 받은 자 순(順)으로 변제한다(민법 제1034조 제1항, 제1036조).

① 한정승인자는 제1032조 제1항의 기간만료 후에 상속재산으로서 그 <u>기간 내에 신고한 채권자와 한정승인자가 알고 있는 채권자에 대하여 각 채권액의 비율로 변제하여야 한다. 그러나 우선권 있는 채권자의 권리를 해하지 못한다</u>(민법 제1034조 제1항).

> **[민법 제1034조 제1항에 따라 배당변제를 받을 수 있는 '한정승인자가 알고 있는 채권자'에 해당하는지 판단하는 기준 시점(= 한정승인자가 배당변제를 하는 시점)]**
> 한정승인자는 한정승인을 한 날로부터 5일 내에 일반 상속채권자와 유증받은 자에 대하여 한정승인의 사실과 일정한 기간(이하 '신고기간'이라고 한다) 내에 그 채권 또는 수증을 신고할 것을 공고하여야 하고, 알고 있는 채권자에게는 각각 그 채권신고를 최고하여야 한다(민법 제1032조 제1항·제2항, 제89조). 신고기간이 만료된 후 한정승인자는 상속재산으로서 그 기간 내에 신고한 채권자와 '한정승인자가 알고 있는 채권자'에 대하여 각 채권액의 비율로 변제(이하 '배당변제'라고 한다)하여야 한다(민법 제1034조 제1항 본문). 반면 신고기간 내에 신고하지 아니한 상속채권자 및 유증받은 자로서 '한정승인자가 알지 못한 자'는 상속재산의 잔여가 있는 경우에 한하여 변제를 받을 수 있다(민법 제1039조 본문). 여기서 민법 제1034조 제1항에 따라 배당변제를 받을 수 있는 '한정승인자가 알고 있는 채권자'에 해당하는지 여부는 한정승인자가 채권신고의 최고를 하는 시점이 아니라 배당변제를 하는 시점을 기준으로 판단하여야 한다. 따라서 한정승인자가 채권신고의 최고를 하는 시점에는 알지 못했더라도 그 이후 실제로 배당변제를 하기 전까지 알게 된 채권자가 있다면 그 채권자는 민법 제1034조 제1항에 따라 배당변제를 받을 수 있는 '한정승인자가 알고 있는 채권자'에 해당한다(대판 2018.11.9. 2015다75308).

② 제1019조 제3항 또는 제4항에 따라 <u>특별한정승인을 한 경우</u>에는 그 상속인은 상속재산 중에서 남아 있는 상속재산과 함께 이미 처분한 재산의 가액을 합하여 제1항의 변제를 하여야 한다. 다만, 한정승인을 하기 전에 상속채권자나 유증받은 자에 대하여 변제한 가액은 이미 처분한 재산의 가액에서 제외한다(민법 제1034조 제2항).

③ 한정승인자는 전2조의 규정에 의하여 상속채권자에 대한 변제를 완료한 후가 아니면 유증받은 자에게 변제하지 못한다(민법 제1036조). 즉, <u>유증은 최후순위이다.</u>

3) 변제기 전의 채무 등의 변제(민법 제1035조)
4) 신고하지 않은 채권자 등에 대한 변제(민법 제1039조)
5) 상속재산의 경매(민법 제1037조)

> **[민법 제1037조, 민사집행법 제274조에 따른 상속재산에 대한 형식적 경매에서 일반채권자의 배당요구가 허용되는지 여부(소극)]**
> 민법 제1037조에 근거하여 민사집행법 제274조에 따라 행하여지는 상속재산에 대한 형식적 경매는 한정승인자가 상속재산을 한도로 상속채권자나 유증받은 자에 대하여 일괄하여 변제하기 위하여 청산을 목적으로 당해 재산을 현금화하는 절차이므로, 제도의 취지와 목적, 관련 민법 규정의 내용, 한정승인자와 상속채권자 등 관련자들의 이해관계 등을 고려할 때 일반채권자인 상속채권자로서는 민사집행법이 아닌 민법 제1034조, 제1035조, 제1036조 등의 규정에 따라 변제받아야 한다고 볼 것이고, 따라서 그 경매에서는 일반채권자의 배당요구가 허용되지 아니한다(대판 2013.9.12. 2012다33709).
>
> **[상속부동산에 관하여 담보권 실행을 위한 경매절차가 진행된 경우, 한정승인 절차에서 상속채권자로 신고한 자가 그 경매절차에서 배당요구를 하여 일반채권자로 배당받을 수 있는지 여부(적극)]**
> 상속부동산에 관하여 민사집행법 제274조 제1항에 따른 형식적 경매절차가 진행된 것이 아니라 담보권 실행을 위한 경매절차가 진행된 경우에는 비록 한정승인 절차에서 상속채권자로 신고한 자라고 하더라도 집행권원을 얻어 그 경매절차에서 배당요구를 함으로써 일반채권자로서 배당받을 수 있다(대판 2010.6.24. 2010다14599).

(3) 부당변제로 인한 책임
① 한정승인자의 임무해태 또는 부당변제에 대한 책임(민법 제1038조 제1항)
② 사정을 알고 부당변제를 받은 자에 대한 구상(민법 제1038조 제2항)
③ ①의 손해배상청구권과 ②의 구상권에 대하여는 민법 제766조가 적용된다(민법 제1038조 제3항). 즉, 3년, 10년의 시효에 걸린다.

IV 상속의 포기

> **포기의 방식(민법 제1041조)**
> 상속인이 상속을 포기할 때에는 제1019조 제1항의 기간 내에 가정법원에 포기의 신고를 하여야 한다.
>
> **포기의 소급효(민법 제1042조)**
> 상속의 포기는 상속개시된 때에 소급하여 그 효력이 있다.
>
> **포기한 상속재산의 귀속(민법 제1043조)**
> 상속인이 수인인 경우에 어느 상속인이 상속을 포기한 때에는 그 상속분은 다른 상속인의 상속분의 비율로 그 상속인에게 귀속된다.

> **포기한 상속재산의 관리계속의무(민법 제1044조)**
> ① 상속을 포기한 자는 그 포기로 인하여 상속인이 된 자가 상속재산을 관리할 수 있을 때까지 그 재산의 관리를 계속하여야 한다.
> ② 제1022조와 제1023조의 규정은 전항의 재산관리에 준용한다.

1. 의 의

상속의 포기란 상속인(공동상속인 포함)이 상속으로 인하여 생기는 모든 권리·의무의 승계를 부인하고 처음부터 상속인이 아니었던 효력을 발생시키는 법원에 대한 단독의 의사표시이다. 이에 따라 포기는 포괄적·무조건적으로 하여야 하며, 일부의 포기나 조건부 포기는 인정되지 않는다.

2. 상속포기의 방식

① 상속인이 상속을 포기한 때에는 3개월의 고려기간 내(상속개시 있음을 안 날로부터 3개월 이내)에 가정법원에 포기의 신고를 하여야 한다(민법 제1041조). 따라서 그 기간 후에 한 포기는 무효이다. 그런데 판례는 고려기간 경과 후의 상속포기의 신고가 상속포기로서의 효력이 없다고 하더라도 공동상속인들 사이에서는 상속재산에 관한 협의분할이 이루어진 것으로 이해한다(대판 1996.3.26. 95다45545·45552·45569).

② 상속포기의 방식은 한정승인과 동일하다(단, 상속포기는 재산목록을 작성하여 제출할 필요가 없다). 즉, 상속 개시지의 가정법원에 신고서를 제출하여야 한다(가사소송법 제44조 제1항 제6호).

> **[상속포기서에 첨부된 재산목록에서 누락된 상속재산에 대하여도 상속포기의 효력이 미치는지 여부(적극)]**
> 상속의 포기는 상속인이 법원에 대하여 하는 단독의 의사표시로서 포괄적·무조건적으로 하여야 하므로, 상속포기는 재산목록을 첨부하거나 특정할 필요가 없다고 할 것이고, 상속포기서에 상속재산의 목록을 첨부했다 하더라도 그 목록에 기재된 부동산 및 누락된 부동산의 수효 등과 제반 사정에 비추어 상속재산을 참고 자료로 예시한 것에 불과하다고 보여지는 이상, 포기 당시 첨부된 재산 목록에 포함되어 있지 않은 재산의 경우에도 상속포기의 효력은 미친다(대판 1995.11.14. 95다27554).

③ 공동상속인 중에 특정인에게 자신의 상속분을 귀속시킬 목적으로 하는 상속의 포기는 허용되지 않는다. 이는 '상속분의 양도(민법 제1011조)'나 '상속재산의 협의분할제도(민법 제1013조)'를 활용할 수 있기 때문이다.

3. 상속포기의 효과

(1) 포기의 소급효

① 상속의 포기는 상속이 개시된 때에 소급하여 그 효력이 있다(민법 제1042조). 이에 따라 상속포기자는 처음부터 상속인이 아니었던 것으로 된다.

② 상속포기는 대습상속의 원인에 해당하지 않는다. 민법은 대습상속의 원인으로 피대습자의 상속개시 전의 사망과 결격만을 규정하고 있다(민법 제1001조, 제1003조 제2항).

③ 상속인 전원이 상속을 포기하면, 다음 순위에 있는 자가 본위 상속인으로서 상속하게 된다(통설) (대판 2017.1.12. 2014다39824).

④ 상속포기의 효력은 피상속인의 사망으로 개시된 상속에만 미치는 것이고, 그 후 피상속인을 피대습자로 하여 개시된 대습상속에까지 미치지는 않는다(대판 2017.1.12. 2014다39824).

> [상속포기의 효력이 피상속인을 피대습자로 하여 개시된 대습상속에 미치는지 여부(소극) 및 이는 상속인의 상속포기로 피대습자의 직계존속이 피대습자를 상속한 경우에도 마찬가지인지 여부(적극) / 이때 피대습자의 직계존속이 사망할 당시 피대습자로부터 상속받은 재산 외에 고유재산을 소유하고 있었는지에 따라 달리 보아야 하는지 여부(소극) / 상속인인 배우자와 자녀들이 상속포기를 한 후 피상속인의 직계존속이 사망하여 대습상속이 개시되었으나 대습상속인이 한정승인이나 상속포기를 하지 않은 경우, 단순승인을 한 것으로 간주되는지 여부(적극)]
> 피상속인의 사망으로 상속이 개시된 후 상속인이 상속을 포기하면 상속이 개시된 때에 소급하여 그 효력이 생긴다(민법 제1042조). 따라서 제1순위 상속권자인 배우자와 자녀들이 상속을 포기하면 제2순위에 있는 사람이 상속인이 된다. 상속포기의 효력은 피상속인의 사망으로 개시된 상속에만 미치고, 그 후 피상속인을 피대습자로 하여 개시된 대습상속에까지 미치지는 않는다. 대습상속은 상속과는 별개의 원인으로 발생하는 것인데다가 대습상속이 개시되기 전에는 이를 포기하는 것이 허용되지 않기 때문이다. 이는 종전에 상속인의 상속포기로 피대습자의 직계존속이 피대습자를 상속한 경우에도 마찬가지이다. 또한 피대습자의 직계존속이 사망할 당시 피대습자로부터 상속받은 재산 외에 적극재산이든 소극재산이든 고유재산을 소유하고 있었는지에 따라 달리 볼 이유도 없다. 따라서 피상속인의 사망 후 상속채무가 상속재산을 초과하여 상속인인 배우자와 자녀들이 상속포기를 하였는데, 그 후 피상속인의 직계존속이 사망하여 민법 제1001조, 제1003조 제2항에 따라 대습상속이 개시된 경우에 대습상속인이 민법이 정한 절차와 방식에 따라 한정승인이나 상속포기를 하지 않으면 단순승인을 한 것으로 간주된다. 위와 같은 경우에 이미 사망한 피상속인의 배우자와 자녀들에게 피상속인의 직계존속의 사망으로 인한 대습상속도 포기하려는 의사가 있다고 볼 수 있지만, 그들이 상속포기의 절차와 방식에 따라 피상속인의 직계존속에 대한 상속포기를 하지 않으면 효력이 생기지 않는다. 이와 달리 피상속인에 대한 상속포기를 이유로 대습상속 포기의 효력까지 인정한다면 상속포기의 의사를 명확히 하고 법률관계를 획일적으로 처리함으로써 법적 안정성을 꾀하고자 하는 상속포기제도가 잠탈될 우려가 있다(대판 2017.1.12. 2014다39824).

⑤ 상속포기의 효과는 절대적이므로 등기를 하지 않았더라도 포기를 가지고 제3자에게도 대항할 수 있다.

(2) 포기한 상속재산의 귀속

① 상속인이 수인인 경우에 어느 상속인이 상속을 포기한 때에는 그 상속분은 다른 상속인의 상속분의 비율로 그 상속인에게 귀속된다(민법 제1043조).

② 피상속인의 배우자와 자녀 중 자녀 전부가 상속을 포기한 경우의 상속인

> [피상속인의 배우자와 자녀 중 자녀 전부가 상속을 포기한 경우, 배우자가 단독상속인이 되는지 여부(적극)]
> (라) 대판 2015.5.14. 2013다48852(이하 '종래 판례'라 한다)에 따라 피상속인의 배우자와 손자녀 또는 직계존속이 공동상속인이 되었더라도 그 이후 피상속인의 손자녀 또는 직계존속이 다시 적법하게 상속을 포기함에 따라 결과적으로는 피상속인의 배우자가 단독상속인이 되는 실무례가 많이 발견된다. 결국 공동상속인들의 의사에 따라 배우자가 단독상속인으로 남게 되는 동일한 결과가 되지만, 피상속인의 손자녀 또는 직계존속에게 별도로 상속포기 재판절차를 거치도록 하고 그 과정에서 상속채권자와 상속인들 모두에게 불필요한 분쟁을 증가시키며 무용한 절차에 시간과 비용을 들이는 결과가 되었다. 따라서 피상속인의 배우자와 자녀 중 자녀 전부가 상속을 포기한 경우 배우자가 단독상속인이 된다고 해석함으로써 법률관계를 간명하게 확정할 수 있다.
> (마) 이상에서 살펴본 바와 같이 상속에 관한 입법례와 민법의 입법 연혁, 민법 조문의 문언 및 체계적·논리적 해석, 채무상속에서 상속포기자의 의사, 실무상 문제 등을 종합하여 보면, 피상속인의 배우자와 자녀 중 자녀 전부가 상속을 포기한 경우에는 배우자가 단독상속인이 된다고 봄이 타당하다. 이와 달리 피상속인의 배우자와 자녀 중 자녀 전부가 상속을 포기한 경우 배우자와 피상속인의 손자녀 또는 직계존속이 공동상속인이 된다는 취지의 종래 판례는 이 판결의 견해에 배치되는 범위 내에서 변경하기로 한다(대결[전합] 2023.3.23. 2020그42 - 다수의견).

(3) 포기한 상속재산의 관리계속의무

① 상속을 포기한 자는 그 포기로 인하여 상속인이 된 자가 상속재산을 관리할 수 있을 때까지(고유재산에 대한 것과 동일한 주의의무로) 그 재산의 관리를 계속하여야 한다(민법 제1044조 제1항).

② 제1022조(상속재산이 관리)와 제1023조(상속재산 보존에 필요한 처분)의 규정은 전항의 재산관리에 준용한다(민법 제1044조 제2항).

제6관 재산의 분리

> **상속재산의 분리청구권(민법 제1045조)**
> ① 상속채권자나 유증받은 자 또는 상속인의 채권자는 상속개시된 날로부터 3월 내에 상속재산과 상속인의 고유재산의 분리를 법원에 청구할 수 있다.
> ② 상속인이 상속의 승인이나 포기를 하지 아니한 동안은 전항의 기간경과 후에도 재산의 분리를 청구할 수 있다.

분리명령과 채권자 등에 대한 공고, 최고(민법 제1046조)
① 법원이 전조의 청구에 의하여 재산의 분리를 명한 때에는 그 청구자는 5일 내에 일반 상속채권자와 유증받은 자에 대하여 재산분리의 명령 있은 사실과 일정한 기간 내에 그 채권 또는 수증을 신고할 것을 공고하여야 한다. 그 기간은 2월 이상이어야 한다.
② 제88조 제2항, 제3항과 제89조의 규정은 전항의 경우에 준용한다.

분리후의 상속재산의 관리(민법 제1047조)
① 법원이 재산의 분리를 명한 때에는 상속재산의 관리에 관하여 필요한 처분을 명할 수 있다.
② 법원이 재산관리인을 선임한 경우에는 제24조 내지 제26조의 규정을 준용한다.

분리후의 상속인의 관리의무(민법 제1048조)
① 상속인이 단순승인을 한 후에도 재산분리의 명령이 있는 때에는 상속재산에 대하여 자기의 고유재산과 동일한 주의로 관리하여야 한다.
② 제683조 내지 제685조 및 제688조 제1항, 제2항의 규정은 전항의 재산관리에 준용한다.

재산분리의 대항요건(민법 제1049조)
재산의 분리는 상속재산인 부동산에 관하여는 이를 등기하지 아니하면 제3자에게 대항하지 못한다.

재산분리와 권리의무의 불소멸(민법 제1050조)
재산분리의 명령이 있는 때에는 피상속인에 대한 상속인의 재산상 권리의무는 소멸하지 아니한다.

변제의 거절과 배당변제(민법 제1051조)
① 상속인은 제1045조 및 제1046조의 기간만료 전에는 상속채권자와 유증받은 자에 대하여 변제를 거절할 수 있다.
② 전항의 기간만료 후에 상속인은 상속재산으로써 재산분리의 청구 또는 그 기간 내에 신고한 상속채권자, 유증받은 자와 상속인이 알고 있는 상속채권자, 유증받은 자에 대하여 각 채권액 또는 수증액의 비율로 변제하여야 한다. 그러나 우선권 있는 채권자의 권리를 해하지 못한다.
③ 제1035조 내지 제1038조의 규정은 전항의 경우에 준용한다.

고유재산으로부터의 변제(민법 제1052조)
① 전조의 규정에 의한 상속채권자와 유증받은 자는 상속재산으로써 전액의 변제를 받을 수 없는 경우에 한하여 상속인의 고유재산으로부터 그 변제를 받을 수 있다.
② 전항의 경우에 상속인의 채권자는 상속인의 고유재산으로부터 우선변제를 받을 권리가 있다.

I 서 설

1. 의 의

재산의 분리란 상속이 개시된 후에 상속채권자나 유증받은 자 또는 상속인의 채권자의 청구에 의하여 상속재산과 상속인의 고유재산을 분리시키는 가정법원의 처분을 말한다(민법 제1045조 제1항). 이 제도의 취지는 피상속인 또는 상속인의 각각의 고유재산을 믿고 거래한 채권자 등이 상속으로 인하여 양 재산이 혼합됨으로써 받게 될 불이익을 방지하기 위함이다.

2. 다른 제도와의 관계

(1) 한정승인과의 관계

① 한정승인제도는 상속인을 보호하기 위한 제도이나, 재산분리제도는 상속채권자·유증받은 자·상속인의 채권자를 보호하기 위한 제도이다.
② 재산분리제도는 상속재산과 상속인의 고유재산이 혼동되는 것을 막기 위한 것이므로, 한정승인을 한 경우에는 원칙적으로 재산분리를 할 필요가 없다. 그러나 재산분리가 있은 후에도 상속인은 한정승인을 할 수 있다.
③ 한정승인은 상속채권자가 배당변제를 받음으로써 상속인은 더 이상 강제집행을 당하지 않으나, 재산분의 경우에는 상속재산과 상속인의 고유재산을 분리하여 변제의 우선순위를 정하는 것일 뿐이므로 채권자가 우선순위를 가지는 재산에서 완전히 변제를 받지 못한 경우에는 다른 재산으로도 변제를 받을 수 있고, 또한 강제집행을 할 수도 있다. 즉, 상속인이 무한책임을 지게 된다.

(2) 상속포기와의 관계

① 상속인이 상속포기를 하는 경우 원칙적으로 재산을 분리할 필요성이 없다.
② 재산분리의 청구가 있은 후에도 상속인은 고려기간 내에 상속포기를 하면 재산분리절차가 정지된다.

Ⅱ 재산분리의 청구

1. 청구권자

① 재산분리의 청구권자는 상속채권자·유증을 받은 자·상속인의 채권자이다(민법 제1045조 제1항).
② 상속인의 채권자는 상속개시 후에 새로 채권을 취득한 자를 포함한다.
③ 포괄적 유증을 받은 자는 상속인과 동일한 권리의무가 있으므로 재산분리를 청구할 수 없다(다수설).

2. 상대방

민법은 이에 대해 규정하고 있지 않으나, 상속인 또는 상속재산 관리인이 상대방이라 할 것이다.

3. 청구기간

① 재산분리의 청구는 상속이 개시된 날로부터 3개월 이내에 가정법원에 청구할 수 있다(민법 제1045조 제1항).
② 그러나 상속인이 상속의 승인이나 포기를 하지 아니한 동안은 3개월의 기간경과 후에도 재산의 분리를 청구할 수 있다(민법 제1045조 제2항).

4. 재산분리의 절차

① 청구권자가 가정법원에 재산분리의 청구를 하여야 한다.
② 가정법원이 재산분리를 명한 때에는 그 청구자는 5일 내에 일반 상속채권자와 유증받은 자에 대하여 재산분리의 명령 있은 사실과 일정한 기간 내에 그 채권 또는 수증을 신고할 것을 공고하여야 한다. 그 기간은 2월 이상이어야 한다(민법 제1046조 제1항).
③ ②의 경우 청산법인의 채권신고의 공고·최고에 관한 민법 제88조 제2항, 제3항과 제89조의 규정을 준용한다(민법 제1046조 제2항).

Ⅲ 재산분리의 효과

1. 고유재산과의 분리

재산분리의 심판이 확정되면 상속재산과 상속인의 고유재산은 분리되어 존재하는 것으로 된다. 이에 따라 피상속인에 대한 상속인의 재산상 권리의무는 혼동으로 소멸하지 아니한다(민법 제1050조).

2. 상속재산의 관리

① 법원이 재산의 분리를 명한 때에는 상속재산의 관리에 관하여 필요한 처분을 명할 수 있다(민법 제1047조 제1항). 이 경우 법원이 재산관리인을 선임한 경우에는 부재자의 재산관리인에 관한 민법 제24조 내지 제26조의 규정을 준용한다(민법 제1047조 제2항).
② 상속인이 단순승인을 한 후에도 재산분리의 명령이 있는 때에는 상속재산에 대하여 '자기의 고유재산과 동일한 주의'로 관리하여야 한다(민법 제1048조 제1항). 이 경우 재산관리에 수임인의 권리의무에 관한 민법 제683조 내지 제685조 및 제688조 제1항, 제2항의 규정을 준용한다(민법 제1048조 제2항).

3. 재산분리의 대항요건

재산의 분리는 상속재산인 부동산에 관하여는 이를 등기하지 아니하면 제3자에게 대항하지 못한다(민법 제1049조). 이 규정을 둔 취지는 선의취득제도가 없는 부동산에 관하여 거래안전을 보호할 필요가 있기 때문이다.

Ⅳ. 재산분리 후 변제절차

1. 상속재산에 의한 변제

① 상속인은 재산분리를 청구할 수 있는 기간[상속개시된 날로부터 3월(민법 제1045조 제1항)] 및 상속채권자와 유증받은 자에 대하여 공고한 신고기간(민법 제1046조 제1항)이 만료되기 전에는 상속채권자와 유증받은 자에 대하여 변제를 거절할 수 있다(민법 제1051조 제1항).

② 우선권 있는 상속채권자, 일반 상속채권자 등에게 변제한 후 유증받은 자에게 변제한다.
　㉠ ①의 기간만료 후에 상속인은 우선권 있는 채권자에게 먼저 변제하고, 그 후 재산분리의 청구 또는 그 기간 내에 신고한 상속채권자, 유증받은 자와 상속인이 알고 있는 상속채권자, 유증받은 자에 대하여 각 채권액 또는 수증액의 비율로 변제하여야 한다(민법 제1051조 제2항).
　㉡ 변제기 전 상속채권, 조건부 상속채권 등도 변제하여야 한다(민법 제1051조 제3항, 제1035조).
　㉢ 상속채권자, 변제기 전 상속채권자, 조건부 상속채권자에게 전액 변제한 후 유증받은 자에게 변제한다. 즉, 유증은 최후순위이다(민법 제1051조 제3항, 제1036조).

③ 변제를 하기 위하여 상속재산의 전부나 일부를 매각할 필요가 있는 때에는 민사집행법에 의하여 경매하여야 한다(민법 제1051조 제3항, 제1037조).

④ 부당변제로 인한 책임, 변제를 받지 못한 자의 구상권 등은 한정승인의 규정을 준용한다(민법 제1051조 제3항, 제1038조).

2. 고유재산에 의한 변제(이는 상속인이 한정승인을 하지 않은 경우를 전제로 한다)

① 상속채권자와 유증받은 자는 상속재산으로써 전액의 변제를 받을 수 없는 경우에 한하여 상속인의 채권자보다 후순위로 상속인의 고유재산으로부터 그 변제를 받을 수 있다(민법 제1052조 제1항).

② 상속인의 채권자는 상속인의 고유재산으로부터 우선변제를 받을 권리가 있다(민법 제1052조 제2항).

제7관　상속인의 부존재

상속인 없는 재산의 관리인(민법 제1053조)
① 상속인의 존부가 분명하지 아니한 때에는 법원은 제777조의 규정에 의한 피상속인의 친족 기타 이해관계인 또는 검사의 청구에 의하여 상속재산 관리인을 선임하고 지체 없이 이를 공고하여야 한다.
② 제24조 내지 제26조의 규정은 전항의 재산관리인에 준용한다.

재산목록제시와 상황보고(민법 제1054조)
관리인은 상속채권자나 유증받은 자의 청구가 있는 때에는 언제든지 상속재산의 목록을 제시하고 그 상황을 보고하여야 한다.

상속인의 존재가 분명하여진 경우(민법 제1055조)
① 관리인의 임무는 그 상속인이 상속의 승인을 한 때에 종료한다.
② 전항의 경우에는 관리인은 지체 없이 그 상속인에 대하여 관리의 계산을 하여야 한다.

상속인없는 재산의 청산(민법 제1056조)
① 제1053조 제1항의 공고 있은 날로부터 3월 내에 상속인의 존부를 알 수 없는 때에는 관리인은 지체 없이 일반 상속채권자와 유증받은 자에 대하여 일정한 기간 내에 그 채권 또는 수증을 신고할 것을 공고하여야 한다. 그 기간은 2월 이상이어야 한다.
② 제88조 제2항, 제3항, 제89조, 제1033조 내지 제1039조의 규정은 전항의 경우에 준용한다.

상속인수색의 공고(민법 제1057조)
제1056조 제1항의 기간이 경과하여도 상속인의 존부를 알 수 없는 때에는 법원은 관리인의 청구에 의하여 상속인이 있으면 일정한 기간 내에 그 권리를 주장할 것을 공고하여야 한다. 그 기간은 1년 이상이어야 한다.

특별연고자에 대한 분여(민법 제1057조의2)
① 제1057조의 기간 내에 상속권을 주장하는 자가 없는 때에는 가정법원은 피상속인과 생계를 같이 하고 있던 자, 피상속인의 요양간호를 한 자 기타 피상속인과 특별한 연고가 있던 자의 청구에 의하여 상속재산의 전부 또는 일부를 분여할 수 있다.
② 제1항의 청구는 제1057조의 기간의 만료 후 2월 이내에 하여야 한다.

상속재산의 국가귀속(민법 제1058조)
① 제1057조의2의 규정에 의하여 분여(分與)되지 아니한 때에는 상속재산은 국가에 귀속한다.
② 제1055조 제2항의 규정은 제1항의 경우에 준용한다.

국가귀속재산에 대한 변제청구의 금지(민법 제1059조)
전조 제1항의 경우에는 상속재산으로 변제를 받지 못한 상속채권자나 유증을 받은 자가 있는 때에도 국가에 대하여 그 변제를 청구하지 못한다.

I 서설

상속인의 부존재란 상속인의 존부가 분명하지 않은 것이다(민법 제1053조 제1항). 민법은 상속인의 존부가 분명하지 않은 경우 한편으로는 상속인을 수색하면서, 다른 한편으로는 상속재산을 관리하고 청산하도록 하고 있다(민법 제1053조 내지 제1059조).

Ⅱ 상속재산의 관리·청산과 상속인의 수색

1. 상속재산의 관리

(1) 관리인의 선임

① 상속인의 존부가 분명하지 아니한 때에는 법원은 민법 제777조의 규정에 의한 피상속인의 친족 기타 이해관계인 또는 검사의 청구에 의하여 상속재산 관리인을 선임하고 지체 없이 이를 공고하여야 한다(민법 제1053조 제1항).

　㉠ 여기의 「이해관계인」은 상속재산의 귀속에 관하여 법률상 이해관계를 갖는 자이다(예 유증받은 자, 상속채권자, 상속채무자, 상속재산상의 담보권자, 피상속인의 채무의 보증인, 특별연고자 등).

　㉡ 상속인의 부존재제도에 의해 선임된 상속재산 관리인은 상속인일 필요가 없으나(대판 1977.1.11. 76다184·185), 공동상속인의 한정승인 시 선임되는 공동상속재산 관리인은 그 공동상속인 중에서 선임하여야 한다(대판 1979.12.27. 76그2).

② 선임된 상속재산 관리인에게는 부재자의 재산관리인에 관한 민법 제24조 내지 제26조가 준용된다(민법 제1053조 제2항).

③ 관리인은 상속채권자나 유증받은 자의 청구가 있는 때에는 언제든지 상속재산의 목록을 제시하고 그 상황을 보고하여야 한다(민법 제1054조).

(2) 관리인의 임무 종료

① 관리인의 임무는 상속인의 존부가 분명해진 경우 그 상속인이 상속의 승인을 한 때에 종료된다(민법 제1055조 제1항).

② 상속인이 승인하면 관리인은 지체 없이 그 상속인에 대하여 관리의 계산을 하여야 한다(민법 제1055조 제2항).

2. 상속재산의 청산

(1) 채권신고의 공고

① 상속재산 관리인의 선임공고가 있은 날로부터 3월 내에 상속인의 존부를 알 수 없는 때에는 관리인은 지체 없이 일반 상속채권자와 유증받은 자에 대하여 일정한 기간 내에 그 채권 또는 수증을 신고할 것을 공고하여야 한다. 이때 신고기간은 2월 이상이어야 한다(민법 제1056조 제1항).

② ①의 경우 청산법인의 채권신고의 공고·최고에 관한 민법 제88조 제2항·제3항과 제89조가 준용된다(민법 제1056조 제2항).

(2) 청산방법

청산방법에 대해서는 한정승인에 있어서의 청산방법에 관한 민법 제1033조 내지 제1039조가 준용된다(민법 제1056조 제2항).

3. 상속인의 수색 공고

① 관리인이 상속채권자와 유증받은 자에 대하여 채권 또는 수증을 신고하도록 2개월 이상으로 정한 기간이 경과하여도 상속인의 존부를 알 수 없는 때에는 법원은 관리인의 청구에 의하여 상속인이 있으면 일정한 기간 내에 그 권리를 주장할 것을 공고하여야 한다. 이때의 기간은 1년 이상이어야 한다(민법 제1057조).
② 이 공고는 청산의 결과 남은 재산이 있는 경우에만 하여야 하며, 남은 재산이 없는 경우에는 필요치 않다.
③ 이 공고에서 정한 기간이 경과하여도 상속인이 나타나지 않으면 「상속인의 부존재」가 확정된다.

Ⅲ 특별연고자에 대한 재산분여(財産分與)

1. 의 의

상속인수색 공고의 기간 내에 상속권을 주장하는 자가 없는 때에는 가정법원은 피상속인과 생계를 같이 하고 있던 자, 피상속인의 요양간호를 한 자 기타 피상속인과 특별한 연고가 있던 자의 청구에 의하여 상속재산의 전부 또는 일부를 분여할 수 있는 제도이다(민법 제1057조의2 제1항).

2. 재산분여의 요건

(1) 특별연고관계
① 특별연고자의 범위 : 민법은 재산분여를 받을 수 있는 자를 「피상속인과 생계를 같이 하고 있던 자, 피상속인의 요양간호를 한 자 기타 피상속인과 특별한 연고가 있던 자」라고 규정하고 있다(민법 제1057조의2 제1항).
② 특별연고자인지 여부는 추상적인 친족관계의 원근이 아니라 실질적·구체적인 관계에 의하여 결정하여야 한다.
③ 특별연고의 발생 시점 : 특별연고는 피상속인이 사망한 때 있어야만 하는 것은 아니므로, 과거의 어느 시기에 특별연고가 있었다면 특별연고자로 될 수 있다. 그러나 피상속인의 사망 이후에 연고를 맺은 자는 특별연고자가 될 수 없다.
④ 법인의 분여권자성 : 재산분여는 상속이 아니므로 법인도 분여권자가 될 수 있다.

(2) 재산분여의 상당성
재산분여에 상당성이 있는지에 대해서는 가정법원이 여러 가지 사정을 참작하여 자유롭게 결정한다.

(3) 재산분여의 청구
상속인수색 공고로 정해진 기간이 만료된 후 2월 이내에 가정법원에 재산분여청구를 하여야 한다(민법 제1057조의2 제1항·제2항).

3. 재산분여의 효과

① 청산 후 존재하는 상속재산의 전부 또는 일부가 재산분여의 대상이다.
② 특별연고자는 상속인이 아니므로 상속채무 등은 승계하지 않는다.

Ⅳ 상속재산의 국가귀속

1. 의의

민법 제1057조의2 규정에 의하여 특별연고자에 대한 분여가 되지 않은 상속재산은 국가에 귀속한다(민법 제1058조 제1항). 이 경우 관리인의 임무도 종료되므로, 관리인은 지체 없이 관할 국가기관에 대하여 관리의 계산을 하여야 한다(민법 제1058조 제2항, 제1055조 제2항).

2. 국가귀속재산에 대한 변제청구의 금지

민법 제1057조의2 규정에 의하여 특별연고자에 대한 분여가 되지 않은 상속재산은 국가에 귀속하는데, 이 경우 상속재산으로 변제를 받지 못한 상속채권자나 유증을 받은 자가 있는 때에도 국가에 대하여 그 변제를 청구하지 못한다(민법 제1059조).

3. 관련 판례

> [부동산 소유자가 행방불명된 경우, 그의 사망 및 상속인의 부존재에 대한 입증이나 민법 제1053조 내지 제1058조에 의한 국가귀속 절차 없이 단순히 국유재산법 제8조에 따른 무주부동산의 공고절차만을 거쳐 그 부동산을 국유화할 수 있는지 여부(소극)]
> 특정인 명의로 사정된 토지는 특별한 사정이 없는 한 사정명의자나 그 상속인의 소유로 추정되고, 토지의 소유자가 행방불명되어 생사 여부를 알 수 없다 하더라도 그가 사망하고 상속인도 없다는 점이 입증되거나 그 토지에 대하여 민법 제1053조 내지 제1058조에 의한 국가귀속 절차가 이루어지지 아니한 이상 그 토지가 바로 무주부동산이 되어 국가 소유로 귀속되는 것이 아니며, 무주부동산이 아닌 한 국유재산법 제8조에 의한 무주부동산의 처리절차를 밟아 국유재산으로 등록되었다 하여 국가 소유로 되는 것도 아니다(대판 1999.2.23. 98다59132).
>
> [무주의 토지의 경우에도 상속인 부존재의 경우에 적용되는 민법 제1053조 내지 제1058조 소정의 절차를 거쳐야 국유로 되는지 여부(소극)]
> 무주의 토지는 민법 제252조 제2항에 의하여 국유로 되는 것이고, 토지소유자가 존재하였으나 그의 상속인의 존부가 분명하지 아니한 경우에 적용되는 민법 제1053조 내지 제1058조 소정의 절차를 밟아야만 국유로 되는 것은 아니므로, 무주의 토지라고 인정을 한 이상 그 토지를 국유라고 하기 위하여 상속인 부존재의 경우에 필요한 절차를 밟았는지를 별도로 심리할 필요는 없다(대판 1997.11.28. 96다30199).

제2절 유언

I 서설

> **유언의 요식성(민법 제1060조)**
> 유언은 본법의 정한 방식에 의하지 아니하면 효력이 생하지 아니한다.
>
> **유언적령(민법 제1061조)**
> 17세에 달하지 못한 자는 유언을 하지 못한다. 〈개정 2022.12.27.〉
>
> **제한능력자의 유언(민법 제1062조)**
> 유언에 관하여는 제5조, 제10조 및 제13조를 적용하지 아니한다.
>
> **피성년후견인의 유언능력(민법 제1063조)**
> ① 피성년후견인은 의사능력이 회복된 때에만 유언을 할 수 있다.
> ② 제1항의 경우에는 의사가 심신회복의 상태를 유언서에 부기(附記)하고 서명날인하여야 한다.
>
> **유언과 태아, 상속결격자(민법 제1064조)**
> 제1000조 제3항, 제1004조의 규정은 수증자에 준용한다.

1. 유언의 의의 및 법적 성질

(1) 의 의

유언은 유언자(법인은 유언을 할 수 없음)가 그의 사후에 일정한 법률관계를 발생시킬 목적으로 일정한 방식에 따라 행하는 상대방 없는 단독행위이다. 사적자치의 한 내용으로 유언의 자유가 인정된다.

(2) 법적 성질

1) 유언은 요식행위이다(민법 제1065조 내지 제1072조).

① 유언의 방식에 따르지 않은 유언은 무효이다(민법 제1060조).

② 유언의 요식성은 유언이 유언자의 사망 후에 효력이 발생하기 때문에 미리 유언자의 진의를 명확히 하고, 그로 인한 법적 분쟁을 미연에 방지하기 위함이다.

2) 유언은 상대방 없는 단독행위이다.

① 유언자가 일정한 방식에 따라 의사를 표명하면 되고, 유증받을 자에 대한 유언자의 의사표시의 도달 또는 유증받을 자의 승낙을 요하지 않는다.

> **['유증'과 '사인증여'의 구별]**
> <u>유증</u>은 유언으로 수증자에게 일정한 재산을 무상으로 주기로 하는 행위로서 <u>상대방 없는 단독행위</u>이다. <u>사인증여</u>는 증여자가 생전에 무상으로 재산의 수여를 약속하고 증여자의 사망으로 약속의 효력이 발생하는 <u>증여계약의 일종으로 수증자와의 의사의 합치가 있어야 하는 점에서 단독행위인 유증과 구별된다</u>(대판 2023.9.27. 2022다302237).

② 다만, 유증받을 자가 유증을 거절할 수는 있다(민법 제1074조).

3) 유언은 대리가 허용되지 않는다.
① 유언은 유언자의 독립한 의사에 의하여 행해져야 하므로(유언은 행사상 일신전속적 행위이다), 유언의 대리는 허용되지 않는다.
② 제한능력자의 유언도 의사능력이 있는 경우에는 법정대리인의 동의 없이 할 수 있다.

4) 유언은 유언자의 사망으로 효력이 생기는 사인행위(死因行爲)이다.
① 유언에 의하여 이익을 받는 자는 유언의 효력이 생기기 전까지는 법률상 아무런 권리도 취득하지 못한다. 즉, 조건부 권리일 뿐이다.
② 유언자는 언제든지 유언을 철회할 수 있다(민법 제1108조). 이는 유언자의 유언에 대한 최종의사를 존중하기 위함이다.

5) 유언은 법정사항에 한하여 할 수 있다.
① 유언의 자유가 사적자치의 원칙상 인정되나, 법정사항 이외의 유언은 무효이다.
② 법률이 정하는 유언사항으로는 재단법인의 설립을 위한 재산출연행위(민법 제47조 제2항), 친생부인(민법 제850조), 인지(민법 제859조 제2항), 미성년후견인의 지정(민법 제931조 제1항), 미성년후견감독인의 지정(민법 제940조의2), 상속재산분할방법의 지정 또는 위탁(민법 제1012조 전단), 상속재산분할의 금지(민법 제1012조 후단), 유증(민법 제1074조), 유언집행자의 지정 또는 위탁(민법 제1093조), 신탁의 설정(신탁법 제2조) 등이다.

2. 유언능력

(1) 유언자는 17세에 달하고(민법 제1061조) 의사능력이 있어야 한다.
① 유언능력에는 행위능력에 관한 규정이 적용되지 않는다(민법 제1062조). 따라서 미성년자라도 17세 이상이면 '단독으로' 유효하게 유언을 할 수 있다.

> [후견심판 사건에서 가사소송법 제62조 제1항에 따른 사전처분으로 후견심판이 확정될 때까지 임시후견인이 선임된 경우, 임시후견인의 동의가 없이도 사건본인이 유언을 할 수 있는지 여부(원칙적 적극) 및 아직 성년후견이 개시되기 전인 경우, 의사가 유언서에 심신회복상태를 부기하고 서명날인하도록 요구한 민법 제1063조 제2항이 적용되는지 여부(소극)]
> 가사소송법 제62조 제1항은 후견심판이 확정될 때까지 사건본인의 보호 및 재산의 관리·보전을 위하여 임시후견인 선임 등 사전처분을 할 수 있음을 정하였고, 가사소송규칙 제32조 제4항은 가사사건의 재판·조정 절차에 관한 필요한 사항에 대하여 대법원규칙으로 정하도록 한 위임 규정(가사소송법 제11조) 및 그 취지(가사소송규칙 제1조)에 따라 '가사소송법 제62조에 따른 사전처분으로 임시후견인을 선임한 경우, 성년후견 및 한정후견에 관한 사건의 임시후견인에 대하여는 특별한 규정이 없는 이상 한정후견에 관한 규정을 준용한다'고 정하였다. 가정법원은 피한정후견인에 대하여 한정후견인의 동의를 받아야 하는 행위를 정할 수 있고(민법 제13조 제1항), 피한정후견인이 한정후견인의 동의가 필요한 법률행위를 동의 없이 하였을 때는 이를 취소할 수 있다(같은 조 제4항). 한편 민법 제1060조는 '유언은 본법의 정한 방식에 의하지 아니하면 효력이 발생하지 아니한다'고

> 정하여 유언에 관하여 엄격한 요식성을 요구하고 있으나, 피성년후견인과 피한정후견인의 유언에 관하여는 행위능력에 관한 민법 제10조 및 제13조가 적용되지 않으므로(민법 제1062조), 피성년후견인 또는 피한정후견인은 의사능력이 있는 한 성년후견인 또는 한정후견인의 동의 없이도 유언을 할 수 있다. 위와 같은 규정의 내용과 체계 및 취지에 비추어 보면, 후견심판 사건에서 가사소송법 제62조 제1항에 따른 사전처분으로 후견심판이 확정될 때까지 임시후견인이 선임된 경우, 사건본인은 의사능력이 있는 한 임시후견인의 동의가 없이도 유언을 할 수 있다고 보아야 하고, 아직 성년후견이 개시되기 전이라면 의사가 유언서에 심신회복상태를 부기하고 서명날인하도록 요구한 민법 제1063조 제2항은 적용되지 않는다고 보아야 한다(대판 2022.12.1. 2022다261237).

② 피성년후견인도 의사능력이 회복된 때에는 유언을 할 수 있다(민법 제1063조 제1항). 이 경우 의사가 심신 회복의 상태를 유언서에 부기(附記)하고 서명날인하여야 한다(민법 제1063조 제2항). 단, 구수증서에 의한 유언에는 의사의 관여가 필요하지 않다(민법 제1070조 제3항).

③ 유언능력은 유언의 성립 시에 있으면 족하다.

(2) 수증능력[수증자(수유자)가 될 수 있는 지위나 자격]

① 유언은 상대방 없는 단독행위이므로 수증자는 의사능력이 불필요하다. 그러나 권리능력은 있어야 한다. 따라서 권리능력이 인정되는 의사무능력자, 법인, 태아(민법 제1064조, 제1000조 제3항)도 수증자가 될 수 있다.

② 상속결격자는 수유결격자로서 수증능력도 없다(민법 제1064조, 제1004조).

Ⅱ 유언의 방식

유언의 보통방식(민법 제1065조)
유언의 방식은 자필증서, 녹음, 공정증서, 비밀증서와 구수증서의 5종으로 한다.

자필증서에 의한 유언(민법 제1066조)
① 자필증서에 의한 유언은 유언자가 그 전문과 연월일, 주소, 성명을 자서하고 날인하여야 한다.
② 전항의 증서에 문자의 삽입, 삭제 또는 변경을 함에는 유언자가 이를 자서하고 날인하여야 한다.

녹음에 의한 유언(민법 제1067조)
녹음에 의한 유언은 유언자가 유언의 취지, 그 성명과 연월일을 구술하고 이에 참여한 증인이 유언의 정확함과 그 성명을 구술하여야 한다.

공정증서에 의한 유언(민법 제1068조)
공정증서에 의한 유언은 유언자가 증인 2인이 참여한 공증인의 면전에서 유언의 취지를 구수하고 공증인이 이를 필기낭독하여 유언자와 증인이 그 정확함을 승인한 후 각자 서명 또는 기명날인하여야 한다.

비밀증서에 의한 유언(민법 제1069조)
① 비밀증서에 의한 유언은 유언자가 필자의 성명을 기입한 증서를 엄봉날인하고 이를 2인 이상의 증인의 면전에 제출하여 자기의 유언서임을 표시한 후 그 봉서표면에 제출연월일을 기재하고 유언자와 증인이 각자 서명 또는 기명날인하여야 한다.
② 전항의 방식에 의한 유언봉서는 그 표면에 기재된 날로부터 5일 내에 공증인 또는 법원서기에게 제출하여 그 봉인상에 확정일자인을 받아야 한다.

구수증서에 의한 유언(민법 제1070조)
① 구수증서에 의한 유언은 질병 기타 급박한 사유로 인하여 전4조의 방식에 의할 수 없는 경우에 유언자가 2인 이상의 증인의 참여로 그 1인에게 유언의 취지를 구수하고 그 구수를 받은 자가 이를 필기낭독하여 유언자의 증인이 그 정확함을 승인한 후 각자 서명 또는 기명날인하여야 한다.
② 전항의 방식에 의한 유언은 그 증인 또는 이해관계인이 급박한 사유의 종료한 날로부터 7일 내에 법원에 그 검인을 신청하여야 한다.
③ 제1063조 제2항의 규정은 구수증서에 의한 유언에 적용하지 아니한다.

비밀증서에 의한 유언의 전환(민법 제1071조)
비밀증서에 의한 유언이 그 방식에 흠결이 있는 경우에 그 증서가 자필증서의 방식에 적합한 때에는 자필증서에 의한 유언으로 본다.

증인의 결격사유(민법 제1072조)
① 다음 각 호의 어느 하나에 해당하는 사람은 유언에 참여하는 증인이 되지 못한다.
  1. 미성년자
  2. 피성년후견인과 피한정후견인
  3. 유언으로 이익을 받을 사람, 그의 배우자와 직계혈족
② 공정증서에 의한 유언에는 「공증인법」에 따른 결격자는 증인이 되지 못한다.

1. 서설

(1) 유언의 요식성

민법은 유언자의 진의를 명확하게 하고, 그로 인한 법적 분쟁과 혼란을 예방하기 위하여 민법의 방식에 따르지 않은 유언은 효력이 없다고 규정하고 있다(민법 제1060조). 특히 그 방식에 따르지 않은 유언은 설사 유언자의 진정한 의사에 합치하더라도 무효이다.

(2) 유언방식의 종류

민법이 정하는 유언의 방식에는 자필증서·녹음·공정증서·비밀증서·구수증서에 의한 유언이 있다(민법 제1065조 내지 제1071조). 이 중 구수증서에 의한 유언만 특별방식으로서 다른 방식의 유언이 불가능한 경우에만 보충적으로 인정된다(민법 제1070조 제1항).

(3) 유언의 증인

민법이 규정하는 5가지의 유언방식 중 자필증서에 의한 유언을 제외한 나머지 방식은 모두 유언의 정확성을 확보하기 위하여 증인의 참여가 필요하다.

1) **증인결격자**(민법 제1072조)

① 미성년자(법정대리인의 동의를 받아도 동일), 피성년후견인(의사능력을 회복하고 있어도 동일) 과 피한정후견인(법정대리인의 동의를 받아도 동일)

② 유언으로 이익을 받을 사람, 그의 배우자와 직계혈족

> [민법 제1072조 제1항 제3호 소정의 '유언에 의하여 이익을 받을 자'의 의미 및 유언집행자가 이에 해당하는지 여부(소극)]
> 공정증서에 의한 유언에 있어서는 2인 이상의 증인이 참여하여야 하는데, 유언에 참여할 수 없는 증인결격자의 하나로 민법 제1072조 제1항 제3호가 규정하고 있는 '유언에 의하여 이익을 받을 자'라 함은 유언자의 상속인으로 될 자 또는 유증을 받게 될 수증자 등을 말하는 것이므로, 유언집행자는 증인결격자에 해당한다고 볼 수 없다(대판 1999.11.26. 97다57733).

③ 「공증인법」에 따른 결격자(공정증서에 의한 유언의 경우를 전제) : 공증인법은 미성년자, 피성년후견인 또는 피한정후견인, 시각장애인이거나 문자를 해득하지 못하는 사람, 서명할 수 없는 사람, 촉탁 사항에 관하여 이해관계가 있는 사람, 촉탁 사항에 관하여 대리인 또는 보조인이거나 대리인 또는 보조인이었던 사람, 공증인의 친족·피고용인 또는 동거인, 공증인의 보조자는 참여인이 될 수 없다고 규정하고 있다(공증인법 제33조 제3항 본문). 다만, 유언자가 참여인의 참여를 청구한 경우에는 위의 사람들도 참여인이 될 수 있다(공증인법 제33조 제3항 단서).

> [공증참여자가 유언자와 친족의 관계에 있다 하여도 유언자의 청구에 의할 경우에는 공증인법에 의한 공증참여인 결격자가 아닌지 여부(적극)]
> 민법 제1072조는 제1항에서 일반적으로 유언에 참여하는 증인이 될 수 없는 자를 열거하는 외에, 제2항에서 공정증서에 의한 유언의 경우에는 공증인법에 의한 참여인 결격자는 증인이 되지 못한다고 따로이 규정하고 있는 바, 한편 공증인법 제33조 제3항은 본문에서 공증 시 참여인이 될 수 없는 자의 하나로 공증촉탁인의 친족을 들면서도 단서에서 '공증촉탁인이 공증에 참여시킬 것을 청구한 경우'에는 예외적으로 같은 법 제33조 제3항 본문 규정의 적용이 배제됨을 규정하고 있어, 결국 공증참여자가 유언자와 친족의 관계에 있다 하더라도 유언자의 청구에 의할 경우에는 공증인법에 의한 공증참여인 결격자가 아니라고 보아야 할 것이다(대판 1992.3.10. 91다45509).

2) 증인결격자가 참여한 유언은 그 유언 전체가 무효로 된다.

3) **유언의 종류에 따른 증인 수**

자필증서에 의한 유언은 유일하게 증인이 불필요하나, 녹음에 의한 유언은 1인설과 2인 이상설의 대립이 있고, 공정증서에 의한 유언은 2인, 비밀증서·구수증서에 의한 유언은 2인 이상의 증인이 필요하다.

2. 자필증서에 의한 유언

(1) 의 의
자필증서에 의한 유언은 유언자가 그 전문(全文)과 연월일, 주소, 성명을 자서(自書)하고 날인함으로써 성립하는 유언이다(민법 제1066조 제1항).

(2) 요 건

1) 유언서 전문의 자서
① 자서가 절대적 요건이므로 전자복사기를 이용하여 작성한 복사본은 자필증서에 의한 유언에 해당하지 않는다.

> **[자필증서에 의한 유언의 요건]**
> 민법 제1066조에서 규정하는 자필증서에 의한 유언은 유언자가 그 전문과 연월일, 주소 및 성명을 자서(自書)하는 것이 절대적 요건이므로 전자복사기를 이용하여 작성한 복사본은 이에 해당하지 아니한다(대판 1998.6.12. 97다38510).

② 비밀증서에 의한 유언이 그 방식에 흠결이 있는 경우에 그 증서가 자필증서의 방식에 적합한 때에는 자필증서에 의한 유언으로 본다(민법 제1071조).

2) 작성 연월일의 자서
① 유언서의 작성 연월일이 자서되지 않은 유언은 무효이다.

> **[연월(年月)만 기재하고 일(日)의 기재가 없는 자필유언증서의 효력(무효)]**
> 민법 제1066조 제1항은 "자필증서에 의한 유언은 유언자가 그 전문과 연월일, 주소, 성명을 자서하고 날인하여야 한다"고 규정하고 있으므로, 연월일의 기재가 없는 자필유언증서는 효력이 없다. 그리고 자필유언증서의 연월일은 이를 작성한 날로서 유언능력의 유무를 판단하거나 다른 유언증서와 사이에 유언 성립의 선후를 결정하는 기준일이 되므로 그 작성일을 특정할 수 있게 기재하여야 한다. 따라서 연·월만 기재하고 일의 기재가 없는 자필유언증서는 그 작성일을 특정할 수 없으므로 효력이 없다(대판 2009.5.14. 2009다9768).

② 「회갑일」과 같이 언제 작성되었는지를 명백히 알 수 있는 경우에는 연월일의 기재가 없더라도 유효하다.

3) 주소의 자서
① 유언자가 주소를 자서하지 않았다면 이는 법정된 요건과 방식에 어긋난 유언으로서 효력을 부정하지 않을 수 없으며, 유언자의 특정에 지장이 없다고 하여 달리 볼 수 없다(대판 2014.9.26. 2012다71688).

② 자서가 필요한 주소는 반드시 주민등록법에 의하여 등록된 곳일 필요는 없으나, 적어도 민법 제18조에서 정한 생활의 근거되는 곳으로서 다른 장소와 구별되는 정도의 표시를 갖추어야 한다 (대판 2014.9.26. 2012다71688).

③ 주소를 쓴 자리가 반드시 유언 전문 및 성명이 기재된 지편이어야 하는 것은 아니고 유언서의 일부로 볼 수 있는 이상 그 전문을 담은 봉투에 기재하더라도 무방하다(대판 1998.6.12. 97다38510).

4) 성명의 자서

① 성명은 반드시 가족관계등록부상의 것을 기재하여야 하는 것은 아니다.
② 유언자가 누구인지를 알 수 있을 정도이면, 호(號)·자(字)·예명을 사용해도 무방하다.

5) 날 인

① 유언자의 날인이 없는 유언장은 자필증서에 의한 유언으로서의 효력이 없다(대판 2006.9.8. 2006다 25103·25110).
② 날인은 실인(實印)일 필요는 없고, 무인(拇印), 지인(指印)이라도 상관없다.

(3) 자필유언증서의 문자 수정 방식

자필증서에 문자의 삽입, 삭제 또는 변경을 할 때에는 유언자가 이를 자서하고 날인하여야 한다(민법 제1066조 제2항).

> **[자필유언증서의 문자 수정 방식 및 명백한 오기를 정정하면서 위 방식을 위배한 자필유언증서의 효력(유효)]**
> 자필증서에 의한 유언에 있어서 그 증서에 문자의 삽입, 삭제 또는 변경을 함에는 민법 제1066조 제2항의 규정에 따라 유언자가 이를 자서하고 날인하여야 하나, 자필증서 중 증서의 기재 자체에 의하더라도 명백한 오기를 정정한 것에 지나지 않는다면 설령 그 수정 방식이 위 법조항에 위배된다고 할지라도 유언자의 의사를 용이하게 확인할 수 있으므로 이러한 방식의 위배는 유언의 효력에 영향을 미치지 아니한다(대판 1998.6.12. 97다38510).

3. 녹음에 의한 유언

① 녹음에 의한 유언은 유언자가 유언의 취지, 그 성명과 연월일을 구술하고 이에 참여한 증인이 유언의 정확함과 그 성명을 구술하여야 한다(민법 제1067조).
② 피성년후견인이 의사능력이 회복되어 녹음 유언을 할 때에는 의사가 심신회복의 상태를 유언서에 부기하고 서명날인하는 대신에 심신회복의 상태를 녹음기에 구술하는 방법으로 한다(민법 제1063조 제2항 참조).

> **[유언증서가 성립한 후에 멸실되거나 분실된 경우, 이해관계인이 유언증서의 내용을 증명하여 유언의 유효를 주장할 수 있는지 여부(적극) 및 이는 녹음에 의한 유언이 성립한 후에 녹음테이프나 녹음파일 등이 멸실 또는 분실된 경우에도 마찬가지인지 여부(적극) / 원본의 존재 및 원본 성립의 진정에 관하여 다툼이 있고 사본을 원본의 대용으로 하는 것에 대하여 상대방으로부터 이의가 있는 경우, 사본으로써 원본을 대신할 수 있는지 여부(소극) 및 서증으로서 사본 제출의 효과 / 서증 제출에 있어 원본을 제출할 필요가 없는 경우 및 그 주장·증명책임의 소재(= 해당 서증의 신청당사자)]**
> 유언증서가 성립한 후에 멸실되거나 분실되었다는 사유만으로 유언이 실효되는 것은 아니고 이해관계인은 유언증서의 내용을 증명하여 유언의 유효를 주장할 수 있다. 이는 녹음에 의한 유언이 성립한 후에 녹음테이프나 녹음파일 등이 멸실 또는 분실된 경우에도 마찬가지이다. 문서의 제출은 원본으로 하여야 하는 것이고, 원본이 아니고 단순히 사본만으로 한 증거의 제출은 정확성의 보증이 없어 원칙적으로 부적법하므로, 원본의 존재 및 원본의 성립의 진정에 관하여 다툼이 있고 사본을 원본의 대용으로 하는 것에 대하여 상대방으로부터 이의가 있는 경우에는 사본으로써 원본을 대신할 수 없다. 반면에 사본을 원본으로서 제출하는 경우에는 그 사본이 독립한 서증이 되는 것이나 그 대신 이로써 원본이 제출된 것으로 되지는 아니하고, 이때에는 증거에

의하여 사본과 같은 원본이 존재하고 그 원본이 진정하게 성립하였음이 인정되지 않는 한 그와 같은 내용의 사본이 존재한다는 것 이상의 증거가치는 없다. 다만 서증사본의 신청 당사자가 문서 원본을 분실하였다든가, 선의로 이를 훼손한 경우, 문서제출명령에 응할 의무가 없는 제3자가 해당 문서의 원본을 소지하고 있는 경우, 원본이 방대한 양의 문서인 경우 등 원본 문서의 제출이 불가능하거나 곤란한 상황에서는 원본을 제출할 필요가 없지만, 그러한 경우라면 해당 서증의 신청당사자가 원본을 제출하지 못하는 것을 정당화할 수 있는 구체적 사유를 주장·증명하여야 한다(대판 2023.6.1. 2023다217534).

4. 공정증서에 의한 유언

(1) 의 의

공정증서에 의한 유언은 유언자가 증인 2인이 참여한 공증인의 면전에서 유언의 취지를 구수하고 공증인이 이를 필기낭독하여 유언자와 증인이 그 정확함을 승인한 후 각자 서명 또는 기명날인함으로써 성립하는 유언이다(민법 제1068조). 유언의 검인절차를 거치지 않아도 된다는 특징이 있다(민법 제1091조 제2항).

(2) 요 건

① 증인 2인의 참여가 있어야 한다.
② 유언자가 공증인의 면전에서 유언의 취지를 구수하여야 한다.

[유언공정증서를 작성할 당시 반혼수상태인 유언자가 유언공정증서의 취지를 듣고 고개만 끄덕인 경우, 그 유언은 무효라고 한 원심판결을 수긍한 사례]
유언공정증서를 작성할 당시에 유언자가 반혼수상태였으며, 유언공정증서의 취지가 낭독된 후에도 그에 대하여 전혀 응답하는 말을 하지 아니한 채 고개만 끄덕였다면, 유언공정증서를 작성할 당시에 유언자에게는 의사능력이 없었으며 그 공정증서에 의한 유언은 유언자가 유언의 취지를 구수(口授)하고 이에 기하여 공정증서가 작성된 것으로 볼 수 없어서, 민법 제1068조가 정하는 공정증서에 의한 유언의 방식에 위배되어 무효라고 판단하였다(대판 1996.4.23. 95다34514).

[유언취지를 미리 적어 작성한 서면에 따라 유언자에게 질문을 하고 유언자가 이에 답변한 경우, 민법 제1068조에서 정한 '유언취지의 구수'의 요건을 갖춘 것인지 여부]
제3자에 의하여 미리 작성된 유언의 취지가 적혀 있는 서면에 따라 유언자에게 질문을 하고 유언자가 동작이나 한두 마디의 간략한 답변으로 긍정하는 경우에는 원칙적으로 민법 제1068조에 정한 '유언취지의 구수'라고 보기 어렵지만, 공증인이 사전에 전달받은 유언자의 의사에 따라 유언의 취지를 작성한 다음 그 서면에 따라 유증 대상과 수증자에 관하여 유언자에게 질문을 하고 이에 대하여 유언자가 한 답변을 통하여 유언자의 의사를 구체적으로 확인할 수 있어 그 답변이 실질적으로 유언의 취지를 진술한 것이나 마찬가지로 볼 수 있고, 유언자의 의사능력이나 유언의 내용, 유언의 전체 경위 등으로 보아 그 답변을 통하여 인정되는 유언취지가 유언자의 진정한 의사에 기한 것으로 인정할 수 있는 경우에는, 유언취지의 구수 요건을 갖추었다고 볼 수 있다(대판 2008.2.28. 2005다75019·75026).

③ 공증인이 유언자의 구수를 필기해서 이를 유언자와 증인에게 낭독하여야 한다.
④ 유언자와 증인이 공증인의 필기가 정확함을 승인한 후 각자 서명 또는 기명날인하여야 한다.

5. 비밀증서에 의한 유언

(1) 의 의

비밀증서에 의한 유언은 유언자가 필자의 성명을 기입한 증서를 엄봉날인하고 이를 2인 이상의 증인의 면전에 제출하여 자기의 유언서임을 표시한 후 그 봉서표면에 제출연월일을 기재하고 유언자와 증인이 각자 서명 또는 기명날인함으로써 성립하는 유언이다(민법 제1069조 제1항).

(2) 요 건

① 유언자가 필자의 성명을 기입한 증서를 엄봉날인하여야 한다.
② 엄봉날인한 증서를 2인 이상의 증인의 면전에 제출하여 자기의 유언서임을 표시하여야 한다.
③ 봉서표면에 유언서의 제출연월일을 기재하고, 유언자와 증인이 각자 서명 또는 기명날인하여야 한다.
④ 비밀증서에 의한 유언봉서는 그 표면에 기재된 날로부터 5일 내에 공증인 또는 법원서기에게 제출하여 그 봉인상에 '확정일자인'을 받아야 한다(민법 제1069조 제2항).

(3) 비밀증서에 의한 유언의 전환

비밀증서에 의한 유언이 그 방식에 흠결이 있는 경우에 비밀증서에 의한 유언으로서는 무효이나, 그 증서가 자필증서의 방식에 적합한 때에는 자필증서에 의한 유언으로 본다(민법 제1071조).

6. 구수증서에 의한 유언

(1) 의 의

① 구수증서에 의한 유언은 질병 기타 급박한 사유로 인하여 자필증서·녹음·공정증서·비밀증서의 방식에 의할 수 없는 경우에 유언자가 2인 이상의 증인의 참여로 그 1인에게 유언의 취지를 구수하고 그 구수를 받은 자가 이를 필기낭독하여 유언자의 증인이 그 정확함을 승인한 후 각자 서명 또는 기명날인함으로써 성립하는 유언이다(민법 제1070조 제1항).
② 피성년후견인이 구수증서에 의한 유언을 하는 경우에도 의사능력은 회복되어야 하지만, 의사가 심신회복의 상태를 유언증서에 부기하고 기명날인할 필요는 없다(민법 제1070조 제3항, 제1063조 제2항).

(2) 요 건

① 질병 기타 급박한 사유로 인하여 다른 방식의 유언이 불가능하여야 한다.
② 유언자가 2인 이상의 증인이 참여한 가운데 그중 1인에게 유언의 취지를 구수하여야 한다.

> **[유언 당시에 자신의 의사를 제대로 말로 표현할 수 없는 유언자가 유언취지의 확인을 구하는 변호사의 질문에 대하여 고개를 끄덕이거나 "음", "어"라고 말한 것만으로는 민법 제1070조가 정한 유언의 취지를 구수한 것으로 볼 수 없다고 한 사례]**
> '유언취지의 구수'라 함은 말로써 유언의 내용을 상대방에게 전달하는 것을 뜻하는 것이므로, 증인이 제3자에 의하여 미리 작성된, 유언의 취지가 적혀 있는 서면에 따라 유언자에게 질문을 하고 유언자가 동작이나 간략한 답변으로 긍정하는 방식은, 유언 당시 유언자의 의사능력이나 유언에 이르게 된 경위 등에 비추어 그 서면이 유언자의 진의에 따라 작성되었음이 분명하다고 인정되는 등의 특별한 사정이 없는 한 민법 제1070조 소정의 유언취지의 구수에 해당한다고 볼 수 없다. 유언 당시에 자신의 의사를 제대로 말로 표현할 수 없는 유언자가 유언취지의 확인을 구하는 변호사의 질문에 대하여 고개를 끄덕이거나 "음", "어"라고 말한 것만으로는 민법 제1070조가 정한 유언의 취지를 구수한 것으로 볼 수 없다(대판 2006.3.9. 2005다57899).

③ 구수를 받은 자가 이를 필기낭독하여 유언자와 증인이 그 정확함을 승인한 후 각자 서명 또는 기명날인하여야 한다.

④ 구수증서에 의한 유언은 그 증인 또는 이해관계인이 급박한 사유가 종료한 날로부터 7일 내에 법원에 그 검인을 신청하여야 한다(민법 제1070조 제2항). 여기서 이해관계인은 상속인·유증받은 자·유언집행자로 지정된 자 등 그 유언에 관하여 법적인 이해관계가 있는 자이다.

> **[구수증서에 의한 유언의 검인신청기간]**
> 민법 제1070조의 규정에 따라 유언자의 질병으로 인하여 구수증서의 방식으로 유언을 한 경우에는 특별한 사정이 없는 한 유언이 있은 날에 급박한 사유가 종료하였다고 할 것이므로 유언이 있은 날로부터 7일 이내에 법원에 그 검인을 신청하여야 할 것이고 그 기간을 도과한 검인신청은 부적법하다(대결 1986.10.11. 86스18).

Ⅲ. 유언의 효력

1. 유언의 효력발생시기

> **유언의 효력발생시기(민법 제1073조)**
> ① 유언은 유언자가 사망한 때로부터 그 효력이 생긴다.
> ② 유언에 정지조건이 있는 경우에 그 조건이 유언자의 사망 후에 성취한 때에는 그 조건성취한 때로부터 유언의 효력이 생긴다.

(1) 보통의 유언

유언은 유언자가 사망한 때로부터 그 효력이 생긴다(민법 제1073조 제1항). 다만, 유증을 받을 자는 유언의 효력이 발생한 후 그 효력을 받는 것을 거절할 수 있다(민법 제1074조 제1항).

(2) 조건부 또는 기한부 유언

유언은 성질상 허용되지 않는 경우(인지의 유언은 조건이나 기한을 붙일 수 없다)를 제외하고는 조건이나 기한을 붙일 수 있다.

1) 조건부 유언
① **정지조건부 유언** : 정지조건이 유언자의 사망 후에 성취한 때에는 그 조건성취한 때로부터 유언의 효력이 생긴다(민법 제1073조 제2항). 정지조건(+)이 유언자의 사망 전에 성취(+)되면 조건 없는 유언이 되고(민법 제151조 제2항), 정지조건(+)이 불성취(-)로 확정되면 그 유언은 무효로 된다(민법 제151조 제3항).
② **해제조건부 유언** : 민법에는 규정이 없으나, 조건의 일반규정에 의하여 유언자가 사망한 때 일단 유언의 효력이 발생하고, 그 해제조건이 성취되면 유언은 효력을 잃는다(민법 제147조 제2항). 다만, 해제조건(-)이 유언자의 사망 전에 성취(+)되면 유언은 무효로 되고(민법 제151조 제2항), 해제조건(-)의 불성취(-)로 확정되면 조건 없는 유언으로 된다(민법 제151조 제3항).

2) 기한부 유언
① **시기부 유언** : 유언자의 사망 후 기한 도래 시 유언의 효력이 발생한다(민법 제152조 제1항).
② **종기부 유언** : 유언자의 사망 후 기한 도래 시 유언의 효력이 소멸한다(민법 제152조 제2항).

(3) 그 밖의 특수한 경우

1) 유언으로 재단법인을 설립한 경우

유언자가 사망한 때 바로 재단법인이 성립하는 것은 아니며, 유언집행자 또는 상속인이 주무관청의 허가를 얻어 설립등기를 해야만 비로소 성립한다(민법 제32조·제33조).

2) 유언에 의한 인지의 경우
① 인지는 유언으로도 할 수 있는데, 이 경우 유언집행자가 가족관계등록법의 정하는 바에 의하여 신고하여야 한다(민법 제859조).
② 유언에 의한 인지신고는 보고적 신고로서 유언의 효력발생시기인 유언자의 사망 시 인지의 효력이 발생한다.

2. 유언의 철회

> **유언의 철회(민법 제1108조)**
> ① 유언자는 언제든지 유언 또는 생전행위로써 유언의 전부나 일부를 철회할 수 있다.
> ② 유언자는 그 유언을 철회할 권리를 포기하지 못한다.
>
> **유언의 저촉(민법 제1109조)**
> 전후의 유언이 저촉되거나 유언 후의 생전행위가 유언과 저촉되는 경우에는 그 저촉된 부분의 전유언은 이를 철회한 것으로 본다.
>
> **파훼로 인한 유언의 철회(민법 제1110조)**
> 유언자가 고의로 유언증서 또는 유증의 목적물을 파훼한 때에는 그 파훼한 부분에 관한 유언은 이를 철회한 것으로 본다.

(1) 서 설
① **유언철회의 자유** : 민법은 유언자가 언제든지 유언 또는 생전행위로써 유언의 전부나 일부를 철회할 수 있다고 규정하고 있다(민법 제1108조 제1항).
② 유언철회에는 특별한 사유가 없다.
③ 유언의 일부만을 철회할 수도 있다.

(2) 철회의 방법

1) 임의철회
① 유언은 자유의사에 기하여 언제든지 유언의 전부나 일부를 철회할 수 있다(민법 제1108조 제1항).
② 철회는 반드시 유언으로 할 필요는 없고, 생전행위로도 할 수 있다.
③ 유언자는 그 유언을 철회할 권리를 포기할 수 없다(민법 제1108조 제2항). 이는 유언철회의 자유를 보장하기 위함이다.

2) 법정철회
① **유언의 저촉**(민법 제1109조) : 전후의 유언이 저촉되거나 유언 후의 생전행위가 유언과 저촉되는 경우에는 그 저촉된 부분의 전 유언은 이를 철회한 것으로 본다.
② **파훼로 인한 유언의 철회**(민법 제1110조) : 유언자가 고의로 유언증서 또는 유증의 목적물을 파훼한 때에는 그 파훼한 부분에 관한 유언은 이를 철회한 것으로 본다.

(3) 철회의 효과
① 유언철회를 하면 유언은 처음부터 없었던 것이 된다. 다만, 유언철회를 다시 철회하면 처음의 유언의 효력이 부활하는지에 대하여 민법상 규정이 없으나, 통설은 철회된 유언이 부활하여 유효하다고 한다.
② 유언의 철회가 착오·사기 또는 강박에 의하여 행하여진 경우에는 민법총칙편의 규정에 의하여 유언의 철회를 취소할 수 있다(민법 제109조, 제110조).

3. 유언의 무효와 취소

(1) 유언의 무효

1) 의 의

유언도 법률행위이므로 법률행위의 무효에 관한 민법총칙편의 규정이 적용된다. 다만, 친족법적인 의사표시에 대해서는 원칙적으로 민법총칙편의 규정이 적용되지 않는다.

2) 유언이 무효인 경우

방식의 흠결이 있는 유언(민법 제1060조), 17세 미만의 유언무능력자의 유언(민법 제1061조), 수증결격자에 대한 유언(민법 제1064조), 법정사항 이외의 사항에 대한 유언, 민법 제103조나 강행법규에 반하는 유언 등이 있다.

(2) 유언의 취소

① 유언내용의 중요부분에 착오가 있는 경우와 사기·강박에 의한 유언의 경우에는 민법총칙편의 일반규정에 의하여 취소할 수 있다(민법 제109조, 제110조). 단, 제한능력을 이유로 유언을 취소할 수는 없다(민법 제1062조).

② 유언자에게 철회권이 있는 경우에도 철회권은 일신전속권이므로, 사기·강박에 의한 취소권은 유언자의 사망 후 그 상속인에게 상속되기 때문에 이를 인정할 실익이 있다.

4. 유증

> **유증의 승인, 포기(민법 제1074조)**
> ① 유증을 받을 자는 유언자의 사망 후에 언제든지 유증을 승인 또는 포기할 수 있다.
> ② 전항의 승인이나 포기는 유언자의 사망한 때에 소급하여 그 효력이 있다.
>
> **유증의 승인, 포기의 취소금지(민법 제1075조)**
> ① 유증의 승인이나 포기는 취소하지 못한다.
> ② 제1024조 제2항의 규정은 유증의 승인과 포기에 준용한다.
>
> **수증자의 상속인의 승인, 포기(민법 제1076조)**
> 수증자가 승인이나 포기를 하지 아니하고 사망한 때에는 그 상속인은 상속분의 한도에서 승인 또는 포기할 수 있다. 그러나 유언자가 유언으로 다른 의사를 표시한 때에는 그 의사에 의한다.
>
> **유증의무자의 최고권(민법 제1077조)**
> ① 유증의무자나 이해관계인은 상당한 기간을 정하여 그 기간 내에 승인 또는 포기를 확답할 것을 수증자 또는 그 상속인에게 최고할 수 있다.
> ② 전항의 기간 내에 수증자 또는 상속인이 유증의무자에 대하여 최고에 대한 확답을 하지 아니한 때에는 유증을 승인한 것으로 본다.
>
> **포괄적 수증자의 권리의무(민법 제1078조)**
> 포괄적 유증을 받은 자는 상속인과 동일한 권리의무가 있다.
>
> **수증자의 과실취득권(민법 제1079조)**
> 수증자는 유증의 이행을 청구할 수 있는 때로부터 그 목적물의 과실을 취득한다. 그러나 유언자가 유언으로 다른 의사를 표시한 때에는 그 의사에 의한다.
>
> **과실수취비용의 상환청구권(민법 제1080조)**
> 유증의무자가 유언자의 사망 후에 그 목적물의 과실을 수취하기 위하여 필요비를 지출한 때에는 그 과실의 가액의 한도에서 과실을 취득한 수증자에게 상환을 청구할 수 있다.
>
> **유증의무자의 비용상환청구권(민법 제1081조)**
> 유증의무자가 유증자의 사망 후에 그 목적물에 대하여 비용을 지출한 때에는 제325조의 규정을 준용한다.

불특정물유증의무자의 담보책임(민법 제1082조)
① 불특정물을 유증의 목적으로 한 경우에는 유증의무자는 그 목적물에 대하여 매도인과 같은 담보책임이 있다.
② 전항의 경우에 목적물에 하자가 있는 때에는 유증의무자는 하자없는 물건으로 인도하여야 한다.

유증의 물상대위성(민법 제1083조)
유증자가 유증목적물의 멸실, 훼손 또는 점유의 침해로 인하여 제3자에게 손해배상을 청구할 권리가 있는 때에는 그 권리를 유증의 목적으로 한 것으로 본다.

채권의 유증의 물상대위성(민법 제1084조)
① 채권을 유증의 목적으로 한 경우에 유언자가 그 변제를 받은 물건이 상속재산 중에 있는 때에는 그 물건을 유증의 목적으로 한 것으로 본다.
② 전항의 채권이 금전을 목적으로 한 경우에는 그 변제받은 채권액에 상당한 금전이 상속재산 중에 없는 때에도 그 금액을 유증의 목적으로 한 것으로 본다.

제3자의 권리의 목적인 물건 또는 권리의 유증(민법 제1085조)
유증의 목적인 물건이나 권리가 유언자의 사망 당시에 제3자의 권리의 목적인 경우에는 수증자는 유증의무자에 대하여 그 제3자의 권리를 소멸시킬 것을 청구하지 못한다.

유언자가 다른 의사표시를 한 경우(민법 제1086조)
전3조의 경우에 유언자가 유언으로 다른 의사를 표시한 때에는 그 의사에 의한다.

상속재산에 속하지 아니한 권리의 유증(민법 제1087조)
① 유언의 목적이 된 권리가 유언자의 사망 당시에 상속재산에 속하지 아니한 때에는 유언은 그 효력이 없다. 그러나 유언자가 자기의 사망 당시에 그 목적물이 상속재산에 속하지 아니한 경우에도 유언의 효력이 있게 할 의사인 때에는 유증의무자는 그 권리를 취득하여 수증자에게 이전할 의무가 있다.
② 전항 단서의 경우에 그 권리를 취득할 수 없거나 그 취득에 과다한 비용을 요할 때에는 그 가액으로 변상할 수 있다.

부담 있는 유증과 수증자의 책임(민법 제1088조)
① 부담 있는 유증을 받은 자는 유증의 목적의 가액을 초과하지 아니한 한도에서 부담한 의무를 이행할 책임이 있다.
② 유증의 목적의 가액이 한정승인 또는 재산분리로 인하여 감소된 때에는 수증자는 그 감소된 한도에서 부담할 의무를 면한다.

유증효력발생 전의 수증자의 사망(민법 제1089조)
① 유증은 유언자의 사망 전에 수증자가 사망한 때에는 그 효력이 생기지 아니한다.
② 정지조건 있는 유증은 수증자가 그 조건성취 전에 사망한 때에는 그 효력이 생기지 아니한다.

유증의 무효, 실효의 경우와 목적재산의 귀속(민법 제1090조)
유증이 그 효력이 생기지 아니하거나 수증자가 이를 포기한 때에는 유증의 목적인 재산은 상속인에게 귀속한다. 그러나 유언자가 유언으로 다른 의사를 표시한 때에는 그 의사에 의한다.

부담 있는 유언의 취소(민법 제1111조)
부담 있는 유증을 받은 자가 그 부담의무를 이행하지 아니한 때에는 상속인 또는 유언집행자는 상당한 기간을 정하여 이행할 것을 최고하고 그 기간 내에 이행하지 아니한 때에는 법원에 유언의 취소를 청구할 수 있다. 그러나 제3자의 이익을 해하지 못한다.

(1) 총 설

1) 유증의 의의

유증이란 유언에 의하여 재산상의 이익을 타인에게 무상으로 주는(채무를 면제하는 것도 포함된다) 상대방 없는 단독행위이다.

2) 유증의 특징

① 유증은 원칙적으로 자유롭게 행하여질 수 있으나, 유류분제도에 의한 제한 등이 있다.
② 유증에는 조건이나 기한을 붙일 수 있다(민법 제1073조 제2항 참고).
③ 유증은 단독행위라는 점에서 계약인 사인증여와 구별되지만, 사인행위라는 점에서는 유사하므로 유증에 관한 규정이 사인증여에 준용된다(민법 제562조). 단, 단독행위적 성격을 갖는 것[유증에 관한 규정 중 유언능력(민법 제1061조 내지 제1063조), 유언방식(민법 제1065조 이하), 승인과 포기(민법 제1074조 내지 제1077조) 등]들은 준용되지 않는다.

> **[유증의 철회에 관한 민법 제1108조 제1항이 사인증여에 준용되는지 여부(원칙적 적극)]**
> 민법 제562조는 사인증여에는 유증에 관한 규정을 준용한다고 정하고 있고, 민법 제1108조 제1항은 유증자는 유증의 효력이 발생하기 전에 언제든지 유언 또는 생전행위로써 유증 전부나 일부를 철회할 수 있다고 정하고 있다. 사인증여는 증여자의 사망으로 인하여 효력이 발생하는 무상행위로 실제적 기능이 유증과 다르지 않으므로, 증여자의 사망 후 재산 처분에 관하여 유증과 같이 증여자의 최종적인 의사를 존중할 필요가 있다. 또한 증여자가 사망하지 않아 사인증여의 효력이 발생하기 전임에도 사인증여가 계약이라는 이유만으로 법적 성질상 철회가 인정되지 않는다고 볼 것은 아니다. 이러한 사정을 고려하면 특별한 사정이 없는 한 유증의 철회에 관한 민법 제1108조 제1항은 사인증여에 준용된다고 해석함이 타당하다(대판 2022.7.28. 2017다245330).
>
> **[유증의 방식에 관한 민법 제1065조 내지 제1072조가 사인증여에 준용되는지 여부(소극)]**
> 민법 제562조는 사인증여에 관하여는 유증에 관한 규정을 준용하도록 규정하고 있지만, 유증의 방식에 관한 민법 제1065조 내지 제1072조는 그것이 단독행위임을 전제로 하는 것이어서 계약인 사인증여에는 적용되지 아니한다(대판 2001.9.14. 2000다66430·66447).
>
> **[포괄유증의 효력에 관한 민법 제1078조가 포괄적 사인증여에도 준용되는지 여부(소극)]**
> 민법 제562조가 사인증여에 관하여 유증에 관한 규정을 준용하도록 규정하고 있다고 하여, 이를 근거로 포괄적 유증을 받은 자는 상속인과 동일한 권리의무가 있다고 규정하고 있는 민법 제1078조가 포괄적 사인증여에도 준용된다고 해석하면 포괄적 사인증여에도 상속과 같은 효과가 발생하게 된다. 그러나 포괄적 사인증여는 낙성·불요식의 증여계약의 일종이고, 포괄적 유증은 엄격한 방식을 요하는 단독행위이며, 방식을 위배한 포괄적 유증은 대부분 포괄적 사인증여로 보여질 것인바, 포괄적 사인증여에 민법 제1078조가 준용된다면 양자의 효과는 같게 되므로, 결과적으로 포괄적 유증에 엄격한 방식을 요하는 요식행위로 규정한 조항들은 무의미하게 된다. 따라서 민법 제1078조가 포괄적 사인증여에 준용된다고 하는 것은 사인증여의 성질에 반하므로 준용되지 아니한다고 해석함이 상당하다(대판 1996.4.12. 94다37714·37721).

3) 유증의 종류
① 포괄적 유증(= 포괄유증)과 특정적 유증(= 특정유증) : 포괄적 유증은 상속재산(소극재산 포함)의 전부 또는 그에 대한 일정한 비율을 유증의 내용으로 하는 것이고, 특정적 유증은 재산을 구체적으로 특정하여 유증의 내용으로 하는 것이다.

> [유증이 포괄적 유증과 특정유증 중 어느 것에 해당하는지 판단하는 기준]
> 유증이 포괄적 유증인가 특정유증인가는 유언에 사용한 문언 및 그 외 제반 사정을 종합적으로 고려하여 탐구된 유언자의 의사에 따라 결정되어야 한다(대판 2025.5.29. 2022다220014).

② 기타 조건부 유증, 기한부 유증, 부담부 유증도 있다.

4) 유증의 당사자
① 수유자[= 수증자, 민법상으로는 유증을 받은 자도 수증자라고 하고(민법 제1076조, 제1079조), 증여에 의하여 증여를 받는 자도 수증자라고 하고 있어서(민법 제556조, 제559조) 용어상으로는 구분이 되지 않는다. 이에 유증을 받는 자를 수유자라고 표시하여 구별하기로 한다.]
  ㉠ 유증을 받는 자로 유언에 지정되어 있는 자이다.
  ㉡ 수유자는 상속결격자가 아니어야 한다(민법 제1064조, 제1004조).
  ㉢ 자연인뿐만 아니라 법인, 권리능력 없는 사단·재단도 유증을 받을 수 있다.
  ㉣ 수유자는 유언의 효력발생 시(유언자 사망 시) 권리능력을 갖추고 있어야 한다(동시존재의 원칙).
  ㉤ 태아는 유증에 관하여 이미 출생한 것으로 본다(민법 제1064조, 제1000조 제3항). 단, 유언의 효력발생 시(유언자 사망 시) 포태되지 아니한 경우에는 수증자로 될 수 없다.
② 유증의무자
  ㉠ 유증을 실행할 의무를 지는 자이다. 따라서 유언자는 유증의무자가 될 수 없다.
  ㉡ 원칙적으로 상속인이 유증의무자이나, 유언집행자(민법 제1103조, 제1101조), 포괄적 수유자(민법 제1078조), 상속인의 존부가 불분명한 경우의 상속재산관리인(민법 제1056조) 등도 유증의무자이다.

(2) 포괄적 유증

1) 의 의
포괄적 유증은 유언자가 상속재산의 전부 또는 그에 대한 일정한 비율을 유증하는 것으로, 포괄적 수유자는 상속인과 동일한 권리의무가 있다(민법 제1078조).

2) 포괄적 유증의 효과 : 포괄적 수유자의 권리의무(= 상속과 공통점)
① 포괄적 수유자는 상속인과 마찬가지로 유증사실을 알든 모르든 수유분에 해당하는 유증자의 권리의무(일신전속적인 권리는 제외, 민법 제1005조 단서)를 법률상 당연히 포괄적으로 승계한다(민법 제1005조 본문).
② 포괄적 유증의 승인·포기에 대하여는 상속의 승인·포기에 관한 규정(민법 제1019조 내지 제1044조)이 적용되고, 유증의 승인·포기에 관한 규정(민법 제1074조 내지 제1077조)이 적용되지 않는다.

③ 상속인의 상속회복청구권 및 그 제척기간에 관하여 규정한 민법 제999조는 포괄적 유증의 경우에도 유추적용된다(통설)(대판 2001.10.12. 2000다22942).
④ 포괄적 수유자는 재산의 분리에 관하여도 상속인과 동일하게 다루어지므로 재산분리청구권자가 되지 못한다.
⑤ 상속인이나 포괄적 수유자는 모두 특정적 유증을 이행할 의무자이다.
⑥ 태아의 상속능력(민법 제1000조 제3항), 상속결격(민법 제1004조)에 관한 규정은 수유자에게도 준용된다(민법 제1064조).

3) 포괄적 유증과 상속의 차이점
① 포괄적 수유자는 상속인과 동일한 권리의무가 있을 뿐 상속인은 아니다.
② 포괄적 수유자는 자연인 외에 법인 등도 될 수 있으나, 상속은 자연인만이 상속능력이 있다.
③ 상속에는 유류분권이 있으나, 포괄적 수유자에게는 유류분권이 없다.
④ 포괄적 수유자에는 대습상속이 인정되지 않는다.
⑤ 공동상속인이 아닌 포괄적 수유자에게는 상속분의 양수권이 없다(민법 제1011조 제1항).
⑥ 포괄적 유증에는 상속과 달리 조건·기한·부담 등의 부관을 붙일 수 있다.

(3) 특정적 유증

1) 의 의
특정적 유증은 상속재산 가운데 특정재산을 목적으로 하는 유증이다. 특정적 수유자는 증여계약에 있어서의 수증자와 동일한 지위에 있다.

2) 특정적 유증의 효력
① **유증목적물의 귀속시기**: 특정적 유증은 채권적 효력밖에 없어 유증목적물은 일단 상속재산으로서 상속인에게 귀속되며, 수유자는 상속인에게 이행을 청구할 수 있는 권리를 취득한다. 그리고 그 이행청구권을 행사하여 이행이 완료된 때[부동산의 경우 등기 시, 동산의 경우 인도 시, 채권의 경우 양도 시(그 밖의 대항요건 필요)]에 수유자에게 귀속하게 된다. 그러나 채무면제와 같이 의사표시만으로 권리변동이 생기는 것은 곧바로 물권적 효력이 있다.

> **[특정유증을 받은 자의 법적 지위 및 그가 유증받은 부동산에 대하여 직접 진정한 등기명의 회복을 원인으로 한 소유권이전등기청구권을 행사할 수 있는지 여부(소극)]**
> 포괄적 유증을 받은 자는 민법 제187조에 의하여 법률상 당연히 유증받은 부동산의 소유권을 취득하게 되나, 특정유증을 받은 자는 유증의무자에게 유증을 이행할 것을 청구할 수 있는 채권을 취득할 뿐이므로, 특정유증을 받은 자는 유증받은 부동산의 소유권자가 아니어서 직접 진정한 등기명의의 회복을 원인으로 한 소유권이전등기를 구할 수 없다(대판 2003.5.27. 2000다73445).

② **과실수취권**: 수증자(= 수유자)는 유증의 이행을 청구할 수 있는 때(보통의 유증에서는 유언자의 사망 시, 정지조건부 유증에서는 조건성취 시, 시기부 유증에서는 시기가 도래한 때)로부터 그 목적물의 과실을 취득한다. 그러나 유언자가 유언으로 다른 의사를 표시한 때에는 그 의사에 의한다(민법 제1079조).

③ 비용상환청구권
  ⊙ 유증의무자가 유언자의 사망 후에 그 목적물의 과실을 수취하기 위하여 필요비를 지출한 때에는 그 과실의 가액의 한도에서 과실을 취득한 수증자(= 수유자)에게 상환을 청구할 수 있다(민법 제1080조).
  ⓒ 유증의무자가 유증자의 사망 후에 그 목적물에 대하여 비용을 지출한 때에는 민법 제325조의 규정을 준용한다(민법 제1080조). 즉, 유증의무자가 유치물에 관하여 필요비를 지출한 때에는 수증자(= 수유자)에게 그 상환을 청구할 수 있으며(민법 제325조 제1항), 유익비를 지출한 때에는 그 가액의 증가가 현존한 경우에 한하여 수증자(= 수유자)의 선택에 좇아 그 지출한 금액이나 증가액의 상환을 청구할 수 있다(민법 제325조 제2항 본문).

④ 상속재산에 속하지 않은 권리의 유증
  ⊙ 원칙 : 유언의 목적이 된 권리가 유언자의 사망 당시에 상속재산에 속하지 아니한 때에는 유언은 그 효력이 없다(민법 제1087조 제1항 본문).
  ⓒ 예외 : 유언자가 자기의 사망 당시에 그 목적물이 상속재산에 속하지 아니한 경우에도 유언의 효력이 있게 할 의사인 때에는 유증의무자는 그 권리를 취득하여 수증자(= 수유자)에게 이전할 의무가 있으며(민법 제1087조 제1항 단서), 유증의무자가 그 권리를 취득할 수 없거나 그 취득에 과다한 비용을 요할 때에는 그 가액으로 변상할 수 있다(민법 제1087조 제2항).

⑤ 권리소멸청구권의 부정 : 유증의 목적인 물건이나 권리가 유언자의 사망 당시에 제3자의 권리의 목적인 경우에는 수증자(= 수유자)는 유증의무자에 대하여 그 제3자의 권리를 소멸시킬 것을 청구하지 못한다(민법 제1085조). 다만, 유언자가 유언으로 다른 의사를 표시한 때에는 그 의사에 의한다(민법 제1086조).

> **[유증의 목적물이 유언자의 사망 당시에 제3자의 권리의 목적인 경우, 제3자의 권리가 유증의 목적물이 수증자에게 귀속된 후에도 그대로 존속하는지 여부(원칙적 적극)]**
> 민법 제1085조는 "유증의 목적인 물건이나 권리가 유언자의 사망 당시에 제3자의 권리의 목적인 경우에는 수증자는 유증의무자에 대하여 그 제3자의 권리를 소멸시킬 것을 청구하지 못한다"라고 규정하고 있다. 이는 유언자가 다른 의사를 표시하지 않는 한 유증의 목적물을 유언의 효력발생 당시의 상태대로 수증자에게 주는 것이 유언자의 의사라는 점을 고려하여 수증자 역시 유증의 목적물을 유언의 효력발생 당시의 상태대로 취득하는 것이 원칙임을 확인한 것이다. 그러므로 <u>유증의 목적물이 유언자의 사망 당시에 제3자의 권리의 목적인 경우에는 그와 같은 제3자의 권리는 특별한 사정이 없는 한 유증의 목적물이 수증자에게 귀속된 후에도 그대로 존속하는 것으로 보아야 한다</u>(대판 2018.7.26. 2017다289040).

⑥ 유증의무자의 담보책임
  ⊙ 불특정물을 유증의 목적으로 한 경우에는 유증의무자는 그 목적물에 대하여 <u>매도인과 같은 담보책임</u>(단독행위인 유증의 성질상 계약해제는 문제되지 않고 손해배상책임과 완전물급부청구권만이 문제된다)이 있다(민법 제1082조 제1항). 이에 따라 목적물에 하자가 있는 때에는 유증의무자는 하자 없는 물건으로 인도하여야 한다(민법 제1082조 제2항).
  ⓒ 이와 달리 특정물을 유증의 목적으로 한 경우에는 원칙적으로 유증의무자는 담보책임을 지지 않으나, 특정물의 하자나 흠결을 알고 수증자(= 수유자)에게 고지하지 아니한 경우에는 담보책임을 진다(민법 제559조 제1항 단서 유추적용).

⑦ **유증의 물상대위성** : 유증자가 유증목적물의 멸실, 훼손 또는 점유의 침해로 인하여 제3자에게 손해배상을 청구할 권리가 있는 때에는 그 권리를 유증의 목적으로 한 것으로 본다(민법 제1083조). 다만, 유언자가 유언으로 다른 의사를 표시한 때에는 그 의사에 의한다(민법 제1086조).

⑧ **채권유증의 물상대위성**
  ㉠ 채권을 유증의 목적으로 한 경우에 유언자가 그 변제를 받은 물건이 상속재산 중에 있는 때에는 그 물건을 유증의 목적으로 한 것으로 본다(민법 제1084조 제1항).
  ㉡ 채권이 금전을 목적으로 한 경우에는 그 변제받은 채권액에 상당한 금전이 상속재산 중에 없는 때에도 그 금액을 유증의 목적으로 한 것으로 본다(민법 제1084조 제2항).
  ㉢ ㉠, ㉡의 경우에도 유언자가 유언으로 다른 의사를 표시한 때에는 그 의사에 의한다(민법 제1086조).

3) 특정적 유증의 승인·포기

특정적 유증은 포괄적 유증과는 그 성질이 다르므로 특정적 유증의 승인·포기에 상속의 승인·포기의 규정에 관한 규정이 적용되지 않고, 별도의 규정(민법 제1074조 내지 제1077조)이 적용된다.

① **승인·포기의 자유**
  ㉠ 시기 : 유증을 받을 자는 유언자의 사망 후에 언제든지 유증을 승인 또는 포기할 수 있으며(민법 제1074조 제1항), 유증의 승인이나 포기는 유언자의 사망한 때에 소급하여 그 효력이 있다(민법 제1074조 제2항).
  ㉡ 방법 : 특정적 유증을 승인·포기하는 방식에는 아무런 제한이 없으므로 유증의무자 또는 유언집행자에 대한 의사표시만으로도 충분하다(상속이나 포괄적 유증은 가정법원에 신고를 요한다). 특정적 유증의 내용이 가분인 경우에는 유증 목적물의 일부만을 승인하거나 포기할 수도 있다.

② **유증의무자의 최고권** : 유증의무자나 이해관계인은 상당한 기간을 정하여 그 기간 내에 승인 또는 포기를 확답할 것을 수증자(= 수유자) 또는 그 상속인에게 최고할 수 있고(민법 제1077조 제1항), 그 기간 내에 수증자(= 수유자) 또는 상속인이 유증의무자에 대하여 최고에 대한 확답을 하지 아니한 때에는 유증을 승인한 것으로 본다(민법 제1077조 제2항).

③ **수증자(= 수유자)의 상속인의 승인·포기** : 수증자(= 수유자)가 승인이나 포기를 하지 아니하고 사망한 때에는 그 상속인은 상속분의 한도에서 승인 또는 포기할 수 있다. 그러나 유언자가 유언으로 다른 의사를 표시한 때에는 그 의사에 의한다(민법 제1076조).

④ **승인·포기의 취소**
  ㉠ 원칙 : 유증의 승인이나 포기는 취소(철회의 의미)하지 못한다(민법 제1075조 제1항).
  ㉡ 예외 : 그러나 제한능력, 착오, 사기·강박 등으로 승인이나 포기 자체에 흠이 있는 때에는 민법총칙편의 규정에 의하여 취소할 수 있고, 이때의 취소권은 추인할 수 있는 날로부터 3월, 승인 또는 포기한 날로부터 1년 내에 행사하여야 한다(민법 제1075조 제2항, 제1024조 제2항).

(4) 부담부 유증

1) 의 의
부담부 유증이란 유언자가 유언으로 수유자에 대하여 이익을 향수하게 하면서, 이와 함께 수유자에게 일정한 부담을 지우는 유증이다. 그런데 부담은 대가가 아니므로 부담부 유증은 무상행위이다.

> **[유언자가 임차권 또는 근저당권이 설정된 목적물을 특정유증한 경우, 유증을 받은 자가 임대보증금반환채무 또는 피담보채무를 인수할 것을 부담으로 정하여 유증한 것으로 볼 수 있는지 여부(원칙적 적극)]**
> 유언자가 부담부 유증을 하였는지는 유언에 사용한 문언 및 그 외 제반 사정을 종합적으로 고려하여 탐구된 유언자의 의사에 따라 결정되어야 하는데, 유언자가 임차권 또는 근저당권이 설정된 목적물을 특정유증하였다면 특별한 사정이 없는 한 유증을 받은 자가 그 임대보증금반환채무 또는 피담보채무를 인수할 것을 부담으로 정하여 유증하였다고 볼 수 있다(대판 2022.1.27. 2017다265884).

2) 효 력
① 부담의 이행청구
  ㉠ 부담의 당사자 : 부담의 이행청구권자는 유언자의 상속인, 유언집행자, 부담의 이행청구권자로 지정된 자 등이며, 부담의 이행의무자는 수유자 또는 그 상속인이다.
  ㉡ 한편 부담의무의 이행에 의한 이익을 받는 수익자도 이행청구권을 가지는가에 대하여 긍정설과 부정설의 대립이 있다.
② 수증자(= 수유자)의 책임범위
  ㉠ 부담 있는 유증을 받은 자는 유증의 목적의 가액을 초과하지 아니한 한도에서 부담한 의무를 이행할 책임이 있다(민법 제1088조 제1항).
  ㉡ 유증의 목적의 가액이 한정승인 또는 재산분리로 인하여 감소된 때에는 수증자(= 수유자)는 그 감소된 한도에서 부담할 의무를 면한다(민법 제1088조 제2항).

3) 부담부 유증의 취소
부담 있는 유증을 받은 자가 그 부담의무를 이행하지 아니한 때에는 상속인 또는 유언집행자는 상당한 기간을 정하여 이행할 것을 최고하고 그 기간 내에 이행하지 아니한 때에는 법원에 유언의 취소를 청구[부담부 증여 시 부담의 불이행은 증여의 해제사유인 것과 비교(민법 제561조)]할 수 있다(민법 제1111조 본문). 그러나 제3자의 이익을 해하지 못한다(민법 제1111조 단서).

(5) 유증의 무효·취소

1) 일반적 원인에 의한 무효·취소
유증은 유언의 일종이므로 유언의 무효·취소원인에 의하여 유증이 무효·취소될 수 있다.

2) 유증에 특유한 무효·취소
① 수증자(= 수유자)가 유언자보다 먼저 사망한 경우에는 유증은 무효이다(민법 제1089조 제1항).
② 정지조건 있는 유증에서 수증자(= 수유자)가 그 조건성취 전에 사망한 경우에는 유증은 무효이다(민법 제1089조 제2항).

> **[유증의 포기가 사해행위 취소의 대상이 되는지 여부(소극)]**
> 유증을 받을 자는 유언자의 사망 후에 언제든지 유증을 승인 또는 포기할 수 있고, 그 효력은 유언자가 사망한 때에 소급하여 발생하므로(민법 제1074조), 채무초과상태에 있는 채무자라도 자유롭게 유증을 받을 것을 포기할 수 있다. 또한 채무자의 유증 포기가 직접적으로 채무자의 일반재산을 감소시켜 채무자의 재산을 유증 이전의 상태보다 악화시킨다고 볼 수도 없다. 따라서 유증을 받을 자가 이를 포기하는 것은 사해행위 취소의 대상이 되지 않는다고 보는 것이 옳다(대판 2019.1.17. 2018다260855).

③ 유언의 목적이 된 권리가 유언자의 사망 당시에 상속재산에 속하지 않은 경우에는 유언은 무효이다(민법 제1087조 제1항 본문).
④ 부담 있는 유증을 받은 자가 그 부담의무를 이행하지 아니한 경우에는 상속인 또는 유언집행자는 상당한 기간을 정하여 이행할 것을 최고하고 그 기간 내에 이행하지 아니한 때에는 법원에 유언의 취소를 청구할 수 있다(민법 제1111조 본문).

Ⅳ 유언의 집행

> **유언증서, 녹음의 검인(민법 제1091조)**
> ① 유언의 증서나 녹음을 보관한 자 또는 이를 발견한 자는 유언자의 사망 후 지체 없이 법원에 제출하여 그 검인을 청구하여야 한다.
> ② 전항의 규정은 공정증서나 구수증서에 의한 유언에 적용하지 아니한다.
>
> **유언증서의 개봉(민법 제1092조)**
> 법원이 봉인된 유언증서를 개봉할 때에는 유언자의 상속인, 그 대리인 기타 이해관계인의 참여가 있어야 한다.
>
> **유언집행자의 지정(민법 제1093조)**
> 유언자는 유언으로 유언집행자를 지정할 수 있고 그 지정을 제3자에게 위탁할 수 있다.
>
> **위탁에 의한 유언집행자의 지정(민법 제1094조)**
> ① 전조의 위탁을 받은 제3자는 그 위탁 있음을 안 후 지체 없이 유언집행자를 지정하여 상속인에게 통지하여야 하며 그 위탁을 사퇴할 때에는 이를 상속인에게 통지하여야 한다.
> ② 상속인 기타 이해관계인은 상당한 기간을 정하여 그 기간 내에 유언집행자를 지정할 것을 위탁 받은 자에게 최고할 수 있다. 그 기간 내에 지정의 통지를 받지 못한 때에는 그 지정의 위탁을 사퇴한 것으로 본다.
>
> **지정유언집행자가 없는 경우(민법 제1095조)**
> 전2조의 규정에 의하여 지정된 유언집행자가 없는 때에는 상속인이 유언집행자가 된다.
>
> **법원에 의한 유언집행자의 선임(민법 제1096조)**
> ① 유언집행자가 없거나 사망, 결격 기타 사유로 인하여 없게 된 때에는 법원은 이해관계인의 청구에 의하여 유언집행자를 선임하여야 한다.
> ② 법원이 유언집행자를 선임한 경우에는 그 임무에 관하여 필요한 처분을 명할 수 있다.

유언집행자의 승낙, 사퇴(민법 제1097조)
① 지정에 의한 유언집행자는 유언자의 사망 후 지체 없이 이를 승낙하거나 사퇴할 것을 상속인에게 통지하여야 한다.
② 선임에 의한 유언집행자는 선임의 통지를 받은 후 지체 없이 이를 승낙하거나 사퇴할 것을 법원에 통지하여야 한다.
③ 상속인 기타 이해관계인은 상당한 기간을 정하여 그 기간 내에 승낙 여부를 확답할 것을 지정 또는 선임에 의한 유언집행자에게 최고할 수 있다. 그 기간 내에 최고에 대한 확답을 받지 못한 때에는 유언집행자가 그 취임을 승낙한 것으로 본다.

유언집행자의 결격사유(민법 제1098조)
제한능력자와 파산선고를 받은 자는 유언집행자가 되지 못한다.

유언집행자의 임무착수(민법 제1099조)
유언집행자가 그 취임을 승낙한 때에는 지체 없이 그 임무를 이행하여야 한다.

재산목록작성(민법 제1100조)
① 유언이 재산에 관한 것인 때에는 지정 또는 선임에 의한 유언집행자는 지체 없이 그 재산목록을 작성하여 상속인에게 교부하여야 한다.
② 상속인의 청구가 있는 때에는 전항의 재산목록작성에 상속을 참여하게 하여야 한다.

유언집행자의 권리의무(민법 제1101조)
유언집행자는 유증의 목적인 재산의 관리 기타 유언의 집행에 필요한 행위를 할 권리의무가 있다.

공동유언집행(민법 제1102조)
유언집행자가 수인인 경우에는 임무의 집행은 그 과반수의 찬성으로써 결정한다. 그러나 보존행위는 각자가 이를 할 수 있다.

유언집행자의 지위(민법 제1103조)
① 지정 또는 선임에 의한 유언집행자는 상속인의 대리인으로 본다.
② 제681조 내지 제685조, 제687조, 제691조와 제692조의 규정은 유언집행자에 준용한다.

유언집행자의 보수(민법 제1104조)
① 유언자가 유언으로 그 집행자의 보수를 정하지 아니한 경우에는 법원은 상속재산의 상황 기타 사정을 참작하여 지정 또는 선임에 의한 유언집행자의 보수를 정할 수 있다.
② 유언집행자가 보수를 받는 경우에는 제686조 제2항, 제3항의 규정을 준용한다.

유언집행자의 사퇴(민법 제1105조)
지정 또는 선임에 의한 유언집행자는 정당한 사유 있는 때에는 법원의 허가를 얻어 그 임무를 사퇴할 수 있다.

유언집행자의 해임(민법 제1106조)
지정 또는 선임에 의한 유언집행자에 그 임무를 해태하거나 적당하지 아니한 사유가 있는 때에는 법원은 상속인 기타 이해관계인의 청구에 의하여 유언집행자를 해임할 수 있다.

유언집행의 비용(민법 제1107조)
유언의 집행에 관한 비용은 상속재산 중에서 이를 지급한다.

1. 의 의

유언의 집행이란 유언의 효력이 발생한 후 유언에 의해 표시된 유언자의 의사를 실현하기 위한 행위 또는 절차를 의미한다. 유언 중에는 집행이 필요한 유언[친생부인(민법 제850조), 인지(민법 제859조 제2항) 등]과 집행이 필요하지 않은 유언[미성년후견인의 지정(민법 제931조 제1항), 상속재산의 분할금지(민법 제1012조) 등]이 있다.

2. 유언집행의 준비절차

(1) 유언의 검인

① 유언의 증서나 녹음을 보관한 자 또는 이를 발견한 자는 유언자의 사망 후 지체 없이 법원에 제출하여 그 검인을 청구하여야 한다(민법 제1091조 제1항). 그러나, 공정증서나 구수증서에 의한 유언에는 그러한 의무가 없다(민법 제1091조 제2항). 즉, 검인을 할 필요가 없다.

② 민법 제1091조 제1항에 규정된 유언증서에 대한 법원의 검인은 유언의 방식에 관한 사실을 조사함으로써 위조·변조를 방지하고 그 보존을 확실히 하기 위한 절차에 불과할 뿐 유언증서의 효력 여부를 심판하는 절차가 아니다(대판 1998.5.29. 97다38503). 그러나, 민법 제1070조 제1항에 정한 구수증서에 의한 유언의 경우에는 검인을 받는 것이 유언의 효력요건임을 유의하여야 한다(대판 1992.7.14. 91다39719 참고).

> **[민법 제1091조, 제1092조 소정의 검인·개봉절차를 거치지 아니한 유언증서의 효력(유효)]**
> 민법 제1091조에서 규정하고 있는 유언증서에 대한 법원의 검인은 유언증서의 형식·태양 등 유언의 방식에 관한 모든 사실을 조사·확인하고 그 위조·변조를 방지하며, 또한 보존을 확실히 하기 위한 일종의 검증절차 내지는 증거보전절차로서, 유언이 유언자의 진의에 의한 것인지 여부나 적법한지 여부를 심사하는 것이 아님은 물론 직접 유언의 유효 여부를 판단하는 심판이 아니고, 또한 민법 제1092조에서 규정하는 유언증서의 개봉절차는 봉인된 유언증서의 검인에는 반드시 개봉이 필요하므로 그에 관한 절차를 규정한 데에 지나지 아니하므로, 적법한 유언은 이러한 검인이나 개봉절차를 거치지 않더라도 유언자의 사망에 의하여 곧바로 그 효력이 생기는 것이며, 검인이나 개봉절차의 유무에 의하여 유언의 효력이 영향을 받지 아니한다(대판 1998.6.12. 97다38510).

(2) 유언증서의 개봉

① 법원이 봉인된 유언증서를 개봉할 때에는 유언자의 상속인, 그 대리인 기타 이해관계인의 참여가 있어야 한다(민법 제1092조). 그러나 참여기회를 부여하였다면 이들이 참여기일에 불참하였더라도 개봉할 수 있다고 새겨야 한다.

② 적법한 유언증서는 유언자의 사망에 의하여 곧바로 그 효력이 발생하고, 개봉 절차의 유무에 의하여 그 효력에 영향을 받는 것은 아니다(대판 1998.5.29. 97다38503).

3. 유언집행자

(1) 의 의

유언집행자란 유언의 집행업무를 담당하는 자이다. 상속인 스스로 유언을 집행할 수 있는 경우(특정유증, 재단법인의 설립, 신탁 등)도 있지만, 친생부인(민법 제850조)이나 인지(민법 제859조 제2항) 등은 반드시 집행자를 두어 집행해야 한다.

(2) 유언집행자의 결정

유언집행자는 수인이라도 무방하며, 지정유언집행자, 법정유언집행자, 선임유언집행자가 있다.

1) 지정유언집행자

① 유언자는 유언으로 유언집행자를 지정할 수 있고, 그 지정을 제3자에게 위탁할 수 있다(민법 제1093조).
② 지정유언집행자는 유언자의 사망 후 지체 없이 이를 승낙하거나 사퇴할 것을 상속인에게 통지하여야 한다(민법 제1097조 제1항).
③ 지정유언집행자의 승낙이나 사퇴 통지가 없는 경우에는 상속인 기타 이해관계인은 상당한 기간을 정하여 그 기간 내에 승낙여부를 확답할 것을 지정유언집행자에게 최고할 수 있다. 그 기간 내에 최고에 대한 확답을 받지 못한 때에는 유언집행자가 그 취임을 승낙한 것으로 본다(민법 제1097조 제3항).
④ 유언집행자의 지정을 위탁을 받은 제3자는 그 위탁 있음을 안 후 지체 없이 유언집행자를 지정하여 상속인에게 통지하여야 하며 그 위탁을 사퇴할 때에는 이를 상속인에게 통지하여야 한다(민법 제1094조 제1항).
⑤ 유언집행자의 지정을 위탁을 받은 제3자가 지정도 사퇴도 하지 않는 경우에는 상속인 기타 이해관계인은 상당한 기간을 정하여 그 기간 내에 유언집행자를 지정할 것을 위탁받은 자에게 최고할 수 있다. 그 기간 내에 지정의 통지를 받지 못한 때에는 그 지정의 위탁을 사퇴한 것으로 본다(민법 제1094조 제2항).

2) 법정유언집행자

지정유언집행자가 없는 때에는 상속인이 유언집행자가 된다(민법 제1095조).

3) 선임유언집행자

① 유언집행자가 없거나(상속인이 없는 경우를 의미), 사망, 결격 기타 사유로 인하여 없게 된 때에는 법원은 이해관계인의 청구에 의하여 유언집행자를 선임하여야 한다(민법 제1096조 제1항). 이 경우 누구를 유언집행자로 선임하느냐는 문제는 민법 제1098조 소정의 유언집행자의 결격사유에 해당하지 않는 한 법원의 재량에 속한다(대결 1995.12.4. 95스32).

> **[지정유언집행자가 사망·결격 기타 사유로 자격을 상실한 경우, 상속인이 민법 제1095조에 의하여 유언집행자가 될 수 있는지 여부(소극)]**
> 민법 제1095조는 유언자가 유언집행자의 지정 또는 지정위탁을 하지 아니하거나 유언집행자의 지정을 위탁받은 자가 위탁을 사퇴한 때에 한하여 적용되는 것이므로, 유언자가 지정 또는 지정위탁에 의하여 유언집행자의 지정을 한 이상(그 유언집행자가 취임의 승낙을 하였는지를 불문하고) 그 유언집행자가 사망·결격 기타 사유로

> 자격을 상실하였다고 하더라도 상속인은 민법 제1095조에 의하여 유언집행자가 될 수는 없다(대판 2010.10.28. 2009다20840, 대결 2007.10.18. 2007스31). 이러한 경우에는 민법 제1096조에 의하여 이해관계인이 법원에 유언집행자의 선임을 청구할 수 있다(대결 2007.10.18. 2007스31).
>
> **[지정유언집행자가 해임된 이후 법원에 의하여 새로운 유언집행자가 선임되지 아니한 경우, 상속인의 원고적격이 인정되는지 여부(소극)]**
> 유증 등을 위하여 유언집행자가 지정되어 있다가 그 유언집행자가 사망·결격 기타 사유로 자격을 상실한 때에는 상속인이 있더라도 유언집행자를 선임하여야 하는 것이므로, 유언집행자가 해임된 이후 법원에 의하여 새로운 유언집행자가 선임되지 아니하였다고 하더라도 유언집행에 필요한 한도에서 상속인의 상속재산에 대한 처분권은 여전히 제한되며 그 제한 범위 내에서 상속인의 원고적격 역시 인정될 수 없다(대판 2010.10.28. 2009다20840).

② 선임에 의한 유언집행자는 선임의 통지를 받은 후 지체 없이 이를 승낙하거나 사퇴할 것을 법원에 통지하여야 한다(민법 제1097조 제2항). 승낙이나 사퇴 통지가 없는 경우에는 상속인 기타 이해관계인은 상당한 기간을 정하여 그 기간 내에 승낙여부를 확답할 것을 선임에 의한 유언집행자에게 최고할 수 있다. 그 기간 내에 최고에 대한 확답을 받지 못한 때에는 유언집행자가 그 취임을 승낙한 것으로 본다(민법 제1097조 제3항).

③ 가정법원이 유언집행자를 선임한 경우에는 그 임무에 관하여 필요한 처분을 명할 수 있다(민법 제1096조 제2항).

(3) 유언집행자의 결격

제한능력자와 파산선고를 받은 자는 유언집행자가 되지 못한다(민법 제1098조). 결격자를 유언집행자로 지정한 경우 그 지정은 무효이며, 가정법원도 결격자를 유언집행자로 선임하지 못한다.

(4) 유언집행자의 법적 지위

① 지정 또는 선임에 의한 유언집행자는 상속인의 대리인으로 본다(민법 제1103조 제1항).
② 민법은 유언집행자를 상속인의 대리인으로 보면서, 위임에 관한 규정(민법 제681조 내지 제685조, 제687조, 제691조, 제692조)을 준용한다(민법 제1103조 제2항).

(5) 유언집행자의 권리의무

① 재산목록의 작성
   ㉠ 유언이 재산에 관한 것인 때에는 지정 또는 선임에 의한 유언집행자는 지체 없이 그 재산목록을 작성하여 상속인에게 교부하여야 한다(민법 제1100조 제1항).
   ㉡ 상속인의 청구가 있는 때에는 재산목록작성에 상속인을 참여하게 하여야 한다(민법 제1100조 제2항).

② 관리·집행행위 : 유언집행자는 유증의 목적인 재산의 관리 기타 유언의 집행에 필요한 행위를 할 권리의무가 있으므로(민법 제1101조), 유증 목적물에 관하여 마쳐진, 유언의 집행에 방해가 되는 다른 등기의 말소를 구하는 소송에 있어서는 유언집행자가 이른바 법정소송담당으로서 원고적격을 가진다(대판 2010.10.28. 2009다20840).

> [유언집행자가 있는 경우, 유증 목적물 관련 소송에서 상속인의 원고적격이 인정되는지 여부(소극)]
> 유언집행자는 유증의 목적인 재산의 관리 기타 유언의 집행에 필요한 모든 행위를 할 권리의무가 있으므로, 유증 목적물에 관하여 마쳐진, 유언의 집행에 방해가 되는 다른 등기의 말소를 구하는 소송에 있어서는 유언집행자가 이른바 법정소송담당으로서 원고적격을 가진다고 할 것이고, 유언집행자는 유언의 집행에 필요한 범위 내에서는 상속인과 이해상반되는 사항에 관하여도 중립적 입장에서 직무를 수행하여야 하므로, 유언집행자가 있는 경우 그의 유언집행에 필요한 한도에서 상속인의 상속재산에 대한 처분권은 제한되며 그 제한 범위 내에서 상속인은 원고적격이 없다(대판 2010.10.28. 2009다20840).

③ 유언의 공동집행 : 유언집행자가 수인인 경우에는 임무의 집행은 그 과반수의 찬성으로써 결정한다(민법 제1102조 본문). 그러나 보존행위는 각자가 이를 할 수 있다(민법 제1102조 단서).

> [수인의 유언집행자에게 유증의무 이행을 구하는 소송이 유언집행자 전원을 피고로 하는 고유필수적 공동소송인지 여부(적극)]
> 상속인이 유언집행자가 되는 경우를 포함하여 유언집행자가 수인인 경우에는, 유언집행자를 지정하거나 지정 위탁한 유언자나 유언집행자를 선임한 법원에 의한 임무의 분장이 있었다는 등의 특별한 사정이 없는 한, 유증 목적물에 대한 관리처분권은 유언의 본지에 따른 유언의 집행이라는 공동의 임무를 가진 수인의 유언집행자에게 합유적으로 귀속되고, 그 관리처분권 행사는 과반수의 찬성으로써 합일하여 결정하여야 하므로, 유언집행자가 수인인 경우 유언집행자에게 유증의무의 이행을 구하는 소송은 유언집행자 전원을 피고로 하는 고유필수적 공동소송으로 봄이 상당하다(대판 2011.6.24. 2009다8345).

④ 유언집행자의 보수

㉠ 유언자가 유언으로 그 집행자의 보수를 정하지 아니한 경우에는 법원은 상속재산의 상황 기타 사정을 참작하여 지정 또는 선임에 의한 유언집행자의 보수를 정할 수 있다(민법 제1104조 제1항).

㉡ 유언집행자가 보수를 받는 경우에는 제686조 제2항(수임인이 보수를 받을 경우에는 위임사무를 완료한 후가 아니면 이를 청구하지 못한다. 그러나 기간으로 보수를 정한 때에는 그 기간이 경과한 후에 이를 청구할 수 있다), 제3항(수임인이 위임사무를 처리하는 중에 수임인의 책임 없는 사유로 인하여 위임이 종료된 때에는 수임인은 이미 처리한 사무의 비율에 따른 보수를 청구할 수 있다)의 규정을 준용한다(민법 제1104조 제2항).

(6) 유언집행의 비용

유언의 집행에 관한 비용은 상속재산 중에서 이를 지급한다(민법 제1107조).

(7) 유언집행자의 임무종료

1) 유언집행자의 사퇴

지정 또는 선임에 의한 유언집행자는 정당한 사유 있는 때에는 법원의 허가를 얻어 그 임무를 사퇴할 수 있다(민법 제1105조).

2) 유언집행자의 해임

지정 또는 선임에 의한 유언집행자에 그 임무를 해태하거나 적당하지 아니한 사유가 있는 때에는 법원은 상속인 기타 이해관계인의 청구에 의하여 유언집행자를 해임할 수 있다(민법 제1106조).

[유언집행자가 유언의 해석에 관하여 상속인과 의견을 달리한다거나 혹은 유언집행자가 유언집행에 방해되는 상태를 야기하고 있는 상속인을 상대로 유언의 충실한 집행을 위하여 자신의 직무권한 범위에서 가압류신청 또는 본안소송을 제기함으로써 일부 상속인들과 유언집행자 사이에 갈등이 초래되었다는 사정만으로 유언집행자의 해임사유가 있다고 할 수 있는지 여부(소극)]

지정 또는 선임에 의한 유언집행자에게 임무해태 또는 적당하지 아니한 사유가 있는 때에는 법원은 상속인 기타 이해관계인의 청구에 의하여 유언집행자를 해임할 수가 있으나(민법 제1106조), 유언집행자는 유증의 목적인 재산의 관리 기타 유언의 집행에 필요한 모든 행위를 할 권리의무가 있을 뿐만 아니라(민법 제1101조) 유언의 집행에 필요한 범위 내에서는 상속인과 이해상반되는 사항에 관하여도 중립적 입장에서 직무를 수행하여야 하므로, <u>유언집행자가 유언의 해석에 관하여 상속인과 의견을 달리한다거나 혹은 유언집행자가 유언의 집행에 방해되는 상태를 야기하고 있는 상속인을 상대로 유언의 충실한 집행을 위하여 자신의 직무권한 범위에서 가압류신청 또는 본안소송을 제기하고 이로 인해 일부 상속인들과 유언집행자 사이에 갈등이 초래되었다는 사정만으로는 유언집행자의 해임사유인 '적당하지 아니한 사유'가 있다고 할 수 없으며, 일부 상속인에게만 유리하게 편파적인 집행을 하는 등으로 공정한 유언의 실현을 기대하기 어려워 상속인 전원의 신뢰를 얻을 수 없음이 명백하다는 등 유언집행자로서의 임무수행에 적당하지 아니한 구체적 사정이 소명되어야 한다</u>(대결 2011.10.27. 2011스108).

3) 위임종료 시의 긴급처리

임무가 종료된 유언집행자는 급박한 사정이 있는 때에는 새로운 유언집행자가 선임되어 유언집행사무를 처리할 수 있을 때까지 그의 임무를 계속 수행하여야 한다(민법 제1103조 제2항, 제691조).

제3절 유류분

유류분의 권리자와 유류분(민법 제1112조)
상속인의 유류분은 다음 각 호에 의한다. 〈개정 2024.9.20.〉
1. 피상속인의 직계비속은 그 법정상속분의 2분의 1
2. 피상속인의 배우자는 그 법정상속분의 2분의 1
3. 피상속인의 직계존속은 그 법정상속분의 3분의 1 - 삭제 〈2024.9.20.〉
4. 피상속인의 형제자매는 그 법정상속분의 3분의 1
[2024.9.20. 법률 제20432호에 의하여 2024.4.25. 헌법재판소에서 위헌결정된 이 조 제4호를 삭제함]
[헌법불합치, 2020헌가4, 2024.4.25., 민법(1977.12.31. 법률 제3051호로 개정된 것) 제1112조 제1호부터 제3호 및 제1118조는 모두 헌법에 합치되지 아니한다. 위 조항들은 2025.12.31.을 시한으로 입법자가 개정할 때까지 계속 적용된다.]

유류분의 산정(민법 제1113조)
① 유류분은 피상속인의 상속개시 시에 있어서 가진 재산의 가액에 증여재산의 가액을 가산하고 채무의 전액을 공제하여 이를 산정한다.
② 조건부의 권리 또는 존속기간이 불확정한 권리는 가정법원이 선임한 감정인의 평가에 의하여 그 가격을 정한다.

산입될 증여(민법 제1114조)
증여는 상속개시 전의 1년간에 행한 것에 한하여 제1113조의 규정에 의하여 그 가액을 산정한다. 당사자 쌍방이 유류분권리자에 손해를 가할 것을 알고 증여를 한 때에는 1년 전에 한 것도 같다.

유류분의 보전(민법 제1115조)
① 유류분권리자가 피상속인의 제1114조에 규정된 증여 및 유증으로 인하여 그 유류분에 부족이 생긴 때에는 부족한 한도에서 그 재산의 반환을 청구할 수 있다.
② 제1항의 경우에 증여 및 유증을 받은 자가 수인인 때에는 각자가 얻은 유증가액의 비례로 반환하여야 한다.

반환의 순서(민법 제1116조)
증여에 대하여는 유증을 반환받은 후가 아니면 이것을 청구할 수 없다.

소멸시효(민법 제1117조)
반환의 청구권은 유류분권리자가 상속의 개시와 반환하여야 할 증여 또는 유증을 한 사실을 안 때로부터 1년 내에 하지 아니하면 시효에 의하여 소멸한다. 상속이 개시한 때로부터 10년을 경과한 때도 같다.

준용규정(민법 제1118조)
제1001조, 제1008조, 제1010조의 규정은 유류분에 이를 준용한다.
[헌법불합치, 2020헌가4, 2024.4.25., 민법(1977.12.31. 법률 제3051호로 개정된 것) 제1112조 제1호부터 제3호 및 제1118조는 모두 헌법에 합치되지 아니한다. 위 조항들은 2025.12.31.을 시한으로 입법자가 개정할 때까지 계속 적용된다.]

I 서 설

1. 의 의

유류분(遺留分)이란 피상속인의 생전처분(증여) 또는 유언(유증)에 의한 상속재산 처분의 자유를 제한하여 법정상속인 중 일정한 범위의 근친자에게 유보된(귀속되는 것이 보장된) 법정상속분의 일정비율을 의미한다. 즉, 유류분제도는 개인의 재산처분의 자유 및 유언의 자유와 상속인의 보호라는 양 측면을 조화시키는 제도이다.

[유류분제도에 관한 민법 제1112조, 제1113조, 제1118조와 제1008조가 피상속인의 재산처분의 자유와 수증자의 재산권을 과도하게 침해함으로써 헌법 제23조 제1항과 제37조 제2항에 위반되는지 여부(소극)]
유류분제도에 관한 민법 제1112조, 제1113조, 제1118조와 제1008조가 피상속인의 재산처분의 자유와 수증자의 재산권을 과도하게 침해함으로써 헌법 제23조 제1항과 제37조 제2항에 위반된다고 할 수 없다. 그 이유는 다음과 같다. 유류분제도는 피상속인의 재산처분행위로부터 유족의 생존권을 보호하고 법정상속분의 일정 비율에 해당하는 부분을 유류분으로 산정하여 상속인의 상속재산 형성에 대한 기여와 상속재산에 대한 기대를 보장하는 데 그 목적이 있다. 민법 제1118조에 따라 준용되는 민법 제1008조는 공동상속인 중에 피상속인으로부터 재산의 증여 또는 유증을 받은 특별수익자가 있는 경우에 공동상속인 사이의 공평을 도모하기 위하여 수증재산을 상속분의 선급으로 다루어 구체적인 상속분을 산정하는 데 참작하도록 하려는 데 그 취지가 있다. 유류분제도가 피상속인이 생전에 자유롭게 처분하는 것을 원천적으로 막는 것은 아니다. 또한 공동상속인이 피상속인으로부터 받은 증여가 모두 유류분반환의 대상인 특별수익이 되는 것은 아니고, 어떠한 생전 증여가 특별수익에 해당하는지는 피상속인의

> 생전의 자산, 수입, 생활수준, 가정상황 등을 참작하고 공동상속인 사이의 형평을 고려하여 생전 증여가 장차 상속인으로 될 사람에게 돌아갈 상속재산 가운데 그의 몫 일부를 미리 주는 것이라고 볼 수 있는지에 따라 판단된다. 유류분의 범위도 법정상속분의 일부로 제한되어 있다. 따라서 유류분제도에 관한 민법 제1112조, 제1113조, 제1118조와 제1008조에 따라 피상속인의 재산처분 자유와 수증자의 재산권이 과도하게 침해된다고 보기 어렵다(대판 2022.2.10. 2020다250783).

2. 유류분권과 그 포기

(1) 유류분권

① 상속이 개시되면 일정 범위의 상속인은 상속재산을 일정 비율로 취득할 수 있는 추상적 지위를 가지는데, 이를 유류분권이라고 한다.
② 유류분권에 기해 유류분을 침해하는 증여 또는 유증이 있을 경우 수증자(= 수유자)에 대하여 부족분의 반환을 요구할 수 있는 구체적 권리인 유류분반환청구권이 발생한다.
③ 유류분권은 상속개시 후에 발생하는 것이며, 상속개시 전에는 일종의 기대권에 지나지 않는다.

(2) 유류분권의 포기

상속개시 전의 포기는 인정되지 않으나, 상속개시 후의 포기는 인정된다(통설)(대판 1998.7.24. 98다9021).

[상속개시 전에 한 상속포기약정의 효력(무효)]
유류분을 포함한 상속의 포기는 상속이 개시된 후 일정한 기간 내에만 가능하고 가정법원에 신고하는 등 일정한 절차와 방식을 따라야만 그 효력이 있으므로, 상속개시 전에 한 상속포기약정은 그와 같은 절차와 방식에 따르지 아니한 것으로 효력이 없다(대판 1998.7.24. 98다9021).

Ⅱ 유류분권리자와 유류분의 비율

1. 유류분권리자

① 유류분을 가지는 자는 피상속인의 직계비속·배우자·직계존속이다(민법 제1112조).
② 유류분권을 행사할 수 있으려면 최우선순위의 상속인이어서 상속권이 있어야 한다(1순위 상속인으로서 직계비속이 있는 경우에는 3순위 상속인인 직계존속은 유류분권을 가지지 못한다).
③ 대습상속에 관한 규정(민법 제1001조, 제1010조, 이와 관련하여 민법 제1118조가 제1003조 제2항을 빠뜨렸으나 피대습자의 배우자도 유류분권을 가진다)이 유류분에도 준용되므로(민법 제1118조) 피상속인의 직계비속의 대습자도 유류분권자에 포함되나, 피상속인의 형제자매의 대습자는 유류분권자에 포함되지 않는다.
④ 태아는 상속에 관하여 이미 출생한 것으로 보아 유류분권을 가진다(민법 제1112조, 제1000조 제3항).
⑤ 상속결격자와 상속포기자는 상속인이 아니므로 유류분권자가 아니다. 다만, 상속결격의 경우에는 대습자가 유류분권을 가지나 상속포기의 경우에는 대습이 인정되지 않는다.

2. 유류분의 비율

유류분율은 상속인의 지위에 따라 다르다. 즉, 피상속인의 직계비속과 배우자의 유류분은 그 법정상속분의 1/2이고(민법 제1112조 제1호·제2호), 피상속인의 직계존속의 유류분은 그 법정상속분의 1/3이다(민법 제1112조 제3호).

Ⅲ 유류분액의 산정

1. 유류분 산정의 기초가 되는 재산(상속개시 당시에 가진 적극 상속재산 + 증여액 – 상속채무)

유류분은 피상속인의 상속개시 시에 있어서 가진 재산의 가액에 증여재산의 가액을 가산하고 채무의 전액을 공제하여 이를 산정한다(민법 제1113조 제1항).

(1) 상속개시 시에 가진 재산

① 상속개시 시에 가진 재산은 적극재산만을 의미한다. 다만, 제사용 재산(민법 제1008조의3, 분묘에 속한 1정보 이내의 금양임야와 600평 이내의 묘토인 농지, 족보와 제구의 소유권)은 상속재산을 구성하지 않으므로(제사를 주재하는 자가 이를 승계한다), 여기의 재산에 포함되지 않는다.
② 증여의 목적물 중 '미이행된 것'은 상속개시 시에 가진 재산에 포함된다.
③ 유증(포괄적 유증이든 특정적 유증이든 불문)이나 사인증여한 재산은 상속개시 시에 현존하는 재산으로 다루어진다. 즉, 따로 합산하지 않는다. 문제는 사인증여를 유증으로 취급할 것인지 증여로 취급할 것인가이다. 통설과 판례는 사인증여에는 유증에 관한 규정이 준용된다는 이유로 유증으로 취급한다(대판 2001.11.30. 2001다6947).

> [유언자가 임차권 또는 근저당권이 설정된 목적물을 특정유증하면서 유증을 받은 자가 임대차보증금반환채무 또는 피담보채무를 인수할 것을 부담으로 정한 경우, 특정유증으로 유류분권리자가 얻은 순상속분액은 없다고 보아 유류분 부족액을 산정하여야 하는지 여부(적극) 및 특정유증을 받은 자가 임대차보증금반환채무 또는 피담보채무를 변제한 경우, 상속인에 대하여 구상권을 행사할 수 있는지 여부(소극) / 이러한 법리는 유증 목적물에 관한 임대차계약에 대항력이 있는지와 무관하게 적용되는지 여부(적극)]
>
> 유언자가 자신의 재산 전부 또는 전 재산의 비율적 일부가 아니라 일부 재산을 특정하여 유증한 특정유증의 경우에는, 유증 목적인 재산은 일단 상속재산으로서 상속인에게 귀속되고 유증을 받은 자는 유증의무자에 대하여 유증을 이행할 것을 청구할 수 있는 채권을 취득하게 된다. 유언자가 임차권 또는 근저당권이 설정된 목적물을 특정유증하면서 유증을 받은 자가 그 임대차보증금반환채무 또는 피담보채무를 인수할 것을 부담으로 정한 경우에도 상속인이 상속개시 시에 유증 목적물과 그에 관한 임대차보증금반환채무 또는 피담보채무를 상속하므로 이를 전제로 유류분 산정의 기초가 되는 재산액을 확정하여 유류분액을 산정하여야 한다. 이 경우

> 상속인은 유증을 이행할 의무를 부담함과 동시에 유증을 받은 자에게 유증 목적물에 관한 임대차보증금반환채무 등을 인수할 것을 요구할 수 있는 이익 또한 얻었다고 할 수 있으므로, 결국 그 특정유증으로 인해 유류분권리자가 얻은 순상속분액은 없다고 보아 유류분 부족액을 산정하여야 한다. 나아가 위와 같은 경우에 특정유증을 받은 자가 유증 목적물에 관한 임대차보증금반환채무 또는 피담보채무를 임차인 또는 근저당권자에게 변제하였다고 하더라도 상속인에 대한 관계에서는 자신의 채무 또는 장차 인수하여야 할 채무를 변제한 것이므로 상속인에 대하여 구상권을 행사할 수 없다고 봄이 타당하다. 위와 같은 법리는 유증 목적물에 관한 임대차계약에 대항력이 있는지 여부와 무관하게 적용된다(대판 2022.1.27. 2017다265884).

(2) 증여재산의 가산

① 상속개시 전의 1년간에 행한 증여의 경우에는 그 가액을 산입한다(민법 제1114조 전문). 그리고 1년의 기간은 증여계약의 이행기가 아닌 체결 시를 기준으로 한다.
② 당사자 쌍방이 유류분권리자에 손해를 가할 것을 알고 증여를 한 때에는 1년 전에 한 것도 같다(민법 제1114조 후문). 이 경우에 유류분권리자를 해할 목적이나 의도까지 있을 필요는 없다.
③ 상속인의 특별수익분은 상속개시 1년 전에 증여받은 것이라도 모두 산입대상이 된다(민법 제1118조, 제1008조).

> **[공동상속인 중에 피상속인으로부터 특별수익을 한 자가 있는 경우, 민법 제1114조의 적용 여부(소극)]**
> 공동상속인 중에 피상속인으로부터 재산의 생전 증여에 의하여 특별수익을 한 자가 있는 경우에는 민법 제1114조의 규정은 그 적용이 배제되고, 따라서 그 증여는 상속개시 1년 이전의 것인지 여부, 당사자 쌍방이 손해를 가할 것을 알고서 하였는지 여부에 관계없이 유류분 산정을 위한 기초재산에 산입된다(대판 1996.2.9. 95다17885).
>
> **[피상속인으로부터 특별수익인 생전 증여를 받은 공동상속인이 상속을 포기한 경우, 민법 제1114조가 적용되는지 여부(적극) / 위와 같은 법리는 피대습인이 대습원인의 발생 이전에 피상속인으로부터 생전 증여로 특별수익을 받은 이후 대습상속인이 피상속인에 대한 대습상속을 포기한 경우에도 그대로 적용되는지 여부(적극)]**
> 유류분에 관한 민법 제1118조는 민법 제1008조를 준용하고 있으므로, 공동상속인 중에 피상속인으로부터 재산의 생전 증여로 민법 제1008조의 특별수익을 받은 사람이 있으면 민법 제1114조가 적용되지 않고, 그 증여가 상속개시 1년 이전의 것인지 여부 또는 당사자 쌍방이 유류분권리자에 손해를 가할 것을 알고서 하였는지 여부와 관계없이 증여를 받은 재산이 유류분 산정을 위한 기초재산에 산입된다. 그러나 피상속인으로부터 특별수익인 생전 증여를 받은 공동상속인이 상속을 포기한 경우에는 민법 제1114조가 적용되므로, 그 증여가 상속개시 전 1년간에 행한 것이거나 당사자 쌍방이 유류분권리자에 손해를 가할 것을 알고 한 경우에만 유류분 산정을 위한 기초재산에 산입된다고 보아야 한다. 민법 제1008조에 따라 구체적인 상속분을 산정하는 것은 상속인이 피상속인으로부터 실제로 특별수익을 받은 경우에 한정되는데, 상속의 포기는 상속이 개시된 때에 소급하여 그 효력이 있고(민법 제1042조), 상속포기자는 처음부터 상속인이 아니었던 것이 되므로, 상속포기자에게는 민법 제1008조가 적용될 여지가 없기 때문이다. 위와 같은 법리는 피대습인이 대습원인의 발생 이전에 피상속인으로부터 생전 증여로 특별수익을 받은 이후 대습상속인이 피상속인에 대한 대습상속을 포기한 경우에도 그대로 적용된다(대판 2022.3.17. 2020다267620).

[어느 공동상속인이 다른 공동상속인에게 자신의 상속분을 무상으로 양도하는 것과 같은 내용으로 상속재산 분할협의가 이루어진 경우, 이에 따라 무상으로 양도된 것으로 볼 수 있는 상속분은 양도인의 사망으로 인한 상속에서 유류분 산정을 위한 기초재산에 포함된다고 보아야 하는지 여부(적극)]

유류분에 관한 민법 제1118조에 따라 준용되는 민법 제1008조는 '특별수익자의 상속분'에 관하여 "공동상속인 중에 피상속인으로부터 재산의 증여 또는 유증을 받은 자가 있는 경우에 그 수증재산이 자기의 상속분에 달하지 못한 때에는 그 부족한 부분의 한도에서 상속분이 있다"라고 정하고 있다. 공동상속인 중에 피상속인으로부터 재산의 생전 증여로 민법 제1008조의 특별수익을 받은 사람이 있으면 민법 제1114조가 적용되지 않으므로, 그 증여가 상속개시 1년 이전의 것인지 여부 또는 당사자 쌍방이 유류분권리자에 손해를 가할 것을 알고서 하였는지 여부와 관계없이 증여를 받은 재산이 유류분 산정을 위한 기초재산에 포함된다. 공동상속인이 다른 공동상속인에게 무상으로 자신의 상속분을 양도하는 것은 특별한 사정이 없는 한 유류분에 관한 민법 제1008조의 증여에 해당하므로, 그 상속분은 양도인의 사망으로 인한 상속에서 유류분 산정을 위한 기초재산에 포함된다. 위와 같은 법리는 상속재산 분할협의의 실질적 내용이 어느 공동상속인이 다른 공동상속인에게 자신의 상속분을 무상으로 양도하는 것과 같은 때에도 마찬가지로 적용된다. 따라서 상속재산 분할협의에 따라 무상으로 양도된 것으로 볼 수 있는 상속분은 양도인의 사망으로 인한 상속에서 유류분 산정을 위한 기초재산에 포함된다고 보아야 한다(대판 2021.8.19. 2017다230338).

④ 관련 문제 : 유류분제도 신설 전에 증여계약이 체결된 경우

[유류분 반환청구자가 유류분 제도 시행 전에 피상속인으로부터 재산을 증여받아 이행이 완료된 경우, 그 재산이 유류분산정을 위한 기초재산에 포함되는지 여부(소극) 및 이때 위 재산이 유류분 반환청구자의 유류분 부족액 산정 시 특별수익으로 공제되어야 하는지 여부(적극)]

유류분 제도가 생기기 전에 피상속인이 상속인이나 제3자에게 재산을 증여하고 이행을 완료하여 소유권이 수증자에게 이전된 때에는 피상속인이 1977.12.31. 법률 제3051호로 개정된 민법(이하 '개정 민법'이라 한다) 시행 이후에 사망하여 상속이 개시되더라도 소급하여 증여재산이 유류분 제도에 의한 반환청구의 대상이 되지는 않는다. 개정 민법의 유류분 규정을 개정 민법 시행 전에 이루어지고 이행이 완료된 증여에까지 적용한다면 수증자의 기득권을 소급입법에 의하여 제한 또는 침해하는 것이 되어 개정 민법 부칙 제2항의 취지에 반하기 때문이다. 개정 민법 시행 전에 이미 법률관계가 확정된 증여재산에 대한 권리관계는 유류분 반환청구자이든 반환의무자이든 동일하여야 하므로, 유류분 반환청구자가 개정 민법 시행 전에 피상속인으로부터 증여받아 이미 이행이 완료된 경우에는 그 재산 역시 유류분산정을 위한 기초재산에 포함되지 아니한다고 보는 것이 타당하다. 그러나 유류분 제도의 취지는 법정상속인의 상속권을 보장하고 상속인 간의 공평을 기하기 위함이고, 민법 제1115조 제1항에서도 '유류분권리자가 피상속인의 증여 및 유증으로 인하여 그 유류분에 부족이 생긴 때에는 부족한 한도 내에서 그 재산의 반환을 청구할 수 있다'고 규정하여 이미 법정유분 이상을 특별수익한 공동상속인의 유류분 반환청구권을 부정하고 있다. 이는 개정 민법 시행 전에 증여받은 재산이 법정 유류분을 초과한 경우에도 마찬가지로 보아야 하므로, 개정 민법 시행 전에 증여를 받았다는 이유만으로 이를 특별수익으로도 고려하지 않는 것은 유류분 제도의 취지와 목적에 반한다고 할 것이다. 또한 민법 제1118조에서 제1008조를 준용하고 있는 이상 유류분 부족액 산정을 위한 특별수익에는 그 시기의 제한이 없고, 민법 제1008조는 유류분 제도 신설 이전에 존재하던 규정으로 민법 부칙 제2조와도 관련이 없다. 따라서 개정 민법 시행 전에 이행이 완료된 증여 재산이 유류분 산정을 위한 기초재산에서 제외된다고 하더라도, 위 재산은 당해 유류분 반환청구자의 유류분 부족액 산정 시 특별수익으로 공제되어야 한다(대판 2018.7.12. 2017다278422).

(3) 채무 전액의 공제

① 공제되어야 할 채무는 피상속인의 채무 즉 상속채무를 말하며, 이에는 사법상의 채무뿐만 아니라 공법상의 채무(세금, 벌금 등)도 포함된다.
② 단, 상속재산에 관한 비용(상속세, 상속재산의 관리비용·소송비용 등), 유언집행에 관한 비용(유언의 검인신청비용, 재산목록의 작성비용 등)이 피상속인의 채무에 해당하는지에 관하여는 견해의 대립이 있다.

> [유류분 산정 시 공제되어야 할 채무에 상속세, 상속재산의 관리·보존을 위한 소송비용 등 상속재산에 관한 비용이 포함되는지 여부(소극)]
> 민법 제1113조 제1항은 "유류분은 피상속인의 상속개시 시에 있어서 가진 재산의 가액에 증여재산의 가액을 가산하고 채무의 전액을 공제하여 이를 산정한다"라고 규정하고 있다. 이때 공제되어야 할 채무란 상속채무, 즉 피상속인의 채무를 가리키는 것이고, 여기에 상속세, 상속재산의 관리·보존을 위한 소송비용 등 상속재산에 관한 비용은 포함되지 아니한다(대판 2015.5.14. 2012다21720).

(4) 기여분 공제의 배제

> [공동상속인의 협의 또는 가정법원의 심판으로 기여분이 결정된 경우, 유류분을 산정함에 있어 기여분을 공제할 수 있는지 여부(소극) 및 기여분으로 유류분에 부족이 생겼다고 하여 기여분 반환을 청구할 수 있는지 여부(소극)]
> 민법 제1008조의2, 제1112조, 제1113조 제1항, 제1118조에 비추어 보면, 기여분은 상속재산분할의 전제 문제로서의 성격을 가지는 것으로서, 상속인들의 상속분을 일정부분 보장하기 위하여 피상속인의 재산처분의 자유를 제한하는 유류분과는 서로 관계가 없다. 따라서 공동상속인 중에 상당한 기간 동거·간호 그 밖의 방법으로 피상속인을 특별히 부양하거나 피상속인의 재산의 유지 또는 증가에 특별히 기여한 사람이 있을지라도 공동상속인의 협의 또는 가정법원의 심판으로 기여분이 결정되지 않은 이상 유류분반환청구소송에서 기여분을 주장할 수 없음은 물론이거니와, 설령 공동상속인의 협의 또는 가정법원의 심판으로 기여분이 결정되었다고 하더라도 유류분을 산정함에 있어 기여분을 공제할 수 없고, 기여분으로 유류분에 부족이 생겼다고 하여 기여분에 대하여 반환을 청구할 수도 없다(대판 2015.10.29. 2013다60753).

2. 유류분 산정의 기초가 되는 재산의 평가기준 시 : 상속개시 당시의 가격

> [유류분액을 산정함에 있어서 반환의무자가 증여받은 재산의 시가 산정의 기준시기(= 상속개시 당시) 및 그 증여받은 재산이 금전일 경우 가액 산정 방법]
> 유류분반환범위는 상속개시 당시 피상속인의 순재산과 문제된 증여재산을 합한 재산을 평가하여 그 재산액에 유류분청구권자의 유류분비율을 곱하여 얻은 유류분액을 기준으로 하는 것인바, 그 유류분액을 산정함에 있어 반환의무자가 증여받은 재산의 시가는 상속개시 당시를 기준으로 하여 산정하여야 한다. 따라서 그 증여받은 재산이 금전일 경우에는 그 증여받은 금액을 상속개시 당시의 화폐가치로 환산하여 이를 증여재산의 가액으로 봄이 상당하고, 그러한 화폐가치의 환산은 증여 당시부터 상속개시 당시까지 사이의 물가변동률을 반영하는 방법으로 산정하는 것이 합리적이다(대판 2009.7.23. 2006다28126).

[유류분반환의 범위를 산정할 때 증여받은 재산의 시가 산정의 기준 시점(= 상속개시 당시) 및 증여 이후 수증자나 수증자에게서 증여재산을 양수한 사람이 자기 비용으로 증여재산의 성상(性狀) 등을 변경하여 상속개시 당시 가액이 증가되어 있는 경우, 증여 당시의 성상 등을 기준으로 상속개시 당시의 가액을 산정하여야 하는지 여부(적극)]

유류분반환의 범위는 상속개시 당시 피상속인의 순재산과 문제된 증여재산을 합한 재산을 평가하여 그 재산액에 유류분청구권자의 유류분비율을 곱하여 얻은 유류분액을 기준으로 산정하는데, 증여받은 재산의 시가는 상속개시 당시를 기준으로 하여 산정하여야 한다. 다만 증여 이후 수증자나 수증자에게서 증여재산을 양수한 사람이 자기 비용으로 증여재산의 성상(性狀) 등을 변경하여 상속개시 당시 가액이 증가되어 있는 경우, 변경된 성상 등을 기준으로 상속개시 당시의 가액을 산정하면 유류분권리자에게 부당한 이익을 주게 되므로, 이러한 경우에는 그와 같은 변경을 고려하지 않고 증여 당시의 성상 등을 기준으로 상속개시 당시의 가액을 산정하여야 한다(대판 2015.11.12. 2010다104768).

[증여재산이 상속개시 전에 처분 또는 수용된 경우, 유류분을 산정함에 있어 증여재산의 가액산정 방법(= 증여재산의 현실 가치인 처분 당시의 가액을 기준으로 상속개시까지 사이의 물가변동률을 반영)]

민법 문언의 해석과 유류분 제도의 입법 취지 등을 종합할 때 피상속인이 상속개시 전에 재산을 증여하여 그 재산이 유류분반환청구의 대상이 된 경우, 수증자가 증여받은 재산을 상속개시 전에 처분하였거나 증여재산이 수용되었다면 민법 제1113조 제1항에 따라 유류분을 산정함에 있어서 그 증여재산의 가액은 증여재산의 현실 가치인 처분 당시의 가액을 기준으로 상속개시까지 사이의 물가변동률을 반영하는 방법으로 산정하여야 한다(대판 2023.5.18. 2019다222867).

3. 유류분액의 계산

(1) 유류분액

> 유류분 산정의 기초재산(상속개시 시에 가진 적극 상속재산 + 증여액 − 상속채무) × 유류분권리자의 유류분율(당해 상속인의 법정상속분 × 그의 유류분비율)

유류분권리자의 유류분액은 「유류분 산정의 기초가 되는 재산」에 유류분권리자의 유류분율을 곱한 것이다.

(2) 특별수익자의 유류분액

① 특별수익자의 유류분액의 개념이 학자에 따라 다르게 사용되고 있다. 즉, ㉠ 유류분 산정의 기초가 되는 재산에 유류분 비율을 곱한 것이라는 제1설과 ㉡ 여기에서 유류분권리자의 특별수익을 공제한 것이라고 하는 제2설이 있다. 이하의 내용은 제2설에 따른다.

② 정리
  ㉠ 제1설 : 특별수익자의 유류분액 = 유류분 산정의 기초재산 × 유류분권리자의 유류분율
  ㉡ 제2설 : 특별수익자의 유류분액 = 유류분 산정의 기초재산 × 유류분권리자의 유류분율
   − 유류분권리자의 특별수익액

Ⅳ 유류분의 보전(保全)

1. 유류분반환청구권

(1) 유류분의 침해와 보전

유류분권리자가 피상속인의 제1114조에 규정된 증여 및 유증으로 인하여 그 유류분에 부족이 생긴 때에는 부족한 한도에서 그 재산(증여 및 유증된 재산)의 반환을 청구할 수 있다(민법 제1115조 제1항). 이러한 구체적인 권리를 유류분반환청구권이라 하며, 유류분권리자가 그 행사 여부를 자유롭게 결정할 수 있다.

(2) 유류분반환청구권의 법적 성질

1) 문제점

민법 제1115조 제1항의 부족한 한도에서 그 재산의 반환을 '청구'할 수 있다는 의미가 문언대로 청구권인지 아니면 일방적 의사표시에 의해서 유증이나 증여의 전부 또는 일부의 효력을 상실시키는 형성권인지 문제된다.

2) 판 례

판례는 유류분권리자가 반환의무자를 상대로 유류분반환청구권을 행사하는 경우 그의 유류분을 침해하는 증여 또는 유증은 소급적으로 효력을 상실하므로, 반환의무자는 유류분권리자의 유류분을 침해하는 범위 내에서 그와 같이 실효된 증여 또는 유증의 목적물을 사용·수익할 권리를 상실하게 되고, 유류분권리자의 목적물에 대한 사용·수익권은 상속개시의 시점에 소급하여 반환의무자에 의하여 침해당한 것이 된다(대판 2013.3.14. 2010다42624·42631)고 하여 형성권설의 입장인 것으로 판단된다.

3) 검 토

유류분반환청구권의 법적 성질에 관한 학설의 논의는 유류분권리자의 보호와 거래안전의 보호라는 상반된 가치에 대한 평가가 반영된 결과이다. 형성권설(다수설·판례)에 의하면 부동산의 경우 목적물을 양수한 선의의 제3자에게도 추급할 수 있으므로 거래의 안전을 해친다는 점 등에서 문제가 있다. 민법 제1117조가 유류분반환청구권이 소멸시효에 걸리도록 한 점, 물권변동에 관하여 형식주의를 취하는 우리 민법의 체계 등을 근거로 청구권설이 타당하다.

2. 유류분반환청구권의 행사

(1) 반환청구의 당사자

1) 반환청구권자

① 유류분권리자와 그 승계인(상속인이나 포괄적 수유자와 같은 포괄승계인뿐만 아니라 유류분반환청구권의 양수인 등 특정승계인도 포함)이다(반환청구권은 귀속상 일신전속권이 아니므로 양도·상속될 수 있다).

② 유류분반환청구권이 채권자대위권의 객체가 될 수 있는지에 대해서 통설은 긍정하나, 판례는 부정한다.

> **[유류분반환청구권이 채권자대위권의 목적이 될 수 있는지 여부(원칙적 소극)]**
> 유류분반환청구권은 그 행사 여부가 유류분권리자의 인격적 이익을 위하여 그의 자유로운 의사결정에 전적으로 맡겨진 권리로서 행사상의 일신전속성을 가진다고 보아야 하므로, 유류분권리자에게 그 권리행사의 확정적 의사가 있다고 인정되는 경우가 아니라면 채권자대위권의 목적이 될 수 없다(대판 2010.5.27. 2009다93992).

③ 수인의 유류분권리자가 있을 경우 각자가 가지는 반환청구권은 독립적인 것이므로 따로 행사하여야 하고, 1인이 행사하더라도 다른 유류분권리자에게 영향을 미치지 않는다(통설).

2) 반환청구의 상대방

① 반환청구의 대상이 되는 증여 및(또는) 유증의 수증자(= 수유자) 또는 그 포괄승계인이고, 제3자는 의무자가 될 수 없다(청구권설 전제).

> **[1] 공동상속인이 아닌 제3자에 대한 증여 당시 법정상속분의 2분의 1을 유류분으로 갖는 배우자나 직계비속이 공동상속인으로서 유류분권리자가 되리라고 예상할 수 있는 경우, 위 증여가 유류분권리자에게 손해를 가할 것을 알고 행해진 것이라고 보기 위한 요건과 그 판단의 기준 시기(= 증여 당시) 및 이에 관한 증명책임의 소재(= 유류분반환청구권을 행사하는 상속인)** : 공동상속인이 아닌 제3자에 대한 증여는 원칙적으로 상속개시 전의 1년간에 행한 것에 한하여 유류분반환청구를 할 수 있고, 다만 당사자 쌍방이 증여 당시에 유류분권리자에 손해를 가할 것을 알고 증여를 한 때에는 상속개시 1년 전에 한 것에 대하여도 유류분반환청구가 허용된다(민법 제1114조 참조). 증여 당시 법정상속분의 2분의 1을 유류분으로 갖는 배우자나 직계비속이 공동상속인으로서 유류분권리자가 되리라고 예상할 수 있는 경우에, 제3자에 대한 증여가 유류분권리자에게 손해를 가할 것을 알고 행해진 것이라고 보기 위해서는, 당사자 쌍방이 증여 당시 증여재산의 가액이 증여하고 남은 재산의 가액을 초과한다는 점을 알았던 사정뿐만 아니라, 장래 상속개시일에 이르기까지 피상속인의 재산이 증가하지 않으리라는 점까지 예견하고 증여를 행한 사정이 인정되어야 하고, 이러한 당사자 쌍방의 가해의 인식은 증여 당시를 기준으로 판단하여야 하는데, 그 증명책임은 유류분반환청구권을 행사하는 상속인에게 있다. **[2] 피상속인이 공동상속인이 아닌 제3자를 보험수익자로 지정한 생명보험계약을 체결하거나 중간에 제3자로 보험수익자를 변경하여 제3자가 생명보험금을 수령하는 경우, 이를 피상속인이 보험수익자인 제3자에게 유류분 산정의 기초재산에 포함되는 증여를 한 것으로 보기 위한 요건 및 이때 유류분 산정의 기초재산에 포함되는 증여 가액을 이미 납입한 보험료 총액 중 피상속인이 납입한 보험료가 차지하는 비율을 보험금액에 곱하여 산출한 금액으로 할 수 있는지 여부(원칙적 적극)** : 피상속인이 자신을 피보험자로 하되 공동상속인이 아닌 제3자를 보험수익자로 지정한 생명보험계약을 체결하거나 중간에 제3자로 보험수익자를 변경하고 보험회사에 보험료를 납입하다 사망하여 그 제3자가 생명보험금을 수령하는 경우, 피상속인은 보험수익자인 제3자에게 유류분 산정의 기초재산에 포함되는 증여를 하였다고 봄이 타당하다. 또한 공동상속인이 아닌 제3자에 대한 증여이므로 민법 제1114조에 따라 보험수익자를 그 제3자로 지정 또는 변경한 것이 상속개시 전 1년간에 이루어졌거나 당사자 쌍방이 그 당시 유류분권리자에 손해를 가할 것을 알고 이루어졌어야 유류분 산정의 기초재산에 포함되는 증여가 있었다고 볼 수 있다. 이때 유류분 산정의 기초재산에 포함되는 증여 가액은 피상속인이 보험수익자 지정 또는 변경과 보험료 납입을 통해 의도한 목적, 제3자가 보험수익자로서 얻은 실질적 이익 등을 고려할 때, 특별한 사정이 없으면 이미 납입된 보험료 총액 중 피상속인이 납입한 보험료가 차지하는 비율을 산정하여 이를 보험금액에 곱하여 산출한 금액으로 할 수 있다(대판 2022.8.11. 2020다247428).

② 증여 또는 유증의 목적 재산을 양수한 제3자 : 수증자 또는 수유자로부터 증여 또는 유증의 목적물을 양수한 제3자도 반환청구의 상대방이 될 수 있는지 문제된다. 이에 대하여 민법은 아무런 규정을 두고 있지 않으며, 학설(형성권설과 청구권설)의 대립이 있다.

> **[유류분반환청구권의 행사에 의하여 반환되어야 할 유증 또는 증여의 목적이 된 재산이 타인에게 양도된 경우, 양수인에 대하여도 그 재산의 반환을 청구할 수 있는지 여부(한정 적극)]**
> 유류분반환청구권의 행사에 의하여 반환되어야 할 유증 또는 증여의 목적이 된 재산이 타인에게 양도된 경우 그 양수인이 양도 당시 유류분권리자를 해함을 안 때에는 양수인에 대하여도 그 재산의 반환을 청구할 수 있다고 보아야 한다(대판 2002.4.26. 2000다8878).

(2) 반환청구의 행사방법

① 소의 방법으로 할 필요는 없고, 의사표시로도 족하다.

> **[유류분반환청구권 행사의 방법]**
> 유류분반환청구권의 행사는 재판상 또는 재판 외에서 상대방에 대한 의사표시의 방법으로 할 수 있고, 이 경우 그 의사표시는 침해를 받은 유증 또는 증여행위를 지정하여 이에 대한 반환청구의 의사를 표시하면 그것으로 족하고 그로 인하여 생긴 목적물의 이전등기청구권이나 인도청구권 등을 행사하는 것과는 달리 그 목적물을 구체적으로 특정하여야 하는 것은 아니며, 민법 제1117조 소정의 소멸시효의 진행도 위 의사표시로 중단된다(대판 2002.4.26. 2000다8878, 대판 1995.6.30. 93다11715 등).

② 행사의 범위 : 유류분의 보전은 유류분의 '부족한 한도 내'에서 하여야 한다(민법 제1115조 제1항).

> **[유류분반환의 범위를 산정하기 위하여 증여받은 재산의 시가를 산정할 때 기준이 되는 시기(= 상속개시 당시) / 어느 공동상속인 1인이 특별수익으로서 여러 부동산을 증여받아 그 증여재산으로 유류분 부족액을 반환하는 경우, 반환해야 할 증여재산의 범위를 정하는 방법]**
> 유류분반환의 범위는 상속개시 당시 피상속인의 순재산과 문제된 증여재산을 합한 재산을 평가하여 그 재산액에 유류분청구권자의 유류분비율을 곱하여 얻은 유류분액을 기준으로 산정하는데, 증여받은 재산의 시가는 상속개시 당시를 기준으로 산정해야 한다. / 어느 공동상속인 1인이 특별수익으로서 여러 부동산을 증여받아 그 증여재산으로 유류분권리자에게 유류분 부족액을 반환하는 경우 반환해야 할 증여재산의 범위는 특별한 사정이 없는 한 민법 제1115조 제2항을 유추적용하여 증여재산의 가액에 비례하여 안분하는 방법으로 정함이 타당하다. 따라서 유류분반환 의무자는 증여받은 모든 부동산에 대하여 각각 일정 지분을 반환해야 하는데, 그 지분은 모두 증여재산의 상속개시 당시 총가액에 대한 유류분 부족액의 비율이 된다(대판 2022.2.10. 2020다250783).

③ 유류분부족액(침해액)의 산정

㉠ 유류분의 부족은 유류분권리자가 상속에 의해서 실제로 취득할 재산액, 즉 순상속액이 유류분액에 미달한 경우이므로 유류분부족액은 재산상속에 의해 유류분권리자가 취득한 순상속재산액을 유류분액에서 공제한 액이다. 정리하면 다음과 같다.

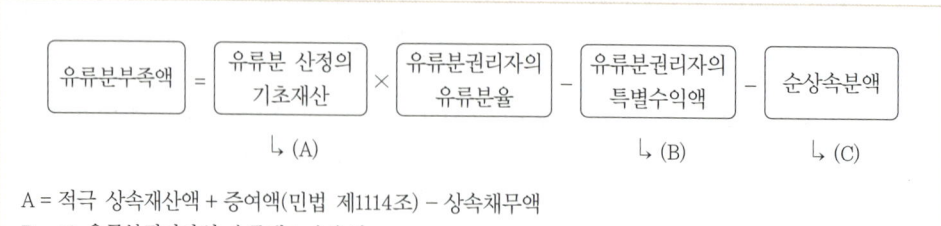

A = 적극 상속재산액 + 증여액(민법 제1114조) − 상속채무액
B = 그 유류분권리자의 수증액 + 수유액
C = 상속에 의해 얻은 재산액 − 상속채무 분담액

ⓒ 공동상속인 중 특별수익을 받은 유류분권리자의 유류분 부족액을 산정할 때 유류분액에서 공제하여야 하는 순상속분액을 산정하는 방법 : 유류분제도는 피상속인의 재산처분행위로부터 유족의 생존권을 보호하고 법정상속분의 일정 비율에 해당하는 부분을 유류분으로 산정하여 상속인의 상속재산형성에 대한 기여와 상속재산에 대한 기대를 보장하는 데 입법 취지가 있다. 유류분에 관한 민법 제1118조에 의하여 준용되는 민법 제1008조는 "공동상속인 중에 피상속인으로부터 재산의 증여 또는 유증을 받은 자가 있는 경우에 그 수증재산이 자기의 상속분에 달하지 못한 때에는 그 부족한 부분의 한도에서 상속분이 있다"라고 규정하고 있다. 이는 공동상속인 중 피상속인으로부터 재산의 증여 또는 유증을 받은 특별수익자가 있는 경우에 공동상속인들 사이의 공평을 기하기 위하여 그 수증재산을 상속분의 선급으로 다루어 구체적인 상속분을 산정함에 있어 이를 참작하도록 하려는 데 취지가 있다. 이러한 유류분제도의 입법 취지와 민법 제1008조의 내용 등에 비추어 보면, 공동상속인 중 특별수익을 받은 유류분권리자의 유류분 부족액을 산정할 때에는 유류분액에서 특별수익액과 순상속분액을 공제하여야 하고, 이때 공제할 순상속분액은 당해 유류분권리자의 특별수익을 고려한 구체적인 상속분에 기초하여 산정하여야 한다(대판 2021.8.19. 2017다235791).

[유류분권리자의 유류분 부족액 산정 방법 / 유류분권리자의 구체적인 상속분보다 유류분권리자가 부담하는 상속채무가 더 많은 경우, 그 초과분을 유류분액에 가산하여 유류분 부족액을 산정하여야 하는지 여부(적극)]
유류분권리자의 유류분 부족액은 유류분액에서 특별수익액과 순상속분액을 공제하는 방법으로 산정하는데, 피상속인이 상속개시 시에 채무를 부담하고 있던 경우 유류분액은 민법 제1113조 제1항에 따라 피상속인이 상속개시 시에 가진 재산의 가액에 증여재산의 가액을 가산하고 채무의 전액을 공제하여 유류분 산정의 기초가 되는 재산액을 확정한 다음, 거기에 민법 제1112조에서 정한 유류분 비율을 곱하여 산정한다. 그리고 유류분액에서 공제할 순상속분액은 특별수익을 고려한 구체적인 상속분에서 유류분권리자가 부담하는 상속채무를 공제하여 산정하고, 이때 유류분권리자의 구체적인 상속분보다 유류분권리자가 부담하는 상속채무가 더 많다면 그 초과분을 유류분액에 가산하여 유류분 부족액을 산정하여야 한다(대판 2022.1.27. 2017다265884).

[유류분 부족액을 산정할 때 유류분액에서 공제하여야 하는 순상속분액을 산정하는 방법 / 유류분권리자의 구체적인 상속분보다 그가 부담하는 상속채무가 더 많은 경우라도 유류분권리자가 한정승인을 한 때에는 순상속분액을 0으로 보아 유류분 부족액을 산정하여야 하는지 여부(적극)]
유류분권리자가 반환을 청구할 수 있는 '유류분 부족액'은 '유류분액'에서 유류분권리자가 받은 특별수익액과 순상속분액을 공제하는 방법으로 산정하는데, 유류분액에서 공제할 순상속분액은 특별수익을 고려한 구체적인 상속분에서 유류분권리자가 부담하는 상속채무를 공제하여 산정한다. 이처럼 유류분액에서 순상속분액을 공제하는 것은 유류분권리자가 상속개시에 따라 받은 이익을 공제하지 않으면 유류분권리자가 이중의 이득을 얻기 때문이다. 유류분권리자의 구체적인 상속분보다 유류분권리자가 부담하는 상속채무가 더 많다면, 즉 순상속분액이 음수인 경우에는 그 초과분을 유류분액에 가산하여 유류분 부족액을 산정하여야 한다. 이러한 경우에는 그 초과분을 유류분액에 가산해야 단순승인 상황에서 상속채무를 부담해야 하는 유류분권리자의 유류분액 만큼 확보해줄 수 있기 때문이다. 그러나 위와 같이 유류분권리자의 구체적인 상속분보다 유류분권리자가 부담하는 상속채무가 더 많은 경우라도 유류분권리자가 한정승인을 했다면, 그 초과분을 유류분액에 가산해서는 안 되고 순상속분액을 0으로 보아 유류분 부족액을 산정해야 한다. 유류분권리자인 상속인이 한정승인을 하였으면 상속채무에 대한 한정승인자의 책임은 상속재산으로 한정되는데, 상속채무 초과분이 있다고 해서 그 초과분을 유류분액에 가산하게 되면 법정상속을 통해 어떠한

손해도 입지 않은 유류분권리자가 유류분액을 넘는 재산을 반환받게 되는 결과가 되기 때문이다. 상속채권자로서는 피상속인의 유증 또는 증여로 피상속인이 채무초과상태가 되거나 그러한 상태가 더 나빠지게 되었다면 수증자를 상대로 채권자취소권을 행사할 수 있다(대판 2022.8.11. 2020다247428).

[포괄적 유증의 의미와 효력 / 유류분권리자의 유류분반환청구권 행사로 소급적으로 효력을 상실하는 유증 또는 증여의 범위(= 그의 유류분을 침해하는 범위 내) / 유류분 부족액을 산정하는 방법 / 포괄적 유증을 받은 사람이 승계하는 소극재산 중 일부가 유류분제도 존재나 유류분반환청구권 행사로 유류분권리자에게 승계되는지 여부(소극)]
포괄적 유증이란 적극재산은 물론, 소극재산까지도 포괄하는 상속재산 전부 또는 일부의 유증을 말하는 것이고, 포괄적 유증을 받은 사람(포괄적 수증자)은 상속인과 동일한 권리 의무가 있다(민법 제1078조). / 유류분제도는 피상속인의 증여 및 유증으로 그 유류분에 부족이 생긴 유류분권자에게 그 부족한 한도 내에서 이를 회복하기 위하여 마련된 것으로서 유류분권리자가 유류분반환청구권을 행사한 경우 그의 유류분을 침해하는 범위 내에서 유증 또는 증여는 소급적으로 효력을 상실하고, 상대방은 그와 같이 실효된 범위 내에서 유증 또는 증여의 목적물을 반환할 의무를 부담한다. / 유류분권리자의 유류분 부족액은 유류분액에서 특별수익액과 순상속분액을 공제하는 방법으로 산정하는데, 피상속인이 상속개시 시에 채무를 부담하고 있던 경우 유류분액은 민법 제1113조 제1항에 따라 피상속인이 상속개시 시에 가진 재산의 가액에 증여재산의 가액을 가산하고 채무의 전액을 공제하여 유류분 산정의 기초가 되는 재산액을 확정한 다음, 거기에 민법 제1112조에서 정한 유류분 비율을 곱하여 산정한다. 이와 같이 포괄적 유증을 받은 사람이 승계하는 소극재산은 유류분 산정의 기초가 되는 재산액을 산정할 때 전액 공제되므로, 공제 후 남은 적극재산 중 유류분 부족액에 해당하는 범위 내에서 유증은 효력을 상실하게 된다. 따라서 포괄적 유증을 받은 사람이 승계하는 소극재산 중 일부가 유류분제도 존재나 유류분반환청구권 행사로 인해 유류분권리자에게 승계된다고 볼 수 없다(대판 2025.5.29. 2022다220014).

(3) 반환청구의 순서

증여에 대하여는 유증(사인증여)을 반환받은 후가 아니면 이것을 청구할 수 없다(민법 제1116조). 유증 또는 증여가 복수라면 각자가 얻은 유증가액 또는 증여가액에 비례하여 반환해야 한다(민법 제1115조 제2항).

[유류분반환청구에 있어 사인증여를 유증으로 볼 수 있는지 여부(적극)]
유류분반환청구의 목적인 증여나 유증이 병존하고 있는 경우에는 유류분권리자는 먼저 유증을 받은 자를 상대로 유류분침해액의 반환을 구하여야 하고, 그 이후에도 여전히 유류분침해액이 남아 있는 경우에 한하여 증여를 받은 자에 대하여 그 부족분을 청구할 수 있는 것이며, 사인증여의 경우에는 유증의 규정이 준용될 뿐만 아니라 그 실제적 기능도 유증과 달리 볼 필요가 없으므로 유증과 같이 보아야 할 것이다(대판 2001.11.30. 2001다6947).

(4) 반환청구권 행사의 효과

1) 개 관

유류분반환청구권 행사의 효과는 그 권리의 법적 성질을 어떻게 판단하는지에 따라 다르다. 즉, ① 형성권설에 의하면 유류분반환청구권이 행사되면 유류분이 부족한 한도에서 유증이나 증여의 효력은 당연히 소멸한다(목적물 위의 권리는 유류분권리자에게 귀속된다, 물권적 효과). 따라서 기이행된 경우에는 상대방에게 물권적 청구권에 기하여 원물의 반환을 청구할 수 있으며, 아직 이행되기 전인 경우에는 이행거절권을 갖는다고 한다. 반면 ② 청구권설에 의하면 유류분권리자는 이행거절권(아직 이행되기 전인 경우) 또는 채권적 반환청구권(기이행된 경우)을 취득한다고 한다.

2) 구체적 효과

① 반환청구권이 행사되면 유류분권리자는 반환청구권 또는 이행거절권(이행되기 전인 경우)을 취득한다(청구권설 전제). 그리고 재산이 반환되면 일단 상속재산을 구성하며, 공동상속인 사이에 상속재산분할의 대상이 된다.

② 유류분권리자가 반환을 청구하는 것은 원칙적으로 증여 또는 유증된 원물 자체이고, 원물반환이 불가능한 경우에는 그 가액 상당액을 반환청구할 수 있다(통설)(대판 2013.3.14. 2010다42624·42631).

> - **[1] 유류분의 반환방법** : 우리 민법은 유류분제도를 인정하여 제1112조부터 제1118조까지 이에 관하여 규정하면서도 유류분의 반환방법에 관하여 별도의 규정을 두지 않고 있는바, 다만 제1115조 제1항이 '부족한 한도에서 그 재산의 반환을 청구할 수 있다'고 규정한 점 등에 비추어 반환의무자는 통상적으로 증여 또는 유증대상 재산 그 자체를 반환하면 될 것이나 위 원물반환이 불가능한 경우에는 그 가액 상당액을 반환할 수밖에 없다. **[2] 유류분액의 산정에 있어서 증여재산의 시가 산정의 기준시기(= 상속개시 시) 및 원물반환이 불가능하여 가액반환을 명하는 경우, 그 가액 산정의 기준시기(= 사실심 변론종결 시)** : 유류분반환범위는 상속개시 당시 피상속인의 순재산과 문제된 증여재산을 합한 재산을 평가하여 그 재산액에 유류분청구권자의 유류분비율을 곱하여 얻은 유류분액을 기준으로 하는 것인바, 이와 같이 유류분액을 산정함에 있어 반환의무자가 증여받은 재산의 시가는 상속개시 당시를 기준으로 산정하여야 하고, 당해 반환의무자에 대하여 반환하여야 할 재산의 범위를 확정한 다음 그 원물반환이 불가능하여 가액반환을 명하는 경우에는 그 가액은 사실심 변론종결 시를 기준으로 산정하여야 한다(대판 2005.6.23. 2004다51887).
> - **증여나 유증 후 목적물에 관하여 제3자가 저당권 등의 권리를 취득한 경우, 유류분권리자가 원물반환 대신 가액 상당의 반환을 구할 수 있는지 여부(원칙적 적극) / 그럼에도 유류분권리자가 스스로 위험이나 불이익을 감수하면서 원물반환을 구하는 경우, 원물반환을 명하여야 하는지 여부(적극) 및 유류분반환의 목적물에 부동산과 금원이 혼재되어 있다거나 유류분권리자에게 반환되어야 할 부동산의 지분이 많지 않다는 사정만으로 원물반환을 명할 수 없는지 여부(소극)** : 증여나 유증 후 그 목적물에 관하여 제3자가 저당권이나 지상권 등의 권리를 취득한 경우에는 원물반환이 불가능하거나 현저히 곤란하여 반환의무자가 목적물을 저당권 등의 제한이 없는 상태로 회복하여 이전하여 줄 수 있다는 등의 예외적인 사정이 없는 한 유류분권리자는 반환의무자를 상대로 원물반환 대신 그 가액 상당의 반환을 구할 수도 있을 것이나, 그렇다고 하여 유류분권리자가 스스로 위험이나 불이익을 감수하면서 원물반환을 구하는 것까지 허용되지 아니한다고 볼 것은 아니므로, 그 경우에도 법원은 유류분권리자가 청구하는 방법에 따라 원물반환을 명하여야 한다. 나아가 유류분반환의 목적물에 부동산과 금원이 혼재되어 있다거나 유류분권리자에게 반환되어야 할 부동산의 지분이 많지 않다는 사정은 원물반환을 명함에 아무런 지장이 되지 아니함이 원칙이다(대판 2014.2.13. 2013다65963).
> - **유류분으로 반환하여야 할 대상이 주식인 경우, 반환의무자가 피상속인으로부터 증여받은 주권 그 자체를 보유하고 있지 않다고 하더라도 그 대체물인 주식을 제3자로부터 취득하여 반환할 수 없다는 등의 특별한 사정이 없는 한 원물반환의무의 이행이 불가능한 것은 아니다**(대판 2005.6.23. 2004다51887).

③ 수증자가 증여의 목적물을 제3자에게 양도한 경우에는 유류분권리자는 제3자에게 추급할 수 없고, 수증자에 대하여 가액의 반환을 청구할 수 있을 뿐이다(청구권설 전제). 그러나 판례(대판 2002.4.26. 2000다8878)와 형성권설의 입장에 있는 견해들은 증여의 목적이 된 재산이 타인에게 양도된 경우에도 그 양수인이 양도 당시 유류분권리자를 해함을 안 때에는 그 양수인에 대하여도 그 반환을 청구할 수 있다고 한다.

④ 반환청구를 받은 수증자가 무자력인 경우에는 유류분권리자가 손실을 부담하여야 한다(이설 있음).
⑤ 수증자가 수증재산을 반환할 때 수증재산으로부터 생긴 과실은 반환할 필요가 없다(이설 있음). 그런데 판례는 다른 입장이다.

> [유류분권리자의 유류분반환청구권 행사에 의하여 그의 유류분을 침해하는 증여 또는 유증이 소급적으로 실효된 경우, 반환의무자가 부당이득으로 반환하여야 하는 목적물 사용이익의 범위]
> 유류분권리자가 반환의무자를 상대로 유류분반환청구권을 행사하는 경우 그의 유류분을 침해하는 증여 또는 유증은 소급적으로 효력을 상실하므로, 반환의무자는 유류분권리자의 유류분을 침해하는 범위 내에서 그와 같이 실효된 증여 또는 유증의 목적물을 사용·수익할 권리를 상실하게 되고, 유류분권리자의 목적물에 대한 사용·수익권은 상속개시의 시점에 소급하여 반환의무자에 의하여 침해당한 것이 된다. 그러나 민법 제201조 제1항은 "선의의 점유자는 점유물의 과실을 취득한다"고 규정하고 있고, 점유자는 민법 제197조에 의하여 선의로 점유한 것으로 추정되므로, 반환의무자가 악의의 점유자라는 사정이 증명되지 않는 한 반환의무자는 목적물에 대하여 과실수취권이 있다고 할 것이어서 유류분권리자에게 목적물의 사용이익 중 유류분권리자에게 귀속되었어야 할 부분을 부당이득으로 반환할 의무가 없다. 다만 민법 제197조 제2항은 "선의의 점유자라도 본권에 관한 소에 패소한 때에는 그 소가 제기된 때로부터 악의의 점유자로 본다"고 규정하고 있고, 민법 제201조 제2항은 "악의의 점유자는 수취한 과실을 반환하여야 하며 소비하였거나 과실로 인하여 훼손 또는 수취하지 못한 경우에는 그 과실의 대가를 보상하여야 한다"고 규정하고 있으므로, 반환의무자가 악의의 점유자라는 점이 증명된 경우에는 악의의 점유자로 인정된 시점부터, 그렇지 않다고 하더라도 본권에 관한 소에서 종국판결에 의하여 패소로 확정된 경우에는 소가 제기된 때로부터 악의의 점유자로 의제되어 각 그때부터 유류분권리자에게 목적물의 사용이익 중 유류분권리자에게 귀속되었어야 할 부분을 부당이득으로 반환할 의무가 있다(대판 2013.3.14. 2010다42624·42631).

(5) 공동상속인들 사이의 유류분반환청구권

1) 문제점

유류분반환의 대상인 증여 또는 유증을 받은 자가 공동상속인인 경우에는 유류분반환청구권자뿐만 아니라 유류분반환의무자도 유류분과 상속분을 가지기 때문에 유류분을 침해당한 공동상속인은 누구에 대하여 어떠한 비율로 반환을 청구할 수 있는지 문제된다.

2) 판 례

> [공동상속인 및 공동상속인이 아닌 제3자가 피상속인으로부터 각 증여 또는 유증을 받은 경우, 각자의 유류분반환 의무의 범위]
> 유류분권리자가 유류분반환청구를 함에 있어 증여 또는 유증을 받은 다른 공동상속인이 수인일 때에는 민법이 정한 유류분 제도의 목적과 민법 제1115조 제2항의 취지에 비추어 다른 공동상속인들 중 각자 증여받은 재산 등의 가액이 자기 고유의 유류분액을 초과하는 상속인만을 상대로 하여 그 유류분액을 초과한 금액의 비율에 따라서 반환청구를 할 수 있다고 하여야 하고, 공동상속인과 공동상속인이 아닌 제3자가 있는 경우에는 그 제3자에게는 유류분이라는 것이 없으므로 공동상속인은 자기 고유의 유류분액을 초과한 금액을 기준으로 하여, 제3자는 그 수증가액을 기준으로 하여 각 그 금액의 비율에 따라 반환청구를 할 수 있다고 하여야 한다(대판 1996.2.9. 95다17885).

[증여 또는 유증을 받은 재산 등의 가액이 자기 고유의 유류분액을 초과하는 수인의 공동상속인이 유류분권리자에게 반환하여야 할 재산과 범위를 정하는 기준 및 어느 공동상속인 1인이 수 개의 재산을 유증받아 각 수유재산으로 유류분권리자에게 분담액을 반환하는 경우, 반환하여야 할 각 수유재산의 범위를 정하는 방법]

증여 또는 유증을 받은 재산 등의 가액이 자기 고유의 유류분액을 초과하는 수인의 공동상속인이 유류분권리자에게 반환하여야 할 재산과 범위를 정할 때에, 수인의 공동상속인이 유증받은 재산의 총 가액이 유류분권리자의 유류분 부족액을 초과하는 경우에는 유류분 부족액의 범위 내에서 각자의 수유재산(受遺財産)을 반환하면 되는 것이지 이를 놓아두고 수증재산(受贈財産)을 반환할 것은 아니다. 이 경우 수인의 공동상속인이 유류분권리자의 유류분 부족액을 각자의 수유재산으로 반환할 때 분담하여야 할 액은 각자 증여 또는 유증을 받은 재산 등의 가액이 자기 고유의 유류분액을 초과하는 가액의 비율에 따라 안분하여 정하되, 그중 어느 공동상속인의 수유재산의 가액이 그의 분담액에 미치지 못하여 분담액 부족분이 발생하더라도 이를 그의 수증재산으로 반환할 것이 아니라, 자신의 수유재산의 가액이 자신의 분담액을 초과하는 다른 공동상속인들이 위 분담액 부족분을 위 비율에 따라 다시 안분하여 그들의 수유재산으로 반환하여야 한다. 나아가 어느 공동상속인 1인이 수 개의 재산을 유증받아 각 수유재산으로 유류분권리자에게 반환하여야 할 분담액을 반환하는 경우, 반환하여야 할 각 수유재산의 범위는 특별한 사정이 없는 한 민법 제1115조 제2항을 유추적용하여 각 수유재산의 가액에 비례하여 안분하는 방법으로 정함이 타당하다(대판 2013.3.14. 2010다42624 · 42631).

3. 유류분반환청구권의 소멸시효

① 반환청구권은 유류분권리자가 상속의 개시와 반환하여야 할 증여 또는 유증을 한 사실을 안 때로부터 1년 내에 하지 아니하면 시효에 의하여 소멸한다(민법 제1117조 전문).

㉠ 1년의 기간은 소멸시효기간이다(대판 1993.4.13. 92다3595).

[유류분반환청구기간에 관한 민법 제1117조 후단 소정의 "10년"이 소멸시효기간인지 여부(적극)]

민법 제1117조의 규정내용 및 형식에 비추어 볼 때 같은 법조 전단의 1년의 기간은 물론 같은 법조 후단의 10년의 기간도 그 성질은 소멸시효기간이다(대판 1993.4.13. 92다3595).

㉡ 소멸시효의 기산점 : '유류분권리자가 상속의 개시와 반환하여야 할 증여 또는 유증을 한 사실을 안 때'의 의미

[유류분반환청구권의 단기소멸시효기간의 기산점인 민법 제1117조의 '유류분권리자가 상속의 개시와 반환하여야 할 증여 또는 유증을 한 사실을 안 때'의 의미]

민법 제1117조가 규정하는 유류분반환청구권의 단기소멸시효기간의 기산점인 '유류분권리자가 상속의 개시와 반환하여야 할 증여 또는 유증을 한 사실을 안 때'는 유류분권리자가 상속이 개시되었다는 사실과 증여 또는 유증이 있었다는 사실 및 그것이 반환하여야 할 것임을 안 때를 뜻한다(대판 2006.11.10. 2006다46346).

> [유류분권리자가 피상속인으로부터 부동산의 등기를 이전받은 제3자를 상대로 등기의 무효 사유를 주장하며 소유권이전등기의 말소를 구하는 소를 제기하였으나 오히려 증여된 것으로 인정하는 판결이 선고되어 확정된 경우, 판결이 확정된 때 증여가 있었다는 사실 및 그것이 반환하여야 할 것임을 알았다고 보아야 하는지 여부(원칙적 적극)]
>
> 유류분권리자가 피상속인으로부터 그 소유 부동산의 등기를 이전받은 제3자를 상대로 등기의 무효 사유를 주장하며 소유권이전등기의 말소를 구하는 소를 제기하고 관련 증거를 제출하였으나, 오히려 증여된 것으로 인정되어 무효 주장이 배척된 판결이 선고되어 확정된 경우라면, 특별한 사정이 없는 한 그러한 판결이 확정된 때에 비로소 증여가 있었다는 사실 및 그것이 반환하여야 할 것임을 알았다고 보아야 한다(대판 2023.6.15. 2023다203894).

② 상속이 개시한 때로부터 10년을 경과한 때도 같다.
  ㉠ 이 기간의 성질에 대하여 반환청구권을 청구권으로 보는 소멸시효설과 형성권으로 보는 제척기간설(다수설)의 다툼이 있다.
  ㉡ 판례 : 10년의 기간은 소멸시효기간이라 한다(대판 1993.4.13. 92다3595).

③ 소멸시효의 중단

> [유류분반환청구권을 행사하는 경우, 상대방이 반환해야 할 유증 또는 증여 목적물의 범위 및 유류분반환청구권을 행사함으로써 발생하는 목적물의 이전등기청구권 등에 대하여 민법 제1117조에서 정한 유류분반환청구권에 대한 소멸시효가 적용되는지 여부(소극)]
>
> 유류분권리자가 유류분반환청구권을 행사한 경우 그의 유류분을 침해하는 범위 내에서 유증 또는 증여는 소급적으로 효력을 상실하고, 상대방은 그와 같이 실효된 범위 내에서 유증 또는 증여의 목적물을 반환할 의무를 부담한다. 유류분반환청구권을 행사함으로써 발생하는 목적물의 이전등기청구권 등은 유류분반환청구권과는 다른 권리이므로, 그 이전등기청구권 등에 대하여는 민법 제1117조 소정의 유류분반환청구권에 대한 소멸시효가 적용될 여지가 없고, 그 권리의 성질과 내용 등에 따라 별도로 소멸시효의 적용 여부와 기간 등을 판단하여야 한다(대판 2015.11.12. 2011다55092).

상속법

제1절 상속

01 상속회복청구의 행사기간에 관한 다음 설명 중 가장 옳지 않은 것은? 2025년

① 상속회복청구권은 그 침해를 안 날부터 3년, 상속권의 침해행위가 있은 날부터 10년을 경과하면 소멸된다.
② 위 ①의 기간은 제소기간이 아니므로, 재판 외에서도 위 기간 내에 상속회복청구를 하였다면 상속회복청구권은 소멸하지 않는다.
③ 상속회복청구권의 제척기간 기산점이 되는 '상속권의 침해를 안 날'이라 함은 자기가 진정한 상속인임을 알고 또 자기가 상속에서 제외된 사실을 안 때를 가리키는 것으로서, 단순히 상속권 침해의 추정이나 의문만으로는 충분하지 않다.
④ 상속회복청구권의 제척기간의 기산점이 되는 '상속권의 침해행위가 있은 날'이라 함은 참칭상속인이 상속재산의 전부 또는 일부를 점유하거나 상속재산인 부동산에 관하여 소유권이전등기를 마치는 등의 방법에 의하여 진정한 상속인의 상속권을 침해하는 행위를 한 날을 의미한다.
⑤ 상속재산의 일부에 대한 상속회복청구의 제소기간을 준수하였다고 하여 그로써 다른 상속재산에 대한 소송에 그 기간준수의 효력이 생기지 아니한다.

[❶ ▶ ○] 상속회복청구권은 그 침해를 안 날부터 3년, 상속권의 침해행위가 있은 날부터 10년을 경과하면 소멸된다(민법 제999조 제2항).

[❷ ▶ ×] 상속회복의 소는 상속권의 침해를 안 날로부터 3년, 상속개시된 날로부터 10년 내에 제기하도록 제척기간을 정하고 있는바, 이 기간은 제소기간으로 볼 것이므로(대판 1993.2.26. 92다3083), 제척기간의 불이익을 받지 않으려면 반드시 상속회복청구의 소를 제척기간 내에 제기해야 한다.

[❸ ▶ ○] 상속회복청구권의 제척기간 기산점이 되는 민법 제999조 제2항 소정의 '상속권의 침해를 안 날'이라 함은 자기가 진정한 상속인임을 알고 또 자기가 상속에서 제외된 사실을 안 때를 가리키는 것으로서, 단순히 상속권 침해의 추정이나 의문만으로는 충분하지 않으며, 언제 상속권의 침해를 알았다고 볼 것인지는 개별적 사건에 있어서 여러 객관적 사정을 참작하고 상속회복청구가 사실상 가능하게 된 상황을 고려하여 합리적으로 인정하여야 한다(대판 2007.10.25. 2007다36223).

[❹▶○] 민법 제999조 제2항은 "상속회복청구권은 그 침해를 안 날부터 3년, 상속권의 침해행위가 있은 날부터 10년을 경과하면 소멸한다."고 규정하고 있는바, 여기서 그 제척기간의 기산점이 되는 '상속권의 침해행위가 있은 날'이라 함은 참칭상속인이 상속재산의 전부 또는 일부를 점유하거나 상속재산인 부동산에 관하여 소유권이전등기를 마치는 등의 방법에 의하여 진정한 상속인의 상속권을 침해하는 행위를 한 날을 의미한다(대판 2009.10.15. 2009다42321).

[❺▶○] 상속재산의 일부에 대한 상속회복청구의 제소기간을 준수하였다고 하여 그로써 다른 상속재산에 대한 소송에 그 기간준수의 효력이 생기지 아니한다(대판 1981.6.9. 80므84).

답 ❷

02 상속회복청구에 관한 다음 설명 중 가장 옳지 않은 것은? 2024년

① 포괄적 유증을 받은 자도 상속회복청구를 할 수 있다.
② 상속회복청구의 소에 있어 상대방이 되는 참칭상속인이라 함은, 재산상속인인 것을 신뢰케 하는 외관을 갖추고 있는 자나 상속인이라고 참칭하여 상속재산의 전부 또는 일부를 점유하는 자 등을 가리키는 것이므로 상속인으로 오인될 만한 외관을 갖추고 있지 않거나 상속재산을 점유하고 있지도 않은 자가 스스로 상속인이라는 주장만을 하였다 하여 이를 상속회복청구의 소에서 말하는 참칭상속인이라고는 할 수 없다.
③ 진정상속인이 참칭상속인으로부터 상속재산을 양수한 제3자를 상대로 등기말소청구를 하는 경우에는 상속회복청구권의 단기의 제척기간이 적용되지 않는다.
④ 상속회복청구의 소는 진정상속인과 참칭상속인이 주장하는 피상속인이 동일인임을 전제로 하는 것이므로 진정상속인이 주장하는 피상속인과 참칭상속인이 주장하는 피상속인이 다른 사람인 경우에는 진정상속인의 청구원인이 상속에 의하여 소유권을 취득하였음을 전제로 한다고 하더라도 이를 상속회복청구의 소라고 할 수 없다.
⑤ 상속회복청구권이 제척기간의 경과로 소멸하게 되면 상속인은 상속인으로서의 지위, 즉 상속에 따라 승계한 개개의 권리의무 또한 총괄적으로 상실하게 되고, 그 반사적 효과로서 참칭상속인의 지위는 확정되어 참칭상속인이 상속개시 시로 소급하여 상속인으로서의 지위를 취득한 것으로 봄이 상당하므로, 상속재산은 상속 개시일로 소급하여 참칭상속인의 소유로 된다.

[❶▶○] 상속인의 상속회복청구권 및 그 제척기간에 관하여 규정한 민법 제999조는 포괄적 유증의 경우에도 유추 적용된다(대판 2001.10.12. 2000다22942).

[❷▶○] 상속회복청구의 소에 있어 상대방이 되는 참칭상속인이라 함은, 재산상속인인 것을 신뢰케 하는 외관을 갖추고 있는 자나 상속인이라고 참칭하여 상속재산의 전부 또는 일부를 점유하는 자 등을 가리키는 것이므로 상속인으로 오인될 만한 외관을 갖추고 있지 않거나 상속재산을 점유하고 있지도 않은 자가 스스로 상속인이라는 주장만을 하였다 하여 이를 상속회복청구의 소에서 말하는 참칭상속인이라고는 할 수 없다(대판 1992.5.22. 92다7955).

[❸ ▸ ✕] 진정상속인이 참칭상속인으로 부터 상속재산을 양수한 제3자를 상대로 등기말소청구를 하는 경우에도 상속회복청구권의 단기의 제척기간이 적용된다(대판[전합] 1981.1.27. 79다854).

[❹ ▸ ○] 상속회복청구의 소는 진정상속인과 참칭상속인이 주장하는 그 피상속인이 동일인임을 요하는 것이므로, 진정상속인이 주장하는 피상속인과 참칭상속인이 주장하는 피상속인이 다른 사람인 경우에는 진정상속인의 청구원인이 상속에 의하여 소유권을 취득하였음을 전제로 한다고 하더라도 이를 상속회복청구의 소라고 할 수 없다(대판 1995.7.11. 95다9945).

[❺ ▸ ○] 상속회복청구권이 제척기간의 경과로 소멸하게 되면 상속인은 상속인으로서의 지위, 즉 상속에 따라 승계한 개개의 권리의무도 또한 총괄적으로 상실하게 되고, 그 반사적 효과로서 참칭상속인의 지위는 확정되어 참칭상속인이 상속개시의 시로부터 소급하여 상속인으로서의 지위를 취득한 것으로 봄이 상당하다(대판 1994.3.25. 93다57155).

답 ❸

03 상속에 관한 다음 설명 중 가장 옳지 않은 것은? 2023년

① 피상속인의 배우자는 피상속인에게 직계비속이 있는 경우 직계비속과 공동상속인이 되고, 직계비속인 손자녀가 있는 경우 자녀 모두가 상속을 포기하더라도 상속포기의 소급효에 따라 자녀는 처음부터 상속인이 아니었던 것이 되어 피상속인의 배우자는 손자녀와 공동상속인이 된다.

② 상속재산의 협의분할은 공동상속인 간의 일종의 계약으로서 공동상속인 전원이 참여하여야 하고 일부 상속인만으로 한 협의분할은 무효이나, 반드시 한 자리에서 이루어질 필요는 없고 순차적으로 이루어질 수도 있으며, 상속인 중 한 사람이 만든 분할 원안을 다른 상속인이 후에 돌아가며 승인하여도 무방하다.

③ 상속개시 당시에는 상속재산을 구성하던 재산이 그 후 처분되거나 멸실·훼손되는 등으로 상속재산분할 당시 상속재산을 구성하지 아니하게 되었다면 그 재산은 상속재산분할의 대상이 될 수 없다. 다만 상속인이 그 대가로 대상재산을 취득하게 된 경우, 그 대상재산이 상속재산분할의 대상이 될 수 있다.

④ 상속의 포기는 사해행위취소의 대상이 될 수 없으나, 상속재산의 분할협의는 사해행위취소의 대상이 될 수 있다.

⑤ 상속에 관한 비용은 상속재산 중에서 지급하는 것으로 상속재산의 관리 및 청산에 필요한 비용을 의미하므로, 장례비용도 피상속인이나 상속인의 사회적 지위와 그 지역의 풍속 등에 비추어 합리적인 금액 범위 내라면 이를 상속비용으로 보아야 한다.

[❶ ▶ ×] 공동상속인인 배우자와 자녀들 중 자녀 일부만 상속을 포기한 경우에는 민법 제1043조에 따라 상속포기자인 자녀의 상속분이 배우자와 상속을 포기하지 않은 다른 자녀에게 귀속된다. 이와 동일하게 공동상속인인 배우자와 자녀들 중 자녀 전부가 상속을 포기한 경우 민법 제1043조에 따라 상속을 포기한 자녀의 상속분은 남아 있는 '다른 상속인'인 배우자에게 귀속되고, 따라서 배우자가 단독상속인이 된다. 이에 비하여 피상속인의 배우자와 자녀 모두 상속을 포기한 경우 민법 제1043조는 적용되지 않는다. 민법 제1043조는 공동상속인 중 일부가 상속을 포기한 경우만 규율하고 있음이 문언상 명백하기 때문이다. … 상속을 포기한 피상속인의 자녀들은 피상속인의 채무가 자신은 물론 자신의 자녀에게도 승계되는 효과를 원천적으로 막을 목적으로 상속을 포기한 것이라고 보는 것이 자연스럽다. … 이상에서 살펴본 바와 같이 상속에 관한 입법례와 민법의 입법 연혁, 민법 조문의 문언 및 체계적·논리적 해석, 채무상속에서 상속포기자의 의사, 실무상 문제 등을 종합하여 보면, <u>피상속인의 배우자와 자녀 중 자녀 전부가 상속을 포기한 경우에는 배우자가 단독상속인이 된다고 봄이 타당하다.</u> 이와 달리 피상속인의 배우자와 자녀 중 자녀 전부가 상속을 포기한 경우 배우자와 피상속인의 손자녀 또는 직계존속이 공동상속인이 된다는 취지의 종래 판례는 이 판결의 견해에 배치되는 범위 내에서 변경하기로 한다(대결[전합] 2023.3.23. 2020그42).

[❷ ▶ ○] 상속재산의 협의분할은 공동상속인 간의 일종의 계약으로서 공동상속인 전원이 참여하여야 하고 일부 상속인만으로 한 협의분할은 무효라고 할 것이나, 반드시 한 자리에서 이루어질 필요는 없고 순차적으로 이루어질 수도 있으며, 상속인 중 한 사람이 만든 분할 원안을 다른 상속인이 후에 돌아가며 승인하여도 무방하다(대판 2010.2.25. 2008다96963).

[❸ ▶ ○] 상속개시 당시에는 상속재산을 구성하던 재산이 그 후 처분되거나 멸실·훼손되는 등으로 상속재산분할 당시 상속재산을 구성하지 아니하게 되었다면 그 재산은 상속재산분할의 대상이 될 수 없다. 다만 상속인이 그 대가로 처분대금, 보험금, 보상금 등 대상재산을 취득하게 된 경우에는, 대상재산은 종래의 상속재산이 동일성을 유지하면서 형태가 변경된 것에 불과할 뿐만 아니라 상속재산분할의 본질이 상속재산이 가지는 경제적 가치를 포괄적·종합적으로 파악하여 공동상속인에게 공평하고 합리적으로 배분하는 데에 있는 점에 비추어, 대상재산이 상속재산분할의 대상으로 될 수는 있다(대결 2016.5.4. 2014스122).

[❹ ▶ ○]

> • 상속의 포기는 민법 제406조 제1항에서 정하는 "재산권에 관한 법률행위"에 해당하지 아니하여 사해행위취소의 대상이 되지 못한다(대판 2011.6.9. 2011다29307).
> • 상속재산의 분할협의는 상속이 개시되어 공동상속인 사이에 잠정적 공유가 된 상속재산에 대하여 그 전부 또는 일부를 각 상속인의 단독소유로 하거나 새로운 공유관계로 이행시킴으로써 상속재산의 귀속을 확정시키는 것으로 그 성질상 재산권을 목적으로 하는 법률행위이므로 사해행위취소권 행사의 대상이 될 수 있다(대판 2007.7.26. 2007다29119).

[❺ ▶ ○] 상속에 관한 비용은 상속재산 중에서 지급하는 것이고, 상속에 관한 비용이라 함은 상속재산의 관리 및 청산에 필요한 비용을 의미하는바, 장례비용도 피상속인이나 상속인의 사회적 지위와 그 지역의 풍속 등에 비추어 합리적인 금액 범위 내라면 이를 상속비용으로 보아야 한다(대판 2003.11.14. 2003다30968).

답 ❶

04

상속인의 한정승인 및 단순승인에 관한 다음 설명 중 가장 옳지 않은 것은? 2022년

① 상속인은 상속개시 있음을 안 날로부터 3월 내에 단순승인이나 한정승인 또는 포기를 할 수 있는데, 그 기간은 이해관계인 또는 검사의 청구에 의하여 가정법원이 이를 연장할 수 있다.
② 상속인이 미성년인 경우 특별한정승인에 관한 민법 제1019조 제3항이나 그 소급 적용에 관한 민법 부칙(2002.1.14. 개정 법률 부칙 중 2005.12.29. 법률 제7765호로 개정된 것) 제3항, 제4항에서 정한 '상속채무 초과사실을 중대한 과실 없이 제1019조 제1항의 기간 내에 알지 못하였는지'와 '상속채무 초과사실을 안 날이 언제인지'를 판단할 때에는 법정대리인의 인식을 기준으로 삼아야 한다.
③ 특별한정승인에 관한 민법 제1019조 제3항이 규정한 '상속인이 상속채무가 상속재산을 초과하는 사실을 중대한 과실 없이 민법 제1019조 제1항의 기간 내에 알지 못하였다는 점'에 대한 증명책임은 상속인에게 있다.
④ 민법은 한정승인자가 상속재산으로 상속채권자 등에게 변제하는 절차를 규정하고 있으므로, 한정승인에 의하여 상속채권자는 상속재산에 관하여 한정승인자로부터 물권을 취득한 제3자에 대하여 우선적 지위를 부여받는다.
⑤ '상속인이 상속재산에 대한 처분행위를 한 때' 단순승인으로 의제하는 규정인 민법 제1026조 제1호는 상속인이 한정승인 또는 포기를 하기 이전에 상속재산을 처분한 때에만 적용되는 것이고, 상속인이 한정승인 또는 포기를 한 후에 상속재산을 처분한 때에는 그것이 같은 조 제3호에 정한 상속재산의 부정소비에 해당되는 경우에만 상속인이 단순승인을 한 것으로 보아야 하는 것이지, 같은 조 제1호에 의한 단순승인 의제가 되는 것이 아니다.

[❶▶○] 상속인은 상속개시 있음을 안 날로부터 3월 내에 단순승인이나 한정승인 또는 포기를 할 수 있다. 그러나 그 기간은 이해관계인 또는 검사의 청구에 의하여 가정법원이 이를 연장할 수 있다(민법 제1019조 제1항).

[❷▶○] 민법 제1019조 제1항, 제3항의 각 기간은 상속에 관한 법률관계를 조기에 안정시켜 법적 불안 상태를 막기 위한 제척기간인 점, 미성년자를 보호하기 위해 마련된 법정대리인 제도와 민법 제1020조의 내용 및 취지 등을 종합하면, 상속인이 미성년인 경우 민법 제1019조 제3항이나 그 소급 적용에 관한 민법 부칙(2002.1.14. 개정 법률 부칙 중 2005.12.29. 법률 제7765호로 개정된 것, 이하 같다) 제3항, 제4항에서 정한 '상속채무 초과사실을 중대한 과실 없이 제1019조 제1항의 기간 내에 알지 못하였는지'와 '상속채무 초과사실을 안 날이 언제인지'를 판단할 때에는 법정대리인의 인식을 기준으로 삼아야 한다(대판[전합] 2020.11.19. 2019다232918).

> **민법 제1019조(승인, 포기의 기간)**
> ① 상속인은 상속개시 있음을 안 날로부터 3월 내에 단순승인이나 한정승인 또는 포기를 할 수 있다. 그러나 그 기간은 이해관계인 또는 검사의 청구에 의하여 가정법원이 이를 연장할 수 있다.
> ③ 제1항에도 불구하고 상속인은 상속채무가 상속재산을 초과하는 사실(이하 이 조에서 "상속채무 초과사실"이라 한다)을 중대한 과실 없이 제1항의 기간 내에 알지 못하고 단순승인(제1026조 제1호 및 제2호에 따라 단순승인한 것으로 보는 경우를 포함한다. 이하 이 조에서 같다)을 한 경우에는 그 사실을 안 날부터 3개월 내에 한정승인을 할 수 있다. 〈개정 2022.12.13.〉

[❸ ▶ ○] 민법 제1019조 제3항은 민법 제1026조 제2호에 대한 헌법재판소의 헌법불합치 결정 이후에 신설된 조항으로, 위 조항에서 말하는 상속채무가 상속재산을 초과하는 사실을 중대한 과실로 알지 못한다 함은 '상속인이 조금만 주의를 기울였다면 상속채무가 상속재산을 초과한다는 사실을 알 수 있었음에도 이를 게을리함으로써 그러한 사실을 알지 못한 것'을 의미하고, 상속인이 상속채무가 상속재산을 초과하는 사실을 중대한 과실 없이 민법 제1019조 제1항의 기간 내에 알지 못하였다는 점에 대한 증명책임은 상속인에게 있다(대판 2010.6.10. 2010다7904).

[❹ ▶ ×] 민법은 한정승인자가 상속재산으로 상속채권자 등에게 변제하는 절차는 규정하고 있으나(제1032조 이하), 한정승인만으로 상속채권자에게 상속재산에 관하여 한정승인자로부터 물권을 취득한 제3자에 대하여 우선적 지위를 부여하는 규정은 두고 있지 않으며, 민법 제1045조 이하의 재산분리 제도와 달리 한정승인이 이루어진 상속재산임을 등기하여 제3자에 대항할 수 있게 하는 규정도 마련하고 있지 않다. 따라서 한정승인자로부터 상속재산에 관하여 저당권 등의 담보권을 취득한 사람과 상속채권자 사이의 우열관계는 민법상의 일반원칙에 따라야 하고, 상속채권자가 한정승인의 사유만으로 우선적 지위를 주장할 수는 없다. 그리고 이러한 이치는 한정승인자가 그 저당권 등의 피담보채무를 상속개시 전부터 부담하고 있었다고 하여 달리 볼 것이 아니다(대판[전합] 2010.3.18. 2007다77781).

[❺ ▶ ○] 민법 제1026조 제1호는 상속인이 한정승인 또는 포기를 하기 이전에 상속재산을 처분한 때에만 적용되는 것이고, 상속인이 한정승인 또는 포기를 한 후에 상속재산을 처분한 때에는 그로 인하여 상속채권자나 다른 상속인에 대하여 손해배상책임을 지게 될 경우가 있음은 별론으로 하고, 그것이 같은 조 제3호에 정한 상속재산의 부정소비에 해당되는 경우에만 상속인이 단순승인을 한 것으로 보아야 한다(대판 2004.3.12. 2003다63586).

답 ❹

제2절 유 언

제3절 유류분

05 유류분에 관한 다음 설명 중 가장 옳지 않은 것은? 2022년

① 유류분반환의 범위는 상속개시 당시 피상속인의 순재산과 문제된 증여재산을 합한 재산을 평가하여 그 재산액에 유류분청구권자의 유류분비율을 곱하여 얻은 유류분액을 기준으로 산정하는데, 그 유류분액을 산정함에 있어 반환의무자가 증여받은 재산의 시가는 상속개시 당시가 아닌 유류분반환청구권 행사 당시를 기준으로 산정한다.

② 유류분권리자가 유류분반환청구권을 행사한 경우 그의 유류분을 침해하는 범위 내에서 유증 또는 증여는 소급적으로 효력을 상실하고, 상대방은 그와 같이 실효된 범위 내에서 유증 또는 증여의 목적물을 반환할 의무를 부담한다.

③ 유류분반환청구권의 단기소멸시효기간의 기산점인 '유류분권리자가 상속의 개시와 반환하여야 할 증여 또는 유증을 한 사실을 안 때'는 유류분권리자가 상속이 개시되었다는 사실과 증여 또는 유증이 있었다는 사실 및 그것이 반환하여야 할 것임을 안 때를 뜻한다.

④ 유류분 제도가 생기기 전에 피상속인이 상속인이나 제3자에게 재산을 증여하고 그 이행을 완료하여 소유권이 수증자에게 이전된 때에는 피상속인이 1977.12.31. 법률 제3051호로 개정된 민법 시행 이후에 사망하여 상속이 개시되더라도 소급하여 그 증여재산이 유류분 제도에 의한 반환청구의 대상이 되지는 않는다.
⑤ 유류분반환청구권의 행사는 재판상 또는 재판 외에서 상대방에 대한 의사표시의 방법으로 할 수 있고, 이 경우 그 의사표시는 침해를 받은 유증 또는 증여행위를 지정하여 이에 대한 반환청구의 의사를 표시하면 그것으로 족하며, 그 반환목적물을 구체적으로 특정하여야 하는 것은 아니다.

[❶ ▶ ×] 유류분 반환범위는 상속개시 당시 피상속인의 순재산과 문제된 증여재산을 합한 재산을 평가하여 그 재산액에 유류분청구권자의 유류분비율을 곱하여 얻은 유류분액을 기준으로 하는 것인바, 그 <u>유류분액을 산정함에 있어 반환의무자가 증여받은 재산의 시가는 상속개시 당시를 기준으로 하여 산정하여야 한다</u>(대판 2011.4.28. 2010다29409).

[❷ ▶ ○] 유류분권리자가 유류분반환청구권을 행사한 경우 그의 유류분을 침해하는 범위 내에서 유증 또는 증여는 소급적으로 효력을 상실하고, 상대방은 그와 같이 실효된 범위 내에서 유증 또는 증여의 목적물을 반환할 의무를 부담한다(대판 2015.11.12. 2011다55092).

[❸ ▶ ○] 민법 제1117조가 규정하는 유류분반환청구권의 단기소멸시효기간의 기산점인 '유류분권리자가 상속의 개시와 반환하여야 할 증여 또는 유증을 한 사실을 안 때'는 유류분권리자가 상속이 개시되었다는 사실과 증여 또는 유증이 있었다는 사실 및 그것이 반환하여야 할 것임을 안 때를 뜻한다(대판 2006.11.10. 2006다46346).

[❹ ▶ ○] 유류분 제도가 생기기 전에 피상속인이 상속인이나 제3자에게 재산을 증여하고 이행을 완료하여 소유권이 수증자에게 이전된 때에는 피상속인이 1977.12.31. 법률 제3051호로 개정된 민법(이하 '개정 민법'이라 한다) 시행 이후에 사망하여 상속이 개시되더라도 소급하여 증여재산이 유류분 제도에 의한 반환청구의 대상이 되지는 않는다. 개정 민법의 유류분 규정을 개정 민법 시행 전에 이루어지고 이행이 완료된 증여에까지 적용한다면 수증자의 기득권을 소급입법에 의하여 제한 또는 침해하는 것이 되어 개정 민법 부칙 제2항의 취지에 반하기 때문이다(대판 2012.12.13. 2010다78722).

[❺ ▶ ○] 유류분반환청구권의 행사는 재판상 또는 재판 외에서 상대방에 대한 의사표시의 방법으로 할 수 있고, 이 경우 그 의사표시는 침해를 받은 유증 또는 증여행위를 지정하여 이에 대한 반환청구의 의사를 표시하면 그것으로 족하고 그로 인하여 생긴 목적물의 이전등기청구권이나 인도청구권 등을 행사하는 것과는 달리 그 목적물을 구체적으로 특정하여야 하는 것은 아니며, 민법 제1117조 소정의 소멸시효의 진행도 위 의사표시로 중단된다(대판 1995.6.30. 93다11715).

답

합격의 공식 온라인 강의

혼자 공부하기 힘드시다면 방법이 있습니다.
시대에듀의 동영상 강의를 이용하시면 됩니다.

www.sdedu.co.kr → 회원가입(로그인) → 강의 살펴보기

9.88%

*2025년 법무사 1차 합격률

CBT 모의고사로 최종 합격 점검!

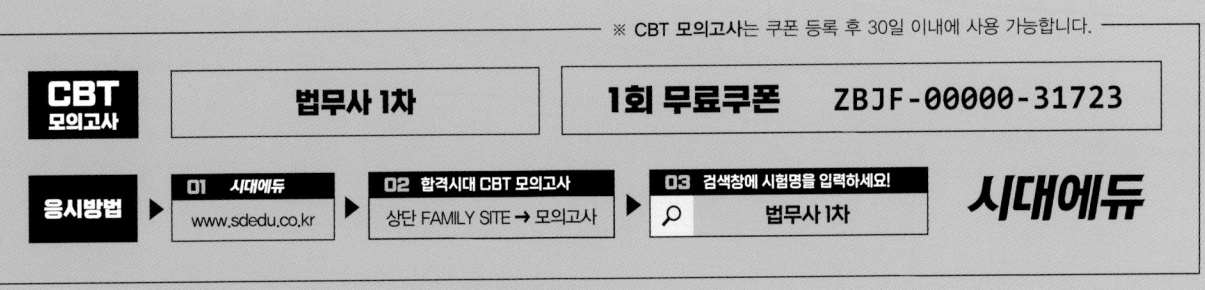

법무사

민법 · 가족관계의 등록 등에 관한 법률

[3권] 민법Ⅲ(친족 · 상속법)

법무사 1차 시험 대비 시리즈
1. 헌법 + 상법
2. 민법 + 가족관계의 등록 등에 관한 법률
3. 민사집행법 + 상업등기법 및 비송사건절차법
4. 부동산등기법 + 공탁법
5. 5개년 기출문제해설
6. 전과목 주요 최신판례 한권으로 끝내기

시대에듀

발행일 2025년 11월 20일 | **발행인** 박영일 | **책임편집** 이해욱
편저 이성재 · 시대법학연구소 | **발행처** (주)시대고시기획
등록번호 제10-1521호 | **대표전화** 1600-3600 | **팩스** (02)701-8823
주소 서울시 마포구 큰우물로 75 [도화동 538 성지B/D] 9F
학습문의 www.sdedu.co.kr

※ 이 책은 저작권법에 의해 보호를 받는 저작물이므로 동영상 제작 및 무단전재와 복제를 금합니다.

2026 개정판

법무사

민법·가족관계의 등록 등에 관한 법률

편저 | 이성재·시대법학연구소

[4권] 가족관계의 등록 등에 관한 법률

- 민법 및 가족관계등록법의 핵심이론 수록!
- 최신 법령·예규·판례·선례 등 반영!
- 최근 3개년 기출문제 + 해설 진도별 편제

시대에듀

편저 **이성재 · 시대법학연구소**

수험문화를 선도하는 수험서 전문출판 시대에듀의 시대법학연구소는 뛰어난 전문성을 바탕으로 법률 분야 자격시험에 특화된 맞춤도서들을 발간하여 수험생들이 단기간에 합격할 수 있도록 노력하고 있습니다.

법무사 1차·2차 시험도 역시 시대에듀!

(유료)동영상강의도 준비되어 있습니다!

법무사 1차시험	법무사 1차시험	법무사 1차시험	법무사 1차시험	법무사 1차시험	법무사 1차시험
헌법·상법	민법·가족관계의 등록 등에 관한 법률	민사집행법·상업등기법 및 비송사건절차법	부동산등기법·공탁법	핵심 기출지문 총정리 헌법	핵심 기출지문 총정리 상법

법무사 1차시험	법무사 2차시험	법무사 1차시험	법무사 2차시험	법무사 2차시험	법무사 2차시험	법무사 2차시험
5개년 기출문제해설	5개년 기출문제해설	전과목 주요 최신판례	민사소송법	민사사건관련서류의 작성	형법	민법

동영상강의

※ 도서의 구성 및 이미지는 변경될 수 있습니다.

법무사

민법·가족관계의 등록 등에 관한 법률

[4권] 가족관계의 등록 등에 관한 법률

시대에듀

이 책의 차례 — 4권 | 가족관계등록법

제1편 총설

제1장 가족관계등록제도의 개관 · · · · · · · · · 6
    기출문제해설 · · · · · · · · · 8
제2장 등록사무의 준거법규 및 적용범위 · · · · · · · · · 10
    기출문제해설 · · · · · · · · · 12
제3장 등록사무 및 그 처리자 · · · · · · · · · 14
    기출문제해설 · · · · · · · · · 20
제4장 등록사무의 감독 · · · · · · · · · 21
    기출문제해설 · · · · · · · · · 23
제5장 각종 부책과 서류 · · · · · · · · · 25
    기출문제해설 · · · · · · · · · 32
제6장 등록부 · 폐쇄등록부 · · · · · · · · · 35
    기출문제해설 · · · · · · · · · 43
제7장 등록부 등의 공개 · · · · · · · · · 45
    기출문제해설 · · · · · · · · · 67

제2편 등록사무처리절차

제1장 총 칙 · · · · · · · · · 74
    기출문제해설 · · · · · · · · · 111
제2장 출생신고 · · · · · · · · · 127
    기출문제해설 · · · · · · · · · 146
제3장 인지신고 · · · · · · · · · 153
    기출문제해설 · · · · · · · · · 162

CONTENTS

제4장 입양신고 · **166**
    기출문제해설 · **174**

제5장 친양자입양신고 · **176**
    기출문제해설 · **183**

제6장 혼인신고 · **185**
    기출문제해설 · **193**

제7장 이혼신고 · **196**
    기출문제해설 · **205**

제8장 친권에 관한 신고 · · · · · · · · · · · · · · · · · · · **209**
    기출문제해설 · **213**

제9장 미성년후견에 관한 신고 · · · · · · · · · · · · **215**
    기출문제해설 · **219**

제10장 사망신고 및 실종선고 등 · · · · · · · · · · · **221**
    기출문제해설 · **227**

제11장 국적의 취득 및 상실에 관한 신고(통보) · · · **230**
    기출문제해설 · **239**

제3편 국제가족관계등록사무

제1장 국제가족관계등록사무 총론 · · · · · · · · · **244**
    기출문제해설 · **254**

제2장 국제가족관계등록사무 각론 · · · · · · · · · **256**
    기출문제해설 · **272**

이 책의 차례 　4권 | 가족관계등록법

제4편　등록부의 정정

제1장 총 설 · 276
　　기출문제해설 · 282
제2장 직권에 의한 등록부 정정 · · · · · · · · · · · · · 285
　　기출문제해설 · 290
제3장 신청에 의한 등록부 정정 · · · · · · · · · · · · · 293
　　기출문제해설 · 306

제5편　가족관계등록비송

제1장 총 설 · 310
　　기출문제해설 · 315
제2장 개 명 · 319
　　기출문제해설 · 323
제3장 가족관계등록창설 · 325
　　기출문제해설 · 330

제6편　처분에 대한 불복 및 벌칙

제1장 등록사무의 처분에 대한 불복 · · · · · · · · · 334
　　기출문제해설 · 336
제2장 벌 칙 · 337
　　기출문제해설 · 341

부록　관련 증명서 및 신청서류 양식

총설

제1장	가족관계등록제도의 개관
제2장	등록사무의 준거법규 및 적용범위
제3장	등록사무 및 그 처리자
제4장	등록사무의 감독
제5장	각종 부책과 서류
제6장	등록부·폐쇄등록부
제7장	등록부 등의 공개

가족관계등록제도의 개관

제1절 서 론

1. 의 의

가족관계등록제도란 국민의 신분관계에 관한 사항을 가족관계의 등록 등에 관한 법률이 정한 절차에 따라 가족관계등록부에 등록하여 공시·공증하는 제도이다.

2. 기 능

가족관계등록제도는 각 개인의 기본적인 신분정보사항과 그 변동사항 및 가족 상호 간의 관계를 파악하는 기능을 가지고 있다.

제2절 가족관계등록제도의 연혁

1. 호적법의 연혁

1960.1.1. 민법 제정과 동시에 신분등록제도인 호적법이 공포·시행되었는데 이는 민법의 절차법으로 국민 신분관계를 호주를 중심으로 가(家)별로 편성하는 것을 근간으로 하고 있었다.

2. 헌법불합치 결정으로 인한 호주제 폐지

2005.2.3. 헌법재판소는 호주제를 규정한 민법 조항이 개인의 존엄과 양성평등에 반한다는 이유로 헌법불합치결정을 선고하였고(헌재 2005.2.3. 2001헌가9), 이에 따라 2005.3.31. 호주제 폐지 규정을 포함한 개정 민법이 공포되었다. 다만, 새로운 신분등록제도의 마련을 위해 호주제 폐지는 2008.1.1.로 유예하였다.

3. 가족관계의 등록 등에 관한 법률의 제정

종전 호적법을 대체하는 법안으로 가족관계의 등록 등에 관한 법률이 2007.5.17. 공포되어 2008.1.1.부터 시행되었다. 가족관계의 등록 등에 관한 법률은 개인의 존엄과 양성평등이라는 헌법이념에 부응한 점, 민법의 절차법인 점, 대법원이 신분등록사무의 관장주체임을 확인하였다는 점 등에 법률제정의 역사적 의의가 있다.

제3절 호적제도와 가족관계등록제도의 비교

구 분	호적제도	가족관계등록제도
편제방식	인적, 가족별 편제 방식(호주와 가족)	인적, 개인별 편제방식
편제단위	• 호주를 기준으로 가(家)별 편제(1家 1용지주의) • 입적·복적·분가 등의 절차적 신고 ○	• 국민 개인별 편제(1人 1용지주의) • 입적·복적·분가 등의 절차적 신고 ×
기준인	• 호 주 • 호주승계·호주승계포기신고 ○	• 본 인 • 호주승계·호주승계포기신고 ×
본 적	호주의 가족은 동일 본적 유지	본적 폐지, 등록기준지의 신설
증명방식	호적등본(전부증명), 호적초본(호주와 본인)	목적별(전부, 일부) 증명서-5종
가족인적사항 기재범위	호주, 배우자, 장남 및 미혼자녀, 장남의 배우자 및 직계비속, 호주의 부모, 배우자의 부모	본인, 배우자, 부모, 자녀 (형제자매, 조부·조모, 손자·손녀, 배우자의 부모 ×)
친양자 입양제도	친양자 입양제도 ×	친양자 입양제도 시행(민법 제908조의2 이하) ○
자의 성·본	• 부자동성(父子同姓)의 원칙 • 성불변의 원칙	• 부성원칙과 모성예외의 원칙(민법 제781조) • 성불변의 원칙 폐지(민법 제781조)

가족관계등록제도의 개관

제1절 서 론

제2절 가족관계등록제도의 연혁

제3절 호적제도와 가족관계등록제도의 비교

01 가족관계의 등록 등에 관한 법률상의 제도와 호적법상의 제도를 비교한 다음의 설명 중 가장 옳지 않은 것은?
2010년

① 호적법은 시·읍·면의 장이 호적에 관한 사무를 관장하고 호적사무에 소요되는 비용은 그 사무를 관장하는 지방자치단체의 부담으로 한다고 규정하고 있었으나, 가족관계의 등록 등에 관한 법률은 등록사무의 관장기관을 대법원으로 명시하는 한편 등록사무에 드는 비용을 국가가 부담한다고 규정함으로써 등록사무가 국가사무임을 명백히 하였다.
② 등록관서에서 등록사무를 구체적으로 처리하고 감독법원에서 등록사무를 총괄하며 감독하도록 하는 업무방식은 시·읍·면의 장을 호적사무의 관장기관으로 규정하면서도 법원을 호적사무의 중앙관장기관 및 감독기관으로 규정하였던 호적법에서의 업무처리 방식과 큰 차이가 없다.
③ 가족관계의 등록 등에 관한 법률은 호적법과 마찬가지로 등록사항별 증명서의 발급 청구권자를 원칙적으로 제한하지 않고 있다.
④ 호적법은 법무부장관으로부터 귀화허가를 받은 사람은 귀화허가서와 친족관계를 소명하는 자료 등을 첨부하여 호적관서에 별도로 국적취득신고를 하여야 호적이 편제되도록 하고 있었으나, 가족관계의 등록 등에 관한 법률은 법무부장관이 해당 등록관서에 귀화허가 사항을 통보하면 등록관서가 직접 귀화자의 등록부를 작성하도록 하고 있다.
⑤ 가족관계의 등록 등에 관한 법률은 협의이혼 신고서에 법원의 이혼의사확인서등본을 첨부한 경우에는 민법 제836조 제2항에서 정한 증인 2인의 연서가 있는 것으로 간주함으로써 협의이혼신고절차를 개선하였다.

[❶ ▶ ○] 가족관계등록법 제2조, 제7조

> **가족관계등록법 제2조(관장)**
> 가족관계의 발생 및 변동사항에 관한 등록과 그 증명에 관한 사무(이하 "등록사무"라 한다)는 대법원이 관장한다.
>
> **가족관계등록법 제7조(비용의 부담)**
> 제3조에 따라 시·읍·면의 장에게 위임한 등록사무에 드는 비용은 국가가 부담한다.

[❷ ▶ ○] 가족관계등록법 제3조 제1항·제3항, 제4조

> **가족관계등록법 제3조(권한의 위임)**
> ① 대법원장은 등록사무의 처리에 관한 권한을 시·읍·면의 장(도농복합형태의 시에 있어서 동지역에 대하여는 시장, 읍·면지역에 대하여는 읍·면장으로 한다. 이하 같다)에게 위임한다.
> ③ 대법원장은 등록사무의 감독에 관한 권한을 시·읍·면의 사무소 소재지를 관할하는 가정법원장에게 위임한다. 다만, 가정법원지원장은 가정법원장의 명을 받아 그 관할 구역 내의 등록사무를 감독한다.
>
> **가족관계등록법 제4조(등록사무처리)**
> 제3조에 따른 등록사무는 가족관계의 발생 및 변동사항의 등록(이하 "등록"이라 한다)에 관한 신고 등을 접수하거나 수리한 신고지의 시·읍·면의 장이 처리한다.

[❸ ▶ ×] 가족관계등록법에서는 원칙적으로 등록사항별 증명서의 발급청구권자를 본인 또는 배우자, 직계혈족으로 제한하고 있다.

> **가족관계등록법 제14조(증명서의 교부 등)**
> ① 본인 또는 배우자, 직계혈족(이하 "본인등"이라 한다)은 제15조에 규정된 등록부등의 기록사항에 관하여 발급할 수 있는 증명서(이하 "등록사항별 증명서"라 한다)의 교부를 청구할 수 있고, 본인등의 대리인이 청구하는 경우에는 본인등의 위임을 받아야 한다. 다만, 다음 각 호의 어느 하나에 해당하는 경우에는 본인등이 아닌 경우에도 교부를 신청할 수 있다.
> 　1. 국가 또는 지방자치단체가 직무상 필요에 따라 문서로 신청하는 경우
> 　2. 소송·비송·민사집행의 각 절차에서 필요한 경우
> 　3. 다른 법령에서 본인등에 관한 증명서를 제출하도록 요구하는 경우
> 　4. 그 밖에 대법원규칙으로 정하는 정당한 이해관계가 있는 사람이 신청하는 경우

[❹ ▶ ○] 가족관계등록법 제94조

> **가족관계등록법 제94조(귀화허가의 통보 등)**
> ① 법무부장관은 「국적법」 제4조에 따라 외국인을 대한민국 국민으로 귀화허가한 경우 지체 없이 귀화허가를 받은 사람이 정한 등록기준지의 시·읍·면의 장에게 대법원규칙으로 정하는 사항을 통보하여야 한다.
> ② 제1항의 통보를 받은 시·읍·면의 장은 귀화허가를 받은 사람의 등록부를 작성한다.

[❺ ▶ ○] 협의이혼신고서에 가정법원의 이혼의사확인서등본을 첨부한 경우에는 「민법」 제836조 제2항에서 정한 증인 2인의 연서가 있는 것으로 본다(가족관계등록법 제76조).

답 ❸

등록사무의 준거법규 및 적용범위

제1절 가족관계등록사무의 준거법규

1. 법률

(1) 형식적 의미의 법률

민법의 부속법으로 신분에 관한 절차법인 가족관계의 등록 등에 관한 법률이 있다.

(2) 실질적 의미의 법률

신분관계를 공시·공증하는 등록사무에 관하여 규정하고 있는 모든 법률로 민법, 재외국민의 가족관계등록창설·등록부 정정 및 등록부정리에 관한 특례법, 부재선고 등에 관한 특별조치법, 입양특례법, 혼인신고특례법 등이 있다.

2. 대법원 규칙

가족관계의 등록 등에 관한 법률에서 위임된 사항과 그 시행에 관하여 필요한 사항을 규정한 가족관계의 등록 등에 관한 규칙이 있다.

3. 예규 및 선례

가족관계등록사무처리의 근거법규가 없을 때에는 가족관계등록예규 및 가족관계등록선례가 가족관계등록사무처리의 준칙이 된다. 가족관계등록예규란 동종의 사항에 관하여 일반적·계속적으로 적용될 수 있는 성질의 가족관계등록에 관한 사무처리지침을 말하고, 가족관계등록선례란 실제로 있었던 개별적·구체적 사안을 전제로 가족관계등록사무처리에 참고할 만한 사례를 말한다.

4. 종전 호적법

종전 호적법 규정에 따른 제적부 또는 가족관계의 등록 등에 관한 법률 부칙 제8435호 제3조에 따라 제적된 전산호적부 및 이미지 전산호적부에 관한 가족관계등록사무의 처리, 가족관계의 등록 등에 관한 법률 시행 전에 부과된 과태료의 징수·재판절차는 종전 호적법 규정에 따르도록 하고 있다(가족관계등록법 부칙 제8435호 제4조, 제6조).

5. 기타 관련 법규

가사소송법과 가사소송규칙, 비송사건절차법, 국적법, 주민등록법, 국제사법도 가족관계등록사무 처리와 관련되는 규정을 두고 있다.

제2절 적용범위

1. 시간적 효력(법률불소급의 원칙)

가족관계등록법규도 일반 법규와 마찬가지로 법률불소급의 원칙에 따라 시행일부터 폐지일까지 사이에 효력을 가진다. 그러나 가족관계법 부칙 제5조에서 "이 법 시행 전에 사실상 혼인관계 존재확인의 재판이 확정된 경우에 대하여도 제72조를 적용한다. 다만, 종전의 「호적법」의 규정에 따라 발생한 효력에 대하여는 영향을 미치지 아니한다"고 하여 예외적으로 소급효를 인정하고 있다.

2. 장소적 효력(속지적 효력)

가족관계등록법규는 그 속지적 효력에 의해 대한민국의 영토 내에 있는 자는 대한민국의 국민이거나 외국인이거나를 불문하고 모두 적용된다. 다만, 치외법권을 가진 외국 원수, 외교사절 및 그 수행원들에게 효력을 미치지 아니한다. 또한 외국인에 관한 신고는 그 거주지 또는 신고인의 주소지나 현재지에서 할 수 있고(가족관계등록법 제20조 제2항), 시·읍·면의 장은 이를 수리하여 접수순서에 따라 특종신고서류편철장에 편철하여 보존한다(가족관계등록규칙 제69조 제1항 참조).

3. 대인적 효력(속인적 효력)

대한민국의 국민은 국내에 있거나 국외에 있거나를 불문하고 모두 가족관계의 등록 등에 관한 법률의 적용을 받는데, 이를 속인적 효력이라고 한다.

등록사무의 준거법규 및 적용범위

제1절 가족관계등록사무의 준거법규

제2절 적용범위

01 가족관계의 등록 등에 관한 법률의 적용범위, 적용시기, 경과규정 등에 관한 다음의 설명 중 가장 옳지 않은 것은? 2009년

① 가족관계의 등록 등에 관한 법률도 일반 법규와 마찬가지로 법률불소급의 원칙에 따라 그 시행일인 2008.1.1. 이전에 발생한 사항에 관하여는 원칙적으로 적용되지 아니하나, 예외적으로 소급적 효력을 갖게 되는 경우도 있다.
② 가족관계의 등록 등에 관한 법률은 대한민국에 있는 외국인에게도 원칙적으로 적용되며, 국내에 있는 외국인에 관한 신고는 그 거주지 또는 신고인의 주소지나 현재지에서 할 수 있고, 시(구)·읍·면의 장은 이를 수리하여 특종신고서류편철장에 편철하여 보존하여야 한다.
③ 호적법과 달리 가족관계의 등록 등에 관한 법률 제94조에서는 법무부장관이 해당 등록관서에 귀화허가 사항을 통보하면 등록관서가 직접 귀화자의 등록부를 작성하도록 규정하고 있는데, 다른 규정과 달리 위 규정은 2008.9.1.부터 시행되게 되었다.
④ 종전의 호적법 규정에 따른 제적부 또는 가족관계의 등록 등에 관한 법률 부칙 제3조에 따라 제적된 전산호적부 및 이미지 전산호적부에 관한 사무처리에도 가족관계의 등록 등에 관한 법률이 적용된다.
⑤ 대한민국의 국민은 국내에 있거나 국외에 있거나를 불문하고 모두 가족관계의 등록 등에 관한 법률의 적용을 받는다.

[❶ ▶ ○] 가족관계등록법규도 일반 법규와 마찬가지로 법률불소급의 원칙에 따라 시행일부터 폐지일까지 사이에 효력을 가진다. 그러나 가족관계법 부칙 제5조에서 "이 법 시행 전에 사실상 혼인관계 존재확인의 재판이 확정된 경우에 대하여도 제72조를 적용한다. 다만, 종전의「호적법」의 규정에 따라 발생한 효력에 대하여는 영향을 미치지 아니한다"고 하여 예외적으로 소급효를 인정하고 있다.

[❷ ▶ ○] 가족관계등록법 제20조 제2항, 가족관계등록규칙 제69조 제1항

> **가족관계등록법 제20조(신고의 장소)**
> ② 외국인에 관한 신고는 그 거주지 또는 신고인의 주소지나 현재지에서 할 수 있다.
>
> **가족관계의 등록 등에 관한 규칙 제69조(가족관계등록을 할 수 없는 신고서류의 보존)**
> ① 가족관계등록이 되어 있지 아니한 사람에 대한 신고서류 그 밖의 가족관계등록을 할 수 없는 신고서류는 시·읍·면의 장이 접수순서에 따라 특종신고서류편철장에 편철하여 보존한다.

[❸ ▶ ○] 이 법은 2008년 1월 1일부터 시행한다. 다만, 제93조부터 제95조까지 및 제98조의 개정규정은 2008년 9월 1일부터 시행한다(가족관계등록법 부칙〈법률 제8435호, 2007.5.17.〉 제1조).

[❹ ▶ ×] 종전의「호적법」규정에 따른 제적부 또는 부칙 제3조에 따라 제적된 전산호적부 및 이미지전산호적부(이하 "제적부등"이라 한다)에 관한 등록사무의 처리는 종전의「호적법」규정에 따르고, 이에 따른 등록부 정정에 관한 구체적인 절차는 대법원규칙으로 정한다. 다만, 제적부등에 관한 열람 또는 등본·초본의 교부청구권자에 관하여는 제14조 제1항을 준용한다(가족관계등록법 부칙〈법률 제8435호, 2007.5.17.〉 제4조).

[❺ ▶ ○] 대한민국의 국민은 국내에 있거나 국외에 있거나를 불문하고 모두 가족관계의 등록 등에 관한 법률의 적용을 받는데, 이를 속인적 효력이라고 한다.

답 ❹

등록사무 및 그 처리자

제1절 등록사무의 의의 및 성질

1. 의 의

등록사무란 가족관계의 발생 및 변동사항에 관한 등록과 그 증명에 관한 사무를 말한다(가족관계등록법 제2조).

2. 성 질

(1) 국가사무

가족관계등록법은 가족관계의 발생 및 변동사항에 관한 등록과 그 증명에 관한 사무는 대법원이 관장하고(가족관계등록법 제2조), 제3조에 따라 시·읍·면의 장에게 위임한 등록사무에 드는 비용은 국가가 보조금 관리에 관한 법률에 따른 보조금으로 부담한다(가족관계등록법 제7조, 가족관계등록규칙 제3조)고 규정하여 국가사무임을 명확히 하고 있다. 다만, 국민의 편의를 위하여 시(구)·읍·면의 장에게 그 업무의 처리를 위임하였다(가족관계등록법 제3조 제1항·제2항).

(2) 준사법적 성격이 강한 사법행정사무

등록사무는 국민의 신분상 권리의무와 중대한 관계가 있고, 각종 신고 등에 대하여 법률상 요건 구비 여부 등 법의 해석·적용을 본질로 하고 있으므로 준사법적 성격이 강한 사법행정사무에 속한다.

제2절 등록사무처리자

1. 의 의

등록사무처리자란 자기의 책임 아래 자기 이름으로 등록사무를 처리할 수 있는 권한이 있는 자를 말한다.

2. 협의의 등록사무처리자

(1) 시(구)·읍·면의 장

> **권한의 위임(가족관계등록법 제3조)**
> ① 대법원장은 등록사무의 처리에 관한 권한을 시·읍·면의 장(도농복합형태의 시에 있어서 동지역에 대하여는 시장, 읍·면지역에 대하여는 읍·면장으로 한다. 이하 같다)에게 위임한다.
> ② 특별시 및 광역시와 구를 둔 시에 있어서는 이 법 중 시, 시장 또는 시의 사무소라 함은 각각 구, 구청장 또는 구의 사무소를 말한다. 다만, 광역시에 있어서 군지역에 대하여는 읍·면, 읍·면의 장 또는 읍·면의 사무소를 말한다.

> **등록사무처리(가족관계등록법 제4조)**
> 제3조에 따른 등록사무는 가족관계의 발생 및 변동사항의 등록(이하 "등록"이라 한다)에 관한 신고 등을 접수하거나 수리한 신고지의 시·읍·면의 장이 처리한다.

① 대법원장의 위임에 의하여 시(구)·읍·면의 장이 등록사무를 처리하도록 하였다. 따라서 서울특별시장, 도지사, 광역시의 장과 군수는 법률상 등록사무의 처리 권한이 없다.
② 시(구)·읍·면의 장은 그가 위임받은 등록사무처리의 권한 일체를 다시 보조직원(등록사무담임자)에게 위임하여 처리하게 할 수는 없다(호적선례 제3-58호).

(2) 재외국민 가족관계등록사무소 가족관계등록관

> **재외국민 등록사무처리에 관한 특례(가족관계등록법 제4조의2)**
> ① 제3조 및 제4조에도 불구하고, 대법원장은 외국에 거주하거나 체류하는 대한민국 국민(이하 "재외국민"이라 한다)에 관한 등록사무를 법원서기관, 법원사무관, 법원주사 또는 법원주사보(이하 "가족관계등록관"이라 한다)로 하여금 처리하게 할 수 있다.
> ② 재외국민에 관한 등록사무의 처리 및 지원을 위하여 법원행정처에 재외국민 가족관계등록사무소를 두고, 그 구성, 운영 등 필요한 사항은 대법원규칙으로 정한다.
> ③ 재외국민 가족관계등록사무소 가족관계등록관의 등록사무처리에 관하여는 시·읍·면의 장의 등록사무처리에 관한 규정 중 제3조 제3항, 제5조, 제11조, 제14조, 제18조, 제22조, 제23조의3, 제29조, 제31조, 제38조부터 제43조까지, 제109조부터 제111조까지, 제114조부터 제116조까지를 준용한다.

① 재외국민 가족관계등록사무소 가족관계등록관(이하 '가족관계등록관'이라 함)도 자기의 책임 아래 자기의 이름으로 등록사무를 처리하므로 협의의 등록사무처리자이다.

② 재외국민 가족관계등록사무소에는 가족관계등록관인 소장을 둔다(가족관계등록규칙 제88조 제2항).

③ 재외국민 가족관계등록사무소에 근무하는 가족관계등록관은 ㉠ 재외공관의 장이 외교부장관을 경유하여 재외국민 가족관계등록사무소에 송부한 가족관계등록사건, ㉡ 재외국민 가족관계등록사무소에 신고(신청, 증서의 등본 제출, 항해일지 등본 제출을 포함한다. 이하 같다)된 사건, ㉢ 「법원행정처와 외교부의 시스템 연계 방식을 이용한 재외공관의 등록사항별 증명서 교부 등에 관한 사무처리지침」에 따른 등록사항별 증명서 발급(제적 등·초본을 포함), ㉣ 재외공관의 등록사무 처리에 대한 관리, ㉤ 재외국민 등록사무 처리와 관련한 연구·분석 및 상담·안내(가족관계등록예규 제·개정은 제외한다) 등의 사무를 처리한다(가족관계등록예규 제624호 제2조 제1항).

④ 재외공관에 파견된 가족관계등록관은 ㉠ 해당 재외공관이 관할하는 재외국민에 대한 등록사무 중 해당 재외공관에 접수되는 사건 수 및 직무파견자의 인원 등을 고려하여 법원행정처 내규로 정한 사무, ㉡ 「전산정보처리조직에 의한 재외공관의 등록사항별 증명서 등 발급에 관한 사무처리지침」에 따른 등록사항별 증명서 발급(제적 등·초본을 포함) 등의 사무를 처리한다(가족관계등록예규 제624호 제2조 제2항).

⑤ 가족관계등록관이 처리할 수 있는 업무로는 직권에 의한 가족관계등록부의 정정(가족관계등록법 제18조), 신고불수리의 통지(가족관계등록법 제43조), 신고서류의 조사 및 시정지시(가족관계등록법 제115조) 등이 있다.

⑥ 가족관계등록관이 처리할 수 없는 업무로는 무연고자 등의 사망 통보 수리, 국적취득의 통보 수리, 과태료 부과·징수, 등록기준지 변경신고 등이 있다.

3. 시(구)·읍·면의 장의 직무대리자

① 시(구)·읍·면의 장이 제척사유가 있거나(가족관계등록법 제5조 제1항), 궐위, 출장, 휴가 등으로 직무를 수행할 수 없는 경우 법령이나 내규 등에 의하여 미리 정해진 직무대리자가 시(구)·읍·면의 장의 권한을 대리한다.

② 통상 부시장, 부구청장을 말하는데 자기의 이름으로 등록사무를 처리하므로 단순히 보조자인 등록사무담임자와 다르다.

4. 등록사무대행자

(1) 의 의
① 등록사무를 포괄적으로 처리하는 것이 아니고 등록사무처리자의 업무 중에서 법규가 정하고 있는 일부 업무(신고서 등의 접수, 심사, 수리 송부업무)만을 대행하는 자로서, 동장과 재외공관의 장이 있다.
② 등록사무를 자기의 권한과 책임 아래 자기 이름으로 처리한다는 점에서는 협의의 등록사무처리자와 동일하다.
③ 등록사무대행자는 등록사무담임자를 둘 수 없다.

(2) 동 장
① 시에 있어서 출생·사망의 신고는 그 신고의 장소가 신고사건 본인의 주민등록지 또는 주민등록을 할 지역과 같은 경우에는 신고사건 본인의 주민등록지 또는 주민등록을 할 지역을 관할하는 동을 거쳐 할 수 있는데, 이 경우 동장은 소속 시장을 대행하여 신고서를 수리하고, 동이 속하는 시의 장에게 신고서를 송부하며, 그 밖에 대법원규칙으로 정하는 등록사무를 처리한다(가족관계등록법 제21조 제1항·제2항).
② 동장이 수리할 수 있는 사건은 출생·사망신고에 한하며, 동에서는 이를 접수·수리할 수 있으나, 그 기록은 동이 속하는 시(구)청에서만 할 수 있다.
③ 출생·사망의 신고를 받은 동의 장은 소속시장·구청장을 대행하여 과태료를 부과·징수한다(가족관계등록규칙 제50조 제4항).

> **가족관계등록예규 제433호[동장에게 신고된 출생·사망신고서의 처리방법]**
> 2. 동장의 처리방법
>   가. 동장이 접수하여 수리한 신고서를 동이 속하는 시(구)의 장에게 송부할 때에는 「가족관계등록사무의 문서 양식에 관한 예규」 별지 제33호 서식의 발송인을 찍되, 발송명의는 "○○시장 또는 ○○구청장 대행자 ○○동장"으로 표시하고 동장 직인을 찍어 송부한다.
>   나. 신고서가 부적법하여 「가족관계의 등록 등에 관한 법률」 제43조에 따라 통지하는 경우에는 「가족관계등록사무의 문서 양식에 관한 예규」 별지 제21호 서식에 의하되, "○○시장 또는 ○○구청장 대행자 ○○동장" 이름으로 하고, 불수리한 신고서는 불수리신고서류편철장에 편철하여 보존한다.
> 3. 시(구)의 장의 처리방법
>   가. 신고서의 접수
>   동장으로부터 신고서를 송부 받은 소속 시(구)의 장은 그 신고서를 다시 접수하되, 접수장의 접수연월일란에는 신고서를 송부 받은 날을 기록하고 수리사항란에는 동에서 수리한 일자를 소속 시(구)에서 수리한 일자로 기록한다.
>   나. 가족관계등록부에 기록하는 방법
>   신고일은 해당 동에서 출생·사망신고서를 접수한 날을, 송부일은 소속 시(구)에서 다시 접수한 날을 각 기록하되, 송부자는 동장이 송부한 것으로 한다.
>   [등록사항별증명서 기재례는 가족관계등록실무자료집(기재편) 참조]

(3) 재외공관의 장

> **외국에서 하는 신고(가족관계등록법 제34조)**
> 재외국민은 이 법에서 정하는 바에 따라 그 지역을 관할하는 대한민국재외공관(이하 "재외공관"이라 한다)의 장에게 신고하거나 신청을 할 수 있다.
>
> **외국에서 수리한 서류의 송부(가족관계등록법 제36조)**
> ① 재외공관의 장은 제34조 및 제35조에 따라 서류를 수리한 때에는 1개월 이내에 외교부장관을 경유하여 재외국민 가족관계등록사무소의 가족관계등록관에게 송부하여야 한다.
>
> **재외공관에서의 증명서 교부(가족관계등록규칙 제24조)**
> ① 법원행정처장이 정하는 재외공관은 증명서 교부신청의 접수와 교부사무를 처리할 수 있다.
> ② 제1항의 재외공관을 정하는 기준과 절차, 증명서 발급사무에 관한 업무처리절차 등 그 밖의 필요한 사항은 대법원예규로 정한다.

① 외국에 주재하는 대사·공사·영사(재외공관의 장)은 재외국민의 등록사건을 처리한다.
② 재외공간의 장은 등록부의 작성이나 등록부의 기록 등을 할 수는 없으나, 신고·신청 등에 대한 수리기관으로서 광의의 등록사무처리자이다(호적선례 제3-2호 참조).

5. 등록사무담임자

① 시(구)·읍·면의 장이 등록사무를 직접 처리하기란 현실적으로 매우 어려우므로, 실제로는 등록사무담임자를 임명하여 그가 등록사무를 담당하도록 하고 있다.
② 시·읍·면의 장이 소속 공무원 중에서 등록사무담임자를 임명하거나 그 직무를 면하게 한 때에는 즉시 법원에 보고하여야 한다(가족관계등록규칙 제8조).
③ 시(구)·읍·면의 장의 보조기관에 불과하기 때문에 자기의 명의로 등록사무를 처리할 수 없고, 시(구)·읍·면의 장의 명의로 등록사무를 처리한다는 점에서 직무대리자와 구별된다.
④ 등록사무담임자가 사실상 시(구)·읍·면의 장의 직인을 가지고 사무를 처리해도 그 책임은 모두 시(구)·읍·면의 장에게 있다.
⑤ 법에서 정한 일부 업무만을 처리하는 등록사무대행자(동장·재외공관의 장)는 등록사무담임자를 둘 수 없다.

6. 출장소장

① 시(구)·읍·면의 출장소에서도 등록사무를 취급할 수 있으며, 시(구)·읍·면의 출장소에서 등록사무를 처리하려는 때에는 법원에 보고하여야 한다(가족관계등록규칙 제12조 제1항).
② 출장소에서 가족관계등록사무를 취급하는 경우에도 가족관계등록사무의 처리자는 시(구)·읍·면의 장이고 출장소장이 아니므로, 가족관계등록사무는 시(구)·읍·면의 장이 그의 책임 아래에 자신의 이름으로 처리하되, 등록부 처리관서란에는 '○○시(○○출장소)'로 기록하여야 한다(가족관계등록예규 제459호 4.).
③ 출장소에는 등록사무담임자를 둘 수 있다(가족관계등록예규 제459호 참조).

제3절 등록사무처리의 제한

1. 의 의

시(구)·읍·면의 장은 등록에 관한 증명서 발급사무를 제외하고 자기 또는 자기와 4촌 이내의 친족에 관한 등록사건에 관하여는 그 직무를 행할 수 없으며, 시(구)·읍·면의 장의 직무대리자도 이와 동일하다(가족관계등록법 제5조 제1항·제2항).

2. 내 용

직무제한사유가 있는 때에는 등록신고·신청 등의 수리, 등록부 기록 및 폐쇄, 신고서류 등의 감독법원에의 송부 등의 등록사무는 처리 불가하고, 증명서의 발급과 단순한 서류 및 장부의 정리나 보관과 같은 사무만 가능하다.

3. 직무제한된 사람이 행한 직무집행의 효력

시(구)·읍·면의 장 또는 이를 대리하는 사람이 자기 또는 자기와 4촌 이내의 친족에 관한 가족관계등록사건에 대하여 직무를 행한 경우라도 기록사항에 잘못이 없으면 가족관계등록부의 정정을 할 필요가 없다(가족관계등록예규 제405호 제2조).

CHAPTER 03 등록사무 및 그 처리자

제1절 등록사무의 의의 및 성질

제2절 등록사무처리자

01 재외국민 가족관계등록사무소 및 가족관계등록관에 관한 다음 설명 중 가장 옳지 않은 것은?

2019년

① 재외국민 가족관계등록사무소에는 가족관계등록관인 소장을 둔다.
② 재외국민은 가족관계등록관에게 등록기준지변경신고를 할 수 있다.
③ 재외국민에 관한 등록사무의 처리 및 지원을 위하여 법원행정처에 재외국민 가족관계등록사무소를 둔다.
④ 대법원장은 재외국민에 관한 등록사무를 가족관계등록관으로 하여금 처리하게 할 수 있다.
⑤ 가족관계등록관이 과태료 부과대상이 있음을 안 때에는 신고의무자의 등록기준지 시·읍·면의 장에게 그 사실을 통지하고, 통지를 받은 시·읍·면의 장이 과태료를 부과·징수한다.

[❶ ▶ ○] 가족관계의 등록 등에 관한 규칙 제88조 제2항
[❷ ▶ ✕] 당사자는 등록기준지를 자유롭게 변경할 수 있다. 이 경우, 새롭게 변경하고자 하는 등록기준지 시·읍·면의 장에게 변경신고를 하여야 한다(가족관계의 등록 등에 관한 규칙 제4조 제3항).
[❸ ▶ ○] 재외국민에 관한 등록사무의 처리 및 지원을 위하여 법원행정처에 재외국민 가족관계등록사무소를 두고, 그 구성, 운영 등 필요한 사항은 대법원규칙으로 정한다(가족관계등록법 제4조의2 제2항).
[❹ ▶ ○] 제3조 및 제4조에도 불구하고, 대법원장은 외국에 거주하거나 체류하는 대한민국 국민(재외국민)에 관한 등록사무를 법원서기관, 법원사무관, 법원주사 또는 법원주사보(가족관계등록관)로 하여금 처리하게 할 수 있다(가족관계등록법 제4조의2 제1항).
[❺ ▶ ○] 가족관계등록법 제124조 제1항 단서

답 ❷

제3절 등록사무처리의 제한

CHAPTER 04 등록사무의 감독

제1절 등록사무의 감독

1. 감독의 필요성

① 등록부의 기록내용은 국민의 가족관계, 재산관계 및 상속관계에 큰 영향을 미치기 때문에 등록부 기록의 진실성을 담보하고 전국적으로 통일된 사무처리를 위하여 엄격한 등록사무의 감독이 필요하다.
② 등록사무는 일종의 사법행정사무라는 점에서 이에 관한 감독을 상급행정기관이 아닌 법원이 담당하도록 한 것이다.

2. 감독기관 및 감독대상

(1) 감독기관

① 대법원장은 등록사무의 감독에 관한 권한을 시(구)·읍·면의 사무소 소재지를 관할하는 가정법원장에게 위임한다. 다만, 가정법원지원장은 가정법원장의 명을 받아 그 관할 구역 내의 등록사무를 감독한다(가족관계등록법 제3조 제3항).
② 가정법원 및 가정법원지원이 설치되지 아니한 지역은 해당 지방법원장 및 지방법원지원장이 감독한다(가사소송법 부칙 제4300호 제5조 제1항).

(2) 감독대상

① 법원의 직접적이고 포괄적인 감독을 받는 대상기관은 협의의 등록사무처리자인 시(구)·읍·면의 장과 가족관계등록관이다.
② 동장에 대하여는 법원이 해당 시장이나 구청장을 통하여, 재외공관의 장은 법원이 외교부장관을 통하여 간접적, 한정적 감독을 할 수밖에 없다.

3. 감독방법

(1) 신고서류 조사 및 시정지시에 의한 감독

> **신고서류 등의 조사 및 시정지시(가족관계등록법 제115조)**
> ① 법원은 시·읍·면의 장으로부터 신고서류 등을 송부받은 때에는 지체 없이 등록부의 기록사항과 대조하고 조사하여야 한다.
> ② 법원은 제1항의 조사결과 그 신고서류 등에 위법·부당한 사실이 발견된 경우에는 시·읍·면의 장에 대하여 시정지시 등 필요한 처분을 명할 수 있다.

(2) 감사를 통한 감독

시(구)·읍·면의 장이 처리하고 있는 가족관계등록사무의 적정처리를 지도 감독하기 위하여 감독법원의 장은 적어도 연 1회 이상 감사를 실시하고 그 결과를 대법원장에게 보고하여야 한다(가족관계등록예규 제556호 참조).

(3) 교육에 의한 감독

감독법원(지원 포함)은 관내 가족관계등록관서의 가족관계등록공무원들에 대하여 가족관계등록예규에서 정한 요령으로 교육을 실시하여야 한다(가족관계등록예규 제535호 참조).

(4) 질의회신에 의한 감독(가족관계등록예규 제9호)

(5) 인가·허가·승인권 등의 행사에 의한 감독

① 직권에 의한 등록부 정정 및 기록 허가(가족관계등록법 제18조 제2항, 제38조 제3항)
② 보존기간이 경과한 부책과 서류의 폐기 인가(가족관계등록규칙 제85조)
③ 등록부 재작성에 관한 승인(가족관계등록예규 제442호)

(6) 각종 보고를 통한 감독

① 법원은 시(구)·읍·면의 장에 대하여 등록사무에 관한 각종 보고를 명하는 등 감독상 필요한 조치를 취할 수 있다(가족관계등록법 제116조).
② 각종 보고에는 등록사무처리자의 취임 및 퇴임보고(가족관계등록규칙 제7조), 등록사무담임자의 임면보고(동 규칙 제8조), 직인의 보고(동 규칙 제9조), 출장소 개설 등 보고(동 규칙 제12조), 사무소이전의 보고(동 규칙 제13조), 행정구역변경 등의 보고(동 규칙 제14조) 등이 있다.

(7) 과태료처분에 의한 감독

> **과태료(가족관계등록법 제120조)**
> 다음 각 호의 어느 하나에 해당하는 시·읍·면의 장에게는 50만원 이하의 과태료를 부과한다.
> 1. 제115조 제2항에 따른 명령(시정지시 명령 등)을 위반한 때
> 2. 제116조에 따른 명령(각종 보고의 명령 등)을 위반한 때

등록사무의 감독

제1절 등록사무의 감독

01 시(구)·읍·면의 장에 대한 가족관계등록사무의 감독에 관한 다음 기술 중 틀린 것은?

2011년

① 가족관계등록사무의 감독에 관한 권한은 시(구)·읍·면의 사무소 소재지를 관할하는 가정법원장 또는 지방법원장에게 있으며, 가정법원지원장이나 지방법원지원장은 감독에 관한 권한이 없다.
② 감독법원의 장은 관내 시(구)·읍·면의 장에 대하여 적어도 연 1회 이상 가족관계등록사무감사를 실시하고 그 결과를 대법원장에게 보고하여야 한다.
③ 감독법원은 관내 가족관계등록관서의 가족관계등록공무원들에 대하여 가족관계등록예규에서 규정한 요령으로 교육을 실시하여야 한다.
④ 감독법원의 장은 시(구)·읍·면의 장으로부터 가족관계등록사무담임자의 임면보고, 행정구역 변경 등의 보고 등 각종 보고를 받는다.
⑤ 시(구)·읍·면의 장으로부터 송부받은 신고서류 등에 위법·부당한 사실이 발견된 경우에는, 법원은 시(구)·읍·면의 장에 대하여 시정지시 등 필요한 처분을 명할 수 있다.

[❶ ▶ ×] 가족관계등록법 제3조 제3항, 가사소송법 부칙〈제4300호〉 제5조 제1항

가족관계등록법 제3조(권한의 위임)
③ 대법원장은 등록사무의 감독에 관한 권한을 시·읍·면의 사무소 소재지를 관할하는 가정법원장에게 위임한다. 다만, <u>가정법원지원장은 가정법원장의 명을 받아 그 관할 구역 내의 등록사무를 감독한다.</u>

가사소송법 부칙〈법률 제4300호, 1990.12.31.〉 제5조(관할에 관한 경과조치)
① 이 법 시행 당시 가정법원 및 가정법원지원이 설치되지 아니한 지역에 있어서의 가정법원의 권한에 속하는 사항은 <u>가정법원 및 가정법원지원이 설치될 때까지 해당 지방법원 및 지방법원지원이 이를 관할한다.</u>

[❷ ▶ ○] 시(구)·읍·면의 장이 처리하고 있는 가족관계등록사무의 적정처리를 지도 감독하기 위하여 감독법원의 장은 적어도 연 1회 이상 감사를 실시하고 그 결과를 대법원장에게 보고하여야 한다(가족관계등록예규 제556호 참조).

[❸ ▶ O]   감독법원(지원 포함)은 관내 가족관계등록관서의 가족관계등록공무원들에 대하여 가족관계 등록예규에서 정한 요령으로 교육을 실시하여야 한다(가족관계등록예규 제535호 참조).

[❹ ▶ O]   가족관계의 등록 등에 관한 규칙 제8조, 제14조 제1항

> **가족관계의 등록 등에 관한 규칙 제8조(등록사무담임자의 임면보고)**
> 시·읍·면의 장이 소속 공무원 중에서 등록사무를 담당하는 사람(이하 "등록사무담임자"라 한다)을 임명하거나 그 직무를 면하게 한 때에는 즉시 법원에 보고하여야 한다.
>
> **가족관계의 등록 등에 관한 규칙 제14조(행정구역변경 등의 보고 및 부책 등의 인계)**
> ① 행정구역, 토지의 명칭, 지번, 도로명 또는 건물번호가 변경된 때에는 그 시행일 15일 전까지 법원에 보고하여야 한다.

[❺ ▶ O]   가족관계등록법 제115조 제1항, 제2항

> **가족관계등록법 제115조(신고서류 등의 조사 및 시정지시)**
> ① 법원은 시·읍·면의 장으로부터 신고서류 등을 송부받은 때에는 지체 없이 등록부의 기록사항과 대조하고 조사하여야 한다.
> ② 법원은 제1항의 조사결과 그 신고서류 등에 위법·부당한 사실이 발견된 경우에는 시·읍·면의 장에 대하여 시정지시 등 필요한 처분을 명할 수 있다.

답 ❶

CHAPTER 05 각종 부책과 서류

제1절 신고서류의 보존

1. 시(구)·읍·면 또는 재외국민 가족관계등록사무소에서 보존하는 신고서류

(1) 보존하는 신고서류

① 불수리한 신고서류는 불수리신고서류편철장에 편철하되 신고서 이외의 첨부서류는 신고인의 청구에 따라 되돌려 줄 수 있다(가족관계등록규칙 제47조). 이때 시(구)·읍·면 또는 재외국민 가족관계등록사무소에서 보존하는 불수리신고서류편철장의 보존기간은 10년이다(가족관계등록규칙 제82조 제1항 제3호, 제82조의2 제3호).

② 수리 후(흠이 없음에도) 가족관계등록을 할 수 없는 신고서류는 특종신고서류편철장에 편철하여 기록을 할 수 있을 때까지 영구 보존한다(가족관계등록규칙 제69조 제1항, 제82조 제1항 제1호 다목, 제82조의2 제1호 가목).

③ 등록부에 기록을 마친 신고서류는 1개월마다 다음 달 10일까지 접수순서에 따라 편철한 후 각 장마다 장수를 기재하여 그 목록과 함께 사건을 처리한 시·읍·면사무소를 감독하는 법원에 송부하여야 한다(가족관계등록규칙 제68조 제1항).

(2) 특종신고서류편철장

1) 의 의

특종신고서류편철장이란 가족관계등록이 되어 있지 아니한 사람에 대한 신고서류 그 밖의 가족관계등록을 할 수 없는 신고서류(특종신고서류)를 편철하여 보전하는 장부이다(가족관계등록규칙 제69조 제1항).

2) 특종신고서류의 보존·관리

① 특종신고서류는 법원에 송부하지 아니하고 그 신고서류를 접수한 시(구)·읍·면에서 연도별로 「특종신고서류편철장」에 편철하여 보존하되, 가족관계등록부 존재신고 등이 없는 한 영구보존하여야 한다(가족관계등록예규 제604호 3. 가.).

② 일반신고와 특종신고가 혼합된 신고서류는 등본을 작성하여 원본은 감독법원에 송부하고, 등본은 가족관계등록사무를 처리한 관서에서 위 "가"항에 따라 보존한다(가족관계등록예규 제604호 3. 나.).

③ 외국인에 대한 신고서류는 가족관계등록을 할 수 없는 신고서류에 해당하나, 재외국민은 가족관계등록이 되어 있으므로 재외국민에 대한 신고서류는 가족관계등록을 할 수 있는 신고서류이다.
④ 특종신고의 경우에는 가족관계등록부의 기록이 이루어지지 아니하므로, 특종신고서류 그 자체가 가족관계등록부의 역할을 하게 되고, 당해 신분사항을 공시·공증한다.

3) 편철서류의 유형

① 무등록자·등록불명자에 대한 신고서류
  ㉠ 가족관계등록부에 등록되어 있는지가 분명하지 아니한 사람 또는 등록되어 있지 아니하거나 등록할 수 없는 사람이 가족관계등록부작성에 관한 신고(예 출생신고, 가족관계등록창설신고 등) 이외의 가족관계등록신고를 하는 때에도 그 신고는 접수장에 기록하고, 가족관계등록부존재신고가 있을 때까지 특종신고서류편철장에 편철하여 둔다(가족관계등록예규 제633호 제15조).
  ㉡ 출생신고를 한 부 또는 모와 친생자관계부존재확인판결이 확정되어 가족관계등록부가 폐쇄된 사건본인에 대하여, 이후 그 판결 확정 전 국적상실을 이유로 한 국적상실신고 또는 국적상실통보가 있다고 하더라도 사건본인의 폐쇄된 가족관계등록부에 국적상실과 관련된 어떠한 기록도 할 수 없으며, 그 신고서류 또는 통보서류는 특종신고서류편철장에 편철하여 보존해야 한다(가족관계등록선례 제201602-2호 참조).

② 태아에 관한 신고서류
  ㉠ 태아인지 신고서류 : 태아에 대한 인지신고서류가 접수·수리되었어도 등록능력이 없는 태아에 대하여는 등록부에 기록(등록)을 할 수 없으므로 특종신고서류편철장에 편철하여 보존한다.
  ㉡ 인지된 태아의 사산 신고서류 : 인지신고를 한 태아의 사산에 대하여는 「가족관계의 등록 등에 관한 법률」 제60조에 따라 출생신고의무자로부터 사산신고를 하게 하여야 한다. 이 경우 시(구)·읍·면의 장 또는 가족관계등록관은 이 사산신고를 수리할지라도 가족관계등록부에 기록을 요하지 아니하므로 특종신고서류편철장에 편철하여야 한다(가족관계등록예규 제125호, 제624호 제3조).

③ 외국인에 대한 신고서류
  ㉠ 한국인과 외국인 사이의 가족관계등록신고 중 혼인, 입양, 인지신고는 한국인의 가족관계등록부에 기록한 후 신고서류의 원본을 감독법원에 송부하고, 그 등본을 별도로 「특종신고서류편철장」에 편철하여 보존하지 아니한다. 다만, 외국인 사이의 신고서류 원본은 「특종신고서류편철장」에 보존한다(가족관계등록예규 제303호 제2조).
  ㉡ 가족관계등록부에 기록된 외국인 가족이 국내에서 사망한 경우 법 제85조에 기재된 사람의 사망신고에 따라 가족관계등록부에 사망사실을 기록하고, 그 신고서류는 특종신고서류편철장에 편철한다(가족관계등록예규 제618호 제10조 제1항).
  ㉢ 외국인 부모가 대한민국에서 자녀를 출산한 경우 외국인 부모는 그 외국인 자녀에 대하여 출생증명서를 첨부하여 출생신고를 할 수 있으며, 그 출생신고서류는 특종신고서류편철장에 편철하여 보존한다(가족관계등록법 제20조 제2항, 동 규칙 제69조 제1항).

④ 부 미정의 출생신고 : 부 미정의 출생신고란, 부를 알 수 없는 경우가 아니고 부의 추정이 경합된 경우이므로, 여자가 혼인관계종료의 날로부터 100일 내에 재혼하였고, 재혼 성립의 날로부터 200일 후, 전혼관계종료의 날로부터 300일 내에 자녀가 출생하여, 부 미정의 출생신고가 접수된 때에는, 부가 확정될 때까지 가족관계등록부에 기록을 할 수 없는 신고로 보아 이를 특종신고서류편철장에 편철하여 두었다가, 부를 정하는 판결의 확정 후, 추후보완신고에 의하여 부 또는 모의 성과 본을 따라 가족관계등록부를 작성하여야 한다(가족관계등록예규 제412호 제10조).

⑤ 출생신고가 되지 않은 사람에 대한 사망신고 : 출생신고가 되지 아니한 사람에 대하여 재외공관 또는 동사무소에서 사망신고를 수리하여 「가족관계의 등록 등에 관한 법률」 제4조의2 제2항의 재외국민 가족관계등록사무소 소속 가족관계등록관(동사무소의 경우에는 소속 시 또는 구의 장)에게 송부한 때에는 이를 특종신고서류편철장에 편철한 다음 출생신고의무자에게 출생신고를 하도록 최고하여 그에 따른 출생신고가 있는 때에는 사망자의 가족관계등록부를 작성한 후 출생 및 사망사유를 모두 기록하여야 한다(가족관계등록예규 제476호).

(3) 특종신고서류 등 접수장

1) 의 의

특종신고서류 등 접수장이란 전국 단위 검색의 필요성이 있는 사건에 대해 검색의 편의를 위하여 새롭게 규정한 장부로서 위와 같은 신고사실을 전산적으로 확인할 수 있게 함으로써 업무처리의 착오를 방지하기 위한 것이다.

2) 구체적 내용

전국 단위의 검색이 필요한 다음의 사건의 경우 특종신고를 하고 특종신고서류 등 접수장에도 접수에 관한 기록을 하여야 한다(가족관계등록규칙 제69조 제3항, 가족관계등록예규 제616호 제4조 제5항, 제10조).

① 태아인지신고
② 이혼의사 철회신고
③ 혼인신고수리불가신고
④ 자녀의 성과 본을 모의 성과 본으로 따르기로 협의한 경우
   ㉠ 혼인신고를 하는 때에 자녀의 성과 본을 모의 성과 본으로 따르기로 한 협의서를 제출하는 경우
   ㉡ 인지 시 부모 협의에 의해 종전의 성과 본을 계속 사용하기로 하는 협의서를 제출하는 경우
   ㉢ 외국에서 작성한 인지증서의 등본을 제출하여 한국에서 인지신고를 할 경우에 종전의 성과 본을 계속 사용하기로 하는 협의서를 제출하는 경우

3) 보존기간

특종신고서류 등 접수장의 보존기간은 30년이다.

2. 동사무소 또는 재외공관에서 보존하는 신고서류

동사무소 또는 재외공관에서 수리한 신고서류는 그 부본을 접수순서에 따라 편철한 후 각 장마다 장수를 기재하고 1개월마다 목록을 붙여 연도별로 가족관계등록신고서류편철장에 편철하여 3년간 보존한다. 다만 필요에 따라 분책하거나 합철할 수 있다(가족관계등록규칙 제68조 제4항, 제82조 제4항).

3. 감독법원이 보존하는 신고서류

① 법원이 법 제114조에 따라 신고서류를 송부받은 때에는 지체 없이 그 신고서류와 해당 등록부를 조사하고, 법규에 위배된 것이 있을 때에는 해당 시·읍·면의 장에게 시정지시 그 밖의 필요한 처분을 명하여야 한다(가족관계등록규칙 제70조).
② 조사를 마친 신고서류는 시·읍·면별 및 연도별로 접수순서에 따라 신고서류편철부에 편철한다. 다만 필요에 따라 분책하거나 합철할 수 있다(가족관계등록규칙 제71조 제1항).
③ 가족관계등록신고서류편철부의 보존기간은 30년이다(가족관계등록규칙 제83조 제1항 제2호).

제2절 　가족관계등록에 관한 부책 등의 보존

① 가족관계등록에 관한 부책과 서류는 잠금장치가 있는 견고한 서고 또는 창고에 비치하고 철저하게 보존하여야 한다(가족관계등록규칙 제18조).
② 시(구)·읍·면, 재외국민 가족관계등록사무소, 재외공관 및 동사무소와 감독법원에 비치하는 부책·서류의 보존기간은 그 연도의 다음 해부터 기산한다(가족관계등록규칙 제84조).

제3절 　각종 부책과 서류의 보존기간

1. 시(구)·읍·면에 비치할 부책·서류 및 그 보존기간

> **시·읍·면의 부책과 서류(가족관계등록규칙 제82조)**
> ① 시·읍·면에 비치할 부책·서류 및 그 보존기간은 다음과 같다.
> 　1. 영 구
> 　　가. 호적용지로 작성된 제적부
> 　　나. 호적용지로 작성된 제적 색출장
> 　　다. 특종신고서류편철장

　　　　라. 가족관계등록부책보존부
　　　　마. 예규문서편철장
　　2. 30년
　　　　가. 가족관계등록사건접수장
　　　　나. 신고서류송부목록편철장
　　　　다. 특종신고서류 등 접수장
　　3. 10년
　　　　불수리신고서류편철장
　　4. 5년
　　　　가. 고지부
　　　　나. 과태료징수부
　　　　다. 가족관계등록사건표편철장
　　　　라. 왕복문서편철장
　　　　마. 가정법원으로부터의 통지서편철장
　　　　바. 식별부호 사용(해지)신청에 관한 기록
　　5. 3년
　　　　가. 가족관계등록문서건명부
　　　　나. 가족관계등록민원청구서편철장
　　　　다. 열람 및 증명청구접수부
　　　　라. 직권정정에 관한 서류편철장
　　　　마. 가족관계등록예규집관리대장
　　　　바. 협의이혼의사철회서편철장
　　　　사. 혼인신고수리불가신고서편철장
② 장부에는 표지를 붙여 매년 별책으로 하고 진행번호는 매년 이를 갱신한다. 그러나 필요에 따라 계속 사용하거나 분책 또는 합책할 수 있다.
③ 편철장에는 목록을 붙여야 한다.

2. 재외국민 가족관계등록사무소에 비치할 부책·서류 및 그 보존기간

재외국민 가족관계등록사무소의 부책과 서류(가족관계등록규칙 제82조의2)

법 제4조의2 제2항의 재외국민 가족관계등록사무소(이하 "재외국민 가족관계등록사무소"라 한다)에 비치할 부책·서류 및 그 보존기간은 다음과 같다.
　　1. 영 구
　　　　가. 특종신고서류편철장
　　　　나. 가족관계등록부책보존부
　　　　다. 예규문서편철장
　　2. 30년
　　　　가. 가족관계등록사건접수장
　　　　나. 신고서류송부목록편철장
　　　　다. 특종신고서류 등 접수장

3. 10년
   불수리신고서류편철장
4. 5년
   가. 고지부
   나. 과태료부과대상통지부
   다. 가족관계등록사건표편철장
   라. 왕복문서편철장
5. 3년
   가. 가족관계등록문서건명부
   나. 가족관계등록민원청구서편철장
   다. 열람 및 증명청구접수부
   라. 직권정정에 관한 서류편철장
   마. 가족관계등록예규집관리대장
   바. 협의이혼의사철회서편철장
   사. 혼인신고수리불가신고서편철장

3. 재외공관 및 동사무소에 비치할 부책·서류 및 그 보존기간

시·읍·면의 부책과 서류(가족관계등록규칙 제82조)

④ 재외공관 및 동사무소에는 다음과 같은 장부를 비치하여야 하고, 그 보존기간에 관하여는 제1항을 준용한다. 다만, 제10호 장부의 보존기간은 3년으로 하고, 제8호의 장부는 동사무소에 비치하지 아니한다.
1. 가족관계등록사건접수장
2. 고지부
3. 가족관계등록문서건명부
4. 왕복문서편철장
5. 불수리신고서류편철장
6. 가족관계등록민원청구서편철장
7. 가족관계등록부책보존부
8. 가족관계등록예규집관리대장
9. 열람 및 증명청구접수부
10. 가족관계등록신고서류편철장

4. 감독법원에 비치할 부책, 서류 및 그 보존기간

> **법원의 부책과 서류(가족관계등록규칙 제83조)**
> ① 법원에 비치할 부책, 서류 및 그 보존기간은 다음과 같다.
>   1. 80년
>   가족관계등록공무원명부
>   2. 30년
>   가족관계등록신고서류편철부
>   3. 10년
>   이혼의사확인 사건부
>   4. 5년
>   가. 가족관계등록보고서편철장
>   나. 가족관계등록사무감독서류편철장
>   다. 직권정정, 기록허가에 관한 서류편철장
>   라. 등록부 재작성에 관한 기록
>   마. 통계에 관한 기록
>   바. 문서건명부
>   사. 식별부호사용승인(해지)에 관한 기록
>   5. 3년
>   가. 가족관계등록민원청구서편철장
>   나. 잡사에 관한 기록
> ② 제1항의 부책 및 서류는 별도 규정이 없으면 매년 별책으로 하고 진행번호는 매년 갱신한다. 그러나 필요에 따라 계속 사용하거나 분책 또는 합책할 수 있다.

5. 중앙관리소에서 보관 또는 관리하는 가족관계등록전산정보

> **중앙관리소의 가족관계등록전산정보(가족관계등록규칙 제81조)**
> 중앙관리소에서 보관 또는 관리하는 가족관계등록전산정보의 보존기간은 다음과 같다.
>   1. 영 구
>   가. 가족관계등록부
>   나. 폐쇄등록부
>   2. 80년
>   가족관계등록공무원명부
>   3. 30년
>   가. 가족관계등록사건접수장
>   나. 특종신고서류 등 접수장
>   4. 3년
>   열람 및 증명청구접수부

각종 부책과 서류

제1절 신고서류의 보존

01 다음 중 특종신고서류 등 접수장에 접수에 관한 기록을 해야 하는 신고나 경우가 아닌 것은?
2022년

① 태아인지신고
② 이혼의사 철회신고
③ 부 미정의 출생신고
④ 혼인신고를 하는 때에 자녀의 성과 본을 모의 성과 본으로 따르기로 한 협의서를 제출하는 경우
⑤ 혼인신고수리불가신고

[❸ ▶ ×] 태아인지신고, 이혼의사 철회신고, 혼인신고수리불가신고 및 혼인신고를 하는 때에 자녀의 성과 본을 모의 성과 본으로 따르기로 한 협의서를 제출하는 경우에는 특종신고서류 등 접수장에도 접수에 관한 기록을 하여야 한다(가족관계의 등록 등에 관한 규칙 제69조 제3항). 부 미정의 출생신고가 접수된 때에는, 부가 확정될 때까지 가족관계등록부에 기록을 할 수 없는 신고로 보아 이를 특종신고서류편철장에 편철하여 두었다가, 부를 정하는 판결의 확정 후, 추후보완신고에 의하여 부 또는 모의 성과 본을 따라 가족관계등록부를 작성하여야 한다(가족관계등록예규 제412호 제10조).

답 ❸

제2절   가족관계등록에 관한 부책 등의 보존

제3절   각종 부책과 서류의 보존기간

02 동장 및 동사무소에 관한 다음 설명 중 가장 옳은 것은?   2025년

① 동사무소에는 가족관계등록신고서류편철장을 비치하여야 하고, 그 보존기간은 3년으로 한다.
② 동장은 신고를 게을리한 사람을 안 때에는 상당한 기간을 정하여 신고의무자에 대하여 그 기간 내에 신고할 것을 최고하여야 한다.
③ 증서의 등본은 신분행위 당사자 1명이 동장에게 우편의 방법을 이용하거나 직접 제출할 수 있다.
④ 사망장소의 동장은 사망신고를 할 수 없다.
⑤ 동장은 수리한 신고서류의 부본을 접수순서에 따라 편철한 후 각 장마다 장수를 기재하고 3개월마다 목록을 붙여 보존한다.

[❶ ▶ ○] 동사무소에는 가족관계등록신고서류편철장을 비치하여야 하고, 그 보존기간은 3년으로 한다(가족관계등록규칙 제82조 제4항 제10호).

> **가족관계등록규칙 제82조(시·읍·면의 부책과 서류)**
> ④ 재외공관 및 동사무소에는 다음과 같은 장부를 비치하여야 하고, 그 보존기간에 관하여는 제1항을 준용한다. 다만, 제10호 장부의 보존기간은 3년으로 하고, 제8호의 장부는 동사무소에 비치하지 아니한다.
> 1. 가족관계등록사건접수장
> 2. 고지부
> 3. 가족관계등록문서건명부
> 4. 왕복문서편철장
> 5. 불수리신고서류편철장
> 6. 가족관계등록민원청구서편철장
> 7. 가족관계등록부책보존부
> 8. 가족관계등록예규집관리대장
> 9. 열람 및 증명청구접수부
> 10. 가족관계등록신고서류편철장

[❷ ▶ ×] 시·읍·면의 장은 신고를 게을리한 사람을 안 때에는 상당한 기간을 정하여 신고의무자에 대하여 그 기간 내에 신고할 것을 최고(催告)하여야 한다(가족관계등록법 제38조 제1항).
[❸ ▶ ×] 증서의 등본은 신분행위 당사자 1명이 그 지역을 관할하는 재외공관의 장이나 사건본인인 한국인의 등록기준지 시(구)·읍·면의 장 또는 가족관계등록관에게 우편의 방법을 이용하거나 직접 제출할 수 있다[가족관계등록예규 제486호 2. 나. (4)].

[❹ ▸ ×] 사망장소의 동장도 사망의 신고를 할 수 있다(가족관계등록법 제85조 제2항).

> **가족관계등록법 제85조(사망신고의무자)**
> ① 사망의 신고는 동거하는 친족이 하여야 한다.
> ② 친족·동거자 또는 사망장소를 관리하는 사람, 사망장소의 동장 또는 통·이장도 사망의 신고를 할 수 있다.

[❺ ▸ ×] 동사무소 또는 재외공관에서 수리한 신고서류는 그 부본을 접수순서에 따라 편철한 후 각 장마다 장수를 기재하고 1개월마다 목록을 붙여 연도별로 제82조 제4항 제10호의 장부(가족관계등록신고서류편철장)에 편철하여 보존한다(가족관계등록규칙 제68조 제4항 본문).

답 ❶

CHAPTER 06 등록부 · 폐쇄등록부

제1절 가족관계등록부

1. 의 의

가족관계등록부는 전산정보처리조직에 의하여 입력·처리된 가족관계 등록사항(이하 "등록사항"이라 한다)에 관한 전산정보자료를 등록기준지에 따라 개인별로 구분하여 작성한 것을 말한다(가족관계등록법 제9조 제1항). 즉, 종래의 종이호적부와 같은 서면장부가 아니라 전산정보자료를 개인별로 구분·작성한 전산상 데이터의 조합이다.

2. 등록능력과 등록부 기록의 효력

(1) 등록능력(등록적격)

① 등록능력이란 등록부를 작성하여 등록될 수 있는 법률상의 지위 또는 자격으로 내국인을 전제로 국민만이 등록능력이 있다. 여기서 국민이란 대한민국의 국적을 가진 자연인을 말하므로 법인이나 외국인은 등록능력이 없다.
② 태아는 살아서 출생하기 전까지는 국민이 아니므로, 부가 포태 중인 자에 대하여 인지할 수 있다고 하여 태아에 대한 인지신고로서 태아의 등록부를 작성할 수 없다.
③ 본인이 사망하거나 실종선고·부재선고를 받은 때, 국적을 이탈하거나 상실한 때에는 더 이상 등록능력이 없으므로 등록부를 폐쇄하여야 한다(가족관계등록법 제11조 제2항).

(2) 1국민 1등록부의 원칙과 2중 등록부의 해소

구법의 1인 1적의 원칙과 마찬가지로 신법도 1국민 1등록부의 원칙을 취하고 있으므로, 2중 등록부는 허용되지 않는다(대판[전합] 1981.10.10. 81스15, 가족관계등록예규 제425호 참조).

(3) 가족관계등록부 기록의 효력

가족관계등록부 기록은 사실상 추정력이 있다. 이와 관련하여 판례는, 가족관계등록부에 기재된 사항은 진실에 부합하는 것으로 추정된다 할 것이나, 그 기재에 반하는 증거가 있거나 그 기재가 진실이 아니라고 볼 만한 특별한 사정이 있는 때에는 그 추정은 번복될 수 있다고 판시하였다(대판 2013.7.25. 2011두13309).

3. 가족관계등록부의 작성방법

(1) 개인별 가족관계등록부의 작성

① 가족관계등록부는 등록사항에 관한 전산정보자료를 등록기준지에 따라 개인별로 구분하여 전산정보처리조직에 의해 작성한다(가족관계등록법 제9조 제1항, 가족관계등록규칙 제17조 제1항).

② 본인의 가족관계등록부에는 본인에 관한 일정한 사항만을 기재하며, 다른 가족들의 특정등록사항은 원칙적으로 가족들 간의 연결정보로 추출하여 일정한 증명서 형태로 발급한다.

(2) 종전 호적부의 제적과 가족관계등록부의 작성

신법 시행과 동시에 최초로 등록부를 작성하는 경우, 종전의 호적법 제124조의3에 따라 편제된 전산호적부를 대상으로, 이 법 시행 당시 기록된 사항을 기준으로 하여 그 호적전산자료를 개인별로 구분·작성하는 방법에 따르고 종전의 호적법 제124조의3에 따라 편제된 전산호적부는 이 법 시행과 동시에 제적된다(가족관계등록법 부칙 제8435호 제3조).

제2절 폐쇄등록부

1. 등록부의 폐쇄

(1) 법률에서 정한 폐쇄사유

본인이 사망하거나 실종선고·부재선고를 받은 때, 국적을 이탈하거나 상실한 때 또는 그 밖에 대법원규칙으로 정한 사유가 발생한 때에는 등록부를 폐쇄한다(가족관계등록법 제11조 제2항).

(2) 규칙에서 정한 폐쇄사유

> **등록부의 작성과 폐쇄(가족관계등록규칙 제17조)**
> ② 등록부가 법 제11조 제2항에 규정된 사유 이외에 다음 각 호의 어느 하나에 해당하는 경우에는 이를 폐쇄한다.
>   1. 이중으로 작성된 경우
>   2. 착오 또는 부적법하게 작성된 경우
>   3. 정정된 등록부가 이해관계인에게 현저히 부당하다고 인정되어 재작성하는 경우

2. 폐쇄의 방법

① 시(구)·읍·면의 장 또는 가족관계등록관이 제17조 제2항에 따라 등록부를 폐쇄하는 때에는 가족관계등록부사항란 및 일반등록사항란에 그 취지와 사유를 기록하고, 등록사항별 증명서를 발급하는 경우에는 증명서의 우측상단에 "폐쇄"라고 표시한다(가족관계등록규칙 제65조, 제90조).

② 본인, 부모(양부모 포함), 배우자, 자녀(양자 포함)의 가족관계등록부에 사망(실종선고·부재선고·국적상실 포함)사실이 기록된 경우에는 등록사항별 증명서의 사망한 사람의 성명란에 "사망(실종선고·부재선고·국적상실은 각 실종선고, 부재선고, 국적상실)"이 표시되어야 한다(가족관계등록규칙 제21조 제5항).

3. 폐쇄된 가족관계등록부 기록의 정정

> **가족관계등록예규 제304호[폐쇄된 가족관계등록부 기록의 정정]**
>
> **제1조(정정의 원칙)**
> 폐쇄된 가족관계등록부를 정정할 때에는 부활 없이 정정한다. 그러나, 그 가족관계등록부가 위법한 것이어서 폐쇄된 경우에는 기록을 정정할 수 없다.
>
> **제2조(직권기록)**
> ① 사망, 국적상실 등으로 가족관계등록부가 폐쇄된 경우에 폐쇄 전에 효력이 발생한 법률관계 또는 사실에 관하여 폐쇄 후에 신고적격자가 신고를 하면, 그 신고를 접수한 가족관계등록관서가 부활 없이 폐쇄등록부에 간이직권기록한다.
> ② 신고적격자가 아닌 이해관계인이 소명자료를 제출하여 직권기록을 신청하면, 접수한 등록관서는「가족관계의 등록 등에 관한 법률」제38조와 제18조 제2항에 따라 접수한 등록관서의 감독법원의 허가를 받아 부활 없이 폐쇄등록부에 직권기록한다.
>
> **제3조(신고의 기록)**
> 다음 각 호의 사건은 신고사건으로 접수하여 부활 없이 폐쇄등록부에 기록한다.
> 1. 혼인 외 자와 부 사이에 사망한 사람을 상대로 한 인지신고를 기록하는 경우
> 2.「혼인신고특례법」에 따른 혼인신고를 기록하는 경우
>
> **가족관계등록예규 제373호[친양자 입양재판에 따른 사무처리지침]**
>
> **제16조(폐쇄등록부에 대한 기록)**
> 사망, 부재(실종)선고의 사유로 등록부가 폐쇄되었고 그 이후 등록부가 폐쇄된 사람의 자녀가 친양자 입양되었을 경우에는, 그 폐쇄등록부에 친양자 입양으로 자녀가 말소된 사유를 기록하여야 한다.

4. 폐쇄등록부의 부활

① 가족관계등록부가 작성되지 아니한 갑이 사망하였음에도 을이 사망한 것 같이 신고하여 을의 가족관계등록부가 사망을 이유로 폐쇄된 경우라도 을은 생존자이므로 등록부 정정절차를 취하여 가족관계등록부를 부활하여야 하며 갑에 대하여는 가족관계등록부가 작성되지 아니한 자에 대한 사망신고를 하게 하여야 한다(가족관계등록예규 제242호).

② 사망 후 1시간 이내에 사망신고를 수리하고 가족관계등록부에 기록을 완료한 후에 그 사망자가 다시 살아난 경우에는 「가족관계의 등록 등에 관한 법률」 제104조에 따라 그 가족관계등록부를 부활하는 절차를 밟아야 한다(가족관계등록예규 제243호).

③ 존치되어야 할 가족관계등록부가 폐쇄된 경우에는 본인 또는 이해관계인은 폐쇄된 가족관계등록부의 등록기준지 관할 법원에 소명하는 서류를 첨부하여 폐쇄가족관계등록부를 부활작성하고 종전의 존치 가족관계등록부를 폐쇄하는 등록부 정정 허가신청을 하여야 한다(가족관계등록예규 제289-17호 제7조 제1항).

제3절 부본자료의 작성

1. 의 의

① 법원행정처장은 등록부 또는 폐쇄등록부에 기록되어 있는 등록사항과 동일한 전산정보자료를 따로 작성하여 관리하여야 한다(가족관계등록법 제11조 제4항).

② "등록부 부본자료(이하 "부본자료"라 한다)"란 등록부 또는 폐쇄등록부(이하 "등록부등"이라 한다)에 기록된 등록사항에 관한 전산정보자료(이하 "등록전산정보자료"라 한다)가 사고 등으로 인하여 훼손된 경우(이하 "손상"이라 한다)에 이를 복구하기 위하여 법 제11조와 제12조에 따라 보관·관리하는 장소 이외의 곳에 별도의 보조기억장치(자기디스크·자기테이프 그 밖의 전자적 정보저장매체를 포함한다. 이하 같다)를 이용하여 전산정보처리조직에 기록된 등록전산정보자료를 실시간, 주, 월단위로 복제한 것으로 등록부에 기록된 사항과 동일한 전산자료를 말한다(가족관계등록규칙 제2조 제2호).

2. 작성방법

① 중앙관리소의 전산운영책임관은 법 제11조에 따라 등록부등 및 그 부본자료를 작성·보관·관리하고 전산정보처리조직에 기록되어 있는 사항을 실시간, 주, 월단위로 보존하여야 한다(가족관계등록규칙 제6조 제1항).

② 전산운영책임관은 등록전산정보자료의 일부 또는 전부가 손상되었을 때에는 즉시 법원행정처장에게 보고하고 제1항의 부본자료에 의하여 복구하여야 한다. 이 경우 정상적인 전산정보처리조직의 운영이 불가능할 때에는 전산정보처리조직이 복구될 때까지 부본자료에 의하여 운영할 수 있다(가족관계등록규칙 제6조 제2항).

제4절 가족관계등록부의 재작성에 관한 사무처리

1. 의 의

가족관계등록부의 재작성이란 등록부의 멸실고시·정정 등 일정한 사유가 있는 경우에 가족관계등록부를 다시 작성하는 것을 말한다. 이때 일정한 사유는 다양한데, 이하에서는 가족관계등록부의 재작성에 관한 일반적 규정인 가족관계등록예규 제442호[가족관계등록부의 재작성에 관한 사무처리지침]를 중심으로 살펴보도록 하겠다.

2. 재작성의 사유·절차·방법 등

(1) 재작성의 사유(가족관계등록예규 제442호 제2조)

① 이해관계인의 재작성 신청 등이 있는 때
  ㉠ 혼인(입양)무효판결 관련
  ㉡ 정정 회복한 가족관계등록부 관련
  ㉢ 가정법원장이 사회통념상 현저히 부당하다고 인정하는 때 관련
  ㉣ 가족관계등록부 작성 과정에서 잘못 이기한 때 관련
  ㉤ 가족관계증명서상 가족이 누락된 때 관련
② 가족관계등록규칙 제20조에 의한 멸실고시의 사유가 발생한 때

(2) 재작성의 절차(규칙 제20조에 의한 멸실고시의 사유 이외의 사유로 인한 경우)

① 이해관계인이 시(구)·읍·면의 장에게 등록부 재작성신청 → ② 시(구)·읍·면의 장이 관할 가정법원장(지방법원장)에게 등록부 재작성 승인신청 → ③ 가정법원장(지방법원장)의 승인·승인통지 → ④ 등록부의 재작성 → ⑤ 재작성한 등록부 목록을 가정법원에 송부 → ⑥ 가정법원의 조사·시정조치

가족관계등록예규 제442호[가족관계등록부의 재작성에 관한 사무처리지침]

제1조(목적)
이 예규는 가족관계의 등록 등에 관한 규칙 제20조에 의한 멸실고시의 사유가 발생하거나, 정정사유 등이 기재되어 있는 가족관계등록부를 그대로 존치하여 공시하는 것이 사회통념상 이해관계인에게 현저히 부당하여 가족관계등록부를 재작성하여야 할 사유가 발생하였을 경우에, 그 재작성의 절차 및 방법에 관한 사무 처리를 규정함을 목적으로 한다.

제2조(재작성의 사유)
가족관계등록부는 다음 각 호의 어느 하나에 해당하는 때에 한하여 재작성하여야 한다.
1. 당사자 사이에 혼인(입양)의사의 합의가 없음을 원인(민법 제815조 제1호, 제883조 제1호)으로 하는 혼인(입양)무효판결에 의한 등록부 정정 신청으로 해당 가족관계등록부가 정정된 때
2. 시(구)·읍·면의 장이 가족관계등록부에 잘못 기록하였으나 그 기록내용이 후에 올바르게 정정된 경우 등에 있어서 이해관계인의 신청이 있는 다음 각 목의 어느 하나에 해당하는 가족관계등록부

가. 갑남이 을녀와 혼인한 것으로 신고된 것을 잘못하여 다른 사람인 병녀와 혼인한 것으로 기록하였다가 후에 이를 정정회복한 가족관계등록부
나. 갑·을 부부가 이혼한 것으로 신고된 것을 잘못하여 병·정 부부가 이혼한 것으로 기록하였다가 후에 이를 정정회복한 가족관계등록부
다. 갑에 대한 사망신고를 잘못하여 다른 생존자인 을에 대하여 사망기록을 하였다가 후에 이를 정정회복한 가족관계등록부

3. 등록부 정정이 이루어진 가족관계등록부로서 위 제1호, 제2호에 해당되지 아니하는 가족관계등록부 중 관할 가정법원장(지방법원장)이 그 정정사유 등이 기록되어 있는 해당 가족관계등록부를 그대로 존치하여 공시하는 것이 사회통념상 이해관계인에게 현저하게 부당하다고 인정하는 때
4. 가족관계등록전산정보처리조직 자료구축과 관련, 구 호적전산정보처리조직상의 호적기재사항에 의하여 가족관계등록부를 작성하는 과정에서 잘못 이기한 가족관계등록부의 기록사항에 대하여 이해관계인의 신청에 의한 간이직권정정이 이루어졌거나 시(구)·읍·면의 장에 의한 직권정정이 완료된 후 이해관계인의 재작성신청 또는 직권재작성의 필요가 있는 때
5. 「가족관계의 등록 등에 관한 규칙」 제20조에 의한 멸실고시의 사유가 발생한 때
6. 가족관계등록부등록사항별증명서 중 가족관계증명서와 관련하여 호적부 전산화 이전에 분가한 후, 분가 전 호적이 전적 등의 사유로 새로이 편제된 경우와 같이 전산호적부상의 가족이 아니어서 가족관계증명서에 가족으로 구성되지 않은 경우, 가족관계등록부의 기록사항에 대하여 이해관계인의 신청에 의한 간이직권정정이 이루어졌거나 시(구)·읍·면의 장에 의한 직권정정이 완료된 후 이해관계인의 재작성신청 또는 직권재작성의 필요가 있는 때

제3조(이해관계인의 가족관계등록부 재작성신청)
① 제2조 제1호부터 제4호까지 및 제6호의 사유로 가족관계등록부를 재작성하고자 하는 해당 가족관계등록부상의 이해관계인은 시(구)·읍·면의 장에게 별지 제1호 서식에 의한 가족관계등록부 재작성신청을 하여야 한다. 다만, 제2조 중 시(구)·읍·면의 장의 잘못으로 인한 경우를 제외하고는 등록부 정정 신청과 동시에 이를 신청할 수 있다.
② 가족관계등록부 재작성신청서에는 재작성신청인과 신청연월일 및 그 사유, 재작성신청인과 가족관계등록부에 잘못 기록된 자와의 관계를 기재하여야 하며 등록부 정정 신청과 동시에 하는 경우를 제외하고는 신청인이 이해관계인임을 소명하는 가족관계등록부의 등록사항별 증명서 등을 첨부하여야 한다.
③ 제2조 제1호의 사유로 인한 가족관계등록부재작성신청서에는 혼인(입양)무효판결과 그 확정증명 및 그 혼인(입양)무효가 한 쪽 당사자나 제3자의 범죄행위로 인한 것임을 소명하는 서면(예컨대, 형사판결문 또는 검사의 기소유예처분 결정문 등)을 첨부하여야 하고, 제2조 제3호의 사유로 인한 가족관계등록부 재작성신청서에도 그 등록부 정정이 한 쪽 당사자나 제3자의 범죄행위를 원인으로 하여 이루어진 경우에는 이를 소명하는 위와 같은 서면을 첨부하여야 한다.

> 혼인무효판결에 의한 등록부 정정 신청으로 해당 가족관계등록부가 정정된 때 재작성신청을 할 수 있는 것은 그 혼인무효가 당사자 사이에 혼인의사의 합의가 없음을 원인으로 하는 경우에 한하고, 아울러 그 혼인무효가 한 쪽 당사자나 제3자의 범죄행위를 원인으로 하여 이루어짐으로써 그러한 정정사유 등이 기재되어 있는 가족관계등록부를 그대로 존치하여 공시하는 것이 사회통념상 이해관계인에게 현저하게 부당한 경우에 한정되는 것이므로, 이러한 가족관계등록부의 재작성신청을 함에 있어서는 혼인무효판결문과 그 확정증명서 및 그 혼인무효가 한 쪽 당사자나 제3자의 범죄행위로 인한 것임을 소명하는 서면을 첨부하여야 할 것이다. 그중 "혼인무효가 한 쪽 당사자나 제3자의 범죄행위로 인한 것임을 소명하는 서면"으로는 형사판결문이나 검사의 기소유예처분결정문 등을 들 수 있을 것이고, 그 밖에 형사고소 또는 고발을 하였으나 기소중지 상태에 있거나 공소권이 없다는 사실을 증명하는 서면을 제출할 수도 있을 것이지만 당사자 간의 사유서의 제출만으로는 불가하고, 형사고소 또는 고발을 하지 아니한 경우에는 이러한 제도를 이용할 수 없다(가족관계등록선례 제201202-1호).

제4조(가족관계등록부 재작성의 승인신청)
① 가족관계등록부상의 이해관계인으로부터 제3조의 가족관계등록부 재작성신청을 받은 시(구)·읍·면의 장은 관할 가정법원장(지방법원장)에게 별지 제2호 서식에 의한 가족관계등록부 재작성 승인신청을 하여야 한다. 다만 제3조 제1항 단서의 경우에는 등록부 정정 절차를 완료한 후에 그 승인신청을 하여야 한다.
② 승인신청서에는 제3조의 재작성신청서(첨부서면을 포함)의 사본을 첨부하여야 한다.

제5조(가족관계등록부 재작성의 승인 등 절차)
① 제2조 제1호부터 제4호까지 및 제6호(직권에 의한 재작성을 포함)의 사유로 인한 가족관계등록부 재작성의 경우에 시(구)·읍·면의 장은 감독법원에 재작성의 방법에 관한 승인요청을 하여야 하며, 승인요청을 받은 감독법원은 즉시 필요한 조사를 하여야 하고, 가정법원장(지방법원장)은 재작성에 관한 승인을 한 후, 승인신청을 한 시(구)·읍·면의 장에게 승인통지를 하여야 한다.

> 행정법상 처분이라 함은 공권력의 행사로서 국민의 권리, 의무에 대해서 직접적인 변동을 초래하는 작용을 의미하므로, 가정법원이 등록관서에 불승인 통지를 한 경우, 이러한 불승인 통지를 등록관서가 그대로 신청인에게 통보하는 행위는 직접성이 있다고 볼 수 없어 이를 「가족관계의 등록 등에 관한 법률」 제109조상의 "처분"이라고 볼 수 없다. 따라서 재작성 신청인에 대한 등록관서의 불승인 결정 통보는 이를 신청에 대한 불수리"처분"으로 볼 수 없으므로 이를 「가족관계의 등록 등에 관한 법률」상의 불복절차로 다툴 수 없다. 결국 현행 가족관계등록 법령상에는 재작성 불승인에 대해서 다툴 방법이 없다(가족관계등록선례 제201308-1호).

② 제2조 제5호의 사유로 인한 가족관계등록부 재작성은 다음의 규정에 따른다.
　가. 법원행정처장은 가족관계등록부의 등록전산정보자료와 등록전산정보부본자료의 각 일부 또는 전부가 동시에 손상되어 「가족관계의 등록 등에 관한 규칙」 제20조에 따른 멸실고시를 하여야 할 경우에는 「가족관계등록사무의 문서 양식에 관한 예규」 별지 제13호 서식에 의하여 손상된 가족관계등록부의 등록기준지를 관할하는 시(구)·읍·면의 게시판에 1개월 이상 게시하며, 이와 함께 다음 각 호의 어느 하나의 방법으로 고시하여 손상된 가족관계등록부에 관한 이해관계인들에 대하여 가족관계등록부 재작성에 필요한 소명자료들을 신고하도록 한다.
　　㉮ 법원게시판 게시
　　㉯ 관보 또는 일간신문 게재
　　㉰ 전자통신매체를 이용한 고시
　나. 법원행정처장은 「가족관계의 등록 등에 관한 규칙」 제20조에 따른 멸실고시를 한 때에는 해당 가족관계등록부가 「가족관계의 등록 등에 관한 법률」 부칙 제3조에 따라 호적전산자료를 바탕으로 작성된 것일 때에는 작성의 바탕이 되었던 호적의 본적지를 관할하는 시(구)·읍·면의 장에 대하여 그 시(구)·읍·면에 보관하고 있는 재작성에 필요한 자료(제적 등의 사본)들을 송부하도록 하게 하며, 시(구)·읍·면의 장은 위 재작성에 필요한 자료 및 손상된 가족관계등록부에 관한 이해관계인들로부터 제출된 별지 제3호 서식의 멸실회복신고서를 법원행정처에 송부하여야 한다.
　다. 법원행정처는 시(구)·읍·면의 장으로부터 송부 받은 제적 등의 사본 및 신고자료, 법원이 보유하고 있는 등록전산정보자료 등을 바탕으로 전산정보처리조직상의 손상된 가족관계등록부를 재작성한다.
　라. 위 "가"부터 "다"까지에도 불구하고 법원행정처장은 가족관계등록부의등록전산정보자료와 등록전산정보부본자료의 일부에 손상이 발생하였고, 해당 가족관계등록부의 등록기준지 관할 시(구)·읍·면의 장이 재작성하는 것이 업무처리의 효율을 기할 수 있다고 판단되는 때에는 해당 시(구)·읍·면의 장이 재작성하게 할 수 있으며, 이때 "다"의 재작성에 필요한 자료는 바로 해당 시(구)·읍·면에 송부되도록 조치할 수 있다. 다만, 이 경우 가정법원장(지방법원장)의 승인에 관하여는 제1항을 준용한다.

제6조(가족관계등록부 재작성의 방법)
① 가족관계등록부 재작성시 이기범위는 제2조 중 제5호를 제외하고는 정정이 된 해당 가족관계등록부 기록사항과 그 정정에 관한 기록은 이를 이기하지 아니하되, 나머지 기록사항은 모두 그대로 이기한다.
② 가족관계등록부 재작성을 완료한 후, 기록되어야 할 사항을 빠뜨린 것을 발견한 경우에 폐쇄등록부 등의 재작성자료가 있는 때에는 시(구)·읍·면의 장이 「가족관계의 등록 등에 관한 법률」 제18조 제2항에 따라 감독법원의 허가를 받아 직권으로 기록하고, 위 재작성자료가 없는 때에는 이해관계인 또는 사건본인이 「가족관계의 등록 등에 관한 법률」 제104조 및 제105조에 따라 가정법원의 허가를 받아 등록부 정정을 신청할 수 있다.
③ 가족관계등록부를 재작성한 경우에는 가족관계등록부사항란에 재작성사유를 기록하여야 한다.
④ 제2조 제1호부터 제4호까지 및 제6호(직권에 의한 재작성을 포함)의 사유로 가족관계등록부 재작성의 절차를 완료한 때에는 기존의 가족관계등록부에 폐쇄의 표시를 한 후 폐쇄등록부로서 관리한다.
⑤ 등록사항별증명서의 재작성 기재례는 가족관계등록실무자료집(기재편) 참조

제7조(재작성한 가족관계등록부 목록의 송부와 조사)
① 제2조 제1호부터 제4호까지 및 제6호(직권에 의한 재작성을 포함)까지의 사유로 시(구)·읍·면의 장이 가족관계등록부를 재작성한 때에는 재작성으로 인하여 폐쇄된 가족관계등록부와 재작성으로 인하여 새로 작성된 가족관계등록부의 목록을 작성하여 다음 달 10일까지 감독법원에 송부하여야 한다.
② 위 목록을 송부 받은 감독법원은 재작성으로 인하여 폐쇄된 가족관계등록부와 재작성으로 인하여 새로 작성된 가족관계등록부를 전산정보처리조직을 통해 대조하여 재작성이 올바로 이루어졌는지를 조사하고 잘못된 점이 있으면 시정 조치하여야 한다(「가족관계의 등록 등에 관한 규칙」 제70조).

제8조(재작성 절차를 완료한 기존의 가족관계등록부에 대한 증명서 청구의 가부)
① 제2조 제1호부터 제3호까지의 사유로 재작성 절차가 완료되어 폐쇄등록부로 관리하게 된 기존의 가족관계등록부에 대하여는 증명서를 발급할 수 없다.
② 재작성 절차의 완료로 폐쇄등록부로 관리하게 된 제1항의 가족관계등록부에는 그 가족관계등록부사항란에 "「대법원 가족관계등록예규」 제41호에 따른 폐쇄로 증명서 발급불가"라는 문구를 기록한 후 폐쇄등록부로 관리한다.

등록부·폐쇄등록부

제1절 가족관계등록부

제2절 폐쇄등록부

01 가족관계등록부의 폐쇄에 관한 다음 설명 중 가장 옳지 않은 것은? 2023년

① 본인이 사망하거나 실종선고·부재선고를 받은 때, 국적을 이탈하거나 상실한 때, 가족관계등록부가 이중으로 작성된 경우, 가족관계등록부가 착오 또는 부적법하게 작성된 경우, 정정된 가족관계등록부가 이해관계인에게 현저히 부당하다고 인정되어 재작성하는 경우에는 가족관계등록부를 폐쇄한다.
② 동일한 사람이 성명이나 출생연월일의 일부 또는 전부를 달리하여 2개 이상의 가족관계등록부가 있음이 명백히 밝혀진 경우에는 시(구)·읍·면의 장은 가족관계의 등록 등에 관한 법률 제18조에 따른 감독법원의 허가를 받아 직권으로 그 등록부를 폐쇄할 수 있다.
③ 가족관계등록부가 이중으로 작성되어 폐쇄하는 경우에는 착오로 작성된 가족관계등록부를 폐쇄하여야 하고, 폐쇄할 가족관계등록부를 당사자가 임의로 선택할 수 없다.
④ 적법한 출생신고에 의하여 가족관계등록부가 작성된 사람이 가족관계등록창설을 하여 이중으로 가족관계등록부가 작성된 경우, 가족관계등록창설에 의하여 작성된 가족관계등록부에 그 기록사항이 적법하게 기록된 경우에는 등록부 정정에 의하여 가족관계등록창설에 의하여 작성된 가족관계등록부를 폐쇄함과 동시에 적법한 가족관계등록부에 그 기록사항을 이기하는 정정절차를 거쳐 정리할 수 있다.
⑤ 시(구)·읍·면의 장이 가족관계등록부를 폐쇄하는 때에는 가족관계등록부사항란 및 특정등록사항란에 그 취지와 사유를 기록하고, 등록사항별 증명서를 발급하는 경우에는 증명서의 우측상단에 "폐쇄"라고 표시한다.

[❶ ▶ O] 가족관계등록법 제11조 제2항, 동 규칙 제17조 제2항

> **가족관계등록법 제11조(전산정보처리조직에 의한 등록사무의 처리 등)**
> ② 본인이 사망하거나 실종선고·부재선고를 받은 때, 국적을 이탈하거나 상실한 때 또는 그 밖에 대법원규칙으로 정한 사유가 발생한 때에는 등록부를 폐쇄한다.
>
> **가족관계의 등록 등에 관한 규칙 제17조(등록부의 작성과 폐쇄)**
> ② 등록부가 법 제11조 제2항에 규정된 사유 이외에 다음 각 호의 어느 하나에 해당하는 경우에는 이를 폐쇄한다.
> 　1. 이중으로 작성된 경우
> 　2. 착오 또는 부적법하게 작성된 경우
> 　3. 정정된 등록부가 이해관계인에게 현저히 부당하다고 인정되어 재작성하는 경우

[❷ ▶ O] 동일한 사람이 성명이나 출생연월일의 일부 또는 전부를 달리하여 2개 이상의 등록부가 있음이 명백히 밝혀진 경우에는 시·읍·면의 장은 법 제18조에 따른 감독법원의 허가를 받아 직권으로 그 등록부를 폐쇄할 수 있다(가족관계의 등록 등에 관한 규칙 제59조).

[❸ ▶ O] 이중가족관계등록부의 폐쇄는 착오된 가족관계등록부를 폐쇄하여야 하고 당사자가 임의로 택일할 수 없다(가족관계등록예규 제425호 1.).

[❹ ▶ O] 적법한 출생신고에 의하여 가족관계등록부가 작성된 사람이 가족관계등록창설을 하여 이중으로 가족관계등록부가 작성된 경우, 가족관계등록창설에 의하여 작성된 가족관계등록부에 그 기록사항이 적법하게 기록된 경우에는 등록부 정정에 의하여 가족관계등록창설에 의하여 작성된 가족관계등록부를 폐쇄함과 동시에 적법한 가족관계등록부에 그 기록사항을 이기하는 정정절차를 거쳐 정리할 수 있다(가족관계등록예규 제247호).

[❺ ▶ ×] 시·읍·면의 장이 제17조 제2항에 따라 등록부를 폐쇄하는 때에는 가족관계등록부사항란 및 일반등록사항란에 그 취지와 사유를 기록하고, 등록사항별 증명서를 발급하는 경우에는 증명서의 우측상단에 "폐쇄"라고 표시한다(가족관계의 등록 등에 관한 규칙 제65조).

답 ❺

제3절　부본자료의 작성

제4절　가족관계등록부의 재작성에 관한 사무처리

CHAPTER 07 등록부 등의 공개

제1절 서론

1. 등록부 등의 공개방법

등록부 등의 공개방법으로는 5종의 증명서 제도, 신고서류의 열람, 제적부의 열람 또는 등·초본의 교부, 법원에 보관되어 있는 신고서류와 종전의 호적용지로 작성된 호적·제적 부본의 열람 등이 있다.

2. 개인정보의 공개 최소화

가족관계등록법은 각 신분사항별, 증명 목적별로 세분하여 필요한 정보만을 공시하는 증명서 발급제도를 채택하여 불필요한 개인정보공개를 최소화하고 있다.

3. 전자적 방법에 의한 열람가능

본인 또는 배우자, 부모, 자녀는 대법원규칙으로 정하는 바에 따라 등록부등의 기록사항의 전부 또는 일부에 대하여 전자적 방법에 의한 열람을 청구할 수 있다(가족관계등록법 제14조 제7항). 인터넷에 의한 등록부등의 기록사항 열람, 등록사항별 증명서 발급, 제적부의 열람 및 제적 등·초본 발급 수수료는 무료이다(가족관계등록규칙 제28조 제2항).

제2절 등록사항별 증명서

1. 등록사항별 증명서 발급제도의 특징

(1) 목적별 다양한 증명서

① 현행법상 등록사항별 증명서는 가족관계증명서, 기본증명서, 혼인관계증명서, 입양관계증명서, 친양자입양관계증명서 등 총 5종이 존재한다(가족관계등록법 제15조 제1항).
② 불필요한 개인정보의 노출로 인한 부작용을 방지하기 위하여 등록사항별 증명서별로 일반증명서, 상세증명서, 특정증명서로 발급하도록 하고 있다.
③ 이 중 특정증명서는 해당 증명서의 상세증명서 기재사항 중 신청인이 대법원규칙으로 정하는 바에 따라 선택한 사항을 기재하여 발급하도록 한 것인데(가족관계등록법 제15조 제4항), 현재 특정증명서는 가족관계증명서, 기본증명서, 혼인관계증명서에 대하여만 발급하고 있다(가족관계등록규칙 제21조의2).

(2) 교부 청구 및 교부·열람의 제한

① 본인 또는 배우자, 직계혈족(이하 "본인등"이라 한다)은 제15조에 규정된 등록부등의 기록사항에 관하여 발급할 수 있는 증명서(이하 "등록사항별 증명서"라 한다)의 교부를 청구할 수 있고, 본인등의 대리인이 청구하는 경우에는 본인 등의 위임을 받아야 한다. 다만, ㉠ 국가 또는 지방자치단체가 직무상 필요에 따라 문서로 신청하는 경우, ㉡ 소송·비송·민사집행의 각 절차에서 필요한 경우, ㉢ 다른 법령에서 본인 등에 관한 증명서를 제출하도록 요구하는 경우, ㉣ 그 밖에 대법원규칙으로 정하는 정당한 이해관계가 있는 사람이 신청하는 경우에는 본인 등이 아닌 경우에도 교부를 신청할 수 있다(가족관계등록법 제14조 제1항). 주의할 것은 형제자매라는 이유만으로는 등록사항별 증명서를 발급받을 수 없다는 점이다.
② 친양자입양관계증명서는 ㉠ 친양자가 성년이 되어 신청하는 경우, ㉡ 혼인당사자가 「민법」 제809조의 친족관계를 파악하고자 하는 경우, ㉢ 법원의 사실조회촉탁이 있거나 수사기관이 수사상 필요에 따라 문서로 신청하는 경우, ㉣ 「민법」 제908조의4에 따라 친양자 입양의 취소를 하거나 「민법」 제908조의5에 따라 친양자의 파양을 할 경우, ㉤ 「국내입양에 관한 특별법」 제28조 제1항 또는 「국제입양에 관한 법률」 제25조 제1항 본문에 따라 입양의 취소를 할 경우, ㉥ 친양자의 복리를 위하여 필요함을 구체적으로 소명하여 신청하는 경우, ㉦ 그 밖의 대법원예규가 정하는 정당한 이유가 있는 경우 중 어느 하나에 해당하는 경우에 한하여 교부를 청구할 수 있다(가족관계등록법 제14조 제2항, 가족관계등록규칙 제23조 제3항).
③ 본인·배우자·직계혈족 이외의 사람이 등록사항별 증명서 중 가족관계증명서를 교부받고자 하는 경우에는 가족관계증명서가 필요한 이유를 별도로 밝혀야 한다(가족관계등록규칙 제22조 제3항).
④ 시(구)·읍·면의 장은 증명서의 교부 청구가 등록부에 기록된 사람에 대한 사생활의 비밀을 침해하는 등 부당한 목적에 의한 것이 분명하다고 인정되는 때에는 증명서의 교부를 거부할 수 있다(가족관계등록법 제14조 제4항).

⑤ 등록사항별 증명서를 제출할 것을 요구하는 자는 사용목적에 필요한 최소한의 등록사항이 기록된 일반증명서 또는 특정증명서를 요구하여야 하며, 상세증명서를 요구하는 경우에는 그 이유를 설명하여야 한다. 제출받은 증명서를 사용목적 외의 용도로 사용하여서는 아니 된다(가족관계등록법 제14조 제5항).

⑥ 「가정폭력범죄의 처벌 등에 관한 특례법」 제2조 제5호에 따른 피해자(가정폭력피해자) 또는 그 대리인은 가정폭력피해자의 배우자 또는 직계혈족을 지정(교부제한대상자)하여 시·읍·면의 장에게 가정폭력피해자 본인의 등록사항별 증명서의 교부를 제한하거나 그 제한을 해지하도록 신청할 수 있고, 시(구)·읍·면의 장은 이에 따른 신청을 받은 때에는 교부제한대상자 또는 그 대리인에게 가정폭력피해자 본인의 등록사항별 증명서를 교부하지 아니할 수 있다(가족관계등록법 제14조 제8항, 제9항).

⑦ 가정폭력피해자 또는 대리인이 지정한 교부제한대상자에게는 가정폭력피해자 본인의 등록부등의 기록사항을 열람하게 하지 아니한다(가족관계등록법 제14조 제10항).

⑧ 교부제한대상자에 대하여 교부, 열람 등이 제한되는 범위는 ㉠ 가정폭력피해자를 본인으로 하는 법 제15조의 등록사항별 증명서 전부, ㉡ 가정폭력피해자를 본인으로 하는 등록부등의 기록사항 전부이다(가족관계등록규칙 제25조의3 제2항).

가족관계등록예규 제615호[가정폭력피해자 증명서 등에 관한 개인정보보호 및 그 불복절차에 관한 사무처리지침]

제1장 총 칙

제1조(목적)
이 예규는 「가족관계의 등록 등에 관한 법률」(이하 "법"이라 한다) 제14조 제8항부터 제11항까지 및 법 제14조의2 제3항, 법 제15조의2 및 「가족관계의 등록 등에 관한 규칙」(이하 "규칙"이라 한다) 제19조 제2항, 규칙 제21조 제9항, 규칙 제21조의2 제5항, 규칙 제21조의3 제1항, 규칙 제25조 제2항, 규칙 제25조의2 제3항, 규칙 제25조의3, 규칙 제27조 제1항, 규칙 제72조 제1항 등에 따라 가정폭력피해자의 개인정보보호 절차에 관하여 필요한 사항을 정함을 목적으로 한다.

제2조(가정폭력피해자의 개인정보보호 신청 및 그 해지신청)
① 가정폭력피해자 또는 그 대리인은 가정폭력피해자의 등록기준지 또는 주소지나 현재지의 시(구)·읍·면의 사무소에 출석하여 그 시(구)·읍·면의 장에게 가정폭력피해자에 대한 개인정보보호의 신청을 할 수 있다.
② 제1항의 신청은 별지 제1호 서식에 따른 신청서에 가정폭력피해자의 배우자 또는 직계혈족 중 가정폭력피해자가 지정하는 사람을 교부·공시제한대상자자로 지정하여야 한다. 교부·공시제한대상자에는 배우자 또는 직계혈족이었던 사람도 지정할 수 있다.
③ 제1항의 신청에는 다음 각 호 어느 하나에 해당하는 소명자료를 제출하여야 한다.
  1. 「가정폭력방지 및 피해자보호 등에 관한 법률」 제5조에 따라 설치된 가정폭력 관련 상담소의 장 또는 같은 법 제4조의6에 따라 설치된 긴급전화센터의 장이 발급한 상담사실확인서
  2. 「가정폭력방지 및 피해자보호 등에 관한 법률」 제7조에 따라 설치된 가정폭력피해자 보호시설의 장이 발급한 가정폭력피해자 보호시설 입소 확인서 또는 같은 법 제4조의6에 따라 설치된 긴급전화센터의 장이 발급한 긴급피난처 입소 확인서
  3. 「범죄피해자 보호법」 제7조에 따라 설치된 보호시설의 장이 발급한 상담사실확인서 또는 입소 확인서
  4. 「성폭력방지 및 피해자보호 등에 관한 법률」 제10조에 따라 설치된 성폭력피해상담소의 장 또는 같은 법 제18조에 따라 설치된 성폭력피해자통합지원센터의 장이 발급한 상담사실확인서
  5. 「성폭력방지 및 피해자보호 등에 관한 법률」 제12조에 따라 설치된 성폭력피해자보호시설의 장이 발급한 성폭력피해자 보호시설 입소 확인서

6. 「한부모가족지원법」 제19조에 따라 설치된 일시지원복지시설의 장이 발급한 일시지원복지시설 입소 확인서
7. 「노인복지법」 제39조의5 제2항에 따라 설치된 지역노인보호전문기관의 장이 발급한 상담사실확인서
8. 「노인복지법」 제39조의19에 따라 설치된 학대피해노인 전용쉼터의 장이 발급한 학대피해노인 전용쉼터 입소 확인서
9. 「아동복지법」 제15조에 따라 보호조치를 실시한 시·도지사 또는 시장·군수·구청장이 발급한 피해아동 보호사실 확인서
10. 「아동보호심판규칙」 제3조에 따른 임시조치결정서, 보호처분결정서, 임시보호명령결정서 또는 피해아동보호명령결정서의 등본 또는 초본
11. 「주민등록법」 제7조의4 제1항 제3호 라목에 따른 피해자에 대한 주민등록번호 변경 결정 통지서
12. 「가정보호심판규칙」 제3조에 따른 임시조치결정서, 임시보호명령결정서 또는 피해자보호명령결정서의 등본 또는 초본
13. 「검찰사건사무규칙」 제103조 제1항에 따른 고소·고발사건 결정결과통지서
14. 「검찰사건사무규칙」 제119조 제2항에 따른 사건결정결과 증명서
15. 확정된 법원의 판결문 등본
16. 「경찰수사규칙」 제97조 제2항에 따른 수사결과통지서

④ 가정폭력피해자 본인이 제1항에 따른 신청을 하려면 시(구)·읍·면의 장에게 본인의 주민등록증·운전면허증·여권 등의 신분증명서를 제시하여야 하고, 가정폭력피해자의 대리인이 제1항에 따른 신청을 하려면 시(구)·읍·면의 장에게 가정폭력피해자 본인의 위임장 및 신분증명서 사본을 제출하여야 한다. 다만, 가정폭력피해자의 법정대리인이 법정대리인임을 소명하는 자료를 제출하면서 신청하는 경우 가정폭력피해자 본인의 위임장 및 신분증명서 사본을 제출하지 아니할 수 있다.

⑤ 가정폭력피해자가 의사능력 있는 미성년자이거나 제1항에 따른 신청의 성질 및 효과를 이해할 능력이 있음을 증명할 수 있는 진단서를 첨부한 피성년후견인의 경우 단독으로 제1항에 따른 신청을 할 수 있다.

⑥ 가정폭력피해자 또는 그 대리인은 제1항에 따른 신청 후에 시(구)·읍·면의 장에게 교부·공시제한대상자를 추가 신청할 수 있고, 이 경우 제1항부터 제5항까지를 준용한다.

⑦ 가정폭력피해자 또는 그 대리인은 가정폭력피해자의 등록기준지 또는 주소지나 현재지의 시(구)·읍·면의 장에게 별지 제2호 서식에 따라 다음 각 호의 개인정보보호 해지신청을 할 수 있다. 이 경우 제4항, 제5항을 준용한다.
1. 교부·공시제한대상자 중 일부에 대한 해지
2. 교부·공시제한대상자 전부에 대한 해지(개인정보보호 신청 전부의 해지)

제3조(시(구)·읍·면장의 전산등록 및 특종신고서류편철 보존)
① 시(구)·읍·면의 장은 제2조에 따라 제출된 신청서를 가족관계등록문서건명부 및 특종신고서류 등 접수장에 접수하고, 다음 각 호에 따라 처리한 후 특종신고서류편철장에 편철하여 보존한다.
1. 전산정보처리조직에 가정폭력피해자 및 교부·공시제한대상자를 등록한다.
2. 가정폭력피해자 이외의 사람의 가족관계등록부에 가정폭력피해자에 관한 기록사항이 있는 경우, 가정폭력피해자에 관한 기록사항이 가려질 수 있도록 전산정보처리조직에 등록한다.
3. 교부·공시제한대상자 추가 신청을 접수한 경우에는 전산정보처리조직에 교부·공시제한대상자를 추가로 등록한다.
4. 교부·공시제한대상자 중 일부에 대한 해지 신청을 접수한 경우에는 즉시 전산정보처리조직에 해지대상인 교부·공시제한대상자의 등록의 해지를 등록한다.
5. 교부·공시제한대상자 전부(개인정보보호 신청 전부)에 대한 해지의 신청을 접수한 경우에는 즉시 전산정보처리조직에 해지(종국)처리를 하여야 한다.

② 가정폭력피해자, 교부·공시제한대상자의 인적사항이 변경되더라도(예 개명, 주민등록번호 변경, 생년월일 정정 등) 그 제한 신청사건은 해지(종국)처리하지 아니한다.

제2장 증명서에 대한 개인정보보호
제4조(증명서에 대한 개인정보보호의 방법)

① 교부·공시제한대상자 본인 및 공시제한대상자 본인의 배우자 및 직계혈족(이하 "교부·공시제한대상자본인등"이라 한다)에 대하여는 다음 각 호와 같이 처리한다.
   1. 가정폭력피해자 본인의 등록사항별 증명서 또는 등록부등의 기록사항 : 교부·공시제한대상자에게는 열람·교부·발급 자체의 금지
   2. 교부·공시제한대상자의 등록사항별 증명서 또는 등록부등의 기록사항 : 교부·공시제한대상자본인등에게는 가정폭력피해자에 관한 다음 각 목의 정보를 전산에 의하여 가리고('*'처리) 열람·교부·발급
      가. 특정등록사항·일반등록사항 중 가정폭력피해자의 성명, 출생연월일, 주민등록번호, 성별, 본에 관한 사항
      나. 가정폭력피해자의 출생, 사망, 국적상실에 관한 사항
      다. 그 밖에 위 각 목에 준하는 가정폭력피해자의 개인정보
   3. 교부·공시제한대상자의 배우자 또는 직계혈족으로서 가정폭력피해자가 아닌 사람의 등록사항별 증명서 또는 등록부등의 기록사항 : 교부·공시제한대상자에게는 제2호 각 목의 정보를 전산에 의하여 가리고('*'처리) 열람·교부·발급

② 영문증명서 또는 제적부에 대하여는 다음 각 호에 따라 처리한다.
   1. 영문증명서 : 교부·공시제한대상자본인등에게는 무인발급기 및 인터넷에 의한 열람·발급 자체를 금지하되, 방문 발급의 경우에는 제1항에 따라 처리
   2. 제적부 : 교부·공시제한대상자본인등에게는 무인발급기 및 인터넷에 의한 열람·발급 자체를 금지하되, 방문 발급에서 전산에 의하여 가림 처리('*'처리)가 되지 않는 경우에는 다음 각 목의 사항을 가리는 수작업의 조치(발급된 제적 등·초본에 기재된 가정폭력피해자의 개인정보에 접착식메모지, 접착식메모테이프, 라벨지 등을 부착하거나 기타 적절한 방법으로 가정폭력피해자의 정보를 알아볼 수 없도록 처리하는 것을 말한다)를 한 후 복사하여 신청인에게 교부
      가. 제1항 제2호 각 목에 준하는 가정폭력피해자의 개인정보
      나. 보이스바코드 및 진위 여부 확인용 발급번호

③ 제2항 제2호에 따라 제적 등·초본에 수작업 조치를 한 경우에는, 시(구)·읍·면의 장은 제2항의 조치를 취한 사본의 말미에 "원본의 내용과 다름이 없음, 시(구)·읍·면의 장 ○○○"이라 기재하고, 그 직인을 찍어야 한다.

④ 가정폭력피해자가 외국인으로서 가족으로 기록된 경우에는 전산화 정도를 고려하여 위 각 항의 조치를 취하지 아니할 수 있다.

⑤ 출생신고의 신고인이 교부·공시제한대상자이고 나머지 부 또는 모가 가정폭력피해자인 경우에는 규칙 제36조의2 제1항 제2호에 따른 전자문서를 이용한 출생신고에서 가정폭력피해자의 인적사항이 제공되지 아니하여 전자문서를 이용한 출생신고를 이용할 수 없다.

제5조(교부·공시제한대상자가 민법상 법정대리인 등의 경우에도 보호조치의 적용)

교부·공시제한대상자본인등이 다음 각 호에 해당하는 경우에도 규칙 제19조 제2항 단서에 따라 이 예규 제4조와 같이 개인정보보호 조치를 하되, 법 제111조의 가정법원의 결정에 따라 해지된 경우에는 교부 등을 허용한다.
   1. 「민법」상의 법정대리인(미성년후견인, 성년후견인, 대리권을 수여받은 한정·특정후견인, 유언집행자, 상속재산관리인, 부재자재산관리인 등)이 이를 소명하는 자료와 신청인의 신분증명서를 첨부한 때
   2. 채권·채무 등 재산권의 상속과 관련하여 상속인의 범위를 확인하기 위해서 등록사항별증명서가 필요한 경우로서 이를 소명하는 자료와 신청인의 신분증명서를 첨부한 때
   3. 보험금 또는 연금의 수급권자를 결정하기 위하여 신청대상자에 대한 등록사항별증명서가 필요한 때
   4. 「공익사업을 위한 토지 등의 취득 및 보상에 관한 법률」에 따른 공익사업을 수행하는 때에 토지 등의 소유자의 상속인을 확인할 필요가 있는 때

제3장 신고서류 및 각종 증명에 대한 개인정보보호

제6조(신고서류의 열람 등의 경우 교부·공시제한대상자의 확인)
시(구)·읍·면의 장 또는 법원의 관계공무원은 다음 각 호의 열람·증명 청구가 접수된 때에는 전산정보처리조직을 통하여 그 청구인이 교부·공시제한대상자본인등인지를 확인하여야 한다.
1. 법 제42조 제2항 및 규칙 제27조에 따른 신고서류의 열람
2. 법 제42조 제4항 및 규칙 제72조에 따른 신고서류의 열람
3. 법 제42조 제2항 및 규칙 제27조에 따른 기재사항 증명
4. 규칙 제48조에 따른 신고의 수리 또는 불수리의 증명서
5. 그 밖에 개인정보가 기재된 각종 증명 청구

제7조(신고서류 등에 대한 개인정보보호 방법)
① 열람·증명 청구인이 교부·공시제한대상자본인등인 경우에는 다음 각 호에 따라 처리한다.
1. 제6조 제1호 및 제2호의 신고서류
   가. 가정폭력피해자에 대한 개인정보가 포함된 경우 : 열람을 금지하되, 법 제111조에 따른 가정법원의 결정으로 열람이 허용된 경우에는 열람 허용
   나. 가정폭력피해자에 대한 개인정보가 포함되어 있지 않은 경우 : 열람의 허용
2. 제6조 제3호부터 제5호까지의 기재사항 등 : 증명은 허용하되, 그 증명서에 가정폭력피해자의 개인정보가 기재되는 경우 그 정보는 전산 또는 수작업으로 가리거나('*'처리), 기재하지 않고 처리
② 가정폭력피해자가 외국인으로서 가족으로 기록된 경우에는 전산화 정도를 고려하여 제1항의 조치를 취하지 아니할 수 있다.

제4장 제한 사유의 고지 및 불복절차

제8조(교부·공시제한대상자본인등에 대한 제한 사유의 고지 등)
제4조 또는 제7조에 따라 개인정보보호 조치를 취한 경우, 교부·공시제한대상자본인등에게 다음 각 호의 방법으로 개인정보보호 신청에 따라 제한된다는 취지 등을 고지하여야 한다.
1. 방문 청구 : 별지 제3호 서식의 교부
2. 무인발급기 또는 인터넷 청구 : 팝업창 등 적절한 방법(영문증명서 또는 제적부의 경우에는 가림처리된 상태에서 방문 발급은 허용된다는 취지 포함)

제9조(교부·공시제한대상자의 불복)
① 교부·공시제한대상자는 제4조 또는 제7조에 따른 개인정보보호 조치에 대하여 법 제109조에 따라 관할 가정법원[교부·공시제한대상자에게 증명서의 발급·교부 등을 하지 아니하거나 가정폭력피해자의 정보가 가림 처리된 증명서 등의 발급·교부 등을 한 시(구)·읍·면을 관할하는 법원을 말한다]에 불복의 신청을 할 수 있다.
② 제1항의 불복 신청을 담당하는 가정법원은 가정폭력피해자의 개인정보가 공개되지 아니하도록 주의하여야 한다.
③ 제1항의 불복 신청을 담당하는 가정법원으로부터 사실조회 또는 문서제출명령 등을 받은 법원행정처장 또는 시(구)·읍·면의 장이 그에 대한 회신을 함에 있어 그 회신을 전자적으로 회신하여서는 안 되고 우편을 통한 서면으로 제출하여야 하며, 그 회신을 받은 가정법원은 즉시 그 서면에 가정폭력피해자의 개인정보가 기재되어 있는지 여부를 확인하여 그러한 개인정보가 있을 경우 적절한 보호조치를 취하여야 한다.
④ 제1항의 불복 신청이 이유 있을 경우, 관할 가정법원은 다음 각 호의 결정을 할 수 있다.
1. 교부·공시제한대상자 중 일부에 대한 해지
2. 교부·공시제한대상자 전부에 대한 해지(개인정보보호 신청 전부의 해지)

⑤ 법 제111조 제2항에 따라 처분을 명하는 결정을 송달받은 시(구)·읍·면의 가족관계등록공무원은 그 결정의 내용에 따라 다음 각 호와 같은 처리를 하여야 한다.
 1. 결정의 내용이 교부·공시제한대상자 중 일부에 대한 해지를 명하는 경우, 전산정보처리조직에 해지대상인 교부·공시제한대상자의 등록의 해지를 등록하고, 가정폭력피해자에게 별지 제4호 서식에 의하여 통지
 2. 결정의 내용이 교부·공시제한대상자 전부에 대한 해지(개인정보보호 신청 전부의 해지)를 명하는 경우, 전산정보처리조직에 해지(종국) 처리하고, 가정폭력피해자에게 별지 제5호 서식에 의하여 통지
⑥ 법 제111조 제2항에 따라 처분을 명하는 결정서는 가족관계등록문서건명부 및 특종신고서류 등 접수장에 접수하고, 특종신고서류편철장에 편철하여 보존한다.

(3) 증명서의 교부기관

1) 시(구)·읍·면의 장

증명서의 발급은 원칙적으로 시(구)·읍·면의 장의 명의로 각 등록관서에서 수행한다(가족관계등록법 제3조 제1항·제2항 참조).

2) 동사무소에서의 증명서 등 발급

시장 또는 구청장은 그 소속의 동사무소에서 가족관계등록전산정보처리조직에 의하여 등록사항별 증명서 발급사무를 처리하고자 할 때에는 그 동사무소를 특정하고 사무담당자를 지정한 후 감독법원의 승인을 받아야 한다(가족관계등록예규 제289-3호 제2조 제1항).

3) 재외공관에서의 증명서 교부

① 법원행정처장이 정하는 재외공관은 증명서 교부신청의 접수와 교부사무를 처리할 수 있는데, 재외공관을 정하는 기준과 절차, 증명서 발급사무에 관한 업무처리절차 등 그 밖의 필요한 사항은 대법원예규로 정한다(가족관계등록규칙 제24조).
② 재외공관에서 전산정보처리조직을 이용한 등록사항별 증명서(제적 등·초본을 포함)의 발급은 교부 재외공관에 파견된 가족관계등록관 명의로 한다(가족관계등록예규 제622호 제1조, 제4조 제1항).
③ 법원행정처와 외교부의 시스템 연계 방식을 이용한 재외공관에서의 등록사항별 증명서(제적 등·초본을 포함)는 재외국민 가족관계등록사무소장 명의로 하고, 인증문에 재외공관장 직인을 부기하여 발급한다(가족관계등록예규 제623호 제4조). 본인, 배우자, 직계혈족(이하 이 조에서는 "본인등"이라 한다)은 이 예규에 따른 등록사항별 증명서 교부를 신청할 수 있다. 다만, 본인등의 대리인도 본인등의 위임을 받은 경우 신청할 수 있다(가족관계등록예규 제623호 제6조).

4) 무인증명서발급기에 의한 증명서 발급

① 시(구)·읍·면의 장은 신청인 스스로 입력하여 등록사항별 증명서를 발급받을 수 있는 장치(무인증명서발급기)를 이용하여 증명서의 발급사무를 처리할 수 있다. 이 경우 등록사항별 증명서 발급은 본인에게만 할 수 있으며, 그 본인임을 확인하는 절차를 거쳐야 한다(가족관계등록법 제14조의3, 가족관계등록규칙 제25조).
② 본인 확인 절차는 무인증명서발급기의 지문인식기에 손가락을 대어, 지문을 전자적으로 대조하는 방법에 의한다(가족관계등록예규 제579호 제4조).

③ 무인증명서발급기에 의한 가족관계등록부(폐쇄등록부를 포함) 등록사항별 증명서(제적 등·초본을 포함)는 친양자입양관계증명서 및 영문증명서를 제외한다(가족관계등록예규 제579호 제1조).
④ 무인증명서발급기에 의한 등록사항별 증명서 발급사무는 그 무인증명서발급기가 설치된 곳의 가족관계등록사무를 처리하는 시(구)·읍·면의 장이 관할한다(가족관계등록예규 제579호 제2조).

5) 인터넷에 의한 증명서 발급

① 등록부등의 기록사항 열람 및 등록사항별 증명서의 발급사무는 인터넷을 이용하여 처리할 수 있고, 이에 따른 열람 및 발급은 본인 또는 배우자, 부모, 자녀가 신청할 수 있다. 다만, 교부제한대상자 또는 공시제한대상자 본인등의 경우에는 가정폭력피해자의 교부·공시제한 신청·해지절차 및 범위에 따라 열람 등의 범위가 제한된다(가족관계등록규칙 제25조의2 제1항, 제3항).
② 인터넷에 의한 등록부등의 기록사항 열람 및 등록사항별 증명서의 발급사무는 중앙관리소에서 처리하고, 전산운영책임관이 이를 담당한다(가족관계등록규칙 제25조의2 제2항).

> **가족관계등록예규 제636호[인터넷에 의한 등록부등의 기록사항 열람 및 등록사항별 증명서 발급 등에 관한 업무처리지침]**
>
> **제1조(목적)**
> 이 예규는 인터넷을 이용한 등록부등의 기록사항 열람, 등록사항별 증명서 발급, 제적부(전산제적부, 이미지 전산제적부, 제적된 전산호적부 또는 이미지 전산호적부를 말한다. 이하 같다) 열람 및 제적 등·초본 발급사무 처리에 필요한 사항을 정함을 목적으로 한다.
>
> **제1조의2(가정폭력피해자에 대한 특례)**
> 「가정폭력범죄의 처벌 등에 관한 특례법」 제2조 제5호에 따른 피해자를 본인으로 하는 증명서 또는 피해자의 개인정보가 기재된 다른 사람의 증명서에 대하여는 「가정폭력피해자 증명서 등에 관한 개인정보보호 및 그 불복절차에 관한 사무처리지침」을 우선하여 적용한다.
>
> **제2조(서비스의 종류 및 발급 제한)**
> ① 인터넷으로 제공하는 서비스의 종류는 다음과 같다.
>   1. 등록부등의 기록사항 또는 제적부 열람 : 신청인은 인터넷을 통하여 등록부등의 기록사항 또는 제적부를 열람할 수 있다.
>   2. 등록사항별 증명서 또는 제적 등·초본 발급 : 신청인은 인터넷을 통하여 등록사항별 증명서 또는 제적 등·초본(전자문서를 포함)을 발급받을 수 있다.
>   3. 등록사항별 증명서 또는 제적 등·초본 발급내역의 확인 : 타인으로부터 등록사항별 증명서 또는 제적 등·초본을 교부받은 자는 인터넷을 통하여 그 발급내역을 확인할 수 있다.
> ② 법원행정처장은 인터넷에 의한 열람·발급이 적합하지 아니하다고 인정한 때에는 이를 제한할 수 있다.
>
> **제3조(서비스 제공시간)**
> 인터넷에 의한 서비스는 24시간 제공한다. 다만 전산정보처리조직의 점검 및 변경 작업시에는 필요한 범위 내에서 서비스를 제공하지 아니할 수 있다.
>
> **제4조(업무의 정지)**
> 법원행정처장은 서비스에 제공되는 설비에 장애가 발생하거나 기타 부득이한 사정이 있을 때에는 서비스의 전부 또는 일부를 일시적으로 정지하도록 할 수 있다.

제5조(열람·발급 범위 등)
① 인터넷에 의한 등록부등의 기록사항 열람 및 등록사항별 증명서의 발급은 본인 또는 배우자, 부모, 자녀(제적부 열람 및 제적 등·초본의 발급은 본인)가 신청할 수 있다. 다만 친양자입양관계에 관한 기록사항 열람 및 증명서의 발급은 친양자가 성년이 되어 신청하는 경우에 한한다.
② 제1항 단서에 따른 열람·발급 제한은 신청대상자 본인의 친양자입양 여부와 관계없이 적용된다.
③ 제1항의 경우 신청인 본인의 확인은 「가족관계의 등록 등에 관한 규칙」 제25조의2 제3항에 따른 전자서명 또는 「전자정부법」 제29조 제5항의 위임에 따라 발급된 인증서로 한다.

제6조(열람·발급 신청 방법)
① 인터넷에 의하여 열람·발급을 하는 경우에는 신청서의 제출을 요하지 아니한다.
② 인터넷에 의한 열람·발급 신청은 서비스 화면의 안내에 따라 다음의 사항을 입력 또는 선택하는 방식에 의한다.
  1. 신청인 정보
    가. 본인의 성명과 주민등록번호(재외국민의 경우에는 본인의 성명, 출생연월일 및 식별번호)
    나. 영문증명서의 경우 여권정보 활용에 관한 동의
  2. 추가 정보
    가. 등록부등의 기록사항 열람 및 등록사항별 증명서 발급
      본인의 부모, 배우자, 자녀 중 1명의 성명 또는 본인의 등록기준지
    나. 제적부 열람 및 제적 등·초본 발급
      호주의 성명 또는 본인의 본적(재외국인의 경우에는 호주의 성명과 본인의 본적)
  3. 신청대상자 정보(등록부등의 기록사항 열람 및 등록사항별 증명서 발급)
    신청대상자(본인 또는 배우자, 부모, 자녀)의 성명(또는 성명과 주민등록번호), 영문증명서의 경우 여권정보가 없는 부, 모 또는 배우자의 로마자성명
  4. 신청내용
    가. 열람하고자 하는 등록부등의 기록사항(제적부)의 종류
    나. 발급하고자 하는 등록사항별 증명서(제적 등·초본)의 종류
    다. 「가족관계의 등록 등에 관한 규칙」 제21조의2에 따른 특정증명서의 기재사항 선택
  5. 주민등록번호 공개신청 여부 : 전부 공개, 신청대상자 본인만 공개, 전부 비공개 중 어느 하나에 해당하는지 여부(다만, 이미지 전산제적부 및 제적된 이미지 전산호적부에 대하여는 전부 공개만 선택할 수 있다)
  6. 신청사유
  7. 삭제 〈2020.12.23. 제564호〉
③ 인터넷에 의하여 발급을 한 경우 신청인이 아포스티유 신청을 위해 외교부에 증명서 발급정보의 전송을 원하는 때에는 전자가족관계등록시스템을 통해 증명서 발급정보를 외교부에 전송할 수 있다.

제7조(주민등록번호 비공개)
제6조 제2항 제5호에 따라 신청인이 "신청대상자 본인만 공개" 또는 "전부 비공개"를 선택한 등록부 등의 기록사항 및 등록사항별증명서는 비공개 대상인 본인 또는 배우자, 부모, 자녀의 특정등록사항란 및 일반등록사항란에 기록(제적부 및 제적 등·초본은 비공개대상인 호주 또는 가족의 특정신분사항란 및 협의의 신분사항란에 기재)된 주민등록번호의 뒷부분 6자리 숫자를 가리고(예 080101-3＊＊＊＊＊＊＊) 열람·발급한다.

제8조(발급기관)
인터넷에 의한 등록사항별 증명서 또는 제적 등·초본의 발급은 법원행정처 전산정보중앙관리소 전산운영책임관 명의로 한다.

> **제9조(발급이력 등의 확인)**
> ① 타인으로부터 등록사항별 증명서 또는 제적 등·초본을 교부받은 자는 인터넷으로 등록사항별 증명서 또는 제적 등·초본의 발급이력(신청 구분, 종류, 발급일시 등) 및 진위 여부를 확인할 수 있다. 다만 무인증명서발급기를 통해 발급된 등록사항별 증명서 또는 제적 등·초본은 발급이력만 확인할 수 있다.
> ② 제1항에 따른 등록사항별 증명서 또는 제적 등·초본의 발급이력 확인은 서비스 화면의 안내에 따라 다음 중 어느 하나의 방식으로 한다.
>   1. 발행번호 입력
>   2. 신청인의 성명·주민등록번호 입력, 「가족관계의 등록 등에 관한 규칙」 제25조의2 제3항에 따른 전자서명
> ③ 제1항에 따른 발급내역의 확인은 발급일로부터 3월 이내에 한한다.
> ④ 제1항에 따른 제적 등·초본의 진위 여부 확인은 서비스 화면의 안내에 따라 발행번호, 호주의 출생연월일 및 신청인의 성명을 입력하는 방식으로 한다.
> ⑤ 제1항에 따른 발급이력 및 진위 여부 확인은 발급일부터 3개월까지 할 수 있다.
>
> **제10조(열람·발급통계표의 작성)**
> 법원행정처는 전산정보처리조직에 의하여 별지 서식의 열람·발급통계표를 작성하여야 한다.

2. 등록사항별 증명서의 작성방법

(1) 주민등록번호 일부 공시제한

시(구)·읍·면의 장은 등록사항별증명서를 교부할 때, 각 증명서의 본인 또는 가족의 주민등록번호란 및 일반등록사항란에 기록된 주민등록번호(외국인인 경우에는 외국인등록번호를 말한다. 이하 같다) 중 그 일부를 공시하지 아니할 수 있다(가족관계등록규칙 제23조 제1항, 제90조).

(2) 증명서의 작성방법

> **증명서의 작성방법의 일반사항(가족관계등록규칙 제21조)**
> ① 등록사항별 증명서에는 시·읍·면의 장의 직명(직무대리자의 경우에는 대리자격도 표시하여야 한다)과 성명을 기록한 후 그 직인을 찍어야 한다.
> ② 증명서에 공란이나 여백이 있는 때에는 그 뜻을 표시하여야 한다.
> ③ 증명서가 여러 장으로 이루어지는 때에는 각 장에 장수, 발행번호를 기록하고 각 장에 걸쳐 직인으로 간인하여야 한다.
> ④ 제1항 또는 제3항의 경우에는 인증기에 직인을 부착하여 인증할 수 있고, 자동천공방식으로 간인할 수 있다.
> ⑤ 본인, 부모(양부모 포함), 배우자, 자녀(양자 포함)의 가족관계등록부에 사망(실종선고·부재선고·국적상실 포함)사실이 기록된 경우에는 등록사항별 증명서의 사망한 사람의 성명란에 "사망(실종선고·부재선고·국적상실은 각 실종선고, 부재선고, 국적상실)"이 표시되어야 한다.
> ⑥ 가족관계증명서는 제5항의 경우를 제외하고는 증명서 교부 당시의 유효한 사항만을 모아서 발급한다. 다만, 법 제15조 제2항 제1호의 가족관계증명서는 성명란에 사망(실종선고·부재선고 포함)이 표시되어 있는 자녀(양자 포함)의 특정등록사항을 제외하고 발급한다.
> ⑦ 시·읍·면의 장은 청구인이 등록사항별 증명서 중 두 가지 이상을 동시에 청구하는 경우에 제1항부터 제6항까지에 따라 개별증명서로 발급하여야 한다.
> ⑧ 법원행정처장이 등록사항별 증명서의 기재례를 정한 때에는 그에 따라 증명서를 발급하여야 한다.

(3) 영문증명서의 발급

> **영문증명서의 발급(가족관계등록규칙 제21조의3)**
> ① 법 제15조 제5항에 따라 필요한 경우에는 영문으로 작성된 등록사항별 증명서(이하 "영문증명서"라 한다)를 발급할 수 있다. 다만, 교부제한대상자 또는 공시제한대상자 본인등의 경우에는 제25조의3에 따라 교부 등의 범위가 제한될 수 있다.
> ② 영문증명서의 기록사항은 다음 각 호와 같다.
>   1. 본인, 부모 및 배우자의 성명·성별·출생연월일 및 주민등록번호
>   2. 본인의 출생과 현재의 혼인에 관한 사항
> ③ 영문증명서는 로마자와 아라비아 숫자로 작성한다. 이 경우 제63조는 적용하지 아니한다.
> ④ 법원행정처장은 영문증명서의 작성에 필요한 경우 외교부장관에게 전산정보처리조직의 연계나 그 밖에 필요한 협조를 요청할 수 있다.
>
> **가정폭력피해자의 교부·공시제한 신청·해지절차 및 범위(가족관계등록규칙 제25조의3)**
> ④ 교부제한대상자 또는 공시제한대상자 본인 등에게는 영문증명서 및 제적부의 기록사항에 관하여 제25조의 무인증명서발급기 및 제25조의2의 인터넷에 의한 발급사무를 제공하지 아니한다.

① ㉠ 본인이 여권을 발급받은 사실이 없는 경우, ㉡ 본인이 혼인신고특례법에 따른 혼인신고를 한 경우, ㉢ 본인의 등록부가 폐쇄된 경우, ㉣ 부, 모 또는 배우자의 등록부가 폐쇄된 경우[다만, 사망(실종선고 및 부재선고를 포함)하거나 국적을 상실(이탈을 포함)하여 등록부가 폐쇄된 경우는 예외로 한다], ㉤ 등록부에 부, 모 또는 배우자가 2명 이상 기록된 경우, ㉥ 외국인인 부, 모 또는 배우자의 외국여권상 로마자성명이 소명되지 아니한 경우, ㉦ 등록부의 기록이 법률상 무효인 것이거나 그 기록에 착오 또는 누락이 있는 경우 중 어느 하나에 해당하는 사유가 있으면 영문증명서 발급이 제한될 수 있다(가족관계등록예규 제541호 제5조).

② 영문증명서에는 본인, 부모, 배우자의 성명·성별·출생연월일 및 주민등록번호와 본인의 출생과 현재의 혼인에 관한 사항이 기재된다. 그러나 자녀의 성명·성별·출생연월일 및 주민등록번호는 기록되지 않는다.

3. 증명서의 종류 및 기록사항 → 부록편 참조

(1) 가족관계증명서

1) 일반증명서

① 가족관계증명서에 대한 일반증명서의 기재사항은 ㉠ 본인의 등록기준지·성명·성별·본·출생연월일 및 주민등록번호, ㉡ 부모의 성명·성별·본·출생연월일 및 주민등록번호(입양의 경우 양부모를 부모로 기록한다. 다만, 단독입양한 양부가 친생모와 혼인관계에 있는 때에는 양부와 친생모를, 단독입양한 양모가 친생부와 혼인관계에 있는 때에는 양모와 친생부를 각각 부모로 기록한다), ㉢ 배우자, 생존한 현재의 혼인 중의 자녀의 성명·성별·본·출생연월일 및 주민등록번호이다(가족관계등록법 제15조 제2항 제1호).

② 외국인의 기록사항에 관하여는 성명·성별·출생연월일·국적 및 외국인등록번호를 기재하여 증명서를 발급하여야 한다(가족관계등록법 제15조 제1항).

> **가족관계등록예규 제498호[일반증명서의 작성 및 등록부의 정정방법에 관한 업무처리지침]**
> **제3조(가족관계증명서 중 제외사항)**
> 가족관계증명서(일반)는 다음의 기록사항을 제외하고 작성한다.
> 1. 특정등록사항란의 혼인 외의 자녀 또는 전혼 중의 자녀
> 2. 특정등록사항란의 사망한 자녀

2) 상세증명서

가족관계증명서에 대한 상세증명서의 기재사항은 가족관계증명서에 대한 일반증명서의 기재사항에 모든 자녀의 성명·성별·본·출생연월일 및 주민등록번호를 추가한 것이다(가족관계등록법 제15조 제3항 제1호).

3) 특정증명서

특정증명서는 해당 증명서의 상세증명서 기재사항 중 신청인이 대법원규칙으로 정하는 바에 따라 선택한 사항을 기재하는데(가족관계등록법 제15조 제4항), 가족관계증명서에 대한 특정증명서의 기재사항은 ① 본인의 성명·성별·출생연월일 및 주민등록번호, ② 부모, 배우자 및 자녀 중 신청인이 선택한 사람의 성명·성별·출생연월일 및 주민등록번호(사람을 복수로 선택할 수 있다), ③ 본인의 등록기준지, ④ 본인 및 제2호에 따라 신청인이 선택한 사람 전부의 본이다. 다만, ③, ④는 신청인이 기재사항으로 선택한 경우에 한한다(가족관계등록규칙 제21조의2 제2항).

4) 가족관계증명서의 특징

① 가족관계증명서에는 원칙적으로 등록기준지란과 특정등록사항란만이 존재하는 것이 원칙이다. 가족관계증명서에 일반등록사항란이 없는 이유는 그 자세한 변동사항은 다른 각 증명서의 일반등록사항란에 기재되어 있기 때문이다.

② 가족관계증명서는 증명서 교부 당시의 유효한 가족관계가 있는 사람을 표시하는 것을 원칙으로 한다. 다만, 사망, 국적상실, 실종선고, 부재선고의 사유는 친족관계를 종료시키는 것이 아니기 때문에 이러한 사유가 있는 가족들은 특정등록사항란에 그대로 남겨두고, 성명란에 그 사유가 표시되어 증명서로 발급된다. 물론, 가족관계증명서에 대한 일반증명서는 성명란에 사망(실종선고·부재선고 포함)이 표시되어 있는 자녀(양자 포함)의 특정등록사항을 제외하고 발급한다(가족관계등록규칙 제21조 제5항·제6항).

(2) 기본증명서

1) 일반증명서

기본증명서에 대한 일반증명서의 기재사항은 ① 본인의 등록기준지·성명·성별·본·출생연월일 및 주민등록번호, ② 본인의 출생, 사망, 국적상실에 관한 사항이다(가족관계등록법 제15조 제2항 제2호).

2) 상세증명서

기본증명서에 대한 상세증명서의 기재사항은 기본증명서에 대한 일반증명서의 기재사항에 국적취득 및 회복 등에 관한 사항을 추가한 것이다(가족관계등록법 제15조 제3항 제2호).

3) 특정증명서

기본증명서에 대한 특정증명서의 기재사항은 ① 본인의 성명·성별·출생연월일 및 주민등록번호, ② 출생·사망과 실종, 인지와 친생자관계 정정, 친권과 미성년후견(다만, 현재의 사항만을 선택할 수도 있다), 개명과 성·본 변경, 국적의 취득과 상실, 성별 등의 정정 중 신청인이 선택한 어느 하나에 관한 사항, ③ 본인의 등록기준지, ④ 본인의 본을 기재한다. 다만, ③, ④는 신청인이 기재사항으로 선택한 경우에 한한다(가족관계등록규칙 제21조의2 제3항).

4) 기본증명서의 특징

기본증명서에는 다른 증명서에는 없는 가족관계등록부사항란이 있다. 등록기준지란 아래에 있으며 등록기준지의 지정 또는 변경, 정정에 관한 사항, 가족관계등록부작성 또는 폐쇄에 관한 사항이 기록된다(가족관계등록규칙 제2조 제3호). 다만, 기본증명서에 대한 특정증명서에는 가족관계등록사항란이 없다.

(3) 혼인관계증명서

1) 일반증명서

혼인관계증명서에 대한 일반증명서의 기재사항은 ① 본인의 등록기준지·성명·성별·본·출생연월일 및 주민등록번호, ② 배우자의 성명·성별·본·출생연월일 및 주민등록번호, ③ 현재의 혼인에 관한 사항이다(가족관계등록법 제15조 제2항 제3호).

2) 상세증명서

혼인관계증명서에 대한 상세증명서의 기재사항은 혼인관계증명서에 대한 일반증명서의 기재사항에 혼인 및 이혼에 관한 사항을 추가한 것이다(가족관계등록법 제15조 제3항 제3호).

3) 특정증명서

혼인관계증명서에 대한 특정증명서의 기재사항은 ① 본인의 성명·성별·출생연월일 및 주민등록번호, ② 신청인이 선택한 과거의 혼인에 관한 사항, ③ 본인의 등록기준지, ④ 본인의 본을 기재한다. 다만, ③, ④는 신청인이 기재사항으로 선택한 경우에 한한다(가족관계등록규칙 제21조의2 제3항).

> **가족관계등록예규 제561호[특정증명서의 작성에 관한 업무처리지침]**
> 제4조(혼인관계증명서)
> ① 혼인관계증명서에 대한 특정증명서는 일반등록사항란의 기록 중에서 신청인이 선택한 과거의 배우자 한 사람과의 혼인에 관한 사항을 현출하고, 현재의 혼인에 관한 사항은 현출하지 아니한다.
> ② 제1항의 경우에 같은 배우자와 두 번 이상 혼인한 기록이 있는 때에는 신청인이 선택한 하나의 혼인에 관한 사항을 현출한다.

4) 혼인관계증명서의 특징

① 혼인관계증명서에 대한 일반증명서·상세증명서의 특정등록사항란에는 본인과 현재 유효한 혼인관계에 있는 배우자가 기록되고, 이혼하거나 혼인 무효·취소의 당사자인 배우자는 혼인관계증명서에 대한 상세증명서의 일반등록사항란에 그 사유와 함께 성명 등이 기록될 뿐이다.

② 혼인관계증명서에 대한 특정증명서의 특정등록사항란에는 본인과 현재 유효한 혼인관계에 있는 배우자도 기록되지 않는다.

(4) 입양관계증명서

1) 일반증명서

입양관계증명서에 대한 일반증명서의 기재사항은 ① 본인의 등록기준지·성명·성별·본·출생연월일 및 주민등록번호, ② 친생부모·양부모 또는 양자의 성명·성별·본·출생연월일 및 주민등록번호, ③ 현재의 입양에 관한 사항이다(가족관계등록법 제15조 제2항 제4호).

2) 상세증명서

입양관계증명서에 대한 상세증명서의 기재사항은 입양관계증명서에 대한 일반증명서의 기재사항에 입양 및 파양에 관한 사항을 추가한 것이다(가족관계등록법 제15조 제3항 제4호).

3) 입양관계증명서의 특징

① 입양관계증명서에 대한 일반증명서·상세증명서의 특정등록사항란에는 본인과 현재 유효한 입양관계에 있는 양부모 또는 양자가 기록되고, 파양 또는 입양 무효·취소의 상대방 당사자는 입양관계증명서에 대한 상세증명서의 일반등록사항란에 그 사유와 함께 성명 등이 기록될 뿐이다.

② 양자인 본인의 가족관계증명서에는 입양가정의 사생활을 보호하기 위해 양부모만을 부모로 기록하고, 입양관계증명서에 친생부모와 양부모를 모두 기록한다. 마찬가지로 양부모인 본인의 가족관계증명서에는 친생자와 양자 모두 자녀로 기록되나, 입양관계증명서에는 자녀 중에서 양자만이 양자로 기록된다.

(5) 친양자입양관계증명서

1) 일반증명서

친양자입양관계증명서에 대한 일반증명서의 기재사항은 ① 본인의 등록기준지·성명·성별·본·출생연월일 및 주민등록번호, ② 친생부모·양부모 또는 친양자의 성명·성별·본·출생연월일 및 주민등록번호, ③ 현재의 친양자 입양에 관한 사항이다(가족관계등록법 제15조 제2항 제5호).

2) 상세증명서

친양자입양관계증명서에 대한 상세증명서의 기재사항은 친양자입양관계증명서에 대한 일반증명서의 기재사항에 친양자 입양 및 파양에 관한 사항을 추가한 것이다(가족관계등록법 제15조 제3항 제5호).

3) 친양자입양관계증명서의 특징

① 친양자입양관계증명서에 대한 일반증명서·상세증명서의 특정등록사항란에는 본인과 현재 유효한 친양자입양관계에 있는 양부모 또는 친양자가 기록되고, 친양자파양 또는 친양자입양 취소의 상대방 당사자는 친양자입양관계증명서에 대한 상세증명서의 일반등록사항란에 그 사유와 함께 성명 등이 기록될 뿐이다.

② 친양자입양이 된 경우 종전의 친족관계는 모두 단절되므로(민법 제908조의3 제2항) 친양자인 본인의 가족관계증명서에는 친양부모만을 부모로 기록하고, 친양자입양관계증명서에 친생부모와 친양부모를 모두 기록한다.

③ 친양부모인 본인의 가족관계증명서에는 친생자와 친양자 모두 자녀로 기록되나, 친양자입양관계증명서에는 자녀 중에서 친양자만이 친양자로 기록된다.

(6) 가정폭력피해자에 관한 기록사항의 공시 제한

> **가정폭력피해자에 관한 기록사항의 공시 제한(가족관계등록법 제15조의2)**
> ① 가정폭력피해자 또는 그 대리인은 가정폭력피해자의 배우자 또는 직계혈족(배우자 또는 직계혈족이었던 사람을 포함)을 지정(이하 "공시제한대상자"라 한다)하여 시·읍·면의 장에게 등록부등 중 가정폭력피해자에 관한 기록사항을 가리도록 제한하거나 그 제한을 해지하도록 신청할 수 있다.
> ② 시·읍·면의 장은 제1항에 따른 신청을 받은 때에는 다음 각 호의 구분에 따른 사람에게 제14조 제1항 및 제2항에 따른 등록사항별 증명서를 교부하거나 제14조의3에 따른 등록사항별 증명서를 발급할 때 가정폭력피해자에 관한 기록사항을 가리고 교부하거나 발급할 수 있다. 다만, 제14조 제1항 각 호에 해당하여 등록사항별 증명서를 교부할 때에는 해당 사항을 가리지 아니하고 교부할 수 있다.
>   1. 공시제한대상자의 등록사항별 증명서 : 공시제한대상자 본인등 또는 그 대리인
>   2. 공시제한대상자의 배우자 또는 직계혈족으로서 가정폭력피해자가 아닌 사람의 등록사항별 증명서 : 공시제한대상자 또는 그 대리인
> ③ 제2항 각 호의 구분에 따른 사람에게 제14조 제7항에 따라 등록부등의 기록사항을 열람하게 하거나 제14조의2에 따라 등록사항별 증명서를 발급하는 경우에는 가정폭력피해자에 관한 기록사항을 가리고 열람하게 하거나 해당 사항을 가리고 발급한다.
> ④ 제1항부터 제3항까지의 규정에 따른 공시의 제한·해지 신청, 공시 제한 범위·방법 등에 필요한 구체적인 사항은 대법원규칙으로 정한다.

① 가정폭력피해자 또는 그 대리인은 가정폭력피해자의 배우자 또는 직계혈족(배우자 또는 직계혈족이었던 사람 포함)을 지정(공시제한대상자)하여 시·읍·면의 장에게 등록부등 중 가정폭력피해자에 관한 기록사항을 가리도록 제한하거나 그 제한을 해지하도록 신청할 수 있다.

② 가정폭력피해자 또는 그 대리인의 공시 제한 신청이 있는 경우 공시제한대상자 명의의 등록사항별 증명서에 대하여는 공시제한대상자 본인 등(본인, 배우자 또는 직계혈족)과 그 대리인의 교부·발급을 허용하되, 가정폭력피해자에 관한 기록사항을 가리도록 한다.

③ 가정폭력피해자 또는 그 대리인의 공시 제한 신청이 있는 경우 공시제한대상자의 배우자 또는 직계혈족으로서 가정폭력피해자가 아닌 사람의 등록사항별 증명서에 대하여는 공시제한대상자 또는 그 대리인의 교부·발급을 허용하되, 가정폭력피해자에 관한 기록사항을 가리도록 한다.

4. 등록사항별 증명서 발급 등에 관한 사무처리

> **가족관계등록예규 제641호[등록사항별 증명서의 발급 등에 관한 사무처리지침]**
> **제1장 총 칙**
> **제1조(목적)**
> 이 예규는 「가족관계의 등록 등에 관한 법률(다음부터 "법"이라 한다)」 법 제14조, 「가족관계의 등록 등에 관한 규칙(다음부터 "규칙"이라 한다)」 규칙 제19조에 따라 등록사항별 증명서를 발급하는 절차 등에 관하여 필요한 사항을 정함을 목적으로 한다.

제1조의2(가정폭력피해자에 대한 특례)
① 「가정폭력범죄의 처벌 등에 관한 특례법」제2조 제5호에 따른 피해자를 본인으로 하는 증명서 또는 피해자의 개인정보가 기재된 다른 사람의 증명서에 대하여는 「가정폭력피해자 증명서 등에 관한 개인정보보호 및 그 불복절차에 관한 사무처리지침」을 우선하여 적용한다.
② 다음 각 호의 경우에도 제1항을 적용한다.
 1. 「민원처리에 관한 법률」제10조의2 및 규칙 제26조의2에 따라 민원인으로부터 민원접수·처리기관을 통하여 정보제공 요구를 받고, 등록사항별증명서 또는 제적 등·초본을 민원처리기관에 제공하는 경우
 2. 「전자정부법」제43조의2 및 규칙 제26조의3에 따라 정보주체로부터 정보제공 요구를 받고, 등록사항별증명서 또는 제적 등·초본을 행정기관, 공공기관 등에 제공하는 경우

제2조(등록사항별 증명서의 교부청구 등)
① 법 제14조와 규칙 제19조에 따라 본인 또는 배우자, 직계혈족(다음부터 "본인 등"이라 한다)은 수수료를 납부하고 등록사항별 증명서의 교부를 청구할 수 있다.
② 신청인은 「가족관계등록사무의 문서 양식에 관한 예규」별지 제11호 또는 제11-1호 서식의 등록부 등의 기록사항 등에 관한 증명신청서(다음부터 "신청서"라 한다)에 그 사유를 기재하여 제출하여야 한다. 다만, 본인이 등록사항별 증명서(영문증명서는 제외한다) 발급을 신청하는 경우에는 신청서를 작성하지 아니할 수 있다.
③ 본인 등의 대리인이 청구하는 경우에는 신청서에 「가족관계등록사무의 문서 양식에 관한 예규」별지 제12호 서식에 따라 본인 등이 서명 또는 날인한 위임장과 신분증명서(주민등록증, 운전면허증, 여권, 외국인등록증, 국내거소신고증, 주민등록번호 및 주소가 기재된 장애인등록증 등을 말한다. 다음부터 이 예규에서 같다) 사본을 제출하여야 한다. 위임장은 원본을 제출하되, 변호사의 경우 등록사항별 증명서의 교부청구의 위임취지가 명확하게 기재된 소송위임장의 사본을 제출할 수 있다.
④ 등록사항별 증명서의 교부를 청구하는 경우에는 대상자의 성명과 등록기준지를 정확하게 기재하여야 한다. 다만, 본인 등과 그 대리인의 경우에는 대상자의 성명과 주민등록번호로도 교부를 청구할 수 있다.
⑤ 다음 각 호의 어느 하나에 해당하는 경우에는 본인 등의 위임 없이 교부를 청구할 수 있다. 다만, 영문증명서의 교부를 청구하는 경우에는 제4호에 한정하고, 「가정폭력피해자 증명서 등에 관한 개인정보보호 및 그 불복절차에 관한 사무처리지침」제5조에 따라 규칙 제19조 제2항 단서의 교부·공시제한대상자에 대하여는 제4호부터 제8호까지의 경우 교부가 제한된다.
 1. 국가, 지방자치단체가 직무상 필요에 따라 문서로 신청하는 경우로서 근거법령과 사유를 기재한 신청기관의 공문 및 관계공무원의 공무원증을 첨부한 때
 2. 소송, 비송, 민사집행·보전의 각 절차에서 필요한 경우로서 이를 소명하는 자료를 첨부한 때
 3. 다른 법령에서 본인 등에 관한 등록사항별 증명서를 제출하도록 요구하는 경우로서 이를 소명하는 자료 및 관계 법령에 따른 정당한 권한이 있는 사람임을 확인할 수 있는 자료를 첨부한 때
 4. 「민법」상의 법정대리인(미성년후견인, 성년후견인, 대리권을 수여받은 한정·특정후견인, 유언집행자, 상속재산관리인, 부재자재산관리인 등)이 이를 소명하는 자료와 신청인의 신분증명서를 첨부한 때
 5. 채권·채무 등 재산권의 상속과 관련하여 상속인의 범위를 확인하기 위해서 등록사항별 증명서가 필요한 경우로서 이를 소명하는 자료와 신청인의 신분증명서를 첨부한 때
 6. 보험금 또는 연금의 수급권자를 결정하기 위하여 신청대상자에 대한 등록사항별 증명서가 필요한 때
 7. 「제주4·3사건 진상규명 및 희생자 명예회복에 관한 특별법」제2조 제3호의 희생자 본인의 유족에 해당함을 소명하는 자료와 신청인의 신분증명서를 첨부한 때
 8. 「공익사업을 위한 토지 등의 취득 및 보상에 관한 법률」에 따른 공익사업을 수행하는 때에 토지 등의 소유자의 상속인을 확인할 필요가 있는 때
⑥ 시(구)·읍·면의 장은 제2항의 청구가 제적부 또는 가족관계등록부에 기록된 사람에 대한 사생활의 비밀침해 등 부당한 목적임이 분명한 경우에는 등록사항별 증명서의 발급을 거부할 수 있다.

⑦ 시(구)·읍·면의 장이 제1항과 제2항에 따라 신청서를 접수한 때에는 지체 없이 전산정보처리조직에 입력하여야 한다.
⑧ 신청인이 아포스티유 신청을 위해 외교부에 증명서 발급정보의 전송을 원하는 경우에는 신청서에 증명서 발급정보의 전송에 관한 동의를 표시하여야 한다. 이 경우 시(구)·읍·면의 장은 증명서 발급정보를 외교부에 전송하여야 한다.

제3조(친양자입양관계증명서 교부청구의 특례)
① 제2조 제1항 및 제5항에도 불구하고 친양자입양관계증명서는 다음 각 호의 어느 하나에 해당하는 경우에 한하여 교부를 청구할 수 있다.
  1. 성년자가 본인의 친양자 입양관계증명서를 신청하는 경우로서 성년자임을 신분증명서에 의하여 소명하는 경우
  2. 친양자의 친생부모·양부모가 본인의 친양자입양관계증명서를 신청하는 경우에는 친양자가 성년자임을 소명하는 경우
  3. 혼인당사자가 「민법」 제809조의 친족관계를 파악하고자 하는 경우로서 출석한 양당사자 및 그 신분증명서에 의하여 가족관계등록사무담당 공무원이 혼인의사 및 혼인적령임을 확인한 경우
  4. 법원의 사실조회촉탁이 있거나 수사기관이 규칙 제23조 제5항에 따라 문서로 신청하는 경우
  5. 「민법」 제908조의4에 따라 친양자 입양의 취소를 하거나 같은 법 제908조의5에 따라 친양자의 파양을 할 경우로서 이에 관한 법원의 접수증명원이 첨부된 경우
  6. 「국내입양에 관한 특별법」 제28조 제1항 또는 「국제입양에 관한 법률」 제25조 제1항 본문에 따라 입양의 취소를 할 경우로서 이에 관한 법원의 접수증명원이 첨부된 경우
  7. 친양자의 양부모가 친양자입양관계증명서를 신청하는 다음 각 목의 경우
    가. 친양자입양으로 인하여 친양자의 인적사항(예금·보험계약 등의 명의)을 변경하고자 하는 경우로서 다음 중 하나의 소명자료를 첨부하여 친양자입양 전후 친양자의 동일성을 주민등록번호 등으로 증명하는 경우
      1) 은행·보험회사 등 그 기관 명의로 작성된 변경의 필요성을 소명하는 자료
      2) 친양자입양 전 친양자의 인적사항이 기록된 통장·보험증서 등 변경의 필요성을 소명하는 자료
    나. 그 밖에 친양자의 복리를 위하여 필요함을 구체적으로 소명자료를 첨부하여 신청하는 경우
  8. 친양자입양관계증명서가 소송, 비송, 민사집행·보전의 각 절차에서 필요한 경우로서 소명자료를 첨부하여 신청하는 경우
  9. 채권·채무 등 재산권의 상속과 관련하여 상속인의 범위를 확인하기 위해서 사망한 사람의 친양자입양관계증명서가 필요한 경우로서 소명자료를 첨부하여 신청하는 경우
  10. 가족관계등록부가 작성되지 않은 채로 사망한 사람의 상속인의 친양자입양관계증명서가 필요한 경우로서 법률상의 이해관계에 대한 소명자료를 첨부하여 신청하는 경우
  11. 법률상의 이해관계를 소명하기 위하여 친양자의 친생부모·양부모의 친양자입양관계증명서를 신청하는 경우로서 그 해당 법령과 그에 따른 구체적인 소명자료 및 필요이유를 제시하여 신청하는 경우
② 제1항의 친양자입양관계증명서 교부청구에 대한 제한은 교부청구 대상 가족관계등록부의 본인이 친양자로 입양되었는지에 관계없이 적용한다.

제4조(외국인의 경우)
① 외국인은 그 배우자, 직계혈족의 등록사항별 증명서의 교부를 청구할 수 있고, 한국인과의 신분관계가 해소되더라도 외국인 본인 또는 배우자, 직계혈족은 외국인 본인의 기록사항이 기재된 등록사항별 증명서(영문증명서는 제외한다)의 교부를 청구할 수 있다.
② 현재 외국 국적을 취득하여 한국 국적을 상실하였으나 과거에 출생 등을 원인으로 한국의 제적 또는 가족관계등록부에 기록된 외국인 본인 또는 배우자, 직계혈족도 등록사항별 증명서의 교부를 청구할 수 있다.

③ 제1항 또는 제2항에 해당하는 외국인이 해외에서 우편으로 등록사항별 증명서의 교부를 청구한 때에는 제8조를 준용한다.
④ 외국인이 제2조 제5항에 따라 등록사항별 증명서의 교부를 청구하는 때에는 직접 시(구)·읍·면사무소에 출석하여 외국인등록증이나 국내거소신고증으로 국내 거주를 소명한 후에 신청서를 작성·제출하여야 하며, 우편으로 등록사항별 증명서의 교부를 청구할 수 없다.

제5조(청구사유 등의 기재 및 소명자료의 제출)
① 대리인이 청구하는 경우에도, 실제 출석하여 청구하는 그 대리인을 신청인으로 기재하고, 신청인의 자격란에는 "본인의 부" 등으로 표시하며, 주소 등 나머지 신청인란도 대리인에 관한 사항을 기재한다.
② 이때 청구사유는 위임인의 교부청구 목적을 기재한다.
③ 제2조 제5항에 해당하는 사람은 신청서에 청구사유를 기재하고 그 사유를 소명하는 자료를 제출하여야 한다.
④ 제2조 제5항과 관련한 소명자료의 예시는 별지 제1호의 기재와 같다.
⑤ 시(구)·읍·면의 장은 소명자료 중 원본은 사본에 원본대조확인을 날인하는 등 원본과 동일함을 확인한 후 반환한다. 다만, 채권·채무 등 정당한 이해관계가 있는 별지 제2호 기재의 금융기관의 경우에는 금융기관의 원본대조확인을 날인한 사본 및 법인인감증명서로 원본을 갈음할 수 있다.
⑥ 영문증명서상 본인의 부, 모 또는 배우자가 외국인 경우 영문증명서 발급을 신청하는 때에는 시(구)·읍·면의 장에게 그 사람의 외국여권상 로마자성명을 소명하여야 한다.

제6조(청구목적의 부당성 판단 기준)
① 부당한 목적의 청구란 혼인 외 출생자인 사실 또는 이혼경력 등 일반적으로 타인에게 알리고 싶지 않다고 생각되는 사항을 정당한 사유 없이 단지 호기심으로 알고자 하거나, 그 가족관계등록부에 기록된 신분사항을 범죄에 이용하고자 하여 청구하는 경우 등을 말한다.
② 부당한 목적인지의 판단은 신청인란과 청구사유란의 기재 및 소명자료의 내용으로 판단하되, 신청인란의 기재를 하지 않거나, 청구사유를 기재하여야 할 사람이 청구사유를 기재하지 않은 경우 또는 신청인이나 청구사유를 허위로 기재한 경우에는 일단 부당한 목적이 있는 것으로 볼 수 있다.

제7조(신청인의 신분확인 등)
① 시(구)·읍·면의 장이 신청서를 접수할 때에는, 신청인이 신청서의 신청인란에 기재된 사람과 일치하는지를 신분증명서에 의하여 확인하여야 한다.
② 대리인이 청구하는 경우에는, 위임인 및 신청서의 신청인란에 기재된 신청인(대리인)의 신분을 확인하여야 한다.
③ 제2조 제5항에 따라 제출된 신분증명서 및 제1항의 확인을 위하여 제출된 신분증명서는 신분을 확인한 후 신청인에게 반환하여야 한다.
④ 신청서는 위임장, 위임인의 신분증명서 사본, 제5조 제3항의 청구사유를 소명하는 자료 등과 함께 가족관계등록 민원청구서편철장에 보존한다.
⑤ 국가, 지방자치단체, 공공기관이 전자정부법에 따라 전자문서를 이용하여 근거법령과 사유를 기재한 공문을 송부한 경우에는 신청서 작성과 신분증 제출을 생략할 수 있다.

제8조(우편에 의한 청구 등)
① 우편으로 등록사항별 증명서의 송부를 청구하는 경우에는, 신청서에 정해진 사항을 기재하고 법률상 정당한 청구권자의 신분증명서 사본을 첨부하여야 하며, 제2조 제4항 단서에도 불구하고 대상자의 등록기준지를 기재하여야 한다.
② 신청인이 신분증명서 사본을 첨부하지 아니하거나, 등록기준지를 기재하지 않거나, 청구사유를 기재하여야 할 사람이 기재하지 아니한 경우 또는 청구사유가 부당한 목적임이 분명한 경우에, 시(구)·읍·면의 장은 신청서에 그 거부사유를 기재하여 반송하여야 한다.

제9조(인터넷 신청에 의한 등록사항별 증명서 청구)
신청인이 대한민국 정부24(www.gov.kr)의 민원서비스시스템에서 요구하는 양식에 따라 각 정보를 입력하고 「가족관계의 등록 등에 관한 규칙」 제25조의2 제3항에 따른 전자서명(서명자의 실지명의를 확인할 수 있는 것을 말한다)에 의하여 본인확인 절차를 거쳐, 신청인 본인의 가족관계등록부의 등록사항별 증명서(친양자입양관계증명서를 제외한다)의 교부를 청구한 경우에는 신청한 등록사항별 증명서를 우편에 의하여 송부할 수 있다.

제10조(주민등록번호의 공시제한)
등록사항별 증명서는 본인 또는 부모, 양부모, 배우자 및 자녀의 주민등록번호란 및 일반등록사항란에 기록된 주민등록번호의 뒷부분 6자리 숫자를 가리고(예 080101-3******) 작성하여 교부한다.

제11조(공시제한의 예외 등)
① 제10조에도 불구하고, 다음 각 호의 어느 하나에 해당하는 경우에 신청인이 주민등록번호의 공시를 선택한 때에는, 주민등록번호를 공시한다. 다만, 신청인이 '신청대상자 본인'의 주민등록번호만 공시하도록 선택한 때에는 신청대상자 본인의 주민등록번호만을 공시한다.
  1. 시(구)·읍·면·동의 사무소에 출석한 신청인이 신청대상자의 주민등록번호를 정확하게 기재하여 해당 등록사항별 증명서의 교부를 청구하는 경우
  2. 신청서의 신청인란에 기재된 신청인이 본인 또는 그 부모, 양부모, 배우자, 자녀인 경우
  3. 시(구)·읍·면 및 동의 사무소에 출석한 신청인이 재판상의 필요를 소명하는 자료(예 법원의 재판서, 보정명령서 등)를 첨부하여 등록사항별 증명서의 교부를 청구하는 경우
  4. 국가·지방자치단체의 공무원(「공익사업을 위한 토지 등의 취득 및 보상에 관한 법률」 제8조에 따른 사업시행자의 직원을 포함한다)이, 공용 목적임을 소명하는 자료(예 공문서, 재결서 등)를 첨부하여 등록사항별 증명서의 교부를 청구하는 경우
② 제10조에도 불구하고 다음 각 호의 어느 하나에 해당하는 경우에는, 주민등록번호의 공시를 제한하지 아니한다.
  1. 종전 「호적법 시행규칙」 부칙(2004.10.18.) 제3조에 규정된 이미지 전산제적부 등
  2. 종전 「호적법」(2007.5.17. 법률 제8435호로 폐지)에 의한 호적용지로 작성된 제적부

제11조의2(등록사항별 증명서의 재발급)
① 전산정보처리조직의 장애, 파손출력 등 신청인의 책임 없는 사유로 등록사항별 증명서의 발급이 정상적으로 완료되지 아니한 경우에는 신청인은 그 사유를 소명하여 재발급을 요청할 수 있다.
② 등록사항별 증명서의 발급이 완료된 후 시(구)·읍·면의 장의 잘못으로 인한 가족관계등록부 기록의 착오 또는 누락이 발견되어 정정된 경우에는 신청인은 정정된 등록사항별 증명서의 재발급을 요청할 수 있다.
③ 제1항 및 제2항의 경우 등록사항별 증명서 발급담당자는 신청인으로부터 이미 교부된 등록사항별 증명서를 회수한 후에 등록사항별 증명서를 재발급하여 이를 교부하여야 한다.

제2장 재외국민 및 외국 관공서에 대한 등록사항별 증명서 송부방법

제12조(등록사항별 증명서의 우편 교부청구와 그 교부방법)
① 해외에 거주하는 재외국민이 시(구)·읍·면의 장에게 우편으로 등록사항별 증명서의 교부청구를 하는 때에는 제1장의 규정을 준용한다.
② 제1항의 경우에는 그 등록사항별 증명서를 신청인에게 직접 송부한다.

제13조(외국 관공서의 등록사항별 증명서의 교부청구 등)
① 외국 관공서는 사용용도를 명시한 문서에 의하여 외교부 또는 재외공관을 통해서 시(구)·읍·면의 장에게 등록사항별 증명서의 교부를 청구할 수 있고, 이 경우 시(구)·읍·면의 장은 사용용도를 심사한 후 외교부를 거쳐 등록사항별 증명서를 외국 관공서로 송부할 수 있다.
② 제1항에도 불구하고, 일본국 주재 한국영사기관(주일본대한민국대사관영사부, 주오오사카총영사관, 주후쿠오카총영사관 등)이 일본국 관공서로부터 등록사항별 증명서의 교부를 청구받은 경우에는, 일본국 외무성을 거친 것에 한하여 사용용도를 심사한 후 외교부를 거치지 않고 직접 일본국 외무성으로 등록사항별 증명서를 송부할 수 있다.

제3장 제적부의 열람 및 등·초본, 등록사항별 증명서 발급사무의 특례
제14조(제적 등·초본의 교부청구)
제적부(2008.1.1. 전에 제적된 전산호적 및 호적용지로 작성된 제적을 말한다. 다음부터 같다) 및 부책 등의 열람 및 등·초본의 교부청구는, 제1장 및 제2장의 규정을 준용한다.

제15조(신청의 특례)
① 제2조 제5항 제1호, 제2호, 제3호, 제4호, 제6호, 제7호, 제8호, 제3조 제1항 제8호에 따라 교부를 청구하는 경우 신청인이 직접 시(구)·읍·면·동사무소에 출석하여 신청대상자의 성명과 주민등록번호를 기재하여 신청서를 작성·제출하고 청구사유를 소명하는 자료 및 신청인의 신분증명서 사본을 첨부하면, 제적부의 열람 및 등·초본, 등록사항별 증명서의 교부를 청구할 수 있다. 상속인이 상속관계의 확인을 위하여 교부를 청구하는 경우에도 같다.
② 국가, 지방자치단체, 공공기관이 「전자정부법」에 따라 전자문서를 이용하여 공문을 송부한 때에는 시(구)·읍·면·동사무소에 출석하지 아니하고 제적부의 열람 및 등·초본, 등록사항별 증명서의 교부를 청구할 수 있다.
③ 신청인이 제적부의 열람 및 등·초본, 등록사항별 증명서의 교부청구요건을 갖추지 못한 경우에는 그 제적부의 열람 및 등·초본, 등록사항별 증명서의 발급을 거부하여야 한다.

제4장 법원행정처 소속 공무원에 의한 등록사항별 증명서의 발급
제16조(등록사항별 증명서의 발급에 대한 특칙)
① 법 제12조 제2항에 따라 법원행정처 전산정보중앙관리소 소속 공무원으로 하여금 등록사항별 증명서(제적을 포함한다)의 발급사무를 하게 하는 경우 전산운영책임관이 그 사무를 처리하며 증명서의 발급자가 된다.
② 재외공관에서 전산정보처리조직에 의하여 제적 등·초본 및 등록사항별 증명서의 발급을 하는 경우에는 해당 재외공관에 파견된 가족관계등록관이 그 발급자가 된다.

제3절 신고서류의 열람 및 기재사항 증명

1. 신고서류의 열람

(1) 열람청구인

① 이해관계인은 시(구)·읍·면의 장에게 신고서나 그 밖에 수리한 서류, 제적부의 열람을 청구할 수 있고, 법원에 보관되어 있는 신고서류와 종전 호적·제적부본의 열람을 청구할 수 있다(가족관계등록법 제42조 제2항·제4항, 부칙 제8435호 제4조, 가족관계등록규칙 제72조 제1항).
② 이해관계인의 자격과 범위 등에 관하여는 제14조 제1항부터 제4항까지의 규정을 준용하므로(가족관계등록법 제42조 제5항), 이해관계인은 등록사항별 증명서 교부를 청구할 수 있는 사람이어야 하며, 특히 친양자 입양에 관한 신고서류는 친양자입양관계증명서를 교부청구할 수 있는 사람만이 열람청구할 수 있다(가족관계등록규칙 제23조 제4항, 제72조 제2항).

(2) 열람의 방법

① 이해관계인은 신고서류를 등록사무담임자가 보는 앞에서 열람하여야 한다. 다만, 교부제한대상자 또는 공시제한대상자 본인 등이 가정폭력피해자의 교부·공시제한 신청에 따라 열람이 제한되는 사항이 포함된 신고서류를 열람하는 경우에는 가정법원의 결정으로 열람이 허용된 사람에 한정한다(가족관계등록규칙 제27조 제1항).

② 법원에 보관되어 있는 신고서류는 관계공무원이 보는 앞에서 열람하여야 한다(가족관계등록규칙 제72조 제3항).

(3) 열람청구의 대상이 되는 신고서류의 범위

① 시(구)·읍·면의 장에 대하여 열람을 청구할 수 있는 신고서류는 신고를 수리하여 가족관계등록부 기록을 마친 후 감독법원에 송부하기 이전의 신고서류뿐만 아니라, 불수리신고서류편철장에 편철된 신고서류와 특종신고서류편철장에 편철된 신고서류도 포함된다.

② 법원에 보관되어 있는 신고서류란 시(구)·읍·면의 장이 등록부에 기록을 마친 후 관할 감독법원이 송부받은 신고서류를 말한다.

(4) 법원에 보관되어 있는 신고서류의 열람

> **가족관계등록예규 제604호[가족관계등록신고서류의 보존·관리 등에 관한 사무처리지침]**
> 2. 법원에 보관되어 있는 신고서류의 열람
>   가. 법원에 보관되어 있는 신고서류를 열람하고자 하는 이해관계인은 별지 제5호 양식의 신청서를 작성하여 제출하여야 한다.
>   나. 법원에 보관되어 있는 신고서류에 대하여는 등·초본이나 인증 있는 사본을 교부할 수는 없다. 다만, 법 제42조 제4항에 따른 이해관계인 또는 해당사건을 처리한 시(구)·읍·면 담당공무원의 청구가 있으면 인증 없는 단순한 사본은 교부할 수 있다.
>   다. 친양자입양신고서류의 열람청구에 대해서는 규칙 제72조 제2항 및 "나"항의 규정을 따른다.
>   라. 열람은 법원주사 등이 보는 앞에서 하여야 한다.
>   마. 열람은 무료로 한다.
>   바. 위 "가"항의 열람신청서는 가족관계등록민원청구서편철장에 편철하여 보존한다.

2. 신고서류의 기재사항 증명서

① 이해관계인은 시·읍·면의 장에게 신고서나 그 밖에 수리한 서류에 기재한 사항에 관하여 증명서를 청구할 수 있다(가족관계등록법 제42조 제2항). 이해관계인의 자격과 범위 등에 관하여는 제14조 제1항부터 제4항까지의 규정을 준용하므로(가족관계등록법 제42조 제5항), 이해관계인은 등록사항별 증명서 교부를 청구할 수 있는 사람이어야 한다.

② 이해관계인은 시(구)·읍·면의 장이 관할 감독법원에 신고서류를 송부하여 감독법원이 그 신고서류를 보관하고 있는 경우에는 위 기재사항 증명서를 청구할 수 없고, 감독법원에 보관되어 있는 신고서류의 열람만을 청구할 수 있다.

3. 수수료 등

(1) 수수료

① 증명서의 교부를 청구하는 사람은 수수료를 납부하여야 하며, 증명서의 송부를 신청하는 경우에는 우송료를 따로 납부하여야 한다(가족관계등록법 제14조 제3항).

② 호적용지로 작성된 제적부와 시·읍·면에 있는 신고서류의 열람 수수료는 건당 200원으로 한다(가족관계등록규칙 제28조 제1항).

③ 등록사항별 증명서 및 제적등본의 수수료는 통당 1,000원으로 하고, 제적초본의 수수료는 통당 500원으로 한다. 다만, 무인증명서발급기를 이용하여 발급되는 등록사항별 증명서 및 제적등본의 수수료는 통당 500원, 제적초본의 수수료는 통당 300원으로 하고, 인터넷에 의한 등록부등의 기록사항 열람, 등록사항별 증명서 발급, 제적부의 열람 및 제적 등·초본 발급 수수료는 무료로 한다(가족관계등록규칙 제28조 제2항).

④ 기재사항 증명, 수리 또는 불수리의 증명 수수료는 건당 200원으로 한다(가족관계등록규칙 제28조 제3항).

⑤ 법원에 보관되어 있는 신고서류의 열람은 무료로 한다(가족관계등록예규 제604호 2. 마.).

(2) 수수료 등의 귀속

① 가족관계등록법의 규정에 따라 납부하는 수수료 및 과태료는 등록사무를 처리하는 해당 지방자치단체의 수입으로 한다(가족관계등록법 제6조 제1항 본문).

② 다만, 전산정보중앙관리소 소속 공무원이 증명서를 발급하는 경우, 재외국민 가족관계등록사무소에 수수료를 납부하는 경우, 가정법원이 과태료를 부과하는 경우, 가정법원이「비송사건절차법」에 따른 과태료 재판을 하는 경우에는 국고로 귀속된다(가족관계등록법 제6조 제1항 단서).

CHAPTER 07 등록부 등의 공개

제1절 서론

제2절 등록사항별 증명서

01 등록사항별 증명서의 발급 등에 관한 다음 설명 중 가장 옳지 않은 것은? 2024년

① 인터넷에 의한 등록사항별 증명서의 발급은 본인 또는 배우자, 부모, 자녀가 신청할 수 있다. 다만, 친양자입양관계증명서의 발급은 친양자가 성년이 되어 신청하는 경우에 한한다.
② 가정폭력범죄의 처벌 등에 관한 특례법 제2조 제5호에 따른 가정폭력피해자 또는 그 대리인은 그 피해자의 배우자 또는 직계혈족을 교부제한대상자로 지정하여 시(구)·읍·면의 장에게 그 피해자 본인의 등록사항별 증명서의 교부를 제한하도록 신청할 수 있다. 이 경우 교부제한대상자는 가정폭력피해자의 배우자, 부모 또는 자녀에 해당하더라도 인터넷에 의한 가정폭력피해자 본인의 등록사항별 증명서를 발급받을 수 없다.
③ 인터넷에 의한 등록사항별 증명서의 발급 수수료는 무료로 한다.
④ 무인증명서발급기에 의한 등록사항별 증명서의 발급은 본인 또는 배우자, 부모, 자녀가 신청할 수 있다.
⑤ 우편으로 등록사항별 증명서의 송부를 청구하는 경우에는, 신청서에 정해진 사항을 기재하고 법률상 정당한 청구권자의 신분증명서 사본을 첨부하여야 하며, 본인이 신청하는 경우에도 신청대상자의 성명과 등록기준지를 기재하여야 한다.

[❶ ▶ ○] 인터넷에 의한 등록부등의 기록사항 열람 및 등록사항별 증명서의 발급은 본인 또는 배우자, 부모, 자녀(제적부 열람 및 제적 등·초본의 발급은 본인)가 신청할 수 있다. 다만 친양자입양관계에 관한 기록사항 열람 및 증명서의 발급은 친양자가 성년이 되어 신청하는 경우에 한한다(가족관계등록예규 제636호 제5조 제1항).

[❷ ▶ ○] 가족관계등록법 제14조 제8항·제9항, 제14조의2 제1항·제2항·제3항

> **가족관계등록법 제14조(증명서의 교부 등)**
> ⑧ 「가정폭력범죄의 처벌 등에 관한 특례법」 제2조 제5호에 따른 피해자(이하 "가정폭력피해자"라 한다) 또는 그 대리인은 가정폭력피해자의 배우자 또는 직계혈족을 지정(이하 "교부제한대상자"라 한다)하여 시·읍·면의 장에게 제1항 및 제2항에 따른 가정폭력피해자 본인의 등록사항별 증명서의 교부를 제한 하거나 그 제한을 해지하도록 신청할 수 있다.
> ⑨ 시·읍·면의 장은 제8항에 따른 신청을 받은 때에는 제1항 및 제2항에도 불구하고 교부제한대상자 또는 그 대리인에게 가정폭력피해자 본인의 등록사항별 증명서를 교부하지 아니할 수 있다.
>
> **가족관계등록법 제14조의2(인터넷에 의한 증명서 발급)**
> ① 등록사항별 증명서의 발급사무는 인터넷을 이용하여 처리할 수 있다.
> ② 제1항에 따른 발급은 본인 또는 배우자, 부모, 자녀가 신청할 수 있다.
> ③ 제1항 및 제2항에도 불구하고 제14조 제9항에 따른 교부제한대상자에게는 가정폭력피해자 본인의 등록 사항별 증명서를 발급하지 아니한다.

[❸ ▶ ○] 등록사항별 증명서 및 제적등본의 수수료는 통당 1,000원으로 하고, 제적초본의 수수료는 통당 500원으로 한다. 다만, 무인증명서발급기를 이용하여 발급되는 등록사항별 증명서 및 제적등본의 수수료는 통당 500원, 제적초본의 수수료는 통당 300원으로 하고, 인터넷에 의한 등록부등의 기록사항 열람, 등록사항별 증명서 발급, 제적부의 열람 및 제적 등·초본 발급 수수료는 무료로 한다(가족관계의 등록 등에 관한 규칙 제28조 제2항).

[❹ ▶ ×] 가족관계의 등록 등에 관한 규칙 제25조 제1항, 제2항

> **가족관계의 등록 등에 관한 규칙 제25조(무인증명서발급기에 의한 증명서 발급)**
> ① 시·읍·면의 장은 신청인 스스로 입력하여 등록사항별 증명서를 발급받을 수 있는 장치(이하 "무인증명 서발급기"라 한다)를 이용하여 증명서의 발급사무를 처리할 수 있다.
> ② 제1항에 따른 등록사항별 증명서 발급은 본인에게만 할 수 있으며, 이 경우 그 본인임을 확인하는 절차를 거쳐야 한다. 다만, 교부제한대상자 또는 공시제한대상자 본인등의 경우에는 제25조의3에 따라 발급의 범위가 제한된다.

[❺ ▶ ○] 가족관계등록예규 제641호 제2조 제4항, 제8조 제1항

> **가족관계등록예규 제641호[등록사항별 증명서의 발급 등에 관한 사무처리지침]**
> **제2조(등록사항별 증명서의 교부청구 등)**
> ④ 등록사항별 증명서의 교부를 청구하는 경우에는 대상자의 성명과 등록기준지를 정확하게 기재하여야 한다. 다만, 본인 등과 그 대리인의 경우에는 대상자의 성명과 주민등록번호로도 교부를 청구할 수 있다.
>
> **제8조(우편에 의한 청구 등)**
> ① 우편으로 등록사항별 증명서의 송부를 청구하는 경우에는, 신청서에 정해진 사항을 기재하고 법률상 정당한 청구권자의 신분증명서 사본을 첨부하여야 하며, 제2조 제4항 단서에도 불구하고 대상자의 등록기준지를 기재하여야 한다.

답 ❹

02 가족관계등록사항별 증명서의 종류와 기록사항에 관한 다음 설명 중 가장 옳은 것은?

2023년

① 기본증명서와 마찬가지로 다른 증명서에도 등록기준지의 지정, 변경 또는 정정에 관한 사항이나 등록부의 작성, 폐쇄에 관한 사항을 기재하기 위하여 가족관계등록부 사항란을 두었다.
② 입양의 경우 양자인 본인의 가족관계증명서에는 부모란에 친생부모와 양부모를 모두 기록한다. 다만, 단독입양한 양부가 친생모와 혼인관계에 있는 때에는 양부와 친생모를, 단독입양한 양모가 친생부와 혼인관계에 있는 때에는 양모와 친생부를 각각 부모로 기록한다.
③ 영문증명서에는 본인, 부모, 배우자 및 자녀의 성명·성별·출생연월일 및 주민등록번호가 기재된다.
④ 가족관계등록부에 가족으로 기록될 자가 외국인인 경우에는 성명·성별·출생연월일·국적 및 외국인등록번호가 기재된다.
⑤ 혼인관계증명서의 특정증명서에는 신청인이 선택한 현재 및 과거의 혼인사항이 기재된다.

[❶ ▶ ×] 기본증명서에는 다른 증명서에는 없는 가족관계등록부사항란이 있다. 등록기준지란 아래에 있으며 등록기준지의 지정 또는 변경, 정정에 관한 사항, 가족관계등록부작성 또는 폐쇄에 관한 사항이 기록된다(가족관계의 등록 등에 관한 규칙 제2조 제3호 참조). 다만, 기본증명서에 대한 특정증명서에는 가족관계등록사항란이 없다.

[❷ ▶ ×] 가족관계등록법 제15조 제2항 제1호 나목

가족관계등록법 제15조(증명서의 종류 및 기록사항)
② 제1항 각 호의 증명서에 대한 일반증명서의 기재사항은 다음 각 호와 같다.
  1. 가족관계증명서
    가. 본인의 등록기준지·성명·성별·본·출생연월일 및 주민등록번호
    나. 부모의 성명·성별·본·출생연월일 및 주민등록번호(입양의 경우 양부모를 부모로 기록한다. 다만, 단독입양한 양부가 친생모와 혼인관계에 있는 때에는 양부와 친생모를, 단독입양한 양모가 친생부와 혼인관계에 있는 때에는 양모와 친생부를 각각 부모로 기록한다)
    다. 배우자, 생존한 현재의 혼인 중의 자녀의 성명·성별·본·출생연월일 및 주민등록번호

[❸ ▶ ×] 영문증명서에는 자녀의 성명·성별·출생연월일 및 주민등록번호는 기록되지 않는다.

가족관계의 등록 등에 관한 규칙 제21조의3(영문증명서의 발급)
② 영문증명서의 기록사항은 다음 각 호와 같다.
  1. 본인, 부모 및 배우자의 성명·성별·출생연월일 및 주민등록번호
  2. 본인의 출생과 현재의 혼인에 관한 사항

[❹ ▶ ○] 가족관계등록법 제9조 제2항 제4호

> **가족관계등록법 제9조(가족관계등록부의 작성 및 기록사항)**
> ② 등록부에는 다음 사항을 기록하여야 한다.
>   1. 등록기준지
>   2. 성명·본·성별·출생연월일 및 주민등록번호
>   3. 출생·혼인·사망 등 가족관계의 발생 및 변동에 관한 사항
>   4. <u>가족으로 기록할 자가 대한민국 국민이 아닌 사람(이하 "외국인"이라 한다)인 경우에는 성명·성별· 출생연월일·국적 및 외국인등록번호(외국인등록을 하지 아니한 외국인의 경우에는 대법원규칙으로 정하는 바에 따른 국내거소신고번호 등을 말한다. 이하 같다)</u>
>   5. 그 밖에 가족관계에 관한 사항으로서 대법원규칙으로 정하는 사항

[❺ ▶ ×] 혼인관계증명서에 대한 특정증명서는 일반등록사항란의 기록 중에서 신청인이 선택한 과거의 배우자 한 사람과의 혼인에 관한 사항을 현출하고, <u>현재의 혼인에 관한 사항은 현출하지 아니한다</u>(가족관계등록예규 제561호 제4조 제1항).

답 ❹

03 등록사항별 증명서 발급 등에 관한 다음 설명 중 가장 옳지 않은 것은?   2022년

① 본인 또는 배우자, 직계혈족(이하 '본인등'이라 함)은 수수료를 납부하고 등록사항별 증명서의 교부를 청구할 수 있다.
② 본인이 등록사항별 증명서 발급(영문증명서는 제외한다)을 신청하는 경우에는 신청서를 작성하지 아니할 수 있다.
③ 본인등의 대리인이 증명서 발급을 청구하는 경우에는 신청서에 본인등이 서명 또는 날인한 위임장과 신분증명서 사본을 제출하여야 하며, 여기서 위임장은 원본이어야 하므로 변호사가 등록사항별 증명서의 교부청구의 위임취지가 명확하게 기재된 소송위임장의 사본을 제출하더라도 증명서를 교부할 수 없다.
④ 등록사항별 증명서의 교부를 청구하는 경우에는 대상자의 성명과 등록기준지를 정확하게 기재하여야 한다. 다만, 본인등과 그 대리인의 경우에는 대상자의 성명과 주민등록번호로도 교부를 청구할 수 있다.
⑤ 국가 또는 지방자치단체, 공공기관이 전자정부법에 따라 전자문서를 이용하여 근거법령과 사유를 기재한 공문을 송부한 경우에는 신청서 작성과 신분증 제출을 생략할 수 있다.

[❶ ▶ ○] 법 제14조와 규칙 제19조에 따라 본인 또는 배우자, 직계혈족(다음부터 "본인등"이라 한다)은 수수료를 납부하고 등록사항별 증명서의 교부를 청구할 수 있다(가족관계등록예규 제641호 제2조 제1항).
[❷ ▶ ○] 신청인은 가족관계등록사무의 문서 양식에 관한 예규 별지 제11호 또는 제11-1호 서식의 등록부 등의 기록사항 등에 관한 증명신청서(다음부터 "신청서"라 한다)에 그 사유를 기재하여 제출하여야 한다. 다만, 본인이 등록사항별 증명서(영문증명서는 제외한다) 발급을 신청하는 경우에는 신청서를 작성하지 아니할 수 있다(가족관계등록예규 제641호 제2조 제2항).

[❸ ▶ ×] 본인등의 대리인이 청구하는 경우에는 신청서에 가족관계등록사무의 문서 양식에 관한 예규 별지 제12호 서식에 따라 본인등이 서명 또는 날인한 위임장과 신분증명서(주민등록증, 운전면허증, 여권, 외국인등록증, 국내거소신고증, 주민등록번호 및 주소가 기재된 장애인등록증 등을 말한다. 다음부터 이 예규에서 같다) 사본을 제출하여야 한다. 위임장은 원본을 제출하되, 변호사의 경우 등록사항별 증명서의 교부청구의 위임취지가 명확하게 기재된 소송위임장의 사본을 제출할 수 있다(가족관계등록예규 제641호 제2조 제3항).

[❹ ▶ ○] 등록사항별 증명서의 교부를 청구하는 경우에는 대상자의 성명과 등록기준지를 정확하게 기재하여야 한다. 다만, 본인등과 그 대리인의 경우에는 대상자의 성명과 주민등록번호로도 교부를 청구할 수 있다(가족관계등록예규 제641호 제2조 제4항).

[❺ ▶ ○] 국가, 지방자치단체, 공공기관이 전자정부법에 따라 전자문서를 이용하여 근거법령과 사유를 기재한 공문을 송부한 경우에는 신청서 작성과 신분증 제출을 생략할 수 있다(가족관계등록예규 제641호 제7조 제5항).

답 ❸

04 친양자입양관계증명서 교부청구의 특례에 관한 다음 설명 중 가장 옳지 않은 것은? 2022년

① 친양자입양관계증명서는 친양자가 성년이 되어 신청하는 경우에 교부를 청구할 수 있다.
② 혼인당사자가 민법 제809조(근친혼 등의 금지)에 관한 친족관계를 파악하고자 하는 경우에 친양자입양관계증명서의 교부를 청구할 수 있다.
③ 법원의 사실조회촉탁이 있거나 수사기관이 수사상 필요에 따라 문서로 신청하는 경우에 친양자입양관계증명서의 교부를 청구할 수 있다.
④ 친양자입양관계증명서 교부청구에 대한 제한은 교부청구 대상 가족관계등록부의 본인이 친양자로 입양된 경우에 한하여 적용된다.
⑤ 채권·채무 등 재산권의 상속과 관련하여 상속인의 범위를 확인하기 위해서 사망한 사람의 친양자입양관계증명서가 필요한 경우 소명자료를 첨부하면 교부청구가 가능하다.

[❶ ▶ ○] 가족관계등록예규 제641호 제3조 제1항 제1호
[❷ ▶ ○] 가족관계등록예규 제641호 제3조 제1항 제3호
[❸ ▶ ○] 가족관계등록예규 제641호 제3조 제1항 제4호
[❹ ▶ ×] 가족관계등록예규 제641호 제3조 제2항
[❺ ▶ ○] 가족관계등록예규 제641호 제3조 제1항 제9호

> **가족관계등록예규 제641호[등록사항별 증명서의 발급 등에 관한 사무처리지침]**
> 제3조(친양자입양관계증명서 교부청구의 특례)
> ① 제2조 제1항 및 제5항에도 불구하고 친양자입양관계증명서는 다음 각 호의 어느 하나에 해당하는 경우에 한하여 교부를 청구할 수 있다.
>   1. 성년자가 본인의 친양자 입양관계증명서를 신청하는 경우로서 성년자임을 신분증명서에 의하여 소명하는 경우
>   2. 친양자의 친생부모·양부모가 본인의 친양자입양관계증명서를 신청하는 경우에는 친양자가 성년자임을 소명하는 경우

3. 혼인당사자가 민법 제809조의 친족관계를 파악하고자 하는 경우로서 출석한 양 당사자 및 그 신분증명서에 의하여 가족관계등록사무담당 공무원이 혼인의사 및 혼인적령임을 확인한 경우
4. 법원의 사실조회촉탁이 있거나 수사기관이 규칙 제23조 제5항에 따라 문서로 신청하는 경우
5. 「민법」 제908조의4에 따라 친양자 입양의 취소를 하거나 같은 법 제908조의5에 따라 친양자의 파양을 할 경우로서 이에 관한 법원의 접수증명원이 첨부된 경우
6. 「국내입양에 관한 특별법」 제28조 제1항 또는 「국제입양에 관한 법률」 제25조 제1항 본문에 따라 입양의 취소를 할 경우로서 이에 관한 법원의 접수증명원이 첨부된 경우
7. 친양자의 양부모가 친양자입양관계증명서를 신청하는 다음 각 목의 경우
   가. 친양자입양으로 인하여 친양자의 인적사항(예금·보험계약 등의 명의)을 변경하고자 하는 경우로서 다음 중 하나의 소명자료를 첨부하여 친양자입양 전후 친양자의 동일성을 주민등록번호 등으로 증명하는 경우
      1) 은행·보험회사 등 그 기관 명의로 작성된 변경의 필요성을 소명하는 자료
      2) 친양자입양 전 친양자의 인적사항이 기록된 통장·보험증서 등 변경의 필요성을 소명하는 자료
   나. 그 밖에 친양자의 복리를 위하여 필요함을 구체적으로 소명자료를 첨부하여 신청하는 경우
8. 친양자입양관계증명서가 소송, 비송, 민사집행·보전의 각 절차에서 필요한 경우로서 소명자료를 첨부하여 신청하는 경우
9. 채권·채무 등 재산권의 상속과 관련하여 상속인의 범위를 확인하기 위해서 사망한 사람의 친양자입양관계증명서가 필요한 경우로서 소명자료를 첨부하여 신청하는 경우
10. 가족관계등록부가 작성되지 않은 채로 사망한 사람의 상속인의 친양자입양관계증명서가 필요한 경우로서 법률상의 이해관계에 대한 소명자료를 첨부하여 신청하는 경우
11. 법률상의 이해관계를 소명하기 위하여 친양자의 친생부모·양부모의 친양자입양관계증명서를 신청하는 경우로서 그 해당 법령과 그에 따른 구체적인 소명자료 및 필요이유를 제시하여 신청하는 경우

② 제1항의 친양자입양관계증명서 교부청구에 대한 제한은 교부청구 대상 가족관계등록부의 본인이 친양자로 입양되었는지에 관계없이 적용한다.

답 ④

제3절 신고서류의 열람 및 기재사항 증명

등록사무처리절차

제1장	총 칙
제2장	출생신고
제3장	인지신고
제4장	입양신고
제5장	친양자입양신고
제6장	혼인신고
제7장	이혼신고
제8장	친권에 관한 신고
제9장	미성년후견에 관한 신고
제10장	사망신고 및 실종선고 등
제11장	국적의 취득 및 상실에 관한 신고(통보)

총 칙

제1절 개 설

1. 가족관계등록사무의 처리절차

신분관계가 변동하는 경우 이에 대한 신고 등(통보, 신청, 증서의 등본, 항해일지의 등본, 재판서)을 시(구)·읍·면에 하게 된다. 시(구)·읍·면의 장은 이를 접수하고 심사하여 수리여부를 결정하고 만약 수리를 하게 되면 가족관계등록부에 기록한 후 기록이 끝난 신고서류를 관할 법원에 송부한다. 송부를 받은 감독법원은 신고서류 및 기록의 적법여부를 판단하여 잘못된 부분이 있으면 시정지시를 하고 그렇지 아니한 경우에는 신고서류를 보존·관리하게 된다.

제2절 신고의 종류와 신고인 등

1. 신고의 의의

① 여기서 신고란 시(구)·읍·면의 장에게 일정한 행정상의 처분(등록부에 일정한 신분사항을 기록하는 것 등)을 요구하는 공법행위인데 이러한 신고가 있으면 시(구)·읍·면의 장은 그 신고에 대하여 수리 또는 불수리의 처분을 하여야 한다.
② 가족관계등록법은 등록부 기록의 원인으로 신고 등에 의한 경우(가족관계등록법 제16조)와 직권에 의한 경우(가족관계등록법 제38조, 제18조)를 규정하고 있으며, 대부분의 등록부의 기록은 신고에 의해 이루어진다.

2. 신고의 종류

(1) 보고적 신고와 창설적 신고

1) 보고적 신고

① 의의 : 보고적 신고란 신고와 관계없이 이미 효력이 발생한 일정한 사실 또는 법률관계에 관한 신고를 말한다.

② 종 류

㉠ 고유의 보고적 신고

㉮ 고유의 보고적 신고란 신고의 성질상 본연의 보고적 신고에 해당하는 신고로서, 일정한 사실의 발생 또는 법률관계의 성립에 의해 신분변동의 효력이 발생한다.

㉯ 출생신고(가족관계등록법 제44조), 사망신고(동법 제84조), 인지된 태아의 사산신고(동법 제60조), 국적상실 신고(동법 제97조), 미성년후견에 관한 신고(동법 제80조 내지 제83조), 실종선고신고(동법 제92조), 개명신고(동법 제99조) 등이 있다.

㉡ 전래의 보고적 신고

㉮ 전래의 보고적 신고란 본래는 창설적 신고에 속하는 것이나 재판 등 특별한 사정에 의하여 이미 효력이 발생한 경우에 부득이 보고적 형태로 이루어지는 신고를 말한다.

㉯ 재판상 인지신고(가족관계등록법 제58조), 유언에 의한 인지신고(동법 제59조), 재판상 파양신고(동법 제66조, 제58조), 재판상 이혼신고(동법 제78조, 제58조) 등이 있다.

③ 신고의무자, 신고기간, 과태료 규정

㉠ 원 칙

㉮ 보고적 신고의 경우 가족관계등록법은 신고의무자와 신고기간을 규정하여(가족관계등록법 제44조, 제46조 등), 정당한 사유 없이 신고의무자가 신고기간 내에 신고를 하지 아니한 때에는 과태료를 부과함으로써 간접적으로 신고를 강제하고 있다(가족관계등록법 제122조).

㉯ 시(구)·읍·면의 장 또는 가족관계등록관은 신고를 게을리한 사람을 안 때에는 상당한 기간을 정하여 신고의무자에 대하여 그 기간 내에 신고할 것을 최고하여야 한다(가족관계등록법 제38조 제1항, 제4조의2).

㉡ 예 외

㉮ 보고적 신고라도 신고의무자 이외에 신고적격자를 규정한 경우가 있다. 재판상 인지신고, 재판상 파양신고, 재판상 이혼신고 등에서 그 소의 상대방(가족관계등록법 제58조 제3항), 사망신고에서 비동거친족·동거자 등(동법 제85조 제2항), 국적상실신고에서 국적상실자 본인(동법 제97조 제4항) 등이 신고적격자에 해당한다.

㉯ 신고하여야 할 사람이 미성년자 또는 피성년후견인인 경우에는 친권자, 미성년후견인 또는 성년후견인을 신고의무자로 한다. 다만, 미성년자 또는 피성년후견인 본인이 신고를 하여도 된다(가족관계등록법 제26조 제1항).

㉓ 친권실효된 경우 직권기록(가족관계등록예규 제374호), 미성년후견개시 신고된 미성년자가 성년 도달 또는 성년의제로 인하여 미성년후견 종료된 경우 직권기록(가족관계등록법 제83조 제1항 단서, 가족관계등록예규 제371호)처럼 신고의무를 부과하지 않고 아예 직권으로 기록하는 경우도 있다.
  ㉔ 보고적 신고의 경우 신고적격자가 법정의 신고기간을 경과하여 신고를 한 경우에도 신고해태로 인한 과태료 제재는 신고의무자가 받는다.
④ 신고의무자 또는 신고적격자가 아닌 자가 신고한 경우 : 보고적 신고의 경우 신고의무자 또는 신고적격자가 아닌 자가 신고를 한 경우에는 원칙적으로 불수리하여야 하나, 예외적으로 신고의무자 또는 신고적격자 아닌 신고인이 사망신고를 한 경우, 그 사망신고서에 사망진단서 그 밖의 사망의 사실을 증명하는 서면이 첨부되어 있는 때에는 그 첨부서면을 자료로 하여 시(구)·읍·면의 장이 감독법원의 기록허가를 받아 직권으로 기록한다(가족관계등록예규 제420호 참조).

2) 창설적 신고
① 의의 : 창설적 신고란 신고의 수리에 의하여 신분관계의 변동의 효력을 생기게 하는 신고를 말하며, 성질상 신고 여부는 신고인의 자유의사에 의하므로 신고가 강제되지 않는다.
② 종 류
  ㉠ 실체적 창설적 신고
    ㉮ 신고를 함으로써 실체법상 신분변동의 효력이 발생하는 창설적 신고를 말하는데, 예컨대 혼인신고, 협의이혼신고, 임의인지신고, 입양신고, 협의파양신고 등이 이에 해당한다.
    ㉯ 실체적 창설적 신고가 유효하기 위해서는 절차법상 유효요건과 실체법상 유효요건(혼인의사, 이혼의사 등)이 필요하다.
  ㉡ 절차적 창설적 신고
    ㉮ 신고를 함으로써 절차법상 신분변동의 효력이 발생하는 창설적 신고를 말하는데, 예컨대 등록기준지 변경신고 등이 이에 해당한다.
    ㉯ 절차적 창설적 신고는 절차법상의 유효요건만 필요하고, 등록기준지 변경의사와 같은 주관적 의사를 별도의 유효요건으로 요구하지 않는다.
③ 신고적격자
  ㉠ 창설적 신고는 신고의무자는 없으나, 유효한 신고를 할 수 있는 신고적격자는 있다. 예컨대 혼인, 입양의 경우에는 당사자 쌍방이 신고적격자가 된다(민법 제812조, 제878조).
  ㉡ 창설적 신고는 그 성질상 신고기간의 규정이 없고 신고를 게을리하는 것에 대한 제재 규정도 없다.
  ㉢ 창설적 신고의 경우 신고적격자가 아닌 자가 신고를 하면 불수리를 하여야 하고, 가족관계등록부에 기록해서는 안 된다.

(2) 독립적 신고와 부가적 신고

① 독립적 신고란 독립적으로 이루어지는 신고를 말하고, 부가적 신고란 독립적 신고에 부가하여 이루어지는 신고를 말한다. 신고는 원칙적으로 독립적 신고이며, 부가적 신고가 아닌 신고는 모두 독립적 신고라 할 수 있다.
② 복수의 신고를 전제로 이들 신고가 서로 독립적 관계에 있는가 종속적 관계에 있는가에 따라 분류하며, 하나의 신고서에 복수의 신고를 하는 경우에도 신고가 상호 독립적이면 독립적 신고로 본다.
③ 부가적 신고의 예로는 인지신고 또는 이혼신고에 부가적으로 신고하는 친권자지정신고가 있다(가족관계등록법 제55조 제1항 제5호, 제74조 제3호).

(3) 단순신고와 복합신고

① 단순신고란 한 개의 단일한 신고에 의해 한 개의 단일한 신분변동의 효력을 발생하는 신고를 말하며 신고의 대부분이 이에 해당한다.
② 복합신고란 한 개의 단일한 신고에 의해 2개 이상의 복합적 신분변동의 효력을 발생하는 신고를 말한다. 예컨대 부의 혼인 외의 자녀에 대한 친생자출생신고는 한 개의 신고지만 출생사실 이외에 인지의 복합적 효과가 발생한다.

(4) 일반신고와 특종신고

① 일반신고란 신고가 수리되면 그 신고사항이 등록부에 기록되는 신고를 말한다.
② 특종신고란 사건본인의 가족관계등록이 되어 있지 않거나 또는 가족관계등록의 여부가 분명하지 아니하다는 등의 이유로 등록부의 기록을 할 수 없어 특종신고서류편철장에 편철하여 보존하는 신고를 말한다.

3. 신고인 등

(1) 신고인

① 신고인이란 특정한 신고를 한 사람을 말한다. 따라서 신고인은 단순히 신고인이 될 수 있는 자격을 갖춘 신고의무자 또는 신고적격자와 다르다.
② 신고인은 등록부의 기록을 요하는 자인 사건본인과도 구별된다. 예컨대 혼인·이혼의 경우 남편과 처, 인지의 경우 인지자와 피인지자, 입양·파양의 경우 양친과 양자가 사건본인이 된다.

(2) 신고의무자

① 신고의무자는 신고를 해야 할 법률상 의무가 있는 자로서 신고를 게을리하면 과태료의 제재를 받게 되는데, 보고적 신고에서 인정되는 개념이다.
② 보고적 신고에 있어서 신고의무자는 가족관계등록법에 의하여 정하여진다.
③ 하나의 신고에 여러 명의 신고의무자가 있을 때에는 그 순위가 정하여져 있다(가족관계등록법 제46조).

(3) 신고적격자

신고적격자는 신고를 해야 할 법률상 의무는 없으나 유효한 신고를 할 수 있는 자로서 과태료의 제재를 받지 않으며, 창설적 신고는 물론 보고적 신고에도 인정되는 개념이다.

4. 신고능력

(1) 의 의

신고능력이란 가족관계등록사건의 의미와 효과를 이해할 수 있어 단독으로 유효한 신고를 할 수 있는 능력을 말한다. 신고의 유효요건에 해당하므로 신고능력이 없는 자가 한 신고는 수리될 수 없다. 의사능력이 없는 자는 보고적 신고이든 창설적 신고이든 불문하고 신고능력이 없다.

(2) 보고적 신고의 신고능력

> **신고하여야 할 사람이 미성년자 또는 피성년후견인인 경우(가족관계등록법 제26조)**
> ① 신고하여야 할 사람이 미성년자 또는 피성년후견인인 경우에는 친권자, 미성년후견인 또는 성년후견인을 신고의무자로 한다. 다만, 미성년자 또는 피성년후견인 본인이 신고를 하여도 된다.

> **가족관계등록예규 제380호[사건본인이 미성년자 또는 피성년후견인인 경우의 신고인]**
> 1. 「가족관계의 등록 등에 관한 법률」 제26조는 보고적 신고에 관한 규정이고, 같은 법 제27조는 창설적 신고에 관한 것인데, 법정대리인의 동의 없이 할 수 있는 행위에 대하여는 미성년자 또는 피성년후견인(물론 의사능력이 있는 사람)이 이를 신고하여야 한다.
> 2. 보고적 신고는 미성년자(의사능력이 있는 사람) 또는 피성년후견인이 단독으로 신고하여도 된다. 다만, 피성년후견인인 경우에는 「가족관계의 등록 등에 관한 법률」 제27조 제2항의 진단서를 첨부하여야 한다.

① 보고적 신고는 기성의 법률관계에 영향을 주지 않으며 등록부 기록 등의 행정목적으로 하는 신고이기 때문에 의사능력이 있는 미성년자나 피성년후견인도 단독으로 신고할 수 있는 신고능력이 인정된다.
② 보고적 신고에 있어서 신고를 하여야 할 사람이 피한정후견인인 경우에는 그 자가 단독으로 신고할 수 있다.

(3) 창설적 신고의 신고능력

> **동의가 불필요한 미성년자 또는 피성년후견인의 신고(가족관계등록법 제27조)**
> ① 미성년자 또는 피성년후견인이 그 법정대리인의 동의 없이 할 수 있는 행위에 관하여는 미성년자 또는 피성년후견인이 신고하여야 한다.
> ② 피성년후견인이 신고하는 경우에는 신고서에 신고사건의 성질 및 효과를 이해할 능력이 있음을 증명할 수 있는 진단서를 첨부하여야 한다.

① 창설적 신고의 경우 그 신분행위는 본인의 진정한 의사가 중요하므로, 미성년자 또는 피성년후견인도 의사능력이 있는 한, 원칙적으로 그 법정대리인의 동의 없이 단독으로 창설적 신고를 유효하게 할 수 있다(가족관계등록법 제27조 제1항). 다만, 입양은 양자가 13세 미만인 때에는 그 신고능력을 부정하여 입양을 승낙한 법정대리인이 신고하도록 하였다(민법 제869조 제2항, 가족관계등록법 제62조 제1항).

② 등록기준지 변경신고처럼 가족관계등록법에서만 규정되는 창설적 신고도 의사능력이 있는 한 본인 자신이 하여야 하며 법정대리인의 동의가 필요 없다.

5. 신고의 대리

(1) 위임대리에 의한 신고

1) 말로 하는 신고의 경우

> **말로 하는 신고 등(가족관계등록법 제31조)**
> ① 말로 신고하려 할 때에는 신고인은 시·읍·면의 사무소에 출석하여 신고서에 기재하여야 할 사항을 진술하여야 한다.
> ③ 제1항 및 제2항의 경우에 신고인이 질병 또는 그 밖의 사고로 출석할 수 없는 때에는 대리인으로 하여금 신고하게 할 수 있다. 다만, 제55조(인지), 제56조(태아의 인지), 제61조(입양), 제63조(파양), 제71조(혼인) 및 제74조(이혼)의 신고는 그러하지 아니하다.
>
> **대리인에 의한 신고(가족관계등록규칙 제36조)**
> 법 제31조 제3항에 따라 대리인이 말로 신고하는 경우에는 대리권한을 증명하는 서면을 제출하여야 한다.

원칙적으로 보고적 신고와 창설적 신고를 말로 신고하려는 경우 신고인이 질병 또는 그 밖의 사고로 출석할 수 없는 때에는 대리인으로 하여금 신고하게 할 수 있다. 그러나 창설적 신고 중에서 본인의 사를 절대적으로 존중하여야 할 인지신고, 태아인지신고, 입양신고, 파양신고, 혼인신고, 이혼신고는 대리가 허용되지 않는다(가족관계등록법 제31조 제3항).

2) 서면신고의 경우

서면에 의한 신고의 경우 신고서의 제출은 사실행위로서 성질상 대리와 친하지 않고, 사자나 우편으로 제출이 가능하므로 대리에 의한 신고는 허용되지 않는다.

(2) 법정대리에 의한 신고

1) 보고적 신고의 경우

신고하여야 할 사람이 미성년자 또는 피성년후견인인 경우에는 친권자, 미성년후견인 또는 성년후견인을 신고의무자로 한다(가족관계등록법 제26조 제1항). 이때의 법정대리인(친권자, 미성년후견인 또는 성년후견인)은 신고의무자로서 신고하는 것이고 법정대리인으로서 신고하는 것이 아니므로 엄격한 의미에서 법정대리인 자격으로 신고하는 경우는 없다고 할 것이다. 따라서 위임대리의 경우와 달리 법정대리인은 말로 하는 신고뿐만 아니라 서면에 의한 신고도 가능하다.

2) 창설적 신고의 경우

① 원칙적으로 창설적 신고는 본인의 진의가 존중되어야 할 신고이기 때문에 미성년자나 피성년후견인이라도 의사능력이 있는 한 직접 신고하여야 하고 법정대리인이 대리신고를 할 수 없다. 따라서 의사능력이 없는 미성년자나 피성년후견인은 법정대리인에 의한 대리신고는 물론, 법정대리인의 동의를 얻더라도 단독으로 직접 신고할 수도 없다.

② 예외적으로 ㉠ 양자가 13세 미만인 경우에는 입양을 승낙한 법정대리인이 신고하여야 하고(가족관계등록법 제62조 제1항), ㉡ 절차적 창설적 신고인 등록기준지변경신고는 등록부의 본인이 신고하여야 하나, 사건본인이 의사능력이 없는 사람인 때에는 법정대리인이 신고의무자로서 신고한다(가족관계등록예규 제69호).

6. 신고기간

(1) 의 의

신고기간이란 이미 효력이 발생한 사실 또는 법률관계에 관하여 그 사실의 발생 또는 신분관계의 변동이 있는 때로부터 신고를 하여야 할 일정한 기간을 말한다.

(2) 신고기간

① 보고적 신고의 신고기간은 원칙적으로 1개월이지만, 예외적으로 ㉠ 재외국민이 그 나라의 방식에 따라 신고사건에 관한 증서를 작성한 경우에는 3개월 이내에 그 지역을 관할하는 재외공관의 장에게 그 증서의 등본을 제출하여야 하고(가족관계등록법 제35조 제1항), ㉡ 사망자에 대하여 등록이 되어 있는지 여부가 분명하지 아니하거나 사망자를 인식할 수 없는 자에 대한 경찰공무원의 사망통보가 있은 후에 사망신고의무자가 사망자의 신원을 안 때에는 그날부터 10일 이내에 사망의 신고를 하여야 한다(가족관계등록법 제90조 제3항).

② 창설적 신고는 신고하여야 효력이 발생하므로 원칙적으로 신고기간이 있을 수 없다.

③ 신고기간이 경과한 후의 신고라도 수리하여야 한다(가족관계등록법 제40조). 신고의무자가 정당한 사유 없이 기간 내에 하여야 할 신고 또는 신청을 하지 아니한 때에는 과태료의 제재를 받는다(가족관계등록법 제121조, 제122조).

④ 시(구)·읍·면의 장은 협의이혼신고 접수 시 가정법원의 확인서등본 첨부 여부와 그 확인서의 유효기간 경과 여부를 면밀히 조사하여야 하고 신고서가 가정법원의 확인일부터 3개월이 경과한 후 제출된 경우에는 일단 접수 후 송달증명서를 제출하도록 통지를 하고, 추후보완된 송달증명서 상의 송달일자로 보아 이혼신고가 확인서등본의 교부 또는 송달일부터 3개월 이내이면 이를 수리하여야 하나 그 기간을 경과하였거나 추후보완기간 내에 송달증명서를 제출하지 않는 경우에는 불수리하여야 한다(가족관계등록예규 제613호 제23조 제1항).

(3) 신고기간의 기산일

1) 일반규정

신고기간은 신고의무자가 신고사건의 발생사실을 알았는지 여부를 불문하고 신고사건 발생일부터 기산한다(가족관계등록법 제37조 제1항). 민법상 기간계산의 일반원칙과 다르게 초일을 산입한다.

2) 개별규정

① 안 날로부터 기산하는 경우
- ㉠ 사망신고는 신고의무자가 사망의 사실을 안 날부터 1개월 이내에 진단서 또는 검안서를 첨부하여 하여야 한다(가족관계등록법 제84조 제1항).
- ㉡ 등록부존재신고(가족관계등록법 제22조), 인지된 태아의 사산신고(동법 제60조), 국적상실신고(동법 제97조) 등도 그 사실을 안 날로부터 1개월 이내에 신고하여야 한다.

② 취임일로부터 기산하는 경우
- ㉠ 유언에 의한 인지신고의 경우 유언집행자는 그 취임일부터 1개월 이내에 하여야 한다(가족관계등록법 제59조).
- ㉡ 의사능력이 없는 미성년자가 하여야 할 신고는 그 친권자가 없는 때에는 미성년후견인이 취임한 날로부터 그 신고의무가 발생하므로 그 신고기간도 위 취임일로부터 진행된다(가족관계등록예규 제411호 제2조).

③ 재판의 확정과 관련된 기간
- ㉠ 가사소송·비송사건, 확정되어야 효력이 생기는 재판은 재판의 확정일부터 기간을 기산한다.
- ㉡ 재판의 확정일부터 기간을 기산하여야 할 경우에 재판이 송달 또는 교부 전에 확정된 때에는 그 송달 또는 교부된 날부터 기산한다(가족관계등록법 제37조 제2항). 조정(화해)조서에 의하는 경우에도 송달받은 날부터 기산한다.
- ㉢ 등록부 정정허가결정에 의한 등록부 정정 신청은 재판서 등본을 받은 날부터 기산한다(가족관계등록법 제106조).
- ㉣ 친생자관계부존재확인판결이 확정되어 출생신고의무자가 다시 출생신고를 하는 경우 출생신고기간은 친생자관계부존재확인의 판결이 확정된 때로부터 기산할 것이 아니고 출생 시로부터 기산하여야 한다(호적선례 제2-470호 참조).

(4) 신고기간의 계산과 신고기간의 만료일

① 1개월의 신고기간은 역에 따라서 계산한다(가족관계등록예규 제411호 제1조).

② 가족관계등록법에 따른 신고 또는 신청기간의 끝나는 날은「비송사건절차법」제10조,「민사소송법」제170조와「민법」에 따라 기간의 말일이 토요일 또는 공휴일에 해당하는 때에는 기간은 그 다음 날에 끝난다(가족관계등록예규 제411호 제3조).

③ 신고기간 계산의 예를 들면 신고사건 발생일로부터 기산하도록 규정하고 있고 그 기간 계산시 초일을 산입하여야 하므로 출생일이 1월 31일이라면 그 신고기간의 만료일은 2001년 1월 31일로부터 기산하여 1월이 되는 2월 30일이나, 2월에는 30일이 없으므로 민법 제160조 제3항의 규정에 의하여 그 말일인 2월 28일이 된다(호적선례 제4-24호 참조).

7. 신고의 장소

(1) 일반원칙

가족관계등록신고는 신고사건 본인의 등록기준지 또는 신고인의 주소지나 현재지의 시(구)·읍·면의 사무소에서 할 수 있다(가족관계등록법 제20조 제1항 본문).

(2) 예 외

1) 부가적 장소

> **출생신고의 장소(가족관계등록법 제45조)**
> ① 출생의 신고는 출생지에서 할 수 있다.
> ② 기차나 그 밖의 교통기관 안에서 출생한 때에는 모가 교통기관에서 내린 곳, 항해일지가 비치되지 아니한 선박 안에서 출생한 때에는 그 선박이 최초로 입항한 곳에서 신고할 수 있다.
>
> **사망신고의 장소(가족관계등록법 제86조)**
> 사망의 신고는 사망지·매장지 또는 화장지에서 할 수 있다. 다만, 사망지가 분명하지 아니한 때에는 사체가 처음 발견된 곳에서, 기차나 그 밖의 교통기관 안에서 사망이 있었을 때에는 그 사체를 교통기관에서 내린 곳에서, 항해일지를 비치하지 아니한 선박 안에서 사망한 때에는 그 선박이 최초로 입항한 곳에서 할 수 있다.

출생신고, 사망신고는 일반원칙에 의한 신고지에서 할 수 있으나 부가적으로 정한 장소에서도 할 수 있도록 규정한 것이다.

2) 한국에 있는 외국인의 신고

외국인에 관한 신고는 그 거주지 또는 신고인의 주소지나 현재지에서 할 수 있다(가족관계등록법 제20조 제2항).

3) 외국에 있는 한국인의 신고

① 외국에 거주하고 있는 한국인은 그 지역을 관할하는 재외공관의 장 또는 재외공관에서 근무하는 가족관계등록관에게 가족관계등록신고를 할 수 있으나, 다른 지역을 관할하는 재외공관의 장 또는 재외공관에서 근무하는 가족관계등록관에게 가족관계등록신고를 할 수는 없다[가족관계등록법 제34조, 가족관계등록예규 제486호 2. 가. (2)].

② 외국에 거주하고 있는 한국인은 거주하고 있는 지역에 재외공관이 설치되어 있는 경우에도 신고사건의 본인 등록기준지 시(구)·읍·면의 장 또는 「가족관계의 등록 등에 관한 법률」 제4조의2의 재외국민 가족관계등록사무소 가족관계등록관에게 직접 우편의 방법으로 제출하거나, 귀국하여 등록기준지 또는 현재지 시(구)·읍·면 또는 재외국민 가족관계등록사무소에 제출하는 방법으로 가족관계등록신고(보고적, 창설적 신고를 포함)를 할 수 있다[가족관계등록예규 제486호 2. 가. (1)].

③ 증서의 등본 제출방식에 의한 경우
  ㉠ 증서의 등본 제출방식에 의하여 가족관계등록부에 기록을 할 수 있는 경우는 외국에 거주하고 있는 한국인이 그 거주지 나라 방식에 의하여 실체적인 창설적 신분행위(혼인, 입양, 인지, 이혼과 파양 등)를 하여 신분행위가 성립된 경우에만 가능하다[가족관계등록예규 제486호 2. 나. (1)].
  ㉡ 재외국민이 그 나라의 방식에 따라 신고사건에 관한 증서를 작성한 경우에는 3개월 이내에 그 지역을 관할하는 재외공관의 장에게 그 증서의 등본을 제출하여야 한다[가족관계등록법 제35조 제1항].
  ㉢ 대한민국의 국민이 있는 지역이 재외공관의 관할에 속하지 아니하는 경우에는 3개월 이내에 등록기준지의 시·읍·면의 장 또는 재외국민 가족관계등록사무소의 가족관계등록관에게 증서의 등본을 발송하여야 한다[가족관계등록법 제35조 제2항].
  ㉣ 증서의 등본은 신분행위 당사자 1명이 그 지역을 관할하는 재외공관의 장이나 사건본인인 한국인의 등록기준지 시(구)·읍·면의 장 또는 가족관계등록관에게 우편의 방법을 이용하거나 직접 제출할 수 있다[가족관계등록예규 제486호 2. 나. (4)].

4) 동(洞)을 경유하는 신고

> **출생·사망의 동 경유 신고 등(가족관계등록법 제21조)**
> ① 시에 있어서 출생·사망의 신고는 그 신고의 장소가 신고사건 본인의 주민등록지 또는 주민등록을 할 지역과 같은 경우에는 신고사건 본인의 주민등록지 또는 주민등록을 할 지역을 관할하는 동을 거쳐 할 수 있다.
> ② 제1항의 경우 동장은 소속 시장을 대행하여 신고서를 수리하고, 동이 속하는 시의 장에게 신고서를 송부하며, 그 밖에 대법원규칙으로 정하는 등록사무를 처리한다.

① 사망자의 주민등록지나 출생한 자의 주민등록을 할 지역이 신고사건 본인의 주소지와 같은 경우에 한하여 예외적으로 동사무소에서도 신고에 따라 접수·수리가 가능하나, 그 기록은 소속 시(구)청에서만 할 수 있다.
② 동사무소에서 할 수 있는 신고는 출생 또는 사망신고에 한정되며, 이 경우 동을 거쳐 할 수 있다는 것이지 반드시 동을 거쳐야 하는 것은 아니다.

5) 등록부 존재신고
등록되어 있는지가 분명하지 아니한 사람 또는 등록되어 있지 아니하거나 등록할 수 없는 사람에 관한 신고가 수리된 후 그 사람에 관하여 등록되어 있음이 판명된 때 또는 등록할 수 있게 된 때에는 신고인 또는 신고사건의 본인은 그 사실을 안 날부터 1개월 이내에 수리된 신고사건을 표시하여 처음 그 신고를 수리한 시(구)·읍·면의 장에게 그 사실을 신고하여야 한다[가족관계등록법 제22조].

6) 기 타
① 등록기준지를 변경하고자 하는 경우 새롭게 변경하고자 하는 등록기준지 시(구)·읍·면의 장에게 변경신고를 하여야 한다[가족관계등록규칙 제4조 제3항].
② 인지된 태아의 출생신고는 태아인지신고를 한 시(구)·읍·면에 하여야 한다[가족관계등록실무자료집(기재편)].

③ 부(父) 미정의 출생신고 후 부를 정하는 판결이 확정되면 출생신고가 된 시(구)·읍·면에 추후보완신고를 하여야 한다(가족관계등록실무자료집(기재편)).
④ 이혼의사의 확인을 받은 당사자가 이혼의사를 철회하고자 하는 경우에는 이혼신고가 접수되기 전에 자신의 등록기준지, 주소지 또는 현재지 시(구)·읍·면의 장에게 이혼의사확인서등본을 첨부한 이혼의사철회서를 제출하여야 한다. 다만, 재외국민의 경우 등록기준지 시(구)·읍·면의 장 또는 가족관계등록관에게 제출하여야 한다(가족관계등록규칙 제80조 제1항).
⑤ 혼인신고수리불가신고를 하려는 자는 혼인수리불가신고서를 신고인 본인이 신고인의 등록기준지, 주소지 또는 현재지의 시(구)·읍·면에 출석하여 제출하여야 한다(가족관계등록예규 제626호 1.).

8. 신고의 방법

신고는 서면이나 말로 할 수 있다(가족관계등록법 제23조 제1항). 다만, 대법원규칙으로 정하는 등록에 관한 신고는 전산정보처리조직을 이용하여 전자문서로 할 수 있다(가족관계등록법 제23조의2 제1항).

(1) 서면에 의한 신고

1) 신고서 양식

신고서 양식은 대법원예규로 정한다. 이 경우 가족관계에 관한 등록신고가 다른 법령으로 규정한 신고를 갈음하는 경우에 당해 신고서 양식을 정함에 있어서는 미리 관계부처의 장과 협의하여야 한다(가족관계등록법 제24조).

2) 신고서 기재사항

① **일반적인 기재사항** : 신고서에는 ㉠ 신고사건, ㉡ 신고연월일, ㉢ 신고인의 출생연월일·주민등록번호·등록기준지 및 주소, ㉣ 신고인과 신고사건의 본인이 다른 때에는 신고사건의 본인의 등록기준지·주소·성명·출생연월일 및 주민등록번호와 신고인의 자격을 기재하고 신고인이 서명하거나 기명날인하여야 한다. 이 경우 신고서류에 주민등록번호를 기재한 때에는 출생연월일의 기재를 생략할 수 있다(가족관계등록법 제25조).
② **서명·날인에 갈음하는 방법** : 신고인, 증인, 동의자 등은 신고서에 서명하거나 기명날인할 수 있고, 서명 또는 기명날인을 할 수 없을 때에는 무인할 수 있다. 이 경우 담당공무원은 본인의 무인임을 증명한다는 문구를 기재하고 기명날인하여야 한다(가족관계등록규칙 제33조).
③ **보고적 신고의 신고의무자인 법정대리인이 신고하는 경우** : 신고하여야 할 사람이 미성년자 또는 피성년후견인인 경우에 신고의무자인 친권자, 미성년후견인 또는 성년후견인이 신고하는 신고서에는 ㉠ 신고하여야 할 미성년자 또는 피성년후견인의 성명·출생연월일·주민등록번호 및 등록기준지, ㉡ 신고하여야 할 사람이 미성년자 또는 피성년후견인이라는 사실, ㉢ 신고인이 친권자, 미성년후견인 또는 성년후견인이라는 사실을 기재하여야 한다(가족관계등록법 제26조 제2항).

④ 부존재 또는 부지의 사항이 있는 경우 : 신고서에 기재하여야 할 사항으로서 존재하지 아니하거나 알지 못하는 것이 있을 때에는 그 취지를 기재하여야 한다. 다만, 시(구)·읍·면의 장 또는 가족관계등록관은 법률상 기재하여야 할 사항으로서 특히 중요하다고 인정되는 사항을 기재하지 아니한 신고서는 수리하여서는 아니 된다(가족관계등록법 제29조, 제4조의2).

⑤ 가족관계등록의 여부가 불분명한 경우 : 신고인 그 밖의 사람이 가족관계등록이 되어 있지 않거나 분명하지 않은 경우에는 신고서류에 그 취지를 기재하여야 하고, 사건본인이나 그 부 또는 모가 외국인인 경우에는 신고서의 등록기준지란에 그 국적을 기재하여야 한다(가족관계등록규칙 제34조).

3) 신고서 기재방법

① 신고서의 문자 : 신고서는 한글과 아라비아숫자로 기재하여야 한다. 다만, 사건본인의 성명은 한자로 표기할 수 없는 경우를 제외하고는 한자를 병기하여야 하고, 사건본인의 본은 한자로 표기할 수 없는 경우를 제외하고는 한자로 기재하여야 한다(가족관계등록규칙 제30조 제1항).

② 신고서의 기재·정정 방법

　㉠ 신고서의 글자는 명확하게 기재하여야 한다(가족관계등록규칙 제31조 제1항).

　㉡ 신고서의 기재를 정정한 경우에는 여백에 정정한 글자의 수를 기재하고 신고인이 날인하여야 한다(가족관계등록규칙 제31조 제2항).

　㉢ 각종 가족관계등록신고서를 작성함에 있어 기재착오로 정정해야 할 경우에는, 신고인 본인의 정정날인만으로 족하며, 그 이외의 증인과 동의권자 등의 정정날인은 불필요하다(가족관계등록예규 제633호 제8조 제1항).

③ 외국의 국호, 지명 및 인명의 표기방법

　㉠ 가족관계등록부 및 가족관계 등록신고서에 기록 또는 기재하는 외국의 국호, 지명 및 인명은 해당 외국의 원지음을 한글로 표기하되, 문화체육관광부가 고시하는 외래어 표기법에 의하는 것을 원칙으로 한다(가족관계등록예규 제621호 제2조).

　㉡ 가족관계등록신고서에 국호, 지명 및 인명의 외국어(한자를 포함)표기만 있고 해당 외국의 원지음 한글표기가 없는 경우에, 시(구)·읍·면의 장은 이를 보정시킨 뒤 수리하여야 하고, 가족관계등록부에도 해당 외국의 원지음을 한글로 기록하여야 한다(가족관계등록예규 제621호 제3조 제1항).

4) 증인을 필요로 하는 신고

① 증인을 필요로 하는 사건의 신고에 있어서는 증인은 신고서에 주민등록번호 및 주소를 기재하고 서명하거나 기명날인하여야 한다(가족관계등록법 제28조).

② 증인을 필요로 하는 사건은 혼인, 협의상 이혼이다. 다만, 협의이혼신고서에 가정법원의 이혼의사확인서등본을 첨부한 경우에는 증인 2인의 연서가 있는 것으로 보기 때문에 신고서에 증인에 관한 기재를 할 필요가 없다(가족관계등록법 제76조).

③ 대한민국에 있는 자로서 성년자이고 신분행위의 당사자가 아닌 제3자이기만 하면 대한민국 국민이나 외국인 모두 증인적격 내지 증인능력이 있다. 이때 외국인인 증인이 성년자인지의 여부는 그의 본국법에 의한다(가족관계등록선례 제200907-6호).

5) 신고서의 제출

① 서면에 의한 신고의 경우 신고서 제출은 반드시 신고인 본인이 출석하여 제출해야 하는 것은 아니고, 우편에 의한 제출이나 사자에 의한 제출도 허용된다.
② 신고인의 생존 중에 우송한 신고서는 그 사망 후라도 시(구)·읍·면의 장은 수리하여야 한다. 이 규정에 의하여 신고서가 수리된 때에는 신고인의 사망 시에 신고한 것으로 본다(가족관계등록법 제41조). 그러나 발송 전에 이미 신고인이 사망한 때에는 창설적 신고뿐만 아니라 보고적 신고에 있어서도 그 효력이 인정되지 않으며, 이에 기초하여 등록부 기록을 하였을 때에는 정정절차를 밟아야 한다.

(2) 말로 하는 신고

말로 신고하려 할 때에는 신고인은 시(구)·읍·면의 사무소 또는 재외국민 가족관계등록사무소에 출석하여 신고서에 기재하여야 할 사항을 진술하여야 한다. 이 경우 시(구)·읍·면의 장 또는 가족관계등록관은 신고인의 진술 및 신고연월일을 기록하여 신고인에게 읽어 들려주고 신고인으로 하여금 그 서면에 서명하거나 기명날인하게 하여야 한다(가족관계등록법 제31조 제1항·제2항, 제4조의2).

(3) 전자문서를 이용한 신고

전자문서를 이용한 신고(가족관계등록법 제23조의2)
① 제23조에도 불구하고 대법원규칙으로 정하는 등록에 관한 신고는 전산정보처리조직을 이용하여 전자문서로 할 수 있다.
② 제1항에 따른 신고는 신고사건 본인의 등록기준지 시·읍·면의 장이 처리한다. 다만, 신고사건 본인의 등록기준지가 없는 경우에는 신고인의 주소지 시·읍·면의 장이 처리하고, 재외국민에 관한 신고인 경우에는 재외국민 가족관계등록사무소의 가족관계등록관이 처리하며, 외국인에 관한 신고인 경우에는 그 거주지 시·읍·면의 장이 처리한다.
③ 제2항에도 불구하고 제1항에 따른 신고는 신고 처리의 편의를 위하여 대법원규칙으로 정하는 바에 따라 다른 시·읍·면의 장이 처리할 수 있다.
④ 시에 있어서 제2항 및 제3항에 따른 신고 처리는 대법원규칙으로 정하는 바에 따라 동장이 소속 시장을 대행하여 할 수 있다.
⑤ 제1항에 따른 신고는 이 법 및 대법원규칙으로 정하는 정보가 전산정보처리조직에 저장된 때에 접수된 것으로 본다.
⑥ 제1항에 따른 신고의 불수리 통지는 제43조에도 불구하고 전산정보처리조직을 이용하여 전자문서로 할 수 있다.

전자문서를 이용한 신고(가족관계등록규칙 제36조의2)
① 법 제23조의2에 따라 전산정보처리조직을 이용하여 전자문서로 할 수 있는 신고는 다음 각 호와 같다.
  1. 법 제10조 제2항에 따른 등록기준지 변경신고
  2. 법 제44조 제4항 본문 및 제46조 제1항, 제2항에 따른 부 또는 모의 출생신고
  3. 법 제96조에 따른 국적취득자의 성과 본의 창설 신고
  4. 법 제99조에 따른 개명 신고
  5. 법 제101조에 따른 가족관계등록 창설 신고
  6. 법 제104조 및 제105조에 따른 등록부 정정 신청

제3절 신고서류의 접수·심사·수리 등

1. 신고서류의 접수

(1) 의 의
① 신고서류란 신고서와 신청서뿐만 아니라 등록부기록의 원인이 되는 모든 서류를 말한다(가족관계등록예규 제633호 제1조).
② 신고서류의 접수란 접수 권한 있는 등록관서가 수취하여 관리하는 사실행위를 말하고 신고를 적법·유효한 것으로 인정하여 그 처리를 인용하는 수리와는 구별하여야 한다. 등록부 기록의 직접적 원인행위가 되는 것은 신고의 수리이다.

(2) 접수절차

1) 접수방법
① 시·읍·면·동의 장이나 재외공관의 장이 신고서류를 접수하거나 송부받은 때에는 그 첫장 표면의 여백에 접수인을 찍고 접수번호 및 접수연월일을 기재한 후 처리자가 날인하여야 한다. 또한 신고서류를 접수하였을 때에 신고인이 청구하는 경우에는 접수증을 교부하여야 한다(가족관계등록규칙 제40조 제1항·제2항).
② 신고서류에 찍는 접수인의 접수일자는 시(구)·읍·면·동의 장이나 재외공관의 장 또는 가족관계등록관이 실제로 신고서류를 받은 일자를 기재한다(가족관계등록예규 제633호 제3조 제1항).
③ 재외공관의 장이나 동장이 가족관계등록신고를 접수하고 수리하여 가족관계등록관이나 동이 소속하고 있는 시(구)의 장에게 송부하는 경우에 가족관계등록관이나 동이 소속하고 있는 시(구)의 사무소의 접수일자는 송부일자가 아니라 송부받은 일자를 기록한다(가족관계등록예규 제633호 제3조 제4항).
④ 이혼신고와 친권자지정신고 등과 같이 하나의 신고서로 여러 가지의 사항을 신고하는 경우에는 각 사항별로 접수번호를 준다(가족관계등록예규 제633호 제4조 제1항).
⑤ 사건본인이 여러 사람인 경우에는 가족관계등록부에 기록을 요하는 사건본인마다 접수번호를 준다. 그러나 혼인, 이혼, 입양, 파양 및 인지신고의 어느 하나에 해당하는 경우에는 사건본인의 수와 관계없이 1건으로 접수한다(가족관계등록예규 제633호 제4조 제2항).

2) 가족관계등록사건접수장
① 시·읍·면·동의 장이나 재외공관의 장 또는 가족관계등록관은 접수장에 접수 또는 송부받은 사건을 접수번호 순서대로 기록하여야 한다(가족관계등록규칙 제41조 제1항, 제90조).
② 접수번호는 매년 갱신한다. 접수장의 사건명은 신고의 종류에 따르되, 신고의 추후보완의 경우에는 원래의 신고의 접수번호도 부기한다(가족관계등록규칙 제41조 제2항·제3항).

(3) 신고서류의 접수 시 신고인 등 확인방법

1) 신분확인절차의 개요

> **신고방법(가족관계등록법 제23조)**
> ② 신고로 인하여 효력이 발생하는 등록사건에 관하여 신고사건 본인이 시·읍·면에 출석하지 아니하는 경우에는 신고사건 본인의 주민등록증(모바일 주민등록증을 포함한다)·운전면허증·여권, 그 밖에 대법원규칙으로 정하는 신분증명서(이하 이 항에서 "신분증명서"라 한다)를 제시하거나 신고서에 신고사건 본인의 인감증명서를 첨부하여야 한다. 이 경우 본인의 신분증명서를 제시하지 아니하거나 본인의 인감증명서를 첨부하지 아니한 때에는 신고서를 수리하여서는 아니 된다. 〈개정 2023.12.26.〉
>
> **신고인 등의 확인(가족관계등록규칙 제32조)**
> ① 시·읍·면·동의 장 또는 재외공관의 장은 신고서류를 접수하는 경우에 출석한 신고인 또는 제출인의 신분증명서에 의하여 반드시 그 신분을 확인하여야 하고, 신고인 또는 제출인이 법 제23조 제2항에 따라 불출석 신고사건 본인의 신분증명서를 제시한 때에는 그 신분을 확인한 후 신고서류의 뒤에 그 사본을 첨부하여야 한다.
> ② 법 제23조 제2항의 "그 밖에 대법원규칙으로 정하는 신분증명서"는 국제운전면허증, 외국국가기관 명의의 신분증 그 밖에 대법원예규가 정하는 신분증명서를 말한다.
>
> **신고서류의 접수방법(가족관계등록규칙 제40조)**
> ③ 제1항의 경우에 법 제23조 제2항과 이 규칙 제32조에 따른 본인, 신고인 또는 제출인의 신분확인절차를 거쳐야 한다.
> ④ 우편접수의 경우 신고인의 신분증명서 사본이 첨부된 때에는 이에 의하여 신분확인을 할 수 있다. 다만, 신고로 인하여 효력이 발생하는 등록사건에 있어서는 신고사건 본인의 인감증명서 또는 신고서의 서명에 대한 공증서가 첨부되거나 제32조 제3항에 따른 법정대리인의 인감증명서가 첨부된 때에 이에 의하여 신분확인을 할 수 있다.

가족관계등록법은 신고인, 사건본인의 출석에 의한 신고만이 아니라 우편 또는 제출인에 의한 신고서 제출을 허용하되, 신고의 진정성을 확보하기 위하여 사건본인, 신고인, 제출인 등의 신분확인에 관한 절차를 두고 있다(가족관계등록법 제23조 제2항, 가족관계등록규칙 제32조 제1항·제2항, 제40조 제4항).

2) 신분확인의 구체적 방법

> **가족관계등록예규 제600호[가족관계등록신고사건 접수 시 신고인 등 확인방법]**
> 2. 보고적 신고의 경우
>   가. 신고인 또는 제출인이 출석하는 경우
>   시(구)·읍·면·동 및 재외공관의 장은 신고서(신청서를 포함한다. 이하 같다)를 접수하는 신고인 또는 제출인(신고인의 사자(사자)로서 신고서를 제출하는 사람을 말한다. 이하 같다)의 주민등록증·운전면허증·여권·국제운전면허증·외국국가기관 명의의 신분증·외국인등록증·국내거소신고증·주민등록번호 및 주소가 기재된 장애인등록증 등(이하 "신분증명서"라 한다)으로 그 신분을 확인한다. 다만, 출생·사망신고서를 제출인이 접수하는 경우에는 신고인의 신분증명서 사본을 첨부하게 하여 신고인의 신분도 확인하여야 한다.
>   나. 신고인이 우편으로 신고서를 제출한 경우
>   시(구)·읍·면·동 및 재외공관의 장은 신고서에 첨부된 신고인의 신분증명서 사본으로 그 신분을 확인한다.

다. 신고인이 성년후견인인 경우
위 가. 나. 에도 불구하고 신고인이 성년후견인인 경우에는 성년후견인의 자격을 소명하는 서면도 함께 첨부하여야 한다.
3. 창설적 신고의 경우
가. 출석하여 신고하는 경우
(1) 사건본인들 양쪽이 출석하는 경우
시(구)·읍·면 및 재외공관의 장은 출석한 사건본인들의 신분증명서를 제시받아 신분을 확인하여야 한다.
(2) 사건본인들 중 한 쪽이 출석하는 경우
시(구)·읍·면 및 재외공관의 장은 출석한 사건본인의 신분증명서를 제시받아 신분을 확인하여야 하며, 불출석한 본인에 대하여는 다음과 같이 불출석 본인의 신분증명서를 제시받거나 신고서에 첨부된 인감증명서 또는 신고서의 서명에 대한 공증서[외국인의 경우 신고서의 서명에 대하여 본국 관공서(주한 본국 대사관이나 영사관을 포함)나 거주국 공증인(대한민국 공증인도 포함)의 공증을 받으면 되고, 공증서가 외국어로 되어 있는 경우에는 "번역문"을 첨부하여야 한다. 이하 "서명공증서"라 한다]에 의하여 그 신분을 확인하여야 한다. 다만, 사실혼관계존재확인의 확정판결에 의한 혼인신고와 협의이혼의 신고에 대하여는 본인들 중 한 쪽이 불출석하였더라도 신분확인을 위하여 신분증명서의 제시 등을 요구해서는 안 된다.
(가) 불출석 본인의 신분증명서가 제시된 경우
시(구)·읍·면 및 재외공관의 장은 불출석한 사건본인의 신분증명서를 제시받아 신분을 확인하여야 한다. 이때 신분을 확인한 후 신고서류의 뒤에 불출석한 본인의 신분증명서를 사본하여 첨부하도록 한다. 다만, 제시한 신분증명서가 이동통신단말장치에 암호화된 형태로 설치되는 등 사본화가 적합하지 않은 경우에는「가족관계등록사무의 문서 양식에 관한 예규」별지 제47호 서식의 신분확인서를 첨부하도록 한다.
(나) 불출석 본인의 인감증명서가 첨부된 경우
시(구)·읍·면 및 재외공관의 장은 신고서에 불출석한 본인의 인감도장이 날인되어 있고, 인감증명서가 첨부되어 있는 때에는 이에 의하여 불출석한 사건본인의 신분을 확인한다. 이때 신고서에 날인된 인영이 인감증명서의 인영과 동일한지도 확인하여야 한다.
(다) 불출석 본인의 서명공증서가 첨부된 경우
시(구)·읍·면 및 재외공관의 장은 신고서에 불출석한 사건본인이 서명을 하였고, 서명공증서가 첨부되어 있는 때에는 이에 의하여 불출석한 사건본인의 신분을 확인한다.
(3) 사건본인들은 불출석하고, 제출인이 출석한 경우
시(구)·읍·면 및 재외공관의 장은 출석한 제출인의 신분증명서를 제시받아 신분을 확인하여야 하며, 불출석한 본인들에 대하여는 다음과 같이 불출석 본인들의 신분증명서를 제시받거나 신고서에 첨부된 인감증명서 또는 서명공증서에 의하여 그 신분을 확인하여야 한다.
(가) 불출석 본인의 신분증명서가 제시된 경우
시(구)·읍·면 및 재외공관의 장은 불출석한 사건본인의 신분증명서를 제시받아 신분을 확인하여야 한다. 이때 신분을 확인한 후 신고서류의 뒤에 불출석한 본인의 신분증명서를 사본하여 첨부하도록 한다. 다만, 제시한 신분증명서가 이동통신단말장치에 암호화된 형태로 설치되는 등 사본화가 적합하지 않은 경우에는「가족관계등록사무의 문서 양식에 관한 예규」별지 제47호 서식의 신분확인서를 첨부하도록 한다.
(나) 불출석 본인의 인감증명서가 첨부된 경우
시(구)·읍·면 및 재외공관의 장은 신고서에 불출석한 본인의 인감도장이 날인되어 있고, 인감증명서가 첨부되어 있는 때에는 이에 의하여 불출석한 사건본인의 신분을 확인한다. 이때 신고서에 날인된 인영이 인감증명서의 인영과 동일한지도 확인하여야 한다.
(다) 불출석 본인의 서명공증서가 첨부된 경우
시(구)·읍·면 및 재외공관의 장은 신고서에 불출석한 사건본인이 서명을 하였고, 서명공증서가 첨부되어 있는 때에는 이에 의하여 불출석한 사건본인의 신분을 확인한다.

나. 우편으로 신고서를 제출한 경우
　　(가) 신고서에 날인한 경우
　　　　시(구)·읍·면 및 재외공관의 장은 신고서에 사건본인의 인감도장이 날인되어 있고, 인감증명서가 첨부되어 있는 때에는 이에 의하여 날인한 사건본인의 신분을 확인한다. 이때 신고서에 날인된 인영이 인감증명서의 인영과 동일한지도 확인하여야 한다.
　　(나) 신고서에 서명한 경우
　　　　시(구)·읍·면 및 재외공관의 장은 신고서에 사건본인이 서명을 하였고 서명공증서가 첨부되어 있는 때에는 이에 의하여 서명한 사건본인의 신분을 확인한다.
다. 양자가 13세 미만인 입양의 경우
　　양자가 13세 미만인 입양에 있어서는 법 제62조 제1항의 법정대리인의 출석 또는 신분증명서의 제시가 있거나 인감증명서의 첨부가 있으면 신고사건본인의 신분증명서의 제시 또는 인감증명서의 첨부가 있는 것으로 보아 위 "가", "나"에 의하여 처리한다.
4. 신고인 등의 신분확인이 안 된 경우
　　시(구)·읍·면·동 및 재외공관의 장은 위 "2", "3"에 의하여 가족관계등록신고서를 접수하는 사건본인, 신고인, 제출인 등의 신분확인이 안 되거나 동일성이 확인되지 않은 경우에는 등록신고사건을 불수리하여야 한다. 필요한 신분증명서가 제시되지 않거나 신분증명서 사본 또는 인감증명서, 서명공증서가 첨부되지 않은 경우에도 불수리하여야 한다.

[신고사건별 신고인 등 확인방법에 관한 대비표(가족관계등록예규 제600호 별지)**]**

구 분	신고서 제출 방법	본인 출석 여부	서명 또는 날인 방법	신분증명서 제시 및 첨부서면	비 고
보고적 신고	출 석		서명, 날인	• 출석자 신분증명서(출생·사망신고서를 제출인이 접수하는 경우 신고인의 신분증명서 사본 첨부) • 신고인이 성년후견인인 경우 그 자격을 증명하는 서면도 함께 첨부	
	우 편		서명, 날인	• 신분증명서 사본 • 신고인이 성년후견인인 경우 그 자격을 증명하는 서면도 함께 첨부	
창설적 신고	출 석	양쪽 출석	서 명	출석자 신분증명서	
			날 인	출석자 신분증명서	
		한 쪽 출석	서 명	• 불출석자 신분증명서 또는 서명공증서 • 출석자 신분증명서 (단, 사실혼관계존재확인의 판결에 의한 혼인신고와 협의이혼 신고 시 불출석자 신분증명서 또는 서명공증서 불요)	
			날 인	• 불출석자 신분증명서 또는 인감증명서 • 출석자 신분증명서 (단, 사실혼관계존재확인의 판결에 의한 혼인신고와 협의이혼 신고 시 불출석자 신분증명서 또는 인감증명서 불요)	
		양쪽 불출석, 제출인 출석	서 명	• 불출석자 신분증명서 또는 서명공증서 • 제출자 신분증명서	
			날 인	• 불출석자 신분증명서 또는 인감증명서 • 제출자 신분증명서	
	우 편		서 명	서명공증서	
			날 인	인감증명서	

2. 신고서류의 심사

(1) 가족관계등록사무처리자의 심사권

시·읍·면·동의 장이나 재외공관의 장 또는 가족관계등록관이 신고서류를 접수한 때에는 지체없이 그 수리 여부를 결정하여야 한다(가족관계등록규칙 제43조 제1항, 제90조).

(2) 심사방법

1) 형식적 심사주의

① 형식적 심사주의는 신고인이 제출한 자료만을 심사의 대상으로 하는 심사방법이고, 실질적 심사주의는 신고인이 제출한 자료에만 의존하지 않고 직권으로 신고의 실체적 진실을 조사하는 심사방법이다.

② 우리나라는 형식적 심사주의를 채택하고 있다. 따라서 가족관계등록신고에 대한 심사는 신고인이 제출하는 법정의 첨부서류만에 의하여 법정의 요건을 구비하고 있는지, 절차에 부합하는지의 여부를 형식적으로만 심사하는 것이고 그 신고사항의 실체적 진실과의 부합여부를 탐지하여 심사하여야 하는 것은 아니다.

③ 가족관계등록공무원은 가족관계등록부에 기록을 함에 있어서 그 신고가 형식상 요건을 갖추고 있는 경우에는 그에 따른 기록절차를 밟아야 한다(가족관계등록예규 제633호 제14조 제3항).

2) 허위임이 명백한 경우의 수리·기록거부

가족관계등록공무원(가족관계등록관 포함)은 신고사항이 허위임을 공적으로 확인할 수 있거나 허위인 것이 명백한 경우에는 수리를 거부할 수 있고, 또한 수리한 경우에도 그 기록을 거부할 수 있다(가족관계등록규칙 제43조, 가족관계등록예규 제633호 제14조 제3항 참조).

(3) 심사자료의 요구

시(구)·읍·면·동의 장이나 재외공관의 장 또는 가족관계등록관은 신고서류를 심사하기 위하여 필요한 때에는 등록부의 등록사항별 증명서나 그 밖의 서류를 제출하게 할 수 있다. 신고서류에 첨부하여야 할 제적 등·초본이나 등록사항별 증명서를 시(구)·읍·면·동·재외공관·재외국민가족관계등록사무소에서 전산정보처리조직에 의하여 확인할 수 있는 경우에는 첨부하지 아니한다(가족관계등록규칙 제44조, 제90조).

(4) 신고서류의 보완

가족관계등록공무원(가족관계등록관 포함)은 신고서류에 미비된 점이 있으면 이를 보완 또는 추후 보완하게 하여야 한다. 이 경우에 필요한 때에는 신고인으로 하여금 이미 접수된 신고서류의 기재사항을 보충하거나 정정하게 할 수 있다(가족관계등록예규 제633호 제14조 제2항).

3. 신고서류의 수리 · 불수리

(1) 의 의

신고의 수리란 시(구) · 읍 · 면 동의 장, 재외공관의 장 또는 가족관계등록관이 신고를 적법 · 유효한 것으로 인정하여 그 처리를 인용하는 행정처분을 말하고, 신고의 불수리는 신고가 위법하거나 무효를 이유로 그 처리를 거부하는 행정처분을 말한다.

(2) 신고의 수리절차

① 가족관계등록공무원(가족관계등록관을 포함) 신고서류를 접수한 때에는 원칙적으로 지체 없이 심사하여 접수한 당일에 수리여부를 결정하여야 한다(가족관계등록예규 제633호 제14조 제1항).

② 시 · 읍 · 면의 장 또는 가족관계등록관이 신고서류 등을 수리한 때에는 그 신고사건에 무효사유가 없으면, 즉시 등록부에 기록을 하여야 한다(가족관계등록규칙 제45조, 제90조).

③ 신고를 수리한 경우에는 접수장의 수리사항란에 그 취지와 일자를 기록하여야 한다. 그러나 접수 당일 수리한 신고사건에 대하여는 그러하지 아니하다(가족관계등록규칙 제43조 제2항).

(3) 신고의 불수리절차

① 신고에 무효 또는 중대한 위법의 하자가 있는 때에는 불수리처분을 하고 접수장의 수리사항란에 그 취지와 일자를 기록하여야 한다(가족관계등록규칙 제43조 제2항 본문 참조).

② 신고서류의 심사결과 추후보완 또는 보완할 수 없는 미비사항이 있는 경우에는 이를 불수리하여 그 취지를 고지부에 기재하고, 신고인에게는 「가족관계등록사무의 문서 양식에 관한 예규」 별지 제21호 서식에 따른 불수리통지를 하여야 한다. 이 경우에는 불수리통지서 부본 1통을 작성하여 신고서류와 함께 불수리신고서류편철장에 편철한다(가족관계등록예규 제633호 제13조 제1항 · 제2항).

③ 불수리한 신고서류는 불수리신고서류편철장에 편철하되 신고서 이외의 첨부서류는 신고인의 청구에 따라 되돌려 줄 수 있다(가족관계등록규칙 제47조).

(4) 신고의 수리 · 불수리의 구체적 사례

① 혼인신고서에 첨부한 처의 등록사항별 증명서에 본의 기록이 없어도 신고서에 본을 기재한 때에는 이를 수리하여야 하지만 그 본의 기록은 할 수 없다(가족관계등록예규 제148호).

② 혼인당사자의 성(姓)과 그 부모의 성(姓)이 다른 신고는 가족관계등록부에 착오 있음이 명확할지라도 당사자가 스스로 정정하지 아니하는 한, 그 혼인신고서를 수리하고 가족관계등록부에 기록하여야 한다(가족관계등록예규 제146호).

③ 혼인신고의 당사자 중 일방이 이미 사망한 경우에는, 혼인신고특례법이 정하는 예외적인 경우가 아닌 한 그 혼인신고를 수리하여서는 아니 된다(대결 1991.8.13. 91스6 참조).

④ 자녀를 출산한 후 5개월 만에 출생한 자녀의 출생신고가 있는 경우라도 그 신고서는 수리하여야 한다(가족관계등록선례 제201502-4호).

⑤ 모는 착오로 가족등록부상의 나이가 28세(실제 나이 38세이다)이고, 자녀는 17세라 하더라도, 먼저 자녀의 출생신고를 수리한 후에 모의 나이를 정정하여야 할 것이다. 57세의 여자가 출산한 것으로 되어 있는 출생신고라 하더라도 수리하여야 한다(가족관계등록선례 제201502-3호).

(5) 신고의 수리 · 불수리 증명

① 신고인은 신고의 수리 또는 불수리의 증명서를 청구할 수 있다. 증명서를 청구할 때에는 수수료를 납부하여야 한다(가족관계등록법 제42조 제1항·제3항).

② 일본인 남자와 한국에서 한국방식에 따라 혼인신고를 한 한국인 여자가 혼인성립증서의 발급을 요구한 경우, 혼인신고 수리의 증명서나 그 신고에 따른 혼인사유가 기재된 혼인증명서를 발급해 주어야 하고 혼인신고접수증명서를 발급해 주어서는 안 될 것이다(호적선례 제3-11호).

4. 신고서류의 송부

(1) 송부장소

1) 등록관서에서 신고서류를 수리한 경우

가족관계등록법은 접수지 처리 원칙을 규정하고 있으므로(가족관계등록법 제4조), 접수지 등록관서에서 등록부에 기록을 마친 후 등록기준지 등록관서로 송부할 필요 없이 그 신고서류 등을 관할 감독법원에 송부하여야 한다(가족관계등록법 제114조, 가족관계등록규칙 제68조).

2) 대행관서에서 신고서류를 수리한 경우

① 출생·사망신고를 동에서 처리한 경우 : 시(구)에 있어서 출생·사망의 신고의 장소가 신고사건 본인의 주민등록지 또는 주민등록을 할 지역과 같은 경우에는 신고사건 본인의 주민등록지 또는 주민등록을 할 지역을 관할하는 동을 거쳐 할 수 있다. 이 경우 동장은 소속 시장을 대행하여 신고서를 수리하고, 동이 속하는 시(구)의 장에게 신고서를 송부하며, 그 밖에 대법원규칙으로 정하는 등록사무를 처리한다(가족관계등록법 제21조 제2항).

② 재외공관에서 신고서류를 수리한 경우 : 재외국민이 외국에서 그 지역을 관할하는 재외공관의 장에게 신고하는 경우, 재외공관의 장은 서류를 수리한 때에는 1개월 이내에 외교부장관을 경유하여 재외국민 가족관계등록사무소의 가족관계등록관에게 송부하여야 한다(가족관계등록법 제36조).

(2) 송부방법

① 감독법원에 대한 신고서류 송부는 부득이한 경우 이외에는 법원에 직접 교부하는 방법에 의하여 한다[가족관계등록예규 제604호 1. 가. (3)].

② 시(구)·읍·면 또는 재외국민 가족관계등록사무소에서 감독법원으로, 출장소 및 동사무소에서 소속 시(구)청으로, 재외공관에서 재외국민 가족관계등록사무소로 가족관계등록신고서류 등을 우편으로 송부할 때, 일반우편에 의한 가족관계등록신고서류 등의 송부는 그 과정에서 분실, 지연배달 등의 사례가 있으므로 등기우편으로 해야 한다(가족관계등록예규 제469호).

③ 재외공관의 장의 외교부장관을 경유하여 재외국민 가족관계등록사무소의 가족관계등록관에게 하는 서류의 송부는 대법원규칙으로 정하는 바에 따라 전산정보처리조직을 이용하여 할 수 있다(가족관계등록법 제36조 제2항). 재외공관의 장은 이미지파일로 작성한 전자적 송부신청서 및 신고서류를 송부업무담당자의 식별정보와 함께 전자적으로 재외국민 가족관계등록사무소에 송부한다(가족관계등록예규 제624호 제6조 제4항).

5. 재외국민 가족관계등록사무소의 업무 및 가족관계등록관의 등록사무 처리

가족관계등록예규 제624호[재외국민 가족관계등록사무소의 업무 및 가족관계등록관의 등록사무 처리에 관한 지침]

제1장 총 칙

제2조(가족관계등록관의 사무)
① 재외국민 가족관계등록사무소에 근무하는 가족관계등록관은 다음 각 호의 사무를 처리한다.
  1. 재외공관의 장이 외교부장관을 경유하여 재외국민 가족관계등록사무소에 송부한 가족관계등록사건
  2. 재외국민 가족관계등록사무소에 신고(신청, 증서의 등본 제출, 항해일지 등본 제출을 포함한다. 이하 같다)된 사건
  3. 「법원행정처와 외교부의 시스템 연계 방식을 이용한 재외공관의 등록사항별 증명서 교부 등에 관한 사무처리지침」에 따른 등록사항별 증명서 발급(제적 등·초본을 포함)
  4. 재외공관의 등록사무 처리에 대한 관리
  5. 재외국민 등록사무 처리와 관련한 연구·분석 및 상담·안내(가족관계등록예규 제·개정은 제외한다)
② 재외공관에 파견된 가족관계등록관은 다음 각 호의 사무를 처리한다.
  1. 해당 재외공관이 관할하는 재외국민에 대한 등록사무 중 해당 재외공관에 접수되는 사건 수 및 직무파견자의 인원 등을 고려하여 법원행정처 내규로 정한 사무
  2. 「전산정보처리조직에 의한 재외공관의 등록사항별 증명서 등 발급에 관한 사무처리지침」에 따른 등록사항별 증명서 발급(제적 등·초본을 포함)

제2장 접 수

제6조(재외공관의 전자적 송부)
① 신고서류(신고서, 신청서, 증서의 등본, 항해일지의 등본 또는 그 첨부서류 등을 말한다. 이하 같다)를 전자적으로 재외국민 가족관계등록사무소에 송부하고자 하는 신고인(신청인, 증서의 등본 제출인, 선장을 포함한다. 이하 같다) 등은 별지 제1호 양식의 전자적 송부신청서를 재외공관의 장에게 제출하여야 한다.
② 제1항에 따라 신고인 등이 전자적 송부신청서를 제출하는 경우 재외공관의 장은 각 1통의 신고서류를 제출하도록 한다.
③ 재외공관의 장은 제출된 신고서류를 이미지파일로 작성하고, 신고인 등으로부터 재외공관의 장이 작성한 이미지파일이 제출한 신고서류의 내용과 같다는 취지의 확인을 전자적 송부신청서에 받은 후 전자적 송부신청서도 이미지파일로 작성한다.
④ 재외공관의 장은 제3항에 따라 이미지파일로 작성한 전자적 송부신청서 및 신고서류를 송부업무담당자의 식별정보와 함께 전자적으로 재외국민 가족관계등록사무소에 송부한다.

제9조(반송)
① 가족관계등록관이 가족관계등록부와 신고서류를 확인하여 본 결과, 그 신고서류가 불비하거나 그 내용에 무효사유가 있음이 명백한 때 또는 가족관계등록관이 처리할 수 없는 사건인 때에는 그 사유를 부전지 등에 명시하여 송부받은 신고서류와 함께 송부한 재외공관의 장에게 반송하고, 접수장의 비고란에 그 반송한 연월일을 기록한다. 이 경우 전자적으로 송부받은 전자적 송부신청서 및 신고서류의 이미지파일은 전자적으로 반송한다.
  예시) ㄱ. 사망한 사람과 한 혼인신고가 수리되어 송부된 경우
     ㄴ. 연장자를 양자로 하는 입양신고가 수리되어 송부된 경우
     ㄷ. 동일한 사항에 대하여 후에 다시 수리된 신고서 등이 송부되어 온 경우
② 제1항에 따라 반송받은 재외공관의 장은 그 신고서류를 다시 심사하여 그 반송사유가 이유있다고 인정되는 때에는 그 수리처분을 불수리로 변경하고 그 뜻을 고지부에 기록한 뒤 신고인에게 통지하여야 하며, 그 신고서류를 불수리신고서류편철장에 편철하여 보존한다.
③ 제2항에 따라 전자적송부신청서 및 신고서류의 원본을 불수리신고서류편철장에 편철한 후에 전자적송부신청서 및 신고서류의 이미지파일은 삭제한다.

제3장 처 리
제11조(가족관계등록부 기록)
① 신고서류에 아무런 흠결이 없는 것은 지체 없이 가족관계등록부에 기록하여야 한다.
② 재외국민의 신고서류에 사소한 내용 누락이나 착오가 있는 경우(규칙 제63조의 문자 기재방식의 위배, 도로명주소의 건물번호 또는 번지의 기재 누락이나 오기, 동의를 요하지 않는 사건에 대한 동의 등을 말한다)에도 가족관계등록부의 기록에 지장이 없는 한 이에 의한 기록을 하여야 한다.
③ 등록기준지의 행정구역이나 그 명칭이 이미 변경되었음에도 불구하고 신고서류에 종전의 행정구역이나 명칭을 기재한 경우에는 이를 바로잡아 처리하여야 한다.
④ 가족관계등록관이 가족관계등록부와 신고서류를 확인하여 본 결과, 그 신고서류의 내용에 취소사유가 있음을 발견한 경우라 하더라도 그 신고는 취소되지 않는 한 유효한 것이므로 그 신고서류에 따라 가족관계등록부에 기록을 하여야 한다.
  예시) ㄱ. 중혼이 수리되어 송부되어 온 경우
       ㄴ. 미성년자가 양친이 되는 입양신고가 수리되어 송부된 경우 등
⑤ 무연고 호적·제적에 대한 가족관계등록사건이 가족관계등록관에게 접수된 경우, 가족관계등록관은 가족관계등록사건 본인의 등록기준지 시(구)·읍·면의 장에게 통지하여「호적용지로 작성된 무연고 호적·제적 등의 전산화를 위한 개제 등에 관한 사무처리지침」에 따라 해당 가족관계등록사건에 대한 제적부 또는 가족관계등록부를 작성하도록 한 후, 해당 가족관계등록사건을 처리한다.
⑥ 재외국민 가족관계등록사무소에 근무하는 가족관계등록관이「가족관계의 등록 등에 관한 법률」제18조 제2항 단서에 따라 정정(법원의 허가 없이 직권으로 정정)하는 경우, 재외국민 가족관계등록사무소장의 결재를 받아 정정하고, 감독법원에 보고하여야 한다.

제13조(과태료 부과 대상의 통지)
① 가족관계등록관은 가족관계등록사건을 처리함에 있어서 과태료 부과 대상이 있음을 안 경우에는 과태료 부과 대상자(신고의무자)의 등록기준지 시(구)·읍·면의 장에게 별지 제4호 양식에 의하여 과태료 부과 대상이 있음을 통지한 후, 별지 제5호 양식의 과태료부과대상통지부에 기록하여야 한다.
② 제1항에 따라 과태료 부과 통지를 받은 시(구)·읍·면의 장은 과태료 부과에 관한 업무를 처리하여야 한다.

제4장 보 존
제14조(신고서류 송부)
① 재외공관에 파견된 가족관계등록관은 처리한 신고서류를 외교부장관을 경유하여 1개월마다 재외국민 가족관계등록사무소에 송부하여야 한다.
② 재외국민 가족관계등록사무소는 재외공관에서 송부받은 것과 재외공관에서 송부받은 것이 아닌 것을 구분하지 않고, 접수순서에 따라 1개월마다 편철하여 다음 달 말일까지 감독법원에 송부한다. 다만, 전자적 송부신청서 및 신고서류의 이미지파일은 감독법원에 전자적으로 송부한다.
③ 제2항 단서에 따라 전자적으로 송부한 경우에는 신고서류목록 비고란에 전자적으로 송부하였음을 기재한다.

6. 감독법원의 신고서류의 조사·보존

(1) 신고서류 등의 조사

감독법원은 시(구)·읍·면의 장 또는 가족관계등록관으로부터 신고서류 등을 송부받은 때에는 지체 없이 등록부의 기록사항과 대조하고 조사하여야 한다. 감독법원은 이러한 조사결과 그 신고서류 등에 위법·부당한 사실이 발견된 경우에는 시(구)·읍·면의 장 또는 가족관계등록관에 대하여 시정지시 등 필요한 처분을 명할 수 있다(가족관계등록법 제115조 제1항·제2항, 제4조의2 제3항, 가족관계등록규칙 제70조, 제90조).

(2) 신고서류 등의 보존

감독법원이 조사를 마친 신고서류는 시(구)·읍·면·재외국민가족관계등록사무소별 및 연도별로 접수순서에 따라 가족관계등록신고서류편철부에 편철한다. 다만 필요에 따라 분책하거나 합철할 수 있다(가족관계등록규칙 제71조 제1항, 제83조 제1항 제2호, 제90조).

제4절 신고의 최고·철회·경합·추후보완

1. 신고의 최고

① 시(구)·읍·면의 장은 신고를 게을리한 사람을 안 때에는 상당한 기간을 정하여 신고의무자에 대하여 그 기간 내에 신고할 것을 최고하여야 한다(가족관계등록법 제38조 제1항).
② 신고의 최고는 보고적 신고의 경우에 가능하므로, 최고의 상대방도 보고적 신고에 있어서의 신고의무자이다.
③ 신고의무자가 최고를 하여도 기간 내에 신고를 하지 아니한 때에는 시(구)·읍·면의 장은 다시 상당한 기간을 정하여 최고할 수 있다. 최고를 다시 해도 신고를 하지 않거나 최고를 할 수 없는 경우(신고의무자가 없거나 소재불명인 경우)에는 시(구)·읍·면의 장은 감독법원의 허가를 얻어 직권으로 기록할 수 있다(가족관계등록법 제38조 제2항·제3항).

2. 신고의 철회

(1) 의 의

신고의 철회란 신고의 수리 전에 신고인이 서면으로 그 신고를 취하 또는 취소하는 의사표시를 말한다(가족관계등록예규 제633호 제12조 제1항, 호적선례 제3-47호 참조).

> **가족관계등록예규 제633호[신고서류 접수에 관한 사무처리지침]**
> 제12조(신고의 수리 후 신고의 취하 또는 취소 여부)
> ① 가족관계등록신고서가 수리된 때에 신고인은 잘못이나 그 밖의 이유로 신고서의 취하 또는 취소를 하지 못한다.
> ② 신고서류에 착오가 있는 경우에는 가족관계등록부 정정 절차를 거쳐야 한다.

(2) 보고적 신고의 철회

보고적 신고는 이미 효력이 발생한 사실이나 법률관계에 대한 신고이자 신고의무의 이행이므로, 신고의 수리 여부와 관계없이 보고적 신고의 철회는 허용되지 않는다. 따라서 보고적 신고의 철회가 있어도 그 신고사항이 허위임이 공적으로 확인되거나 명백한 때에 한하여 불수리처분을 할 수 있고, 그 이외의 경우에는 등록부에 기록하여야 한다.

(3) 창설적 신고의 철회

1) 철회의 시기

① 원칙 – 수리 전까지 : 창설적 신고는 수리함으로써 그 효력이 발생하는 신고이므로 창설적 신고의 철회는 신고를 수리하기 전까지만 허용된다.

② 예외 – 접수 전까지 : 의사변동이 잦은 가사분쟁의 특성상 협의이혼의사의 철회는 이혼신고가 접수되기 전에만 이혼의사의 철회를 할 수 있다. 이때에는 자신의 등록기준지, 주소지 또는 현재지 시(구)·읍·면의 장에게 이혼의사확인서등본을 첨부한 이혼의사철회서를 제출하여야 한다. 다만, 재외국민의 경우 등록기준지 시(구)·읍·면의 장 또는 가족관계등록관에게 제출하여야 한다(가족관계등록규칙 제80조 제1항).

2) 철회의 방법

당사자 1인의 단독의사에 의한 신고(인지신고)이든, 당사자의 합의에 의한 신고(혼인신고, 협의이혼신고, 입양신고, 파양신고 등)이든 당사자 일방이 신고를 철회할 수 있다.

3. 신고의 경합

(1) 의 의

신고의 경합이란 동일한 사건에 대하여 동일한 신고인 또는 수인의 신고인에 의해 동일 신고가 수리된 경우를 말한다.

(2) 경합된 신고의 처리

① 동일한 사건에 수 개의 신고가 수리된 경우에는 먼저 수리된 신고에 따라 등록부에 기록하여야 한다(가족관계등록규칙 제57조 제1항).

② 신고가 경합된 경우 뒤에 수리된 신고에 따라 등록부에 기록한 때에는 먼저 수리된 신고에 맞추어 등록부의 기록을 직권으로 정정하여야 하며, 이때의 신고가 시(구)·읍·면 또는 재외국민 가족관계등록사무소를 달리하여 수리된 때에는 뒤에 수리한 시(구)·읍·면의 장 또는 가족관계등록관이 이를 정정하되, 먼저 수리된 신고서류사본을 팩시밀리 등의 방법으로 받아서 직권정정서에 첨부한 후 가족관계등록신고서류편철장에 편철하여야 한다(가족관계등록규칙 제57조 제2항·제3항, 제90조).

4. 신고의 추후보완

> **신고의 추후 보완(가족관계등록법 제39조)**
> 시·읍·면의 장은 신고를 수리한 경우에 흠이 있어 등록부에 기록을 할 수 없을 때에는 신고인 또는 신고의무자로 하여금 보완하게 하여야 한다. 이 경우 제38조를 준용한다.

(1) 의 의
① 신고의 추후보완이란 신고를 수리한 후 등록부 기록 전에 흠이 있어 등록부에 기록을 할 수 없을 때에 신고인 또는 신고의무자가 그 흠을 추후에 보완하는 절차를 말한다(가족관계등록법 제39조 참조).
② 신고의 추후보완은 신고의 수리 전에 신고의 흠결을 시정·보완하는 절차인 보정이나 등록부 기록 이후에 이를 정정하는 절차인 등록부 정정과 구별하여야 한다.

(2) 추후보완신고의 대상

1) 원 칙
① 신고의 수리 후 등록부 기록 전에 발견된 흠결사항에 대하여 추후보완신고를 할 수 있는 것이 원칙이다.
② 추후보완신고는 보고적 신고뿐만 아니라 창설적 신고인 경우에도 가능하다.

2) 예 외
① 신고에 의하여 등록부에 기록을 한 후에는 원칙적으로 추후보완은 인정되지 아니하고 등록부 정정만이 가능하다. 다만, 다음과 같이 극히 예외적인 경우에 한하여 추후보완으로 흠결을 보완할 수 있다.
  ㉠ 신고사항의 일부가 신고서의 흠결로 등록부 기록을 할 수 없는 때에 그 부분
  ㉡ 신분행위를 함에 있어 사실상 동의하였는데 신고서 기재만을 유루한 경우
  ㉢ 실체적 신분관계는 유효하게 성립되었는데 신고서 기재만을 잘못한 경우
② 예외적으로 등록부 기록 후에 추후보완신고를 허용하는 것은 당해 신고당시를 기준으로 신고서 기재의 흠결이 존재해야 하고, 추후보완신고 당시를 기준으로 해서는 안 된다. 또한 신고 당시에 그 신분행위가 유효하게 성립되어 있어야 하고 무효인 신고를 보완하여 유효인 신고로 할 수는 없다.

(3) 추후보완신고가 허용되지 않는 사항
추후보완신고는 유효한 신고 중에 존재하는 흠결을 바로잡기 위한 제도이지 무효인 신고를 유효한 신고로 전환하기 위한 제도가 아니므로 다음과 같은 사항은 추후보완신고의 대상이 될 수 없다.

1) 재판 또는 관공서의 허가를 요하는 사항

재판 또는 관공서의 허가를 요함에도 불구하고 그 허가가 없어 신고서(통보서)에 그 재판서 또는 허가서 등본의 첨부를 누락한 경우에는 추후보완신고의 대상이 될 수 없다. 이는 신고(통보) 당시 절대적 요건을 흠결한 무효인 신고(통보)이기 때문이다.

2) 재판확정으로 효력이 생기는 사항

재판확정으로 효력이 생기는 사항(전래의 보고적 신고인 재판상 이혼, 재판상 파양, 재판상 인지 등)에 대해서 재판이 확정되지 않은 상태에서 신고가 잘못 수리되고 그 후 재판이 확정된 경우에도 신고자체가 무효이므로 추후보완 신고가 허용되지 않는다. 따라서 재판상이혼 신고의 경우 신고할 때에 확정증명서를 첨부하지 않아 사후에 보완하려는데 그 확정일자가 신고일 이후인 경우에는 추후보완신고가 허용되지 않는다.

3) 창설적 신고의 본질적 사항에 흠결이 있는 경우

창설적 신고의 흠결사항이 중요부분에 해당되고, 그 흠결로 인하여 효력이 발생하지 않은 때에는 추후보완신고가 허용되지 않는다.

4) 신고의 효력이 변경·소멸되는 경우

추후보완신고를 함으로써 이미 발생한 효력이 변경 또는 소멸되는 결과를 초래하는 경우에는 추후보완신고가 허용되지 않는다.

(4) 추후보완신고가 인정되는 구체적 사례

1) 등록부 기록 전의 추후보완

① 등록부 존재신고 : 등록되어 있는지가 분명하지 아니한 사람 또는 등록되어 있지 아니하거나 등록할 수 없는 사람에 관한 신고가 수리된 후 그 사람에 관하여 등록되어 있음이 판명된 때 또는 등록할 수 있게 된 때에는 신고인 또는 신고사건의 본인은 그 사실을 안 날부터 1개월 이내에 수리된 신고사건을 표시하여 처음 그 신고를 수리한 시·읍·면의 장에게 그 사실을 신고하여야 한다(가족관계등록법 제22조).

② 부(父) 미정의 출생신고 : 부 미정의 출생신고가 접수된 때에는, 부가 확정될 때까지 가족관계등록부에 기록을 할 수 없는 신고로 보아 이를 특종신고서류편철장에 편철하여 두었다가, 부를 정하는 판결의 확정 후, 추후보완신고에 의하여 부 또는 모의 성과 본을 따라 가족관계등록부를 작성하여야 한다(가족관계등록예규 제412호 제10조).

③ 가족관계등록부의 기록사항 등이 신고서에 기재되지 않은 경우 : 가족관계등록사건의 신고에 의하여 가족관계등록부를 작성할 경우, 신고서에 가족관계등록부의 기록사항인 성과 본 또는 출생사유 등의 기재가 없거나 가족관계등록부에 기록하여야 할 사항을 명확하게 함에 특히 필요한 것은 법 제30조에 따라 신고서에 이를 기재하게 하여 가족관계등록부에 기록하여야 한다. 만일 이것을 신고서에 빠뜨린 때에는 추후보완신고를 하게 하여 기록하여야 한다(가족관계등록예규 제633호 제9조).

2) 등록부 기록 후의 추후보완
① **동의를 빠뜨린 신고** : 가족관계등록사건의 신고에 부모 그 밖의 사람의 동의를 필요로 하는 경우, 신고서에 그 동의가 흠결이 있음에도 불구하고 이를 수리한 것을 발견하였을 때에도 그 신고사건에 사실상 동의하였으나 이를 증명하는 서면의 첨부 또는 신고서의 기재만을 빠뜨린데 지나지 아니하는 경우에는 법 제39조에 따라 이를 추후보완하게 할 수 있다(가족관계등록예규 제633호 제10조).
② **출생자의 성명 중 이름이 "미정(未定)"으로 신고된 경우** : 출생신고에 있어 출생자의 성명 중 이름을 "미정"으로 신고 된 경우도 이를 수리하여 처리한다. 각 기록에 대한 조치는 추후 신고의무자의 추후보완신고에 의하여 처리하여야 한다(가족관계등록예규 제412호 제9조).
③ **본이 한글로 기록된 경우** : 가족관계등록부에 본이 한글로 기록된 경우에는 그 사람에 대한 가족관계등록신고가 있을 때 「가족관계의 등록 등에 관한 법률」 제30조에 따라 신고서 기타사항란에 본을 한자로 추후 보완하여 기재하도록 하고 해당 가족관계등록부에도 본을 한자로 기록한다(가족관계등록예규 제616호 제2조 제4항).

(5) 신고의 추후보완 절차

1) 추후보완의 최고
① 신고서류에 추후보완의 사유가 있음을 발견한 때에 하는 추후보완의 최고는 가족관계등록사건을 접수하여 수리한 신고지 시(구)·읍·면의 장 또는 가족관계등록관이 하여야 한다(가족관계등록예규 제633호 제11조).
② 추후보완의 최고는 상당한 기간을 정하여 신고의무자에 대하여 그 기간 내에 신고할 것을 최고하여야 하고 이러한 최고에도 불구하고 그 기간 내에 신고를 하지 아니한 때에는 시(구)·읍·면의 장은 다시 상당한 기간을 정하여 최고할 수 있다(가족관계등록법 제39조 후문).
③ 위와 같은 최고를 받고도 신고인 또는 신고의무자가 그 기간 내에 추후보완신고를 하지 아니하는 때에는 과태료의 처분을 받게 된다(가족관계등록법 제121조).

2) 추후보완의 형식
추후보완신고는 본래의 신고서에 정정·말소 등의 조치를 취하는 것이 아니라 본래의 신고서의 불비를 보완하는 별개의 신고로, 신고의 일종에 해당하므로 신고에 관한 규정이 적용된다.

3) 추후보완의 신고인
① 추후보완신고를 하여야 할 자는 본래의 신고를 한 신고인 또는 다른 신고의무자이다.
  ㉠ 신고인이 수인인 경우에는 신고인 전원이 추후보완신고를 하는 것이 원칙이나, 그중 한 사람만이 신고를 하여도 될 것이다.
  ㉡ 신고의무자는 보고적 신고에만 해당하므로 보고적 신고의 추후보완신고는 신고인 아닌 다른 신고의무자가 신고하여도 무방하나 창설적 신고에 있어서는 신고인만이 추후보완신고를 하여야 한다.
  ㉢ 혼인 외의 자에 대한 부(父)의 출생신고는 인지의 효력이 있는 창설적 신고이므로 신고인 부(父)가 추후보완신고의 적격자라고 할 수 있으나, 이 신고는 동시에 보고적 신고의 성격도 가지고 있으므로 신고인이 추후보완신고를 할 수 없거나 하지 않을 때에는 다른 출생신고의무자인 모(母)가 추후보완신고를 할 수 있다(가족관계등록예규 제605호 참조).

② 법정대리인이 한 신고에 대하여 추후보완신고를 할 경우 신고무능력자가 신고능력을 갖게 된 때에는 신고능력을 갖게 된 자가, 법정대리인이 변경된 때에는 변경된 법정대리인이 추후보완신고를 하여야 할 것이다.

4) 추후보완 신고지

추후보완신고는 처음 그 신고(본래의 신고)를 수리한 시(구)·읍·면의 장에게 하는 것이 원칙이지만(가족관계등록법 제22조 참조), 재외공관에서 접수·수리한 경우에는 신고서를 송부받은 재외국민 가족관계등록사무소 가족관계등록관에게도 할 수 있다(가족관계등록법 제4조의2 제3항).

제5절 등록부의 기록

1. 서 설

(1) 기록의 의의

① 등록부 기록이란 시(구)·읍·면의 장 또는 가족관계등록관이 가족관계등록법과 동 규칙이 정하는 사항을 전산정보처리조직에 의하여 등록부에 기록하는 것을 말한다(가족관계등록규칙 제2조 제1호).
② 시(구)·읍·면의 장 또는 가족관계등록관이 신고서류 등을 수리한 때에는 그 신고사건에 무효사유가 없으면, 즉시 등록부에 기록을 하여야 하므로(가족관계등록규칙 제45조 제1항, 제90조), 등록부의 기록은 별개의 독립된 처분이 아니라 수리처분의 집행에 불과하다.

(2) 등록부 기록의 효력

① 가족관계등록부에 기재된 사항은 진실에 부합하는 것으로 추정된다 할 것이나, 그 기재에 반하는 증거가 있거나 그 기재가 진실이 아니라고 볼 만한 특별한 사정이 있는 때에는 그 추정은 번복될 수 있다(대판 2013.7.25. 2011두13309).
② 다만, 명백한 반증에 의하여 등록부 기록의 추정력을 사실상 번복할 수 있는 경우일지라도 등록부 기록을 가족관계공무원이 마음대로 정정할 수 없으며, 그 기록을 바로잡기 위해서는 등록부 정정절차에 따라야 한다.

2. 등록부의 기록사유

(1) 의 의

등록부에 신분관계를 기록하기 위한 일정한 기록 원인을 등록부 기록사유라고 한다. 등록부의 기록은 원칙적으로 신고 등에 의하고(가족관계등록법 제16조), 예외적으로 시(구)·읍·면의 장이나 가족관계등록관의 직권에 의한 등록부 기록이 인정된다(가족관계등록법 제18조, 제38조).

(2) 신고 등에 의한 경우

1) 신 고
신고는 가장 기본적이고 원칙적인 등록부 기록사유로서 대부분의 등록부 기록은 신고에 의하여 이루어지고 있다.

2) 통 보
등록부 기록사항 중에는 성질상 신고를 기대할 수 없고 공익상 신고의무자의 신고에만 의존할 수 없는 경우에는 통보에 의하여 등록부 기록을 할 수 있다. 예컨대 재난 등으로 인한 사망 통보(가족관계등록법 제87조), 사형·재소 중 사망 통보(가족관계등록법 제88조), 무연고자 등의 사망 통보(가족관계등록법 제88조의2) 등을 들 수 있다.

3) 신 청
여기서 신청은 시(구)·읍·면의 장에 대하여 위법 또는 무효로 인한 등록부 기록의 정정을 구하는 행위를 말한다. 예컨대 가정법원의 허가 또는 판결에 의한 등록부 정정신청을 하는 경우(가족관계등록법 제106조, 제107조), 부 또는 모가 기아를 찾은 때에는 1개월 이내에 출생의 신고를 하고 등록부의 정정을 신청하는 경우(가족관계등록법 제53조 제1항) 등이 있다.

4) 증서의 등본
재외국민이 그 나라의 방식에 따라 신고사건에 관한 증서를 작성한 경우에는 3개월 이내에 그 지역을 관할하는 재외공관의 장에게 그 증서의 등본을 제출하여야 한다. 대한민국의 국민이 있는 지역이 재외공관의 관할에 속하지 아니하는 경우에는 3개월 이내에 등록기준지의 시(구)·읍·면의 장 또는 재외국민 가족관계등록사무소의 가족관계등록관에게 증서의 등본을 발송하여야 한다(가족관계등록법 제35조).

5) 항해일지의 등본(출생, 사망)
항해 중 출생 또는 사망이 있는 때에는 선장은 출생신고서 또는 사망신고서에 기록할 사항을 항해일지에 기록하고 서명 또는 날인한 후 그 항해일지의 등본을 시(구)·읍·면의 장 또는 재외국민 가족관계등록사무소의 가족관계등록관에게 발송해야 하는데, 그 등본에 의해 시(구)·읍·면의 장 또는 재외국민 가족관계등록사무소의 가족관계등록관이 등록부에 기록을 하게 된다(가족관계등록법 제49조, 제91조).

6) 재판서
여기서 재판서란 시(구)·읍·면의 장의 위법·부당한 가족관계등록사무에 관한 처분에 대하여 당사자의 불복신청으로 가정법원이 등록부 기록을 명한 재판서를 말한다(가족관계등록법 제111조 참조).

7) 촉탁서(가사소송규칙 제5조)
가정법원은 가사소송규칙 제5조에 정하는 판결이나 심판이 확정되거나 효력을 발생한 때는 지체 없이 가족관계등록사무를 처리하는 사람에게 등록부 기록을 촉탁해야 한다(가사소송법 제9조).

(3) 직권에 의한 경우

1) 신고에 대신한 직권기록

① **신고의 최고에 의한 직권기록** : 시(구)·읍·면의 장은 신고를 게을리한 사람을 안 때에는 상당한 기간을 정하여 신고의무자에 대하여 그 기간 내에 신고할 것을 최고(催告)하여야 하며, 신고의무자가 그 기간 내에 신고를 하지 아니한 때에는 시(구)·읍·면의 장은 다시 상당한 기간을 정하여 최고할 수 있다. 이러한 최고를 다시해도 신고를 하지 않거나 최고를 할 수 없는 경우(신고의무자가 없거나 소재불명인 경우)에는 시(구)·읍·면의 장은 감독법원의 허가를 얻어 직권으로 등록부의 기록을 할 수 있다(가족관계등록법 제38조, 제18조 제2항).

② **배우자 신분변동사유의 직권기록** : 한 쪽 배우자에 대하여 ㉠ 사망·실종선고·부재선고 및 그 취소, ㉡ 국적취득과 그 상실, ㉢ 성명의 정정 또는 개명의 신고가 있는 때에는 다른 배우자의 등록부에도 그 취지를 직권으로 기록하여야 한다(가족관계등록규칙 제54조).

③ **자녀의 등록사항 등의 직권기록**
  ㉠ 출생신고 또는 인지의 효력이 있는 출생신고가 있는 경우 : 혼인 중의 출생자에 대한 출생신고 또는 인지의 효력이 있는 출생신고가 있는 때에는 출생자에 대한 등록부를 작성하되, 특정등록사항란에 그 부모 또는 인지한 부의 성명을 기록하고 그 부모 또는 인지한 부의 등록부에는 특정등록사항란에 그 출생자의 성명 등을 기록하여야 한다(가족관계등록규칙 제55조 제1항).
  ㉡ 부모의 혼인 또는 혼인무효가 있는 경우 : 혼인 외의 출생자가 혼인 중의 출생자로 된 때 또는 부모의 혼인이 무효로 된 때에는 자녀의 등록부 일반등록사항란에 그 사유를 기록하여야 한다(가족관계등록규칙 제55조 제2항).
  ㉢ 부 또는 모의 성과 본이 정정되거나 변경된 경우 : 시·읍·면의 장은 부 또는 모의 성과 본이 정정되거나 변경된 경우 그 부 또는 모의 성을 따르는 자녀의 성과 본을 직권으로 정정 또는 변경기록하고 그 사유를 등록부에 기록하여야 한다(가족관계등록규칙 제55조 제3항).

④ **주민등록번호의 직권기록**
  ㉠ 가족관계등록부의 주민등록번호의 기록은 주민등록을 부여한 주민등록지 관할 시(구)·읍·면의 장의 주민등록번호 부여 통보에 의하여야 하는 것이 원칙이다(가족관계등록예규 제508호 제1조 제1항).
  ㉡ 가족관계등록부상 주민등록번호의 기록이 누락되었을 경우 본인 또는 동거하는 친족이 주민등록표 등·초본을 첨부하여 그 기록을 신청하는 때에는 가족관계등록공무원은 감독법원의 허가 없이 직권으로 이를 기록한다. 다만, 본인이 신청하는 경우에는 주민등록표 등·초본의 첨부 없이 주민등록증을 제시받아 가족관계등록공무원이 그 내용을 확인한 후 주민등록증을 복사하여 신청서에 첨부하고 기록의 절차를 취하여야 한다(가족관계등록예규 제508호 제1조 제2항).
  ㉢ 주민등록법에 따른 신고사항과 가족관계의 등록 등에 관한 법률에 따른 신고사항이 같으면 가족관계의 등록 등에 관한 법률에 따른 신고로써 주민등록법에 따른 신고를 갈음하는데, 주민등록신고사항 중 출생, 사망 또는 실종, 등록기준지의 변경, 성명·생년월일 또는 성별의 변경이 이에 해당한다(주민등록법 제14조 제1항·제4항, 동법 시행령 제21조 제2항 참조).

② 주민등록 신고대상자의 가족관계등록 신고지와 주민등록지가 다를 경우에 가족관계등록 신고지의 시장·구청장 또는 읍·면장이 가족관계등록신고를 받아 가족관계등록부의 기록사항을 변경하면 지체 없이 그 신고사항을 주민등록지의 시장·군수 또는 구청장에게 통보하여야 하며, 그 통보를 받은 주민등록지의 시장·군수 또는 구청장은 이에 따라 주민등록을 하거나 등록사항을 정정 또는 말소하여야 한다(주민등록법 제14조 제3항).

⑩ 주민등록법 제7조의4에 따라 주민등록번호를 변경한 사람 또는 변경하고자 하는 사람은 변경되었거나 변경될 주민등록번호의 공시가 제한될 대상자를 지정하여 공시제한을 신청할 수 있고(가족관계등록예규 제612호 제2조 제1항), 신청인은 공시제한·해지의 신청서를 신청사건 본인의 등록기준지 또는 신청인의 주소지나 현재지의 시(구)·읍·면의 사무소에 출석하여 제출하여야 한다. 또한 신청인은 공시제한·해지의 신청서를 신청인의 주소지나 현재지의 동사무소에도 제출할 수 있다(가족관계등록예규 제612호 제4조 제1항, 제2항).

2) 등록부 정정신청에 대신한 직권정정기록

① 가족관계등록법 제18조 제2항에 의한 직권정정기록
㉠ 등록부의 기록이 법률상 무효인 것이거나 그 기록에 착오 또는 누락이 있음을 안 때에는 시(구)·읍·면의 장은 지체 없이 신고인 또는 신고사건의 본인에게 그 사실을 통지하여야 한다. 다만, 그 착오 또는 누락이 시·읍·면의 장의 잘못으로 인한 것인 때에는 그러하지 아니하다(가족관계등록법 제18조 제1항).

㉡ 위의 통지를 할 수 없을 때 또는 통지를 하였으나 정정신청을 하는 사람이 없는 때 또는 그 기록의 착오 또는 누락이 시·읍·면의 장의 잘못으로 인한 것인 때에는 시·읍·면의 장은 감독법원의 허가를 받아 직권으로 정정할 수 있다. 다만, 대법원규칙으로 정하는 경미한 사항인 경우에는 시·읍·면의 장이 직권으로 정정하고, 감독법원에 보고하여야 한다(가족관계등록법 제18조 제2항).

② 신고가 경합된 경우의 직권정정기록
㉠ 신고가 경합된 경우 뒤에 수리된 신고에 따라 등록부에 기록한 때에는 먼저 수리된 신고에 맞추어 시(구)·읍·면의 장 또는 가족관계등록관이 직권으로 등록부의 기록을 정정하여야 한다(가족관계등록규칙 제57조 제2항, 제90조).

㉡ 이때의 신고가 시(구)·읍·면 또는 재외국민 가족관계등록사무소를 달리하여 수리된 때에는 뒤에 수리한 시(구)·읍·면의 장 또는 가족관계등록관이 이를 정정하여야 한다(가족관계등록규칙 제57조 제3항, 제90조).

③ 행정구역, 토지의 명칭 등 정정기록
㉠ 행정구역 또는 토지의 명칭이 변경된 때에는 등록부의 기록은 정정된 것으로 본다. 이 경우 시(구)·읍·면의 장은 그 기록사항을 경정하여야 하며, 시(구)·읍·면의 장은 지번의 변경이 있을 때에는 등록부의 기록을 경정하여야 한다(가족관계등록법 제19조 제1항·제2항).

㉡ 이와 같은 행정구역, 토지의 명칭, 지번의 경정방법은 법령의 변경 그 밖의 사유로 등록기준지 이외의 등록부의 기록을 경정하여야 하는 경우에 준용한다(가족관계등록규칙 제67조 제2항).

3. 등록부의 기록사항

(1) 등록부 기록사항의 의의

① 등록부 기록사항이란 시(구)·읍·면의 장 또는 가족관계등록관이 법과 규칙이 정한 기록사유가 있는 경우에 등록부에 기록할 수 있는 사항을 의미한다. 따라서 가족관계등록법규가 기록사항으로 정한 바가 없는 사항은 임의로 등록부에 기록할 수 없고, 만일 이와 같은 사항이 등록부에 기록되었다면 이는 위법한 기록으로서 등록부 정정절차에 의해 말소되어야 한다.
② 등록부 기록사항은 그 위치에 따라 ㉠ 등록기준지, ㉡ 가족관계등록부사항, ㉢ 특정등록사항, ㉣ 일반등록사항으로 나뉜다.
③ 등록부 기록사항은 그 성질에 따라 실체적인 신분관계를 기록하는 실체적 기록사항과 실체적 기록사항의 기록절차를 명백히 하기 위한 것으로서 신고 또는 기록의 연월일이나 신고인 또는 신청인의 자격과 성명 등과 같은 절차적 기록사항으로 나뉜다.

(2) 등록기준지

1) 의의

① 등록기준지란 출생 또는 그 밖의 사유로 처음으로 등록을 하는 경우에 정해지는 가족관계등록부의 기준이 되는 장소를 말한다.
② 등록기준지는 비송사건의 관할법원 결정, 가족관계등록부의 검색, 재외국민의 등록사무처리지, 종전 호적과의 연결 등의 기능을 한다.
③ 가족들 사이의 등록기준지가 같을 필요가 없고 개인이 자유롭게 변경할 수 있다는 점에서 종전의 본적과는 본질을 달리한다.

2) 등록기준지의 결정

> **등록기준지의 결정(가족관계등록법 제10조)**
> ① 출생 또는 그 밖의 사유로 처음으로 등록을 하는 경우에는 등록기준지를 정하여 신고하여야 한다.
>
> **등록기준지의 결정(가족관계등록규칙 제4조)**
> ① 법 시행과 동시에 최초로 등록부를 작성하는 경우, 종전 호적이 존재하는 사람은 종전 호적의 본적을 등록기준지로 한다.
> ② 제1항에 해당되지 않는 사람에 대해서 법 제10조 제1항에 따라 처음 정하는 등록기준지는 다음 각 호에 따른다.
>   1. 당사자가 자유롭게 정하는 등록기준지
>   2. 출생의 경우에 부 또는 모의 특별한 의사표시가 없는 때에는, 자녀가 따르는 성과 본을 가진 부 또는 모의 등록기준지
>   3. 외국인이 국적취득 또는 귀화한 경우에 그 사람이 정한 등록기준지
>   4. 국적을 회복한 경우에 국적회복자가 정한 등록기준지
>   5. 가족관계등록창설의 경우에 제1호의 의사표시가 없는 때에는 가족관계등록창설하고자 하는 사람이 신고한 주민등록지
>   6. 부 또는 모가 외국인인 경우에 제1호의 의사표시가 없는 때에는 대한민국 국민인 부 또는 모의 등록기준지
> ③ 당사자는 등록기준지를 자유롭게 변경할 수 있다. 이 경우, 새롭게 변경하고자 하는 등록기준지 시·읍·면의 장에게 변경신고를 하여야 한다.

등록기준지의 결정기준은 이미 본적이 있는 사람은 가족관계등록법 시행일인 2008.1.1. 기준의 본적지를 등록기준지로 하고 출생 또는 그 밖의 사유로 처음으로 신분에 관한 사항을 등록하는 경우에는 자유로이 등록기준지를 정하여 신고할 수 있다(가족관계등록규칙 제4조 제1항·제2항 제1호 참조).

3) 등록기준지의 변경

당사자는 등록기준지를 자유롭게 변경할 수 있다. 이 경우, 새롭게 변경하고자 하는 등록기준지 시·읍·면의 장에게 변경신고를 하여야 한다(가족관계등록규칙 제4조 제3항).

4) 도로명주소 도입에 따른 등록기준지란의 기록방법

> **가족관계등록예규 제566호[도로명주소 도입에 따른 등록기준지란의 기록을 위한 업무처리지침]**
> 5. 등록기준지란의 기록방법
> 가. 등록기준지가 특별시와 광역시를 제외한 시·군일 때에는 등록기준지를 도명부터 기록한다.
> 나. 도로명주소가 있는 경우
> 　도로명주소로 등록기준지를 기록하되, 상세주소는 기록하지 않는다.
> 다. 도로명주소가 없는 경우
> 　(1) 지번방식의 주소로 등록기준지를 기록하되, 건물명칭 및 건물번호는 기록하지 않는다.
> 　(2) 지번이 없는 등록기준지는 '무번지'로 기록한다.
> 　(3) 등록기준지가 여러 지번에 걸쳐 있을 때에는 그중의 1개 지번을 선정하여 등록기준지로 기록한다.

(3) 가족관계등록부사항

① 가족관계등록부사항이란 등록기준지의 지정 또는 변경, 정정에 관한 사항, 가족관계등록부작성 또는 폐쇄에 관한 기록사항을 말한다(가족관계등록규칙 제2조 제3호).

② 등록사항별 증명서 중 기본증명서에만 가족관계등록사항란이 있다.

(4) 특정등록사항

> **정의(가족관계등록규칙 제2조)**
> 4. "특정등록사항"이란 본인·부모(양부모 포함)·배우자·자녀(양자 포함)란에 기록되는 성명, 출생연월일, 주민등록번호, 성별, 본에 관한 기록사항을 말한다. 다만, 가족으로 기록할 자가 외국인인 경우에는 성명, 출생연월일, 국적, 외국인등록번호(외국인등록을 하지 아니한 외국국적동포의 경우에는 국내거소신고번호를 말한다. 이하 같다), 성별에 관한 기록사항을 말한다.

등록사항별 증명서는 모두 특정등록사항란을 가지고 있다. 다만, 각 증명서마다 특정등록사항란에 기록되는 범위가 다르다.

1) 성명란

① **성명란의 기록사항** : 성명란에는 본인과 부모(친생부모, 양부모), 배우자, 자녀(양자)의 성명이 기재된다.

② **성명란의 기록방법** : 등록부의 특정등록사항란 중 성명란은 한자로 표기할 수 없는 경우를 제외하고는 한글과 한자를 병기하는데(가족관계등록규칙 제63조 제2항 제1호), 구체적인 기록방법은 아래와 같다.

가족관계등록예규 제510호[가족관계등록부에 성명을 기록하는 방법]

1. 성명 기록방법 일반

   가족관계등록부에 성명을 기록함에 있어, 가족관계등록부 특정등록사항란의 "성명란"은 한글과 한자를 함께 기록하고 "성명란" 이외의 곳에 기록하는 성명은 원칙적으로 모두 한글로 기록하도록 하되 구체적으로 가족관계등록부에 성명을 기록하는 방법은 이 예규가 정하는 바에 따른다.

2. 한글맞춤법에 의한 성의 한글 표기

   한자로 된 성을 한글로 기록할 때에는 한글맞춤법에 따라 표기한다. 다만, 일상생활에서 한자 성을 본래의 음가로 발음 및 표기하여 사용하는 등 성의 한글표기에 두음법칙 적용의 예외를 인정할 합리적 사유가 있는 경우에는 그러하지 아니하다.

3. 「성명란」의 기록방법

   가. "성명란"은 다음과 같이 기록한다.

   (1) 성명의 전부나 일부를 한자로 기록할 수 있는 경우에는 한글과 한자를 함께 기록한다.

   [기재례] 김철수(金哲秀), 김하늘(金하늘), 스미스철수(스미스哲秀), 김철수(金哲수), 김철수(金철秀)

   (2) 성명 전부를 한자로 기록할 수 없는 경우에는 한글만 기록한다.

   [기재례] 김찰스

   나. 신고서상 사건본인의 성명이 한자로만 기재된 경우

   신고서상 사건본인의 성명이 한자로만 기재된 경우에는 한글표기를 보정시킨 뒤 수리하여야 할 것이나 이를 빠뜨린 경우라도 가족관계등록부 성명란에는 한글과 한자를 함께 기록한다.

   다. 출생신고 시 출생자의 이름을 한글로만 신고한 후 한자이름을 함께 기록하고자 하는 경우

   출생신고 시 출생자의 이름을 한글로만 신고한 경우에는 한글 이름만을 가진 경우이므로, 후에 한자이름을 함께 기록하게 하려면 추후보완신고로는 할 수 없고 개명절차를 취하여야 한다.

   라. 성만 한자로 기록할 수 있는 경우에 관한 정정

   "김하늘(金)"을 "김하늘(金하늘)"과 같이 정정하는 것은 간이직권정정절차에 따른다.

4. 「성명란」 이외의 곳에 성명을 기록하는 방법

   특정등록사항란의 "성명란"이 아닌 곳에 성명을 기록하는 경우에는 모두 한글로 기록한다. 그러나 개명 또는 등록부 정정의 경우에는 일반등록사항란에 한글과 한자를 함께 기록하여 그 사유를 기록한다.

2) 출생연월일란

① 특정등록사항란의 출생연월일란에는 현지 출생연월일을 서기 및 태양력으로 기록한다.
② 다태아를 등록부 특정등록사항란에 기록할 때에는 출생연월일 이외에 시분까지 명확히 기록하여야 한다(가족관계등록예규 제539호 1. 라.).
③ 우리나라 국민이 외국에서 출생한 경우, 가족관계등록부 특정등록사항란의 "출생연월일"란에는 현지 출생연월일을 서기 및 태양력으로 기록하고, 일반등록사항란에는 현지 출생시각을 기록하여야 한다(가족관계등록예규 제538호 1.).

3) 주민등록번호란

주민등록번호란에는 본인 및 가족의 주민등록번호를 기록한다.

4) 성별란

특정등록사항란에 기록된 사람의 성별을 기록한다.

5) 본 란

본이란 성씨의 본관을 말하며, 등록부의 특정등록사항란 중 본란은 한자로 표기할 수 없는 경우를 제외하고는 한자로 기록한다. 또한, 본이 정정되어 본인의 일반등록사항란에 정정내용을 기록하는 때에도 같다(가족관계등록규칙 제63조 제2항 제2호).

6) 기록대상자가 외국인인 경우의 기록방법

> **가족관계등록예규 제618호[기록대상자가 외국인인 경우의 기록방법에 관한 예규]**
>
> **제7조(간이직권기록)**
> ① 가족관계등록부에 기록된 외국인인 가족에 관한 기록사항 중 출생연월일, 외국인등록번호, 국적 또는 성별이 기록되지 않은 경우 이해관계인은 해당 등록부의 등록기준지와 무관하게 전국 시(구)·읍·면의 장에게 별지 양식 신청서를 작성하여 직권기록을 신청할 수 있고, 시(구)·읍·면의 장은 간이직권절차에 의하여 기록한다.
> ② 외국인등록번호의 기록을 위한 소명자료는 외국인등록증으로 한다.
> ③ 가족관계등록부에 기록된 출생연월일이 외국인등록번호와 일치하지 않는 경우에 외국인등록번호를 기록하기 위하여는 법 제18조 또는 제104조에 따라 출생연월일의 정정절차를 먼저 거쳐야 한다.
>
> **제9조(국내거소신고번호)**
> 외국국적동포가 기록대상자인 경우 국내거소신고번호를 외국인등록번호에 갈음하여 기록할 수 있고 소명자료는 국내거소신고증으로 한다. 다만, 재외국민은 외국인이 아니므로 국내거소신고번호를 기록할 수 없다.
>
> **제10조(외국인인 가족의 사망기록)**
> ① 가족관계등록부에 기록된 외국인인 가족이 국내에서 사망한 경우 법 제85조에 기재된 사람의 사망신고에 따라 가족관계등록부에 사망사실을 기록하고, 그 신고서류는 특종신고서류편철장에 편철한다.
> ② 가족관계등록부에 기록된 외국인인 가족이 외국에서 사망한 경우 이해관계인은 해당 등록부의 등록기준지와 무관하게 전국 시(구)·읍·면의 장에게 사망사실을 증명하는 서면을 제출하여 직권기록을 신청할 수 있고, 시(구)·읍·면의 장은 간이직권절차에 의하여 기록한다.
>
> **제11조(국적상실자로 기록된 배우자가 사망한 경우 혼인해소사유의 기록)**
> 한국인 배우자의 가족관계등록부에 국적상실자로 기록된 배우자가 사망한 경우에는 제10조를 준용하되, 한국인 배우자의 가족관계등록부의 일반등록사항란에만 혼인해소사유인 사망사실을 기록한다.

(5) 일반등록사항

① 일반등록사항이란 출생에서부터 사망에 이르기까지 법과 이 규칙에 따라 본인의 등록부에 기록하는 가족관계등록부사항·특정등록사항 이외의 모든 신분변동에 관한 기록사항을 말한다(가족관계등록규칙 제2조 제5호).

② 친권·관리권 또는 미성년후견에 관한 사항은 미성년자의 등록부의 일반등록사항란에 각 기록한다(가족관계등록규칙 제53조).

4. 등록부의 기록방식

(1) 기본원칙

1) 등록부 기록의 문자

> **등록부 기록의 문자(가족관계등록규칙 제63조)**
> ① 등록부에 기록할 때에는 약자나 부호를 쓰지 못한다.
> ② 등록부에는 다음 각 호를 제외하고는 한글과 아라비아 숫자로 기록한다.
>   1. 등록부의 특정등록사항란 중 성명란은 한자로 표기할 수 없는 경우를 제외하고는 한글과 한자를 병기한다. 또한, 개명 또는 이름이 정정되어 본인의 일반등록사항란에 개명 또는 정정내용을 기록하는 경우에 이름을 기록하는 때에도 같다.
>   2. 등록부의 특정등록사항란 중 본란은 한자로 표기할 수 없는 경우를 제외하고는 한자로 기록한다. 또한, 본이 정정되어 본인의 일반등록사항란에 정정내용을 기록하는 때에도 같다.

2) 식별부호의 기록

시·읍·면의 장 또는 그 직무대리자는 등록부에 기록할 때마다 그 식별부호를 기록하여야 한다(가족관계등록규칙 제64조).

3) 등록부기록의 수단

등록부 기록은 전자적 정보저장매체인 보조기억장치에 단말기를 통하여 자료를 입력하는 방법으로 하며, 입력된 전산정보자료는 전산정보처리조직에 의하여 자동처리된다.

(2) 절차적 기록사항의 기록방식

① 가족관계등록규칙 제51조가 규정하는 절차적 기록사항은 ⑦ 신고 또는 기록의 연월일, ⓒ 신고인 또는 신청인이 사건본인과 다른 때에는 신고인 또는 신청인의 자격과 성명, ⓒ 재외공관의 장이나 관공서로부터 신고서류의 송부가 있는 때에는 송부연월일과 송부자의 직명, ② 통보일자와 통보자의 직명, ⑩ 증서·항해일지 등본 작성자의 직명과 제출 연월일, ⑭ 가족관계등록에 관한 재판·허가·촉탁을 한 법원과 그 연월일, ⊗ 등록사건을 처리한 시·읍·면의 명칭 등이다.

② 신고인 또는 신청인이 사건본인과 다른 때에만 신고인 또는 신청인의 자격과 성명을 기록하도록 규정하고 있으므로 신고인 또는 신청인이 사건본인인 때에는 그 자격과 성명을 기록하지 않는다.

③ 신고인 또는 신청인이 사건본인의 부 또는 모인 때에는 그 성명의 기록을 생략할 수 있다. 다만, ⑦ 출생신고인이 부 또는 모인 경우, ⓒ 출생신고인이 법 제46조 제4항에 따른 검사 또는 지방자치단체의 장인 경우에는 그 성명의 기록을 생략하여야 한다(가족관계등록규칙 제51조 제2항).

(3) 등록부 폐쇄 및 정정 등 기록방식

1) 폐쇄의 기록방식

시(구)·읍·면의 장 또는 가족관계등록관이 등록부를 폐쇄하는 때에는 가족관계등록부사항란 및 일반등록사항란에 그 취지와 사유를 기록하고, 등록사항별 증명서를 발급하는 경우에는 증명서의 우측상단에 "폐쇄"라고 표시한다(가족관계등록규칙 제65조, 제90조).

2) 정정의 기록방식

① 등록부의 기록사항을 정정하는 경우에는 정정할 부분에 새로운 사항을 기록하고, 정정내용과 사유를 가족관계등록부사항란이나 일반등록사항란에 기록한다(가족관계등록규칙 제66조 제1항).

② 가족관계등록부사항란이나 일반등록사항란의 사건 자체를 말소하는 경우에는 그 기록사항 전체에 하나의 선을 긋고, 말소내용과 사유를 각 해당 사항란에 기록한다(가족관계등록규칙 제66조 제2항).

5. 제적부의 정정

① 가족관계등록제도의 시행과 동시에 호적제도가 폐지되었음에도 불구하고, 제적부는 부분적으로나마 국민의 신분을 증명하는 공부의 기능을 하고 있으므로 제적부 정정의 필요성이 존재한다.

② 등록부를 정정할 때는 그 사항이 기재된 제적부도 정정하고, 제적부를 정정할 때는 제적부를 부활하지 않고 정정하며, 이에 따라 등록부를 정정할 때는 등록부 폐쇄 없이 해당사항을 정정한다(가족관계등록규칙 제66조의2 제1항·제2항).

CHAPTER 01 총 칙

제1절 개 설

제2절 신고의 종류와 신고인 등

01 다음은 가족관계의 등록 등에 관한 법률 중 일부 조문들을 열거한 것이다. 다음 괄호 안에 들어갈 내용이 '그 사실을 안 날'인 경우를 모두 고른 것은?   2025년

> ㄱ. 국적상실의 신고는 배우자 또는 4촌 이내의 친족이 (   )부터 1개월 이내에 하여야 한다.
> ㄴ. 인지된 태아가 사체로 분만된 경우에 출생의 신고의무자는 (   )부터 1개월 이내에 그 사실을 신고하여야 한다. 다만, 유언집행자가 제59조의 신고를 하였을 경우에는 유언집행자가 그 신고를 하여야 한다.
> ㄷ. 등록되어 있는지가 분명하지 아니한 사람 또는 등록되어 있지 아니하거나 등록할 수 없는 사람에 관한 신고가 수리된 후 그 사람에 관하여 등록되어 있음이 판명된 때 또는 등록할 수 있게 된 때에는 신고인 또는 신고사건의 본인은 (   )부터 1개월 이내에 수리된 신고사건을 표시하여 처음 그 신고를 수리한 시·읍·면의 장에게 그 사실을 신고하여야 한다.
> ㄹ. 유언에 의한 인지의 경우에는 유언집행자는 (   )부터 1개월 이내에 인지에 관한 유언서등본 또는 유언녹음을 기재한 서면을 첨부하여 제55조 또는 제56조에 따라 신고를 하여야 한다.

① ㄱ, ㄹ
② ㄴ, ㄷ
③ ㄷ, ㄹ
④ ㄱ, ㄴ, ㄷ
⑤ ㄱ, ㄴ, ㄹ

[ㄱ ▶ O] 국적상실의 신고는 배우자 또는 4촌 이내의 친족이 <u>그 사실을 안 날부터</u> 1개월 이내에 하여야 한다(가족관계등록법 제97조 제1항).

[ㄴ ▶ O] 인지된 태아가 사체로 분만된 경우에 출생의 신고의무자는 <u>그 사실을 안 날부터</u> 1개월 이내에 그 사실을 신고하여야 한다. 다만, 유언집행자가 제59조의 신고를 하였을 경우에는 유언집행자가 그 신고를 하여야 한다(가족관계등록법 제60조).

[ㄷ ▶ O] 등록되어 있는지가 분명하지 아니한 사람 또는 등록되어 있지 아니하거나 등록할 수 없는 사람에 관한 신고가 수리된 후 그 사람에 관하여 등록되어 있음이 판명된 때 또는 등록할 수 있게 된 때에는 신고인 또는 신고사건의 본인은 <u>그 사실을 안 날부터</u> 1개월 이내에 수리된 신고사건을 표시하여 처음 그 신고를 수리한 시·읍·면의 장에게 그 사실을 신고하여야 한다(가족관계등록법 제22조).

[ㄹ ▶ X] 유언에 의한 인지의 경우에는 유언집행자는 <u>그 취임일부터</u> 1개월 이내에 인지에 관한 유언서 등본 또는 유언녹음을 기재한 서면을 첨부하여 제55조 또는 제56조에 따라 신고를 하여야 한다(가족관계등록법 제59조).

답 ④

02 증인이 필요한 가족관계등록신고에 관한 다음 설명 중 가장 옳지 않은 것은? 2024년

① 혼인은 가족관계의 등록 등에 관한 법률에 정한 바에 의하여 신고함으로써 그 효력이 생기며, 그 신고는 당사자 쌍방과 성년자인 증인 2인의 연서한 서면으로 하여야 한다.
② 협의상 이혼은 가정법원의 확인을 받아 가족관계의 등록 등에 관한 법률의 정한 바에 의하여 신고함으로써 그 효력이 생기며, 그 신고는 당사자 쌍방과 성년자인 증인 2인의 연서한 서면으로 하여야 하나, 그 신고서에 가정법원의 이혼의사확인서등본을 첨부한 경우에는 증인 2인의 연서가 있는 것으로 본다.
③ 입양은 가족관계의 등록 등에 관한 법률에서 정한 바에 따라 신고함으로써 그 효력이 생기며, 그 신고는 당사자 쌍방과 성년자인 증인 2인의 연서한 서면으로 하여야 한다.
④ 증인을 필요로 하는 사건의 신고에 있어서는 증인은 신고서에 주민등록번호 및 주소를 기재하고 서명하거나 기명날인하여야 한다. 다만, 증인은 신고서에 서명 또는 기명날인을 할 수 없을 때에는 무인할 수 있고, 이 경우 담당공무원은 본인의 무인임을 증명한다는 문구를 기재하고 기명날인하여야 한다.
⑤ 혼인신고는 성년자인 증인 2인의 연서가 있어야 수리할 수 있는바, 이에 위반하였다 하더라도 민법상 혼인무효 또는 취소사유에 해당하지 아니하므로 혼인은 유효하게 성립된 것이나, 수리 당시에 발견하였다면 민법 제813조에 따라 수리를 거부하여야 한다.

[❶ ▶ ○] 민법 제812조 제1항, 제2항

> **민법 제812조(혼인의 성립)**
> ① 혼인은 「가족관계의 등록 등에 관한 법률」에 정한 바에 의하여 신고함으로써 그 효력이 생긴다.
> ② 전항의 신고는 당사자 쌍방과 성년자인 증인 2인의 연서한 서면으로 하여야 한다.

[❷ ▶ ○] 민법 제836조 제1항·제2항, 가족관계등록법 제76조

> **민법 제836조(이혼의 성립과 신고방식)**
> ① 협의상 이혼은 가정법원의 확인을 받아 「가족관계의 등록 등에 관한 법률」의 정한 바에 의하여 신고함으로써 그 효력이 생긴다.
> ② 전항의 신고는 당사자 쌍방과 성년자인 증인 2인의 연서한 서면으로 하여야 한다.
>
> **가족관계등록법 제76조(간주규정)**
> 협의이혼신고서에 가정법원의 이혼의사확인서등본을 첨부한 경우에는 「민법」 제836조 제2항에서 정한 증인 2인의 연서가 있는 것으로 본다.

[❸ ▶ ×] 입양은 「가족관계의 등록 등에 관한 법률」에서 정한 바에 따라 신고함으로써 그 효력이 생긴다(민법 제878조). 즉, 입양은 증인을 요하지 않는 신고이다. 증인을 필요로 하는 사건은 혼인, 협의상 이혼 등이다.

[❹ ▶ ○] 가족관계등록법 제28조, 가족관계의 등록 등에 관한 규칙 제33조

> **가족관계등록법 제28조(증인을 필요로 하는 신고)**
> 증인을 필요로 하는 사건의 신고에 있어서는 증인은 신고서에 주민등록번호 및 주소를 기재하고 서명하거나 기명날인하여야 한다.
>
> **가족관계의 등록 등에 관한 규칙 제33조(서명 또는 기명날인을 갈음하는 방법)**
> 신고인, 증인, 동의자 등은 신고서에 서명하거나 기명날인할 수 있고, 서명 또는 기명날인을 할 수 없을 때에는 무인할 수 있다. 이 경우 담당공무원은 본인의 무인임을 증명한다는 문구를 기재하고 기명날인하여야 한다.

[❺ ▶ ○] 혼인신고서에 「민법」 제812조 제2항 및 제813조에 따라 성년증인 2명의 연서가 있어야 수리할 수 있는바 이에 위반하였다 하더라도 민법상 혼인무효 또는 취소사유에 해당하지 아니하므로 혼인은 유효하게 성립된 것이다. 그러나 수리 당시에 발견했으면 같은 법 제813조에 따라 수리를 거부해야 한다(가족관계등록예규 제144호).

답 ❸

03 다음 중 가족관계의 등록 등에 관한 법률에 따라 소의 상대방도 신고할 수 있는 경우는 모두 몇 개인가?
2025년

> ㄱ. 친양자 파양의 재판이 확정된 경우
> ㄴ. 사실상 혼인관계 존재확인의 재판이 확정된 경우
> ㄷ. 혼인취소의 재판이 확정된 경우
> ㄹ. 입양취소의 재판이 확정된 경우
> ㅁ. 미성년후견인의 선임재판이 확정된 경우

① 1개　　② 2개
③ 3개　　④ 4개
⑤ 5개

....

[ㄱ ▶ O] 친양자 파양의 재판이 확정된 경우 그 소의 상대방도 재판서의 등본 및 확정증명서를 첨부하여 친양자 파양의 재판이 확정된 취지를 신고할 수 있다(가족관계등록법 제69조 제3항).

가족관계등록법 제69조(친양자의 파양신고)
① 「민법」 제908조의5에 따라 친양자 파양의 재판이 확정된 경우 소를 제기한 사람은 재판의 확정일부터 1개월 이내에 재판서의 등본 및 확정증명서를 첨부하여 제63조의 신고를 하여야 한다.
② 제1항의 신고서에는 재판확정일을 기재하여야 한다.
③ 제1항의 경우에는 그 소의 상대방도 재판서의 등본 및 확정증명서를 첨부하여 친양자 파양의 재판이 확정된 취지를 신고할 수 있다. 이 경우 제2항을 준용한다.

[ㄴ ▶ X] 사실상 혼인관계 존재확인의 재판이 확정된 경우에는 소를 제기한 사람은 재판의 확정일부터 1개월 이내에 재판서의 등본 및 확정증명서를 첨부하여 제71조의 신고를 하여야 한다(가족관계등록법 제72조). 반면 사실상혼인관계존재확인판결에 의한 혼인신고에는 제58조가 준용되지 않으므로 소를 제기한 사람의 상대방은 이에 의한 혼인신고를 할 수 없다.

[ㄷ ▶ O] 혼인취소의 재판이 확정된 경우 제58조가 준용되므로 소의 상대방도 혼인취소의 재판이 확정된 취지를 신고할 수 있다(가족관계등록법 제73조, 제58조 제3항).

가족관계등록법 제73조(준용규정)
제58조는 혼인취소의 재판이 확정된 경우에 준용한다.

가족관계등록법 제58조(재판에 의한 인지)
① 인지의 재판이 확정된 경우에 소를 제기한 사람은 재판의 확정일부터 1개월 이내에 재판서의 등본 및 확정증명서를 첨부하여 그 취지를 신고하여야 한다.
② 제1항의 신고서에는 재판확정일을 기재하여야 한다.
③ 제1항의 경우에는 그 소의 상대방도 재판서의 등본 및 확정증명서를 첨부하여 인지의 재판이 확정된 취지를 신고할 수 있다. 이 경우 제2항을 준용한다.

[ㄹ ▸ O] 제58조는 입양취소의 재판이 확정된 경우에 준용되므로(가족관계등록법 제65조 제2항) 입양취소의 재판이 확정된 경우 소의 상대방도 입양취소의 재판이 확정된 취지를 신고할 수 있다.
[ㅁ ▸ X] 미성년후견인 선임의 재판이 있는 경우 재판서의 등본을 신고서에 첨부하여 미성년후견인이 그 취임일부터 1개월 이내 미성년후견 개시의 신고를 하여야 한다(가족관계등록법 제82조 제2항, 제80조 제1항).

답 ❸

04 다음 중 가족관계등록신고와 그 신고의무자에 대한 연결이 잘못된 것은 모두 몇 개인가?
2023년

가. 사망신고 - 친족
나. (강제)인지신고 - 인지청구의 소를 제기한 사람의 상대방
다. 혼인 중 출생자 출생신고 - 부 또는 모
라. 혼인 외 출생자 출생신고 - 모
마. (재판상)이혼신고 - 이혼소송을 제기하거나 조정을 신청한 자

① 1개 ② 2개
③ 3개 ④ 4개
⑤ 5개

[가 ▸ X] 사망신고의 경우 사망신고의무자는 동거하는 친족이고 동거하지 않는 친족은 신고적격자이다.

가족관계등록법 제85조(사망신고의무자)
① 사망의 신고는 동거하는 친족이 하여야 한다.
② 친족·동거자 또는 사망장소를 관리하는 사람, 사망장소의 동장 또는 통·이장도 사망의 신고를 할 수 있다.

[나 ▸ X] 강제인지의 경우 인지청구의 소를 제기한 사람이 신고의무자이며, 그 상대방은 신고적격자이다.

가족관계등록법 제58조(재판에 의한 인지)
① 인지의 재판이 확정된 경우에 소를 제기한 사람은 재판의 확정일부터 1개월 이내에 재판서의 등본 및 확정증명서를 첨부하여 그 취지를 신고하여야 한다.
③ 제1항의 경우에는 그 소의 상대방도 재판서의 등본 및 확정증명서를 첨부하여 인지의 재판이 확정된 취지를 신고할 수 있다. 이 경우 제2항을 준용한다.

[다 ▸ O] 혼인 중 출생자의 출생의 신고는 부 또는 모가 하여야 한다(가족관계등록법 제46조 제1항).
[라 ▸ O] 혼인 외 출생자의 신고는 모가 하여야 한다(가족관계등록법 제46조 제2항).

[마 ▶ O] 이혼의 재판이 확정된 경우에 소를 제기한 사람은 재판의 확정일부터 1개월 이내에 재판서의 등본 및 확정증명서를 첨부하여 그 취지를 신고하여야 하고(가족관계등록법 제78조, 제58조 제1항 참조), 여기서의 재판에는 가사소송법에 따른 조정의 성립도 포함하므로 조정을 신청한 자도 신고의무자에 해당한다(가족관계등록예규 제309호 1. 참조).

> **가족관계등록법 제78조(준용규정)**
> 제58조는 이혼의 재판이 확정된 경우에 준용한다.
>
> **가족관계등록법 제58조(재판에 의한 인지)**
> ① 인지의 재판이 확정된 경우에 소를 제기한 사람은 재판의 확정일부터 1개월 이내에 재판서의 등본 및 확정증명서를 첨부하여 그 취지를 신고하여야 한다.

> **가족관계등록예규 제309호[확정판결(조정)에 의한 신고 등]**
> 1. 가족관계의 등록 등에 관한 법률 제58조(같은 조가 준용되는 경우를 포함한다)의 재판에는 가사소송법에 따른 조정의 성립(조정조서 작성의 경우)도 포함되며 조정성립일부터 1개월 경과 시 조정조서 송달증명을 첨부하게 한다.

답 ②

제3절 신고서류의 접수·심사·수리 등

05 다음 중 이해관계인이 신청 또는 청구할 수 있는 것을 모두 고른 것은? 2023년

> 가. 신고의 수리 또는 불수리의 증명서
> 나. 법원에 보관되어 있는 신고서류에 대한 열람
> 다. 가족관계등록부의 기록이 법률상 허가될 수 없는 것 또는 그 기재에 착오나 누락이 있다고 인정한 때에 사건 본인의 등록기준지를 관할하는 가정법원의 허가를 받아 가족관계등록부의 정정을 신청하는 절차
> 라. 가족관계등록사건에 관하여 시(구)·읍·면의 장의 위법 또는 부당한 처분이 있는 경우 관할 가정법원에 불복을 신청하는 절차

① 가, 나, 다, 라   ② 나, 다
③ 나, 라   ④ 나, 다, 라
⑤ 다, 라

[가 ▶ X] 신고인은 신고의 수리 또는 불수리의 증명서를 청구할 수 있다(가족관계등록법 제42조 제1항).
[나 ▶ O] 이해관계인은 법원에 보관되어 있는 신고서류에 대한 열람을 청구할 수 있다(가족관계등록법 제42조 제4항).

[다 ▶ ○] 등록부의 기록이 법률상 허가될 수 없는 것 또는 그 기재에 착오나 누락이 있다고 인정한 때에는 이해관계인은 사건 본인의 등록기준지를 관할하는 가정법원의 허가를 받아 등록부의 정정을 신청할 수 있다(가족관계등록법 제104조 제1항).

[라 ▶ ○] 등록사건에 관하여 이해관계인은 시·읍·면의 장의 위법 또는 부당한 처분에 대하여 관할 가정법원에 불복의 신청을 할 수 있다(가족관계등록법 제109조 제1항).

답 ❹

제4절 신고의 최고·철회·경합·추후보완

06 다음은 가족관계의 등록 등에 관한 법률 제39조이다. 다음 괄호 안에 들어갈 내용으로 옳은 것은?

2025년

> 제39조(신고의 추후 보완)
> 시·읍·면의 장은 신고를 수리한 경우에 흠이 있어 등록부에 기록을 할 수 없을 때에는 (   ) 하여금 보완하게 하여야 한다. 이 경우 제38조를 준용한다.

① 신고인으로
② 신고사건의 본인으로
③ 신고의무자로
④ 신고인 또는 신고의무자로
⑤ 신고인 또는 신고사건의 본인으로

[❹ ▶ ○] 제시된 조문의 (   ) 안에 들어갈 내용은 '신고인 또는 신고의무자로'이다.

> **가족관계등록법 제39조(신고의 추후 보완)**
> 시·읍·면의 장은 신고를 수리한 경우에 흠이 있어 등록부에 기록을 할 수 없을 때에는 신고인 또는 신고의무자로 하여금 보완하게 하여야 한다. 이 경우 제38조를 준용한다.
>
> **가족관계등록법 제38조(신고의 최고)**
> ① 시·읍·면의 장은 신고를 게을리한 사람을 안 때에는 상당한 기간을 정하여 신고의무자에 대하여 그 기간 내에 신고할 것을 최고(催告)하여야 한다.
> ② 신고의무자가 제1항의 기간 내에 신고를 하지 아니한 때에는 시·읍·면의 장은 다시 상당한 기간을 정하여 최고할 수 있다.
> ③ 제18조 제2항은 제2항의 최고를 할 수 없는 때 및 최고를 하여도 신고를 하지 아니한 때에, 같은 조 제3항은 국가 또는 지방자치단체의 공무원이 신고를 게을리한 사람이 있음을 안 때에 준용한다.

답 ❹

07 다음 중 추후보완신고의 대상으로 볼 수 없는 것은? 2023년

① 부 미정의 출생신고를 한 후 부를 정하는 판결이 확정되어 출생신고를 하는 경우
② 신고에 필요한 부모 기타의 사실상 동의가 있었으나 이를 증명하는 서면의 첨부 또는 신고서의 기재만 유탈한 데 지나지 않는 경우
③ 신고서에 가족관계등록부의 기록사항인 '성과 본'이 누락된 경우
④ 외국인 부의 성을 따라 외국식 이름으로 기록된 가족관계등록부를 후에 한국인 모의 성과 한국식 이름으로 변경하고자 하는 경우
⑤ 인명용 한자 추가에 따라 이름에 한자를 기재하고자 하는 경우

[❶ ▶ ○] 부 미정의 출생신고란, 부를 알 수 없는 경우가 아니고 부의 추정이 경합된 경우이므로, 여자가 혼인관계종료의 날로부터 100일 내에 재혼하였고, 재혼 성립의 날로부터 200일 후, 전혼관계종료의 날로부터 300일 내에 자녀가 출생하여, 부 미정의 출생신고가 접수된 때에는, 부가 확정될 때까지 가족관계등록부에 기록을 할 수 없는 신고로 보아 이를 특종신고서류편철장에 편철하여 두었다가, 부를 정하는 판결의 확정 후, 추후보완신고에 의하여 부 또는 모의 성과 본을 따라 가족관계등록부를 작성하여야 한다(가족관계등록예규 제412호 제10조).

[❷ ▶ ○] 가족관계등록사건의 신고에 부모 그 밖의 사람의 동의를 필요로 하는 경우, 신고서에 그 동의가 흠결이 있음에도 불구하고 이를 수리한 것을 발견하였을 때에도 그 신고사건에 사실상 동의하였으나 이를 증명하는 서면의 첨부 또는 신고서의 기재만을 빠뜨린 데 지나지 아니하는 경우에는 법 제39조에 따라 이를 추후보완하게 할 수 있다(가족관계등록예규 제633호 제10조).

[❸ ▶ ○] 가족관계등록사건의 신고에 의하여 가족관계등록부를 작성할 경우, 신고서에 가족관계등록부의 기록사항인 성과 본 또는 출생사유 등의 기재가 없거나 가족관계등록부에 기록하여야 할 사항을 명확하게 함에 특히 필요한 것은 법 제30조에 따라 신고서에 이를 기재하게 하여 가족관계등록부에 기록하여야 한다. 만일 이것을 신고서에 빠뜨린 때에는 추후보완신고를 하게 하여 기록하여야 한다(가족관계등록예규 제633호 제9조).

[❹ ▶ ✕] 외국인 부의 성을 따라 외국식 이름으로 기록된 가족관계등록부를 후에 한국인 모의 성과 한국식 이름으로 변경하기 위해서는, 성·본 변경절차와 개명절차를 거쳐야 하고, 추후보완신고 또는 등록부의 정정절차를 통해서는 이를 할 수 없다(가족관계등록예규 제573호 4. 바.). 외국식 이름으로 신고한 것은 신고 당시 흠결이 있는 것이 아니어서 신고의 흠결을 시정·보완하는 절차인 추후보완신고의 대상에 해당되지 않는다.

[❺ ▶ ○] 1991.4.1. 이후에 출생신고된 자녀의 이름이 출생신고 시에는 인명용 한자가 아닌 한자로 신고된 관계로 가족관계등록부의 성명란에 출생자의 이름이 한글로 기록되었으나 그 신고된 한자가 종전 호적법 시행규칙 및 가족관계의 등록 등에 관한 규칙의 개정으로 추가된 인명용 한자에 포함된 경우에는 출생신고인(신고인에게 사고가 있을 때에는 다른 출생신고의무자)의 추후보완신고에 의해 종전에 한글로 기록된 이름을 한글과 한자로 함께 기록한다(가족관계등록예규 제322호 1.).

답 ❹

제5절 등록부의 기록

08 다음 중 가족관계의 등록 등에 관한 법률 제16조에 따른 등록부의 기록절차가 아닌 것끼리 고른 것은?
2025년

ㄱ. 통보
ㄴ. 재판서
ㄷ. 촉탁
ㄹ. 항해일지의 등본
ㅁ. 보고

① ㄱ, ㄴ
② ㄴ, ㄹ
③ ㄴ, ㅁ
④ ㄷ, ㄹ
⑤ ㄷ, ㅁ

[ㄷ ▸ ✕] [ㅁ ▸ ✕] 제시된 내용 중 촉탁과 보고는 가족관계등록법 제16조에 따른 등록부의 기록절차에 해당하지 않는다(가족관계등록법 제16조 참조).

가족관계등록법 제16조(등록부의 기록절차)
등록부는 신고, 통보, 신청, 증서의 등본, 항해일지의 등본 또는 재판서에 의하여 기록한다.

답 ⑤

09 다음 설명 중 가장 옳지 않은 것은?(다툼이 있는 경우 판례·예규 및 선례에 의함. 이하 같음)
2025년

① 가족관계의 등록 등에 관한 법률에 따른 신고는 신고사건 본인의 등록기준지 또는 신고인의 주소지나 현재지에서 할 수 있으므로, 당사자가 등록기준지를 새롭게 변경하고자 하는 경우 현재지 시·읍·면의 장에게 변경신고를 할 수 있다.
② 가족관계등록창설허가의 재판을 얻은 사람이 등록창설의 신고를 하지 아니한 때에는 배우자 또는 직계혈족이 할 수 있으며, 가족관계등록창설허가를 받았으나 그 신고 전에 사망한 사람에 대한 가족관계등록창설신고는 배우자 또는 직계혈족이 이를 하여야 한다.
③ 이혼이 무효이거나 취소된 경우에 그 이혼당사자 사이에서 출생한 미성년의 자녀에 대하여 친권자가 지정·신고되어 있다면 그에 관한 가족관계등록부의 기록도 따로 정정허가를 받을 필요 없이 이혼무효 또는 이혼취소의 판결(심판)에 의하여 말소할 수 있다.
④ 가족관계등록부상 한자 성의 한글표기 정정의 효력은 사건본인에게만 미친다. 다만, 직계비속이 있음에도 사건본인만이 한자 성의 한글표기 정정 신청을 하여 가족관계등록부상 한자 성의 한글표기가 정정된 경우에는 가족관계의 등록 등에 관한 규칙 제55조 제3항, 제60조 제2항 제4호를 준용하여 시(구)·읍·면의 장은 그 직계비속의 가족관계등록부상 한자 성의 한글표기도 직권으로 정정한다.
⑤ 가족관계등록부를 정정할 때는 그 사항이 기재된 제적부를 정정하되, 가족관계등록부가 현재의 공부이므로 제적부의 정정은 필요최소한으로 하며, 가족관계등록부 정정허가결정만으로 제적부를 정정할 수는 없다.

[❶ ▶ ×] 가족관계의 등록 등에 관한 법률에 따른 신고는 신고사건 본인의 등록기준지 또는 신고인의 주소지나 현재지에서 할 수 있으나(가족관계등록법 제20조 제1항 본문), 당사자가 등록기준지를 새롭게 변경하고자 하는 경우 새롭게 변경하고자 하는 등록기준지 시·읍·면의 장에게 변경신고를 하여야 한다(가족관계등록규칙 제4조 제3항).
[❷ ▶ ○] 가족관계등록창설허가의 재판을 얻은 사람이 등록창설의 신고를 하지 아니한 때에는 배우자 또는 직계혈족이 할 수 있으며(가족관계등록법 제102조), 가족관계등록창설허가(가족관계등록부정정허가)를 받았으나 그 신고 전에 사망한 사람에 대한 가족관계등록창설신고(가족관계등록부정정신고)는 배우자 또는 직계혈족이 이를 하여야 한다(가족관계등록예규 제213호).
[❸ ▶ ○] 가족관계등록예규 제254호 3.

> **가족관계등록예규 제254호[이혼이 무효이거나 취소된 경우의 가족관계등록부정정방법]**
> 1. 1990.12.31. 이전에 이혼이 무효이거나 취소된 경우에도 1991.1.1. 이후에는 이혼무효 또는 이혼취소의 신고를 할 수 없고 등록부정정의 방법으로 가족관계등록부를 정리하여야 한다.
> 2. 이혼이 무효이거나 취소된 경우에는 양 당사자의 가족관계등록부 중 이혼에 관한 사항의 기록을 모두 말소한다.
> 3. 이혼이 무효이거나 취소된 경우에 그 이혼당사자 사이에서 출생한 미성년의 자녀에 대하여 친권자가 지정·신고되어 있다면 그에 관한 가족관계등록부의 기록도 따로 정정허가를 받을 필요 없이 이혼무효 또는 이혼취소의 판결(심판)에 의하여 말소할 수 있다.

[❹ ▶ O] 가족관계등록부상 한자 성의 한글표기 정정의 효력은 <u>사건본인에게만 미친다</u>. <u>다만, 직계비속이 있음에도 사건본인만이 한자 성의 한글표기 정정 신청을 하여 가족관계등록부상 한자 성의 한글표기가 정정된 경우에는 가족관계의 등록 등에 관한 규칙 제55조 제3항, 제60조 제2항 제4호를 준용하여 시(구)·읍·면의 장은 그 직계비속의 가족관계등록부상 한자 성의 한글표기도 직권으로 정정한다</u>(가족관계등록예규 제257호 제6조).

[❺ ▶ O] 가족관계등록부를 정정할 때는 그 사항이 기재된 <u>제적부를 정정하되</u>, 가족관계등록부가 현재의 공부이므로 제적부의 정정은 필요최소한으로 하며, <u>가족관계등록부 정정허가결정만으로 제적부를 정정할 수는 없다</u>(가족관계등록예규 제297호 제2조 제1항).

답 ❶

10

다음 중 가족관계등록부에 기록될 수 없는 것끼리 고른 것은? 2024년

> ㄱ. 등록사건을 처리한 시·읍·면의 명칭
> ㄴ. 통보자의 성명
> ㄷ. 가족관계등록에 관한 촉탁을 한 법원
> ㄹ. 신고인이 사건본인과 다른 때에는 신고인의 자격
> ㅁ. 협의이혼의사의 확인일

① ㄱ, ㄴ
② ㄱ, ㄷ
③ ㄴ, ㄹ
④ ㄷ, ㅁ
⑤ ㄴ, ㅁ

[ㄱ ▶ O] 가족관계의 등록 등에 관한 규칙 제51조 제1항 제7호
[ㄴ ▶ X] 통보자의 <u>직명</u>을 기록한다(가족관계의 등록 등에 관한 규칙 제51조 제1항 제4호 참조).
[ㄷ ▶ O] 가족관계의 등록 등에 관한 규칙 제51조 제1항 제6호
[ㄹ ▶ O] 가족관계의 등록 등에 관한 규칙 제51조 제1항 제2호
[ㅁ ▶ X] 이혼신고연월일은 가족관계등록부 기록사항이지만(가족관계의 등록 등에 관한 규칙 제51조 제1항 제1호 참조), 협의이혼의사의 확인일은 기록사항이 아니다.

> **가족관계등록법 제9조(가족관계등록부의 작성 및 기록사항)**
> ② 등록부에는 다음 사항을 기록하여야 한다.
>   1. 등록기준지
>   2. 성명·본·성별·출생연월일 및 주민등록번호
>   3. 출생·혼인·사망 등 가족관계의 발생 및 변동에 관한 사항
>   4. 가족으로 기록할 자가 대한민국 국민이 아닌 사람(이하 "외국인"이라 한다)인 경우에는 성명·성별·출생연월일·국적 및 외국인등록번호(외국인등록을 하지 아니한 외국인의 경우에는 대법원규칙으로 정하는 바에 따른 국내거소신고번호 등을 말한다. 이하 같다)
>   5. 그 밖에 가족관계에 관한 사항으로서 대법원규칙으로 정하는 사항

> **가족관계의 등록 등에 관한 규칙 제51조(기록근거의 기록)**
> ① 등록부에 기록할 때에는 법 제9조 제2항이 규정한 사항 외에 다음 사항도 기록하여야 한다.
>   1. 신고 또는 기록의 연월일
>   2. 신고인 또는 신청인이 사건본인과 다른 때에는 신고인 또는 신청인의 자격과 성명
>   3. 재외공관의 장이나 관공서로부터 신고서류의 송부가 있는 때에는 송부연월일과 송부자의 직명
>   4. 통보일자와 통보자의 직명
>   5. 증서·항해일지 등본 작성자의 직명과 제출 연월일
>   6. 가족관계등록에 관한 재판·허가·촉탁을 한 법원과 그 연월일
>   7. 등록사건을 처리한 시·읍·면의 명칭

답 ⑤

11. 가족관계등록부상 주민등록번호의 기록, 정정 및 공시제한 등에 관한 다음 설명 중 가장 옳지 않은 것은?
2022년

① 가족관계등록부의 주민등록번호의 기록은 주민등록법 제7조의2 및 제15조에 따른 주민등록번호 부여 통보에 의하여야 한다.
② 가족관계등록부상 주민등록번호의 기록이 누락되었을 경우 본인 또는 동거하는 친족이 주민등록표 등·초본을 첨부하여 그 기록을 신청하는 때에는 가족관계등록공무원은 감독법원의 허가 없이 직권으로 이를 기록한다. 다만, 본인이 신청하는 경우에는 주민등록표 등·초본의 첨부 없이 주민등록증을 제시받아 가족관계등록공무원이 그 내용을 확인한 후 주민등록증을 복사하여 신청서에 첨부하고 기록의 절차를 취하여야 한다.
③ 주민등록법에 따른 신고사항과 가족관계의 등록 등에 관한 법률에 따른 신고사항이 같으면 가족관계의 등록 등에 관한 법률에 따른 신고로써 주민등록법에 따른 신고를 갈음하는데, 주민등록신고사항 중 출생, 사망 또는 실종, 등록기준지의 변경, 성명·생년월일 또는 성별의 변경이 이에 해당한다.
④ 주민등록 신고대상자의 가족관계등록 신고지와 주민등록지가 다를 경우에 가족관계등록 신고지의 시(구)·읍·면의 장이 가족관계등록신고를 받아 가족관계등록부의 기록사항을 변경하면 지체 없이 그 신고사항을 주민등록지의 시장·군수 또는 구청장에게 통보하여야 한다.
⑤ 주민등록법 제7조의4에 따라 주민등록번호를 변경한 사람 또는 변경하고자 하는 사람은 변경되었거나 변경될 주민등록번호의 공시가 제한될 대상자를 지정하여 공시제한을 신청할 수 있고, 신청인은 공시제한 신청서를 신청사건 본인의 등록기준지 또는 신청인의 주소지나 현재지의 시(구)·읍·면의 사무소에 출석하여 제출하여야 하고, 신청인의 주소지나 현재지의 동사무소에는 제출할 수 없다.

[❶ ▶ ○]　가족관계등록부의 주민등록번호의 기록은 주민등록법 제7조의2 및 제15조에 따른 주민등록 번호 부여 통보에 의하여야 한다(가족관계등록예규 제508호 제1조 제1항).

[❷ ▶ ○]　가족관계등록부상 주민등록번호의 기록이 누락되었을 경우 본인 또는 동거하는 친족이 주민 등록표 등·초본을 첨부하여 그 기록을 신청하는 때에는 가족관계등록공무원은 감독법원의 허가 없이 직권으로 이를 기록한다. 다만, 본인이 신청하는 경우에는 주민등록표 등·초본의 첨부 없이 주민등록증 을 제시받아 가족관계등록공무원이 그 내용을 확인한 후 주민등록증을 복사하여 신청서에 첨부하고 기록의 절차를 취하여야 한다(가족관계등록예규 제508호 제1조 제2항).

[❸ ▶ ○]　주민등록법 제14조 제1항·제4항, 동법 시행령 제21조 제2항

> **주민등록법 제14조(가족관계등록신고 등에 따른 주민등록의 정리)**
> ① 이 법에 따른 신고사항과 가족관계의 등록 등에 관한 법률에 따른 신고사항이 같으면 가족관계의 등록 등에 관한 법률에 따른 신고로써 이 법에 따른 신고를 갈음한다.
> ④ 제1항에 따라 가족관계의 등록 등에 관한 법률에 따른 신고로써 이 법에 따른 신고에 갈음되는 신고사항 은 대통령령으로 정한다.
>
>> **주민등록법 시행령 제21조(가족관계등록신고 등에 따른 주민등록표의 정리)**
>> ② 법 제14조 제4항에 따라 가족관계의 등록 등에 관한 법률에 따른 신고로써 갈음되는 주민등록신고 사항은 다음 각 호와 같다.
>>   1. 출 생
>>   2. 사망 또는 실종
>>   3. 등록기준지의 변경
>>   4. 성명·생년월일 또는 성별의 변경

[❹ ▶ ○]　신고대상자의 가족관계의 등록 등에 관한 법률 제4조 및 제4조의2에 따른 신고지(이하 "가족 관계등록 신고지"라 한다)와 주민등록지가 다를 경우에 가족관계등록 신고지의 시장·구청장 또는 읍· 면장(같은 법 제4조의2 제1항에 따른 가족관계등록관을 포함한다. 이하 같다)이 같은 법에 따른 신고를 받아 가족관계등록부의 기록사항을 변경하면 지체 없이 그 신고사항을 주민등록지의 시장·군수 또는 구청장에게 통보하여야 하며, 그 통보를 받은 주민등록지의 시장·군수 또는 구청장은 이에 따라 주민등 록을 하거나 등록사항을 정정 또는 말소하여야 한다(주민등록법 제14조 제3항).

[❺ ▶ ✕]　가족관계등록예규 제612호 제2조 제1항, 제4조 제1항·제2항

> **가족관계등록예규 제612호[변경된 주민등록번호의 공시제한에 관한 사무처리지침]**
> **제2조(공시제한 등 신청)**
> ① 주민등록법 제7조의4에 따라 주민등록번호를 변경한 사람 또는 변경하고자 하는 사람은 변경되었거나 변경될 주민등록번호의 공시가 제한될 대상자(이하 "비공시 대상자"라 한다)를 지정하여 공시제한을 신청할 수 있다.
>
> **제4조(신청서의 제출)**
> ① 신청인은 다음 각 호의 신청서를 신청사건 본인의 등록기준지 또는 신청인의 주소지나 현재지의 시(구) ·읍·면의 사무소에 출석하여 제출하여야 한다.
>   1. 공시제한 또는 비공시 대상자 추가를 신청할 경우에는 별지 제1호 서식
>   2. 공시제한 해지를 신청할 경우에는 별지 제2호 서식
> ② 신청인은 전항 각 호의 신청서를 신청인의 주소지나 현재지의 동사무소에 출석하여 제출할 수 있다.

답 ❺

12. 가족관계등록사무의 처리에 관한 다음 설명 중 가장 옳지 않은 것은?   2022년

① 등록사건 처리에 관하여 시(구)·읍·면의 장을 대리하는 사람은 등록에 관한 증명서 발급사무를 제외하고 자기 또는 자기와 4촌 이내의 친족에 관한 등록사건에 관하여는 그 직무를 행할 수 없다.
② 등록사건 처리에 관하여 시(구)·읍·면의 장을 대리하는 사람이 자기 또는 자기와 4촌 이내의 친족에 관한 등록사건에 대하여 직무를 행한 경우라도 기록사항에 잘못이 없으면 가족관계등록부의 정정을 할 필요가 없다.
③ 시(구)·읍·면의 장이 신고를 수리하지 아니한 때에는 그 사유를 지체 없이 신고인에게 서면으로 통지하여야 하나, 대법원규칙으로 정하는 가족관계등록에 관한 신고는 전산정보처리조직을 이용하여 전자문서로 할 수 있고 그에 따른 신고의 불수리 통지는 전산정보처리조직을 이용하여 전자문서로 할 수 있다.
④ 시(구)·읍·면을 달리하여 동일한 사건에 수 개의 신고가 수리된 경우에, 뒤에 수리된 신고에 따라 가족관계등록부에 기록한 때에는 먼저 수리한 시(구)·읍·면의 장이 먼저 수리된 신고에 맞추어 가족관계등록부의 기록을 정정하여야 한다.
⑤ 시(구)에 있어서 출생·사망의 신고는 그 신고의 장소가 신고사건 본인의 주민등록지 또는 주민등록을 할 지역과 같은 경우에는 신고사건 본인의 주민등록지 또는 주민등록을 할 지역을 관할하는 동을 거쳐 할 수 있고, 이 경우 동장은 소속 시장 또는 구청장을 대행하여 신고서를 수리한다.

[❶ ▸ ○] 가족관계등록법 제5조

> **가족관계등록법 제5조(직무의 제한)**
> ① 시·읍·면의 장은 등록에 관한 증명서 발급사무를 제외하고 자기 또는 자기와 4촌 이내의 친족에 관한 등록사건에 관하여는 그 직무를 행할 수 없다.
> ② 등록사건 처리에 관하여 시·읍·면의 장을 대리하는 사람도 제1항과 같다.

[❷ ▸ ○] 시(구)·읍·면의 장 또는 이를 대리하는 사람이 자기 또는 자기와 4촌 이내의 친족에 관한 가족관계등록사건에 대하여 직무를 행한 경우라도 기록사항에 잘못이 없으면 가족관계등록부의 정정을 할 필요가 없다(가족관계등록예규 제405호 제2조).

[❸ ▸ ○] 가족관계등록법 제23조의2 제1항·제6항, 제43조

> **가족관계등록법 제23조의2(전자문서를 이용한 신고)**
> ① 제23조에도 불구하고 대법원규칙으로 정하는 등록에 관한 신고는 전산정보처리조직을 이용하여 전자문서로 할 수 있다.
> ⑥ 제1항에 따른 신고의 불수리 통지는 제43조에도 불구하고 전산정보처리조직을 이용하여 전자문서로 할 수 있다.
>
> **가족관계등록법 제43조(신고불수리의 통지)**
> 시·읍·면의 장이 신고를 수리하지 아니한 때에는 그 사유를 지체 없이 신고인에게 서면으로 통지하여야 한다.

[❹ ▸ ×] 가족관계의 등록 등에 관한 규칙 제57조 제3항

> **가족관계의 등록 등에 관한 규칙 제57조(신고가 경합된 경우)**
> ① 동일한 사건에 수 개의 신고가 수리된 경우에는 먼저 수리된 신고에 따라 등록부에 기록하여야 한다.
> ② 제1항의 경우에 뒤에 수리된 신고에 따라 등록부에 기록한 때에는 먼저 수리된 신고에 맞추어 등록부의 기록을 정정하여야 한다.
> ③ 제2항의 신고가 시·읍·면을 달리하여 수리된 때에는 뒤에 수리한 시·읍·면의 장이 이를 정정하되, 먼저 수리된 신고서류사본을 팩시밀리 등의 방법으로 받아서 직권정정서에 첨부한 후 가족관계등록신고서류편철장에 편철하여야 한다.

[❺ ▸ ○] 가족관계등록법 제21조 제1항, 제2항

> **가족관계등록법 제21조(출생·사망의 동 경유 신고 등)**
> ① 시에 있어서 출생·사망의 신고는 그 신고의 장소가 신고사건 본인의 주민등록지 또는 주민등록을 할 지역과 같은 경우에는 신고사건 본인의 주민등록지 또는 주민등록을 할 지역을 관할하는 동을 거쳐 할 수 있다.
> ② 제1항의 경우 동장은 소속 시장을 대행하여 신고서를 수리하고, 동이 속하는 시의 장에게 신고서를 송부하며, 그 밖에 대법원규칙으로 정하는 등록사무를 처리한다.

답 ❹

13

등록기준지에 관한 다음 설명 중 가장 옳지 않은 것은?(다툼이 있는 경우 판례·예규 및 선례에 의함. 이하 같음)   2023년

① 등록기준지 변경신고는 가족관계의 등록 등에 관한 법률 제23조의2에 따라 전산정보처리조직을 이용하여 전자문서로 할 수 있다.
② 가족관계등록부의 등록기준지란에 도로명주소가 기록되어 있는 경우, 신고서의 등록기준지가 지번방식의 주소로 기재된 때에도 가족관계등록정보시스템의 검색화면을 통하여 해당 도로명주소에 대한 지번방식의 주소임이 인정되면, 그 신고를 수리한다.
③ 가족관계등록부의 등록기준지란에 지번방식의 주소가 기록되어 있는 경우, 신고서의 등록기준지가 도로명주소로 기재된 때에도 가족관계등록정보시스템의 검색화면을 통하여 해당 지번방식의 주소에 대한 도로명주소임이 인정되면, 그 신고를 수리한다.
④ 등록기준지를 새로 지정하거나 변경하는 신고의 경우 도로명주소로 기재된 신고를 수리한다. 다만, 해당 등록기준지에 대한 도로명주소가 없는 때에는 지번방식의 주소로 등록기준지를 지정하거나 변경하는 신고도 이를 수리한다.
⑤ 행정구역, 토지의 명칭, 지번, 도로명 또는 건물번호의 부여·변경이 있는 경우, 시(구)·읍·면의 장은 가족관계등록부의 등록기준지란과 일반등록사항란에 기록된 해당 행정구역, 토지의 명칭, 지번, 도로명 또는 건물번호를 경정하여야 하고, 등록기준지란의 경정사유는 일반등록사항란에 기록한다.

[**❶** ▶ ○] 가족관계의 등록 등에 관한 규칙 제36조의2 제1항 제1호

> **가족관계의 등록 등에 관한 규칙 제36조의2(전자문서를 이용한 신고)**
> ① 법 제23조의2에 따라 전산정보처리조직을 이용하여 전자문서로 할 수 있는 신고는 다음 각 호와 같다.
>   1. 법 제10조 제2항에 따른 등록기준지 변경신고
>   2. 법 제44조 제4항 본문 및 제46조 제1항, 제2항에 따른 부 또는 모의 출생신고
>   3. 법 제96조에 따른 국적취득자의 성과 본의 창설 신고
>   4. 법 제99조에 따른 개명 신고
>   5. 법 제101조에 따른 가족관계등록 창설 신고
>   6. 법 제104조 및 제105조에 따른 등록부 정정 신청

[**❷** ▶ ○] 가족관계등록예규 제566호 3. 가. (2)
[**❸** ▶ ○] 가족관계등록예규 제566호 3. 나. (2)

> **가족관계등록예규 제566호[도로명주소 도입에 따른 등록기준지란의 기록을 위한 업무처리지침]**
> 3. 각종 신고의 수리 여부
>   가. 가족관계등록부의 등록기준지란에 도로명주소가 기록되어 있는 경우
>   (1) 가족관계등록사무에 관한 각종 신고서(이하 '신고서'라 한다)의 등록기준지가 도로명주소로 기재된 경우 그 신고를 수리한다.
>   (2) 신고서의 등록기준지가 지번방식의 주소로 기재된 때에도 가족관계등록정보시스템의 검색화면을 통하여 해당 도로명주소에 대한 지번방식의 주소임이 인정되면, 그 신고를 수리한다.
>   나. 가족관계등록부의 등록기준지란에 지번방식의 주소가 기록되어 있는 경우
>   (1) 신고서의 등록기준지가 지번방식의 주소로 기재된 경우 그 신고를 수리한다.
>   (2) 신고서의 등록기준지가 도로명주소로 기재된 때에도 가족관계등록정보시스템의 검색화면을 통하여 해당 지번방식의 주소에 대한 도로명주소임이 인정되면, 그 신고를 수리한다.

[**❹** ▶ ○] 등록기준지를 새로 지정하거나 변경하는 신고의 경우 도로명주소로 기재된 신고를 수리한다. 다만 해당 등록기준지에 대한 도로명주소가 없는 때에는 지번방식의 주소로 등록기준지를 지정하거나 변경하는 신고도 이를 수리한다(가족관계등록예규 제566호 4.).

[**❺** ▶ ×] 행정구역, 토지의 명칭, 지번, 도로명 또는 건물번호의 부여·변경이 있는 경우, 가족관계의 등록 등에 관한 법률 제19조에 따라 가족관계등록부의 기록을 경정할 때에는 <u>등록기준지란에 한하여 경정하여야 하고, 일반등록사항란의 기록은 경정을 하지 않는다</u>(가족관계등록예규 제567호 1.).

답 ❺

CHAPTER 02 출생신고

제1절 서 설

1. 의 의

출생이란 사람이 태어나는 것으로서, 출생신고는 권리·의무의 주체가 되는 시기의 등록, 친자관계의 증명, 국적의 증명이라는 법률상 의의가 있다.

2. 출생신고의 성질

출생신고는 이미 발생한 사실을 신고하여 공시·공증하기 위한 보고적 신고이다. 다만, 혼인 외 출생자에 대한 부(父)의 출생신고는 인지의 효력이 있으므로, 이 경우에는 창설적 신고의 성질을 병유하고 있다.

제2절 출생자

1. 친생자

(1) 의 의
① 친생자 관계는 사람과 사람 사이에 자연적 혈연관계가 있는 관계를 의미하고, 양친자 관계는 자연적 혈연관계는 없으나 법률상 친자관계로 인정하는 제도이다.
② 민법에서는 친생자를 혼인 중의 출생자와 혼인 외의 출생자로 구분한다.

(2) 혼인 중의 출생자

1) 총 설

혼인 중의 출생자란 혼인관계가 있는 부모 사이에 출생한 자를 의미하며, 친생자 추정을 받는 자, 민법 제844조 기간 내에 출생하였음에도 친생자 추정이 미치지 않는 자, 친생자 추정을 받지 않는 자, 부의 추정이 경합되는 자로 구분할 수 있다.

2) 친생자 추정을 받는 자
① 민법은 출생자의 친생여부에 관한 혼란을 방지하기 위해 포태주의에 입각한 친생자 추정 규정을 두고 있다. 따라서 아내가 혼인 중에 임신한 자녀는 남편의 자녀로 추정하고, 혼인이 성립한 날부터 200일 후에 또는 혼인관계가 종료된 날부터 300일 이내에 출생한 자녀는 혼인 중에 임신한 것으로 추정한다(민법 제844조). 여기서 혼인성립일이란 혼인신고한 날을 의미하고 혼인관계 종료란 배우자의 사망, 이혼 등을 의미한다.
② 법률상 남편이 있는 아내가 위의 추정기간 안에 자를 출산하면 진실한 부가 누구냐를 불문하고 그 자는 그 모(母)의 법률상 남편 사이의 혼인 중의 자로 추정을 받는다. 따라서 혼인성립일로부터 200일 후, 혼인종료일로부터 300일 이내 출생한 자에 대한 출생신고서가 접수 수리되면 출생신고서 및 등록부의 부란은 법률상 남편으로 기록한다.
③ 민법 제844조의 친생추정을 번복하기 위하여는 친생부인의 소를 제기하여 그 확정판결을 받아야 하고, 이러한 친생부인의 소가 아닌 민법 제865조 소정의 친생자관계부존재확인의 소에 의하여 그 친생자관계의 부존재확인을 구하는 것은 부적법하다(대판 1997.2.25. 96므1663).
④ 친생자 추정을 받는 경우 처가 타남과 내통하여 자를 출산한 경우에도 친생부인의 소에 의해 추정된 부자관계를 번복시키기 전까지는 생부는 인지를 할 수 없다.

3) 민법 제844조 기간 내에 출생하였음에도 친생자 추정이 미치지 않는 자
① 처가 부의 자를 포태할 수 없음이 외관상 명백한 경우
　㉠ 민법 제844조는 부부가 동거하여 처가 부의 자를 포태할 수 있는 상태에서 자를 포태한 경우에 적용되는 것이고 부부의 한 쪽이 장기간에 걸쳐 해외에 나가 있거나 사실상의 이혼으로 부부가 별거하고 있는 경우 등 동서의 결여로 처가 부의 자를 포태할 수 없는 것이 외관상 명백한 사정이 있는 경우에는 그 추정이 미치지 아니하므로 이 사건에 있어서 처가 가출하여 부와 별거한 지 약 2년 2개월 후에 자를 출산하였다면 이에는 동조의 추정이 미치지 아니하여 부는 친생부인의 소에 의하지 않고 친자관계부존재확인소송을 제기할 수 있다(대판[전합] 1983.7.12. 82므59).
　㉡ 따라서, 동서의 결여로 인하여 처가 부의 자식을 포태할 수 없음이 외관적으로 명백한 경우에만 친생자 추정이 미치지 않으므로, 시부모를 모시고 살면서 1년에 한번 정도 찾아오는 부를 만나 온 처가 혼인 중에 포태한 자식은 친생자로 추정된다(대판 1990.12.11. 90므637).
② 친생부인의 허가 청구 또는 인지의 허가 청구가 있는 경우

친생부인의 허가 청구(민법 제854조의2)
① 어머니 또는 어머니의 전(前) 남편은 제844조 제3항의 경우에 가정법원에 친생부인의 허가를 청구할 수 있다. 다만, 혼인 중의 자녀로 출생신고가 된 경우에는 그러하지 아니하다.
② 제1항의 청구가 있는 경우에 가정법원은 혈액채취에 의한 혈액형 검사, 유전인자의 검사 등 과학적 방법에 따른 검사결과 또는 장기간의 별거 등 그 밖의 사정을 고려하여 허가 여부를 정한다.
③ 제1항 및 제2항에 따른 허가를 받은 경우에는 제844조 제1항 및 제3항의 추정이 미치지 아니한다.

> **인지의 허가 청구(민법 제855조의2)**
> ① 생부(生父)는 제844조 제3항의 경우에 가정법원에 인지의 허가를 청구할 수 있다. 다만, 혼인 중의 자녀로 출생신고가 된 경우에는 그러하지 아니하다.
> ② 제1항의 청구가 있는 경우에 가정법원은 혈액채취에 의한 혈액형 검사, 유전인자의 검사 등 과학적 방법에 따른 검사결과 또는 장기간의 별거 등 그 밖의 사정을 고려하여 허가 여부를 정한다.
> ③ 제1항 및 제2항에 따라 허가를 받은 생부가 「가족관계의 등록 등에 관한 법률」 제57조 제1항에 따른 신고를 하는 경우에는 제844조 제1항 및 제3항의 추정이 미치지 아니한다.

민법 제844조 중 혼인관계종료의 날부터 300일 이내에 출생한 자는 혼인 중에 포태(胞胎)한 것으로 추정하는 부분에 대한 헌법재판소의 헌법불합치결정(헌재 2015.4.30. 2013헌마623)의 취지를 반영하여 2018.2.1. 시행 개정 민법은 혼인관계가 종료된 날부터 300일 이내에 출생한 자녀에 대하여 어머니와 어머니의 전(前) 남편은 친생부인의 허가 청구를, 생부(生父)는 인지의 허가 청구를 할 수 있도록 하여 친생부인의 소보다 간이한 방법으로 친생추정을 배제할 수 있도록 하였다.

4) 친생자 추정을 받지 않는 자

① 법률상 부부 사이에 혼인성립의 날로부터 200일 이내에 출생한 자는 혼인 중의 자에 해당하므로 법률상 부부 사이의 혼인 중의 자로서 출생신고를 해야 하며 출생신고서와 등록부의 부란은 법률상 남편으로 기록하여야 한다.
② 그러나, 이러한 자는 친생자 추정을 받지 않으므로 부자관계의 해소는 친생자관계부존재확인의 소를 통해 가능하다.

5) 부의 추정이 경합되는 자

부 미정의 출생신고란, 부를 알 수 없는 경우가 아니고 부의 추정이 경합된 경우이므로, 여자가 혼인관계종료의 날로부터 100일 내에 재혼하였고, 재혼 성립의 날로부터 200일 후, 전혼관계종료의 날로부터 300일 내에 자녀가 출생하여 부 미정의 출생신고가 접수된 때에는, 부가 확정될 때까지 가족관계등록부에 기록을 할 수 없는 신고로 보아 이를 특종신고서류편철장에 편철하여 두었다가, 부를 정하는 판결의 확정 후 추후보완신고에 의하여 부 또는 모의 성과 본을 따라 가족관계등록부를 작성하여야 한다(가족관계등록예규 제412호 제10조).

(3) 혼인 외의 출생자

① 혼인 외의 출생자란 법률상 혼인관계가 없는 남녀 사이에서 출생한 자를 의미한다. 사실혼관계, 부첩관계, 무효혼 관계 등에서 출생한 자와 친생부인 또는 친생자관계부존재확인의 재판에 의해 등록부상 부의 친생자가 아님이 확정된 자도 혼인 외의 출생자가 된다.
② 반면에 혼인 취소(민법 제816조)의 경우에는 그 혼인 중의 출생자는 혼인 중의 자이다. 예를 들어 중혼은 취소원인이나 그 취소의 효력은 이전으로 소급하지 아니하므로, 중혼으로 취소할 수 있는 혼인당사자 사이에서의 출생한 자녀는 혼인 중의 자로 출생신고를 하여야 한다(가족관계등록예규 제412호 제5조).

③ 부가 혼인 전의 출생자를 혼인 후에 혼인 중의 출생자로 출생신고를 할 때에는 법 제57조에 따라 인지신고의 효력과 부모의 혼인에 의한 혼인 중의 자의 신분취득의 효력이 동시에 있으므로 이를 수리하여야 한다(가족관계등록예규 제412호 제6조).

④ 한국인 생부와 일본인 모 사이의 혼인 외의 자가, ㉠ 국내에서 출생한 경우에는 대한민국 영토 내에서 출생한 외국인이므로, 한국인 생부는 인지의 방식으로 인지신고나 친생자 출생신고 중 하나를 선택할 수 있다. 그러나 ㉡ 일본에서 출생한 경우에는 외국에서 출생한 외국인에 해당하므로, 한국인 생부는 인지신고를 하여야 하며 친생자 출생신고를 할 수는 없다(가족관계등록선례 제201806-3호 4.).

2. 부모를 알 수 없는 자

민법 제781조 제4항의 부모를 알 수 없는 자란 가족관계등록법 제52조가 규정한 기아이거나, 그 이외의 부모를 알 수 없는 고아 등을 말한다(가족관계등록예규 제445호).

제3절 자녀의 성과 본

1. 자녀의 성과 본에 관한 민법규정

> **자의 성과 본(민법 제781조)**
> ① 자는 부의 성과 본을 따른다. 다만, 부모가 혼인신고 시 모의 성과 본을 따르기로 협의한 경우에는 모의 성과 본을 따른다.
> ② 부가 외국인인 경우에는 자는 모의 성과 본을 따를 수 있다.
> ③ 부를 알 수 없는 자는 모의 성과 본을 따른다.
> ④ 부모를 알 수 없는 자는 법원의 허가를 받아 성과 본을 창설한다. 다만, 성과 본을 창설한 후 부 또는 모를 알게 된 때에는 부 또는 모의 성과 본을 따를 수 있다.
> ⑤ 혼인 외의 출생자가 인지된 경우 자는 부모의 협의에 따라 종전의 성과 본을 계속 사용할 수 있다. 다만, 부모가 협의할 수 없거나 협의가 이루어지지 아니한 경우에는 자는 법원의 허가를 받아 종전의 성과 본을 계속 사용할 수 있다.
> ⑥ 자의 복리를 위하여 자의 성과 본을 변경할 필요가 있을 때에는 부, 모 또는 자의 청구에 의하여 법원의 허가를 받아 이를 변경할 수 있다. 다만, 자가 미성년자이고 법정대리인이 청구할 수 없는 경우에는 제777조의 규정에 따른 친족 또는 검사가 청구할 수 있다.

2. 성·본 변경신고

성·본 변경신고(가족관계등록법 제100조)
① 민법 제781조 제6항에 따라 자녀의 성(姓)·본(本)을 변경하고자 하는 사람은 재판확정일부터 1개월 이내에 재판서의 등본 및 확정증명서를 첨부하여 신고하여야 한다.
② 신고서에는 다음 사항을 기재하여야 한다.
　1. 변경 전의 성·본
　2. 변경한 성·본
　3. 재판확정일

3. 자녀의 성과 본에 관한 가족관계등록사무 처리

가족관계등록예규 제616호[자녀의 성과 본에 관한 가족관계등록사무 처리지침]

제1장 총 칙
제2조(자녀의 성과 본의 원칙)
① 자녀의 성과 본은 부의 성과 본을 따른다.
② 부를 알 수 없는 자녀는 모의 성과 본을 따르며, 부모를 알 수 없는 자녀는 법원의 허가를 받아 성과 본을 창설한다. 다만, 성과 본을 창설한 후 부 또는 모를 알게 된 때에는 부 또는 모의 성과 본을 따를 수 있다.
③ 제2항의 부를 알 수 없는 자녀란 모가 부라고 인정할 사람을 알 수 없는 자녀를 말하므로, 혼인 외의 자라도 부의 성과 본을 알 수 있는 경우에는 부의 성과 본을 따라 가족관계등록을 할 수 있다. 그러나 그 자녀가 인지되기 전에는 가족관계등록부상 부란에 부의 성명을 기록할 수 없다.

제2장 부모가 혼인신고 시 모의 성·본을 따르기로 협의한 경우
제3조(부모가 혼인신고 시 협의한 경우)
① 부모(부 또는 모가 외국인인 경우를 포함)가 혼인신고 시 「민법」 제781조 제1항 단서에 따라 자가 모의 성과 본을 따르기로 협의한 경우에는, 제2조 제1항에도 불구하고 자녀는 모의 성과 본을 따른다. 혼인신고 시 협의하지 아니하였던 부부가 이혼 후 동일한 당사자끼리 다시 혼인하는 경우에도 「민법」 제781조 제1항 단서에 따른 협의를 할 수 있다.
② 제1항의 협의는 그 협의 이후 협의당사자 사이에서 태어나는 모든 자녀에 대하여 효력이 있으며, 협의당사자가 이혼 후 동일한 당사자끼리 재혼하여 다시 혼인신고를 하는 경우에도 효력이 있다.
③ 제2항의 규정에도 불구하고 출생신고가 제1항의 협의 있는 혼인신고와 동시에 접수된 경우에는 그 자녀에 대하여도 협의의 효력이 미친다.

제4조(협의서의 제출 및 접수 등)
① 제3조 제1항의 협의가 있었던 경우에는 별지 1 양식에 의한 협의서를 작성하여 시(구)·읍·면의 장에게 제출하여야 한다.
② 제1항에 따른 협의서는 혼인신고 시에 제출할 수 있으며, 혼인신고 이후에는 위 협의서를 제출할 수 없다.
③ 혼인신고 시에 제1항에 따른 협의서를 제출한 경우, 혼인신고의 수리 이후에는 혼인 당사자들의 합의로 그 협의 내용을 철회할 수 없다.

④ 혼인의 당사자가 혼인신고 시 그들 사이의 여러 자녀의 성과 본에 대하여 각 자녀마다 따를 성과 본을 달리 협의((예) 첫째 자녀는 모의 성과 본으로, 둘째 자녀는 부의 성과 본으로 협의한 경우 등)하여 협의서를 제출한 경우에는 그 협의서를 반려하여야 하며, 당사자로 하여금 부 또는 모 어느 하나의 성과 본을 따르는 것으로 통일시켜 제출하도록 하여 그 보완된 협의서에 따라 접수·처리를 하여야 한다.
⑤ 제1항의 협의서가 제출된 경우에 그 협의서는 혼인신고서와 별도로 접수하여 가족관계등록문서건명부에 기록하고 동시에 특종신고서류 등 접수장에 기록하되, 혼인신고서에 가철하여 보존한다.

제5조(출생신고 시의 사무처리 절차)
① 제4조에 따라 협의서를 제출한 경우, 부 또는 모가 그 자녀의 출생신고를 하는 때에는 출생신고서에 「가족관계의 등록 등에 관한 법률」 제44조 제2항 제5호(「민법」 제781조 제1항 단서에 따라 혼인신고 시 모의 성·본을 따르기로 협의한 경우 그 취지)의 사항을 기재하여야 하며, 출생신고서를 접수한 가족관계등록공무원은 전산정보처리조직상의 특종신고서류 등 접수장을 검색하여 협의당사자 및 협의내용과 접수한 출생신고서에 기재된 내용을 면밀히 대조·확인하여야 한다.
② 「민법」 제781조 제1항 단서에 따른 협의서를 제출하지 않고 혼인신고를 한 당사자가 출생신고 시에 비로소 모의 성과 본을 따르기로 하는 협의서를 작성하여 제출한 경우, 이는 유효한 협의로 볼 수 없으므로 이러한 협의서 및 협의서의 취지에 따른 출생신고를 수리하여서는 안 된다.

제6조(친양자 입양과 자녀의 성과 본)
① 부부가 「민법」 제781조 제1항 단서에 따라 혼인신고 시에 자녀의 성과 본을 모의 성과 본으로 따르기로 협의한 후 친양자 입양을 하는 경우, 그 친양자의 성과 본에 관한 사무처리는 제3조 제1항 및 제5조 제1항을 준용한다.

제7조(증서등본 제출에 의한 혼인신고)
① 「국제사법」 제63조에 따라 외국의 방식에 의한 혼인이 허용되어 그 외국의 방식에 따라 혼인이 유효하게 성립된 후, 그 외국에서 작성한 혼인증서의 등본을 제출하여 한국에서 혼인신고를 할 경우, 혼인신고 시에 자녀가 모의 성과 본을 따르기로 협의한 때에도 그 자녀의 성과 본은 모의 성과 본을 따른다.

제3장 혼인 외 자가 인지된 경우
제8조(혼인 외의 자가 인지된 경우)
① 혼인 외의 자가 인지된 경우에는 부의 성과 본을 따른다. 다만, 인지신고시 부모의 협의에 의하여 종전의 성과 본을 계속 사용하기로 하는 별지 2 양식의 협의서를 제출한 경우에는 종전의 성과 본을 그대로 사용할 수 있으며, 이 경우, 자녀의 가족관계등록부에는 종전 성과 본을 유지한다는 취지를 기록하여야 한다.
② 부모가 협의할 수 없거나 협의가 이루어지지 아니한 경우에는 자녀는 「가사소송법」 제2조 제1항 제2호 가목의 5)에 따라 법원의 허가를 받아 종전의 성과 본을 계속 사용할 수 있다.
③ 제2항의 경우, 시(구)·읍·면의 장은 자녀의 가족관계등록부의 자녀의 성과 본을 인지신고의 효력에 따라 「민법」 제781조 제1항 본문에 따라 일단 부의 성과 본으로 변경·기록하여야 하며, 그 후 종전 성과 본 계속사용 허가심판서 등본을 첨부하여 성·본 계속사용신고가 있을 경우에, 부의 성과 본으로 기록한 자녀의 성과 본을 다시 종전의 성과 본으로 변경·기록한다.

제9조(증서등본 제출에 의한 인지신고의 경우)
① 「국제사법」 제68조에 따라 외국의 방식에 의한 인지가 허용되어 그 나라에서 한국인 부가 한국인 혼인 외의 자를 인지하여 외국에서 인지가 성립된 후, 그 외국에서 작성한 인지증서의 등본을 제출하여 한국에서 인지신고를 할 경우에도 종전의 성과 본을 계속사용하기로 하는 내용의 협의서를 한국에서의 인지 신고시 제출한 때에는 종전의 성과 본을 그대로 사용할 수 있으며, 이 경우 자녀의 등록부에는 종전 성과 본을 유지한다는 취지를 기록하여야 한다.
② 부모가 협의할 수 없거나 협의가 이루어지지 아니한 경우에는 제8조 제2항부터 제3항까지를 준용한다.

제4장 부모 중 일방이 외국인인 경우
제11조(부가 외국인인 경우)
① 혼인 외 출생자의 부가 외국인이고 모가 대한민국 국민인 경우, 그 자녀는 모의 성과 본을 따른다.
② 제1항의 대한민국 국민인 모의 혼인 외의 자는 대한민국 국민이므로 그 모가 부라고 인정하는 사람이 외국인인 경우, 그 부가 인지하기 전에는 외국인의 성을 따르게 하여 가족관계등록부에 기록을 하게 할 수는 없고 모의 성과 본을 따라 기록하여야 한다.
③ 혼인 중 출생자의 부가 외국인이고 모가 대한민국 국민인 경우, 제2조 제1항에도 불구하고 제3조에 따르지 아니하고, 「민법」제781조 제2항에 따라 그 자녀는 모의 성과 본을 따를 수 있다.
④ 제3항에 따라 출생신고 당시 신고의무자가 적법한 절차에 따라 출생자의 성과 본을 모의 성과 본으로 결정하여 신고하였다면, 그 이후에는 그 자녀가 친양자 입양되거나 제5장의 절차에 의하지 않는 한 이를 변경할 수 없고 외국인 부가 귀화 등을 원인으로 대한민국국적을 취득한 사실 또는 그 후 성·본을 창설한 사실에 영향을 받지 아니한다. 다만, 이 경우에 자녀의 성(姓)을 결정하는 것은 부 또는 모가 친권자의 입장에서 친권을 행사하는 행위이며, 친권은 「민법」에 따라 행사하여야 하는 것이므로, 만일 부모 중 일방이 타방의 의사에 반하여 그 자녀의 성(姓)을 결정하여 출생신고를 하였다면 「가족관계의 등록 등에 관한 법률」제104조에 따라 관할 가정법원의 허가를 받아 이를 바로잡을 수 있다.

제12조(외국인 부가 혼인 외 자를 인지한 경우)
① 외국인인 부가 한국인인 혼인 외의 자를 인지한 경우에 그 자녀의 성과 본에 관하여는 제8조부터 제10조까지의 규정을 준용한다.
② 제1항에 의하여 혼인 외의 자가 부의 성을 따를 때 외국인 부의 성이 외국어로서 한자인 경우, 그 자녀의 성 표기에 대하여는 다음 각 호의 방법 중 하나를 선택할 수 있다. 다만 제2호의 방법을 선택할 경우 그 한자는 그에 대응하는 한국통용의 한자가 소명되어야 하고, 외국인 부가 그의 나라에서 발행한 공문서에 의하여 이를 소명하여야 한다.
  1. 외국식 발음의 성을 원지음대로 한글로만 표기하는 방법
  2. 그 한자에 대한 한국식 발음의 한글 및 한자를 병기하는 방법
③ 제2항의 제1호 및 제2호의 경우, 제1호 및 제2호 사이의 변경은 등록부의 정정 절차에 의한다.

제5장 자녀의 복리를 위한 자녀의 성과 본의 변경
제14조(자녀의 복리를 위한 성과 본의 변경)
① 제2조부터 제13조까지의 규정에도 불구하고, 자녀의 복리를 위하여 자녀의 성과 본을 변경할 필요가 있을 때에는 「민법」제781조 제6항에 따라 부, 모 또는 자녀의 청구에 의하여 법원의 허가를 받아 이를 변경할 수 있다. 다만, 자녀가 미성년자이고 법정대리인이 청구할 수 없는 경우에는 「민법」제777조에 따른 친족 또는 검사가 청구할 수 있다.
② 혼인신고 전 출생신고되어 인지 등으로 부의 성과 본을 따르고 있는 자녀를 제3조의 협의에 의하여 모의 성과 본을 사용하는 자녀와 동일한 성과 본을 따르도록 하기 위해서는 제1항의 절차에 의한다.

제15조(성과 본의 변경절차)
① 제14조에 따라 자녀의 성과 본을 변경할 경우에는 「가사소송법」제2조 제1항 나목 (1) 제4호의3에 따라 자녀의 성과 본을 변경하는 내용의 가정법원의 성·본변경허가심판서를 첨부하여 성·본 변경신고를 하여야 한다.
② 제1항의 경우, 재판을 청구한 당사자는 신고서에 변경 전의 성과 본, 변경한 성과 본, 심판일 등을 기재하여 심판고지일부터 1개월 이내에 성·본 변경신고를 하여야 하고, 이를 수리한 가족관계등록공무원은 자녀의 성과 본을 심판서의 취지대로 변경·기록하여야 한다.

제4절　출생신고의 구체적 방법

1. 신고의 종류

① 출생신고는 보고적 신고에 해당하므로 신고의무자와 신고기간이 규정되어 있다.
② 친생부인의 소를 제기한 때에도 출생신고를 하여야 한다(가족관계등록법 제47조).
③ 출생의 신고 전에 자녀가 사망한 때에는 출생의 신고와 동시에 사망의 신고를 하여야 한다(가족관계등록법 제51조).

2. 신고의무자 및 신고적격자

> **신고의무자(가족관계등록법 제46조)**
> ① 혼인 중 출생자의 출생의 신고는 부 또는 모가 하여야 한다.
> ② 혼인 외 출생자의 신고는 모가 하여야 한다.
> ③ 제1항 및 제2항에 따라 신고를 하여야 할 사람이 신고를 할 수 없는 경우에는 다음 각 호의 어느 하나에 해당하는 사람이 각 호의 순위에 따라 신고를 하여야 한다.
> 　1. 동거하는 친족
> 　2. 분만에 관여한 의사·조산사 또는 그 밖의 사람
> ④ 신고의무자가 제44조 제1항에 따른 기간 내에 신고를 하지 아니하여 자녀의 복리가 위태롭게 될 우려가 있는 경우에는 검사 또는 지방자치단체의 장이 출생의 신고를 할 수 있다.
> [가족관계의 등록 등에 관한 법률 제46조 제2항, 제57조 제1항·제2항은 모두 헌법에 합치되지 아니한다. 위 법률조항들은 2025.5.31.을 시한으로 입법자가 개정할 때까지 계속 적용된다(헌재 2023.3.23. 2021헌마975[헌법불합치]).]
>
> **법원이 부를 정하는 때(가족관계등록법 제48조)**
> ① 「민법」 제845조에 따라 법원이 부(父)를 정하여야 할 때에는 출생의 신고는 모가 하여야 한다.
> ② 제46조 제3항은 제1항의 경우에 준용한다.

(1) 신고의무자

1) 혼인 중 출생자

① 혼인 중 출생자의 출생 신고는 부 또는 모가 하여야 하고, 부 또는 모가 출생신고를 할 수 없는 경우에는 동거하는 친족, 분만에 관여한 의사·조산사 또는 그 밖의 사람이 순위에 따라 하여야 한다(가족관계등록법 제46조 제1항·제3항).
② 가족관계등록법 제46조 제3항의 동거하는 친족이란 출생 당시에 출생자와 동거하는 친족을 말한다. 여기에서 "동거"란 일상생활관계에 있어서 가족적인 상태에 이르렀음을 말하며, 단순히 일시적으로 동일 가옥 내에서 거주하는 것에 불과한 사람은 동거자라 할 수 없다(가족관계등록예규 제412호 제1조).

2) 혼인 외 출생자

혼인 외 출생자의 출생신고는 모가 하여야 하고, 모가 출생신고를 할 수 없는 경우에는 동거하는 친족, 분만에 관여한 의사·조산사 또는 그 밖의 사람이 순위에 따라 하여야 한다(가족관계등록법 제46조 제2항·제3항).

3) 부(父) 미정(未定)의 출생신고

친생자의 추정이 경합되어 민법 제845조에 따라 법원이 부(父)를 정하여야 할 때에는 출생신고는 모가 하여야 하고, 모가 출생신고를 할 수 없는 경우에는 동거하는 친족, 분만에 관여한 의사·조산사 또는 그 밖의 사람이 순위에 따라 하여야 한다(가족관계등록법 제48조).

4) 선장의 발송의무

> **항해 중의 출생(가족관계등록법 제49조)**
> ① 항해 중에 출생이 있는 때에는 선장은 24시간 이내에 제44조 제2항에서 정한 사항을 <u>항해일지에 기재하고 서명 또는 기명날인</u>하여야 한다.
> ② 제1항의 절차를 밟은 후 선박이 <u>대한민국의 항구</u>에 도착하였을 때에는 선장은 지체 없이 출생에 관한 <u>항해일지의 등본</u>을 그 곳의 시·읍·면의 장 또는 재외국민 가족관계등록사무소의 가족관계등록관에게 발송하여야 한다.
> ③ 선박이 <u>외국의 항구</u>에 도착하였을 때에는 선장은 지체 없이 제2항의 등본을 <u>그 지역을 관할하는 재외공관의 장</u>에게 발송하고 재외공관의 장은 지체 없이 외교부장관을 경유하여 재외국민 가족관계등록사무소의 가족관계등록관에게 발송하여야 한다.
> ④ 제3항에 따른 서류의 송부는 대법원규칙으로 정하는 바에 따라 <u>전산정보처리조직</u>을 이용하여 할 수 있다. 이 경우 해당 서류 원본의 보존, 그 밖에 필요한 사항은 대법원규칙으로 정한다.

위와 같은 선장의 출생에 관한 항해일지등본의 발송의무는 부모의 출생신고의무에 우선하는 것으로 해석된다.

5) 공공시설의 장 등의 신고의무

병원, 교도소, 그 밖의 시설에서 출생이 있었을 경우에 부모가 신고할 수 없는 때에는 당해 시설의 장 또는 관리인이 신고를 하여야 한다(가족관계등록법 제50조). 따라서 공공시설의 장 등의 신고의무는 부모 다음 순위라고 할 것이다.

(2) 신고적격자

1) 검사 또는 지방자치단체의 장

신고의무자가 기간 내에 신고를 하지 아니하여 자녀의 복리가 위태롭게 될 우려가 있는 경우에는 검사 또는 지방자치단체의 장이 출생의 신고를 할 수 있다(가족관계등록법 제46조 제4항).

2) 혼인 외 자녀에 대하여 친생자출생신고를 하는 부(父)

부가 혼인 외의 자녀에 대하여 친생자출생의 신고를 한 때에는 그 신고는 인지의 효력이 있다(가족관계등록법 제57조 제1항).

3. 신고기간

① 출생의 신고는 출생 후 1개월 이내에 하여야 하며(가족관계등록법 제44조 제1항), 부 또는 모가 기아를 찾은 때에는 1개월 이내에 출생의 신고를 하고 등록부의 정정을 신청하여야 한다(가족관계등록법 제53조 제1항).

② 출생신고는 보고적 신고이므로 신고의무자가 정당한 사유 없이 신고기간 내에 출생신고를 하지 아니한 때에는 과태료의 제재를 받는다.

4. 신고장소

① 출생신고는 일반신고의 경우와 마찬가지로 신고사건 본인의 등록기준지 또는 신고인의 주소지나 현재지 시(구)·읍·면의 사무소에서 할 수 있고(가족관계등록법 제20조 제1항 본문), 시(구)에 있어서 그 신고의 장소가 신고사건 본인의 주민등록지 또는 주민등록을 할 지역과 같은 경우에는 신고사건 본인의 주민등록지 또는 주민등록을 할 지역을 관할하는 동을 거쳐 할 수 있다(가족관계등록법 제21조 제1항).

② 부가적으로 출생신고는 출생지에서 할 수 있고, 기차나 그 밖의 교통기관 안에서 출생한 때에는 모가 교통기관에서 내린 곳, 항해일지가 비치되지 아니한 선박 안에서 출생한 때에는 그 선박이 최초로 입항한 곳에서 신고할 수 있다(가족관계등록법 제45조).

5. 신고의 대리

① 출생신고는 보고적 신고이므로 말로 신고하려 할 때 신고인이 질병 또는 그 밖의 사고로 출석할 수 없는 때에는 대리인으로 하여금 신고하게 할 수 있다(가족관계등록법 제31조 제3항 본문). 그러나 혼인 외의 자에 대한 부(父)의 출생신고는 인지의 효력이 있는 창설적 신고의 성질을 가지고 있으므로 부 이외의 다른 자가 부를 대리하여 출생신고를 할 수 없다(가족관계등록법 제31조 제3항 단서 참조).

② 신고하여야 할 사람이 미성년자 또는 피성년후견인인 경우에는 친권자, 미성년후견인 또는 성년후견인을 신고의무자로 한다. 다만, 미성년자 또는 피성년후견인 본인이 신고를 하여도 된다(가족관계등록법 제26조 제1항).

6. 직권에 의한 출생의 기록

시(구)·읍·면의 장이 출생신고를 게을리한 사람을 안 때에는 신고의무자(부, 모)에게 가족관계의 등록 등에 관한 법률 제38조에 따른 최고를 하여야 한다. 신고의무자가 최고기간 내에 신고를 하지 않거나 최고할 수 없는 경우에는 시(구)·읍·면의 장은 감독법원의 허가를 받아 직권으로 출생기록을 하여야 한다(가족관계등록예규 제117호 1. 가.·나.).

7. 의료기관 등의 출생통보에 따른 출생의 기록

(1) 의 의
① 출생통보제란 출생신고의무자가 출생신고를 하지 않아 등록부가 존재하지 않는 자녀가 없도록 시(구)·읍·면의 장에게 출생 사실을 의무적으로 통보하도록 하는 제도를 말한다.
② 출생통보를 받은 시(구)·읍·면의 장은 가족관계등록법 제44조의4 또는 위기 임신 및 보호출산 지원과 아동보호에 관한 특별법(이하 '특별법'이라 한다) 제11조가 정한 절차에 따라 등록부를 작성해야 한다.

(2) 가족관계등록법 제44조의4에 따른 등록부 작성
① 의료기관에 종사하는 의료인은 해당 의료기관에서 출생이 있는 경우 출생사실을 확인하기 위하여 출생정보를 해당 의료기관에서 관리하는 출생자 모의 진료기록부 또는 조산기록부(전자적 형태로 바꾼 문서를 포함)에 기재하여야 한다. 여기서 출생정보는 다음과 같다(가족관계등록법 제44조의3 제1항, 가족관계등록규칙 제38조의3 제1항).
  ㉠ 출생자의 모에 관한 성명, 주민등록번호 또는 외국인등록번호(모가 외국인인 경우로 한정한다). 다만, 주민등록번호 또는 외국인등록번호를 확인할 수 없는 경우에는 사회보장기본법 제37조 제2항에 따른 사회보장정보시스템에서의 의료급여 자격관리를 위한 번호를 기재하여야 한다.
  ㉡ 출생자의 성별, 수(數) 및 출생 연월일시
  ㉢ 의료기관의 주소, 출생자의 출생 순서, 출생자가 실제 출생한 의료기관의 명칭
② 의료기관의 장은 해당 의료기관에서 출생이 있는 경우 출생일부터 14일 이내에 출생정보를 건강보험심사평가원에 제출해야 한다(가족관계등록법 제44조의3 제2항). 출생정보를 제출하기 전에 출생자가 사망한 경우에도 해당 출생자에 대한 출생정보를 제출하여야 한다(가족관계등록규칙 제38조의3 제2항).
③ 건강보험심사평가원은 출생자 모의 주소지를 관할하는 시(구)·읍·면의 장(모의 주소지를 확인할 수 없거나 출생자의 모가 외국인인 경우에는 출생지를 관할하는 시(구)·읍·면의 장)에게 해당 출생정보를 포함한 출생사실을 지체 없이 통보해야 한다(가족관계등록법 제44조의3 제3항, 가족관계등록규칙 제38조의3 제4항).
④ 출생통보를 받은 시(구)·읍·면의 장은 가족관계등록법 제44조 제1항에 따른 신고기간 내에 출생자에 대한 출생신고가 되었는지를 확인하여 신고기간이 지나도록 출생신고가 되지 아니한 경우에는 즉시 가족관계등록법 제46조 제1항 및 제2항에 따른 신고의무자에게 7일 이내에 출생신고를 할 것을 최고해야 한다(가족관계등록법 제44조의4 제1항, 제2항). 가족관계등록법 제46조 제1항 신고의무자에게 최고할 때에는 부모 모두에게 하여야 한다(가족관계등록규칙 제38조의4 제1항).
⑤ 가족관계등록법 제46조 제1항 및 제2항에 따른 신고의무자가 최고기간 내에 출생신고를 하지 아니하거나, 신고의무자를 특정할 수 없는 등의 이유로 신고의무자에게 최고할 수 없는 경우에는 시(구)·읍·면의 장은 통보받은 자료를 첨부하여 감독법원의 허가를 받아 해당 출생자에 대하여 직권으로 등록부에 출생을 기록해야 한다(가족관계등록법 제44조의4 제3항).

(3) 특별법 제11조에 따른 등록부 작성

① 의료기관에서 보호출산을 통하여 아동이 출생한 경우 해당 의료기관의 장은 출생일부터 14일 이내에 출생정보를 심사평가원에 제출해야 한다(특별법 제11조 제1항, 제2항).
② 건강보험심사평가원의 장은 제출받은 위 출생정보를 포함한 출생사실을 중앙상담지원기관의 장에게 지체 없이 통보해야 하고, 중앙상담지원기관의 장은 통보받은 출생사실을 보호출산 신청을 접수한 지역상담기관의 장에게 지체 없이 통보해야 하며, 이를 통보받은 지역상담기관의 장은 즉시 지역상담기관 소재지 관할 시(구)·읍·면의 장에게 해당 출생사실을 통보해야 한다(특별법 제11조 제3항, 제4항).
③ 의료기관이 아닌 곳에서 출산한 보호출산 신청인은 출산사실과 출생정보를 보호출산 신청을 접수한 지역상담기관의 장에게 통보해야 하고, 이를 통보받은 지역상담기관의 장은 즉시 지역상담기관 소재지 관할 시(구)·읍·면의 장에게 해당출생정보를 포함한 출생사실을 통보하되, 이 경우 가족관계등록법 제44조 제4항 각 호의 출산사실 증명서면 또는 가족관계등록법 제44조의2의 출생확인서를 첨부해야 한다(특별법 제11조 제5항).
③ 위와 같은 통보를 받은 시(구)·읍·면의 장은 민법 제781조 제4항에 따라 아동의 성과 본을 창설한 후 이름과 등록기준지를 정하여 가족관계등록부에 기록해야 하며, 보호출산 신청을 접수한 지역상담기관의 장에게 출생기록 사실과 아동의 성명 및 주민등록번호를 통보해야 한다(특별법 제11조 제6항).

8. 출생신고에 관한 사무처리

> **가족관계등록예규 제412호[출생신고에 관한 사무처리지침]**
>
> **제1조(「동거하는 친족」의 의미)**
> 「가족관계의 등록 등에 관한 법률(이하 "법"이라 한다)」제46조 제3항의 「동거하는 친족」이란 출생 당시에 출생자와 동거하는 친족을 말한다. 여기에서 "동거"란 일상생활관계에 있어서 가족적인 상태에 이르렀음을 말하며, 단순히 일시적으로 동일 가옥 내에서 거주하는 것에 불과한 사람은 동거자라 할 수 없다.
>
> **제2조(후순위 신고의무자가 출생신고를 할 경우)**
> 법 제46조의 신고의무자 중 후순위자가 신고를 하는 경우에는 선순위자가 신고를 할 수 없는 객관적인 사유를 신고서에 기재하여야 한다.
>
> **제4조(착오로 가족관계등록부상 사망한 것으로 되어 있는 사람이 하는 출생신고)**
> 신고 착오로 인하여 생존자를 사망자로 가족관계등록부를 폐쇄하였다 할지라도 그 사람이 신고의무자로서 출생신고를 하는 경우에는 수리하여야 한다. 그러나 생존자를 사망자로 기록 처리한 시(구)·읍·면에서 본인에 대하여 등록부 정정의 최고를 하여야 한다.
>
> **제5조(중혼 중의 출생자의 출생신고)**
> 중혼은 취소원인이나 그 취소의 효력은 이전으로 소급하지 아니하므로, 중혼으로 취소할 수 있는 혼인당사자 사이에서의 출생한 자녀는 혼인 중의 자로 출생신고를 하여야 한다.
>
> **제6조(부가 혼인 전의 출생자를 혼인 후에 혼인 중의 출생자로 출생신고할 때의 처리)**
> 부가 혼인 전의 출생자를 혼인 후에 혼인 중의 출생자로 출생신고를 할 때에는 법 제57조에 따라 인지신고의 효력과 부모의 혼인에 의한 혼인 중의 자의 신분취득의 효력이 동시에 있으므로 이를 수리하여야 한다.

제7조(혼인 중의 여자가 다른 남자와의 사이에서 출생한 자녀에 대한 출생신고방법)
혼인 중의 여자가 다른 남자와의 사이에서 출생한 자녀는 <u>친자관계에 관한 재판</u>을 거치지 않고 다른 남자의 자녀로 출생신고를 할 수 없다.

제9조(출생자의 성명 중 이름이 "미정"으로 신고된 경우의 처리방법)
① 법 제44조에 따른 출생신고에 있어 출생자의 성명 중 이름을 "미정"으로 신고 된 경우도 이를 <u>수리</u>하여 처리한다.
② 각 기록에 대한 조치는 추후 신고의무자의 <u>추후보완신고</u>에 의하여 처리하여야 한다.

제10조(부 미정의 출생신고가 있는 경우의 처리)
부 미정의 출생신고란, 부를 알 수 없는 경우가 아니고 <u>부의 추정</u>이 경합된 경우이므로, 여자가 혼인관계종료의 날로부터 100일 내에 재혼하였고, 재혼 성립의 날로부터 200일 후, 전혼관계종료의 날로부터 300일 내에 자녀가 출생하여, 부 미정의 출생신고가 접수된 때에는, 부가 확정될 때까지 가족관계등록부에 기록을 할 수 없는 신고로 보아 이를 <u>특종신고서류편철장</u>에 편철하여 두었다가, <u>부를 정하는 판결의 확정 후</u>, <u>추후보완신고</u>에 의하여 부 또는 모의 성과 본을 따라 가족관계등록부를 작성하여야 한다.

제11조(부모가 가족관계등록부에 등록되어 있지 않거나 등록되어 있는지가 분명하지 아니한 사람인 경우에 그 자녀의 출생신고의 처리방법)
① 자녀의 출생 당시에 대한민국 국민인 부 또는 모가 가족관계등록부에 등록이 되어 있지 않거나 등록이 되어 있는지가 분명하지 아니한 사람인 경우 우리나라의 관공서가 발행한 <u>공문서(예 여권, 주민등록등본, 그 밖의 증명서 등)</u>로 부 또는 모에 대한 성명, 출생연월일 등 <u>인적사항</u>을 소명하고 부모가 혼인관계에 있다면 그 사실을 증명하는 서류(혼인증서)를 첨부하여 출생자에 대한 출생신고를 하면 그 자녀에 대한 가족관계등록부를 작성하여야 한다. 다만, 한국인 부와 외국인 모 사이의 혼인 외 자인 경우에는 부가 태아인지신고를 한 경우에만 그 자녀에 대한 가족관계등록부를 작성한다.

제5절 출생신고서의 작성

1. 기재사항

출생신고의 기재사항(가족관계등록법 제44조)
② 신고서에는 다음 사항을 기재하여야 한다.
  1. <u>자녀의 성명·본·성별 및 등록기준지</u>
  2. <u>자녀의 혼인 중 또는 혼인 외의 출생자의 구별</u>
  3. 출생의 연월일시 및 장소
  4. 부모의 성명·본·등록기준지 및 주민등록번호(부 또는 모가 외국인인 때에는 그 성명·출생연월일·국적 및 외국인등록번호)
  5. 「민법」 제781조 제1항 단서에 따른 협의가 있는 경우 그 사실
  6. <u>자녀가 복수국적자(複數國籍者)인 경우 그 사실 및 취득한 외국 국적</u>
③ 자녀의 이름에는 <u>한글 또는 통상 사용되는 한자</u>를 사용하여야 한다. 통상 사용되는 한자의 범위는 대법원규칙으로 정한다.

2. 작성방법

(1) 출생자란의 기재방법

1) 부모가 정한 등록기준지

등록기준지는 당사자가 자유롭게 정할 수 있으므로 출생신고를 하는 부 또는 모가 자유롭게 출생자의 등록기준지를 정하여 출생신고를 할 수 있다. 다만, 출생의 경우에 부 또는 모의 특별한 의사표시가 없는 때에는, 자녀가 따르는 성과 본을 가진 부 또는 모의 등록기준지를 출생자의 등록기준지로 한다(가족관계등록규칙 제4조 제2항).

2) 출생자의 성명

① 인명용 한자의 제한과 관련된 가족관계등록사무 처리

> **가족관계등록예규 제111호[인명용 한자의 제한과 관련된 가족관계등록사무 처리지침]**
> **제1조(인명용 한자 제한의 적용범위)**
> ① 「가족관계의 등록 등에 관한 법률」 제44조 제3항 및 「가족관계의 등록 등에 관한 규칙」 제37조에 따른 인명용 한자의 제한은 출생신고서에 기재하는 출생자의 이름에만 적용되고, 출생자의 성과 본 또는 출생자가 아닌 사람(부모, 신고인 등)의 이름에는 적용되지 아니한다.
> ② 인명용 한자의 제한은 1991.4.1. 이후에 접수되는 출생신고에 대하여 적용된다. 1991.3.31. 이전에 출생한 사람에 대하여 1991.4.1. 이후에 출생신고 하는 경우에도 같다.
> ③ 인명용 한자의 제한은 이미 가족관계등록부에 기록된 이름이나 다른 신고서에 기재하는 이름에는 적용되지 아니한다.
> ④ 다음의 경우에도 인명용 한자가 아닌 한자는 사용할 수 없다.
>   1. 기아발견조서에 기재하는 기아의 이름
>   2. 가족관계등록창설허가서에 기재하는 가족관계등록부가 없는 사람의 이름
>   3. 1991.4.1. 이후에 개명하는 경우
>
> **제3조(인명용 한자가 아닌 한자가 출생자의 이름에 포함된 경우의 처리)**
> ① 출생신고서를 접수할 경우에 출생자의 이름이 인명용 한자가 아닌 한자로 기재된 경우에는 신고인에게 인명용 한자를 사용하도록 권고하여야 한다.
> ② 제1항의 경우 신고인이 권고에 따라 출생신고서의 반려를 원하는 때에는 이를 접수하지 아니하고 반려할 수 있다.
> ③ 제1항의 권고를 할 수 없거나 신고인이 제1항의 권고에 따르지 아니하는 경우에는 그대로 접수하되, 출생자의 이름 중 인명용 한자가 아닌 한자에 붉은색으로 표시를 하고 그 좌측여백에 가족관계등록사무담임자가 날인한 다음, 가족관계등록부에 출생자의 이름을 한글로 기록한다.
> ④ 제3항의 경우에 이름에 쓰인 한자 중 1자만 인명용 한자가 아닌 경우에도 이름 전부를 한글로 기록한다.

② 이름의 기재문자와 관련된 가족관계등록사무

가족관계등록예규 제638호[이름의 기재문자와 관련된 가족관계등록사무]
1. 인명용 한자의 제한을 적용받지 아니하는 출생신고
   다음 출생신고의 경우에는 그 이름자가「가족관계의 등록 등에 관한 규칙」제37조에 규정되어 있는 한자의 범위를 벗어난 경우에도 그 신고를 수리할 수 있다.
   가. 친자관계존부확인 등의 재판에 따른 등록부 정정에 의하여 가족관계등록부가 폐쇄된 자녀에 대하여 종전의 이름과 동일한 이름을 기재하여 하는 출생신고, 다만 종전 이름의 문자가 오자나 속자인 경우에는 그것을 정자로 정정한 것에 한하여 인정된다.
   나. 출생 후 상당한 기간(약 15년)이 경과한 자녀에 대하여 졸업증서, 면허증, 보험증서 등에 의하여 사회생활에서 널리 두루 쓰이고 있다는 것이 증명되는 이름을 기재하여 하는 출생신고
2. 출생자에 대한 부와 모의 가족관계증명서에 드러나는 가족과 동일한 이름을 기재한 출생신고의 수리가부
   가. 출생자에 대한 부와 모의 가족관계증명서에 드러나는 사람과 동일한 이름을 기재한 출생신고는 이름을 특정하기 곤란한 것이므로 이를 수리해서는 안 된다.
   나. "가"의 경우, 재외공관 또는 동사무소에서 수리되어「가족관계의 등록 등에 관한 법률」제4조의2 제2항의 재외국민 가족관계등록사무소(동사무소의 경우에는 소속 시 또는 구)로 송부되어 온 경우에도 가족관계등록부를 작성해서는 안 된다.
3. 인명용 한자의 범위를 벗어난 한자를 이름에 사용한 출생신고서가 착오로 수리된 경우의 처리방식
   가. 재외공관, 동사무소에서 인명용 한자의 범위를 벗어난 한자(이름자 중 1자만이 이에 해당하는 경우에도 포함)를 이름에 사용한 출생신고서를 착오로 수리하여「가족관계의 등록 등에 관한 법률」제4조의2 제2항의 재외국민 가족관계등록사무소(동사무소의 경우에는 소속 시·구)로 송부해 온 경우, 가족관계등록관서 또는 재외국민 가족관계등록사무소에서는 신고인에게 인명용 한자를 사용하도록 추후보완을 최고(권고)를 하되 이에 따르지 아니할 때에는 가족관계등록부에 출생자의 이름을 한글로 기록하여야 한다.
   나. 가족관계등록공무원 또는 가족관계등록관이 인명용 한자의 범위를 벗어난 한자를 이름에 사용한 출생신고서가 착오로 수리되어 그대로 가족관계등록부에 기록된 것을 발견한 때에는 간이직권정정 절차(그 출생신고서류를 감독법원에 송부한 후에는 해당 신고서류를 직접 방문하거나 팩시밀리를 사용하여 확인한 후 처리)에 의하여 직권으로 그 이름을 한글로 정정한다(「가족관계의 등록 등에 관한 규칙」제37조 제3항, 제60조 제2항 제5호,「대법원 가족관계등록예규」제54호, 제111호 참조).
   다. 위 "나"의 절차에 따라 이름을 한글로 정정한 경우에는 그러한 뜻을 지체 없이 신고인 또는 신고사건의 본인에게 알려주어야 한다.
4. 이름의 기재문자수의 제한
   가. 이름은 그 사람을 특정하여 주는 공적인 호칭으로서 다른 사람과의 관계에서도 상당한 이해관계를 가지게 되므로 난해하거나 사용하기에 현저히 불편을 일으키는 것은 쓸 수 없다고 판단되므로 이름 자가 5자(성은 포함되지 않는다)를 초과하는 문자를 기재한 출생신고는 이를 수리하지 아니한다.
   나. 다음의 어느 하나에 해당하는 경우에는 "가"의 규정을 적용하지 않는다.
      (1) 외국인 부와 한국인 모 사이에 출생한 혼인 중의 자에 대하여 부의 나라의 신분등록부에 기재된 이름으로 출생신고를 하는 경우
      (2) 한국인 부와 외국인 모 사이에 출생한 혼인 중의 자에 대하여 모의 나라의 신분등록부에 기재된 이름으로 출생신고를 하는 경우
      (3) 이미 가족관계등록부에 기록되어 있는 이름이나 외국인이 귀화, 국적취득 또는 국적회복을 함에 있어 외국에서 종전에 사용하던 이름을 그대로 사용하고자 하는 경우
5. 이름의 한글·한자 표기
   성명란의 한자란에 한글과 한자(인명용 한자의 제한 범위 내의 것)를 혼합하여 표기한 출생신고 등은 수리할 수 있다.

3) 자녀의 혼인 중 또는 혼인 외의 출생자의 구별

4) 출생의 연월일시 및 장소

① 출생 또는 사망의 신고서에 연월일을 "미상"으로 기재한 신고서는 수리할 수 없다(가족관계등록예규 제539호 1. 가.).

② 출생 또는 사망의 연월일과 시각을 신고서에 기재 및 가족관계등록부에 기록할 때에는 1일 24시 각제를 기준으로 오전 12시는 12시, 오후 10시는 22시, 오후 12시는 다음 날 0시로 기재 및 기록 하여야 한다(가족관계등록예규 제539호 1. 나.).

5) 자녀가 복수국적자인 경우 그 사실 및 취득한 외국 국적

(2) 부모란의 기재방법

① 출생자의 부모의 성명·본·등록기준지 및 주민등록번호(부 또는 모가 외국인인 때에는 그 성명 ·출생연월일·국적 및 외국인등록번호)를 기재한다(가족관계등록법 제44조 제2항 제4호).

② 혼인 외의 자에 대하여 모가 출생신고를 하는 경우에는 부의 성명 등을 기재하지 아니하고, 재혼 한 여자가 후혼 성립의 날로부터 200일 후이고 전혼 종료의 날로부터 300일 이내에 출산하여 모가 출생신고를 하는 경우에는 부의 성명 대신 '부 미정(父未定)'으로 기재한다.

(3) 기타사항란의 기재방법

기타사항란에는 법률상 기재사항으로 규정되어 있지 않은 사항을 기재한다.

(4) 신고인란의 기재방법

신고인의 성명, 출생연월일(주민등록번호 기재 시 생략 가능), 주민등록번호, 등록기준지 및 주소, 신고인의 자격(부, 모, 동거친족, 기타) 등을 기재한다.

3. 출생신고서의 첨부서류

(1) 출생증명서 또는 출생사실을 증명하는 서면

> **출생신고의 기재사항(가족관계등록법 제44조)**
> ④ 출생신고서에는 의사나 조산사가 작성한 출생증명서를 첨부하여야 한다. 다만, 다음 각 호의 어느 하나에 해당 하는 서면을 첨부하는 경우에는 그러하지 아니하다.
>   1. 분만에 직접 관여한 자가 모의 출산사실을 증명할 수 있는 자료 등을 첨부하여 작성한 출생사실을 증명하는 서면
>   2. 국내 또는 외국의 권한 있는 기관에서 발행한 출생사실을 증명하는 서면
>   3. 모의 출산사실을 증명할 수 있는 「119구조·구급에 관한 법률」 제22조에 따른 구조·구급활동상황일지
> ⑤ 제4항 단서에 따라 첨부하는 서면에 관한 구체적인 사항은 대법원규칙으로 정한다.

> **출생증명서를 대신하여 첨부할 수 있는 서면(가족관계등록규칙 제38조의2)**
> ① 법 제44조 제4항 제1호에 따라 분만에 직접 관여한 자가 작성한 출생사실을 증명하는 서면에는 모의 출산사실을 증명할 수 있는 자료 등으로서 모의 진료기록 사본이나 자의 진료기록 사본 또는 예방접종증명서 등 모의 임신사실 및 자의 출생사실을 증명할 수 있는 자료를 첨부하여야 한다.
> ② 법 제44조 제4항 제2호의 국내 또는 외국의 권한 있는 기관에서 발행한 출생사실을 증명하는 서면은 다음 각 호와 같다.
>   1. 통일부장관이 발행한 북한이탈주민 신원 사실관계 확인서
>   2. 외국 관공서 등에서 발행한 출생신고사실을 증명하는 서면

(2) 가정법원의 확인서등본

1) 가족관계등록법 제44조의2 제1항에 따른 출생확인의 경우

① 가족관계등록법 제44조 제4항에 따른 출생증명서 또는 서면을 첨부할 수 없는 경우에는 가정법원의 출생확인을 받고 그 확인서를 받은 날부터 1개월 이내에 출생의 신고를 하여야 한다(가족관계등록법 제44조의2 제1항).

② 가정법원은 출생확인을 위하여 필요한 경우에는 직권으로 사실을 조사할 수 있으며, 지방자치단체의 장, 국가경찰관서의 장 등 행정기관이나 그 밖에 상당하다고 인정되는 단체 또는 개인에게 필요한 사항을 보고하게 하거나 자료의 제출을 요청할 수 있다(가족관계등록법 제44조의2 제2항).

③ 가정법원의 출생확인을 신청하려는 사람은 가정법원에 출생확인 신청서를 제출하여야 하며, 신청서에는 법 제44조 제4항에 따른 출생증명서 또는 서면을 첨부할 수 없는 사유를 기재하고, 그 사유를 소명할 수 있는 자료, 사건본인의 모의 성명·출생연월일·등록기준지를 소명할 수 있는 자료 및 사건본인의 모와 사건본인 사이에 혈연관계가 있음을 소명할 수 있는 자료를 첨부하여야 한다(가족관계등록예규 제609호 제2조).

2) 가족관계등록법 제57조 제2항에 따른 출생확인의 경우

① 부가 혼인 외의 자녀에 대하여 친생자출생의 신고를 할 때, 모가 특정됨에도 불구하고 부가 혼인 외의 자녀에 대하여 친생자출생의 신고를 함에 있어 모의 소재불명 또는 모가 정당한 사유 없이 출생신고에 필요한 서류 제출에 협조하지 아니하는 등의 장애가 있는 경우에는 부의 등록기준지 또는 주소지를 관할하는 가정법원의 확인을 받아 신고를 할 수 있다(가족관계등록법 제57조 제1항 단서).

② 부가 혼인 외의 자녀에 대하여 친생자출생의 신고를 할 때, 모의 성명·등록기준지 및 주민등록번호의 전부 또는 일부를 알 수 없어 모를 특정할 수 없는 경우 또는 모가 공적 서류·증명서·장부 등에 의하여 특정될 수 없는 경우에는 부의 등록기준지 또는 주소지를 관할하는 가정법원의 확인서등본을 첨부하여야 출생신고를 할 수 있다(가족관계등록법 제57조 제2항, 가족관계등록규칙 제87조의2 제2항).

(3) 혼인관계증명서 등

① 부가 혼인 외 출생자에 대한 출생신고를 할 때에는 모의 혼인관계증명서를 제출하게 하여야 한다. 다만, 시(구)·읍·면·동·재외공관의 장이 전산정보처리조직에 의하여 그 내용을 확인할 수 있는 경우에는 그러하지 아니하다(가족관계등록예규 제412호 제8조 제1항).
② 혼인 외 출생자에 대한 출생신고가 있는 경우에 그 모가 가족관계등록부에 등록되어 있는지가 분명하지 아니하거나 등록되어 있지 아니한 경우에는 모에게 배우자가 없음을 증명하는 공증서면 또는 2명 이상의 인우인의 보증서를 제출케 하여야 한다(가족관계등록예규 제412호 제8조 제2항).

4. 등록부의 기록

출생신고가 수리되면, 특별한 사정이 없는 한 출생자의 가족관계등록등록부를 작성하게 된다. 그 등록부의 등록부기준지란에는 출생신고서에 기재된 등록기준지를, 등록부사항란에는 등록부작성일을, 특정등록사항란에는 출생자 및 부·모의 특정등록사항을, 일반등록사항란에는 출생사유를 기록한다.

제6절 기아, 고아의 등록부 작성방법

1. 서 설

① 민법 제781조 제4항의 부모를 알 수 없는 자란 가족관계등록법 제52조가 규정한 기아이거나, 그 이외의 부모를 알 수 없는 고아 등을 말한다(가족관계등록예규 제445호). 기아와 고아는 부모를 알 수 없는 자라는 점에서는 같은 개념이지만, 기아는 유아로서 출생신고의무자가 없거나 불명한 자를 말하고, 고아는 부모를 알 수 없는 자로서 기아가 아닌 자를 말한다.
② 부모를 알 수 없는 자는 법원의 허가를 받아 성과 본을 창설한다. 다만, 성과 본을 창설한 후 부 또는 모를 알게 된 때에는 부 또는 모의 성과 본을 따를 수 있다(민법 제781조 제4항).
③ 기아는 시(구)·읍·면의 장의 기아발견조서로 기록절차가 개시되며(가족관계등록법 제52조 제2항), 고아는 등록창설신고로 기록절차가 개시된다.

2. 기 아

기아(가족관계등록법 제52조)
① 기아(棄兒)를 발견한 사람 또는 기아발견의 통지를 받은 경찰공무원은 24시간 이내에 그 사실을 시·읍·면의 장에게 통보하여야 한다.
② 제1항의 통보를 받은 시·읍·면의 장은 소지품, 발견장소, 발견연월일시, 그 밖의 상황, 성별, 출생의 추정연월일을 조서에 기재하여야 한다. 이 경우 그 조서를 신고서로 본다.
③ 시·읍·면의 장은 「민법」 제781조 제4항에 따라 기아의 성과 본을 창설한 후 이름과 등록기준지를 정하여 등록부에 기록하여야 한다.

부모가 기아를 찾은 때(가족관계등록법 제53조)
① 부 또는 모가 기아를 찾은 때에는 1개월 이내에 출생의 신고를 하고 등록부의 정정을 신청하여야 한다.
② 제1항의 경우에는 시·읍·면의 장이 확인하여야 한다.

부모가 기아를 찾은 때는 1월 이내에 출생신고를 하고, 종전 기아의 등록부를 폐쇄하기 위하여 등록부의 정정을 신청하여야 하는데(가족관계등록법 제53조 제1항), 이러한 등록부 정정신청은 법원의 허가를 요하지 아니한다(가족관계등록예규 제413호 제5조 제3항).

3. 고 아

가족관계등록예규 제445호[기아 아닌 고아 등에 대한 성·본의 창설절차]
1. 성·본의 창설허가신청은 본인 또는 법정대리인(보호시설에 있는 고아의 후견직무에 관한 법률에서 후견직무를 행할 사람으로 지정된 사람 및 법원의 선임후견인 등 포함된다)이 가사소송법에 따라 관할 가정법원(지방법원 및 지원)에 신청한다.
3. 성·본의 창설허가를 받은 신청인은 같은 허가재판서 등본을 첨부하여 가족관계등록창설허가를 받아 시(구)·읍·면의 장에게 가족관계등록창설신고를 한다.
5. 기아 아닌 고아 등이 부모를 찾은 경우에는 「가족관계의 등록 등에 관한 법률」 제104조에 따른 등록부 정정 절차를 취하여야 한다.

출생신고

제1절 서 설

제2절 출생자

01 출생신고에 관한 다음 설명 중 가장 옳은 것은? 2020년

① 부가 혼인 전의 출생자를 혼인 후에 혼인 중의 출생자로 출생신고를 할 때에는 혼인 외의 출생자로 출생신고한 것이므로 이를 수리할 수 없다.
② 성명란의 한자란에 한글과 한자(인명용 한자의 제한범위 내의 것)를 혼합하여 표기한 출생신고 등은 수리할 수 없다.
③ 중혼은 취소원인이나 그 취소의 효력은 이전으로 소급하지 아니하므로, 중혼으로 취소할 수 있는 혼인당사자 사이에서의 출생한 자녀는 혼인 중의 자로 출생신고를 하여야 한다.
④ 부 또는 모의 출생신고는 전산정보처리조직을 이용하여 전자문서로 할 수 없다.
⑤ 한국인 생부와 일본인 모 사이의 혼인 외의 자가 일본에서 출생한 경우, 한국인 생부가 가족관계의 등록 등에 관한 법률 제57조의 친생자 출생신고를 할 수 있다.

[❶ ▸ ✕] 부가 혼인 전의 출생자를 혼인 후에 혼인 중의 출생자로 출생신고를 할 때에는 법 제57조에 따라 인지신고의 효력과 부모의 혼인에 의한 혼인 중의 자의 신분취득의 효력이 동시에 있으므로 이를 수리하여야 한다(가족관계등록예규 제412호 제6조).
[❷ ▸ ✕] 성명란의 한자란에 한글과 한자(인명용 한자의 제한범위 내의 것)를 혼합하여 표기한 출생신고 등은 수리할 수 있다(가족관계등록예규 제638호 5.).
[❸ ▸ ○] 중혼은 취소원인이나 그 취소의 효력은 이전으로 소급하지 아니하므로, 중혼으로 취소할 수 있는 혼인당사자 사이에서의 출생한 자녀는 혼인 중의 자로 출생신고를 하여야 한다(가족관계등록예규 제412호 제5조).
[❹ ▸ ✕] 가족관계의 등록 등에 관한 규칙 제36조의2 제1항 제2호

> **가족관계의 등록 등에 관한 규칙 제36조의2(전자문서를 이용한 신고)**
> ① 법 제23조의2에 따라 전산정보처리조직을 이용하여 전자문서로 할 수 있는 신고는 다음 각 호와 같다.
>   1. 법 제10조 제2항에 따른 등록기준지변경신고
>   2. 법 제44조 제4항 본문 및 제46조 제1항, 제2항에 따른 부 또는 모의 출생신고

3. 법 제96조에 따른 국적취득자의 성과 본의 창설신고
4. 법 제99조에 따른 개명신고
5. 법 제101조에 따른 가족관계등록창설신고
6. 법 제104조 및 제105조에 따른 등록부 정정 신청

[❺▶×] 한국인 생부와 일본인 모 사이의 혼인 외의 자가, 1) 국내에서 출생한 경우에는 대한민국 영토 내에서 출생한 외국인이므로, 한국인 생부는 인지의 방식으로 인지신고나 친생자 출생신고 중 하나를 선택할 수 있다. 그러나 2) 일본에서 출생한 경우에는 외국에서 출생한 외국인에 해당하므로, 한국인 생부는 인지신고를 하여야 하며 친생자 출생신고를 할 수는 없다(가족관계등록선례 제201806-3호).

답 ❸

제3절 자녀의 성과 본

02 자녀의 성과 본에 관한 다음 설명 중 가장 옳지 않은 것은? 2023년

① 부모가 혼인신고 시 민법 제781조 제1항 단서에 따라 자가 모의 성과 본을 따르기로 협의한 경우에 자녀는 모의 성과 본을 따르며, 혼인신고 시 협의하지 아니하였던 부부가 이혼 후 동일한 당사자끼리 다시 혼인하는 경우에도 민법 제781조 제1항 단서에 따른 협의를 할 수 있다.
② 혼인 외의 자가 인지된 경우에는 부의 성과 본을 따른다. 다만, 인지신고 시 부모의 협의에 의하여 종전의 성과 본을 계속 사용하기로 하는 협의서를 제출한 경우에는 종전의 성과 본을 그대로 사용할 수 있으며, 이 경우 자녀의 가족관계등록부에는 종전 성과 본을 유지한다는 취지를 기록하여야 한다.
③ 부가 인지하지 아니한 혼인 외의 출생자라도 부의 성과 본을 알 수 있는 경우에는 부의 성과 본을 따를 수 있으며, 부의 성명을 그 자녀의 일반등록사항란 및 특정등록사항란의 부란에 기록한다.
④ 혼인 중 출생자의 부가 외국인이고 모가 대한민국 국민인 경우 민법 제781조 제2항에 따라 그 자녀는 모의 성과 본을 따를 수 있으며, 혼인 외 출생자의 부가 외국인이고 모가 대한민국 국민인 경우 그 자녀는 모의 성과 본을 따른다.
⑤ 외국인인 부가 한국인인 혼인 외의 자를 인지하는 경우에 혼인 외의 자가 부의 성을 따를 때 외국인 부의 성이 외국어로서 한자인 경우, 그 자녀의 성 표기에 대하여는 그 한자에 대한 한국식 발음의 한글 및 한자를 병기하는 방법으로도 이를 표기할 수 있다. 다만, 그 한자는 그에 대응하는 한국통용의 한자가 소명되어야 하며 외국인 부가 그의 나라에서 발행한 공문서에 의하여 이를 소명하여야 한다.

[❶ ▶ ○] 부모(부 또는 모가 외국인인 경우를 포함한다)가 혼인신고 시 민법 제781조 제1항 단서에 따라 자가 모의 성과 본을 따르기로 협의한 경우에는, 제2조 제1항에도 불구하고 자녀는 모의 성과 본을 따른다. 혼인신고 시 협의하지 아니하였던 부부가 이혼 후 동일한 당사자끼리 다시 혼인하는 경우에도 민법 제781조 제1항 단서에 따른 협의를 할 수 있다(가족관계등록예규 제616호 제3조 제1항).

[❷ ▶ ○] 혼인 외의 자가 인지된 경우에는 부의 성과 본을 따른다. 다만, 인지신고 시 부모의 협의에 의하여 종전의 성과 본을 계속 사용하기로 하는 별지 2 양식의 협의서를 제출한 경우에는 종전의 성과 본을 그대로 사용할 수 있으며, 이 경우, 자녀의 가족관계등록부에는 종전 성과 본을 유지한다는 취지를 기록하여야 한다(가족관계등록예규 제616호 제8조 제1항).

[❸ ▶ ×] 제2항의 부를 알 수 없는 자녀란 모가 부라고 인정할 사람을 알 수 없는 자녀를 말하므로, 혼인 외의 자라도 부의 성과 본을 알 수 있는 경우에는 부의 성과 본을 따라 가족관계등록을 할 수 있다. 그러나 그 자녀가 인지되기 전에는 가족관계등록부상 부란에 부의 성명을 기록할 수 없다(가족관계등록예규 제616호 제2조 제3항).

[❹ ▶ ○] 가족관계등록예규 제616호 제11조 제1항, 제3항

> **가족관계등록예규 제616호[자녀의 성과 본에 관한 가족관계등록사무 처리지침]**
> 제11조(부가 외국인인 경우)
> ① 혼인 외 출생자의 부가 외국인이고 모가 대한민국 국민인 경우, 그 자녀는 모의 성과 본을 따른다.
> ③ 혼인 중 출생자의 부가 외국인이고 모가 대한민국 국민인 경우, 제2조 제1항에도 불구하고 제3조에 따르지 아니하고, 민법 제781조 제2항에 따라 그 자녀는 모의 성과 본을 따를 수 있다.

[❺ ▶ ○] 가족관계등록예규 제616호 제12조 제1항, 제2항

> **가족관계등록예규 제616호[자녀의 성과 본에 관한 가족관계등록사무 처리지침]**
> 제12조(외국인 부가 혼인 외 자를 인지한 경우)
> ① 외국인 부가 한국인 혼인 외의 자를 인지한 경우에 그 자녀의 성과 본에 관하여는 제8조부터 제10조까지의 규정을 준용한다.
> ② 제1항에 의하여 혼인 외의 자가 부의 성을 따를 때 외국인 부의 성이 외국어로서 한자인 경우, 그 자녀의 성 표기에 대하여는 다음 각 호의 방법 중 하나를 선택할 수 있다. 다만 제2호의 방법을 선택할 경우 그 한자는 그에 대응하는 한국통용의 한자가 소명되어야 하고, 외국인 부가 그의 나라에서 발행한 공문서에 의하여 이를 소명하여야 한다.
> 1. 외국식 발음의 성을 원지음대로 한글로만 표기하는 방법
> 2. 그 한자에 대한 한국식 발음의 한글 및 한자를 병기하는 방법

답 ❸

제4절 출생신고의 구체적 방법

03 출생신고에 관한 다음 설명 중 가장 옳은 것은?   2024년

① 친생부인의 소를 제기한 때에는 그 재판의 확정일부터 1개월 이내에 출생신고를 하여야 한다.
② 출생신고 전에 자녀가 사망한 때에는 출생신고 없이 사망신고를 하여야 한다.
③ 부 또는 모가 기아를 찾은 때에는 3개월 이내에 출생의 신고를 하고 등록부의 정정을 신청하여야 한다.
④ 시·읍·면의 장이 출생신고서류를 수리한 때에는 그 신고사건에 무효사유가 있더라도 즉시 등록부에 기록을 하여야 한다.
⑤ 출생신고의 수리 증명서를 청구할 때에는 수수료를 납부하여야 한다.

[❶ ▸ ×] 친생부인의 소를 제기한 때에도 출생 후 1개월 이내에 출생신고를 하여야 한다(가족관계등록법 제44조 제1항, 제47조 참조).

> **가족관계등록법 제44조(출생신고의 기재사항)**
> ① 출생의 신고는 출생 후 1개월 이내에 하여야 한다.
>
> **가족관계등록법 제47조(친생부인의 소를 제기한 때)**
> 친생부인의 소를 제기한 때에도 출생신고를 하여야 한다.

[❷ ▸ ×] 출생의 신고 전에 자녀가 사망한 때에는 출생의 신고와 동시에 사망의 신고를 하여야 한다(가족관계등록법 제51조).
[❸ ▸ ×] 부 또는 모가 기아를 찾은 때에는 1개월 이내에 출생의 신고를 하고 등록부의 정정을 신청하여야 한다(가족관계등록법 제53조 제1항).
[❹ ▸ ×] 시·읍·면의 장이 신고서류 등을 수리한 때에는 그 신고사건에 무효사유가 없으면, 즉시 등록부에 기록을 하여야 한다(가족관계의 등록 등에 관한 규칙 제45조 제1항).
[❺ ▸ ○] 가족관계등록법 제42조 제1항, 제3항

> **가족관계등록법 제42조(수리, 불수리증명서와 서류의 열람)**
> ① 신고인은 신고의 수리 또는 불수리의 증명서를 청구할 수 있다.
> ③ 증명서를 청구할 때에는 수수료를 납부하여야 한다.

답 ❺

04 다음은 가족관계의 등록 등에 관한 법률조항의 내용이다. 다음 괄호 안에 들어갈 내용이 알맞게 열거된 것은?

2024년

> ㄱ. 의료기관의 장은 출생일부터 (A) 이내에 출생정보를 국민건강보험법 제62조에 따른 건강보험 심사평가원에 제출하여야 한다.
> ㄴ. 시·읍·면의 장은 제44조 제1항에 따른 신고기간이 지나도록 제44조의3 제3항에 따라 통보받은 출생자에 대한 출생신고가 되지 아니한 경우에는 즉시 제46조 제1항 및 제2항에 따른 신고의무자에게 (B) 이내에 출생신고를 할 것을 최고하여야 한다.
> ㄷ. 시·읍·면의 장이 제38조 또는 제108조에 따라 기간을 정하여 신고 또는 신청의 최고를 한 경우에 정당한 사유 없이 그 기간 내에 신고 또는 신청을 하지 아니한 사람에게는 (C)의 과태료를 부과한다.

	A	B	C
①	10일	5일	5만원 이하
②	10일	5일	10만원 이하
③	10일	7일	5만원 이하
④	14일	5일	5만원 이하
⑤	14일	7일	10만원 이하

[A ▶ 14일] 의료기관의 장은 출생일부터 (14일) 이내에 출생정보를 「국민건강보험법」 제62조에 따른 건강보험심사평가원(이하 "심사평가원"이라 한다)에 제출하여야 한다. 이 경우 보건복지부장관이 출생사실의 통보 및 관리를 목적으로 구축하여 심사평가원에 위탁 운영하는 전산정보시스템을 이용하여 제출하여야 한다(가족관계등록법 제44조의3 제2항).

[B ▶ 7일] 시·읍·면의 장은 제44조 제1항에 따른 신고기간이 지나도록 제44조의3 제3항에 따라 통보받은 출생자에 대한 출생신고가 되지 아니한 경우에는 즉시 제46조 제1항 및 제2항에 따른 신고의무자에게 (7일) 이내에 출생신고를 할 것을 최고하여야 한다(가족관계등록법 제44조의4 제2항).

[C ▶ 10만원 이하] 시·읍·면의 장이 제38조 또는 제108조에 따라 기간을 정하여 신고 또는 신청의 최고를 한 경우에 정당한 사유 없이 그 기간 내에 신고 또는 신청을 하지 아니한 사람에게는 (10만원 이하)의 과태료를 부과한다(가족관계등록법 제121조).

답 ⑤

제5절 출생신고서의 작성

05 출생신고에 관한 다음 설명 중 가장 옳은 것은? 2022년

① 출생자에 대한 부와 모의 가족관계증명서에 드러나는 사람과 동일한 이름을 기재한 출생신고도 수리하여야 한다.
② 모가 특정됨에도 불구하고 부가 혼인 외의 자녀에 대하여 친생자 출생신고를 할 때 모의 소재불명 또는 모가 정당한 사유 없이 출생신고에 필요한 서류 제출에 협조하지 아니하는 등의 장애가 있는 경우에는 부의 등록기준지 또는 주소지를 관할하는 가정법원의 확인을 받아 신고할 수 있다.
③ 부 또는 모가 기아를 찾아 출생신고와 더불어 시(구)·읍·면의 장에게 종전 기아의 등록부를 폐쇄하기 위해서는 반드시 법원의 허가를 받아 등록부의 정정을 신청해야 한다.
④ 중혼으로 취소할 수 있는 혼인당사자 사이에서의 출생한 자녀는 혼인 외의 자로 출생신고해야 한다.
⑤ 외국에서 출생한 우리나라 국민으로서 가족관계등록부상 특정등록사항란의 출생연월일이 한국시각으로 환산된 일자로 기록된 자가 현지 출생연월일로 정정하고자 하는 때에는 간이직권정정을 통해 정정할 수 있다.

[❶▸✕] 출생자에 대한 부와 모의 가족관계증명서에 드러나는 사람과 동일한 이름을 기재한 출생신고는 이름을 특정하기 곤란한 것이므로 이를 수리해서는 안 된다(가족관계등록예규 제638호 2. 가.).
[❷▸○] 부가 혼인 외의 자녀에 대하여 친생자출생의 신고를 한 때에는 그 신고는 인지의 효력이 있다. 다만, 모가 특정됨에도 불구하고 부가 본문에 따른 신고를 함에 있어 모의 소재불명 또는 모가 정당한 사유 없이 출생신고에 필요한 서류 제출에 협조하지 아니하는 등의 장애가 있는 경우에는 부의 등록기준지 또는 주소지를 관할하는 가정법원의 확인을 받아 신고를 할 수 있다(가족관계등록법 제57조 제1항).
[❸▸✕] 가족관계등록예규 제413호 제5조 제1항, 제2항, 제3항

> **가족관계등록예규 제413호[기아에 관한 가족관계등록사무 처리지침]**
> 제5조(부모가 기아를 찾은 때)
> ① 부 또는 모가 기아를 찾아 법 제44조 제2항에 따라 출생신고를 할 때에는 기아발견조서에 따라 작성된 가족관계등록부의 등록사항별 증명서를 첨부하게 하고, 출생신고서 양식(가족관계등록사무의 문서 양식에 관한 예규 별지양식 제1호) 중 "기타사항란"에 부 또는 모가 기아를 찾아 법 제53조 제1항에 따라 기아의 출생신고를 한다는 뜻을 기재하게 하여 수리한다.
> ② 기아의 출생신고를 수리한 시(구)·읍·면의 장이 법 제53조 제1항에 따른 등록부 정정 신청을 받은 때에는, 가족관계의 등록 등에 관한 규칙 제58조에 따라 동일인 여부를 확인한 후 동일인이 틀림없으면 기아발견조서에 따른 가족관계등록부를 폐쇄한다.
> ③ 제2항의 등록부 정정 신청을 할 때에는 법원의 허가를 요하지 아니한다.

[❹ ▸ ×] 중혼은 취소원인이나 그 취소의 효력은 이전으로 소급하지 아니하므로, 중혼으로 취소할 수 있는 혼인당사자 사이에서의 출생한 자녀는 <u>혼인 중의 자</u>로 출생신고를 하여야 한다(가족관계등록예규 제412호 제5조).

[❺ ▸ ×] 외국에서 출생한 우리나라 국민으로서 가족관계등록부상 특정등록사항란의 출생연월일이 한국시각으로 환산된 일자로 기록된 자가 현지 출생연월일로 정정하고자 하는 때에는 <u>가족관계의 등록 등에 관한 법률 제104조에 따라 사건 본인의 등록기준지를 관할하는 가정법원에 등록부 정정 허가신청을 하여 그 허가를 받아야 한다</u>. 일반등록사항란의 출생시각이 한국시각으로 기록된 자가 현지시각으로 정정하고자 하는 때에도 또한 같다(가족관계등록예규 제538호 4.).

답 ❷

제6절 기아, 고아의 등록부 작성방법

CHAPTER 03 인지신고

제1절 서 설

1. 의 의

인지란 생부 또는 생모가 혼인 외의 출생자를 자기의 자로 인정하여 법률상의 친자관계를 발생시키는 단독의 의사표시이다.

2. 인지의 효력

① 인지는 가족관계등록법이 정하는 바에 의하여 신고함으로써 그 효력이 생긴다(민법 제859조 제1항).
② 인지는 그 자의 출생 시에 소급하여 효력이 생긴다. 그러나 제3자의 취득한 권리를 해하지 못한다(민법 제860조).
③ 혼인 외 출생자와 생부 사이에는 인지에 의하지 않으면 법률상의 부자관계가 발생하지 않으며(대판 1984.9.25. 84므73 참조), 친자관계에서 발생하는 효과인 부양·친권·상속 등의 문제가 생길 여지가 없다(대판 1987.12.22. 87므59 참조).
④ 혼인 외 출생자와 그 모와의 친자관계는 출산이라는 사실에 의하여 당연히 생기므로 특별히 인지가 필요하지 않으며, 기아의 경우처럼 모자관계가 분명치 못한 경우에만 예외적으로 인지의 필요가 있다(대판 1967.10.4. 67다1791).

제2절 인지의 종류

1. 임의인지

(1) 의 의

임의인지는 생부 또는 생모가 스스로 인지의 의사표시를 하는 것을 말하며, 가족관계등록법이 정하는 바에 의하여 신고함으로써 그 효력이 발생하는 창설적 신고이다(민법 제859조 제1항 참조). 단, 유언인지신고는 보고적 신고이다.

(2) 인지의 요건

1) 인지자

인지자는 혼인 외의 출생자의 생부나 생모이며(민법 제855조 제1항), 인지는 사실의 승인이므로 의사능력을 필요로 한다. 다만 생부가 피성년후견인인 경우에는 성년후견인의 동의를 받아 인지할 수 있다(민법 제856조).

2) 피인지자

① 피인지자는 혼인 외의 출생자이다. 혼인 외의 출생자는 원칙적으로 생존하여야 하나, 부는 포태 중에 있는 자에 대하여도 인지할 수 있고, 자가 사망한 후에도 그 직계비속이 있는 때에는 이를 인지할 수 있다(민법 제857조, 제858조).

② 법률상 타인의 친생자녀로 추정되는 사람은 그 부에 대한 친생부인의 소의 판결이 확정되기 전에는 아무도 인지할 수 없다(가족관계등록예규 제121호).

③ 친생자의 추정이 미치지 않는 자와 친생자 추정을 받지 않는 혼인 중 출생자인 경우에는 친생자관계부존재확인의 소에 의해 등록부상의 부가 친생부가 아니라는 것이 확정된 후가 아니면 인지할 수 없다.

④ 다른 사람이 이미 인지하고 있는 경우에는 인지 무효의 소 또는 인지에 대한 이의의 소 등을 제기하여 판결이 확정되어야 인지할 수 있다.

(3) 인지의 절차

① 부 또는 모가 혼인 외의 출생자를 인지하기 위해서는 인지신고(민법 제859조, 가족관계등록법 제55조), 또는 출생신고(가족관계등록법 제44조, 제57조 제1항)를 하여야 한다.

② 부가 혼인 외의 출생자를 인지하기 위해서는 먼저 생모의 출생신고로 등록부에 기록한 후에야 가능하며, 등록부가 존재하지 않는 혼인 외의 출생자를 생부가 직접 인지할 수는 없다. 다만, 혼인 외의 출생자에 대하여 부가 출생신고를 한 때에는 인지의 효력이 있다(가족관계등록법 제57조).

③ 혼인신고가 위법하여 무효인 경우에도 그 무효의 혼인 중 출생한 자녀를 부가 출생신고하여 그 가족관계등록부를 작성한 이상 그 사람에 대한 인지의 효력이 있다(가족관계등록예규 제122호).

2. 강제인지

(1) 의 의
강제인지는 생부 또는 생모가 임의로 인지하지 아니할 경우에 생부 또는 생모를 상대로 인지청구의 소를 제기하여 인지의 효과를 발생하게 하는 것을 말한다.

(2) 인지청구의 소
① 자와 그 직계비속 또는 그 법정대리인은 부 또는 모를 상대로 하여 인지청구의 소를 제기할 수 있다(민법 제863조).
② 만일 부 또는 모가 사망한 때에는 그 사망을 안 날로부터 2년 내에 검사를 상대로 하여 인지청구의 소를 제기할 수 있다(민법 제864조).

제3절 인지신고의 구체적 방법

1. 신고의무자 및 신고적격자

(1) 임의인지

1) 생전인지

① 임의인지신고는 창설적 신고로 신고의무자는 없고 신고적격자가 있을 뿐이다. 이때 신고적격자는 부 또는 모이다(민법 제855조 제1항).
② 인지신고는 본인의 의사가 절대적 존중되어야 할 창설적 신고이므로 대리인으로 하여금 신고토록 할 수 없다(가족관계등록법 제31조 제3항 단서).

2) 유언인지

① 인지는 유언으로도 이를 할 수 있다. 이 경우에는 유언집행자가 이를 신고하여야 한다(민법 제859조 제2항). 유언인지신고는 보고적 신고이므로, 유언집행자가 신고의무자로 규정되어 있는 것이다.
② 유언에 의한 인지의 경우에는 유언집행자는 그 취임일부터 1개월 이내에 인지에 관한 유언서등본 또는 유언녹음을 기재한 서면을 첨부하여 제55조 또는 제56조에 따라 신고를 하여야 한다(가족관계등록법 제59조).
③ 태아인지의 유언이 있었으나 유언집행자가 그 신고를 하기 전에 자녀가 출생한 때에는 유언집행자는 법정기간 내에 유언서의 등본을 첨부하여 가족관계등록법 제57조의 출생신고를 하여야 한다(가족관계등록예규 제124호).

(2) 강제인지

> **재판에 의한 인지(가족관계등록법 제58조)**
> ① 인지의 재판이 확정된 경우에 소를 제기한 사람은 재판의 확정일부터 1개월 이내에 재판서의 등본 및 확정증명서를 첨부하여 그 취지를 신고하여야 한다.
> ② 제1항의 신고서에는 재판확정일을 기재하여야 한다.
> ③ 제1항의 경우에는 그 소의 상대방도 재판서의 등본 및 확정증명서를 첨부하여 인지의 재판이 확정된 취지를 신고할 수 있다. 이 경우 제2항을 준용한다.

① 인지청구의 소를 제기한 사람이 신고의무자이며, 그 상대방은 신고적격자이다(가족관계등록법 제58조 제1항·제3항). 따라서 신고를 해태한 경우 신고의무자인 소를 제기한 사람이 과태료의 제재를 받게 된다.
② 소 제기자가 사망한 때에 그 사람의 배우자 또는 4촌 이내의 친족이 신고를 할 수 있다(가족관계등록예규 제85호).

(3) 인지된 태아의 사산신고

인지된 태아가 사체로 분만된 경우에 출생의 신고의무자는 그 사실을 안 날부터 1개월 이내에 그 사실을 신고하여야 한다. 다만, 유언집행자가 유언에 의한 인지신고를 하였을 경우에는 유언집행자가 그 신고를 하여야 한다(가족관계등록법 제60조). 즉, 이 경우 신고의무자는 출생신고의무자 또는 유언집행자이다.

2. 신고기간 및 신고장소

(1) 신고기간

① 임의인지 중 생전인지는 창설적 신고이므로 신고기간이 없으나, 강제인지는 재판의 확정 또는 조정 성립일로부터 1개월 이내에 신고하여야 한다.
② 임의인지 중 유언인지의 경우에는 유언집행자가 그 취임일부터 1개월 이내에 인지에 관한 유언서 등본 또는 유언녹음을 기재한 서면을 첨부하여 신고를 하여야 한다(가족관계등록법 제59조).

(2) 신고장소

인지신고는 신고사건 본인의 등록기준지 또는 신고인의 주소지나 현재지 시(구)·읍·면의 사무소에서 할 수 있다. 다만, 재외국민에 관한 신고는 재외국민 가족관계등록사무소에서도 할 수 있다(가족관계등록법 제20조 제1항). 태아인지신고의 경우에는 어느 시(구)·읍·면의 사무소에서도 할 수 있다.

3. 인지신고서의 작성

> **인지신고의 기재사항(가족관계등록법 제55조)**
> ① 인지의 신고서에는 다음 사항을 기재하여야 한다.
>   1. 자녀의 성명·성별·출생연월일·주민등록번호 및 등록기준지(자가 외국인인 때에는 그 성명·성별·출생연월일·국적 및 외국인등록번호)
>   2. 사망한 자녀를 인지할 때에는 사망연월일, 그 직계비속의 성명·출생연월일·주민등록번호 및 등록기준지
>   3. 부가 인지할 때에는 모의 성명·등록기준지 및 주민등록번호
>   4. 인지 전의 자녀의 성과 본을 유지할 경우 그 취지와 내용
>   5. 「민법」제909조 제4항 또는 제5항에 따라 친권자가 정하여진 때에는 그 취지와 내용
> ② 제1항 제4호 및 제5호의 경우에는 신고서에 그 내용을 증명하는 서면을 첨부하여야 한다. 다만, 가정법원의 성·본 계속사용허가심판 또는 친권자를 정하는 재판이 확정된 때에는 제58조를 준용한다.

4. 등록부의 기록

① 인지신고가 수리되면 인지자 및 피인지자의 각 등록부 특정등록사항란에는 서로의 특정등록사항을 기록하고, 일반등록사항란에는 인지사유를 기록한다.
② 인지자가 외국인인 관계로 등록부가 작성되지 않은 경우에는 피인지자의 특정등록사항란에 인지신고서에 기재된 인지자의 관련 인적사항을 기록한다.
③ 혼인 외 자와 부 사이에 사망한 사람을 상대로 한 인지신고를 기록하는 경우에는 신고사건으로 접수하여 부활 없이 폐쇄등록부에 기록한다(가족관계등록예규 제304호 제3조 제1호).

제4절 친생자출생신고에 의한 인지

1. 의 의

① 부가 혼인 외의 자녀에 대하여 친생자출생의 신고를 한 때에는 그 신고는 인지의 효력이 있다(가족관계등록법 제57조 제1항 본문). 이는 혼인 외의 자를 부가 인지하지 않고 곧바로 출생신고를 한 경우에 그 출생신고에 대하여 인지의 효력을 부여하기 위해 규정된 것이다.
② 부가 혼인 외의 자에 대하여 친생자 출생신고를 한 때에는 그 신고는 인지의 효력이 있는 것으로 규정되어 있으나, 그 신고가 인지신고가 아니라 출생신고인 이상 그와 같은 신고로 인한 친자관계의 외관을 배제하고자 하는 때에도 인지에 관련된 소송이 아니라 친생자관계부존재확인의 소를 제기하여야 한다(대판 1993.7.27. 91므306).

2. 적용범위

① 혼인 전에 출생한 자에 대하여 부가 자의 생모와 혼인한 후 혼인 중의 자로 출생신고한 경우뿐만 아니라, 처 이외의 여자와의 사이에서 태어난 자를 자신의 친생자로 출생신고한 경우에도 적용된다.
② 한국인 부와 외국인 모 사이에 출생한 혼인 외의 자가 국내에서 출생한 경우에는 친생자출생신고에 의한 인지 규정이 적용되나, 외국에서 출생한 경우에는 적용되지 않는다.

> [한국인 생부와 일본인 모 사이의 혼인 외의 자가 일본에서 출생한 경우, 한국인 생부가 인지신고가 아닌 가족관계등록법 제57조의 친생자 출생신고를 할 수 있는지 여부]
> 가족관계등록법 제57조의 친생자 출생신고는 동법 제44조의 출생신고에 인지의 효력을 부여한 것이므로, 동법 제44조의 출생신고의 대상이 되지 않는 자는 동법 제57조의 친생자 출생신고의 대상도 될 수 없다. 출생신고는 출생에 의하여 대한민국 국적을 취득한 자(속인주의)나 대한민국 영토 내에서 출생한 자(속지주의)를 대상으로 하며, 외국에서 출생한 외국인은 속인주의에 의하든 속지주의에 의하든 출생신고의 대상이 되지 않는다. 따라서 한국인 생부와 일본인 모 사이의 혼인 외의 자가, 1) 국내에서 출생한 경우에는 대한민국 영토 내에서 출생한 외국인이므로, 한국인 생부는 인지의 방식으로 인지신고나 친생자 출생신고 중 하나를 선택할 수 있다. 그러나 2) 일본에서 출생한 경우에는 외국에서 출생한 외국인에 해당하므로, 한국인 생부는 인지신고를 하여야 하며 친생자 출생신고를 할 수는 없다(가족관계등록선례 제201806-3호).

③ 외국인 부와 한국인 모 사이에서 출생한 혼인 외의 자에 대하여, 외국인 부가 친생자출생신고에 의한 인지를 할 수 있다. 단 혼인 외 자의 한국인 모와 외국인 부가 후에 혼인을 하더라도 그것만으로는 외국인 부와 혼인 외 자 사이에 친자관계가 발생하는 것은 아니다(가족관계등록예규 제592호 참조).
④ 일본 거주 재외국민인 부가 혼인 외의 자에 대하여 그 거주지 나라의 방식에 의하여 친생자 출생신고를 한 경우, 일본 호적관서 작성의 출생계 등본을 인지의 효력발생을 증명하는 증서 등본으로 보아 별도의 인지절차나 인지를 증명하는 서면의 첨부 없이도 자의 가족관계등록부에 부를 기록할 수 있다(가족관계등록선례 제201709-1호).

3. 신고인

① 인지는 인지자가 무능력자일 때에도 법정대리인이 이에 갈음하여 할 수 없으므로, 인지의 효력이 생기는 혼인 외 친생자에 대한 출생신고는 인지자 자신인 부가 신고해야 하고 법정대리인에 의하는 것은 인정되지 않는다. 따라서 부가 행방불명인 경우에도 조부가 손자인 혼인 외의 출생자에 대하여 인지의 효력이 생기는 출생신고를 할 수는 없다(대판 1976.4.13. 75다948).
② 모는 가족관계등록법 제57조에 의한 친생자출생신고를 할 수 없다.

4. 가정법원의 확인이 필요한 친생자출생신고에 의한 인지

(1) 모가 특정됨에도 소재불명 또는 서류제출에 협조하지 않는 경우

부가 혼인 외의 자녀에 대하여 친생자출생의 신고를 함에 있어 모가 특정됨에도 불구하고 모의 소재불명 또는 모가 정당한 사유 없이 출생신고에 필요한 서류 제출에 협조하지 아니하는 등의 장애가 있는 경우에는 부의 등록기준지 또는 주소지를 관할하는 가정법원의 확인을 받아 신고를 할 수 있다(가족관계등록법 제57조 제1항 단서).

(2) 모를 특정할 수 없는 경우

모의 성명·등록기준지 및 주민등록번호의 전부 또는 일부를 알 수 없어 모를 특정할 수 없는 경우 또는 모가 공적 서류·증명서·장부 등에 의하여 특정될 수 없는 경우에는 부의 등록기준지 또는 주소지를 관할하는 가정법원의 확인을 받아 부가 혼인 외의 자녀에 대하여 친생자출생의 신고를 할 수 있다(가족관계등록법 제57조 제2항).

(3) 가정법원의 확인절차

① 가정법원은 확인을 위하여 필요한 사항을 직권으로 조사할 수 있고, 지방자치단체, 국가경찰관서 및 행정기관이나 그 밖의 단체 또는 개인에게 필요한 사항을 보고하게 하거나 자료의 제출을 요구할 수 있다(가족관계등록법 제57조 제3항).
② 가족관계등록법 제57조 제1항 단서 및 같은 조 제2항에 따른 가정법원의 확인의 처리절차에 관하여는 비송사건절차법을 준용한다(가족관계등록규칙 제87조의2 제1항 제2호).

(4) 등록부 정정

출생자의 등록부가 작성된 뒤에, ① 출생자가 제3자로부터 「민법」 제844조의 친생자 추정을 받고 있음이 밝혀진 경우 또는 ② 출생자가 대한민국 국적이 아니었음이 밝혀진 경우에는 신고의무자가 1개월 이내에 출생의 신고를 하고 등록부의 정정을 신청하여야 한다. 이 경우 시·읍·면의 장이 확인하여야 한다(가족관계등록법 제57조 제4항, 가족관계등록규칙 제87조의2 제3항).

(5) 가정법원의 확인절차 및 신고 등에 관한 사무처리

> 가족관계등록예규 제614호[「가족관계의 등록 등에 관한 법률」 제57조에 따른 가정법원의 확인절차 및 신고 등에 관한 사무처리지침]
>
> 제2조(신청서의 제출)
> ① 법 제57조 제1항 단서 또는 같은 조 제2항의 가정법원 확인을 신청하려는 부는 등록기준지 또는 주소지 관할 가정법원에 친생자 출생신고를 위한 확인 신청서(별지 제1호 서식)를 제출하여야 한다.
>
> 제3조(가정법원의 심리)
> ① 가정법원은 신청인이 확인 신청 사유가 법 제57조 제1항 단서 또는 같은 조 제2항의 가정법원의 확인을 받을 수 있는 경우에 해당하는지 여부 및 신청인과 사건본인 사이에 혈연관계가 있는지 여부를 확인하여야 한다.
> ② 가정법원은 제1항에 따른 확인을 위하여 필요한 사항을 직권으로 조사할 수 있고, 지방자치단체, 국가경찰관서 및 행정기관이나 그 밖의 단체 또는 개인에게 필요한 사항을 보고하게 하거나 자료의 제출을 요구할 수 있다.

③ 가정법원은 필요하다고 인정할 경우에는 신청인과 사건본인을 심문할 수 있다.
④ 가정법원은 신청서와 첨부서류, 제3항의 심문에 의하여도 사실관계에 의문이 있을 때에는 참고인 심문을 할 수 있다.
⑤ 심문은 공개하지 아니한다. 다만 가정법원은 심문을 공개함이 적정하다고 인정하는 자에게는 방청을 허가할 수 있다.

제4조(친생자출생의 신고)
① 법 제57조 제1항 단서 및 같은 조 제2항에 따라 출생신고를 하는 경우에는 가정법원의 확인서 등본으로 출생증명서를 갈음한다.
② 법 제57조 제2항에 따라 출생신고를 하는 경우 출생장소를 알 수 없는 때에는 출생신고서에 출생장소를 기재하지 않을 수 있다.

제4조의2(친생자출생의 신고 처리)
① 법 제57조 제1항 단서에 따른 적법한 출생신고가 접수된 경우에는 다음 각 호의 방식으로 처리한다.
  1. 제2호 또는 제3호의 경우에 해당하지 않으면 수리 후 출생자의 등록부 작성 시 부와 모를 함께 기록
  2. 출생자가 제3자로부터「민법」제844조의 친생자 추정을 받고 있는 것이 명백한 경우에는 불수리
  3. 출생자가 대한민국 국적이 아님이 명백한 경우에는 수리하되, 특종신고서류편철장에 편철하여 보존
② 법 제57조 제2항에 따른 적법한 출생신고가 접수된 경우에는 수리 후 출생자의 등록부 작성 시 부를 기록한다.

제5조(등록부 정정 신청 등)
① 신고의무자는 법 제57조 제4항 제1호 또는 규칙 제87조의2 제3항에 해당하는 경우에 이를 소명하는 자료를 첨부하여 출생신고 및 등록부 정정을 신청하여야 한다.
② 시·읍·면의 장은 제1항의 경우에 법 제57조 제1항 단서 또는 같은 조 제2항의 출생신고에 의하여 작성된 등록부의 기록과 법 제57조 제4항의 출생신고의 내용이 동일하다고 인정되는 때에는 등록부 정정 신청서 여백에 그 취지를 기재하고 날인하여야 한다.

제6조(등록부 정정 방법 등)
① 법 제57조 제4항의 출생신고를 할 때에는 법 제57조 제1항 단서 또는 같은 조 제2항의 출생신고에 의하여 작성된 가족관계등록부의 등록사항별 증명서를 첨부하게 하고, 출생신고서 양식(「가족관계등록사무의 문서양식에 관한 예규」별지양식 제1호) 중 "기타사항란"에 법 제57조 제4항에 따라 출생신고를 한다는 뜻을 기재하게 하여 수리한다.
② 출생신고를 수리한 시·읍·면의 장이 법 제57조 제4항에 따른 등록부 정정 신청을 받은 때에는, 제5조 제2항에 따라 동일인 여부를 확인한 후 동일인이 틀림없으면 법 제57조 제1항 단서 또는 같은 조 제2항의 출생신고에 의하여 작성된 가족관계등록부를 폐쇄한다.
③ 제2항의 등록부 정정 신청을 할 때에는 법원의 허가를 요하지 아니한다.
④ 모의 인적사항을 알 수 있게 된 경우, 법 제57조 제4항에 해당하지 않는 때에는 모에 관한 사항을 추후보완신고에 의해 등록부에 기록할 수 있다.

제5절 성·본 계속사용신고

1. 의 의

① 혼인 외의 자가 인지된 경우 자는 원칙적으로 부의 성과 본을 따르나, 부모의 협의에 따라 종전의 성과 본을 계속 사용할 수 있다. 다만, 부모가 협의할 수 없거나 협의가 이루어지지 아니한 경우에는 자는 법원의 허가를 받아 종전의 성과 본을 계속 사용할 수 있다(민법 제781조 제5항 참조).
② 인지신고 시 종전의 자녀의 성과 본을 유지할 경우 그 취지와 내용을 인지신고서에 기재하고 그 내용을 증명하는 서면을 첨부하여야 한다. 다만, 가정법원의 성·본 계속사용허가심판이 확정된 때에는 인지신고와 별도로 종전 성·본 계속사용신고를 할 수 있다(가족관계등록법 제55조 참조).

2. 성·본 계속사용신고서의 작성

성·본 계속사용신고에 관한 구체적인 양식은 가족관계등록예규 제642호 양식 제3호에 규정되어 있다.

인지신고

제2편 | 등록사무처리절차

| 제1절 | 서 설 |

| 제2절 | 인지의 종류 |

| 제3절 | 인지신고의 구체적 방법 |

01 다음 신고 중 가족관계의 등록 등에 관한 법률상 유언녹음을 기재한 서면 첨부가 가능한 경우는?

2024년

① 친권자 지정 신고
② 인지신고
③ 친양자의 입양신고
④ 사망신고
⑤ 입양신고

[❷ ▶ O] 유언에 의한 인지의 경우에는 유언집행자는 그 취임일부터 1개월 이내에 인지에 관한 유언서 등본 또는 <u>유언녹음을 기재한 서면</u>을 첨부하여 제55조 또는 제56조에 따라 신고를 하여야 한다(가족관계등록법 제59조).

답 ❷

02 인지(신고)에 관한 다음 설명 중 가장 옳지 않은 것은? 2023년

① 부가 혼인 외의 자녀에 대하여 친생자출생의 신고를 한 때에는 그 신고는 인지의 효력이 있다. 다만, 모가 특정됨에도 불구하고 부가 본문에 따른 신고를 함에 있어 모의 소재불명 또는 모가 정당한 사유 없이 출생신고에 필요한 서류 제출에 협조하지 아니하는 등의 장애가 있는 경우에는 부의 등록기준지 또는 주소지를 관할하는 가정법원의 확인을 받아 신고를 할 수 있다.
② 인지의 재판이 확정된 경우에 소를 제기한 사람은 재판의 확정일부터 1개월 이내에 재판서의 등본 및 확정증명서를 첨부하여 그 취지를 신고하여야 하고, 그 소의 상대방도 위 서류를 첨부하여 인지의 재판이 확정된 취지를 신고할 수 있다.
③ 혼인 외 출생자와 그 부의 법률상의 친자관계는 부의 인지에 의하여서만 발생하는 것이므로 부가 사망한 경우에는 그 사망을 안 날로부터 2년 이내에 검사를 상대로 인지청구의 소를 제기하여야 하고, 생모가 혼인 외 출생자를 상대로 혼인 외 출생자와 사망한 부 사이의 친생자관계존재확인을 구하는 소는 허용될 수 없다.
④ 부가 혼인 외의 자녀에 대하여 친생자출생의 신고를 할 때, 모의 성명·등록기준지 및 주민등록번호의 전부 또는 일부를 알 수 없어 모를 특정할 수 없는 경우 또는 모가 공적 서류·증명서·장부 등에 의하여 특정될 수 없는 경우에는 부의 등록기준지 또는 주소지를 관할하는 가정법원의 확인을 받아 위 신고를 할 수 있다.
⑤ 부가 혼인 외의 자에 대하여 친생자 출생신고를 한 때에는 그 신고는 인지의 효력이 있으므로, 이와 같은 신고로 인한 친자관계의 외관을 배제하는 때에는 인지에 대한 이의의 소 또는 인지무효의 소를 제기하여야 한다.

[❶ ▶ ○] [❹ ▶ ○] 가족관계등록법 제57조 제1항, 제2항

> **가족관계등록법 제57조(친생자출생의 신고에 의한 인지)**
> ① 부가 혼인 외의 자녀에 대하여 친생자출생의 신고를 한 때에는 그 신고는 인지의 효력이 있다. 다만, 모가 특정됨에도 불구하고 부가 본문에 따른 신고를 함에 있어 모의 소재불명 또는 모가 정당한 사유 없이 출생신고에 필요한 서류 제출에 협조하지 아니하는 등의 장애가 있는 경우에는 부의 등록기준지 또는 주소지를 관할하는 가정법원의 확인을 받아 신고를 할 수 있다.
> ② 모의 성명·등록기준지 및 주민등록번호의 전부 또는 일부를 알 수 없어 모를 특정할 수 없는 경우 또는 모가 공적 서류·증명서·장부 등에 의하여 특정될 수 없는 경우에는 부의 등록기준지 또는 주소지를 관할하는 가정법원의 확인을 받아 제1항에 따른 신고를 할 수 있다.

[❷ ▶ ○] 가족관계등록법 제58조 제1항, 제3항

> **가족관계등록법 제58조(재판에 의한 인지)**
> ① 인지의 재판이 확정된 경우에 소를 제기한 사람은 재판의 확정일부터 1개월 이내에 재판서의 등본 및 확정증명서를 첨부하여 그 취지를 신고하여야 한다.
> ③ 제1항의 경우에는 그 소의 상대방도 재판서의 등본 및 확정증명서를 첨부하여 인지의 재판이 확정된 취지를 신고할 수 있다. 이 경우 제2항을 준용한다.

[❸ ▸ O] 혼인 외 출생자의 경우에 모자관계는 인지를 요하지 아니하고 법률상 친자관계가 인정될 수 있지만, 부자관계는 부의 인지에 의하여서만 발생하는 것이므로, 부가 사망한 경우에는 그 사망을 안 날로부터 2년 이내에 검사를 상대로 인지청구의 소를 제기하여야 하고, 생모나 친족 등 이해관계인이 혼인 외 출생자를 상대로 혼인 외 출생자와 사망한 부 사이의 친생자관계존재확인을 구하는 소는 허용될 수 없다(대판 2022.1.27. 2018므11273).

[❺ ▸ ×] 인지에 대한 이의의 소 또는 인지무효의 소는 민법 제855조 제1항, 호적법 제60조의 규정에 의하여 생부 또는 생모가 인지신고를 함으로써 혼인 외의 자를 인지한 경우에 그 효력을 다투기 위한 소송이며, 위 각 법조에 의한 인지신고에 의함이 없이 일반 출생신고에 의하여 호적부상 등재된 친자관계를 다투기 위하여는 위의 각 소송과는 별도로 민법 제865조가 규정하고 있는 친생자관계부존재확인의 소에 의하여야 할 것인바, 호적법 제62조에 부가 혼인 외의 자에 대하여 친생자 출생신고를 한 때에는 그 신고는 인지의 효력이 있는 것으로 규정되어 있으나, <u>그 신고가 인지신고가 아니라 출생신고인 이상 그와 같은 신고로 인한 친자관계의 외관을 배제하고자 하는 때에도 인지에 관련된 소송이 아니라 친생자관계부존재확인의 소를 제기하여야 한다</u>(대판 1993.7.27. 91므306).

답 ❺

제4절 친생자출생신고에 의한 인지

03 다음 설명 중 가장 옳지 않은 것은? 2022년

① 혼인신고가 위법하여 무효인 경우에도 그 무효의 혼인 중의 출생자를 부가 출생신고하여 그 등록부를 작성한 이상 그 사람에 대한 인지의 효력이 있다.
② 외국인 부와 한국인 모 사이에서 출생한 혼인 외의 자, 즉 한국인 자녀에 대해서 모가 출생신고한 후 혼인 외 자의 생모와 외국인 부가 혼인을 하더라도 그것만으로는 외국인 부와 혼인 외의 자 사이에 친자관계가 발생하는 것은 아니다.
③ 한국인 생부와 일본인 모 사이의 혼인 외의 자가 일본에서 출생한 경우에는 한국인의 생부는 인지신고 또는 친생자 출생신고(가족관계의 등록 등에 관한 법률 제57조)를 할 수 있다.
④ 혼인 중의 여자가 다른 남자와의 사이에서 출생한 자녀는 친자관계에 관한 재판을 거치지 않고 다른 남자의 자녀로 출생신고를 할 수 없다.
⑤ 모의 혼인 외의 자로 등록부가 작성된 자가 가족관계등록이 되어 있지 않은 채 사망한 부를 상대(검사를 피고로 한다)로 인지재판을 청구하여 그 판결이 확정된 경우에는 피인지자의 등록부 일반등록사항란에 인지사유를 기록하고 부란에 부의 성명을 기록하여야 한다.

[❶ ▶ ○] 가족관계등록예규 제122호
[❷ ▶ ○] 가족관계등록예규 제592호 4.

> **가족관계등록예규 제592호[한국인 모와 외국인 부 사이에 출생한 혼인 외 자에 대한 인지 및 부모의 혼인에 따른 가족관계등록사무 처리지침]**
> 한국인 모와 외국인 부 사이에 출생한 혼인 외 자는 한국의 국적을 취득(국적법 제2조 제1항 제1호)한 자녀이므로 혼인 외 자에 대한 출생신고의무자인 생모의 출생신고에 의하여 그 자녀의 가족관계등록부를 작성하고, 그 후 외국인인 부가 인지한 경우의 가족관계등록사무처리 절차는 아래와 같다.
> 　4. 유의사항
> 　　　혼인 외 자의 생모와 외국인 부가 후에 혼인을 하더라도 그것만으로는 외국인 부와 혼인 외 자 사이에 친자관계가 발생하는 것은 아니다.

[❸ ▶ ×] 한국인 생부와 일본인 모 사이의 혼인 외의 자가, ㉠ 국내에서 출생한 경우에는 대한민국 영토 내에서 출생한 외국인이므로, 한국인 생부는 인지의 방식으로 인지신고나 친생자 출생신고 중 하나를 선택할 수 있다. 그러나 ㉡ <u>일본에서 출생한 경우에는 외국에서 출생한 외국인에 해당하므로, 한국인 생부는 인지신고를 하여야 하며 친생자 출생신고를 할 수는 없다</u>(가족관계등록선례 제201806-3호).

[❹ ▶ ○] 가족관계등록예규 제412호 제7조
[❺ ▶ ○] 가족관계등록예규 제123호 1.

답 ❸

제5절　성·본 계속사용신고

입양신고

제1절 서 설

입양이란 양자가 되려는 자와 양부모가 되려는 자 사이에 혈연적 친자관계가 없음에도 불구하고 법률적 친자관계를 창설할 것을 목적으로 체결하는 신분법상의 계약을 의미한다. 현행법상 입양은 '민법에 의한 입양'과 '입양특례법에 의한 입양'으로 나뉘고, 민법에 의한 입양은 일반입양과 친양자입양으로 나뉜다.

제2절 민법에 의한 일반입양

1. 입양의 성립요건

(1) 실질적 성립요건

1) 당사자 사이의 입양의 합의

① 입양의 합의란 친자관계를 설정하려는 의사의 합치를 말한다. 자유의사에 의한 것이어야 하며 입양신고시까지 유지되어야 한다.

② 당사자 사이에 입양의 합의가 없으면 무효이고(민법 제883조 제1호), 사기 또는 강박으로 인하여 입양의 의사표시를 한 경우에는 가정법원에 그 취소를 청구할 수 있다(민법 제884조).

2) 양친은 성년자일 것

① 입양을 하려면 양친은 성년에 달하여야 한다(민법 제866조). 성년자이면 기혼·미혼을 불문하고 양친이 될 수 있다.

② 미성년자가 양친이 되는 입양신고는 수리하여서는 아니 되나(민법 제881조), 잘못하여 일단 수리되면 입양무효사유는 아니고 입양취소사유가 된다(민법 제884조).

3) 미성년자 입양에 대한 가정법원의 허가
① 미성년자를 입양하려는 사람은 가정법원의 허가를 받아야 하고, 가정법원은 양자가 될 미성년자의 복리를 위하여 그 양육 상황, 입양의 동기, 양부모(養父母)의 양육능력, 그 밖의 사정을 고려하여 입양의 허가를 하지 아니할 수 있다(민법 제867조).
② 이 요건을 위반한 입양은 입양 무효사유이다(민법 제883조 제2호).
③ 미성년자인 경우 가정법원의 허가를 얻게 한 취지가 자의 보호요건이라는 것을 감안할 때 양친이 한국적, 양자가 일본적인 경우뿐만 아니라 양친이 일본적, 양자가 한국적인 경우(양친의 배우자의 자인 경우 포함)에도 가정법원의 허가를 얻어야 한다(가족관계등록선례 제201310-1호 가.).
④ 미성년자입양허가사건은 가사소송 라류 사건에 해당한다(가사소송법 제2조 제1항 제2호 가목).

4) 부부의 공동입양
① 배우자가 있는 사람은 배우자와 공동으로 입양하여야 한다(민법 제874조 제1항).
② 처가 있는 자가 입양을 함에 있어서 혼자만의 의사로 부부 쌍방 명의의 입양신고를 하여 수리된 경우, 처의 부재 기타 사유로 인하여 공동으로 할 수 없는 때에 해당하는 경우를 제외하고는, 처와 양자가 될 자 사이에서는 입양의 일반요건 중 하나인 당사자 간의 입양합의가 없으므로 입양이 무효가 되고, 한편 처가 있는 자와 양자가 될 자 사이에서는 입양의 일반 요건을 모두 갖추었어도 부부 공동입양의 요건을 갖추지 못하였으므로 처가 그 입양의 취소를 청구할 수 있으나, 그 취소가 이루어지지 않는 한 그들 사이의 입양은 유효하게 존속한다(대판 1998.5.26. 97므25).
③ 배우자의 혼인 중의 출생자를 양자로 하는 때에는 부부 일방에게는 이미 친생자관계가 있으므로 친생자관계 없는 자가 단독으로 입양할 수 있다(호적선례 제3-226호 참조).
④ 민법이 부부공동입양의 원칙을 채택하고 있는 점에 비추어 보면, 법률상 부부가 아닌 사람들이 공동으로 양부모가 되는 것은 허용될 수 없다(대판 1995.1.24. 93므1242).

5) 피성년후견인의 입양
① 피성년후견인은 성년후견인의 동의를 받아 입양을 할 수 있고 양자가 될 수 있다(민법 제873조 제1항).
② 피성년후견인이 입양을 하거나 양자가 되는 경우에는 가정법원의 허가를 받아야 한다(민법 제873조 제2항).
③ 가정법원은 성년후견인이 정당한 이유 없이 동의를 거부하거나 피성년후견인의 부모가 정당한 이유 없이 동의를 거부하는 경우에 그 동의가 없어도 입양을 허가할 수 있다. 이 경우 가정법원은 성년후견인 또는 부모를 심문하여야 한다(민법 제873조 제3항).

6) 미성년자 입양에 대한 법정대리인의 동의 또는 승낙(대락)
① 양자가 될 사람이 13세 이상의 미성년자인 경우에는 법정대리인의 동의를 받아 입양을 승낙한다(민법 제869조 제1항). 이에 위반한 경우는 입양취소사유이다(민법 제884조 제1항 제1호).
② 양자가 될 사람이 13세 미만인 경우에는 법정대리인이 그를 갈음하여 입양을 승낙한다(민법 제869조 제2항). 이에 위반한 경우는 입양무효사유이다(민법 제883조 제2호).

7) 미성년자 입양에 대한 부모의 동의

① 양자가 될 미성년자는 부모의 동의를 받아야 한다. 다만, ㉠ 부모가 제869조 제1항에 따른 동의를 하거나 같은 조 제2항에 따른 승낙을 한 경우, ㉡ 부모가 친권상실의 선고를 받은 경우, ㉢ 부모의 소재를 알 수 없는 등의 사유로 동의를 받을 수 없는 경우에는 그러하지 아니하다(민법 제870조 제1항).

② 이는 양자 측에 관한 요건으로 미성년자를 양자로 입양하려는 경우 양친이 될 자가 가정법원의 허가를 받아야 하는 민법 제867조의 요건과 구별하여야 한다.

8) 성년자 입양에 대한 부모의 동의

양자가 될 사람이 성년인 경우에는 부모의 동의를 받아야 한다. 다만, 부모의 소재를 알 수 없는 등의 사유로 동의를 받을 수 없는 경우에는 그러하지 아니하다(민법 제871조 제1항).

9) 양자는 양친의 존속 또는 연장자가 아닐 것

존속이나 연장자를 입양할 수 없다(민법 제877조). 이에 위반한 입양은 무효이다(민법 제883조 제2호).

10) 배우자가 있는 사람이 양자가 될 때

배우자가 있는 사람은 그 배우자의 동의를 받아야만 양자가 될 수 있다(민법 제874조 제2항). 이에 위반한 경우는 입양취소사유이다(민법 제884조 제1항 제1호).

(2) 형식적 성립요건

① 입양은 「가족관계의 등록 등에 관한 법률」에서 정한 바에 따라 신고함으로써 그 효력이 생긴다(민법 제878조).

② 양자가 13세 미만인 경우에는 「민법」 제869조 제2항에 따라 입양을 승낙한 법정대리인이 신고하여야 한다(가족관계등록법 제62조 제1항).

③ 출생신고에 의한 입양도 가능하다.

> **[입양이 유효한 경우 친생자관계부존재확인의 소의 적부]**
> 친생자로 출생신고를 한 것이 입양신고로서의 기능을 발휘하여 입양의 효력이 발생하였다면 파양에 의하여 양친자관계를 해소할 필요가 있는 등의 특별한 사정이 없는 한, 호적의 기재를 말소하여 법률상 친자관계의 존재를 부정하게 되는 친생자관계부존재확인의 소는 확인의 이익이 없는 것으로서 부적법하다(대판[전합] 1994.5.24. 93므119).
>
> **[당사자가 입양의 의사로 친생자 출생신고를 한 경우, 입양신고로서의 효력이 발생하기 위한 요건]**
> 당사자가 입양의 의사로 친생자 출생신고를 하고 거기에 입양의 실질적 요건이 구비되어 있다면 그 형식에 다소 잘못이 있더라도 입양의 효력이 발생하고, 이 경우의 허위의 친생자 출생신고는 법률상의 친자관계인 양친자관계를 공시하는 입양신고의 기능을 하게 되는 것인데, 여기서 입양의 실질적 요건이 구비되어 있다고 하기 위하여는 입양의 합의가 있을 것, 15세 미만자는 법정대리인의 대락이 있을 것, 양자는 양부모의 존속 또는 연장자가 아닐 것 등 민법 제883조 각 호 소정의 입양의 무효사유가 없어야 함은 물론 감호·양육 등 양친자로서의 신분적 생활사실이 반드시 수반되어야 하는 것으로서, 입양의 의사로 친생자 출생신고를 하였다 하더라도 위와 같은 요건을 갖추지 못한 경우에는 입양신고로서의 효력이 생기지 아니한다(대판 2000.6.9. 99므1633).

> **[친생자 출생신고 당시 입양의 실질적 요건을 갖추지 못하여 입양신고로서의 효력이 생기지 아니하였으나 그 후에 입양의 실질적 요건을 갖추게 된 경우, 무효인 친생자 출생신고가 소급적으로 입양신고로서의 효력을 갖게 되는지 여부]**
>
> 친생자 출생신고 당시 입양의 실질적 요건을 갖추지 못하여 입양신고로서의 효력이 생기지 아니하였더라도 그 후에 입양의 실질적 요건을 갖추게 된 경우에는 무효인 친생자 출생신고는 소급적으로 입양신고로서의 효력을 갖게 된다고 할 것이나 민법 제139조 본문이 무효인 법률행위는 추인하여도 그 효력이 생기지 않는다고 규정하고 있음에도 불구하고 입양 등의 신분행위에 관하여 이 규정을 적용하지 아니하고 추인에 의하여 소급적 효력을 인정하는 것은 무효인 신분행위 후 그 내용에 맞는 신분관계가 실질적으로 형성되어 쌍방 당사자가 이의 없이 그 신분관계를 계속하여 왔다면, 그 신고가 부적법하다는 이유로 이미 형성되어 있는 신분관계의 효력을 부인하는 것은 당사자의 의사에 반하고 그 이익을 해칠 뿐만 아니라, 그 실질적 신분관계의 외형과 호적의 기재를 믿은 제3자의 이익도 침해할 우려가 있기 때문에 추인에 의하여 소급적으로 신분행위의 효력을 인정함으로써 신분관계의 형성이라는 신분관계의 본질적 요소를 보호하는 것이 타당하다는 데에 그 근거가 있다고 할 것이므로, 당사자 간에 무효인 신고행위에 상응하는 신분관계가 실질적으로 형성되어 있지 아니한 경우에는 무효인 신분행위에 대한 추인의 의사표시만으로 그 무효행위의 효력을 인정할 수 없다(대판 2000.6.9. 99므1633).

2. 입양의 효과

① 양자는 입양된 때부터 양부모의 친생자와 같은 지위를 가지며, 양자의 입양 전의 친족관계는 존속한다(민법 제882조의2).

② 부모는 미성년자인 자의 친권자가 되나, 양자의 경우에는 양부모(養父母)가 친권자가 된다(민법 제909조 제1항).

③ 양자와 양부모 및 그 혈족, 인척 사이의 친계와 촌수는 입양한 때로부터 혼인 중의 출생자와 동일한 것으로 본다(민법 제772조 제1항).

3. 입양신고

(1) 입양신고인

① 입양신고는 창설적 신고이므로 신고의무자는 없고 신고적격자인 입양당사자 양친과 양자가 함께 신고함으로써 그 효력이 생긴다. 다만, 양자가 13세 미만인 때에는 입양을 승낙한 법정대리인과 양친이 신고하여야 한다(가족관계등록예규 제415호 제6조 제1항).

② 위 ①에도 불구하고 민법 제869조 제3항에 따라 가정법원이 법정대리인의 승낙 없이 입양을 허가한 경우에는 그 사유를 소명하는 자료를 첨부하여 양친이 신고할 수 있다(가족관계등록예규 제415호 제6조 제2항).

(2) 신고기간 및 장소

① 입양신고는 신고에 의하여 효력이 생기는 창설적 신고이므로 신고기간이 없다.

② 입양신고는 신고사건 본인의 등록기준지 또는 신고인의 주소지나 현재지 시(구)·읍·면의 사무소에서 할 수 있다. 다만, 재외국민에 관한 신고는 재외국민 가족관계등록사무소에서도 할 수 있다(가족관계등록법 제20조 제1항).

4. 입양신고서의 작성

(1) 기재사항

> **입양신고의 기재사항(가족관계등록법 제61조)**
> 입양의 신고서에는 다음 사항을 기재하여야 한다.
> 1. 당사자의 성명·본·출생연월일·주민등록번호·등록기준지(당사자가 외국인인 때에는 그 성명·출생연월일·국적 및 외국인등록번호) 및 양자의 성별
> 2. 양자의 친생부모의 성명·주민등록번호 및 등록기준지

(2) 첨부서류

1) 입양동의서

① 양자가 될 사람이 성년인 때에는 부모의 동의를 받거나 이에 갈음하는 가정법원의 심판서를 첨부하여야 한다. 다만 부모의 소재를 알 수 없는 등의 사유로 동의를 받을 수 없는 경우에는 그 사유를 소명하는 자료를 첨부하여야 한다(가족관계등록예규 제415호 제3조).

② 배우자가 있는 사람은 배우자의 동의를 받아야만 양자가 될 수 있으므로, 그 배우자의 동의서를 첨부하여야 한다. 이 경우 동의나 승낙을 한 사람으로 하여금 신고서에 그 사유를 적고 서명 또는 기명날인하게 함으로써 그 서면의 첨부를 갈음할 수 있다(가족관계등록법 제32조 제1항).

2) 가정법원의 허가서 등본 및 확정증명서

① 양자가 될 사람이 미성년자인 때에는 입양에 대한 가정법원의 허가서 등본 및 확정증명서를 첨부하여야 한다(가족관계등록예규 제415호 제2조).

② 피성년후견인이 입양을 하거나 양자가 되는 때에는 가정법원의 허가서 등본 및 확정증명서를 첨부하여야 한다(가족관계등록예규 제415호 제4조).

3) 가정법원의 심판서

「민법」 제871조 제2항에 따라 부모의 동의를 갈음하는 심판이 있는 경우에는 가정법원의 심판서를 첨부하여야 한다(가족관계등록법 제62조 제3항).

5. 등록부의 기록

① 입양신고가 수리되면, 양친 및 양자의 각 등록부 특정등록사항란에는 서로의 특정등록사항을 기록하고, 일반등록사항란에는 입양사유를 기록한다. 이때 입양사유는 양친과 양자의 가족관계등록부에 모두 기록하여야 한다(가족관계등록예규 제415호 제7조 제1항).

② 민법에 따르면 양자로 될 사람에게 배우자가 있는 경우에도 공동입양을 하지 않고 배우자의 동의를 받아 단독으로 양자가 될 수 있으므로, 양자가 그 배우자의 동의를 받아 단독으로 입양된 경우에는 배우자의 가족관계등록부에는 입양사유를 기록하지 않는다(가족관계등록예규 제415호 제7조 제2항).

③ 양자가 입양된 경우라도 친생부모의 등록부 특정등록사항란에서 자녀의 특정등록사항란을 말소하여서는 안 된다.

제3절　입양특례법에 의한 입양

1. 제도의 취지

입양특례법은 요보호아동의 입양(入養)에 관한 요건 및 절차 등에 대한 특례와 지원에 필요한 사항을 정함으로써 양자(養子)가 되는 아동의 권익과 복지를 증진하는 것을 목적으로 제정되었다.

2. 민법상 입양제도에 대한 특례

① 양친이 될 자격을 제한함과 동시에 양자가 될 자도 18세 미만의 자로서 입양특례법 제9조에 규정된 자로 한정된다.
② 국내입양과 국외입양을 불문하고 가정법원의 허가를 요한다.
③ 입양된 아동은 민법상 친양자와 동일한 지위를 가진다.

제4절　파양·입양 무효 및 취소

1. 서 설

① 입양으로 인한 친족관계는 입양의 취소 또는 파양으로 인하여 종료한다(민법 제776조). 민법상 파양에는 협의상 파양과 재판상 파양이 있다.
② 양친자 관계는 당사자 일방이 사망하더라도 해소되지 않는다.
③ 처도 부와 마찬가지로 입양당사자가 되기 때문에 양부모가 이혼하였다고 하여 양모를 양부와 다르게 취급하여 양모자관계만 소멸한다고 볼 수는 없다(대판[전합] 2001.5.24. 2000므1493).

2. 파 양

(1) 협의상 파양

1) 실질적 요건

① 양부모와 양자는 협의하여 파양할 수 있다. 다만, 양자가 미성년자 또는 피성년후견인인 경우에는 협의상 파양이 허용되지 않고, 재판상 파양만 허용된다(민법 제898조). 따라서 양자가 미성년자이거나 피성년후견인인 때에는 협의상 파양을 할 수 없으므로 그 신고를 수리해서는 안 된다(가족관계등록예규 제415호 제5조 제1항).
② 양부모가 피성년후견인인 경우에는 성년후견인의 동의를 받아 파양을 협의할 수 있다(민법 제902조 참조).

③ 양친이 부부일 때는 공동으로 파양을 해야 하고, 양자에게 배우자가 있는 경우에는 다른 일방의 동의를 얻어야 한다.
④ 양친 부부 중 일방이 사망하거나 또는 양친이 이혼한 때에는 부부의 공동파양의 원칙이 적용될 여지가 없다고 할 것이고, 따라서 양부가 사망한 때에는 양모는 단독으로 양자와 협의상 또는 재판상 파양을 할 수 있으되 이는 양부와 양자 사이의 양친자관계에 영향을 미칠 수 없는 것이고, 또 양모가 사망한 양부에 갈음하거나 또는 양부를 위하여 파양을 할 수는 없다(대판 2001.8.21. 99므2230).

2) 형식적 요건

① 협의상 파양은 「가족관계의 등록 등에 관한 법률」에서 정한 바에 따라 신고함으로써 그 효력이 생긴다(민법 제904조, 제878조).
② 피성년후견인인 양부모가 협의상 파양을 하는 경우에는 성년후견인의 동의서를 첨부하여야 한다(가족관계등록예규 제415호 제5조 제2항).
③ 협의상 파양신고는 창설적 신고이므로 신고의무자는 없고 신고적격자가 있을 뿐이다. 이때 신고적격자는 파양당사자인 양친 및 양자이다.

(2) 재판상 파양

> **재판상 파양의 원인(민법 제905조)**
> 양부모, 양자 또는 제906조에 따른 청구권자는 다음 각 호의 어느 하나에 해당하는 경우에는 가정법원에 파양을 청구할 수 있다.
> 1. 양부모가 양자를 학대 또는 유기하거나 그 밖에 양자의 복리를 현저히 해친 경우
> 2. 양부모가 양자로부터 심히 부당한 대우를 받은 경우
> 3. 양부모나 양자의 생사가 3년 이상 분명하지 아니한 경우
> 4. 그 밖에 양친자관계를 계속하기 어려운 중대한 사유가 있는 경우

① 재판상 파양의 소를 제기한 사람이 신고의무자이며, 그 상대방은 신고적격자이다(가족관계등록법 제66조, 제58조). 소 제기자가 사망한 때에 그 사람의 배우자 또는 4촌 이내의 친족이 신고를 할 수 있다(가족관계등록예규 제85호).
② 재판상 파양은 나류 사건이므로 조정을 거쳐야 한다(가사소송법 제50조 제1항).

(3) 파양의 효과

① 협의상 파양이나 재판상 파양이 성립하면 양부모와 양자 사이의 양친자관계를 비롯한 친족관계는 모두 소멸한다(민법 제776조). 즉, 파양의 효과는 장래효를 가진다.
② 입양된 미성년자가 여전히 미성년자인 때에 파양이 되었다면 「민법」 제909조의2에 따라 친권자, 미성년후견인 또는 그 임무대행자를 지정하거나 선임하는 재판을 다시 받아야 한다(가족관계등록예규 제374호 제11조 제2항).

3. 입양의 무효 및 취소

(1) 입양의 무효

① 입양무효의 원인은 ㉠ 당사자 사이에 입양의 합의가 없는 경우, ㉡ 미성년자를 입양하려는 사람이 가정법원의 허가를 받지 않고 입양한 경우, ㉢ 피성년후견인이 입양을 하거나 양자가 되면서 가정법원의 허가를 받지 않은 경우, ㉣ 양자가 될 사람이 13세 미만인 경우에 법정대리인의 입양승낙을 받지 않은 경우, ㉤ 존속이나 연장자를 양자로 한 경우이다(민법 제883조).

② 입양이 무효로 되면 입양은 소급하여 효력이 없으며, 입양으로 발생한 친족관계는 소멸한다.

(2) 입양의 취소

① 입양 취소의 원인은 다음과 같다(민법 제884조 제1항).
   ㉠ 미성년자가 입양을 한 경우(민법 제866조)
   ㉡ 양자가 될 사람이 13세 이상의 미성년자인 경우에 법정대리인의 동의를 받지 않은 경우(민법 제869조 제1항),
   ㉢ 법정대리인의 소재를 알 수 있는데도 알 수 없다고 하는 등의 사유로 가정법원의 허가를 받은 경우(민법 제869조 제3항 제2호)
   ㉣ 양자가 될 미성년자가 부모의 동의를 받지 않은 경우(민법 제870조 제1항)
   ㉤ 양자가 될 성년자가 부모의 동의를 받지 않은 경우(민법 제871조 제1항)
   ㉥ 피성년후견인이 입양을 하거나 양자가 되면서 성년후견인의 동의를 받지 않은 경우(민법 제873조 제1항)
   ㉦ 부부공동입양의 원칙을 위반하거나 배우자 있는 사람이 양자가 되면서 배우자의 동의를 받지 않은 경우(민법 제874조)
   ㉧ 입양 당시 양부모와 양자 중 어느 한 쪽에게 악질(惡疾)이나 그 밖에 중대한 사유가 있음을 알지 못한 경우
   ㉨ 사기 또는 강박으로 인하여 입양의 의사표시를 한 경우

② 입양으로 인한 친족관계는 입양의 취소로 인하여 종료한다(민법 제776조). 다만, 입양이 취소되더라도 그 효력이 입양성립일에 소급하지 않고 장래효만 가진다(민법 제897조, 제824조).

입양신고

제1절 서 설

제2절 민법에 의한 일반입양

01 입양신고 및 가족관계증명서에 관한 다음 설명 중 가장 옳지 않은 것은? 2020년

① 민법 제871조 제2항에 따라 부모의 동의를 갈음하는 심판이 있는 경우에는 가정법원의 심판서를 첨부하여야 한다.
② 양자가 13세 미만인 경우에는 민법 제869조 제2항에 따라 입양을 승낙한 법정대리인이 신고하여야 한다. 다만, 양자 본인이 신고를 하여도 된다.
③ 양부모의 가족관계증명서에는 친생자와 양자 모두 자녀로 기재된다.
④ 외국인이 양부 또는 양모로 기재된 입양신고도 수리될 수 있다.
⑤ 단독입양한 양부가 친생모와 혼인관계에 있는 때라면, 양자의 가족관계증명서에는 양부와 친생모가 부모로 기재된다.

[❶ ▶ ○] 민법 제871조 제2항에 따라 부모의 동의를 갈음하는 심판이 있는 경우에는 가정법원의 심판서를 첨부하여야 한다(가족관계등록법 제62조 제3항).
[❷ ▶ ×] 양자가 13세 미만인 경우에는 민법 제869조 제2항에 따라 입양을 승낙한 <u>법정대리인이 신고하여야 한다</u>(가족관계등록법 제62조 제1항).

> **가족관계등록예규 제415호[입양 및 파양신고에 관한 사무처리지침]**
> **제6조(입양신고인 등)**
> ① 입양신고는 입양당사자인 양친과 양자가 함께 신고함으로써 그 효력이 생긴다. 다만, 양자가 13세 미만인 때에는 민법 제869조 제2항에 따라 입양을 승낙한 <u>법정대리인과 양친이 신고하여야 한다</u>.
> ② 제1항에도 불구하고 민법 제869조 제3항에 따라 가정법원이 법정대리인의 승낙 없이 입양을 허가한 경우에는 그 사유를 소명하는 자료를 첨부하여 양친이 신고할 수 있다.

[❸ ▶ ○]　가족관계증명서는 본인을 기준으로 하여 부모, 배우자 및 자녀(친생자와 양자를 구별하지 아니하고 모두 자녀로 기재된다) 등을 나타내는 증명서이다.

[❹ ▶ ○]　입양신고서에 당사자가 외국인인 때에는 그 성명·출생연월일·국적 및 외국인등록번호를 기재하여야 하므로 국제입양의 성립요건을 갖추면 외국인이 양부 또는 양모로 기재된 입양신고도 수리될 수 있다(가족관계등록법 제61조 제1호 참조).

> **가족관계등록법 제61조(입양신고의 기재사항)**
> 입양의 신고서에는 다음 사항을 기재하여야 한다.
> 1. 당사자의 성명·본·출생연월일·주민등록번호·등록기준지(당사자가 외국인인 때에는 그 성명·출생연월일·국적 및 외국인등록번호) 및 양자의 성별
> 2. 양자의 친생부모의 성명·주민등록번호 및 등록기준지

[❺ ▶ ○]　가족관계등록법 제15조 제2항 제1호 나목

> **가족관계등록법 제15조(증명서의 종류 및 기록사항)**
> ② 제1항 각 호의 증명서에 대한 일반증명서의 기재사항은 다음 각 호와 같다.
> 1. 가족관계증명서
>   가. 본인의 등록기준지·성명·성별·본·출생연월일 및 주민등록번호
>   나. 부모의 성명·성별·본·출생연월일 및 주민등록번호(입양의 경우 양부모를 부모로 기록한다. 다만, 단독입양한 양부가 친생모와 혼인관계에 있는 때에는 양부와 친생모를, 단독입양한 양모가 친생부와 혼인관계에 있는 때에는 양모와 친생부를 각각 부모로 기록한다)
>   다. 배우자, 생존한 현재의 혼인 중의 자녀의 성명·성별·본·출생연월일 및 주민등록번호

답 ❷

제3절　입양특례법에 의한 입양

제4절　파양·입양 무효 및 취소

친양자입양신고

제1절 서 설

1. 의 의

친양자 입양이란 법률상 친생부모와의 친자관계를 단절시키고 양친의 혼인 중 출생자로 되는 입양을 말한다. 친양자제도는 복지형 양자제도로 2005년 개정민법에 의해 2008.1.1.부터 시행되었다.

2. 일반입양제도와 비교

구 분	일반 입양	친양자 입양
입양의 성립	협 의	재 판
양자의 성·본	친생부모의 성·본 유지	양친의 성·본으로 변경
친생부모와의 관계	친자관계 유지	친자관계 단절

제2절 친양자 입양

1. 친양자 입양의 성립요건

(1) 일정한 요건을 갖춘 청구

친양자(親養子)를 입양하려는 사람은 다음의 요건을 갖추어 가정법원에 친양자 입양을 청구하여야 한다(민법 제908조의2 제1항).
① 3년 이상 혼인 중인 부부로서 공동으로 입양할 것. 다만, 1년 이상 혼인 중인 부부의 한 쪽이 그 배우자의 친생자를 친양자로 하는 경우에는 그러하지 아니하다.
② 친양자가 될 사람이 미성년자일 것(나이제한에 어떠한 예외도 인정되지 아니한다)

③ 친양자가 될 사람의 친생부모가 친양자 입양에 동의할 것. 다만, 부모가 친권상실의 선고를 받거나 소재를 알 수 없거나 그 밖의 사유로 동의할 수 없는 경우에는 그러하지 아니하다.
④ 친양자가 될 사람이 13세 이상인 경우에는 법정대리인의 동의를 받아 입양을 승낙할 것
⑤ 친양자가 될 사람이 13세 미만인 경우에는 법정대리인이 그를 갈음하여 입양을 승낙할 것

(2) 가정법원의 친양자 입양 허가

① 가정법원은 ㉠ 법정대리인이 정당한 이유 없이 동의 또는 승낙을 거부하는 경우(다만, 법정대리인이 친권자인 경우에는 ㉡ 또는 ㉢의 사유가 있어야 한다), ㉡ 친생부모가 자신에게 책임이 있는 사유로 3년 이상 자녀에 대한 부양의무를 이행하지 아니하고 면접교섭을 하지 아니한 경우, ㉢ 친생부모가 자녀를 학대 또는 유기하거나 그 밖에 자녀의 복리를 현저히 해친 경우에는 친생부모의 동의 또는 법정대리인의 동의·승낙이 없어도 청구를 인용할 수 있다. 이 경우 가정법원은 동의권자 또는 승낙권자를 심문하여야 한다(민법 제908조의2 제2항).
② 가정법원은 친양자가 될 사람의 복리를 위하여 그 양육상황, 친양자 입양의 동기, 양부모의 양육능력, 그 밖의 사정을 고려하여 친양자 입양이 적당하지 아니하다고 인정하는 경우에는 친양자 입양의 청구를 기각할 수 있다(민법 제908조의2 제3항).
③ 친양자입양허가사건은 가사비송 라류사건에 해당한다(가사소송법 제2조 제2호 가목).
④ 친양자 입양을 허가하는 심판은 당사자와 절차에 참가한 이해관계인 이외에 친양자가 될 사람의 친생부모와 친양자가 될 사람의 법정대리인에게도 고지하여야 한다(가사소송규칙 제62조의4).
⑤ 친양자 입양을 허가하는 심판에 대하여는 친양자 입양에 대하여 의견진술권을 가지는 자(양부모가 될 사람은 제외)가 즉시항고를 할 수 있다(가사소송규칙 제62조의5).

(3) 양자 또는 제3자의 친양자를 친양자 입양할 수 있는지 여부

1) 양자인 경우

일반입양된 후 입양관계의 해소 없이 가정법원에 친양자 입양을 청구할 수 있다. 본인의 양자 뿐만 아니라 제3자의 양자도 친양자 입양을 청구할 수 있다(가족관계등록예규 제373호 제7조, 제13조 참조).

2) 제3자의 친양자인 경우

현행 민법상 친양자 입양 전의 친족관계는 친양자 입양이 확정된 때에 종료하게 되는바, 이는 사안의 경우처럼 병남과 정녀 간 친양자 파양 없이 무남이 정녀에 대하여 새로이 친양자 입양을 허가하는 재판을 받아 그 재판만 확정된 때에도 마찬가지라고 할 것이다. 따라서 무남이 해당 친양자입양신고를 하여 그 신고가 수리된 이상, 친양자 정녀의 가족관계증명서상 부로 새로운 양부 무남만 기재되어야 하고, 종전 양부 병남은 말소되어야 할 것이다(가족관계등록선례 제201706-1호).

2. 친양자 입양의 효력

(1) 양친의 혼인 중의 자로 간주
① 친양자는 부부의 혼인 중 출생자로 본다(민법 제908조의3 제1항).
② 친양자의 성·본은 양친의 성·본으로 변경된다. 원칙적으로 양부의 성·본으로 변경되나, 만약 양부와 양모가 혼인신고 시 모의 성과 본을 따르기로 협의한 경우에는 모의 성과 본을 따른다(민법 제781조 제1항, 가족관계등록예규 제373호 제4조).

(2) 친양자 입양 전의 친족관계 종료
① 양자의 입양 전의 친족관계는 친양자 입양이 확정된 때에 종료한다(민법 제908조의3 제2항 본문). 따라서 양자가 친생부모에 대해서 부양의무, 상속권 등을 부담하거나 갖지 않는다.
② 다만, 부부의 일방이 그 배우자의 친생자를 단독으로 입양한 경우에 있어서의 배우자 및 그 친족과 친생자 간의 친족관계는 그러하지 아니하다(민법 제908조의3 제2항 단서).

(3) 장래효
친양자 입양은 그 허가 심판이 확정된 때부터 장래를 향하여 발생한다.

3. 친양자 입양신고

① 민법 제908조의2에 따라 친양자를 입양하고자 하는 사람은 친양자 입양재판의 확정일부터 1개월 이내에 재판서의 등본 및 확정증명서를 첨부하여 친양자입양신고를 하여야 한다(가족관계등록법 제67조 제1항). 그 상대방도 신고적격자로서 신고할 수 있다(가족관계등록법 제68조, 제58조).
② 이 신고서에는 재판확정일을 기재하여야 한다(가족관계등록법 제67조 제2항).
③ 친양자 입양신고의 장소에 관하여 특별한 규정이 없으므로 신고사건 본인의 등록기준지 또는 신고인의 주소지나 현재지 시(구)·읍·면의 사무소에서 할 수 있다. 다만, 재외국민에 관한 신고는 재외국민 가족관계등록사무소에서도 할 수 있다(가족관계등록법 제20조 제1항).

4. 친양자 입양의 사무처리

> **가족관계등록예규 제373호[친양자 입양재판에 따른 사무처리지침]**
> **제2장 친양자 입양**
> **제3조(친양자의 가족관계등록부)**
> ① 제2조의 친양자 입양신고가 있는 경우 시(구)·읍·면의 장은 <u>친양자의 가족관계등록부를 폐쇄하고 친양자에 대하여 가족관계등록부를 재작성하여야 한다</u>. 이때 폐쇄되는 가족관계등록부의 친양자 본인의 성명란에 "친입양"문언이 표시되도록 하여야 한다.
> ② 친양자의 가족관계등록부를 재작성함에 있어서 친양자의 폐쇄된 가족관계등록부의 <u>가족관계등록부사항란 및 일반등록사항란에 기록된 사항만을 전부 이기하는 것을 원칙으로 한다</u>. 다만, 인지, 친권, 미성년후견, 성본변경, 친양자 입양한 양부 또는 양모의 배우자가 아닌 친생부모에 관한 가족관계증명서의 정정사항의 기록은 이기하지 아니한다. 친권자지정 또는 미성년후견인지정의 기록이 있는 경우 친권 또는 미성년후견종료의 기록 후 이기하지 아니한다.

③ 시(구)·읍·면의 장은 친양자의 가족관계등록부의 부모란에는 양부모의 성명 등 특정등록사항을 기록하여야 하며, 친생부모란에 친생부모의 성명 등 특정등록사항을 기록하여야 한다. 또한 친생부모란은 친양자입양관계증명서에만 현출되도록 하여야 한다.
④ 제1항에 따라 폐쇄된 친양자의 가족관계등록부에 대한 등록사항별 증명서의 발급은 제15조의 요건을 충족하는 경우 이외에는 허용되지 않는다.

제4조(친양자의 성과 본)
제3조에 따라 친양자의 가족관계등록부를 재작성함에 있어서 친양자는 양부의 성과 본을 따른다. 다만, 양부모가 혼인신고 시 자녀가 모의 성과 본을 따르기로 협의한 경우에는 모의 성과 본을 따른다.

제5조(친생부모의 가족관계등록부에 대한 기록)
① 시(구)·읍·면의 장은 친생부모의 가족관계등록부의 자녀란에서 친양자 입양된 자녀를 말소하여 가족관계증명서에 현출되지 않도록 하여야 한다.
② 제1항의 말소사유는 일반등록사항란에 기록하되 친양자 입양관계증명서에 현출되도록 하여야 한다.

제6조(양부모의 가족관계등록부에 대한 기록)
① 시(구)·읍·면의 장은 친양자 입양을 한 양부모의 가족관계등록부에 친양자입양사유를 기록하고, 친양자의 성명 등 특정등록사항을 기록하여 가족관계증명서에는 친양자가 자녀로, 친양자입양관계증명서에는 친양자로 현출되도록 하여야 한다.
② 친양자 입양사유는 친양자입양관계증명서에 현출되도록 하여야 한다.

제7조(양자가 친양자로 입양된 경우)
① 「민법」 제866조부터 제882조의2까지에 따라 입양(이하 "일반입양"이라 한다)된 양자가 다시 친양자로 입양이 되는 경우에는 친양자의 가족관계등록부 및 일반입양을 한 양부모의 가족관계등록부에 입양종료사유를 기록하고 그 사유는 입양관계증명서의 일반등록사항란에 현출되도록 하여야 한다.
② 친양자 입양으로 인한 입양종료사유를 기록할 때에는 일반입양을 한 양부모의 가족관계등록부의 자녀란 및 양자란에서 친양자로 입양된 자녀를 말소하여 가족관계증명서에 현출되지 않도록 하여야 한다. 또한 양자의 가족관계등록부에서 친생부모와 일반입양의 양부모의 특정등록사항을 말소하고 친양자 입양의 양부모의 성명 등 특정등록사항을 기록한다.
③ 친생부모의 가족관계등록부 및 친양자 입양을 한 양부모의 가족관계등록부에 대한 기록은 제5조와 제6조를 따른다.
④ 일반입양된 양자가 친양자로 입양이 되는 경우에 친양자의 가족관계등록부는 제3조와 제4조에 따라 재작성하여야 하고, 재작성시 일반입양에 관한 기록도 이기하지 아니한다.

제5장 폐쇄등록부의 기록에 관한 특례
제16조(폐쇄등록부에 대한 기록)
사망, 부재(실종)선고의 사유로 등록부가 폐쇄되었고 그 이후 등록부가 폐쇄된 사람의 자녀가 친양자 입양되었을 경우에는, 그 폐쇄등록부에 친양자 입양으로 자녀가 말소된 사유를 기록하여야 한다.

제3절 친양자 파양 및 입양취소

1. 친양자 파양

(1) 의 의

친양자 파양이란 유효하게 성립한 친양자관계를 해소하는 것으로서, 협의상 친양자 파양은 인정하지 않고, 민법이 정한 일정한 사유가 있는 경우에만 제한적으로 재판상 친양자 파양을 인정하고 있다. 즉, 민법 제898조(협의상 파양), 제905조(재판상 파양의 원인)의 규정은 친양자의 파양에 관하여 이를 적용하지 아니한다(민법 제908조의5 제2항).

(2) 내 용

1) 청구권자 및 친양자 파양의 원인

양친, 친양자, 친생의 부 또는 모나 검사는 ① 양친이 친양자를 학대 또는 유기(遺棄)하거나 그 밖에 친양자의 복리를 현저히 해하는 때 또는 ② 친양자의 양친에 대한 패륜(悖倫)행위로 인하여 친양자관계를 유지시킬 수 없게 된 때에는 가정법원에 친양자의 파양을 청구할 수 있다(민법 제908조의5 제1항).

2) 친양자 파양의 재판

① 가정법원은 친양자가 될 사람의 복리를 위하여 그 양육상황, 친양자 파양의 동기, 양부모의 양육능력, 그 밖의 사정을 고려하여 친양자 파양이 적당하지 아니하다고 인정하는 경우에는 친양자 파양의 청구를 기각할 수 있다(민법 제908조의6, 제908조의2 제3항).
② 친양자 파양 사건은 가사소송 나류사건이며(가사소송법 제2조 제1항 제1호 나목), 조정전치주의가 적용된다(가사소송법 제50조).

3) 친양자 파양의 효과

친양자 파양된 때에는 친양자관계는 소멸하고 입양 전의 친족관계는 부활한다(민법 제908조의7 제1항). 따라서 친양자의 성·본도 원래의 성·본으로 변경된다.

4) 신 고

> **친양자의 파양신고(가족관계등록법 제69조)**
> ① 「민법」 제908조의5에 따라 친양자 파양의 재판이 확정된 경우 소를 제기한 사람은 재판의 확정일부터 1개월 이내에 재판서의 등본 및 확정증명서를 첨부하여 제63조의 신고를 하여야 한다.
> ② 제1항의 신고서에는 재판확정일을 기재하여야 한다.
> ③ 제1항의 경우에는 그 소의 상대방도 재판서의 등본 및 확정증명서를 첨부하여 친양자 파양의 재판이 확정된 취지를 신고할 수 있다. 이 경우 제2항을 준용한다.

2. 친양자 입양의 취소

(1) 의 의

친양자 입양취소란 이미 성립한 친양자 입양에 어떠한 하자가 있을 경우 장래에 향하여 입양의 효력을 소멸시키는 것을 말한다. 친양자 입양은 가정법원의 허가를 통해 이루어지므로 보통의 입양의 무효나 취소의 규정은 친양자 입양에는 적용하지 않는다(민법 제908조의4 제2항).

(2) 내 용

1) 친양자 취소의 원인

친양자로 될 사람의 친생의 아버지 또는 어머니는 자신에게 책임이 없는 사유로 인하여 친양자 입양에 동의를 할 수 없었던 경우에 친양자 입양의 사실을 안 날부터 6개월 안에 가정법원에 친양자 입양의 취소를 청구할 수 있다(민법 제908조의4 제1항).

2) 친양자 입양취소의 재판

① 가정법원은 친양자가 될 사람의 복리를 위하여 그 양육상황, 친양자 입양의 동기, 양부모의 양육능력, 그 밖의 사정을 고려하여 친양자 입양취소가 적당하지 아니하다고 인정하는 경우에는 친양자 입양취소의 청구를 기각할 수 있다(민법 제908조의6, 제908조의2 제3항).

② 친양자 입양취소 사건은 가사소송 나류사건이며(가사소송법 제2조 제1항 제1호 나목), 조정전치주의가 적용된다(가사소송법 제50조).

3) 친양자 입양취소의 효과

① 친양자 입양이 취소된 때에는 친양자관계는 소멸하고 입양 전의 친족관계는 부활한다(민법 제908조의7 제1항). 따라서 친양자의 성·본도 원래의 성·본으로 변경된다.

② 친양자 입양의 취소의 효력은 소급하지 아니한다(민법 제908조의7 제2항).

4) 신 고

민법 제908조의4에 따라 친양자 입양취소의 재판이 확정된 경우 소를 제기한 사람은 재판의 확정일부터 1개월 이내에 재판서의 등본 및 확정증명서를 첨부하여 친양자 입양취소의 신고를 하여야 한다(가족관계등록법 제70조, 제69조 제1항).

3. 친양자 파양 및 취소의 사무처리

가족관계등록예규 제373호[친양자 입양재판에 따른 사무처리지침]
제3장 친양자 입양의 파양 및 취소
제9조(친양자의 가족관계등록부에 대한 기록)
① 제8조의 친양자 파양신고가 있는 경우 시(구)·읍·면의 장은 친양자의 가족관계등록부에 파양사유를 기록하고, 친양자 입양으로 인한 양부모를 말소하고 친생부모의 성명 등 특정등록사항을 부활 기록하여야 한다. 파양사유는 친양자입양관계증명서에 현출되도록 하여야 한다.
② 파양된 친양자의 폐쇄된 가족관계등록부에 인지, 친권, 미성년후견, 성본변경, 가족관계증명서의 친생부모의 정정사항의 기록이 있는 경우에는 이기하여야 한다. 다만, 친양자가 파양신고 당시에 미성년인 경우에는 친권종료 및 미성년후견종료의 기록을 이기한 후 친권자, 미성년후견인 또는 그 임무대행자를 지정하거나 선임하는 재판을 다시 받아야 한다.

제10조(파양된 친양자의 성과 본)
친양자 파양신고에 따라 친양자의 성과 본은 원래의 성과 본으로 정정하여 기록하고, 친양자에게 직계비속이나 배우자가 있는 경우에는 그 직계비속의 가족관계등록부에 성·본 변경 사유를 기록하여 기본증명서에 현출되도록 하고, 배우자의 경우에는 혼인사유에 배우자 성이 변경된 취지를 기록하여 혼인관계증명서에 현출되도록 한다.

제11조(친생부모의 가족관계등록부에 대한 기록)
제8조의 친양자 파양신고가 있는 경우 시(구)·읍·면의 장은 친생부모의 가족관계등록부에 친양자 파양사유를 기록하고 친양자 파양된 자녀의 성명 등 특정등록사항을 부활 기록하여야 하며, 파양사유는 친양자 입양관계증명서에 현출되도록 하여야 한다.

제12조(양부모의 가족관계등록부에 대한 기록)
제8조의 친양자 파양신고가 있는 경우 시(구)·읍·면의 장은 친양자 입양을 한 양부모의 가족관계등록부에 친양자 파양사유를 기록하고, 파양된 친양자를 말소하여 가족관계증명서에 현출되지 않도록 하여야 하고, 파양사유는 친양자 입양관계증명서에 현출되도록 하여야 한다.

제13조(친양자의 파양과 일반입양 부활의 경우 등)
① 종전 일반입양이 된 상태에서 친양자 입양이 이루어지고 친양자 입양이 파양된 경우 파양한 친양자의 가족관계등록부의 양부모란에 일반입양의 양부모의 성명 등 특정등록사항을 부활 기록하여야 하며, 그 사유를 일반등록사항란에 기록하되 입양관계증명서에 현출되도록 하여야 한다.
② 제1항의 경우 일반입양의 양부모의 가족관계등록부의 양자란에도 파양한 친양자의 성명 등 특정등록사항을 기록하고 그 사유를 일반등록사항란에 기록하되 입양관계증명서에 현출되도록 하여야 한다.
③ 제1항과 제2항에도 불구하고 친양자 파양의 경우에 친양자 입양 전의 양부모와 친양자입양의 양부모가 동일인인 경우에는 친생부모와의 친족관계만을 부활기록하고 일반입양관계는 부활기록하지 아니한다.

제14조(준용)
제9조부터 제13조까지는 친양자 입양취소신고의 경우에 준용한다. 다만, 제13조 제3항은 그러하지 아니하다.

CHAPTER 05 친양자입양신고

제1절 서 설

제2절 친양자 입양

01 친양자입양에 관한 다음 설명 중 가장 옳지 않은 것은?   2018년

① 종전 일반입양이 된 상태에서 친양자입양이 이루어지고 친양자입양이 파양된 경우에 친양자입양 전의 양부모와 친양자입양의 양부모가 동일인인 경우에는 친생부모와의 친족관계만을 부활기록하고 일반입양관계는 부활기록하지 아니한다.
② 사망을 원인으로 가족관계등록부가 폐쇄된 사람의 자녀가 친양자입양되었을 경우에는, 그 폐쇄등록부에 친양자입양으로 자녀가 말소된 사유를 기록하여야 한다.
③ 甲남이 乙녀를 친양자입양하였으나 甲남과 乙녀 간 친양자파양 없이 丙남이 乙녀에 대하여 새로이 친양자입양을 허가하는 재판을 받아 확정된 후 해당 친양자입양신고를 하여 그 신고가 수리된 경우, 친양자 乙녀의 가족관계증명서상 부로 새로운 양부 丙남만 기재되어야 하고 종전 양부 甲남은 말소되어야 한다.
④ 일반입양된 양자가 친양자로 입양이 되는 경우에 친양자의 가족관계등록부는 재작성하여야 하고, 재작성 시 일반입양에 관한 기록을 이기하여야 한다.
⑤ 친양자입양신고가 있는 경우 친양자입양을 한 양부모의 가족관계증명서에는 친양자가 자녀로, 친양자입양관계증명서에는 친양자로 현출되도록 하여야 한다.

[❶ ▶ ○] 가족관계등록예규 제373호 제13조 제1항 · 제3항

> **가족관계등록예규 제373호[친양자입양재판에 따른 사무처리지침]**
> **제13조(친양자의 파양과 일반입양 부활의 경우 등)**
> ① 종전 일반입양이 된 상태에서 친양자입양이 이루어지고 친양자입양이 파양된 경우 파양한 친양자의 가족관계등록부의 양부모란에 일반입양의 양부모의 성명 등 특정등록사항을 부활 기록하여야 하며, 그 사유를 일반등록사항란에 기록하되 입양관계증명서에 현출되도록 하여야 한다.
> ③ 제1항과 제2항에도 불구하고 친양자파양의 경우에 친양자입양 전의 양부모와 친양자입양의 양부모가 동일인인 경우에는 친생부모와의 친족관계만을 부활기록하고 일반입양관계는 부활기록하지 아니한다.

[❷▸○] 사망, 부재(실종)선고의 사유로 등록부가 폐쇄되었고 그 이후 등록부가 폐쇄된 사람의 자녀가 친양자입양되었을 경우에는, 그 폐쇄등록부에 친양자입양으로 자녀가 말소된 사유를 기록하여야 한다(가족관계등록예규 제373호 제16조).

[❸▸○] 현행 민법상 친양자입양 전의 친족관계는 친양자입양이 확정된 때에 종료하게 되는바, 이는 사안의 경우처럼 병남과 정녀 간 친양자파양 없이 무남이 정녀에 대하여 새로이 친양자입양을 허가하는 재판을 받아 그 재판만 확정된 때에도 마찬가지라고 할 것이다. 따라서 무남이 해당 친양자입양신고를 하여 그 신고가 수리된 이상, 친양자 정녀의 가족관계증명서상 부로 새로운 양부 무남만 기재되어야 하고, 종전 양부 병남은 말소되어야 할 것이다(가족관계등록선례 제201706-1호).

[❹▸×] 일반입양된 양자가 친양자로 입양이 되는 경우에 친양자의 가족관계등록부는 제3조와 제4조에 따라 재작성하여야 하고, 재작성 시 일반입양에 관한 기록도 이기하지 아니한다(가족관계등록예규 제373호 제7조 제4항).

[❺▸○] 시(구)·읍·면의 장은 친양자입양을 한 양부모의 가족관계등록부에 친양자입양사유를 기록하고, 친양자의 성명 등 특정등록사항을 기록하여 가족관계증명서에는 친양자가 자녀로, 친양자입양관계증명서에는 친양자로 현출되도록 하여야 한다(가족관계등록예규 제373호 제6조 제1항).

답 ❹

제3절 친양자 파양 및 입양취소

혼인신고

제1절 혼인의 의의 및 성립요건

1. 혼인의 의의

혼인이란 부부로서의 영속적인 생활공동체를 형성하기로 하는 친족법상의 합의이다. 혼인에는 법률혼주의와 사실혼주의가 있으며, 우리나라는 법률혼주의를 취하고 있다.

2. 실질적 성립요건

(1) 당사자 간에 혼인의 합의가 있을 것

① 당사자 간에 혼인의사의 합의가 없는 경우에는 혼인은 무효가 된다(민법 제815조 제1호).
② 혼인신고를 포함한 창설적 신고의 경우에는 신분행위의사의 합치와 신고의사가 신고서를 작성할 때에는 물론이고 제출, 접수, 수리할 때까지 계속되어야 하는 것이므로, 혼인신고서를 제출한 후 그 수리여부가 결정되기 전에 혼인당사자의 일방이 제출된 신고서류의 반려를 요청한다면, 반려를 구하는 자의 진정한 의사가 무엇인지를 확인하여 '혼인의사를 철회하였으므로 혼인신고를 수리하지 말아 달라'는 것으로 확인이 되거나 또는 '혼인신고의사를 철회'하는 것으로 확인이 된다면 그러한 혼인은 무효가 될 것이므로 불수리함이 상당하다(호적선례 제3-47호 2.).

(2) 혼인당사자가 혼인적령에 달하였을 것

18세가 된 사람은 혼인할 수 있다(민법 제807조). 혼인적령에 달하지 못한 혼인은 취소가능하며(민법 제816조 제1호), 혼인적령은 가족관계등록부상의 연령을 기준으로 한다.

(3) 부모 등의 동의를 얻을 것

① 미성년자가 혼인을 하는 경우에는 부모의 동의를 받아야 하며, 부모 중 한 쪽이 동의권을 행사할 수 없을 때에는 다른 한 쪽의 동의를 받아야 하고, 부모가 모두 동의권을 행사할 수 없을 때에는 미성년후견인의 동의를 받아야 한다(민법 제808조 제1항).
② 피성년후견인은 부모나 성년후견인의 동의를 받아 혼인할 수 있다(민법 제808조 제2항).

③ 동의를 요하는 경우 동의 없이 한 혼인은 취소사유가 된다(민법 제816조 제1호).
④ 양자가 동의를 요하는 혼인을 할 경우에 친생부모와 양부모가 다 있는 때에는 양부모의 동의를 받아야 한다(가족관계등록예규 제417호 2.).

(4) 근친혼이 아닐 것

① 근친혼 금지규정에 위반한 혼인은 무효 또는 취소사유가 된다(민법 제809조, 제815조 제2호, 제816조 제1호).
② 처가 사망한 후 민법 제809조 제2항에 따라 처의 자매와는 혼인할 수 없다(가족관계등록선례 제201502-6호).

(5) 중혼이 아닐 것

① 배우자 있는 자는 다시 혼인하지 못한다(민법 제810조). 중혼은 혼인취소사유가 된다(민법 제816조 제1호).
② 이미 다른 사람과 혼인신고를 한 사람이 이중으로 혼인신고를 하는 경우 그 수리를 거부하여야 하나(민법 제813조), 착오로 수리하였다면 가족관계등록부에 기록하여야 하며, 중혼은 취소원인이나 그 취소의 효력은 이전으로 소급하지 아니하므로, 중혼으로 취소할 수 있는 혼인당사자 사이에서의 출생한 자녀는 혼인 중의 자로 출생신고를 하여야 한다(가족관계등록예규 제412호 제5조).

3. 형식적 성립요건

> **혼인의 성립(민법 제812조)**
> ① 혼인은 「가족관계의 등록 등에 관한 법률」에 정한 바에 의하여 신고함으로써 그 효력이 생긴다.
> ② 전항의 신고는 당사자 쌍방과 성년자인 증인 2인의 연서한 서면으로 하여야 한다.

제2절 혼인신고

1. 신고적격자

① 혼인신고는 창설적 신고로서 신고의무자는 없고 신고적격자인 혼인당사자가 신고함으로써 효력이 생긴다.
② 혼인신고는 본인의 의사가 절대적으로 존중되어야 하므로 대리인에 의한 신고는 할 수 없으나, 혼인당사자 쌍방이 혼인신고서를 작성하여 우편으로 발송하거나 사자를 시켜 제출하는 것은 가능하다.

2. 신고능력

① 혼인할 수 있는 나이에 도달한 미성년자는 가족관계등록법 제27조 제1항에 따라 미성년자 자신이 혼인신고를 할 수 있다(가족관계등록예규 제417호 3.).
② 가족관계등록부상 혼인할 수 있는 나이에 도달하지 못한 사람은 사실상 혼인할 수 있는 나이에 도달하였더라도 혼인신고를 하지 못한다(가족관계등록예규 제417호 4.).

3. 신고장소

① 혼인신고는 신고사건 본인의 등록기준지 또는 신고인의 주소지나 현재지 시(구)·읍·면의 사무소에서 할 수 있다. 다만, 재외국민에 관한 신고는 재외국민 가족관계등록사무소에서도 할 수 있다(가족관계등록법 제20조 제1항).
② 외국에 거주하고 있는 한국인은 그 지역을 관할하는 재외공관의 장 또는 재외공관에서 근무하는 가족관계등록관에게 혼인신고를 할 수 있으나, 다른 지역을 관할하는 재외공관의 장 또는 재외공관에서 근무하는 가족관계등록관에게 혼인신고를 할 수는 없다[가족관계등록법 제34조, 가족관계등록예규 제486호 2. 가. (2)].
③ 외국에 거주하고 있는 한국인은 거주하고 있는 지역에 재외공관이 설치되어 있는 경우에도 신고사건의 본인 등록기준지 시(구)·읍·면의 장 또는 「가족관계의 등록 등에 관한 법률」 제4조의2의 재외국민 가족관계등록사무소 가족관계등록관에게 직접 우편의 방법으로 제출하거나, 귀국하여 등록기준지 또는 현재지 시(구)·읍·면 또는 재외국민 가족관계등록사무소에 제출하는 방법으로 혼인신고를 할 수 있다[가족관계등록예규 제486호 2. 가. (1)].
④ 재외국민이 그 나라의 방식에 따라 혼인신고에 관한 증서를 작성한 경우에는 3개월 이내에 그 지역을 관할하는 재외공관의 장에게 그 증서의 등본을 제출하여야 한다(가족관계등록법 제35조 제1항).
⑤ 혼인신고의 장소에 있어서는 출생 및 사망신고의 경우와 같이 가족관계등록법 제21조와 같은 명문규정이 없고 이를 준용하는 규정이 없으므로 신고사건 본인의 주민등록지 동을 거쳐 신고할 수 없다(가족관계등록예규 제138호).

4. 신고의 수리

① 혼인신고는 시(구)·읍·면의 장이나 재외공관의 장이 수리하면 효력이 발생하고, 등록부의 기록은 효력발생 요건이 아니다.
② 혼인의 신고는 그 혼인이 민법 제807조 내지 제810조 및 제812조 제2항의 규정 기타 법령에 위반함이 없는 때에는 이를 수리하여야 한다(민법 제813조).
③ 혼인신고인이 생존 중에 혼인신고서를 우송하였으나 그 혼인신고인 일방이 사망한 후에 혼인신고서가 도착한 경우라도 시(구)·읍·면의 장은 이를 수리하여야 한다(가족관계등록법 제41조).

> **가족관계등록예규 제144호[성년증인 2명의 연서와 날인이 없는 혼인신고서의 수리가부]**
> 혼인신고서에 민법 제812조 제2항 및 제813조에 따라 성년증인 2명의 연서가 있어야 수리할 수 있는바 이에 위반하였다 하더라도 민법상 혼인무효 또는 취소사유에 해당하지 아니하므로 혼인은 유효하게 성립된 것이다. 그러나 수리 당시에 발견했으면 같은 법 제813조에 따라 수리를 거부해야 한다.
>
> **가족관계등록예규 제149호[부적법한 혼인신고서가 수리된 경우의 혼인의 효력]**
> 당사자 일방 또는 동의권자의 서명날인이 빠졌거나 권한 없이 작성된 혼인신고서가 수리된 때에 당사자의 혼인신고 의사 및 동의가 있었음이 인정되는 경우에는 그 혼인은 유효하게 성립된다.
>
> **가족관계등록예규 제146호[혼인당사자의 성(姓)과 그 부모의 성(姓)이 다른 혼인신고의 사무처리지침]**
> 혼인당사자의 성과 그 부모의 성이 다른 신고는 가족관계등록부에 착오 있음이 명확할지라도 당사자가 스스로 정정하지 아니하는 한, 그 혼인신고서를 수리하고 가족관계등록부에 기록하여야 한다.
>
> **가족관계등록예규 제148호[혼인신고서에 본의 기재가 있으나 그 기록이 없는 등록사항별 증명서를 첨부한 경우의 수리여부]**
> 혼인신고서에 첨부한 처의 등록사항별 증명서에 본의 기록이 없어도 신고서에 본을 기재한 때에는 이를 수리하여야 하지만 그 본의 기록은 할 수 없다.

5. 등록부의 기록

① 혼인신고가 수리되면, 각 당사자의 가족관계등록부 배우자에 관한 특정등록사항란에 각 배우자의 특정등록사항을 각 기록하며, 남편과 처의 가족관계등록부 일반등록사항란에 혼인사유를 기록한다.

② 가호적 취적 당시 법률상 부부 아닌 자가 법률상 부부인 양 취적신고를 하여 그 가호적이 신고가 되고 1963.1.1.부터 그 가호적을 종전 호적법에 따른 호적으로 보게 되었다 하더라도 그것은 혼인으로서 효력은 발생할 수 없으며, 이와 같은 경우 2008.1.1.부터 새로운 가족관계등록부가 작성된 경우에도 혼인의 효력은 발생할 수 없다(가족관계등록예규 제152호).

제3절 재판(조정) 및 특례법에 의한 혼인신고

1. 사실혼관계존재확인의 재판(조정)에 의한 혼인신고

① 사실상 혼인관계 존재확인의 재판이 확정된 경우에는 소를 제기한 사람은 재판의 확정일부터 1개월 이내에 재판서의 등본 및 확정증명서를 첨부하여 혼인신고를 하여야 한다(가족관계등록법 제72조). 이러한 혼인신고의 성격에 대하여 다수설은 보고적 신고로 이해하나 판례는 창설적 신고로 보고 있다(대판 1973.1.16. 72므25).

② 사실상혼인관계존재확인판결이 확정되었다 하더라도 그에 따른 신고가 있어야 혼인이 성립하는 것이며 혼인신고는 원칙적으로 양 당사자가 생존한 경우에 할 수 있으므로, 사실혼관계에 있던 자가 사망한 후에 사실상혼인관계존재확인판결이 확정된 경우에는 그 판결에 기한 혼인신고는 할 수 없다(호적선례 제3-254호).

③ 사실상혼인관계존재확인판결에 의한 혼인신고에는 가족관계등록법 제58조가 준용되지 않으므로 재판을 청구한 자의 상대방은 이에 의한 혼인신고를 할 수 없으며, 소를 제기한 사람이 사망한 때에는 다른 사람이 대신 신고할 수 없다.

2. 혼인신고특례법에 의한 혼인신고

> **목적(혼인신고특례법 제1조)**
> 이 법은 혼인 당사자 중 어느 한 쪽이 전쟁이나 사변(事變)으로 전투에 참가하거나 전투 수행을 위한 공무(公務)에 종사함으로 인하여 혼인신고를 하지 못하고 사망한 경우에 관한 특칙(特則)을 규정함을 목적으로 한다.
>
> **혼인신고(혼인신고특례법 제2조)**
> 혼인신고 의무자 중 어느 한 쪽이 제1조에 따른 사유로 사망한 경우에는 생존한 당사자가 가정법원의 확인을 받아 단독으로 혼인신고를 할 수 있다.
>
> **확인재판 관할(혼인신고특례법 제3조)**
> 제2조의 확인은 사망한 당사자의 마지막 주소지가 있는 곳의 가정법원이 관할한다.
>
> **신고의 효력(혼인신고특례법 제4조)**
> 제2조에 따른 신고가 있는 경우에는 신고 의무자 어느 한 쪽의 사망 시에 신고가 있었던 것으로 본다.

① 사실상 혼인한 남편이 6·25 사변 때 전사한 경우 처가 생존해 있다면 전사한 남편의 최후 주소지를 관할하는 가정법원(지방법원 또는 지원)의 확인을 받아 혼인신고를 할 수 있으나 처도 이미 사망한 경우에는 법률상 혼인으로 인정받을 방법이 없다(호적선례 제2-171호).

② 혼인신고특례법에 따른 혼인신고를 기록하는 경우 신고사건으로 접수하여 부활 없이 폐쇄등록부에 기록한다(가족관계등록예규 제304호 제3조 제2호).

제4절 혼인신고수리불가신고서가 제출된 경우 등에 관한 사무처리

가족관계등록예규 제626호[혼인신고수리불가신고서가 제출된 경우 등에 관한 사무처리지침]

혼인신고서가 제출되기 전에 혼인신고수리불가신고서가 제출된 경우 및 이와 관련된 사무처리는 아래와 같이 한다.
1. 혼인신고수리불가신고를 하려는 자는 별지 제1호 서식에 의한 신고서(이하 "수리불가신고서"라 한다)를 신고인 본인이 신고인의 등록기준지, 주소지 또는 현재지의 시(구)·읍·면에 출석하여 제출하여야 하며, 신고서의 제출횟수에는 제한이 없다.
2. 혼인수리불가신고인은 6개월 이내의 범위(접수일부터 기산)에서 혼인신고수리불가 취급을 요하는 기간을 정하여 수리불가신고서를 제출할 수 있으며, 그 기간을 명확히 하여야 한다.
4. 수리불가신고서는 혼인신고수리불가신고서편철장에 편철하여 3년간 보존하며, 신고서를 접수한 시(구)·읍·면의 장이 이를 보존한다.
5. 혼인신고수리불가 취급 상대방은 특정된 1명이어야 하며, 불특정 다수를 상대로 한 수리불가신고서는 제출할 수 없다.
6. 수리불가 취급 기간 내에 혼인신고서가 제출되었을 때는 그 혼인신고서는 수리할 수 없다. 그러나 제2항의 기간이 만료되기 전이라도 종전에 혼인신고수리불가신고를 하였던 시(구)·읍·면에 신고인이 출석하여 혼인신고서를 제출한 때에는 이를 수리하여야 한다.
8. 동일당사자에 대하여 수리불가신고서와 혼인신고수리불가기간 내에 혼인신고서가 제출된 경우에는 다음 구분에 의하여 처리한다.
   가. 수리불가신고서가 먼저 접수된 경우
   혼인신고서가 접수된 가족관계등록사건접수장 비고란에 "혼인신고수리불가신고서(년 월 일 접수)"라고 기록한 후 혼인신고서를 불수리신고서류편철장에 편철하여 보존하고 혼인신고인에게 불수리통지를 한다.
   나. 혼인신고서가 먼저 접수된 경우
   혼인신고서에 의하여 가족관계등록부를 정리한 후 빠른시간 내에 그 정리한 등록사항별 증명서를 첨부하여 수리불가신고서를 제출한 당사자에게 그 뜻을 통지한다.
   다. 혼인신고서와 수리불가신고서의 접수일이 같은 경우
   접수 선·후를 비교하여 위 "가", "나"에서 정한 절차에 따라 처리하되, 그 선·후의 판명을 할 수 없을 때에는 수리불가신고서가 먼저 접수된 것으로 처리한다.

제5절 중혼에 관한 가족관계등록사무처리지침

중혼은 혼인의 무효사유가 아니라 취소사유에 불과하므로(민법 제816조, 제810조) 부득이한 사유로 중혼관계가 성립되었다면 그 후의 혼인이 취소되지 않는 한 유효한 혼인이므로 그와 관련한 가족관계등록사무는 이 지침에 따라 처리한다(가족관계등록예규 제418호).

제6절 혼인의 무효와 취소

1. 혼인의 무효

(1) 무효의 원인

혼인은 ① 당사자 간에 혼인의 합의가 없는 때, ② 8촌 이내의 혈족 간의 혼인인 때[그러나 이 조항에 대해서는 혼인의 자유 침해를 이유로 헌법재판소의 헌법불합치 판결이 있었다. 다만 2024.12.31.을 시한으로 개정될 때까지 계속 적용된다(헌재 2022.10.27. 2018헌바115).], ③ 당사자 간에 직계인척관계가 있거나 있었던 때, ④ 당사자 간에 양부모계의 직계혈족관계가 있었던 때의 어느 하나에 해당하는 경우에는 무효로 한다(민법 제815조).

(2) 무효의 효과

혼인무효판결이 확정되면 당사자 사이에 처음부터 혼인이 성립하지 않았던 것과 같은 효과가 발생한다. 무효혼에 의한 상속 등 권리변동은 무효가 되고, 무효인 혼인관계에서 출생한 자녀는 혼인 외의 출생자가 된다(민법 제855조 제1항 후단). 다만, 부에 의한 출생신고가 있었다면 인지의 효력은 인정된다(가족관계등록법 제57조 제1항).

(3) 등록부 정정 및 기록방법

① 혼인무효판결이 있으면 소를 제기한 사람은 판결확정일부터 1개월 이내에 판결의 등본 및 그 확정증명서를 첨부하여 등록부의 정정을 신청하여야 한다(가족관계등록법 제107조).
② 혼인무효판결에 의한 등록부 정정 신청에 의하여 각 당사자의 가족관계등록부 특정등록사항란에서 배우자의 특정등록사항을 말소하고, 각 당사자의 가족관계등록부 일반등록사항란에 기재된 혼인사유를 말소한다.

2. 혼인의 취소

(1) 혼인취소의 의의 및 원인
① 혼인취소는 혼인의 요건에 하자가 있으나 일단 유효하게 성립한 혼인을 법원의 재판에 의하여 소멸시키는 것을 말한다.
② 혼인은 혼인적령에 달하지 않은 혼인(민법 제807조), 부모 등의 동의를 받지 않은 혼인(민법 제808조), 무효혼에 해당하지 아니하는 근친혼금지규정에 위반한 혼인(민법 제809조), 중혼금지규정에 위반한 혼인(민법 제810조), 혼인 당시 당사자 일방에 부부생활을 계속할 수 없는 악질 기타 중대사유 있음을 알지 못한 때, 사기 또는 강박으로 인하여 혼인의 의사표시를 한 때 중 어느 하나에 해당하는 경우에는 법원에 그 취소를 청구할 수 있다(민법 제816조).

(2) 혼인취소의 효과
① 혼인이 취소되면 혼인관계 및 인척관계는 종료한다(민법 제775조 제1항).
② 혼인의 취소의 효력은 기왕에 소급하지 아니한다(민법 제824조). 따라서 그 혼인에서 출생한 자는 혼인 중의 자가 되며, 배우자로서 상속을 받은 후에 그 혼인이 취소되더라도 상속이 무효로 되지 않는다.

(3) 혼인취소의 신고 및 등록부 기록
① 혼인취소의 재판이 확정되면 소를 제기한 사람은 재판의 확정일부터 1개월 이내에 재판서의 등본 및 확정증명서를 첨부하여 그 취지를 신고하여야 한다(가족관계등록법 제73조, 제58조). 혼인취소의 효력은 기왕에 소급하지 않으므로 가족관계등록법 제107조의 확정판결에 의한 등록부 정정 신청의 대상이 아닌 신고의 대상인 것이다.
② 혼인취소신고가 수리되면, 남편과 아내의 가족관계등록부 특정등록사항란에서 서로의 특정등록사항을 말소하고, 남편과 아내의 가족관계등록부 일반등록사항란에 혼인취소사유를 기록한다.

CHAPTER 06 혼인신고

제1절 혼인의 의의 및 성립요건

제2절 혼인신고

제3절 재판(조정) 및 특례법에 의한 혼인신고

제4절 혼인신고수리불가신고서가 제출된 경우 등에 관한 사무처리

01 혼인신고 및 혼인신고수리불가신고에 관한 다음 설명 중 가장 옳지 않은 것은? 2021년

① 혼인신고인이 생존 중에 혼인신고서를 우송하였으나 그 혼인신고인 일방이 사망한 후에 혼인신고서가 도착한 경우라도 시(구)·읍·면의 장은 이를 수리하여야 한다.
② 혼인신고서와 혼인신고수리불가신고서의 접수일이 같고, 그 선·후의 판명을 할 수 없을 때에는 혼인신고서가 먼저 접수된 것으로 처리한다.
③ 한국에서 한국인 남자와 외국인 여자 사이에 혼인한 경우 혼인신고를 수리한 시(구)·읍·면의 장은 남편의 가족관계등록부 일반등록사항란에 혼인사유만을 기록하였다가 나중에 귀화통보가 있을 때에 처의 가족관계등록부를 작성한다.
④ 미성년자가 혼인하는 경우에는 부모의 동의를 받아야 하며, 부모 중 한 쪽의 동의권을 행사할 수 없는 때에는 다른 한 쪽의 동의를 받아야 한다. 부모가 모두 동의권을 행사할 수 없는 때에는 미성년후견인의 동의를 얻어야 한다.
⑤ 혼인신고수리불가신고서의 제출횟수는 제한이 없으며 6개월의 범위 내에서 취급기간을 정하여야 한다. 또한, 취급 상대방은 특정된 1인이어야 하며 불특정 다수를 상대로 한 수리불가신고서는 제출할 수 없다.

[❶ ▶ ○] 가족관계등록법 제41조 제1항

> **가족관계등록법 제41조(사망 후에 도달한 신고)**
> ① 신고인의 생존 중에 우송한 신고서는 그 사망 후라도 시·읍·면의 장은 수리하여야 한다.
> ② 제1항에 따라 신고서가 수리된 때에는 신고인의 사망 시에 신고한 것으로 본다.

[❷ ▶ ×] 가족관계등록예규 제626호 8. 다.

> **가족관계등록예규 제626호[혼인신고수리불가신고서가 제출된 경우 등에 관한 사무처리지침]**
> 8. 동일 당사자에 대하여 수리불가신고서와 혼인신고수리불가기간 내에 혼인신고서가 제출된 경우에는 다음 구분에 의하여 처리한다.
>   가. 수리불가신고서가 먼저 접수된 경우 : 혼인신고서가 접수된 가족관계등록사건접수장 비고란에 "혼인신고수리불가신고서(년 월 일 접수)"라고 기록한 후 혼인신고서를 불수리신고서류편철장에 편철하여 보존하고 혼인신고인에게 불수리통지를 한다.
>   나. 혼인신고서가 먼저 접수된 경우 : 혼인신고서에 의하여 가족관계등록부를 정리한 후 빠른 시간 내에 그 정리한 등록사항별 증명서를 첨부하여 수리불가신고서를 제출한 당사자에게 그 뜻을 통지한다.
>   다. 혼인신고서와 수리불가신고서의 접수일이 같은 경우 : 접수 선·후를 비교하여 위 "가", "나"에서 정한 절차에 따라 처리하되, <u>그 선·후의 판명을 할 수 없을 때에는 수리불가신고서가 먼저 접수된 것으로 처리한다.</u>
>   라. 혼인신고수리불가신고서를 접수한 시(구)·읍·면의 장과 혼인신고서를 접수한 시(구)·읍·면의 장이 서로 다른 경우에는 혼인신고서를 접수한 시(구)·읍·면의 장은 수리불가신고서를 접수한 시(구)·읍·면의 장에게 혼인신고서가 접수되었음을 알리고 수리불가신고서를 팩시밀리로 보내줄 것을 요청한 다음 위 "가", "나", "다"의 방법에 따라 처리하며, 수리불가신고서송부요청을 받은 시(구)·읍·면의 장은 즉시 수리불가신고서를 팩시밀리로 송부하여야 한다.

[❸ ▶ ○] 가족관계등록예규 제635호 1. 나. (1)

> **가족관계등록예규 제635호[한국인과 외국인 사이의 국제혼인 사무처리지침]**
> 1. 한국에서 혼인신고를 하는 경우
>   나. 혼인신고의 절차 및 기록방법
>   (1) 한국인이 남자인 경우 : 외국인인 처의 위 1. 가.의 증명서면을 첨부하여 가족관계의 등록 등에 관한 법률 제71조에 따라 혼인신고를 하면, 이를 수리한 시(구)·읍·면의 장은 처가 혼인신고에 의하여 한국의 국적을 취득하는 것이 아니므로 남편의 가족관계등록부 일반등록사항란에 혼인사유만을 기록하였다가 나중에 귀화통보가 있을 때에 처의 가족관계등록부를 작성한다.

[❹ ▶ ○] 미성년자가 혼인을 하는 경우에는 부모의 동의를 받아야 하며, 부모 중 한 쪽이 동의권을 행사할 수 없을 때에는 다른 한 쪽의 동의를 받아야 하고, 부모가 모두 동의권을 행사할 수 없을 때에는 미성년후견인의 동의를 받아야 한다(민법 제808조 제1항).

[❺ ▶ ○]   가족관계등록예규 제626호 1.·2.·5.

> **가족관계등록예규 제626호[혼인신고수리불가신고서가 제출된 경우 등에 관한 사무처리지침]**
> 1. 혼인신고수리불가신고를 하려는 자는 별지 제1호 서식에 의한 신고서(이하 "수리불가신고서"라 한다)를 신고인 본인이 신고인의 등록기준지, 주소지 또는 현재지의 시(구)·읍·면에 출석하여 제출하여야 하며, 신고서의 제출횟수에는 제한이 없다.
> 2. 혼인수리불가신고인은 6개월 이내의 범위(접수일부터 기산)에서 혼인신고수리불가 취급을 요하는 기간을 정하여 수리불가신고서를 제출할 수 있으며, 그 기간을 명확히 하여야 한다.
> 5. 혼인신고수리불가 취급 상대방은 특정된 1명이어야 하며, 불특정 다수를 상대로 한 수리불가신고서는 제출할 수 없다.

답 ❷

제5절   중혼에 관한 가족관계등록사무처리지침

제6절   혼인의 무효와 취소

CHAPTER 07 이혼신고

제1절 서 설

① 이혼이란 부부의 생존 중에 당사자의 협의 또는 재판에 의하여 유효한 혼인을 장래에 향하여 해소시키는 신분행위이다.
② 인척관계는 혼인의 취소의 경우와 마찬가지로 이혼으로 인하여 종료한다(민법 제775조 제1항).
③ 이혼은 그 혼인관계를 해소하는 방법에 따라 협의상 이혼과 재판상 이혼으로 나눌 수 있다.

제2절 협의상 이혼

1. 의 의

① 협의상 이혼이란 당사자 간의 자유로운 의사의 합치에 의해 혼인관계를 장래에 향하여 해소시키는 신분행위로서 협의상 이혼 원인에는 아무런 제한이 없다.
② 부부는 협의에 의하여 이혼할 수 있는데(민법 제834조), 이러한 협의상 이혼은 가정법원의 확인을 받아 쌍방이 서명 또는 날인한 이혼신고서에 그 확인서등본을 첨부하여 시(구)·읍·면의 장에게 신고함으로써 그 효력이 생긴다(민법 제836조).

2. 실질적 성립요건(이혼의 합의)

① 이혼의 합의는 부부관계를 영구적으로 해소하려는 의사의 합치로서 자유롭고 무조건·무기한의 의사표시에 의하여 이루어져야 하고, 이혼의사도 이혼신고서의 작성 시는 물론 수리 시에도 존재해야 한다.
② 피성년후견인은 부모 또는 성년후견인의 동의를 얻어 협의이혼을 할 수 있다(민법 제835조, 제808조 제2항).

3. 형식적 성립요건(가정법원의 확인+신고)

(1) 가정법원의 협의이혼의사의 확인

1) 신청인
① 협의상 이혼을 하려는 부부는 두 사람이 함께 등록기준지 또는 주소지를 관할하는 가정법원에 출석하여 협의이혼의사확인신청서를 제출하고 이혼에 관한 안내를 받아야 한다(가족관계등록규칙 제73조 제1항). 즉, 협의이혼당사자인 부(夫)와 처(妻)가 확인신청인이며, 대리인에 의한 신청은 허용되지 아니한다.
② 부부 중 한 쪽이 재외국민이거나 수감자로서 출석하기 어려운 경우에는 다른 쪽이 출석하여 협의이혼의사확인신청서를 제출하고 이혼에 관한 안내를 받아야 한다. 재외국민이나 수감자로서 출석이 어려운 자는 서면으로 안내를 받을 수 있다(가족관계등록규칙 제73조 제2항).

2) 관할법원
협의상 이혼을 하고자 하는 사람은 각자의 등록기준지 또는 주소지를 관할하는 가정법원(지원)이나 시·군법원의 확인을 받아 신고하여야 한다. 다만, 국내에 거주하지 아니하는 경우에 그 확인은 서울가정법원의 관할로 한다(가족관계등록법 제75조 제1항, 법원조직법 제34조 제1항 제4호).

3) 신청방법
① 협의이혼의사확인의 신청은 서면(협의이혼의사확인신청서)으로만 가능하다(가족관계등록규칙 제73조 제1항).
② 협의이혼의사확인신청서에는 ㉠ 당사자의 성명·등록기준지(외국인인 경우에는 국적을 말한다)·주소 및 주민등록번호, ㉡ 신청의 취지 및 연월일을 기재하고 이혼하고자 하는 부부가 공동으로 서명 또는 기명날인하여야 한다(가족관계등록규칙 제73조 제3항).
③ 협의이혼의사확인신청서에는 부부 양쪽의 가족관계증명서와 혼인관계증명서 각 1통을 첨부하여야 한다. 미성년인 자녀(포태 중인 자를 포함하되, 이혼에 관한 안내를 받은 날부터 민법 제836조의2 제2항 또는 제3항에서 정한 기간 이내에 성년에 도달하는 자녀는 제외)가 있는 경우 그 자녀의 양육과 친권자결정에 관한 협의서 1통과 그 사본 2통 또는 가정법원의 심판정본 및 확정증명서 각 3통을 제출하여야 한다(가족관계등록규칙 제73조 제4항).

4) 이혼숙려기간 도입
① 협의상 이혼을 하려는 자는 가정법원이 제공하는 이혼에 관한 안내를 받아야 하고, 가정법원은 필요한 경우 당사자에게 상담에 관하여 전문적인 지식과 경험을 갖춘 전문상담인의 상담을 받을 것을 권고할 수 있다(민법 제836조의2 제1항).
② 가정법원에 이혼의사의 확인을 신청한 당사자는 이혼에 관한 안내를 받은 날부터 양육하여야 할 자(포태 중인 자를 포함)가 있는 경우에는 3개월, 이에 해당하지 아니하는 경우에는 1개월이 지난 후에 이혼의사의 확인을 받을 수 있다(민법 제836조의2 제2항).
③ 가정법원은 폭력으로 인하여 당사자 일방에게 참을 수 없는 고통이 예상되는 등 이혼을 하여야 할 급박한 사정이 있는 경우에는 숙려기간을 단축 또는 면제할 수 있다(민법 제836조의2 제3항).

5) 자녀 양육사항 및 친권자 결정 의무화

양육하여야 할 자가 있는 경우 당사자는 민법 제837조에 따른 자(子)의 양육과 민법 제909조 제4항에 따른 자(子)의 친권자결정에 관한 협의서 또는 가정법원의 심판정본을 이혼의사 확인시 제출하여야 한다(민법 제836조의2 제4항).

6) 양육비부담조서제도의 시행

① 가정법원은 당사자가 협의한 양육비부담에 관한 내용을 확인하는 양육비부담조서를 작성하여야 한다. 이 경우 양육비부담조서의 효력에 대하여는 가사소송법 제41조를 준용하므로 별도의 재판 없이 양육비부담조서에 기하여 강제집행을 할 수 있다(민법 제836조의2 제5항).
② 협의이혼의사가 확인된 부부에게 미성년인 자녀에 관하여 양육과 친권자결정에 관한 협의가 확인되면 가정법원은 양육비부담조서를 작성하여야 한다(가족관계등록규칙 제78조 제1항).
③ 양육비부담조서는 협의이혼신고 다음 날부터 미성년인 자녀가 각 성년에 이르기 전날까지의 기간에 해당하는 양육비에 한하여 작성한다(가족관계등록예규 제613호 제9조 제3항).
④ 양육비부담조서정본은 부부 양쪽에게 협의이혼의사확인서등본을 교부할 때 같이 교부한다(가족관계등록규칙 제78조 제4항).
⑤ 양육비부담조서의 집행문은 그 양육비부담조서가 작성된 협의이혼의사확인사건의 확인서에 따라 이혼신고를 하였음을 소명한 때에만 내어준다(가족관계등록규칙 제78조 제5항).
⑥ 가정법원은 양육비를 정기적으로 지급할 의무가 있는 사람(이하 "양육비채무자"라 한다)이 정당한 사유 없이 2회 이상 양육비를 지급하지 아니한 경우에 정기금 양육비 채권에 관한 집행권원을 가진 채권자(이하 "양육비채권자"라 한다)의 신청에 따라 양육비채무자에 대하여 정기적 급여채무를 부담하는 소득세원천징수의무자(이하 "소득세원천징수의무자"라 한다)에게 양육비채무자의 급여에서 정기적으로 양육비를 공제하여 양육비채권자에게 직접 지급하도록 명할 수 있다(가사소송법 제63조의2 제1항).

7) 재외국민의 이혼의사 확인의 특례

재외국민의 이혼의사 확인신청의 특례(가족관계등록규칙 제75조)
① 부부 양쪽이 재외국민인 경우에는 두 사람이 함께 그 거주지를 관할하는 재외공관의 장에게 이혼의사확인신청을 할 수 있다. 다만, 그 지역을 관할하는 재외공관이 없는 때에는 인접하는 지역을 관할하는 재외공관의 장에게 이를 할 수 있다.
② 부부 중 한 쪽이 재외국민인 경우에 재외국민인 당사자는 그 거주지를 관할하는 재외공관의 장에게 협의이혼의사확인신청을 할 수 있다. 다만, 그 거주지를 관할하는 재외공관이 없는 경우에는 제1항 단서를 준용한다.
③ 제2항은 부부 양쪽이 모두 재외국민으로서 서로 다른 국가에 거주하고 있는 경우에 준용한다.
④ 제1항부터 제3항까지의 신청을 받은 재외공관의 장은 당사자(제1항의 경우에는 부부 양쪽이고, 제2항과 제3항의 경우에는 신청서를 제출한 당사자이다. 다음부터 "신청당사자"라 한다)에게 이혼에 관한 안내 서면을 교부한 후, 이혼의사의 유무와 미성년인 자녀가 있는지 여부 및 미성년인 자녀가 있는 경우에 그 자녀에 대한 양육과 친권자결정에 관한 협의서 1통 또는 가정법원의 심판정본 및 확정증명서 3통을 제출받아 확인하고 그 요지를 기재한 서면(다음부터 "진술요지서"라 한다)을 작성하여 기명날인한 후 신청서에 첨부하여 지체 없이 서울가정법원에 송부하여야 한다.

재외국민의 이혼의사의 확인의 특례(가족관계등록규칙 제76조)
① 제75조 제4항에 따라 서류를 송부받은 서울가정법원은 재외공관의 장이 작성한 진술요지서 및 첨부서류에 의하여 신청당사자의 이혼의사 등을 확인할 수 있다.
② 제75조 제2항에 따라 서류를 송부받은 서울가정법원은 국내에 거주하는 당사자를 출석하게 하여 이혼에 관한 안내를 한 후에 출석한 당사자의 이혼의사 등을 확인하여야 한다.
③ 제75조 제3항에 따라 서류를 송부받은 서울가정법원이 신청당사자가 아닌 상대방의 이혼의사등을 확인하는 경우에는 제74조 제2항을 준용한다.
④ 서울가정법원은 제75조 제1항부터 제3항까지의 경우에 부부 양쪽이 이혼에 관한 안내를 받은 날부터 「민법」 제836조의2 제2항 또는 제3항에서 정한 기간이 지난 후에 이혼의사 등을 확인하여야 한다.
⑤ 제75조 제2항의 경우에 서울가정법원은 국내에 거주하는 당사자의 신청이 있을 경우 주소지 관할 가정법원에 사건을 이송할 수 있다.

8) 확인서 등의 작성·교부

확인서 등의 작성·교부(가족관계등록규칙 제78조)
① 가정법원은 부부 양쪽의 이혼의사 등을 확인하면 확인서를 작성하여야 하고, 미성년인 자녀의 양육과 친권자결정에 관한 협의를 확인하면 그 양육비부담조서도 함께 작성하여야 한다. 다만, 그 협의가 자녀의 복리에 반함에도 가정법원의 보정명령에 불응하는 경우 가정법원은 확인서 및 양육비부담조서를 작성하지 아니한다.
② 제1항의 확인서에는 다음 각 호의 사항을 기재하고 확인을 한 판사 또는 사법보좌관이 기명날인하여야 한다.
  1. 법원 및 사건의 표시
  2. 당사자의 성명·주소 및 주민등록번호
  3. 확인연월일
  4. 이혼의사가 확인되었다는 취지
③ 제1항의 양육비부담조서에는 다음 각 호의 사항을 적고 확인을 한 판사 및 가정법원의 서기관·사무관·주사 또는 주사보(다음부터 "법원사무관등"이라 한다)가 기명날인하여야 한다.
  1. 법원 및 사건의 표시
  2. 부모의 성명·주소 및 주민등록번호
  3. 미성년인 자녀의 성명 및 주민등록번호
  4. 확인일시와 장소
  5. 판사가 확인한 양육비 부담에 관한 협의 내용
④ 법원사무관등은 제2항의 확인서가 작성된 경우에 지체 없이 확인서등본과 미성년인 자녀가 있는 경우 협의서등본 및 양육비부담조서정본 또는 심판정본 및 확정증명서를 부부 양쪽에게 교부하거나 송달하여야 한다. 다만, 당사자가 제74조 제2항과 제75조에 따른 재외국민인 경우 재외공관의 장에게 이를 송부하고, 재외공관의 장은 당사자에게 교부 또는 송달한 후 양육비부담조서 정본에 관하여는 영수증등본을 가정법원에 송부하여야 한다. 당사자가 제74조 제2항에 따른 수감자인 경우에는 교도소(구치소)의 장에게 송부하고, 교도소(구치소)의 장은 당사자에게 교부한 후 양육비부담조서정본에 관하여는 영수증등본을 가정법원에 송부하여야 한다.
⑤ 양육비부담조서의 집행문은 그 양육비부담조서가 작성된 협의이혼의사확인사건의 확인서에 따라 이혼신고를 하였음을 소명한 때에만 내어준다.

9) 확인신청의 취하

> **확인신청의 취하(가족관계등록규칙 제77조)**
> ① 이혼의사확인신청인은 제74조에 따른 확인을 받기 전까지 신청을 취하할 수 있다.
> ② 부부 중 양쪽 또는 한 쪽이 제74조 제1항에 따른 출석통지를 받고도 2회에 걸쳐 출석하지 아니한 때에는 확인신청을 취하한 것으로 본다.
> ③ 부부 중 양쪽 또는 한 쪽이 제73조에 따라 이혼의사확인신청을 한 다음 날부터 3개월 안에 이혼에 관한 안내를 받지 아니한 때에는 확인신청을 취하한 것으로 본다.

10) 이혼의사의 철회

> **이혼의사의 철회(가족관계등록규칙 제80조)**
> ① 이혼의사의 확인을 받은 당사자가 이혼의사를 철회하고자 하는 경우에는 이혼신고가 접수되기 전에 자신의 등록기준지, 주소지 또는 현재지 시·읍·면의 장에게 이혼의사확인서등본을 첨부한 이혼의사철회서를 제출하여야 한다. 다만, 재외국민의 경우 등록기준지 시·읍·면의 장 또는 가족관계등록관에게 제출하여야 한다.
> ② 제1항의 경우에 이혼의사의 확인을 받은 다른 쪽 당사자가 이혼신고를 먼저 접수한 경우에는 그 이혼신고를 수리하여야 한다.

(2) 협의이혼신고

① 협의이혼의 신고는 당사자 쌍방이 서명 또는 날인한 이혼신고서에 협의상 이혼을 하고자 하는 사람이 가정법원으로부터 확인서등본을 교부 또는 송달받은 날부터 3개월 이내에 그 등본을 첨부하여 행하여야 한다(민법 제836조 제1항, 가족관계등록법 제75조 제2항).

② 협의이혼의 신고는 당사자 쌍방과 성년자인 증인 2인의 연서한 서면으로 하여야 하나(민법 제836조 제2항), 협의이혼신고서에 가정법원의 이혼의사확인서등본을 첨부한 경우에는 민법 제836조 제2항에서 정한 증인 2인의 연서가 있는 것으로 본다(가족관계등록법 제76조).

③ 가정법원의 확인서가 첨부된 협의이혼신고서는 부부 중 한 쪽이 제출할 수 있다(가족관계등록규칙 제79조).

④ 가정법원으로부터 확인서등본을 교부 또는 송달받은 날부터 3개월이 경과한 때에는 그 가정법원의 확인은 효력을 상실한다(가족관계등록법 제75조 제3항).

4. 협의이혼의 무효와 취소

① 사기 또는 강박으로 인하여 이혼의 의사표시를 한 자는 그 취소를 가정법원에 청구할 수 있다(민법 제838조).

② 협의이혼취소심판이 청구인 승소로 확정되었다면 청구인과 피청구인(갑)은 당초부터 이혼하지 않은 상태로 되돌아갔다 할 것이니 위 취소심판 계속 중 피청구인(갑), (을) 사이에 이루어진 혼인은 중혼의 금지규정에 위반한 것으로 혼인의 취소사유에 해당한다(대판 1984.3.27. 84므9).

③ 민법에는 협의이혼의 무효에 관한 규정이 없으나 가사소송법은 이혼의 무효를 규정하고 있다(가사소송법 제2조 제1항 제1호 가목).

5. 협의이혼의 의사확인사무 및 가족관계등록사무 처리

가족관계등록예규 제613호[협의이혼의 의사확인사무 및 가족관계등록사무 처리 지침]

제1조(확인기일의 지정)
② 확인기일은 「민법」 제836조의2 제2항 각 호의 기간이 지난 후로 지정하되, 이혼에 관한 안내를 받은 날이 미성년인 자녀가 성년 도달 전 1개월 이내에 해당하는 경우 1개월이 지난 후로 확인기일을 지정하고, 성년 도달 전 1개월 후부터 3개월 이내 사이에 해당하는 경우 성년에 달한 날 이후로 확인기일을 지정한다.

제2조(신청서의 제출)
① 협의이혼을 하려는 부부는 각자의 등록기준지 또는 주소지 관할 가정법원에 함께 출석하여 협의이혼의사확인신청서(별지 제2호 서식 또는 별지 제2-2호 서식)를 제출하여야 한다. 다만, 부부 중 일방이 재외국민이거나 수감자로서 출석하기 어려운 경우에는 다른 일방이 출석하여 제출할 수 있다.
② 제1항의 신청서에는 남편의 가족관계증명서와 혼인관계증명서 각 1통, 처의 가족관계증명서와 혼인관계증명서 각 1통을 첨부하여야 한다. 주소지 관할 가정법원에 신청서를 제출하는 경우에는 그 관할을 증명할 수 있는 주민등록표등본 1통도 첨부하여야 한다.
③ 미성년인 자녀(포태 중인 자를 포함하되, 이혼에 관한 안내를 받은 날부터 「민법」 제836조의2 제2항 또는 제3항에서 정한 기간 이내에 성년에 도달하는 자녀는 제외한다. 다음부터 이 예규에서 같다)가 있는 부부는 미성년인 자녀의 양육과 친권자결정에 관한 협의서(별지 제3호 서식) 1통과 그 사본 2통 또는 심판정본 및 확정증명서 각 3통을 제출하여야 한다. 부부가 함께 출석하여 신청을 하고 이혼에 관한 안내를 받은 경우 협의서는 확인기일 1개월 전까지 제출할 수 있고, 심판정본 및 확정증명서는 확인기일까지 제출할 수 있다.

제9조(조서의 작성)
③ 담당 판사가 미성년인 자녀에 관한 양육비부담의 협의를 확인한 후 이혼의사확인서를 작성하면 법원사무관 등은 그에 따라 협의이혼신고 다음 날부터 미성년인 자녀가 각 성년에 이르기 전날까지의 기간에 해당하는 양육비에 한하여 양육비부담조서(별지 제19호 서식)를 작성하여야 한다.

제11조(이혼의사를 확인할 수 없는 경우)
① 당사자 쌍방이 출석하였으나 이혼의사가 없음을 진술한 경우 담당 판사 또는 사법보좌관은 법원사무관 등이 작성한 진술조서와 기록표지의 왼쪽아래 "불확인"란에 각 날인한다.
② 당사자 일방 또는 쌍방이 이혼의사확인기일에 2회에 걸쳐 불출석한 경우에는 담당 판사 또는 사법보좌관은 법원사무관 등이 작성한 기일조서에 날인하고 법원사무관 등은 취하간주로 사건을 종결처리한다.
③ 이혼의사확인신청서를 접수한 날부터 3개월이 경과하도록 당사자 일방 또는 쌍방이 이혼에 관한 안내를 받지 아니한 경우에는 법원사무관 등은 취하간주로 사건을 종결처리한다.

제14조(협의이혼의사확인의 촉탁)
① 제2조 제1항 단서에 따른 신청서가 접수되면, 다음 각 호에 따라 처리한다.
  1. 부부 사이에 미성년인 자녀가 있는 경우, 담당 판사는 재외국민 또는 수감자인 당사자에 대한 관할 재외공관 또는 교도소(구치소)의 장에게 별지 제12호 서식에 의하여 이혼의사 유무 및 미성년인 자녀의 양육과 친권자 결정에 관한 협의서 작성 또는 가정법원의 심판 존재 여부 확인을 촉탁하여야 한다.
  2. 부부 사이에 미성년인 자녀가 없는 경우, 담당 판사 또는 사법보좌관은 재외국민 또는 수감자인 당사자에 대한 관할 재외공관 또는 교도소(구치소)의 장에게 별지 제12-2호 서식에 의하여 이혼의사 유무의 확인을 촉탁하여야 한다.

제15조(회보서에 의한 이혼의사확인)
① 제14조의 촉탁결과 재외국민 또는 수감자인 당사자에게 이혼의사 등(이혼의사의 유무 및 부부 사이에 미성년인 자녀가 있는지 여부와 미성년인 자녀가 있는 경우 그 자녀에 대한 양육과 친권자결정에 관한 협의서 또는 가정법원의 심판정본 및 확정증명서를 말한다. 다음부터 이 예규에서 같다)이 있다는 취지의 이혼의사확인회보서가 송부되어 온 경우에는 재외국민 또는 수감자인 당사자가 이혼에 관한 안내를 받은 날부터 「민법」 제836조의2 제2항 또는 제3항에서 정한 기간이 지난 후로 신청당사자에게 2개의 확인기일을 지정·통지하여 그 이혼의사 등을 확인한다.

제16조(재외국민의 협의이혼의사확인신청)

「재외국민등록법」 제3조에 따라 등록된 대한민국 국민만이 「가족관계의 등록 등에 관한 규칙」(다음부터 "규칙"이라 한다) 제75조에 따라 그 거주지 관할 재외공관의 장(그 지역을 관할하는 재외공관이 없는 때에는 인접지역 관할 재외공관의 장)에게 협의이혼의사확인을 신청할 수 있다.

제17조(재외공관장의 업무)

① 재외공관장이 당사자 쌍방이나 일방으로부터 협의이혼의사확인 신청을 받은 때에는 당사자 쌍방(규칙 제75조 제1항의 경우) 또는 일방(규칙 제75조 제2항, 제3항의 경우)을 출석시켜 이혼에 관한 안내를 서면(별지 제7호 서식)으로 한 후 규칙 제75조 제4항에 따라 이혼의사의 유무와 미성년인 자녀가 있는지 여부 및 미성년인 자녀가 있는 경우 그 자녀에 대한 양육과 친권자결정에 관한 협의서 1통과 그 사본 2통 또는 가정법원의 심판정본 및 확정증명서 각 3통을 제출받아 확인하고 그 요지를 기재한 진술요지서(별지 제15호 서식, 다음부터 "진술요지서"라 한다)를 작성한다.
② 재외공관장은 진술요지서와 협의서 또는 심판정본 및 확정증명서의 내용이 일치하는지 확인한 후, 진술요지서를 신청서에 첨부하여 직인으로 간인한 후 신청서 및 첨부서류를 서울가정법원으로 송부한다.
③ 재외공관에서 교부 또는 송달한 확인서등본에 대한 송달증명서는 해당 재외공관장이 별지 제16호 서식에 의하여 이를 발급한다.
④ 재외공관에서 당사자에게 확인서등본 및 양육비부담조서 정본을 교부한 때에는 영수증(별지 제17호 서식)에 의하여 송달관계를 명확히 한 후, 양육비부담조서정본의 영수증등본 1통을 지체 없이 관할 가정법원으로 송부하여야 한다.

제18조(서울가정법원의 업무)

① 재외공관장으로부터 협의이혼의사확인신청서와 당사자 쌍방에 대한 진술요지서 및 첨부서류를 송부받은 경우, 서울가정법원은 진술요지서 및 첨부서류에 의하여 신청당사자의 이혼의사 등을 확인한다.
② 당사자 일방만이 재외국민인 경우에 그가 제출한 협의이혼의사확인신청서와 진술요지서 및 첨부서류를 재외공관장으로부터 송부받은 경우, 서울가정법원은 국내에 거주하는 당사자를 출석하게 하여 이혼에 관한 안내를 실시한 후에 이혼의사 등을 확인한다.
③ 협의이혼당사자 쌍방이 서로 다른 나라에 거주하여 일방이 그 거주지의 재외공관에 협의이혼의사확인신청서를 제출하여 그 재외공관장으로부터 협의이혼의사확인신청서와 진술요지서 및 첨부서류를 송부받은 경우, 서울가정법원은 제14조 규정을 준용하여 다른 일방 거주지의 재외공관장에게 협의이혼의사확인의 촉탁을 하여 회보서를 받는다. 서울가정법원은 그 회보서의 기재와 신청당사자에 대한 진술요지서 및 첨부서류에 의하여 이혼의사 등을 확인한다.
⑥ 제1항부터 제3항까지의 절차에 의하여 이혼의사 등을 확인한 때 서울가정법원은 확인서를 작성하고, 확인서등본(규칙 제75조 제1항의 경우에는 2통)을 미성년인 자녀가 있는 경우 협의서등본, 양육비부담조서정본 및 그 영수증 양식 또는 심판정본 및 확정증명서와 함께 즉시 당사자 거주지 재외공관의 장에게 송부하되 규칙 제75조 제2항의 경우 국내 거주 당사자에게도 교부한다. 이혼의사 등을 확인할 수 없는 경우에는 불확인된 것으로 처리하고 신청당사자 거주지 재외공관의 장에게 불확인통지서를 송부한다.

제19조(협의이혼의사확인서등본 등의 분실)

① 협의이혼의사확인서등본을 분실한 경우 당사자 쌍방은 언제든지 관할 가정법원에 다시 협의이혼의사확인신청을 할 수 있다.
② 협의이혼의사확인서등본을 분실한 경우 법원으로부터 협의이혼의사확인서등본을 교부 또는 송달받은 날부터 3개월 이내라면, 당사자는 그 확인 법원으로부터 확인서등본 및 협의서등본을 재교부받은 후 이혼신고서를 다시 작성하여 시(구)·읍·면에 이혼신고를 할 수 있다. 이해관계인은 협의서에 대하여 기록을 보관하고 있는 법원에 보존기간 내에 등본 발급을 청구할 수 있다.

제20조의2(집행문의 부여)
양육비부담조서정본의 집행문은 당사자가 제출한 혼인관계증명서에 기록된 협의이혼의사확인 사건번호와 양육비부담조서정본에 기재된 사건번호가 일치하는 경우 담당 판사 또는 사법보좌관의 명령에 따라 부여한다.

제21조(협의이혼의 신고장소 등)
이혼의사확인신청의 관할 법원이 당사자의 등록기준지로 되어 있더라도 이혼신고는 주소지 또는 현재지에서도 할 수 있으며, 당사자 일방만이 이혼신고서를 제출한 경우에도 신고서에 확인서등본이 첨부되어 있으면 수리하여야 한다.

제23조(협의이혼신고의 수리)
① 시(구)·읍·면의 장은 협의이혼신고접수시 가정법원의 확인서등본 첨부 여부와 그 확인서의 유효기간 경과 여부를 면밀히 조사하여야 하고 신고서가 가정법원의 확인일부터 3개월이 경과한 후 제출된 경우에는 일단 접수 후 송달증명서를 제출하도록 통지를 하고, 추후보완된 송달증명서상의 송달일자로 보아 이혼신고가 확인서등본의 교부 또는 송달일부터 3개월 이내이면 이를 수리하여야 하나 그 기간을 경과하였거나 추후보완기간 내에 송달증명서를 제출하지 않는 경우에는 불수리하여야 한다.
③ 이혼하는 부부에게 미성년인 자녀(포태 중인 자 제외)가 있는 경우에는 시(구)·읍·면의 장은 친권자지정 신고를 함께 수리하여야 한다. 시(구)·읍·면의 장은 이 경우 이혼신고서와 가정법원의 확인서등본과 친권자 결정에 관한 협의서등본 또는 가정법원의 심판정본 및 확정증명서의 일치여부를 확인하여야 한다.
④ 포태 중인 자에 대한 친권자지정 신고는 이혼신고 시 수리하지 않고, 포태 중인 자의 출생신고 시 수리한다. 이 경우 친권자결정에 관한 협의서등본 또는 가정법원의 심판정본 및 확정증명서를 확인하여야 한다. 포태 중인 자의 친권자지정 신고기간은 출생 시부터 기산한다.
⑤ 협의이혼신고서가 적법하게 심사되어 수리된 후에는 당사자 일방이 이혼의사가 없다고 그 신고서의 반환을 요청하여도 이를 반환해서는 안 된다.

제24조(이혼증서등본에 의한 신고)
한국인 부부가 일본국에서 일본방식에 의한 협의이혼신고를 하여 수리된 협의이혼에 관하여는 일본국 호적관서에서 2004.9.19.까지 수리된 경우에 한하여 그 이혼증서등본을 제출한 경우 이를 수리하여야 한다.

제25조(협의이혼의사철회서면의 접수)
① 법원으로부터 협의이혼의사확인을 받은 후 그에 의하여 이혼신고전에 협의이혼의사철회의 의사표시를 하고자 할 때에는 철회서면(별지 제18호 서식)에 협의이혼의사의 확인법원 및 확인연월일을 기재한 후 협의이혼의사확인서등본을 첨부하여, 협의이혼의사철회표시를 하려는 사람의 등록기준지, 주소지 또는 현재지 시(구)·읍·면의 장에게 제출하여야 한다.

제26조(협의이혼의사철회의 효과)
① 협의이혼의사철회서면이 접수된 후 협의이혼신고서가 제출된 경우에는 그 이혼신고서를 수리해서는 안 된다.
② 가족관계등록공무원의 위 불수리처분에 대하여 불복이 있는 사람은 「가족관계의 등록 등에 관한 법률」 제109조에 따라 관할 가정법원에 불복신청을 할 수 있다.
③ 협의이혼의사를 철회한 경우에는 이혼의사확인의 효력이 소멸되므로 그 철회의사를 철회하더라도 이혼신고를 수리할 수 없다.

제27조(협의이혼의사철회에 따른 업무절차)
① 당사자 일방은 "갑" 시(구)·읍·면사무소에 협의이혼의사철회서면을 제출하고, 다른 일방은 "을" 시(구)·읍·면사무소에 이혼신고를 한 경우 협의이혼의사철회서를 접수한 "갑" 시(구)·읍·면사무소는 전산정보처리조직을 통하여 동일한 당사자에 대한 이혼신고서가 접수되었는지 여부를 확인하여 이혼신고서가 먼저 접수되어 수리된 경우에는 이혼의사철회의 의사표시를 한 당사자 일방에게 그 뜻을 통지한다.
② 다른 일방의 이혼신고서를 접수한 "을" 시(구)·읍·면사무소는 신고서의 심사에 앞서 전산정보처리조직을 통하여 동일한 당사자에 대한 이혼의사 철회서면이 접수되었는지 유무를 전국단위로 검색하여 그 접수사실을 발견하였을 때에는 어느 것이 먼저 접수되었는지 여부를 접수연월일과 접수시각까지 세밀히 검토한다.

③ "갑" 시(구)·읍·면사무소에서 수리한 이혼의사철회서면이 먼저 접수된 것으로 판명된 경우 "을" 시(구)·읍·면사무소는 이혼신고서가 접수된 가족관계등록사건접수장 비고란에 "이혼의사 철회"(예 2008.12.10. 14:25 접수)라고 기록한 후 이혼신고서와 이혼의사철회서의 접수사실이 기록된 가족관계등록문서건명부의 해당목록을 인쇄하여 함께 불수리신고서류편철장에 편철하여 보존하고 이혼신고인에게 「가족관계등록사무의 문서 양식에 관한 예규」 별지 제21호 서식에 의하여 신고불수리 통지를 한다.
④ "을" 시(구)·읍·면사무소에서 접수한 이혼신고가 먼저 접수된 것으로 판명된 경우 "을" 시(구)·읍·면사무소는 이혼신고에 의하여 가족관계등록부를 정리한 후 즉시 그 취지를 전화로 "갑" 시(구)·읍·면사무소의 가족관계등록사무담임자에게 통지하며 "갑" 시(구)·읍·면사무소의 가족관계등록사무담임자는 제1항에 따라 처리한다.
⑤ 이혼신고서와 이혼의사철회서면의 접수시각이 같은 경우에는 이혼의사철회서면이 먼저 접수된 것으로 처리한다.

제3절 재판상 이혼

1. 의 의

재판상 이혼이란 민법 제840조 각 호에서 정한 이혼사유가 있는 경우에 당사자 일방의 청구로 재판(조정)에 의하여 혼인관계를 해소시키는 것을 말한다. 재판상 이혼은 조정전치주의의 적용을 받으며 (가사소송법 제50조), 이혼 판결의 확정 또는 조정의 성립으로 이혼이 성립된다.

2. 재판상 이혼의 신고

① 재판상 이혼신고는 신고와 관계없이 재판의 확정으로 효력이 발생하는 보고적 신고에 해당한다.
② 이혼의 재판이 확정된 경우에 소를 제기한 사람은 재판의 확정일부터 1개월 이내에 재판서의 등본 및 확정증명서를 첨부하여 그 취지를 신고하여야 한다(가족관계등록법 제78조, 제58조). 그 소의 상대방도 신고할 수 있으나 신고의무자가 아니므로 신고를 게을리한 책임은 소 제기자가 진다(가족관계등록예규 제309호 2. 참조).

제4절 이혼신고의 등록부 기록

이혼신고가 있으면, 남편과 아내의 각 가족관계등록부 특정등록사항란에서 서로의 특정등록사항을 말소하고, 남편과 아내의 가족관계등록부 일반등록사항란에 이혼사유를 기록한다.

CHAPTER 07 이혼신고

제1절 서 설

제2절 협의상 이혼

01 협의이혼의사확인신청 및 이혼신고 등에 관한 다음 설명 중 가장 옳지 않은 것은? 2025년

① 확인기일, 보정명령, 불확인결과는 전화, 팩시밀리 등 간이한 방법으로 통지할 수 있다.
② 협의이혼의사확인서등본을 분실한 경우 당사자 쌍방은 언제든지 관할 가정법원에 다시 협의이혼의 사확인신청을 할 수 있다.
③ 양육비부담조서의 집행문은 그 양육비부담조서가 작성된 협의이혼의사확인사건의 확인서에 따라 이혼신고를 하였음을 소명한 때에만 내어준다.
④ 부부 양쪽이 재외국민인 경우에는 두 사람이 함께 그 현재지를 관할하는 재외공관의 장에게 협의이 혼의사확인신청을 할 수 있다.
⑤ 협의이혼의사확인을 받은 재외국민이 협의이혼의사를 철회하고자 하는 경우에는 이혼신고가 접수 되기 전에 등록기준지 시·읍·면의 장 또는 가족관계등록관에게 협의이혼의사확인서등본을 첨부 한 협의이혼의사철회서를 제출하여야 한다.

[❶ ▸ O] 확인기일, 보정명령, 불확인결과는 전화, 팩시밀리 등 간이한 방법으로 통지할 수 있다(가족관 계등록예규 제613호 제5조 제4항 참조).

> 가족관계등록예규 제613호[협의이혼의 의사확인사무 및 가족관계등록사무 처리지침]
> 제5조(기일의 고지 등)
>   ④ 확인기일, 보정명령, 불확인결과를 전화, 팩시밀리 등을 이용하여 간이한 방법으로 통지할 경우에는 신청서의 적당한 여백에 다음과 같이 고무인을 찍은 후 그 통지사실을 기재하여야 한다.

[❷ ▸ O] 협의이혼의사확인서등본을 분실한 경우 당사자 쌍방은 언제든지 관할 가정법원에 다시 협의 이혼의사확인신청을 할 수 있다(가족관계등록예규 제613호 제19조 제1항).

[❸ ▸ O] 양육비부담조서의 집행문은 그 양육비부담조서가 작성된 협의이혼의사확인사건의 확인서 에 따라 이혼신고를 하였음을 소명한 때에만 내어준다(가족관계등록규칙 제78조 제5항).

[❹ ▶ ×] 부부 양쪽이 재외국민인 경우에는 두 사람이 함께 <u>그 거주지를 관할하는</u> 재외공관의 장에게 협의이혼의사확인신청을 할 수 있다(가족관계등록규칙 제75조 제1항 본문).

> **가족관계등록규칙 제75조(재외국민의 이혼의사 확인신청의 특례)**
> ① 부부 양쪽이 재외국민인 경우에는 두 사람이 함께 그 거주지를 관할하는 재외공관의 장에게 이혼의사확인신청을 할 수 있다. 다만, 그 지역을 관할하는 재외공관이 없는 때에는 인접하는 지역을 관할하는 재외공관의 장에게 이를 할 수 있다.

[❺ ▶ ○] 협의이혼의사확인을 받은 재외국민이 협의이혼의사를 철회하고자 하는 경우에는 이혼신고가 접수되기 전에 등록기준지 시·읍·면의 장 또는 가족관계등록관에게 협의이혼의사확인서등본을 첨부한 협의이혼의사철회서를 제출하여야 한다(가족관계등록규칙 제80조 제1항).

> **가족관계등록규칙 제80조(이혼의사의 철회)**
> ① <u>이혼의사의 확인을 받은 당사자가 이혼의사를 철회하고자 하는 경우에는 이혼신고가 접수되기 전에</u> 자신의 등록기준지, 주소지 또는 현재지 시·읍·면의 장에게 이혼의사확인서등본을 첨부한 이혼의사철회서를 제출하여야 한다. 다만, <u>재외국민의 경우 등록기준지 시·읍·면의 장 또는 가족관계등록관에게 제출하여야 한다.</u>

답 ❹

02 협의이혼의사확인절차 등에 관한 다음 설명 중 가장 옳은 것은? `2020년`

① 협의이혼의사확인절차에서 작성되는 양육비부담조서가 그 자체로 집행권원이 되는 것은 아니므로, 이혼 후 자녀의 양육비에 관하여 강제집행을 하기 위해서는 별도의 재판이 필요하다.
② 양육비부담조서는 협의이혼 신고일부터 미성년인 자녀가 각 성년에 이르는 날까지의 기간에 해당하는 양육비에 한하여 작성하므로, 양육비부담조서의 집행문은 그 양육비부담조서가 작성된 협의이혼의사확인 사건의 확인서에 따라 이혼신고를 하였음이 소명된 경우 내어준다.
③ 가정법원은 양육비를 정기적으로 지급할 의무가 있는 사람이 정당한 사유 없이 2회 이상 양육비를 지급하지 아니한 경우에 정기금 양육비 채권에 관한 집행권원을 가진 채권자의 신청에 따라 양육비채무자에 대하여 정기적 급여채무를 부담하는 소득세원천징수의무자에게 양육비채무자의 급여에서 정기적으로 양육비를 공제하여 양육비채권자에게 직접 지급하도록 명할 수 있다.
④ 재외공관의 장이 당사자 쌍방으로부터 협의이혼의사확인신청을 받은 경우 쌍방을 출석시켜 그 진술을 듣고 이혼의사확인서를 작성한 후 이혼의사확인서등본을 교부한다.
⑤ 협의이혼신고서는 협의상 이혼을 하려는 부부가 등록기준지, 주소지 또는 현재지의 시·읍·면에 함께 출석하여 가정법원의 확인서가 첨부된 협의이혼신고서를 제출하여야 한다.

[❶ ▶ ×] 양육비부담조서가 그 자체로 집행권원이 되므로, 강제집행을 하기 위한 별도의 재판은 필요치 아니하다(민법 제836조의2 제5항, 가사소송법 제41조 참조).

> **민법 제836조의2(이혼의 절차)**
> ⑤ 가정법원은 당사자가 협의한 양육비부담에 관한 내용을 확인하는 양육비부담조서를 작성하여야 한다. 이 경우 <u>양육비부담조서의 효력에 대하여는 가사소송법 제41조를 준용한다.</u>
>
> **가사소송법 제41조(심판의 집행력)**
> 금전의 지급, 물건의 인도(引渡), 등기, 그 밖에 의무의 이행을 명하는 심판은 집행권원(執行權原)이 된다.

[❷ ▶ ×] 가족관계등록예규 제613호 제9조 제3항, 가족관계의 등록 등에 관한 규칙 제78조 제5항

> **가족관계등록예규 제613호[협의이혼의 의사확인사무 및 가족관계등록사무 처리지침]**
> **제9조(조서의 작성)**
> ③ 담당 판사가 미성년인 자녀에 관한 양육비부담의 협의를 확인한 후 이혼의사확인서를 작성하면 법원사무관 등은 그에 따라 <u>협의이혼신고 다음 날부터 미성년인 자녀가 각 성년에 이르기 전날까지의 기간에 해당하는 양육비에 한하여</u> 양육비부담조서(별지 제19호 서식)를 작성하여야 한다.

> **가족관계의 등록 등에 관한 규칙 제78조(확인서 등의 작성·교부)**
> ⑤ 양육비부담조서의 집행문은 그 양육비부담조서가 작성된 협의이혼의사확인사건의 확인서에 따라 이혼신고를 하였음을 소명한 때에만 내어준다.

[❸ ▶ ○] 가사소송법 제63조의2 제1항

[❹ ▶ ×] <u>재외공관의 장</u>이 당사자 쌍방으로부터 협의이혼의사확인신청을 받은 경우, 쌍방을 출석시켜 그 진술을 듣고 진술요지서를 작성한 후 <u>협의이혼의사확인신청서, 진술요지서 및 첨부서류를 서울가정법원으로 송부하면</u>(가족관계등록예규 제613호 제17조 제1항·제2항 참조), 재외공관의 장으로부터 협의이혼의사확인신청서, 진술요지서 및 첨부서류를 송부받은 <u>서울가정법원은 이혼의사 등을 확인한 때에 확인서를 작성하고, 확인서등본을 즉시 당사자 거주지 재외공관의 장에게 송부한다</u>(가족관계등록예규 제613호 제18조 제1항·제6항).

> **가족관계등록예규 제613호[협의이혼의 의사확인사무 및 가족관계등록사무 처리지침]**
> **제17조(재외공관장의 업무)**
> ① 재외공관장이 당사자 쌍방이나 일방으로부터 협의이혼의사확인신청을 받은 때에는 당사자 쌍방(규칙 제75조 제1항의 경우) 또는 일방(규칙 제75조 제2항, 제3항의 경우)을 출석시켜 이혼에 관한 안내를 서면(별지 제7호 서식)으로 한 후 규칙 제75조 제4항에 따라 이혼의사의 유무와 미성년인 자녀가 있는지 여부 및 미성년인 자녀가 있는 경우 그 자녀에 대한 양육과 친권자결정에 관한 협의서 1통과 그 사본 2통 또는 가정법원의 심판정본 및 확정증명서 각 3통을 제출받아 확인하고 그 요지를 기재한 진술요지서(별지 제15호 서식, 다음부터 "진술요지서"라 한다)를 작성한다.
> ② 재외공관장은 진술요지서와 협의서 또는 심판정본 및 확정증명서의 내용이 일치하는지 확인한 후, 진술요지서를 신청서에 첨부하여 직인으로 간인한 후 신청서 및 첨부서류를 서울가정법원으로 송부한다.

제18조(서울가정법원의 업무)
① 재외공관장으로부터 협의이혼의사확인신청서와 당사자 쌍방에 대한 진술요지서 및 첨부서류를 송부받은 경우, 서울가정법원은 진술요지서 및 첨부서류에 의하여 신청당사자의 이혼의사 등을 확인한다.
⑥ 제1항부터 제3항까지의 절차에 의하여 이혼의사 등을 확인한 때 서울가정법원은 확인서를 작성하고, 확인서등본(규칙 제75조 제1항의 경우에는 2통)을 미성년인 자녀가 있는 경우 협의서등본, 양육비부담조서정본 및 그 영수증 양식 또는 심판정본 및 확정증명서와 함께 즉시 당사자 거주지 재외공관의 장에게 송부하되 규칙 제75조 제2항의 경우 국내 거주 당사자에게도 교부한다. 이혼의사 등을 확인할 수 없는 경우에는 불확인된 것으로 처리하고 신청당사자 거주지 재외공관의 장에게 불확인통지서를 송부한다.

[❺ ▶ ×] 가정법원의 확인서가 첨부된 협의이혼신고서는 <u>부부 중 한 쪽이 제출할 수 있다</u>(가족관계의 등록 등에 관한 규칙 제79조).

답 ❸

제3절 재판상 이혼

제4절 이혼신고의 등록부 기록

친권에 관한 신고

제1절 서설

1. 친권의 의의

친권이란 부모가 어버이라는 신분에 의하여 미성년인 자를 보호하고 교양할 권리와 의무의 총체를 말한다.

2. 친권의 내용

친권의 내용 중 자의 신분에 관한 것으로는 보호·교양의 권리의무(민법 제913조), 거소지정권(민법 제914조) 등이 있고, 자의 재산에 관한 것으로는 재산관리권(민법 제916조), 법률행위의 대리권, 동의권 및 취소권(민법 제920조, 제5조, 제6조, 제7조) 등이 있다.

제2절 친권자 지정·변경

1. 부모의 친권

① 부모는 미성년자인 자(子)의 친권자가 된다. 양자의 경우에는 양부모(養父母)가 친권자가 된다(민법 제909조 제1항).
② 친권은 부모가 혼인 중인 때에는 부모가 공동으로 이를 행사한다. 그러나 부모의 의견이 일치하지 아니하는 경우에는 당사자의 청구에 의하여 가정법원이 이를 정한다(민법 제909조 제2항).
③ 부모의 일방이 친권을 행사할 수 없을 때에는 다른 일방이 이를 행사한다(민법 제909조 제3항).

2. 친권자의 지정 등

(1) 지정 원인

① 혼인 외의 자가 인지된 경우와 부모가 이혼하는 경우에는 부모의 협의로 친권자를 정하여야 하고, 협의할 수 없거나 협의가 이루어지지 아니하는 경우에는 가정법원은 직권으로 또는 당사자의 청구에 따라 친권자를 지정하여야 한다(민법 제909조 제4항).

② 가정법원은 혼인의 취소, 재판상 이혼 또는 인지청구의 소의 경우에는 직권으로 친권자를 정한다(민법 제909조 제5항).

③ 민법 제909조 제4항부터 제6항까지의 규정에 따라 단독 친권자로 정하여진 ㉠ 부모의 일방이 사망한 경우, ㉡ 민법 제924조에 따른 친권상실의 선고가 있는 경우, ㉢ 민법 제925조에 따른 대리권과 재산관리권 상실의 선고가 있는 경우, ㉣ 민법 제927조 제1항에 따라 대리권과 재산관리권을 사퇴한 경우, ㉤ 소재불명 등 친권을 행사할 수 없는 중대한 사유가 있는 경우에는 생존하는 부 또는 모, 미성년자, 미성년자의 친족은 그 사실을 안 날부터 1개월, 사망한 날부터 6개월 내에 가정법원에 생존하는 부 또는 모를 친권자로 지정할 것을 청구할 수 있다(민법 제909조의2 제1항, 제927조의2 제1항).

④ 입양이 취소되거나 파양된 경우 또는 양부모가 모두 사망한 경우 친생부모 일방 또는 쌍방, 미성년자, 미성년자의 친족은 그 사실을 안 날부터 1개월, 입양이 취소되거나 파양된 날 또는 양부모가 모두 사망한 날부터 6개월 내에 가정법원에 친생부모 일방 또는 쌍방을 친권자로 지정할 것을 청구할 수 있다. 다만, 친양자의 양부모가 사망한 경우에는 그러하지 아니하다(민법 제909조의2 제2항).

⑤ 가정법원은 민법 제909조의2 제3항 또는 제4항에 따라 미성년후견인이 선임된 경우라도 미성년후견인 선임 후 양육상황이나 양육능력의 변동, 미성년자의 의사, 그 밖의 사정을 고려하여 미성년자의 복리를 위하여 필요하면 생존하는 부 또는 모, 친생부모 일방 또는 쌍방, 미성년자의 청구에 의하여 후견을 종료하고 생존하는 부 또는 모, 친생부모 일방 또는 쌍방을 친권자로 지정할 수 있다(민법 제909조의2 제6항).

⑥ 가정법원은 민법 제927조의2 제1항에 따라 친권자가 지정되거나 미성년후견인이 선임된 후 단독친권자이었던 부 또는 모, 양부모 일방 또는 쌍방에게 ㉠ 제926조에 따라 실권의 회복이 선고된 경우, ㉡ 제927조 제2항에 따라 사퇴한 권리를 회복한 경우, ㉢ 소재불명이던 부 또는 모가 발견되는 등 친권을 행사할 수 있게 된 경우에는 그 부모 일방 또는 쌍방, 미성년자, 미성년자의 친족의 청구에 의하여 친권자를 새로 지정할 수 있다(민법 제927조의2 제2항).

⑦ 가정법원은 단독친권자의 유언에 따라 미성년후견인이 지정된 경우라도 미성년자의 복리를 위하여 필요하면 생존하는 부 또는 모, 미성년자의 청구에 의하여 후견을 종료하고 생존하는 부 또는 모를 친권자로 지정할 수 있다(민법 제931조 제2항).

(2) 지정 방법

민법 제837조, 제909조 제4항, 가사소송법 제2조 제1항 제2호 나목의 3) 및 5) 등이 부부의 이혼 후 그 자의 친권자와 그 양육에 관한 사항을 각기 다른 조항에서 규정하고 있는 점 등에 비추어 보면, 이혼 후 부모와 자녀의 관계에 있어서 친권과 양육권이 항상 같은 사람에게 돌아가야 하는 것은 아니며, 이혼 후 자에 대한 양육권이 부모 중 어느 일방에, 친권이 다른 일방에 또는 부모에 공동으로 귀속되는 것으로 정하는 것은, 비록 신중한 판단이 필요하다고 하더라도, 일정한 기준을 충족하는 한 허용된다고 할 것이다(대판 2012.4.13. 2011므4719).

(3) 지정 기준

가정법원이 친권자를 지정함에 있어서는 자(子)의 복리를 우선적으로 고려하여야 한다. 이를 위하여 가정법원은 관련 분야의 전문가나 사회복지기관으로부터 자문을 받을 수 있다(민법 제912조 제2항).

3. 친권자의 변경

가정법원은 자의 복리를 위하여 필요하다고 인정되는 경우에는 자의 4촌 이내의 친족의 청구에 의하여 정하여진 친권자를 다른 일방으로 변경할 수 있다(민법 제909조 제6항).

제3절 친권자의 지정 또는 변경에 관한 가족관계등록사무 처리

> **가족관계등록예규 제374호[친권자의 지정 또는 변경에 관한 가족관계등록사무 처리지침]**
>
> **제1조(친권자 지정신고를 할 수 있는 경우)**
> ① 친권자 지정(변경을 포함)의 신고는 다음 각 호의 어느 하나에 해당하는 경우에 할 수 있다.
>   1. 미성년자의 부모가 이혼한 때
>   2. 미성년자의 부모 혼인이 취소된 때
>   3. 미성년자를 인지한 때
>   4. 부모의 혼인이 무효인 경우에 그 사이의 출생자에 대하여 부가 출생신고를 함으로써 인지의 효력이 생긴 때
>   5. 민법 제909조의2(같은 법 제927조의2 제1항에 따라 준용되는 경우를 포함), 제927조의2 제2항 및 제931조 제2항에 따라 친권자를 지정하는 재판이 확정된 때
>
> **제2조(미성년자가 여러 명인 경우의 처리)**
> 하나의 신고서로 여러 명에 대한 친권자 지정신고를 하는 경우에는 미성년자별로 건수를 계산한다.
>
> **제3조(협의이혼의 경우와 친권자 지정신고)**
> ① 미성년자의 부모가 이혼하기로 협의하면서 친권자 지정에 관한 협의를 한 경우에도 이혼신고가 수리되기 전에는 친권자 지정신고를 수리할 수 없다.
> ② 제1항의 경우에 친권자 지정신고의 신고기간은 협의이혼신고가 수리된 때로부터 기산한다.
> ③ 이혼신고서에 친권자 지정에 관한 사항이 기재된 때에는 이혼신고와 친권자 지정신고를 별개의 사건으로 처리한다. 이 경우에 미성년자가 여러 명인 때에는 제2조의 규정을 준용한다.

제4조(재판상이혼의 경우와 친권자 지정신고)
① 부모의 이혼을 인용함과 동시에 친권자를 지정한 판결이 확정된 때에는 이혼신고가 수리되기 전에도 친권자 지정신고를 할 수 있다.
② 제1항의 경우에는 그 판결상의 원고와 친권자로 지정된 사람이 친권자 지정신고의 의무를 부담하고, 신고의무기간은 판결확정일로부터 기산한다.
③ 제3조 제3항의 규정은 재판상이혼신고의 경우에 이를 준용한다.

제5조(인지신고와 친권자 지정신고)
① 제1조 제1항 제3호 및 제4호의 경우에는 인지신고 또는 인지의 효력이 있는 출생신고가 수리되기 전에는 친권자 지정신고를 수리할 수 없다.

제8조(친권자 지정에 관한 가족관계등록부 기록)
① 친권자 지정에 관한 사항은 해당 미성년자의 가족관계등록부에만 기록한다.
② 제1항의 경우에 친권자의 성명 및 출생연월일도 기록한다.

제9조(친권자가 사망한 경우 등의 직권기록)
① 시(구)·읍·면의 장이 미성년자의 가족관계등록부상 친권자로 기록된 사람에게 다음 각 호의 어느 하나에 해당하는 사유가 있는 사실을 알게 된 때에는 직권으로 미성년자의 가족관계등록부에 그 취지를 기록하여야 한다.
  1. 친권자가 사망하거나 실종선고를 받은 때
  2. 친권자가 미성년자의 친부, 친모, 양부, 양모와 혼인한 때
② 친권자 지정 또는 변경에 관한 기록이 있는 경우 시(구)·읍·면의 장이 미성년자에게 다음 각 호의 어느 하나에 해당하는 사유가 있는 사실을 알게 된 때에는 직권으로 미성년자의 가족관계등록부에 친권종료인 취지를 기록하여야 한다.
  1. 미성년자가 성년에 도달한 때
  2. 미성년자가 혼인한 때

제10조(친권자가 친권을 행사할 수 없는 경우의 처리)
친권자로 지정된 사람이 사망, 실종선고, 대리권과 관리권의 상실(사퇴)로 인하여 친권을 행사할 수 없는 경우에는 「민법」 제909조의2(같은 법 제927조의2 제1항에 따라 준용되는 경우를 포함)에 따라 친권자, 미성년후견인 또는 그 임무대행자를 지정하거나 선임하는 재판을 다시 받아야 한다.

제11조(친권자가 지정된 미성년자가 입양된 경우의 처리)
① 친권자가 지정·기록된 미성년자가 입양되는 경우에는 미성년자의 가족관계등록부에 기록된 친권자 지정에 관한 기록을 직권말소하고 입양으로 인한 것이라는 사유를 기록한다.
② 입양된 미성년자가 여전히 미성년자인 때에 파양이 되었다면 「민법」 제909조의2에 따라 친권자, 미성년후견인 또는 그 임무대행자를 지정하거나 선임하는 재판을 다시 받아야 한다.

제12조(친권자 변경신고)
「민법」 제909조 제4항 및 제5항에 따라 지정된 친권자를 변경하고자 하는 경우에는, 「민법」 제909조 제6항에 따른 가정법원의 친권자변경심판서의 등본과 확정증명서를 첨부하여 신고해야 하며, 협의에 의한 친권자변경신고를 수리해서는 안 된다.

친권에 관한 신고

| 제1절 | 서 설 |

| 제2절 | 친권자 지정·변경 |

| 제3절 | 친권자의 지정 또는 변경에 관한 가족관계등록사무 처리 |

01 친권 및 친권자 지정·변경 등에 관한 다음 설명 중 가장 옳은 것은? 2021년

① 친권은 부모가 혼인 중인 때에는 부모가 공동으로 이를 행사하고, 부모의 일방이 친권을 행사할 수 없을 때에는 당사자의 청구에 의하여 가정법원이 이를 정한다.
② 친권자는 그 자를 보호 또는 교양하기 위하여 법원의 허가를 얻어 감화 또는 교정기관에 위탁할 수 있다.
③ 미성년자를 인지한 때 하는 친권자 지정신고의 경우에는 인지신고 또는 인지의 효력이 있는 출생신고가 수리되기 전에는 친권자 지정신고를 수리할 수 없다.
④ 협의이혼을 하는 부부에게 포태 중인 자가 있는 경우에는 시(구)·읍·면의 장은 그 자에 대한 친권자지정 신고를 협의이혼신고 시 함께 수리하여야 한다.
⑤ 이혼 후 미성년인 자녀에 대한 양육권이 부모 중 어느 일방에, 친권이 다른 일방에 귀속되는 것으로 정하는 것은 미성년자인 자녀의 복리에 현저하게 부정적인 영향을 미치므로 허용되지 않는다.

[❶ ▶ ×] 민법 제909조 제2항·제3항

민법 제909조(친권자)
② 친권은 부모가 혼인 중인 때에는 부모가 공동으로 이를 행사한다. 그러나 부모의 의견이 일치하지 아니하는 경우에는 당사자의 청구에 의하여 가정법원이 이를 정한다.
③ 부모의 일방이 친권을 행사할 수 없을 때에는 다른 일방이 이를 행사한다.

[❷ ▶ ×] 친권자의 징계권을 규정한 민법 제915조는 아동학대를 정당화하는 데 악용될 소지가 있다는 이유로 2021.1.26. 삭제되었다.

[❸ ▶ ○] 가족관계등록예규 제374호 제1조 제1항 제3호, 제5조 제1항

> **가족관계등록예규 제374호[친권자의 지정 또는 변경에 관한 가족관계등록사무 처리지침]**
> **제1조(친권자 지정신고를 할 수 있는 경우)**
> ① 친권자 지정(변경을 포함)의 신고는 다음 각 호의 어느 하나에 해당하는 경우에 할 수 있다.
>   1. 미성년자의 부모가 이혼한 때
>   2. 미성년자의 부모 혼인이 취소된 때
>   3. 미성년자를 인지한 때
>   4. 부모의 혼인이 무효인 경우에 그 사이의 출생자에 대하여 부가 출생신고를 함으로써 인지의 효력이 생긴 때
>   5. 민법 제909조의2(같은 법 제927조의2 제1항에 따라 준용되는 경우를 포함), 제927조의2 제2항 및 제931조 제2항에 따라 친권자를 지정하는 재판이 확정된 때
>
> **제5조(인지신고와 친권자 지정신고)**
> ① 제1조 제1항 제3호 및 제4호의 경우에는 인지신고 또는 인지의 효력이 있는 출생신고가 수리되기 전에는 친권자 지정신고를 수리할 수 없다.

[❹ ▶ ×] 가족관계등록예규 제613호 제23조 제4항

> **가족관계등록예규 제613호[협의이혼의 의사확인사무 및 가족관계등록사무 처리지침]**
> **제23조(협의이혼신고의 수리)**
> ③ 이혼하는 부부에게 미성년인 자녀(포태 중인 자 제외)가 있는 경우에는 시(구)·읍·면의 장은 친권자지정 신고를 함께 수리하여야 한다. 시(구)·읍·면의 장은 이 경우 이혼신고서와 가정법원의 확인서등본과 친권자결정에 관한 협의서등본 또는 가정법원의 심판정본 및 확정증명서의 일치 여부를 확인하여야 한다.
> ④ 포태 중인 자에 대한 친권자지정 신고는 이혼신고 시 수리하지 않고, 포태 중인 자의 출생신고 시 수리한다. 이 경우 친권자결정에 관한 협의서등본 또는 가정법원의 심판정본 및 확정증명서를 확인하여야 한다. 포태 중인 자의 친권자지정 신고기간은 출생 시부터 기산한다.

[❺ ▶ ×] 민법 제837조, 제909조 제4항, 가사소송법 제2조 제1항 제2호 나목의 3) 및 5) 등이 부부의 이혼 후 그 자의 친권자와 그 양육에 관한 사항을 각기 다른 조항에서 규정하고 있는 점 등에 비추어 보면, 이혼 후 부모와 자녀의 관계에 있어서 친권과 양육권이 항상 같은 사람에게 돌아가야 하는 것은 아니며, 이혼 후 자에 대한 양육권이 부모 중 어느 일방에, 친권이 다른 일방에 또는 부모에 공동으로 귀속되는 것으로 정하는 것은, 비록 신중한 판단이 필요하다고 하더라도, 일정한 기준을 충족하는 한 허용된다고 할 것이다(대판 2012.4.13. 2011므4719).

답 ❸

CHAPTER 09 미성년후견에 관한 신고

제1절 서 설

1. 후견의 의의 및 종류

후견이란 제한능력자나 그 밖에 보호가 필요한 사람을 보호하는 제도이다. 2013.7.1. 시행된 개정민법에 따르면 후견은 법정후견과 임의후견으로 나뉘고, 법정후견에는 미성년후견·성년후견·한정후견·특정후견이 있으며, 임의후견은 후견계약에 의한 후견이 있다.

2. 후견의 공시방법

종전에는 미성년후견, 금치산자, 한정치산자 모두 무능력자의 가족관계등록부에 기록되었으나, 후견등기에 관한 법률이 제정됨에 따라 기존과 달리 성년후견, 한정후견, 특정후견 및 후견계약에 의한 후견에 관한 사항은 후견등기부에 기록·공시되고, 미성년후견은 종전과 같이 가족관계등록부에 기록·공시된다.

제2절 미성년후견

1. 미성년후견의 개시

미성년자에게 친권자가 없거나 친권자가 민법 제924조(친권의 상실 또는 일시 정지의 선고), 제924조의2(친권의 일부 제한의 선고), 제925조(대리권, 재산관리권 상실의 선고) 또는 제927조 제1항(대리권, 관리권의 사퇴)에 따라 친권의 전부 또는 일부를 행사할 수 없는 경우에는 미성년후견인을 두어야 한다(민법 제928조).

2. 미성년후견인

(1) 미성년후견인의 수, 결격사유

① 성년후견인과 달리 미성년후견인의 수(數)는 한 명으로 한다(민법 제930조 제1항). 미성년후견인은 자연인에 한하며, 법인은 미성년후견인이 될 수 없다(민법 제930조 제3항 참조).
② ㉠ 미성년자, ㉡ 피성년후견인, 피한정후견인, 피특정후견인, 피임의후견인, ㉢ 회생절차개시결정 또는 파산선고를 받은 자, ㉣ 자격정지 이상의 형의 선고를 받고 그 형기(刑期) 중에 있는 사람, ㉤ 법원에서 해임된 법정대리인, ㉥ 법원에서 해임된 성년후견인, 한정후견인, 특정후견인, 임의후견인과 그 감독인, ㉦ 행방이 불분명한 사람, ㉧ 피후견인을 상대로 소송을 하였거나 하고 있는 사람과 그 사람의 배우자와 직계혈족(다만, 피후견인의 직계비속은 제외)은 후견인이 되지 못한다(민법 제937조).

(2) 미성년후견인의 지정·선임

지정후견인, 선임후견인 순으로 미성년자의 후견인이 된다.

1) 지정후견인

① 미성년자에게 친권을 행사하는 부모는 유언으로 미성년후견인을 지정할 수 있다. 다만, 법률행위의 대리권과 재산관리권이 없는 친권자는 그러하지 아니하다(민법 제931조 제1항).
② 가정법원은 유언에 의해 미성년후견인이 지정된 경우라도 미성년자의 복리를 위하여 필요하면 생존하는 부 또는 모, 미성년자의 청구에 의하여 후견을 종료하고 생존하는 부 또는 모를 친권자로 지정할 수 있다(민법 제931조 제2항).

2) 선임후견인

① 가정법원은 민법 제931조에 따라 지정된 미성년후견인이 없는 경우에는 직권으로 또는 미성년자, 친족, 이해관계인, 검사, 지방자치단체의 장의 청구에 의하여 미성년후견인을 선임한다. 미성년후견인이 없게 된 경우에도 또한 같다(민법 제932조 제1항).
② 가정법원은 민법 제924조, 제924조의2 및 제925조에 따른 친권의 상실, 일시 정지, 일부 제한의 선고 또는 법률행위의 대리권이나 재산관리권 상실의 선고에 따라 미성년후견인을 선임할 필요가 있는 경우에는 직권으로 미성년후견인을 선임한다(민법 제932조 제2항).
③ 친권자가 대리권 및 재산관리권을 사퇴한 경우에는 지체 없이 가정법원에 미성년후견인의 선임을 청구하여야 한다(민법 제932조 제3항).

(3) 미성년후견인의 사임, 변경

① 후견인은 정당한 사유가 있는 경우에는 가정법원의 허가를 받아 사임할 수 있다. 이 경우 그 후견인은 사임청구와 동시에 가정법원에 새로운 후견인의 선임을 청구하여야 한다(민법 제939조).
② 가정법원은 피후견인의 복리를 위하여 후견인을 변경할 필요가 있다고 인정하면 직권으로 또는 피후견인, 친족, 후견감독인, 검사, 지방자치단체의 장의 청구에 의하여 후견인을 변경할 수 있다(민법 제940조).

3. 미성년후견의 종료

미성년후견의 종료사유로는 ① 피후견인인 미성년자의 성년도달 또는 성년의제, ② 피후견인인 미성년자의 사망, ③ 친권상실선고의 취소 또는 사퇴한 권리의 회복 등을 들 수 있다.

4. 미성년후견감독인

① 미성년후견감독이란 미성년후견업무를 감독하는 제도를 말하는데 기존의 친족회 제도 대신에 신설된 제도이다. 미성년후견인과 달리 미성년후견감독인은 여러 명을 둘 수 있고(민법 제940조의7, 제930조 제2항), 법인도 미성년후견감독인이 될 수 있다(민법 제940조의7, 제930조 제3항).
② 미성년후견감독인에는 지정미성년후견감독인과 선임미성년후견감독인이 있으며, 지정미성년후견감독인과 선임미성년후견감독인 순으로 미성년자의 후견감독인이 된다.
③ 미성년후견인을 지정할 수 있는 사람은 유언으로 미성년후견감독인을 지정할 수 있다(민법 제940조의2).
④ 가정법원은 민법 제940조의2에 따라 지정된 미성년후견감독인이 없는 경우에 필요하다고 인정하면 직권으로 또는 미성년자, 친족, 미성년후견인, 검사, 지방자치단체의 장의 청구에 의하여 미성년후견감독인을 선임할 수 있고, 미성년후견감독인이 사망, 결격, 그 밖의 사유로 없게 된 경우에는 직권으로 또는 미성년자, 친족, 미성년후견인, 검사, 지방자치단체의 장의 청구에 의하여 미성년후견감독인을 선임한다(민법 제940조의3).
⑤ 후견감독인은 후견인의 사무를 감독하며, 후견인이 없는 경우 지체 없이 가정법원에 후견인의 선임을 청구하여야 하고, 피후견인의 신상이나 재산에 대하여 급박한 사정이 있는 경우 그의 보호를 위하여 필요한 행위 또는 처분을 할 수 있으며, 후견인과 피후견인 사이에 이해가 상반되는 행위에 관하여는 후견감독인이 피후견인을 대리한다(민법 제940조의6).

제3절 미성년후견, 미성년후견감독에 관한 신고 및 등록부 기록

1. 미성년후견, 미성년후견감독 개시신고

① 미성년후견·미성년후견감독 개시의 신고는 미성년후견인이 그 취임일부터 1개월 이내에 하여야 한다(가족관계등록법 제80조 제1항, 제83조의2 제1항).

② 유언에 의하여 미성년후견인·미성년후견감독인을 지정한 경우에는 지정에 관한 유언서 그 등본 또는 유언녹음을 기재한 서면을 신고서에 첨부하여야 하고, 미성년후견인·미성년후견감독인 선임의 재판이 있는 경우에는 재판서의 등본을 신고서에 첨부하여야 한다(가족관계등록법 제82조 제1항, 제83조의4).

③ 미성년후견인·미성년후견감독인이 된 자는 지정, 선정을 묻지 않고 모두 미성년후견·미성년후견감독개시신고를 하여야 한다(가족관계등록예규 제375호).

2. 미성년후견인, 미성년후견감독인 경질신고

미성년후견인·미성년후견감독인이 경질된 경우에는 후임자는 취임일부터 1개월 이내에 그 취지를 신고하여야 한다(가족관계등록법 제81조 제1항, 제83조의3 제1항). 미성년후견인·미성년후견감독인이 사임하거나 변경된 경우에는 선임된 미성년후견인·미성년후견감독인이 신고하여야 한다(가족관계등록법 제81조 제3항, 제83조의3 제3항).

3. 미성년후견, 미성년후견감독 종료신고

미성년후견·미성년후견감독 종료의 신고는 미성년후견인·미성년후견감독인이 1개월 이내에 하여야 한다. 다만, 미성년자가 성년이 되거나 성년의제되어 미성년후견·미성년후견감독이 종료된 경우에는 직권으로 등록부에 미성년후견종료사유를 기록해야 한다(가족관계등록법 제83조 제1항, 제83조의5 제1항).

4. 등록부기록

미성년후견, 미성년후견감독에 관한 신고가 수리되면 미성년자의 등록부의 일반등록사항란에만 해당사유를 기록하고, 미성년후견인, 미성년후견감독인의 등록부에는 기록하지 않는다.

CHAPTER 09 미성년후견에 관한 신고

제1절 서 설

제2절 미성년후견

제3절 미성년후견, 미성년후견감독에 관한 신고 및 등록부 기록

01 미성년후견인 및 미성년후견감독인에 관한 다음 설명 중 가장 옳은 것은? 2025년

① 미성년후견인이 경질된 경우, 전임자는 경질일부터 1개월 이내에 그 취지를 신고하여야 한다.
② 미성년자가 성년이 되어 미성년후견감독이 종료된 경우, 미성년후견감독인이 1개월 이내에 그 종료신고를 하여야 한다.
③ 미성년후견에 관한 사항은 미성년자 및 미성년후견인의 가족관계등록부 일반등록사항란에 각 기록한다.
④ 신고하여야 할 사람이 미성년후견인인 경우에는 미성년자가 신고를 하여도 된다.
⑤ 미성년후견인이 개명한 경우에는 미성년자의 가족관계등록부 일반등록사항란에 기록되어 있는 미성년후견인의 성명을 정정할 필요가 없다.

[❶ ▸ ×] 미성년후견인이 경질된 경우에는 <u>후임자는 취임일부터</u> 1개월 이내에 그 취지를 신고하여야 한다(가족관계등록법 제81조 제1항).

[❷ ▸ ×] 미성년후견감독 종료의 신고는 미성년후견감독인이 1개월 이내에 하여야 한다. <u>다만, 미성년자가 성년이 되어 미성년후견감독이 종료된 경우에는 그러하지 아니하다</u>(가족관계등록법 제83조의5 제1항).

[❸ ▸ ×] 친권·관리권·미성년후견에 관한 사항은 <u>미성년자의</u> 가족관계등록부의 일반등록사항란에 각 기록한다(가족관계등록규칙 제53조).

[❹ ▸ ×] 신고하여야 할 사람이 미성년자인 경우에는 친권자, 미성년후견인을 신고의무자로 한다. 다만, 미성년자 본인이 신고를 하여도 된다(가족관계등록법 제26조 제1항).

> **가족관계등록법 제26조(신고하여야 할 사람이 미성년자 또는 피성년후견인인 경우)**
> ① 신고하여야 할 사람이 미성년자 또는 피성년후견인인 경우에는 친권자, 미성년후견인 또는 성년후견인을 신고의무자로 한다. 다만, 미성년자 또는 피성년후견인 본인이 신고를 하여도 된다.
> ② 제1항 본문에 따라 친권자, 미성년후견인 또는 성년후견인이 신고하는 경우에는 신고서에 다음 각 호의 사항을 적어야 한다.
>   1. 신고하여야 할 미성년자 또는 피성년후견인의 성명·출생연월일·주민등록번호 및 등록기준지
>   2. 신고하여야 할 사람이 미성년자 또는 피성년후견인이라는 사실
>   3. 신고인이 친권자, 미성년후견인 또는 성년후견인이라는 사실

[❺ ▸ ○] 미성년후견인·후견감독인이 개명한 경우에는 미성년자의 가족관계등록부 일반등록사항란에 기록되어 있는 미성년후견인·후견감독인의 성명을 정정할 필요가 없다(가족관계등록예규 제369호).

답 ❺

CHAPTER 10 사망신고 및 실종선고 등

제1절 서 설

① 사람은 생존하는 동안 권리와 의무의 주체가 되므로 출생신고에 의해 등록부에 기록되고 사망신고에 의하여 최종적으로 등록부가 폐쇄된다.
② 사망신고는 보고적 신고이므로, 신고의무자 및 신고기간이 정해져 있다.
③ 가족관계등록부상에 100세 이상의 고령자가 있어도 사망의 신고를 하지 아니하고 또한 시(구)·읍·면의 장이 사망의 사실을 확인하지 못하는 한 직권으로 가족관계등록부를 폐쇄할 수 없다(가족관계등록선례 제201502-11호).

제2절 사망신고

1. 사망신고인

(1) 신고의무자

① 사망의 신고는 동거하는 친족이 하여야 한다(가족관계등록법 제85조 제1항).
② 병원, 교도소, 그 밖의 시설에서 사망이 있었을 경우에 신고의무자 등이 신고할 수 없는 때에는 당해 시설의 장 또는 관리인이 신고의무자이다(가족관계등록법 제91조, 제50조).

(2) 신고적격자

① 친족·동거자 또는 사망장소를 관리하는 사람, 사망장소의 동장 또는 통·이장도 사망의 신고를 할 수 있다(가족관계등록법 제85조 제2항).
② 여기서 동거자란 사망자의 가족관계등록부상의 가족뿐만 아니라 사실상 동거하는 사람을 말하는 것이며, 가족이 아니더라도 세대를 같이 하는 사람은 이를 신고할 수 있다(가족관계등록예규 제420호 2.).
③ 사망사건의 신고인이 가족관계등록법 제85조에 규정된 신고의무자 또는 신고적격자에 해당되지 않는 경우에는 사망신고를 수리할 수 없다. 그러나 사망신고서에 사망진단서 그 밖의 사망의 사실을 증명하는 서면이 첨부되어 있는 때에는 문서건명부에 접수하고 그 첨부서면을 자료로 하여 시(구)·읍·면의 장이 감독법원의 기록허가를 받아 직권으로 기록한다(가족관계등록예규 제420호 3.).

(3) 발송의무자

항해 중에 사망이 있는 때에는 선장은 24시간 이내에 그 사망사실을 항해일지에 기재하고 서명 또는 기명날인한 후, 선박이 대한민국의 항구에 도착하였을 때에는 선장은 지체 없이 사망에 관한 항해일지의 등본을 그 곳의 시·읍·면의 장 또는 재외국민 가족관계등록사무소의 가족관계등록관에게 발송하여야 한다. 선박이 외국의 항구에 도착하였을 때에는 선장은 지체 없이 사망에 관한 항해일지의 등본을 그 지역을 관할하는 재외공관의 장에게 발송하고 재외공관의 장은 지체 없이 외교부장관을 경유하여 재외국민 가족관계등록사무소의 가족관계등록관에게 발송하여야 한다(가족관계등록법 제91조, 제49조).

(4) 통보의무자

1) 인정사망의 통보

① 수해, 화재나 그 밖의 재난으로 인하여 사망한 사람이 있는 경우에는 이를 조사한 관공서는 지체 없이 사망지의 시(구)·읍·면의 장에게 통보하여야 한다. 다만, 외국에서 사망한 때에는 사망자의 등록기준지의 시(구)·읍·면의 장 또는 재외국민 가족관계등록사무소의 가족관계등록관에게 통보하여야 한다(가족관계등록법 제87조).

② 여기서 그 밖의 재난은 다수인을 동시에 사망하게 하는 사건으로 해일, 태풍, 지진, 화산폭발, 건물 및 산의 붕괴·폭발, 선박, 항공기, 열차 등의 사고를 말하는 것으로 자살자 또는 변사자 등은 이에 해당하지 않는다(가족관계등록예규 제477호 제2조).

③ 외국에서 가족관계등록법 제87조에 따른 사망이 있었고 그 사망자의 가족관계등록 여부가 판명되지 아니한 경우에 통보는 대법원 소재지 관할 시(구)의 장 또는 재외국민 가족관계등록사무소의 장에게 한다(가족관계등록예규 제477호 제3조 제2항).

④ 사망의 통보를 받은 시(구)·읍·면의 장 또는 재외국민 가족관계등록사무소의 가족관계등록관은 이를 수리하여 사망자의 가족관계등록부에 이를 기록하고 가족관계등록부를 폐쇄하여야 한다(가족관계등록예규 제477호 제4조 제1항).

⑤ 신고의무자가 개별적으로 사망신고를 하여 이미 수리되었다면 조사 관공서는 인정사망통보를 할 필요가 없으며(가족관계등록예규 제477호 제3조 제4항), 인정사망통보를 하여도 인정사망의 기록례에 따라 가족관계등록부가 정정되는 것은 아니다(호적선례 제4-88호 참조).

2) 사형집행 또는 재소 중 사망통보

① 사형의 집행이 있는 때에는 교도소장은 지체 없이 교도소 소재지의 시(구)·읍·면의 장에게 사망의 통보를 하여야 한다(가족관계등록법 제88조 제1항).

② 재소 중 사망한 사람의 사체를 찾아갈 사람이 없는 경우 교도소장은 지체 없이 교도소 소재지의 시(구)·읍·면의 장에게 사망의 통보를 하여야 한다. 이 경우 통보서에 진단서 또는 검안서를 첨부하여야 한다(가족관계등록법 제88조 제2항).

3) 무연고자 등의 사망통보

① 장사 등에 관한 법률 제12조에 따라 시장 등이 무연고 사망자 등을 처리한 경우에는 지체 없이 사망지·매장지 또는 화장지의 시·읍·면의 장에게 통보하여야 한다(가족관계등록법 제88조의2).

② 장사 등에 관한 법률 제12조에 따라 시장등이 무연고 사망자 등을 처리하고 사망지·매장지 또는 화장지의 시(구)·읍·면의 장에게 통보하는 경우 가족관계의 등록 등에 관한 법률 제88조의2, 제89조에 따른 통보서 외에 추가로 진단서 또는 검안서를 첨부하여야 하는 것은 아니다(가족관계등록선례 제202303-1호).

4) 등록불명자 등의 사망통보

① 사망자에 대하여 등록이 되어 있는지 여부가 분명하지 아니하거나 사망자를 인식할 수 없는 때에는 경찰공무원은 검시조서를 작성·첨부하여 지체 없이 사망지의 시(구)·읍·면의 장에게 사망의 통보를 하여야 한다(가족관계등록법 제90조 제1항).

② 사망자가 등록이 되어 있음이 판명되었거나 사망자의 신원을 알 수 있게 된 때에는 경찰공무원은 지체 없이 사망지의 시(구)·읍·면의 장에게 그 취지를 통보하여야 한다(가족관계등록법 제90조 제2항).

2. 신고기간 및 신고장소

(1) 신고기간

① 사망의 신고는 신고의무자가 사망의 사실을 안 날부터 1개월 이내에 진단서 또는 검안서를 첨부하여 하여야 한다(가족관계등록법 제84조 제1항).

② 가족관계등록법 제90조 제1항에 의한 등록불명자 등의 사망통보가 있은 후에 신고의무자가 사망자의 신원을 안 때에는 그날부터 10일 이내에 사망의 신고를 하여야 한다(가족관계등록법 제90조 제3항).

(2) 신고장소

① 사망신고는 사망자의 등록기준지 또는 신고인의 주소지나 현재지 시(구)·읍·면의 사무소에서 할 수 있다. 또한 시(구)에 있어서 사망의 신고는 그 신고의 장소가 사망자의 주민등록지와 같은 경우에는 사망자의 주민등록지를 관할하는 동을 거쳐 할 수 있다(가족관계등록법 제20조 제1항, 제21조 제1항).

② 부가적으로 사망의 신고는 사망지·매장지 또는 화장지에서 할 수 있다. 다만, 사망지가 분명하지 아니한 때에는 사체가 처음 발견된 곳에서, 기차나 그 밖의 교통기관 안에서 사망이 있었을 때에는 그 사체를 교통기관에서 내린 곳에서, 항해일지를 비치하지 아니한 선박 안에서 사망한 때에는 그 선박이 최초로 입항한 곳에서 할 수 있다(가족관계등록법 제86조).

제3절 사망신고서의 작성

1. 신고서 기재사항

사망신고서에는 사망자의 성명, 성별, 등록기준지 및 주민등록번호, 사망의 연월일시 및 장소를 기재하여야 한다(가족관계등록법 제84조 제1항).

2. 신고서의 첨부서류

(1) 진단서 또는 검안서

① 사망신고서에는 사망사실을 증명하기 위하여 사망자에 대한 진단서나 검안서를 첨부하여야 한다(가족관계등록법 제84조 제1항).

② 사망신고서에 첨부한 진단서의 사망자 성명이 동음이자(同音異字)인 경우 혹은 그 등록기준지, 생년월일 등이 다소 차이가 있어도 사건본인임을 인식할 수 있는 때 또는 관공서의 사망증명서 또는 매장인허증 등을 첨부한 때에는 사망신고를 수리하여야 한다. 재외공관으로부터 사망자에 대한 사망신고 및 진단서를 송부한 경우에 그 사망신고 및 진단서에 유명(幼名)을 기재하였으므로 가족관계등록부와 일치되지 아니한 때에도 사건본인임을 인식할 수 있는 때에는 이를 수리하여 가족관계등록부에 기록을 하여야 한다(가족관계등록예규 제189호).

(2) 사망의 사실을 증명할 만한 서면

① 부득이한 사유로 사망신고서에 진단서나 검안서를 첨부할 수 없는 때에는 사망의 사실을 증명할 만한 서면으로서 ㉠ 국내 또는 외국의 권한 있는 기관에서 발행한 사망사실을 증명하는 서면, ㉡ 군인이 전투 그 밖의 사변으로 사망한 경우에 부대장 등이 사망 사실을 확인하여 그 명의로 작성한 전사확인서, ㉢ 그 밖에 대법원예규로 정하는 사망의 사실을 증명할 만한 서면을 첨부하여야 한다. 이 경우 사망신고서에 진단서 또는 검안서를 첨부할 수 없는 사유를 기재하여야 한다(가족관계등록법 제84조 제3항, 가족관계등록규칙 제38조의6).

② 국내 또는 외국의 권한 있는 기관에서 발행한 사망사실을 증명하는 서면의 예로는 관공서의 사망증명서 또는 매장인허증, 진실화해위원회의 진실규명결정문, 정부기록보관소에 보존중인 재무부 작성의 피수용자사망자연명부, 외국 관공서 등에서 발행한 그 나라 방식에 의해 사망신고한 사실을 증명하는 서면 등을 들 수 있다(가족관계등록예규 제611호 제2조 제1항).

③ 그 밖에 대법원예규로 정하는 사망의 사실을 증명할 만한 서면은 동(리)장 및 통장 또는 인우인 2명 이상의 증명서, 6·25사변으로 인한 사망을 목격한 사람 또는 사망을 확인한 사람 2명 이상의 증명서를 말한다(가족관계등록예규 제611호 제2조 제2항).

(3) 사망사실을 증명할 만한 서면을 첨부할 수 없는 경우

사망신고서에 사망사실을 증명할 만한 서면을 첨부할 수 없어 사망신고를 할 수 없는 경우에는 사건본인의 주소지를 관할하는 가정법원으로부터 실종선고의 심판을 받아 그 심판확정일로부터 1월 이내에 관할 등록관서에 실종선고신고를 함으로써 등록부를 정리할 수 있을 것이다(호적선례 제4-91호).

제4절 사망신고의 등록부 기록

1. 사망사유의 기록과 등록부 폐쇄

① 사망신고가 수리되면, 사망자의 가족관계등록부사항란 및 일반등록사항란에 그 취지와 사망사유를 기록하여 폐쇄하고, 등록사항별 증명서를 발급하는 경우에는 증명서의 우측상단에 폐쇄라고 표시한다(가족관계등록법 제11조 제2항, 가족관계등록규칙 제17조·제65조).
② 한 쪽 배우자에 대하여 사망, 실종선고·부재선고 및 그 취소의 신고가 있는 때에는 다른 배우자의 등록부에도 그 취지를 기록하여야 한다(가족관계등록규칙 제54조 제1호).

2. 출생신고가 되지 않은 사람에 대한 사망신고가 있는 경우의 사무처리

출생신고가 되지 아니한 사람에 대하여 재외공관 또는 동사무소에서 사망신고를 수리하여 「가족관계의 등록 등에 관한 법률」 제4조의2 제2항의 재외국민 가족관계등록사무소 소속 가족관계등록관(동사무소의 경우에는 소속 시 또는 구의 장)에게 송부한 때에는 이를 특종신고서류편철장에 편철한 다음 출생신고의무자에게 출생신고를 하도록 최고하여 그에 따른 출생신고가 있는 때에는 사망자의 가족관계등록부를 작성한 후 출생 및 사망사유를 모두 기록하여야 한다(가족관계등록예규 제476호).

3. 착오로 다른 사람에게 사망기록을 하였을 경우의 정정방법

다른 사람의 가족관계등록부에 착오로 사망기록을 하여 폐쇄하였을 경우에는 직권정정허가에 의하여 그 사망기록을 말소하여 종전의 가족관계등록부를 부활한다. 그리고 사망한 사람의 가족관계등록부에도 간이직권정정절차(그 사망신고서류를 감독법원에 송부한 후에는 해당 신고서류를 직접 방문하거나 팩시밀리를 사용하여 확인한 후 처리)에 의하여 빠뜨리게 된 사망사유를 직권으로 기록하여야 한다(가족관계등록예규 제58호).

4. 외국에서 사망한 경우 가족관계등록부에 사망일시를 기록하는 방법

우리나라 국민이 외국에서 사망한 경우, 가족관계등록부의 일반등록사항란에는 현지 사망 시각을 서기 및 태양력으로 기록하여야 한다(가족관계등록예규 제320호).

5. 외국인인 가족의 사망기록

① 가족관계등록부에 기록된 외국인인 가족이 국내에서 사망한 경우 신고의무자의 사망신고에 따라 가족관계등록부에 사망사실을 기록하고, 그 신고서류는 특종신고서류편철장에 편철한다(가족관계등록예규 제618호 제10조 제1항).
② 가족관계등록부에 기록된 외국인인 가족이 외국에서 사망한 경우 이해관계인은 해당 등록부의 등록기준지와 무관하게 전국 시(구)·읍·면의 장에게 사망사실을 증명하는 서면을 제출하여 직권기록을 신청할 수 있고, 시(구)·읍·면의 장은 간이직권절차에 의하여 기록한다(가족관계등록예규 제618호 제10조 제2항).

제5절 실종선고 및 그 취소의 신고

1. 신고의무자 및 신고적격자

① 실종선고의 신고는 그 선고를 청구한 사람이 재판확정일부터 1개월 이내에 재판서의 등본 및 확정증명서를 첨부하여 하여야 한다(가족관계등록법 제92조 제1항).
② 실종선고의 취소신고는 그 취소를 청구한 사람이 재판확정일부터 1개월 이내에 재판서의 등본 및 확정증명서를 첨부하여 하여야 하나, 그 취소청구의 상대방은 기간의 제한 없이 신고를 할 수 있다(가족관계등록법 제92조 제3항).

2. 신고서 기재사항

실종선고의 신고서에는 ① 실종자의 성명·성별·등록기준지 및 주민등록번호, ② 민법 제27조에서 정한 실종기간의 만료일을 기재하여야 한다.

3. 관련 선례

① 실종선고신고에 의하여 가족관계등록부에 실종선고가 기재된 사람에 대하여 해당 실종선고심판등본 및 확정증명서를 첨부하여 다시 사망신고를 할 수는 없다. 다만 실종선고받은 사람이 사망간주일자(실종기간 만료기간)와 다른 때에 사망한 사실의 증명이 있으면 법원은 이해관계인 또는 검사의 청구에 의하여 실종선고를 취소하여야 하며, 실종선고취소신고를 한 후에 사망한 사실을 증명하는 서면(예 진단서, 검안서 등)을 첨부하여 사망신고를 할 수 있다(가족관계등록선례 제201208-1호).
② 재일동포에 대한 일본국의 실종선고는 그 효력이 일본에 있는 부재자의 재산과 일본의 법률에 의하여야 할 부재자에 관한 법률관계에 미치는 것이므로 가족관계의 등록 등에 관한 법률에 의하여 신고할 사항이 아니다(가족관계등록선례 제201502-10호).

CHAPTER 10 사망신고 및 실종선고 등

제1절 서설

제2절 사망신고

01 다음은 가족관계의 등록 등에 관한 법률 제90조이다. 다음 괄호 안에 들어갈 내용으로 옳은 것은? 2025년

> 제90조(등록불명자 등의 사망)
> ① 사망자에 대하여 등록이 되어 있는지 여부가 분명하지 아니하거나 사망자를 인식할 수 없는 때에는 경찰공무원은 검시조서를 작성·첨부하여 지체 없이 사망지의 시·읍·면의 장에게 사망의 통보를 하여야 한다.
> ② 사망자가 등록이 되어 있음이 판명되었거나 사망자의 신원을 알 수 있게 된 때에는 경찰공무원은 지체 없이 사망지의 시·읍·면의 장에게 그 취지를 통보하여야 한다.
> ③ 제1항의 통보가 있은 후에 제85조에서 정한 사람이 사망자의 신원을 안 때에는 그날부터 (   ) 이내에 사망의 신고를 하여야 한다.

① 1개월 ② 20일
③ 10일   ④ 7일
⑤ 5일

[❸ ▶ ○] 제시된 조문의 (   ) 안에 들어갈 내용은 10일이다.

> **가족관계등록법 제90조(등록불명자 등의 사망)**
> ① 사망자에 대하여 등록이 되어 있는지 여부가 분명하지 아니하거나 사망자를 인식할 수 없는 때에는 경찰공무원은 검시조서를 작성·첨부하여 지체 없이 사망지의 시·읍·면의 장에게 사망의 통보를 하여야 한다.
> ② 사망자가 등록이 되어 있음이 판명되었거나 사망자의 신원을 알 수 있게 된 때에는 경찰공무원은 지체 없이 사망지의 시·읍·면의 장에게 그 취지를 통보하여야 한다.
> ③ 제1항의 통보가 있은 후에 제85조에서 정한 사람이 사망자의 신원을 안 때에는 그날부터 <u>10일 이내</u>에 사망의 신고를 하여야 한다.

가족관계등록법 제85조(사망신고의무자)
① 사망의 신고는 동거하는 친족이 하여야 한다.
② 친족·동거자 또는 사망장소를 관리하는 사람, 사망장소의 동장 또는 통·이장도 사망의 신고를 할 수 있다.

답 ❸

제3절 사망신고서의 작성

02 다음 중 사망신고서에 진단서나 검안서를 첨부할 수 없는 부득이한 사유가 있는 때에 첨부할 수 있는 사망의 사실을 증명할 만한 서면에 해당하는 것을 모두 고른 것은? 2024년

ㄱ. 관공서의 사망증명서 또는 매장인허증
ㄴ. 진실화해위원회의 진실규명결정문
ㄷ. 정부기록보관소에 보존 중인 재무부 작성의 피수용자사망자연명부
ㄹ. 외국 관공서 등에서 발행한 그 나라 방식에 의해 사망신고한 사실을 증명하는 서면
ㅁ. 군인이 전투 그 밖의 사변으로 사망한 경우에 부대장 등이 사망 사실을 확인하여 그 명의로 작성한 전사확인서
ㅂ. 동(리)장 및 통장 또는 인우인 2명 이상의 증명서
ㅅ. 6·25사변으로 인한 사망을 목격한 사람 또는 사망을 확인한 사람 2명 이상의 증명서

① ㄱ, ㄴ, ㄹ, ㅁ, ㅅ
② ㄱ, ㄷ, ㄹ, ㅁ, ㅂ
③ ㄱ, ㄴ, ㄷ, ㄹ, ㅁ, ㅂ
④ ㄱ, ㄴ, ㄷ, ㄹ, ㅂ, ㅅ
⑤ ㄱ, ㄴ, ㄷ, ㄹ, ㅁ, ㅂ, ㅅ

[ㄱ ▶ ○] 가족관계등록예규 제611호 제2조 제1항 제1호
[ㄴ ▶ ○] 가족관계등록예규 제611호 제2조 제1항 제2호
[ㄷ ▶ ○] 가족관계등록예규 제611호 제2조 제1항 제3호
[ㄹ ▶ ○] 가족관계등록예규 제611호 제2조 제1항 제4호
[ㅁ ▶ ○] 가족관계의 등록 등에 관한 규칙 제38조의6 제2호
[ㅂ ▶ ○] 가족관계등록예규 제611호 제2조 제2항 제1호
[ㅅ ▶ ○] 가족관계등록예규 제611호 제2조 제2항 제2호

> **가족관계의 등록 등에 관한 규칙 제38조의6(진단서 등을 대신하여 첨부할 수 있는 서면)**
> 법 제84조 제3항의 사망의 사실을 증명할 만한 서면은 다음 각 호와 같다.
> 1. 국내 또는 외국의 권한 있는 기관에서 발행한 사망사실을 증명하는 서면
> 2. 군인이 전투 그 밖의 사변으로 사망한 경우에 부대장 등이 사망 사실을 확인하여 그 명의로 작성한 전사확인서
> 3. 그 밖에 대법원예규로 정하는 사망의 사실을 증명할 만한 서면

> **가족관계등록예규 제611호[사망신고서에 첨부할 사망의 사실을 증명할 만한 서면에 관한 처리지침]**
> **제2조(사망의 사실을 증명할 만한 서면)**
> ① 「가족관계의 등록 등에 관한 규칙」 제38조의3[현 제38조의6(註)] 제1호의 국내 또는 외국의 권한 있는 기관에서 발행한 사망사실을 증명하는 서면의 예는 다음 각 호와 같다.
> 1. 관공서의 사망증명서 또는 매장인허증
> 2. 진실화해위원회의 진실규명결정문
> 3. 정부기록보관소에 보존 중인 재무부 작성의 피수용자사망자연명부
> 4. 외국 관공서 등에서 발행한 그 나라 방식에 의해 사망신고한 사실을 증명하는 서면
> ② 「가족관계의 등록 등에 관한 규칙」 제38조의3[현 제38조의6(註)] 제3호의 그 밖에 대법원예규로 정하는 사망의 사실을 증명할 만한 서면은 다음 각 호와 같고, 별지 양식에 의한다.
> 1. 동(리)장 및 통장 또는 인우인 2명 이상의 증명서
> 2. 6·25사변으로 인한 사망을 목격한 사람 또는 사망을 확인한 사람 2명 이상의 증명서

답 ❺

제4절 사망신고의 등록부 기록

제5절 실종선고 및 그 취소의 신고

국적의 취득 및 상실에 관한 신고(통보)

제1절 서 설

1. 국적과 가족관계등록과의 관계

국적은 국가의 구성원으로서의 자격에 관한 제도임에 반하여 가족관계등록은 개인의 기본적인 신분정보사항과 가족 상호 간의 신분관계를 공시·공증하는 제도로서 각기 그 법적 근거와 자격요건이 다르다. 하지만, 국적은 이를 공시하는 공적장부가 따로 없어 가족관계등록법은 제11절에 국적의 취득과 상실에 관한 규정을 두어 가족관계등록부에 국적 공시 기능을 부여한다.

2. 법무부장관의 국적통보제도의 채택

종전 호적법에서는 국적의 취득 및 상실과 관련하여 신고제를 규정하고 있었으나, 가족관계등록법은 이를 대신하여 법무부장관의 국적관련 통보제를 도입하였다. 이로써 법무부에 등록된 내용과 등록관서에 신고된 내용 사이의 불일치와 신고의무에 따른 국민의 불편이 상당히 해소되었다.

제2절 국적의 취득에 관한 등록사무처리

1. 국적의 선천적 취득과 등록부 작성

> **출생에 의한 국적 취득(국적법 제2조)**
> ① 다음 각 호의 어느 하나에 해당하는 자는 출생과 동시에 대한민국 국적을 취득한다.
>   1. 출생 당시에 부(父)또는 모(母)가 대한민국의 국민인 자
>   2. 출생하기 전에 부가 사망한 경우에는 그 사망 당시에 부가 대한민국의 국민이었던 자
>   3. 부모가 모두 분명하지 아니한 경우나 국적이 없는 경우에는 대한민국에서 출생한 자
> ② 대한민국에서 발견된 기아(棄兒)는 대한민국에서 출생한 것으로 추정한다.

국적법 제2조에서 규정하고 있는 요건 중에 어느 하나에 속하면 출생과 동시에 대한민국 국적을 선천적으로 취득하게 되어 출생신고 또는 가족관계등록창설신고에 의해 등록부를 작성하게 된다.

2. 국적의 후천적 취득과 등록부 작성

(1) 인지 등에 따른 국적취득과 등록부 작성

1) 국적의 취득

대한민국의 국민이 아닌 자(이하 "외국인"이라 한다)로서 대한민국의 국민인 부 또는 모에 의하여 인지된 자가 일정한 요건(① 대한민국의 민법상 미성년일 것, ② 출생 당시에 부 또는 모가 대한민국의 국민이었을 것)을 모두 갖추면 법무부장관에게 신고함으로써 대한민국 국적을 취득할 수 있다(국적법 제3조 제1항).

2) 국적의 재취득

대한민국 국적을 취득한 외국인으로서 외국 국적을 가지고 있는 자는 대한민국 국적을 취득한 날부터 1년 내에 그 외국 국적을 포기하거나 외국국적불행사 서약을 하여야 한다. 이를 이행하지 아니한 자는 대한민국 국적을 상실한다(국적법 제10조). 이렇게 대한민국 국적을 상실한 자가 그 후 1년 내에 그 외국 국적을 포기하면 법무부장관에게 신고함으로써 대한민국 국적을 재취득할 수 있다(국적법 제11조 제1항).

3) 국적취득의 통보와 등록부 작성

① 법무부장관은 국적법 제3조 제1항 또는 같은 법 제11조 제1항에 따라 대한민국의 국적을 취득한 사람이 있는 경우 지체 없이 국적을 취득한 사람이 정한 등록기준지의 시(구)·읍·면의 장에게 대법원규칙으로 정하는 사항을 통보하여야 한다(가족관계등록법 제93조 제1항).
② 이러한 통보를 받은 시(구)·읍·면의 장은 국적을 취득한 사람의 등록부를 작성한다(가족관계등록법 제93조 제2항).

(2) 귀화로 인한 국적취득과 등록부 작성

1) 귀화의 의의

귀화는 일정한 요건을 구비한 생래의 외국인에게 대한민국 국적을 부여하는 절차를 말하며, 외국인이라도 과거에 대한민국 국적을 가졌던 자는 귀화절차를 거칠 필요 없이 국적회복절차에 의해 대한민국 국적을 취득할 수 있다.

2) 귀화의 종류·요건

① 귀화는 귀화요건 차이에 따라 일반귀화(국적법 제5조), 간이귀화(국적법 제6조), 특별귀화(국적법 제7조)로 구별된다.
② 대한민국 국적을 취득한 사실이 없는 외국인은 법무부장관의 귀화허가(歸化許可)를 받아 대한민국 국적을 취득할 수 있는데, 법무부장관은 귀화허가 신청을 받으면 귀화 요건을 갖추었는지를 심사한 후 그 요건을 갖춘 사람에게만 귀화를 허가한다(국적법 제4조 제1항·제2항).

3) 귀화에 따른 수반취득
① 외국인의 자(子)로서 대한민국의 민법상 미성년인 사람은 부 또는 모가 귀화허가를 신청할 때 함께 국적 취득을 신청할 수 있다(국적법 제8조 제1항).
② 이에 따라 국적 취득을 신청한 사람은 부 또는 모가 대한민국 국적을 취득한 때에 함께 대한민국 국적을 취득한다(국적법 제8조 제2항). 즉 수반취득은 수반취득의 신청을 요건으로 함을 유의해야 한다.

4) 귀화허가의 통보와 등록부의 작성
① 법무부장관은 국적법 제4조에 따라 외국인을 대한민국 국민으로 귀화 허가한 경우 지체 없이 귀화허가를 받은 사람이 정한 등록기준지의 시·읍·면의 장에게 대법원규칙으로 정하는 사항을 통보하여야 한다(가족관계등록법 제94조 제1항).
② 이러한 통보를 받은 시·읍·면의 장은 귀화허가를 받은 사람의 등록부를 작성한다(가족관계등록법 제94조 제2항).

(3) 국적회복으로 인한 국적취득과 등록부 작성

1) 국적회복
① 대한민국의 국민이었던 외국인은 법무부장관의 국적회복허가를 받아 대한민국 국적을 취득할 수 있다(국적법 제9조 제1항).
② 국적을 회복할 수 있는 자는 대한민국 국적을 상실한 자이면 본래 한국인에 한하지 않고 대한민국 국적을 취득하였다가 상실한 외국인도 포함되며, 국적회복도 국적의 원시적 취득이므로 종래에 상실한 국적과는 동일성이 인정되지 않는다.

2) 국적회복에 따른 수반취득
① 외국인의 자(子)로서 대한민국의 민법상 미성년인 사람은 부 또는 모가 국적회복허가를 신청할 때 함께 국적 취득을 신청할 수 있다(국적법 제9조 제6항, 제8조 제1항).
② 이에 따라 국적 취득을 신청한 사람은 부 또는 모가 대한민국 국적을 취득한 때에 함께 대한민국 국적을 취득한다(국적법 제9조 제6항, 제8조 제2항). 즉 수반취득은 수반취득의 신청을 요건으로 함을 유의해야 한다.

3) 국적회복허가의 통보와 등록부의 작성
① 법무부장관은 국적법 제9조에 따라 대한민국의 국적회복을 허가한 경우 지체 없이 국적회복을 한 사람이 정한 등록기준지의 시·읍·면의 장에게 대법원규칙으로 정하는 사항을 통보하여야 한다(가족관계등록법 제95조 제1항).
② 이러한 통보를 받은 시·읍·면의 장은 국적회복을 한 사람의 등록부를 작성한다. 다만, 국적회복을 한 사람의 등록부등이 있는 경우에는 등록부등에 기재된 등록기준지의 시·읍·면의 장에게 그 사항을 통보하여야 한다(가족관계등록법 제95조 제2항).
③ 국적상실 후 국적회복 전에 외국인으로서 한 혼인신고 등 신분행위가 특종신고서류로 편철되어 있음이 확인되는 경우에는 국적회복허가 통보를 받은 시(구)·읍·면의 장은 등록부를 작성하지 아니하고 특종신고를 접수한 시(구)·읍·면의 장에게 국적회복허가 통보를 다시 전송하며, 이를 전송받은 시(구)·읍·면의 장은 국적회복을 한 사람의 등록부를 작성한다(가족관계등록선례 제202212-1호).

④ 또한 국적상실 후 국적회복 전에 외국인으로서 한 혼인신고 등 신분행위가 특종신고서류로 편철되어 있음이 확인되지는 않으나 국적회복을 한 사람의 등록부 또는 폐쇄등록부가 있는 경우에는 국적회복허가 통보를 받은 시(구)·읍·면의 장은 가족관계의 등록 등에 관한 법률 제95조 제2항 단서에 따라 등록부 또는 폐쇄등록부에 기재된 등록기준지의 시(구)·읍·면의 장에게 법무부장관이 통보한 사항을 다시 전송하고, 이를 전송받은 등록부 또는 폐쇄등록부에 기재된 등록기준지의 시(구)·읍·면의 장은 국적회복을 한 사람의 등록부를 작성한다. 만일 국적회복을 한 사람에게 등록부가 있는 경우에는 국적상실신고 또는 국적상실통보에 따라 등록부를 폐쇄한 후 국적회복을 한 사람의 등록부를 작성하여야 할 것이다(가족관계등록선례 제202212-1호 3.).

3. 등록부 기록방법

(1) 배우자 국적변동사유의 직권기록

한 쪽 배우자에 대하여 국적취득과 그 상실의 신고가 있는 때에는 다른 배우자의 등록부에도 그 취지를 기록하여야 한다(가족관계등록규칙 제54조 제2호).

(2) 외국인 부가 귀화한 경우 처와 자녀의 가족관계등록부 기록방법

> **가족관계등록예규 제209호[외국인 부와 한국인 모 사이에 혼인 중의 자가 출생한 후 부가 귀화로 가족관계등록부를 갖게 된 경우 처와 자녀의 가족관계등록부 기록방법]**
>
> 1. 외국인 부가 귀화로 가족관계등록부를 갖게 될 때 처의 가족관계등록부의 기록 방법
>   외국인 부가 귀화로 가족관계등록부를 갖게 된 경우 가족관계의 등록 등에 관한 규칙 제54조에 따라 처의 가족관계등록부 일반등록사항란에 귀화의 사유를 기록한다.
> 2. 외국인 부(父)가 우리나라에 귀화하여 가족관계등록부를 갖게 될 때 자녀의 성과 본의 경정절차
>   가. 외국인 부가 우리나라에 귀화하여 가족관계등록부를 갖게 된 경우 자녀는 부의 가족관계등록부 특정등록사항란에 기록된 부의 성과 본을 따르며 자녀가 이와 다른 성과 본을 사용하고 있었던 경우에는 부의 성과 본을 따라 자녀의 성과 본을 경정한다.
>   나. "가"항에도 불구하고 외국인 부와 한국인 모가 2008.1.1. 이후에 혼인신고하여 민법 제781조 제1항 단서에 따라 협의에 의하여 자녀가 모의 성과 본을 따르기로 하여 가족관계등록부에 모의 성과 본을 따라 기록한 경우 및 민법 제781조 제2항에 따라 자녀가 모의 성과 본을 따른 경우, 민법 제781조 제6항에 따른 법원의 허가에 의하여 자녀가 부와 다른 성과 본을 따른 경우에는 자녀의 성과 본을 경정하지 아니한다.
>   다. 위 "가"항에 따른 가족관계등록부경정은 부의 창성신고 시 직권으로 자녀의 일반등록사항란에 「【정정일】○년 ○월 ○일 【정정내용】부의 성과 본에 따라 성○을 ○으로, 본○○을 ○○으로 변경 【처리관서】○○○」이라 기록하고, 특정등록사항란의 성명란과 본란에 종전 성(본)을 부에 따른 성(본)으로 바꾸어 기록한다.
>   라. 위 "다"항에 따른 기록이 누락되었음이 제적이나 그 등본 및 등록사항별 증명서에 의하여 명백한 때에는 가족관계의 등록 등에 관한 규칙 제60조 제2항 제4호에 준하여 간이직권정정으로 처리한다.

(3) 국적상실의 기록이 없는 사람에 대한 국적회복허가 통보

법무부장관의 국적회복허가 통보가 있는 경우 가족관계등록부에 기록을 하고자 하였으나 가족관계등록부상 국적상실의 원인기록이 없어 회복정리를 할 수 없는 경우에는 먼저 가족관계의 등록 등에 관한 법률 제38조에 따라 배우자 또는 4촌 이내의 친족 등에게 국적상실신고를 하도록 최고하고, 최고를 하여도 그 신고를 하지 아니하거나 또는 최고를 할 수 없을 때(신고의무자가 없는 때 또는 외국거주 등으로 소재불명일 때) 등에는 가족관계의 등록 등에 관한 법률 제18조 제2항에 따라 감독법원의 허가를 받아 직권으로 국적상실의 처리를 한 다음에 국적회복허가 통보에 따른 가족관계등록부를 정리해야 할 것이며, 국적상실기록(폐쇄)이 되어 있지 아니하다고 하여 국적회복허가 통보를 불수리할 것이 아니다(가족관계등록예규 제432호).

제3절 국적취득자의 성과 본의 창설신고

1. 의 의

외국인이 대한민국 국적을 취득한 경우에는 원칙적으로 외국에서 사용하던 성명을 그 원지음에 따라 한글로 표기하여 가족관계등록부에 기록하여야 한다. 다만, 국적취득자가 한국식 성명을 원할 경우에는 등록기준지, 주소지 또는 등록기준지로 하고자 하는 곳을 관할하는 가정법원의 허가를 얻어 성·본을 창설하고 개명허가를 얻어 한국식 성명으로 변경가능하다.

2. 성·본 창설허가 및 신고

① 외국의 성을 쓰는 국적취득자가 그 성을 쓰지 아니하고 새로이 성(姓)·본(本)을 정하고자 하는 경우에는 그 등록기준지·주소지 또는 등록기준지로 하고자 하는 곳을 관할하는 가정법원의 허가를 받고 그 등본을 받은 날부터 1개월 이내에 그 성과 본을 신고하여야 한다(가족관계등록법 제96조 제1항).
② 이 경우에 가정법원은 심리(審理)를 위하여 국가경찰관서의 장에게 성·본 창설허가 신청인의 범죄경력 조회를 요청할 수 있고, 그 요청을 받은 국가경찰관서의 장은 지체 없이 그 결과를 회보하여야 한다(가족관계등록법 제96조 제6항).
③ 국적취득자의 성과 본의 창설신고서에는 ㉠ 종전의 성, ㉡ 창설한 성·본, ㉢ 허가의 연월일을 기재하여야 한다(가족관계등록법 제96조 제4항).

3. 국적회복 및 국적재취득의 경우

① 대한민국의 국적을 회복하거나 재취득하는 경우에는 종전에 사용하던 대한민국식 성명으로 국적회복신고 또는 국적재취득신고를 할 수 있다(가족관계등록법 제96조 제2항).
② 이 경우 신고서에는 종전에 사용하던 대한민국식 성명을 소명하여야 한다(가족관계등록법 제96조 제3항).

4. 등록부의 기록

(1) 성·본 창설자에 대한 등록부 기록

성·본창설신고를 수리한 때에는 성·본 창설자의 특정등록사항란에는 창설된 성·본을 직접 기록하고, 일반등록사항란에 정정 전의 성·본과 그 사유를 기록한다(가족관계등록규칙 제66조 참조).

(2) 성·본 창설자의 배우자 및 자에 대한 등록부 직권기록

1) 성·본 창설자의 배우자

시(구)·읍·면의 장은 배우자 일방에 대한 성·본 창설신고가 수리되면, 다른 배우자의 등록부 일반등록사항란에 그 취지를 직권으로 기록하여야 한다(가족관계등록규칙 제54조).

2) 성·본 창설자의 자녀

시(구)·읍·면의 장은 성·본 창설자의 성을 따르는 자녀의 성과 본을 직권으로 변경기록하고 그 사유를 등록부에 기록하여야 한다(가족관계등록규칙 제55조 제3항).

제4절　국적의 상실에 관한 등록사무처리

1. 국적상실의 원인

(1) 외국 국적의 자진 취득에 따른 국적상실

① 대한민국의 국민으로서 자진하여 외국 국적을 취득한 자는 그 외국 국적을 취득한 때에 대한민국 국적을 상실한다(국적법 제15조 제1항).
② 외국 국적의 자진 취득의 대표적인 예가 귀화이다. 따라서 대한민국의 국민으로서 외국에 귀화하여 외국 국적을 취득한 자는 유보기간 없이 그 외국 국적을 취득한 시점에 바로 대한민국 국적을 상실한다.

(2) 국제신분행위 등에 따른 국적상실

> **외국 국적 취득에 따른 국적상실(국적법 제15조)**
> ② 대한민국의 국민으로서 다음 각 호의 어느 하나에 해당하는 자는 그 외국 국적을 취득한 때부터 6개월 내에 법무부장관에게 대한민국 국적을 보유할 의사가 있다는 뜻을 신고하지 아니하면 그 외국 국적을 취득한 때로 소급(遡及)하여 대한민국 국적을 상실한 것으로 본다.
> 1. 외국인과의 혼인으로 그 배우자의 국적을 취득하게 된 자
> 2. 외국인에게 입양되어 그 양부 또는 양모의 국적을 취득하게 된 자
> 3. 외국인인 부 또는 모에게 인지되어 그 부 또는 모의 국적을 취득하게 된 자
> 4. 외국 국적을 취득하여 대한민국 국적을 상실하게 된 자의 배우자나 미성년의 자(子)로서 그 외국의 법률에 따라 함께 그 외국 국적을 취득하게 된 자

국적법 제15조 제2항은 국적보유의사 미신고에 따른 국적상실을 규정한 것으로, 국제신분행위로 인하여 외국 국적을 취득한 경우 일단 6개월의 국적상실 유보기간을 둔 것이다. 만약 이러한 국제신분행위로 외국 국적을 취득한 때부터 6개월 내에 법무부장관에게 대한민국 국적을 보유할 의사가 있다는 뜻을 신고한 경우에는 국적법 제12조(복수국적자의 국적선택의무)에 의하여 처리된다.

(3) 외국 국적 포기의무 불이행으로 인한 국적상실

대한민국 국적을 취득한 외국인으로서 외국 국적을 가지고 있는 자는 대한민국 국적을 취득한 날부터 1년 내에 그 외국 국적을 포기하거나 외국국적불행사 서약을 하여야 한다. 이를 이행하지 아니한 자는 대한민국 국적을 상실한다(국적법 제10조).

(4) 대한민국 국적이탈신고에 의한 국적상실

① 복수국적자로서 외국 국적을 선택하려는 자는 외국에 주소가 있는 경우에만 주소지 관할 재외공관의 장을 거쳐 법무부장관에게 대한민국 국적을 이탈한다는 뜻을 신고할 수 있다. 다만, 국적법 제12조 제2항 본문 또는 같은 조 제3항에 해당하는 자는 그 기간 이내에 또는 해당 사유가 발생한 때부터만 신고할 수 있다(국적법 제14조 제1항).

② 이에 따라 국적 이탈의 신고를 한 자는 법무부장관이 신고를 수리한 때에 대한민국 국적을 상실한다(국적법 제14조 제2항).

(5) 국적이탈에 관한 특례

① 외국에서 출생한 사람(직계존속이 외국에서 영주할 목적 없이 체류한 상태에서 출생한 사람은 제외한다)으로서 출생 이후 계속하여 외국에 주된 생활의 근거를 두고 있는 사람이거나 6세 미만의 아동일 때 외국으로 이주한 사람으로서 주된 생활의 근거를 계속하여 외국에 둔 복수국적자의 경우에는 병역준비역에 편입된 때부터 3개월 이내에 국적 이탈을 신고하지 못한 정당한 사유가 있는 경우 법무부장관에게 대한민국 국적의 이탈 허가를 신청할 수 있다(국적법 제14조의2 제1항).

② 법무부장관은 국적 이탈 허가 신청자의 출생지, 복수국적 취득경위, 병역의무 이행의 공평성과의 조화 여부 등을 고려하여 허가 여부를 결정한다(국적법 제14조의2 제2항).

③ 이에 따라 국적의 이탈 허가를 신청한 사람은 법무부장관이 허가한 때에 대한민국 국적을 상실한다(국적법 제14조의2 제4항).

(6) 국적선택의무 불이행으로 인한 국적상실

법무부장관은 복수국적자로서 국적선택의무 기간 내에 국적을 선택하지 아니한 자에게 1년 내에, 복수국적자로서 대한민국에서 외국 국적을 행사하지 아니하겠다는 뜻을 서약한 자가 그 뜻에 현저히 반하는 행위를 한 경우에는 6개월 내에, 하나의 국적을 선택할 것을 명하여야 한다. 이러한 국적선택의 명령을 받고도 이를 따르지 아니한 자는 그 기간이 지난 때에 대한민국 국적을 상실한다(국적법 제14조의3 제1항·제2항·제4항).

2. 국적상실신고와 등록부의 폐쇄

(1) 신고의무자 및 신고적격자

1) 신고의무자

국적상실의 신고는 배우자 또는 4촌 이내의 친족이 그 사실을 안 날부터 1개월 이내에 하여야 한다(가족관계등록법 제97조 제1항).

2) 신고적격자

국적상실자 본인도 신고적격자로서 국적상실의 신고를 할 수 있다(가족관계등록법 제97조 제4항).

(2) 신고서 기재사항

국적상실신고서에는 ① 국적상실자의 성명·주민등록번호 및 등록기준지, ② 국적상실의 원인 및 연월일, ③ 새로 외국국적을 취득한 때에는 그 국적을 기재하여야 한다(가족관계등록법 제97조 제2항).

(3) 신고서의 첨부서류

① 국적상실신고서에는 국적상실을 증명하는 서면을 첨부하여야 한다.
② 국적상실을 증명하는 서면으로는 외국 국적취득 증명서나 주재영사 확인서도 가능하다(가족관계등록예규 제421호 2.).

(4) 국적상실신고에 따른 등록부 폐쇄

① 시(구)·읍·면의 장은 본인, 배우자 또는 4촌 이내의 친족으로부터 가족관계등록법 제97조에 따른 국적상실신고를 수리(수리하기 전에 국적보유의사신고 여부를 철저히 조사한다)하였을 때에는 지체 없이 기본증명서를 첨부하여 법무부장관에게 통보하여야 한다(가족관계등록예규 제421호 1.).
② 국적상실자는 대한민국 국민이 아니므로 해당 등록부를 폐쇄하여야 한다(가족관계등록법 제11조 제2항 참조).
③ 국적을 상실하지 않은 국적상실자의 배우자의 등록부에도 상대방 배우자가 국적을 상실한 취지를 기록하여야 한다(가족관계등록규칙 제54조 제2호 참조).

3. 국적선택 등의 통보

> **국적선택 등의 통보(가족관계등록법 제98조)**
> ① 법무부장관은 다음 각 호의 어느 하나에 해당하는 사유가 발생한 경우 그 사람의 등록기준지(등록기준지가 없는 경우에는 그 사람이 정한 등록기준지)의 시·읍·면의 장에게 대법원규칙으로 정하는 사항을 통보하여야 한다.
> 1. 「국적법」 제13조에 따라 복수국적자로부터 대한민국의 국적을 선택한다는 신고를 수리한 때
> 2. 「국적법」 제14조 제1항에 따라 국적이탈신고를 수리한 때
> 3. 「국적법」 제20조에 따라 대한민국 국민으로 판정한 때

제5절 국적판정

1. 국적판정

법무부장관은 대한민국 국적의 취득이나 보유 여부가 분명하지 아니한 자에 대하여 이를 심사한 후 판정할 수 있다(국적법 제20조 제1항).

2. 국적판정을 받은 사람에 대한 가족관계등록 사무처리

대한민국 국민으로 판정받은 사람이 등록되어 있지 아니한 때에는 그 통보를 받은 시·읍·면의 장은 등록부를 작성한다(가족관계등록법 제98조 제2항).

CHAPTER 11 국적의 취득 및 상실에 관한 신고(통보)

제1절 서 설

제2절 국적의 취득에 관한 등록사무처리

01 가족관계의 등록 등에 관한 법률 제96조에 따른 국적취득자의 성과 본의 창설신고에 관한 다음 설명 중 가장 옳지 않은 것은?   2023년

① 외국의 성을 쓰는 국적취득자가 그 성을 쓰지 않고 새로이 성과 본을 정하고자 하는 경우에는 그 등록기준지·주소지 또는 등록기준지로 하고자 하는 곳을 관할하는 가정법원의 허가를 받고 그 등본을 받은 날부터 1개월 이내에 그 성과 본을 신고하여야 한다.
② 국적취득자의 성과 본의 창설신고서에는 종전의 성, 창설한 성·본, 허가의 연월일을 기재하여야 한다.
③ 가족관계등록 창설신고와 달리, 국적취득자의 성과 본의 창설신고는 가족관계의 등록 등에 관한 법률 제23조의2에 따라 전산정보처리조직을 이용하여 전자문서로 할 수 없다.
④ 시(구)·읍·면의 장은 한 쪽 배우자에 대한 성과 본의 창설신고가 수리되면, 다른 배우자의 가족관계등록부 일반등록사항란에 그 취지를 직권으로 기록하여야 한다.
⑤ 시(구)·읍·면의 장은 국적취득자의 성과 본의 창설신고에 따라 부 또는 모의 성과 본이 변경된 경우, 그 부 또는 모의 성을 따르는 자녀의 성과 본을 직권으로 변경기록하고 그 사유를 자녀의 가족관계등록부 일반등록사항란에 기록하여야 한다.

[❶ ▶ ○] 외국의 성을 쓰는 국적취득자가 그 성을 쓰지 아니하고 새로이 성(姓)·본(本)을 정하고자 하는 경우에는 그 등록기준지·주소지 또는 등록기준지로 하고자 하는 곳을 관할하는 가정법원의 허가를 받고 그 등본을 받은 날부터 1개월 이내에 그 성과 본을 신고하여야 한다(가족관계등록법 제96조 제1항).
[❷ ▶ ○] 가족관계등록법 제96조 제4항

> **가족관계등록법 제96조(국적취득자의 성과 본의 창설 신고)**
> ④ 신고서에는 다음 사항을 기재하여야 한다.
>   1. 종전의 성
>   2. 창설한 성·본
>   3. 허가의 연월일

[❸ ▶ ×] 전자문서로 할 수 있는 신고는 등록기준지 변경신고, 출생신고, 가족관계등록비송사건(국적취득자의 성과 본의 창설 신고, 개명 신고, 가족관계등록 창설 신고, 등록부 정정 신청)이다.

> **가족관계의 등록 등에 관한 규칙 제36조의2(전자문서를 이용한 신고)**
> ① 법 제23조의2에 따라 전산정보처리조직을 이용하여 전자문서로 할 수 있는 신고는 다음 각 호와 같다.
>   1. 법 제10조 제2항에 따른 등록기준지 변경신고
>   2. 법 제44조 제4항 본문 및 제46조 제1항, 제2항에 따른 부 또는 모의 출생신고
>   3. 법 제96조에 따른 국적취득자의 성과 본의 창설 신고
>   4. 법 제99조에 따른 개명 신고
>   5. 법 제101조에 따른 가족관계등록 창설 신고
>   6. 법 제104조 및 제105조에 따른 등록부 정정 신청

[❹ ▶ ○] 가족관계의 등록 등에 관한 규칙 제54조 제2호

> **가족관계의 등록 등에 관한 규칙 제54조(배우자의 가족관계등록사항 등의 변동사유)**
> 한 쪽 배우자에 대하여 다음의 신고가 있는 때에는 다른 배우자의 등록부에도 그 취지를 기록하여야 한다.
>   1. 사망, 실종선고·부재선고 및 그 취소
>   2. 국적취득과 그 상실
>   3. 성명의 정정 또는 개명

[❺ ▶ ○] 시·읍·면의 장은 부 또는 모의 성과 본이 정정되거나 변경된 경우 그 부 또는 모의 성을 따르는 자녀의 성과 본을 직권으로 정정 또는 변경기록하고 그 사유를 등록부에 기록하여야 한다(가족관계의 등록 등에 관한 규칙 제55조 제3항).

답 ❸

02 국적의 취득과 상실에 관한 가족관계등록사무 처리에 대한 다음 설명 중 가장 옳은 것은?
2022년

① 대한민국 국민인 부 또는 모가 외국인을 인지한 경우에는 인지자 또는 피인지자의 국적취득신고에 따라 피인지자의 가족관계등록부를 작성한다.
② 국적상실의 신고는 배우자 또는 4촌 이내의 친족이 그 국적을 상실한 날부터 1개월 이내에 하여야 한다.
③ 대한민국의 국민으로서 자진하여 외국 국적을 취득한 자는 그 외국 국적을 취득한 때에 대한민국 국적을 상실하므로, 국적상실자 본인은 국적상실의 신고를 할 수 없다.
④ 한 쪽 배우자에 대하여 국적취득과 그 상실의 신고가 있는 때에는 다른 배우자의 가족관계등록부에도 그 취지를 기록하여야 한다.
⑤ 국적상실로 가족관계등록부가 폐쇄된 경우에 폐쇄 전에 효력이 발생한 법률관계 또는 사실에 관하여 폐쇄 후에 신고적격자가 신고를 하면, 해당 가족관계등록부의 등록기준지의 시(구)·읍·면의 장이 감독법원의 허가를 받아 부활 없이 폐쇄등록부에 직권기록한다.

[❶ ▶ ×] 대한민국 국민인 부 또는 모가 외국인을 인지하는 경우 피인지자는 인지신고에 의하여 대한민국의 국적을 취득하는 것이 아니므로 인지자의 일반등록사항란에 인지사유와 피인지자의 성명 및 출생연월일을 기록하여 두었다가 나중에 국적취득통보(피인지자가 미성년자인 경우) 또는 귀화허가통보(피인지자가 성년자인 경우)가 있을 때에 피인지자의 가족관계등록부를 작성하여야 한다(가족관계등록예규 제430호 1.).

[❷ ▶ ×] 국적상실의 신고는 배우자 또는 4촌 이내의 친족이 그 사실을 안 날부터 1개월 이내에 하여야 한다(가족관계등록법 제97조 제1항).

[❸ ▶ ×] 국적상실자 본인도 국적상실의 신고를 할 수 있다(가족관계등록법 제97조 제4항).

[❹ ▶ ○] 가족관계의 등록 등에 관한 규칙 제54조 제2호

> **가족관계의 등록 등에 관한 규칙 제54조(배우자의 가족관계등록사항 등의 변동사유)**
> 한 쪽 배우자에 대하여 다음의 신고가 있는 때에는 다른 배우자의 등록부에도 그 취지를 기록하여야 한다.
> 1. 사망, 실종선고·부재선고 및 그 취소
> 2. 국적취득과 그 상실
> 3. 성명의 정정 또는 개명

[❺ ▶ ×] 가족관계등록예규 제304호 제2조 제1항

> **가족관계등록예규 제304호[폐쇄된 가족관계등록부 기록의 정정]**
> **제2조(직권기록)**
> ① 사망, 국적상실 등으로 가족관계등록부가 폐쇄된 경우에 폐쇄 전에 효력이 발생한 법률관계 또는 사실에 관하여 폐쇄 후에 신고적격자가 신고를 하면, 그 신고를 접수한 가족관계등록관서가 부활 없이 폐쇄등록부에 간이직권기록한다.
> ② 신고적격자가 아닌 이해관계인이 소명자료를 제출하여 직권기록을 신청하면, 접수한 등록관서는 가족관계의 등록 등에 관한 법률 제38조와 제18조 제2항에 따라 접수한 등록관서의 감독법원의 허가를 받아 부활 없이 폐쇄등록부에 직권기록한다.

답 ❹

제3절 국적취득자의 성과 본의 창설신고

제4절 국적의 상실에 관한 등록사무처리

제5절 국적판정

MEMO

국제가족관계등록사무

| 제1장 | 국제가족관계등록사무 총론 |
| 제2장 | 국제가족관계등록사무 각론 |

국제가족관계등록사무 총론

제1절 서설

1. 국제가족관계등록사무의 의의

외국적 요소가 있는 가족관계등록에 관한 각종 신고, 심사와 등록부의 기록 그리고 공시·공증에 이르는 일련의 사무를 국제가족관계등록사무라고 한다. 외국적 요소가 있는 가족관계등록사건이란 신분행위의 주체(사건본인)의 전부 또는 일부가 외국인이거나 신분행위가 행하여진 장소 또는 신분변동사실이 발생한 장소가 외국인 경우를 말한다.

2. 국제등록사무의 대상

① 한국 내에서 한국인과 외국인 사이에 발생한 신분행위(예컨대 인지, 입양, 파양, 혼인, 이혼 등)에 관한 경우
② 한국 내에서 외국인과 외국인 사이에 발생한 신분행위(예컨대 인지, 입양, 파양, 혼인, 이혼 등)에 관한 경우
③ 한국 내에서 발생한 외국인의 신분변동사실(예컨대 출생, 사망 등)에 관한 경우
④ 외국에서 한국인 사이에 발생한 신분행위(예컨대 인지, 입양, 파양, 혼인, 이혼)에 관한 경우
⑤ 외국에서 한국인과 외국인 사이에 발생한 신분행위(예컨대 인지, 입양, 파양, 혼인, 이혼)에 관한 경우
⑥ 외국에서 발생한 한국인의 신분변동사실(예컨대 출생, 사망 등)에 관한 경우

제2절 국제가족관계등록과 국제사법에 의한 준거법의 결정

1. 국제가족관계등록과 국제사법

국제적 신분관계에서는 문제가 된 법률관계에 대해 어느 나라의 법률을 적용하여야 할지 결정하여야 하는데, 그 적용할 법률을 준거법이라고 하며, 이를 지정해주는 것이 국제사법이다.

2. 국제사법의 적용과 단계적 구조

국제신분관계에 관한 준거법을 적용하기 위해서는 ① 시(구)·읍·면의 장 또는 가족관계등록관은 문제가 된 법률관계의 성질을 어떻게 볼 것인가를 결정한 후(법률관계의 성질 결정), ② 특정한 법률관계를 준거법과 연결시켜 주는 국적과 일상거소, 당사자와 가장 밀접한 관련이 있는 지역 등과 같은 연결점을 확정하고(연결점의 확정), ③ 연결점을 기준으로 해서 준거법을 정하는 단계적 구조를 거치게 된다(준거법의 지정과 적용).

제3절 국제등록사무의 처리

1. 국제가족관계등록사무의 처리자

(1) 시(구)·읍·면의 장

가족관계등록법은 대한민국 영토 내에 있는 사람이면 그가 대한민국 국민인지 여부를 불문하고 적용되고, 대한민국 국민이면 국내에 있는지 여부를 불문하고 적용될 수 있다. 따라서 대법원장으로부터 가족관계등록 사무처리에 관한 권한을 위임받은 시(구)·읍·면의 장은 외국적 요소가 있는 가족관계등록에 관한 각종 신고 등을 처리할 수 있다(가족관계등록법 제2조, 제3조, 제4조).

(2) 가족관계등록관

재외국민에 관한 등록사무의 처리 및 지원을 위하여 법원행정처에 설치된 재외국민 가족관계등록사무소의 가족관계등록관은 외국적 요소가 있는 가족관계등록에 관한 각종 신고 등을 처리할 수 있다(가족관계등록법 제4조의2 제1항·제2항).

(3) 재외공관의 장

재외국민의 편의를 위하여 관할 재외공관의 장은 등록부의 작성, 기록, 정정 같은 일부를 제외하고 가족관계등록사무를 처리할 수 있다(가족관계등록법 제34조).

2. 외국인에 관한 신고 서류의 보관과 신분관계의 공증

① 시(구)·읍·면의 장이 외국인에 관한 가족관계등록의 신고를 수리하였을 때는 등록부에 기록을 할 수 없는 신고에 해당하므로 접수순서에 따라 특종신고서류편철장에 편철하여 보존한다(가족관계등록규칙 제69조 제1항).

② 신고인은 신고의 수리 또는 불수리의 증명서를 청구할 수 있고, 이해관계인은 시(구)·읍·면의 장에게 신고서나 그 밖에 수리한 서류의 열람 또는 그 서류에 기재한 사항에 관하여 증명서를 청구할 수 있다(가족관계등록법 제42조 제1항·제2항). 이는 외국인이 신고인인 경우에도 마찬가지인데 외국인에 있어서는 등록부가 없으므로 신고의 수리 증명서는 신분관계의 공증에 중요한 역할을 한다.

3. 신고서 기재사항 및 기록방법

(1) 신고서의 일반적 기재사항

① 신고서의 일반적 기재사항에 관한 가족관계등록법 제25조의 규정은 국제등록신고에도 적용된다. 다만 외국인은 등록기준지 및 주민등록번호가 없으므로 이를 기재할 수 없고 대신에 국적 및 외국인등록번호(외국국적동포의 경우는 국내거소신고번호)를 기재할 수 있다(가족관계등록예규 제618호 참조).

② 사건본인이나 그 부 또는 모가 외국인인 경우에는 신고서의 등록기준지란에 그 국적을 기재하여야 한다(가족관계등록규칙 제34조 제2항).

(2) 기록방법

① 외국인인 부모의 특정등록사항은 국민인 자녀의 가족관계증명서에 기록한다(가족관계등록예규 제618호 제2조).

② 외국인인 배우자의 특정등록사항은 국민인 상대방 배우자의 가족관계증명서 및 혼인관계증명서에 기록한다(가족관계등록예규 제618호 제3조).

③ 외국인인 자녀의 특정등록사항은 국민이 인지, 입양, 친양자입양한 자녀 및 제1조 제3항의 단서에 의하여 외국인의 특정등록사항으로 정정된 자녀인 경우에만 기록한다(가족관계등록예규 제618호 제4조).

(3) 외국의 국호, 지명 및 인명의 표기

가족관계등록예규 제621호[외국의 국호, 지명 및 인명의 표기에 관한 사무처리지침]
제1장 통 칙
제2조(외국의 국호, 지명 및 인명의 표기방법)
가족관계등록부 및 가족관계 등록신고서에 기록 또는 기재하는 외국의 국호, 지명 및 인명은 해당 외국의 원지음을 한글로 표기하되, 문화체육관광부가 고시하는 외래어 표기법에 의하는 것을 원칙으로 한다.

제3조(시(구)·읍·면에서의 사무처리 등)
① 가족관계등록신고서에 국호, 지명 및 인명의 외국어(한자를 포함)표기만 있고 해당 외국의 원지음 한글표기가 없는 경우에, 시(구)·읍·면의 장은 이를 보정시킨 뒤 수리하여야 하고, 가족관계등록부에도 해당 외국의 원지음을 한글로 기록하여야 한다.
② 가족관계등록신고서에 기재된 국호와 지명에 대한 해당 외국 원지음의 한글표기가 외래어 표기법에 맞지 아니하는 경우, 시(구)·읍·면의 장은 외래어 표기법에 맞는 표기를 부전지에 적어 그 가족관계등록신고서에 붙이고, 가족관계등록부에는 외래어 표기법에 맞추어 기록하여야 한다.
③ 외국인의 인명은 신고인(통보자를 포함한다. 다음부터 같다)이 가족관계등록신고서에 한글로 표기한 해당 외국의 원지음대로 가족관계등록부에 기록하여야 하며, 이 경우 한자는 함께 기록할 수 없다.
④ 제3항에도 불구하고, 중화인민공화국(이하 "중국"이라 한다)에서 발행한 공문서(예 거민신분증, 호구부 등. 이하 같다)에 의하여 조선족임을 소명한 중국 국적자에 대하여 가족관계등록신고(법무부장관의 국적관련통보를 포함한다. 다음부터 같다)를 하는 경우에, 신고인이 해당 중국국적자의 인명에 대하여 그에 대응하는 한국통용의 한자를 소명한 때에는, 그 한국통용의 한자에 대한 한국식 발음의 한글(한자는 함께 기록할 수 없다)을 그 원지음을 갈음하여 가족관계등록신고서에 표기할 수 있으며, 시(구)·읍·면의 장은 가족관계등록신고서에 표기된 한국식 발음의 한글을 그 원지음을 갈음하여 가족관계등록부에 기록하여야 하고, 한자는 함께 기록할 수 없다.
⑤ 제4항의 경우, 시(구)·읍·면의 장은 중국에서 발행한 공문서에 기재된 인명의 한자와 가족관계등록신고서에 기재된 한국식 발음의 한글표기가 서로 일치하는지를 조사하여야 한다. 만약 그 인명이 중국에서 통용되는 간체자로 표기되어 있고, 그 간체자가 한국에서 통용되는 한자에 대한 간체자인지에 관하여 의심이 있을 때에는, 신고인에게 그 간체자에 대응하는 한국통용의 한자를 소명하도록 요구할 수 있다.
⑥ 제4항과 제5항의 경우에, 신고인이 해당 중국국적자의 인명에 대하여 그에 대응하는 한국통용 한자를 소명하지 못한 때에는, 시(구)·읍·면의 장은 신고인에게 가족관계등록신고서의 인명표기를 중국의 원지음에 따라 한글로 표기하도록 보정시킨 뒤, 그 보정된 원지음 표기에 따라 가족관계등록부에 기록하여야 한다.
⑦ 제3항 내지 제6항에도 불구하고, 「외국인 부와 한국인 모 사이에 출생한 혼인 중의 자의 성과 이름 표기 및 가족관계등록부에 기록하는 절차」 "3"의 "나" 또는 「성의 표기 정정에 관한 사무처리지침」 제12조 또는 「자녀의 성과 본에 관한 가족관계등록사무 처리지침」 제12조 제2항에 따라 외국인 부와 한국인 모 사이에 출생한 자녀의 외국식 성을 그 한자에 대한 한국식 발음의 한글 및 한자를 병기하는 방법으로 표기하는 경우, 그 자의 가족관계등록부의 특정등록사항란의 외국인 부의 성 표기에는 한자를 병기할 수 있다.

제2장 귀화통보, 국적회복통보 및 국적취득통보에 따른 성명표기 및 기록방법
제4조(귀화통보의 경우)
① 귀화에 의하여 대한민국 국적을 취득한 사람(이하 "귀화자"라 한다)에 대하여 귀화통보를 하는 경우, 그 인명은 해당 외국의 원지음(한자는 함께 기록할 수 없다)을 귀화통보서에 한글로 표기하여야 하고, 가족관계등록부에는 귀화통보서에 한글로 표기한 원지음대로 기록하여야 한다.
② 제1항에도 불구하고, 귀화자가 중국에서 발행한 공문서에 의하여 조선족임을 소명한 중국국적자인 경우에, 그 귀화자의 인명에 대하여는 제3조 제4항부터 제6항까지를 준용한다.

제5조(부모의 성과 본에 따른 가족관계등록부의 기록)
① 제4조에도 불구하고, 귀화자는 처음부터 우리나라의 가족관계등록부가 없으나 그 부모에게는 우리나라가족관계등록부(「가족관계의 등록 등에 관한 법률」 부칙 제4조에 따른 제적을 포함)가 있는 경우, 귀화자의 성·본(한자를 포함)은 부 또는 모(부를 알 수 없는 경우)의 성·본(한자를 포함)을 따를 수 있다. 다만, 이름(성을 제외)은 해당 외국의 원지음을 한글로 기록하여야 한다.
② 제1항에도 불구하고, 귀화자가 중국에서 발행한 공문서에 의하여 조선족임을 소명한 중국국적자인 경우에, 그 귀화자의 명(성을 제외)에 대하여는 제3조 제4항부터 제6항까지의 규정을 준용한다.
③ 제1항과 제2항의 경우, 귀화자는 귀화통보서에 기재된 부모가 자신의 부모임을 증명하는 소명자료(예 중국국적자의 경우에는 출생증명서, 호구부, 친족관계공증서 등. 이하 같다)를 제출하여야 하고, 시(구)·읍·면의 장은 귀화통보서에 기재된 부모의 인명과 그 소명자료에 기재된 부모의 인명이 일치하는지를 확인하여야 한다.

제6조(귀화자의 부모·배우자의 가족관계등록부 기록)
① 귀화통보를 하는 경우에, 귀화자의 부모·배우자의 성명은 우리나라 등록사항별 증명서에 의하여 소명된 그 부모·배우자의 성명을 기록하여야 한다.
② 귀화자의 부모·배우자에게 처음부터 우리나라 가족관계등록(폐쇄)부가 없었거나, 등록사항별 증명서(제적을 포함한다. 이하 같다)에 의하여 그 성명을 소명할 수 없는 경우, 그 부모·배우자의 인명에 대하여는 해당 외국의 원지음(한자는 함께 기록할 수 없다)을 귀화통보서에 한글로 표기하여야 하고, 귀화자 가족관계등록부의 부모·배우자란에는 부모·배우자를 귀화통보서에 한글로 표기한 원지음대로 기록하여야 한다.
③ 제2항에도 불구하고, 귀화자 및 그 부모·배우자가 중국에서 발행한 공문서에 의하여 조선족임을 소명한 중국국적자인 경우에, 그 귀화자의 부모·배우자의 인명에 대하여는 제3조 제4항부터 제6항까지를 준용한다.
④ 제1항, 제2항 및 제3항의 경우, 귀화자는 귀화통보서에 기재된 부모가 자신의 부모임을 증명하는 소명자료를 제출하여야 하고, 시(구)·읍·면의 장은 귀화통보서에 기재된 부모의 인명과 그 소명자료에 기재된 부모의 인명이 일치하는지를 확인하여야 한다. 다만, 서로 일치하지 아니하는 경우에는 부모의 인명을 가족관계등록부에 기록할 수 없다.

제7조(귀화로 인한 수반취득자의 인명표기)
귀화로 인한 수반취득자의 인명은 해당 외국의 원지음을 귀화통보서에 한글로 기재하여야 한다. 다만, 수반취득자가 중국에서 발행한 공문서에 의하여 조선족임을 소명한 중국국적자인 경우에, 그 수반취득자의 인명에 대하여는 제3조 제4항부터 제6항까지를 준용한다.

제8조(국적회복통보의 경우)
① 대한민국 국적을 회복한 사람(이하 "국적회복자"라 한다)에 대하여 국적회복통보를 하는 경우에, 국적회복자가 종전에 우리나라에서 사용하던 성명(한자를 포함)을 국적회복통보서에 기재한 때에는 이를 수리하여야 한다. 이 경우 국적회복자가 종전에 우리나라에서 사용하던 성명(한자를 포함)을 등록사항별 증명서에 의하여 소명하여야 하며, 이때에는 인명용 한자의 제한을 받지 아니한다.
② 제1항의 국적회복자가 처음부터 우리나라 가족관계등록부가 없었거나, 등록사항별 증명서에 의하여 그 성명을 소명할 수 없는 때, 또는 당해 외국의 원지음 기록을 원하는 경우, 그 인명에 대하여는 해당 외국의 원지음(한자는 함께 기록할 수 없다)을 국적회복통보서에 한글로 표기하여야 하고, 가족관계등록부에는 국적회복통보서에 한글로 표기한 원지음대로 기록하여야 한다.
③ 제2항에도 불구하고, 국적회복자가 중국에서 발행한 공문서에 의하여 조선족임을 소명한 중국국적자인 경우에, 그 국적회복자의 인명에 대하여는 제3조 제4항부터 제6항까지를 준용한다.

제9조(국적회복으로 인한 수반취득자의 경우)
① 국적회복으로 인한 수반 취득자의 인명은 제7조의 규정을 준용한다. 다만, 제8조 제1항에 따라 국적회복자가 종전에 우리나라에서 사용하던 성명(한자를 포함)을 등록사항별 증명서에 의하여 소명하였으나, 그 수반취득자에게는 우리나라의 가족관계등록부가 없는 경우, 그 수반취득자의 성·본(한자를 포함)은 부 또는 모(부를 알 수 없는 경우 및 모의 성·본을 따르기로 한 경우)의 성·본(한자를 포함)을 따를 수 있으나, 그 이름(성을 제외)은 해당 외국의 원지음으로 기록하여야 한다.
② 제1항 단서에도 불구하고, 수반취득자가 중국에서 발행한 공문서에 의하여 조선족임을 소명한 중국국적자인 경우, 그 수반취득자의 이름(성을 제외)은 제3조 제4항부터 제6항까지를 준용한다.

제10조(준용규정)
① 제5조와 제6조의 규정은 국적회복의 경우에 각각 준용한다.
② 귀화에 관한 규정은 인지에 의한 국적취득(「국적법」 제3조)과 모계출생자에 대한 국적취득특례(「국적법」 부칙 제7조)의 경우에 각각 이를 준용한다.
③ 국적회복에 관한 규정은 국적의 재취득(「국적법」 제11조)의 경우에 이를 준용한다.

제3장 간이직권정정 절차에 의한 정정
제11조(외국의 국호와 지명의 정정)
외국의 국호와 지명에 관한 가족관계등록부의 기록이 외래어 표기법에 맞지 아니하는 경우에, 이해관계인은 외래어 표기법에 맞는 한글표기를 기재하여 시(구)·읍·면의 장에게 직권정정을 신청할 수 있고, 시(구)·읍·면의 장은 「가족관계의 등록 등에 관한 규칙」 제60조를 준용하여 간이직권정정절차에 의하여 이를 정정하여야 한다.

제12조(성명 배열의 정정)
귀화 또는 국적회복한 외국인의 인명이 해당 외국 방식에 의하여 가족관계등록부에 기록된 경우(우리나라 방식의 성명 배열이 아닌 경우)에, 이해관계인은 우리나라 방식의 성명 배열에 맞는 한글표기를 기재하여 시(구)·읍·면의 장에게 직권정정을 신청할 수 있고, 시(구)·읍·면의 장은 「가족관계의 등록 등에 관한 규칙」 제60조 제2항 제5호를 준용하여 간이직권정정절차에 의하여 정정하여야 한다.

4. 신고서 첨부서류

(1) 재외국민의 가족관계등록신고 등에 관한 사무처리

① 신고서에는 법정 첨부서류 외에 다른 자료(예 재산증명, 재일거류민단의 보증서 등)를 첨부할 것을 요구하여서는 안 된다(가족관계등록예규 제624호 제5조).
② 신고서의 첨부서류가 외국어로 작성된 것인 때에는 번역문을 첨부하여야 한다(가족관계등록규칙 제30조 제2항).

(2) 외국증서와 가족관계등록부에 기재된 당사자의 성명이 불일치하는 경우

국제가족관계등록사건에서 외국증서와 가족관계등록부에 각 기재된 당사자의 성명이 불일치하는 경우, 신고인은 원칙적으로 우리나라 또는 외국 관공서가 발행한 동일성을 증명하는 서면을 신고서류와 함께 제출하여야 한다. 다만, 신고서류만으로 동일인임이 명백하거나(예 미국 시민권증서 뒷면에 'name change' 확인내용이 기재되는 경우, 혼인으로 성이 변경된 때 가족관계증명서나 혼인관계증명서 등에 의하여 배우자의 성이 확인되는 경우 등) 사소한 착오나 유루가 있는 것에 불과한 때에는 동일성을 증명하는 서면 없이 신고서류를 수리할 수 있다. 동일성을 증명하는 서면의 예로는 우리나라 재외공관이 발행하는 동일인증명서, 한국주재 캐나다 재외공관이 발행하는 법정확인서(또는 캐나다 통계국이 발행하는 성명변경증명서), 한국주재 미국 재외공관이 공증한 사건본인의 선서서 등이 있다(가족관계등록선례 제201110-1호).

(3) 신분관계를 형성하는 국제신분행위를 함에 있어 신분행위의 성립요건구비여부의 증명

> **가족관계등록예규 제590호[신분관계를 형성하는 국제신분행위를 함에 있어 신분행위의 성립요건구비여부의 증명절차에 관한 사무처리지침]**
>
> 신분관계를 형성하는 국제신분행위를 함에 있어 신분행위의 성립요건구비여부의 증명절차에 관하여는 따로 다른 예규에서 정하고 있는 사항을 제외하고 이 지침에 따라 처리하여야 한다.
> 1. 한국인과 외국인 사이 또는 한국인 사이에 외국에서 그 나라 방식에 의하여 신분관계를 형성하는 신분행위를 하는 경우 한국인의 해당 신분행위성립요건구비증명서의 발급
>   가. 사건본인인 한국인은 해당 신분행위의 성립요건구비증명서의 발급을 별지 제1호 서식에 의하여 등록기준지 시(구)·읍·면의 장에게 청구하거나 등록사항별 증명서를 첨부하여 등록기준지를 관할하는 지방법원장(지원장) 또는 거주지 관할 재외공관의 장(대사, 영사, 공사)에게 청구할 수 있다.
>   나. 위 "가"의 청구를 받은 시(구)·읍·면의 장, 지방법원장 또는 재외공관의 영사 등은 등록사항별 증명서에 의하여 사건본인의 해당 신분행위에 대한 성립요건 구비여부를 심사한 후 법률적 장애가 없다고 판단되는 경우에는 별지 제2호 또는 제3호 서식에 의한 증명서를 발급한다.
> 2. 한국인과 외국인 사이 또는 외국인 사이에 한국에서 한국법의 방식에 따라 신분관계를 형성하는 신분행위를 하는 경우 외국인의 해당 신분행위의 성립요건 구비여부의 증명
>   가. 사건본인인 외국인이 해당 신분행위의 준거법과 그 신분행위당사자와의 관련을 증명하는 서면(별표 참조) 및 그 준거법 소속국의 권한 있는 기관(해당 국가의 관공서, 재외공관)이 발급한 해당 신분행위의 성립요건을 구비하고 있다는 증명서를 가족관계등록신고서에 첨부하면, 시(구)·읍·면의 장은 그 요건을 구비한 것으로 보고 그 신고서를 수리하여야 한다. 이때 그 신분행위의 준거법이 한국법이면 위 신분행위의 성립요건구비증명서는 첨부할 필요가 없다.
>   나. 외국인이 그 준거법상 "가"의 증명서제도가 존재하지 않기 때문에 그러한 증명서를 신고서에 첨부할 수 없는 경우에는 준거법 소속국의 한국주재 재외공관의 영사 등의 앞에서 사건본인이 선서한 선서서(해당 신분행위를 함에 있어 준거법상 어떠한 법률적 장애도 없다는 뜻을 구체적으로 명시하여 선서하고 재외공관의 영사 등이 그것을 증명 또는 서명한 서면)를 제출하여 위 "가"의 증명서를 갈음할 수 있다.
>   다. 외국인이 위 "가"의 증명서나 "나"의 선서서를 첨부할 수 없는 경우(예를 들면 외교관계가 없는 국가의 국민인 경우)에는, 그러한 서면 등을 얻을 수 없다는 뜻과 준거법에 의한 해당 신분행위의 실질적 성립요건을 구비하고 있다는 뜻을 기재한 서면을 공증받아 제출함과 동시에 준거법 소속국의 권한 있는 기관으로부터 발급받은 신분관계를 증명하는 서면(예 출생증명서, 여권사본 등) 또는 외국인등록증명서(외국인등록부에 기재되어 있는 신분관계 사항을 함께 적는다)를 첨부하도록 하여, 그러한 자료에 의하여 준거법상 당해 신분행위의 성립요건 구비여부를 심사한 후 그 수리여부를 결정한다.
>   라. 위 "다"의 공증서면은 준거법상 해당 신분행위의 요건을 모두 구비하고 있음을 요건별로 구체적으로 기재한 것이어야 하며, 단순히 「이 신분행위를 함에 있어 준거법상의 모든 요건을 구비하고 있음」과 같이 형식적이고 추상적으로 기재한 것만으로는 충분하지 아니하다.

[국제신분행위별 준거법 및 그 첨부서면(가족관계등록예규 제590호 별표)**]**

국제신분행위	준 거 법	첨 부 서 면	비 고
혼 인	각 당사자의 본국법	각 당사자의 국적을 증명하는 서면([예] 호적등본, 출생증명서, 여권사본, 등록사항별 증명서 등)	
이 혼	1. 부부의 동일한 본국법	부부의 국적을 증명하는 서면	
	2. 부부의 동일한 상거소지법	• 부부의 국적을 증명하는 서면 • 부부의 상거소를 증명하는 서면([예] 주민등록등본, 주민등록증사본, 재외국민등록부등본, 국내거소신고증사본, 외국인등록사실증명원, 외국인등록증 등)	부부의 국적이 서로 다른 때에만 해당
	3. 부부와 가장 밀접한 관련이 있는 곳의 법	• 부부의 국적 및 상거소를 증명하는 서면 • 부부와 가장 밀접한 관련이 있는 곳임을 증명하는 서면([예] 주민등록등본, 주민등록증사본, 재외국민등록부등본, 국내거소신고증사본, 외국인등록사실증명원, 외국인등록증 등)	부부의 국적이 서로 다르고 또한 상거소도 서로 다른 때에만 해당
	※ 부부 중 일방이 대한민국에 상거소가 있는 대한민국 국민인 경우에는 대한민국법 우선 적용	• 부부 중 일방이 한국인임을 증명하는 서면 • 부부 중 한국인 일방의 상거소가 한국에 있음을 증명하는 서면	
인 지	자녀의 출생 당시 모의 본국법(인지자가 부 또는 모인 경우)	• 자녀의 출생 당시 모의 국적을 증명하는 서면	자녀가 외국인인 경우, 그 자녀의 본국법이 해당 신분행위의 성립에 자녀 또는 제3자의 승낙이나 동의 등을 요건으로 하는 경우에는 그 요건을 갖추었음을 증명하는 서면도 첨부하여야 한다.
	인지 당시 인지자의 본국법 또는 인지자가 인지 전에 사망한 때에는 인지자의 사망 당시 본국법(인지자가 부 또는 모인 경우)	• 인지 당시 인지자의 국적을 증명하는 서면 • 인지 전에 인지자가 사망한 사실을 증명하는 서면과 그 사망 당시 인지자의 국적을 증명하는 서면	
	자녀의 출생 당시 부의 본국법 또는 부가 자녀의 출생 전에 사망한 때에는 부의 사망 당시 본국법(인지자가 부인 경우)	• 자녀의 출생 당시 부의 국적을 증명하는 서면 • 자녀의 출생 전에 부가 사망한 사실을 증명하는 서면과 그 사망 당시 부의 국적을 증명하는 서면	이들 준거법 중 해당 신분행위에 적용할 준거법은 인지당사자가 선택할 수 있다.
	현재 자녀의 상거소지법(인지자가 부인 경우)	• 현재 자녀의 상거소를 증명하는 서면	
입 양	입양 당시 양친의 본국법	양친의 국적을 증명하는 서면	〃
파 양	입양 당시 양친의 본국법	양친의 국적을 증명하는 서면	
후 견	피후견인의 본국법	피후견인의 국적을 증명하는 서면	피후견인이 대한민국에 상거소 또는 거소가 있는 외국인으로서 「국제사법」 제75조 제2항 각 호의 사유가 있는 경우는 제외

5. 외국에 거주하고 있는 한국인의 가족관계등록신고절차 등에 관한 사무처리

가족관계등록예규 제486호[외국에 거주하고 있는 한국인의 가족관계등록신고절차 등에 관한 사무처리지침]

1. 가족관계등록신고의 의무 및 신고 가부
   가. 외국에 거주하고 있는 한국인은 한국에 거주하고 있는 사람과 동일하게 보고적 신고사항에 대하여 「가족관계의 등록 등에 관한 법률」에 따른 가족관계등록신고의 의무를 진다.
   나. 보고적 신고대상인 신분변동사실에 대하여 거주지 나라의 법에 따라 그 나라 관공서 등에 가족관계등록신고를 한 경우에도 동일한 신고사항에 대한 「가족관계의 등록 등에 관한 법률」상의 신고의무가 면제되는 것은 아니다.
   다. 신고의무가 있는 보고적 신고사항에는 출생, 사망과 같은 고유의 보고적 신고와 재판상 인지신고, 재판상 이혼신고, 외국의 방식에 의한 신고사건에 대한 증서를 작성한 경우 등과 같은 전래의 보고적 신고가 모두 포함된다.
   라. 등록기준지변경과 같은 절차적 창설적 신고사항과 혼인, 입양과 인지 등과 같은 실체적 창설적 신고사항 중 국제사법상 그 방식의 준거법이 한국법인 경우에는 「가족관계의 등록 등에 관한 법률」이 정한 절차에 따라 그 신고를 할 수 있다.
2. 외국에 있는 한국인의 가족관계등록신고절차
   가. 신고장소
      (1) 외국에 거주하고 있는 한국인은 거주하고 있는 지역에 재외공관이 설치되어 있는 경우에도 신고사건의 본인 등록기준지 시(구)·읍·면의 장 또는 「가족관계의 등록 등에 관한 법률」 제4조의2의 재외국민 가족관계등록사무소 가족관계등록관(이하 '가족관계등록관'이라 한다)에게 직접 우편의 방법으로 제출하거나, 귀국하여 등록기준지 또는 현재지 시(구)·읍·면 또는 재외국민 가족관계등록사무소에 제출하는 방법으로 가족관계등록신고(보고적, 창설적 신고를 포함)를 할 수 있다.
      (2) 외국에 거주하고 있는 한국인은 그 지역을 관할하는 재외공관의 장 또는 재외공관에서 근무하는 가족관계등록관에게 가족관계등록신고를 할 수 있으나, 다른 지역을 관할하는 재외공관의 장 또는 재외공관에서 근무하는 가족관계등록관에게 가족관계등록신고를 할 수는 없다.
   나. 증서의 등본 제출방식에 의한 가족관계등록부의 기록절차
      (1) 증서의 등본 제출방식에 의하여 가족관계등록부에 기록을 할 수 있는 경우는 외국에 거주하고 있는 한국인이 그 거주지 나라 방식에 의하여 실체적인 창설적 신분행위(혼인, 입양, 인지, 이혼과 파양 등)를 하여 신분행위가 성립된 경우에만 가능하다.
      (2) 외국에 거주하고 있는 한국인 사이 또는 한국인과 외국인 사이에 그 거주지 나라의 방식에 의하여 신분행위를 할 수 있는 것은 국제사법상 그 신분행위 방식의 준거법으로 행위지법을 적용할 수 있는 경우를 말한다.
      (3) 증서의 방식은 나라에 따라 상이하고 다양하나 관공서 등 일정한 권한을 가진 사람이 그 신분행위가 성립된 사실을 증명한 서면이면 그 명칭에도 불구하고 인정된다.
      (4) 증서의 등본은 신분행위 당사자 1명이 그 지역을 관할하는 재외공관의 장이나 사건본인인 한국인의 등록기준지 시(구)·읍·면의 장 또는 가족관계등록관에게 우편의 방법을 이용하거나 직접 제출할 수 있다.
   다. 외국에 거주하는 한국인이 거주지 방식으로 그 관공서 등에 신분변동사항에 관한 보고적 신고를 한 경우의 가족관계등록신고절차
      (1) 거주지 나라의 법이 정한 방식에 따라 그 나라 관공서 등에 한 신분변동사항에 대한 보고적 신고는 「가족관계의 등록 등에 관한 법률」에 따른 유효한 가족관계등록신고로 볼 수 없으므로, 따로 가족관계등록신고를 하여야 한다.
      (2) 외국에 거주하고 있는 한국인이 신분변동사항에 대하여 거주지 나라 방식에 따라 보고적 신고를 한 후 그 "수리증명서" 등을 교부받은 경우에도, 위 "나"항의 증서의 등본 제출방식에 의한 가족관계등록부의 기록은 할 수 없다.

(3) 외국에 거주하고 있는 한국인이 출생, 사망 등과 같은 보고적 신고(고유의 의미)를 하는 경우에는, 가족관계등록신고서에 첨부하여야 할 출생증명서나 사망증명서 등을 갈음하여 그 거주지 나라의 방식에 의해 신고한 사실을 증명하는 서면(예 수리증명서 등)을 첨부할 수 있다.
(4) 외국에 거주하고 있는 한국인이 외국 법원의 확정판결을 받아 재판상 이혼신고, 재판상 인지신고와 같은 보고적 신고(전래적 의미)를 하는 경우, 거주지 나라 방식에 의해 신고한 사실을 증명하는 서면으로는 가족관계등록신고서에 첨부하여야 할 확정판결과 집행판결을 갈음할 수 없다.

6. 한국인과 외국인 사이의 가족관계등록 신고서류의 처리

한국인과 외국인 사이의 가족관계등록신고 중 혼인, 입양, 인지신고는 한국인의 가족관계등록부에 기록한 후 신고서류의 원본을 감독법원에 송부하고, 그 등본을 별도로 「특종신고서류편철장」에 편철하여 보존하지 아니한다. 다만, 외국인 사이의 신고서류 원본은 「특종신고서류편철장」에 보존한다(가족관계등록예규 제303호 제2조).

국제가족관계등록사무 총론

제1절 서 설

제2절 국제가족관계등록과 국제사법에 의한 준거법의 결정

제3절 국제등록사무의 처리

01 국제가족관계등록사무의 처리에 관한 다음 설명 중 가장 옳지 않은 것은?   2023년

① 외국에 거주하고 있는 한국인은 한국에 거주하고 있는 사람과 동일하게 보고적 신고사항에 대하여 가족관계의 등록 등에 관한 법률에 따른 가족관계등록신고의 의무를 지며, 보고적 신고대상인 신분변동사실에 대하여 거주지 나라의 법에 따라 그 나라 관공서 등에 신고를 한 경우에도 위 신고의무가 면제되는 것은 아니다.

② 증서의 등본 제출방식에 의하여 가족관계등록부에 기록을 할 수 있는 경우는 외국에 거주하고 있는 한국인이 그 거주지 나라 방식에 의하여 실체적인 창설적 신분행위(혼인, 입양, 인지, 이혼과 파양 등)를 하여 신분행위가 성립된 경우에만 가능하다.

③ 외국에 거주하고 있는 한국인이 출생, 사망 등과 같은 보고적 신고를 하는 경우에는, 가족관계등록신고서에 첨부하여야 할 출생증명서나 사망증명서 등을 갈음하여 그 거주지 나라의 방식에 의해 신고한 사실을 증명하는 서면을 첨부할 수 있다.

④ 대한민국 국적을 회복한 사람에 대하여 국적회복통보를 하는 경우에, 국적회복자가 종전에 우리나라에서 사용하던 성명(한자를 포함한다)을 국적회복통보서에 기재한 때에는 이를 수리하여야 한다. 이 경우 국적회복자가 종전에 우리나라에서 사용하던 성명을 등록사항별 증명서에 의하여 소명하여야 하며, 이때에도 인명용 한자의 제한을 받는다.

⑤ 외국인의 인명은 신고인이 가족관계등록신고서에 한글로 표기한 해당 외국의 원지음대로 가족관계등록부에 기록하여야 하며 이 경우 한자는 함께 기록할 수 없다. 다만, 중국에서 발행한 공문서에 의하여 조선족임을 소명한 중국 국적자에 대하여 가족관계등록신고를 하는 경우에, 신고인이 해당 중국국적자의 인명에 대하여 그에 대응하는 한국통용의 한자를 소명한 때에는 그 한국통용의 한자에 대한 한국식 발음의 한글을 그 원지음을 갈음하여 위 신고서에 표기할 수 있으나, 이 경우에도 한자는 함께 기록할 수 없다.

[❶ ▶ ○] 가족관계등록예규 제486호 1. 가., 나.

> **가족관계등록예규 제486호[외국에 거주하고 있는 한국인의 가족관계등록신고절차 등에 관한 사무처리지침]**
> 1. 가족관계등록신고의 의무 및 신고 가부
>   가. 외국에 거주하고 있는 한국인은 한국에 거주하고 있는 사람과 동일하게 보고적 신고사항에 대하여 가족관계의 등록 등에 관한 법률에 따른 가족관계등록신고의 의무를 진다.
>   나. 보고적 신고대상인 신분변동사실에 대하여 거주지 나라의 법에 따라 그 나라 관공서 등에 가족관계등록신고를 한 경우에도 동일한 신고사항에 대한 가족관계의 등록 등에 관한 법률상의 신고의무가 면제되는 것은 아니다.

[❷ ▶ ○] 증서의 등본 제출방식에 의하여 가족관계등록부에 기록을 할 수 있는 경우는 외국에 거주하고 있는 한국인이 그 거주지 나라 방식에 의하여 실체적인 창설적 신분행위(혼인, 입양, 인지, 이혼과 파양 등)를 하여 신분행위가 성립된 경우에만 가능하다[가족관계등록예규 제486호 2. 나. (1)].

[❸ ▶ ○] 외국에 거주하고 있는 한국인이 출생, 사망 등과 같은 보고적 신고(고유의 의미)를 하는 경우에는, 가족관계등록신고서에 첨부하여야 할 출생증명서나 사망증명서 등을 갈음하여 그 거주지 나라의 방식에 의해 신고한 사실을 증명하는 서면(예 수리증명서 등)을 첨부할 수 있다[가족관계등록예규 제486호 2. 다. (3)].

[❹ ▶ ×] 대한민국 국적을 회복한 사람(이하 "국적회복자"라 한다)에 대하여 국적회복통보를 하는 경우에, 국적회복자가 종전에 우리나라에서 사용하던 성명(한자를 포함한다)을 국적회복통보서에 기재한 때에는 이를 수리하여야 한다. 이 경우 국적회복자가 종전에 우리나라에서 사용하던 성명(한자를 포함한다)을 등록사항별 증명서에 의하여 소명하여야 하며, <u>이때에는 인명용 한자의 제한을 받지 아니한다</u>[가족관계등록예규 제621호 제8조 제1항].

[❺ ▶ ○] 가족관계등록예규 제621호 제3조 제3항, 제4항

> **가족관계등록예규 제621호[외국의 국호, 지명 및 인명의 표기에 관한 사무처리지침]**
> **제3조(시(구)·읍·면에서의 사무처리 등)**
> ③ 외국인의 인명은 신고인(통보자를 포함한다. 다음부터 같다)이 가족관계등록신고서에 한글로 표기한 해당 외국의 원지음대로 가족관계등록부에 기록하여야 하며, 이 경우 한자는 함께 기록할 수 없다.
> ④ 제3항에도 불구하고, 중화인민공화국(이하 "중국"이라 한다)에서 발행한 공문서(예 거민신분증, 호구부 등. 이하 같다)에 의하여 조선족임을 소명한 중국 국적자에 대하여 가족관계등록신고(법무부장관의 국적관련통보를 포함한다. 다음부터 같다)를 하는 경우에, 신고인이 해당 중국국적자의 인명에 대하여 그에 대응하는 한국통용의 한자를 소명한 때에는, 그 한국통용의 한자에 대한 한국식 발음의 한글(한자는 함께 기록할 수 없다)을 그 원지음을 갈음하여 가족관계등록신고서에 표기할 수 있으며, 시(구)·읍·면의 장은 가족관계등록신고서에 표기된 한국식 발음의 한글을 그 원지음을 갈음하여 가족관계등록부에 기록하여야 하고, 한자는 함께 기록할 수 없다.

답 ❹

국제가족관계등록사무 각론

제1절 국제출생신고

1. 의 의

국제출생신고란 한국인과 외국인 사이에 한국 또는 외국에서 출생한 자나 한국에 있는 외국인 사이에 출생한 자 그리고 외국에서 한국인 사이에 출생한 자에 대한 출생신고와 같이 외국적 요소가 있는 출생신고를 말한다.

2. 출생과 국적취득

① 국제출생신고가 있는 경우 그 출생자가 한국 국적을 가지고 있는 경우에는 가족관계등록부를 작성하게 되나, 외국인인 경우에는 그 신고서류를 특종신고서류편철장에 편철하게 된다. 따라서 국제출생사건을 처리함에 있어서는 한국 국적의 취득여부를 먼저 판단하여야 한다.

② 국제적 요소가 있는 출생신고에 있어서 출생자의 국적은 그 자의 국적취득여부가 문제된 그 나라의 법에 따라 결정해야 하는바, 자(子)가 대한민국의 국적을 취득하는가는 대한민국 국적법에 따라 결정된다.

③ 국적의 선천적 취득과 관련한 국적법의 규정에 의하면 ⊙ 출생 당시에 부(父) 또는 모(母)가 대한민국의 국민인 자, ⓒ 출생하기 전에 부가 사망한 경우에는 그 사망 당시에 부가 대한민국의 국민이었던 자, ⓒ 부모가 모두 분명하지 아니한 경우나 국적이 없는 경우에는 대한민국에서 출생한 자는 출생과 동시에 대한민국 국적을 취득한다. 그리고 대한민국에서 발견된 기아(棄兒)는 대한민국에서 출생한 것으로 추정한다(국적법 제2조).

3. 국제출생에 관한 등록사무처리

(1) 한국인과 외국인 사이의 출생자

> **가족관계등록예규 제429호[한국인과 외국인 사이에서 출생한 자녀에 대한 출생신고 처리방법]**
> 한국인과 외국인 사이에서 출생한 자녀에 대한 출생신고는 아래 예에 따라 처리해야 한다.
>   1. 한국인 남자와 외국인 여자 사이의 출생자
>   가. 혼인 중의 자인 경우
>   부(父) 또는 기타 출생신고 의무자(국내에 거주하는 외국인 모를 포함)의 신고로써 가족관계등록부를 작성한다(특정등록사항란에 부모의 성명을 기록하여야 한다).
>   나. 혼인 외의 자인 경우
>   부(父)의 출생신고만으로 가족관계등록부를 작성할 수 없으며 따로 외국인(대한민국 국민이 아닌 사람)에 대한 인지절차에 따라 부(父)가 인지신고를 한 다음 자녀가 국적법에 따라 법무부장관에게 신고함으로써 국적을 취득하거나(미성년인 경우) 법무부장관으로부터 귀화허가를 받은 후(성년인 경우), 국적취득 또는 귀화허가통보가 된 때 가족관계등록부를 작성할 수 있다. 따라서 외국의 국적을 취득하지 않은 출생자에 대한 출생신고를 수리하여 특종신고서류편철장에 편철한 후 자녀가 우리나라 국적을 취득하여 그 가족관계등록부를 작성할 때 출생사유를 기록한다. 다만, 태아인지 신고된 피인지자는 그 부(父)의 출생신고로써 가족관계등록부를 작성할 수 있다.
>   2. 한국인 여자와 외국인 남자 사이의 출생자
>   가. 혼인 중의 자인 경우
>   자녀는 대한민국의 국적을 취득하므로 모 또는 그 밖의 출생 신고의무자(국내에 거주하는 외국인 부를 포함)의 신고(특정등록사항란에 부모의 성명을 기록하여야 한다)로써 가족관계등록부를 작성한다(국적법 제2조 제1항 제1호).
>   나. 혼인 외의 자인 경우
>   모 또는 그 밖의 출생 신고의무자의 신고(모의 성과 본을 따르며, 부를 표시할 수는 없다)로써 가족관계등록부를 작성할 수 있다. 그러나 부의 인지가 있으면 그 인지신고에 따라 그 사유를 기록하고 부의 국적을 취득하면 국적상실신고 또는 국적상실통보에 따라 폐쇄하여야 한다.

(2) 외국인 부와 한국인 모 사이에 출생한 혼인 중의 자의 성과 이름 표기

> **가족관계등록예규 제573호[외국인 부와 한국인 모 사이에 출생한 혼인 중의 자의 성과 이름 표기 및 가족관계등록부에 기록하는 절차]**
>   1. 출생신고를 할 수 있는 자녀와 신고 시기
>   가. 모 그 밖의 출생 신고의무자(국내에 거주하는 외국인 부를 포함)가 출생신고를 할 수 있음은 당연하나, 외국인 부가 외국에서 행한 출생신고도 신고적격자에 준하여 이를 수리한다.
>   나. 출생신고는 외국인 부가 이미 출생신고를 하여 부의 성(姓)을 따라 부의 나라의 신분등록관계장부가 작성되어 있는 경우에도 이를 할 수 있다.
>   2. 가족관계등록부의 작성
>   외국인 부와 한국인 모 사이에 출생한 혼인 중의 자는 출생과 동시에 한국 국적을 취득하게 되므로, 출생신고에 의하여 가족관계등록부를 작성한다(「국적법」 제2조 제1항 제1호).

3. 출생신고서에 기재할 수 있는 사건본인의 성(姓)
   가. 그 자녀가 외국인 부의 성(姓)을 따라 부의 나라의 신분등록관계장부가 작성되어 있는 경우이든 아직 출생신고를 하지 않아 부의 나라의 신분등록관계장부가 작성되어 있지 않은 경우이든 불문하고, 외국인 부의 성을 따르거나 한국인 모의 성과 본을 따라 신고할 수 있다.
   나. 외국인 부의 성이 외국어로서 한자인 경우, 신고인은 자녀에 대하여 ① 아래 "4"의 "마"에 따라 외국식 발음의 성을 원지음대로 한글로만 표기하는 방법 또는 ② 그 한자에 대한 한국식 발음의 한글 및 한자를 병기하는 방법을 선택할 수 있다. 위 ②의 경우 한자는 그에 대응하는 한국통용의 한자가 소명되어야 하고, 신고인이 외국인 부의 나라에서 발행한 공문서에 의하여 이를 소명하여야 한다.
4. 출생신고서에 기재할 사건본인의 이름
   가. 그 자녀가 외국인 부의 성을 따라 외국식 이름으로 부의 나라의 신분등록관계장부에 기록되어 있는 경우에도 부 또는 모의 어느 성을 사용하든 외국인 부의 성을 따라 부의 나라의 신분등록관계장부에 기록된 외국식 이름 또는 새로운 한국식 이름을 신고서에 기재하여 신고할 수 있다.
   나. 부의 나라의 신분등록관계장부에 외국인 부의 성을 따라 외국식 이름으로 기록되어 있는 경우에는 그 이외의 새로운 외국식 이름을 기재한 신고서는 이를 수리할 수 없다.
   다. 가족관계등록공무원이 외국인 부의 성을 따르고 한국식 이름을 기재한 신고서나 한국인 모의 성을 따르고 외국식 이름을 기재한 신고서를 접수한 때에는, 우선 외국인 부의 성을 따를 경우에는 외국식 이름으로, 한국인 모의 성을 따를 경우에는 한국식 이름으로 기재하여 신고하도록 추후보완을 최고(권고)하되, 이에 응하지 않을 때에는 수리하여 기록한다.
   라. 부의 나라의 신분등록관계장부에 외국인 부의 성을 따라 외국식 이름으로 기록되어 있는 경우에 그와 다른 성 또는 이름으로 출생신고를 하는 경우에는, 출생신고서의 기타란에 외국에서 신고된 성명을 기재하여야 한다. 이 경우 가족관계등록공무원은 사건본인의 일반등록사항란에 출생에 관한 사항을 기록할 때에 외국에서의 성명을 기록한다.
   마. 외국식 성 또는 이름을 사용하더라도 신고서와 가족관계등록부에는 로마자 등이 아닌 그에 대한 당해 외국에서의 발음(원지음)대로 한글로 표기하여야 한다. 중화인민공화국에서 발행한 공문서(예 거민신분증, 호구부 등)에 의하여 조선족임을 소명한 중국 국적자에 대하여 가족관계등록신고를 하는 경우에, 신고인이 해당 중국국적자의 인명에 대하여 그에 대응하는 한국통용의 한자를 소명한 때에는, 그 한국통용의 한자에 대한 한국식 발음의 한글(한자는 함께 기재할 수 없다)을 그 원지음을 갈음하여 가족관계등록신고서에 표기할 수 있고, 시(구)·읍·면의 장은 가족관계등록신고서에 표기된 한국식 발음의 한글을 그 원지음을 갈음하여 가족관계등록부에 기록하여야 하며, 이에 관한 구체적인 사무는 대법원 가족관계등록예규 제38호에 따라 처리한다.
   바. 외국인 부의 성을 따라 외국식 이름으로 기록된 가족관계등록부를 후에 한국인 모의 성과 한국식 이름으로 변경하기 위해서는, 성·본 변경절차와 개명절차를 거쳐야 하고, 추후보완신고 또는 등록부의 정정절차를 통해서는 이를 할 수 없다.
   사. 위 "3"의 "나"의 ① 및 ②의 경우, ① 및 ② 사이의 변경은 등록부의 정정절차에 의한다.
5. 출생신고 장소
   출생신고는 그 자녀가 출생한 지역을 관할하는 재외공관의 장에게 하거나 직접 자녀의 등록기준지로 정한 곳을 관할하는 시(구)·읍·면의 장에게 우송하거나 귀국하여 제출할 수 있다. 귀국하여 제출하는 경우 신고인의 주소지 또는 현재지 시(구)·읍·면에도 제출할 수 있다.
6. 신고시 제출하여야 할 서면
   가. 출생신고서에는 「가족관계의 등록 등에 관한 법률」 제44조 제4항 및 「가족관계의 등록 등에 관한 규칙」 제38조의2에 규정된 출생증명서 또는 서면을 첨부하여야 한다.
   나. 자녀의 출생당시 모가 한국인임을 증명하는 서면(등록사항별증명서 등)을 첨부하여야 한다.

(3) 우리나라 국민이 외국에서 출생한 경우 출생일시 기록방법 및 첨부서류

① 가족관계등록부 특정등록사항란의 "출생연월일"란에는 현지 출생연월일을 서기 및 태양력으로 기록하고, 일반등록사항란에는 현지 출생시각을 기록하여야 한다(가족관계등록예규 제538호 1.).

② 외국에서 출생한 우리나라 국민으로서 가족관계등록부상 특정등록사항란의 출생연월일이 한국 시각으로 환산된 일자로 기록된 자가 현지 출생연월일로 정정하고자 하는 때에는 가족관계의 등록 등에 관한 법률 제104조에 따라 사건 본인의 등록기준지를 관할하는 가정법원에 등록부 정정 허가신청을 하여 그 허가를 받아야 한다. 일반등록사항란의 출생시각이 한국시각으로 기록된 자가 현지시각으로 정정하고자 하는 때에도 또한 같다(가족관계등록예규 제538호 4.).

③ 외국에 거주하는 한국인이 외국 관공서 등으로부터 교부받은 증서의 등본을 첨부하여 가족관계등록관서에 출생신고를 하는 경우, 그 사본을 첨부하고 원본의 환부를 청구할 수 없다(가족관계등록선례 제201102-1호).

제2절 국제혼인신고

1. 의 의

국제혼인신고란 한국에서 한국인과 외국인 사이에 이루어지는 혼인, 한국에서 외국인 사이에 이루어지는 혼인, 그리고 외국에서 한국인 사이에 이루어지는 혼인, 외국에서 한국인과 외국인 사이에 이루어지는 혼인과 같이 외국적 요소가 있는 혼인신고를 말한다. 이러한 국제혼인에 적용할 준거법에 대해서도 국제사법이 이를 규정하고 있다.

2. 국제혼인의 성립요건

(1) 실질적 성립요건

① 혼인의 성립요건은 각 당사자에 관하여 그 본국법에 따른다(국제사법 제63조 제1항). 이는 각 당사자의 본국법상의 혼인의 성립요건이 각 당사자에게 편면적으로 적용된다는 의미이다.

② 한국인과 외국인의 혼인은 각 당사자에 관하여 그 본국법이 정한 실질적 성립요건을 구비하여야 하므로, 한국 남자와 파키스탄 여자의 혼인이 유효하게 성립하기 위해서는 한국 남자는 민법이 요구하는 성립요건을, 파키스탄 여자는 파키스탄의 혼인법령이 요구하는 성립요건을 각각 구비하여야 한다(호적선례 제200709-4호 가.).

③ 혼인의 성립요건 중에는 당사자 일방에게만 문제되어 각각 당사자의 본국법만 적용되는 일방적 요건과 당사자 쌍방에게 문제가 되어 양 당사자의 본국법이 누적적으로 적용되는 쌍방적 요건이 있다. 혼인연령, 부모의 동의, 혼인의사, 혼인능력 등은 일방적 요건에 해당하고, 재혼금지기간, 근친혼의 금지, 중혼의 금지 등은 쌍방적 요건에 해당한다.

(2) 형식적 성립요건

혼인의 방식은 혼인을 한 곳의 법 또는 당사자 중 한 쪽의 본국법에 따른다. 다만, 대한민국에서 혼인을 하는 경우에 당사자 중 한 쪽이 대한민국 국민인 때에는 대한민국 법에 따른다(국제사법 제63조 제2항).

3. 국제혼인의 구체적 성립절차

(1) 한국에서 한국인과 외국인 사이의 혼인

한국에서 한국인과 외국인 사이에 혼인하는 경우 혼인의 실질적 성립요건은 각 당사자에 관하여 그 본국법에 의하지만, 혼인의 방식은 가족관계등록법에 의한다. 따라서 외국인인 혼인당사자의 국적을 증명하는 서면과 그의 본국법에 의하여 혼인성립요건을 구비하고 있음을 증명하는 서면 등을 첨부하여 혼인신고를 할 수 있다.

(2) 한국에서 외국인 사이의 혼인

① 거행지법인 우리나라 법에 의하여 외국인 사이의 혼인이 유효하게 성립하려면 각 당사자의 혼인성립요건 구비에 관한 증명(본국 관청 또는 주한공관의 증명)을 첨부하여 거주지 또는 현재지의 가족관계등록공무원에게 신고하여야 한다. 또 가족관계등록공무원은 당사자의 청구에 의하여 혼인신고수리의 증명을 발급할 수 있다(가족관계등록예규 제167호 1.).

② 한국에 머물고 있는 중국 남자와 프랑스 여자가 중국 풍습에 따른 혼례식을 마치고 주한 중화인민공화국 대사관에 그 혼인신고를 한 것만으로는 거행지법인 우리나라 법에 의한 혼인이 유효하게 성립한 것으로 볼 수는 없다(가족관계등록예규 제167호 2.).

(3) 외국에서 한국인 사이의 혼인

① 혼인의 방식은 혼인거행지법 또는 당사자 일방의 본국법에 의하므로(국제사법 제63조 제2항), 외국에 있는 한국인 사이의 혼인은 거행지법의 방식에 의하거나 한국법이 정한 방식에 의할 수 있다.

② 외국에서 한국인 사이에 거행지인 그 나라 방식에 따라 혼인을 하고 혼인증서를 작성한 경우에는 3개월 이내에 그 지역을 관할하는 재외공관의 장에게 그 증서의 등본을 제출하여야 한다(가족관계등록법 제35조 제1항).

③ 외국에서 한국인 사이에 가족관계등록법이 정하는 바에 의해 혼인을 하는 경우에는 그 지역을 관할하는 재외공관의 장에게 혼인신고를 할 수 있다(가족관계등록법 제34조).

④ 재외공관의 장은 가족관계등록법 제34조 및 제35조에 따라 서류를 수리한 때에는 1개월 이내에 외교부장관을 경유하여 재외국민 가족관계등록사무소의 가족관계등록관에게 송부하여야 한다(가족관계등록법 제36조 제1항).

(4) 외국에서 한국인과 외국인 사이의 혼인

① 외국에서 한국인과 외국인 사이에 혼인하는 경우에는 혼인거행지법 또는 혼인당사자 일방의 본국법에 의할 수 있다(국제사법 제63조 제2항).
② 외국에서 한국인과 외국인 사이에 그 나라 방식에 따라 혼인을 하고 혼인증서를 작성한 경우에는 3개월 이내에 그 지역을 관할하는 재외공관의 장에게 그 증서의 등본을 제출하여야 한다(가족관계등록법 제35조 제1항).
③ 외국방식에 의한 혼인증서등본의 제출은 전래의 보고적 신고에 해당하므로, 한국인과 외국인 사이의 혼인이 외국에서 거행되는 경우 그 혼인거행지의 법이 정하는 방식에 따른 혼인절차를 마친 경우에는 별도로 우리나라의 법에 따른 혼인신고를 하지 않더라도 혼인의 성립에는 영향이 없다.
④ 혼인당사자인 한국인 등록기준지 등록관서의 장 또는 재외국민 가족관계등록사무소의 가족관계등록관에게 우편의 방법을 이용하거나 직접 제출할 수도 있다(가족관계등록예규 제486호 2. 가.).

4. 국제혼인의 효력과 국적의 취득과 상실

(1) 국제혼인의 효력에 관한 준거법

> **혼인의 일반적 효력(국제사법 제64조)**
> 혼인의 일반적 효력은 다음 각 호의 법의 순위에 따른다.
> 1. 부부의 동일한 본국법
> 2. 부부의 동일한 일상거소지법
> 3. 부부와 가장 밀접한 관련이 있는 곳의 법

국제사법은 혼인의 효력의 준거법을 복수로 하여 단계적 연결방법을 취하고 있다. 우선 1단계로 부부의 동일한 본국법에 의하고, 그 다음 2단계로 부부의 동일한 상거소지법으로 하고 있으며, 최종 3단계로 부부와 가장 밀접한 관련이 있는 곳의 법을 준거법으로 하고 있다.

(2) 국적의 취득과 상실

1) 국적의 취득

대한민국 국민과 혼인한 외국인은 남녀를 불문하고 국내에 일정 기간 이상 거주하는 등 일정 요건을 갖추고 법무부장관의 귀화허가를 받아야만 대한민국의 국적을 취득할 수 있다(국적법 제4조, 제6조 제2항).

2) 국적의 상실

한국인이 혼인으로 외국 국적을 취득한 후 6개월 내에 법무부장관에게 대한민국 국적을 보유할 의사가 있다는 뜻을 신고하지 아니하면 그 외국 국적을 취득한 때로 소급하여 대한민국 국적을 상실하게 된다(국적법 제15조 제2항). 하지만, 외국인과 혼인하였더라도 그 사실 자체로 그 나라 국적을 취득하게 된 것이 아니라 그 후에 별도의 귀화절차를 거쳐서 그 나라의 국적을 자진취득하게 된 자는 그 외국 국적을 취득한 때에 자동으로 한국 국적을 상실한다(국적법 제15조 제1항).

5. 국제혼인 사무처리

(1) 한국인과 외국인 사이의 국제혼인 사무처리

> **가족관계등록예규 제635호[한국인과 외국인 사이의 국제혼인 사무처리지침]**
> 한국인과 외국인 사이에 혼인한 경우의 혼인신고 및 이에 관련된 가족관계등록사무는 아래와 같이 처리한다.
> 1. 한국에서 혼인신고를 하는 경우
>   가. 외국인의 혼인성립요건 구비증명서
>   (1) 외국인의 혼인성립요건 구비증명서는 「대법원 가족관계등록예규」 제33호에 따른다. 다만, 미국인이 군인인 경우의 혼인능력 증명은 미국법에 의하여 공증인 직무를 행할 수 있도록 지명된 미군장교(법무관)가 발행한 것으로 확인된 당사자 서약에 대한 증명서를 첨부할 수 있다.
>   (2) 중국인은 미혼임을 증명하는 서면으로서 중국의 권한 있는 기관이 발급한 증명서에 「외국공문서에 대한 인증의 요구를 폐지하는 협약」에서 정한 아포스티유(Apostille)확인을 받아야 한다(주중 한국공관의 영사확인은 불필요).
>   (3) 중국인이 중국의 혼인법에서 정한 혼인적령에 이르지 아니한 경우에도 「민법」 제807조에서 규정한 연령(18세)에 이른 때에는 혼인적령에 미달하였다는 것을 이유로 하여 그 혼인신고의 수리를 거부할 수 없으며, 혼인당사자인 중국인이 18세 이상인 경우에는 그 부모 등의 혼인동의서의 첨부를 요구할 수 없다.
>   나. 혼인신고의 절차 및 기록방법
>   (1) 한국인이 남자인 경우
>   외국인인 처의 위 1.가.의 증명서면을 첨부하여 「가족관계의 등록 등에 관한 법률」 제71조에 따라 혼인신고를 하면, 이를 수리한 시(구)·읍·면의 장은 처가 혼인신고에 의하여 한국의 국적을 취득하는 것이 아니므로 남편의 가족관계등록부 일반등록사항란에 혼인사유만을 기록하였다가 나중에 귀화통보가 있을 때에 처의 가족관계등록부를 작성한다.
>   (2) 한국인이 여자인 경우
>   외국인인 남편의 위 1. "가"의 증명서면을 첨부하여 「가족관계의 등록 등에 관한 법률」 제71조에 따른 혼인신고를 하면 처의 가족관계등록부 일반등록사항란에 혼인사유를 기록하고, 후에 처가 외국 국적을 취득하여 한국 국적을 상실하면 국적상실신고 등에 의하여 처의 가족관계등록부를 폐쇄한다.
>   (3) 국제적 혼인신고를 수리한 때에는 외국인의 본국에는 혼인신고서를 송부하지 아니한다.
> 2. 외국에서 혼인한 경우
>   가. 첨부서면
>   (1) 혼인을 한 외국방식에 의하여 혼인이 성립되었음을 증명하는 서면(혼인 거행지 국의 권한 있는 기관이 발행한 혼인증서등본 및 그에 대한 번역문)
>   (2) 중국인과 혼인한 경우는 중국방식에 의하여 혼인이 성립되었음을 증명하는 서면에 「외국공문서에 대한 인증의 요구를 폐지하는 협약」에서 정한 아포스티유(Apostille)확인을 받은 서면(주중 한국공관의 영사 확인은 불필요)
>   나. 혼인신고의 절차 및 기록방법
>   (1) 한국인이 남자인 경우
>   위 2.가.의 서면을 첨부하여 그 지역을 관할하는 한국 재외공관의 장에게 제출하거나, 혼인을 한 외국 지역이 한국 재외공관의 관할에 속하지 아니한 때에는 한국 남편 등록기준지의 시(구)·읍·면의 장에게 혼인증서의 등본을 발송하여야 하며, 이를 접수한 시(구)·읍·면의 장은 처가 혼인신고에 의하여 한국의 국적을 취득하는 것이 아니므로 남편의 가족관계등록부 일반등록사항란에 혼인사유만을 기록하였다가 나중에 귀화통보가 있을 때에 처의 가족관계등록부를 작성한다.

(2) 한국인이 여자인 경우
위 2.가.의 서면을 접수한 처의 등록기준지 시(구)·읍·면의 장은 처의 가족관계등록부 일반등록사항란에 혼인사유를 기록하고, 후에 처가 외국 국적을 취득하여 한국 국적을 상실하면 국적상실신고 등에 의하여 처의 가족관계등록부를 폐쇄한다.

다. 가족관계등록부정리상 유의사항
(1) 재외국민과 외국인 사이에 혼인이 성립된 경우, 혼인증서등본상의 한국인 당사자 성명과 가족관계등록부상 성명이 일치하지 아니하더라도 동일인임이 확인되면 이를 수리한다.
(2) 혼인증서등본상 혼인의 실질적 요건에 흠결이 있더라도 그 흠결이 혼인의 무효사유에 해당하지 않는 경우에는 이를 수리한다.
(3) 혼인증서등본에 사소한 흠결이 있더라도 이를 수리하여야 하며, 혼인증서등본상 외국인 당사자의 성명과 신고서상에 기재된 성명이 서로 다를 때에는 혼인증서등본에 의하여 가족관계등록부 기록을 한다.

(2) 외국인 또는 가족관계등록부가 없는 사람 등과의 혼인신고가 있는 경우의 사무처리

가족관계등록예규 제163호[외국인 또는 가족관계등록부가 없는 사람 등과의 혼인신고가 있는 경우의 사무처리지침]

1. 우리나라 사람 갑이 외국인 또는 가족관계등록부가 없거나 가족관계등록부에 기록이 되어 있는지가 분명하지 아니한 사람인 을과의 혼인신고를 할 경우에는 해당 외국 관공서 또는 우리나라의 관공서가 발행한 공문서(예 여권, 주민등록등본, 그 밖의 증명서 등)에 의하여 을에 대한 성명, 출생연월일 등의 인적사항을 소명하여야 한다.
2. 제1항의 혼인신고에 의하여 갑의 가족관계등록부에 혼인사유를 기록하되 을의 가족관계등록부를 작성해서는 안 된다.
3. 을이 우리나라 국적을 취득하거나 가족관계등록부에 기록되어 있음이 판명된 때 또는 기록할 수 있게 된 때에는 신고인 또는 신고사건의 본인은 그 사실을 안 날로부터 1개월 이내에 신고사건을 표시하여 제1항의 혼인신고를 수리한 시(구)·읍·면의 장에게 그 사실을 신고하여야 한다(가족관계의 등록 등에 관한 법률 제22조).

(3) 재일동포 남녀가 일본에서 혼인하고 부(夫)가 사망한 뒤 혼인증서등본을 부(夫)의 등록기준지에 송부한 경우

재일동포 남자(갑남)가 같은 동포 여자(을녀)와 일본국에서 거행지 방식에 의한 혼인을 하고 그 나라에서 혼인 후 출생자의 출생신고를 하였으나 부(夫)가 사망한 후, 갑남, 을녀의 혼인증서등본 및 자녀의 출생신고 수리증명서를 부의 등록기준지 시(구)·읍·면에 송부하여 왔을 경우 부(夫)의 등록기준지 시(구)·읍·면에서는 갑남과 을녀의 가족관계등록부에 혼인사유를 각각 기록함과 동시에 혼인해소사유를 기록해야 하며 자녀에 대해서는 출생신고에 의한 가족관계등록부를 작성하여야 한다(가족관계등록예규 제166호).

(4) 재일동포인 혼인한 남자가 다시 일본 여자와 혼인하였다는 혼인증서의 등본을 제출한 경우

중혼은 우리나라 법에 의하거나 일본국 법에 의하거나 다 같이 혼인취소의 원인으로 중혼이라도 일본방식에 의한 혼인신고를 수리하면 그 혼인은 이미 성립한 것이므로 일본당국의 혼인증서의 등본을 우리나라 재외공관의 장에게 제출시에는 이를 수리하여야 한다(가족관계등록예규 제164호).

(5) 한국인과 베트남인 사이의 혼인에 관한 사무처리

> **가족관계등록예규 제596호[한국인과 베트남인 사이의 혼인에 관한 사무처리지침]**
> 2. 한국인과 외국인이 한국에서 혼인하는 경우, 혼인의 성립요건은 각 당사자에 관하여 그 본국법에 의하게 되므로(국제사법 제63조 제1항), 가족관계등록공무원이 한국인과 베트남인 사이의 혼인신고를 수리하는 경우, 해당 한국인에 대하여는 민법 제813조에 따라 해당 베트남인에 대하여는 베트남 혼인·가족법 중 혼인관련 규정에 의하여 혼인성립요건의 구비여부를 각 심사하여야 한다.
> 4. 한국에서 한국방식으로 혼인하는 경우의 사무처리절차
> 　가. 한국인과 베트남인이 시(구)·읍·면의 장에게 혼인신고를 할 때에 혼인신고서에 첨부하여야 할 서류는 다음과 같다.
> 　　① 삭제〈2019.7.1. 제536호〉
> 　　② 한국주재 베트남대사 또는 영사 명의로 발행된 별지 제9호 서식에 의한 "혼인요건인증서"
> 　　③ 그 베트남인의 국적이 베트남임을 증명하는 서면(예 호적등본, 출생증명서, 여권사본 등)과 그 한국어 번역문
> 　나. 베트남 혼인·가족법 제9조 제1항에 따른 혼인적령(혼인적령)은 남자는 20세(19번째 생일의 다음 날), 여자는 18세(17번째 생일의 다음 날)이므로, 신고일 현재 베트남 남성이 20세, 베트남 여성이 18세에 이르지 아니한 경우에는 위 4.의 "가"항에 열거된 서면 이외에 베트남인의 부모 등이 작성한 혼인동의서나 승낙서를 첨부한 혼인신고서가 제출되었다 하더라도 가족관계등록공무원은 그 혼인신고서를 수리할 수 없다.

6. 혼인 중의 부모·자녀관계와 부모·자녀 간의 법률관계

① 혼인 중의 부모·자녀관계의 성립은 자녀의 출생 당시 부부 중 한 쪽의 본국법에 따른다. 이 경우에 남편이 자녀의 출생 전에 사망한 때에는 남편의 사망 당시 본국법을 그의 본국법으로 본다(국제사법 제67조).

② 부모·자녀 간의 법률관계는 부모와 자녀의 본국법이 모두 동일한 경우에는 그 법에 따르고, 그 외의 경우에는 자녀의 일상거소지법에 따른다(국제사법 제72조).

제3절　국제이혼신고

1. 의 의

국제이혼이란 한국에서 한국인과 외국인 사이에 이루어지는 이혼, 한국에서 외국인 사이에 이루어지는 이혼, 그리고 외국에서 한국인 사이에 이루어지는 이혼, 외국에서 한국인과 외국인 사이에 이루어지는 이혼과 같이 외국적 요소가 있는 이혼을 말한다. 이혼제도에 관한 각국의 법률은 그 내용이 매우 다양하고 이혼을 관장하는 기관도 다양한데 이러한 국제이혼에 적용할 준거법에 대해서도 국제사법이 규정하고 있다.

2. 국제이혼의 준거법

(1) 준거법의 결정

> **이혼(국제사법 제66조)**
> 이혼에 관하여는 제64조를 준용한다. 다만, 부부 중 한 쪽이 대한민국에 일상거소가 있는 대한민국 국민인 경우 이혼은 대한민국 법에 따른다.

국제사법은 이혼의 준거법에 관하여 혼인의 일반적 효력의 준거법 규정을 준용하여 단계적 연결방법을 취하고 있다. 이에 따라 우선 1단계로 부부의 동일한 본국법에 의하고, 2단계로 부부의 동일한 일상거소지법으로 하고 있으며, 3단계로 부부와 가장 밀접한 관련이 있는 곳의 법을 준거법으로 하고 있다. 다만, 부부 중 일방이 대한민국에 일상거소가 있는 대한민국 국민인 경우에는 이혼은 대한민국 법에 의한다고 규정하여 내국인 보호조항을 두고 있다.

(2) 준거법의 적용범위

이혼에 관한 모든 문제에는 원칙적으로 혼인의 일반적 효력의 준거법에 의하는바, 이혼의 허용여부, 이혼의 방법(종류), 이혼의 효력 등이 이에 해당한다.

3. 협의상 국제이혼

(1) 준거법

① 이혼의 준거법 소속국에 협의이혼제도가 있는 경우와 이혼의 준거법 소속국이 재판상 이혼만을 인정하고 협의이혼을 인정하고 있지 않은 경우에도 국제사법 제22조의 외국법에 따른 대한민국 법의 적용에 의하여 한국법이 적용되는 경우에 협의이혼이 가능하다.

② 부부 중 일방이 대한민국에 일상거소가 있는 대한민국 국민인 경우에는 대한민국 법을 이혼의 준거법으로 규정하고 있으므로(국제사법 제66조 단서), 이 경우에도 한국법에 의하여 협의이혼신고를 할 수 있다.

(2) 협의이혼의 방식

① 이혼의 방식에 관하여는 국제사법에 특별한 규정이 없으므로 법률행위의 방식에 관한 일반원칙인 국제사법 제31조에 의하여 준거법에 정한 방식으로 이혼을 할 것이나, 행위지법의 방식에 의하여 이혼을 할 수도 있다(국제사법 제31조, 제66조).

② 한국인 부부가 일본국에서 일본방식에 의한 협의이혼신고를 하여 수리된 협의이혼에 관하여는 일본국 호적관서에서 2004.9.19.까지 수리된 경우에 한하여 그 이혼증서등본을 제출한 경우 이를 수리하여야 한다(가족관계등록예규 제613호 제24조). 이는 종전에는 협의상 이혼 시 우리나라 가정법원의 협의이혼의사확인을 방식의 문제로 보아 행위지인 일본국 방식에 의할 수 있었으나, 이를 실질적 성립요건의 문제로 취급하는 것으로 변경함에 기인한 것이다. 따라서 현재는 부부가 모두 한국인인 경우에는 부부의 동일한 본국법인 한국법이 준거법이 되므로 일본법의 방식에 의해 협의이혼을 하고 그 증서등본을 제출하는 경우에는 수리할 수 없다.

③ 외국에서 외국인과 한국인 사이에 협의이혼하여 일상거소지법에 따라 외국관공서에서 이혼신고하고 그 증서등본을 첨부하여 이혼신고를 할 수 있다(가족관계등록예규 제486호 2. 나. 참조).
④ 우리나라 남자와 중국인 여자가 중국에서 중국방식에 의하여 협의이혼을 하고 그 증서의 등본을 제출하여 호적관서에 이혼신고를 함에 있어 이혼증서에 중국 외교부 또는 각 성, 자치구 및 직할시의 외사판공실의 인증을 받지 않은 경우 그 이혼신고를 수리할 수 없다(호적선례 제200404-3호).

4. 재판상 국제이혼

(1) 우리나라 법원의 이혼판결에 의한 재판상 이혼

국제사법의 규정에 따라 우리나라 법원에 국제재판관할권이 인정되어 우리나라 법원에 의하여 이혼의 판결이 선고·확정된 경우에는 그 판결의 등본과 확정증명서를 첨부하여 가족관계등록법 제78조, 제58조의 규정에 따라 이혼신고를 하여야 한다.

(2) 외국법원의 이혼판결에 의한 재판상 이혼

① 외국법원의 이혼판결에 기한 이혼신고의 경우에는 그 외국판결이 민사소송법 제217조 소정의 조건을 구비하는 한 우리나라에서도 효력이 있으므로 국내법원에서 집행판결을 받을 필요는 없다(호적선례 제3-317호 2.).
② 외국판결에 의한 이혼신고는 우리나라 판결에 의한 이혼신고와 마찬가지로 가족관계등록법 제78조, 제58조에 따른 절차를 따르되 그 신고에는 그 판결의 정본 또는 등본과 판결 확정증명서, 패소한 피고가 소장 또는 이에 준하는 서면 및 기일통지서나 명령을 적법한 방식에 따라 방어에 필요한 시간여유를 두고 송달받았거나(공시송달이나 이와 비슷한 송달에 의한 경우를 제외한다) 송달받지 아니하였더라도 소송에 응한 서면(판결의 정본 또는 등본에 의하여 이점이 명백하지 아니한 경우에 한한다) 및 위 각 서류의 번역문을 첨부하여야 한다. 다만, 외국(예 호주)법원의 정본 또는 등본과 그 확정증명서를 갈음하여 이혼증명서를 발급한 경우에는 그 증명서를 첨부할 수 있다(가족관계등록예규 제419호 2.).
③ 외국에 거주하고 있는 한국인이 외국 법원의 확정판결을 받아 재판상 이혼신고를 하는 경우 그 거주지 나라 방식에 의해 신고한 사실을 증명하는 서면으로는 가족관계등록신고서에 첨부하여야 할 확정판결과 집행판결을 갈음할 수 없다[가족관계등록예규 제486호 2. 다. (4)].

5. 외국법원의 이혼무효판결

우리나라에서 집행판결이 면제되는 외국법원의 판결은 민사소송법 제217조의 요건을 구비하고 있는 이혼판결에 한정되므로, 외국법원에서 이혼무효판결을 받은 경우에는 다시 국내 법원의 집행판결을 받아야만 호적신고를 할 수 있다(호적선례 제200109-4호 1.).

제4절 국제인지신고

1. 의의

국제인지란 한국에서 한국인과 외국인 사이에 이루어지는 인지, 한국에서 외국인 사이에 이루어지는 인지, 그리고 외국에서 한국인 사이에 이루어지는 인지, 외국에서 한국인과 외국인 사이에 이루어지는 인지와 같이 외국적 요소가 있는 인지를 말한다. 이러한 국제인지에 적용할 준거법에 대해서도 국제사법이 이를 규정하고 있다.

2. 국제인지의 요건

(1) 실질적 성립요건

① 혼인 외의 부모·자녀관계의 성립은 자녀의 출생 당시 어머니의 본국법에 따른다. 다만, 아버지와 자녀 간의 관계의 성립은 자녀의 출생 당시 아버지의 본국법 또는 현재 자녀의 일상거소지법에 따를 수 있다. 이 경우 아버지가 자녀의 출생 전에 사망한 때에는 사망 당시 본국법을 그의 본국법으로 본다(국제사법 제68조 제1항, 제3항).

② 인지는 인지 당시 인지자의 본국법에 따를 수도 있다. 이 경우 인지자가 인지 전에 사망한 때에는 사망 당시 본국법을 그의 본국법으로 본다(국제사법 제68조 제2항, 제3항).

③ 인지에 의한 부모·자녀관계의의 성립에 관하여 자녀의 본국법이 자녀 또는 제3자의 승낙이나 동의 등을 요건으로 할 때에는 그 요건도 갖추어야 하므로(국제사법 제71조), 이 경우 자녀의 본국법은 누적적으로 적용된다.

(2) 형식적 성립요건

인지의 방식에 관하여는 국제사법에 특별한 규정이 없으므로 법률행위의 방식에 관한 일반원칙인 국제사법 제31조에 의하여 인지행위의 준거법에 정한 방식으로 인지를 할 것이나, 행위지법의 방식에 의하여 인지를 할 수도 있다(국제사법 제31조, 제68조).

3. 국제인지의 사무처리

(1) 한국인이 외국인을 인지한 경우

대한민국 국민인 부 또는 모가 외국인을 인지하는 경우 피인지자는 인지신고에 의하여 대한민국의 국적을 취득하는 것이 아니므로 인지자의 일반등록사항란에 인지사유와 피인지자의 성명 및 출생연월일을 기록하여 두었다가 나중에 국적취득통보(피인지자가 미성년자인 경우) 또는 귀화허가통보(피인지자가 성년자인 경우)가 있을 때에 피인지자의 가족관계등록부를 작성하여야 한다(가족관계등록예규 제430호 1.).

(2) 한국인 모와 외국인 부 사이에 출생한 혼인 외 자에 대한 인지 및 부모의 혼인에 따른 가족관계등록사무 처리

> **가족관계등록예규 제592호[한국인 모와 외국인 부 사이에 출생한 혼인 외 자에 대한 인지 및 부모의 혼인에 따른 가족관계등록사무 처리지침]**
>
> 한국인 모와 외국인 부 사이에 출생한 혼인 외 자는 한국의 국적을 취득(「국적법」 제2조 제1항 제1호)한 자녀이므로 혼인 외 자에 대한 출생신고의무자인 생모의 출생신고에 의하여 그 자녀의 가족관계등록부를 작성하고, 그 후 외국인인 부가 인지한 경우의 가족관계등록사무처리 절차는 아래와 같다.
> 1. 인지의 방식
>   외국인 부는 인지의 준거법이 될 수 있는 사람의 출생 당시 모의 본국법(한국법), 자녀의 출생 당시 부의 본국법, 현재 자녀의 상거소지법, 인지 당시 인지자(부)의 본국법 중 하나를 해당 인지행위의 준거법으로 선택하여 그 나라의 방식으로 인지를 할 것이나「국제사법」제31조 제1항, 제68조, 제71조), 인지행위지법의 방식에 의하여 인지를 할 수도 있다(같은 법 제31조 제2항).
> 2. 인지신고의 절차
>   가. 한국법의 방식에 의한 인지절차
>   외국인 부는 ① 해당 인지행위의 준거법으로 선택한 법과 인지당사자와의 관련을 증명하는 서면(예 자녀의 가족관계증명서와 기본증명서 또는 현재 자녀의 상거소지를 증명하는 주민등록등본 등), ② 그 준거법소속국의 권한 있는 기관이 발행한 인지의 성립요건구비증명서, ③ 부의 국적 등 신분을 증명하는 서면을 첨부하여「가족관계의 등록 등에 관한 법률」에 따라 인지신고를 하여야 한다. 이때 인지신고서「가족관계등록사무의 문서 양식에 관한 예규」별지 양식 제2호 기타사항란에 그 인지의 준거법소속국명, 준거법과의 관련사유를 기재하여야 한다(예 준거법-한국, 자녀의 출생 당시 모의 본국법). 그러나 인지의 준거법으로 한국법을 선택한 경우에는 위 인지의 성립요건구비증명서를 따로 첨부할 필요가 없다.
>   나. 외국법의 방식에 의한 인지절차
>   외국인 부가 인지행위지법 또는 인지의 준거법인 외국법이 정한 방식에 따라 인지절차를 마친 때에는 그 나라의 권한 있는 기관이 발행한 인지에 관한 증서와 번역문을 시(구)·읍·면에 제출하여야 한다.
> 3. 국적상실신고에 따른 가족관계등록사무처리 절차
>   피인지자가 외국의 국적을 취득하고 우리나라의 국적상실 신고를 하거나 국적상실통보가 있는 때에는 피인지자의 가족관계등록부를 폐쇄한다.
> 4. 유의사항
>   혼인 외 자의 생모와 외국인 부가 후에 혼인을 하더라도 그것만으로는 외국인 부와 혼인 외 자 사이에 친자관계가 발생하는 것은 아니다.
>
> (주(註)) : 종전에는 외국인 부가 가족관계등록법 제57조에 따른 출생신고를 할 수 없다고 하였으나 현재는 이 내용을 삭제하여 외국인 부와 한국인 모 사이에 출생한 혼인 외 자에 대하여 외국인 부는 가족관계등록법 제57조에 따른 친생자녀로서 출생신고를 할 수도 있게 되었다.)

제5절 국제입양신고

1. 의 의

국제입양이란 한국에서 한국인과 외국인 사이에 이루어지는 입양, 한국에서 외국인 사이에 이루어지는 입양, 그리고 외국에서 한국인 사이에 이루어지는 입양, 외국에서 한국인과 외국인 사이에 이루어지는 입양과 같이 외국적 요소가 있는 입양을 말한다. 이러한 국제입양에 적용할 준거법에 대해서도 국제사법이 이를 규정하고 있다.

2. 국제입양의 요건

(1) 실질적 성립요건

국제입양에서 입양 및 파양은 입양 당시 양부모의 본국법에 의한다(국제사법 제70조). 다만 입양에 의한 부모·자녀관계의 성립에 관하여 자녀의 본국법이 자녀 또는 제3자의 승낙이나 동의 등을 요건으로 할 때에는 그 요건도 갖추어야 하므로(국제사법 제71조), 이 경우 자녀의 본국법은 누적적으로 적용된다.

(2) 형식적 성립요건

입양의 방식에 관하여는 국제사법에 특별한 규정이 없으므로 법률행위의 방식에 관한 일반원칙인 국제사법 제31조에 의하여 입양행위의 준거법에 정한 방식으로 입양을 할 것이나, 행위지법의 방식에 의하여 인지를 할 수도 있다(국제사법 제31조, 제70조).

3. 국제입양의 구체적인 성립절차

(1) 한국에서 한국인과 외국인 사이의 입양

① 한국에서 한국인 양친과 외국인 양자 사이에 이루어지는 입양의 경우 입양의 실질적 성립요건은 양친의 본국법인 한국법에 따르고 방식은 양친의 본국법이나 행위지법이 모두 한국법이기 때문에 가족관계등록법의 규정에 따라 입양신고를 하여야 한다.
② 한국에서 외국인 양친과 한국인 양자 사이에 이루어지는 입양의 경우 입양의 실질적 성립요건은 외국인의 본국법에 따르므로 그 외국법에 의한 요건구비를 증명해야 하고 방식은 행위지법인 한국의 가족관계등록법에 따라 입양신고를 할 수 있다.

(2) 한국에서 외국인 사이의 입양

① 한국에 거주하는 외국인 사이에 이루어지는 입양도 행위지법인 한국법이 정하는 방식에 따라 입양신고를 할 수 있다.
② 이때 입양신고서에 입양성립요건구비증명서 등을 첨부해야 하며 외국인 사이의 입양신고는 등록부에 기록을 요하지 아니하는 신고이므로 특종신고서류편철장에 편철하여 보존한다(가족관계등록규칙 제69조 제1항).

(3) 외국에서 한국인 사이의 입양

① 입양의 실질적 성립요건은 한국법을 따르므로 한국법에 의한 입양의 요건 구비여부를 심사해야 하고 방식은 양친의 본국법인 한국법이 정한 방식에 의하거나 행위지법인 외국법의 방식에 의할 수 있다.

② 외국에서 한국인 사이에 행위지인 그 나라의 방식에 따라 입양을 하고 입양증서를 작성한 경우에는 3개월 이내에 그 지역을 관할하는 재외공관의 장에게 그 증서의 등본을 제출하여야 하나(가족관계등록법 제35조 제1항), 입양당사자인 한국인의 등록기준지 시(구)·읍·면의 장 또는 가족관계등록관에게 우편의 방법을 이용하거나 귀국하여 직접 제출할 수도 있다(가족관계등록예규 제486호 2. 나.).

③ 외국에서 한국인 사이에 가족관계등록법이 정하는 바에 의해 입양을 하는 경우에는 그 지역을 관할하는 재외공관의 장에게 입양신고를 할 수 있고(가족관계등록법 제34조), 입양당사자인 한국인의 등록기준지 시(구)·읍·면의 장 또는 가족관계등록관에게 우편의 방법을 이용하거나 귀국하여 직접 제출하는 방법으로 입양신고를 할 수도 있다(가족관계등록예규 제486호 2. 가.).

(4) 외국에서 한국인과 외국인 사이의 입양

① 외국에서 한국인 양친과 외국인 양자 사이에 이루어지는 입양의 경우 입양의 방식은 양친의 본국법인 한국법의 규정에 따라 입양신고를 할 수도 있고, 행위지법인 외국법이 정한 방식에 따라 입양절차를 취할 수도 있다.

② 외국에서 외국인 양친과 한국인 양자 사이에 이루어지는 입양의 경우 입양의 실질적 성립요건과 방식의 준거법은 모두 외국법이 된다.

4. 국제입양의 효력과 국적의 취득과 상실

(1) 국제입양의 효력의 준거법

입양의 효력도 입양의 요건과 마찬가지로 양부모의 본국법에 따른다(국제사법 제70조).

(2) 국적의 취득과 상실

1) 국적의 취득(양자가 외국인인 경우)

대한민국 국민이 외국인을 입양하는 경우 양자는 입양신고에 의하여 대한민국의 국적을 취득하는 것이 아니므로 양친의 일반등록사항란에 입양사유와 양자의 성명 및 출생연월일을 기록하여 두었다가 나중에 귀화허가통보가 있을 때에 양자의 가족관계등록부를 작성한다(가족관계등록예규 제430호 2.).

2) 국적의 상실(양자가 한국인인 경우)

① 한국인이 외국인에게 입양되었다고 곧바로 한국 국적을 상실하는 것은 아니다.

② 외국인에게 입양됨으로써 곧바로 그 외국인의 본국법에 따라 자동으로 외국 국적을 취득하게 된 한국인은 그 외국 국적을 취득한 때부터 6개월 내에 법무부장관에게 대한민국 국적을 보유할 의사가 있다는 뜻을 신고하지 아니하면 그 외국 국적을 취득한 때로 소급(遡及)하여 대한민국 국적을 상실한다(국적법 제15조 제2항 제2호).

③ 이와 달리 외국인에게 입양된 사실 자체로 그 외국 국적을 취득하게 된 것이 아니라 그 후에 별도로 귀화절차를 거쳐서 외국 국적을 취득하게 된 경우에는 그 외국 국적을 취득한 때에 자동으로 한국 국적을 상실한다(국적법 제15조 제1항).

(3) 한국인이 외국인에게 입양·파양될 경우의 사무처리

> **가족관계등록예규 제593호[한국인이 외국인에게 입양·파양될 경우의 사무처리지침]**
>
> 2. 한국인이 외국인에게 입양되었을 경우 가족관계등록부 폐쇄 여부
>   한국인이 외국인의 양자가 되었다 하더라도 그 국적을 취득할 때까지는 우리나라의 국적을 상실하는 것이 아니므로 가족관계등록부를 폐쇄해서는 안 되고, 입양사유만을 기록하여야 한다.
> 3. 한국인이 외국인에게 입양되었을 경우 그 성과 본의 변경 가능 여부
>   가. 한국인이 외국인에게 입양되었다 하여 양자의 가족관계등록부상 성과 본이 변경되는 것은 아니다. 다만 「민법」 제908조의3에 따른 친양자입양의 경우에는 성과 본의 변경이 가능할 것이며, 이름은 법원의 허가를 받아 외국식 이름으로도 개명할 수 있다.
>   나. 양친에 관한 사항은 양자의 가족관계등록부 일반등록사항란에 입양사항과 양친의 국적 및 성명이, 특정등록사항란에는 양친의 성명, 출생연월일 및 성별이 기록된다.
> 4. 외국인에게 입양된 사람이 파양된 경우의 신고절차
>   가. 한국인이 외국인의 양자가 되어 외국국적을 취득한 후라면 양자는 우리나라의 국적을 상실(「국적법」 제15조 제2항 제2호)한 것이므로 파양하더라도 우리나라 가족관계등록부에는 파양의 기록을 할 것이 아니라 국적회복의 절차를 취해야 될 것이다.
>   나. 그러나 외국국적 취득 전이라면 파양신고는 외국당국에서 발행한 외국국적취득 전이라는 증명서와 외국 법에 의하여 파양이 허용되는 증명서(「국제사법」 제70조)를 첨부하여 신고하여야 한다.

국제가족관계등록사무 각론

제1절 국제출생신고

01 국제출생신고와 관련한 다음 설명 중 가장 옳지 않은 것은? 2019년

① 외국인 부와 한국인 모 사이에 출생한 혼인 외의 자녀는 그 외국인 부가 인지하기 전에는 외국인 부의 성을 아는 경우라도 외국인 부의 성을 따라 가족관계등록부에 기록을 할 수 없다.
② 외국에 거주하는 한국인이 외국 관공서 등으로부터 교부받은 증서의 등본을 출생증명서에 갈음하여 출생신고서에 첨부하는 경우 그 사본을 첨부하고 원본의 환부를 청구할 수 있다.
③ 외국인 부와 한국인 모 사이에 출생한 혼인 외의 자녀에 대하여 모가 출생신고한 후 한국인 모와 외국인 부가 혼인을 하더라도 그것만으로는 외국인 부와 혼인 외의 자녀 사이에 친자관계가 발생하는 것은 아니다.
④ 외국인 부와 한국인 모 사이에 출생한 혼인 중의 자녀가 외국인 부의 성을 따라 외국식 이름으로 기록된 후에 한국인 모의 성과 한국식 이름으로 변경하려면 성·본변경절차와 개명절차를 거쳐야 한다.
⑤ 외국인 부와 한국인 모 사이에 출생한 혼인 중의 자녀는 한국인 모의 성과 본을 따를 수 있다.

[❶ ▶ ○] [❺ ▶ ○] 가족관계등록예규 제616호 제11조 제2항·제3항

> **가족관계등록예규 제616호[자녀의 성과 본에 관한 가족관계등록사무 처리지침]**
> 제11조(부가 외국인인 경우)
> ① 혼인 외 출생자의 부가 외국인이고 모가 대한민국 국민인 경우, 그 자녀는 모의 성과 본을 따른다.
> ② 제1항의 대한민국 국민인 모의 혼인 외의 자는 대한민국 국민이므로 그 모가 부라고 인정하는 사람이 외국인인 경우, <u>그 부가 인지하기 전에는 외국인의 성을 따르게 하여 가족관계등록부에 기록을 하게 할 수는 없고 모의 성과 본을 따라 기록하여야 한다.</u>
> ③ 혼인 중 출생자의 부가 외국인이고 모가 대한민국 국민인 경우, 제2조 제1항에도 불구하고 제3조에 따르지 아니하고, 민법 제781조 제2항에 따라 <u>그 자녀는 모의 성과 본을 따를 수 있다.</u>

[❷ ▸ ×] 가족관계의 등록 등에 관한 법률과 가족관계의 등록 등에 관한 규칙은 사본 첨부를 허용하는 명시적인 규정을 두고 있지 않으며, 가족관계등록예규 제283호 5.[현 제610호 4.(註)]는 출생신고서에 출생증명서의 사본을 첨부하여도 되는 경우를 '출생증명서를 의사나 조산사가 작성한 경우'로 한정하여 규정하고 있으므로, 외국 관공서 등으로부터 교부받은 증서의 등본을 첨부하여 가족관계등록관서에 출생신고를 하는 경우, 그 사본을 첨부하고 원본의 환부를 청구할 수 없다(가족관계등록선례 제201102-1호).

[❸ ▸ ○] 가족관계등록예규 제592호 4.

> **가족관계등록예규 제592호[한국인 모와 외국인 부 사이에 출생한 혼인 외 자에 대한 인지 및 부모의 혼인에 따른 가족관계등록사무 처리지침]**
> 한국인 모와 외국인 부 사이에 출생한 혼인 외 자는 한국의 국적을 취득(국적법 제2조 제1항 제1호)한 자녀이므로 혼인 외 자에 대한 출생신고의무자인 생모의 출생신고에 의하여 그 자녀의 가족관계등록부를 작성하고, 그 후 외국인인 부가 인지한 경우의 가족관계등록사무처리 절차는 아래와 같다.
> 　4. 유의사항
> 　　혼인 외 자의 생모와 외국인 부가 후에 혼인을 하더라도 그것만으로는 외국인 부와 혼인 외 자 사이에 친자관계가 발생하는 것은 아니다.

[❹ ▸ ○] 외국인 부의 성을 따라 외국식 이름으로 기록된 가족관계등록부를 후에 한국인 모의 성과 한국식 이름으로 변경하기 위해서는, 성·본변경절차와 개명절차를 거쳐야 하고, 추후보완신고 또는 등록부의 정정절차를 통해서는 이를 할 수 없다(가족관계등록예규 제573호 4. 바).

답 ❷

제2절　국제혼인신고

제3절　국제이혼신고

제4절　국제인지신고

제5절　국제입양신고

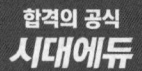

PART 04

등록부의 정정

제1장	총 설
제2장	직권에 의한 등록부 정정
제3장	신청에 의한 등록부 정정

총 설

제1절 서 설

1. 의 의

① 등록부의 정정이란 등록부의 기록이 법률상 허용될 수 없는 것(법률상 무효)이거나 착오나 누락이 있는 경우에 이를 진정한 신분관계와 일치되도록 바로잡는 것을 말한다.
② 등록부에 기록된 사항은 일응 진실하다는 추정을 받으므로 등록부에 진정한 신분관계와 맞지 않는 기록이 있다 하더라도 엄격한 법적 절차에 의해서만 등록부를 정정할 수 있다.

2. 등록부 정정의 대상과 사유

(1) 정정의 대상

1) 기록대상과 정정대상의 구별

등록부 정정은 등록부 기록을 전제로 하며, 가족관계등록법은 기록절차와 정정절차를 구분하여 규정하고 있다. 따라서 기록절차에 의할 사항을 정정절차에 의하는 방법은 부적법하다. 예컨대 출생에 관한 사항을 등록부에 기록하기 위하여 출생신고를 하지 않고 등록부 정정신청을 하는 것은 부적법하다.

2) 정정대상의 범위

① 등록부 정정의 대상이 되는 것은 등록부상의 기록이든 폐쇄등록부상의 기록이든 불문하고, 가족관계등록부사항란, 특정등록사항란, 일반등록사항란의 기록이든 구별하지 않는다.
② 한번 정정된 등록부의 기록이라도 등록부 정정사유가 있으면 다시 정정대상이 된다. 왜냐하면 등록부 기록은 언제나 진정한 신분관계에 일치되어야 하기 때문이다.

③ 폐쇄된 가족관계등록부를 정정할 때에는 부활 없이 정정한다. 그러나 그 가족관계등록부가 위법한 것이어서 폐쇄된 경우에는 기록을 정정할 수 없다(가족관계등록예규 제304호 제1조).
④ 이중등록부나 위조된 등록부와 같이 그 전부가 법률상 허용되지 않는 등록부는 그 전부가 일체로서 폐쇄 대상이 될 뿐이고 그중 일부 기록이 독립된 정정대상으로 되지 못한다.

(2) 정정사유

1) 의 의

등록부의 정정(가족관계등록법 제18조)
① 등록부의 기록이 <u>법률상 무효인 것이거나</u> 그 기록에 <u>착오 또는 누락이 있음을 안 때</u>에는 시・읍・면의 장은 지체 없이 신고인 또는 신고사건의 본인에게 그 사실을 <u>통지</u>하여야 한다. 다만, 그 착오 또는 누락이 시・읍・면의 장의 잘못으로 인한 것인 때에는 그러하지 아니하다.
② 제1항 본문의 통지를 할 수 없을 때 또는 통지를 하였으나 정정신청을 하는 사람이 없는 때 또는 그 기록의 <u>착오 또는 누락이 시・읍・면의 장의 잘못으로 인한 것</u>인 때에는 시・읍・면의 장은 <u>감독법원의 허가를 받아</u> 직권으로 정정할 수 있다. 다만, <u>대법원규칙으로 정하는 경미한 사항인 경우</u>에는 시・읍・면의 장이 <u>직권으로 정정하고, 감독법원에 보고</u>하여야 한다.
③ 국가 또는 지방자치단체의 공무원이 그 직무상 등록부의 기록에 착오 또는 누락이 있음을 안 때에는 지체 없이 신고사건의 본인의 등록기준지의 시・읍・면의 장에게 통지하여야 한다. 이 경우 통지를 받은 시・읍・면의 장은 제1항 및 제2항에 따라 처리한다.

위법한 가족관계 등록기록의 정정(가족관계등록법 제104조)
① 등록부의 기록이 <u>법률상 허가될 수 없는 것 또는 그 기재에 착오나 누락이 있다고 인정한 때</u>에는 <u>이해관계인은 사건 본인의 등록기준지를 관할하는 가정법원의 허가를 받아 등록부의 정정</u>을 신청할 수 있다.

무효인 행위의 가족관계등록기록의 정정(가족관계등록법 제105조)
① 신고로 인하여 효력이 발생하는 행위에 관하여 등록부에 기록하였으나 그 <u>행위가 무효임이 명백한 때</u>에는 <u>신고인 또는 신고사건의 본인</u>은 사건 본인의 등록기준지를 관할하는 <u>가정법원의 허가를 받아 등록부의 정정을 신청</u>할 수 있다.

정정신청의 의무(가족관계등록법 제106조)
제104조 및 제105조에 따라 허가의 재판이 있었을 때에는 재판서의 등본을 받은 날부터 <u>1개월 이내</u>에 그 등본을 첨부하여 <u>등록부의 정정을 신청</u>하여야 한다.

판결에 의한 등록부의 정정(가족관계등록법 제107조)
<u>확정판결로 인하여 등록부를 정정</u>하여야 할 때에는 <u>소를 제기한 사람</u>은 판결확정일부터 <u>1개월</u> 이내에 판결의 등본 및 그 확정증명서를 첨부하여 <u>등록부의 정정을 신청</u>하여야 한다.

① 가족관계등록법 제18조는 '등록부의 기록이 법률상 무효인 것이거나 그 기록에 착오 또는 누락이 있는 경우'에 직권정정 사유로 규정하고 있고, 가족관계등록법 제104조는 '등록부의 기록이 법률상 허가될 수 없는 것 또는 그 기재에 착오나 누락이 있는 경우'를 이해관계인의 신청에 의한 정정사유로 규정하고 있으나, 위 사유는 서로 같은 의미이다. 왜냐하면 직권정정제도의 취지상 법률상 허가될 수 없는 등록부의 기록에 대하여도 직권정정할 수 있다고 보아야 하기 때문이다.

② 가족관계등록법 제105조의 '신고로 인하여 효력이 발생하는 행위에 관하여 등록부에 기록하였으나 그 행위가 무효임이 명백한 때'는 가족관계등록법 제104조의 '등록부의 기록이 법률상 허가될 수 없는 것'의 한 태양에 관하여 절차적인 특칙을 둔 것이다.

③ 가족관계등록법 제107조의 '확정판결로 인하여 등록부를 정정하여야 할 때'는 등록부 정정을 명하는 확정판결이 있는 경우가 아니라 등록부에 기록된 신분행위와 관련하여 확정판결이 이루어지고 이에 따라 등록부 기록을 정정할 사유가 있는 경우에 관한 절차적인 특칙(비송결정의 배제 및 제소자의 정정신청의무)을 둔 것으로 별도의 등록부 정정을 인정한 것으로 볼 필요는 없다.

2) 정정사유의 존재시기

① 정정사유는 기록 당시에 처음부터 존재해야 하고 정정할 당시에도 존재해야 한다.

② 등록부의 기록이 기록될 당시에 정정사유가 없었다면 이는 기록 당시의 진정한 신분관계에 부합함을 의미하므로 정정대상이 되지 못한다. 이혼의 취소는 소급효가 있으므로 이혼취소의 재판이 확정되면 이혼사유의 기록 당시에도 정정사유가 존재하는 것으로 되지만, 혼인의 취소는 장래에 대해서만 효력을 미치므로 혼인사유 기록에 대한 정정사유로 되지 못한다.

③ 등록부 정정사유는 정정할 당시에도 존재하는 것이어야 한다. 따라서 중혼은 민법 시행 전에는 무효사유였으나 민법 시행 후에는 취소사유로 변경되었으므로 민법 시행 전에 이루어진 중혼이라도 법원의 재판을 받지 않는 한 등록부의 기록을 정정할 수 없다. 또한 무효인 혼인신고나 입양신고에 기하여 등록부의 기록이 이루어진 후 추인되었다고 보아야 할 경우에는 등록부 기록 당시에 존재하던 정정사유는 추인에 의하여 소멸된다고 보아야 할 것이므로 그 기록을 정정할 수 없다.

제2절 등록부 정정의 종류

1. 직권절차와 신청에 의한 절차

(1) 직권정정절차

직권정정절차는 그 정정사항의 경중에 따라 대법원규칙이 정하는 경미한 사항에 관하여 감독법원의 허가 없이 정정하는 간이직권정정절차(가족관계등록법 제18조 제2항 단서, 가족관계등록규칙 제60조 제2항)와 그 밖의 사항에 관하여 감독법원의 허가를 얻어 정정하는 통상의 직권정정절차(가족관계등록법 제18조 제2항 본문)로 나뉜다.

(2) 신청에 의한 정정절차

1) 법원 허가에 의한 정정신청절차(가족관계등록법 제104조, 제105조)

법원 허가에 의한 정정절차는 이해관계인 등이 사건 본인의 등록기준지를 관할하는 가정법원의 허가를 받아 등록부의 정정을 신청하는데, 그 사유에 따라 '등록부의 기록이 법률상 허가될 수 없는 것 또는 그 기재에 착오나 누락이 있다고 인정한 때'에 관한 등록부 정정(가족관계등록법 제104조)과 '신고로 인하여 효력이 발생하는 행위에 관하여 등록부에 기록하였으나 그 행위가 무효임이 명백한 때'에 관한 등록부 정정(가족관계등록법 제105조)으로 구분된다. 이 경우에 가정법원의 허가는 감독법원의 허가와는 달리 비송사건절차에 의한 재판으로서 결정의 형식으로 이루어진다(가족관계등록규칙 제87조 제1항 제4호).

2) 판결에 의한 정정신청절차(가족관계등록법 제107조)

판결에 의한 정정신청절차는 신분사항에 관하여 확정판결을 받은 이해관계인이 등록부의 정정을 신청한다.

2. 등록부 정정절차 상호 간의 관계

(1) 가족관계등록법 제18조의 직권정정과 가족관계등록법 제104조의 정정신청

① 양자는 그 정정사유는 같지만, 전자의 법원의 허가는 사법행정상의 감독권에 의한 것이고 후자의 법원의 허가는 재판작용에 의한 것이다.

② 가족관계등록법 제18조와 동법 제104조의 정정사유는 그 절차가 간이함에 비추어 정정할 사항이 경미한 경우에 한하는 것이고, 정정할 사항이 친족법상 또는 상속법상 중대한 영향을 미치는 사항이라면 동법 제107조의 확정판결에 의해서만 정정할 수 있으며, 혼인 등 신고로 인하여 효력이 발생하는 행위는 가족관계등록부에 기록한 후에 실체상의 흠결이 있음을 발견하여도 동법 제18조 제1항 및 제2항의 절차에 따라 이를 직권으로 정정할 수 없음이 원칙이다(가족관계등록선례 제200904-1호).

(2) 가족관계등록법 제104조의 정정신청과 가족관계등록법 제105조의 정정신청

① 가족관계등록법 제105조의 정정사유는 가족관계등록법 제104조의 정정사항의 한 태양에 불과하다.

② 가족관계등록법 제105조의 정정신청은 등록부 정정신청을 할 수 있는 사람이 신고인 또는 신고사건의 본인으로 한정되나, 가족관계등록법 제104조의 정정신청은 이해관계인도 가능하다.

③ 양자 모두 법원의 허가에 의한 정정신청이지만, 가족관계등록법 제104조에 의한 정정신청은 친족상속법상 중대한 영향을 미치지 않는 사항에 한하여 허용되나, 가족관계등록법 제105조에 의한 정정신청은 친족상속법상 중대한 영향을 미치는 창설적 신고사항이라 하여도 그 무효임이 명백하면 법원의 허가를 받아 정정신청 가능하다.

(3) 가족관계등록법 제104조의 정정신청과 가족관계등록법 제107조의 정정신청

양자는 정정사항을 따로 규정하고 있는 것이 아니라 그 등록부 정정사항의 중요도에 따라 절차의 엄격성의 정도에 차이를 둔 것이다. 이와 관련하여 양자의 구별을 가족관계등록예규 제423호에서 규정하고 있다.

가족관계등록예규 제423호[판결에 의한 가족관계등록부 정정과 법원의 허가에 의한 가족관계등록부 정정의 구별]

1. 판결에 의한 가족관계등록부 정정
   「가족관계의 등록 등에 관한 법률(이하 '법'이라 한다)」 제107조에 따른 가족관계등록부의 정정은 그 정정이 친족법 또는 상속법상 중대한 영향을 미치는 사유로서 가족관계를 확정하는 확정판결에 의한 정정을 말하는 것이고, 등록부 정정의 전제가 되는 그 판결은 가족관계등록부를 직접 어떻게 정정하라고 판시하는 것이 아니고, 「가사소송법」 제2조에 규정되어 있는 소송유형의 확정판결을 말한다.
   가. 친자관계를 부인하는 경우와 같이 정정할 사항이 친족법상 또는 상속법상 중대한 영향을 미칠만한 것은 확정판결에 의하지 아니하면 그 정정을 할 수 없다.
   나. 허위의 출생신고에 의하여 친생자녀인 것처럼 기록된 가족관계등록부의 기록을 말소하는 것은 법 제105조에 해당하지 아니하며 그 가족관계등록부의 기록을 말소하려면 친생부인의 소 판결 등에 의해야 한다.
2. 법원의 허가에 의한 가족관계등록부 정정
   「가사소송법」 제2조에 의하여 판결을 받을 수 없는 사항에 관한 가족관계등록부 기록의 정정은 법 제104조, 제105조에 따라 법원의 허가를 받아 정정을 신청할 수 있고, 이 경우 법 제104조, 제105조의 절차가 간이함에 비추어 정정할 사항이 경미한 경우에 한정된다.
   가. 사람이 사망하였는지의 여부나 사람이 사망한 일시를 확정하는 데 관하여는 직접적인 쟁송방법이 가사소송법은 물론 다른 법률이나 대법원규칙에도 정하여진 바가 없으므로, 이와 같은 사항에 관한 가족관계등록부 기록의 정정은 당연히 법 제104조에 따라 처리되어야 한다.
   나. 가족관계등록부에 처가 아닌 사람이 처로 착오 기록된 경우에 이와 같은 착오의 혼인은 원칙적으로 확정판결에 의할 것이나, 단순한 기록착오인 경우에는 법 제104조 및 제105조에 따라 정정허가의 재판을 받아 갑남과 을녀 사이의 혼인사항을 정정할 수 있다.
3. 판결에 의해서만 할 수 있는 가족관계등록부 기록의 정정을 법원의 가족관계등록부의 정정 허가만으로 정정한 경우에는 위법한 것으로서 그 정정의 효력이 발생하지 않는다.

---

(4) 가족관계등록법 제105조의 정정신청과 가족관계등록법 제107조의 정정신청

가족관계등록법 제107조에 따른 등록부 정정은 그 정정이 친족상속법상 중대한 영향을 미치는 사유로서 가족관계를 확정하는 확정판결에 의한 정정을 말한다. 그러나 그 무효가 명백하여 절대적이거나, 무효를 다투는 자가 없는 사항에 대해서까지 판결로 정정할 것을 고집할 필요는 없다. 따라서 신고로 인하여 효력이 발생하는 행위를 등록부에 기록한 후 그 행위가 무효임이 명백한 때에는 가족관계등록법 제105조의 규정에 따라 법원의 허가를 받아 등록부를 정정할 수 있다(대결 2009.10.8. 2009스64, 가족관계등록선례 제200906-3호 참조). 한편 창설적 신고에 의한 등록부 기록이 형사판결 등에 의해 그 무효임이 명백해졌고 당사자의 등록부 정정 신청을 기대할 수 없는 경우에는 예외적으로 가족관계등록법 제18조에 의해 직권정정을 할 수 있다(가족관계등록선례 제200904-1호, 호적선례 제5-203호 참조).

- 중국 국적의 조선족 여성과 혼인한 것으로 신고한 자가, 혼인할 의사가 전혀 없음에도 그 여성을 한국에 입국시킬 목적으로 혼인신고를 하여 공전자기록에 불실의 사실을 기재하게 하였다는 등의 범죄사실로 유죄판결을 받아 확정된 사안에서, 위 혼인은 혼인의사의 합치가 결여되어 무효임이 명백하므로 혼인무효판결을 받지 않았더라도 가족관계의 등록 등에 관한 법률 제105조에 따라 가정법원의 허가를 받아 가족관계등록부를 정정할 수 있다(대결 2009.10.8. 2009스64).
- 혼인신고를 하여 가족관계등록부에 혼인사유를 기록하였으나 그 혼인의 일방 당사자가 상대방 명의의 혼인신고서를 위조하여 일방적으로 혼인신고를 함으로써 공정증서원본등불실기재죄의 형사판결(약식명령)이 확정되었다면 그 혼인은 혼인의사의 합치가 결여되어 무효라 할 것인바, 이와 같이 혼인의 무효임이 확정된 형사판결(약식명령)에 의하여 명백한 때에는 굳이 혼인무효판결을 받을 필요 없이 형사판결 등 공증력 있는 자료를 소명자료로 하여「가족관계의 등록 등에 관한 법률」제105조에 의한 등록부 정정이 가능하다고 할 것이다(가족관계등록선례 제200906-3호).
- 혼인 등 신고로 인하여 효력이 발생하는 행위에 관하여 등록부에 기록하였으나 그 행위가 무효임이 명백한 때에는 동법 제105조에 의한 등록부 정정이 가능한바, 만일 혼인신고를 하여 등록부에 기록한 후 가장혼인으로 인한 공정증서원본불실기재죄의 형사판결이 확정되어 국가 공무원이 등록관서로 동법 제18조 제3항에 따른 통지를 한 경우라면 등록부 기록 후 혼인이 무효임이 확정된 형사판결에 의하여 명백해졌으므로 이러한 경우에는 굳이 혼인무효판결을 받을 필요 없이 형사판결 등 공증력 있는 자료를 소명자료로 하여 동법 제105조에 의한 등록부 정정이 가능하다고 할 것이고, 이때 신고인 또는 신고사건의 본인이 등록부 정정 신청을 하지 않는다면 공익적 견지에서「가족관계등록예규」제57호의 예외를 인정하여 등록관서는 동법 제18조 제1항 및 제2항의 절차에 따라 감독법원의 허가를 받아 직권으로 정정할 수 있을 것이다(가족관계등록선례 제200904-1호).

[등록부의 정정 비교]

구 분	판결에 의한 정정 (법 제107조)	비송결정에 의한 정정		직권정정	
		법 제104조	법 제105조	감독법원 허가 (법 제18조)	간이직권정정 (규칙 제60조)
사 유	친족상속법상 중대한 영향 (가사소송법 제2조)	친족상속법상 중대한 영향이 없는 그 외의 사유	창설적인 신고가 무효임이 명백한 경우	친족상속법상 중대한 영향이 없는 그 외의 사유 중 이해관계인의 심문 등이 필요 없는 경우	경미한 사유로 규칙(예규)에서 정한 간명한 사건
신청인	소제기자(신고의무자), 상대방	이해관계인	신고인, 본인	이해관계인	이해관계인
신청권	○	○		× (신청은 직권정정을 촉구하는 의미)	
심리절차	필요적 변론절차	임의적 심문절차		없 음	
절차의 성격	재판작용			사법행정상 감독권	

CHAPTER 01 총설

제1절 서설

제2절 등록부 정정의 종류

01 가족관계등록부 또는 제적부의 정정에 관한 다음 설명 중 가장 옳은 것은? 2025년

① 제적부를 정정할 때는 제적부를 부활한 후 정정한다.
② 혼인 등 신고로 인하여 효력이 발생하는 행위는 가족관계등록부에 기록한 후에 실체상의 흠결이 있음을 발견하여도 가족관계의 등록 등에 관한 법률 제18조 제2항에 따라 이를 정정할 수 없다.
③ 판결에 의해서만 할 수 있는 가족관계등록부의 정정을 가정법원의 허가를 받아 가족관계등록부를 정정한 경우에도 그 허가를 받은 이상 적법한 정정의 효력이 발생한다.
④ 가족관계등록부의 정정은 재판의 주문 및 이유에 나타난 사항에 한하여 허용된다.
⑤ 일반등록사항란의 기록을 정정하는 경우에는 정정할 부분에 하나의 선을 긋고, 해당 사항란에 정정내용과 그 사유를 기록한다.

[❶ ▸ ×] 제적부를 정정할 때는 제적부를 부활하지 않고 정정한다(가족관계등록규칙 제66조의2 제2항 전문).

[❷ ▸ ○] 「가족관계의 등록 등에 관한 법률」 제18조와 동법 제104조의 정정사유는 그 절차가 간이함에 비추어 정정할 사항이 경미한 경우에 한하는 것이고, 정정할 사항이 친족법상 또는 상속법상 중대한 영향을 미치는 사항이라면 동법 제107조의 확정판결에 의해서만 정정할 수 있으며, 혼인 등 신고로 인하여 효력이 발생하는 행위는 가족관계등록부에 기록한 후에 실체상의 흠결이 있음을 발견하여도 동법 제18조 제1항 및 제2항의 절차에 따라 이를 직권으로 정정할 수 없음이 원칙이다(가족관계등록선례 제200904-1호 가.).

[❸ ▸ ×] 판결에 의해서만 할 수 있는 가족관계등록부 기록의 정정을 법원의 가족관계등록부의 정정 허가만으로 정정한 경우에는 위법한 것으로서 그 정정의 효력이 발생하지 않는다(가족관계등록예규 제423호 3.).

[④ ▸ ×] 가족관계등록부의 정정은 직권정정절차와 신청에 의한 정정절차로 구분할 수 있다. 우선, 직권정정절차는 다시 감독법원의 허가 없이 정정하는 간이직권정정절차(가족관계등록법 제18조 제2항 단서, 가족관계등록규칙 제60조 제2항)와 감독법원의 허가를 얻어 정정하는 통상의 직권정정절차(가족관계등록법 제18조 제2항 본문)로 나뉜다. 다음으로 신청에 의한 정정절차는 법원 허가에 의한 정정신청절차(가족관계등록법 제104조, 제105조)와 판결에 의한 정정신청절차(가족관계등록법 제107조)로 구분할 수 있다. 이에 따라 가족관계등록부의 정정은 재판의 주문 및 이유에 나타난 사항에 한하여 허용된다는 것은 옳지 않다.
[⑤ ▸ ×] 일반등록사항란의 사건 자체를 말소하는 경우에는 그 기록사항 전체에 하나의 선을 긋고, 말소내용과 사유를 각 해당 사항란에 기록한다(가족관계등록규칙 제66조 제2항).

> **가족관계등록규칙 제66조(등록부의 정정방법)**
> ① 등록부의 기록사항을 정정하는 경우에는 정정할 부분에 새로운 사항을 기록하고, 정정내용과 사유를 가족관계등록부사항란이나 일반등록사항란에 기록한다.
> ② 가족관계등록부사항란이나 일반등록사항란의 사건 자체를 말소하는 경우에는 그 기록사항 전체에 하나의 선을 긋고, 말소내용과 사유를 각 해당 사항란에 기록한다.

답 ❷

02 가족관계등록 정정에 관한 다음 설명 중 가장 옳지 않은 것은?(다툼이 있는 경우 판례·예규 및 선례에 의함) 2017년

① 등록부의 기록이 법률상 무효인 것이거나 그 기록에 착오 또는 누락이 있음을 안 때에는 시·읍·면의 장은 지체 없이 신고인 또는 신고사건의 본인에게 그 사실을 통지하여야 한다. 다만, 그 착오 또는 누락이 시·읍·면의 장의 잘못으로 인한 것인 때에는 그러하지 아니하다.
② 신고로 인하여 효력이 발생하는 행위에 관하여 등록부에 기록하였으나 그 행위가 무효임이 명백한 때에는 신고인 또는 신고사건의 본인은 신고인의 등록기준지를 관할하는 가정법원의 허가를 받아 등록부의 정정을 신청할 수 있다.
③ 가족관계의 등록 등에 관한 법률 제104조 및 제105조에 따라 허가의 재판이 있었을 때에는 재판서의 등본을 받은 날부터 1개월 이내에 그 등본을 첨부하여 등록부의 정정을 신청하여야 한다.
④ 등록부의 정정 사항이 친족법상 또는 상속법상 중대한 영향을 미치는 사항인 경우에는 가족관계의 등록 등에 관한 법률 제107조에 따라 확정판결에 의하여 정정하여야 하는 것이 원칙이다.
⑤ 확정판결로 인하여 등록부를 정정하여야 할 때에는 소를 제기한 사람은 판결확정일부터 1개월 이내에 판결의 등본 및 그 확정증명서를 첨부하여 등록부의 정정을 신청하여야 한다.

[❶ ▶ O] 등록부의 기록이 법률상 무효인 것이거나 그 기록에 착오 또는 누락이 있음을 안 때에는 시·읍·면의 장은 지체 없이 신고인 또는 신고사건의 본인에게 그 사실을 통지하여야 한다. 다만, 그 착오 또는 누락이 시·읍·면의 장의 잘못으로 인한 것인 때에는 그러하지 아니하다(가족관계등록법 제18조 제1항).

[❷ ▶ ×] 신고로 인하여 효력이 발생하는 행위에 관하여 등록부에 기록하였으나 그 행위가 무효임이 명백한 때에는 신고인 또는 신고사건의 본인은 사건 본인의 등록기준지를 관할하는 가정법원의 허가를 받아 등록부의 정정을 신청할 수 있다(가족관계등록법 제105조 제1항).

[❸ ▶ O] 제104조 및 제105조에 따라 허가의 재판이 있었을 때에는 재판서의 등본을 받은 날부터 1개월 이내에 그 등본을 첨부하여 등록부의 정정을 신청하여야 한다(가족관계등록법 제106조).

[❹ ▶ O] 가족관계등록예규 제423호 1.

> **가족관계등록예규 제423호[판결에 의한 가족관계등록부 정정과 법원의 허가에 의한 가족관계등록부 정정의 구별]**
>
> 1. 판결에 의한 가족관계등록부 정정 : 가족관계의 등록 등에 관한 법률(이하 '법'이라 한다) 제107조에 따른 가족관계등록부의 정정은 그 정정이 친족법 또는 상속법상 중대한 영향을 미치는 사유로서 가족관계를 확정하는 확정판결에 의한 정정을 말하는 것이고, 등록부 정정의 전제가 되는 그 판결은 가족관계등록부를 직접 어떻게 정정하라고 판시하는 것이 아니고, 가사소송법 제2조에 규정되어 있는 소송유형의 확정판결을 말한다.
>   가. 친자관계를 부인하는 경우와 같이 정정할 사항이 친족법상 또는 상속법상 중대한 영향을 미칠만 한 것은 확정판결에 의하지 아니하면 그 정정을 할 수 없다.
>   나. 허위의 출생신고에 의하여 친생자녀인 것처럼 기록된 가족관계등록부의 기록을 말소하는 것은 법 제105조에 해당하지 아니하며 그 가족관계등록부의 기록을 말소하려면 친생부인의 소 판결 등에 의해야 한다.

[❺ ▶ O] 확정판결로 인하여 등록부를 정정하여야 할 때에는 소를 제기한 사람은 판결확정일부터 1개월 이내에 판결의 등본 및 그 확정증명서를 첨부하여 등록부의 정정을 신청하여야 한다(가족관계등록법 제107조).

답 ❷

CHAPTER 02 직권에 의한 등록부 정정

제1절 서 설

1. 의 의

직권에 의한 등록부 정정이란 등록부의 기록이 법률상 무효인 것이거나 그 기록에 착오 또는 누락이 있음을 안 경우에 시(구)·읍·면의 장이 ① 신고인 또는 신고사건 본인에게 그 사실을 통지하였음에도 정정신청을 하는 자가 없는 때, ② 신고인 또는 신고사건 본인에게 그 사실을 통지할 수 없는 때, ③ 그 착오 또는 누락이 시·읍·면의 장의 잘못으로 인한 것인 때 직권으로 등록부 기록을 정정하는 것을 말한다(가족관계등록법 제18조).

2. 직권정정의 종류와 범위

(1) 직권정정의 종류

직권에 의한 등록부 정정은 감독법원의 허가를 받아서 정정하는 경우와 대법원규칙으로 정하는 경미한 사항인 경우 감독법원의 허가를 받을 필요가 없는 간이직권정정이 있다.

(2) 직권정정의 범위(한계)

1) 신고의 잘못으로 생긴 정정사유에 관한 직권정정

① 정정사유가 시(구)·읍·면의 장의 잘못에 기인하지 않은 경우에도 직권정정이 허용되지만 이는 보충적인 절차로서, 신고인 또는 신고사건의 본인에 대한 통지를 할 수 없거나, 통지절차를 선행하였으나 정정신청을 하는 사람이 없는 때에 인정된다.

② 이러한 보충적인 직권정정을 하는 경우에는 가족관계등록법 제104조, 제105조에 의한 정정신청을 하지 않는 경우에만 직권정정을 할 수 있을 뿐이고, 가족관계등록법 제107조에 따라 확정판결에 의하여서만 정정신청할 수 있는 경우에는 직권정정을 할 수 없다.

2) 시(구)·읍·면의 장의 착오로 생긴 정정사유에 관한 직권정정

① 시(구)·읍·면의 장의 착오로 정정사유가 발생하였음을 스스로 인정하고 정정하는 것으로 그 착오가 명백하지 않은 경우에는 직권정정이 불가하다.

② 시(구)·읍·면의 장의 착오로 인하여 정정사유가 발생한 경우, 신분관계에 중대한 영향을 미치더라도 등록부의 기록이 위법하거나 사실에 반하는 것이 등록부상 명백하거나 신고서 기타의 등록관계서류와 대비하여 명백할 때는 직권정정이 가능하다.

제2절 간이직권정정

1. 의 의

시(구)·읍·면의 장은 대법원규칙으로 정한 경미한 사항에 대하여 감독법원의 허가 없이 직권으로 정정하고 감독법원에 보고하여야 한다(가족관계등록법 제18조 제2항 단서).

2. 가족관계등록규칙에 의한 간이직권정정사항

> **등록부의 정정(가족관계등록규칙 제60조)**
> ② 시·읍·면의 장이 법 제18조 제2항 단서에 따라 감독법원의 허가 없이 직권으로 정정 또는 기록할 수 있는 사항은 다음 각 호와 같다.
> 1. 등록부의 기록이 오기되었거나 누락되었음이 법 시행 전의 호적(제적)이나 그 등본에 의하여 명백한 때
> 2. 제54조 또는 제55조에 의한 기록이 누락되었음이 신고서류 등에 의하여 명백한 때
>
> > **배우자의 가족관계등록사항 등의 변동사유(가족관계등록규칙 제54조)**
> > 한 쪽 배우자에 대하여 다음의 신고가 있는 때에는 다른 배우자의 등록부에도 그 취지를 기록하여야 한다.
> >   1. 사망, 실종선고·부재선고 및 그 취소
> >   2. 국적취득과 그 상실
> >   3. 성명의 정정 또는 개명
> >
> > **자녀의 등록사항 등(가족관계등록규칙 제55조)**
> > ① 혼인 중의 출생자에 대한 출생신고 또는 인지의 효력이 있는 출생신고가 있는 때에는 법 제44조 제2항의 신고서 기재내용에 따라 출생자에 대한 등록부를 작성하되, 특정등록사항란에 그 부모 또는 인지한 부의 성명을 기록하고 그 부모 또는 인지한 부의 등록부에는 특정등록사항란에 그 출생자의 성명 등을 기록하여야 한다.
> > ② 혼인 외의 출생자가 혼인 중의 출생자로 된 때 또는 부모의 혼인이 무효로 된 때에는 자녀의 등록부 일반등록사항란에 그 사유를 기록하여야 한다.
> > ③ 시·읍·면의 장은 부 또는 모의 성과 본이 정정되거나 변경된 경우 그 부 또는 모의 성을 따르는 자녀의 성과 본을 직권으로 정정 또는 변경기록하고 그 사유를 등록부에 기록하여야 한다.
>
> 3. 한 쪽 배우자의 등록부에 혼인 또는 이혼의 기록이 있으나 다른 배우자의 등록부에는 혼인 또는 이혼의 기록이 누락된 때
> 4. 부 또는 모의 본이 정정되거나 변경되었음이 등록사항별 증명서에 의하여 명백함에도 그 자녀의 본란이 정정되거나 변경되지 아니한 때
> 5. 신고서류에 의하여 이루어진 등록부의 기록에 오기나 누락된 부분이 있음이 해당 신고서류에 비추어 명백한 때
> 6. 그 밖의 정정 또는 기록할 사유가 있음이 명백하여 대법원예규로 정한 경우

이외에도 가족관계등록규칙에 의한 간이직권정정사항에는 동일한 사건에 수 개의 신고가 수리되었으나 뒤에 수리된 신고에 따라 등록부에 기록한 때에는 먼저 수리된 신고에 맞추어 등록부의 기록을 정정하는 경우가 있다(가족관계등록규칙 제57조 제2항).

3. 가족관계등록예규에 의한 간이직권정정사항

① 외국의 국호와 지명에 관한 등록부의 기록이 외래어 표기법에 맞지 아니하는 경우와 귀화 또는 국적회복한 외국인의 인명이 해당 외국 방식에 의하여 등록부에 기록된 경우(우리나라 방식의 성명 배열이 아닌 경우) 및 종전 「대법원 호적예규」 제635호 및 제662호에 따라 기록된 국호, 지명 및 인명과 현재의 예규가 정하는 방식에 따른 국호, 지명 및 인명이 서로 다른 경우에는 이해관계인은 시(구)·읍·면의 장에게 직권정정을 신청할 수 있고, 시(구)·읍·면의 장은 가족관계등록규칙 제60조를 준용하여 간이직권정정절차에 의하여 정정하여야 한다(가족관계등록예규 제621호 제11조, 제12조, 제13조).

② 등록부 특정등록사항란의 성명란은 성명의 전부나 일부를 한자로 기록할 수 있는 경우에는 한글과 한자를 함께 기록하고, 성명 전부를 한자로 기록할 수 없는 경우에는 한글만 기록하는데, 성만 한자로 기록할 수 있는 경우에 "김하늘(金)"을 "김하늘(金하늘)"과 같이 정정하는 것은 간이직권정정절차에 따른다(가족관계등록예규 제510호 3. 라.).

③ 행정구역, 토지의 명칭, 지번, 도로명 또는 건물번호에 관한 가족관계등록부의 기록이 잘못 기재되었거나 빠뜨리게 된 것이 명백한 때에는 시(구)·읍·면장이 가족관계등록규칙 제60조에 따라 직권정정으로 기록한다(가족관계등록예규 제567호 5.).

④ 연호에 관한 법률이 1962.1.1.부터 시행되었는데, 가족관계등록부에 기록되어 있는 사항 중 단기 연호가 발견된 때에는 시(구)·읍·면의 장은 같은 법 부칙 제2항과 제3항에 따라 서기 연호로 경정한다(가족관계등록예규 제36호).

⑤ 등록부상 주민등록번호의 기록이 누락되었거나 잘못 기록되었을 경우, 본인 또는 동거하는 친족의 기록(정정)을 신청하는 때에는 가족관계등록공무원은 감독법원의 허가 없이 직권으로 이를 기록(정정)한다(가족관계등록예규 제508호 제1조 제2항, 제2조 제2항).

⑥ 외국인 부가 우리나라에 귀화하여 등록부를 갖게 된 경우 자녀는 원칙적으로 부의 등록부 특정등록사항란에 기록된 부의 성과 본을 따르며 자녀가 이와 다른 성과 본을 사용하고 있었던 경우에는 부의 성과 본을 따라 자녀의 성과 본을 경정하는데, 이에 따른 기록이 누락되었음이 제적이나 그 등본 및 등록사항별 증명서에 의하여 명백한 때에는 가족관계등록규칙 제60조 제2항 제4호에 준하여 간이직권정정으로 처리한다(가족관계등록예규 제209호 2.).

⑦ 제적등본 등을 소명자료로 시(구)·읍·면의 장에게 본인의 가족관계등록부에 2008년 1월 1일 전에 국적상실한 부모, 배우자 또는 자녀의 특정등록사항의 기재를 신청하는 경우, 시(구)·읍·면에서는 그 이전의 제적등본을 통하여 부모, 배우자 또는 자녀임이 명백히 확인되는 경우에는 부모, 자녀, 배우자의 특정등록사항을 누락된 가족의 가족정보 배포를 통한 추가기록의 특례에 준하여 간이직권정정의 방법으로 기재해 줄 수 있을 것이며, 이 경우 일반등록사항란의 기재례는 아래와 같고 특정등록사항란 중 성명란에는 국적상실이 표시된다(가족관계등록선례 제202209-1호).

정 정	[직권정정서 작성일] ○년 ○월 ○일 [정정일] ○년 ○월 ○일 [정정내용] 특정등록사항란에 부(또는 모, 자녀, 배우자) ○○○ 특정등록사항 추가기록 [처리관서] ○○○

제3절 감독법원의 허가에 의한 직권정정

1. 의의

시(구)·읍·면의 장이 직권에 의하여 등록부 기록을 정정하려면 대법원규칙으로 정하는 경미한 사항을 제외하고는 원칙적으로 감독법원의 허가를 받아야 한다(가족관계등록법 제18조). 여기서의 감독법원의 허가는 비송절차에 의한 등록부 정정에 있어서의 법원의 허가와는 달리 등록사무에 관한 법원의 감독권의 행사인 사법행정상의 허가를 의미한다.

2. 감독법원의 허가에 의한 직권정정사항

① 등록부의 기록이 법률상 무효인 것이거나 그 기록에 착오 또는 누락이 있음을 안 때에는 시(구)·읍·면의 장은 지체 없이 신고인 또는 신고사건의 본인에게 그 사실을 통지하여야 한다. 다만, 그 착오 또는 누락이 시(구)·읍·면의 장의 잘못으로 인한 것인 때에는 그러하지 아니하다(가족관계등록법 제18조 제1항). 이때의 통지는 기간을 정함을 요하지 아니하나 상당한 기간을 정할 수도 있다(가족관계등록선례 제201502-1호).

② 위 가족관계등록법 제18조 제1항 본문의 통지를 할 수 없을 때 또는 통지를 하였으나 정정신청을 하는 사람이 없는 때 또는 그 기록의 착오 또는 누락이 시(구)·읍·면의 장의 잘못으로 인한 것인 때에는 시(구)·읍·면의 장은 감독법원의 허가를 받아 직권으로 정정할 수 있다(가족관계등록법 제18조 제2항 본문). 이에 따른 직권정정허가서는 신고서류로 본다(가족관계등록규칙 제62조).

③ 국가 또는 지방자치단체의 공무원이 그 직무상 등록부의 기록에 착오 또는 누락이 있음을 안 때에는 지체 없이 신고사건의 본인의 등록기준지의 시(구)·읍·면의 장에게 통지하여야 한다. 이 경우 통지를 받은 시(구)·읍·면의 장은 가족관계등록법 제18조 제1항 및 제2항에 따라 처리한다(가족관계등록법 제18조 제3항).

④ 간이직권정정의 방법으로 본인의 가족관계등록부에 국적상실자로 기재된 부모, 배우자 또는 자녀의 특정등록사항을 외국인의 특정등록사항[성명, 출생연월일, 외국인등록번호(또는 외국인등록을 하지 아니한 외국국적동포의 경우 국내거소신고번호), 국적 및 성별에 관한 기록사항]으로 정정하기 위해서는 가족관계의 등록 등에 관한 법률 제104조에 따라 본인의 등록기준지를 관할하는 가정법원의 허가를 받고, 그 재판서 등본을 첨부하여 시(구)·읍·면의 장에게 등록부의 정정을 신청하여야 한다. 다만, 이 경우에도 2008년 1월 1일 전에 국적상실로 제적된 부모, 배우자, 자녀 본인에 대하여 그 본인의 가족관계등록부가 작성되는 것은 아니며, 2008년 1월 1일 전의 신분관계에 관한 사항은 제적등본을 통하여 증명하는 것이 원칙이므로 국적상실일, 국적상실 당시의 가족관계 등은 그 당시 유효한 공적 장부인 제적등본을 통하여 확인하여야 할 것이다(가족관계등록선례 제202209-1호 5.·6.).

3. 가족관계등록예규에 의하여 인정되는 감독법원의 허가에 의한 직권정정사항

① 다른 사람의 가족관계등록부에 착오로 사망기록을 하여 폐쇄하였을 경우에는 직권정정허가에 의하여 그 사망기록을 말소하여 종전의 가족관계등록부를 부활한다. 그리고 사망한 사람의 가족관계등록부에도 간이직권정정절차(그 사망신고서류를 감독법원에 송부한 후에는 해당 신고서류를 직접 방문하거나 팩시밀리를 사용하여 확인한 후 처리)에 의하여 빠뜨리게 된 사망사유를 직권으로 기록하여야 한다(가족관계등록예규 제58호).

② 가족관계등록부의 기록사항 중 아직도 부모란과 일반등록사항란에 창씨제도하의 창씨명으로 기록되어 있는 가족관계등록부가 발견되는 경우에는 등록기준지 관할 감독법원의 직권정정허가절차에 의하여 정정하여야 한다(가족관계등록예규 제59호).

직권에 의한 등록부 정정

제1절 서 설

제2절 간이직권정정

01 다음 중 시(구)·읍·면의 장이 감독법원의 허가 없이 가족관계등록부의 기록을 직권으로 정정 또는 기록할 수 있는 경우에 해당하는 것을 모두 고른 것은? 2024년

ㄱ. 한쪽 배우자의 가족관계등록부에 혼인의 기록이 있으나 다른 배우자의 가족관계등록부에는 혼인의 기록이 누락된 때
ㄴ. 신고서류에 의하여 이루어진 가족관계등록부의 기록에 오기나 누락된 부분이 있음이 해당 신고서류에 비추어 명백한 때
ㄷ. 도로명 또는 건물번호에 관한 가족관계등록부의 기록이 잘못 기재되었거나 빠뜨리게 된 것이 명백한 때
ㄹ. 외국의 국호와 지명에 관한 가족관계등록부의 기록이 외래어 표기법에 맞지 않는 때
ㅁ. 귀화 또는 국적회복한 외국인의 인명이 우리나라 방식의 성명 배열이 아닌 해당 외국 방식에 의하여 가족관계등록부에 기록된 때

① ㄱ, ㄴ, ㄷ
② ㄱ, ㄴ, ㄹ
③ ㄱ, ㄴ, ㄷ, ㄹ
④ ㄱ, ㄴ, ㄹ, ㅁ
⑤ ㄱ, ㄴ, ㄷ, ㄹ, ㅁ

··

[ㄱ ▶ O] 가족관계의 등록 등에 관한 규칙 제60조 제2항 제3호
[ㄴ ▶ O] 가족관계의 등록 등에 관한 규칙 제60조 제2항 제5호

가족관계의 등록 등에 관한 규칙 제60조(등록부의 정정)
② 시·읍·면의 장이 법 제18조 제2항 단서에 따라 감독법원의 허가 없이 직권으로 정정 또는 기록할 수 있는 사항은 다음 각 호와 같다.
  1. 등록부의 기록이 오기되었거나 누락되었음이 법 시행 전의 호적(제적)이나 그 등본에 의하여 명백한 때
  2. 제54조 또는 제55조에 의한 기록이 누락되었음이 신고서류 등에 의하여 명백한 때

3. 한쪽 배우자의 등록부에 혼인 또는 이혼의 기록이 있으나 다른 배우자의 등록부에는 혼인 또는 이혼의 기록이 누락된 때
   4. 부 또는 모의 본이 정정되거나 변경되었음이 등록사항별 증명서에 의하여 명백함에도 그 자녀의 본란이 정정되거나 변경되지 아니한 때
   5. 신고서류에 의하여 이루어진 등록부의 기록에 오기나 누락된 부분이 있음이 해당 신고서류에 비추어 명백한 때
   6. 그 밖의 정정 또는 기록할 사유가 있음이 명백하여 대법원예규로 정한 경우

[ㄷ ▸ ○] 행정구역, 토지의 명칭, 지번, 도로명 또는 건물번호에 관한 가족관계등록부의 기록이 잘못 기재되었거나 빠뜨리게 된 것이 명백한 때에는 시(구)·읍·면장이 「가족관계의 등록 등에 관한 규칙」 제60조에 따라 직권정정으로 기록한다(가족관계등록예규 제567호 5.).

[ㄹ ▸ ○] 외국의 국호와 지명에 관한 가족관계등록부의 기록이 외래어 표기법에 맞지 아니하는 경우에, 이해관계인은 외래어 표기법에 맞는 한글표기를 기재하여 시(구)·읍·면의 장에게 직권정정을 신청할 수 있고, 시(구)·읍·면의 장은 「가족관계의 등록 등에 관한 규칙」 제60조를 준용하여 간이직권정정절차에 의하여 이를 정정하여야 한다(가족관계등록예규 제621호 제11조).

[ㅁ ▸ ○] 귀화 또는 국적회복한 외국인의 인명이 해당 외국 방식에 의하여 가족관계등록부에 기록된 경우(우리나라 방식의 성명 배열이 아닌 경우)에, 이해관계인은 우리나라 방식의 성명 배열에 맞는 한글 표기를 기재하여 시(구)·읍·면의 장에게 직권정정을 신청할 수 있고, 시(구)·읍·면의 장은 「가족관계의 등록 등에 관한 규칙」 제60조 제2항 제5호를 준용하여 간이직권정정절차에 의하여 정정하여야 한다(가족관계등록예규 제621호 제12조).

 답 ❺

02 가족관계등록부 기록 및 제적부 기재의 정정 등에 관한 다음 설명 중 가장 옳지 않은 것은?
2022년

① 폐쇄된 가족관계등록부를 정정할 때에는 부활 없이 정정하나, 그 가족관계등록부가 위법한 것이어서 폐쇄된 경우에는 기록을 정정할 수 없다.
② 가족관계등록부를 정정할 때는 그 사항이 기재된 제적부를 정정하되, 가족관계등록부의 정정허가 결정만으로 제적부를 정정할 수는 없다.
③ 제적부의 정정은 본적지 관할 가족관계등록관서에서 한다.
④ 가족관계등록부에 기록된 외국인인 가족에 관한 기록사항 중 출생연월일, 외국인등록번호, 국적 또는 성별이 기록되지 않은 경우 이해관계인은 해당 가족관계등록부의 등록기준지의 시(구)·읍·면의 장에게 직권기록을 신청하여야 하고, 등록기준지의 시(구)·읍·면의 장은 간이직권절차에 의하여 기록한다.
⑤ 가족관계등록부에 기록된 외국인인 가족이 외국에서 사망한 경우 이해관계인은 해당 가족관계등록부의 등록기준지와 무관하게 전국 시(구)·읍·면의 장에게 사망사실을 증명하는 서면을 제출하여 직권기록을 신청할 수 있고, 시(구)·읍·면의 장은 간이직권절차에 의하여 기록한다.

[❶ ▶ O] 폐쇄된 가족관계등록부를 정정할 때에는 부활 없이 정정한다. 그러나, 그 가족관계등록부가 위법한 것이어서 폐쇄된 경우에는 기록을 정정할 수 없다(가족관계등록예규 제304호 제1조).
[❷ ▶ O] 가족관계등록부를 정정할 때는 그 사항이 기재된 제적부를 정정하되, 가족관계등록부가 현재의 공부이므로 제적부의 정정은 필요최소한으로 하며, 가족관계등록부 정정허가결정만으로 제적부를 정정할 수는 없다(가족관계등록예규 제297호 제2조 제1항).
[❸ ▶ O] 제적부의 정정은 본적지 관할 등록관서에서 한다(가족관계등록예규 제297호 제9조 제1항).
[❹ ▶ X] 가족관계등록부에 기록된 외국인인 가족에 관한 기록사항 중 출생연월일, 외국인등록번호, 국적 또는 성별이 기록되지 않은 경우 이해관계인은 해당 등록부의 등록기준지와 무관하게 전국 시(구)·읍·면의 장에게 별지 양식 신청서를 작성하여 직권기록을 신청할 수 있고, 시(구)·읍·면의 장은 간이직권절차에 의하여 기록한다(가족관계등록예규 제618호 제7조 제1항).
[❺ ▶ O] 가족관계등록예규 제618호 제10조 제2항

> **가족관계등록예규 제618호[기록대상자가 외국인인 경우의 기록방법에 관한 예규]**
> 제10조(외국인인 가족의 사망기록)
> ① 가족관계등록부에 기록된 외국인인 가족이 국내에서 사망한 경우 법 제85조에 기재된 사람의 사망신고에 따라 가족관계등록부에 사망사실을 기록하고, 그 신고서류는 특종신고서류편철장에 편철한다.
> ② 가족관계등록부에 기록된 외국인인 가족이 외국에서 사망한 경우 이해관계인은 해당 등록부의 등록기준지와 무관하게 전국 시(구)·읍·면의 장에게 사망사실을 증명하는 서면을 제출하여 직권기록을 신청할 수 있고, 시(구)·읍·면의 장은 간이직권절차에 의하여 기록한다.

답 ❹

제3절 감독법원의 허가에 의한 직권정정

CHAPTER 03 신청에 의한 등록부 정정

제1절 판결에 의한 등록부 정정

1. 의 의

가족관계등록법 제107조에 의한 등록부 정정은 그 정정이 친족상속법상 중대한 영향을 미치는 사유로서 가족관계를 확정하는 확정판결에 의한 정정을 말한다. 등록부 정정의 전제가 되는 판결은 등록부를 직접 어떻게 정정하라고 판시하는 것이 아니고, 가사소송법 제2조에 규정되어 있는 소송유형의 확정판결로서 등록부 정정의 기초인 실체적 신분관계를 주문에 의하여 확인하거나 형성하는 판결을 말한다(가족관계등록예규 제423호, 가족관계등록선례 제200905-1호 가. 등 참조).

2. 확정판결에 의한 등록부 정정의 대상적격

(1) 구별기준

① 확정판결에 의한 등록부 정정사항은 친족상속법상 중대한 영향을 미치는 사항이어야 한다. 이에 대한 구별은 정정하려고 하는 등록부 정정사항과 관련된 신분관계의 존부에 관하여 직접적인 쟁송방법이 가사소송법 제2조 제1항 제1호에 규정되어 있는지 여부를 기준으로 한다.
② 그러나 아래에서 보는 바와 같이 친족상속법상 중대한 영향을 미치는 가사소송사건이라고 해서 모두가 확정판결에 의한 등록부 정정사항이 되는 것은 아니다.

(2) 가사소송법 제2조 제1항 제1호 판결의 구체적 사례

1) 가류 가사소송사건

가류 가사소송사건은 ① 혼인무효, ② 이혼무효, ③ 인지무효, ④ 친생자관계존부확인, ⑤ 입양무효, ⑥ 파양무효가 있다. 이러한 유형의 판결이 확정된 경우에는 비록 등록부에 기록이 되었다 하더라도 그 등록부 기록의 원인사실인 신분행위가 처음부터 무효이므로 그 등록부 기록은 확정판결에 의한 등록부 정정의 대상이 된다.

2) 나류 가사소송사건

① 나류 가사소송사건은 ㉠ 사실상 혼인관계존부확인, ㉡ 혼인취소, ㉢ 이혼취소, ㉣ 재판상 이혼, ㉤ 아버지의 결정, ㉥ 친생부인, ㉦ 인지취소, ㉧ 인지에 대한 이의, ㉨ 인지청구, ㉩ 입양취소, ㉪ 파양취소, ㉫ 재판상 파양, ㉬ 친양자입양 취소, ㉭ 친양자 파양, ㉮ 상속권 상실 선고가 있다.
② 나류 가사소송사건은 사실상 혼인관계존부확인사건을 제외하고는 신분관계의 형성을 목적으로 하는 사건으로 판결에 의한 정정의 대상이 되나 일정한 예외가 있다.
③ 입양취소, 친양자입양 취소, 재판상 파양, 친양자 파양, 혼인취소, 파양취소, 재판상 이혼 사건은 신분관계를 소급적으로 변동시키는 것이 아니라 장래에 향해서만 변동시키므로 등록부 정정사유가 되지 아니한다. 왜냐하면 정정사유는 기록 당시에 처음부터 존재해야 하기 때문이다. 따라서 이러한 경우 등록부 정정이 아니라 신고에 의하여 신분변동내용을 등록부에 기록하여야 한다.
④ 인지판결과 같이 신분관계를 소급적으로 변동시키지만 정정대상인 등록부의 기록이 없는 경우에도 판결에 의한 등록부 정정이 아니라 신고에 의하여 신분변동내용을 등록부에 기록하여야 한다.

3) 다류 가사소송사건

다류 가사소송사건은 순수한 재산상 청구로서 다류 사건에 대한 판결은 신분관계의 존부에 대한 직접적인 쟁송방법으로서의 판결에 해당되지 않으므로 가족관계등록법 제107조에 따른 등록부 정정 신청을 할 수 없다.

4) 라류 및 마류 가사비송사건

가사비송사건은 판결이 아닌 심판으로써 하기 때문에 가족관계등록법 제107조에 따른 등록부 정정 신청을 할 수 없다.

3. 판결에 의한 등록부 정정절차

① 판결이 확정된 때는 제소자는 판결확정일부터 1개월 이내에 판결의 등본 및 그 확정증명서를 첨부하여 시(구)·읍·면의 장에게 등록부 정정 신청을 해야 한다. 여기서의 등록부 정정 신청은 판결의 내용에 따라서 등록부의 기록을 정정하여 달라는 것으로 가족관계등록법 제104조, 제105조의 등록부 정정허가신청과는 그 본질을 달리한다.
② 신청의무자는 소제기자이나 그 상대방도 등록부 정정 신청을 할 수 있다.
③ 가사소송법 제2조의 가류 및 나류 가사소송사건의 청구를 인용한 판결이 확정된 때는 법원사무관 등은 지체 없이 당사자 또는 사건본인의 등록기준지의 시(구)·읍·면의 장에게 지체 없이 확정통지를 해야 하고(가사소송규칙 제7조 제1항), 이러한 통지를 받은 시(구)·읍·면의 장은 신청의무자에게 상당한 기간을 정하여 신청을 최고(催告)하고 최고를 할 수 없거나 최고를 하여도 신청하지 아니하는 때에는 감독법원의 허가를 받아 직권으로 등록부를 정정할 수 있다(가족관계등록법 제108조, 제38조).

4. 판결에 의한 등록부 정정유형

(1) 친자관계의 판결에 의한 등록부 정정

> **가족관계등록예규 제605호[친자관계의 판결에 의한 가족관계등록부 정정절차 예규]**
> **제1장 출생신고한 부모와 친생자관계부존재 확인판결이 확정된 경우**
> **제1조(가족관계등록부의 폐쇄)**
> ① 출생 기록이 되어 있는 자녀가 출생신고를 한 부 또는 모와 친생자관계부존재 확인판결이 확정된 경우에는, 소를 제기한 자 또는 상대방이 판결등본과 확정증명서를 첨부하여 가족관계등록부 정정신청을 한다.
> ② 가족관계등록관서는 친생자관계부존재가 확인된 자녀(다음부터 '사건본인'이라 한다)의 가족관계등록부에 친생자관계가 부존재하는 부 또는 모의 특정등록사항을 말소한 후 그 가족관계등록부를 폐쇄한다.
> ③ 폐쇄 당시 친생자관계가 부존재하는 부 또는 모의 가족관계등록부에는 사건본인에 관한 특정등록사항을 말소하고, 친생자관계가 존재하는 부 또는 모의 가족관계등록부에는 사건본인의 특정등록사항을 말소하지 아니한다. 배우자와 자녀가 있는 경우 배우자 및 자녀의 가족관계등록부에도 사건본인의 특정등록사항을 말소하지 아니한다.
>
> **제2조(출생신고)**
> ① 가족관계등록부가 폐쇄된 자녀에게 출생신고의무자가 있는 경우 출생신고를 다시 하여 가족관계등록부를 새롭게 작성하여야 한다. 신고의무자는 출생신고서에 폐쇄등록부상 사건본인의 성명, 주민등록번호, 등록기준지를 기재하여 신고한다.
> ② 가족관계등록관서는 가족관계등록부를 새롭게 작성할 때에 폐쇄등록부에 기록된 사항 중 혼인관계, 입양관계, 자녀가 있는 경우 자녀의 특정등록사항을 직권으로 이기하고, 그 외의 기록사항은 등록기준지 관할 가정법원의 가족관계등록부 정정허가결정을 받아 이기한다.
> ③ 가족관계등록관서는 친생자관계가 남아 있는 부 또는 모, 배우자 및 자녀의 가족관계등록부를, 사건본인의 폐쇄등록부와 연결을 끊고 새롭게 작성한 가족관계등록부와 직권으로 연결한다. 출생신고로 사건본인의 특정등록사항이 달라졌다면 배우자 및 자녀의 가족관계등록부에 그 사유를, 사건본인의 성과 본이 달라졌다면 직계비속의 가족관계등록부에 그 사유를 직권으로 기록한다.
> ④ 가족관계등록관서는 새롭게 작성한 가족관계등록부의 성명 및 출생연월일이 폐쇄등록부의 성명 및 출생연월일과 다르면 폐쇄등록부에 그 사유를 기록하고, 주민등록법 제14조에 따라 주민등록관서에 그 사실을 통보한다.
>
> **제3조(가족관계등록창설)**
> ① 가족관계등록부가 폐쇄된 자녀를 출생신고할 수 없는 경우 가족관계등록 창설(부모를 모르는 경우 성·본 창설 포함)에 의하여 가족관계등록부를 새롭게 작성한다. 말소된 부모 대신에 진정한 부모를 기록하기 위해서는 친자관계의 확정판결(판결 주문이 아닌 이유에 설시한 판결은 해당하지 아니한다)에 의한다.
> ② 가족관계등록관서는 창설신고로 가족관계등록부를 새롭게 작성할 때에 폐쇄등록부에 기록된 사항 중 친생자관계가 존재하는 부 또는 모의 특정등록사항, 혼인관계, 입양관계, 자녀가 있는 경우 자녀의 특정등록사항을 직권으로 이기하며, 그 외의 기록사항은 등록기준지 관할 가정법원의 가족관계등록부 창설허가결정 또는 정정허가결정에 따라 이기한다.
> ③ 그 밖의 절차는 제2조 제3항 및 제4항을 준용한다.

제2장 출생신고하지 않은 부모와 친생자관계부존재 확인판결이 확정된 경우
제4조(모와 친생자관계가 부존재한 경우)
① 부가 출생신고한 자녀가 등록부상 모와 친생자관계부존재 확인판결이 확정된 경우 소를 제기한 자 또는 상대방이 판결등본과 확정증명서를 첨부하여 가족관계등록부 정정신청을 하면 자녀의 가족관계등록부에 모의 특정등록사항을 말소한다. 친생자관계가 부존재하는 모의 가족관계등록부에는 사건본인에 관한 특정등록사항을 말소한다.
② 등록부상 모를 말소한 후에는 사건본인의 가족관계등록부를 폐쇄하고, 폐쇄등록부에 기록된 사항 중 친생자관계부존재 확인판결에 의한 말소사유를 제외한 기록사항을 직권으로 이기하여 새로운 가족관계등록부를 작성한다.
③ 친생모를 기록하려면 친자관계를 확인하는 판결(판결 주문이 아닌 이유에 설시한 판결은 해당하지 아니한다)에 의한 정정절차를 거치거나, 사건본인의 출생신고인(신고인이 추후보완신고할 수 없을 때에는 다른 출생신고의무자)이 친생모와의 친생자관계 및 출생 당시 친생모가 유부녀가 아님을 소명하여 출생의 추후보완신고를 하여야 한다.
④ 제3항의 경우에 친생모가 유부녀임이 확인되면, 혼인 외 자의 가족관계등록부에 친생모를 기록하기 위하여는 출생 당시 모의 법률상 배우자와 친자관계에 관한 재판을 거쳐야 한다.

제5조(부와 친생자관계가 부존재한 경우)
모가 혼인 중 자로 출생신고한 자녀가 등록부상 부와 친생자관계부존재확인판결이 확정된 경우 정정절차는 제4조의 규정을 준용한다. 이때 친생부를 기록하기 위해서는 인지절차를 거쳐야 한다.

제6조(그 밖의 경우)
가족관계등록창설의 사유로 가족관계등록부가 작성된 사람이 부, 모 또는 부모와의 사이에 친생자관계부존재 확인판결이 확정된 경우 정정절차는 전 제2조의 규정을 준용한다.

제3장 친생부인의 판결이 확정된 경우
제7조(부가 출생신고한 경우)
부의 자로 추정을 받는 혼인 중의 자에 관하여 출생신고한 부와 친생부인 판결이 확정된 경우에 가족관계등록부 정정절차는 제1장의 규정을 준용한다.

제8조(모가 출생신고한 경우)
부의 자로 추정을 받는 혼인 중의 자에 관하여 모가 출생신고를 하였는데, 부와 친생부인 판결이 확정된 경우에 가족관계등록부 정정절차는 제5조의 규정을 준용한다.

제9조(그 밖의 경우)
가족관계등록창설의 사유로 가족관계등록부가 작성된 사람이 부와의 사이에 친생부인의 판결이 확정된 경우 정정절차는 제5조의 규정을 준용한다.

(2) 양친자관계존재 확인판결에 의한 가족관계등록부 정정

가족관계등록예규 제301호[양친자관계존재 확인판결에 의한 가족관계등록부 정정절차 예규]
제1장 출생신고한 부(또는 모)와 양친자관계존재 확인판결이 확정된 경우
제1조(가족관계등록부의 폐쇄)
① 출생 기록이 되어 있는 자녀가 출생신고를 한 부 또는 모와 양친자관계존재 확인판결이 확정된 경우에는, 소를 제기한 자 또는 상대방이 판결등본과 확정증명서를 첨부하여 가족관계등록부 정정신청을 한다.
② 가족관계등록관서는 양친자관계존재가 확인된 자녀(다음부터 '양자'라 한다)의 가족관계등록부에 양친자관계가 존재하는 부 또는 모의 특정등록사항을 말소한 후 그 가족관계등록부를 폐쇄한다.
③ 양친자관계가 존재하는 부 또는 모의 가족관계등록부 중 양자에 관한 친생자기록을 양친자기록으로 정정하고, 양자의 출생신고일자를 입양신고일자로 기록한다. 친생자관계가 존재하는 부 또는 모의 가족관계등록부에는 양자의 특정등록사항을 말소하지 아니한다. 양자에게 배우자와 자녀가 있는 경우 배우자 및 자녀의 가족관계등록부에도 양자의 특정등록사항을 말소하지 아니한다.

제2조(출생신고)
① 양친자관계존재 확인판결에 의해 가족관계등록부가 폐쇄된 자녀에 관하여 출생신고가 있는 경우 처리절차는 가족관계등록예규「친자관계의 판결에 의한 가족관계등록부 정정절차」제2조를 준용한다.
② 새롭게 작성된 양자의 가족관계등록부에 양친자관계를 직권으로 기록하고, 양자의 특정등록사항에 변동이 있는 경우에는 양부 또는 양모의 가족관계등록부에 그 사유를 직권으로 기록한다.

제3조(가족관계등록창설)
① 가족관계등록부가 폐쇄된 자녀를 출생신고할 수 없는 경우 가족관계등록 창설(부모를 모르는 경우 성·본 창설 포함)에 따른 가족관계등록부 작성 등 처리절차는 가족관계등록예규「친자관계의 판결에 의한 가족관계등록부 정정절차」제3조를 준용한다.
② 가족관계등록관서는 양자의 가족관계등록부에 양친자관계를 기록하고, 양자의 특정등록사항에 변동이 있는 경우에는 양부 또는 양모의 가족관계등록부에 그 사유를 직권으로 기록한다.

제2장 출생신고하지 않은 부(또는 모)와 양친자관계존재 확인판결이 확정된 경우
제4조(모와 양친자관계가 존재한 경우)
① 친생부가 출생신고한 자녀가 등록부상 친생모와 양친자관계존재 확인판결이 확정된 경우 소를 제기한 자 또는 상대방이 판결등본과 확정증명서를 첨부하여 가족관계등록부 정정신청을 한다.
② 양친자관계가 존재하는 모와 자녀의 가족관계등록부를 친생자관계에서 양친자관계로 정정하고, 양자의 등록부상 출생신고일자를 입양신고일자로 기록한다. 양자의 가족관계등록부를 폐쇄하고, 폐쇄등록부에 기록된 사항 중 양친자관계존재 확인판결에 의한 말소사유를 제외한 기록사항을 직권으로 이기하여 새로운 가족관계등록부를 작성한다.
③ 양자의 가족관계등록부에 친생모를 기록하는 절차는 가족관계등록예규「친자관계의 판결에 의한 가족관계등록부 정정절차」제4조 제3항 및 제4항을 준용한다.

제5조(부와 양친자관계가 존재한 경우)
친생모가 혼인 중 자로 출생신고한 자녀가 등록부상 친생부와 양친자관계존재확인판결이 확정된 경우 정정절차는 이 예규 제4조의 규정을 준용한다. 이때 친생부를 기록하기 위해서는 인지절차를 거쳐야 한다.

제3장 파양판결 등에 의한 정정절차
제6조(파양판결에 따른 정정)
허위의 출생신고로 기록한 친생자관계를 양친자관계로 정정하기 위하여는 양친자관계존재 확인판결이 있어야 하며, 파양판결 등으로 가족관계등록부를 정정할 수 없다.

제2절 법원의 허가에 의한 등록부 정정

1. 의 의

여기서 법원의 허가에 의한 등록부 정정이란 가족관계등록법 제104조에 규정된 위법한 등록부의 기록이 있거나 가족관계등록법 제105조에 의한 창설적 신고사항에 관하여 등록부의 기록을 한 후 그 행위가 무효임이 명백한 때 가정법원의 허가를 얻어 등록부를 정정하는 것을 말한다.

2. 법원의 허가에 의한 등록부 정정의 대상

(1) 위법한 등록부 기록의 정정

1) 의 의

등록부의 기록이 법률상 허가될 수 없는 것 또는 그 기재에 착오나 누락이 있다고 인정한 때에는 이해관계인은 사건 본인의 등록기준지를 관할하는 가정법원의 허가를 받아 등록부의 정정을 신청할 수 있다(가족관계등록법 제104조 제1항).

2) 법률상 허가될 수 없는 등록부의 기록

가족관계등록법 제104조에서 말하는 '가족관계등록부의 기록이 법률상 허가될 수 없는 것'이란 권한 없는 사람이 한 가족관계등록부의 기록, 가족관계등록부의 등록사항이 아닌 전과관계·학사·병사·사산 등에 관한 기록, 위조·변조의 신고서에 의하여 이루어진 가족관계등록부의 기록, 사망한 사람 또는 신고의무자(신고적격자)가 아닌 사람의 신고에 의하여 이루어진 가족관계등록부 기록뿐만 아니라 가족관계등록부의 기록 자체로 보아 당연 무효인 가족관계등록부의 기록도 이에 해당한다(가족관계등록예규 제422호 1.). 이외에도 우리나라 국민이 아닌 자에 대한 등록부 작성, 동일인에 대한 이중등록부의 작성, 등록부 기록사유가 아닌 신고 등에 의한 기록(예컨대 약혼신고에 의한 기록) 등도 이에 해당한다.

3) 착오가 있는 등록부의 기록

착오가 있는 등록부 기록이란 등록부 기록의 내용이 진실에 합치되지 아니하여 진정한 신분관계를 반영하지 못하는 것을 말한다. 예컨대 출생연월일이나 출생장소가 착오 기록된 경우, 성별이 남인데 여로 착오 기록된 경우, 본의 기록이 착오 기록된 경우, 혼인 중의 자가 혼인 외의 자로 착오 기록된 경우, 국적득상에 관한 착오 기록 등이 있다.

4) 누락이 있는 등록부의 기록

① 누락이 있는 등록부 기록이란 기록할 사항을 빠뜨림으로써 등록부 기록의 불일치가 발생하게 된 경우로서 시(구)·읍·면의 장의 과오로 인한 기록 누락이 대부분이다. 예컨대 등록부를 재작성하면서 이기하여야 할 등록부의 기록사항을 누락한 경우, 출생신고나 사망신고, 등록부 정정 신청 등에 의해 등록부를 기록하면서 출생장소, 사망일자, 정정사항의 일부의 기록이나 전부의 기록을 누락한 경우 등이 있다.

② 신고인의 신고서 기재누락은 신고착오와는 달리 시(구)·읍·면의 장이 심사하는 과정에서 대부분 발견될 수 있는 사항들이기 때문에 가족관계등록법 제39조의 규정에 의한 추후보완의 최고를 통하여 보완할 수 있다.

(2) 무효인 행위에 의한 등록부 기록의 정정

① 혼인, 인지, 입양 등 신고로 인하여 효력이 발생하는 행위(창설적 신고사항)에 대하여 그 등록부 기록 후 그 행위의 무효임이 명백한 때에는 신고인 또는 신고사건의 본인은 사건 본인의 등록기준지를 관할하는 가정법원의 허가를 받아 등록부의 정정을 신청할 수 있다(가족관계등록법 제105조).
② 대부분 가사소송법 제2조 제1항 제1호에 규정되어 확정판결에 의해서 등록부 정정을 신청하나, 그 행위의 무효임이 명백한 경우 또는 가사소송법 제2조 제1항 제1호에 규정되어 있지 않은 경우에는 법원의 허가에 의한 등록부 정정허가신청이 가능하다.
③ 등록부 기록 후 그 행위의 무효임이 명백한 경우로는 ㉠ 처의 협의이혼신고 전 부(夫)가 사망한 것으로 밝혀진 경우(가족관계등록예규 제252호), ㉡ 사망한 자와 혼인신고한 경우(가족관계등록예규 제251호), ㉢ 처가 아닌 자가 처로 기록되었으나 그것이 단순기록착오인 경우(가족관계등록예규 제423호 2.나.) 등이 있다.

3. 등록부 정정 절차

(1) 허가신청절차

1) 관할법원

① 관할법원은 사건 본인의 등록기준지를 관할하는 가정법원이다.
② 이중등록부 정정(폐쇄)과 같이 정정하고자 하는 각 등록부가 서로 관련성이 있으나 그 각각의 등록부를 관할하는 법원이 서로 다를 때에는, 그 법원 중 1개의 법원에 각 등록부의 관련사항 일체를 정정하는 등록부 정정허가신청을 할 수 있다(호적선례 제3-506호).

2) 신청인

① 가족관계등록법 제104조에 따른 위법한 등록부 정정은 이해관계인이 신청할 수 있는데, 여기서 이해관계인이란 사건본인, 신고인, 그 밖에 등록부의 기록에 대하여 신분상 또는 재산상 이해관계를 가진 자를 말한다. 우리나라의 국적을 소지하지 아니한 사람도 사건본인 또는 재산상·신분상 이해관계가 있는 사람으로서 등록기준지를 관할하는 가정법원에 가족관계등록부의 정정을 신청할 수 있다(가족관계등록선례 제200809-1호 가.).
② 가족관계등록법 제105조의 무효인 행위의 등록부 정정은 신고인 또는 신고사건의 본인이 신청할 수 있다.
③ 미성년자는 가족관계등록법 제104조 및 제105조에 따른 등록부 정정허가를 신청할 수 없다(가족관계등록규칙 제87조 제2항).

3) 신청방법

등록부 정정허가신청서에는 신청인, 사건본인, 신청취지, 신청원인 등을 기재한 후 그 정정사항에 대한 소명자료를 첨부하여 관할 법원에 제출하여야 한다.

(2) 법원의 심리, 재판

① 가족관계등록법 제104조 및 제105조에 따른 등록기록정정허가 사건의 처리절차에 관하여는 비송사건절차법을 준용한다(가족관계등록규칙 제87조 제1항 제4호).
② 가정법원은 심리를 위하여 국가경찰관서의 장에게 등록부 정정 허가신청인의 범죄경력 조회를 요청할 수 있고, 그 요청을 받은 국가경찰관서의 장은 지체 없이 그 결과를 회보하여야 한다(가족관계등록법 제104조 제2항, 제105조 제2항, 제96조 제6항).
③ 법원의 재판형식은 결정으로 한다. 재판으로 인하여 권리를 침해당한 자는 그 재판에 대하여 항고할 수 있다(비송사건절차법 제20조). 이때의 항고는 보통항고이므로 항고제기 기간의 제한이 없고 항고의 이익이 있으면 언제든지 할 수 있다.

(3) 등록부 정정 신청

① 가족관계등록법 제104조 및 제105조에 따라 허가의 재판이 있었을 때에는 재판서의 등본을 받은 날부터 1개월 이내에 그 등본을 첨부하여 등록부의 정정을 신청하여야 한다(가족관계등록법 제106조).
② 신청인은 가정법원으로부터 등록부 정정허가를 받은 자이다. 다만, 가족관계등록부 정정허가를 받았으나 그 신고 전에 사망한 사람에 대한 가족관계등록부 정정신고는 배우자 또는 직계혈족이 이를 하여야 한다(가족관계등록예규 제213호).

4. 등록부 정정의 유형

(1) 의 의

등록부에 기록된 사항은 모두가 등록부 정정의 대상이 되므로 등록부 정정의 사례는 다양하다. 실무상 흔히 접할 수 있는 것으로는 ① 연령정정, ② 성명정정, ③ 부모정정, ④ 성별(性別)정정, ⑤ 본(本)정정, ⑥ 사망사유 및 일자 정정, ⑦ 이중등록부의 정정(폐쇄), ⑧ 폐쇄된 등록부의 회복 등을 들 수 있다.

(2) 연령정정

> **가족관계등록예규 제620호[가족관계등록부에 기록된 출생연월일의 정정에 관한 사무처리지침]**
> 1. 가족관계등록부에 기록된 출생연월일이 실제와 달라 이를 정정하는 경우, 그에 관한 사무처리는 아래와 같이 처리한다.
>   가. 친생자관계부존재확인판결 등으로 가족관계등록부가 폐쇄된 후 새로이 가족관계등록을 창설 또는 출생신고를 할 경우 폐쇄된 가족관계등록부상의 출생연월일과 실제의 출생연월일이 다른 경우에는, 이를 소명하는 자료를 첨부하여 실제의 출생연월일로 신고할 수 있다.
>   나. 「민법」 제844조에 따라 남편과의 혼인 중의 출생자로 추정받는 사람의 출생연월일을 허위로 하여 다른 사람과의 혼인 중의 자로 신고하여 가족관계등록부가 작성된 경우, 그 사람의 가족관계등록부는 위법 또는 무효의 가족관계등록부로서 폐쇄되어야 하므로 그 출생연월일을 사실대로 정정하는 등록부 정정은 할 수 없다.
>   다. 재외동포의 연령정정허가신청에는 거주지 외국인 의사가 작성한 연령감정서를 첨부하여 신청할 수 있다.
>   라. 신고를 게을리한 책임을 면하기 위하여 출생연월일을 허위로 신고한 뒤 실제대로 정정한 경우에도 과태료를 부담시켜야 한다.

(3) 이중등록부의 정정

1) 의 의

이중등록부라 함은 동일인이 등록부를 복수로 가지게 된 경우를 의미한다. 이러한 이중등록부 중 적법한 등록부를 존치시키고 위법한 등록부를 폐쇄하되, 필요한 경우 폐쇄할 등록부 기록사항은 존치할 등록부에 이기하도록 하는 것을 이중등록부 정정이라고 한다.

2) 동일성 판단

이중가족관계등록부의 단일화를 위한 등록부 정정(폐쇄)허가에 있어 존치할 정당한 가족관계등록부와 말소할 위법한 가족관계등록부의 기록이 일치하지 아니하는 경우에는 다른 증거자료에 의하여 이중가족관계등록부임이 인정되면 두 개의 가족관계등록부 기록을 일치시키기 위한 등록부 정정 절차를 취함이 없이 바로 정정(폐쇄)할 수 있다(가족관계등록예규 제425호 2.).

3) 이중등록부의 정정절차

① 이중가족관계등록부의 폐쇄는 착오된 가족관계등록부를 폐쇄하여야 하고 당사자가 임의로 택일할 수 없다(가족관계등록예규 제425호 1.).
② 가족관계등록법 제104조에 규정된 가정법원의 허가에 의한 등록부의 정정은 그 정정할 사안이 경미하고 또 관계인의 신분에 중대한 영향이 없는 것에 한하여 허용되는 것으로, 이중삼중의 가족관계등록부는 법에 의해 허용되지 않으므로 신분관계에 어떠한 영향을 미치지 않는 한 이를 단일화하기 위하여 가족관계등록법 제104조에 의한 등록부의 정정도 가능하다(가족관계등록예규 제425호 3.).
③ 적법한 출생신고에 의하여 가족관계등록부가 작성된 사람이 가족관계등록창설을 하여 이중으로 가족관계등록부가 작성된 경우, 가족관계등록창설에 의하여 작성된 가족관계등록부에 그 기록사항이 적법하게 기록된 경우에는 등록부 정정에 의하여 가족관계등록창설에 의하여 작성된 가족관계등록부를 폐쇄함과 동시에 적법한 가족관계등록부에 그 기록사항을 이기하는 정정절차를 거쳐 정리할 수 있다(가족관계등록예규 제247호).

4) 구체적 사례

이중등록부가 발생하는 구체적인 경우로는 ㉠ 동일인에 대하여 출생신고를 중복하여 하는 경우, ㉡ 혼인 외의 자에 대해 모의 출생신고 후 부가 다시 출생신고한 경우, ㉢ 군사분계선 이북지역 재적자가 이중으로 가족관계등록창설을 한 경우, ㉣ 가족관계등록부 재작성으로 새로운 가족관계등록부가 작성되었는데 종전 가족관계등록부가 폐쇄되지 않은 경우 등이 있다.

> **가족관계등록예규 제436호[혼인 외 자에 대하여 모의 출생신고 후 다시 부가 출생신고하여 이중가족관계등록부가 작성된 경우의 사무처리지침]**
> 혼인 외 자가 모의 출생신고에 의하여 가족관계등록부가 작성된 상태에서 부의 출생신고로 다시 가족관계등록부가 작성되어 이중등록자가 된 경우에는,
> 1. 모의 출생신고가 부의 출생신고보다 먼저 수리된 이상 모의 출생신고에 의해 가족관계등록부가 작성된 것은 정당한 것이므로 말소할 수 없고,
> 2. 부의 출생신고에 의하여 작성된 가족관계등록부는 이중등록부로 위법한 것이므로 전부 말소한다.

3. 혼인 외 자에 대한 친생자 출생신고는 <u>인지의 효력</u>(「가족관계의 등록 등에 관한 법률」 제57조)을 가지는 것이고, 그것이 중복된 출생신고라 하더라도 그에 따른 출생사유의 기록만을 할 수 없을 뿐이지 효력발생까지 부정할 수는 없는 것이므로, 인지의 효력발생에 따라, 모의 출생신고에 의하여 작성된 자녀의 가족관계등록부의 특정등록사항란 <u>부란을 기록</u>하고, 성과 본이 바뀐 경우에는 그 내용을 기록하며, 일반등록사항란에 인지의효력 있는 출생신고의 사유와 성과 본이 바뀐 경우의 그 사유를 기록하고, 부의 가족관계등록부 일반등록사항란에도 인지의 효력 있는 출생신고한 사유를 기록하여야 한다.

5) 감독법원 허가에 의한 이중등록부의 직권정리

동일한 사람이 성명이나 출생연월일의 일부 또는 전부를 달리하여 2개 이상의 등록부가 있음이 명백히 밝혀진 경우에는 시·읍·면의 장은 가족관계등록법 제18조에 따른 감독법원의 허가를 받아 직권으로 그 등록부를 폐쇄할 수 있다(가족관계등록규칙 제59조).

(4) 성(姓)의 표기 정정

1) 한글맞춤법에 의한 성의 한글 표기

한자로 된 성을 한글로 기록할 때에는 한글맞춤법에 따라 표기한다. 다만, 일상생활에서 한자 성을 본래의 음가로 발음 및 표기하여 사용하는 등 성의 한글표기에 두음법칙 적용의 예외를 인정할 합리적 사유가 있는 경우에는 그러하지 아니하다(가족관계등록예규 제510호 2.).

2) 성(姓)의 표기 정정에 관한 사무처리

가족관계등록예규 제588호[성(姓)의 표기 정정에 관한 사무처리지침]

제1장 총 칙
제1조(목적)
이 지침은 아래 각 호의 표기를 정정하기 위한 절차 등에 관하여 필요한 사항을 정함을 목적으로 한다.
1. 「가족관계등록부에 성명을 기록하는 방법」 "2"에 따라 가족관계등록부상 <u>두음법칙이 적용된 한자 성(姓)의 한글표기를 정정</u>
2. <u>외국인 부의 성이 외국어로서 한자인 경우</u>, 「외국인 부와 한국인 모 사이에 출생한 혼인 중의 자의 성과 이름 표기 및 가족관계등록부에 기록하는 절차」 "4"의 "사"에 따라 가족관계등록부상 <u>한국국적 자녀 성(姓)의 표기를 정정</u>
3. 외국인 부의 성이 외국어로서 한자인 경우, 「자녀의 성과 본에 관한 가족관계등록사무 처리지침」 제12조 제3항에 따라 한국국적 자녀 성(성)의 표기를 정정

제2조(신청의 방법)
제1조 각 호의 표기를 정정하고자 하는 신청인은 「가족관계의 등록 등에 관한 법률」 제104조에 따라 사건 본인의 등록기준지를 관할하는 가정법원에 등록부 정정 허가신청을 하여 그 허가를 받아야 한다.

제2장 두음법칙이 적용된 한자 성(姓)의 한글표기 정정
제3조(신청인)
① <u>사건본인 및 사건본인과 한자 성이 같은 직계존·비속</u>은 제2조의 신청을 할 수 있다. 다만, 사건본인이 속한 문중 또는 종중은 그러하지 아니하다.
② 사건본인은 「비송사건절차법」 제6조 및 제7조에 따라 대리인으로 하여금 제1항의 신청을 하도록 할 수 있다.
③ 신청인이 사건본인으로서 단독으로 제1항의 신청을 하는 경우, 접수 공무원은 「민법」 제781조 제1항에 따라 신청인과 같은 성을 사용하는 신청인의 부(모의 성과 본을 따르는 경우에는 모, 이하 같다) 및 직계존·비속 사이의 가족관계등록부상 한글 성 표기가 같아야 함을 안내하고 이해관계인의 지위에서 신청인의 부 및 직계비속을 사건본인으로 하여 공동신청 하도록 권고하여야 한다.

제6조(등록부 정정 허가의 효력)
가족관계등록부상 한자 성의 한글표기 정정의 효력은 사건본인에게만 미친다. 다만, 직계비속이 있음에도 사건본인만이 제2조의 신청을 하여 가족관계등록부상 한자 성의 한글표기가 정정된 경우에는 「가족관계의 등록 등에 관한 규칙」 제55조 제3항, 제60조 제2항 제4호를 준용하여 시(구)·읍·면의 장은 그 직계비속의 가족관계등록부상 한자 성의 한글표기도 직권으로 정정한다.

제7조(재정정신청의 처리)
① 가족관계등록부상 한자 성의 한글표기를 정정한 사람이 정정 전의 한글표기로 재정정신청을 한 경우, 관할법원은 이를 허가하지 아니하면 사건본인에게 회복할 수 없는 손해가 발생하는 등 특별한 사정이 소명되지 아니하는 한, 등록부 정정을 허가하여서는 안 된다.

제8조(출생신고)
① 부의 가족관계등록부상 한자 성의 한글표기를 정정한 경우에는 그 자녀의 한자 성을 정정 전의 한글표기에 따라 출생신고 할 수 없다.
② 부의 가족관계등록부상 한자 성의 한글표기를 정정하지 아니하고 그 자녀의 성을 정정하고자 하는 한글표기에 따라 출생신고하는 경우도 제1항과 같다.

제3장 외국인 부의 성이 외국어로서 한자인 경우, 한국국적 자녀 성(姓)의 표기 정정

제9조(신청인)
① 사건본인 및 「비송사건절차법」 제6조 및 제7조에 따른 대리인은 제2조의 신청을 할 수 있다.
② 직계비속이 있는 신청인이 사건본인으로서 단독으로 제1항의 신청을 하는 경우, 접수 공무원은 「민법」 제781조 제1항에 따라 신청인과 같은 성을 사용하는 신청인의 직계비속 사이의 가족관계등록부상 성 표기가 같아야 함을 안내하고 이해관계인의 지위에서 신청인의 직계비속을 사건본인으로 하여 공동신청하도록 권고하여야 한다.

제12조(등록부 정정 허가의 효력)
① 가족관계등록부상 성의 표기 정정의 효력은 사건본인에게만 미친다. 다만 직계비속이 있음에도 사건본인만이 제2조의 신청을 하여 가족관계등록부상 성의 표기가 정정된 경우에는 「가족관계의 등록 등에 관한 규칙」 제55조 제3항, 제60조 제2항 제4호를 준용하여 시(구)·읍·면의 장은 그 직계비속의 가족관계등록부상 성의 표기도 직권으로 정정한다.
② 사건본인의 성의 표기를 원지음 한글 표기에서 한국식 발음의 한글 및 그 한자로 병기하는 표기로 정정하는 경우, 시(구)·읍·면의 장은 간이직권정정절차에 따라 특정등록사항란의 외국인 부의 성 표기에 한자를 병기한다.

제13조(재정정신청의 처리)
① 가족관계등록부상 성의 표기를 정정한 사람이 정정 전의 표기로 재정정신청을 한 경우, 관할법원은 이를 허가하지 아니하면 사건본인에게 회복할 수 없는 손해가 발생하는 등 특별한 사정이 소명되지 아니하는 한, 등록부 정정을 허가하여서는 안 된다.
② 제12조 제1항 단서에 따라 간이직권정정절차에 의하여 가족관계등록부상 성의 표기 정정을 받은 자녀가 신청인 겸 사건본인으로 신청하는 경우에도 제1항과 같다.

3) 그 밖의 정정

① 성 "박"을 한글인 "밝"으로 정정을 구하는 등록부의 정정허가신청은 등록부의 정정사유나 개명사유의 어디에도 해당되지 아니하는 사유를 들어 가족관계등록부의 정정을 받아들일 수 없다(가족관계등록선례 제201502-13호).
② 사건본인의 가족관계등록부상 성씨의 한글표기를 '유'에서 '류'로 정정하였으나, 사건본인의 가족관계등록부상 사망한 부(父)의 성(姓)이 종전대로 '유'로 기록되어 있는 경우 이해관계인이 사건본인의 등록기준지를 관할하는 가정법원에 "사건본인의 가족관계등록부상 부의 성을 '유'에서 '류'로 정정하는 것을 허가하라"는 취지의 가족관계등록부 정정 허가신청을 하고 그 허가를 받아 시(구)·읍·면의 장에게 정정신청을 할 수 있다(가족관계등록선례 제200808-4호).

(5) 사망자 이름의 출생신고에 의하여 이루어진 기록의 정정

가족관계등록예규 제238호[사망자 이름의 출생신고에 의하여 이루어진 가족관계등록기록의 정정]

문▶ 1950.6.25. 전사한 부(父)가 1951.10.15. 출생한 혼인 중의 출생자를 1953.12.24.에 출생신고한 것으로 가족관계등록부에 기록이 되어 있는 바(실제는 모가 사망자인 부의 이름으로 신고한 경우), 이러한 사망자 이름으로 출생신고하여 가족관계등록부에 기록된 경우 이 사망자 이름의 신고 유효 및 그 시정방법 여하

답▶ <u>사망자 이름으로 한 출생신고라도 실체관계에 착오 없으며 「가족관계의 등록 등에 관한 법률」 제46조에 따라 신고한 경우에는 사실상 신고한 사람으로 같은 법 제104조의 등록부 정정</u>을 할 수 있을 것이고, 그러하지 아니한 경우에는 같은 법 제104조 또는 제107조의 등록부 정정으로 처리하여야 한다.

(6) 성전환자의 성별정정

가족관계등록예규 제550호[성전환자의 성별정정허가신청사건 등 사무처리지침]

제2조(적용범위)
① 이 지침은 신청인 겸 사건본인(이하 "신청인"이라 한다)이 성전환증에 의하여 성전환수술을 받았음(이하 "성전환증"이라 한다)을 이유로 성별정정허가신청을 하는 경우에 적용한다.
② 이 지침은 성염색체, 성선, 외부성기 등 3가지 요소 중 어느 하나에 불일치가 존재하여 성보완 수술 또는 성적합 수술을 받은 사람이 성별정정허가신청을 하는 경우에는 적용하지 아니한다. 다만, 성보완 수술 또는 성적합 수술에 의하여 생물학적 성과 가족관계등록부에 기록된 성을 일치시키거나 성보완 수술 또는 성적합 수술을 받고 가족관계등록부의 성별을 정정한 사람이 성전환증을 이유로 성별정정허가신청을 하는 경우에는 이 지침에 의하여 처리할 수 있다.

제3조(참고서면)
① 법원은 심리를 위하여 필요한 경우에는 신청인에게 다음 각 호의 서면을 제출하게 할 수 있다.
  1. 가족관계등록부의 기본증명서, 가족관계증명서 및 주민등록표등(초)본
  2. 신청인이 <u>성전환증 환자임을 진단한 정신과 전문의사의 진단서나 감정서</u>
  3. 신청인이 성전환수술을 받아 현재 생물학적인 성과 반대되는 성에 관한 신체의 성기와 흡사한 외관을 구비하고 있음을 확인하는 <u>성전환시술 의사의 소견서</u>
  4. 신청인에게 현재 생식능력이 없고, 향후에도 생식능력이 발생하거나 회복될 가능성이 없음을 확인하는 전문의사 명의의 진단서나 감정서
  5. 신청인의 성장환경진술서 및 인우인의 보증서

제4조(사실조회)
성별정정허가신청사건을 처리하는 법원은 필요한 경우 사실조회를 실시할 수 있다.

제5조(법원의 심리)
① 법원은 신청인을 심문하여야 한다.
② 법원은 신청서와 이에 첨부한 의사의 진단서나 소견서 등 서면의 신빙성에 대하여 합리적인 의심이 있다고 판단되는 경우, 공신력 있는 의료기관에 신청인에 대한 감정을 촉탁할 수 있으며, 인우보증의 진실성을 확보하기 위하여 필요한 경우에는 인우인에 대한 참고인심문을 실시할 수 있다.
③ 심문은 공개하지 아니한다. 그러나 법원은 상당하다고 인정하는 자에게 방청을 허가할 수 있다.

제6조(참고사항)
법원은 성별정정허가신청사건의 심리를 위하여 신청인에 대한 다음 각 호의 사유를 조사할 수 있다.
1. 신청인이 대한민국 국적자로서 19세 이상의 행위능력자인지, 현재 혼인 중인지, 신청인에게 미성년 자녀가 있는지 여부
2. 신청인이 성전환증으로 인하여 성장기부터 지속적으로 선천적인 생물학적 성과 자기의식의 불일치로 인하여 고통을 받고 오히려 반대의 성에 대하여 귀속감을 느껴왔는지 여부
3. 신청인에게 상당기간 정신과적 치료나 호르몬요법에 의한 치료 등을 실시하였으나 신청인이 여전히 수술적 처치를 희망하여, 자격 있는 의사의 판단과 책임 아래 성전환수술을 받아 외부성기를 포함한 신체외관이 반대의 성으로 바뀌었는지 여부
4. 성전환수술의 결과 신청인이 생식능력을 상실하였고, 향후 종전의 성으로 재 전환할 개연성이 없거나 극히 희박한지 여부
5. 신청인에게 범죄 또는 탈법행위에 이용할 의도나 목적으로 성별정정허가신청을 하였다는 등의 특별한 사정이 있는지 여부

제7조(주문례)
① 법원이 성별정정허가결정을 하는 때에 참고할 주문례는 아래와 같다.
[주문기재례]
등록기준지 서울특별시 영등포구 여의대로 3(도로명주소가 없는 경우 지번방식의 주소로 기재함) 사건본인 김을순(금을순)의 가족관계등록부 성별란에 "여"로 기록된 것을 "남"으로, 정정하는 것을 허가한다.

제8조(개명허가신청)
신청인이 성별정정허가신청과 함께 개명허가신청을 하거나 성별정정허가신청사건의 심리중에 개명허가신청을 한 경우, 개명허가신청사건의 심리와 사무처리에 관해서는 원칙적으로 「대법원 가족관계등록예규」 제211호에 따르되, 같은 예규 제3조 제1항의 사실조회는 실시하지 아니할 수 있으며, 성별정정을 허가한 경우에는 개명도 허가할 수 있다.

제9조(가족관계등록부 기록)
성전환증을 이유로 성별정정허가결정을 받은 신청인의 등록부 정정 신청을 접수한 시(구)·읍·면의 장은 신청인의 성별란을 정정하고, 일반등록사항란에 정정사유를 기록한다.

① 참고서면으로 종전에는 부모의 동의서를 첨부하게 하였으나, 2019년 개정으로 해당 규정은 삭제되었다.
② 혼인 중에 있지 아니한 성전환자에게 미성년 자녀가 있는 사정을 성별정정에 관한 독자적인 불허 사유로 볼 수 없다(대결[전합] 2022.11.24. 2020스616).

제4편 | 등록부의 정정

신청에 의한 등록부 정정

제1절 판결에 의한 등록부 정정

제2절 법원의 허가에 의한 등록부 정정

01 성전환자의 성별정정허가신청에 관한 다음 설명 중 가장 옳지 않은 것은?(다툼이 있는 경우 판례·예규 및 선례에 의함. 이하 같음) 2020년

① 성전환자의 성별정정허가신청이 있으면 법원은 반드시 신청인을 비공개로 심문하여야 하나 상당하다고 인정하는 자에게 방청을 허가할 수 있다.
② 법원은 신청인이 대한민국 국적자로서 19세 이상의 행위능력자인지, 현재 혼인 중인지, 신청인에게 미성년인 자녀가 있는지 여부를 조사할 수 있다.
③ 신청인이 성별정정허가신청을 하기 위하여는 부모의 동의서를 첨부하여야 한다.
④ 신청인이 성별정정허가신청과 함께 개명허가신청을 한 경우, 개명허가신청사건에 관해서는 원칙적으로 개명허가신청사건 사무처리지침에 따르되, 지침에 따른 사실조회는 실시하지 아니할 수 있다.
⑤ 성전환증을 이유로 성별정정허가결정을 받은 신청인의 등록부 정정 신청을 접수한 시(구)·읍·면의 장은 신청인의 성별란을 정정하고, 일반등록사항란에 정정사유를 기록한다.

[❶▶ O] 심문은 공개하지 아니한다. 그러나 법원은 상당하다고 인정하는 자에게 방청을 허가할 수 있다(가족관계등록예규 제550호 제5조 제3항).
[❷▶ O] 가족관계등록예규 제550호 제6조 제1호

> **가족관계등록예규 제550호[성전환자의 성별정정허가신청사건 등 사무처리지침]**
> **제6조(참고사항)**
> 법원은 성별정정허가신청사건의 심리를 위하여 신청인에 대한 다음 각 호의 사유를 조사할 수 있다.
> 1. 신청인이 대한민국 국적자로서 19세 이상의 행위능력자인지, 현재 혼인 중인지, 신청인에게 미성년인 자녀가 있는지 여부
> 2. 신청인이 성전환증으로 인하여 성장기부터 지속적으로 선천적인 생물학적 성과 자기의식의 불일치로 인하여 고통을 받고 오히려 반대의 성에 대하여 귀속감을 느껴왔는지 여부

3. 신청인에게 상당기간 정신과적 치료나 호르몬요법에 의한 치료 등을 실시하였으나 신청인이 여전히 수술적 처치를 희망하여, 자격 있는 의사의 판단과 책임 아래 성전환수술을 받아 외부성기를 포함한 신체외관이 반대의 성으로 바뀌었는지 여부
4. 성전환수술의 결과 신청인이 생식능력을 상실하였고, 향후 종전의 성으로 재전환할 개연성이 없거나 극히 희박한지 여부
5. 신청인에게 범죄 또는 탈법행위에 이용할 의도나 목적으로 성별정정허가신청을 하였다는 등의 특별한 사정이 있는지 여부

[❸ ▶ ×] 종전에는 부모의 동의서를 첨부하게 하였으나, 2019년 개정으로 해당 규정은 삭제되었다(가족관계등록예규 제550호 제3조 제1항 제6호 참조).

가족관계등록예규 제550호[성전환자의 성별정정허가신청사건 등 사무처리지침]
제3조(참고서면)
① 법원은 심리를 위하여 필요한 경우에는 신청인에게 다음 각 호의 서면을 제출하게 할 수 있다.
1. 가족관계등록부의 기본증명서, 가족관계증명서 및 주민등록표등(초)본
2. 신청인이 성전환증 환자임을 진단한 정신과 전문의사의 진단서나 감정서
3. 신청인이 성전환수술을 받아 현재 생물학적인 성과 반대되는 성에 관한 신체의 성기와 흡사한 외관을 구비하고 있음을 확인하는 성전환시술 의사의 소견서
4. 신청인에게 현재 생식능력이 없고, 향후에도 생식능력이 발생하거나 회복될 가능성이 없음을 확인하는 전문의사 명의의 진단서나 감정서
5. 신청인의 성장환경진술서 및 인우인의 보증서
6. 부모의 동의서 〈삭제 2019.8.19. 제537호〉

[❹ ▶ ○] 신청인이 성별정정허가신청과 함께 개명허가신청을 하거나 성별정정허가신청사건의 심리 중에 개명허가신청을 한 경우, 개명허가신청사건의 심리와 사무처리에 관해서는 원칙적으로 대법원 가족관계등록예규 제211호(현 제619호, 개명허가신청사건 사무처리지침)에 따르되, 같은 예규 제3조 제1항의 사실조회는 실시하지 아니할 수 있으며, 성별정정을 허가한 경우에는 개명도 허가할 수 있다(가족관계등록예규 제550호 제8조).

[❺ ▶ ○] 성전환증을 이유로 성별정정허가결정을 받은 신청인의 등록부 정정 신청을 접수한 시(구)·읍·면의 장은 신청인의 성별란을 정정하고, 일반등록사항란에 정정사유를 기록한다(가족관계등록예규 제550호 제9조).

답 ❸

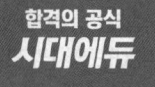

가족관계등록비송

제1장	총 설
제2장	개 명
제3장	가족관계등록창설

CHAPTER 01 총 설

제1절 서 설

1. 의 의

가족관계등록비송사건이라 함은 법원이 처리하고 있는 등록사무 중 비송사건절차법에 따른 재판권의 발동에 의하여 처리되는 비분쟁성 사건을 말한다.

2. 가족관계등록비송사건의 종류

(1) 최협의의 가족관계등록비송사건

법원의 재판형태로 비송사건절차법이 준용되는 가족관계등록비송사건을 의미하는 최협의의 가족관계등록비송사건은 ① 가족관계등록법 제96조에 따른 국적취득자의 성과 본의 창설 허가, ② 가족관계등록법 제99조에 따른 개명허가, ③ 가족관계등록법 제101조에 따른 가족관계등록창설허가, ④ 가족관계등록법 제104조 및 제105조에 따른 등록기록정정허가사건이 있다(가족관계등록규칙 제87조 제1항). 이하에서는 최협의의 가족관계등록비송사건을 중심으로 설명한다. 다만 가족관계등록법 제104조 및 제105조에 따른 등록기록정정허가사건은 제4편 제3장 제2절에서, 국적취득자의 성과 본의 창설은 제2편 제11장 제3절에서 전술하였으므로 해당부분을 참고하기 바란다.

(2) 협의의 가족관계등록비송사건

법원의 관할에 속하며 비송사건절차법이 준용되는 가족관계등록비송사건을 의미하는 협의의 가족관계등록비송사건은 최협의의 가족관계등록비송사건에 ① 가족관계등록법 제44조의2 제1항에 따른 가정법원의 확인(출생증명서 없는 경우의 법원의 확인), ② 가족관계등록법 제57조 제1항 단서 및 같은 조 제2항에 따른 가정법원의 확인(모의 인적사항을 알 수 없는 경우의 법원의 확인)사건을 추가한 것이다(가족관계등록규칙 제87조의2 제1항).

(3) 광의의 가족관계등록비송사건

비송사건절차법이 준용되는지 여부를 불문하고 법원의 관할에 속하는 가족관계등록비송사건을 의미하는 광의의 가족관계등록비송사건은 협의의 가족관계등록비송사건에 협의이혼의사확인(가족관계등록법 제75조), 등록공무원의 위법·부당한 처분에 대한 불복절차(가족관계등록법 제109조), 과태료처분절차(가족관계등록법 제123조) 등을 추가한 것이다.

[가족관계등록비송사건의 분류]

구 분	최협의	협 의	광 의
① 국적취득자의 성과 본의 창설 허가, ② 개명허가, ③ 가족관계등록창설허가, ④ 가족관계등록법 제104조 및 제105조에 따른 등록기록정정허가	○	○	○
① 가족관계등록법 제44조의2 제1항에 따른 가정법원의 확인, ② 가족관계등록법 제57조 제1항 단서 및 같은 조 제2항에 따른 가정법원의 확인	×	○	○
① 협의이혼의사확인, ② 등록공무원의 위법·부당한 처분에 대한 불복절차, ③ 과태료처분절차	×	×	○

제2절 가족관계등록비송절차의 특례

1. 관할법원

(1) 국적취득자의 성·본 창설허가

국적취득자의 등록기준지·주소지 또는 등록기준지로 하고자 하는 곳을 관할하는 가정법원이 관할법원이다(가족관계등록법 제96조 제1항).

(2) 개명허가

개명하고자 하는 사람의 주소지(재외국민 및 주소지가 없는 사람의 경우 등록기준지)를 관할하는 가정법원이 관할법원이다(가족관계등록법 제99조 제1항, 가족관계등록규칙 제87조 제4항).

(3) 가족관계등록창설허가

가족관계등록을 하려는 곳을 관할하는 가정법원이 관할법원이다(가족관계등록법 제101조 제1항).

(4) 등록기록정정허가

사건본인의 등록기준지를 관할하는 가정법원이 관할법원이다(가족관계등록법 제104조, 제105조).

2. 당사자

(1) 신청인

① 가족관계등록비송사건의 신청인은 ㉠ 국적취득자의 성·본 창설허가의 경우에는 외국의 성을 쓰는 국적취득자, ㉡ 개명허가의 경우에는 개명하고자 하는 사람, ㉢ 가족관계등록창설허가의 경우에는 가족관계등록이 되어 있지 아니한 사람, ㉣ 등록기록정정허가의 경우에는 이해관계인, 신고인 또는 신고사건 본인으로 규정되어 있다.

② 일반 민사비송이나 가사비송사건에 있어서는 공익의 대표자인 검사에게 청구인 적격이 부여되는 경우가 있으나 가족관계등록비송사건에 관하여는 이러한 규정이 없으므로 당사자에 한하여 신청인이 될 수 있다.

③ 국적취득자의 성·본 창설허가, 개명허가, 가족관계등록창설허가의 신청은 의사능력 있는 미성년자도 할 수 있다(가족관계등록규칙 제87조 제2항).

(2) 사건본인

① 가족관계등록비송사건은 대립당사자가 없는 비분쟁성 사건으로서 피신청인은 없지만 재판의 효력이 귀속되는 신분변동 주체로서 사건본인이 존재한다. 이는 민사비송에 대한 특칙이다.

② 사건본인과 신청인은 반드시 별개 독립된 지위에 있는 것은 아니며, 개명허가신청의 경우처럼 신청인과 사건본인이 동일한 경우도 있다.

③ 가족관계등록비송사건의 신청서나 재판서에는 당사자에 준하여 사건본인을 기재할 필요가 있으므로 허가신청서에는 사건본인의 성명·출생연월일·등록기준지 및 주소를 기재하여야 한다(가족관계등록규칙 제87조 제3항).

3. 법원의 재판 및 불복절차

① 가족관계등록비송사건의 처리절차에 관하여는 비송사건절차법을 준용하므로(가족관계등록규칙 제87조 제1항), 심문은 비공개가 원칙이고, 직권에 의한 탐지와 증거조사가 인정된다(비송사건절차법 제11조, 제13조).

② 재판의 형식은 결정으로 하며, 고지됨으로써 효력이 발생한다(비송사건절차법 제17조, 제18조).

③ 법원의 결정에 대하여 권리를 침해당한 자는 그 재판에 대하여 항고할 수 있다(비송사건절차법 제20조). 이 항고는 보통항고이므로 항고기간의 제한이 없고, 항고의 이익이 있으면 언제라도 할 수 있다.

4. 가족관계등록비송재판의 취소·변경에 관한 특례

(1) 원 칙
비송재판의 경우 법원은 재판을 한 후에 그 재판이 위법 또는 부당하다고 인정할 때에는 이를 취소하거나 변경할 수 있다(비송사건절차법 제19조). 따라서 비송재판의 기판력은 원칙적으로 인정되지 않으며, 이는 가족관계등록비송도 동일하다.

(2) 특 례
그러나 가족관계등록공무원이 가족관계등록부의 정정허가결정에 의한 가족관계등록부의 정정신청을 수리하여 가족관계등록부에 기록을 한 후에는 그 허가결정을 한 법원은 비송사건절차법 제19조 제1항에 따라 재판의 취소 또는 변경을 할 수는 없다(가족관계등록예규 제422호 7.).

5. 비 용

(1) 인 지
① 비송사건절차법에 따른 가족관계등록부의 정정허가에 관한 인지첩부 방법에 있어서는 사건본인 1명이 가족관계등록부상 자기의 신분에 관한 기록사항 중 착오가 여러 개(例 출생장소, 출생연월일, 성별관계 등)가 있어 이의 정정을 위한 여러 개의 청구가 있을 경우, 이는 1명 1건으로 보아 정해진 인지를 붙여야 한다(가족관계등록예규 제422호 2.).
② 등록기록정정허가신청과 개명허가신청은 가족관계등록법규에 구분하여 규정한 별개의 사건이므로 비록 하나의 신청으로 사건본인 1인의 등록기록정정과 개명을 함께 구하고 있을지라도 2개의 사건번호를 부여하고 인지도 2건분을 첨부하도록 하여야 할 것이다(호적선례 제3-503호).

(2) 소송구조의 대상 여부
비송사건절차법에서 민사소송법의 개별규정을 준용하고 있으나 소송구조에 관한 규정은 준용하지 않고 있으므로(비송사건절차법 제8조, 제10조 참조), 비송사건절차법이 적용 또는 준용되는 비송사건은 소송구조의 대상이 되지 아니하고, 이러한 비송사건을 대상으로 하는 소송구조 신청은 부적법하다(대결 2009.9.10. 2009스89).

6. 가족관계등록비송사건의 소명자료인 인우인보증서의 첨부서류

가족관계등록비송사건의 소명자료로 인우인보증서를 첨부하는 경우에는 반드시 보증인들의 주민등록표 등·초본을 첨부하도록 하여야 한다(가족관계등록예규 제422호 3.).

7. 가족관계등록비송사건의 통지

가족관계등록예규 제504호[가족관계등록비송사건 및 가사사건 통지의 처리에 관한 업무지침]

제2조(가족관계등록비송사건 통지의 방법)
① 규칙 제87조 제1항 각 호의 신청을 허가한 재판이 효력을 발생한 때에는 가정법원의 법원사무관등은 지체 없이 사건본인의 등록기준지의 시(구)·읍·면의 장에게 재판서의 등본을 첨부하여 별지 제1호 서식에 의하여 통지하여야 한다.
② 규칙 제87조의2 제1항 제1호의 확인이 효력을 발생한 때에는 가정법원의 법원사무관등은 지체 없이 사건본인의 부 또는 모의 등록기준지의 시(구)·읍·면의 장에게 확인서의 등본을 첨부하여 별지 제2호 서식에 의하여 통지하여야 한다.
③ 제1항 및 제2항의 통지는 전산정보처리조직을 이용하여 전자문서로 할 수 있다.

제3조(신고의 최고 및 기록)
① 전 조의 통지를 받은 시(구)·읍·면의 장은 법정기간 내에 신고의무자의 신고가 없으면 지체 없이 「가족관계의 등록 등에 관한 법률」(이하 "법"이라 한다) 제38조 제1항 및 제2항에 따라 신고의무자에게 신고할 것을 최고한다.
② 신고의무자에게 전 항의 최고를 할 수 없거나 최고를 하여도 신고의무자가 신고를 하지 아니한 때에는 시(구)·읍·면의 장은 법 제38조 제3항 및 제18조 제2항에 따라 직권정정(기록)을 하여야 한다.

제4조(통지서의 등록 및 보존)
① 시(구)·읍·면의 장은 제2조 제1항에 따라 송부받은 통지서를 가족관계등록문서건명부에 등록하고, 규칙 제82조 제1항 제4호 마목에 의하여 통지서편철장에 5년간 보존한다.
② 시(구)·읍·면의 장은 제2조 제2항에 따라 송부받은 통지서를 전산정보처리조직에 등록함으로써 가족관계등록문서건명부 등록에 갈음할 수 있고, 규칙 제86조에 의하여 전산기록을 보존하는 것으로 통지서편철장에의 보존을 갈음할 수 있다.

CHAPTER 01 총 설

제1절 서 설

01 다음에 열거한 비송사건 중에서 가족관계등록비송사건을 모두 고른 것은? 2022년

> 가. 자의 복리를 위한 자의 성과 본의 변경 허가 사건
> 나. 등록이 되어 있지 아니한 사람에 대한 가족관계등록창설허가 사건
> 다. 개명허가 사건
> 라. 부모를 알 수 없는 사람에 대한 성과 본의 창설 허가 사건
> 마. 외국의 성을 쓰는 국적취득자의 성과 본의 창설 허가 사건
> 바. 미성년자의 입양에 대한 허가 사건
> 사. 위법한 가족관계 등록기록의 정정 허가 사건
> 아. 출생증명서 또는 서면을 첨부할 수 없는 경우의 가정법원의 확인 사건

① 나, 다, 라, 마
② 가, 다, 라, 바
③ 나, 다, 라, 마, 사
④ 나, 다, 마, 사, 아
⑤ 나, 다, 라, 마, 사, 아

[가▶X] [나▶O] [다▶O] [라▶X] [마▶O] [바▶X] [사▶O] [아▶O]

> **가족관계의 등록 등에 관한 규칙 제87조(허가사건의 처리절차)**
> ① 다음 각 호의 사건의 처리절차에 관하여는 비송사건절차법을 준용한다.
>   1. 법 제96조에 따른 국적취득자의 성과 본의 창설 허가 - (마)
>   2. 법 제99조에 따른 개명허가 - (다)
>   3. 법 제101조에 따른 가족관계등록창설허가 - (나)
>   4. 법 제104조(위법한 가족관계 등록기록의 정정) 및 제105조(무효인 행위의 가족관계등록기록의 정정)에 따른 등록기록정정허가 - (사)

가족관계의 등록 등에 관한 규칙 제87조의2(확인사건의 처리절차)
① 다음 각 호의 사건의 처리절차에 관하여는 비송사건절차법을 준용한다.
  1. 법 제44조의2 제1항에 따른 가정법원의 확인 - (아)

> **가족관계등록법 제44조의2(출생증명서가 없는 경우의 출생신고)**
> ① 제44조 제4항에 따른 출생증명서 또는 서면을 첨부할 수 없는 경우에는 가정법원의 출생확인을 받고 그 확인서를 받은 날부터 1개월 이내에 출생의 신고를 하여야 한다.

  2. 법 제57조 제1항 단서 및 같은 조 제2항에 따른 가정법원의 확인

> **가족관계등록법 제57조(친생자출생의 신고에 의한 인지)**
> ① 부가 혼인 외의 자녀에 대하여 친생자출생의 신고를 한 때에는 그 신고는 인지의 효력이 있다. 다만, 모가 특정됨에도 불구하고 부가 본문에 따른 신고를 함에 있어 모의 소재불명 또는 모가 정당한 사유 없이 출생신고에 필요한 서류 제출에 협조하지 아니하는 등의 장애가 있는 경우에는 부의 등록기준지 또는 주소지를 관할하는 가정법원의 확인을 받아 신고를 할 수 있다.
> ② 모의 성명·등록기준지 및 주민등록번호의 전부 또는 일부를 알 수 없어 모를 특정할 수 없는 경우 또는 모가 공적 서류·증명서·장부 등에 의하여 특정될 수 없는 경우에는 부의 등록기준지 또는 주소지를 관할하는 가정법원의 확인을 받아 제1항에 따른 신고를 할 수 있다.

답 ❹

제2절 가족관계등록비송절차의 특례

02 다음 중 주소지 관할 가정법원이 처리하는 경우가 있는 것끼리 연결된 것은(여기서 등록부의 정정허가는 가족관계의 등록 등에 관한 법률 제104조에 의함)? 2024년

① 가족관계 등록 창설 허가 - 등록부의 정정 허가
② 개명 허가 - 귀화 허가
③ 국적취득자의 성과 본 창설 허가 - 등록부의 정정 허가
④ 협의상 이혼의 확인 - 개명 허가
⑤ 개명 허가 - 등록부의 정정 허가

[❹ ▶ ○] 협의상 이혼의 확인은 등록기준지 또는 주소지를 관할하는 가정법원이 처리하고, 개명 허가는 주소지(재외국민의 경우 등록기준지)를 관할하는 가정법원이 처리한다.

- 가족관계 등록 창설 허가 : 등록이 되어 있지 아니한 사람은 등록을 하려는 곳을 관할하는 가정법원의 허가를 받고 그 등본을 받은 날부터 1개월 이내에 가족관계 등록 창설(이하 "등록창설"이라 한다)의 신고를 하여야 한다(가족관계등록법 제101조 제1항).
- 등록부의 정정 허가 : 등록기준지를 관할하는 가정법원의 허가(가족관계등록법 제104조 제1항, 제105조 제1항 참조)

> **가족관계등록법 제104조(위법한 가족관계등록기록의 정정)**
> ① 등록부의 기록이 법률상 허가될 수 없는 것 또는 그 기재에 착오나 누락이 있다고 인정한 때에는 이해관계인은 사건 본인의 등록기준지를 관할하는 가정법원의 허가를 받아 등록부의 정정을 신청할 수 있다.
>
> **가족관계등록법 제105조(무효인 행위의 가족관계등록기록의 정정)**
> ① 신고로 인하여 효력이 발생하는 행위에 관하여 등록부에 기록하였으나 그 행위가 무효임이 명백한 때에는 신고인 또는 신고사건의 본인은 사건 본인의 등록기준지를 관할하는 가정법원의 허가를 받아 등록부의 정정을 신청할 수 있다.

- 개명 허가 : 개명하고자 하는 사람은 주소지(재외국민의 경우 등록기준지)를 관할하는 가정법원의 허가를 받고 그 허가서의 등본을 받은 날부터 1개월 이내에 신고를 하여야 한다(가족관계등록법 제99조 제1항).
- 귀화 허가 : 대한민국 국적을 취득한 사실이 없는 외국인은 법무부장관의 귀화허가(歸化許可)를 받아 대한민국 국적을 취득할 수 있다(국적법 제4조 제1항).
- 국적취득자의 성과 본 창설 허가 : 외국의 성을 쓰는 국적취득자가 그 성을 쓰지 아니하고 새로이 성(姓)·본(本)을 정하고자 하는 경우에는 그 등록기준지·주소지 또는 등록기준지로 하고자 하는 곳을 관할하는 가정법원의 허가를 받고 그 등본을 받은 날부터 1개월 이내에 그 성과 본을 신고하여야 한다(가족관계등록법 제96조 제1항).
- 협의상 이혼의 확인 : 협의상 이혼을 하고자 하는 사람은 등록기준지 또는 주소지를 관할하는 가정법원의 확인을 받아 신고하여야 한다. 다만, 국내에 거주하지 아니하는 경우에 그 확인은 서울가정법원의 관할로 한다(가족관계등록법 제75조 제1항).

답 ❹

03 가족관계등록비송사건에 관한 다음 설명 중 가장 옳지 않은 것은? 2021년

① 국적취득자의 성본창설허가, 개명허가, 가족관계등록창설허가 및 등록기록정정허가는 비송사건절차법을 준용하므로 심문은 비공개가 원칙이고 직권에 의한 탐지와 증거조사가 인정된다.
② 가족관계등록공무원이 가족관계등록부의 정정허가결정에 의한 가족관계등록부의 정정신청을 수리하여 가족관계등록부에 기록을 한 후에는 그 허가결정을 한 법원은 비송사건절차법 제19조 제1항에 따라 재판의 취소 또는 변경을 할 수는 없다.
③ 비송사건절차법이 민사소송법 개별 규정을 준용하고 있고, 가족관계등록비송사건에는 비송사건절차법이 준용되므로 가족관계등록비송사건을 대상으로 하는 소송구조 신청은 적법하다.
④ 일반 민사비송사건이나 가사비송사건에 있어서는 공익의 대표자인 검사에게 청구인적격이 부여되는 경우가 있으나 가족관계등록비송사건에 관하여는 이러한 규정이 없다.
⑤ 가족관계등록비송사건의 신청서나 재판서에는 당사자에 준하여 사건본인을 기재할 필요가 있으므로 허가신청서에는 사건본인의 성명·출생연월일·등록기준지 및 주소를 기재하여야 한다.

[❶▶○] [❺▶○] 가족관계의 등록 등에 관한 규칙 제87조 제1항·제3항, 비송사건절차법 제11조, 제13조

가족관계의 등록 등에 관한 규칙 제87조(허가사건의 처리절차)
① 다음 각 호의 사건의 처리절차에 관하여는 비송사건절차법을 준용한다.
 1. 법 제96조에 따른 국적취득자의 성과 본의 창설허가
 2. 법 제99조에 따른 개명허가
 3. 법 제101조에 따른 가족관계등록창설허가
 4. 법 제104조 및 제105조에 따른 등록기록정정허가
③ 제1항 각 호의 허가신청서에는 사건본인의 성명·출생연월일·등록기준지 및 주소를 기재하여야 한다.

비송사건절차법 제11조(직권에 의한 탐지 및 증거조사)
법원은 직권으로 사실의 탐지와 필요하다고 인정하는 증거의 조사를 하여야 한다.

비송사건절차법 제13조(심문의 비공개)
심문(審問)은 공개하지 아니한다. 다만, 법원은 심문을 공개함이 적정하다고 인정하는 자에게는 방청을 허가할 수 있다.

[❷▶○] 가족관계등록공무원이 가족관계등록부의 정정허가결정에 의한 가족관계등록부의 정정신청을 수리하여 가족관계등록부에 기록을 한 후에는 그 허가결정을 한 법원은 비송사건절차법 제19조 제1항에 따라 재판의 취소 또는 변경을 할 수는 없다(가족관계등록예규 제422호 7.).
[❸▶×] 비송사건절차법에서 민사소송법의 개별규정을 준용하고 있으나 소송구조에 관한 규정은 준용하지 않고 있으므로(비송사건절차법 제8조, 제10조 참조), 비송사건절차법이 적용 또는 준용되는 비송사건은 소송구조의 대상이 되지 아니하고, 이러한 비송사건을 대상으로 하는 소송구조 신청은 부적법하다(대결 2009.9.10. 2009스89).
[❹▶○] 가족관계등록비송사건인 국적취득자의 성본창설허가, 개명허가, 가족관계등록창설허가 및 등록기록정정허가에는 검사에게 청구인 적격이 부여되는 규정이 없으므로 당사자만이 신청인이 될 수 있다.

답 ❸

CHAPTER 02 개 명

제1절 서 설

1. 의 의

개명이란 등록부에 기록된 이름을 법원의 허가를 얻어 새로운 이름으로 변경하는 것을 의미한다. 개개인의 동일성 식별에 대한 혼란과 기존 이름을 토대로 형성된 사회생활의 질서가 무너지는 것을 방지하기 위하여 가정법원의 허가에 의해서만 가능하도록 하였다.

2. 개명과 등록부 정정의 구별

① 개명은 정당하게 등록부에 기록된 이름을 변경하는 것이고, 이름에 대한 등록부 정정은 등록부상 기록된 이름이 부적법하거나 진실에 반하는 경우 이를 바로잡는 것을 의미한다.
② 출생신고서에 기재한 이름과 가족관계등록부에 기록된 이름이 서로 다른 경우에는 가족관계등록규칙 제60조 제2항 제5호(신고서류에 의하여 이루어진 등록부의 기록에 오기나 누락된 부분이 있음이 해당 신고서류에 비추어 명백한 때)에 따라 간이직권정정 절차로 정정할 수 있으나, 출생신고서에 기재를 잘못하였다는 사유로 이름을 변경하고자 하는 경우에는 등록부 기록에 착오가 있는 것이 아니므로 가족관계등록법 제99조에 따라 법원에 개명허가신청을 하여야 한다(가족관계등록예규 제619호 제4조).
③ 출생신고 시 출생자의 이름을 한글로만 신고한 경우에는 한글 이름만을 가진 경우이므로, 후에 한자이름을 함께 기록하게 하려면 추후보완신고로는 할 수 없고 개명절차를 취하여야 한다(가족관계등록예규 제510호 3. 다.).
④ 등록부상 한자로 등재된 이름을 한글 이름으로 바꾸려면 주소지를 관할하는 가정법원(지방법원 또는 지원)에 개명허가 신청을 하여 그 허가를 받아야만 가능하다(호적선례 제2-337호).
⑤ 등록부와 주민등록표상의 이름이 달라 주민등록표상의 이름으로 등록부상 이름을 사용하기를 원할 경우에는 법원의 개명절차를 밟아야 할 것이다(호적선례 제200309-5호).
⑥ 외국인 부와 한국인 모 사이에 출생한 혼인 중의 자가 외국인 부의 성을 따라 외국식 이름으로 기록된 가족관계등록부를 후에 한국인 모의 성과 한국식 이름으로 변경하기 위해서는, 성·본 변경절차와 개명절차를 거쳐야 하고, 추후보완신고 또는 등록부의 정정절차를 통해서는 이를 할 수 없다(가족관계등록예규 제573호 4. 바.).

⑦ 사건본인이 법원의 허가를 얻어 이미 다른 이름으로 개명을 하였다면 현재의 이름을 구명(舊名)으로 고치기 위해서는 다시 법원의 개명허가를 받아야만 가능할 것이고 정정의 방법으로는 할 수 없다(호적선례 제2-338호).
⑧ 개명의 횟수를 제한하는 법적 근거가 없으므로 개명허가를 얻어 이름을 바꾼 후 다시 법원에 개명허가 신청을 할 수 있다(호적선례 제3-465호).
⑨ 친생자관계부존재확인판결에 의하여 폐쇄된 등록부상의 성명과 새로운 출생신고에 의해 작성되는 등록부에 기록되는 성명이 서로 다른 경우에는 개명절차는 필요하지 않다(호적선례 제3-468호).
⑩ 신청인의 개인적인 입장을 고려하여 개명을 허가할 만한 상당한 이유가 있고, 달리 개명신청권의 남용으로 볼 사정이 없는 한, 미성년자시절 한 차례 개명허가결정을 받은 사실만으로는 개명신청권의 남용이라고 보기 어렵다(대결 2009.8.13. 2009스65).

제2절 개명허가신청

> **개명신고(가족관계등록법 제99조)**
> ① 개명하고자 하는 사람은 주소지(재외국민의 경우 등록기준지)를 관할하는 가정법원의 허가를 받고 그 허가서의 등본을 받은 날부터 1개월 이내에 신고를 하여야 한다.
> ② 신고서에는 다음 사항을 기재하여야 한다.
>   1. 변경 전의 이름
>   2. 변경한 이름
>   3. 허가연월일
> ③ 제2항의 신고서에는 허가서의 등본을 첨부하여야 한다.
> ④ 제1항의 경우에 가정법원의 심리에 관하여는 제96조 제6항을 준용한다.

1. 관할법원

개명하고자 하는 사람의 주소지(재외국민 및 주소지가 없는 사람의 경우 등록기준지)를 관할하는 가정법원이 관할법원이다(가족관계등록법 제99조 제1항, 가족관계등록규칙 제87조 제4항). 여기서 말하는 법원은 우리나라의 관할법원을 의미하므로 외국법원의 판결(결정)에 의한 개명은 할 수 없다.

2. 신청인

① 신청인은 개명하고자 하는 사람이나(가족관계등록법 제99조 제1항), 법정대리인 또는 의사능력이 있는 미성년자도 단독으로 개명허가신청을 할 수 있다(가족관계등록예규 제619호 제6조 제1항).
② 개명은 개명을 하고자 하는 자가 가정법원의 허가를 받아 신고를 하여야 하는 것으로 이해관계인인 제3자가 사망한 자에 대한 개명신청을 할 수는 없다(호적선례 제3-376호).

3. 신청서의 작성 및 첨부서류

① 신청서에는 신청인의 성명과 주소, 대리인에 의하여 신청할 때에는 대리인의 성명과 주소, 신청의 취지와 그 원인이 되는 사실, 신청 연월일, 법원의 표시, 사건본인의 성명·출생연월일·등록기준지 및 주소를 기재하고 신청인이나 그 대리인이 기명날인하거나 서명하여야 한다(비송사건절차법 제9조 제1항, 가족관계등록규칙 제87조 제3항).

② 신청서에는 가족과 동일한 이름으로 개명허가신청을 하는지 확인하기 위하여 신청인의 기본증명서 및 가족관계증명서와 부모, 성년인 자녀의 가족관계증명서(가족관계등록예규 제619호 제3조 제3항), 관할법원임을 소명하기 위해 주민등록표 등·초본, 개명허가신청사유를 소명하기 위해 족보, 친족증명서, 인우보증서, 기타 증명서를 첨부하여야 한다.

4. 개명허가신청사건 사무처리

> **가족관계등록예규 제619호[개명허가신청사건 사무처리지침]**
>
> **제2조(개명허가의 심사기준)**
> 개명을 허가할 만한 상당한 이유가 인정되고, 범죄를 기도 또는 은폐하거나 법령에 따른 각종 제한을 회피하려는 불순한 의도나 목적이 개입되어 있는 등 개명신청권의 남용으로 볼 수 있는 경우가 아니라면, 원칙적으로 개명을 허가함이 상당하다(대법원 2005.11.16. 자 2005스26 결정).
>
> **제3조(불순한 의도나 목적의 판단자료)**
> ① 법원은 개명허가신청사건을 처리할 경우 개명신청권의 남용으로 보이는 불순한 의도나 목적을 판단하기 위하여 필요한 경우, 경찰관서에 전과조회, 한국신용정보원에 신용정보조회 등을 하여 그 자료를 신청사건 등의 판단자료로 활용하여야 하고, 필요한 경우에는 출입국관리사무소에 출입국사실조회를 할 수 있다. 사실조회를 전산정보처리조직에 의한 조회로 대체할 수 있다.
> ② 신청사건의 제출자료에 진실성이 의심스럽다고 인정되거나 제1항의 판단자료에 의하여 개명허가신청의 불순한 의도나 목적의 유무가 불분명한 경우에는 본인 또는 참고인의 심문을 적극 활용하여야 한다.
> ③ 가족과 동일한 이름으로 개명허가신청을 하는지 확인하기 위하여 신청인의 기본증명서 및 가족관계증명서와 부모, 성년인 자녀의 가족관계증명서를 개명허가신청 시에 제출하게 한다.
>
> **제4조(출생신고서와 개명)**
> ① 출생신고서에 기재한 이름과 가족관계등록부에 기록된 이름이 서로 다른 경우에는 「가족관계의 등록 등에 관한 규칙」 제60조 제2항 제5호에 따라 간이직권정정 절차로 정정할 수 있다.
> ② 출생신고서에 기재를 잘못하였다는 사유로 이름을 변경하고자 하는 경우에는 「가족관계의 등록 등에 관한 법률」 제99조에 따라 법원에 개명허가신청을 하여야 한다.
>
> **제5조(인명용 한자의 범위를 초과한 개명신청)**
> 「가족관계의 등록 등에 관한 규칙」 제37조의 인명용 한자의 범위를 벗어난 한자로의 개명은 허용되지 아니한다.
>
> **제6조(미성년자의 개명허가신청)**
> ① 미성년자라도 의사능력이 있는 경우에는 단독으로 개명허가신청을 할 수 있다.
> ② 의사능력 있는 미성년자가 개명허가를 받은 때에는 자신이 신고할 수 있다.

> **제7조(동일인에 대한 2개의 저촉되는 개명허가)**
> 동일인에 대하여 2개의 저촉되는 개명허가가 있는 경우, 「비송사건절차법」 제19조(재판의 취소·변경)에 따라 재판의 취소를 하지 아니하는 한 <u>어느 것이나 효력이 있다</u>.
>
> **제8조(여러명의 개명신고)**
> 「가족관계의 등록 등에 관한 법률」 상의 가족 여러명이 동시에 개명한 경우에 개명신고는 <u>하나의 서면에 연기하여 할 수 있으나 사건은 1명마다 각 별건으로 처리하여야 한다</u>.
>
> **제9조(개명의 일자)**
> 개명의 일자는 <u>개명허가의 일자</u>를 기록한다.
>
> **제10조(재외공관에의 인지납부)**
> ① 재외국민이 개명허가신청서를 재외공관에 제출할 때에는 신청서에 정해진 <u>인지를 붙이거나 그 액면상당의 현지화</u>를 재외공관장에게 납부하여도 된다.
>
> **제11조(외국에서 한 개명의 효력)**
> ① 외국인과의 신분행위(예 외국인에게 입양된 경우 등)등으로 그 외국인과 일정한 신분관계가 형성이 되어 그 외국의 법에 따라 개명을 한 경우라 하더라도, 「가족관계의 등록 등에 관한 법률」 제99조에 따라 한국법원에서 개명허가결정을 받은 경우가 <u>아닌 한</u> 그 외국에서 개명한 이름을 한국 가족관계등록부에 기록할 수 없다.
> ② 제1항의 경우, 외국인과 신분행위를 한 사람이 우리나라 <u>국적을 상실하기 전이라면</u>, 필요에 따라 「가족관계의 등록 등에 관한 법률」 제99조에 따라 한국법원에 개명허가결정을 받아 <u>개명할 수 있다</u>.

제3절 개명신고

1. 신고의무자 및 신고기간

개명허가를 받은 사람은 그 허가서의 등본을 받은 날부터 1개월 이내에 신고를 하여야 한다(가족관계등록법 제99조 제1항). 개명허가를 받은 사람이 의사능력이 없는 때에는 친권자, 미성년후견인 또는 성년후견인이 신고의무자가 되며, 의사능력 있는 미성년자 또는 피성년 후견인은 스스로 신고하여도 무방하다(가족관계등록법 제26조 제1항).

2. 신고서의 기재사항 및 첨부서류

① 신고서에는 변경 전의 이름, 변경한 이름, 허가연월일을 기재하여야 한다(가족관계등록법 제99조 제2항). 또한 가족관계등록법 제25조의 신고서의 일반적 기재사항도 기재하여야 한다.
② 신고서에는 허가서의 등본을 첨부하여야 한다(가족관계등록법 제99조 제3항).

CHAPTER 02 개 명

제1절 서 설

제2절 개명허가신청

01 개명에 관한 다음 설명 중 가장 옳지 않은 것은? 　　　　2021년

① 외국인과의 신분행위(예 외국인에게 입양된 경우 등) 등으로 그 외국인과 일정한 신분관계가 형성이 되어 그 외국의 법에 따라 개명을 한 경우라 하더라도, 가족관계의 등록 등에 관한 법률 제99조에 따라 한국법원에서 개명허가결정을 받은 경우가 아닌 한 그 외국에서 개명한 이름을 개명신고에 의해서 한국 가족관계등록부에 기록할 수 없다.
② 개명허가신청인의 개인적인 입장을 고려하여 개명을 허가할 만한 상당한 이유가 있고, 달리 개명신청권의 남용으로 볼 사정이 없는 한, 미성년자시절 한 차례 개명허가결정을 받은 사실만으로는 개명신청권의 남용이라고 보기 어렵다.
③ 개명하고자 하는 사람은 주소지를 관할하는 가정법원의 허가를 받아야 하고, 주소지가 없는 사람은 등록기준지를 관할하는 가정법원에 개명허가신청을 할 수 있다.
④ 재외국민이 개명허가신청서를 재외공관에 제출할 때에는 신청서에 정해진 인지를 붙이거나 그 액면상당의 현지화를 재외공관장에게 납부하여도 된다.
⑤ 개명신청을 허가한 재판이 효력을 발생한 때에는 가정법원의 법원사무관등은 지체 없이 사건본인의 주소지의 시(구)·읍·면의 장에게 그 뜻을 통지하여야 하고, 통지를 받은 시(구)·읍·면의 장은 법정기간 내 신고의무자의 신고가 없으면 지체 없이 가족관계의 등록 등에 관한 법률 제38조 제1항 및 제2항에 따라 신고의무자에게 신고할 것을 최고하여야 한다.

[❶ ▶ ○] 외국인과의 신분행위(예 외국인에게 입양된 경우 등) 등으로 그 외국인과 일정한 신분관계가 형성이 되어 그 외국의 법에 따라 개명을 한 경우라 하더라도, 가족관계의 등록 등에 관한 법률 제99조에 따라 한국법원에서 개명허가결정을 받은 경우가 아닌 한 그 외국에서 개명한 이름을 한국 가족관계등록부에 기록할 수 없다(가족관계등록예규 제619호 제11조 제1항).
[❷ ▶ ○] 신청인의 개인적인 입장을 고려하여 개명을 허가할 만한 상당한 이유가 있고, 달리 개명신청권의 남용으로 볼 사정이 없는 한, 미성년자시절 한 차례 개명허가결정을 받은 사실만으로는 개명신청권의 남용이라고 보기 어렵다(대결 2009.8.13. 2009스65).

[❸ ▸ ○] 가족관계등록법 제99조 제1항, 가족관계의 등록 등에 관한 규칙 제87조 제4항

> **가족관계등록법 제99조(개명신고)**
> ① 개명하고자 하는 사람은 주소지(재외국민의 경우 등록기준지)를 관할하는 가정법원의 허가를 받고 그 허가서의 등본을 받은 날부터 1개월 이내에 신고를 하여야 한다.
>
> **가족관계의 등록 등에 관한 규칙 제87조(허가사건의 처리절차)**
> ④ 주소지가 없는 사람은 법 제99조에 따른 개명허가신청을 등록기준지를 관할하는 가정법원에 할 수 있다.

[❹ ▸ ○] 재외국민이 개명허가신청서를 재외공관에 제출할 때에는 신청서에 정해진 인지를 붙이거나 그 액면상당의 현지화를 재외공관장에게 납부하여도 된다(가족관계등록예규 제619호 제10조 제1항).

[❺ ▸ ×] 가족관계등록예규 제504호 제2조 제1항, 제3조 제1항

> **가족관계등록예규 제504호[가족관계등록비송사건 및 가사사건 통지의 처리에 관한 업무지침]**
> **제2조(가족관계등록비송사건 통지의 방법)**
> ① 규칙 제87조 제1항 각 호의 신청을 허가한 재판이 효력을 발생한 때에는 가정법원의 법원사무관등은 지체 없이 <u>사건본인의 등록기준지</u>의 시(구)·읍·면의 장에게 재판서의 등본을 첨부하여 별지 제1호 서식에 의하여 통지하여야 한다.
> ② 규칙 제87조의2 제1항 제1호의 확인이 효력을 발생한 때에는 가정법원의 법원사무관등은 지체 없이 사건본인의 부 또는 모의 등록기준지의 시(구)·읍·면의 장에게 확인서의 등본을 첨부하여 별지 제2호 서식에 의하여 통지하여야 한다.
>
> **제3조(신고의 최고 및 기록)**
> ① 전 조의 통지를 받은 시(구)·읍·면의 장은 법정기간 내에 신고의무자의 신고가 없으면 지체 없이 가족관계의 등록 등에 관한 법률(이하 "법"이라 한다) 제38조 제1항 및 제2항에 따라 신고의무자에게 신고할 것을 최고한다.
> ② 신고의무자에게 전 항의 최고를 할 수 없거나 최고를 하여도 신고의무자가 신고를 하지 아니한 때에는 시(구)·읍·면의 장은 법 제38조 제3항 및 제18조 제2항에 따라 직권정정(기록)을 하여야 한다.

답 ❺

제3절 개명신고

CHAPTER 03 가족관계등록창설

제1절 서설

1. 의의

가족관계등록창설이란 대한민국 국민으로서 등록부에 등록이 되어 있지 아니한 사람에 대하여 등록을 하려는 곳을 관할하는 가정법원의 허가를 받아 가족관계등록부를 작성할 수 있게 하는 것을 말한다.

2. 특성

① 가족관계등록창설은 다른 제도를 이용할 수 없는 경우 인정되는 예외적이고 보완적인 제도이다. 따라서 출생신고가 가능하다면 그 신고로 등록부가 작성되고, 기아인 경우에는 기아발견조서에 의해 등록된다.
② 가족관계등록창설은 국민 모두를 등록하기 위한 제도이고, 반드시 국적을 전제로 한다. 따라서 외국인은 귀화나 국적회복의 대상이지 등록창설의 대상이 될 수 없다.
③ 가족관계등록창설은 등록이 되어 있는 사람에게는 허용되지 아니하고 처음으로 등록을 하고자 하는 경우에만 허용되는 것으로 등록창설신고는 보고적 신고이다.

3. 가족관계등록이 되어 있지 않은 사람의 가족관계등록절차

> 가족관계등록예규 제214호[가족관계등록이 되어 있지 않은 사람의 가족관계등록절차]
> 1. 대한민국의 국적을 가진 자로서 가족관계등록이 되어 있지 않은 사람에 대하여는 다음과 같은 방법에 따라 가족관계등록부를 작성하여야 한다.
>   가. 부모를 알 수 없는 자로서 등록이 되어 있지 않은 사람
>   (1) 기아가 아닌 경우
>   성·본 창설허가와 가족관계등록창설허가를 받아 가족관계등록창설신고를 하게 하여 새로 가족관계등록부를 작성한다.
>   (2) 기아인 경우
>   「가족관계의 등록 등에 관한 법률」 제52조에 따라 기아발견조서와 성·본 창설허가에 의하여 새로 가족관계등록부를 작성한다.

나. 부모를 알 수 있는 자로서 등록이 되어 있지 않은 사람
출생신고에 의하여 부 또는 모의 성과 본을 따라 가족관계등록부를 작성하게 함이 원칙이나, 출생신고를 기대할 수 없는 경우에는 등록이 되어 있지 않은 사람 본인이 가족관계등록창설허가를 받아 가족관계등록 창설신고를 함으로써 가족관계등록부를 작성할 수 있다.

2. 다른 법령, 예규에서 허용하고 있지 않는 한 가족관계등록창설은 사건본인 각자가 가족관계등록창설허가신청과 가족관계등록창설신고를 하여야 한다.

제2절 무등록자인 국민의 가족관계등록창설절차

가족관계 등록 창설신고(가족관계등록법 제101조)
① 등록이 되어 있지 아니한 사람은 등록을 하려는 곳을 관할하는 가정법원의 허가를 받고 그 등본을 받은 날부터 1개월 이내에 가족관계 등록 창설(이하 "등록창설"이라 한다)의 신고를 하여야 한다.
② 신고서에는 제9조 제2항에 규정된 사항 외에 등록창설허가의 연월일을 기재하여야 한다.
③ 제2항의 신고서에는 등록창설허가의 등본을 첨부하여야 한다.
④ 제1항의 경우에 가정법원의 심리에 관하여는 제96조 제6항을 준용한다.

1. 가족관계등록창설의 요건

(1) 대한민국 국민일 것

① 가족관계등록부는 우리나라 국민의 신분관계를 기록하여 그 등록사항을 공증하기 위한 것이므로 가족관계등록창설을 할 수 있는 것은 우리나라 국민에 한한다. 따라서 외국인 또는 무국적자는 가족관계등록창설을 할 수 없다.
② 가족관계등록창설은 대한민국 국적을 가진 자에 한하여 인정된다는 점에서 가족관계등록창설을 하고자 할 때에는 국적유무의 판단이 선행되어야 한다.

(2) 가족관계등록이 되어 있지 아니할 것

가족관계등록창설은 등록이 되어 있지 아니한 사람이 등록을 하려는 것으로 원칙적으로 등록불명자는 포함되지 않는다.

(3) 출생신고의무자가 없거나 출생신고를 기대할 수 없을 것

부 또는 모, 기타 출생신고의무자의 출생신고가 수리되면, 출생자의 가족관계등록부가 작성된다. 그러나 출생신고의무자가 없거나 출생신고를 기대할 수 없는 경우에는 가족관계등록창설을 하여야 한다(가족관계등록예규 제214호, 가족관계등록선례 제200804-1호 참조).

(4) 생존하고 있을 것

가족관계등록창설 허가신청은 가족관계등록이 되어 있지 아니한 사람(이하 '무등록자'라 한다) 자신이 신청하는 것이고, 무등록자가 이미 사망하였다면 가족관계등록창설이 허용되지 아니한다(대결 2011.3.28. 2011스25).

(5) 실종아동이 아닐 것

가족관계등록창설허가 신청인에 대하여 경찰서에 사실탐지한 결과 사건본인이 실종아동등의 보호 및 지원에 관한 법률 제2조 제2호에 규정된 실종아동이란 것과 그 실종아동에 대하여 같은 법 제2조 제3호에 규정된 보호자가 확인된 경우에는 가족관계등록창설허가를 해서는 안 된다.

2. 가족관계등록창설허가신청

(1) 관할법원

가족관계등록을 하려는 곳을 관할하는 가정법원이 관할법원이다(가족관계등록법 제101조 제1항). 이러한 등록창설지 선정은 신청인이 임의로 선택할 수 있는 것이지 어떠한 제한을 받는 것은 아니다(호적선례 제3-490호).

(2) 신청인

① 신청인은 등록이 되어 있지 아니한 사람이나(가족관계등록법 제101조 제1항), 법정대리인 또는 의사능력 있는 미성년자인 경우에도 신청인이 될 수 있다(가족관계등록규칙 제87조 제2항, 가족관계등록예규 제69호).

② 가족관계등록창설 허가신청은 가족관계등록창설을 하려는 본인이나 법정대리인이 신청하여야 하는 것이므로, 단지 이해관계가 있다는 신청의 경우에는 신청의 부적격을 이유로 각하하여야 한다.

③ 가족관계등록창설 허가신청은 가족관계등록창설을 하려는 본인마다 1인 1건으로 함이 원칙이다. 그러나 군사분계선 이북지역에 호적을 가졌던 사람의 가족관계등록창설 허가신청은 군사분계선 이북지역 거주자에 대하여도 신청할 수 있는 등 그 특수성에 비추어 예외를 인정하고 있다(가족관계등록규칙 제52조 제2항).

(3) 가족관계등록창설허가신청서의 작성

1) 신청서 기재사항

신청서에는 신청인의 성명과 주소, 대리인에 의하여 신청할 때에는 대리인의 성명과 주소, 신청의 취지와 그 원인이 되는 사실, 신청 연월일, 법원의 표시, 사건본인의 성명·출생연월일·등록기준지 및 주소를 기재하고 신청인이나 그 대리인이 기명날인하거나 서명하여야 한다(비송사건절차법 제9조 제1항, 가족관계등록규칙 제87조 제3항).

2) 첨부서류

가족관계등록창설허가를 신청하는 사람은 비송사건절차법 제9조 제1항의 신청서에 가족관계등록부 부존재증명서, 주민등록신고확인서, 성장환경 진술서, 성장과정을 뒷받침하는 소명자료, 성·본창설허가 심판서 등본, 그 밖에 법원이 심리에 필요하다고 인정하는 서류를 첨부하여야 한다(가족관계등록예규 제287호 제3조).

3. 가족관계등록창설신고

(1) 신고인 및 신고기간

① 가족관계등록 창설허가를 받은 사건본인은 가정법원의 허가를 받고 그 등본을 받은 날부터 1개월 이내에 가족관계 등록 창설신고를 하여야 한다(가족관계등록법 제101조 제1항).
② 등록창설허가의 재판을 얻은 사람이 등록창설의 신고를 하지 아니한 때에는 배우자 또는 직계혈족이 할 수 있다(가족관계등록법 제102조).
③ 확정판결에 의하여 등록창설의 신고를 하여야 할 경우에는 판결확정일부터 1개월 이내에 하여야 한다(가족관계등록법 제103조 제1항).

(2) 가족관계등록창설신고서의 작성

① 가족관계등록창설신고서에는 가족관계등록법 제9조 제2항에 규정된 사항 외에 등록창설허가의 연월일을 기재하여야 하며(가족관계등록법 제101조 제2항), 등록창설허가의 등본을 첨부하여야 한다(가족관계등록법 제101조 제3항).
② 확정판결에 의한 등록창설의 신고서에는 가족관계등록법 제9조 제2항에 규정된 사항 외에 판결확정일을 기재하여야 하며(가족관계등록법 제103조 제2항), 판결의 등본 및 확정증명서를 첨부하여야 한다(가족관계등록법 제103조 제3항).

제3절 특수한 가족관계등록 창설

1. 친자관계의 판결에 의한 가족관계등록 창설

> **가족관계등록예규 제302호[친자관계의 판결에 의한 가족관계등록 창설절차 예규]**
>
> **제1조(목적)**
> 이 예규는 친생자관계부존재 확인판결이나 친생부인의 판결 또는 양친자관계존재 확인판결에 의하여 가족관계등록부가 폐쇄된 사람의 가족관계등록창설에 관한 사무처리지침을 정함을 목적으로 한다.
>
> **제2조(적용범위)**
> 허위의 출생신고 외에 진실한 출생신고가 있어 이중제적부 또는 이중등록부가 존재하는 경우에는 가족관계등록창설절차가 아니라 가족관계등록부 정정절차에 의하여 정리하여야 한다.
>
> **제3조(첨부서류)**
> 가족관계등록창설허가를 신청하는 사람은 「비송사건절차법」 제9조 제1항의 신청서에 다음 각 호의 서류를 첨부하여야 한다.
>   1. 사건본인의 폐쇄등록부의 등록사항별 증명서 각 1통
>   2. 친자관계의 판결문 및 확정증명서 각 1통

> **제4조(창설의 방식)**
> ① 가족관계등록 창설허가 시에는 가족관계등록부 폐쇄에 따른 가족관계등록 창설허가임을 알 수 있도록 결정문 사건본인란에 폐쇄등록부상 사건본인의 성명, 등록기준지를 병기하여야 한다.
> ② 사건본인의 가족관계등록부에 부모(양부모 포함)의 특정등록사항을 기록하되, 폐쇄등록부의 등록사항별 증명서 및 친자관계의 확정판결문(판결 주문이 아닌 이유에 설시한 판결은 해당하지 아니한다)으로 소명한다.

2. 독립유공자예우에 관한 법률에 의한 가족관계등록창설

> **가족관계등록예규 제294호 「독립유공자예우에 관한 법률에 의한 가족관계등록 사무처리규칙」에 따른 사무처리지침**
> **제2조(가족관계등록창설의 방식)**
> ① 「독립유공자예우에 관한 법률에 의한 가족관계등록 사무처리규칙」에 따라 가족관계등록을 창설할 때 독립유공자 본인에 대해서만 가족관계등록부를 작성한다.
> ② 독립유공자의 부모가 소명된 경우에는 독립유공자의 가족관계등록부 특정등록사항란에 부모의 성명, 출생연월일, 성별, 본을 기록한다.
> ③ 독립유공자의 가족관계등록부 특정등록사항란에 배우자 및 자녀를 기록하지 아니한다.
>
> **제3조(가족관계등록창설의 절차)**
> ② 가족관계등록창설 허가신청서는 가족관계등록비송사건부에 접수하고, 신청인의 표시는 국가보훈처장으로 한다. 또한 사건본인으로 독립유공자의 성명을 기재하고, 비고란에 "독립유공자"라고 기재한다.
> ③ 가족관계등록창설 허가신청서를 받은 서울가정법원은 지체 없이 허가 여부를 결정하고, 허가결정을 하는 때에는 그 결정등본을 가족관계등록창설지 관할 시(구)·읍·면의 장에게 송부하여야 한다. 불허가결정을 하는 때에는 그 이유를 명시하여(부전지 등에 명시하여도 된다) 국가보훈처장에게 송부하여야 한다.
>
> **제4조(가족관계등록관서의 업무처리)**
> ① 서울가정법원으로부터 독립유공자의 가족관계등록창설 허가결정등본을 송부받은 시(구)·읍·면의 장은 지체 없이 독립유공자의 가족관계등록부를 작성하고, 작성과 동시에 사망기록 후 가족관계등록부를 폐쇄한다.

3. 기타 특수한 가족관계등록 창설

이외에도 특수한 가족관계등록 창설에는 군사분계선 이북지역 재적자의 가족관계등록창설, 등록부 재작성 시 빠진 사람의 가족관계등록창설, 북한이탈주민의 보호 및 정착지원에 관한 법률에 의한 가족관계등록창설 등이 있다.

CHAPTER 03 가족관계등록창설

제1절 서 설

제2절 무등록자인 국민의 가족관계등록창설절차

제3절 특수한 가족관계등록 창설

01 가족관계등록비송에 관한 다음 설명 중 가장 옳은 것은?(다툼이 있는 경우 판례·예규 및 선례에 의함. 이하 같음) 2018년

① 독립유공자예우에 관한 법률에 의한 가족관계등록 사무처리규칙에 따라 가족관계등록을 창설할 때 독립유공자의 가족관계등록부 특정등록사항란에 배우자 및 자녀를 기록하지 아니한다.
② 친생자관계부존재확인판결에 의하여 폐쇄된 등록부상의 성명과 새로운 출생신고에 의하여 작성되는 등록부에 기록된 성명이 서로 다른 경우 개명절차를 거쳐야 한다.
③ 자의 복리를 위한 자의 성·본변경허가 사건은 가족관계등록비송사건에 해당한다.
④ 부모를 알 수 없는 자로서 기아인 경우에는 성·본창설허가와 가족관계등록창설허가를 받아 가족관계등록부를 작성한다.
⑤ 가족관계등록창설허가신청은 사건본인의 주소지를 관할하는 가정법원의 허가를 받아야 한다.

[❶ ▶ O] 가족관계등록예규 제294호 제2조 제3항

> **가족관계등록예규 제294호[독립유공자예우에 관한 법률에 의한 가족관계등록 사무처리규칙에 따른 사무처리지침]**
> 제2조(가족관계등록 창설의 방식)
> ① 독립유공자예우에 관한 법률에 의한 가족관계등록 사무처리규칙에 따라 가족관계등록을 창설할 때 독립유공자 본인에 대해서만 가족관계등록부를 작성한다.
> ② 독립유공자의 부모가 소명된 경우에는 독립유공자의 가족관계등록부 특정등록사항란에 부모의 성명, 출생연월일, 성별, 본을 기록한다.
> ③ 독립유공자의 가족관계등록부 특정등록사항란에 배우자 및 자녀를 기록하지 아니한다.

[❷ ▶ ×] 친생자관계부존재확인판결에 의하여 호적에서 말소된 자는 그에 대한 출생신고의무자가 있을 때에는 그의 출생신고로 부의 호적에 입적되므로 사건본인의 호적이 친생자관계부존재확인판결의 확정으로 말소되어 호적이 없는 상태에서 생부의 출생신고로 부의 가에 입적하는 경우 <u>말소된 호적상의 성명과 생부의 호적에 입적되는 성명이 서로 다르다 해도 개명절차는 필요하지 않으며 동일인인지 여부를 입증하는 자료로는 위 말소된 호적등본과 판결 및 출생신고서 등이 될 수 있다</u>(호적선례 제3-468호).

[❸ ▶ ×] 자의 복리를 위한 자의 성·본변경허가사건(민법 제781조 제6항)은 <u>가사비송 라류 사건</u>에 해당한다[가사소송법 제2조 제1항 제2호 가목 6) 참조]. 가족관계등록비송사건은 국적취득자의 성과 본의 창설허가, 개명허가, 가족관계등록창설허가 및 가족관계등록기록정정허가 등이다(가족관계의 등록 등에 관한 규칙 제87조 제1항).

[❹ ▶ ×] 가족관계등록예규 제214호 1. 가. (2)

> **가족관계등록예규 제214호[가족관계등록이 되어 있지 않은 사람의 가족관계등록절차]**
> 1. 대한민국의 국적을 가진 자로서 가족관계등록이 되어 있지 않은 사람에 대하여는 다음과 같은 방법에 따라 가족관계등록부를 작성하여야 한다.
>   가. 부모를 알 수 없는 자로서 등록이 되어 있지 않은 사람
>   (1) 기아가 아닌 경우 : 성·본창설허가와 가족관계등록창설허가를 받아 가족관계등록창설신고를 하게 하여 새로 가족관계등록부를 작성한다.
>   (2) 기아인 경우 : 가족관계의 등록 등에 관한 법률 제52조에 따라 <u>기아발견조서와 성·본창설허가에 의하여 새로 가족관계등록부를 작성한다</u>.

[❺ ▶ ×] 등록이 되어 있지 아니한 사람은 <u>등록을 하려는 곳을 관할하는 가정법원의 허가</u>를 받고 그 등본을 받은 날부터 1개월 이내에 가족관계등록 창설(이하 "등록창설"이라 한다)의 신고를 하여야 한다(가족관계등록법 제101조 제1항).

답 ❶

처분에 대한 불복 및 벌칙

제1장	등록사무의 처분에 대한 불복
제2장	벌 칙

CHAPTER 01 등록사무의 처분에 대한 불복

제1절 등록사무의 처분에 대한 불복

1. 의 의

① 등록사건에 관하여 이해관계인은 시·읍·면의 장의 위법 또는 부당한 처분에 대하여 관할 가정법원에 불복의 신청을 할 수 있다(가족관계등록법 제109조 제1항).
② 시(구)·읍·면의 장이 등록사건에 관하여 행한 처분도 행정처분에 해당하기 때문에 이에 대한 불복도 원칙적으로는 행정소송절차에 따를 것이나, 등록사무의 특수성을 고려하여 법이 특별한 불복절차를 규정하고 있는 것이다.

2. 불복신청절차

(1) 신청대상

① 불복신청의 대상은 등록사건에 대한 시(구)·읍·면의 장의 위법 또는 부당한 처분이다.
② 위법·부당한 처분에는 신고 등의 수리, 증명서의 교부 등의 적극적 처분뿐만 아니라, 신고 등의 불수리, 증명서의 교부거부 등의 소극적 처분도 포함된다.
③ 행정법상 처분이라 함은 공권력의 행사로서 국민의 권리, 의무에 대해서 직접적인 변동을 초래하는 작용을 의미하므로, 가정법원이 등록관서에 불승인 통지를 한 경우, 이러한 불승인 통지를 등록관서가 그대로 신청인에게 통보하는 행위는 직접성이 있다고 볼 수 없어 이를 가족관계등록법 제109조상의 "처분"이라고 볼 수 없다. 따라서 재작성 신청인에 대한 등록관서의 불승인 결정 통보는 이를 신청에 대한 불수리 "처분"으로 볼 수 없으므로 이를 「가족관계의 등록 등에 관한 법률」상의 불복절차로 다툴 수 없다. 결국 현행 가족관계등록 법령상에는 재작성 불승인에 대해서 다툴 방법이 없다(가족관계등록선례 제201308-1호 나.·다.).

(2) 관할법원

불복신청사건의 관할법원은 위법 또는 부당한 처분을 한 시(구)·읍·면의 소재지를 관할하는 가정법원이 된다(가족관계등록법 제109조 제1항).

(3) 신청인

불복신청을 할 수 있는 자는 등록사건에 관하여 시(구)·읍·면의 장의 위법 또는 부당한 처분으로 인하여 권리나 이익을 침해받은 모든 이해관계인이다(가족관계등록법 제109조 제1항). 즉, 신고사건의 신고인이나 사건본인 뿐만 아니라 그 가족 또는 친족으로서 시(구)·읍·면의 장의 위법 또는 부당한 처분으로 인하여 권리나 이익을 침해받은 자도 해당될 수 있다.

(4) 신청서 작성 및 제출

① 불복신청서는 관할법원에 직접 제출할 것이고, 처분을 한 시(구)·읍·면의 장을 경유할 필요는 없다.
② 불복신청서의 작성방식이나 첨부서류 등에 관하여는 법규에서 규정한 바가 없으므로 사건의 성질상 비송사건 신청서 작성방식(비송사건절차법 제9조 제1항)에 따라야 한다.
③ 신청원인의 소명자료로서 신고 등의 수리 또는 불수리증명서(가족관계등록법 제42조)나 신고서의 불수리통지서(가족관계등록법 제43조), 신고서류의 등본 등을 첨부하여야 한다(비송사건절차법 제9조 제2항).

3. 법원의 처리절차

(1) 접수 및 처분청에 대한 구(求)의견

신청을 받은 가정법원은 이를 비송사건으로 접수하며, 신청에 관한 서류를 시·읍·면의 장에게 송부하며 그 의견을 구할 수 있다(가족관계등록법 제109조 제2항).

(2) 처분청의 조치

① 가정법원으로부터 불복신청에 대한 구의견을 받은 시·읍·면의 장은 그 신청이 이유 있다고 인정하는 때에는 지체 없이 처분을 변경하고 그 취지를 법원과 신청인에게 통지하여야 한다(가족관계등록법 제110조 제1항).
② 그 신청이 이유 없다고 인정하는 때에는 의견을 붙여 지체 없이 그 서류를 법원에 반환하여야 한다(가족관계등록법 제110조 제2항).

(3) 불복신청에 대한 법원의 결정

① 가정법원은 신청이 이유 없는 때에는 각하하고 이유 있는 때에는 시·읍·면의 장에게 상당한 처분을 명하여야 한다(가족관계등록법 제111조 제1항).
② 신청의 각하 또는 처분을 명하는 재판은 결정으로써 하고, 시·읍·면의 장 및 신청인에게 송달하여야 한다(가족관계등록법 제111조 제2항).

(4) 법원의 결정에 대한 불복절차

가정법원의 결정에 대하여는 법령을 위반한 재판이라는 이유로만 「비송사건절차법」에 따라 항고할 수 있다(가족관계등록법 제112조).

제6편 | 처분에 대한 불복 및 벌칙

CHAPTER 01 등록사무의 처분에 대한 불복

제1절 등록사무의 처분에 대한 불복

01 가족관계의 등록 등에 관한 법률 또는 규칙상 불복절차 및 과태료에 관한 다음 설명 중 가장 옳은 것은?
2024년

① 불복신청의 비용에 관하여는 민사소송법의 규정을 준용한다.
② 가정법원은 신청이 이유 없는 때에는 기각하고 이유 있는 때에는 시·읍·면의 장에게 상당한 처분을 명하여야 한다.
③ 위 ②항의 처분을 명하는 재판은 명령으로써 하고, 시·읍·면의 장 및 신청인에게 송달하여야 한다.
④ 과태료를 부과하는 경우에는 위반사실과 과태료금액을 명시한 과태료납부통지서를 과태료처분 대상자에게 송부하여야 한다. 그러나 신고서 제출과 동시에 자진하여 과태료를 납부하는 경우에는 그러하지 아니하다.
⑤ 과태료의 부과는 신고를 수리한 가족관계등록관이 한다.

[❶ ▶ ✕] 불복신청의 비용에 관하여는 「비송사건절차법」의 규정을 준용한다(가족관계등록법 제113조).
[❷ ▶ ✕] 가정법원은 신청이 이유 없는 때에는 각하하고 이유 있는 때에는 시·읍·면의 장에게 상당한 처분을 명하여야 한다(가족관계등록법 제111조 제1항).
[❸ ▶ ✕] 신청의 각하 또는 처분을 명하는 재판은 결정으로써 하고, 시·읍·면의 장 및 신청인에게 송달하여야 한다(가족관계등록법 제111조 제2항).
[❹ ▶ ○] 과태료를 부과하는 경우에는 위반사실과 과태료금액을 명시한 과태료납부통지서를 과태료처분 대상자에게 송부하여야 한다. 그러나 신고서 제출과 동시에 자진하여 과태료를 납부하는 경우에는 그러하지 아니하다(가족관계의 등록 등에 관한 규칙 제50조 제3항).
[❺ ▶ ✕] 법 제124조 제1항에 따른 과태료의 부과는 신고 또는 신청을 수리하거나 이를 최고한 시·읍·면의 장이 한다. 다만, 가족관계등록관이 과태료 부과 대상이 있음을 통지한 경우에는 통지를 받은 시·읍·면의 장이 과태료를 부과한다(가족관계의 등록 등에 관한 규칙 제50조 제1항).

답 ❹

벌 칙

제1절 형벌의 부과

1. 서 설

가족관계등록법에서는 개인의 신상정보를 보호하거나 기록의 진정성을 확보하기 위하여 일정한 행위를 한 사람에 대하여 형벌을 부과할 수 있는 규정을 두고 있다.

2. 3년 이하의 징역 또는 1천만원 이하의 벌금(가족관계등록법 제117조)

다음 어느 하나에 해당하는 사람은 3년 이하의 징역 또는 1천만원 이하의 벌금에 처한다.
① 제11조 제6항을 위반한 사람 : 등록부등을 관리하는 사람 또는 등록사무를 처리하는 사람은 이 법이나 그 밖의 법에서 규정하는 사유가 아닌 다른 사유로 등록부등에 기록된 등록사항에 관한 전산정보자료(이하 "등록전산정보자료"라 한다)를 이용하거나 다른 사람(법인을 포함)에게 자료를 제공하여서는 아니 된다.
② 제13조 제2항을 위반한 사람 : 등록전산정보자료를 이용 또는 활용하고자 하는 사람은 본래의 목적 외의 용도로 이용하거나 활용하여서는 아니 된다.
③ 제14조 제1항·제2항·제7항, 제14조의2 및 제14조의3을 위반하여 거짓이나 그 밖의 부정한 방법으로 다른 사람의 등록부등의 기록사항을 열람하거나 증명서를 교부받은 사람
④ 제42조를 위반하여 거짓이나 그 밖의 부정한 방법으로 다른 사람의 신고서류를 열람하거나 신고서류에 기재되어 있는 사항에 관한 증명서를 교부받은 사람
⑤ 이 법에 따른 등록사무처리의 권한에 관한 승인절차 없이 전산정보처리조직에 가족관계 등록정보를 입력·변경하여 정보처리를 하거나 기술적 수단을 이용하여 가족관계 등록정보를 알아낸 사람

3. 1년 이하의 징역 또는 1천만원 이하의 벌금(가족관계등록법 제118조)

① 등록부의 기록을 요하지 아니하는 사항에 관하여 거짓의 신고를 한 사람 및 등록의 신고와 관련된 사항에 관하여 거짓으로 보증을 한 사람은 1년 이하의 징역 또는 1천만원 이하의 벌금에 처한다.
② 외국인에 대한 사항에 관하여 거짓의 신고를 한 사람도 1년 이하의 징역 또는 1천만원 이하의 벌금에 처한다.

4. 양벌규정

법인의 대표자나 법인 또는 개인의 대리인, 사용인, 그 밖의 종업원이 그 법인 또는 개인의 업무에 관하여 제117조 또는 제118조의 위반행위를 하면 그 행위자를 벌하는 외에 그 법인 또는 개인에게도 해당 조문의 벌금형을 과(科)한다. 다만, 법인 또는 개인이 그 위반행위를 방지하기 위하여 해당 업무에 관하여 상당한 주의와 감독을 게을리하지 아니한 경우에는 그러하지 아니하다(가족관계등록법 제119조).

제2절 과태료 처분

1. 시(구)·읍·면의 장에 대한 과태료 처분

(1) 부과사유(가족관계등록법 제120조)

다음 어느 하나에 해당하는 시(구)·읍·면의 장에게는 50만원 이하의 과태료를 부과한다.
① 제115조 제2항에 따른 명령을 위반한 때 : 법원이 시(구)·읍·면의 장으로부터 송부받은 신고서류 등을 등록부의 기록사항과 대조하고 조사한 결과 그 신고서류 등에 위법·부당한 사실이 발견된 경우에는 시·읍·면의 장에 대하여 시정지시 등 필요한 처분을 명할 수 있다.
② 제116조에 따른 명령을 위반한 때 : 법원은 시(구)·읍·면의 장에 대하여 등록사무에 관한 각종 보고를 명하는 등 감독상 필요한 조치를 취할 수 있다.

(2) 과태료 재판

시(구)·읍·면의 장에 대한 과태료 재판은 과태료를 부과할 시·읍·면의 장의 사무소 소재지를 관할하는 가정법원이「비송사건절차법」에 따라 행한다(가족관계등록법 제123조).

(3) 불복방법

과태료처분을 받은 시(구)·읍·면의 장은 과태료재판에 대하여 즉시항고를 할 수 있다. 이 경우 항고는 집행정지의 효력이 있다(비송사건절차법 제248조 제3항).

2. 신고 해태자에 대한 과태료 처분

(1) 부과사유

1) 신고의무자의 신고 해태

이 법에 따른 신고의 의무가 있는 사람이 정당한 사유 없이 기간 내에 하여야 할 신고 또는 신청을 하지 아니한 때에는 5만원 이하의 과태료를 부과한다(가족관계등록법 제122조).

2) 최고 후 신고 해태

시(구)·읍·면의 장이 제38조 또는 제108조에 따라 기간을 정하여 신고 또는 신청의 최고를 한 경우에 정당한 사유 없이 그 기간 내에 신고 또는 신청을 하지 아니한 사람에게는 10만원 이하의 과태료를 부과한다(가족관계등록법 제121조).

(2) 신고의무자에 대한 과태료부과 관련 예규

① 의사능력이 없는 미성년자가 하여야 할 신고는 그 친권자가 없는 때에는 미성년후견인이 취임한 날로부터 그 신고의무가 발생하므로 그 신고기간도 위 취임일로부터 진행된다(가족관계등록예규 제411호 제2조).

② 가족관계등록법 제26조 제1항에 따르면 친권자, 미성년후견인 또는 성년후견인, 미성년자 또는 피성년후견인 등이 신고할 수 있으나, 신고를 게을리한 경우에는 신고의무자인 친권자, 미성년후견인 또는 성년후견인이 제재를 받는다(가족관계등록예규 제384호).

③ 부(父)가 인지의 효력을 발생하게 하는 혼인 외 출생자의 출생신고를 한 경우에 신고기간이 경과하였을 때에는 모가 신고의무자로서 그 의무를 게을리함에 대한 책임을 질 것이고 부는 책임이 없다(가족관계등록예규 제265호).

④ 사망신고의 경우 사망신고의무자는 동거하는 친족이고 그 신고기간은 사망사실을 안 날로부터 1월 이내이고, 부(父)와 동거하지 아니한 자(子)는 사망신고의무자가 아니고 비동거친족으로 사망신고 적격자에 불과하므로 과태료 부과 대상자가 되지 아니한다(호적선례 제3-329호).

⑤ 신고를 게을리한 책임을 면하기 위하여 출생연월일을 허위로 신고한 뒤 실제대로 정정한 경우에도 과태료를 부담시켜야 한다(가족관계등록예규 제620호 1. 라.).

⑥ 신고서 불비로 반려한 것을 정정하여 다시 제출한 때에는 최초의 접수일자로 수리할 것이 아니라 다시 제출하여 신고서를 접수한 일자로 수리되는 것이므로, 이때 신고기간이 지난 경우라면 그 책임을 면하지 못한다(가족관계등록예규 제266호).

⑦ 신고서를 법정기일 전에 우송하였으나 법정신고기간이 지난 후 시(구)·읍·면 또는 재외국민 가족관계등록사무소에 접수되었을 때에는 우편제출의 고무인을 찍고 기간 경과로 취급을 하지 않는다. 단, 처리는 접수일자로 하여야 하며 우편제출임을 명확히 하기 위하여 봉투를 첨부하여야 한다(가족관계등록예규 제633호 제16조).

(3) 과태료 부과 및 징수권자

가족관계등록법 제121조 및 제122조에 따른 과태료는 신고 또는 신청을 수리하거나 이를 최고한 시(구)·읍·면의 장(제21조 제2항에 해당하는 때에는 출생·사망의 신고를 받는 동의 관할 시장·구청장을 말한다)이 부과·징수한다. 다만, 재외국민 가족관계등록사무소의 가족관계등록관이 과태료 부과 대상이 있음을 안 때에는 신고의무자의 등록기준지 시(구)·읍·면의 장에게 그 사실을 통지하고, 통지를 받은 시(구)·읍·면의 장이 과태료를 부과·징수한다(가족관계등록법 제124조 제1항, 가족관계등록규칙 제50조 제1항).

(4) 과태료 처분절차

1) 의견진술의 기회부여

과태료를 부과하고자 할 때에는 위반행위를 조사·확인하여야 하고 과태료처분대상자에게 말 또는 서면에 의한 의견진술의 기회를 주어야 한다(가족관계등록규칙 제50조 제2항).

2) 과태료 처분

① 과태료를 부과하는 경우에는 위반사실과 과태료금액을 명시한 과태료납부통지서를 과태료처분대상자에게 송부하여야 한다. 그러나 신고서 제출과 동시에 자진하여 과태료를 납부하는 경우에는 그러하지 아니하다(가족관계등록규칙 제50조 제3항).

② 시(구)·읍·면의 장은 [별표 3]의 과태료 부과기준에 의하여 과태료의 금액을 정하여야 한다(가족관계등록규칙 제50조 제5항).

③ 시(구)·읍·면의 장은 과태료처분대상자의 위반행위의 동기와 결과를 참작하여 [별표 3]에 따른 과태료의 2분의 1에 해당하는 금액을 경감할 수 있다. 다만, 이 경우에는 과태료처분대상자가 작성한 위반행위에 대한 사유서를 첨부하여야 한다(가족관계등록규칙 제50조 제6항).

3) 과태료 처분에 대한 불복(이의)

① 과태료 처분에 불복하는 사람은 30일 이내에 해당 시·읍·면의 장에게 이의를 제기할 수 있는데(가족관계등록법 제124조 제2항). 이때 과태료처분이의서를 제출하여야 한다(가족관계등록규칙 제50조 제7항).

② 과태료처분이의서를 접수한 시(구)·읍·면의 장은 이의가 이유 있다고 인정되는 경우에는 과태료 처분을 취소하거나 변경하며, 이의가 이유 없다고 인정되는 경우에는 통보서를 지체 없이 과태료처분을 받은 사람의 주소 또는 거소를 관할하는 가정법원에 송부하여야 한다(가족관계등록법 제124조 제3항, 가족관계등록규칙 제50조 제7항).

③ 과태료 처분에 대한 이의사건 통보를 받은 가정법원은 「비송사건절차법」에 따른 과태료 재판을 한다(가족관계등록법 제124조 제3항). 재판으로 인하여 권리를 침해당한 자는 그 재판에 대하여 항고할 수 있고(비송사건절차법 제20조 제1항), 가정법원은 재판을 한 후에 그 재판이 위법 또는 부당하다고 인정할 때에는 이를 취소하거나 변경할 수 있다(비송사건절차법 제19조 제1항).

④ 이의 기간인 30일 이내에 이의를 제기하지 아니하고 과태료를 납부하지도 아니한 때에는 지방세 체납처분의 예에 따라 징수한다(가족관계등록법 제124조 제4항).

CHAPTER 02 벌칙

제1절 형벌의 부과

제2절 과태료 처분

01 가족관계의 등록 등에 관한 법률에 따른 과태료에 관한 다음 설명 중 가장 옳은 것은?
2021년

① 국적상실의 신고는 본인 또는 4촌 이내의 친족이 그 사실을 안 날부터 1개월 이내에 하여야 하며, 그 신고를 게을리한 때에 가족관계의 등록 등에 관한 법률 제122조에 따라 과태료가 부과될 수 있다.
② 甲이 乙의 자로 출생신고되었다가 甲·乙간의 친생자관계부존재확인판결이 확정되어 甲의 가족관계등록부가 폐쇄됨으로 인하여 甲에 대한 출생신고의무자가 다시 출생신고를 하는 경우, 과태료 부과의 기산점인 출생신고기간은 친생자관계부존재확인의 판결이 확정된 때로부터 기산하여야 한다.
③ 과태료처분에 불복하는 사람은 60일 이내에 과태료처분한 시(구)·읍·면의 장에게 이의를 제기할 수 있다.
④ 시(구)·읍·면의 장으로부터 과태료처분을 받은 사람이 이의를 제기한 때에는 당해 시(구)·읍·면의 장은 지체 없이 과태료처분을 받은 사람의 주소 또는 거소를 관할하는 가정법원에 그 사실을 통보하여야 한다.
⑤ 재외국민 가족관계등록사무소의 가족관계등록관이 과태료 부과대상이 있음을 안 때에는 신고의무자인 재외국민이 있는 지역을 관할하는 재외공관의 장에게 그 사실을 통지하고, 통지를 받은 재외공관의 장이 과태료를 부과·징수한다.

[❶ ▸ ×] 가족관계등록법 제97조 제1항, 제122조

> **가족관계등록법 제97조(국적상실신고의 기재사항)**
> ① 국적상실의 신고는 배우자 또는 4촌 이내의 친족이 그 사실을 안 날부터 1개월 이내에 하여야 한다.
>
> **가족관계등록법 제122조(과태료)**
> 이 법에 따른 신고의 의무가 있는 사람이 정당한 사유 없이 기간 내에 하여야 할 신고 또는 신청을 하지 아니한 때에는 5만원 이하의 과태료를 부과한다.

[❷ ▸ ×] 갑이 을의 자로 출생신고되었다가 갑·을 간의 친생자관계부존재확인판결이 확정되어 갑의 호적이 말소됨으로 인하여 갑에 대한 출생신고의무자가 다시 출생신고를 하는 경우에도 출생신고기간은 친생자관계부존재확인의 판결이 확정된 때로부터 기산할 것이 아니고 출생 시로부터 기산하여야 한다(호적선례 제2-470호).

[❸ ▸ ×] [❹ ▸ ○] [❺ ▸ ×] 가족관계등록법 제124조

> **가족관계등록법 제124조(과태료 부과·징수)**
> ① 제121조 및 제122조에 따른 과태료는 대법원규칙으로 정하는 바에 따라 시·읍·면의 장(제21조 제2항에 해당하는 때에는 출생·사망의 신고를 받는 동의 관할 시장·구청장을 말한다)이 부과·징수한다. 다만, 재외국민 가족관계등록사무소의 가족관계등록관이 과태료 부과대상이 있음을 안 때에는 신고의무자의 등록기준지 시·읍·면의 장에게 그 사실을 통지하고, 통지를 받은 시·읍·면의 장이 과태료를 부과·징수한다.
> ② 제1항에 따른 과태료처분에 불복하는 사람은 30일 이내에 해당 시·읍·면의 장에게 이의를 제기할 수 있다.
> ③ 제1항에 따라 시·읍·면의 장으로부터 과태료처분을 받은 사람이 제2항에 따라 이의를 제기한 때에는 당해 시·읍·면의 장은 지체 없이 과태료처분을 받은 사람의 주소 또는 거소를 관할하는 가정법원에 그 사실을 통보하여야 하며, 그 통보를 받은 가정법원은 비송사건절차법에 따른 과태료 재판을 한다.

답 ❹

부 록
(관련 증명서 및 신청서류 양식)

01 가족관계증명서(일반)[가족관계등록예규 제562호 별지 제1호 서식]
02 가족관계증명서(상세)[가족관계등록예규 제562호 별지 제6호 서식]
03 기본증명서(일반)[가족관계등록예규 제562호 별지 제2호 서식]
04 기본증명서(상세)[가족관계등록예규 제562호 별지 제7호 서식]
05 혼인관계증명서(일반)[가족관계등록예규 제562호 별지 제3호 서식]
06 혼인관계증명서(상세)[가족관계등록예규 제562호 별지 제8호 서식]
07 입양관계증명서(일반)[가족관계등록예규 제562호 별지 제4호 서식]
08 입양관계증명서(상세)[가족관계등록예규 제562호 별지 제9호 서식]
09 친양자입양관계증명서(일반)[가족관계등록예규 제562호 별지 제5호 서식]
10 친양자입양관계증명서(상세)[가족관계등록예규 제562호 별지 제10호 서식]
11 가족관계증명서(특정)[가족관계등록예규 제562호 별지 제11호 서식]
12 기본증명서(특정-출생·사망·실종)[가족관계등록예규 제562호 별지 제12호 서식]
13 기본증명서(특정-인지·친생자관계정정)[가족관계등록예규 제562호 별지 제13호 서식]
14 기본증명서(특정-친권·미성년후견 전부)[가족관계등록예규 제562호 별지 제14호 서식]
15 기본증명서(특정-친권·미성년후견 현재)[가족관계등록예규 제562호 별지 제15호 서식]
16 기본증명서(특정-개명·성본변경)[가족관계등록예규 제562호 별지 제16호 서식]
17 기본증명서(특정-국적취득·상실)[가족관계등록예규 제562호 별지 제17호 서식]
18 기본증명서(특정-성별정정)[가족관계등록예규 제562호 별지 제18호 서식]
19 혼인관계증명서(특정)[가족관계등록예규 제562호 별지 제19호 서식]
20 CERTIFICATE OF FAMILY RELATIONS[가족관계등록예규 제562호 별지 제20호 서식]
21 출생신고서[가족관계등록예규 제642호 양식 제1호]
22 혼인신고서[가족관계등록예규 제642호 양식 제10호]
23 이혼(친권자 지정)신고서[가족관계등록예규 제642호 양식 제11호]
24 사망신고서[가족관계등록예규 제642호 양식 제19호]
25 등록부정정신청서[가족관계등록예규 제642호 양식 제30호]
26 개명신고서[가족관계등록예규 제642호 양식 제27호]
27 가족관계 등록사항별 증명서 교부 등 신청서[가족관계등록예규 제642호 별지 제11호 서식]

가족관계증명서(일반)[가족관계등록예규 제562호 별지 제1호 서식]

가족관계증명서 (일 반)

등록기준지	서울특별시 영등포구 은행로 1234

구분	성 명	출생연월일	주민등록번호	성별	본
본인	김본인(金本人)	1975년 01월 01일	750101-1234567	남	金海

가족사항

구분	성 명	출생연월일	주민등록번호	성별	본
부	김양부(金養父)	1953년 01월 01일	530101-1234567	남	金海
모	이양모(李養母)	1954년 01월 01일	540101-2345678	여	全州
배우자	박여인(朴女人)	1978년 01월 01일	780101-2345678	여	密陽
자녀	윤양자(尹養子)	2009년 01월 01일	090101-4345678	여	坡平
자녀	김중삼(金中三)	2012년 01월 01일	120101-3234567	남	金海

위 가족관계증명서(일반)는 가족관계등록부의 기록사항과 틀림없음을 증명합니다.

0000년 00월 00일

○○시(읍·면)장 ○○○   [직인]

※ 위 증명서는 「가족관계의 등록 등에 관한 법률」 제15조제2항에 따른 등록사항을 현출한 일반증명서입니다.

발급시각 : 00시 00분
발급담당자 : ○○○
☎ : 000-000-0000
신청인 : 김본인

발행번호 : 2193-2012-0968-2919

※ 전자가족관계등록시스템(https://efamily.scourt.go.kr)의 증명서 진위확인 메뉴에서 발급일부터 3개월까지 위변조 여부를 확인할 수 있습니다.

가족관계증명서(상세)[가족관계등록예규 제562호 별지 제6호 서식]

가족관계증명서(상세)

등록기준지	서울특별시 영등포구 은행로 1234

구분	성명	출생연월일	주민등록번호	성별	본
본인	김본인(金本人)	1975년 01월 01일	750101-1234567	남	金海

가족사항

구분	성명	출생연월일	주민등록번호	성별	본
부	김양부(金養父)	1953년 01월 01일	530101-1234567	남	金海
모	이양모(李養母)	1954년 01월 01일	540101-2345678	여	全州
배우자	박여인(朴女人)	1978년 01월 01일	780101-2345678	여	密陽
자녀	김외일(金外一)	1998년 01월 01일	980101-1234567	남	金海
자녀	김중이(金中二)	2006년 01월 01일	060101-3234567	남	金海
자녀	윤양자(尹養子)	2009년 01월 01일	090101-4345678	여	坡平
자녀	김중삼(金中三)	2012년 01월 01일	120101-3234567	남	金海
자녀	김양자(金養子) 사망	2014년 01월 01일	140101-4345678	여	金海

위 가족관계증명서(상세)는 가족관계등록부의 기록사항과 틀림없음을 증명합니다.

0000년 00월 00일

○○시(읍·면)장   ○○○   직인

※ 위 증명서는 「가족관계의 등록 등에 관한 법률」 제15조제3항에 따른 등록사항을 현출한 상세증명서입니다.

발행번호 : 3193-2512-0968-2913

※ 전자가족관계등록시스템(https://efamily.scourt.go.kr)의 증명서 진위확인 메뉴에서 발급일부터 3개월까지 위변조 여부를 확인할 수 있습니다.

기본증명서(일반)[가족관계등록예규 제562호 별지 제2호 서식]

기본증명서(일반)

등록기준지	서울특별시 영등포구 은행로 1234

구 분	상 세 내 용
작성	[가족관계등록부작성일] 2008년 01월 01일 [작성사유] 가족관계의 등록 등에 관한 법률 부칙 제3조제1항

구분	성 명	출생연월일	주민등록번호	성별	본
본인	김중이(金中二)	2006년 01월 01일	060101-3234567	남	金海

일반등록사항

구 분	상 세 내 용
출생	[출생장소] 서울특별시 마포구 망원동 100번지의 1234 [신고일] 2006년 01월 20일 [신고인] 부

위 기본증명서(일반)는 가족관계등록부의 기록사항과 틀림없음을 증명합니다.

0000년 00월 00일

○○시(읍·면)장 ○○○   직인

※ 위 증명서는 「가족관계의 등록 등에 관한 법률」 제15조제2항에 따른 등록사항을 현출한 일반증명서입니다.

발급시각 : 00시 00분
발급담당자 : ○○○
☎ : 000-000-0000
신청인 : 김중이

발행번호 : 3193-2112-0968-2910   1 / 1

※ 전자가족관계등록시스템(https://efamily.scourt.go.kr)의 증명서 진위확인 메뉴에서 발급일부터 3개월까지 위변조 여부를 확인할 수 있습니다.

기본증명서(상세)[가족관계등록예규 제562호 별지 제7호 서식]

기 본 증 명 서 (상 세)

등록기준지	서울특별시 영등포구 은행로 1234

구 분	상 세 내 용
작성	[가족관계등록부작성일] 2008년 01월 01일 [작성사유] 가족관계의 등록 등에 관한 법률 부칙 제3조제1항
정정	[도로명주소기록일] 2011년 12월 10일 [경정전] 서울특별시 영등포구 여의도동 1번지의 1234 [경정후] 서울특별시 영등포구 은행로 1234 [경정사유] 도로명주소법 제20조

구분	성 명	출생연월일	주민등록번호	성별	본
본인	김중이(金中二)	2006년 01월 01일	060101-3234567	남	金海

일반등록사항

구 분	상 세 내 용
출생	[출생장소] 서울특별시 마포구 망원동 100번지의 1234 [신고일] 2006년 01월 20일 [신고인] 부
친권	[친권자지정협의일] 2007년 01월 20일 [친권자] 모 [모의본적] 서울특별시 마포구 망원동 1번지의 1234 호주 김친부의 자 [신고일] 2007년 02월 20일 [신고인] 부모
친권	[친권자사망일] 2007년 12월 10일 [친권자] 모 [직권기재서작성일] 2007년 12월 20일 [친권자지정기재직권말소일] 2007년 12월 20일
친권	[친권상실선고심판확정일] 2010년 01월 02일 [심판법원] 서울가정법원 [친권상실된자] 부 김본인

발행번호 : 3193-2612-0968-2914

※ 전자가족관계등록시스템(https://efamily.scourt.go.kr)의 증명서 진위확인 메뉴에서 발급일부터 3개월까지 위변조 여부를 확인 할 수 있습니다.

	[신고일] 2010년 01월 20일
	[신고인] 김친족
	[처리관서] 서울특별시 영등포구
후견	[법정후견인취임일] 2010년 01월 02일
	[법정후견인] 김친족
	[법정후견인의주민등록번호] 800101-2345678
	[신고일] 2010년 01월 20일
	[신고인] 김친족
	[처리관서] 서울특별시 영등포구

위 기본증명서(상세)는 가족관계등록부의 기록사항과 틀림없음을 증명합니다.

0000년 00월 00일

○○시(읍·면)장   ○ ○ ○   직인

※ 위 증명서는 「가족관계의 등록 등에 관한 법률」 제15조제3항에 따른 등록사항을 현출한 상세증명서입니다.

발급시각 : 00시 00분
발급담당자 : ○ ○ ○
☎ : 000-000-0000
신청인 : 김중이

발행번호 : 3193-2612-0968-2914
※ 전자가족관계등록시스템(https://efamily.scourt.go.kr)의 증명서 진위확인 메뉴에서 발급일부터 3개월까지 위변조 여부를 확인할 수 있습니다.

혼인관계증명서(일반)[가족관계등록예규 제562호 별지 제3호 서식]

혼 인 관 계 증 명 서 (일 반)

등록기준지	서울특별시 영등포구 은행로 1234

구분	성 명	출생연월일	주민등록번호	성별	본
본인	김본인(金本人)	1975년 01월 01일	750101-1234567	남	金海

혼인사항

구분	성 명	출생연월일	주민등록번호	성별	본
배우자	박여인(朴女人)	1978년 01월 01일	780101-2345678	여	密陽

구 분	상 세 내 용
혼인	[신고일] 2009년 03월 20일 [배우자] 박여인 [배우자의주민등록번호] 780101-2345678 [처리관서] 서울특별시 영등포구

위 혼인관계증명서(일반)는 가족관계등록부의 기록사항과 틀림없음을 증명합니다.

0000년 00월 00일

○○시(읍·면)장   ○○○   　직인

※ 위 증명서는「가족관계의 등록 등에 관한 법률」제15조제2항에 따른 등록사항을 현출한 일반증명서입니다.

발급시각 : 00시 00분
발급담당자 : ○○○
☎ : 000-000-0000
신청인 : 김본인

1 / 1

발행번호 : 3193-2212-0968-2911

※ 전자가족관계등록시스템(https://efamily.scourt.go.kr)의 증명서 진위확인 메뉴에서 발급일부터 3개월까지 위변조 여부를 확인할 수 있습니다.

혼인관계증명서(상세)[가족관계등록예규 제562호 별지 제8호 서식]

혼인관계증명서(상세)

등록기준지	서울특별시 영등포구 은행로 1234

구분	성 명	출생연월일	주민등록번호	성별	본
본인	김본인(金本人)	1975년 01월 01일	750101-1234567	남	金海

혼인사항

구분	성 명	출생연월일	주민등록번호	성별	본
배우자	박여인(朴女人)	1978년 01월 01일	780101-2345678	여	密陽

구분	상세내용
혼인	[신고일] 2000년 01월 20일 [배우자] 전여인
이혼	[협의이혼신고일] 2007년 02월 20일 [배우자] 전여인
혼인	[신고일] 2009년 03월 20일 [배우자] 박여인 [배우자의주민등록번호] 780101-2345678 [처리관서] 서울특별시 영등포구

위 혼인관계증명서(상세)는 가족관계등록부의 기록사항과 틀림없음을 증명합니다.

0000년 00월 00일

○○시(읍·면)장　○○○　　직인

※ 위 증명서는 「가족관계의 등록 등에 관한 법률」 제15조제3항에 따른 등록사항을 현출한 상세증명서입니다.

발행번호 : 3193-2712-0968-2916

※ 전자가족관계등록시스템(https://efamily.scourt.go.kr)의 증명서 진위확인 메뉴에서 발급일부터 3개월까지 위변조 여부를 확인할 수 있습니다.

입양관계증명서(일반)[가족관계등록예규 제562호 별지 제4호 서식]

입양관계증명서(일반)

등록기준지	서울특별시 영등포구 은행로 1234

구분	성 명	출생연월일	주민등록번호	성별	본
본인	김본인(金本人)	1975년 01월 01일	750101-1234567	남	金海

입양사항

구분	성 명	출생연월일	주민등록번호	성별	본
친생부	김친부(金親父)	1950년 01월 01일	500101-1234567	남	金海
친생모	이친모(李親母) 사망	1951년 01월 01일	510101-2345678	여	全州
양부	김양부(金養父)	1953년 01월 01일	530101-1234567	남	金海
양모	이양모(李養母)	1954년 01월 01일	540101-2345678	여	全州
양자	윤양자(尹養子)	2009년 01월 01일	090101-4345678	여	坡平

구 분	상 세 내 용
입양	[신고일] 2008년 02월 20일 [양부] 김양부 [양부의주민등록번호] 530101-1234567 [양모] 이양모 [양모의주민등록번호] 540101-2345678 [처리관서] 서울특별시 마포구
입양	[신고일] 2011년 03월 20일 [양자] 윤양자 [양자의주민등록번호] 090101-4345678 [입양승낙자] 부 윤친부, 모 권친모 [처리관서] 서울특별시 강남구

위 입양관계증명서(일반)는 가족관계등록부의 기록사항과 틀림없음을 증명합니다.
단, 친양자입양관계는 친양자입양관계증명서에만 표시합니다.

발행번호 : 3193-2312-0968-2912

※ 전자가족관계등록시스템(https://efamily.scourt.go.kr)의 증명서 진위확인 메뉴에서 발급일부터 3개월까지 위변조 여부를 확인할 수 있습니다.

입양관계증명서(상세)[가족관계등록예규 제562호 별지 제9호 서식]

입 양 관 계 증 명 서 (상 세)

등록기준지	서울특별시 영등포구 은행로 1234

구분	성 명	출생연월일	주민등록번호	성별	본
본인	김본인(金本人)	1975년 01월 01일	750101-1234567	남	金海

입양사항

구분	성 명		출생연월일	주민등록번호	성별	본
친생부	김친부(金親父)		1950년 01월 01일	500101-1234567	남	金海
친생모	이친모(李親母)	사망	1951년 01월 01일	510101-2345678	여	全州
양부	김양부(金養父)		1953년 01월 01일	530101-1234567	남	金海
양모	이양모(李養母)		1954년 01월 01일	540101-2345678	여	全州
양자	윤양자(尹養子)		2009년 01월 01일	090101-4345678	여	坡平

구 분	상 세 내 용
입양	[신고일] 2005년 01월 20일 [양자] 정양자 [입양승낙자] 부모
입양	[신고일] 2008년 02월 20일 [양부] 김양부 [양부의주민등록번호] 530101-1234567 [양모] 이양모 [양모의주민등록번호] 540101-2345678 [처리관서] 서울특별시 마포구
입양	[신고일] 2011년 03월 20일 [양자] 윤양자 [양자의주민등록번호] 090101-4345678 [입양승낙자] 부 윤친부, 모 권친모

발행번호 : 3193-2812-0968-2917

※ 전자가족관계등록시스템(https://efamily.scourt.go.kr)의 증명서 진위확인 메뉴에서 발급일부터 3개월까지 위변조 여부를 확인할 수 있습니다.

파양	[처리관서] 서울특별시 강남구
	[협의파양신고일] 2013년 04월 20일
	[양자] 정양자
	[양자의주민등록번호] 040101-3345678
	[파양협의자] 부 정친부, 모 송친모
	[처리관서] 서울특별시 강남구

위 입양관계증명서(상세)는 가족관계등록부의 기록사항과 틀림없음을 증명합니다.
단, 친양자입양관계는 친양자입양관계증명서에만 표시합니다.

0000년 00월 00일

○○시(읍·면)장 ○○○   [직인]

※ 위 증명서는「가족관계의 등록 등에 관한 법률」제15조제3항에 따른 등록사항을 현출한 상세증명서입니다.

발급시각 : 00시 00분
발급담당자 : ○○○
☎ : 000-000-0000
신청인 : 김본인

발행번호 : 3193-2812-0968-2917

※ 전자가족관계등록시스템(https://efamily.scourt.go.kr)의 증명서 진위확인 메뉴에서 발급일부터 3개월까지 위변조 여부를 확인할 수 있습니다.

친양자입양관계증명서(일반)[가족관계등록예규 제562호 별지 제5호 서식]

친양자입양관계증명서(일반)

| 등록기준지 | 서울특별시 영등포구 은행로 1234 |

구분	성 명	출생연월일	주민등록번호	성별	본
본인	김본인(金本人)	1975년 01월 01일	750101-1234567	남	金海

친양자입양사항

구분	성 명		출생연월일	주민등록번호	성별	본
친양자	김양자(金養子)	사망	2014년 01월 01일	140101-4345678	여	金海

구분	상세내용
친양자입양	[친양자입양재판확정일] 2014년 10월 05일 [심판법원] 서울가정법원 [친양자] 최양자 [친양자의주민등록번호] 140101-4345678 [신고일] 2014년 10월 20일 [신고인] 김본인 [처리관서] 서울특별시 서초구

위 친양자입양관계증명서(일반)는 가족관계등록부의 기록사항과 틀림없음을 증명합니다.

0000년 00월 00일

○○시(읍·면)장   ○ ○ ○   [직인]

※ 위 증명서는「가족관계의 등록 등에 관한 법률」제15조제2항에 따른 등록사항을 현출한 일반증명서입니다.

발행번호 : 9194-2412-0900-3016

※ 전자가족관계등록시스템(https://efamily.scourt.go.kr)의 증명서 진위확인 메뉴에서 발급일부터 3개월까지 위변조 여부를 확인할 수 있습니다.

친양자입양관계증명서(상세)[가족관계등록예규 제562호 별지 제10호 서식]

친양자입양관계증명서 (상 세)

등록기준지	서울특별시 영등포구 은행로 1234

구분	성 명	출생연월일	주민등록번호	성별	본
본인	김본인(金本人)	1975년 01월 01일	750101-1234567	남	金海

친양자입양사항

구분	성 명		출생연월일	주민등록번호	성별	본
친양자	김양자(金養子)	사망	2014년 01월 01일	140101-4345678	여	金海

구 분	상 세 내 용
입양	[입양특례법에따른입양재판확정일]　　2012년 08월 05일 [심판법원]　서울가정법원 [양자]　강양자 [양자의주민등록번호]　120101-4345678 [신고일]　2012년 08월 20일 [신고인]　김본인 [처리관서]　서울특별시 영등포구
입양취소	[입양특례법에따른입양취소재판확정일]　　2013년 09월 05일 [판결법원]　서울가정법원 [양자]　강양자 [양자의주민등록번호]　120101-4345678 [신고일]　2013년 09월 20일 [신고인]　강친부 [처리관서]　서울특별시 강서구
친양자입양	[친양자입양재판확정일]　　2014년 10월 05일 [심판법원]　서울가정법원 [친양자]　최양자 [친양자의주민등록번호]　140101-4345678 [신고일]　2014년 10월 20일 [신고인]　김본인

발행번호 : 9194-2912-0900-3015

※ 전자가족관계등록시스템(https://efamily.scourt.go.kr)의 증명서 진위확인 메뉴에서 발급일부터 3개월까지 위변조 여부를 확인할 수 있습니다.

[처리관서] 서울특별시 서초구

위 친양자입양관계증명서(상세)는 가족관계등록부의 기록사항과 틀림없음을 증명합니다.

0000년 00월 00일

○○시(읍·면)장　○○○　[직인]

※ 위 증명서는「가족관계의 등록 등에 관한 법률」제15조제3항에 따른 등록사항을 현출한 상세증명서입니다.

발급시각 : 00시 00분
발급담당자 : ○○○
☎ : 000-000-0000
신청인 : 김본인

발행번호 : 9194-2912-0900-3015

※ 전자가족관계등록시스템(https://efamily.scourt.go.kr)의 증명서 진위확인 메뉴에서 발급일부터 3개월까지 위변조 여부를 확인할 수 있습니다.

가족관계증명서(특정)[가족관계등록예규 제562호 별지 제11호 서식]

가족관계증명서(특정)

구분	성 명	출생연월일	주민등록번호	성별
본인	김본인(金本人)	1975년 01월 01일	750101-1234567	남

가족사항

구분	성 명	출생연월일	주민등록번호	성별
모	이양모(李養母)	1954년 01월 01일	540101-2345678	여

위 가족관계증명서(특정)는 가족관계등록부의 기록사항과 틀림없음을 증명합니다.

0000년 00월 00일

○○시(읍·면)장　○○○　[직인]

※ 위 증명서는 「가족관계의 등록 등에 관한 법률」 제15조제4항 및 「가족관계의 등록 등에 관한 규칙」 제21조의2제2항에 따른 등록사항을 현출한 특정증명서입니다.

발급시각 : 00시 00분
발급담당자 : ○○○
☎ : 000-000-0000
신청인 : 김본인

발행번호 : 1193-2812-0768-2914

※ 전자가족관계등록시스템(https://efamily.scourt.go.kr)의 증명서 진위확인 메뉴에서 발급일부터 3개월까지 위변조 여부를 확인할 수 있습니다.

기본증명서(특정-출생·사망·실종)[가족관계등록예규 제562호 별지 제12호 서식]

기본증명서(특정-출생·사망·실종)

구분	성 명	출생연월일	주민등록번호	성별
본인	김중이(金中二)	2006년 01월 01일	060101-3234567	남

일반등록사항

구분	상 세 내 용
출생	[출생장소] 서울특별시 마포구 망원동 100번지의 1234 [신고일] 2006년 01월 20일 [신고인] 부

위 기본증명서(특정-출생·사망·실종)는 가족관계등록부의 기록사항과 틀림없음을 증명합니다.

0000년 00월 00일

○○시(읍·면)장　○○○　|직인|

※ 위 증명서는「가족관계의 등록 등에 관한 법률」제15조제4항 및 「가족관계의 등록 등에 관한 규칙」제21조의2제3항에 따른 등록사항을 현출한 특정증명서입니다.

발급시각 : 00시 00분
발급담당자 : ○○○
☎ : 000-000-0000
신청인 : 김중이

발행번호 : 1193-2912-0768-2915

※ 전자가족관계등록시스템(https://efamily.scourt.go.kr)의 증명서 진위확인 메뉴에서 발급일부터 3개월까지 위변조 여부를 확인하실 수 있습니다.

기본증명서(특정-인지·친생자관계정정)[가족관계등록예규 제562호 별지 제13호 서식]

기본증명서(특정-인지·친생자관계정정)

구분	성 명	출생연월일	주민등록번호	성별
본인	윤양자(尹養子)	2009년 01월 01일	090101-4345678	여

일반등록사항

구 분	상세내용
인지	[신고일] 2009년 02월 01일 [인지자] 부 윤친부 [인지자의주민등록번호] 880101-1234567 [처리관서] 서울특별시 강남구
기타	[정정일] 2009년 02월 01일 [정정내용] 부의 인지로 인하여 성 "권"을 "윤"으로, 본 "安東"을 "坡平"으로 변경

위 기본증명서(특정-인지·친생자관계정정)는 가족관계등록부의 기록사항과 틀림없음을 증명합니다.

0000년 00월 00일

○○시(읍·면)장 ○○○   직인

※ 위 증명서는 「가족관계의 등록 등에 관한 법률」 제15조제4항 및 「가족관계의 등록 등에 관한 규칙」 제21조의2제3항에 따른 등록사항을 현출한 특정증명서입니다.

발급시각 : 00시 00분
발급담당자 : ○○○
☎ : 000-000-0000
신청인 : 윤양자

발행번호 : 1193-2412-0868-2916
※ 전자가족관계등록시스템(https://efamily.scourt.go.kr)의 증명서 진위확인 메뉴에서 발급일부터 3개월까지 위변조 여부를 확인할 수 있습니다.

기본증명서(특정-친권·미성년후견 전부)[가족관계등록예규 제562호 별지 제14호 서식]

기본증명서 (특정-친권·미성년후견 전부)

구분	성 명	출생연월일	주민등록번호	성별
본인	김중이(金中二)	2006년 01월 01일	060101-3234567	남

일반등록사항

구 분	상 세 내 용
친권	[친권자지정협의일] 2007년 01월 20일 [친권자] 모 [모의본적] 서울특별시 마포구 망원동 1번지의 1234 호주 전친부의 자 [신고일] 2007년 02월 20일 [신고인] 부모
친권	[친권자사망일] 2007년 12월 10일 [친권자] 모 [직권기재서작성일] 2007년 12월 20일 [친권자지정기재직권말소일] 2007년 12월 20일
친권	[친권상실선고심판확정일] 2010년 01월 02일 [심판법원] 서울가정법원 [친권상실된자] 부 김본인 [신고일] 2010년 01월 20일 [신고인] 김친족 [처리관서] 서울특별시 영등포구
후견	[법정후견인취임일] 2010년 01월 02일 [법정후견인] 김친족 [법정후견인의주민등록번호] 800101-2345678 [신고일] 2010년 01월 20일 [신고인] 김친족 [처리관서] 서울특별시 영등포구

위 기본증명서(특정-친권·미성년후견 전부)는 가족관계등록부의 기록사항과 틀림없음을 증명합니다.

발행번호: 2193-2212-0868-2910

※ 전자가족관계등록시스템(https://efamily.scourt.go.kr)의 증명서 진위확인 메뉴에서 발급일부터 3개월까지 위변조 여부를 확인할 수 있습니다.

0000년 00월 00일

○○시(읍·면)장   ○○○   [직인]

※ 위 증명서는 「가족관계의 등록 등에 관한 법률」 제15조제4항 및 「가족관계의 등록 등에 관한 규칙」 제21조의2제3항에 따른 등록사항을 현출한 특정증명서입니다.

발급시각 : 00시 00분
발급담당자 : ○○○
☎ : 000-000-0000
신청인 : 김중이

발행번호 : 2193-2212-0868-2910

※ 전자가족관계등록시스템(https://efamily.scourt.go.kr)의 증명서 진위확인 메뉴에서 발급일부터 3개월까지 위변조 여부를 확인할 수 있습니다.

기본증명서(특정-친권·미성년후견 현재)[가족관계등록예규 제562호 별지 제15호 서식]

기본증명서(특정-친권·미성년후견 현재)

구분	성 명	출생연월일	주민등록번호	성별
본인	김중이(金中二)	2006년 01월 01일	060101-3234567	남

일반등록사항

구분	상세내용
후견	[법정후견인취임일]　2010년 01월 02일 [법정후견인]　김친족 [법정후견인의주민등록번호]　800101-2345678 [신고일]　2010년 01월 20일 [신고인]　김친족 [처리관서]　서울특별시 영등포구

위 기본증명서(특정-친권·미성년후견 현재)는 가족관계등록부의 기록사항과 틀림없음을 증명합니다.

0000년 00월 00일

○○시(읍·면)장　○○○　　[직인]

※ 위 증명서는「가족관계의 등록 등에 관한 법률」제15조제4항 및 「가족관계의 등록 등에 관한 규칙」제21조의2제3항에 따른 등록사항을 현출한 특정증명서입니다.

발급시각 : 00시 00분
발급담당자 : ○○○
☎ : 000-000-0000
신청인 : 김중이

발행번호 : 2193-2112-0868-2911

※ 전자가족관계등록시스템(https://efamily.scourt.go.kr)의 증명서 진위확인 메뉴에서 발급일부터 3개월까지 위변조 여부를 확인할 수 있습니다.

기본증명서(특정-개명·성본변경)[가족관계등록예규 제562호 별지 제16호 서식]

기본증명서(특정-개명·성본변경)

등록기준지	서울특별시 영등포구 은행로 1234

구분	성 명	출생연월일	주민등록번호	성별
본인	박여인(朴女人)	1978년 01월 01일	780101-2345678	여

일반등록사항

구 분	상 세 내 용
창성	[창성허가일] 2008년 10월 01일 [허가법원] 서울가정법원 [신고일] 2008년 10월 10일 [신고인] 박티투 [종전의성·본] 성 "전" [처리관서] 서울특별시 서초구
개명	[개명허가일] 2008년 10월 15일 [허가법원] 서울가정법원 [신고일] 2008년 10월 20일 [신고인] 박여인 [개명전이름] 티투 [개명후이름] 여인(女人) [처리관서] 서울특별시 서초구

위 기본증명서(특정-개명·성본변경)는 가족관계등록부의 기록사항과 틀림없음을 증명합니다.

0000년 00월 00일

○○시(읍·면)장   ○○○   직인

※ 위 증명서는 「가족관계의 등록 등에 관한 법률」제15조제4항 및 「가족관계의 등록 등에 관한 규칙」제21조의2제3항에 따른 등록사항을 현출한 특정증명서입니다.

발행번호 : 2193-2012-0868-2912
※ 전자가족관계등록시스템(https://efamily.scourt.go.kr)의 증명서 진위확인 메뉴에서 발급일부터 3개월까지 위변조 여부를 확인할 수 있습니다.

기본증명서(특정-국적취득·상실)[가족관계등록예규 제562호 별지 제17호 서식]

기본증명서(특정-국적 취득·상실)

구분	성 명	출생연월일	주민등록번호	성별	본
본인	박여인(朴女人)	1978년 01월 01일	780101-2345678	여	密陽

일반등록사항

구 분	상 세 내 용
귀화	[귀화허가일] 2008년 09월 01일 [귀화전국적] 베트남 [통보일] 2008년 09월 05일 [통보자] 법무부장관 [처리관서] 서울특별시 서초구

위 기본증명서(특정-국적 취득·상실)는 가족관계등록부의 기록사항과 틀림없음을 증명합니다.

0000년 00월 00일

○○시(읍·면)장   ○○○   [직인]

※ 위 증명서는 「가족관계의 등록 등에 관한 법률」 제15조제4항 및 「가족관계의 등록 등에 관한 규칙」 제21조의2제3항에 따른 등록사항을 현출한 특정증명서입니다.

발급시각 : 00시 00분
발급담당자 : ○○○
☎ : 000-000-0000
신청인 : 박여인

발행번호 : 2193-2312-0868-2914

※ 전자가족관계등록시스템(https://efamily.scourt.go.kr)의 증명서 진위확인 메뉴에서 발급일부터 3개월까지 위변조 여부를 확인할 수 있습니다.

기본증명서(특정-성별정정)[가족관계등록예규 제562호 별지 제18호 서식]

기본증명서(특정-성별정정)

등록기준지	서울특별시 영등포구 은행로 1234

구분	성 명	출생연월일	주민등록번호	성별	본
본인	김외일(金外一)	1998년 01월 01일	980101-1234567	남	金海

일반등록사항

구 분	상 세 내 용
정정	[정정허가일] 2020년 05월 11일 [허가법원] 서울남부지방법원 [신청인] 김외일 [정정일] 2020년 05월 15일 [정정내용] 예규 제550호에 따라 특정등록사항란의 성별 기록 "여"를 "남"으로 정정 [처리관서] 서울특별시 영등포구
주민등록번호통보	[통보내용] 주민등록번호 정정 [정정전주민등록번호] 980101-2456789 [정정후주민등록번호] 980101-1234567 [통보일] 2020년 05월 25일 [통보자] 서울특별시 서초구 서초1동장 [처리관서] 서울특별시 영등포구

위 기본증명서(특정-성별정정)는 가족관계등록부의 기록사항과 틀림없음을 증명합니다.

0000년 00월 00일

○○시(읍·면)장   ○○○   직인

※ 위 증명서는 「가족관계의 등록 등에 관한 법률」 제15조제4항 및 「가족관계의 등록 등에 관한 규칙」 제21조의2제3항에 따른 등록사항을 현출한 특정증명서입니다.

발행번호 : 3193-2512-0868-2918

※ 전자가족관계등록시스템(https://efamily.scourt.go.kr)의 증명서 진위확인 메뉴에서 발급일부터 3개월까지 위변조 여부를 확인할 수 있습니다.

혼인관계증명서(특정)[가족관계등록예규 제562호 별지 제19호 서식]

혼 인 관 계 증 명 서 (특 정)

구분	성 명	출생연월일	주민등록번호	성별
본인	김본인(金本人)	1975년 01월 01일	750101-1234567	남

혼인사항

구 분	상 세 내 용
혼인	[신고일] 2000년 01월 20일 [배우자] 전여인
이혼	[협의이혼신고일] 2007년 02월 20일 [배우자] 전여인

위 혼인관계증명서(특정)는 가족관계등록부의 기록사항과 틀림없음을 증명합니다.

0000년 00월 00일

○○시(읍·면)장 ○○○   직인

※ 위 증명서는「가족관계의 등록 등에 관한 법률」제15조제4항 및 「가족관계의 등록 등에 관한 규칙」제21조의2제4항에 따른 등록사항을 현출한 특정증명서입니다. 이 증명서에는 과거의 혼인에 관한 사항만 기재되고, 현재의 혼인에 관한 사항은 기재되지 않습니다.

발급시각 : 00시 00분
발급담당자 : ○○○
☎ 000-000-0000
신청인 : 김본인

발행번호 : 2193-2612-0868-2918

※ 전자가족관계등록시스템(https://efamily.scourt.go.kr)의 증명서 진위확인 메뉴에서 발급일부터 3개월까지 위변조 여부를 확인할 수 있습니다.

CERTIFICATE OF FAMILY RELATIONS[가족관계등록예규 제562호 별지 제20호 서식]

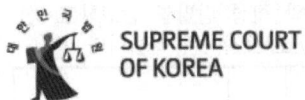 SUPREME COURT OF KOREA

CERTIFICATE OF FAMILY RELATIONS

Information of the Person Concerned

Surname	GO	Given name	GILDONG
Gender	MALE	Date of birth	1995-11-05
Korean ID No.	951105-1234573		
Place of birth	Seoul(KOREA)		

Information of Parents

Surname of father	GO	Given name of father	HUIDONG
Gender	MALE	Date of birth	1973-02-03
Korean ID No.	730203-1223456		
Surname of mother	BAK	Given name of mother	DURI
Gender	FEMALE	Date of birth	1975-01-01
Korean ID No.	-		
Nationality	CHINA	Alien Reg. No.	750101-6345677

Information of Spouse

Surname of spouse	LEE	Given name of spouse	GONGSIL
Gender	FEMALE	Date of birth	1996-03-01
Korean ID No.	960301-2344591	Date of marriage	2019-04-03

This certifies that the above information accurately reflects the contents of the Family Relation Register of the person concerned, pursuant to Article 15 of the Act on Registration of Family Relations.

0000-00-00

○○○, Head of ○○-Si(Eup · Myeon) | Official Seal |

※ Names on this certificate shall be the exact names as they appear on his/her passport. In the absence of passport, names shall be written according to the Romanization of Korean.

Applicant   GO GILDONG

Issuance No.: 1193-2912-0840-0815

Certificate authenticity can be verified via the Electronic Family Registration System(https://efamily.scourt.go.kr) within 3 months from the date of issue.

출생신고서[가족관계등록예규 제642호 양식 제1호]

출생신고서
(년 월 일)

※ 신고서 작성 시 뒷면의 작성 방법을 참고하고, 선택 항목에는 '영표(○)'로 표시하기 바랍니다.

① 출생자

| 성명 | *한글 | (성) / (명) | 본(한자) | | *성별 | ①남 ②여 | *①혼인 중의 출생자 *②혼인 외의 출생자 |
| | *한자 | (성) / (명) | | | | | |

*출생 연월 일시: 년 월 일 시 분 (출생지 시각: 24시각제)

*출생 장소: ①자택 ②병원 ③기타

부모가 정한 등록기준지:

*주소: 　　　　　　　　　세대주 및 관계　　　의

자녀가 복수국적자인 경우 그 사실 및 취득한 외국 국적

② 부모

| 부 | 성명 | (한자:) | 본(한자) | *주민등록번호 | - |
| 모 | 성명 | (한자:) | 본(한자) | *주민등록번호 | - |

*부의 등록기준지:
*모의 등록기준지:

혼인신고 시 자녀의 성·본을 모의 성·본으로 하는 협의서를 제출하였습니까? 예☐ 아니요☐

③ 친생자관계 부존재확인판결 등에 따른 가족관계등록부 폐쇄 후 다시 출생신고하는 경우

| 폐쇄등록부상 특정사항 | 성명 | | 주민등록번호 | - |
| | 등록기준지 | | | |

④ 기타 사항

⑤ 신고인

*성명	(서명 또는 날인)	주민등록번호	-
*자격	①부 ②모 ③동거친족 ④기타(자격:)		
주소			
*전화	이메일		

⑥ 제출인

| 성명 | | 주민등록번호 | - |

※ 타인의 서명 또는 인장을 도용하여 허위의 신고서를 제출하거나, 허위신고를 하여 가족관계등록부에 실제와 다른 사실을 기록하게 하는 경우에는 **형법에 의하여 처벌**받을 수 있습니다. **눈표(*)로 표시한 자료**는 국가통계작성을 위해 통계청에서도 수집하고 있는 자료입니다.

※ 아래 사항은 「**통계법**」 **제24조의2**에 의하여 **통계청에서 실시하는 인구동향조사**입니다. 「통계법」 제32조 및 제33조에 의하여 성실응답의무가 있으며 개인의 비밀사항이 철저히 보호되므로 사실대로 기입하여 주시기 바랍니다.
※ 첨부서류 및 출생자 부모의 국적은 국가통계작성을 위해 통계청에서도 수집하고 있는 자료입니다.

인구동향조사

| ㉮ 최종 졸업학교 | 부 | ①학력 없음 ②초등학교 ③중학교 ④고등학교 ⑤대학(교) ⑥대학원 이상 |
| | 모 | ①학력 없음 ②초등학교 ③중학교 ④고등학교 ⑤대학(교) ⑥대학원 이상 |

※ 아래 사항은 신고인이 기재하지 않습니다.

읍면동접수	가족관계등록관서 송부	가족관계등록관서 접수 및 처리
	*주민등록번호	
	년 월 일(인)	

작성방법

※ 등록기준지: 각 난의 해당자가 외국인인 경우에는 그 국적을 기재합니다.
※ 주민등록번호: 각 난의 해당자가 외국인인 경우에는 외국인등록번호(국내거소신고번호 또는 출생연월일)를 기재합니다.

①란: 출생자의 이름에 사용하는 한자는 대법원규칙이 정하는 범위내의 것(인명용 한자)으로, 이름자는 5자(성은 포함 안 됨)를 초과해서는 안 되며, 사용가능한 인명용한자는 대한민국 법원 전자민원센터에서 확인할 수 있습니다.
 : 출생일시는 24시각제로 기재합니다(예: 오후 2시 30분 → 14시 30분).
 : 우리나라 국민이 외국에서 출생한 경우에는 그 현지 출생시각을 서기 및 태양력으로 기재하되, 서머타임 실시기간 중 출생하였다면 그 출생지 시각 옆에 "(서머타임 적용)"이라고 표시합니다.
 : 자녀가 복수국적자인 경우 그 사실 및 취득한 외국 국적을 기재합니다.
 : 출생 장소는 최소 행정구역의 명칭(시구의 '동', 읍면의 '리') 또는 도로명주소의 '도로명'까지만 기재하여도 됩니다.

②란: 부(父)에 관한 사항 - 혼인 외 출생자를 모(母)가 신고하는 경우에는 기재하지 않으며, 전혼 해소 후 100일 이내에 재혼한 여자가 재혼성립 후 200일 이후, 직전 혼인의 종료 후 300일 이내에 출산하여 모가 출생신고를 하는 경우에는 부의 성명란에 "부미정"으로 기재합니다.

③란: 친생자관계 부존재확인판결, 친생부인판결 등으로 가족관계등록부 폐쇄 후 다시 출생신고를 하는 경우에만 기재합니다.

④란: 아래의 사항 및 가족관계등록부에 기록을 분명하게 하는 데 특히 필요한 사항을 기재합니다.
 - 후순위 신고의무자가 출생신고를 하는 경우: 선순위자(부모)가 신고를 못하는 객관적인 이유(예: 부모 사망, 행방불명 등)
 - 출생 전에 태아인지 한 사실 및 태아인지 신고한 관서
 - 외국인 부(父)의 성을 따라 외국식 이름으로 외국의 등록관서에 등재되어 있으나 한국식 이름으로 출생신고 하는 경우: 외국에서 신고된 성명

⑥란: 제출인(신고인이 작성한 신고서를 신고인이 아닌 사람이 제출할 경우만 기재)의 성명 및 주민등록번호를 기재합니다[접수담당공무원은 신분증과 대조하여야 함].

※ 아래 사항은 「통계법」 제24조의2에 의하며 통계청에서 실시하는 인구동향조사입니다.

㉮란: 교육부장관이 인정하는 모든 정규교육기관을 기준으로 기재하되, 각급 학교의 재학 또는 중퇴자는 최종 졸업한 학교의 해당번호에 '영표(○)'로 표시합니다.
 〈예시〉 대학교 3학년 재학(중퇴) → ④ 고등학교에 '영표(○)'로 표시

첨부서류

1. 출생증명서 등 1통(다음 중 하나).
 - 의사나 조산사가 작성한 출생증명서
 - 의사나 조산사가 아닌 사람으로서 분만에 직접 관여한 자가 모의 출산사실을 증명할 수 있는 자료 등을 첨부하여 작성한 출생사실을 증명하는 서면(「출생신고서에 첨부할 출생증명서 등에 관한 처리지침」 별지 서식)
 - 국내 또는 외국의 권한 있는 기관에서 발행한 출생사실을 증명하는 서면(외국어의 경우 번역문 첨부)
 - 가정법원의 확인서 등본
※ 아래 2항 및 3항은 가족관계등록관서에서 전산으로 그 내용을 확인할 수 있는 경우 첨부를 생략합니다.
2. 출생자의 부(父) 또는 모(母)의 혼인관계증명서 1통.
 - 부(父)가 혼인외의 자를 출생신고하는 경우에는 반드시 모(母)의 혼인관계증명서 첨부.
 - 출생자의 모의 가족관계등록부가 없거나 등록이 되어 있는지가 분명하지 않은 사람인 경우에는 그 모가 유부녀(有夫女)가 아님을 공증하는 서면 또는 2명 이상의 인우인 보증서.
3. 자녀의 출생 당시 모(母)가 한국인임을 증명하는 서면(예: 모의 기본증명서) 1통(1998. 6. 14. 이후 외국인 부와 한국인 모 사이에 출생한 자녀의 출생신고를 하는 경우).
4. 자녀의 출생 당시에 대한민국 국민인 부(父) 또는 모(母)의 가족관계등록부가 없거나 분명하지 않은 사람인 경우 부(父) 또는 모(母)에 대한 성명, 출생연월일 등 인적 사항을 밝힌 우리나라의 관공서가 발행한 공문서 사본 1부(예: 여권, 주민등록등본, 그 밖의 증명서).
5. 자녀가 복수국적자인 경우 취득한 국적을 소명하는 자료 1부.
6. 신분확인[가족관계등록예규 제600호에 의함]
 - 신고인이 출석한 경우: 신분증명서
 - 제출인이 출석한 경우: 신고인의 신분증명서 사본 및 제출인의 신분증명서
 - 우편으로 제출할 경우: 신고인의 신분증명서 사본
※ 신고인이 성년후견인인 경우에는 6항의 서류 외에 성년후견인의 자격을 증명하는 서면도 함께 첨부해야 합니다.

혼인신고서[가족관계등록예규 제642호 양식 제10호]

혼인신고서
(년 월 일)

※ 신고서 작성 시 뒷면의 작성 방법을 참고하고, 선택 항목에는 '영표(○)'로 표시하기 바랍니다.

구분			남편(부)			아내(처)		
① 혼인당사자 (신고인)	성명	한글	*(성) / (명)		(서명 또는 날인)	*(성) / (명)		(서명 또는 날인)
		한자	(성) / (명)			(성) / (명)		
	본(한자)			전화		본(한자)	전화	
	출생연월일							
	*주민등록번호		-			-		
	*등록기준지							
	*주소							
② 부모 (양부모)	부 성명							
	주민등록번호		-			-		
	등록기준지							
	모 성명							
	주민등록번호		-			-		
	등록기준지							

③ 외국방식에 의한 혼인성립일자   년   월   일
④ 성·본의 협의   자녀의 성·본을 모의 성·본으로 하는 협의를 하였습니까? 예□ 아니요□
⑤ 근친혼 여부   혼인 당사자들이 8촌 이내의 혈족 사이에 해당됩니까? 예□ 아니요□
⑥ 기타 사항

⑦ 증인	성명	(서명 또는 날인)	주민등록번호	-
	주소			
	성명	(서명 또는 날인)	주민등록번호	-
	주소			

⑧ 동의자	남편	부	성명	(서명 또는 날인)	후견인	성명	(서명 또는 날인)
		모	성명	(서명 또는 날인)		주민등록번호	-
	아내	부	성명	(서명 또는 날인)		성명	(서명 또는 날인)
		모	성명	(서명 또는 날인)		주민등록번호	-

⑨ 신고인 출석 여부   ① 남편(부)   ② 아내(처)
⑩ 제출인   성명   주민등록번호   -

※ 타인의 서명 또는 인장을 도용하여 허위의 신고서를 제출하거나, 허위신고를 하여 가족관계등록부에 실제와 다른 사실을 기록하게 하는 경우에는 **형법에 의하여 처벌**받을 수 있습니다. **눈표(*)로 표시한 자료**는 국가통계작성을 위해 통계청에서도 수집하고 있는 자료입니다.

※ 아래 사항은 「**통계법**」 **제24조의2**에 의하여 **통계청에서 실시하는 인구동향조사**입니다. 「통계법」 제32조 및 제33조에 의하여 성실 응답의무가 있으며 개인의 비밀사항이 철저히 보호되므로 사실대로 기입하여 주시기 바랍니다.

※ 첨부서류 및 혼인 당사자의 국적은 국가통계작성을 위해 통계청에서도 수집하고 있는 자료입니다.

인구동향조사

㉮ 실제 결혼 생활 시작일		년 월 일부터 동거		
㉯ 혼인 종류	남편	①초혼 ②사별 후 재혼 ③이혼 후 재혼	아내	①초혼 ②사별 후 재혼 ③이혼 후 재혼
㉰ 최종 졸업학교	남편(부)	①학력없음 ②초등학교 ③중학교 ④고등학교 ⑤대학(교) ⑥대학원 이상	아내(처)	①학력없음 ②초등학교 ③중학교 ④고등학교 ⑤대학(교) ⑥대학원 이상
㉱ 직업	남편(부)	①관리직 ②전문직 ③사무직 ④서비스직 ⑤판매직 ⑥농림어업 ⑦기능직 ⑧장치·기계 조작 및 조립 ⑨단순노무직 ⑩군인 ⑪학생·가사·무직	아내(처)	①관리직 ②전문직 ③사무직 ④서비스직 ⑤판매직 ⑥농림어업 ⑦기능직 ⑧장치·기계 조작 및 조립 ⑨단순노무직 ⑩군인 ⑪학생·가사·무직

작성방법

※ 등록기준지: 각 난의 해당자가 외국인인 경우에는 그 국적을 기재합니다.
※ 주민등록번호: 각 난의 해당자가 외국인인 경우에는 외국인등록번호(국내거소신고번호 또는 출생연월일)를 기재합니다.
※ ①,②란 및 ⑤,⑦란은 신고인 모두가 기재하며, 나머지 란(③,④,⑥,⑧)은 해당되는 사람만 기재합니다.
※ 주민등록전입신고는 본 가족관계등록신고와는 따로 하여야 합니다.
②란: 혼인당사자가 양자인 경우 양부모의 인적사항을 기재합니다.
③란: 외국방식에 의한 혼인증서등본제출의 경우 혼인성립일을 기재합니다.
④란: 「민법」 제781조제1항의 단서에 따라 자녀의 성본을 모의 성·본으로 하는 협의가 있는 경우에는 그러한 사실을 표시합니다.
⑤란: 혼인당사자들이 「민법」 제809조제1항에 따른 근친혼에 해당되지 않는다는 사실[8촌 이내의 혈족(친양자의 입양 전의 혈족을 포함한다)]을 표시합니다.
⑥란: 아래의 사항 및 가족관계등록부에 기록을 분명하게 하는 데에 특히 필요한 사항을 기재합니다.
- 사실상 혼인관계 존재확인의 재판에 의한 혼인신고(양 당사자가 생존한 경우에 소제기자만 신고 가능)의 경우에는 재판법원 및 확정일자
- 부모의 혼인으로 인하여 혼인 중의 자의 신분을 취득한 자녀가 있을 경우에는 그 자녀의 성명, 등록기준지
⑦란: 증인은 성년자이어야 합니다.
⑧란: 미성년자 또는 피성년후견인(2018. 6. 30.까지는 금치산자 포함)이 혼인하는 경우에 동의 내용을 기재합니다.
⑩란: 제출인(신고인이 작성한 신고서를 신고인이 아닌 사람이 제출할 경우만 기재)의 성명 및 주민등록번호를 기재합니다[접수담당공무원은 신분증과 대조하여야 함].

※ 아래 사항은 「통계법」 제24조의2에 의하여 **통계청에서 실시하는 인구동향조사**입니다.
㉗란: 결혼일자와 관계없이 실제 부부가 결혼(동거)생활을 시작한 날을 기입합니다.
㉘란: 교육부장관이 인정하는 모든 정규교육기관을 기준으로 기재하되 각급 학교의 재학 또는 중퇴자는 최종 졸업한 학교의 해당번호에 '영표(○)'로 표시합니다. 〈예시〉 대학교 3학년 재학(중퇴) → ④ 고등학교에 '영표(○)'로 표시
㉙란: 결혼할 당시의 주된 직업을 기준으로 기재합니다.

1. 관리자: 정부, 기업, 단체 또는 그 내부 부서의 정책과 활동을 기획, 지휘 및 조정(공공 및 기업고위직 등)
2. 전문가 및 관련 종사자: 전문지식을 활용한 기술적 업무(과학, 의료, 복지, 교육, 종교, 법률, 금융, 예술, 스포츠 등)
3. 사무종사자: 관리자, 전문가 및 관련 종사자를 보조하여 업무 추진(행정, 경영, 보험, 감사, 상담안내·통계 등)
4. 서비스종사자: 공공안전, 신변보호, 돌봄, 의료보조, 미용, 혼례 및 장례, 운송, 조리와 관련된 업무
5. 판매종사자: 영업활동을 통해 상품이나 서비스판매(인터넷, 상점, 공공장소 등), 상품의 광고·홍보, 계산정산 등
6. 농림어업 숙련 종사자: 작물의 재배·수확, 동물의 번식·사육, 산림의 경작·개발, 수생 동·식물 번식 및 양식 등
7. 기능원 및 관련 기능 종사자: 광업, 제조업, 건설업에서 손과 수공구를 사용하여 기계 설치 및 정비, 제품 가공
8. 장치·기계 조작 및 조립 종사자: 기계를 조작하여 제품 생산·조립, 산업용 기계·장비조작, 운송장비의 운전 등
9. 단순노무 종사자: 주로 간단한 수공구의 사용과 단순하고 일상적이며 육체적 노력이 요구되는 업무
10. 군인: 의무복무를 포함하여, 현재 군인신분을 유지하고 있는 경우(국방 분야에 고용된 민간인과 예비군은 제외)
11. 학생·가사·무직: 교육기관에 재학하며 학습에만 전념하거나, 전업주부이거나, 특정한 직업이 없는 경우

첨부서류

※ 아래 1항은 가족관계등록관서에서 전산으로 그 내용을 확인할 수 있는 경우 첨부를 생략합니다.
1. 혼인 당사자의 가족관계등록부의 기본증명서, 혼인관계증명서, 가족관계증명서 각 1통.
2. 혼인동의서[미성년자 또는 피성년후견인(2018. 6. 30.까지는 금치산자 포함)이 혼인하는 경우, 단 신고서 동의란에 기재하고 서명 또는 날인한 경우는 예외] 및 성년후견인의 자격을 증명하는 서면(피성년후견인의 혼인에 성년후견인이 동의하는 경우만)
3. 사실상 혼인관계 존재확인의 재판이 확정되어 혼인신고를 하는 경우 그 재판서의 등본과 확정증명서 각 1부[조정, 화해성립의 경우 조정(화해)조서 및 송달증명서 각 1부].
4. 혼인신고특례법에 의한 혼인의 경우 심판서의 등본 및 확정증명서 1부.
5. 사건본인이 외국인인 경우
- 한국 방식에 의한 혼인의 경우: 외국인의 혼인성립요건구비증명서(중국인인 경우 미혼증명서) 원본 및 국적을 증명하는 서면(여권 또는 외국인등록증) 사본 각 1부
- 외국 방식에 의해 혼인한 경우: 혼인증서등본 1부 및 국적을 증명하는 서면(여권 또는 외국인등록증) 사본 1부
6. 「민법」 제781조제1항의 단서에 따라 자녀의 성본을 모의 성·본으로 하는 협의를 한 경우에는 협의사실을 증명하는 혼인당사자의 협의서(가족관계등록예규 제591호 별지1 양식) 1부.
7. 신분확인[가족관계등록예규 제600호에 의함]
① 일반적인 혼인신고
- 신고인이 출석한 경우: 신고인 모두의 신분증명서
- 신고인 불출석, 제출인 출석의 경우: 제출인의 신분증명서 및 신고인 모두의 신분증명서 또는 서명공증 또는 인감증명서(신고인의 신분증명서 없이 신고서에 신고인이 서명한 경우 서명공증, 신고서에 인감 날인한 경우 인감증명)
- 우편으로 제출할 경우: 신고인 모두의 서명공증 또는 인감증명서(신고서에 서명한 경우 서명공증, 인감을 날인한 경우는 인감증명서)
② 보고적인 혼인신고(증서등본에 의한 혼인신고)
- 신고인이 출석한 경우: 신분증명서
- 제출인이 출석한 경우: 제출인의 신분증명서
- 우편으로 제출할 경우: 신고인의 신분증명서 사본
※ 신고인이 성년후견인인 경우에는 7항의 ② 서류 외에 성년후견인의 자격을 증명하는 서면도 함께 첨부해야 합니다.
※ 사실상 혼인관계 존재확인의 재판이 확정되어 혼인신고를 하는 경우에는 출석한 신고인(소제기자)의 신분확인으로 불출석한 신고인의 신분확인에 갈음할 수 있습니다.

이혼(친권자 지정)신고서[가족관계등록예규 제642호 양식 제11호]

이혼(친권자 지정)신고서
(년 월 일)

※ 신고서 작성 시 뒷면의 작성 방법을 참고하고, 선택 항목에는 '영표(○)'로 표시하기 바랍니다.

구 분			남편(부)		아내(처)	
①이혼신고당사자	성명	한글	*(성) / (명)	(서명 또는 날인)	*(성) / (명)	(서명 또는 날인)
		한자	(성) / (명)		(성) / (명)	
	본(한자)			전화	본(한자)	전화
	*주민등록번호		-		-	
	출생연월일					
	*등록기준지					
	*주소					
②부양부모모	부(양부)성명					
	주민등록번호		-		-	
	모(양모)성명					
	주민등록번호		-		-	
③기타 사항						
④재판확정일자 ( )			년 월 일 법원명			법원

아래 친권자란은 협의이혼 시에는 법원의 협의이혼의사확인 후에 기재합니다.

⑤친권자지정	미성년인 자의 성명						
	주민등록번호		-		-		
	친권자	①부 ②모 ③부모	효력발생일	년 월 일	①부 ②모 ③부모	효력발생일	년 월 일
			원인	①협의 ②재판		원인	①협의 ②재판
	미성년인 자의 성명						
	주민등록번호		-		-		
	친권자	①부 ②모 ③부모	효력발생일	년 월 일	①부 ②모 ③부모	효력발생일	년 월 일
			원인	①협의 ②재판		원인	①협의 ②재판
⑥신고인 출석 여부			① 남편(부)		② 아내(처)		
⑦제출인	성명			주민등록번호		-	

※ 타인의 서명 또는 인장을 도용하여 허위의 신고서를 제출하거나, 허위신고를 하여 가족관계등록부에 실제와 다른 사실을 기록하게 하는 경우에는 형법에 의하여 처벌받을 수 있습니다. 노표(*)로 표시한 자료는 국가통계작성을 위해 통계청에서도 수집하고 있는 자료입니다.

※ 아래 사항은 「통계법」 제24조의2에 의하여 통계청에서 실시하는 인구동향조사입니다. 「통계법」 제32조 및 제33조에 의하여 성실응답의무가 있으며 개인의 비밀사항이 철저히 보호되므로 사실대로 기입하여 주시기 바랍니다.

※ 첨부서류 및 이혼당사자의 국적은 국가통계작성을 위해 통계청에서도 수집하고 있는 자료입니다.

인구동향조사

㉮실제 결혼 생활 시작일			년 월 일부터		㉰19세 미만 자녀 수		명
㉯실제 이혼 연월일			년 월 일부터				
㉱최종 졸업학교	남편(부)	①학력 없음 ②초등학교 ③중학교 ④고등학교 ⑤대학(교) ⑥대학원 이상			아내(처)	①학력 없음 ②초등학교 ③중학교 ④고등학교 ⑤대학(교) ⑥대학원 이상	
㉲직업	남편(부)	①관리직 ②전문직 ③사무직 ④서비스직 ⑤판매직 ⑥농림어업 ⑦기능직 ⑧장치·기계 조작 및 조립 ⑨단순노무직 ⑩군인 ⑪학생·가사·무직			아내(처)	①관리직 ②전문직 ③사무직 ④서비스직 ⑤판매직 ⑥농림어업 ⑦기능직 ⑧장치·기계 조작 및 조립 ⑨단순노무직 ⑩군인 ⑪학생·가사·무직	

작성방법

※ 등록기준지: 각 난의 해당자가 외국인인 경우에는 그 국적을 기재합니다.
※ 주민등록번호: 각 난의 해당자가 외국인인 경우에는 외국인등록번호(국내거소신고번호 또는 출생연월일)를 기재합니다.
①란: 협의이혼신고의 경우 반드시 당사자 쌍방이 서명(또는 날인) 하여야 하나, 재판상 이혼신고의 경우에는 일방이 서명(또는 날인)하여 신고할 수 있습니다.
②란: 이혼당사자의 부모가 주민등록번호가 없는 경우에는 등록기준지(본적)를 기재합니다. 이혼당사자가 양자인 경우 양부모의 인적사항을 기재하며, 이혼당사자의 부모가 외국인인 경우에는 주민등록번호란에 외국인등록번호(또는 출생연월일) 및 국적을 기재합니다.
③란: 아래의 사항 및 가족관계등록부에 기록을 분명하게 하는 데에 특히 필요한 사항을 기재합니다.
 - 신고사건으로 인하여 신분의 변경이 있게 되는 사람이 있을 경우에 그 사람의 성명, 출생연월일, 등록기준지 및 신분변경의 사유
 - 피성년후견인(2018. 6. 30.까지는 금치산자 포함)이 협의상 이혼을 하는 경우에는 동의자의 성명 서명(또는 날인) 및 출생연월일
④란: 이혼판결(화해, 조정)의 경우에만 기재하고, 협의이혼의 경우에는 기재하지 않습니다.
 : 조정성립, 조정에 갈음하는 결정, 화해성립이나 화해권고결정에 따른 이혼신고의 경우에는 "재판확정일자" 아래의 (　)안에 "조정성립", "조정에 갈음하는 결정확정" 또는 "화해성립", "화해권고결정"이라고 기재하고, "연월일"란에 그 성립(확정)일을 기재합니다.
⑤란: 협의이혼의사확인 신청 시에는 기재하지 않으며, 법원의 이혼의사확인 후에 정하여진 친권자를 기재합니다.
 지정효력발생일은 협의이혼의 경우 이혼신고일, 재판상이혼의 경우에는 재판 확정일을 기재합니다.
 원인은 당사자의 협의에 의해 지정한 경우에는 "①협의"에, 직권 또는 신청에 의해 법원이 결정한 경우에는 "②재판"에 '영표(O)'로 표시하고, 그 내용을 증명하는 서면을 첨부하여야 합니다.
 자녀가 5명 이상인 경우 별지 기재 후 간인하여 첨부합니다. 임신 중인 자의 경우에는 출생신고 시 친권자 지정 신고를 합니다.
⑥란: 출석한 신고인의 해당번호에 '영표(O)'로 표시합니다.
⑦란: 제출인(신고인이 작성한 신고서를 신고인이 아닌 사람이 제출할 경우만 기재)의 성명 및 주민등록번호를 기재합니다[접수담당공무원은 신분증과 대조하여야 함].
※ 아래 사항은 「통계법」 제24조의2에 의하여 통계청에서 실시하는 인구동향조사입니다.
⑧란, ⑨란: 가족관계등록부상 신고일이나 재판확정일과는 관계없이 실제로 결혼(동거)생활을 시작한 날과 사실상 이혼(별거)생활을 시작한 날을 기재합니다.
⑩란: 교육부장관이 인정하는 모든 정규교육기관을 기준으로 기재하되 각급 학교의 재학 또는 중퇴자는 최종 졸업한 학교의 해당번호에 '영표(O)'로 표시 합니다. <예시> 대학교 3학년 재학(중퇴) → ④ 고등학교에 '영표(O)'로 표시
⑪란: 이혼할 당시의 주된 직업을 기준으로 기재합니다.

① 관리자: 정부, 기업, 단체 또는 그 내부 부서의 정책과 활동을 기획, 지휘 및 조정(공공 및 기업고위직 등)
② 전문가 및 관련종사자: 전문지식을 활용한 기술적 업무(과학, 의료, 복지, 교육, 종교, 법률, 금융, 예술, 스포츠 등)
③ 사무종사자: 관리자, 전문가 및 관련 종사자를 보조하여 업무 추진(행정, 경영, 보험, 감사, 상담·안내·통계 등)
④ 서비스종사자: 공공안전, 신변보호, 돌봄, 의료보조, 미용, 혼례 및 장례, 운송, 여가, 조리와 관련된 업무
⑤ 판매종사자: 영업활동을 통해 상품이나 서비스판매(인터넷, 상점, 공공장소 등), 상품의 판매·홍보, 계산·정산 등
⑥ 농림·어업 숙련 종사자: 작물의 재배·수확, 동물의 번식·사육, 산림의 경작·개발, 수생 동·식물 번식 및 양식 등
⑦ 기능원 및 관련 기능 종사자: 광업, 제조업, 건설업에서 손과 수공구를 사용하여 기계 설치 및 정비, 제품 가공
⑧ 장치·기계 조작 및 조립 종사자: 기계를 조작하여 제품 생산·조립, 산업용 기계·장비의 조작, 운송장비의 운전 등
⑨ 단순노무 종사자: 주로 간단한 수공구의 사용과 단순하고 일상적이며 육체적 노력이 요구되는 업무
⑩ 군인: 의무복무를 포함하여, 현재 군인신분을 유지하고 있는 경우(국방 분야에 고용된 민간인과 예비군은 제외)
⑪ 학생·가사무직: 교육기관에 재학하며 학습에만 전념하거나, 전업주부이거나, 특정한 직업이 없는 경우

첨부서류

1. 협의이혼: 협의이혼의사확인서 등본 1부
2. 재판이혼: 판결등본 및 확정증명서 각 1부(조정·화해 성립의 경우는 조서등본 및 송달증명서).
3. 외국법원의 이혼판결에 의한 재판상 이혼
 - 이혼판결의 정본 또는 등본과 판결확정증명서 각 1부.
 - 패소한 피고가 우리나라 국민인 경우에 그 피고가 공시송달에 의하지 않고 소송의 개시에 필요한 소환 또는 명령의 송달을 받았거나 또는 이를 받지 아니하고도 응소한 사실을 증명하는 서면 1부(판결에 의하여 이점이 명백하지 않은 경우에 한한다).
 - 위 각 서류의 번역문 1부.
※ 아래 4항은 가족관계등록관서에서 전산으로 그 내용을 확인할 수 있는 경우 첨부를 생략합니다.
4. 이혼 당사자 각각의 가족관계등록부의 가족관계증명서, 혼인관계증명서 각 1통.
5. 사건본인이 외국인인 경우
 - 한국 방식에 의한 이혼: 사건본인 쌍방이 외국인인 경우에는 국적을 증명하는 서면(여권 또는 외국인등록증)사본 첨부
 - 외국 방식에 의한 이혼: 이혼증서 등본 및 국적을 증명하는 서면(여권 또는 외국인등록증) 사본 각 1부
6. 친권자지정과 관련한 소명자료
 - 협의에 의한 경우 친권자지정 협의서 등본 1부.
 - 법원이 결정한 경우 심판서 정본 및 확정 증명서 1부.
7. 신분확인[가족관계등록예규 제600호에 의함]
① 재판상 이혼신고(증서등본에 의한 이혼신고 포함)
 - 신고인이 출석한 경우: 신분증명서
 - 제출인이 출석한 경우: 제출인의 신분증명서
 - 우편으로 제출할 경우: 신고인의 신분증명서 사본
 ※ 신고인이 성년후견인인 경우에는 7항의 ① 서류 외에 성년후견인의 자격을 증명하는 서면도 함께 첨부해야 합니다.
② 협의이혼신고
 - 신고인이 출석한 경우: 신고인 일방의 신분증명서
 - 신고인 불출석, 제출인 출석의 경우: 제출인의 신분증명서 및 신고인 일방의 신분증명서 또는 서명공증 또는 인감 증명서(신고인의 신분증명서 없이 신고서에 신고인이 서명한 경우 서명공증, 신고서에 인감 날인한 경우 인감증명)
 - 우편으로 제출할 경우: 신고인 일방의 서명공증 또는 인감증명서(신고서에 서명한 경우 서명공증, 인감을 날인한 경우는 인감증명서)

사망신고서[가족관계등록예규 제642호 양식 제19호]

사망신고서 (년 월 일)

※ 신고서 작성 시 뒷면의 작성 방법을 참고하고, 선택 항목에는 '영표(○)'로 표시하기 바랍니다.

① 사망자	성명	*한글	(성) / (명)	성별	①남 ②여	*주민등록번호	-
		한자	(성) / (명)				
	등록기준지						
	*주소				세대주·관계		의
	*사망 일시	년 월 일 시 분 (사망지 시각: 24시각제로 기재)					
	*사망 장소	장소					
		구분	① 주택 ② 의료기관(병원, 요양병원 등) ③ 사회복지시설(요양원, 양로원, 아동양육시설, 장애인거주시설 등) ④ 공공시설(학교, 운동장 등) ⑤ 도로 ⑥ 상업·서비스시설(상점, 호텔 등) ⑦ 산업장 ⑧ 농장(논밭, 축사, 양식장 등) ⑨ 병원 이송 중 사망 ⑩ 기타( )					
② 기타 사항							
③ 신고인	*성명		(서명 또는 날인)		주민 등록번호		-
	*자격	①동거친족 ②비동거친족 ③동거자 ④기타(보호시설장/사망장소관리자 등)			*관계		
	주소				*휴대전화번호 등		-
					이메일		
④ 제출인	성명				주민 등록번호		-

※ 타인의 서명 또는 인장을 도용하여 허위의 신고서를 제출하거나, 허위신고를 하여 가족관계등록부에 실제와 다른 사실을 기록하게 하는 경우에는 **형법에 의하여 처벌**받을 수 있습니다. **눈표(*)로 표시한 자료**는 국가통계작성을 위해 통계청에서도 수집하고 있는 자료입니다.

※ 아래 사항은 「**통계법**」 **제24조의2**에 의하여 **통계청에서 하는 인구동향조사**입니다. 「통계법」 제32조 및 제33조에 의하여 성실응답의무가 있으며 개인의 비밀사항이 철저히 보호되므로 사실대로 기입하여 주시기 바랍니다.
※ 첨부서류 및 사망자의 국적은 국가통계작성을 위해 통계청에서도 수집하고 있는 자료입니다.

인구동향조사

| ㉮ 최종졸업학교 | ① 학력 없음 ② 초등학교 ③ 중학교 ④ 고등학교 ⑤ 대학(교) ⑥ 대학원 이상 |
| ㉯ 혼인 상태 | ① 미혼 ② 배우자 있음 ③ 이혼 ④ 사별 |

※ 아래 사항은 신고인이 기재하지 않습니다.

읍면동접수	가족관계등록관서 송부	가족관계등록관서 접수 및 처리
	년 월 일 (인)	

작 성 방 법	※ 사망신고서는 1부를 작성 제출하여야 합니다.
① 사 망 자	· 등록기준지: 해당자가 외국인인 경우에는 그 국적을 기재합니다. · 주민등록번호: 해당자가 외국인인 경우에는 외국인등록번호(국내거소신고번호 또는 출·생연월일)를 기재합니다. · 사망일시: 〈예시〉 오후 2시 30분(×) → 14시 30분(○), 밤 12시 30분(×) → 다음날 0시 30분(○) - 우리나라 국민이 외국에서 사망한 경우, 현지 사망시각을 서기 및 태양력으로 기재하되, 서머타임 실시기간 중 사망하였다면 사망지 시각 옆에 "(서머타임 적용)"이라고 표시합니다. · 사망 장소 구분: ① 주택은 사망장소가 사망자의 집이거나 부모 친척 등의 집에서 사망한 경우를 포함 ⑩ 기타는 예시 외에 비행기, 선박, 기차 등 기타 장소에 해당되는 경우 · 사망 장소의 기재는 최소 행정구역의 명칭(시구의 '동', 읍면의 '리') 또는 도로명주소의 '도로명'까지만 기재하여도 됩니다.
② 기타 사항	· 사망진단서(시체검안서) 미첨부시 그 사유 등 가족관계등록부에 기록을 분명히 하는 데에 특히 필요한 사항을 기재합니다.
③ 신 고 인	· 자격란에는 해당항목에 '영표(○)'로 표시하되 ④ 기타는 사망 장소를 관리하는 자 등이 포함됩니다.
④ 제 출 인	· 제출인(신고인이 작성한 신고서를 신고인이 아닌 사람이 제출할 경우만 기재)의 성명 및 주민등록번호를 기재합니다[접수담당공무원은 신분증과 대조하여야 함].
※ 아래 사항은 「통계법」 제24조의2에 의하며 통계청에서 실시하는 인구동향조사입니다.	
㉮ 최 종 졸업학교	· 사망자의 최종 졸업학교는 교육부장관이 인정하는 모든 정규기관을 기준으로 기재하되, 각급 학교의 재학(중퇴)자는 졸업한 최종학교의 해당 번호에 '영표(○)'로 표시를 합니다. 〈예시〉 대학교 3학년 재학(중퇴) → ④ 고등학교에 '영표(○)'로 표시

첨 부 서 류

1. 사망자에 대한 진단서나 검안서 1부.
2. 사망의 사실을 증명할 만한 서면(진단서나 검안서를 첨부할 수 없을 때): 아래 중 1부.
   ① 국내 또는 외국의 권한 있는 기관에서 발행한 사망사실을 증명하는 서면
   - 예시: 관공서의 사망증명서 또는 매장인허증, 진실화해위원회의 진실규명결정문, 정부기록보관소 보존중인 재무부 작성의 피수용자사망자연명부, 외국 관공서 등에서 발행한 그 나라 방식에 의해 사망신고한 사실을 증명하는 서면
   ② 군인이 전투 그 밖의 사변으로 사망한 경우에 부대장 등이 사망 사실을 확인하여 그 명의로 작성한 전사확인서
   ③ 기타: 증명서(가족관계등록예규 제521호 별지 양식)
   - 증명인이 동리통장일 경우: 1명의 증명으로 족하고, 원칙적으로 동리통장임을 증명하는 서면을 첨부하여야 합니다.
   - 증명인이 인우인일 경우: 2명 이상의 증명이 있어야 하고, 증명인의 인감증명서, 주민등록증사본, 운전면허증사본, 여권사본 중 1부를 첨부하여야 합니다.

※ 아래 3항은 가족관계등록관서에서 전산으로 그 내용을 확인할 수 있는 경우 첨부를 생략합니다.

3. 사망자의 가족관계등록부의 기본증명서 1통.
4. 신분확인[가족관계등록예규 제600호에 의함]
   - 신고인이 출석한 경우: 신분증명서
   - 제출인이 출석한 경우: 신고인의 신분증명서 사본 및 제출인의 신분증명서
   - 우편으로 제출할 경우: 신고인의 신분증명서 사본

※ 신고인이 성년후견인인 경우에는 4항의 서류 외에 성년후견인의 자격을 증명하는 서면도 함께 첨부하여야 합니다.

5. 사망자가 외국인인 경우: 국적을 증명하는 서면(여권 또는 외국인등록증) 사본.

※ 재산상속의 한정승인 및 상속포기에 대한 안내
이 안내는 사망신고와는 관계가 없는 내용입니다.
자세한 내용은 가정법원(지방법원) 또는 지원 민원실로 문의하시기 바랍니다.

1. 의 의 - 한정승인: 상속인이 상속으로 얻은 재산의 한도에서 상속을 승인하는 것
   - 상속포기: 상속재산에 속한 모든 권리의무의 승계를 포기하는 것
2. 방 식 - 한정승인: 상속재산의 목록을 첨부하여 가정법원에 신고합니다.
   - 상속포기: 가정법원에 상속포기의 신고를 합니다.
3. 신고기간 - 상속개시 있음을 안 날로부터 3개월 이내(민법 제1019조제1항)
   - 상속인은 상속채무가 상속재산을 초과하는 사실을 중대한 과실 없이 상속개시 있음을 안 날로부터 3개월이내에 알지 못하고 단순승인(민법 제1026조제1호 및 제2호에 따라 단순 승인한 것으로 보는 경우를 포함한다)을 한 경우에는 그 사실을 안 날로부터 3개월 이내에 한정승인을 할 수 있습니다.
4. 관 할 - 상속개시지[피상속인의 (최후)주소지]관할 법원

등록부정정신청서[가족관계등록예규 제642호 양식 제30호]

등록부정정신청서
(년 월 일)

※ 신청서 작성 시 아래의 작성 방법을 참고하고, 선택 항목에는 '영표(○)'로 표시하기 바랍니다.

①사건본인	성명	한글 (성) /(명)		주민등록번호	-
		한자 (성) /(명)			
	등록기준지				
	주소				

②정정 사항

③허가 또는 재판확정일자 : 년 월 일 법원명

④기타 사항

⑤신청인	성명		(서명 또는 날인) 주민등록번호	-
	자격	①본인 ②법정대리인 ③소 제기자 ④기타(자격:)		
	주소		전화	이메일

⑥제출인	성명		주민등록번호	-

작 성 방 법

①란: ③, ④, ⑤항이 모두 동일한 사안에 대하여 사건본인이 수인인 경우에는 성명란에 "별지와 같음"이라고 기재한 후 별지에 사건본인 전부 및 정정 사항을 기재하여야 합니다.
②란: 정정을 하고자 하는 사항을 기재하며 허가 또는 판결에 의한 경우 '주문'에 나타난 가족관계등록 정정 사항을 기재하되 기재할 사항이 많은 경우 "별지 첨부 허가결정 또는 판결주문과 같음"이라고 기재합니다. 사건본인이 수인인 경우 별지의 각 정정 사항란에 기재합니다.
④란: 가족관계등록부에 기록을 분명하게 하는 데에 특히 필요한 사항을 기재합니다.
⑤란: 신청인이 외국인인 경우에는 외국인등록번호(국내거소신고번호 또는 출생연월일)를 기재합니다.
⑥란: 제출인(신청인이 작성한 신청서를 신청인이 아닌 사람이 제출할 경우만 기재)의 성명 및 주민등록번호를 기재합니다[접수담당공무원은 신분증과 대조하여야 함].

첨 부 서 류

1. 등록부정정허가결정등본 1부(확정판결로 인하여 가족관계등록부의 정정을 할 때는 판결등본 및 확정증명서 각 1부).
2. 신분확인[가족관계등록예규 제600호에 의함]
  - 신청인이 출석한 경우: 신분증명서
  - 제출인이 출석한 경우: 제출인의 신분증명서
  - 우편으로 제출할 경우: 신청인의 신분증명서 사본
※ 신청인이 성년후견인인 경우에는 2항의 서류 외에 성년후견인의 자격을 증명하는 서면도 함께 첨부해야 합니다.

※ 타인의 서명 또는 인장을 도용하여 허위의 신고서를 제출하거나, 허위신고를 하여 가족관계등록부에 부실의 사실을 기록하게 하는 경우에는 형법에 의하여 5년 이하의 징역 또는 1천만 원 이하의 벌금에 처해집니다.

〈별 지〉

사건본인	성명	한글	(성)　/(명)	주민등록번호	-
		한자	(성)　/(명)		
	등록기준지				
	주소				
	정정 사항				
사건본인	성명	한글	(성)　/(명)	주민등록번호	-
		한자	(성)　/(명)		
	등록기준지				
	주소				
	정정 사항				
사건본인	성명	한글	(성)　/(명)	주민등록번호	-
		한자	(성)　/(명)		
	등록기준지				
	주소				
	정정 사항				
사건본인	성명	한글	(성)　/(명)	주민등록번호	-
		한자	(성)　/(명)		
	등록기준지				
	주소				
	정정 사항				
사건본인	성명	한글	(성)　/(명)	주민등록번호	-
		한자	(성)　/(명)		
	등록기준지				
	주소				
	정정 사항				

개명신고서[가족관계등록예규 제642호 양식 제27호]

개명신고서
(년 월 일)

※ 신고서 작성 시 아래의 작성 방법을 참고하고, 선택 항목에는 '영표(○)'로 표시하기 바랍니다.

①개명자	본인 성명	개명 전 이름		②개명 후 이름	
		한글 (성)/(명)	한자 (성)/(명)	한글 (성)/(명)	한자 (성)/(명)
	본(한자)		주민등록번호	-	
	등록기준지				
	주소				

③허가일자	년 월 일	법원명	

④기타 사항	

⑤신고인	성명	(서명 또는 날인)	주민등록번호	-
	자격	1본인 2법정대리인 3기타(자격:)		
	주소		전화	이메일

⑥제출인	성명		주민등록번호	-

작성방법

※ 이 신고는 개명허가결정등본을 받은 날로부터 1개월 이내에 신고하여야 합니다.
①란: 본인의 성명은 개명 전 이름과 개명 후 이름을 나누어 기재합니다.
②란: 개명 후 이름(개명허가결정등본에 기재된 개명허가를 받은 이름)을 기재 하며, 한자가 없는 경우는 한글난에만 기재합니다.
③란: 개명허가일자는 개명허가결정등본에 기재된 연월일을 기재합니다.
④란: 가족관계등록부에 기록을 분명하게 하는 데에 특히 필요한 사항을 기재합니다.
⑤란: 본인이 신고하는 경우 개명 후의 이름을 기재합니다.
⑥란: 제출인(신고인이 작성한 신고서를 신고인이 아닌 사람이 제출할 경우만 기재)의 성명 및 주민등록번호를 기재합니다[접수담당공무원은 신분증과 대조하여야 함].

첨부서류

1. 개명허가결정등본 1부.
2. 신분확인 [가족관계등록예규 제600호에 의함]
 - 신고인이 출석한 경우: 신분증명서
 - 제출인이 출석한 경우: 제출인의 신분증명서
 - 우편으로 제출할 경우: 신고인의 신분증명서 사본
※ 신고인이 성년후견인인 경우에는 2항의 서류 외에 성년후견인의 자격을 증명하는 서면도 함께 첨부해야 합니다.

가족관계 등록사항별 증명서 교부 등 신청서[가족관계등록예규 제642호 별지 제11호 서식]

가족관계 등록사항별 증명서 교부 등 신청서

신청대상자[1] (발급대상자)	성 명		(한자:)
	등록기준지[2]		※ 뒷면 작성 방법 5.에 해당하는 경우 등록기준지를 기재하지 않고 주민등록번호로도 신청할 수 있습니다.
	주민등록번호		-

신청내용	1.가족관계증명서	①일반( )통	②특정( )통 □부 □모 □배우자 □자녀(성명:)	③상세( )통
	2.기본증명서	①일반( )통	②특정 ㉠출생사망실종( )통 ㉡인지친생자관계정정( )통 ㉢친권·미성년후견(□전부 □현재)( )통 ㉣개명·성본변경( )통 ㉤국적취득상실( )통 ㉥성별정정( )통	③상세( )통
	3.혼인관계증명서	①일반( )통	②특정( )통 전(前)배우자성명:_____	③상세( )통
	4.입양관계증명서	①일반( )통 ②상세( )통	5.친양자입양관계증명서	①일반( )통 ②상세( )통
	6.신고서류기재사항증명 ( )건		7.수리·불수리증명 ( )건	
	8.열람(신고서류) _____년____월____일 접수 _____신고			
	9.종전 「호적법」에 따른 제적 ①등본( )통 ②초본( )통 ③열람( )건 본적:_____ 호주:_____ 대상자:_____의			
	※ 특정증명서 교부 신청을 하는 경우에만 선택하기 바랍니다. [□등록기준지 포함 □본(本) 포함]			

주민등록번호 공개신청 여부 (뒷부분 6자리)	□전부 공개 □신청 대상자 본인만 공개	공개 신청 사유	□ 1. 신청대상자의 주민등록번호를 정확하게 기재한 경우 □ 2. 신청인이 신청대상자 본인 또는 본인의 부모, 양부모, 배우자, 자녀 및 그 대리인인 경우 □ 3. 가족관계등록관서 출석 신청인이 재판상 필요를 소명 □ 4. 공무원 등이 공용목적임을 소명한 경우

청구사유	
소명자료	
아포스티유 신청을 위한 증명서 발급정보 전송에 관한 동의 여부[3]	증명서 발급정보 전송에 동의합니다. □

신 청 인	성명	(서명 또는 날인)	주민등록번호[4]	-
	주소		신청인 자격	의
			휴대전화번호 등	
위 임 인	성명		주민등록번호[4]	-
	위임을 받은 경우 위임인의 성명 및 주민등록번호를 기재하여야 합니다(위임장은 별도 첨부).			

20 . .

시(구)·읍·면장 귀하

※ 수수료	① 등록사항별 증명서 또는 제적 등본 1통당 1,000원, 제적초본 1통당 500원 ② 신고서류 열람·증명(신고서류기재사항증명, 수리·불수리 증명 등), 제적부 열람 1건당 200원 ③ 수수료 면제 대상자에 해당할 경우에는 수수료 면제(뒷면 참조)

1. 공동상속처럼 신청대상이 여러 명일 때 신청 대상자란에 "별지와 같음"이라고 기재한 후 별지 서식을 이용하여 기재할 수 있으며, 이 경우 신청서와 별지를 간인(서명)하여야 합니다.
2. 신청서를 작성하는 경우에는 대상자의 성명과 등록기준지를 정확히 기재하여야 합니다. 다만, 본인, 배우자, 직계혈족과 그 대리인의 경우와 뒷면 작성 방법 5.의 경우에는 대상자의 성명과 주민등록번호로도 청구할 수 있으나, 우편으로 청구할 때에는 등록기준지를 반드시 기재하여야 합니다.
3. 아포스티유란 국내에서 발급한 문서를 다른 국가에 제출하여 증명서 역할을 수행할 수 있도록 한 국제협약으로서, 주한 공사나 영사의 확인 없이 협약국가에서 공문서의 효력을 인정받습니다.
4. 신청인 또는 위임인이 외국인인 경우 외국인등록번호(국내거소신고번호 또는 출생연월일)를 기재하시기 바랍니다.
※ 법 제117조: 제14조제1항·제2항·제7항, 제14조의2, 제14조의3을 위반하여 거짓이나 그 밖의 부정한 방법으로 다른 사람의 등록부등의 기록사항을 열람하거나 증명서를 교부받은 사람, 제42조를 위반하여 거짓이나 그 밖의 부정한 방법으로 다른 사람의 신고서류를 열람하거나 신고서류에 기재되어 있는 사항에 관한 증명서를 교부받은 사람은 3년 이하의 징역 또는 1천만원 이하의 벌금에 처하게 됩니다.

작 성 방 법

(뒤쪽)

1. 본인이 청구하는 경우에 신청서를 작성하지 않을 수 있으나, 본인 등의 대리인이 위임을 받아 청구하는 경우에는 신청서에 본인 등이 서명 또는 날인한 위임장과 신분증명서(주민등록증, 운전면허증, 여권, 외국인등록증, 국내거소신고증, 국제운전면허증, 외국 국가기관 명의의 신분증, 주민등록번호 및 주소가 기재된 장애인등록증 등)사본을 제출하여야 합니다. 다만, 다음 각 항에 해당하여 소명자료를 제출하는 경우에는 본인 등이 아닌 경우에도 본인 등의 위임 없이 증명서의 교부를 신청할 수 있습니다.

① 국가, 지방자치단체가 직무상 필요 및 법령상 근거에 따라 문서로 신청하는 경우
② 소송, 비송, 민사집행, 보전 등의 각 절차에서 필요한 경우
③ 다른 법령에서 본인 등에 관한 증명서를 제출하도록 요구하는 경우
④ 민법상의 법정대리인(후견인, 유언집행자, 상속재산관리인, 부재자재산관리인)
⑤ 채권·채무 등 재산권의 상속과 관련하여 상속인의 범위를 확인하기 위한 경우
⑥ 보험금 또는 연금의 수급권자를 결정하기 위하여 필요한 경우
⑦ 「제주4·3사건 진상규명 및 희생자 명예회복에 관한 특별법」 제2조제3호의 유족에 해당하는 경우
⑧ 「공익사업을 위한 토지 등의 취득 및 보상에 관한 법률」에 따라 토지 등의 소유자의 상속인을 확인할 필요가 있는 경우

※ **청구사유란 및 신청인의 자격란**은 구체적으로 **아래 예**와 같이 기재하며, 신청인란의 기재를 하지 않거나, 청구사유를 기재하여야 할 사람이 청구사유를 기재하지 않은 경우 또는 신청인이나 청구사유를 허위로 기재한 경우에는 등록사항별 증명서 또는 제적부의 열람 및 등초본을 발급받을 수 없습니다.
  예) **청구사유**: 가사소송관련(○○○의 ○○사건)법원제출용, **신청인의 자격**: 본인의 부, ○○○의 대리인

2. 친양자입양관계증명서(신고서류의 열람 포함)는 다음 각 호의 어느 하나에 해당하는 경우에 한하여 발급을 청구할 수 있습니다.

① 성년자가 본인의 친양자입양관계증명서를 신청하는 경우
② 친양자의 친생부모·양부모가 본인의 친양자입양관계증명서를 신청하는 경우에는 친양자가 성년자임을 소명한 경우
③ 혼인당사자가 「민법」 제809조의 친족관계를 파악하고자 하는 경우
④ 법원의 사실조회 촉탁이 있거나 수사기관이 규칙 제23조제5항에 따라 문서로 신청하는 경우
⑤ 「민법」 제908조의4에 따라 친양자 입양의 취소를 하거나 같은 법 제908조의5에 따라 친양자의 파양을 할 경우
⑥ 「국내입양에 관한 특별법」 제28조제1항 또는 「국제입양에 관한 법률」 제25조제1항 본문에 따라 입양의 취소를 할 경우
⑦ 친양자의 복리를 위하여 필요함을 친양자의 양부모가 구체적으로 소명할 때
⑧ 친양자입양관계증명서가 소송, 비송, 민사집행·보전의 각 절차에서 필요한 경우
⑨ 채권·채무 등 재산권의 상속과 관련하여 상속인의 범위를 확인하기 위한 경우
⑩ 가족관계등록부가 작성되지 않은 채로 사망한 사람의 상속인의 친양자입양관계증명서가 필요한 경우
⑪ 법률상의 이해관계를 소명하기 위하여 친양자의 친생부모·양부모의 친양자입양관계증명서를 신청하는 경우 그 해당법령과 구체적인 소명자료 및 필요 이유를 제시하는 경우

3. **주민등록번호 공개신청여부란**은 다음 각 호의 어느 하나에 해당하는 경우에 한하여 공개신청 여부와 그 사유를 선택하며, 그 밖의 경우에는 기재하지 않습니다.

① 시(구)·읍면 및 동의 사무소에 출석한 신청인이 신청대상자의 주민등록번호를 정확하게 기재하여 해당 증명서의 교부를 청구하는 경우
② 신청서의 신청인란에 기재된 신청인이 본인 또는 그 부모, 양부모, 배우자, 자녀인 경우
③ 시(구)·읍면 및 동의 사무소에 출석한 신청인이 소송, 비송, 민사집행·보전 등의 각 절차에서 필요함을 소명하는 자료(예: 법원의 재판서, 보정명령서 등)를 첨부하여 증명서의 교부를 청구하는 경우
④ 국가·지방자치단체의 공무원(「공익사업을 위한 토지 등의 취득 및 보상에 관한 법률」 제8조에 따른 사업시행자의 직원을 포함한다)이, 공용 목적임을 소명하는 자료(예: 공문서, 재결서 등)를 첨부하여 증명서의 교부를 청구하는 경우

※ 「주민등록법」 제7조의4에 따라 주민등록번호를 변경한 사람이 본인의 변경된 주민등록번호를 특정인에게 공개하지 않도록 신청한 경우에는 위 공개신청사유 제①, ②호에 해당하는 경우에도 주민등록번호 뒷부분 6자리 숫자의 공개가 제한됩니다.

4. 위 3.의 규정에도 불구하고 다음 각 호의 어느 하나에 해당하는 경우에는 주민등록번호 뒷부분 6자리 숫자의 공개를 제한하지 않습니다.
  ① 종전 「호적법 시행규칙」 부칙(2004. 10. 18) 제3조에 규정된 이미지 전산 제적부 등
  ② 종전 「호적법」에 따른 호적용지로 작성된 제적부

5. 아래의 경우 시(구)·읍면동의 사무소에 직접 출석하여 신청대상자의 성명과 주민등록번호를 기재하고 신청인의 신분증 사본을 첨부하면 **제적 등의 열람 및 등초본, 등록사항별 증명서의 발급**을 청구할 수 있습니다.
  - 위 제1.의 ①,②,③,④,⑥,⑦,⑧ 및 제2의 ⑧,⑨에 따라 청구하는 경우 법원의 보정명령 등 법령으로 정한 소명자료를 제출한 때 및 상속인이 상속관계의 확인을 위하여 청구할 때

※**수수료 면제**(가족관계의 등록 등에 관한 규칙 제28조제4항)

① 국가나 지방자치단체의 공무원으로 직무상 필요에 의하여 청구하는 경우
② 「국민기초생활보장법」 제2조제2호의 수급자가 청구하는 경우
③ 「독립유공자예우에 관한 법률」 제6조에 따라 등록된 독립유공자와 그 유족(선순위자만 해당된다)이 청구하는 경우
④ 「국가유공자 등 예우 및 지원에 관한 법률」 제6조에 따라 등록된 국가유공자 등과 그 유족(선순위자만 해당된다)이 청구하는 경우
⑤ 「고엽제후유의증 등 환자지원 및 단체설립에 관한 법률」 제4조에 따라 등록된 고엽제후유의증환자 등이 청구하는 경우
⑥ 「참전유공자예우 및 단체설립에 관한 법률」 제5조에 따라 등록된 참전군인 등이 청구하는 경우
⑦ 「5·18민주유공자 예우에 관한 법률」 제7조에 따라 등록 결정된 5·18민주유공자와 그 유족(선순위자만 해당된다)이 청구하는 경우
⑧ 「특수임무유공자 예우 및 단체설립에 관한 법률」 제3조제3호에 따라 등록된 특수임무공로자와 그 유족(선순위자만 해당된다)이 청구하는 경우
⑨ 「한부모가족지원법」 제5조 또는 제5조의2에 따른 보호대상자가 청구하는 경우
⑩ 「민원 처리에 관한 법률」 제10조의2에 따라 민원인이 민원접수·처리기관을 통하여 등록전산정보자료의 제공을 요구하는 경우
⑪ 「전자정부법」 제43조의2에 따라 정보주체가 등록전산정보자료의 제공을 요구하는 경우
⑫ 재해의 발생 등 시·읍·면의 장이 필요하다고 인정하는 경우
⑬ 출생신고인에게 기록일부터 2주일 이내에 출생사건 본인의 기본증명서를 최초 1회 발급하는 경우
⑭ 다른 법률에 수수료를 면제하는 규정이 있는 경우

〈별지〉

신청대상자 (발급대상자)	성 명		(한자:)
	등록기준지		
	주민등록번호		-

신청내용	1.가족관계증명서	①일반( )통 ②특정( )통 □부 □모 □배우자 □자녀(성명:)	③상세( )통
	2.기본증명서	①일반( )통	②특정 ㉠출생사망실종( )통 ㉡인자친생자관계정정( )통 ㉢친권·미성년후견(□전부 □현재)( )통 ㉣개명·성본변경( )통 ㉤국적취득상실( )통 ㉥성별정정( )통	③상세( )통
	3.혼인관계증명서	①일반( )통 ②특정( )통 전(前)배우자성명:_____	③상세( )통
	4.입양관계증명서	①일반( )통 ②상세( )통 5.친양자입양관계증명서 ①일반( )통 ②상세( )통	
	6.신고서류기재사항증명 ( )건	7.수리·불수리증명 ( )건	
	8.열람(신고서류) 년 월 일 접수 신고		
	9.종전「호적법」에 따른 제적 ①등본( )통 ②초본( )통 ③열람( )건		
	본적: 호주: 대상자: 의		
	※ 특정증명서 교부 신청을 하는 경우에만 선택하기 바랍니다. [□등록기준지 포함 □본(本) 포함]		

신청대상자 (발급대상자)	성 명		(한자:)
	등록기준지		
	주민등록번호		-

신청내용	1.가족관계증명서	①일반( )통 ②특정( )통 □부 □모 □배우자 □자녀(성명:)	③상세( )통
	2.기본증명서	①일반( )통	②특정 ㉠출생사망실종( )통 ㉡인자친생자관계정정( )통 ㉢친권·미성년후견(□전부 □현재)( )통 ㉣개명·성본변경( )통 ㉤국적취득상실( )통 ㉥성별정정( )통	③상세( )통
	3.혼인관계증명서	①일반( )통 ②특정( )통 전(前)배우자성명:_____	③상세( )통
	4.입양관계증명서	①일반( )통 ②상세( )통 5.친양자입양관계증명서 ①일반( )통 ②상세( )통	
	6.신고서류기재사항증명 ( )건	7.수리·불수리증명 ( )건	
	8.열람(신고서류) 년 월 일 접수 신고		
	9.종전「호적법」에 따른 제적 ①등본( )통 ②초본( )통 ③열람( )건		
	본적: 호주: 대상자: 의		
	※ 특정증명서 교부 신청을 하는 경우에만 선택하기 바랍니다. [□등록기준지 포함 □본(本) 포함]		

신청대상자 (발급대상자)	성 명		(한자:)
	등록기준지		
	주민등록번호		-

신청내용	1.가족관계증명서	①일반( )통 ②특정( )통 □부 □모 □배우자 □자녀(성명:)	③상세( )통
	2.기본증명서	①일반( )통	②특정 ㉠출생사망실종( )통 ㉡인자친생자관계정정( )통 ㉢친권·미성년후견(□전부 □현재)( )통 ㉣개명·성본변경( )통 ㉤국적취득상실( )통 ㉥성별정정( )통	③상세( )통
	3.혼인관계증명서	①일반( )통 ②특정( )통 전(前)배우자성명:_____	③상세( )통
	4.입양관계증명서	①일반( )통 ②상세( )통 5.친양자입양관계증명서 ①일반( )통 ②상세( )통	
	6.신고서류기재사항증명 ( )건	7.수리·불수리증명 ( )건	
	8.열람(신고서류) 년 월 일 접수 신고		
	9.종전「호적법」에 따른 제적 ①등본( )통 ②초본( )통 ③열람( )건		
	본적: 호주: 대상자: 의		
	※ 특정증명서 교부 신청을 하는 경우에만 선택하기 바랍니다. [□등록기준지 포함 □본(本) 포함]		

참고문헌

[민 법]
- 곽윤직·김재형, 민법총칙, 박영사, 2020
- 곽윤직·김재형, 물권법, 박영사, 2019
- 곽윤직, 채권총론, 박영사, 2020
- 곽윤직, 채권각론, 박영사, 2018
- 지원림, 민법강의, 홍문사, 2023
- 송덕수, 신민법강의, 박영사, 2023
- 김준호, 민법강의, 법문사, 2018
- 김동진, 민법공방, 윌비스, 2019
- 류호권, 포인트 민법, 고시계사, 2020
- 박기현·김종원, 핵심정리 민법, 메티스, 2014

[가족관계등록법]
- 송덕수, 신민법강의, 박영사, 2023
- 신영호, 가족관계등록법, 세창출판사, 2009
- 법원행정처, 가족관계등록실무 1~2, 2018
- 법원공무원교육원, 가족관계등록실무, 2018

2026 시대에듀 법무사 1차
민법·가족관계의 등록 등에 관한 법률

개정3판1쇄 발행	2025년 11월 20일(인쇄 2025년 10월 13일)
초 판 발 행	2022년 03월 15일(인쇄 2022년 02월 28일)
발 행 인	박영일
책 임 편 집	이해욱
편 저	이성재·시대법학연구소
편 집 진 행	이재성·백승은
표지디자인	조혜령
편집디자인	표미영·고현준
발 행 처	(주)시대고시기획
출 판 등 록	제10-1521호
주 소	서울시 마포구 큰우물로 75 [도화동 538 성지 B/D] 9F
전 화	1600-3600
팩 스	02-701-8823
홈 페 이 지	www.sdedu.co.kr
I S B N	979-11-434-0049-9 (13360)
정 가	62,000원

※ 이 책은 저작권법의 보호를 받는 저작물이므로 동영상 제작 및 무단전재와 배포를 금합니다.
※ 잘못된 책은 구입하신 서점에서 바꾸어 드립니다.

| 합격의 공식 ▶ 온라인 강의 | 혼자 공부하기 힘드시다면 방법이 있습니다.
시대에듀의 동영상 강의를 이용하시면 됩니다.
www.sdedu.co.kr → 회원가입(로그인) → 강의 살펴보기 |  |